Festschrift 25 Jahre WpHG

# Festschrift 25 Jahre WpHG

Entwicklung und Perspektiven des deutschen und europäischen Wertpapierhandelsrechts

herausgegeben von
Lars Klöhn und Sebastian Mock

DE GRUYTER

Prof. Dr. Lars Klöhn, Humboldt Universität zu Berlin
Prof. Dr. Sebastian Mock, Wirtschaftsuniversität Wien

ISBN 978-3-11-062738-1
e-ISBN (PDF) 978-3-11-063232-3
e-ISBN (EPUB) 978-3-11-062881-4

**Bibliografische Information der Deutschen Nationalbibliothek**
Die Deutsche Nationalbibliothek verzeichnet diese Publikation in der Deutschen Nationalbibliografie; detaillierte bibliografische Daten sind im Internet über http://dnb.dnb.de abrufbar.


Druck und Bindung: CPI books GmbH, Leck

www.degruyter.com

# Vorwort

Mit dem Inkrafttreten des Wertpapierhandelsgesetzes (WpHG) am 26. Juli 1994 wurde eine Zeitenwende des deutschen Kapitalmarktrechts eingeleitet. Obwohl es schon zuvor eine Reihe verschiedener Gesetze – wie etwa das Börsengesetz von 1896 – gab, fehlte dem deutschen Kapitalmarkt ein spezifisches, den Wertpapierhandel adressierendes Regelwerk. Das WpHG war von Beginn an einem stetigen Wandel unterworfen und hat trotz seiner vergleichsweise jungen Geschichte so viele Änderungen und konzeptionelle Umstellungen erfahren wie kaum ein anderes Gesetz auf dem Gebiet des Wirtschaftsrechts. Dieser Wandel erschwerte es der Rechtsprechung, der Gestaltungspraxis und der Wissenschaft, Schritt zu halten und alle Veränderungen mit der gewohnten und erforderlichen Tiefe zu durchdringen. Die vorliegende Festschrift möchte dem abhelfen. Sie versammelt zahlreiche namhafte Vertreterinnen und Vertretern aus allen Bereichen des Kapitalmarktrechts, um das nunmehr 25-jährige WpHG mit einer Sammlung von Beiträgen zu ehren, die nicht nur die bisherige Entwicklung, sondern auch die aktuellen Herausforderungen des deutschen und europäischen Wertpapierhandelsrechts untersuchen.

Diese Festschrift konnte nur durch die großzügige finanzielle Unterstützung zahlreicher, im Kapitalmarktrecht tätiger Kanzleien namentlich *Allen & Overy LLP, Broich Partnerschaft von Rechtsanwälten mbB, CMS Hasche Sigle, Freshfields Bruckhaus Deringer LLP, Latham & Watkins LLP, Linklaters LLP, Meilicke Hoffmann & Partner Rechtsanwälte Steuerberater mbB, Milbank, Tweed, Hadley & McCloy LLP, Noerr LLP und White & Case LLP* möglich gemacht werden. Diesen Sponsoren sei an dieser Stelle herzlich gedankt. Dank gebührt zudem den Berliner und Wiener Lehrstuhlteams für ihre Unterstützung bei der Organisation und Bearbeitung der Festschrift.

*Lars Klöhn*
*Sebastian Mock*

Berlin und Wien, September 2019

https://doi.org/10.1515/9783110632323-001

# Inhalt

## Übergreifende Themen

### Methoden



### Wertpapierhandelsrecht und andere Rechtsgebiete

## Mitteilungspflichten

# Übergreifende Themen

# Methoden

Stefan Grundmann

# Europäisierung des Kapitalmarktrechts – Insbesondere Wertpapierhandelsrecht (WpHG) –

## I. Rahmen

Vor genau drei Dekaden – im April 1989 – begann das deutsche Kapitalmarktrecht über ein Börsenrecht klassischer Prägung hinauszuwachsen zu einem genuinen Kapitalmarktrecht – Europäischer Prägung. Europäischer Prägung, weil beide Anstöße zu dieser Entwicklung in EG-Richtlinien lagen: der EG-Insiderhandels-Richtlinie, deren Verabschiedung durch den Widerstand gerade aus Deutschland lange hinausgezögert worden war,[1] sowie der allgemeinen EG-Wertpapierprospekt-Richtlinie, mit der die bereits bestehende Börsenprospektpflicht durch eine (EG-rechtlich) begründete allgemeine Prospektpflicht bei öffentlichem Angebot von Effekten eingeführt wurde.[2] Etwas holzschnittartig zugespitzt – unvermeidbar aus Platzgründen – lässt sich zusammenfassen: Seit 1989 haben nahezu alle gewichtigen Fortentwicklungen des Kapitalmarktrechts in Deutschland ihre Grundlage im Europäischen Recht – wenn auch nicht selten mit autonom gesetztem Vorgängerregime, sobald sich ein Europäischer Legislativakt abzeichnete, und durchaus in wichtigen Punkten auch mit einer genuin deutschen Variante innerhalb Europäischen Rahmens. Dass auf EU-Ebene dann auch ein architektonisches Grundgerüst entstand und Prinzipien neu oder fortentwickelt wurden,

---

1 Richtlinie 89/592/EWG des Rates vom 13.11.1989 zur Koordinierung der Vorschriften betreffend Insidergeschäfte, ABl.EG 1989 L 334/30. Zur Aufgabe des Grundsatzwiderstandes aus Deutschland im April 1989 etwa *Assmann* AG 1994, 196 (199). Zu den späteren Etappen unten bei Fn. 9 und 11.

2 Richtlinie des Rates 89/298 vom 17.4.1989 zur Koordinierung der Bedingungen für die Erstellung, Kontrolle und Verbreitung des Prospekts, der im Falle öffentlicher Angebote von Wertpapieren zu veröffentlichen ist [sog. Emissions- oder Verkaufsprospekt-Richtlinie], ABl.EG 1989 L 124/8. Literatur vgl. *Lutter*, Europäisches Unternehmensrecht, 3. Aufl. 1996, S. 605–618. Zu den späteren Etappen unten bei Fn. 8. Die Börsenprospektpflicht ist ungleich älter, weit vor Gründung der Europäischen Gemeinschaft(en) autonom im deutschen Recht verankert (vgl. § 38 (Pflicht) und § 43 (Haftung) des Börsengesetzes vom 22.6.1896, RGBl. Nr. 15, S. 157 ff.), 1989 jedoch längst ebenfalls in einer EG-Richtlinie geregelt (Richtlinie des Rates 80/390 vom 17.3.1980 zur Koordinierung der Bedingungen für die Erstellung, die Kontrolle und die Verbreitung des Prospekts, der für die Zulassung von Wertpapieren zur amtlichen Notierung an einer Wertpapierbörse zu veröffentlichen ist [sog. Börsenzulassungsprospekt-Richtlinie], ABl.EG 1980 L 10, S. 1).

https://doi.org/10.1515/9783110632323-002

liegt nahe, wird tendenziell jedoch eher zu wenig beachtet. Zugleich handelt es sich bei dem entstehenden Gebiet um eines, bei dem das Gewand doch lange Zeit ein nationales war und noch immer ist. Das WpHG und seine Geschichte – auf Europäischem Hintergrund – steht geradezu paradigmatisch für diese Tendenzen im legislatorischen Bereich (unten 2.). Die Europäisierung ist jedoch nicht nur ein legislatorisches Phänomen. Jedenfalls Judikative, Rechtswissenschaften und Aufsichtsarchitektur gehören ebenso zum Bild (unten 3., 4. und 5.), und der Nachvollzug der legislatorischen Trends erscheint in allen drei Linien eher zögerlich.[3]

## II. Europäisierung der Wertpapierhandelsgesetzgebung (mit WpHG)

### 1. Europäische Kernregulierung, nationale Ausfüllung und punktuell Fortentwicklung

Das *Wertpapierhandelsgesetz (WpHG)*, das mit seinen 2 ½ Dekaden Entwicklung und Konzeptbildung Gegenstand des vorliegenden Bandes ist,[4] bildet sicherlich das Wichtigste unter den Umsetzungsgesetzen für eine Vielzahl weiterer EG/EU-Rechtsakte – durchweg in zwei bis vier aufeinander folgenden Generationen fortgeschrieben. *Hopt* nobilitierte das WpHG gar als „Grundgesetz" des Wertpapierhandels.[5] In der Tat erfasste es als Umsetzungsakt neben der EG-Insiderhandels-Richtlinie noch zwei weitere wichtige EG-Richtlinien, namentlich die 1993 bzw. 1988 hinzugekommenen bzw. vorangegangenen EG-Wertpapierdienst-

3 Gesamtdarstellungen der „Europäisierung" und WpHG-Entwicklung, die eine gewisse Vergleichbarkeit zur Vorliegenden haben: Veil, Europäisches Kapitalmarktrecht, 2. Aufl. 2014, § 1 Rn. 19 – 24, sowie § 6 Rn. 38. Im Folgenden sei – wiederum aus Platzgründen – für ausführlichere Belegstellen jeweils auf die zitierten Passagen in der Gesamtdarstellung GK-HGB/*Grundmann* 5. Aufl. 2015 – 2018, Bde. 11/1, 11/2 und auch 10/1 verwiesen, als (zweibändiges) Gesamtwerk Neuauflage im Erscheinen als *Grundmann*, Bankvertragsrecht, 2019.

4 Gesetz über den Wertpapierhandel (Wertpapierhandelsgesetz – WpHG), Art. 1 des Gesetzes über den Wertpapierhandel und zur Änderung börsenrechtlicher und wertpapierrechtlicher Vorschriften (Zweites Finanzmarktförderungsgesetz) vom 26.7.1994, BGBl. I S. 1749, letzte große Novelle mit kompletter Neuzählung BGBl. 2017 I S. 1693 (2. FiMaNoG).

5 *Hopt* ZHR 159 (1995) 135, 135. Auch der erste große Sondergesetz-Kommentar aus diesem Bereich hatte das WpHG zum Gegenstand: Assmann/Schneider, Wertpapierhandelsgesetz – Kommentar, 1. Aufl. 1995, 7. Aufl. Assmann/Schneider/Mülbert, Wertpapierhandelsrecht Kommentar – WpHG MAR PRIIP MiFIR Leerverkaufs-VO EMIR, 2019.

leistungs- und EG-Transparenz-Richtlinien.[6] Das hatte u. a. zur Konsequenz, dass in ihm auch das *„Grundgesetz" des Sekundärmarktrechts* insgesamt gesehen werden konnte, was (angesichts ihrer Aufteilung in drei Akte – und für andere Materien viele weitere mehr) von den EG-Richtlinien kaum gesagt werden konnte, und dass solchermaßen im deutschen Gewande der Umsetzung über die EG-Vorgaben hinaus System gebildet – oder abgebildet – wurde.

Unterscheidet man hierbei – trotz der funktionalen Wechselbezüge zwischen beiden – (kapitalmarktrechtliches) Primärmarkt- und Sekundärmarktrecht und sieht beide als die beiden Hauptblöcke bei einer Systembildung,[7] so vollzog sich die spätere Entwicklung – *im Verhältnis EU-Vorgabe und deutsches Recht* – signifikant unterschiedlich. Im Primärmarktrecht kann die Hauptentwicklung für das Kerninstrument – die Prospektpflicht – auf beiden Ebenen parallel als eine zunehmende Herauslösung aus dem Börsenrecht hin zu einem alle regulierten Märkte erfassenden „horizontalen" Instrument oder Regime verstanden werden, wobei mit Erlass der EU-Prospekt-VO als dem Schlusspunkt ab 2019 die Regelung weitgehend nur noch auf der EU-Ebene fortbesteht (mit unmittelbarer Anwendbarkeit im nationalen Rechtsverkehr).[8] Demgegenüber vollzog sich die *Entwicklung im Sekundärmarktrecht* in Gegenbewegungen. Das WpHG entstand zuerst als breite Kodifikation zu Sekundärmarktmaterien, die das EG-Recht eher verstreut regelte, nahm in der Folgeetappe (mit dem Marktmanipulationsrecht)[9] – weiter-

6 Richtlinie 93/22/EWG des Rates vom 10.5.1993 über Wertpapierdienstleistungen, ABl.EG 1993 L 141/27. Zu den späteren Etappen unten bei Fn. 10 und 19. Sowie: Richtlinie 88/627/EWG des Rates vom 12.12.1988 über die bei Erwerb und Veräußerung einer bedeutenden Beteiligung an einer börsennotierten Gesellschaft zu veröffentlichenden Informationen, ABl.EG 1988 L 348/1; dann – bereits breiter – RL 2004/109/EG und heute Richtlinie 2013/50/EU ... zur Harmonisierung der Transparenzanforderungen in Bezug auf Informationen über Emittenten, deren Wertpapiere zum Handel auf einem geregelten Markt zugelassen sind ..., ABl.EU 2013 L 294/13.

7 Zu dieser Wasserscheide – und bestehenden Wechselbezügen – näher *Zetzsche/Wachter* in Gebauer/Teichmann, EnzEuR, Bd. 6, § 7 Rn 1–128; *Seiler/Geiger* in Schimansky/Bunte/Lwowski, BankR-Hdb, Vor § 104 Rn. 15–19.

8 Verordnung (EU) 2017/1129 des Europäischen Parlaments und des Rates vom 14. Juni 2017 über den Prospekt, der beim öffentlichen Angebot von Wertpapieren oder bei deren Zulassung zum Handel an einem geregelten Markt zu veröffentlichen ist und zur Aufhebung der Richtlinie 2003/71/EG, ABl.EU 2017 L 168/12. Als Zwischenetappen nach dem oben Fn. 2 genannten Rechtsakt noch Richtlinie 71/2003/EG des Europäischen Parlaments und des Rates vom 4.11.2003 betreffend den Prospekt, der beim öffentlichen Angebot von Wertpapieren oder bei deren Zulassung zum Handel zu veröffentlichen ist, und zur Änderung der Richtlinie 2001/34/EG, ABl.EG 2003 L 345/64, und wichtige Änderungen: RL 2010/73/EU (ABl.EU 2010 L 327/1) und zuletzt RL 2014/51/EU (ABl.EU L 153/1).

9 Viertes Finanzmarktförderungsgesetz vom 21.6.2002, BGBl. 2002 I, S. 2010, in Vorwegnahme von Richtlinie 2003/6/EG des Europäischen Parlaments und des Rates vom 28.1.2003 über In-

hin streng in dieser Logik – auch neu hinzukommende sekundärmarktrechtliche Regelungsbereiche auf. Doch dann, vor eineinhalb Dekaden, setzte die Gegenbewegung ein. Auf Europäischer Ebene wurde in der zweiten Generation die EG-Wertpapierdienstleistungs-Richtlinie in eine Markt für Finanzinstrumente-Richtlinie (MiFID I) ausgeweitet, die jetzt mit den umfangreichen allgemeinen Begriffsbestimmungen für alle kapitalmarktrechtlichen EG/EU-Rechtsakte und mit der Ausgestaltung aller regulierten Märkte jenseits des amtlichen Börsenhandels selbst den Charakter eines doch sehr allgemeinen, übergreifenden Rechtsakts annahm (mit primär sekundärmarktrechtlicher Ausrichtung).[10] Und umgekehrt verlor, als die Materien von Insider- und Marktmanipulationsverbot, Ad-hoc-Publizität und Directors' Dealing sämtlich in die EU-Marktmissbrauchs-VO überführt wurden,[11] das WpHG weite Teile des Integritäts- und allgemeiner des Marktrechts im Rahmen des Wertpapierhandelsrechts. All dieses findet sich – mit Ausnahme der straf- und bußgeldrechtlichen Bewehrung – nicht mehr im WpHG. Untergliedert man die Materien des Sekundärmarktrechts – funktional und nach Hauptadressaten unterschieden – in solche, die Marktanforderungen generell betreffen, solche, die die Organisation der Träger und Institutionen betreffen und solche zu den individuellen Kundenbeziehungen,[12] so sind allein die Letztgenannten noch ganz im WpHG geregelt, von den Zweitgenannten ein Gutteil (nicht die Börsen), die Erstgenannten gar nicht mehr – zumal auch alle weiteren EU-

---

sider-Geschäfte *und Marktmanipulation* (Marktmissbrauch), ABl.EG 2003 L 96/16; näher GK-HGB/*Grundmann* 6. Teil Rn. 262 f, 431 ff.

**10** Richtlinie 2004/39/EG des Europäischen Parlaments und des Rates vom 21.4.2004 über Märkte für Finanzinstrumente, zur Änderung der Richtlinien 85/611/EWG und 93/6/EWG des Rates und der Richtlinie 2000/12/EG des Europäischen Parlaments und des Rates und zur Aufhebung der Richtlinie 93/22/EWG des Rates, ABl.EG 2004 L 145/1 und 2005 L 45/18. Für Fragen der Systembildung dann nicht mehr so umstürzend die Novellierung in der dritten Generation, mit MiFID II und MiFIR (RL 2014/64/EU und VO [EU] 600/2014) – dazu noch unten bei Fn. 19. Nähere Darstellung der Entwicklung hin zur dritten Generation (einschließlich Belegen zu allen Rechtsakten und Vorschlägen) bei GK-HGB/*Grundmann* 8. Teil Rn. 6–8 (EU-Ebene) und 9–15 (Umsetzung, mit Konkordanzen); sowie (für den Kernbereich) etwa *Grundmann* ZBB 2019, 1.

**11** Verordnung (EU) Nr. 596/2014 des Europäischen Parlaments und des Rates vom 16. April 2014 über Marktmissbrauch (Marktmissbrauchsverordnung) und zur Aufhebung ..., ABl.EU 2014 L 173/1; zeitgleich Richtlinie 2014/57/EU des Europäischen Parlamentes und des Rates vom 16. April 2014 über strafrechtliche Sanktionen bei Marktmanipulation (Marktmissbrauchsrichtlinie), ABl.EU 2014 L 173/179. Zu den vorangegangenen Etappen oben bei Fn. 1 und 9; dazu – und zur Zweispurigkeit – GK-HGB/*Grundmann* 6. Teil Rn. 431–437; *Klöhn* in Klöhn, MAR, 2018, Einleitung Rn. 8, 10, 30 f., 50.

**12** So in der Tat der Band 11 zum Investment Banking in der 5. Aufl. des GK-HGB, mit dem 6. Teil zum Marktrecht (*Grundmann/Möslein*), dem 7. Teil zu den Organisationsanforderungen (*Binder*), und dem 8. Teil zu den individuellen Kundenbeziehungen (*Grundmann*).

Rechtsakte zu Marktstandards (EMIR, EU-Benchmark- und EU-Leerverkaufs-VO) als EU-Verordnungen –[13] und daher zwingend außerhalb des WpHG – ergingen. Das Sekundärmarktrecht erscheint heute in zwei Strängen: mit Marktrecht ieS und mit Organisations- und Kundenrecht, Ersteres in EU-Verordnungen und außerhalb des WpHG, Zweiteres im WpHG – als Umsetzung der MiFID II, die heute im Wesentlichen dieselben Materien wie das WpHG umfasst. Letzteres hat zwei Konsequenzen: Nur die EU-Ebene bildet das gesamte Sekundärmarktrecht ab, das WpHG nur einen von zwei Zweigen. Und das WpHG hat seine systembildende Kraft weitgehend eingebüßt – weil die MiFID II selbst schon auf EU-Ebene im Wesentlichen die gleichen Materien vereint, nicht mehr – wie im Ausgangspunkt 1993/95 mit der EG-Wertpapierdienstleistungs-Richtlinie – nur einen Teilbereich des WpHG.

Immerhin verbleiben gewisse Reste wie die Beteiligungstransparenz, in denen das WpHG breiter ausgreift. Immer wieder schritt zudem der WpHG-Gesetzgeber voran und der Europäische folgte. Die Regelung der Marktmanipulation wurde als Beispiel genannt, ein anderes Beispiel bilden Honorarberatung und allgemeiner das Regime zur Eingrenzung von Interessenkonflikten, die aus der Provisionsgestaltung und -problematik resultieren. Und nicht zuletzt bleibt auch in der Binnenstruktur die wichtige Aufgabe von sinnvoller Gliederung immer wieder beim WpHG-Gesetzgeber. Letztlich jedoch ist aus dem „Grundgesetz" ein „Hauptumsetzungsakt" – für MiFID II – geworden.

## 2. Europäische System- und Prinzipienbildung

Angesichts der zunehmenden – und geradezu flächendeckenden – Dichte der kapitalmarkt- und wertpapierhandelsrechtlichen Regulierung auf EU-Ebene (oben 1.) und angesichts der damit einhergehenden Zunahme von unmittelbarer Anwendbarkeit und erschöpfender Abdeckung in EU-Rechtsakten (unten 2.) liegt es nahe, dass die EU-Ebene zunehmend auch system- und prinzipienbildend wirkt. Auf zwei *systembildende Entwicklungen* wurde bereits hingewiesen. Mit dem oben genannten Startschuss vom April 1989 wurde die insoweit wohl wichtigste Entwicklung angestoßen, die über die Jahrzehnte – namentlich mit MiFID I und II – konsequent weiterverfolgt wurde. Es wurde seitdem ein enges klassisches Börsenrecht – für ein exklusives und Premiumsegment – fortentwickelt in breites Kapitalmarktrecht, fußend in einem Konzept allgemeinen Anleger-

13 Darstellung dieses Bestandes und Belegstellen bei GK-HGB/*Grundmann* 6. Teil Rn. 550 – 826.

und Marktschutzes.[14] Weniger prominent wirkte der Europäische Entwicklungsstrang nach dem Gesagten bei der Scheidung in Primär- und Sekundärmarktrecht als maßgebliche Pfeiler. Diese wird man jedoch heute auch als Systemelement des Europäischen Entwicklungsstrangs zu sehen haben – vor allem, weil hier das Börsenrecht mit vertikalem Zuschnitt völlig ausgehöhlt und zurückgedrängt wurde durch einen allgemein kapitalmarktrechtlichen Ansatz mit (eher) primärmarkt- und mit (eher) sekundärmarktrechtlichen Rechtsakten.[15]

Die sekundärmarktrechtlichen Rechtsakte – mit im Kern dem Wertpapierhandelsrecht – dominieren zahlen- und umfangmäßig deutlich. System- und zugleich prinzipienbildend wirkt die zunehmende *Verfestigung von Hauptzielrichtungen*, die speziell in diesem Bestand zu konstatieren ist. Zwei sind besonders nennenswert. Bei der Marktintegrität wurde zunehmend mit einem – eher diffusen – Vertrauen großer Anlegerkreise argumentiert, das besonders delikat und schutzwürdig sei – und damit umgekehrt davon abgesehen, nur bei exakt quantifizierbaren Schädigungen zu regulieren. Diese Linie wurde für die Insiderhandelsverbote zugrunde gelegt – und die verschiedenen Präventionsmaßnahmen (Weitergabeverbot, ad hoc Publizität, Directors' Dealing) mit dieser Idee gerechtfertigt –, dann auf die Marktmanipulationsverbote übertragen, früh dann auch mit der EU-Benchmark-VO auf den Libor-Skandal und das erschütterte Vertrauen reagiert. Die Argumentation mit Vertrauen ist weicher als ein Verweis auf konkrete Schädigung oder Schädigungsgefahr, es wird auch schon ab einer früheren Schwelle der böse Anschein (präventiv) vermieden.[16] Das besondere

---

**14** Zu dieser Entwicklung etwa *Merkt*, Zur Entwicklung des deutschen Börsenrechts von den Anfängen bis zum Zweiten Finanzmarktförderungsgesetz, in Hopt/Rudolph/Baum, Börsenreform, 1997, S. 138 ff.

**15** Vgl. Zusammenfassung in GK-HGB/*Grundmann* 5. Teil Rn. 113–117 der sehr radikalen Entwicklung in einigen wenigen Jahren direkt nach der Jahrtausendwende, mit Aushöhlung der EG-Börsen-RL 2001/34/EG, die ihre ursprünglichen Regeln zu Prospekt und periodischer Transparenz verlor, massive Streichungen und keine echten Änderungen mehr erfuhr und seitdem gegenüber Drittstaaten auch nicht mehr als Referenz fungiert: vgl. Durchführungsbeschluss [EU] 2017/2441 der EU-Kommission zu Gleichwertigkeit Schweizer Börsenregulierung.

**16** Zum Erhalt von Anlegervertrauen als zentraler Zielvorgabe vgl. etwa Erwärungsgründe 1 und 13 der EG-Marktmissbrauchs-Richtlinie; *Mülbert/Sajnovits* ZfPW 2016, 1, 14, 34; differenzierend *Klöhn* ZHR 178 (2014), S. 671, 702; kritisch zum Rechtsgut „Vertrauen" *Beckemper* ZIS 2011, 318. Bekanntlich wurde der Umschwung von einem Verständnis des Insiderhandels als „victimless crime" (*Manne*) zu dem eines gemeinschädlichen Agierens dadurch befördert, dass Market Maker als die typische Marktgegenseite von Insidern als die konkret Geschädigten (und damit der naheliegende Risikoaufschlag und die Verteuerung von Kapitalaufnahme als Hauptgrund) erkannt wurden: vgl. statt aller *Schmidt* in Hopt/Wymeersch, European Insider Dealing – Law and Practice, 1991, S. 21, 28 ff. Die Richtlinie jedoch sprach – weicher und allgemeiner – von Anlegervertrauen. Zu den genannten Einzelregelkomplexen, jeweils unter dem Aspekt Vertrau-

Gewicht, das auf Überlegungen von Marktintegrität gelegt wird, hat mit der Finanzkrise wohl eher zugenommen. Ganz durch diese bedingt ist die Entwicklung und zunehmende Stärkung eines anderen zentralen Rechtsfertigungsansatzes für Kapitalmarktregulierung, das Interesse an einer Stabilisierung von Massentransaktionen, namentlich mit verpflichtendem Clearing bei CCPs, Absicherung, Transparenz und Nachvollziehbarkeit von Leerverkäufen, besonders weitgehend bei ungedeckten, und OTC-Derivaten. Die Stabilisierung solcher Massentransaktionen ist von dem – viel weitergehend auch mit EU-Aufsichtsstrukturen (EZB) verfolgten – Ziel einer Stabilisierung von Instituten zu unterscheiden, mit Letzterem jedoch verbunden, da in Teilen dieser Massentransaktionen (und massenhaftem Ausfall) auch einer der Hauptgründe für die Krise der Kreditinstitute erkannt wurde.[17]

Schutz des (delikaten) Anlegervertrauens und Stabilitätsvorsorge bei ausfallanfälligen, intransparenten Massentransaktionen, die auch die Institutsstabilität gefährden, bilden Hauptziele, geradezu Systemdeterminanten. Wie weitgehend diese Zielvorgaben dann jedoch in die Anwendung hineinwirken, nunmehr als sehr konkrete Prinzipien, zeigt etwa der Umstand, dass für Marktintegritätsfragen offenbar zunehmend nicht mehr der Vorsatz der Akteure gefordert wird – ihre Handlungsfreiheit schützend –, sondern vielmehr bloße Eignung, etwa Preisverfälschungseignung, genügt, wenn sie nur deutlich erkennbar war.[18] Solchermaßen wird die Eingriffsschwelle wiederum früh angesetzt, auch den bösen Anschein unterbindend.

---

ensschutz, GK-HGB/*Grundmann* 6. Teil Rn. 255–259, 262, 550, 552, 637, 766–773. Dazu, dass auch Überlegungen aus dem Bereich der Verhaltensökonomik heute diesen Begründungstopos stärken (für den Bereich der Interessenkonflikte): *Grundmann/Hacker* in Busch/Ferrarini, Regulation of the EU Financial Markets – MiFID II and MiFIR, 2017, S. 165, bes. 169–178 und 199–204.

**17** Zu diesem Stabilitätsziel, das im EU-Kapitalmarktrecht nach der Finanzkrise zunehmend Rechtsakte rechtfertigt, vgl. GK-HGB/*Grundmann* 6. Teil Rn. 552–557, 561, 563, 594, 599, 619 f, 637 f, 655–658, 758, 766–773. Dazu, dass die genannten Transaktionsformen als (Teil-)Ursachen der Finanzkrise gesehen werden, vgl. nur 4. und 7. Erw.grund EMIR; sowie etwa *Hartenfels* ZHR 178 (2014) 173, 178 f.

**18** Bahnbrechend in diese Richtung das Urteil des EuGH in Sachen *Spector Photo Group* (unten Fn. 25) und die Entwicklung der EG-Marktmissbrauchs-Richtlinie (Art. 12 Abs. 1 lit. b und Abs. 2 lit. a MAR), vgl. näher Überblick bei GK-HGB/*Grundmann* 6. Teil Rn. 196, 201–210, 218. Zu einem weiteren gewichtigen Beispiel, in dem umgekehrt das Ziel des Anlegervertrauens m. E. auf konkreter Anwendungsebene nicht adäquat als die maßgebliche Leitlinie durchgesetzt wurde, unten bei Fn. 29.

## 3. Zunehmende Europäisierungsintensität bei den Einzelinstrumenten

Das Bild wäre unvollständig, wenn nicht auch auf zwei Formen einer sprunghaft zunehmenden Europäisierungsintensität zumindest hingewiesen würde. Mehrfach wurde darauf hingewiesen, dass Rechtsakte in Folgegenerationen – also heute – als EU-Verordnung erlassen sind, das deutsche Recht sich also auf punktuelle Ausführungsregeln beschränkt (etwa zur Behördenzuständigkeit und – zivilrechtlich am wichtigsten – zu den Sanktionen). Das gilt für die EU-Marktmissbrauchs-VO (einschließlich Ad-hoc-Publizität und Directors' Dealing), die EU-Prospekt-VO, gewisse Teile aus dem Bereich der MiFID II (MiFIR), und die genannten EU-Verordnungen für Nebenbereiche der Marktstandards und -strukturen (EMIR u. a.). Als wahrhaft übergreifender Rechtsakt in Richtlinienform ist – neben doch inzwischen weniger wichtigen Rechtsakten wie der (alten) EG-Börsen- und der EU-Transparenz-Richtlinie – nur MiFID II verblieben, die weiterhin Richtliniengewand annimmt und der Umsetzung bedarf: im WpHG.[19] Zu dieser Intensivierung Europäischen Charakters beim Instrument – mit unmittelbarer Anwendung (Art. 288 Abs. 2 AEUV) – tritt die Intensivierung im Inhaltlichen. Auch MiFID II – als die wichtigste Richtlinie – beschränkt sich längst nicht mehr auf die Vorgabe von „Zielen" und überlässt „Form und Mittel" dem nationalen Recht, wie das Leitbild in Art. 288 Abs. 3 AEUV suggeriert. Vielmehr handelt es sich in den meisten Feldern um kodifikatorisch ausgestaltete Regelungen, die nach dem Gesagten (vor allem mit MiFID I) sehr zentrale neue Felder erschlossen – etwa die regulierten Märkte jenseits des amtlichen Börsenhandels und zunehmend die interne Organisation von Wertpapierfirmen, jedoch auch unzählige Details der Wohlverhaltensregeln. Zudem erfolgen auch fundamentale Neuausrichtungen – etwa die Einführung der Produkt-Governance, der Produktverbote, aber auch die Ausformung einer binären Alternativstruktur in den Beratungsangeboten, namentlich mit der Provisionsfrage – (primär oder exklusiv) durch den EU-Rechtsakt.[20] Das WpHG-Gewand zeichnet zunehmend nur noch – wie in *Pontormos* Florentiner „Kreuzabnahme" – jede Einzelwölbung im „Muskelpaket" der MiFID II nach.

---

**19** Richtlinie 2014/65/EU des Europäischen Parlaments und des Rates vom 15. Mai 2014 über Märkte für Finanzinstrumente sowie zur Änderung der Richtlinien 2002/92/EG und 2011/61/EU, ABl.EU 2014 L 172/349; verbunden mit Verordnung (EU) Nr. 600/2014 des Europäischen Parlaments und des Rates vom 15. Mai 2014 über Märkte für Finanzinstrumente und zur Änderung der Verordnung (EU) Nr. 648/2012, ABl.EU 2014 L 173/84.

**20** Darstellung bei GK-HGB/*Grundmann* 8. Teil Rn. 160–164, 214–217, 244–251; und komprimiert *Grundmann* ZBB 2019, 1, 14–19.

## III. Europäisierung der Judikatur zum Wertpapierhandelsrecht

### 1. Eckpunktentscheidungen des EuGH

Intensiv europäisiert erscheint Kapitalmarktrecht auch in der Judikative, wo es durch die EuGH-Rechtsprechung konkretisiert wird. Das geschah für verschiedene der genannten EU-Rechtsakte.[21] Schon aus Platzgründen scheidet jedoch eine breite Übersicht aus und müssen die Ausführungen auf die WpHG-Materien zugespitzt werden. Auch hier ist insgesamt zu konstatieren, dass wichtige Klärungen durchaus vorgenommen wurden, umgekehrt jedoch eine vergleichbare Dichte wie etwa in der Kick-back-Rechtsprechung des BGH (vgl. § 70 WpHG) oder auch nur seiner Rechtsprechung zu Aufklärungspflichten im Beratungsvertrag (§§ 63f. WpHG) nicht annähernd erreicht wird. Vielmehr bilden die (in allen EU-Sprachen verfügbaren) EuGH-Urteile Solitäre, wenn auch jedes von erheblicher Bedeutung inhaltlich und wegen seiner EU-weiten Reichweite – dennoch Solitäre. Bisher betrafen sie ungleich intensiver diejenigen Materien, die das WpHG (später) an die MAR verlor, als diejenigen, die im WpHG verblieben. Früh entschied der EuGH über mögliche Ausnahmen vom Verbot, Insiderinformationen weiterzugeben, und begrenzte diese auf Fälle (absoluter) Unerlässlichkeit.[22] Bald darauf präzisierte er für die Insiderinformation selbst, dass in gestreckten Tatbeständen (etwa der Durchführung einer Aktion, die mehrerer Zustimmungen bedarf) jede neue Etappe neu zu bewerten sei, wenn nur der spätere Eintritt des Zielereignisses genügend wahrscheinlich sei, um schon von einer präzisen Information zu sprechen,[23] und dass es genüge, wenn ein erheblicher Kursausschlag zu erwarten sei, gleichgültig in welche Richtung oder ob nur für sehr kurze Zeit.[24] Besonders

---

21 Etwa EuGH Rs C-359/12 – *Timmel/Aviso Zeta*, ECLI:EU:C:2014:325 = EuZW 2014, 581 (bes. Rz. 41ff) (zu Unrichtigkeit, auch nachträglicher, von Prospekten, damit nötigen Nachträgen zu diesen und dem Kriterium „leichter Zugänglichkeit"); EuGH Rs C-174/12 – *Hirmann/Immofinanz*, ECLI:EU:C:2013:856 = EuZW 2014, 223 (zum Verhältnis zwischen Prospekthaftung und – ebenfalls EU-rechtlich vorgeschriebenem – Kapitalerhaltungsgrundsatz). Neben der Fallaufzählung in den nächsten Fn. vgl. auch die *Bankinter*-Entscheidung unten Fn. 29.

22 EuGH Rs 384/02 *Knud Grøngaard u.a.*, Slg. 2005, I-9939 (Arbeitnehmervertreter im Aufsichtsrat reichte Information an Gewerkschaftskollegen weiter).

23 EuGH Rs C-19/11 *Geltl/Daimler – Schrempp*, ECLI:EU:C:2012:397 = EuZW 2012, 708 (bes. Tz 31ff; schon Vorstandsbeschluss, wenn Aufsichtsratsbeschluss noch folgen muss; auch zum Abstellen auf „vernünftigen" Anleger als Maßstab).

24 Für das Erste: EuGH Rs C-628/13 *Lafonta/AFM*, ECLI:EU:C:2015:162 = EuZW 2015, 387 (u.a. zum „Anschleichen" beim Beteiligungsaufbau). Für das Zweite: EuGH Rs C-445/09 *IMC Securities*,

wichtig für die oben genannte Prinzipienbildung war das frühe Urteil zum Tatbestandsmerkmal des „Nutzens" einer Insiderinformation, in dem davon ausgegangen wurde, dass das Wissen darum, dass es sich um eine Insiderinformation handele, genüge, nicht auch eine Ausnutzens-, etwa Gewinnabsicht dargetan werden müsse.[25] Bloße Eignung genüge unter diesen Umständen. Insgesamt geht die Tendenz in Richtung Objektivierung des Tatbestandes, gut beweisbare Umstände und Zurückdrängung von Ausnahmen. Können manche dieser Leitlinien auch noch für den verwandten Tatbestand der Marktmanipulation fruchtbar gemacht werden – namentlich das Abstellen auf bloße Eignung statt auf subjektive Merkmale (oben II. 2.) –, so ist gleiches für die Aufklärungs- und Interessenwahrungspflichten, die den Kern der Wohlverhaltenspflichten (§§ 63 ff. WpHG) bilden, nicht der Fall. Obwohl die Ausgestaltung dieser Pflichten im nationalen Recht – jedenfalls im deutschen – die höchstrichterliche Rechtsprechung deutlich mehr beschäftigt als Marktmissbrauchsfragen, hatte der EuGH hierzu nicht zu judizieren[26] und erfolgte damit im noch heute verbliebenen Kernbereich des WpHG nicht diese Art Europäisierung in den Problemfragen.

---

Slg. 2011, I-5917–5933 = EuZW 2011, 715 (zur Ausnutzung von Massenaufträgen); dazu *Klöhn* NZG 2011, 934.

**25** EuGH Rs C-45/08 *Spector Photo Group NV*, Slg. 2009 I, 12073; dazu etwa: *Arden* ECFR 2010, 342; *Böse* (2011) 48 CMLR 189; *Klöhn* ECFR 2010, 347; zum Schlussantrag von GA *Kokott* etwa *Cascante/Bingel* AG 2009, 894 (i.Erg.: Vermutung).

**26** Zahlen hier und im Folgenden zu den höchstrichterlichen Entscheidungen für BGH und für die Judikatur des EuGH aufgrund juris- und de jure-Recherche zu den genannten Rechtsakt-Paketen (Marktmissbrauch bzw. MiFiD-Familie). Auf EuGH-Ebene 7 zur Marktmissbrauchs-Richtlinie (alle in diesem Aufsatz besprochen, außer die Entscheidungen zu (aus Italien vorgelegten) Fällen der Doppelbestrafung C-537/16 und verb. Rs. C-586/16 und C-597/16, für welche die del Grande Entscheidung der EGMR maßgeblich ist: EGMR Urt. v. 4. 3. 2014 Rs. 18640/10, 18647/10, 18663/10, 18668/10 und 18698/10 [*Grande Stevens ./. Italien*], ECLI:CE:ECHR:2014:0304JUD00186401–0 = NJOZ 2015, 712) und eine zur MAR (Vertragsverletzungsverfahren Spanien C-599/17). Umgekehrt zwar 17 Urteile zu MiFID I und 7 zu MiFID II (bei Eliminierung der „Doppelzählungen" aufgrund von Schlussanträgen Generalanwälte bzw. Erledigungsentscheidungen) auch nur gut 10 Entscheidungen, außer der Bankinter-Entscheidung (unten Fn. 29) sämtlich nur zum Anwendungsbereich (vor allem der daraus folgenden Zulassungspflicht), zur Anwendbarkeit des jeweiligen Einleger-/Anlegerentschädigungsregimes und eine noch nicht entschiedene Vorlage zur Abgrenzung Verbraucher/Anleger (C-8/18), hingegen keine einzige zum Inhalt all der – zentralen – Wohlverhaltensregeln. Inhaltlich liegt also das Schwergewicht beim Marktmissbrauch, auch zahlenmäßig dominieren die Entscheide zur MiFID-Familie nicht wirklich. Beim BGH stehen umgekehrt 38 Urteilen zu § 31 WpHG a.F. bzw. §§ 63 f. WpHG, nochmals ca. der gleichen Zahl allein zu Kick-backs (§ 70 WpHG), insgesamt also über 70 Urteilen nur 11 zu Insiderverstößen (§§ 13, 14 WpHG a. F.), 14 zu Ad-hoc-Publizität (§ 15 WpHG a. F.) und 10 + 3 [BVerfG] zur Marktmanipulation (§ 20a WpHG a. F.) gegenüber, also die doppelte Zahl im Bereich der MiFID-Familie.

## 2. Zögern bei der Übernahme der Standards in der nationalen Gerichtspraxis

Die nationale Gerichtspraxis – in Deutschland, jedoch vergleichbar jedenfalls auch in den anderen großen Mitgliedstaaten – arbeitet praktisch nie EU-ausländische Rechtsprechung (oder Literatur) ein und dies selbst nicht in Judikaten zu Normen aus EU-Verordnungen bzw. zu Materien, in denen (wie im Kapitalmarktrecht die Regel) die jeweilige nationale Norm als Umsetzung einer EU-Richtlinie zu sehen ist. Jedenfalls gehen solche Überlegungen nicht in die Urteilsgründe ein. Nach eigener – wenn auch nicht repräsentativer – Durchsicht der m. E. wichtigsten ca. 50 höchstrichterlichen Entscheidungen zu solchen Materien im Wertpapierhandelsrecht macht EU-ausländische Judikatur weniger als 1% der Zitate aus.

Daher bildet die Vorlage an den EuGH im Vorabentscheidungsverfahren nach Art. 267 AEUV den wichtigsten Transmissionsriemen, über den Austausch zwischen den Judikaturen der Mitgliedstaaten – gleichsam sternförmig mit dem EuGH als Zentrum – stattfindet. Im WpHG – das nach dem Gesagten legislativ im Wesentlichen auf EU-Vorgaben zurückgeht – bilden den im vorliegenden Beitrag behandelten Kernbestand *einerseits* die Insider- und Marktmanipulationsverbote, Ad-hoc Publizität, Directors' Dealing (alle seit 2016 in der MAR), Beteiligungstransparenz und *andererseits* die Wohlverhaltensregeln. Zu diesen Materien ergingen ca. *35* bzw. (im zweitgenannten Bereich) gut *70* höchstrichterliche Entscheidungen (vor allem des XI. Zivilsenats, vgl. Fn. 26), demnach idR in so umstrittenen und in Rechtsfragen unklaren Konstellationen, dass Revision eingelegt wurde, die Mehrzahl *klageabweisend.*[27] Unter diesen gut 70 Entscheidungen im Bereich Wohlverhaltensregeln finden sich keine Vorlagen an den EuGH (*eine* im Bereich Marktmissbrauch/Insiderinformationen im Fall *Geltl*), obwohl nach der C.I.L.F.I.T.-Rechtsprechung des EuGH die Pflicht letztinstanzieller Entscheidungskörper zur Vorlage (Art. 267 Abs. 3 AUEV) nur dann entfällt, wenn die Entscheidung in der Sache jenseits jeden Zweifels steht (sog. „acte claire")[28] oder der Schutzstandard der Richtlinie sicher erreicht ist (so bei Urteilen, die dem Anlegerbegehren stattgeben, es *nicht* abweisen). Wohl keine Frage zum WpHG ist für das Wertpapierhandelsrecht insgesamt vergleichbar wichtig (und umstritten) wie die nach den zivilrechtlichen Wirkungen. Denn die Antwort auf die Frage, ob die WpHG-Standards auch Inhalt der (zivilrechtlichen) Kundenbeziehung wer-

---

**27** Grundlage bilden entsprechende juris-Recherchen und die Falldurchsicht für GK-HGB/*Grundmann* 6. bis 8. Teil, auch für die Aussagen zu Vorlagen an den EuGH im Folgenden.
**28** EuGH Rs 283/81 *CILFIT*, Slg. 1982, 3415.

den – der BGH antwortete in den meisten Fällen verneinend,[29] anders als wichtige ausländische Revisionsgerichte[30] – entscheidet zugleich darüber, ob das WpHG in beiden Hauptsträngen Anwendung findet (Aufsichtsrecht und Bankvertragsrecht) oder im Zweiten schon a limine nicht. Dennoch hat der BGH diese Frage – obwohl er vielfach einen Verstoß gegen Wohlverhaltenspflichten verneinte – nie dem EuGH vorgelegt, auch wenn potentiell die EU-Vorlage bei Anwendbarkeit auch auf die zivilrechtliche Kundenbeziehung ein anderes Ergebnis gezeitigt hätte.

## IV. Europäisierung der rechtswissenschaftlichen Kapitalmarktrechtsanalyse

Wissenschaftliche Kapitalmarktrechtsanalyse – zum WpHG – ist auf die Einzelanwendung fokussiert (oben III.), weniger eine Rechtssetzungsperspektive (oben II.). Ohne zur möglichen wechselseitigen Beeinflussung im Stil Stellung zu nehmen, fällt doch auf, dass die wissenschaftliche Kapitalmarktrechtsanalyse ähnlich stark national fragmentiert erscheint wie die (nationalen) Rechtssprechungslinien. Obwohl es Inseln von wirklich grenzüberschreitenden Diskussionsfeldern gibt – etwa die Corporate Governance-Forschung, für die die Rolle von Intermediären im Wertpapierhandel auch eine gewisse Bedeutung hat –,[31] bildet dies selbst für die

29 Etwa BGHZ 147, 343; 170, 226; 186, 58; BGH NJW 2006, 1429; anders aber (formal nur auf § 70 WpHG bezogen) BGHZ 201, 310 (Tz 32ff) = WM 2014, 1382; dieses ist potentiell jedoch generell – und dann als radikale Kehrtwende – zu verstehen: vgl. *Balzer/Lang* BKR 2014, 377, 379 – 381; ausf. GK-HGB/*Grundmann* 8. Teil Rn. 248f; unklar, wohl zivilrechtliche Relevanz befürwortend (aber delikts- oder vertragsrechtliche Einstufung nationalem Recht überlassend): EuGH Rs C-604/11 (*Bankinter*) ECLI:EU:C:2013:344 = EuZW 2013, 557 = ZIP 2013, 1417, Anm. *Herresthal* a.a.O. 1420; sowie u.a. *Grundmann* ERCL 8 (2013) 267; bestätigt durch EuGH Rs C-312/14 (*Banif*) ECLI:EU:C:2015:794.

30 Etwa in Italien, Spanien, unklar Großbritannien, vgl. Nachw. GK-HGB/*Grundmann* 5. Teil Rn. 142f und 8. Teil Rn. 274.

31 Die wirklich grenzüberschreitende Struktur dieses Forschungsumfelds belegt schon allein die Tatsache, dass mit dem European Corporate Governance Institute (ECGI) ein internationales Forschungszentrum geschaffen wurde, und solche Werke wie: *Barbiera*, Il Corporate Governance in Europa – Amministrazione e controlli nelle società per azioni in Italia, Francia, Germania e Regno Unito, 2000; Baums/Buxbaum/Hopt, Institutional Investors and Corporate Governance, 1994; Hopt/Kanda/Roe/Wymeersch/Prigge, Comparative Corporate Governance – the State of the Art and Emerging Research, 1998; McCahery/Moerland/Raaijmakers/Renneboog, Corporate Governance Regimes – Convergence and Diversity, 2002. Zu Intermediärsfragen als Einflussfaktoren in der Corporate Governance etwa *Kumpan/Leyens* Conflicts of Interest of Financial Intermediaries – Towards a Global Common Core in Conflicts of Interest Regulation, ECFR 2008, 72;

EU-Verordnungen und die Harmonisierungsbereiche die Ausnahme. Die Diskussionsforen, die wissenschaftlichen Belegstellen, die Referenzurteile sind weit überwiegend nach Jurisdiktionen getrennt. Nimmt man Kernwerke sehr jungen Datums – geschaffen in einer Zeit dominanter Europäisierung im Legislativen – so lassen sich große Sammelwerke mit nationaler Autorenschaft und ebensolcher Prägung im Stil von solchen mit bewusst multinationaler Anlage unterscheiden.[32] Auch Übersetzungen ins Englische ändern an Ersterem wenig, die Werke bleiben national im Stil. Dass dies über die Qualität nichts aussagt, steht außer Frage – ebenso jedoch, dass eine Diversität im Verständnis der EU-Rechtsakte in den verschiedenen Mitgliedstaaten deutlich weniger ins Bewusstsein tritt und reflektiert wird, der EU-Rechtsakt also tendenziell in der rechtswissenschaftlichen Behandlung gleichsam re-nationalisiert wird.

## V. Europäisierung der institutionellen Infrastruktur (Aufsicht)

Praktisch umstritten, jedoch auch konzeptionell wichtig ist zuletzt, ob und wie weitgehend die Aufsicht europäisiert erscheint – wie wichtig, belegt eindrucksvoll das Konzept einer Europäischen Bankenunion, weil dort die legislative Harmonisierung auch für die nicht teilnehmenden EU-Mitgliedstaaten weitestgehend dieselbe ist, unter dem programmatischen Begriff „Europäische Bankenunion" also „nur" eine Europäisierung/Zentralisierung der *Aufsicht* (bei EZB und Single Resolution Board – SRB) zu verstehen ist.[33] Mit ESMA wurde 2010 auch für das Kapitalmarktrecht eine Aufsichtsbehörde auf EU-Ebene (mit Regulierungskompetenzen bei Durchführungsregeln) eingerichtet.[34] Die in ihr angelegte zentra-

---

*Tuerks* Depotstimmrechtspraxis vs. US-proxy-system: der Beitrag von Finanzintermediären zur Optimierung der Unternehmenskontrolle, 2000.

**32** Vgl. *Klöhn* (oben Fn. 11) zur MAR; ähnlich Veil, Europäisches Kapitalmarktrecht, 2. Aufl. 2014; und *Busch/Ferrarini* (oben Fn. 16) zur Markt für Finanzinstrumente-RL II (MiFiD II).

**33** Kurzdarstellung der weitgehenden Gleichheit bei den materiellrechtlichen Aufsichtsregeln (Harmonisierung) und der Zentralisierung der Aufsicht bei EZB/SRB GK-HGB/*Grundmann* 1. Teil Rn. 29–71.

**34** Vgl. Verordnung (EU) Nr. 1095/2010 des Europäischen Parlaments und des Rates vom 24. November 2010 zur Errichtung einer Europäischen Aufsichtsbehörde (Europäische Wertpapier- und Marktaufsichtsbehörde), zur Änderung ..., ABl.EU 2010 L 331/84; die (von Großbritannien angezweifelte) Wirksamkeit (EU-Kompetenz) bestätigend: EuGH Rs C-270/12 *Vereinigtes Königreich ./. Parlament und Rat*, ECLI:EU:C 2018:18 = EuZW 2014, 349; Beschreibung von Institution und Kompetenzen etwa bei *Hitzer/Hauser* BKR 2015, 52ff.; *Tridimas*, Financial supervision and agency power: Reflections on ESMA, in Shubhne/ Gormley, From Single Market to Economic Union, 2012,

lisierte Aufsicht wurde jedoch im Kern allenfalls für neu hinzukommende Rechtsakte durchgesetzt (etwa EU-Rating-VO, EMIR [teils], nicht EU-Benchmark-VO), für Ältere (auch in ihrer novellierten Form) idR nur eine Koordinierungsbefugnis für die Zusammenarbeit der nationalen Aufsichtsbehörden (vgl. für das Erste etwa Art. Art. 14 ff., 55 EMIR [eingeschränkt für CCPs, umfassend für Transaktionsregister]). Letzteres gilt sogar für Verordnungen wie die MAR, in die ältere EG/EU-Richtlinien überführt wurden, jedenfalls jedoch im ursprünglichen und heutigen Kernbestand des WpHG (vgl. Art. 22 MAR, aber auch Art. 17 [algorithmischer Handel] und Art. 67 MiFID II). Dass Kapitalmärkte nicht weniger grenzüberschreitend verfasst und vernetzt sind als Kreditinstitute, sie also – unter den Märkten – ähnlich prädestiniert erscheinen für einen voll (auch in den Aufsichtsstrukturen) integrierten Binnenmarkt wie – unter den Akteuren – die Kreditinstitute, gleichsam als Paradigma eines grenzüberschreitenden Marktes, führte bisher nicht zu vergleichbarer – oder auch nur erheblicher – Europäisierung der Aufsichtsinfrastruktur.

## VI. Conclusio

Das Kapitalmarktrecht in Deutschland – und auch das Teilgebiet Wertpapierhandelsrecht (namentlich WpHG) – ist in seiner Substanz ein durch und durch Europäisiertes. Im Stil, in dem es in Judikatur und Rechtswissenschaften betrieben wird, ist es dies überwiegend noch nicht. Das hat auch zur Folge, dass in Deutschland entwickelte Ideen eher weniger stark europaweit zirkulieren, als dies angesichts ihrer Vielfalt der Fall sein könnte. Ob eine Europäisierung der Aufsichtsinfrastruktur zu erwarten ist, die Einzelfallanwendung und Stil prägen könnte, ist eine der interessantesten Zukunftsfragen.

---

S. 55, 65 ff.; GK-HGB/*Grundmann* 5. Teil Rn. 96. Zu Vorläufern (namentlich CESR – Committee for European Securities Regulators) etwa *Hupka* WM 2009, 1351; Walla BKR 2012, 265, 267; *Moloney*, The European Securities and Markets Authority and Institutional Design for the EU Financial Market – A Tale of Two Competences: Part (1) Rule-Making. European Business Organization Law Review 12(1) (2011) 41, 81 f. Zu Tendenzen einer weiteren Zentralisierung bei der Kapitalmarktaufsicht, insbesondere zu den Vorschlägen zu einer Kapitalmarktunion, vgl. den Aktionsplan der Europäischen Kommission zur Schaffung einer Kapitalmarktunion, Halbzeitbilanz vom 8.6.2018 abrufbar unter https://ec.europa.eu/info/publications/mid-term-review-capital-markets-union-action-plan_en (zuletzt abgerufen am 31.5.2019); dazu: *Heuer/Schütt* BKR 2016, 45, 47 ff., sowie aktueller *Weber* NJW 2018, 995 f.

Thomas M.J. Möllers

# Für eine horizontale Arbeitsteilung zwischen nationalem und europäischem Wertpapierhandelsrecht – Gesetzgebung und Methodik

Das europäische Kapitalmarktrecht hat in den letzten 50 Jahren das Recht in der europäischen Union umfangreich harmonisiert. Es zielt auf den Schutz der Märkte und der Schaffung eines Binnenmarktes (I.). Die europäische Gesetzgebung schuf aber zu viele Regelungen mit zu wenig Ertrag und erzeugt damit schlechtes Recht mit zu hohen Transaktionskosten (II.). Gefordert wird deshalb eine bessere Arbeitsteilung, die bestimmte, nicht binnenmarktspezifische Bereiche künftig den Mitgliedstaaten überlässt (III.).

## I. Die Regelungsziele des Kapitalmarktrechts

### 1. Rechtsideen des Rechts: Gerechtigkeit, Rechtssicherheit, Sicherstellung von Freiheitsräumen

Recht zielt auf Gerechtigkeit.[1] Aristoteles unterscheidet zwischen der ausgleichenden Gerechtigkeit und der verteilenden Gerechtigkeit.[2] Die *ausgleichende Gerechtigkeit* (iustitia commutativa) bestimmt, was einem jeden durch das Prinzip der Gegenseitigkeit (Reziprozität) zukommt. Die *verteilende Gerechtigkeit* (iustitia distributiva) ist regelmäßig nicht in einem Gleichordnungs-, sondern einem Über- und Unterordnungsverhältnis angesiedelt. Sie erlaubt korrigierende Eingriffe in das Erziehungs-, Ausbildungs- und Wirtschaftssystem.[3] So sieht etwa die soziale Marktwirtschaft, wie sie in Deutschland bekannt ist, im Kartellrecht oder zum Schutz des Schwächeren im Miet-, Arbeits- und Verbraucherschutzrecht Korrekturen vor.[4] Radbruch nimmt diese Gerechtigkeit von Aristoteles auf und nennt

1 Zum Folgenden *Möllers* Juristische Methodenlehre, 2. Aufl. 2019, § 1 Rn. 106 ff. = S. 38 ff.
2 *Aristoteles*, Nikomachische Ethik, 5. Buch, 4–9. Hierzu *Rüthers* JZ 2009, 969, 970; *Honsell* in Staudinger, BGB, Neubearb. 2018, Einl. zum BGB Rn. 113b.
3 *R. Dreier* JuS 1996, 580, 583.
4 S. *Möllers* JuS 1999, 1191 ff.

https://doi.org/10.1515/9783110632323-003

als weitere allgemeine Rechtsideen die Zweckmäßigkeit und den Rechtsfrieden.[5] Rechtssicherheit und Rechtsfrieden werden dadurch erreicht, dass der Staat verbindliche Regelungen für das Zusammenleben, also Rechtsnormen, setzt. Bürger wissen dann, wozu die einzelnen Rechtsnormen verpflichten oder berechtigen. Der Rechtsfrieden wird aber auch erreicht, indem der Staat jedem Einzelnen Mittel zur Verfügung stellt, um seine Rechte durchzusetzen; in diesem Fall wird der Rechtsfriede durch die gerichtliche Klärung des streitigen Sachverhalts erreicht. Schließlich möchte das Recht *Freiheitsräume* schaffen. Die Privatautonomie mit ihrer Vertragsfreiheit ist ein wichtiges Prinzip westlicher Gesellschaften. Die Autonomie des Menschen bedingt seine Freiheit. Die Verfassung möchte Freiheitsräume sicherstellen.[6] Vertragsfreiheit verlangt Selbstbestimmung, so wie Art. 2 Abs. 1 GG die freie Entfaltung der Persönlichkeit formuliert. Coing spricht schließlich von der iustitia protectiva, der *begrenzenden Gerechtigkeit.*[7] Einseitiger Machtmissbrauch zulasten anderer muss begrenzt werden. Maßstab ist nicht die Sicherstellung des Gerechten, sondern die Verhinderung des Ungerechten.[8] Lässt man nun das europäische Kapitalmarktrecht Revue passieren, fragt sich, ob der europäische und der nationale Gesetzgeber diese verschiedenen Varianten des Gerechtigkeitspostulats erreicht haben.

## 2. Europäisches Kapitalmarktrecht bis hin zu *Lamfalussy und Larosière*

Das europäische Kapitalmarktrecht hat seinen Ursprung in dem Segré-Bericht von 1966[9], die jetzigen europäischen Regelungen stammen vom Aktionsplan Finanzdienstleistungen (Financial Services Action Plan – FSAP) aus dem Jahre 1999[10]. Die meisten der heutigen Richtlinien und Verordnungen beruhen auf dem FSAP, etwa die Prospekt-VO Nr. 2017/1129[11], MiFID II 2014/65/EG, Marktmiss-

5 *Radbruch*, Grundzüge der Rechtsphilosophie, 1914, S. 82 ff.; *ders.* Rechtsphilosophie, 8. Aufl. 1973, § 9 unterscheidet Gerechtigkeit, Zweckmäßigkeit und Rechtsicherheit; hierzu etwa *Kaufmann*, Rechtsphilosophie, 2. Aufl. 1997, S. 169 ff.; *Larenz*, Richtiges Recht, 1979, S. 12 ff., 33 ff.

6 Ähnlich BVerfGE 12, 45, 51 (Kriegsdienstverweigerung I).

7 *Coing* Grundzüge der Rechtsphilosophie, 5. Aufl. 1993, S. 197.

8 *von Hayek*, Recht, Gesetzgebung und Freiheit, 1981, S. 62 ff.

9 EWG-Kommission, Der Aufbau eines europäischen Kapitalmarkts: Bericht einer von der EWG-Kommission eingesetzten Sachverständigengruppe, 1966.

10 Mitteilung der Kommission v. 11.5.1999, Umsetzung des Finanzmarktrahmens: Aktionsplan, KOM (1999) 232 endg.

11 Aus Platzgründen wird auf die genaue Fundstelle europäischer Richtlinien und Verordnungen verzichtet. Alle Rechtsquellen finden sich systematisch unter www.caplaw.de.

brauchs-VO Nr. 596/2014, Transparenz-RiL 2004/109/EG und Übernahme-RiL 2004/25/EG. Zur Umsetzung der FSAP wurde ein eigenes Rechtssetzungsverfahren von einer Expertenkommission unter Baron von Lamfalussy vorgeschlagen, das Lamfalussy-Verfahren. Drei Ebenen bilden hierbei die Rechtssetzung und eine Ebene die Überwachung.[12] Die Finanzkrise 2008 führte zu einer Reform der europäischen Aufsichtsstruktur und mehr als 30 Einzelmaßnahmen im Bereich des Banken-, Kapitalmarkt- und Versicherungsrechts, vorgeschlagen durch die Expertengruppe von Larosière[13]. Europäische Aufsichtsbehörden sind nun die ESMA (European Securities and Markets Authority) für den Wertpapiersektor, die EBA (European Banking Authority) für den Bankensektor und die EIOPA (European Insurance and Occupational Pensions Authority) für den Versicherungssektor. Zudem wurde das Lamfalussy-Verfahren novelliert und in diesem Rahmen auch die eingangs genannten Richtlinien und Verordnungen neu verfasst und verschärft. Nach dem reformierten Lamfalussy-Verfahren[14] erlassen die Kommission, der Rat und das Parlament auf der ersten Ebene Basisrechtsakte, wie Richtlinien oder Verordnungen, Art. 288 Abs. 2, 3 AEUV. Diese werden dann auf der zweiten Stufe durch Durchführungsrechtsakte der Kommission konkretisiert, Art. 290 f. AEUV. Daneben kann die jeweils zuständige europäische Aufsichtsbehörde technische Regulierungs- und Durchführungsstandards (RTS und ITS) erlassen, wenn dies in dem Basisrechtsakt vorgesehen ist. Die ESMA-VO Nr. 1095/2010 bestimmt in Art. 8 Abs. 1 lit. a) ausdrücklich, dass die ESMA als Aufsichtsbehörde Leitlinien und Empfehlungen erlassen kann. Als sekundäre Rechtsquellen erzeugen sie mehr als nur faktische Bindungswirkung, weil sie eine Richtigkeitsvermutung begründen und der Mitgliedstaat erklären und darlegen muss, wenn er den Leitlinien nicht nachkommen will.[15] Um Lücken zu schließen, wurden etwa die OGAW-IV-RiL 2009/65/EG und OGAW-V-RiL 2014/91/EU, die AIFM-RiL 2011/61/EU, die Leerverkaufs-VO Nr. 236/2012, die EMiR Nr. 648/2012 und die Rating-VO Nr. 1060/2009 erlassen. Zudem wurden die Prospekt-RiL 2003/71/EG und Prospekt-VO Nr. 583/2010, Marktmissbrauchs-VO (MAR) Nr. 596/2014 und Markt-

12 Zum Lamfalussy-Verfahren s. Schlussbericht des Ausschusses der Weisen über die Regulierung der europäischen Wertpapiermärkte v. 15. 2. 2001, abrufbar unter http://ec.europa.eu/finance/securities/docs/lamfalussy/wisemen/final-report-wise-men_de.pdf.

13 *De Larosière*, The High-Level Group on Financial Supervision in the EU, Report v. 25. 2. 2009.

14 S. Fn. 13. In der Literatur wird zum Teil von Lamfalussy-II-Verfahren gesprochen, s. etwa *Lutter/Bayer/Schmidt* Europäisches Unternehmens- und Kapitalmarktrecht, 6. Aufl. 2017, Rn. 14, 45 ff.; *Walla* BKR 2012, 265, 267; *Klöhn* in Langenbucher, Europäisches Privat- und Wirtschaftsrecht, 3. Aufl. 2013, § 6 Rn. 21 ff.

15 *Möllers* NZG 2010, 285, 286; *ders.* Juristische Methodenlehre, 2. Aufl. 2019, § 3 Rn. 73 = S. 103 f.; ihm folgend BVerwG ZIP 2011, 1313 Rn. 26.

missbrauchs-RiL 2014/57/EU, Transparenz-RiL 2013/50/EU und MiFID II 2014/65/EU novelliert.

## 3. Die Regelungsziele des Kapitalmarktrechts

### a) Schutz der Märkte, Schutz der Anleger, Schutz der Verbraucher

Bekanntlich dient das Kapitalmarktrecht dem Funktionsschutz der Kapitalmärkte und dem institutionellen sowie individuellen Anlegerschutz.[16] Die Funktionsfähigkeit des Kapitalmarkts zählt zu den Zielbestimmungen jedes kapitalmarktrechtlichen Gesetzes. Im Kapitalmarktrecht bezieht der Gesetzgeber in seinen Gesetzesvorlagen oder Erwägungsgründen regelmäßig ausdrücklich ökonomische Überlegungen mit ein.[17] Nur so kann der Markt seine volkswirtschaftliche Funktion erfüllen und das Kapital effizient verteilen.[18] Zur Allokationseffizienz gehört, dass anlagefähiges Kapital dorthin fließt, wo es am dringendsten benötigt und am erfolgversprechendsten eingesetzt wird.[19] Wirtschaftswissenschaftlicher Hintergrund der gesetzlichen Informationspflichten ist insoweit die Kapitalmarkteffizienzhypothese. Sie besagt, dass öffentlich zugängliche Informationen sich sofort nach ihrem Bekanntwerden im Marktpreis abbilden.[20] Damit bezweckt das Kapitalmarktrecht auch den sog. individuellen Anlegerschutz. Man spricht insoweit von zwei Seiten einer Medaille.[21] Auch in den Erwägungsgründen der einschlägigen Richtlinien finden sich beide Regelungsziele.[22] Inzwischen ist auch

---

**16** Hopt ZHR 141 (1977), 389, 431.

**17** Hierzu *Möllers* AcP 208 (2008), 1, 5 ff.; *Köndgen* ZHR Beiheft 74 (2008), 100 ff.; *Sester* ZGR 2009, 310 ff. S. etwa Erwägungsgrund 2 MAR.

**18** BT-Drucks. 12/6679, S. 48; BT-Drucks. 12/7918, S. 96; vgl. auch *Baums* ZHR 167 (2003), 139, 150; *Möllers* in Möllers/Rotter, Ad-hoc-Publizität, 2003, § 3 Rn. 43; *Hopt/Voigt* in Hopt/Voigt, Prospekt- und Kapitalmarktinformationshaftung, 2006, S. 9, 107, 113.

**19** S. Erwägungsgrund 1 der Richtlinie 2004/109/EG des Europäischen Parlaments und des Rates zur Harmonisierung der Transparenzanforderungen in Bezug auf Informationen über Emittenten, deren Wertpapiere zum Handel auf einem geregelten Markt zugelassen sind v. 15.12.2004, ABl. EU Nr. L 390, S. 38 (Harmonisierungs-RiL).

**20** Zur Informationseffizienz der Kapitalmärkte und der Efficient Capital Market Hypothesis (ECMH), s. etwa *Fama* 25 J.Fin. 383, 384 f. (1970); *ders.* 46 J.Fin. 1575, 1576 (1991); *Fischel* 74 Cornell L. Rev. 907 (1989).

**21** *Hopt* ZHR 159 (1995), 135, 159; *Grundmann* in Großkomm. HGB, Bankvertragsrecht, Zweiter Teil, 5 Aufl. 2017, Rn. 31 = S. 26; *Buck-Heeb* Kapitalmarktrecht, 10. Aufl. 2018, § 1 Rn. 7 ff. = S. 3 ff. betont darüber hinaus den Funktionenschutz und die Finanzmarktstabilität.

**22** Zu früheren Richtlinien s. *Möllers* in Möllers/Rotter, Ad-hoc-Publizität, 2003, § 3 Rn. 26.

der Verbraucherschutz als eigenes Schutzziel hinzugekommen[23]; er erlaubt etwa auch Produktverbote[24].

### b) Level playing field

Seit der Finanzkrise 2008 haben Gesetzgeber weltweit für Banken, Versicherungen und andere Teilnehmer an den Kapitalmärkten die Regelungen verschärft, etwa in den USA[25], Großbritannien[26] oder auch Südafrika[27]. Ziel ist es, bisher noch ungeregelte Märkte zu überwachen. Die Rechtsangleichung diente immer schon der Herstellung des Binnenmarktes. Auch in den letzten Jahren versuchte man mit einer intensiven Regelungsdichte, ein „race to the bottom" bei den privaten Marktteilnehmern, aber auch bei den Aufsichtsbehörden zu vermeiden. Erklärtes Ziel ist es, ein gemeinsames Recht („level playing field") herzustellen[28], also Phänomene wie „gold plating" oder „cherry picking"[29] und letztlich Transaktionskosten durch verschiedene Märkte zu reduzieren[30]. Im Folgenden ist kritisch zu fragen, ob diese Ziele erreicht wurden. Drei Probleme sind in aller Kürze anzusprechen, die unzureichende Lückenfüllung, die Normenüberflutung und die unzureichende Rechtsdogmatik und juristische Methode.

---

**23** Art. 1 Abs. 5 UAbs. 1 S. 2 lit. f) ESMA-VO Nr. 1095/2010; Erwägungsgrund Nr. 2 der Leerverkaufs-VO Nr. 236/212.

**24** *Möllers/Poppele* ZGR 2013, 437, 455 ff.; *Schäfer* FS Marsch-Barner, 2018, S. 471 ff.

**25** Dodd-Frank Wall Street Reform and Consumer Protection Act, Pub. L. No. 111–203 v. 21.7. 2010, 124 Stat. 1376 (2010).

**26** Financial Services Act 2012 v. 19.12.2012, 2012 c. 21.

**27** Implementing a twin peaks model of financial regulation in South Africa v. 1.2.2013, abrufbar unter www.treasury.gov.za/twinpeaks/20131211%20-%20Item%203%20Roadmap.pdf.

**28** So bereits *Hopt/Voigt*, Prospekt- und Kapitalmarktinformationshaftung, 2005, S. 2 ff.

**29** Berichterstatter *Edgardo Maria Iozia* in der Stellungnahme des Europäischen Wirtschafts- und Sozialausschusses zu dem „Vorschlag für eine Verordnung des Europäischen Parlaments und des Rates über Basisinformationsblätter für Anlageprodukte", 14./15.11.2012, KOM (2012) 352 endg. – 2012/0169 (COD) (2013/C 11/13) unter 3.4.

**30** *De Larosière*, The High-Level Group on Financial Supervision in the EU, Report v. 25.2.2009 Rn. 101; *Fleischer/Schmolke* NZG 2010, 1241, 1245 f.

# II. Europäisches Kapitalmarktrecht: zwischen unzureichender Lückenfüllung und Normenüberflutung

## 1. Der gesetzgeberische Regulierungsoverkill

### a) Allgemeines Preußisches Landrecht und die Suche nach dem Recht

Früher konnte der Anwender mit einer übersichtlichen Reihe von nationalen kapitalmarktrechtlichen Gesetzen und Verordnungen arbeiten. Hinzu kam der Emittentenleitfaden der BaFin. Durch das Lamfalussy-Verfahren gibt es inzwischen sechs Ebenen. Der Umfang der europäischen Gesetze ist inzwischen auf mehrere Tausend Seiten gestiegen.[31] Inzwischen ist es schon eine hohe Kunst, das Recht überhaupt zu finden. Der größte deutsche Rechtsverlag bietet z.Z. eine Sammlung, welches die aktuellen Rechtstexte abdruckt, überhaupt nicht mehr an.[32] Erforderlich ist der Rückgriff auf eine Datenbank.[33] Die Gesetzgebungsmaschinerie erinnert an den Versuch von Friedrich II., mit dem Allgemeinen Preußischen Landrecht (ALR) und seinen 17.000 Paragraphen alle Lebensverhältnisse abzudecken. Auch aufgrund der Tatsache, dass nur eine Regierungskommission das Recht ergänzen durfte, scheiterte er mit diesem Versuch.[34] Das ALR war schon bei seiner Verabschiedung überholt und bekanntlich orientierte sich die Pandektenwissenschaft des 19. Jahrhunderts lieber am römischen Recht.

### b) Handwerklich schlechtes Recht

Ein solcher Rechtszustand wäre noch hinnehmbar, wenn man mit der europäischen Normenflut Fälle lösen könnte. Dem ist leider oft nicht so. Unklare Fälle

---

**31** So das mühevolle Zählen von Seiten durch die Mitarbeiter meines Lehrstuhls.

**32** Die Textsammlung „Kapitalmarktrecht" des Beck-Verlages enthielt bisher mit der Marktmissbrauchs-VO Nr. 596/2014 nur eine einzige Verordnung auf der ersten Stufe. Es fehlten alle europäischen Verordnungen der zweiten Stufe. Besserung ist in Sicht, nachdem die Textsammlung ab 2019 von Kollegen *Klöhn* betreut wird.

**33** S. oben Fn. 11.

**34** S. die Kabinettsorder vom 14.4.1780, NCC Bd. VI, Nr. 13, Sp. 1935, 1942; Patent wegen Publikation des neuen allgemeinen Landrechts für die Preußischen Staaten vom 5.2.1794, in: Schering, Allgemeines Landrecht für die Preußischen Staaten, I. Band, Theil I, Titel 1–11, 3. Ausg. 1876, S. XXVI; vgl. auch §§ 46–50 Einl. Preußisches ALR.

wurden inzwischen zu Hauf gesammelt[35]: So waren etwa die Vorgaben einer irreführenden Finanzanalyse früher präziser als heute, weil etwa falsche oder irreführende Informationen eindeutig verboten waren.[36] Hinzu kommen zahlreiche Übersetzungsfehler.

### c) Das Nebeneinander von nationalem und europäischem Recht und die Transaktionskosten

Preistreibend ist zudem das ständige Vorpreschen des deutschen Gesetzgebers. So hat der deutsche Gesetzgeber im Vorfeld zur MiFiD II Gesetze geschaffen, um das Produktinformationsblatt und die Honorarberatung einzuführen. Ökonomisch ist dies wenig effizient: Es erhöht die Transaktionskosten der Marktteilnehmer, weil sich diese in kurzem, zeitlichen Abstand auf unterschiedliche Parameter einstellen müssen.[37] Die Finanzbranche gerät zum Versuchskaninchen. Kaum ist ein Gesetz erlassen, so wird es wieder modifiziert.[38]

## 2. Die unzureichende Lückenfüllung

### a) Fehlende Abstimmung mit Nachbardisziplinen wie dem Kapitalgesellschaftsrecht

Wegen dem Prinzip der begrenzten Einzelermächtigung des Art. 5 Abs. 1 EUV verbleiben aber weiterhin große weiße Flecken auf der Rechtslandschaft, die nicht vom europäischen Kapitalmarktrecht erfasst sind. Das europäische Gesellschaftsrecht ist zwar durch zahlreiche Richtlinien und Verordnungen harmonisiert.[39] Unklar bleiben aber die Bereiche, an deren Stelle sich Gesellschaftsrecht und Kapitalmarktrecht überschneiden. So könne eine Information, etwa der

---

**35** S. etwa *Simonis* AG 2016, 651 ff.

**36** Ausgeführt bei *Möllers* NZG 2018, 649, 651.

**37** Kritisch: *Möllers/Wenniger*, Stellungnahme v. 16.6.2009 zum Regierungsentwurf eines Gesetzes zur Neuregelung der Rechtsverhältnisse bei Schuldverschreibungen aus Gesamtemissionen und zur verbesserten Durchsetzbarkeit von Ansprüchen von Anlegern aus Falschberatung (BT-Drucks. 16/12814) v. 29.4.2009, S. 10 ff.; *Jesch/Siemko* BB 2014, 2570 ff.

**38** *Möllers* ZEuP 2016, 325, 335 ff.

**39** Für einen Überblick s. *Habersack/Verse*, Europäisches Gesellschaftsrecht, 5. Aufl. 2019; *Grundmann*, Europäisches Gesellschaftsrecht, 2. Aufl. 2011; *Möllers* in Schulze/Zuleeg/Kadelbach, Europarecht, 4. Aufl. 2020, § 18 (im Erscheinen); *Teichmann* in Gebauer/Teichmann, Europäisches Privat- und Unternehmensrecht, 2016, § 6.

vorzeitige Rücktritt des Daimler-Vorstandsvorsitzenden Schrempp, schon dann eine Ad-hoc-pflichtige Information sein, wenn der Entschluss soweit „verdichtet" war, dass er nicht mehr umkehrbar war. Auf die Zustimmung des Aufsichtsrates käme es dann nicht mehr an.[40] Oder: bis dato war heftig umstritten, ob der kapitalmarktrechtliche Anlegerschutz oder der gesellschaftsrechtliche Kapitalerhaltungsgrundsatz vorgeht. Der EuGH entschied, dass eine Schadenersatzklage eines Investors zulässig ist und nicht gegen den gesellschaftsrechtlichen Grundsatz der Kapitalerhaltung verstößt.[41] Vom EuGH noch nicht entschieden ist die umstrittene Frage, ob die deutsche Wissenszurechnung im Konzern Auswirkungen auf die Ad-hoc-Publizität hat.[42]

### b) Fehlende intradisziplinäre Abstimmung zwischen öffentlichem Recht, Zivil-, Straf- und Prozessrecht

An anderer Stelle wurde schon ausgeführt, dass das europäische Kapitalmarktrecht hauptsächlich mit den Mitteln des öffentlich-rechtlichen Aufsichtsrechts durchgesetzt wird.[43] Zivilrechtliche Anspruchsgrundlagen sind rar; unklar bleibt, in welchem Umfang das Kapitalmarktrecht deliktsrechtliche Schutzgesetze darstellen und damit das nationale Zivilrecht nutzbar gemacht werden kann.[44] Wenig effektiv ist auch die Verbindung zum Strafrecht, wenn die regionale Staatsanwaltschaft nicht über das erforderliche Know-how verfügt.[45] Auch was die Verbindung der verschiedenen Rechtswege betrifft, ist das Kartellrecht deutlich weiter.[46] Auf *europäischer Ebene* fehlen in weitem Umfang zivilrechtliche Scha-

---

**40** EuGH v. 28.6.2012, Rs. C-19/11, ECLI:EU:C:2012:397 Rn. 49 (Geltl); *Möllers/Seidenschwann* NJW 2012, 2762, 2764.

**41** EuGH v. 19.12.2013, Rs. C-174/12, ECLI:EU:C:2013:856, Rn. 39 f. (Alfred Hirmann/Immofinanz AG); so bereits *Möllers* BB 2005, 1637, 1641; *ders.* FS Baums, 2017, S. 805, 824.

**42** Zum Streitstand etwa *Klöhn* in Klöhn, Marktmissbrauchsverordnung, 2018, Art. 17 Rn. 111 ff.

**43** *Möllers* NZG 2018, 649, 653; *ders.* ZEuP 2016, 325, 345 ff.

**44** Zur MiFiD II s. *Möllers* ZEuP 2016, 325, 350. Umstritten auch für Artt. 12, 15, 17 MAR. Für die Schutzgesetzfähigkeit etwa *Hellgardt* AG 2012, 154, 165; *Seibt* ZGR 177 (2013), 388, 424 f.; dagegen *Buck-Heeb* Kapitalmarktrecht, 10. Aufl. 2019, § 6 Rn. 454 ff., 551 = S. 139 ff., 170; *Markworth* ZHR 183 (2019), 46, 64 ff.; offen, weil letztlich der EuGH entscheidet, *Möllers* in Derleder/Knops/Bamberger, Deutsches- und Europäisches Kapitalmarktrecht, 3. Aufl. 2017, § 84 Rn. 39.

**45** Kritisch *Möllers* NZG 2018, 649, 653.

**46** Zu diesen Forderungen bereits *Möllers/Pregler* ZHR 176 (2012), 144, 162; zustimmend *Maume* ZHR 180 (2016), 358, 365 ff.; S. jetzt die Schadensersatz-RiL 2014/104/EU; hierzu *Kersting* VersR 2017, 581 ff.; *Weitbrecht* NJW 2017, 1754 ff.

denersatzansprüche; zudem fehlt die Möglichkeit von Gruppenklagen[47]. Letztlich ist auch der Missstand zu nennen, dass zurzeit ein europäisches Fachgericht im europäischen Gesellschafts- und Kapitalmarktrecht fehlt. Der EuGH ist schon aus Kapazitätsgründen nicht in der Lage, die erforderliche Rechtsprechungsdichte zu schaffen, die ein „living law" verlangen würde.

## 3. Komplexität juristischer Methoden

### a) Die komplexe juristische Methodik bei der Arbeit mit europäischen Richtlinien und Verordnungen

Der Richter und damit jeder Rechtsanwender muss europäisches Recht autonom, d.h. unabhängig von seinem nationalen Normverständnis auslegen und diesem zur Durchsetzung verhelfen. Die autonome Auslegung kann dazu führen, dass sie nationalem Recht widerspricht, aber als höherrangiges Recht dem nationalen Recht vorgeht. Gegebenenfalls hat der Rechtsanwender rechtsvergleichend zu arbeiten. Zudem ist das nationale Recht unionsrechtskonform und richtlinienkonform auszulegen. Verstößt ein Gericht gegen Unionsrecht, ist eine Staatshaftung für judikatives Unrecht aufgrund des unionsrechtlichen Staatshaftungsanspruchs denkbar.[48] Die Arbeit mit *Richtlinien* ist komplex, weil der Rechtsanwender fünf Prüfungsschritte einzuhalten hat; zudem kann er nicht vorhersagen, wie weit etwa eine richtlinienkonforme Rechtsfortbildung zulässig ist oder ob im überschießenden Bereich[49] der Norminhalt der Richtlinie zur Anwendung kommt. Aber auch die Arbeit mit *Verordnungen* ist nicht einfacher. Schon nach dem Wortlaut sind 24 verschiedene Sprachfassungen zu beachten. Europäische Richtlinien sind in nationales Recht umzusetzen, so dass der Rechtsanwender wie bisher mit dem WpHG als deutscher Rechtsquelle zu arbeiten hat. Die europäische Verordnung verlangt dagegen die unmittelbare Arbeit mit dem europäischen Normtext und damit eine *autonome* Auslegung, die unabhängig vom nationalen Vorverständnis arbeitet. Fehlerhaft ist damit der unmittelbare Rückgriff auf das nationale Vorverständnis, also unverzüglich auto-

---

**47** Die EU hat einen neuen Entwurf einer Verbandklage (v. 11.4.2018, EU (COM (2018) 184 final) veröffentlicht; s. hierzu *Gsell/Möllers* (eds.) Enforcing Consumer and Capital Market Law in Europe, 2020 (im Erscheinen).

**48** EuGH v. 30.9.2003, Rs. C-224/01, EU:C:2003:513, Rn. 122 f. (Köbler).

**49** Zu den einzelnen Fragen s. *Möllers* Juristische Methodenlehre, 2. Aufl. 2019, § 12 Rn. 63 ff., 90, 102 = S. 429, 436, 439.

matisch mit der Legaldefinition des § 121 BGB gleichzusetzen.[50] Eine Arbeit mit der Gesetzgebungsgeschichte oder der Systematik ist nur bedingt möglich.[51] Wenn nach dem Sinn eines europäischen Begriffs gefragt wird, wäre rechtsvergleichendes Arbeiten vonnöten, wozu der Rechtsanwender bei noch 28 Mitgliedstaaten aber nicht in der Lage ist.[52]

### b) Der Verlust an rechtsdogmatischer Sicherheit

Akzeptiert man die Prämisse, dass der Gesetzgeber, aber auch eine Aufsichtsbehörde, nicht alle Lebensbereiche lösen kann, dann bleibt Recht lückenhaft. Gerichte sind nicht nur zur Rechtskontrolle von Exekutive und Legislative aufgerufen, sondern auch zur Lückenfüllung. Dazu greifen sie nicht nur auf die Gesetze, sondern auch auf die Rechtsdogmatik zurück. Rechtsdogmatik konkretisiert Gesetzestext und Rechtsprechung. Sie bildet eine Tiefenstruktur der Rechtsordnung aus einer Vielzahl miteinander verbundener Ordnungsbegriffe, Lehrsätze, Typologien, Figuren und Leit- und Strukturgedanken. Man kann sie mit der Grammatik vergleichen, weil die Sprache – hier die Rechtsnormen – ohne Kenntnis der Grammatik nicht verstanden und angewendet werden können.[53] Durch die Ordnung und Systematisierung des vorhandenen Rechtsstoffs schafft die Rechtsdogmatik erst die Möglichkeit zur Differenzierung, die dann von der Rechtsprechung genutzt werden kann, um neue und zugleich systemgerechte Lösungen für bislang nicht gelöste Probleme zu finden.[54] Die Rechtsdogmatik dient der Gerechtigkeit, weil sie das Problem in Beziehung zu bisherigen Entscheidungen setzt und mit diesem erweiterten Blickwinkel eine gerechte Lösung sucht. Gleichheit, Ungleichheit und Ähnlichkeit sowie deren jeweils entsprechende Behandlung werden dadurch transparent.[55] Die verschiedenen Zwischenschritte des Rechts, welche die Rechtsdogmatik erzeugt, führen zu einer Vermutungswirkung. Wenn der Rechtsanwender im konkreten Fall auf diese Zwischenschritte oder Prinzi-

---

**50** So aber *Buck-Heeb* Kapitalmarktrecht, 10. Aufl. 2019, § 6 Rn. 486 = S. 150; *Klöhn* in Marktmissbrauchsverordnung, 2018, Art. 18 Rn. 105. Richtigstellend vorher schon *Möllers* FS Horn, 2006, S. 473 ff.; *Sethe* in Assmann/Schneider/Sethe, WpHG, 6. Aufl. 2012 §§ 37b, c Rn. 105.

**51** Kritisch *Klöhn* in Klöhn, Marktmissbrauchsverordnung, 2018, Einl. Rn. 65 ff., 89 ff.

**52** *Möllers* ZEuP 2016, 325, 352 f. Auch die neuen Kommentare zur Marktmissbrauchsverordnung leisten diese rechtsvergleichende Arbeit (noch) nicht.

**53** *Herberger*, Dogmatik, 1981, S. 37 f., 74 ff., 119, 257 ff. mit umfangreichen Nachweisen zum römischen Recht; *Jansen* ZEuP 2005, 750, 754.

**54** *Rüthers/Fischer/Birk* Rechtstheorie, 10. Aufl. 2018, Rn. 326.

**55** *Stürner* JZ 2012, 10, 11.

pien zurückgreifen kann, muss er diese nicht mehr ausführlich begründen, weil sie vorab schon durch Rechtsprechung und Rechtsliteratur entwickelt worden waren.[56] So wurde etwa der Schadensbegriff der § 97 f. WpHG durch Rechtsliteratur und Rechtsprechung in den letzten zwei Jahrzehnten entwickelt.[57] Die Rechtsdogmatik verlangt aber eine praktikable juristische Methode, verlässliche Rechtsquellen und eine darauf aufbauende Rechtsliteratur und Rechtsprechung. Die Schnelllebigkeit und Komplexität des europäischen Kapitalmarktrechts stehen dem entgegen. Es ist deshalb wenig erstaunlich, dass die Rechtsdogmatik im Kapitalmarktrecht, die Arbeit mit Prinzipien, eher unterentwickelt ist.[58] Die deutsche Rechtsprechung kann hingegen teilweise, expressis verbis im Bereich der Anlageberatung, auf das dogmatische System des nationalen Rechts aufbauen.[59]

## 4. Untaugliches Recht: Das Verfehlen der Regelungsziele und der Gerechtigkeitsparameter

Die Bilanz ist aus dreierlei Gründen ernüchternd. Letztlich werden die oben genannten Regelungsziele nicht erreicht. Der *Institutionenschutz* wird nicht erreicht, wenn durch Short-Sell-Attacken der Eindruck entsteht, an deutschen Börsen dürfte organisierte Kriminalität nach Wildwest-Manier walten und schalten.[60] Dem *individuellen Anlegerschutz* wird nicht gedient, wenn die Kosten für die Anlageberatung so in die Höhe getrieben werden, dass sich die Banken von der Anlageberatung zurückziehen.[61] Des Weiteren ist dem Verbraucher nicht gehol-

---

**56** *Esser*, Vorverständnis und Methodenwahl in der Rechtsfindung, 1970, S. 88 f.; *Brohm* VVDStRL 30 (1972), 245, 247; *Vesting* Rechtstheorie, 2. Aufl. 2015, Rn. 21.

**57** *Hopt* WM 2013, 101, 106 f.

**58** Ein positives Gegenbeispiel bilden dagegen die Prinzipien von Art. 3 der Übernahme-RiL 2004/25/EG, umgesetzt in § 3 WpÜG. S. auch *Grundmann* in Großkomm. HGB, Bankvertragsrecht, Zweiter Teil, 5. Aufl. 2017, Rn. 8 ff., 251 ff. = S. 12 ff., 294 ff.

**59** So hat die Rechtsprechung den Grundsatz der rationalen Anlegerentscheidung in Auseinandersetzung mit der Rechtsliteratur entwickelt, der dem geschädigten Anleger die Rückerstattung des gezahlten Kaufpreises gewährt, s. BGHZ 192, 90, 109 ff. (IKB); BGHZ 160, 149, 153 f. (Infomatec II); *Assmann* ZBB 1989, 49, 57 ff.; *Möllers* ZGR 1997, 334, 338; *ders.* FS Baums, 2017, S. 805, 817 ff.; *Fleischer* 64. DJT, 2002, F 27.

**60** *Möllers* NZG 2014, 361, 368; *ders.* NZG 2018, 649, 658; *Maume* ZHR 180 (2016), 358, 362.

**61** S. die empirische Umfrage von *Mansen*, Die neuen Anlageberatungsregelungen der MiFID II, 2018, S. 375 ff. sowie die Stellungnahmen des BVI, des ppi, des Genossenschaftsverbandes, der Deutschen Bank, der IHK zur MiFiD II, abrufbar unter www.caplaw.de.

fen, wenn er in Informationen erstickt.[62] Dem Anleger werden so Steine statt Brot gegeben. Und effizient sind hohe Transaktionskosten ebenfalls nicht. Das *Level playing field* wird nicht erreicht, wenn letztlich der Rechtsanwender auf die Suche nach dem europäischen Recht verzichtet. Sehnsüchtig wird in Deutschland die Überarbeitung des Emittentenleitfaden herbeigesehnt. In Großbritannien gilt selbiges für das FSA Handbook. Ein Auseinanderlaufen der vermeintlichen Rechtspraxis in den verschiedenen Mitgliedstaaten ist auch zu konstatieren, wenn die Aufsichtsbehörden in den verschiedenen Mitgliedstaaten das Recht weiterhin unterschiedlich handhaben. Der Begriff der unverzüglichen Ad-hoc-Mitteilung wird in Deutschland viel strenger gehandhabt als in anderen Mitgliedstaaten.[63] Eine vergleichbare Rechtspraxis, ein „level playing field", wird so nicht erzeugt. Neben den konkreten Regelungszielen werden aber auch die eingangs genannten Gerechtigkeitsparameter nicht erfüllt: *Rechtssicherheit* und *Rechtsfriede* sind tangiert, wenn Recht nicht überwacht wird und der konkrete Schaden rechtlich nicht geltend gemacht werden kann. Produktverbote, aber auch überbordende Transaktionskosten schränken *Freiheitsräume* unangemessen ein. In dieser Form ist das europäische Kapitalmarktrecht unbefriedigend, ja untauglich.

## III. Eine bessere Arbeitsteilung zwischen EU und den Mitgliedstaaten als Modell der Zukunft

Das jetzige Kapitalmarktrecht ist mit seiner Normenflut und den gleichzeitig vorhandenen weiteren Lücken untauglich. Eine vertikale Arbeitsteilung, welche die öffentlich-rechtliche Rechtsdurchsetzung auf europäischer Ebene regelt und die zivilrechtrechtliche Rechtsdurchsetzung den Mitgliedstaaten überlässt, erscheint wenig überzeugend (a). Stattdessen sollte stärker auf eine horizontale Trennung geachtet werden, so dass die EU nur für binnenmarktrelevante Gebiete zuständig ist, während ohne einen solchen Bezug die Zuständigkeit bei den Mitgliedstaaten verbliebe (b). Damit könnten zahlreiche Prinzipien und Ziele des europäischen Rechts umgesetzt werden (c).

---

**62** S. hierzu die Studie von *Paul/Schröder/Schumacher*, Auswirkungsstudie MiFiD II/MiFIR und PRIIPs-VO: Effektivität und Effizienz der Neuregelungen vor dem Hintergrund des Anleger- und Verbraucherschutzes, Feb. 2019.

**63** Während früher ein Wochenendbereitschaftsdienst für eine unvorhergesehene Ad-hoc-Mitteilung nicht gefordert wurde, verlangt die BaFin inzwischen eine möglichst schnelle endgültige Entscheidung; a. A. *Veil/Brüggemeier* in Meier/Veil/Rönnau, Handbuch zum Marktmissbrauchsrecht, 2018, Rn. 114 = S. 256 nach denen sich die Verwaltungspraxis nicht geändert hätte.

## 1. Der status quo: die wenig überzeugende vertikale Arbeitsteilung zwischen EU und den Mitgliedstaaten

Das europäische Kapitalmarktrecht existiert zwar seit 50 Jahren, bleibt aber wegen der fehlenden Abstimmung mit dem Gesellschaftsrecht und der mangelnden Korrelation von öffentlichem Recht und Zivilrecht immer noch ein Torso. Auch auf nationaler Ebene ist die Rechtslage höchst unterschiedlich.[64] In Deutschland gibt es einige spezialgesetzliche Haftungsgrundlagen, etwa für fehlerhafte Prospekte[65], Ad-hoc-Mitteilungen[66] oder auch fehlerhafte Angebotsunterlagen[67]. Zwar existiert eine umfangreiche zivilrechtliche Rechtsprechung zur fehlerhaften Anlageberatung.[68] Diese Rechtsprechung führt aber zu kuriosen Ergebnissen: Zwar laufen die öffentlich-rechtlichen und zivilrechtlichen Pflichten teilweise parallel.[69] Der nationale zivilrechtliche Pflichtenstandard kann aber auch niedriger sein, etwa wenn es der BGH ablehnt, den Normen des öffentlichen Rechts einen Schutzgesetzcharakter für den Geschädigten im Sinne von § 823 Abs. 2 BGB zuzubilligen und damit einen zivilrechtlichen Schadensersatzanspruch zu gewähren.[70] Im Gegensatz zur deutschen Rechtslage hat etwa der österreichische Gerichtshof einzelnen Wohlverhaltensregeln zivilrechtliche Wirkung zugesprochen.[71] Vergleichbares gilt für Italien durch den Kassationshof.[72] In Schweden

---

64 S. ausführlich die Studie von *Hopt/Voigt*, Prospekt- und Kapitalmarktinformationshaftung, 2006.

65 §§ 9, 10 WpPG; s. etwa BGH, NJW 1982, 2823 (Beton- und Monierbau); BGHZ 195, 1 (Wohnungsbaugesellschaft Leipzig West); BGH, NZG 2015, 20 (Telekom); hierzu *Möllers/Steinberger* NZG 2015, 329 ff.

66 Zu den einschlägigen Haftungsgrundlagen und Urteilen, s. ausführlich *Möllers/Leisch* in Hirte/Möllers, Kölner Kommentar zum WpHG, 2. Aufl. 2014, §§ 37b, c Rn. 1 ff.

67 *Möllers* in Hirte/Möllers, Kölner Kommentar zum WpHG, 2. Aufl. 2014, § 12 Rn. 1 ff.; Rechtsprechung zu § 12 WpÜG ist allerdings noch nicht ergangen.

68 Diese ist inzwischen uferlos, Nachweise bei *Edelmann* in Assmann/Schütze, Handbuch des Kapitalanlagerechts, 4. Aufl. 2015, §§ 3 f.

69 Das gilt etwa für das „know-your customer“ und „know your product“-Prinzip, das sich einerseits auf den Art. 11 Abs. 1 Spiegelstrich 4, 5 der Wertpapierdienstleistungs-RiL 93/22/EWG ergab und andererseits vom BGH entwickelt wurde, BGHZ 123, 126, 128 ff. (Bond); s. *Möllers* in Hirte/Möllers, Kölner Kommentar zum WpHG, 2. Aufl. 2014, § 31 Rn. 338.

70 BGHZ 186, 58 Rn. 26 ff. zu § 34a Abs. 1 S. 1 WpHG; BGHZ 175, 276 Rn. 18 m.w.Nachw. zu § 32 Abs. 1 Nr. 1 WpHG; BGHZ 192, 90, 98 ff. (IKB) zu § 20a WpHG.

71 OGH v. 20.4.2005, Az. 7 Ob 64/04v, ÖBA 2005, 721, 725; OGH v. 20.1.2005, Az. 2 OB 236/04a, ÖBA 2009, 635, 640; auch zur Marktpreismanipulation nach § 48a Abs. 1 BörseG, s. OGH v. 24.1. 2013, Az. 8 Ob 104/12w, ÖBA 2913, 438/1922 unter 6.2. m.w.Nachw.; OGH v. 15.3.2012, Az. 6 Ob 28/12d, RIS-Justiz RS0127724 unter 3.4.; abrufbar unter www.ris.bka.gv.at.

existiert ein eigenes Gesetz, welches Anlegern Schadensersatzansprüche bei fehlerhafter Anlageberatung einräumt.[73] Schließlich bleibt noch ein letzter Missstand: In Deutschland existieren divergierende Entscheidungen verschiedener Rechtswege, mit dem Resultat, dass sich öffentliches Recht und Zivilrecht widersprechen können.[74] Hinzu kommen Unterschiede bei der Rechtsdurchsetzung. In Deutschland gibt es etwa das Kapitalanlegermusterverfahrensgesetz (KapMuG), das nach der Novellierung auch gebündelte Schadensersatzklagen bei fehlerhafter Beratung zulässt.[75] Eine Besserung ist auch hier nicht in Sicht, da eine Einigung auf europäischer Ebene über zivilrechtliche Ansprüche noch aussichtslos erscheint. Das oben gewünschte „level playing field" wird damit ein weiteres Mal verfehlt. Nicht nur die unterschiedliche *Rechtsanwendung*, sondern auch die unterschiedliche *Rechtsdurchsetzung* beeinträchtigt den Binnenmarkt.

## 2. Für eine horizontale Arbeitsteilung zwischen EU und den Mitgliedstaaten de lege ferenda

De lege ferenda könnte man überlegen, die Zuständigkeit im Rahmen des Kapitalmarktrechts horizontal zu trennen: Nur für binnenmarktrelevante Bereiche wäre die Europäische Union zuständig. Vorbilder gibt es zahlreiche. Bereits bei den Grundfreiheiten hält die Rechtsprechung nach der Keck-Rechtsprechung nur noch Handlungen für relevant, die den Binnenmarkt beeinflussen.[76] Auch im europäischen Kartellrecht gibt es die Unterscheidung zwischen dem nationalen und dem europäischen Markt. Entscheidend ist, ob die Wettbewerbsbeschränkung geeignet ist, den Handel zwischen den Mitgliedstaaten zu beeinträchtigen,

---

72 Cass. Civ. v. 17.2.2009, n. 3773, Danno e Responsabilità 2009, 503; s. auch *Perrone/Valente* 13 EBOR 31, 33 (2012).

73 *Walla* 22 EBLR 211, 218 f. (2011).

74 Die BaFin verurteilte die Daimler AG zu einem Bußgeld wegen verspäteter Ad-hoc-Mitteilung, das OLG Stuttgart sprach die Daimler AG dagegen frei; s. OLG Frankfurt NJW 2009, 1520 einerseits und OLG Stuttgart NZG 2007, 352 andererseits; hierzu *Möllers* NZG 2008, 330 ff.; *Möllers/Seidenschwann* NJW 2012, 2762, 2764; *Wundenberg* ZGR 2015, 124, 155.

75 Gesetz über Musterverfahren in kapitalmarktrechtlichen Streitigkeiten (Kapitalanleger-Musterverfahrensgesetz – KapMuG) v. 19.10.2012, BGBl. I, S. 2182; hierzu etwa *Hess/Reuschle/Rimmelspacher* Kölner Kommentar zum KapMuG, 2. Aufl. 2014; *Möllers/Leisch* in Hirte/Möllers, Kölner Kommentar zum WpHG, 2. Aufl. 2014, §§ 37b, 37c Rn. 523 ff. m.w.Nachw.

76 Grundlegend EuGH v. 24.11.1993, Rs. C-267/91 u. a., EU:C:1993:905 Rn. 16 (Keck und Mithouard) und die Unterscheidung von produktbezogenen und vertriebsbezogenen Maßnahmen.

Art. 101 Abs. 1, 102 Abs. 1 AEUV.[77] Dem liegt die richtige Überlegung zugrunde, dass die EU primär für Bereiche zuständig sein soll, die den Binnenmarkt beeinflussen. Damit würde einerseits die EU noch stärker die Kompetenzen erhalten, die in hohem Maße für den Binnenmarkt relevant sind. Und andererseits wären die Mitgliedstaaten für die Bereiche ausschließlich zuständig, die sich nicht auf den europäischen Binnenmarkt auswirken.

#### a) Eine effektive europäische Aufsicht für binnenmarktrelevante Bereiche

##### aa) Der Vergleich mit der SEC

Die Security Exchange Commission (SEC), die US-amerikanische Wertpapieraufsicht, existiert seit nunmehr fast 80 Jahren und ist der weltweite Maßstab für effektives Handeln.[78] Sie geht wirkungsvoll gegen Marktmanipulationen vor. Was effektive Aufsicht bedeutet, verdeutlicht auch der VW-Dieselskandal in den USA. Das US-amerikanische Justizministerium verordnete den Unternehmen Bilfinger, Daimler, Siemens und Volkswagen einen Monitor, der die Unternehmen überwacht und an das US-Justizministerium berichtet. Dies ist ein Beispiel für die effektive Durchsetzung von Recht.[79] In der EU kann vielleicht nur die Generaldirektion Wettbewerb von ihrer Durchschlagskraft mit der SEC verglichen werden. Sie erwies sich in den letzten 60 Jahren auch gegen ausländische Unternehmen als sehr wirkungsvoll, die auf dem europäischen Markt rechtswidrig handelten. Berühmte Verfahren wurden gegen Microsoft, Google oder jüngst Qualcomm[80] angestrengt.

##### bb) Bereits vorgenommene Übertragungen von Zuständigkeiten an die ESMA

Die Kompetenz einer europäischen Aufsicht im Bereich des Kapitalmarktrechts sollte – ähnlich wie im Wettbewerbsrecht – immer für *grenzüberschreitende* Fälle bestehen, weil hier der Binnenmarkt berührt ist. Immerhin hat die Restrukturie-

---

**77** Hierzu etwa *Eilmansberger/Krius* in Streinz, EUV/AEUV 3. Aufl. 2018, Art. 101 AEUV Rn. 26 ff.; *Weiß* in Callies/Ruffert, EUV/AUEV, 5. Aufl. 2016, Art. 101 AEUV Rn. 124 ff.

**78** *Hazen* The Law of Securities Regulation, 7nd ed. 2017, Chap. 16 = S. 675 ff. Für die Marktmanipulation s. etwa *Möllers* NZG 2018, 649, 654.

**79** S. *Zwiebel/Lohmeier* Compliance-Berater 7/2016, 250 ff.; *Schneider* Compliance-Berater 12/2017, 441 ff.; *Freytag* FAZ v. 10. 2. 2018, S. 26.

**80** Europäische Kommission, Pressemitteilung v. 24. 1. 2018, Kartellrecht: Kommission verhängt Geldbuße von 997 Mio. EUR gegen Qualcomm wegen Missbrauchs einer marktbeherrschenden Stellung, abrufbar unter http://europa.eu/rapid/press-release_IP-18 – 421_de.htm.

rung des europäischen Kapitalmarktrechts auch eine Aufwertung europäischer Behörden mit sich gebracht. In der Vergangenheit waren ausschließlich die Mitgliedstaaten für das Kapitalmarktrecht zuständig. Dies wurde durch das reformierte Lamfalussy-Verfahren geändert. Zu Recht wurde die Kompetenz für unmittelbar binnenmarktrelevante Bereiche der ESMA übertragen. Die ESMA hat inzwischen die Zuständigkeit gegenüber Ratingagenturen,[81] ausnahmsweise aber auch im Bereich von Leerverkäufen[82] und Benchmarks[83].

#### cc) Shortsell-Attacken und irreführende Finanzanalysen

Die ESMA oder vielleicht sogar die Generaldirektion (GD) Finanzstabilität, Finanzdienstleistungen und Kapitalmarktunion[84] könnten künftig für weitere Bereiche zuständig sein, welche systemrelevant sind, weil sie die Märkte massiv beeinflussen können. In jüngster Zeit sehen sich an deutschen Börsen zahlreiche börsennotierte Unternehmen Angriffen von Marktteilnehmern ausgesetzt, die immer eine ähnliche Strategie umsetzen: Short Seller spekulieren mit Leerverkäufen auf fallende Kurse und verbreiten vorher über Twitter oder ähnliche Medien negative Gerüchte oder negative Finanzanalysen[85]. In Deutschland waren etwa die Unternehmen Aurelius, Ströer, Wirecard oder ProSiebenSat.1 Media von Leerverkaufsattacken betroffen.[86] Die Kurse stürzten innerhalb kürzester Zeit um

---

**81** Art. 5b der konsolidierten Fassung der Rating-Verordnung (EU) Nr. 1060/2009. Kritisch zum früheren Rechtszustand *Möllers* JZ 2009, 861.

**82** Art. 28 Leerverkaufs-Verordnung Nr. 236/2012.

**83** Art. 37 ff. Benchmark-Verordnung Nr. 2016/1011. Hierzu umfassend *Brosig*, Benchmark-Manipulation, Eine ökonomische und regulatorische Analyse des LIBOR Manipulationsskandals, 2018.

**84** Zu ihren Zuständigkeiten s. https://ec.europa.eu/info/departments/financial-stability-financial-services-and-capital-markets-union_de#responsibilities.

**85** Das WpHG verwendete in seiner Fassung bis zum 2.7.2016 den Begriff „Finanzanalyse" (§ 34 b WpHG a. F.). Seit dem ersten Finanzmarktnovellierungsgesetz (1. FiMaNoG) wurde der Begriff an die europäischen Rechtsakte angepasst, sodass nun von „Anlageempfehlung" gesprochen wird (§ 85 WpHG). Ausführlich zum Folgenden *Möllers* NZG 2018, 649 ff.

**86** Zum Sachverhalt etwa *Schockenhoff/Culmann* AG 2016, 517, 518. Zu ProSiebenSat.1, s. http://www.deraktionaer.de/aktie/prosiebensat-1-362400.htm. Die jüngste Attacke ging im Frühjahr 2019 gegen Wirecard und trieb den Kurs von 170 auf unter 100 EuR, s. Wirecard-Aktienkurs fällt um 20 Prozent, FAZ.NET v. 7.2. 2019, https://www.faz.net/aktuell/wirtschaft/unternehmen/naechster-medienbericht-wirecard-aktienkurs-faellt-um-20-prozent-16029424.html#void; Wirecard-Aktie: Das ist wirklich außergewöhnlich, DER AKTIONÄR v. 15.2.2019, http://www.deraktionaer.de/aktie/wirecard-aktie-fakten-wissen-leerverkaeufer-deutsche-bank-deutsche-boerse-verlust-top-verlierer-hdax-boersenbriefing-442690.htm.

bis zu 30 % ab.[87] Die Short Seller strichen ihren Gewinn ein, indem sie die verkauften Aktien nach dem Kurssturz günstig zurückerwerben konnten. In den USA existiert inzwischen eine Finanzindustrie aus Analysten, Hedgefonds und Kanzleien, die mit Leerverkaufsattacken versucht, die Kurse von börsennotierten Unternehmen zum Fallen zu bringen.[88] Jährlich gibt es weltweit deutlich mehr als 100 solcher Leerverkaufsattacken.[89]

Selbst wenn man in Deutschland mit einer Eingreiftruppe und einer zentralen Schwerpunktstaatsanwaltschaft effektiver werden würde, wäre dies nur ein erster wichtiger Schritt. Bei 27 Mitgliedstaaten hätten die Short Seller weiterhin leichtes Spiel, auf Börsen anderer Mitgliedstaaten auszuweichen. Erforderlich ist deshalb ein europäisches Handeln. Zwar wurde die Zusammenarbeit zwischen nationalen Aufsichtsbehörden und ESMA in den Art. 22–29 MAR geregelt.[90] Die BaFin berichtet, dass sie mit 23 ausländischen Aufsichtsbehörden zusammenarbeitet.[91] Gleichwohl sind Rechtshilfeersuchen zeitaufwändig, mühsam und nur selten erfolgreich. Es fragt sich auch hier, ob dies ausreichend ist und damit die erforderliche Waffengleichheit zwischen Täter und Überwacher hergestellt wird. Wenn das europäische Recht abschließend durch europäische Verordnungen geregelt werden soll, bedarf es zumindest bei grenzüberschreitenden Fällen auch entsprechender Eingriffsbefugnisse, um die notwendige Waffengleichheit gegen diese Form der organisierten Kriminalität herzustellen. In einem ersten Schritt müssten die Kompetenzen der ESMA deutlich ausgeweitet werden. Auch aus Gründen der Generalprävention wäre zu überlegen, die Zuständigkeit zu erweitern, nämlich wie die GD Wettbewerb Eingriffsmittel an die Hand zu bekommen. Ein europäisches Justizministerium wäre wahrscheinlich schlagkräftiger als eine lokale Staatsanwaltschaft. In einem zweiten Schritt könnte man auch die dritte Gewalt ausbauen, nämlich neben einem Gericht erster Instanz für Wettbewerbs-

---

**87** Kurssturz von Wirecard am 24.2.2016; Kurssturz von Ströer am 21.4.2016; Kurssturz von Aurelius von 66 auf 45 Euro, https://boerse.ard.de/aktien/aurelius-aktie-geht-in-die-knie100.html.

**88** Aktivistische Investoren sind beispielsweise Aurelius Value, Citron Research, Gotham City Research, Muddy Waters Research und Viceroy Research. Instruktiv etwa *Activist Insight/Schulte Roth & Zabel* The Activist Investing Annual Review 2018, The fifth annual review of trends in shareholder activism, 2018, abrufbar unter der Webseite der Kanzlei, https://www.activistinsight.com/resources/reports/.

**89** Bezieht man auch den share activism ein, kommt man auf mehr als 700 Einflussnahmen im Jahre 2016, *Activist Insight/Schulte Roth & Zabel* The Activist Investing Annual Review 2017, S. 7.

**90** Hierzu *Thiele*, Finanzaufsicht, 2014, S. 531 ff.; *Grundmann* in Großkomm. HGB, Bankvertragsrecht, Zweiter Teil, 5. Aufl. 2017, Rn. 297 = S. 330; *Zollner* in Ventoruzzo/Mock, Market Abuse Regulation, 2017, B.24.01 ff.

**91** BaFin, Jahresbericht der Bundesanstalt für Finanzdienstleistungsaufsicht 2016, S. 177.

sachen auch ein Gericht erster Instanz für Kapitalmärkte einrichten. Drittens könnte man für die Bereiche Ad-hoc und Marktmissbrauch auch die zivilrechtliche Seite europäisch harmonisieren. [92]

### b) Zurückverlagerung von Kompetenzen an den Mitgliedstaat bei fehlendem Binnenmarktbezug

#### aa) Erfolgreiche Rückverlagerungen von Zuständigkeiten an die Mitgliedstaaten

Das Prinzip der begrenzten Einzelermächtigung und das Subsidiaritätsprinzip des Art. 5 EUV wollen einem automatischen Regulierungsdrang europäischer Institutionen entgegentreten. Die Verpflichtung, Rechtsakte gem. Art. 296 Abs. 2 AEUV zu begründen, soll diese Verpflichtung zusätzlich festhalten und rationalisieren. Daneben lässt sich aber auch eine regulatorische Begründungslast aufzeigen, nämlich als Verpflichtung des Gesetzgebers, einen erforderlichen Regulierungsbedarf nachzuweisen.[93] Erfreulicherweise hat trotz der oben beschriebenen Normenflut die Europäische Union in den letzten Jahren auch harmonisierte Rechtsnormen zurückgezogen und diesen Bereich damit der Kompetenz der Mitgliedstaaten zurückgegeben. Ursprünglich sollte mit einer unionsweit einheitlichen Quartalsinformationspflicht auch eine Angleichung an die US-amerikanischen Vorschriften erfolgen, die bereits seit 1946 Quartalsberichte verlangen.[94] Die Einführung dieser *Quartalsberichtspflicht* war allerdings auch wegen der hohen Kosten und des Einflusses saisonaler Sondereinflüsse nicht unumstritten.[95] Das Erfordernis der sog. Zwischenmitteilungen, in denen das Unternehmen für das erste und das dritte Quartal des Geschäftsjahres bestimmte Finanzinformationen offen zu legen hat (Art. 6 Abs. 1 2004/109/EG a.F.), wurde durch die Transparenz-Änderungs-RiL 2013/50/EU wieder eingeschränkt. Dadurch wollte man den Verwaltungsaufwand für KMU verringern, das längerfristige Denken der Berichtspflichtigen fördern und die Informationsflut für die Anleger

---

92 S. einer solchen Forderung *Möllers/Leisch* in Hirte/Möllers, Kölner Kommentar zum WpHG, 2. Aufl. 2014, §§ 37b, c Rn. 77; *Hopt* WM 2012, 101, 106, 109; *Wundenberg* ZGR 2015, 124, 152ff.

93 Hierzu *Fleischer* ZGR 2008, 185, 190, der unter andere *Montesquieu* zitiert: „Wenn es nicht notwendig ist, ein Gesetz zu machen, dann ist es notwendig, kein Gesetz zu machen!".

94 Begründung des Vorschlags der EG-Kommission für eine neue Transparenz-RL v. 22.3.2003, COM (2003) 138, S. 16, 20; s. auch *Merkt/Göthel* RIW 2003, 23ff.

95 Die Porsche AG hatte beispielsweise den M-DAX verlassen, s. zB SZ v. 25.3.2003, S. 20.

zurückschrauben.[96] Die privaten Regelwerke der Börsen dürfen jedoch in bestimmten Marktsegmenten weiterhin Quartalsberichte verlangen; dies bestimmt aber jeder Mitgliedstaat für sich.[97] Ursprünglich verlangte die Europäische Union, alle gesellschafts- und kapitalmarktrechtlichen Veröffentlichungen wie Ad-hoc-Meldungen, Directors' Dealing-Mitteilungen, Jahresabschlüsse und Zwischenberichte eines Geschäftsjahres am Ende des Jahres in einem *Jährlichen Dokument* aufzulisten. Mit dem am 1. Juli 2005 in Kraft getretenen Wertpapierprospektgesetz (WpPG) hatte der Gesetzgeber neue Veröffentlichungspflichten für börsennotierte Aktiengesellschaften eingeführt. Diese Informationen stehen dem Kapitalmarkt aber schon bei der jeweiligen Veröffentlichung zur Verfügung, sodass das Jährliche Dokument außer zusätzlichen Kosten keinen Mehrwert liefert. Es handelt sich um ein klassisches Beispiel einer Informationsüberflutung.[98] Zu Recht hat der europäische Gesetzgeber dieses wieder abgeschafft.[99]

#### bb) Zulässigkeit der nationalen Besonderheiten der Anlegerberatung

Oben wurde gezeigt, dass der deutsche Gesetzgeber durch das Vorpreschen und die Einführung zahlreicher Maßnahmen die Harmonisierung wieder torpediert; ein „level playing field" wird damit nicht erreicht. Das Ziel, dem Verbraucher zu helfen, wird nicht erreicht, wenn die Transaktionskosten so steigen, dass die Banken auf die Anlegerberatung vollständig verzichten. M. E. hätten die Prinzipien des Art. 11 der Wertpapierdienstleistungs-RiL 93/22/EG ausgereicht, um einen europäischen Standard zu entwickeln. Daneben hat die deutsche Rechtsprechung umfangreiche Pflichten im Bereich der Bankenberatung entwickelt.[100] Das eine Harmonisierung nur unzureichend möglich ist, zeigt die Gesetzgebungsgeschichte zur MiFiD II, wo die Honorarberatung aus Großbritannien und die Provisionsberatung aus Deutschland aufeinanderprallten.[101] Statt das eine oder andere zu favorisieren, sollte jeder Mitgliedstaat für sich experimentieren, ob er den

---

96 *Seibt/Wollenschläger* ZIP 2014, 545, 546. In England und Frankreich wurde die Pflicht zur Quartalsberichterstattung bereits zuvor wieder aufgehoben, *Buchheim/Hossfeld/Schmidt* WPg 2016, 1347, 1350, 1352.

97 So wird etwa an der Frankfurter Wertpapierbörse gem. § 53 BörsO FWB für Unternehmen im „Prime Standard" eine sog. „Quartalsmitteilung" verlangt. Diese ist eine verkürzte Form des vormaligen Quartalsberichts. Unternehmen im „General Standard" sind davon befreit.

98 *Möllers* Juristische Methodenlehre, 2. Aufl. 2019, § 5 Rn. 148 f. = S. 210.

99 § 10 WpHG wurde gestrichen durch das Gesetz zur Umsetzung der Richtlinie 2010/73/EU und zur Änderung des Börsengesetzes v. 26.06.2012, BGBl. I S. 1375.

100 Hierzu etwa *Möllers/Leisch* in Gerke/Steiner, Handwörterbuch des Bank- und Finanzwesens, 3. Aufl. 2001, S. 311 ff.

101 Hierzu ausführlich *Möllers* ZEuP 2016, 325, 341 ff.

Bankkunden mit einem Beratungsprotokoll, einem Produktinformationsblatt, umfangreichen Vorgaben an Provisionserstattung (kick-back) oder einem Beschwerderegister beglücken möchte. Binnenmarktrelevant sind solche Vorgaben nicht.

## 3. Die Umsetzung europäischer Rechtsprinzipien und kapitalmarktrechtlicher Regelungsziele

### a) Subsidiaritätsprinzip des Art. 5 Abs. 3 EUV

Mit einer solchen horizontalen, binnenmarktrelevanten Arbeitsteilung würde auch das Subsidiaritätsprinzip nach Art. 5 Abs. 3 EUV inhaltlich ernst genommen: Bei der Marktmanipulation liegen die Vorgaben des Subsidiaritätstests zugunsten der Europäischen Union vor: Der Subsidiaritätstest negativ geprüft besagt, dass der Mitgliedstaat das Problem nur unzureichend lösen kann und deshalb die Europäische Union als effektivere Einheit gefordert ist, nämlich bei grenzüberschreitenden Markmanipulationen vorzugehen. Letztlich wird Art. 12 MAR in gleicher Weise wie der frühere § 20a WpHG und der frühere § 88 BörsG bei grenzüberschreitenden Sachverhalten gegenüber irreführenden Research Reports häufig wirkungslos bleiben. Die Wirkungslosigkeit des Kapitalmarktrechts beschädigt aber das Vertrauen in die Kapitalmärkte. Deshalb ist eine europäische Rechtsdurchsetzung vonnöten.

Aber auch umgekehrt gilt: Wenn das berühmte „Lieschen Müller von der Raiffeisenbank Buxtehude“ eine Anleihe in Höhe von 1.000 EUR erwirbt, ist dies weder systemrelevant noch muss hierfür wirklich eine Verordnung oder eine europäische Richtlinie herhalten. Das Subsidiaritätsprinzip verlangt aber positiv, die Kompetenz auf der tieferen Ebene zu belassen, wenn diese die Problematik besser lösen kann. Hier drängt sich geradezu der Vergleich mit der Keck-Rechtsprechung des EuGH auf. Ob englische Pubs nach 22.00 Uhr noch Bier ausschenken oder Deutschland am Sonntag die Geschäfte geschlossen hält, sind vertriebsbezogene Maßnahmen, die den Binnenmarkt nicht tangieren und insoweit aus dem Schutzbereich der Warenverkehrsfreiheit herausfallen.[102] Deshalb sollte im Bereich der Anlageberatung jedes Mitglied selbst regeln, unter welchen Voraussetzungen eine solche zulässig ist.

---

**102** S. oben Fn. 75 und *W. Schroeder* in Streinz, EUV/AEUV, 3. Aufl. 2018, Art. 34 AEUV Rn. 41 ff., 45; *Kingreen* in Callies/Ruffert, EUV/AUEV, 5. Aufl. 2016, Art. 34–36 AEUV Rn. 49 ff.

### b) Die doppelte Effizienzsteigerung

Die positive wie negative Seite des Subsidiaritätsprinzips wäre damit auch in doppelter Weise effizienzsteigernd: Ein europäisches Einschreiten würde dort helfen, wo nationale Behörden überfordert sind (III.b)i)). Umgekehrt würden Ressourcen und Transaktionskosten gespart, wenn nationales oder lokales Handeln ausreicht (III.b)ii)). Der europäische Gesetzgeber würde so die Wettbewerbsfähigkeit von Unternehmen und Banken gegenüber ihren US-amerikanischen und chinesischen Wettbewerbern nicht schwächen, sondern durch eine klug verstandene Deregulierung stärken.[103] Zugleich würde in Zeiten des Brexits aufgezeigt, wie ein zukunftsfähiges Europa aussehen könnte.

## IV. Zusammenfassung

1. Das europäische und nationale Kapitalmarktrecht ist schon auf der *Gesetzgebungsebene* schnelllebig und verdichtet sich mit dem Lamfalussy- und Larosière-Verfahren zu sechs rechtlich relevanten Ebenen. Das sind die Rahmenakte, Durchführungsakte und das Recht der ESMA auf europäischer Ebene. Hinzu kommen auf nationaler Ebene die Gesetze, Verordnungen und dann das Verwaltungsinnenrecht wie etwa der Emittentenleitfaden. Diese doppelte Komplexität wird erweitert um vier Besonderheiten, die sich aus dem Verhältnis von europäischem zum nationalen Recht ergeben: der Problematik von Mindest- und Vollharmonisierung, dem Vorpreschen des nationalen Gesetzgebers, dem Verhältnis von Richtlinien und unmittelbar geltenden Verordnungen und dem Einfluss des europäischen Rechts auf das nicht harmonisierte Recht. Die Praxis zeigt sich überfordert und wartet auf die neue Fassung des Emittentenleitfadens oder des FSA Handbook.

2. Diese Komplexität geht einher mit einer Komplexität der juristischen Methoden bei der *Rechtsanwendung*. So wird man streng zwischen der verordnungskonformen und richtlinienkonformen Auslegung unterscheiden müssen. Auch die Frage des Vorrangs ist abhängig von der Hierarchie des europäischen Gesetzes. Umgekehrt macht es komplexes und schnelllebiges europäisches Recht unmöglich, eine Rechtsdogmatik zu entwickeln, die zur Lückenfüllung unabdingbar ist.

3. De lege ferenda ist im Kapitalmarktrecht eine Arbeitsteilung zwischen den Mitgliedstaaten und der Europäischen Union herzustellen. Man könnte durch

---

**103** Zu dieser Zielsetzung s. bereits oben I.c)ii).

eine Stärkung sowohl der europäischen als auch nationalen Ebene eine *Win-win-*Situation schaffen. Durch die Trennung der Zuständigkeiten könnte die Verantwortlichkeit erhöht werden, aber auch die jeweils eigene Rechtsetzung und Rechtsdurchsetzung gestärkt werden. Auf europäischer Ebene müsste die Rechtsdurchsetzung für die Bereiche von Insiderrecht und Marktmissbrauchskontrolle weiter verbessert werden. Auf nationaler Ebene könnte ein Wettbewerb der Mitgliedstaaten in Bereichen eintreten, in denen der Binnenmarkt und systemische Risiken nicht berührt sind, wie etwa im Bereich der Anlegerberatung. Damit würden auf europäischer Ebene systemrelevante Bereiche effektiver gemanagt, auf nationaler Ebene würde das Recht einfacher, weil die vier Ebenen des europäischen Rechts wegfielen.

4. Die jetzige Fassung des WpHG ist sprachlich schon wenig überzeugend[104]; als „entleertes Verweisungsgesetz" spielt die Musik künftig bei den unmittelbar geltenden europäischen Verordnungen. Wenn der Rechtsanwender auf den Emittentenleitfaden als verständige Rechtsquelle wartet, so sollte es auch für den deutschen Gesetzgeber ein Ansporn sein, verständliches Recht zu schaffen. Würde man umfangreiche Bereiche der MiFiD II wieder vollständig der Kompetenz der Mitgliedstaaten überlassen, hätte das Wertpapierhandelsgesetz eine realistische Chance die 50 Jahresfeier zu erleben – als Quelle nationalen Rechts, konkretisiert durch die BaFin und den Bankensenat des BGH.

---

**104** S. etwa Art. 6 Abs. 5, § 10, § 25, § 53 oder auch die §§ 119 f. WpHG.

Andreas Cahn

# Die sog. gespaltene Auslegung im Kapitalmarktrecht

## I. Einleitung

Bei der sog. gespaltenen Auslegung geht es um die Frage, ob ein- und dieselbe gesetzliche Bestimmung im Hinblick auf verschiedene an ihre Verletzung anknüpfende Rechtsfolgen unterschiedlich zu verstehen sein kann. Ausgangspunkt für diese Fragestellung ist der Umstand, dass Normverletzungen häufig neben zivilrechtlichen Rechtsfolgen, insbesondere Schadensersatzpflichten nach § 823 Abs. 2 BGB i.V.m. dem jeweils verletzten Schutzgesetz oder dem (zeitweiligen) Verlust der Rechte aus betroffenen Aktien nach §§ 44 WpHG, 59 WpÜG und aufsichtsrechtlichen Eingriffen wie etwa Untersagungs- und Verbotsverfügungen,[1] auch Strafen oder Geldbußen nach sich ziehen können. Strafen oder Geldbußen dürfen gemäß Art. 103 Abs. 2 GG, § 3 OWiG nur in den Grenzen des Wortlauts der jeweiligen Norm verhängt werden. Demgegenüber ist eine über den Gesetzeswortlaut hinausgehende, analoge Normanwendung als Grundlage für zivil- oder verwaltungsrechtliche Rechtsfolgen ohne Sanktionscharakter zulässig und sogar geboten, wenn der Normzweck es erfordert.

Die Zulässigkeit einer solchen gespaltenen Gesetzesanwendung[2] ist in Rechtsprechung und Schrifttum etwa mit Blick auf folgende Themen erörtert worden: Die Reichweite der Mitteilungspflichten nach §§ 21 ff. WpHG a. F. (jetzt §§ 33 ff. WpHG),[3] etwa im Hinblick auf Derivatepositionen, die vor der Erweiterung von § 25 WpHG a. F. (jetzt § 38 WpHG) vom Gesetzeswortlaut nicht erfasst waren,[4] die Qualifikation von Treugebern als Primärinsider unter Geltung der ursprünglichen Fassung von § 14 Abs. 1 Nrn. 2 und 3 WpHG,[5] die Auslegung der Einzelfallausnahme nach §§ 30 Abs. 2 Satz 1 WpÜG,[6] 22 Abs. 2 Satz 1 Halbs. 2 WpHG a. F.

1 Für das Wertpapierhandelsrecht vgl. etwa § 6 Abs. 2 Satz 4 und 5, Abs. 6 – 8 und Abs. 10 WpHG.

2 Da es um die analoge Anwendung von Bestimmungen jenseits der Grenzen der Normauslegung geht, trifft der üblicherweise verwendete Begriff „gespaltene Auslegung" genau genommen nicht den Kern des Problems.

3 *Cahn* AG 1997, 502, 503.

4 *U. H. Schneider/Anzinger* ZIP 2009, 1, 8 f.

5 *Cahn* ZHR 162 (1998), 1, 5 ff.

6 BGHZ 169, 98, 105 f. Rn. 17 „WMF"; ausführlich dazu mit Blick auf die hier erörterte Fragestellung *Hammen* Der Konzern 2009, 18 ff.

https://doi.org/10.1515/9783110632323-004

(jetzt § 34 Abs. 2 Satz 1 WpHG),[7] die Einbeziehung von Treuhändern in den Kreis der Zurechnungsadressaten nach § 22 Abs. 2 WpHG a. F. (jetzt § 34 Abs. 2 WpHG)[8] sowie in jüngster Zeit die Einordnung von Bitcoins als Finanzinstrumente i. S. v. § 1 Abs. 1 Nr. 7 Alt. 2 KWG.[9]

## II. Zwecke der gespaltenen Auslegung

Die Straf- oder Bußgeldbewehrung soll den betreffenden Verhaltenspflichten „*verstärkten ...Schutz*" verleihen.[10] Das Gesetz trägt damit dem Umstand Rechnung, dass die Durchsetzung zivilrechtlicher Sanktionen nicht selten wegen fehlender Informationen und mangelndem Anreiz der Anspruchsberechtigten, Schwierigkeiten beim Nachweis der Kausalität oder eines ersatzfähigen Schadens wenig effektiv und daher nur bedingt geeignet ist, Normverstößen vorzubeugen. Demgegenüber können Straf- oder Bußgeldandrohungen erhebliche präventive Wirkung entfalten. Das liegt zum einen an der Schärfe der Sanktionen, die wegen der Bemessung von Geldbußen gegenüber juristischen Personen und Personenvereinigungen nach deren Jahresgesamtumsatz[11] auch im Bereich der Ordnungswidrigkeiten sehr erheblich sein kann. Hinzu kommt zum anderen die Aussicht auf Verfolgung durch staatliche Behörden mit weit gehenden Ermittlungsbefugnissen.

Durch die Straf- oder Bußgeldbewehrung bringt der Gesetzgeber mithin zum Ausdruck, dass ihm die Durchsetzung einer bestimmten Verhaltenspflicht besonders wichtig ist. Dieses Anliegen würde in sein Gegenteil verkehrt, wenn man die Straf- oder Bußgeldbewehrung zum Anlass nähme, das Analogieverbot auch jenseits dieser repressiven Sanktionen anzuwenden und auf diese Weise die zweckgerechte Durchsetzung der Verhaltenspflicht zu erschweren.[12] Der Gesetzgeber soll auf Sanktionen des Straf- oder Ordnungswidrigkeitenrechts nicht deswegen verzichten müssen, weil er dadurch eine über den Wortlaut hinausgehende Auslegung oder eine entsprechende Anwendung der betreffenden Ver-

---

**7** BGH ZIP 2018, 2214, 2219 Rn. 39.

**8** BGHZ 190, 291, 299 Rn. 33.

**9** KG ZIP 2018, 2015, 2017.

**10** So die BegrRegE zu § 31 des Entwurfs eines Gesetzes über den Wertpapierhandel und zur Änderung börsenrechtlicher und wertpapierrechtlicher Vorschriften (Zweites Finanzmarktförderungsgesetz), BT Drucks. 12/6679 v. 27.1.1994, S. 57.

**11** Vgl. für das Kapitalmarktrecht etwa § 120 Abs. 17–23 WpHG.

**12** *Verse* NZG 2009, 1331, 1334; *Segna* ZGR 2015, 84, 98 f.; *Poelzig* ZBB 2019, 1, 7; *Cahn* ZHR 162 (1998), 1, 10.

haltenspflichten auch im Hinblick auf zivil- oder verwaltungsrechtliche Sanktionen ausschließen würde.[13] Die gespaltene Auslegung will daher sowohl der Verhaltensnorm als auch dem daran anknüpfenden Sanktionsregime zu bestmöglicher Durchsetzung verhelfen.[14]

Handelt es bei der Verhaltensnorm um eine Bestimmung, die Vorgaben einer europäischen Richtlinie umsetzen soll, kann eine gespaltene Auslegung zwingend geboten sein, um einen dem Zweck der Richtlinie entsprechenden Anwendungsbereich der betreffenden Regelung sicherzustellen. Anderenfalls bestünde die Gefahr, dass der nationale Gesetzgeber ihren Anwendungsbereich durch Straf- oder Bußgeldbewehrung in unionrechtswidriger Weise verkürzt.

## III. Methodische Einwände gegen gespaltene Auslegung

Gegen die Zulässigkeit einer gespaltenen Auslegung wird eine Reihe von Gründen geltend gemacht, die sich bei näherer Betrachtung indessen durchweg als nicht tragfähig erweisen.

Eingewandt wird zunächst, aus der Straf- oder Bußgeldbewehrung der betreffenden Vorschriften folge, dass sie wortlautgemäß zu verstehen und daher Analogien zu Lasten des Betroffenen durch Art. 103 Abs. 2 GG, § 3 OWiG auch insoweit ausgeschlossen seien, als zivil- oder aufsichtsrechtliche Rechtsfolgen eines Normverstoßes in Frage stünden.[15] Damit wird offensichtlich vorausgesetzt, was zu begründen wäre. Das Analogieverbot gilt für Strafen und Geldbußen. Für zivil- oder aufsichtsrechtliche Sanktionen ist es dagegen bedeutungslos.[16] Nur für sie lässt aber die gespaltene Auslegung ein über die Grenzen des Wortlauts hin-

13 *Cahn* ZHR 162 (1998), 1, 11.

14 *Poelzig* ZBB 2019, 1, 7.

15 BGHZ 169, 98, 105 f. Rn. 17 „WMF"; BGHZ 190, 291, 299 Rn. 33; BGH ZIP 2018, 2214, 2219 Rn. 39; KG ZIP 2018, 2015, 2017; *Pentz* ZIP 2003, 1478, 1480; *Casper* ZIP 2003, 1469, 1473; *Merkner* AG 2012, 199, 200; *Schwark* in Schwark/Zimmer, KMRK, 4. Aufl.2010, Einl WpHG Rn. 34.

16 BVerfG ZIP 2006, 1484, 1485 Rn. 23; BVerwG NJW 1998, 2690, 2692; *U. H. Schneider* in Assmann/Schneider/Mülbert, Wertpapierhandelsrecht, 7. Aufl. 2019, Vor § 33. Rn. 48; *Hirte* in KK-WpHG, 2. Aufl. 2014, § 21 Rn. 7; *Koppensteiner* in KK-AktG, 3. Aufl. 2004, Anh § 22 §§ 21 ff. WpHG Rn. 9; *Bednarz* AG 2005, 835, 836; *Grundmann* in Ebenroth/Boujong/Strohn/Joost HGB, 3. Aufl. 2015, Bank- und Börsenrecht VI Rn. 32; *Hammen* Der Konzern 2009, 18, 20 f.; *Kalss* in Riesenhuber, Europäische Methodenlehre, 3. Aufl. 2015, § 20 Rn. 45; *Poelzig* ZBB 2019, 1, 6; *U. H. Schneider/Anzinger* ZIP 2009, 1, 9; *Wilke*, Grenzen einheitlicher Rechtsanwendung von Ver- und Geboten des Wertpapierhandelsgesetzes (WpHG), 2010, S. 299 ff, 358 f.

ausgehendes Gesetzesverständnis zu, soweit der Zweck der Verhaltensnorm dies erfordert.

Weiter wird geltend gemacht, gespaltene Auslegung sei mit dem Gedanken der Einheit der Rechtordnung nicht zu vereinbaren.[17] Sowohl Strafen und Geldbußen als auch zivilrechtliche Rechtsfolgen hätten primär Sanktionscharakter und sollten gesetzmäßiges Verhalten sicherstellen. Es handele sich um „zwei Seiten derselben Medaille“, so dass ein und dasselbe Verhalten nicht gespalten beurteilt werden könne. Es sei zulässig oder verboten, könne aber nicht zivil- oder aufsichtsrechtlich sanktioniert werden, jedoch im Übrigen straffrei bleiben.[18]

Damit wird indessen dem Grundsatz der Einheit der Rechtsordnung ein Inhalt zugeschrieben, den er nicht hat. Der Grundsatz soll ausschließen, dass Normadressaten sich miteinander unvereinbaren Geboten verschiedener Teile der Rechtsordnung ausgesetzt sehen. Die gespaltene Auslegung begründet indessen keinen solchen Normenwiderspruch. Sie führt nicht dazu, dass das Zivil- oder Aufsichtsrecht etwas gebieten würde, was Normen des Straf- oder Ordnungswidrigkeitenrechts verbieten oder umgekehrt.[19]

Das zeigt exemplarisch ein Beispiel, das im Schrifttum als Beleg für die These angeführt wird, gespaltene Auslegung setze Normadressaten dem Dilemma miteinander unvereinbare Pflichten aus. Dieser Einwand ist vor allem als Kritik an einer Entscheidung des OLG München[20] erhoben worden, die einem Treuhänder nach § 22 Abs. 2 WpHG a. F. (jetzt: § 34 Abs. 2 WpHG) Stimmrechte aus Aktien zugerechnet hat, hinsichtlich derer sein Treugeber sich mit den betreffenden Aktionären abgestimmt hatte. Ließe man eine solche über den Wortlaut der Vorschrift hinausgehende Anwendung von § 22 Abs. 2 WpHG zu, könnten sich zwei unterschiedliche, einander möglicherweise widersprechende Maßstäbe für die Erfüllung kapitalmarktrechtlicher Pflichten ergeben.[21] Wenn etwa im Hinblick auf zivilrechtliche und ordnungswidrigkeitsrechtliche Sanktionen unterschiedliche Stimmrechtsmitteilungen geboten seien, befinde sich der Meldepflichtige in einer ausweglosen Lage. Welche Meldung der Betroffene auch abgebe, würden ihm wahlweise die BaFin oder die Zivilgerichte bescheinigen, er habe seine Beteiligung noch immer nicht korrekt gemeldet und unterliege nach wie vor einem Rechtsverlust bzw. handle ordnungswidrig. So werde der Adressat der vermeintlichen Zusatzpflicht also überhaupt erst durch deren Erfüllung dem Vorwurf

---

**17** *Zimmermann* in Fuchs, WpHG, 2. Aufl. 2016, Vor §§ 21–30 Rn. 25; *von Bülow* in KK- WpHG, 2. Aufl. 2014, § 22 Rn. 40; *Veil/Dolff* AG 2010, 385, 389; *von Bülow/Petersen* NZG 2009, 1373, 1376.
**18** *Liebscher* ZIP 2002, 1005, 1009.
**19** *Poelzig* ZBB 2019, 1, 6.
**20** NZG 2009, 1386, 1387 f.
**21** *Veil/Dolff* AG 2010, 385, 389; *von Bülow/Petersen* NZG 2009, 1373, 1376.

rechtswidrigen Verhaltens ausgesetzt. Seine Verhaltenspflicht zu spalten, erweise sich als schlicht unmöglich.[22]

Dagegen ist zu Recht eingewandt worden, dass eine gespaltene Auslegung keineswegs derartigen „Teufelskreis" begründen würde, der dem Meldepflichtigen keinen Ausweg rechtmäßigen Verhaltens ließe.[23] Gäbe er nämlich eine der erweiternden Auslegung oder analogen Normanwendung entsprechende Mitteilung ab, handelte er in jeder Hinsicht rechtmäßig. Auch im Hinblick auf den Bußgeldtatbestand des § 39 Abs. 2 Nr. 2 e WpHG a.F. (jetzt § 120 Abs. 2 Nr. 2) WpHG) läge kein Verstoß gegen § 21 WpHG a.F. (jetzt § 33 WpHG) vor, weil dessen entsprechende Anwendung insoweit als eine zulässige Analogie zu Gunsten des Täters zu qualifizieren wäre.[24] Käme der Meldepflichtige hingegen der in Rechtsfortbildung erweiterten Rechtspflicht nicht nach, handelte er rechtswidrig und müsste zivilrechtliche Sanktionen und aufsichtsrechtliche Maßnahmen gewärtigen. Die Verhängung eines Bußgeldes schiede allerdings wegen des dann eingreifenden Analogieverbots aus.[25] Wie das Beispiel zeigt, begründet gespaltene Auslegung keineswegs die Gefahr miteinander unvereinbarer Normbefehle, die als Verstoß gegen den Grundsatz der Einheit der Rechtsordnung anzusehen wären.

Ein solcher Widerspruch innerhalb der Rechtsordnung liegt auch nicht darin, dass ein Verhalten rechtswidrig und daher Grundlage zivilrechtlicher Schadensersatzforderungen oder aufsichtsrechtlicher Maßnahmen sein kann, ohne zugleich Strafen oder Geldbußen auszulösen.[26] Ebenso wenig schließt der Grundsatz der Einheit der Rechtsordnung es aus, dass derselbe Begriff innerhalb derselben Norm je nach seinem Zweck unterschiedlich auszulegen sein kann. Prominentestes Beispiel im Wirtschaftsrecht dürfte der Unternehmensbegriff sein, der etwa im Aktienrecht in ein und derselben Vorschrift im Hinblick auf herrschende und abhängige Unternehmen in unterschiedlichem Sinne interpretiert wird, weil der Zweck der Normen, die an die Definitionsvorschriften der §§ 15 ff. AktG anknüpfen, dies erfordern.[27]

---

**22** *Fleischer/Bedkowski* DStR 2010, 933, 937.
**23** *Schürnbrand* NZG 2011, 1213, 1215.
**24** Dagegen *Segna* ZGR 2015, 84, 102 Fn. 89, der das Argument aber möglicherweise missversteht: Die entsprechende Anwendung von § 21 WpHG hat zur Folge, dass die Mitteilung zutreffend ist, so dass keine Geldbuße verhängt werden kann, obwohl die Mitteilung nach dem Wortlaut der Norm unzutreffend wäre.
**25** *Schürnbrand* NZG 2011, 1213, 1215; *Segna* ZGR 2015, 84, 102.
**26** *Schürnbrand* NZG 2011, 1213, 1215; *Segna* ZGR 2015, 84, 102; *Poelzig* ZBB 2019, 1, 6.
**27** Ausführlich dazu etwa *Mülbert* ZHR 163 (1999), 1 ff.

Schließlich liegt in der gespaltenen Auslegung auch kein Widerspruch zu den Grundsätzen der juristischen Methodenlehre und der allgemeinen Dogmatik,[28] sondern eine Ausprägung des Prinzips der teleologischen Gesetzesanwendung, die dem Zweck des Gesetzes bestmöglich Geltung verschaffen soll. In der kapitalmarktrechtlichen Diskussion ist zu Recht darauf hingewiesen worden, dass die gespaltene Auslegung im Kartell- und Verwaltungsrecht seit langem anerkannt ist.[29] So hat etwa das BVerwG wiederholt entschieden, das Analogieverbot habe lediglich zur Folge, dass der einschlägige Bußgeldtatbestand nicht zum Zuge komme.[30] Davon unberührt bleibe jedoch die Ermächtigung der Verwaltungsbehörde, den Rechtsverstoß festzustellen, einen auf künftige Unterlassung gerichteten Verwaltungsakt zu erlassen und diesen notfalls mit Mitteln des Verwaltungszwangs durchzusetzen. Diese Rechtsprechungslinie ist vom BVerfG ausdrücklich bestätigt worden. Danach unterliegt ein verwaltungsrechtlicher Erlaubnistatbestand, den eine Strafvorschrift in Bezug nimmt, nicht generell, sondern nur insoweit den Beschränkungen des Art. 103 Abs. 2 GG, als er in Ausfüllung der strafrechtlichen Blankettnorm herangezogen und damit selbst zum Teil der Strafrechtsnorm wird.[31]

Fehl geht auch der Vorwurf, eine Auslegung, die sich über den Wortlaut eines strafrechtlichen Schutzgesetzes hinwegsetze, bedeute de facto die richterrechtliche Ausweitung des Schutzbereichs, den der Gesetzgeber der betreffenden Bestimmung beigelegt habe.[32] Zunächst ist festzuhalten, dass gespaltene Auslegung die Grenzen des Wortlauts der Verhaltensnorm streng beachtet, soweit es darum geht, Gesetzesverstöße durch Strafen oder Geldbußen zu sanktionieren. Sie setzt sich daher gerade nicht über die Grenzen eines strafrechtlichen Schutzgesetzes hinweg. Zutreffend ist hingegen, dass gespaltene Gesetzesanwendung es ermöglichen soll, zivilrechtlichen und verwaltungsrechtlichen Sanktionen ein über den Wortlaut der Verhaltensnorm hinausgehendes Gesetzesverständnis zugrunde zu legen. Insoweit unterscheidet sie sich aber nicht von jeder anderen Analogiebildung, für die der Nachweis zu führen ist, dass sie eine Lücke zwischen dem unzulänglichen Gesetzeswortlaut und dem darüber hinausgehenden Regelungsplan des Gesetzes schließt.[33] Daraus ergibt sich zugleich das Bedürfnis für gespaltene

**28** So aber *Fuchs* in Fuchs, WpHG, 2. Aufl. 2016, Einl. Rn. 106.
**29** *Oechsler* ZIP 2011, 449, 452.
**30** Vgl. etwa BVerwG NJW 1998, 2690, 2692; BVerwG NZG 2005, 265, 270.
**31** BVerfG ZIP 2006, 1484, 1485 Rn. 23; dazu etwa *Schürnbrand* NZG 2011, 1213, 1215; *Segna* ZGR 2015, 84, 99 f.; *Verse* NZG 2009, 1331, 1334.
**32** *Assmann* in Assmann/Schneider/Mülbert, Wertpapierhandelsrecht, 7. Aufl. 2019, Einl. Rn. 35; *Fuchs* in Fuchs, WpHG, 2. Aufl. 2016, Einl. Rn. 106; ähnl. KG ZIP 2018, 2015, 2017.
**33** *Schürnbrand* NZG 2011, 1213, 1215.

Auslegung,[34] denn ohne sie müsste man hinnehmen, dass der Zweck der Verhaltensnorm wegen einer Straf- oder Bußgeldbewehrung nur unvollkommen erreicht werden könnte.[35]

Gegen eine gespaltene Auslegung wird schließlich geltend gemacht, Emittenten und Investoren dürfe nicht noch mehr Rechtsunsicherheit zugemutet werden,[36] die vor allem im Zusammenhang mit Hauptversammlungen von börsennotierten Unternehmen zu erheblichen Problemen führen könne.[37] Die diesem Bedenken unausgesprochen zugrunde liegende Annahme, die Pflichten der Kapitalmarktakteure ließen sich ohne weiteres dem Gesetzeswortlaut entnehmen, ist indessen unrealistisch.[38] Ganz unabhängig von Themen, bei denen gespaltene Auslegung eine Rolle spielt, gibt es im Kapitalmarkecht und anderen Bereichen des Wirtschaftsrechts eine Vielzahl ungeklärter Auslegungs- und Streitfragen, von denen der stetig anschwellende Umfang der diversen Erläuterungswerke beredtes Zeugnis ablegt. Die einzige Besonderheit gespaltener Auslegung ist, dass für Verstöße gegen den im Wege der Analogiebildung erweiterten Teil des Anwendungsbereichs der Norm keine Strafen oder Geldbußen verhängt werden.[39] Darin liegt aber keine für den Rechtsverkehr unzumutbare Rechtsunsicherheit, die es verbieten könnte, dem Regelungszweck des Gesetzes im Übrigen, d. h. als Grundlage für zivil– oder verwaltungsrechtliche Rechtsfolgen, Geltung zu verschaffen

## IV. Unionsrechtliche Einwände gegen gespaltene Auslegung

### 1. Gespaltene Auslegung und Europäische Richtlinien

Neben den soeben erörterten methodischen Einwänden werden gegen die Zulässigkeit gespaltener Auslegung auch unionsrechtliche Bedenken geltend gemacht. Insbesondere wird behauptet, der EuGH habe in der *Grøngaard und Bang*-Entscheidung[40] eine gespaltene Richtlinienauslegung und damit auch eine ge-

34 Das *Veil/Dolff* AG 2010, 385, 389 abstreiten.
35 *Schürnbrand* NZG 2011, 1213, 1215.
36 *Von Bülow* in KK-WpHG, 2. Aufl. 2014, § 22 Rn. 40; *Veil/Dolff* AG 2010, 385, 389.
37 *Brellochs* ZIP 2011, 2225, 2227.
38 *Schürnbrand* NZG 2011, 1213, 1215.
39 *Schürnbrand* NZG 2011, 1213, 1215.
40 EuGH v. 22.11.2005, Rs C-384/02, ZIP 2006, 123 (Grøngaard und Bang).

spaltene Auslegung nationalen Rechts abgelehnt.[41] Diese Einschätzung beruht indessen auf einer unzulässigen Verkürzung der Kernaussagen der Entscheidung, die im Gegenteil zeigen, dass gespaltene Auslegung notwendig sein kann und vom EuGH akzeptiert wird, um Verstöße nationalen Rechts gegen unionsrechtliche Vorgaben zu vermeiden.[42]

Europäische Richtlinien verlangen üblicherweise, dass die Mitgliedstaaten bei Verstößen gegen die zur Umsetzung erlassenen Bestimmungen wirksame, verhältnismäßige und abschreckende Sanktionen vorsehen, ohne Art und Inhalt solcher Sanktionen vorzuschreiben.[43] Die Art der Sanktionen, die ein Mitgliedstaat zur Umsetzung solcher Bestimmungen anordnet, kann nicht die Auslegung der europäischen Verhaltensnormen und der zu ihrer Umsetzung erlassenen mitgliedstaatlichen Vorschriften beeinflussen. Anderenfalls bestünde in Mitgliedstaaten, die bei Verstößen nur zivil- und verwaltungsrechtliche Sanktionen vorsehen, bei der Auslegung europäischer Richtlinien größerer Spielraum als in Mitgliedstaaten, die Verstöße (auch) als Straftaten oder Ordnungswidrigkeiten ahnden. Dementsprechend hat der EuGH in der *Grøngaard und Bang*-Entscheidung klargestellt, dass die Auslegung des Anwendungsbereichs einer Richtlinie nicht davon abhängen kann, ob sie in einem zivil-, verwaltungs- oder strafrechtlichen Verfahren geltend gemacht wird.[44] Ein durch den Normzweck gebotenes Verständnis unionsrechtlicher Bestimmungen über die Grenzen des Wortlauts hinaus wird also nicht grundsätzlich durch mitgliedstaatliche Sanktionen mit Strafcharakter ausgeschlossen. Der Gerichtshof hat andererseits darauf hingewiesen, „*dass die Verpflichtung des nationalen Gerichts, bei der Auslegung der einschlägigen Bestimmungen seines nationalen Rechts auf den Inhalt einer Richtlinie abzustellen, Grenzen hat, insbesondere wenn eine solche Auslegung dazu führt, auf der Grundlage der Richtlinie und unabhängig von einer zu ihrer Durchführung erlassenen Regelung die strafrechtliche Verantwortlichkeit derjenigen, die gegen ihre Bestimmungen verstoßen, zu begründen oder zu verschärfen*“,[45] mithin der, auch

---

41 *Assmann* in Assmann/Schneider/Mülbert, Wertpapierhandelsrecht, 7. Aufl. 2019, Einl. Rn. 35; *Fleischer/Bedkowski* DStR 2010, 933, 937.

42 *Schürnbrand* NZG 2011, 1213, 1216; *Poelzig* ZBB 2019, 1, 7; *Kalss* in Riesenhuber, Europäische Methodenlehre, 3. Aufl. 2015, § 20 Rn. 45.

43 Vgl. etwa Art. 28 Abs. 1 TransparenzRL (Richtlinie 2004/109/EG des Europäischen Parlaments und des Rates vom 15. Dezember 2004 zur Harmonisierung der Transparenzanforderungen in Bezug auf Informationen über Emittenten, deren Wertpapiere zum Handel auf einem geregelten Markt zugelassen sind, und zur Änderung der Richtlinie 2001/34/EG, ABl. EU Nr. L 390 v. 31.12. 2004, S. 38).

44 EuGH v. 22.11.2005, Rs C-384/02, ZIP 2006, 123, 125 Rn. 28 (Grøngaard und Bang).

45 EuGH v. 22.11.2005, Rs C-384/02, ZIP 2006, 123, 125 Rn. 30 (Grøngaard und Bang).

unionsrechtlich anerkannte, Grundsatz *nulla pona sine lege* bei der Anwendung von unionsrechtlich geprägtem Recht der Mitgliedstaaten Geltung beansprucht.

Gespaltene Auslegung sorgt dafür, dass sowohl eine dem Normzweck entsprechende Auslegung der in Umsetzung unionrechtlicher Vorgaben erlassenen Verhaltensnormen über die Grenzen ihres Wortlauts hinaus als auch die Einhaltung des *nulla poena*-Grundsatzes möglich ist. Nur durch gespaltene Auslegung lässt sich sicherstellen, dass unionsrechtliche geprägte nationale Vorschriften in allen Mitgliedstaaten unabhängig von der Art der jeweils vorgesehenen Sanktionen einheitlich ausgelegt werden. Entgegen einer im Schrifttum geäußerten Befürchtung hat gespaltene Auslegung also nicht zur Folge, dass für die Kapitalmarktteilnehmer in den verschiedenen Mitgliedstaaten unterschiedliche Pflichtenmaßstäbe gelten würden,[46] sondern verhindert dies. Die Ausführungen des EuGH in *Grøngaard und Bang*-Entscheidung sind daher kein Plädoyer gegen, sondern für eine gespaltene Auslegung,[47] die ein angemessenes Mittel darstellt, um Divergenzen zwischen Unionsrecht und nationalem Recht zu bewältigen.[48]

## 2. Gespaltene Auslegung und europäische Verordnungen

Anders als Richtlinien, die bis vor wenigen Jahren das gängige Instrument der europäischen Kapitalmarktregulierung waren, begnügt sich das neue Marktmissbrauchsrecht nicht mit abstrakten Vorgaben hinsichtlich des Charakters von Sanktionen, sondern macht den Mitgliedstaaten eine Reihe konkreter Vorgaben. So schreibt etwa Art. 30 Abs. 2 MAR eine Reihe verwaltungsrechtlicher Sanktionen vor, die die Mitgliedstaaten bei Verstößen gegen Artt. 14 und 15, Art. 16 Abs. 1 und 2, Art. 17 Abs. 1, 2, 4, 5 und 8, Art. 18 Abs. 1 bis 6, Art. 19 Abs. 1, 2, 3, 5, 6, 7 und 11 und Art. 20 Abs. 1 MAR vorsehen müssen. Überdies verlangen Artt. 3 bis 6 CRIM-MAD,[49] dass die Mitgliedstaaten Insider-Geschäfte, Empfehlung an Dritte oder Anstiftung Dritter zum Tätigen von Insider-Geschäften, die unrechtmäßige Offenlegung von Insider-Informationen und Marktmanipulation, die Anstiftung und die Beihilfe zu diesen Taten sowie den Versuch eines Verstoßes von Insider-Ge-

46 So aber *Veil* in K. Schmidt/Lutter, AktG, 3. Aufl. 2015, Anh. § 22: Vor §§ 21 ff. WpHG Rn. 7.
47 *Schürnbrand* NZG 2011, 1213, 1216; *Poelzig* ZBB 2019, 1, 7; *Kalss* in Riesenhuber, Europäische Methodenlehre, 3. Aufl. 2015, § 20 Rn. 45.
48 *Schürnbrand* NZG 2011, 1213, 1216; *Segna* ZGR 2015, 84, 105; *Wilke*, Grenzen einheitlicher Rechtsanwendung von Ver- und Geboten des Wertpapierhandelsgesetzes (WpHG), 2010, S. 354 ff.
49 Richtlinie 2014/57/EU des Europäischen Parlaments und des Rates vom 16. April 2014 über strafrechtliche Sanktionen bei Marktmanipulation (Marktmissbrauchsrichtlinie), ABl EU Nr. L 173 v. 12. 6. 2014, S. 179.

schäften, der Empfehlung an Dritte, der Anstiftung Dritter zum Tätigen von Insider-Geschäften und Marktmanipulation zumindest in schwerwiegenden Fällen und bei Vorliegen von Vorsatz unter Strafe stellen.[50] Anders als nach Art. 14 der Marktmissbrauchs-RL 2003[51] oder Art. 28 Abs. 1 der Transparenz-RL,[52] steht es daher nicht im Ermessen der Mitgliedstaaten, welche wirksamen, verhältnismäßigen und abschreckenden Sanktionen sie festlegen. Vielmehr müssen sie für die von der MAR und der CRIM-MAD bestimmten Fälle jedenfalls auch finanzielle Sanktionen, nach deutschem Recht also Geldbußen oder Strafen, vorsehen.

Nach der Rechtsprechung des EuGH dürfte es sich in Anbetracht von Art. 30 Abs. 2 MAR und Artt. 3 bis 6 CRIM-MAD bei den im WpHG zur Umsetzung dieser Bestimmungen vorgesehenen Sanktionen i. S.v. Art. 51 Abs. 1 EU-Grundrechtecharta um die Durchführung des Rechts der Union handeln, so dass die durch die Charta garantierten Grundrechte zu beachten sind.[53] Gemäß Art. 49 Abs. 1 Satz 1 der EU-Grundrechtecharta darf niemand wegen einer Handlung oder Unterlassung verurteilt werden, die zur Zeit ihrer Begehung nach innerstaatlichem oder internationalem Recht nicht strafbar war. Aus dieser Bestimmung folgt u. a. das Verbot der strafschärfenden Analogie.[54] Der Begriff „Strafe" i. S.v. Art. 49 EU-Grundrechtecharta umfasst dabei nicht nur Kriminalstrafen, sondern auch Sanktionen, die durch die Verwaltung verhängt werden, sofern sie repressiven Charakter haben und von einigem Gewicht sind,[55] also auch erhebliche Geldbußen wegen einer Ordnungswidrigkeit,[56] und zwar auch dann, wenn es sich beim

---

**50** Umgesetzt in § 119 Abs. 1 i.V.m. § 120 Abs. 2 Nr. 3, Abs. 15 Nr. 2 WpHG (Marktmanipulation), § 119 Abs. 3 WpHG (Insidergeschäfte), jeweils i.V.m. § 119 Abs. 4 WpHG (Versuchsstrafbarkeit); § 120 Abs. 15 Nrn. 3–5 WpHG (Verstöße gegen Art. 16 MAR), § 120 Abs. 15 Nrn. 6–11 WpHG (Verstöße gegen Art. 17 MAR), § 120 Abs. 15 Nrn. 12–16 WpHG (Verstöße gegen Art. 18 MAR); § 120 Abs. 15 Nrn. 17–22 WpHG (Verstöße gegen Art. 19 MAR), § 120 Abs. 15 Nr. 23 WpHG (Verstöße gegen Art. 20 MAR).

**51** Richtlinie 2003/6/EG des Europäischen Parlaments und des Rates vom 28. Januar 2003 über Insider-Geschäfte und Marktmanipulation (Marktmissbrauch), ABl. EU Nr. L 96 v. 12.4.2003, S. 16.

**52** Richtlinie 2004/109/EG des Europäischen Parlaments und des Rates vom 15. Dezember 2004 zur Harmonisierung der Transparenzanforderungen in Bezug auf Informationen über Emittenten, deren Wertpapiere zum Handel auf einem geregelten Markt zugelassen sind, und zur Änderung der Richtlinie 2001/34/EG, ABl. EU Nr. L 390 v. 31.12.2004, S. 38.

**53** Vgl. EuGH v. 26.2.2013, Rs. C-617/10 (Åkerberg Fransson), NJW 2013, 1415, 1416 Rn. 21; *Spoerr* in Assmann/U. H. Schneider/Mülbert, Wertpapierhandelsrecht, 7. Aufl. 2019, Art. 30 VO Nr. 596/2014 Rn. 12.

**54** Vgl. etwa *Jarass*, Charta der Grundrechte der EU, 3. Aufl. 2016, Art. 49 Rn. 12 m. Nachw.

**55** *Jarass*, Charta der Grundrechte der EU 3. Aufl. 2016, Art. 48 Rn. 4 und Art. 49 Rn. 7.

**56** *Lemke* in von der Groeben/Schwarze/Hatje, Europäisches Unionsrecht, 7. Aufl. 2015, GRC Art. 49 Rn. 4 und Art. 48 Rn. 5.

Betroffenen um eine juristische Person handelt.[57] Strafen oder Geldbußen, in der Terminologie der europäischen Gesetzgebung „verwaltungsrechtliche finanzielle Sanktionen“,[58] wegen einer Verletzung der in Art. 30 Abs. 2 MAR aufgeführten Vorschriften oder in den Fällen der Artt. 3 bis 6 CRIM-MAD dürfen also nicht verhängt werden, wenn zwar der Zweck dieser Bestimmungen eine Sanktion gebieten würde, das in Frage stehende Verhalten aber vom Wortlaut dieser Verbote nicht erfasst ist.

Die oben (4.a)) verneinte Frage, ob aus der Entscheidung des EuGH in Sachen *Grøngaard und Bang* die Unzulässigkeit gespaltener Auslegung des zur Umsetzung europäischer Richtlinien erlassenen nationalen Rechts folgt, stellt sich daher hier in anderer Weise. Insbesondere lässt sich mit Blick auf die von der MAR und der CRIM-MAD vorgeschriebenen finanziellen Sanktionen und Strafen nicht argumentieren, der nationale Gesetzgeber könne nicht durch die Wahl der Sanktionsart die Auslegung europäischen Rechts beeinflussen, denn hier beruht die Bewehrung der kapitalmarktrechtlichen Verhaltenspflichten durch repressive Sanktionen auf unionsrechtlichen Vorgaben. Vielmehr ist es eine Frage des Unionsrechts, ob diejenigen Bestimmungen der MAR, die aufgrund unionsrechtlicher Vorgaben durch Strafen oder repressive verwaltungsrechtliche Sanktionen bewehrt sind, für Zwecke der Anwendung von Rechtsfolgen, für die das Analogieverbot nicht gilt, über die Grenzen des Wortlauts ausgelegt oder entsprechend angewendet werden können.

Die Ausführungen des EuGH in der *Grøngaard und Bang*-Entscheidung stehen einer solchen gespaltenen Auslegung nur auf den ersten Blick entgegen. Mit der Aussage, die Auslegung des Anwendungsbereichs einer Richtlinie könne nicht davon abhängen, ob sie in einem zivil-, verwaltungs- oder strafrechtlichen Verfahren geltend gemacht werde,[59] stellt der Gerichtshof klar, dass die Auslegung von Unionsrecht nicht durch das Recht der Mitgliedstaaten beeinflusst wird. Demgegenüber geht es hier um die Frage, ob das Unionsrecht selbst eine gespaltene Auslegung erfordern kann, damit sein Zweck erreicht werden kann. Dazu lässt sich der *Grøngaard und Bang*-Entscheidung keine Aussage entnehmen. Während die dem Vorrang des Unionsrechts abgeleiteten Argumente naturgemäß keine Bedeutung haben, sprechen allerdings die übrigen bereits oben erörterten Gründe auch im vorliegenden Zusammenhang für eine gespaltene Auslegung. Anderenfalls müsste der Gesetzgeber entweder in Kauf nehmen, dass auch andere als repressive Rechtsfolgen von Verstößen nur im Rahmen der Wortlautgrenzen

---

57 *Jarass*, Charta der Grundrechte der EU, 3. Aufl. 2016, Art. 48 Rn. 4; *Lemke* in von der Groeben/Schwarze/Hatje, Europäisches Unionsrecht, 7. Aufl. 2015, GRC Art. 49 Rn. 6.

58 Vgl. etwa Art. 30 Abs. 2 lit. h) – j) MAR.

59 EuGH v. 22.11.2005, Rs C-384/02, ZIP 2006, 123, 125 Rn. 28 (Grøngaard und Bang).

eingreifen, selbst wenn der Normzweck eine darüber hinausgehende Anwendung der betreffenden Bestimmung gebietet, oder im Interesse einer den Normzweck ausschöpfenden Rechtsanwendung auf repressive Sanktionen verzichten, obwohl sie nicht selten das effektivste Mittel der Rechtsdurchsetzung und zur Abschreckung vor Verstößen sind.

## V. Ausblick

Obwohl die Frage nach der Zulässigkeit gespaltener Rechtsanwendung in vielen Rechtsgebieten von Bedeutung ist, ist sie vor allem im Kapitalmarktrecht und dort vor allem im WpHG seit über 20 Jahren Gegenstand der Diskussion. Durch den Übergang von der Regulierung durch die Marktmissbrauchsrichtlinie zur unmittelbar anwendbaren MAR hat das Thema seine Aktualität nicht verloren. Es bleibt zu hoffen, dass auch die Rechtsprechung die gespaltene Auslegung anerkennen wird, denn nur dann lassen sich die Ziele einer normzweckorientierten Kapitalmarktregulierung und einer effektiven Sanktionierung von Gesetzesverstößen miteinander in Einklang bringen.

Corinna Coupette und Andreas Martin Fleckner

# Das Wertpapierhandelsgesetz (1994 – 2019)

## Eine quantitative juristische Studie

Als das Wertpapierhandelsgesetz vor 25 Jahren in Kraft trat, wurden Wertpapiere bereits elektronisch gehandelt. Gleichwohl dürfte die zunehmende Automatisierung des Handels einer der Hauptgründe sein, warum das Wertpapierhandelsgesetz in den letzten Jahren so häufig und so tiefgreifend modifiziert wurde. War es anfangs primär das Zusammenführen von Kauf- und Verkaufsaufträgen, das automatisiert erfolgte (*matching*), sind es heute schon die Aufträge selbst, die automatisiert erstellt und platziert werden.[1] Während der Gesetzgeber auf die fortschreitende Automatisierung des Handels immer wieder mit Änderungen des Wertpapierhandelsgesetzes reagiert hat, wählt dieser Beitrag den umgekehrten Weg: eine computergestützte (und insoweit automatisierte) Analyse der Veränderungen, die das Wertpapierhandelsgesetz in den letzten 25 Jahren durchlaufen hat. Der Beitrag ist damit ein Beispiel für die quantitative Rechtswissenschaft – die statistische Auswertung zählbarer Daten zur Beantwortung juristischer Fragen.[2] Untersucht werden der Umfang (I.), die Struktur (II.) und der Inhalt (III.) des Wertpapierhandelsgesetzes, gefolgt von einem knappen Ausblick mit Ideen für weitere quantitative Studien.[3]

## I. Umfang des Wertpapierhandelsgesetzes

Im juristischen Diskurs finden sich gelegentlich Aussagen zum Umfang von Gesetzen – etwa dass Gesetze immer länger würden oder dass man das Alter eines

---

**1** Historische Kontextualisierungen z. B. bei *Fleckner/Hopt* Va. L. & Bus. Rev. 7 (2013), 513, 556 – 558; *Fleckner* in Moloney/Ferran/Payne, The Oxford Handbook of Financial Regulation, 2015, S. 596, 619 – 623; *Kollmann*, Autonome und intelligente Wertpapierhandelssysteme, 2019, insb. S. 9 – 33.

**2** Allgemein *Coupette/Fleckner* JZ 2018, 379 – 389 (Definition 379); unter den dort verzeichneten Gegenständen quantitativer juristischer Studien fällt der hiesige Beitrag in die Kategorie „Gesetzgebung (Beispiel: Struktur gesetzlicher Kodifikationen)" (380); seinem Erkenntnisziel nach gehört der Beitrag zu den „Untersuchungen, die einen bestimmten Sachverhalt erkunden (*explorative Studien*) oder beschreiben (*deskriptive Studien*)" (ebd.).

**3** Alle Angaben sind auf dem Stand vom 1. 1. 2019; weitere Informationen zu den im Beitrag verwendeten Daten und ihrer Analyse sind unter www.quantitative-rechtswissenschaft.de abrufbar (DOI: 10.5281/zenodo.3237485).

https://doi.org/10.1515/9783110632323-005

Paragraphen an seiner Länge erkennen könne. Solche Narrative gibt es auch und gerade für das Wertpapierhandelsgesetz, da sein Umfang in nur 25 Jahren auf ein Vielfaches gewachsen ist (wie noch zu sehen und zu erläutern sein wird). Doch was ist eigentlich der „Umfang" eines Gesetzes – und wie lässt er sich bestimmen?

## 1. Vorüberlegungen zum „Umfang" von Gesetzen

Weder im Bundesgesetzblatt noch in *juris* gibt es Angaben dazu, wie umfangreich ein Gesetz ist. Ebenso wenig besteht ein Konsens darüber, wonach sich der Umfang von Gesetzen bestimmt. Nach der Länge der Publikation im Bundesgesetzblatt (allein bei neu beschlossenen oder neu bekanntgemachten Gesetzen in Erfahrung zu bringen)? Nach der Zahl der Paragraphen (bei nachträglich eingefügten Paragraphen mit Buchstabenzusätzen schwer zu überblicken)? Nach der Zahl der Absätze, Sätze, Halbsätze, Wörter oder Zeichen (für längere Gesetze nur automatisiert erfassbar)?

Diese wenigen Fragen lassen bereits erahnen, dass es einige Herausforderungen bereitet, den Umfang von Gesetzen zu bestimmen – Herausforderungen konzeptioneller wie technischer Art. Konzeptionell fragt sich, was genau zu einem Gesetz gehört, wenn man seinen Umfang in eine Zahl fassen und mit dem Umfang anderer Gesetze vergleichen möchte. Auch die Eingangsformel? Die Inhaltsübersicht? Die Paragraphen-Überschriften? Die Schlussformel? Das Ausfertigungsdatum nebst Unterschriften von Bundespräsident, Bundeskanzler und Bundesministern?[4] Diese Fragen vorschnell zu bejahen, rächt sich spätestens dann, wenn Gesetze miteinander verglichen werden sollen, von denen etwa manche über amtliche Inhaltsübersichten oder Paragraphen-Überschriften verfügen, andere dagegen nicht. Damit zusammenhängend, aber doch auch eine eigenständige Herausforderung technischer Art: Um den Umfang von Gesetzen zuverlässig ermitteln zu können, bedürfte es frei zugänglicher Daten aus offizieller Quelle, die vollständig, unverändert und unmittelbar automatisiert weiterverwertbar sind.[5] Solche Daten – amtliche Dateien mit dem Wortlaut der deutschen Gesetze – fehlen aber.[6]

---

4 Die Terminologie folgt hier (und später) dem Handbuch der Rechtsförmlichkeit, hrsg. vom Bundesministerium der Justiz, 3. Aufl. 2008.

5 So die Beschreibung des „Idealzustandes" bei *Coupette/Fleckner* JZ 2018, 379, 380 f., 389; zu juristischen Daten außerdem *Coupette*, Juristische Netzwerkforschung – Modellierung, Quantifizierung und Visualisierung relationaler Daten im Recht, 2019, insb. S. 74–88, 228–251.

6 Die PDF-Dateien des Bundesgesetzblattes oder die HTML-Dateien von *juris* sind zwar nahezu vollständig, aber weder frei zugänglich (nach den aktuellen Nutzungsbedingungen), noch aus

Aus alledem folgt, dass sich der Umfang eines Gesetzes nur nach einer Reihe von Vorbereitungshandlungen bestimmen lässt (ein allgemeines Problem der quantitativen Rechtswissenschaft).[7] Diese Vorbereitungshandlungen erfordern zahlreiche (Wertungs-)Entscheidungen: Welcher Quelle werden die Daten mit den zu analysierenden Gesetzen entnommen? Wie werden die Daten „bereinigt"? Was wird gezählt? Um intersubjektiv überprüfbar zu sein, müssen all diese Schritte und die aus ihnen hervorgehenden Datensätze offengelegt werden (wie in den Fußnoten dieses Beitrags und dem zugehörigen Online-Anhang).[8]

## 2. Umfang des WpHG 1994 – 2019

Das Wertpapierhandelsgesetz ist mit dem Zweiten Finanzmarktförderungsgesetz erlassen worden (1994).[9] Seitdem hat es 65 Änderungsgesetze (bzw. -verordnungen) gegeben.[10] Da nicht alle Änderungsvorschriften, ja nicht einmal das Ursprungsgesetz selbst, zu demselben Zeitpunkt in Kraft getreten sind, lassen sich 83 verschiedene Textfassungen unterscheiden.[11]

Technisch am einfachsten und zuverlässigsten zu ermitteln ist für die 83 WpHG-Fassungen die Zeichenzahl. Am kürzesten ist danach mit knapp 11 000 Zeichen die erste Fassung (ein fragmentarischer Ausschnitt aus dem Ursprungs-

offizieller Quelle (maßgeblich ist allein die Druckfassung im Bundesgesetzblatt), noch unverändert (die PDF-Dateien des Bundesgesetzblattes enthalten z. B. auch die Kopfzeilen, die HTML-Dateien von *juris* auch den Quellcode), noch unmittelbar automatisiert weiterverwertbar (hierzu müssen sie z. B. in TXT- oder XML-Dateien umgewandelt werden).

7 *Coupette/Fleckner* JZ 2018, 379, 380 – 383 (Sammlung juristischer Daten: Beschaffung, Überprüfung, Aufbereitung) und 383 – 386 (Analyse juristischer Daten: Zählgegenstand, Zählmodus, Auswertungsmodus).

8 Zur essentiellen Bedeutung der Offenlegung z. B. *Epstein/King* J. Legal Educ. 53 (2003), 311, 319 f.; *Mitchell* N.C. L. Rev. 83 (2004), 167 – 204; *Coupette/Fleckner* JZ 2018, 379, 384, 388 f. Nachweise zum Online-Anhang dieses Beitrags am Ende der Einleitung (Fn. 3).

9 Gesetz über den Wertpapierhandel (Wertpapierhandelsgesetz – WpHG) vom 26.7.1994, BGBl. I S. 1749 – 1760, verkündet als Art. 1 des Gesetzes über den Wertpapierhandel und zur Änderung börsenrechtlicher und wertpapierrechtlicher Vorschriften (Zweites Finanzmarktförderungsgesetz).

10 Nicht mitgezählt sind das Ursprungsgesetz (Fn. 9) sowie die Bekanntmachung der Neufassung des Wertpapierhandelsgesetzes vom 9.9.1998, BGBl. I S. 2708 – 2725; berücksichtigt ist dagegen das Gesetz zur Umsetzung der Zweiten Zahlungsdiensterichtlinie (hierzu in Fn. 96).

11 Diese Angabe basiert auf einer Auswertung aller Vorschriften über das Inkrafttreten im Ursprungsgesetz (Fn. 9, 12) sowie in den 65 Rechtsakten, mit denen das WpHG geändert wurde (Fn. 10); nicht berücksichtigt ist Art. 3 Nr. 7 des Kleinanlegerschutzgesetzes (hierzu in Fn. 96).

gesetz);[12] die erste vollständige Fassung (das Ursprungsgesetz) hat knapp 58 000 Zeichen und ist damit die zweitkürzeste aller WpHG-Fassungen.[13] Am längsten ist mit knapp 511 000 Zeichen die aktuelle Fassung; das ist eine Zunahme um den Faktor 8,8 (oder 784 %) gegenüber der ersten vollständigen Fassung in 24 Jahren (und sogar um den Faktor 47 gegenüber der ersten fragmentarischen Fassung).

Abbildung 1 verzeichnet alle 83 Textfassungen mit der zugehörigen Zeichenzahl:

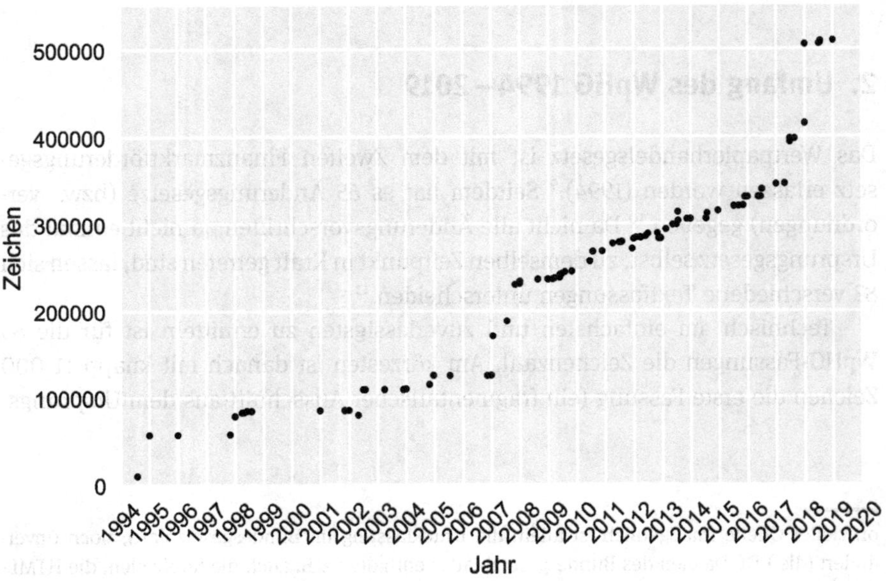


**Abbildung 1:** Zeichenzahl aller 83 WpHG-Fassungen seit dem teilweisen Inkrafttreten des Ursprungsgesetzes bis zur aktuellen Fassung[14]

---

**12** Nach Art. 20 des Zweiten Finanzmarktförderungsgesetzes (Fn. 9) sind die §§ 1–3, 9 Abs. 3/4, 11–14, 20, 38, 41 Abs. 1 des WpHG bereits am 1. 8. 1994 in Kraft getreten, alle übrigen Vorschriften des WpHG dagegen erst am 1. 1. 1995.

**13** Wegen der unvermeidlichen Bereinigung der Ausgangsdaten (hierzu sogleich in Fn. 14) wäre es eine Scheingenauigkeit, die „genauen", also nicht gerundeten Zeichenzahlen anzugeben (alle Zeichenangaben einschließlich Leerzeichen).

**14** Ausgangspunkt von Abbildung 1 sind die HTML-Dateien von *juris*. Aus diesen Dateien wurden automatisiert entfernt: die Umsetzungshinweise; die Inhaltsübersichten; die *juris*-Annotationen zur Änderungshistorie und zur Anwendung einzelner Vorschriften. Weitere Informationen (einschließlich möglicher Fehlerquellen) im Online-Anhang (Fn. 3).

Wie Abbildung 1 zeigt, hat die „Lebensdauer“ (oder „Haltbarkeit“) der einzelnen WpHG-Fassungen in den vergangenen 25 Jahren deutlich abgenommen: In der ersten Hälfte des Untersuchungszeitraums (1994 – 2006) gab es 22 verschiedene Fassungen, in der zweiten Hälfte (2007 – 2019) mit 61 verschiedenen Fassungen fast die dreifache Zahl.[15] Ein ähnliches, aber etwas abgemildertes Bild zeigen die Änderungsgesetze, die den verschiedenen Textfassungen zugrundeliegen (19 gegenüber 46). Im Durchschnitt (arithmetisches Mittel) gab es pro Jahr 1,5 (erste Hälfte) bzw. 3,8 (zweite Hälfte) Änderungsgesetze (mit 2,3 bzw. 5,6 verschiedenen Textfassungen im Kalenderjahr); typischerweise (Median) waren es pro Jahr zwei bzw. drei Änderungsgesetze (und zwei bzw. fünf verschiedene Fassungen); am häufigsten (Modus) gab es pro Jahr zwei bzw. zwei oder drei Änderungsgesetze (und zwei bzw. fünf verschiedene Fassungen). Noch deutlicher wird die steigende Reformfrequenz in einer anderen Metrik: Während es zu Beginn noch einen Zeitraum von 880 Tagen gab, in dem der Text des Wertpapierhandelsgesetzes unverändert blieb (vom 1. 8. 1998 bis zum 28. 12. 2000), ist die durchschnittliche Lebensdauer der einzelnen WpHG-Fassungen von gut 206 Tagen in der ersten Hälfte des Untersuchungszeitraums (Median: 105) auf gut 73 Tage in der zweiten Hälfte (Median: 58) gesunken.[16]

Die drei Änderungsgesetze, die *relativ* für die größte Zeichenveränderung gegenüber der vorhergehenden WpHG-Fassung gesorgt haben,[17] sind das Transparenzrichtlinie-Umsetzungsgesetz (2007),[18] das Gesetz zur Umsetzung von EG-Richtlinien zur Harmonisierung bank- und wertpapieraufsichtsrechtlicher Vor-

---

**15** Die beiden Vergleichszeiträume sind nicht exakt gleich lang. Die erste Hälfte reicht vom teilweisen Inkrafttreten des Ursprungsgesetzes am 1. 8. 1994 (Fn. 12) bis zum 31. 12. 2006 (4536 Tage), die zweite Hälfte vom 1. 1. 2007 bis zum Ende des Untersuchungszeitraums (Fn. 3) am 1. 1. 2019 (4384 Tage); soweit in diesem Beitrag auf das Inkrafttreten der ersten vollständigen WpHG-Fassung am 1. 1. 1995 (Fn. 12) abgestellt wird, differieren beide Zeiträume um einen Tag (da die erste Hälfte am 31.12., die zweite am 1.1. endet). Stattdessen auf die beiden Zeiträume *vor* bzw. *nach* der Finanzkrise abzustellen, empfiehlt sich nicht, da sich weder die Reaktionen des deutschen Gesetzgebers noch die Finanzkrise selbst auf ein konkretes Ereignis datieren lassen (wie etwa auch aus Abbildung 2 deutlich wird). Die hier gewählte „Mitte“ des Untersuchungszeitraums, der 1. 1. 2007, liegt aber zufälligerweise unmittelbar vor der Finanzkrise.

**16** Ohne die drei größten Werte beträgt die durchschnittliche Lebensdauer der einzelnen Fassungen in der ersten Hälfte lediglich gut 132 (statt gut 206) Tage; das Beispiel illustriert daher, wie wichtig es ist, immer auch den Median (und ggf. den Modus) zu bestimmen (hierzu allgemein *Coupette/Fleckner* JZ 2018, 379, 385 f.).

**17** Alle nachfolgenden Angaben berücksichtigen, dass ein Änderungsgesetz zu unterschiedlichen Zeitpunkten in Kraft treten kann und zu demselben Zeitpunkt unterschiedliche Änderungsgesetze wirksam werden können.

**18** Art. 1 des Transparenzrichtlinie-Umsetzungsgesetzes (Nachweise in Fn. 80; nach Art. 15 in Kraft getreten am 20. 1. 2007); Zuwachs um gut 36 %.

schriften (1997)[19] und das Vierte Finanzmarktförderungsgesetz (2002).[20] Nach der *absoluten* Veränderung steht auf den ersten beiden Plätzen (mit zwei seiner fünf Zeitpunkte des Inkrafttretens) das Zweite Finanzmarktnovellierungsgesetz (2017),[21] gefolgt vom Transparenzrichtlinie-Umsetzungsgesetz (2007).[22] Nicht berücksichtigt ist in beiden Ranglisten der Sprung von der ersten fragmentarischen (1994) zur ersten vollständigen WpHG-Fassung (1995).[23]

Diese Beobachtungen werfen eine Reihe von Forschungsfragen auf. Die erste Gruppe von Fragen betrifft die Genese von Abbildung 1 (und des zugrundeliegenden Datensatzes). Wäre es für ausformulierte Texte (wie das Wertpapierhandelsgesetz) nicht sinnvoller, auf die Zahl der Wörter statt auf die Zahl der Zeichen abzustellen? Auf den ersten Blick mag diese Frage zu bejahen sein, bei näherem Hinsehen kommen aber Zweifel. Denn während sich vergleichsweise sicher bestimmen lässt, was ein „Zeichen" ist und wie viele solcher „Zeichen" ein Text enthält, ist dies für ein „Wort" alles andere als klar (gerade in juristischen Texten).[24] Weitere Frage zur Genese: Wäre es nicht aussagekräftiger, die Gesamtzahl der von Textfassung zu Textfassung *modifizierten* Zeichen (oder Wörter) zu bestimmen (Bruttozeichenänderung) – statt nur die Differenz zwischen den Zeichenzahlen der jeweiligen Fassung (Nettozeichenänderung)? Aus konzeptioneller Sicht ist diese Frage vermutlich zu bejahen, denn die Nettoänderung der

**19** Art. 2 des Gesetzes zur Umsetzung von EG-Richtlinien zur Harmonisierung bank- und wertpapieraufsichtsrechtlicher Vorschriften vom 22.10.1997, BGBl. I S. 2518, 2558–2566 (nach Art. 4 ganz überwiegend in Kraft getreten am 1.1.1998); Zuwachs um gut 36 %.

**20** Art. 2 des Gesetzes zur weiteren Fortentwicklung des Finanzplatzes Deutschland (Viertes Finanzmarktförderungsgesetz) vom 21.6.2002, BGBl. I S. 2010, 2028–2038 (nach Art. 23 ganz überwiegend in Kraft getreten am 1.7.2002); Zuwachs um gut 35 %.

**21** Art. 1, 2, 3 und 3a des Zweiten Gesetzes zur Novellierung von Finanzmarktvorschriften auf Grund europäischer Rechtsakte (Zweites Finanzmarktnovellierungsgesetz – 2. FiMaNoG) vom 23.6.2017, BGBl. I S. 1693, 1693–1775 (nach Art. 26 in Kraft getreten am 25.6.2017, 26.6.2017, 1.1.2018, 3.1.2018 und 1.7.2018), unter Berücksichtigung von Art. 12 des Gesetzes zur Umsetzung der Zweiten Zahlungsdiensterichtlinie (hierzu in Fn. 96); Zuwachs um gut 90 000 Zeichen (3.1.2018) bzw. um knapp 48 000 Zeichen (25.6.2017).

**22** Nachweise in Fn. 18; Zuwachs um gut 45 000 Zeichen.

**23** Die erste vollständige WpHG-Fassung (hierzu im Text zu Fn. 12 und 13) stünde hinsichtlich ihrer Zeichenveränderung relativ an erster und absolut an dritter Stelle.

**24** Als ein Beispiel für die Schwierigkeiten, ein „Wort" (konzeptionell) zu definieren und (technisch) zu identifizieren, sei auf § 2 Abs. 6 der aktuellen WpHG-Fassung verwiesen. Der Absatz enthält folgende Legaldefinition: „Waren-Spot-Kontrakt im Sinne dieses Gesetzes ist ein Vertrag im Sinne des Artikels 3 Absatz 1 Nummer 15 der Verordnung (EU) Nr. 596/2014." Das unter deutschen Juristen mutmaßlich am weitesten verbreitete Textverarbeitungsprogramm zählt in diesem Satz 22 Wörter – definiert und identifiziert als „Wort" also, was zwischen zwei Leer- bzw. Satzzeichen steht („3" hat bei dieser Zählung dasselbe Gewicht wie „Waren-Spot-Kontrakt").

Zeichenzahl ist nur ein sehr unzuverlässiger Indikator für das Ausmaß eines bestimmten Änderungsgesetzes.[25] Aber die Gesamtzahl der von Textfassung zu Textfassung modifizierten Zeichen zu messen, also die Bruttozeichenänderung, erfordert ein anderes technisches Vorgehen – und ist zum gegenwärtigen Zeitpunkt noch ein Desiderat.

Die zweite Gruppe von Fragen, die Abbildung 1 aufwirft, betrifft ihren sozialen Kontext: Wie lassen sich die Veränderungen in der Nettozeichenzahl des Wertpapierhandelsgesetzes erklären? In welchem Verhältnis stehen sie zu Entwicklungen und Ereignissen im Umfeld des Gesetzes? Was waren die maßgeblichen Einflussfaktoren? Als einer von vielen denkbaren Wegen, sich Fragen dieser Art zu nähern, vergleicht Abbildung 2 die Entwicklung der Zeichenzahl des Wertpapierhandelsgesetzes mit dem Kursverlauf des Deutschen Aktienindexes (DAX):[26]

**25** Für das Ausmaß der *inhaltlichen* Veränderungen sind auch die Bruttozeichenänderungen nur ein sehr unzuverlässiger Indikator. Wird im WpHG etwa überall das Wort „Bundesaufsichtsamt" zu „Bundesanstalt" geändert (so Art. 4 des Gesetzes über die integrierte Finanzdienstleistungsaufsicht vom 22.4.2002, BGBl. I S. 1310, 1327–1330), hat dies zwar große Bruttozeichenänderungen zur Folge (gerade angesichts diverser Folgeänderungen bei den zugehörigen Artikeln, Pronomen usw.), bewirkt aber keine inhaltlichen Änderungen (insoweit ist die Nettozeichenänderung – zufälligerweise – der bessere Indikator).

**26** Zahlreiche andere Vergleichsobjekte sind vorstellbar. Neben weiteren *tatsächlichen* Veränderungen im Umfeld des WpHG (etwa des Wirtschaftswachstums) kämen auch *rechtliche* Veränderungen infrage (etwa durch Rechtsakte auf europäischer Ebene, hierzu unter III. 3., oder einflussreiche Entscheidungen des EuGH oder des BGH).

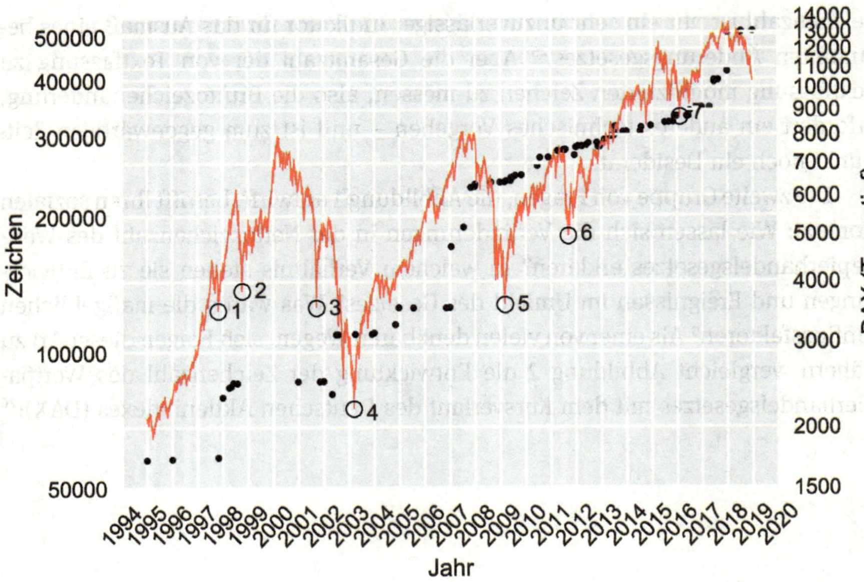


**Abbildung 2:** Zeichenzahl der 82 vollständigen WpHG-Fassungen verglichen mit dem Kursverlauf des DAX[27] (beide y-Achsen mit logarithmischer Skalierung)[28]

---

**27** Mit Kreisen markiert sind sieben Tiefpunkte des DAX (zur Datengrundlage Fn. 28):

| | | | |
|---|---|---|---|
| 1 | 28.10.1997 | 3487,24 Punkte | Asienkrise |
| 2 | 08.10.1998 | 3833,71 Punkte | Russlandkrise |
| 3 | 21.09.2001 | 3539,18 Punkte | 11. September |
| 4 | 12.03.2003 | 2188,75 Punkte | Internet-Blase/Enron/Irakkrieg |
| 5 | 09.03.2009 | 3588,89 Punkte | Finanzkrise |
| 6 | 12.09.2011 | 4965,80 Punkte | Eurokrise/US-Schuldenkrise |
| 7 | 11.02.2016 | 8699,29 Punkte | Zweifel am chinesischen Wirtschaftswachstum |

**28** Ausgangspunkt von Abbildung 2 sind die Daten von Abbildung 1 (erläutert in Fn. 14). Abweichungen und Ergänzungen: Abbildung 2 hat zwei y-Achsen, links für die Zeichenzahl des WpHG (wie in Abbildung 1), rechts für das jeweilige Tagestief (also nicht den Schlusskurs, da es um die jeweiligen Krisen und damit Tiefpunkte geht) des DAX-Performance-Indexes (WKN: 846900; ISIN: DE0008469008; Quelle der Kursdaten: Deutsche Börse AG via Karlsruher Kapitalmarktdatenbank). Die beiden y-Achsen sind logarithmisch skaliert, um die *relativen* Veränderungen über den gesamten Untersuchungszeitraum zu verdeutlichen (hierzu allgemein *Coupette/Fleckner* JZ 2018, 379, 386). Die erste, noch fragmentarische Fassung des WpHG vom 1.8. 1994 (Fn. 12) ist (anders als in Abbildung 1) nicht dargestellt, da kleine Werte bei Verwendung einer logarithmischen Skalierung zu einem großen „Sockel" führen, während die großen Werte im oberen Teil der Abbildung zusammengestaucht werden.

Der Vergleich der WpHG-Zeichenzahlen mit dem Deutschen Aktienindex in Abbildung 2 stellt einige gängige Narrative über den Zusammenhang von Finanzkrisen und Gesetzgebung infrage. Ist die Finanzmarktgesetzgebung im Wesentlichen eine Art „Krisengesetzgebung"?[29] Oder zumindest von Krisen veranlasst?[30] Aus Abbildung 2 lassen sich hierfür kaum Anhaltspunkte gewinnen, denn die Zeichenzahl des Wertpapierhandelsgesetzes nimmt stetig zu – trotz der insgesamt freundlichen Entwicklung der Aktienkurse. Ebenso wenig finden sich in Abbildung 2 Anhaltspunkte für das populäre Bild, die letzte Finanzkrise habe einen „Regulierungstsunami" ausgelöst.[31] Was sich nach der Finanzkrise für die Zeichenzahl des Wertpapierhandelsgesetzes beobachten lässt, ist ein kontinuierliches Ansteigen – keine lange Wasserwelle mit todbringender Flut in Ufernähe.[32] Insgesamt vermittelt Abbildung 2 eher den Eindruck, als ob sich die Zeichenzahl des Wertpapierhandelsgesetzes und die Aktienkurse parallel veränderten (was mathematisch tatsächlich der Fall ist, aber bei langen Zeitreihen als solches wenig aussagt).[33]

---

**29** So insb. *Banner* Wash. U. L.Q. 75 (1997), 849 – 855; insoweit zustimmend z. B. *Romano* Yale L.J. 114 (2005), 1521 – 1611, *Bainbridge* Minn. L. Rev. 95 (2011), 1779 – 1821 und *Coffee* Cornell L. Rev. 97 (2012), 1019 – 1082; in größerem Kontext *Gerding*, Law, Bubbles, and Financial Regulation, 2014; unter deutschen Autoren z. B. *Fleischer* FS Priester, 2007, S. 75 – 93 und *Hopt* in Fleckner/Hopt, Comparative Corporate Governance, 2013, S. 3, 24 – 26.

**30** Zur Unterscheidung zwischen Gesetzgebungsanlässen und Gesetzgebungsgründen *Fleckner* in Bayer/Habersack, Aktienrecht im Wandel, 2007, Band I, S. 999, 1005 – 1008.

**31** Zentraler Referenzpunkt des deutschen juristischen Schrifttums ist das Editorial „Regulierungstsunami im europäischen Kapitalmarktrecht" von *Mülbert* ZHR 176 (2012), 369 – 379; aufgegriffen z. B. von *Buck-Heeb* ZHR 177 (2013), 310, 311; *Tröger* ZHR 177 (2013), 475, 516 Fn. 191 (krit.); *Veil* ZGR 2014, 544, 604 f. (krit.); *Binder* ZHR 179 (2015), 83, 87 Fn. 17; *Buck-Heeb* JZ 2017, 279, 279; *Binder* ZGR 2018, 88, 88 (Überschrift), 89, 125; ähnlich zuvor bereits *Fischer* ZIP 2011, 788, 788 („tsunamiartige Regulierungswelle") sowie *Schaffelhuber* GWR 2011, 488, 488 („Regulierungs-Tsunami") und *Schaffelhuber* RdF 2011, 369 (Editorial mit dem Titel: „MiFID II/MiFIR – Regulierungs-Tsunami im Wertpapierhandelsrecht").

**32** Es sei denn, man verstünde das Zweite Finanzmarktnovellierungsgesetz (Fn. 21) als die finale Flut – obwohl dieses Gesetz (vom 23. 6. 2017) erst ein Jahrzehnt nach Beginn der Finanzkrise (Fn. 15, 27) und viele Jahre nach Aufkommen des Ausdrucks „Regulierungstsunami" (Fn. 31) ergangen ist.

**33** Der empirische Korrelationskoeffizient nach *Bravais* und *Pearson* beträgt $r_{WpHG/DAX} = 0{,}8548...$, also gut 85 % (Werte über 80 % werden als „starke" Korrelation bezeichnet; zum begrenzten Aussagegehalt sogleich in Fn. 34). – Vorbereitungshandlungen zur Bestimmung von $r_{WpHG/DAX}$: Erstellen einer Liste mit allen 8767 Tagen vom 1. 1. 1995 (erste vollständige WpHG-Fassung: Fn. 12) bis zum 1. 1. 2019 (Ende des Untersuchungszeitraums: Fn. 3); Eintragung aller vorhandenen Werte für die jeweilige WpHG-Zeichenzahl (Fn. 14) und für den jeweiligen DAX-Kurs (Fn. 28); Verfahren bei fehlenden Werten: WpHG-Zeichenzahl bleibt konstant bis zur nächsten Änderung (also Übernahme der vorhandenen Zeichenzahl bis zum Tag vor Inkrafttreten der nächsten WpHG-

Der Kursverlauf des Deutschen Aktienindexes (der zumindest für die Geschäftsentwicklung der größeren deutschen Unternehmen ein guter Indikator ist) wirft auch die Frage auf, ob all die zusätzlichen Vorschriften im Wertpapierhandelsgesetz wirklich erforderlich (gewesen) sind. In der Rückschau, also aus *heutiger* Sicht, wirkt keine der im Kursverlauf markierten Krisen allzu bedrohlich (das gilt auch und gerade für die Finanzkrise: Nr. 5 in Abbildung 2). Wenn an den Finanzmärkten düsterste Weltuntergangsstimmung herrscht, ist offenbar ein guter Moment, Aktien zu kaufen – nicht aber unbedingt, Gesetze zu erlassen. Letztere kommen, das zeigen die hinter Abbildung 2 stehenden Rechtsakte zur Änderung des Wertpapierhandelsgesetzes, immer zu spät (wenn die Krise bereits überwunden ist). Auch verlorengegangenes Vertrauen können die Änderungsgesetze allenfalls in geringem Maße wiederhergestellt haben, denn die ersten Entwürfe und Anhörungen, ja selbst ihre Ankündigungen, fallen fast immer in die Zeit *nach* den in Abbildung 2 markierten Tiefpunkten. Also alles reine Symbolpolitik mit überflüssigen Vorschriften, die das Wertpapierhandelsgesetz aufblähen und alle Beteiligten mit unnötigen Kosten belasten?

Spätestens an dieser Stelle ist vor Abbildung 2 zu warnen. Das betrifft erstens die Genese der Abbildung (einschließlich der in den Fußnoten und im Online-Anhang diskutierten Fehlerquellen) und zweitens ihre Aussagekraft als Visualisierung lediglich der Nettoveränderungen in der Zeichenzahl des Wertpapierhandelsgesetzes. Selbst der auffällige Gleichlauf von WpHG-Zeichenzahl und DAX-Entwicklung sagt als solches nichts über etwaige Wechselbeziehungen zwischen der Finanzmarktgesetzgebung einerseits und der Situation an den Finanzmärkten andererseits: Korrelation (gerade vermeintliche) ist nicht gleich Kausalität.[34] Um Wechselbeziehungen und damit Kausalzusammenhänge festzustellen, bedürfte es

Fassung) und DAX-Kurs bleibt konstant bis zum nächsten Handelstag (also Übernahme des letzten DAX-Kurses für Tage, an denen kein Handel stattgefunden hat).

**34** Der empirische Korrelationskoeffizient (Fn. 33) trifft eine Aussage darüber, wie sich zwei Variablen zusammen bewegen, indem er die *Stärke* und die *Richtung* ihres *linearen* Zusammenhangs in eine Zahl zwischen −1 und +1 fasst ($-1 \leq r \leq 1$). Dagegen sagt der empirische Korrelationskoeffizient *nichts* über etwaige *non-lineare* Zusammenhänge und *nichts* über etwaige *Kausal*zusammenhänge (also das Ob und ggf. die Richtung einer Beeinflussung) zwischen den beiden Variablen. Da keinerlei Gründe ersichtlich sind, warum eine – wie auch immer geartete – Wechselbeziehung zwischen der Zeichenzahl des WpHG und dem Kurs des DAX bestehen könnte, ist der Vergleich der WpHG-Fassungen mit den DAX-Kursen damit letztlich ein anschauliches Beispiel dafür, warum dem empirischen Korrelationskoeffizienten bei *Zeitreihen* mit großer Vorsicht begegnet werden muss (ähnlich den Beispielen bei *Vigen*, Spurious Correlations, 2015, in dessen Sammlung es immerhin 21 Beispiele gibt, deren Korrelationskoeffizient kleiner ist als die hier beobachteten gut 85 %; ein kritischer Klassiker ist *Yule* J. Roy. Stat. Soc. 89 [1926], 1–64 mit dem treffenden Titel: „Why do we sometimes get Nonsense-Correlations between Time-Series?").

der statistisch fundierten Analyse der Anlässe, Gründe und Folgen von Gesetzgebung – ein Feld, das jedenfalls für die deutsche Finanzmarktgesetzgebung noch in weiten Teilen *terra incognita* ist.

## 3. Umfang des WpHG relativ zu AktG und BörsG

Das Wertpapierhandelsgesetz ist nicht das einzige Gesetz, das sich mit den Vorgängen an den Finanzmärkten befasst. Im Gegenteil existieren zahlreiche weitere Gesetze, die diese Regelungsmaterie und ihr unmittelbares Umfeld berühren. Aus diesen Gesetzen, die in Teil III genauer analysiert und dokumentiert werden, stechen zwei besonders prominente Gesetze heraus: das Aktiengesetz, das alle Fragen rund um die Aktien (als wichtige Handels*objekte*) regelt, und das Börsengesetz, nach dem die Börsen (als wichtige Handels*plätze*) organisiert sind. Wie hat sich der Umfang dieser beiden Gesetze im Vergleich zum Wertpapierhandelsgesetz entwickelt? Abbildung 3 stellt die drei Gesetze gegenüber:

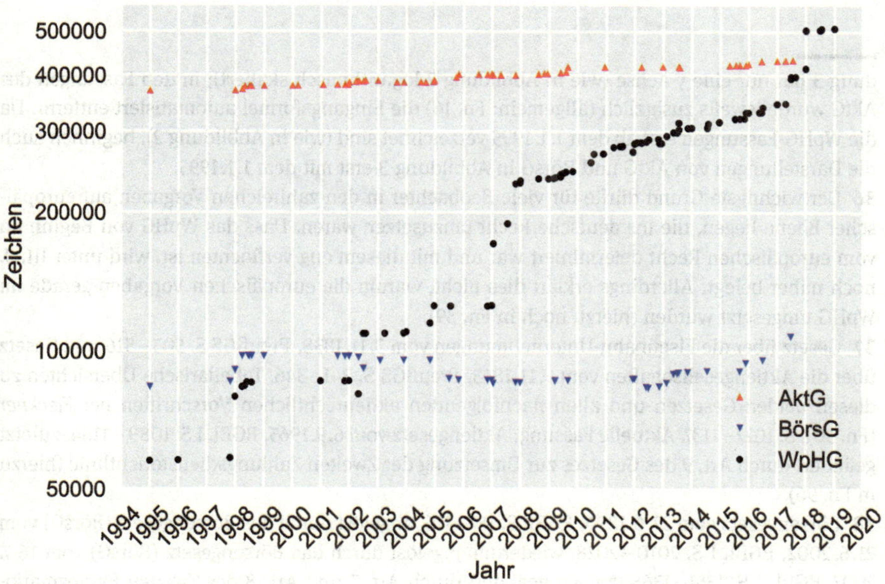


**Abbildung 3:** Zeichenzahl der 82 vollständigen WpHG-Fassungen verglichen mit den Zeichenzahlen der 57 AktG-Fassungen und der 41 BörsG-Fassungen[35]

35 Ausgangspunkt von Abbildung 3 sind die Daten von Abbildung 1 (erläutert in Fn. 14) mit den Modifikationen für Abbildung 2 (erläutert in Fn. 28). Abweichungen und Ergänzungen: Abbil-

Nachdem Abbildung 1 das *absolute* Wachstum des Wertpapierhandelsgesetzes präsentiert hat, zeigt Abbildung 3, dass auch sein *relatives* Wachstum bemerkenswert ist: Während das Wertpapierhandelsgesetz im Untersuchungszeitraum auf Zeichenbasis um 784 % zugenommen hat (von knapp 58 000 um knapp 453 000 auf knapp 511 000 Zeichen), ist das Aktiengesetz lediglich um 17 % gewachsen (von gut 368 000 um knapp 64 000 auf knapp 432 000 Zeichen), das Börsengesetz immerhin um 29 % (von knapp 84 000 um gut 24 000 auf gut 108 000 Zeichen).

Über den Untersuchungszeitraum von 25 Jahren hat es vermutlich verschiedene Gründe gegeben, warum sich die Zeichenzahl des Wertpapierhandelsgesetzes fast verneunfacht hat, die Zeichenzahlen von Aktiengesetz und Börsengesetz dagegen vergleichsweise konstant geblieben sind.[36] Ein Umstand, der in Abbildung 3 nicht deutlich wird und daher besondere Hervorhebung verdient, dürfte die Vorgeschichte sein: Der Text des aktuellen Aktiengesetzes reicht bis in den Vormärz zurück (1838/1843),[37] der des Börsengesetzes bis in das Kaiserreich (1896).[38] Abbildung 3 zeigt insoweit nur die letzten 25 Jahre zweier Gesetze, die bereits eine lange Entwicklung hinter sich haben und daher vermutlich weniger zur Disposition stehen als das gerade erst (1994) geschaffene Wertpapierhandelsgesetz.[39]

---

dung 3 hat nur eine y-Achse (wie in Abbildung 2 logarithmisch skaliert); in den Fassungen des AktG wurde jeweils zusätzlich (allgemein: Fn. 14) die Eingangsformel automatisiert entfernt. Da die WpHG-Fassungen erst ab dem 1.1.1995 verzeichnet sind (wie in Abbildung 2), beginnen auch die Darstellungen von AktG und BörsG in Abbildung 3 erst mit dem 1.1.1995.

**36** Der wichtigste Grund dürfte für viele Beobachter in den zahlreichen Vorgaben auf europäischer Ebene liegen, die ins deutsche Recht umzusetzen waren. Dass das WpHG von Beginn an vom europäischen Recht determiniert war und mit diesem eng verflochten ist, wird unter III. 3. noch näher belegt. Allerdings erklärt dies nicht, warum die europäischen Vorgaben gerade im WpHG umgesetzt wurden (hierzu noch in Fn. 39).

**37** Gesetz über die Eisenbahn-Unternehmungen vom 3.11.1838, PreußGS S. 505–516 und Gesetz über die Aktiengesellschaften vom 9.11.1843, PreußGS S. 341–346. Tabellarische Übersichten zu diesen beiden Gesetzen und allen nachfolgenden aktienrechtlichen Vorschriften bei *Fleckner* (Fn. 30), S. 1027–1137. Aktuelle Fassung: Aktiengesetz vom 6.9.1965, BGBl. I S. 1089–1184, zuletzt geändert durch Art. 9 des Gesetzes zur Umsetzung der Zweiten Zahlungsdiensterichtlinie (hierzu in Fn. 96).

**38** Börsengesetz vom 22.6.1896, RGBl. S. 157–176, abgelöst durch das Börsengesetz (BörsG) vom 21.6.2002, BGBl. I S. 2010–2028, wiederum abgelöst durch das Börsengesetz (BörsG) vom 16.7.2007, BGBl. I S. 1351–1368, zuletzt geändert durch Art. 7 und Art. 8 des Zweiten Finanzmarktnovellierungsgesetzes (Fn. 21).

**39** Je älter und bekannter ein Gesetz ist, desto höher scheint die Hemmschwelle des jeweils zuständigen Ministerialbeamten zu sein, Änderungen des Gesetzes vorzuschlagen; ein konkretes Beispiel dokumentiert *Seibert* FS Hopt, 2010, Band II, S. 2525, 2538. Es ist daher durchaus plausibel anzunehmen, dass in das WpHG immer wieder Vorschriften aufgenommen wurden, die ebenso gut (oder sogar besser) in das AktG, das BörsG oder ein anderes Gesetz gepasst hätten. In gewisser Weise fungiert das WpHG seit seinem Erlass daher weniger als „Grundgesetz" des

Aus dem Jahr, in dem das Wertpapierhandelsgesetz erlassen wurde, stammt das vielzitierte Wort von der „Aktienrechtsreform in Permanenz".[40] Abbildung 3 zeigt, wie berechtigt dieses Narrativ bis heute ist: Seit dem Erlass des Wertpapierhandelsgesetzes ist das Aktiengesetz 61-mal geändert worden.[41] Abbildung 3 zeigt aber auch, dass dies keine singuläre Entwicklung ist.[42] Es ließe sich fast ebenso gut von einer „Börsenrechtsreform in Permanenz" sprechen (34 Änderungen)[43] – und mit noch größerer Berechtigung von einer „Wertpapierhandelsrechtsreform in Permanenz" (65 Änderungen).[44] Ein zweites Narrativ, das sich anhand von Abbildung 3 und den zugrundeliegenden Daten hinterfragen lässt, ist das des Börsengesetzes als „Rumpfgesetz": Hat das Wertpapierhandelsgesetz wirklich das Börsengesetz in den Hintergrund gedrängt?[45] *Absolut* gesehen wird man diese Frage verneinen müssen, denn das Börsengesetz ist im Untersuchungszeitraum – wie gerade gesehen – um gut 24 000 Zeichen gewachsen. Aber während es zu Beginn noch länger war als das Wertpapierhandelsgesetz (knapp 84 000 gegenüber knapp 58 000 Zeichen), hat es

deutschen Kapitalmarktrechts (hierzu bei Fn. 97) denn als finanzmarktrechtliches „Auffanggesetz" (gerade für die Umsetzung europäischer Vorgaben: Fn. 36).

**40** Ausgangspunkt ist der Beitrag „Aktienrechtsreform in Permanenz – Was wird aus den Rechten des Aktionärs?" von *Zöllner* AG 1994, 336 – 342; viel zitiert wird außerdem *Seibert* AG 2002, 417 – 420 (überschrieben mit „Aktienrechtsreform in Permanenz?"). Würdigung des Narrativs in größerem zeitgeschichtlichem Kontext bei *Thiessen* Rg 25 (2017), 46, 50 – 57.

**41** Eine tabellarische Übersicht über die Änderungen des aktuellen AktG (Fn. 37) findet sich in *juris*; gedruckt (bis 2006) bei *Fleckner* (Fn. 30), S. 1079 – 1137 (mit einer begründeten Abweichung S. 1098 f.).

**42** Singulär ist unter den drei hier diskutierten Gesetzen allenfalls der geringe Zeichenzuwachs (um 17 % oder knapp 64 000 Zeichen) trotz hoher Reformfrequenz (61 Änderungen).

**43** Tabellarische Übersichten zu den Änderungen der Börsengesetze von 1896, 2002 und 2007 (Fn. 38) finden sich in *juris* (ab 1969); gedruckt in *Kümpel/Hammen/Ekkenga* Kapitalmarktrecht (Loseblatt), Kz. 080 und 080/1. Die Übergänge zu den beiden neuen Börsengesetzen (2002/2007) wurden hier jeweils als eine Änderung gezählt.

**44** Noch deutlicher sind die Unterschiede, wenn nur die zweite Hälfte des Untersuchungszeitraums (Fn. 15: 1.1.2007 bis 1.1.2019) betrachtet wird: 46 Änderungen des WpHG gegenüber 25 Änderungen des AktG und 19 Änderungen des BörsG.

**45** *Fleckner/Hopt* in Handelskammer Hamburg, Die Hamburger Börse 1558 – 2008, 2008, S. 249, 272; *Baum/Hopt* FS Rudolph, 2009, S. 537, 547; *Fleckner* in Basedow/Hopt/Zimmermann, Handwörterbuch des Europäischen Privatrechts, 2009, Band I, S. 224, 226; *Baum/Fleckner/Sumida* RabelsZ 82 (2018), 697, 704; *Binder* in Staub, HGB, 5. Aufl. 2018, Band XI/2: Investment Banking II, S. 431, 457; *Buck-Heeb* Kapitalmarktrecht, 10. Aufl. 2019, Rn. 105; ähnlich *Hammen* ZBB 2016, 398, 402; auf Englisch („limbless torso") *Fleckner* in Basedow/Hopt/Zimmermann, The Max Planck Encyclopedia of European Private Law, 2012, Band I, S. 658, 660 und *Fleckner/Hopt* Va. L. & Bus. Rev. 7 (2013), 513, 558 f.

*relativ* dramatisch an Gewicht verloren (jetzt gut 108 000 gegenüber knapp 511 000 Zeichen).[46]

Werden die Gesetze in Deutschland immer länger? Abbildung 3 stützt diese Annahme, die bereits zu Beginn von Teil I als Narrativ referiert wurde. Denn die Zeichenzahlen von Aktiengesetz, Börsengesetz und Wertpapierhandelsgesetz haben in den letzten 25 Jahren deutlich zugenommen – um 17 %, 29 % und 784 %. Von den 82 vollständigen Fassungen des Wertpapierhandelsgesetzes sind nur neun kürzer als die jeweilige Vorversion; beim Aktiengesetz sind es elf von 57, beim Börsengesetz immerhin 15 von 41.[47] Inwiefern dieser punktuelle Einblick repräsentativ für die gesamte Gesetzgebung in Deutschland ist, lässt sich im Rahmen dieses Beitrags nicht klären, wäre aber eine lohnende Forschungsfrage. Ähnliches gilt für die Frage, ob die Häufigkeit von Änderungen und die von ihnen bewirkten Brutto- oder Nettozeichenänderungen bestimmten Mustern folgen („Modalitäten" der Zeichenänderung: Frequenz vs. Umfang). Speziell für das Wertpapierhandelsgesetz drängt sich schließlich die Frage auf, welche *strukturellen* und *inhaltlichen* Veränderungen ein Gesetz durchläuft, dessen Zeichenzahl sich in weniger als 25 Jahren fast verneunfacht. Das leitet über zu Teil II („Struktur") und Teil III („Inhalt") dieses Beitrags.

## II. Struktur des Wertpapierhandelsgesetzes

Während der *Umfang* von Gesetzen gelegentlich thematisiert und teils sogar zu Narrativen verdichtet wird, hat die *Struktur* von Gesetzen bislang vergleichsweise wenig Aufmerksamkeit erfahren – gerade in Deutschland.[48] In diesem Beitrag kann es daher nur darum gehen, einen ersten Eindruck von den Fragen zu vermitteln, die sich im Zusammenhang mit der Struktur von Gesetzen stellen, und am Beispiel des Wertpapierhandelsgesetzes eine kleine Auswahl möglicher Antworten zu präsentieren.

---

**46** Ob und inwieweit mit diesen Veränderungen in der Nettozeichenzahl auch Veränderungen in der – wie auch immer zu bestimmenden – Bedeutung der beiden Gesetze verbunden sind, ob also die geringere Zeichenzahl des BörsG ein Indiz für einen normativen Bedeutungsverlust des BörsG ist, wäre eine interessante Forschungsfrage (auch allgemein, also über die beiden Gesetze hinaus).

**47** Der mit Abstand größte der 35 Zeichenrückgänge ist in Abbildung 3 nicht erkennbar, da er auf den 1.1.1995 und damit auf den Anfangspunkt der Darstellung fällt: Verringerung der Zeichenzahl des AktG um fast 72 000 Zeichen (also um mehr als das gesamte damalige WpHG) als Folge der Verselbstständigung des Umwandlungsrechts: Art. 6 des Gesetzes zur Bereinigung des Umwandlungsrechts (UmwBerG) vom 28.10.1994, BGBl. I S. 3210, 3260 – 3263.

**48** Überblick über die Literatur (in größerem Kontext) bei *Coupette* (Fn. 5), S. 15 f.; zur Struktur deutscher Gesetze insb. *Hamann* ZG 2015, 381 – 395.

## 1. Vorüberlegungen zur „Struktur" von Gesetzen

Was ist die „Struktur" eines Gesetzes? Welche Merkmale lassen sich hierunter fassen? Und warum werden Fragen dieser Art in Deutschland, einer kodifikationsfreudigen Rechtsordnung mit einer Vielzahl von Gesetzen, so wenig diskutiert?

Gesetze bestehen aus unterschiedlichen Einheiten oder Elementen. Einzelne Zeichen bilden zusammen Wörter; aus Wörtern werden Alternativen, Varianten, Nummern, Halbsätze, Sätze und Absätze; aus Sätzen und Absätzen werden Artikel oder Paragraphen; aus Artikeln und Paragraphen werden Unterabschnitte, Abschnitte, Kapitel, Teile und Bücher – und alles zusammen ist ein „Gesetz" wie das Wertpapierhandelsgesetz (das aktuell aus 139 Paragraphen in 18 Abschnitten besteht, von denen einer in zwei Unterabschnitte geteilt ist). Welche Struktur ein Gesetz erhält und wie sein Normenbestand im Gesetz verteilt wird,[49] ist nicht zwingend vorgegeben und folgt offenbar auch keinen bestimmten Usancen.[50] Vielmehr hat jedes einzelne deutsche Gesetz eine individuell „maßgeschneiderte" Struktur, der zahlreiche Wertungsentscheidungen des jeweiligen Entwurfsverfassers zugrundeliegen – bewusst (wie vermutlich beim Neuerlass eines Gesetzes) oder unbewusst (wie vermutlich bei vielen nachträglichen Einfügungen und Streichungen). Dass diese Wertungsentscheidungen sehr unterschiedlich ausfallen können, wird insbesondere im Wege des Vergleichs deutlich: desselben Gesetzes zu verschiedenen Zeitpunkten (*vertikaler* Strukturvergleich) oder verschiedener Gesetze zu beliebigen Zeitpunkten (*horizontaler* oder *diagonaler* Strukturvergleich).[51]

Wie sich die einzelnen Bestandteile eines Gesetzes zueinander verhalten, etwa wie viele Paragraphen jeder Abschnitt typischerweise hat (empirische Frage) oder haben sollte (normative Frage), wird im Fachdiskurs, also etwa unter Kapitalmarktrechtlern für das Wertpapierhandelsgesetz, nicht oder allenfalls am Rande diskutiert. Über die Gründe lässt sich nur spekulieren, aber eine sehr plau-

49 Das gilt auch für die nächsthöhere, hier nicht thematisierte Ebene: die Verteilung des Normenbestandes auf verschiedene Gesetze (oder, noch weiter abstrahierend, zwischen verschiedenen Normgebern auf lokaler, regionaler, nationaler, supranationaler oder internationaler Ebene).

50 Das Handbuch der Rechtsförmlichkeit (Fn. 4) ist hierzu für viele Fragen nicht hinreichend konkret (zur Struktur z. B. Rn. 377–380) und wird überdies oftmals nicht beachtet (wie etwa die Struktur des WpHG zeigt).

51 Essentielle Voraussetzung solcher Strukturvergleiche sind – gerade bei längeren Gesetzen – zuverlässige Daten. Es stellen sich daher ähnliche Probleme wie hinsichtlich des Umfangs von Gesetzen (hierzu vorstehend unter I. 1.). In den derzeit verfügbaren Daten lassen sich nur nach zahlreichen Vorbereitungshandlungen die für die Strukturanalyse relevanten Einheiten und Elemente identifizieren (wie Absätze, Paragraphen oder Abschnitte).

sible Erklärung ist, dass kaum jemand ein Gesetz als Ganzes liest und analysiert: Juristen in der Ausbildung lernen die Gesetze vor allem über die Sekundärliteratur und deren Systematisierungsversuche kennen, Juristen in der Praxis befassen sich in der Regel nur mit einzelnen Vorschriften und ihrem unmittelbaren Umfeld (selbst bei der systematischen Auslegung spielt die Struktur des Gesetzes gewöhnlich keine Rolle).

## 2. Struktur des WpHG 1994–2019

Ein denkbarer Weg, die Struktur von Gesetzen zu visualisieren, ist die Konstruktion von „Gesetzesbäumen“.[52] Abbildung 4 (nächste Seite) präsentiert drei solcher Gesetzesbäume für das Wertpapierhandelsgesetz (mit dessen jeweiliger Struktur am 1.1.1995, 1.1.2007 und 1.1.2019).[53] Dargestellt sind alle Bestandteile des Wertpapierhandelsgesetzes von seiner „Wurzel“ (das ist der jeweils höchste Punkt)[54] über seine Abschnitte und Unterabschnitte (seit 2007)[55] bis hin zu den Paragraphen und ihren Absätzen.[56] Da drei Versionen desselben Gesetzes zu drei verschiedenen Zeitpunkten verglichen werden, handelt es sich bei Abbildung 4 um einen *vertikalen* Strukturvergleich.

Aus Teil I und den ersten drei Abbildungen ist bekannt, dass sich die Zeichenzahl des Wertpapierhandelsgesetzes von der ersten vollständigen bis zur aktuellen Fassung fast verneunfacht hat (Faktor 8,8). Abbildung 4 vermittelt einen Eindruck davon, wie sich dieser Zuwachs auf den verschiedenen Ebenen des

---

**52** Zu Ausdruck und Konzept *Coupette* (Fn. 5), S. 7 f., 109, 110.

**53** Ausgangspunkt von Abbildung 4 sind die Daten von Abbildung 1 (erläutert in Fn. 14). Abweichungen und Ergänzungen: Da *juris* nicht alle Absätze als Absätze identifiziert (unterinklusiv) bzw. Texte als Absätze identifiziert, die keine Absätze sind (überinklusiv), und überdies zahlreiche Inkonsistenzen enthält (z. B. für weggefallene Paragraphen), waren zur Vorbereitung von Abbildung 4 zusätzliche Bereinigungshandlungen erforderlich; die einzelnen Schritte sind im Online-Anhang (Fn. 3) beschrieben. – Die Wahl der drei Zeitpunkte, zu denen die Struktur des WpHG visualisiert wird, folgt den allgemeinen Überlegungen zum Untersuchungszeitraum dieses Beitrags (hierzu in Fn. 3 und 15). Im Online-Anhang ist eine animierte Darstellung der Struktur aller 82 vollständigen WpHG-Fassungen abrufbar.

**54** Stellvertretend für den Titel, der das Gesetz „zusammenhält“.

**55** Mit Art. 1 des Transparenzrichtlinie-Umsetzungsgesetzes (Nachweise in Fn. 80) wurden zwei (bis heute beibehaltene) Unterabschnitte eingefügt (nach Art. 15 mit Wirkung vom 20.1.2007, also wenige Tage nach der in Abbildung 4 präsentierten Mittelfassung).

**56** Zwei Beispiele für Gesetzesbäume, die von der jeweiligen Wurzel bis auf die Paragraphen- bzw. Artikelebene reichen, finden sich bei *Coupette* (Fn. 5), S. 7 (Abb. 1.5: BGB) und S. 8 (Abb. 1.6: GG); in größerem Kontext (U.S. Code) *Bommarito/Katz* Physica A 389 (2010), 4195, 4197 (Fig. 1) und *Katz/Bommarito* Artif. Intell. & L. 22 (2014), 337, 343 (Fig. 1), 348 (Fig. 2).

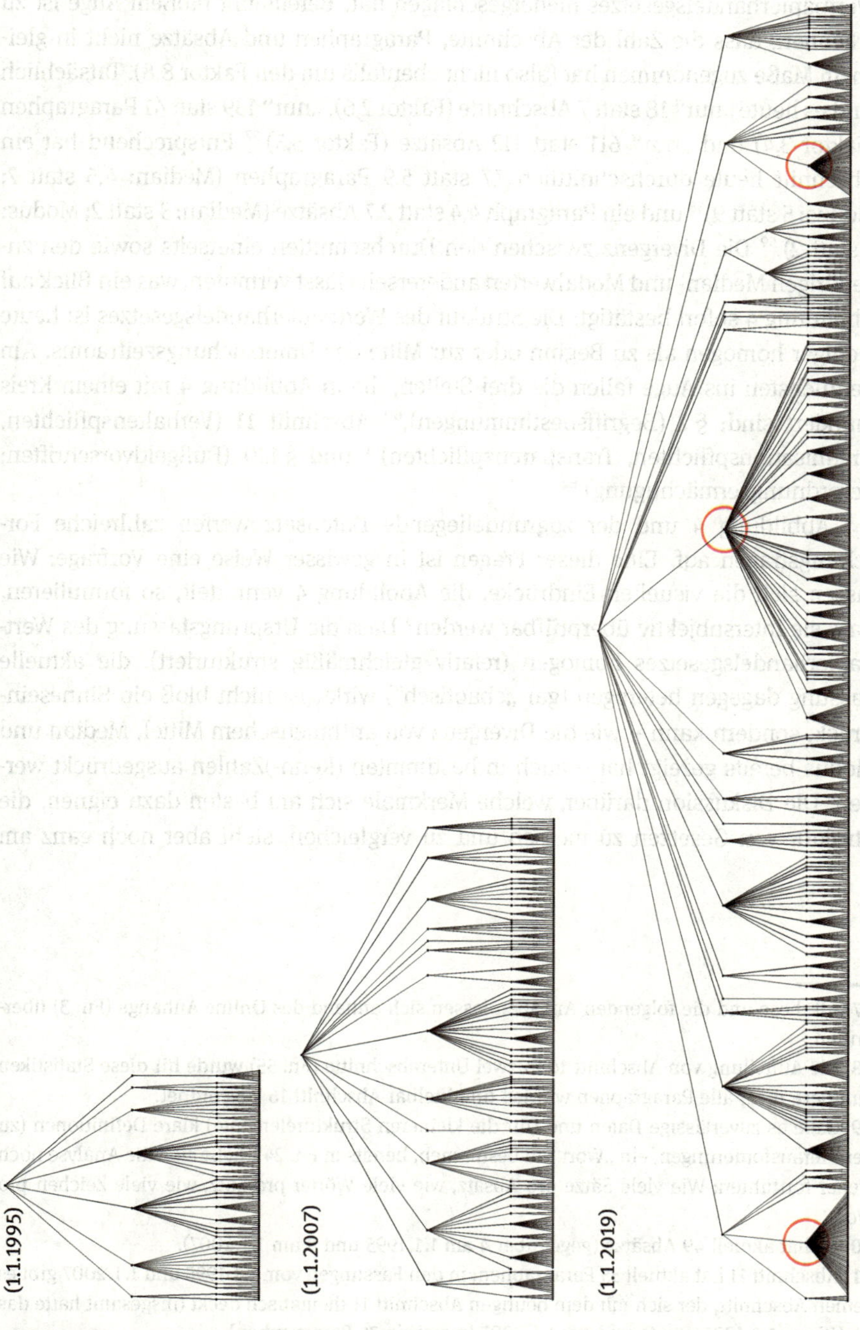


**Abbildung 4:** Vertikaler Strukturvergleich des WpHG (erste vollständige Fassung, mittlere Fassung, aktuelle Fassung; weitere Erläuterungen in Fn. 53)

Wertpapierhandelsgesetzes niedergeschlagen hat. Bereits mit bloßem Auge ist zu erkennen, dass die Zahl der Abschnitte, Paragraphen und Absätze nicht in gleichem Maße zugenommen hat (also nicht ebenfalls um den Faktor 8,8). Tatsächlich sind es heute „nur“ 18 statt 7 Abschnitte (Faktor 2,6), „nur“ 139 statt 41 Paragraphen (Faktor 3,4) und „nur“ 611 statt 112 Absätze (Faktor 5,5).[57] Entsprechend hat ein Abschnitt heute durchschnittlich 7,7 statt 5,9 Paragraphen (Median: 4,5 statt 7; Modus: 5 statt 9)[58] und ein Paragraph 4,4 statt 2,7 Absätze (Median: 3 statt 2; Modus: 1 statt 2).[59] Die Divergenz zwischen den Durchschnitten einerseits sowie den zugehörigen Median- und Modalwerten andererseits lässt vermuten, was ein Blick auf Abbildung 4 sofort bestätigt: Die Struktur des Wertpapierhandelsgesetzes ist heute weniger homogen als zu Beginn oder zur Mitte des Untersuchungszeitraums. Am deutlichsten ins Auge fallen die drei Stellen, die in Abbildung 4 mit einem Kreis markiert sind: § 2 (Begriffsbestimmungen),[60] Abschnitt 11 (Verhaltenspflichten, Organisationspflichten, Transparenzpflichten)[61] und § 120 (Bußgeldvorschriften; Verordnungsermächtigung).[62]

Abbildung 4 und der zugrundeliegende Datensatz werfen zahlreiche Forschungsfragen auf. Eine dieser Fragen ist in gewisser Weise eine Vorfrage: Wie lassen sich die visuellen Eindrücke, die Abbildung 4 vermittelt, so formulieren, dass sie intersubjektiv überprüfbar werden? Dass die Ursprungsfassung des Wertpapierhandelsgesetzes homogen (relativ gleichmäßig strukturiert), die aktuelle Fassung dagegen heterogen (gar „chaotisch“) wirkt, ist nicht bloß ein Sinneseindruck, sondern kann – wie die Divergenz von arithmetischem Mittel, Median und Modus bereits gezeigt hat – auch in bestimmten (Kenn-)Zahlen ausgedrückt werden. Die Diskussion darüber, welche Merkmale sich am besten dazu eignen, die Struktur von Gesetzen zu messen und zu vergleichen, steht aber noch ganz am

57 All diese und die folgenden Angaben lassen sich anhand des Online-Anhangs (Fn. 3) überprüfen.

58 Die Aufteilung von Abschnitt 16 in zwei Unterabschnitte (Fn. 55) wurde für diese Statistiken ignoriert, d. h., alle Paragraphen wurden unmittelbar Abschnitt 16 zugeordnet.

59 Gäbe es zuverlässige Daten und (für die kleineren Strukturelemente) klare Definitionen (zu den Herausforderungen, ein „Wort“ zu bestimmen, bereits in Fn. 24), ließe sich die Analyse noch weiter fortführen: Wie viele Sätze pro Absatz, wie viele Wörter pro Satz, wie viele Zeichen pro Wort?

60 § 2 hat aktuell 49 Absätze (gegenüber 4 am 1.1.1995 und 9 am 1.1.2007).

61 Abschnitt 11 hat aktuell 35 Paragraphen; in den Fassungen vom 1.1.1995 und 1.1.2007 gibt es keinen Abschnitt, der sich mit dem heutigen Abschnitt 11 thematisch deckt (insgesamt hatte das WpHG am 1.1.1995 nur 41 und am 1.1.2007 immerhin 76 Paragraphen).

62 § 120 hat aktuell 29 Absätze (gegenüber 3 am 1.1.1995 und 4 am 1.1.2007, jeweils für § 39 a. F.).

Anfang.[63] Eine der zeitlich nachgelagerten Hauptfragen ist, von welchen Faktoren es abhängt, wie sich die Struktur von Gesetzen im Laufe ihres „Lebens" verändert. Unterscheiden sich Änderungsgesetze, die zu Veränderungen primär in der *Breite* führen (z. B. Einfügung neuer Abschnitte oder neuer Paragraphen), inhaltlich von Änderungsgesetzen, die zu Veränderungen primär in der *Tiefe* führen (also keine „sichtbaren" Strukturveränderungen bewirken, z. B. lediglich Sätze einfügen, ändern oder streichen)?[64] Lassen sich Gesetze, die europäische Vorgaben umsetzen, allein anhand ihrer *strukturellen* Veränderungen von Gesetzen unterscheiden, die rein national veranlasst sind? Erlauben „Deformationen" wie in § 2 (Begriffsbestimmungen) oder § 120 (Bußgeldvorschriften; Verordnungsermächtigung) Rückschlüsse auf einen Wandel in der Regelungsphilosophie (konkret etwa von *Standards* zu *Rules* oder von Prävention zu Repression)? All dies sind Beispiele für Fragen, die der *vertikale* Vergleich des Wertpapierhandelsgesetzes, also gewissermaßen ein Blick auf bestimmte Stationen in seinem „Leben", aufwirft.

## 3. Struktur des WpHG relativ zu AktG und BörsG

Eine zweite Möglichkeit, die Struktur eines Gesetzes zu analysieren, besteht im *horizontalen* Vergleich mit *anderen* Gesetzen. Abbildung 5 (übernächste Seite) stellt daher die aktuellen Fassungen des Aktiengesetzes, des Börsengesetzes und des Wertpapierhandelsgesetzes gegenüber.[65]

Am auffälligsten in Abbildung 5 ist die unterschiedliche Breite der drei Gesetze. Aus Teil I ist bekannt, dass das Wertpapierhandelsgesetz auf Zeichenbasis mittlerweile sehr viel umfangreicher ist als das Börsengesetz (knapp 511 000 gegenüber gut

---

**63** Ein Ansatz, die Homogenität bzw. Heterogenität zu messen, bestünde z. B. darin, die Standardabweichung auf den verschiedenen Ebenen (Absätze, Paragraphen etc.) zu bestimmen und zueinander in Beziehung zu setzen (etwa als Produkt oder Summe). Ein anderer Ansatz wäre, ein „wohlproportioniertes" Referenzgesetz zu definieren (etwa mit drei Absätzen pro Paragraph und zehn Paragraphen pro Abschnitt) und dann die jeweilige Abweichung vom Referenzgesetz zu vergleichen. Beide Ansätze erfordern einige Wertungsentscheidungen (insbesondere wie die Standardabweichungen zueinander in Beziehung gesetzt werden und was ein „wohlproportioniertes" Referenzgesetz ist), werden aber gerade durch die Offenlegung dieser Entscheidungen intersubjektiv nachvollziehbar (anders als die bloße Mitteilung von Sinneseindrücken).

**64** Welche Strukturveränderungen sichtbar sind, hängt von der Tiefe der Strukturanalyse ab (hierzu allgemein Fn. 59). In Abbildung 4 werden alle Änderungen ab der Absatzebene sichtbar, bei *Coupette* (Fn. 5), S. 7 f. ab der Paragraphen- bzw. Artikelebene (Fn. 56).

**65** Ausgangspunkt von Abbildung 5 sind die Daten von Abbildung 3 (erläutert in Fn. 35) mit den Abweichungen und Ergänzungen für Abbildung 4 (erläutert in Fn. 53), die für Abbildung 5 auch auf das AktG und das BörsG erstreckt wurden (mit denselben möglichen Fehlerquellen).

108 000 Zeichen). Es überrascht daher nicht, dass das Börsengesetz in Abbildung 5 deutlich *schmaler* ist als das Wertpapierhandelsgesetz. Überraschen muss aber, dass das Aktiengesetz *breiter* ist als das Wertpapierhandelsgesetz, obwohl es auf Zeichenbasis hinter das Wertpapierhandelsgesetz zurückgefallen ist (aktuell knapp 432 000 gegenüber knapp 511 000 Zeichen). Das lässt sich nur so erklären, dass die Absätze des Aktiengesetzes zwar zahlreicher, aber deutlich kürzer sind als die Absätze des Wertpapierhandelsgesetzes – was der zugrundeliegende Datensatz bestätigt: Das Wertpapierhandelsgesetz verfügt über 611 Absätze mit durchschnittlich knapp 820 Zeichen (Median: knapp 520). Dagegen hat das Aktiengesetz 1032 Absätze mit durchschnittlich gut 400 Zeichen (Median: gut 310), das Börsengesetz 196 Absätze mit durchschnittlich knapp 540 Zeichen (Median: knapp 380). Auffällig ist außerdem, dass die aktuelle Fassung des Wertpapierhandelsgesetzes in Abbildung 5 nicht mehr so „chaotisch" wie in Abbildung 4 wirkt, weil das Aktiengesetz ebenfalls einen „unruhigen" Eindruck vermittelt.[66] Das liegt vermutlich daran, dass das Aktiengesetz in seinem Mittelteil über zusätzliche Ebenen verfügt[67] – sechs Ebenen statt vier im Wertpapierhandelsgesetz (bzw. eigentlich sechs statt drei, da es im Wertpapierhandelsgesetz nur insgesamt zwei Unterabschnitte gibt).[68] Als dritte Auffälligkeit (und erste Gemeinsamkeit) lässt sich noch erwähnen, dass der Anfang aller drei Gesetze ausgewogener wirkt als ihr jeweiliges Ende.

Wiederum stellt sich die Frage, wie sich diese Sinneseindrücke so formulieren lassen, dass sie intersubjektiv überprüfbar werden. Insoweit ergeben sich gegenüber den Überlegungen zum *vertikalen* Vergleich des Wertpapierhandelsgesetzes (vorstehend unter 2.) keine Besonderheiten.[69] Der *horizontale* Vergleich des Wertpapierhandelsgesetzes mit dem Aktiengesetz und dem Börsengesetz lenkt den Blick aber auf die allgemeine Frage, ob und inwieweit Abweichungen in der

---

**66** Das Beispiel verdeutlicht, wie anfällig Sinneseindrücke für Veränderungen des Kontextes sind, in dem etwas präsentiert wird (Einfallstor für gezielte, aber subtile Manipulation).

**67** Dass das AktG über mehr Ebenen verfügt als das BörsG und das WpHG, würde noch deutlicher werden, wenn für alle Ebenen (wie Absätze, Paragraphen etc.) derselbe Abstand gewählt würde; die „Blätter" (= Absätze der Paragraphen) des AktG wären dann weiter von der „Wurzel" entfernt als die „Blätter" des BörsG und des WpHG. In Abbildung 5 befinden sich dagegen alle „Blätter" der drei Gesetzesbäume auf derselben Ebene (haben also denselben Abstand zur jeweiligen „Wurzel", ungeachtet der Zahl der dazwischen liegenden Ebenen). Welche der beiden Darstellungsalternativen vorzugswürdig ist, hängt vom Ziel der jeweiligen Visualisierung ab.

**68** Zu den beiden Unterabschnitten bereits in Fn. 55. Die „Wurzel" der Gesetze ist im Text nicht als Ebene mitgezählt.

**69** Die in Fn. 63 skizzierten Ansätze würden vermutlich zu dem Ergebnis führen, dass das AktG und das WpHG weniger homogen sind als das BörsG. Wie sich AktG und WpHG zueinander verhalten, lässt sich dagegen nicht klar sagen, sondern hängt davon ab, welchen Ansatz man wählt und wie man ihn umsetzt. Hier stellt sich also ein kombiniertes Definitions- und Messproblem.

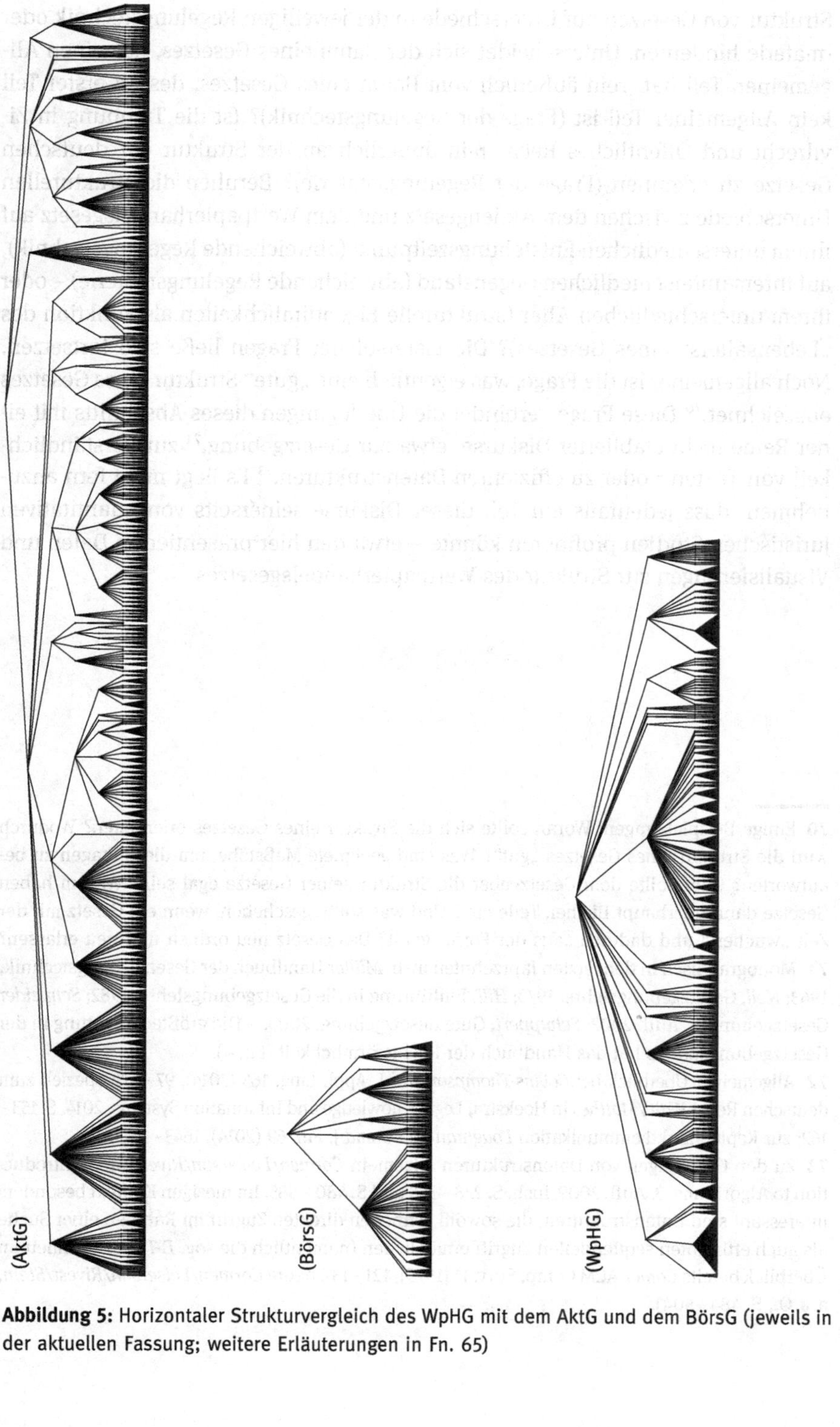


**Abbildung 5:** Horizontaler Strukturvergleich des WpHG mit dem AktG und dem BörsG (jeweils in der aktuellen Fassung; weitere Erläuterungen in Fn. 65)

Struktur von Gesetzen auf Unterschiede in der jeweiligen Regelungstechnik oder -materie hindeuten. Unterscheidet sich der Baum eines Gesetzes, das einen Allgemeinen Teil hat, rein äußerlich vom Baum eines Gesetzes, dessen erster Teil kein Allgemeiner Teil ist (Frage der Regelungstechnik)? Ist die Trennung in Zivilrecht und Öffentliches Recht rein äußerlich an der Struktur der deutschen Gesetze zu erkennen (Frage der Regelungsmaterie)? Beruhen die strukturellen Unterschiede zwischen dem Aktiengesetz und dem Wertpapierhandelsgesetz auf ihrem unterschiedlichen Entstehungszeitpunkt (abweichende Regelungstechnik), auf ihrem unterschiedlichen Gegenstand (abweichende Regelungsmaterie) – oder ihrem unterschiedlichen Alter (strukturelle Eigentümlichkeiten als Funktion des „Lebensalters" eines Gesetzes)? Die Liste solcher Fragen ließe sich fortsetzen. Noch allgemeiner ist die Frage, was eigentlich eine „gute" Struktur eines Gesetzes auszeichnet.[70] Diese Frage verbindet die Überlegungen dieses Abschnitts mit einer Reihe recht etablierter Diskurse, etwa zur Gesetzgebung,[71] zur Verständlichkeit von Texten[72] oder zu effizienten Datenstrukturen.[73] Es liegt nicht fern anzunehmen, dass jedenfalls ein Teil dieser Diskurse seinerseits von quantitativen juristischen Studien profitieren könnte – etwa den hier präsentierten Daten und Visualisierungen zur Struktur des Wertpapierhandelsgesetzes.

---

**70** Einige Beispielsfragen: Woran sollte sich die Struktur eines Gesetzes orientieren? Wodurch wird die Struktur eines Gesetzes „gut"? Was sind geeignete Maßstäbe, um diese Fragen zu beantworten? Oder sollte dem Gesetzgeber die Struktur seiner Gesetze egal sein? Warum haben Gesetze dann überhaupt Bücher, Teile etc.? Und was sollte geschehen, wenn ein Gesetz mit der Zeit „wuchert" und dadurch „aus der Form" gerät? Das Gesetz neu ordnen und neu erlassen?

**71** Monographisch in den letzten Jahrzehnten insb. *Müller* Handbuch der Gesetzgebungstechnik, 1963; *Noll*, Gesetzgebungslehre, 1973; *Hill*, Einführung in die Gesetzgebungslehre, 1982; *Schneider* Gesetzgebung, 3. Aufl. 2002; *Schuppert*, Gute Gesetzgebung, 2003. – Die größte Bedeutung in der Gesetzgebungspraxis hat das Handbuch der Rechtsförmlichkeit (Fn. 4).

**72** Allgemeiner Überblick bei *Collins-Thompson* Int. J. Appl. Ling. 165 (2014), 97–135; speziell zum deutschen Recht *Waltl/Matthes* in Hoekstra, Legal Knowledge and Information Systems, 2014, S. 153–162; zur Kapitalmarktkommunikation *Loughran/McDonald* J. Fin. 69 (2014), 1643–1671.

**73** Zu den Grundlagen von Datenstrukturen allgemein *Cormen/Leiserson/Rivest/Stein* Introduction to Algorithms, 3. Aufl. 2009, insb. S. 228–355 und S. 480–585. Im hiesigen Kontext besonders interessant sind Datenstrukturen, die sowohl schnellen direkten Zugriff im Rahmen einer Suche als auch effizienten sequentiellen Zugriff ermöglichen (namentlich die sog. *B-Trees*; zu ihnen im Überblick bereits *Comer* ACM Comp. Surv. 11 [1979], 121–137, heute *Cormen/Leiserson/Rivest/Stein*, a. a. O., S. 484–504).

# III. Inhalt des Wertpapierhandelsgesetzes

Den *Inhalt* von Gesetzen zu bestimmen, ist für Juristen weder ungewöhnlich noch originell. Was kann es also bedeuten, sich im Rahmen *quantitativer* juristischer Studien mit dem Inhalt von Gesetzen zu befassen? Und was lässt sich auf diese Weise über den Inhalt des Wertpapierhandelsgesetzes erfahren?

## 1. Vorüberlegungen zum „Inhalt" von Gesetzen

In ihrem Alltag befassen sich Juristen typischerweise mit dem Inhalt *einzelner gesetzlicher Vorschriften*. Diesen Inhalt ermitteln sie nach Regeln, die selten explizit offengelegt und auch implizit oft nur ansatzweise erkennbar werden. Selbst wo eine „klassische" Auslegung nach Wortlaut, Systematik, Entstehungsgeschichte und Normzweck erfolgt, sind die einzelnen Argumentationsschritte meist nicht intersubjektiv überprüfbar. Quantitative juristische Studien können hier zu einer Versachlichung der Diskussion beitragen, indem sie etwa den zeitgenössischen Gebrauch eines gesetzlichen Ausdrucks anhand eines bestimmten Textkorpus, und damit intersubjektiv überprüfbar, analysieren.[74]

Was der Inhalt *eines ganzen Gesetzes* ist (im Unterschied zum Inhalt einzelner seiner Vorschriften), hat Juristen bislang kaum beschäftigt, wirft aber gerade aus quantitativer Sicht zahlreiche interessante Forschungsfragen auf. Ein naheliegender quantitativer Untersuchungsansatz ist, die in einem bestimmten Gesetz am häufigsten gebrauchten Wörter zusammenzustellen und mit entsprechenden Listen für andere Gesetze oder frühere Versionen desselben Gesetzes zu vergleichen (ähnlich dem Vorgehen für die Struktur von Gesetzen in Teil II). Dieser Ansatz führt inhaltlich mehr in die Breite als in die Tiefe (wie aussagekräftig die hieraus folgenden Erkenntnisse sind, hängt vom Erkenntnisziel der quantitativen juristischen Studie ab).

Am Beispiel des Wertpapierhandelsgesetzes sollen zwei andere Ansätze vorgestellt werden, die inhaltlich mehr in die Tiefe als in die Breite gehen und so punktuell Neues über den Inhalt des Wertpapierhandelsgesetzes in Erfahrung bringen: erstens eine Auswertung der Rechtsakte, mit denen das Wertpapierhandelsgesetz in den letzten 25 Jahren geschaffen und inhaltlich verändert wurde, und zweitens eine Zusammenstellung der europäischen Verordnungen, auf die

74 Beispiel zum deutschen Recht: *Vogel/Pötters/Christensen* Richterrecht der Arbeit – empirisch untersucht, 2015, insb. S. 93 – 137. Zu den konzeptionellen Grundlagen z. B. *Mouritsen* Int. J. of Lang. & L. 6 (2017), 67 – 89, *Solan/Gales* BYU L. Rev. 2017, 1311 – 1357 und *Lee/Mouritsen* Yale L.J. 127 (2018), 788 – 879.

das Wertpapierhandelsgesetz verweist bzw. die im Text des Gesetzes vorkommen. Als Leitfrage kann für beide Ansätze gewissermaßen – in Abwandlung des Titels einer bekannten Rezensionsabhandlung – formuliert werden: Wovon handelt das Wertpapierhandelsrecht?[75]

## 2. Inhalt des WpHG im Lichte seiner Änderungsgesetze

Aus Teil I ist bekannt, dass das Wertpapierhandelsgesetz seit seinem Inkrafttreten durch 65 verschiedene Gesetze und Verordnungen geändert wurde. Unter diesen 65 Rechtsakten finden sich vier Zuständigkeitsanpassungsverordnungen, mit denen ersichtlich keine *inhaltlichen* Veränderungen des Wertpapierhandelsgesetzes verbunden sind;[76] dasselbe gilt für ein Gesetz zur Änderung von Vorschriften über Verkündungen und Bekanntmachungen.[77] Die verbleibenden 60 Rechtsakte – alles Änderungs*gesetze* – sind in Abbildung 6 verzeichnet (zusammen mit dem Gesetz, durch das die Ursprungsfassung des Wertpapierhandelsgesetzes erlassen wurde):

---

75 Angelehnt an *Zöllner* ZGR 12 (1983), 82–91 (mit dem Titel: „Wovon handelt das Handelsrecht?"); bilanzierend das Streitgespräch zwischen *K. Schmidt* und *Zöllner* in Buc. L.J. 2 (2008), 36, 37–44; in größerem zeitgeschichtlichem Kontext *Thiessen* Rg 25 (2017), 46, 47–49.

76 Art. 93 der Siebenten Zuständigkeitsanpassungs-Verordnung [sic] vom 29.10.2001, BGBl. I S. 2785, 2804; Art. 70 der Achten Zuständigkeitsanpassungsverordnung vom 25.11.2003, BGBl. I S. 2304, 2312; Art. 100 der Neunten Zuständigkeitsanpassungsverordnung vom 31.10.2006, BGBl. I S. 2407, 2419; Art. 192 der Zehnten Zuständigkeitsanpassungsverordnung vom 31.8.2015, BGBl. I S. 1474, 1503.

77 Art. 2 Abs. 44 des Gesetzes zur Änderung von Vorschriften über Verkündung und Bekanntmachungen sowie der Zivilprozessordnung, des Gesetzes betreffend die Einführung der Zivilprozessordnung und der Abgabenordnung vom 22.12.2011, BGBl. I S. 3044, 3049.

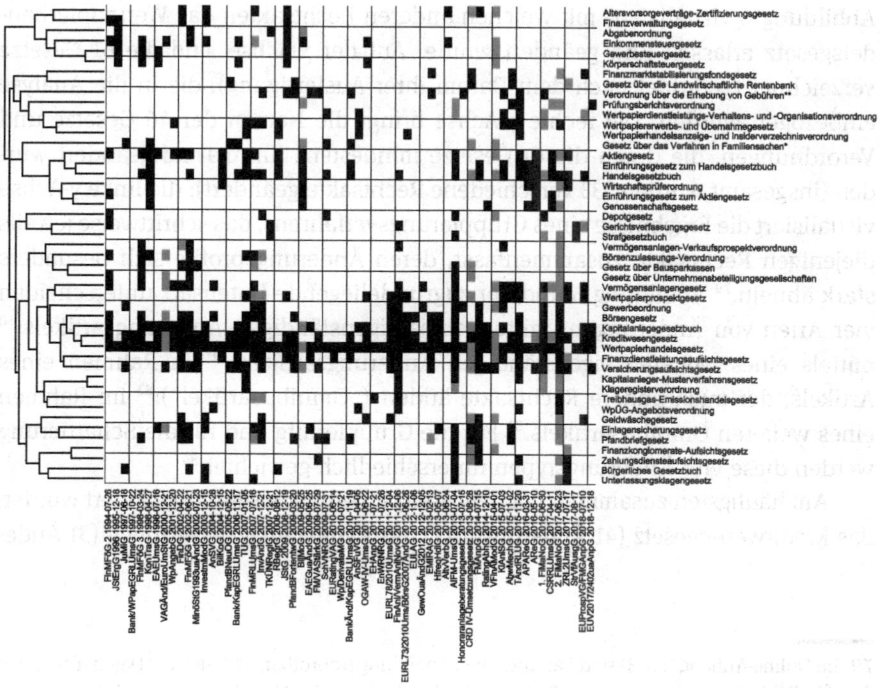


**Abbildung 6:** Zusammenstellung der 61 Gesetze, durch die das WpHG erlassen bzw. geändert wurde, und der 47 Rechtsakte, die von den 61 Gesetzen mindestens fünfmal geändert wurden[78]

---

78 Ausgangspunkt von Abbildung 6 sind das Zweite Finanzmarktförderungsgesetz, mit dem das WpHG verkündet wurde (Fn. 9), sowie die 65 Rechtsakte, durch die das WpHG geändert wurde (Fn. 10); aus diesen 66 Rechtsakten wurden die vier Zuständigkeitsanpassungsverordnungen (Fn. 76) sowie ein weiteres Gesetz (Fn. 77) ausgeschieden (hierzu im Text zu Fn. 76 und 77). In den 61 verbleibenden Gesetzen wurden zunächst diejenigen mitgeänderten Rechtsakte automatisiert erfasst, für welche die 61 Gesetze eigenständige Änderungsartikel vorsehen. Anschließend haben die Verfasser die Ergebnisse der automatisierten Auswertung mit den Originalabdrucken der 61 Gesetze im Bundesgesetzblatt abgeglichen, erforderlichenfalls korrigiert und um alle mitgeänderten Rechtsakte ergänzt, deren Änderung mit der Änderung weiterer Rechtsakte zusammengefasst ist (typischerweise in „Omnibusartikeln" am Ende des Gesetzes). Mitgeänderte Rechtsakte, deren Name im Untersuchungszeitraum geändert wurde oder die von neuen Rechtsakten ersetzt wurden, erscheinen unter dem aktuellen Namen des Rechtsaktes (Beispiele in den Fn. 86, 88, 90 und 91). Weitere Informationen zur Genese von Abbildung 6 und des zugrundeliegenden Datensatzes finden sich im Online-Anhang (Fn. 3). – Die x-Achse verzeichnet das Ausfertigungsdatum der 61 Gesetze nebst ihrer jeweiligen amtlichen Abkürzung oder (wo eine solche fehlt) nebst ihrer Abkürzung in *juris*. – Abkürzungen an der rechten y-Achse: * Gesetz über das Verfahren in Familiensachen und in den Angelegenheiten der freiwilligen Gerichtsbarkeit; ** Verordnung über die Erhebung von Gebühren und die Umlegung von Kosten nach dem Finanzdienstleistungsaufsichtsgesetz.

Abbildung 6 visualisiert, mit welchen anderen Rechtsakten das Wertpapierhandelsgesetz erlassen und geändert wurde. Auf der x-Achse sind die 61 Gesetze verzeichnet (geordnet nach dem Datum ihrer Ausfertigung), die in die Analyse einbezogen wurden. Die rechte y-Achse bringt die Namen der 46 Gesetze und Verordnungen, die durch die 61 Gesetze mindestens fünfmal mitgeändert wurden (insgesamt wurden 333 verschiedene Rechtsakte geändert); die linke y-Achse visualisiert die Ergebnisse eines Gruppierungsverfahrens, das schrittweise jeweils diejenigen Rechtsakte zusammenfasst, deren Änderungsprofile sich besonders stark ähneln.[79] Abbildung 6 und der zugrundeliegende Datensatz unterscheiden vier Arten von Änderungen: mittels eines eigenständigen Änderungsartikels;[80] mittels eines weiteren eigenständigen Änderungsartikels;[81] im Rahmen eines Artikels, der auch andere Rechtsakte ändert („Omnibusartikel");[82] im Rahmen eines weiteren Omnibusartikels.[83] Für die Gruppierung und für die Schattierung werden diese vier Änderungstypen unterschiedlich gewichtet.[84]

Am häufigsten zusammen mit dem Wertpapierhandelsgesetz geändert wurden das Kreditwesengesetz (41 Änderungen),[85] das Kapitalanlagegesetzbuch (31 Ände-

---

**79** Im Online-Anhang (Fn. 3) sind Varianten von Abbildung 6 abrufbar, in denen die Daten nicht nach der Ähnlichkeit der gemeinsam geänderten Rechtsakte (wie in Abbildung 6), sondern nach der Ähnlichkeit der Änderungsgesetze bzw. nach einer Kombination aus der Ähnlichkeit der gemeinsam geänderten Rechtsakte und der Änderungsgesetze geordnet sind. Im Online-Anhang finden sich außerdem Informationen über das Verfahren, nach dem die Gruppierung erfolgt, und das Ähnlichkeitsmaß, das der Gruppierung zugrundeliegt.

**80** Beispiel: Art. 1 des Gesetzes zur Umsetzung der Richtlinie 2004/109/EG des Europäischen Parlaments und des Rates vom 15. Dezember 2004 zur Harmonisierung der Transparenzanforderungen in Bezug auf Informationen über Emittenten, deren Wertpapiere zum Handel auf einem geregelten Markt zugelassen sind, und zur Änderung der Richtlinie 2001/34/EG (Transparenzrichtlinie-Umsetzungsgesetz – TUG) vom 5.1.2007, BGBl. I S. 10, 10–23 (das Änderungsgesetz mit dem relativ größten Zeichenzuwachs im WpHG: Fn. 18).

**81** Beispiel: Art. 2 des Zweiten Finanzmarktnovellierungsgesetzes (Fn. 21).

**82** Beispiel: Art. 2 Abs. 37 des Gesetzes zur Modernisierung der Finanzaufsicht über Versicherungen vom 1.4.2015, BGBl. I S. 434, 566.

**83** Einziger Fall (der zudem nicht das WpHG betrifft): Art. 3 Abs. 2 Nr. 2 des Gesetzes zur Modernisierung der Finanzaufsicht über Versicherungen (Fn. 82).

**84** Mindestens ein eigenständiger Änderungsartikel = 1; kein eigenständiger Änderungsartikel, aber mindestens eine Änderung im Rahmen eines Omnibusartikels = 0,5; keine Änderung = 0. Im Online-Anhang (Fn. 3) sind Varianten von Abbildung 6 mit anderen Gewichtungen, Gruppierungsverfahren und Ähnlichkeitsmaßen abrufbar, um die Abhängigkeit der Ergebnisse von den vorab zu treffenden, intersubjektiv nur bedingt überprüfbaren Entscheidungen zu veranschaulichen.

**85** Gesetz über das Kreditwesen vom 10.7.1961, BGBl. I S. 881–898; zuletzt geändert durch Art. 1 des Gesetzes vom 18.12.2018, BGBl. I S. 2626, 2626–2629.

rungen)[86] sowie das Handelsgesetzbuch (26 Änderungen)[87] und das Versicherungsaufsichtsgesetz (dito).[88] Es folgen das Finanzdienstleistungsaufsichtsgesetz (23 Änderungen),[89] das Börsengesetz (21 Änderungen),[90] das Vermögensanlagengesetz (20 Änderungen)[91] und das Aktiengesetz (19 Änderungen).[92]

Aus dieser Rangliste der mitgeänderten Rechtsakte lassen sich – ohne dass man zuvor irgendetwas über das Wertpapierhandelsgesetz wissen muss – zwei wichtige Vermutungen über den Inhalt des Wertpapierhandelsgesetzes ableiten (die nach der Intuition vieler Kapitalmarktrechtler zutreffen dürften): Erstens handelt das Wertpapierhandelsgesetz – um das eingangs erwähnte Bonmot wieder aufzugreifen – offenbar tatsächlich, wie sein Name verspricht, vom Handel in Wertpapieren und seinem unmittelbaren Umfeld; das legen die zahlreichen gemeinsamen Änderungen mit dem Kapitalanlagegesetzbuch, dem Handelsgesetzbuch, dem Börsengesetz, dem Vermögensanlagengesetz und dem Aktiengesetz nahe.[93] Zweitens ist das Wertpapierhandelsgesetz offenbar primär ein Aufsichtsgesetz mit öffentlich-rechtlichem Charakter; das suggerieren die gemeinsamen Änderungen mit dem Kreditwesengesetz, dem Versicherungsaufsichtsgesetz, dem Finanzdienstleistungsaufsichtsgesetz und dem Börsengesetz.

---

**86** Zunächst das Gesetz über Kapitalanlagegesellschaften vom 16.4.1957, BGBl. I S. 378 – 384 und das Gesetz über den Vertrieb ausländischer Investmentanteile und über die Besteuerung der Erträge aus ausländischen Investmentanteilen (AuslInvestmG) vom 28.7.1969, BGBl. I S. 986 – 992, dann das Investmentgesetz (InvG) vom 15.12.2003, BGBl. I S. 2676 – 2724, schließlich das Kapitalanlagegesetzbuch (KAGB) vom 4.7.2013, BGBl. I S. 1981 – 2148; zuletzt geändert durch Art. 3 und Art. 4 des Gesetzes vom 18.12.2018, BGBl. I S. 2626, 2631 – 2633.

**87** Handelsgesetzbuch vom 10.5.1897, RGBl. S. 219 – 436; zuletzt geändert durch Art. 3 des Gesetzes vom 10.7.2018, BGBl. I S. 1102, 1108.

**88** Zunächst das Gesetz über die Beaufsichtigung der Versicherungsunternehmen (Versicherungsaufsichtsgesetz – VAG) in der Fassung der Bekanntmachung vom 17.12.1992, BGBl. 1993 I S. 2 – 37, dann das gleichnamige Gesetz vom 1.4.2015, BGBl. I S. 434 – 559; zuletzt geändert durch Art. 1 und Art. 2 des Gesetzes vom 19.12.2018, BGBl. I S. 2672, 2672 – 2688.

**89** Gesetz über die Bundesanstalt für Finanzdienstleistungsaufsicht (Finanzdienstleistungsaufsichtsgesetz – FinDAG) vom 22.4.2002, BGBl. I S. 1310 – 1315; zuletzt geändert durch Art. 14 Abs. 3 des Gesetzes zur Umsetzung der Zweiten Zahlungsdiensterichtlinie (Fn. 96).

**90** Gemeint sind damit die Börsengesetze von 1896, 2002 und 2007 (Nachweise in Fn. 38).

**91** Zunächst das Wertpapier-Verkaufsprospektgesetz (VerkaufsprospektG) vom 13.12.1990, BGBl. I S. 2749 – 2752, dann das Gesetz über Vermögensanlagen (Vermögensanlagengesetz – VermAnlG) vom 6.12.2011, BGBl. I S. 2481 – 2491; zuletzt geändert durch Art. 6 des Gesetzes vom 10.7.2018, BGBl. I S. 1102, 1110.

**92** Alle Änderungen beziehen sich auf das Aktiengesetz von 1965 (Nachweise in Fn. 37).

**93** Das bedeutet nicht, dass alle genannten Gesetze mit all ihren Regelungsmaterien für das WpHG charakteristisch sind. Aber die Schnittbereiche ihrer Regelungsmaterien geben einen guten Anhaltspunkt für den Inhalt des WpHG. Auf diese Weise lässt sich also völlig automatisiert der grobe Inhalt eines Gesetzes skizzieren, ohne dass ein Verständnis seines Textes erforderlich ist.

Gerade dieser zweite Punkt erweist sich als überraschend treffsicher: Mit dem Finanzdienstleistungsaufsichtsgesetz (2002) wurde die Bundesanstalt für Finanzdienstleistungsaufsicht (BaFin) errichtet, die das Kreditwesen (nach dem Kreditwesengesetz), das Versicherungswesen (nach dem Versicherungsaufsichtsgesetz) und den Wertpapierhandel (nach dem Wertpapierhandelsgesetz) beaufsichtigt.[94] Diese Trias von Aufsichtsgesetzen (Kreditwesengesetz, Versicherungsaufsichtsgesetz, Wertpapierhandelsgesetz), ergänzt um das Gesetz über die Aufsichtsanstalt selbst (Finanzdienstleistungsaufsichtsgesetz), spiegelt sich exakt in Abbildung 6 wider (die vier Gesetze stehen in vier aufeinanderfolgenden Zeilen).

Was ist aus Abbildung 6 und dem zugrundeliegenden Datensatz außerdem zu erfahren? Auf diese Frage ließe sich zunächst mit einer langen Liste von „Kuriosa" antworten, die teils für den allgemeinen Diskurs über die Gesetzgebung,[95] teils auch speziell für die Finanzmarktgesetzgebung von Interesse sind.[96] Folgenreicher wären Überlegungen dazu, ob Abbildung 6 auch allgemeine Narrative über den Inhalt des Wertpapierhandelsgesetzes zu hinterfragen vermag, etwa dass das Wertpapierhandelsgesetz das „Grundgesetz" des deutschen Kapitalmarktrechts sei.[97] Der Verifizierung solcher vergleichenden Inhaltsattribute

---

94 Die BaFin löste hiermit die Bundesaufsichtsämter für das Kreditwesen (BAKred), für das Versicherungswesen (BAV) und für den Wertpapierhandel (BAWe) ab.

95 Beispiel: Unter den Rechtsakten, mit denen das WpHG geändert wurde (Fn. 10), befindet sich auch das Justizmitteilungsgesetz und Gesetz zur Änderung kostenrechtlicher Vorschriften und anderer Gesetze (JuMiG) vom 18.6.1997, BGBl. I S. 1430–1451 (darin zum WpHG Art. 16) – ein berühmt-berüchtigtes Gesetz, weil es teilweise im Wege der „Geheimgesetzgebung" zustande gekommen ist (*Bryde* JZ 1998, 115–120).

96 Etwa zählt *juris* zu den WpHG-Änderungsrechtsakten auch ein Gesetz, das nicht das WpHG selbst, sondern nur ein WpHG-Änderungsgesetz ändert: Art. 12 des Gesetzes zur Umsetzung der Zweiten Zahlungsdiensterichtlinie vom 17.7.2017, BGBl. I S. 2446, 2492 f. (Änderung des – in Fn. 21 verzeichneten – Zweiten Finanzmarktnovellierungsgesetzes). – Ähnlich, aber mit zweifacher „Änderung der Änderung": Das für Art. 3 Nr. 7 des Kleinanlegerschutzgesetzes vom 3.7.2015, BGBl. I S. 1114, 1125 vorgesehene Datum des Inkrafttretens wurde zunächst geändert (durch Art. 14 des Ersten Gesetzes zur Novellierung von Finanzmarktvorschriften auf Grund europäischer Rechtsakte [Erstes Finanzmarktnovellierungsgesetz – 1. FiMaNoG] vom 30.6.2016, BGBl. I S. 1514, 1542), dann wurde Art. 3 Nr. 7 ganz aufgehoben (durch Art. 23 des gerade erwähnten Zweiten Finanzmarktnovellierungsgesetzes).

97 *Hopt* ZHR 159 (1995), 135, 135; ebenso z. B. *Kümpel* Bank- und Kapitalmarktrecht, 3. Aufl. 2004, Rn. 16.4; *Schwark* in Schwark/Zimmer, Kapitalmarktrechts-Kommentar, 4. Aufl. 2010, WpHG Einl. Rn. 28; *Mülbert* ZHR 176 (2012), 369, 378; *Hirte/Heinrich* in Hirte/Möllers, WpHG, 2. Aufl. 2014, Einl. Rn. 3, 57; *Veil* in Veil, Europäisches Kapitalmarktrecht, 2. Aufl. 2014, § 5 Rn. 13; nur noch für die Vergangenheit *Assmann* in Assmann/Schneider/Mülbert, Wertpapierhandelsrecht, 7. Aufl. 2019, Einl. Rn. 5, 10; die Idee des WpHG als „Grundgesetz" des deutschen Kapitalmarktrechts konkurriert mit seiner Deutung als finanzmarktrechtliches „Auffanggesetz" (hierzu in Fn. 39).

wäre allerdings ein umfangreicherer Datensatz zugrundezulegen, da Ausgangspunkt von Abbildung 6 nur diejenigen Rechtsakte sind, mit denen das Wertpapierhandelsgesetz eingeführt und geändert wurde (es fehlen also Rechtsakte, die Gesetze und Verordnungen im Umfeld des Wertpapierhandelsgesetzes ändern, ohne Änderungen am Wertpapierhandelsgesetz selbst vorzunehmen).[98]

## 3. Inhalt des WpHG im Lichte europäischer Verordnungen

Bereits die Ursprungsfassung des Wertpapierhandelsgesetzes diente ausweislich der amtlichen Fußnote im Bundesgesetzblatt der Umsetzung zweier europäischer Richtlinien.[99] In den vergangenen 25 Jahren hat der deutsche Gesetzgeber im Wertpapierhandelsgesetz zahlreiche weitere Richtlinien umgesetzt oder unmittelbar geltende Verordnungen mit nationalen Vorschriften flankiert.[100] Dass das deutsche Kapitalmarktrecht von europäischen Einflüssen dominiert wird, ist daher ein ebenso bekanntes wie ersichtlich zutreffendes Narrativ.[101]

Aus quantitativer Sicht erscheint interessant zu verfolgen, wie (und insbesondere *wie sehr*) sich der europäische Hintergrund des deutschen Kapitalmarktrechts unmittelbar im Text und damit im Inhalt des Wertpapierhandelsgesetzes niedergeschlagen hat. Abbildung 7 verzeichnet deshalb die Anzahl aller *Verordnungen* (einschließlich Delegierter Verordnungen) der Europäischen Wirtschaftsgemeinschaft (EWG), der Europäischen Gemeinschaft (EG) und der Europäischen Union (EU), die in den 83 Fassungen des Wertpapierhandelsgesetzes vorkommen (namentlich in Verweisen auf diese Verordnungen sowie im Titel anderer Rechtsakte, auf die verwiesen wird):

---

98 Beispiel: Art. 28 des Gesetzes zur Umsetzung der Amtshilferichtlinie sowie zur Änderung steuerlicher Vorschriften (Amtshilferichtlinie-Umsetzungsgesetz – AmtshilfeRLUmsG) vom 26.6. 2013, BGBl. I S. 1809, 1841 ändert das BörsG (hierzu *Baum/Fleckner/Sumida* RabelsZ 82 [2018], 697, 721, 723), nicht aber das WpHG.

99 Richtlinie 88/627/EWG des Rates vom 12. Dezember 1988 über die bei Erwerb und Veräußerung einer bedeutenden Beteiligung an einer börsennotierten Gesellschaft zu veröffentlichenden Informationen, ABl. EG L 348 vom 17.12.1988, S. 62–65 und Richtlinie 89/592/EWG des Rates vom 13. November 1989 zur Koordinierung der Vorschriften betreffend Insider-Geschäfte, ABl. EG L 334 vom 18.11.1989, S. 30–32.

100 Überblicke z. B. in den Einleitungen von *Assmann*, *Hirte/Heinrich* oder *Schwark* (alle Fn. 97).

101 Prägnant *Klöhn* in Langenbucher, Europäisches Privat- und Wirtschaftsrecht, 4. Aufl. 2017, § 6 Rn. 1 („Deutsches Kapitalmarktrecht ohne europarechtlichen Hintergrund muss man mit einer Lupe suchen.").

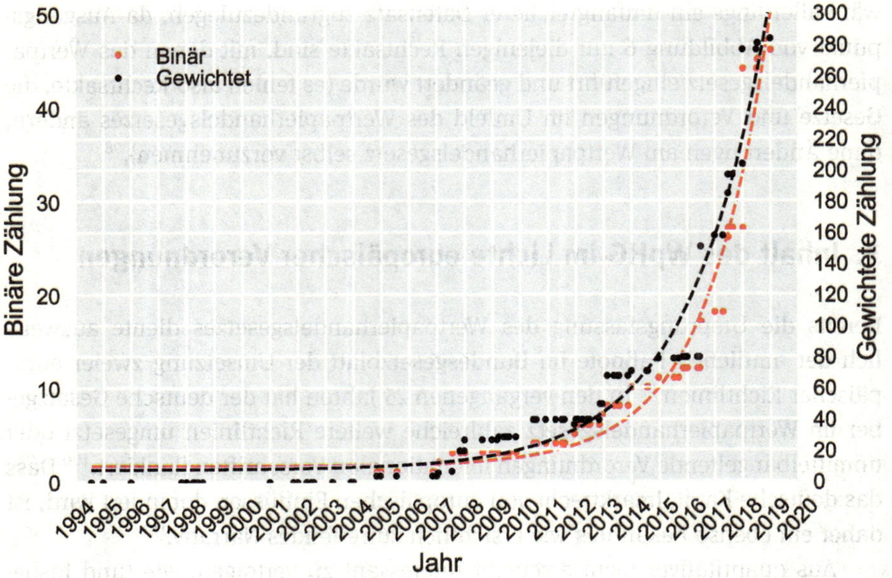


**Abbildung 7:** Erwähnung und sonstiges Vorkommen europäischer Verordnungen im WpHG (Punkte)[102] mit näherungsweisen Funktionen (Kurven)[103]

Die Punkte in Abbildung 7 bestätigen am Beispiel europäischer Verordnungen im Wertpapierhandelsgesetz auf einen Blick, was jeder deutsche Kapitalmarktrechtler allgemein vermuten dürfte: Die Präsenz des europäischen Rechts nimmt

---

**102** Ausgangspunkt von Abbildung 7 sind die Daten von Abbildung 1 (erläutert in Fn. 14). Hierin wurde mit einem sog. regulären Ausdruck nach europäischen Verordnungen gesucht (allgemeine Erläuterungen zur Suche mit regulären Ausdrücken finden sich bei *Coupette/Fleckner* JZ 2018, 379, 384 f. und *Coupette* [Fn. 5], insb. S. 240 – 248; speziell zur Genese von Abbildung 7 außerdem im Online-Anhang [Fn. 3]). – Die linke y-Achse (rote Punkte) verzeichnet die Anzahl *verschiedener* Verordnungen, die in der jeweiligen WpHG-Fassung vorkommen (binäre Zählung); die rechte y-Achse (schwarze Punkte) verzeichnet die Anzahl *aller* Stellen mit Verordnungen (einschließlich mehrfacher Nennungen derselben Verordnung) in der jeweiligen WpHG-Fassung (gewichtete Zählung; allgemein zur binären und gewichteten Zählung *Coupette/Fleckner* JZ 2018, 379, 384 und *Coupette* [Fn. 5], insb. S. 52 f., 78 f., 132 – 134, 232 f., 313 – 316). – Die schwarzen Elemente liegen in Abbildung 7 „vor“ den roten Elementen und verdecken sie daher mitunter ganz (wie die roten Punkte vor 2004) oder teilweise (wie später).

**103** Die beiden in Abbildung 7 verzeichneten Funktionen minimieren jeweils den quadratischen Fehler für Funktionen der Form $a \cdot e^{bx} + c$ (die Buchstaben $a$, $b$ und $c$ repräsentieren anpassbare Parameter). Konkret:

*binär* $0{,}0011 \cdot e^{0{,}0012x} + 1{,}5907$;
*gewichtet* $0{,}0587 \cdot e^{0{,}0010x} + 7{,}9282$.

zu. *Wie sehr* diese Präsenz zunimmt – jedenfalls gemessen an der Anzahl im Wertpapierhandelsgesetz vorkommender europäischer Verordnungen – dürfte jedoch überraschen. Denn den beiden Kurven, die in Abbildung 7 jeweils näherungsweise den Verlauf der Punkte repräsentieren, liegen *Exponential*funktionen zugrunde.[103] So inflationär im Alltag (auch unter Juristen) von exponentiellen Zunahmen die Rede ist: Für die Zahl der Stellen, an denen im Wertpapierhandelsgesetz europäische Verordnungen auftreten, ist die Beschreibung mathematisch korrekt.

Welche europäischen Verordnungen in den verschiedenen Fassungen des Wertpapierhandelsgesetzes wie häufig vorkommen, zeigt Abbildung 8:

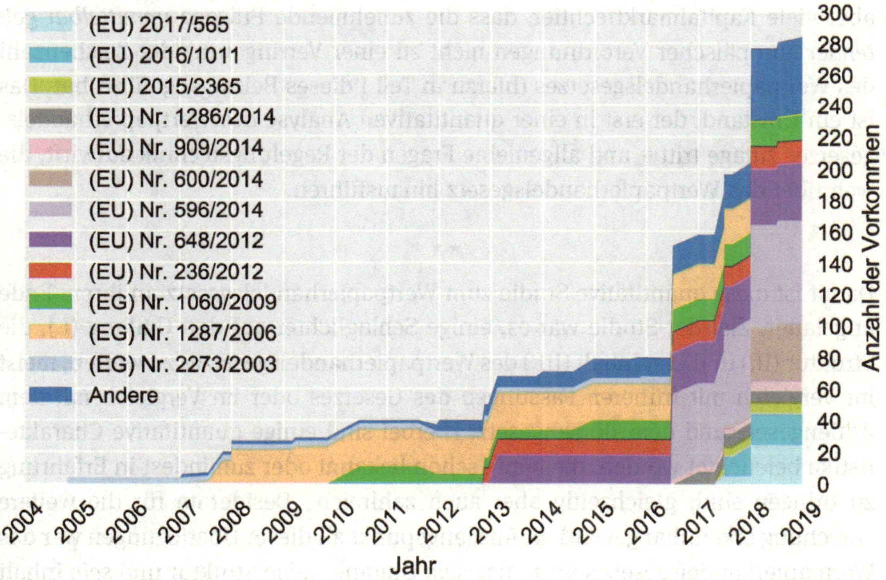


**Abbildung 8:** Erwähnung und sonstiges Vorkommen europäischer Verordnungen im WpHG (individualisiert)[104]

104 Ausgangspunkt von Abbildung 8 sind die Daten von Abbildung 1 (erläutert in Fn. 14) mit der Auswertung für Abbildung 7 (erläutert in Fn. 102). Der Übersicht halber sind in Abbildung 8 nur diejenigen Verordnungen individualisiert dargestellt und in der Legende ausgewiesen, die in *mindestens einer* WpHG-Fassung *mindestens fünfmal* erwähnt werden. Alle übrigen Verordnungen sind unter „Andere" zusammengefasst. Da im WpHG vor 2004 keine europäischen Verordnungen vorkommen (siehe Abbildung 7), beginnt die x-Achse erst mit diesem Jahr.

In der aktuellen Fassung des Wertpapierhandelsgesetzes finden sich insgesamt 46 verschiedene Verordnungen; jede einzelne kommt im Schnitt gut sechsmal vor (aber Median und Modus liegen beide bei 1, da 27 Verordnungen nur einmal auftreten). Am häufigsten, nämlich 67-mal, kommt in der aktuellen Fassung die Marktmissbrauchsverordnung MAR (Nr. 596/2014) vor,[105] gefolgt von der Marktinfrastrukturverordnung EMIR (Nr. 648/2012)[106] mit 37 Stellen und der Finanzmarktverordnung MiFIR (Nr. 600/2014)[107] mit 35 Stellen. Auch insoweit erweist sich die quantitative Analyse als erstaunlich treffsicher. Denn MAR, EMIR und MiFIR dürften in einer Umfrage unter deutschen Kapitalmarktrechtlern, welche europäischen Verordnungen sie derzeit für die einflussreichsten halten, an der Spitze stehen oder zumindest in der Spitzengruppe liegen.[108] Überraschen dürfte aber viele Kapitalmarktrechtler, dass die zunehmende Präsenz *unmittelbar geltender* europäischer Verordnungen nicht zu einer Verringerung der Zeichenzahl des Wertpapierhandelsgesetzes (hierzu in Teil I dieses Beitrags) geführt hat. Das ist ein Umstand, der erst in einer quantitativen Analyse des Wertpapierhandelsgesetzes zutage tritt – und allgemeine Fragen der Regelungstechnik aufwirft, die weit über das Wertpapierhandelsgesetz hinausführen.

* * *

Damit ist diese quantitative Studie zum Wertpapierhandelsgesetz an ihrem Ende angelangt. Ziel der Studie war es, einige Schlaglichter auf den Umfang (I.), die Struktur (II.) und den Inhalt (III.) des Wertpapierhandelsgesetzes zu werfen, meist im Vergleich mit früheren Fassungen des Gesetzes oder im Vergleich mit dem Aktiengesetz und dem Börsengesetz. Hierbei sind einige quantitative Charakteristika beleuchtet worden, die heute schon bekannt oder zumindest in Erfahrung zu bringen sind, gleichzeitig aber auch zahlreiche Desiderata für die weitere Forschung erkennbar geworden. Ausgangspunkt all dieser Überlegungen war das Wertpapierhandelsgesetz selbst, also *sein* Umfang, *seine* Struktur und *sein* Inhalt

**105** Verordnung (EU) Nr. 596/2014 des Europäischen Parlaments und des Rates vom 16. April 2014 über Marktmissbrauch (Marktmissbrauchsverordnung) und zur Aufhebung der Richtlinie 2003/6/EG des Europäischen Parlaments und des Rates und der Richtlinien 2003/124/EG, 2003/125/EG und 2004/72/EG der Kommission, ABl. EU L 173 vom 12.6.2014, S. 1–61.

**106** Verordnung (EU) Nr. 648/2012 des Europäischen Parlaments und des Rates vom 4. Juli 2012 über OTC-Derivate, zentrale Gegenparteien und Transaktionsregister, ABl. EU L 201 vom 27.7.2012, S. 1–59.

**107** Verordnung (EU) Nr. 600/2014 des Europäischen Parlaments und des Rates vom 15. Mai 2014 über Märkte für Finanzinstrumente und zur Änderung der Verordnung (EU) Nr. 648/2012, ABl. EU L 173 vom 12.6.2014, S. 84–148.

**108** Hierzu passt, dass MAR, EMIR und MiFIR unter den fünf Verordnungen sind, die in Assmann/Schneider/Mülbert (Fn. 97) kommentiert werden.

der letzten 25 Jahre. Ebenso interessant könnte es sein, die Entwicklung anderer Gesetze über die Zeit zu verfolgen, oder aber mehr über die Rezeption des Wertpapierhandelsgesetzes in anderen Quellen zu lernen, etwa in der Rechtsprechung oder im Schrifttum. Bereits Letzteres (von einer Analyse anderer Gesetze ganz zu schweigen) böte ausreichend Stoff für eine weitere quantitative Studie – vielleicht zum nächsten runden Geburtstag des Gesetzes.

Rüdiger Veil

# Rechtsquellen des Wertpapierhandelsrechts – vom nationalen Flickenteppich zur europäischen Kodifikation

## I. Einleitung

Das Wertpapierhandelsgesetz wird 25 Jahre alt. Dies ist im Vergleich zum Börsengesetz, das fast 100 Jahre älter ist, ein jugendliches Alter, das üblicherweise noch nicht Anlass für eine Festschrift ist. Das Wertpapierhandelsgesetz hat allerdings in den 25 Jahren viel erlebt. Dies zeigt sich schon daran, dass das Gesetz am 1. Januar 1995 gerade einmal 41 Paragraphen hatte. Heute weist es 138 Paragraphen auf, die teilweise zahlreiche Absätze haben; für die Begriffsbestimmungen des § 2 gibt es alleine 49 Absätze, manche von ihnen haben wiederum mehrere Unterabsätze. Hinzu gesellt sich eine große Anzahl von europäischen Verordnungen mit einer Vielzahl an Vorschriften und eine Flut an Leitlinien und sonstigen Auslegungstexten der europäischen und nationalen Aufsichtsbehörden. Diese komplexe Rechtslandschaft war vor 25 Jahren nicht zu erahnen. Dabei war das WpHG bereits ein Kind der europäischen Gesetzgebung, denn es setzte zum großen Teil Richtlinien der EWG um. Bevor die Geburtsstunde des WpHG näher in den Blick genommen wird, soll aber zunächst an die Anfänge des Wertpapierhandelsrechts erinnert werden.

## II. Flickenteppiche bis 1995

Der Securities Exchange Act 1934 ist das weltweit erste Gesetz, das Verhaltensregeln für den Wertpapierhandel auf einem Sekundärmarkt einführte (Registrierungspflichten; Manipulationsverbote; Offenlegungspflichten) und in Gestalt der SEC eine Marktaufsichtsbehörde errichtete. Der US-amerikanische Gesetzgeber reagierte damit auf den Zusammenbruch der Aktienmärkte 1929 und den zunehmenden Aktienhandel über die Grenzen der Bundesstaaten hinaus.[1] Ihm ging es darum, das Vertrauen der Anleger in die Funktionsfähigkeit der Märkte wiederherzustellen.

1 Vgl. Section 2 Securities Exchange Act of 1934: „Necessity for regulation as provided in this title".

https://doi.org/10.1515/9783110632323-006

Ein vergleichbares Gesetz gab es in Deutschland trotz der auch hierzulande erfolgten Börsencrashs[2] und Insiderskandale bis 1995 nicht.[3] Stattdessen war das Wertpapierhandelsrecht in einer Vielzahl an Rechtsquellen vorzufinden. Bereits 1884 führte der Gesetzgeber ein strafbewährtes Verbot der Markmanipulation in das ADHGB ein, das 1896 Eingang in das neu geschaffene BörsG[4] fand und dort bis 2002 eine Heimstatt hatte. Das BörsG hatte hauptsächlich die Organisation der Börse, das Maklerwesen und die Zulassung von Wertpapieren zum Börsenhandel zum Gegenstand. Insiderrechtliche Regeln waren dort nicht vorgesehen. Diese Materie war vielmehr der Selbstregulierung der Marktteilnehmer überlassen. Den Anfang bildeten 1908 Regeln des Centralverbands des Deutschen Bank- und Bankiersgewerbes.[5] Schließlich beschloss 1970 die vom Bundesminister für Wirtschaft eingesetzte Börsensachverständigenkommission „Empfehlungen zur Lösung der Insider-Probleme".[6] Die sog. Insiderhandels-Richtlinien erlangten dadurch Gültigkeit, dass sie zum Gegenstand des zwischen dem Insider und der Gesellschaft geschlossenen Vertrags gemacht wurden.[7]

Die ersten kapitalmarktrechtlichen Richtlinien der EWG hatten das öffentliche Wertpapierangebot und die Börsenzulassung von Wertpapieren zum Gegenstand. Sie verlangten von den Mitgliedstaaten aber auch die Einführung bestimmter Regeln für den Wertpapierhandel. Der deutsche Gesetzgeber setzte die Harmonisierungsaufträge im BörsG um, anstatt ein eigenes Wertpapierhandelsgesetz zu schaffen. Die 1986 eingeführte Pflicht zur Veröffentlichung und Mitteilung kursrelevanter Tatsachen war bis 1995 im BörsG vorzufinden.[8] Noch länger

---

**2** Eindrückliche Schilderungen der ersten Crashs bei *Meier*, Die Entstehung des Börsengesetzes vom 22. Juni 1896, 1992, S. 10 ff.,

**3** Das Gesetz über den Wertpapierhandel vom 4.12.1934 war kein Gesetz über Verhaltensanforderungen von Marktteilnehmern, sondern sorgte durch Fusionen und Schließungen für eine Reduktion der Regionalbörsen von 21 auf 9. Die größte Bedeutung hatte die Berliner Wertpapierbörse, vgl. *Meier* (Fn. 2), S. 18.

**4** *Nußbaum*, Kommentar zum Börsengesetz, 1910, Einleitung Kapitel 1 b) nennt rechtspolizeiliche (Unterdrückung des Börsenspiels) und agrarpolitische Gründe (Börsenterminhandel in Getreide und Mehr) für die Schaffung des BörsG; ausführlich *Meier* (Fn. 2), passim.

**5** Vgl. *Hoeren* ZBB 1993, 112 ff.

**6** Vgl. *Bremer*, Die Börsensachverständigenkommission, S. 23 ff., 104 ff.

**7** Vgl. *Bremer* (Fn. 6), S. 28.

**8** Vgl. § 44a BörsG a. F. Die Vorschrift hatte in der Praxis keine Bedeutung, es soll nur sechs Meldungen gegeben haben, vgl. *Pellens/Fülbier* DB 1994, 1381, 1385.

konnte sich die mit demselben Gesetz[9] eingeführte Pflicht zur Veröffentlichung von Zwischenmitteilungen[10] im BörsG halten.[11]

Eine staatliche Aufsichtsbehörde über den Wertpapierhandel gab es bis zur Schaffung des Bundesaufsichtsamts für Wertpapierhandel (BaWe) 1995 nicht. Die Durchsetzung des Verbots der Marktmanipulation lag in den Händen der Staatsanwaltschaften. Die Börsenaufsichtsbehörden hatten die Aufgabe, die Aufsicht über die Börsen auszuüben.[12] Die Börsensachverständigenkommission konnte sich in den 1970er-Jahren für ein Bundesaufsichtsamt nicht erwärmen.[13] Der Gesetzgeber musste daher 1994 feststellen, dass in Deutschland eine Marktaufsicht „nur in Ansätzen" stattfand.[14]

## III. Gemeinschaftsrecht als Geburtshelfer des Kodifikationsgesetzes

Das zum 1. Januar 1995 durch das Zweite Finanzmarktförderungsgesetz eingeführte WpHG trug der fortschreitenden Internationalisierung des Wertpapiergeschäfts Rechnung,[15] die in Deutschland mit der Zulassung innovativer Anleiheformen durch die Bundesbank am 1. Mai 1985 begonnen hatte.[16] Man konstatierte ein „Trommelfeuer ausländischer Kapitalmärkte," die dem für ausländische In-

9 Börsenzulassungs-Gesetz vom 16. Dezember 1986, BGBl. I 1986, 2478.

10 Vgl. § 44b BörsG (später § 40BörsG). Vor der gesetzlichen Regelung gab es einen an die Verwaltungen der börsennotierten AGs und KGaAs gerichteten „Aufruf der Arbeitsgemeinschaft der deutschen Wertpapierbörsen u. a." vom März 1969, freiwillig Zwischenberichte abzugeben. Der Aufruf ist abgedruckt bei *Bremer* (Fn. 6), S. 71.

11 Die Vorschrift wurde erst 2004 durch das Transparenzrichtlinie-Umsetzungsgesetz vom 15.12. 2004 aufgehoben. Seitdem ist die Pflicht zur Veröffentlichung von Zwischenmitteilungen im WpHG geregelt.

12 Das BörsG hatte ursprünglich vorgesehen, dass die Landesregierungen die Aufsicht über die Börsen ausüben (vgl. § 1 Abs. 2 BörsG a. F.). Diese Aufsicht erstreckte „sich auf den Börsenverkehr und die seiner Leitung, Regelung und Ordnung dienenden Organe und Einrichtungen". Vgl. *Meyer*, Kommentar zum Börsengesetz, 3. Aufl. 1915, § 1 Anm. 8.

13 Vgl. *Bremer* (Fn. 6), S. 24f., wonach der Vertreter des Bundeswirtschaftsministers den Vorschlag eines „Überwachungsvereins", der als berufsständische Organisationsform die Einhaltung freiwilliger Regeln kontrolliert, präferierte.

14 Vgl. Begr. RegE Zweites Finanzmarktförderungsgesetz, BT-Drucksache 12/6679, S. 33.

15 Vgl. Begr. RegE Zweites Finanzmarktförderungsgesetz, BT-Drucksache 12/6679, S. 34.

16 Vgl. *Krimphove* JZ 1994, 23, 24.

vestitionen zunehmend offeneren deutschen Finanzplatz vorhalten würden, nicht streng genug gegenüber Insiderdelikten vorzugehen.[17]

Die Materialien geben keine Auskunft darüber, ob der Gesetzgeber kodifikatorische Vorstellungen hatte. Die Literatur pries freilich die grundsätzliche Bedeutung des WpHG; für *Klaus Hopt* war es gar das „Grundgesetz" der Kapitalmärkte![18] Im Vordergrund stand sicherlich, dass nunmehr der Insiderhandel gesetzlich verboten war.[19] Dennoch lassen Struktur und Inhalt des Gesetzes den Schluss zu, dass es sich um eine erschöpfend gedachte, planvolle, nach systematischen Gesichtspunkten erfolgende Zusammenfassung und Fortentwicklung des Wertpapierhandelsrechts in einem einheitlichen Gesetzbuch handelte.[20] Der Abschnitt 1 bestimmte umfassend den Anwendungsbereich des Gesetzes („börslicher und außerbörslicher Handel von Wertpapiern und Derivaten"). Im Abschnitt 2 waren die Aufgaben und Befugnisse des (durch das Gesetz errichteten) BaWe geregelt. Das materielle Wertpapierhandelsrecht war in den Abschnitten 3 (Insiderüberwachung), 4 (Mitteilung und Veröffentlichung von Veränderungen des Stimmrechtsanteils) und 5 (Verhaltensregeln für Wertpapierdienstleistungsunternehmen) vorgesehen. Der Abschnitt 6 enthielt Straf- und Bußgeldvorschriften und der Abschnitt 7 Übergangsbestimmungen.

Das Regelwerk beruhte seinerzeit bereits auf einem „mehr oder weniger umfassenden Regelungsplan"[21] des Gesetzgebers.[22] Ihm ging es um Anlegerschutz durch Information, informationelle Chancengleichheit der Anleger und Integrität der Wertpapier- und Derivatemärkte, über die eine unabhängige Behörde wacht.

Weitere relevante Rechtsquellen des Wertpapierhandelsrechts gab es zunächst nicht. Das Bundesministerium der Finanzen wurde vereinzelt im WpHG

---

**17** Vgl. *Grosjean/Biester* DB 1994, 27.

**18** Vgl. *Hopt* ZHR 159 (1995), 135; ferner *ders.* zum Zweiten Finanzmarktförderungsgesetz WM Festgabe Thorwald Hellner 1994, 29: „das wichtigste börsen- und kapitalmarktrechtliche Gesetz seit Erlass des BörsG"; ähnlich *Assmann* und *Schneider*, Vorwort zur 1. Auflage des Kommentars zum WpHG, 1995: „Keimzelle und Kernstück eines deutschen Kapitalmarktrechts".

**19** Vgl. *Assmann* ZGR 1994, 494 ff.; *Caspari* ZGR 1994, 530 ff.; *Happ* JZ 1994, 240 ff.; *Hopt* WM Festgabe Thorwald Hellner 1994, 29,

**20** Vgl. allgemein zum Kodifikationsverständnis *Wieacker*, Aufstieg, Blüte und Krisis der Kodifikationsidee, FS Boehmer, 1954, S. 34 ff.

**21** Nach *K. Schmidt*, Die Zukunft der Kodifikationsidee. Rechtsprechung, Wissenschaft und Gesetzgebung von den Gesetzeswerken des geltenden Rechts, Juristische Studiengesellschaft Karlsruhe, 1985, S. 49 ist entscheidend für eine Kodifikation, ob der Gesetzgeber einen mehr oder weniger umfassenden Regelungsplan hat.

**22** Vgl. *Hopt* ZHR 159 (1995), 135, 137: „eigenständiges Konzept eines allgemeinen Wertpapierhandelsgesetzes"; kritischer *Assmann* ZGR 1994, 494, 498: Gesetzgeber sei es hauptsächlich um die Umsetzung der Richtlinie gegangen.

ermächtigt, Verordnungen zu erlassen, in denen das Ministerium nähere Bestimmungen treffen konnte.[23] Durch Rechtsverordnung konnte es diese Befugnis auf das Bundesaufsichtsamt übertragen,[24] was aber nicht geschah. Das Bundesaufsichtsamt war ferner gem. § 29 Abs. 2 und § 35 Abs. 2 WpHG a.F. befugt, Richtlinien aufzustellen. Von dieser Befugnis hat es aber (bis heute) keinen Gebrauch gemacht.

Das WpHG wurde bereits in seinen Anfangsjahren als ein nationales Gesetz wahrgenommen, das stark durch das Richtlinienrecht der EWG geprägt war.[25] Angesichts der gemeinschaftsrechtlichen Provenienz des Regelwerks[26] wurde eine europafreundliche Auslegung der Vorschriften gefordert.[27] Die Richtlinien der EWG bewirkten aber einstweilen bloß eine Mindestharmonisierung der mitgliedstaatlichen Rechtsordnungen und sahen nur generalklauselartige Bestimmungen vor, so dass in den Anfangsjahren weder die Frage einer europafreundlichen noch die Frage einer richtlinienkonformen Auslegung der Vorschriften des WpHG praktisch relevant wurde. Die Unbestimmtheit der Rechtsbegriffe wurde freilich schon sehr früh von der Praxis als ein zentrales Problem des Wertpapierhandelsrechts angesehen.[28]

## IV. Nationale Verwaltungspraxis und europäische Koordination durch FESCO und CESR

Das BaWe berichtete frühzeitig über seine Verwaltungspraxis mit den neuen Regeln des WpHG. Der 1998 vom BaWe und der Deutsche Börse AG herausgegebene Leitfaden zur Ad-hoc-Publizität und zum Insiderrecht verfolgte den Zweck,

23 Vgl. § 9 Abs. 3; § 11 Abs. 3 Satz 1; § 34 Abs. 2 Satz 1; § 36 Abs. 2 Satz 1 WpHG a.F.

24 Vgl. § 9 Abs. 4; § 11 Abs. 3 Satz 2; § 34 Abs. 2 Satz 2; § 36 Abs. 2 Satz 2 WpHG a.F.

25 *Krimphove* JZ 1994, 23 konstatierte eine „Europäisierung" des Wertpapierrechts. *Hopt* ZGR 1991, 17, 19 bescheinigte gar dem nationalen Gesetzgeber, überfordert zu sein, „wenn längerfristige Perspektiven und Eingriffe in Besitzstände gefordert" seien.

26 Das WpHG setzte die Richtlinie 88/627/EWG vom 12. Dezember 1988, die Richtlinie 89/592/EWG vom 13. November 1989 und die Richtlinie 93/22/EWG vom 10. Mai 1993 um.

27 *Hopt* ZHR 159 (1995), 135, 137.

28 Vgl. den Diskussionsbericht von *Trölitzsch* zu den ZGR-Referaten von *Assmann* und *Caspari*, ZGR 1994, 547, 549; Diskussion der Vorträge zum 11. Münsterischen Tagesgespräch des Münsteraner Gesprächskreises Rechnungslegung Prüfung e.V. am 5. Mai 1995, abgedruckt bei *Baetge*, Insiderrecht und Ad-hoc-Publizität, 1995, S. 79 ff.; 141 ff.; erfreulich positiv in der Diskussion *Hopt* S. 81:" Unbestimmte Rechtsbegriffe, das schreckt uns Juristen überhaupt nicht."

„praxisbezogene Anwendungshilfen“ zu geben.[29] Er war der Vorläufer des heutigen (in erster Auflage 2005 erschienenen) Emittentenleitfadens und wurde in der Praxis als eine „Orientierungshilfe“ angesehen;[30] die Rechtsnatur wurde in der Literatur noch nicht erörtert.

Darüber hinaus begannen die Aufsichtsbehörden der EG-Mitgliedstaaten, ihre Erfahrungen mit dem Wertpapieraufsichtsrecht untereinander auszutauschen. Das Forum of European Securities Commissions (FESCO)[31] veröffentlichte Stellungnahmen zu europäischen Gesetzesvorhaben und entwickelte Aufsichtsstandards. Daran knüpfte der wenige Jahre später durch die Europäische Kommission ins Leben gerufene „Ausschuss der europäischen Wertpapierregulierungsbehörden“ (CESR) an. Dabei handelte es sich um eine unabhängige Beratergruppe für Wertpapiere in der Gemeinschaft,[32] die die Aufgabe hatte, zur Aufsichtskonvergenz in der Europäischen Gemeinschaft beizutragen.[33] Der CESR sollte „in einem offenen, transparenten Verfahren frühzeitig und umfassend die Marktteilnehmer, Verbraucher und Endnutzer konsultieren“, bevor er der Kommission seine Stellungnahmen übermittelt.[34] Die Gruppe setzte sich aus hochrangigen Vertretern der nationalen Wertpapierbehörden zusammen.[35]

Der CESR veröffentlichte einige Questions & Answers-Dokumente (Q&A) sowie Leitlinien, die nach Ansicht der Gruppe rechtlich unverbindlich waren. Die Dokumente sollten keine Anforderungen an Firmen aufstellen oder über die Anforderungen der Richtlinie hinausgehen.[36] In der deutschen Praxis spielten die Q&A und Leitlinien allerdings eine gewisse Rolle, was sich auch daran zeigt, dass die Kommentarliteratur die Stellungnahmen des CESR einbezog.[37] Das BVerwG erblickte in FAQ des CESR sogar „eine gemeinsame Rechtsauffassung der mit

**29** Vgl. BaWe und Deutsche Börse AG, Insiderhandelsverbote und Ad hoc-Publizität nach dem Wertpapierhandelsgesetz, 2. Aufl. 1998, S. 11. Die erste Auflage war 1994, d.h vor Inkrafttreten des WpHG, erschienen und konnte daher noch keine Auskunft über die Verwaltungspraxis geben.
**30** Vgl. *Assmann* in Assmann/Schneider, Kommentar zum Wertpapierhandelsgesetz, 1. Aufl. 1995, § 13 Rn. 61; ähnlich *Kümpel* in Assmann/Schneider, Kommentar zum Wertpapierhandelsgesetz, 1. Aufl. 1995, § 13 Rn. 70.
**31** Dazu näher *Demarigny*, The Forum of European Securities Commissions (FESCO): An Answer to the needs of a European Single Market for Financial Services, Revue d'économie financière, n. 60, 2000, S. 125–133.
**32** Beschluss der Kommission vom 6. Juni 2001, Abl. EG Nr. L 191 vom 13.7.2011, S. 43.
**33** Vgl. Art. 2 des Beschlusses der Kommission vom 6. Juni 2001.
**34** Vgl. Art. 5 des Beschlusses der Kommission vom 6. Juni 2001.
**35** Vgl. Art. 3 des Beschlusses der Kommission vom 6. Juni 2001.
**36** Vgl. CESR, Q&A, Best Execution under MiFID, May 2007, CESR/07–320, S. 3.
**37** Vgl. beispielsweise *Pfüller* in Fuchs, Kommentar zum WpHG, 1. Aufl. 2009, § 15a Rn. 72 zu CESR-Empfehlungen über die Auslegung des Begriffs „top executives“.

dieser Rechtsfrage befassten Behörden, die eine Richtigkeitsvermutung für sich beanspruchen" könne.[38] Man wird daher durchaus von Rechtsquellen sprechen können.

## V. Blüte des Expertenrechts aufgrund der Lamfalussy-Gesetzgebung

Das Expertenrecht erfuhr mit der Lamfalussy-Gesetzgebung eine Blüte. Die Reform des Marktmissbrauchs- und Transparenzrechts sowie der Verhaltensregeln für Wertpapierfirmen von 2003 bis 2007 durch den europäischen Gesetzgeber führte erstmals zu konkretisierenden Richtlinien der Europäischen Kommission,[39] die in Deutschland teilweise im WpHG, teilweise durch Verordnungen des BMF umgesetzt wurden.

Auf die einzelnen europäischen Rechtsakte und nationalen Verordnungen braucht hier nicht im Detail eingegangen zu werden. Es soll aber festgehalten werden, dass sie sich auch auf das materielle Recht erstreckten, wie etwa das Verbot der Marktmanipulation.[40] Die BaFin hatte mittlerweile eine reichhaltige Erfahrung mit dem Aufsichtsrecht erlangt und begann, die Verwaltungspraxis nach außen kund zu tun. Der in erster Auflage 2005 erschienene Emittentenleitfaden der BaFin[41] ist nach Ansicht des BGH eine Verwaltungsvorschrift und kann die Behörde gem. Art. 3 GG intern binden.[42] Die BaFin begann zudem verstärkt, sich mit Bekanntmachungen, Rundschreiben und Verlautbarungen an die Praxis zu wenden. Rechtsverbindlichen Charakter haben diese Papiere nicht. Es handelt sich um schlichtes Verwaltungshandeln ohne Regelungscharakter. Die Praxis soll erfahren, wie die BaFin die Normen auslegt.[43]

---

**38** BVerwG ZIP 2011, 1313, 1316 betr. „Frequently asked questions regarding prospectuses: common positions agreed by CESR Members, 12th Updated Version – November 2010 – Ref. CESR/10 – 1337, 12", im Anschluss an *Möllers* NZG 2010, 285, 286.

**39** Die Europäische Kommission holte vor Verabschiedung der Richtlinien regelmäßig einen technischen Ratschlag des CESR ein.

**40** Die Verordnung zur Konkretisierung des Verbotes der Kurs- und Marktpreismanipulation (KuMaKV) vom 18.11.2003 wurde mit Wirkung vom 11.3.2005 durch die Marktmanipulations-Konkretisierungs-Verordnung aufgehoben.

**41** Die erste Auflage des Emittentenleitfadens der BaFin ist abrufbar unter https://www.bafin.de/SharedDocs/Downloads/DE/Leitfaden/WA/dl_emittentenleitfaden_2005.html.

**42** BGH ZIP 2008, 639, 641.

**43** Vgl. zu einem Rundschreiben der BaFin VGH Kassel, WM 2007, 392, 393.

Die SEC in den USA und die FSA im Vereinigten Königreich verfügen seit jeher über Rechtssetzungsbefugnisse. Der deutsche Gesetzgeber war dagegen bereits 1995 zurückhaltend und begriff auch bei den späteren, gemeinschafts- und unionsrechtlich veranlassten Reformen des WpHG die BaFin weiterhin als eine Verwaltungsbehörde, deren Aufgabe es ist, über die Einhaltung der Gesetze zu wachen. Die Befugnis zum Erlass rechtsverbindlicher Verordnungen räumte er daher im reformierten WpHG weiterhin in erster Linie dem BMF ein, das von dieser Befugnis weiterhin selbst Gebrauch machte, anstatt die BaFin mit der Ermächtigung auszustatten. Das BMF zog aber Mitarbeiter der BaFin beratend bei, sodass die Perspektive und Erfahrung der Aufsichtspraxis Eingang in die Kapitalmarkt-Rechtssetzung fand.

## VI. Europäische Krisengesetzgebung

Die Finanzmarktkrise führte in Europa zu einer weitreichenden Vereinheitlichung auch des Kapitalmarktrechts.[44] Das Marktmissbrauchsrecht als die zentrale Regelungsmaterie für den Wertpapierhandel wurde in eine Verordnung der EU überführt. Weitere Materien der Wertpapierregulierung wurden ebenfalls durch Verordnungen erfasst (Prospekte; Leerverkäufe; Referenzwerte; Ratingagenturen; Vor- und Nachhandelstransparenz). Soweit heute noch Richtlinien bestehen (Transparenz-Richtlinie und MiFID II), handelt es sich um vollharmonisierende Gesetzgebungsakte.

Das WpHG hat durch diese Entwicklungen eine neue Gestalt erfahren. Nationales Wertpapierhandelsrecht ohne unionsrechtliche Provenienz ist eine seltene Ausnahme.[45] Der weit überwiegende Normenbestand im WpHG betrifft die Aufgaben und Befugnisse der BaFin, deren Verhältnis zur ESMA sowie Sanktionen.

Das Expertenrecht hat zudem ein gewaltiges Ausmaß angenommen. Auf europäischer Ebene gibt es eine Vielzahl an Level 2-Rechtsakten der Europäischen Kommission, die nahezu alle in Form von Verordnungen verabschiedet wurden. Die Marktmissbrauchs-Verordnung wird beispielsweise durch 13 Level 2-Verordnungen und Richtlinien ergänzt.[46] Die ungeheure Dichte der Regelungswerke erklärt sich aus dem Ziel des Gesetzgebers, Regulierungsarbitrage zu verhindern.

**44** Vgl. *Veil* ZGR 2014, 544, 564 ff.

**45** Ein Beispiel sind die Mitteilungspflichten für Inhaber wesentlicher Beteiligungen (§ 43 WpHG).

**46** Vgl. *Veil* in Meyer/Veil/Rönnau, Handbuch zum Marktmissbrauchsrecht, 1. Aufl. 2018, § 2 Rn. 14.

Bemerkenswert ist, dass es selbst zu Level 1-Richtlinien konkretisierende Level 2-Verordnungen gibt. Der deutsche Gesetzgeber hat daher im WpHG Vorgaben einer europäischen Level 1-Richtlinie umgesetzt und in der Vorschrift bezüglich der konkretisierenden Regelungen auf eine Level 2-Verordnung der Europäischen Kommission verwiesen.[47] In der Normenhierarchie stehen freilich die Vorschriften der Delegierten Verordnung an erster Stelle.[48] Selbst auf Level 3-Maßnahmen der ESMA nimmt das nationale Recht Bezug.[49]

Diese Entwicklungen gehen auf die Vorschläge für eine Reform des Finanzmarktrechts der *de Larosière*-Gruppe zurück. Die Gruppe hatte in der divergenten Rechtslage in der EU ein Problem gesehen und empfohlen, der europäische Gesetzgeber möge zur Verhinderung von Regulierungsarbitrage möglichst auf Verordnungen zurückgreifen.[50] Das Wertpapierhandelsrecht blieb vom Bestreben, eine einheitliche Rechtslage in der EU herzustellen, nicht verschont. Die nationale Regelungsebene ist freilich nicht vollends verschwunden. Dies hat zur Folge, dass das Wertpapierhandelsrecht heute aus sechs Regelungsebenen besteht, drei europäische (Level 1-Gesetzgebungsakte; Level 2-Durchführungs-Verordnungen und delegierte Verordnungen bzw. Richtlinien; Level 3-Maßnahmen der ESMA) und drei nationale (WpHG; Verordnungen des BMF; Verwaltungsvorschriften der BaFin).

## VII. Gegenwartsfragen

Die Entwicklungen der Rechtsquellen hat neue Grundsatzfragen aufgeworfen, die teilweise bereits mit der Reform über den ESA-Review[51] aufgegriffen wurden. Die erste betrifft den Zugang zum Recht. Es ist selbst für diejenigen, die mit den

47 Compliance-Pflichten für Wertpapierdienstleistungsunternehmen sind in § 80 Abs. 1 WpHG geregelt. Es handelt sich um generalklauselartige Anforderungen, die der deutsche Gesetzgeber in Umsetzung von Art. 21 ff. MiFID II eingeführt hat. Die konkretisierenden Regeln sind in der Delegierten Verordnung (EU) 2017/565 vorgesehen. Auf die entsprechenden Vorschriften der Verordnung verweist § 80 Abs. 1 Satz 3 WpHG.

48 Vgl. *Koller* in Assmann/Schneider/Mülbert, Kommentar zum Wertpapierhandelsrecht, 7. Aufl. 2019, § 63 WpHG Rn. 1.

49 Vgl. zum Regelungsansatz der WpDPV *Veil* ZBB 2018, 151, 165.

50 Vgl. *de Larosière*, The High-Level Group on Financial Supervision in the EU, Report, 25. 2. 2009, S. 31 ff.

51 Die Europäische Kommission hatte im September 2017 einen Vorschlag für eine Reform des Regelungsrahmens und der Befugnisse der Europäischen Finanzaufsichtsbehörden (ESAs) veröffentlicht (COM(2017) 536 final). Die Trilog-Verhandlungen führten Ende März 2019 zu einer Einigung zwischen dem Europäischen Parlament und dem Rat.

Prozessen europäischer Gesetzgebung und Rechtssetzung vertraut sind, schwierig, das anwendbare Recht zu ermitteln, weil die europäischen Gesetzgebungs- und Rechtsakte ständig reformiert werden, ein Verzeichnis mit den konsolidierten Rechtstexten aber nicht verfügbar ist.[52] Hinzu kommt, dass es weiterhin nationale Regelungsebenen gibt, die mitunter auch im Widerstreit zu europäischen Normen stehen können.[53]

Zweitens sollte der seit 2011 eingeschlagene Weg, die im Gesetzgebungsverfahren verabschiedeten Regeln (Level 1) durch eine Flut an detaillierten Vorschriften (Level 2) und Interpretationstexten (Level 3) zu konkretisieren, grundsätzlich hinterfragt werden. ESMA gibt eine schier unfassbare Anzahl an Leitlinien und Q&A-Dokumenten[54] heraus, die von der BaFin fast immer eins-zu-eins in der täglichen Aufsichtspraxis herangezogen werden. Damit nicht genug. Die BaFin erwartet von den Marktteilnehmern, die Q&A-Dokumente „anzuwenden". Dies ist einerseits aus der Perspektive der BaFin nachvollziehbar, weil die ESAs die Aufgabe haben, für eine konsistente, kohärente und einheitliche Rechtsanwendung in der EU zu sorgen und die BaFin im Rat der Aufseher der ESAs an der Verabschiedung der Papiere mitgewirkt hat. Andererseits ist wenig gewonnen, wenn selbst Detailregelungen weiter verfeinert werden, die zentralen Begriffe und Konzepte aber nicht behandelt werden. Es sei an die Mahnung von Friedrich II. von Preußen erinnert: „Wer alles defendieren will, defendieret gar nichts"! Die rechtspolitische Diskussion über den ESA-Review hat die Problematik der Technizität und Komplexität des Expertenrechts erkannt; eine überzeugende Lösung ist aber noch nicht in Sicht.[55]

Eine dritte Gegenwartsfrage betrifft die Legitimation des Expertenrechts. Die Kommission und ESMA spielen gewichtige Rollen bei der Ausarbeitung von Level 2- und Level 3-Maßnahmen. Die ESMA ist freilich nicht demokratisch legitimiert. Man mag dieses Defizit mit dem Argument relativieren, dass die ESMA nicht befugt ist, rechtsverbindliche Normen zu schaffen. Dennoch wird man anerkennen müssen, dass Leitlinien und Q&A der europäischen Agentur eine ge-

---

52 Die ESMA hat begonnen, zu den relevanten Gesetzgebungsakten ein virtuelles Rulebook zu veröffentlichen. Es können zu den einzelnen Vorschriften der Level 2-Verordnung bzw. -Richtlinie die Level 2-und Level 3-Maßnahmen abgerufen werden, es werden aber nur die englischen Texte präsentiert. Es ist außerdem nicht sichergestellt, dass es sich um die aktuellen Rechtstexte handelt. Siehe die Übersicht abrufbar unter https://www.esma.europa.eu/rules-databases-library/interactive-single-rulebook-isrb.

53 Vgl. für Beispiele *Veil* FS Bergmann, 2018, S. 765, 772 ff.

54 Vgl. hierzu *Veil* ZBB 2018, 151, 157.

55 Der Bericht des Europäischen Parlaments schlägt vor, Art. 16 der ESA-Verordnungen zu ändern und vorzusehen, dass die ESAs bei der Herausgabe von Leitlinien und Empfehlungen den Grundsatz der Proportionalität zu beachten haben. Es ist aber nicht zu erkennen, dass diese Anforderung effektiv durchgesetzt werden kann.

waltige Steuerungskraft gegenüber den nationalen Behörden und Finanzmarktteilnehmern entfalten. Es ist daher rechtspolitisch wünschenswert, dass die Öffentlichkeit stärker konsultiert wird. Auch dies hat man in der rechtspolitischen Diskussion zum ESA-Review erkannt. Die Vorschläge des Europäischen Parlaments bezüglich des Q&A-Prozesses weisen in die richtige Richtung.

Damit ist bereits eine weitere Gegenwartsfrage angesprochen: die Rechtsnatur des europäischen *soft law*. Diese Thematik hat die deutsche Kapitalmarktrechtswissenschaft bereits zu Zeiten des CESR beschäftigt.[56] Sie ist im Zeitalter der ESMA (und der anderen europäischen Agenturen) noch komplexer geworden, weil die Handlungsformen der ESMA sekundärrechtlich anerkannt und ausgestaltet sind, die Maßnahmen (jedenfalls Leitlinien und Empfehlungen) deshalb eine gewisse Legitimationswirkung beanspruchen dürfen.[57] Die ESMA-Verordnung verlangt von den nationalen Behörden und Finanzmarktteilnehmern, alle erforderlichen Anstrengungen zu unternehmen, um den Leitlinien und Empfehlungen nachzukommen.[58] Es ist daher gerechtfertigt, von einer subsidiären Berücksichtigungspflicht bezüglich der Leitlinien und Empfehlungen auszugehen.[59] Die Rechtsschutzproblematik ist aber noch nicht gelöst.[60]

Schließlich stellt sich die Frage, wie weit der Auftrag an die europäischen Agenturen reichen kann, durch Klärung interpretatorischer Fragen ein *level playing field* in Europa herzustellen.[61] Die derzeit geführte Diskussion über die Wertpapierqualität von Tokens und Coins hat die Aufmerksamkeit darauf ge-

---

**56** *Möllers* ZEuP 2008, 480, 491 ff.; *Spindler/Hupka*, Bindungswirkung von Standards im Kapitalmarktrecht, in Möllers, Geltung und Faktizität von Standards, 2009, S. 117, 132 (Rechtserkenntnisquelle).

**57** Die Rechtsnatur wird nunmehr auch in anderen Mitgliedstaaten diskutiert. Vgl. *van Rijsbergen*, EU agencies' soft rule-making, 2018; zur Rechtsnatur von Q&A *Veil* ZBB 2018, 151, 159 ff.

**58** Vgl. Art. 16 Abs. 3 Unterabs. 1 ESMA-VO.

**59** Vgl. *Raschauer* in Braumüller et al., ZFR Spezial 2011, Die neue europäische Finanzmarktaufsicht, S. 17, 23; *Möllers* EBOR 2010, 379, 402 f.; *Hänle*, Die neue Europäische Finanzaufsicht, 2012, S. 127; *Frank*, Die Rechtswirkungen der Leitlinien und Empfehlungen der Europäischen Wertpapier- und Marktaufsichtsbehörde, 2012, S. 121 ff.; *Veil* ZGR 2014, 544, 589 ff.; *Dickschen*, Empfehlungen und Leitlinien als Handlungsform der Europäischen Finanzaufsichtsbehörden, 2017, S. 161; *Brüggemeier*, Harmonisierungskonzepte im europäischen Kapitalmarktrecht, 2018, S. 64 ff. A.A. *Schemmel*, Europäische Finanzmarktverwaltung. Dogmatik und Legitimation der Handlungsinstrumente von EBA, EIOPA und ESMA, 2018, S. 102 ff.

**60** Vgl. hierzu *Anzinger* RdF 2018, 181 ff.

**61** Darüber hinaus stellt sich die Frage, ob auch die BaFin interpretatorische Fragen klären kann. Rechtsgrundlagen für eine verbindliche Stellungnahme durch die BaFin gibt es nicht, und die BaFin selbst reklamiert auch nicht, eine solche Befugnis zu haben. Die Kritik des KG ZIP 2018, 2015, 2016 an einem Schreiben der BaFin bezüglich der Qualifikation von Bitcoin ist daher nicht berechtigt.

lenkt, dass zentrale Grundbegriffe der Wertpapierregulierung trotz zahlreicher Begriffsbestimmungen in den Gesetzgebungsakten ungeklärt sind. Dies liegt hauptsächlich daran, dass der EuGH bislang keine Gelegenheit hatte, zu den Auslegungsfragen Stellung zu nehmen. Müssen vor diesem Hintergrund die europäischen Agenturen in die Bresche springen und die Auslegungsfragen klären? Die ESMA hat sich zur Qualifikation von Tokens bislang zurückgehalten und scheint andere (wohl die Europäische Kommission) in der Pflicht zu sehen.[62] Diese Zurückhaltung ist nachvollziehbar, denn die ESMA darf mit Leitlinien und anderen Konvergenzinstrumenten keine politischen Entscheidungen treffen.

## VIII. Zukunftsfragen

Ausgangspunkt für eine Skizze der Zukunftsfragen der Rechtsquellen muss der Befund sein, dass sich das WpHG bereits heute in einem trostlosen Zustand befindet. Es verdient nicht mehr, Wertpapierhandelsgesetz genannt zu werden, denn die Verhaltensregeln finden sich größtenteils im europäischen Recht. Man braucht nicht viel Phantasie, um die nächsten Schritte des europäischen Gesetzgebers zu erahnen. Die Transparenz-Richtlinie dürfte in eine Verordnung überführt werden. Es gibt auch keinen Grund dafür, dass die MiFID II bei der nächsten Revision eine Richtlinie bleiben wird. Dann wird das gesamte Wertpapierhandelsrecht in europäischen Verordnungen vorzufinden sein. Vom kodifikatorischen Ansatz, den das Gesetz bereits 1995 hatte, bleibt nichts mehr übrig.

Die europäische Kapitalmarktrechtswissenschaft sollte diese Entwicklungen zum Anlass nehmen, ein Kodifikationsgesetz der europäischen Wertpapierregulierung zu entwickeln. Ich habe an anderer Stelle bereits dargelegt, dass die europäischen Regime des Wertpapierangebots und Wertpapierhandels mittlerweile kodifikationsreif und -fähig sind.[63] Die Prinzipien der Regelwerke sollten in einem eigenen Unions-Kapitalmarktgesetzbuch zusammengeführt und rechtssystematisch geordnet werden. Eines revolutionären kodifikatorischen Plans des europäischen Gesetzgebers[64] bedarf es nicht, denn die systematischen Brennpunkte einer Kodifikation sind in den Teilrechtsgebieten bereits ausfindig zu machen.

---

62 Vgl. ESMA, Advice. Initial Coin Offerings and Crypto Assets, 9 January 2019, ESMA50–157–1391.

63 Vgl. *Veil* FS K. Schmidt, im Erscheinen 2019.

64 Nach *K. Schmidt* ist der kodifikatorische Plan des Gesetzgebers auch für die Institutionenbildung charakteristisch. Vgl. *K. Schmidt*, Die Zukunft der Kodifikationsidee. Rechtsprechung, Wissenschaft und Gesetzgebung von den Gesetzeswerken des geltenden Rechts, Juristische Studiengesellschaft Karlsruhe, 1985, S. 54.

Es wird ferner zu erörtern sein, welche Rolle die Rechtssetzung auf Level 2 und die auf Konvergenz ausgerichtete Interpretation durch die ESAs mittels Level 3-Maßnahmen spielen sollten. Ein zentrales Anliegen sollte es sein, die derzeit sechs Regelungsebenen zu reduzieren.

Diskussionswürdig ist, für KMU (mit einem regionalen Bezug) eine nationale Regulierung vorzusehen. Es gibt derzeit mit Scale der FWB und m:access der Bayerischen Börse zwei alternative Handelsplätze, die durchaus erfolgreich sind. Für den Handel auf diesen MTFs findet ein Großteil der europäischen Wertpapierregulierung Anwendung. Die Emittenten profitieren aber davon, dass für die Einbeziehung der Wertpapiere in den Handel ein Prospekt nicht erstellt zu werden braucht und einige Transparenzregeln des europäischen Rechts nicht anwendbar sind. Ferner gelten die Sonderregeln, die für börsennotierte AGs eingeführt wurden, für solche Emittenten nicht.[65] Die Betreiber haben die Märkte bislang nicht als KMU-Wachstumsmärkte registrieren lassen, weil sie sich vom europäischen Label keine Vorteile versprechen. Einer europäischen Regulierung bedürfte es in Zukunft für solche Märkte nicht. Wenn man die Gefahr einer schädlichen Regulierungsarbitrage als gering ansieht, könnte es sich empfehlen, für die KMU-Märkte mit regionalem Bezug (im Wesentlichen auch bloß nationale Investoren) ein rein nationales Wertpapierhandelsrecht vorzusehen.

Was wird zu guter Letzt aus dem WpHG? Es sollte mit der Verabschiedung eines europäischen Kapitalmarktgesetzes umfirmiert werden, denn es würde sich darauf beschränken, die Aufgaben und Befugnisse der nationalen Kapitalmarktaufsicht zu regeln (die weiterhin durch europäisches Richtlinienrecht harmonisiert wären) und die straf- und verwaltungsrechtlichen Sanktionen (die ebenfalls durch europäisches Richtlinienrecht vorgezeichnet wären) vorzusehen. Schließlich würde es die privatrechtliche Haftung der Kapitalmarktteilnehmer regeln (die auch in Zukunft einstweilen eine mitgliedstaatliche Angelegenheit sein dürfte). Diese Perspektiven waren sicherlich vor 25 Jahren nicht abzusehen.

---

**65** Vgl. *Veil*, Kapitalmarktzugang für Wachstumsunternehmen, 2016.

Holger Fleischer und Yannick Chatard

# Wertpapierhandelsrechts-Geschichten

## I. Einführung

Das Börsen- und Kapitalmarktgeschehen hat schon immer farbige Geschichten hervorgebracht. Zu früher Berühmtheit gelangt ist etwa die Tulpenmanie in den Niederlanden, bei der Mitläuferspekulantentum den Preis für Tulpenzwiebeln von 1634 bis 1637 in schwindelerregende Höhen trieb, bis der Markt zusammenbrach.[1] Nicht minder großes Aufsehen erregte die Spekulationsblase um die französische Mississippi-Kompanie und ihren Gründer John Law, die im November 1719 platzte.[2] Sie fiel zeitlich mit der Südseeblase in England zusammen, die Ende 1720 barst und den Kurs der schillernden South Sea Company von £ 1.000 auf unter £ 100 fallen ließ.[3] Aus unseren Gefilden ist der Wiener Börsenkrach vom Mai 1873 im kollektiven Gedächtnis haften geblieben, der wenige Monate später mit dem Konkurs der Quistorpschen Vereinsbank auch Berlin erreichte und zu Anlegerschäden von mehr als einer halben Milliarde Mark führte.[4] Der sprachmächtige Rudolph von Ihering wählte hierfür in seinem Spätwerk von 1877 drastische Worte: „Das vernichtende Urteil, welches eine Kursliste aus der Zeit seit der letzten Katastrophe (1873), verglichen mit einer aus der Periode der Gründungen, über unser ganzes Aktienwesen ausspricht, läßt sich durch nichts beschönigen. Sie führt uns das Bild eines Schlachtfeldes oder eines Kirchhofes vor Augen – Blutlachen, Leichen, Gräber – Marodeure, Totengräber – nur letztere sind wohlauf, nur sie allein haben gewonnen.“[5]

---

1 Dazu näher *Aliber/Kindleberger*, Maniacs, Panics and Crashes: A History of Financial Crises, 7. Aufl. 2015, S. 135 f.; *Aschinger*, Börsenkrach und Spekulation, 1995, S. 55 ff.; *Garber*, Famous First Bubbles, 2000, S. 15 ff.; früh schon *Mackay*, Extraordinary Popular Delusions and the Madness of the Crowds, 1852.

2 Vgl. *Aliber/Kindleberger* (Fn. 1), S. 73, 171, 188 f.; *Aschinger* (Fn. 1), S. 61 ff.; *Garber* (Fn. 1), S. 91 ff.; literarisch verarbeitet wurde John Laws Biographie im Roman von *Cueni*, Das große Spiel, 2006.

3 Dazu etwa *Aliber/Kindleberger* (Fn. 1), S. 73, 171, 188 f.; *Aschinger* (Fn. 1), S. 72 ff.; *Garber* (Fn. 1), S. 109 ff.; zur Verarbeitung in der zeitgenössischen Literatur *Stratmann*, Myths of Speculation: The South Sea Bubble and 18th-Century English Literature, 2000.

4 Vgl. aus zeitgenössischer Perspektive *Schäffle*, ZgS 30 (1874), 1; jüngst etwa *Kuhn*, in K.-D. Altmeppen/Zschaler/Zademach/Böttigheimer/Müller (Hrsg.), Nachhaltigkeit in Umwelt, Wirtschaft und Gesellschaft, 2017, S. 129 m.w.N.

5 *v. Ihering*, Der Zweck im Recht, Erster Bd., hier zitiert nach der 4. Aufl. 1904, S. 173.

https://doi.org/10.1515/9783110632323-007

Kapitalmarktrechtliches Gemeingut ist, dass Gesetzgeber in allen Ländern und zu allen Zeiten auf solche Skandale mit kriseninduzierten Reformgesetzen reagiert haben[6] – hierzulande etwa durch die Aktienrechtsnovelle von 1884 und später auch durch das Börsengesetz von 1896. Ein US-amerikanischer Kollege hat dafür den anschaulichen Begriff „bubble laws"[7] geprägt, der sprachlich an den sog. Bubble Act vom Juni 1720 erinnert, mit dem das englische Parlament die Lehren aus dem schon erwähnten Südseeschwindel zog.[8]

An krisenhaften Zuspitzungen fehlte es auch nicht während der vergleichsweise kurzen Lebensspanne des Wertpapierhandelsgesetzes (WpHG). Zu nennen sind zuvörderst der Zusammenbruch des Neuen Marktes nach dem Platzen der Dotcom-Blase im März 2000 und der Ausbruch der weltweiten Finanzmarktkrise im September 2008. Ihre rechtliche Bewältigung stellte das noch junge WpHG vor harte Bewährungsproben. Aber auch sonst boten eine Reihe aufsehenerregender Fälle Prüfsteine für die Praxistauglichkeit der neuen Regelungen. Einige dieser *causes célèbres* sollen hier auf gedrängtem Raum vorgestellt und nacherzählt werden. Sie veranschaulichen die Anwendung zentraler WpHG-Vorschriften vom Insiderhandelsverbot über die Ad-hoc-Publizität und das Verbot der Marktmanipulation bis hin zur Beteiligungstransparenz sowie zur Haftung für fehlerhafte Kapitalmarktinformationen. Außerdem illustrieren sie das Zusammenspiel von Rechtsprechung und Gesetzgebung, Aufsichtsbehörden und Wissenschaft bei der Ausformung und Fortentwicklung des gesetzlichen Regelungsrahmens. Schließlich werfen die hier erzählten Wertpapierhandelsrechts-Geschichten ein erstes Schlaglicht auf die sich allmählich herausbildende Diskurs- und Fachkultur im Kapitalmarktrecht.

---

**6** Rechtsvergleichend *Fleischer*, FS Priester, 2007, S. 75 ff.; ferner *Gerding*, 38 Conn. L. Rev. 393 (2006), 393 unter der Überschrift „The Next Epidemic: Bubbles and the Growth and Decay of Securities Regulation".

**7** So der Titel des Zeitschriftenbeitrags von *Ribstein*, 40 Hous. L. Rev. 77 (2003).

**8** Dazu etwa *McQueen*, A Social History of Company Law, 2009, S. 19 ff.

## II. Ein Vierteljahrhundert WpHG im Spiegel aufsehenerregender Fälle

### 1. Insiderhandelsverbot

#### a) Heugel/Stadt Köln

Mit dem WpHG trat am 1. Januar 1995 erstmals ein strafbewehrtes Verbot des Insiderhandels in Kraft. Prozesse blieben jedoch zunächst selten.[9] Einer der ersten entschiedenen Fälle betraf Aktiengeschäfte des damaligen Hoffnungsträgers der Kölner SPD[10] Klaus Heugel.[11] Die Stadt Köln war über die Gas-, Elektrizitäts- und Wasserwerke AG (GEW) mit knapp über 25 Prozent am alteingesessenen, mittlerweile aber kriselnden Kabelhersteller Felten & Guilleaume (F&G) beteiligt. Heugel war als Oberstadtdirektor Aufsichtsratsvorsitzender der GEW, sein Parteifreund Fritz Gautier Vorstandsvorsitzender. Nachdem Gautier im April 1998 Verhandlungen über den Verkauf der F&G-Anteile aufgenommen hatte, unterrichtete er Heugel über die Verkaufspläne. Diese waren bereits so weit fortgeschritten, dass ihre Verwirklichung im Wesentlichen nur noch von Heugels Zustimmung abhing. Daraufhin erwarb Heugel am 5., 8. und 11. August jeweils 100 Aktien der F&G, die er nach Bekanntwerden des Verkaufs an den Bonner Konzern Moeller im Oktober 1998 wieder veräußerte. Dank des gestiegenen Kurses erwirtschaftete er einen Gewinn von 14.483,14 Mark.[12]

Das AG Köln verurteilte den damals mächtigsten Mann der Domstadt[13], der im Wahlkampf noch neben Bill Clinton auf einem Wahlplakat mit dem Slogan „Köln in guten Händen“ posiert hatte,[14] zu einer hohen Geldstrafe wegen des Verstoßes gegen das Verbot von Insidergeschäften nach § 38 Abs. 1 Nr. 1 WpHG a. F.[15] Ein

---

9 Vgl. *Bönisch/Stuppe*, Der Spiegel vom 30. 8. 1999, S. 74; *Jahn*, FAZ vom 18. 1. 2001, S. 15; *Marxen/Müller*, EWiR 2000, 885.

10 *Beucker/Meier*, Heugel: Vom Insider zum Outsider, taz ruhr vom 26. 8. 1999; taz vom 30. 8. 1999, S. 5.

11 Zur Verwicklung Heugels auch in den Kölner Müllskandal etwa *Rügemer*, Colonia Corrupta, 6. Aufl. 2010, S. 65; allgemein dazu *Berger/Spilcker*, Der Skandal, 2003; zu den strafrechtlichen Folgen BGHSt 55, 266.

12 Zum Sachverhalt *Scheuch/Scheuch*, Die Spendenkrise: Parteien außer Kontrolle, 2010, S. 174 f.; s. auch *Marxen/Müller*, EWiR 2000, 885.

13 *Bönisch/Stuppe*, Der Spiegel vom 30. 8. 1999, S. 74; *Scheuch/Scheuch*, Cliquen, Klüngel und Karrieren, 2013, S. 182.

14 *Bönisch/Stuppe*, Der Spiegel vom 30. 8. 1999, S. 74.

15 *Marxen/Müller*, EWiR 2000, 885.

Vorwurf, gegen den sich Heugel verwahrt hatte: „Der Privatmann Heugel benutzt nicht den Dienstmann Heugel." Der Diplom-Kaufmann räumte lediglich ein, dass er „bei den Kontakten mit [s]einer Bank nicht geschaltet und nicht erkannt habe, daß der Zukauf von F&G-Papieren problematisch im Bezug auf ein mögliches Insiderhandeln sein könnte".[16]

Das AG Köln trug den Verbotstatbestand des Insiderhandels gemäß § 14 Abs. 1 WpHG a. F. an zeitlich gestreckte, mehrstufige Unternehmensübernahmen heran: Die fehlende Zustimmungserklärung des Erwerbers der Insiderpapiere stehe der Annahme einer Insidertatsache nicht entgegen, wenn zwischen den anderen Beteiligten Einvernehmen herrsche. Rechtlich blieb der Fall eine Randnotiz für das sich herausformende Verständnis des Insiderhandels.[17] Dennoch erlangte er überregionale Bekanntheit. Der Fall Heugel wurde zum Symbol für den „Kölner Klüngel"[18] und beendete die Karriere der grauen Eminenz der Kölner SPD[19]: Nachdem Heugel, bis dato aussichtsreicher Direktkandidat der SPD für das Amt des Kölner Oberbürgermeisters, in die Schlagzeilen geraten war, drängte seine Partei ihn dazu, vierzehn Tage vor der Wahl auf seine Kandidatur zu verzichten.[20] Mit fatalen Folgen für die Kölner SPD, die keinen anderen Bewerber mehr benennen durfte und nach 43 Jahren sozialdemokratischer Regierungstradition in die Opposition gezwungen wurde.[21] Heugel ließ zwar seine Direktkandidatur ruhen, konnte so kurzfristig allerdings nicht mehr von der Wahl zurücktreten und erwarb trotz des Skandals noch einen „beachtlichen" Stimmenanteil.[22]

#### b) Kengeter/Deutsche Börse AG

Seit den Anfängen des WpHG gehören Insideruntersuchungen zum Tagesgeschäft der Aufsichtsbehörden[23] und machen weder vor dem Träger der Frankfurter Wertpapierbörse noch vor dessen Vorstandsvorsitzendem halt: Als Carsten Kengeter,

16 Beides zitiert nach *Beucker/Meier*, Heugel: Vom Insider zum Outsider, taz ruhr vom 26.8.1999.

17 Die einzige Reaktion blieb die knappe Urteilsanmerkung von *Marxen/Müller*, EWiR 2000, 885.

18 *Bönisch/Stuppe*, Der Spiegel vom 30.8.1999, S. 74; *Scheuch/Scheuch* (Fn. 12), S. 177: „Musterbeispiel für den kölschen Klüngel"; allgemein *Überall*, Der Klüngel, 3. Aufl. 2008.

19 *Beucker/Meier*, Heugel: Vom Insider zum Outsider, taz ruhr vom 26.8.1999; ähnlich *Bönisch/Stuppe*, Der Spiegel vom 30.8.1999, S. 74 („mausgraue Eminenz").

20 *Beucker*, taz vom 30.8.1999, S. 5; *Scheuch/Scheuch* (Fn. 12), S. 178 m.w.N.; *Scheuch/Scheuch*, Cliquen, Klüngel und Karrieren, 2013, S. 182.

21 *Berger/Spilcker*, Der Skandal, 2003, S. 30; *Bönisch/Stuppe*, Der Spiegel vom 30.8.1999, S. 74.

22 So https://www.cicero.de/innenpolitik/kluengel-und-katastrophen-warum-die-koelner-so-meschugge-sind/59805 [Stand: 28.5.2019].

23 Für konkrete Zahlen BaFin, Jahresbericht 2017, S. 136 f.

Investmentbanker internationalen Formats, den Chefsessel der Deutschen Börse erklomm, horchte die Finanzbranche auf.[24] Nach Jahren bei der Barclays-Bank, Goldman Sachs und an der Spitze des Investmentbankings der Schweizer UBS kehrte der gebürtige Heilbronner nach Deutschland zurück.[25] Der als Ausnahmetalent gepriesene Investmentbanker und Bergmarathonläufer wollte die Deutsche Börse AG (DBAG) zurück an die Weltspitze führen,[26] stolperte aber schließlich (auch) über den Vorwurf des Insiderhandels. Dieser war im Zusammenhang mit der „gottgewollt[en]"[27], von der EU-Kommission aber untersagten Börsenhochzeit von DBAG und London Stock Exchange (LSE) aufgekommen.

Für Kengeter hatte sich im Rahmen eines eigens für ihn eingeführten[28] Vergütungsprogramms (dem Co-Performance-Investment-Plan) die einmalige und angeblich bis zum 31. Dezember 2015 befristete Möglichkeit[29] geboten, aus privaten Mitteln Aktien der DBAG zu erwerben. Im Gegenzug sollte er die Zusage für sog. Co-Performance-Aktien in gleicher Höhe erhalten.[30] Um seiner „moralischen Pflicht"[31] zu genügen, investierte er werbewirksam den vorgesehenen Maximalbetrag von 4,5 Mio. Euro in 60.000 Aktien. Die DBAG gewährte ihm daraufhin 68.987 virtuelle Aktien mit einer mehrjährigen Haltefrist.[32] Diese Transaktion wurde vorschriftsmäßig gemeldet. Gut zwei Monate später, am 23. Februar 2016, machten Deutsche Börse AG und LSE ihre Fusionspläne öffentlich. Davon beflügelt, stieg der Kurs der DBAG-Anteile deutlich.

Der von der hauseigenen Compliance-Abteilung abgesegnete Aktienkauf[33] weckte in der Folge das Misstrauen der Frankfurter Staatsanwaltschaft. Sie stufte vorherige unveröffentlichte Gespräche der Managementebenen beider Unter-

---

**24** Etwa die Überschrift bei *Döring*, BZ vom 28.10.2014: „Ein prächtiger Fang für die Börse".

**25** *Braunberger*, FAZ vom 24.2.2016, S. 20; *Hesse*, Der Spiegel 7/2017, S. 72; *H. Jauernig*, Das Debakel des Börsen-Rambos, Spiegel Online vom 22.7.2017.

**26** Vgl. BZ vom 1.6.2016, S. 3.

**27** So *Kengeter* auf einer Betriebsversammlung („Die Fusion ist gottgewollt"). Er weckte damit Erinnerungen an die Aussage von *Lloyd Blankfein*, der als Chef von Goldman Sachs auf dem Höhepunkt der Finanzkrise kundtat, ein „Bänker [zu sein], der Gottes Werk verrichtet"; zu beidem FAS vom 20.3.2016, S. 28; *Hippin*, BZ vom 22.12.2016, S. 2.

**28** *Hesse*, Der Spiegel 7/2017, S. 72, 73; *Kalbhenn/Döring*, BZ vom 3.2.2017, S. 3: „Lex Kengeter".

**29** *Kalbhenn/Döring*, BZ vom 3.2.2017, S. 3.

**30** Zu Einzelheiten *Deutsche Börse Group*, Finanzbericht 2015, S. 128; *Storn*, 40 Millionen Euro für den Chef?, Zeit Online vom 15.2.2017.

**31** So *Kengeter* zitiert nach BZ vom 30.12.2017; FAZ vom 8.9.2017, S. 41.

**32** *Deutsche Börse Group*, Finanzbericht 2015, S. 128; Zum Interview von Kengeter https://www.welt.de/finanzen/article151366722/Banken-koennen-nicht-mehr-das-grosse-Rad-drehen.html [Stand: 28.5.2019].

**33** *Kanning*, FAZ vom 20.7.2017, S. 26; *Steltzner*, FAZ vom 20.7.2017, S. 17; *Kalbhenn/Döring*, BZ vom 3.2.2017, S. 3.

nehmen als Insiderinformation i. S. d. § 13 Abs. 1 WpHG a. F. ein und sah den Anfangsverdacht des Insiderhandels begründet.[34] Ein Vorwurf, den die Deutsche Börse AG und Kengeter stets bestritten.[35] 2017 scheiterte ein erster Versuch das Verfahren einzustellen noch am AG Frankfurt. Die BaFin hatte sich zuvor in einem Brief an das Gericht vehement gegen eine Einstellung gewehrt. Die einzige Auflage, wonach Kengeter 500.000 Euro zahlen müsse, schöpfe dessen Vermögensvorteil nicht ansatzweise ab und sei auch nicht geeignet, das öffentliche Interesse an der Strafverfolgung zu beseitigen.[36] Nach der gescheiterten Verfahrenseinstellung trat Kengeter zum Jahresende 2017 zurück. Erst ein Jahr später stellte die Staatsanwaltschaft das Ermittlungsverfahren nach § 153a StPO ein.[37] Diesmal zahlte der ehemalige Vorstandsvorsitzende 4,75 Mio. Euro von denen 250.000 Euro einer gemeinnützigen Einrichtung und der Rest der Staatskasse zugutekam.[38] Die Deutsche Börse AG akzeptierte zwei Bußgelder in einer Gesamthöhe von 10,5 Mio. Euro. Ihr wurde unter anderem vorgeworfen, das Vergütungsprogramm so ausgestaltet zu haben, dass Kengeter während der Fusionsgespräche kaufen musste, um in den Genuss der „Gratisaktien“ zu kommen.[39] Damit bleibt es nur eine der vielen Facetten dieses Falles, dass gerade der Börsenträger und ihr Chef gegen das Insiderhandelsverbot (und Ad-hoc-Meldepflichten) verstoßen haben könnten:[40] „Ermittlungen gegen einen Börsenchef wegen Insiderhandels sind so, als würde gegen einen Bankchef wegen Bankraubs ermittelt.“[41]

---

**34** Vgl. das Zitat bei *Kalbhenn/Döring*, BZ vom 3. 2. 2017, S. 3.

**35** So der Aufsichtsratsvorsitzende *Faber* zitiert nach *Kalbhenn/Döring*, BZ vom 3. 2. 2017, S. 3; vgl. auch FAZ vom 11. 2. 2017, S. 31. Zu den in Auftrag gegebenen Gutachten von Cahn und Habersack s. die auf der Webseite der Deutschen Börse abrufbare zusammenfassende Darstellung des Aufsichtsratsvorsitzenden Faber im Rahmen der ordentlichen Hautversammlung vom 16. 5. 2018.

**36** *Deutsche Börse*, Ad-hoc-Meldung vom 23. 10. 2017; *Reimann*, BaFin fordert Anklage gegen Kengeter, WirtschaftsWoche vom 4. 1. 2018; s. auch FAZ vom 3. 1. 2019, S. 32.

**37** *Deutsche Börse*, Pressemitteilung vom 21. 12. 2018.

**38** FAZ vom 3. 1. 2019, S. 20; vgl. auch BZ vom 3. 1. 2019, S. 12.

**39** *Deutsche Börse*, Pressemitteilung vom 21. 12. 2018; FAZ vom 24. 12. 2018, S. 24; zum Vorwurf *Kanning*, FAZ vom 20. 7. 2017, S. 26; *Steltzner*, FAZ vom 20. 7. 2017, S. 17; FAZ vom 21. 9. 2017, S. 20.

**40** Ähnlich *H. Jauernig*, Das Debakel des Börsen-Rambos, Spiegel Online vom 22. 7. 2017.

**41** *Nieding* zitiert nach *H. Jauernig*, Das Debakel des Börsen-Rambos, Spiegel Online vom 22. 7. 2017; *Schleidt*, FAZ vom 27. 10. 2017, S. 33; *Seibel*, Kann ein Dax-Chef wirklich so töricht sein?, Die Welt vom 3. 2. 2017.

## 2. Ad-hoc-Publizität

### a) Heiko Herrlich/Borussia Dortmund

Im Zuge einer Wechselposse[42] tauschte Heiko Herrlich für die bis dato höchste innerdeutsche Ablösesumme von gut elf Mio. DM das Trikot von Borussia Mönchengladbach gegen das schwarz-gelbe Dortmunder Jersey. Während seiner sportlich erfolgreichen Zeit im Ruhrgebiet wurde bei ihm ein Gehirntumor diagnostiziert. Die börsennotierte Borussia Dortmund GmbH & Co. KGaA veröffentlichte daraufhin am 14. November 2000 ihre erste Ad-hoc-Mitteilung überhaupt – und löste eine Welle der Empörung aus:[43] Sie stehe sinnbildlich dafür, so der Essener Weihbischof Grave, wie sich der Kapitalmarkt „auf schockierende und empörende Weise [...] über die persönliche Situation, die Betroffenheit und die Belange eines Menschen hinwegsetzt".[44] Die Ad-hoc-Meldung enthielt nämlich auch die konkrete Diagnose: Bei dem Lizenzspieler Heiko Herrlich seien Sehstörungen aufgetreten, die auf einen Gehirntumor zurückzuführen seien. Die Untersuchungen würden andauern, eine Genesung bleibe jedoch weiterhin möglich.[45]

Der Fall Heiko Herrlich gab damit erstmals Anlass zur Frage, ob und inwieweit schwere Erkrankungen unternehmerischer Schlüsselpersonen nach § 15 Abs. 1 Satz 1 WpHG a. F. mitzuteilen sind.[46] Nicht jeder krankheitsbedingte Ausfall eines Spielers von Borussia Dortmund wäre ad-hoc-publizitätspflichtig gewesen. Vielmehr musste der Ausfall geeignet sein, den Börsenkurs zu beeinflussen, der Spieler also für den sportlichen Erfolg der Mannschaft von zentraler Bedeutung sein.[47] Anders als für eine Fußverletzung des damaligen Ersatztorhüters Philipp Laux traf dies für den womöglich langfristigen Ausfall des Leistungsträgers Heiko Herrlich zu: Er hatte nicht nur bereits die Champions League, den Weltpokal, den

---

42 Dazu *Summerer*, SpuRt 1995, 264; *Wertenbruch*, NJW 1995, 3372, 3372f.

43 Vgl. etwa FAZ vom 15.11.2000, S. 46, 65; *Gartenschläger*, Mitgeteiltes Leid, Die Welt vom 15.11. 2000; Manager Magazin vom 14.11.2000 unter dem Titel „Zweifelhafte Meldung"; allgemein *Beier-Middelschulte*, Finanzkommunikation junger Emittenten, 2004, S. 111; *Schröder/Sethe*, FS G. Fischer, 2010, S. 461, 482.

44 Zitiert nach FAZ vom 15.11.2000, S. 46; s. auch *Wertenbruch*, WM 2001, 193.

45 Zum Wortlaut https://www.dgap.de/dgap/News/adhoc/ad-hocservice-borussia-dortmund-de/?newsID=11200 [Stand: 28.5.2019]; *Fleischer*, FS U.H. Schneider, 2011, S. 333, 343.

46 Dazu *Fleischer* (Fn. 45), S. 333, 343 („prominentester Fall"); Klöhn/*Klöhn*, MAR, 2018, Art. 17 Rn. 379.

47 So *Schumacher*, NZG 2001, 769, 777; *Wertenbruch*, WM 2001, 193, 194; tendenziell wohl strenger *Schröder/Sethe* (Fn. 43), S. 461, 481.

DFB-Pokal und die Deutsche Meisterschaft gewonnen, sondern war zum Zeitpunkt der Diagnose mit sieben Treffern auch Dortmunds Top-Torjäger.[48]

Damit deutete sich im Fall des glücklicherweise genesenen Heiko Herrlich bereits frühzeitig das Spannungsverhältnis von kapitalmarktrechtlichem Informationsbedürfnis und Persönlichkeitsrechten des Betroffenen an[49] – auch wenn das Vorgehen im konkreten Fall mit dem ehemaligen Nationalstürmer abgesprochen war und er seine ausdrückliche Einwilligung erteilt hatte, um durch die umfassende Mitteilung Spekulationen zuvorzukommen.[50] Der Fall Herrlich stand somit zugleich symbolisch für die anfänglichen Unsicherheiten bei der Ausgestaltung von Ad-hoc-Mitteilungen: Statt der konkreten Diagnose hätte es genügt, lediglich Herrlichs Ausscheiden aus dem Spielerkader aufgrund gesundheitlicher Probleme mitzuteilen.[51] Allein diese potentiellen Auswirkungen der Erkrankung sind von Interesse für die Kauf- und Verkaufsentscheidungen der Anleger.[52]

### b) Daimler/Schrempp

Blieb der Fall Herrlich ohne gerichtlichen Widerhall, bot das Ende der Ära Schrempp bei der DaimlerChrysler AG Anlass zu nicht weniger als acht veröffentlichten Gerichtsentscheidungen, bevor sich die Parteien außergerichtlich einigten.[53] Während der zehnjährigen Prozessgeschichte erlangte der Fall Schrempp

---

48 Vgl. *Schumacher*, NZG 2001, 769, 777; *Wertenbruch*, WM 2001, 193, 194. Dabei macht es auch keinen Unterschied, dass der Börsenkurs tatsächlich lediglich um 2,6 % fiel.

49 Umfassend dazu nunmehr *Dubovitskaya*, Offenlegungspflichten der Organwalter in Kapitalgesellschaften, Habilitationsschrift Bucerius Law School 2019, Kap. 3, § 3.

50 Die Ad-hoc-Meldung verletzte daher nicht seine Persönlichkeitsrechte, vgl. *Fleischer* (Fn. 45), S. 333, 344; *Lindner*, FAZ vom 6.12.2000, S. 31; *Schröder/Sethe* (Fn. 43), S. 461, 482; *Schumacher*, NZG 2001, 769, 778; *Wertenbruch*, WM 2001, 193, 193 f.; kritisch Fuchs/*Pfüller*, WpHG, 2. Aufl. 2016, § 15 Rn. 274 mit Fn. 499. Teilweise erblickte man darin einen Verstoß gegen § 15 Abs. 2 Satz 1 WpHG a. F., so *Schröder/Sethe* (Fn. 43), S. 461, 481; allgemeiner *Beier-Middelschulte*, Finanzkommunikation junger Emittenten, 2004, S. 111 f.

51 So das Bundesaufsichtsamt für den Wertpapierhandel zitiert nach Die Welt, Diese Information hat der Markt nicht gebraucht vom 15.11.2000; FAZ vom 15.11.2000, S. 32; *Schröder/Sethe* (Fn. 43), S. 461, 482.

52 Näher *Fleischer* (Fn. 45), S. 333, 345; *ders.*, NZG 2010, 561, 566; *Schumacher*, NZG 2001, 769, 777; *Wertenbruch*, WM 2001, 193, 194 f.

53 LG Stuttgart ZIP 2006, 1731; OLG Stuttgart ZIP 2007, 481; ZIP 2009, 962; OLG Frankfurt ZIP 2009, 563; BGH ZIP 2008, 639; ZIP 2011, 72; ZIP 2013, 1165; EuGH ZIP 2012, 1284.

wegen seines spektakulären Sachverhalts[54] und seiner Bedeutung für das Kapitalmarktrecht schon früh die prophezeite[55] Aufmerksamkeit.[56]

Der Stuttgarter Industriekapitän und begeisterte Bergsteiger Schrempp war vom Lehrling zum erfolgreichen Vorstandsvorsitzenden des größten deutschen Industriekonzerns aufgestiegen,[57] als ihn die heranrollende Welle von Megafusionen erfasste. Getragen von einer allgemein wachsenden Börseneuphorie, brachte Schrempp innerhalb weniger Monate die Fusion mit dem US-Autobauer Chrysler unter Dach und Fach, um den „weltweit führenden Automobilkonzern des 21. Jahrhunderts [zu] schaffen – die DaimlerChrysler Aktiengesellschaft."[58] Dank seines zupackenden und wagemutigen Vorgehens kürte ihn die Wirtschaftspresse in der Folge zum Manager des Jahres: Das Stuttgarter Kraftpaket sei mit der Fusion – so die Jury – aus der „Phalanx der Zauderer und Bedenkenträger ausgeschert".[59] Als sich später allmählich abzeichnete, dass sich die Daimler AG mit der Übernahme von Chrysler sowie dem Erwerb weiterer bedeutsamer Beteiligungen an Mitsubishi Motors und der Hyundai Motor Company übernommen hatte, kippte die Stimmung.[60] Sechs Jahre nach seiner Krönung durch die Wirtschaftspresse stieg der „Schöpfer der Welt AG"[61] 2004 zum „Schlechtesten Manager des Jahres" ab.[62]

Im Sog dieses Abwärtsstrudels trug sich Schrempp spätestens seit der Hauptversammlung vom 6. April 2005 mit dem Gedanken, sein Amt vorzeitig

---

**54** So etwa *Klöhn*, NZG 2011, 166.

**55** *Fleischer*, NZG 2007, 401, 401.

**56** Hiervon zeugt die Fülle publizierter Beiträge, unter anderem: *v. Bonin/Böhmer*, EuZW 2012, 694; *Ekkenga*, NZG 2013, 1081; *Fleischer*, NZG 2007, 401; *Gunßer*, NZG 2008, 855; *ders.*, ZBB 2011, 76; *Heider/M. Hirte*, GWR 2012, 429; *Hitzer*, NZG 2012, 860; *Ihring/Kranz*, AG 2013, 515; *Klöhn*, NZG 2011, 166; *ders.*, ZIP 2012, 1885; *Kocher/Widder*, BB 2012, 2837; *Leuering*, DStR 2008, 1287; *Möllers*, NZG 2008, 330; *Möllers/Seidenschwann*, NJW 2012, 2762; *Nikoleyczik*, GWR 2009, 82; *Mennicke*, NZG 2009, 1059; *Mock*, ZBB 2012, 286; *Pattberg/Bredol*, NZG 2013, 87; *Schall*, JZ 2010, 392; *Ulrich*, GmbHR 2013, R374; *Widder*, GWR 2011, 1; *Wilsing/Goslar*, DStR 2012, 1709; *dies.*, DStR 2013, 1610.

**57** Vgl. *Grässlin*, Jürgen Schrempp and the Making of an Auto Dynasty, 1998, S. 4 ff.

**58** Zitiert nach https://www.deutschlandfunk.de/scheitern-einer-vision.724.de.html?dram:article_id=98353 [Stand: 28.5.2019]; allgemein *Grässlin*, Das Daimler-Desaster, 2005, S. 17 ff.

**59** S. zum Titel: https://www.manager-magazin.de/magazin/artikel/a-283.html; zum Votum der Jury: https://www.manager-magazin.de/unternehmen/karriere/a-167353.html [Stand: 28.5.2019].

**60** Dazu *Grässlin* (Fn. 58), S. 36 ff.

**61** FAZ vom 29.7.2005, S. 3.

**62** Vgl. https://www.manager-magazin.de/unternehmen/karriere/a-280715.html [Stand: 28.5.2019]. Ähnlich die Aussage *Jürgen Grässlins* „Er ist ein Manager des Misserfolgs", zitiert nach Spiegel Online, „Er ist ein Manager des Misserfolgs" vom 31.3.2005; ebenfalls kritisch *Schall*, JZ 2010, 392 („kostspielige[s] Fiasko").

aufzugeben.[63] Am 17. Mai 2005 äußerte er seine Überlegungen gegenüber dem damaligen Aufsichtsratsvorsitzenden Kopper, woraufhin weitere Einzelschritte veranlasst wurden. Schließlich entschied der Präsidialausschuss am 27. Juli 2005, dem Aufsichtsrat am nächsten Tag das Ausscheiden Schrempps vorzuschlagen. Daraufhin beschloss der Gesamtaufsichtsrat am 28. Juli 2005 um 9:50 Uhr dessen einvernehmliche Abberufung zum Jahresende und nominierte Zetsche als Thronfolger. Dies wurde der BaFin sowie den Geschäftsführungen der Börsen um 10:02 Uhr mitgeteilt und 30 Minuten später als Ad-hoc-Mitteilung veröffentlicht. Erfreut über den Wechsel, zündeten die Anleger ein „Kursfeuerwerk“[64]. Einer der Aktionäre hatte jedoch bereits am 16. Mai 2005 100 Aktien und wenige Minuten vor der Ad-hoc-Mitteilung nochmals 800 Aktien veräußert und konnte daher nicht mehr am Kursanstieg teilhaben.[65] Der Sohn dieses Aktionärs, Markus Geltl, verlangte daraufhin aus einem von seinem Vater abgetretenen Recht Schadensersatz nach § 37b WpHG a. F. [heute: § 97 WpHG].

Ähnlich wie die Erkrankung Herrlichs gab der Fall Schrempp damit Anlass, die Ad-hoc-Mitteilungspflicht bei Veränderungen auf der Ebene unternehmerischer Schlüsselpersonen zu verfeinern. Allerdings stand weniger die Frage nach dem „Ob“ im Zentrum der Debatte, sondern vielmehr die nach dem Bezugspunkt der Insiderinformation bei gestreckten Geschehensabläufen, also dem „Wann“ der Mitteilungspflicht gemäß § 15 Abs. 1 Satz 1 WpHG a. F. Zwei Anknüpfungspunkte kamen in Betracht: einerseits die bereits eingetretenen Zwischenschritte, die als gegenwärtige Umstände vor allem kursrelevant i. S. d. § 13 Abs. 1 Satz 1 WpHG a. F. sein mussten; andererseits das anvisierte Endergebnis des gestreckten Geschehensablaufs, das als zukünftiger Umstand nach § 13 Abs. 1 Satz 3 WpHG a. F. hinreichend wahrscheinlich sein musste.

Das OLG Stuttgart stellte im ersten Akt des Prozessdramas auf das angestrebte Endziel des gestreckten Geschehensablaufs ab und rückte die Frage nach dem richtigen Wahrscheinlichkeitsgrad des zukünftigen Umstands in das Zentrum seines ersten Musterentscheids. In Anlehnung an eine prominente Literaturstimme[66] sollte die bloß überwiegende Wahrscheinlichkeit ebenso wenig maßgeblich sein wie eine an Sicherheit grenzende Wahrscheinlichkeit. Vielmehr kä-

---

**63** Zum Sachverhalt etwa BGH NZG 2013, 708, 709; OLG Stuttgart NZG 2007, 352, 352 f.

**64** So die Beitragsüberschrift in FAZ vom 29.7.2005, S. 17 („Ein Kursfeuerwerk für Zetsche“); vgl. OLG Stuttgart NZG 2007, 352.

**65** Er hatte 100 Anteile am 16. Mai 2005 für 31,85 Euro und 800 Anteile am 28. Juli 2005 für 36,50 Euro verkauft. Am Tag der Ad-hoc-Mitteilung war der Kurs auf 40,40 Euro gestiegen, in der Folge sogar auf 42,95 Euro, OLG Stuttgart NZG 2007, 352.

**66** Assmann/Schneider/*Assmann*, WpHG, 4. Aufl. 2006, § 13 Rn. 25; auch *Veil*, AG 2006, 690, 694 m. w. N.

me es darauf an, ob der Eintritt des Umstands mit deutlich mehr als überwiegender Wahrscheinlichkeit zu erwarten sei.[67] Im konkreten Fall erachtete das OLG Stuttgart dies mit dem Beschluss des Gesamtaufsichtsrates vom 28. Juli 2005 als erfüllt.[68] In der Folge des Richterspruchs schlugen anglophile Rechtswissenschaftler vor, die Kriterien der US-amerikanischen Rechtsprechung zur Konturierung des normativ-unbestimmten Wahrscheinlichkeitsbegriffs heranzuziehen: Angelehnt an den sog. *probability/magnitude*-Test[69] sei die hinreichende Wahrscheinlichkeit als flexible Größe auszuformen.[70] Dessen ungeachtet gab der BGH dem OLG Stuttgart in der Sache weitgehend recht,[71] hob die Entscheidung aber wegen eines Verfahrensfehlers auf und verwies den Fall zurück.[72] Das europarechtliche Fundament der Ad-hoc-Publizität blieb dabei nur eine Randnotiz.[73] Auch in dem anschließenden zweiten Musterentscheid wählte das OLG Stuttgart das angestrebte Endereignis als Bezugspunkt der Insiderinformation i. S. d. § 13 Abs. 1 WpHG a. F. Sein Eintritt sei allerdings bereits mit dem Beschluss des Präsidialausschusses vom 27. Juli 2007 hinreichend wahrscheinlich gewesen.[74] „[D]ie [...] Zwischenstufen je für sich als veröffentlichungspflichtige Insiderinformation anzusehen", erachtete das OLG hingegen als „überflüssig"[75].

Fast zeitgleich entschied das OLG Frankfurt denselben Fall genau entgegengesetzt: Es ordnete im Rechtsmittelverfahren gegen die Geldbuße der BaFin wegen der vermeintlich verspäteten Ad-hoc-Mitteilung bereits die Äußerung der Rück-

**67** OLG Stuttgart NZG 2007, 352; dazu *Fleischer*, NZG 2007, 401, 404.

**68** OLG Stuttgart NZG 2007, 352, 355.

**69** *Basic v. Levinson*, 485 U.S. 224, 231 (1988): „Under such circumstances, materiality will depend at any given time upon a balancing of both the indicated probability that the event will occur and the anticipated magnitude of the event in light of the totality of the company activity [...]. As we clarify today, materiality depends on the significance the reasonable investor would place on the withheld or misrepresented information".

**70** So *Fleischer*, NZG 2007, 401, 405 f. („rechtsvergleichende Absicherung"); *Klöhn*, LMK 2008, 260596; *ders.* NZG 2011, 166, 167; s. auch *M. Weber*, FS Schwark, 2009, S. 653, 667 f.; zuvor bereits im Zusammenhang mit Unternehmenskäufen *Harbarth*, ZIP 2005, 1898, 1901 f.; ablehnend hingegen *Langenbucher*, BKR 2012, 145, 148; *Leuering*, DStR 2008, 1287, 1290.

**71** BGH NZG 2008, 300 Rn. 18 ff.

**72** BGH NZG 2008, 300.

**73** BGH NZG 2008, 300 Rn. 22 („Weder der Gesetzeswortlaut des § 13 I WpHG selbst noch die Durchführungsrichtlinie 2003/124/EG [...] geben Auskunft darüber, was unter [...] ‚hinreichende[r] Wahrscheinlichkeit' zu verstehen ist."); darin die „eigentliche Brisanz der Entscheidung" erblickend *Möllers*, NZG 2008, 330, 330 (für das Zitat), 331 f. (zur Begründung).

**74** OLG Stuttgart NZG 2009, 624, 625 f.

**75** OLG Stuttgart NZG 2009, 624, 626 f.; s. *Klöhn*, NZG 2011, 166, 166 f.; *Mennicke*, NZG 2009, 1059, 1059 f.

trittsabsichten als Insiderinformation ein.[76] Dabei wandte es sich ausdrücklich gegen den ersten Musterentscheid des OLG Stuttgart: „Die Verknüpfung von mehreren eigenständigen konkreten Umständen [...] zu einer einheitlichen Gesamtentscheidung [negiere] den Wortlaut der Vorschrift, den gesetzgeberischen Willen [und führe] zu einem Wiederaufleben der alten Rechtslage, wie sie durch die Vorgaben der Marktmissbrauchsrichtlinie 2003/6/EG sowie der Durchführungsrichtlinie 2003/124/EG gerade geändert werden sollte."[77]

Angesichts dieser gegenläufigen Judikate sowie dem in der Zwischenzeit ergangenen Spector Photo Group-Urteil des EuGH[78] wurde die BGH-Entscheidung mit Spannung erwartet. Hatte der II. Zivilsenat zuvor noch die Bedeutung von Art. 1 Abs. 1 MarktmissbrauchsRL und Art. 1 Abs. 1 und 2 DurchführungsRL kaum eines Blickes gewürdigt, veranlassten beide Vorschriften ihn nun endlich[79] zur Vorlage an den EuGH nach Art. 267 AEUV.[80] Der BGH wollte zum einen wissen, ob auch bereits eingetretene Zwischenschritte, die mit der Verwirklichung des künftigen Endergebnisses verknüpft sind, eine präzise Information i. S. d. Marktmissbrauchs- und DurchführungsRL sein können, und zum anderen, wann das zukünftige Ergebnis hinreichend wahrscheinlich ist. Im Einklang mit den Schlussantrag des Generalanwalts Mengozzi[81] antwortete der EuGH[82], dass auch Zwischenschritte eine präzise Information sein können. Die hinreichende Wahrscheinlichkeit sei eine Besonderheit der deutschen Sprachfassung.[83] Mit Blick auf die anderen Sprachfassungen müsse der Eintritt des Ereignisses „vernünftigerweise" zu erwarten sein.[84] Dazu sei aber weder eine hohe Wahrscheinlichkeit notwendig, noch genüge ein „nicht wahrscheinliches" Ereignis.[85] Auch der *pro-*

---

76 OLG Frankfurt NZG 2009, 391, 392; knapp dazu etwa *Achenbach*, NStZ 2010, 621, 625; *Nikoleyczik*, GWR 2009, 82, 84.

77 OLG Frankfurt NZG 2009, 391, 392.

78 EuGH ECLI:EU:C:2009:809 (Spector Photo Group NV) = NZG 2010, 107; zum Zusammenhang mit dem Daimler/Schrempp-Fall etwa *Schall*, JZ 2010, 392, 394 f.

79 Dazu *Möllers*, NZG 2008, 330, 333; *Fleischer*, NZG 2007, 401, 406; *Klöhn*, LMK 2008, 260596; *ders.*, NZG 2011, 166, 166 („überfällig").

80 BGH NZG 2011, 109; dazu etwa *Barta*, DZWiR 2012, 178, 179 ff.; *Gunßer*, ZBB 2011, 76; *Hupka*, EuZW 2011, 860.

81 BeckRS 2012, 80624; dazu *Langenbucher*, BKR 2012, 145, 146; *Szesny*, GWR 2012, 177.

82 EuGH ECLI:EU:C:2012:397 = ZIP 2012, 1284 Rn. 38.

83 EuGH ECLI:EU:C:2012:397 = ZIP 2012, 1284 Rn. 42 ff.; dazu bereits *Fleischer*, NZG 2007, 401, 405; ferner *Schall*, JZ 2010, 392, 394.

84 EuGH ECLI:EU:C:2012:397 = ZIP 2012, 1284 Rn. 49.

85 EuGH ECLI:EU:C:2012:397 = ZIP 2012, 1284 Rn. 45 ff.; dazu etwa *Mock*, ZBB 2012, 286, 288 f.

*bability/magnitude*-Test müsse dafür außer Betracht bleiben[86], nicht jedoch für die Bestimmung der Kursrelevanz[87]. Nach diesem europäischen Machtwort aus Luxemburg verwies der BGH[88] den Fall abermals zurück an das OLG Stuttgart,[89] wo die Odyssee endete: Die Parteien nahmen die Klagen im Zuge einer außergerichtlichen Einigung zurück.[90] Der vorläufige Schlussakt blieb jedoch dem europäischen Gesetzgeber vorbehalten: Die sich zu diesem Zeitpunkt am Horizont abzeichnende Marktmissbrauchsverordnung (MAR) goss das Geltl/Daimler-Urteil des EuGH in Verordnungsform; dessen wesentliche Aussagen sind heute in Art. 7 Abs. 2 Satz 2 und Abs. 3 MAR kodifiziert.[91]

## 3. Marktmanipulation

### a) Egbert Prior

In der Tagespresse rasch als „besonders unmoralisches Börsengeschäft"[92] in Verruf geraten und seit jeher ein Lieblingskind der deutschen Kapitalmarktrechtsforschung ist das sog. Scalping.[93] Börsenberater erwerben dabei Aktien, um deren Kurse durch Empfehlungen hochzujubeln und sie dank der eintretenden Kurssteigerung wieder mit Gewinn zu veräußern.[94] Fast lehrbuchartig steht

---

86 EuGH ECLI:EU:C:2012:397 = ZIP 2012, 1284 Rn. 50; anders noch GA *Mengozzi*, ZIP 2012, 620 Rn. 69 f., 81 f.; dazu *Langenbucher*, BKR 2012, 145, 146 f.; das Urteil insoweit als überraschend einstufend *Schall*, ZIP 2012, 1286, 1287.

87 *Klöhn*, ZIP 2012, 1885, 1891 f.; *Langenbucher*, Aktien- und Kapitalmarktrecht, 4. Aufl. 2018, § 15 Rn. 39; *Schall*, ZIP 2012, 1286, 1288; abw. *Brellochs*, ZIP 2013, 1170, 1172.

88 BGH ZIP 2013, 1165; dazu etwa *Brocker*, BB 2014, 655; *Herfs*, DB 2013, 1650; *Mennicke*, ZBB 2013, 244.

89 Demnach ist eine überwiegende Wahrscheinlichkeit i.S.v. „50 % + x" erforderlich, BGH NZG 2013, 708 Rn. 29; *Bingel*, AG 2012, 685, 689; *Hitzer*, NZG 2012, 2837, 2838; *Klöhn* (Fn. 46), Art. 7 MAR Rn. 97; *Langenbucher* (Fn. 87), § 15 Rn. 38; *Wilsing/Goslar*, DStR 2012, 1709, 1711.

90 ZIP 2016, A 100.

91 *Bingel*, AG 2012, 685, 687; *Klöhn* (Fn. 46), Art. 7 MAR Rn. 11; *Langenbucher*, NZG 2013, 1401, 1403 ff.

92 *Gerke*, Handelsblatt vom 29.6.1998, S. 39; ähnlich *Lenenbach*, ZIP 2003, 243, 244; *M. Weber*, NJW 2000, 562.

93 So *Klöhn*, ZIP 2016, Beilage zu Heft 22, S. 44.

94 Etwa BGHSt 48, 373, 1. Leitsatz; *Cahn*, ZHR 162 (1998), 1, 20; *Kudlich*, JR 2004, 191, 192; *Schleich*, Erscheinungsformen des Scalpings und deren rechtliche Einordnung, 2013, S. 10 f.; monografisch *Degoutrie*, „Scalping", 2007.

dafür der Fall Egbert Prior:[95] Der schillernde Protagonist stieg als bekannter Börsenjournalist und dank seiner erfolgreichen Teilnahmen an dem von 3-sat veranstalteten „Börsenspiel" zu einem der Börsen-Gurus des noch jungen Neuen Marktes auf. In dieser Sendung, dem Inbegriff der neuen deutschen Aktienlust, wetteiferte er mit anderen Börsenexperten um das beste Anlageergebnis eines fiktiven Aktiendepots.[96] Wegen seiner guten Performance scharte er dabei eine stattliche, stetig wachsende und „ihn teilweise kulthaft verehrende Anhängerschar von Kleinanlegern" um sich.[97]

Die Staatsanwaltschaft warf dem „Hohepriester des Neuen Marktes" vor, diese herausgehobene Stellung ausgenutzt zu haben: Er soll vor der Sendung privat Aktien erworben, in der Sendung beworben und sie dank seiner, den Anlagetipps teils blind folgenden Jüngerschar mit erheblichen Kursgewinnen (dem sog. Prior-Effekt[98]) veräußert haben. Das LG Frankfurt a. M. lehnte die Eröffnung des Hauptsacheverfahrens jedoch aus tatsächlichen Gründen ab. Mit hoher Wahrscheinlichkeit könne Priors Einlassung nicht widerlegt werden, wonach er seine Dispositionen für das Börsenspiel stets erst zum letztmöglichen Zeitpunkt traf und daher seine privaten Aktienkäufe ohne die erforderliche Empfehlungsabsicht tätigte.[99] Materiell-rechtlich ordnete das LG Frankfurt a. M. Scalping als Insiderhandel nach §§ 38 Abs. 1 Nr. 1, 14 Abs. 1 Nr. 1 WpHG a. F. ein:[100] Insbesondere könne „die Absicht eines Börsenanalysten, demnächst eine be-

---

**95** *M. Weber*, NJW 2000, 562; zum Widerhall in der Rechtswissenschaft etwa *Petersen*, wistra 1999, 328; *U.H. Schneider/Burgard*, ZIP 1999, 381; *Volk*, BB 1999, 66; *ders.*, ZIP 1999, 787; *M. Weber*, NJW 2000, 562; s. auch *Schwark*, FS Kümpel, 2003, S. 485, 490.

**96** Prior gewann beide Runden deutlich. In der ersten Runde erhöhte er innerhalb von sechs Monaten das Startkapital von 100.000 DM auf 230.000 DM, in der zweiten Runde sogar auf 255.000 DM, *Schmitt*, Handelsblatt vom 5.2.1999, S. 12; allgemein *U.H. Schneider/Burgard*, ZIP 1999, 381.

**97** LG Frankfurt NJW 2000, 301; *Jahn*, EWiR 1999, 1189; ähnlich *Gotta*, Auf sein Wohl!, Die Welt vom 21.11.1998; *Schmitt*, Handelsblatt vom 5.2.1999, S. 12: „Der Mann liefert, wonach sich an der Börse alle sehnen: den heißen Tip, das schnelle Geld. Egbert Prior wirkt wie ein Streber, Muttis Liebling, der immer alles richtig macht. Für seine Fans ist er ein Held, der ‚Papst', dessen Rat viele blind folgen."

**98** LG Frankfurt NJW 2000, 301; OLG Frankfurt NJW 2001, 982; für einen statistischen Nachweis *Gerke*, Handelsblatt vom 29.6.1998, S. 39; knapp zum Sachverhalt *Schleich*, Erscheinungsformen des Scalpings und deren rechtliche Einordnung, 2013, S. 10.

**99** LG Frankfurt NJW 2000, 301, 303; OLG Frankfurt NJW 2001, 982.

**100** LG Frankfurt NJW 2000, 301, 302; ebenso etwa *Cahn*, ZHR 162 (1998), 1, 21; *Jahn*, EWiR 1999, 1189, 1190 (allerdings auch schon § 88 BörsG in Betracht ziehend); *Lenzen*, WM 2000, 1131, 1137 m.w.N.; *U.H. Schneider/Burgard*, ZIP 1999, 381, 386, 390; abw. *Cramer*, FAZ vom 4.11.2000, S. 25; *M. Weber*, NJW 2000, 562, 562f. (für § 88 Nr. 2 BörsG); *Volk*, BB 1999, 66, 69f.; *ders.*, ZIP 1999, 787, 787f.; offenlassend OLG Frankfurt NJW 2001, 982.

stimmte Aktie zum Ankauf zu empfehlen" als innere (Insider-)Tatsache qualifiziert werden. Hingegen sei die Kursmanipulation nach § 88 BörsG a. F. nicht einschlägig.[101] Soweit dies zu unerwünschten Strafbarkeitslücken führe, sei der Gesetzgeber zum Handeln aufgefordert: „Wenn der Gesetzgeber aus börsen- oder marktwirtschaftlichen Gründen anderes für sinnvoll oder erforderlich hält, ist es seine Aufgabe entsprechend tätig zu werden."[102] Eine Entscheidung, die das OLG Frankfurt a. M. bestätigte[103], der Staatsanwaltschaft ihr „Waterloo" bescherte und den Ruf des deutschen Kapitalmarktschutzes erheblich beschädigte.[104]

### b) Sascha Opel

Das erste rechtskräftige Urteil zum Scalping erging im Fall Sascha Opel, der bis heute untrennbar mit diesem Phänomen verbunden ist.[105] Der Reserveoffizier[106] und gelernte Bankkaufmann galt wie Prior als einer der Stars des Neuen Marktes. Als bekannter Börsenjournalist und gern gesehener Gast einschlägiger Fernsehsendungen hatte er sich den Ruf als „der Anlagespezialist" und „Meinungsmacher" des Neuen Marktes erarbeitet.[107] Mehrere volumenstarke Fonds vertrauten seinen Anlagetipps und folgten ihnen „in der Regel ohne Rückfragen und zeitnah"[108]. Dies nutzte Opel schließlich aus: Er erwarb Aktien für 469.147,15 Euro, empfahl sie den Fonds zum Kauf, veräußerte sie teilweise nur Stunden später und verdiente so dank der infolge seiner Empfehlung gestiegenen Kurse binnen elf Tagen 61.716,26 Euro.[109]

Das LG Stuttgart[110] verurteilte Sascha Opel wegen Insiderhandels nach §§ 38 Abs. 1 Nr. 1, 14 Abs. 1 Nr. 1 WpHG a. F. und betrat mit diesem ersten Urteil zum

---

**101** LG Frankfurt NJW 2000, 301, 304.

**102** LG Frankfurt NJW 2000, 301, 304; zur praktischen Straflosigkeit aufgrund der hohen Beweishürden etwa auch *Eichelberger*, WM 2003, 2121.

**103** OLG Frankfurt NJW 2001, 982.

**104** *Moerschen*, Handelsblatt vom 27. 8. 2002, S. 10; *Schönauer*, Handelsblatt vom 21. 2. 2001, S. 16.

**105** *Klöhn*, ZIP 2016, Beilage zu Heft 22, S. 44; ähnlich etwa *Schmitz*, JZ 2004, 526 („Grundsatzurteil").

**106** *Moerschen*, Handelsblatt vom 27. 8. 2002, S. 10.

**107** BGHSt 48, 373, 374; *Schönwälder*, Grund und Grenzen einer strafrechtlichen Regulierung der Marktmanipulation, 2011, S. 344 f.

**108** BGHSt 48, 373, 375; dazu etwa *Schleich* (Fn. 98), S. 11.

**109** *Hipp*, Scalping ist strafbar, Spiegel Online vom 8. 11. 2003; FAZ vom 7. 11. 2003, S. 23; BZ vom 8. 11. 2003, S. 3; *Schönwälder* (Fn. 107), S. 345.

**110** LG Stuttgart ZIP 2003, 259; dazu *Eichelberger*, WM 2003, 2121; *Mühlbauer*, wistra 2003, 169; *Lenenbach*, ZIP 2003, 243; *Ziouvas*, EWiR 2003, 85.

Scalping „juristisches Neuland“[111]. Als Wegleitung diente ihm dabei die materiellrechtliche Einordnung des LG Frankfurt und die damals noch vorherrschende Meinung im Schrifttum.[112] Der 1. Strafsenat des BGH schlug hingegen einen anderen Weg ein und verortete das Scalping im Koordinatensystem des Kapitalmarktstrafrechts nicht als Insiderdelikt, sondern als Marktmanipulation i. S. d. § 88 Nr. 2 BörsG a. F. bzw. § 20a Abs. 1 Satz 1 Nr. 2 WpHG a. F.[113] Dies ergebe sich vor dem europarechtlichen Deutungshintergrund bereits mit Blick auf die EG-Insiderrichtlinie. Dort werde nicht der spezifisch deutsche Begriff der Insidertatsache verwendet, sondern derjenige der „präzisen Information“.[114] Eine Voraussetzung, die nach dem allgemeinen Sprachgebrauch einen Drittbezug erfordere und wofür die eigene Absicht, später eine Aktie zu empfehlen, daher nicht ausreiche.[115] Das Scalping als marktmanipulative Handlung zu qualifizieren, entspräche hingegen den Bestrebungen des europäischen Gesetzgebers, wie die erst 2003 in Kraft getretene MarktmissbrauchsRL[116] zeige. Dem sei auch der deutsche Gesetzgeber im vorauseilenden Gehorsam gefolgt: Gemäß dem Entwurf der Verordnung zur Konkretisierung des Verbotes der Kurs- und Marktpreismanipulation (KuMaKV), die erst nach dem BGH-Urteil in Kraft trat, sei das Scalping nach § 3 Abs. 3 Nr. 2 KuMaKV a. F. als Kursmanipulation i. S. d. § 20a Abs. 1 S. 1 Nr. 2 WpHG a. F. einzuordnen.[117]

---

**111** So der zuständige Richter *Joachim Härle:* „Wir haben juristisches Neuland betreten.“, zitiert nach FAZ vom 31. 8. 2002, S. 17; *Moerschen*, Handelsblatt vom 27. 8. 2002, S. 10.

**112** Zur h.M. etwa *Kudlich*, JR 2004, 191, 192 f. m. w. N.; zur lauter werdenden Kritik etwa *Eichelberger*, WM 2003, 2121, 2122 ff.; *Lenenbach*, ZIP 2003, 243, 244 ff.; *Schwark*, FS Kümpel, 2003, S. 485, 496 f.; *M. Weber*, NZG 2000, 113, 124 ff.; *ders.*, NJW 2000, 562, 562 ff.; Überblick zum Meinungsstand bei Fuchs/*Fleischer*, WpHG, 2. Aufl. 2016, § 20a Rn. 68 m. w. N.; *ders.*, DB 2004, 51 f.

**113** BGHSt 48, 373, 377 ff.; jedenfalls i. E. zustimmend etwa *Kudlich*, JR 2004, 191, 193 ff.; *Lenenbach*, EWiR 2004, 307, 308; *Schmitz*, JZ 2004, 526, 526 ff.; *Vogel*, NStZ 2004, 252, 254 ff.; *Widder*, BB 2004, 15, 16; *Fleischer*, DB 2004, 51, 52 ff.; abw. *Gaede/Mühlbauer*, wistra 2005, 9, 13 ff.; *Pananis*, NStZ 2004, 287; *Klöhn*, ZIP 2016, Beilage zu Heft 22, S. 44 f. m. w. N.

**114** Art. 1 Nr. 1 der Richtlinie des Rates vom 13. November 1989 zur Koordinierung der Vorschriften betreffend Insider-Geschäfte (89/592/EWG), ABl. L 334/30; dazu etwa *Schmitz*, JZ 2004, 526.

**115** BGHSt 48, 373, 378; zur Unvereinbarkeit mit Art. 9 Abs. 5 MAR, Klöhn/*Klöhn* (Fn. 46), Art. 7 Rn. 26; *ders.*, AG 2016, 423, 426; auch Schimansky/Bunte/Lwowski/*Hopt/Kumpan*, in Bankrechts-Handbuch, 5. Aufl. 2017, § 107 Rn. 44 m. w. N.

**116** Erwägungsgrund 20 und Art. 1 Nr. 2 Richtlinie 2003/6/EG des Europäischen Parlaments und des Rates vom 28. Januar 2003 über Insider-Geschäfte und Marktmanipulation (Marktmissbrauch), ABl. EU L 96/16 vom 12. 4. 2003.

**117** Verordnung zur Konkretisierung des Verbotes der Kurs- und Marktpreismanipulation (KuMaKV) vom 18. 11. 2003, BGBl. I, S. 2300; Begründung der KuMaKV, BR-Drucks. 639/03, S. 13: „Erfasst wird hier auch das so genannte Scalping durch Anlageempfehlungen mit dem Ziel,

Mit seinem Urteil zeigte der BGH der Börsenpraxis den richtigen Weg;[118] Sascha Opel sollte jedoch schon bald wieder von diesem abkommen. Nur drei Jahre, nachdem ihn das LG Stuttgart wegen Marktmanipulation verurteilt hatte, zog er erneut Anlegern „das Fell über die Ohren" und wurde abermals wegen Marktmanipulation verurteilt.[119] Heute wird das Scalping ausdrücklich als Marktmanipulation i. S. d. Art. 12 Abs. 1 lit. b) MAR erfasst: der Fall Prior als zwingendes Beispiel nach Art. 12 Abs. 2 lit. d) MAR, der Fall Opel gem. Art. 12 Abs. 1 lit. b), Abs. 3 i. V. m. Anhang I, Teil B, lit. b) MAR.[120]

## 4. Beteiligungstransparenz

### a) Schaeffler/Continental

David gegen Goliath[121] – dieses biblische Motiv bemühten viele Zeitungen, als der fränkische Wälzlagerhersteller Schaeffler im Juli 2008 zu einer feindlichen Übernahme des dreimal größeren DAX-Unternehmens Continental ansetzte. Der Überraschungscoup – Codename „Mozart"[122] – war von langer Hand vorbereitet und gut getarnt: Um unter dem Radar der kapitalmarktrechtlichen Mitteilungspflichten zu fliegen, hatte Schaeffler bei seinem „Stealth Takeover"[123] zunächst nur 2,97 Prozent der Continental-Aktien erworben und blieb so unter der 3-Prozent-Eingangsmeldeschwelle des § 21 Abs. 1 Satz 1 WpHG a. F. [heute: § 33 Abs. 1 Satz 1 WpHG]. Außerdem war Schaeffler über Finanzinstrumente berechtigt, zusätzliche 4,95 Prozent der Continental-Aktien zu erwerben, und blieb auch inso-

---

Marktteilnehmer zu entsprechenden Geschäften zu veranlassen, die zu einer Preisbeeinflussung führen, wenn der Täter entsprechende Positionen eingegangen ist und wirtschaftlichen Nutzen aus der erwarteten Preisbeeinflussung ziehen möchte."

**118** *Fleischer*, DB 2004, 51, 53; *Klöhn*, ZIP 2016, Beilage zu Heft 22, S. 44; *Schäfer*, BKR 2004, 78, 79; s. etwa BGHSt 59, 105; OLG München NZG 2011, 1228.

**119** Dazu BGHSt 59, 105; dazu *Müller-Michaels*, BB 2014, 1358; *Widder/Sieger*, EWiR 2014, 377.

**120** Eingehend Klöhn/*Schmolke* (Fn. 46), Art. 12 Rn. 358, 360, 363; s. auch *Bayram/Meier*, BKR 2018, 55, 57; *Möllers*, NZG 2018, 649, 651, 653; *Poelzig*, Kapitalmarktrecht, 2018, Rn. 370, 426.

**121** So *Reiche*, Die ziehen das durch, ManagerMagazin vom 14.7.2008: „David gegen Goliath – der Autozulieferer Schaeffler will offenbar das große Rad drehen und den dreimal größeren Dax-Konzern Continental übernehmen."; ähnlich *Skowronowski*, Ein David greift nach dem Goliath, FR vom 15.7.2008.

**122** Dazu WirtschaftsWoche, Schaefflers riskante Swap-Geschäfte zur Conti-Übernahme, 4.8. 2008.

**123** Vgl. *Fleischer/Schmolke*, ZIP 2008, 1501: „Stealth Takeover nennt man im angelsächsischen Fachjargon den heimlichen Aufbau einer Beteiligung an der Zielgesellschaft zwecks Vorbereitung eines Übernahmeangebots."

weit unter der 5-Prozent-Meldeschwelle des § 25 Abs. 1 Satz 1 WpHG a. F. [heute: § 38 Abs. 1 Satz 1 WpHG]. Eine Zusammenrechnung beider Positionen war damals noch nicht vorgesehen. Darüber hinaus – und das war der eigentliche Clou – hatte Schaeffler über weitere 28 Prozent der Continental-Aktien mit einer Reihe von Banken sog. Total Return Equity Swaps abgeschlossen und dabei nicht die spätere Lieferung von Aktien, sondern einen Barausgleich (Cash Settlement) vereinbart. Nach Schaefflers Ansicht unterlagen auch diese Finanzinstrumente keiner gesetzlichen Meldepflicht: Sie gewährten ihrem Inhaber nämlich gerade nicht das Recht, einseitig im Rahmen einer bindenden Vereinbarung Stimmrechte zu erwerben, mochten die Banken nach Ablauf des Swap-Geschäfts auch beträchtliche Anreize haben, die betreffenden Aktien ihrem Swap-Partner anzubieten.

Der Continental-Vorstandsvorsitzende Manfred Wennemer schäumte. Schaefflers Methoden seien „rabiater als die manches Hedgefonds“[124]. Der Herzogenauracher Automobilzulieferer habe ihm lapidar erklärt, jederzeit Zugriff auf 36 Prozent der Continental-Aktien zu haben: „Man setzt uns einfach die Pistole an den Kopf“[125]. Auch die Banken unter Federführung von Merrill Lynch bekamen ihr Fett weg: „Ohne Banken hätte sich Schaeffler so nicht an Conti anschleichen können; das ist mit meinem Verständnis von Fairplay nicht vereinbar.“[126] Im Rahmen ihrer Verteidigungsstrategie schaltete Continental die BaFin ein und versuchte durch Rechtsgutachten zu untermauern, dass die von Schaeffler verwendeten derivativen Finanzinstrumente nach §§ 21 ff. WpHG a. F. sehr wohl mitteilungspflichtig gewesen seien.[127] Bei Lichte besehen traf dies jedoch nicht zu: Cash Settled Equity Swaps fielen weder unter § 22 Abs. 1 Satz 1 Nr. 5 noch unter § 25 Abs. 1 Satz 1 WpHG a. F. und waren grundsätzlich auch nach § 22 Abs. 1 Satz 1 Nr. 2 WpHG a. F. nicht mitteilungspflichtig.[128] Schaeffler hatte sich vielmehr ein gesetzliches Schlupfloch zunutze gemacht, das in Fachkreisen schon länger be-

124 Der Spiegel, Conti-Chef Wennemer attackiert Banken, 19.7.2008.
125 Der Spiegel, Conti-Chef Wennemer attackiert Banken, 19.7.2008.
126 Der Spiegel, Conti-Chef Wennemer attackiert Banken, 19.7.2008.
127 Vgl. *Fehr/Jahn*, Mit Swap-Geschäften zum Übernahmeerfolg, FAZ vom 8.8.2008: „Continental hatte sich von der Anwaltskanzlei Freshfields Bruckhaus Deringer ein Schreiben an die Bundesanstalt für Finanzdienstleistungsaufsicht (BaFin) erstellen lassen, dem zufolge die Swap-Geschäfte von Schaeffler hätten gemeldet werden müssen. Allerdings mit einem Hintertürchen: ‚bestimmte Sachverhaltsannahmen unterstellt.‘, heißt es darin. Ein von den Beratern hinzugezogenes Gutachten des Tübinger Rechtswissenschaftlers Mathias Habersack kommt zu demselben Schluss.“; später auch *Habersack*, AG 2008, 817, 818 unter Hinweis auf § 22 Abs. 1 Nr. 2 WpHG a. F.
128 Vgl. etwa *Baums/Sauter*, ZHR 173 (2009), 454, 463 ff.; *Fleischer/Schmolke*, ZIP 2008, 1501, 1502 ff.; *dies.*, NZG 2009, 401, 404.

kannt war.[129] Folgerichtig kam die BaFin nach eingehender Prüfung zu dem Ergebnis, dass *in concreto* keine kapitalmarktrechtlichen Meldepflichten verletzt worden waren.[130] Die Übernahmeschlacht selbst endete nach mehreren Wochen mit einem Burgfrieden: Schaeffler verpflichtete sich in einer Investorenvereinbarung mit Continental, den Angebotspreis von ursprünglich 70,12 Euro auf 75,00 Euro je Continental-Aktie zu erhöhen und sein Engagement in den nächsten vier Jahren auf eine Minderheitsbeteiligung von bis zu 49,99 % zu beschränken.[131] Als „Garant" für die Einhaltung dieser Verpflichtungen wurde Altkanzler Gerhard Schröder gewonnen.[132] Continental-Chef Wennemer musste seinen Chefsessel räumen. Schaeffler selbst wurde mit seinem Deal in der Folgezeit nicht recht glücklich: Das Unternehmen wäre unter seiner enormen Schuldenlast wegen der hochgradig fremdfinanzierten Übernahme beinahe zusammengebrochen und musste 2011 einen Teil der Continental-Aktien zur Schuldentilgung wieder veräußern.

Rechtspolitisch entzündete sich am Fall Schaeffler/Continental die Frage nach einer abermaligen Ausweitung der Beteiligungspublizität.[133] Das nahezu zeitgleich verabschiedete Risikobegrenzungsgesetz[134] hatte zwar das „Anschleichen" an hohe Beteiligungen erschwert, indem es fortan eine Zusammenrechnung der Stimmrechte aus Aktien (§§ 21, 22 WpHG a. F.) und sonstigen Finanzinstrumenten (§ 25 WpHG a. F.) anordnete [heute: § 38 Abs. 4 WpHG], griff das neue Problem des heimlichen Beteiligungsaufbaus durch derivative Finanzinstrumente mit Barausgleich aber nicht auf.[135] Einige Dax-Finanzvorstände forderten deshalb

---

129 Vgl. *Fehr/Jahn*, Mit Swap-Geschäften zum Übernahmeerfolg, FAZ vom 8.8.2008: „Das Umgehen von Meldepflichten ist schon lange ein heißes Thema. Bereits Monate vor dem Angriff des fränkischen Wälzlagerherstellers Schaeffler auf den hannoverschen Autozulieferer Continental erzählt ein Wirtschaftsanwalt aus einer internationalen Wirtschaftskanzlei mit amerikanischen Wurzeln beim gemeinsamen Mittagessen in Frankfurt: ‚Da tut sich derzeit besonders viel' – und verweigert dann doch jede weitere Auskunft."

130 BaFin, Keine Verletzung von Meldepflichten bei Übernahmeverfahren Continental AG, Pressemitteilung von 21.8.2008.

131 Vgl. Continental, Ad-hoc-Mitteilung: Investorenvereinbarung mit Schaeffler; dazu auch Der Spiegel, Conti einigt sich mit Schaeffler, 21.8.2008.

132 Vgl. Continental, Pressemitteilung vom 21.8.2008: Ex-Bundeskanzler Gerhard Schröder fungiert als Garant der Investorenvereinbarung.

133 Vgl. Kleine Anfrage der Fraktion Bündnis 90/Die Grünen, BT-Drucks. 16/100094; Antwort der Bundesregierung, BT-Drucks. 16/10167.

134 Risikobegrenzungsgesetz vom 12.8.2008, BGBl. I, S. 1666.

135 Vgl. *Fleischer/Schmolke*, NZG 2009, 401, 404; s. auch Antwort der Bundesregierung, BT-Drucks. 16/10167, S. 5: „Das Risikobegrenzungsgesetz sieht nach Abwägung von Meldeaufwand und Informationsnutzen keine Erweiterung der Mitteilungspflichten im Dezember in Bezug auf den Umfang der nach § 25 WpHG erfassten Finanzinstrumente vor."

in einem offenen Brief an den Bundesminister der Finanzen weitere Maßnahmen.[136] Der Reformgesetzgeber reagierte auf die zunehmende Kritik an dem lückenhaften Melderegime mit dem Gesetz zur Stärkung des Anlegerschutzes und Verbesserung der Funktionsfähigkeit des Kapitalmarkts (AnsFuG)[137], das am 1. Februar 2012 in Kraft getreten ist und in § 25a Abs. 1 Satz 2 Nr. 1 WpHG a. F. [heute: § 38 Abs. Satz 1 Nr. 2 WpHG] eine Meldepflicht für Cash Settled Equity Swaps vorsieht. International diskutierte man dasselbe Problem anhand einer Reihe ähnlicher Fälle unter dem Stichwort „Hidden Ownership".[138] Zahlreiche nationale Gesetzgeber haben ihre Meldepflichten ebenfalls verschärft; eine europäische Harmonisierung steht aber noch aus.

### b) MLP/Maschmeyer

„Kampf der Giganten im Saal 12 E des Landgerichts: Milliardär Carsten Maschmeyer (58) verklagt die Mega-Kanzlei Clifford Chance auf 1,4 Mio. Euro Schadenersatz", berichtete BILD im September 2017 über einen spektakulären Kapitalmarktrechtsprozess in Frankfurt.[139] Der Auslöser für diesen Rechtsstreit reicht bis ins Jahr 2008 zurück: Der aus einfachen Verhältnissen stammende Maschmeyer hatte mit dem Verkauf des von ihm gegründeten Finanzvertriebs AWD an den Finanz- und Versicherungskonzern Swiss Life „Kasse" gemacht. Mit seinem nächsten Coup zielte er darauf, den Konkurrenten MLP zu übernehmen. Zu diesem Zweck erwarb er an der Börse heimlich, still und leise MLP-Aktien. Dabei ließ er sich von Daniela Weber-Rey, seinerzeit Partnerin bei Clifford Chance, beraten, um bei seinem Anschleichmanöver nicht mit den Regeln der kapitalmarktrechtlichen Beteiligungstransparenz in Konflikt zu geraten. Bis Februar 2008 hatte Maschmeyer MLP-Aktien in Höhe von 2,76 Prozent erworben. Dann geschah etwas Unvorhergesehenes: MLP beschloss gemäß § 238 AktG eine Kapitalherabsetzung durch Einziehung eigener Aktien, die nach § 26a Abs. 1 WpHG a. F. [heute: § 41 Abs. 1 WpHG] am 31. März 2008 veröffentlicht wurde. Durch diese Kapitalmaßnahme erhöhten sich Maschmeyers Stimmrechte ohne sein Zutun auf 3,06 Prozent. Weber-Rey informierte Maschmeyer am 1. April 2008 über die Veränderung seiner Stimmrechte und forderte ihn auf zu „checken", wie viele Aktien er habe und ob Melderechtsschwellen überschritten worden seien. Maschmeyer erkun-

136 Vgl. Handelsblatt vom 28.8.2008.

137 AnsFuG vom 5.4.2011, BGBl. I, S. 538.

138 Grundlegend *Hu/Black*, 61 Bus. Law. 1011 (2006); *dies.*, 79 S. Cal. L. Rev. 811 (2006); monographisch *Ringe*, The Deconstruction of Equity, 2016.

139 *Gärtner*, Maschmeyer verklagt Anwälte auf 1,4 Millionen, BILD vom 25.9.2017.

digte sich daraufhin bei seiner Bank und veräußerte am 2. April 2008 MLP-Aktien, so dass sein Anteil wieder auf 2,99 Prozent sank.

Im Mai 2009 leitetet die BaFin ein Verfahren gegen Maschmeyer wegen Verletzung von Mitteilungspflichten nach §§ 21 ff. WpHG a. F. [heute: §§ 33 ff. WpHG] ein. Weber-Rey erkannte bei der Aufarbeitung des Sachverhalts für Maschmeyer, dass dieser Ende März/Anfang April 2008 Meldeschwellen über- und unterschritten hatte, ohne dass eine Meldung an die BaFin erfolgt war. Auf eine Anzeige der BaFin leitete die Staatsanwaltschaft Hannover ein Ermittlungsverfahren gegen Maschmeyer wegen Marktmanipulation mit MLP-Aktien ein, das später nach § 153a StPO eingestellt wurde. Hierdurch erfuhr MLP von den Geschehnissen und forderte von ihrem Aktionär Maschmeyer nach § 62 Abs. 1 AktG Rückzahlung der Dividende für das Geschäftsjahr 2007, weil dieser wegen Nichterfüllung seiner Mitteilungspflicht gemäß § 28 WpHG a. F. [heute: § 44 WpHG] sein Dividendenrecht verloren habe. Maschmeyer verpflichtete sich in einem Vergleich zur Rückzahlung der Dividende in Höhe von 1,4 Mio. Euro.

Vor dem LG Frankfurt verklagte Maschmeyer daraufhin Clifford Chance und Daniela Weber-Rey auf Schadensersatz wegen fehlerhafter Rechtsberatung. Er sei davon ausgegangen, dass er im März/April 2008 keine Mitteilungspflichten gehabt habe, da die Meldeschwelle ohne sein Mitwirken – also „passiv" – überschritten worden sei und er die ungewollte Überschreitung unverzüglich beseitigt habe.[140] Diese Einordnung einer taggleichen Überschreitung werde bestätigt durch den Emittentenleitfaden der BaFin. Außerdem monierte er, die abstrakten Hinweise Weber-Reys zu Mitteilungspflichten und Meldeverstößen vor dem 1. April 2008 seien zur Aufklärung nicht hinreichend gewesen. Darüber hinaus hätten ihn seine Rechtsanwälte im Juni 2009 über eine Nachmeldung nach § 21 WpHG a. F. unterrichten müssen, die dann erst im Juni 2013 erfolgte.

Das LG Frankfurt bejahte einen Beratungsfehler, der für den eingetretenen Rechtsverlust aber nicht kausal geworden sei: Ein Rechtsverlust sei für Maschmeyer im Juni 2009 nicht mehr zu vermeiden gewesen, weil er sich im Rahmen des § 28 Abs. 1 Satz 1 WpHG a. F. nicht auf einen unvermeidbaren Rechtsirrtum habe berufen können.[141] Maschmeyers Rechtsirrtum, dass eine Meldepflicht bei nur passiver Überschreitung von Meldepflichten nicht bestehe, wenn der Aktienbestand unmittelbar wieder reduziert werde, sei bei der gebotenen Anlegung strenger Maßstäbe nicht unvermeidbar gewesen.[142] Die Berufung auf den Emittentenleitfaden helfe nicht weiter, weil Maschmeyer seinen Aktienbestand nicht

140 Zu Folgendem LG Frankfurt BeckRS 2017, 140170 Rn. 17 ff.
141 LG Frankfurt BeckRS 2017, 140170 Rn 33.
142 LG Frankfurt BeckRS 2017, 140170 Rn. 35.

taggleich, sondern erst einen Tag später reduziert habe, so dass dahinstehen könne, ob der BaFin-Leitfaden überhaupt als verlässliche Rechtsauskunft anzusehen sei.

Der Richterspruch ist evident falsch[143], weil § 28 Satz 2 WpHG a. F. vorsieht, dass kein Verlust des Dividendenrechts eintritt, wenn die Stimmrechtsmitteilung nicht vorsätzlich unterlassen wurde und nachgeholt worden ist. Nach ganz überwiegender, auch vom BGH geteilter Auffassung gilt im Rahmen des § 28 WpHG der zivilrechtliche Verschuldensmaßstab, der den Vorsatz bei einem vermeidbaren Rechtsirrtum entfallen lässt.[144] Zu einer Korrektur des Fehlurteils durch das OLG Frankfurt ist es gleichwohl nicht mehr gekommen, weil Maschmeyers neuer Anwalt die Berufungsfrist versäumte und ein Wiedereinsetzungsantrag erfolglos blieb[145]: „Carsten Maschmeyer und sein teures Pech mit den Anwälten“[146].

## 5. Haftung für fehlerhafte Kapitalmarktinformationen

### a) Infomatec

Am 20. Mai 1999 vermeldete die Infomatec AG einen „[g]roßartige[n] Erfolg“ und den „[g]rößt[n] Deal der Firmengeschichte“. Der 55 Mio. schwere Auftrag stelle, so wird Vorstand Gerhard Harlos in der Ad-hoc-Meldung zitiert, nur den Anfang einer Marktoffensive dar und sei „ein entscheidender Schritt in Richtung Marktführerschaft“.[147] Weitere Ad-hoc-Meldungen über vermeintliche „Mega-Deal[s]“

---

143 So auch *Wackerbarth*, Vermeidbarer Rechtsirrtum im Kapitalmarktrecht ... ein schlechter Aprilscherz?, Corporate BLawG, 16. 3. 2018.

144 Vgl. BGH NZG 2016, 1182 Rn. 36 (zu § 20 AktG); *Fleischer*, DB 2009, 1335, 1340 m. w. N.

145 Vgl. OLG Frankfurt BeckRS 2018, 9086 Rn. 9 mit der spitzen Bemerkung: „Im Übrigen ist der Senat der Auffassung, dass die relative Prominenz des Klägers, der nicht unbeträchtliche Streitwert, der nicht alltägliche Streitgegenstand und die Tatsache, dass es sich für die Prozessbevollmächtigten nicht um ein Massenverfahren handelte, jeden der beiden mandatsbearbeitenden Prozessbevollmächtigten hätte veranlassen müssen, nach der durch die Vorfrist ausgelösten Warnung den nunmehr drohenden Fristablauf täglich im Auge zu behalten.“; dazu auch JUVE, Maschmeyer gegen Clifford: Kurioses Scharmützel vor dem OLG.

146 So der Titel des Artikels von *Vorsmeier/Iwersen*, Handelsblatt vom 21. 2. 2018.

147 Die Ad-hoc-Mitteilung ist abrufbar unter: https://www.dgap.de/dgap/News/adhoc/ad-hoc service-infomatec-millionenauftrag/?newsID=9124 [Stand: 28. 5. 2019]. Zu der damaligen „Mode“ Ad-hoc-Mitteilungen als „Marketing-Instrumente“ zu nutzen, BGHZ 160, 149, 157; *Fleischer*, DB 2004, 2031, 2033; *Schmolke*, Organwalterhaftung für Eigenschäden von Kapitalgesellschaften, 2004, S. 345 m. w. N.; *Teichmann*, JuS 2006, 953, 956 („kostengünstige Werbetrommel mit hohem Verbreitungsgrad“).

und „Großaufträge“ in Millionenhöhe sowie über berauschende Wachstumszahlen im dreistelligen Bereich sollten folgen.[148] Diese kaum hinterfragten Erfolgsnachrichten nutzten die beiden Gründer-Gesellschafter und damaligen Vorstände der Infomatec AG: Harlos und sein Kompagnon Alexander Häfele veräußerten ihre Gesellschaftsanteile für zweistellige Millionenbeträge. Etwa ein Jahr später musste der ehemalige Börsenliebling die falschen Ad-hoc-Mitteilungen über teilweise frei erfundene „Phantasieverträge“[149] berichtigen und seinen prognostizierten Jahresumsatz beinahe halbieren.[150] Dieses Stakkato der Hiobsbotschaften ließ die Kurse ins Bodenlose stürzen; hunderte Kleinanleger verloren etwa 250 Mio. DM.[151]

Nachdem die Vorinstanzen[152] Schadensersatzklagen enttäuschter Aktionäre gegen die beiden Vorstandsvorsitzenden der mittlerweile insolventen Infomatec AG nahezu durchweg abgewiesen hatten, ebnete der BGH den Weg für eine kapitalmarktbezogene Informationsdeliktshaftung gemäß § 826 BGB.[153] Der für das Gesellschaftsrecht zuständige II. Zivilsenat verurteilte den ehemaligen Bodybuilder[154] Harlos und seinen Mitstreiter Häfele dazu, den gezahlten Kaufpreis zu erstatten, Zug-um-Zug gegen Rückübertragung der nunmehr beinahe wertlosen Anteile. Dreh- und Angelpunkt war dabei die Kausalität zwischen fehlerhafter Ad-hoc-Mitteilung und Anlageentscheidung.[155] Der BGH bürdete insoweit dem Anspruchsteller die Darlegungs- und Beweislast für die sog. Transaktionskausalität auf.[156] Die damit einhergehenden Beweisschwierigkeiten veranlassten Rechtswissenschaftler, den US-amerikanischen Erfahrungsschatz zu heben: Auf dem

---

148 Vgl. BGHZ 160, 134, 136; 160, 149, 150; *Buck-Heeb*, in Fleischer/Thiessen (Hrsg.), Gesellschaftsrechts-Geschichten, 2018, S. 535, 539 f.

149 BGH NZG 2004, 811, 815.

150 Statt der ursprünglich erwarteten 90 – 100 Mio. Euro rechnete das Unternehmen nunmehr mit einem Umsatz von 50,1 Mio. Euro, auf der Stufe des EBITDA von -25,9 Mio. Euro, s. https://www.dgap.de/dgap/News/adhoc/ad-hocservice-infomatec-infomatec-ag/?newsID=12467 [Stand: 28.5.2019].

151 Vgl. *Buck-Heeb* (Fn. 148), S. 535, 540 m.w.N.; *Teichmann*, JuS 2006, 953, 956; aus der damaligen Tagespresse *Iken/Zschäpitz*, Infomatec-Katastrophe am Neuen Markt, Die Welt vom 31.8.2000.

152 Vgl. *Gottschalk*, Der Konzern 2005, 274, 275; *Kort*, AG 2005, 21.

153 BGHZ 160, 134 (Infomatec I); BGHZ 160, 149 (Infomatec II); BGH NZG 2004, 811 (Infomatec III); dazu *Edelmann*, BB 2004, 2031; *Fleischer*, DB 2004, 2031; *Gerber*, DStR 2004, 1793; *Goette*, DStR 2005, 561, 562 f.; *Haas*, LMK 2004, 181; *Kort*, AG 2005, 21; *Körner*, NJW 2004, 3386; *Leisch*, ZIP 2004, 1573; *Lenenbach*, EWiR 2004, 961; *Schulte*, VuR 2005, 121; *Teichmann*, JuS 2006, 953.

154 *Kühn/Wolf*, Aktien-Krimi, Focus-Money vom 23.11.2000.

155 *Gottschalk*, DStR 2005, 1648, 1649: „Knackpunkt“.

156 BGHZ 160, 134, 146 f.; s. Assmann/Schütze/*Fleischer* (Hrsg.), Hdb. Kapitalanlagerecht, 4. Aufl. 2015, § 6 Rn. 25 ff.

Boden der modernen Kapitalmarkttheorie könne auf das Kausalitätserfordernis verzichtet werden und das enttäuschte Vertrauen auf die korrekte Marktpreisbildung genügen (sog. *fraud-on-the-market-theory*).[157] Die Grundsatzentscheidungen des BGH bilden bis heute den „rechtspraktischen Kristallisationspunkt“[158] der persönlichen Haftung von Vorstandsmitgliedern für falsche Ad-hoc-Mitteilungen und wurden als „Durchbruch für die Aktionärsrechte“[159] gefeiert. Auch der erfolgreich klagende Metzgermeister aus dem Ruhrgebiet, Frank Planeck, frohlockte nach der Urteilsverkündung, dass er jetzt sein Geld zurückbekomme und sich der Kampf gelohnt habe.[160] Sein Freude währte jedoch nur kurz und der kapitalmarktrechtliche Meilenstein entpuppte sich schon bald als Pyrrhussieg:[161] Das LG Augsburg hatte im Strafverfahren gegen Harlos und Häfele Ansprüche zugunsten der Anleger für ausgeschlossen gehalten und gemäß § 73 Abs. 1 Satz 1 i.V. m. § 73a StGB a.F. bereits den Verfall des Vermögens der Angeklagten zugunsten des Freistaats Bayern angeordnet.[162] Planeck sah keinen Cent.[163]

Parallel zum Infomatec-Fall boten die Skandale des Neuen Marktes Anlass für Reformüberlegungen in Rechtspolitik und -wissenschaft. Der Gesetzgeber führte 2002 durch das Vierte Finanzmarktförderungsgesetz (4. FMFG)[164] erstmals bereichsspezifische Haftungstatbestände für unwahre und pflichtwidrig unterlassene Ad-hoc-Mitteilungen ein – allerdings allein gegen den Emittenten gerichtet: §§ 37b und 37c WpHG a.F. [heute: §§ 97 f. WpHG]. Ein weitergehender Diskussionsentwurf für ein Kapitalmarktinformationshaftungsgesetz[165] wurde nach scharfem Gegenwind[166] zurückgezogen. Er hatte gemäß § 37a Abs. 1 Satz 1 WpHG-E eine Haftung für alle „öffentlichen Bekanntmachungen oder Mitteilungen über

---

**157** Etwa *Fleischer*, DB 2004, 2031, 2034; vgl. dazu *Langenbucher* (Fn. 87), § 14 Rn. 54 ff.; *Klöhn*, ZHR 178 (2014), 671; *Spindler*, WM 2004, 2089, 2092 f.

**158** Fleischer/*Fleischer*, Handbuch des Vorstandsrechts, 2006, § 14 Rn. 20; ähnlich *ders.* (Fn. 156), § 6 Rn. 19; *Kort*, NZG 2005, 496.

**159** So etwa der Klägeranwalt Rotter, zitiert nach Manager Magazin, „Wahnsinn, jetzt bekomme ich mein Geld zurück“, vom 19.7.2004.

**160** „Wahnsinn, jetzt bekomme ich mein Geld zurück. Ich hatte nie gehofft, dass das wahr wird. Der Kampf hat sich gelohnt“, zitiert nach Manager Magazin, „Wahnsinn, jetzt bekomme ich mein Geld zurück“, vom 19.7.2004.

**161** Zu dieser Pointe des Falls *Buck-Heeb* (Fn. 148), S. 535, 555 f.

**162** LG Augsburg NStZ 2005, 109, 111.

**163** Vgl. *Buck-Heeb* (Fn. 148), S. 535, 555 m.w.N.

**164** BGBl. I, S. 2010; dazu etwa *Fleischer*, NJW 2002, 2977.

**165** Abgedruckt in NZG 2004, 1042; dazu *Duve/Basak*, BB 2005, 1645; *Fleischer*, BKR 2003, 608, 611 ff.; *Körner*, NJW 2004, 3386, 3387 f.; *Schäfer*, NZG 2005, 985; *Schulte*, VuR 2005, 121; *Spindler*, WM 2004, 2089, 2093 ff.; *Teichmann*, JuS 2006, 953, 959; *Veil*, BKR 2005, 91.

**166** *DAV-Handelsrechtsausschuss*, NZG 2004, 1099; *Semler/Gittermann*, NZG 2004, 1081, 1085 f.; *Spindler*, WM 2004, 2089, 2094 ff.; dazu *Hopt*, ZIP 2013, 1793, 1802 („Berliner Lobby-Erfolg“).

geschäftliche Verhältnisse" vorgesehen, die § 37a Abs. 2 WpHG-E auf Organmitglieder erstrecken sollte. Eine Idee, die jüngst wieder stärkeren Rückenwind erhalten hat.[167]

### b) IKB/Ortseifen

Der frühere Vorstandssprecher der IKB, Stefan Ortseifen, stand als erster Bankenchef wegen seiner Rolle in der Finanzkrise vor Gericht und stieg unfreiwillig zur „Symbolfigur der Finanzkrise"[168] auf. Sein bemerkenswerter Weg an die Spitze der Mittelstandsbank war eng verknüpft[169] mit dem milliardenschweren Engagement der IKB auf dem US-Hypothekenmarkt[170]. Als die Risiken schließlich 2007 immer deutlicher zu Tage traten, kamen Gerüchte auf, dass auch der IKB mit Blick auf den US-Subprime-Markt substantielle Risiken drohten. Um die Märkte zu beruhigen, gab ihr Vorstand am 20. Juli 2007 eine Pressemitteilung heraus, wonach der Zusammenbruch des US-Hypothekenmarkts „praktisch keine Auswirkung" auf die IKB habe. Es drohe lediglich ein einstelliges Millionenrisiko.[171] Nur zehn Tage später musste die IKB ihre Einschätzung im Wege einer Ad-hoc-Mitteilung korrigieren und als erste deutsche Bank unter einem milliardenschweren Rettungsschirm Schutz suchen, um „das schlimmste Banken-Desaster seit mehr

---

**167** *Bachmann*, JZ 2012, 578, 582; *Hannich*, WM 2013, 449, insbes. 456 („der Gesetzgeber gut daran tut, endlich ein KapInHaG einzuführen"); *Hopt*, WM 2013, 101, 109; *ders.*, ZIP 2013, 1793, 1802, 1805 („wird hier für [...] die Wiederaufnahme der Arbeiten an einer Organdritthaftung im Kapitalmarktrecht (KapInHaG), aber zugleich auch für Eingrenzungen der Organhaftung plädiert"); zuvor bereits *Baums*, Bericht der Regierungskommission Corporate Governance, 2001, Rn. 182, 186; *Beschlüsse des 64. DJT Berlin 2002*, NZG 2002, 1006, 1006 f.; *Fleischer*, BKR 2003, 608, 612; *ders.*, ZGR 2004, 437, 462 ff.; *ders.* (Fn. 156), § 6 Rn. 10 m.w.N.; *Schäfer*, NZG 2005, 985, 987 ff.

**168** *Bastian*, Handelsblatt vom 16.3.2010, S. 62; ähnlich *Seith*, Kursmanipulation im Wintergarten, Spiegel Online vom 16.3.2010: „Noch dazu ist sein Prozess der erste gegen einen der großen Banker, die nach Ansicht der Öffentlichkeit für das Jahrhundertdebakel der Finanzkrise verantwortlich sind."

**169** *Bastian*, Handelsblatt vom 16.3.2010, S. 62: „Er baute die Verbriefung als neues Geschäftsfeld auf. Die Bank investiert in verbriefte Wertpapiere und konstruiert die dafür nötigen Zweckgesellschaften. Das bringt so viel zusätzlichen Gewinn, dass Ortseifen 2004 zum Vorstandssprecher aufsteigt."

**170** *v. Bernuth/E. Wagner/Kremer*, WM 2012, 831, 832; zuspitzend *Neßhöver*, Deutschlands größte Bankenkrise, 6. Teil, Manager Magazin vom 24.1.2013 unter dem Titel „2007: IKB – wie Stefan Ortseifen die Mittelstandsbank zur Zockerbude machte".

**171** So die auf der Webseite der IKB Deutsche Industriebank abrufbare Pressemitteilung vom 20. Juli 2007; s. zum Sachverhalt auch BGHZ 192, 90 Rn. 2 ff.; *Bachmann*, JZ 2012, 578; *Spindler*, NZG 2012, 575.

als 70 Jahren"[172] zu verhindern. Die Finanzkrise hatte Deutschland erreicht. Ortseifen wurde später wegen vorsätzlicher Marktmanipulation rechtskräftig verurteilt.[173]

Es blieb nicht das einzige Urteil in dieser Sache: Ein Anleger hatte kurz nach der Pressemitteilung, aber noch vor dem Kollaps der Bank 1.000 Anteile erworben, die nach der Ad-hoc-Mitteilung wertlos waren, und verlangte daraufhin von der IKB Ersatz. Dies bejahte der für das Bank- und Kapitalmarktrecht zuständige XI. Zivilsenat im Ergebnis. Dabei stützte er sich jedoch nicht auf die fehlerhafte Pressemitteilung und § 826 BGB,[174] sondern auf die unterlassene Ad-hoc-Mitteilung über die Höhe des Subprime-Anteils der Bank und der mit ihr verbundenen Zweckgesellschaften (§§ 37b Abs. 1 Nr. 1, 13 Abs. 1 Satz 1, 15 Abs. 1 WpHG a. F.).[175] In einem weiteren „Meilenstein" der Geschichte des deutschen Kapitalmarktrechts verlieh der BGH den §§ 37b, 37c WpHG a. F. Zähne:[176] Auch in deren Rahmen könne der Anleger den Vertragsabschlussschaden erfolgreich geltend machen.[177] Unbenommen bleibe es ihm zudem, den Kursdifferenzschaden als Mindestschaden zu verlangen. Dazu müsse er nicht die Erwerbskausalität nachweisen. Es genüge darzulegen, dass der Aktienkurs bei rechtzeitiger Ad-hoc-Mitteilung niedriger gewesen wäre. Der Schaden könne sodann gemäß § 287 ZPO geschätzt werden.[178]

---

**172** So drastisch etwa Die Welt, Knapp vorbei an einem nationalen Desaster, 2. 8. 2007.

**173** BGH NZG 2011, 1075.

**174** Das Urteil insoweit für überraschend haltend *Müller-Michaels*, BB 2012, 530, 537; ähnlich *Bachmann*, JZ 2012, 578, 579; *Hellgardt*, DB 2012, 673, 674; *v. Bernuth/E. Wagner/Kremer*, WM 2012, 831, 833.

**175** BGHZ 192, 90 Rn. 30 ff.; zweifelnd *Seibt*, EWiR 2012, 159, 160: „sehr zweifelhaft und [...] Ausdruck des sog. Hindsight Bias".

**176** *Bachmann*, JZ 2012, 578, 582 („Indem das Urteil den §§ 37b, 37c WpHG Zähne verleiht, stellt es einen begrüßenswerten Fortschritt bei der Kapitalmarktinformationshaftung dar."); *Spindler*, NZG 2012, 575, 579 („Das IKB-Urteil [...] kann getrost als ein Meilenstein in der Fortentwicklung des deutschen Kapitalmarktrechts bezeichnet werden [...]."); ähnlich *v. Bernuth/E. Wagner/Kremer*, WM 2012, 831, 831 f. („Grundsatzentscheidung").

**177** BGHZ 192, 90 Rn. 47 ff. m. w. N.; dazu sowie zum vorherigen Meinungsstand *Klöhn*, AG 2012, 345, 350 ff.; *Schmolke*, ZBB 2012, 165, 173 ff.; beide m. w. N.

**178** BGHZ 192, 90 Rn. 67 f.; dazu sowie zum vorherigen Meinungsstand *Klöhn*, AG 2012, 345, 350 ff.; *Schmolke*, ZBB 2012, 165, 176 f.; beide m. w. N.

# III. Schlussbetrachtung

## 1. Krisen und Skandale als Entwicklungsmotor des Kapitalmarktrechts

Die geschilderten Fälle lassen sich als eine *Chronique scandaleuse* unter der Ägide des neuen WpHG lesen. Sie erschöpfen sich aber keineswegs nur in einer Sammlung von Skandalgeschichten, sondern veranschaulichen auch die eingangs erläuterte Krisendialektik des Kapitalmarktrechts: Sowohl nach dem Zusammenbruch des Neuen Marktes im Jahre 2000 als auch nach der Finanzmarktkrise von 2008 forderten zahlreiche Stimmen ein Einschreiten des Reformgesetzgebers, um die aufgetretenen Missstände in Zukunft zu verhindern. Eine fundierte rechtliche Aufarbeitung beider Krisen fand jeweils auf der großen Bühne des Deutschen Juristentags statt: Der 64. Deutsche Juristentag beriet 2002 in Berlin darüber, ob es sich im Interesse des Anlegerschutzes und zur Förderung des Finanzplatzes Deutschland empfiehlt, das Kapitalmarkt- und Börsenrecht neu zu regeln[179], und der 68. Deutsche Juristentag verhandelte 2010 abermals in Berlin die Frage, welche Regelungen sich im Rahmen der Finanzmarktregulierung für den deutschen und europäischen Finanzsektor empfehlen[180].

Kriseninduzierte Reformgesetze ließen nicht lange auf sich warten: Die im Jahre 2002 durch das 4. FMFG eingeführten Haftungsvorschriften der §§ 37b, c WpHG a. F. sind als Reaktion auf die tiefe Vertrauenskrise am Neuen Markt nach den Vorkommnissen um **Infomatec** und andere Unternehmen zu verstehen.[181] Gleiches gilt für die Neuregelung des Verbots der Kurs- und Marktpreismanipulation gemäß § 20a WpHG a. F., dessen Vorgängervorschrift sich unter anderem im Fall **Egbert Prior** als rechtspraktisch wirkungslos und rechtsvergleichend rückständig erwiesen hatte.[182] Eine legislatorische Antwort auf das Anschleichen an börsennotierte Unternehmen im Fall **Schaeffler/Continental** bildet der durch das AnsFuG von 2012 eingeführte § 25a WpHG a. F.

---

179 Dazu *Fleischer/Merkt*, Empfiehlt es sich im Interesse des Anlegerschutzes und zur Förderung des Finanzplatzes Deutschland das Kapitalmarkt- und Börsenrecht neu zu regeln?, Gutachten F/G zum 64. DJT 2002.

180 Dazu *Hellwig/Höfling/Zimmer*, Finanzmarktregulierung: Welche Regelungen empfehlen sich für den deutschen und europäischen Finanzsektor?, Gutachten E/F/G zum 68. DJT 2010.

181 Vgl. *Fleischer*, NJW 2002, 2977.

182 Auch dazu *Fleischer*, NJW 2002, 2977, 2978.

## 2. Lernprozesse der Normadressaten des Kapitalmarktrechts

Andere Miniaturen führen uns die schmerzlichen Lernprozesse mancher Marktteilnehmer im Umgang mit dem neuen WpHG vor Augen. Dies beginnt mit dem Fall **Heugel/Stadt Köln** zum Insiderhandel, der vor Inkrafttreten des WpHG nur gänzlich unzureichend durch freiwillige Insider-Regeln erfasst worden war.[183] Dass die erforderliche Sensibilisierung auch ein Vierteljahrhundert später noch nicht allerorten erfolgt ist, veranschaulicht der Fall **Deutsche Börse/Kengeter:** „Und dass ausgerechnet die Börse, als öffentlich bestellte Garantin eines ordnungsgemäßen Kapitalmarkts, dessen Regeln nicht beherrscht – das hat was. Man könnte Mitleid bekommen."[184]

Lehrgeld zahlen musste im Fall **Heiko Herrlich/Borussia Dortmund** auch Deutschlands erster und bisher einziger börsennotierter Fußball-Bundesliga-Verein bei der Abfassung einer Ad-hoc-Mitteilung, mochte die ins Detail gehende Mitteilung über Herrlichs Erkrankung auch durch dessen Einwilligung gedeckt sein. Sehr viel teurer zu stehen kam dem Großaktionär im Fall **MLP/Maschmeyer** der Rechtsirrtum über das Bestehen kapitalmarktrechtlicher Mitteilungspflichten bei passivem Überschreiten der Meldeschwelle. Im selben Verfahren hat sich freilich auch die Spruchpraxis nicht mit Ruhm bekleckert, als ihr bei der Normanwendung ein grober Schnitzer unterlief.

## 3. Akteure des Kapitalmarktrechts

In vielen Erzählstücken begegnen uns die zentralen Akteure des Kapitalmarktrechts. Hierzu gehören zuvörderst die Gerichte, die den neu geschaffenen WpHG-Vorschriften durch ihre Entscheidungen Leben eingehaucht haben. Dabei zeigt sich, dass die Konkretisierungsleistungen durch ganz verschiedene Spruchkörper vorgenommen wurden: Manche Leitentscheidungen wie im Fall **Daimler/Schrempp** und im Fall **Infomatec** hat der II. Zivilsenat des BGH beigesteuert, andere wie im Fall **IKB/Ortseifen** der XI. Zivilsenat. Mitunter waren aufgrund der Kriminalität von Insiderhandel und Marktmanipulation auch die Strafgerichte zur Entscheidung aufgerufen, etwa im Fall **Sascha Opel.** Der Geschäftsverteilungsplan des BGH zerreißt hier – in der Sache nicht ganz glücklich – die innere Zusammengehörigkeit von Aktien- und Kapitalmarktrecht für börsennotierte Unternehmen.

---

**183** Dazu Fuchs/*Mennicke*, WpHG, 1. Aufl. 2009, vor §§ 12 bis 14 Rn. 8 ff.

**184** *Meck*, FAZ vom 23.7.2017, S. 29.

Eine außerordentlich prominente Rolle spielt daneben die BaFin, die bis zum Gesetz über die integrierte Finanzdienstleistungsaufsicht von 2002[185] noch als Bundesaufsichtsamt für den Wertpapierhandel firmierte. Seither ist sie für die Praxis zumeist der erste Anlaufpunkt, vor allem weil sie nach § 4 Abs. 1 WpHG a. F. [heute: § 6 Abs. 1 WpHG] die Aufsicht über die Marktteilnehmer ausübt. Beobachten konnte man dies etwa im Fall **Schaeffler/Continental**, als die Rechtsvertreter von Continental, wenn auch im Ergebnis ohne Erfolg, die allgemeine Missbrauchsaufsicht der BaFin zu aktivieren versuchten. Ihren reichen Erfahrungsschatz hat die BaFin seit 2005 durch ihren wiederholt aktualisierten Emittentenleitfaden weitergegeben, der seinerzeit den 1998 erschienenen Leitfaden zur Ad-hoc-Publizität und zum Insiderrecht ablöste.[186] Er bildet zwar, wie der BGH zwischenzeitlich entschieden hat, keine eigene Rechtsquelle, sondern nur eine norminterpretierende Verwaltungsvorschrift.[187] Dennoch kann er, wie im Fall **MLP/Maschmeyer** am Rande erwähnt, als „Autorität der Sachnähe"[188] für die Frage des Vertretenmüssens bei Pflichtverstößen Bedeutung erlangen.

Zu den „Kapitalmarktrechts-Honoratioren"[189] gehören weiterhin die Wirtschaftsrechts-Professoren, die durch ihre Veröffentlichungen zur Systementfaltung und Fortentwicklung des WpHG beigetragen haben. Als Inspirationsquelle diente ihnen nicht zuletzt das weiter gediehene US-amerikanische Kapitalmarktrecht mitsamt seiner erfahrungsgesättigten Spruchpraxis. Zeugnis davon legt etwa die wissenschaftliche Aufarbeitung der Kapitalmarktinformationshaftung ab, bei der verschiedene Stimmen im Zusammenhang mit dem Fall **Infomatec** für die *fraud-on-the market-theory* warben. Ein anderes Beispiel bildet der Hinweis auf die *probability-magnitude*-Formel im Fall **Daimler/Schrempp.**

## 4. Mehrebenensystem des Kapitalmarktrechts

Schließlich vermitteln die hier ausgewählten Fallstudien einen Eindruck von dem komplizierten Mehrebenensystem des Kapitalmarktrechts. Dies wird zunächst für die Normauslegung relevant, wenn ihr – wie häufig – eine europäische Richtlinie

---

**185** BGBl. I, S. 1310.

**186** Näher Fuchs/*Mennicke*, 2. Aufl. 2016, vor §§ 12 bis 14 Rn. 37 ff.

**187** BGH NZG 2008, 300 Rn. 24 unter Hinweis auf *Fleischer*, ZGR 2007, 401, 404; bestätigt durch BGHZ 192, 90 Rn. 44.

**188** *Fleischer/Bedkowski*, DStR 2010, 933, 938.

**189** Von „Rechtshonoratioren" spricht *Max Weber*, Wirtschaft und Gesellschaft, 5. Aufl. 1972 (Studienausgabe), S. 556 ff. und 504 f.; konzeptionell vertiefend für die „Gesellschaftsrechts-Honoratioren" *Fleischer*, NZG 2019 (im Druck).

zugrunde liegt. Welche Irrungen und Wirrungen sich hier ergeben können, wenn die nationalen Gerichte keinen vergewissernden Seitenblick auf die fremdsprachigen Fassungen eines europäischen Rechtsaktes werfen, zeigt der Fall **Daimler/Schrempp.**[190] Weiteres Anschauungsmaterial hält der Fall **Sascha Opel** bereit, wo sich anhand der Marktmissbrauchsrichtlinie die Frage stellte, ob eine richtlinienkonforme Auslegung nationalen Rechts vor Ablauf der Umsetzungsfrist erfolgen darf.[191] Der BGH vermied eine eindeutige Antwort, wies aber immerhin darauf hin, dass der deutsche Gesetzgeber das Verbot der Kurs- und Marktpreismanipulation im Vorgriff auf die neue Richtlinie durch das 4. FMFG eingefügt und sich bei der tatbestandlichen Ausformung am Richtlinienentwurf orientiert habe.[192]

Als letzte Auslegungsinstanz unionsrechtlicher Normen wirkt der EuGH. Dessen Leitentscheidungen haben – wie im Fall **Daimler/Schrempp** – später mitunter Eingang in das überarbeitete Richtlinien- oder Verordnungsrecht gefunden. Methodisch stellen sich bei einer solchen Kodifizierung von Richterrecht reizvolle Fragen, die auf europäischer Ebene noch wenig erörtert sind: Sind die neuen Tatbestandsvoraussetzungen im Lichte der einschlägigen Leitentscheidung zu interpretieren oder ist diese historische Wurzel gänzlich gekappt?[193]

---

**190** Näher *Fleischer*, GWR 2011, 201, 205.
**191** Dazu *Fleischer*, DB 2004, 51, 53.
**192** Vgl. BGHSt 48, 373, 379.
**193** Vgl. für das deutsche Recht *Fleischer/Wedemann*, AcP 209 (2009), 597, 614 ff.

Heribert Hirte und Jean Mohamed

# WpHG und Ethik
# Cui bono?

## I. Prolog

Bis vor gar nicht allzu langer Zeit hätte manch einer die Koppelung des Kapitalmarktrechts an ethische Grundsatzfragen wohl als „Paradoxon ersten Grades“ bezeichnet. Was soll das Kerngebiet für den Umlauf von Unternehmensbeteiligungen, für die Regelungsgegenstände der Finanzmärkte, für den Funktionenkonnex zwischen Kapitalmarkt und globalisierter Wirtschaft mit ethischen Themen zu tun haben? Ethik und Kapitalmarkt bilden heute aber – wenn nicht gar seit jeher (!) – als Bezugspunkte unseres Lebens keinen Widerspruch, ganz im Gegenteil: das Kapitalmarktrecht im demokratischen Rechtsstaat ist ohne rechtsethische und -kulturelle Grundlagenbildung nicht denkbar. Man kann, auch wenn dies ein Allgemeinplatz sein mag, die dem Recht zugrundeliegenden Werte und Überzeugungen nicht mehr aus der „Kapitalmarktwissenschaft“ hinwegdenken. Wenn dies so ist und das Vorstehende stimmt, dann sind die rechtsethischen Querbezüge beim Einsatz kapitalmarktrechtlicher Regelwerke und Figuren zwingend herauszuarbeiten und in ein schlüssiges Gesamtkonzept zu bringen. Dies wird, so weit kann man wohl unstreitig gehen, eine Mammutaufgabe für gar alle interdisziplinär betroffenen (Rechts-)Bereiche sein. „Ethik und Kapitalmarktrecht“: das ist – frei nach *Theodor Fontane* und später *Günter Grass* – ein „weites Feld“, und mit der Aufsatzform wird das Thema in ein enges Korsett gezwängt. Wir wollen uns hier daher nur einen Teilbereich anschauen, nämlich das Jubiläums-Wertpapierhandelsrecht als Part des Kapitalmarktrechts sowie die faktisch-zwingenden Querbezügen zum Kapitalmarkt- und Unternehmensrecht.

## II. Die definitorische Ebene: Was ist Kapitalmarktrecht? Was ist Wertpapierhandelsrecht?

### 1. Kapitalmarktrecht

Es fängt, wie so oft, bei der Herausbildung von Definitionen an. Wenn es eine abschließende, allseits anerkannte Definition des Rechtsgebiets gibt, sind die

https://doi.org/10.1515/9783110632323-008

Fragen rund um das Rechtsgebiet selbst schneller und einfacher zu beantworten. Hier liegt aber schon eines unserer Probleme: Es gibt keine feste Definition des Kapitalmarktrechts, es gibt nur Definitionsversuche. Das Kapitalmarktrecht wurde in Deutschlang lange nicht einmal als eigenständiges Rechtsgebiet betrachtet.[1] Kapitalmarktrechtliche Fragestellungen wurden im Bank-, Börsen-, Gesellschaftsrechtsrecht, darin insbesondere im Aktienrecht, und im allgemeinen Zivilrecht oder öffentlichen Recht behandelt. Schon längst hat sich aber in Rechtswissenschaft und -praxis die Überzeugung durchgesetzt, dass hier ein ganz eigenständiger Kanon von Rechtsregeln gilt. Das Kapitalmarktrecht ist so auch Gegenstand ständiger öffentlicher Diskussionen nicht nur in Fachkreisen. Nun mag es als müßig erscheinen, zum x-ten Mal darauf zu verweisen, dass das Rechtsgebiet sich weder durch einen wenn auch rechtlichen Begriff noch durch eine Anknüpfung an die gehandelten Güter und Marktteilnehmer hinreichend klar abgrenzen und definieren lässt.[2] Wohl einhellig wird bei den Begriffsbestimmungen[3] aber das Verhalten der Markt*teilnehmer* zum Gegenstand genommen. *Klaus J. Hopt* nennt gar ausdrücklich „den Individualschutz der Kapitalanleger“[4]. Der Teilnehmerkreis des Kapitalmarktes gehört zur Definition also dazu. Nun agiert im Kapitalmarkt jedoch eine Vielzahl von Personen und Institutionen. Neben den Emittenten, Intermediären, der BaFin, der Börse als Veranstaltung und als Träger selbst, sind für unser Thema jedenfalls die *Anleger*[5] hervorzuheben. Das

---

1 Vor nun schon etwas längerer Zeit sprach *Assmann* in Assmann/Schütze, Kapitalanlagerecht, 1. Aufl. 1990, § 1 Rn. 21 noch von einem „intelligiblen Rechtsgebiet“, und *Hopt* ZHR 141 (1977), 389, 431 meinte, dass Kapitalmarktrecht eine Aufgabe sei, aber auch nicht mehr ein „Rechtsgebiet in statu nascendi“.

2 Zu dieser Erkenntnis auch schon *Lenenbach,* Kapitalmarktrecht, 2. Aufl. 2010, Rn. 1.87; *Veil* in Veil (Hrsg.), Europäisches Kapitalmarktrecht, 2. Aufl. 2014, § 2 Rn. 1. Zu der Gemengelage aus verschiedenen Bestimmungen etwa *Schlitt* in Grunewald/Schlitt, Einführung in das Kapitalmarktrecht, 3. Aufl. 2014, S. 3; *Wittig* in Kümpel/Wittig, Bank- und Kapitalmarktrecht, 4. Aufl. 2011, 1. Teil Rn. 1.53.

3 Die bekannteste Definition stammt heute noch von *Hopt* ZHR 141 (1977), 389, 431; etwas offener *Wittig* in Bank- und Kapitalmarktrecht (Fn. 2), 1. Teil Rn. 1.10 (zuvor schon *Kümpel* in 2. Aufl. 2000, Rn. 1.5). Vgl. zu den Umschreibungsversuchen auch *Buck-Heeb,* Kapitalmarktrecht, 10. Aufl. 2019, Rn. 1 ff.; *Hirte/Heinrich* in KK-WpHG, 2. Aufl. 2014, Einl. Rn. 4; *Lenenbach,* Kapitalmarktrecht (Fn. 2), Rn. 1.86; *Merkt* JuS 2013, 217, 224; *Poelzig,* Kapitalmarktrecht, 2018, Rn. 4.

4 *Hopt* ZHR 141 (1977), 389, 431. In diese Richtung geht auch die Umschreibung von *Merkt* JuS 2013, 217, 224: „[...] die *in erster Linie* der Kapitalmarktfunktion und dem Anlegerschutz dienen.“

5 Nun kann man sicherlich nicht alle Anleger gleichsam als „einen“ Personenkreis fassen, wir müssen unterteilen in Privatanleger, Großanleger, Klein(st)anleger und in institutionelle Anleger. Rechtsethische Themen gelten jedoch – mit unterschiedlichen Anknüpfungen – für den gesamten Anlegerkreis.

Funktionieren des Kapitalmarktes und des Rechtsgebietes hängt stark vom *Vertrauen* dieser Anleger ab. Auch wenn die konzeptionellen Grundlagen des Anlegerschutzes bis heute noch ungeklärt sind, ist der Anlegerschutz als Ausgangspunkt des Kapitalmarktrechts inzwischen grundsätzlich anerkannt.[6] Eine Ausprägung des Anlegerschutzes ist etwa die Haftung wegen fehlerhafter Ad-hoc-Mitteilung (§§ 97 f. WpHG i.V.m. Art. 17 MAR). Die Regelungen des Kapitalmarktrechts sollten nach unserem Verständnis ja nicht nur den Funktionenschutz des Marktes gewähren – also ohne dass es auf das „gerechte" Ergebnis im Einzelfall ankommt –, sondern auch auf die individuelle Gerechtigkeit (Individualschutz) abzielen.[7] Wenn wir den Kapitalmarkt eben nicht, wie das Gesellschaftsrecht (Aktienrecht), als rechtsformbezogen, sondern funktionsbezogen und rechtsformübergreifend verstehen, so befindet sich das so verstandene Kapitalmarktrecht stets im Fluss der Zeit. Die Definitions- und Begriffsverständnisebene muss dann aber auch offen sein für die uns Juristen nicht *per se* bekannten Bereiche, etwa ethische, glaubensbezogene oder religiöse Bereiche aus Sicht der Anleger oder gar der Emittenten. Nur so kann man einer der zentralen Fragestellungen des Kapitalmarktrechtes, nämlich der definitorischen Umgrenzung, in Gänze gerecht werden.

## 2. Wertpapierhandelsrecht

Dem im WpHG geregelten Wertpapierhandelsrecht eilt schon seit Jahren der Ruf als „Kernstück" oder „Grundgesetz" des Kapitalmarktrechts voraus.[8] Die parallel

---

6 Vgl. etwa die Ausführungen von *Buck-Heeb*, Kapitalmarktrecht, 10. Aufl. 2019, Rn. 12 ff.; *Hirte/Heinrich* in KK-WpHG (Fn. 3), Einl. Rn. 4 (und zum „individuellen Anlegerschutz" der §§ 21 ff. WpHG a.F. [§§ 33 ff. WpHG n.F.], siehe *Hirte* in KK-WpHG [Fn. 3], § 21 Rn. 4); *Poelzig*, Kapitalmarktrecht, 2018, Rn. 28 f. und *Hopt* in Grundmann, Systembildung und Systemlücken in Kerngebieten des Europäischen Privatrechts, 2000, S. 307, 313, der hierbei von „Postulat, Normzweck und dogmatische Kategorie" schreibt. Zu einer besonderen Ausprägung des Anlegerschutzes (Ad-hoc-Publizität) schon *Hirte* in Hadding/Hopt/Schimansky, Das Zweite Finanzmarktförderungsgesetz in der praktischen Umsetzung, 1995, S. 47–93.

7 So auch schon der Erstverfasser mit *T. A. Heinrich* in KK-WpHG (Fn. 3), Einl. Rn. 11 und *Hirte* in Gestaltungsfreiheit im Gesellschaftsrecht. 11. ZGR-Symposium 25 Jahre ZGR, ZGR-Sonderheft 13 (1998), S. 61, 73. Vgl. vor allem aber schon *Hopt* in seiner Habilitationsschrift „Der Kapitalanlegerschutz im Recht der Banken", 1975, S. 89 ff., 413 ff.

8 Zu der Bedeutungshöhe des WpHG schon statt aller *Lehmann*, Grundriss des Bank- und Kapitalmarktrechts, 2016, Rn. 356; *Hirte/Heinrich* in KK-WpHG (Fn. 3), Einl. Rn. 3, *Hopt* ZHR 159 (1995), 135; *Poelzig*, Kapitalmarktrecht, 2018, Rn. 52; *Schwark* in Schwark/Zimmer, KapitalmarktR Komm, WpHG Einl. Rn. 28; *Siller*, Kapitalmarktrecht, 2006, S. 3; *Wittig* in Bank- und Kapitalmarktrecht (Fn. 2), 1. Teil Rn. 1.55.

verlaufenden Entwicklungen des europäischen Kapitalmarktrechts, insbesondere die zunehmende Ablösung durch komplexes und kompliziertes Verordnungsrecht der Europäischen Union (insbesondere die Verordnung (EU) Nr. 596/2014 [MAR]), lassen eine solch' fundamentale Bedeutung des WpHG indes immer mehr bröckeln.[9] Dass sich auch europäische Werte- und Ethikvorstellungen hier stärker durchsetzen werden, wenn unmittelbar in den Mitgliedstaaten verbindliche europäische Verordnungen erhebliche Regelungsfelder dem WpHG entziehen, ist zwingende Folge der Europäisierung auch dieses Rechtsbereichs. Zur Ausweitung einerseits und Reduktion andererseits der Regelungsfelder im WpHG wird in der Festschrift bereits an anderer Stelle ausführlich geschrieben.[10] Grob gesprochen trifft das Gesetz umfängliche Regelungen für den Handel mit Wertpapieren, und enthält in § 1 Abs. 1 WpHG unter anderem Verhaltenspflichten der Wertpapierdienstleister, ergänzende Vorschriften zum Marktmissbrauch und zu Publizitätspflichten sowie Regelungen zur Aufsicht und zur Ahndung von Verstößen.[11]

Als maßgebliches Qualitätskriterium im vergleichenden Wettbewerb der verschiedenen Börsensysteme in einem dergestalt verstandenen „Wertpapierhandelsverkehr" sind weitgehend (i.) die Chancengleichheit der Teilnehmer, (ii.) die vorhandene Markttransparenz[12] oder auch (iii.) die Überwachbarkeit des Handels und der Abwicklung (usw.) anerkannt.[13] Man mag jetzt überlegen, was in Zeiten von digitalisierten Buchvorgängen und in Zeiten des *„Know-your-shareholder"*-Konzepts[14] von ARUG II[15] überhaupt unter *Transparenz* zu verstehen ist. Wenn wir heute

---

9 Zu der Kritik jüngst *Assmann* in Assmann/Schneider/Mülbert, Wertpapierhandelsrecht, 7. Aufl. 2019, Einl. Rn. 5. Erst die Verbindung der Bestimmungen des WpHG und der Verordnungen der EU, die mehr oder weniger Regelungsbereiche des traditionellen WpHG zum Gegenstand haben, kann man als den Kern des deutsch-europäischen Kapitalmarktrechts bezeichnen (siehe auch *Assmann*, a. a. O. Rn. 12). Eingehend zur Europäisierung des WpHG *Grundmann* (in dieser Festschrift) und zum Regelungskontext *Hirte/Heinrich* in KK-WpHG (Fn. 3), Einl. Rn. 37 ff.

10 Auch hierzu schon *Grundmann* (in dieser Festschrift) und mit einer quantitativ juristischen Studie *Coupette/Fleckner* (in dieser Festschrift).

11 Vgl. schon *Buck-Heeb*, Kapitalmarktrecht, 10. Aufl. 2019, Rn. 27 oder *Poelzig*, Kapitalmarktrecht, 2017, Rn. 52.

12 Zur stetigen Erhöhung der Transparenz des Kapitalmarktes mit dem Ziel des Anlegerschutzes, schon jüngst hinsichtlich der Neuordnung des WpHG *Mock/Stüber*, Das neue Wertpapierhandelsrecht, 2018, Rn. 1 ff.

13 So schon vor Jahren *Schlüter*, Wertpapierhandelsrecht, 2000, Rn. 56 ff.

14 Vgl. hierzu *Mohamed*, Die Legitimationszession im Aktienrecht, 2018, S. 251 ff.; *Noack* NZG 2017, 561 ff.; *J. Schmidt* NZG 2018, 1201, 1214 f.; *Paschos/Goslar* AG 2019, 365, 366 f. und besonders ausführlich *Zetzsche* ZGR 2019, 1 ff.

15 Gesetz zur Umsetzung der zweiten Aktionärsrechterichtlinie (Richtlinie (EU) 2017/828), RegE vom 20. 3. 2019 (BT-Drucks. 19/9739) abrufbar unter der Homepage des BMJV https://www.bmjv.

von einer Art Orderbuchtransparenz mit formeller[16] Bestimmung des Shareholders ausgehen, so liegt dem ein rechtspolitischer, gesellschaftlicher und auch ethischer Grundkanon zugrunde – weniger ein „dogmatischer". Vor nicht allzu langer Zeit erst hat uns der Fall des OLG Köln aus dem Jahr 2012 (Az. 18 U 240/11) *in puncto* Meldepflicht des Legitimationsaktionärs, also der den wahren Aktionär deckenden Person, aufgezeigt, welche grundlegenden *Wertungsfragen* der Kapitalmarkt zu tragen hat und welche sodann vom Gesetzgeber demokratisch zu beantworten und umzusetzen[17] sind.

Die Verbesserung der *Chancengleichheit* im Wertpapierhandel ist wiederum ein Gedanke des Anlegerschutzes, womit sich der Kreis zur definitorischen Ebene des Kapitalmarktrechts auch schon wieder schließt. Auch das WpHG muss damit anwendungs- und definitionssoffen[18] für ein nicht nur finanztechnisches Verständnis sein.

## III. Quellen und Erkenntnisse

Dass uns schon der Gesetzes-„Mix" aus europäischem Richtlinienrecht, aus angeglichenem nationalen Kapitalmarktrecht und europäischem Verordnungsrecht nicht unmittelbar weiterbringt für das Thema „Kapitalmarkt-Ethik", ist wohl nicht sehr verwunderlich. Treffgenau findet man hier nichts. Auf der Normebene muss man daher im Kleineren suchen. So heißt es etwa in der *Präambel* des Deutschen Corporate Governance Kodex (DCGK):

> „[...] Diese Prinzipien verlangen nicht nur Legalität, sondern auch ethisch fundiertes, eigenverantwortliches Verhalten (Leitbild des Ehrbaren Kaufmanns)."[19]

---

de/SharedDocs/Gesetzgebungsverfahren/DE/Aktionaersrechterichtlinie_II.html (zuletzt abgerufen am 25.7.2019)

**16** Hierzu näher unter VI. 3.

**17** Dies erfolgte durch das Kleinanlegerschutzgesetz (BGBl. 2015 I, S. 1114) und die Änderung des Wortlautes, vgl. Begr RegE, BT-Drucks. 18/3994, S. 53 („aus ihm gehörenden Aktien" eingefügt).

**18** Zur Gesetzesfolgenabschätzung in nicht nur rückblickender Wirkungskontrolle, sondern auch mit vorausschauender und begleitender Dimension – insbesondere für ein engeres Zusammenwirken verschiedener Disziplinen – *Fleischer* ZGR 2007, 500, 504 f. und *ders.* aktuell zu den ethischen Fragen im Rahmen von CSR („Die Fragen sind zu wichtig, als dass man sie allein unseren Nachbardisziplinen überlassen könnte") in AG 2017, 509, 525.

**19** Auch der von der Regierungskommission Deutscher Corporate Governance Kodex geänderte Entwurf vom 25.10.2018 behält diese Passage bei. Die Regierungskommission hat am 9.5.2019 eine neue Fassung des Kodex beschlossen. Der neue Kodex wird erst nach Inkrafttreten des ARUG II beim BMJV zur Veröffentlichung eingereicht. An dem hier zitierten Satz ändert sich nichts.

Dieser Satz ist vor dem Hintergrund prominenter Fehlentwicklungen in der Unternehmenspraxis zu sehen und schließt an die nach der Finanzkrise erfolgte stärkere Betonung des Unternehmensinteresses an.[20] Die Regierungskommission wollte damit „eine deutliche Leitbotschaft zum Thema ethisches Verhalten" senden und im Übrigen unterstreichen, dass die Funktionsfähigkeit des Marktes „auf [dem] Vertrauen beruht, dass allgemein anerkannte ethische Grundsätze im Wirtschaftsleben beachtet werden"[21].

Auf nationaler Ebene ist der DCGK aber bei weitem nicht der einzige Kodex, der sich mit Wohlverhaltensregeln an Unternehmen wendet. Durchaus gebräuchlich sind Ethikstandards bzw. Ethik-Kodizes, insbesondere in international agierenden Unternehmensgruppen, die sich einzelne Unternehmen in Eigenregie gegeben haben. Manche Kapitalgesellschaften haben sogar Ethik-Klauseln in der Satzung, so etwa herauszulesen in dem – zugegebenermaßen speziellen Sachverhalt – aus einem Endurteil des Oberlandesgerichts München:

> „Die Vorstände verpflichten sich, alles zu unterlassen, was im Widerspruch zum klösterlichen Charakter der Abtei S. B. steht."[22]

Nach den Verstrickungen der Automobilbranche (Volkswagen) in der „Affen-Affäre" und den Abgasversuchen an Primaten sollen nun sogar Forschungskooperationen im Zuge einer Revision auf den Prüfstand gestellt werden und ein Katalog für Ethik und Moral definiert werden.[23] In dem Bereich des *soft law* tut sich also einiges.

Auf europäischer Ebene wird die Thematik *Sustainable Finance* mit dem Aktionsplan[24] der Europäischen Kommission nun mit hoher Dynamik in das Zentrum eines langfristig angelegten, nachhaltigen Handelns aller Finanzmarktakteure gerückt. So heißt es direkt auf Seite 1 des Aktionsplans (*Setting the scene*):

**20** Zu der Entwicklung und der Leitmaxime siehe *von Werder* in Kremer/Bachmann u. a., Deutscher Corporate Governance Kodex, 7. Aufl. 2018, 1. Präambel Rn. 112.

**21** Vgl. Regierungskommission, Erläuterungen der Änderungsvorschläge für Kodexänderung 2017, abrufbar unter https://www.dcgk.de/de/kommission/die-kommission-im-dialog/deteilansicht/vorschlaege-fuer-kodexaenderungen-2017.html (zuletzt abgerufen am 27.5.2019).

**22** OLG München, Endurteil v. 12.3.2008 – 7 U 3543/07, BeckRS 2008, 7390.

**23** Siehe aus den Medien hierzu etwa *Doll* in Welt (online) v. 20.2.2018 oder *Menzel* in Handelsblatt v. 23.2.2018.

**24** Mitteilung der Kommission an das Europäische Parlament, den Europäischen Rat, den Rat, die Europäische Zentralbank, den Europäischen Wirtschafts- und Sozialausschuss und den Ausschuss der Regionen, COM(2018) 97 final.

> "The financial system is being reformed to address the lessons of the financial crisis, and in this context it can be part of the solution towards a greener and more sustainable economy."

Auch hierzulande kommt *Sustainable Finance* in Rechtspolitik und Wirklichkeit als Erkenntnisquelle immer mehr an, insbesondere da ökologische und damit zusammenhängende realwirtschaftliche Veränderungen wesentliche Risiken für einzelne Finanzmarktakteure sowie den Finanzmarkt als Ganzes bergen können. Die Thematik wird daher ausführlich diskutiert.[25] Denn Nachhaltigkeit muss beides sein: „grün" und „ethisch".

Was die Auswahl des Schrifttums und der Wissenschaft angeht, ist die Literatur- und Erkenntnisauswahl in Deutschland[26] schon dünner. Wir haben zwar immer mehr Lehrbücher, Handbücher oder Kommentare zum Kapitalmarktrecht und Wertpapierhandelsrecht, doch sind Ausführungen zur *Ethik* und Moral dort Mangelware. Allein der Anlegerschutz wird immer wieder als eines der Kernmerkmale des Kapitalmarktrechts behandelt. Immerhin brachte mit *Uwe H. Schneider* eine „gesellschaftsrechtliche" Stimme vor fast zehn Jahren grundlegend interessante Überlegungen zur „Ethik im Bank- und Kapitalmarktrecht" in der Zeitschrift für Wirtschaftsrecht auf.[27] Noch älter – und von grundlegender Natur – sind die „[r]echtsethische[n] Maßstäbe im Unternehmens- und Gesellschaftsrecht" aus der Kölner Rektoratsrede (19. Oktober 1979) des Grandseigneurs *Herbert Wiedemann*.[28] Vor wenigen Jahren erst brachten *Stefan Grundmann* und *Jan Thiessen* im Mohr Siebeck Verlag einen Band zu der Arbeitssitzung der Fachgruppe Grundlagen der Gesellschaft für Rechtsvergleichung (35. Fachtagung, September 2015 in Bayreuth) zu dem Thema „Religiöse Werte im Recht"[29] heraus; im Vorwort heißt es: „Moral und Recht, Geld und Recht – dies sind Begriffspaare, die ohne Religion nicht denkbar sind [...]." Und auch in dem „Jahrbuch für Recht

---

**25** Siehe hierzu das Positionspapier der CDU/CSU-Fraktion im Deutschen Bundestag, Beschluss v. 7.5. 2019: „Nachhaltigkeit im Finanzsektor" („Sustainable Finance Strategie entwickeln", S. 3). Siehe auch die Antwort der Bundesregierung auf die Kleine Anfrage aus der FDP-Fraktion, BT-Drucks. 19/9813 („Aktuelle Entwicklungen im Bereich Sustainable Finance") und Beschluss des Staatssekretärsausschusses für nachhaltige Entwicklung v. 25. 2. 2019. Am 23. 5. 2017 startete zudem die Initiative „Accelerating Sustainable Finance"; vgl. dazu die Frankfurter Erklärung der Gruppe Deutsche Börse gemeinsam mit wichtigen Akteuren des Finanzplatzes Frankfurt a. M. (abrufbar auf der Homepage der Deutsche Börse Group).

**26** In den USA hingegen gibt es eine jahrzehntealte Diskussion zur sozialen Verantwortlichkeit der Unternehmen, die der Politologe *Christopher Stones* unter dem provokanten Buchtitel zusammengefasst hat: Where the Law Ends. The Social Control of Corporate Behavior (1975).

**27** Lesenswert *U. H. Schneider* ZIP 2010, 601–608.

**28** Abgedruckt und durch Anmerkungen ergänzt in ZGR 1980, 147–176.

**29** *Grundmann/Thiessen*, Religiöse Werte im Recht, 2017.

und Ethik" aus dem Verlagshause Duncker & Humblot befassten sich in dem 18. Band im Jahr 2010 unter dem Themenschwerpunkt: „Wirtschaftsethik. Business Ethics" zahlreiche Autoren auf über 600 Seiten mit dem Ethik-Thema. Der interessierte Leser findet heute zum Ethik-Thema sogar eine eigene „Zeitschrift für Wirtschafts- und Unternehmensethik" (zfwu) im Nomos Verlag. Selbst Lehrstühle für Wirtschaftsethik[30] finden sich hierzulande. Allerdings hinkt unsere Rechtswissenschaft deutlich hinter der Betriebs- und Volkswirtschaftslehre zu dem Thema zurück. Die Thematik wird nämlich fast ausschließlich von Ökonomen behandelt. Sie haben schon längst für sich die Unternehmensethik als Herausforderung entdeckt.[31] Hier wäre „Nacharbeit" angesagt. So wären regelmäßige Symposien zur „Unternehmensethik" mit Austausch zwischen Praxis und Wissenschaft immerhin ein Anfang.

## IV. Skizzen zur Rechtsethik

Wie schon bei dem Begriff „Kapitalmarktrecht" ist es bei dem Begriff „Rechtsethik" oder „Wirtschaftsethik" mindestens genauso schwer, eine abschließende Definition zu finden. So wie wir – entsprechend einer schönen Eingrenzung von *Christoph Lütge*[32] – den Bereich verstehen, setzt er ganz grundsätzlich an. Rechts- und Wirtschaftsethik fokussieren nicht auf kurzfristige Probleme, sondern suchen nach tieferliegenden und innersystematischen Strukturproblemen. Man betrachtet und hinterfragt moralische Prinzipien – ohne sich selbst zur moralischen Instanz hervorheben zu wollen –, welche sich möglicherweise von ihrer sozialen Grundlage gelöst und gar verselbstständigt haben. Es ist damit die Lehre von den dem Recht zugrundeliegenden Werten und Überzeugungen und bestimmt so die Maßstäbe des Rechts. Das Portfolio an benachbarten Gebieten ist lang, umfasst etwa die Rechtstheorie, Rechtskultur[33] oder Rechtsvergleichung, aber auch sehr praktische Richtungen wie die Steuerethik[34]. Allgemeine Grundlagen der Rechtsethik sind etwa Religionen oder philosophische Richtungen. Maßstäbe der Rechtsethik sind dabei das Menschenbild, das Verhältnis von

30 Genannt seien hier der Peter Löscher-Stiftungslehrstuhl für Wirtschaftsethik und Global Governance an der TU München (*Christoph Lütge*) oder die Professur für Wirtschafts- und Unternehmensethik an der Universität Bayreuth (*Alexander Brink*).

31 Vgl. nur den Diskussionsbeitrag zur betriebswirtschaftlichen Ethik von *Pawlas* ZfB 2009, 663–680, nach dem die Marktwirtschaft heute wieder einer ethischen Legitimation bedarf.

32 *Lütge*, Wirtschaftsethik ohne Illusionen, 2012, Einleitung.

33 Monografisch *Mankowski*, Rechtskultur, 2016.

34 Hierzu jüngst *Weber-Grellet* DStR 2018, 1398–1402.

Mensch und Gott, die Ideen von Gerechtigkeit oder das Bedürfnis nach Metaphysik. So setzt sich der Erstverfasser als Vorsitzender des *Stephanuskreises* in der Rechtspolitik in einem überkonfessionellen Gesprächsforum ein, das für Toleranz und Religionsfreiheit steht und deshalb hör- und sichtbar in allen Bereichen der parlamentarischen Arbeit dafür eintritt: also auch in der Wirtschaftspolitik.[35]

Rechtsethische Grundlagen („Gerechtigkeit des Kapitalmarktrechts") können nach dem Gesagten nicht abschließend ermittelt werden. Es bieten sich aber unterschiedliche Perspektiven[36] an:

- Glaubens/Religions-Perspektive,
- politische Perspektive,
- ökonomische und finanzwissenschaftliche Aspekte,
- demokratietheoretische Perspektive (und der demokratische Diskurs),
- Transparenzgedanke,
- kulturelle Belange,
- Corporate Social Responsibility (nun auch im Aktienrecht integriert)[37],
- Rechtsvergleichung oder –historie,
- der Vergleich makroökonomischer Ideale.

Nun sollte man auch ein gewisses Problem nicht verheimlichen: Ethik darf nicht nur als Leerformel herangezogen werden und, wie gelegentlich geschehend, der Zeigefinger dafür gehoben werden, dass ein bestimmtes Verhalten „unethisch" sei.[38] Die Fälle des Lebens sind nämlich von ganz unterschiedlicher Art. Solche voreiligen moralischen Beurteilungen mag es geben, aber sie sollten für das Thema ausgeklammert werden. Denn über deren Bewertung besteht wohl bei kritischer Betrachtung Einigkeit.

35 Siehe Näheres unter https://www.cducsu.de/fraktion/stephanuskreis (zuletzt abgerufen am 27.5.2019).

36 Eine ähnliche Auflistung findet sich für die Steuerethik bei *Weber-Grellet* DStR 2018, 1398, 1400.

37 Siehe CSR-Richtlinie-Umsetzungsgesetz, BGBl. 2017 I Nr. 20, S. 802; dazu die Rede des Erstverfassers in der 2. und 3. Lesung des Gesetzes, Deutscher Bundestag, Plen.-Prot. 18/221, S. 22258–22259 und auch schon die Rede in der 1. Lesung des Gesetzes und der Beratung des Antrags BT-Drucks. 18/10030, Deutscher Bundestag, Plen.-Prot. 18/196, S. 19561–19562. Überblicksartig aus dem Schrifttum etwa *Hennrichs* NZG 2017, 841; *Mock* ZIP 2017, 1195.

38 *U. H. Schneider* ZIP 2010, 601 spricht sogar von der (scheinbar moralischen) „Keule".

# V. Verbindungslinien zum Kapitalmarktrecht

Kann das Kapitalmarktrecht in dem hier verstandenen Sinne eine „ethikfreie" Zone sein, geprägt allein durch Anreizstrukturen, hochprofessionalisierte Effizienz und Gewinnmaximierung?[39] Müssen nicht auch ethische Handlungserwartungen berücksichtigt werden? Dies sind rhetorische Fragen, die wir heute eindeutig mit „Nein" für die erste und umgekehrt mit „Ja" für die zweite beantworten.

## 1. Der Kapitalmarkt an sich

Jeder, d. h. auch der große Kapitalmarktteilnehmer, ja der „Konzern", darf im Kapitalmarkt seine Interessen verfolgen, Produkte entwickeln und damit Gewinne machen – allerdings nur im Rahmen der Rechtsordnung! Der neumoderne Begriff und heute eigene „Rechtsbereich" *Compliance* steht schon seit Jahren stellvertretend für den Anspruch, dass das Recht auch als solches zu beachten ist.[40] Für den Kapitalmarkt folgt daraus schon, dass keine Verschleierung, keine Unehrlichkeit und keine falschen Anreize geduldet werden. Eine ethische Zweiklassengesellschaft zwischen natürlichen und juristischen Personen oder innerhalb der Gruppen untereinander muss vermieden werden. Das Verhältnis der Marktteilnehmer zum Recht ist aber zwiespältig. Auf der einen Seite gab es nicht nur eine Finanz-, Wirtschafts- und Vertrauenskrise. Vielmehr wurde dabei auch eine Krise ethischen Verhaltens offenbart. Es zeigt sich in der Geschichte immer wieder, wie manche Marktteilnehmer alles daran setzen, durch Sachverhaltsgestaltung die Anwendung der bestehenden aufsichtsrechtlichen Normen zu vermeiden oder zu umgehen. Dies führt zu merkwürdigen Zweckgesellschaften auf den Kanalinseln, in Irland usw. Andererseits erlebt die Rechtswirklichkeit auch eine Hochkonjunktur des Aufsichtsrechts. Man kommt als Leser und Anwender, wie schon angedeutet, mit der europäischen Rechtentwicklung des Aufsichtsrechts, der Regulierungen und der Haftungsmechanismen kaum mehr hinterher. Bestehende Krisen sollen bewältigt und künftige Krisen vermieden werden. Gerade die digitale Revolution durch *Blockchain*-Technologie, *Artificial Intelligence*[41] oder

---

39 Fragend auch schon *U. H. Schneider* ZIP 2010, 601.

40 Corporate Compliance ist heute gewiss mehr als nur „alter Wein in neuen Schläuchen", vgl. zur Wendung *Klindt* NJW 2006, 3399, 3400; *Klindt/Pelz/Theusinger* NJW 2010, 2385. Aus dem Schrifttum heute etwa das Handbuch von *Hauschka/Moosmayer/Lösler*, Corporate Compliance, 3. Aufl. 2016 oder die Zeitschrift „CCZ – Corporate Compliance" aus dem Beck Verlag.

41 Siehe etwa zu "The Rise of Robots and the Law of Humans", *Eidenmüller* ZEuP 2017, 765 ff.

*Initial Coing Offerings* (ICO)[42] wird hierzu für das europäische (Banken-)Aufsichtsrecht erprobt und alsbald einiges auf den Kopf stellen können.[43] Das heißt allerdings nicht, dass wir auf eine wertgeprägte Ordnung verzichten und nur noch auf selbstlernende Algorithmen zur Regulierung der Marktaufsicht setzen. Das geltende Recht enthält stets ein ethisches Minimum. Durch Generalklauseln wie etwa § 138, § 242 und § 826 BGB schlüpfen ethische Vorstellungen in unser Recht, genauso wie durch die repräsentative Demokratie und das Rechtsstaatsprinzip. Diese Ideale bleiben für das Kapitalmarktrecht selbstverständlich bestehen. Andererseits verpflichtete dies keineswegs zu einer „Politisierung" der Finanzmärkte. Denn eine allein politisch motivierte Konzentration auf die Finanzmarktregulierung ist der falsche Ansatz.[44]

## 2. Anlageprodukte

Der Handel mit ethisch ausgerichteten *Anlageprodukten* ist nicht nur Theorie, verwiesen sei nur etwa auf die heute damit werbenden Ethik-Banken oder die Kirchenbanken[45] in Deutschland. Als Beispiel mag die EthikBank dienen, die ihre Unternehmensphilosophie auf der eigenen Homepage wie folgt beschreibt:

> „Basis aller Geschäfte der EthikBank ist ihre sozialökologische Anlagepolitik – ein Mix aus Tabu- und Positivkriterien. So investiert die EthikBank das Geld ihrer Kunden **nicht** in Rüstungsgeschäfte, Atomkraft oder in Unternehmen, die Kinderarbeit zulassen. Die Unter-

---

**42** Hierzu ausführlich *Klöhn/Parhofer/Resas* ZBB 2018, 89 ff. und jüngst zum funktionalen Rechtsvergleich *Chatard/Mann* NZG 2019, 567 ff.

**43** Der „Neugier auf digitale Technologie" wird auch im Koalitionsvertrag zwischen CDU, CSU und SPD, 19. Legislaturperiode, ein hoher Stellenwert eingeräumt, vgl. Rn. 1597 ff., zur Blockchain Rn. 1930–1936. Interessant nun auch die „Eckpunkte für die regulatorische Behandlung von elektronischen Wertpapieren und Krypto-Token" des BMF und BMJV vom 7.3.2019 und sich ebenfalls damit befassend das aktuelle „Eckpunktepapier: Zukunftstechnologie Blockchain" (Juni 2019) der CDU/CSU-Fraktion; zu dessen Entwurf schon *Holtermann* Handelsblatt v. 10.–12.5. 2019 („Digitales Wertrecht. Gesetz schon 2019 geplant") mit Informationen von *Thomas Heilmann*, Blockchain-Berichterstatter der CDU/CSU-Bundestagsfraktion; abrufbar unter https://www.cducsu.de/themen/wirtschaft-und-energie-haushalt-und-finanzen/investitionen-die-digitale-zukunft (zuletzt abgerufen am 7.8.2019). Überblicksartig zu dem Digitalisierungsprogramm *Omlor* ZRP 2018, 85–89.

**44** Hierzu schon – mit Beispiel aus der Immobilienkrise – das Positionspapier (Fn. 25), S. 2.

**45** Auf römisch-katholischer Seite sind in Deutschland vor allem die Pax-Bank in Köln sowie die Liga Bank in Regensburg, die Bank für Kirche und Caritas in Paderborn, die DKM Darlehnskasse Münster und die Bank im Bistum Essen zu nennen.

nehmen, die Geld von der EthikBank bekommen, müssen sich aktiv für eine nachhaltige Wirtschaftsweise engagieren".[46]

Dies wird sodann näher präzisiert. Eine recht weite Kumulation von unbestimmten Begriffen und ein diffuses Gemisch aus ökologischen, ethischen und sollten [an ...] sonstigen Vorgaben schreit aber geradezu nach einer Detailerläuterung und nach Nachweisen.[47] Gewisse Probleme stellen sich also fast automatisch ein, wenn man seine Finanzprodukte an Maßstäbe wie „ökologisch", „ethisch" oder „nachhaltig" ausrichtet und die Maßstäbe in diesem Konzept sehr vage und interpretationsbedürftig sind. Wer damit wirbt, der muss auch liefern.

Das Bild der Finanzinstrumente ist jedoch ganz allgemein, d. h. unabhängig von besonders ausgerichteten Banken, zunehmend geprägt von der Forderung einer Rückbesinnung auf tradierte Tugenden und eine stärkere Sozialbindung.[48] Die Tokenisierung von Assets ermöglicht z. B. Kleinstinvestitionen und stellt damit eine Demokratisierung alternativer Investments dar.[49] Auf dem ICO-Markt bilden sich langsam erst Intermediäre heraus, welche Anleger und Emittenten zusammenbringen und Informationsasymmetrien zwischen den Parteien beseitigen. Die Entwicklung der Finanzbranche hat aber nicht nur nachhaltige Auswirkungen auf Einstellung und Handlungsweisen in der Politik. Die Erwartungen der Stakeholder an die *Finanzinstitute* sind durchaus gewichtig, ist dahingehend doch anspruchsvolle, gelebte Ethik gefordert, und zwar nicht nur als Befolgung von Ethik-Standards oder als Umsetzung von ethisch orientierten Einzelprojekten, sondern als Praktizierung einer gesamthaften Ethikkultur.[50]

---

**46** Vgl. https://www.ethikbank.de/die-ethikbank.html (zuletzt abgerufen am 27.5.2019).

**47** Zu der Bestandsaufnahme von Ethik-Banken (und ebenso zu Kirchenbanken und dem *Islamic Banking*) bereits ausführlich *Casper* Rechtswissenschaft 2011, 251, 252 ff.

**48** Hierzu auch schon *Strenger* in Hopt/Wohlmannstetter, Handbuch Corporate Governance von Banken, 2011, 3. Teil I. A. S. 395 f.

**49** Das Impuls-Papier (Fn. 43) nennt als künftige Voraussetzung der Digitalisierung des Anlagesektors, dass eine angemessene Regulierung, insbesondere ein adäquates Prospektrecht, auszubauen ist, um eine Balance zwischen Anlegerschutzinteressen und dem ökonomischen Aufwand für die Begebung von Security Tokens (häufig auch: Investments Tokens) herzustellen.

**50** Auch schon *Strenger* in Handbuch Corporate Governance von Banken (Fn. 48), S. 396.

# VI. Verbindungslinien zum Wertpapierhandelsrecht

## 1. Insiderrecht

Von der immer weiter ausufernden (europäischen) Änderungspraxis im WpHG – seien es schon vollendete, anstehende oder zukünftige Änderungen – wurde hier bereits gesprochen. Neue normative Ansätze ändern aber nichts am Schutzzweck, dass also etwa das Insiderrecht dem Vertrauen der Anleger in die Integrität der Finanzmärkte und der Chancengleichheit der Marktteilnehmer beim Zugang zu kursrelevanten Informationen dient.[51] So wird aber auch nicht übersehen, dass es im geltenden Wirtschaftsrecht Desiderata gibt, und ausdrücklich erwähnt sei die teils mangelnde Bewältigung des Insiderhandelns.[52] *Business ethics*[53] muss daher sozusagen integraler Bestandteil des Insiderrechts sein. Wenn dann teilweise vorgebracht wird oder wurde, dass gerade durch die Nutzung des Insiderwissens informationseffiziente Finanzmärkte herbeigeführt würden,[54] so widerspricht dies dem hier vertretenen rechtsethischen[55] Grundverständnis. Wenn zudem der Umstand kritisiert wird, dass das Insiderhandelsverbot strafrechtlich sanktioniert wird (§ 119 WpHG und vgl. nun auch CRIM MAD[56]), obwohl das Strafrecht *ultima*

---

51 *Sethe* in Assmann/Schütze, Handbuch des Kapitalanlagerechts, 4. Aufl. 2015, § 8 Rn. 8. Diesen Schutzzweck betont auch der EuGH (EuGH v. 23.12.2009, Rs. C-45/08, ECLI:EU:C:2009:806, Slg. 2009 I-2073, Rn. 47 ff. [Spector Photo Group NV] oder für das Marktmanipulationsverbot EuGH v. 7.7.2011, Rs. C-445/09, ECLI:EU:C:2011:459, Slg. 2011 I-05917, Rn. 27 [IMC Securities]). Differenzierter zum Geltungsgrund des Anlegerschutzes *Klöhn* in KK-WpHG, 2. Aufl. 2014, Vor §§ 12–14 Rn. 30 f.

52 So auch schon *Wiedemann* ZGR 1980, 147, 175 f.

53 Kritisch aus wirtschaftsstrafrechtlicher Sicht zum praktischen Erfolg von Corporate Governance und *business ethics Hefendehl* JZ 2006, 119: „Business Ethics scheinen zudem das vorgebliche Ziel zu verfehlen, die Kriminalität der Mächtigen einzudämmen."

54 So aber noch eingehend *Carlton/Fischel* Stanford Law Review 35 (1983), 857–895; *Manne*, Insider Trading and the Stockmarket, 1966; *ders.* Harvard Business Review 44 (1966), 113 ff.; aus dem deutschen Schrifttum etwa *D. Schneider* DB 1993, 1429–1435. Ein Überblick zu der Diskussion findet sich bei *Klöhn* in KK-WpHG (Fn. 51), Vor §§ 12–14 Rn. 93 ff. und bündig bei *Hopt* (in dieser Festschrift) oder *Langenbucher*, Aktien- und Kapitalmarktrecht, 4. Aufl. 2018, § 15 S. 322 f.

55 Die insiderrechtliche Gefahr des *moral hazard*, dass also die Mitglieder der Unternehmensleitung auch von eigenen schlechten Leistungen im Ergebnis durch ihren „kurzfristigen" Wissensvorsprung profitieren können, ist eben nichts anderes als eine Verzweigung der Rechtsethik.

56 Richtlinie 2014/57/EU des Europäischen Parlaments und des Rates vom 16.4.2014 über strafrechtliche Sanktionen bei Marktmanipulation (Marktmissbrauchsrichtlinie), ABl. EU Nr. L 173 v. 12.6.2014, S. 179, dort etwa Art. 3.

*ratio* sei,[57] kann dem ebenfalls nicht gefolgt werden. Denn rein gesellschafts- oder aufsichtsrechtliche Sanktionen sind deutlich weniger geeignet, wenn der mit dem Insidergeschäft verbundene Gewinn nur entsprechend hoch ist.[58] Eine Privatisierung der Insider-Verfolgung statt der generalpräventiven Wirkung des Strafrechts wäre auch praktisch wenig effizient, da einzelne (Kleinst-)Anleger die schwierigen prozessualen Fragen, wie den kausalen Schadenseintritt, nachweisen müssten.

## 2. Beteiligungspublizität

Die Vorschriften des Sechsten Abschnitts des WpHG wollen mit den Pflichten zur Mitteilung von Beteiligungsveränderungen gegenüber der Gesellschaft und der BaFin (§ 33 WpHG) und zu deren anschließender Veröffentlichung eine Information des Marktes über die Kontrollstrukturen börsennotierter Gesellschaften erreichen.[59] Ihr Zweck ist es, durch aktuelle und möglichst umfassende Informationen der Handelsteilnehmer und der Anleger am Markt eine Transparenz zu schaffen, die dem Missbrauch von Insiderinformationen entgegenwirkt.[60] Nach nicht unumstrittener Meinungslage sollte gar davon auszugehen sein, dass die Normen zur Beteiligungstransparenz auch einen *individualschützenden* Charakter innehaben.[61]

Der so verstandene Transparenzgedanke aus dem Wertpapierrecht hat viel mit unserem Verständnis und unserer Erwartung einer offenen Anlegerschaft bzw. einem offenen Gesellschafterkreis zu tun. Sonst gäbe es diese Regelungen ja nicht. Man erhofft sich, dass ein fairer und integrer Kapitalmarkt durch schnelle

---

**57** Siehe etwa *Hilgendorf/Kusche* in Park, Kapitalmarktstrafrecht, 4. Aufl. 2017, Kap. 5.1. Rn. 18 ff.; *Kirchner* FS Kitagawa, 1992, S. 665, 677 f.; *Volk* ZHR 142 (1978), 1, 16 f.; *ders.* JZ 1982, 84, 88.; vorsichtiger *Wolf* FS Döser, 1999, S. 255.

**58** So auch schon *Sethe* in Handbuch des Kapitalanlagerechts (Fn. 51), § 8 Rn. 11.

**59** Vgl. noch zur alten Fassung in den §§ 21 ff. WpHG: *Bayer* in MüKo AktG, Band 1, 4. Aufl. 2016, § 22 Anhang, § 21 WpHG Rn. 1; Überblick bei *Heinrich*, Kapitalmarktrechtliche Transparenzbestimmungen, 2006, S. 64 f.; *Hirte* in KK-WpHG, 2. Aufl. 2014, § 21 Rn 3. Aus den jüngeren Kommentierungen etwa *Petersen* in Spindler/Stilz, AktG, 4. Aufl. 2019, § 33 WpHG Rn. 2; *U. H. Schneider* in Assmann/Schneider/Mülbert, Wertpapierhandelsrecht, 7. Aufl. 2019, Vorbem. § 33 Rn. 21 ff. Näher zu den Meldepflichten in dieser Festschrift der Beitrag von *Bayer*.

**60** So bereits Begr RegE, BT-Drucks. 12/6679, S. 52.

**61** Näher hierzu *Hirte* in KK-WpHG (Fn. 59), § 21 Rn. 4. So auch *Bayer*, in MüKo AktG (F. 48), § 22 Anhang § 21 WpHG Rn. 2; *U. H. Schneider*, in Assmann/Schneider/Mülbert, Wertpapierhandelsrecht (Fn. 59), Vor §§ 33–47 WpHG Rn. 27; *Starke*, Beteiligungstransparenz, 2002, S. 261 ff.; a.A. wohl *Veil* in Schmidt/Lutter, Aktiengesetz, Anhang zu § 22 AktG § 28 WpHG Rn. 28.

und gleichmäßige Informationen über Veränderungen der Stimmrechtsverhältnisse entsteht. Die Veränderungen maßgeblicher Beteiligungen börsennotierter Gesellschaften können nämlich die Anlageentscheidung insbesondere institutioneller Investoren maßgeblich beeinflussen. Das Ganze hat eben nicht nur kernfinanzielle Gründe. Ein allgemeines Recht von Aktionären auf Anonymität gibt es nun mal nicht[62] und scheint gesellschaftlich auch nicht erwünscht zu sein (siehe sogleich).

### 3. Die „modernen“ und „technisierten“ Verwahrungssysteme

Die Blockchain als modernes Mittel des „Verwahrungssystems“ ist seit einiger Zeit in der Diskussion.[63] Angesichts der Komplexität der Blockchain verwundert es nicht, dass sie gerade für die Identifizierung von Aktionären und für die Analyse von Insiderhandel oder Marktmanipulation im Gespräch ist. Transparenz- und Meldepflichten könnten weitgehend zurückgebaut werden, sofern die Blockchain einsehbar ist.[64] Im heutigen System intermediärgestützter Aktienverwahrung[65] und registermäßig erfasster Aktienrechte ist es ohnehin rechtlich wie praktisch schwierig geworden, den „wahren“ Aktionär ausfindig zu machen und damit den, der meldepflichtig ist. Man kann sich durchaus die Frage stellen, ob es für den Kapitalmarkt letztlich überhaupt entscheidend ist, wer im Aktienregister registriert ist oder wo und wie die Aktien verwahrt sind.[66] Das ARUG II kümmert sich indes allein um die formelle Begriffsbestimmung in den §§ 67a ff. AktG RegE: Aktionär ist danach, wer bei einem Intermediär ein Konto führt und nicht selbst

---

62 Hierzu schon *Hirte* in KK-WpHG (Fn. 59), § 21 Rn 3; auch *Schürnbrand* in Emmerich/Habersack, Aktien- und GmbH-Konzernrecht, 8. Aufl. 2016, Vor §§ 21 ff. Rn. 1 („Das Anonymitätsinteresse des Anlegers muss hinter dem Informationsinteresse des Marktes insgesamt zurücktreten.“). Siehe auch schon ausführlich *Starke*, Beteiligungstransparenz, 2002, S. 141 ff., der freilich für Kleinaktionäre im geltenden Recht durchaus das Anonymitätsprinzip verankert sieht.

63 Vgl. etwa *Spindler* ZGR 2018, 17, 44 ff., 49 und *ders.* ECFR 2019, 106, 142 jüngst sogar darüber hinausgehend: “[...] blockchain as an ideal means for legally watertight documentation and transaction tracking” oder *Noack* unter https://notizen.duslaw.de/identifikation-und-information-der-aktionaere-via-blockchain/ (zuletzt abgerufen am 27.5.2019).

64 Hierzu bereits *Spindler* ZGR 2018, 17, 49; *A. Wagner/Weber* SZW 2017, 59, 67.

65 Vgl. hierzu etwa *Habersack/Mayer* WM 2000, 1678 ff.; *Mock* in GroßKomm AktG, 5. Aufl. 2017, § 10 Rn. 50 ff.; *Mohamed*, Die Legitimationszession im Aktienrecht, 2018, S. 101 ff.; *Noack* FS Wiedemann, 2002, S. 1142 ff.; *Zetzsche* ZGR 2019, 1 (4 f.). Monografisch etwa *Schwarz*, Globaler Effektenhandel, 2016.

66 So spricht sich *U. H. Schneider* in Assmann/Schneider/Mülbert, Wertpapierhandelsrecht (Fn. 59), Vorbem. § 33 Rn. 35 vielmehr für die kapitalmarktrechtliche Bedeutung des „wahren Berechtigten“ *(„ultimate investor“)* aus.

Intermediär ist.[67] Die Herkunft der investierten Mittel und die persönlich oder wirtschaftlichen Verzweigungen hinter den Personen (*X* hält für *Y*, der wiederum für *Z* usw.) können nämlich sehr kompliziert sein und sind für den technisch abzuwickelnden Massenvorgang eher untaugliche Ansatzpunkte. Für „Zwergbeteiligungen" mag das Transparenzthema zwar von geringer Bedeutung sein. In einem etwas anderen Zusammenhang, namentlich der Beschränkung von Managergehältern, hat der Erstverfasser in einer Bundestagsrede jedoch das grundsätzliche Problem benannt:

> „[...] Das liegt aber an der Eigentümerstruktur börsennotierter Unternehmen. Es liegt daran, dass in börsennotierten Unternehmen über Vertreter agiert wird, dass es Intermediäre gibt und nicht diejenigen, die wirklich die Eigentümer sind, ihre Rechte geltend machen."[68]

Der digitalen Erneuerung unseres Publizitätsprinzips liegt sicherlich auch ein „ethischer" Wunsch zugrunde, und zwar die Macht teilweise weg von dem reinen Intermediärsystem und stattdessen in eine offene Blockchain zu verteilen. Die Realität der Kettentransparenz wird über kurz oder lang eben nicht mehr nur durch das „digital Machbare" im Finanzintermediärsystem bestimmt bleiben.

# VII. Konnexität zum Unternehmensrecht

## 1. Verantwortung

Die Reduzierung der börsennotierten Aktiengesellschaft allein auf ihr wirtschaftliches Wirken greift zu kurz. Die Aktiengesellschaft ist längst nicht mehr nur ein erwerbswirtschaftliches Interessenkonstrukt, sondern in gewissem Maße auch eine soziale Veranstaltung (ersten Ranges) geworden.[69] Die Übernahme

---

67 So auch schon *Noack* in Habersack/Bayer, Aktienrecht im Wandel, Band 2, 2007, S. 510, 541 und später für die reformierte Aktionärsrechte-Richtlinie *ders.* NZG 2017, 561, 566 f.; ebenso *Foerster* AG 2019, 17, 22; *Mohamed*, Die Legitimationszession im Aktienrecht, 2018, S. 149; *Mülbert* FS Nobbe, 2009, S. 691, 706 f.; *Zetzsche* ZGR 2019, 1, 6.

68 *Hirte* in der Rede zur Beratung der Anträge BT-Drucks. 19/7979, BT-Drucks. 19/8233, BT-Drucks. 19/8282 und BT-Drucks. 19/8269, Deutscher Bundestag, Plen.-Prot. 19/86, S. 10169 (A).

69 So schon *Rittner* FS Geßler, 1971, S. 139, 158; ebenso *Mertens* FS Goerdeler, 1987, S. 350, 356; *Müller-Michaels/Ringel* AG 2011, 101. Allgemeiner – und sozusagen als Vorreiter – sagte schon 1917 *Walther Rathenau* in seinem berühmt gewordenen Vortrag „Vom Aktienwesen": „Die Großunternehmung ist heute überhaupt nicht mehr lediglich ein Gebilde privatrechtlicher Interessen, sie ist vielmehr sowohl einzeln wie in ihrer Gesamtzahl ein nationalwirtschaftlicher der Gesamtheit angehöriger Faktor, der zwar aus seiner Herkunft, zu Recht oder zu Unrecht, noch die privat-

gesellschaftlicher Verantwortung durch Unternehmen ist heute keine Seltenheit mehr und sollte auch keine sein. Moderne Großunternehmen engagieren sich durch eine erhebliche finanzielle Förderung für vielfältige soziale, gesellschaftliche und politische Zwecke. Wie schwierig es aber ist, eine allgemeingültige Leitidee zu implementieren, zeigen die jüngsten Diskussionen rund um die Frage, ob sich Ethik für Unternehmen wirtschaftlich lohnen muss. So hat sich die Gesellschaftsrechtliche Vereinigung (VGR) betreffend den Entwurf eines geänderten DCGK (siehe auch schon oben unter III.) dahin positioniert, dass sich die Berücksichtigung von Sozial- und Umweltfaktoren allein aus der Steigerung des Unternehmenserfolgs und nicht aus ethischen Prinzipien selbst rechtfertige.[70] Die gegenläufige Richtung müsste der Verwaltung jedoch ethisches, über gesetzliche Anforderungen hinausgehendes Verhalten unabhängig davon erlauben, ob sich dies wirtschaftlich lohnt.[71] Diese Thematik kann mal wohl als eine der wichtigsten der kommenden Jahre im Gesellschaftsrecht bezeichnen. Die im Aktien- und Bilanzrecht nun beheimatete Corporate Social Responsibility (CSR) führt nach teilweise vertretener (umstrittener) Auffassung jetzt gar dazu, den originären Zweck eines Unternehmens, ökonomischen Gewinn zu erwirtschaften, um die Aufgabe zu erweitern, einen Beitrag zum Wohlergehen der Gesellschaft zu leisten,

---

rechtlichen Züge des reinen Erwerbsunternehmens trägt, während er längst und in steigendem Maße öffentlichen Interessen dienstbar geworden ist und hierdurch sich ein neues Daseinsrecht geschaffen hat"; zum 100-jährigen Jubiläum *Fleischer* JZ 2017, 991.

**70** VGR, Stellungnahme zu dem Entwurf eines geänderten Corporate Governance Kodex vom 25.10.2018, NZG 2019, 220, 221; ebenfalls kritisch zum Leitbild des Ehrbaren Kaufmanns und sich für eine genauere Definition aussprechend, „was „ethisch fundiert" [...] konkret bedeuten soll", die Stellungnahme des DAV in NZG 2019, 252, 254 (Rn. 18 f.). Entsprechend auch jüngst im Zuge der CSR-Diskussion schon die Ausführungen von *Fleischer* in Spindler/Stilz AktG, 4. Aufl. 2019, § 76 Rn. 42 ff. (ebenso die wohl h.M., statt vieler etwa *Kort* NZG 2012, 926 ff.; *ders.* in Hirte/Mülbert/M. Roth, GroßKomm AktG, 5. Aufl. 2015, § 76 Rn. 88 ff.).

**71** Hierzu *Müller-Michaels/Ringel* AG 2011, 101 ff.; *Mertens/Cahn* in KK-AktG, 3. Aufl. 2010, § 76 Rn. 33; jüngst auch *Simons* ZGR 2018, 316, 329 f.; *J. Vetter* ZGR 2018, 338, 344 ff.; tendenziell wohl auch *Koch* in Hüffer/Koch, Aktiengesetz, 13. Aufl. 2018, § 76 Rn. 35 f. Interessant im Zuge des Vorstandshandelns auch die Aussage *Spindlers* in MüKo AktG, 5. Aufl. 2019, § 76 Rn. 83, wonach der Vorstand auch ethische Kriterien heranziehen könne, ohne sich in die Gefahr der Vorstandshaftung zu begeben, solange die Maßnahmen noch einen gewissen Bezug zum Unternehmenszweck aufweisen und keine Investitionen „ins Blaue hinein" darstellen. Vgl. jüngst nun *Hirte/Mock* FS Großfeld, 2019, S. 189, 194 zu der Berechtigung – nicht „Pflicht" – des Geschäftsleiters, die CSR-Belange zu berücksichtigen, was aufgrund der zunehmenden Bedeutung von CSR auch zunehmend erforderlich wird.

indem sowohl soziale als auch ökologische Aspekte berücksichtigt werden.[72] Auch die Auslands-Compliance[73] deckt immer wieder schwierige „ethische" Grundentscheidungen auf, wenn also beim Auslandsbezug völlig unterschiedliche Rechtskulturen aufeinandertreffen. Muss das eigene „ethische" Verständnis auch bei all' den wirtschaftlichen Interessen und der ökonomischen Verantwortung auf ausländischem Terrain zwingende Beachtung finden? Eingedenk der Gefahr, den Marktzugang dann nicht erreichen zu können?

Die Behandlung ethischer, sozialer und moralischer Verantwortungsfragen drängt also auf verschiedenen Feldern nach vorn.[74] Über viele Aktivitäten mag man rechtspolitisch diskutieren können, insbesondere ist Vorsicht geboten, dass die Indienstnahme des Unternehmensrechts für ethische bzw. gesellschaftliche Anliegen nicht überbeansprucht wird. Ein natürlicher Gleichlauf zwischen Aktionärs- und Gemeinwohlinteressen ist in der Theorie zwar wünschenswert, unternehmenspolitisch gibt es aber die „eine und einzige" Ausrichtung in den teilweise so grundlegend unterschiedlichen Aktionärskreisen nicht. Im Übrigen kollidiert das Plädoyer für ein sozialpolitisches Mandat der Unternehmen mit staatsorganisationsrechtlichen Vorgaben, weil die Auswahl und Durchführung der Wertentscheidungen in einem (demokratischen) parlamentarischen Verfahren erfolgen soll. Ob „heikle" Produkte hergestellt oder Dienstleistungen angeboten werden dürfen, muss nämlich von Gesetz und Richterspruch vorgegeben werden.[75] Das darf nun aber nicht dahin verstanden werden, dass, um es mit *Herbert Wiedemann* zu sagen, die Alternative nur „soziale Verantwortlichkeit oder ökonomisches Gangstertum"[76] lautet. Um ein gewisses Minimum an ethischen und nachhaltigen Themen sollte sich *per se* gekümmert und sozialethische Maßstäbe sollten an das Unternehmensverhalten herangetragen werden. Die Balance hier zu finden ist außerordentlich schwierig, darum wird es aber in den

---

**72** *Eufinger* EuZW 2015, 424, 425; *Hommelhoff* FS Kübler, 2015, S. 291 f.; *ders.* NZG 2015, 1329, 1330; in diese Richtung auch *Spießhofer* NZG 2014, 1281, 1282. Zur nachhaltigen Unternehmenspolitik etwa *Mock* ZIP 2017, 1195, 1996.

**73** Aktuell wieder von Bedeutung im *Bilfinger*-Fall mit Gutachten von *Hans-Ulrich Wilsing, Michael Hoffmann-Becking* und *Mathias Habersack*, siehe auch den Bericht von *Iwersen/Votsmeier* in Handelsblatt online v. 14. 2. 2019 („Neues Gutachten bringt frühere Bilfinger-Vorstände in die Defensive"). Zur Haftung im Rahmen von Auslands-Compliance schon prominent LG München I, Urt. v. 10. 12. 2013 – 5 HK O 1387/10, NZG 2014, 345 (Siemens/Neubürger), zum Hintergrund *Bachmann* in Fleischer/Thiessen, Gesellschaftsrechts-Geschichten, 2018, § 22.

**74** Man kann als Oberbegriffe auch Shareholder Value *versus* Stakeholder Value heranziehen, ohne dass sich an der Sache etwas ändert.

**75** Vgl. zu diesen Bedenken auch schon *Wiedemann* ZGR 1980, 147, 163.

**76** *Wiedemann* ZGR 1980, 147, 164.

nächsten Jahren im demokratischen Diskurs immer wieder gehen – und möglichst jede Richtung ohne imaginäre Augenklappe zu betrachten sein.

## 2. Glaube und Religion

Als einer der kontroversesten Punkte könnten sich *Glaube* und *Religion* als Einflussfaktor auf die Rechtsordnung im Wirtschaftsrecht erweisen.[77]

Nur (!) ökonomische Begründungen büßen jetzt schon immer mehr an Überzeugungskraft ein. Die „Heuschrecken-Debatte" von vor fast fünfzehn Jahren mag man vor diesem Hintergrund als Ausfluss des kulturellen Jahrtausende lang verankerten Zinses- (= Spekulations-) Verbots[78] ansehen. Und ebenso kann es vor diesem Hintergrund möglicherweise hilfreich sein zu wissen, dass die Interessenkonflikte entsprechend der *agency theory* schon sehr sorgfältig im Johannes-Evangelium (Joh 10, 11–13) nachzulesen sind (die Namensverwandtschaft ist zufällig):

> „Der gute Hirte lässt sein Leben für die Schafe. Der Mietling, der nicht Hirte ist, dem die Schafe nicht gehören, sieht den Wolf kommen und verlässt die Schafe und flieht – und der Wolf stürzt sich auf die Schafe und zerstreut sie –, denn er ist ein Mietling und kümmert sich nicht um die Schafe."

Wie sehr Markt und Werte in einem gewissen Konkurrenz-, aber nicht zwingend Ausschlussverhältnis stehen, ist schon anhand der Tempelreinigung überliefert, der zufolge Jesus Händler und „Geldwechsel" aus dem Jerusalemer Templer vertrieb (Joh 2, 13–16):

> „[...] das Geld der Wechsler schüttete er aus, ihre Tische stieß er um und zu den Taubenhändlern sagte er: Schafft das hier weg, macht das Haus meines Vaters nicht zu einer Markthalle!"

Zwar gilt: Glaube und Religion sind nicht gleich Wert – vielmehr bergen sie das Potential zu Intoleranz und Ideologie, weil sie sich dem demokratischen Diskurs entziehen. Aber je mehr sich der „wählende Souverän" diese Werte zu eigen macht, desto mehr müssen wir sie in einem Rechtsstaat berücksichtigen.

---

77 Der Erstverfasser hat schon vor Jahren über dieses Thema auf dem Hamburger Symposium des Max-Planck-Instituts (2006) referiert, nachzulesen in ZGR 2007, 511, 515 f. Die folgenden Passagen sind teilweise hieran angelehnt.

78 Lesenswert zu dem islamischen Zinsverbot *Oberauer* in Grundmann/Thiessen, Religiöse Werte im Recht, 2017, S. 43–66 und *Grundmann/Thiessen* selbst in dem Band, S. 7–10.

Die Angst vor grenzüberschreitenden Übernahmen insbesondere in den außenwirtschaftsrechtlich sensiblen Branchen[79] ebenso wie vor der Pervertierung von Glaubensrichtungen zeugen davon. Teils unbegründete und bewusst hochgespielte „Ängste" oder „Horrorszenarien" im Bereich Kapitalmarkt müssen durch sachliche und wirtschaftlich fundierte Argumente und Lösungen überwunden werden; und das gelingt auch (vereint durch Rechtspolitik-, -wissenschaft und -praxis). Das „Werteverständnis" spielt somit überall eine zunehmende Rolle, aber Effizienz als solche ist kein Wert.

## VIII. Coda

Ein wirkliches Defizit wäre es, wenn versäumt würde, dem Kapitalmarktrecht als „Fachgebiet" eine interdisziplinäre Beziehung auch abseits der (kern-)wirtschaftlichen Grundlagen zukommen zu lassen. Wissenschaftsethik, die Auskunft über Grund und Grenzen von Wissenschaft bietet, gehört an den Anfang, und zwar über eine Sensibilisierung für gute wissenschaftliche Praxis hinaus, der man als Reaktion auf prominente Fälle von Fehlverhalten inzwischen mehr Aufmerksamkeit schenkt.[80] Erscheinungsformen eines ethisch fundierten, eigenverantwortlichen Verhaltens sind allerdings aufgrund ihrer Abhängigkeit von der jeweils vertretenen Moral schillernd und angesichts des gesellschaftlichen Wandels von Werten und deren Berücksichtigung im Zeitablauf auch Veränderungen unterworfen. Die Wertungen, die das Kapitalmarktrecht durchziehen, sind hochgradig differenziert und lassen sich eben nur schwer in bündige *buzzwords* zusammenpressen. Gleichwohl sind aber über die Jahrhunderte manche Vorstellungen eines „fairen", „gerechten" Handelns und Marktes entwickelt worden, die einen gewissen generellen Geltungsanspruch erheben dürfen. Und in den nächsten „25 Jahre[n] WpHG" kommt sicherlich noch einiges hinzu.

**79** So wird die Investitionskontrolle nach dem Außenwirtschaftsrecht für Übernahmen in den sensiblen Branchen (vgl. §§ 55 Abs. 1 Satz 2 und 3; 60 Abs. 1 AWV) rechtspolitisch und praktisch immer wichtiger, siehe jüngst erst die 12. AWV-Novelle v. 19.12.2018, BAnz AT 28.12.2018 V1. Zum Außenwirtschaftsrecht näher *Mohamed* JZ 2019, 766–776.

**80** So auch schon allgemein – nicht auf Kapitalmarktrecht bezogen – für die Wissenschaftsfreiheit *Gärditz* WissR 51 (2018), 5, 12.

# Wertpapierhandelsrecht und andere Rechtsgebiete

Daniel Zimmer

# Das WpHG als besonderes Marktordnungsrecht

## I. Einleitung

Das WpHG ist erwachsen geworden. In seiner 25-jährigen Reifezeit ist es mächtig gewachsen – von ursprünglich 41 auf 138 Paragraphen. Durch Finanzmarktförderungsgesetze, Anlegerschutzverbesserungsgesetze, Bilanzkontrollgesetz, Transparenzrichtlinie-Umsetzungsgesetz und Finanzmarktrichtlinie-Umsetzungsgesetz, Risikobegrenzungs- und Bilanzrechtsmodernisierungsgesetz, das Gesetz zur Vorbeugung gegen missbräuchliche Wertpapier- und Derivategeschäfte, EMIR-Ausführungsgesetz, CRD IV-Umsetzungsgesetz, Hochfrequenzhandelsgesetz, Honoraranlageberatungsgesetz, zwei Finanzmarktnovellierungsgesetze und zahlreiche weitere Änderungsgesetze hat das WpHG sein Gesicht und seinen Gehalt erheblich geändert. Viele Regelungen sind hinzugekommen, andere dagegen auf die Ebene des europäischen Unionsrechts gehoben worden. So finden sich die wesentlichen Verbote des Marktmissbrauchsrechts heute in der europäischen Marktmissbrauchsverordnung (MAR). Im WpHG befinden sich hierzu noch Sanktionsnormen. Im Ganzen ist aber festzustellen, dass das WpHG nicht zuletzt durch eine von Behörden (zunächst das BaWe, seit dem 1.1.2002 die BaFin) und Gerichten geprägte Anwendungspraxis erheblich angereichert worden ist.

Neben dem Kapitalmarktrecht und hier im Besonderen dem WpHG, das als besonderes Ordnungsrecht für die Kapitalmärkte begriffen werden kann, steht das Kartellrecht, das den allgemeinen rechtlichen Ordnungsrahmen für wirtschaftliche Märkte bildet. Dem europäischen und dem deutschen Kartellrecht war eine noch längere Reifezeit als dem Kapitalmarktrecht beschieden. Kann das WpHG heute schon als erwachsen erscheinen, so könnte man keck behaupten, dass das Kartellrecht schon dem Rentenalter entgegengehe: Am 1.1.1958 in Kraft getreten, haben sowohl die zentralen europäischen Wettbewerbsbestimmungen als auch das Gesetz gegen Wettbewerbsbeschränkungen den sechzigsten Geburtstag bereits hinter sich. Dabei sind die zentralen europäischen Regelungen der Artikel 101, 102 AEUV (ursprünglich in Artikel 85, 86 EWGV enthalten) in ihrem Wortlaut fast unverändert geblieben. In ihrem Umfeld sind aber zahlreiche Regelungen hinzugekommen. Die wichtigsten sind in der sog. Kartellverfahrensverordnung (VO 1/2003) und in der Fusionskontrollverordnung (VO 139/2004) enthalten. Von einem nahenden Ruhestand ist auch im siebten Lebensjahrzehnt der europäischen und der deutschen Wettbewerbsregeln nichts zu merken. Im

https://doi.org/10.1515/9783110632323-009

Gegenteil: Das Kartellrecht scheint, wie eine nicht abreißende Flut von Entscheidungen nahelegt, unvermindert Konjunktur zu haben.

Beide hier betrachtete Materien – das besondere Marktordnungsrecht für die Kapitalmärkte und das allgemeine Marktordnungsrecht des Kartellrechts – erfassen wichtige Sachverhalte des Wirtschaftslebens. Mitunter erfassen sie sogar dieselben Sachverhalte. In diesen Fällen ist die Frage nach ihrem Verhältnis zu stellen. Eine Analyse der Regelungsansprüche und –zuständigkeiten erfordert nicht nur eine Betrachtung der Fallpraxis (sogleich in Ausschnitten unter II), sondern auch ein Eingehen auf die Zwecke der Regelungen (unten IV.2).

## II. Fallpraxis

### 1. Erste Fallkonstellation: Manipulation von Referenzzinssätzen

In den Fällen der sogenannten Libor- und Euribor-Manipulationen wurde zahlreichen Banken vorgeworfen, bei der Ermittlung von Referenzzinssätzen falsche Angaben gemacht zu haben: Sie hätten bei der Meldung derjenigen Zinshöhe, zu der Banken einander Kredit gewährten, an eine zentrale Stelle[1] unzutreffende Informationen gegeben und auf diese Weise auf die Höhe des von der Zentralstelle ermittelten Referenzzinses, der wiederum für die Abwicklung bestimmter Rechtsgeschäfte Relevanz hatte, Einfluss genommen. Die Banken hatten diese Falschangaben aus zwei unterschiedlichen Gründen gemacht: Auf dem Höhepunkt der Finanzkrise diente die Angabe von unzutreffenden Zinsen einzelnen Instituten zur Verschleierung der Tatsache, dass sie keinen Kredit mehr erhielten. Die Nachricht, dass mangels Geschäftsabschlüssen im Interbankengeschäft ein hierbei praktizierter Zins tatsächlich nicht festgestellt werden konnte, hätte zur Insolvenz dieser Banken und damit zu einer gefährlichen Befeuerung der Finanzkrise führen können.[2]

Ein zweites Motiv für die Manipulation lag darin, die Abwicklung getätigter Rechtsgeschäfte zu eigenen Gunsten zu beeinflussen: Hatte eine Bank beispielsweise einen Kredit zu einem variabel an den jeweils geltenden Libor (London Interbank offered Rate) gebundenen Zins vergeben, hatte sie ein wirtschaftliches

---

1 Der Informationsdienstleister Thomson Reuters ermittelte im Auftrag der British Bankers Association den Libor.

2 Vgl. für eine Darstellung der Manipulationsfälle *Steinhaeuser*, Die Manipulation von Referenzzinsen wie LIBOR und EURIBOR, 2019, S. 32 ff.; ferner *Seier*, Kartellrechtsrelevante Marktmanipulationen, 2017, S. 54 ff.

Interesse an der Feststellung eines möglichst hohen Libor. Ein gegenläufiges Interesse an einem möglichst niedrigen Referenzzins hatten Banken und andere Kreditnehmer, die einen an den Libor geknüpften Zins schuldeten. Um den Libor und andere Referenzzinsen zu bestimmten Zeitpunkten in eine bestimmte Richtung zu lenken, verabredeten Händler mitunter die Bekanntgabe unzutreffender – das heißt höherer oder niedrigerer als die bei Interbankenkrediten tatsächlich vereinbarten – Zinssätze an die Zentralstelle.[3]

Nach dem Bekanntwerden der Manipulationen wurden in zahlreichen Jurisdiktionen Behörden aktiv. Sie stützten ihre Maßnahmen teilweise auf kapitalmarktrechtliche Rechtsgrundlagen. So wurden beispielsweise die Barclays Bank und die Deutsche Bank von der britischen Financial Services Authority (FSA) und von der US-amerikanischen Commodity Futures Trading Commission (CFTC) wegen Verstoßes gegen finanzmarktrechtliche Verhaltensvorschriften mit hohen Geldbußen belegt. Auch gegen die UBS, die Rabobank und die Royal Bank of Scotland wurden von Finanzmarktbehörden hohe Bußen verhängt.[4]

Die Europäische Kommission konnte nicht auf der Grundlage kapitalmarktrechtlicher Vorschriften gegen die an den Manipulationen beteiligten Banken aktiv werden, da ihr hier eine eigene Zuständigkeit fehlte. Sie leitete aber Wettbewerbsverfahren ein, in deren Folge Geldbußen im Umfang von insgesamt 1,49 Milliarden Euro gegen die beteiligten Banken – darunter wiederum die Barclays Bank, die Deutsche Bank und zahlreiche weitere Institute – verhängt wurden.[5] Zwar konnte die Anwendbarkeit des Kartellverbots des Artikel 101 Abs. 1 AEUV durchaus zweifelhaft erscheinen. Schließlich hatten die Institute nicht, wie bei einem typischen Preiskartell, die Preise oder Zinsen für *noch abzuschließende* Geschäfte abgesprochen.[6] Doch die meisten Banken nahmen die Bußgelder bereitwillig hin, wohl um die aufsehenerregenden Verfahren schnell abzuschließen.

## 2. Zweite Fallkonstellation: Porsche/VW

Die zweite prominente Fallkonstellation, in der das Verhältnis von Kapitalmarkt- und Kartellrecht im vergangenen Jahrzehnt angesprochen wurde, betraf die Vor-

---

3 Vgl. *Steinhaeuser* und *Seier* (vorige Fußnote).

4 Nachweise bei *Steinhaeuser* und *Seier* (Fn. 2); vgl. ferner *Fleischer/Bueren*, Die Libor-Manipulation zwischen Kapitalmarkt- und Kartellrecht, DB 2012, 2561 ff.

5 Europäische Kommission, Pressemitteilung vom 4. Dezember 2013 (geändert durch Entscheidung vom 6. April 2016 mit Bezug auf Société Générale): Kartellrecht – Kommission verhängt Geldbußen in Höhe von 1,49 Mrd. EUR für Teilnahme an Zinskartellen in der Derivatebranche.

6 Zur rechtlichen Beurteilung *Steinhaeuser* (Fn. 2), S. 105 f., 128.

gänge um den Erwerb von Volkswagen-Stammaktien durch Porsche. Porsche – damals noch in der Rechtsform einer Aktiengesellschaft deutschen Rechts – hatte 2006 in öffentlichen Äußerungen die Absicht kundgetan, den eigenen Anteil an Stammaktien der Volkswagen AG auf 25,1% zu erhöhen. Anfang des Jahres 2007 teilte das – inzwischen in die Rechtsform einer Societas Europaea umgewandelte – Unternehmen mit, eine Mehrheitsbeteiligung von über 50% an VW anzustreben. Am 30.3.2008 veröffentlichte die Porsche SE eine Ad-hoc-Mitteilung des Inhalts, der Aufsichtsrat habe eine Erhöhung der Beteiligung an VW auf über 50% gebilligt. Als daraufhin in der Presse über einen Ausbau der Porsche-Beteiligung an VW auf 75% spekuliert wurde, dementierte das Porsche-Management das Bestehen einer entsprechenden Absicht. Im Oktober 2008 gab die Porsche SE dann überraschend bekannt, neben einer bestehenden Beteiligung von 42,6% der Volksagen-Stammaktien Cash-gesettelte Optionen auf den Erwerb von weiteren 31,5 Prozent der Volkswagen-Stammaktien zu halten. Damit wurde offenbar, dass Porsche sich den größten Teil der am Markt verfügbaren Aktien durch Erwerb von Optionen gesichert hatte. Da das Land Niedersachsen an seiner Beteiligung an Volkswagen von über 20% festhalten wollte, waren kaum mehr Anteilsrechte am Markt erhältlich. Zahlreiche Spekulanten, die nach den Äußerungen Porsches vom Frühjahr 2008 Leerverkäufe in VW-Stammaktien getätigt hatten, gerieten nun in Schwierigkeiten, da sie, um ihre aus den Leergeschäften bestehenden Lieferpflichten zu erfüllen, um vergleichsweise wenige am Markt erhältliche VW-Aktien konkurrierten.

Der Kurs der VW-Aktie verfünffachte sich, die den Leerverkäufern entstehenden Kosten waren immens. Im Gefolge dessen klagten mehrere dieser Leerverkäufer – darunter US-amerikanische Hedgefonds sowie Pensionsfonds und Versicherungen – mit dem Argument gegen die Porsche SE auf Schadensersatz, das Unternehmen habe im Jahr 2008 den Kapitalmarkt über die eigene Erwerbsabsicht fehlerhaft informiert. Die Klagen wurden teilweise auf §§ 823 Abs. 2 BGB, 826 BGB wegen fehlerhafter Information des Kapitalmarktes gestützt. Daneben argumentierten die Kläger, dass die Haftungsnormen der §§ 37b, 37c WpHG aF (heute §§ 97, 98 WpHG) angewandt werden müssten. Zudem stützten zahlreiche Kläger ihre Ansprüche auch auf kartellrechtliche Grundlagen und hier insbesondere auf die Schadensersatznorm des § 33 GWB aF (heute in veränderter Form in § 33a GWB enthalten).

Die Klagen hatten aber wenig Erfolg: LG und OLG Stuttgart wiesen die gegen die Porsche SE gerichteten Klagen unter allen rechtlichen Gesichtspunkten ab.[7]

---

7 LG Stuttgart 17.3.2014, Az. 28 O 183/13, ZIP 2014, 726; OLG Stuttgart 26.3.2015, Az. 2 U 102/14, ZIP 2015, 781.

Das Oberlandesgericht ließ die Revision nicht zu. Die von den Klägern beim BGH eingereichte Nichtzulassungsbeschwerde war nicht erfolgreich.[8]

Andere Kläger nahmen die Porsche SE und daneben die Volkswagen AG vor dem LG Braunschweig auf Schadensersatz in Anspruch. Auch diese Klagen, die überwiegend auf Verletzungen kapitalmarktrechtlicher Pflichten und den Gesichtspunkt einer vorsätzlichen sittenwidrigen Schädigung gestützt wurden, blieben vor dem Landgericht und Oberlandesgericht Braunschweig ohne Erfolg. Klagen, die nicht nur auf kapitalmarktrechtliche und zivilrechtliche Anspruchsgrundlagen, sondern auch auf kartellrechtliche Schadensersatzansprüche gestützt wurden, wurden vom LG Braunschweig zuständigkeitshalber an das LG Hannover verwiesen.[9] Das LG Hannover leitete mit einem an das OLG Celle gerichteten Vorlagebeschluss vom 13. April 2016 ein Musterverfahren nach dem KapMuG ein. Dieses Musterverfahren, das sich unter anderem wegen zahlreicher Verfahrensrügen verzögerte, ist bis heute nicht abgeschlossen.[10]

## III. Meinungsstand

Bei der Diskussion um das Verhältnis von Kapitalmarkt- und Kartellrecht lassen sich zwei Meinungsgruppen unterscheiden: Auf der einen Seite stehen Auffassungen, die von einer prinzipiellen parallelen Anwendbarkeit von Kapitalmarkt- und Kartellrecht ausgehen. Auf der anderen Seite bestehen Auffassungen, die auf dem einen oder anderen Weg einen Vorrang des Kapitalmarktrechts und damit ein völliges oder teilweise Zurücktreten des Kartellrechts zu begründen versuchen.

### 1. Auffassung von der grundsätzlich parallelen Anwendbarkeit von Kapitalmarkt- und Kartellrecht

Die Europäische Kommission ist, ohne die Konkurrenzfrage explizit zu behandeln, offenbar von einer Anwendbarkeit des Kartellverbots des europäischen Rechts (Art. 101 Abs. 1 AEUV, zuvor Art. 81 EG) ausgegangen, als sie zahlreichen Banken wegen der Manipulation von Referenzzinsen wie Libor und Euribor Kartellbußen auferlegte.[11] Auch im wissenschaftlichen Schrifttum ist die Auffassung

---

8 BGH 15.11.2016, Az. KZR 73/15.

9 LG Braunschweig 19.6.2013, Az. 5 O 552/12; LG Braunschweig 10.6.2015, Az. 5 O 2068/12 und 5 O 434/15.

10 Das Verfahren wird bei dem OLG Celle unter dem Aktenzeichen 13 Kap 1/16 geführt.

11 Europäische Kommission, Pressemitteilung vom 4. Dezember 2013 (oben Fn. 4).

von der grundsätzlichen Anwendbarkeit kartellrechtlicher neben kapitalmarktrechtlichen Vorschriften verbreitet.[12]

### 2. Auffassung vom grundsätzlichen Vorrang des Kapitalmarktrechts

Das OLG Stuttgart äußerte in dem gegen Porsche gerichteten Schadensersatzverfahren in einem *obiter dictum* die Auffassung, dass die Anwendbarkeit des Kartellrechts auf den Kapitalmarkt „dem Wesen des Wertpapiermarktes widerspräche".[13] Im Schrifttum ist vereinzelt ein Vorrang des Kapitalmarktrechts angenommen worden.[14]

## IV. Diskussion

### 1. Ausgangslage

Für einen grundsätzlichen Vorrang des Kapitalmarktrechts und ein entsprechendes Zurücktreten des Kartellrechts wird mitunter auf die Rechtslage im US-amerikanischen Recht verwiesen. Tatsächlich vermittelt ein Blick auf die amerikanische Entscheidungspraxis ein differenziertes Bild. Entscheidungen aus dem frühen 20. Jahrhundert gingen ohne nähere Problembehandlung von einer Anwendbarkeit des Kartellrechts auf Kapitalmärkte aus.[15] Mit der Schaffung einer immer detaillierteren Regulierung der Finanzmärkte hat sich indessen in einer Reihe von Entscheidungen die Auffassung von einem Vorrang des Kapitalmarktrechts durchgesetzt. So entschied der US Supreme Court im Jahr 2007 im Sinne einer ausschließlichen Anwendung kapitalmarktrechtlicher Regelungen und ei-

---

12 *Schuhmacher*, Haftungsfragen im Spannungsfeld zwischen Kapitalmarktrecht und Kartellrecht, in Leupold, Forum Verbraucherrecht, 2015, S. 63 ff.; *Seier* (Fn. 2), S. 132–144; im Grundsatz auch *Steinhaeuser* (Fn. 2), S. 164–190, besonders S. 169 f.; *Fleischer/Bueren* ZIP 2013, 1253, 1263.

13 OLG Stuttgart 26.3.2015 Az. 202/14, ZIP 2015, 781 Rn. 136.

14 *Mock* in Hirte/Möllers, KölnKomm WpHG, 2. Aufl. 2014, § 20a Rn. 89. Einen eingeschränkten Spezialitätsvorrang des Kapitalmarktrechts für die rechtliche Beurteilung eines sogenannten Cornering am Kapitalmarkt (zum Begriff Artikel 12 Abs. 2 lit. a MAR: Sicherung einer marktbeherrschenden Stellung in Bezug auf das Angebot eines Finanzinstruments oder die Nachfrage danach) annehmend: *Krauss*, Cornering am Aktienmarkt als kartellrechtliches Problem, 2018 (Integration des Artikel 102 in das kapitalmarktrechtliche Cornering-Verbot).

15 United States v. Patten, 226 US. 525 (1913); Chicago Board of Trade v. United States, 246 U.S. 231 (1918).

nes Zurücktretens des Kartellrechts in einem Fall, in dem sich Mitglieder eines Bankenkonsortiums bei der Begebung einer Aktienemission über Verkaufsbedingungen abgestimmt hatten.[16] Das Gericht argumentierte, das Kapitalmarktrecht enthalte die speziellere Regelung und werde von sachkundigeren Personen administriert.

Andererseits stützte das US-amerikanische Justizministerium noch im Jahr 2015 Maßnahmen im Zuge der Aufarbeitung der Libor-Manipulation unter anderem auf angenommene Kartellverstöße der beteiligten Banken.[17] Auch Gerichte haben noch in jüngerer Zeit eine Anwendung kartellrechtlicher Vorschriften auf Kapitalmarktvorgänge nicht grundsätzlich ausgeschlossen.[18] In der amerikanischen Fachliteratur ist die Frage umstritten.[19] Von einer allgemeinen Immunität kapitalmarktrechtlicher Vorgänge gegenüber einer Anwendung des US-Kartellrechts (sog. *antitrust immunity*) kann daher nicht ausgegangen werden.

Im deutschen Kartellrecht bestand bis zur 7. GWB-Novelle von 2005 eine Bereichsausnahme für Kreditinstitute (zuletzt in § 29 GWB in der Fassung der 6. GWB-Novelle von 1998 enthalten). Danach galten das Kartellverbot des damaligen § 1 GWB und das Verbot „vertikaler" Preis- und Konditionenbindungen (§ 14 GWB a. F.) nicht für Kreditinstitute. Indessen kam der schon seit dem Inkrafttreten des GWB im Jahr 1958 bestehenden Bereichsausnahme im Laufe der Zeit eine immer geringere Bedeutung zu: Das europäische Kartellverbot, das keine solche Ausnahme kannte, beanspruchte in allen Fällen Vorrang, in denen eine Abrede die „Eignung zur Beeinträchtigung des zwischenstaatlichen Handels" hatte. Mit zunehmender Internationalisierung der Wirtschaftsbeziehungen wurde der Kreis der Fälle von rein lokaler oder regionaler Bedeutung, in denen es an einer Eignung zur Beeinträchtigung des zwischenstaatlichen Handels fehlte und die Bereichsausnahme dementsprechend Wirkung entfalten konnte, immer kleiner.

Auch unabhängig vom Bestehen einer ausdrücklichen Bereichsausnahme, wie sie im deutschen Recht bis 2005 galt, bedarf das Verhältnis von Kapitalmarkt- und Kartellrecht der Diskussion. Für einen Vorrang des Kapitalmarktrechts könnte sprechen, dass diese Materie Normen enthält, die speziell für die Regelung

---

16 Credit Suisse v. Billing, 127 S. Ct. 2383 (2007).

17 US Department of Justice, Deutsche Bank London subsidiary agrees to plead guilty in connection with long running manipulation of Libor, 23.04 2015, Mitteilung abrufbar auf der Website des US Department of Justice.

18 US District Court for the Southern District of New York, In Re Foreign Exchange Benchmark Rates Antitrust Litigation, 74 F.Supp. 3d 581 (S.D.N.Y. 2015).

19 Überblick über den Meinungsstand bei *Brunell*, 78 Antitrust Law Journal 279, insbes. 298 ff. (2012).

von Kapitalmarktvorgängen geschaffen wurden. Das Kapitalmarktrecht enthalte, so könnte die einschlägige Begründung lauten, die sachnäheren Regelungen.[20]

Gegen eine abschließende Geltung des Kapitalmarktrechts kann indessen eingewandt werden, dass das Kartellrecht jedenfalls auf der Ebene des europäischen Unionsrechts in der Normenhierarchie den höheren Rang hat: Sowohl das Kartellverbot als auch das Verbot des Missbrauchs einer beherrschenden Stellung sind seit Gründung der Europäischen Wirtschaftsgemeinschaft, das heißt seit dem 1.1.1958, unmittelbar in den Verträgen verankert. Das Kartellverbot, zunächst in Artikel 85 EWGV enthalten, findet sich heute in Artikel 101 AEUV. Das Verbot des Missbrauchs einer beherrschenden Stellung, bei Gründung der EWG in Artikel 86 EWGV niedergelegt, ist heute in Artikel 102 AEUV enthalten. Die Kartellrechtsverbote haben damit seit jeher den Rang von Primärrecht. Sie können in ihrer Geltung nicht durch später erlassenes Sekundärrecht, etwa durch die Marktmissbrauchsverordnung MAR, eingeschränkt worden sein.[21]

## 2. Betrachtung der Regelungszwecke

Können Kapitalmarkt- und Kartellrecht nach dem Gesagten in bestimmten Sachverhaltskonstellationen – etwa in den beiden zu Beginn dieses Beitrags geschilderten Fallgestaltungen – prinzipiell nebeneinander zur Anwendung gelangen, bleiben doch Gesichtspunkte zu diskutieren, die bei der Anwendung des einen oder des anderen Regelungsregimes im Einzelfall leitend sein und ein Zurücktreten nahelegen können. Von besonderer Bedeutung für die Interpretation und Anwendung von Rechtsvorschriften ist der Zweck der jeweiligen Norm.[22] Eine Betrachtung der Regelungszwecke der hier untersuchten Materien könnte eine Grundlage für die Entscheidung über ihre Anwendbarkeit auf konkrete Fälle bilden.

### a) Kapitalmarktrecht

Über die mit dem Kapitalmarktrecht verfolgten Regelungszwecke besteht weitgehende Einigkeit: Moderne kapitalmarktrechtliche Regelungen dienen, wie

---

**20** Vgl. *Mock* in Hirte/Möllers (Fn. 14), § 20a Rn. 89: § 20a WpHG a. F. sei *lex specialis*.

**21** In diesem Sinne z. B. *Steinhaeuser* (Fn. 2), S. 169 f.

**22** *Möllers*, Juristische Methodenlehre, 2017, § 5 (S. 151 f.); *Reimer*, Juristische Methodenlehre, 2016, C.II.2e, dd (S. 173 ff.); *Stotz* in Riesenhuber, Europäische Methodenlehre 3. Aufl. 2015, § 22 Rn. 15 f. (zur Rechtsprechung des EuGH).

beispielsweise in Art. 1 der Europäischen Marktmissbrauchsverordnung (MAR) zum Ausdruck kommt, der Stärkung des Anlegerschutzes und der Sicherstellung der Integrität der Finanzmärkte.

Anleger tragen Risiken unterschiedlicher Art,[23] die sich etwa anhand der Kategorien Substanzrisiko[24], Informationsrisiko[25], Verwaltungsrisiko[26], Interessenvertretungsrisiko[27] und Konditionenrisiko[28] typologisieren lassen[29]. Anlegerschutznormen decken nicht alle diese Risiken in gleichem Maße ab, sondern meist einen Teil von ihnen[30]. Das verbandsrechtliche Konzessionssystem des 19. Jahrhunderts war in erster Linie auf die Ausräumung des Substanzrisikos, das heißt der Vermeidung eines Verlustes der Substanz der Anlage durch Zusammenbruch des Unternehmens gerichtet[31]. Auch das demgegenüber modernere aktienrechtliche System der Normativbestimmungen zielte, wie etwa der Erfordernis eines Mindestkapitals und eingehende Vorschriften zur Sicherstellung der Kapitalaufbringung und -erhaltung belegen, in gewissem Grade unmittelbar auf eine Minimierung des Substanzrisikos[32]. Daneben waren aktienrechtliche Vorschriften sowie solche, die mittlerweile aus dem aktienrechtlichen Zusammenhang gelöst worden sind (insbesondere Rechnungslegungs- und Publizitätsvorschriften), auf die Ausräumung weiterer Risiken, insbesondere von Informations-, Verwaltungs- und Interessenvertretungsrisiken gerichtet[33]. Im Unterschied zum

---

**23** Die folgenden Ausführungen gehen zurück auf die Darstellung in *Zimmer*, Internationales Gesellschaftsrecht, 1996, S. 40 ff.

**24** D. i. das Risiko, die Anlage in ihrer Substanz z. B. durch Zusammenbruch eines finanzschwachen Unternehmens zu verlieren; s. *Hopt*, Kapitalanlegerschutz im Recht der Banken, 1975, S. 289 ff.; *Kiel*, Internationales Kapitalanlegerschutzrecht, 1994, S. 12 ff.

**25** Dem Anleger soll durch Information, insbesondere durch Rechnungslegung die Wahl der für ihn günstigen Anlage ermöglicht werden. S. *Hopt*, Kapitalanlegerschutz (Fn. 24), S. 304 ff.; s.a. *Kiel* (Fn. 24), S. 10 ff.

**26** Gemeint ist das Risiko, dass das Anlagekapital (nicht) im Interesse des Anlegers verwaltet wird. S. *Hopt* (Fn. 24), S. 322 ff. *Hopt* unterscheidet hiervon das im Zusammenhang mit dem von ihm behandelten Thema (Kapitalanlegerschutz im Recht der Banken) wichtige Abwicklungsrisiko, d. h. das Risiko einer ungetreuen Abwicklung von Anlegeraufträgen durch Kreditinstitute.

**27** Vertreter des Anlegers sollen, etwa bei der Ausübung von Stimmrechten, in seinem Interesse handeln. S. hierzu die Regelungen in § 135 AktG sowie *Hopt* (Fn. 24), S. 328.

**28** Gemeint ist das Risiko, dass die Anlage zu „richtigen“, marktgerechten Konditionen vertrieben wird. S. *Hopt*, (Fn. 24), S. 328 f.; *Kiel* (Fn. 24), S. 17.

**29** So die Typenbildung bei *Hopt* (Fn. 24), S. 288 ff., 337 f. S.a. *denselben*, Gutachten für den 51. Deutschen Juristentag, 1976, S. G 15 f.

**30** S. *Hopt* (Fn. 24), S. 338.

**31** S. *Hopt* (Fn. 24), S. 338.

**32** Eingehend *Hopt* (Fn. 24), S. 290 ff.

**33** S. im Einzelnen *Hopt* (Fn. 24), S. 304 ff., 322 ff. und 327 ff.

Aktienrecht setzen moderne kapitalmarktrechtliche Regelungen *vornehmlich* auf das Prinzip der Publizität – und damit auf das der Ausräumung von Informationsrisiken: Publizitätsgebote sollen Anleger in den Stand setzen, die Angemessenheit des Preises einer Anlage zu beurteilen und die für die eigenen Zwecke beste Anlage zu wählen. Leitbild ist also der informierte Kapitalanleger: Anleger sollen in die Lage versetzt werden, sich selbst zu schützen.[34] Allerdings sind diesem Ansatz, wie jüngere verhaltenswissenschaftliche Forschungen nahelegen, wegen der begrenzten Fähigkeit von Menschen zur Aufnahme und Verarbeitung von Information Grenzen gesetzt.[35] Der moderne Kapitalmarktgesetzgeber setzt deshalb zunehmend auch auf Anlegerinformation durch kurze und leicht verständliche Information.[36]

Während das (bis hier behandelte) Ziel des Anleger-Individualschutzes in einer frühen Entwicklungsphase des Kapitalmarktrechts als das bei der Schaffung anlegerschützender Normen bestimmende Motiv erscheinen konnte, haben in neuerer Zeit Normgeber und Wissenschaft den Funktionsschutz stärker in den Vordergrund gestellt. So beginnt Art. 1 MAR die Darstellung der Schutzzwecke der Verordnung mit der Nennung der Sicherstellung der Integrität der Finanzmärkte, um erst im Anschluss die Stärkung des Anlegerschutzes und des Vertrauens der Anleger in diese Märkte in Bezug zu nehmen. Im Schrifttum findet deshalb eine Interpretation Befürworter, die einen „Zweckzusammenhang" der Schutzzwecke erkennt: Hiernach steht der Anlegerschutz im Dienste des Marktfunktionsschutzes.[37] Für die zuletzt genannte Betrachtungsweise spricht, dass Individual- und Marktfunktionsschutz zumindest tendenziell im Verhältnis der positiven Korrelation stehen.[38] Publizitätsgebote dienen sowohl dem Schutz individueller Anleger als auch – durch Herstellung von Markttransparenz und Anlegervertrauen – der Förderung der Kapitalmarkteffizienz. Prospekthaftungsansprüche, die im Falle der Verletzung solcher Publizitätsgebote entstehen können, dienen dem individuellen Schadensausgleich ebenso wie – im Wege general- und spezialpräventiver Wirkungen – der Effizienz des Kapitalmarktes. Vorschriften des Insi-

**34** S. zum Konzept des Anlegerschutzes kraft Information (im Zusammenhang der Termingeschäftsfähigkeit nach § 53 Abs. 2 BörsG a. F.) BGH NJW 1995, 1554.

**35** Hierzu *Klöhn*, Kapitalmarkt, Spekulation und Behavioral Finance, 2006, S. 185 ff. ; *Mülbert* ZHR 177 (2013), 160, 187.

**36** Verordnung (EU) Nr. 1286/2014 des Europäischen Parlaments und des Rates vom 26. November 2014 über Basisinformationsblätter für verpackte Anlageprodukte für Kleinanleger und Versicherungsanlageprodukte (PRIIP), ABl.EU 2014 Nr. L 352 S. 1–23; aus dem deutschen Recht ergänzend § 64 Abs. 2 WpHG.

**37** Exemplarisch hierfür *Schmolke* in Klöhn, MAR, vor Art. 12 Rn. 34.

**38** Hierzu schon *Zimmer* (Fn. 23), S. 44.

derrechts wirken zum einen der Übervorteilung individueller Anleger entgegen und sollen zum anderen durch Vertrauensbildung marktfunktionsschützende Wirkung entfalten.

Wichtigster Faktor bei der Bestimmung der Funktionsfähigkeit eines Kapitalmarkts ist dessen allokative Effizienz.[39] Der Markt ist so auszugestalten, dass Anlagekapital möglichst ungehindert dorthin fließt, wo es am dringendsten benötigt wird; unter der Bedingung wirksamer Märkte wird es dorthin fließen, da es am Ort seiner effizientesten Verwendung die höchste Rendite erzielt. Aufgabe der Rechtsordnung ist es hiernach zunächst, Rahmenbedingungen für einen möglichst ungehinderten und unverzerrten Fluss des Kapitals zu schaffen. Die Allokationseffizienz eines Kapitalmarktes ist von einer erheblichen Zahl von Faktoren abhängig. Wesentlich ist insbesondere die Transparenz des Marktes[40]. Anleger müssen über die ihnen zur Verfügung stehenden Anlagemöglichkeiten informiert sein; sie müssen weiterhin die mit einer Anlage verbundenen Risiken abschätzen und mit den bei anderen Anlagen bestehenden Risiken vergleichen können. Wesentliche Bedingung eines wirksamen Kapitalmarktes ist also *Information*. Die Rechtsordnung fördert die Transparenz des Kapitalmarkts durch Statuierung von Publizitätsgeboten. Weitere Voraussetzung allokativer Effizienz ist das Vertrauen der Anleger in die Stabilität des Marktes einerseits – d. h. hinsichtlich der Berechenbarkeit der ihre Anlage betreffenden Risikofaktoren[41] – und seine Integrität andererseits – d. h. das Vertrauen, grundsätzlich mit anderen Anlegern gleichgestellt und gegen benachteiligten Praktiken geschützt zu sein.[42]

Der Zusammenhang von Individual- und Funktionsschutz ist dahingehend beschrieben worden, dass „der eine immer auch Instrument zur Erreichung des anderen ist."[43] *Hopt* hat beide Schutzfunktionen als ein „System kommunizierender Röhren" charakterisiert.[44] Derartige Kennzeichnungen dürfen nicht zu dem Schluss verleiten, eine Förderung der einen bedeute stets auch eine solche der anderen Schutzfunktion. *Assmann* hat mit Recht darauf hingewiesen, dass „ein übersteigerter Individualschutz die Funktionsfähigkeit eines marktmäßig organisierten Verkehrssystem gefährdet".[45]

---

**39** Zum Folgenden schon *Zimmer* (Fn. 38), S. 42f.
**40** Hierzu *Kohl/Kübler/Walz/Wüstrich* ZHR 138 (1974, 1, 17.
**41** Vgl. schon *Assmann* in Assmann/Schütze, Handbuch des Kapitalanlagerechts,1990, § 1 Rn. 26.
**42** S. exemplarisch die Begründung zur Insider-Richtlinie, ABl.EG 1989 Nr. L 334, S. 30.
**43** *Koch/Schmidt* BFuP 1981, 237.
**44** *Hopt* (Fn. 24), S. 52.
**45** Assmann, Prospekthaftung, 1985, S. 24 Fn. 35 unter Verweis darauf, dass von der Beeinträchtigung des Funktionsschutzes wiederum Rückwirkungen auf den Individualschutz möglich sind.

### b) Kartellrecht

Art. 101 Abs. 1 AEUV steht Vereinbarungen, Beschlüssen und aufeinander abgestimmten Verhaltensweisen entgegen, die „den Handel zwischen Mitgliedstaaten zu beeinträchtigen geeignet sind und eine Verhinderung, Einschränkung oder Verfälschung des Wettbewerbs innerhalb des Binnenmarkts bezwecken oder bewirken." In diesem allgemeinen Kartellverbot kommt eine doppelte Zielrichtung der Wettbewerbsregeln zum Ausdruck.[46] Unternehmen dürfen den Wettbewerb in der Union nicht durch privatautonomes Handeln (Vereinbarungen, Beschlüsse, aufeinander abgestimmte Verhaltensweisen) verfälschen. Neben dieses spezifisch marktwirtschaftlich-wettbewerbspolitische Ziel tritt als zweites das der Integration der Märkte: Verhaltensweisen, die den Handel zwischen Mitgliedstaaten beeinträchtigen, also zu einer Abschottung der nationalen Märkte führen, sind mit dem Unionsrecht nicht vereinbar. Außer dem hier skizzierten Kartellverbot enthalten die Wettbewerbsregeln ein Verbot der missbräuchlichen Ausnutzung einer beherrschenden Stellung auf dem gemeinsamen Markt oder einem wesentlichen Teil desselben, besondere Bestimmungen für öffentliche sowie diesen gleichgestellte Unternehmen und detaillierte Regelungen über die Gewährung staatlicher Beihilfen. Auf der Grundlage einer im Vertrag enthaltenen Ermächtigung hat der Rat zudem eine Verordnung über die Kontrolle von Unternehmenszusammenschlüssen (Fusionskontrollverordnung) erlassen.[47]

In einer Protokollerklärung zum Vertrag von Lissabon haben die Staats- und Regierungschefs festgehalten, dass es weiterhin zu den Vertragszielen gehöre, den Wettbewerb vor Verfälschungen zu schützen.[48] Hier wird deutlich, wie wesentlich der Begriff des Wettbewerbs im System des Gemeinschaftsrechts ist. Wenn der Schutz des unverfälschten Wettbewerbs zu den Zielbestimmungen der Gründungsverträge gehört, so bedarf die Frage, was der Vertrag unter „Wettbewerb" versteht, offenbar sorgfältiger Untersuchung. Eine Analyse der Entscheidungspraxis zum Wettbewerbsrecht der Union erweist, dass der Gerichtshof ein

---

46 Vgl. *Zimmer* WuW 2007, 1198–1209 (die Ausführungen im Text gehen auf diesen Beitrag zurück).

47 Die VO 139/2004 beruht auf zwei Rechtsgrundlagen, nämlich den Artt. 83 und 308 EG; vgl. Erwägungsgrund 7 der Verordnung (EG) Nr. 139/2004 über die Kontrolle von Unternehmenszusammenschlüssen, ABl 2004 L 24/1.

48 Protokoll (Nr. 27) über den Binnenmarkt und den Wettbewerb, ABl.EU 2008 *Nr. 115 S. 309:* „Die hohen Vertragsparteien – unter Berücksichtigung der Tatsache, dass der Binnenmarkt, wie er in Artikel 3 des Vertrags über die Europäische Union beschrieben wird, ein System umfasst, das den Wettbewerb vor Verfälschungen schützt – sind übereingekommen, dass für diese Zwecke die Union erforderlichenfalls nach den Bestimmungen der Verträge, einschließlich des Artikels 352 des Vertrags über die Arbeitsweise der Europäischen Union, tätig wird.".

Verständnis von „Wettbewerb" hat, das sowohl „prozessuale" (Wettbewerb als Prozess) als auch „strukturelle" (Wettbewerb als Ergebnis bestimmter marktstruktureller Marktgegebenheiten) Elemente hat. Ein prozessorientiertes Wettbewerbsverständnis kommt in einer Reihe von Entscheidungen zum Ausdruck, in denen der Gerichtshof ein sog. Selbständigkeitspostulat entwickelt hat: In seinem berühmten „Zellstoff"-Urteil von 1993 hat der Gerichtshof diese Rechtsprechung mit den Worten zusammengefasst, dass es Unternehmen verwehrt sei, eine „praktische Zusammenarbeit" an die Stelle des „mit Risiken verbundenen Wettbewerbs" treten zu lassen. Jeder Unternehmer habe selbständig zu bestimmen, welche Politik er betreibe.[49] Verboten ist nach dieser Rechtsprechung – wie der Gerichtshof schon 1975 in einem die Aufteilung des europäischen Zuckermarktes betreffenden Fall entschieden hat – nicht allein der Abschluss expliziter Kartellverträge, sondern bereits jede „Fühlungnahme" zwischen Wettbewerbern, die bezweckt oder bewirkt, das Marktverhalten des jeweils anderen zu beeinflussen oder aber diesen über das künftige eigene Marktverhalten „ins Bild zu setzen"[50].

Auch die strukturbezogene Komponente des Wettbewerbsleitbildes des Gerichtshofes geht auf eine frühe Entscheidung zurück: Im „Continental Can"-Urteil von 1973 hielt der Gerichtshof dafür, dass der Erwerb einer Mehrheitsbeteiligung an einem Unternehmen durch den konkurrierenden Marktführer den Tatbestand des Missbrauchs einer marktbeherrschenden Stellung in Sinne des Vertrages erfüllen könne. Bei der Konkretisierung des Begriffs des zu schützenden Wettbewerbs führte der Gerichtshof aus, das Missbrauchsverbot beziehe sich nicht allein auf Verhaltensweisen, durch die den Verbrauchern unmittelbar Schaden erwachse, sondern auch auf solche, die ihnen durch einen „Eingriff in die Struktur des tatsächlichen Wettbewerbs" Schaden zufügen könnten.[51] Eine – unzulässige – völlige Ausschaltung des Wettbewerbs wäre nach den weiteren Ausführungen des Gerichtshofes jedenfalls dann anzunehmen, wenn der Wettbewerb „so wesentlich beeinträchtigt war, dass die verbleibenden Wettbewerber kein ausreichendes Gegengewicht mehr bilden konnten."[52]

Die genannten Entscheidungen legen Zeugnis ab von einem im Ausgangspunkt ergebnisoffenen Wettbewerbsverständnis: Der Gerichtshof benennt Voraussetzungen des Wettbewerbs, definiert diesen aber nicht durch bestimmte

49 EuGH, Urteil v. 31.3.1993, Rs. C 89/85, – Ahlström Osakeyhtiö u.a./Kommission, Slg. 1994 I-1307, Rn. 63.

50 EuGH, Urteil v. 16.12.1975, Rs. 40/73, Suiker Unie, Slg. 1975, 1663 = WuW/E EWG/MUV 347, Rn. 173 f.

51 EuGH, Urteil v. 21.2.1973, Rs. 6/72 – Europemballage u. Continental Can/Kommission, Slg. 1973, 215 = WuW/E EWG/MUV 296, Rn. 26.

52 EuGH, a.a.O., Rn. 29.

Ergebnisse. Als strukturelle Voraussetzung sieht der Gerichtshof offenbar das Vorhandensein einer Mehrzahl von voneinander unabhängigen Unternehmen, als prozessuale Voraussetzung das Fehlen einer auf eine Verhaltenskoordination gerichteten ‚Fühlungnahme' unter diesen Marktteilnehmern. Die Rechtsordnung hat diese grundlegenden Funktionsvoraussetzungen des Wettbewerbsprozesses zu schützen, ohne in jedem Einzelfall danach zu fragen, ob der so definierte Wettbewerb gewünschte Ergebnisse hervorbringt.

Die Entscheidung für ein ergebnisoffenes Konzept beruht auf der Bewertung, dass der Wettbewerb *in der Regel* akzeptable oder sogar wünschenswerte Resultate hervorbringt. Wettbewerb fördert hiernach vermutetermaßen insbesondere die allokative Effizienz. Dieser Überlegung liegt die Vorstellung zugrunde, dass Produktionsfaktoren bei grundsätzlich bestehender Vertragsfreiheit unter der Voraussetzung wirksamen Wettbewerbs an den Ort ihrer günstigsten Verwendung gelangen. Ein solcher produktiver Einsatz kommt bei einer volkswirtschaftlichen Gesamtbetrachtung der Volkswirtschaft im Ganzen zugute.[53]

## 3. Folgerungen

Die Erkenntnis, dass es sowohl dem Kapitalmarkt- als auch dem Kartellrecht mindestens mittelbar um eine Förderung der allokativen Effizienz durch Lenkung von Ressourcen in ihre beste Verwendung geht, erlaubt Folgerungen für das Verhältnis beider Materien zueinander. Sie können als Elemente ein und desselben Systems verstanden werden, das letztlich ein wohlfahrtförderndes (oder, verständlicher ausgedrückt: ein wohlstandsförderndes) Ziel verfolgt. Im Zentrum des Kartellrechts steht das Bemühen, privatautonom veranlasste Beschränkungen des Wettbewerbs, wie sie von einer Kartellbildung, einem Missbrauch einer marktbeherrschenden Stellung oder einem den Wettbewerb beeinträchtigenden Zusammenschluss ausgehen können, zu vermeiden. Dem Kapitalmarktrecht geht es in seinem Kern darum, durch eine publizitätsgestützte Überwindung von Informationsasymmetrien und durch eine Verhinderung von Marktmanipulationen die Funktionsfähigkeit des Kapitalmarktes zu schützen und in dieser Weise dessen Allokationseffizienz zu fördern.

Die Beobachtung einer bei den betrachteten Materien bestehenden grundsätzlichen Zielkonvergenz legt es nahe, das Eingreifen der jeweils anderen nicht als feindlichen Akt, sondern als Unterstützung des eigenen Bemühens um eine Förderung der Wohlfahrt zu begreifen. Dementsprechend bestehen gegenüber

---

53 Eingehend *Schwalbe/Zimmer*, Kartellrecht und Ökonomie, 2. Aufl. 2011, S. 4 ff., 14 ff.

einem gleichzeitigen Eingreifen von Kapitalmarkt- und Kartellrecht keine grundsätzlichen Einwände. Freilich bedarf es insbesondere bei behördlichen Maßnahmen einer Abstimmung im Einzelfall, um dysfunktionale Ergebnisse zu vermeiden.

So könnte in Fällen wie denen der Libor-Manipulationen eine unkoordinierte behördliche Verfolgung zu einem Übermaß an Sanktionen führen. Dies gilt sowohl unter rechtlichen wie unter ökonomischen Gesichtspunkten. In rechtlicher Hinsicht kann das Verbot einer Mehrfachbestrafung die Berücksichtigung einer von einer anderen Behörde oder einem Gericht verhängten Sanktion erforderlich machen. Das Verbot der Doppel- oder Mehrfachbestrafung (*ne bis in idem*) findet in Art. 103 Abs. 3 GG eine normative Grundlage: „Niemand darf wegen derselben Tat auf Grund der allgemeinen Strafgesetze mehrmals bestraft werden." In ähnlicher Weise ist der Grundsatz in Art. 5 der europäischen Grundrechtecharta und in Art. 4 des 7. Zusatzprotokolls der EMRK postuliert worden. Die Bedeutung dieser Bestimmungen für die hier angesprochenen Konstellationen einer mehrfachen Verhängung von Sanktionen bedarf zwar im Einzelfall der genaueren Untersuchung.[54] Die englischen Fassungen der beiden zuletzt genannten Bestimmungen, die übereinstimmend von „offence" (und nicht von Straftaten, etwa von criminal offences) sprechen, lassen eine Anwendung nicht von vornherein ausgeschlossen erscheinen. Allerdings hat der EuGH den Grundsatz *ne bis in idem* im Bereich des Kartellrechts in der Vergangenheit mit Zurückhaltung angewendet. So hat der Gerichtshof ein *idem* und damit ein Verfolgungshindernis nur unter drei – kumulativ geforderten – Voraussetzungen angenommen: Übereinstimmung des Sachverhalts, der Person (des Sanktionierten) und des Schutzguts der angewandten Normen.[55]

Auch wenn im Hinblick auf die zuletzt genannte Voraussetzung (Übereinstimmung bezüglich des Schutzguts) Zweifel an einer Anwendbarkeit des *Ne bis in idem*-Grundsatzes in Fällen der parallelen Anwendung von Kapitalmarkt- und Kartellrecht bestehen, kann eine mehrfache Sanktionsverhängung auf rechtliche Grenzen stoßen. Unabhängig von einem Eingreifen des Grundsatzes *ne bis in idem* kann die Unzulässigkeit einer Sanktion sich aus ihrer Unangemessenheit ergeben. Bei behördlichen Eingriffen ist ein Verhältnismäßigkeitsprinzip zu beachten, wie es im europäischen Recht in Art. 5 Abs. 4 EUV zum Ausdruck kommt und im deutschen Verfassungsrecht aus dem Rechtsstaatsprinzip und den Grundrechten

---

**54** Näher zu den genannten Bestimmungen *Steinhaeuser*, Die Manipulation von Referenzzinsen wie LIBOR und EURIBOR, 2019, S. 173 ff.

**55** Vgl. EuGH 07.01.2004, C-204/00 P u.a – Aalborg Portland, Slg. 2004, I-123, Rn. 338; EuGH 14.02.2012, C-17/10, – Toshiba, ECLI:EU:C:2012:72 = WuW/E EU-R 2304, Rn. 97; weitere Nachweise bei *Steinhaeuser* S. 176 f. (mit Nachweisen).

hergeleitet worden ist.[56] Ein Verstoß gegen das Verhältnismäßigkeitsprinzip kann aus der Unangemessenheit der Strafen oder Bußen im Verhältnis zur Schuld des Täters folgen.[57]

Wie bereits angedeutet, legt auch eine ökonomische Analyse die Vermeidung von Übermaßsanktionen nahe, wie sie die Folge eines unkoordinierten Handelns mehrerer Behörden sein können. Die von dem Drohen übermäßiger Sanktionen ausgehende Überabschreckung kann zu ineffizientem Handeln der Rechtsunterworfenen führen. So ist denkbar, dass sie wegen eines schwer zu ermessenden Sanktionsrisikos auch von rechtmäßigen Verhaltensweisen absehen. Auch kann ein Übermaß an drohenden Sanktionen zu ineffizienten Vorsichtsmaßnahmen und damit beispielsweise zu unverhältnismäßig hohen Rechtsberatungsaufwendungen führen. Aus ökonomischer Sicht lässt sich die optimale Sanktionshöhe bestimmen: Eine Sanktion sollte in ihrer Höhe dem Produkt aus dem durch den Rechtsverstoß drohenden Schaden und dem Kehrwert der Aufdeckungs- und Verfolgungswahrscheinlichkeit entsprechen. Von einer solchen Sanktion gehen Anreize für ein effizientes Verhalten aus.[58] Droht ein Schaden von 100.000 Euro und besteht eine Aufdeckungs- und Verfolgungswahrscheinlichkeit von einem Zehntel, so ist der drohende Schaden von 100.000 Euro mit 10 (Kehrwert von 1/10) zu multiplizieren. Die aus ökonomischer Sicht „richtige" Sanktionshöhe ist in diesem Fall 1 Million Euro (eine drohende Schadensersatzhaftung ist dabei sanktionsmindernd zu berücksichtigen). Läge die Sanktion niedriger, so würde von ihr angesichts der niedrigen Aufklärungs- und Verfolgungswahrscheinlichkeit kein ausreichender Abschreckungseffekt ausgehen. Wäre die drohende Sanktion höher, gingen von ihr (wie beschrieben) Anreize zu ineffizient hohen Sanktionsvermeidungsaufwendungen aus.

Auch die hier angeführte ökonomische Betrachtung legt demnach eine Abstimmung von Kapitalmarkt- und Kartellbehörden bei der Verfolgung konkreter Rechtsverstöße nahe. Eine solche Abstimmung vermag Unter- und Übermaßsanktionen zu vermeiden und damit zur Schaffung von Anreizen für effiziente Verhaltensweisen beizutragen. Eine Abstimmung des Behördenhandelns ist, soweit Verwaltungs- und Ordnungswidrigkeitenverfahren in Rede stehen, auf der

---

56 Hierzu aus der Entscheidungspraxis des Bundesverfassungsgerichts: BVerfGE 16, 194, BVerfGE 201; BVerfGE 17, 108, 117; BVerfGE 19, 342,348; BVerfGE 20, 45, 49 f., BVerfGE 23, 127; BVerfGE 35, 382. Vgl. zur Herleitung aus beiden Quellen *Ehlers* in Ehlers/Pünder, Allgemeines Verwaltungsrecht, 15. Aufl. 2016, § 2 Rn. 11.

57 Eingehend *Achenbach* WuW 1997, 393 ff.

58 *Knapowski*, Das Kartellbußgeldrecht unter ökonomischer Perspektive (Diss. Bonn 2016) S. 58 ff., insbes. 95 ff.

Grundlage des hier (anders als im Bereich der Strafverfolgung[59]) maßgebenden Opportunitätsprinzips möglich: Die Behörden haben bei diesen Verfahrensarten ein Aufgreif- und Verfolgungsermessen.[60] Indessen ist das System im Hinblick auf die rechtlichen Grundlagen des zwischenbehördlichen Informationsaustauschs verbesserungsbedürftig. So enthalten § 50c Abs. 2 GWB auf der einen und § 17 Abs. 2 WpHG auf der anderen Seite unterschiedliche Regelungen zur Informationsweitergabe, ohne dass ein sachlicher Grund für diese Asymmetrie bestünde.[61]

## V. Zusammenfassung

Das Kapitalmarktrecht verfolgt mit der Sicherstellung der Integrität der Finanzmärkte und der Stärkung des Anlegerschutzes Ziele, die in einem Zweckzusammenhang stehen: Auch der Anlegerschutz fördert das Funktionieren der Märkte. Im Zentrum des Marktfunktionsschutzes steht das Anliegen der Förderung der Allokationseffizienz der Kapitalmärkte: Das Recht ist an dem Ziel ausgerichtet, dass Ressourcen an den Ort ihrer günstigsten Verwendung gelangen. Das besondere Ordnungsrecht für die Kapitalmärkte dient damit im wesentlichen derselben Zielsetzung wie das allgemeine Marktordnungsrecht, das Kartellrecht. Beide Materien ergänzen einander, indem sie die in ihren Regelungsbereichen jeweils bestehenden Besonderheiten berücksichtigen. So beziehen sich viele Regelungen des Kapitalmarktrechts wegen der Bedeutung, die *Informationen* auf Kapitalmärkten zukommt, auf Pflichten zur Bereitstellung und Verbreitung von Informationen sowie auf die Haftung für fehlerhafte Information.

Erkennt man die grundsätzliche Zielkonvergenz von Kapitalmarkt- und Kartellrecht, so sprechen gute Gründe dafür, keinen Widerstreit der Materien anzunehmen. Vielmehr ergänzen beide Rechtsmaterien einander, was ihre grundsätzliche parallele Anwendbarkeit nahelegt. Gegen einen Spezialitätsvorrang des Kapitalmarktrechts und damit für einen prinzipiellen Gleichlauf spricht auf der Ebene des europäischen Unionsrechts auch der Gesichtspunkt der Normenhier-

---

**59** Im Bereich der Strafverfolgung gilt das *Legalitätsprinzip:* § 152 Abs. 2 StPO verpflichtet die Staatsanwaltschaft, „soweit nicht gesetzlich ein anderes bestimmt ist, ... wegen aller verfolgbaren Straftaten einzuschreiten, sofern zureichende tatsächliche Anhaltspunkte vorliegen." Hierzu Roxin/Schünemann, Strafverfahrensrecht, 29. Aufl. 2017, § 14 Rn. 1 ff.

**60** *Zetzsche* in Schwark/Zimmer, Kapitalmarktrechts-Kommentar, 4. Aufl. 2010, § 4 WpHG Rn. 35: „Auswahl- und Erschließungsermessen" der BaFin; *Bach* in Immenga/Mestmäcker, Wettbewerbsrecht, Bd. 2/GWB Teil 1, 5. Aufl. 2014, § 54 GWB Rn. 7: Opportunitätsprinzip.

**61** Kritisch auch *Seier* (Fn. 2), S. 369 (noch zu § 6 Abs. 2 WpHG a. F.).

arche: Das Kapitalmarktrecht ist auf der Ebene des Sekundärrechts verankert und kann daher das primärrechtliche Kartellrecht nicht verdrängen.

Bei der hiernach zu befürwortenden parallelen Anwendung der Rechtsmaterien ist aber ein abgestimmtes Vorgehen der Behörden zu fordern. In Einzelfällen kann sich diese Forderung bereits aus dem *Ne bis in idem*-Grundsatz oder dem für das Verwaltungshandeln bestehenden Verhältnismäßigkeitsprinzip ergeben. Auch unabhängig von diesen rechtlichen Vorgaben können *rechtsökonomische* Erwägungen die Abstimmung des Behördenhandelns nahelegen: Auf diesem Weg kann eine ineffiziente Über- oder Untersanktionierung und -abschreckung vermieden werden. Einen Rahmen für die behördliche Abstimmung bietet das im Verwaltungs- und Ordnungswidrigkeitenrecht bestehende Opportunitätsprinzip. In einzelnen Hinsichten sind aber die Rechtsgrundlagen für das Zusammenwirken der Behörden verbesserungsbedürftig.

Maximilian Schiessl

# Wertpapierhandelsrecht bei öffentlichen Übernahmen

## I. Einführung

### 1. Wertpapierübernahmerecht

Bis 2002 waren öffentliche Übernahmen gesetzlich nicht geregelt, sondern unterlagen allein dem von der Börsensachverständigenkommission beim Bundesfinanzministerium veröffentlichten Übernahmekodex, dessen Befolgung freiwillig war. Der Kodex konnte sich aber nicht in derselben Weise als Kapitalmarktusance durchsetzen wie beispielsweise der City Code on Takeovers and Mergers in Großbritannien. Das Inkrafttreten des WpÜG bedeutete deshalb eine Zäsur und führte zu erheblichen Änderungen der Übernahmepraxis. Davor war es beispielsweise Usus, Paketzuschläge für bedeutende Beteiligungen zu bezahlen, statt alle Aktionäre gleich zu behandeln wie ab 2002 verpflichtend. Auch wenn es bereits vor dem Inkrafttreten des WpÜG eine Reihe bedeutender Übernahmen wie beispielsweise Krupp/Hoesch (1992) und Vodafone/Mannesmann (1999) gab, hat das Gebiet erst mit dem WpÜG den dringend benötigten Rahmen erhalten und sich als selbständiger Markt etabliert und entwickelt. Die laut Begründung des Referentenentwurfs[1] beabsichtigte Stärkung des Wirtschaftsstandorts und des Finanzplatzes Deutschland im internationalen Wettbewerb ist damit gelungen. Dazu hat auch die Handhabung der Aufsicht durch die BaFin beigetragen, die trotz der geringen Zahl von Übernahmen über die Jahre viele wichtige übernahmerechtliche Fragen beantworten und damit ein überzeugendes Gesamtsystem schaffen konnte.[2]

1 BT-Drs. 14/7034, S.28.

2 Erste Bestandsaufnahme bei Mülbert/Kiem/Wittig (Hrsg.), 10 Jahre WpÜG, 2011. Analyse der Tätigkeitsberichte der BaFin bei *Cascante*, FS Wegen, 2015, S. 175 ff. Zur Verwaltungspraxis aus Sicht der BaFin neben den Tätigkeitsberichten *Hippeli* DK 2018, 465 ff., *Boucsein/Schmiady* AG 2016, 597 ff.

https://doi.org/10.1515/9783110632323-010

## 2. Wertpapierhandelsrecht

Das im WpHG und seit dem 3. Juli 2016 zum Teil in der MAR kodifizierte Wertpapierhandelsrecht ergänzt das Übernahmerecht und wird ebenfalls von der BaFin überwacht, wenngleich durch andere Abteilungen. Dabei sind wertpapierhandelsrechtlich vor allem die Meldepflichten (§§ 33 ff. WpHG) und das Insiderrecht zu betrachten, die in der Vorbereitungsphase in der Zeit bis zur Veröffentlichung der Übernahmeabsicht nach § 10 WpÜG besonders bedeutsam sind.

# II. Due Diligence

Für viele Übernahmeinteressenten kommt nur eine mit der Zielgesellschaft abgestimmte Übernahme in Betracht. Eine Reihe großer Private Equity-Investoren beispielsweise lehnt „feindliche" Übernahmen schon aus Policy-Gründen ab. In anderen Fällen hängt die Entscheidung über die Übernahme von einer vorherigen zufrieden stellenden Due Diligence ab. Bei den Managementgesprächen können auch Insiderinformationen mitgeteilt werden. Dabei kann es sich beispielsweise um aufgrund einer Selbstbefreiung noch nicht veröffentlichte kursrelevante Informationen zu bevorstehenden Personalmaßnahmen (Wechsel im Vorstandsvorsitz), laufenden M&A-Projekten, erwarteten Großaufträgen, potentiellen Rechtsstreitigkeiten oder Verwaltungsverfahren (z. B. Kartellverfahren) handeln. Diese Weitergabe von Insiderinformationen zur Vorbereitung und Prüfung einer Übernahme ist zulässig.[3] Art. 9 Abs. 4, 1. Unterabs. MAR stellt klar, dass auch der Erwerb von Aktien auf der Grundlage dieser Due Diligence kein unzulässiges Insidergeschäft darstellt, wenn er auf der Grundlage eines öffentlichen Angebots erfolgt. Zum Schutz der Aktionäre wird aber vorausgesetzt, dass zum Zeitpunkt der Genehmigung des Unternehmenszusammenschlusses oder der Annahme des Angebots durch die Anteilseigner sämtliche Insiderinformationen öffentlich gemacht worden sind oder auf andere Weise ihren Charakter als Insiderinformation verloren haben.[4] Dies hat der Bietinteressent aber nicht in der Hand. Deshalb muss er ein gemeinsames Verständnis mit der Zielgesellschaft sicherstellen, dass eine rechtzeitige Veröffentlichung möglich ist, oder insiderrelevante Informationen aus der Due Diligence ausnehmen.

---

3 *Klöhn*, in: Klöhn, Marktmissbrauchsverordnung, 2018, Art. 9 Rn. 121 mwN (auch zur etwas verwirrenden deutschen Sprachfassung).

4 So bereits zum alten Recht BaFin, Emittentenleitfaden, S. 39 (Ziffer III.2.2.1.4.3) (Stand: 15. Juli 2005). Bestätigt durch BaFin, Konsultationsentwurf Emittentenleitfaden Modul C vom 1.7.2019, S. 85 (Ziffer I.4.2.5.2.1.5).

# III. Beteiligungsaufbau

## 1. Vorbereitung einer Übernahme

Je nach Strategie des Bieters mag es sinnvoll sein, zur Vorbereitung eines späteren Übernahmeangebots Aktien der Zielgesellschaft oder sonstige Finanzinstrumente zu erwerben. Motiv kann etwa sein, den Gesamtpreis der Übernahme durch günstige Käufe zu senken, da Übernahmeangebote regelmäßig eine Prämie auf den Aktienkurs enthalten und damit Käufe vor Bekanntwerden der Übernahmeabsicht zu niedrigeren Kursen möglich sind. Solche Käufe müssen allerdings marktschonend über einen längeren Zeitraum erfolgen, da ein Anstieg des Kurses infolge der Käufe für den Bietinteressenten nachteilig wäre. Eine andere Überlegung kann sein, eine möglichst starke Position im Vorfeld der Übernahme aufzubauen, um aus einer Position der Stärke mit dem Zielunternehmen zu verhandeln und potentielle konkurrierende Bieter abzuschrecken.

Bei „freundlichen" Übernahmen, die mit der Verwaltung der Zielgesellschaft abgestimmt werden, wird ein solcher Beteiligungsaufbau häufig gar nicht möglich sein. Wenn die Zielgesellschaft zur Vorbereitung der Übernahme eine Due Diligence durch den Interessenten gestattet, wird sie regelmäßig darauf bestehen, neben einer Vertraulichkeitsvereinbarung auch eine sogenannte „standstill"-Vereinbarung abzuschließen. Dies ist jedenfalls dann erforderlich, wenn in der Due Diligence Insiderinformationen offengelegt werden, ist aber auch im Übrigen marktüblich.

## 2. Zulässigkeit von Käufen trotz Übernahmeabsicht

Die Vorbereitung einer Übernahme durch den potentiellen Bieter wird auch vor der endgültigen Entscheidung zur Abgabe eines Angebots im Sinne des § 10 Abs. 1 Satz 1 WpÜG häufig ab einem bestimmten Konkretisierungspunkt eine Insiderinformation darstellen. Deshalb ist Dritten einschließlich Organmitgliedern, Mitarbeitern und Beratern des Bieters ein privater Erwerb unter Verwendung dieser Information verboten. Dies hindert aber den Bietinteressenten selbst nicht, diese von ihm selbst geschaffene Tatsache des Aktienerwerbsplans zu nutzen. Art. 9 Abs. 5 MAR stellt dies ausdrücklich klar und qualifiziert die Nutzung eines eigenen Plans ausdrücklich als „legitime Handlung". Eine Berufung auf Art. 9 Abs. 5 MAR soll allerdings nicht mehr möglich sein, sobald der Erwerber seine Mitteilungspflichten aus den §§ 33 ff. WpHG verletzt, weil er dann zusätzlich die Information über rechtswidrig nicht offengelegte Beteiligungsverhältnisse nutze.[5] Ich habe Zweifel, ob dies richtig ist. Die §§ 33 ff. WpHG haben ihren eigenen Sanktionskatalog für die Verletzung von Meldepflichten einschließlich des Rechtsverlusts (§ 44 WpHG). Daneben besteht kein Bedürfnis und ist kein Platz für eine zusätzliche Sanktionierung durch das Insiderrecht.[6]

## 3. Nutzung sonstiger Insiderinformationen

Nicht zulässig und ein Verstoß gegen das Insiderrecht sind börsliche oder außerbörsliche Erwerbe vor Veröffentlichung der Übernahmeabsicht, die unter Nutzung sonstiger Insiderinformationen erfolgen, d. h. entsprechender Informationen aus der Due Diligence. Hier gelten die allgemeinen Regeln, weil der Bietinteressent anderenfalls einen kursrelevanten Informationsvorsprung zu seinen Gunsten ausnutzen könnte.[7] Dementsprechend ordnet Art. 9 Abs. 4, 2. Unterabs. MAR an, dass die Ausnahme des Art. 9 Abs. 4, 1. Unterabs. MAR nicht für den Beteiligungsaufbau gilt. Dieser wird in Art. 1 Abs. 1 Ziffer 31 MAR definiert als Beteiligungserwerb, durch den „keine rechtliche oder regulatorische Verpflichtung entsteht, in Bezug auf das Unternehmen ein öffentliches Übernahmeangebot abzugeben". Aktienerwerbe des Bietinteressenten sind erst nach Veröffentlichung der Insiderinformation zulässig.

## 4. Masterplanausnahme

Eine Ausnahme vom Insiderhandelsverbot ist zu bejahen, wenn der Bietinteressent einen festen Entschluss zum Beteiligungsaufbau fasst (sogenannter Masterplan) und erst danach Insiderinformationen erhält. Diese in der MAR nicht ausdrücklich geregelte Ausnahme, die die BaFin bereits zum alten Recht anerkannte hatte,[8] ist gerechtfertigt, soweit sichergestellt ist, dass der Bietinteressent sich

5 *Assmann*, in: Assmann/Schneider/Mülbert, Wertpapierhandelsrecht, 7. Aufl. 2019, Art. 8 Rn. 61 mwN; *Apfelbacher*, in: VGR (Hrsg.), Gesellschaftsrecht in der Diskussion 2017, 2018, S. 57, 75 mwN.

6 Im Ergebnis ähnlich, aber mit anderer Begründung *Klöhn* aaO. (Fn. 3), Art. 8 Rn. 192 f., der zudem eine Ausnahme macht für Fälle, in denen der Beteiligungsaufbau Fundamentalwertrelevanz hat.

7 *Klöhn* aaO. (Fn. 3), Art. 9 Rn. 128; *Veil*, in Meyer/Veil/Rönnau, HdB Marktmissbrauchsrecht, 2018, § 7 Rn. 76. Ebenso BaFin, Konsultationsentwurf Emittentenleitfaden Modul C vom 1.7.2019, S. 85 (Ziffer I.4.2.5.2.1.5).

8 BaFin, Emittentenleitfaden, S. 37 (Ziffer III.2.2.1.3) (Stand: 15. Juli 2005). Bestätigt nunmehr durch BaFin, Konsultationsentwurf Emittentenleitfaden vom 1.7.2019, Modul C, S. 87 (Ziffer I.4.2.5.2.2.1).

unabhängig von der Insiderinformation verbindlich entschlossen hatte und die Information deshalb nicht kausal war und somit kein Informationsvorsprung gegenüber dem Verkäufer ausgenutzt wurde.[9] An den Masterplan sind strenge Anforderungen zu stellen. Er darf dem Erwerber keinen Ermessensspielraum lassen (z. B. hinsichtlich der Volumina oder Preise). Dies sollte sorgfältig und detailliert dokumentiert sein. Im Regelfall geschieht dies im Auftragsschreiben an eine Bank oder einen Broker, in dem festgelegt wird, welche Volumina in welcher Preisspanne und in welchem Zeitraum erworben werden sollen. Fraglich ist, ob eine Stornierungsmöglichkeit schadet. Dies wird praktisch, wenn der Bietinteressent in der Due Diligence eine negative Insiderinformation erhält und daraufhin von seinen Plänen Abstand nimmt. Auch wenn das für den Abbruch der Übernahmepläne vor dem Hintergrund der Regeln in Art. 9 Abs. 4 MAR nicht voll überzeugt,[10] wird man angesichts des klaren Wortlauts des Art. 8 Abs. 1 Satz 2 MAR die Stornierung eines erteilten Auftrags nicht zulassen können.[11] Umgekehrt sollte eine Aufgabe des Masterplans möglich bleiben, soweit noch kein förmlicher Auftrag erteilt ist, weil der Bietinteressent dann kein Geschäft unter Nutzung der Insiderinformation tätigt.[12] In der Übernahmepraxis wird in der Vertraulichkeitsvereinbarung, die vor der Due Diligence geschlossen wird, in der Regel auch ein „standstill" vereinbart, sodass Käufe über die Börse vor Veröffentlichung der Übernahmeabsicht vertraglich ausgeschlossen sind. Deshalb stellt sich die Frage der Masterplanausnahme bei einer förmlichen Due Diligence in der Praxis kaum einmal.

## 5. Face-to-face-Geschäfte

Grundsätzlich unterliegen auch außerbörsliche Geschäfte dem Insiderhandelsverbot. Bei einem außerbörslichen Erwerb von Ankeraktionären ist jedoch denkbar, dass diese denselben Wissensstand haben oder für die Zwecke der Transaktion auf diesen Stand gebracht werden. Allerdings darf der Bietinteressent in der Due Diligence erhaltene Insiderinformationen nicht ohne Zustimmung der Zielgesellschaft einem Paketaktionär mitteilen. Soweit ein Informationsvorsprung einer Partei ausgeschlossen ist, sind solche Geschäfte zulässig. Dies galt bereits nach altem

**9** *Veil* aaO. (Fn. 7), § 7 Rn. 89 ff. mwN; *Klöhn* aaO. (Fn. 3), Art. 8 Rn. 179.
**10** *Assmann* aaO. (Fn. 5), Art. 8 Rn. 29.
**11** *Apfelbacher* aaO. (Fn. 5), S. 57, 76.
**12** So wohl *Veil* aaO. (Fn. 7), § 7 Rn. 90.

Recht.[13] Auch nach Inkrafttreten der MAR bleiben solche Erwerbe erlaubt, weil sie aufgrund des gleichberechtigten Informationszugangs den Zwecken der MAR nicht zuwiderlaufen.[14] Diese Grundsätze gelten auch für den Abschluss sogenannter „Irrevocables", durch die der Aktionär sich verpflichtet, ein späteres Übernahmeangebot zu einem bestimmten Angebotspreis anzunehmen.

## IV. Gespräche mit Paketaktionären

### 1. Aktionärsstruktur

Die meisten deutschen Publikumsgesellschaften haben eine internationale Aktionärsstruktur, in der institutionelle Anleger überwiegen und es keine Großaktionäre gibt, die ob der Größe ihres Pakets entweder eine Übernahme initiieren könnten oder eine solche verhindern könnten. Ausnahmen sind Unternehmen, an denen Unternehmerfamilien (BMW, Merck, Henkel, Porsche, Schaeffler) oder Stiftungen (Fresenius, thyssenkrupp) maßgeblich beteiligt sind.

Wenn es solche Ankeraktionäre gibt, sind sie zentrale Akteure einer Transaktion (z. B. bei den Übernahmen Fortum/Uniper, E.ON/innogy, McKesson/Celesio, Clariant/Süd Chemie und KKR/WMF). Ein Bieter muss solche Großaktionäre im Vorfeld einbinden oder sogar rechtsverbindliche Verträge über den Kauf der Aktien oder sogenannte „Irrevocables" unterschreiben. Zum Teil sind die Großaktionäre sogar die Treiber einer solchen Transaktion, während die Organe der Zielgesellschaft auf die Absprachen zwischen Bieter und Großaktionär nur reagieren können und deshalb bei der Verhandlung eines Business Combination Agreement auch nur über einen entsprechend eingeschränkten Spielraum und eine entsprechend eingeschränkte Verhandlungsmacht verfügen.

### 2. Verträge über Aktienkäufe und Irrevocables

In den erwähnten Fällen werden die Verträge mit den Großaktionären üblicherweise unmittelbar vor Veröffentlichung der Entscheidung zur Abgabe eines Angebots (§ 10 Abs. 1 Satz 1 WpÜG) unterzeichnet. Parallel dazu wird häufig ein Business Combination Agreement mit der Zielgesellschaft unterschrieben. Die

---

13 Vgl. EuGH v. 23.12.2009 – Rs. C-45/08, Slg. 2009, I-2073 Rn. 48 „Spector" im Anschluss an EuGH v. 10.5.2007 – Rs. C-391/04, Slg. 2007, I-3741 Rn. 38 f. „Georgakis".

14 *Klöhn* aaO. (Fn. 3), Art. 8 Rn. 143 f., *Assmann* aaO. (Fn. 5) Art. 8 Rn. 40; *Veil* aaO. (Fn. 7) § 7 Rn. 46.

Kaufverträge werden regelmäßig über eine Bedingung daran geknüpft, dass der Bieter mit dem Übernahmeangebot die von ihm angestrebte Mindestannahmeschwelle erreicht. Bei den Irrevocables, d. h. Verpflichtungen zur Annahme des Angebots, wird zwischen „hard irrevocables“ und „soft irrevocables“ unterschieden. Bei „soft irrevocables“ ist der Aktionär berechtigt, im Fall eines höheren konkurrierenden Angebots von der Annahmeverpflichtung zurückzutreten.[15] Solche Irrevocables sind Finanzinstrumente, die eine Mitteilungspflicht gemäß § 38 Abs. 1 Nr. 2 WpHG auslösen.[16]

Gespräche mit solchen Großaktionären sind keine nach Art. 10 MAR unrechtmäßige Offenlegung von Insiderinformationen. Auch wenn dabei die bevorstehende Übernahme mitgeteilt wird, wird man dies als zulässig ansehen können, weil es zu der vertraglich gebotenen Aufklärung zählt und die Weitergabe nicht den Zielen der MAR zuwiderläuft.[17] Bei solchen Gespräche handelt es sich nicht um Marktsondierungen im Sinne des Art. 11 MAR.[18]

## 3. Marktsondierungen

Durch Art. 11 MAR werden in Deutschland erstmals die insbesondere für das Emissionsgeschäft der Banken bedeutsamen Marktsondierungen gesetzlich geregelt. Es ist begrüßenswert, dass damit diese Kapitalmarktpraxis gesetzlich anerkannt und durch eine Ausnahme vom Verbot der Offenlegung von Insiderinformationen privilegiert. Art. 2 MAR stellt klar, dass die Offenlegung von Insiderinformationen durch einen Bietinteressenten im Vorfeld eines Übernahmebeschlusses eine zulässige Marktsondierung darstellt, wenn die Informationen erforderlich sind, um den Aktionären zu ermöglichen, sich über das Angebot eine Meinung zu bilden, und wenn die Bereitschaft der Aktionäre, gegebenenfalls ein Angebot anzunehmen, nach vernünftigem Ermessen für die Entscheidung erforderlich ist, ein Angebot abzugeben.

Damit steht es dem Bietinteressenten offen, mit großen institutionellen Aktionären zu sprechen. Allerdings müssen für die Inanspruchnahme dieses „safe harbour“ die formalen Anforderungen des Art. 11 MAR erfüllt werden. Außerdem

15 *Wirbel*, in: Meyer-Sparenberg/Jäckle, Beck'sches M&A-Handbuch, 2017, § 57 Rn. 17.

16 BaFin, Emittentenleitfaden Modul B Information über bedeutende Stimmrechtsanteile/notwendige Informationen für die Wahrnehmung von Rechten aus Wertpapieren, S. 43 (Ziffer 1.2.8.1.3) (Stand 30. Oktober 2018).

17 *Assmann* aaO. (Fn. 5), Art. 10 Rn. 25, Art. 11 Rn. 10; *Apfelbacher* aaO. (Fn. 5), S. 57, 73; *Klöhn* aaO. (Fn. 3), Art. 10 Rn. 162.

18 *Assmann* aaO. (Fn. 5), Art. 11 Rn. 10; *Apfelbacher* (Fn. 5), S. 57, 73; *Singhof* ZBB 2017, 193, 197.

besteht das Problem, dass die angesprochenen Aktionäre nach der Sondierung ihrerseits Insiderinformation haben und deshalb am Erwerb weiterer Aktien gehindert sind. Deshalb ist fraglich, ob institutionelle Aktionäre im Vorfeld von Übernahmen bereit sein werden, solche Gespräche zu führen, die sie für einen nicht überschaubaren Zeitraum wichtiger Optionen berauben. Deshalb glaube ich nicht, dass solche Marktsondierungen künftig im Vorfeld von Übernahmen zur Regel werden.

# V. Meldepflichten

## 1. Entwicklungen

Die heute in den §§ 33ff. WpHG geregelten Meldepflichten gehören zu den Grundpfeilern des wertpapierhandelsrechtlichen Schutzes des Marktes und der Investoren durch Beteiligungspublizität. Sie waren von Anfang an im WpHG enthalten und lösten für börsennotierte Unternehmen die Pflichten aus den §§ 20, 21 AktG ab. In den vergangenen 25 Jahren wurden sie mehrfach geändert, um sie an europarechtliche Vorgaben anzupassen oder in der Praxis aufgetretene Transparenzlücken zu schließen.

Ausgangspunkt ist die Pflicht gemäß § 33 Abs. 1 WpHG, das Erreichen, Überschreiten und Unterschreiten der Schwellen von 3%, 5%, 10%, 15%, 20%, 25%, 30%, 50% und 75% durch Erwerbe oder Veräußerungen von Aktien zu melden. Dabei wird stets auf die Stimmrechte abgestellt, d.h. stimmrechtslose Vorzugsaktien bleiben im Regelfall unberücksichtigt. Von Anfang an wurde die Meldepflicht für das Halten eigener Aktien ergänzt durch einen Katalog verwandter Tatbestände, der Umgehungen vermeiden sollte und heute in § 34 Abs. 1 WpHG enthalten ist. Dieser Katalog hatte aber erhebliche Lücken, der Alternativen ohne Transparenzpflicht eröffnete. Beispielsweise erfasst § 34 Abs. 1 Satz 1 Nr. 5 WpHG nur die – in der Praxis seltenen – dinglich ausgestalteten Optionen, nicht aber schuldrechtliche Optionen.

Als Folge der Umsetzung der Transparenzrichtlinie II (Richtlinie 2001/34/EG) wurden über die bis dahin geregelten Tatbestände hinaus auch der Erwerb sonstiger Finanzinstrumente wie beispielsweise schuldrechtlicher Optionen ab dem 20.1.2007 meldepflichtig (§ 25 WpHG a.F., heute geregelt in § 38 WpHG). Allerdings waren sie erst ab 5% meldepflichtig und eine Zusammenrechnung fand nicht statt, d.h. ein Aufbau von 2,99% Aktien und 4,99 Kaufoptionen blieb meldefrei. Die Zusammenrechnung wurde erst durch das Risikobegrenzungsgesetz mit Wirkung ab dem 1.3.2009 eingeführt. Damit sind noch der Erwerb von z.B. bis zu 2,99% Aktien und zusätzlich 2% Optionen meldefrei, d.h. der Erwerber kann sich bis heute den Zugriff auf 4,99 % der Stimmrechte ohne Offenlegungspflicht sichern.

Ferner wurde eine Pflicht des Inhabers wesentlicher Beteiligungen eingeführt, die mit dem Erwerb der Stimmrechte verfolgten Ziele sowie die Herkunft der verwendeten Mittel offenzulegen. Diese Pflicht knüpft allein an Erwerbe im Sinne der §§ 33 und 34 WpHG an. Sie wird von sämtlichen Schwellenberührungen ab 10 % der Stimmrechte ausgelöst (§ 43 Abs. 1 Satz 1 WpHG). Die zu veröffentlichenden Ziele sind in § 43 Abs. 1 Satz 3 WpHG näher beschrieben. Allerdings fehlt dort entgegen dem ursprünglichen Regierungsentwurf die im Vorfeld einer Übernahme eigentlich entscheidende Frage, ob Kontrolle im Sinne des § 29 Abs. 2 WpÜG angestrebt wird.[19] Stattdessen erwähnt der Katalog nur die Aufstockungsabsicht und das Anstreben des Einflusses auf die Besetzung von Vorstand und Aufsichtsrat. In der Praxis erschöpft sich der Bericht auch regelmäßig in formelhaften Ausführungen, deren Erkenntniswert beschränkt ist. Das BMF hat deshalb im Juli 2019 einen Evaluierungsprozeß begonnen und anhand eines Fragenkatalogs um Stellungnahmen bis Ende September 2019 gebeten.

An einem verdeckten Aufbau einer dem Aktienerwerb wirtschaftlich entsprechenden Position interessierte Investoren konnten aber auch von „cash settled total return equity swaps" oder „contracts for difference" genannten Instrumenten Gebrauch machen, die ursprünglich nicht meldepflichtig waren. Diese Instrumente geben dem potentiellen Bieter zwar keinen Zugriff auf die Aktien, helfen ihm aber, das vor Bekanntgabe bestehende Kursniveau zu sichern und zumindest psychologisch gegenüber der Zielgesellschaft, den Aktionären und potentiellen weißen Rittern eine Position der Stärke einzunehmen. Während solche Swaps in Deutschland zuvor kaum zur Kenntnis genommen worden waren, wurden sie schlagartig prominent, als die Schaeffler KG am 15. 7. 2008 ihre Entscheidung bekanntgab, ein Übernahmeangebot für die Continental AG zu unterbreiten, und mitteilte, dass sie neben dem meldepflichtigen Erwerb von Aktien und Finanzinstrumenten in der Größenordnung von zusammen 7,92 % auch Swap-Geschäfte über weitere 28 % des Aktienkapitals abgeschlossen hatte. Die BaFin verneinte zwar zu Recht eine Verletzung der Meldepflichten,[20] der Fall löste aber eine heftige Diskussion de lege lata und de lege ferenda aus.[21] Eine entsprechende Erweiterung der Meldepflichten erfolgte dann mit Wirkung zum 1. 2. 2012 durch das Anlegerschutz- und Funktionsverbesserungsgesetz. Die heutige Regelung nennt Swaps und Differenzgeschäfte in § 38 Abs. 2 WpHG als Re-

19 Dazu *Schneider* in: Assmann/Schneider/Mülbert, Wertpapierhandelsrecht, 7. Aufl. 2019, § 43 Rn. 16 f.

20 Pressemitteilung BaFin vom 21. 8. 2008.

21 Dazu *Schiessl* DK 2009, 291 ff. mwN.

gelbeispiele und arbeitet im Übrigen mit sehr weiten und fast generalklauselartigen Formulierungen (u. a. § 38 Abs. 1 Satz 1 Nr. 2 WpHG „vergleichbare wirtschaftliche Wirkung"). Der Gesetzgeber hat damit bewusst auf eine klare Definition verzichtet, um auch neu entwickelte Produkte zu erfassen. Dies ist unter dem Gesichtspunkt der Rechtssicherheit problematisch und führt in der Praxis zu Anwendungsproblemen.

Durch das Gesetz zur Umsetzung der Transparenzrichtlinie – Änderungsrichtlinie wurden mit Wirkung zum 26. November 2015 die Meldepflichten vereinheitlicht und ein einheitliches Meldeformular eingeführt. Eine gewisse formale Erleichterung erfolgte durch die Einführung einer die Tochterunternehmen entlastenden Konzernmeldung des Mutterunternehmens (§ 37 WpHG). Inhaltlich wurde die Meldepflicht nach § 33 Abs. 1 WpHG dadurch vorverlegt, dass nunmehr schon auf das Kausalgeschäft abgestellt wird, da als „Gehören" „bereits das Bestehen eines auf die Übertragung von Aktien gerichteten unbedingten und ohne zeitliche Verzögerung zu erfüllenden Anspruchs oder einer entsprechenden Verpflichtung" angesehen wird (§ 33 Abs. 3 WpHG). Dies gilt also insbesondere für Käufe über die Börse, bei denen das Settlement der Order innerhalb der üblichen Fristen erfolgt. Die Meldung erfolgt in diesen Fällen also nach § 33 Abs. 1 WpHG und damit ab einer Schwelle von 3 %, während zuvor solche Konstruktionen zunächst nur als Instrument im Sinne des § 38 WpHG zu melden gewesen wären.

## 2. Aktuelle Diskussionen

Die Ausweitung der Meldepflichten auf sonstige Finanzinstrumente hat nicht nur zu den erwähnten Anwendungsproblemen wegen der generalklauselartigen Definition in § 38 Abs. 1 Satz 1 WpHG geführt, sondern auch zu Mehrfachmeldungen. Beispielsweise kann neben dem Aktionär der Optionsinhaber und je nach Ausgestaltung auch noch die Gegenpartei eines Swaps meldepflichtig sein. Ferner können Kauf- und Verkaufsoptionen und weitere Derivate kombiniert werden. Dies führt zu Meldungen, die selbst erfahrene Marktteilnehmer nicht verstehen und falsch deuten und deshalb entsprechende Kursreaktionen auslösen können, wie der Fall Geely/Daimler gezeigt hat.[22]

Der Einstieg des von dem Unternehmer Li Shufu kontrollierten chinesischen Automobilherstellers Geely bei Daimler mit 9,69 % ohne vorherige Meldung der Schwellenberührungen bei 3 % und 5 % durch den Erwerb von Aktien oder Finanzinstrumenten hat auch grundsätzliche Diskussionen ausgelöst, wie es mög-

22 FAZ vom 12.1.2019, S. 28 („Verwirrung um Daimler-Stimmrechte").

lich ist, eine solche Beteiligung meldefrei aufzubauen. Die BaFin hat zwar keine Verstöße des Investors außer einer geringfügigen Verspätung der Meldung festgestellt und nur einer mit Geely zusammenarbeitenden Bank ein Bußgeld auferlegt,[23] die Umstände und die Vorgeschäfte des Beteiligungserwerbs einschließlich offenbar zur Risikoabsicherung verwandter Collar-Konstruktionen haben aber auch die Politik beschäftigt.[24] Dort wird in diesem Zusammenhang als weiteres Problemfeld das sogenannte „empty voting" diskutiert, d. h. die Statthaftigkeit der Ausübung erheblichen Einfluss auf die Gesellschaft vermittelnder Stimmrechte, obwohl ein entsprechendes wirtschaftliches Risiko durch Sicherungsgeschäfte vermieden wird.[25] Das Thema ist aber eine Büchse der Pandora, weil Sicherungsgeschäfte absolut üblich und grundsätzlich nicht zu beanstanden sind und auch bei anderen Konstruktionen wie etwa der Wertpapierleihe Aktionärsstellung und Risiko auseinanderfallen.

Für Übernahmen relevante Diskussionen gibt es auch zur Meldepflicht aufgrund eines „acting in concert". § 34 Abs. 2 Satz 2 WpHG setzt dafür voraus, dass die Parteien „sich über die Ausübung von Stimmrechten verständigen oder mit dem Ziel einer dauerhaften und erheblichen Änderung der unternehmerischen Ausrichtung des Emittenten in sonstiger Weise zusammenwirken". Die zweite Alternative war durch das Risikobegrenzungsgesetz als Reaktion auf eine Entscheidung des Bundesgerichtshofs[26] aufgenommen worden. „Vereinbarungen in Einzelfällen" sind ausdrücklich ausgenommen (§ 34 Abs. 2 Satz 1 WpHG). Während die BaFin qualitativ abgrenzen und auch Absprachen zu nur einer Hauptversammlung als „acting in concert" ansehen will, wenn es sich um strategisch relevante Grundsatzentscheidungen handelt,[27] hat der Bundesgerichtshof entschieden, dass das Vorliegen eines Einzelfalls formal zu bestimmen ist[28]. Diese Entscheidung gibt der Praxis mehr Rechtssicherheit. Nicht abschließend geklärt

---

**23** Börsen-Zeitung vom 6.12.2018, S. 2 („Geldbuße für Morgan Stanley").

**24** FAZ vom 15.9.2018 („Greift Li Shufu nach Daimler?"). Die BaFin weist in ihren FAQ zu den Transparenzpflichten WpHG, S. 26 (Ziffer 42 b) auf die Möglichkeiten eines Geschäftsbesorgungsvertrags mit der Bank (gegebenenfalls mit Zurechnung nach § 34 Abs. 1 Satz 1 Nr. 2 WpHG) oder nach § 38 Abs. 1 Nr. 2 WpHG meldepflichtiger stillschweigender Absprachen hin. Zur Behandlung der Bank als gemeinsam handelnder Person im Sinne des § 2 Abs. 5 WpÜG *Hippeli* DK 2018, 465, 473 f.

**25** Dazu grundlegend *Black/Hu*, 61 The Business Lawyer 1011 (2006); dies., 79 Southern Cal. L. Rev. 811 (2006). Aus der deutschen Literatur *Mittermeier*, Empty Voting, 2014; *Tautges*, Empty Voting und Hidden (Morphable) Ownership, 2015; *Zimmermann*, Das Aktiendarlehen, 2014, S. 69 ff.; *Bachmann*, ZHR 173 (2009), 596, 639 ff.; *Osterloh-Konrad*, ZGR 2012, 35 ff.

**26** BGHZ 169, 98 „WMF".

**27** BaFin, Emittentenleitfaden, Modul B, S. 28 (Ziffer I. 2.5. 10.2) (Stand 30. Oktober 2018).

**28** BGH ZIP 2018, 2214 Rn. 34 ff. mwN zum Diskussionsstand.

ist die Behandlung von Absprachen mehrerer Investoren über einen parallelen Aktienerwerb. Ohne weitere Vereinbarungen zur Beeinflussung der Zielgesellschaft reichen sie für ein „acting in concert" und eine Meldepflicht nach § 34 Abs. 2 WpHG entgegen einer weit verbreiteten Literaturauffassung[29] nicht aus. Der Regierungsentwurf zum Risikobegrenzungsgesetz sah eine ausdrückliche Regelung dieses Falles vor,[30] die der Gesetzgeber aber bewusst nicht in die endgültige Fassung aufgenommen hat.[31]

## 3. Übernahmerechtliche Meldepflichten

Ab Veröffentlichung der Angebotsunterlage treffen den Bieter die übernahmerechtlichen Veröffentlichungspflichten des § 23 WpÜG. Damit soll im Übernahmeverfahren eine erhöhte Transparenz über den Stand der Annahmeerklärungen geschaffen werden. Deshalb wirken die Meldepflichten des WpHG daneben überflüssig und parallele Meldungen könnten irreführen. Allerdings bestehen Unterschiede im Detail. Beispielsweise führt die Verletzung der wertpapierrechtlichen Meldepflichten zum Rechtsverlust gemäß § 44 WpÜG, während der Rechtverlust gemäß § 59 WpHG von Verstößen gegen § 23 WpÜG nicht ausgelöst wird. In der früheren Fassung waren gemäß § 25 Abs. 2a, § 25a Abs. 1 Satz 5 WpHG a. F. die wertpapierhandelsrechtlichen Vorschriften nicht anwendbar, soweit eine Offenlegungspflicht nach § 23 WpÜG bestand. Auch wenn diese Konkurrenzklausel in der Neufassung nicht mehr enthalten ist, geht die BaFin davon aus, dass der Vorrang der übernahmerechtlichen Transparenzregeln weiter gilt und kein Bedürfnis für eine parallele Offenlegungspflicht nach WpHG besteht.[32]

---

**29** So etwa *Schneider* aaO. (Fn. 19), § 34 Rn. 160 ff. mwN zum Streitstand.

**30** BT-Drs. 16/7438, S. 5, 11.

**31** Änderung infolge Beschlussempfehlung Finanzausschuss BT-Drs. 16/9778, S. 9; Begründung im Ausschussbericht , BT-Drs. 16/9821, S. 15.

**32** BaFin, Emittentenleitfaden Modul B, S. 43 (Ziffer I. 2.8.1.3) (Stand 30.10.2018). A.A. *Schneider* aaO. (Fn. 19), vor § 33 Rn. 67 f. mwN.

# VI. Qualifikation von Zwischenschritten als Insiderinformation

## 1. Emittentenleitfaden und Praxis

Eine öffentliche Übernahme, die in Kürze nach § 10 WpÜG bekannt gegeben werden und eine attraktive Prämie auf den aktuellen Kurs bieten soll, ist geradezu der Paradefall einer Insiderinformation im Sinne des Art. 7 Abs. 1 MAR. Ähnliches gilt für grenzüberschreitende Zusammenschlüsse, die nach dem Muster von Daimler/Chrysler regelmäßig auf der deutschen Seite als „share for share"-Angebot einer für diesen Zweck gebildeten neuen Holdingsgesellschaft an die Aktionäre der deutschen Gesellschaft ausgestaltet werden (jüngst z.B. Linde/Prayair). Fraglich ist jedoch, ab wann Gespräche über eine solche Übernahme als Insiderinformation zu qualifizieren sind. Übernahmen sind typische mehrstufige oder „zeitlich gestreckte" Vorgänge, bei denen nicht nur das Endereignis, sondern auch vorherige Zwischenschritte „präzise Informationen" und damit Insiderinformationen darstellen können. Dies stellen Art. 7 Abs. 2 Satz 2 und Abs. 3 MAR klar, was aber gegenüber der früheren Rechtslage keine Änderung darstellt.[33]

Der bisherige Emittentenleitfaden in der insofern seit 2009 unveränderten Fassung sah zwar keine abschließende Unterscheidung der typischen Zwischenschritte eines Übernahmeprozesses vor, nahm aber Vorbereitungshandlungen einer solchen Transaktion für den Regelfall von der Anwendung der Insiderregeln aus. Genannt wurden insbesondere die Beauftragung von Beratern, die Aufnahme von Vorgesprächen und der Abschluss eines Non-Disclosure-Agreements. Auch nicht bindende Angebotsschreiben wurden zu den Vorbereitungshandlungen gezählt, während bei dem Abschluss eines Letter of Intent mit typischem Inhalt (Eckpunkte eines künftigen Vertrags, Preisspanne) oder der Vereinbarung von Exklusivität eine Insiderinformation zu prüfen sein sollte.[34] Damit hatte die BaFin eine vernünftige Linie vorgezeichnet, die in der Praxis breit akzeptiert war und befolgt wurde. Für diese Abgrenzung spricht, dass Sondierungen und Vorgespräche in vielen Fällen stattfinden, ohne dass sie zu ernsthaften Verhandlungen führen. In vielen Branchen findet ein regelmäßiger Austausch über mögliche Konsolidierungsschritte statt. Auch die großen Private Equity Fonds, die „taking private"-Erfahrung haben, sind permanent auf der

33 *Klöhn* aaO. (Fn. 3), Art. 7 Rn. 17; *Lutter/Bayer/Schmidt*, Europäisches Unternehmens- und Kapitalmarktrecht, 6. Aufl. 2017, Rn. 35.22.
34 BaFin, Emittentenleitfaden, S. 58 f. (Ziffer IV. 2.2.14) (Stand: 28. April 2009).

Suche nach geeigneten Zielen und stehen im Austausch und in Gesprächen mit einer Reihe von börsennotierten Unternehmen. Es ist dabei absolut üblich, zunächst in einem – mitunter durchaus aufwändigen – Verfahren die grundsätzliche Machbarkeit und die angestrebten Vorteile (Synergiepotentiale, Steuerthemen, Kartell- und sonstige Genehmigungserfordernisse, aufgrund von Auflagen erforderliche Verkäufe, Kundenreaktionen, Listing- und Indexfragen) gemeinsam eingehend zu prüfen, bevor überhaupt über die für den Erfolg einer Transaktion entscheidenden inhaltlichen Themen (Bewertung, Governance, Verwaltungssitz, Verteilung Führungspositionen und Sicherung Arbeitnehmerinteressen) verhandelt wird.

In jüngerer Zeit mehren sich Hinweise, dass die BaFin ihre Politik ändern könnte. Dies zeigt sich in einer Reihe laufender Verfahren. Öffentlich bekannt ist die Zahlung hoher Bußgelder durch die Deutsche Börse AG und ihrem früheren Vorstandsvorsitzenden zur Beendigung eines Verfahrens im Zusammenhang mit der gescheiterten Fusion mit der London Stock Exchange, in dem die BaFin entgegen der Rechtsauffassung der Deutsche Börse AG Insiderhandel und verspätete ad hoc – Mitteilungen gerügt hatte.[35] Auch Veröffentlichungen der BaFin weisen in diese Richtung.[36] Wenn ein Emittent sich darauf einrichten und sich auf die sichere Seite legen will, müsste er wohl schon bei einem ersten Gespräch der Vorstandsvorsitzenden, bei dem eine Machbarkeitsuntersuchung vereinbart wird, oder spätestens beim ersten Treffen der Arbeitsgruppe nach Unterzeichnung einer Vertraulichkeitsvereinbarung eine Insiderinformation bejahen und sie nach Art. 17 Abs. 1 MAR bekanntgeben oder die Offenlegung nach Art. 17 Abs. 4 MAR aufschieben (sogenannte „Selbstbefreiung"). Der nach Abschluss des Manuskripts veröffentlichte Konsultationsentwurf des Moduls C des Emittentenleitfadens zu Regelungen auf der Grundlage der MAR vom 1.7.2019 ist nicht eindeutig, enthält aber Passagen, die den Politikwechsel zu bestätigen scheinen (dazu unter VI.5).

## 2. Insiderhandelsverbot und ad hoc-Veröffentlichung

Die MAR sieht wie auch bereits zuvor die §§ 14, 15 WpHG einen Gleichlauf von Insiderhandelsverbot (Art. 14 MAR) und Veröffentlichungspflicht (Art. 17 MAR) vor, die gleichermaßen an den einheitlichen Tatbestand der Insiderinformation gemäß Art. 7 MAR anknüpfen. Die Ausnahme von der Veröffentlichungspflicht

35 FAZ vom 24.12.2018, S. 24 („Deutsche Börse zahlt Millionen").

36 FAQ zu Art. 17 MAR – Veröffentlichung von Insiderinformationen, S. 7 ff. (Stand 22.5.2018).

für Insiderinformationen, die die Emittentin nicht „unmittelbar" betreffen (Art. 17 Abs. 1 MAR), hat im Übernahmekontext keine Bedeutung. Dieser Gleichlauf gilt seit dem am 30.10.2004 in Kraft getretenen Anlegerschutzverbesserungsgesetz, während zuvor das Insiderverbot zu einem früheren Zeitpunkt eingreifen konnte als die Pflicht zur ad hoc-Veröffentlichung.

Aus Kreisen der BaFin wird bei Klagen der Praxis über eine verfrühte Annahme einer Insiderinformation regelmäßig auf die schon erwähnte Möglichkeit der Selbstbefreiung verwiesen, die eine (zu) frühe Veröffentlichung vermeiden helfe. Dieses Argument greift aber zu kurz. Auch wenn die Voraussetzungen einer Selbstbefreiung im Übernahmekontext regelmäßig vorliegen, ist sie als Ausnahmetatbestand formuliert und ihr Zweck liegt nicht darin, die Anforderungen an eine Insiderinformation zu verringern. Auch kann es nicht Sinn der Selbstbefreiung sein, eine andernfalls zu befürchtende Irreführung des Marktes durch eine ad hoc-Veröffentlichung zu verhindern. Dies wäre bei der Veröffentlichung in einem frühen Stadium bloßer Vorbereitungshandlungen aber regelmäßig der Fall. Eine Veröffentlichung „wir sind in Fusionsgesprächen" würde dahin missverstanden, dass die Unterzeichnung kurz bevorstehe. Eine ausführliche Darstellung des Status (bloße Vorbereitungshandlung, kein schriftliches Angebot etc.) würde den Investoren Steine statt Brot geben und die bei weiteren Fortschritten oder Rückschlägen erforderlichen Aktualisierungen würden endgültig verwirren. Die Probleme liegen aber auch im Insiderhandelsverbot nach Art. 14 MAR. Die Emittentin wird nämlich für eine durch die vorgezogene Bejahung der Insiderinformation verlängerte Zeit bei der Emission von Wertpapieren, Aktienrückkaufprogrammen und Vergütungsprogrammen, die Aktienkäufe voraussetzen, handlungsunfähig. Problematisch ist auch, dass in einer vertraulichen Frühphase einer Transaktion auch Vorstandsmitglieder und andere Führungskräfte häufig noch nicht eingeweiht sind. Hinzu kommt, dass ab Bejahung einer Insiderinformation auf präzise Gerüchte nicht mit „no comment" reagiert werden kann (Art. 17 Abs. 7 Satz 2 MAR), und zwar auch nicht mehr, wenn sie nicht aus der Sphäre des Emittenten stammen.

Die Versuche, die Insiderinformation zeitlich früher anzunehmen, sind regelmäßig von der Befürchtung bestimmt, die handelnden Personen könnten anderenfalls sich unangemessene Vorteile durch Aktiengeschäfte sichern. Deshalb hatte die EU-Kommission in dem 2011 vorgelegten Entwurf der MAR wieder eine zeitliche Trennung von Insiderverbot und ad hoc-Pflicht durch Vorziehen des Insiderverbots vorgeschlagen, weil „Insiderinformationen [...] schon missbraucht werden (können), bevor der Emittent zu deren Offenlegung verpflichtet ist." Das Insiderhandelsverbot sollte bereits greifen, ohne dass die Information „präzise" sein musste. Auch das Erfordernis des Kursbeeinflussungspotentials wurde durch eine weichere Formulierung ersetzt. Der Vorschlag nannte als Beispiel für ein vorgezogenes Insiderhandelsverbot Zwischenschritte wie „Vertragsverhandlungen", [37] Nachdem sich dieses Konzept einer „Insiderinformation light" nicht durchgesetzt hat und in der MAR am bisherigen einheitlichen Anknüpfungspunkt der Insiderinformation festgehalten wurde, darf dieses Ergebnis jetzt nicht über das Aushöhlen der Merkmale „präzise" und Kursrelevanz (z. B. durch eine Ausweitung des Begriffs des „verständigen Anlegers") in der Aufsichtspraxis konterkariert werden.[38]

## 3. „Präzise" Information

Eine Information ist gemäß Art. 7 Abs. 2 Satz 1 MAR nur dann ausreichend „präzise", wenn damit eine Reihe von Umständen gemeint ist, die bereits gegeben sind oder bei denen man vernünftigerweise erwarten kann, dass sie in Zukunft gegeben sein werden, oder ein Ereignis, das bereits eingetreten ist, oder von dem vernünftigerweise erwartet werden kann, dass es in Zukunft eintreten wird, und diese Information darüber hinaus spezifisch genug ist, um einen Schluss auf die mögliche Auswirkung dieser Reihe von Umständen oder dieses Ereignisses auf die Kurse der Finanzinstrumente zuzulassen. Im Falle eines zeitlich gestreckten Vorgangs wie einer Übernahme können auch Zwischenschritte als präzise Information betrachtet werden (Art. 7 Abs. 2 Satz 2 MAR). Allerdings wird für den Zwischenschritt vorausgesetzt, dass er für sich genommen die Kriterien für Insiderinformationen erfüllt (Art. 7 Abs. 2 MAR). Bedeutsam ist auch Erwägungsgrund (16) der MAR:

> „Betreffen Insiderinformationen einen Vorgang, der aus mehreren Schritten besteht, können alle Schritte des Vorgangs wie auch der gesamte Vorgang als Insiderinformationen gelten. Ein Zwischenschritt in einem zeitlich gestreckten Vorgang kann für sich genommen mehrere Umstände oder ein Ereignis darstellen, die gegeben sind bzw. das eingetreten ist oder bezüglich deren/dessen auf der Grundlage einer Gesamtbewertung der zum relevanten Zeitpunkt vorhandenen Faktoren eine realistische Wahrscheinlichkeit besteht, dass sie/es entsteht/eintritt. Dieses Konzept sollte jedoch nicht so verstanden werden, dass demgemäß der Umfang der Auswirkungen dieser Reihe von Umständen oder des Ereignisses auf den Kurs der betreffenden Finanzinstrumente berücksichtigt werden muss. Ein Zwischenschritt sollte als Insiderinformation angesehen werden, wenn er für sich genommen den in dieser Verordnung festgelegten Kriterien für Insiderinformationen entspricht."

---

**37** KOM (2011), 651 endgültig, S. 10, 33; dazu *Veil/Koch* WM 2011, 2297, 2300; *Merkner/Sustmann* AG 2012 315, 319 ff.; *Seibt* ZHR 177 (2013), 388, 412 f.

**38** ebenso *Vetter/Engel/Lauterbach* AG 2019, 160, 168.

Die MAR kodifiziert damit klarstellend die „Geltl"-Rechtsprechung des EuGH, die zur § 13 WpHG a. F. zugrundeliegenden Marktmissbrauchsrichtlinie ergangen war und die Vorgeschichte des Rücktritts des damaligen Vorstandsvorsitzenden von Daimler betraf.

Der EuGH hatte in „Geltl" für die „hinreichende Wahrscheinlichkeit" gemäß Art. 1 Abs. 1 der Marktmissbrauchrichtlinie einerseits klargestellt, dass nicht der Nachweis einer hohen Wahrscheinlichkeit erforderlich ist, andererseits eine umfassende Würdigung der bereits verfügbaren Anhaltspunkte mit dem Ergebnis gefordert, dass „tatsächlich erwartet werden kann, dass die künftigen Umstände und Ereignisse in Zukunft existieren oder eintreten werden." Ferner hatte er klargestellt, dass die Frage, ob die erforderliche Wahrscheinlichkeit des Eintritts eine Reihe von Umständen oder eines Ereignisses je nach Ausmaß der Auswirkung dieser Reihe von Umständen oder dieses Ereignisses auf den Kurs von Finanzinstrumenten variieren kann, zu verneinen ist.[39]

Die BaFin will es nunmehr für Zwischenschritte ausreichen lassen, dass das Endergebnis „nicht völlig ausgeschlossen" ist, d. h. eine Mindestwahrscheinlichkeit wird nicht mehr für erforderlich gehalten.[40] Damit unterscheidet die BaFin nicht ausreichend zwischen einer aus dem Endereignis abgeleiteten Bedeutung des Zwischenschritts und einer eigenständigen Bedeutung, die dem Zwischenschritt für sich genommen zukommt. Soweit die insiderrechtliche Relevanz sich allein vom künftigen Endereignis (z. B. Übernahme) ableitet, ist weiter eine überwiegende Wahrscheinlich (50 % + x) erforderlich. Dies ist nur dann anders, wenn der Zwischenschritt unabhängig vom Endereignis und damit dessen Wahrscheinlichkeit eine eigene insiderrechtliche Relevanz hat (z. B. im Fall „Geltl" die Amtsmüdigkeit des Vorstandsvorsitzenden unabhängig davon, ob er tatsächlich ausscheiden würde, weil die Geschäftspolitik möglicherweise nicht mehr mit dem gleichen Nachdruck verfolgt wird[41]). Dieses Verständnis liegt auch Art. 7 Abs. 3 MAR zugrunde. Andernfalls würde der Zwischenschritt gerade nicht „für sich genommen die Kriterien für Insiderinformationen" erfüllen, sondern es würden schlicht die Anforderungen an die Wahrscheinlichkeit des Endereignisses gesenkt.

Bloße Vorbereitungshandlungen in der Frühphase einer Transaktion sind demgemäß mit Blick auf die Wahrscheinlichkeit des Endereignisses Übernahme

---

**39** EuGH v. 28. 6. 2012, C-19/11, ECLI:EU:C:2012:397, Rn. 46 ff.

**40** BaFin, FAQ Art. 17 MAR – Veröffentlichung von Insiderinformationen, S. 10 (Stand 22. 5. 2018). Insoweit ähnlich BaFin, Konsultationsentwurf Emittentenleitfaden Modul C vom 1. 7. 2019, S. 21 (Ziffer I.2.1.4.3).

**41** BGH AG 2013, 518, 520 Tz. 24. Zur Bedeutung der eigenen insiderrechtlichen Relevanz des Zwischenschritts auch *Vetter/Engel/Lauterbach* AG 2019, 160, 165 f. mwN.

noch nicht insiderrelevant, weil es an einer hinreichenden Wahrscheinlichkeit fehlt, solange die Transaktionsparameter noch offen sind. Die Informationen sind noch nicht spezifisch genug, um einen Schluss auf die mögliche Auswirkung auf den Kurs zuzulassen. Eigenständige Insiderrelevanz wird nur in besonderen Fällen zu bejahen sein. Man mag etwa an eine Situation denken, in der der als Vorstandsvorsitzender amtierende Gründer sich zurückziehen will und deshalb die Anlehnung an ein anderes Unternehmen sucht. Insiderrelevant kann auch ein Szenario sein, in dem der Vorstand eine grundlegende Änderung der bisherigen Strategie beschließt und als Konsequenz dieses Beschlusses Gespräche mit einem anderen Unternehmen aufnimmt. Im Regelfall wird die Information aber erst dann „präzise", wenn eine vorläufige Einigung über die „essentialia negotii" auf den ersthaften Einigungswillen hinweist und damit eine hinreichende Wahrscheinlichkeit des Endereignisses vorliegt. Hierfür ist typischerweise auf ein Term Sheet oder einen Letter of Intent abzustellen, in dem Bewertung und andere Hauptthemen geregelt sind.[42]

## 4. Kurserheblichkeit und verständiger Anleger

Bei Bejahung einer „präzisen Information" ist zusätzlich erforderlich, dass die Information bei Bekanntwerden geeignet wäre, den Kurs erheblich zu beeinflussen (Art. 7 Abs. 1a) MAR). Dies ist gemäß Art. 7 Abs. 4 Satz 1 MAR der Fall, wenn sie „ein verständiger Anleger wahrscheinlich als Teil der Grundlage seiner Anlageentscheidungen nutzen würde." Den Erwägungsgründen (14) und (15) zur MAR lässt sich entnehmen, dass ein verständiger Anleger sämtliche öffentlich bekannten Informationen einbezieht und daraus vernünftige Schlussfolgerungen zieht, also rational handelt.[43] Ein verständiger Anleger würde in einem Vorbereitungsstadium einer Übernahme berücksichtigen, dass mangels Einigung über die „essentialia negotii" noch keine verlässliche Basis vorliegt und das Risiko eines Scheiterns weiter hoch ist. Damit unterscheidet er sich von dem spekulativen Anleger, der einen Kaufauftrag erteilt, wenn er zwei Vorstandsvorsitzende zusammen in einem Restaurant sieht oder jedenfalls dann, wenn er weiß, dass sie einen Zusammenschluss oder eine Übernahme diskutieren, ohne irgendwelche Details zu kennen.

---

**42** *Klöhn* aaO. (Fn. 3), Art. 7 Rn. 380; *Strehle*, in: Meyer-Sparenberg/Jäckle, Beck'sches M&A-Handbuch, 2017, § 58 Rn. 34f.; *Technau/Berrar*, in: Paschos/Fleischer, Hdb. Übernahmerecht, 2017, § 13 Rn. 16ff; *Cahn* FS Bergmann, 2018, S. 111, 123; *Hopt/Kumpan*, ZGR 2017, 765, 786, 794, 797.
**43** *Klöhn* aaO. (Fn. 3), Art. 7 Rn. 274ff; *Weisshaupt* NZG 2019, 175.

Die BaFin geht zwar auch vom verständigen Anleger als rational handelnd aus. Sie lässt ihn aber das Marktverhalten irrationaler Marktteilnehmer in seiner Auswertung sämtlicher vorhandener Informationen maßgeblich berücksichtigen.[44] Auch wenn das laut BaFin ausdrücklich kein Übergang zum ausschließlich nach spekulativen Gesichtspunkten handelnden Anleger sein soll, erlaubt dieser Kunstgriff der BaFin eine erhebliche und unzulässige Aufweichung dieses Tatbestandmerkmals und damit eine Bejahung der Insiderinformation in einem früheren Stadium des Übernahmeprozesses. Die BaFin beruft sich dabei auf die „Lafonta"-Entscheidung des EuGH.[45] In „Lafonta" hatte der EuGH sich aber nur zur Einstufung einer Information als „präzise" geäußert und dazu klargestellt, dass eine Insiderinformation nicht dadurch ausgeschlossen wird, dass ex ante nicht bestimmbar ist, in welche Richtung der Kurs sich ändern wird. Beispiele sind die Ablösung eines Vorstandsvorsitzenden, die der Markt positiv oder negativ bewerten kann, oder eine transformatorische M&A-Transaktion, die der Markt wegen der strategischen Ratio begrüßen oder wegen des als zu hoch empfundenen Preises oder wegen sonstiger Risiken ablehnen kann. Der EuGH wollte verhindern, dass ein Insider sich bei einem Verstoß auf eine solche Unsicherheit berufen kann. Die BaFin geht aber über „Lafonta" weit hinaus, wenn sie die Berücksichtigung irrationalen Anlegerverhaltens, das – wenn überhaupt – nur kurzfristige Kursbewegungen auslöst, bei der Abgrenzung des „verständigen" Anlegers einbezieht und dadurch die Definition der Insiderinformation contra legem erweitert, um Vorbereitungshandlungen einer Übernahme zu erfassen.

## 5. Klärung vonnöten

In einer vom Deutschen Aktieninstitut in Zusammenarbeit mit einer Anwaltskanzlei durchgeführten Befragung börsennotierter Unternehmen hat mehr als die Hälfte der Befragten eine eher verringerte Rechtssicherheit seit Inkrafttreten der MAR beklagt. Dabei wurde besonders häufig der Zeitpunkt des Entstehens der Insiderinformation bei gestreckten Sachverhalten genannt.[46] Ein Politikwechsel

---

**44** BaFin, FAQ zu Art. 17 MAR – Veröffentlichung von Insiderinformationen, S. 8 (Stand 22.5. 2018); BaFin Journal (November 2016), S. 28 f. Dazu *Assmann* aaO. (Fn. 5), Art. 7 Rn. 87. Ähnlich jetzt auch BaFin, Konsultationsentwurf Emittentenleitfaden Modul C vom 1.7.2019, S. 18 (Ziffer I.2.1.4.1).

**45** EuGH v. 11.3.2015, C-628/13, ECLI:EU:C:2015:162. Zur mangelnden Bedeutung von „Lafonta" für die Definition des „verständigen" Anlegers *Langenbucher* AG 2016, 417 ff.

**46** Deutsches Aktieninstitut/Hengeler Mueller, Zwei Jahre EU-Marktmissbrauchsverordnung. Erfahrungen der Emittenten (Stand 31.8.2018) (www.hengeler.com/MAR-study.pdf).

der BaFin würde die Emittenten vor das Dilemma stellen, entweder ein Bußgeldverfahren zu riskieren oder vorsorglich früher als rechtlich erforderlich von einer Insiderinformation auszugehen und die oben beschriebenen Nachteile in Kauf nehmen zu müssen. Es steht zu hoffen, dass die BaFin im Konsultationsprozess über eine Neufassung des Emittentenleitfadens davon überzeugt werden kann, dass die 2009 vorgegebene Linie weiter richtig ist.

Der erwähnte Konsultationsentwurf zu Modul C des Emittentenleitfadens enthält Elemente, die in unterschiedliche Richtungen weisen. Im allgemeinen Teil zu Zwischenschritten wird entgegen der Trennung in „*Geltl*" und in Artl. 7 Abs. 3 MAR und der Absage an den „probability/magnitude"-Test die Bedeutung des Endereignisses in die Prüfung der „präzisen" Information einbezogen, ohne dabei eine Mindestwahrscheinlichkeit zu verlangen:

> „Im Hinblick auf die Bewertung von Zwischenschritten geht die BaFin davon aus, dass ein Kursbeeinflussungspotential umso eher anzunehmen ist, je gewichtiger und wahrscheinlicher das Endergebnis ist und eine Gesamtbetrachtung der eingetretenen und zukünftigen Umstände unter Berücksichtigung der jeweiligen Marktsituation nahelegt, dass ein verständiger Anleger bereits diesen Zwischenschritt für sich nutzen würde. Eine Mindestwahrscheinlichkeit für das Endereignis, damit überhaupt ein Zwischenschritt als Insiderinformation gewürdigt werden kann, ist nicht erforderlich."[47]

Demgegenüber scheinen andere Äußerungen die frühere praktische Handhabung von M&A-Situationen zu bestätigen. Der Entwurf betont zurecht, dass bloße Vorbereitungshandlungen kein relevanter Zwischenschritt sind. Auch die Übersendung einer unverbindlichen Absichtserklärung wird zurecht im Gegensatz zu einem verabschiedeten Term Sheet über Eckpunkte für nicht insiderrelevant erachtet. Als prüfungswürdige Zwischenschritte werden die Durchführung einer Due Diligence, das Ausräumen wesentlicher Hindernisse, die Einigung wesentlicher Entscheidungsträger über die Eckpunkte und Abschluss eines „Letter of Intent" genannt. Das ist nachvollziehbar. Irreführend sind demgegenüber die Nennung der Vertraulichkeitsvereinbarungen, die typischerweise sehr früh im Prozess abgeschlossen werden, und bilateraler Treffen „mit konkretem Hintergrund", bei denen „wesentliche Eckpunkte besprochen" werden[48], weil ohne Einigung über solche Eckpunkte die Relevanz fehlt. In diesen Passagen erwähnt die BaFin wieder die „überwiegende Wahrscheinlichkeit des Endereignisses", was im Regelfall der richtige Ansatzpunkt für die Beurteilung gestreckter M&A-Pro-

47 BaFin, Konsultationsentwurf Emittentenleitfaden Modul C vom 1.7.2019, S. 20f. (Ziffer I.2.1.3.4).

48 BaFin, Konsultationsentwurf Emittentenleitfaden Modul C vom 1.7.2019, S. 27f. (Ziffer I.2.1.5.6).

zesse ist. Dabei will sie gegebenenfalls die „Summierung“ verschiedener für sich unbedenklicher Einzelhandlungen ausreichen lassen, um die „überwiegende „Wahrscheinlichkeit“ zu begründen[49]. Die BaFin hat Stellungnahmen im Konsultationsprozess bis Ende August 2019 erbeten. Eine baldige Klärung ist im Interesse sowohl der Unternehmen wie der Investoren zu wünschen.

## VII. Fazit und Ausblick

Wichtige Aspekte des Übernahmeprozesses, vor allem in der Zeit bis zur Veröffentlichung nach § 10 WpÜG, werden von WpHG und MAR geregelt, die in der Praxis mit dem WpÜG einen einheitlichen Rahmen bilden, auch wenn die einzelnen Aspekte von unterschiedlichen Abteilungen der BaFin beaufsichtigt werden. Das Zusammenspiel von deutscher und europäischer Rechtsetzung, die Rolle der ESMA und der BaFin, die häufig auf Einzelthemen reagierende Politik und die Verwendung unklarer Rechtsbegriffe und Generalklauseln zur Erfassung befürchteter Lücken stellen die Praxis vor große Herausforderungen. Die BaFin hat sich im Wertpapierhandels- wie im Wertpapierübernahmerecht um die Entwicklung eines rechtlichen Rahmens und eines international konkurrenzfähigen Marktes verdient gemacht. Bei allem Verständnis für das Bedürfnis, bei Meldepflichten, Insiderregeln und anderen Themen Lücken zu schließen und weitreichenden Marktschutz zu erreichen, dürfen aber auch nicht die berechtigten Interessen von Emittenten und Erwerbern vernachlässigt werden, insbesondere die erforderliche Rechtssicherheit und Planbarkeit. Eine Erschwerung von Übernahmen durch Rechtsrisiken liegt nämlich gerade nicht im Interesse der Aktionäre und anderen Marktteilnehmer.

49 BaFin, Konsultationsentwurf Emittentenleitfaden Modul C vom 1.7.2019, S. 28 (Ziffer I.2.1.5.6).

Fabian Reuschle

# Kollektiver Rechtsschutz in Deutschland – KapMuG und Musterfeststellungsklage

## I. Einleitung

Massenschäden sind ein Phänomen unserer modernen Gesellschaft.[1] Die Geschädigten können dabei nur in den seltensten Fällen auf effektive Instrumente kollektiven Rechtsschutzes zurückgreifen. Die ZPO ist primär auf Einzelverfahren und das Geltendmachen von Individualansprüchen zugeschnitten. Massenschadensereignisse stellen die Justiz vor eine Bewährungsprobe, meist führen sie zu einem Kollaps des Rechtssystems.[2]

### 1. Kollektiver Rechtsschutz

Das deutsche Zivilprozessrecht ist vom Zwei-Parteien-Prinzip geprägt.[3] Demzufolge ist der Prozess ein einzelnes, konkretes Verfahren, das zwischen zwei Parteien hinsichtlich eines bestimmten Rechtsverhältnisses schwebt.[4] Dritte sind an diesem Prozess grundsätzlich weder beteiligt noch von den Urteilswirkungen betroffen.[5] Kläger kann nur sein, wer zur Geltendmachung eines Anspruchs berechtigt ist. Das Wesen des Zivilprozesses besteht darin, dem Einzelnen das zu seiner Rechtsdurchsetzung erforderliche Verfahren zur Verfügung zu stellen.[6]

---

Der Verfasser war als stellvertretender Referatsleiter und Referent im Referat III A 5 des BMJ für die Entwicklung des KapMuG verantwortlich und erließ verschiedene Vorlagebeschlüsse im Rahmen des Dieselgate gegen die Porsche SE zur Klärung der Wissenszurechnung im Konzern und die Volkswagen AG zur Klärung der Reichweite des § 32b ZPO.

1 Micklitz/Stadler, Das Verbandsklagerecht in der Informations- und Dienstleistungsgesellschaft (2004), S. 11.

2 Vgl. FTD vom 27. Februar 2004 S. 29: „Kurz vorm Kollaps – 28. 000 Aktionäre fühlen sich von der Deutschen Telekom verschaukelt und haben gegen den Konzern Klage eingereicht. Ob je ein Urteil ergeht, ist zweifelhaft – denn zuständig ist ein einziger Richter am Landgericht Frankfurt."

3 *Weimann*, Kollektiver Rechtsschutz, S. 36

4 Vgl. *Rosenberg/Schwab/Gottwald*, 18. Aufl., § 1 Rdn. 3.

5 *Haß*, Gruppenklage, Diss München 1994/1995, S. 3.

6 Zur Prozesszwecklehre vgl. *Wach*, Handbuch des Deutschen Civilprozessrechts, S. 3 ff.

https://doi.org/10.1515/9783110632323-011

Das traditionelle Verständnis der Zivilprozessordnung knüpft an eine individuelle Rechtsdurchsetzung an, wie Rudolf von Jhrering feststellte: „*Die Verwirklichung des Privatrechts geschieht durch Thätigkeit der berechtigten Personen. [...] Nur dann wird das Recht auch wirklich, wenn das Subject für sein Recht eintritt, wenn es verletzt ist.*“[7] In Ausnahmefällen werden mit dem Zivilprozess überindividuelle Interessen verfolgt, wie dies z. B. mit der Verbandsklage (UWG, UKlaG) geschieht. Zu solchen überindividuellen Interessen gehören sowohl kollektive Interessen einer bestimmten Gruppe von Personen, z. B. die Schutzinteressen der Verbraucher im Wettbewerb,[8] als auch Allgemeininteressen, z. B. das Interesse der Allgemeinheit an einem unverfälschten Wettbewerb.[9] So betonte das Reichsgericht in seiner Markenverband-Entscheidung, dass die Klageberechtigung der Verbände zur Bekämpfung unlauterer Handlungen „auf dem Gedanken (beruht), dass die Unterlassungsklage, die an sich nur den Konkurrenten schützen soll, in Wahrheit doch – wie das ganze Wettbewerbsgesetz – den Auswüchsen des Wettbewerbs auch im öffentlichen Interesse entgegentreten und daher die Verfolgung der betreffenden Rechtsverletzungen nicht dem Belieben des unmittelbar Verletzten allein überlassen will“.[10]

Über diesen Ausnahmebereich im Lauterkeitsrecht hinaus ist der Zivilprozessordnung eine kollektive Rechtsschutzform fremd. Als Kollektiv wird ein gemeinsamer, ein Sammelvorgang bezeichnet. Unter kollektivem Rechtsschutz versteht man die gebündelte Rechtsverfolgung durch eine Vielzahl gleichartig von einem Ereignis Betroffener in einem einzigen Verfahren mit Zuständigkeitskonzentration.[11]

In ihrer Empfehlung 2013/93/EU vom 11. Juli 2013 spricht sich die Europäische Kommission für „Gemeinsame Grundsätze für kollektive Unterlassung-und Schadensersatzverfahren bei Verletzung von durch Unionsrecht garantierten Rechten“[12] aus: EU-Bürger und Unternehmen sollen danach die Möglichkeit haben zu klagen, wenn sie durch die Verletzung geltenden EU-Rechts, das ihnen materielle Recht verleiht, geschädigt werden. Das Verfahren zur Rechtsdurchsetzung könnte vereinfacht und die Verfahrenskosten könnten gesenkt werden, wenn Bürger und Unternehmen, die durch eine Rechtsverletzung ein und desselben Unternehmens geschädigt wurden, ihre Ansprüche in einem einzigen

7 Vgl. *Jhering*, Der Kampf ums Recht. Zum hundertsten Todestag des Autors herausgegeben von Felix Ermacora, 1992, S. 35 – zitiert nach BT Drucks 18/13426 S. 14

8 *Beater*, Verbraucherschutz und Schutzzweckdenken im WettbewerbsR, 2000, S. 121 ff.

9 Vgl. § 1 S. 2 UWG.

10 RGZ 120, 47 [49].

11 Zöller/*Vollkommer*, ZPO, Vor § 50 Rdn. 61,

12 ABl. L 201 vom 26.7. 2013, S. 60

kollektiven Verfahren bündeln könnten oder wenn eine ihre Interessen vertretende Einrichtung oder eine im öffentlichen Interesse handelnde Stelle klageberechtigt wären. Die Europäische Kommission definiert „Kollektiven Rechtsschutz" als einen „allgemeinen Begriff, das sämtliche Verfahren einschließt, mit denen die Unterlassung oder Verhütung unerlaubter Geschäftspraktiken mit nachteiligen Folgen für eine Vielzahl von Klägern oder der Ersatz des durch derartige Praktiken entstandenen Schadens erwirkt werden kann."[13]

Das kollektive Rechtsschutzinstrument dient daher nicht nur der Durchsetzung eines individuellen Interesses einer einzelnen Partei, sondern darüber hinaus auch den Interessen eines Kollektivs.[14] Die gebündelten Individualinteressen sind die treibende Kraft, die dem kollektiven Rechtsschutz hilft und dessen Durchsetzung letztlich garantiert.[15] Auf der einen Seite stehen Schadensersatzklagen, die viele im Einzelnen identifizierbare Anspruchsteller vereint; das kollektive Interesse bestimmt sich anhand einer Addition der Einzelansprüche.[16] Auf der anderen Seite stehen Klagen, die sich gegen ein rechtswidriges Verhalten richten, von dem eine Vielzahl nicht notwendig genau bestimmbar Geschädigter betroffen ist. In diesen Fällen geht es – wie eingangs beschrieben – insbesondere um das kollektive Interesse an einem funktionierenden Verbraucherschutz und Wettbewerbsschutz.

Zur prozessualen Bewältigung von Massenschäden auf dem Kapitalmarkt hat der Gesetzgeber im Jahre 2005 erstmals eine kollektive Rechtsschutzform eingeführt. Der beschränkte Anwendungsbereich wurde bereits während der Entwicklung des KapMuG vom damaligen Referenten kritisiert. Insofern enthielt einer der ersten Entwürfe für ein prozessuales Bündelungsinstrument von Massenschäden einen erweiterten Anwendungsbereich, insbesondere auch im der Bereich Produzenten-, Hersteller- und Arzneimittelhaftung. Die damaligen Vorstöße, ein allgemeines Modell zur Abwicklung von Massenschäden in Form einer Musterfeststellungsklage zu entwickeln, scheiterten jedoch. Erst der Dieselskandal der VW AG entfachte die Diskussion um die prozessuale Abwicklung von Massenschäden im Bereich der Produkthaftung erneut. Getrieben von einer Flut von Rückabwicklungsklagen entwickelte der Gesetzgeber das neue Instrument der Musterfeststellungsklage in der Hoffnung, die Justiz zu entlasten.

---

**13** Konsultation vom 4.2.2011 – Kollektiver Rechtsschutz, SEK (2011), 173 endg. Rdn. 7.

**14** Vgl. etwa *Meller-Hannich/Höland*, DRiZ 2011, 164.

**15** Vgl. etwa die Verstärkung der staatlichen Finanzmarktaufsicht durch die kollektive Rechtsschutzform in Gestalt des KapMuG, BT-Drs. 15/5091 S. 16. Ebenso die Stellungnahme 14/2017 des Berichterstatters *Vorwerk* des DAV zum Referentenentwurf des BMJV für ein Gesetz zur Einführung einer Musterfeststellungsklage.

**16** Vgl. z. B. § 9 Abs. 2 Satz 2 Nr. 2 KapMuG

## 2. Typisierung von Massenschäden zur Entwicklung eines geeigneten prozessualen Instrumentes

Die Entwicklung kollektiver Rechtsschutzinstrumente setzt voraus, dass der Gesetzgeber sich Gedanken über die Art der Massenbetroffenheit und des Massenschadens macht. Der deutsche Gesetzgeber stellt zurzeit verschiedenste prozessuale Rechtsbehelfe von der Gewinnabschöpfung (§ 10 UWG), über einen kollektiven binnenjustiziellen Bündelungsmechanismus im KapMuG bis hin zur Musterfeststellungsklage für Verbände zur Verfügung. Es fehlt bei der Entwicklung dieser Instrumente die erforderliche Grundlagenanalyse: welcher Schaden lässt sich mit welchem Verfahrensinstrument am effektivsten abwickeln? Die einzelnen Instrumente sind teils nicht aufeinander abgestimmt, wie das jüngste Werk des Gesetzgebers zur Musterfeststellungsklage im Verhältnis zum KapMuG zeigt.

Kollektiver Rechtsschutz hat Massenschäden zum Gegenstand. Die Europäische Kommission definiert ein Massenschadensereignis in ihrer Empfehlung für Gemeinsame Grundsätze für kollektive Unterlassung und Schadenersatzverfahren als ein Ereignis, bei dem zwei oder mehr als zwei natürliche oder juristische Personen geltend machen, durch dasselbe rechtswidrige Verhalten oder durch ähnliche rechtswidrige Verhaltensweisen einer oder mehrerer natürlicher oder juristischer Person geschädigt worden zu sein. In der Wissenschaft hat sich eine Differenzierung zwischen Serien-und Massenschäden[17] einerseits und sog. Streu- und Bagatellschäden andererseits etabliert.[18] Damit enden jedoch die Gemeinsamkeiten. Massen- und Streuschäden unterscheiden sich nach Umfang und Gewicht des Individualschadens, den der einzelne Betroffene erlitten hat. Dieser Unterschied dürfte ausschlaggebend für die gesetzgeberische Wahl einer kollektiven Rechtsschutzform sein.

---

**17** Massenschäden lassen sich wiederum unterteilen in sog. „mass disaster accidents", bei denen es sich in der Regel um ein einziges Schadensereignis handelt, durch das zahlreiche Menschen zu Schaden kommen (z. B. das Zugunglück in Eschede, die Germanwings-Katastrohpe), und in „mass exposure accidents", die dadurch gekennzeichnet sind, dass Schäden über einen längeren Zeitraum hinweg und räumlich verteilt entstehen (z. B. Schädigungen durch Asbest, Xyladecor, Thalodomid, Vioxx).

**18** *Von Bar*, Gutachten A zum 62. DJT Bremen 1998: Empfehlen sich gesetzgeberische Maßnahmen zur rechtlichen Bewältigung der Haftung für Massenschäden ?, S. 9; *Wagner* in: Casper/Janssen, Pohlmann/Schulze, S. 41 [51].

### a) Serien-und Massenschäden

Bei Serien- und Massenschäden handelt es sich um eine Vielzahl von gleichartigen Schadensfällen, die nicht im Bagatellbereich verbleiben.[19] Sämtliche Schäden sind dabei auf einen einzigen Auslöser zurückzuführen. Im Englischen spricht man von sog. mass torts. Von einem Serien-oder Massenschaden spricht man insbesondere bei Zugunglücken, anlässlich eines Flugzeugabsturzes und Produktionsfehlern bei Waren oder Arzneimitteln. Diese Art von Schäden wurden unter anderem durch das „ICE-Unglück Eschede“[20], das „Seilbahnunglück im Kaprun“[21], den „Air-France-Flug 4590“[22], die Umweltkatastrophen wie „Sandoz“[23] und „Bhopal“ bekannt.[24] Auch Großveranstaltungen wie die Massenkatastrophe bei der „Love Parade“ 2010 in Duisburg fallen darunter. Schließlich ist der in Deutschland aufsehenerregendste Arzneimittelskandal – der Contergan-Skandal – anzuführen. Unter die Gruppe der Massenschäden fallen seit einiger Zeit auch Verluste geschädigter Kapitalanleger infolge irreführender oder unterlassener Informationen am Kapitalmarkt. Bekannt geworden ist diese Fallgruppe durch den Telekom Prozess vor dem OLG Frankfurt.[25] Je nach Höhe der Investitionen des Kapitalanlegers können Anlageschäden sowohl Bagatell-als auch Massenschäden auslösen. Als jüngstes Beispiel ist die neue Klagewelle im Zusammenhang mit dem Einbau unzulässiger Abschalteinrichtungen in Dieselfahrzeugen zu nennen.[26]

---

**19** *Domej*, ZZP 125 (2012), 421; *Micklitz/Stadler*, Verbandsklagerecht, S. 9; *Wagner*, Gutachten A zum 66. DJT Stuttgart 2006: Neue Perspektiven im Schadensersatzrecht – Kommerzialisierung, Strafschadensersatz, Kollektivschaden, S. 119.

**20** ICE-Entgleisungen am 3.6.1998 auf der Strecke Hannover-Hamburg, bei der 101 Menschen starben und 88 Menschen schwer verletzt wurden.

**21** Brandkatastrophe der Kapruner Seilbahn in einem Tunnel am 11.11.2000, bei der 155 Menschen starben.

**22** Absturz der Concorde auf der Strecke Paris-New York am fünften 20.7.2000, bei der 113 Menschen starben.

**23** Großbrand beim Teilkonzern des Pharmakonzerns Novartis bei Basel am 1.11.1986, bei dem über das Löschwasser Giftstoffe in den Rhein gelangten.

**24** Chemiekatastrophe im Werk des US-Chemiekonzerns Union Carbide Corporation im indischen Bhopal am 3.12.1984, bei der aufgrund technischer Pannen mehrere Tonnen giftiger Stoffe in die Atmosphäre gelangen und zum Tod tausender Menschen führte.

**25** 14.447 Aktionäre schlossen sich in 2.128 Klagen, vertreten durch 754 Rechtsanwälte, zusammen.

**26** Vgl. dazu nur LG Krefeld, Urt. v. 10.7.2017 – 7 O 147/16, BeckRS 2017, 1177776; LG Offenburg, Urt. v. 14.2.2017 – 3 O 77/16; LG Kleve, Urt. v. 31.3.2017 – 3 O 252/16, BeckRS 2017, 106026.

### b) Streu- und Bagatellschäden

Eine spezielle Problematik der Massenbetroffenheit bilden Fälle, in denen eine Vielzahl von Personen durch ein serienmäßiges, im Wesentlichen gleichgelagertes Verhalten des Schädigers beeinträchtigt werden, allerdings jeweils nur in geringem Umfang. Erst die Addition der marginalen Einzelstreitwerte führt zu einem Gesamtstreitwert, der eine klageweise Durchsetzung der Ansprüche rechtfertigt.[27] Im Englischen spricht man von small claims. Streu-und Bagatellschaden werden hier synonym verwendet.[28]

Als Paradigma für einen Streuschaden dient z. B. die Mogelpackung bei Lebensmitteln (geringere Füllmenge), aber auch alle anderen rechtswidrigen Geschäftspraktiken sind hiervon mitumfasst. Den einzelnen Geschädigten stehen zwar vertragliche bzw. deliktische Ansprüche gegen den Schädiger zu. Da der erlittene Nachteil meist sehr gering ausfällt, sehen die Anspruchssteller häufig von der Rechtsdurchsetzung ab, da der nötige Aufwand in keinem vernünftigen Verhältnis zu dem Nutzen eines solchen Vorgehens stünde. Schadensersatzansprüche im Bereich von bis zu 300 € verursachen Prozesskosten, die in keinem Verhältnis zum Wert des Streitgegenstands stehen. Die als Vorschuss einzuzahlende dreifache Gerichtsgebühr gemäß §§ 12 Abs. 1, 34 GKG, Nr. 1210 KV beträgt bereits 105 €, und die Verfahrensgebühr des Rechtsanwalts in Höhe von 58,50 € kommt hinzu, zuzüglich Auslagenersatz sowie gegebenenfalls eine Terminsgebühr i. H. v. 54 €. Dabei bleibt zu berücksichtigen, dass die eben genannten Gebührensätze die realen Kosten eines solchen Rechtsstreits nicht einmal annäherungsweise widerspiegeln. Für ein Gesamthonorar von 157,68 € kann kein Freiberufler länger als 1 Stunde arbeiten, wenn er neben seinem Lebensunterhalt auch die Kosten für Büroräume, Personal und Material decken muss. Bei Berufsrichtern liegt es nicht anders, auch wenn die wahren Kosten einer Richterstunde nirgends ausgerechnet oder ausgewiesen werden. Obwohl die Kosten der Rechtsdurchsetzung bei geringen Streitwerten stark subventioniert bzw. durch die bei hohen Streitwerten anfallenden Gebühren quersubventioniert werden, sind sie für den einzelnen Kläger immer noch viel zu hoch. Wer wird ein Kostenrisiko von insgesamt ca. 420 € eingehen, um einen Betrag von 300 € zu gewinnen?

---

27 *Stadler*, in: Brönneke (Hrsg.) Kollektiver Rechtsschutz im Zivilprozeßrecht, S. 3; *Micklitz/Stadler*, Verbandsklagerecht, S. 9.

28 *Weimann*, Kollektiver Rechtsschutz, S. 22.

### c) Ergebnis

Der Hauptunterschied zwischen Massen- und Streuschäden besteht vor allem darin, dass letztere meist nur als reine Vermögensschäden vorkommen, wohingegen Massenschäden regelmäßig mit Verletzungen von Leib und Leben verbunden sind. Das Grundproblem des kollektiven Rechtsschutzes in beiden Schadenstypen stellt dabei die Rechtsdurchsetzung dar.

Aufgrund der hohen Einzelschäden besteht bei Massenschäden ein Anreiz der einzelnen Geschädigten zur Anspruchsverfolgung. Insoweit besteht zunächst kein Rechtsdurchsetzungsdefizit. Macht eine Vielzahl von Geschädigten ihre Ansprüche geltend, führt dies zu einer Überlastung der Gerichte, wenn die Klagen mangels Zuständigkeitskonzentration nicht auf ein Gericht oder auf spezielle Spruchkörper eines Gerichts konzentriert werden. So widerspricht es dem Grundsatz der Verfahrensökonomie, wenn bei individuellen, gleich gelagerten Klagen sämtliche Spruchkörper eines Gerichts über dieselben Tatsachen-und Rechtsfragen entscheiden müssen. Durch mehrere identische Güteverhandlungen und Beweisaufnahmen entstehen unnötige Kosten für die Justiz und für die Parteien dabei stoßen die Gerichte relativ schnell an die Grenzen ihrer Justizressourcen. Massenschäden sind daher kein Problem rationaler Apathie, sondern prozessualer Effizienz.[29] *Wagner* hat insoweit zutreffend festgestellt, dass bei Massenschäden nicht um eine materielle Kollektivierung, sondern um eine prozessuale Bündelung der vielen Schadensersatzansprüche im Interesse verfahrensrechtliche Effizienz geht.[30] Dies zeigen auch die jüngsten Klagewellen im Zusammenhang mit dem illegalen Einbau einer Abgasvorrichtung in Dieselfahrzeugen. Während das Landgericht Braunschweig[31] vorbildlich eine Spezialkammer für Verbraucherklagen wegen manipulierter Dieselfahrzeuge eingerichtet hat, verteilt das Landgericht Stuttgart sämtlich eingehende Verbraucherklagen wegen manipulierter Dieselfahrzeuge auf ca. 80 am Gericht tätige Zivilrichter. Ferner wurde die Abgabe von 53 gleichgerichteten Kapitalanlegerklagen im Zusammenhang mit angeblich unterlassener Ad-hoc-Pflichtmitteilung mit der Argumentation durch das Präsitium des Landgericht Stuttgart, verneint, dass eine solche Abgabe der bis zu diesem Zeitpunkt mit der Rechtsmaterie nicht befassten Kollegen an den bereits eingearbeiteten Spruchkörper nicht zweckmäßig erscheine. Aus Gründen der Prozessökonomie und der Rechtssicherheit erscheint es

---

**29** *Wagner*, Gutachten A für den 66. DJT, S. 120

**30** *Wagner*, Kollektiver Rechtsschutz – Regelungsbedarf bei Massen- und Streuschäden, S. 41 (55) in: Casper, Janssen, Pohlmann, Schulze (Hrsg.), Auf dem Weg zu einer europäischen Sammelklage?, (2009).

**31** GVPl. 2017, S. 27.

jedoch gerade sinnvoll, die Rechtsdurchsetzung auch innerhalb eines Gerichtes zu konzentrieren und die Interessen im Prozess zu bündeln. Denn nur dadurch kann die Effizienz einer kollektiven Rechtsschutzform, wie z.B. ein Musterverfahren, gesteigert, ein Entscheidungseinklang gewährleistet und ein gesteigerter Spezialisierungsgrad der Spruchkörper erreicht werden.

Das charakteristische Element eines Streuschadens liegt wiederum darin, dass ein finanzieller Ausgleich zwar ohne weiteres möglich ist, die Anspruchsverfolgung durch unverhältnismäßige Kosten verursachen würde.[32] Erst die Summe aller Einzelschäden nimmt signifikante Ausmaße an.[33] Um einer rationalen Apathie entgegenzuwirken und die Verfolgung der betreffenden Rechtsverletzung nicht dem Belieben des unmittelbar Verletzten zu überlassen, ist eine prozessuale Kollektivierung in der Hand einer Verbraucherorganisation zielführend. Denn

## II. Erfahrungen mit dem KapMuG, Funktionsweise, Reform 2012 und Verbesserungsvorschläge

### 1. Inkrafttreten und Verfahrenszahlen zum KapMuG

Das KapMuG trat am 1. November 2005 als gesetzgeberisches Experiment in Folge der spektakulären Telekom-Prozesse[34] in Kraft. Der Verabschiedung des KapMuG 2005 erfolgte angesichts der Klageflut am LG Frankfurt am Main sehr zielstrebig. Das Bundesministerium der Justiz hatte am 15.4.2004 einen Diskussionsentwurf zur weiteren Verbesserung des Anlegerschutzes vorgelegt.[35] Nach Anhörung der Landesjustizverwaltungen, der Anwaltschaft und sonstiger interessierter Kreise verabschiedete das Bundeskabinett am 17.11.2004 den Regierungsentwurf zur

32 *Kötz*, in: Homburger/Kötz (Hrsg.), Klagen Privater im öffentlichen Interesse (1975), S. 70f.; *Schäfer* in: Basedow/Hopt/Kötz/Baetge, Die Bündelung gleichgerichteter Interessen im Prozess (1999), S. 68f.

33 *Wagner*, Gutachten A zum 66. DJT, S. 107.

34 Anlass des KapMuG hat das bekannte Telekom-Verfahren gegeben. Seit 2001 haben beim LG Frankfurt a.M. über 14. 000 Aktionäre gegen die Telekom AG Klage eingereicht und rügten die Fehlerhaftigkeit des Prospekts beim 2. und 3. Börsengang. Die Verfahren haben sich ohne fruchtbare Fortschritte dermaßen in die Länge gezogen, dass zwischenzeitlich beim BVerfG in Karlsruhe Verfassungsbeschwerden eingereicht wurden, um einen Prozessfortschrift zu erzwingen.

35 Zunächst war beabsichtigt, den unter der Federführung des BMJ erarbeiteten prozessualen Teil und den unter der Federführung des BMF konzipierten materiellrechtlichen Teil zur Organaußenhaftung in einem einheitlichen Gesetzentwurf zusammenzuführen. *Reuschle*, KapMuG (2006), S. 3.

Einführung von Kapitalanleger-Musterverfahren. Am 19. 8. 2005 wurde das Kapitalanleger-Musterverfahrensgesetz im Bundesgesetzblatt verkündet.[36]

Seit dem Inkrafttreten des KapMuG wurde von der neu eingeführten Bündelungsmöglichkeit durchaus rege Gebrauch gemacht: Es wurden 256 Musterfeststellungs-[37] und 735 Musterverfahrensanträge[38] im Klageregister eingetragen. Insgesamt wurden knapp 100 Vorlagebeschlüsse zur Durchführung von Musterverfahren erlassen. Die laufenden Verfahren betreffen unter anderem die MPC Rendite-Fonds Leben plus VII GmbH & Co. KG,[39] die comdirekt bank AG u. a.,[40] die MS „Hellespont Trustful" GmbH & Co. KG und MS „Hellespont Commander" GmbH & Co. KG u. a.,[41] die DS Kingdom GmbH & Co. Containerschiff KG,[42] und die Volkswagen AG[43] und die Porsche SE[44] infolge des Dieselskandals. Aufgrund der teilweise langen Verfahrensdauern sind bislang 33 Musterentscheide ergangen:[45] Die jüngsten Musterentscheide betreffen die Deutsche Bank AG und die Deutsche Bank Privat- und Geschäftskunden AG,[46] die Film Entertainment VIP Medienfonds 3 GmbH & Co. KG[47], die Deutsche Telekom AG[48] und die Hypo Real Estate Holding AG.[49]

---

**36** BGBl. 2005 I, 2437.

**37** Begrifflichkeit nach § 1 KapMuG a.F.

**38** Begrifflichkeit nach § 2 KapMuG n.F.

**39** Hanseatisches OLG, 14 Kap 12/16, veröffentlicht im Klageregister am 27.12. 2017.

**40** OLG Stuttgart, 20 Kap 1/17, veröffentlicht im Klageregister am 20.12. 2017.

**41** Hanseatisches OLG, 14 Kap 9/16, veröffentlicht im Klageregister am 7.11. 2017.

**42** OLG Köln, 18 Kap 3/17, veröffentlicht im Klageregister am 19.9. 2017.

**43** LG Braunschweig, Vorlagebeschluss vom 5. 8. 2016, 5 OH 62/16, veröffentlicht im Klageregister am 10. 8. 2016.

**44** LG Stuttgart, Vorlagebeschluss vom 28. 2. 2017, 22 AR 1/17 Kap, veröffentlicht im Klageregister am 6. 3. 2017, WM 2014, 1451 ff.

**45** Vgl. Klageregister im elektronischen Bundesanzeiger.

**46** OLG Frankfurt, Musterentscheid. v. 12.7. 2017 – 23 Kap 1/16. Gegen den Musterentscheid ist beim BGH Rechtsbeschwerde eingelegt worden, Az: XI ZB 18/17.

**47** OLG München, Musterentscheid v. 9. 5. 2017 – Kap 2/07, veröffentlicht im Klageregister am 12. 5. 2017.

**48** OLG Frankfurt, Musterentschied v. 30.11. 2016 – 23 Kap 1/06, veröffentlicht im Klageregister am 08. 12. 2016. Gegen den Musterentscheid ist beim BGH Rechtsbeschwerde eingelegt worden, Az: XI ZB 24/16.

**49** OLG München, Musterentscheid v.15. 12. 2014 – Kap 3/10. Gegen den Musterentscheid ist beim BGH Rechtsbeschwerde eingelegt worden, Az. XI ZB 13/14.

## 2. Funktionsweise und Ablauf eines Musterverfahrens

Das Musterverfahren nach dem KapMuG stellt einen binnenjustiziellen Bündelungsmechanismus dar. Es handelt sich dabei um ein in Individualverfahren eingebettetes Zwischenverfahren,[50] das auf individuell erhobenen Klagen aufbaut und aus diesen gemeinsame Fragestellungen tatsächlicher oder rechtlicher Art einer gebündelten Entscheidung zuführen will.

Das Musterverfahren nach dem KapMuG gliedert sich dabei in drei Verfahrensabschnitte: Der *erste Verfahrensabschnitt* erfolgt vor dem Prozessgericht. Das Vorlageverfahren wird von den Parteien – Kläger oder Beklagte – der Ausgangsrechtsstreitigkeiten durch Stellung von Musterverfahrensanträgen mit als klärungsbedürftig angesehenem Feststellungsziel (§ 2 Abs. 1 KapMuG) eingeleitet. Die Musterverfahrensanträge werden im Fall ihrer Zulässigkeit in ein beim elektronischen Bundesanzeiger geführtes Klageregister eingetragen (§ 3 Abs. 2 KapMuG). Liegen innerhalb von sechs Monaten mindestens 10 Anträge mit gleichgerichteten Musterverfahrensanträgen vor, so formuliert das Prozessgericht ausgehend von den Feststellungszielen der Parteien das „Arbeitsprogramm“[51] für das Musterverfahren. Dabei ist das Prozessgericht an die Formulierungen der Feststellungsziele der Parteien nicht gebunden und sollte möglichst im Rahmen einer Schlüssigkeits- und Erheblichkeitsprüfung sich ausschließlich auf solche Fragestellungen beschränken, die für seine Endentscheidung tatsächlich bedeutsam sind.[52] Das Prozessgericht fasst die entscheidungserheblichen Kollektivfragen in dem Vorlagebeschluss zusammen. Alle Parallelverfahren weiterer Kläger werden daraufhin auf den Vorlagebeschluss nach § 8 KapMuG ausgesetzt.

Von Vorteil ist es, wenn das Prozessgericht die Erheblichkeit der Feststellungsziele aus seiner Sicht auch begründet. Denn dann können die Parteien als auch die ausgelagerte Tatsachen- und Rechtsinstanz, d. h. der erstinstanzlich für das Prozessgericht tätig werden Zivilsenat erkennen, ob die vom Vorlagerichter entworfene „Schablone“ zur Bewältigung einer Vielzahl gleichgerichteter Rechtsstreitigkeiten als zutreffend befunden wird bzw. ggf. noch korrigiert werden muss. Vor diesem Hintergrund hat das Landgericht Stuttgart in dem gegen die Porsche SE initiierten Musterverfahren den Vorlagebeschluss auf die Thematik beschränkt, inwieweit sich die Holdinggesellschaft Insiderinformationen aus der

**50** *Großerichter* in: Wieczorek/Schütze, 4. Aufl., Band 13/1. Einf. KapMuG Rdn. 7.

**51** LG Stuttgart, Urt. v. 24.10.2018, 22 O 101/16 Rdn. 81 (juris).

**52** Exemplarisch hierzu Vorlagebeschluss des LG Stuttgart vom 28.2.2017, Rdn. 42–92 (juris): Würdigung der Musterverfahrensanträge, teilweise Zurückweisung mangels Erheblichkeit bzw. Klärungsbedürftigkeit.

Sphäre einer Beteiligungsgesellschaft zurechnen lassen muss.[53] Durch eine derartige Beschränkung des Verfahrensgegenstands wird gewährleistet, dass das Musterverfahren vor dem Oberlandesgericht nicht durch zahlreiche, nicht entscheidungserhebliche Fragestellungen überfrachtet wird.[54]

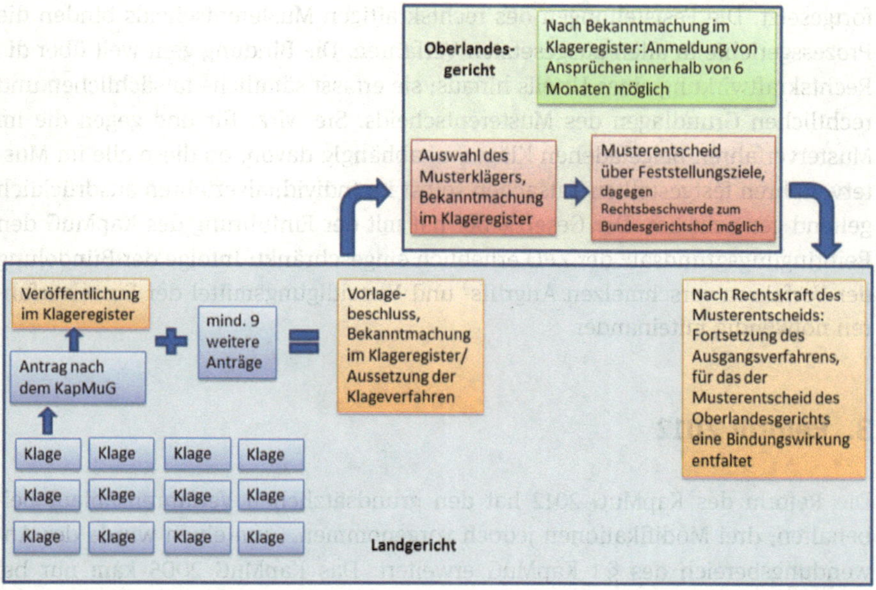


Graphische Darstellung auf der Internetseite des OLG Braunschweig, zur Funktionsweise des KapMuG

Der zweite Verfahrensabschnitt betrifft sodann die Durchführung des Musterverfahrens vor dem zuständigen Oberlandgericht (§ 118 GVG). Das Oberlandesgericht wählt hierzu einen Musterkläger aus und entscheidet über die vorgelegten Tatsachen und Rechtsfragen in einem kontradiktorischen Zwischenverfahren, das sich eng an das Streitverfahren der ZPO anlehnt. Die übrigen Kläger der ausgesetzten Verfahren nehmen als Beigeladene mit einer der Nebenintervention vergleichbaren Rechtsstellung teil (§ 14 KapMuG), während die Beklagten der einzelnen ausgesetzten Rechtstreite[55] Musterbeklagte werden.[56] Soweit kein ver-

53 LG Stuttgart, Vorlagebeschluss vom 28.2.2017, 22 AR 1/17 Kap, WM 2017, 1451 [1464 ff.].
54 LG Stuttgart, Vorlagebeschluss vom 28.2.2017, 22 AR 1/17 Kap, Rdn. 70 (juris)
55 Ungenau *Großerichter* in Wieczorek/Schütze, 4. Aufl., Band 13/1, Einf KapMuG Rdn. 9, der auf das Ausgangsverfahren abstellt, was bei subjektiver Klagehäufung zu erheblichen Problemen führen dürfte.

fahrensbeendender Vergleich (§ 17 KapMuG) geschlossen wird, wird das Verfahren durch einen Musterentscheid abgeschlossen. Gegen diesen kann Rechtsbeschwerde vor dem Bundesgerichtshof eingelegt werden (§ 20 KapMuG).

Nach rechtskräftigem Erlass eines Musterentscheids werden im dritten Verfahrensabschnitt die ausgesetzten Individualverfahren vor dem Ausgangsgericht fortgesetzt. Die Feststellungen des rechtskräftigen Musterentscheids binden die Prozessgerichte in allen ausgesetzten Verfahren. Die Bindung geht weit über die Rechtskraftwirkung eines Urteils hinaus; sie erfasst sämtliche tatsächlichen und rechtlichen Grundlagen des Musterentscheids. Sie wirkt für und gegen die im Musterverfahren beigeladenen Kläger, unabhängig davon, ob diese alle im Musterverfahren festgestellten Tatsachen selbst im Individualverfahren ausdrücklich geltend gemacht hat. Der Gesetzgeber hat mit der Einführung des KapMuG den Beibringungsgrundsatz der ZPO erheblich eingeschränkt: Infolge der Bündelung der Verfahren verschmelzen Angriffs- und Verteidigungsmittel der Einzelverfahren notwendig miteinander.

## 3. Reform 2012

Die Reform des KapMuG 2012 hat den grundsätzlichen Verfahrensablauf beibehalten, drei Modifikationen jedoch vorgenommen. Zum einen wurde der Anwendungsbereich des § 1 KapMuG erweitert: Das KapMuG 2005 kam nur bei Geltendmachung von Schadensersatzansprüchen *wegen* falscher, irreführender oder unterlassener öffentlicher Kapitalmarktinformationen zur Anwendung. Nach der Rechtsprechung des BGH[57] sollten Fälle der Anlageberatung und Anlagevermittlung nicht vom Anwendungsbereich des KapMuG erfasst sein. Die Reform erweiterte den Anwendungsbereich um den Fall der Verwendung einer unrichtigen öffentlichen Kapitalmarktinformation. Zum anderen führte der Reformgesetzgeber erstmals die Rechtsfigur der „Anspruchsanmeldung“ ein. Mit der

56 Bei der Aussetzung nach § 8 KapMuG ist jeweils auf das individuelle Prozessrechtsverhältnis abzustellen. Nimmt ein Kläger im Rahmen einer subjektiven Klagehäufung zwei konzernverbundene Emittenten wegen erlittener Vermögensschäden aufgrund unterlassener Ad-hoc-Pflichten in Anspruch, ist stets emittentenbezogen auszusetzen. Die subjektive Klagehäufung führt nicht dazu, dass eine nicht vom Vorlagebeschluss erfasste Beklagte auf dem Umweg der Aussetzung zur Musterbeklagten avanciert. Im konkreten Fall hatte der Kläger sowohl Finanzinstrumente der VW AG und der Porsche SE erworben und beide Emittenten vor dem LG Stuttgart in Anspruch genommen. Das LG Stuttgart hat aufgrund seines Vorlagebeschluss zur Wissenszurechnung gegen die Porsche SE nur das Prozessrechtsverhältnis zwischen dem Kläger und der Porsche SE ausgesetzt; die VW AG nimmt folgerichtig an der Aussetzung nicht teil.

57 BGH WM 2008, 1353; BGH, WM 2009, 110.

Anspruchsanmeldung wird den geschädigten Anlegern kein Beteiligungsrecht am Musterverfahren eingeräumt, sondern die Möglichkeit gewährt, die Verjährung ihrer Ansprüche zu hemmen. Dadurch soll erreicht werden, dass nach Beginn eines laufenden Musterverfahrens weitere geschädigte Anleger nicht gezwungen werden, eine Klage zwecks Verjährungshemmung einreichen zu müssen. Schließlich hat der Gesetzgeber die Möglichkeit eines Vergleichsabschlusses erleichtert: Nach dem KapMuG 2005 bedurfte der Vergleichsabschluss der Zustimmung aller Musterverfahrensparteien einschließlich Beigeladener. Die §§ 17 bis 19, 23 KapMuG sehen vor, dass eine vergleichsweise Einigung zwischen dem Musterkläger und dem Musterbeklagten für alle Beteiligten gilt, die nicht innerhalb eines Monats ab Zustellung ihren Austritt aus dem Vergleich erklären. Bleibt der Anteil der Austretenden unter 30 % der Beteiligten und genehmigt das Gericht den Vergleich, so wird dieser wirksam.

## 4. De lege ferenda

In der Praxis wurde die Schwerfälligkeit zahlreicher KapMuG-Verfahren mit der Folge ihrer überlangen Dauer moniert.[58] Bei näherer Betrachtung erweist sich diese Kritik als nicht berechtigt, wenn man die Gründe für die Ineffizienz am Beispiel des Telekom-Prozesses sowie des Prozesses gegen die Holdinggesellschaft, Porsche SE, aufgrund des Dieselgates genauer untersucht. Im Telekomverfahren verhandelte das OLG Frankfurt am Main erstmals am 7. April 2008 über den am 11. Juli 2006 erlassenen Vorlagebeschluss.[59] Es dauerte über 20 Monate bis zur Verhandlung, obwohl mit der vom Vorsitzenden Richter am LG Wösthoff getroffenen Auswahl 10 pilotierter Verfahren und dem Erlass des Vorlagebeschlusses der Weg frei war, den Musterkläger sofort zu bestimmen und das Verfahren zeitnah zu verhandeln. Auch in dem von der 22. Zivilkammer initiierten Vorlageverfahren[60] gegen die Porsche SE ließ sich das Oberlandesgericht Stuttgart über 25 Monate Zeit, um festzustellen, dass das von den Parteien initiierte Musterverfahren derzeit wegen des vorrangig vom OLG Braunschweig zu bearbeitenden Kernlebenssachverhalts unzulässig sei.[61] Das Landgericht Stuttgart hat bereits im

58 Beschlussempfehlung KapMuG 2012, Drs. 17/10160, S. 17.

59 LG Frankfurt a.F., Vorlagebeschluss v. 7.11.2006, Az. 3/7 OH 1/06, 3–7 OH 1/06, 3/07 OH 1/06, 3–07 OH 1/06, ZIP 2006, 1730.

60 LG Stuttgart, Vorlagebeschluss vom 28.2.2017, 22 AR 1/17 Kap, WM 2017, 1451 ff.

61 Der vom OLG Stuttgart gewählte Ansatz ist verfahrensmäßig rechtsfehlerhaft (vgl. OLG Stuttgart, Beschl. v. 27.3.2019, 20 Kap 2/17). Die vom OLG Stuttgart bemühte Sperrwirkung nach § 7 KapMuG greift vorliegend nicht, da sich der Anlegerkreis der PSE-Aktionäre und auch das Fest-

Rahmen einer seiner Vorlagebeschlüsse zum Dieselgate gegen die Konzernholdinggesellschaft dargelegt, dass eine effiziente Verfahrensführung eines Musterverfahrens es auf Seiten des Oberlandesgerichts bedingt, dass dieses nicht abwartet, bis alle zu einem Zeitpunkt beim Landgericht anhängigen Verfahren ausgesetzt werden.[62] Vielmehr hat das Oberlandesgericht nach Vorlage der ersten 10 Verfahren unverzüglich einen Musterkläger zu bestimmen und das „Arbeitsprogramm" zu erledigen. Sofern im späteren Verlaufe des Musterverfahrens durch vom Landgericht veranlasste Aussetzungen noch weitere Beigeladene hinzukommen, müssen diese das Musterverfahren in dem dann vorgefundenen Stadium annehmen (§ 14 Satz 1 KapMuG). Allerdings schützt der § 22 Abs. 3 Nr. 1 KapMuG – in bewusster Anlehnung an § 68 ZPO verfasst – diese Beigeladenen dann unter Umständen auch vor der Wirkung des Musterentscheids.

Eine weitere Verzögerung droht in der Praxis zudem durch weitschweifige, alle denkbaren Tatsachen- und Rechtsfragen erfassende Vorlagebeschlüsse. Ein besonderes abschreckendes Beispiel stellt der Vorlagebeschluss im Telekomverfahren dar: Er umfasste insgesamt 193 Seiten, enthielt 33 Hauptanträge mit jeweils bis zu 20 Unteranträgen. Derart ausufernde Vorlagebeschlüsse vereiteln letztlich die zügige Erledigung des Musterverfahrens.[63] Auch in anderen Musterverfahren begegnet man immer wieder überbordenden Vorlagebeschlüssen. Dies ist unter anderem darauf zurückzuführen, dass Gerichte zulässige Musterverfahrensanträge bekannt zu machen haben und erst bei Abfassung des Vorlagebeschlusses feststellen, dass es auf den einen oder anderen zu weitreichenden Antrag nicht ankommt. Insofern empfiehlt es sich, grundsätzlich erst mit den Parteien abgeschichtete Musterfragen als Feststellungsziele zu erarbeiten. Die 22. Zivilkammer des Landgerichts Stuttgart hatte im Porsche SE-Verfahren von Anfang an ausreichend viele Musterverfahrensanträge und verzichtete nach § 3 Abs. 4 KapMuG auf die Bekanntgabe der unterschiedlich weit formulierten Musterverfahrensanträge. Dadurch konnte die 22. Zivilkammer eine zu frühe Festlegung durch Zulassung der Musterverfahrensanträge umgehen.[64] Im Rahmen des Vorlagebe-

---

stellungsziel erheblich vom VW-Musterverfahren unterscheidet. Negiert man die als Feststellungsziel zu klärende Frage der Wissenszurechnung von Insiderinformationen aus der Sphäre der VW AG gegenüber der Konzernholding, dann ist der Rechtsstreit entscheidungsreif und es kommt auf keinen Kernlebenssachverhalt bei der VW AG an. Das OLG Stuttgart hat verkannt, dass nicht das OLG, sondern der Vorlagerichter das sog. Case Management betreibt. Zwischenzeitlich hat das OLG Braunschweig in einem Teilmusterentscheid die Bündelung von Schadensersatzklagen gegen die Porsche SE am Sitz der Vw AG abgelehnt (Teilmusterentscheid vom 12.8.2014, 3 Kap 1/16).

**62** LG Stuttgart, Beschl. v. 20.10.2017, 22 O 348/16, WM 2018, 667 ff.

**63** KK-KapMuG/*Hess*, 2. Aufl., Rdn. 59.

**64** LG Stuttgart, Vorlagebeschluss vom 28. Februar 2017, 22 AR 1/17 Kap Rdn. 134, WM 2017, 1451 [1458].

schlusses verbeschied das Landgericht Stuttgart die einzelnen Musterverfahrensanträge als zulässig, zur Zeit unzulässig und insgesamt unzulässig. Dadurch konnte das Landgericht Stuttgart die allein entscheidungserhebliche Musterfrage, die Frage der Wissenszurechnung im Konzernverbund, dem Oberlandesgericht vorlegen. Eine Reform des KapMuG muss daher stärker den offizialen Ausgestaltung des Vorlagebeschlussverfahrens regeln: Da das Arbeitsprogramm vom Prozessgericht formuliert wird, darf das Vorlagegericht nicht gezwungen werden, sämtliche Feststellungsziele, die die Parteien für klärungsbedürftig erachten, im Vorlagebeschluss verarbeiten zu müssen. Vielmehr muss das Vorlagegericht herausarbeiten, auf welche Feststellungsziele es im Sinne einer sog. Entwurfsschablone zur effizienten Erledigung aller anhängiger Verfahren ankommt und nur diese Musterfragen müssen dem Oberlandesgericht vorgelegt werden.

Diese amtswegige Komponente bei der Erarbeitung eines Vorlagebeschlusses macht es auch erforderlich, dass bereits das Prozessgericht als Vorlagegericht die Entscheidungserheblichkeit der von ihm ausgewählten Feststellungsziele begründet. Das im Vorlagebeschluss enthaltene Begehren um kollektive Feststellung von Tatbestandsvoraussetzungen bzw. um Klärung von Rechtsfragen determiniert den Streitgegenstand im Musterverfahren. Um der streitgegenstandsbestimmenden Funktion des Vorlagebeschlusses gerecht zu werden, soll das Vorlagegericht über den Mindestinhalt des § 6 Abs. 3 KapMuG hinaus die Abhängigkeit von tatbestandsmäßigen Umständen bzw. die Klärungsbedürftigkeit der Rechtsfragen genauer erläutern. Dadurch wird gewährleistet, dass die nicht aktiv am Musterverfahren teilnehmenden Beigeladenen und die betroffenen Prozessgerichte, die in Bezug auf den veröffentlichten Vorlagebeschluss (§ 6 Abs. 4 KapMuG) Prozesse aussetzen, auf die Entscheidungserheblichkeit des Musterverfahrens vertrauen können. Durch eine frühzeitige Offenlegung der denkbaren Subsumtionsschlüsse in rechtlicher Hinsicht soll den Parteien transparent vor Augen geführt werden, worauf das erkennende Gericht seine Entscheidung in den Ausgangsrechtsstreiten zu stützen gedenkt. Insofern sollte ein Reformgesetzgeber die Begründungspflicht im Interesse der Transparenz und Effizienz eines Musterverfahrens für das Vorlagegericht erneut regeln.

Vor dem Hintergrund einer Begründungspflicht eines Vorlagebeschlusses könnte auch die erforderliche Begründung der Feststellungsziele durch die Musterverfahrensparteien entweder entfallen oder zeitlich dadurch gestrafft werden, dass den Musterverfahrensparteien nur Gelegenheit zur Stellungnahme zu den ausgewählten Feststellungszielen eingeräumt wird. Bisher müssen die Parteien den gesamten Verfahrensstoff erneut vor dem Oberlandesgericht vortragen, was aus Gründen des rechtlichen Gehörs zu erheblichen Verfahrensverzögerungen führt.

Schließlich ist im Interesse der Effizienz die Auswahl des Musterklägers nicht dem Oberlandesgericht zu überantworten, sondern sollte künftig vom Prozessgericht als Vorlagegericht vorgenommen werden. Das Vorlagegericht sichtet vor Abfassung des Vorlagebeschlusses die Verfahrensakten, stellt in diesem Zusammenhang bereits fest, welche Klagepartei sich als lead plaintiff für das Musterverfahren am besten eignet. Mit der Vorlage des Beschlusses samt Begründung der Entscheidungserheblichkeit sowie der Bestimmung des Musterklägers könnte das Oberlandesgericht ohne Zeitverzögerung die Rechtssache terminieren.

Last but not least sollte die Anmeldungsmöglichkeit von Forderungen nicht an die Eröffnung des Verfahrens vor dem OLG geknüpft werden, sondern an den Erlass des Vorlagebeschlusses durch das Prozessgericht. Ab diesem Zeitpunkt können die Prozessparteien und weitere Anspruchsinhaber klar absehen, welche Feststellungsziele zur Entscheidung der kapitalmarktrechtlichen Streitigkeit entscheidungserheblich sind. Durch die Einräumung einer Möglichkeit zur Anmeldung von Forderungen im Interesse der Verjährungshemmung ab dem Zeitpunkt des Erlasses des Vorlagebeschlusses würde effektiv verhindert, dass eine Vielzahl weiterer Klagen vor dem Vorlagegericht erhoben würden. Dadurch ließe sich bis zum Abschluss des Musterverfahrens die Verfahrensflut erheblich eindämmen.

## III. Die Musterfeststellungsklage

Die Anspruchsdurchsetzung mit Hilfe von Instrumenten des Individualrechtsschutzes ist – wie oben bereits dargelegt wurde – dann wenig erfolgversprechend, wenn die Geltendmachung des Anspruchs durch den Einzelnen subjektiv mit hohem Aufwand verbunden und somit letztlich unrentabel ist. Zur Lösung dieses Problems hat man im Bereich der Unterlassungsklagerichtlinie[65] den Verbraucherorganisationen eine Klagebefugnis übertragen, um objektive Interessen der Allgemeinheit geltend zu machen. Vor dem Hintergrund des Dieselgate und der Vielzahl von Rückabwicklungsklagen bezüglich manipulierter Dieselfahrzeuge entwickelte der der deutsche Gesetzgeber die sog. Musterfeststellungsklage, wonach nicht die betroffenen Verbraucher, sondern zunächst eine sog. qualifizierte Einrichtung ein Feststellungsurteil erwirken soll. Die Hoffnung des Gesetzgebers besteht darin, dass das in Anspruch genommene Unternehmen nach einem rechtkräftigen Musterfeststellungsurteil ohne weiteren Leistungsprozess der Verbraucher deren Ansprüche „freiwillig" regulieren wird. Im Folgenden kann nur

65 Richtlinie 2009/22/EG des Europäischen Parlaments und des Rates vom 23. April 2009 über Unterlassungsklagen zum Schutz der Verbraucherinteressen, ABl.

auf einzelne Punkte des neuen kollektiven Rechtsschutzinstruments eingegangen werden.

## 1. Zuständigkeit

Für Musterfeststellungsklagen nach dem sechsten Buch der Zivilprozessordnung sind die Oberlandesgerichte im erste Rechtszug zuständig (§ 119 Abs. 3 GVG). Ursprünglich sollten die Landgerichte zuständig sein, was zur klassischen Dreizügigkeit geführt hätte: Das Landgericht als Eingangs-, das Oberlandesgericht als Berufungs- und er BGH als Revisionsinstanz. Der Bundesrat hatte sich im Interesse der Effektivität für eine Verkürzung des Rechtszugs ausgesprochen.[66] Die Bundesregierung hat sich in ihrer Gegenäußerung gegen diesen Vorschlag gewandt. Der Bundestag folgte dem Bundesrat ohne eigene Begründung. Überzeugend ist die gefundene Lösung keineswegs. Oberlandesgerichte werden selten erstinstanzlich tätig; die Sachverhaltsaufklärung und Beweiserhebung ist eine klassische Aufgabe der ersten Instanz. Zur Stärkung der Effizienz des Musterfeststellungsverfahrens hätte es sich angeboten, die obligatorische Sprungrevision zum Bundesgerichtshof einzuführen.

## 2. Musterfeststellungsklage (606 ZPO)

Nach § 606 Abs. 1 Satz 1 ZPO kann mit der Musterfeststellungsklage die Feststellung des Vorliegens oder Nichtvorliegens von tatsächlichen und rechtlichen Voraussetzungen für das Bestehen oder Nichtbestehen eines Anspruchs oder Rechtsverhältnisses zwischen Verbrauchern und Unternehmern begehrt werden. Die Musterfeststellungsklage klärt ebenso wie der Musterverfahrens im Kapitalanleger-Musterverfahrensgesetz nur einzelne Vorfragen, die für den Ausgang des individuellen Streits zwischen dem Anspruchsteller einerseits und dem Anspruchsgegner andererseits von Bedeutung sind. Im Unterschied zum Kapitalanleger-Musterverfahrensgesetz regelt § 606 Abs. 1 Satz 1 nicht nur einen Prozessantrag, sondern stellt den Sachantrag dar.

Die Regelung enthält zwei Defizite: Diese betreffen zum einen die Beschränkung der Musterfeststellungsklage auf verbraucherrechtliche Ansprüche und zum anderen die Zulässigkeitsvoraussetzung nach § 606 Abs. 3 ZPO.

66 BR-Drs. 176/18 (Beschluss), 1ff. Nr. 2.

### a) Anknüpfung an verbraucherrechtliche Ansprüche

Die Musterfeststellungsklage eröffnet das neue kollektive Rechtsschutzinstrument nur für Ansprüche oder sonstige Rechtsverhältnisse „zwischen Verbrauchern und Unternehmen". Das Gesetz definiert anders als § 1 Abs. 1 KapMuG keinen klar definierten Anwendungsbereich von sog. „verbraucherrechtlichen Angelegenheiten", von denen die Entwurfsbegründung spricht.[67] Die Beschränkung des neuen kollektiven Rechtsschutzinstrumentes in sachlicher als auch persönlicher Hinsicht überzeugt keineswegs:

#### aa) Sachlicher Anwendungsbereich

Der in § 606 ZPO verwendete Begriff des Verbrauchers entspricht der allgemeinen Definition des § 13 BGB. Diese Definition bezieht sich in erster Linie auf den Abschluss von Rechtsgeschäften. *Halfmeier* wirft in diesem Zusammenhang zu Recht die Frage auf, ob die Musterfeststellungsklage allein auf vertragliche Schuldverhältnisse begrenzt sein soll.[68] Eine derartige Beschränkung macht in Fällen der Produzenten- und Herstellerhaftung indes keinen Sinn, wie das aktuelle Beispiel des VW Abgasskandals zeigt. In diesen Fällen machen überwiegend Verbraucher nicht nur vertragliche Rückabwicklungsansprüche gegen ihren jeweiligen Vertragspartner (Autohändler), sondern auch deliktische Ansprüche gegen die Volkswagen AG geltend. In Betracht kommen etwa Ansprüche aus § 823 Abs. 2 BGB i.V.m. den einschlägigen europarechtlichen Abgasnormen sowie aus § 826 BGB. Aufgrund des fehlenden Anwendungsbereichs der Musterfeststellungsklage ist unklar, ob neben vertraglichen Ansprüchen auch außervertragliche Ansprüche mit der Musterfeststellungsklage durchgesetzt werden können. Die fehlende Umschreibung eines Anwendungsbereichs in § 606 ZPO stellt gegenüber dem bisherigen kollektiven Rechtsschutzinstrument im Kapitalmarktbereich (§ 1 Abs. 1 KapMuG) ein erhebliches gesetzgeberisches Defizit dar.

Zudem fehlt jegliche Abgrenzung des allgemeinen Anwendungsbereichs der Musterfeststellungsklage im Bereich des Kapitalmarktrechts. Ansprüche von Kleinanlegern könnten nach dem Diskussionsentwurf entweder durch eine qualifizierte Einrichtung oder im Rahmen des kapitalmarktrechtlichen Musterverfahrens geltend gemacht werden.

---

67 Diskussionsentwurf S. 11.

68 Vgl. *Halfmeier*, ZRP 2017, 201 [217].

**bb) Persönlicher Anwendungsbereich**

Die Beschränkung des neuen kollektiven Rechtsschutzinstruments auf Verbraucher als Anspruchsteller stellt sich als grober Webfehler des Gesetzgebers dar. Dies wird sowohl bei § 606 ZPO als auch bei § 613 Abs. 2 ZPO deutlich. Die Anknüpfung einer Klägerpartei an den Verbraucherstatus führt dazu, dass bei Massenschadensereignissen, wie im Fall der Produzentenhaftung oder eines Großunfalls, die kostengünstige Durchsetzung von individuellen Ansprüchen unterschiedlich behandelt werden würde. Im Fall des Dieselabgasskandals käme ein selbstständiger Stuckateurmeister, der seinen Betrieb mit Dieselfahrzeugen der VW AG ausgestattet hatte, nicht in den Genuss des kollektiven Rechtsschutzinstrumentes. Bei Verspätungsfällen in der Luftfahrt könnten nur Urlaubsreisende, nicht hingegen Geschäftsreisende durch die qualifizierte Einrichtung nach § 607 ZPO-E geltend machen. Die Differenzierung zwischen Verbrauchern und Unternehmern ist bei der kollektiven Rechtsdurchsetzung sachlich nicht angebracht.

Zu weiteren Verwerfungen kommt es auch im Rahmen der Aussetzung nach § 613 Abs. 2 ZPO. Nach dieser Vorschrift wird einem Verbraucher die Möglichkeit eingeräumt, sich auf die Bindungswirkung eines künftigen Musterfeststellungsklage teils zu berufen, wenn er seine Individualklage vor Erhebung der Musterfeststellungsklage bei Gericht eingereicht hat. In diesem Fall setzt das Gericht den Rechtsstreit bis zur rechtskräftigen Entscheidung des Musterfeststellungsverfahrens aus. Hat dagegen in dem oben genannten Beispiel der Stuckateurmeister bereits Klage erhoben und wird anschließend eine Musterfeststellungsklage durch eine qualifizierte Einrichtung eingereicht, kann nach dem klaren Gesetzeswortlaut dieser Rechtsstreit nicht ausgesetzt werden. Es ist kaum ersichtlich, weshalb aus Effizienzgründen dieser Einzelrechtsstreit fortgeführt werden sollte. In vielen Fällen wird aber in der Praxis Streit darüber herrschen, ob der Kläger das Fahrzeug privat oder überwiegend geschäftlich nutzt. Dies führt dann zu einer erheblichen Mehrbelastung der Gerichte, da die Aussetzung bzw. Nichtaussetzung eines Rechtsstreits nach § 252 ZPO mit der sofortigen Beschwerde angreifbar ist.

Aus dieser Betrachtung ergibt sich folgende Erkenntnis: Die prozessuale Durchsetzung von Massenschäden darf nicht an der Eigenschaft des Klägers als Verbraucher oder Unternehmer ansetzen, vielmehr muss eine kollektive Rechtsschutzform *klägerneutral* ausgestaltet werden. Gerade diese Erkenntnis lag der Genesis des KapMuG zugrunde: Neben einer Vielzahl von Kleinanlegern werden durch falsche Ad-hoc-Mitteilungen auch institutionelle Anleger, die Geldanlagen von einer Vielzahl von Privatinvestoren verwalten, geschädigt. Die kollektive Rechtsschutzform des Musterverfahrens soll einen Entscheidungseinklang für alle Geschädigten gewährleisten.

### b) Zulässigkeitsvoraussetzungen nach § 606 Abs. 3 ZPO

Nach § 606 Abs. 3 Nr. 2 ZPO ist die Musterfeststellungsklage nur zulässig, wenn glaubhaft gemacht wird, dass von den Feststellungszielen die Ansprüche oder Rechtsverhältnisse von mindestens zehn Verbrauchern abhängen. § 606 Abs. 3 ZPO regelt ein ein besonderes Feststellungsinteresse der Musterfeststellungsklage.[69] Hierfür ist das Erfordernis der Glaubhaftmachung ungeeignet. Vielmehr sollte der qualifizierten Einrichtung als Kläger der Nachweis obliegen, dass die im Streit stehende Tatbestandsvoraussetzungen oder Rechtsfrage eine Vielzahl von Betroffenen Anspruchstellern berührt und die Entscheidung über die Musterfeststellungsklage Breitenwirkung entfaltet.

---

69 Vgl. auch den bereits im Jahre 2003 vom Verf. im BMJ ausgearbeiteten und vorgelegten Entwurf zur prozessualen Lösung von Streu- und Massenschäden auf dem Kapitalmarkt und anderen Rechtsgebieten. Hierzu wurde ein eigenständiges „7. Buch Musterprozesse" für die ZPO vorgeschlagen. Die zentrale Norm lautete:

**§ 662-ZPO-E Musterprozess**

(1) Der Kläger kann durch Erweiterung des Klageantrags, der Beklagte durch Erhebung einer Widerklage eine im Laufe des Prozesses streitig gewordene Tatbestandsvoraussetzung einer Anspruchsgrundlage, von dessen Bestehen oder Nichtbestehen die Entscheidung des Rechtsstreits abhängt, in den nach Absatz 3 genannten Fällen durch richterliche Entscheidung feststellen lassen, sofern an der Klärung dieser Tatbestandsvoraussetzung ein besonderes Feststellungsinteresse besteht (Musterfeststellungsklage).

(2) Diese besondere Feststellungsinteresse ist insbesondere dann gegeben, wenn

1. zum Zeitpunkt der Erweiterung des Klageantrags oder der Erhebung der Widerklage nach Absatz 1 bereits 5 weitere Rechtsstreite gegen denselben Beklagten vor demselben Gericht rechtshängig sind und der Ausgang dieser Rechtsstreite ebenfalls vom Bestehen oder Nichtbestehen der jeweiligen Tatbestandsvoraussetzung abhängt oder
2. innerhalb von 4 Monaten nach der Erweiterung des Klageantrags mindestens fünf weitere Kläger gegen denselben Beklagten vor demselben Gericht Klage erhoben haben und der Ausgang dieser Rechtsstreite ebenfalls vom Bestehen oder Nichtbestehen der jeweiligen Tatbestandsvoraussetzung abhängt.

Im Falle des Satzes 1 Nr. 1 und 2 hat der Musterkläger im Falle einer Musterfeststellungsklage oder der Musterbeklagte im Falle einer Musterfeststellungsklage in Form einer Widerklage glaubhaft zu machen, dass die im Laufe des Prozesses streitig gewordene Tatbestandsvoraussetzung über den Rechtsstreit hinaus auch die Rechtsstreite anderer Kläger berühren kann.

(3) Die Musterfeststellungsklage ist zulässig bei Streitigkeiten:

a) auf Grund von falschen oder irreführenden Kapitalmarktinformationen,
b) aus Bank- und Finanzgeschäften,
c) aus Handelssachen im Sinne des § 95 des Gerichtsverfassungsgesetzes,
d) aus Versicherungsvertragsverhältnissen,
e) auf Grund von Produktschäden.

## 3. Klagebefugnis der qualifizierten Einrichtungen

§ 606 Abs. 1 Satz 2 ZPO legt die Durchsetzung der Rechte der Verbraucher in die Hände der sog. qualifizierten Einrichtung. Die zivilprozessuale Bewältigung von Massenschäden löst der Gesetzgeber mittels des sog.-Parteien-Prinzips; er überantwortet die Geltendmachung der Schadensersatzansprüche gegen den Schädiger einer qualifizierten Einrichtung, wie z. B. den Verbraucherzentralen. Dabei übersieht der Gesetzgeber zweierlei: die Art des Massenschadens sowie die strukturelle Unterlegenheit qualifizierter Einrichtungen bei bestimmten Massenschäden wie im Bereich der Hersteller- und Produzentenhaftung, im Kapitalmarktbereich.

Die finanzielle Ausstattung der qualifizierten Einrichtungen gestattet es nicht, bei jeder Art von Massenschäden Rechtsstreitigkeiten mit erheblicher Breitenwirkung in Form eines Musterprozesses zu führen. Im Bereich von Bagatell- und Streuschäden mag die Durchsetzung von Ansprüchen von Verbrauchern noch möglich sein. Anders sieht es bei sog. Großsschadensereignissen aus. Sog. Großschadensereignisse bewegen sich meist in Höhe mehrerer Millionen Euro; derartige Schadensersatzansprüche sind selbst unter Deckelung der Anwalts- und Gerichtsgebühren und einer Streitwertbegünstigung kaum finanzierbar. Insoweit unterscheiden sich diese Massenschäden von Verbandsklagen, mit denen einzelne Geschäftsbedingungen der Versicherungs- oder Bankenbranche angegriffen werden und der Regelstreitwert lediglich bei 2.500,00 € liegt.

## 4. Bekanntmachung im Klageregister (§ 607 ZPO)

Die Vorschrift des § 607 ZPO regelt die öffentliche Bekanntmachung der Musterfeststellungsklage. Ziel der Bekanntmachung ist es, die betroffenen Verbraucher „über die Rechtshängigkeit einer Musterfeststellungsklage zu informieren und ihnen so zu ermöglichen, von den Verfahren durch die Anmeldung eigener Ansprüche oder Rechtsverhältnisse zu profitieren.“[70]

Die Bekanntmachung im Klageregister dient nicht nur der Information der Verbraucher. Nach § 610 Abs. 1 ZPO kann gegen den Beklagten keine weitere Musterfeststellungsklage erhoben werden, wenn Feststellungsziele den gleichen zu Grunde liegenden Lebenssachverhalt betreffen. Damit soll die zuerst erhobene Musterfeststellungsklage einer qualifizierten Einrichtung weitere Musterfeststellungsklage anderer Einrichtungen vergleichbar § 7 Satz 1 KapMuG sperren. Die

---

**70** BT-Drs. 19/2439, S. 22.

Bekanntmachung einer Musterfeststellungsklage im Klageregister trägt daher auch der erweiterten Rechtshängigkeitswirkungen im Sinne von § 610 Abs. 1 ZPO Rechnung.

## 5. Anmeldung von Ansprüchen oder Rechtsverhältnissen

§ 608 ZPO regelt das sog. Anmelderverfahren. Die betroffenen Verbraucher nehmen an der Musterfeststellungsklage nicht; ihnen kann auch nicht der Streit verkündet werden (§ 610 Abs. 6 ZPO). Verbraucher, deren Ansprüche von den Feststellungszielen der rechtshängigen Musterfeststellungsklage abhängen, können bis zum Ablauf des Tages vor Beginn des ersten Termins ihre Ansprüche oder Rechtsverhältnisse im Klageregister anmelden.

Mit der wirksamen Anmeldung wird die Verjährung der einzelnen Ansprüche gehemmt. § 608 Abs. 1 ZPO ermöglicht im Zusammenspiel mit § 204 Abs. 1 Nr. 1 Buchst. a BGB eine rückwirkende Verjährungshemmung, wie die aktuellen Fälle zum Dieselskandal zeigen. Die Verbraucherzentrale erhob fristwahrend vor dem Oberlandesgericht Braunschweig im November 2018 eine Musterfeststellungsklage zu verschiedenen Rückabwicklungsfragen im Zusammenhang mit dem manipulierten Dieselaggregat EA 189 der Volkswagen AG. Die Ansprüche der Verbraucher verjähren grundsätzlich in der Regelverjährungsfrist des § 195 BGB, somit zum Ablauf des Jahres 2018. Aufgrund der Anmeldungsmöglichkeit bis zum Termin der mündlichen Verhandlung können Verbraucher auch im Jahr 2019 ihre grundsätzlich verjährten Ansprüche gegen die VW durch Anmeldung rückwirkend hemmen.

## 6. Musterfeststellungurteil und Vergleich

Das Verfahren wird entweder durch eine vergleichsweise Regelung oder durch Musterfeststellungsurteil beendet. In beiden Fällen wird kein eigenständiger Vollstreckungstitel für die Verbraucher geschaffen. Dies ist einer der zentralen Schwachpunkte der neuen Musterfeststellungsklage. Verbraucher müssen nach Abschluss des Musterverfahrens ihren Leistungsanspruch selbst durchsetzen. Dadurch rollt die Klageflut auf die Justiz nur zeitlich versetzt zu; das eigentliche Problem der Klageflut wird das neue Instrument der Musterfeststellungsklage nicht lösen.

# IV. Schlussbetrachtung

Der kollektive Rechtsschutz steckt in Deutschland noch in den Kinderschuhen. Bei der Fortentwicklung der bisherigen kollektiven Rechtsschutzinstrumente sollte der Gesetzgeber einen Blick auf Art des Massenschadens werfen:

- Großschadensereignisse lassen sich grundsätzlich nur durch einen binnenjustiziellen Bündelungsmechanismus lösen; eine Kollektivierung der Ansprüche in der Hand von sog. qualifizierten Einrichtungen ist unangemessen. Hierzu stellt das KapMuG einen Lösungsansatz dar, der jedoch dringendst bezogen auf das Vorlageverfahren reformiert werden muss. Die offiziale Gestaltung des Vorlageverfahrens muss stärker betont werden. Dem Vorlagegericht kommt dabei die Funktion eines sog. case manager zu. Die Auswahl des Musterklägers sollte bereits vom Vorlagegericht bestimmt werden.
- Für Streu- und Bagatellschäden ist die neue Musterfeststellungsklage ein geeignetes Instrument zur Durchsetzung der Rechte von Verbrauchern. Das Musterfeststellungsurteil sollte auf einen vollstreckbaren Titel gerichtet sein; Verbraucher sollten zusammen mit ihrer Anmeldung ihren Schaden durchsetzen können, ohne erneut die Gerichte anrufen zu müssen.

Mathias Habersack

# Marktmissbrauchsrecht und Aktienrecht – Zielkonflikte im Zusammenhang mit der Ad hoc-Publizitätspflicht –

## I. Einführung

Das Verhältnis zwischen Aktien- und Kapitalmarktrecht wie auch die Stationen des Miteinanders beider Disziplinen sind schon wiederholt thematisiert worden.[1] Gewiss haben sich die Öffnung der Kapitalmärkte und ein Wandel der Unternehmensfinanzierung auf der einen Seite und die Entstehung eines modernen Kapitalmarktrechts auf der anderen Seite wechselseitig bedingt.[2] Die Fundamente der „Deutschland AG" jedenfalls sind mit der 1994 einsetzenden aktien- und kapitalmarktrechtlichen Reformgesetzgebung (nebst der 2002 erfolgten steuerlichen Freistellung von Gewinnen aus der Veräußerung von Beteiligungen[3]) nicht nur ins Wanken geraten, sondern nachgerade eingestürzt. Ohne auf die Entwicklung im Einzelnen eingehen zu müssen,[4] dürfte unbestritten sein, dass dem WpHG vom 26. Juli 1994 herausragende Bedeutung zukommt, hat es doch die bis zu seinem Inkrafttreten zu beobachtende Verengung des Kapitalmarktrechts auf Börsenorganisationsregeln nebst primärmarktbezogenen Vorschriften des BörsG und des Verkaufsprospektgesetzes durchbrochen und im Interesse der Funktionsfähigkeit des Kapitalmarkts[5] sekundärmarktbezogene Vorschriften geschaffen, darunter neben den auf börsennotierte Gesellschaften zugeschnittenen Vorschriften über die Beteiligungspublizität[6] erstmals zwingende Insiderverbote,[7]

1 Vgl. die zusammenfassenden und jeweils zahlreiche Nachweise bietenden Darstellungen bei *Assmann* in GroßkommAktG, 4. Aufl., 2004, Einl. Rn. 343 ff.; *Assmann* AG 2015, 593 ff.; *Fleischer* ZIP 2006, 451 ff.; *Langenbucher* in Fleischer/Koch/Kropff/Lutter, 50 Jahre Aktiengesetz, 2016, S. 273 ff.

2 Näher *Habersack* AG 2015, 613, 614 ff.

3 Gesetz zur Senkung der Steuersätze und zur Reform der Unternehmensbesteuerung vom 23.10. 2000, BGBl. I S. 1433.

4 Konziser Überblick bei *Seibert* AG 2015, 593 ff.; für eine Zusammenstellung der aktienrechtlichen Reformgesetze s. *Habersack* in MüKoAktG, 5. Aufl. 2019, Einl. Rn. 33 ff.

5 Zur Schutzzweckdiskussion s. *Hirte/Heinrich* in KK-WpHG, 2. Aufl. 2014, Einl. Rn. 11 ff.; *Buck-Heeb*, Kapitalmarktrecht, 10. Aufl. 2019, Rn. 8 ff.

6 Näher zu Entwicklung und Systematik der §§ 33 ff. WpHG sowie zum Verhältnis zu §§ 20 ff. AktG *U. H. Schneider* in Assmann/Schneider/Mülbert, Wertpapierhandelsrecht, 7. Aufl. 2018, Vor § 33

https://doi.org/10.1515/9783110632323-012

ferner – in Fortentwicklung des Ende 1986 geschaffenen § 44a BörsG[8] – die Pflicht zur Ad hoc-Offenlegung von Insiderinformationen. Diese Vorschriften finden sich heute bekanntlich ganz überwiegend in der MAR. Unabhängig von dem konkreten Regelungsstandort bestehen indes insbesondere zwischen der Ad hoc-Publizitätspflicht und dem Aktienrecht nicht wenige Zielkonflikte.[9] Dass sich diese nicht dadurch bewältigen lassen, dass einer der beiden Regelungsmaterien der generelle Vorrang eingeräumt wird, soll im Folgenden zunächst am Beispiel der Emittentenhaftung für fehlerhafte Ad hoc-Publizität dargelegt werden, bevor das Verhältnis zwischen Ad hoc-Publizität einerseits, Corporate Governance der Aktiengesellschaft und Konzernrecht andererseits in den Blick zu nehmen ist.

## II. Emittentenhaftung versus Gläubiger- und Aktionärsschutz

### 1. Entwicklung und Stand der Diskussion

Zu den „Klassikern" aus dem Kreis der Fragen, die das Verhältnis zwischen Aktien- und Kapitalmarktrecht berühren, gehört zweifelsohne die Frage, ob es die aktienrechtlichen Grundsätze über die Vermögensbindung und den Rückerwerb eigener Aktien zulassen, dass sich Aktionäre, die infolge fehlerhafter Kapitalmarktinformation ein Schaden erlitten haben, bei der Gesellschaft schadlos halten können. Die Frage stellt sich sowohl für die Prospekthaftung nach §§ 21 ff. WpPG als auch für die im hiesigen Zusammenhang vor allem interessierende Haftung für falsche oder unterlassene Ad hoc-Mitteilung gemäß §§ 97, 98 WpHG,

Rn. 1 ff.; *Schürnbrand/Habersack* in Emmerich/Habersack, Aktien- und GmbH-Konzernrecht, 9. Aufl. 2019, Anh. § 22 AktG: Vor § 33 WpHG Rn. 4 ff.

**7** BGBl. I S. 1749; allg. zu Entstehungsgeschichte und Entwicklung des WpHG s. *Assmann* in Assmann/Schneider/Mülbert, Wertpapierhandelsrecht, 7. Aufl. 2018, Einl. Rn. 1 ff.; *Hirte/Heinrichs* in KK-WpHG, 2. Aufl. 2014, Einl. Rn. 57 ff.; speziell zur Entwicklung des europäischen und deutschen Insiderrechts im Allgemeinen und Versuchen zur Selbstregulierung im Besonderen *Klöhn* in KK-WpHG, 2. Aufl. 2014, § 14 Rn. 30 ff.; *Veil* in Meyer/Veil/Rönnau, Handbuch zum Marktmissbrauchsrecht, 2018, §§ 1, 2; grundlegend *Hopt/Will*, Europäisches Insiderrecht, 1973, passim.

**8** Zu dieser auf die Börsenzulassungsrichtlinie vom 5.3.1979 zurückgehenden Vorschrift und zu ihrer nur geringen praktischen Bedeutung (bis zum Außerkrafttreten am 1.1.1995 nur sechs Ad hoc-Mitteilungen) s. *Zimmer/Kruse* in Schwark/Zimmer, Kapitalmarktrechts-Kommentar, 4. Aufl. 2010, § 15 WpHG Rn. 1.

**9** Für eine Systematisierung und Konkretisierung des allgemein zwischen Kapitalmarkt- und Gesellschaftsrecht bestehenden Abstimmungsbedarfs s. *Fleischer* ZIP 2006, 451, 456 ff.

§ 826 BGB.[10] Die Problematik rührt bekanntlich daher, dass die Rechtsfolge des § 21 Abs. 1 S. 1 WpPG auf einen in § 71 Abs. 1 AktG nicht ausdrücklich zugelassenen Erwerb eigener Aktien und diejenige des § 21 Abs. 2 S. 1 WpPG auf eine nach § 57 Abs. 3 AktG jedenfalls nicht unproblematische Auszahlung hinausläuft, soweit ein Aktionär anspruchsberechtigt ist und sich sein Anspruch gegen die emittierende AG richtet. Entsprechendes gilt für gegen den Emittenten gerichtete Ansprüche aus §§ 97, 98 WpHG, § 826 BGB, wenn man der Ansicht des BGH folgt, dass diese Ansprüche den Anleger berechtigten, die Gesellschaft wahlweise auf Ersatz des Erwerbsschadens (d. h. auf Erstattung des – nicht an die Gesellschaft, sondern an den Veräußerer geflossenen – Kaufpreises Zug um Zug gegen Hingabe der erworbenen Finanzinstrumente) als auch auf Ersatz des Kursdifferenzschadens in Anspruch zu nehmen.[11]

Was die Geltendmachung dieser Ansprüche durch Aktionäre anbelangt, so will die zunächst herrschende, auf die Rechtsprechung des Reichsgerichts[12] zurückgehende Ansicht im Rahmen der Prospekthaftung nach der Art des Aktienerwerbs unterscheiden; sie spricht sich für den Vorrang des Anlegerschutzes im Falle eines auf ein Umsatzgeschäft zurückgehenden Erwerbs und für den Vorrang der aktienrechtlichen Grundsätze im Falle des originären Aktienerwerbs – mithin bei Zeichnung der Aktien – aus.[13] Andere plädieren für einen generellen Vorrang des Aktienrechts,[14] wieder andere für einen auf das „freie", d. h. nicht zur Deckung des Grundkapitals und der gesetzlichen Rücklagen erforderliche Vermögen bezogenen Vorrang der Prospekthaftung.[15] Im Schrifttum vorherrschend sind heute indes Stimmen, die sich für den generellen Vorrang der Kapitalmarktinformationshaftung aussprechen;[16] nicht wenige Stimmen plädieren frei-

---

10 Für einen Überblick zum Diskussionsstand s. *Bayer* in MüKoAktG, 5. Aufl. 2019, § 57 Rn. 22ff.

11 BGHZ 192, 90 Tz. 47ff. mit umf. Nachw. zum Diskussionsstand; näher dazu sowie zu den unterschiedlichen Anforderungen an die haftungsbegründende Kausalität *Hellgardt* in Assmann/Schneider/Mülbert, Wertpapierhandelsrecht, 7. Aufl. 2019, §§ 97, 98 Rn. 120ff., 1139ff.

12 Für einen Überblick zum Diskussionsstand s. *Bayer* in MüKoAktG, 5. Aufl. 2019, § 57 Rn. 22ff.

13 OLG Frankfurt/M. NZG 1999, 1072; *Henze* NZG 2005, 115, 117ff.; *Schwark* in Schwark/Zimmer, Kapitalmarktrechtskommentar, 4. Aufl. 2010, §§ 44, 45 BörsG Rn. 13, dort auch zur Einordnung der mittelbaren Zeichnung nach § 186 Abs. 1 S. 1, Abs. 5 AktG.

14 *Kindler* FS Hüffer, 2010, S. 417, 428 f.; zum österreichischen Recht *Eckert* GesRZ 2010, 88ff.; *Gruber* GesRZ 2010, 73, 79ff.; *Gruber* JBl 2007, 2ff., 90ff.

15 *Veil* ZHR 167 (2003), 365, 395f.; für den derivativen Erwerb *Henze* NZG 2005, 115, 117ff. (im Übrigen für generellen Vorrang der §§ 57, 71 AktG).

16 *Bayer* in MüKoAktG, 5. Aufl. 2019, § 57 Rn. 22ff. (41); *Fleischer* in Schmidt/Lutter, AktG, 3. Aufl. 2015, § 57 Rn. 66 f.; *Hellgardt*, Kapitalmarktdeliktsrecht, 2008, S. 398ff.; *Mülbert/Steup* in Habersack/Mülbert/Schlitt, Unternehmensfinanzierung am Kapitalmarkt, 4. Aufl. 2019, § 41 Rn. 7 mwN.

lich für einen Nachrang des Schadensersatzanspruchs in der Insolvenz der Gesellschaft.[17] Der BGH hat zur Streitfrage zwar noch nicht dezidiert Stellung genommen. Er hat jedoch in seiner EMTV-Entscheidung vom 9. Mai 2005 im Zusammenhang mit der Haftung für fehlerhafte Ad hoc-Mitteilungen Sympathie für einen generellen Vorrang des Anlegerschutzes und damit für ein Zurücktreten der §§ 57, 71 AktG erkennen lassen und sich jedenfalls für die Haftung der Gesellschaft aus § 826 BGB sowie aus § 823 Abs. 2 BGB in Verbindung mit einem vorsätzlichen Verstoß gegen § 400 AktG ausgesprochen.[18] Der XI. Zivilsenat des BGH ist sodann in der IKB-Entscheidung ohne Weiteres von der Haftung der Emittentin für fehlerhafte Ad hoc-Publizität ausgegangen.[19]

In der Tat lässt sich der Amtlichen Begründung zum Dritten Finanzmarktförderungsgesetz der Wille des Reformgesetzgebers entnehmen, der Emittentenhaftung den Vorrang vor §§ 57 Abs. 3, 71 Abs. 1 AktG einzuräumen.[20] Auch §§ 97, 98 WpHG weisen eindeutig in diese Richtung. Mit der Richtlinie 2017/1132[21] ist dies jedenfalls insoweit vereinbar, als der Rückerwerb der Aktien in Frage steht; denn Art. 61 Abs. 1 lit. d) der Richtlinie lässt den Rückerwerb immer dann zu, wenn er auf Grund gesetzlicher Verpflichtung erfolgt. Aber auch der in Art. 56 Richtlinie 2017/1132 geregelte Grundsatz der Kapitalerhaltung steht nunmehr zumindest unter dem Vorbehalt des Art. 11 EU-Prospektverordnung, der von der Prospektverantwortlichkeit der Gesellschaft ausgeht und diese ersichtlich nicht an aktienrechtlichen Grundsätzen scheitern lassen will.[22] Der EuGH hat denn auch auf Vorlage des HG Wien[23] immerhin klargestellt, dass Art. 56 Richtlinie 2017/1132 der Emittentenhaftung jedenfalls im Grundsatz nicht entgegensteht; offengelassen

---

**17** *Lutter/Drygala* in KK-AktG, 3. Aufl. 2011, § 57 Rn. 98 ff.; *Baums* ZHR 167 (2003), 139, 170; *Langenbucher* ZIP 2005, 239, 244 f.; de lege ferenda *Hellgardt*, Kapitalmarktdeliktsrecht, 2008, S. 407 ff.; für Lösung über die Lehre von der fehlerhaften Gesellschaft und damit für Begrenzung des Schadensersatzanspruchs auf das hypothetische Abfindungsguthaben *C. Schäfer* NZG 2005, 985, 989; *ders.* ZHR 170 (2006), 373, 378 ff.

**18** BGH NZG 2005, 672, 674 – EM.TV; vgl. auch BGH NZG 2007, 269, 270 – ComROAD III; 2007, 708, 709 – ComROAD IV; 2008, 382, 383 – ComROAD VI; 2008, 385 – ComROAD VII; 2008, 386, 387 – ComROAD VIII.

**19** BGHZ 192, 90 Tz. 47 ff. = NJW 2012, 1800 – IKB.

**20** Begr. RegE, BT-Drucks. 13/8933, S. 78; dazu *Fleischer* in Schmidt/Lutter, AktG, 3. Aufl. 2015, § 57 Rn 66 f.

**21** Richtlinie (EU) 2017/1132 vom 14.6.2017 über bestimmte Aspekte des Gesellschaftsrechts, ABl. L 169/46.

**22** Verordnung (EU) 2017/1129 vom 14. Juni 2017 über den Prospekt, der beim öffentlichen Angebot von Wertpapieren oder bei deren Zulassung zum Handeln an einem geregelten Markt zu veröffentlichen ist, und zur Aufhebung der Richtlinie 2003/71/EG, ABl. L 168/12.

**23** HG Wien GeRZ 2012, 196; dazu *Fleischer/Thaten* NZG 2012, 801.

hat das Gericht freilich, ob dies auch gilt, wenn die Gesellschaft das zur Deckung des Grundkapitals und der Rücklagen erforderliche Vermögen angreifen müsste.[24]

## 2. Rechtfertigung des Vorrangs der Kapitalmarktinformationshaftung

### a) Verbleibende Vorbehalte

Auch wenn de lege lata die Grundsatzfrage im Sinne eines Vorrangs der kapitalmarktrechtlichen Emittentenhaftung geklärt zu sein scheint, bleibt das Unbehagen, dass der nicht ordnungsgemäß informierte Aktionär besser gestellt wird als der Gesellschafter, der aufgrund von Fehlinformation oder gar Täuschung einer Personengesellschaft beigetreten und nun auf einen Abfindungsanspruch verwiesen ist.[25] Dabei gilt für das Aktienrecht erst recht, was der II. Zivilsenat des BGH bereits 1976 für das Personengesellschaftsrecht ausgesprochen hat: Dass selbst der arglistig Getäuschte seine Einlage nicht zurückverlangen, vielmehr nur gegen Abfindung aus der Gesellschaft ausscheiden kann, ist dem Umstand geschuldet, dass Kapitalkraft und Kreditwürdigkeit der Gesellschaft auf Rechtsbeständigkeit der Beitrittserklärungen der Mitglieder angewiesen sind und die Vermögensbasis der Gesellschaft nicht nur zugunsten der Gesellschaftsgläubiger, sondern auch zugunsten der (oftmals unter gleichen Bedingungen beigetretenen) Mitgesellschafter zu schützen ist.[26]

In der Tat erscheint es zunächst im Hinblick auf die Belange der Gesellschaftsgläubiger fragwürdig, dass der Aktionär das Risiko der Falschinformation auf die Gesellschaft rückverlagern und mit seinem Schadensersatzanspruch mit den Kreditgebern und sonstigen Gläubigern der Gesellschaft in Konkurrenz treten können soll. Mag auch der Schadensersatzanspruch des Aktionärs seine Grundlage nicht im mitgliedschaftlichen Rechtsverhältnis finden, so kann doch nicht geleugnet werden, dass es dem Aktionär um die Verlagerung eines im Zusammenhang mit seiner Beteiligung stehenden Risikos geht, dem er jedenfalls näher steht als der gewöhnliche Gesellschaftsgläubiger; den Stimmen, die sich für den

---

**24** HG Wien GeRZ 2012, 196; dazu *Fleischer/Thaten* NZG 2012, 801.
**25** Zutr. Betonung dieses Zusammenhangs bei *C. Schäfer* NZG 2005, 985, 989; *ders.* ZHR 170 (2006), 373, 378ff.; ferner *Weber* ZHR 176 (2012), 184, 192ff., der freilich zwischen Falschinformationen im Rahmen individueller Kommunikation und Falschinformationen im Rahmen standardisierter öffentlicher Kapitalmarktkommunikation unterscheidet und sich im zweiten Fall für den Vorrang der Kapitalmarktinformationshaftung der Gesellschaft ausspricht.
**26** BGH WM 1976, 475, 476.

Nachrang des Schadensersatzanspruchs oder für eine Gleichbehandlung mit dem Personengesellschafter aussprechen,[27] kann deshalb sub specie des Gläubigerschutzes durchaus beigepflichtet werden.

Aber auch im Verhältnis zu den Altaktionären erscheint die Haftung der Gesellschaft gegenüber dem getäuschten Aktionär problematisch, zumal im Fall fehlerhafter Sekundärmarktpublizität und damit bei Zahlung des Erwerbspreises für die Aktie nicht an die Gesellschaft, sondern an den vormaligen Aktionär.[28] Die Belastung der Altaktionäre mit dem Investitionsrisiko des getäuschten Aktionärs mag man immerhin damit rechtfertigen, dass die Altaktionäre an dem für die fehlerhafte Kapitalmarktinformation verantwortlichen Vorstand „näher dran" sind, waren sie es doch, die ihn mittelbar – über die Bestellung von Anteilseignervertretern im Aufsichtsrat – ausgewählt haben und damit das Risiko, dass die Gesellschaft ihren Regressschaden nicht beim Vorstand liquidieren kann (weil diesem im Zusammenhang mit der fehlerhaften Kapitalmarktinformation eine schuldhafte Sorgfaltspflichtverletzung nicht vorgeworfen werden kann oder sich der Anspruch der Emittentin aus § 93 Abs. 2 AktG als undurchsetzbar erweist), zu tragen haben.[29] Zumindest aus Sicht des einflusslosen Altaktionärs handelt es sich hierbei indes um eine recht abstrakte Nähebeziehung.

### b) Haftung als Beitrag zur Funktionsfähigkeit des Kapitalmarkts

Indes hat der BGH in der erwähnten EMTV-Entscheidung zu Recht und gewiss nicht beiläufig darauf verwiesen, dass die Vorschriften über die Ad hoc-Publizitätspflicht dem Schutz der Funktionsfähigkeit des (sekundären) Kapitalmarktes zu dienen bestimmt sind.[30] In der Tat tragen die Tatbestände der Kapitalmarktinformationshaftung der Informationsverantwortung des Emittenten gegenüber dem Anlagepublikum Rechnung; diese Informationsverantwortung ist nicht nur ökonomisch effizient,[31] sondern verlangt, soll nicht das Vertrauen des Anlagepublikums in die Seriosität des Kapitalmarkts und damit dessen Funktionsfähigkeit leiden, eine Absicherung durch die Emittentenhaftung. So gesehen ist die

---

**27** S. die Nachw. in Fn. 17, 25.

**28** *Horn* FS Ulmer, 2003, S. 817, 827 sieht darin eine Ungleichbehandlung, *A. Reuter* NZG 2019, 321, 324 ff. zudem einen Verstoß gegen Art. 14 Abs. 1 GG, soweit die Belastung der Gesellschaft nicht durch Schadensersatzansprüche der Gesellschaft (gegen Organmitglieder oder Aktienverkäufer) ausgeglichen wird; dagegen *Schön* FS Röhricht, 2005, S. 559, 568.

**29** *Weber* ZHR 176 (2012), 184, 203 f.

**30** BGH NZG 2005, 672, 674 – EM.TV.

**31** *Hellgardt*, Kapitalmarktdeliktsrecht, 2008, S. 365 ff., *Weber* ZHR 176 (2012), 184, 203, jew. mwN.

Privilegierung des getäuschten Publikumsaktionärs gegenüber den Altaktionären und die Konkurrenz mit Fremdkapitalgebern durch das Regelungsanliegen des Kapitalmarktrechts selbst gerechtfertigt,[32] mag auch de lege ferenda alles für den Nachrang des Schadensersatzanspruchs sprechen.[33]

### c) Ersatz des Kursdifferenzschadens, nicht des Erwerbsschadens

Abweichend von der IKB-Entscheidung des BGH[34] und im Einklang mit der im Schrifttum überwiegenden Ansicht[35] ist freilich im Rahmen der §§ 97, 98 WpHG, § 826 BGB[36] ein Anspruch des Anlegers – mag er Aktionär sein oder nicht – auf Ersatz seines Erwerbsschadens (d. h. auf Erstattung des – nicht an die Gesellschaft, sondern an den Veräußerer geflossenen – Kaufpreises Zug um Zug gegen Hingabe der erworbenen Finanzinstrumente) abzulehnen.[37] Die Belastung des Emittenten nicht nur mit der auf Fehlinformation zurückgehenden Preisverzerrung, sondern mit dem Investitionsrisiko als solchem ist weder in der Sache veranlasst noch durch das Interesse an Sicherung der Funktionsfähigkeit des Kapitalmarkts geboten. Ist die Emittentenhaftung aus Sicht der Altaktionäre und der Gesellschaftsgläubiger ohnehin nur durch spezifisch kapitalmarktrechtliche Erwägungen zu rechtfertigen,[38] so erscheint es im Interesse einer Harmonisierung von Aktien- und Wertpapierhandelsrecht geboten, überschießende Elemente ei-

---

**32** *Weber* ZHR 176 (2012), 184, 200 ff., 209 ff.

**33** So auch *Hellgardt*, Kapitalmarktdeliktsrecht, 2008, S. 407 f.; bereits de lege lata für Nachrang *Lutter/Drygala* in KK-AktG, 3. Aufl. 2011, § 57 Rn. 98 ff.; *Baums* ZHR 167 (2003), 139, 170; *Langenbucher* ZIP 2005, 239, 244 f.

**34** BGHZ 192, 90 Tz. 47 ff. mit umf. Nachw. zum Diskussionsstand; näher dazu sowie zu den unterschiedlichen Anforderungen an die haftungsbegründende Kausalität *Hellgardt* in Assmann/Schneider/Mülbert, Wertpapierhandelsrecht, 7. Aufl. 2019, §§ 97, 98 Rn. 120 ff., 1139 ff.

**35** *Fleischer* in Assmann/Schütze, Handbuch des Kapitalanlagerechts, 4. Aufl. 2015, § 6 Rn. 52; *Hellgardt* in Assmann/Schneider/Mülbert, Wertpapierhandelsrecht, 7. Aufl. 2019, §§ 97, 98 WpHG Rn. 127 ff.; *Klöhn* AG 2012, 345, 352 ff.; *Langenbucher* ZIP 2005, 239, 240 f.; *Maier-Reimer/Seulen* in Habersack/Mülbert/Schlitt, Handbuch der Kapitalmarktinformation, 2. Aufl. 2013, § 30 Rn. 117 ff.; *Mülbert/Steup* in Habersack/Mülbert/Schlitt, Unternehmensfinanzierung am Kapitalmarkt, 4. Aufl. 2019, § 41 Rn. 214 ff. mwN.; a. A. *Bachmann* JZ 2012, 578, 581; *Möllers/Leisch* in KK-WpHG, 2. Aufl. 2014, §§ 37b, 37c WpHG Rn. 267 ff., 328 ff.

**36** Mit Blick auf § 21 Abs. 1 WpPG handelt es sich im Rahmen der Prospekthaftung um eine Frage de lege ferenda.

**37** BGHZ 192, 90 Tz. 47 ff. mit umf. Nachw. zum Diskussionsstand; näher dazu sowie zu den unterschiedlichen Anforderungen an die haftungsbegründende Kausalität *Hellgardt* in Assmann/Schneider/Mülbert, Wertpapierhandelsrecht, 7. Aufl. 2019, §§ 97, 98 Rn. 120 ff., 1139 ff.

**38** S. unter b).

ner solchen Haftung zu vermeiden und in der Folge den Anleger auf Geltendmachung des Kursdifferenzschadens zu verweisen.

## 3. Aktienrechtliche Sonderprüfung zur Aufhellung von Ansprüchen aus §§ 97, 98 WpHG?

### a) Sonderprüfung und interne Untersuchung

Noch nicht hinreichend geklärt ist das Verhältnis zwischen Emittentenhaftung und aktienrechtlicher Sonderprüfung. Insoweit hat der Beschluss des OLG Celle vom 8.11.2017[39] auf die Vorfrage aufmerksam gemacht, ob ein Sonderprüfungsverlangen der Aktionärsminderheit gem. § 142 Abs. 2 AktG in entsprechender Anwendung des § 148 Abs. 1 S. 2 Nr. 4 AktG[40] als unverhältnismäßig anzusehen ist, wenn die Gesellschaft ohnehin durch interne Ermittlungen den Sachverhalt aufklärt. Das OLG Celle hat diese Frage verneint, solange die Ergebnisse der von der Gesellschaft initiierten Ermittlungen intern bleiben.[41] Dies klingt plausibel, nachdem § 145 Abs. 4, Abs. 6 S. 2 AktG Geheimhaltungsinteressen der Gesellschaft dem Aufklärungsinteresse grundsätzlich unterordnet. Indes dürfte § 145 Abs. 4, Abs. 6 S. 2 AktG nicht den Fall vor Augen haben, dass das zur Prüfung und Verfolgung von Organhaftungsansprüchen verpflichtete Organ[42] in Wahrnehmung seiner Pflicht, das Bestehen von Schadensersatzansprüchen zu prüfen und mit deutlich überwiegender Erfolgsaussicht bestehende Ansprüche vorbehaltlich entgegenstehender Gründe des Unternehmensinteresses zu verfolgen,[43] zu der Überzeugung gelangt ist, die Ergebnisse eigener Ermittlungen einstweilen nicht zu veröffentlichen.[44] Nachdem es aus Sicht des für die Anspruchsverfolgung zuständigen Organs keine Option bildet, von einer eigenen Untersuchung abzusehen, solange eine Sonderprüfung nicht beschlossen ist,[45] läuft die Ansicht des

39 OLG Celle ZIP 2017, 2301, 2303.

40 Zu der im Rahmen des § 142 Abs. 2 AktG gebotenen Verhältnismäßigkeitsprüfung entsprechend § 148 Abs. 1 S. 2 Nr. 4 AktG s. OLG Düsseldorf NZG 2010, 306; Hüffer/*Koch* AktG, 13. Aufl. 2018, § 142 Rn. 21; *Bachmann* ZIP 2018, 101, 106 f. mwN.

41 OLG Celle ZIP 2017, 2301, 2303; dazu *Bachmann* ZIP 2018, 101 ff.

42 Im Verhältnis zu Vorstandsmitgliedern der Aufsichtsrat, im Verhältnis zu Aufsichtsratsmitgliedern der Vorstand, s. *Habersack* NZG 2016, 321.

43 BGHZ 135, 244, 252 ff.; BGH ZIP 2018, 2117; näher *Habersack* NZG 2016, 321 ff.; *Habersack* in MüKoAktG, 5. Aufl. 2019, § 111 Rn. 34 ff.

44 So auch *Wilsing*, Der Schutz vor gesellschaftsschädlichen Sonderprüfungen, 2014, S. 157.

45 Näher dazu sowie zu den Pflichten der Organwalter nach Ingangsetzung einer Sonderprüfung *Bachmann* ZIP 2018, 101, 108.

OLG Celle im Ergebnis auf eine Mehrfachprüfung hinaus. Eine solche aber liegt im Allgemeinen nicht im Gesellschaftsinteresse, was wiederum im Rahmen der Verhältnismäßigkeitskontrolle berücksichtigt werden sollte.[46]

## b) Funktionswidriger Einsatz der Sonderprüfung

In Sonderheit gilt das vorstehend Gesagte in Fällen, in denen, wie dies zuletzt verschiedentlich zu beobachten war, die Sonderprüfung dazu dienen soll, etwaige Schadensersatzansprüche enttäuschter Anleger aus §§ 97, 98 WpHG aufzuhellen. Die aktienrechtliche Sonderprüfung trägt der Gefahr eines gesellschaftsinternen Überwachungsdefizits Rechnung und bezweckt, wie nicht zuletzt auch die in engem Zusammenhang mit §§ 142 ff. AktG stehenden Vorschriften der §§ 147 f. AktG verdeutlichen, die Aufhellung von Ansprüchen der Gesellschaft gegen ihre Gründer oder Organmitglieder, nicht aber umgekehrt die Aufhellung von Ansprüchen von Aktionären *gegen* die Gesellschaft.[47] Ist also die Gesellschaft selbst Schutzsubjekt,[48] so kann es nicht angehen, vermittels der Sonderprüfung die tatsächlichen Grundlagen von Ansprüchen der Aktionäre gegen die Gesellschaft aufzuhellen, um über die Inanspruchnahme der Gesellschaft aus §§ 97, 98 WpHG einen Regressschaden der Gesellschaft zu begründen, der sodann gegebenenfalls einen Organhaftungsanspruch der Gesellschaft zu begründen vermag. Ein solch funktionswidriger Einsatz der Sonderprüfung ist nicht unverhältnismäßig, sondern rechtsmissbräuchlich:[49] Die Sonderprüfung bildet ein Instrument des aktienrechtlichen Minderheitenschutzes, nicht dagegen ein Instrument des kapitalmarktrechtlichen Anlegerschutzes.

---

**46** So auch *Koch* in Hüffer/Koch, AktG, 13. Aufl. 2018, § 142 Rn. 18; ähnlich *Holle* ZHR 182 (2018), 569, 587 ff., dort auch instruktive Überlegungen zu § 145 Abs. 4 AktG.

**47** *Rieckers/Vetter* in KK-AktG, 3. Aufl. 2015, § 142 Rn. 16 ff.

**48** Näher zum minderheitenschützenden Charakter des § 142 Abs. 2 AktG sowie zum auf Schutz der Gesellschaft gerichteten Normzweck *Arnold* in MüKoAktG, 4. Aufl. 2018, § 142 Rn. 7; *Rieckers/Vetter* in KK-AktG, 3. Aufl. 2015, § 142 Rn. 26.

**49** Allg. zum Missbrauch des Antragsrechts aus § 142 Abs. 2 AktG *Arnold* in MüKoAktG, 4. Aufl. 2018, § 142 Rn. 90 ff.; *Rieckers/Vetter* in KK-AktG, 3. Aufl. 2015, § 142 Rn. 306 ff.; *Koch* in Hüffer/Koch AktG, 13. Aufl. 2018, § 142 Rn. 21.

## III. Ad hoc-Publizität unter gesellschafts- und konzernrechtlichen Rahmenbedingungen

### 1. Corporate Governance-Funktion des Art. 17 MAR?

Insbesondere dem Übernahmerecht wird verbreitet eine dem Bemühen um gute Corporate Governance – bekanntlich ein aktienrechtliches Kernanliegen – dienende Funktion zugesprochen: Ein funktionsfähiger Markt für Unternehmenskontrolle diszipliniert die Geschäftsleiter der Gesellschaften, müssen diese doch damit rechnen, im Falle einer „feindlichen" Übernahme vorzeitig abberufen zu werden.[50] Bildet der Markt für Unternehmenskontrolle danach gleichsam ein die aktienrechtlichen Vorkehrungen ergänzendes Disziplinierungsinstrument der (externen) Corporate Governance, so liegt es nicht fern, diesen Gedanken auf kapitalmarktrechtliche Offenlegungspflichten im Allgemeinen und die Ad hoc-Publizitätspflicht im Besonderen zu erstrecken.[51]

Zu bezweifeln ist indes, dass sich die Corporate Governance-Funktion kapitalmarktrechtlicher Regeln tatsächlich als Auslegungskriterium eignet.[52] Für das Übernahmerecht jedenfalls ist anerkannt, dass der Markt für Unternehmenskontrolle und ein striktes übernahmerechtliches Verhinderungsverbot schon aufgrund allfälliger Interessenkonflikte und der Neigung, „short termism" zum Durchbruch zu verhelfen, Fehlanreize setzen können und deshalb durchaus ambivalente Auswirkungen auf die Corporate Governance der Zielgesellschaft haben.[53] Nicht zuletzt aus diesem Grund hat § 33 WpÜG das Verhinderungsverbot – und damit den Einfluss des Marktes für Unternehmenskontrolle – erheblich relativiert. Für die Ad hoc-Publizität muss dies nichts bedeuten, und zweifelsohne trifft es zu, dass Informationseffizienz des Börsenkurses und Corporate Governance-Funktion der Kapitalmarktpublizität miteinander korrelieren und die Schiedsrichterfunktion des Börsenkurses die Offenlegung der für die Urteilsbildung relevanten Informationen verlangt. Indes gilt auch insoweit, dass die

---

**50** Näher dazu und jew. mit umf. Nachw. *Hopt,* Europäisches Übernahmerecht, 2013, S. 84 ff.; *Habersack* ZHR 181 (2017), 603, 614 ff.

**51** *Enriques/Hertig/Kraakman/Rock* in Kraakman et al., The Anatomy of Corporate Law, 3. Aufl. 2017, S. 256 ff.; *Hellgardt* in Baum/Fleckner/Hellgardt/Roth, Perspektiven des Wirtschaftsrechts, 2008, S. 397, 407 ff.; *Hellgardt/Ringe* ZHR 173 (2009), 802, 826 ff.; *Klöhn* ZHR 178 (2014), 55, 79 ff.; *Klöhn/Schmolke* ZGR 2016, 866, 876 ff.

**52** So aber namentlich *Hellgardt* in Baum/Fleckner/Hellgardt/Roth, Perspektiven des Wirtschaftsrechts, 2008, S. 397, 407 ff. (422); *Hellgardt,* Kapitalmarktdeliktsrecht, 2008, S. 147 ff. (157 f.); *Klöhn* in KK-WpHG, 2. Aufl. 2014, Vor § 15 WpHG Rn. 52 ff.; wie hier *Koch* AG 2019, 273, 278 ff.

**53** Näher *Habersack* ZHR 181 (2017), 603, 614 ff.

Blickrichtung und in der Folge auch das Urteil des Schiedsrichters unvollkommen sind, wird doch nicht das Unternehmensinteresse, sondern der shareholder value reflektiert.[54] So wenig die Corporate Governance-Funktion des Übernahmerechts Einfluss auf die Auslegung des § 33 WpÜG hat,[55] so wenig lassen sich deshalb aus der Corporate Governance-Funktion der Ad hoc-Publizitätspflicht konkrete Erkenntnisse für die Auslegung des Art. 17 MAR gewinnen: Die Corporate Governance-Funktion der Ad hoc-Publizitätspflicht mag allgemeine Wirkungszusammenhänge zwischen Kapitalmarkt- und Gesellschaftsrecht beschreiben, ist aber als solche ohne Einfluss auf die Auslegung des Art. 17 MAR und schon gar nicht imstande, Konflikte zwischen beiden Disziplinen zu bewältigen.

## 2. Einzelne Konfliktfelder

### a) Überblick

Spannungen zwischen der Pflicht zur Ad hoc-Publizität und dem Aktienrecht begegnen allenthalben. Nicht näher einzugehen ist auf mehrstufige Entscheidungen, etwa Geschäftsführungsmaßnahmen, die nach § 111 Abs. 4 S. 2 AktG der Zustimmung des Aufsichtsrats bedürfen. Insoweit greift Art. 7 Abs. 2, 3 MAR bekanntlich die „Geltl"-Grundsätze[56] auf und bestimmt, dass gegebenenfalls sowohl der Zwischenschritt (insbesondere der Beschluss des Vorstands) als auch das Endereignis als Insiderinformation zu qualifizieren sind. Kann danach also die Gesellschaft zur Offenlegung eines Zwischenschritts – etwa der Entscheidung des Vorstands – verpflichtet sein, obgleich der gesellschaftsinterne Entscheidungsprozess noch nicht abgeschlossen ist,[57] so lässt sich dem Interesse an einem unverfälschten Willensbildungsprozess allenfalls durch Aufschub der Publizität nach Art. 17 Abs. 4 MAR Rechnung tragen.[58]

---

**54** Konsequent *Hellgardt*, Kapitalmarktdeliktsrecht, 2008, S. 147 ff. (157 f.); *Klöhn* in KK-WpHG, 2. Aufl. 2014, Vor § 15 WpHG Rn. 52 ff.

**55** Näher *Habersack* ZHR 181 (2017), 603, 614 ff.

**56** EuGH v. 28.6.2012 – C /19/11, AG 2012, 555.

**57** Allg. zur Problematik *Assmann* in Assmann/Schneider/Mülbert, Wertpapierhandelsrecht, 7. Aufl. 2019, Art. 7 MAR Rn. 49 ff.; *Klöhn* in Klöhn, MAR, 2018, Art. 7 MAR Rn. 66 ff.; näher zu den Voraussetzungen für die Qualifizierung von Zwischenschritten als Insiderinformation *Vetter/Engel/Lauterbach* AG 2019, 160 ff.

**58** Näher am Beispiel des Zustimmungsvorbehalts im Sinne des § 111 Abs. 4 S. 2 AktG *Assmann* in Assmann/Schneider/Mülbert, Wertpapierhandelsrecht, 7. Aufl. 2019, Art. 17 MAR Rn. 110 ff.

Während also bei gestreckten Sachverhalten das Spannungsverhältnis zwischen kapitalmarktrechtlicher Publizitätspflicht und gesellschaftsinternem Willensbildungsprozess zumindest im Ausgangspunkt klar zugunsten des Kapitalmarktrechts entschieden ist, wirft Art. 17 Abs. 1 MAR eine Reihe bislang nicht geklärter Fragen auf, soweit er den Emittenten verpflichtet, ihn unmittelbar betreffende Insiderinformationen „unverzüglich" zu veröffentlichen. Diese resultieren aus dem Spannungsverhältnis zwischen dem durch Art. 17 MAR geschützten Informationsinteresse des Kapitalmarkts und aktienrechtlichen Schranken der Informationsgewinnung und begegnen weniger bei der unverbundenen Gesellschaft als vielmehr im Konzern.

### b) Zur Herleitung von Wissensorganisationspflichten

Im noch jungen Schrifttum zu Art. 17 Abs. 1 MAR herrscht die Ansicht vor, dass – wie zuvor unter Geltung von Art. 6 Abs. 1 Marktmissbrauchsrichtlinie und § 15 Abs. 1 WpHG a.F.[59] – das Erfordernis „unverzüglicher" Offenlegung die Ad hoc-Publizitätspflicht zwar nicht schon an die bloße Existenz einer den Emittenten betreffenden Insiderinformation knüpft,[60] es aber dem Emittenten zur Pflicht macht, durch geeignete Vorkehrungen sicherzustellen, dass die Erfassung, Bewertung und Offenlegung der Insiderinformation möglichst rasch – „as soon as possible"[61] oder „so bald wie möglich"[62] – erfolgt.[63] Unter den Anhängern dieser wohl herrschenden Lehre ist allerdings umstritten, ob Art. 17 Abs. 1 MAR unmittelbar – dann unionsrechtlich verankerte – Wissensorganisationspflichten des Emittenten statuiert[64] oder insoweit auf die sich aus dem mitgliedstaatlichen

59 Näher *Klöhn* in KK-WpHG, 2. Aufl. 2014, § 15 Rn. 98 ff. mwN.

60 So freilich nicht wenige Stimmen zu § 15 Abs. 1 WpHG a. F., s. namentlich *Braun* in Möllers/Rötter, Ad-hoc-Publizität, 2003, § 8 Rn. 47; gegen Wissenserfordernis im Rahmen des Art. 17 MAR auch *Thomale* AG 2019, 189 ff.

61 So die englische Sprachfassung des Art. 17 Abs. 1 MAR.

62 So die ursprüngliche deutsche Sprachfassung des Art. 17 Abs. 1 MAR, s. *Klöhn* in Klöhn, MAR, 2018, Art. 17 MAR Rn. 27.

63 Zu Nachw. s. Fn. 64 f.; a. A. namentlich *Koch* AG 2019, 273, 273 ff., *Nietsch* ZIP 2018, 1421, 1425 f., denen zufolge das Merkmal „unverzüglich" nur die Offenlegung der Insiderinformation betrifft und Wissensorganisationspflichten allein im Rahmen der §§ 97 f. WpHG bedeutsam sind; gegen Wissenserfordernis im Rahmen des Art. 17 MAR und für Kenntnisabhängigkeit der Haftung aus §§ 97 f. WpHG *Thomale* AG 2019, 189 ff.

64 In diesem Sinne namentlich *Klöhn* in Klöhn, MAR, 2018, Art. 17 MAR Rn. 111 ff., 116 ff.; *Klöhn* NZG 2017, 1285, 1286 ff.; *Veil/Brüggemeier* in Meyer/Veil/Rönnau, Handbuch zum Marktmissbrauchsrecht, 2018, § 10 Rn. 23; wohl auch *Schäfer* in Marsch-Barner/Schäfer, Handbuch bör-

Aktien- und Zivilrecht ergebenden Grundsätze – und damit für dem deutschen Aktienrecht unterliegende Emittenten insbesondere auf die Grundsätze des deutschen Rechts über die Wissenszurechnung (und deren Schranken) – verweist.[65]

Die besseren Gründe sprechen für die Maßgeblichkeit des mitgliedstaatlichen Rechts. Zwar trifft es zu, dass ein Rückgriff auf nationales Aktienrecht eine gewisse Zerfaserung des Rechts der Ad hoc-Publizität zur Folge hätte. Indes ist dies nur die Konsequenz dessen, dass es bislang an europäischen Vorgaben zur Organisationsverfassung der AG, zu den Wissensorganisationspflichten und zur Wissenszurechnung fehlt und der Regelungsbereich auch einer vollharmonisierenden Verordnung nach Art der MAR insoweit an seine Grenzen stößt.[66] Berücksichtigt man weiter, dass es sich bei den hierzulande geltenden Grundsätzen über die Wissenszurechnung der Sache nach um Grundsätze über die Wissensorganisation handelt,[67] dürfte es für die unverbundene Gesellschaft ohnehin von nur geringer praktischer Relevanz sein, ob diese Grundsätze dem nationalen Recht entstammen oder aus Art. 17 Abs. 1 MAR herzuleiten sind.[68]

### c) Wissensorganisation und Wissenszurechnung im Konzern

Zum Schwur kommt es im Konzern.[69] Hier macht sich bemerkbar, dass es nicht nur an unionsrechtlichen Vorschriften über die Organisationsverfassung der

---

sennotierte AG, 4. Aufl. 2018, § 15 Rn. 20 f. (Verzicht auf kognitives Element, aber „angemessene Frist" für Analyse der Situation).

65 *Assmann* in Assmann/Schneider/Mülbert, Wertpapierhandelsrecht, 7. Aufl. 2019, Art. 17 MAR Rn. 50 ff. (Kenntnis als ungeschriebenes und durch Grundsätze über Wissenszurechnung auszufüllendes pflichtenbegründendes Tatbestandsmerkmal); für „vorsichtigen Zugriff auf die in Deutschland ausgeformten Grundprinzipien der Wissenszurechnung zumindest in dem Umfang (...), in dem sich diese in den Normzweck von Art. 17 MAR wertungsgerecht und systemstimmig einfügen lassen", namentlich *Ihrig* ZHR 181 (2017), 381, 386 ff.; zu § 15 Abs. 1 WpHG a.F. s. *Buck-Heeb* WM 2016, 1469 ff.; *Habersack* DB 2016, 1551, 1554 f.; *Koch* ZIP 2015, 1757 ff.; *Thomale*, Der gespaltene Emittent, 2018, S. 27 ff.; *Verse* AG 2015, 413 ff.; *Weller* ZGR 2016, 384, 399, 409.

66 Näher *Riehm* in Gsell/Herresthal, Vollharmonisierung im Privatrecht, 2009, S. 83, 86 ff.; *Schürnbrand* ZBB 2008, 383, 384 f.; *Wendehorst* ZEuP 2011, 263, 274 ff.

67 *Assmann* in Assmann/Schneider/Mülbert, Wertpapierhandelsrecht, 7. Aufl. 2019, Art. 17 MAR Rn. 50 ff.; *Habersack* DB 2016, 1551, 1552 f.

68 Deutlich *Assmann* in Assmann/Schneider/Mülbert, Wertpapierhandelsrecht, 7. Aufl. 2019, Art. 17 MAR Rn. 52 Fn. 2.

69 Zur hier nicht erneut aufzugreifenden Frage, unter welchen Voraussetzungen die börsennotierte Muttergesellschaft durch Vorgänge auf Ebene einer Tochtergesellschaft unmittelbar betroffen ist, s. *Habersack* DB 2016, 1551, 1554 ff., *Veil/Brüggemeier* in Meyer/Veil/Rönnau Handbuch

AG, über Wissensorganisationspflichten und über die Wissenszurechnung fehlt, vielmehr auch das Konzernrecht nicht angeglichen ist.[70] Auch insoweit ist deshalb auf die Grundsätze des mitgliedstaatlichen Rechts zurückzugreifen, hierzulande also auf die Grundsätze über konzernweite Wissensorganisationspflichten und über die Wissenszurechnung im Konzern.[71]

#### aa) Aktienrechtliche Verschwiegenheitspflicht und Kompetenzordnung als Schranken konzernweiter Wissenszurechnung

In der Folge sind im Rahmen des Art. 17 MAR zunächst die aktienrechtlichen Verschwiegenheitspflichten von Doppelorganmitgliedern zu respektieren. Sie beanspruchen zwar nicht im Verhältnis zwischen Aufsichtsrat und Organ der Einzelgesellschaft,[72] wohl aber im Verhältnis zu verbundenen Unternehmen Geltung.[73] Dies gilt zumal vor dem Hintergrund, dass Art. 49 SE-VO explizit die Organwalter einer SE zur Verschwiegenheit verpflichtet und damit zu erkennen gibt, dass derlei Pflichten auch dem europäischen Gesellschaftsrecht alles andere als fremd sind. Es ist nichts dafür ersichtlich, dass Art. 17 MAR im Falle einer als SE verfassten Tochter der Emittentin Art. 49 SE-VO verdrängen soll; für Gesellschaften anderer Rechtsform kann dann nichts anderes gelten.

---

zum Marktmissbrauchsrecht, 2018, § 10 Rn. 69, aber auch *Klöhn* in Klöhn, MAR, 2018, Art. 17 MAR Rn. 96 ff. (100 f.).

**70** Näher *Habersack/Verse*, Europäisches Gesellschaftsrecht, 5. Aufl. 2019, § 4 Rn. 15 f., 34 ff.

**71** *Assmann* in Assmann/Schneider/Mülbert, Wertpapierhandelsrecht, 7. Aufl. 2019, Art. 17 MAR Rn. 52 ff.; *Habersack* DB 2016, 1551, 1553 f. mwN.

**72** *Habersack* in MüKoAktG, 5. Aufl. 2019, § 116 Rn. 56 mwN.; zur Frage, ob der Emittentin das Wissen von Mitgliedern ihres Aufsichtsrats zuzurechnen ist, s. *Ihrig* ZHR 181 (2017), 381, 404 ff.: Zurechnung bei originärer Ad hoc-Mitverantwortung des Aufsichtsrats in Fällen, in denen die Insiderinformation der Sphäre des Aufsichtsrats entstammt.

**73** Zur Relevanz von Verschwiegenheitspflichten im Rahmen der Wissenszurechnung s. BGH NJW 2016, 2569 Tz. 29 ff.; näher *Habersack* DB 2016, 1551, 1553 f.; *Buck-Heeb* WM 2016, 1031, 1034; *Mülbert/Sajnovits* NJW 2016, 2540 f.; *Schürnbrand* ZHR 181 (2017), 357, 370 ff.; *Verse* AG 2015, 413, 418 ff.; *Wilsing* BB 2016, 1421, 1423; einschränkend *Götze/Carl* Der Konzern 2016, 529, 534 f., die für die Befugnis des einzelnen Doppelvorstandsmitglieds zur Weitergabe von Insiderinformationen plädieren und bei unterlassener Weitergabe eine Wissenszurechnung annehmen, dabei indes die Frage ignorieren, ob das einzelne Vorstandsmitglied für die Informationsweitergabe zuständig ist oder ob es insoweit einer Entscheidung des Gesamtvorstands der Tochter und der Aufnahme in den Abhängigkeitsbericht bedarf (s. dazu noch im Text); a. A. – Irrelevanz von Verschwiegenheitspflichten – *Schwintowski* ZIP 2015, 617, 618 ff.; wohl auch Scholz/*Schneider/Schneider*, GmbHG, 11. Aufl. 2014, § 35 Rn. 132; für Einzelfallbetrachtung *Faßbender/Neuhaus* WM 2002, 1253, 1256.

Neben den aktienrechtlichen Verschwiegenheitspflichten sind die Grundsätze über verbundene Unternehmen bedeutsam. Was zunächst die abhängige oder „faktisch" konzernierte AG anbelangt, so ist es zwar nach § 311 AktG gestattet, geheimhaltungsbedürftige Informationen an das herrschende Unternehmen weiterzugeben.[74] Die Informationsweitergabe ist indes Sache des Tochtervorstands.[75] Ein eigenes Recht zur Disposition über Unternehmensinterna und damit die Möglichkeit einer Befreiung von Verschwiegenheitspflichten hat der Tochter-Aufsichtsrat nur in engen Grenzen, nämlich nach Maßgabe seiner funktionalen Zuständigkeit.[76] Einem Mitglied des Aufsichtsrats der abhängigen Gesellschaft, das dem Vorstand des herrschenden Unternehmens angehört, ist es deshalb erst Recht nicht gestattet, das aufgrund seiner Tätigkeit als Aufsichtsrat erlangte Wissen seinen Vorstandskollegen gegenüber offenzulegen.[77] Die Weitergabe durch den Vorstand hat im Übrigen gleichsam in einem strukturierten und nach Maßgabe des § 312 AktG zu dokumentierenden Prozess zu erfolgen.[78] Bedenkt man weiter, dass der Vorstand der abhängigen AG nicht verpflichtet ist, einem Informationsbegehren des herrschenden Unternehmens nachzukommen,[79] so zeigt sich im Übrigen in aller Deutlichkeit, dass eine allein auf personellen Verflechtungen gründende Wissenszurechnung aktienrechtlichen Wertungen klar zuwiderliefe.[80]

Bei Bestehen eines Beherrschungsvertrags sowie bei Beherrschung einer GmbH gilt im Ausgangspunkt Entsprechendes. Zwar sind die Geschäftsleiter der abhängigen Gesellschaft in beiden Fällen weisungsgebunden,[81] doch hat die In-

---

**74** Näher *Habersack* in Emmerich/Habersack, Aktien- und GmbH-Konzernrecht, 9. Aufl. 2019, § 311 Rn. 51a.

**75** Zur Frage, ob der Gesamtvorstand oder das einzelne Vorstandsmitglied zuständig ist, s. *Spindler* in MüKoAktG, 5. Aufl. 2019, § 93 Rn. 158; *Fleischer* in Spindler/Stilz, AktG, 4. Aufl. 2019, § 93 Rn. 169.

**76** BGHZ 193, 110 Tz. 40; BGH ZIP 2013, 720 Tz. 30; näher *Wilsing/von der Linden* ZHR 178 (2014), 419, 432 ff.

**77** *Habersack* in MükoAktG, 5. Aufl. 2019, § 116 Rn. 57; a. A. *Mertens/Cahn* in KK-AktG, 3. Aufl. 2012, § 116 Rz. 42 mwN.; näher und vermittelnd *Löbbe* Unternehmenskontrolle im Konzern, 2003, S. 121 ff., der eine Ermächtigung zur Informationsweitergabe durch den Vorstand als notwendig und hinreichend ansieht.

**78** Näher zum Inhalt des Abhängigkeitsberichts sowie insbesondere zur Erfassung von Informationsweitergaben *Habersack* in Emmerich/Habersack, 9. Aufl. 2019, § 312 Rz. 21 ff. (34).

**79** Zur Fortgeltung des Grundsatzes der eigenverantwortlichen Leitung gem. § 76 Abs. 1 AktG auch bei Abhängigkeit der Tochter-AG s. BGHZ 179, 71 Tz. 13.

**80** *Schürnbrand* ZHR 181 (2017), 357, 360 ff.

**81** S. für den Vertragskonzern § 308 AktG; zum Weisungsrecht der Gesellschafterversammlung der GmbH in Geschäftsführungsangelegenheiten s. *Paefgen* in Ulmer/Habersack/Löbbe, GmbHG, 2. Aufl. 2014, § 37 Rn. 40 ff.

formationsweitergabe wiederum durch die Geschäftsleiter selbst zu erfolgen, und zwar schon deshalb, weil sie zuvor die Rechtmäßigkeit der Weisung zu prüfen haben. Für eine konzernweite Wissenszurechnung ist deshalb auch insoweit kein Raum.[82]

**bb) Maßgeblichkeit konzernrechtlicher Einwirkungsbefugnisse**

Muss somit eine konzernweite Wissenszurechnung ausscheiden, so ist auch im Rahmen von Art. 17 MAR davon auszugehen, dass das herrschende Unternehmen Vorkehrungen zu treffen hat, damit Vorgänge, die zwar der Tochtersphäre entstammen, indes das herrschende Unternehmen unmittelbar betreffen[83] und zudem kursrelevant sind, erfasst, bewertet und sodann gegebenenfalls offengelegt werden.[84] Dabei ist das herrschende Unternehmen auf die ihm zu Gebote stehenden konzernrechtlichen Instrumente verwiesen, die wiederum der Publizitätspflicht nach Art. 17 Abs. 1 MAR Grenzen setzen.

Bei Bestehen eines Beherrschungsvertrags sowie gegenüber einer abhängigen GmbH verfügt das herrschende Unternehmen über das schon erwähnte Weisungsrecht, im Falle der abhängigen GmbH zudem über das umfassende Informationsrecht aus § 51a GmbHG.[85] Vorbehaltlich der sich aus der DSGVO ergebenden Schranken[86] sollten diese Instrumente einen hinreichenden Informationszugriff des herrschenden Unternehmens erlauben – was wiederum bedeutet, dass die Ad hoc-Publizitätspflicht des herrschenden Unternehmen insoweit einen konzernweiten Geltungsanspruch hat.[87]

Gegenüber einer abhängigen AG fehlt es hingegen sowohl an einem Weisungsrecht als auch an einem umfassenden Informationsrecht des herrschenden Unternehmens; es hat vielmehr bei der eigenverantwortlichen Leitung der abhängigen Gesellschaft durch deren Vorstand[88] und bei dem allgemeinen Auskunftsrecht aus § 131 AktG sein Bewenden. Dem Vorstand der abhängigen AG ist es zwar gestattet, dem herrschenden Unternehmen nach Maßgabe der §§ 311 ff. AktG Informationen zu erteilen,[89] doch verschafft dies dem herrschenden Un-

---

**82** Näher *Schürnbrand* ZHR 181 (2017), 357, 362 f. mwN.

**83** S. dazu die Nachw. in Fn. 69.

**84** *Klöhn* in Klöhn MAR, 2018, Art. 17 Rn. 132 ff.; zu §§ 37b/c WpHG a.F. s. *Möllers/Leisch* in KK-WpHG, 2. Aufl. 2014, §§ 37b, 37c WpHG Rn. 181 ff.

**85** *Schürnbrand* ZHR 181 (2017), 357, 366 f.

**86** *Spindler* DB 2016, 937, 941.

**87** *Ihrig* ZHR 181 (2017), 381, 411 f.; *Schürnbrand* ZHR 181 (2017), 357, 365 ff.

**88** S. Fn. 79.

**89** S. bereits unter aa).

ternehmen keinen gesicherten Zugriff auf die der Sphäre der Tochter entstammenden Informationen. Zwar sollte es möglich sein, über § 294 Abs. 3 S. 2 HGB hinaus einen Anspruch des herrschenden Unternehmens gegen die abhängige Gesellschaft, gerichtet auf Überlassung von Informationen, derer das herrschende Unternehmen zur Erfüllung gesetzlicher Publizitätspflichten bedarf, zu begründen.[90] Doch setzt dies voraus, dass das herrschende Unternehmen auch unabhängig von der Gewährung des Informationsanspruchs zur Publizität verpflichtet ist, was im Rahmen des Art. 17 Abs. 1 MAR gerade die Frage ist. Ausgehend von der Feststellung, dass Art. 17 Abs. 1 MAR die konzernrechtlichen Gegebenheiten des Sitzstaates des Emittenten akzeptiert, lässt sich deshalb im Rahmen der §§ 311 ff. AktG eine konzernweite Ad hoc-Publizitätspflicht des herrschenden Unternehmens allenfalls dann begründen, wenn und soweit die abhängige Gesellschaft sich bereiterklärt, dem herrschenden Unternehmen die für die Pflichterfüllung erforderlichen Informationen zu überlassen.[91] Verweigert die abhängige AG hingegen die Informationsweitergabe, muss eine Ad hoc-Publizitätspflicht des herrschenden Unternehmens in Bezug auf der Tochtersphäre zuzuordnende Insiderinformationen ausscheiden; auch wenn eine solche Insiderinformation das herrschende Unternehmen unmittelbar betreffen sollte,[92] fehlt es jedenfalls an dem vom Erfordernis unverzüglicher Veröffentlichung vorausgesetzten gesicherten Zugriff auf die Information.

Diese Zusammenhänge werden verkannt, soweit das LG Stuttgart in seinem Beschluss vom 28. 2. 2017 aus dem Unionsrecht – konkret: aus Art. 5 und 6 Marktmissbrauchsrichtlinie – einen Informationsanspruch des herrschenden Unternehmens gegen verbundene Unternehmen herleitet:[93] Weder trifft es zu, dass die Ad hoc-Publizitätspflicht leer liefe, würde das herrschende Unternehmen

---

**90** *Löbbe,* Unternehmenskontrolle im Konzern, 2003, S. 144 ff.; *Habersack* FS Möschel, 2011, S. 1175, 1191 f.; a. A. *Koch* in Hüffer/Koch AktG, 13. Aufl. 2018, § 311 Rn. 36d; *Schürnbrand* ZHR 181 (2017), 357, 367; *Verse* ZHR 175 (2011), 401, 422 f.

**91** *Ihrig* ZHR 181 (2017), 381, 411 f.; *Schürnbrand* ZHR 181 (2017), 357, 367 ff.; *Pfüller* in Fuchs, WpHG, 2. Aufl. 2016, § 15 WpHG Rn. 208; eingehend *Singhof* ZGR 2001, 146, 153 ff. (161); *Bartmann,* Ad-hoc-Publizität im Konzern, 2017, S. 312 ff. mwN.; ausgehend von Art. 17 Abs. 1 MAR und ohne Rückgriff auf mitgliedstaatliches Konzernrecht auch *Klöhn* in Klöhn MAR, 2018, Art. 17 Rn. 132 f.; a. A. *Veil/Brüggemeier* in Meyer/Veil/Rönnau, Handbuch zum Marktmissbrauchsrecht, 2018, § 10 Rn. 23; *S. H. Schneider* in Habersack/Mülbert/Schlitt, Handbuch der Kapitalmarktinformation, 2. Aufl. 2013, § 3 Rn. 31; *U. H. Schneider/Burgard* FS Ulmer, 2003, S. 579, 597 ff.

**92** S. dazu Fn. 69.

**93** LG Stuttgart BeckRS 2017, 118702 Tz. 195 ff.; für einen solchen Anspruch auch *Veil/Brüggemeier* in Meyer/Veil/Rönnau, Handbuch zum Marktmissbrauchsrecht, 2018, § 10 Rn. 23; gegen einen solchen Anspruch *Klöhn* in Klöhn MAR, 2018, Art. 17 Rn. 133.

Informationen, auf die es keinen Zugriff hat, nicht veröffentlichen,[94] noch steht es im Einklang mit Konzern- und Kapitalmarktrecht, dass der Vorstand einer Konzernholding „nicht nur aus konzernrechtlicher Sicht, sondern auch wegen der Erfüllung der kapitalmarktrechtlichen Pflichten über sämtliche Unternehmensaktivitäten und folglich auch Insidertatsachen informiert sein muss, um konzernleitend tätig sein zu können".[95] Umgekehrt wird ein Schuh daraus: Art. 17 Abs. 1 MAR setzt die Möglichkeit des Informationszugriffs voraus und belässt dem herrschenden Unternehmen damit die Wahl zwischen einem zentral gesteuerten und auf Informationsbündelung angelegten Konzern einerseits und einer dezentral ausgerichteten, gegebenenfalls sogar auf einheitliche Leitung verzichtenden Unternehmensverbindung andererseits.[96]

# IV. Fazit

Die vielfältigen Verzahnungen und Spannungen zwischen dem Wertpapierhandelsrecht und dem Aktienrecht lassen sich nur von Fall zu Fall und unter Berücksichtigung des konkreten Normenkonflikts auflösen. Ähnlich anspruchsvolle Aufgaben galt und gilt es im Zusammenhang mit dem MitbestG zu bewältigen. Insoweit ist in Rechtsprechung[97] und Schrifttum[98] anerkannt, dass ein genereller Vorrang der einen oder anderen Regelungsmaterie abzulehnen und statt dessen eine Harmonisierung von Mitbestimmungs- und Gesellschaftsrecht anzustreben ist. Eine damit zumindest im Ansatz vergleichbare Herangehensweise ist für das Verhältnis zwischen Wertpapierhandels- und Aktienrecht geboten. Für den Bereich der Ad hoc-Publizität konnten die folgenden Erkenntnisse gewonnen werden:

1. Die auf Funktionsfähigkeit des Sekundärmarkts gerichtete Zielsetzung der Ad hoc-Publizitätspflicht spricht für die Haftung des Emittenten aus §§ 97, 98 WpHG auch gegenüber Aktionären. Der Anleger – mag er Aktionär sein oder nicht – ist allerdings auf Geltendmachung des Kursdifferenzschadens zu ver-

---

**94** So aber LG Stuttgart BeckRS 2017, 118702 Tz. 199.

**95** So aber LG Stuttgart BeckRS 2017, 118702 Tz. 203 unter Bezugnahme auf *Liekefett*, Due Diligence bei M&A-Transaktionen, 2004, S. 286 und *Singhof* ZGR 2001, 146, 153 (der freilich einen Informationsanspruch im einfachen Aktienkonzern explizit verneint, s. *Singhof* ZGR 2001, 146, 161).

**96** S. die Nachw. in Fn. 91.

**97** S. BGHZ 83, 106, 110; BGHZ 83, 144, 147 f.; BGHZ 122, 342, 357 ff.

**98** Näher *Säcker* ZHR 148 (1984), 153, 173 ff.; *Steindorff/Joch* ZHR 146 (1982), 336, 343 ff.; *Habersack* in Habersack/Henssler, Mitbestimmungsrecht, 4. Aufl. 2018, § 25 MitbestG Rn. 6 mwN.

weisen. Ein Sonderprüfungsantrag, der dazu dient, über die Inanspruchnahme der Gesellschaft aus §§ 97, 98 WpHG einen Regressschaden der Gesellschaft zu begründen, der sodann gegebenenfalls einen Organhaftungsanspruch der Gesellschaft nach sich zieht, ist funktionswidrig und damit rechtsmissbräuchlich.

2. Die Corporate Governance-Funktion der Ad hoc-Publizitätspflicht vermag als solche nicht zur Bewältigung von Zielkonflikten zwischen Wertpapierhandels- und Aktienrecht beizutragen. Mit dem Erfordernis „unverzüglicher" Offenlegung verweist Art. 17 Abs. 1 MAR auf die gesellschafts- und konzernrechtlichen Rahmenbedingungen des jeweiligen Mitgliedstaates. Zu berücksichtigen sind deshalb, wie nicht zuletzt auch ein Seitenblick auf Art. 49 SE-VO zeigt, die aktienrechtlichen Verschwiegenheitspflichten; sie schließen eine konzernweite Wissenszurechnung aus. Darüber hinaus nimmt Art. 17 Abs. 1 MAR auf die Ausgestaltung der gesellschafts- und konzernrechtlichen Einwirkungsbefugnisse des Emittenten auf abhängige Gesellschaften und damit insbesondere auf das Fehlen eines Weisungsrechts gegenüber einer abhängigen AG Rücksicht; ein Informationsanspruch des herrschenden Unternehmens gegen abhängige Gesellschaften lässt sich nicht aus Art. 17 Abs. 1 MAR herleiten.

Henrik Drinkuth und Karsten Heider

# WpHG aus Sicht des Versammlungsleiters einer Hauptversammlung

## I. Bedeutung des WpHG für die Durchführung der Hauptversammlung einer börsennotierten Gesellschaft

Für die börsennotierte Aktiengesellschaft als Emittentin ist die Einhaltung der kapitalmarktrechtlichen Bestimmungen zweifellos eine Pflichtaufgabe. Sie stellt sich generell und unabhängig von einer Hauptversammlung. So muss die Gesellschaft etwa, um nur eine wesentliche kapitalmarktrechtliche Verpflichtung zu nennen, Insiderinformationen nach Art. 17 Abs. 1 MAR unverzüglich bekannt machen. Im Zusammenhang mit einer Hauptversammlung stehen zwei Aspekte im Vordergrund. Zum einen geht es um den Umgang mit etwaigen Stimmverboten aufgrund eines Rechtsverlusts gemäß § 44 WpHG. Zum anderen geht es um die Beantwortung von Fragen oder generell die Mitteilung von Informationen in der Hauptversammlung vor dem Hintergrund des in Art. 10 MAR geregelten Verbots der Weitergabe von Insiderinformationen.

### 1. WpHG-Informationspflichten rund um die Hauptversammlung

§ 49 Abs. 1 WpHG beschreibt die eine börsennotierte Aktiengesellschaft treffenden Veröffentlichungspflichten rund um die Hauptversammlung. Im Kern geht es um die Pflicht zur Veröffentlichung der Einberufung nebst Tagesordnung sowie der Angabe der Gesamtzahl der Stimmrechte und der Rechte der Aktionäre (§ 49 Abs. 1 Satz 1 Nr. 1 WpHG) sowie um die Veröffentlichung weiterer in § 49 Abs. 1 Satz 1 Nr. 2 WpHG genannter Ereignisse.[1] Vor einer ordentlichen Hauptversammlung muss die börsennotierte Gesellschaft ihren Jahresabschluss innerhalb der hierfür in § 114 WpHG und ggf. § 117 WpHG vorgesehen Fristen veröffentlichen und der BaFin übermitteln.

---

1 Zu den Pflichten im Einzelnen *Mülbert* in Assmann/Schneider, Wertpapierhandelsrecht, 7. Auflage 2019, § 49 Rn. 5ff.

https://doi.org/10.1515/9783110632323-013

## 2. Offenlegung von Insiderinformationen in der Hauptversammlung (vom WpHG zur MAR)

Die Erteilung von Auskünften in der Hauptversammlung gilt als Offenlegung i.S.d. Art. 10 Abs. 1 MAR.[2] Umstritten ist, ob die Offenlegung von Insiderinformationen im Rahmen der Auskunftserteilung nach § 131 AktG rechtmäßig ist.[3] Diese Frage dürfte praktisch kaum relevant sein, weil die Gesellschaft schon nach Art. 17 MAR verpflichtet ist, Insiderinformationen unverzüglich zu veröffentlichen. Mit der Auskunftserteilung in einer Hauptversammlung kann dieser Verpflichtung nicht Genüge getan werden. Hierdurch wird nicht die erforderliche Bereichsöffentlichkeit, d.h. die Gesamtheit der professionellen Handelsteilnehmer,[4] erreicht.[5] In den seltenen Fällen, in denen die Insiderinformation erst während der Hauptversammlung entsteht, müsste die Gesellschaft zuerst die Insiderinformation durch Ad hoc-Mitteilung nach Art. 17 MAR veröffentlichen, bevor sie hierüber Auskunft nach § 131 AktG geben kann.[6]

## 3. Stimmrechtsmitteilungen und Rechtsverlust

### a) Mitteilungspflichten

Aktionäre einer börsennotierten Gesellschaft unterliegen nach §§ 33 Abs. 1 und 2, 38 Abs. 1 und 39 WpHG Mitteilungspflichten. Von besonderer Bedeutung sind die Stimmrechtsmitteilungen nach § 33 Abs. 1 WpHG für den Fall des Erreichens, Überschreitens oder Unterschreitens bestimmter Stimmrechtsschwellen (Schwellenberührung). § 38 Abs. 1 WpHG erweitert die Mitteilungspflicht auf Instrumente und § 39 WpHG schreibt die Mitteilung eines Gesamtüberblicks von Stimmrechten und Instrumenten vor.[7] Stimmrechtsmitteilungen sind unverzüg-

2 *Klöhn* in Klöhn, Marktmissbrauchsverordnung, 2018, Art. 10 Rn. 110.

3 Unter dem früheren § 15 WpHG dafür etwa *Decher* in Großkommentar zum AktG, 4. Auflage 2001, § 131 Rn. 326; *Siems* in Spindler/Stilz, AktG, 3. Auflage 2015, § 131 Rn. 50; *Spindler* in Schmidt/Lutter, AktG, 3. Auflage 2015, § 131 Rn. 84 (keine „unbefugte" Weitergabe von Insiderinformationen); dagegen *Klöhn* in Klöhn, Marktmissbrauchsverordnung, 2018, Art. 10 Rn. 110; differenzierend *Kersting* in Kölner Kommentar zum AktG, 3. Auflage 2010, § 131 Rn. 45ff.

4 *Pananis* in Münchener Kommentar zum StGB, 2. Auflage 2015, § 38 WpHG Rn. 55.

5 *Pöschke/Vogel* in Semler/Volhard/Reichert, Arbeitshandbuch für die Hauptversammlung, 4. Auflage 2018, § 11 Rn. 51; *Schäfer* in Marsch-Barner/Schäfer, Handbuch börsennotierte AG, 4. Auflage 2018, § 14 Rn. 71.

6 *Kersting* in Kölner Kommentar zum AktG, 3. Auflage 2010, § 131 Rn. 49.

7 *Uwe H. Schneider* in Assmann/Schneider, Wertpapierhandelsrecht, 7. Auflage 2019, § 39 Rn. 3.

lich nach einer Schwellenberührung sowohl an die Emittentin als auch an die BaFin zu übermitteln.

### b) Rechtsverlust

Der Verstoß gegen die Mitteilungspflichten wird – neben Bußgeldern gemäß § 120 WpHG – zivilrechtlich nach § 44 WpHG mit einem so genannten Rechtsverlust sanktioniert.

§ 44 Abs. 1 Satz 1 WpHG setzt die Nichterfüllung der Mitteilungspflicht voraus. Der korrespondierende Tatbestand der Ordnungswidrigkeit nach § 120 Abs. 2 Buchst. d) WpHG erfordert indessen, dass die „Mitteilung nicht, nicht richtig, nicht vollständig, nicht in der vorgeschriebenen Weise oder nicht rechtzeitig" erfolgt ist. Ob in jedem Ordnungswidrigkeitstatbestand zugleich eine zum Rechtsverlust führende Nichterfüllung der Mitteilungspflicht liegt, ist umstritten.[8] Jedenfalls stellen die fehlende oder fehlerhafte Angabe über die Höhe des Stimmrechtsanteils oder das Datum der Schwellenberührung einen Verstoß gemäß § 44 Abs. 1 Satz 1 WpHG dar.[9] In jedem Fall setzt der Rechtsverlust einen schuldhaften, d. h. zumindest fahrlässigen Verstoß gegen Mitteilungspflichten voraus.[10]

Inhaltlich richtet sich der Rechtsverlust auf sämtliche Verwaltungs- und Vermögensrechte. In Bezug auf die Hauptversammlung sind also zunächst das Teilnahmerecht, das Stimmrecht, das Rede- und Fragerecht sowie das Recht Anträge zu stellen oder Widerspruch zu Protokoll zu erklären bzw. Anfechtungs- oder Nichtigkeitsklage zu erheben betroffen. Hinzu kommt der Ausschluss des Rechts auf Dividende.[11] Nicht betroffen vom Rechtsverlust ist allerdings das Recht auf Anmeldung zur Hauptversammlung.[12]

---

**8** Zum Streitstand *Schäfer* in Marsch-Barner/Schäfer, Handbuch börsennotierte AG, 4. Auflage 2018, § 18 Rn. 53.

**9** *Schäfer* in Marsch-Barner/Schäfer, Handbuch börsennotierte AG, 4. Auflage 2018, § 18 Rn. 58; *Uwe H. Schneider* in Assmann/Schneider, Wertpapierhandelsrecht, 7. Auflage 2019, § 44 Rn. 17 ff.

**10** Siehe die in Fn. 76 Genannten sowie *Brellochs* AG 2016, 157, 167 f.; *Klöhn/Parhofer* NZG 2017, 321, 324; *Schäfer* in Marsch-Barner/Schäfer, Handbuch börsennotierte AG, 4. Auflage 2018, § 18 Rn. 54.

**11** Zum Umfang und der Heilung *Schneider* in Assmann/Schneider, Wertpapierhandelsrecht, 7. Auflage 2019, § 44 Rn. 68 sowie im Fall des verlängerten Rechtsverlusts *Schürnbrand* in Emmerich/Habersack Aktien- und GmbH-Konzernrecht, 8. Auflage 2015, § 28 WpHG Rn. 17.

**12** *Bayer* in Münchener Kommentar zum AktG, 5. Auflage 2019, § 44 WpHG Rn. 26.

Gegenständlich ist die Reichweite des Rechtsverlusts aufgrund des Gesetzes zur Umsetzung der Transparenzrichtlinie-Änderungsrichtlinie[13] deutlich ausgeweitet worden. Der Rechtsverlust erfasst die Verwaltungs- und Vermögensrechte sämtlicher dem betroffenen Aktionär gehörenden und zuzurechnenden Stimmrechte und nicht nur derjenigen, auf die sich der Rechtsverlust bezieht.[14] Der Rechtsverlust zielt somit nicht allein auf den pflichtvergessenen Aktionär, sondern sämtliche – und auch nicht nur diejenigen, die einen Schwellenwert überschreiten[15] – Aktien, die von den Mitteilungspflichten betroffenen sind.[16] Betroffen sind damit auch Aktien eines gesetzestreuen Aktionärs, dessen Aktien einem pflichtvergessenen Dritten zugerechnet werden. Durch § 44 Abs. 2 WpHG ist die gegenständliche Reichweite bei Verletzungen der Mitteilungspflichten in Bezug auf Instrumente nach §§ 38 und 39 WpHG etwas eingeschränkt. Hier sind nur diejenigen Aktien vom Rechtsverlust betroffen, die dem Meldepflichtigen auch gehören; ein Rechtsverlust zu Lasten Dritter findet nicht statt.[17] Ein häufiger Anwendungsfall ist der konzernweite Rechtsverlust. Durch die Nichterfüllung von Mitteilungspflichten durch ein Konzernunternehmen werden daher sämtliche der auf den verschiedenen Konzernstufen gehaltenen Aktien vom Rechtsverlust „infiziert".[18]

Hinsichtlich der Dauer des Rechtsverlusts unterscheidet § 44 WpHG zwischen fahrlässigen Verstößen einerseits und grob fahrlässigen oder gar vorsätzlichen Verstößen andererseits. Im ersten Fall besteht der Rechtsverlust nur für die Dauer der Rechtsverletzung; er endet somit automatisch mit Erfüllung der Mitteilungspflichten und kann daher noch in der Hauptversammlung nachgeholt werden.[19] Liegt indessen ein grob fahrlässiger oder gar vorsätzlicher Verstoß gegen die Mitteilungspflichten vor, betrifft der Verstoß die Höhe des Stimmrechtsanteils und greift der Bagatellvorbehalt des § 44 Abs. 1 Satz 4 WpHG nicht, dauert

---

**13** Gesetz zur Umsetzung der Transparenzrichtlinie-Änderungsrichtlinie v. 25.11.2015, BGBl. I 2015 Nr. 46, 2029.

**14** *Uwe H. Schneider* in Assmann/Schneider, Wertpapierhandelsrecht, 7. Auflage 2019, § 44 Rn. 44; *Schürnbrand* in Emmerich/Habersack, Aktien- und GmbH-Konzernrecht, 8. Auflage 2016, § 28 WpHG Rn. 13.

**15** *Schäfer* in Marsch-Barner/Schäfer, Handbuch börsennotierte AG, 4. Auflage 2018, § 18 Rn. 58.

**16** *Brellochs* AG 2016, 157, 166.

**17** *Brellochs* AG 2016, 157, 167; *Schäfer* in Marsch-Barner/Schäfer, Handbuch börsennotierte AG, 4. Auflage 2018, § 18 Rn. 58.

**18** *Schäfer* in Marsch-Barner/Schäfer, Handbuch börsennotierte AG, 4. Auflage 2018, § 18 Rn. 58; *Uwe H. Schneider* in Assmann/Schneider, Wertpapierhandelsrecht, 7. Auflage 2019, § 44 Rn. 30 ff.

**19** *Bayer* in Münchener Kommentar zum AktG, 5. Auflage 2019, § 44 WpHG Rn. 26; *Schäfer* in Marsch-Barner/Schäfer, Handbuch börsennotierte AG, 4. Auflage 2018, § 18 Rn. 59; *Veil* in Schmidt/Lutter, AktG, 3. Auflage 2015, Anhang § 22: § 28 WpHG Rn 6.

der Rechtsverlust gemäß § 44 Abs. 1 Satz 3 WpHG noch sechs Monate nach Behebung der Pflichtverletzung an (verlängerter Rechtsverlust). Die Rechtsfolgen derartiger Verstöße können also nicht noch kurz vor einer Hauptversammlung ausgeräumt werden.

## II. Prüfungspflichten des Versammlungsleiters vor und in der Hauptversammlung

Die Auswirkungen eines Rechtsverlusts auf eine Hauptversammlung sind gravierend. Der Vortrag, dass vom Rechtsverlust betroffene Aktien zu Unrecht mitgezählt wurden und deshalb das Abstimmungsergebnis fehlerhaft ermittelt wurde, gehört zu den populärsten Anfechtungsgründen.[20] Den Versammlungsleiter stellt ein etwaiger Rechtsverlust vor erhebliche Herausforderungen. *Uwe H. Schneider* schreibt dazu recht stramm: „Zu den Aufgaben des Aufsichtsratsvorsitzenden als Leiter der Hauptversammlung gehört es nachzuprüfen, ob die auf der Hauptversammlung anwesenden Aktionäre stimmberechtigt sind. Unterlässt er das, macht er sich schadensersatzpflichtig."[21]

Welche Möglichkeiten der Gesellschaft zustehen, etwaige Verstöße gegen Mitteilungspflichten zu erkennen, und wie weit die Pflichten des Versammlungsleiters einer Hauptversammlung tatsächlich reichen, soll im Folgenden näher untersucht werden.

### 1. Verantwortlichkeit für die Vorbereitung, Einberufung und Durchführung der Hauptversammlung

Der Vorstand ist nach § 121 Abs. 2 Satz 1 AktG grundsätzlich für die Einberufung der Hauptversammlung zuständig. Damit fällt auch die Vorbereitung der Hauptversammlung in die Verantwortung des Vorstands. Er muss dabei nicht nur die organisatorischen Vorkehrungen treffen[22], sondern auch den notwendigen rechtlichen Anforderungen nachkommen. So muss der Vorstand unter anderem

---

20 *Leuering* in Semler/Volhard/Reichert, Arbeitshandbuch für die Hauptversammlung, 4. Auflage 2018, § 44 Rn 33; siehe auch *Gärtner* in Gärtner/Rose/Reul, Anfechtungs- und Nichtigkeitsgründe im Aktienrecht, 2015, Ziff. B. Rn. 681.

21 *Uwe H. Schneider* in Assmann/Schneider, Wertpapierhandelsrecht, 7. Auflage 2019, § 44 Rn. 61.

22 Dazu *Butzke*, Die Hauptversammlung der Aktiengesellschaft, 5. Auflage 2011, Ziff. B. Rn. 19 ff.; *Höreth* in Semler/Volhard/Reichert, Arbeitshandbuch für die Hauptversammlung, 4. Auflage 2018, § 3 passim.

die Mitteilungspflichten nach § 125 AktG erfüllen sowie für den ordnungsgemäßen Umgang mit Gegenanträgen (§ 126 AktG), Wahlvorschlägen oder Ergänzungsverlangen zur Tagesordnung (§ 122 Abs. 2 AktG) sorgen.[23]

Der Aufsichtsrat ist als Gesamtorgan durch die nach § 124 Abs. 3 AktG von ihm allein oder zusammen mit dem Vorstand zu unterbreitenden Beschlussvorschläge bereits in die Vorbereitung der Hauptversammlung eingebunden. Der Versammlungsleiter – im Regelfall der Aufsichtsratsvorsitzende – hat für einen ordnungsgemäßen Ablauf der Hauptversammlung zu sorgen[24]. Dazu zählt auch die Prüfung der Teilnahmeberechtigung am Tag der Hauptversammlung.[25] Dieser Aufgabe kann er nur nachkommen, wenn er sich in die Vorbereitung der Hauptversammlung einbindet und einbinden lässt und im Rahmen seiner Überwachungsfunktion mit dafür sorgt, dass die gesetzlichen Bestimmungen eingehalten werden.

Vorstand und Versammlungsleiter müssen daher bereits bei der Vorbereitung der Hauptversammlung zusammenwirken.

## 2. Prüfungsmöglichkeiten

Die Gesellschaft hat verschiedene Möglichkeiten, sich über den gemeldeten Anteilsbesitz von Aktionären sowie deren Rechtsverhältnisse zu informieren. Grundsätzlich zählt es zu den Aufgaben des Vorstands einer börsennotierten Gesellschaft, sich regelmäßig ein Bild über die Aktionärsstruktur zu machen.[26]

Spätestens nach Ablauf der Anmeldefrist und Vorliegen des endgültigen Anmeldeverzeichnisses wird sich die Gesellschaft aus verschiedenen Gründen mit diesem beschäftigen.[27] Soweit sich zum Beispiel Verwaltungsorgane mit eigenen Aktien angemeldet haben, hilft das Anmeldeverzeichnis, um etwaige Stimmverbote nach § 136 AktG zu erkennen. Ebenso können anhand des Anmeldever-

---

23 Dazu etwa *Bungert*, Münchener Handbuch des Gesellschaftsrechts, Band 4 Aktiengesellschaft, 4. Auflage 2015, § 36 Rn. 61 und 95; *Schlitt* in Semler/Volhard/Reichert, Arbeitshandbuch für die Hauptversammlung, 4. Auflage 2018, § 4 Rn. 228.

24 Vgl. nur *Hoffmann-Becking*, Münchener Handbuch des Gesellschaftsrechts, Band 4 Aktiengesellschaft, 4. Auflage 2015, § 37 Rn. 42.

25 *Bärwaldt* in Semler/Volhard/Reichert, Arbeitshandbuch für die Hauptversammlung, 4. Auflage 2018, § 8 Rn. 116; *Butzke*, Die Hauptversammlung der Aktiengesellschaft, 5. Auflage 2011, Ziff. D. Rn. 19 ff.

26 *Drinkuth* in Handbuch börsennotierte AG, 4. Auflage 2018, § 60 Rn. 300; *Krause* AG 2002, 133, 134; *Seibt* in Mülbert/Kiem/Wittig, 10 Jahre WpÜG, 1. Auflage 2011, S. 148, 174 f.

27 *Höreth* in Semler/Volhard/Reichert, Arbeitshandbuch für die Hauptversammlung, 4. Auflage 2018, § 3 Rn. 79.

zeichnisses Paketaktionäre mit einem Aktienbesitz von mehr als 3% identifiziert werden.[28] Insoweit lässt sich weiter prüfen, ob von diesen Paketaktionären Stimmrechtsmitteilungen vorliegen. Handelt es sich um juristische Personen, können Informationen über den Aktionär und seine Gesellschafter in öffentlich zugänglichen Registern (wie etwa in Deutschland dem Handelsregister und der Gesellschafterliste) beschafft werden. Mit Inkrafttreten des Gesetzes zur Umsetzung der Änderungsrichtlinie zur Vierten EU-Geldwäscherichtlinie[29] kann in Zukunft auch ohne berechtigtes Interesse Rückgriff auf das Transparenzregister genommen werden. Nach Umsetzung der Zweiten Aktionärsrechterichtlinie werden der Gesellschaft weitere Informationen über ihre Aktionäre zustehen.[30] Stellt die Gesellschaft dabei Unstimmigkeiten fest, weil z. B. für eine als Aktionär angemeldete Gesellschaft keine Stimmrechtsmitteilung vorliegt, kann sie den Aktionär anschreiben, auf den drohenden Rechtsverlust hinweisen und bitten, die Stimmrechtsmitteilung nachzuholen.[31] Mit Umsetzung der zweiten Aktionärsrechterichtlinie in das Aktiengesetz (namentlich die §§ 67a ff. AktG-E) bestehen weitere Informationsmöglichkeiten der Gesellschaft.

## 3. Pflicht zur Prüfung bei Vorliegen von Indizien für fehlende oder unzutreffende Stimmrechtsmitteilung

Dass die Gesellschaft entsprechende Informationsmöglichkeiten hat, bedeutet jedoch nicht zwangsläufig, dass ihr auch entsprechende Informationspflichten obliegen.

Einerseits richten sich die Mitteilungspflichten nach §§ 33, 38 und 39 WpHG an die Aktionäre und nicht an die börsennotierte Gesellschaft. Andererseits haben Vorstand und Aufsichtsrat für eine ordnungsgemäße Vorbereitung, Einberufung und Durchführung der Hauptversammlung zu sorgen.

Es muss deshalb ein ausgewogenes Maß an zumutbaren Prüfungspflichten der Gesellschaft gefunden werden.

---

**28** Bei Anmeldungen eines Dritten, der Aktien im Fremdbesitz (zum Begriff *Koch* in Hüffer/Koch, AktG, 13. Auflage 2018, § 129 Rn. 12) oder im Vollmachtsbesitz (der Name des Vertretenen wird nicht offengelegt) hält, ist dies indessen nicht ohne weiteres möglich.

**29** Richtlinie (EU) 2018/843 vom 30.5.2018.

**30** Richtlinie (EU) 2017/828 vom 17.5.2017, dazu *Bork* NZG 2019, 738 ff.

**31** Vgl. etwa *Höreth* in Semler/Volhard/Reichert, Arbeitshandbuch für die Hauptversammlung, 4. Auflage 2018, § 3 Rn. 77, der im Hinblick auf Stimmverbote nach § 136 AktG anregt, die betroffenen Vorstands- oder Aufsichtsratsmitglieder hierauf „höflich hinzuweisen“.

### a) Informationsbeschaffung als Grundlage der Prüfung

Erhält der Versammlungsleiter vor oder in der Hauptversammlung Hinweise darauf, dass ein an der Hauptversammlung teilnehmender Aktionär seine Verpflichtung zur Abgabe einer Stimmrechtsmitteilung nach §§ 33 Abs. 1 oder 2, 38 Abs. 1 oder nach 39 Abs. 1 WpHG verletzt haben könnte, und handelt es sich bei den Hinweisen nicht lediglich um vage Vermutungen oder Behauptungen ins Blaue hinein, sondern vielmehr um substantiierte und ernsthafte Anhaltspunkte, so trifft ihn eine Informationsbeschaffungsverpflichtung.[32] Er hat, sofern er die Hinweise vor der Hauptversammlung erhält, unter Einschaltung des Vorstands alle der börsennotierten Gesellschaft vorliegenden und zugänglichen Informationsquellen (etwa Stimmrechtsmitteilungen, Aktienregister, Gesellschafterlisten, Mitteilungen nach §§ 20, 21 AktG sowie beim Handelsregister oder in sonstigen Registern zugänglich gemachte Informationen über den Aktionär und, soweit es sich bei diesem um eine juristische Person handelt, dessen Gesellschafter) auszuwerten und den betroffenen Aktionär möglichst unverzüglich auf die Bedenken hinzuweisen. Zu den auszuwertenden Informationsquellen gehört *de lege ferenda* auch der Informationsanspruch der Gesellschaft nach § 67d AktG-E[33] gegenüber solchen Intermediären, die Aktien der Gesellschaft verwahren, auf Informationen über die Identität des Aktionärs, dessen Aktien sie verwahren. Selbst wenn aber der Versammlungsleiter zusammen mit dem Vorstand alle verfügbaren und zugänglichen Informationen vor der Hauptversammlung auswertet, werden diese in komplexen Sachverhalten – etwa bei mehrstufigen Konzernverhältnissen oder bei vermuteten, jedoch nicht im Einzelnen bekannten Acting in Concert-Abreden (§ 34 Abs. 2 WpHG) – vielfach nicht ausreichen, um sich ein abschließendes Bild darüber verschaffen zu können, ob eine Stimmrechtsmitteilungspflicht nach §§ 33 Abs. 1 oder 2, 38 Abs. 1 oder nach 39 Abs. 1 WpHG verletzt wurde. Erst recht gilt dies, wenn der Versammlungsleiter einen solchen Hinweis erst in der Hauptversammlung erhält. In einem solchen Fall wird eine vollständige Auswertung der vorhandenen Informationsquellen im Hinblick auf die Kürze der zur Verfügung

---

**32** *Seibt* ZIP 2014, 1909, 1915; *Drinhausen/Marsch-Barner* AG 2014, 757, 761; ähnlich *Uwe H. Schneider* in Assmann/Schneider, Wertpapierhandelsrecht, 7. Auflage 2019, § 44 Rn. 61 und 93. Gegen eine allgemeine (und unabhängig von einer bevorstehenden Hauptversammlung bestehende) Informationsbeschaffungsverpflichtung im Falle unterlassener Stimmrechtsmitteilungen *Janert* BB 2004, 169, 170. Gegen eine aus dem WpHG abgeleitete Informationsbeschaffungspflicht ferner OLG Stuttgart Urteil v. 15.10.2008 – 20 U 19/07, AG 2009, 124, 128.

**33** § 67d AktG-E in der Fassung des Regierungsentwurfs vom 20.03.2019 eines Gesetzes zur Umsetzung der zweiten Aktionärsrechterichtlinie (ARUG II).

stehenden Zeit und die häufig zu beobachtende Komplexität der auszuwertenden Unterlagen zumeist nicht möglich sein.

Es stellt sich daher die Frage, ob dem Vorstand vor der Hauptversammlung oder dem Versammlungsleiter in der Hauptversammlung[34] ein Auskunftsanspruch gegen den möglicherweise mitteilungspflichtigen Aktionär zusteht. Die Frage ist nicht leicht zu beantworten, da das Gesetz einen umfassenden Informationsanspruch gegen Aktionäre ausdrücklich nicht vorsieht. Vielmehr hat sich der Gesetzgeber darauf beschränkt, lediglich für Ausnahmefälle eine Nachweisverpflichtung betroffener Aktionäre vorzusehen. Im Einzelnen:

#### aa) Kein allgemeiner Auskunftsanspruch gegen Aktionäre

Der Gesetzgeber hat in § 131 AktG geregelt, unter welchen Voraussetzungen und in welchem Umfang ein Aktionär von der Aktiengesellschaft Auskunft verlangen kann. Einen vergleichbar umfassenden Auskunftsanspruch der Gesellschaft gegen ihre Aktionäre sucht man im Gesetz hingegen vergeblich. Aktionäre sind der Gesellschaft gegenüber lediglich im Rahmen der gesetzlich vorgeschriebenen Beteiligungstransparenz (§ 20 AktG für nichtbörsennotierte und §§ 33 ff. WpHG für börsennotierte Gesellschaften und bei Namensaktien-Gesellschaften nach § 67 Abs. 1 Satz 1 und 2 AktG) zur Überlassung von Informationen zum Beteiligungsbesitz verpflichtet.

Im Schrifttum wird vereinzelt angenommen, dass ein möglicherweise von einem Rechtsverlust nach § 44 WpHG betroffener Aktionär jedenfalls in der Hauptversammlung dem Versammlungsleiter gegenüber zur Auskunft darüber verpflichtet sei, ob er bestimmte Meldeschwellen über- oder unterschritten hat. Obendrein sei er verpflichtet nachzuweisen, dass er seine Mitteilungspflichten erfüllt hat.[35] Zur Begründung der behaupteten Auskunftsverpflichtung beruft sich *Uwe H. Schneider* auf eine Entscheidung des OLG Düsseldorf aus dem Jahr 2008.[36] Die angebliche Nachweisverpflichtung wird hingegen nicht weiter begründet, vielmehr allein darauf hingewiesen, dass das OLG Düsseldorf in benannter Entscheidung insoweit eine andere Auffassung vertritt.

Die Auffassung von *Uwe H. Schneider* ist zu Recht eine Einzelmeinung geblieben. Denn weder lässt sich die behauptete Auskunftsverpflichtung überzeugend begründen, noch gar die von *Uwe H. Schneider* befürwortete Nachweisverpflichtung. Die zum Beleg der angeblichen Auskunftsverpflichtung angeführte

---

34 Vgl. zur Abgrenzung der Prüfungszuständigkeit zwischen Vorstand und Versammlungsleiter die Ausführungen unter Abschnitt II.1.

35 *Uwe H. Schneider* in Assmann/Schneider, Wertpapierhandelsrecht, 7. Auflage 2019, § 44 Rn. 61.

36 OLG Düsseldorf Beschluss v. 10.09.2008 – I-6 W 30/08, AG 2009, 40, 42.

Entscheidung des OLG Düsseldorf taugt jedenfalls nicht als Rechtfertigungsgrundlage. Denn das OLG Düsseldorf begründete seine Auffassung nicht weiter,[37] sondern traf seine Entscheidung im Hinblick darauf, dass es sich in dem zugrundeliegenden Fall um einen Squeeze-out nach § 327a AktG handelte und streitig war, ob die vom Hauptaktionär abgegebene Stimmrechtsmitteilung nach §§ 21, 22 WpHG a. F. zutreffend war. Bei einem Squeeze-out-Verlangen des Hauptaktionärs muss sich die Gesellschaft vor Einberufung der Hauptversammlung Gewissheit darüber verschaffen, dass dem Hauptaktionär Aktien in Höhe von mindestens 95% des Grundkapitals der Gesellschaft gehören (§ 327a Abs. 1 Satz 1 AktG). Der Hauptaktionär ist daher über seine Verpflichtung zur Abgabe von Stimmrechtsmitteilungen hinaus zur Auskunft über das Erreichen der 95%-Schwelle verpflichtet.[38] Die vom OLG Düsseldorf befürwortete Auskunftspflicht ist daher der Sondersituation eines Squeeze-out geschuldet. Die Entscheidung ist indes nicht geeignet, eine allgemeine Auskunftspflicht zur Höhe des Stimmrechtsanteils zu begründen.[39] Mit der herrschenden Meinung ist vielmehr davon auszugehen, dass Aktionäre – abgesehen von Ausnahmefällen (vgl. hierzu nachfolgend Buchst. bb)) – nicht verpflichtet sind, vor oder in der Hauptversammlung Auskunft über die Höhe ihres Stimmrechtsanteils zu geben,[40] und erst recht nicht zum Nachweis verpflichtet sind, dass alle Stimmrechtsmitteilungsverpflichtungen ordnungsgemäß erfüllt wurden.[41]

### bb) Informationsanspruch in Ausnahmefällen

Eine Auskunftsverpflichtung des Aktionärs über seinen Beteiligungsbesitz oder seinen Stimmrechtsanteil und ein entsprechender Auskunftsanspruch der Gesellschaft, der vor der Hauptversammlung vom Vorstand und während der Hauptversammlung vom Versammlungsleiter geltend zu machen ist, kommen nur

---

37 Das Gericht beruft sich zum Nachweis der Richtigkeit seiner Auffassung einzig auf *Uwe H. Schneider* in einer Vorauflage des WpHG-Kommentars von Assmann/Schneider (4. Aufl. 2006, § 28 Rn. 28).

38 *Fleischer* in Hopt/Wiedemann, Großkommentar zum AktG, 4. Aufl. 2007, § 327a Rn. 23; *Heidel/Lochner* in Heidel, Aktienrecht, 4. Auflage 2014, § 327a Rn. 3; vgl. auch *Drinkuth* in Handbuch börsennotierte AG, 4. Auflage 2018, § 62 Rn. 33.

39 Ebenso *Drinhausen/Marsch-Barner* AG 2014, 757, 761.

40 OLG Stuttgart Urteil v. 15.10.2008 – 20 U 19/07, AG 2009, 124, 128; wohl auch *Drinhausen/Marsch-Barner* AG 2014, 757, 761.

41 Von einer entsprechenden Nachweisverpflichtung geht selbst das eine Auskunftsverpflichtung bejahende OLG Düsseldorf nicht aus, vgl. OLG Düsseldorf Beschluss v. 10.09.2008 – I-6 W 30/08, AG 2009, 40, 42.

in Ausnahmefällen in Betracht. Genannt seien insbesondere die folgenden Fallgruppen:

**(1) Nachweisverpflichtung bei hauptversammlungsbezogenen Aktionärsverlangen, die eine bestimmte Beteiligungshöhe voraussetzen**

Aktionäre können einzelne hauptversammlungsbezogene Rechte nur ausüben, wenn sie (allein oder gemeinsam mit anderen Aktionären) über einen bestimmten Grundkapitalanteil verfügen. Dies gilt etwa für

– das Recht, die Einberufung einer Hauptversammlung verlangen zu können (§ 122 Abs. 1 AktG),
– das Recht, die Ergänzung der Tagesordnung einer einberufenen Hauptversammlung verlangen zu können (§ 122 Abs. 2 AktG), sowie für
– das Recht, eine Beschlussfassung der Hauptversammlung über die Übertragung der Aktien der Minderheitsaktionäre auf den Hauptaktionär verlangen zu können (Squeeze-out, § 327a Abs. 1 Satz 1 AktG).

In all diesen Fällen haben der oder die antragstellenden Aktionäre die Höhe ihres Beteiligungsbesitzes der Gesellschaft gegenüber nachzuweisen und entsprechende Auskünfte zu erteilen.[42] Denn das Erreichen der Beteiligungsschwelle ist unabdingbare Voraussetzung für die Geltendmachung des Rechts, und die Gesellschaft hat sich Gewissheit über den Beteiligungsbesitz zu verschaffen, bevor sie dem Aktionärsverlangen nachkommt.

**(2) Nachweisverpflichtung nach § 42 WpHG**

Börsennotierte Gesellschaften können von Aktionären, die eine Stimmrechtsmitteilung nach §§ 33 Abs. 1 oder 2, 38 Abs. 1 oder nach 39 Abs. 1 WpHG abgegeben haben, einen Nachweis über das Bestehen der mitgeteilten Beteiligung nach § 42 WpHG verlangen. Eine allgemeine Auskunfts- oder Nachweisverpflichtung im Hinblick auf den von einem Aktionär im Zeitpunkt der Hauptversammlung gehaltenen Stimmrechtsanteil lässt sich hieraus jedoch nicht ableiten. Vielmehr ist die Nachweisverpflichtung des Aktionärs und dementsprechend der Informationsanspruch der börsennotierten Gesellschaft sowohl hinsichtlich der Tatbe-

---

42 Herrschende Meinung, vgl. nur *Koch* in Hüffer/Koch, AktG, 13. Auflage 2018, § 122 Rn. 3; *Kubis* in Münchener Kommentar zum AktG, 4. Auflage 2018, § 122 Rn. 9; *Reger* in Bürgers/Körber, AktG, 4. Aufl. 2017, § 122 Rn. 4 jeweils mwN.

standsvoraussetzungen als auch der Reichweite des Anspruchs wie folgt beschränkt:

- Ein Informationsanspruch der börsennotierten Gesellschaft besteht nur dann, wenn ein Aktionär eine Stimmrechtsmitteilung nach §§ 33 Abs. 1 oder 2, 38 Abs. 1 oder nach 39 Abs. 1 WpHG abgegeben hat. Liegt keine solche Mitteilung vor, hat die börsennotierte Gesellschaft keinen Anspruch nach § 42 WpHG, und zwar selbst dann nicht, wenn Anhaltspunkte dafür bestehen, dass eine Stimmrechtsmitteilung hätte abgegeben werden müssen.[43] Liegen solche Anhaltspunkte vor, kann sich die börsennotierte Gesellschaft lediglich an die BaFin wenden und ein Vorgehen der Aufsichtsbehörde nach § 6 Abs. 3 WpHG anregen.[44] Denn es ist allein Aufgabe der BaFin, die Einhaltung der Mitteilungspflichten nach §§ 33 Abs. 1 und 2, 38 Abs. 1 und 39 Abs. 1 WpHG zu überwachen und nur die Aufsichtsbehörde hat auch die notwendigen Instrumente, um die Einhaltung der Mitteilungspflichten durchsetzen zu können.[45]
- Der Informationsanspruch nach § 42 WpHG ist des Weiteren zeitlich begrenzt. Zwar kann der Nachweis über das Bestehen der mitgeteilten Beteiligung auch noch längere Zeit nach Abgabe der Mitteilung eingefordert werden. Denn der Anspruch ist weder fristgebunden,[46] noch ist er nach Ablauf eines längeren Zeitraums verwirkt, es sei denn, die Gesellschaft hätte dem Aktionär zu verstehen gegeben, dass die fragliche Mitteilung aus ihrer Sicht zutreffend ist. Allerdings ist der Informationsanspruch nach herrschender Meinung auf die Verhältnisse im Zeitpunkt der Abgabe der Mitteilung beschränkt. Der Aktionär ist daher nicht verpflichtet, den unveränderten Fortbestand seiner Beteiligung nachzuweisen.[47] Die Gegenmeinung, die sich auf § 22 AktG und die

---

**43** OLG Stuttgart Urteil v. 15.10.2008 – 20 U 19/07, AG 2009, 124, 128.

**44** *Hirte* in Kölner Kommentar zum WpHG, 2. Auflage 2014, § 27 Rn. 10; *Uwe H. Schneider* in Assmann/Schneider, Wertpapierhandelsrecht, 7. Auflage 2019, § 42 Rn. 4; *Bayer* in Münchener Kommentar zum AktG, 4. Auflage 2016, § 27 WpHG Rn. 3.

**45** Ebenso OLG Stuttgart Urteil v. 15.10.2008 – 20 U 19/07, AG 2009, 124, 128.

**46** *Hirte* in Kölner Kommentar zum WpHG, 2. Auflage 2014, § 27 Rn. 16; *Uwe H. Schneider* in Assmann/Schneider, Wertpapierhandelsrecht, 7. Auflage 2019, § 42 Rn. 13; ebenso wohl *Bayer* in Münchener Kommentar zum AktG, 4. Auflage 2016, § 27 WpHG Rn. 3.

**47** *Uwe H. Schneider* in Assmann/Schneider, Wertpapierhandelsrecht, 7. Auflage 2019, § 42 Rn. 8 und 11; *Schwark* in Schwark/Zimmer, Kapitalmarktrechts-Kommentar, 4. Auflage 2010, § 27 Rn. 3; *Krieger* in Münchener Handbuch des Gesellschaftsrechts, Band 4 Aktiengesellschaft, 4. Auflage 2015, § 69 Rn. 131; a. A. *Petersen* in Spindler/Stilz, AktG, 4. Auflage 2019, § 22 Rn. 4; *Zimmermann* in Fuchs, WpHG, 2. Auflage 2016, § 27 Rn. 6.

hierzu entwickelten Auslegungsgrundsätze beruft,[48] vermag nicht zu überzeugen. Denn nach § 42 WpHG ist anders als bei § 22 AktG die genaue Höhe des Stimmrechtsanteils nachzuweisen, weshalb eine entsprechende Anwendung der zu § 22 AktG entwickelten Auslegungsgrundsätze auf § 42 WpHG dazu führte, dass der Gesellschaft die Möglichkeit zur Dauerüberwachung der Beteiligungsverhältnisse eröffnet wurde.[49] Im Übrigen wäre die Annahme einer Nachweisverpflichtung über den unveränderten Fortbestand eines früher gemeldeten Stimmrechtsanteils auch deshalb verfehlt, weil die Mitteilungspflichten nach §§ 33 Abs. 1 und 2, 38 Abs. 1 und § 39 Abs. 1 WpHG deutlich dichter gestaffelt sind als die Mitteilungspflichten nach § 20 AktG. Während nach § 20 AktG lediglich das Über- und Unterschreiten der Beteiligungsschwellen von 25 % und 50 % mitzuteilen ist, betragen die entsprechenden Beteiligungsschwellen bei §§ 33 Abs. 1 und 2, 38 Abs. 1 und 39 Abs. 1 WpHG 3 %, 5 %, 10 %, 15 %, 20 %, 25 %, 30 %, 50 % und 75 %. Durch die eng gestaffelten WpHG-Mitteilungsverpflichtungen ist sichergestellt, dass die Gesellschaft über die Entwicklung des Beteiligungsbesitzes eines Paketaktionärs fortlaufend unterrichtet wird. Es bedarf deshalb nicht des Rückgriffs auf die Nachweisverpflichtung nach § 42 WpHG, um sich über den unveränderten Fortbestand einer ursprünglich gemeldeten Beteiligung zu informieren.

– Der Informationsanspruch nach § 42 WpHG ist schließlich auch hinsichtlich der Personen, über deren Beteiligungsbesitz Nachweis zu führen ist, beschränkt. Zum Nachweis ist nur derjenige Aktionär verpflichtet, der eine Mitteilung nach §§ 33 Abs. 1 oder 2, 38 Abs. 1 oder 39 Abs. 1 WpHG abgegeben hat oder für den eine solche Mitteilung nach § 37 Abs. 1 WpHG abgegeben wurde. Die Beschränkung spielt in Konzernsachverhalten eine Rolle. Wird die Beteiligung an der börsennotierten Aktiengesellschaft von einem Tochterunternehmen gehalten und gibt das Mutterunternehmen für sich und das Tochterunternehmen die Mitteilung nach § 37 Abs. 1 WpHG ab, so sind sowohl das Tochterunternehmen als auch das Mutterunternehmen nach § 42 WpHG zum Nachweis ihrer gemeldeten Beteiligung verpflichtet[50]. Weder das Tochter-

48 *Bayer* in Münchener Kommentar zum AktG, 5. Aufl. 2019, § 42 WpHG Rn. 4; *Koch* in Hüffer/Koch, AktG, 13. Auflage 2018, § 22 Rn. 2; *Windbichler* in Hirte/Mülbert/Roth, Großkommentar zum AktG, 5. Auflage 2017, § 22 Rn. 3, 6; *Hirte* FS Lutter, 2000, S. 1347, 1350 ff.; *Opitz* in Schäfer/Hamann, Kapitalmarktgesetze, 2. Auflage 2013, § 28 WpHG Rn. 7 f.

49 *Ebenso Uwe H. Schneider* in Assmann/Schneider, Wertpapierhandelsrecht, 7. Auflage 2019, § 42 Rn. 8.

50 Ebenso *Uwe H. Schneider* in Assmann/Schneider, Wertpapierhandelsrecht, 7. Auflage 2019, § 42 Rn. 4; *Zimmermann* in Fuchs, WpHG, 2. Auflage 2016, § 27 Rn. 7; *Veil* in K. Schmidt/Lutter,

noch das Mutterunternehmen sind allerdings auf Verlangen der Aktiengesellschaft nach § 42 AktG verpflichtet, nachzuweisen, dass das Mutterunternehmen nicht selbst ein Tochterunternehmen ist und dementsprechend auch ein ultimatives Mutterunternehmen nach §§ 33 Abs. 1, 34 Abs. 1 Nr. 1 WpHG zur Mitteilung verpflichtet gewesen wäre. Aktionäre, die eine Mitteilung nach §§ 33 Abs. 1 oder 2, 38 Abs. 1 oder § 39 Abs. 1 WpHG abgegeben haben, sind mithin nicht verpflichtet, über ihre Gesellschafter und deren etwaigen beherrschenden Einfluss auf den Aktionär Auskunft zu geben.

### (3) Auskunftsverpflichtung des Aktionärs aufgrund Treupflicht?

Die mitgliedschaftliche Treupflicht hat ihren Ursprung und Schwerpunkt im Personengesellschaftsrecht. Wegen des anonymen Zuschnitts börsennotierter Aktiengesellschaften übten Rechtsprechung und Literatur lange Zeit Zurückhaltung bei der Übernahme der mitgliedschaftlichen Treupflicht in das Recht der börsennotierten Aktiengesellschaft. Seit der Linotype-Entscheidung des Bundesgerichtshofs[51] ist jedoch auch im Recht der börsennotierten Aktiengesellschaft anerkannt, dass Mehrheitsgesellschafter aufgrund ihrer konkreten Einwirkungsmöglichkeiten eine Rücksichtnahmeverpflichtung gegenüber den Mitaktionären und der Aktiengesellschaft[52] trifft. Seit der Girmes-Entscheidung des Bundesgerichtshofs[53] ist ferner anerkannt, dass nicht nur Mehrheitsaktionäre im Verhältnis zu den Minderheitsaktionären und der Aktiengesellschaft einer Treupflicht unterliegen, sondern ausnahmsweise auch Minderheitsaktionäre gegenüber ihren Mitaktionären und der Gesellschaft zur Rücksichtnahme verpflichtet sind, wenn sie eine kontrollbedürftige Einflussposition erlangt haben.[54]

Die Treupflicht verlangt von den Aktionären, ihre Mitgliedschaftsrechte unter angemessener Berücksichtigung der gesellschaftsbezogenen Interessen der anderen Aktionäre auszuüben.[55] Die gegenüber der Aktiengesellschaft bestehende

---

AktG, 3. Auflage 2015, Anh. § 22: § 27 WpHG Rn. 2. Für eine Nachweispflicht allein des die Mitteilung abgebenden Mutterunternehmens hingegen *Hirte* in Kölner Kommentar zum WpHG, 2. Auflage 2014, § 27 Rn. 12; *Hirte* FS Lutter, 2000, S. 1347, 1349 f.; *Opitz* in Schäfer/Hamann, Kapitalmarktgesetze, 2. Auflage 2013, § 27 WpHG Rn. 2 f.; *Schwark* in Schwark/Zimmer, Kapitalmarktrechts-Kommentar, 4. Auflage 2010, § 27 Rn. 2.

**51** BGHZ 103, 184, 194 ff.

**52** BGHZ 14, 25, 38.

**53** BGH NJW 1995, 1739, 1741.

**54** Vgl. zur Treupflicht der Aktionäre *Henze* BB 1996, 489, 492; *Flume* ZIP 1996, 161, 165; *Häsemeyer* ZHR 160 (1996), 109, 114; *Lutter* ZHR 162 (1998), 164, 177; *Henze* ZHR 162 (1998), 186; *Zöllner* ZHR 162 (1998), 235.

**55** BGHZ 103, 184, 195; BGHZ 129, 136; *Lutter* ZHR 153 (1989), 446, 457 f.

Treupflicht verbietet es dem Aktionär, nachteilig auf das Unternehmen einzuwirken[56]. Die Treupflicht begründet mithin eine generelle Schranke für die Ausübung von Individualrechten durch Aktionäre.[57]

Die Treupflicht ist indes nicht geeignet, Informationsansprüche der Aktiengesellschaft gegenüber ihren Aktionären zu begründen. Ein solcher Informationsanspruch wäre hinsichtlich seiner Voraussetzungen und seiner Reichweite konturlos und könnte dazu führen, dass Aktionäre uferlosen Auskunftsverlangen der Aktiengesellschaft ausgesetzt wären. Soweit der Gesetzgeber Informationsansprüche der Aktiengesellschaft gegenüber ihren Aktionären als erforderlich ansieht, hat er dies ausdrücklich geregelt (vgl. etwa §§ 20, 67 Abs. 1 Satz 2 AktG und §§ 33 Abs. 1 und 2, 38 Abs. 1, 39 Abs. 1 und 42 WpHG). Weitergehende, gesetzlich nicht geregelte Auskunfts- und Nachweisverpflichtungen von Aktionären im Zusammenhang mit ihrem Beteiligungsbesitz oder ihrem Stimmrechtsanteil bestehen hingegen nicht[58] und lassen sich auch nicht mit der Treupflicht begründen.

Auf einem anderen Blatt stehen mögliche gesetzliche Informationspflichten aus §§ 67a ff. AktG-E. Diese richten sich aber an Intermediäre und dürften nicht geeignet sein, die Treuepflichten des Aktionärs zu erweitern.[59]

#### b) Prüfung, ob ein Rechtsverlust nach § 44 WpHG vorliegt

Kommt ein Aktionär seiner Verpflichtung zur Abgabe einer Stimmrechtsmitteilung nicht, nicht richtig, nicht vollständig, nicht in der vorgeschriebenen Weise oder nicht rechtzeitig nach (vgl. § 120 Abs. 2 Nr. 2 lit. d) und e) WpHG)[60], droht der Verlust der Rechte aus den von ihm gehaltenen oder ihm zugerechneten Aktien nach Maßgabe von § 44 WpHG. Einen solchen Rechtsverlust hat der Versammlungsleiter zu beachten und im Rahmen der Hauptversammlung umzusetzen.

Schwierigkeiten bereitet die Umsetzung immer dann, wenn der Versammlungsleiter zwar Anhaltspunkte dafür hat, dass ein Aktionär eine erforderliche Stimmrechtsmitteilung nicht oder nicht ordnungsgemäß abgegeben haben könnte, indes trotz der daraufhin veranlassten Informationsbeschaffung (vgl. vorstehend Buchst. a)) keine eindeutigen Feststellungen dazu treffen kann, ob die in § 44 WpHG geregelten objektiven und subjektiven Voraussetzungen eines

56 Vgl. hierzu *Lutter* ZHR 153 (1989), 446, 452f.
57 *Werner* FS Semler, 1993, S. 421, 424ff.
58 OLG Stuttgart, Urteil v. 10.10.2008 – 20 U 19/07, AG 2009, 124, 128.
59 BT-Drucksache 19/9739, S. 60.
60 Zum Verhältnis von § 120 zu § 44 WpHG siehe oben, Ziff. I. 3 b).

Rechtsverlusts vorliegen. Trotz solcher auch nach der Informationsbeschaffung verbleibenden Zweifel muss der Versammlungsleiter eine Entscheidung dazu treffen, ob von einem Rechtsverlust nach § 44 WpHG auszugehen ist. Denn der Versammlungsleiter hat spätestens am Tag der Hauptversammlung darüber zu befinden, ob er den möglicherweise pflichtvergessenen Aktionär zulässt

- zur Teilnahme an der Hauptversammlung,
- zur Stellung von Anträgen (seien es Sach- oder Verfahrensanträge),
- zur Stellung von Fragen oder dem Halten von Redebeiträgen,
- zur Ausübung des Stimmrechts sowie
- zur Ausübung sonstiger aktionärsbezogener Rechte in der Hauptversammlung, etwa von Bezugsrechten auf im Rahmen einer Kapitalerhöhung ausgegebene neue Aktien.

Es stellt sich deshalb die Frage, wie der Versammlungsleiter in solchen Fällen zu verfahren hat und zu wessen Lasten verbleibende Zweifel gehen. Besondere Brisanz erhält die Frage dadurch, dass die vom Versammlungsleiter in der Hauptversammlung getroffene Entscheidung in der Regel irreversibel ist und nachträglich nicht mehr korrigiert werden kann. Um die insoweit geltenden Grundsätze aufzuzeigen und dem Versammlungsleiter einen Leitfaden für den Umgang mit Zweifelsfällen an die Hand zu geben, soll nachfolgend anhand von **Beispielsfällen** verdeutlicht werden, in welchen Fällen der Versammlungsleiter vom Vorliegen eines Rechtsverlusts im Sinne des § 44 WpHG ausgehen sollte und wann dies nicht der Fall ist:

#### aa) Acting in Concert-Fall

Der zur Beurteilung anstehende Sachverhalt stellt sich aus Sicht des Versammlungsleiters wie folgt dar:

Der hinlänglich bekannte aktivistische Aktionär X, der mit 10 % am Grundkapital der Gesellschaft beteiligt ist, meldet sich vor der anstehenden Hauptversammlung und bittet um ein Gespräch mit dem Vorstandsvorsitzenden und dem Aufsichtsratsvorsitzenden. Gegenstand des Gesprächs soll eine Erhöhung der von Vorstand und Aufsichtsrat vorgeschlagenen Dividendenausschüttung sein. In dem Gespräch lässt X erkennen, dass er die Ausschüttung einer Sonderdividende beantragen möchte, da die Gesellschaft im abgelaufenen Geschäftsjahr aus dem Verkauf des zweitgrößten Geschäftsbereichs einen hohen außerordentlichen Ertrag erzielt hat. Ferner deutet X in dem Gespräch an, dass ihm die gegenwärtige Besetzung des Vorstands ein Dorn im Auge sei. Die Vorstandsmitglieder seien zu lang im Amt und hätten in den letzten Jahren keine operativen Erfolge mehr vorzuweisen. Da der Aufsichtsrat dies dulde, behalte er sich vor, Gegenkandidaten für die in der Hauptversammlung anstehende Aufsichtsratswahl zu benennen. Vorstand und Aufsichtsrat ist bekannt, dass X beste Kontakte zu den beiden größten Paketaktionären der Gesellschaft hat. Es überrascht sie deshalb nicht, dass ihnen noch vor der Hauptversammlung anonym eine Kopie des Schreibens zugespielt wird, mit dem X die beiden Paketaktionäre zu einem Treffen eingeladen hat, in dem ausweislich der Einladung die in der anstehenden Hauptversammlung zu fassenden Beschlüsse, die strategische Ausrichtung der Aktiengesellschaft und eine Poolung der Stimmrechte der drei Aktionäre Gesprächsgegenstand sein sollen. Am Tag der Hauptversammlung wird dem Vertreter des X gegen Vorlage der Eintrittskarte Zutritt zur Hauptversammlung gewährt. Der Vertreter des X kündigt auf seinem Wortmeldezettel an, einen Redebeitrag leisten und in dessen Rahmen einen Gegenantrag zum Gewinnverwendungsvorschlag und zur Wahl der Aufsichtsratskandidaten stellen zu wollen. Über seine Gegenanträge solle vor den Verwaltungsvorschlägen abgestimmt werden, da X sichergestellt habe, dass die Gegenanträge die erforderliche Mehrheit erhalten werden. Nach Erhalt des Wortmeldezettels fragt der Versammlungsleiter den Vertreter des X, ob zwischen X und den beiden Paketaktionären eine auf Dauer angelegte Stimmrechtspoolung vereinbart worden sei. Hierauf antwortet der Vertreter des X, dass er über den Inhalt der zwischen X und den beiden Paketaktionären getroffenen Abreden keine Auskunft geben dürfe, da Vertraulichkeit vereinbart worden sei.

Auf Grundlage des vorstehenden Sachverhalts hat der Versammlungsleiter in der Hauptversammlung zu entscheiden, ob die objektiven und die subjektiven Voraussetzungen eines Rechtsverlusts nach § 44 WpHG vorliegen.

Die **objektiven Voraussetzungen** lägen vor, wenn X eine an sich erforderliche Stimmrechtsmitteilung nicht abgegeben hätte. Dies wäre dann der Fall, wenn er mit den beiden Paketaktionären eine Acting in Concert-Abrede im Sinne des § 34 Abs. 2 WpHG getroffen hätte und ihm dementsprechend die Stimmrechte der beiden Paketaktionäre zugerechnet würden. Eine Acting in Concert-Abrede im Sinne der ersten Tatbestandsalternative des § 34 Abs. 2 Satz 2 WpHG (und nur eine solche kommt hier in Betracht) setzt eine über den Einzelfall hinausgehende und damit längerfristig angelegte Absprache über die Ausübung von Stimmrechten in Hauptversammlungen voraus.[61] Insoweit war in Rechtsprechung und juristischer Literatur lange Zeit umstritten, ob bei der Einzelfallausnahme im Sinne des § 34 Abs. 2 Satz 1, Halbsatz 2 WpHG eine formale oder eine materiellrechtliche Betrachtungsweise anzustellen ist. Während die Vertreter der formalen

---

**61** *v. Bülow* in Kölner Kommentar zum WpHG, 2. Auflage 2014, § 22 Rn. 217; *Bayer* in Münchener Kommentar zum AktG, 4. Auflage 2016, § 22 WpHG Rn. 46; *Schwark* in Schwark/Zimmer, Kapitalmarktrechts-Kommentar, 4. Auflage 2010, § 22 Rn. 22.

Sichtweise das Vorliegen der Einzelfallausnahme an der Häufigkeit des Abstimmungsverhaltens messen und von einem Einzelfall dann ausgehen, wenn die Umsetzung der Stimmrechts-Ausübungsabsprache nur eine einmalige Handlung der Aktionäre erfordert,[62] gehen die Vertreter der materiellrechtlichen Betrachtungsweise davon aus, dass ein Einzelfall dann nicht mehr vorliegt, wenn bereits einer einzelnen Maßnahme ein besonderes qualitatives Gewicht zukommt oder mit ihr zusätzlich eine weitreichende Zielvereinbarung verbunden ist[63] (wovon bei den hier anstehenden Aufsichtsratswahlen auszugehen wäre). Eine Klärung hat insoweit das Urteil des Bundesgerichtshofs vom 25.09.2018[64] gebracht. Der Bundesgerichtshof folgt mit überzeugender Begründung der formalen Betrachtungsweise.

Aus Sicht des Versammlungsleiters lässt sich in unserem Fall nicht mit Sicherheit feststellen, welchen Inhalt die zwischen X und den beiden Paketaktionären getroffene Abrede hat. Zwar war in der Einladung zu der Besprechung zwischen X und den beiden Paketaktionären von einer „Poolung der Stimmrechte" der drei Aktionäre die Rede und der Vertreter des X hat in der Hauptversammlung eingeräumt, dass es eine Abrede unter den drei Aktionären gibt. Diese beiden Umstände scheinen für eine über den Einzelfall hinausgehende Vereinbarung über die Ausübung von Stimmrechten zu sprechen. Gewissheit besteht insoweit aber nicht. Denn genauso denkbar ist es, dass die zwischen X und den beiden Paketaktionären getroffene Abrede – legt man den formalen Maßstab des Bundesgerichtshofs an – nur einen Einzelfall, nämlich die Wahl der Aufsichtsratsmitglieder, betrifft. Aus Sicht des Versammlungsleiters ist es im Rahmen der Hauptversammlung daher genauso wahrscheinlich wie unwahr-

62 OLG Stuttgart Urteil v. 10.11.2004 – 20 U 16/03, ZIP 2004, 2232, 2236 f.; *Drinkuth* ZIP 2008, 676, 679; *ders.* in Handbuch börsennotierte AG, 4. Auflage 2018, § 60 Rn. 211; *Düchting*, Acting in Concert, 2009, S. 256; *Kocher* Der Konzern 2010, 162, 166; *Schockenhoff/Wagner* NZG 2008, 361, 364; *v. Bülow* in Kölner Kommentar zum WpHG, 2. Auflage 2014, § 22 Rn. 228 f.; *Petersen* in Spindler/Stilz, AktG, 4. Auflage 2019, §§ 21 – 30 WpHG Rn. 57; zu § 30 Abs. 2 Satz 2 WpÜG: OLG Frankfurt am Main Beschluss v. 25.06.2004, ZIP 2004, 1309, 1314; LG Hamburg Urteil v. 16.10. 2004 – 412 O 102/04, ZIP 2007, 427, 429.

63 BaFin, Emittentenleitfaden, 4. Auflage 2013, S. 122 (vgl. aber Seite 28 des Moduls B des Emittentenleitfadens der BaFin vom 30.10.2018 mit Hinweis auf FAQ-Liste der BaFin); *Bayer* in Münchener Kommentar zum AktG, 4. Auflage 2016, § 22 WpHG Rn. 49; *Uwe H. Schneider* in Assmann/Schneider, Wertpapierhandelsrecht, 7. Auflage 2019, § 22 Rn. 191b; *Schwark* in Schwark/Zimmer, Kapitalmarktrechts-Kommentar, 4. Auflage 2010, § 22 Rn. 24 f.; *Veil* in K. Schmidt/Lutter, AktG, 3. Auflage 2015, § 22 Rn. 36 f.; zu § 30 Abs. 2 Satz 2 WpÜG: OLG München Urteil v. 27.04. 2005 – 7 U 2792/04, ZIP 2005, 856, 857; *Schüppen/Walz* in Haarmann/Schüppen Frankfurter Kommentar zum WpÜG, 3. Aufl. 2008, § 30 Rn. 80; *Fleischer* ZGR 2008, 185, 202 f.; *Wackerbarth* ZIP 2007, 2340, 2344.

64 BGH Urteil v. 25.09.2018 – II ZR 190/17, ZIP 2018, 2214 – 2219.

scheinlich, dass ein abgestimmtes Verhalten im Sinne des § 34 Abs. 2 WpHG vorliegt.

Es stellt sich daher die Frage, wie wahrscheinlich die Verletzung einer Stimmrechtsmitteilungsverpflichtung aus Sicht des Versammlungsleiters sein muss, damit er von einem Rechtsverlust nach § 44 WpHG ausgehen kann und sollte. In Betracht kommt zunächst, insoweit auf die in Anfechtungsverfahren anerkannte Verteilung der Darlegungs- und Beweislast zurückzugreifen, wonach der einen Hauptversammlungsbeschluss im Wege einer Anfechtungsklage angreifende Aktionär darzulegen und zu beweisen hat, dass ein anderer Aktionär zu Unrecht zur Stimmrechtsabgabe zugelassen wurde. Nur in Ausnahmefällen ist insoweit von einer sekundären Darlegungs- und Beweislast der verklagten Aktiengesellschaft auszugehen.[65] Die in Anfechtungsverfahren anerkannte Darlegungs- und Beweislastverteilung ist allerdings dem Prozessrecht geschuldet und passt nicht zur neutralen Stellung des Versammlungsleiters, der sowohl der Gesellschaft als auch allen Aktionären gegenüber verpflichtet ist, dafür Sorge zu tragen hat, dass dem Rechtsverlust unterliegende Aktionäre nicht zur Stimmrechtsausübung zugelassen werden. In der juristischen Literatur wird daher mehrheitlich die Auffassung vertreten, dass der Versammlungsleiter nur dann zur Zurückweisung eines Aktionärs wegen Rechtsverlusts berechtigt ist, wenn eine „*hinreichende Gewissheit*" über den Rechtsverlust besteht.[66] Die Berechtigung zur Zurückweisung im Falle hinreichender Gewissheit soll zu einer Verpflichtung zur Zurückweisung erstarken, wenn die Pflichtverletzung des Meldepflichtigen und damit der Rechtsverlust offenkundig ist.[67] Eine *hinreichende Gewissheit*, dass eine Stimmrechtsmitteilungsverpflichtung verletzt wurde, dürfte nur dann vorliegen, wenn die Wahrscheinlichkeit eines solchen Pflichtverstoßes **deutlich überwiegt.** Ist der Pflichtverstoß hingegen genauso wahrscheinlich wie unwahrscheinlich oder ist der Pflichtverstoß aus Sicht des Versammlungsleiters nur (leicht) überwiegend wahrscheinlich, sollte die Zurückweisung des Aktionärs unterbleiben. Im Zweifel sollte der Versammlungsleiter deshalb von einer Zurückweisung absehen, da sie einen erheblichen Eingriff in die Rechte des betroffenen Aktionärs

---

65 Vgl. zur Darlegungs- und Beweislastverteilung in Anfechtungsverfahren etwa *Koch* in Hüffer/Koch, AktG, 13. Auflage 2018, § 243 Rn. 59 ff.; *Hüffer/Schäfer* in Münchener Kommentar zum AktG, 4. Auflage 2016, § 243 Rn. 144 ff.

66 *Drinhausen/Marsch-Barner* AG 2014, 757, 761; *Seibt* ZIP 2014, 1909, 1915; *Zimmermann* in Fuchs, WpHG, 2. Auflage 2016, § 28 Rn. 37; *Opitz* in Schäfer/Hamann, Kapitalmarktgesetze, 2. Auflage 2013, § 28 WpHG Rn. 7; vgl. *Semler/Volhard*, Arbeitshandbuch für die Hauptversammlung, 4. Auflage 2018, § 9 Rn. 315 aE.

67 *Marsch-Barner* ZHR 157 (1993), 172, 189; *Zimmermann* in Fuchs, WpHG, 2. Auflage 2016, § 28 Rn. 37; *Seibt* ZIP 2014, 1909, 1915; *Fleischer* in K. Schmidt/Lutter, AktG, 3. Auflage 2015, § 53a Rn. 63.

darstellen würde.[68] Aktionären, die sich durch ein solches, „zurückhaltendes" Vorgehen des Versammlungsleiters belastet sehen, bleibt der Gang zu Gericht vorbehalten, wobei das Gericht im Rahmen des Anfechtungsprozesses weit bessere Möglichkeiten zur Sachverhaltsaufklärung hat als der Versammlungsleiter im Rahmen der Hauptversammlung.

In unserem Fall ist mithin dem Versammlungsleiter anzuraten, den X bzw. seinen Vertreter zur Stimmabgabe und zur Ausübung der anderen Aktionärsrechte zuzulassen. Denn nach dem dem Versammlungsleiter bekannten Sachverhalt muss es als offen bezeichnet werden, ob X tatsächlich eine Acting in Concert-Abrede im Sinne des § 34 Abs. 2 WpHG getroffen und dementsprechend eine Stimmrechtsmitteilung zu Unrecht unterlassen hat.

#### bb) Konzern-Fall

Der zur Beurteilung anstehende Sachverhalt stellt sich aus Sicht des Versammlungsleiters wie folgt dar:

An der börsennotierten Gesellschaft ist seit etwa zwei Jahren der Finanzinvestor Z mit rund 80 % der Aktien und Stimmrechte beteiligt. In der anstehenden Hauptversammlung soll über den Abschluss eines Beherrschungs- und Gewinnabführungsvertrags zwischen der Gesellschaft und Z Beschluss gefasst werden. Nach Veröffentlichung der Hauptversammlungseinberufung und etwa zwei Wochen vor dem Tag der Hauptversammlung meldet sich Aktionär A bei der Gesellschaft und behauptet, dass Z einem Rechtsverlust nach § 44 WpHG unterliegt und weder zur Hauptversammlung noch zur Stimmrechtsausübung in der Hauptversammlung zugelassen werden darf. Grund hierfür sei, dass die von der Muttergesellschaft des Z nach § 37 WpHG für alle Gesellschaften in der Beteiligungskette abgegebene Stimmrechtsmitteilung nicht zutreffend sei. Denn die Muttergesellschaft werde von drei natürlichen Personen beherrscht, die auch anderweitig unternehmerisch tätig sind und sich derart untereinander abstimmen, dass sie nach außen als geschlossene Einheit auftreten und ihre Stimmrechte in Gesellschafterversammlungen der Muttergesellschaft stets gleichgerichtet ausüben. Dies hat Aktionär A einem unlängst veröffentlichten Report 10-K über die wirtschaftliche und finanzielle Lage der Muttergesellschaft entnommen, der von der Muttergesellschaft an die amerikanische Börsenaufsicht (Securities

68 Ähnlich *Drinhausen/Marsch-Barner* AG 2014, 757, 762; *Zimmermann* in Fuchs, WpHG, 2. Auflage 2016, § 28 Rn. 37 aE; *Semler/Volhard*, Arbeitshandbuch für die Hauptversammlung, 4. Auflage 2018, § 9 Rn. 315 aE; *Stützle/Walgenbach* ZHR 155 (1991), 516, 536; von einem weitreichenden Beurteilungsspielraum des Versammlungsleiters auch in einem solchen Fall geht hingegen wohl *Seibt* ZIP 2014, 1909, 1915 aus.

Exchange Commission) erstattet wurde und in dem ausgeführt wird, dass die drei Privatpersonen gemeinsam beherrschenden Einfluss auf die Muttergesellschaft ausüben können. A ist deshalb der Auffassung, dass die drei natürlichen Personen in der Form einer Mehrmütterherrschaft die Muttergesellschaft beherrschen und dementsprechend jeweils eine Stimmrechtsmitteilung hätten abgeben müssen.

Nach Erhalt des Schreibens von A lassen Vorstand und der zur Leitung der Hauptversammlung berufene Aufsichtsratsvorsitzende die Rechtslage durch einen fachlich qualifizierten Rechtsanwalt prüfen, der aufgrund der Ausführungen in dem Report 10-K zu der Einschätzung gelangt, dass tatsächlich eine Mehrmütterherrschaft vorliegt, weshalb die drei als Einheit auftretenden natürlichen Personen jeweils eine Stimmrechtsmitteilung hätten abgeben müssen. Der hierauf zur Stellungnahme aufgeforderte Z lässt noch vor der Hauptversammlung durch seinen Rechtsanwalt erklären, dass die Voraussetzungen einer Mehrmütterherrschaft nicht vorliegen. Denn die drei natürlichen Personen, die das Mutterunternehmen zu gleichen Teilen halten, stimmten sich nur auf informatorischer Basis ab, nicht aber in rechtlich bindender Weise. Insbesondere hätten die drei natürlichen Personen keinen Vertrag über eine gleichgerichtete Stimmrechtsausübung geschlossen. Sie seien sich vielmehr auch ohne vertragliche Bindung einig, wie die Muttergesellschaft und die Unternehmensgruppe zu führen sind und stimmten allein aus diesem Grund stets gleichgerichtet ab. Im Übrigen hätten die drei natürlichen Personen nicht schuldhaft gehandelt. Denn sie hätten sich schon vor mehr als einem Jahr zur Frage, ob eine Stimmrechtsmitteilungsverpflichtung besteht, durch eine anerkannte und unabhängige Rechtsanwaltskanzlei beraten und hierzu ein Rechtsgutachten erstellen lassen. In dem Gutachten, das dem Stellungnahmeschreiben des von Z beauftragten Rechtsanwalts beigefügt war, gelangt die international tätige und auf das Gebiet des Aktien- und Kapitalmarktrechts spezialisierte Anwaltskanzlei auf Grundlage des zutreffend geschilderten Sachverhalts zu der Einschätzung, dass eine Mehrmütterherrschaft nicht vorliegt und die drei natürlichen Personen nicht stimmrechtsmitteilungsverpflichtet sind. Vorstand und Versammlungsleiter diskutieren noch vor der Hauptversammlung das Rechtsgutachten mit dem von ihnen beauftragten Rechtanwalt. Dieser bleibt bei seiner Einschätzung, dass eine Mehrmütterherrschaft vorliegt.

Am Tag der Hauptversammlung hat der Versammlungsleiter auf Grundlage des vorstehend geschilderten Sachverhalts zu entscheiden, ob er Z zur Hauptversammlung und zur Stimmrechtsausübung in der Hauptversammlung zulässt. Dementsprechend hat der Versammlungsleiter zu prüfen, ob die objektiven und subjektiven Voraussetzungen eines Rechtsverlusts nach § 44 WpHG bei Z vorliegen.

**(1) Objektive Voraussetzungen eines Rechtsverlusts nach § 44 WpHG**

Die von Z gehaltenen Aktien unterlägen einem Rechtsverlust nach § 44 Abs. 1 Satz 1 WpHG, wenn die drei natürlichen Personen gemeinsam beherrschenden Einfluss auf das Mutterunternehmen ausübten (sog. Mehrmütterherrschaft) und damit jeweils meldepflichtig wären. Denn in einem mehrstufigen Unterordnungskonzern unterliegen alle Unternehmen in der Beteiligungskette der Mitteilungsverpflichtung nach §§ 33 Abs. 1, 34 Abs. 1 Nr. 1 WpHG. Meldet auch nur eines der Unternehmen in der Beteiligungskette nicht, tritt ein konzernweiter Rechtsverlust ein.[69] Der Rechtsverlust mag zwar aus Sicht des Tochterunternehmens (hier: Z) unbillig erscheinen, da es von dem beherrschenden Einfluss eines ultimativen Mutterunternehmens möglicherweise keine Kenntnis hat.[70] Dies ändert indes nichts an der gesetzgeberischen Entscheidung, dass Rechte aus Aktien, hinsichtlich derer auch nur ein Meldepflichtiger seiner Mitteilungsverpflichtung nach § 33 Abs. 1 oder 2 WpHG nicht nachkommt, nicht bestehen. Das selbst ordnungsgemäß meldende Tochterunternehmen kann in einem solchen Fall lediglich Schadensersatzansprüche gegen die pflichtvergessene Konzernspitze geltend machen.[71]

In unserem Fall ist von einem beherrschenden Einfluss der drei natürlichen Personen auf das Mutterunternehmen des Z – und dementsprechend von einer Mitteilungspflicht jeder der drei natürlichen Personen nach §§ 33 Abs. 1, 34 Abs. 1 Nr. 1 WpHG – auszugehen. Dies aus folgenden Gründen: Die Rechtsfigur der Mehrmütterherrschaft, die eine Abhängigkeit des beherrschten Unternehmens von mehreren auch anderweitig unternehmerisch tätigen Minderheitsgesellschaftern begründet, ist heute in Rechtsprechung und Literatur anerkannt. Die hierfür erforderliche Zusammenrechnung der Einflusspotenziale mehrerer Minderheitsgesellschafter, die nicht einzeln, wohl aber zusammen ein Unternehmen beherrschen, setzt eine **Interessenkoordination von gewisser Verlässlichkeit und Dauer** voraus.[72] Es kommt mithin darauf an, ob für die Ausübung gemeinsamer Herrschaft eine ausreichend sichere und verlässliche Grundlage besteht.

**69** OLG Stuttgart Urteil v. 10.11.2004 – 20 U 16/03, AG 2005, 128; LG Köln Urteil v. 05.10.2007 – 82 O 114/06, AG 2008, 336, 337; BGH Urteil v. 05.04.2016 – II ZR 268/14, AG 2016, 786, 789 für § 20 AktG; *Uwe H. Schneider* in Assmann/Schneider, Wertpapierhandelsrecht, 7. Aufl. 2019, § 44 Rn. 30 ff.; *Riegger* FS H. P. Westermann, 2008, S. 1331, 1332.

**70** *Söhner* ZIP 2015, 2451, 2457; *Stephan* NZG 2010, 1062.

**71** *Burgard/Heimann* WM 2015, 1445, 1451; *Uwe H. Schneider* in Assmann/Schneider, Wertpapierhandelsrecht, 7. Aufl. 2019, § 44 Rn. 34; *Kremer/Oesterhaus* in Kölner Kommentar zum WpHG, 2. Auflage 2014, § 28 Rn. 43, 45; aA wohl *Cahn* Der Konzern 2017, 217, 222.

**72** Herrschende Meinung, vgl. nur *Koch* in Hüffer/Koch, AktG, 13. Auflage 2018, § 17 Rn. 15; *Bayer* in Münchener Kommentar zum AktG, 4. Auflage 2016, § 17 Rn. 78.

Eine solche Grundlage können nicht nur vertragliche (etwa Stimmbindungsvertrag) oder organisatorische Bindungen (etwa Organverflechtungen) bilden, sondern auch rechtliche und tatsächliche Umstände sonstiger Art.[73] Eine ausreichend sichere Grundlage für die Ausübung gemeinsamer Herrschaftsmacht kann auch dann vorliegen, wenn die Minderheitsgesellschafter in der Vergangenheit stets als **geschlossene Einheit**[74] und „mit einer Stimme" aufgetreten sind, wenn sie mithin eine gemeinsame Unternehmenspolitik betrieben haben.[75] Dies ist hier der Fall. Dementsprechend hätten die drei Minderheitsgesellschafter jeweils eine Stimmrechtsmitteilung nach §§ 33 Abs. 1, 34 Abs. 1 Nr. 1 WpHG abgeben müssen. Da die drei Meldepflichtigen dieser Verpflichtung nicht nachgekommen sind, liegen die objektiven Voraussetzungen eines Rechtsverlusts nach § 44 Abs. 1 Satz 1 WpHG vor. Unerheblich ist insoweit, dass das von den drei natürlichen Personen eingeholte Rechtsgutachten fälschlicherweise zu einem anderen Ergebnis gelangt ist; das Rechtsgutachten spielt lediglich auf Verschuldensebene (nachfolgend Ziff. (2)) eine Rolle.

**(2) Subjektive Voraussetzungen eines Rechtsverlusts nach § 44 WpHG**

Nach herrschender Meinung setzt nicht nur ein verlängerter Rechtsverlust nach § 44 Abs. 1 Satz 3 WpHG ein Verschulden des Meldepflichtigen voraus, sondern auch der einfache Rechtsverlust nach § 44 Abs. 1 Satz 1 WpHG.[76] Begründet wird dies damit, dass der Rechtsverlust nach § 44 Abs. 1 WpHG **Strafcharakter** habe und daher von Verfassungs wegen die Anwendung des Schuldprinzips erfordere.[77] Voraussetzung für einen Rechtsverlust ist mithin, dass der Meldepflichtige zumindest fahrlässig gehandelt hat. An das Fehlen eines Verschuldens werden indes strenge Anforderungen gestellt. Soweit es um einen Tatsachenirrtum des

---

**73** BGH Urteil v. 4.3.1974 – II ZR 89/72, NJW 1974, 855, 857.
**74** BGHZ 80, 69, 73.
**75** BGH Urteil v. 16.12.1991 – II ZR 58/91, ZIP 1992, 242, 245.
**76** OLG München Urteil v. 09.09.2009 – 7 U 1997/09, AG 2009, 793, 795; KG Berlin Beschluss v. 09.06.2008 – 2 W 101/07, AG 2009, 30, 38; LG Köln Urteil v. 05.10.2007 – 82 O 114/06, AG 2008, 336, 337; LG München Urteil v. 04.06.2009 – 5 HK O 591/09, BeckRS 2009, 23099; *Bayer* in Münchener Kommentar zum AktG, 4. Auflage 2016, § 22 Anh. § 28 WpHG Rn. 11; *Scholz* AG 2009, 313, 319; *Widder* NZG 2004, 275, 276; *Heinrich/Kiesewetter* Der Konzern 2009, 237, 139; *Klöhn/Parhofer* NZG 2017, 321, 324 f.; *Kremer/Oesterhaus* in Kölner Kommentar zum WpHG, 2. Auflage 2014, § 28 Rn. 30; *Segna* AG 2008, 311, 315; *Windbichler* in Hirte/Mülbert/Roth, Großkommentar zum AktG, 5. Aufl. 2007, § 20 Rn. 49; *Veil* in K. Schmidt/Lutter, AktG, 3. Auflage 2015, § 22 Anh. § 28 WpHG Rn. 6; aA *Vaupel* AG 2011, 63, 76; *Hägele* NZG 2000, 726, 727; *Starke*, Beteiligungstransparenz im Gesellschafts- und Kapitalmarktrecht, 2002, S. 248.
**77** *Focke* BB 2009, 1600, 1601.

Meldepflichtigen geht, trifft ihn eine Informationsverschaffungspflicht, wonach er die notwendigen organisatorischen Maßnahmen zu ergreifen hat, um alle für die Meldepflicht relevanten Informationen zu erlangen.[78] In unserem Fall geht es jedoch nicht um einen Tatsachen-, sondern um einen Rechtsirrtum bei den drei meldepflichtigen natürlichen Personen. Ein Rechtsirrtum vermag den Meldepflichtigen nur in Ausnahmefällen zu entschuldigen.[79] Dem Vorwurf der Fahrlässigkeit entgeht der Meldepflichtige nur dann, wenn er einem **unvermeidbaren** Rechtsirrtum unterliegt.[80] Nach umstrittener Auffassung soll es insoweit nicht ausreichen, sich auf eine (mündliche) Auskunft der BaFin zu verlassen.[81] Hingegen soll nach nahezu einhelliger Auffassung ein unvermeidbarer und damit entschuldigender Rechtsirrtum vorliegen, wenn der Meldepflichtige qualifizierten Rechtsrat bei einem auf das Kapitalmarktrecht spezialisierten und unabhängigen Rechtsberater einholt und diesem den gesamten relevanten Sachverhalt offenlegt.[82]

Die Darlegungs- und Beweislast für fehlendes Verschulden trifft im Fall des einfachen Rechtsverlusts nach § 44 Abs. 1 Satz 1 WpHG nach herrschender Meinung den Meldepflichtigen.[83] Dieser Darlegungslast wurde in unserem Fall genügt. Denn Z hat das von den drei natürlichen Personen bei einem qualifizierten und unabhängigen Rechtsanwalt eingeholte Gutachten noch vor der Hauptversammlung an den Vorstand und den Versammlungsleiter übermittelt. Die subjektiven Voraussetzungen eines Rechtsverlusts nach § 44 Abs. 1 Satz 1 WpHG liegen mithin in unserem Fall nicht vor. Dem Versammlungsleiter ist daher zu

---

**78** *Uwe H. Schneider* in Assmann/Schneider, Wertpapierhandelsrecht, 7. Auflage 2019, § 44 Rn. 23; *Riegger* FS H. P. Westermann, 2008, S. 1331, 1334 f.; *Korff* AG 2008, 692, 698; *Segna* AG 2008, 311, 315; *Focke* BB 2009, 1600, 1602; *Fleischer* DB 2009, 1335, 1336.

**79** LG Köln Urteil v. 05.10.2007 – 82 O 114/06, AG 2008, 336, 337; vgl. *Uwe H. Schneider* in Assmann/Schneider, Wertpapierhandelsrecht, 7. Auflage 2019, § 44 Rn. 24.

**80** *Focke* BB 2009, 1600, 1602; *Bayer* in Münchener Kommentar zum AktG, 4. Auflage 2016, § 22 Anh. § 28 WpHG Rn. 13; *Riegger* FS H. P. Westermann, 2008, S. 1331, 1334; wohl auch *Uwe H. Schneider* in Assmann/Schneider, Wertpapierhandelsrecht, 7. Auflage 2019, § 44 Rn. 24.

**81** OLG München Urteil v. 09.09.2009 – 7 U 1997/09, AG 2009, 793, 795; LG Köln Urteil v. 05.10.2007 – 82 O 114/06, BeckRS 2008, 17373 Rn. 84; vgl. zu Rechtsauskünften der BaFin zum WpÜG auch BGH Urteil v. 07.11.2017 – II ZR 37/16, NJW-RR 2018, 99 (Celesio/McKesson); aA hingegen *Focke* BB 2009, 1600, 1602; *Riegger/Wasmann* FS Hüffer, 2010, S. 823, 825; *v. Bülow/Petersen* NZG 2009, 481, 483; *Scholz* AG 2009, 313, 320; *Segna* AG 2008, 311, 315; *Heinrich/Kiesewetter* Der Konzern 2009, 137, 140; *Widder/Kocher* ZIP 2010, 457, 460; *Merkner* AG 2012, 199, 204.

**82** *Fleischer* DB 2009, 1335, 1338; *Scholz* AG 2009, 313, 320; *Bayer* in Münchener Kommentar zum AktG, 4. Auflage 2016, § 22 Anh. § 28 WpHG Rn. 13 mit umfangreichen weiteren Nachweisen.

**83** *Vocke* BB 2009, 1600, 1602; *Kremer/Oesterhaus* in Kölner Kommentar zum WpHG, 2. Auflage 2014, § 28 Rn. 31; *Schwark* in Schwark/Zimmer, Kapitalmarktrechts-Kommentar, 4. Auflage 2010, § 28 Rn. 7; *Bayer* in Münchener Kommentar zum AktG, 4. Auflage 2016, § 22 Anh. § 28 WpHG Rn. 14.

empfehlen, Z zur Rechtsausübung in der Hauptversammlung zuzulassen, und dies obwohl die drei beherrschenden natürlichen Personen ihrer Mitteilungspflicht nach §§ 33 Abs. 1, 34 Abs. 1 Nr. 1 WpHG nicht nachgekommen sind.

**cc) Vollmachts-Fall**

Der zur Beurteilung anstehende Sachverhalt stellt sich aus Sicht des Versammlungsleiters wie folgt dar:

A ist an der börsennotierten Gesellschaft B schon seit mehreren Jahren mit rund 35 % der Aktien und Stimmrechte beteiligt. Seine Stimmrechtsmitteilungspflichten nach Maßgabe des WpHG hat er stets ordnungsgemäß erfüllt. A ist gleichzeitig Aufsichtsratsmitglied bei B. Im letzten Jahr hat A von B ein Tochterunternehmen gekauft, ohne dass Vorstand und Aufsichtsrat ein Bewertungsgutachten oder auch nur eine Fairness Opinion eingeholt hätten. Der Erwerb des Tochterunternehmens wird von vielen Aktionären, insbesondere vom aktivistischen Aktionär X kritisiert. Er ist der Auffassung, dass A das Tochterunternehmen weit unter Marktwert erworben hat. Rechtzeitig vor der Hauptversammlung von B kündigt X an, mehrere Anträge in der Hauptversammlung stellen zu wollen, die den Erwerb des Tochterunternehmens zum Gegenstand haben sollen. So kündigt X an, einen Sonderprüfungsantrag (§ 142 AktG), einen Antrag zur Geltendmachung von Ersatzansprüchen (§ 147 AktG), einen Antrag auf Abberufung des A als Aufsichtsratsmitglied (§ 103 Abs. 1 AktG) und verschiedene weitere Sach- und Verfahrensanträge in der Hauptversammlung stellen zu wollen.

A wurde sowohl beim Erwerb des Tochterunternehmens als auch in Vorbereitung der anstehenden Hauptversammlung von Rechtsanwalt Z beraten. A ist der Auffassung, dass Z viel besser als er wisse, wie man sich in der Hauptversammlung gegen die angekündigten Anträge des X zur Wehr setzen kann. Er bittet deshalb Z, seine Rechte als Aktionär in der Hauptversammlung wahrzunehmen und erteilt ihm eine Woche vor der Hauptversammlung eine entsprechend weitreichende schriftliche Vollmacht, die Z berechtigt, sämtliche dem A als Aktionär zustehenden Rechte in der Hauptversammlung nach freiem Ermessen auszuüben.

In der Hauptversammlung wendet sich X an den Versammlungsleiter und fordert ihn auf, Z nicht an der Hauptversammlung teilnehmen und erst recht nicht Aktionärsrechte ausüben zu lassen. Er ist der Auffassung, dass Z – wie man auch der ihm erteilten weitreichenden Vollmacht entnehmen kann – die Stimmrechte aus den Aktien des A nach eigenem Ermessen ausüben kann, weshalb er nach §§ 33 Abs. 1, 34 Abs. 1 Nr. 6 WpHG eine eigene Stimmrechtsmitteilung hätte abgeben müssen. Dies sei aber nachweislich nicht geschehen. Aus den Aktien des A dürften deshalb in der heutigen Hauptversammlung keine Rechte ausgeübt werden.

Der Versammlungsleiter wendet sich hierauf an Z und fragt ihn, ob der Vorwurf des X zutreffend sei. Z erläutert, dass er das volle Vertrauen von A genieße und heute alle Handlungsfreiheiten habe, um X in die Schranken zu weisen. Weitere Details seines Mandatsverhältnisses zu A wolle er nicht offenlegen, da er zur Verschwiegenheit verpflichtet sei. Die Stellungnahme von Z nimmt der Versammlungsleiter zum Anlass, sich mit dem Rechtsabteilungsleiter der B abzustimmen. Der Rechtsabteilungsleiter empfiehlt, die Ausübung von Aktionärsrechten aus den Aktien des A nicht zuzulassen und Z lediglich einen Gaststatus in der Hauptversammlung einzuräumen. Der Versammlungsleiter hält sich zum Entsetzen des Z an diese Empfehlung und unterbricht die Hauptversammlung zur Beruhigung der Gemüter für eine halbe Stunde. Während der Versammlungsunterbrechung gibt Z eine ordnungsgemäße Stimmrechtsmitteilung nach §§ 33 Abs. 1, 34 Abs. 1 Nr. 6 WpHG gegenüber der Gesellschaft und der BaFin ab und weist dies noch vor Wiedereintritt in die Versammlung dem Versammlungsleiter nach. X fordert den Versammlungsleiter auf, die Rechtsausübung auch weiterhin zu verweigern, da Z grob fahrlässig gehandelt habe. Wie soll der Versammlungsleiter entscheiden?

Im Hinblick darauf, dass A seinen Mitteilungspflichten stets nachgekommen ist und Z in der Hauptversammlung eine ordnungsgemäße Stimmrechtsmitteilung nach §§ 33 Abs. 1, 34 Abs. 1 Nr. 6 WpHG abgegeben hat, kommt ein Rechtsverlust aus den A gehörenden Aktien nur dann in Betracht, wenn die objektiven und subjektiven Voraussetzungen des § 44 Abs. 1 Satz 3 WpHG (sog. verlängerter Rechtsverlust) vorliegen.

### (1) Objektive Voraussetzungen eines verlängerten Rechtsverlusts nach § 44 Abs. 1 Satz 3 WpHG

Soweit es die objektiven Voraussetzungen eines verlängerten Rechtsverlusts nach § 44 Abs. 1 Satz 3 WpHG betrifft, hat der Versammlungsleiter zweierlei zu prüfen:

– Der Versammlungsleiter hat sich zunächst damit zu befassen, ob Z eine ihn treffende Mitteilungspflicht nach §§ 33 Abs. 1, 34 Abs. 1 Nr. 6 WpHG verletzt hat. Das wäre dann der Fall, wenn die von A erteilte Vollmacht ungebunden ist, wenn mithin Z die Stimmrechte aus den Aktien nach eigenem Ermessen ausüben kann. Dies scheint auf den ersten Blick der Fall zu sein, da die schriftlich erteilte Vollmacht den Z berechtigt, sämtliche Rechte aus den Aktien – und damit auch das Stimmrecht – *„nach freiem Ermessen auszuüben“*. Maßgebend ist allerdings nicht das aus der Vollmachtsurkunde ersichtliche Außenverhältnis (das rechtliche Können), sondern das Innenverhältnis zwischen Vollmachtgeber und Vollmachtnehmer (das rechtliche Dürfen). Es kommt mithin darauf an, ob im Innenverhältnis Weisungen des A vorliegen oder ob Z die Stimmrechte nach freiem Ermessen ausüben darf.[84] Unerheblich ist insoweit, ob der Vollmachtgeber Weisungen hätte erteilen können, und ferner der Umstand, dass der Vollmachtnehmer grundsätzlich im Interesse des Vollmachtgebers zu handeln hat.[85]

Der Versammlungsleiter darf sich dementsprechend bei seiner Entscheidung nicht allein auf die ihm vorgelegte Vollmachtsurkunde verlassen. Vielmehr hat er zu ergründen, ob im Innenverhältnis zwischen Vollmachtgeber und Vollmachtnehmer eine Weisung vorliegt, und sei es nur dahingehend, dass der Vollmachtnehmer die Verwaltungsvorschläge unterstützen oder stets mit der Mehrheit stimmen soll. Ein Auskunftsanspruch, inwieweit der Vollmachtgeber dem Vollmachtnehmer Weisungen erteilt hat, steht dem Versammlungsleiter allerdings nicht zu. Er kann deshalb Z nicht zur Offenlegung im Innenverhältnis etwa bestehender Restriktionen verpflichten. Vielmehr kann der Versammlungsleiter nur Rückschlüsse aus der ihm vorgelegten Vollmachtsurkunde und insbesondere aus den mündlichen Erläuterungen des Z ziehen. Z hat in der Hauptversammlung erklärt, er genieße das volle Vertrauen des A und habe alle Handlungsfreiheiten, um X in die Schranken zu weisen. Aufgrund dieser Einlassung besteht zwar keine letzte Gewissheit, wohl aber eine hohe Wahrscheinlichkeit, dass Z keiner gebundenen Marschroute zu folgen hat, sondern vielmehr frei entscheiden kann, wie er die Stimmrechte des A ausüben möchte.

Unter Rückgriff auf die im Acting in Concert-Fall (vgl. vorstehend Buchst. aa)) dargestellten Entscheidungsleitlinien ist deshalb der Versammlungsleiter im hier zu entscheidenden Fall zur Zurückweisung des Z berechtigt, nicht aber verpflichtet. Denn es besteht im Hinblick auf die Einlassung des Z eine *„hinreichende Gewissheit"*, dass er seine unmittelbar nach Vollmachtserteilung zu erfüllende Stimmrechtsmitteilungsverpflichtung nach §§ 33 Abs. 1, 34 Abs. 1 Nr. 6 WpHG nicht (rechtzeitig) erfüllt hat. Die Wahrscheinlichkeit eines Pflichtverstoßes überwiegt deutlich, der Pflichtverstoß ist aber nicht offenkundig, weshalb lediglich eine Berechtigung, nicht aber eine Verpflichtung zur Zurückweisung besteht.[86]

---

**84** Begründung Regierungsentwurf, BT-Drucksache 16/2498, S. 34 f.; *Uwe H. Schneider* in Assmann/Schneider, Wertpapierhandelsrecht, 7. Auflage 2019, § 34 Rn. 104.

**85** *v. Bülow* in Kölner Kommentar zum WpHG, 2. Auflage 2014, § 22 Rn. 138; *Opitz* in Schäfer/Hamann, Kapitalmarktgesetze, 2. Auflage 2013, § 22 WpHG Rn. 78; *Uwe H. Schneider* in Assmann/Schneider, Wertpapierhandelsrecht, 7. Auflage 2019, § 34 Rn. 104.

**86** Vgl. die Nachweise bei Fn. 66 und 67.

- Ferner hat der Versammlungsleiter zu prüfen, ob die (zunächst) unterlassene Stimmrechtsmitteilung die Höhe des Stimmrechtsanteils betrifft. Dies ist hier unabhängig davon der Fall, welcher Auffassung zur Auslegung dieses Tatbestandsmerkmals des § 44 Abs. 1 Satz 3 WpHG man folgt.[87]

Der Versammlungsleiter ist daher in unserem Fall berechtigt davon auszugehen, dass die objektiven Voraussetzungen eines Rechtsverlusts nach § 44 Abs. 1 Satz 3 WpHG vorliegen.

### (2) Subjektive Voraussetzungen eines verlängerten Rechtsverlusts nach § 44 Abs. 1 Satz 3 WpHG

In subjektiver Hinsicht setzt § 44 Abs. 1 Satz 3 WpHG eine vorsätzliche oder grob fahrlässige Verletzung der Mitteilungspflicht voraus. Zu beachten ist insoweit, dass der kapitalmarktrechtliche Vorsatz- und Fahrlässigkeitsbegriff gilt.[88]

Vorsatz liegt hiernach vor, wenn dem Mitteilungspflichtigen die Tatsachen bekannt sind, die zum objektiven Tatbestand der die Mitteilungspflicht begründenden Norm gehören, und er dennoch die Meldepflicht bewusst nicht erfüllt oder sich mit der Verletzung abfindet.[89]

Grob fahrlässig handelt der Meldepflichtige hingegen dann, wenn er die im Kapitalmarkt erwartete Sorgfalt in besonders schwerem Maße verletzt.[90] Hiervon ist auszugehen, wenn der Mitteilungspflichtige den Sachverhalt kennt oder zumindest kennen kann und sich trotzdem damit abfindet, dass er durch die Unterlassung oder die falsche Meldung seine kapitalmarktrechtlichen Pflichten verletzt oder verletzen kann.[91]

Z hat A in Vorbereitung der Hauptversammlung beraten und sich von ihm die sowohl im Innen- als auch im Außenverhältnis unbeschränkte Vertragsvollmacht erteilen lassen. Er hat deshalb Kenntnis von dem die Mitteilungspflicht

---

87 Vgl. zu den unterschiedlichen Auslegungen des Tatbestandsmerkmals *„sofern die Höhe des Stimmrechtsanteils betroffen ist"* *Uwe H. Schneider* in Assmann/Schneider, Wertpapierhandelsrecht, 7. Auflage 2019, § 44 Rn. 49f.

88 *Uwe H. Schneider* in Assmann/Schneider, Wertpapierhandelsrecht, 7. Auflage 2019, § 44 Rn. 55.

89 *Uwe H. Schneider* in Assmann/Schneider, Wertpapierhandelsrecht, 7. Auflage 2019, § 44 Rn. 55; *Petersen* in Spindler/Stilz, AktG, 4. Auflage 2019, §§ 33–47 WpHG Rn. 115; *von Bülow/Petersen* NZG 2009, 481, 482; *Schwark* in Schwark/Zimmer, Kapitalmarktrechts-Kommentar, 4. Auflage 2010, § 28 Rn. 9.

90 *Uwe H. Schneider* in Assmann/Schneider, Wertpapierhandelsrecht, 7. Auflage 2019, § 44 Rn. 55; *Schwark* in Schwark/Zimmer, Kapitalmarktrechts-Kommentar, 4. Auflage 2010, § 28 Rn. 9; *Petersen* in Spindler/Stilz, AktG, 4. Auflage 2019, §§ 33–47 WpHG Rn. 115.

91 *Uwe H. Schneider* in Assmann/Schneider, Wertpapierhandelsrecht, 7. Auflage 2019, § 44 Rn. 55.

begründenden Sachverhalt. Hinzu kommt, dass er im Hinblick auf seine juristische Ausbildung und die konkrete Beratungstätigkeit über hinreichende Kenntnisse im Aktien- und Kapitalmarktrecht verfügt. Es ist deshalb davon auszugehen, dass Z vorsätzlich, zumindest aber grob fahrlässig gehandelt hat. Trotz Kenntnis des relevanten Sachverhalts und seiner juristischen Vorbildung hat er die Verletzung der Mitteilungspflicht zumindest hingenommen und keine Prüfung angestellt, ob eine Mitteilungspflicht bestehen könnte.

Es spricht deshalb viel dafür, dass der Versammlungsleiter wegen *offenkundigen* Vorliegens der objektiven und der subjektiven Voraussetzungen eines Rechtsverlusts nach § 44 Abs. 1 Satz 3 WpHG zur Zurückweisung des Z in der Hauptversammlung **verpflichtet** ist.[92] Zumindest ist er zur Zurückweisung des Z **berechtigt**, da *hinreichende Gewissheit* besteht, dass die objektiven und subjektiven Voraussetzungen des § 44 Abs. 1 Satz 3 WpHG vorliegen.[93] Dem Versammlungsleiter ist daher anzuraten, dem Z die Rechtsausübung aus den Aktien zu verweigern.

## 4. Vom Versammlungsleiter zu treffende Entscheidungen bei fehlender oder unzutreffender Stimmrechtsmitteilung

Wie in den Beispielsfällen aufgezeigt, zieht eine fehlende oder unzutreffende Stimmrechtsmitteilung einen Rechtsverlust nach sich. Von dem in § 44 WpHG angeordneten Rechtsverlust werden sämtliche Verwaltungs- und Vermögensrechte, also auch das Stimmrecht in und das Teilnahmerecht an Hauptversammlungen erfasst.[94]

Soweit es die vom Versammlungsleiter im Hinblick auf einen solchen festgestellten Rechtsverlust zu treffenden Entscheidungen betrifft, sind zwei Zeiträume zu unterscheiden, nämlich der Zeitraum vor und der während einer Hauptversammlung.

92 Vgl. die in Fn. 67 Genannten.

93 Vgl. die in Fn. 66 Genannten.

94 *Paul* in Drinhausen/Eckstein, Beck'sches Handbuch der AG, 3. Auflage 2018, § 21 WpHG- und MMVO-Meldepflichten Rn. 76; *Bayer* in Münchener Kommentar zum AktG, 5. Auflage 2019, § 44 Rn. 24; *Schwark* in Schwark/Zimmer, Kapitalmarktrechts-Kommentar, 4. Auflage 2010, § 28 Rn. 13 f.

### a) Entscheidungen vor der Hauptversammlung

Vor der Hauptversammlung ist nach zutreffender Ansicht der Vorstand der Gesellschaft zur Prüfung der Teilnahme- und Stimmberechtigung von Aktionären berufen.[95] Im unmittelbaren Vorfeld der Hauptversammlung wird sich der Vorstand hierbei sinnvollerweise mit dem Leiter der Hauptversammlung abstimmen,[96] da die Prüfungskompetenz während der Hauptversammlung und in deren unmittelbarem Vorfeld (spätestens ab Einlass der Aktionäre in die Hauptversammlungsräumlichkeiten) auf den Versammlungsleiter übergeht

Liegen im Vorfeld der Hauptversammlung konkrete Anhaltspunkte vor, die Zweifel an der Teilnahme- und Stimmberechtigung eines Aktionärs begründen, hat der Vorstand die Berechtigung des betroffenen Aktionärs soweit möglich zu klären und auch entsprechende Erkundigungen einzuholen.[97] Eine Pflicht der Gesellschaft, dem betroffenen Aktionär den beabsichtigten Ausschluss von der Hauptversammlung bereits im Vorfeld anzukündigen, besteht allerdings nicht.[98] In der Hauptversammlungspraxis ist es jedoch üblich und aus Gründen einer guten Investor-Relations-Arbeit auch empfehlenswert, den Aktionär über den Teilnahme- und Stimmrechtsausschluss zu informieren und ihm anzubieten, als Gast an der Hauptversammlung teilnehmen zu können.[99]

### b) Entscheidungen während der Hauptversammlung

Nach ganz herrschender und zutreffender Auffassung liegt die Kompetenz zur Prüfung der Teilnahme- und Stimmberechtigung von Aktionären während und im unmittelbaren Vorfeld der Hauptversammlung (ab Einlass der Aktionäre in die Hauptversammlungsräumlichkeiten) beim Versammlungsleiter der Hauptversammlung.[100] Das Reichsgericht vertrat noch eine andere Auffassung und meinte, dass die Hauptversammlung selbst über die Zulassung oder Nichtzulassung zu entscheiden habe.[101] Dem lag die Überlegung zugrunde, dass die Entscheidung

---

**95** Vgl. hierzu die Ausführungen in Abschnitt II. Ziff. 1 und die dort aufgeführten Nachweise.
**96** Vgl. hierzu die Ausführungen in Abschnitt II. Ziff. 1 und die dort aufgeführten Nachweise.
**97** *Drinhausen/Marsch-Barner* AG 2014, 757, 761; vgl. auch *Bayer* in Münchener Kommentar zum AktG, 5. Auflage 2019, § 20 Rn. 58; *Kremer/Oesterhaus* in Kölner Kommentar zum WpÜG, 2. Auflage 2010, § 59 Rn. 87.
**98** *Zimmermann* in Fuchs, WpHG, 2. Auflage 2016, § 28 Rn. 36.
**99** *Kubis* in Münchener Kommentar zum AktG, 4. Auflage 2018, § 123 Rn. 41.
**100** Vgl. hierzu die Ausführungen in Abschnitt II. Ziff. 1 und die dort aufgeführten Nachweise.
**101** RGZ 106, 258, 206; RGZ 112, 109, 112.

über die Teilnahmeberechtigung eine Angelegenheit der versammelten Aktionäre sei.[102]

Die heute ganz herrschende Meinung geht hingegen zutreffenderweise davon aus, dass die Entscheidungsbefugnis beim Versammlungsleiter liegt.[103] Denn es geht bei der Entscheidung letztlich um die Prüfung einer Rechtsfrage und nicht um eine gestaltende Beschlussfassung der Hauptversammlung.[104] Dem in aller Regel rechtlich beratenen Versammlungsleiter kommt insoweit nicht nur die größere Sachkompetenz zu, er ist vielmehr allen Aktionären gegenüber zur Gleichbehandlung sowie zur sachgerechten und „neutralen" Versammlungsleitung verpflichtet, während die Aktionäre weder über solche Kompetenzen verfügen noch einander in gleicher Weise verpflichtet sind.[105] Gelangt der zur Prüfung berufene Versammlungsleiter zu der Einschätzung, dass ein Rechtsverlust mit hinreichender Gewissheit besteht oder gar offenkundig ist, kann er dem Aktionär während der Hauptversammlung Gelegenheit geben – und hierzu möglicherweise auch die Hauptversammlung unterbrechen –, seine Mitteilungspflicht gegenüber dem Emittenten und der BaFin zu erfüllen und dadurch sein Teilnahme- und Stimmrecht wieder aufleben zu lassen,[106] es sei denn, es liegt ein Fall des verlängerten Rechtsverlusts nach § 44 Abs. 1 Satz 3 WpHG vor. Eine Pflicht des Versammlungsleiters, in solcher Weise zu verfahren, besteht jedoch nicht.[107]

Geht der Versammlungsleiter davon aus, dass ein Rechtsverlust mit hinreichender Gewissheit oder gar offenkundig vorliegt, hat er auch darüber zu entscheiden, welche Auswirkungen dies auf das Teilnehmerverzeichnis, die Worterteilung, das Antragsrecht des Aktionärs (etwa das Recht zur Stellung von Gegen- oder Geschäftsordnungsanträgen), die Stimmrechtsausübung und die Stimmauszählung hat. Im Einzelnen:

---

**102** Siehe *Stützle/Walgenbach* ZHR 155 (1991), 516, 524.

**103** Herrschende Meinung, vgl. nur *Butzke*, Die Hauptversammlung der Aktiengesellschaft, 5. Auflage 2011, C. 51; *Stützle/Walgenbach* ZHR 155 (1991), 516, 525; *Kubis* in Münchener Kommentar zum AktG, 4. Auflage 2018, § 123 Rn. 41; *Ek*, Praxisleitfaden für die Hauptversammlung, 3. Auflage 2018, § 10 Rn. 275; *Drinhausen/Marsch-Barner* AG 2014, 757, 759; *Mülbert* in Hirte/Mülbert/Roth, Großkommentar zum AktG, 4. Auflage 1999, Vor §§ 118–147 Rn. 100; *Bezzenberger* ZGR 2 (1998), 352, 360.

**104** *Butzke*, Die Hauptversammlung der Aktiengesellschaft, 5. Auflage 2011, C. 51.

**105** *Mülbert* in Hirte/Mülbert/Roth, Großkommentar zum AktG, 4. Auflage 1999, Vor §§ 118–147 Rn. 100; *Stützle/Walgenbach* ZHR 155 (1991), 516, 525.

**106** *Zimmermann* in Fuchs, WpHG, 2. Auflage 2016, § 28 Rn. 36.

**107** *Zimmermann* in Fuchs, WpHG, 2. Auflage 2016, § 28 Rn. 36.

### aa) Teilnehmerverzeichnis

Der von einem Rechtsverlust i. S. d. § 44 WpHG betroffene Aktionär hat kein Recht zur Teilnahme an der Hauptversammlung und gilt damit in der Hauptversammlung als nicht vertreten.[108] Daher ist der von einem Rechtsverlust betroffene Aktionär auch nicht in das Teilnehmerverzeichnis aufzunehmen.

### bb) Worterteilung, Antragstellung

Von dem Rechtsverlust nach § 44 WpHG sind auch alle Mitwirkungs- und Mitverwaltungsrechte des Aktionärs erfasst. Hierzu gehört neben dem Teilnahmerecht an der Hauptversammlung auch das Rede-, Antrags- und Auskunftsrecht des Aktionärs.[109] Daher darf der Versammlungsleiter, sofern er von einem Rechtsverlust nach § 44 WpHG ausgeht, dem Aktionär weder das Wort erteilen, noch darf er über Anträge des ausgeschlossenen Aktionärs abstimmen lassen (dies schließt es indes nicht aus, sachgerechte Geschäftsordnungsanträge, etwa solche über eine bestimmte Reihenfolge der Abstimmungen, als Anregung zu beachten).

### cc) Stimmrecht und Stimmauszählung

Geht der Versammlungsleiter von einem Rechtsverlust nach § 44 WpHG aus, darf er den betroffenen Aktionär nicht an Abstimmungen teilnehmen lassen. Werden von dem Aktionär trotz des bestehenden Stimmrechtsverlusts Stimmen abgegeben, sind diese nichtig und bei der Ermittlung des Abstimmungsergebnisses nicht zu berücksichtigen.[110] Seine Aktien und Stimmen dürfen auch nicht bei Prüfung der Frage berücksichtigt werden, ob die notwendige Stimm- und Kapitalmehrheit bei der Beschlussfassung erreicht wurde.[111]

---

**108** *Petersen* in Spindler/Stilz, AktG, 4. Auflage 2019, §§ 33 – 47 WpHG Rn. 109; *Bayer* in Münchener Kommentar zum AktG, 5. Auflage 2019, § 44 WpHG Rn. 27; *Heinsius* FS Fischer, 1979, S. 215, 223.

**109** *Uwe H. Schneider* in Assmann/Schneider, Wertpapierhandelsrecht, 7. Auflage 2019, § 44 Rn. 65; *Bayer* in Münchener Kommentar zum AktG, 5. Auflage 2019, § 44 WpHG Rn. 26.

**110** *Drinhausen/Marsch-Barner* AG 2014, 757, 760; *Uwe H. Schneider* in Assmann/Schneider, Wertpapierhandelsrecht, 7. Auflage 2019, § 44 Rn. 66; *Bayer* in Münchener Kommentar zum AktG, 5. Auflage 2019, § 44 WpHG Rn. 27; *Heinsius* FS Fischer, 1979, S. 215, 223.

**111** *Bayer* in Münchener Kommentar zum AktG, 5. Auflage 2019, § 44 WpHG Rn. 27.

## III. Rechtsfolgen bei unrichtigen Entscheidungen des Versammlungsleiters

### 1. Auswirkungen unrichtiger Entscheidungen des Versammlungsleiters auf die Wirksamkeit von Hauptversammlungsbeschlüssen

Unrichtige Entscheidungen des Versammlungsleiters führen nicht zur Nichtigkeit der Hauptversammlungsbeschlüsse, denn es liegt kein Fall des § 241 Nr. 3 AktG vor.[112] Vielmehr sind die Hauptversammlungsbeschlüsse wirksam zustande gekommen, sofern sie nicht nach § 243 Abs. 1 AktG erfolgreich angefochten werden.[113]

### 2. Anfechtbarkeit von Hauptversammlungsbeschlüssen wegen unberechtigter Stimmrechtsverweigerung, unberechtigter Stimmrechtszulassung oder unrichtigem Teilnehmerverzeichnis

#### a) Stimmabgabe zu Unrecht verweigert

Die Nichtzulassung von Aktionären zur Hauptversammlung oder zur Stimmrechtsausübung trotz ausreichender Legitimation führt grundsätzlich zur Anfechtbarkeit der in der Hauptversammlung gefassten Beschlüsse nach § 243 Abs. 1 AktG.[114] Uneinigkeit besteht in der juristischen Literatur indes, ob die verweigerte Zulassung eines einzelnen Aktionärs mit nur wenigen Stimmen die notwendige Relevanz für eine Beschlussanfechtung aufweist. Die herrschende Meinung nimmt unabhängig von der Stimmenanzahl stets einen relevanten Eingriff

---

**112** *Uwe H. Schneider* in Assmann/Schneider, Wertpapierhandelsrecht, 7. Auflage 2019, § 44 Rn. 62; *Schneider/Schneider* ZIP 2006, 493, 498; LG Hannover, AG 1993, 187, 188.

**113** *Grunsky* ZIP 1991, 778, 779; *Heinsius* FS Fischer, 1979, S. 215, 224.

**114** BGHZ 44, 245; *Kubis* in Münchener Kommentar zum AktG, 4. Auflage 2018, § 123 Rn. 51; *Hopt/Wiedemann* in Hopt/Wiedemann, Großkommentar zum AktG, 4. Auflage 2012, § 243 Rn. 33; *Ziemons* in Schmidt/Lutter, AktG, 3. Aufl. 2015, § 123 Rn. 63; Rieckers in Spindler/Stilz, AktG, 4. Auflage 2019, § 123 Rn. 46.

in das Mitgliedschaftsrecht an.[115] Teilweise wird die Relevanz hingegen lediglich bei einer mathematischen Kausalität und bei einem spürbaren Eingriff in die Aktionärsrechte bejaht.[116] Die herrschende Meinung ist vor dem Hintergrund überzeugend, dass es andernfalls zu einer nicht hinnehmbaren Einschränkung des Anfechtungsrechts „unbedeutender" Aktionäre käme.[117]

#### b) Zulassung zur Stimmabgabe trotz Stimmrechtsverlusts

Grundsätzlich stellt die Zulassung zur Stimmabgabe trotz eines Stimmrechtsverlusts einen Verfahrensfehler nach § 243 Abs. 1 AktG dar und führt zur Anfechtbarkeit der in der Hauptversammlung gefassten Beschlüsse.[118] Zu beachten ist allerdings, dass die Anfechtung nur dann Erfolg verspricht, wenn bei richtiger Stimmenzählung ein anderes Beschlussergebnis festzustellen gewesen wäre, wenn mithin die fehlerhafte Berücksichtigung der Stimmen kausal für das Beschlussergebnis war.[119] Der Erfolg einer Beschlussanfechtung wird demnach von rein mathematischen Erwägungen gesteuert.[120]

#### c) Unrichtiges Teilnehmerverzeichnis

Eine fehlerhafte Aufstellung des Teilnehmerverzeichnisses durch die Gesellschaft kann einen Verfahrensfehler nach § 243 Abs. 1 AktG darstellen.[121]

---

**115** Vgl. *Koch* in Hüffer/Koch, AktG, 13. Auflage 2018, § 243 Rn. 16; *Kubis* in Münchener Kommentar zum AktG, 4. Auflage 2018, § 123 Rn. 51; *Hopt/Wiedemann* in Hopt/Wiedemann, Großkommentar zum AktG, 4. Auflage 2012, § 243 Rn. 31; aA RG JW 1931, 2961, 2962, das die Stimmen eines Minderheitenaktionärs als bedeutungslos angesehen hat.

**116** *Noack/Zetzsche* in Kölner Kommentar zum AktG, 3. Auflage 2011, § 123 Rn. 78.

**117** *Vgl.* auch *Kubis* in Münchener Kommentar zum AktG, 4. Auflage 2018, § 123 Rn. 51.

**118** BGH Urteil v. 22.03.2011 – II ZR 229/09, Rn. 24; *Noack/Zetzsche* in Kölner Kommentar zum AktG, 3. Auflage 2011, § 123 Rn. 84; *Schneider/Schneider* ZIP 2006, 493, 498; BGHZ 167, 204, 214; LG Berlin, AG 1998, 195; LG Hannover, AG 1993, 187, 188; *Hüffer* FS Boujong, 1996, S. 277, 295.

**119** BGH Beschluss v. 29.04.2014, II ZR 262/13, Rn. 8; BGH Urteil v. 24.04.2006, DB 2006, 1311; OLG Frankfurt Urteil v. 02.05.2019, Der Konzern 2019, 273; *Noack/Zetzsche* in Kölner Kommentar zum AktG, 3. Auflage 2011, § 123 Rn. 84; *Kubis* in Münchener Kommentar zum AktG, 4. Auflage 2018, § 123 Rn. 52; *Uwe H. Schneider* in Assmann/Schneider, Wertpapierhandelsrecht, 7. Auflage 2019, § 44 Rn. 62; Rieckers in Spindler/Stilz, AktG, 4. Auflage 2019, § 123 Rn. 46.

**120** *Kubis* in Münchener Kommentar zum AktG, 4. Auflage 2018, § 123 Rn. 52.

**121** Vgl. BGHZ 149, 158; BGHZ 160, 385; *Mülbert* in Hirte/Mülbert/Roth, Großkommentar zum AktG, 5. Auflage 2015, § 129 Rn. 89.

In der juristischen Literatur herrscht jedoch Uneinigkeit darüber, ob insoweit die notwendige Relevanz bejaht werden kann. Teilweise wird bei einem unvollständigen oder unrichtigen Teilnehmerverzeichnis stets von der notwendigen Relevanz ausgegangen.[122] Eine andere Ansicht bejaht die Relevanz hingegen nur dann, wenn das unrichtige Teilnehmerverzeichnis auf erheblichen Mängeln beruht, insbesondere weil die in § 129 Abs. 1 Satz 2, Abs. 2 oder Abs. 3 AktG vorgesehenen Angaben vollständig fehlen.[123] Richtigerweise wird die notwendige Relevanz nur selten vorliegen, da das Teilnehmerverzeichnis für die Ausübung des Stimmrechts kaum bedeutsame Informationen enthält.[124] So ist kaum ein Fall denkbar, in dem die Ausübung des Stimmrechts von der Aufbereitung und Zugänglichmachung des Teilnehmerverzeichnisses abhängt, zumal das Teilnehmerverzeichnis keiner Zustimmung durch die Aktionäre bedarf und auch nichts über die Stimmrechte aussagt.[125]

## 3. Haftung des Versammlungsleiters

Trifft der Versammlungsleiter die „falsche“ Entscheidung, stellt sich die Frage, ob er sich – wie *Uwe H. Schneider* vorschlägt[126] – schadensersatzpflichtig macht. Das führt zu der weiteren Frage nach einer geeigneten Haftungsnorm. Ist der Versammlungsleiter – wie in den meisten Fällen – Aufsichtsratsvorsitzender, drängt sich § 116 AktG i.V.m. § 93 AktG auf. Allerdings führt diese Haftungsnorm schon dann ins Leere, wenn der Versammlungsleiter nicht dem Aufsichtsrat angehört, sondern ein Dritter (z.B. Berater oder ein Aktionär) ist. Dass ein Dritter die Versammlungsleitung übernehmen kann, ist allgemein anerkannt.[127] Daraus folgt dann auch, dass die Versammlungsleitung keine notwendige Organtätigkeit ist. Aus diesem Grund scheidet § 116 i.V.m. § 93 AktG als Haftungsnorm aus.[128] Haftungsgrundlage kann nur § 280 BGB sein, entweder wegen Verletzung eines korporationsrechtlichen Schuldverhältnisses oder eines Beratungsvertrages. Als

---

**122** *Kubis* in Münchener Kommentar zum AktG, 4. Auflage 2018, § 129 Rn. 45.
**123** *Wicke* in Spindler/Stilz, AktG, 4. Auflage 2019, § 129 Rn. 36.
**124** Siehe *Mülbert* in Hirte/Mülbert/Roth, Großkommentar zum AktG, 5. Auflage 2015, § 129 Rn. 90; *Noack/Zetzsche* in Kölner Kommentar zum AktG, 3. Auflage 2011, § 129 Rn. 103.
**125** *Noack/Zetzsche* in Kölner Kommentar zum AktG, 3. Auflage 2011, § 129 Rn. 103; *Mülbert* in Hirte/Mülbert/Roth, Großkommentar zum AktG, 5. Auflage 2015, § 129 Rn. 90.
**126** Siehe oben Ziffer II.
**127** *Koch* in Hüffer/Koch, AktG, 13. Aufl. 2018, § 119 Rn. 18 m.w.N.
**128** *Drinhausen/Marsch-Barner*, AG 2014, 757, 766 f.; *Kubis* in Münchener Kommentar zum AktG, 4. Auflage 2018, § 119 Rn. 184; *von der Linden* NZG 2013, 208, 210.

Haftungsmaßstab gilt dann § 276 BGB. Danach reicht bereits einfache Fahrlässigkeit aus. Für Haftungserleichterungen gibt es keine rechtliche Grundlage.[129] Allerdings muss auf den jeweiligen Einzelfall abgestellt werden. Wer nur als Versammlungsleiter fungiert und nicht auch mit der Vorbereitung der Hauptversammlung beauftragt ist, kann nicht für Versäumnisse im Vorfeld, d. h. die unterlassene Nachprüfung von Stimmrechtsmitteilungen trotz sich aufdrängender Zweifel, verantwortlich gemacht werden. Man wird auch nicht sich jede später in einem Anfechtungsverfahren als falsch erweisende Entscheidung über die Zulassung oder Nichtzulassung eines Aktionärs als fahrlässig beurteilen können. Es kommt darauf an, ob die unter den gegebenen Umständen bei Ausschöpfung derjenigen Informationen, für deren Beschaffung der Versammlungsleiter zu sorgen hatte, getroffene Entscheidung plausibel war. Das ist etwas anderes als das auf „angemessenen Informationen" beruhende Business Judgement nach § 93 Abs. 1 Satz 2 AktG, weil es – wie oben unter Ziffer II. 3 a) ausgeführt – keine generelle Verpflichtung der Gesellschaft bzw. des Versammlungsleiters gibt, sich Informationen über den meldepflichtigen Aktionär zu verschaffen. Vorhandene Informationen müssen allerdings berücksichtigt werden.

# IV. Fazit

Ein möglicher Rechtsverlust wegen unrichtiger Stimmrechtsmitteilungen stellt den Versammlungsleiter vor erhebliche Herausforderungen. Auf der einen Seite ist der Versammlungsleiter für den ordnungsgemäßen Ablauf der Hauptversammlung und die rechtmäßige Herbeiführung von Beschlüssen verantwortlich; und die Berücksichtigung von Stimmrechten, die einem Rechtsverlust unterliegen, entspricht diesen Anforderungen nicht. Auf der anderen Seite stehen der Gesellschaft und dem Versammlungsleiter nur eingeschränkte Möglichkeiten zu, die Richtigkeit von Stimmrechtsmitteilungen zu überprüfen und einen Rechtsverlust festzustellen. Die mit zumutbarem Aufwand zugänglichen Informationsquellen müssen aber ausgeschöpft werden. Bei rechtlichen Zweifelsfragen ist jedenfalls vor der Hauptversammlung und nach Möglichkeit auch während derselben Rechtsrat einzuholen. Soweit rechtlich vertretbar, sollte ein Aktionär im Zweifel eher zur Teilnahme zugelassen werden.

---

**129** *Kubis* in Münchener Kommentar zum AktG, 4. Auflage 2018, § 119 Rn. 184; *von der Linden* NZG 2013, 208, 211.

Frank A. Schäfer

# Das Verhältnis von WpHG und KWG am Beispiel des Begriffs des Wertpapiers

## I. Entstehung des KWG und des WpHG

### 1. KWG

#### a) Entwicklung des KWG

Auf Basis eines Berichts der – als Reaktion auf die Weltwirtschafts- und insb. Bankenkrise eingesetzten – Bank-Enquête[1] wurde 1934 das „Reichsgesetz über das Kreditwesen“[2] erlassen. Es schuf das Reichsaufsichtsamt für das Kreditwesen, stellte erstmals[3] Banktätigkeiten[4] unter ein Verbot mit Erlaubnisvorbehalt und unterwarf die Tätigkeit der Banken insbesondere insb. hinsichtlich des Eigenkapitals, der Liquidität und des Kreditgeschäfts einer laufenden Aufsicht bei gleichzeitiger Vorgabe der Konditionen für das Einlagen- und Kreditgeschäft[5]. 1939 wurde das Reichsgesetz über das Kreditwesen novelliert und als Kreditwesengesetz (KWG) neu gefasst.

Unter Wegfall der noch im KWG 1939 enthaltenen Bedürfnisprüfung errichtete das neu gefasste KWG 1961 für die BRD das Bundesaufsichtsamt für das Kreditwesen (BAKred), führte als weitere Bankgeschäfte das Kreditgeschäft, das Diskontgeschäft, das Investmentgeschäft, das Girogeschäft und die Verpflichtung, Darlehensforderungen vor Fälligkeit zu erwerben, ein[6] und novellierte unter Beibehaltung der Zins- und Konditionenreglementierung die Strukturnormen für die Eigenkapitalbestimmungen. Nach Zusammenbruch des Bankhauses Herstatt

1 Abgedruckt in *Pröhl*, Reichsgesetz über das Kreditwesen, 2. Aufl. 1939, S. 1 ff.

2 RGBl. I, S. 1203.

3 Zu der Entwicklung der staatlichen Bankenaufsicht in Deutschland bis zum Reichsgesetz über das Kreditwesen vgl. *Schulze*, Die Aufsicht über die Kreditinstitute, 1935, S. 21 ff.; umfassend *Szagunn/Wohlschieß*, KWG, 6. Aufl. 1997, Einleitung S. 58 ff.

4 Als Bankgeschäfte definierte § 1 Abs. 1 Satz 2 Reichsgesetz über das Kreditwesen (i) die Annahme und Abgabe von Geldbeträgen, (ii) die Anschaffung und Veräußerung von Wertpapieren für andere, (iii) die Verwahrung und Verwaltung von Wertpapieren für andere (Depotgeschäft) und (iv) die Übernahme von Haftungen und Garantien für Dritte.

5 Faktisch stellte dies eine Mindestzinsspanne für die Kreditinstitute dar, die erst 1967 durch die Zinsliberalisierung aufgehoben wurde.

6 Vgl. *Zimmerer/Schönle*, Kreditwesengesetz, 1962, S. 27.

https://doi.org/10.1515/9783110632323-014

aufgrund von fehlgegangenen Devisenspekulationen[7] im Juli 1974 wurde durch die sog. 2. KWG-Novelle[8] eine Reihe von Ad-hoc Maßnahmen ergriffen[9] und eine Bankenstrukturkommission gebildet u.a. mit dem Auftrag zu prüfen, ob das Universalbanksystem abgeschafft und ein Trennbankensystem mit einer Trennung des Einlagen- und Kreditgeschäfts vom Wertpapiergeschäft eingeführt werden sollte, und wie die Eigenkapital- und Liquiditätsausstattung der Kreditinstitute verbessert werden könnte. Der 1979 vorgelegte Bericht[10] sprach sich für die Beibehaltung des Universalbanksystems aus und schlug eine Begrenzung des Anteilsbesitzes der Kreditinstitute, eine Verschärfung der am Eigenkapital bemessenen Anlagebeschränkungen und Einschränkungen der Definition des Eigenkapitalbegriffs vor. Er führte zur 3. KWG-Novelle 1984 mit Einführung der Konsolidierung und Erweiterung des Eigenkapitalbegriffs um Genussrechte. Eine Zäsur stellten die folgenden KWG-Novellen dar mit der 4. KWG-Novelle 1992, mit der die 2. Bankrechtskoordinierungs-Richtlinie[11] und die Eigenmittel-Richtlinie[12] in deutsches Recht umgesetzt wurden, und die 5. KWG-Novelle 1994, mit der die Konsolidierungs-Richtlinie[13] in deutsches Recht implementiert wurde. Sie markieren den Beginn der Zeit, in der die wesentlichen Änderungen des KWG durch die EU (bzw. deren Vorläufer) und nicht national initiiert wurden. Dies setzte sich fort mit der 6. KWG-Novelle 1997 und dem 3. Finanzmarktförderungsgesetz 1998, das (fast) den gesamten Finanzdienstleistungssektor unter Aufsicht stellte. Das 4. Finanzmarktförderungsgesetz führte 2002 die Allfinanzaufsicht ein und legte das Bundesaufsichtsamt für das Kreditwesen, das 1994 gegründete Bundesaufsichtsamt für den Wertpapierhandel (BAWe) (dazu unten sub. I.2.a)) und das Bundesaufsichtsamt für das Versicherungswesen durch Errichtung der Bundesanstalt für Finanzdienstleistungsaufsicht (BaFin) zusammen. In der Folgezeit führten eine kaum noch überschaubare Anzahl von EU-Vorgaben zu mehr als 40 Änderungsgesetzen des KWG, zu deren wichtigsten 2013 die Einführung der

---

**7** Die festen Wechselkurse zwischen den verschiedenen Währungen wurden durch die Abschaffung des Systems von Bretton Woods im Jahre 1973 aufgegeben mit der Folge erheblicher Schwankungen zwischen den Währungen.

**8** BGBl. 1976 I, S. 275.

**9** So insbesondere Gründung der Liquiditätskonsortialbank GmbH; zudem wurde das Einlagensicherungssystem der Privatbanken – auf freiwilliger Basis – erheblich ausgeweitet.

**10** Schriftenreihe des BMF Nr. 28, Bonn 1979.

**11** RiLi 89/646/EWG, ABl. EU Nr. L 386, S. 1ff., vom 30.12.1989.

**12** RiLi 89/299/EWG, ABl. EU Nr. L 124, S. 16ff., vom 05.05.1989.

**13** RiLi 92/30/EWG, ABl. EU Nr. L 110, S. 52ff., vom 28.04.1992.

Kapitaladäquanz-Richtlinie (CRD IV), der EU-Bankenaufsichtsverordnung[14] (CRR) und diverser begleitender Regularien zählt. Dies führte dazu, dass der Umfang nur des KWG von ursprünglich 59 Paragraphen auf 183 Paragraphen (zzgl. 521 Artikeln der CRR) anschwoll; die Anzahl der das KWG „flankierenden" Normen kann auf eine vierstellige Summe geschätzt werden.

### b) Zielsetzung des KWG

Schon die Bank-Enquête 1934 forderte als Ziele der Einführung der Bankenaufsicht (i) die Einrichtung eines Aufsichtsamtes für das Kreditwesen zur Beaufsichtigung grds. aller Kreditinstitute, (ii) ein Verbot mit Erlaubnisvorbehalt für das Betreiben von Bankgeschäften, (iii) die Sicherstellung einer ausreichenden Liquidität (und damit eine Einschränkung der Fristentransformation), (iv) die Trennung von Geld- und Kapitalmarkt zur Sicherung des „Spargeschäfts", (v) die Sicherstellung eines geordneten Zahlungsverkehrs sowie (vi) die Überwachung des Kreditgeschäftes. Entsprechend war Zielsetzung schon der §§ 11 bis 18 des Reichsgesetzes über das Kreditwesen mit den „Vorschriften für das Kreditgeschäft und die Liquidität", einen „Schutzwall für Kreditinstitutsgläubiger im Falle eintretender Verluste, die sich auch bei noch so sorgfältiger Geschäftsführung kaum jemals ganz werden vermeiden lassen", zu bilden[15]. Erklärtes Ziel der Neufassung des KWG 1961 war, „die Funktionsfähigkeit des Kreditapparates zu wahren und die Gläubiger der Kreditinstitute nach Möglichkeit vor Verlusten zu schützen"[16]. Von Beginn an war das KWG damit institutionenbezogen (Bankinstitut) und differenzierte allenfalls rechtsformbezogen hinsichtlich der regulierten Institutionen.

## 2. WpHG

### a) Entwicklung des WpHG

Anders als das KWG ist das WpHG ohne Initiative der EU (bzw. deren Vorläufern EWG und EG) kaum denkbar. Der Segré-Bericht von 1966 propagierte erstmals den

---

14 VO (EU) 575/2013 des Europäischen Parlaments und des Rates vom 26.06.2013 über Aufsichtsanforderungen an Kreditinstitute und Wertpapierfirmen und zur Änderung der VO (EU) Nr. 646/2012, ABl. EU Nr. L 176, S. 1ff., vom 27.06.2013.

15 *Pröhl*, Reichsgesetz über das Kreditwesen, 2. Aufl. 1939, § 11 Anm. Vor 1.

16 Vgl. *Zimmerer/Schönle*, Kreditwesengesetz, 1962, S. 23f.

Aufbau eines europäischen Kapitalmarktes durch Angleichung der Strukturen der Kapitalmärkte. Diesen Vorschlag griff die Kommission in einem Papier aus dem Jahre 1972 auf[17], zog ihn jedoch 1973 nach dem Beitritt Großbritanniens zur EWG – zunächst – als politisch nicht durchsetzbar wieder zurück. Sie verfolgte das darin vorgestellte Konzept einer Marktintegration durch Markterweiterung und gegenseitige Marktdurchdringung durch die Angleichung der Strukturen von Kapitalangebot und -nachfrage[18] unausgesprochen weiter. Die 1. und 2. Bankrechtskoordinierungs-Richtlinie harmonisierte für Kreditinstitute die Zulassungsvoraussetzungen und das Bankaufsichtsrecht und führte den sog. europäischen Pass für die grenzüberschreitende Erbringung von Bankdienstleistungen bzw. die Errichtung von Zweigniederlassungen im Gastland ein[19].

Während dieses Konzept für Märkte mit Universalbanken sämtliche von diesen erbrachten Dienstleistungen erfassen konnte, bedurfte es auf Märkten mit einem Trennbankensystem, insb. also in Großbritannien, einer Ergänzung für die sog. Wertpapierfirmen. Diese wurden eingeführt durch die Wertpapierdienstleistungs-Richtlinie[20], die in Aufbau und Struktur stark den Bankrechtskoordinierungs-Richtlinien ähnelt. Wie diese führte sie ein Verbot mit Erlaubnisvorbehalt für im Einzelnen definierte Finanzdienstleistungen[21] ein, regelte die Voraussetzungen für die Zulassung des Instituts und der Gesellschafter einer Wertpapierfirma und enthielt zahlreiche Aufsichtsregelungen für das laufende Geschäft. Abweichend von den Bankrechtskoordinierungs-Richtlinien führte sie jedoch sog. Wohlverhaltensregeln (Prudential Regulation) ein, die die Wertpapierfirma zu bestimmten Verhaltensweisen gegenüber ihren Kunden verpflichtete[22]. Damit wich die Wertpapierdienstleistungs-Richtlinie von den auf den Markt- und Gläubigerschutz abstellenden Bankrechtskoordinierungs-Richtlinien ab und bezog neben dem Institutionenschutz den Anleger- bzw. Verbraucherschutz in die primäre Zielsetzung mit ein. Sie regelte damit nicht mehr nur die Institution, sondern vielmehr den gesamten Markt und das auf diesem an den Tag zu legende Verhalten, stellte also „echtes" Kapital*markt*recht dar. Soweit die Wertpapierdienstleistungen durch Kreditinstitute erbracht wurden, galt die Richtlinie auch für diese.

17 Vgl. *Troberg* WM 1991, 1745 ff.

18 Vgl. *Assmann/Buck* EWS 1990, 110 ff., 190 ff., 210 ff.

19 Vgl. *Schäfer/Triebel*, European Business Law Review 1992, 108 ff.; *Schäfer* AG 1993, 389 ff.

20 RiLi 93/22/EWG, ABl. EU Nr. L 141, S. 27 ff., vom 11.06.1993.

21 Die in Deutschland zu einem großen Teil von Banken erbracht wurden.

22 Vgl. *Schäfer* AG 1993, 389, 393 f.; *Shea* in Cranston, The single market and the law of banking, 1991, S. 115 ff.

Die Wertpapierdienstleistungs-Richtlinie – sowie deren Nachfolgerichtlinien, die Richtlinien über Märkte für Finanzinstrumente (MiFID) I und II – wurde in deutsches Recht primär implementiert durch das 2. Finanzmarktförderungsgesetz[23], das 1994 das WpHG erließ und das Bundesaufsichtsamt für den Wertpapierhandel (BAWe) als Aufsicht u. a. für die Einhaltung der Wohlverhaltensregeln gründete und in Frankfurt ansiedelte. Durch das WpHG wurden zudem die Transparenz-Richtlinie und die Insiderhandels-Richtlinie in deutsches Recht umgesetzt. Durch die Entscheidung des deutschen Gesetzgebers, die kapitalmarktrechtlichen Regelungen in dem neuen WpHG zu bündeln und dieses mit einem eigenen Aufsichtsamt neben die bisher eher rudimentären Kapitalmarktregelungen des deutschen Rechts (BörsG, KAGG, VerkaufsPropG) zu stellen, entwickelte sich das WpHG in der Folgezeit zum „Zentrum einer markt- und vertriebsbezogenen Kapitalmarktregelung“[24] ohne Beschränkung auf „bestimmte Anlagearten und -angebote von in bestimmten Rechtsformen organisierten Emittenten“[25].

Die stürmische Ausweitung der im WpHG geregelten Verhaltenspflichten führte dazu, dass nach der Neunummerierung durch das 2. Finanzmarktnovellierungsgesetz[26] das WpHG nach anfänglich 41 Paragraphen nunmehr 138 Paragraphen aufweist. Ebenso wie im Bereich des KWG haben auch im Bereich der Regelungen des WpHG zahlreiche unmittelbar geltende EU-Verordnungen wie z. B. die MAR[27], die PRIIP[28], die MiFIR[29], die EMIR[30] oder die Leerverkaufs-VO[31] mit einer kaum noch überschaubaren Anzahl von delegierten und Ausführungs-VOen den originären Regelungsgehalt des WpHG drastisch reduziert, so dass es nicht länger als das zentrale Gesetz des Kapitalmarktrechtes bezeichnet werden kann[32].

---

**23** Gesetz über den Wertpapierhandel und zur Änderung börsenrechtlicher und wertpapierrechtlicher Vorschriften vom 26.07.1994, BGBl. I, 1749.

**24** So zu Recht *Assmann* in Assmann/Schneider, WpHG, 1995, Einl. Rn. 11.

**25** *Assmann* in Assmann/Schneider/Mülbert, Wertpapierhandelsrecht, 7. Aufl. 2019, Einl. Rn. 1 ff.

**26** Vom 23. Juni 2017, BGBl. I S. 1693.

**27** VO (EU) 596/2014 i. d. F. vom 16.04.2014, ABl. EU Nr. L 173, S. 1, vom 12.06.2014.

**28** VO (EU) 1286/2014 i. d. F. vom 26.11.2014, ABl. EU Nr. L 352, S. 1, vom 09.12.2014.

**29** VO (EU) 600/2014 i. d. F. vom 23.06.2016, ABl. EU Nr. L 175, S. 1, vom 30.06.2016.

**30** VO (EU) 648/2012 i. d. F. vom 02.03.2017, ABl. EU Nr. L 148, S. 1, vom 10.06.2017.

**31** VO (EU) 236/2012 i. d. F. vom 14.03.2012, ABl. EU Nr. L 86, S. 1, vom 24.04.2012.

**32** So auch *Assmann* in Assmann/Schneider/Mülbert, Wertpapierhandelsrecht, 7. Aufl. 2019, Einl. Rn. 5 ff. mwN.

### b) Zielsetzung des WpHG

Mit der Reglung von Verhaltensweisen von (Kapitalmarkt-)Teilnehmern, wie z. B. dem Verbot von Insiderhandel, der Pflicht zur Veröffentlichung von Beteiligungen an börsennotierten Unternehmen durch Aktionäre und der Pflicht zur Ad-hoc Publizität von börsennotierten Unternehmen, der Pflicht zur Veröffentlichung von Transaktionen durch Führungspersonal von börsennotierten Unternehmen (Directors' Dealing) sowie den Wohlverhaltenspflichten von Wertpapierdienstleistungsunternehmen gegenüber ihren Kunden werden Verhaltenspflichten von Kapitalmarktteilnehmern geregelt. Diese Verhaltenspflichten gelten entweder für alle Kapitalmarktteilnehmer (Verbot des Insiderhandels, Mitteilungspflichten bei Erwerb wesentlicher Beteiligungen), oder Teile von ihnen (Ad-hoc Publizität; Directors' Dealing). Eine besondere Gruppe bilden die Wohlverhaltenspflichten, die für – nach dem KWG besonders zugelassene – Kapitalmarktteilnehmer gegenüber ihren (zumindest prospektiven) Vertragspartnern primär zum Wohle dieser Vertragspartner Geltung entfalten.

## 3. Zusammenwirken von KWG und WpHG

Im Gesamtbild – wenn auch mit Abweichungen im Einzelnen – enthalten das KWG und die CRR somit die Voraussetzungen und Einschränkungen für den Zutritt zum Kapitalmarkt für bestimmte Kapitalmarktteilnehmer, die durch ihr Absichten zur Durchführung bestimmter Arten von Geschäften qualifiziert werden[33], – insb. durch die Verbote mit Erlaubnisvorbehalt und die Prüfung der Eignung der antragstellenden Unternehmen zur Teilnahme am Kapitalmarkt (u. a. durch Mindestanforderungen an das Eigenkapital, die Befähigung und Eignung der Organmitglieder oder die Zuverlässigkeit von wesentlichen Gesellschaftern). Zudem regeln das KWG und die CRR die Risiken, die ein zugelassener Kapitalmarktteilnehmer eingehen darf – angefangen bei den „klassischen" Kreditrisiken, über die Risiken aus Wertpapiertransaktionen bis hin zu operationellen Risiken. Flankiert werden diese Vorgaben durch diverse Organisationsanforderungen.

Demgegenüber enthält das WpHG die Vorgaben für das Verhalten auf dem Kapitalmarkt gegenüber den anderen Kapitalmarktteilnehmern im Allgemeinen und den Vertragspartnern im Besonderen. Dabei treten in beide Richtungen Überschneidungen auf: so enthalten z. B. § 23 KWG bezüglich der Werbung und

33 Also die Erbringung von Bank- und Finanzdienstleistungen, die ganz überwiegend Intermediärtätigkeiten im Gegensatz zu Kapitalanlage oder Kapitalnachfrage darstellen.

§ 23a KWG mit den Hinweispflichten zu Sicherungseinrichtungen klassische Verhaltenspflichten; ebenso enthalten z. B. § 80 WpHG mit den Organisationspflichten und § 81 WpHG mit den Anforderungen an die Geschäftsleiter eher institutionelle Pflichten. Da sich die institutionelle Aufsicht nach dem KWG und die prudentielle Aufsicht nach dem WpHG ergänzen und z.T. überschneiden, war es konsequent, dass die Aufsichtsbehörden BAKred und BAWe (unter Einbeziehung des Bundesaufsichtsamtes für das Versicherungswesen) zum 1. Mai 2002 zur BaFin zusammengelegt wurden, vgl. § 1 Abs. 1 FinDAG[34].

## II. Der Wertpapierbegriff

Einer der zentralen Begriffe sowohl der institutionellen wie der prudentiellen Aufsicht ist der des Wertpapiers. Er begrenzt bzw. begrenzte den Umfang des Verbots mit Erlaubnisvorbehalt für das Effekten- und Depotgeschäft sowie diverse Finanzdienstleistungen wie die Anlage- und Abschlussvermittlung, Anlageberatung oder Vermögensverwaltung und ist gleichzeitig Anknüpfungspunkt für die Verhaltenspflichten bei Erbringung dieser Dienstleistungen im Rahmen der prudentiellen Aufsicht.

### 1. KWG

Das KWG 1961 verwendete den Begriff des Wertpapiers u. a. in § 1 Abs. 1 Satz 2 Nr. 4 und 5 KWG zur Umschreibung des Effektengeschäftes und des Depotgeschäftes, ohne ihn zu definieren. Mangels Definition im KWG wurde auf die Legaldefinition in § 1 Abs. 1 DepotG rekurriert und diese Definition auch für das KWG verwandt[35] oder die herkömmliche Definition des Wertpapiers als „Urkunde, die ein Recht in der Weise verbrieft, dass zur Ausübung des Rechts die Innehabung der Urkunde erforderlich ist und das Recht aus dem Papier dem Recht am Papier folgt“, durch das „Effektengeschäft“ dahingehend eingeengt, dass die Wertpapiere Gegenstand gewerbsmäßiger Umsatzgeschäfte, also umlauffähig sein und der Kapitalanlage – im Gegensatz zu Geldmarkttransaktionen – dienen mussten[36].

---

34 Wenn auch unter Beibehaltung der Dienstsitze des vormaligen BAKred in Bonn und des vormaligen BAWe in Frankfurt.

35 Vgl. *Szagunn/Haug/Ergenzinger*, KWG, 6. Aufl. 1997, § 1 Rn. 40.

36 *Zimmerer/Schönle*, KWG, 1962, § 1 Rn. 36 f.

Mit der 6. KWG-Novelle[37] 1997 wurde zunächst aus dem „Effektengeschäft" des § 1 Abs. 1 Satz 2 Nr. 4 KWG das „Finanzkommissionsgeschäft" unter Ersetzung des Begriffs des Wertpapiers durch den des Finanzinstruments, wobei jedoch weiterhin der Begriffs des Wertpapiers verwendet wurde für das Depotgeschäft. Definiert wurde durch die 6. KWG-Novelle der Begriff des Finanzinstruments in § 1 Abs. 11 KWG, der u.a. auf den Begriff des Wertpapiers rekurrierte. Unter Klarstellung, dass es keiner Ausstellung einer Urkunde bedarf, wurde das Wertpapier „definiert" durch Verweis auf „Aktien, Zertifikate, die Aktien vertreten, Schuldverschreibungen, Genussscheine, Optionsscheine und andere Wertpapiere, die mit Aktien oder Schuldverschreibungen vergleichbar sind, wenn sie an einem Markt gehandelt werden können". Diese „typologische und abstrahierende"[38] Begriffsbildung in Folge der Umsetzung verschiedener EG-Richtlinien ab 1. Januar 1998 wurde durch dasselbe Gesetz auch in § 2 Abs. 1 WpHG mit ähnlichem Wortlaut eingeführt (vgl. dazu unten II.2.).

Die Definition hatte Bestand bis 1. November 2007, als im Rahmen der Umsetzung der Richtlinie über Märkte für Finanzinstrumente (MiFID I)[39] Wertpapiere nunmehr in § 1 Abs. 11 Satz 2 KWG nach derselben typologischen und abstrahierenden Methode definiert wurden als „alle Gattungen von übertragbaren Wertpapieren mit Ausnahme von Zahlungsinstrumenten, die ihrer Art nach auf den Kapitalmärkten handelbar sind, insbesondere (a) Aktien und andere Anteile an in- oder ausländischen juristischen Personen, Personengesellschaften und sonstigen Unternehmen, soweit sie Aktien vergleichbar sind, sowie Zertifikate, die Aktien vertreten, (b) Schuldtitel, insbesondere Genussscheine, Inhaberschuldverschreibungen, Orderschuldverschreibungen und Zertifikate, die diese Schuldtitel vertreten, (c) ....". Durch dasselbe Gesetz wurde die Definition der Wertpapiere auch in § 2 Abs. 1 WpHG gleichermaßen geändert (dazu unten II.2.).

Durch das AIFM-UmsG[40] wurde mit Wirkung zum 22. Juli 2013 die Definition des Begriffs des Wertpapiers als Teil der Definition des Finanzinstruments ersatzlos gestrichen, weil „die bisherige Definition ohnedies nur innerhalb der Bestimmung des Finanzinstrumentebegriffs unter § 1 Abs. 11 Relevanz" hatte und „andere Normen des KWG, namentlich auch der Wertpapierbegriff des Depotgeschäfts unter § 1 Abs. 1 Satz 2 Nr. 5 KWG nicht an ihn anknüpften" [41]. Diese Begründung hinderte den Gesetzgeber jedoch nicht, den Begriff des Wertpapiers

37 Gesetz zur Umsetzung von EG-Richtlinien zur Harmonisierung bank- und wertpapieraufsichtsrechtlicher Vorschriften vom 22.10.1997, BGBl. I S. 2518.

38 Vgl. *Assmann*, in Assmann/Schneider, WpHG, 1995, § 2 Rn. 5.

39 RiLi 2006/31/EG i.d.F.v. 05.04.2006, ABl. EU Nr. L 114, S. 60, urspr. ABl. 2004 Nr. L 145, S.1.

40 BGBl. 2013 I S. 1918, 2154.

41 RegBegr., BT-Drs. 17/12294, S. 314.

u. a. in § 1 Abs. 1a Satz 2 Nr. 12 und Satz 4 Nr. 1 lit. a), § 1 Abs. 17, § 2 Abs. 8 und 8b, § 19 Abs. 1 Satz 1 Nr. 5 und Nr. 6, § 33 Abs. 1, § 45b, § 46, § 53 KWG zu verwenden. Gänzlich inkonsequent ist, wenn in § 1 Abs. 11 Satz 2 KWG Hinterlegungsscheine definiert werden als „Wertpapiere, die auf dem Kapitalmarkt handelbar sind, ein Eigentumsrecht an Wertpapieren von Emittenten mit Sitz im Ausland verbriefen, zum Handel auf einem organisierten Markt zugelassen sind und unabhängig von den Wertpapieren des jeweiligen gebietsfremden Emittenten gehandelt werden können".

Das KWG enthält daher heute nur noch eine Teildefinition der Wertpapiere für Hinterlegungsscheine und verwendet im Übrigen wieder wie das KWG 1961 den Begriff ohne weitere Definition. Entscheidender Begriff insb. für die Verbote mit Erlaubnisvorbehalte ist heute der des Finanzinstruments[42] mit Ausnahme des Depotgeschäfts, für das weiterhin – nunmehr jedoch unausgesprochen – auf den Wertpapierbegriff des DepotG rekurriert wird.

## 2. WpHG

Das am 26. Juli 1994 verkündete WpHG definierte in § 2 Abs. 1 WpHG Wertpapiere – auch wenn für sie keine Urkunden ausgestellt waren – als „(a) Aktien, Zertifikate, die Aktien vertreten, Schuldverschreibungen, Genussscheine, Optionsscheine, (b) andere Wertpapiere, die mit Aktien oder Schuldverschreibungen vergleichbar sind, wenn sie auf einem Markt gehandelt werden können, der von staatlich anerkannten Stellen geregelt und überwacht wird, regelmäßig stattfindet und für das Publikum unmittelbar oder mittelbar zugänglich ist"[43]. Von der Definition im KWG wich die des WpHG ab durch die Qualifizierung des Marktes, auf dem das Wertpapier gehandelt werden musste, nämlich dass dieser „von staatlich anerkannten Stellen geregelt und überwacht wird, regelmäßig stattfindet und für das Publikum unmittelbar oder mittelbar zugänglich ist". Durch das Gesetz zur Umsetzung von EG-Richtlinien zur Harmonisierung bank- und wertpapieraufsichtsrechtlicher Vorschriften vom 22. Oktober 1997[44] wurde die Definition verkürzt und die Qualifizierung des Marktes als „von staatlichen Stellen anerkannt, geregelt und überwacht und regelmäßig stattfindend und für das Publikum unmittelbar

---

42 Eine Notwendigkeit zu einer Definition des Wertpapierbegriffs ergibt sich auch nicht aus den Vorgaben der EU, insb. nicht aus der RiLi 2013/36/EU (CRD IV) über den Zugang zur Tätigkeit von Kreditinstituten und die Beaufsichtigung von Kreditinstituten und Wertpapierfirmen, ABl. EU Nr. L 176, S. 338, vom 27.06.2013, die den Begriff kaum verwendet.

43 BGBl. I, S. 1749.

44 BGBl. I, S. 2518.

oder mittelbar zugänglich" ersatzlos gestrichen und damit ein Gleichlauf mit dem KWG herbeigeführt. Unnötigerweise wurde – ebenso wie im KWG – mit Wirkung ab 1. Januar 1998 hinzugefügt, dass auch von Kapitalanlagegesellschaften oder ausländischen Investmentgesellschaften ausgegebene Anteilscheine dem Begriff des Wertpapiers unterfielen.

Mit Wirkung ab dem 30. Oktober 2004 erfolgte im Rahmen des Anlegerschutzverbesserungsgesetzes (AnsVG)[45], mit dem die EU-Marktmissbrauchs-Richtlinie und einige Durchführungs-Richtlinien in deutsches Recht umgesetzt wurden, auch bei dem WpHG die Einführung des Begriffs des Finanzinstruments. Ein wesentliches Element von dessen Definition blieb jedoch der Begriff des Wertpapiers.

Mit Wirkung zum 1. November 2007 wurde im Rahmen der Umsetzung der MiFID I die Definition wörtlich identisch mit der im KWG und lautete nunmehr: „Wertpapiere i. S. d. Gesetzes sind, auch wenn keine Urkunden über sie ausgestellt sind, alle Gattungen von übertragbaren Wertpapieren mit Ausnahme von Zahlungsinstrumenten, die ihrer Art nach auf den Finanzmärkten handelbar sind, insbesondere (a) Aktien, (b) andere Anteile an in- oder ausländischen juristischen Personen, Personengesellschaften und sonstigen Unternehmen, soweit sie Aktien vergleichbar sind, sowie Zertifikate, die Aktien vertreten, (c) Schuldtitel, ...". Die Erweiterung der Definition um die Anteile an Investmentvermögen wurde durch das AIFM-UmsG[46] ersatzlos gestrichen, ohne dass damit eine inhaltliche Änderung verbunden war.

Mit Umsetzung der MiFID II wurden die „Zertifikate, die Aktien vertreten" ersetzt durch „Hinterlegungsscheine, die Aktien vertreten" und die Wertpapiere, die zum Erwerb oder zur Veräußerung von anderen Wertpapieren berechtigen, durch einen Verweis auf die Delegierte VO (EU) 2017/565[47] ergänzt.

## 3. WpPG

§ 2 Nr. 1 WpPG definiert seit seinem Erlass am 1. Juli 2005[48] Wertpapiere als „übertragbare Wertpapiere, die an einem Markt gehandelt werden können, insbesondere (a) Aktien und andere Wertpapiere, die mit Aktien oder Anteilen an Kapitalgesellschaften oder anderen juristischen Personen vergleichbar sind, sowie Zertifikate, die Aktien vertreten, (b) Schuldtitel, insbesondere Schuldverschreibungen und Zertifikate, die andere als die in Buchstabe (a) genannten

45 BGBl. 2004 I, S. 2630.
46 BGBl. 2013 I, S. 1918, 2154.
47 ABl. EU Nr. L 87, S. 1, vom 31.03.2017.
48 BGBl. I, S. 1698.

Wertpapiere vertreten, (c) alle sonstigen Wertpapiere, die zum Erwerb oder zur Veräußerung solcher Wertpapiere berechtigen oder zu einer Barzahlung führen, die anhand von übertragbaren Wertpapieren, Währungen, Zinssätzen oder -erträgen, Waren oder anderen Indizes oder Messgrößen bestimmt wird, mit Ausnahme von Geldmarktinstrumenten mit einer Laufzeit von weniger als 12 Monaten."[49]

## 4. EU-Richtlinien und -Verordnungen

Zahlreiche EU-Richtlinien und -Verordnungen verwenden und definieren den Begriff des Wertpapiers. Da sie die Grundlage für die deutschen Regelungen darstellen bzw. unmittelbar in Deutschland gelten, soll auch hierüber eine Übersicht gegeben werden.

### a) Wertpapierdienstleistungs-Richtlinie 1993

Die Wertpapierdienstleistungs-Richtlinie[50] definierte Wertpapiere in Art. 1 Nr. 4 „typologisch und abstrahierend" als „(a) Aktien und andere, Aktien gleichzustellende Wertpapiere, (b) Schuldverschreibungen und sonstige verbriefte Schuldtitel, die auf dem Kapitalmarkt gehandelt werden können und (c) alle anderen üblicherweise gehandelten Titel, die zum Erwerb solcher Wertpapiere durch Zeichnung oder Austausch berechtigen oder zu einer Barzahlung führen, mit Ausnahme von Zahlungsmitteln."

### b) Insiderhandels-Richtlinie 1989

Die Insiderhandels-Richtlinie[51] definierte in Art. 1 Nr. 2 Wertpapiere als „(a) Aktien und Schuldverschreibungen sowie Effekten, die mit Akten und Schuldverschreibungen vergleichbar sind, (b) Verträge über oder Rechte auf Zeichnung, Erwerb oder Veräußerung der unter Buchstabe a) genannten Wertpapiere, (c) Termin-

**49** Zu den sich daraus ergebenden Einzelaspekten der Fungibilität und Umlauffähigkeit vgl. *Schnorbus* in Frankf. Komm. WpPG und EU-Prospekt VO, 2. Aufl. 2017, § 2 WpPG Rn. 4 ff.; *Foelsch* in Holzborn, WpPG, 2. Aufl. 2014, § 2 Rn. 3 ff.; *von Kopp-Colomb/Knobloch* in Assmann/Schlitt/von Kopp-Colomb, WpPG und VerkProspG, 3. Aufl. 2017, § 2 WpPG Rn. 5 ff.
**50** RiLi 93/22/EWG, ABl. EG Nr. L 141, S. 27, vom 11.06.1993.
**51** RiLi 89/592/EWG, ABl. EG Nr. L 334, S. 30, vom 18.11.1989.

kontrakte, Optionen oder Finanzinstrumente mit fester Laufzeit, die sich auf die unter Buchstabe a) genannten Wertpapiere beziehen, (d) Verträge mit Indexklauseln, die unter Buchstabe a) genannte Wertpapiere zum Gegenstand haben, wenn sie zum Handel auf einem Markt zugelassen sind, der von staatlich anerkannten Stellen reglementiert und überwacht wird, regelmäßig stattfindet und der Öffentlichkeit direkt oder indirekt zugänglich ist". – Das Merkmal der „von staatlichen Stellen anerkannten, geregelten und überwachten und regelmäßig stattfindenden und für das Publikum unmittelbar oder mittelbar zugänglichen" Märke, welches das WpHG 1994 zunächst übernahm, war durch die Insiderhandels-Richtlinie und nicht durch die Wertpapierdienstleistungs-Richtlinie bedingt.

### c) Richtlinie über Märkte für Finanzinstrumente (MiFID I)

Die Richtlinie über Märkte für Finanzinstrumente[52] definierte nicht das Wertpapier, sondern „übertragbare Wertpapiere" in Art. 4 Abs. 1 Nr. 18 ebenfalls typologisch und abstrahierend als „die Gattungen von Wertpapieren, die auf dem Kapitalmarkt gehandelt werden können, mit Ausnahme von Zahlungsinstrumenten, wie (a) Aktien und andere, Aktien oder Anteilen an Gesellschaften, Personengesellschaften oder anderen Rechtspersönlichkeiten gleichzustellende Wertpapiere sowie Aktienzertifikate, (b) Schuldverschreibungen oder andere verbriefte Schuldtitel, einschließlich Zertifikaten (Hinterlegungsscheinen) für solche Wertpapiere, (c) alle sonstigen Wertpapiere, die zum Kauf oder Verkauf solcher Wertpapiere berechtigen oder zur einer Barzahlung führen, die anhand von übertragbaren Wertpapieren, Währungen, Zinssätzen oder -erträgen, Waren oder anderen Indizes oder Messgrößen bestimmt wird".

### d) Richtlinie über Märkte für Finanzinstrumente (MiFID II) und die Verordnung über Märkte für Finanzinstrumente (MiFIR)

Die MiFID II[53] definierte „übertragbare Wertpapiere" in Art. 4 Abs. 1 Nr. 44 als „die Kategorien von Wertpapieren, die auf dem Kapitalmarkt gehandelt werden können, mit Ausnahme von Zahlungsinstrumenten, wie (a) Aktien und andere, Aktien oder Anteilen an Gesellschaften, Personengesellschaften oder anderen Rechtspersönlichkeiten gleichzustellende Wertpapiere sowie Aktienzertifikate,

52 RiLi 2004/39/EG, ABl. EU Nr. L 145, S. 1, vom 30.04.2004.
53 RiLi 2014/65/EU, ABl. EU Nr. L 173, S. 349, vom 12.06.2014.

(b) Schuldverschreibungen oder andere verbriefte Schuldtitel, einschließlich Zertifikaten (Hinterlegungsscheinen) für solche Wertpapier, (c) alle sonstigen Wertpapiere, die zum Kauf oder Verkauf solcher Wertpapiere berechtigen oder zu einer Barzahlung führen, die anhand von übertragbaren Wertpapieren, Währungen, Zinssätzen oder -erträgen, Waren oder anderen Indizes oder Messgrößen bestimmt wird".

Die Verordnung über Märkte für Finanzinstrumente (MiFIR)[54] definiert „übertragbare Wertpapiere" in Art. 2 Abs. 1 Nr. 24 durch einen Verweis auf Art. 4 Abs. 1 Nr. 44 der MiFID II. Insofern besteht ein Gleichlauf der Definition des Wertpapiers zwischen der MiFID II und der MiFIR.

#### e) Wertpapierprospekt-VO 2017

Die Verordnung über den Prospekt, der beim öffentlichen Angebot von Wertpapieren oder bei deren Zulassung zum Handel an einem geregelten Markt zu veröffentlichen ist[55], definiert in Art. 2 lit. a) Wertpapiere als „übertragbare Wertpapiere im Sinne des Art. 4 Abs. 1 Nr. 44 der Richtlinie 2014/65/EU (MiFID II) mit Ausnahme von Geldmarktinstrumenten im Sinne des Art. 4 Abs. 1 Nr. 17 der Richtlinie 2014/65/EU mit einer Laufzeit von weniger als 12 Monaten". – Die WpProspVO erreicht durch den Verweis auf die Definition des Wertpapiers in der MiFID II einen Gleichlauf zwischen den beiden Rechtsquellen hinsichtlich des Verständnisses dessen, was ein Wertpapier konstituiert.

Der Vorläufer der WpProspVO, die Wertpapierprospekt-RiLi[56] definierte Wertpapier in Art. 2 Abs. 1 lit. a) nach derselben Methode durch Verweis auf Art. 1 Abs. 4 RiLi 93/22/EWG (Wertpapierdienstleistungs-RiLi) als Vorläufer der MiFID I. Zwischen den das Wertpapiergeschäft hinsichtlich der Verhaltensvorgaben regelnden Richtlinien (WpDL, MiFID I, MiFID II) und den das Prospektrecht regelnden Vorgaben (WpProsp-RiLi, WpProspVO) bestand somit durchgängig ein einheitlicher Definitionsrahmen.

54 VO (EU) 600/2014, ABl. EU Nr. L 173, S. 84, vom 12.06.2014.
55 VO (EU) 2017/1129, ABl. EU Nr. L 168, S. 12, vom 30.06.2017.
56 RiLi 2003/71/EG, ABl. EU Nr. L 345, S. 69, vom 31.12.2003.

#### f) Marktmissbrauchs-VO 2014

Die Marktmissbrauchsverordnung[57] definiert in Art. 3 Abs. 2 lit. a) ein Wertpapier als „(i) Aktien und andere Wertpapiere, die Aktien entsprechen, (ii) Schuldverschreibungen und sonstige verbriefte Schuldtitel oder (iii) verbriefte Schuldtitel, die in Aktien oder andere Wertpapiere, die Aktien entsprechen, umgewandelt bzw. gegen diese eingetauscht werden können". Der Begriff des Wertpapiers bleibt damit erneut offen und soll mit Hilfe der Begriffe der Handelbarkeit und der Standardisierung konkretisiert werden[58].

## III. Die Bedeutung des Wertpapierbegriffs

Solange der deutsche Gesetzgeber die Regelungen der Institutsaufsicht des KWG praktisch alleine verantwortete, bedurfte es keiner Definition des Wertpapierbegriffs (des KWG) und es genügte der Rückgriff auf die von der Literatur und Rechtsprechung entwickelten Kriterien. Mit der Vorgabe der Erweiterung des Verbots mit Erlaubnisvorbehalt und der staatlichen (Instituts-)Aufsicht über Banken auf eine Vielzahl weiterer Finanzdienstleister durch die EU 1997 hielt der neue Begriff des Finanzinstruments Einzug. Das Wertpapier war – zumindest zunächst – zentraler Teil der Definition (neben Anteilen an Investmentvermögen, Geldmarktinstrumenten, Derivaten, Emissionszertifikaten, Rechten auf Zeichnung von Wertpapieren und Vermögensanlage i. S. d. VermAnlG). Der vom WpHG 1994 verwendete Begriff des Wertpapiers schränkte – aufgrund der Vorgabe der EU in der Insiderhandels-Richtlinie – die Märkte, auf denen die Wertpapiere handelbar sein mussten, zunächst noch ein – letztlich auch gegenüber dem undefiniert verwandten Begriff des Wertpapiers i. S. d. KWG. Mit der in KWG und WpHG identischen Definition des Begriffs ab 1997 ergab sich jedoch ein Gleichlauf der Definition bis 2013, als der Gesetzgeber ohne überzeugenden Grund die Wertpapierdefinition im KWG aufgab. Diese beruhte bis 2013 bei KWG und WpHG und beruht seither beim WpHG auf den Vorgaben der EU in der MiFID II und den darauf verweisenden Richtlinien und Verordnungen. Für die Institutionenaufsicht, wie sie insb. durch die CRD IV und die CRR vorgegeben wird, ist keine Wertpapierdefinition vorgesehen[59].

---

57 VO (EU) 596/2014, ABl. EU Nr. L 173, S. 1, vom 12.06.2014.

58 Vgl. *Klöhn* in Klöhn, MAR, 2018, Art. 2 Rn. 10 ff. mwN.

59 Dies könnte die Vermutung nahelegen, dass nunmehr auch der deutsche Gesetzgeber – wie bereits viele andere EU-Staaten – dazu übergeht, Vorgaben der EU schlicht zu übernehmen, ohne sich sonderlich um eine Einfügung in das bestehende Rechtssystem zu bemühen.

Der von der EU verwendete Wertpapierbegriff ist „typologisch und abstrahierend" und damit weniger definierend als „offen"[60]. Die ursprüngliche Methode des KWG, von der zivilrechtlichen Definition des Wertpapiers auszugehen und diejenigen Änderung vorzunehmen, die sich aus den aufsichtsrechtlichen Zielsetzungen ergaben, bewahrte einen klaren und allseits akzeptierten Ausgangspunkt, der eine große Vorhersehbarkeit der Rechtslage für die Rechtsunterworfenen gewährleistete. Der typologische und abstrahierende Begriff ist demgegenüber wesentlich weniger vorhersehbar und der völlige Verzicht auf die Begrifflichkeit macht das Recht noch weniger vorhersehbar. Ein weiterer Rückschritt in der Vorhersehbarkeit des Rechts ergibt sich, wenn aufsichtsrechtliche Gesetze wie KWG und WpHG nicht einmal dieselbe Begrifflichkeit verwenden.

Ein aktuelles Beispiel für die Rechtsunsicherheit, die mit fehlender Subsumierbarkeit unter durch Begriffe vorgegebene Regeln einhergeht, ist die Behandlung von Token (ohne dass hier – wie eigentlich erforderlich – zwischen Currency-, Utility- und Investment-Token differenziert werden soll[61]). Die sich zivilrechtlich stellenden Fragen (Qualifizierung der schuldrechtlichen Erwerbs-/Veräußerungsverträge; Erfüllung dieser Verträge; Abschluss und Abwicklung von Erwerbs-/Veräußerungsverträgen an einer Börse/OTF/MTF; „Verwahrung" der Token) lassen sich de lege lata – zudem rechtspolitisch häufig unbefriedigend, weil negativ i. S. d. Verkehrsschutzes – nur mit einer Reihe von Fragezeichen beantworten. Zur Beantwortung der sich aufsichtsrechtlich stellenden Fragen (Prospektpflichtigkeit der Token als „Wertpapier"; Genehmigungsbedürftigkeit der Tätigkeit eines gewerblich tätigen Token-Händlers/Vermittlers/Beraters, Genehmigungsbedürftigkeit der Tätigkeit einer Token-Börse/OTF/MTF – um nur einige zu nennen) ist im KWG auf den im KWG und WpHG nicht einheitlich verwendeten Begriff der Finanzinstrumente und im WpHG auf den der Wertpapiere zu rekurrieren.

Dies führt dazu, dass die BaFin Currency-Token im KWG als Rechnungseinheiten qualifiziert mit der Folge, dass diese Finanzinstrumente darstellen und ein gewerblicher Handel erlaubnispflichtig ist[62], ohne dass mit diesem Handel Verhaltenspflichten nach dem WpHG verbunden sind, da Currency-Token nach ganz überwiegender Auffassung keine Wertpapiere i. S. d. WpHG darstellen[63]. Dem

---

**60** So auch *Klöhn*, Fn. 58.

**61** Vgl. dazu *Schäfer/Eckhold* in Assmann/Schütze/Buck-Heeb, Hdb. Kapitalanlagerecht, 5. Aufl. 2019, § 16a Rn. 24 ff.

**62** Vgl. BaFin, Hinweisschreiben vom 20. Februar 2018, Az. WA-11-QB 4100 – 2017/0010; dazu *van Aubel* in Habersack/ Mülbert/Schlitt, Unternehmensfinanzierung am Kapitalmarkt, 4. Aufl. 2019, § 20 Rn. 20.77 mwN.; *Klöhn/Parhofer/Resas* ZBB 2018, 89, 98.

**63** Vgl. *Klöhn/Parhofer* ZIP 2018, 2093, 2098 ff.; *Danwerth/Hildner* BKR 2019, 57, 61.

wurde zwar vom KG Berlin[64] mit Blick auf die strafrechtlichen Sanktionen widersprochen, doch hat die BaFin bereits verlautbart, aufsichtsrechtlich an ihrer Auffassung festhalten zu wollen[65]. Die ohnehin bestehende Unsicherheit wird damit noch vergrößert, weil straf- und aufsichtsrechtlich derselbe Begriff unterschiedlich ausgelegt und damit die Einheit der Rechtsordnung aufgegeben wird[66]. Gegenüber dem Currency-Token ist die Behandlung von Investment- sowie Currency-Token streitig[67]. Sicherlich mit redlicher Intention geäußert, jedoch unter Aspekten des Rechtsstaats äußerst zweifelhaft ist zudem, wenn die BaFin in ihrem Hinweisschreiben vom 20. Februar 2018 sub. 3) ausführt, dass „betroffene Marktteilnehmer regulatorische Zweifelsfragen im Hinblick auf Token im Vorfeld von geplanten Vorhaben bzw. Geschäften *mit ausreichender Vorlaufzeit* mit den zuständigen BaFin-Fachreferaten abstimmen" sollten. Eine für den Rechtsunterworfenen mangelnde Vorhersehbarkeit des Rechts kann nicht dazu führen, dass dessen „Bildung" in die Hände der Verwaltung gelegt ist. Es ist daher zu begrüßen, dass der Gesetzgeber aktiv zu werden gedenkt durch eine grundsätzliche Bearbeitung des Begriffs des Wertpapieres und seine Erweiterung um elektronische Wertpapiere[68].

Zum Zweck der Umsetzung der 5. Geldwäscherichtlinie[69] sieht der Gesetzentwurf der Bundesregierung[70] eine Erweiterung des Begriffs der Finanzinstrumente in § 1 Abs. 11 Satz 1 KWG um eine neue Ziff. 10 vor, der „Kryptowerte" einführt und in § 1 Abs. 11 Satz 3 KWG definiert als „digitale Darstellung eines Wertes, der von keiner Zentralbank oder öffentlichen Stelle emittiert wurden oder garantiert wird und nicht den gesetzlichen Status einer Währung oder von Geld besitzt, aber von natürlichen oder juristischen Personen aufgrund einer Verein-

---

**64** KG Berlin, Urt. v. 24.09.2018 – (4) 161 Ss 28/18, BKR 2018, 473.

**65** Vgl. *Danwerth/Hildner* BKR 2019, 57, 60 mit Fn. 40 mwN.

**66** Vgl. zu diesem Aspekt EuGH NJW 2006, 133 Rn. 28 (Grøngaard und Bang); BGH NJW 2011, 1853 Rn. 33; *Danwerth/Hildner* BKR 2019, 57, 60 mwN.

**67** Für eine Qualifizierung als Wertpapier zumindest vom Investment- und Utility-Token, *van Aubel* in Habersack/Mülbert/ Schlitt, Unternehmensfinanzierung Kapitalmarkt, 4. Aufl. 2019, § 20 Rn. 20.103 ff. mwN.; umfassend *Schäfer/Eckhold* in Assmann/Schütze/Buck-Heeb, Hdb. Kapitalanlagerecht, 5. Aufl. 2019, § 16a Rn. 24 ff.

**68** Vgl. BMF und BMJV, Eckpunkte für die regulatorische Behandlung von elektronischen Wertpapieren und Krypto-Token vom 8. März 2019.

**69** Richtlinie (EU) 2018/843 v. 30. Mai 2018 zur Änderung der Richtlinie 2015/849 zur Verhinderung der Nutzung des Finanzsystems zum Zwecke der Geldwäsche und der Terrorismusfinazierung und zur Änderung der Richtlinie 2009/138/EG und 2013/36/EU, ABl. Nr. L 156 v. 19.6.2018, S. 43.

**70** Entwurf eines Gesetzes zur Umsetzung der Änderungsrichtlinie zur Vierten EU-Geldwäscherichtlinie vom 31. Juli 2019, BT-Drs. 19/13827.

barung oder tatsächlichen Übung als Tausch- oder Zahlungsmittel akzeptiert wird oder Anlagezwecken dient und der auf elektronischem Wege übertragen, gespeichert und gehandelt wrden kann. – Es bleibt abzuwarten, wie dieser Begriff verschränkt wird mit dem der elektronischen Schuldverschreibungen in dem durch das Eckpunktepapier angekündigten Gesetz[71].

71 BMJV/BMF, Eckpunktepapier für die regulatorische Behandlung von elektronischen Wertpapieren und Krypto-Token, 7. März 2019.

Jens-Hinrich Binder

# Anleger- und Marktschutz in der Insolvenz – zum Verhältnis von Kapitalmarkt- und Insolvenzrecht

## I. Einführung

Im Unterschied zum Bankaufsichtsrecht waren und sind Insolvenzen (von Intermediären oder Emittenten) für das Kapitalmarktrecht zwar Ursache von Regelungsproblemen, aber kein wesentlicher Impulsgeber. Während die Regulierung des Kreditwesens immer wieder in Reaktion auf Insolvenzen größerer Kreditinstitute angepasst wurde,[1] werden vergleichbare Szenarien im Kapitalmarktrecht eher punktuell mit speziellen Vorschriften adressiert. Vielmehr scheinen sich die Überschneidungen zwischen Kapitalmarkt- und Insolvenzrecht auf technische Abstimmungsprobleme zwischen beiden Regimes zu beschränken.

Bei näherer Betrachtung liegen die Dinge indessen komplizierter. Zwar trifft zu, dass der kapitalmarktrechtliche Regelungsrahmen – anders als das Bankaufsichtsrecht – nicht darauf konzentriert ist, insolvenzinduzierte Risiken für bestimmte Stakeholder (hier: die Anleger) möglichst zu vermeiden und für Insolvenzfälle Schutzvorschriften vorzusehen. Dies gilt für die institutionellen Anforderungen an Kapitalmarktintermediäre[2] ebenso wie für markttransaktionsbezogene Vorgaben. Weder das Anleger- noch das Marktfunktionsschutzziel beziehen sich in gleicher Weise wie die Ziele des Bankaufsichtsrechts (Einleger- und Systemschutz) auf den Schutz vor insolvenzinduzierten Verlusten. Vielmehr sollen bekanntlich Vermögensanlageentscheidungen auf angemessener Informationsbasis ermöglicht und sollen die für die Preisbildung sowie für effiziente Transformationsleistungen erforderlichen Marktfunktionen (einschließlich einer

1 Vgl. im Überblick zur älteren Rechtsentwicklung stellvertretend *Binder*, Bankeninsolvenzen im Spannungsfeld zwischen Bankaufsichts- und Insolvenzrecht, 2005, S. 51ff.; zur jüngeren Entwicklung überblicksweise etwa *Pflock*, Europäische Bankenregulierung und das „Too big to fail-Dilemma", 2014, passim.

2 Die Einbeziehung kapitalmarktbezogener Geschäftsaktivitäten in den Anwendungsbereich des institutionellen Bankenaufsichtsrechts auf europäischer Ebene reflektierte anfangs stärker das Bestreben nach gleichen Wettbewerbsbedingungen für Universal- und Investmentbanken als Anleger- bzw. Systemschutzerwägungen; vgl. dazu stellvertretend *Binder* ZEuP 2017, 569, 590 mwN.

https://doi.org/10.1515/9783110632323-015

funktionsfähigen Marktinfrastruktur) geschützt werden.[3] Doch liegt auf der Hand, dass die Insolvenz sowohl von Intermediären als auch von Emittenten dieses Zielprogramm unmittelbar berührt. Auch dies macht verständlich, warum für das Europäische Kapitalmarktrecht in Reaktion auf die Finanzkrise der Schutz der Systemstabilität neben dem Anleger- und Funktionsschutz deutlich an Gewicht gewonnen hat,[4] was sich allerdings durchaus mit dem tradierten Ziel des Marktfunktionsschutzes in Einklang bringen lässt.[5]

Eine Untersuchung der Wechselwirkungen von Insolvenz- und Kapitalmarktrecht gilt damit heterogenen Problemkreisen. Für die Emitteninsolvenz, die erst spät – mit § 24 WpHG (§ 11 WpHG a. F.) sowie der Parallelvorschrift in § 43 BörsG, die mit dem Transparenzrichtlinie-Umsetzungsgesetz von 2007 eingeführt wurden[6] – überhaupt durch (rudimentäre) gesetzliche Bestimmungen erfasst worden ist, liegt der Schwerpunkt auf der Auslegung und Anwendung des allgemeinen Pflichtenprogramms. In dieser Hinsicht stellt sich das Verhältnis von Kapitalmarkt- und Insolvenzrecht im Wesentlichen als ein Koordinationsproblem dar. Die Insolvenz von Intermediären sowie von Betreibern der Finanzmarktinfrastruktur ist demgegenüber Spezialmaterie, die in jüngster Zeit erheblich ausgeweitet worden und teilweise Gegenstand noch nicht abgeschlossener Gesetzgebungsprojekte ist.

Der Blick auf das Verhältnis von Kapitalmarkt- und Insolvenzrecht ist somit auch aus historischer Perspektive aufschlussreich und daher einer Festschrift, die das 25jährige Bestehen des WpHG als Meilenstein der deutschen Kapitalmarktrechtsetzung würdigt, besonders angemessen. Die wechselvolle Entwicklung des Rechtsgebiets wird hier geradezu schlaglichtartig beleuchtet. Dies gilt nicht erst für den Zusammenhang zwischen der globalen Finanzkrise und der dadurch ausgelösten Re-Regulierungswelle zum Schutz der Finanzmarktstabilität, der zugleich die anhaltend hohe Dynamik der Rechtsentwicklung unter-

3 Dazu – neben weiteren Kapiteln des vorliegenden Werkes – zusf. im Überblick etwa *Binder*, Bank- und Kapitalmarktrecht, in Gebauer/Wiedmann, Zivilrecht unter Europäischem Einfluss, 3. Aufl. 2020, Rn. 15 ff. mwN. (im Druck).

4 Siehe z. B. *Klöhn* in Langenbucher, Europäisches Privat- und Wirtschaftsrecht, 4. Aufl. 2017, § 6 Rn. 16 f.; *Veil* in Veil, Europäisches Kapitalmarktrecht, 2. Aufl. 2014, § 2 Rn. 8 ff.; eingehend *Grundmann* in Staub, GK-HGB, Bankvertragsrecht, 5. Aufl. 2016 ff., 5. Teil Rn. 29 ff.

5 Zutreffend *Zetzsche/Eckner*, in Gebauer/Teichmann, EnzEuR, Band 6: Europäisches Privat- und Unternehmensrecht, 2016, § 7 A. Rn. 14.

6 Gesetz zur Umsetzung der Richtlinie 2004/109/EG des Europäischen Parlaments und des Rates vom 15.12.2004 zur Harmonisierung der Transparenzanforderungen in Bezug auf Informationen über Emittenten, deren Wertpapiere auf einem geregelten Markt zugelassen sind, und zur Änderung der Richtlinie 2001/34/EG (Transparenzrichtlinie-Umsetzungsgesetz – TUG) vom 5.1.2007, BGBl. I S. 10.

streicht, sondern auch für die Emitteninsolvenz: Die ersten Abhandlungen hierzu stammen aus einer Zeit, in der das deutsche Insiderrecht zwar bereits gemeinschaftsrechtlich geprägt, aber von einer Vollharmonisierung weit entfernt war,[7] und sie bemühten sich um Klärung der Rechtslage angesichts des Zusammenbruchs zahlreicher am „Neuen Markt" notierter „Wachstumsunternehmen".[8] Im Vergleich mit dem aktuellen Marktumfeld wird deutlich, wie sich die rechtstatsächlichen Rahmenbedingungen gewandelt haben – ohne dass die Regelungsprobleme als solche ihre Relevanz eingebüßt hätten.

Die nachfolgenden Ausführungen arbeiten die angesprochenen Aspekte – und die Entwicklung der einschlägigen Lösungen – zunächst für den Anleger- und Marktschutz in der Emitteninsolvenz auf (unten II.). Die weiteren Abschnitte widmen sich überblicksweise der Insolvenz von Intermediären (unten III.) sowie insolvenzinduzierten Problemen für die Marktinfrastruktur und den gesetzlichen Reaktionen darauf (unten IIV.).

## II. Anleger- und Marktschutz in der Emitteninsolvenz

### 1. Problemaufriss

Das Verhältnis zwischen Kapitalmarkt- und Insolvenzrecht und den daraus für den Emittenten und seine Organe resultierenden Pflichten ist nicht allein deshalb potentiell spannungsreich, weil es allenfalls rudimentär geregelt ist. Vielmehr ergeben sich mögliche Friktionen auch aus Unterschieden im Hinblick auf die verfolgten Regelungs- und Schutzziele: Während die kapitalmarktrechtlichen Pflichten die Informationsinteressen der aktuellen und etwaiger prospektiver Anleger absichern sollen und damit, sofern Aktien am Markt gehandelt werden,

7 Die Rechtsgrundlage für die Ad hoc-Publizitätspflicht in § 15 WpHG a.F. ging auf Art. 7 der EG-Insiderrichtlinie zurück (RL 89/592/EWG des Rates vom 13. November 1989 zur Koordinierung der Vorschriften betreffend Insider- Geschäfte, ABl. L 334/30 vom 18.11.1989), der den Anwendungsbereich für die Vorgaben in Art. 4 Abs. 2 iVm. Anhang Schema C Nr. 5 Buchst. a und Schema D A Nr. 4 Buchst. a der Börsenzulassungsrichtlinie von 1979 erweiterte (RL 79/279/EWG des Rates vom 5.3.1979 zur Koordinierung der Bedingungen für die Zulassung von Wertpapieren zur amtlichen Notierung an einer Wertpapierbörse, ABl. Nr. L 66/21 vom 16.3.1979). § 15 WpHG übernahm die frühere Regelung in § 44a BörsG, der ursprünglichen Umsetzungsvorschrift. Siehe zur Genese Begr. RegE 2. Finanzmarktförderungsgesetz, BT-Drs. 12/6679, S. 48; allgemein zur Entwicklung *Klöhn* in Klöhn, MAR, 2018, Art. 17 Rn. 18ff.

8 Anschaulich zum Hintergrund besonders *Grub/Streit* BB 2004, 1397.

gerade auch auf die Eigenkapitalgeber abzielen, konzentriert sich das Insolvenzverfahren bekanntlich ganz auf den Schutz der Gläubiger, wie dies programmatisch in § 1 Satz 1 InsO und nicht zuletzt in den Kompetenzen der Gläubigerversammlung (§§ 74 ff. InsO) zum Ausdruck kommt.[9] Auf sie sind auch wesentliche Teile der spezifisch insolvenzrechtlichen Rechenschafts- und Berichtspflichten des Insolvenzverwalters ausgerichtet (vgl. insbes. §§ 66 Abs. 3, 66 Abs. 1 sowie §§ 151–153 InsO).[10]

Auch wenn die Insolvenzeröffnung – insbesondere im Rahmen der Insolvenzanfechtung (§§ 129 ff. InsO) – mit Rückwirkungen verbunden ist, greifen sowohl die technischen Abstimmungsprobleme als auch die zugrundeliegenden Zielkonflikte indessen jedenfalls nicht vor dem Insolvenzeröffnungsverfahren ein. Wenn ein Emittent in die finanzielle Krise gerät, ändert sich allein deshalb an der Anwendbarkeit kapitalmarktrechtlicher Pflichten noch nichts. Schränkt man die Betrachtung – entsprechend der Perspektive der vorliegenden Festschrift – auf Emittenten solcher Wertpapiere ein, die zum Handel an einem organisierten[11] bzw. geregelten[12] Markt zugelassen sind bzw. in multilateralen oder organisierten Handelssystemen gehandelt werden,[13] ergibt sich dies schon daraus, dass der Rechtsträger als solcher allein infolge der Krise in seiner Rechtsfähigkeit und rechtlichen Handlungsfähigkeit nicht beeinträchtigt wird. Eine – gar *ipso iure* eintretende – Beendigung der Zulassung bzw. des Handels in den von ihm emittierten Wertpapieren ist nicht vorgesehen. Auch die Verantwortlichkeit des Vorstands für die Erfüllung der kapitalmarktrechtlichen Pflichten[14] bleibt unverändert.

Mit Blick darauf konzentriert sich die Frage nach den Konsequenzen der finanziellen Krise auf die allgemeinen kapitalmarktrechtlichen Pflichten und hier insbesondere die Pflicht zur Ad hoc-Publizität. Diese ist gerade vor Insolvenzreife intrikat, weil hier das Interesse des Emittenten an der Abwendung der Schieflage – insbesondere durch Sanierungsbemühungen – und das Bedürfnis der aktuellen und prospektiven Anleger nach zeitnaher Information über die finanzielle Position des Emittenten konfligieren und sich zugleich die Anreize für Insider-

---

9 Allgemein zur Organisation der Gläubiger im Insolvenzverfahren stellvertretend *Bork*, Insolvenzrecht, 9. Aufl. 2019, Rn 87 ff.

10 Näher dazu im hiesigen Zusammenhang etwa *Weber* ZGR 2001, 422, 432.

11 Vgl. § 2 Abs. 11 WpHG.

12 Vgl. Art. 3 Abs. 1 Nr. 6 MAR unter Verweis auf Art. 4 Abs. 1 Nr. 21 MiFID II.

13 Vgl. § 2 Abs. 8 Nr. 8 und 9 WpHG; Art. 3 Abs. 1 Nr. 7 und 8 MAR unter Verweis auf Art. 4 Abs. 1 Nr. 22 und 23 MiFID II.

14 Für die Pflicht zur Ad hoc-Publizität bspw. *Assmann* in Assmann/Schneider/Mülbert, Wertpapierhandelsrecht, 7. Aufl. 2019, Art. 17 MAR Rn. 25; *Klöhn* in Klöhn, MAR, 2018, Art. 17 Rn. 60.

handel durch mit der Krise vertraute Akteure erheblich verstärken[15] (unten 2.). Wird ein Insolvenzantrag gestellt, bleibt es zunächst bei dieser Einordnung; allerdings ergeben sich Besonderheiten, soweit – wie regelmäßig – ein vorläufiger Insolvenzverwalter bestellt wird (unten 3.). Im eröffneten Insolvenzverfahren bewirkt der Übergang der Verwaltungs- und Verfügungsbefugnis auf den Insolvenzverwalter (§ 80 InsO) zwar eine Zäsur und wird der Emittent mit der Eröffnung des Insolvenzverfahrens über sein Vermögen aufgelöst (§ 262 Abs. 1 Nr. 3 AktG), doch bleibt das kapitalmarktrechtliche Pflichtenprogramm auch während der Abwicklungsphase anwendbar (unten 4.).

## 2. Der Emittent in der Krise

In der Krise eines Emittenten konzentrieren sich die relevanten Probleme regelmäßig auf die Frage, ob und ggf. welche Krisenanzeichen als kursrelevant einzustufen sind und mithin den Tatbestand der Insiderinformation i. S. d. Art. 7 MAR erfüllen sowie die Pflicht zur Ad hoc-Publizität nach Art. 17 MAR auslösen. Die Frage wurde bereits unter der Geltung des früheren Insiderrechts intensiv diskutiert; nicht nur eine Reihe von Beiträgen in der Literatur,[16] sondern auch der Emittentenleitfaden der BaFin[17] bemühten sich um konkrete Auslegungsleitlinien für die Beurteilung der Ad hoc-Pflicht bei Krisenanzeichen. Inhaltlich ist das Verhältnis des neuen, in der MAR geregelten Rechts zum früheren, zuletzt durch die Marktmissbrauchsrichtlinie von 2003 geprägten Recht bekanntlich an sich von Kontinuität geprägt.[18] An einer abschließenden Klärung, die nur durch den EuGH zu leisten ist, fehlt es jedoch nach wie vor. Jedenfalls für die nunmehr geltende Rechtslage ist darauf aufmerksam gemacht worden, dass sich abstrakte Regeln für die Einordnung einzelner konkreter Krisenanzeichen nicht formulieren lassen, sondern dass die Prüfung der Kursrelevanz auch in der finanziellen Krise

---

**15** Vgl. etwa *Klöhn* in Klöhn, MAR, 2018, Art. 7 MAR Rn. 426; *Krause* in Meyer/Veil/Rönnau, Handbuch zum Marktmissbrauchsrecht, 2018, § 6 Rn. 159; *Kocher/Widder* NZI 2010, 925.

**16** Siehe besonders *Grub/Streit* BB 2004, 1397 ff.; *Hirte* ZInsO 2006, 1289 ff.; *Kocher/Widder* NZI 2010, 925 ff.; *Schuster/Friedrich* ZInsO 2006, 321 ff.; *Thiele/Fedtke* AG 2013, 288 ff.; *von Buttlar* BB 2010, 1355 ff.; *Weber* ZGR 2001, 422 ff.

**17** Vgl. BaFin, Emittentenleitfaden, 4. Aufl. 2013, abrufbar unter https://www.bafin.de/SharedDocs/Downloads/DE/Leitfaden/WA/dl_emittentenleitfaden_2013.pdf?__blob=publicationFile&v=6 (zuletzt abgerufen am 15.8.2019), S. 53.

**18** RL 2003/6/EU des Europäischen Parlaments und des Rates vom 28.1.2003 über Insider-Geschäfte und Marktmanipulation (Marktmissbrauch), ABlEU Nr. L 96/16 vom 12.4.2003. Zur Entwicklung stellvertretend *Klöhn* in Klöhn, MAR, 2018, Art. 7 MAR Rn. 16 ff. sowie Art. 17 MAR Rn. 18 ff., 28 ff.

des Emittenten stets einzelfallabhängig unter Berücksichtigung der Art der emittierten Finanzinstrumente sowie aller zum jeweiligen Zeitpunkt öffentlich verfügbaren Informationen vorgenommen werden muss.[19] Dies ergibt sich in der Tat bereits daraus, dass die autonom auszulegenden insiderrechtlichen Tatbestände nicht an andernorts geregelte Verhaltenspflichten oder sonstige Tatbestände anknüpfen.

Nicht über einen Leisten zu schlagen, sondern im Einzelfall am Maßstab des Art. 7 MAR zu messen sind insbesondere Krisenanzeichen, an deren Eintritt sich keine sanktionsbewehrten Verhaltenspflichten knüpfen und die sich je nach Sachverhalt unterschiedlich auf den Emittenten bzw. den Kurs der emittierten Finanzinstrumente auswirken können, wie bloße Umsatz- oder Ertragseinbrüche, die Kündigung von Krediten oder Sanierungsbemühungen.[20] Bei Krisenzeichen, die konkrete gesetzliche Verhaltenspflichten auslösen, wird demgegenüber aber nach wie vor regelmäßig eine kursrelevante präzise Information i. S. d. Art. 7 MAR vorliegen, auch wenn selbst hier eine Einzelfallprüfung vorgenommen werden muss. Dies gilt insbesondere bei einem Verlust in Höhe der Hälfte des Grundkapitals (vgl. § 92 Abs. 1 AktG) oder bei Eintritt der Zahlungsunfähigkeit (§ 17 InsO) bzw. der Überschuldung (§ 19 InsO), welche beide die Insolvenzantragspflicht nach § 15a InsO auslösen.[21] Denn indem das Gesetz den Organen in diesen Fällen konkrete Maßnahmen – die Einberufung der Hauptversammlung bzw. die Stellung des Insolvenzantrags – abverlangt, ist der Eintritt der Tatbestandsvoraussetzungen hier notwendigerweise mit einer Zäsurwirkung verbunden, die selbst dann Kursbeeinflussungspotential haben dürfte, wenn die Krisensituation dem Markt bereits bekannt war. Nichts anderes kann mit Blick auf die mit der Antragstellung verbundenen Konsequenzen[22] auch dafür sowie für den Antrag auf Eigenverwaltung gelten, und zwar unabhängig davon, ob der Markt diese Ent-

---

19 *Klöhn* in Klöhn, MAR, 2018, Art. 7 MAR Rn. 427 f.

20 Vgl. (auch zu weiteren Beispielen) einerseits (Einzelfallcharakter betonend) *Klöhn* in Klöhn, MAR, 2018, Art. 7 MAR Rn. 431; *Krause* in Meyer/Veil/Rönnau, Handbuch zum Marktmissbrauchsrecht, 2018, Rn. 161; andererseits *Grub/Streit* BB 2004, 1397, 1399; *Hirte* ZInsO 2006, 1289, 1292; *Kocher/Widder* NZI 2010, 925, 927; zu einzelnen Aspekten auch *Thiele/Fedtke* AG 2013, 286, 291 f.; *Weber* ZGR 2001, 422, 436.

21 Für das neue Recht *Assmann* in Assmann/Schneider/Mülbert, Wertpapierhandelsrecht, 7. Aufl. 2019, Art. 7 MAR Rn. 95; zum früheren Recht gleichsinnig etwa *Grub/Streit* BB 2004, 1397, 1399; *Hirte* ZInsO 2006, 1289, 1292 f.; *Kocher/Widder* NZI 2010, 925, 927; *Weber* ZGR 2001, 422, 437, 441 ff.; a. A. (stets Einzelfallentscheidung) *Klöhn* in Klöhn, MAR, 2018, Art. 7 MAR Rn. 429; *Krause* in Meyer/Veil/Rönnau, Handbuch zum Marktmissbrauchsrecht, 2018, Rn. 165.

22 Siehe dazu noch unten sub 3. sowie – für das eröffnete Verfahren – sub 4.

wicklungen bereits antizipiert hat oder nicht.[23] Für den Insolvenzgrund der drohenden Zahlungsunfähigkeit (§ 18 InsO) liegen die Dinge komplexer. Insoweit ist nicht nur zu berücksichtigen, dass dessen Feststellung *ex ante* auf Unsicherheiten stoßen mag, sondern vor allem, dass sein Vorliegen gerade keine konkrete Antragspflicht auslöst, sondern lediglich die Möglichkeit der Antragstellung eröffnet.[24]

Im vorinsolvenzlichen Krisenstadium kommt es nach alledem nicht zu unüberwindlichen Konflikten zwischen dem Informationsinteresse der Anleger und dem Interesse der Gesellschaftsgläubiger; beide sind vielmehr im Ausgangspunkt kompatibel. Damit bleiben allerdings die Belange des Emittenten zunächst ausgeblendet, der insbesondere in Sanierungsfällen ein legitimes Interesse daran haben kann, die Veröffentlichung von Informationen über schwebende Verhandlungen mit Kreditgebern, sonstigen (Groß-) Gläubigern oder auch einzelnen Aktionären zu vermeiden. Auch dieser Aspekt veranlasst freilich keine von allgemeinen Regeln abweichenden Speziallösungen; entsprechenden Bedürfnissen lässt sich ohne weiteres im Rahmen und in den Grenzen eines Aufschubs der Veröffentlichung nach Maßgabe des Art. 17 Abs. 4 MAR Rechnung tragen.[25]

## 3. Der Emittent im Insolvenzeröffnungsverfahren

Im Insolvenzeröffnungsverfahren, in dem nach Antragstellung zunächst das Insolvenzgericht das Vorliegen eines Insolvenzgrunds prüft,[26] ändert sich an den für die finanzielle Krise skizzierten Grundsätzen zunächst nichts. Auch die Antragstellung lässt den Rechtsträger in seiner rechtlichen Handlungsfähigkeit, für sich genommen, unberührt; Konsequenzen für die Börsenzulassung und damit die Anwendbarkeit der allgemeinen kapitalmarktrechtlichen Pflichten sind – wie

---

23 So für das frühere Recht auch *Hirte* ZInsO 2006, 1289, 1292; *Kocher/Widder* NZI 2010, 925, 927; *Thiele/Fedtke* AG 2013, 286, 291; a. A. insoweit *Klöhn* in Klöhn, MAR, 2018, Art. 7 MAR Rn. 430; *Krause* in Meyer/Veil/Rönnau, Handbuch zum Marktmissbrauchsrecht, 2018, Rn. 166.

24 Zutr. bereits *Hirte* ZInsO 2006, 1289, 1292; für das neue Recht entsprechend *Krause* in Meyer/Veil/Rönnau, Handbuch zum Marktmissbrauchsrecht, 2018, Rn. 164 f.; insoweit im Ergebnis übereinstimmend auch *Klöhn* in Klöhn, MAR, 2018, Art. 7 MAR Rn. 429; a. A. für das frühere Recht *Kocher/Widder* NZI 2010, 925, 927; wohl auch *Weber* ZGR 2001, 422, 442.

25 Deutlich in diesem Sinne ESMA, MAR-Leitlinien – Aufschub der Offenlegung von Insiderinformationen, 20.10.2016 (ESMA/2016/1478 DE), Tz. 8 Buchst. b und dazu *Grundmann* in Staub, GK-HGB, Bankvertragsrecht, 5. Aufl. 2016, Sechster Teil Rn. 511; *Klöhn* in Klöhn, MAR, 2018, Art. 17 MAR Rn. 203 ff.; zum Parallelproblem und seiner Handhabung nach früherem Recht etwa *Kocher/Widder* NZI 2010, 925, 928; *Weber* ZGR 2001, 422, 448 f.

26 Vgl. stellvertretend *Bork*, Insolvenzrecht, 9. Aufl. 2019, Rn. 94 ff., insbes. Rn. 135 f.

infolge der Verfahrenseröffnung als solcher[27] – nicht vorgesehen. Besonderheiten ergeben sich freilich dann, wenn das Insolvenzgericht für den Zeitraum bis zum Eröffnungsbeschluss (vgl. § 27 InsO) Sicherungsmaßnahmen anordnet und, wie regelmäßig, einen vorläufigen Insolvenzverwalter (vgl. §§ 21, 22 InsO) bestellt. Auch dies ändert zwar nichts daran, dass der Emittent selbst Adressat der kapitalmarktrechtlichen Verhaltenspflichten und damit auch der Ad hoc-Publizitätspflicht bleibt. Doch werden infolgedessen die Handlungsmöglichkeiten des Geschäftsleitungsorgans erheblich eingeschränkt. Dies gilt besonders für die sog. starke Form der vorläufigen Insolvenzverwaltung, bei der der Schuldner nach § 21 Abs. 2 Nr. 2, 1. Alt. InsO einem allgemeinen Verfügungsverbot unterworfen wird und die Sicherungswirkung nach § 22 Abs. 1 und § 24 Abs. 1 InsO weitgehend an die Einschränkungen des eröffneten Insolvenzverfahrens angegliedert ist. Doch auch in der häufigeren Variante der „schwachen" vorläufigen Verwaltung, bei der der Schuldner verfügungsbefugt bleibt und Verfügungen lediglich an die Zustimmung des vorläufigen Verwalters gebunden werden (§ 21 Abs. 2 Nr. 2, 2. Alt. i.V.m. § 22 Abs. 2 InsO),[28] sind die Geschäftsleiter der umfassenden Kontrolle beraubt und zur Koordination ihrer Handlungen mit dem vorläufigen Verwalter gezwungen. Die damit einhergehenden potentiellen Probleme adressieren § 24 Abs. 2 WpHG sowie § 43 Abs. 2 BörsG, wonach der vorläufige Verwalter den Emittenten im Hinblick auf dessen eigene kapitalmarkt- bzw. börsenrechtliche Pflichten zu unterstützen hat. Die Rechtslage entspricht damit im Kern dem in § 24 Abs. 1 WpHG sowie in § 43 Abs. 1 BörsG geregelten Fall der Pflichten des Insolvenzverwalters im eröffneten Verfahren, wobei sich das Abgrenzungsproblem zwischen den Kompetenzsphären des Insolvenzverwalters und der Gesellschaftsorgane erst dort voll entfaltet.[29]

## 4. Der Emittent im eröffneten Insolvenzverfahren

### a) Regelinsolvenz

Angesichts der Zäsurwirkung, die mit der Eröffnung des Insolvenzverfahrens schon im Hinblick auf den damit einhergehenden umfassenden Übergang der Verwaltungs- und Verfügungsbefugnis auf den Insolvenzverwalter (§§ 80, 81 InsO) verbunden ist, liegt die Annahme nicht fern, dass sich damit auch das kapital-

27 Dazu sogleich sub 4.

28 Zu beiden Formen stellvertretend wiederum *Bork*, Insolvenzrecht, 9. Aufl. 2019, Rn. 125 ff.

29 Siehe zu dieser Vorschrift bereits oben sub I. bei und in Fn. 5 sowie noch sogleich unten sub 4. a).

marktrechtliche Pflichtenprogramm grundsätzlich neu ausrichten müsste. Dies trifft indessen nicht zu. Auch die Verfahrenseröffnung hebt die Rechtsfähigkeit des Schuldners nicht auf,[30] so dass jedenfalls aus insolvenzrechtlichen Gründen auch nicht etwa die Börsenzulassung entfällt. Das Börsen- bzw. Kapitalmarktrecht sieht nichts Gegenteiliges vor.[31] An sich bleibt es daher auch im eröffneten Verfahren bei der grundsätzlichen Anwendbarkeit der allgemeinen Verhaltenspflichten, wobei hier nicht allein die Ad hoc-Publizität nach Art. 17 MAR, sondern auch sonstige Publizitätspflichten, insbes. die Beteiligungspublizität (§§ 33 ff. WpHG = §§ 21 ff. WpHG a. F.)[32] sowie die Regelpublizität nach §§ 114 ff. WpHG (§§ 37v ff. WpHG a. F.)[33] Bedeutung entfalten können. Für letztere ist dabei die Vorgabe aus § 155 Abs. 2 InsO zu beachten, wonach mit der Eröffnung des Insolvenzverfahrens ein neues Geschäftsjahr beginnt, was die Entstehung von Rumpfgeschäftsjahren mit Auswirkungen auch für die Rechnungslegungspublizität mit sich bringen kann.[34] Insgesamt gilt damit für kapitalmarktrechtliche Vorgaben nichts anderes als für sonstige öffentlich-rechtliche Pflichten, welche die Eröffnung des Insolvenzverfahrens ebenfalls unberührt lassen.[35] § 24 WpHG hat daher im Ausgangspunkt zunächst klarstellenden Charakter.[36] Wann und unter welchen Voraussetzungen die einzelnen Pflichten eingreifen, ist – im Kern

**30** BGH NJW-RR 2015, 735, 736; *Kayser* in Kayser/Thole, Heidelberger Komm. zur InsO, 9. Aufl. 2018, § 80 Rn. 23; *Ott/Vuia* in MüKo zur InsO, 3. Aufl. 2013, § 80 Rn. 11; *Sternal* in K. Schmidt, InsO, 19. Aufl. 2016, § 80 Rn. 9.

**31** Vgl. BVerwGE 123, 203, 206 = WM 2005, 1655, 1656; *Döhmel* in Assmann/Schneider/Mülbert, Wertpapierhandelsrecht, 7. Aufl. 2019, § 24 WpHG Rn. 6 f.; monographisch etwa *Häller*, Kapitalmarktrecht und Unternehmenssanierung in der Insolvenz, 2016, S. 68 ff.; *Kamischke*, Die börsennotierte Aktiengesellschaft in der Insolvenz, 2010, S. 32 ff.; *Lau*, Die börsennotierte Aktiengesellschaft in der Insolvenz, 2007, S. 65 ff.; siehe auch *Grub/Streit* BB 2004, 1597 f.; *Hirte* ZInsO 2006, 1289, 1292; *Kocher/Widder* NZI 2010, 925, 930.

**32** Zur Anwendbarkeit und zur praktischen Bedeutung im eröffneten Verfahren näher *Häller*, Kapitalmarktrecht und Unternehmenssanierung in der Insolvenz, 2016, S. 117 ff.; *Kamischke*, Die börsennotierte Aktiengesellschaft in der Insolvenz, 2010, S. 39 ff.

**33** Zur Anwendbarkeit und zur praktischen Bedeutung im Verfahren näher *Häller*, Kapitalmarktrecht und Unternehmenssanierung in der Insolvenz, 2016, S. 120 ff.

**34** Speziell dazu und zur Bewältigung stellvertretend *Häller*, Kapitalmarktrecht und Unternehmenssanierung in der Insolvenz, 2016, S. 130 ff.

**35** Zutr. *Hirte* in KK-WpHG, 2. Aufl. 2014, § 11 WpHG (a. F.) Rn. 13; *Hirte* ZInsO 2006, 1289, 1295; *Kamischke*, Die börsennotierte Aktiengesellschaft in der Insolvenz, 2010, S. 28 f.; vgl. auch BVerwGE 123, 203, 212 = WM 2005, 1655, 1658.

**36** So bereits *Hirte* in KK-WpHG, 2. Aufl. 2014, § 11 WpHG (a. F.) Rn. 1.

wie vor der Verfahrenseröffnung – nicht insolvenzrechtlich, sondern allein unter Rekurs auf die kapitalmarktrechtlichen Tatbestandsvoraussetzungen zu klären.[37]

Die praktische Umsetzung dieser Vorgaben stößt freilich auf die Schwierigkeit, dass zwar der Emittent, vertreten durch seine Organe, Normadressat der kapitalmarktrechtlichen Pflichten bleibt, deren rechtliche Handlungsfähigkeit aber im eröffneten Verfahren aufgrund des Übergangs der Verwaltungs- und Verfügungsbefugnis auf den Insolvenzverwalter nach §§ 80, 81 InsO drastisch eingeschränkt ist. In der früheren Aufsichtspraxis hatte dies zur Annahme geführt, verantwortlich für die Einhaltung der kapitalmarktrechtlichen Pflichten sei nach Verfahrenseröffnung ausschließlich der Insolvenzverwalter.[38] Das Bundesverwaltungsgericht hatte diese Auslegung indessen in einer Grundsatzentscheidung 2005 abgelehnt,[39] ohne dass damit geklärt worden wäre, wie das Problem der Kooperation zwischen Vorstand und Insolvenzverwalter im Interesse effektiver Normdurchsetzung gelöst werden kann.

Die bereits angesprochenen Vorschriften des § 24 WpHG (§ 11 WpHG a. F.) sowie des § 43 BörsG, deren Einführung 2007 auf die Entscheidung reagierten,[40] bemühen sich um eine Lösung dieses Dilemmas, indem sie den Insolvenzverwalter dazu verpflichten, „den Schuldner bei der Erfüllung der Pflichten nach diesem Gesetz zu unterstützen, insbesondere indem er aus der Insolvenzmasse die hierfür erforderlichen Mittel bereitstellt“. Tatsächlich ist die Zuständigkeitsfrage damit jedoch alles andere als geklärt.[41] Für bereits *vor* der Insolvenzeröffnung entstandene Pflichten muss es insoweit mangels abweichender Regelungen beim allgemeinen Grundsatz bleiben, dass sie in der Regel auch im Hinblick auf den Adressatenkreis unverändert fortbestehen.[42] Hinsichtlich der tatbestandlich erst *nach* Verfahrenseröffnung eingreifenden Pflichten wird dagegen – mit unterschiedlicher Akzentsetzung – überwiegend differenziert: Teilweise wird abstrakt darauf abgestellt, ob die jeweiligen Pflichten (wie im Falle der Zulassungsfolgepflichten i. e. S.) unmittelbar in der Börsenzulassung bzw. dem Handel

---

**37** Siehe zu Einzelfällen etwa *Lau*, Die börsennotierte Aktiengesellschaft in der Insolvenz, 2007, S. 106 ff.; speziell für die Ad hoc-Publizität auch *Klöhn* in Klöhn, MAR, 2018, Art. 7 MAR Rn. 432.

**38** Siehe zum Streitstand neben der nachfolgend Fn. 35 zitierten Entscheidung etwa *Grub/Streit* BB 2004, 1397, 1408 f.; *Rattunde/Berner* WM 2003, 1313 ff.; *Schuster/Friedrich* ZInsO 2011, 321 ff.

**39** BVerwGE 123, 203, 208 ff. = WM 2005, 1655, 1657 ff.

**40** Siehe bereits oben sub I. bei und in Fn. 5 und dazu Begr. RegE Transparenzrichtlinie-Umsetzungsgesetz, BT-Drs. 16/2498, S. 26, 28 und 31 f.

**41** Wie hier auch *Häller*, Kapitalmarktrecht und Unternehmenssanierung in der Insolvenz, 2016, S. 143 f.; *Kamischke*, Die börsennotierte Aktiengesellschaft in der Insolvenz, 2010, S. 128; *Lau*, Die börsennotierte Aktiengesellschaft in der Insolvenz, 2007, S. 234; vgl. auch *Rubel* AG 2009, 615, 621 f.

**42** Überzeugend *Hirte* in KK-WpHG, 2. Aufl. 2014, § 11 WpHG (a. F.) Rn. 12.

in den jeweiligen Finanzinstrumenten wurzeln oder nicht; ist dies zu bejahen, soll der notwendige Massebezug fehlen und es bei der originären Verantwortung des Schuldners und seiner Organe bleiben.[43] Andere stellen – mit teilweise deckungsgleichen Ergebnissen, aber in der Tendenz stärker Massebezug bejahend – eher auf den konkreten Anlass der Einzelpflichten ab.[44] Die Abgrenzung orientiert sich dabei in der Sache nach wie vor an den in der Entscheidung des Bundesverwaltungsgerichts von 2005 sowie in untergerichtlichen Entscheidungen zu Einzelfragen formulierten Grundsätzen;[45] eine umfassende Zuständigkeit des Insolvenzverwalters wird überwiegend abgelehnt.

Diese Auslegung lässt sich in der Tat sowohl mit dem Wortlaut als auch mit der Entstehungsgeschichte des § 24 WpHG sowie des § 43 BörsG rechtfertigen. Doch wäre eine konsistente, umfassend angelegte Primärzuständigkeit des Insolvenzverwalters schon im Hinblick auf dessen tatsächliche Bedeutung für die Verwaltung des schuldnerischen Vermögens im eröffneten Verfahren und auf die damit einhergehenden Zugriffsmöglichkeiten auf die erforderlichen Informationen im schuldnerischen Unternehmen wohl sachgerechter.[46] Gute Gründe sprechen für die These, dass dem – auch im Interesse der Rechtssicherheit und Effektivität der Normdurchsetzung – sinnvollerweise bereits *de lege lata* durch eine entsprechend großzügige Auslegung des § 24 WpHG bzw. des § 43 BörsG Rechnung getragen werden kann.[47] Jedenfalls *de lege ferenda* könnte dies etwa durch einen Hinweis im Gesetzeswortlaut klargestellt werden, wonach der Insolvenzverwalter auch dort zur Unterstützung des Emittenten verpflichtet ist, wo ihn kapitalmarktrechtliche Pflichten nicht ohnehin kraft Amtes selbst treffen.

---

**43** Z. B. *Schlette/Bouchon* in Fuchs, WpHG, 2. Aufl. 2016, § 11 WpHG (a. F.) Rn. 5; *Schuster/Friedrich* ZInsO 2011, 321, 322f.; in diese Richtung auch *Häller*, Kapitalmarktrecht und Unternehmenssanierung in der Insolvenz, 2016, S. 147ff.; vgl. ferner *Wellensiek/Flitsch* FS Fischer, 2008, S. 578, 596, jeweils mwN.

**44** Z. B. *Döhmel* in Assmann/Schneider/Mülbert, Wertpapierhandelsrecht, 7. Aufl. 2019, § 24 WpHG Rn. 14ff.; *Kocher/Widder* NZI 2010, 925, 930ff.; *Rubel* AG 2009, 615, 616ff.; *von Buttlar* BB 2010, 1355, 1357ff.; vgl. auch *Lau*, Die börsennotierte Aktiengesellschaft in der Insolvenz, 2007, S. 111ff., zusf. S. 185, jeweils mwN.

**45** Deutlich insoweit *Döhmel* in Assmann/Schneider/Mülbert, Wertpapierhandelsrecht, 7. Aufl. 2019, § 24 WpHG Rn. 15.

**46** Insoweit übereinstimmend wohl auch *Döhmel* in Assmann/Schneider/Mülbert, Wertpapierhandelsrecht, 7. Aufl. 2019, § 24 WpHG Rn. 14, 16.

**47** So bereits *Hirte* in KK-WpHG, 2. Aufl. 2014, § 11 WpHG (a. F.) Rn. 17; *Hirte* ZInsO 2006, 1289, 1295; in diese Richtung – freilich ohne durchgängig klare Festlegung – auch *Thiele/Fedtke* AG 2013, 286, 288ff.; so für die Pflicht zur Ad hoc-Publizität wohl auch *Grundmann* in Staub, GK-HGB, Bankvertragsrecht, 5. Aufl. 2016, Sechster Teil Rn. 493 mit Fn. 1240.

Eine umfassende Zuständigkeit des Insolvenzverwalters stünde auch nicht im Konflikt mit dessen Verpflichtung auf das Interesse der Gläubiger. Nachdem § 24 Abs. 1 WpHG (§ 11 Abs. 1 WpHG a. F.) und § 43 Abs. 1 BörsG die zuvor umstrittene Kostenverteilungslast für die Einhaltung der kapitalmarkt- bzw. börsenrechtlichen Pflichten in der Insolvenz eindeutig der Masse zuweisen, ist geklärt, dass der Emittent während der Dauer des Insolvenzverfahrens die Vorteile der Börsennotierung nur insoweit zum Vorteil auch der Gläubiger ausnutzen kann, wie die daraus resultierenden Kosten von der Masse getragen werden. Auch insoweit reagiert die Regelung auf die (die Frage der Kostenlast letztlich offen lassende) Entscheidung des Bundesverwaltungsgerichts von 2005.[48] Dies ist interessengerecht; stellt sich heraus, dass die Nachteile für die Masse überwiegen, kann der Insolvenzverwalter darauf reagieren, indem er einen Antrag auf Widerruf der Zulassung zum Börsenhandel stellt (vgl. § 39 Abs. 2 BörsG),[49] und wird dies außerhalb von Sanierungsfällen regelmäßig auch tun.[50]

**b) Verfahrensförmige Sanierung, insbes. Insolvenzplanverfahren und Eigenverwaltung**

Wird eine verfahrensförmige Sanierung im Wege der Reorganisation des Emittenten angestrebt, kann die Aufrechterhaltung der Börsenzulassung dagegen sinnvoll sein. In diesem Falle ist die Palette möglicher kapitalmarktrechtlicher Implikationen besonders vielfältig; Maßnahmen der Restrukturierung von Eigen- und Fremdkapitalpositionen können dabei, wie im hier gesetzten Rahmen nur angedeutet werden kann, neben Auswirkungen auf die Regelpublizität und mögliche Ad hoc-Publizitätspflichten insbesondere Markteintrittspublizitäts- und übernahmerechtliche Probleme aufwerfen.[51]

Wird das Verfahren in Eigenverwaltung unter Aufsicht eines Sachwalters geführt (vgl. § 270 Abs. 1 Satz 1 InsO), stellt sich die Frage nach dem Adressaten für die kapitalmarktrechtlichen Pflichten neu, weil es hier nicht zum Übergang der

---

**48** BVerwGE 123, 203, 217 = WM 2005, 1655, 1660.
**49** Vgl. bereits *Hirte* in KK-WpHG, 2. Aufl. 2014, § 11 WpHG (a. F.) Rn. 24; siehe auch *Lau*, Die börsennotierte Aktiengesellschaft in der Insolvenz, 2007, S. 187 ff., der freilich – nicht überzeugend – die Kompetenz für die Antragstellung beim Vorstand, nicht beim Insolvenzverwalter angesiedelt sieht.
**50** Vgl. in diesem Sinne auch bereits *Grub/Streit* BB 2004, 1397, 1410 („häufig eine rasche Beendigung der Zulassung der Aktien insolventer Gesellschaften ... sinnvoll").
**51** Vgl. dazu eingehend die monographische Untersuchung konkreter Reorganisationsmaßnahmen bei *Häller*, Kapitalmarktrecht und Unternehmenssanierung in der Insolvenz, 2016, S. 183 ff.

Verwaltungs- und Verfügungsbefugnis auf den Insolvenzverwalter nach §§ 80, 81 InsO kommt. Konsequent ist davon auszugehen, dass es damit von vornherein bei der Primärzuständigkeit der Organe des Schuldners – konkret: des Vorstands des Emittenten – bleibt.[52] Richtigerweise wird man, obwohl dies im Unterschied zur Rechtsposition des (vorläufigen) Insolvenzverwalters nicht ausdrücklich gesetzlich vorgesehen ist, von einer Mitwirkungspflicht des (vorläufigen) Sachwalters im Hinblick auf das Zustimmungserfordernis nach § 275 Abs. 1 Satz 1 InsO auszugehen haben.[53]

## III. Intermediärsinsolvenz

Im deutschen Recht wurde die Insolvenz von Kapitalmarktintermediären lange Zeit nicht als eigenständiges Regelungsproblem behandelt, sondern quasi durch die spezifisch bankaufsichtsrechtlichen Spezialvorschriften zur Bewältigung von Insolvenzen miterledigt. Dies reflektiert den Umstand, dass entsprechende Intermediationsdienstleistungen im deutschen Markt traditionell vielfach durch Universalbanken angeboten werden.[54] Weil diese Leistungen aufsichtsrechtlich entweder als Bankgeschäfte (vgl. insbes. § 1 Abs. 1 Satz 2 Nr. 4, 5, 10 und 12 KWG) oder als Finanzdienstleistungen (vgl. § 1 Abs. 1a KWG) erfasst werden und der bankaufsichtsrechtlichen Erlaubnispflicht nach § 32 Abs. 1 Satz 1 KWG unterliegen,[55] sind die Anbieter zunächst den allgemeinen aufsichtsrechtlichen Eingriffskompetenzen in der finanziellen Krise einer Bank unterworfen, deren Kern das sog. aufsichtsrechtliche Moratorium nach § 46 Abs. 1 Satz 2 Nr. 4–6 KWG darstellt: die Schließung durch die BaFin, auf die im Regelfall die Überleitung ins Regelinsolvenzverfahren nach § 46b KWG folgt.[56] Zugleich unterfallen Kapitalmarktintermediäre grundsätzlich dem speziellen, unionsrechtlich für die Eurozone in der Verordnung über den Einheitlichen Abwicklungsmechanismus[57]

---

52 Richtig *Häller*, Kapitalmarktrecht und Unternehmenssanierung in der Insolvenz, 2016, S. 151.

53 Vgl. *Lau*, Die börsennotierte Aktiengesellschaft in der Insolvenz, 2007, S. 218 f.; wohl auch *Häller*, Kapitalmarktrecht und Unternehmenssanierung in der Insolvenz, 2016, S. 151 f.

54 Siehe dazu auch *Binder*, in Staub, GK-HGB, Bankvertragsrecht, 5. Aufl. 2016 ff., Siebenter Teil Rn. 3.

55 Vgl. dazu und zum Verhältnis beider Kategorien stellvertretend *Binder* 2020, § 3 Rn. 41 ff., 48 ff.

56 Siehe dazu im Einzelnen stellvertretend *Binder*, in Binder/Glos/Riepe, Handbuch Bankenaufsichtsrecht, 2. Aufl. 2020, § 17.

57 VO (EU) Nr. 806/2014 des Europäischen Parlaments und des Rates vom 15.7.2014 zur Festlegung einheitlicher Vorschriften und eines einheitlichen Verfahrens für die Abwicklung von Kreditinstituten und bestimmten Wertpapierfirmen im Rahmen eines einheitlichen Abwicklungsmechanismus und eines einheitlichen Abwicklungsfonds (...), ABlEU Nr. L 225/1 vom 20.7.2014.

vereinheitlichten Rechtsrahmen für die Sanierung und Abwicklung systemrelevanter Kreditinstitute bzw. den korrespondierenden Regelungen im Sanierungs- und Abwicklungsgesetz.[58]

Auf die komplexen Einzelheiten der damit angesprochenen Verfahren, die nicht kapitalmarktrechtlicher, sondern bankaufsichtsrechtlicher Natur und andernorts abgehandelt sind, ist hier nicht einzugehen. Teils parallel dazu, teils aber auch unabhängig von ihnen ist indessen auch eine Reihe transaktionsbezogener Schutzmechanismen eingeführt worden, welche das auf den jeweiligen Rechtsträger zugeschnittene Sonderinsolvenzverfahrensrecht ergänzen. Hinzuweisen ist zunächst auf die teils in den genannten Rechtsquellen, teils aber auch in der Insolvenzordnung enthaltenen Spezialbestimmungen, die – zurückgehend auf gemeinschafts- bzw. unionsrechtliche Vorgaben – tatsächlichem oder auch nur vermutetem Schutzbedarf im Hinblick auf bestimmte Transaktionstypen Rechnung tragen. Dazu zählt insbesondere der Insolvenzschutz von Abwicklungsvorgängen u. a. im Wertpapierclearing und -settlement (vgl. § 21 Abs. 2 Satz 2 und 3, § 96 Abs. 2, § 116 Satz 3, § 147 Satz 2 InsO sowie § 91 Abs. 2, § 97 Abs. 7 und § 110 Abs. 5 SAG), der zum einen auf die sog. Finalitätsrichtlinie von 1998,[59] zum anderen auf die Bankensanierungs- und Abwicklungsrichtlinie von 2014[60] zurückgeht. Nur zum Teil (ebenfalls durch die genannten Rechtsakte) durch gemeinschafts- bzw. unionsrechtliche Vorgaben geprägt sind Sonderregeln für den Insolvenzschutz von Verrechnungsklauseln in Rahmenverträgen über bestimmte Finanzmarktkontrakte, für die die insolvenzrechtliche Zentralvorschrift in § 104 Abs. 3 und 4 InsO jüngst neu gefasst wurde und nach wie vor rechtspolitisch umstritten ist.[61] Der Absicherung von Ansprüchen auf Rück- bzw. Herausgabe von Kundenvermögen in der Intermediärsinsolvenz schließlich dienen die unions-

---

58 Siehe dazu im Einzelnen stellvertretend *Binder*, in Binder/Glos/Riepe, Handbuch Bankenaufsichtsrecht, 2. Aufl. 2020, § 18.

59 RL 98/26/EG des Europäischen Parlaments und des Rates vom 19.5.1998 über die Wirksamkeit von Abrechnungen in Zahlungs- sowie Wertpapierliefer- und –abrechnungssystemen, ABl. Nr. L 166/1 vom 11.6.1998. Siehe dazu stellvertretend *Binder*, Bankeninsolvenzen im Spannungsfeld zwischen Bankaufsichts- und Insolvenzrecht, 2005, S. 352 ff.; *Ruzik*, Finanzmarktintegration durch Insolvenzrechtsharmonisierung, 2010, S. 150 ff., insbes. S. 199 ff.

60 RL 2014/59/EU des Europäischen Parlaments und des Rates vom 15.5.2014 zur Festlegung eines Rahmens für die Sanierung und Abwicklung von Kreditinstituten und Wertpapierfirmen (...), ABlEU Nr. L 173/190 vom 12.6.2014; dazu einführend *Binder* ZHR 179 (2015), 83 ff.

61 Hierzu näher stellvertretend *Lehmann/Flöther/Gurlit* WM 2017, 597 ff.; *Piekenbrock* ZIP 2018, 1 ff.; *Wesche/Harder* NZI 2017, 246 ff.; vgl. auch *Thole* ZHR 181 (2017), 548, 569 ff. Zur Behandlung im Abwicklungsverfahren nach der SRM-VO bzw. dem SAG siehe § 93 SAG.

rechtlichen Vorgaben zur Einrichtung eines Anlegerentschädigungssystems,[62] die in Deutschland mit dem Anlegerentschädigungsgesetz von 1998 umgesetzt werden.[63]

Jüngeren Datums sind demgegenüber die auf den Handel mit Finanzinstrumenten eines insolventen Intermediärs bezogenen Regelungen, die erst in Reaktion auf die globale Finanzkrise Eingang in das europäische Kapitalmarktrecht gefunden haben. Auch und gerade ihre Einführung illustriert indessen besonders deutlich die eingangs erwähnte Neuausrichtung des kapitalmarktrechtlichen Zielprogramms unter Erweiterung des Systemschutzziels.[64] Auch darauf kann im hier gesetzten Rahmen nicht im Detail eingegangen werden. Nur kurz hinzuweisen ist auf die im Anwendungsbereich auf Kredit- und Finanzinstitute beschränkte Aussetzung von Ad hoc-Publizitätspflichten zum Systemschutz nach Art. 17 Abs. 5 MAR[65] sowie auf die – auf Vorgaben der Richtlinie 2014/59/EU zurückgehenden – Bestimmungen zur Aufhebung bzw. Aufnahme der Börsennotierung für von einer in Abwicklung befindlichen Bank emittierte Finanzinstrumente nach § 79 Abs. 3 SAG bzw. § 106 SAG. Hinzuweisen bleibt schließlich auf die aufsichtsrechtlichen Eingriffsbefugnisse nach § 14 WpHG (§ 4a WpHG a. F.), die im Kern auf das in Reaktion auf die Finanzkrise erlassene Gesetz zur Vorbeugung gegen missbräuchliche Wertpapier- und Derivategeschäfte vom 21.7.2010[66] zurückgehen und weit gespannte Befugnisse zur Marktberuhigung bei Gefahren für die Finanzmarktstabilität vorsehen.

## IV. Marktinfrastrukturschutz und Insolvenz

Im Vergleich mit dem Rechtsrahmen für die Bewältigung der Insolvenz von Kapitalmarktintermediären nach wie vor Stückwerk sind schließlich die Bemühungen um Krisenpräventions- und Krisenbewältigungsmechanismen für Betreiber der Marktinfrastruktur. Nachdem nicht zuletzt die wirtschaftliche Bedeutung Zentraler Gegenparteien als Kernelemente der Post-Trading-Infrastruktur infolge der Einführung einer Clearingpflicht für außerbörsliche (OTC-) Derivate auch in Europa

---

**62** Siehe dazu RL 97/9/EG des Europäischen Parlaments und des Rates vom 3. März 1997 über Systeme für die Entschädigung der Anleger.
**63** Anlegerentschädigungsgesetz vom 16.7.1998 (BGBl. I S. 1842).
**64** Siehe nochmals oben sub I. bei und in Fn. 3f.
**65** Dazu eingehend *Klöhn* ZHR 181 (2017), 746 ff.
**66** BGBl. 2010 I S. 945. Dazu und zum Inhalt näher *Döhmel* in Assmann/Schneider/Mülbert, Wertpapierhandelsrecht, 7. Aufl. 2019, § 14 WpHG Rn. 3 ff.

(vgl. Artt. 4 ff. EMIR[67]) stark zugenommen hat, sind die daraus resultierenden Gefahren zunächst mit den präventiv ausgerichteten Organisationspflichten nach Titel III und IV der EMIR adressiert worden, von denen vor allem Artt. 40 ff. EMIR spezifisch auf die Bewältigung von Krisensituationen abzielen.[68] Ein Kommissionsvorschlag zur Vereinheitlichung der Anforderungen an die Abwicklung insolventer Zentralverwahrer[69] ist freilich nach wie vor nicht verabschiedet.

# V. Fazit

Befragt man die obigen Ergebnisse auf übergeordnete Leitprinzipien, ist zunächst festzuhalten, dass das Verhältnis von Kapitalmarkt- und Insolvenzrecht im Wesentlichen von Koexistenz, nicht von Konflikten geprägt ist. Für die Emittenteninsolvenz werden Auslegung und Anwendung des kapitalmarktrechtlichen Pflichtenprogramms nicht von außerkapitalmarktrechtlichen – und das heißt vor allem: von insolvenzrechtlichen – Wertungen überlagert. Die Emittentenpflichten sind auch in Krise und Insolvenz kapitalmarktrechtsautonom auszulegen, ohne dass es zur Überlagerung durch insolvenzrechtliche Wertungen käme. Strukturell sind beide Regelungskomplexe nicht inkompatibel. Vielmehr lässt sich festhalten, dass das kapitalmarktrechtliche Pflichtenprogramm – unabhängig von und neben etwa eingreifenden insolvenzrechtlichen Pflichten des Emittenten (Schuldners) in Krise und Insolvenz – solange anwendbar bleibt, wie die Nutzung des Kapitalmarkts für die Eigen- oder Fremdkapitalbeschaffung andauert. Gerade die Frage nach Ad hoc-Publizitätspflichten in Krise und Insolvenz erweist sich vor diesem Hintergrund letztlich als rein kapitalmarktrechtliches Auslegungsproblem. Die heute in § 24 WpHG und parallel dazu in § 43 BörsG enthaltenen Vorgaben lösen das Abstimmungsproblem zwischen den Kompetenzsphären des Insolvenzverwalters einerseits und der Organe des Emittenten andererseits zwar nicht, doch bleibt das Pflichtenprogramm in materieller Hinsicht davon unberührt. Die Insolvenz von Intermediären und Betreibern der Marktinfrastruktur ist demgegenüber ein Problemfeld, das bereits seit langem als gesetzliche Spezialmaterie kultiviert und

---

67 VO (EU) Nr. 648/2012 des Europäischen Parlaments und des Rates vom 4.6.2012 über OTC-Derivate, zentrale Gegenparteien und Transaktionsregister (European Markets Infrastructure Regulation, EMIR), ABlEU Nr. L 201/1 vom 27.7.2012.

68 Einführende Kommentierungen dazu bei *Binder* in Staub, GK-HGB, Bankvertragsrecht, 5. Aufl. 2016, Siebenter Teil Rn. 20, 23, 187 ff.

69 EU-Kommission, Vorschlag für eine Verordnung des Europäischen Parlaments und des Rates über einen Rahmen für die Sanierung und Abwicklung zentraler Gegenparteien (...), 28.11.2016, COM (2016) 856 final.

ausgebaut wurde. Hier bleibt es nicht bei einzelnen Anpassungen, sondern überlagert das Kapitalmarktrecht sowohl mit eigenen Wertungen – insbesondere das öffentliche Interesse an der Bewahrung der Stabilität des Finanzsystems einschließend – als auch mit speziellen Verfahren und technischen Lösungen allgemeines Insolvenzrecht, dessen Bedeutung für die Problemlösung damit zurücktritt. Kann für die Emittenteninsolvenz, wie ausgeführt, von einer Koexistenz der kapitalmarkt- und der insolvenzrechtlichen Regelungen gesprochen werden, so emanzipiert sich der im Falle der Insolvenz von Intermediären und Betreibern der Finanzmarktinfrastruktur errichtete Rechtsrahmen als *lex specialis*, die das allgemeine Insolvenzrecht verdrängt.

Tim Florstedt

# Effektenzurechnung im Wertpapierhandelsrecht und im Steuerrecht

## I. Zur Einführung

Die jüngere forensische Praxis hat darauf aufmerksam gemacht, dass die steuer- und kapitalmarktrechtliche Dogmatik der Effektenzurechnung wenig entwickelt ist. Die aufsehenerregenden Steuer- und Kapitalmarktskandale unserer Zeit haben schwierige Grenzfälle zutage gebracht, die auf eine ungelöste Komplexität der Wertpapierzuordnung hinweisen: Zunächst dreht sich die Aufarbeitung der Cum/ex-Sachverhalte, welche die Öffentlichkeit und Gerichte heute beschäftigen, im Kern um die scheinbar triviale Frage, ob ein und dasselbe Wertpapier zwei Personen jeweils „gehören" kann[1]. Auch die steuerrechtliche Problematik des Dividendenstrippings, das seit geraumer Zeit als Cum/cum-Fall bezeichnet wird, entpuppt sich als Zuordnungsfrage, über die seit Jahrzehnten gerätselt wird[2], obwohl es sich eigentlich „nur" um ein einfaches, rein steuermotiviertes Hin- und Herschieben von Wirtschaftsgütern handelt.

Ähnliche Probleme zeigen sich in dem kapitalmarktrechtlichen Prozess gegen die Volkswagen AG[3]. Dort sind Schäden im Milliardenbereich zur Tabelle angemeldet[4], ein erheblicher Teil dieser Beträge entfällt aber auf Inhaber, welche die Aktien aufgrund von Pensionsgeschäften nur zeitweise innehatten[5]. Wer in solchen Fällen den Anlegerschaden geltend machen kann, Verleiher bzw. Pensionsgeber oder Entleiher bzw. Pensionsnehmer, oder jeweils beide Beteiligte, – anders gesagt: wem die Aktien kapitalmarktrechtlich „gehören" – wurde bislang kaum diskutiert. In anderen Bereichen des Kapitalmarktrechts, etwa dem Melderecht, sind die Zurechnungsregeln Gegenstand einer intensiven Diskussion, aber einheitliche, übergreifende Linien sind bislang nicht gezogen worden. Vor diesem Hintergrund erklärt sich das wachsende Interesse an der methodischen

---

**1** Vgl. nur *Florstedt*, StuW 2018, 216, 216 f. m.w.N.

**2** Vgl. *Spilker/Kremer*, BB 2018, 2775, 2777 ff. und den *Verf.*, StuW, 2018, 216, 223 f.; zum Dividendenstripping allgemein statt vieler *Misteli*, Dividenden-Stripping, 2001, S. 43 ff.

**3** Vgl. OLG Braunschweig, ZIP 2017, A 26 Nr. 97 und zum Verfahren statt vieler *Thomale*, NZG 2018, 1007 f.

**4** S. *Sajnovits*, WM 2016, 765.

**5** Vgl. nur Schwintowsky/*Lange*, Bankrecht, 5. Aufl. 2018, § 20 Rn. 17 ff.; Zerey/*Storck*, Finanzderivate, 4. Auflage 2016, § 15 Rn. 1 ff.

https://doi.org/10.1515/9783110632323-016

Frage, wie Wertpapiere in den Teilrechtsgebieten zugewiesen werden. Der Beitrag geht darauf näher ein und legt ein besonderes Augenmerk auf einen funktionalen Vergleich der verschiedenen Arten steuer- und wertpapierhandelsrechtlicher Zurechnung von Finanzinstrumenten.

## 1. Der Ausgangspunkt: zum Fluch eines sachenrechtsakzessorischen Depotrechts

Die angedeutete fachgebietsübergreifende Unsicherheit hat verschiedene Quellen. Die Wertpapierzuordnung setzt einen Bezugsgegenstand – einen Anteil oder eine Forderung – voraus und ein Verhältnis zu einem Subjekt, das formell (d. h. durch eine institutionalisierte Rechtsform vermittelt) oder materiell (d. h. durch rechtsspezifische Kriterien gefasst) sein kann. Dabei sind die verselbständigten Teilrechtssysteme insofern ineinander verwoben, als dass sie beide von einem Depotrecht abhängig sind, das (noch immer) sachenrechtsakzessorisch ausgestaltet ist. Die praxisferne, nur noch von wenigen ernstlich befürwortete Anbindung an den deutschen Sonderweg des Sachenrechts kann nur eine notdürftige Grundlage für den modernen Effektenhandel sein. Kaum etwas bietet sich weniger für ein universalistisches Zuordnungsmuster für Finanzinstrumente an, als die Inhaberbestimmung durch das Bruchteilseigentum an einer papierförmigen Globalurkunde, die letztlich durch eine Umstellung von Besitzkonstituten erfolgen muss. Aber infolge fehlender Reformkräfte konnten sich die pandektistischen Zuordnungsmuster der §§ 929 ff. BGB bis heute im Kapitalmarkt- und Depotrecht behaupten. Besonders aufschlussreich für diesen Mangel sind die aktuellen Eruierungen des BMJV nach Wegen einer gewissen Modernisierung des Depotrechts, das selbst auch im digitalen Zeitalter den sachenrechtlichen Zuordnungszugriff ergänzen will, nicht aber ernstlich zur Disposition stellt[6].

6 Das BMF und BMJV erwägen in einem Eckpunktepapier die Öffnung des deutschen Rechts für elektronische Wertpapiere nach dem Vorbild des § 6 Abs. 1, 2 BSchuwG (Eckpunkte für die regulatorische Behandlung von elektronischen Wertpapieren und Krypto-Token, abrufbar auf der Seite des BMJV). Damit würde die urkundliche Verkörperung von Wertpapieren entbehrlich, an dem sachenrechtsakzessorischen Wertpapierrecht soll aber grundsätzlich festgehalten werden; Kritik insofern bei *Casper*, BKR 2019, 209 ff.

## 2. Das überreiche Anschauungsmaterial: von „Wash Sales“ bis hin zu „Cum/ex“

Bevor sich der Beitrag einigen Aussagen zu übergreifenden, funktionalen Zurechnungsprinzipien für die Effektenzurechnung zuwendet, sollen Anwendungsfälle vorangestellt werden, die nicht mit dem Anspruch einer vollständigen Typologisierung verbunden sind.

Ein einfacher Anschauungsfall ist die Verlustrealisierung durch gegenläufige Wertpapiergeschäfte. Ein Investor kann ein Wertpapier zum Zweck der steuerlichen Geltendmachung von Verlusten verkaufen und unmittelbar wieder zurückkaufen, wenn er von einer positiven Kursentwicklung überzeugt ist. Dabei sind zwei Subvarianten zu unterscheiden: Der Investor gibt die Wertpapiere in den Markt und deckt sich dort wieder ein, er kauft die gleiche Stückzahl zu den gleichen Preisen von einer anderen Person zeitnah zurück, mit der er sich vorab abgesprochen hat (*pre arranged sale*)[7]; es gibt auch Transaktionen, bei denen Verkäufer und Käufer identisch sind, der Investor also zeitgleiche Wertpapiergeschäfte sozusagen mit sich selbst vornimmt (*wash sales*)[8], und so kein Kursrisiko in der Zeit zwischen Ver- und Ankauf trägt[9] und auch die Gebührenlast für eine solche Transaktion ohne *good business reasons* gering hält[10].

Zu vielen Missverständnissen hat ein Urteil des BFH zur sog. *Anteilsrotation* geführt, also einer paradigmengleichen rein steuermotivierten Gestaltung, die einen künstlichen Veräußerungsverlust auf Gesellschafterebene generieren soll[11]. In diesem Urteil hatte der BFH einen Ringtausch von GmbH-Anteilen steuerrechtlich akzeptiert, bei dem Geschäftsanteile in gleicher Höhe zu fiktiven Kaufpreisen taggleich solange von einem Gesellschafter zum nächsten geschoben wurden, bis der Ausgangszustand wieder erreicht wurde.

Das Hauptbeispiel für *pre arranged sales* sind *Wertpapierleih- und Pensionsgeschäfte*, bei denen der ursprüngliche Inhaber die Risiken und Chancen aus dem Wertpapier „behält“[12]. Dem kann ein Leihverhältnis oder eine repurchase operation zugrunde liegen, bei dem dann die „Repo“-Rate, also die Differenz zwischen Verkaufs- und Rückkaufpreis, wirtschaftlich einen Zinssatz abbildet; die

---

**7** *Ostermann*, ZBB 2018, 377, 378, mit Nachweisen in Fn. 1.

**8** Klöhn/*Schmolke*, MAR, 2018, Vor. Art. 12 Rn. 17; Art. 12 Rn. 115 ff.; *Ostermann*, ZBB 2018, 377, 378.

**9** BFH, v. 8.3.2017 – IX R 5/16, BFHE 257, 211, 216.

**10** *Ostermann*, ZBB 2018, 377, 385 f.

**11** BFH v. 7.12.2010 – IX R 40/09, BFHE 232, 1, 3 ff., dazu noch unter II. 1. c.

**12** Vgl. Nr. 6 des Rahmenvertrags für Wertpapierdarlehen des Bundesverbands deutscher Banken; s. auch Nr. 3 des Produktanhangs für Wertpapierdarlehen zum Rahmenvertrag für Finanzgeschäfte (EMA) der FBE (01/01).

Transaktion kann dann als Besicherung dienen[13]. Da die Papiere dinglich übertragen werden und nur gleichartige Papiere zurückzugewähren sind, entsteht die theoretisch hochinteressante und praktisch wahrscheinliche Gefahr der rechtlichen „Wertpapiervervielfältigung"[14]: Wenn ein Pensionsgeber einem Pensionsnehmer Aktien überlässt, wird dieser die Aktien für die Dauer des Pensionsgeschäfts wieder in den Markt geben. Der neue Aktionär braucht die Vorgeschichte seiner Aktien nicht zu kennen und kann sie seinerseits wieder verleihen. Und so fort. Sieht man hier die Pensionsgeber weiter als bilanz- oder wertpapierrechtliche Anteilsinhaber an, kann sich die Inhaberschaft an ein und derselben Aktie im Grunde schrankenlos vermehren.

Eine andere Unterart des arrangierten Aktienhandels ist sicherlich das bis zur Einführung der §§ 36a, 50j EStG vielpraktizierte Dividendenstripping, durch das, vereinfacht gesagt, ein beschränkt steuerpflichtiger „Steuerausländer" die Kapitalertragsbesteuerung vermied[15]. Insofern bietet ein inländischer Anrechnungsbefugter – in der Regel ein Kreditinstitut – an, die Aktien vor dem Dividendenstichtag zu erwerben, die Dividende „abzustreifen" und sie samt Steuerersparnis wirtschaftlich gesehen zurückzureichen. Es ist schließlich für die heutige Diskussion typisch, dass Zurechnungsfragen beim Aktienhandel stets auch vor dem Hintergrund der Cum/ex-Geschäfte gesehen werden. Gemeint sind Sachverhalte, in denen ein Leerverkäufer vor dem Dividendenstichtag die Aktien mit Dividendenbezugsrecht (*cum* Dividende) an einen Leerkäufer verkaufte, aber (absichtlich) erst nach dem Dividendenstichtag (also *ex* Dividende) und vertraglich gesehen „zu spät" lieferte. Er zahlte dem Käufer deswegen Schadensersatz wegen Nichterfüllung, und zwar eine Kompensation in Höhe der Nettodividende. Diese Ausgleichszahlung war für den Käufer die Grundlage, eine („zweite") Anrechnung (neben derjenigen des Aktieninhabers) der einmal abgeführten Kapitalertragsteuer zu beantragen[16]. Legal war diese „zweite" Anrechnung nur, wenn der Käufer – neben dem Aktionär – als steuerrechtlicher Eigentümer der Aktien anzusehen ist.

---

**13** Vgl. *Bachmann*, ZHR 173 (2009), 596, 600 sowie Schimansky/Bunte/Lwowski/*Teuber*, Bankrechts-Hdb., 5. Aufl. 2017, § 105 Rn. 15.

**14** Vgl. Assmann/Schneider/Mülbert/*Schneider*, Wertpapierhandelsrecht, 7. Aufl. 2019, § 34 WpHG Rn. 72; Schimansky/Bunte/Lwowski/*Teuber* (Fn. 13), § 105, Rn. 7.

**15** Da nach § 50 Abs. 2 S. 1 EStG die Einkommensteuer durch Steuerabzug vom Kapitalertrag abgegolten ist, wird grds. keine Veranlagung ausgelöst und damit eine Anrechnung ausgeschlossen.

**16** Vgl. aus dem umfangr. Schrifttum nur *Spengel/Eisgruber*, DStR 2015, 785, 786 f.; *Rau*, DStR 2010, 1267, 1268 ff.

### 3. Themenbegrenzung

Den bisherigen Ansätzen der steuer- oder kapitalmarktrechtlichen Effektenzurechnung ist eine bisweilen zögerliche Absage an eine streng sachenrechtlichdeterminierte Zurechnungsart gemeinsam. Die Dogmenaufgabe scheint in erster Linie auf die Suche nach dem richtigen Eigentumssubstitut gerichtet zu sein, das eine zumindest teilweise Emanzipation vom Sachenrecht ermöglicht: Ist Inhaber, wer einen Lieferanspruch hat (so die ganz h.M. im Kapitalmarktdeliktsrecht)[17], wer das Kursrisiko faktisch trägt (so im Ergebnis oftmals der BFH)[18] oder gar wer eine Depotbuchung erhalten hat (so sicherlich ein Großteil der Praxis)? Sieht man näher hin, führt die stets erkennbare Bemühung um eine vom Primat des Sachenrechts entkoppelte Zurechnung zu einer Fülle verschiedenartiger Problemzugriffe. Welchen Methodenweg (Auslegung, wirtschaftliche Betrachtungsweise, Missbrauchsverbot) man dabei geht, ist für das Zurechnungsresultat weniger maßgeblich, die zugrunde gelegten Kriterien sind oft gleich. Die Methodenpluralität führt aber dazu, dass man die funktional verwandten Zuordnungslösungen nicht mehr miteinander vergleicht, aber das wäre wiederum für eine kohärente Dogmatik erforderlich.

Der Beitrag will keine gebietsübergreifende Zuordnungslehre entwickeln, sondern auf diese funktionalen Gemeinsamkeiten hinweisen und Ansätze für abstraktere Lösungsmuster aufzeigen. Nach einer Vorüberlegung soll der steuerrechtliche *status quo* näher beschrieben werden (II.). Von hier aus sollen einige Schlaglichter auf kapitalmarktrechtliche Parallelfragen geworfen werden, um den Nutzen einer gebietsübergreifenden Betrachtung exemplarisch zu zeigen (III.).

## II. Die moderne wirtschaftliche Betrachtungsweise im Steuerrecht: ein Lehrstück zu den Grundformen der Güterzurechnung

### 1. Steuerrechtliche Grundformen der Güterzurechnung

Die juristische Methode der Zurechnung folgt keinen ontologischen Vorgaben, sie ist ein Kunstprodukt, das in ganz verschiedene Grundmuster aufzuschlüsseln ist.

17 Näher unter III. 3.
18 S. noch II. 2. b.

Das gelebte Steuerrecht eignet sich für eine solche Aufschlüsselung in besonderer Weise.

### a) Zurechnung als Problem der Norminterpretation

Im Allgemeinen werden die Zuordnungsaufgaben in der deutschen Anwendungspraxis weithin als bloßes Interpretationsproblem angesehen, d.h. spezifische Normbegriffe wie „Inhaber", „Erwerb" oder „Veräußerung" sollen die fachspezifischen Maßstäbe bereits enthalten, die der Rechtsanwender nur durch Normauslegung erkennen muss. In diesem Sinn hat der BFH beispielsweise als Veräußerung i.S.d. § 20 Abs. 2 Satz 1 Nr. 1 EStG nur die entgeltliche Übertragung des zumindest wirtschaftlichen Eigentums anerkannt.[19] Es versteht sich: Die subjektive Seite der Zurechnungstechnik geht bei diesem Problemzugriff verloren. Anders gesagt: Die gestalterische Verwendung von juristischen Formen (v.a. sachenrechtliches Eigentum) kann hier nur durch typisierende Grenzen, nicht durch eine Kontrolle auch der konkreten Gestaltungsmotive unterbunden oder begrenzt werden.

### b) Wirtschaftliches Eigentum an Wertpapieren

Für ein tieferes Verständnis, was wirtschaftliche Zurechnung (von Wertpapieren) bedeutet, ist eine kurze Vorbemerkung sinnvoll: Eine von einem Ableitungskontext zu einer Einzelnorm unabhängige, „materielle" Zurechnungstechnik kann sich gedanklich beziehen auf das Erwerbsrecht auf die Sache (dynamische Zurechnung) oder bestimmte „materielle" Befugnisse in Bezug auf die Sache (statische Zurechnung). Zum einen: Das Abstellen auf eine gesicherte Erwerbsaussicht weist dem Anwärter die Sache auf Grund seines Anspruches zu; die Sachzuweisung ist nicht mehr vom noch ausstehenden letzten Teilakt eines rechtsförmigen Erwerbsprozesses abhängig (Paradigma: das „Anwartschaftsrecht"). Der Methodenansatz besteht in einer Vorverlagerung des Zuordnungszeitpunkts. Zum anderen: Eine statische „wirtschaftliche" Zuweisung kann wiederum anhand positiver oder negativer Befugnisse erfolgen. Paradigmen sind das Recht „mit der Sache nach Belieben verfahren" zu können zum einen und das

---

19 Vgl. BFH v. 12.6.2018 – VIII R 32/16 BFH/NV 2018, 1184, 1185; Herrmann/Heuer/Raupach/*Bunge*, EStG/KStG, 290. EL 2019, § 20 EStG, Rn. 530; Kirchhof/*Beckerath*, EStG, 17. Aufl. 2018, § 20 EStG, Rn. 125.

Recht „andere von jeder Einwirkung ausschließen" zu können zum anderen (vgl. § 903 BGB). Wer die Zuweisung negativ bestimmt, hat die Herrschaft und Ausschließungsmacht in Bezug zum rechtlichen Eigentümer zu beschreiben. Wer die Zuordnung anhand von Rechten oder Befugnissen an der Sache bestimmt, hat die Wahl zwischen zahlreichen Einzelaspekten, wiederum positiven, wie den Nutzen aus Verwaltungs-, v. a. Stimmrechten (§ 12 AktG) oder Vermögens-, v. a. den Gewinnbezugsrechten (§ 58 Abs. 4 AktG); oder negativen, wie die Tragung der Zufalls- und Untergangsgefahr (Zahlungsfähigkeit) oder auch des Verwendungs-, v. a. des Kursrisikos. Zu all diesen möglichen Ansätzen gibt es im Kapitalmarkt- und Steuerrecht bekannte Entscheidungen.

### aa) Der gesetzliche Ausgangspunkt

Mit § 39 AO verfügt das Steuerrecht über eine explizite Zurechnungsnorm, die in Abs. 2 auch die Figur des wirtschaftlichen Eigentums vorsieht. In § 39 Abs. 1 AO ist der Grundsatz enthalten, dass der sachenrechtliche Inhaber auch im Steuerrecht der Zurechnungsadressat des Wirtschaftsguts ist. Als ob die Öffnung und Entwicklung der Kapitalmärkte nicht stattgefunden hätte, werden Finanzinstrumente damit auch steuerrechtlich weiter durch Umstellung von Besitzmittlungsverhältnissen an der Globalurkunde übertragen. Die oft bemühte „wirtschaftliche Betrachtungsweise" ist hier nur noch als Ausnahmetatbestand in Abs. 2 erhalten. Nach diesem § 39 Abs. 2 Nr. 1 S. 1 AO ist – vereinfacht gesagt – steuerrechtlich Inhaber, wer den sachenrechtlichen Eigentümer dauerhaft von dem Wirtschaftsgut ausschließen kann[20]. Diese geschriebenen Regelungen wurden – wenig überraschend – für den Anteilshandel von der Judikatur weiterentwickelt.

### bb) Rechtsprechung des BFH

Wie hat nun die Steuerrechtsprechung die Zurechnungstechnik an die Bedürfnisse des Wertpapierhandels angepasst? Beim Erwerb von Kapitalgesellschaftsanteilen wird für wirtschaftliches Eigentum eine Erwerbsaussicht und ein Übergang der „mit den Anteilen verbundenen wesentlichen Rechte – v. a. Gewinnbezugs- und Stimmrechte –", sowie „das Risiko einer Wertminderung und die Chance einer Wertsteigerung" gefordert[21]. Für den Aktienhandel setzt ein Urteil des BFH zum

20 Sog. Seeliger-Formel, vgl. dazu *Kolbinger*, Das wirtschaftliche Eigentum an Aktien, 2008, S. 27 f.

21 St. Rspr., vgl. etwa BFH v. 18.12.2001 – VIII R 5/00, BFH/NV 2002, 640, 642; v. 17.2.2004 – VIII R 28/02, BFHE 205, 426, 429; v. 4.7.2007 – VIII R 68/05, BFHE 218, 299, 303; v. 6.5.2008 – IV B 151/07, BFH/NV 2008, 1452, 1453; v. 22.7.2008 – IX R 74/06, BFHE 222, 458, 460 f.; v. 9.10.

Dividendenstripping aus dem Jahr 1999 bis heute den Maßstab, das bei Börsengeschäften den Übergang des wirtschaftlichen Eigentums trotz gewollter Rückübertragung (also bei einer Hin- und Herübertragung) akzeptiert und den Zeitpunkt des Vertragsschlusses (nicht: der sachenrechtlichen Lieferung!) für maßgeblich gehalten hat[22]. Anstelle eines begründeten Sonderkonzepts für die Wertpapierzurechnung steht hier nur der Hinweis, dass es bei § 39 Abs. 2 Nr. 1 Satz 1 AO auf das Gesamtbild ankomme[23].

Seither ist es eine viel diskutierte Frage, welche Aussagen sich aus dem Urteil für andere Konstellationen, vor allem für Cum/ex-Geschäfte mit Leerverkauf herleiten lassen. Richtig und durch untergerichtliche Judikatur mehrfach bestätigt[24] ist inzwischen: beim Erwerb vom Nichtberechtigten (beim Leerverkauf) gar keine[25]. Das FG Hessen ist noch weiter gegangen und will bei außerbörslichen Geschäften ein wirtschaftliches Aktieneigentum vor Lieferung generell nicht anerkennen[26].

Durch das einzige Urteil des BFH zu einem Cum/ex-Fall wurde am 16.4.2014 eine weitere Zurechnungshürde eingeführt, die wohl eher als provisorischer Lösungsansatz angesehen werden muss[27]. In dem Urteil des I. Senats wurde ein steuerrechtlicher Aktienerwerb OTC (over the counter) für möglich gehalten[28],

---

2008 – IX R 73/06, BFHE 223, 145, 147; v. 5.10.2011 – IX R 57/10, BFHE 235, 376, 381; s. aus der Literatur *Englisch*, FR 2010, 1023, 1025 f.; Tipke/Kruse/*Drüen*, AO/FGO, 155. EL 2019, § 39 AO Rz. 24a; Schmidt/*Weber-Grellet*, EStG, 38. Aufl. 2019, § 17 Rz. 50. Kritik an dem alleinigen Abstellen auf Chancen und Risiken etwa bei *Schmid*, DStR 2011, 794, 796; Baumbach/Hopt/*Merkt*, HGB, 38. Aufl. 2018, § 246 Rz. 14.

**22** BFH v. 15.12.1999 – I R 29/97, BFHE 190, 446, 452 ff. Es heißt ferner: „Ungeachtet der eingegangenen Rückverkaufsverpflichtungen wurde sie in die Lage versetzt, diese Aktien für längere Zeit in ihrem Eigenbestand zu belassen, sie an Dritte weiterzuveräußern oder sie in sonstiger Weise beliebig zu nutzen. Zugleich trug sie ein – selbst bei taggleichen Geschäften durchaus realistisches – Kursrisiko, war Pfändungszugriffen wie auch Konkursverfall ausgesetzt. Wirtschaftliches Eigentum ist deswegen übergegangen"; bestätigt durch BFH v. 20.11.2007 – I R 85/05, BFHE 223, 414, 415 f.; v. 20.11.2007 – I R 102/05, IStR 2008, 336; vgl. auch v. 1.8.2012 – IX R 6/11, BFH/NV 2013, 9; v. 15.10.2013 – I B 159/12, BFH/NV 2014, 291.

**23** Wie zuvor; der Gesamtschautopos entspr. einer st. Rspr. zu § 39 AO; vgl. BFH v. 12.9.1991 – III R 233/90, BFHE 166,49, 52; v. 12.12.2007 – X R 17/05, BFHE 220, 107, 114; v. 9.10.2008 – IX R 73/06, BFHE 223, 145, 147.

**24** FG Hessen v. 10.2.2016 – 4 K 1684/14, DStR 2016, 1084 ff.; v. 10.03.2017 – 4 K 977/14, WM 2017, 854, 858 ff.

**25** *Eisgruber/Spengel*, DStR 2015, 785, 788 ff.; *Schön*, RdF 2015, 115; 116 ff.; *Florstedt*, FR 2016, 641, 646 ff.

**26** FG Hessen v. 10.2.2016 – 4 K 1684/14, DStR 2016, 1084, 1088.

**27** BFH v. 16.4.2014 – I R 2/12, BFHE 246, 15.

**28** BFH v. 16.4.2014 – I R 2/12, BFHE 246, 15, 25.

in casu aber wegen eines „(...) initiierten und modellhaft aufgelegten Gesamtvertragskonzepts“, und zwar einem konstruierten Durchgangserwerb, bei dem der Inhaber keinerlei Risiken übernahm, verneint[29]. Missbrauchskriterien einschließlich einer Absichtskontrolle werden hier in die Zurechnungsvorschrift des § 39 Abs. 2 AO eingebunden[30]. Das bedeutet: Die Sachenrechtsakzessorietät des § 39 AO und die gesetzlichen Grundsätze für ihre Durchbrechung sind hier durch eine einzelfallbezogene Missbrauchsprüfung ersetzt, welche die subjektiven Gestaltungsmotive innerhalb der Zurechnungsfrage mit kontrolliert.

### c) Zurechnungsverschiebender Gestaltungsmissbrauch

Auch das Verbot des Gestaltungsmissbrauchs, das im Steuerrecht in § 42 AO ausdrücklich geregelt ist, wird mit Zurechnungsaufgaben betraut. Nach § 42 Abs. 2 Satz 1 AO ist eine Bewegung von Finanzinstrumenten missbräuchlich, wenn sie auf einer unangemessenen rechtlichen Gestaltung beruht, die beim Steuerpflichtigen oder einem Dritten im Vergleich zu einer angemessenen Gestaltung zu einem gesetzlich nicht vorgesehenen Steuervorteil führt. Ein einfaches Beispiel findet sich in einem Urteil des BFH vom 27.7.1999: Hier wurde der Erwerb von Bundesobligationen dann als ein Gestaltungsmissbrauch nach § 42 AO angesehen, wenn allein die Freibetragsregelung in § 20 Abs. 4 EStG zu einem Vorteil für den Steuerpflichtigen bei einem ansonsten verlustbringenden Wertpapiergeschäft führen kann[31]. Im unionsrechtlichen Bezugsrahmen bildet die Rechtsmissbrauchslehre des EuGH ein funktionales Äquivalent, allerdings mit erheblich abweichender Prüfungsfolge, wie hier nur anzudeuten ist[32].

---

**29** BFH v. 16.4.2014 – I R 2/12, BFHE 246, 15, 23f.

**30** Kritik am „Gesamtvertragskonzept“ des BFH bei *Schmid*, DStR 2015, 801, 804f.; *Schmich*, GmbHR 2014, 1177, 1181 („unvorhersehbarer Richtungswechsel“). Deutlicher wird der Zusammenhang bei Berücksichtigung eines Folgeurteils vom 18.8.2015 zur Wertpapierleihe, in dem der erste Senat i. R. der Zurechnung gem. § 39 Abs. 2 AO auf die Motive des Steuerpflichtigen abstellt, BFH v. 18.8.2015 – I R 88/13, BFHE 251, 190, 195.

**31** BFH v. 27.7.1999 – VIII R 36/98, BFHE 189, 408, 412. Gleicher Problemzugriff (Anwendung von § 42 AO, nicht § 39 AO) bei BFH v. 8.3.2017 – IX R 5/16, BFHE 257, 211, 214ff.; s. ferner BFH v. 21.8. 2012 – VIII R 32/09, BFHE 239, 31, 36ff..

**32** S. nur grundl. EuGH v. 14.12.2000 – Rs. – C-110/99 – Emsland Stärke, ECLI:EU:C:2000:695 Rn. 52f. Eingehend *Lindermann*, Normbehauptung im Steuerrecht, 2019, S. 170ff.

### d) Zurechnungsverschiebendes Scheingeschäft

Scheinbar nahezu bedeutungslos für die steuerrechtliche Zurechnung ist dagegen die Figur des Scheingeschäfts. Die ganz herrschende Ansicht verneint einen Scheingeschäftscharakter i. S. d. § 41 Abs. 2 AO im Einklang mit der Zivilrechtslehre zu § 117 BGB bereits dann, wenn die Rechtsfolgen einer Transaktion gewollt sind[33]. Damit sind selbst die ökonomisch substanzlosen, nur auf Erschleichung einer Anrechnung abzielenden Cum/ex-Geschäfte formal keine Scheingeschäfte[34]. Von einer wirtschaftlichen Betrachtungsweise kann hier im Grunde keine Rede mehr sein[35]. Sieht man näher hin, ist der Simulationstopos aber durchaus ein wichtiges Entscheidungskriterium, nur wird er in andere Methodenfiguren „eingelagert"[36].

## 2. Einige Thesen zur steuerrechtlichen Zurechnungsmethode

### a) Alternativitätsprinzip

Die Cum/ex-Fälle haben den Blick auf ein im Bestreben nach Sachenrechtsemanzipation lange übersehenes Zuordnungsprinzip gelenkt: das Prinzip der Alternativität. Es besagt, dass die Zurechnung wirtschaftlichen Eigentums zugleich einen entsprechenden Verlust bei einem anderen Subjekt voraussetzt. Diese „Zurechnung nur *gegen* Abrechnung" ist eine in der Regel-Ausnahme-Relation von § 39 Abs. 1 und 2 AO enthaltene, aber in zu großzügiger Loslösung vom Gesetz oft übergangene Wertung[37]. Das ist auch der richtige Kern von § 39 Abs. 2 Nr. 1 AO, eine Ausschließungsmacht des steuerrechtlichen Eigentümers zu fordern, denn die Ausschließung vermag zugleich eine solche „Abrechnung" zu begründen.

---

**33** Vgl. nur BFH v. 12.7.1991 – III R 47/88, BFHE 165, 498, 505 f.; BFH v. 20.5.1998 – III B 9/98, BFHE 186, 236, 245; ausf. *Walz*, Steuergerechtigkeit und Rechtsanwendung, 1980, S. 228 ff.

**34** Vgl. Hübschmann/Hepp/Spitaler/*Fischer*, AO/FGO, 252. EL 2019, § 41 AO Rn. 208.

**35** Entsprechende Vorschläge, z. B. von *Hahn*, DStZ 2000, 433 ff. konnten sich nicht durchsetzen; kritisch an der Handhabung von § 41 Abs. 2 AO durch die h. M. bereits *Walz*, Steuergerechtigkeit und Rechtsanwendung, 1980, S. 229.

**36** S. namentlich *Gosch*, BFH/PR 2016, 105 und zu diesem Methodenproblem den *Verf.*, StuW 2018, 216, 227 f.

**37** Tipke/Kruse/*Drüen* (Fn. 21), § 39 AO Rz. 3.

### b) Für wirtschaftliche Zurechnung – aber wie?

Unter „wirtschaftliche Zurechnung" lässt sich die Suspendierung sachenrechtlicher Vorherigkeit zugunsten einer Erwartungsposition oder zugunsten spezifischer Eigentumskriterien verstehen (II. 1. b.). Aber welche Kriterien sollten das sein? Es liegt in der Absicht des Gesetzgebers des BGB und der AO, die Frage, was (wirtschaftliches) Eigentum positiv formuliert ausmache, nicht beantworten zu müssen. Leider ist auch die ganze Steuerrechtskasuistik zu dieser Frage kaum mehr als ein Herantasten an Lösungsansätze. Zieht man die Summe, wird man Scheingeschäfte und Geschäfte ohne Übergang des Kursrisikos als wichtigste Fallgruppen ansehen können, in denen ein wirtschaftliches Eigentum an Finanzinstrumenten verneint wurde[38].

### c) Gefahren bei einem missbrauchsrechtlichen Zurechnungsansatz

Was zur Handhabung des Missbrauchsverbots in § 42 AO abstrakt gesagt werden kann, ist zunächst die erstaunliche Bedeutung von Normen, die einen Rückgriff auf die AO gleich ausschließen sollen. Soweit ein Sondergesetz[39] oder „Missbrauchsgesetz"[40] einen Sachverhalt regelt, lässt sich in Urteilen eine gewisse Tendenz nachvollziehen[41], diese für abschließend zu halten. Das schwächt die Generalnorm erheblich[42]. Nicht geringer sind die Gefahren für die Durchschlagskraft des Missbrauchsverbotes durch eine großzügige Interpretation des § 42 Abs. 2 Satz 1 AO, nach dem eine Steuerumgehung ausgeschlossen ist, wenn sie zu einem gesetzlich vorgesehenen Steuervorteil führt. Wann soll das der Fall sein? Das ist abstrakt kaum zu sagen und in dem Urteil des BFH v. 7.12.2010 hatte der BFH bei der geschilderten Anteilsrotation (I. 2.) einen solchen Vorteil in der Tat angenommen[43]. Erst eine Detailsicht zeigt, dass sich diese Aussage nicht auch

---

**38** Näher und mit Nachw. *Florstedt*, StuW 2018, 216, 220ff.

**39** Statt vieler *Schön*, DStJG 33 (2010), S. 29, 60f.; *Tanzer*, DStJG 33 (2010), S. 189, 205ff.; *Gabel*, Verfassungsrechtliche Maßstäbe spezieller Missbrauchsnormen im Steuerrecht, 2011, S. 204ff.

**40** *Hey*, Beihefter zu DStR 3 2014, 8; s. auch *dies.*, DSTJG 33 (2010), S. 139ff.

**41** Weitgehend ist insbes. das Urteil vom 18.12.2013 (I R 25/12), in dem § 12 Abs. 3 S. 2 UmwStG a.F. und § 8 Abs. 4 KStG 2002 a.F. eine Sperrfunktion beigemessen wurde; der Hinweis, es sei „allein Aufgabe des Gesetzgebers, der mittels der speziellen Missbrauchsbekämpfungsnormen die Grenzen des Missbrauchs gezogen hat, diese zu schließen", wird wörtlich wiederholt, BFH v. 18.12. 2013 – I R 25/12 –, BFH/NV 2014, 904, 906; zu Nachw. aus dem Schrifttum vgl. die Fn. 39.

**42** Wie hier bereits *Tipke*, Die Steuerrechtsordnung, Band 3, 2. Aufl. 2012, S. 1689; vgl. auch zum Kontext der Cum/ex-Geschäfte *Florstedt*, StuW, 2018, 216, 227f.

**43** BFH v. 7.12.2010 – IX R 40/09, BFHE 232, 1, 3f.

gleich auf alle der oben geschilderten *pre arranged sales* beziehen lässt, wie es aber bisweilen angenommen wird[44].

# III. Einige Folgerungen für die Effektenzurechnung im Kapitalmarktrecht

Die Bemühungen um ein vom sachenrechtsakzessorischen Wertpapierrecht nicht länger abhängiges Zurechnungsmodell sind im Kapitalmarktrecht punktueller Art. Es soll hier nur exemplarisch nachgewiesen werden, dass die abstrakten Problemstrukturen oft gleich sind.

## 1. Mehrfachzuweisungen im Melderecht

Im Melderecht kommt es bemerkenswerterweise nach einer ganz herrschenden Sichtweise zu einer Doppel- und Mehrfachzählung des Aktienbestands, weil nach § 33 WpHG neben dem Aktionär auch ein schuldrechtlicher Erwerber als Inhaber behandelt wird[45]. Was im Steuerrecht häufig als „abwegig" oder logisch nicht möglich bezeichnet wird[46] – die doppelte Zuweisung einer Aktie – wird hier (scheinbar) vorgeschrieben. Warum ist das so? Bereits § 21 Abs. 1b WpHG a. F.[47] (als Vorläuferregel von § 33 Abs. 3 WpHG) hatte für ein „Gehören" den Abschluss eines unbedingten und sofort zu erfüllenden schuldrechtlichen Kausalgeschäfts genügen lassen[48]. Der Zeitpunkt der Effektenzurechnung wurde vorverlagert[49], eine

44 Vgl. BFH v. 7.12.2010 – IX R 40/09, BFHE 232, 1, 4; danach ist entscheidend, dass die Zirkulierung „nicht ungewöhnlicher" sei als die von § 17 Abs. 4 EStG zugelassene Verlustrealisierung durch eine Liquidation.

45 Vgl. MüKoAktG/*Bayer*, 5. Aufl. 2019, § 34 WpHG Rz. 4. Analoges gilt für den Kontrollbegriff in § 29 f. WpÜG, s. dazu und zu den teleologischen Gründen *Löhdefink*, Acting in concert und Kontrolle im Übernahmerecht, 2007, S. 223 ff.; s. auch KK-WpÜG/*v. Bülow*, 2. Aufl. 2010, § 30 Rz. 29.

46 Vgl. z. B. BMF, DStR 2015, 1624, 1626); BT-Drucks. 17/13638, S. 11 f.; FG Hessen v. 8.10.2012 – 4 V 1661/11, DStR 2012, 2381, 2383 f.

47 Das Gesetz zur Umsetzung der Transparenzrichtlinie-Änderungsrichtline (vom 20.11.2015, BGBl. I 2015, 2029), Richtlinie 2004/109/EG (EU-Transparenzrichtlinie)) wurde durch die Richtlinie 2013/50/EU (Transparenzrichtlinie-Änderungsrichtlinie) vom 06.11.2013 überarbeitet und die Neuerungen zusammengefasst. Für einen Überblick über die Änderungen s. *Blöink/Kumm*, BB 2015, 1515; *Roth*, GWR 2015, 485.

48 Begr. RegE BT-Drucks. 18/5010, S. 45; Fuchs/*Zimmermann*, WpHG, 2. Aufl. 2016, Vor §§ 21–30 Rn. 14 f.; *Burgard/Heimann*, WM 2015, 1445, 1446; *Bosse*, BB 2015, 746, 749; *Roth*, GWR 2015, 485, 487; *Söhner*, ZIP 2015, 2451, 2453.

Angleichung an das internationale Zurechnungsmodell gesucht[50] und zudem der Zeitraum für Insiderhandel verkürzt[51]. Auch werden Meldepflichten einfacher handhabbar, da nun nicht mehr die Einbuchungsvorgänge für die entsprechenden Fristen bestimmend sind[52].

Man war sich zunächst weithin einig, dass die Meldepflicht von Aktionär *und* Anwärter hinzunehmen sei[53]. Aber inzwischen mehren sich Stimmen, die ein Offenlegungsprogramm mit doppelter Zählweise kritisieren[54], denn die Meldungen können die Summe der Stimmrechte weit übersteigen[55]. Solche Mehrfachzuweisungen werden auch nicht mehr als ein Randproblem abgetan[56].

Was lässt sich hier abstrakt festhalten? Abhängig von dem dogmatischen Beziehungsgeflecht, das von den besonderen Schutzzwecken und Systemvorgaben geprägt ist, *können* sich offenbar auch abweichende Zurechnungsmodelle – genauer: Ausnahmen vom Alternativitätsprinzip – anbieten. In dem Bereich der melderechtlichen Offenlegung ist eine Diskrepanz zwischen dinglichen und gemeldeten Aktien weniger gewichtig, als es im Steuerrecht der Fall ist. Die Abweichung von der dinglichen, „wahren“ Rechtslage führt zwar zu einem gewissen Zerrbild. Auf der anderen Seite wird der Anleger auf ein „Anschleichen“ hingewiesen[57]; eine viel diskutierte Verhaltensweise soll erschwert werden[58]. Anders gesagt: Das Alternativitätsprinzip ist keine „logische“ Vorherigkeit, sondern ein Prinzip, das aus den fachbesonderen Schutzzwecken erst abgeleitet werden muss.

---

**49** *Burgard/Heimann*, WM 2015, 1445, 1446; *Roth*, GWR 2015, 485, 487.

**50** Begr. RegE BT-Drucks. 18/5010, S. 44; *Burgard/Heimann*, WM 2015, 1445, 1447; *Bosse*, BB 2015, 746, 749; *Roth*, GWR 2015, 485, 487; *Söhner*, ZIP 2015, 2451, 2453.

**51** Begr. RegE BT-Drucks. 18/5010, S. 45; *Burgard/Heimann*, WM 2015, 1445, 1447; *Roth*, GWR 2015, 485, 487; *Söhner*, ZIP 2015, 2451, 2453.

**52** Begr. RegE BT-Drucks. 18/5010, S. 45; *Burgard/Heimann*, WM 2015, 1445, 1447.

**53** KK-WpÜG/*v. Bülow*, 2. Aufl. 2010, § 30 Rz. 29; Emmerich/Habersack/*Schürnbrand/Habersack*, Aktien- und GmbH-Konzernrecht, 9. Aufl. 2019, § 34 WpHG Rz. 6.

**54** Vgl. MüKo-AktG/*Bayer*, (Fn. 45), § 34 WpHG Rn. 4 (zur doppelten Meldepflicht im Kontext des § 34 WpHG, insbes. bei Abs. 1 Nr. 3).

**55** Dazu *Brellochs*, Stellungnahme zum RegE „eines Gesetzes zur Umsetzung der Transparenzrichtlinie-Änderungsrichtlinie“, BT-Drucks. 18/5010, S. 3 ff.; *ders.*, AG 2016, 157, 160; Assmann/Schneider/Mülbert/*Schneider*, (Fn. 14), § 33 WpHG, Rn. 100; *ders.*, FS Marsch-Barner, 2018, 517, 519 ff.

**56** S. Fn. zuvor.

**57** BGHZ 180, 154, 168 f.; BGHZ 190, 291, 298; Assmann/Schütze/*Süßmann*, Hdb. KapitanlageR, 4. Aufl. 2015, § 14 Rz. 1.

**58** MüKoAktG-*Bayer*, (Fn. 45), § 34 WpHG Rz. 1. Hinweise kommen auch aus dem „System“, soweit § 37 WpHG bei der Zurechnung im Konzern ebenfalls von der Möglichkeit einer mehrfachen Zurechnung bzw. Meldung ausgeht, vgl. Assmann/Schneider/Mülbert/*Schneider*, (Fn. 14), § 33 WpHG Rn. 100.

## 2. Scheinhandel im Marktmissbrauchsrecht

Größer sind die Parallelen zum Steuerrecht im Marktmissbrauchsrecht. Hier wird der Tatbestand der (handelsgestützten[59]) Marktmanipulation des Art. 12 Abs. 1 lit. a MAR auf höchst bemerkenswerte Weise in Anhang I Abschn. 1 lit. c dadurch konturiert, dass ein fehlender Wechsel wirtschaftlichen Eigentums am Wertpapier als Indiz für manipulatives Handeln genannt wird[60]. Aufschlussreich ist es, wenn es im Anhang II Punkt 3 lit. a der delegierten Verordnung[61] dazu heißt, dass daneben auch „Vorkehrungen für den Kauf oder Verkauf eines Finanzinstruments (...), bei dem es nicht zu einer Änderung des wirtschaftlichen Eigentums oder des Marktrisikos kommt oder bei dem eine Übertragung des wirtschaftlichen Eigentums oder des Marktrisikos zwischen den gemeinschaftlich oder in Absprache handelnden Parteien stattfindet“ [62], eine manipulative Praktik indizieren[63].

Die Nähe zu den steuerrechtlichen Zurechnungsmethoden (Figur des wirtschaftlichen Eigentums *und* ein parallel laufendes Missbrauchsverbot) ist hier besonders augenfällig[64]. Vergleicht man die Methoden funktional, hat man eine Art Einfachversion der wirtschaftlichen Zuweisungsart vor Augen: Das Nebeneinander von nicht weiter präzisiertem Zurechnungstatbestand („wirtschaftliches Eigentum“) und subjektivem Missbrauchstatbestand („gemeinschaftlich oder in Absprache handelnde Parteien“) vermeidet insbesondere die besonderen Gefahren eines objektiv-teleologisch geprägten Missbrauchstatbestands (oben II. 2.b.). Dieses einfache und funktionale Zurechnungsmodell schneidet zugleich den Rückgriff auf nationale Zurechnungsregeln (wie bei uns denen des Sachenrechts, II. 1.b.) oder

59 Die handelsgestützte Manipulation zeichnet sich im Gegensatz zur informationsgestützten Manipulation dadurch aus, dass allein durch tatsächliche Käufe und Verkäufe auf den Preis eines Instruments oder Papiers eingewirkt wird, vgl. Klöhn/*Schmolke*, (Fn. 8), Vor Art. 12 Rn. 15 f. Ausf. dazu *Eichelberger*, Das Verbot der Marktmanipulation, 2006, S. 24 ff.

60 Wo man versucht, die Beurteilung als Missbrauch durch besondere Offenlegungsverfahren abzuwenden und somit die *wash sales* rechtlich zu ermöglichen und annehmbar machen will, liegt das bereits auf einer zweiten Ebene, die den Zurechnungsfragen nachgelagert ist, vgl. dazu nur Klöhn/*Schmolke*, (Fn. 8), Art. 12 Rn. 120; *Ostermann*, ZBB 2018, 377, 390 f. Die jeweilige Börse muss die transparente Durchführung dieser Geschäfte allerdings anbieten, s. bspw. Abschn. 2.6 Abs. 3 der Bedingungen für den Handel an der Eurex Deutschland v. 2.5.2019 („Cross-Request“).

61 Art. 4 Abs. 2 i.V.m. Anhang II Punkt 3 lit. a der Delegierten Verordnung (EU) 2016/522 der Kommission v. 17.12.2015, erlassen auf Grundlage von Art. 12 Abs. 5 MAR.

62 Die Vorschrift bezeichnet solche Transaktionen als „wash trades“, die ein Synonym zu „wash sales“ darstellen, vgl. Fuchs/*Fleischer*, (Fn. 48), § 20a WpHG Rn. 53.

63 Vgl. dazu Assmann/Schneider/*Mülbert*, (Fn. 14), Art. 12 MAR Rn. 100; Klöhn/*Schmolke*, (Fn. 8), Art. 12 Rn. 117.

64 So auch Assmann/Schneider/*Mülbert*, (Fn. 14), Art. 12 MAR, Rn. 98.

besondere Schutzzweckzusammenhänge (etwa die vielfältigen Sperrwirkungen sog. Missbrauchsgesetze im deutschen Steuerrecht, II. 1.c./oder 2.b.) ab[65].

## 3. Kapitalmarktdeliktsrecht ohne Rechtsgüterbezug?

Nach fast einhelliger Ansicht kommt das Kapitalmarktdeliktsrecht ganz gut ohne jeden Rechtsgüterbezug aus: Anspruchsberechtigt ist danach gem. §§ 97, 98 WpHG, wer die Aktien im Zustand der Desinformation kauft oder verkauft[66]. Anders gesagt: „Erwerber" ist hier der Käufer[67], wie es dem internationalen Verständnis (fern vom deutschen Sachenrecht) entspricht und auch mit dem intendierten Schutz der sachgerechten Anlegerentscheidung harmoniert, denn der Anleger erleidet den Schaden durch den Vertragsschluss, nicht die dingliche Lieferung[68]. Und doch: Sieht man näher hin, ergeben sich bereits in einfachen Fällen Grenz- und Zweifelsfragen. Hier nur zu nennen sind Vielfachzuweisungen, wie etwa im einfachen Fall des Doppelverkaufs von Finanzinstrumenten oder bei den eingangs geschilderten Kettenverkäufen (I. 2.). Der *Verf.* hat an anderer Stelle dargelegt, warum das Gebot der rechtssicheren Tatbestandsbegrenzung, aber auch das schuldrechtliche Verbot der Schadensmultiplikation[69] eben doch einen gewissen Rechtsgüterbezug fordern, der am einfachsten durch Sachenrechtsakzessorietät herstellbar wäre[70].

Namentlich *Hellgardt* hat einer solchen sachenrechtsakzessorischen Anknüpfung mit einer gewissen Expressivität widersprochen[71]. Die Begriffe „er-

65 Es ist hier nicht zu erörtern, wie diese Regeln im Missbrauchsrecht besser beschreibbar sind – das Steuerrechtsdenken ist hier wegen der Vagheit seiner Resultate (II. 2. d.) jedenfalls nur von begrenztem Nutzen.

66 OLG München, v. 15.12.2014 – Kap 3/10, juris, Rn. 751; *Wagner*, NZG 2014, 531, 535; Baumbach/Hopt/*Kumpan*, (Fn. 21), § 97 WpHG Rn. 3; KK-WpHG/*Möllers/Leisch*, 2. Auflage 2014, §§ 37 b, c Rn. 220, 226; Assmann/Schneider/Mülbert/*Hellgardt*, (Fn. 14), § 97 WpHG Rn. 72ff.; *Doğan*, Ad-hoc-Publizitätshaftung, 2005, S. 56; *Hellgardt*, Kapitalmarktdeliktsrecht, 2008, S. 341; *Richter*, Schadenszurechnung bei deliktischer Haftung für fehlerhafte Sekundärmarktinformation, 2012, S. 42; Marsch-Barner/Schäfer/*Schäfer*, Hdb. börsennotierte AG, 4. Aufl. 2018, Rn. 17.14, 17.17.

67 OLG München, NZG 2015, 399; *Veil*, ZHR 167 (2003), 365, 368, 370; *Wagner*, NZG 2014, 531, 535; Assmann/Schneider/Mülbert/*Hellgardt*, (Fn. 14), Rn. 73 f.

68 Begr. RegE, BR-Drucks. 936/01, S. 261; *Wagner*, NZG 2014, 531, 535; Just/Voß/Ritz/Becker/*Bruchwitz*, WpHG, 2015, §§ 37 b, 37 c Rn. 35; KK-WpHG/*Möllers/Leisch*, (Fn. 66), §§ 37 b, c Rn. 220.

69 Vgl. BGHZ 128, 371, 377 = NJW 1995, 1282, 1283; s. ferner BGHZ 40, 91, 105 ff. = NJW 1963, 2071; BGHZ 51, 91 (93 ff.) = NJW 1969, 269; als grundl. gilt die Ausführung von *Trägert*, Geltendmachung des Drittschadens, 1938, S. 35; vgl. auch *Florstedt*, Recht als Symmetrie, 2015, S. 136.

70 AG 2017, 557, 564 f.

71 Assmann/Schneider/Mülbert/*Hellgardt*, (Fn. 14), § 97 WpHG Rn. 72.

wirbt“ oder „veräußert“ sollen den von der Norm erfassten Schaden konkretisieren und die zeitlichen Grenzen der Anspruchsberechtigung iSv §§ 97, 98 WpHG bestimmen[72]. Die Gefahr der Doppelzuweisung bei gleichzeitigem Kauf und Verkauf, also in Ring- und Kettenfällen, bestehe nicht, da Transaktionen ohne Wechsel des Kursrisikos „nicht anzuerkennen“ seien. Mit diesem „Grundsatz“ ließen sich auch die Zweifelsfälle, wie die Lieferverzögerung, der nach ihm „lediglich theoretische“ Doppelverkauf oder der Leerverkauf richtig lösen[73].

An dieser Stelle soll nur darauf aufmerksam gemacht werden, dass eine Einheitsbetrachtung der kapitalmarkttypischen Zuweisungsprobleme im Steuer- und Kapitalmarktrecht durchaus fruchtbar ist. Bei der Kritik *Hellgardts* wird zwar auf Einsichtigkeit in die Zuordnungsprobleme durch die Maßgeblichkeit der schuldrechtlichen Geschäfte nicht länger verzichtet, aber das angebotene Lösungsmuster ist – erkannt oder unerkannt – exakt dasjenige, das im Steuerrecht zur Herstellung eines „wirtschaftlichen“ Rechtsgüterbezugs seit Jahrzehnten diskutiert wird. Wenn der BFH für wirtschaftliches Eigentum an Aktien auf „Besitz, Gefahr, Nutzungen und Lasten, insbesondere die mit Wertpapieren gemeinhin verbundenen Kursrisiken und -chancen“ abstellt[74], dann aber in zentralen Urteilen das Kursrisiko für das Entscheidende ansieht[75], liegt das im Ergebnis auf der gleichen Linie. Hier nur exemplarisch zu erwähnen ist das Urteil des IX. Senats vom 8. 3. 2017 zu einem Hin- und Herschieben von Aktien[76], das steuerrechtlich nicht anerkannt wurde, weil „nach der Rechtsprechung des BFH [...] ein steuerrechtlich erheblicher Vorgang dann nicht anerkannt werden [kann], wenn er nach dem Willen des Steuerpflichtigen durch gegenläufige Rechtsakte erst geschaffen oder wieder ausgeglichen wird und damit von vornherein eine wirtschaftliche Belastung vermieden werden soll“[77]. Wo soll hier noch ein Unterschied zu dem Lösungsangebot von *Hellgardt* bestehen? Die verkappte Einführung eines nicht näher begründeten oder hergeleiteten wirtschaftlichen Eigentumsverständnisses – um nichts anderes handelt es sich, wie die Parallele zum steuerrechtlichen Eigentumsbegriff hinreichend zeigen dürfte – ist der beste Beleg dafür, dass man eben mit einem Lieferanspruch alleine in einem sachenrechtsdeterminierten Wertpapierrecht noch nicht „Inhaber“ ist. Man sieht bei einer solchen Einheitsbetrachtung: Die Erwiderung ist längst keine Verteidigung

---

**72** Ebd.

**73** Assmann/Schneider/Mülbert/*Hellgardt*, (Fn. 14), § 97 WpHG Rn. 74 sowie Fn. 26 ff.

**74** BFH v. 15. 12. 1999 – I R 29/97, BFHE 190, 446, 452. Ähnlich z. B. auch BFH v. 1. 8. 2012 – IX R 6/11, BFH/ NV 2013, 9, 10.

**75** S. oben II. 2. c.

**76** BFH v. 8. 3. 2017 – IX R 5/16, BFHE 257, 211, 216.

**77** Wie zuvor.

der bisherigen h.M., vielmehr der Versuch, einen solchen Güterbezug herzustellen.

## IV. Dogmatischer Ausblick

Die hier nur auszugsweise geschilderten Zuordnungsprobleme sind als Ausdruck übergreifender Strukturzusammenhänge zu sehen. Sicherlich gilt: Eine Gleichsetzung von depot-, steuer- und kapitalmarktrechtlicher Güterzuweisung verbietet sich unter teleologischen Gesichtspunkten: So wie die bürgerlich-rechtlichen Institutionen auf „wirtschaftliche" Inhaberschaften (Paradigma: die Treuhand) reagieren müssen, müssen es das Steuer- oder Kapitalmarktrecht auch. Und doch haben sich die spezifischen und unverrückbaren Unterschiede als viel geringer herausgestellt, als es zunächst den Anschein haben mag. Die Fruchtbarmachung allgemeiner, funktionaler Zuordnungsgrundsätze, die sich in den Einzelgebieten in der wirtschaftlichen Zurechnung oder dem Missbrauchsverbot ausdrücken, bleibt eine für beide Rechtsgebiete wichtige Zukunftsaufgabe.

Gerald Spindler

# WpHG und Datenschutz

## I. Einleitung

Kapitalmarktrecht in Gestalt des Wertpapierhandelsgesetzes und Datenschutz haben grundsätzlich zahlreiche Schnittstellen, geht es doch im Kapitalmarktrecht oftmals um Transparenz und Publizität, im Datenschutzrecht umgekehrt um den Schutz der Privatsphäre in Gestalt des Rechts auf informationelle Selbstbestimmung. Personenbezogene Daten können oft involviert werden, sei es im Rahmen der ad-hoc-Publizität, der Pflichten von Emittenten gegenüber Wertpapierinhabern (§ 48 WpHG) oder der Marktüberwachung bzw. generell des Vollzugs des WpHG, um nur einige der betroffenen Bereiche zu nennen. Im Folgenden wird zunächst ein geraffter Überblick über die einschlägigen Rechtsgrundlagen und die betroffenen Bereiche (II, III) gegeben, um sich sodann ausgesuchten Problemfeldern zuzuwenden, sei es den Compliance-Anforderungen (IV), der automatisierten Beratung oder der ad-hoc-Publizität (VI) bis hin zu Sanktionen des Naming und Shaming (VII).

## II. Grundprinzipien des europäischen Datenschutzrechts

Das Datenschutzrecht ist seit 2018 auf ein einheitliches europäisches Niveau durch die DSGVO gebracht worden, auch wenn die DSGVO nach wie vor (leider) zahlreiche Öffnungsklauseln für die Mitgliedstaaten enthält – und diese nicht zuletzt Einfluss auf das in diesem Beitrag behandelte Spannungsfeld von Datenschutz- und Kapitalmarktrecht nehmen können. Nicht vergessen werden dürfen dabei die (europa-) verfassungsrechtlichen Grundlagen, in Deutschland beginnend mit dem berühmten Volkszählungsurteil des BVerfG und der Einführung des Grundrechts auf informationelle Selbstbestimmung, das zahlreiche weitere Entscheidungen nach sich zog. Aber auch auf europäischer Ebene genießt der Datenschutz in Gestalt des Art. 8 EU-Grundrechtscharta verfassungsrechtlichen Rang und wird seit jeher durch den EuGH angewandt.[1]

1 EuGH v. 24.11.2011, Rs. C-468/10, Rs. C-469/10, ZD 2012, 33 (ASNEF und FECEMD); EuGH v. 26.2.

https://doi.org/10.1515/9783110632323-017

Der Grundansatz der DSGVO besteht (wie zuvor schon in der Datenschutz-RL und dem BDSG a. F.) in einem Verbot mit Erlaubnisvorbehalt; mit anderen Worten dürfen personenbezogene Daten nur verarbeitet werden, wenn einer der Erlaubnistatbestände der DSGVO eingreift.[2]

Erster Dreh- und Angelpunkt als Anwendungsvoraussetzung der DSGVO ist dabei das Konzept der personenbezogenen Daten: Hier stehen sich nach wie vor die relative (Personenbezug nur bei verhältnismäßigen Aufwand zur Identifizierung) und absolute Theorie (Personenbezug schon bei nur denkbarer Identifizierung) gegenüber,[3] ohne dass auf europäischer Ebene eine endgültige Klärung getroffen worden wäre.[4] Nur durch Anonymisierung, die die (Re-) Identifizierung von Personen verhindert, kann der Personenbezug vermieden werden. Andere als personenbezogene Daten, insbesondere unternehmensbezogene Daten[5] werden dagegen von der DSGVO nicht erfasst; damit fallen natürlich zahlreiche Informationen, die für das Kapitalmarktrecht und für die Publizität generell aufgrund ihrer Kursrelevanz von Bedeutung sind, aus der DSGVO heraus, etwa Daten zur Bilanz, Cash-Flows etc. Umgekehrt kennt die DSGVO auch besonders sensible Daten, Art. 9 Art. 1 DSGVO, etwa über die ethnische Herkunft, politische Meinungen, religiöse oder weltanschauliche Überzeugungen, die Gewerkschaftszugehörigkeit, sowie Gesundheitsdaten oder Daten zum Sexualleben, etc.

In internationaler Hinsicht findet die DSGVO aufgrund des neu eingeführten Marktortprinzips bereits dann Anwendung, wenn Betroffene, die sich in der EU befinden, Ziel einer Datensammlung bzw. Verhaltensbeobachtung oder eines Angebots von Waren und Diensten werden; weder bedarf es dazu des Sitzes noch einer Hauptniederlassung des Diensteanbieters in der EU, Art. 3 Abs. 2 DSGVO.

Quasi als leitende Prinzipien für alle Normen führt Art. 5 DSGVO einige Grundsätze auf, wobei neben den Grundsätzen der Rechtmäßigkeit und der Datenminimierung vor allem der Zweckbindungsgrundsatz im Rahmen der Datenverarbeitung eine eminente Rolle spielt. Demnach dürfen Daten nur zu dem Zweck verarbeitet werden, zu dem sie erhoben worden sind; spätere Zweckän-

2013, Rs. C-617/10, EuZW 2013, 302 (Akerberg Fransson); EuGH v. 13.5.2014, Rs. C-131/12, ZD 2014, 350 (Google und Google Spain).

2 Über die Wirkung des Verbotsprinzips herrscht in der Literatur zwar Einigkeit, die Bezeichnung als „Verbotsprinzip" wird hingegen mitunter dogmatisch kritisiert, so etwa *Pötters* in Gola, DS-GVO, 2. Aufl. 2018, Art. 5 Rn. 6; *Roßnagel* NJW 2019, 1, 4.

3 Zum Meinungsstand *Kühling/Klar* NJW 2013, 3611, 3616 f.; *Karg* DuD 2015, 520, 521; *Härting* ITRB 2016, 36.

4 EuGH v. 19.5.2016, Rs. C-582/14, ZD 2017, 24 Rn. 39 ff. (Breyer).

5 Nota bene, dass einige Mitgliedstaaten wie Schweden auch Daten von juristischen Personen als personenbezogene Daten ansehen.

derungen sind – abgesehen von wenigen Ausnahmen – nur im Rahmen von Art. 6 Abs. 4 DSGVO erlaubt, wenn der neue Zweck mit dem Primärzweck der initialen Datenverarbeitung vereinbar ist (Kompatibilitätstest).[6]

Zulässig ist die Datenerhebung und -verarbeitung nur, wenn entweder eine Einwilligung nach Art. 6 Abs. 1 S. 1 lit. a) DSGVO oder einer der gesetzlichen Rechtfertigungstatbestände nach Art. 6 Abs. 1 S. 1 lit. b) – f) DSGVO vorliegen. An die wirksame Einwilligung werden nach Art. 4 Nr. 11 i.V.m. Art. 7 DSGVO recht hohe Maßstäbe gesetzt, indem diese freiwillig für den bestimmten Fall, in informierter Weise und unmissverständlich erteilt werden muss. In der Praxis ist daher auf eine angemessene Verständlichkeit und Transparenz der Einwilligungserklärung zu achten, wobei kein Schriftformerfordernis besteht und auch eine unmissverständliche (konkludente) Handlung als wirksame Einwilligung ausreichen kann.[7] Wünschenswert wäre die Verwendung einer differenzierten Einwilligungsmöglichkeit, im Rahmen derer der Betroffene seine Zustimmung zu jedem individuellen Zweck der Verarbeitung gesondert erklären kann.[8] Auch kann die Einwilligung nach Art. 7 Abs. 4 DSGVO grundsätzlich jenseits der Vertragserfüllung nicht an andere Dienste gekoppelt werden: Soweit die Vertragserfüllung die in Frage stehende Verarbeitung nicht erfordert, der Verantwortliche die Erfüllung aber dennoch von der Erteilung einer Einwilligung abhängig macht, entfällt die Freiwilligkeit und damit die legitimierende Wirkung der Einwilligung (sog. Koppelungsverbot).[9]

Alternativ (aber nicht kumulativ[10]) können Verantwortliche und Auftragsverarbeiter auf die abschließend genannten gesetzlichen Rechtfertigungsgründe des Art. 6 Abs. 1 S. 1 lit. b) – f) DSGVO zurückgreifen; hier spielen in der Praxis vor allem Art. 6 Abs. 1 lit. b) DSGVO (Datenverarbeitung erforderlich für die Vertragserfüllung) sowie Art. 6 Abs. 1 S. 1 lit. f) DSGVO (Interessenabwägung) die größte Rolle. Gerade für den Bereich des Kapitalmarktrechts kommt aber auch Art. 6 Abs. 1 S. 1 lit. c) DSGVO in Betracht, da der Datenschutz nicht der Erfüllung gesetzlicher Pflichten entgegenstehen kann. Wenn „die Verarbeitung (...) zur Erfüllung einer rechtlichen Verpflichtung erforderlich ist, der der Verantwortliche

6 Weiterführend *Kühling/Martini* EuZW 2016, 448, 451; *Monreal* ZD 2016, 507, 510 ff.

7 Nichtsdestotrotz bleibt der Verantwortliche zum Nachweis über die Erteilung einer wirksamen Einwilligung verpflichtet, Art. 7 Abs. 1, ErwGr 42 S. 1 DSGVO; zur konkludenten Einwilligung *Krohm* ZD 2016, 368, 371.

8 ErwGr 43 S. 2 DSGVO; *Schantz* NJW 2016, 1841, 1845.

9 ErwGr 32, 43 DSGVO; ausführlich *Golland* MMR 2018, 130.

10 S. dazu die (umstrittene) Artikel-29-Datenschutzgruppe, WP 259 Stellungnahme v. 10.4.2018 zur Einwilligung, S. 23, wonach bei einer unwirksamen Einwilligungserklärung die Datenverarbeitung nicht auf einen der gesetzlichen Rechtfertigungstatbestände gestützt werden kann.

unterliegt", ist demgemäß die Datenerhebung und -verarbeitung rechtmäßig. Für das Kapitalmarktrecht kommt insbesondere die Explorationsplicht aus § 64 Abs. 3 WpHG in Betracht, die die Erhebung personenbezogener Daten notwendig macht, sowie die korrespondierende Datenspeicherungspflicht aus § 83 WpHG.

Für eine Verarbeitung sensitiver Daten nach Art. 9 Abs. 1 DSGVO ist dagegen grundsätzlich eine ausdrückliche Einwilligung nötig, Art. 9 Abs. 2 lit. a) DSGVO. Bei sensitiven Daten ist daher keine konkludente Einwilligungserteilung möglich.[11] Daneben gilt es weiterhin die allgemeinen Voraussetzungen (s. o.) einer wirksamen Einwilligung zu beachten. Der Rückgriff auf die gesetzlichen Rechtfertigungen beschränkt sich auf die in Art. 9 Abs. 2 lit. b) ff. DSGVO benannten, insbesondere ist eine Inanspruchnahme der allgemeinen Rechtfertigungsgründe, allen voran der generellen Interessenabwägungsklausel des Art. 6 Abs. 1 S. 1 lit. f) DSGVO nicht zulässig. Jedoch erlaubt auch Art. 9 Abs. 2 lit. g) DSGVO die Datenerhebung und -verarbeitung „auf der Grundlage des Unionsrechts oder des Rechts eines Mitgliedstaats", verlangt aber neben dem Verhältnismäßigkeitsgrundsatz „angemessene und spezifische Maßnahmen zur Wahrung der Grundrechte und Interessen der betroffenen Person" und „Gründe(n) eines erheblichen öffentlichen Interesses". Mit anderen Worten werden hier wesentlich erhöhte Anforderungen für Eingriffe in das informationelle Selbstbestimmungsrecht gestellt.

Hervorzuheben sind ferner das durch die DSGVO erstmals explizit geregelte Recht auf Löschung, Art. 17 Abs. 1 DSGVO, das zu einer Löschung verpflichtet, vorbehaltlich dessen, dass einer der Löschungsgründe a) – e) verfängt.[12] Prima facie ließe sich daher ein Konflikt mit Publizitätsvorschriften des WpHG befürchten, da eine Löschung gerade die gewünschte Transparenz zunichtemachen könnte.

Neben vielen anderen Normen, sind zudem die Vorgaben für automatisierte Entscheidungen, Art. 22 DSGVO, zu berücksichtigen, hier allerdings weniger hinsichtlich des Konfliktes von Publizität mit Datenschutz, sondern eher für die auch durch das WpHG abgedeckten Fragen der Wohlverhaltenspflichten bzw. der Regeln für eine angemessene Beratung (und Entscheidung). Zum einen kann sog. RoboAdvice als automatisierte Beratung als auch die Entscheidung selbst (scoring) über finanzielle Angelegenheiten, sei es Wertpapierkauf oder Darlehensvergabe, zum Einsatz kommen, so dass Art. 22 DSGVO zum Tragen kommt. Demnach sind Entscheidungen, die auf rein automatisierter Verarbeitung beru-

---

11 *Schulz* in Gola, DS-GVO, 2. Aufl. 2018, Art. 9 Rn. 16; *Frenzel* in Paal/Pauly, DS-GVO, 2. Aufl. 2018, Art. 9 Rn. 21; *Dochow* GesR 2016, 401, 403.

12 Diese Neuerung geht im Wesentlichen auf die Google-Spain-Entscheidung des EuGH zurück; s. EuGH v. 13.5.2014, Rs. C-131/12, ZD 2014, 350 (Google Spain und Google).

hen und rechtliche Wirkung oder eine ähnliche Beeinträchtigung nach sich ziehen, grundsätzlich untersagt. Das Verbot gilt unabhängig davon, ob der Verantwortliche eine öffentliche oder nicht-öffentliche Stelle ist.[13] Stützt sich eine Entscheidung ausschließlich auf automatisierte Datenverarbeitung, ist sie nur zulässig, wenn entweder irgendein menschliches Eingreifen die Entscheidungsfindung inhaltlich beeinflusst hat (mehr als eine bloße Bestätigung des maschinellen Ergebnisses) oder eine in Art. 22 Abs. 2 DSGVO genannten Ausnahmen eingreift.[14] Automatisierte Einzelentscheidungen sind dementsprechend erlaubt, wenn sie für die Vertragserfüllung oder aufgrund unionsrechtlicher oder mitgliedsstaatlicher Rechtsvorschriften erforderlich sind oder beim Vorliegen einer ausdrücklichen Einwilligung.

Last but not least sind die gegenüber der Datenschutz-RL wesentlich verschärften Sanktionen der DSGVO zu erwähnen, die weitgehend den kartellrechtlichen Vorbildern folgen, indem in Abhängigkeit vom Umsatz (nicht des Gewinns!) sowie auf den Konzern bezogene (Art. 83 Abs. 4 und 5, ErwGr 150 DSGVO) Geldbußen ausgebracht werden können.

Abgesehen von der DSGVO können – eher theoretisch allerdings – die Vorgaben der ePrivacy-RL bzw. der zukünftigen ePrivacy-VO[15] zu berücksichtigen sein, die die unmittelbare Kommunikation mit Endgeräten und entsprechende Tools, wie Cookies etc. regeln.

## III. Datenschutz im Rahmen der Aufgaben der BaFin

Im Rahmen der Durchführung der umfangreichen Aufgaben der BaFin fallen naturgemäß auch jenseits der Überwachung juristischer Personen ständig personenbezogene Daten an, so dass die Erhebung und Verarbeitung durch die BaFin entsprechender Rechtsgrundlagen bedürfen. Zentraler Rechtfertigungstatbestand ist hier Art. 6 Abs. 1 S. 1 lit. e) DSGVO, wonach „die Verarbeitung (...) für die

13 *Veil* in Gierschmann/Schlender/Stentzel, Kommentar Datenschutz-Grundverordnung, 1. Aufl. 2018, Art. 22 Rn. 5.

14 *Buchner* in Kühling/Buchner, DS-GVO, 2. Aufl. 2018, Art. 22 Rn. 15; *Schulz* in Gola, DS-GVO 2. Aufl. 2018, Art. 22 Rn. 14.

15 Deren Schicksal allerdings gegenwärtig völlig ungewiss ist, s. den Vorschlag der Kommission für eine Verordnung des Europäischen Parlaments und des Rates über die Achtung des Privatlebens und den Schutz personenbezogener Daten in der elektronischen Kommunikation und zur Aufhebung der Richtlinie 2002/58/EG (Verordnung über Privatsphäre und elektronische Kommunikation) v. 10.1.2017, COM(2017) 10 final.

Wahrnehmung einer Aufgabe erforderlich (ist), die im öffentlichen Interesse liegt oder in Ausübung öffentlicher Gewalt erfolgt, die dem Verantwortlichen übertragen wurde“. Art. 6 Abs. 1 S. 1 lit e) DSGVO ist i.V.m. den Öffnungsklauseln in Art. 6 Abs. 2 und Abs. 3 S. 1 DSGVO ein Einfallstor für weitere Rechtsgrundlagen, die entweder im mitgliedstaatlichen Recht, z.B. in §§ 6, 26 WpHG, oder im Unionsrecht, wie in den unmittelbar geltenden Art. 17 Marktmissbrauchsverordnung bzw. Art. 4 Abs. 1 lit b) Durchführungsverordnung festgelegt sind. Mit dem Art. 6 Abs. 3 DSGVO wird gerade dem verfassungsrechtlich gebotenen Verhältnismäßigkeitsgrundsatz Rechnung getragen, insbesondere wenn Art. 6 Abs. 3 S. 4 DSGVO verlangt, dass die Rechtsgrundlagen bzw. Tätigkeiten „...ein im öffentlichen Interesse liegendes Ziel verfolgen und in einem angemessenen Verhältnis zu dem verfolgten legitimen Zweck stehen.“ Dagegen kommt die allgemeine Interessenabwägungsklausel nach Art. 6 Abs. 1 S. 2 DSGVO für Behörden gerade nicht zum Zug.

Dementsprechend sehen verschiedene Normen im WpHG die Befugnis der BaFin vor, die mitgeteilten personenbezogenen Daten zur Erfüllung der aufsichtlichen Aufgaben zu verarbeiten – aber eben (im Hinblick auf die verfassungsrechtlichen Vorgaben) nur zu diesem Zweck, s. etwa § 6 Abs. 16 WpHG.[16] Gleiches gilt für die Übermittlung von Daten von Marktplatzbetreibern nach § 8 WpHG. Auch Verkehrsdaten nach § 96 TKG können von der BaFin nach § 7 WpHG herausverlangt werden, so dass eine lückenlose Kontrolle möglich ist – bei gleichzeitiger Einschränkung des Fernmeldegeheimnisses nach Art. 10 GG; gleiches gilt für den Zugang zu aufgezeichneten Gesprächen etc. (§ 7 Abs. 2 WpHG). Auch der Datenaustausch und -transfer mit anderen Behörden – auch im Rahmen der EU – wird extensiv in § 17 WpHG reguliert.

Einen gewissen Spezialfall stellen das Whistleblowing bzw. das Hinweisgebersystem dar. Die BaFin hat hierfür ein spezielles elektronisches Hinweisgebersystem eingerichtet,[17] das laut Angaben der BaFin die technische Rückverfolgung von Hinweisen nicht gestattet und „von unabhängiger Stelle zertifiziert“ ist. Der Hinweisgeber soll vollständig anonym bleiben. Durch die Wahrung der Anonymität wird natürlich auch der Datenschutz entsprechend gewährleistet, da es sich dann nicht mehr um personenbezogene Daten handelt. Selbst bei Preisgabe der Identität darf die BaFin nach § 4d Abs. 3 S. 1 FinDAG diese nicht ohne dessen Zustimmung vorher bekannt geben. Allerdings wird dies durch § 4d Abs. 3 S. 3 FinDAG zugunsten von Strafverfolgungsbehörden oder gerichtlichen Anord-

16 S. dazu auch *Döhmel* in Assmann/Schneider/Mülbert, Wertpapierhandelsrecht, 7. Aufl. 2019, § 6 WpHG Rn. 240 ff.

17 https://www.bkms-system.net/bkwebanon/report/clientInfo?cin=2BaF6&language=ger (zuletzt abgerufen am 06.08.2019).

nungen durchbrochen. Letztlich zeigt sich aber auch hier die strenge Zweckbindung, die weitgehende Anonymisierung und Wahrung des Rechts auf informationelle Selbstbestimmung, dem entsprechend den verfassungsrechtlichen Vorgaben bzw. denjenigen der DSGVO größtmöglich Rechnung getragen wird. Auch durch die neue Richtlinie zum Whistleblowing wird sich hier voraussichtlich nichts ändern, da nach wie vor die Anonymität möglich ist und der Gesetzgeber sich explizit für diese Möglichkeit entschieden hatte.[18]

## IV. Compliance und Wohlverhaltenspflichten

Aus den zahlreichen Überwachungs- und Dokumentationspflichten, die alle Arten von Wertpapierdienstleistern oder Marktplatzbetreibern treffen (hier vor allem die Überwachung des Marktgeschehens samt Identifizierung der Beteiligten) sei hier exemplarisch der Bereich der Wohlverhaltenspflichten herausgegriffen. § 64 Abs. 3 WpHG kodifiziert die schon seit langem bestehende, auch schon durch die Rechtsprechung zuvor entwickelte Pflicht des Wertpapierdienstleisters im Rahmen der Wertpapieranlage und -beratung, die persönlichen Verhältnisse und Risikoeinstellungen seiner Kunden zu ermitteln („know-your-customer-Principle").[19] Es liegt auf der Hand, dass eine derartige Pflicht nur sinnvoll erfüllt werden kann, wenn der Kunde seine persönlichen Daten preisgibt, ohne die der Wertpapierdienstleister keine Einschätzung vornehmen kann. In der Praxis wird zwar nach wie vor auf die Einwilligung abgestellt; doch gilt es hierbei zwingend die strikten Anforderungen des Art. 7 DSGVO zu beachten. Dies gilt erst recht im Hinblick auf die Auffassung des Europäischen Datenschutzausschusses (bzw. der Art. 29-Datenschutzgruppe), die eine gleichzeitige Fruchtbarmachung zweier Rechtfertigungsgründe, bzw. das „Nachschieben" einer alternativen Rechtfertigung neben der Einwilligung, als unzulässig erachten.[20] Da aber im Rahmen des WpHG zum einen die Erhebung der Daten notwendigerweise zur Erfüllung der Beratungspflichten dient, mithin für die Vertragserfüllung i. S. d. Art. 6 Abs. 1 S. 1

---

**18** Siehe Art. 5 Abs. 2, 11, 12 der verabschiedeten Version des Europaparlaments der Richtlinie zum Schutz von Personen, die Verstöße gegen das Unionsrecht melden v. 23.04.2018, COM(2018) 0218.

**19** So schon grundlegend BGHZ 123, 126; BGH BKR 2011, 293 Rn. 24; OLG Düsseldorf BeckRS 2011, 22352; siehe auch *Spindler* in Langenbucher/Bliesener/Spindler, Bankenrechtskommentar, 2. Aufl. 2016, Kap 33 Rn. 121 ff.

**20** Artikel-29-Datenschutzgruppe, WP 259 Stellungnahme v. 10.4.2018 zur Einwilligung, S. 23; EDPB, Guidelines 2/2019 on the processing of personal data under Article 6(1)(b) GDPR in the context of the provision of online services to data subjects, adopted on 9 April 2019, S. 18.

lit. b) DSGVO tatsächlich erforderlich ist, zum anderen der Wertpapierdienstleister nach § 64 Abs. 3 WpHG ausdrücklich gesetzlich i.S.d. Art. 6 Abs. 1 S. 1 lit. c) DSGVO hierzu verpflichtet wird, liegen auf jeden Fall gesetzliche Rechtfertigungsgründe vor, die einer „blinden" Inanspruchnahme der Einwilligung vorzuziehen wären.

Allerdings bedingt diese Erlaubnis zur Erhebung und Verarbeitung von Kundendaten nicht etwa per se auch deren Verwendung für andere Zwecke als der konkreten Anlageberatung. Diesbezüglich ließe sich die Verwendung der Daten – etwa als allgemeines Profil, um dem Kunden Werbung zu anderen Produkten etc. zuzusenden – z.B. nach einer entsprechenden Interessenabwägung als Maßnahme des Direktmarketings (welches im letzten Moment der Beratungen der DSGVO als legitimes Interesse i.S.d. Art. 6 Abs. 1 S. 1 lit. f) DSGVO anerkannt wurde), rechtfertigen, ErwGr 47 S. 7 DSGVO. Denkbar wäre überdies eine solche wirtschaftliche Verwertung als Zweckänderung i.S.d. Art. 6 Abs. 4 DSGVO vorzunehmen, wobei dies zwingend eine Kompatibilität der bisherigen und der neuen Zwecke (unter Beibehaltung der bisherigen Rechtsgrundlage) voraussetzen würde.[21]

## V. RoboAdvice, automatisierte Beratung und Entscheidungen

Eine weitere Schnittstelle zwischen Datenschutzrecht und WpHG betrifft die zunehmende Verwendung von FinTechs, hier vor allem der automatisierten Beratung und Entscheidungen. Dabei geht es vorliegend weniger um die Ausgestaltung der automatisierten Beratung, die selbstverständlich den Vorgaben der §§ 64 ff. WpHG entsprechen muss,[22] sondern um die Anforderungen, die die DSGVO an anschließende Entscheidungen stellt. Denn mündet der RoboAdvice

---

21 Ähnl. Bayerisches Landesamt für Datenschutzaufsicht, Orientierungshilfe der Aufsichtsbehörden zur Verarbeitung von personenbezogenen Daten für Zwecke der Direktwerbung unter Geltung der Datenschutz-Grundverordnung (DS-GVO), 2018, S. 6 (abrufbar unter https://www.datenschutz-berlin.de/fileadmin/user_upload/pdf/orientierungshilfen/2018-OH-Werbung.pdf, zuletzt abgerufen am 06.08.2019); *Roßnagel* weist in Simitis/Hornung/Spieckerl, DSGVO mit BDSG, 1. Aufl. 2019, Art. 6 Abs. 4 Rn. 38 ff. berechtigterweise darauf hin, dass im Falle des Direktmarketings idR. keine Zweckkompatibilität vorliegen wird; allg. zu den Voraussetzungen einer zweckändernden Weiterverarbeitung *Monreal* ZD 2016, 507, 510 ff.

22 S. dazu näher *Spindler* in Möslein/Omlor, FinTechs, 1. Aufl. 2019, § 13 Rn. 32 ff.; *Koller* in Assmann/Schneider/Mülbert, Wertpapierhandelsrecht, 7. Aufl. 2019, § 64 WpHG Rn. 8; *Kumpmann* in Möslein/Omlor, FinTechs, 1. Aufl. 2019, § 15 Rn. 24 ff.; *Möslein/Lordt* ZIP 2017, 793, 797.

mit Interaktion mit dem Kunden in eine Entscheidung über eine Wertpapiertransaktion, so ist dies nach §§ 64 ff. WpHG zulässig, was Art. 54 DelVO 2017/565 bestätigt. Dieser erkennt nämlich den Einsatz von voll- und halbautomatischen Systemen zur Anlageberatung an, wobei die Verantwortung für die Eignungsbeurteilung letztlich beim Wertpapierdienstleistungsunternehmen liegt. Das Unternehmen ist dann so zu behandeln, als hätte es eine persönliche Anlageberatung durchgeführt.[23]

Jedoch schränkt Art. 22 DSGVO die Möglichkeit von vollständig automatisierten Entscheidungen deutlich ein. Demgemäß (Art. 22 Abs. 1 DSGVO) hat die betroffene Person „das Recht, nicht einer ausschließlich auf einer automatisierten Verarbeitung – einschließlich Profiling – beruhenden Entscheidung unterworfen zu werden, die ihr gegenüber rechtliche Wirkung entfaltet oder sie in ähnlicher Weise erheblich beeinträchtigt". Werden daher aufgrund automatisierter Beratung auch dann in einem Zug Entscheidungen getroffen, die auch negativer Art sein können, indem etwa der Kunde infolge seines Risikoprofils nicht zu bestimmten Wertpapiertransaktionen zugelassen wird, was eben rechtliche Wirkungen entfaltet, ist die Entscheidung nicht per se bindend, sondern davon abhängig, ob der Kunde eine menschliche Entscheidung verlangt; diese Option muss ihm deutlich und transparent zur Kenntnis gebracht werden. Denn auch die Ausnahmen nach Art. 22 Abs. 2 DSGVO verfangen nur bedingt, da die automatisierte Entscheidung nicht für den Abschluss oder die Erfüllung des Wertpapierauftrags erforderlich ist, da sie ohne Weiteres von einem Menschen durchgeführt werden kann. Diskutiert werden könnte allenfalls, ob FinTechs bzw. RoboAdvice (und -Decision) einen eigenständigen Typus darstellen, für dessen Vertrag dann diese Entscheidungen charakteristisch sind – ähnlich der Diskussion, wie sie zum Discount Broking in Abgrenzung zur normalen Beratung geführt wurden.[24] Dann wäre die automatisierte Entscheidung zur Durchführung des Vertrages erforderlich im Sinne eines eigenständigen Produktes bzw. Vertrages. Jedenfalls greift Art. 22 Abs. 2 lit. b) DSGVO nicht ein, da weder die MiFID II noch andere europarechtliche Vorschriften ausdrücklich die Zulässigkeit automatisierter Entscheidungen im Wertpapierbereich vorsehen bzw. anordnen. Einzig durch die ausdrückliche Einwilligung nach Art. 22 Abs. 2 lit. c) DSVGO lassen sich im RoboAdvice-Modell völlig automatisierte Entscheidungen rechtfertigen, ohne dass der Kunde eine Opt-Out-Möglichkeit hätte. In diesem Zusammenhang dürfen die

**23** *Koller* in Assmann/Schneider/Mülbert, Wertpapierhandelsrecht, 7. Aufl. 2019, § 64 Rn. 8.
**24** Zu den Charakteristika des Discount Brokings siehe *Rost*, Informationspflichten von Wertpapierdienstleistern ohne Beratungsangebot, 2001; *Wieneke*, Discount-Broking und Anlegerschutz, 1999; neuer *Buck-Heeb* KSzW 2015, 131.

Entscheidungen nicht auf Daten nach Art. 9 Abs. 1 DSGVO gestützt werden, Art. 22 Abs. 4 DSGVO.

Keine Anwendung findet Art. 22 DSGVO dagegen auf solche Entscheidungen, die letztlich von einem Menschen getroffen werden, aber unter Ausnutzung von automatisiert erstellten Vorinformationen bzw. „Entscheidungsvorlagen". Art. 22 DSGVO betrifft nur die vollkommen automatisierten Entscheidungsprozesse, nicht aber wenn etwa ein Mitarbeiter eines Wertpapierdienstleisters eine endgültige Entscheidung aufgrund einer von Algorithmen vorbereiten Scoring-Analyse trifft.[25]

Ist die Einzelentscheidung aufgrund Vertragserfüllung oder ausdrücklicher Einwilligung ausnahmsweise zulässig, muss diese auf einem fairen und transparenten Weg erfolgen, indem der Verantwortliche die in Art. 13 Abs. 2 lit. f) und Art. 14 Abs. 2 lit. g) DSGVO festgelegten Informationspflichten nachkommen muss. Dementsprechend ist dieser Aufklärungspflicht Genüge getan, wenn die Tragweite und Auswirkungen bzw. die Logik der Entscheidungsfindung in abstrakter Form und verständlicher Weise benannt werden, ohne die zugrundeliegenden Algorithmen derart preiszugeben, dass Geschäftsgeheimnisse oder Know-How verletzt werden. Dies entspricht den ErwG 63 S. 5, 6 DSGVO, die das Urheberrecht an Software und sonstige Rechte des geistigen Eigentums ebenfalls berücksichtigen, jedoch unter dem Vorbehalt, dass diese nicht zur Verweigerung jeglicher Auskunft führen dürfen.[26]

Inwieweit sich daher Art. 22 DSGVO auf die weitere Entwicklung im Bereich Künstlicher Intelligenz und FinTechs auswirken wirkt, ist derzeit noch nicht absehbar. Auch reagiert bislang das WpHG bzw. Kapitalmarktrecht kaum auf die neuen Herausforderungen – oder allenfalls sehr sektorspezifisch wie in Gestalt der Regelungen der MiFID bzw. § 2 Abs. 8 Nr. 2 lit. d), Abs. 44 und § 80 WpHG für den Bereich des Hochfrequenzhandels.[27]

## VI. Ad-hoc-Publizität

Auch im Bereich des heutigen Art. 17 MAR zur ad-hoc-Publizität spielt das Datenschutzrecht in zwei Problemkreise hinein, zum einen die intensiv diskutierte

25 *Schulz* in Gola, DS-GVO, 2. Aufl. 2018, Art. 22 Rn. 15; *Martini* in Paal/Pauly, DS-GVO, 2. Aufl. 2018, Art. 22 Rn. 24.

26 *Martini* in Paal/Pauly, DS-GVO, 2. Aufl. 2018, Art. 22 Rn. 36; *Buchner* in Kühling/Buchner, DS-GVO 2. Aufl. 2018, Art. 22 Rn. 35; *Scholz* in Simitis/Hornung/Spiecker, Datenschutzrecht, 1. Aufl. 2019, Art. 22 Rn. 57; aA. *Roßnagel/Nebel/Richter* ZD 2015, 455, 458.

27 Näher dazu *Spindler* in Ebbers, Algorithms, erscheint demnächst.

Frage, ob im Rahmen von Art. 17 MAR Wissen unterhalb der Vorstandsebene zugerechnet werden kann, wenn ja, in welchen Grenzen, zum anderen, ob auch personenbezogene Vorkommnisse veröffentlicht werden müssen. Auch wenn dies nicht weiter untersucht wird, sind die Erwägungen entsprechend auf die sonstigen Mitteilungspflichten des WpHG anwendbar, z. B. auf die Stimmrechtsmeldung gem. § 33 WpHG oder die Mitteilungspflichten nach § 26 WpHG für Insiderinformationen und Eigengeschäfte.

## 1. Wissenszurechnung und datenschutzrechtliche Grenzen

Hinsichtlich der Pflicht zur Veröffentlichung von kursrelevanten Informationen ist die Frage in den Fokus gerückt worden, ob nicht nur positives Wissen des Vorstands die Pflicht auslöst, sondern auch Wissen im Unternehmen, das der Vorstand bei gehöriger Informationsorganisation hätte erlangen können, mit anderen Worten eine Wissenszurechnung entsprechend dem Vorbild im Vertragsrecht, das der positiven Kenntnis in einer juristischen Person auch das gesamte Wissen in einer Organisation zurechnet. Ohne hier die intensive Diskussion vertiefen zu können, in deren Rahmen für die Annahme einer solchen Wissensorganisationspflicht vor allem auf die Effektuierung der ad-hoc-Publizität abgestellt wird,[28] dagegen aber die mangelnde Verankerung im EU-Recht, die extensiven Konsequenzen für Haftung sowie die Widersprüche zur Selbstbefreiung ins Feld geführt werden, mit der Folge, dass nur das Wissen des Vorstands relevant ist für Art. 17 MAR,[29] ist selbst bei der Annahme einer Wissensorganisationspflicht ins Gedächtnis zu rufen, dass diese nur im Rahmen der sonstigen gesetzlichen Grenzen eingreifen kann, mithin auch der DSGVO. Handelt es sich bei den kursrelevanten Informationen um personenbezogene Daten, stellt sich die Frage, ob diese im Zusammenhang mit einer Pflicht zur ordnungsgemäßen Informationsorganisation überhaupt weitergeleitet und verarbeitet werden dürften. Wie der BGH in anderem Zusammenhang völlig zu Recht entschied, setzen Verschwiegenheitspflichten einer Wissenszurechnung Grenzen.[30] In diesem Fall ging es um Schadensersatzansprüche eines Anlegers gegen eine Direktbank, aufgrund der Verletzung einer Aufklärungspflicht, wenn erkannt wird, dass die Kunden durch das kundennähere Unternehmen, namentlich der A-AG, fehlerhaft beraten wur-

---

**28** So *Klöhn* NZG 2017, 1285, 1286 ff.

**29** So im Wesentlichen die Argumente von *Koch* AG 2019, 273, 279 ff. mwN.

**30** BGH NJW 2016, 2569.; siehe vertiefend *Spindler* ZHR 2017, 311, 321; *ders.* Unternehmensorganisationspflichten, 2001, S. 972; *Verse* AG 2015, 801, 810 f.; *Thomale* AG 2016, 641, 649 f.; *Buck*, Wissen und juristische Person, 2001, S. 470 ff.

den. Für das Depotkonto wurde dem Wertpapierunternehmen A-AG eine Vollmacht zum Erwerb von Wertpapieren erteilt. Zugerechnet werden sollte dieses Wissen deshalb, weil der Prokurist der Bank gleichzeitig auch Aufsichtsrat der A-AG gewesen ist und in seiner Stellung als Aufsichtsratsmitglied Kenntnis der Vorgänge erhalten hatte. Dem ist der BGH jedoch damit entgegengetreten, dass die Verschwiegenheitspflicht eines Aufsichtsratsmitgliedes eine Wissenszurechnung von vornherein ausschließt.[31] Eine Kollision der Pflichten des Aufsichtsratsmitgliedes gegenüber seinem Arbeitgeber rechtfertigt keine Durchbrechung der Verschwiegenheitspflicht, ist die Tätigkeit als Aufsichtsratsmitglied als nebenberufliche Tätigkeit angelegt und vom Gesetzgeber als Spannungsfeld erkannt worden, aber zugunsten der Verschwiegenheitspflicht gelöst worden, was § 404 Abs. 1 Nr. 1 AktG belegt.[32] Nicht anders sind datenschutzrechtliche Grenzen zu behandeln – allerdings kann hier wieder Art. 6 Abs. 1 S. 1 lit. c) DSGVO eingreifen, da die ad-hoc-Publizität eine rechtliche Verpflichtung des Emittenten darstellt. Zusammen mit einer – unterstellten – Wissenszurechnung qua Pflicht zur ordnungsgemäßen Informationsorganisation würde das Datenschutzrecht hier bei Einhaltung der Grundsätze der Verhältnismäßigkeit keine Hürden aufstellen. Der Streitfrage, ob und wie Wissen nach Art. 17 MAR zugerechnet werden muss, werden damit (leider) keine zusätzlichen Aspekte, die den Konflikt lösen könnten, zugeführt.

## 2. Persönliche Daten und die Pflicht zur ad-hoc-Publizität

Problematischer als Grenzen der Informationsorganisation sind ad-hoc-Mitteilungen an den Kapitalmarkt nach Art. 17 MAR, die persönliche Umstände eines Mitarbeiters oder eines Organmitglieds betreffen. Bekannt wurden Vorfälle wie die ad-hoc-Mitteilung von Borussia Dortmund KGaA im Falle des schwer erkrankten Stürmers Heiko Herrlich, für den der Klub nicht nur den Ausfall des Spielers, sondern auch dessen Erkrankung mitteilte.[33] Es liegt auf der Hand, dass derartige Umstände schwerwiegende Eingriffe in die Privat- und Intimsphäre des Betroffenen und damit seines allgemeinen Persönlichkeitsrechts, aber auch der informationellen Selbstbestimmung darstellen. Daher wurde schon zur alten Rechtslage (§ 15 WpHG a. F.) und ohne Berücksichtigung des Datenschutzes zu

---

31 BGH NJW 2016, 2569 Rn. 32.
32 BGH NJW 2016, 2569 Rn. 33.
33 Meldung abrufbar unter https://www.dgap.de/dgap/News/adhoc/ad-hocservice-borussia-dortmund-de/?newsID=11200 (zuletzt abgerufen am 06.08.2019).

Recht die Auffassung vertreten, dass hier nur solche Informationen an den Kapitalmarkt mitgeteilt werden dürfen, die unerlässlich im Hinblick auf ihre Kursrelevanz sind. Während der Ausfall eines wesentlichen Spielers oder eines Organmitglieds für die Anleger aufgrund ihres Einflusses auf den möglichen Erfolg eines Emittenten von Relevanz sein mögen, gilt dies nicht für Krankheits- oder Todesumstände.[34]

Dies hat sich auch unter der Geltung der DSGVO im Prinzip nicht geändert, schon auch aufgrund der verfassungsrechtlichen Verankerung, handelt es sich doch bei derartigen Angaben um besonders sensible Daten nach Art. 9 DSGVO. Allerdings stellen sich en detail doch Zweifel ein, ob Art. 17 MAR mit den Vorgaben des Art. 9 DSGVO für derartige Fälle kompatibel ist. Zwar ermöglicht Art. 9 Abs. 2 lit. g) DSGVO die Datenverarbeitung und auch Veröffentlichung selbst von besonders sensiblen Daten, wenn das Unionsrecht, hier Art. 17 MAR, dies gebietet.[35] Doch verlangt Art. 9 Abs. 2 lit. g) DSGVO – wie bereits erwähnt – auch „angemessene und spezifische Maßnahmen zur Wahrung der Grundrechte und Interessen der betroffenen Person". Mit den Worten des BVerfG bedarf es einer prozeduralen Sicherung der Grundrechte der Betroffenen;[36] eine solche sieht aber Art. 17 MAR für den Fall von kursrelevanten personenbezogenen sensiblen Daten nicht vor, so dass etwa im Fall der Borussia Dortmund KGaA kein geeignetes Verfahren zur vorherigen Prüfung zur Verfügung gestanden hätte. Gerade bei besonders sensiblen Daten wird in aller Regel ein rechtlich abgesichertes und institutionalisiertes Verfahren – das nicht unbedingt gerichtlich sein muss im Hinblick auf die gebotene schnelle Veröffentlichung von ad-hoc-Informationen – mit Einspruchsmöglichkeiten für Betroffene erforderlich sein, die auch notfalls eine Aufschiebung der Veröffentlichung einschließen. Andernfalls kann die auch verfassungsrechtlich gebotene Wahrung der Grundrechte, wie sie in Art. 9 Abs. 2 lit. g) DSGVO eingefordert werden, nicht gewährleistet werden.

## VII. Sanktionen: Naming und Shaming

Der Veröffentlichung von Daten von Betroffenen vergleichbar sind die Sanktionen des „Naming und Shaming", wie sie §§ 123 ff. WpHG bei verschiedenen Verstößen vorsehen, etwa nach § 125 WpHG gegen die Verordnung (EU) Nr. 596/2014, die

34 Zutr. *Wertenbruch* WM 2001, 193 ff.; eingehend auch *Schuhmacher* NZG 2001, 769, 776 f.

35 In der Diskussion wird ausschließlich das Persönlichkeitsrecht thematisiert, s. *Klöhn* in Klöhn, MAR, 1. Aufl. 2018, Art. 17 MAR Rn. 379 ff.; *Assmann* in Assmann/Schneider/Mülbert, Wertpapierhandelsrecht, 7. Aufl. 2019, Art. 17 VO (EU) Nr. 596/2014 Rn. 73 ff.

36 BVerfG NJW 2010, 833, Rn. 339.

Verordnung (EU) 2015/2365 und die Verordnung (EU) 2016/1011. Auch hier liegt bei natürlichen Personen per se ein schwerwiegender Eingriff in deren Persönlichkeitsrecht und in ihre Grundrechte auf Datenschutz vor, der der Rechtfertigung und einer strikten Verhältnismäßigkeitskontrolle bedarf.[37] Diesem Erfordernis trägt etwa § 125 Abs. 3 WpHG Rechnung, indem die Bekanntgabe bei unverhältnismäßigem Eingriff in personenbezogene Daten nur anonymisiert erfolgt, § 125 Abs. 3 Nr. 2 WpHG. Teilweise dürfen auch überhaupt keine personenbezogenen Daten veröffentlicht werden, § 123 Abs. 4 S. 2 WpHG. Bei der Entscheidung über die Verhältnismäßigkeit ist neben dem Persönlichkeitsrecht auch die Berufsfreiheit zu berücksichtigen.[38] Besonderes Augenmerk ist auf die Verhältnismäßigkeit zu legen, wenn noch keine unanfechtbare Entscheidung vorliegt.[39] Teilweise wird dann dafür plädiert, dass ein „naming" bei noch anfechtbaren Entscheidungen allgemein zu unterbleiben hat.[40] Richtigerweise ist dies aber anhand einer Einzelfallprüfung zu ermitteln.[41] Gerade bei einer Veröffentlichung aufgrund präventiven Interesses ist eine Nennung zuzulassen.[42] Eine Nichtnennung kommt aber aufgrund der Unschuldsvermutung regelmäßig in Frage, wenn die Sanktion auf repressiv-sanktionierenden Gründen beruht.[43]

Auf der Seite der DSGVO wird die Bekanntmachung der personenbezogenen Daten wiederum durch Art. 6 Abs. 1 S. 1 lit. e) DSGVO als Wahrnehmung öffentlicher Aufgaben gerechtfertigt – solange die Verhältnismäßigkeit gewahrt wird. Da die Sanktionen nur für schwerwiegende Verstöße gegen die Verbote der Marktmanipulation, der Transparenzvorschriften und der Verhaltenspflichten eingreifen, liegt in aller Regel sowohl die Erforderlichkeit als auch die Verhält-

---

37 S. etwa *Spoerr* in Assmann/Schneider/Mülbert, Wertpapierhandelsrecht, 7. Aufl. 2019, § 123 WpHG Rn. 2.

38 *Söhner* BB 2017, 259, 265; die Vereinbarkeit des „naming and shaming" insgesamt mit Unionsrecht und Verfassungsrecht in Frage stellend *Schmieszek/Langer* WM 2014, 1893, 1896 ff.

39 *Spoerr* in Assmann/Schneider/Mülbert, Wertpapierhandelsrecht, 7. Aufl. 2019, § 124 WpHG Rn. 23, § 125 WpHG Rn. 7.

40 *Burgard/Heimann* WM 2015, 1445, 1453; *Burgard/Heimann* FS Dauses, 2014, S. 47, 74; so auch zum MAR-E *Seibt* ZHR 2013, 388, 421.

41 *Spoerr* in Assmann/Schneider/Mülbert, Wertpapierhandelsrecht, 7. Aufl. 2019, § 124 WpHG Rn. 23.

42 *Spoerr* in Assmann/Schneider/Mülbert, Wertpapierhandelsrecht, 7. Aufl. 2019, Art. 34 VO (EU) Nr. 596/2014 Rn. 7.

43 *Spoerr* in Assmann/Schneider/Mülbert, Wertpapierhandelsrecht, 7. Aufl. 2019, § 124 WpHG Rn. 23.

nismäßigkeit vor, wenn sonstige Sanktionen nicht genügend abschreckende Wirkung entfalten.[44]

Abgesehen von der Befugnis zur Bekanntmachung ergibt sich ein weiteres Problemfeld im Hinblick auf das von Art. 17 DSGVO vorgesehene Recht auf Löschung bzw. „Vergessenwerden". Es liegt auf der Hand, dass die Sanktion des Naming und Shaming praktisch ihre ganze Wirkung verlieren würde, wenn der Betroffene unmittelbar nach Veröffentlichung deren Löschung verlangen können sollte. Bei genauerer Betrachtung betrifft Art. 17 Abs. 1 DSGVO in erster Linie Fälle, in denen die Rechtfertigung für die Datenverarbeitung später weggefallen ist, insbesondere nach Art. 17 Abs. 1 lit. a) DSGVO der Wegfall des Zwecks, für die die Daten verarbeitet worden sind. Genau dies berücksichtigen aber §§ 123 Abs. 5 S. 2, 124 Abs. 4 S. 2, 125 Abs. 5 S. 2, 126 Abs. 5 S. 2 WpHG, wonach „... personenbezogene Daten zu löschen (sind), sobald ihre Bekanntmachung nicht mehr erforderlich ist." Mit diesen Regelungen wollte der Gesetzgeber explizit dem Datenschutz Rechnung tragen.[45] Abgesehen davon, dass die Normen damit den Vorgaben der DSGVO und den verfassungsrechtlichen Anforderungen entsprechen, würde zudem noch Art. 17 Abs. 3 lit. b) DSGVO eingreifen, der Art. 17 Abs. 1 DSGVO für unanwendbar erklärt, wenn die Verarbeitung zur Wahrnehmung einer Aufgabe im öffentlichen Interesse erfolgte – genau dies ist aber im Rahmen der Sanktionierung nach § 125 WpHG zur Effektuierung der Marktaufsicht der Fall.

## VIII. Ausblick

Auch wenn die DSGVO von vielen als ein Paukenschlag empfunden wurde und erhebliche Umsetzungsprobleme hervorrief, muss doch für das WpHG festgestellt werden, dass fast durchgängig die Anforderungen des Datenschutzes eingehalten werden – was nicht zuletzt durch die kritisierten Öffnungsklauseln und die schon längst vor der DSGVO geltenden datenschutz- und vor allem verfassungsrechtlichen Anforderungen bedingt ist. Allerdings zeigt die tour d'horizon auch, dass noch weitergehende Kontrollmaßnahmen, die eine Datentransfer und Datenerhebung bedingen, kaum noch vorstellbar sind, da schon jetzt eine fast flächendeckende Überwachung jedenfalls dem Grunde nach im WpHG und in den Befugnissen der BaFin angelegt sind. Hieran wird sich aller Wahrscheinlichkeit nach auch in den nächsten 25 Jahren nichts ändern. Die Herausforderungen dürften in

---

**44** S. zum Naming und Shaming auch *Burgard/Heimann* WM 2014, 1445; *Seibt/Wollenschläger* AG 2012, 305; *Nartowska/Knierbein* NZG 2016, 256.

**45** BT-Drucks. 18/7482, 67; BT-Drucks. 18/10936.

Zukunft eher in anderen Feldern liegen, namentlich der Fähigkeit der Aufsichtsbehörden, eingesetzte Algorithmen insbesondere hinsichtlich der künstlichen Intelligenz zu kontrollieren.

# Wertpapierhandelsrecht aus der Sicht verschiedener Marktakteure

Patrick C. Leyens

# Intermediäre: Bedeutung, Regulierung und Zukunftsfragen

## I. Einführung

Aus dem modernen Kapitalmarktverkehr sind Intermediäre nicht hinwegzudenken. Unterschiedlichste Intermediationsleistungen tragen zu der heute als selbstverständlich empfundenen Zusammenführung von Kapitalangebot und -nachfrage bei. Zuvorderst zu nennen ist das Bankgeschäft und die von Banken erbrachte Anlageberatung. Bei der Abstimmung auf die individuellen Kundenbedürfnisse greifen Anlageberater auf an das Publikum gerichtete Empfehlungen von Finanzanalysten und Bonitätsbeurteilungen von Ratingagenturen zurück. Kaufempfehlungen der Analysten berücksichtigen Ratings und umgekehrt. Die kapitalmarktbezogene Intermediation ist, wie sich bereits bis hierhin zeigt, ein aus mehreren Ebenen bestehendes System aus Vermittlungsleistungen.

Das WpHG hat sich seit seinem Inkrafttreten der für die Intermediation zentralen Aufgabe angenommen, die grundsätzlichen Elemente einer Wertpapierleistung festzulegen und hatte zunächst vor allem die Banken im Blick.[1] Die allgemeinen Verhaltenspflichten nach § 63 WpHG zielen auf eine kapitalmarkttaugliche regulatorische Verankerung allgemein anerkannter Grundsätze der Interessenwahrung ab. Diese regulatorische Verankerung ist Voraussetzung für eine leistungsstarke Intermediation am Kapitalmarkt. Seit 2004 ist über die heutigen Vorgaben für Anlagestrategieempfehlungen und Anlageempfehlungen nach § 85 WpHG auch die Finanzanalyse erfasst. Demgegenüber wurden die Pflichten im Zusammenhang mit der Erstellung von Bonitätsratings, ohne Zwischenschritt im nationalen Recht, durch die EG-RatingVO von 2009 geregelt.[2] Zu den übergreifenden Erträgen der auch ansonsten rasch fortschreitenden Vollrechtsharmonisierung zählen zum einen originär eigene Pflichten- und Überwachungskonstrukte für spezialisierte Intermediationsleistungen wie beim Bonitätsrating. Zum anderen übernehmen die unionsrechtlichen Vorgaben zunehmend die Konkretisierung der allgemeinen wertpapierhandelsrechtlichen Verhaltenspflichten.

---

1 Beschlussempfehlung und Bericht des Finanzausschusses, BT-Drucks. 12/7918 v. 15.6.1994, S. 103.

2 Verordnung (EG) Nr. 1060/2009 vom 16.9.2009 über Ratingagenturen, ABl. EU Nr. L 302 v. 17.11.2009, S. 1.

https://doi.org/10.1515/9783110632323-018

Anlässlich des 25-jährigen Bestehens des WpHG geht der vorliegende Beitrag Bedeutung, Regulierung und Zukunftsfragen kapitalmarktbezogener Intermediationsleistungen nach. Dazu wird zunächst die Rolle der Intermediation im Finanzsystem erschlossen (II.). Auf dieser Grundlage ist zu den Gemeinsamkeiten und Unterschieden im Einsatz der vom WpHG angelegten Organisations-, Offenlegungs- und Abstandnahmepflichten vorzustoßen (III.). Der Beitrag schließt mit Überlegungen zu den künftigen Herausforderungen (IV.). Die wesentlichen Ergebnisse sind thesenförmig zusammengefasst.

## II. Intermediation im Finanzsystem

Gemeinsame Aufgabe sämtlicher Intermediationsformen ist die Unterstützung des Kapitalaustauschs. Intermediäre tragen zur Interessen- und Transaktionsbündelung bei und senken dadurch die Anzahl der erforderlichen Einzelabsprachen. In dieser Transaktionskosten sparenden Wirkung liegen die besonderen Chancen für den auf raschen und verlässlichen Austausch angewiesenen Kapitalmarkt und für eine im öffentlichen Interesse optimierte Allokation verfügbarer Kapitalien.

### 1. Funktionsspektrum

Existenz und Nutzen der kapitalmarktbezogenen Intermediation erklären sich aus drei Teilfunktionen:[3] Die erste Teilfunktion ist kennzeichnend für die Finanzintermediation im engeren Sinne und besteht in der Umgestaltung des Faktors Kapital (Transformation). Banken nehmen die Einlagen von Privathaushalten herein und geben Kredite an Unternehmen heraus. Dabei bringen sie die Unterschiede von Volumina, Zeiträumen, Kapitalverfügbarkeit und den Sicherungsbedürfnissen in Ausgleich (Losgrößen, Fristen, Liquidität, Risiken). Als zweite Teilfunktion gilt die Erleichterung der Transaktionsanbahnung und -abwicklung, bis hin zur technischen Zusammenführung von Kapitalangebot und -nachfrage. Die dritte Teilfunktion besteht in der Informationsvermittlung zwischen Kapitalanbietern und -nachfragenden.

---

3 *Greenbaum/Thakor/Boot*, Contemporary Financial Intermediation, 3. Aufl. 2016, S. 21; *Zetzsche*, Prinzipien der kollektiven Vermögensanlage, 2015, S. 105. Einordnend *Leyens* in Basedow/Hopt/Zimmermann, Handwörterbuch des Europäischen Privatrechts, 2009, Bd. 1, S. 592.

Der Einsatzradius dieser Teilfunktionen unterscheidet sich je nach dem erreichten Entwicklungsgrad und der damit verbundenen informationellen Struktur des betreffenden Kapitalmarkts.[4] Die im Wege von Einlage- und Kreditgeschäft erbrachten Transformationsleistungen stehen bei anfänglich auf kleine Gruppen verteiltem Anlagewissen im Vordergrund (Informationsinternalisierung). Die Bedeutung des auf anonymen Austausch ausgerichteten Anlagegeschäfts und der darauf bezogenen Informationsintermediation steigt, wenn es, maßgeblich infolge erweiterter Unternehmenspublizität, zu einer Wissensöffnung für das Anlegerpublikum kommt (Informationsexternalisierung).

In den modernen auf Informationsexternalisierung ausgerichteten Kapitalmärkten betreffen die Informationsasymmetrien im Sinne des Akerlof'schen Marktversagensmodells vornehmlich die Verlässlichkeit und Bedeutung der Unternehmensinformation.[5] Eine Schließung von Informationslücken durch einzelvertragliche Absprachen erwiese sich angesichts der damit verbundenen Transaktionskosten nicht als kapitalmarkttauglich. Ohne Einschätzung der Informationsqualität können aber bloß Durchschnittpreise geboten werden. Produkte von hoher Güte sind dann nicht handelbar. In der Folge sind Korrekturen der Durchschnittserwartung nach unten zu erwarten und es kommt zu einer Abwärtsspirale. Dieses Marktversagen kann durch Informationsintermediäre in einer auf den schnellen und kostengünstigen Austausch am Kapitalmarkt abgestimmten Art und Weise unterbunden oder abgemildert werden.

Aufgaben der Informationsintermediation übernehmen Banken, daneben aber auch spezialisierte Dienstleister, die als Finanzintermediäre im weiteren Sinne eingeordnet werden. Auftreten und Ausgestaltung der Intermediationsangebote richten sich nach der soeben beschriebenen informationellen Grundstruktur des Kapitalmarkts.[6] In der Summe entsprechen die heute vorzufindenden Leistungen den Informationsbedürfnissen einer stilisierten Anlageentscheidung:[7] Erstens bedarf es einer Absicherung der grundsätzlichen Leistungsfähigkeit und -bereitschaft des Emittenten und seiner Geschäftsleitung, die von der handelsrechtlichen Abschlussprüfung nach §§ 316 ff. HGB zu leisten ist. Zweitens sind Einschätzungen zur künftigen Entwicklung des Finanzprodukts erforderlich, wie sie von Finanzanalysten geliefert werden. Drittens muss die Rückzahlungswahrscheinlichkeit oder Weiterveräußerungsmöglichkeit eingeschätzt werden können,

---

4 *Black* 48 UCLA L. Rev. 781, 786 (2001); *Schmidt/Tyrell* in Hopt/Wymeersch/Kanda/Baum, Corporate Governance in Context, 2005, S. 481, 487 ff.

5 *Akerlof* 84 Q. J. Econ. 488 (1970). Kurz *Hirte/Heinrich* in KK-WpHG, 2. Aufl. 2014, Einl. Rn. 14, 22 ff.

6 *Leuz/Wüstemann* in Krahnen/Schmidt, The German Financial System, 2004, S. 450, 454.

7 *Leyens*, Informationsintermediäre des Kapitalmarkts, 2017, S. 9.

also die Solvenz des Emittenten, die Gegenstand der Bonitätsbeurteilung durch Ratingagenturen ist.

Die von den beispielhaft genannten Intermediären bereitgestellten Informationen richten sich zwar an das Anlegerpublikum. Sie fließen aber sodann in die insbesondere durch Banken erbrachte Anlageberatung ein, also in die Abstimmung auf die individuellen Anlageziele des einzelnen Anlegers.

## 2. Marktfunktionsschutz

Intermediationsleistungen unterstützen die Begründung der Anlagebeziehung, nehmen aber auch Einfluss auf die Fortdauer oder ggf. den Abbruch dieser Beziehung. Auf Grundlage dieser Beobachtung ist zur Einordnung der Intermediation als Mechanismus des Marktfunktionsschutzes vorzudringen. In der internationalen Forschung hat sich das Bild des Schleusenwächters verfestigt (gatekeeper).[8] Mit manchen definitorischen Unterschieden im Detail gelten als gatekeepers diejenigen privaten Dienstleister, ohne deren Mitwirkung der Marktzugang verstellt oder zumindest die fortdauernde Marktteilnahme des Emittenten erschwert ist.[9]

Nach dem informationsökonomischen Erklärungskonstrukt zu Existenz und Nutzen der Intermediation ist der Einfluss von bloß mit Aufgaben der Informationsvermittlung betrauten Dienstleistern aus dem Reputationsmechanismus zu erklären. Intermediäre generieren, evaluieren oder verifizieren emittentenbezogene Informationen und verschaffen dem dadurch gesendeten Signal kraft ihrer Reputation Verlässlichkeit.[10] Bei der Reputation handelt es sich um ein langfristiges Investitionsgut. Der Einsatz zur kurzfristorientierten Profiterzielung wäre wirtschaftlich unsinnig. Schlechten Angeboten werden Intermediäre also zumindest theoretisch bereits die anfängliche oder jedenfalls die fortdauernde Unterstützung versagen.[11] An der grundsätzlichen Leistungsfähigkeit des Reputationsmechanismus bestehen keine Zweifel. Fortbestehende Unsicherheiten

8 *Grundmann* in Großkommentar HGB, Bankvertragsrecht: Investment Banking I, 5. Aufl. 2017, Rn. 53; *Hirte/Heinrich* in KK-WpHG, 2. Aufl. 2014, Einl. Rn. 14, 22 ff.

9 Grundlegend *Kraakman* 2 J.L. Econ. & Org. 53 f. (1986): „private parties who are able to disrupt misconduct by withholding their cooperation". Funktionsbezogen *Coffee* Gatekeepers, 2006, S. 2: „an agent who acts as a reputational intermediary to assure investors as to the quality of the 'signal' sent by the corporate issuer".

10 *Coffee*, ebd.

11 *Tuch* 96 Va. L. Rev. 1583, 1664 ff., 1670 (2010): „ability to monitor and control corporate conduct".

betreffen aber seine Belastungsgrenzen und die konkreten Versagensgründe im Einzelfall.[12] In der Kapitalmarktforschung zeichnet sich neuerdings die Erkenntnis ab, dass der Reputationsmechanismus durch gezielte regulatorische Aufgabenzuweisungen nicht nur gestärkt, sondern auch beeinträchtigt oder gar ausgehebelt werden kann.[13] Darauf ist im folgenden Abschnitt 3 zurückzukommen.

Im weiteren Fortgang der Anlagebeziehung ist die Intermediation Baustein der Corporate Governance. Die abgeleitete Geschäftsführungsüberwachung durch kreditgebende Banken wurde in der ökonomischen Forschung verstärkt seit den 1980er-Jahren erschlossen.[14] Funktionen der abgeleiteten Überwachung kommen aber nicht nur den Banken, sondern auch den spezialisierten Informationsintermediären zu:[15] Negative Beurteilungen durch Finanzanalysten oder Ratingagenturen können ebenfalls eine Finanzierung des Emittenten über den Kapitalmarkt erschweren oder verstellen.[16]

Vor allem aber wurden Bonitätsratings durch den Basel II-Akkord zum Maßstab für das Eigenkapital der Banken.[17] Diese regulatorische Aufwertung der privaten Intermediationsleistung senkte die Steuerungskraft des Reputationsmechanismus, ohne die entstehende Steuerungslücke, beispielsweise im Wege einer durchsetzungsstarken zivilrechtlichen Haftung zu schließen. Konkret verstärkte die regulatorische Aufwertung die ohnehin bereits de facto bestehende Unausweichlichkeit privater Bonitätsbeurteilungen. Dieses Vorgehen gilt als Mitursache des Ratingversagens vor der globalen Finanzkrise der Jahre 2008 ff.[18] Am Beispiel des Bonitätsratings zeigt sich besonders deutlich, dass die Integrität von Intermediationsangeboten nur unter Berücksichtigung des Zusammenspiels von Marktmechanismen und Regulierung zu erfassen ist.

---

**12** *Enriques/Hertig/Kraakman/Rock* in Kraakman u. a., Anatomy of Corporate Law, 3. Aufl. 2017, S. 243, 263. Zur Grundlagendiskussion *Klöhn/Schmolke* NZG 2015, 689, 695; *Filippas/Horton/Golden*, Reputation Inflation, NBER Working Paper No. 25857, Mai 2019, https://ssrn.com/abstract=3391010.

**13** *Partnoy* 79 Wash. U. L.Q. 491, 505 ff., 508 (2001).

**14** *Diamond* 51 Rev. Econ. Stud. 393 (1984); *Diamond/Dybvig* 91 J. Pol. Econ. 401 (1983); *Ramakrishnan/Thakor* 51 Rev. Econ. Stud. 415 (1984). Siehe weiter *Breuer* Finanzintermediation im Kapitalmarktgleichgewicht, 1993, S. 127.

**15** *Leyens*, Informationsintermediäre des Kapitalmarkts, 2017, S. 29.

**16** Zum Stand der empirischen Forschung ebd., S. 177 ff., 186.

**17** *Brocker* in Derleder/Knops/Bamberger, Deutsches und europäisches Bank- und Kapitalmarktrecht, Bd. 2, 3. Aufl. 2017, § 81 Rn. 30. Eingehend *Schroeter*, Ratings, 2014, S. 100 ff., 113.

**18** *Hellwig*, Gutachten E, 68. DJT 2010, S. E24; *ders.* 157 De Economist 129, 155 (2009).

## 3. Regulierung

Die Regulierung der Intermediation ist in mindestens zweierlei Hinsicht gefordert: An erster Stelle steht die für einen transaktionskostenschonenden Austausch unerlässliche Regelung von Interessenwahrungspflichten.[19] Für Banken sind die dahin führenden Überlegungen schon lang zum heute unumstrittenen Anlegerschutzprinzip verdichtet.[20] Mit Blick auf Angebote der Informationsintermediation sind sie zur Forderung nach einem am Ziel des Schutzes der Informationsintegrität des Markts ausgerichteten Pflichtengerüst weiterzuentwicklen. Übergreifend ist die Regelungsbedürftigkeit aus der Vermittlerrolle der Intermediation zu erklären, die eine zusätzliche Ebene in die Agenturbeziehung zwischen Anleger und Emittent einzieht. Aus dieser Zwischenebebe ergeben sich originär eigene Informationsunsicherheiten und neue Gefahren von Interessenkonflikten, die nicht nur den einzelnen Anleger betreffen, sondern angesichts der Breitenwirkung von öffentlich verfügbaren Kapitalmarktinformationen den gesamten Markt erfassen können.[21]

Die Ursachen dieser Gefahren sind vielschichtig. Besonders deutlich werden sie unter Berücksichtigung der Finanzierung von Leistungen der Informationsintermediation. Zumeist werden Informationsintermediäre vom Emittenten beauftragt oder im Wege der Querfinanzierung durch weitere Leistungen des Intermediärs indirekt durch den Emittenten vergütet. Die vom Intermediationsergebnis betroffenen Anleger sind an den zugrunde liegenden Absprachen nicht beteiligt. Aus dieser Finanzierungsstruktur ergibt sich eine Anfälligkeit für die einseitige Ausrichtung der Leistung an den Interessen des Emittenten. Angesprochen ist damit ein bislang ungelöstes und wohl auch nicht vollständig lösbares Grundsatzproblem der privaten Intermediation. Diskutiert werden die Gefahrenlagen vor allem für das Bonitätsrating (issuer pay problem).[22] Beeinträchtigungen der kapitalmarktlichen Informationsintegrität sind aber letztlich bei jeder direkt oder indirekt durch den Emittenten finanzierten Intermediationsleistung zu befürchten.[23]

Nur bei Überwindung der Agenturprobleme können die Intermediäre ihrer Vermittlerfunktion im Sinne der von ihrem Einsatz erhofften volkswirtschaftlichen Vorteile eines besser informierten Austauschs ausfüllen. Regulatorischen

**19** *Hopt* ZGR 2004, 1, 3 ff.
**20** Grundlegend *Hopt*, Kapitalanlegerschutz im Recht der Banken, 1975, S. 288 ff., 333 ff.
**21** *Kumpan*, Der Interessenkonflikt im deutschen Privatrecht, 2014, S. 58 zu den Regulierungsgründen.
**22** *Schroeter*, Ratings, 2014, S. 36, 705; *Wagner* FS Kirchner, 2014, S. 1067, 1092.
**23** *Leyens*, Informationsintermediäre des Kapitalmarkts, 2017, S. 134, 684 ff.

Interessenwahrungspflichten kommt bei entsprechender Sanktionierung von Pflichtverstößen eine ex ante steuernde Wirkung und damit eine entscheidende Ermöglichungsfunktion zu: Die regulatorischen Vorgaben treten an die Stelle prohibitiv teurer Individualabsprachen von Einzelanlegern mit den verschiedenen Intermediären, füllen also die vertraglich nicht zu schließenden Lücken der Verhaltensordnung und schaffen damit die Grundlage für das Angebot von Intermediationsleistungen.

An zweiter Stelle stehen regulatorische Indienstnahmen privater Intermediäre zur Erfüllung von im Grunde hoheitlichen Steuerungszwecken. Gemeinsames Kennzeichen der hierzu eingesetzten Regelungsstrategien ist der Auf- oder Ausbau des beschriebenen Einflusses der Intermediäre auf die Begründung oder Fortdauer der Anlagebeziehung. Beispiel hierfür ist die Anordnung einer obligatorischen Inanspruchnahme bestimmter Intermediationsleistungen durch den Emittenten. Besonders im Falle eines solchen Intermediationsobligatoriums sind komplementierende Regeln zur Verantwortung des Intermediärs unabdingbar. Dieser Konnex findet sich u. a. bei der Pflicht zur Inanspruchnahme eines Finanzinstituts als Emissionsbegleiter nach § 32 Abs. 2 BörsG mit daran anknüpfender Haftungsverantwortung für den Börsenzulassungsprospekt aus §§ 8 ff. WpPG.[24]

In der internationalen Forschung wird der Nutzen einer obligatorischen Inanspruchnahme privater Intermediationsleistungen – mit daran geknüpfter Verantwortungszuweisung (gatekeeper strategy) – aus den Grenzen der Abschreckung des primärverantwortlichen Emittenten und den regelmäßig fehlenden Anreizen der Anleger zum kostenträchtigen privaten Selbst- oder Fremdschutz erklärt.[25] Der Einsatz dieser Regulierungsstrategie bietet sich an, wenn bzw. weil Intermediäre Anreize zur Erbringung von Leistungen verfügen, mit denen sich Funktionen einer Marktzugangskontrolle verbinden. Von einer auf diese Weise privat organisierten Marktzugangskontrolle sind im Vergleich zur staatlichen Eigenwahrnehmung durchaus Leistungs- und Kostenvorteile zu erhoffen, dies allerdings nur, wenn den Gefahren von Fehlverhalten des privaten Dienstleisters wirksam entgegengetreten wird.

24 *Habersack* in ders./Mülbert/Schlitt, Hdb. Kapitalmarktinformation, 2. Aufl. 2013, § 29 Rn. 27, 40. Zu den Ursprüngen in den USA *Langevoort* 98 Harv. L. Rev. 747, 769 (1985).

25 *Kraakman* 2 J.L. Econ. & Org. 53 (1986). Zum Stand *Armour/Hansmann/Kraakman* in Kraakman u. a., Anatomy of Corporate Law, 3. Aufl. 2017, S. 29, 42.

# III. Regelungsstrukturen

Die im WpHG angelegten und zunehmend spezialgesetzlich ausgeformten Regelungsstrukturen setzen zum einen auf Vorgaben zum qualifizierten und sorgfältigen Umgang mit der betreffenden Intermediationsaufgabe. Die dazu in § 63 Abs. 1 WpHG zu findende Pflichtentrias verlangt eine ehrliche, redliche und professionelle Leistungserbringung.[26] Zum anderen wird die Unabhängigkeit des Intermediärs vom WpHG und spezialgesetzlichen Normen durch einen Pflichtenkanon aus Organisations-, Offenlegungs- und Abstandnahmepflichten sichergestellt. Die gemeinsamen Problemstellungen der Unabhängigkeit und ihre je nach Intermediationsform unterschiedlichen Lösungen werden im Folgenden näher beleuchtet.

## 1. Organisation

Organisationspflichten zielen auf die präventive Vermeidung bzw. frühzeitige Aufdeckung von Gefahrenlagen ab. Aus Sicht der Eingriffsintensität stehen interne Maßnahmen auf niedrigster Stufe.[27] Kaum zu übersehen, schränkt die Anordnung einer organisatorischen Trennung von Aufgabenbereichen aber die Möglichkeiten zur Erzielung von Synergieeffekten (Skalenerträgen) ein, die häufig für den Nutzen von Intermediationsleistungen ausschlaggebend sind. Organisationspflichten können sich deshalb aus Sicht des betroffenen Intermediärs als durchaus invasiv erweisen. Infolge von Aufgabentrennungen werden zudem die Möglichkeiten einer Querfinanzierung von Leistungen der Informationsintermediation eingeschränkt. Infolgedessen können zu weit gehende Organisationspflichten auch eine Beeinträchtigung der Informationsversorgung des Markts zur Folge haben.

Die Abwägung folgt sowohl nach WpHG als auch Unionsrecht dem Proportionalitätsprinzip. Banken und Wertpapierdienstleistungsunternehmen haben nach § 63 Abs. 2 Satz 1 WpHG sicherzustellen, dass das „Risiko der Beeinträchtigung von Kundeninteressen vermieden wird“, und dazu nach § 80 Abs. 1 Satz 2 Nr. 2 WpHG „auf Dauer wirksame Vorkehrungen für angemessene Maßnahmen

26 Bis 2018: „Sachkenntnis, Sorgfalt und Gewissenhaftigkeit“, § 31 Abs. 1 Nr. 1 WpHG a.F.

27 Übergreifend zum Regelungsgefüge *Hopt* ZGR 2004, 1, 25 ff., 51; *ders.* in FS Doralt 2004, 213, 214 ff. Zum Wertpapierhandelsrecht *Möllers* in KK-WpHG, 2. Aufl. 2014, § 31 Rn. 128 ff. Zur Übertragung auf Informationsintermediäre des Kapitalmarkts *Leyens* 11 JCLS 33, 43 ff. (2011).

[zu] treffen, um Interessenkonflikte (...) zu erkennen und zu vermeiden oder zu regeln."

Den besonderen Problemen der gleichzeitig mit Wertpapierleistungen erbrachten Finanzanalysen nahm sich das WpHG zwar erst vermittelt durch das Vierte Finanzmarktförderungsgesetz von 2002 an, eilte damit aber dem ansonsten taktgebenden Unionsrecht voraus.[28] Das heutige Regelungsgefüge ist auf die Ziele der MAR ausgerichtet.[29] Erforderlich ist nach § 85 Abs. 1 Satz 1 WpHG eine Organisation, bei der Interessenkonflikte i. S.v. Art. 20 MAR möglichst gering sind. In Konkretisierung der MiFID II-Vorgaben schreibt Art. 37 Abs. 2 lit. c Delegierte VO (EU) 2017/565 insbesondere die Steuerung der Informationsflüsse vor. Diese Steuerungsaufgabe betrifft maßgeblich die Tätigkeiten mit gegenläufigen Interessen und verlangt die Einrichtung von Vertraulichkeitsbereichen (Chinese walls; auch: screens).[30] Eine Informationsdurchleitung (wall crossing) kommt nur zur Sicherstellung der sachgerechten Aufgabenerfüllung in Betracht (need to know).[31]

Nach diesem international üblichen Regelungsansatz sind Enttäuschungen des Anlegervertrauens infolge mangelnder Abstimmung zwischen den Abteilungen eines Finanzinstituts unausweichlich. Prominentes Beispiel hierfür ist der Kurssturz der Telekom-Aktie um 20 % im Jahr 2001. Dazu kam es infolge eines Paketverkaufs durch die Deutsche Bank, von deren Analyseabteilung die Aktie gleichzeitig zum Kauf empfohlen wurde.[32]

Die Notwendigkeit regulatorisch zwingender Organisationsvorgaben ist heute anerkannt. Unzulänglichkeiten der Selbstregulierung zeigten sich besonders deutlich an der offenen Weigerung führender Ratingagenturen, zentrale Konfliktvermeidungsregeln des IOSCO Code of Conduct Fundamentals for Credit Rating Agencies von 2004 (geändert 2008) einzuhalten.[33] Nach den umfassend

---

**28** Zur Regelsetzungsdiskussion *Fleischer*, Gutachten F, 64. DJT 2002, S. F128, F132. Zum daraufhin erreichten Stand *Göres* in Habersack/Mülbert/Schlitt, Handbuch der Kapitalmarktinformation, 2. Aufl. 2013, § 24 Rn. 4 ff., 6.

**29** Im Einzelnen *Rothenhöfer* in Meyer/Veil/Rönnau, Handbuch zum Marktmissbrauchsrecht, 2018, §§ 21–23 jew. Rn. 1.

**30** Grundlagen zur MAR bei *Klöhn* in ders., Marktmissbrauchsverordnung, 2018, Einl. Rn. 1, 77. Zum Aufbau von Vertraulichkeitsbereichen *Rothenhöfer* in Kümpel/Mülbert/Früh/Seyfried, Bank- und Kapitalmarktrecht, 5. Aufl. 2019, Rn. 13.256.

**31** BaFin, Rundschreiben 05/2018 (WA) – Mindestanforderungen an die Compliance-Funktion und weitere Verhaltens-, Organisations- und Transparenzpflichten – MaComp, 19.04.2018, geändert am 09.05.2018, AT 6.2 Nr. 3.

**32** *Hopt* ZGR 2002, 333, 368 f.

**33** CESR, Report by CESR on compliance of EU based Credit Rating Agencies with the 2008 IOSCO Code of Conduct, CESR/09-417, Mai 2009, Ziff. 67 ff. Näher *Stemper*, Rechtliche Rahmenbedingungen des Ratings, 2010, S. 158 f.

ausgestalteten Organisationsvorgaben der mehrfach ergänzten EG-RatingVO von 2009 und ihres Anhangs I haben die Agenturen die Informationsflüsse in einer Weise zu steuern, die Gefahren einer indirekten Einflussnahme auf das Ratingergebnis unterbindet. In Art. 7 Abs. 2 EG-RatingVO ist dazu insbesondere das Verbot der Teilnahme des für die Bewertung zuständigen Ratinganalysten an der Gebührenverhandlung mit dem Emittenten vorgesehen;[34] eine Regel der Aufgabentrennung, die sich, wie noch zu besprechen, auch für die Finanzanalyse findet.[35]

## 2. Offenlegung

Auf der nächsten Stufe stehen Offenlegungspflichten, deren Berechtigung allgemein als Korrelat der Kapitalmarktteilnahme anerkannt ist.[36] Offenlegungspflichten greifen nach § 63 Abs. 2 Satz 1 WpHG, wenn die Konfliktbewältigung durch interne Organisation nicht sicherzustellen ist. Die Wirkung von Offenlegungsregeln ist invasiver als die bloßer Organisationspflichten, weil die nach außen kundgegebene abstrakte Gefahrenlage oder der konkret benannte Interessenkonflikt die Signalkraft und damit die Absatzfähigkeit der Intermediationsleistung mindern. Gleichwohl besteht kein Wahlrecht zwischen Organisation oder Offenlegung. Es handelt sich vielmehr um ein gestuftes Pflichtenprogramm.[37]

Angelegt wird dieses Stufenverhältnis durch Art. 23 Abs. 2 MiFID II. Danach ist eine Unterrichtung des Kunden über diejenigen Interessenkonflikte erforderlich, die durch organisatorische Maßnahmen nicht hinreichend unterbunden werden können. Ein solcher Interessenkonflikt liegt nach Art. 33 lit. a Delegierte VO (EU) 2017/565 insbesondere dann vor, wenn die Bank wahrscheinlich einen finanziellen Vorteil zu Lasten des Kunden erzielen würde.[38] Die erforderlichen Maßnahmen zur Unterbindung des Konflikts können nach dem gewählten Re-

---

**34** Zu den vorausgegangenen Erfahrungen mit Schwächen der Selbstregulierung CESR, CESR's Report to the European Commission on the compliance of Credit Rating Agencies with the IOSCO Code, CESR/06 – 545, Dezember 2006, Rn. 51. Näher *Stemper*, Rechtliche Rahmenbedingungen des Ratings, 2010, S. 290 f.

**35** Unten Abschn. III. 3.

**36** *Merkt*, Unternehmenspublizität, 2001, S. 332.

**37** *Grundmann* in Ebenroth/Joost/Boujong, HGB, Bd. 2, VI. Bankrecht, 3. Aufl. 2015, Rn. VI 215, VI 316; *Meyer/Paetzel/Will* in KK-WpHG, 2. Aufl. 2014, § 33 Rn. 20.

**38** Zur Konfliktlage *Meyer/Paetzel/Will* in KK-WpHG, 2. Aufl. 2014, § 33 Rn. 145 noch zu § 13 Abs. 1 WpDVerOV.

gelungssystem nicht durch eine schlichte Pro-Forma-Unterrichtung umgangen werden, um auf diese Weise Handlungen im Eigeninteresse zu ermöglichen. In Art. 34 Satz 1 Delegierte VO 2017/565 (EU) wird vielmehr klargestellt, dass von der Möglichkeit zur Unterrichtung nur als „Ultima Ratio" Gebrauch gemacht werden darf.

Darüber hinaus sind bei sämtlichen Intermediationsleistungen generelle Kennzeichnungspflichten vorgesehen. Entsprechend zu den bei Erlass des WpHG formulierten Zielen dienen diese Kennzeichnungen der verbesserten Einschätzung von Risiken der Anlageentscheidung durch den Anleger.[39] In Bezug auf Intermediationsleistungen geht es hierbei vor allem um die Einschätzung des vom Intermediär zu erwartenden Grads an Unabhängigkeit und damit der Verlässlichkeit seiner Leistung. Für die Anlageberatung ist nach § 64 Abs. 1 Satz 1 Nr. 1 WpHG eine Pflicht zur Angabe vorgesehen, ob es sich um eine unabhängige Honorar-Anlageberatung handelt oder ob (im Umkehrschluss) die Vermittlung hauseigener Produkte im Vordergrund stehen darf.

Dem vergleichbar dürfen an das Anlegerpublikum gerichtete Werbeaussagen nach § 63 Abs. 6 Satz 2 WpHG i.V.m. Art. 36 Abs. 2 UA 2 VO (EU) 2017/565 nicht als Finanzanalyse veröffentlicht werden, sondern sind als Marketingmitteilung zu kennzeichnen.[40] Erforderlich ist dann nach genanter Norm der Hinweis darauf, dass die Empfehlung „nicht in Einklang mit Rechtsvorschriften zur Förderung der Unabhängigkeit von Finanzanalysen erstellt wurde und [der Ersteller] auch keinem Verbot des Handels im Anschluss an die Verbreitung" unterliegt.

Bei Bonitätsratings ist nach Art. 10 Abs. 5 EG-RatingVO anzugeben, ob es sich um ein beauftragtes oder unbeauftragtes Rating handelt. Die Leistungsfähigkeit dieser Offenlegungspflicht ist umstritten. Zum einen muss ein beauftragtes Rating trotz der Finanzierung durch den Emittenten nicht weniger verlässlich sein als ein unbeauftragtes. Zum anderen geht aus der Kennzeichnung als beauftragte Leistung nicht hervor, ob im konkreten Fall eine Beeinträchtigung der Unabhängigkeit anzunehmen ist.[41] Die möglicherweise auch aus diesem Grund nach Art. 11 Abs. 2 i.V.m. Anh. I Abschn. D, E II Nr. 1 EG-RatingVO angeordneten Angaben zu Ratingmethoden und historischen Rating- und Ausfalldaten sind von Anlegern nicht treffgenau auszuwerten.[42] Durch Standardkennzeichnungen

---

**39** BT-Drucks. 12/7918 v. 15.6.1994, S. 103.

**40** Zur Abgrenzung BaFin, Rundschreiben 05/2018 (WA) – Mindestanforderungen an die Compliance-Funktion und weitere Verhaltens-, Organisations- und Transparenzpflichten – MaComp, 19.04.2018, geändert am 09.05.2018, BT 3.1.1. Näher *Rothenhöfer* in Meyer/Veil/Rönnau, Handbuch zum Marktmissbrauchsrecht, 2018, § 23 Rn. 11.

**41** Kritisch *Schroeter,* Ratings, 2014, S. 710 ff.

**42** Ebd., S. 711.

können Beeinträchtigungen der Unabhängigkeit infolge der Emittentenfinanzierung von Bonitätsratings kaum unterbunden werden und sind, bei Versagen der organisatorischen Vorkehrungen, demzufolge nur durch die im Folgenden zu besprechende Pflicht der Abstandnahme vom Geschäft zu vermeiden.

## 3. Abstandnahme

Pflichten zur Abstandnahme vom Geschäft stehen aus Sicht der Eingriffsintensität auf höchster Stufe. Die allgemeinen Organisations- und Offenlegungspflichten können sich zur Abstandnahmepflicht verdichten, wenn das Interessenwahrungsziel anderenfalls nicht zu wahren ist.[43] Durch konkretisierende oder darüber hinausgehende explizite Abstandnahmepflichten bringt der Gesetzgeber seine Vorstellung von der besonderen Bedeutung der Integrität einer bestimmten Intermediationsleistung zum Ausdruck. Angesichts der insgesamt noch jungen Auseinandersetzung des Rechts mit der kapitalmarktbezogenen Intermediation ist kaum verwunderlich, dass sich die zur Abstandnahmepflicht führenden Konstellationen erst nach und nach herausgebildet haben.

Das WpHG setzt Pflichten zur Abstandnahme voraus, überlässt die Konkretisierung aber dem Recht der Interessenwahrung und neuerdings zunehmend den unionsrechtlichen Vorgaben. Aus Sicht der Marktintegrität nicht tolerierbare Interessenkonflikte können sich beispielsweise aus der Rolle einer Bank als einerseits Kreditgeberin und andererseits Emissionsbegleiterin ergeben. Sofern sich die in Art. 42 Abs. 1f. Delegierte VO (EU) 2017/565 speziell für das Emissionsgeschäft vorgesehenen Maßnahmen nicht als hinreichend erweisen, greift die allgemeine Abstandnahmepflicht aus Art. 38 Abs. 2 Satz 3 dieser Verordnung. Die Konkretisierung ihres Einsatzradius bereitet jedoch Schwierigkeiten, zumal die gleichzeitige Wahrnehmung mehrerer Interessen inhärentes Merkmal der Finanzintermediation durch Banken ist.

Schon in der US-amerikanischen Aufarbeitung der Weltwirtschaftskrise von 1929 benannte der 1934 veröffentlichte Pecora-Report die Gefahren unüberwindlicher Interessenkonflikte der Banken.[44] Die Diskussion um den Grad tolerierbarer Eigeninteressen von Finanzintermediären dauert an. Die IOSCO geht in einem kurz vor der globalen Finanzmarktkrise der Jahre 2008 ff. veröffentlichten Bericht (überzeugend) von einer Pflicht zur Abstandnahme von der Emissionsbegleitung

---

43 *Rothenhöfer* in Kapitamarktrechts-Kommentar, 4. Aufl. 2010, § 31 WpHG Rn. 60 („ultima ratio").

44 Stock Exchange Practices Report (Pecora Report), 6.6.1934, 73d Congress, 2nd session, report 1455, S. 155 ff. mit Beispielen.

aus, wenn Kreditforderungen des betreffenden oder eines gruppenzugehörigen Instituts ohne den Emissionserfolg nicht einzubringen sind.[45] Das Beispiel eignet sich zur Annäherung an die bei sämtlichen Intermediationsformen zu beobachtenden Probleme im Umgang mit Interessenkonflikten infolge von Leistungskombinationen.[46]

Zu Anfang des neuen Millenniums war eine auktionsgleiche Vergabe von lukrativen Mandaten der Emissionsbegleitung zu beobachten. Den Zuschlag erhielt diejenige Bank, deren hauseigne Finanzanalysten die aus Sicht des Emittenten vorteilhaftesten Analysen versprachen (competitive IPO).[47] Dazu nahmen die Analysten an der Präsentation des Angebots der Bank gegenüber dem Emittenten (pitch) teil und stellten für den Fall der Mandatierung Kaufempfehlungen in Aussicht.[48] U. a. die britische Aufsicht reagierte (gewohnt) scharf und verlangte ab dem Jahr 2005 die Kennzeichnung der Analyse als nicht-unabhängig.[49] Der offensichtlich nicht mit Zielen der Informationsintegrität in Einklang zu bringende, gezielte Einsatz von Finanzanalysen zur Mandatseinwerbung wird dadurch unterbunden. Zugleich wird wie beim Rating[50] eine Beteiligung des Analysten an der Mandatsverhandlungen untersagt, sofern später Mitteilungen als (unabhängige) Finanzanalyse veröffentlicht werden sollen.[51]

Verbote von Leistungskombinationen bilden nach wie vor die größte Herausforderung für das einerseits auf Marktermöglichung, andererseits auf Marktintegrität auszurichtende Recht der Intermediation. Erforscht und von der Rechtsprechung durchdrungen sind die verbotsgeeigneten Konstellationen für die Kombination der handelsrechtlichen Abschlussprüfung mit Beratungsleistungen unter dem Gesichtspunkt des Selbstprüfungsverbots.[52]

---

**45** IOSCO, Market Intermediary Management of Conflicts that Arise in Securities Offerings, Final Report, November 2007. Dazu *Kumpan/Leyens* ECFR 2008, 72, 95

**46** *Leyens*, Informationsintermediäre des Kapitalmarkts, 2017, S. 657 ff., 677.

**47** *Göres* in Habersack/Mülbert/Schlitt, Handbuch Kapitalmarktinformation, 2. Aufl. 2013, § 24 Rn. 53 nennt die Fälle Imarsat (UK), Pages Jaunes (Frankreich), Telenet (Belgien) und EFG (Schweiz).

**48** Ablauf und Fallstudien dargestellt bei *Jenkinson/Jones* 15 Europ. Fin. Mgt. 733, 739 ff., 744 (2009). Zu den Erfahrungen in den USA auch *Göres*, die Interessenkonflikte von Wertpapierdienstleistern und -analysten bei der Wertpapieranalyse, 2004, S. 35 ff.

**49** FSA, UKLA Publications, Issue No. 11, Supplementary Edition, November 2005, S. 2.

**50** Oben Abschn. III.1.

**51** *Faust* in Schimansky/Bunte/Lwowski, Bankrechts-Handbuch, Bd. 2, 5. Aufl. 2017, § 109 Rn. 159; *Göres* in Habersack u. a. (Hrsg.), Hdb. Kapitalmarktinformation, 2. Aufl. 2013, § 24 Rn. 165.

**52** Leitentscheidungen sind BGHZ 135, 260, Juris-Tz. 9 (Allweiler) und BGHZ 153, 32, Juris-Tz. 24 (HypoVereinsbank). Kritisch zur Allweiler-Rechtsprechung *Hommelhoff*, ZGR 1997, 550, 560. Eingehend *Marx*, Unabhängige Abschlussprüfung und Beratung, 2002, S. 172 ff., 177.

Die Übertragung auf die ihrer Natur nach von der Abschlussprüfung zu unterscheidenden weiteren Intermediationsleistungen verlangt zweifelsohne Differenzierungen. Dies betrifft neben der Kombinationen von Investmentbanking und Finanzanalyse vor allem das Bonitätsrating.[53] Im Vorfeld der globalen Finanzmarktkrise der Jahre 2008 ff. hatten Ratingagenturen zunächst Unterstützungsleistungen im Zusammenhang mit der Strukturierung von Finanzprodukten erbracht und sodann öffentliche Bonitätsbeurteilungen zu diesen Produkten abgegeben.[54] Die EG-RatingVO 2009 nahm daraufhin ein Verbot der Kombination von Bonitätsbeurteilungen mit Beratungsleistungen auf.[55] Auf Ausgleich bedacht, wurde allerdings eine Ausnahme für bloße Nebenleistungen (ancillary services) vorgesehen.[56]

Nach wie vor ist der Umgang mit Regel und Ausnahme in Bezug auf zentrale Leistungsgebote und -kombinationsmöglichkeiten der Ratingagenturen offen. Zu den Streitpunkten zählen die Schranken der Kommunikation im Vorfeld der Strukturierung eines Finanzprodukts, Pro-Forma-Einschätzungen zu voraussichtlichen Auswirkungen einer unternehmerischen Maßnahme (rating assessment services) und übergreifender die Unterbindung von Umgehungsstrategien.[57] Die für die Aufsicht über Ratingagenturen zuständige ESMA schlägt tendenziell einen harten Kurs gegenüber den Agenturen ein, wie sich zuletzt 2019 an den Bußgeldern i. H. v. rund 5 Mio. € gegen Fitch Ratings wegen der Nichteinhaltung des Ratingverbots bei finanzieller Beteiligung eines Anteilseigners der Agentur am beurteilten Emittenten zeigte.[58]

---

53 Stark einschränkend *Schroeter*, Ratings, 2014, S. 731 ff., 732. Anders *Leyens*, Informationsintermediäre des Kapitalmarkts, 2017, S. 675.

54 Dagegen *Schroeter*, Ratings, 2014, S. 731 ff., 732. Dafür *Leyens*, Informationsintermediäre des Kapitalmarkts, 2017, S. 675.

55 Anh. I Abschn. B Nr. 4 Abs. 1 EG-RatingVO untersagt es, „dem bewerteten Unternehmen oder einem mit ihm verbundenen Dritten Beratungsleistungen (zu erbringen), die die Unternehmens- oder Rechtsstruktur, Vermögenswerte, Verbindlichkeiten oder Tätigkeiten des bewerteten Unternehmens oder des mit ihm verbundenen Dritten betreffen.“ (Klammerzusatz hinzugefügt).

56 Anh. I Abschn. B Nr. 4 Abs. 2 EG-RatingVO sieht vor: „Nebendienstleistungen sind keine Ratingtätigkeiten; sie umfassen Marktprognosen, Einschätzungen der wirtschaftlichen Entwicklung, Preisanalysen und andere Analysen allgemeiner Daten sowie damit zusammenhängende Verteilungsdienste.“

57 Für einen strengen Umgang mit dem Beratungsverbot *Stemper* Rechtliche Rahmenbedingungen des Ratings, 2010, S. 264; *Leyens*, Informationsintermediäre des Kapitalmarkts, 2017, S. 677. Tendenziell großzügiger *Schroeter* Ratings, 2014, S. 288 ff., 730 ff.

58 ESMA, ESMA fines Fitch € 5,132,500 for breaches of conflict of interest requirements, Pressemitteilung v. 28. 3. 2019.

# IV. Ausblick

Bei seinem Inkrafttreten erhoffte man sich vom WpHG die Rolle eines Grundgesetzes des Kapitalmarkts.[59] Spätestens seit Einsetzen der Vollrechtsharmonisierung auf der Ebene des Unionsrechts ist diese Rolle durch ein nationales Kapitalmarktgesetz nicht mehr auszufüllen. Das Unionsrecht selbst ist vom Ziel der Bereitstellung kohärenter und zugänglicher Normenkataloge allerdings noch weit entfernt.[60] Das nach wie vor bemerkenswerte Verdienst des WpHG für die Intermediation besteht darin, die Strukturen der Interessenwahrung in kapitalmarkttauglicher Art und Weise regulatorisch zu verankern.

## 1. Regulierungsansatz

Der vom WpHG gewählte Regulierungsansatz sollte auch künftig beibehalten werden. Im beschriebenen Pflichtenkanon aus Organisations-, Offenlegungs- und nur ggf. Abstandnahmepflichten vermag sich ein privates Intermediationsangebot nach Maßgabe vorwiegend marktlicher Mechanismen, also ohne staatliche Ergebnissteuerung zu entfalten. In der Geschichte der kapitalmarktbezogenen Intermediation hat es immer wieder Gegenstimmen gegeben.[61] Zuletzt beherrschte der Vorschlag staatlicher Ratingagenturen die Diskussion.[62] Für die vom WpHG gewählte Offenheit gegenüber privaten Intermediationsangeboten spricht die durch Angebot und Nachfrage erzwungene Anpassungsfähigkeit der Anbieter und ihres Leistungsangebots.[63] Transformationsprozesse wie der Übergang von der vorwiegend durch Banken gesteuerten Unternehmensfinanzierung innerhalb

---

**59** *Hopt* ZHR 159 (1995), 135; *Möllers* JZ 1996, 787.

**60** Siehe dazu nur die uneinheitliche Begriffswelt der Finanzanalyse. Stand und Kritik bei *Rothenhöfer* in Meyer/Veil/Rönnau, Handbuch zum Marktmissbrauchsrecht, 2018, §§ 21 Rn. 6, 23 Rn. 2.

**61** Anstelle der privaten Abschlussprüfung wurde in den USA die Errichtung einer staatlichen Prüfstelle erwogen (corps of government auditors). Näher *Sutton* 11 Acct. Horiz. 86 (1997).

**62** *Horsch/Kleinow/Traun*, ZBB 2013, 417 zu den Gestaltungsalternativen. Befürwortend *Seibold*, Die Haftung von Ratingagenturen nach deutschem, französischem, englischem und europäischem Recht, 2016, S. 223. Einschränkend *Haar* ZBB 2010, 185, 193 (nur Kontrollfunktion). Vorausgegangen waren die Vorschläge zur Errichtung einer Swiss Rating Agency von 1980 und Überlegungen des 1988 von deutschen Unternehmen gegründeten Arbeitskreises Rating. Zum Scheitern *Breuer* WM 1991, 1109. Erneuter Vorschlag bei *Claussen* DB 2009, 999, 1003. Ablehnend *Manns* 87 N.C. L. Rev. 1011, 1018 Fn. 17 (2009). Zum Ganzen *Schroeter* 6 JARAF 14, 24 (2011); *ders.*, Ratings, 2014, S. 526.

**63** *Leyens*, Informationsintermediäre des Kapitalmarkts, 2017, S. 162 f., 206.

der Deutschland AG des 20. Jahrhunderts auf eine durch Fremdkapital und internationale Investoren geprägte Unternehmensfinanzierung sind dadurch voraussichtlich besser zu begleiten als durch eine staatliche Eigenwahrnehmung der Aufgaben.

## 2. Regulierungsschwächen

Regulierungsschwächen zeigen sich oft erst in der Krise. Anfang des neuen Millenniums waren die Gefahren einer mangelnden Regulierung der Finanzanalyse durch Erfahrungen in den USA mit vermeintlichen Staranalysten wie *Henry Blodget*[64] oder *Jack Grubman*[65] deutlich geworden.[66] Die im Herbst 2008 eskalierte globale Finanzmarktkrise zeigte sodann nicht nur Schwächen der Bankenregulierung auf. Erkennbar wurden auch die Gefahren einer regulatorischen Indienstnahme privater Bonitätsratings zu Zwecken der Eigenkapitalbemessung von Banken. Es fehlten komplementierende regulatorische Mindestvorgaben zur Wahrung der kapitalmarktlichen Informationsintegrität. Unter Zeitdruck arbeitende Krisengesetzgeber sind mit der Herausbildung eines nachhaltigen und ausgewogenen Regelungsbestands naturgemäß überfordert. Verzögerungen in der Schaffung kohärenter Regelsetzung zu den einzelnen Intermediationsformen sind nicht nur, aber doch zu großen Teilen, aus eilig ergriffenen Versuchen zu erklären, Vertrauen (bloß) in die einzelne Intermediationsform, nicht das System der Intermediation als Ganzes zurückzugewinnen.

## 3. Regulierungswissen

Für den gebotenen kontinuierlichen Aufbau von Regulierungswissen müssten die Diskussionen zu den einzelne Intermediationsformen stärker als bislang verbunden werden. Die Intermediationsformen schaffen ein Mehrebenensystem, in dem die Einzelleistungen zu symbiotischen Verbindungen verwachsen (z. B. Kreditvergabe und Bonitätsrating) oder aufeinander beruhen können (z. B. An-

---

64 *Spitzer v. Merrill Lynch & Co.* Index No. 02/401522 (N.Y. Sup. Ct. Apr. 8, 2002). Näher *Fisch* 58 Ala. L. Rev. 1083, 1085 (2007).

65 *In re WorldCom Inc. Sec. Litig.* 294 F.Supp. 2d 424, 427 (SDNY 2003). Dazu *Fisch/Sale* 88 Iowa L. Rev. 1035, 1053 (2003).

66 Zur Rezeption *Göres* in Habersack u. a. (Hrsg.), Hdb. Kapitalmarktinformation, 2. Aufl. 2013, § 24 Rn. 4; *Seibt* ZGR 2006, 501 f.

lageberatung und Finanzanalyse).[67] Aus diesem Blickwinkel betrachtet, begründet nicht das einzelne Leistungsangebot, sondern seine Verwobenheit mit weiteren Systemkomponenten die bereits genannte und zentrale Forderung nach einer am Ziel der Markt- bzw. Informationsintegrität ausgerichteten Regulierung von Finanz- und Informationsintermediation. Die Vielzahl der Intermediationsformen fordert Regelgeber heraus, bietet ihnen aber zugleich Möglichkeiten der vergleichenden Problemerfassung und dabei ein vergrößertes Reservoir an Erfahrungen. Die Ermittlung strukturell vergleichbarer Konfliktlagen kann zu einer vorausschauenden Regulierung durchaus beitragen. Beispielsweise waren Kombinationen von Prüfung und Beratung bei der Abschlussprüfung lang erforscht als sich die aus Leistungskombinationen resultierenden Gefahren beim Bonitätsrating materialisierten. Im Zuge der fortschreitenden Entwicklung des kapitalmarktlichen Austauschs ist mit neuen Leistungsangeboten zu rechnen. Die Grundlagenforschung ist also auch weiterhin gefordert.

# V. Zusammenfassung

1. Das WpHG schaffte eine kapitalmarkttaugliche regulatorische Verankerung anerkannter Grundsätze der Interessenwahrung, die zur Ermöglichung unterschiedlichster Intermediationsangebote beiträgt.

2. Die von Banken als Finanzintermediäre i. e. S. und Finanzanalysten oder Ratingagenturen als Finanzintermediäre i. w. S. erbrachten Leistungen können kraft ihres Einflusses auf die Marktteilnahme der Emittenten zum Marktfunktionsschutz beitragen, wenn der Schutz der Markt- und Informationsintegrität des Kapitalmarkts durch entsprechende Pflichtengerüste sichergestellt wird.

3. Mit dem seit Erlass des WpHG bekannten Pflichtenkanon aus Organisations-, Offenlegungs- und Abstandnahmepflichten sind besonders schädliche Beeinträchtigungen der Unabhängigkeit zu unterbinden, wobei die gesammelten Erfahrungen für eine genauere und vorausschauende Abstimmung auf die für die einzelnen Intermediationsformen maßgeblichen Gefahrenlagen sprechen.

4. Der durch das WpHG angelegte Regulierungsansatz hat in seinen Ausformungen häufig Schwächen einräumen müssen, denen künftig durch verbessertes Regulierungswissen zu den gemeinsamen Problemstellungen entgegengetreten werden sollte.

67 Praxisbeispiele bei *Singhof* in MüKo HGB, 3. Aufl. 2014, Emissionsgeschäft Rn. 55

Michael Schlitt / Andreas Mildner

# Ad-hoc-Publizität im Zusammenhang mit (vorläufigen) Geschäftszahlen und Prognosen

## I. Einleitung

Zentraler Pfeiler des Marktmissbrauchsrechts, dem diese Festschrift gewidmet ist, ist die Ad-hoc-Publizität. Die in Art. 17 MAR verankerte Verpflichtung, Insiderinformationen unverzüglich bekanntzumachen, um so ein gleichmäßiges Informationsniveau für alle Anleger zu schaffen, ist mittlerweile nicht mehr wegzudenkender Bestandteil des deutschen und europäischen Anlegerschutzes.[1] Gleichzeitig stand die Ad-hoc-Publizität schon immer in einem Spannungsverhältnis zu den Investor Relations Aktivitäten von Emittenten.

Bei der Kommunikation mit Investoren spielt die Bekanntgabe von (vorläufigen) Geschäftszahlen und (Gewinn-)Prognosen eine wichtige Rolle, da sie eine starke Indikation für die weitere Geschäftsentwicklung des Unternehmens geben, und damit Investmententscheidungen der Anleger maßgeblich beeinflussen.[2] Geschäftszahlen umfassen all diejenigen Kennzahlen, die Emittenten bei der Jahres- bzw. Zwischenfinanzberichterstattung veröffentlichen, insbesondere also das im (Halb-)Jahresabschluss einschließlich (verkürzter) Bilanz sowie das in der

---

Prof. Dr. Michael Schlitt ist Rechtsanwalt und Partner, Andreas Mildner wissenschaftlicher Mitarbeiter im Frankfurter Büro von Hogan Lovells International LLP. Michael Schlitt leitet dort die deutsche Kapitalmarktpraxis, ferner ist er Honorarprofessor an der Universität zu Köln.

1 *Klöhn* in ders. MAR, 1. Aufl. 2018, Vorb. Art. 7 Rn. 30; *Schäfer* in Marsch-Barner Schäfer, Handbuch börsennotierte AG, 4. Aufl. 2018, § 12, Rn. 12.1; *Eggers* in Park Kapitalmarktrecht, 4. Aufl. 2017, § 39 WpHG Rn. 2; *Hopt/Kumpann* in Schimansky/Bunte/Lwowski Bankrecht, 5. Aufl. 2017, § 107 Rn. 3, 133.

2 *Siebel/Gebauer*, WM 2001, S. 173, 174. *Fleischer*, Kapitalmarktrechtliches Teilgutachten F für den 64. Deutschen Juristentag 2002, S. F 48; *Baums/ Hutter* in FS Ulmer, 2003, S. 779, 786; *Schlitt/ Schäfer*, AG 2008, S. 525, 533; *Veil*, AG 2006, S. 690; *Seibt/Huizinga*, CFL 2009, S. 1; *Rieckhoff*, BKR 2011, S. 221; *Schlitt* in Assmann/Schlitt/von Kopp-Colomb WpPG/VermAnlG, 3. Aufl. 2017 Mindestangaben für das Registrierungsformular für Aktien (Modul) Rn. 117; *Klöhn* in ders. MAR, Art. 7 Rn. 70 – 75; speziell für zukunftsgerichtete Informationen innerhalb von Wertpapierprospekten auch *Meyer* in Habersack/Mülbert/Schlitt Unternehmensfinanzierung, 4. Aufl. 2019 Rn. 36.57.

https://doi.org/10.1515/9783110632323-019

Gewinn- und Verlustrechnung zusammengefasste Zahlenwerk.[3] Emittenten veröffentlichen diese Finanzberichte in Umsetzung ihrer Kommunikationsplanung meistens zu einem im Vorfeld festgelegten Zeitpunkt. Die in den Finanzberichten enthaltenen Geschäftszahlen werden von der Finanzabteilung indessen sukzessive bereits einige Zeit vor der Veröffentlichung zusammengestellt, zunächst als vorläufige Werte, die sich in der Folgezeit aufgrund interner Prüfungen und Diskussionen mit den Abschlussprüfern zunehmend verdichten und damit stabilisieren. In vielen Fällen liegen der Geschäftsführung schon im Vorfeld der Berichterstattung über die finalen Jahres- bzw. Halbjahreszahlen stabile vorläufige Geschäftszahlen (zumindest in Form einer Min.-Max.-Spanne[4]), etwa zur Umsatz- oder Ergebnisentwicklung, vor. In der Regel findet sich im Finanzkalender der Emittenten bereits ein Datum für die Bekanntgabe vorläufiger Geschäftszahlen,[5] in anderen Fällen werden diese spontan veröffentlicht.

Wichtiger Bestandteil der Investor Relations Aktivitäten von Emittenten ist zudem die Veröffentlichung von Prognosen zu den weiteren Geschäftsaussichten des Emittenten in der näheren und mittleren Zukunft.[6] Aus Anlegersicht sind dabei insbesondere Aussagen über die erwartete Entwicklung von Gewinn und Umsatz relevant.[7] Prognosen werden zunächst im (Konzern-)Lagebericht[8] und

---

3 *Merkt* in Baumbach/Hopt Handelsgesetzbuch, 38. Aufl. 2018, § 242 HGB Rn. 9, 10; *Hönsch* in Assmann/Schneider/Mülbert Wertpapierhandelsrecht, 7. Aufl. 2019, § 115 WpHG Rn. 2, 24.

4 Vgl. auch *BaFin* Konsultation 14/2019 – Konsultation des neuen Moduls C des Emittentenleitfadens – Regelungen aufgrund der Marktmissbrauchsverordnung (MAR), Stand: 1. Juli 2019 (folgend: *BaFin*, Konsultation 14/2019), Ziff. I.2.1.5.2.

5 Siehe zu solchen Vorabveröffentlichungen unten, III.

6 Hierunter versteht man allgemein Informationen oder Aussagen über zukünftige Umstände, deren Eintritt unsicher ist; dazu etwa *Hilgendorf/Kusche* in Park Kapitalmarktrecht, Art. 7 MAR, Rn. 23 ff; *Hopt/Kumpan* in Schimansky/Bunte/Lwowski Bankrecht, § 107 Rn. 44; *Klöhn* in Baumbach/Hopt Handelsgesetzbuch, Art. 7 MAR Rn. 70; *Assmann* in Assmann/Schneider/Mülbert Wertpapierhandelsrecht, Art. 7 MAR Rn. 28; zum prospektrechtlichen Begriff der Gewinnprognose unten, IV.

7 Vgl. mit Blick auf das Kursbeeinflussungspotential etwa *BaFin*, Konsultation 14/2019, Ziff. I.2.1.5.1 sowie *Assmann in Assmann/Schneider/Mülbert* Wertpapierhandelsrecht, Art. 7 Rn. 29 f.

8 Die Pflicht zur Prognoseberichterstattung ergibt sich handelsrechtlich aus § 289 Abs. 1 Satz 4 HGB, der für die (Konzern-)Lageberichterstattung durch den DRS 20 konkretisiert wird (zur empfohlenen Anwendung des DRS 20 auf § 289 HGB auch außerhalb der Konzernlageberichterstattung siehe DRS 20.2); dazu auch *Grottel* in Beck'scher Bilanz-Kommentar, 11. Aufl. 2018, § 315 HGB Rn. 115 ff.; *Morck/Drüen* in Koller/Kindler/Roth/Drüen HGB, 9. Aufl. 2019, § 289 HGB Rn. 2a; *v. Kanitz/Hoffmann* in BeckOK HGB, 24. Edition Stand: 15.04.2019, § 289 HGB Rn. 28. Nach dem am 1. Januar 2017 veröffentlichten DRS 20 gelten detaillierte Anforderungen insbesondere an die Erstellung des Prognose- sowie des Risiko- und Chancenberichts bei der (Konzern-)Lageberichterstattung. So schreibt der DRS 20 etwa vor, dass lediglich Punktprognosen, Intervallpro-

zumeist auch unterjährig bekanntgegeben und, soweit aufgrund neuer Entwicklungen erforderlich, aktualisiert oder korrigiert.

Gerade dann, wenn sich die Geschäftszahlen und Prognosen nicht so entwickelt haben, wie es sich Emittent und Anleger erhofft haben, besteht zuweilen eine gewisse Zurückhaltung des Managements, diese hinter der Markterwartung zurückbleibenden Zahlen breit zu veröffentlichen. Vor diesem Hintergrund soll in diesem Beitrag der Frage nachgegangen werden, wann bei Vorliegen von (vorläufigen) Geschäftszahlen und Prognosen eine Ad-hoc-Publizitätspflicht nach Art. 17 MAR besteht (dazu unten unter II.).

Werden (vorläufige) Geschäftszahlen ad-hoc veröffentlicht, stellt sich sodann die Frage, ob und, wenn ja, wie sich dies auf den Handelsverbotszeitraum für Führungskräfte[9] nach Art 19 Abs. 11 MAR auswirkt (dazu unten unter III.).[10] Darüber hinaus sollen die Implikationen einer Ad-hoc-Veröffentlichung von Prognosen auf einen später veröffentlichten Wertpapierprospekt betrachtet werden (dazu unten unter IV.). Schließlich werden die Ergebnisse dieses Beitrags in Thesen zusammengefasst (unten unter V.).

## II. Ad-hoc-Publizitätspflicht

Emittenten, die ihre Finanzinstrumente zum Handel an einem geregelten Markt oder einem multilateralen oder organisierten Handelssystem in einem Mitgliedstaat zugelassen oder eine Zulassung beantragt haben, müssen Insiderinformationen, die sie unmittelbar betreffen, unverzüglich veröffentlichen (Art. 17 Abs. 1 Satz 1 i.V.m. Unterabs. 3 MAR). Insiderinformationen sind nicht öffentlich bekannte präzise Informationen, die direkt oder indirekt einen oder mehrere Emittenten oder ein oder mehrere Finanzinstrumente betreffen und die, wenn sie öffentlich bekannt würden, geeignet wären, den Kurs dieser oder damit verbundener derivativer Finanzinstrumente erheblich zu beeinflussen (Art. 7 Abs. 1 lit. a) MAR). Während diese Tatbestandsmerkmale im WpHG weitestgehend abstrakt formuliert waren (§ 13 WpHG a. F.), hat der europäische Gesetzgeber sie im Lichte

---

gnosen und qualitativ-komparative Prognosen den Anforderungen an die Prognoseberichterstattung im (Konzern-)Lagebericht genügen (DRS 20.130).

9 Die Legaldefinition lautet: Personen, die bei Emittenten Führungsaufgaben wahrnehmen (Art. 19 Abs. 11 MAR).

10 Dazu *Semrau* in Klöhn MAR, Art. 19 Rn. 78; *Sethe/Hellgardt* in Assmann/Schneider/Mülbert Wertpapierhandelsrecht, Art. 19 Rn. 153.

der Rechtsprechung des Europäischen Gerichtshofs in der MAR konkretisiert.[11] Neben objektiven, dem Beweis zugänglichen Tatsachen der Vergangenheit und Gegenwart,[12] kommen als Insiderinformation auch subjektive Tatsachen wie Werturteile, Einschätzungen, Absichten, Gerüchte, Rechtsauffassungen und auch Prognosen in Betracht.[13] Weiterhin können nicht nur Informationen über gegenwärtige, sondern auch über künftige Umstände und Ereignisse Insiderqualität aufweisen (Art. 7 Abs. 2 MAR). Bei zeitlich gestreckten Vorgängen, können auch die jeweiligen Zwischenschritte für sich genommen Insiderinformationen darstellen (Art. 7 Abs. 2 Satz 2 und Abs. 3 MAR).

## 1. (Vorläufige) Geschäftszahlen

Liegen dem Vorstand (vorläufige) Geschäftszahlen vor, wird eine mögliche Ad-hoc-Publizitätspflicht nicht per se dadurch ausgeschlossen, dass die entsprechenden Kennzahlen ohnehin zeitnah in einem Finanzbericht veröffentlicht werden.[14] Entscheidend ist allein, ob und, wenn ja, wann in den (vorläufigen) Geschäftszahlen bereits eine Insiderinformation zu sehen ist.[15] Dabei können bereits einzelne bedeutende Geschäftszahlen bzw. ein einzelner Geschäftsvorfall,

---

**11** Maßgeblich ist insbesondere die Rechtsprechung zu *Geltl/Daimler* (EuGH, Urt. v. 28.6.2012 – Rs. C-19/11 = ZIP 2012, S. 1282 ff. sowie BGH, Beschl. v. 23.4.2013 – II ZB 7/09 = BeckRS 2013, 9210); zu den Änderungen gegenüber der Rechtslage vor Inkrafttreten der MAR ausführlich *Klöhn* in ders. MAR, Art. 7 Rn. 16 ff.

**12** *Krause* in Meyer/Veil/Rönnau Marktmissbrauchsrecht, 1. Aufl. 2018, § 6 Rn. 32; ausführlich erläutert auch von *Klöhn* in ders. MAR, Art. 7 MAR Rn. 30 ff.; zum alten Recht *Assmann* in Assmann/Schneider WpHG, § 13 Rn. 12; *Mennicke/Jakouvou* in Fuchs WpHG, 2. Aufl. 2016, § 13 Rn. 32; *Schwark/Kruse* in Schwark/Zimmer KMRK, 4. Aufl. 2010, § 13 Rn. 8.

**13** *BaFin*, Konsultation 14/2019, Ziff. I.2.1.5.1 und III.7.1; *Schlitt* in Habersack/Mülbert/Schlitt Rn. 38.11; *Hopt/Kumpan* in Schimansky/Bunte/Lwowski Bankrecht, § 107 Rn. 44; *Krause* in Meyer/Veil/Rönnau Marktmissbrauchsrecht, § 6 Rn. 35; *Assmann* in Assmann/Schneider/Mülbert Wertpapierhandelsrecht, Art. 7 MAR Rn. 19 ff.; zum alten Recht *Mennicke/Jakouvou* in Fuchs WpHG, § 13 Rn. 39.

**14** Siehe in dem Zusammenhang zur Selbstbefreiung unter 3.a)aa).

**15** Zur Unabhängigkeit der Ad-hoc-Publizitätspflicht von der Regelpublizität auch *BaFin*, Konsultation 14/2019, Ziff. I.3.2.2.6; *Hopt/Kumpann* in Schimansky/Bunte/Lwowski, Bankrecht, § 107, Rn. 134; *Klöhn* in ders. MAR, Art. 17 MAR Rn. 38 ff.; *Veil/Brüggemeier*, Meyer/Veil/Rönnau Marktmissbrauchsrecht, § 10 Rn. 12; *Schlitt* in Habersack/Mülbert/Schlitt Unternehmensfinanzierung, Rn. 38.80; *Assmann* in Assmann/Schneider/Mülbert Wertpapierhandelsrecht, Art. 17 MAR Rn. 9; zum alten Recht etwa *BaFin*, Emittentenleitfaden 2013, Ziff. IV.2.2.9; *Cahn/Götz* in AG 2007, 221; *Klöhn* in KölnKomm WpHG, § 15 WpHG Rn. 30 ff.; *Pfüller* in Fuchs WpHG, § 15 WpHG Rn. 212 ff.

der einen maßgeblichen Einfluss auf eine oder mehrere Geschäftszahlen hat, eine Insiderinformation darstellen.[16]

### a) Präzise Information

Bei den vom Emittenten für den jeweiligen Finanzbericht ermittelten Geschäftszahlen handelt es sich um präzise Informationen über bereits existierende Umstände (Art. 7 Abs. 2 Satz 1 Var. 1 MAR), die den Emittenten auch unmittelbar betreffen.[17] Wie erwähnt, werden in der Praxis die in der Finanzbuchhaltung enthaltenen Zahlen regelmäßig von der Finanzabteilung aufgearbeitet und bestimmte Positionen sodann mit dem CFO und ggf. dem bilanzrechtlichen Berater und dem Abschlussprüfer erörtert. Spätestens dann, wenn das so erstellte Zahlenwerk stabil ist, kann von einer präzisen Information gesprochen werden, die potentiell Insiderinformationscharakter haben kann.[18] Auch die BaFin geht davon aus, dass die Insiderinformation bereits vor Feststellung des jeweiligen Abschlusses und spätestens mit der Aufstellung durch den Vorstand entsteht.[19] Je mehr die vorliegende Datenbasis bereits einer Gewinn- und Verlustrechnung entspreche bzw. je geringer der voraussichtliche Korrekturbedarf an diesen Zahlen sei, desto eher komme eine Insiderinformation in Betracht.[20]

### b) Kursbeeinflussungspotential

Eine Information hat ein erhebliches Kursbeeinflussungspotential, wenn ein verständiger Anleger sie wahrscheinlich als Teil der Grundlage seiner Anlageentscheidung nutzen würde (Art. 7 Abs. 4 Unterabs. 1 MAR). Um das Kursbeeinflussungspotential zu bestimmen, sind für den Emittenten wesentliche Faktoren, wie die Größe und Struktur des Unternehmens, die Branche, die Wettbewerbssi-

---

**16** Siehe auch *BaFin*, Konsultation 14/2019, Ziff. I.2.1.5.2.

**17** Vgl. für die unmittelbare Betroffenheit CESR/06–562b Rn. 1.15 (abrufbar unter https://www.esma.europa.eu/sites/default/files/library/2015/11/06_562b.pdf) sowie *BaFin*, Konsultation 14/2019, Ziff. I.3.2.2.2 sowie aus dem Schrifttum statt aller *Klöhn* in ders. MAR, Art. 17 MAR Rn. 86 f.

**18** Vgl. auch *BaFin*, Konsultation 14/2019, Ziff. I.2.1.5.2, die von stabilen Zahlen ausgeht, wenn vernünftigerweise erwartet werden kann, dass die endgültigen Kennzahlen aus dem aufgestellten Finanzbericht nicht mehr deutlich von denen, die sich aus einer betriebswirtschaftlichen Auswertung errechnen lassen, abweichen.

**19** *BaFin*, Konsultation 14/2019, Ziff. I.2.1.5.2.

**20** *BaFin*, Konsultation 14/2019, Ziff. I.2.1.5.2.

tuation, Markterwartungen etc. zu berücksichtigen.[21] Im Hinblick auf (vorläufige) Geschäftszahlen geht die BaFin von einem Kursbeeinflussungspotential aus, wenn vorläufige Geschäftszahlen so genau angegeben werden können, dass vernünftigerweise erwartet werden kann, dass die endgültigen Kennzahlen aus dem aufgestellten Finanzbericht deutlich positiv bzw. negativ vom relevanten Bezugswert[22] abweichen werden.[23] Der relevante Bezugswert ist danach nach Maßgabe eines dreistufigen Systems zu bestimmen:[24]

- Auf der ersten Stufe sind als Bezugswert die eigenen veröffentlichten Prognosen des Emittenten heranzuziehen. Gibt der Emittent in seinen Prognosen einen Korridor an, liegt ein erhebliches Kursbeeinflussungspotential vor, wenn die Geschäftszahlen außerhalb dieses Korridors liegen. Abweichend davon besteht kein Kursbeeinflussungspotential, wenn die Geschäftszahlen zwar von einer so veröffentlichten Prognose abweichen, aber dennoch einer aktuelleren Markterwartung entsprechen. Liegen die Geschäftszahlen innerhalb des Korridors, kommt es darauf an, wie weit er gefasst ist: je enger der Korridor, desto eher scheidet ein Kursbeeinflussungspotential aus. Je weiter der Korridor, desto eher kommt ein Kursbeeinflussungspotential in Betracht, wenn die Geschäftszahlen am oberen oder unteren Rand des Korridors liegen. Hat ein Emittent lediglich eine Mindesterwartung angegeben, ist zu ermitteln, wie diese Aussage im Markt aufgenommen worden ist.[25]
- Existiert keine Prognose, ist auf zweiter Stufe als Bezugswert die jeweilige quantitativ nachvollziehbare Markterwartung heranzuziehen. Um diese zu ermitteln, ist auf den Mittelwert der zum Zeitpunkt der Entstehung der Insiderinformation aktuellen Analysteneinschätzungen (Consensusschätzung) abzustellen.[26]
- Kann die Markterwartung so nicht nachvollziehbar ermittelt werden, sind auf dritter Stufe die Geschäftszahlen des vergleichbaren Vorjahreszeitraums heranzuziehen.[27]

---

21 *BaFin*, Konsultation 14/2019, Ziff. I.3.2.2.7; *Assmann* in Assmann/Schneider/Mülbert Wertpapierhandelsrecht, Art. 7 MAR Rn. 89.

22 Die BaFin spricht hier von „Benchmarks", *BaFin*, Konsultation 14/2019, Ziff. I.2.1.5.2.

23 *BaFin*, Konsultation 14/2019, Ziff. I.2.1.5.2.

24 *BaFin*, Konsultation 14/2019, Ziff. I.2.1.5.2; verkürzt wird dieses System bereits in *BaFin*, FAQs Art. 17 MAR, Stand: 29. Mai 2019, S. 10 angesprochen.

25 *BaFin*, Konsultation 14/2019, Ziff. I.2.1.5.2.

26 *BaFin*, Konsultation 14/2019, Ziff. I.2.1.5.2.

27 *BaFin*, Konsultation 14/2019, Ziff. I.2.1.5.2.

(Vorläufige) Geschäftszahlen sind danach insbesondere dann kursrelevant, wenn sich die Ergebnisse der Jahresabschlüsse oder Zwischenberichte gegenüber früheren Ergebnissen oder Marktprognosen wesentlich verändert haben.[28] Andererseits liegt regelmäßig kein Kursbeeinflussungspotential vor, wenn sich die Geschäftsergebnisse innerhalb einer veröffentlichten Prognose bewegen.[29] Emittenten haben entsprechend bereits bei der Ermittlung (vorläufiger) Geschäftszahlen stets im Blick zu behalten, ob eine Abweichung vom relevanten Bezugswert vorliegt.

#### c) Kenntnis des Emittenten?

Handelt es sich bei den (vorläufigen) Geschäftszahlen um Insiderinformationen, ist fraglich, ob diese dem Emittenten auch bekannt sein müssen, um eine Ad-hoc-Publizitätspflicht auszulösen. Teilweise wird angenommen, eine Ad-hoc-Publizitätspflicht setze voraus, dass der Emittent die Insiderinformation kennt,[30] wobei es grundsätzlich auf die Kenntnis des Vorstands oder einzelner Vorstandsmitglieder ankommen soll.[31] Weiterhin soll dem Emittenten nach den verbandsrechtlichen Grundsätzen der Wissenszurechnung auch das Wissen der Mitglieder anderer Organe und bestimmter Mitarbeiter zurechenbar sein.[32] Dem wird entgegengehalten, dass die Ad-hoc-Publizitätspflicht gerade keine tatsächliche Kenntnis des Emittenten voraussetze.[33] Die Problematik sei vielmehr auf Ebene der „unverzüglichen" Veröffentlichungspflicht und über die durch Art. 17 Abs. 1 MAR auferlegten Organisationspflichten innerhalb des Emittenten zu lö-

---

**28** *BaFin*, Konsultation 14/2019, Ziff. I.2.1.5.2; *Assmann* in Assmann/Schneider/Mülbert Wertpapierhandelsrecht, Art. 7 MAR Rn. 95.

**29** *BaFin*, Konsultation 14/2019, Ziff. I.2.1.5.2.

**30** *Assmann* in Assmann/Schneider/Mülbert Wertpapierhandelsrecht, Art. 17 MAR Rn. 34.

**31** *Assmann* in Assmann/Schneider/Mülbert Wertpapierhandelsrecht, Art. 17 MAR Rn. 34; die BaFin nimmt zu dieser Problematik bislang nicht ausdrücklich Stellung. Sie ging noch in ihrem Emittentenleitfaden von 2013 davon aus, dass eine Ad-hoc-Publizitätspflicht entsteht, sobald die Insiderinformation dem Vorstand oder dem sonst für die Veröffentlichung Verantwortlichen *„zur Verfügung steht"*, ohne näher zu erläutern was genau damit gemeint war (*BaFin*, Emittentenleitfaden 2013, Ziff. IV.2.2.9.1.), und geht in der aktuellen Version des Emittentenleitfadens nicht erneut auf diesen Gedanken ein.

**32** *Ihrig*, ZHR 2017, S. 381, 390 f.; a. A. *Klöhn* in ders. MAR, Art. 17 MAR Rn. 111 ff.; *Assmann* in Assmann/Schneider/Mülbert Wertpapierhandelsrecht, Art. 17 MAR Rn. 34 sowie 52 ff. unter Ausführung der nationalrechtlichen Voraussetzungen sowie damit einhergehenden Wissensorganisationspflichten;

**33** *Klöhn*, NZG 2017, S. 1285 ff.; *ders.* in Klöhn MAR, Art. 17 MAR Rn. 105; zum alten Recht noch *Voß* in Just/Voß/Ritz/Becker WpHG, § 15 WpHG Rn. 93;

sen.[34] Es komme darauf an, wer die Insiderinformation bei ordnungsgemäßer Wissensorganisation kennt oder kennen muss.[35] Auf die nationalen verbandsrechtlichen Grundsätze der Wissenszurechnung zurückzugreifen, würde die vollharmonisierende Zielsetzung der MAR konterkarieren.[36]

Beide Auffassungen verlangen damit im Hinblick auf die Ad-hoc-Publizitätspflicht ein Kenntniselement beim Emittenten. Während die erstgenannte Ansicht (unter Berücksichtigung der verbandsrechtlichen Wissenszurechnung) auf die tatsächliche Kenntnis abstellt, genügt der zweiten Ansicht ein Kennenmüssen, das sich an den mit der Ad-hoc-Publizitätspflicht zusammenhängenden Organisationspflichten orientiert. Vor dem Hintergrund der vollharmonisierenden Zielsetzung der MAR ist dabei der Weg vorzugswürdig, der nicht auf die nationalen Grundsätze der Wissenszurechnung zurückgreifen muss.[37] Muss ein Emittent also bei ordnungsgemäßer Erfüllung seiner Organisationspflichten[38] Kenntnis von insiderrelevanten (vorläufigen) Geschäftszahlen erlangen, sind diese unverzüglich ad-hoc zu veröffentlichen, sofern der Emittent nicht berechtigt ist, die Veröffentlichung aufzuschieben (Art. 17 Abs. 4 MAR).[39] Liegt im Ergebnis eine Ad-hoc-Publizitätspflicht vor, ist nicht der gesamte Finanzbericht, sondern lediglich die einzelne Information, der ein erhebliches Kursbeeinflussungspotential zukommt, zu veröffentlichen.[40]

## 2. Prognosen

Bei Prognosen kommen mehrere Anknüpfungspunkte für eine Ad-hoc-Publizitätspflicht in Betracht, namentlich der Prognoseinhalt, die der Prognose zu-

---

34 *Klöhn*, NZG 2017, S. 1285, 1288 ff.; *ders.* in Klöhn MAR, Art. 17 MAR Rn. 105, 111 ff., der insbesondere auf den vollharmonisierenden Zweck der MAR abstellt, sodass kein Raum mehr für nationalrechtliche Wissenszurechnungsgrundsätze bestünde; so auch *Veil/Brüggemeier* in Meyer/Veil/Rönnau Marktmissbrauchsrecht, § 10 Rn. 15 ff.; ausdrücklich dagegen *Assmann* in Assmann/Schneider/Mülbert Wertpapierhandelsrecht, Art. 17 MAR Rn. 50.

35 *Klöhn*, NZG 2017, S. 1285, 1289; *ders.* in Klöhn MAR, Art. 17 MAR Rn. 115.

36 *Klöhn*, NZG 2017, S. 1285, 1287; *Klöhn* in ders. MAR, Art. 17 MAR Rn. 112; *Veil/Brüggemeier* in Meyer/Veil/Rönnau Marktmissbrauchsrecht, § 10 Rn. 17.

37 Mit dieser Begründung auch *Klöhn*, NZG 2017, S. 1285, 1287; *ders.* in Klöhn. MAR, Art. 17 MAR Rn. 112; *Veil/Brüggemeier* in Meyer/Veil/Rönnau Marktmissbrauchsrecht, § 10 Rn. 17.

38 Dazu kann sich etwa die Einrichtung eines Ad-hoc-Committees empfehlen, *Veil/Brüggemeier* in Meyer/Veil/Rönnau Marktmissbrauchsrecht, § 10 Rn. 26; zum alten Recht ähnlich *Frowein* in Habersack/Mülbert/Schlitt Kapitalmarktinformation, 2. Aufl. 2013, § 10 Rn. 75.

39 Dazu ausführlich unten, 3.

40 So auch *BaFin*, Konsultation 14/2019, Ziff. I.2.1.5.1.

grunde liegenden Informationen sowie das Bestehen einer Prognose als solcher.[41] Da für die Anlageentscheidung insbesondere der zukunftsgerichtete Prognoseinhalt relevant ist, sollen sich die nachfolgenden Ausführungen daher auf diesen Aspekt fokussieren (unten, a)). Die einer Prognose zugrunde liegenden Informationen (z. B. ein aktueller Verfahrensstand, Plandaten, Berechnungen etc.) stellen Informationen über gegenwärtige Umstände dar, die insiderrechtlich unabhängig vom Prognoseinhalt zu beurteilen sind[42] und daher hier ausgeklammert werden sollen. Gleiches gilt für Informationen über das Bestehen einer Prognose. Obgleich auch sie unter besonderen Umständen Insiderqualität aufweisen können, fehlt es hier regelmäßig am Kursbeeinflussungspotential.[43]

Prognosen prägen typischerweise die Markterwartung bezüglich der Kursentwicklung der Aktien des Emittenten. Hat der Emittent eine Prognose (z. B. einen bestimmten Umsatzanstieg oder eine bestimmte EBIT-Spanne als Ziel für einen bestimmten Zeitraum) veröffentlicht, können später eintretende Umstände (z.B Eingang oder Wegfall eines Großauftrages) entweder auf der Linie dieser Prognose liegen und damit der Markterwartung entsprechen oder, sofern sie der Prognose widersprechen (z.B Stornierung einer in die Planung eingegangenen Bestellung), den Markt überraschen. Damit können bereits veröffentlichte Prognosen sich darauf auswirken, wie später eintretende Umstände insiderrechtlich einzuordnen sind (unten, b) und c)). Dabei werden auch Äußerungen Dritter zu bereits veröffentlichten Prognosen des Emittenten berücksichtigt (unten, d)).

### a) Ad-hoc-Publizitätspflichten bei erstmaliger Prognoseveröffentlichung

Im Vergleich zu dem Beweis zugänglichen gegenwärtigen Tatsachen, müssen zukunftsgerichtete und subjektive Informationen weitergehende Anforderungen erfüllen, um als Insiderinformation qualifiziert werden zu können.[44] Nachfolgend

---

41 Zu diesen Fallgruppen *Klöhn* in ders. MAR, Art. 7 MAR Rn. 70 ff.; *Krause* in Meyer/Veil/Rönnau Marktmissbrauchsrecht, § 6 Rn. 72; *Assmann* in Assmann/Schneider/Mülbert Wertpapierhandelsrecht, Art. 7 MAR Rn. 28 ff.; zum alten Recht *Mennicke/Jakouvou* in Fuchs WpHG, § 13 Rn. 39a.
42 *Klöhn* in ders. MAR, Art. 7 MAR Rn. 71, 105 f.; *Krause* in Meyer/Veil/Rönnau Marktmissbrauchsrecht, § 6 Rn. 73 f.; zum alten Recht vor dem Hintergrund der *Geltl/Daimler* Rechtsprechung des EuGH noch *Mennicke/Jakouvou* in Fuchs WpHG, § 13 Rn. 39a , 65a, 74 ff.
43 *Assmann* in Assmann/Schneider/Mülbert Wertpapierhandelsrecht, Art. 7 MAR Rn. 28.
44 Siehe zum neuen Recht ausführlich *Hopt/Kumpan* in Schimansky/Bunte/Lwowski Bankrecht, § 107 Rn. 44 f.; *Klöhn* in ders. MAR, Art. 7 MAR Rn. 70 ff., 92 ff., 217 ff.; *Krause* in Meyer/Veil/Rönnau Marktmissbrauchsrecht, § 6 Rn. 35 ff., 57 ff.; *Schlitt* in Habersack/Mülbert/Schlitt Unternehmensfinanzierung, Rn. 38.11 ff., 38.22 ff.; *Assmann* in Assmann/Schneider/Mülbert Wertpapierhandelsrecht, Art. 7 MAR Rn. 19 ff., 28 ff., 46, 80.

soll daher primär der Frage nachgegangen werden, (i) wann beim Prognoseinhalt von einer präzisen Information gesprochen werden kann und (ii) wann diese kursrelevant ist.

#### aa) Präzise Information

Damit eine Information über künftige Umstände oder Ereignisse als präzise eingestuft werden kann, muss vernünftigerweise zu erwarten sein, dass der Umstand oder das Ereignis künftig gegeben sein bzw. eintreten wird (Art. 7 Abs. 2 Satz 1 MAR).[45] Dabei entspricht es fast einhelliger Meinung, dass der Eintritt des prognostizierten Ereignisses überwiegend wahrscheinlich sein muss („50 % + x Formel").[46] Die BaFin führt den im hiesigen Kontext relevanten Fall, dass Emittenten eine Prognose aufgrund konkreter Anhaltspunkte für den weiteren Geschäftsverlauf erstellen, ausdrücklich an.[47] Umgekehrt sollen allgemeine Erwartungen oder längerfristige Planungen keine ausreichenden Rückschlüsse auf die zu erwartenden Entwicklung beim Emittenten zulassen. Keine präzisen Informationen stellen danach etwa Planungen mit einem Zeithorizont von drei oder mehr Jahren sowie interne Planungen im Sinne von Zielvorgaben dar.[48]

---

**45** Nach deutschem Recht war länger umstritten, ob und unter welchen Umständen zukünftige Umstände oder Ereignisse als Insidertatsachen in Betracht kamen, vgl. dazu etwa die Darstellung von *Schwark/Kruse* in Schwark/Zimmer KMRK, § 13 WpHG Rn. 9 ff.

**46** EuGH, Urt. v. 28.6.2012 – Rs. C-19/11 = ZIP 2012, S. 1282 ff.; BGH, Urt. v. 25.2.2008 – II ZB 9/07 = AG 2008, S. 380 ff.; *BaFin*, FAQs Art. 17 MAR S. 7; zum neuen Recht bereits *Klöhn* in ders. MAR, Art. 7 MAR Rn. 70, 97; *Schlitt* in Habersack/Mülbert/Schlitt Unternehmensfinanzierung, Rn. 38.23; zum alten Recht etwa *Bingel*, AG 2012, S. 685, 689; nicht ausdrücklich erwähnt jedoch auch nicht bestritten wird dieses Erfordernis von *Assmann* in Assmann/Schneider/Mülbert Wertpapierhandelsrecht, Art. 7 MAR Rn. 29. Vor Inkrafttreten der MAR war umstritten, ob auf Ebene der Voraussetzung „vernünftigerweise zu erwarten" der aus dem US-amerikanischen Kapitalmarktrecht bekannte Probability/Magnitude-Test angewendet werden sollte. Diese Frage hat sich durch die MAR erledigt. Denn der europäische Gesetzgeber hat bestimmt, dass ein künftiges Ereignis Gegenstand einer Insiderinformation ist, wenn bei umfassender Würdigung aller relevanten Faktoren eine „realistische Wahrscheinlichkeit" besteht, wobei die Anforderungen an die Eintrittswahrscheinlichkeit nicht von der erwarteten Kursrelevanz des künftigen Ereignisses abhängt (Erwägungsgrund 16 Sätze 2 und 3 MAR), siehe dazu *Klöhn*, AG 2016, S. 423, 428; *Poelzig*, NZG 2016, S. 528, 532; *Hopt/Kumpan* in Schimansky/Bunte/Lwowski Bankrecht, § 107 Rn. 46; *Krause* in Meyer/Veil/Rönnau Marktmissbrauchsrecht, § 6 Rn. 64 f.; *Klöhn* in ders. MAR, Art. 7 MAR Rn. 93 f.

**47** *BaFin*, FAQs Art. 17 MAR, Stand: 29. Mai 2019, S. 11; *BaFin*, Konsultation 14/2019, Ziff. 1.2.1.5.1.

**48** *BaFin*, FAQs Art. 17 MAR, Stand: 29. Mai 2019, S. 11; *BaFin*, Konsultation 14/2019, Ziff. 1.2.1.5.1.

#### bb) Kursbeeinflussungspotential

Für das Kursbeeinflussungspotential des Prognoseinhalts kommt es maßgeblich darauf an, ob der Prognoseinhalt der Markterwartung entspricht oder erheblich von ihr abweicht.[49] Auf dieser Linie liegt es, wenn die BaFin das Abweichen eines prognostizierten Umstands von zurückliegenden Geschäftsergebnissen oder der allgemeinen Markterwartung als preiserhebliche Information definiert.[50] Denn Anleger und Investoren lassen sich bei ihrer Anlageentscheidung maßgeblich davon beeinflussen, wie sie die weitere Entwicklung des Emittenten einschätzen. Hat ein Emittent (noch) keine Prognose veröffentlicht, wird diese Einschätzung typischerweise auf zurückliegende Geschäftsergebnisse gestützt. Insoweit ist es zutreffend, wenn die BaFin in ihrem Emittentenleitfaden darauf hinweist, dass die Vorjahreszahlen des Emittenten bei der erstmaligen Veröffentlichung einer Prognose als Maßstab herangezogen werden sollten, um das Kursbeeinflussungspotential zu bestimmen.[51]

Wesentliche Abweichungen der Prognose von bisherigen Geschäftszahlen sind jedoch nicht in allen Fällen zwingend kursrelevant. Hat sich die zunächst von der vorangegangenen Geschäftszahlen abgeleitete Markterwartung etwa aufgrund zwischenzeitlich eingetretener Umstände geändert und entspricht der von der Gesellschaft veröffentlichten Prognose, ist diese nicht kursrelevant und muss daher nicht ad-hoc veröffentlicht werden (dazu auch unter c)).

### b) Ad-hoc-Publizitätspflichten bei Abweichungen von bereits veröffentlichten Prognosen

Veröffentlichte Prognosen können sich darauf auswirken, wie später eintretende Umstände insiderrechtlich zu bewerten sind. Hat ein Emittent eine Prognose (z. B.

---

49 Vgl. *BaFin*, Konsultation 14/2019, Ziff. 1.2.1.5.1; *Seibt/Wunsch*, Der Konzern 2009, S. 195, 210; zur Markterwartung ausführlich *Klöhn* in ders. MAR, Art. 7 MAR Rn. 179 ff. Umstritten ist auch nach Inkrafttreten der MAR, ob der Probability/Magnitude-Tests bei der Beurteilung des Kursbeeinflussungspotential entscheidend sein soll. Dies wird wohl herrschend abgelehnt, *Krause* in Meyer/Veil/Rönnau Marktmissbrauchsrecht, § 6 Rn. 112; *Assmann* in Assman/Schneider/Mülbert Wertpapierhandelsrecht, Art. 7 MAR Rn. 80; *Kumpan* in VGR, Gesellschaftsrecht in der Diskussion 2018, 1. Aufl. 2019, Gestreckte Vorgänge und Insiderrecht, Rn. 14 ff.; a. A. *Klöhn* in ders. MAR, Art. 7 MAR Rn. 204 ff. und wohl auch *Hopt/Kumpan* in Schimansky/Bunte/Lwowski Bankrecht, § 107 Rn. 55, die jedenfalls davon ausgehen, aufgrund der Orientierung der Beurteilung am effizienten Markt könne für die Bestimmung der Kurserheblichkeit der Probability/Magnitude-Test herangezogen werden.

50 *BaFin*, Konsultation 14/2019, Ziff. I.2.1.5.1; *BaFin*, FAQs Art. 17 MAR, Stand: 29. Mai 2019, S. 11 f.

51 *BaFin*, FAQs Art. 17 MAR, Stand: 29. Mai 2019, S. 12.

zum erwarteten Umsatz) veröffentlicht, kann dies die Markterwartung beeinflussen, sofern die Marktteilnehmer keinen Anlass haben daran zu zweifeln, dass die Prognose richtig und aktuell ist. Treten während des Geschäftsjahres jedoch Umstände ein, die sich voraussichtlich auf die prognostizierten Geschäftsergebnisse auswirken werden (z. B. Wegfall eines bedeutenden Kundenauftrags), fußt die Markterwartung fortan möglicherweise auf unrichtigen Informationen. Durch ihre Auswirkungen auf das Prognoseergebnis und damit der Markterwartung können diese neuen Umstände daher kursrelevant sein und (sofern sie nicht öffentlich sind) Insiderqualität aufweisen, was dann eine Ad-hoc-Publizitätspflicht auslöst. Etwas anderes gilt freilich, wenn den Marktteilnehmern die neuen Umstände bereits anderweitig bekannt geworden sind und entsprechend bei der Anlageentscheidung berücksichtigt werden können.

Folgerichtig nimmt die BaFin in ihrem Emittentenleitfaden sowie ihren FAQs eine Ad-hoc-Publizitätspflicht an, wenn veröffentlichte Prognosen später angepasst oder geändert werden müssen.[52] Veröffentlichungspflichtig ist danach eine deutliche Abweichung von der Markterwartung oder zurückliegenden Geschäftsergebnissen, wobei auch die zur Abweichung führenden neuen Informationen selbst Insiderinformationen darstellen können.[53] Um festzustellen, ob neue Informationen die Ergebnisse einer Prognose wesentlich beeinträchtigen, müssen Emittenten ihre getroffenen Aussagen fortlaufend überprüfen.[54] Im Ergebnis besteht damit eine Pflicht zur dauernden Beobachtung des Marktes und der eigenen Geschäftsentwicklung.[55]

### c) Fehlen einer Ad-hoc-Publizitätspflicht bei zuvor veröffentlichten Prognosen

Informationen über Abweichungen der Geschäftsergebnisse von entsprechenden Vorjahreszahlen, Brüche zur bisherigen Geschäftsentwicklung (z. B. Turnaround nach mehreren Verlustquartalen) oder sonstige deutliche Abweichungen von der Markterwartung weisen grundsätzlich ein erhebliches Kursbeeinflussungs-

---

**52** *BaFin*, FAQs Art. 17 MAR, Stand: 29. Mai 2019, S. 12; *BaFin*, Konsultation 14/2019, Ziff. I.2.1.5.1; aus der jüngeren Literatur *Veil/Brüggemeier* in Meyer/Veil/Rönnau Marktmissbrauchsrecht, § 10 Rn. 85 f.; *Assmann* in Assmann/Schneider/Mülbert Wertpapierhandelsrecht, Art. 7 MAR Rn. 30.
**53** *BaFin*, FAQs Art. 17 MAR, Stand: 29. Mai 2019, S. 11; *BaFin*, Konsultation 14/2019, Ziff. 1.2.1.5.1.
**54** *BaFin*, FAQs Art. 17 MAR, Stand: 29. Mai 2019, S. 11; *BaFin*, Konsultation 14/2019, Ziff. 1.2.1.5.1.
**55** *Assmann* in Assmann/Schneider/Mülbert Wertpapierhandelsrecht, Art. 7 MAR Rn. 30 sowie Art. 17 MAR Rn. 115.

potential auf.[56] Anders ist es jedoch, wenn der Emittent bereits durch eine Prognoseveröffentlichung für eine realistische Markterwartung gesorgt hat,[57] die diese neuen Umstände bereits antizipiert. Denn dann fehlt es an der Kursrelevanz, sodass keine Ad-hoc-Publizitätspflicht besteht. Hat der Emittent eine Prognose veröffentlicht, müssen später eintretende Umstände, die an sich kursrelevant sind (z. B. ein im Vergleich zu Vorjahren schwaches Wachstum), aber auf der Linie der Prognose liegen, daher nicht notwendigerweise eine Ad-hoc-Publizitätspflicht auslösen.

Veröffentlicht ein Emittent eine Jahresprognose und keine Prognosen für unterjährige Perioden, wird dadurch jedoch nicht automatisch die Markterwartung zu den unterjährigen Geschäftsergebnissen (z. B. Quartalsmitteilungen) geprägt.[58] Weichen unterjährige Geschäftsergebnisse im Lauf des Geschäftsjahres von der Markterwartung ab, kann diese Information nach Auffassung der BaFin selbst dann noch eine Ad-hoc-Publizitätspflicht auslösen, wenn der Emittent am Ergebnis seiner Jahresprognose insgesamt festhält.[59]

### d) Ad-hoc-Publizitätspflicht bei Einschätzungen bzw. Bewertungen Dritter und einer geänderten Markterwartung

Auch Dritte (z. B. Analysten oder Banken, die Empfehlungen aussprechen) können die Markterwartung bezüglich der Zukunftsaussichten des Emittenten beeinflussen. So ist es denkbar, dass Dritte, nachdem ein Emittent eine Prognose veröffentlicht hat, Kommentare zu Aussagen des Emittenten abgeben, die vom Prognoseinhalt abweichen. Nach Ansicht der BaFin betreffen Einschätzungen Dritter (etwa Analysen oder Researchberichte) Emittenten grundsätzlich nur mittelbar und führen daher nicht zu einer Ad-hoc-Publizitätspflicht. Dies gilt auch dann, wenn sie konkrete Schätzungen zu Geschäftszahlen oder Kurszielen enthalten. Jedoch haben Emittenten zu prüfen, ob sich durch das Ergebnis solcher Ratings oder Analysen Änderungen in der Geschäftsentwicklung ergeben können

---

56 *BaFin*, FAQs Art. 17 MAR, Stand: 29. Mai 2019, S. 10; *BaFin*, Konsultation 14/2019, Ziff. I.2.1.5.2, dazu auch bereits oben unter 2.a)bb).

57 Vgl. noch *BaFin*, Emittentenleitfaden 2013, Ziff. IV.2.2.9.1; ähnlich auch *BaFin*, Konsultation 14/2019, Ziff. I.2.1.5.2.

58 Vgl. *BaFin*, FAQs Art. 17 MAR, Stand: 29. Mai 2019, S. 10; *BaFin*, Konsultation 14/2019, Ziff. I.2.1.5.2.

59 *BaFin*, FAQs Art. 17 MAR, Stand: 29. Mai 2019, S. 10; *BaFin*, Konsultation 14/2019, Ziff. I.2.1.5.2.

(z. B. steigende Refinianzierungskosten). Diese Information kann den Emittenten wiederum unmittelbar betreffen und eine Ad-hoc-Publizitätspflicht auslösen.[60]

Sodann stellt sich die Frage, wann bei einer durch Äußerungen Dritter geänderten Markterwartung Prognosen bzw. Prognoseänderungen ad-hoc-pflichtig sein können. Dabei ist ebenfalls relevant, ob auch die bloße Aufrechterhaltung einer Prognose bei deutlich geänderter Markterwartung eine Insiderinformation darstellen kann. Entscheidend ist, ob im Unternehmen tatsächlich Umstände eingetreten sind, die sich hinreichend konkret in der Bilanz oder Gewinn- und Verlustrechnung manifestieren und ob die neue Markterwartung selbst Änderungen in der Geschäftsentwicklung zur Folge hat. Ist beides nicht der Fall, besteht auch keine Ad-hoc-Publizitätspflicht. Hat der Emittent die abweichende Markterwartung hinsichtlich seiner Prognose jedoch durch Signale (etwa in Interviews oder Analystenmeetings) erkennbar selbst verursacht, handelt es sich bei der fehlerhaften Markteinschätzung um eine den Emittenten unmittelbar betreffende Insiderinformation. Denn der Emittent weiß, dass die auf seinen Signalen beruhenden Empfehlungen oder Einschätzungen Dritter eine unzutreffende Markterwartung hervorrufen können und das entsprechende Signal hierfür aus seinem Tätigkeitsbereich kam.[61]

Damit kommt es damit entscheidend darauf an, wann Emittenten bei Äußerungen Dritter (insbesondere Analysen, Researchberichten oder Empfehlungen) und einer dadurch geänderten Markterwartung unmittelbar betroffen sind. Dabei ist vor allem darauf abzustellen, aus wessen Sphäre die entsprechenden Informationen stammen bzw. ob Emittenten das Ergebnis von Analysen oder Empfehlungen selbst beeinflusst haben.

---

60 *BaFin*, Konsultation 14/2019, Ziff. I.3.2.2.3; zur Rechtslage vor Inkrafttreten der MAR vertrat die BaFin eine etwas engere Ansicht. Danach brauchten Emittenten die Markterwartung nicht durch eine Ad-hoc-Mitteilung korrigieren, solange sie selbst weiter an ihrer Prognose festhielten, wobei nicht ausdrücklich auf mögliche Auswirkungen von Aussagen Dritter auf die Geschäftsentwicklung des Emittenten eingegangen wurde. Gleiches galt, wenn ein Dritter unzutreffende Geschäftsergebnisse des Emittenten kommunizierte. Auch insoweit träfe den Emittenten grundsätzlich keine Korrekturpflicht der dadurch unzutreffenden Markterwartung durch eine Ad-hoc-Mitteilung (*BaFin*, Emittentenleitfaden 2013, Ziff. IV.2.2.9.2; ähnlich, ohne ausdrücklich auf die Beeinflussung der Markterwartung speziell durch Dritte einzugehen *BaFin*, FAQs Art. 17 MAR, Stand: 29. Mai 2019, S. 6). Damit ist die heutige Auffassung der BaFin etwas weiter formuliert und lässt ausdrücklich Ausnahmen von dieser Grundregel zu.

61 *BaFin*, Konsultation 14/2019, Ziff. I.3.2.2.3.

## 3. Aufschub der Ad-hoc-Mitteilung

Sind Prognosen oder vorläufige Geschäftszahlen ad-hoc zu veröffentlichen, fragt sich weiter, ob und wann die Veröffentlichung möglicherweise aufgeschoben werden kann (sog. „Selbstbefreiung"). Gerade bei vorläufigen Geschäftszahlen wird Emittenten häufig daran gelegen sein, die Bekanntgabe nach hinten zu verschieben.

Emittenten können die Ad-hoc-Veröffentlichung eigenverantwortlich aufschieben, wenn die sofortige Veröffentlichung (i.) geeignet ist, berechtigte Interessen des Emittenten zu beeinträchtigen, der Aufschub (ii.) nicht geeignet ist, die Öffentlichkeit irrezuführen und der Emittent (iii.) die Geheimhaltung der Insiderinformation sicherstellt (Art. 17 Abs. 4 Satz 1 MAR). Der Emittent muss laufend überprüfen, ob sämtliche Voraussetzungen zu jedem Zeitpunkt während der Aufschubphase erfüllt sind.[62] Liegt eine dieser Voraussetzungen nicht vor oder entfällt sie nachträglich, müssen Emittenten die Insiderinformation so schnell wie möglich veröffentlichen.

### a) Berechtigtes Interesse

Ein berechtigtes Interesse liegt vor, wenn das Interesse des Emittenten an einer (vorübergehenden) Geheimhaltung der Insiderinformation das Interesse des Kapitalmarktes an einer vollständigen und zeitnahen Veröffentlichung überwiegt.[63] Diese Voraussetzung ist insbesondere erfüllt, wenn durch die sofortige Veröffentlichung unternehmerische Ziele oder Entwicklungen vereitelt, gefährdet oder erheblich beeinträchtigt würden (Art. 17 Abs. 4 Satz 1 lit. a) MAR).[64] Fraglich ist, ob es berechtigte Interessen gibt, die einen Aufschub der Veröffentlichung von vorläufigen Geschäftszahlen und Prognosen rechtfertigen können.

---

62 *Klöhn* in ders. MAR, Art. 17 MAR, Rn. 299 f.; *Veil/Brüggemeier* in Meyer/Veil/Rönnau Marktmissbrauchsrecht, § 10 Rn. 138; *Assmann* in Assmann/Schneider/Mülbert Wertpapierhandelsrecht, Art. 17 VO Nr. 596/2014 Rn. 136; *Schlitt* in Habersack/Mülbert/Schlitt Unternehmensfinanzierung, Rn. 38.85.

63 § 6 Satz 1 WpAV; *Veil/Brüggemeier* in Meyer/Veil/Rönnau Marktmissbrauchsrecht, § 10 Rn. 97; *Schlitt* in Habersack/Mülbert/Schlitt Unternehmensfinanzierung am Kapitalmarkt, Rn. 38.79.

64 *Hopt/Kumpan* in Schimansky/Bunte/Lwowski Bankrecht, § 107, Rn. 152.

**aa) Interesse an effektiver und verlässlicher Öffentlichkeitsarbeit**

Von praktischer Relevanz ist die Frage, ob ein berechtigtes Emittenteninteresse vorliegt, wenn die Veröffentlichung eines Finanzberichts im Rahmen der Regelpublizität ohnehin kurz bevorsteht. Zum Teil wird dies mit dem Hinweis darauf bejaht, dass Marktteilnehmer eine kurz gehaltene Ad-hoc-Mitteilung über von der Markterwartung abweichende Geschäftsergebnisse fehldeuten könnten.[65] Sofern die Regelpublizität kurz bevorstünde und die Geschäftszahlen darin ausführlich dargestellt und erläutert würden, sei es zulässig, die Ad-hoc-Veröffentlichung aufzuschieben. Emittenten hätten ein Recht auf effektive und verlässliche Öffentlichkeitsarbeit durch ausführliche Erläuterung der Geschäftszahlen außerhalb knapper Ad-hoc-Mitteilungen.[66] Die herrschende Ansicht lehnt diesen Ansatz jedoch ab.[67] Emittenten hätten kein Eigeninteresse an einer geordneten Informationspolitik.[68] Vielmehr bestehe die beste Informationspolitik darin, Ad-hoc-Mitteilungen unverzüglich zu veröffentlichen.[69]

Zwar weist eine sofortige und inhaltlich hinter der Regelpublizität zurückbleibende Veröffentlichung gewisse Nachteile auf. Gleichwohl ist die erste, ein berechtigtes Interesse befürwortende Meinung abzulehnen. Richtigerweise ist dem Marktschutz der Vorrang gegenüber dem Emittenteninteresse einzuräumen. Es widerspräche zudem dem Charakter der Ad-hoc-Publizitätspflicht als zweiter Säule der Sekundärmarktinformation (neben der Regelpublizität),[70] wenn Emittenten Ad-hoc-Mitteilungen immer dann aufschieben könnten, wenn die Veröffentlichung der Regelpublizität in naher Zukunft bevorstünde. Dies erscheint aus Sicht des Emittenten auch vertretbar. So bleibt ein Aufschub aus anderen Gründen weiterhin möglich (dazu unten, bb)).

---

**65** *Cahn/Götz*, AG 2007, S. 221, 225.

**66** *Cahn/Götz*, AG 2007, S. 221, 225.

**67** *BaFin*, Konsultation 14/2019, Ziff. I.3.2.2.6; *Klöhn* in *ders.* MAR, Art. 17 MAR Rn. 244; *Schlitt* in Habersack/Mülbert/Schlitt Unternehmensfinanzierung, Rn. 38.80; zum alten Recht *BaFin*, Emittentenleitfaden 2013, Ziff. IV.2.2.9; *Krämer/Heinrich*, ZIP 2009, S. 1737, 1740; a.A. jedoch ohne nähere Begründung zu Prognosen; *Asmmann* in Assmann/Schneider/Mülbert Wertpapierhandelsrecht, Art. 17 MAR Rn. 114; zum alten Recht weiterhin *Cahn/Götz*, AG 2007, S. 221, 225.

**68** *Klöhn* in ders. MAR, Art. 17 MAR Rn. 244.

**69** *Klöhn* in ders. MAR, Art. 17 MAR Rn. 244.

**70** Dazu etwa *BaFin*, Konsultation 14/2019, Ziff. I.3.2.2.6; *Cahn/Götz* in AG 2007, 221; *Klöhn* in KölnKomm WpHG, 2. Aufl. 2014, § 15 WpHG Rn. 30 ff.; *Hopt/Kumpann* in Schimansky/Bunte/Lwowski Bankrecht, § 107 Rn. 134.

### bb) Interesse an weiterer Analyse und Bewertung der Zahlen

Fraglich ist, ob ein berechtigtes Interesse damit begründet werden kann, dass Finanzinformationen oder Prognoseänderungen erst weiter analysiert und beurteilt werden müssen.[71] In der Praxis kommt diese Frage zwar häufig nicht zum Tragen, da Emittenten bereits bei der Pflicht zur „unverzüglichen" Ad-hoc-Veröffentlichung die Möglichkeit haben, den Sachverhalt angemessen aufzuklären.[72] Eine Selbstbefreiung könnte jedoch dann gewünscht sein, wenn die Finanzinformationen oder Prognoseänderungen zwar hinreichend aufgeklärt wurden, sodass eine Ad-hoc-Mitteilung nun erfolgen müsste, jedoch noch nicht alle wesentlichen Hintergründe oder möglichen Auswirkungen auf die Unternehmensentwicklung ermittelt wurden.

Die Möglichkeit einer (zeitlich stark eingeschränkten) Selbstbefreiung zur weiteren Analyse und Bewertung von Finanzzahlen und Prognoseänderungen sowie deren Auswirkungen auf die Unternehmensentwicklung wird vereinzelt bejaht.[73] Emittenten sei ausreichend Zeit zu geben, die Auswirkungen der Informationen näher zu untersuchen, um sie innerhalb der Ad-hoc-Mitteilung näher begründen zu können.[74] Denn die bloße Kompilation von Zahlenwerken lasse noch keinen klaren Schluss auf die künftige Unternehmensentwicklung zu.[75] Es liege auf der Hand, dass eine Ad-hoc-Mitteilung des Inhalts „*Der Vorstand hält an seiner Jahresprognose nicht mehr fest*" unzureichend und irreführend wäre.[76] Für eine angemessene Anlegerinformation sei entscheidend, dass sowohl das Ausmaß einer Prognose- oder Ergebniskorrektur sowie die relevanten Hintergründe mitgeliefert würden.[77] Bei Prognoseänderungen könne es etwa zweckdienlich sein, kurzfristig ein Audit Komitee einzuschalten.[78] Die ESMA äußerte

71 Vgl. *Krämer/Kiefner*, AG 2016, S. 621 f.; auf diese Möglichkeit aufmerksam machend, jedoch im Ergebnis indifferent *Veil/Brüggemeier* in Meyer/Veil/Rönnau Marktmissbrauchsrecht, § 10 Rn. 121.

72 ESMA/2016/162 (Stand: 28. Januar 2016), Rn. 64, 67; aus dem Schrifttum ausführlich etwa *Klöhn*, AG 2016, S. 423, 430; *Assmann* in Assmann/Schneider/Mülbert Wertpapierhandelsrecht, Art. 17 MAR Rn. 66; zur Rechtslage vor Inkrafttreten der MAR *Frowein* in Habersack/Mülbert/Schlitt Kapitalmarktinformation, § 10 Rn. 128; *Zimmer/Kruse* in Schwark/Zimmer KMRK, § 15 WpHG Rn. 49.

73 *Krämer/Kiefner*, AG 2016, S. 621 ff., die den Final Report der ESMA kritisieren, da dieser bei Finanzinformationen aus ihrer Sicht zu früh von einer Insiderinformation und Ad-hoc-Publizitätspflicht ausgehe. Nach Auffassung der Autoren, sollte die BaFin für Grenzfälle zumindest die Zulässigkeit einer kurzfristigen Selbstbefreiung ausdrücklich feststellen.

74 *Krämer/Kiefner*, AG 2016, S. 621 f.

75 *Krämer/Kiefner*, AG 2016, S. 621, 623.

76 *Krämer/Kiefner*, AG 2016, S. 621, 623.

77 *Krämer/Kiefner*, AG 2016, S. 621, 623.

78 Ähnlich der Vorschlag von *Krämer/Kiefner*, AG 2016 S. 621, 623, jedoch im Rahmen der Selbstbefreiung; Vgl. *Hopt/Kumpan* in Schimansky/Bunte/Lwowski Bankrecht, § 107 Rn. 150.

sich in ihrem Final Report zur MAR wie folgt zu einem möglichen Veröffentlichungsaufschub: „*to check the accounting information* [...] *should not qualify as a legitimate reason to delay disclosure under Article 17(4) MAR*".[79] Daraus leiten einige Autoren ab, dass die ESMA eine Selbstbefreiung zur weiteren Analyse und Bewertung ad-hoc zu veröffentlichender Finanzinformationen oder Prognoseänderungen grundsätzlich ablehnt.[80]

Nach hier vertretener Auffassung kann die reine Information, dass der Vorstand an seiner letzten Prognose nicht länger festhalte, ohne jegliche Form erläuternden Beiwerks tatsächlich eher zur Irreführung der Marktteilnehmer beitragen und neben dem Emittenteninteresse auch dem Informationsinteresse des Markts schaden. Entsprechend enthalten ad-hoc-veröffentlichte Prognoseanpassungen auch in der Praxis regelmäßig genauere Angaben zu den Gründen für die Anpassung und der nun zu erwartenden Unternehmensentwicklung.[81] Auch die Verlautbarung der ESMA steht einer Selbstbefreiung richtigerweise nicht entgegen.[82] Denn zum einen hat sich die ESMA vor allem speziell zu Konzernsachverhalten geäußert, in denen ein Mutterunternehmen von einem Tochterunternehmen so präzise Finanzzahlen erhält, dass bereits von Insiderinformationen ausgegangen werden kann. In derartigen Fällen soll eine Selbstbefreiung nicht möglich sein, um die Finanzzahlen weiter zu „überprüfen" („*to check*").[83] Zum anderen ergibt sich aus dem Kontext, dass die ESMA mit „*check*" eher eine Prüfung der Genauigkeit der Finanzzahlen und deren Glaubwürdigkeit meint und nicht eine Analyse oder Begründung der Abweichung von bisherigen Prognosen

---

**79** ESMA/2016/1130, Stand: 13. Juli 2016, S. 53 f. Rn. 127.

**80** *Krämer/Kiefner*, AG 2016, S. 621 f.; *Veil/Brüggemeier* in Meyer/Veil/Rönnau Marktmissbrauchsrecht, § 10 Rn. 121; beide unter Verweis auf ESMA/2016/1130, Stand: 13. Juli 2016, S. 53 f. Rn. 127.

**81** Siehe beispielhaft die Ad-hoc-Mitteilungen zur Prognoseanpassung der Bastei Lübbe AG vom 1.12.2018 (abgerufen am 12.6.2019 unter https://www.luebbe.com/de/news/2018-02-01/dgap-adhoc-bastei-luebbe-ag-nimmt-ausserplanmaessige-abschreibungen-vor-und-passt-ergebnisprognose-an/id_a14b0c979518d6819632bb1c63d929cc, der Zalando SE vom 17.9.2018 (abgerufen am 12.6.2019 unter https://corporate.zalando.com/de/investor-relations/ad-hoc-mitteilungen) sowie der BMW Group vom 25.09.2018 (abgerufen am 12.6.2019 unter https://www.bmwgroup.com/content/dam/bmw-group-websites/bmwgroup_com/ir/downloads/de/2018/Adhoc/Prognose%C3%A4nderung%20-%20BMW%20Group%20passt%20Ausblick%20f%C3%BCr%20laufendes%20Gesch%C3%A4ftsjahr%20an,%2025.09.2018.pdf), die relativ ausführlich über die betriebswirtschaftlichen Gründe für die Prognoseänderung berichten und die nun erwartete Unternehmensentwicklung veranschaulichen.

**82** So jedoch *Krämer/Kiefner*, AG 2016, S. 621 f.; *Veil/Brüggemeier* in Meyer/Veil/Rönnau Marktmissbrauchsrecht, § 10 Rn. 121; beide unter Verweis auf ESMA/2016/1130, Stand: 13. Juli 2016, S. 53 f. Rn. 127.

**83** ESMA/2016/1130, Stand: 13. Juli 2016, S. 53 f. Rn. 127.

oder der Auswirkungen auf die Unternehmensentwicklung.[84] Damit sprechen die besseren Gründe dafür, ein berechtigtes Interesse für einen angemessenen, tendenziell kurzen Zeitraum anzunehmen, wenn (vorläufige) Geschäftszahlen oder Prognosen bzw. Prognoseänderungen erst weiter analysiert und bewertet werden müssen.

### b) Keine Irreführung der Öffentlichkeit

Weiterhin darf durch den Aufschub keine Irreführung der Öffentlichkeit drohen (Art. 17 Abs. 4 Satz 1 lit. b) MAR). Eine solche Irreführung liegt vor, wenn durch das Verhalten des Emittenten wahrscheinlich Fehlvorstellungen bei Marktteilnehmern entstehen würden.[85] Nach Auffassung der ESMA ist das der Fall, wenn sich die Insiderinformation wesentlich von früheren Ankündigungen des Emittenten unterscheidet, von kommunizierten Gewinn- und Verlusterwartungen abweicht oder wenn sie beispielsweise durch Interviews und Roadshows im Markt geweckten Erwartungen widerspricht.[86] Folglich dürfen Emittenten sich nicht in Widerspruch zu einer noch unveröffentlichten Insiderinformation äußern und können grundsätzlich eine „*no comment policy*" verfolgen.[87]

Im Hinblick auf Prognosen ist von einer Irreführung auszugehen, wenn die zurückgehaltene Insiderinformation einer zuvor veröffentlichten Prognose wesentlich widerspricht bzw. zu ihrer Ungültigkeit führt. Denn durch die Veröffentlichung von Prognosen beeinflussen Emittenten maßgeblich die Markterwartung im Hinblick auf die Entwicklung des Emittenten und seiner emittierten Wertpapiere. Würde eine von der Markterwartung abweichende Insiderinformation durch einen Emittenten zurückgehalten, ergäbe sich eine Fehlvorstellung des Kapitalmarkts, der auf die Gültigkeit der abgegebenen Prognose weiterhin vertraut. Daraus folgt, dass Insiderinformationen, die wesentlich von vormals ver-

---

**84** Ähnlich wohl auch *Hopt/Kumpan* in Schimansky/Bunte/Lwowski Bankrecht, § 107 Rn. 150.
**85** *Klöhn* in KölnKomm. WpHG § 15, Rn. 297; *Veil/Brüggemeier* in Meyer/Veil/Rönnau Marktmissbrauchsrecht, § 10 Rn. 123.
**86** ESMA/2016/1478 DE, Stand: 20. Oktober 2016, Rn. 9 lit. a-c, S. 5 f.; *Hopt/Kumpan* in Schimansky/Bunte/Lwowski Bankrecht, § 107, Rn. 156; *Schlitt* in Habersack/Mülbert/Schlitt Unternehmensfinanzierung, Rn. 38.81.
**87** Bereits zur neuen Rechtslage *Hopt/Kumpan* in Schimansky/Bunte/Lwowski Bankrecht, § 107 Rn. 156; *Klöhn* in ders. MAR, Art. 17 MAR Rn. 259; *Kumpan* in Baumbach/Hopt Handelsgesetzbuch, Art. 17 MAR Rn. 19; *Veil/Brüggemeier* in Meyer/Veil/Rönnau Marktmissbrauchsrecht, § 10 Rn. 129; *Schlitt* in Habersack/Mülbert/Schlitt Unternehmensfinanzierung, Rn. 38.83; zur gebotenen Praxis bei sich auf die Insiderinformation beziehenden Gerüchten unten, c).

öffentlichten Prognosen und damit der berechtigten Markterwartung abweichen, grundsätzlich nicht aufgeschoben werden dürfen.

### c) Wegfall der Vertraulichkeit (bei Gerüchten)

Ist die Vertraulichkeit einer Insiderinformation nicht länger gewährleistet, muss der Emittent die Insiderinformation schnellstmöglich veröffentlichen (Art. 17 Abs. 7 Satz 1 MAR). Ein Wegfall der Vertraulichkeit wird heute gesetzlich vermutet, wenn sich ein Gerücht auf eine Insiderinformation bezieht (Art. 17 Abs. 7 Unterabs. 2 MAR). Ein solcher Zusammenhang ist anzunehmen, wenn sich das Gerücht durch die Veröffentlichung der Insiderinformation erledigen würde.[88] Das Gerücht muss außerdem ausreichend präzise sein, dass zu vermuten ist, dass die Vertraulichkeit der Insiderinformation nicht länger gewährleistet ist (Art. 17 Abs. 7 Unterabs. 2 MAR). Dies ist nach Auffassung der BaFin der Fall, wenn die aus dem Gerücht abzuleitende Information darauf schließen lässt, dass ein Informationsleck entstanden ist. Die Herkunft des Informationslecks ist dabei zwar unerheblich.[89] Willkürlich gestreute, diffuse Informationen, die dem Emittenten lediglich richtigstellende Informationen entlocken sollen, genügen nach richtiger Ansicht nicht.[90] Wenngleich dies nicht ausdrücklich als Voraussetzung benannt wird, kommt es nach hier vertretener Auffassung zudem darauf an, ob das Gerücht glaubwürdig ist. Denn ein unglaubwürdiges Gerücht ist nicht geeignet, ein Informationsleck vermuten zu lassen. Dabei können etwa die Tatsachengrundlage sowie der Inhalt des Gerüchts vor dem Hintergrund der wirtschaftlichen Situation und des Segments des Emittenten sowie der Verfassung der Märkte im Allgemeinen berücksichtigt werden.[91]

Erfüllt ein Gerücht sämtliche dieser Voraussetzungen, wird unwiderleglich vermutet, dass der Emittent seine Geheimhaltungspflicht verletzt hat.[92] Daher

---

**88** *Klöhn* in ders. MAR, Art. 7 MAR Rn. 288.

**89** *BaFin*, FAQs Art. 17 MAR, Stand: 29. Mai 2019, S. 6; *BaFin*, Konsultation 14/2019, Ziff. I.3.3.1.4;.im Ergebnis ähnlich aber konkreter verlangt *Klöhn*, dass auf eine Verletzung der Geheimhaltungspflicht zu schließen sein muss, Gerüchte also Informationen enthalten, die typischerweise nur dem Emittenten bekannt sind, *Klöhn* in ders. MAR, Art. 17 MAR Rn. 289.

**90** *BaFin*, FAQs Art. 17 MAR, Stand: 29. Mai 2019, S. 6; *BaFin*, Konsultation 14/2019, Ziff. I.3.3.1.4.

**91** Dies würde dem von der BaFin vorgeschlagenen Ansatz bei der Qualifikation von Gerüchten als Insiderinformation entsprechen, vgl. *BaFin*, Konsultation 14/2019, Ziff. I.2.1.4.4; zum alten Recht bereits *BaFin*, Emittentenleitfaden 2013, Ziff. III.2.1.1.2.

**92** ESMA/2015/1455, Rn. 243; *Klöhn*, AG 2016, S. 423, 431; *Kumpan*, DB 2016, S. 2039, 2044; *Klöhn* in ders. MAR, Art. 17 MAR Rn. 290.

muss eine Ad-hoc-Mitteilung unverzüglich erfolgen.[93] Während die BaFin zur Rechtslage vor Inkrafttreten der MAR noch vertrat, Emittenten könnten auch bei die zurückgehaltene Insiderinformation betreffenden Gerüchten eine „*no comment policy*“ verfolgen,[94] ist dies heute entsprechend nicht mehr möglich.[95]

## III. Handelsverbot bei Eigengeschäften von Führungskräften

Führungskräfte unterliegen während eines geschlossenen Zeitraums von dreißig Kalendertagen vor Veröffentlichung[96] eines Zwischen- oder Jahresabschlussberichts einem Handelsverbot im Hinblick auf Finanzinstrumente des Emittenten (Art. 19 Abs. 11 MAR). Dieser Handelsverbotszeitraum ist dabei vom Tag der Veröffentlichung des jeweiligen Finanzberichts zurückzurechnen.[97] Dadurch soll verhindert werden, dass Führungskräfte kurz vor der Veröffentlichung der Finanzberichte ihren Wissensvorsprung gegenüber den übrigen Marktteilnehmern ausnutzen und Insidergeschäfte tätigen.[98] Ob eine Führungskraft innerhalb dieses Zeitraums tatsächlich über Insiderinformationen verfügt, ist unerheblich.[99]

Bei der Bekanntgabe vorläufiger Geschäftszahlen stellt sich die Frage, ob sich diese Bekanntgabe auf den vor der Veröffentlichung eines Finanzberichts zum Trage kommenden Handelsverbotszeitraum auswirkt. Dabei ist danach zu differenzieren, ob Emittenten ihre vorläufigen Geschäftszahlen planmäßig bzw. frei-

---

**93** ESMA/2015/1455, Stand: 28. September 2015, Rn. 243; *Seibt/Wollenschläger*, AG 2014, S. 593, 600; *Klöhn*, AG 2016, S. 423, 431; *Kumpan*, DB 2016, S. 2039, 2044; *Klöhn* in ders. MAR, Art. 17 MAR Rn. 290.

**94** BaFin, Emittentenleitfaden 2013, Ziff. IV.3.3.

**95** ESMA70 – 145 – 111, Version 14, Stand: 29. März 2019, S. 13; *Seibt* in Beck'sches Formularbuch M&A. 3. Aufl. 2018, Ziff. 4.2 Rn. 5; *Schlitt* in Habersack/Mülbert/Schlitt Unternehmensfinanzierung, Rn. 38.83.

**96** Der deutsche Gesetzeswortlaut spricht zwar von „Ankündigung“, darunter ist jedoch die Veröffentlichung zu verstehen, wie sich aus einem Vergleich mit der englischen Sprachfassung ergibt. Siehe dazu ESMA/2015/224, Stand: 3. Februar 2015, Rn. 138 S. 50 f.; *Semrau* in Klöhn MAR, Art. 19 MAR Rn. 88; *Stegmaier* in Meyer/Veil/Rönnau Marktmissbrauchsrecht, § 20 Rn. 14.

**97** ESMA70 – 145 – 111, Version 14, Stand: 29. März 2019, Question 7.2; *Stegmaier* in Meyer/Veil/Rönnau Marktmissbrauch, § 20 Rn. 14.

**98** *Stegmaier* in Meyer/Veil/Rönnau Marktmissbrauchsrecht, § 20 Rn. 5.

**99** Vgl. zum neuen Recht auch *Stegmaier* in Meyer/Veil/Rönnau Marktmissbrauchsrecht, § 20 Rn. 5 sowie zur Rechtslage vor Inkrafttreten der MAR *Klöhn* in KölnKomm WpHG, Vor §§ 12 – 14 WpHG Rn. 17.

willig veröffentlichen, oder unvorhergesehen und spontan aufgrund einer gesetzlichen Ad-hoc-Publizitätspflicht.

Im Fall einer planmäßigen bzw. freiwilligen Veröffentlichung vorläufiger Geschäftszahlen (ggf. auch im Wege einer Ad-hoc-Mitteilung[100]) bereits im Vorfeld der regulären Finanzberichterstattung, endet der Handelsverbotszeitraum nach ganz herrschender Auffassung bereits am Tag dieser Vorabveröffentlichung, wenn die vorläufigen Geschäftszahlen bereits sämtliche wesentlichen Informationen, die ein Anleger auch im Rahmen des jeweiligen Finanzberichts erwarten würde, enthalten.[101] Denn dann besteht mangels Wissensvorsprungs kein Bedürfnis mehr, Führungskräften den Handel zu untersagen.[102] Im Hinblick auf die Jahresfinanzberichterstattung gehen ESMA und BaFin davon aus, dass dafür alle Schlüsselzahlen in einer solchen Vorabmitteilung aufgenommen werden müssen, die im Jahresabschluss enthalten sein werden und die vom Geschäftsführungsorgan verabschiedet worden sind.[103] Während die ESMA nicht näher ausführt, was unter den wesentlichen Angaben zu verstehen ist, wird im Schrifttum vereinzelt verlangt, dass die Angaben „*sehr bilanzähnlich*“ sein müssen.[104] Das Abstellen auf die Bilanz überzeugt indessen nicht. Vielmehr ist nach richtiger Auffassung darauf abzustellen, ob die wesentlichen Zahlen einer Gewinn- und Verlustrechnung enthalten sind. Veröffentlicht der Emittent demnach planmäßig bzw. freiwillig ausnahmsweise bereits sämtliche wesentlichen Informationen des Finanzberichts, ist der Handelsverbotszeitraum vom Tag der Vorabveröffentlichung zurückzurechnen.[105] Dies geschieht richtigerweise unabhängig davon, ob der Emittent die Vorabveröffentlichung bereits lange zuvor geplant und angekündigt hatte, oder ob er sich kurzfristig (freiwillig) dafür entscheidet. Denn in beiden Fällen kann der Emittent vor der Vorabveröffentlichung erkennen, auf welchen Zeitraum sich das Handelsverbot erstreckt.[106] Damit fallen in diesem

---

**100** So auch *Sethe/Hellgardt* in Assmann/Schneider/Mülbert Wertpapierhandelsrecht, Art. 19 MAR Rn. 168.

**101** ESMA/2015/224, Stand: 3. Februar 2015, Rn. 138 S. 50 f.; *BaFin*, Konsultation 14/2019, Ziff. II.3.7; *Semrau* in Klöhn MAR, Art. 19 MAR Rn. 88; *Stegmaier* in Meyer/Veil/Rönnau Marktmissbrauchsrecht, § 20 Rn. 14; *Sethe/Hellgardt* in Assmann/Schneider/Mülbert Wertpapierhandelsrecht, Art. 19 MAR Rn. 161; a.A. *Stüber*, DStR 2016, S. 1221, 1226.

**102** ESMA70 – 145 – 111, Version 14, Stand: 29. März 2019, Question 7.2; *Semrau* in Klöhn MAR, Art. 19 MAR Rn. 88.

**103** ESMA70 – 145 – 111, Version 14, Stand: 29. März 2019, Question 7.2; *BaFin*, Konsultation 14/2019, Ziff. II.3.7.

**104** *Stüber* in Wachter, Handels- und Gesellschaftsrecht, 4. Aufl. 2018, § 27 Rn. 142.

**105** ESMA/2015/224, Rz. 138 S. 50 f.; *Semrau* in Klöhn MAR, Art. 19 MAR Rn. 88;

**106** Vgl. *Sethe/Hellgardt* in Assmann/Schneider/Mülbert Wertpapierhandelsrecht, Art. 19 MAR Rn. 168.

Zeitraum getätigte Eigengeschäfte von Führungskräften unter das Handelsverbot.[107] Eine Ausnahme muss jedoch bei kurzfristigen, freiwilligen Vorabveröffentlichungen für Führungskräfte gelten, die keinen Einfluss auf die Veröffentlichungsentscheidung nehmen konnten. Denn für sie bestand keine Möglichkeit, den Verlauf des Handelsverbotszeitraums vorherzubestimmen und sich entsprechend danach zu verhalten. Ab der Veröffentlichung der vorläufigen Geschäftszahlen sind Führungskräften Eigengeschäfte wieder gestattet und es folgt kein weiterer Handelsverbotszeitraum vor der Veröffentlichung des Finanzberichts.

Bei vorläufigen Geschäftszahlen, die spontan aufgrund einer Ad-hoc-Publizitätspflicht veröffentlicht werden, fragt sich gleichermaßen, ob das Handelsverbot auch in diesen Fällen mit der Veröffentlichung der vorläufigen Geschäftszahlen endet. Dies ist zu bejahen. Auch hier ist maßgeblich, dass der Wissensvorsprung der Führungskräfte bezüglich der Geschäftszahlen entfällt.[108] Denn ab diesem Zeitpunkt besteht kein Bedürfnis mehr für das Handelsverbot. Insoweit kann es nicht darauf ankommen, ob Emittenten (vorläufige) Geschäftszahlen freiwillig oder aufgrund einer gesetzlichen Pflicht ad-hoc veröffentlichen. Des Weiteren fragt sich, ob ein dreißigtägiger Handelsverbotszeitraum auch für bereits getätigte Eigengeschäfte von Führungskräften zum Tragen kommt. Dies wird man bei einer gesetzlichen Veröffentlichungspflicht verneinen müssen. Richtigerweise würde es für Emittenten und ihre Führungskräfte zu erheblichen Rechtsunsicherheiten führen und wäre praktisch kaum handhabbar, wenn vom Tag der Ad-hoc-Mitteilung ein dreißigtägiger Handelsverbotszeitraum zurückzurechnen wäre.[109] Denn dann könnten vorab getätigte Eigengeschäfte von Führungskräften unzulässig werden, obgleich die Führungskräfte davon ausgehen durften, außerhalb eines Handelsverbotszeitraums zu handeln.[110] Anders als bei planmäßig bzw. freiwillig veröffentlichten vorläufigen Geschäftszahlen, haben Führungskräfte es bei spontan ad-hoc zu veröffentlichenden vorläufigen Geschäftszahlen nicht in der Hand, über den Veröffentlichungszeitpunkt zu entscheiden.[111] Denn es liegt gerade in der Natur der Ad-hoc-Publizitätspflicht, dass

---

**107** Dazu insbesondere *Sethe/Hellgardt* in Assmann/Schneider/Mülbert Wertpapierhandelsrecht, Art. 19 MAR Rn. 168.

**108** So auch *Sethe/Hellgardt* in Assmann/Schneider/Mülbert Wertpapierhandelsrecht, Art. 19 MAR Rn. 168; offen gelassen von *Klöhn* in ders. MAR, Art. 19 MAR Rn. 89, der ausdrücklich nur zum Beginn (und nicht auch zum Ende) des Handelsverbotszeitraums vertritt, dieser könne aufgrund einer Ad-hoc-Mitteilung mangels Planbarkeit nicht vorverlagert werden; a.A. *Stüber*, DStR 2016, S. 1221, 1226.

**109** So im Ergebnis auch *Stüber*, DStr 2016, S. 1221, 1227.

**110** Ähnlich auch *Sethe/Hellgardt* in Assmann/Schneider/Mülbert Wertpapierhandelsrecht, Art. 19 MAR Rn. 168.

**111** *Stüber*, DStr 2016, S. 1221, 1226 f.

sie unvorhergesehen entstehen kann. Es wäre unzumutbar, Führungskräfte in diesen Fällen für ihre Eigengeschäfte zu belangen, zumal auch ohne einen rückwirkenden Handelsverbotszeitraum das Insiderhandelsverbot gilt, wonach auch Führungskräfte, sobald sie Kenntnis von einer Insiderinformation haben, ohnehin keine entsprechenden Geschäfte tätigen dürfen (Art. 14 MAR).[112]

## IV. Offenlegung von Prognosen in Wertpapierprospekten

Abschließend soll der Frage nachgegangen werden, welche möglichen prospektrechtlichen Folgen eine Ad-hoc-Veröffentlichung von Prognosen nach sich zieht. Der Wortlaut der alten Prospektverordnung sah ein Wahlrecht, wonach Emittenten entscheiden konnten, ob sie Gewinnprognosen und/oder -schätzungen im Prospekt veröffentlichen wollten.[113] Jedoch verlangte die ESMA bereits damals (stark kritisiert[114]), dass ausstehende Gewinnprognosen und -schätzungen bei Aktienemissionen zwingend als wesentliche Informationen im Prospekt enthalten sein müssten.[115] Nun wurde eine entsprechende Pflicht zur Aufnahme ausstehender und gültiger Gewinnprognosen und -schätzungen auch auf Gesetzesebene eingeführt.[116] Aus der Legaldefinition der Gewinnprognose[117] ergibt sich

112 Den Verweis auf das Insiderhandelsverbot führen auch *Sethe/Hellgardt* in Assmann/Schneider/Mülbert Wertpapierhandelsrecht, Art. 19 MAR Rn. 165, an, die sich jedoch auf die allgemeinere Frage beziehen, ob jede Ad-hoc-Publizitätspflichten grundsätzlich einen rückwirkenden Handelsverbotszeitraum auslösen sollten.

113 Vgl. Anhang I Ziff. 13 Verordnung (EG) Nr. 809/2004; aus dem Schrifttum *Schlitt/Schäfer*, AG 2005, S. 498, 504; *Apfelbacher/Metzner*, BKR 2006, S. 81, 88 f.; *Fleischer*, AG 2006, S. 2, 4; *Fingerhut/Voß* in Just/Voß/Ritz/Zeising WpPG, 1. Aufl. 2009, Anh. I ProspektVO Rn. 187; *Seibt/Huizinga*, CFL 2010, S. 289, 298; *Rieckhoff*, BKR 2011, S. 221 f.; *Alfes/Wieneke* in Holzborn WpPG, 2. Aufl. 2014, Mindestangaben für das Registrierungsformular für Aktien (Modul) Rn. 65; *Meyer* in Berrar/Meyer/Müller/Schnorbus/Singhof/Wolf WpPG und EU-ProspektVO, 2. Aufl. 2016, Anh. I ProspektVO Ziff. 13 Rn. 13; *ders.* in Habersack/Mülbert/Schlitt Unternehmensfinanzierung, Rn. 36.61.

114 *Schlitt/Schäfer*, AG 2005, S. 498, 504; *dies.*, AG 2008, S. 525, 533; *Rieckhoff* in Prognoseberichterstattung im Kapitalmarktrecht, 2009, S. 33; *Seibt/Huizinga*, CFL 2010, S. 289, 298 f.; *Rieckhoff*, BKR 2011, S. 221, 225; *Meyer* in Berrar/Meyer/Müller/Schnorbus/Singhof/Wolf WpPG und EU-ProspektVO, § 5 WpPG Rn. 31 ff.; Etwa bei *Schlitt* in Assmann/Schlitt/von Kopp-Colomb WpPG/VermAnlG, Mindestangaben für das Registrierungsformular für Aktien (Modul) Rn. 117.

115 ESMA/2011/81, Stand: 23. März 2011, Rn. 44; ESMA31–62–780, Stand: 8. April 2019, S. 23 f., 26.

116 Siehe dazu Anhang 1 Punkt 11.1 für das Registrierungsformular für Dividendenwerte, Anhang 3 Punkt 7.1 für das Registrierungsformular für Sekundäremissionen von Dividendenwerten

ein sehr breiter Anwendungsbereich des Begriffs der Gewinnprognose, der sowohl implizite Äußerungen zu künftigen Gewinnen oder Verlusten als auch Äußerungen, die lediglich eine Berechnung künftiger Gewinne oder Verluste ermöglichen, umfasst. Vor diesem Hintergrund stellt sich die Frage, ob nach Inkrafttreten des neuen Prospektregimes auch unterjährig ad-hoc-veröffentlichte Prognosen in einen später veröffentlichten Wertpapierprospekt aufzunehmen sind. Diese Frage ist von großer praktischer Relevanz, da die Aufnahme von Prognosen typischerweise zu einem erhöhten Aufwand bei der Prospekterstellung führen. Zwar ist der vormals erforderliche kosten- und zeitaufwändige[118] Wirtschafsprüferbericht zur Gewinnprognose seit Inkrafttreten des neuen Prospektrechts nicht mehr obligatorisch.[119] Dennoch bestehen weiterhin ein erhöhter Vorbereitungs- und Dokumentationsaufwand bei der prospektrechtlichen Prognoseberichterstattung.[120]

Ob ad-hoc-veröffentlichte Prognosen bei einer zeitlich nachgelagerten Prospekterstellung zu berücksichtigen sind, wird insbesondere davon abhängen, ob die jeweilige Prognose im Einzelfall unter diesen prospektrechtlichen Begriff der Gewinnprognose fällt. Nach Ansicht der ESMA müssen dafür zwei Merkmale kumulativ vorliegen: die Aussage muss (i) bezüglich des Gewinn- bzw. Verlustniveaus oder einem anderen Rentabilitätsindikator (Zahl, Spanne, Mindest-/

sowie Anhang 24 Punkt 2.7 für das Registrierungsformular beim EU-Wachstumsprospekt für Dividendenwerte der Delegierten Verordnung (EU) 2019/980 vom 14. März 2019 zur Ergänzung der Verordnung (EU) 2017/1129 des Europäischen Parlaments und des Rates hinsichtlich der Aufmachung, des Inhalts, der Prüfung und der Billigung des Prospekts, der beim öffentlichen Angebot von Wertpapieren oder bei deren Zulassung zum Handel an einem geregelten Markt zu veröffentlichen ist, und zur Aufhebung der Verordnung (EG) Nr. 809/2004 der Kommission („Delegierte Verordnung (EU) 2019/980").

**117** Nach der Definition, die nahezu wortlautgleich aus der Verordnung (EG) Nr. 809/2004 übernommen wurde, bezeichnet eine Gewinnprognose *„eine Erklärung, in der ausdrücklich oder implizit eine Zahl oder eine Mindest- bzw. Höchstzahl für die wahrscheinliche Höhe der Gewinne oder Verluste im laufenden Geschäftsjahr oder in zukünftigen Geschäftsjahren genannt wird, oder die Daten enthält, aufgrund derer die Berechnung einer solchen Zahl für künftige Gewinne oder Verluste möglich ist, selbst wenn keine bestimmte Zahl genannt wird und das Wort ‚Gewinn' nicht erscheint"* (Art. 1 lit. d) Delegierte Verordnung (EU) 2019/980).

**118** *Schlitt/Schäfer*, AG 2008, S. 525, 534; *Schlitt* in Assmann/Schlitt/von Kopp-Colomb WpPG/VermAnlG, Mindestangaben für das Registrierungsformular für Aktien (Modul) Rn. 118.

**119** Emittenten können Prüfungsberichte zu ihren Prognosen nach eigenem Ermessen auch weiterhin im Prospekt mitveröffentlichen, ESMA31–62–800, Stand: 28. März 2018, S. 38.

**120** Diese Pflichten betreffen insbesondere die Erläuterung der zugrundeliegenden Annahmen, das Aufzeigen von Unsicherheits- und Risikofaktoren sowie die Erklärung, dass die Gewinnprognose mit den historischen Finanzinformationen vergleichbar und mit den Rechnungslegungsmethoden des Emittenten konsistent ist (Anhang 1 Punkt 11.2 und 11.3, Anhang 3 Punkt 7.2 und 7.3 sowie Anhang 24 Punkt 2.7.2 und 2.7.3 Delegierte Verordnung (EU) 2019/980.

Höchstwert) spezifisch sein sowie sich (ii) auf einen bestimmten Zeitraum beziehen.[121] Weiterhin nennt sie einige Formulierungsbeispiele, die nach ihrer Ansicht Gewinnprognosen darstellen.[122] Dabei können bereits einzelne kurze Formulierungen die Tatbestandsmerkmale der Gewinnprognose erfüllen, wobei es einzelfallabhängig auch darauf ankommen kann, wie der Emittent seine Finanzzahlen bislang kommuniziert hat oder welches die bedeutenden Geschäftsbereiche des Emittenten sind.[123] Emittenten, die zur Ad-hoc-Veröffentlichung von Prognosen verpflichtet sind, haben daher vor einer darauffolgenden Prospekterstellung darauf zu achten, ob einzelne Formulierungen der Ad-hoc-Mitteilung bereits eine Gewinnprognose im prospektrechtlichen Sinne enthalten. Dies dürfte insbesondere bei unterjährig veröffentlichten Prognoseänderungen häufig der Fall sein, die sich auf die jeweilige Prognose des Geschäftsergebnisses aus dem (Konzern-)Lagebericht beziehen.[124] Denn den Anforderungen an die Prognoseberichterstattung im (Konzern-)Lagebericht genügen lediglich Punktprognosen, Intervallprognosen sowie qualitativ-komparative Prognosen (DRS 20.130), die nach den Formulierungsbeispielen der ESMA grundsätzlich, sofern sie sich auf den Gewinn / Verlust beziehen, unter den Begriff der Gewinnprognose fallen.[125]

Sind ad-hoc-veröffentlichte Prognosen nicht als Gewinnprognosen im prospektrechtlichen Sinn zu qualifizieren, bedeutet dies nicht automatisch, dass eine Veröffentlichung im Prospekt unterbleiben darf. Vielmehr gilt weiterhin das übergeordnete Prinzip der Richtigkeit und der Vollständigkeit bei der Prospekterstellung, wonach sämtliche für die Beurteilung notwendigen (= wesentlichen) Angaben im Prospekt aufgenommen werden müssen (Art. 6 Abs. 1 Verordnung (EU) 2017/1129).[126] Entsprechend sind ad-hoc-veröffentlichte Prognosen, die für die Beurteilung der Wertpapiere wesentlich sind, in der Regel auch in den Pro-

---

**121** ESMA31-62-780, Stand: 8. April 2019, S. 84.

**122** ESMA31-62-780, Stand: 8. April 2019, S. 82.

**123** ESMA31-62-780, Stand: 8. April 2019, S. 83.

**124** Der Prognosebericht des (Konzern-)Lageberichts hat sich immer auch auf das Geschäftsergebnis zu beziehen, *Kleindiek* in MüKo-Bilanzrecht, 1. Aufl. 2013, § 289 HGB Rn. 61; *Grottel* in Beck'scher Bilanz-Kommentar, § 315 HGB Rn. 122.

**125** ESMA31-62-780, Stand: 8. April 2019, S. 82; kritisch zu dieser Wertung der ESMA bereits zur Rechtslage vor Inkrafttreten des neuen Prospektregimes *Meyer* in Berrar/Meyer/Müller/Schnorbus/Singhof/Wolf WpPG und EU-ProspektVO, § 5 WpPG Rn. 31 ff.

**126** *Rieckhoff*, BKR 2011, S. 221, 224; *Alfes/Wieneke* in Holzborn WpPG, Mindestangaben für das Registrierungsformular für Aktien (Modul) Rn. 65; *Schlitt* in Assmann/Schlitt/von Kopp-Colomb WpPG/VermAnlG, Mindestangaben für das Registrierungsformular für Aktien (Modul) Rn. 117.

spekt aufzunehmen, wenn es sich nicht um Gewinnprognosen im prospektrechtlichen Sinne handelt.[127]

## V. Zusammenfassung in Thesen

1. Vorläufige Geschäftszahlen sind kursrelevant, wenn sie sich bereits so verdichtet haben, dass eine deutliche positive oder negative Abweichung der endgültigen Geschäftszahlen vom relevanten Bezugswert vernünftigerweise zu erwarten ist. Dies ist insbesondere der Fall, wenn sich die Ergebnisse der Jahresabschlüsse oder Zwischenberichte wesentlich gegenüber früheren Marktprognosen oder Ergebnissen verändert haben. Umgekehrt sind vorläufige Geschäftszahlen regelmäßig nicht kursrelevant, wenn sie sich innerhalb einer veröffentlichten Prognose bewegen.

2. Sind (vorläufige) Geschäftszahlen hinreichend präzise und kursrelevant, sind sie unverzüglich ad-hoc zu veröffentlichen, sobald der Emittent bei ordnungsgemäßer Erfüllung seiner Organisationspflichten Kenntnis von den insiderrelevanten (vorläufigen) Geschäftszahlen hat oder haben müsste.

3. Ein Prognoseinhalt ist kursrelevant, wenn er sich wesentlich von der Markterwartung unterscheidet, wobei insbesondere die Vorjahreszahlen des Emittenten heranzuziehen sind. Weicht die Markterwartung jedoch im Einzelfall von den Vorjahreszahlen ab und entspricht dem Prognoseinhalt, ist dieser nicht kursrelevant.

4. Prognoseänderungen und -anpassungen lösen regelmäßig eine Ad-hoc-Publizitätspflicht aus. Dabei können sowohl die deutliche Abweichung von der Markterwartung oder zurückliegenden Geschäftsergebnissen als auch die zur Abweichung führenden neuen Informationen Insiderinformationen darstellen.

5. Bei Analysen, Empfehlungen oder Bewertungen durch Dritte kommt es für eine Ad-hoc-Publizitätspflicht des Emittenten entscheidend darauf an, wann diese unmittelbar betroffen sind. Dies ist der Fall, wenn sie das Ergebnis der Analyse, Empfehlung oder Bewertung durch Signale selbst beeinflusst haben oder sich die geänderte Markterwartung auf die Geschäftsentwicklung des Emittenten auswirkt.

6. Besteht bei (vorläufigen) Geschäftszahlen oder Prognosen bzw. Prognoseänderungen eine Ad-hoc-Publizitätspflicht, kann eine Selbstbefreiung nicht

---

127 *Meyer* in Berrar/Meyer/Müller/Schnorbus/Singhof/Wolf WpPG und EU-ProspektVO, § 5 WpPG Rn. 10 ff., 32 sprechen sich für einen Gleichlauf von Ad-hoc-Publizitätspflicht und Prospektpflicht aus, wonach ad-hoc veröffentlichte Informationen wohl stets auch in Prospekte aufzunehmen wären.

darauf gestützt werden, dass diese Informationen ohnehin zeitnah im Rahmen der Regelpublizität veröffentlicht werden.

7. Für einen angemessenen, tendenziell kurzen Zeitraum ist ein zur Selbstbefreiung berechtigendes Interesse des Emittenten anzunehmen, wenn (vorläufige) Geschäftszahlen oder Prognosen bzw. Prognoseänderungen erst weiter analysiert und bewertet werden müssen, um dem Markt ein vollständiges Bild der Hintergründe und der zu erwartenden Unternehmensentwicklung zu geben.

8. Insiderinformationen, die wesentlich von vormals veröffentlichten Prognosen und damit der berechtigten Markterwartung abweichen, dürfen grundsätzlich nicht aufgeschoben werden, da ansonsten eine Irreführung der Öffentlichkeit droht.

9. Im Fall einer Selbstbefreiung wird eine Verletzung der Geheimhaltungspflicht des Emittenten unwiderleglich vermutet, wenn ein präzises Gerücht sich auf die Insiderinformation bezieht. Ein Gerücht bezieht sich dann auf eine Insiderinformation, wenn sich das Gerücht durch die Veröffentlichung der Insiderinformation erledigen würde. Ob von einer Verletzung der Geheimhaltungspflicht ausgegangen werden kann, hängt jedoch auch von der Glaubwürdigkeit des Gerüchts ab.

10. Enthalten planmäßig bzw. freiwillig (ad-hoc) veröffentlichte vorläufige Geschäftszahlen bereits die wesentlichen Zahlen der Gewinn- und Verlustrechnung eines Finanzberichts, ist der dreißigtägige Handelsverbotszeitraum für Führungskräfte von der Veröffentlichung der vorläufigen Geschäftszahlen an zurückzurechnen. Dadurch fallen Eigengeschäfte von Führungskräften, die dreißig Tage vor der Veröffentlichung der vorläufigen Geschäftszahlen getätigt wurden, unter das Handelsverbot (zur Ausnahme, siehe oben unter III.).

11. Auch bei spontan ad-hoc veröffentlichten vorläufigen Geschäftszahlen endet der Handelsverbotszeitraum mit dieser Veröffentlichung. Jedoch kommt für Eigengeschäfte von Führungskräften, die darauf vertrauen durften, außerhalb des Handelsverbotszeitraums zu handeln, kein Handelsverbot zum Tragen.

12. Unterjährig ad-hoc veröffentlichte Prognosen können in einen später zu veröffentlichenden Wertpapierprospekt aufzunehmen sein, wenn sie entweder Gewinnprognosen im prospektrechtlichen Sinne oder für die Anlageentscheidung wesentliche Informationen darstellen. Insbesondere ad-hoc veröffentlichte Änderungen zu Geschäftsergebnisprognosen des (Konzern-)Lageberichts, können eine solche Aufnahmepflicht auslösen.

Johannes Köndgen

# Wertpapierhandelsgesetz und Investmentrecht – Abgrenzungen und Interaktionen

## I. Historische Ungleichzeitigkeit: die Investmentgesetzgebung als Pionier des deutschen Kapitalmarktrechts

Wer im Jahre 2019 den 25. Geburtstag des Wertpapierhandelsgesetzes[1] (WpHG) feiert, vergisst allzu leicht, dass nicht das WpHG, sondern das Gesetz über Kapitalanlagegesellschaften (KAGG) von 1957[2] und das AuslandsinvestmentG (AIG) von 1969[3] als (Teil-)Kodifikationen des Investmentrechts das allererste Regulierungsprojekt im deutschen Kapitalmarktrecht waren.[4] Namentlich das KAGG enthielt in schlanken 29 Paragraphen bereits grundlegende kapitalmarktrechtli-

Verf. versteht seine Aufgabe nicht deskriptiv als auf Regelungsdetails zentrierte positivistische Gegenüberstellung, sondern prinzipien- und wertungsorientiert als kritischen Blick auf die wichtigsten Gemeinsamkeiten von bzw. Unterschiede zwischen Investmentrecht und Wertpapierhandelsrecht. Der Nachweisapparat wurde bewusst knapp gehalten; wer nach langen Zitatenketten sucht, sei auf die jeweilige Kommentarliteratur verwiesen. – Wertvolle Hinweise aus der Praxis verdankt der Beitrag Michael Bommer und Dr. Michael Born.

1 Der Terminus *Wertpapier*dienstleistung bzw. -Unternehmen war schon bei Erlass des Gesetzes ein sprachlicher Missgriff und geht auf eine verunglückte deutsche Übersetzung des englischen Begriffs „security" (= zirkulationsfähiges und in der Regel börsengängiges Instrument zur Vermögensanlage) in der Legaldefinition gem. Art. 1 Nr. 4 *Investment Services Directive* (Richtlinie 93/22/EG ABl. L 141 vom 11.6.1993, 27) zurück. „Wertpapier" waren und sind nach deutschem Verständnis nicht nur Aktien und Schuldverschreibungen („Effekten"), sondern auch Zahlungsinstrumente wie Schecks und Wechsel sowie die kaufmännischen Traditionspapiere (englisch: *negotiable instruments*). Seit der terminologischen Unterordnung von *security* unter den Oberbegriff *financial instrument* in Art. 4 Abs. 17 MiFID I (2004) und deren Umsetzung in § 2 Abs. 4 und 8 WpHG ist „Wertpapier" als Schlüsselbegriff des WpHG vollends ein Anachronismus.

2 BGBl. I S. 378.

3 BGBl. I S. 986.

4 Noch älter als das KAGG ist bekanntlich das DepotG von 1937. Jedoch tragen das DepotG und seine Prinzipien allenfalls in kleinen Dosen typisch kapitalmarktrechtliche Züge; das DepotG ist letztlich nicht mehr als eine – technisch und insb. sachenrechtlich allerdings hochkomplexe – Erweiterung des BGB-Verwahrungsrechts.

https://doi.org/10.1515/9783110632323-020

che Wertungen und Prinzipien: etwa die Interessenwahrungspflicht von Finanzintermediären (§ 4 Abs. 1 S. 1, § 9 KAGG), die Trennung von Eigenvermögen und treuhänderisch gehaltenem Anlegervermögen (§ 6 Abs. 1 S. 3, § 9 Abs. 2 KAGG) – zusätzlich abgesichert durch obligatorische Depotbankverwahrung (§ 11 KAGG); schließlich eine Rechenschaftspflicht (§ 20 Abs. 1 KAGG) und strenge Vertriebsregulierung (§§ 2–4, 10–12 AIG). Wie weit das KAGG seiner Zeit voraus war, mag man daran erkennen, dass Richtlinien- und Gesetzgeber erst 36 Jahre später im WpHG diesen Faden aufgenommen und fortgesponnen haben und die im Investmentrecht gelegten Fundamente seither selbstverständliche Eckpfeiler jeder Kapitalmarktregulierung sind. Der Modernität des KAGG tut es keinen Abbruch, dass der historische Gesetzgeber die – auch institutionelle – Eigenständigkeit der Wertpapierdienstleister noch nicht wirklich erkannte und die Investmentgesellschaften kurzerhand den Kreditinstituten nach § 1 Abs. 1 KWG zugesellte (§ 2 Abs. 1 KAGG); eine Fehlentscheidung[5], die erst viele Jahre später durch das Investmentänderungsgesetz 2007 korrigiert werden sollte.[6]

Auch in der Europäischen Kapitalmarktregulierung war das Investmentrecht historischer Vorläufer der allgemeinen Kapitalmarktregulierung. Bereits 1985 verabschiedete die (damalige) EWG eine erste, mindestharmonisierende Richtlinie zur Regulierung von Wertpapierfonds (sog. OGAW I-RL).[7] Ihre Umsetzung in deutsches Recht war ohne größere Umwälzungen möglich, da die materielle Fondsregulierung der Richtlinie durchaus in der Kontinuität des KAGG 1957 stand, dieses aber um wichtige Details ergänzte.

Erst weitere acht Jahre später zog das Europäische Recht in Gestalt der WertpapierdienstleistungsRL 1993 mit einer ersten Kodifikation des Wertpapierhandelsrechts[8] nach, die der deutsche Gesetzgeber im WpHG vom 26.7.1994[9] umzusetzen hatte. Die Aussage beider Regelungswerke zum Investmentrecht war kurz und eindeutig: Die kollektive Vermögensverwaltung durch Investmentfonds (sowie durch Pensionsfonds) ist nicht Gegenstand des Wertpapierhandelsrechts, oder genauer: Fondsverwalter sind keine „Wertpapierdienstleistungsunterneh-

5 Vgl. mit überzeugender Begründung *Engert*, Konzern 2007, 477.

6 Gesetz zur Änderung des Investmentgesetzes und zur Anpassung anderer Vorschriften (Investmentänderungsgesetz) vom 21.12.2007 (BGBl. I S. 3089). Freilich ist diese Abkoppelung redaktionell nicht restlos gelungen; vielmehr hatte sie zur Folge, dass zahlreiche Vorschriften des KWG in §§ 3–8 InvG (jetzt §§ 3–10 KAGB) nahezu wortlautgleich dupliziert werden mussten.

7 Richtlinie Nr. 85/611/EWG des Rates vom 20.12.1985 zur Koordinierung der Rechts- und Verwaltungsvorschriften betreffend bestimmte Organismen für gemeinsame Anlagen in Wertpapieren, ABl. vom 31.12.1985, Nr. L 375, S. 3; im Folgenden: „OGAW I RL“.

8 Wertpapierdienstleistungsrichtlinie von 1993 (WpDLRL) = Richtlinie 93/22/EWG des Rates vom 10. Mai 1993 über Wertpapierdienstleistungen, ABl. L 141 vom 11.6.1993, S. 27.

9 BGBl. I 1749; diese Urfassung im Folgenden abgekürzt als „WpHG 1994“.

men"[10] (Art. 2 Abs. 1 lit. g) (IV) und lit. h) WpDLRL[11]). Bei dieser globalen Bereichsausnahme ist es dann bis zum heutigen Tage geblieben (Art. 2 Abs. 1 lit. i) MiFID II; § 3 Abs. 1 Nr. 18 WpHG).

## II. Die Eigenständigkeit des Investmentrechts zwischen KWG und WpHG

### 1. Verbindendes und Trennendes

#### a) Berührungspunkte

Dass sich die Wege von WpHG und Investmentgesetzgebung so frühzeitig getrennt haben, versteht sich keineswegs von selbst. Auf einem höheren Generalisierungsniveau findet man tatsächlich nicht wenige Gemeinsamkeiten. Immerhin sind Fondsverwalter ebenso wie Wertpapierdienstleister jeweils von der Bundesanstalt lizenzierte Finanzmarktintermediäre. Die einen wie die anderen stehen gegenüber den Anlegern in einer fiduziarischen Verantwortung. Die einen wie die anderen sind verpflichtet, Kundenvermögen getrennt von ihrem Eigenvermögen aufzubewahren. Und ganz gewiss stehen die Fondsverwalter Wertpapierdienstleistern wie den Vermögensverwaltern[12] nicht allzu fern. Andererseits sind es Welten, die zwischen den unter WpHG-Regime gestellten individuellen Vermögensverwaltern und anderen Wertpapierdienstleistern wie Marktbetreibern (§§ 2 Abs. 8 S. 1 Nr. 8 und 9, 72 ff. WpHG), Market Makern (§ 2 Abs. 8 S. 1 Nr. 2a WpHG), Emissionshelfern (§ 2 Abs. 8 S. 1 Nr. 5 WpHG) oder Datenbereitstellungsdiensten (§§ 58 ff. WpHG) liegen. Zumindest in dieser systematischen Region scheint der Verlauf der Grenzlinie ein Zufallsprodukt.

---

10 Auch dies eine sprachlich schauerliche Eindeutschung des englischen Begriffs *investment firm*. Im Folgenden werden abkürzend und synonym die Begriffe „Wertpapierdienstleister" oder der MiFID-Grundbegriff „Wertpapierfirma" (Legaldefinition in Art. 4 Abs. 1 Nr. 1 MiFID II) verwendet.

11 Redaktionell weniger klar § 2 Abs. 3 und 4 WpHG i. d. F. v. 26.7.1994. Der Ausschluss der Fondsverwalter ließ sich eindeutig nur auf § 2 Abs. 4 WpHG stützen, da die Fondsverwalter unter den dort enumerativ genannten Wertpapierdienstleistungsunternehmen nicht vertreten waren.

12 Dazu sogleich unter 2 a.

### b) Die traditionellen Begründungen für die Ausgrenzung des Investmentrechts aus dem Wertpapierhandelsrecht

Wer angesichts dieser flüssigen Grenzen die legislative Verselbständigung von WpHG und Investmentrecht nicht positivistisch-unkritisch für in Stein gemeißelt hält, wird folgerichtig nach plausiblen Sachgründen für den eigenen Weg der Investmentgesetzgebung forschen. Freilich: Die ersten Kommentatoren des WpHG 1994 haben, sofern sie der Frage überhaupt nachgingen, nicht zu überzeugenden Antworten gefunden. So hat man in Abrede gestellt, dass ein Wertpapierfondsverwalter die Anschaffung und Veräußerung von Wertpapieren nicht, wie in § 2 Abs. 3 WpHG 1994 verlangt, „für andere" praktiziere, da derartige Anlagegeschäfte lediglich „für gemeinschaftliche Rechnung der Anteilsinhaber" getätigt würden.[13] Soweit die aus Anlegermitteln erworbenen Finanztitel gem. § 6 Abs. 1 S. 2 KAGG 1957 (jetzt inhaltsgleich § 92 Abs. 1 KAGB) in ein Sondervermögen im Miteigentum der Anleger fließen, ist dies schon begrifflich unrichtig. Zumindest teleologisch unrichtig ist es, wenn, in zulässiger Gestaltungsalternative (§ 6 Abs. 1 S. 2 KAGG, § 92 Abs. 1 KAGB), das Sondervermögen zwar im Eigentum der Kapitalverwaltungsgesellschaft[14] steht, aber von letzterer kraft gesetzlicher Verpflichtung treuhänderisch zum Nutzen der Anteilinhaber gehalten wird. Neuere Kommentarstimmen führen ins Feld, dass ein Fondsanleger „keinen Vermögensverwaltungsvertrag" mit seiner KVG schließe.[15] Auch dies trifft bestenfalls zur Hälfte zu. Bei sämtlichen Fonds im Sondervermögensmodell[16] schließen die Anteilserwerber individuelle Verträge mit der KVG. Im Zentrum dieser Verträge stehen augenscheinlich Verwaltung und Mehrung des mit dem Anteilserwerb zur Verwaltung anvertrauten Vermögens.[17] Die Besonderheit des Vertrages liegt ein-

13 *Assmann* in Assmann/Schneider, Wertpapierhandelsgesetz (1995) § 2 Rn. 17; seit der 4. Auflage mit ausführlicherer, aber im Kern identischer Begründung Assmann/Schneider/*Assmann*, Wertpapierhandelsgesetz, 4. Aufl. 2006, § 2 Rn. 46 ff.

14 Im Folgenden abgekürzt „KVG".

15 Kölner KK-WpHG/*Baum*, 2. Aufl. 2014, § 2 Rn. 176.

16 Dies sind nicht nur die in den Europäischen OGAW-Richtlinien geregelten Fonds, sondern auch die den OGAW-Fonds organisationsrechtlich (Sondervermögensmodell) nachgebildeten, aber als Alternative Investment-Fonds (AIF) zugelassenen Fonds, z. B. offene Immobilienfonds oder ein Teil der Spezialfonds für institutionelle Investoren; dazu *Köndgen/Schmies* in Schimansky/Bunte/Lwowski (Hrsg.), Bankrechtshandbuch, 5. Aufl. 2017, § 113 Rn. 52, 80.

17 Monographisch vertiefend *Zetzsche*, Prinzipien der kollektiven Vermögensverwaltung, 2015, 649 ff. Zusammenfassend *Köndgen/Schmies* (Fn. 16), § 113 Rn. 206 f.

zig[18] darin, dass der Vermögensverwaltung jenseits der Individualverträge eine kollektive, metaphorisch: eine horizontale Dimension, zuwächst.[19]

Unter diesen Prämissen liegt die Vermutung nahe, dass der Sonderweg des Investmentrechts abseits des WpHG nicht zuletzt durch eine Art Pfadabhängigkeit vorgezeichnet war: Als die (damals) EWG sich 1993 zur Kodifizierung der Grundlagen des Handels in Finanzinstrumenten anschickte, war die Regulierung des Investmentwesens in der Europäischen Gemeinschaft (OGAW I-RL 1985) wie auch in den meisten europäischen Ländern bereits weit fortgeschritten. Bei der Erarbeitung der – nicht ohne erhebliche Geburtswehen zustande gekommenen – WpDLRL 1993 bestand mithin keine Not, zugleich auch das Investmentrecht nochmals neu aufzurollen.

### c) Zwischenfazit

Die vorigen Überlegungen lassen bereits ein Zwischenfazit über das Verhältnis von WpHG und Investmentrecht zu. Zwar fällt es mittlerweile schwer, das WpHG noch als „Grundgesetz des Kapitalmarktrechts" zu idealisieren.[20] Andererseits hat die grundbegriffliche Fortentwicklung vom „Wertpapier" zum „Finanzinstrument" (§ 2 Abs. 4 und 8 WpHG) den Regelungsgegenstand des WpHG erheblich verbreitert. Weiter: Insbesondere in der Wertpapierdienstleistung „Finanzportfolioverwaltung" (§ 2 Abs. 8 S. 1 Nr. 7 WpHG) begegnen sich die Regelungsgegenstände von Investmentrecht und Wertpapierhandelsrecht. Im (äußeren) System des Kapitalmarktrechts lässt sich mithin das Verhältnis des Investmentrechts zum WpHG im Kern als *lex specialis* und *lex generalis* begreifen. Wie weit diese Spezialität reicht, erhellt nicht zuletzt daraus, dass der Umfang des KAGB inzwischen auf nahezu das Dreifache des WpHG angewachsen ist. Dieser Spezialität gilt es nunmehr auf den Grund zu gehen.

---

**18** Diese Einschränkung soll keinesfalls den Unterschied zwischen individueller und kollektiver Vermögensverwaltung nivellieren; vgl. dazu noch u. 2 a.

**19** Auch dazu vertiefend *Zetzsche* (Fn. 17), 477 ff., 551 ff.

**20** Unter Hinweis auf das ausufernde kapitalmarktrechtliche EU-Verordnungsrecht zutr. *Assmann* in Assmann/Schneider/Mülbert, Wertpapierhandelsrecht, 7. Aufl. 2019, Einleitung Rn. 5 ff., 10.

## 2. Die Spezialität des Investmentgeschäfts als *kollektive* Vermögensverwaltung

### a) Kollektive Vermögensverwaltung als konfektioniertes und depersonalisiertes Anlageprodukt

In der „Kollektivierung" der Investmentanlage bzw. der Fondsverwaltung haben nahezu sämtliche regulatorischen Eigenheiten der Investmentgesetzgebung ihre Wurzel. Gewiss basieren sowohl individuelle als auch kollektive Portfolioverwaltung auf einer Geschäftsbesorgung für andere.[21] Jedoch bedingt die „gepoolte" kollektive Anlage der Investorengelder in einem Fonds eine fundamentale Umgestaltung der typischen Rechte und Pflichten aus dem Geschäftsbesorgungsvertrag.[22]

Dies modifiziert zunächst die *Interessenwahrungspflicht* des Geschäftsbesorgers. Weil sie letztlich durch die personengebundene Loyalität des Geschäftsbesorgers geprägt ist,[23] versteht das BGB sie als eine durchaus individualistische Verpflichtung gegenüber dem Geschäftsherrn. Hingegen ist die Vorstellung einer Loyalität gegenüber einem Kollektiv befremdlich. Der Fondsverwalter „produziert" eine Fondsanlage quasi auf Vorrat und mit einem bestimmten Profil, für das er eine Nachfrage im Markt für Anlageprodukte erwartet. Sein Fondsprodukt „verkauft" er sodann an das interessierte Publikum. Nicht an den individuellen Wünschen der Anteilsinhaber ausgerichtet sein kann zwangsläufig auch die spätere Verwaltungstätigkeit nach Emission des Fonds. Übrig bleibt von der Interessenwahrungspflicht im Wesentlichen nur noch die Pflicht zur Gleichbehandlung der Fondsanleger (§ 26 Abs. 2 Nr. 6 KAGB).

Kupiert wird durch das Investmentrecht noch ein zweites typenprägendes Element jeder Geschäftsbesorgung: das Weisungs- und Kontrollrecht des Geschäftsherrn gem. § 675 i.V.m. §§ 665 BGB.[24] Für die individuelle Portfolioverwaltung konzediert das Aufsichtsrecht in § 2 Abs. 8 WpHG zwar dem Geschäftsbesorger ausdrücklich einen „Entscheidungsspielraum"; Marktstandard in der Vertragspraxis ist jedoch, dass der Verwaltungsvertrag dem Portfolioverwalter

---

**21** Für die individuelle Portfolioverwaltung statt vieler *Walz* in Schimansky/Bunte/Lwowski (Hrsg.), Bankrechtshandbuch, 5. Aufl. 2017, § 110 Rn. 12; inhaltlich gleichsinnig, aber in Schweizerischer Mundart formuliert („Auftrag") *Sethe* in Schäfer/Sethe/Lang, Handbuch der Vermögensverwaltung, 2. Aufl. 2016, § 25 Rn. 1 f. Für den Investmentverwaltungsvertrag m.w.N. *Köndgen/Schmies* (Fn. 16) § 113 Rn. 203.

**22** Ich fasse im Folgenden meine detailliertere Darstellung in FS Baums, 2017, 707, 713 zusammen.

**23** Statt vieler MüKo-BGB/*Heermann* § 675 Rn. 13.

**24** Vgl. wiederum nur MüKo-BGB/*Heermann* § 675 Rn. 16 f.

Anlagerichtlinien vorgibt, nach denen Letzterer sein Ermessen zu kalibrieren hat. Im Investmentrecht wäre immerhin an eine kollektive Wahrnehmung dieser Rechte durch die Gesamtheit der Anleger zu denken.[25] Dem Gesetzgeber erschien diese Lösung aber aus gutem Grund nicht nur unter dem Gesichtspunkt hoher Transaktionskosten, sondern auch als Beeinträchtigung einer effektiven Verwaltungstätigkeit des Fondsverwalters sowie letztlich mit Rücksicht auf die allein auf Renditemaximierung fixierten Anlegerinteressen nicht praktikabel. Diese Konzeption hält das KAGB sogar bei einigen der Investmentvermögen in Gesellschaftsform durch, indem es für die InvAG mit beweglichem Kapital das Stimmrecht der Anlagegesellschafter in der Hauptversammlung ausschließt (§ 109 Abs. 3 KAGB) und für die InvKG die Anleger in den Status von Kommanditisten zurückversetzt (§§ 127 Abs. 1 S. 2, 152 Abs. 1 S. 1 KAGB, jeweils i. V. m. §§ 164, 166 HGB).

Die beschriebenen Verkürzungen der Rechtsposition des Anteilsinhabers/Geschäftsherrn sucht das Investmentrecht durch drei mehr oder minder effektive Maßnahmen zu kompensieren. Zur Kontrolle der Geschäftsführung des Fondsverwalters wird jener ein Aufsichtsrat bzw. Beirat zur Seite gestellt (§§ 18 Abs. 2–4, 119 Abs. 3 KAGB), von dessen Effektivität man sich indes – jedenfalls in Publikumsfonds – nicht nur wegen der fehlenden Anlegerrepräsentation (nur ein einziges „unabhängiges" Mitglied), sondern auch infolge seiner schwachen Kompetenzen nicht viel versprechen darf. Wirkungsvoller ist die institutionelle Trennung zwischen Fondsverwaltung und Fondsverwahrung durch Etablierung einer Verwahrstelle; letztere ist in §§ 76, 63 KAGB darüber hinaus noch mit zahlreichen Kontrollrechten gegenüber der Fondsverwaltung ausgestattet.[26] Schließlich gesteht das Gesetz dem Anleger, der mit seiner Fondsverwaltung nicht zufrieden ist, als Ersatz für die fehlenden Kontrollbefugnisse[27] ein freies – und nur für illiquide Immobilienfonds an längere Fristen gebundenes (§ 257 KAGB)[28] – *Austrittsrecht* aus dem Anlegerkollektiv zu (§ 98 KAGB für OGAW, §§ 116, 133 KAGB für Investmentgesellschaften).[29]

---

25 Man braucht dazu nicht nur an eine periodisch abzuhaltende „Anlegerversammlung" zu denken; auch jenseits korporativer Strukturen könnte etwa der Anleihetreuhänder gem. § 7 SchVG als Modell dienen.

26 Im Detail und monographisch *Zetzsche* (Fn. 17), S. 674 ff.

27 Die Feststellung von *Zetzsche* ZVglRWiss 116 (2017), 269 (274), Anleger könnten „nach Misserfolgen auf den Wechsel des Verwalters drängen", trifft allenfalls auf die – institutionellen Anlegern vorbehaltenen – Spezialfonds mit einem aktiven Beirat zu.

28 Geringere und fakultative Beschränkungen existieren auch für Sonstige Investmentvermögen (§ 223 KAGB) und Hedgefonds (§§ 227, 283 Abs. 3 KAGB).

29 Dieses Austrittsrecht ist ein transnational akzeptiertes investmentrechtliches Institut; vgl. zum US-Recht *Morley* 123 Yale L. J. 1228, 1243 ff. (2014)

#### b) Spezialität der Risikosteuerung

##### aa) Risikosteuerung im Anlegerinteresse

Auch das spezifische Risikomanagement durch Fondsverwalter ist Konsequenz der Kollektivierung der Vermögensverwaltung. Dies meint nicht die Pflicht zu risikodiversifizierter Anlage, die nicht nur Fondsverwalter[30], sondern gleichermaßen individuelle Portfolioverwalter und sogar Anlageberater trifft. Vielmehr gilt es, hochriskanten Anlagestrategien, die das Kapitalerhaltungsinteresse des Anlegers gefährden könnten, gewisse Fesseln anzulegen. Die Notwendigkeit eines straffen Risikomanagements ist in dem Maße gewachsen, in dem das Investmentrecht die Restriktionen für den Einsatz von Derivaten und von Leverage gelockert und den Fondsverwaltern (insbes. von Geldmarkt- und Kreditfonds) überdies noch die Eingehung von Kontrahentenrisiken ermöglicht hat.

Die Verpflichtung zur Risikokontrolle ist auch dem WpHG wohlbekannt. Sie trifft dort primär (individuelle) Portfolioverwalter und Anlageberater. Als Grobfilter wirkt bereits beim Zugang zu bestimmten Finanzinstrumenten die gesetzliche, nach dem Professionalisierungsgrad des Kunden abstufende Anlegerklassifikation gem. §§ 67 f. WpHG und Art. 48 DelVO 2017/565. Detaillierte Risikokontrolle und ggf. Risikovermeidung werden dann mittels der auf einer Anlegerbefragung („know your customer") basierenden Geeignetheitsprüfung und einer entsprechenden Information und Beratung erreicht (§§ 63 Abs. 7 Nr. 1 und Abs. 10, 64 Abs. 2 und 3 WpHG; Art. 54 f. DelVO 2017/565).

Für die kollektive Vermögensverwaltung funktionieren die Risikokontrollinstrumente des WpHG bestenfalls zum Teil. Die investmentrechtliche Anlegerklassifikation in § 1 Abs. 19 Nr. 31–33 KAGB greift zwar für die Definition des professionellen und des Privatanlegers ebenfalls auf Anhang II zu MiFID II zurück, führt aber für den Typus des wohlhabenden Privatanlegers noch die Kategorie des „semi-professionellen" Anlegers ein.[31] Ähnlich wie das WpHG präjudiziert auch die Anlegerklassifizierung nach KAGB pauschalierend den Zugang zu bestimmten Fondstypen: Die Anlage in Spezial-InvAG beiderlei Typs (§§ 110 Abs. 3, 142 S. 2 KAGB) sowie in offenen InvKGs (§§ 91 Abs. 2, 127 Abs. 1 S. 1 KAGB) ist ausschließlich professionellen und semiprofessionellen Anlegern vorbehalten; Anteile an qualifizierten Risikokapitalfonds sowie an Fonds für soziales Unternehmertum dürfen nur an professionelle und andere qualifizierte Investoren öffentlich vertrieben werden.[32] Hingegen ist die individuelle Risikoeinschätzung

---

**30** Zu den Einzelheiten statt vieler und jeweils m.w.N. *Köndgen/Schmies* (Fn. 17), § 113 Rn. 2, 125 ff., sowie *Zetzsche* (Fn. 17), S. 122 ff., 655 ff.

**31** Zu den Hintergründen *Zetzsche* (Fn. 17), S. 602 ff.

**32** Jeweils Art. 6 EuVECA-VO Nr. 345/2013 und EuSEF-VO Nr. 346/3013.

durch die Eignungsprüfung auf der Grundlage einer vom Fondsanleger verlangten Selbstinformation im Rahmen kollektiver Vermögensverwaltung offenbar nicht praktikabel. Gewiss kann der Fondsanleger sich für seine Investitionsentscheidung der Beratung und Risikoprüfung durch einen Anlageberater oder -vermittler versichern; diese Beratung untersteht dann fraglos den Maßstäben des Wertpapierhandelsrechts (§ 2 Abs. 4 Nr. 2 i.V.m. §§ 63 f. WpHG). Wer hierauf verzichtet, bleibt jedoch auf die Beschreibung der Anlagestrategie des Fondsverwalters und deren allgemeiner Risiken für die Anleger im Verkaufsprospekt bzw. in der wesentlichen Anlegerinformation verwiesen (§ 165 Abs. 2 Nr. 3 und 4, § 166 Abs. 2 Nr. 2 und 3 KAGB). Eine systematische Verlinkung dieser Informationen mit dem individuellen Risikoprofil des Anlegers findet nicht statt, und dies nicht nur vor dem Anteilserwerb, sondern auch während der Haltephase.

Zum Schutze des Anlegerkollektivs hat das Investmentrecht darum ein kontinuierlich verfeinertes[33] *Risikomanagementsystem* auf mehreren Regelungsebenen[34] installiert. Der Kern dieses Systems: Das Risiko-Controlling muss auf dauerhafter organisatorischer Grundlage und in strikter Unabhängigkeit von den operativen (und möglicherweise allzu risikofreudigen) Abteilungen der Fondsverwaltung praktiziert werden (§ 29 Abs. 1 S. 1 KAGB). Zur Bewertung der Risiken sind standardisierte Verfahren zu entwickeln sowie Risikolimits jeweils für Markt-, Kredit-, Liquiditäts-, Kontrahenten- und operationelle Risiken zu fixieren (Art. 40 und 44 DelVO Nr. 231/2013). Die Überwachung des Risikomanagements durch die Bundesanstalt ist für die typischerweise etwas risikoaffineren AIF-KVGs durch eine Meldepflicht abgesichert (§ 35 Abs. 1 S. 2, Abs. 2 und 4 KAGB).[35]

Unter den in Art. 44 DelVO 231/2013 exemplarisch genannten Risiken ist wiederum das *Liquiditätsrisiko* ein spezifisch investmentgeschäftliches Risiko. Es ist eine zwangsläufige Konsequenz der Gewährung eines „individualistischen", d.h. nicht „kollektivierten" freien Rechts eines jeden Anlegers zum Austritt aus

33 Das KAGG 1957 kam noch ohne jegliche Regelung zum Risikomanagement aus; eine erste, aber noch generalklauselhaft unbestimmte Regelung enthielt § 9a S. 2 Nr. 1 InvG (i.d.F. des InvestmentänderungsG 2007) in Gestalt einer Verpflichtung zu „angemessenem" Risikomanagement. Explodiert ist die Regulierung des Risikomanagements dann mit dem KAGB und dessen Ablegern; vgl. i. Einz. Fn. 34.

34 Diese Multiebenen-Regulierung umfasst nicht nur §§ 29 f. KAGB, sondern auch Art. 38–45 DelVO Nr. 231/2013 (mit Globalverweisung für OGAW in § 5 KAVerOV vom 16.7.2013); ferner die aufsichtsbehördliche Konkretisierung durch das BaFin Rundschreiben 01/2017 (WA) – Mindestanforderungen an das Risikomanagement von Kapitalverwaltungsgesellschaften – „KAMaRisk" i.d.F. vom 10.01.2017; speziell für das Risikocontrolling von Derivateanlagen schließlich §§ 7–17 DerivateV der BaFin vom 16.7.2013.

35 Im Hinblick auf die sehr technischen Details ist hier auf die investmentrechtliche Spezialliteratur zu verweisen.

dem Kollektivverband (Rückgaberecht).[36] Wird von diesem Recht Gebrauch gemacht und muss der Fondsverwalter die austrittswilligen Anleger abfinden, ist der Fondsverwalter darauf angewiesen, zur Vermeidung eines sog. *liquidity mismatch* eine den fondsspezifischen Rücknahmegrundsätzen entsprechende Liquiditätsreserve vorzuhalten (§ 30 KAGB). Sie fungiert als eine Eigenversicherung des Verwalters gegen das Risiko, dass Anleger – insbes. mobile institutionelle Anleger – von ihrem Rücknahmerecht in einer Art *fire sale* Gebrauch machen.

### bb) Systemische Risiken

Die Prophylaxe gegen Systemrisiken ist kein Gebot des Anlegerschutzes und daher erst seit Kurzem in das Visier des Investmentrechts geraten. Zuvor galt die Verursachung systemischer Risiken traditionell als ein spezifisches Problem der Kreditinstitute. Immerhin war die Prävention von Systemrisiken durch Fondsvehikel unter dem Eindruck der präsenten Finanzkrise bereits eines der Hauptziele im Vorschlag der AIFM-RL von 2009.[37] Für die letztendlich verabschiedete Fassung der AIFM-RL trifft dies zwar nicht mehr zu; lediglich in der ad-hoc-Meldepflicht der AIF Manager gem. § 35 Abs. 5 und § 44 Abs. 1 S. 1 Nr. 4b KAGB als Voraussetzung für eine effektive aufsichtliche Überwachung von Systemrisiken lebt sie noch rudimentär fort. Für die EU-Kommission und die transnationalen Standardsetzer des Finanzmarktrechts ist das Thema indes noch nicht dauerhaft erledigt.[38] Anlass zur Besorgnis vor Ansteckungsgefahren (*interconnectedness*) geben vor allem das für Hochrisikofonds typische exzessive Leverage, die Vermehrung der Kontrahentenrisiken durch Wertpapierleihe sowie die operationellen Risiken.[39] Ferner ist mit den neuerdings durch das OGAW V-UmsetzungsG aufsichtsrechtlich abgesegneten Kreditfonds[40] noch ein Fondstypus hinzugekommen, dessen Aktivgeschäft funktional jenem der Kreditinstitute zumindest nahesteht.[41] Selbst die landläufig als grundstabil und unkompliziert geltenden

---

**36** Dazu bereits oben II 2 a) a. E.

**37** Vorschlag für eine RICHTLINIE DES EUROPÄISCHEN PARLAMENTS UND DES RATES über die Verwalter alternativer Investmentfonds und zur Änderung der Richtlinien 2004/39/EG und 2009/…/EG, KOM(2009) 207 endgültig, Begründung S. 2f., 5f. und Erwägungsgründe 2, 15. Vgl. dazu auch *Zetzsche* (Fn. 27), 281.

**38** Die jüngsten Entwicklungen auf Europäischer und globaler Ebene nachzeichnend *Zetzsche* (Fn. 27), 269 ff.

**39** *Zetzsche* (Fn. 27), aaO.

**40** Umgesetzt in § 2 Abs. 4 Nr. 4 und Abs. 5 Nr. 8, § 20 Abs. 8 bis 10, § 29 Abs. 5a, § 34 Abs. 6, § 48a, § 261 Abs. 1 Nr. 8, §§ 282 Abs. 2, 284 Abs. 5, 285 Abs. 2 und 3 KAGB.

**41** Unter der reichlichen Einführungsliteratur zu Kreditfonds hervorzuheben *Hanten/v. Tiling*, WM 2015, 2122.

*Exchange Traded Funds (ETF)* sind neuerdings unter Verdacht geraten. Die Bedenken entzünden sich hier insbesondere daran, dass die Kursentwicklung von einzelnen Aktien, sobald sie in ein ETF-Portfolio aufgenommen sind, verstärkt der Entwicklung des relevanten Index folgt, ferner, dass die jederzeit auf liquiden Märkten handelbaren ETF-Anteile die Preisvolatilität der im Fonds enthaltenen Einzelaktien erhöhen.[42] Bei Kreditfonds wie bei ETF wird daher befürchtet, dass als letztes Glied der Ursachenkette ein massenhafter Rückzug von Anlegern aus milliardenschweren Wertpapier- oder Kreditfonds letztere zur kurzfristigen Liquidierung von Fondsvermögen nötigt und damit einen Crash der mit dem Fonds-Markt korrelierten Wertpapier- oder auch der Kreditmärkte provozieren könnte.

Welche Instrumente zur Prävention dieser systemischen Risiken geeignet wären, ist noch nicht ausgemacht. Eine pauschale Übertragung der Instrumente zur Systemrisikoprävention bei Kreditinstituten[43] – Eigenkapitalpuffer, Einlagensicherung etc. – verbietet sich angesichts der grundverschiedenen Struktur der Finanzintermediation durch Investmentfonds; selbst Parallelen zwischen Darlehen vergebenden Kreditfonds und Kreditinstituten sind großenteils[44] nur phänotypisch.[45] Sozusagen als Wurzelbehandlung könnten riskante Anlagestrategien durch gesetzliche Anlagerestriktionen zurückgefahren werden.[46] Partielle Abhilfe zu erwarten wäre des Weiteren von zwingenden (d. h. nicht satzungs- bzw. vertragsdispositiven) zusätzlichen Beschränkungen des freien Rückgaberechts der Anleger – die nach der lex lata bislang nur fakultativ durch die KVG selbst eingeführt werden können.[47] Aus Anlegersicht wirkungsgleich wäre eine Erleichterung der Schließung von Fonds[48] (Kündigung gem. §§ 99 ff. KAGB) durch den Fondsverwalter, womit dieser der Ausübung des Rückgaberechts zuvorkom-

42 Vgl. i. E. den Bericht von *Pagano/Serrano/Zechner*, Can ETFs contribute to systemic risk?, European Systemic Risk Board, Reports of the Advisory Scientific Committee No. 9, June 2019.
43 Für Kreditfonds wird immerhin eine Eigenmittelregulierung erwogen von *Hanten/v. Tiling* (Fn. 41), 2132.
44 § 34 Abs. 6 KAGB überträgt lediglich die Begrenzung von Großkrediten durch § 14 KWG auf Kreditfonds.
45 Zutr. und mit eingehender Begründung *Zetzsche* (Fn. 27), 273 ff., 282 ff. I. Erg. auch schon BaFin, W A 41-Wp 2011–2015/0001 vom 12.5.2015 – Änderung der Verwaltungspraxis zur Vergabe von Darlehen usw. für Rechnung des Investmentvermögens.
46 Bereits im geltenden Recht eine Begrenzung von Leverage für inländische Spezial-AIF durch § 274 KAGB. Die Regelung im geltenden Recht sowie die aufsichtlichen Interventionsbefugnisse werden für ausreichend gehalten von *Zetzsche* (Fn. 27), 281.
47 Für Hedgefonds § 283 Abs. 3 KAGB; für Sonstige Anlagevermögen § 223 KAGB. Zwingenden Rechts und mit aufsichtsrechtlichen Interventionsmaßnahmen bewehrt sind bislang lediglich die Beschränkungen bei Immobilienfonds (§ 257 KAGB).
48 Zur Vermeidung einer „Abwärtsspirale“ angedacht, aber verworfen von *Zetzsche* (Fn. 27), 284 f.

men könnte. Zu bedenken ist dabei jeweils, dass das Rückgaberecht des Anlegers ein investmentrechtliches „Grundrecht" ist.[49] Weil für die Krise eines Fonds oft ein schlecht wirtschaftender Fondsverwalter (mit-)verantwortlich ist, sollte dieses Grundrecht nicht leichter Hand dem Ziel der Systemstabilisierung geopfert werden. Andererseits würden Beschränkungen nahezu ausschließlich professionelle und semiprofessionelle Investoren betreffen, die ihr Risiko einzuschätzen wissen und darüber hinaus über eine erhöhte Risikotoleranz verfügen.

### c) Spezialität des Organisationsstatuts für Investmentunternehmen

Das WpHG und die flankierende MAR waren und sind Marktverhaltensrecht für sämtliche Marktteilnehmer; aber im Schwerpunkt ist zumindest das WpHG immer noch *Unternehmens*verhaltensrecht der Wertpapierdienstleister. Das Richtlinienrecht von der WpDLRL 1993 an bis hin zu MiFID II hat immerhin die Minimalia eines Organisationsstatuts für Wertpapierfirmen fixiert, indem es deren Zulassung grundsätzlich von der Existenz einer juristischen Person mit angemessener Eigenkapitalausstattung abhängig macht.[50] Hingegen hat das WpHG von Anfang an (§ 2 Abs. 4 WpHG 1994) diese Regelungsaufgabe in das KWG abgeschoben. Als Hintergrund dieses deutschen Sonderweges lässt sich einmal mehr eine Pfadabhängigkeit vermuten. Den Richtlinien zum Wertpapierhandelsrecht lag und liegt bekanntlich das angelsächsische Modell einer institutionellen Sonderung von *Commercial Banks* und *Investment Firms* zugrunde. Im Gegensatz dazu konnten unter dem deutschen Universalbankprinzip alle Banken – dies jedenfalls bis zur Jahrtausendwende – sozusagen als geborene Wertpapierfirmen durchgehen. Folgerichtig wurde deren Organisationsstatut der Regulierung der Kreditinstitute als Annex zugefügt. Zwar wurde durch die 6. KWG-Novelle (1998) in Umsetzung der WpDLRL 1993 der neue Grundbegriff „Finanzdienstleistungsinstitut" kreiert (§ 1 Abs. 1a KWG); eine substanzielle Eigenständigkeit der Aufsicht gegenüber der Bankenaufsicht war damit jedoch nicht bezweckt.[51]

---

**49** Bereits oben II 2 a) a. E. Zu eng insoweit der Befund von *Zetzsche* (Fn. 27), dass sich Ansprüche der Anleger gegen den Fondsverwalter „in der Ausschüttung des im Fonds gebündelten Kapitals zu dem in den Statuten bestimmten Zeitpunkt" erschöpfen.

**50** Vgl. Art. 1 S.1 Nr. 2 und Art. 3 Abs. 3 WpDLRL 1993; Art. 4 Abs. 1 S. 1 Nr. 3 MiFID II.

**51** So auch die Würdigung durch die Deutsche Bundesbank in: Deutsche Bundesbank Monatsbericht Januar 1998, S. 62 f. Insbes. die Normen über die Vorhaltung eines angemessenen regulatorischen Eigenkapitals gem. §§ 10 ff. KWG, Art. 6 ff. CRR i.V.m. § 1a Abs. 2 KWG sowie die Zulassungsvorschriften der §§ 32 ff. KWG gelten mit nur geringen Abweichungen für beiderlei

Das *Investmentrecht* war ungeachtet einiger privatrechtlicher Einsprengsel[52] für lange Zeit im Kern als „Aufsichts- und Organisationsgesetz" konzipiert.[53] Die investmentrechtlichen Richtlinien hielten sich hier nur darum zurück, weil sie eine Intervention in die für das fondsspezifische Organisationsstatut präjudiziellen nationalen Gesellschaftsrechte zu vermeiden suchten.[54] Umso konkreter gefasst war und ist das Organisationsstatut für Fondsunternehmen in der deutschen Fondsregulierung. Diese konnte entstehungsgeschichtlich auf eingespielte Vertragsusancen in der individuellen Vermögensverwaltung zurückgreifen, welche wiederum auf zwei transpositiven, aber rechtsformvariablen spezifischen Pfeilern ruht: Verfügungsmacht des Verwalters, diese aber begrenzt durch den Schutz des Anlegers vor Veruntreuung der Vermögensmasse und vor der Insolvenz des Verwalters (Prinzip der Vermögenssonderung).[55] Das Investmentrecht hatte dem lediglich eine Struktur für die kollektivierten und parallelen Interessen und Rechte der Fondsanleger hinzuzufügen; letztere sind zwar nicht durch einen *animus societatis* zu einem Horizontalverband, wohl aber durch das Pooling ihrer Anlagen in einem Zweckvermögen zu einer objektiven Interessengemeinschaft zusammengeschweißt.[56]

Organisationsrechtlich realisiert wurden diese Ziele durch *Rechtsformzwang* und *Typenzwang.*[57] § 1 Abs. 2 KAGG 1957 begrenzte diese Zwänge noch auf einen einzigen Typus, nämlich den Wertpapierfonds auf der Basis eines Sondervermögens, der sich alternativ als GmbH oder als AG zu inkorporieren hatte. In der Folgezeit wurde zwar mit fast jeder Innovation im *Financial Engineering* ein neuer Fondstyp kreiert; gleichwohl blieb die Zahl der verfügbaren Rechtsformen vorerst begrenzt. Dies änderte sich erst, als das KAGB im Gefolge der AIFM-RL auch den – in Deutschland traditionell als Personengesellschaft organisierten – geschlossenen Fonds erstmals eine Heimstatt bot. Seither existiert vor allem in

Institute (§ 1 Abs. 1b KWG). Hinsichtlich der Rechtsform dürfen Wertpapierhandelsunternehmen gem. § 2b Abs. 2 KWG immerhin durch Einzelkaufleute geführt werden.

**52** Dazu noch nachstehend d).

**53** So zutr. schon *Zeller* in Brinkhaus/Scherer, KAGG Kommentar, 2003, Einl Rn. 8. Zur neueren Entwicklung noch nachstehend d).

**54** Bereits Art. 1 Abs. 3 OGAW I-RL 1985; nahezu unverändert beibehalten bis zur OGAW V-RL 2014/91/EU. In dieser Zurückhaltung wurzelt auch die zunächst recht verquere Bezeichnung der Fondsunternehmen als „Organismen" für gemeinsame Anlagen in Wertpapieren durch die erste OGAW-RL Nr. 85/611/EWG; jetzt § 1 Abs. 1 KAGB. Zur Problematik dieser Begriffsbildung m.w. Nachw. *Köndgen/Schmies* (Fn. 16), § 113 Rn. 58 ff.

**55** *Sethe* in Schäfer/Sethe/Lang (Fn. 21), § 2 Rn. 10 ff.

**56** Dazu näher und m.w. Nachw. schon *Köndgen* in FS Baums, 2017, 715; ähnlich *Zetzsche* (Fn. 17), S. 552 ff.

**57** *Köndgen/Schmies* (Fn. 16), § 113 Rn. 96 ff.; auch *Zetzsche* (Fn. 17), S. 77 ff.

§§ 218 – 272 KAGB eine nie gekannte und zum Teil wohl auch redundante Vielzahl von Fondstypen. Nicht im gleichen Maße gewachsen ist die Zahl der dafür zur Wahl gestellten Rechtsformen, insbes. durch Einführung personengesellschaftlicher Formen und weiterer Varianten der aktiengesellschaftlichen Organisation. Diese Rechtsformen bilden gem. § 91 KAGB nach wie vor einen *numerus clausus*, d. h. die freie Wahl des Organisationsstatuts bleibt eingeschränkt.

Die vom Gesetz in §§ 91, 108, 124, 139, 149 KAGB vorgestellten Rechtsformoptionen sind nach zwei Parametern gegliedert, die sich in z. T. unübersichtlicher Weise überschneiden, nämlich dem Gegensatz zwischen offenen und geschlossenen Fonds und jenem zwischen Publikums- und Spezialfonds.[58] Überschätzt wird ferner der beim ersten Hinsehen grundlegende Unterschied zwischen den auf parallelen und koordinierten Einzelverträgen aufgebauten Fonds in Sondervermögensform und den (Personen- oder Kapital-)Investmentgesellschaften. Tatsächlich wird vor allem das allgemeine Gesellschaftsrecht nicht nur in Einzelvorschriften, sondern auch in seinen Grundprinzipien durch das Sonderrecht der Investmentverwaltung in einem Maße überlagert, welches die Charakterisierung des Investmentgesellschaftsrechts als „unechtes" Gesellschaftsrecht nahelegt und eine weitgehende Konvergenz oder sogar Irrelevanz der Rechtsformen[59] bezeugt[60]. Oft ist es dann nur noch das Steuerrecht, welches die Wahl einer bestimmten Organisationsverfassung motiviert.

### d) Investmentgesetzgebung als Aufsichtsrecht *plus* Zivilrecht

(1) Das *Wertpapierhandelsrecht* in Gestalt des WpHG und des flankierenden unionalen Verordnungsrechts[61] ist seit jeher und gänzlich unstreitig öffentliches

---

**58** Zu Einzelheiten wiederum *Köndgen/Schmies* (Fn. 16) § 113 Rn. 10 – 12, 99 – 101.

**59** Diese „Konvergenzhypothese" ist maßgeblich von *Zetzsche* ZVglRWiss 111 (2012), 371, 380 ff.; *ders.* (Fn. 18), S. 443 ff., entwickelt worden. Zur wachsenden Überlagerung der tradierten Rechtsformkonstrukte durch „Sonderrecht" auch *Fürbaß*, Das Investmentsondervermögen, 2016, S. 159 ff.

**60** Nur zwei Symptome dieser Entwicklung seien hier genannt: (1) Auch Fonds unter Gesellschaftsstatut haben z. T. neben dem Gesellschaftsvermögen (als Eigen- und Betriebsvermögen der Gesellschaft) ein getrenntes Anlegervermögen vorzuhalten (§§ 112 Abs. 2, 127 Abs. 3, 152 Abs. 3 KAGB). (2) Die Verhaltenspflichten der Fondsverwalter (§§ 26 ff. KAGB) tauchen bei den Fonds in Gesellschaftsform weitgehend inhaltsgleich als Geschäftsführer- bzw. Organpflichten wieder auf; vgl. §§ 119 Abs. 1 S. 2, 147 Abs. 1 S. 1 KAGB für den Vorstand der InvAG; §§ 128 Abs. 1 S. 2, 153 Abs. 1 S. 2 KAGB für die Geschäftsführer einer InvKG.

**61** Übersicht über Letzteres bei Assmann/Schneider/Mülbert/*Assmann* (Fn. 20), Einl. WpHG Rn. 20 ff.

Regulierungsrecht (vulgo: „Aufsichtsrecht") gewesen. Daran ändert auch die notorische Dauerkontroverse über eine möglicherweise *konkurrierende* Privatrechtswirkung der Verhaltenspflichten gem. §§ 63 ff. WpHG nicht das Geringste.[62] Die Haftungsvorschriften für fehlerhafte Kapitalmarktinformation (§§ 97 f. WpHG) sind, als Erweiterung der auch in Deutschland traditionsreichen Prospekthaftung, als Sonderdeliktshaftung zu begreifen[63], die, wie auch Haftungsnormen in anderen Regulierungsgesetzen[64], ebensowohl als §§ 823a ff. BGB hätten normiert werden können und nur wegen des speziellen Sachzusammenhangs im WpHG gelandet sind.

(2) Wiederum ist die *Investmentgesetzgebung* sowohl im aufsichts- wie auch im zivilrechtlichen Regelungsbereich frühzeitig eigene Wege gegangen. Schon § 7 KAGG 1957 – inzwischen vielfach aktualisiert und ausdifferenziert[65] – enthält erstmals eine kapitalmarktrechtliche Produktregulierung in Gestalt des Diversifizierungsgebots sowie der Statuierung strenger Anlagerestriktionen für Fondsprodukte. Im Wertpapierhandelsrecht war dieses Regulierungsinstrument bekanntlich als „Bevormundung" der Anleger verpönt, bis das Unionsrecht in Art. 40 ff. MiFIR[66] einen „Paradigmenwechsel von einem informationsbasierten Anlegerschutz zu einem sog. paternalistischen Schutzregime"[67] vollzog. Im Unterschied zum Investmentrecht operiert diese sog. Produktintervention allerdings nicht mit materieller Produktregulierung, sondern lediglich mit Vertriebsbeschränkungen.

Während der WpHG-Gesetzgeber angesichts eines bereits 1994 hochentwickelten Richterrechts zur Anlageberatung und -vermittlung[68] (sporadisch auch zur Vermögensverwaltung[69]) keinen akuten Regelungsbedarf für die zivilrechtliche Seite des Wertpapierhandels sah, fand der KAGG-Gesetzgeber von 1957 im Investmentzivilrecht ein eher karg bestelltes Feld vor. Die wenigen zuvor schon bestehenden Fonds existierten als von der Vertrags- und Statutenpraxis entwickelte Realtypen.[70] Die von diesem Vakuum erzwungenen zivilrechtlichen In-

---

**62** Dazu der Beitrag von *Tröger/Opitz*, in diesem Band S. 867 ff.

**63** So zutr. und mit ausführlicher Darstellung des Meinungsstandes sowie unter Ablehnung vertrags- und vertrauenshaftungsrechtlicher Ansätze Assmann/Schneider/Mülbert/*Hellgardt* (Fn. 20), §§ 97, 98 WpHG Rn. 45 ff., 51; ebenso *Möllers/Leisch* in KK WpHG, 2. Aufl. 2014, §§ 37b, c Rn. 13 f.

**64** z. B. § 84 ArzneimittelG.

**65** In §§ 192 ff., 219, 221, 231 ff., 261 KAGB.

**66** Verordnung (EU) Nr. 600/2014.

**67** So, allerdings zu § 15 WpHG, *Gurlit* in Assmann/Schneider/Mülbert (Fn. 20), § 15 WpHG Rn. 5.

**68** Leitentscheidung war das sog. Bond-Urteil des BGH aus dem Jahre 1993, BGHZ 123, 126.

**69** Zur dortigen Entwicklung zuletzt *Benicke*, Wertpapiervermögensverwaltung, 2006, S. 192 ff.

**70** *v. Caemmerer* JZ 1958, 45; *Zetzsche* (Fn. 17), S. 304 ff., 341 ff.

novationen durch das KAGG lagen primär in einer originellen, obschon noch konturarmen investmentspezifischen Variation des in der allgemeinen Zivilrechtsdogmatik schon fest verankerten[71] Instituts des Sondervermögens, welches schließlich in § 2 Abs. 2 InvG seine endgültige Gestalt fand. Ziviles Vertragsrecht reinsten Wassers (wenngleich mit regulatorischem Zweck) war ferner der (damals[72]) unbeschränkbare Anspruch des Anlegers auf jederzeitige Rückgabe seines Anteils. Ebenfalls im InvG war erstmals eine Kodifizierung des Rechts der InvAG, also materielles Kapitalgesellschaftsrecht, enthalten. Weiter hat das KAGB das Investmentzivilrecht durch die Statuierung einer Haftung für Pflichtverletzungen der Verwahrstelle (§ 77 KAGB) ergänzt. Defizitär ist zweifelsohne nach wie vor die Regelung des Investmentverwaltungsvertrags – es sei denn, man entnähme den allgemeinen Wohlverhaltensregeln für KVGs (§§ 26 ff. KAGB) eine solche.[73]

## 3. Grenzverwischungen durch investmentrechtliche Gestattung originärer Wertpapierdienstleistungen für KVGs

§ 1 Abs. 1 KAGG 1957 hatte die (in heutigen Begriffen) KVG noch als Spezialfinanzdienstleistungsinstitut mit strikt monistischem Geschäftsmodell konstituiert. In einer ersten Novelle wurden der KVG auch die Wahrnehmung von „Nebendienstleistungen“ konzediert, die als „anzillarische“ Geschäfte das Kerngeschäft der kollektiven Vermögensverwaltung sinnvoll unterstützen, aber das Geschäftsfeld nicht grundsätzlich erweitern: zunächst die Ausgabe von Anteilsscheinen[74]; später, und ebenfalls problemlos, die Anlage des KVG-eigenen Vermögens[75]. Eine Schwelle war überschritten, als der Investmentgesetzgeber begann, Schritt für Schritt der KVG die Wahrnehmung von Tätigkeiten zu erlauben, die als originäre Wertpapierdienstleistungen bzw. -nebendienstleistungen gem. § 2 Abs. 8 und 9 WpHG zuvor einzig den Wertpapierfirmen vorbehalten waren. Triebfeder für diese Übergriffe in die Domäne des WpHG waren jeweils Wünsche der Investmentwirtschaft nach einer grundsätzlichen Ausweitung des Geschäftsfeldes der KVG; Wünsche, denen der Gesetzgeber unter der damals populären Devise „Deregulierung“ willfährig nachkam[76] und dabei bis heute auf die

71 Überblick über die Dogmengeschichte bei *Fürbaß* (Fn. 57), S. 41 ff.
72 Zum aktuellen Rechtszustand bereits o. 2 a a.E.
73 Dies befürwortend *Köndgen/Schmies* (Fn. 16), § 113 Rn. 112 ff.; *Zetzsche* (Fn. 17), S. 591 ff.
74 § 1 Abs. 1 KAGG i.d.F. der Bekanntmachung vom 14.1.1970 (BGBl. I 128).
75 § 2 Abs. 2 lit. c KAGG i.d.F. von Art. 45 des Gesetzes vom 5.10.1994 (BGBl. I, 2911, 2929).
76 Weitere Beispiele für diese Willfährigkeit waren die Einführung eines – maßgeblich durch eine mit der Branche liierte Anwaltskanzlei erarbeiteten – Regimes für Hedgefonds (§§ 112 ff.

Unterstützung seitens einer nicht minder willfährigen Aufsichtsbehörde zählen kann[77].

Kernstück dieser Übergriffe ins WpHG ist[78] die – jeweils gesondert erlaubnispflichtige – Gestattung der individuellen Finanzportfolioverwaltung[79], der Anlageberatung[80], der Anlagevermittlung und des Depotgeschäfts.[81] Die Finanzportfolioverwaltung wird namentlich in Erfüllung voluminöser Mandate von institutionellen Anlegern (z. B. Altersvorsorgeinstituten) praktiziert. Für ihre Gestattung sprach immerhin die hohe Professionalität der Fondsverwalter im Asset Management, die mit dieser Weiterung Synergieeffekte heben können. Andererseits ist diese Erweiterung des Geschäftsbereichs eine Quelle von Interessenkonflikten und Ungleichbehandlungen des Fondsanlegerkollektivs und von individuellen Mandanten.[82] Die Zulassung der Anlageberatung ist zumindest nach dem Wortlaut von § 20 Abs. 2 Nr. 2 KAGB nicht auf die Mandanten der Portfolioverwaltung beschränkt.[83] Das scheint auf der Hypothese zu gründen, dass die Anlageberatung durch KVGs auch außerhalb von Fondsinvestments von exquisiter Qualität ist. Geradezu paradox ist sogar die Gestattung des Depotgeschäfts (§ 20 Abs. 2 Nr. 3 KAGB), ist doch diese Tätigkeit der KVG hinsichtlich der im Fondsvermögen enthaltenen Titel strikt untersagt.

Resultat dieser Übergriffe ist, dass eine KVG Wertpapierdienstleistungen erbringen darf, ohne selbst Wertpapierdienstleister zu sein.[84] Gewiss sucht § 5 Abs. 2 KAGB mögliche Friktionen zu vermeiden, indem er für die originär dem WpHG unterstellten KVG-Tätigkeiten die Anwendung der allgemeinen Verhaltensregeln

InvG), ferner die ungeprüfte Einführung einiger von der Branche dringend gewünschter Fondstypen, die sich mitunter schon nach wenigen Jahren als Rohrkrepierer erwiesen; so etwa Alterssicherungsfonds (§§ 37 h ff. KAGG) oder ÖPP-Fonds (§§ 90a ff. InvG).

**77** Ein krasses Beispiel hierfür ist belegt bei *Köndgen* (Fn. 22), S. 721 ff.

**78** Den aktuellen Katalog der weiteren Dienstleistungen formuliert jetzt § 20 Abs. 2 und 3 KAGB.

**79** Erstmals § 1 Abs. 6 S. 1 Nr. 2 und 3 KAGG i. d. F. des 3. FinanzmarktförderungsG v. 1.4.1998 (BGBl. I 529).

**80** Erstmals § 1 Abs. 6 Nr. 2 und 2a i. d. F. von Art. 3 des 4. FinanzmarktförderungsG v. 21.6.2002 (BGBl. I 2016).

**81** § 20 Abs. 2 Nr. 1–3, Abs. 3 Nr. 1, 2, 4 und 5 KAGB.

**82** Diese Besorgnis explizit in Erwägungsgrund 13 S. 2 OGAW IV-RL. Der deutsche Gesetzgeber ist der Aufforderung zu vorbeugender Regulierung nicht gefolgt.

**83** Aus der Kommentarliteratur *Bentele* in Baur/Tappen, Investmentgesetze, 3. Aufl. 2015, § 20 Rn. 26; *Wieland* in Assmann/Wallach/Zetzsche, KAGB Kommentar, 2019, § 20 KAGB Rn. 56.

**84** Evident unhaltbar die gegenteilige Behauptung von *Assmann* in Assmann/Schneider/Mülbert (Fn. 20), § 2 WpHG Rn. 199 a. E. Zutreffend und akkurat formuliert hingegen § 3 Abs. 1 Nr. 7 d WpHG, dass KVGen bei der Erbringung originärer Wertpapierdienstleistungen nicht etwa keine Wertpapierdienstleister „sind“, sondern, kraft Rechtsfiktion, lediglich nicht als solche „gelten“.

der §§ 63 ff. WpHG dekretiert.[85] Verbindlich für die KVG ist auch, ohne dass dies in § 5 Abs. 2 KAGB Erwähnung fände, der ausbuchstabierte Verhaltenspflichtkodex unter der (unmittelbar geltenden) DelVO zu MiFID II (EU 2017/565).[86] Ungeklärt bleibt einstweilen, inwieweit das angestrebte *level playing field* zwischen KVGs und Wertpapierdienstleistern[87] trotz der fortbestehenden Unterschiede in den institutionellen Strukturen wirklich erreicht werden kann. Eine auch nur partielle Anwendung der MiFIR auf Fondsverwalter ist jedenfalls de lege lata ausgeschlossen.[88]

## III. Interaktionen zwischen WpHG und Investmentrecht

Verweisungen zwischen den beiden Gesetzen existieren nur in einer einzigen Richtung: vom KAGB auf das WpHG. Diese scheinbare Asymmetrie ist nichts weiter als konsequent, haben doch das Richtlinienrecht von Beginn an[89] und dementsprechend bereits das WpHG 1994[90] das Investmentrecht von ihrem (personellen wie sachlichen) Geltungsbereich pauschal ausgeschlossen.

### 1. Indirekte Einwirkungen des MiFID-Regimes auf das Investmentrecht

Wo das KAGB und seine Begriffe überhaupt im Text des WpHG auftauchen, bedeutet dies keine Verweisung, sondern im Gegenteil eine Präzisierung dieser Ausgrenzung; so etwa in § 2 Abs. 4 Nr. 2 WpHG, der Investmentanteile als Finanzinstrumente klassifiziert, weil zwar nicht deren Emission, wohl aber deren Veräußerung und Anschaffung (zumeist im Wege der Abschlussvermittlung durch eine Wertpapierfirma oder ein Kreditinstitut) nebst der zugehörigen Beratung

85 Dies unstr. unter Einschluss delegierter Rechtssetzungsakte wie der WpDVerOV und der MaComp (BaFin-Rundschreiben 05/2018 [WA] vom 19.4.2018, aktualisiert am 9.5.2018.

86 Etwas verschlüsselt formuliert ist diese Erweiterung des persönlichen Anwendungsbereichs in Art. 1 Abs. 1 DelVO EU 2017/565.

87 So die Beschreibung des Regelungszwecks von § 5 Abs. 2 KAGB durch *Wieland* in Assmann/Wallach/Zetzsche (Fn. 83), § 5 KAGB Rn. 8.

88 Unzweideutig Art. 1 Abs. 2–5 MiFIR; vgl. – auch zu einschlägigen Reformperspektiven – *Gebauer/Gurlit/Hartenfels* in Assmann/Schneider/Mülbert (Fn. 20), Art. 1 VO Nr. 600/2014 Rn. 6.

89 Art. 2 Abs. 1 lit. g) (IV) und lit. h) WpDLRL.

90 Dieses allerdings weniger eindeutig, vgl. bereits o. I a.E.

(§ 64 Abs. 2 S. 2 WpHG) selbstverständlich Wertpapierdienstleistungen gem. § 2 Abs. 8 WpHG sind.[91] Ansonsten handelt es sich um Regelungen, deren Gegenstand von vornherein außerhalb des Investmentrechts liegt. Eine kleine thematische Schnittmenge existiert immerhin hinsichtlich der *Zurechnung von Stimmrechten* im Rahmen der einschlägigen Meldepflichten. Die Ausübung dieser Stimmrechte ist einerseits originär investmentrechtliche Pflicht der KVG als Bestandteil der allgemeinen Interessenwahrungspflicht gem. §§ 26 Abs. 1, 94 KAGB.[92] Zugleich ist die Stimmrechtspublizität aber auch ein Kernstück der Markttransparenzstrategie des WpHG (§§ 33 ff.).[93] Plastisch wird dieses Spannungsfeld in der Tatsache, dass Stimmrechtszurechnung und Stimmrechtstransparenz bei KVGs zunächst in § 94 Abs. 2–5 KAGB a. F. ihre sedes materiae fanden und erst durch Art. 5 TranspRLÄndRLUG vom 26.11.2015[94] nach § 35 Abs. 3–5 WpHG verschoben wurden. Mit der Dispensierung der KVGs von der Pflicht zur Meldung wesentlicher Beteiligungen (§ 43 Abs. 1 S. 6 WpHG) wiederum zeigt das WpHG, dass es investmentrechtlichen Eigengesetzlichkeiten – hier: den Anlageobergrenzen für OGAW gem. § 198 KAGB – Rechnung zu tragen weiß.

Nur in einem einzigen Fall[95] hat der MiFID II-Gesetzgeber nachhaltig im Revier des Investmentrechts gewildert. Stein des Anstoßes sind § 63 Abs. 7 S. 3 Nr. 2 b WpHG sowie Art. 50 Abs. 4 und 5 b, Art. 51 DelVO EU 2017/565. Die Vorschriften verpflichten Wertpapierfirmen, beim Vertrieb von OGAW-Anteilen an Kleinanleger im Detail aufgeschlüsselte Kosteninformationen, insbesondere über Transaktionskosten,[96] zu erteilen. Für Fondsmanager wird dies praktisch relevant, wenn sie, wie zumeist, ihren Vertrieb gem. § 36 KAGB auf eine Wertpapierfirma ausgelagert haben. Damit nicht genug, sind Fondsmanager als sog. PRIIP-Hersteller unter dem PRIIP-Regime[97] auch in Person verpflichtet, dem anteilserwer-

91 Ebenfalls nur die Grenzziehung präzisierend § 3 Abs. 1 Nr. 7 d WpHG; die Eigenständigkeit des KAGB bestätigend § 63 Abs. 6 und Abs. 7 S. 7 WpHG.

92 *Köndgen/Schmies* (Fn. 16), § 113 Rn. 214.

93 Vgl. nur *U. H. Schneider* in Assmann/Schneider/Mülbert (Fn. 20), vor § 33 WpHG Rn. 15, 21 ff.

94 BGBl. I 2029, 2017 I 558.

95 Die unter Art. 16 MiFID II ergangene Delegierte Richtlinie (EU) 2017/593 (ABl. Nr. L 87 vom 31.3. 2017, S. 500) gilt zwar nach deren Art. 1 Abs. 1 auch für OGAW- und AIF-Verwalter, ist aber dort von allenfalls peripherer Bedeutung.

96 Von deren Angabe im Prospekt entbindet den Fondsmanager § 165 Abs. 3 Nr. 6 KAGB. Die „wesentliche Anlegerinformation" weist gem. § 166 Abs. 5 KAGB nur eine Gesamtkostenquote aus.

97 PRIIP-VO (EU) 1286/2014, Obwohl das PRIIP-Regime ursprünglich primär auf strukturierte Finanzprodukte wie Zertifikate sowie auf Versicherungsprodukte zielte, ist inzwischen unstr., dass KVGs gem. Art. 4 Nr. 1 und 4 PRIIP-VO als PRIIP-Hersteller zu qualifizieren sind; vgl. dazu PRIIP-VO Erwägungsgrund 12; ferner *Buck-Heeb* in Assmann/Schneider/Mülbert (Fn. 20), Art. 4 VO 1286/2014 Rn. 28.

benden Kleinanleger vorvertraglich eine detaillierte Kostenkalkulation zu präsentieren.[98]

Nicht von ungefähr hat dieser Übergriff beträchtliche Verwirrung gestiftet. In dem berechtigten Bestreben, das Investmentrecht und dessen Vorgaben in OGAW- und AIFM-RL an den durch MiFID II erreichten hohen Standard der Kostentransparenz heranzuführen, hat der unionale Verordnungsgeber sehenden Auges[99] eine äußerst missliche Konkurrenzsituation geschaffen. Fondsmanager sehen sich nunmehr mit drei formal wie inhaltlich durchaus unterschiedlichen Kostenausweisen konfrontiert. Dieser Zustand harrt der Bereinigung.

## 2. Selektive Anwendbarkeit des WpHG im KAGB kraft Verweisung

Im Gegenzug repräsentiert jede Verweisung des KAGB auf Normen des WpHG, systematisch gesehen, eine Rückausnahme von dem in § 3 Abs. 1 Nr. 18 WpHG statuierten Grundsatz des Vorrangs der Fondsregulierung nach dem Spezialitätsprinzip.[100]

Die Verweisungen des KAGB, die eine entsprechende Anwendung von WpHG-Vorschriften anordnen, sind überwiegend von eher technischem Charakter, der keine Grundsatzprobleme aufwirft. So greift das KAGB im Wege der „Begriffsleihe" mehrfach auf Konzepte und Legaldefinitionen des WpHG zurück, wo es nicht eigene und spezifisch investmentrechtliche Zwecke verfolgt.[101] Dies ist nicht einfach, wie generell bei gesetzlichen Verweisungen, eine Frage der redaktionellen Ökonomie. Das WpHG übernimmt hier auch die Rolle eines inhaltlichen Vorreiters für das KAGB, da der Gesetzgeber des Öfteren kapitalmarktrechtliche Innovationen zunächst im WpHG verwirklicht, um sie alsdann in das KAGB zu importieren. Exemplarisch zu nennen sind die Verweisung auf das Konzept der Bedeutenden Beteiligung[102] oder auf den Begriff des Tochterunternehmens[103];

98 Art. 8 Abs. 3 lit. f) PRIIP-VO i.Vm. Art. 5, 13 und Anhang VII DelVO (EU) 2017/635. Die Pflicht zur Bereitstellung des Basisinformationsblatts gilt für OGAW gem. Art. 32 PRIIP-VO erst ab 1.1.2020.

99 Vgl. § 63 Abs. 7 S. 7 WpHG, wonach die detaillierte Angabe der „internen" Kosten von Investmentanteilen beim Vertrieb durch Wertpapierfirmen die niedrigeren investmentrechtlichen Standards für Kostenangaben im Investmentprospekt und in der wesentlichen Anlegerinformation (§ 297 Abs. 1 und 2 KAGB, jeweils i,V.m. §§ 165 Abs. 3, 166 Abs. 2 Nr. 4 KAGB) unberührt lassen.

100 Bereits o.II 1 c.

101 Beispiel die Pflicht zur Meldung von Bußgeldentscheidungen an die ESMA gem. § 12 Abs. 6 Nr. 19 KAGB, der seinerseits auszugsweise auf den Ordnungswidrigkeitenkatalog in § 120 Abs. 21 und 22 WpHG verweist.

102 § 1 Abs. 19 Nr. 6 KAGB i.V. m. §§ 34 ff. WpHG.

ferner die Übernahme der Figur des „geeigneten Prüfers" sowie der Verweis auf die Interventionsrechte der BaFin in den Prüfungsprozess[104]; dem WpHG entlehnt wird schließlich das Recht zur Auskunftsverweigerung nach entsprechenden Ersuchen der BaFin[105] sowie das Procedere bei der Erstellung und Publikation eines Halbjahresberichts durch eine InvAG mit veränderlichem Kapital[106].

Zwei Verweisungen des KAGB auf das WpHG gehen über diesen bloß technischen Charakter hinaus. Die bereits angesprochene[107] Verweisung in §§ 5 Abs. 2 und 51 Abs. 4 S. 2 KAGB auf die allgemeinen Verhaltenspflichten gem. §§ 63 ff. WpHG ist die notwendige Konsequenz der Entscheidung des Investmentgesetzgebers, den KVGs die Erbringung bestimmter Wertpapierdienstleistungen zu gestatten und damit in die Domäne des WpHG überzugreifen.

Offenkundig nicht durchdacht ist hingegen die Verweisung des § 28 Abs. 1 S. 3 KAGB auf §§ 77, 78 und 80 Abs. 2 und 3 WpHG. Geradezu rätselhaft ist sogar die Tragweite der (entsprechenden) Anwendung der §§ 77 f. WpHG auf eine KVG.[108] Dass die KVG gem. § 77 WpHG einem Fondsanleger „den direkten elektronischen Zugang zu einem Handelsplatz anbietet", ist schlechterdings undenkbar, da der Anleger nicht selbst handelt, sondern dies gerade der Fondsverwaltung überlässt, die dafür wiederum, jedenfalls bei Wertpapierfonds, auf die Dienste der Verwahrstelle zurückgreift. Das Gleiche gilt für die Nebendienstleistungen der individuellen Finanzportfolioverwaltung und der Anlagevermittlung nach § 20 Abs. 2 und 3 KAGB. Ebenso wenig denkbar ist, dass, und ggf. aus welchem Grunde, eine KVG als General-Clearing-Mitglied für die Anteilsinhaber handeln könnte; auch teleologisch[109] passen die in § 78 WpHG statuierten Pflichten gegenüber „anderen Personen" nicht auf den Fondsanleger. Mit der Verweisung auf § 80 Abs. 2 und 3 WpHG, der die technisch hochgerüstete Regelung des algorithmischen Handels in Art. 17 MiFID II umsetzt, bedient sich das KAGB einmal mehr der überlegenen technischen Kompetenz des WpHG und schafft zugleich ein *level playing field* für alle Nutzer dieser Handelstechnik.

---

**103** § 296 Abs. 3 KAGB i.V.m. § 35 Abs. 3 und 5 WpHG.
**104** § 38 Abs. 4 S. 4 und Abs. 5 KAGB i.V.m. § 89 Abs. 1 S. 6 und Abs. 4, 5 WpHG.
**105** § 5 Abs. 6 S. 6 KAGB i.V.m. § 6 Abs. 15 WpHG.
**106** § 123 Abs. 2 KAGB i.V.m. § 115 WpHG.
**107** Oben II 3.
**108** Zutr. *Stabenow* in Assmann/Wallach/Zetzsche (Fn. 83), § 28 KAGB Rn. 64.
**109** Zum Regelungszweck des § 78 WpHG *Hartenfels* in Assmann/Schneider/Mülbert (Fn. 20), § 78 WpHG Rn. 1.

## 3. Das MiFID-Regime als Instrument der Lückenfüllung und Auffangregelung für das Investmentrecht?

### a) Das methodische Problem

Ob dem Wertpapierhandelsrecht – abgesehen von den soeben diskutierten expliziten Verweisungen – generell eine komplementäre Funktion für das Investmentgeschäft zukommen kann, scheint auf den ersten Blick eine müßige Frage. Zu deutlich sind die in den beiden Regimes präzise beschriebenen und regulierten Intermediärsfunktionen unterschieden. Domäne des Investmentrechts sind Konzeption, Produktion, Emission und Vertrieb von Investmentprodukten. In diesem Regelungsbereich ist, infolge des materiell-funktionalen Investmentbegriffs[110], der Anwendungsvorrang des KAGB sogar exklusiv. Domäne des MiFID-Regimes ist der Handel mit Finanzinstrumenten in all seinen Facetten, also unter Einschluss von Neben- und Hilfstätigkeiten wie Wertpapieranalytik oder Rating.

Eine Schnittmenge zwischen den beiden Regimes, und damit eine Begrenzung der Exklusivität des KAGB, kann sich auftun, wenn eine unter dem KAGB zugelassene KVG zwar in ihrem definierten Geschäftsbereich agiert, aber dabei selbst oder über die eingeschaltete Verwahrstelle am Markt für Finanzinstrumente – in welcher Rolle auch immer – teilnimmt. Die Schnittmenge ist ersichtlich nicht allzu groß, weil eine der im WpHG als Wertpapierdienstleistung kategorisierte Aktivität, nämlich die Emission von Finanzinstrumenten (§ 2 Abs. 8 S. 1 Nr. 5 WpHG), hinsichtlich der Emissionstätigkeit von KVGs zweifelsfrei unter dem speziellen KAGB-Regime steht. Gleichwohl bleibt in diesem Konkurrenzverhältnis Raum für eine Fülle von Detailproblemen, unter denen an dieser Stelle freilich nur eine kleine Zahl herausgegriffen werden kann.[111]

---

110 Zum sog. materiellen Investmentbegriff unter dem KAGB statt vieler und zuletzt *Zetzsche* in Assmann/Wallach/Zetzsche (Fn. 83), § 1 KAGB Rn. 5 ff. Kennzeichnungskräftiger als dieser inzwischen eingebürgerte Terminus erscheint die Bezeichnung als „funktioneller" Investmentbegriff; in diesem Sinne *Köndgen*, Festschr. Baums (Fn. 22), S. 716.

111 Unter den hier nicht zu vertiefenden, der weiteren Klärung harrenden Problemen etwa die Themen Drittstaatenzugang (dazu einstweilen *Eichhorn/Klebeck*, RdF 2014, 196; *Zetzsche*, „Drittstaaten" im Europäischen Bank- und Finanzmarktrecht, in: Bachmann/Breig (eds.), Finanzmarktregulierung zwischen Innovation und Kontinuität in Deutschland, Europa und Russland, 2014, S. 47 ff., 52 ff.; *Zetzsche/Marte*, The AIFMD's Cross-Border Dimension, Third-Country Rules and the Equivalence Concept, in: Zetzsche (ed.), The Alternative Investment Fund Managers Directive, 2nd ed. 2015, S. 431; *Weber/Sethe*, SJZ 2014, 569) oder Compliance.

### b) Lückenfüllung durch Analogien zu Vorschriften des Wertpapierhandelsrechts?

Wo das Investmentrecht Lücken lässt, bieten sich Analogien zu einzelnen Vorschriften des Wertpapierhandelsrechts an – nicht nur wegen dessen höherer Regelungsdichte,[112] sondern auch in Anbetracht der rechtssystematischen Nähe der beiden Regimes. Angesichts der trotz alledem fortbestehenden Divergenzen im Regelungsgegenstand und -zweck (vorstehend a) werden sich mögliche Analogien primär auf teleologisch unverfängliche Vorschriften, etwa über Förmlichkeiten, Fristen und andere Technizitäten beschränken. Die öffentlich zugänglichen Rechtsdokumente lassen bisher nicht den Schluss zu, ob und inwieweit dieses Analogiepotential gehoben wurde.

### c) Das MiFID-Regime als Komplementär- und Auffangregime des Investmentrechts

#### aa) KAGB und MAR

Integraler Bestandteil des MiFID II/WpHG-Gesamtregimes ist die Europäische MarktmissbrauchsVO (MAR) EU 596/2014 als spezielles Marktverhaltensrecht.[113] Sie zielt nicht auf Intermediärsregulierung – dann wäre das KAGB grundsätzlich lex specialis -, sondern erfasst unterschiedslos und tätigkeits- bzw. geschäftsbezogen sämtliche Marktteilnehmer, die über organisierte Handelssysteme Geschäfte mit Finanzinstrumenten machen (Art. 2 Abs. 1–3 MAR).[114] Ein Konkurrenzproblem und mögliche Spannungsfelder zwischen MAR und KAGB können erwachsen, weil auch § 26 Abs. 6 KAGB sich den Schutz der Marktintegrität in Gestalt eines allgemeinen Missbrauchsverbots auf die Fahnen geschrieben hat. Während jedoch das Investmentrecht im Detail eigene Verfahren zur Compliance

---

112 Ein vordergründiger Blick lediglich auf die Anzahl der Paragraphen führt hier in die Irre. Der geringere Umfang des WpHG wird durch extensives, unmittelbar geltendes Unions-Verordnungsrecht wesentlich erweitert. Der größere äußere Umfang des KAGB ist bloßer Schein, entsteht dieser doch im Wesentlichen dadurch, dass das KAGB sich nicht nur in der Regelung einer Überzahl von Fondstypen verzettelt, sondern infolge einer mangelhaften Redaktionstechnik auch zahlreiche Regelungsdoubletten enthält. Grundsätzliche Kritik an der Gesetzgebungsmethodik der KAGB-Verfasser mit Einzelnachweisen bei *Köndgen*, Festschr. Baums (Fn. 22), S. 709 ff., neuerdings auch bei *Zetzsche* in Assmann/Wallach/Zetzsche (Fn. 83), Einleitung KAGB Rn. 9 ff. („kein Glanzstück deutscher Gesetzgebungskunst“).

113 Im Folgenden abgekürzt: „MAR“.

114 Statt vieler *Assmann* in Assmann/Schneider/Mülbert (Fn. 20), Art. 2 VO Nr. 596/2014 Rn. 5 ff.; speziell zu Fondsverwaltern *ESMA* Questions and Answers on the MAR, Version 29.3.2019, A6.1.

bei anlegeradressierten Wohlverhaltenspflichten, zum Risiko- und zum Liquiditätsmanagement installiert[115] und Pflichtverletzungen jeweils mit Bußgeldsanktionen belegt[116], bewendet es für die Gewährleistung der Marktintegrität bei einer allgemein gehaltenen und sanktionslosen[117] Verpflichtung der KVG, „angemessene“ Grundsätze und Verfahren anzuwenden (§ 26 Abs. 6 S. 1 KAGB). Hier existieren – auch im Hinblick auf eventuelle Sanktionen - Regelungslücken, die durch die MAR geschlossen werden. Dabei ist wiederum zu differenzieren, ob die KVG erlaubtermaßen Wertpapierdienstleistungen erbringt (1) oder in ihrem Kerngeschäft der kollektiven Vermögensverwaltung tätig ist (2). Weiter stellt sich die Frage, inwieweit die Emission und der Sekundärhandel in *Investmentanteilen* von der MAR betroffen sind (3).

(1) Dass § 5 Abs. 2 KAGB für die Marktverhaltenspflichten der KVG bei der *Erbringung von Wertpapierdienstleistungen* (insb. der individuellen Portfolioverwaltung) lediglich auf die allgemeinen Verhaltenspflichten gem. §§ 63 ff. WpHG verweist, rechtfertigt nicht, in einem Umkehrschluss kurzerhand die Unanwendbarkeit der MAR zu folgern. Zwar hätte der Gesetzgeber anlässlich der Novellierung des § 5 Abs. 2 KAGB durch das Zweite FinanzmarktnovellierungsG[118] Gelegenheit nehmen können, die Vorschrift um eine Verweisung auf die MAR zu ergänzen. Unbedingt erforderlich war dies jedoch angesichts der unmittelbaren Geltung von EU-Verordnungen nicht. Dass die – unmittelbare und vollumfängliche[119] – Anwendung des MAR-Regimes sachlich geboten ist, wird man schwerlich bestreiten, ist doch die MAR nichts weiter als eine gesetzessystematische Auslagerung spezieller Marktverhaltenspflichten aus dem MiFID/WpHG-Pflichtenkanon.

(2) Im KVG-Kerngeschäft der kollektiven Vermögensverwaltung war es schon unter KAGG und InvG angezeigt, die Fondsverwalter einschließlich der Verwahrstellen bei der Anschaffung von Finanzinstrumenten für verwaltete Fonds dem Verbot der Marktmanipulation und des Insiderhandels durch §§ 14, 20a WpHG (i. d. F. vor dem 3.1.2018) zu unterstellen.[120]

---

**115** Zu den Wohlverhaltenspflichten §§ 26 Abs. 7 und 8 KAGB, 27 Abs. 5 und 6 KAGB, jeweils i.V.m. §§ 2f. KAVerOV; zum Risikomanagement § 29 Abs. 5 und 6 KAGB i.V.m. § 5 KAVerOV; zum Liquiditätsmanagement §30 Abs. 4 und 5 KAGB i.V.m. § 6 KAVerOV.

**116** § 340 Abs. 2 Nr. 5–9 KAGB.

**117** Zu Unrecht a.M. *Eckner*, WM 2018, 1684 (1685 bei Fn. 37), der auch den Marktmissbrauch für bußgeldbewehrt hält.

**118** Vom 23.6.2017, BGBl. I, 1693.

**119** Im Detail ausgeführt von *Eckner*, WM 2018, 1685 f., 1688 f.

**120** Zum alten Recht *Köndgen/Schmies* in Schimansky/Bunte/Lwowski (Hrsg.), Bankrechtshandbuch, 4. Aufl. 2011, § 113 Rn. 44 f.

Hinsichtlich der *Anschaffung und Veräußerung von Finanzinstrumenten* (Art. 3 Abs. 1 Nr. 1 MAR i.V.m. Art. 4 Abs. 1 Nr. 15 MiFID II) für Rechnung des Investmentvermögens trifft dies auch unter der MAR weiterhin zu; dies insbesondere für Handelsaktivitäten in Wertpapieren, Derivaten inkl. Warenderivaten[121] oder in Geldmarktinstrumenten. Mithin bleibt jede KVG insoweit an das Insiderhandelsverbot, das Verbot der Publikation von Insiderinformationen sowie das Verbot der Marktmanipulation (Art. 14 f. MAR) gebunden. Ebenso unproblematisch unterliegt die KVG als Person, die beruflich Geschäfte ausführt (Art. 3 Abs. 1 Nr. 28 MAR) den Sekundärpflichten zur Vorhaltung effektiver Instrumente und Verfahren der Missbrauchskontrolle sowie zur Erstattung von Verdachtsmeldungen (Art. 16 Abs. 2 MAR i.V.m. der DelVO Nr. 2016/957)[122], nicht jedoch den emittentenbezogenen Pflichten gem. Art. 17 f. MAR[123]. Ist dem fondsbezogenen Geschäft eine Marktsondierung vorausgegangen, so ist zusätzlich die Pflicht zur eigenverantwortlichen Vergewisserung über die Insiderqualität der erhaltenen Information nebst den zugehörigen Compliance-Pflichten[124] zu beachten. Tatsächlich dürfte allerdings der Anreiz zur Anwendung marktmissbräuchlicher Praktiken durch KVG als gering zu veranschlagen sein, da jede KVG bei der Auffüllung von Fonds das Gebot der Diversifikation und – in der Mehrzahl der gesetzlichen KVG-Typen – auch die quantitativen Anlageobergrenzen zu beachten hat. Exorbitante Gewinne (die ohnedies den Anlegern zugute kämen) wären dabei nicht zu erwarten.

Von vornherein dispensiert von allen MAR-Pflichten bleiben Erwerb und Veräußerung von *Sachwerten*, da Immobilien (§ 231 KAGB), nichtbörsengängige Unternehmensanteile (§ 261 Abs. 1 Nr. 2–4 KAGB) oder Edelmetalle (z.B. § 221 Abs. 1 Nr. 3 KAGB) keine Finanzinstrumente i.S.v. Art. 3 Abs. 1 Nr. 1 MAR sind.[125] Freilich ist dann zu berücksichtigen, dass das KAGB zwar ohne Weiteres AIF zulässt, die ausschließlich in Sachwerte investieren,[126] aber den Verwaltern derart spezialisierter Fonds jeweils auch eine Beimischung von Finanzinstrumenten gestattet[127] – wovon die Praxis auch ausgiebig Gebrauch macht.[128]

---

**121** Art. 4 Abs. 1 Nr. 15 MiFID i.V.m. Anhang 1 C Ziff. 5–7.

**122** Einzelheiten wiederum bei *Eckner*, WM 2018, 1687 f.

**123** Weiteres hierzu im Anschluss.

**124** Art. 11 Abs. 7, Abs. 11 MAR i.V.m. *ESMA* MAR-Leitlinien zu Personen, die Marktsondierungen erhalten, ESMA-2016–1477, Ziff. 5. Weiteres bei *Assmann* in Assmann/Schneider/Mülbert (Fn. 20), Art.11 VO Nr. 596/2014 Rn. 68 f.

**125** Insofern mit klar überschießender Tendenz *ESMA*, Questions and Answers on the MAR i.d.F. v. 29. März 2019, A6.1, wonach Investmentvermögen bzw. deren Verwalter generell den Pflichten gem. Art. 16 Abs. 2 MAR unterstellt sind.

**126** Neben Immobilienfonds auch bei sämtlichen inländischen Spezial-AIF (§§ 273 ff. KAGB).

**127** Vgl. § 253 KAGB für Immobilienfonds.

(3) *Anteile an Investmentvermögen* sind ihrerseits Finanzinstrumente kraft Legaldefinition (Art. 3 Abs. 1 Nr. 1 MAR). Sie liegen jedenfalls dann im sachlichen Anwendungsbereich von Art. 2 MAR, wenn sie als Anteile an *Exchange Traded Funds (ETF)* auf organisierten Märkten gehandelt werden (Art. 2 Abs. 1 S. 1 a–c MAR). An diesem Sekundärhandel darf sich die KVG selbst nicht beteiligen.[129] Handel treibende Anleger sowie die von der BaFin für den ETF-Handel verlangten Market Maker[130] befinden sich hingegen zweifelsfrei im personellen Anwendungsbereich der MAR. Insbesondere Großanleger können hier durch Marktmissbrauch enorme Gewinne erzielen und/oder enorme Schäden anrichten, da die Volatilität von ETF-Anteilen überdurchschnittlich hoch ist.[131]

Eine begrenzte Eigenverantwortlichkeit im Rahmen der Transparenzpflichten gem. Art. 17–19 MAR bleibt der KVG in ihrer Rolle als Emittent von ETF-Anteilen. Nach dem gem. Art. 17 Abs. 1 UAbs. 3 MAR maßgeblichen engen Emittentenbegriff[132] ist die KVG zur Publikation von ad-hoc-Meldungen verpflichtet, wenn sie für ETF-Anteilsscheine[133] eine Zulassung zu einem geregelten Markt oder Handelssystem beantragt oder erhalten hat (Art. 17 Abs. 1 UAbs. 1 und 2 MAR). Nach einheitlicher deutscher Börsenusance hat die KVG zum Zwecke der Zulassung (§ 32 BörsG) einen Vertrag mit der Börse zu schließen, auf dessen Basis die ETF-Anteile zum Handel in einem speziellen Segment des regulierten Markts zugelassen werden.[134] Der Zulassungsantrag ist nicht vertretungsfeindlich – praktisch

---

**128** Etwa bei Edelmetallfonds, die regelmäßig auch in Edelmetallzertifikate investieren.

**129** Dies dürfte selbst dann zutreffen, wenn die KVG nicht für Rechnung des Fonds handelt, sondern für ihr freies – d. h. nicht als regulatorische Eigenmittel i. S.v. § 25 Abs. 7 KAGB zweckgebundenes – Eigenvermögen investiert, Es gilt ferner auch für börsengehandelte Aktien von InvAGs beiderlei Typs, da ein Rückerwerb von Aktien durch die AG ohne entsprechendes Rücknahmeverlangen des Aktionärs nur unter den erschwerten Bedingungen des § 71 AktG statthaft ist.

**130** BaFin-Richtlinie zur Festlegung von Fondskategorien gemäß §§ 162 bis 272 des Kapitalanlagegesetzbuches vom 22.7.2013, zuletzt geändert am 17.4.2015, Art. 4 Abs. 1; abgedr. bei *Zetzsche* in Assmann/Wallach/Zetzsche (Fn. 83), § 4 KAGB Rn. 11. Die BaFin überschreitet mit dieser Richtlinie die Ermächtigung gem. § 4 Abs. 2 KAGB, weil sie unter dem Deckmantel der Irreführungsprävention materielle Fondsregulierung betreibt.

**131** Beim sog. Flash Crash der New Yorker Börse im Jahre 2010 betrug der Kursverfall der ETF-Anteile 80%, während der Kurs des zugrundeliegenden Aktienbaskets lediglich 30% einbüßte; Zahlen nach Börsenzeitung, Verlagsbeilage vom 10.4.2019, S. 11.

**132** Dieser ist enger gefasst als die allgemeine Legaldefinition in Art. 3 Abs. 1 Nr. 15 MAR.

**133** Nur für Anteilsscheine als Wertpapiere, nicht jedoch für ein ETF-Investmentvermögen kann eine Zulassung zum börsenmäßigen Handel beantragt werden; zumindest missverständlich insoweit *Eckner*, WM 2018, 1686 unter 2 a.

**134** Repräsentativ *Deutsche Börse AG*, Exchange Traded Funds & Exchange Traded Products Segment, Teilnahmebedingungen vom 11.3.2014, Ziff. 2.

wichtig für den Fall, dass ein von der KVG personenverschiedener Asset Manager den Antrag stellt. Genehmigung vollmachtlosen Handelns ist somit ebenfalls möglich.[135] Die gelegentlich diskutierte Frage, ob es dazu überhaupt einer „aktiven Mitwirkung" der Fondsgesellschaft bedürfe,[136] scheint praxisfremd: Sie ist in den Zulassungsordnungen der deutschen Wertpapierbörsen explizit beantwortet. Zulassungsfreier Handel und ohne Mitwirkung des Emittenten ist einzig im Freiverkehr möglich (§ 48 Abs. 1 BörsG). Die Emittenten von ETF sind jedoch vital interessiert, ihre Produkte über den hochliquiden XETRA-Handel im regulierten Markt handeln zu lassen und nicht im illiquiden Freiverkehr.

Zumindest nach dem Wortlaut von Art. 2 MAR nicht ganz zweifelsfrei ist immerhin, ob auch die Emission von Anteilen an (Nicht-ETF-)Investmentvermögen den MAR-Ver- und Geboten untersteht; denn nicht nur der (Sekundär-)Handel mit Finanzinstrumenten, sondern auch alle sonstigen Geschäfte mit unmittelbarem Bezug zu Finanzinstrumenten zählen gem. Art. 2 Abs. 3 MAR zu den verbotsgefährdeten Aktivitäten. Der Wortlaut gibt freilich weder den Willen des Verordnungsgebers noch die Teleologie der Vorschrift exakt wieder. Die MAR sucht das Anlegervertrauen in die Integrität der (organisierten) Märkte zu schützen und konzentriert sich daher „auf Finanzinstrumente, die zum Handel auf einem geregelten Markt zugelassen sind (...)"[137]. Richtigerweise ist Art. 2 Abs. 3 MAR demnach so zu lesen, dass die konkrete Transaktion nicht notwendig auf einem der in Abs. 1 genannten Handelssysteme stattfinden muss, hingegen die Preisbildung auf diesen Märkten beeinflussen *kann*.[138] Diese Wirkung ist indes bei der Emission nicht sekundärmarktgängiger Anteile schwerlich zu erkennen. Rückwirkungen auf den Markt der im Fonds enthaltenen Finanzinstrumente sind schon darum nicht zu besorgen, weil die Emission von Anteilen nicht uno actu (wie bei ETFs[139]), sondern kontinuierlich im Gleichschritt mit der Nachfrage stattfindet und die Anschaffungsstrategie des Fondsverwalters hiervon weitgehend unabhängig ist.

Abrunden lässt sich diese Interpretation mit dem teleologischen Argument, dass der Erwerber eines Fondsanteils nicht „institutionell" in die Integrität or-

---

**135** Insoweit nicht von letzter Klarheit die Formulierung in Art. 17 Abs. 1 UAbs. 3 MAR, wonach der Emittent die Zulassung „beantragt *oder erhalten* haben" muss. Der Wortlaut „oder erhalten" schließt jedoch den Fall der Genehmigung einer nicht beantragten Zulassung ein.

**136** *Eckner*, WM 2018, 1686.

**137** Wörtlich (allerdings noch zum Anwendungsbereich der RL 2003/6/EG) Erwägungsgrund 8 S. 1–4 MAR.

**138** Wohl allg. M.; etwa *Assmann* in Assmann/Schneider/Mülbert (Fn. 20), Art. 2 VO Nr. 596/2014 Rn. 5; *Klöhn* in: Klöhn (Hrsg.), Marktmissbrauchsverordnung Kommentar, 2018, Art. 2 Rn. 102.

**139** Dort ist die Emission dem Verfahren bei IPOs vergleichbar.

ganisierter Handelsplätze und -systeme, sondern „individuell" in die Redlichkeit der emittierenden KVG vertraut, von der er Anteile individualvertraglich erwirbt, bzw. an der er sich als Gesellschafter beteiligt. Ins Gewicht fällt schließlich, dass die Preisbildung für Erwerb und Rücknahme von Investmentanteilen nicht unmittelbar marktgesteuert, sondern gesetzlich an den Nettoinventarwert des Anteils gekoppelt ist[140] (§ 71 Abs. 2 S. 1 und Abs. 3 S. 1 KAGB; § 168 Abs. 1–4, Abs. 8 KAGB i.V.m. §§ 26–34 KARBV).

### bb) Regulierungsarbitrage zwischen WpHG und KAGB

Die Verfasser des KAGB waren mit dem Vorsatz angetreten, mittels der Einführung des materiell-funktionellen Investmentbegriffs die Abgrenzungsschwierigkeiten und die Anreize zur Regulierungsarbitrage unter dem formellen Investmentbegriff[141] ein für allemal zu beseitigen. Wie gründlich dieses Ziel verfehlt worden ist,[142] zeigt schon ein flüchtiger Blick in die KAGB-Kommentarliteratur, wo die Abgrenzungsprobleme des Investmentbegriffs unter § 1 KAGB jeweils ganze Seiten füllen.[143] Brennpunkte der Problematik sind Investmentvehikel wie Investment-Clubs oder Family Offices. Bei diesen – nicht legaldefinierten – Vehikeln können schon geringfügig abweichende Gestaltungsoptionen in den Vertragswerken oder Statuten darüber entscheiden, ob das Vehikel vom KAGB erfasst wird oder nicht.[144] Wenn nicht, bedeutet dies keineswegs, dass der Betrieb eines solchen Vehikels per se zulassungs- bzw. registrierungs- und aufsichtsfrei ist. Als Auffangregelung stehen in vielen Fällen dann das WpHG oder auch das KWG bereit.[145] Diese subtilen Differenzierungen schaffen einerseits Anreize zu „Parallel- und

---

**140** Insoweit zutr., aber mit abweichenden Konsequenzen *Eckner*, WM 2018, 1687.

**141** Zum formellen Investmentbegriff unter KAGG und InvG statt vieler *Köndgen/Schmies* in Schimansky/Bunte/Lwowski (Hrsg.), Bankrechtshandbuch, 4. Aufl. 2011, § 113 Rn. 46 ff.

**142** Die Charakterisierung des materiell-funktionellen Investmentbegriffs als „umgehungsfest" durch *Zetzsche* in Assmann/Wallach/Zetzsche (Fn. 83), § 1 KAGB Rn. 5, lässt sich eher als Zweckprojektion denn als Beschreibung der realen Praxis verstehen.

**143** Etwa *Jesch* in Baur/Tappen (Fn. 83), § 1 KAGB Rn. 9 ff.; *Zetzsche* in Assmann/Wallach/Zetzsche (Fn. 83), § 1 KAGB Rn. 74–98.

**144** Zur aufsichtsrechtlichen Einordnung von Investmentclubs subtile Differenzierungsmerkmale in *BaFin-Merkblatt* – Hinweis zur finanzaufsichtsrechtlichen Erlaubnispflicht von Investmentclubs und ihrer Geschäftsführer vom 18.7.2013; abgedr. bei Assmann/Schneider/Mülbert § 2 WpHG Rn. 205. Zu Family Offices etwa *Köndgen/Schmies* (Fn. 16), § 113 Rn. 79; *Zetzsche* in Assmann/Wallach/Zetzsche (Fn. 83), § 1 KAGB Rn. 82 ff.; jeweils m.w.Nachw.

**145** Vgl. wiederum *BaFin*-Merkblatt (Fn. 144).

Umgehungskonstruktionen" und fördern Regulierungsarbitrage;[146] andererseits erhöhen sie das Risiko der Betreiber solcher Vehikel, wegen des Betriebs von unerlaubten Investmentgeschäften in empfindliche Strafsanktionen zu laufen (§ 15 KAGB i.V.m. § 339 Abs. 1 Nr. 1 KAGB).

## 4. Geteilte Welten: die progressive Segmentierung des Investmentgeschäfts

### a) Vom Spezialkreditinstitut zur funktionalen Spezialisierung: faktischer Bedeutungszuwachs des WpHG

Die Entwicklung des deutschen Investmentrechts seit 1957 kann man als progressive funktionale Spezialisierung des Geschäfts der kollektiven Vermögensverwaltung beschreiben. Unter dem KAGG 1957 waren KVGs noch sog. Spezialkreditinstitute, die einzig der kollektiven Vermögensverwaltung, dies aber vollen Umfangs, nachgingen; Arbeitsteilung fand nur hinsichtlich der Fondsverwahrung statt, dort allerdings mit investmentspezifischer Regulierung (Investment-Dreieck). Aufgeweicht wurde dieser Spezialitätsgrundsatz einerseits durch Erweiterung des Geschäftskreises, nämlich durch Gestattung investmentfremder Dienstleistungen[147], andererseits durch „interne" Spezialisierung, d.h. durch die Ermöglichung von Arbeitsteilung bzw. Funktionentrennung im Kernbereich des Kollektivverwaltungsgeschäfts. Nur dieser zweite Entwicklungsstrang ist hier weiter zu verfolgen.

*Auslagerung einzelner Geschäftsfelder* durch Institute ist inzwischen finanzmarktrechtliche Normalität[148] und im Investmentrecht bereits durch § 1 KAGG i.V.M. § 25a Abs. 2 KWG[149] grundsätzlich gestattet worden. Freilich: Was in § 25a Abs. 2 KWG noch als Übertragung von eher technischen Hilfsdiensten wie IT-Leistungen oder Fondsbuchhaltung auf spezialisierte Drittunternehmen konzipiert war und der KVG „eine stärkere Konzentration auf die Kerngeschäftsfelder"[150] ermöglichen sollte[151], hat sich inzwischen in sein Gegenteil verkehrt. Gem.

146 *Zetzsche* (Fn. 27), S. 284. Allgemein zur Regulierungsarbitrage im Finanzdienstleistungsrecht *Engert*, ZBB 2012, 383.

147 Dazu bereits o. II 3.

148 Aktuell § 25b KWG; für Wertpapierfirmen: § 80 Abs. 6 WpHG, Art. 30 – 32 DelVO 565/2017; für KVGs § 36 KAGB, Art. 75 – 82 DelVO Nr. 231/2013.

149 I.d.F. vom 28.10.1997, BGBl. I 2518.

150 *Beckmann* in Beckmann/Scholtz/Vollmer (Hrsg.), Investment Handbuch, Loseblatt 7/2016, 405 § 36 Rn. 6.

§ 36 Abs. 1 Nr. 3 und 4 KAGB und unter wohlwollender Duldung der Bundesanstalt[152] dürfen nunmehr gerade auch die Kernfunktionen der Fondsverwaltung, nämlich das Portfolio- und das Risikomanagement, abgespalten und auf Dritte – auch solche mit Drittlandsitz - übertragen werden; äußerste Grenze ist erst die *kumulative* Auslagerung dieser beiden Kernfunktionen[153], die das Gesetz in § 36 Abs. 5 KAGB wenig hilfreich als Verbot von „Briefkastenfirmen" umschreibt.[154] In der Praxis wird die Auslagerung der Kernfunktionen zunehmend zur Regel.[155]

Die wohlfahrtssteigernden Effekte durch Arbeitsteilung, Spezialisierung und die damit einhergehenden Skaleneffekte sind ganz offenbar nicht in Abrede zu stellen.[156] Das Problem ist ein anderes: Die Regulierung hält mit dieser Entwicklung der Geschäftsmodelle nicht Schritt.[157] Die Auslagerung der beiden Kernfunktionen der Fondsverwaltung führt zunehmend zu einem *faktischen Kontrollverlust des KAGB* zugunsten eines expandierenden Regelungsbereichs des WpHG. Zwar können beide Funktionen problemlos auf eine andere KVG übertragen werden[158] und sind dort auch in guten Händen. Dieses Verfahren entspricht indes nicht den Gepflogenheiten der Praxis. Diese nutzt die Vorgabe von § 36 Abs. 1 S. 1 Nr. 3 KAGB und Art. 78 Abs. 2 DelVO Nr. 231/2013, wonach die Übertragung von Portfolio- oder Risikomanagement auch auf andere Finanzunternehmen zulässig ist, sofern diese nur für die besagten Geschäfte zugelassen bzw. registriert sind. Letzteres trifft zu auf Wertpapierfirmen gem. § 2 Abs. 10 i.V.m. Abs. 8 S. 1 Nr. 7 WpHG sowie auf Finanzdienstleistungsinstitute gem. § 1 Abs. 1a Nr. 3 KWG. Die Präferenz der Praxis für diese Gestaltung beruht nicht zuletzt darauf, dass die Lizenzierung einer mit dem Asset Management zu betrauenden Wertpapierfirma kostengünstiger ist als jene einer KVG.

---

**151** So explizit noch *BAKred*, „Auslagerung des Fondsmanagements bei Kapitalanlagegesellschaften und Anteilswertermittlung gemäß § 21 Abs. 2 KAGG" vom 29.9.1997, V 1/02 – 17/97.

**152** Unter dem Anschein der Unverbindlichkeit *BaFin*, FAQ zur Auslagerung nach § 36 KAGB vom 10.7.2013 – WA 41-Wp 2137–2013/0036, zuletzt geänd. am 12.5.2014.

**153** *BaFin* aaO; Weiteres bei *Böhm* in Assmann/Wallach/Zetzsche (Fn. 83), § 36 KAGB Rn. 109 f.

**154** Es ist befremdlich, mit welch sprachlicher Unbedarftheit der Unionsgesetzgeber (Art. 13 Abs. 2 S. 2 OGAW IV-RL) hier einen Begriff aus der Bildersprache des Wirtschaftsjournalismus zum Rechtsbegriff geadelt hat.

**155** *Böhm* in Assmann/Wallach/Zetzsche (Fn. 83), § 36 KAGB Rn. 5.

**156** Vgl. aus rechtsökonomischer Sicht *Morley*, The Separation of Funds and Managers: A Theory of Investment Fund Structure and Regulation, Yale L. J. 123 (2014), 1228 ff.

**157** Die Forderung von *Wieland* in Assmann/Wallach/Zetzsche (Fn. 83), § 20 KAGB Rn. 40, dass die Regulierungspraxis sich auch ohne gesetzgeberische Intervention der „Weiterentwicklung der unternehmerischen Landschaft" anzupassen habe, verrät ein defizitäres juristisches Methodenverständnis.

**158** Unter Bezug auf § 36 Abs. 3 und 7 KAGB wohl unstr.; vgl. nur *Beckmann* in Beckmann/Scholtz/Vollmer (Hrsg.), Investment Handbuch, Loseblatt 7/2016, 405 § 36 Rn. 28, 185.

**b) Neue Formen der Arbeitsteilung: die sog. Service-KVG**

Die Errichtung einer sog. Service-KVG (auch Master-KVG genannt[159]) ist eine Kreation der Praxis, die sich *praeter legem* seit einem guten Jahrzehnt expansiv – insbesondere im Bereich von Wertpapier- und Immobilien-Spezialfonds – entwickelt hat und die zumindest im Bereich der Spezial-AIF das gesetzlich vorgesehene Standardmodell der Funktionsteilung zwischen einer allzuständigen externen KVG und einer praktisch funktionslosen Fondsträgergesellschaft[160] zu verdrängen beginnt. Die Service-KVG ist gewissermaßen eine Radikalisierung des Auslagerungsmodells. Sie fungiert als eine „One-Stop"-Anlaufstelle für institutionelle Anleger, die die Auflegung eines Spezialfonds planen. Aus dem Asset Management zieht sich die Service-KVG gänzlich zurück[161] und erledigt stattdessen das gesamte Bündel administrativer Aufgaben, von der Lieferung einer konfektionierten „Fondshülle" und der Unterstützung beim Vertrieb über die Beachtung der Regulatorik und das Risiko-Controlling bis hin zum Investmentsteuerrecht. Ihre bedeutsamste Aufgabe ist allerdings die Bestellung und Überwachung[162] geeigneter, hochspezialisierter und häufig in Drittstaaten beheimateter[163] Asset Manager zur Bedienung von Spezialfonds, die ihre Anlagepräferenzen auf verschiedene, z. B. länderspezifische Fondssegmente[164] verteilen wollen. Diese Gestaltung vermeidet den Verstoß gegen § 17 Abs. 3 KAGB, wonach ein Investmentvermögen nur von jeweils einer einzigen KVG verwaltet werden darf. Initiator und *Mastermind* des Vier[165]-Parteien-Arrangements ist entweder der institutionelle Investor, der der Service-KVG diesfalls auch einen oder mehrere Asset Manager zur Bestellung vorschlägt; alternativ ein drittstaat-

**159** Etwa von *Böhm* in Assmann/Wallach/Zetzsche (Fn. 83), § 36 KAGB Rn. 5, 109. Der Terminus Master-KVG ist freilich in doppelter Hinsicht irreführend: (1) Er weckt Assoziationen zur (völlig anders gearteten) Master-Feeder-KVG nach §§ 171 ff. KAGB. (2) Im Dreiecksverhältnis zwischen Service-KVG, Fondsträger-KVG und Asset Manager ist die Service-KVG nicht „Master", sondern eher „Servant". Dazu noch der folgende Text.

**160** Zur Problematik dieses vom Gesetzgeber offensichtlich nicht ganz durchdachten Modells *Köndgen* in FS Baums (Fn. 22), S. 721 ff.

**161** Aus diesem Grunde ist die Service-KVG entgegen dem ersten Anschein keine externe KVG unter § 17 Abs. 2 Nr. 1 KAGB.

**162** Der Auslagerungsvertrag wird sodann zwischen den Asset Managern und der Spezial-KVG geschlossen.

**163** Was wegen § 36 Abs. 1 Nr. 4 und Nr. 5 KAGB aufsichtsrechtlich zu massiven, aber hier nicht zu vertiefenden Komplikationen führt; vgl. einstweilen *Böhm* in Assmann/Wallach/Zetzsche (Fn. 83), § 36 KAGB Rn. 5, 73 – 83.

**164** Nicht zu verwechseln mit den Teilsondervermögen gem. §§ 96 Abs. 2 und 3, 108 Abs. 4 KAGB.

**165** Selbstverständlich unter Einschluss der Verwahrstelle.

licher (britischer oder US-amerikanischer) Asset Manager, der den Zugang zum deutschen Fondsmarkt sucht, ohne hierzulande eine KVG-Lizenz erwerben zu müssen. Letztere Konstellation wird nicht zuletzt dadurch problematisch, dass die Service-KVG auch hinsichtlich des formal bei ihr verbleibenden Risikomanagements auf die Zuarbeit des Asset Managers angewiesen ist und damit an die kritische Grenze der kumulativen Auslagerung von Asset- und Risikomanagement rührt.

### c) Regulatorische Konsequenzen

Der kodifikatorische Anspruch des KAGB verlangt grundsätzlich nach einer flächendeckenden Regulierung des gesamten Investmentgeschäfts: *same business, same rules*. Umgekehrt kennt das Gesetz einen der Verwaltungsfunktion entkleideten Investment-„Organismus" ausschließlich in Gestalt des extern verwalteten Investmentvermögens.[166] Im Klartext formulieren Richtlinie und Gesetz schließlich, dass die sonstigen Serviceleistungen von einer KVG nur „zusätzlich" zur (Art. 6 Abs. 3 S. 1 OGAW-RL) bzw. „neben" der (§ 20 Abs. 2 und 3 KAGB) Fondsverwaltung erbracht werden dürfen. Die schleichende Aushöhlung des kodifikatorischen Anspruchs des KAGB sowie die Missachtung dieser regulatorischen Vorgaben[167] durch die neuen Geschäftsmodelle ist nicht nur unvereinbar mit diesem Anspruch, sie führen geradewegs in ein aufsichtsrechtliches Vakuum. Dass die externen Asset Manager ihrerseits einer obligatorischen[168] WpHG- bzw. KWG-Aufsicht bzw. einer äquivalenten Auslandsaufsicht unterliegen (§ 36 Abs. 1 S. 1 Nr. 3 und 4 KAGB), ändert daran nur wenig. Bereits unsere einführenden Überlegungen haben die konzeptionellen Divergenzen zwischen MiFID-Regime und Investmentrecht verdeutlicht.[169] Im Sonderfall der Auslagerung liegen die relevanten Unterschiede primär in den jeweiligen Verhaltenspflichtkatalogen (§§ 26 ff. KAGB vs. §§ 63 ff. WpHG), in der Compliance sowie im Umgang mit den operationalen Risiken. Die Investmentpraxis scheint für dieses aufsichtsrechtli-

---

**166** Dazu bereits oben b) bei Fn. 160.

**167** Wohlwollend begleitet von Teilen der Praktikerliteratur mit der Ansicht, es genüge schon, wenn die Service-KG neben ihrer Hauptaufgabe des Servicing auch nur einen einzigen Fonds verwalte; so in der Tat *Beckmann* in Beckmann/Scholtz/Vollmer, § 17 KAGB Rz. 22. In dieser Interpretation wird man eher einen rabulistischen Versuch der Gesetzesumgehung als eine methodengeleitete Rechtsdogmatik erkennen.

**168** Für Immobilien-AIF kann selbst hiervon noch einzelfallweise abgesehen werden, § 36 Abs. 1 S. 1 Nr. 3 a. E. KAGB.

**169** Oben II.

che Vakuum durchaus eine gewisse Sensibilität zu entwickeln. Anders ist es kaum zu erklären, dass die Rahmenverträge über die Auslagerung der Portfolioverwaltung typischerweise eine Klausel enthalten, die den externen Asset Manager auf die Befolgung der KAGB-Standards verpflichtet.[170] Dazu ist die Service-KVG bereits durch ihre nicht beschränkbare Gehilfenhaftung für die gewählten Auslagerungsunternehmen (§ 36 Abs. 4 KAGB) genötigt. Das Vakuum ist dadurch aber allenfalls zum Teil ausgefüllt: Die Klausel schafft nur relative Verbindlichkeit zwischen dem externen Asset Manager und der KVG; eine Basis für die aufsichtliche Kontrolle der Pflichtenkonformität nach KAGB-Standards liefert sie offenbar nicht. Die Zuständigkeit der KAGB-Aufsicht endet hier mit der Eingangsüberprüfung des Auslagerungsverfahrens gem. § 36 Abs. 2 KAGB.

Auf Seiten der Service-KVG wird zu überlegen sein, ob die jeder KVG durch § 25 KAGB verordnete Kapital- bzw. Eigenmittelausstattung noch passend ist. Diese Anforderungen bemessen sich primär nach dem Volumen der von der KVG verwalteten Fonds (§ 25 Abs. 1 Nr. 2 KAGB). Da die Service-KVG sich typischerweise aus dem Asset Management zurückzieht, läuft diese Messgröße praktisch leer – was in einer Unterkapitalisierung der Service-KVG resultieren kann. Die durch regulatorisches Kapital abzudeckenden spezifischen Risiken der Service-KVG konzentrieren sich auf die operationellen Risiken, insbes. auf das Haftungsrisiko. Die Auslagerung des Asset Managements zieht gem. § 36 Abs. 4 KAGB eine Gehilfenhaftung der Service-KVG nach sich, die sich angesichts der Tatsache, dass die Service-KVG zumeist mehrere Asset Manager zugleich „beschäftigt“, in größere Dimensionen auswachsen kann.

## IV. Zusammenfassung in Thesen

1. Wertpapierhandelsrecht und Investmentrecht haben sich historisch ungleichzeitig entwickelt. Die gesetzessystematische Verselbständigung der beiden Regelungskomplexe im größeren Rahmen des Kapitalmarktrechts lässt sich aber auch durch tiefer reichende Unterschiede der jeweiligen Regelungsgegenstände rechtfertigen. WpHG und KAGB werden ungeachtet einiger Spannungsfelder auch künftig in Frieden koexistieren.

2. Interaktionen zwischen Wertpapierhandelsrecht und Investmentrecht existieren, (a) wo das KAGB auf Normen des WpHG verweist, (b) wo das WpHG

170 Beispielhaft der Muster-Rahmenvertrag des Branchenverbandes BVI vom 19. Juni 2018, § 2 Nr. 4.

Analogiepotential für Lücken im KAGB bietet und (c) wo das WpHG als Auffangregelung für fondsähnliche Strukturen fungiert.

3. Auch ohne explizite Verweisung im KAGB haben sich KVGs grundsätzlich den Verboten und Geboten der MAR zu beugen. Im Bereich des Asset Management (Anschaffung und Veräußerung von Finanzinstrumenten für Rechnung des Fonds) ist diese Bindung eindeutig. Auf der Ebene der Emission und des Sekundärhandels von Investmentanteilen ist sie z.T. schon tatbestandsmäßig problematisch. Angesichts des spezifischen Preisbildungsverfahrens bei Investmentanteilen bestehen auch beim börsenmäßigen Handel von ETF kaum Anreize zu marktmissbräuchlichen Aktivitäten seitens der Fondsverwalter. Der mit der Befolgung der Art. 16–19 MAR verbundene Aufwand wirkt daher unverhältnismäßig.

4. Die progressive und unaufhaltsame Funktionstrennung im Fondsgeschäft durch Auslagerung der Portfolioverwaltung auf Wertpapierfirmen mit Sitz nicht nur im EU-Ausland sondern vor allem auch in Drittstaaten hat eine schleichende Aushöhlung des Anwendungsbereichs des KAGB zugunsten eines Bedeutungsgewinns des MiFID-Regimes zur Folge. Diese durch die geltende Auslagerungsregelung in § 36 KAGB legalisierte Entwicklung gilt es zu überdenken.

# Wertpapierhandelsrecht aus der Sicht verschiedener staatlicher Akteure

Ralf Becker

# Eingriffsbefugnisse und Sanktionierungsmöglichkeiten: Handlungsspielräume der Wertpapieraufsicht nach den Vorschriften des WpHG

Um Bedeutung und Stellenwert, vor allem aber auch Fortentwicklung des am 1.1. 1995 als Art. 1 des 2. Finanzmarktförderungsgesetzes[1] in Kraft getretenen WpHG im Hinblick auf die Eingriffsbefugnisse und Sanktionierungsmöglichkeiten der Wertpapieraufsicht beurteilen zu können, bietet sich ein summarischer Vergleich mit der Zeit vor Geltung dieses Regelwerks an. Im Zuge dessen ist zu thematisieren, ob die Ziele des Gesetzgebers – insbesondere die Sicherung und Förderung des Vertrauens der Marktteilnehmer in die Funktionsfähigkeit des Finanzmarkts[2] – erreicht werden konnten. Welche Rolle hatte und hat der Gesetzgeber dabei der Wertpapieraufsicht zugedacht? Der folgende Beitrag widmet sich diesen Fragestellungen und zeigt die Bandbreite und Wirksamkeit aufsichtlichen Handelns nach den Vorschriften des WpHG auf.

## I. Historische Entwicklung des wertpapierhandelsrechtlichen Eingriffs- und Sanktionsregimes

### 1. Ausgangspunkt: Normatives „Brachland" (bis 1994)

Vor Inkrafttreten des WpHG am 1.1.1995 mussten Kapitalmarktteilnehmer kaum mit Eingriffen staatlicher Stellen oder gar Sanktionen rechnen. So konnten beispielsweise für den Bereich des Insiderrechts erstmals Mitte der 1960er Jahre aufkommende Ideen und Vorschläge[3] in Deutschland bis zur Verabschiedung der

1 Gesetz über den Wertpapierhandel und zur Änderung börsenrechtlicher und wertpapierrechtlicher Vorschriften (Zweites Finanzmarktförderungsgesetz) v. 26.07.1994, BGBl. I 1994 S. 1749.

2 BT-Ds. 12/6679, S. 33.

3 Europäische Kommission, Der Aufbau eines Europäischen Kapitalmarktes, 1966 (sog. Segré-Bericht).

https://doi.org/10.1515/9783110632323-021

Insiderrichtlinie[4] 1989 und schließlich deren verspäteter Umsetzung Mitte 1994 keinen gesetzgeberischen Widerhall finden. Stattdessen beschränkte man sich in dieser Zeit auf einen selbstregulatorischen Ansatz und veröffentlichte lediglich sogenannte Insiderhandelsrichtlinien[5].[6]

Marktmanipulatives Verhalten hingegen war bereits vor Inkrafttreten des WpHG strafbewehrt ausgestaltet. Doch entfaltete der lange Zeit in § 88 BörsG geregelte Straftatbestand – auch wegen der seinerzeit nur eingeschränkten Beaufsichtigung des Kapitalmarkts[7] – kaum praktische Wirkung.[8]

Eingriffs- oder gar Sanktionsbefugnisse über die v. g. Verbote hinaus, z. B. für den Bereich der Transparenzvorgaben im Hinblick auf bedeutende Beteiligungen oder den Themenkreis der Finanzberichterstattungspflichten, bestanden vor Inkrafttreten des WpHG im Wesentlichen nicht.

## 2. „The early days“: 41 Paragraphen sind genug (1994 bis 2003)

Auch wenn mit den Jahren zahlreiche flankierende Kapitalmarktgesetze – sowohl national wie bspw. mit dem Wertpapiererwerbs- und Übernahmegesetz (WpÜG) als auch europäisch durch unmittelbar anwendbare EU-Verordnungen wie der Marktmissbrauchs-VO (MAR) – hinzugekommen sind: Herzstück des deutschen Kapitalmarktrechts war und ist das WpHG, das teils gar mit dem respektvollen Label „Grundgesetz des Kapitalmarktrechts“[9] versehen wurde. Mit Verabschiedung des WpHG wurde erstmals der Kapitalmarkt i. e. S. ins gesetzgeberische Vi-

---

4 RL 89/592/EWG des Rates vom 13.11.1989 zur Koordinierung der Vorschriften betreffend Insider-Geschäfte, ABl. EG Nr. L 334 vom 18.11.1989, S. 30.

5 Insiderhandelsrichtlinien sowie Händler- und Beraterregeln (IHR) vom 13.11.1970.

6 Ausführlich *Veil* in Meyer/Veil/Rönnau, Handbuch zum Marktmissbrauchsrecht, 2018, § 1 Rn. 2ff., ferner *Klöhn*, Marktmissbrauchsverordnung, 2018, Art. 14 Rn. 24ff; *Spoerr* in Assmann/Schneider/Mülbert, Wertpapierhandelsrecht, 7. Aufl. 2018, Vor § 119 Rn. 8f. sowie *Klepsch* in Just/Voß/Ritz/Becker, WpHG, 2015, § 38 Rn. 1.

7 *Veil* in Meyer/Veil/Rönnau, Handbuch zum Marktmissbrauchsrecht, 2018, § 1 Rn. 7 m.w.N.

8 Weiterführend *Veil* in Meyer/Veil/Rönnau, Handbuch zum Marktmissbrauchsrecht, 2018, § 1 Rn. 1; *Klöhn*, Marktmissbrauchsverordnung, 2018, Vor Art. 12 Rn. 44f.; *Spoerr* in Assmann/Schneider/Mülbert, Wertpapierhandelsrecht, 7. Aufl. 2018, Vor § 119 Rn. 8; *de Schmidt* in Just/Voß/Ritz/Becker, WpHG, 2015, § 20a Rn. 12.

9 Vgl. Nachweise bei *Ritz* in Just/Voß/Ritz/Becker, WpHG, 2015, Einl. Rn. 20; zurückhaltender jüngst *Assmann* in Assmann/Schneider/Mülbert, Wertpapierhandelsrecht, 7. Aufl. 2018, Einl. Rn. 5ff. wegen der (zunehmenden) Verteilung kapitalmarktrechtlicher Vorschriften auf verschiedene nationale Gesetze sowie unmittelbar geltendem EU-Verordnungsrecht.

sier genommen; nicht (nur) bspw. die Börsen als Betreiber von Handelsplätzen, nicht die Aktiengesellschaften wegen ihrer namensgebenden Verbindung zu dem Wertpapier Aktie, sondern der Emittent, das Wertpapierdienstleistungsunternehmen und – nicht zuletzt – „Jedermann" war und ist Adressat dieses Gesetzes.

An dem gesetzgeberischen Ziel – der Förderung des Finanzplatzes Deutschland durch Gewährleistung und ggfs. gar Fortentwicklung international wettbewerbsfähige Rahmenbedingungen – hat sich trotz zahlreicher Überarbeitungen, häufig ausgelöst durch europarechtliche Anforderung, nichts geändert. Anders verhält es sich indes mit der Zahl der Regelungsbereiche: bei seinem Inkrafttreten behandelte das WpHG im Wesentlichen (nur) die Themenfelder Insiderüberwachung (i.w.S.), Beteiligungstransparenz und Organisations- und Verhaltensregeln im Zusammenhang mit der Erbringung von Wertpapierdienstleistungen. Im Verlauf der letzten 25 Jahre sind zahlreiche Themenkreise – (nur) exemplarisch: Vorschriften betreffend Leerverkäufe oder die Überwachung von Unternehmensabschlüssen – hinzugetreten.

Schon seit Inkrafttreten der Ausgangsfassung des WpHG im Jahr 1995 war die Aufsicht nach den Vorschriften dieses Gesetzes einer Bundesbehörde – bis 30.4. 2002 dem Bundesaufsichtsamt für den Wertpapierhandel (BAWe)[10] mit Sitz in Frankfurt am Main, seit 1.5.2002 der Bundesanstalt für Finanzdienstleistungsaufsicht (BaFin)[11] mit Sitz in Bonn und Frankfurt am Main – übertragen, die sowohl mit weitreichenden verwaltungsrechtlichen Eingriffsmöglichkeiten als auch flankierenden ahndungsrechtlichen Kompetenzen ausgestattet wurde.

Auffällig ist, wie sehr sich über die zurückliegenden 25 Jahre die Regelungsdichte und der normative Detaillierungsgrad erhöht haben. Aus heutiger Sicht ist kaum mehr vorstellbar, dass der historische Gesetzgeber noch mit lediglich 41 Vorschriften ausgekommen ist und sich in diesem überschaubaren Rahmen den o.g. Regelungsbereichen gewidmet hat.

## 3. „Übergangsphase": Zunehmender Einfluss europarechtlicher Vorgaben (2004 bis 2008)

In den Jahren 2003 und 2004 wurden zahlreiche Rahmenrichtlinien verabschiedet, die sich verstärkt der (Maximal-)Harmonisierung kapitalmarktrechtlicher Vorschriften widmeten. Vor allem sind in diesem Zusammenhang die Markt-

10 Erster und einziger Präsident des BAWe war Georg Wittich.

11 Den Geschäftsbereich Wertpapieraufsicht/Asset-Management verantworteten von 2002 bis 2008 Georg Dreyling und von 2008 bis 2015 Karl-Burkhard Caspari; seit 2015 ist Elisabeth Roegele zuständige Exekutivdirektorin.

missbrauchsrichtlinie von 2003[12], die Finanzmarktrichtlinie von 2004[13] (MiFID) und die Transparenzrichtlinie aus demselben Jahr[14] zu nennen, deren Umsetzung in nationales Recht und Ergänzung durch sog. technische Durchführungsmaßnahmen primär in den Jahren bis 2007 erfolgte.

## 4. „Die Moderne“: Von EU-Verordnungen und Konvergenzbemühungen (2009 ff.)

Die Finanzmarktkrise Ende des vergangenen Jahrzehnts kann als Auslöser der weiteren normativen Aufrüstung des Kapitalmarktrechts ausgemacht werden. Eine Gruppe herausragender Experten unter Leitung von *Jacques de Larosière* kam 2009 in ihrem Abschlussbericht zu den Ursachen der Finanzkrise zu dem Schluss, dass die „Beseitigung von Regulierungsschwächen“ anzugehen sei und die zuständigen Behörden „über ausreichende Aufsichtsbefugnisse, auch zur Verhängung von Sanktionen verfügen [müssen]“. Die Europäische Kommission griff die Empfehlungen der Expertengruppe auf und verfasste Ende 2010 ein einschlägiges Papier, das mit der Überschrift „Stärkung der Sanktionsregelungen im Finanzdienstleistungssektor“ versehen wurde.[15] Danach seien konvergente und strenge(re) Sanktionsregelungen erforderlich, um der Gefahr unzureichend funktionierender Finanzmärkte zu begegnen und vorzubeugen.[16]

Eine signifikante Ausweitung der Befugnisse und Sanktionskompetenzen durch die Implementierung der Transparenzrichtlinie-Änderungsrichtlinie (Transparenzrichtlinie II)[17], der Marktmissbrauchsrichtlinie (CRIM-MAD)[18] und der

---

**12** RL 2003/6/EG vom 28.1.2003 über Insider-Geschäfte und Marktmanipulation, ABl. EG Nr. L 96 vom 12.4.2003, S. 16.

**13** RL 2004/39/EG des Europäischen Parlaments und des Rates vom 21.4.2004 über Märkte für Finanzinstrumente, zur Änderung der Richtlinien85/611/EWG und 93/6/EWG des Rates und der Richtlinie 2000/12/EG des Europäischen Parlaments und des Rates zur Aufhebung der Richtlinie 93/22/EWG des Rates, ABl. Nr. L 145 vom 30.4.2004, S. 1.

**14** RL 2004/109/EG zur Harmonisierung der Transparenzanforderungen in Bezug auf Informationen über Emittenten, deren Wertpapiere zum Handel auf einem geregelten Markt zugelassen sind, und zur Änderung der Richtlinie2001/34/EG, ABl. EG Nr. L 390 vom 15.12.2004, S. 38.

**15** Europäische Kommission, Mitteilung über die Stärkung der Sanktionsregelungen im Finanzdienstleistungssektor v. 08.12.2010, KOM (2010) 716 endg.

**16** Ausführlicher *Becker/Rodde* ZBB 2016, 11, 12.

**17** RL 2013/EG/50 des Europäischen Parlaments und des Rates vom 22.10.2013 zur Änderung der Richtlinie 2004/109/EG des Europäischen Parlaments und des Rates zur Harmonisierung der Transparenzanforderungen in Bezug auf Informationen über Emittenten, deren Wertpapiere zum Handel auf einem geregelten Markt zugelassen sind, der Richtlinie 2003/71/EG des Europäischen

Richtlinie über Märkte für Finanzinstrumente (MiFID II)[19] sowie der unmittelbaren Geltung der Marktmissbrauchsverordnung (MAR)[20] und der Verordnung über Märkte für Finanzinstrumente (MiFIR)[21] in den Jahren 2013 bis 2018 war die Folge.[22] Deren Umsetzung bzw. Implementierung in nationales Recht widmeten sich das Erste Finanzmarktnovellierungsgesetz (1. FiMaNoG)[23] vom 30.6.2016 sowie das Zweite Finanzmarktnovellierungsgesetz (2. FiMaNoG)[24] vom 23.6.2017. Hervorzuheben sind in diesem Zusammenhang die Einführung umsatzbezogener Geldbußen von bis zu 15 Prozent des Konzernumsatzes und die signifikante Anhebung der betragsmäßigen Höchstbeträge auf bis zu 15 000 000 Euro, ausgehend von vormals maximal 1 000 000 Euro.

In diesem Kontext lässt sich bereits ausmachen, dass die Europäische Wertpapier- und Marktaufsichtsbehörde ESMA dem Thema aufsichtliche Konvergenz zusehends mehr Raum zukommen lässt.[25]

---

Parlaments und des Rates betreffend den Prospekt, der beim öffentlichen Angebot von Wertpapieren oder bei deren Zulassung zum Handel zu veröffentlichen ist, sowie der Richtlinie 2007/14/EG der Kommission mit Durchführungsbestimmungen zu bestimmten Vorschriften der Richtlinie 2004/109/EG, ABl. EG Nr. L 294 vom 6.11.2013, S. 13.

**18** RL 2014/EG/57 des Europäischen Parlaments und des Rates vom 16.4.2014 über strafrechtliche Sanktionen bei Marktmanipulation (Marktmissbrauchsrichtlinie), ABl. EU Nr. L 173 vom 12.6.2014, S. 179.

**19** RL 2014/EG/65 des Europäischen Parlaments und des Rates vom 15.5.2014 über Märkte für Finanzinstrumente sowie zur Änderung der Richtlinien 2002/92/EG und 2011/61/EU, ABl. EU Nr. L 173 vom 12.6.2014, S. 349.

**20** VO 2014/EG/596 des Europäischen Parlaments und des Rates vom 16.4.2014 über Marktmissbrauch (Markmissbrauchsverordnung) und zur Aufhebung der Richtlinie 2003/125/EG des Europäischen Parlaments und des Rates und der Richtlinien 2003/124/EG, 2003/125/EG und 2004/72/EG der Kommission.

**21** VO 2014/EG/600 des Europäischen Parlaments und des Rates vom 15.5.2014 über Märkte für Finanzinstrumente und zur Änderung der VO (EU) Nr. 648/2012.

**22** *Spoerr* in Assmann/Schneider/Mülbert, Wertpapierhandelsrecht, 7. Aufl. 2018, Vor § 119, Rn. 11 ff. spricht von einer „drastischen Ausweitung"; ähnlich *Szesny* in Szesny/Kuthe, Kapitalmarkt Compliance, 2. Aufl. 2018, § 30, Rn. 33 f. („..mitunter existenzbedrohend"); *Walla/Knierbein* WM 2018, 2349, 2350 sehen eine erhebliche Verschärfung.

**23** Erstes Gesetz zur Novellierung von Finanzmarktvorschriften auf Grund europäischer Rechtsakte (Erstes Finanzmarktnovellierungsgesetz – 1. FiMaNoG) vom 30.6.2016, BGBl. I 2016, 1514.

**24** Zweites Gesetz zur Novellierung von Finanzmarktvorschriften auf Grund europäischer Rechtsakte (Zweites Finanzmarktnovellierungsgesetz – 2. FiMaNoG) vom 23.6.2017, BGBl. I 2017, 1693.

**25** Vgl. z. B. *ESMA*, Strategic Orientation 2016 – 2020 (ESMA/2015/935) v. 15.6.2016 und – unlängst mit Sanktionsbezug – *ESMA*, Annual report on administrative and criminal Sanctions and other administrative measures under MAR vom 15.11.2018.

## II. Aufsichtsrechtlicher Handlungsspielraum

Die Befugnisse der Aufsichtsbehörde sind im Laufe der zurückliegenden 25 Jahre kontinuierlich gewachsen[26] und haben teils beachtliches Ausmaß angenommen. Von Beginn an – also mit Gründung des BAWe 1995 – verfügte die Aufsicht sowohl über verwaltungsrechtliche (Durchsetzungs-)Möglichkeiten als auch flankierende Sanktionskompetenz, die insbesondere wegen ihrer Stoßrichtungen, Durchsetzung von Ge- und Verboten des Gesetzes oder Norm(einhaltungs-)appell, und ihrer verfahrensrechtlichen Verortung, einerseits Verwaltungs(verfahrens-)recht, andererseits Ordnungswidrigkeiten- bzw. Strafverfahrensrecht, strikt voneinander abzugrenzen sind.[27] Das gilt freilich auch bei einem grundsätzlich denkbaren zweigleisigen Vorgehen, sei es parallel oder – wenn zunächst die Durchsetzung des konkreten Gebots oder Verbots im Mittelpunkt steht – auch zeitversetzt.

### 1. Eingriffsbefugnisse nach § 6 WpHG

Inzwischen behandelt § 6 WpHG in insgesamt 17 Absätzen die Aufgaben und Befugnisse der BaFin. Ausgangspunkt aufsichtlichen Tätigwerdens ist danach häufig ein Auskunfts- und Unterlagenvorlageverlangen gemäß § 6 Abs. 3 WpHG, dass an „jedermann" gerichtet werden kann; es müssen lediglich Anhaltspunkte dafür bestehen, dass entweder ein Gebot oder Verbot des WpHG nicht (vollumfänglich) beachtet worden sein könnte oder die Voraussetzungen für eine Produktinterventionsmaßnahme gegeben sein könnten, und die zu ergreifende Maßnahme der Aufklärung dieser Verdachtslage dient.[28] Unter denselben Voraussetzungen kommt nach dieser Vorschrift – alternativ oder zusätzlich – die Ladung und Vernehmung von Personen in Betracht.

§ 6 Abs. 11 und Abs. 12 WpHG erlauben es Bediensteten der BaFin ferner, unter den dort genannten – teils engen – Voraussetzungen Grundstücke und Geschäftsräume zu betreten sowie Geschäfts- und Wohnräume zu durchsuchen. Darüber hinaus räumen § 6 Abs. 13 und Abs. 14 WpHG der BaFin die Möglichkeit

---

**26** Vgl. auch *Döhmel* in Assmann/Schneider/Mülbert, Wertpapierhandelsrecht, 7. Aufl. 2018, § 6 Rn. 1 ff.

**27** Für Bedienstete der BaFin hat diese rechtsstaatlich fundierte Unterscheidung zur Folge, dass aufsichtliches Handeln zu jedem Zeitpunkt an den jeweils einschlägigen und teils unterschiedlichen verfahrensrechtlichen Vorgaben zu messen ist.

**28** Ausführlich *Döhmel* in Assmann/Schneider/Mülbert, Wertpapierhandelsrecht, 7. Aufl. 2018, § 6, Rn. 98; ähnlich zur Vorgängervorschrift *Klepsch* in Just/Voß/Ritz/Becker, WpHG, 2015, § 4, Rn. 14 m.w.N.

ein, die Beschlagnahme von Vermögenswerten zu beantragen[29] sowie nach den Vorschriften des WpHG oder der MAR gebotene Veröffentlichungen oder Mitteilungen auf Kosten des Verpflichteten vorzunehmen, sofern dieser seinen Pflichten nicht umfänglich nachkommt.

§ 6 Abs. 2 Satz 4 WpHG versetzt die BaFin in die Lage, den Handel mit Finanzinstrumenten vorübergehend zu untersagen oder die Aussetzung des Handels unter den dort genannten Voraussetzungen anzuordnen; ferner kann die Aufsicht nach § 6 Abs. 2 Satz 5 WpHG den Vertrieb oder Verkauf von Finanzinstrumenten oder strukturierten Einlagen – insbesondere, wenn kein wirksames Produktfreigabeverfahren nach § 80 Abs. 9 WpHG besteht oder zum Einsatz kommt – aussetzen.

Erst mit Umsetzung und Implementierung der bedeutenden europäischen Kapitalmarktrechtsakte Transparenzrichtlinie II, MAR, CRIM-MAD, MiFID II und MiFIR wurde § 6 WpHG um weitreichende(re) Kompetenzen erweitert, die das Vorliegen eines Verstoßes voraussetzen. Die in § 6 Abs. 6 bis Abs. 10 WpHG enthaltenen Handlungsoptionen der Aufsicht, die einerseits kaum mehr dem Bereich (rein) operativ-präventiven Verwaltungshandelns zugeordnet, andererseits weder nach ihrem Inhalt noch nach ihrem Standort als Straf- oder Bußgeldvorschrift – mithin als Sanktionsrecht i. e. S. – angesehen werden können, dürften am ehesten mit der Begrifflichkeit Verwaltungssanktionen zutreffend bezeichnet sein: nach § 6 Abs. 6 WpHG kann die BaFin beispielsweise für bis zu zwei Jahre[30] die Einstellung der den Verstoß begründenden Handlungen oder Verhaltensweisen verlangen; § 6 Abs. 10 WpHG sieht vor, dass einem Wertpapierdienstleistungsunternehmen für einen Zeitraum von bis zu drei Monaten untersagt werden kann, am Handel eines Handelsplatzes teilzunehmen.

Aber auch über die teils als Generalklausel bezeichnete Vorschrift[31] des § 6 WpHG hinaus finden sich an verschiedenen Stellen des WpHG und der in Bezug genommenen europäischen Verordnungen speziellere und potentiell intensive Eingriffsbefugnisse der BaFin. Beispielsweise erlauben § 15 WpHG sowie Art. 42 MiFIR der BaFin, Produktinterventionen auf Finanzinstrumente, strukturierte Einlagen und betreffend Vermögensanlagen. Wertpapierdienstleistungsunternehmen kann gemäß § 87 Abs. 6 WpHG untersagt werden, Mitarbeiter in der Anlageberatung, als Vertriebsbeauftragte, in der Finanzportfolioverwaltung oder als Compliance-Beauftragte einzusetzen; Warnungen oder ggfs. gar Beschäftigungsverbote können nach § 87 Abs. 6 WpHG ausgesprochen werden.

---

**29** Verwaltungsrechtlich, nicht strafrechtlich (!).
**30** Teils kommt gemäß § 6 Abs. 6 Satz 2 WpHG gar eine dauerhafte Einstellung in Betracht.
**31** *Döhmel* in Assmann/Schneider/Mülbert, Wertpapierhandelsrecht, 7. Aufl. 2018, § 6, Rn. 1.

## 2. Sanktionierungsmöglichkeiten

Flankierend stehen der BaFin bzw. den Staatsanwaltschaften zahlreiche Bußgeld- und Strafvorschriften zur Verfügung. Diese Regelungen sollen in ihrer Gesamtheit einen wesentlichen Beitrag zur Förderung des Vertrauens der Marktteilnehmer in die Funktionsfähigkeit des Kapitalmarkts leisten.[32]

Abschnitt 17 des WpHG befasst sich in §§ 119 ff. mit den Straf- und Bußgeldvorschriften jenes Gesetzes. Da es sich bei diesen Sanktionsvorschriften weit überwiegend um sog. Blankettvorschriften handelt, ist zur Erfassung des straf- oder bußgeldbewehrten Verhaltens regelmäßig der Rückgriff auf die jeweils in Bezug genommene Ausfüllungsnorm und deren Merkmale erforderlich. Häufig ist inzwischen gar der unmittelbare Wirkung entfaltende Text einer europäischen Verordnung, beispielsweise der MAR, heranzuziehen.

### a) Straftatbestände

Nach der Wertung des Gesetzgebers wiegen Marktmanipulationen und Insiderhandel am schwersten. Insbesondere bei Verstößen gegen Art. 14 MAR, der das Verbot von Insidergeschäften regelt, und Art. 15 MAR, in dem das Verbot der Marktmanipulation behandelt wird, drohen gemäß § 119 Abs. 1, Abs. 3 WpHG Freiheitsstrafen von bis zu fünf Jahren oder Geldstrafen, wobei nach § 119 Abs. 4 WpHG bereits der Versuch dazu strafbar ist. Bei gewerbs- oder bandenmäßiger Tatbestandsverwirklichung oder unter Missbrauch einer Tätigkeit im Wertpapierhandelssektor sieht das WpHG gar einen Verbrechenstatbestand vor; es drohen dann bis zu zehn Jahre Freiheitsstrafe.[33]

Für die Verfolgung dieser Delikte ist die örtlich zuständige Staatsanwaltschaft, die den Themenkreis des Kapitalmarktstrafrechts teils Schwerpunktstaatsanwaltschaften zugeordnet hat, zuständig. Aufgabe der BaFin ist es in diesem Zusammenhang, die auf ihre Aufsichtstätigkeit zurückgehenden Tatsachen, die den Verdacht einer Straftat nach § 119 WpHG begründen, der zuständigen Staatsanwaltschaft gemäß § 11 WpHG anzuzeigen.[34]

---

**32** Vertiefend *Canzler/Hammermaier* AG 2014, 57 f.

**33** Vgl. *Spoerr* in Assmann/Schneider/Mülbert, Wertpapierhandelsrecht, 7. Aufl. 2018, § 119, Rn. 151 ff.

**34** Ausweislich des *Jahresberichts der BaFin* für das Jahr 2018, S. 133 geschah dies in 77 Fällen (Vorjahr: 121), die 124 Personen (Vorjahr: 197) betrafen.

### b) Bußgeldtatbestände

In der zentralen Bußgeldvorschrift des § 120 WpHG bedroht der Gesetzgeber Verstöße gegen die Gebote und Verbote des WpHG und der einschlägigen europäischen Verordnungen nahezu umfassend.

Zwar blieb die ursprüngliche Grundstruktur der Vorschrift über die Jahre erhalten, doch hat der Gesetzgeber insbesondere im Zuge der jüngsten Gesetzgebungsnovellen zahlreiche hinzugekommene Verpflichtungen zu Lasten der jeweiligen Normadressaten bußgeldbewehrt ausgestaltet und im Zuge dessen § 120 WpHG erheblich ausgeweitet. Die Absätze 1 bis 16, ihrerseits häufig weiter unterteilt in Ziffern und auf der nächsten Gliederungsebene in Buchstaben, bezeichnen die bußgeldbewehrten Zuwiderhandlungen im Einzelnen. Die Binnendifferenzierung zwischen den einzelnen Absätzen der Vorschrift richtet sich primär nach der subjektiven Tatseite des bußgeldbewehrten Verhaltens, sekundär nach der einschlägigen Rechtsmaterie und tertiär nach der Nummerierung des Wertpapierhandelsgesetzes. § 120 Abs. 17 bis Abs. 25 WpHG ersetzen den früheren § 39 Abs. 4 WpHG und befassen sich mit der Bußgeldzumessung.

Die häufig als unübersichtlich und viel zu lang gescholtene Vorschrift erschließt sich wohl am besten, wenn man sich deren weitgehend[35] thematisch orientiere Struktur vor Augen führt. Beispielsweise bezeichnet § 120 Abs. 4 WpHG alle Bußgeldtatbestände, denen Zuwiderhandlungen gegen die Rating-VO[36] zugrunde liegen; mit Zuwiderhandlungen gegen die Leerverkaufs-VO[37] befasst sich § 120 Abs. 6 WpHG, mit solchen gegen die MiFID II[38] § 120 Abs. 8 WpHG, usw.

Bemerkenswert ist, dass der Gesetzgeber im Laufe der Jahre lediglich punktuell dazu übergegangen ist, bereits einfach-fahrlässiges Verhalten sanktionsbewehrt auszugestalten.[39] Daher lässt sich attestieren, dass die bereits bei Inkraft-

---

35 Hingegen behandeln § 120 Abs. 1 und Abs. 2 WpHG – abweichend von der v. g. Regel – sämtliche Ordnungswidrigkeiten, die nur bei vorsätzlicher Verwirklichung bußgeldbewehrt ausgestaltet sind, oder mangels anderweitiger inhaltlicher Nähe in einem Absatz zusammengefasst wurden.

36 Verordnung (EU) Nr. 1060/2009 des Europäischen Parlaments und des Rates vom 16. 9. 2009 über Ratingagenturen, Amtsblatt Nr. L 302/1 vom 17.11. 2009.

37 Verordnung (EU) Nr. 236/2012 des Europäischen Parlaments und des Europäischen Rates vom 14. 3. 2012 über Leerverkäufe und bestimmte Aspekte von Credit Default Swaps, Amtsblatt Nr. L 86, 1 vom 24. 3. 2012.

38 Richtlinie (EU) Nr. 65/2014 des Europäischen Parlaments und des Rates vom 15. 5. 2014 über Märkte für Finanzinstrumente (MiFID II), Amtsblatt Nr. L 173 vom 12. 6. 2014, S. 349.

39 Insbesondere in § 120 Abs. 12 WpHG sind solche Ordnungswidrigkeiten zusammengefasst, bei denen der Gesetzgeber einen grundsätzlich strengeren Maßstab an die Erfüllung der einschlägigen Pflichten anlegt.

treten des WpHG herangezogene Gesetzesbegründung, wonach ein lediglich auf einfache Fahrlässigkeit beruhender Gesetzesverstoß nicht ahndungswürdig erscheint[40], weitgehend unverändert Bestand hat. Die darin zum Ausdruck kommende differenzierte Beurteilung von Zuwiderhandlungen gegen das WpHG liegt inzwischen gar auf einer Linie mit modernen Sanktionsmodellen, die zusehends von klassisch strengen Verfolgungsansätzen abrücken.[41]

Rückschlüsse auf den Stellenwert einer Verpflichtung lassen § 120 Abs. 17 bis 22 und Abs. 24 WpHG zu, die sehr ausdifferenzierte und abgestufte Bußgeldandrohungen ausweisen. Dabei bieten sich drei Orientierungspunkte an: erstens betragsmäßig ausgewiesene Höchstbeträge in einer Bandbreite von 50 000 EURO bis 15 000 000 EURO, zweitens in Prozentwerten von 2% bis 15% bezeichnete Anteile des Gesamtumsatzes einer juristischen Person oder Personenvereinigung und drittens das Vielfache des aus einem Verstoß ggfs. gezogenen wirtschaftlichen Vorteils in einem Spektrum vom Zweifachen bis zum Dreifachen dessen.

Insgesamt befassen sich beachtliche 9 Absätze der zentralen Bußgeldvorschrift des § 120 WpHG mit der Bemessung von Geldbußen. Es finden sich unterschiedliche Höchstbeträge, abhängig davon, welcher Ausfüllungsvorschrift zuwidergehandelt wurde. Die betragsmäßige Bandbreite reicht bei Verstößen natürlicher Personen von 50 000 EURO bis 5 000 000 EURO; bei juristischen Personen sind Höchstbeträge von bis zu 15 000 000 EURO denkbar, darüber hinaus kann ggfs. gar eine umsatzbezogene oder eine am gezogenen wirtschaftlichen Vorteil orientierte Geldbuße verhängt werden. Kommt es in diesem Zusammenhang auf den Gesamtumsatz einer juristischen Person oder Personenvereinigung an, bietet § 120 Abs. 23 WpHG Orientierung.

Systematisch sind sich § 120 Abs. 17 bis Abs. 22 WpHG sehr ähnlich. In Satz 1 findet sich jeweils die Bezeichnung mindestens eines betragsmäßigen Höchstbetrags von bis zu 5 000 000 EURO. Demgegenüber befasst sich Satz 2 durchgängig mit darüber hinausgehenden Maximalgeldbußen zu Lasten juristischer Personen oder Personenvereinigungen; insoweit nennt das Gesetz höhere Beträge von bis zu 15 000 000 EURO und bis zu 15 Prozent des Gesamtumsatzes, verbunden mit dem Hinweis, dass der höhere von beiden Beträgen den oberen Rand des einschlägigen Bußgeldrahmens bildet. Nach Satz 3 kann für die Ermittlung des in Betracht kommenden Höchstbetrages anstelle dessen jeweils auf ein Mehrfaches – maximal das Dreifache – des aus dem Verstoß gezogenen Vorteils abgestellt werden; Satz 4 stellt schließlich jeweils heraus, dass der wirtschaftliche

---

**40** BT-Ds. 12/6679, S. 58.

**41** Vgl. *Spoerr* in Assmann/Schneider/Mülbert, Wertpapierhandelsrecht, 7. Aufl. 2018, § 120, Rn. 14 ff.; weitergehend und grundlegend: *Hodges/Steinholtz*, Ethical Business Practice and Regulation, 2017.

Vorteil sowohl erzielte Gewinne als auch vermiedene Verluste umfasst und ggfs. geschätzt werden kann.

Mit dem Begriff des Gesamtumsatzes befasst sich § 120 Abs. 23 WpHG. Satz 1 differenziert – auf unterschiedliche Kennziffern zugreifend – danach, ob es sich bei der betroffenen juristischen Person oder Personenvereinigung um ein Kreditinstitut, Zahlungsinstitut oder Finanzdienstleistungsinstitut im Sinne von § 340 HGB (Nr. 1), ein Versicherungsunternehmen (Nr. 2) oder ein anderweitiges Unternehmen (Nr. 3) handelt. Von erheblicher Bedeutung ist im Zusammenhang mit der umsatzbezogenen Zumessung von Geldbußen Satz 2 der Vorschrift: danach ist bei konzernzugehörigen Gesellschaften auf den Gesamtbetrag in dem Konzernabschluss des jeweiligen Mutterunternehmens maßgeblich, der für den größten Kreis von Unternehmen aufgestellt wird. In allen Fällen ist auf den Gesamtumsatz abzustellen, den die juristische Person oder Personenvereinigung im der Behördenentscheidung vorangegangenen Geschäftsjahr erzielt hat. Ist indes ein Jahres- oder Konzernabschluss für das maßgebliche Geschäftsjahr nicht verfügbar, sind die Zahlen des Vorjahres heranzuziehen; wenn auf diese ebenfalls nicht zurückgegriffen werden kann, kommt eine Schätzung in Betracht (§ 120 Abs. 23 Satz 4 WpHG).

Vor allem im Interesse der Transparenz und damit der Nachvollziehbarkeit der Bußgeldentscheidungen der Wertpapieraufsicht bedient sich die BaFin seit Ende 2013 so bezeichneter WpHG-Bußgeldleitlinien.[42] Für Verstöße, die seit Geltung des auf europäische Vorgaben zurückgehenden Sanktionsregimes verwirklicht wurden, gelten seit Februar 2017 die WpHG-Bußgeldleitlinien II. Beiden Leitlinien ist gemein, dass sie sich nur mit in der Ahndungspraxis der Wertpapieraufsicht überdurchschnittlich häufig aufgetretenen Verstößen gegen die Ad-hoc-Publizitätspflicht, gegen Stimmrechtsmitteilungs- und Veröffentlichungspflichten und gegen Finanzberichterstattungspflichten befassen; im Übrigen gelten die allgemeinen Zumessungsmaßstäbe insbesondere des § 17 OWiG.

Nach beiden WpHG-Bußgeldleitlinien ist im Rahmen der Zumessung von einem dort genannten Grundbetrag auszugehen, der sich an den Parametern „Schwere des Verstoßes"[43] und Emittentengruppe[44] orientiert (sog. Schritt 1 der Bußgeldzumessung). Vereinfacht lässt sich sagen, dass der Grundbetrag desto höher ausfällt, je schwerer die Tatumstände wiegen und je höher die Marktkapitalisierung des Emittenten zum Tatzeitpunkt gewesen ist. In Schritt 2 der Buß-

---

**42** Abrufbar unter BaFin/Publikationen & Daten.

**43** Die WpHG-Bußgeldleitlinien II differenzieren zwischen leichten, mittleren, schweren, sehr schweren und außerordentlich schweren Tatumständen.

**44** Die Bandbreite reicht nach den WpHG-Bußgeldleitlinien II von Gruppe A (Marktkapitalisierung über 20 Mrd. Euro) bis Gruppe F (Marktkapitalisierung bis 10 Mio. Euro).

geldzumessung finden ferner die für und gegen den Betroffenen sprechenden konkreten und insbesondere täterbezogenen Umstände Berücksichtigung, indem der zuvor gefundene Grundbetrag dementsprechend angepasst wird. Schließlich sieht Schritt 3 – den gesetzlichen Vorgaben des § 17 Abs. 3 OWiG Rechnung tragend – vor, dass auch die wirtschaftlichen Verhältnisse des Betroffenen Berücksichtigung finden.[45]

Insbesondere bei der seit Umsetzung und Implementierung der europäischen Kapitalmarktrechtsakte Transparenzrichtlinie II, MAR, CRIM-MAD, MiFID II und MiFIR ggfs. einschlägigen umsatzbezogenen Zumessung zeigt sich die Verschärfung des Rechtsrahmens sehr deutlich: bei besonders schwerwiegenden Verstößen eines bedeutenden Unternehmens mit sehr hohem Umsatz kommen inzwischen auch in Deutschland signifikante Geldbußen in Betracht, die bisher nur aus dem Bereich des Kartellrechts bekannt sind.[46]

## III. Praktische Relevanz der Handlungsmöglichkeiten

Die seitens des historischen Gesetzgebers angelegten Eingriffsmöglichkeiten und die sanktionsrechtliche Flankierung der Gebote und Verbote des WpHG haben sich in der Aufsichtspraxis der BaFin spürbar niedergeschlagen.

Besonderes Augenmerk kam in jüngerer Zeit z. B. den verwaltungsrechtlichen Produktinterventionsmaßnahmen der BaFin zu, vor allem der Allgemeinverfügung vom 8.5.2017 zur Beschränkung des Vertriebs von CFDs sowie der avisierten Produktintervention im Zusammenhang mit bonitätsabhängigen Schuldverschreibungen, die eine Selbstverpflichtung der einschlägigen Emittenten nach sich zog.[47]

Die Zahl der seit Gründung und Etablierung der BaFin bzw. ihrer Vorgängerbehörde mit rechtskräftigen Geldbußen abgeschlossenen Verfahren ist deutlich vierstellig.[48] Dabei wurden bislang Geldbußen in maximal siebenstelliger Höhe festgesetzt. Im vergangenen Jahr 2018 konnten beispielsweise 126 Vorgänge (Vorjahr: 96) mit der Verhängung einer Geldbuße abgeschlossen werden; die

---

**45** Konkrete Beispiele für verhängte Geldbußen finden sich auf der Internetseite der BaFin, abrufbar unter BaFin/Unternehmen/Börsen & Märkte/Sanktionen).

**46** Vgl. *BaFin*, WpHG-Bußgeldleitlinien II, S. 2: In dort genannten hypothetischen und zugespitzten Beispielen stünden gar Grundbeträge von 2 Mrd. Euro bzw. 800 Mio. Euro im Raum.

**47** Vgl. *BaFin*, Jahresbericht, 2017, S. 35 f.

**48** Vgl. auch *Canzler/Hammermaier*, AG 2014, 57, 58.

Ahndungsquote – das Verhältnis der mit Festsetzung einer Geldbuße abgeschlossenen Verfahren zur Gesamtheit der erledigten Vorgänge – lag zuletzt bei über 39 Prozent (Vorjahr: 32). Der kontinuierlich angestiegene Gesamtbetrag der verhängten Geldbußen betrug 2018 rund 7,8 Millionen Euro (Vorjahr: ca. 5,6 Millionen Euro).[49]

Es zeigt sich, dass die für besonders gewichtige Fallkonstellationen vorgesehene mittelbare strafrechtliche Reaktionsmöglichkeiten sowie die im Wesentlichen auf bußgeldrechtliche Vorschriften gestützte Ahndungs- und Verfolgungspraxis der Wertpapieraufsicht Wirkung erzielt und einen signifikanten Beitrag zur Stärkung und Aufrechterhaltung des Vertrauens von Marktteilnehmern in die Integrität und Funktionsfähigkeit des Kapitalmarkts leistet.

## IV. Neuere Entwicklungen

Trotz der erkennbaren Verschärfung des Eingriffs- und Sanktionsregimes lassen die normativen Vorgaben Raum für eine differenzierte Herangehensweise der Aufsicht, die eine angemessene staatliche Reaktion auf Fehlverhalten ermöglicht. Einerseits gibt es ein ausgeprägtes und an den Ahndungszwecken Abschreckung und Spezialprävention ausgerichtetes Bedürfnis dafür, dass gravierende Verstöße verfolgt und gegebenenfalls hart sanktioniert werden. Im Hinblick auf weniger schwerwiegende Delinquenz darf indes nicht vernachlässigt werden, dass durch die Verfolgung und ggfs. Sanktionierung derjenigen, die sich sehr um die Einhaltung ihrer Pflichten bemüht und dennoch Fehler gemacht haben, kaum normkonform(er)es Verhalten ausgelöst würde.

Häufig steht daher in konkreten Sachverhalten die Frage im Mittelpunkt, inwieweit aus Sicht der BaFin ein Ahndungsbedürfnis besteht. Ist es im konkreten Einzelfall angemessen oder sogar geboten, einen delinquenten Kapitalmarktteilnehmer mit einer Sanktion zu belegen? Je einfacher und niedriger die Anforderungen an den Normadressaten nach dem einschlägigen Gesetz sind, desto höher ist es um die Ahndungswahrscheinlichkeit bestellt. Dabei findet das sog. Vor- und Nachtatverhalten des Betroffenen regelmäßig Berücksichtigung: ist erkennbar bzw. belegt, dass im Vorfeld eines Verstoßes nennenswerte Anstrengungen zur Einhaltung der jeweiligen Vorschrift unternommen wurden oder im Zuge der laufenden Ermittlungen geeignete Maßnahmen ergriffen oder zumindest in Aussicht gestellt werden, kann zum Beispiel im Rahmen der Sanktionszumessung ein

49 *BaFin*, Jahresbericht 2017, 153 und Jahresbericht 2018, 151.

bußgeldmindernder Umstand oder möglicherweise sogar eine Verfahrenseinstellung aus Opportunitätsgründen in Betracht gezogen werden.

Höchstrichterlich bestätigt ist in diesem Zusammenhang, dass es zumindest für die Bemessung einer Geldbuße auch von Bedeutung ist, inwieweit zum Tatzeitpunkt oder ggfs. auch später ein effizientes Compliance-Management zur Unterbindung von Rechtsverletzungen aus der Sphäre des Unternehmens bestanden hat und/oder besteht. Der BGH betonte in seiner viel beachteten Entscheidung vom 9.5.2017[50]ausdrücklich, dass sich Compliance-Vorkehrungen im Unternehmen daher ahndungspraktisch in verschiedener Hinsicht positiv auswirken können.[51]

**50** BGH AG 2018, 39.
**51** Dazu auch *Walla/Knierbein* WM 2018, 2349, 2353f.; zustimmend ferner *Spoerr* in Assmann/Schneider/Mülbert, Wertpapierhandelsrecht, 7. Aufl. 2018, § 120, Rn. 390.

Daniel Lochner und Torben Illner

# Einführung von Ermittlungserkenntnissen der BaFin in den Zivilprozess

## I. Einleitung und Problemaufriss

Die Mitteilungspflichten der §§ 33 ff. WpHG dienen einer zeitnahen Information des Kapitalmarktes über die Machtverhältnisse in börsennotierten Gesellschaften zur Sicherung der Funktionsfähigkeit der Kapitalmärkte und des Aktionärsschutzes.[1] Die Mitteilungen der Aktionäre über das Erreichen, Über- oder Unterschreiten von Meldeschwellen der Stimmrechte sind gem. § 40 Abs. 1 WpHG von der Emittentin zu veröffentlichen. Darüber hinaus führt die BaFin, an die die Mitteilungen ebenfalls zu richten sind, eine für jedermann online zugängliche Datenbank.[2] Der besondere Stellenwert der Mitteilungspflichten wird anhand der gesetzlichen Sanktionen bei Verletzungen deutlich: Es drohen ganz empfindliche Bußgelder in Millionen-Euro-Höhe[3] und insbesondere der Rechtsverlust gem. § 44 WpHG; danach bestehen Rechte aus Aktien nicht für die Zeit, für welche die Mitteilungspflichten nach §§ 33, 34 WpHG nicht erfüllt werden.[4] Der Rechtsverlust betrifft grundsätzlich alle Rechte aus der Aktie, also nicht nur die Ausübung der Stimmrechte in der Hauptversammlung; ausgenommen sind gem. § 44 Abs. 1 S. 2 WpHG ggf. der Dividendenanspruch (§ 58 Abs. 4 AktG) und der Verteilungsanspruch bei Abwicklung der Emittentin (§ 271 AktG).[5] Die Sanktion Rechtsverlust ist damit – grundsätzlich – ein scharfes Schwert und wird in vielerlei Hinsicht für die Emittentin relevant: Großaktionäre verlieren z.B. das Recht, von der Emit-

---

**1** BegrRegE BT-Drs. 12/6679, S. 52; *Schneider* in Assmann/Schneider/Mülbert, Wertpapierhandelsrecht, 7. Aufl. 2019, Vor § 33 WpHG Rn. 21 ff.; *Petersen* in Spindler/Stilz, AktG, 4. Aufl. 2019, §§ 33–47 WpHG Rn. 2; zu § 21 WpHG a. F. *Bayer* in MüKo-AktG, 4. Aufl. 2016, § 21 WpHG Rn. 1.

**2** Datenbank „Bedeutende Stimmrechte nach §§ 33, 38 und 39 WpHG", abrufbar unter www.bafin.de/DE/PublikationenDaten/Datenbanken/Stimmrechte/stimmrechte_node.html.

**3** § 120 Abs. 2 Nr. 2 lit. d, Abs. 17 WpHG.

**4** Der Rechtsverlust gem. § 44 Abs. 1 WpHG erstreckt sich auf sämtliche Aktien, die dem Meldepflichtigen gehören oder ihm zugerechnet werden; vgl. BegrRegE BT-Drs. 18/5010, S. 48; siehe auch *Burgard/Heimann* WM 2015, 1445, 1452.

**5** *Schneider* in Assmann/Schneider/Mülbert, Wertpapierhandelsrecht, 7. Aufl. 2012, § 44 Rn. 29 ff.; *Petersen* in Spindler/Stilz, AktG, 4. Aufl. 2019, §§ 33–47 WpHG Rn. 109 f. Siehe auch OLG Stuttgart NZG 2005, 432, 435; OLG München NZG 2009, 1386, 1387. Vgl. auch BGHZ 167, 204, 209 f., BGH NZG 2009, 827, 828; einschränkend *Klöhn/Parhofer* NZG 2017, 321, 324 f.

https://doi.org/10.1515/9783110632323-022

tentin einen Squeeze out zu verlangen (§ 327a, 327b AktG)[6] oder ein freiwilliges WpÜG-Angebot abgeben zu dürfen (§§ 29 ff. WpÜG).[7] Die Aktionäre verlieren ihre Rechte im Vorfeld der Hauptversammlung, die Ergänzung der Tagesordnung oder die Einberufung einer außerordentlichen Hauptversammlung zu betreiben (§ 122 AktG), Gegenanträge oder Beschlussvorschläge zu stellen (§§ 126 f. AktG) und ihre Rechte in der Hauptversammlung, also Teilnahme-, Rede-, Frage-, Stimm- und Widerspruchsrechte.[8] Der Rechtsverlust erstreckt sich schließlich auch auf die nachgelagerten Rechtsschutzmöglichkeiten wie insbesondere die Anfechtungs- und Nichtigkeitsklagen[9] (§§ 241 ff. AktG) sowie das Auskunftserzwingungsverfahren (§ 132 AktG).[10]

Die Emittentin ist verpflichtet, das WpHG und damit auch einen aus § 44 WpHG folgenden Rechtsverlust zu beachten.[11] Die Verwaltung muss dafür sorgen, dass an der Beschlussfassung nur Aktionäre teilnehmen, deren Stimmrecht nicht aufgrund eines Rechtsverlusts ruht.[12] Eine Berücksichtigung von durch einen Rechtsverlust betroffenen Stimmrechten bei der Beschlussfassung in der Hauptversammlung führt zur Anfechtbarkeit der Beschlüsse, wenn sich die Stimmen des ausgeschlossenen Aktionärs auf das Beschlussergebnis ausgewirkt haben.[13] Leiten von einem Rechtsverlust betroffene Aktionäre aktienrechtliche Rechtsbehelfe gegen die Emittentin ein (z. B. nach §§ 122 Abs. 3, 132, 241 ff. AktG), sind diese ungeachtet ihrer Begründetheit als unzulässig bzw. bei der Anfech-

6 *Heidel/Lochner* in Heidel, Aktienrecht, 4. Aufl. 2014, § 327a AktG Rn. 11b.

7 AA *Petersen* in Spindler/Stilz, AktG, 4. Aufl. 2019, §§ 33 – 47 WpHG Rn. 109a Fn. 477.

8 *Bayer* in MüKo-AktG, 4. Aufl. 2016, § 28 WpHG Rn. 20.

9 Zur fehlenden Anfechtungsbefugnis BGHZ 167, 204, 209 f., NZG 2006, 505 und BGH ZIP 2006, 1134, 1135; *Bayer* in MüKo-AktG, 4. Aufl. 2016, § 28 WpHG Rn. 20 mwN. Hinsichtlich der Nichtigkeitsklage offen gelassen von BGHZ 190, 291, 299 und OLG München ZIP 2009, 2095, 2098; dafür BGH ZIP 2006, 1134, 1136 f.; dagegen *Dehlinger/Zimmermann* in Fuchs, WpHG, 1. Aufl. 2009, § 28 Rn. 33; *Vocke* BB 2009, 1600, 1603.

10 Vgl. zu § 28 WpHG a. F. *Bayer* in MüKo-AktG, 4. Aufl. 2016, § 28 WpHG Rn. 20; allg. *Koch* in Hüffer/Koch, AktG, 13. Aufl. 2018, § 132 Rn. 5; ferner *Petersen* in Spindler/Stilz, AktG, 4. Aufl. 2019, §§ 33 – 47 WpHG Rn. 109a; *Bayer* in MüKo-AktG, 4. Aufl. 2016, § 28 WpHG Rn. 20.

11 Vgl. zu Nachforschungspflichten OLG Stuttgart BeckRS 2008, 21818: Ohne konkrete Anhaltspunkte, die berechtigte Zweifel an der Richtigkeit von Stimmrechtsmitteilungen begründen, ist die Emittentin nicht zu Nachfragen verpflichtet.

12 Die Prüfpflicht in der Hauptversammlung trifft den Versammlungsleiter, vgl. *Schneider* in Assmann/Schneider/Mülbert, Wertpapierhandelsrecht, 7. Aufl. 2019, § 44 WpHG Rn. 61, 93 f.

13 BGH DStR 2014, 2470, 2471; BGH NZG 2011, 669, 672; BGHZ 167, 204, 213, NZG 2006, 505; BGH NJW 1973, 1039; KG AG 1999, 126 und 2000, 22; *Schneider* in Assmann/Schneider/Mülbert, Wertpapierhandelsrecht, 7. Aufl. 2019, § 44 WpHG Rn. 62; *Hüffer* FS Boujong, 1996, S. 277, 295; *Koch* in Hüffer/Koch, AktG, 13. Aufl. 2018, § 243 Rn. 11; *Petersen* in Spindler/Stilz, AktG, 4. Aufl. 2019, §§ 33 – 47 WpHG Rn. 110; *Veil* in K. Schmidt/Lutter, AktG, 3. Aufl., Anh. 22: § 28 WpHG.

tungsklage mangels Anfechtungsbefugnis (§ 245 Nr. 1–3 AktG) als unbegründet zurückzuweisen.[14] Im Prozess ist der Einwand des Rechtsverlustes deshalb ggf. ein wichtiges Verteidigungsmittel der Emittentin.

Soweit die Theorie. Im Prozess steht die Emittentin jedoch vor folgendem Problem: Ihr stehen als Informationsquellen zu den für einen Rechtsverlust relevanten Tatsachen regelmäßig nur die eigenen Mitteilungen des Aktionärs[15] sowie öffentlich zugängliche Informationen zur Verfügung. Im Prozess trifft sie aber die volle Darlegungs- und Beweislast für das Vorliegen der Einwendung des Rechtsverlusts.[16] Wenn die Emittentin zwar Indizien für eine Verletzung von Mitteilungspflichten (z. B. für ein nicht gemeldetes *acting in concert* i. S. v. § 34 WpHG), aber keine stichhaltigen Beweise dafür hat, stellt sich die Frage, ob das vermeintlich scharfe Schwert des Rechtsverlusts gem. § 44 WpHG in der Praxis tatsächlich totes Recht ist, oder ob die Erkenntnislücke über eine Akteneinsicht der Emittentin bei der BaFin oder durch Beiziehung von Ermittlungsakten der BaFin durch das Prozessgericht geschlossen werden kann. Dieser Frage soll sich dieser Beitrag widmen.

## II. Ermittlungsbefugnisse der BaFin

Im Anwendungsbereich des WpHG ist die BaFin die zuständige Behörde für die Überwachung der Einhaltung von Meldepflichten und auch für die Verhängung von Bußgeldern als Sanktion für Verletzungen.[17] Zuständig ist die BaFin auch im Anwendungsbereich anderer Gesetze, bei denen die Beteiligungshöhen von Aktionären ebenfalls von Bedeutung sind. Etwa ist sie für die Aufsicht über Angebote im Hinblick auf Erwerb und Übertragung von Wertpapieren zuständig; nach dem WpÜG[18] überwacht sie das Angebotsverfahren und verhängt Sanktionen für

---

**14** Zur Unbegründetheit bei fehlender Anfechtungsbefugnis BGH AG 2007, 863; *Koch* in Hüffer/Koch, AktG, 13. Aufl. 2018, § 245 Rn. 2, 7 mwN. Tritt der Rechtsverlust allerdings erst nach Rechtshängigkeit eines aktienrechtlichen Rechtsbehelfs ein, ist streitig, ob dies für die Anfechtungsbefugnis erheblich ist, vgl. *Koch* in Hüffer/Koch, AktG, 13. Aufl. 2018, § 245 Rn. 8.

**15** In der Hauptversammlung ist der Aktionär auf Nachfrage zur Auskunft verpflichtet, vgl. OLG Düsseldorf NZG 2009, 260, 262; *Schneider* in Assmann/Schneider/Mülbert, Wertpapierhandelsrecht, 7. Aufl. 2019, § 44 WpHG Rn. 61.

**16** OLG Düsseldorf AG 2010, 711, 712 f.; OLG Düsseldorf NZG 2009, 260, 262; OLG Stuttgart, AG 2009, 204, 212; OLG Stuttgart AG 2009, 124, 127 f.; *Petersen* in Spindler/Stilz, AktG, 4. Aufl. 2019, §§ 33–47 WpHG Rn. 118.

**17** §§ 6, 33, 34, 120 WpHG.

**18** §§ 4, 40, 61 WpÜG.

Pflichtverletzungen. Zudem überwacht die BaFin Kreditinstitute nach dem KWG[19] und ist für die Ahndung von Ordnungswidrigkeiten zuständig (§§ 56, 60 KWG).

Die Ermittlungsbefugnisse der BaFin gehen in all diesen Bereichen über die Befugnisse einer gewöhnlichen Verwaltungsbehörde[20] weit hinaus; sie sind eher mit denen der Staatsanwaltschaft vergleichbar.[21] Bemerkenswert ist, dass die BaFin anders als die Staatsanwaltschaft nicht stets an einen Anfangsverdacht i. S. v. § 152 Abs. 2 StPO gebunden ist; es genügen ggf. schon Anhaltspunkte, die auf Verstöße hinweisen.[22]

Wie weit ihre Befugnisse reichen, verdeutlicht der folgende Überblick: Die BaFin hat das Recht, von jedermann zu Überwachungszwecken Informationen zu verlangen (einschließlich der Preisgabe der Identität weiterer Beteiligter), sich diese aushändigen zu lassen und zu diesem Zwecke die Geschäftsräume und Wohnungen zu betreten, Beweismittel sicherzustellen und Vermögenswerte zu beschlagnahmen.[23] U. U. kann sich die BaFin auch Zugang zu E-Mail-Postfächern oder zu Verbindungsdaten (auch Aufzeichnungen von Telefongesprächen) verschaffen.[24] Strafprozessuale Befugnisse, z. B. zur Durchsuchung nach §§ 102 ff. StPO, stehen der BaFin jedenfalls zu repressiven Zwecken zu.[25] Es gelten zwar in gewissem Umfang Informationsverweigerungsrechte.[26] Gerade im Rahmen ihrer repressiven Ermittlungstätigkeit hat die BaFin aber dennoch Erkenntnismöglichkeiten, die weit über diejenigen der Emittentin hinausgehen. Es fragt sich, ob und ggf. wie die von der BaFin ermittelten Tatsachen in den Zivilprozess eingeführt werden können.

---

**19** Etwa §§ 6 ff., 25 g, 32, 37, 44 ff., 60 KWG.

**20** Vgl. §§ 24, 26 VwVfG.

**21** Dies wird bereits anhand der exemplarisch aufgezählten Eingriffsbefugnissen der BaFin in §§ 6 ff. WpHG, § 40 WpÜG deutlich. Vgl. *Sorgenfrei/Saliger* in Park, Kapitalmarktstrafrecht, 4. Aufl. 2017, Kap. 6 Rn. 31 ff.; *Uhlendorf* in Angerer/Geibel/Süßmann, WpÜG, 3. Aufl. 2017, § 40 Rn. 1 ff., 4.

**22** BT-Drs. 15/3174, S. 30; vgl. *Zetzsche* in Schwark/Zimmer, KMRK, 4. Aufl. 2010, § 4 WpHG Rn. 48.

**23** Dies sind die Mindestermittlungsbefugnisse: § 6 Abs. 3 und 4 WpHG, vgl. *Sorgenfrei/Saliger* in Park, Kapitalmarktstrafrecht, 4. Aufl. 2017, Kap. 6 Rn. 31 ff.

**24** *Sorgenfrei/Saliger* in Park, Kapitalmarktstrafrecht, 4. Aufl. 2017, Kap. 6 Rn. 31 ff.; *Zetzsche* in Schwark/Zimmer, KMRK, 4. Aufl. 2010, § 4 WpHG Rn. 51 ff.

**25** § 121 WpHG i.V.m. § 46 Abs. 2 OWiG, §§ 94 ff. StPO, BT-Drs. 15/3174, S. 30. Die Kompetenzen der BaFin als Strafverfolgungsbehörde wurden im Rahmen des 1. FiMaNoG erheblich erweitert, vgl. BegrRegE BT-Drs. 18/7482, S. 58 f.; *Sorgenfrei/Saliger* in Park, Kapitalmarktstrafrecht, 4. Aufl. 2017, Kap. 6 Rn. 31 ff.; kritisch *Szesny* DB 2016, 1420, 1424 f.

**26** Z. B. die Beschuldigtenrechte zur Aussageverweigerung nach § 55 OWiG, § 243 Abs. 4 StPO, die Auskunftsverweigerungsrechte des Zeugen gemäß § 55 StPO und die beruflichen Verschwiegenheitspflichten z. B. von Rechtsanwälten gemäß § 43 Abs. 2 BRAO oder von Abschlussprüfern, § 323 HGB. Keine Informationsverweigerungsrechte begründen z. B. das nur vertraglich begründete Bankgeheimnis oder organschaftliche Verschwiegenheitspflichten z. B. nach § 404 Abs. 4 AktG.

# III. Aussetzung des Rechtsstreits?

Die Emittentin befindet sich in einem Dilemma; sie trägt die Darlegungslast, hat aber keinen eigenen Zugang zu Informationen. Man könnte zunächst überlegen, ob dies nicht einfach gelöst werden kann, indem das Prozessgericht den Rechtsstreit wegen Vorgreiflichkeit bis zum Abschluss des Ermittlungsverfahrens der BaFin nach § 148 ZPO bzw. § 21 Abs. 1 FamFG aussetzt.

Eine Aussetzung wäre jedoch weder sachdienlich noch zulässig. Sie würde in praktisch allen denkbaren Fällen den Beteiligten Steine statt Brot geben bzw. den Verfahrenszweck oftmals sogar vereiteln. Offenkundig ist dies aus Aktionärssicht etwa bei Verfahren nach § 122 Abs. 3 AktG. Ermittlungsverfahren der BaFin dauern oftmals mehrere Jahre. Eine Aussetzung würde dazu führen, dass die verfolgte Ergänzung der Tagesordnung bzw. Bestellung eines Versammlungsleiters oder die Einberufung einer für erforderlich gehaltenen Hauptversammlung nicht bzw. bis auf Weiteres nicht erfolgen kann. Sowohl aus Sicht der klagenden Aktionäre als auch aus der der beklagten Emittentin kann auch bei Anfechtungsprozessen kein Interesse bestehen, den durch die Einleitung des Verfahrens herbeigeführten Schwebezustand hinsichtlich der Wirksamkeit der angefochtenen Beschlüsse auf unbestimmte Zeit aufzuschieben. Sofern nicht ein anderer Freigabegrund besteht, könnte eine Aussetzung auch ein Freigabeverfahren nach §§ 246a, 319 Abs. 6, 327e Abs. 2 AktG, § 16 Abs. 3 UmwG, und damit womöglich sehr zeitnah erforderliche Konzernierungsmaßnahmen blockieren.

Dessen ungeachtet fehlt es aber jedenfalls an einer Vorgreiflichkeit. Das Prozessgericht hat die Frage des Bestehens eines Rechtsverlusts nach § 44 WpHG in eigener Verantwortung zu prüfen; die behördliche Beurteilung der Verletzung von Mitteilungspflichten im Ermittlungsverfahren nach § 120 WpHG entfaltet keinerlei Bindungswirkung für das Gericht.[27] Zudem würde ein Abwarten des Verfahrensabschlusses auch nicht ohne Weiteres Zugang zu den von der BaFin ermittelten Tatsachen verschaffen; allenfalls das Ergebnis des Ermittlungsverfahrens wird ggf. gemäß § 124 Abs. 1 WpHG veröffentlicht. Für eine Aussetzung des gerichtlichen Verfahrens bis zum Abschluss des behördlichen Ermittlungsverfahrens besteht daher kein Raum.

---

27 *Schneider* in Assmann/Schneider/Mülbert, Wertpapierhandelsrecht, 7. Aufl. 2019, § 44 WpHG Rn. 90.

# IV. Auskunftsanspruch der Emittentin bei der BaFin?

Ein naheliegender Gedanke ist ferner, dass die beklagte Emittentin ein Recht auf Auskunft bei der BaFin haben müsste, das sie anlässlich des Rechtsstreits geltend machen könnte. Schließlich ist die Mitteilungspflicht gesetzliche Folge ihrer Börsennotierung und ihr Informationsinteresse dient der Aufklärung des Rechtsverhältnisses zu ihren Aktionären, um § 44 WpHG im Prozess beachten zu können. Die Verwaltungspraxis der BaFin verneint aber ein solches Auskunftsrecht.[28] Ob diese Ablehnung zu Recht erfolgt, ist Gegenstand der nachfolgenden Überlegungen.

Ansprüche der Emittentin auf Akteneinsicht bzw. Auskunft gegenüber der BaFin können sich aus § 29 Abs. 1 S. 1 VwVfG (ggf. in Verbindung mit dem Rechtsstaatsprinzip, Art. 20 Abs. 3 GG) oder aus § 1 Abs. 1 S. 1, Abs. 2 IFG ergeben.

## 1. Akteneinsichtsrecht gem. § 29 Abs. 1 S. 1 VwVfG

Die Behörde hat „den Beteiligten Einsicht in die das Verfahren betreffenden Akten zu gestatten, soweit deren Kenntnis zur Geltendmachung oder Verteidigung ihrer rechtlichen Interessen erforderlich ist“, § 29 Abs. 1 S. 1 VwVfG. Dreh- und Angelpunkt des Akteneinsichtsrechts ist daher die Beteiligteneigenschaft. Die BaFin lehnt auf § 29 VwVfG gestützte Akteneinsichtsanträge von Emittenten (soweit den Autoren aus ihrer Praxis bekannt) ab, da sie nicht Beteiligte des Verfahrens seien.

### a) Akteneinsichtsrecht von Beteiligten

#### aa) Beteiligtenbegriff i. S. v. § 13 VwVfG

Beteiligte i. S. v. § 13 VwVfG sind insbesondere „diejenigen, an die die Behörde den Verwaltungsakt richten will oder gerichtet hat“ (Nr. 2: geborene Beteiligte[29]).[30] Die

28 Vgl. zur Ablehnung von Akteneinsichtsgesuchen von Aktionären OLG Frankfurt a. M. NZG 2015, 230; OLG Frankfurt NJW-RR 2004, 1194.

29 Zum Begriff etwa *Gerstner-Heck* in BeckOK VwVfG, 42. Ed. 2018, § 13 vor Rn. 1; *Sennekamp* in Obermayer/Funke-Kaiser, VwVfG, 1. Auflage 2014, § 13 Rn. 15 ff.

30 Ein Verwaltungsakt richtet sich nur an denjenigen, für den er bestimmt ist (§ 41 Abs. 1 S. 1 1. Alt. VwVfG), bloßes (materielles) Betroffensein oder Berührtwerden reicht nicht aus, vgl. *Sen-*

Behörde kann auch „von Amts wegen oder auf Antrag diejenigen, deren rechtliche Interessen durch den Ausgang des Verfahrens berührt werden können, als Beteiligte hinzuziehen“ und sie damit zu sog. gekorenen Beteiligten machen.[31] Entscheidend ist die durch eine formale Position vermittelte Beziehung zu der Behörde; es kommt nicht auf die materielle Betroffenheit durch das Verfahren an.[32] Im Bußgeldverfahren ist allein der meldende Aktionär im Sinne des § 13 Abs. 1 Nr. 2 VwVfG potentieller Adressat eines Verwaltungsakts, und damit Verfahrensbeteiligter. Die Beteiligteneigenschaft der Emittentin folgt nicht aus einer Stellung als Antragsteller oder Antragsgegner. Bußgeldverfahren wegen eines Verstoßes gegen die Mitteilungspflichten der §§ 33 ff. WpHG gem. § 120 Abs. 2 Nr. 2 lit. d WpHG werden von Amts wegen eingeleitet. I. S.v. § 13 VwVfG beteiligter Antragsteller ist nur, wer in einem Antragsverfahren von der Behörde eine Leistung (vor allem in Form eines auf Geld oder Sachleistung gerichteten Verwaltungsakts) begehrt.[33] Weist ein Dritter – etwa ein Mitaktionär oder die Emittentin selbst – die BaFin darauf hin, dass ein Aktionär gegen Mitteilungspflichten verstößt, begründet dies nicht die formale Position eines Antragstellers.[34] Denn das Bußgeldverfahren ist weder Antragsverfahren noch begehrt der Dritte von der Behörde eine Leistung.

Die Emittentin könnte Adressatin[35] durch eine Doppelwirkung des Verwaltungsakts (vgl. § 80a VwGO) sein. Zwar richtet die BaFin den Bußgeldbescheid originär nur an den betroffenen Aktionär. Die Emittentin ist aber verpflichtet, einen etwaigen Verstoß gegen Mitteilungspflichten, der Grundlage auch des Bußgeldbescheids ist, in Form des Rechtsverlusts nach § 44 WpHG zu berücksichtigen. § 33 Abs. 1 S. 1 WpHG räumt Emittentin und BaFin insofern eine Art Partnerstellung ein, die für eine materielle Betroffenheit der Emittentin sprechen könnte. Die Feststellung eines Meldepflichtverstoßes durch die BaFin im Rahmen eines Bußgeldbescheids hat aber weder *erga-omnes*-Wirkung noch Drittwirkung gegenüber der Emittentin, sondern wirkt nur gegenüber dem meldepflichtigen

---

*nekamp* in Obermayer/Funke-Kaiser, VwVfG, 1. Auflage 2014, § 13 Rn. 15; *Ramsauer* in Kopp/Ramsauer, 19. Auflage 2018, § 13 Rn. 21.

**31** § 13 Abs. 1 Nr. 4, Abs. 2 VwVfG; auch andere nicht in § 13 Abs. 1 VwVfG genannte können Beteiligte sein, „wenn ihnen diese Stellung in einer speziellen gesetzlichen Regelung zugewiesen wird“, vgl. *Gerstner-Heck* in BeckOK VwVfG, 42. Ed. 2018, § 13 Rn. 5; auch nur partielle Zuweisung möglich.

**32** Sog. formaler Beteiligtenbegriff (hM); vgl. *Gerstner-Heck* in BeckOK VwVfG, 42. Ed. 2018, § 13 Rn. 3; *Schmitz* in Stelkens/Bonk/Sachs, VwVfG, 9. Aufl. 2018, § 13 Rn. 21.

**33** *Schmitz* in Stelkens/Bonk/Sachs, VwVfG, 9. Aufl. 2018, § 13 Rn. 13 ff.; *Gerstner-Heck* in BeckOK VwVfG, 42. Ed. 2018, § 13 Rn. 7.

**34** *Schmitz* in Stelkens/Bonk/Sachs, VwVfG, 9. Aufl. 2018, § 13 Rn. 13.

**35** I.S.v. § 13 Nr. 2 VwVfG i.V.m. § 41 Abs. 1 S. 1 1. Alt. VwVfG.

Aktionär. Die Emittentin wird von dem Bescheid also materiell nicht betroffen und ist nicht dessen Adressatin.

Die Emittentin kann ggf. gekorene Beteiligte sein, wenn sie nach § 13 Abs. 1 Nr. 4, Abs. 2 VwVfG zum Verfahren hinzugezogen wird.[36] Die Behörde kann Dritte nach ihrem Ermessen[37] hinzuziehen, deren rechtliche Interessen durch den Ausgang des Verfahrens berührt werden können; sie müssen hinzugezogen werden, wenn der Verfahrensausgang für sie rechtsgestaltende Wirkung hat.[38] Da der Bußgeldbescheid aber nur *inter partes* wirkt, schließt dies eine rechtsgestaltende Wirkung aus. Falls die BaFin die Emittentin dennoch hinzuzieht, kann sie als Beteiligte des Verfahrens grundsätzlich Akteneinsicht beantragen.

**bb) Akteneinsichtsrecht von Nichtbeteiligten**

Unter Umständen können auch Nichtbeteiligte Akteneinsicht nehmen; der Anspruch gründet insbesondere im Rechtsstaatsprinzip nach Art. 20 Abs. 3 GG.[39] Sie müssen ein berechtigtes Interesse darlegen können. Die Rechtsprechung begrenzt ein berechtigtes Interesse von Nichtbeteiligten aber auf seltene Fälle. Ein Einsichtsrecht besteht insbesondere, wenn ein Nichtbeteiligter Rechtsschutz gegen eine behördliche Entscheidung ersuchen oder Sekundäransprüche gegen die öffentliche Hand verfolgen will und die Kenntnis des Akteninhalts Voraussetzung für eine aussichtsreiche Rechtsverfolgung ist.[40] Das Akteneinsichtsrecht nichtbeteiligter Dritter wird also zur Gewährleistung effektiven Rechtsschutzes (Art. 19 Abs. 4 GG) anerkannt, wenn ansonsten eine Informationsasymmetrie gegenüber der öffentlichen Hand bestünde. Dies ist aber nicht auf die Fallgestaltung übertragbar, in der die Emittentin Informationen zur Abwehr einer zivilrechtlichen Klage durch Aktionäre erlangen will. Das ungeschriebene Einsichtsrecht dient nicht dazu, die Ausforschung von Behörden zum Zwecke der Rechtsverfolgung

---

**36** Die Hinzuziehung geschieht durch konstitutiven Bescheid, *Gerstner-Heck* in BeckOK VwVfG, 42. Ed. 2018, § 13 Rn. 12; *Sennekamp* in Obermayer/Funke-Kaiser, VwVfG, 1. Auflage 2014, § 13 Rn. 20; *Ramsauer* in Kopp/Ramsauer, 19. Auflage 2018, § 13 Rn. 24

**37** *Gerstner-Heck* in BeckOK VwVfG, 42. Ed. 2018, § 13 Rn. 19; *Sennekamp* in Obermayer/Funke-Kaiser, VwVfG, 1. Auflage 2014, § 13 Rn. 27.

**38** § 13 Abs. 2 S. 1 VwVfG; dies gilt auch dann, wenn das behördliche Ermessen auf Null reduziert ist, vgl. *Sennekamp* in Obermayer/Funke-Kaiser, VwVfG, 1. Auflage 2014, § 13 Rn. 28 ff.

**39** OVG Schleswig NVwZ 1996, 408; VG Potsdam LKV 2000, 319; *Kallerhoff/Mayen* in Stelkens/Bonk/Sachs, VwVfG, 9. Aufl. 2018, § 29 Rn. 37 f.; vgl. auch FG Saarbrücken EFG 2010, 616, welches hervorhebt, dass im Steuerrecht ein Akteneinsichtsrecht (auch Dritter) gerade nicht vorgesehen ist.

**40** BVerwGE 30, 145, 106; OVG Schleswig NVwZ 1996, 408, 409; VG Potsdam LKV 2000, 319; FG Saarbrücken EFG 2010, 616.

gegenüber anderen Privaten zu ermöglichen, sondern zum Ausgleich der strukturellen Unterlegenheit betroffener Grundrechtsträger gegenüber der öffentlichen Hand. Der Emittentin steht daher auch insofern kein Akteneinsichtsrecht gegenüber der BaFin zu.

#### b) Zwischenergebnis zum Einsichtsrecht nach § 29 Abs. 1 S. 1 VwVfG

Mit Ausnahme der Fälle einer förmlichen Hinzuziehung fehlt der Emittentin die Beteiligteneigenschaft im Ermittlungsverfahren. Daran dürfte ein Auskunftsanspruch nach § 29 Abs. 1 VwVfG in der Praxis regelmäßig scheitern. Dies entspricht auch der Verwaltungspraxis der BaFin. Darüber hinaus steht ihr auch kein Akteneinsichtsrecht als Nichtbeteiligte zu.

### 2. Auskunftsanspruch nach § 1 Abs. 1 S. 1, Abs. 2 IFG

§ 1 Abs. 1 S. 1, Abs. 2 IFG eröffnet Informationsbegehren gegenüber Behörden des Bundes. Nach Abs. 1 S. 1 hat grundsätzlich jeder Anspruch auf Zugang zu amtlichen Informationen.[41] Abs. 2 regelt die Art und Weise, wie Informationen zugänglich zu machen sind. Die Akteneinsicht stellt dabei nur eine von mehreren Möglichkeiten dar.[42]

#### a) Anspruchsvoraussetzungen

Anspruchsgegenstand sind Informationen gem. § 2 Nr. 1 IFG. Ein besonderes Informationsinteresse ist nicht erforderlich.[43] Die Einschränkung „nach Maßgabe dieses Gesetzes" ist als Hinweis auf die Ausschlussgründe der §§ 3 ff. IFG zu verstehen.[44] Eine Ablehnung des Antrags der Emittentin kann die BaFin allein über die Ausschlusstatbestände der §§ 3 ff. IFG gewärtigen. In Betracht kommen die Ausnahmetatbestände der § 3 Nr. 4 und § 7 Abs. 2 IFG.

---

41 *Schoch* in Schoch, IFG, § 1 Rn 15 f.
42 *Schoch* in Schoch, IFG, § 1 Rn 247 f.
43 *Debus* in BeckOK InformR, 23. Ed. 2019, § 1 IFG Rn. 152 ff.; *Schoch* in Schoch, IFG, § 1 Rn. 19.
44 *Debus* in BeckOK InformR, 23. Ed. 2019, § 1 IFG Rn. 116.

### b) Entgegenstehende Geheimhaltungspflichten, § 3 Nr. 4 IFG

Die BaFin lehnt Auskunftsanträge von Emittenten regelmäßig unter Berufung auf § 3 Nr. 4 IFG ab. Danach besteht der Anspruch nicht, wenn die Information einer durch Rechtsvorschrift geregelten Geheimhaltungs- oder Vertraulichkeitspflicht oder einem Berufs- oder besonderen Amtsgeheimnis unterliegt. Das IFG erstreckt damit die Ablehnungsgründe auf fachgesetzliche Geheimhaltungstatbestände, wozu auch § 21 Abs. 1 WpHG zählt.[45] Die Norm adressiert nicht nur die Bediensteten der BaFin, sondern auch sie selbst.[46] § 21 Abs. 1 S. 1 WpHG verdrängt als spezielles Fachgesetz die Ausnahmevorschriften nach §§ 5 und 6 IFG.[47] Entscheidend ist also, ob die von der Emittentin begehrten Informationen nach § 21 Abs. 1 WpHG geheimhaltungspflichtig sind.[48]

Betriebs- und Geschäftsgeheimnisse unterfallen dem Schutz von Art. 12 Abs. 1 und Art. 14 Abs. 1 GG.[49] Sie sind auf ein Unternehmen bezogene Tatsachen und Vorgänge, die nur einem begrenzten Personenkreis zugänglich sind und an deren Nichtverbreitung der Geheimnisträger ein berechtigtes Interesse hat.[50] Beim Geheimhaltungsinteresse kommt es neben dem subjektiven Geheimhaltungswillen auf die Möglichkeit einer nachteiligen Beeinflussung der Wettbewerbsposition des Unternehmens an.[51] Ein anerkennenswertes Geheimhaltungsinteresse besteht nicht, wenn, wie im Fall des § 33 WpHG, die Informationen Gegenstand kapitalmarktrechtlicher Veröffentlichungspflichten sind.[52] Die Schutzwürdigkeit eines Geheimnisses soll entfallen, wenn sich die Offenlegung auf Rechtsverstöße des

---

45 *Gurlit* NZG 2014, 1161, 1164.

46 So bereits zum alten § 8 WpHG VGH Kassel NVwZ 2010, 1036, 1044; VG Frankfurt a. M. NVwZ 2008, 1384, 1386; *Gurlit* NZG 2014, 1161, 1164 m.w.N.; a. A. VGH Kassel BeckRS 2014, 48106 Rn. 72.

47 BVerwG NVwZ 2011, 1012, 1013; VGH Kassel NVwZ 2010, 1036, 1044; *Gurlit* WM 2009, 773, 777; *Fetzer* in Fluck/Fetzer/Fischer, Informationsfreiheitsrecht, § 1 IFG Rn. 14.

48 Soweit § 21 Abs. 1 S. 1 WpHG den Schutz personenbezogener Daten aufgreift, können Daten des Aktionärs und von Geschäftspartnern relevant werden. Datenschutzrechtliche Hürden bei der Offenbarung von Daten über Dritte können ggf. gemieden werden durch Anonymisierung. Daten des Aktionärs sind über den Schutz von Betriebs- und Geschäftsgeheimnissen erfasst.

49 Zum Schutz nach Art. 12 Abs. 1 GG vgl. BVerfGE 115, 205, 229, 248; zu Art. 14 Abs. 1 GG vgl. BVerwG BeckRS 2014, 45857 Rn. 8 (Az.: 20 F 11.12). Vgl. ferner *Kloepfer/Grewe* NVwZ 2011, 577, 578 f.

50 Sog. Geheimhaltungsinteresse: BVerfGE 115, 205, 230 f.; BVerwG NVwZ 2011, 1012, 1014.

51 BVerwG NVwZ 2010, 189, 193; BVerwG NVwZ 2009, 1114, 1116.

52 BVerwG NVwZ 2011, 1012, 1014 m. Anm. *Möllers/Niedorf* EWiR 2011, 569; *Möllers/Wenninger* ZHR 170 (2006), 455, 472; *Gurlit* WM 2009, 773, 778; *Gurlit* NZG 2014, 1161, 1164 unter Heranziehung der behördlichen Befugnis zur Ersatzvornahme gem. § 4 Abs. 6 WpHG a. F. (nun § 6 Abs. 14 WpHG).

Geheimnisinhabers bezieht.[53] Bei dem für einen Rechtsverlust erforderlichen Nachweis geht es gerade um bußgeldbewehrte Meldepflichtverstöße des Aktionärs.

Jedoch steht ein Verstoß gegen Veröffentlichungspflichten bei Beantragung der Akteneinsicht regelmäßig noch nicht fest – zumal nicht, bevor das Ermittlungsverfahren abgeschlossen ist. Bloße Behauptungen von Meldepflichtverstößen allein lassen die Schutzwürdigkeit des Geheimhaltungsinteresses des Aktionärs nicht entfallen, da Veröffentlichungen über vermeintlich rechtswidriges und insbesondere strafbares Verhalten gerade im Wertpapierrecht eine erhebliche Sprengkraft und damit einhergehend eine Prangerwirkung entwickeln können.[54] Würden sämtliche Verwaltungsvorgänge, die die Überprüfung vermeintlich rechtswidriger Vorgänge zum Gegenstand haben, dem Geheimhaltungsinteresse entzogen, drohte eine Aushöhlung des Geheimnisschutzes.[55]

#### c) Unverhältnismäßiger Verwaltungsaufwand, § 7 Abs. 2 IFG

Für den Fall, dass das Ermittlungsverfahren abgeschlossen ist, kann die BaFin die Gewährung des Zugangs zu Informationen nicht verweigern, weil ihr ein unverhältnismäßiger Verwaltungsaufwand entstehe. Die BaFin stützt sich häufig darauf, ein IFG-Anspruch bestehe jedenfalls nur mit Blick auf verstreute einzelne Teile des Akteninhalts, die übrigen Informationen seien von Ausschlussgründen erfasst. Die Separierung der offenbarungsfähigen Passagen führe zu einem unverhältnismäßigen Verwaltungsaufwand[56], weshalb die Auskunft insgesamt zu versagen sei.

Unverhältnismäßigkeit liegt noch nicht vor bei einem lediglich „deutlich höhere(n) Verwaltungsaufwand" im Sinne des § 1 Abs. 2 S. 3 IFG, da jener nur zu einer Beschränkung des Anspruchs auf bestimmte Auskunftsarten führt.[57] § 7 Abs. 2 S. 1 IFG führt dagegen zum vollständigen Ausschluss.[58] Für die Unver-

53 VG Frankfurt a. M. ZIP 2008, 2138; VG Berlin BeckRS 2010, 56185; *Gurlit* NZG 2014, 1161, 1164 f.; weitere Nachweise bei *Spindler* ZGR 2011, 690, 710, Fn. 132.

54 *Spindler* ZGR 2011, 690, 711 ff.

55 *Spindler* ZGR 2011, 690, 711.

56 Wann Unverhältnismäßigkeit vorliegt, ist umstritten, vgl. *Sicko* in BeckOK InformR, 23. Ed. 2019, § 7 Rn. 51 ff. m. w. N.

57 *Schoch* in Schoch, IFG, § 1 Rn 273 f.

58 VGH Kassel NVwZ 2010, 1036, 1041 a. E.; VGH Kassel BeckRS 2010, 49021; VGH Kassel DÖV 2014, 496; *Fluck* in Fluck/Fetzer/Fischer, Informationsfreiheitsrecht, § 7 IFG Rn. 106; *Schoch* in Schoch, IFG, § 7 Rn. 98.

hältnismäßigkeit müssen also hohe Voraussetzungen gelten. Das BVerwG betont, dass die Bearbeitung von Anträgen nach dem IFG mittlerweile zum originären Aufgabengebiet der Behörde gehöre und diese sich darauf einstellen müsse.[59] Dies gilt umso mehr für die BaFin als Großbehörde, bei der ein besonders hohes Aufkommen an IFG-Anträgen alltäglich ist. Zum Verwaltungsaufwand ins Verhältnis zu nehmen ist nach dem BVerwG der Erkenntnisgewinn bei Erteilung der begehrten Auskunft.[60] Selbst wenn ein gewisser Verwaltungsaufwand durch die Unterrichtung der Emittentin entstehen sollte, ist bei dem Vorwurf der Meldepflichtverletzung (§ 33 WpHG) nicht ersichtlich, dass der Aufwand unverhältnismäßig sein könnte. Immerhin handelt es sich um eine für die Emittentin bedeutende Auskunft im Zivilprozess, um der gesetzlichen Sanktion aus § 44 WpHG Geltung zu verschaffen. Dies zu verhindern lässt sich durch den damit einhergehenden Arbeitsaufwand der für die Wahrung des WpHG zuständigen Aufsichtsbehörde nicht rechtfertigen.

#### cc) Zwischenergebnis Ansprüche nach IFG

Der Emittentin stehen jedenfalls vor Abschluss des Ermittlungsverfahrens keine Auskunftsansprüche nach dem IFG gegenüber der BaFin zu. Die Geheimhaltungspflicht aus § 21 Abs. 1 WpHG i.V.m. § 3 Nr. 4 IFG steht dem entgegen. Nach Abschluss des Ermittlungsverfahrens kann die BaFin die Auskunft zumindest nicht aufgrund des damit verbundenen Arbeitsaufwands verweigern.

## V. Beiziehung von Akten im Prozess

### 1. Ersuchen nach § 273 Abs. 2 Nr. 2 ZPO

Angesichts der Zwischenerkenntnis, dass in der Regel kein Anspruch der Emittentin auf Akteneinsicht in die Ermittlungsakte der BaFin besteht, stellt sich die Frage, ob nicht eine Beiziehung durch das Gericht Abhilfe schaffen kann. Stützt sich die Emittentin im Zivilprozess durch substantiierten Vortrag auf einen Rechtsverlust und tritt Beweis an durch Beiziehung der Ermittlungsakten der BaFin, kann das Gericht nach § 273 Abs. 2 Nr. 2 ZPO vorgehen. Zur Vorbereitung des Termins zur mündlichen Verhandlung kann es Behörden um Mitteilung von

---

59 BVerwG NVwZ 2016, 1014, 1016 unter Bezugnahme auf BVerwGE 152, 241.
60 BVerwG BeckRS 2016, 46247.

Urkunden ersuchen. Die Mitteilung von Urkunden kann sich auch auf die komplette Akte beziehen.[61]

## 2. Unzulässige Amtsermittlung?

Darlegungs- und beweisbelastet für die Einwendung des Rechtsverlusts ist die Emittentin. Die Darlegungs- und Beweislast richtet sich nach den allgemeinen Grundsätzen des Zivilprozesses.[62] Demnach muss derjenige eine Tatsache darlegen und beweisen, für den diese günstig ist. Indem das Gericht die Ermittlungsakten der BaFin beizieht und (ggf. nur teilweise) in den Prozess einführt, werden im Interesse der beklagten Emittentin als darlegungs- und beweisbelasteter Partei durch das Gericht Informationen beschafft, auf die sie, wie aufgezeigt, sonst keinen Zugriff gehabt hätte. Die Beiziehung von Akten ist jedoch kein Akt der Amtsermittlung und steht dem den Zivilprozess prägenden Beibringungsgrundsatz nicht entgegen. § 273 Abs. 2 Nr. 2 ZPO sieht ausdrücklich vor, dass zur Vorbereitung jedes Termins Behörden oder Träger eines öffentlichen Amtes um Mitteilung von Urkunden oder Erteilung amtlicher Auskünfte ersucht werden können. Ohne zur Amtsermittlung zu ermächtigen, ist die Beiziehung von Akten zulässig, wenn und soweit sich eine Partei auf diese Akten bezogen hat.[63] Das BVerfG erkennt § 273 Abs. 2 Nr. 2 ZPO ausdrücklich als Instrument an, um Parteivortrag zu substantiieren, bei dem dies ohne Kenntnis der Ermittlungsakten nicht möglich wäre.[64]

## 3. § 273 Abs. 2 Nr. 2 ZPO vs. Verschwiegenheitspflicht nach § 21 WpHG

Bei Ersuchen nach § 273 Abs. 2 Nr. 2 ZPO beruft sich die BaFin regelmäßig auf ihre Verschwiegenheitspflicht gemäß § 21 Abs. 1 WpHG. Ob Zivilgerichten Unterlagen aus Ermittlungsverfahren der BaFin zur Einsichtnahme zur Verfügung gestellt werden dürfen, ist in Rechtsprechung und Literatur umstritten. Die ältere Lite-

---

61 *Foerste* in Musielak/Voit, ZPO, 15. Aufl. 2018, § 273 Rn. 11; *Hohlfeld*, Die Einholung amtlicher Auskünfte im Zivilprozess, 1995, S. 41 ff.

62 OLG Düsseldorf AG 2010 711, 712 f.; OLG Düsseldorf NZG 2009 260, 262; OLG Stuttgart AG 2009, 204, 212; OLG Stuttgart AG 2009, 124, 127 f.; *Petersen* in Spindler/Stilz, AktG, 4. Aufl. 2019, §§ 33 – 47 WpHG Rn. 118.

63 BGH NJW 2004, 1324, 1325; BVerfG ZIP 2014, 990; *Greger* in Zöller, ZPO, § 273 Rn. 7.

64 BVerfG ZIP 2014, 990, 991.

ratur zu § 8 WpHG a. F. bejahte dies oftmals.[65] Vor dem Hintergrund der jüngeren Rechtsprechung des EuGH, der Ausnahmen vom europarechtlich gewährleisteten Berufsgeheimnis für Finanzmarktbehörden eng auslegt (dazu sogleich),[66] steht das neuere Schrifttum dem kritisch gegenüber.[67] Auch die verwaltungsgerichtliche Rechtsprechung vertritt eher eine restriktive Auffassung bei der Weitergabe von Informationen aus Ermittlungsverfahren der BaFin, wenngleich diese Rechtsprechung keine Ersuchen nach § 273 Abs. 2 Nr. 2 ZPO betrifft.[68]

Im Folgenden gehen wir den Fragen nach, ob die Beiziehung von Ermittlungsakten der BaFin auf Grundlage des vom BVerfG entwickelten sog. „Doppeltürmodells“ zulässig ist oder ob die Verschwiegenheitspflicht nach § 21 Abs. 1 WpHG auch unter Berücksichtigung europarechtlicher Vorgaben dem entgegensteht.

#### a) Rechtsprechung des BVerfG als Grundlage für die Beiziehung von BaFin-Ermittlungsakten durch Zivilgerichte

Nach der Rechtsprechung des BVerfG gilt bei Einsichtsbegehren nach § 273 Abs. 2 Nr. 2 ZPO in Ermittlungsakten der Staatsanwaltschaft zur Durchführung eines zivilgerichtlichen Verfahrens das sog. „Doppeltür-Modell“:[69] Für den Datenaustausch zur staatlichen Aufgabenwahrnehmung sind jeweils Rechtsgrundlagen für die korrespondierenden Eingriffe notwendig.[70] Rechtsgrundlage für die Aktenanforderung durch das Zivilgericht ist § 273 Abs. 2 Nr. 2 ZPO. In dem vom BVerfG entschiedenen Fall war § 474 StPO die korrespondierende Rechtsgrundlage für die Staatsanwaltschaft, dem Zivilgericht Einsicht in die Akten zu gewähren; es sei verfassungsrechtlich nicht zu beanstanden, wenn bei Ersuchen nach § 273 Abs. 2 Nr. 2 ZPO die Eingrenzung des Datenaustauschs auf der ersuchenden Seite, also durch das Zivilgericht erfolgt; für einen etwaigen Eingriff in Art. 12 Abs. 1 GG, soweit Betriebs- und Geschäftsgeheimnisse betroffen sind, stelle die Durchführung eines gerichtlichen Verfahrens grundsätzlich einen legitimen Zweck dar; die

65 *Döhmel* in Assmann/Schneider, WpHG, 6. Aufl. 2012, § 8 Rn. 37; *Möllers/Wenninger* in KK-WpHG, § 8 Rn. 46, 48.

66 EuGH v. 12.11.2014, Rs. C-140/13, ZIP 2014, 2307 (Altmann); EuGH v. 19.06.2018, Rs. C-15/163, NJW 2018, 2615 (Baumeister); EuGH v. 13.09.2018, Rs. C-594/16, BeckRS 2018, 21408 (Buccioni).

67 *Döhmel* in Assmann/Schneider/ Mülbert, Wertpapierhandelsrecht, 7. Aufl. 2019, § 21 Rn. 61 f.; *Beck* in Schwark/Zimmer, KMRK, § 8 WpHG Rn. 24.

68 VGH Kassel NVwZ 2010, 1036: kein Zugang zu Unterlagen über Geschäftsbeziehungen Dritter.

69 BVerfG ZIP 2014, 990; BVerfGE 130, 151, 184, NJW 2012, 1419.

70 BVerfG ZIP 2014, 990, 991.

Verhältnismäßigkeit des Eingriffs sei im Rahmen einer Interessenabwägung durch das Zivilgericht zu beurteilen.[71]

Dass diese Rechtsprechung auch auf den Datenaustausch zwischen dem Zivilgericht und der BaFin als der für die Verfolgung von Ordnungswidrigkeiten zuständigen Behörde zu übertragen ist, soll im Folgenden aufgezeigt werden.

### b) § 21 Abs. 1 WpHG als Rechtsgrundlage der Datenweitergabe

Vertrauliche Informationen unterliegen dem Berufsgeheimnis der BaFin, § 21 Abs. 1 WpHG. Eine Weitergabe ist nur ausnahmsweise erlaubt, damit aber auch nicht schlechthin verboten. § 21 WpHG regelt zwar nicht positiv die Befugnis zur Weitergabe an Gerichte und auch nicht etwaige Voraussetzungen; die Regelung setzt sie aber in Abs. 1 voraus, wenn kein unbefugtes Offenbaren oder Verwenden vorliegt. § 21 Abs. 1 WpHG ist daher grundsätzlich die Rechtsgrundlage für die Weitergabe von Ermittlungserkenntnissen.

#### aa) Wortlaut und Systematik des § 21 Abs. 1 WpHG

Ausdrücklich erlaubt bzw. ausdrücklich kein unbefugtes Offenbaren ist gemäß § 21 Abs. 1 S. 3 Nr. 1 WpHG die Weitergabe vertraulicher Informationen an Strafverfolgungsbehörden oder an für Straf- und Bußgeldsachen zuständige Gerichte. Teilweise wird versucht, ein Verbot der Datenherausgabe an Zivilgerichte daraus abzuleiten, dass sie in § 21 Abs. 1 S. 1, 3 Nr. 1 WpHG nicht ebenfalls ausdrücklich genannt sind.[72] Der Wortlaut von § 21 Abs. 1 S. 1, 3 Nr. 1 WpHG[73] trägt diese Sichtweise jedoch nicht.[74] Es handelt sich bei der Aufzählung in § 21 Abs. 1 S. 3 WpHG nicht um einen *numerus clausus* gesetzlicher Ausnahmen von der Geheimhaltungspflicht. Denn das Wort „insbesondere“ in § 21 Abs. 1 S. 3 WpHG verdeutlicht, dass es sich lediglich um eine exemplarische und daher nicht abschließende Aufzählung von Regelbeispielen handelt. Weshalb eine Informationsweitergabe nur an einzelne Teile der ordentlichen Gerichtsbarkeit zulässig

---

**71** BVerfG ZIP 2014, 990.

**72** VGH Kassel NVwZ 2010, 1036, 1044; VG Köln BeckRS 2008, 38186; *Döhmel* in Assmann/Schneider/Mülbert, Wertpapierhandelsrecht, 7. Aufl. 2019, § 21 Rn. 62; *Bruchwitz* in Just/Voß/Ritz/Becker, WpHG, § 8 Rn. 12; *Beck* in Schwark/Zimmer, KMRK, § 8 WpHG Rn. 24; *Schlette/Bouchon* in Fuchs, WpHG, § 8 Rn. 21; *Spindler* ZGR 2011, 690, 720; zur Parallelvorschrift des § 9 KWG: *Schulte-Mattler/Lindemann* in Boos/Fischer, KWG, § 9 Rn. 29.

**73** Dieser entspricht der alten Regelung des § 8 Abs. 1 Satz 1, 3 Nr. 1 WpHG a. F.

**74** *Gurlit* WM 2009, 773, 778, Fn. 85.

sein sollte, die Gerichte der übrigen ordentlichen Gerichtsbarkeit oder anderer Gerichtsbarkeiten aber generell ausgeschlossen sein sollten, ist auch nicht ersichtlich. Dies lässt sich nicht etwa durch das besondere öffentliche Interesse an der Strafverfolgung rechtfertigen, da ein öffentliches Interesse zum einen bei Antragsdelikten u.U. gar nicht besteht und zum anderen auch z.B. bei Ersuchen von Verwaltungs- oder Finanzgerichten oder aber auch in dem vorliegend diskutierten Fall zu bejahen sein dürfte, da es letztlich um die Wahrung von § 44 WpHG im Zivilprozess geht. Weder der Wortlaut der Vorschrift, der ein unbefugtes Offenbaren oder Verwenden von bei der Tätigkeit bekannt gewordenen Tatsachen verbietet, noch die Systematik stehen einer Datenweitergabe an Zivilgerichte entgegen. § 21 Abs. 1 WpHG ist daher Rechtsgrundlage i. S. d. Rechtsprechung des BVerfG für die BaFin zur Weitergabe von Informationen aus der Ermittlungsakte an das anfordernde Zivilgericht.

### bb) Anwendung der Grundsätze des BVerfG

Die Weitergabe von für das ersuchende Gericht entscheidungserheblichen Ermittlungserkenntnissen ist zwar vom Wortlaut und der Systematik des § 21 Abs. 1 WpHG gedeckt. Sie stellt dennoch einen Eingriff in Art. 12 Abs. 1 GG dar, wenn die BaFin-Akten Betriebs- oder Geschäftsgeheimnisse des meldepflichtigen Aktionärs oder von Dritten enthalten. Die Durchführung eines Zivilprozesses rechtfertigt aber den Eingriff, wenn in ihm die Vorschriften des WpHG, insb. § 44 WpHG, zur Anwendung gebracht werden, wenn die Informationen also entscheidungserheblich sind. Denn neben der BaFin sind die Zivilgerichte selbst dazu berufen, die Vorschriften des WpHG durchzusetzen. Der Prozess dient der wirksamen Durchsetzung kapitalmarktrechtlicher Vorschriften auf Rechtsanwendungsebene und sichert die Integrität und Funktionsweise des Kapitalmarkts. Die Rechtsordnung sieht diese Ziele als schützenswert und im öffentlichen Interesse liegend an, wie die Schaffung des WpHG zeigt.[75]

#### (1) Weitergabepflicht der BaFin

Bei der angestrebten Verwertung der Ermittlungsergebnisse der BaFin im Zivilprozess geht es gerade um die Beachtung eines durch § 44 WpHG angeordneten

75 Vgl. BVerfG ZIP 2014, 990, 991 zur Rechtfertigung des Eingriffs in Art. 12 Abs. 1 GG zur Durchsetzung des Kartellverbots; ähnlich auch *Döhmel* in Assmann/Schneider/Mülbert, WpHG, 6. Aufl. 2012, § 21 Rn. 61, der darauf abstellt, dass eine Weitergabe von Ermittlungserkenntnissen zum Schutz höherrangiger Rechtsgüter und im öffentlichen Interesse an der Sicherstellung der Finanzmarktaufsicht und -stabilität erfolgen könne.

Rechtsverlusts. Dieser wäre die gesetzliche Folge einer ermittelten Meldepflichtverletzung. Die BaFin ist zwar gesetzlich verpflichtet, die Einhaltung der Ge- und Verbote des WpHG zu gewährleisten und ihre Verletzung durch Bußgelder zu sanktionieren. Sie hat aber bezogen auf die weitere Sanktion des Rechtsverlusts nach § 44 WpHG kein Entscheidungsmonopol. Vielmehr sind die Zivilgerichte dazu berufen, § 44 WpHG zu prüfen und der gesetzlich angeordneten Sanktion auf Rechtsanwendungsebene Geltung zu verleihen. Die Beiziehung durch das Prozessgericht dient also dazu, der gesetzlich angeordneten Sanktion „Rechtsverlust" im Rahmen einer gerichtlichen Einzelfallentscheidung Rechnung tragen zu können. Die Entscheidung der BaFin in einem Bußgeldverfahren wirkt nicht präjudiziell für die zivilgerichtliche Entscheidung. Die BaFin hat aber ein Monopol bei der effektiven und rechtsstaatlichen Informationsbeschaffung zur Feststellung auch eines Rechtsverlusts. Ihr stehen – anders als Emittenten – effektive Möglichkeiten zur Aufklärung des Sachverhalts zur Verfügung. Würden die Ermittlungsergebnisse der BaFin gegenüber einem zur Entscheidung berufenen Zivilgericht verheimlicht werden, führte dies zum praktischen Leerlauf des § 44 WpHG im Zivilprozess. Die BaFin verletzte durch eine Weigerungshaltung geradezu ihren staatlichen Auftrag zum Schutz des Kapitalmarkts und der Einhaltung des WpHG (vgl. § 6 WpHG). Dies ist bedenklich, haben doch gerade die Vorschriften des WpHG das Ziel, die Funktionsfähigkeit des Kapitalmarkts zu sichern. Die BaFin wahrt durch eine Zurückweisung von Ersuchen nach § 273 Abs. 2 Nr. 2 ZPO also nicht pflichtgemäß Geheimnisse, sondern verhindert eine informierte gerichtliche Entscheidung zum Rechtsverlust nach § 44 WpHG.

Die BaFin muss Ersuchen eines Zivilgerichts immer dann nachkommen, wenn die Ermittlungserkenntnisse zur Beurteilung einer entscheidungserheblichen Frage im Zivilprozess notwendig sind. Dies muss das Zivilgericht im Rahmen des Ersuchens darlegen. Steht ein Rechtsverlust gem. § 44 WpHG im Raum, sind die Ermittlungserkenntnisse regelmäßig entscheidungserheblich. Die Klage des vom Rechtsverlust betroffenen Aktionärs ist entweder bereits unzulässig oder jedenfalls unbegründet.

### (2) Filterfunktion des Gerichts

Das Zivilgericht muss entscheiden, welche Aktenteile es zum Gegenstand des Prozesses macht. Der Eingriff ist zulässig, wenn der Verhältnismäßigkeitsgrundsatz gewahrt wird. Das Gericht muss den Akteninhalt darauf prüfen, welche Inhalte tatsächlich zur Beurteilung der streitigen Rechtsfrage erforderlich sind, es erfüllt mithin eine Filterfunktion.[76] Nur die tatsächlich zur Beurteilung des Vorliegens eines Rechtsverlusts notwendigen Ermittlungserkenntnisse darf das Zivilgericht in den Rechtsstreit einführen. Dies gebietet eine Interessenabwägung, die die schützenswerten Geheimhaltungsinteressen des meldepflichtigen Aktionärs mit dem Rechtsverteidigungsinteresse der Emittentin und dem öffentlichen Interesse an der Effektivität der gesetzlichen Sanktion des § 44 WpHG in Ausgleich bringt. Die Abwägung muss den Rechten des betroffenen Aktionärs und Dritter hinreichend Rechnung tragen und die jeweiligen Vor- und Nachteile bei der Verwirklichung der verschiedenen betroffenen Rechtsgüter in ihrer Gesamtheit einbeziehen. Diese Filterfunktion des ersuchenden Zivilgerichts hat das BVerfG aufgezeigt für den Fall der Beiziehung einer staatsanwaltschaftlichen Ermittlungsakte durch ein Zivilgericht.[77] Nichts anderes kann gelten, wenn es lediglich um die Ermittlungsakte für ein Bußgeldverfahren bei der BaFin geht.

Der Filterfunktion des Zivilgerichts steht auch nicht etwa § 299 Abs. 1 ZPO entgegen, wonach die Parteien die Prozessakten einsehen können. Dieses Recht auf Einsicht ist zwar unbeschränkbar.[78] Die Parteien können daraus aber keinen Anspruch auf unbeschränkte Einsicht in die BaFin-Akte ableiten. Denn im Falle der gerichtlichen Beiziehung einer solchen Verfahrensakte geht es nicht um die Einsicht einer Partei in die Prozessakten des Gerichts, sondern um die Einsicht in die Akte einer anderen Behörde.[79] Für jene Fälle ist anerkannt, dass die Prozessparteien nach § 299 Abs. 1 ZPO kein unbedingtes Recht auf Einsicht in diese haben.[80]

Im Rahmen der Interessenabwägung ist zu berücksichtigen, dass für den meldepflichtigen Aktionär bedeutende und sensible Informationen weitergegeben werden könnten. Hat ein Aktionär im Rahmen solcher Ermittlungshandlungen der BaFin die staatliche Kenntnisnahme von Tatsachen zu dulden, die eine Verletzung von Mitteilungspflichten begründen, spricht dies dafür, dass ihm dies auch im Rahmen eines gerichtlichen Prozesses zumutbar ist. Sind diese Informationen entscheidungserheblich für die Anwendung von § 44 WpHG, wird die gebotene Interessenabwägung regelmäßig ergeben, dass eine Einführung in das Verfahren durch das Zivilgericht geboten ist. Berechtigte Geheimschutzinteressen

76 Eine vergleichbare Filterfunktion ist bspw. auch im Spruchverfahren (§ 7 Abs. 7 S. 2 SpruchG) anerkannt. Auf Antrag des Unternehmens kann der Vorsitzende im Spruchverfahren anordnen, dass Unterlagen aus wichtigen Gründen den Verfahrensbeteiligten nicht zugänglich gemacht werden.

77 „Doppeltür"-Rechtsprechung, vgl. BVerfG ZIP 2014, 990, 991.

78 OLG München NJW 2005, 1130, 1131; *Leipold* in Stein/Jonas, ZPO, § 299 Rn. 12 m.w.N.

79 BVerfG ZIP 2014, 990, 992.

80 *Geimer* in Zöller, ZPO, § 432 Rn. 3; *Prütting* in MüKo-ZPO, § 299 Rn. 6.

des Aktionärs oder auch von Dritten sind dagegen durch das Zivilgericht zu wahren.

### cc) Entgegenstehende Regelungen des Europarechts?

Im Schrifttum wird teilweise die Meinung vertreten, dass europarechtliche Regelungen zum Berufsgeheimnis der Weiterleitung von Ermittlungserkenntnissen durch die BaFin an Zivilgerichte gem. § 273 Abs. 2 Nr. 2 ZPO entgegenstehen. Sie stützt sich maßgeblich auf die EuGH-Urteile in den Rechtssachen Altmann, Baumeister und Buccioni.[81] Der EuGH entschied, dass die Weitergabe von Informationen, die vom Berufsgeheimnis erfasst sind, grundsätzlich verboten und nur unter den engen, so nun in der MiFID II-Richtlinie[82] geregelten Ausnahmen möglich sei.

#### (1) Regelungen der MiFID II-Richtlinie

Die MiFID II-Richtlinie enthält ein grundsätzliches Verbot der Weitergabe von Informationen, die Behörden der Wertpapieraufsicht und ihre Mitarbeiter bei der Ausübung ihrer Tätigkeit erlangen.[83] Die Ausnahmen sind nur unter engen Voraussetzungen einschlägig.[84] Diese liegen regelmäßig nicht vor, wenn die Emittentin als Beklagte im Prozess Beweis antritt durch Beiziehung von BaFin-Ermittlungsakten. Weitere Ausnahmen werden von der BaFin regelmäßig nicht in Betracht gezogen.

Die Richtlinie erlaubt den Behörden aber ausdrücklich, vertrauliche Informationen bei Gerichtsverfahren zu verwenden, die sich auf die Wahrnehmung von Aufgaben der Behörde beziehen.[85] Wenn die Emittentin in einem Zivilprozess von einem Aktionär verklagt wird, ist die Frage eines Rechtsverlusts gem. § 44 WpHG regelmäßig streitentscheidend. Die Zivilgerichte sind, wie aufgezeigt, neben der BaFin dazu berufen, dem Rechtsverlust nach § 44 WpHG Geltung zu

**81** EuGH v. 12.11.2014, Rs. C-140/13, ZIP 2014, 2307 (Altmann); EuGH v. 19.06.2018, Rs. C-15/163, NJW 2018, 2615 (Baumeister); EuGH v. 13.09.2018, Rs. C-594/16, BeckRS 2018, 21408 (Buccioni).

**82** Richtlinie 2014/65/EU (MiFID II); die Richtlinie 2004/39/EG (MiFID) war wortgleich, wurde aber zum 03.01.2018 durch MiFID II ersetzt.

**83** Art. 76 Abs. 3 MiFID II; ein solches Verbot enthält auch Richtlinie 2013/36/EU (CRD IV), vgl. dazu das Buccioni-Urteil.

**84** Art. 76 Abs. 2 MiFID II: Voraussetzungen sind demnach die Eröffnung eines Konkursverfahrens oder die Zwangsabwicklung von Wertpapierfirmen, einem Marktbetreiber oder einem geregelten Markt.

**85** Art. 76 Abs. 1 Hs. 2 i.V.m. Abs. 3 MiFID II.

verschaffen, soweit sich eine Partei darauf beruft. Diese Doppelzuständigkeit von Behörde und Gericht ermöglicht bereits die Weiterleitung von Informationen auf dieser Grundlage.

Die Regelungen über das Berufsgeheimnis steht der Übermittlung vertraulicher Informationen im Einklang mit den maßgebenden nationalen Vorschriften zudem nicht entgegen, wenn diese nicht von der zuständigen Behörde eines anderen Mitgliedstaats empfangen wurden.[86] Die Richtlinie zielt also nicht darauf ab, die nationalen Regelungen über die Rechtshilfe zwischen Gerichten und Behörden auszuhebeln. In den hier maßgeblichen Fällen sind regelmäßig keine Informationen von Behörden anderer Mitgliedstaaten betroffen. Die Befugnis und Pflicht der BaFin zur Informationsweiterleitung ist daher ausschließlich an § 21 WpHG zu messen. Dieses Verständnis verhilft auch § 273 Abs. 2 Nr. 2 ZPO zur notwendigen Geltung. Ein zu umfassend verstandenes Berufsgeheimnis höhlt die Kompetenzen des Zivilgerichts zur Aktenbeiziehung aus. Unter Beachtung des sog. „Doppeltürmodells" des BVerfG ist die Weiterleitung von Informationen demnach am nationalen Recht zu messen und auch europarechtlich nicht zu beanstanden.

### (2) Rechtsprechung des EuGH

Der EuGH vertritt wohl eine restriktivere Interpretation der Richtlinie. Die Übermittlung von dem Berufsgeheimnis unterliegenden Informationen ist nach seiner Ansicht grundsätzlich verboten; die speziellen Fälle, in denen es ausnahmsweise erlaubt ist, seien in der Richtlinie abschließend aufgeführt.[87]

Diese Entscheidungen des EuGH können jedoch nicht mit Recht auf die hier gegenständlichen Fallgestaltungen übertragen werden. In den entschiedenen Fällen begehrten außenstehende Dritte Informationen von den Behörden zur Durchsetzung privater Interessen, und nicht ein nach nationalem Recht zur Entscheidung über § 44 WpHG berufenes Gericht. Der EuGH bezieht den Schutzzweck der Richtlinie vor diesem Hintergrund lediglich auf die überwachten Unternehmen und die handelnden Behörden (mithin das Vertrauen in die Aufsichtstätigkeit selbst).[88] Der Schutz von betroffenen Aktionären, gegen die die Behörde ermittelt hat, wird nicht erwähnt. Die Weigerung der Weiterleitung von Ermitt-

---

**86** Art. 76 Abs. 5 MiFID II

**87** EuGH v. 12.11.2014, Rs. C-140/13, ZIP 2014, 2307, Rn. 34 f. (Altmann); EuGH v. 19.06.2018, Rs. C-15/163, NJW 2018, 2615, Rn. 38 (Baumeister); zur Rechtslage unter der Richtlinie 2013/361 (CRD): EuGH v. 13.09.2018, Rs. C-594/16, BeckRS 2018, 21408 (Buccioni).

**88** EuGH v. 12.11.2014, Rs. C-140/13, ZIP 2014, 2307 (Altmann); EuGH v. 19.06.2018, Rs. C-15/163, NJW 2018, 2615 (Baumeister).

lungserkenntnissen kann dann nicht auf die EuGH-Rechtsprechung gestützt werden, wenn der Anwendungsbereich nicht eröffnet ist. Vertrauliche Informationen liegen jedenfalls dann nicht vor, wenn der klagende Aktionär selbst gegen Vorschriften des WpHG verstoßen hat. Fordert das Zivilgericht unter dieser Prämisse die Ermittlungserkenntnisse an, die dieser vor demselben Hintergrund der Behörde offenbaren musste, hat der Aktionär die Übermittlung zu dulden. Die Informationen musste er der BaFin gerade zum Zweck der Feststellung eines Meldepflichtverstoßes übermitteln. Hinzu kommt, dass der klagende Aktionär den Prozess selbst – ggf. nach § 44 WpHG zu Unrecht – angestrengt hat, in dem das Gericht die Aktenbeiziehung begehrt. Die Prüfung, ob tatsächlich ein Rechtsverlust vorliegt, obliegt, wie soeben dargelegt, dem Zivilgericht nach Maßgabe der nationalen Kompetenzzuweisung.

Den schutzwürdigen Belangen des betroffenen Aktionärs wird bereits durch die auf Grundlage der Rechtsprechung des BVerfG vorgesehene Filterfunktion des Zivilgerichts hinreichend Rechnung getragen. Die Ermittlungsakten der BaFin werden gerade nicht in Gänze den Parteien des Rechtsstreits zur Verfügung gestellt, sondern nur insoweit, als dies zur Beurteilung relevant ist, ob der klagende Aktionär einem Rechtsverlust unterliegt. Eine abstrakte Gefährdung des Vertrauens in die Kapitalmarktaufsicht kann daher nicht als Hinderungsgrund dienen. Zudem sind Zivilgerichte neben der BaFin dazu berufen, dem Instrument des Rechtsverlusts als Folge des Verstoßes gegen kapitalmarktrechtliche Pflichten zur Geltung zu verhelfen.

#### c Zwischenergebnis

Die Verschwiegenheitspflicht steht dem Zugang eines Zivilgerichts zu den Ermittlungsakten der BaFin richtigerweise nicht entgegen. Die BaFin ist vielmehr zur Vorlage der Akten verpflichtet und kann sich insoweit regelmäßig nicht auf § 21 WpHG berufen. Auch europarechtliche Erwägungen stehen dem nicht entgegen.

## VI. Fazit

Richtet ein vom Rechtsverlust betroffener Aktionär Rechtsbehelfe gegen die Emittentin, ist sie im Prozess darlegungs- und beweisbelastet für die Einwendung des Rechtsverlusts. Sie kann ihrer Darlegungs- und Beweislast oftmals mangels hinreichend konkreter Informationen nicht nachkommen. Die BaFin als für die Überwachung von Meldepflichtverstößen zuständige Behörde hat durch ihre Ermittlungsbefugnisse hingegen umfassende Erkenntnismöglichkeiten, beruft sich in der Praxis aber regelmäßig auf das Berufsgeheimnis gem. § 21 Abs. 1 WpHG.

Das Dilemma der Emittentin, dass sich zum einen aus der Darlegungs- und Beweislast und zum anderen aus dem mangelnden Zugang zu Informationen ergibt, lässt sich meist nicht durch Akteneinsichtsersuchen der Emittentin in Ermittlungsakten der BaFin lösen. Mangels Betroffenheit von der behördlichen Entscheidung ist sie nicht Beteiligte des Verfahrens, so dass sie kein Einsichtsrecht hat. Ein Akteneinsichtsrecht Nichtbeteiligter besteht ebenfalls nicht. Auskunftsansprüche nach dem IFG scheitern jedenfalls vor Abschluss des Ermittlungsverfahrens am Berufsgeheimnis gem. § 21 Abs. 1 WpHG. Bloße Behauptungen eines Rechtsverlusts durch die Emittentin reichen gegenüber der BaFin nicht aus, um die Schutzwürdigkeit entfallen zu lassen.

Die Ermittlungserkenntnisse der BaFin können aber im Wege der Beiziehung durch das Zivilgericht gemäß § 273 Abs. 2 Nr. 2 ZPO in den Prozess eingeführt werden. Dem stehen weder die Verschwiegenheitspflicht der BaFin gemäß § 21 WpHG noch europarechtliche Regelungen entgegen. Die Beiziehung ist auf Grundlage der Rechtsprechung des BVerfG zum sog. „Doppeltürmodell" zulässig. Die BaFin muss dem Ersuchen nachkommen, wenn die Ermittlungserkenntnisse im Zivilprozess entscheidungserheblich sind. Welche konkreten Ermittlungserkenntnisse in den Prozess eingeführt werden, entscheidet das Zivilgericht in einem zweiten Schritt. Es übt unter Abwägung der widerstreitenden Interessen eine Filterfunktion aus. Die MiFID II-Richtlinie steht einer Weitergabe von Informationen nicht entgegen. Dies gilt auch für die EuGH-Rechtsprechung, die keine Ersuchen von zur Entscheidung über Fragen des WpHG berufene Gerichte betreffen.

# Zukunftsperspektiven

Florian Möslein

# Smart Contracts im Wertpapierhandelsrecht

Technische Innovation bedingt rechtliche Veränderung, besonders auch im Wertpapierhandelsrecht:[1] Finanzmärkte zeichnen sich durch besonders hohe Innovationskraft aus, vor allem weil die gehandelten Güter immaterieller Natur sind, der Wettbewerb vielfach grenzüberschreitend erfolgt und die betreffenden Märkte sich dadurch besonders dynamisch entwickeln.[2] Auch die digitale Transformation, die Wirtschaft und Gesellschaft derzeit so grundlegend verändert, fand und findet im Wertpapierhandel besonders intensiv Niederschlag: „Das klassische Börsenparkett, auf dem Makler sich Kurse zuriefen, telefonierten oder mit Zetteln herumwedelten, ist den elektronischen Handelssystemen gewichen [...]. Heute werden Order-Aufträge über das Internet abgegeben, Daten automatisiert analysiert, durch IT-Algorithmen ausgewertet und Aktien in Sekundenschnelle weltweit gehandelt".[3]

Der Wandel des Wertpapierhandelsrechts über die vergangenen 25 Jahre lässt sich in großen Teilen als Reaktion auf solche technische Innovation verstehen. Entsprechende Spuren sind an vielen Stellen des Wertpapierhandelsgesetzes (WpHG) zu verzeichnen, besonders bei den Vorschriften, die mit dem sog. Hochfrequenzhandelsgesetz im Jahre 2013 dort Eingang gefunden haben und den Umgang mit algorithmischen Systemen regeln.[4] In der Digitalisierung, hier in Form von Algorithmen und künstlicher Intelligenz, erweist sich nicht nur die Entwicklungsdynamik des Wertpapierhandels sondern auch die Modernität des Wertpapierhandelsrechts. Ein zweiter, zentraler Entwicklungsstrang der Digitalisierung hat in diesem Rechtsgebiet vorerst allerdings ungleich weniger Nieder-

1 Ausführlich zum generellen Spannungsverhältnis etwa *Hofmann-Riem*, Innovation und Recht – Recht und Innovation, 2016; in vertragsrechtlichem Zusammenhang außerdem *Grundmann/Möslein*, in: diess. (Hrsg.), Vertragsrecht und Innovation, im Erscheinen 2019.

2 Näher zu Finanzinnovationen (und deren rechtlicher Relevanz): *Möslein*, Finanzinnovation als Rechtsproblem, ZBB 2013, 1; *Möslein* (Hrsg.), Finanzinnovation und Rechtsordnung – Gestaltung, unternehmerischer Einsatz und Marktregulierung, 2014.

3 *Janssen*, Innovative Ideen verändern den Wertpapierhandel, Börsen-Zeitung vom 4. Juni 2016, S. B3.

4 Gesetz zur Vermeidung von Gefahren und Missbräuchen im Hochfrequenzhandel, BGBl. I 2013, 1162; dazu näher *Jaskulla*, Das deutsche Hochfrequenzhandelsgesetz, BKR 2013, 221; *Kindermann/Coridaß*, Der rechtliche Rahmen des algorithmischen Handels inklusive des Hochfrequenzhandels, ZBB 2014, 178; *Kobbach*, Regulierung des algorithmischen Handels durch das neue Hochfrequenzhandelsgesetz, BKR 2013, 233; *Schultheiß*, Die Neuerungen im Hochfrequenzhandel, WM 2013, 596.

https://doi.org/10.1515/9783110632323-023

schlag gefunden, obwohl er den Wertpapierhandel ebenfalls längst fundamental zu verändern beginnt. Die Rede ist von Blockchain- und Distributed-Ledger-Technologien, die durch den Einsatz vernetzter Computer eine dezentrale Dokumentation von Transaktionen ermöglichen und als technische Grundlage sog. *Smart Contracts* dienen (dazu ausführlich unter I.). Diese Technologien können als Infrastruktur für den Wertpapierhandel zum Einsatz kommen, sie können jedoch auch selbst jene Rechte abbilden, die herkömmlich in Wertpapieren verbrieft werden (dazu unter II.). Beide Einsatzmöglichkeiten werfen eine Reihe wertpapierhandelsrechtlicher Einzelfragen auf, die bislang erst ansatzweise diskutiert werden (näher unter III.). Mit ihrem Potenzial, den Wertpapierhandel grundlegend zu verändern, stellen Smart Contracts das Wertpapierhandelsrecht an seinem 25. Geburtstag vor neue Zukunftsaufgaben, die Bankenpraxis, Rechtsprechung und Gesetzgebung im kommenden Vierteljahrhundert noch intensiv beschäftigen werden: „Das Alte stürzt, es ändert sich die Zeit, und neues Leben blüht aus den Ruinen“.[5]

# I. Technische Grundlagen

Um das Potential des Einsatzes von Smart Contracts im Wertpapierhandel verstehen und die Rechtsfragen, die ein solcher Einsatz aufwirft, überblicken zu können, sind zunächst die technischen Grundlagen blockchain-basierter Smart Contracts überblicksweise zu skizzieren.

## 1. Blockchain- und Distributed-Ledger-Technologien

Mit dem Oberbegriff der Distributed-Ledger-Technolgie bezeichnet man Systeme mit mehreren Teilnehmern, die trotz nicht bekannter Zuverlässigkeit der einzelnen Teilnehmer ohne zentrale Steuerungsautorität verlässlich funktionieren.[6] Unter dem spezielleren Begriff der Blockchain versteht man dezentral verteilte Datenstrukturen, die bestimmte Vorgänge transparent, chronologisch und unveränderbar in einem Netzwerk blockweise abbilden.[7] Man kann die Blockchain

5 v. *Schiller*, Wilhelm Tell, 4. Akt, 2. Szene, Attinghausen (zit. nach Friedrich's von Schiller, Sämmtliche Werke – Vollständige Ausgabe in einem Bande, 1830, S. 597).

6 *Hinckeldeyn*, Blockchain-Technologie in der Supply Chain, 2019, S. 5.

7 S. etwa *Bundesanstalt für Finanzdienstleistungsaufsicht*, Stichwort Blockchain-Technologie, abrufbar unter https://www.bafin.de/DE/Aufsicht/FinTech/Blockchain/blockchain_node.html; vgl. ferner *Roßbach*, in: Möslein/Omlor (Hrsg.), FinTech-Handbuch, 2019, § 4; *Schlatt/Schweizer/*

somit als eine Art dezentrale Datenbank (oder Tabelle) verstehen, in der Einträge in chronologisch sortierten, miteinander verknüpften Blöcken hintereinander gruppiert sind.[8] Sie bildet ein elektronisches Register für digitale Datensätze, Ereignisse oder Transaktionen, die durch die Teilnehmer verteilter Rechnernetze verwaltet werden.[9] Wichtig ist vor allem, wie Veränderungen erfolgen und insbesondere einzelne Transaktionen bestätigt werden: Um Einheitlichkeit und Fälschungssicherheit zu gewährleisten, bedarf es bestimmter Konsensmechanismen, die unberechtigte Änderungen unter Einsatz kryptographischer Verfahren ausschließen. Im Falle des besonders verbreiteten Proof-of-Work (PoW) soll beispielsweise der Aufwand, der für das Lösen bestimmter Rechenaufgaben erforderlich ist, als eine Art Benutzungsentgelt missbräuchlichen Transaktionen vorbeugen.[10]

Distributed-Ledger-Technologien können demnach als System Vertrauen in Transaktionen gewährleisten, ohne dass sich die einzelnen Transaktionspartner gegenseitig zu kennen und zu vertrauen brauchen: Sie fungieren als „Vertrauensarchitektur".[11] Besonders diese Eigenschaft verspricht auf Finanz- und Wertpapiermärkten großes Innovationspotenzial, weil sie den Bedarf an Intermediären, die zur Erzeugung jenes Vertrauens bislang unentbehrlich waren, reduziert oder sogar entfallen lässt.[12] Entsprechend betont der FinTech-Aktionsplan der Europäischen Kommission, dass diese Technologien „vermutlich einen großen Durchbruch bringen, der die Art und Weise wie Informationen oder Vermögenswerte über digitale Netze ausgetauscht, validiert, weitergegeben und genutzt werden, fundamental verändern wird".[13]

---

*Urbach/Fridge*, Blockchain: Grundlagen, Anwendungen und Potenziale (Projektgruppe Wirtschaftsinformatik des Fraunhofer-Instituts für Angewandte Informationstechnik), 2016.

**8** *Walport*, Distributed Ledger Technology: beyond block chain – A report by the UK Government Chief Scientific Adviser, 2015, abrufbar unter https://www.gov.uk/government/uploads/system/uploads/attachment_data/file/492972/gs-16-1-distributed-ledger-technology.pdf, S. 17.

**9** *Condos/Sorrell/Donegan*, Blockchain Technology: Opportunities and Risks, 2016, abrufbar unter http://legislature.vermont.gov/assets/Legislative-Reports/blockchain-technology-report-final.pdf, S. 6 f.

**10** Vgl., auch zu weiteren Konsensmechanismen: *Roßbach*, in: Möslein/Omlor (Hrsg.), FinTech-Handbuch, 2019, § 4 Rn. 45–66.

**11** In diesem Sinne vor allem *Werbach*, The Blockchain and the New Architecture of Trust, 2018.

**12** Allgemein zur Disintermediation von Finanzsystemen: *Rennig*, Finanztechnologische Innovation (FinTech) im Bankaufsichtsrecht, Diss. Marburg 2019, § 4.

**13** Mitteilung der Kommission, FinTech-Aktionsplan: Für einen wettbewerbsfähigeren und innovativeren EU-Finanzsektor, COM(2018) 109 final, S. 14; ausführlich zu diesem Aktionsplan: *Möslein/Omlor*, BKR 2018, 236; vgl. ferner *Möslein*, JuS 2019, 294.

## 2. Smart Contracts

Zu den vielversprechendsten Anwendungen der Blockchain- und Distributed-Ledger-Technologien zählen Smart Contracts, also selbstdurchsetzende Vereinbarungen, die typischerweise als Quellcode in der Blockchain gespeichert sind. In der Zeitschrift Economist hieß es vor einiger Zeit, Smart Contracts versprächen, die Wirtschaft stärker zu verändern als jede andere Eigenschaft der Blockchain.[14] Der Begriff selbst wird freilich ganz unterschiedlich definiert. *Nick Szabo*, der diese Bezeichnung bereits Mitte der 1990er Jahre prägte, spricht teils von Software-Transaktionsprotokollen, die Vertragsbedingungen ausführen,[15] teils von einer Reihe von Versprechen in digitaler Form, einschließlich der Protokolle, mit deren Hilfe die Parteien diese Versprechen einhalten.[16] Smart Contracts sind nicht notwendigerweise Verträge im Rechtssinne, vermögen aber rechtlich relevante Handlungen zu steuern, zu kontrollieren und zu dokumentieren.[17] Es handelt sich um Vorrichtungen, die lediglich technische, aber nicht notwendig rechtswirksame Veränderungen auslösen.[18] Ein schweizerischer Bundesratsbericht beschreibt Smart Contracts treffend als „Computerprotokoll, meist basierend auf einem dezentralen Blockchainsystem, das die automatisierte Vertragserfüllung zwischen

---

**14** So namentlich N.N., Disrupting the Trust Business, The Economist, July 15th 2017, abrufbar unter https://www.economist.com/the-world-if/2017/07/15/disrupting-the-trust-business („smart contracts promise to change the economy more than any other feature of the blockchain").

**15** *Szabo*, Smart Contracts, 1994, abrufbar unter http://www.fon.hum.uva.nl/rob/Courses/InformationInSpeech/CDROM/Literature/LOTwinterschool2006/szabo.best.vwh.net/smart.contracts.html; vgl. auch *ders.*, 'Formalizing and Securing Relationships on Public Networks', 1997, First Monday, 2, abrufbar unter http://firstmonday.org/ojs/index.php/fm/article/view/548/469-publisher=First; s. außerdem *Möslein*, ZBB 2018, 208, 215.

**16** *Szabo*, Smart Contracts: Building Blocks for Digital Markets, 1996, abrufbar unter http://www.fon.hum.uva.nl/rob/Courses/InformationInSpeech/CDROM/Literature/LOTwinterschool2006/szabo.best.vwh.net/smart_contracts_2.html; dazu etwa *Finck*, in: Fries/Paal (Hrsg), Smart Contracts, S. 1.

**17** *Braegelmann/Kaulartz*, in: diess. (Hrsg.), Rechtshandbuch Smart Contracts, 2019, Rdn. 17–29; vgl. ferner *Eschenbruch/Gerstberger*, NZBau 2018, 3; *Simmchen*, MMR 2017, 162, 163; *Kaulartz/Heckmann*, CR 2016, 618, 619 und 621; *Wagner*, BB 2017, 898, 901.

**18** So etwa *Glatz*, Smart Contracts: Chancen und Herausforderungen algorithmischer Vertragsgestaltung, in: Breidenbach/ders. (Hrsg.), Rechtshandbuch Legal Tech, 2018, S. 112 (5.3, Rn. 12: „in einem faktischen Sinne verbindlich"); *Heckelmann*, NJW 2018, 504, 505 („lediglich die technische Möglichkeit, dass nach Eintritt bestimmter Bedingungen vorher festgelegte Maßnahmen vollzogen werden"); ähnlich *Linadartos*, K&R 2018, 85, 91; D. *Paulus/Matzke*, ZfPW 2018, 431, 433 f.; *Sattler*, BB 2018, 2243, 2249; *Schrey/Thalhofer*, NJW 2017, 1431.

zwei oder mehr Parteien mit vorgängig codierten Angaben ermöglicht".[19] Charakteristisch sind somit vor allem zwei Merkmale: Smart Contracts formulieren erstens Regeln und Sanktionen für Vereinbarungen, und sie setzen diese Regeln und Sanktionen zweitens automatisch um.[20] Smart Contracts dienen mithin als funktionales Äquivalent zu rechtlichen Verträgen, das zuverlässigere Durchsetzung verspricht, allerdings auf Grund stärkerer Formalisierung auch geringere Wertungsspielräume eröffnet.[21]

Smart Contracts basieren nicht notwendigerweise auf Blockchain-Technologie, sondern können grundsätzlich auch mit Hilfe traditionellerer Technologien realisiert werden. Beispielsweise liefern auch Verkaufsautomaten nur dann die gewünschten Waren, wenn die Bezahlung erfolgt ist. Obwohl sie auf rein mechanischen Mechanismen operieren, definieren solche Geräte ebenfalls Regeln und Sanktionen für Vereinbarungen und setzen diese automatisch durch.[22] Auf der Grundlage von Blockchain- und Distributed-Ledger-Technologien können jedoch ungleich komplexere Regeln und Durchsetzungsmechanismen implementiert werden. Vor allem bieten diese Technologien ein dezentrales Umfeld mit integriertem Abwicklungssystem. Deshalb haben erst blockchainbasierte Plattformen wie Ethereum, gegründet im Jahr 2014, die Popularität und Verbreitung von Smart Contracts massiv befördert.[23] In der Programmiersprache Solidity lassen sich auf dieser Plattform beliebige Smart Contracts entwerfen und hinterlegen.[24] Anders als bei relationalen Datenbanken kann man diese Smart Contracts auch unmittelbar technisch ausführen; sie ändern dann im Zeitablauf und in Abhängigkeit vorformulierter Bedingungen ihren Zustand.[25] Die Bedingungen können zudem von externen Ereignissen (etwa von Börsenkursen, Umsatzzahlen oder dem Geldeingang auf einem Girokonto) abhängig gemacht werden, indem Schnittstellen, die man als „oracles" bezeichnet, die notwendige

19 *Bundesrat der Schweizerischen Eidgenossenschaft*, Bericht zu den rechtlichen Grundlagen für Distributed-Ledger-Technologie und Blockchain in der Schweiz – Eine Auslegeordnung mit Fokus auf dem Finanzsektor v. 14. Dezember 2018, abrufbar unter https://www.newsd.admin.ch/newsd/message/attachments/55150.pdf, S. 85.

20 Ausführlich *Möslein*, Smart Contracts im Zivil- und Handelsrecht, ZHR 183 (2019) 254, 264–266; vgl. außerdem ders., in: Braegelmann/Kaulartz (Hrsg.), Rechtshandbuch Smart Contracts, 2019, Rdn. 23–28.

21 Vgl. nochmals *Möslein*, ZHR 183 (2019) 254, 269.

22 *Swan*, Blockchain: Blueprint for a New Economy, 2015, S. 16.

23 Näher etwa *Rodrigues*, Iowa Law Review 104 (2018), 679, 698 f.

24 Im Internet sind zahlreiche „Bauanleitungen" abrufbar, vgl. beispielsweise https://codeburst.io/build-your-first-ethereum-smart-contract-with-solidity-tutorial-94171d6b1c4b; s. ferner *Eschenbruch/Gerstberger*, NZBau 2018, 3, 4.

25 *Heckelmann*, NJW 2018, 504, 505.

Verbindung zur Realität herstellen.[26] Nicht zuletzt lassen sich einzelne Vertragsklauseln, die als dezentrale Applikationen (Dapp) in einer Art Bibliothek verfügbar sind, wie in einem Baukastensystem miteinander kombinieren.[27] Erst diese zusätzlichen Eigenschaften eröffnen Smart Contracts vielfältige Einsatzmöglichkeiten im Effektengeschäft.

## II. Einsatzmöglichkeiten im Effektengeschäft

Mit ihrer Fähigkeit, Vereinbarungen abzubilden und zuverlässig auszuführen, können Smart Contracts beim Handel von Wertpapieren Verwendung finden, indem sie – ähnlich wie herkömmliche Börsen und andere Handelsplattformen – als Marktinfrastruktur dienen. Weil Wertpapiere ihrerseits Rechte und Pflichten verkörpern, können Smart Contracts jedoch auch deren Funktion übernehmen und jene Wertrechte digital abbilden; in diesem zweiten Fall dienen sie selbst als Anlageinstrument.

### 1. Smart Contracts als Marktinfrastruktur

Der Handel von Wertpapieren erfordert neben dem schuldrechtlichen Verpflichtungsgeschäft, das nicht nur vom WpHG, sondern auch von den handelsrechtlichen Kommissionsregeln sowie den Sonderbedingungen für Wertpapiergeschäfte geprägt ist, auch ein dingliches Verfügungsgeschäft sowie anschliessende Verwahrung, die ihrerseits dem Depotrecht unterliegen.[28] In allen diesen Bereichen, vor allem aber bei der Ausführung und Abwicklung der Wertpapiergeschäfte (sog. Clearing und Settlement) verspricht der Einsatz blockchain-basierter Smart Contracts erhebliche Kosten- und Effizienzvorteile: „Smart contracts can take over the onerous administrative task of managing approvals between participants, calculating trade settlement amounts and then transferring the funds automatically once the transaction embedded within the smart contract has been verified

---

**26** *Hohn-Hein/Barth*, GRUR 2018, 1089, 1093; *Müller*, ZfIR 2017, 600, 610 (m.w.N.); vgl. auch https://www.zap.org/.

**27** *Heckelmann*, NJW 2018, 504, 505; ausführlich außerdem *D. Tapscott/ A. Tapscott*, The Blockchain Revolution, 2016, S. 117–122.

**28** Näher *Grundmann*, in: Großkomm. HGB, 5. Aufl. 2017, Bankvertragsrecht Achter Teil, Rn. 26 („Zentralmaterien" des klassischen Wertpapierhandelsrechts).

and approved".[29] Blockchain-basierte Smart Contracts versprechen nicht nur eine schnellere, kostengünstigere und fehlerfreiere Ausführung und Abwicklung, indem sie Zeitverzögerungen, operative Handelsrisiken, manuelle bzw. halbautomatisierte Prozesse und daraus resultierende Abstimmungsunsicherheiten reduzieren, sondern sie vermögen auch klassische Intermediäre des Wertpapierhandels entbehrlich zu machen, etwa Verrechnungs- und Verwahrstellen.

Das Potential, die Clearing- und Abwicklungsprozesse des Wertpapierhandels dadurch zu verbessern, ist offenbar immens. Die Einsparungen werden auf 15 bis 20 Milliarden Euro pro Jahr taxiert.[30] Mehr als 40 Banken haben sich an dem globalen Konsortium *R3* beteiligt, das Smart Contracts für solche Prozesse getestet und kürzlich die dezentrale Handelsplattform *Corda Network* eröffnet hat.[31] Darüber hinaus haben nicht nur viele Finanzinstitute individuelle Pilotprojekte durchgeführt,[32] sondern drängen auch neue Wettbewerber auf den Markt, beispielsweise das US-amerikanische E-Commerce-Unternehmen *Overstock*, das seit einiger Zeit Anteilshandel auf der blockchain-basierten Plattform *T0* betreibt,[33] oder die vom Schweizer Telekommunikationsunternehmen *Swisscom* gegründete *daura*-Plattform, die der Abwicklung von OTC-Transaktionen in Aktien dient.[34] Um im Wettbewerb mit solchen dezentralen Handelsplattformen bestehen zu können, werden auch die herkömmlichen Börsen selbst aktiv: Der Schweizer Börsenbetreiber *SIX* beispielsweise wird ab dem zweiten Halbjahr 2019 die sog.

29 *FinTech Network*, Smart Contracts – From Ethereum to Potential Bank Use Cases, 10. Oktoer 2017, abrufbar unter https://vdocuments.site/documents/smart-contracts-from-ethereum-to-potential-contracts-from-ethereum-to.html.

30 *Voß/Kirsch*, Wie die Digitalisierung den Aktienhandel revolutioniert, WirtschaftsWoche v. 18. November 2015; für eine Schätzung ähnlicher Größenordnung (6 Mrd. US-Doller weltweit) vgl. *Goldman Sachs Group*, Blockchain: Putting Theory into Practice, 24. Mai 2016, abrufbar unter https://pgcoin.tech/wp-content/uploads/2018/06/blockchain-paper.pdf, S. 44.

31 *Allison*, R3 completes trial of five cloud-based blockchain technologies with 40 banks, International Business Times, 3. März 2016, abrufbar unter www.ibtimes.co.uk/r3-completes-trial-five-cloud-based-blockchain-technologies-40-banks-1547260; *Barkhausen*, R3-Konsortium: Startschuss für Blockchain-Plattform Corda Network, BTC-Echo, 19. Januar 2019, abrufbar unter https://www.btc-echo.de/r3-konsortium-startschuss-fuer-blockchain-plattform-corda-network/.

32 Näher *Deloitte*, Getting Smart about Smart Contracts, Juni 2016, S. 3, abrufbar unter https://www2.deloitte.com/content/dam/Deloitte/de/Documents/finance-transformation/CFO-Insights-Getting-smart-about-smart-contracts.pdf.

33 Vgl. https://www.overstock.com/tzero; dazu näher *Kops*, Overstock eröffnet Anteilshandel auf der T0 Blockchain-Plattform, BTC-Echo, 28. Oktober 2016, abrufbar unter https://www.btc-echo.de/overstock-t0-plattform/.

34 https://www.daura.ch/ui; näher *Bauer*, Swisscoms Daura digitalisiert den Aktienhandel mittels Blockchain, Netzwoche, 7. März 2019, abrufbar unter https://www.netzwoche.ch/news/2019-03-07/swisscoms-daura-digitalisiert-den-aktienhandel-mittels-blockchain.

Blockchain-Börse *Six Digital Exchange (SDX)* als weltweit erste vollständig integrierte Infrastruktur für den Handel, die Abwicklung und die Verwahrung von Wertpapieren anbieten: „Für die Finanzmarktinfrastruktur bricht ein neues Zeitalter an“, so *Jos Dijsselhof*, der Vorstandsvorsitzende von *SIX*.[35] In die gleiche Richtung strebt jetzt auch die *Gruppe Deutsche Börse*, die seit kurzem an jener Schweizer Plattform beteiligt ist.[36]

## 2. Smart Contracts als Anlageinstrument

Wertpapiere verkörpern Rechte und Pflichten; sie sind „Sachen, aber eigentümliche Sachen, weil ihr wirtschaftlicher Wert in einem Rechte besteht und der Bestand dieses Rechts an das an sich wertlose Papier geknüpft, das Recht in dem Papier verkörpert ist“.[37] Da sich auch diese Rechte in einem blockchain-basierten Computerprotokoll abbilden lassen, können Smart Contracts nicht nur die Marktinfrastruktur ersetzen, sondern auch die dort gehandelten Produkte, also die Anlageinstrumente und insbesondere Wertpapiere: „Smart Contracts can be combined to create investment vehicles that automatically execute investment decisions, both in terms of sending payments to an investment target and to distribute profits“.[38] Dass die Verkörperung nicht in einem Papier erfolgt, wirft zwar (vorerst noch) diffizile Rechtsfragen auf,[39] gilt aber zunehmend als lediglich formaler Unterschied, auch weil die Entmaterialisierung im Effektengeschäft schon zuvor stark fortgeschritten war, insbesondere durch Ausstellung von Globalurkunden,[40] und weil dadurch „im Massenverkehr Buchungsformen entstan-

---

35 S. unter https://www.six-group.com/de/site/digital-exchange.html; vgl. ferner *Holz*, Six Digital Exchange auf der Blockchain: Schweizer Börse launcht digitale Ausgabe, BTC-Echo, 11. Februar 2019, abrufbar unter https://www.btc-echo.de/six-digital-exchange-auf-der-blockchain-schweizer-boerse-launcht-digitale-ausgabe/.

36 Vgl. die gemeinsame Pressemitteilung v. 11. März 2019 („Deutsche Börse, Swisscom und Sygnum gehen strategische Partnerschaft zum Aufbau eines umfassenden Ökosystems für Digital Assets ein“), abrufbar unter https://deutsche-boerse.com/dbg-de/media/pressemitteilungen/Deutsche-B-rse-Swisscom-und-Sygnum-gehen-strategische-Partnerschaft-zum-Aufbau-eines-umfassenden-kosystems-f-r-Digital-Assets-ein-1498786.

37 *Brüggemann*, in: Großkomm. HGB, 3. Aufl. 1970, § 381 Anm. 3.

38 *Hacker/Thomale*, ECFR 2018, 645, 650.

39 Dazu noch näher unter III.1.

40 Zu dieser Entwicklung grundlegend bereits *Fabricius*, AcP 162 (1963), 456, 481 f.; ferner etwa *Brunner*, Wertrechte – nicht verurkundete Rechte mit gleicher Funktion wie Wertpapiere, 1996; *Kuhn*, in: Baums/Cahn (Hrsg.), Die Zukunft des Clearing und Settlement, 2006, S. 29, 44 f.; *Schwarz*, Globaler Effektenhandel, 2016, S. 44–60; *Segna*, Bucheffekten, 2018, S. 21–33.

den [sind], die den Anforderungen des Publizitätsgrundsatzes gleich gut oder besser genügen".[41] Terminologisch mag sich freilich anbieten, statt von „Wertpapieren" von digitalen Wertrechten oder, allgemeiner, von Anlageinstrumenten zu sprechen.[42]

Technisch werden die betreffenden Rechte als Einträge in einer – in der Regel blockchain-basierten Datenbank – abgebildet, die ausschließlich, einzigartig und nicht vervielfältigbar sind; für solche Einträge hat sich der Begriff des Tokens eingebürgert.[43] Allgemein können Tokens ganz unterschiedliche Arten von Rechten repräsentieren, auch Nutzungsrechte oder Kryptowährungen, wie im Falle von Bitcoins.[44] In wertpapierhandelsrechtlichem Zusammenhang interessieren indessen besonders die sog. Security Tokens, die Wertpapiere oder sonstige Anlageinstrumente repräsentieren, und die man mit teils abweichendem Bedeutungsgehalt mitunter auch als Equity, Investment oder Asset Tokens bezeichnet: Ganz ähnlich wie die klassischen Eigen- und Fremdkapitalinstrumente bilden sie Ansprüche auf Gewinnbeteiligung bzw. Stimmrechtsausübung oder auf Zinszahlung ab.[45] Obwohl im bislang prominentesten Beispiel eines solchen blockchain-basierten Investmentvehikels („*The DAO*") unbekannte Hacker Ether im Wert von fast 50 Mio. US-Dollar entwendet hatten,[46] erfreuen sich Security Tokens inzwischen auch in professionellerem Marktumfeld zunehmender Beliebtheit. Kürzlich wurde die erste Geldmarktwertpapier-Transaktion in Deutschland vollständig auf Basis von Smart Contracts abgewickelt, als eine vom Automobilzulieferer Continental aufgelegter Security Token über eine von der Commerzbank

---

**41** *Grundmann*, in: Großkomm. HGB, 5. Aufl. 2017, Bankvertragsrecht Zweiter Teil, Rn. 84.

**42** Vgl. auch unten, bei Fn. 56.

**43** S. etwa *Kaulartz/Matzke*, NJW 2018, 3278, 3278; ferner *Chatard/Mann*, NZG 2019, 567, 567; *Koch*, ZBB 2018, 359, 360 f.

**44** Überblicksweise zur Klassifizierung: *Behme/Zickgraf*, ZfPW 2019, 66, 68–79; *Hacker/Thomale*, ECFR 2018, 645, 652 f.; *Klöhn/Parhofer/Resas*, ZBB 2018, 89, 92; vgl. außerdem *Bundesanstalt für Finanzdienstleistungsaufsicht (BaFin)*, Perspektiven, Digitalisierung: Folgen für Finanzmarkt, Aufsicht und Regulierung, Teil I, 1. August 2018, abrufbar unter: https://www.bafin.de/SharedDocs/Downloads/DE/BaFinPerspektiven/2018/bp_18-1_digitalisierung.html, S. 57–62 sowie *Bundesverband Blockchain e.V.*, Stellungnahme zur Regulierung von Token, 16. April 2018, abrufbar unter https://www.bundesblock.de/wp-content/uploads/2019/01/180406-Token-Regulation-Paper-Version-2.0-deutsch_clean_14.00.pdf, S. 10 f.

**45** *Koch*, ZBB 2018, 359, 361; *Weitnauer*, Handbuch Venture Capital, 6. Aufl. 2019, Teil E, Rn. 112.

**46** Vgl. *Weiguny*, Der 50-Millionen-Raub, in Frankfurter Allgemeine Zeitung v. 5. Juli 2016, abrufbar unter: http://www.faz.net/aktuell/finanzen/meine-finanzen/cyber-kriminalitaet-der-50-millionen-raub-14320859.html; vgl. ferner *Mann*, NZG 2017, 1014, 1014; *Simmchen*, MMR 2017, 162, 164 f.

betriebenen Plattform an Siemens als institutionellem Investor verkauft wurde.[47] Auch ein öffentliches Angebot einer tokenbasierten Anleihe ist inzwischen erfolgt, nachdem die Bundesanstalt für Finanzdienstleistungsaufsicht (BaFin) erstmals einen entsprechenden Wertpapierprospekt genehmigt hat:[48] Das Security Token Offering (STO) der *Bitbond Finance GmbH* mit einem Emissionsvolumen von 100 Millionen Euro startete am 11. März 2019; es erfolgte ohne Bank und ohne Zentralverwahrer, weil deren Funktionen Smart Contracts übernehmen.[49]

## III. Wertpapierhandelsrechtliche Einzelfragen

Beide Einsatzmöglichkeiten, Smart Contracts als Marktinfrastruktur und als Anlageinstrument, sind demnach eng miteinander verknüpft und greifen ineinander. Die beiden bereits genannten Plattformen *TO, dauro* und *Six Digital Exchange* operieren ebenfalls nicht nur auf Grundlage von Smart Contracts, sondern zielen auch primär auf den Handel von Wertpapier-Tokens.[50] Die Kombination beider Einsatzmöglichkeiten, der „Aufbau eines umfassenden Ökosystems für Digital Assets“,[51] wird den Wertpapierhandel im kommenden Vierteljahrhundert prägen und grundlegend verändern – und zugleich eine Reihe wertpapierhandelsrechtlicher Fragen aufwerfen, von denen im Rahmen dieses Beitrags nur einige wenige exemplarisch angesprochen werden können.

---

**47** *Menzel/Holtermann*, Continental und Commerzbank starten erste voll virtuelle Finanzierung, Handelsblatt v. 21. Februar 2019, abrufbar unter https://www.handelsblatt.com/finanzen/maerkte/devisen-rohstoffe/blockchain-projekt-continental-und-commerzbank-starten-erste-voll-virtuelle-finanzierung/24019222.html?ticket=ST-1699416-OGfsDvbXzXEr0DcC3lry-ap4. Zuvor hatten bereits Daimler und die Landesbank Baden-Württemberg kleinere Transaktionen ausgeführt, diese allerdings noch teilweise papiergestützt bzw. durch klassische Finanzierungsrunde abgesichert: *Atzler*, Daimler und die LBBW proben für die Zukunft, Handelsblatt v. 29. Juni 2017, abrufbar unter https://www.handelsblatt.com/finanzen/banken-versicherungen/bitcoin-technik-blockchain-daimler-und-die-lbbw-proben-fuer-die-zukunft/19994182.html.

**48** Abrufbar unter https://www.bitbondsto.com/files/bitbond-sto-prospectus-de.pdf. Allgemein zu den prospektrechtlichen Anforderungen *Hahn/Wilkens*, ZBB 2019, 10, 16 ff.; *Klöhn/Parhofer/Resas*, ZBB 2018, 89, 103; *Spindler*, WM 2018, 2109, 2115; *Weitnauer*, BKR 2018, 231, 233 f.; *Zickgraf*, AG 2018, 293, 298 – 307.

**49** Dazu näher etwa *Kirsch*, Das erste Wertpapier in der Blockchain, WirtschaftsWoche v. 22. März 2019, abrufbar unter https://www.wiwo.de/finanzen/geldanlage/bitbond-sto-das-erste-wertpapier-in-der-blockchain/24121104.html.

**50** Vgl. Nachw. oben, Fn. 33 ff.

**51** S. Nachw., Fn. 36.

## 1. Wertpapier

Die aktuelle, stark rechtspolitisch geprägte Diskussion konzentriert sich auf die (fehlende?) Wertpapiereigenschaft von Security Tokens. Die Einordnung wirft freilich primär im Zivil- und insbesondere im klassischen Wertpapierrecht Probleme auf:[52] Denn obwohl Security Tokens Rechte abbilden und deshalb funktional mit Wertpapieren vergleichbar sind, steht ihre Urkundenqualität gem. §§ 793 ff. BGB angesichts der fehlenden Verbriefung aus formalen Gründen in Frage.[53] Während sich Legitimations- und Erfüllungswirkung möglicherweise schuldvertraglich vereinbaren lassen, erscheint deshalb die sachenrechtliche Möglichkeit eines gutgläubigen Erwerbs gem. §§ 932 ff. BGB zweifelhaft.[54] *De lege lata* ist die analoge Anwendung sachenrechtlicher Normen umstritten, weil Rechtsscheinträger statt Besitz oder öffentlichem Register lediglich der Eintrag in der Blockchain sein könnte und die Verleihung entsprechenden öffentlichen Glaubens (teils) als Privileg des staatlichen Gesetzgebers verstanden wird.[55] Da sich der deutsche Gesetzgeber anschickt, die wertpapierrechtliche Bedeutung der Verbriefung im digitalen Zeitalter zeitnahe zu klären und dadurch die Regelungslücke zu schließen, dürfte sich dieser Streit *de lege ferenda* bald entschieden haben.[56]

Im Wertpapierhandelsrecht gilt ein eigenständiger, spezifischer Wertpapier- bzw. Effektenbegriff, der zugleich auch für das Wertpapierprospekt- und teils auch für das Depotrecht Bedeutung hat (vgl. § 2 Nr. 1 WpPG bzw. § 1 Abs. 1 DepotG).[57] Im

---

**52** *Möslein*, ZHR 183 (2019) 254, 287.
**53** *Kaulartz/Matzke*, NJW 2018, 3278, 3281–3283.
**54** *Zickgraf*, AG 2018, 293, 301; *Kaulartz*, CR 2016, 474 478; *ders./Matzke*, NJW 2018, 3278, 3283.
**55** Für eine solche Analogie: *Koch*, ZBB 2018, 359, 363 f.; dagegen: *Bialluch-v. Allwörden/v. Allwörden*, WM 2018, 2118, 2119 f.; im Ergebnis auch *Kaulartz/Matzke*, NJW 2018, 3278, 3281 f.
**56** Vgl. *Bundesministerium der Finanzen/Bundesministerium für Justiz und Verbraucherschutz*, Eckpunkte für die regulatorische Behandlung von elektronischen Wertpapieren und Krypto-Token, 7. März 2019, abrufbar unter https://www.bmjv.de/SharedDocs/Gesetzgebungsverfahren/DE/Begebung_von_Wertpapieren_ueber_Blockchain.html. Nach einer Expertenanhörung soll noch vor der Sommerpause 2019 ein Gesetzentwurf vorgelegt werden, vgl. *Holtermann*, Union plant Blockchain-Anleihe schon 2019, Handelsblatt v. 9. Mai 2019, abrufbar unter https://www.handelsblatt.com/finanzen/geldpolitik/digitales-wertrecht-union-plant-blockchain-anleihe-schon-2019/24322592.html?ticket=ST-50101-KSFDYHF1Q1O3tCXTdgcT-ap4. Vorsichtig in diese Richtung zielte zuvor bereits der am 5. Nov. 2018 beim Blockchain Roundtable im Bundestag diskutierte Entwurf von MdB *Thomas Heilmann* („Memorandum zur Regulierung von Token-Emissionen zur Unternehmensfinanzierung"); dazu etwa *Adamovicz*, Medium v. 7. Nov. 2018, abrufbar unter https://blog.neufund.org/my-thoughts-after-blockchain-regulation-meeting-in-bundestag-f91001968816.
**57** Zur Relativität der (Wertpapier-)Rechtsbegriffe vgl. *Seiler/Geier*, in: Schimansky/Bunte/Lwowski (Hrsg.), Bankrechts-Handbuch, 5. Aufl. 2017, § 104 Rn. 11; Langenbucher/Bliesener/

Gegensatz zur zivilrechtlichen Einordnung wird die Wertpapiereigenschaft von Security Tokens in diesem Zusammenhang nahezu einhellig bejaht, sowohl seitens der Aufsichtsbehörden[58] als auch im Schrifttum.[59] Bereits der Wortlaut des § 2 Abs. 1 S. 1 WpHG stellt nämlich klar, dass die Ausstellung von Urkunden auf Papier nicht maßgeblich ist.[60] Auch die europäische Vorgabe in Art. 4 Abs. 1 Nr. 44 der Richtlinie 2014/65/EU über Märkte für Finanzinstrumente (MiFID II), auf der diese Definition beruht, stellt nicht auf Verbriefung, sondern auf Übertragbarkeit und Handelbarkeit auf Finanzmärkten ab.[61] Die zivilrechtliche Wertung könnte allerdings zumindest mittelbar auch für das Wertpapierhandelsrecht eine gewisse Rolle spielen, weil teils vertreten wird, Handelbarkeit erfordere die Möglichkeit eines gutgläubigen und einredefreien Erwerbs; ein funktionsfähiger Kapitalmarkt setze nämlich einfache und rechtssichere Abwicklung von Transaktionen voraus.[62] Mit Blick auf Security Tokens lässt sich demgegenüber freilich ins Feld führen, dass sich trotz fehlender Möglichkeit eines gutgläubigen Erwerbs tatsächlich ein liquider Markt entwickelt hat, und dass anstelle des Rechts die Funktionsweise der Blockchain hinreichend Sicherheit gewährleistet, weil sie eine Rückabwicklung technisch weitgehend ausschließt.[63] Überdies formuliert die europäische Vorgabe keine entsprechende Voraussetzung.[64] Nicht zuletzt streiten

---

Spindler/*Bergmann*, Bankrechts-Kommentar, 36. Kap. Rn. 2 f.; *Grundmann*, in: Großkomm. HGB, 5. Aufl. 2017, Bankvertragsrecht Zweiter Teil, Rn. 84; allgemeiner *Fleckner*, WM 2003, 168, 170 mwN in Fn. 34.

**58** *Bundesanstalt für Finanzdienstleistungsaufsicht (BaFin)*, Hinweisschreiben (WA): Aufsichtsrechtliche Einordnung von sog. Initial Coin Offerings (ICOs) zugrunde liegenden Token bzw. Kryptowährungen als Finanzinstrumente im Bereich der Wertpapieraufsicht, GZ: WA 11-QB 4100 – 2017/0010, v. 20. Februar 2018, abrufbar unter: https://www.bafin.de/SharedDocs/Downloads/DE/Merkblatt/WA/dl_hinweisschreiben_einordnung_ICOs.html?nn=7847010; vgl. außerdem *diess.*, Perspektiven, Digitalisierung: Folgen für Finanzmarkt, Aufsicht und Regulierung, Teil I, 1. August 2018, abrufbar unter: https://www.bafin.de/SharedDocs/Downloads/DE/BaFinPerspektiven/2018/bp_18-1_digitalisierung.html, S. 60.

**59** *Chatard/Mann*, NZG 2019, 567, 572; *Koch*, ZBB 2018, 359, 365 f.; *Hahn/Wilkens*, ZBB 2019, 10, 16 f.; *Klöhn/Parhofer/Resas*, ZBB 2018, 89, 102 f.; *Spindler*, WM 2018, 2109, 2112 f.; *Weitnauer*, BKR 2018, 231, 233; *Zickgraf*, AG 2018, 293, 299–303; anders ersichtlich nur *Bialluch-v. Allwörden/v. Allwörden*, WM 2018, 2118, 2120 f.

**60** *Koch*, ZBB 2018, 359, 366; auch *Bialluch-v. Allwörden/v. Allwörden*, WM 2018, 2118, 2120.

**61** Ausführlich *Bundesverband Blockchain e.V.* (Fn. 44), S. 12–16; vgl. außerdem *Spindler*, WM 2018, 2109, 2112 f.

**62** So allgemein Schwark/Zimmer/*Kumpan*, Kapitalmarktrechts-Kommentar, 4. Aufl. 2010, § 2 Rn. 9; *Fuchs*, in: ders. (Hrsg.), WpHG-Kommentar, 2. Aufl. 2016, § 2 Rn. 18; mit Blick auf Security Token: *Bialluch-v. Allwörden/v. Allwörden*, WM 2018, 2118, 2120.

**63** *Chatard/Mann*, NZG 2019, 567, 572; *Hacker/Thomale*, ECFR 2018, 645, 666; *Koch*, ZBB 2018, 359, 366; *Spindler*, WM 2018, 2109, 2112; *Zickgraf*, AG 2018, 293, 301.

**64** *Bundesverband Blockchain e.V.* (Fn. 44), S. 20 (dort Fn. 35); *Zickgraf*, AG 2018, 293, 302.

teleologische Überlegungen dagegen, den kapitalmarktrechtlichen Markt- und Anlegerschutz durch restriktive Auslegung des Effektenbegriffs zu reduzieren.[65] Bereits *de lege lata* spricht deshalb viel dafür, Security Tokens unter den Wertpapierbegriff des WpHG zu subsumieren; nach der anstehenden Reform des zivilrechtlichen Wertpapierbegriffs dürfte diese Subsumtion ohnehin außer Frage stehen.

## 2. Handelsplatz

Der Einsatz von Smart Contracts als Marktinfrastruktur wirft andererseits die Frage nach der aufsichtsrechtlichen Qualifizierung entsprechender Plattformen auf. Für die Subsumtion blockchain-basierter Anlageinstrumente als Wertpapier spielt diese Qualifizierung zwar keine Rolle, weil § 2 Abs. 1 S. 1 WpHG die Handelbarkeit allgemein „auf den Finanzmärkten" ausreichen lässt (ähnlich Art. 4 Abs. 1 Nr. 44 MiFID II: „auf dem Kapitalmarkt").[66] Zahlreiche wertpapierhandelsrechtliche Vorschriften knüpfen aber entweder an das Vorliegen eines Handelsplatzes im Sinne von § 2 Abs. 22 WpHG oder aber an die spezifischeren Teilbegriffe des geregelten Marktes, des multilateralen oder des organisierten Handelssystems.[67] Ein Handel von Tokens auf einem geregelten bzw. organisierten Markt ist innerhalb Deutschlands zwar vorerst noch nicht möglich, steht angesichts der skizzierten Pläne der Deutschen Börse aber zu erwarten;[68] er kann außerdem bereits in einem anderen (Noch-)Mitgliedsstaat erfolgen, seitdem der *Gibraltar Stock Exchange (GSX)* als weltweit erste staatlich regulierte Wertpapierbörse einen Sekundärmarkt für Security Token bietet.[69]

Seitdem die BaFin einmal angedeutet hatte, dass sonstige Plattformen, auf denen Smart Contracts als Anlageprodukte gehandelt werden, als multilaterale Handelssysteme gelten,[70] hält man diese Einordnung gemeinhin für überzeugend, wenngleich „bislang noch ungeklärt".[71] Nach den einschlägigen Regeln in § 2

65 Ausführlicher *Zickgraf*, AG 2018, 293, 301 f.

66 *Zickgraf*, AG 2018, 293, 300; vgl. außerdem *Hacker/Thomale*, ECFR 2018, 645, 665.

67 Vgl. nur § 1 Abs. 2 Nr. 2 WpHG; dazu MüKoBGB/*Lehmann*, 7. Aufl. 2018, IntFinanzmarktR, Rn. 146.

68 S. oben, Fn. 36.

69 Näher D. *Schneider*, Gibraltar Stock Exchange listet Security Token, BTC Echo v. 10. April 2019, abrufbar unter https://www.btc-echo.de/gibraltar-stock-exchange-listet-security-token/. Zuvor bereits zur dortigen Zulassung von Utility Token *Klöhn/Parhofer/Resas*, ZBB 2018, 89, 105 f.

70 *BaFin*, Hinweisschreiben (Fn. 58), Nr. 4.

71 *Zickgraf*, AG 2018, 293, 300; ähnlich *Hacker/Thomale*, ECFR 2018, 645, 665; vgl. außerdem *Klöhn/Parhofer/Resas*, ZBB 2018, 89, 98; *Spindler*, WM 2018, 2109, 2111.

Abs. 8 Nr. 8 und 9 WpHG ist vor allem die multilaterale, börsenähnliche Funktionsweise des fraglichen Systems von maßgeblicher Bedeutung. An einer solchen Funktionsweise fehlt es aber jedenfalls im Falle jenes nicht-standardisierten, individuellen Geldmarktpapiers, das über die von der *Commerzbank* betriebenen Plattform zwischen *Continental* und *Siemens* gehandelt wurde.[72] Ähnliches mag bei der Abwicklung bestimmter OTC-Transaktionen gelten, wie sie beispielsweise *daura* betreibt.[73] Betreffen solche Transaktionen Nicht-Eigenkapitalinstrumente, kommt angesichts der breiten Definition in § 2 Abs. 8 Nr. 9 WpHG grundsätzlich auch eine Qualifikation als organisiertes Handelssystem in Betracht. Weil Smart Contracts formalisiert entscheiden, operieren blockchain-basierte Plattformen jedoch typischerweise nach nicht-diskretionären Regeln; ein solches Fehlen eines Ermessensspielraums des Betreibers bei Handel und Preisermittlung spräche nach der Regelungssystematik für die Qualifikation als multilaterales Handelssystem.[74] Angesichts ihrer dezentralen Struktur können in der Blockchain allerdings selbst Plattformen, die eine Vielzahl von Kundenaufträgen zusammenführen, entgegen Art 4 Abs. 1 Nr. 22 MiFID II ganz ohne (Markt-)Betreiber operieren.[75] Insofern ist die Qualifikation sog. Kryptobörsen als multilaterales Handelssystem zwar oftmals naheliegend, aber keineswegs zwingend, sondern Frage der technischen Ausgestaltung der Plattform in jedem spezifischen Einzelfall.

## 3. Veröffentlichungs- und Verhaltenspflichten

Während jene Qualifikationsfragen teils bereits breit, teils zumindest andeutungsweise diskutiert werden, zählt die Frage nach den Auswirkungen des Einsatzes von Smart Contracts auf das materielle Pflichtenprogramm noch zu den großen Zukunftsaufgaben des Wertpapierhandelsrechts: Bislang ist nämlich völlig offen, ob insbesondere Verhaltens- und Veröffentlichungspflichten unverändert gelten, wenn Smart Contracts als Anlageinstrument oder als Marktinfrastruktur zu Anwendung gelangen, oder ob es in diesem Fall der Rechtsfortbildung oder gar der Gesetzesreform bedarf. Anpassungsbedarf kann grundsätzlich in

---

72 S. oben, Fn. 47.

73 Oben, Fn. 34.

74 Zum nicht-diskretionären Charakter von Smart Contracts vgl. *Klöhn/Parhofer/Resas*, ZBB 2018, 89, 94. Zur Abgrenzung selbst s. etwa MüKoBGB/*Lehmann*, 7. Aufl. 2018, IntFinanzmarktR, Rn. 146 f.; Schwark/Zimmer/*Kumpan*, Kapitalmarktrechts-Kommentar, 4. Aufl. 2010, § 2 Rn. 89.

75 Die Entbehrlichkeit von Plattformbetreibern gilt gemeinhin als entscheidender Vorteil der Blockchain, vgl. nur D. *Tapscott*/A. *Tapscott*, Blockchain Revolution, 2016, S. 115 – 117 (am Beispiel AirBnB).

zweierlei gegensätzliche Richtungen bestehen, weil die bestehenden Pflichten entweder zu weit oder nicht weit genug reichen mögen.[76]

Anpassungsbedarf in erstgenannter Richtung steht beispielsweise bei einigen wertpapierhandelsrechtlichen Veröffentlichungspflichten zu vermuten. Weil und soweit blockchain-basierte Transaktionen transparent erfolgen, mögen die Pflichten über Stimmrechtsmitteilungen gem. §§ 33 ff. WpHG teilweise zu weit reichen. Ähnlich wie bei einem öffentlichen Register kann nämlich jeder Nutzer solcher Blockchains einsehen, welche Transaktionen abgewickelt worden sind.[77] Allerdings bleibt der Informationsgehalt der Blockchain trotz dieser Transparenz in aller Regel hinter dem Informationsgehalt von Stimmrechtsmeldungen zurück, weil Transaktionen pseudonym (also nicht unter Klarnamen) erfolgen können und die Identität des Meldepflichtigen daher unklar bleiben kann.[78] Gleichwohl zeigt das Beispiel, dass bei Informationspflichten ein gewisser Anpassungsbedarf besteht, besonders auch hinsichtlich der verfahrensmäßigen Abläufe der Offenlegung. Er mag sich teils über teleologische Reduktion und Rechtsfortbildung lösen lassen, teils aber auch ein Eingreifen des Gesetzgebers erfordern. Ähnlicher Anpassungsbedarf ist bei einigen wertpapierhandelsrechtlichen Verhaltenspflichten der §§ 63 ff. WpHG zu erwarten, weil der nicht-diskretionäre Charakter von Smart Contracts Interessenkonflikte, die durch jene Pflichten entschärft werden sollen, teils von vorneherein ausschließt.[79]

Sowohl bei den Veröffentlichungs- als auch bei den Verhaltenspflichten des Wertpapierhandelsrechts darf man andererseits auch Anpassungsbedarf in umgekehrter Richtung erwarten, weil das bestehende Pflichtengefüge den spezifischen Risiken von Smart Contracts nicht hinreichend gerecht wird. Beispielsweise befürchtet man im Bereich der Initial Coin Offerings zusätzliche Informationsasymmetrien.[80] Da Smart Contracts automatisierte Vertragsdurchführung ermöglichen, lassen sich außerdem auf technischer Basis ähnliche Ergebnisse erzielen wie bei (rechtlich) bedingten Geschäften, ohne dass bislang klar wäre, ob die Veröffentlichungspflichten gleichermaßen gelten. Noch größerer Anpas-

---

**76** Tendenziell ähnlich *Koch*, ZBB 2018, 359, 366: „Neue Phänomene führen regelmäßig einerseits zu Rufen nach weitergehender Regulierung und andererseits zu Aufforderungen, die noch zarte Pflanze nicht durch regulatorische Anforderungen zu ersticken oder gar durch Ausnahmeregelungen zu fördern".

**77** Zur Transparenz als stilbildendes Merkmal der Blockchain vgl. statt aller: *de Filippi/Wright*, Blockchain and the Law, 2018, S. 37 f.

**78** S. nochmals *de Filippi/Wright*, Blockchain and the Law, 2018, S. 38 f.

**79** Allgemein zum Wandel von Interessenkonflikten angesichts von Digitalisierung, insbesondere künstlicher Intelligenz: *Möslein/Lordt*, ZIP 2017, 793, 803; *Möslein*, ZIP 2018, 204, 211.

**80** S. etwa *Klöhn/Parhofer/Resas*, ZBB 2018, 89, 95.

sungsbedarf dürfte indessen bei den Verhaltens- und Organisationspflichten bestehen, weil der Technikeinsatz neue Gefahren birgt – ähnlich wie beim Einsatz algorithmischer Handelstechniken, wo der Gesetzgeber durch Einfügung von § 2 Abs. 8 Nr. 2 lit. d) und Abs. 44, § 6 Abs. 4 und § 80 Abs. 2 S. 1 WpHG reagiert hat.[81] Die Regelungen schreiben unter anderem vor, dass entsprechende technische Systeme stabil ausgestaltet sind und Vorkehrungen gegen Missbrauch enthalten; zudem werden Wertpapierdienstleister, die solche Systeme verwenden, verpflichtet, die jeweiligen Algorithmen zu verstehen und zu beherrschen. Mit diesen Grundsätzen schuf der Gesetzgeber ein regulatorisches Vorbild, dessen Bedeutung über das Wertpapierhandelsrecht hinausreicht: Weil künstliche Intelligenz und Algorithmen inzwischen vielfach Anwendung finden, es außerhalb des Wertpapierhandelsrecht jedoch weithin an expliziten Regeln fehlt, diskutiert man die entsprechende Anwendung dieser Vorschriften beispielsweise im Bereich der digitalen Vermögenswerwaltung (*Robo Advice*)[82] oder beim Einsatz von Algorithmen im Rahmen der Unternehmensleitung (*Robo Directors*).[83] Ähnlich kann man innerhalb des Wertpapierhandelsrechts diskutieren, ob jene Regeln nicht auch auf anderen, aber vergleichbaren Technikeinsatz (analoge) Anwendung finden können, nämlich auf den Einsatz von Smart Contracts. Deren technisches Risiko und damit die Interessenlage erscheint zumindest vergleichbar, und auch das Bestehen einer planwidrigen Regelungslücke dürfte nicht von vorneherein von der Hand zu weisen sein, solange der Gesetzgeber keine spezifische Regelung zu Smart Contracts im Wertpapierhandelsrecht erlässt.[84] Am Ende dieses Beitrags soll indessen kein vorschnelles Plädoyer für Rechtsfortbildung stehen, sondern schlicht die begründete Erwartung, dass das Wertpapierhandelsrecht auch künftig noch vielerlei Diskussionsstoff zu bieten hat, gerade auch in Reaktion auf Smart Contracts: *Ad multos annos*, WpHG!

**81** Nachw. zum Hochfrequenzhandelsgesetz bereits oben, Fn. 4.

**82** *Möslein/Lordt*, ZIP 2017, 793, 803; vgl. ferner *Möslein*, Regulating Robotic Conduct: On ESMA's New Guidelines and Beyond, in: Aggarwal/Eidenmüller/Enriques/Payne/van Zwieten (Hrsg.), Autonomous Systems and the Law, 2019, 45.

**83** In diesem Sinne *Möslein*, ZIP 2018, 204, 211; hieran (zumindest im Grundsatz) anknüpfend *Linardatos*, ZIP 2019, 504, 508; *Wagner*, BB 2018, 1097, 1099; *Weber/Kiefner/Jobst*, NZG 2018, 1131,1135; anders hingegen *Zetzsche*, AG 2019, 1, 8.

**84** Anders wohl *Koch*, ZBB 2018, 359, 366 f. (grundsätzlich keine Regelungslücke bei Tokenisierung bereits kapitalmarktrechtlich regulierter Rechtspositionen).

Dirk A. Zetzsche und Miko Yeboah-Smith

# Das WpHG im RegTech-Zeitalter

## I. Einleitung

Das Modewort FinTech[1] ist in aller Munde. Im nunmehr 25 Jahre alten WpHG ist der Begriff nicht zu finden. Dennoch sind Innovationen seit jeher gewinnbringend für Finanzdienstleistungen eingesetzt worden, gleich ob es die Ersetzung von Bargeld durch Schuldversprechen im frühen Mittelalter, den Einsatz des Telegraphen für Arbitrage-Zwecke im 19. Jahrhundert oder Mobiltelefone für den Geldtransfer und Highspeed Internet für das Daytrading im frühen 21. Jahrhundert geht. Technische Innovationen spiegeln sich auch in einigen Vorschriften des WpHG wider. So gibt es z. B. Datenbereitstellungsdienste (§ 2 Abs. 40 WpHG),[2] Wertpapierfirmen, die Finanzinstrumente auf der Basis von Algorithmen handeln (sog. algorithmische Handelstechnik, § 2 Abs. 44 WpHG)[3] und technische Anbindungsvoraussetzungen für Handelsplätze, die auf einen effizienten und schnellen Marktzugang ausgerichtet sind, vgl. § 72 WpHG/Art. 3 MiFIR.[4] Des Weiteren sind die automatisierte Anlageberatung und -entscheidung (Robo Advisory[5]), die definitorisch unsichere Behandlung von Initial Coin Offerings und

Prof. Dr. Dirk A. Zetzsche ist Inhaber des ADA Lehrstuhls für Finanzmarktrecht (inclusive finance) an der Universität Luxembourg; Miko Yeboah-Smith ist wissenschaftlicher Mitarbeiter an diesem Lehrstuhl.

**1** Grundlegend Europäische Kommission, Mitteilung der Kommission, FinTech-Aktionsplan: Für einen wettbewerbsfähigeren und innovativeren EU-Finanzsektor (08.03.2018), COM(2018) 109 final. Dazu *Baumanns*, BKR 2016, 366; *Broer*, ZVglRWiss 2017, 189; *Mäslein/Omlor*, BKR 2018, 236; *Söbbing*, BKR 2016, 360; *Philipp*, EuZW 2017, 443. Zudem den Beitrag von *Zetzsche/Buckley/Arner/Barberis*, From FinTech to TechFin: The Regulatory Challenges of Data-Driven Finance, 14 NYU J. L. & Bus. 393 (2018).

**2** Vgl. dazu *Lehmann* in Lehmann/Kumpan, European Financial Services Law, 2019, Art. 59–63 MiFID II, Rn. 1 ff.; *Lehmann/Zetzsche* in KMRK, 5. Aufl. 2019, § 158 Rn. 1 ff.

**3** Vgl. dazu *Kobbach*, BKR 2013, 233; *Conac*, Algorithmic Trading and High Frequency Trading (HFT), in Busch/Ferrarini, Regulations of the EU Financial Markets, 2017, Kap. 17, S. 469 ff.; *Geier/Schmitt*, RdF 2013, 13 ff.; *Kindermann/Coridaß*, ZBB 2014, 178; *Zetzsche* in Lehmann/Kumpan, European Financial Services Law, 2019, Art. 17 MiFID II, Rn. 5 ff.; *Fett* in KMRK, 5. Aufl. 2019, § 80 Rn. 154 ff.

**4** Vgl. dazu *Kumpan/Schmidt* in Lehmann/Kumpan, European Financial Services Law, Art. 2 MiFIR, Rn. 6 ff.; Art. 3 MiFIR, Rn. 1 ff.

**5** Vgl. FinTech-Aktionsplan (Fn. 1), Ziff. 2.5. („automatisierte Berater"). Vgl. dazu ESMA, Final Report, Guidelines on certain aspects of the MiFID II suitability requirements (28.05.2018),

https://doi.org/10.1515/9783110632323-024

Cryptowährungen unter dem WpHG bzw. der MiFID[6] sowie das im VermAnlG geregelte Crowdfunding[7] zu erwähnen. In diesen Fällen prägt das jeweilige Geschäftsmodell die Techniknutzung. Es geht um das Front End der Intermediärstätigkeit.

Dieser Beitrag möchte den Blick auf einen hierzulande bislang wenig beleuchteten Aspekt der Technisierung richten, der international unter dem Begriff RegTech[8] diskutiert wird: den Technikeinsatz zur Sicherstellung der Regeleinhaltung innerhalb des Finanzintermediärs. RegTech umfasst die Automatisierung der Compliance-Funktion, des Risikomanagements und anderer „Governance"-Funktionen durch das Wertpapierdienstleistungsunternehmen, aber auch die Automatisierung der Tätigkeiten der Aufsichtsbehörde.

Am Maßstab von RegTech soll im Folgenden die Zukunftsfestigkeit des WpHG überprüft werden. Dafür wird zunächst die Terminologie geklärt (II.), bevor gezeigt wird, dass zahlreiche Rechtsentwicklungen inner- und außerhalb des WpHG auf RegTech drängen oder sogar nur durch RegTech zu bewältigen sind (III.). Sodann soll Regulierungsrisiken im RegTech-Zeitalter nachgespürt und so geprüft werden, ob und wie das WpHG den Ansprüchen des RegTech-Zeitalters genügen kann (IV.). Der Beitrag schließt mit einem Fazit (V.).

## II. FinTech, RegTech und Digital Finance

### 1. FinTech

FinTech (Financial Technologies) beschreiben die Erbringung von Finanzdienstleistungen mittels datengestützter („digitaler") Techniken und Verfahren, die

---

ESMA35 – 43 – 869; *Baumanns*, BKR 2016, 366; *Feger*, CB 2017, 359; *Möslein/Florian/Lordt/Arne*, ZIP 2017, 793; *Oppenheim/Lange/Hausstein*, WM 2016, 1966; *Scholz-Fröhling*, BKR 2017, 133, 135.

6 Vgl. FinTech-Aktionsplan (Fn. 1), Ziff. 1.1. S.a. *Brocker/Klebeck*, RdF 2018, 288; *Chatard/Mann*, NZG 2019, 567; *Hanten/Sacarcelik*, RdF 2019, 124; *Höhlein/Weiß*, RdF 2019, 116; *Niedling/Merkel*, RdF 2018, 141; *Weitnauer*, BKR 2018, 231; *Wilkens*, ZBB 2019, 10; *Zetzsche/Buckley/Arner/Föhr*, The ICO Gold Rush: It's a Scam, It's a Bubble, It's a Super Challenge for Regulators, 63 Harv. J. International L. ___ (2019).

7 Vgl. FinTech-Aktionsplan (Fn. 1), Ziff. 1.1. S.a. *Aschenbeck/Drefke*, RdF 2019, 12; *Aschenbeck-Florange/Drefke*, RdF 2015, 284; *Klein/Nathmann*, BB 2019, 1158; *Will/Quarch*, WM 2018, 1481; *Klöhn/Hornuf*, DB 2015, 47; *Klöhn/Hornuf*, ZBB 2012, 237; *Zetzsche/Preiner*, Cross-Border Crowdfunding – Towards a Single Crowdfunding Market for Europe, EBOR 2018, 23.

8 Vgl. *Enriques/Zetzsche*, Corporate Technologies and the Tech Nirvana Fallacy (June 1, 2019), S. 9, https://ssrn.com/abstract=3392321; Arner/Barberis/Buckley, The RegTech Book: The Financial Technology Handbook for Investors, Entrepreneurs and Visionaries in Regulation, 2019.

durch den Einsatz von Big Data,[9] Internet of Things (IoT),[10] Artificial Intelligence (AI) / Machine Learning,[11] Distributed Ledger Technologie und Blockchain,[12] Smart Contracts[13] und Techniken digitaler Identitätserfassung[14] erschlossen wurden. Der Technikeinsatz eröffnet neue Methoden der Regulierungsarbitrage bzw. -vermeidung; ein Hinweis auf das Crowdfunding und digitale Vermögensgegenstände (wie Cryptowährungen) sollte hier genügen.

## 2. RegTech

Während man die Informationstechnik als FinTech-Treiber verstehen kann, sind einige Innovationen erst durch verschärfte Regulierung möglich bzw. erforderlich geworden.

RegTech – ein Kofferwort aus den Begriffen *Regulierung* und *Technologie* – beschreibt den Einsatz von Informationstechnologie für Zwecke der Regulierung, Überwachung, Berichterstattung und Compliance. Im Fokus steht der technische Umgang mit großen Datenmengen, eine differenzierte Datenanalyse und die automatisierte Datenverarbeitung innerhalb und zwischen den Finanzintermediä-

9 Vgl. *Barocas/Selbst*, Big Data's Disparate Impact, 104 Cal. L. Rev, 671 (2016); *Cohen*, What Privacy Is For, 126 Harv. L. Rev. 1904, 1918 (2013); *Elvy*, Paying for Privacy and the Personal Data Economy, 117 Colum. L. Rev, 1369, 1400–28 (2017); *Kuhn*, 147 Million Social Security Numbers for Sale: Developing Data Protection Legislation After Mass Cybersecurity Breaches, 104 Iowa L. Rev. 417, 421–435 (2018); *Zetzsche et. al.*, From FinTech to TechFin (Fn. 1), S. 435–443.

10 Vgl. *Hüther/Danzmann*, BB 2017, 834; *Kiparski/Sassenberg*, CR 2018, 596; *Peppert*, Regulating the Internet of Things: First Steps Toward Managing Discrimination, Privacy, Security & Consent, 93 Tex. L. Rev. 85 (2014).

11 Vgl. *Casey/Niblett*, The Death of Rules and Standards, 92 Indiana L. J. 1401, 1410–12 (2017); *dies.*, Self-driving contracts, 43 J. Corp. L. 1, 13–26 (2017); *dies.*, A Framework for the New Personalization of Law, 86 U. Chi. L. Rev. 333 (2019); *Katz*, Quantitative Legal Prediction—or How I Learned to Stop Worrying and Start Preparing for the Data Driven Future of the Legal Services Industry, 62 Emory L.J. 909 (2013); *Ohm/Lehr*, Playing with the Data: What Legal Scholars Should Learn About Machine Learning, 51 UC Davis L. Rev. 653, 658–661, 669–701 (2017); *Surden*, Machine Learning and Law, 89 U. Wash. L. Rev. 87,102–10 (2014).

12 Vgl. *De Filippi/Wright*, Blockchain and the Law – The Rule of Code (2018); *Rodrigues*, Law and the Blockchain, 104 Iowa L. Rev. 679, 708–27 (2019); *Zetzsche/Buckley/Arner*, The Distributed Liability of Distributed Ledgers: Legal Risks of Blockchain, 2018 U. Illinois L. Rev. 1361, 1382–1402.

13 Vgl. *Kiviat*, Note, Beyond Bitcoin: Issues in Regulating Blockchain Transactions, 65 Duke L.J. 569, 605–07 (2015); *Sklaroff*, Smart Contracts and the Cost of Inflexibility, 166 U. Pa. L. Rev. 263 (2017); *Werbach/Cornell*, Contracts Ex Machina, 67 Duke L. J. 313, 367–81 (2017).

14 Vgl. *Arner/Zetzsche/Buckley/Barberis*, The Identity Challenge in Finance: From Analogue Identity to Digitized Identification to Digital KYC Utilities, EBOR 2019, S. 55, 78 ff.

ren und Aufsichtsbehörden. Ziel ist die effiziente Bewältigung, Umsetzung und Durchsetzung gesetzlicher Vorgaben durch Unternehmen und Aufsichtsbehörden.[15]

RegTech kann auf vier Kernfunktionen heruntergebrochen werden: (1) Verbesserung des Geschäftsbetriebs (*Operations RegTech*), (2) Erhöhung der Compliance-Kontrolle (*ComplianceTech*), (3) Intensivierung oder Verbesserung der Finanzaufsicht (*OversightTech/SupTech*) und (4) Beeinflussung der Gesetzgebung (*PolicyTech*).[16]

Ein Beispiel für *OperationsTech* ist die technische Implementierung von Handelslimits, die die Risikosteuerung in Wertpapierdienstleistungsunternehmen erleichtern. Für *ComplianceTech* können Know-Your-Customer (KYC)-IT-Systeme[17] genannt werden. Solche Systeme sind einerseits auf die erleichterte Prüfung geldwäscherechtlicher Anforderungen ausgerichtet, um neue Kunden bedienen zu können, andererseits stellen sie die Einhaltung der Produkt- und Vertriebsregeln sicher. Beispiel für *SupTech* sind Algorithmen-gestützte Überprüfungen des Handelsverhaltens insbesondere bei Derivaten mit Bezug zu börsennotierten Aktien und Schuldverschreibungen, mittels derer die BaFin das Verbot von Insider-Geschäften sowie das Marktmanipulationsverbot überwacht.[18] Eine Ausprägung von *PolicyTech* ist schließlich die von ESMA betriebene IT-gestützte Bündelung der Datenströme der Behörden von Mitgliedstaaten; so wurde z. B. die Gebührenbelastung der Anleger durch in Europa vertriebene Investmentprodukte ermittelt.[19] Mit solchen Datenerhebungen werden zukünftige Regulierungsschritte vorbereitet oder abgesichert, und abgeschlossene Initiativen evaluiert.

Im Gegensatz zu FinTech beschränkt sich RegTech nicht auf den Finanzsektor; vergleichbare Systeme können in jedem Regulierungsbereich zum Einsatz kommen, etwa im Bereich der Unternehmenssteuerung („CorpTech"),[20] der Überwachung von Energieerzeugung oder pharmazeutischer Entwicklungen.

---

**15** Grundlegend *Arner/Barberis/Buckley*, FinTech, RegTech and the Reconceptualization of Financial Regulation, 37 Nw. J. Int'l L. & Bus. 317 (2017).

**16** *Luca Enriques*, Financial Supervisors and Regtech: Four Roles and Four Challenges, RTDF 53 (2017).

**17** Vgl. *Arner et al.*, Digital Identity (Fn. 14), EBOR 2019, S. 55, 78 ff.

**18** Vgl. BaFin, RegTech auf dem Vormarsch (15.03.2019), abrufbar unter: https://www.bafin.de/dok/12207718.

**19** S. ESMA Annual Statistical Report, Performance and costs of retail investment products in the EU 2019, 10 January 2019, ESMA 50 – 165 – 731.

**20** Dazu *Zetzsche*, AG 2019, 1; *Enriques/Zetzsche*, Corporate Technologies (Fn. 8), S. 4.

### 3. Digitales Finanzwesen

Bei FinTech und RegTech geht es jeweils um datengestützte Technikanwendungen: der menschliche Faktor wird reduziert, die Digitalität wird Kern der Tätigkeit. FinTech und RegTech sind somit Ausprägungen eines Finanzwesens, in dem der menschliche Faktor ganz oder teilweise substituiert wird. Menschliche Beziehungen nehmen eine geringere, datengestützte Entscheidung und Begründung eine größere Bedeutung ein.

## III. Big Bang des RegTech-Zeitalters

RegTech wurde nicht als regulatorisches Ziel in politischen Agenden festgeschrieben und implementiert, sondern war die Reaktion der Praxis zur Bewältigung einer Vielzahl binnen kurzer Zeit eingeleiteter, per se aber voneinander unabhängiger, teils sogar gegenläufiger regulatorischer Entwicklungen (dazu im Folgenden). Es wundert daher nicht, dass der FinTech-Aktionsplan der Europäischen Kommission Nachholbedarf bei den Aufsichtsbehörden in Sachen RegTech-Kompetenz erkennt.[21]

Im Europäischen Finanzmarktrecht haben fünf Regulierungsschritte das „RegTech-Zeitalter“ eingeleitet: (1) die Intensivierung der regulatorischen Berichterstattung bis hin zur MiFID II/MiFIR,[22] (2) das offene Banksystem nach der ZDRL II, (3) die Datenschutzgrundverordnung (DSGVO), (4) die von der eIDAS-VO harmonisierte digitale Identitätsfeststellung, sowie (5) die Registrierung von natürlichen und juristischen Personen zu Geldwäschezwecken unter der 5. Geldwäscherichtlinie. Auf Grund der kurzen Zeit für die Adaption und der gravierenden Folgen der Reformen für das Finanzwesen lässt sich von einem „Big Bang“ sprechen.[23]

21 Vgl. FinTech-Aktionsplan (Fn. 1), Ziff. 2.4.

22 Vgl. Richtlinie 2014/65/EU des Europäischen Parlaments und des Rates vom 15. Mai 2014 über Märkte für Finanzinstrumente, ABl. L 173/349 („MiFID II“); Verordnung (EU) Nr. 600/2014 des Europäischen Parlaments und des Rates vom 15. Mai 2014 über Märkte für Finanzinstrumente, ABl. L 173/84 (MiFIR).

23 *Zetzsche/Arner/Buckley/Weber*, The Future of Data-Driven Finance and RegTech: Lessons from EU Big Bang II, EBI WPS 2019/35, https://ssrn.com/abstract=3359399.

## 1. Regulatory Reporting: der Weg zur MiFID II

Auslöser der RegTech-Bewegung in Europa war die Intensivierung der digitalen Berichterstattungspflichten für Finanzintermediäre nach der Finanzmarktkrise. Der Regulierungstrend erfasst alle regulierten Finanzinstitute.[24] Zweck ist jedoch keineswegs der Anlegerschutz, sondern die von der Finanzmarktkrise befeuerte Vorstellung, bei nahezu vollständiger Information über Finanzmarkttransaktionen und Positionen einzelner Akteure auf Krisen besser reagieren zu können, um gleich einem Piloten in einem Finanzmarktcockpit bei drohender Kollision frühzeitig entgegensteuern zu können.[25]

Soweit ersichtlich begann diese Entwicklung mit den Reporting-Pflichten der Manager alternativer Investmentfonds gem. Art. 22, 24 AIFM Richtlinie 2011/61/EU,[26] wonach erstmals in sehr detaillierter Manier Informationen von AIF-KVG erhoben wurden (s. dazu § 35 KAGB[27]). Die gleiche Entwicklung ist für die Offenlegungspflichten gegenüber den Anlegern zu konstatieren: Nach der Finanzmarktkrise wird die für Wertpapierdienstleistungen tradierte *emittenten*bezogene Offenlegung um fast schon tagesaktuelle *produktbezogene* Offenlegungspflichten ergänzt, die auf die Bedürfnisse der Kunden zugeschnitten sein sollen. Diese Entwicklung nimmt mit der Einführung der Produktinformationsblätter – zunächst in der OGAW-RL, dann in nationaler Gesetzgebung (jetzt § 63 Abs. 2 WpHG) und heute in der PRIIP-VO[28] – seinen Anfang und findet in der Zielmarktbestimmung und den standardisierten Geeignetheitskategorien (*suitability test*) gem. §§ 63 ff. WpHG seinen vorläufigen Höhepunkt. Dahinter steht ein RegTech-Gedanke: Zielmarkt und *suitability* sollen korrespondieren. Kunden können nach Risikokategorien eingestuft werden. Abhängig von diesen Kategorien werden den Kunden gewisse Finanzinstrumente angeboten. Allein die Ziffer, die die Kategorie beschreibt, determiniert die für den Kunden geeigneten Finanzinstrumente. Für die Auswahl braucht man dann keinen (mehr oder weniger) kundigen, jedenfalls aber fehleranfälligen Kundenberater.

RegTech ist dabei nicht nur Effizienzmaxime, sondern gleichsam zwingende Antwort auf diese Regulierungsform: die detaillierten, zeitaktuellen Informationen über eine Vielzahl von Risikofaktoren und Gegenparteien können manuell in

---

**24** S. nur Art. 31 EMIR; § 12a, 14, 24 KWG.

**25** S. *Arner et al.*, RegTech (Fn. 15), Einl.

**26** Dazu vgl. *Zetzsche/Eckner* in Zetzsche, AIFMD, 2. Aufl. 2015, S. 401 ff.

**27** So umfasst die AIFMD L2-VO 2013/231/EU ein mehr als 70(!) seitiges Formular zu lieferender Daten. Zu den Reporting-Pflichten von AIFM vgl. *Hanten* in Assmann/Wallach/Zetzsche, KAGB, 2019, § 35 Rn. 20 ff.

**28** Dazu z. B. *Wilhelmi* in Assmann/Wallach/Zetzsche, KAGB, 2019, Art. 5 PRIIP-VO Rn. 1 ff.

der kurzen Zeit schlicht nicht zusammengestellt werden, die für das Reporting und die Offenlegung respektive deren ständiger Aktualisierung zur Verfügung steht. Dies wird am Beispiel der Meldepflichten der Wertpapierfirmen im Derivatehandel deutlich. Nach dem 2. FiMaNoG[29] sind diese in Art. 26 MiFIR zu finden. Danach müssen Wertpapierfirmen der zuständigen Behörde „die vollständigen und zutreffenden Einzelheiten ihrer Geschäfte“ mit Finanzinstrumenten „so schnell wie möglich und spätestens am Ende des folgenden Arbeitstags“ melden. Erste Aufsichtsfälle belegen die Dimensionen und Konsequenzen: britische Banken, die einige Millionen Transaktionen im Zeitraum 2014 bis 2016 nicht gemeldet hatten, wurden mit hohen Bußgeldern belegt.[30] Bei den betroffenen Banken ging es um mehr als 1 Transaktion pro Sekunde. Dies belegt: Ohne automatisches Reporting (vulgo RegTech) kann eine Wertpapierfirma ihren Pflichten nicht mehr nachkommen.

Die Reporting-Pflichten haben mit der MiFID II/MiFIR ihren vorläufigen Höhepunkt gefunden. In Umsetzung von Vorgaben des Financial Stability Boards[31] sind die Transaktionen mit den Daten der Kunden der Aufsichtsbehörde zu melden. Geschäftsmeldungen müssen für juristische Personen einen Legal Entity Identifier (LEI) enthalten.[32] Zu diesem Zweck wird jeder juristischen Person eine zwanzigstellige Kennnummer zugeteilt, die in den mitzuteilenden Datensatz integriert ist. Die empfangende Behörde (und bei Weiterleitung an diese: ESMA) kann dann sämtliche Transaktionen einer juristischen Person zusammenstellen. So lassen sich etwa über eine Vielzahl von Instituten angelegte Marktmanipulationen, insbesondere aber durch Verknüpfung von Intermediären erzeugte Systemrisiken erkennen.

---

**29** Zweites Gesetz zur Novellierung von Finanzmarktvorschriften auf Grund europäischer Rechtsakte (Zweites Finanzmarktnovellierungsgesetz – 2. FiMaNoG) vom 23. Juni 2017 (BGBl. I S. 1693.

**30** Bußgeld der FCA gegen Merrill Lynch im Oktober 2017 von mehr als 34,5 Mio. GBP, da zwischen dem 12.02.2014 und dem 06.02.2016 etwa 68,5 Mio. börsengehandelte Derivat-Transaktionen nicht gemeldet wurden; dazu FCA, FCA Fines Merrill Lynch £34.5 Million for Failing to ReportTransactions, https://www.fca.org.uk/news/press-releases/fca-fines-merrilllynch-failing-report-transactions; s. dazu *Zetzsche et al.*, The Future of Data-Driven Finance (Fn. 23), S. 17 f.

**31** Vgl. FSB, FSB Report Global Legal Entity Identifier for Financial Markets (Juni 2012), https://www.fsb.org/2012/06/fsb-report-global-legal-entity-identifier-for-financial-markets/.

**32** Die Einführung des LEI geht zurück auf eine Reihe von Regulierungsschritten, die neben der MiFID II/MiFIR auch die EMIR, MAR, AIFM-RL erfasst. Vgl. den Überblick auf der Internetseite https://www.leiroc.org/lei/uses.htm. S. insbesondere Delegierte Verordnung (EU) 2017/590 der Kommission vom 28. Juli 2016 zur Ergänzung der Verordnung (EU) Nr. 600/2014 des Europäischen Parlaments und des Rates durch technische Regulierungsstandards für die Meldung von Geschäften an die zuständigen Behörden, dort ErwGr 8, 14 sowie Art. 13 und Tabelle 2, Felder 6, 12, 12, 16.

RegTech zwingt die Intermediäre zur laufenden Investition in aktuelle Software- und IT-Systeme. Nur so ist sicherzustellen, dass für die Erfüllung der Meldepflichten ausreichend Daten erfasst und später übertragen werden können. Auch die Aufsichtsbehörden müssen leistungsfähige Schnittstellen zwecks Empfang und Speicherung der Daten bereitstellen.[33] Schließlich stellt die Verarbeitung und Auswertung der eingehenden Daten eine Herausforderung dar, die manuell nicht zu bewältigen ist. Sind diese Daten aber einmal strukturiert und erfasst, liegt es nahe diese für unternehmerische Zwecke zu nutzen.

## 2. Datenportabilität: PSD II und DSGVO

Den zweiten RegTech-Baustein bildet die durch die zweite Zahlungsdienste-RL (ZDRL II)[34] eingeführte Pflicht zur Datenportabilität. Zahlungsdienstleister müssen Kundendaten an Dritte übermitteln, wenn die Kunden sie dazu auffordern, und Zahlungsauslöse- und Kontoinformationsdienstleistern Zugang zu den Kontodaten gewähren (s. §§ 48 ff. ZAG). Diese Daten werden dann gesammelt und digitalisiert, für die Übermittlung an die Regulierungsbehörden und/oder den internen Gebrauch neu verpackt und durch neue, speziell entwickelte Systeme verarbeitet.

Die ZDRL II schafft die Voraussetzungen für die nächste Entwicklungsstufe der datengesteuerten Finanzwirtschaft: die Auflösung der Kundenbindung, die in der traditionellen Finanzwirtschaft der wichtigste Wettbewerbsfaktor war, weil die enge Kundenbindung bessere Informationen über diesen Kunden und damit eine realistischere Risikoeinschätzung ermöglichte. (Art. 20 DSGVO erweitert die Vorgaben der ZDRL II zur Datenportabilität jenseits von Zahlungsdienstleistern auf alle Unternehmen, mithin den ganzen Finanzsektor).

Hintergrund des Open Banking ist die Abschaffung der dateninduzierten Skalenökonomien, wonach derjenige bessere Dienste erbringen kann, der über einen größeren Datenpool verfügt: Der Wettbewerber soll jedenfalls in Bezug auf den einen Kunden über dieselben Daten verfügen, wie der traditionelle Anbieter, so dass er diesen ebenso gut bedienen kann.[35] Open Banking bedingt jedoch bei

---

33 S. dazu ESMA, Reporting Instructions, FIRDS Reference Data System (31.10.2018), ESMA65–11–1193.

34 Dazu *Herz*, EuZW 2019, 60; *Hofmann*, BKR 2018, 62; *Omlor*, BKR 2019, 105; *Omlor*, WM 2018, 937; *Shmatenko/Möllenkamp*, MMR 2018, 495; *Zahrte*, NJW 2018, 337.

35 Vgl. zum Hintergrund von open banking *Zachariadis/Ozcan*, The API Economy and Digital Transformation in Financial Services: The Case of Open Banking, SWIFT Institute Working Paper No. 2016–001.

den Finanzinstituten eine ausgeklügelte Infrastruktur für den Datenimport und -export, vulgo: RegTech.

## 3. Data Governance: DSGVO

Die Datenschutzgrundverordnung[36] sattelt auf die Finanzmarktregulierung eine zusätzliche Regulierungsebene auf: Infolge der Reporting- und Dokumentationspflichten, aber ebenso der Pflicht zur Datenportabilität verfügen die Intermediäre über immer mehr Datenpunkte pro Kunde und Transaktion.

Während das regulatory reporting (III.1.) und die Datenportabilität (III.2.) die Möglichkeiten des datengestützten Finanzwesens erweitern, schränken die Vorschrifften der DSGVO zum ordentlichen Umgang mit Daten natürlicher Personen (*data governance*) die Nutzung der kraft Finanzmarktrecht erfassten Daten ein. So schreibt die DSGVO u. a. die Pseudonymisierung personenbezogener Daten vor (Art. 32 Abs. 1 lit. a DSGVO), regelt zudem die Rückverfolgung und Profilerstellung von Nutzern (Art. 4 Nr. 4 DSGVO) sowie den Erstkontakt (Art. 13 Abs. 1 DSGVO). Auch haben natürliche Personen das Recht, der Entscheidung eines Menschen zu unterliegen (Art. 22 Abs. 1 DSGVO).

Die Organisationsvorgaben der DSGVO betreffen alle datenintensiven Unternehmen. Dies sind jedoch neben den bekannten Social Media-Unternehmen auch und insbesondere Finanzintermediäre: Finanzwirtschaft ist datengestützte Wirtschaft. Dies wirkt sich neben operativen Entscheidungen insbesondere auf das Risikomanagement aus: Widersprechen etwa zahlreiche Kunden der Datennutzung, wird der Datenpool weniger repräsentativ und für bestimmte Risikokennzahlen weniger nützlich. Die Entwicklung muss antizipiert und durch Algorithmen substituiert werden. Zugleich bedarf es Algorithmen, die bei Widerspruch der Kunden die aus Sicht der DSGVO kritischen Datenfragmente entfernen.

Die DSGVO steht dabei teils im Konflikt mit anderen Regulierungsanliegen, etwa dem Open Banking: Infolge der DSGVO sind Unternehmen nach der Akquisition von Datenpools eines Drittanbieters daran gehindert, neugewonnene Kunden ohne deren Zustimmung für Vertriebszwecke zu kontaktieren, sofern es sich bei den Kunden um natürliche Personen handelt (Art. 6 Abs. 1 lit. a DSGVO). Nur noch gut strukturierte Daten dürfen ökonomisch sinnvoll genutzt werden.

---

36 Verordnung (EU) 2016/679 des Europäischen Parlaments und des Rates vom 27. April 2016 zum Schutz natürlicher Personen bei der Verarbeitung personenbezogener Daten, zum freien Datenverkehr und zur Aufhebung der Richtlinie 95/46/EG v. 27.04.2016, ABl. L 119/1; Dazu *Jung/Hansch*, ZD 2019, 143; *Lettl*, WM 2018, 1149; *Maschmann*, BB 2019, 628; *Timmermann*, DÖV 2019, 249.

Folge ist die Notwendigkeit zur ordentlichen Datenorganisation, mit sinnvoller Dateninfrastruktur und entsprechenden Routinen (vulgo RegTech).

## 4. Know Your Customer

### a) Sicherung der digitalen Identität: eIDAS-VO

Die im Jahr 2014 verabschiedete eIDAS-VO[37] soll in der ganzen EU einen digitalen Identitätsnachweis ermöglichen. Verbraucher und Unternehmen können infolge der eIDAS-VO über eine Serververknüpfung auf die jeweiligen nationalen elektronischen Identitätssysteme zurückgreifen, um ihre Identität für Dienstleistungen in anderen EU-Ländern nachzuweisen.[38] Die eIDAS-VO hat ihren Ursprung im grenzüberschreitenden Behördenverkehr; zu denken ist etwa an Schulanmeldungen und Genehmigungsanträge. Jedoch soll das eIDAS-Verfahren nach dem Aktionsplan der Europäischen Kommission für Verbraucherfinanzdienstleistungen auch vom Privatsektor genutzt werden.[39]

Die eIDAS-VO beugt Finanzkriminalität (etwa Betrugsversuchen im Vertrieb, Marktmanipulation und Geldwäsche) vor und fördert das Vertrauen in die digitale Finanzwirtschaft, wodurch sich potentiell die Kundenzahl erhöhen sollte. Damit steigert sich die Rentabilität von RegTech-Investitionen, was die Wahrscheinlichkeit erhöht, dass solche Investitionen vorgenommen werden.

Die eIDAS-VO ist ein wichtiger Baustein im europäischen RegTech-System, da sie die Klärung der für Finanzdienstleistungen unabdingbaren Frage ermöglicht, welche Person die digitale Dienstleistung nutzt. Der Technikeinsatz zielt auf Effizienzgewinne und verbesserte Integrität bei der Kundenanbindung. Eine manuelle Überprüfung der eIDAS-Daten ist unmöglich, weil das eIDAS-Verfahren auf automatisierten Abfragen der Identitätsdaten bei Korrespondenzservern im Heimatland des zu Identifizierenden beruht. Wer die Einsparungen der eIDAS-VO realisieren möchte, muss zunächst in technische Infrastruktur (i. e. RegTech) investieren.

---

37 Verordnung (EU) Nr. 910/2014 des Europäischen Parlaments und des Rates vom 23. Juli 2014 über elektronische Identifizierung und Vertrauensdienste für elektronische Transaktionen im Binnenmarkt und zur Aufhebung der Richtlinie 1999/93/EG v. 28. 8. 2014, ABl. L 257/73.

38 Vgl. Europäische Kommission, http://bit.ly/2p9FH5P.

39 Europäische Kommission, Mitteilung der Kommission, Aktionsplan Finanzdienstleistungen für Verbraucher: bessere Produkte, mehr Auswahl (23. 3. 2017), Ziff. 4.2.1., COM(2017) 139 final; vgl. auch ErwG. 17 der Verordnung (EU) Nr. 910/2014.

### b) Transparenz der wirtschaftlich Berechtigten

Die Vierte Geldwäsche-RL macht den Aufbau von Registern erforderlich, in denen die Daten der Eigner und Hinterleute von Rechtsträgern gespeichert sind.[40] Effekt der Register ist die Verknüpfung der juristischen Personen mit den dahinterstehenden natürlichen Personen: nicht nur die juristische Person, sondern auch die wesentlich wirtschaftlich Begünstigten werden erfasst, gespeichert und so für die Aufsichtsbehörden greifbar. Ergebnis ist ein Datennetzwerk, aus dem das wirtschaftliche Interesse der natürlichen Personen an der jeweiligen juristischen Person erkennbar wird. Wird eine juristische Person (über den LEI) als Kunde gemeldet, lässt sich unschwer feststellen, wer von der Transaktion profitiert. Deutschland hat sich bekanntlich für eine zaghafte Umsetzung entschieden, wonach zwar die Hinterleute zu erfassen sind, die Daten aber nur einem begrenzten Personenkreis zugänglich sind (§ 23 Abs. 1 GwG).[41] Dass es auch anders geht, zeigt der englische Transparenzansatz, wonach die Basisdaten der wirtschaftlichen Berechtigten in dem vom Companies House geführten Gesellschaftsregister grds. abrufbar sind.[42]

Weiter gehen englische Überlegungen zur Umsetzung der 5. Geldwäscherichtlinie. Die Registerinhalte sollen mit Identitätsdaten (etwa der eIDAS-VO) und Inhalten anderer öffentlicher Register verknüpft und verprobt, um Angaben zu in- und ausländischen Kontenbeziehungen ergänzt und sämtliche Registerdaten über das Companies House abrufbar werden.[43] Zweifellos wird dies weiteren RegTech-Systemen den Boden bereiten. Von einem allen Finanzinstituten offenen KYC Utility mit sämtlichen kundenbezogenen Daten ist man dann nur noch einen kleinen Schritt entfernt; ein solches verspricht erhebliche Einsparungen, jedoch

---

**40** Vgl. Art. 30 Abs. 3 der Richtlinie (EU) 2015/849 des Europäischen Parlaments und des Rates vom 20. Mai 2015 zur Verhinderung der Nutzung des Finanzsystems zum Zwecke der Geldwäsche und der Terrorismusfinanzierung, zur Änderung der Verordnung (EU) Nr. 648/2012 des Europäischen Parlaments und des Rates und zur Aufhebung der Richtlinie 2005/60/EG des Europäischen Parlaments und des Rates und der Richtlinie 2006/70/EG der Kommission v. 20.5. 2015, ABl. L 141/73.

**41** Vgl. dazu *Friese/Brehm/Orth*, GWR 2017, 271, 273; *Fuchs/Lakenberg*, NJW-Spezial 2017, 463, 464 *Longrée/Pesch*, NZG 2017, 1081, 1082; *Schaub*, DStR 2017, 1438, 1443.

**42** Nach Umsetzung der 4. Geldwäscherichtlinie sind sämtliche Registerdaten frei zugänglich (s. 1086 (1) Companies Act 2006), mit Ausnahme der in s. 1087 Companies Act 2006 genannten Daten frei zugänglich. Speziell zu wirtschaftlich Berechtigten vgl. The Information about People with Significant Control (Amendment) Regulations 2017 (S.I. 2017/693).

**43** Dazu UK Department for Business, Energy & Industrial Strategy, Corporate Transparency and Register Reform – Consultation on options to enhance the role of Companies House and increase the transparency of UK corporate entities, 9. Mai 2019, insb. S. 53ff.

darf man die signifikanten Risiken der Bündelung sämtlicher Kundendaten in einer Datenbank nicht außer Acht lassen.[44]

# IV. Anforderungen des RegTech-Zeitalters an das WpHG

Die dynamische Entwicklung ruft die Frage hervor, ob das WpHG den Herausforderungen des RegTech-Zeitalters begegnen kann oder sich die WpHG-Reform in Permanenz nach Perioden der Finanzmarktkrise und des Anlegerschutzes nunmehr unter dem RegTech-Blickwinkel fortsetzen wird.

## 1. Neue und alte Risiken

RegTech beseitigt Risiken nicht, sondern transformiert diese. An die Stelle menschlichen Versagens tritt das Versagen von Menschen beeinflusster und programmierter Systeme.[45] Ursache eines solchen Versagens kann weiterhin menschliche Insuffizienz (z. B. fehlerhafter Code), aber auch technisches Versagen sein (z. B. Server überhitzt). Omnipräsent ist und bleibt die Cybersecurity.

Aber auch völlig neue Risiken entstehen. Exemplarisch dafür steht das sog. Global Technology Risk (GTR), das aus der datentechnischen Verknüpfung nahezu sämtlicher Finanzinstitute entsteht.[46] Hatte man Systemrisiken bislang finanziell ermittelt, etwa durch Betrachtung der Abhängigkeiten vieler von der Zahlungsfähigkeit einzelner Institute, ist es in Zeiten von RegTech geboten, IT-Risiken als genuin operationelle Risiken in die Risikoermittlung einzubeziehen. So gibt es nur eine Handvoll bedeutender Lieferanten von Roh-Finanzdaten und Cloud Services; jedenfalls letztere unterliegen keiner auf das Finanzsystem ausgerichteten Regulierung.

Weiteres Beispiel sind die unbeabsichtigten Folgen korrelationsorientierter Datenanalyse. Zusammenhänge und Ursachen iSv Kausalität sind zwei Paar Schuhe.[47] Auch sind unbeabsichtigte soziale Folgen in den Blick zu nehmen: Wer

---

**44** Dazu ausf. *Arner et al.* (Fn. 14), EBOR 2019, S. 63 f.

**45** S. *Enriques/Zetzsche*, Corporate Technologies (Fn. 8), S. 4.

**46** *Arner/Zetzsche/Buckley*, FinTech, RegTech and Systemic Risk: The Rise of Global Technology Risk, in: Schwarcz/Arner/Avgouleas/Bush, Systemic Risk in the Financial Sector: Ten Years after the Global Financial (im Druck).

**47** S. dazu (mit Beispielen) *Zetzsche et. al.*, From FinTech to TechFin (Fn. 1), S. 3.

etwa Dienstleistungen nach Kreditwürdigkeit zugänglich macht, schließt Personen, die über geringere Kreditwürdigkeit verfügen, vom Zugang zu Finanzdienstleistungen aus (financial exclusion). Das ist keineswegs neu. Neu ist, dass der Ausschluss von Finanzdienstleistungen Folge technischer Komplexität sein kann: Schon jetzt können Angehörige der älteren Generation dem Innovationstempo kaum folgen. Dies zeitigt Konsequenzen innerhalb von Finanzunternehmen und Behörden. Der Typus Aktenhuber wird vom „IT-smarten", akademisch-geschulten Empiriker verdrängt. Doch ist keineswegs gesagt, dass heutige Führungskräfte hinreichend IT-smart sind. Der Parameter der „Geeignetheit" im Fit&Proper-Test von Wertpapierfirmen ist neu zu justieren. Auch Aufsichtsbehörden müssen ihre etablierten Karrierewege und Auswahlverfahren überprüfen. Keineswegs ausgeschlossen ist, dass der neue IT-smarte Typ sich gegen die Arbeit in Finanzinstituten und Aufsicht entscheidet, mit der Folge von Ressourcenproblemen bzw. minderer Qualität im Finanzwesen gegenüber anderen Wirtschaftsbereichen.

Auch ist man vor Überraschungen nicht gefeit. So sollte die Datenportabilität den Wettbewerb intensivieren. Stattdessen wurde der Einstieg finanzkräftiger Technologieunternehmen in den Finanzdienstleistungsmarkt beschleunigt, weil diese über Finanzmittel und technische Ressourcen zur Bündelung großer Datenströme und Erschließung neuer Kundengruppen verfügen. Es gilt das bereits im Jahr 2006 von *Lawrence Lessig*[48] artikulierte Paradoxon, dass sich eine auf Öffnung ausgerichtete IT-Architektur als Zugangssperre erweist, weil offene Datenmärkte für Monopolstrukturen anfällig sind. Die Formulierung einer stimmigen Antwort auf die schleichende Oligopolisierung der Finanzindustrie ist Primärherausforderung einer RegTech-gestützten Finanzwirtschaft.

## 2. Innovationsoffenheit des WpHG

Aufbau und Inhalt des WpHG lassen auf eine gewisse Konstanz hoffen: Das Genehmigungsverfahren, das von RegTech am stärksten betroffen ist, ist zumeist im KWG geregelt (insb. § 80 Abs. 1 S. 1 WpHG iVm § 25a KWG zum Risikomanagement).

Die im Gesetzeswortlaut des WpHG enthaltenen Anforderungen sind vergleichsweise vage und damit grds. innovationsoffen. Dies lässt sich etwa zu den IT-Systemen zeigen. Nach § 80 Abs. 1 S. 2 Nr. 4 WpHG muss die Wertpapierfirma über „solide Sicherheitsmechanismen verfügen, die die Sicherheit und Authen-

---

**48** Siehe Lessig, Code: Version 2.0. (2006).

tifizierung der Informationsübermittlungswege gewährleisten, das Risiko der Datenverfälschung und des unberechtigten Zugriffs minimieren und verhindern, dass Informationen bekannt werden, so dass die Vertraulichkeit der Daten jederzeit gewährleistet ist." Die Musik spielt hier – wie anderswo – in den umfangreichen Umsetzungsrechtsakten.[49]

Viele Anpassungen werden schleichend erfolgen. So wird sich das Verständnis des Umfangs der „elektronischen Mitteilungen" und „Verkehrsdaten" gem. § 7 Abs. 2 WpHG, der Markdaten nach § 8 WpHG und der Referenzdaten wandeln, wenn die Durchsetzung von Rechtsvorschriften primär Computeralgorithmen überlassen ist. Grundstürzende Anpassungen des Gesetzeswortlauts insoweit sind nicht zu erwarten, gleichwohl kann es zu gravierenden praktischen Änderungen kommen. Von Entwicklungen jenseits des WpHG wird das Verständnis personenbezogener Rechtsbegriffe abhängen. So könnte, sobald einem Algorithmus zumindest Teilrechtsfähigkeit zukommt,[50] ebendieser die Funktion des „Compliance-Beauftragten" gem. § 87 Abs. 5 WpHG iVm Art. 22 Abs. 2 und 25 Abs. 2 der Delegierten Verordnung (EU) 2017/565 oder des „Vertriebsbeauftragten" zur Ausgestaltung, Umsetzung und Überwachung von Vertriebsvorgaben gem. § 87 Abs. 4 WpHG übernehmen. Man wird nicht umhinkommen, die Algorithmen statt der Menschen einer Geeignetheitsprüfung zu unterziehen, wenn Algorithmen menschliche Entscheidungsträger substituieren – die dafür erforderlichen Technologien gilt es zu entwickeln.[51]

Für bislang unbekannte Risiken ist das WpHG indes gerüstet: Die zentrale Befugnisnorm des § 6 Abs. 1 und 2 WpHG greift auf unbestimmte Rechtsbegriffe zurück: Der Missstandsbegriff in § 6 Abs. 1 und 2 WpHG[52] ist anpassungsfähig. Neuen Entwicklungen kann die Auslegung entsprechen. So hätte es aus Sicht der Praxis der Ausdifferenzierung etwa in § 6 Abs. 3 bis 10 WpHG nicht bedurft; dass z. B. die Aufsicht von einem algorithmischen Händler durch Ordnungsverfügung Informationen heraus verlangen und dessen Betrieb zur Gefahrenabwehr einschränken (vgl. § 6 Abs. 4 WpHG), war schon vorher klar. Man hätte wohl auch

---

**49** S. dazu den Überblick bei *Zetzsche* in Lehmann/Kumpan, European Financial Services Law, 2019, Art. 16 MiFID II, Rn. 8 ff.

**50** Zur Diskussion vgl. *Teubner*, AcP 218 (2018), 155, 177 ff. Für Anpassung jedenfalls der Rechtsgeschäftslehre und des Haftungsrechts an künstliche Intelligenz *Spindler*, JZ 2016, 805 (wenngleich gegen Rechtsfähigkeit, vgl. *Spindler*, DB 2018, 41, 50).

**51** Vgl. *Enriques/Zetzsche*, Corporate Technologies, S. 30 mwN.

**52** Vgl. dazu *Zetzsche/Lehmann* in KMRK, § 6 WpHG Rn. 25 ff.

unter Rückgriff auf § 6 WpHG Produktverbote verhängen können (s. nun aber § 15 WpHG[53]).

Die Verlängerung des Normwortlauts des § 6 WpHG in mehreren Schritten bis zum 2. FiMaNoG verfolgte vielfach den Primärzweck, in den Umsetzungsberichten an die Europäische Kommission auf eine detaillierte Vorschrift verweisen zu können, weil man dort einer impliziten Umsetzung gegenüber feindlich gesinnt ist.[54] Die konkurrierenden Ziele der Lesbarkeit und Verständlichkeit blieben dabei auf der Strecke.

Je mehr Spezialbefugnisse im Gesetzeswortlaut ausdifferenziert werden, umso eher drängen sich systematische Rückschlüsse aus den Detailregelungen auf die Reichweite der Generalklauseln auf, und umso schwerer lässt sich vertreten, dass im Restbereich der Aufsichtsbehörde ein nur an den Aufsichtszwecken ausgerichtetes Rechtsfolge-Ermessen besteht. Die Behandlung des Spannungsverhältnisses zwischen Generalklausel und Detailbefugnisnorm wird daher über die Effektivität des WpHG bei der Behandlung technischer Innovationen entscheiden.

## 3. Plädoyer für eine auswirkungsbezogene Regulierung

Das rechtsstaatliche Anliegen der Rechtssicherheit streitet freilich für eine detaillierte Nachregulierung. Als Beispiel dafür mag die Diskussion um die Zulässigkeit der Allgemeinverfügung zur Untersagung von Leerverkäufen[55] dienen. Denkbar wäre etwa – als Ausprägung einer tätigkeitsbezogenen Regulierung – die Regulierung und Überwachung der Programmierung von Algorithmen oder der Design-Struktur von Servern. Noch einen Schritt weiter ginge eine an einzelne Applikationen anknüpfende Regulierung: wer *high frequency trading* separat reguliert, könnte ebenso gut *big data storage, analytics* oder *transfer* regulieren.

Dieser Schritt wird hier explizit abgelehnt: Die einzige Konstante der technischen Entwicklung ist der Wandel. Jede an einzelne Techniken knüpfende Regulierung stellt eine Innovationshürde dar. Zudem stellen sich definitorische Probleme: Wo endet die normale Datenverarbeitung, wo beginnt Big Data? Derartige Definitionen sind vom jeweiligen Stand der Technik abhängig; die Grenze

53 Zum Verhältnis von § 6 zu § 15 WpHG vgl. Lehmann/Zetzsche, in KMRK, § 15 WpHG Rn. 13 ff., 42, 53 f.

54 Weitere Motive waren die Klarstellung der BaFin-Befugnisse in Bezug auf EU-Verordnungen und die Berücksichtigung repressiver Motive im traditionell präventiven Normzweck. Dazu *Zetzsche/Lehmann* in KMRK, § 4 WpHG Rn. 9 f., 48 mwN.

55 Näher *Zetzsche/Lehmann* in KMRK, § 53 WpHG Rn. 4 mwN.

wird sich – dank des Moore'schen[56] und Kryder'schen Gesetzes[57] – laufend verschieben. Einzig sinnvolle Alternative ist eine technikneutrale, auf die Auswirkungen einer Technik – im Gegensatz zur Technik selbst – fokussierte Regulierung. Diese sog. *effects based regulation* ist aus dem Wettbewerbsrecht bekannt, wo man die Herausforderung zu meistern hat, verschiedenste Formen und Methoden der Wettbewerbsbeschränkung rechtlich zu erfassen.[58] Derselbe gedankliche Ansatz sollte auch im Finanzmarktrecht Leitlinie sein, was sich damit rechtfertigt, dass es bei Anlegerschutzfragen um Marktverhaltensrecht und bei Marktfunktionsfragen (inkl. systemischer Risiken) um Marktstrukturregulierung geht.[59]

## 4. Marktstrukturregulierung contra Systemrisiken

Im RegTech-Zeitalter ändern sich, wie dargelegt (IV.1.), die Systemrisiken begründenden Parameter. Dies lässt der Wortlaut der zur Bekämpfung von Systemrisiken geschaffenen Vorschrift des § 14 WpHG[60] außer Acht: Die Norm beruht noch auf dem prä-RegTech Gedanken, dass Systemrisiken finanzieller Natur sind.

Die Lücken sind richtigerweise durch § 6 Abs. 1 und 2 WpHG zu füllen: Auch technik-induzierte Systemrisiken bedrohen die Marktfunktionen und sind daher als Missstand anzusehen. Was für die insuffiziente IT (etwa zu klein dimensionierte Server und Netzwerkanbindungen) gilt, gilt auch für die wegen operationeller Abhängigkeit von einem Oligopol potentiell fehleranfällige IT.

Der Rückgriff auf § 6 Abs. 1 und 2 WpHG ermöglicht dann im Extremfall (im Rahmen der europäischen Umsetzungsakte) an Wertpapierfirmen gerichtete Verfügungen, eine essentielle Dateninfrastruktur zwecks Diversifikation zu du-

---

56 Als Moore's Gesetz wird die Prognose von Intel-Gründer Gordon Moore aus dem Jahr 1965 bezeichnet, wonach sich die Anzahl der Transistoren, die pro Quadratzoll auf integrierten Schaltungen fixiert werden kann, alle zwei Jahre verdoppelt, während sich der dafür erforderliche Aufwand halbiert. Folge wäre eine enorme Zunahme der Datenverarbeitungskapazität. Vgl. *Moore*, Cramming More Components onto Integrated Circuits, Electronics, Apr. 19, 1965, 114; neuaufgelegt in 1986 Proceedings of the IEEE, 82 (1998).

57 Nach Mark Kryder benannte Prognose, wonach die Datenspeicherkapazität exponentiell wachsen wird; vgl. dazu *Walter*, Kryder's Law, Scientific American, Aug. 2005, S. 32.

58 Vgl. Bourgeois/Waelbroeck (Hrsg.), Ten years of effects-based approach in EU competition law (2013); *Podszun*, EuCML 2018, 57

59 Für eine frühe Diskussion der Frage im Finanzmarktrecht vgl. *Gray*, From 'effects-based' regulation to a return to the reasonableness standard?, 8 J. Fin. Reg. & Compl. 181 (2000).

60 Zum Verhältnis von § 6 zu § 14 WpHG s. nunmehr Lehmann/Zetzsche, in KMRK, § 14 WpHG Rn. 10 ff.

plizieren oder bestimmte IT-Systeme ganz oder teilweise selbst zu betreiben, statt diese an einen der Oligopol-Anbieter auszulagern. Dass die BaFin bei einer auf § 6 WpHG gestützten Marktstrukturregulierung Vorsicht walten lassen muss, liegt auf der Hand. Doch verwendet eine kluge Aufsicht rechtliche Befugnisse häufig nur als glaubhaftes Drohszenario, um *Überlegungen* zu gewünschten Marktstrukturen zu fördern. Nach dem Primat der auswirkungsbasierten Aufsicht (IV.3.) hat die Aufsicht nur das Ergebnis dieser Überlegungen zu interessieren. Die Planung und Ausführung muss dem Markt überlassen bleiben.

## V. Fazit

Die digitale Hochkonjunktur im Finanzwesen ist nur zum Teil einem kreativen Geist der Ingenieure und Softwareentwickler zu verdanken. Der andere Teil ist Folge juristischer Innovationen: Insoweit ist die Digitalisierung durch regulatorische Vorgaben auf europäischer Ebene geradezu erzwungen. Hintergrund sind die abundanten Berichts- und Offenlegungspflichten zur Kontrolle anleger-, institutsspezifischer und systemischer Risiken, die Pflicht zur Datenportabilität und Data Governance sowie die Schöpfung grenzüberschreitender Identitätssysteme, die die wirtschaftliche Verknüpfung natürlicher Personen datentechnisch offenlegt.

Die Leistungsfähigkeit des WpHG muss sich im RegTech-Umfeld beweisen. Dass die Aufsichtsbefugnisse rund um die unbestimmten Rechtsbegriffe des § 6 Abs. 1 und 2 WpHG errichtet wurden, erweist sich als Vorteil. Die Missstandsklausel sichert die Innovationsoffenheit trotz zunehmend detaillierter Einzelbefugnisse. So kann eine zeitgemäße Interpretation der Aufsichtskompetenz techniknneutral die Auswirkungen von Innovation in den Blick nehmen und zur Reduktion IT-induzierter Systemrisiken Eingriffe in die Marktstruktur auf § 6 WpHG stützen. Es ist zu hoffen, dass sich das WpHG die durch den Missstandsbegriff gewährleistete Innovationsoffenheit in den nächsten 25 Jahren bewahrt.

# Beiträge zu einzelnen Regelungsbereichen

# Marktmissbrauch

Klaus J. Hopt

# Insiderrecht – Grundlagen
# Internationale Entwicklung, ökonomischer Hintergrund, offene Fragen

## I. Zur amerikanischen, europäischen und deutschen Entwicklung

### 1. US-amerikanisches und deutsches Insiderrecht

#### a) „Am Anfang war Texas Gulf Sulphur“

Insiderrecht gibt es heute in den nahezu allen Ländern mit Börse und Kapitalmarkt. In der EU hat die Marktmissbrauchsrichtlinie von 2014[1] ein unmittelbar geltendes europäisches Insiderecht geschaffen, im Anschluss an die Insiderrichtlinie von 1989[2] und die Marktmissbrauchsrichtinie von 2003[3] und zahlreiche, von den nationalen Kapitalmarktaufsichtsbehörden verfolgte Fälle mit einer ganzen Reihe von europäischen und nationalen Gerichtsurteilen. Die harschen Diskussionen in 1970er und 1980er Jahren zuerst in den USA und dann in Europa liegen zwar bald fünfzig Jahre zurück, aber die Meinungsverschiedenheiten zu Sinnhaftigkeit, Reichweite, Inhalt und Sanktionen einer Regulierung des Insiderhandels und damit eng zusammenhängend der Ad-hoc-Publizität bestehen unter Ökonomen und Juristen fort. Ein Blick auf die internationale Entwicklung, den ökonomischen Hintergrund und Perspektiven des Insiderrechts macht deshalb guten Sinn.[4]

---

1 MAR vom 16.4.2014, ABlEU 2014 L 173/1; strafrechtlich ergänzend Marktmissbrauchsrichtlinie (II, im Folgenden Crim MAD) vom 16.4.2014, ABlEU L 173/179. Änderungen und Berichtigungen bei *Klöhn*, MAR, 2018, Einleitung S. 25f.; zu den Rechtsquellen zur MAR (Level 1, Level 2, Level 3), ebenda Einleitung S. 51ff.

2 Insiderhandelsrichtlinie vom 13.11.1989, ABlEG 1989 L 334/30; dazu *Hopt* ZGR 1991, 17.

3 Marktmissbrauchs-RL vom 28.1.2003, ABlEG 3009 L 96/16; dazu *Ferrarini*, Common Market Law Review 41 (2004) 711.

4 Vgl. *Bainbridge*, ed., Research Handbook on Insider Trading, Cheltenham 2013 (zit. *Bainbridge*, Research Handbook).

https://doi.org/10.1515/9783110632323-025

„Am Anfang war Texas Gulf Sulphur". Der landmark case SEC v. Texas Gulf Sulphur Co.[5] begründete 1968 das moderne US-amerikanische Insiderrecht,[6] bildete den Ausgangspunkt einer breiten Gerichts- und SEC-Praxis in den USA und wurde rasch auch in Europa und international zum leading case eigener nationaler Insiderrechte.[7] Zu Recht wurde deshalb Texas Gulf Sulphur nach 50 Jahren mit Symposia und Artikeln besonders gefeiert[8] und, wenngleich später weiterentwickelt, als „truly seminal decision" und sogar als „the most important judicial decision in the history of the U.S. securities laws" bezeichnet.[9]

Der Sachverhalt war kurz folgender.[10] Texas Gulf Sulphur Company, damals größter Schwefellieferant der Welt, stieß bei Versuchsbohrungen in Kanada auf riesige Kupfer-, Zink- und Silberminen und schirmte diese Information nach innen und außen ab. Schon bei den ersten günstigen Ergebnissen im November 1963 kauften einige leitende Personen Aktien und Optionen zu Kursen von 17, 18, 20 und 25 $. Erst am 16. April 1964 informierte Texas Gulf den board und dann die Öffentlichkeit über den „major strike". Noch vor dem Letzteren deckten sich noch zwei directors ein und gaben den Tip an Familienmitglieder und über eine Bank an deren Kunden weiter. Der Kurs kletterte nach am selben Tag auf 38, später auf 58. Eine riesige Prozesswelle folgte.

Der Second Circuit Court of Appeals entschied, dass Personen, die wesentliche („material") Insiderinformationen haben, diese entweder offenlegen oder von der Transaktion Abstand nehmen müssen, und begründete damit die klassische „disclose or abstain"-Regel. Die Entscheidung erging zu Section 10(b) Securities Exchange Act 1934 (und SEC Rule 10b-5, die dazu 1942 erlassen, aber erst 1961 auf einen Insiderfall angewandt worden ist), begründete bundesstaatliches Insider-

5 Texas Gulf Sulphur 401 F.2d 833 (2d Cir. 1968) (en banc), cert. denied, 394 U.S. 976 (1969). Zu verschiedenen Insiderentscheidungen schon zuvor, allerdings zögerlich und nur nach dem Gesellschaftsrecht der Einzelstaaten, nicht gegenüber den Anlegern am Kapitalmarkt, z. B. Oliver v. Oliver 1903 45 S.E. 232 (Ga. 1903) und Strong v. Repide 213 U.S. 419 (1909), aber nur duty to disclose under special circumstances, Goodwin v. Agassiz 186 N.E. 659 (Mass. 1933), zur Entwicklung *Bainbridge*, Insider Trading Law and Policy, St. Paul 2014, p. 11 et seq. (zit. *Bainbridge*, Monograph).

6 Zur Registerlösung mit Gewinnabführung (short swing profit) seit 1934 *Hopt/Will*, Europäisches Insiderrecht, Einführende Untersuchung, Ausgewählte Materialien, 1973, S. 93 f., aber „crude rule of thumb".

7 Dazu als Ausgangspunkt *Hopt/Will* (Fn. 6), S. 6 ff.; später z. B. *Steinberg*, Insider Trading Regulation – A Comparative Analysis, 37 International Lawyer 153 (2003).

8 *Texas Gulf Sulphur* 50th Anniversary Symposium Issue, 71 SMU Law Review (2018) No. 3; *Steinberg*, *Texas Gulf Sulphur* at Fifty – A Contemporary and Historical Perspective, 71 SMU Law Review 625 (2018) at 641.

9 *Steinberg* (Fn. 8), at 641.

10 Näher *Hopt/Will* (Fn. 6), S. 6 ff.; *Bainbridge*, Monograph (Fn. 5), p. 32 et seq.

recht und stützte sich auf eine „equal access policy". Dass schon zuvor die SEC In the Matter of Cady, Roberts & Co. dies für einen Tipping-Fall zum ersten Mal für Kapitalmarkttransaktionen entschieden hatte[11] und die Begründung des Gerichtes mit der equal access policy später als zu weit aufgegeben wurde,[12] tut der Bedeutung der Entscheidung keinen Abbruch, „forever young" heißt es in einem neueren Artikel.[13]

Seither wurde das amerikanische Insiderrecht durch den Supreme Court und die SEC intensiv weiterentwickelt, etwa durch Chiarella v. United States 1980[14], einen Fall, in dem ein Angestellter des Presseunternehmens, bei dem der Text des Übernahmeangebots gedruckt wurde, von dessen Bevorstehen erfahren hatte, und Dirks v. SEC 1983,[15] dort hatte ein Wertpapieranalyst der SEC, dem Wall Street Journal und verschiedenen Kunden ein massiven Wertpapierbetrug offenbart, ein spektakulärer Whisteblower-Fall. Die Rechtsprechung wandte sich in diesen und weiteren Fällen von der als zu breit angesehenen equal access policy ab und verlangte eine Pflicht des Insiders zur Offenlegung vor der Transaktion (duty to disclose), was im Folgenden besonders beim Tipping Lücken und inkonsistente Begründungen zur Folge hatte.[16] Das führte im Weiteren zu United States v. O'Hagan 1997,[17] einem weiteren leading case, in dem der Supreme Court einen Anwalt, der durch die Arbeit für einen Klienten von dessen Übernahmeangebotsplan und der Zielgesellschaft erfahren und dies durch Optionserwerb ausgenützt hatte, auf der Basis eines Verbots von „misappropriation" einer geheim zu haltenden kursrelevanten Information verurteilte. Dass auch Ehepartner und andere Familienmitglieder mit Geheimhaltung rechnen können, ist insiderrechtlich eine Standardannahme.[18] International bekannt geworden ist dagegen wegen

11 In re Cady, Roberts & Co., 40 S.E.C. 907 (1961); dazu *Bainbridge*, Monograph (Fn. 5), p. 31 et seq.

12 Aber noch in SEC Rule 14e-3 für Übernahmeangebote; dazu ausführlich *Bainbridge*, Monograph (Fn. 5), p. 123 et seq.

13 *Weinberger*, Forever Young: Texas Gulf Sulphur Rules at Fifty, 45 Securities Regulation Law Journal 23 (2017); auch *Cox*, Seeking an Objective for Regulating Insider Trading *Through Texas Gulf Sulphur*, https://ssrn.com/abstract=3194542 (zuletzt abgerufen am 27.5.2019): little remains, but still important.

14 Chiarella v. United States, 445 U.S. 222 (1980); dazu *Bainbridge*, Monograph (Fn. 5), p. 39 et seq; *Langevoort*, From Texas Gulf Sulphur to Chiarella: A Tale of Two Duties, 71 SMU Law Review (2018) 835.

15 Dirks v. SEC, 463 U.S. 646 (1983), constructive insider; dazu *Bainbridge*, Monograph (Fn. 5), p. 43 et seq., 55 et seq.; *Cox* (Fn. 13) at 13 et seq.

16 Die Entwicklung wird in *Cox* (Fn. 13) at 7 et seq. näher geschildert: „mist of fiduciary duty".

17 United States v. O'Hagan, 521 U.S. 642 (1997); dazu und zur misappropriation theory ausführlich *Bainbridge*, Monograph (Fn. 5) 83 et seq.

18 Z. B. SEC v. Yun, 327 F.3d 1263 (11th Cir. 2003) at 1272.

ihres besonderen Sachverhalts beispielsweise die Entscheidung des Southern District of New York 1990 zu einem Psychiater, der die relevante Information von einer Patientin erfahren hatte.[19] Das mag für den transatlantischen Vergleich der Insiderrechte und ihrer unterschiedlichen Konzeptionen genügen, zu dem breiten Entscheidungs- und Fallmaterial in den USA muss auf die amerikanischen Quellen verwiesen werden.[20]

### b) „Bitte um Zigarren"

In Deutschland gehen Insidergeschäfte weit in das 19. Jahrhundert zurück und sind schon in der epochemachenden Schrift von Hansemann 1837[21] für das Eisenbahnaktienwesen belegt.[22] Sie beginnen bei höchsten Stellen im Staat. Ob Bismarck selbst Insidergeschäfte getätigt hat, ist umstritten. Aber aus dem Briefwechsel eines Hofmarschalles während der Belagerung von Paris im Winter 1870/71 mit einem Berliner Bankier ist bekannt, dass als Stichwort „Bitte um Zigarren" vereinbart war, sobald der Friede bevorstehe. Auch in anderen Ländern waren Insidergeschäfte eine Selbstverständlichkeit, etwa in den USA[23], in Großbritannien, der Schweiz, Frankreich und den Niederlanden.[24] In Europa machte Großbritannien 1947 mit einer Registerlösung ähnlich der US-amerikanischen den Anfang. Nach amerikanischem Vorbild regelte ab 1966 auch Frankreich das Insiderrecht.[25] Die Schweiz und Deutschland sträubten sich demgegenüber lange. In der Schweiz führten Insidergeschäfte mit Ausstrahlung in die USA schließlich zu einem Insiderstrafrecht, das als „lex Americana" verstanden wurde. In Deutschland versuchte man dagegen, den Ruf nach einem Verbot von Insidergeschäften und die Gefahr des Eingreifens des Gesetzgebers mit soft law zu parieren. Die freiwilligen deutschen Insiderhandels-Richtlinien von 1970 waren aber lobbygesteuert und trotz Gewinnung prominenter Professoren und hoher Richter

---

19 U.S. v. Willis, 737 F. Supp. 269 (S.D.N.Y. 1990), zu beiden Entscheidungen auch *Bainbridge*, Monograph (Fn. 5), p. 106.

20 Zusammenstellung bei *Bainbridge*, Monograph (Fn. 5), p. 101 et seq.; wichtige Supreme Court-Entscheidungen zur securities regulation sind aufgelistet bei *Steinberg* (Fn. 8), at 2 note 3.

21 *Hansemann*, Die Eisenbahnen und deren Aktionäre in ihrem Verhältniss zum Staat, 1837, S. 114.

22 Dazu und zum Folgenden *Hopt/Will* (Fn. 6), S. 19 ff.

23 Vor 1961, *Bainbridge*, Monograph (Fn. 5), p. 195 note 63.

24 Einzelheiten bei *Hopt/Will* (Fn. 6) , S. 10 ff.

25 Einzelheiten bei *Hopt/Will* (Fn. 6) , S. 90 ff. zu den USA, Kanada, Großbritannien mit Nachfolgeregelungen und Frankreich.

für die Abwehr in Inhalt und Durchsetzung offensichtlich defizient.[26] Es gelang zwar noch, den deutschen Gesetzgeber einige Jahre lang von einer Regelung abzuhalten. Aber dieser gab schließlich den Widerstand in Brüssel auf und beugte sich dem europäischen Gesetzgeber, der 1989 mit der Insiderrichtlinie eingriff.

## 2. US-amerikanisches und europäisches Insiderrecht

### a) Unterschiede zwischen dem US-amerikanischen und dem europäischen Insiderrecht

Die Entwicklung in den USA wurde etwas ausführlicher geschildert, nicht nur wegen des historischen Erstgeburtsrechts, sondern weil trotz aller internationaler Ausstrahlung des amerikanischen Insiderrechts und vielfach ähnlicher Tatbestandsmerkale doch zwei erhebliche Unterschiede zum Insiderrecht in Europa und nach der MAR bestehen, sodass man jedenfalls nicht von einer vollen Transplantation[27] reden kann.

Da ist zum einen der Regelungszweck. Während für die MAR das Prinzip des Gewährleistung informationeller Chancengleichheit Grundlage ist, diese also einen marktbasierten Ansatz hat,[28] beruht das amerikanische Insiderrecht auf einem relationship-based approach. Danach kommt es entscheidend auf das Verhältnis zwischen dem Insider und Geheimhaltungsberechtigten an, sei es dass eine fiduciary relationship verlangt wird oder eine misappropriation of information vorliegen muss.[29] Hinzu kommt, dass das amerikanische Recht trotz einer

26 Näher *Hopt* in Drobnig/Puttfarken, Deutsche Landesreferate zum Privatrecht und Handelsrecht, 1982, S. 171; *ders.*, Rivista delle Società XIX (1974) 1046.

27 Vgl. *Langenbucher*, Economic Transplants, On Lawmaking for Corporations and Capital Markets, Cambridge 2017.

28 Erwägungsgründe Nr. 23, 24 MAR; *Assmann* in Assmann/Schneider/Mülbert, Wertpapierhandelsrecht, 7. Aufl. 2019, Vor Art. 7 VO Nr. 596/2014 Rn. 29, dort auch mit der Ansicht, die Insiderverbote des Art. 14 MAR dienten nur dem Schutz der Funktionsfähigkeit der Finanzmärkte und nicht dem Schutz des individuellen Anlegers.

29 Zum Vergleich des US-amerikanischen und des europäischen Insiderrechts *Payne*, Disclosure of Inside Information, October 2018, https://ssrn.com/abstract_id=3244401 (zuletzt abgerufen am 27.5.2019) mit klarer Präferenz für die europäische Lösung; *Ventoruzzo*, Comparing Insider Trading in the United States and in the European Union: History and Recent Developments, ECFR 2014, 554, mit Betonung der Unterschiede in der privaten und staatlichen Durchsetzung; *Langenbucher*, Insider trading in European laws, in Bainbridge, Research Handbook (Fn. 4), p. 429, 443 et seq.; spezieller *Gilotta*, The Regulation of Outsider Trading in EU and the US, ECFR 2016, 631; *Klöhn*, Haftung wegen fehlerhafter Ad-hoc-Publizität – amerikanische Antworten auf deut-

allgemeinen gesetzlichen Grundlage im Wesentlichen doch ein Fallrecht mit seiner Komplexität und seinen inhärenten Unsicherheiten geblieben ist, über dessen Berechtigung dort eine breite rechtsökonomische Diskussion geführt wird.[30] Demgegenüber ist die MAR ein Gesetzestext, der als solcher de lege lata nicht mehr in Frage gestellt, sondern nur innerhalb des vorgegebenen Rahmens noch ausgelegt werden kann und muss. Zuzugeben ist allerdings, dass auch unter der MAR das grundlegende Prinzip des gleichberechtigten Informationszugangs sich nicht ohne weiteres für eine Subsumtion anbietet.[31] Die Folge dieser Unterschiede ist, dass das europäische Insiderrecht deutlich weiter ausgreifen kann als das amerikanische.[32]

Zum anderen betrachtet die MAR zu Recht Insiderhandel und Publizität als zusammengehörend und geht dabei sogar so weit, dass für das Insiderhandelsverbot und die Ad-hoc-Publizität ein einheitlicher Insiderbegriff gilt, was ursprünglich durchaus umstritten war.[33] Demgegenüber besteht nach amerikanischem Gesetzesrecht kein solcher Regelungszusammenhang, was sich aus der Gesetzes- und Rechtsprechungsgeschichte erklärt.[34] Allerdings hat die SEC im Jahre 2000 die Regulation Fair Disclosure erlassen, die ausdrücklich nicht als Teil der Insiderregeln verstanden wurde. Sie stieß aber auf Widerstand und wurde nur zögerlich durchgesetzt.[35] Sie geht auch insgesamt nicht so weit geht wie die Ad-hoc-Publizität unter Art. 17 MAR. Was die Offenlegung angeht, ist auch die Form 8-K einschlägig.[36] Außerdem wird eine Ad-hoc-Publizität von den Börsen verlangt, z. B. von der New York Stock Exchange und der Nasdaq.[37]

---

sche Fragen? FS Baums, 2017, Bd. I, S. 685. Allgemeiner *Hopt*, Aktienrecht unter amerikanischem Einfluss, FS Canaris, 2007, Bd. II, S. 105.

**30** Dazu erst unten II.

**31** *Assmann* in Assmann/Schneider, WpHG, 6. Aufl. 2012, vor § 12 Rn. 45: kein operationales Rechtsanwendungsleitbild; *Klöhn* ZBB 2017, 261, 263.

**32** *Langenbucher* (Fn. 29), p. 429, 443 et seq.

**33** *Assmann* in Assmann/Schneider/Mülbert (Fn. 28), Art. 7 VO Nr. 596/204 Rn. 3; zum ursprünglichen RINGA-Konzept ebenda, Rn. 4 mwN.; immer noch bedauernd *Payne* (Fn. 29) at 20.

**34** *Payne* (Fn. 29) at 17 et seq.

**35** SEC Regulation Fair Disclosure, 17 C.F.R, § 243.100 (2000); dazu *Fox*, Regulation FD and Foreign Issuers: Globalization's Strains and Opportunities, 41 Virginia Journal of International Law 653 (2001); *Fish*, Regulation FD: an alternative approach to addressing information asymmetry, in: Bainbridge, Research Handbook (Fn. 4), p. 112; *Mosca*, Director-Shareholder Dialogues Behind the Scenes: Searching for a Balance Between Freedom of Expression and Market Fairness, ECFR 2018, 805, 815 et seq.; *Bainbridge*, Monograph (Fn. 5), p. 115 et seq.

**36** Securities Exchange Act Release No. 49424 (2004), 17 C.F.R. § 249.308 (2017). Zu deren Lücken kurz *Steinberg* (Fn. 8) at 633.

**37** New York Stock Exchange (NYSE), Listed Company Manual §§ 202.01.–06, § 202.05 sieht vor: „A listed company is expected to release quickly to the public any news or information which

### b) Entwicklungsstadien des europäischen Insiderrechts (1989, 2003 und 2014) und des WpHG

Die Entwicklung des europäischen Insiderrechts begann nicht sofort kapitalmarktrechtlich, sondern wie ursprünglich auch in den USA im Gesellschaftsrecht. Im Anschluss an den Segré-Bericht für die Europäische Kommission von 1966 enthielt 1970 der Vorschlag eines Statuts einer Societas Europaea in Art. 82 eine Insiderregelung, die bei den Organmitgliedern der Europäischen Aktiengesellschaft ansetzte und, ohne ein Insiderhandelsverbot zu statuieren, eine Gewinnabführung vorsah.[38] Als nur für die SE vorgesehene und nach Inhalt und Durchsetzung unausgereifte Lösung[39] konnte das nicht überzeugen, auch wenn mit der Offenlegung eine Parallele zur amerikanischen Registerlösung und mit der Gewinnabführung nicht nur eine solche zur amerikanischen short wing profit-Regelung, sondern auch zu der dortigen Vorstellung bestand, dass der Insider sich den Gewinn zu Unrecht aneignet (misappropriation).

Der Durchbruch einer marktorientierten Insiderregelung kam erst mit der EG-Insiderrechts-Richtlinie von 1989.[40] Diese enthielt alle wesentlichen Bestandteile eines modernen Insiderrechts, wie sie auch in den USA und anderen Ländern mit Insiderrecht verwandt werden: Insider-Information, Insiderbegriff, Insiderpapiere und ein grundsätzliches Insiderhandelsverbot sowie eine Regelung der Weitergabe von Insiderinformationen (Tipping).[41] Hinzu kam aber über die Regelung in den USA hinaus eine strenge, unverzüglichen Ad-hoc-Publizität auf allen Börsenmärkten. Die Einzelheiten dazu und zu der Umsetzung im Wertpapierhandelsgesetz von 1994, dem deutschen Grundgesetz des Kapitalmarktrechts,[42] sind an anderer Stelle beschrieben.[43] Langfristwirkung hatte die EG-Insiderrechts-Richtlinie aber für die Entwicklung eines europäischen Kapitalmarktrechts und zugleich für die Desavouierung der deutschen, nur als Abwehrinstrument gegen eine Gesetzgebung fehlverstandenen Selbstregulierung – die in anderen Ländern so nicht zu findende Übermaßkritik am Deutschen Cor-

---

might reasonably be expected to materially affect the market for its securities …"; ähnlich Nasdaq Listing Rule IM-5250(b)(1).

**38** Vorschlag in Art. 82 Statut einer Societas Europaea bei *Hopt/Will* (Fn. 6), S. 140 ff.

**39** Ausführliche Kritik am Inhalt und der ineffizienten Durchsetzung durch Gesellschaft und Aktionäre bei *Hopt/Will* (Fn. 6), S. 142 ff., 145 ff.

**40** Richtlinie des Rates zur Koordinierung der Vorschriften betreffend Insider-Geschäfte vom 13.11.1989, ABlEG L 334/30.

**41** Ausführlicher Rechtsvergleich zu den Bauelementen und Regelungstypen schon bei *Hopt/Will* (Fn. 6), S. 54 ff, 90 ff.; neuestens bei *Klöhn* (Fn. 1), Vor Artikel 7, I.

**42** Zu Recht z. B. *Assmann* in Assmann/Schneider/Mülbert (Fn. 28), Einl Rn. 5.

**43** Alle Einzelheiten bei *Hopt* ZGR 1991, 17–73.

porate Governance Kodex[44] geht auch auf das Scheitern der Insiderhandels-Richtlinien und später der ähnlichen Übernahmeleitsätze[45] zurück. Im Übrigen ist das Zustandekommen der Richtlinie ein Beispiel dafür, dass eine bloß defensive, binnnenorientierte Politik, wie sie Deutschland immer wieder praktiziert hat, in Brüssel zu kurz greift.

Das europäische Insiderrecht wurde durch die EU-Marktmissbrauchs-Richtlinie von 2003[46] grundlegend überarbeitet. Umgesetzt wurde diese Richtlinie durch das Anlegerschutzverbesserungsgesetz (AnsVG).[47] Die bisher maßgebliche Unterscheidung der Insiderhandelsverbote nach Primär- und Sekundärinsider wurde beseitigt, diese Unterscheidung spielte nur noch für die Sanktionierung eine Rolle. Eingeführt wurde die Pflicht für Emittenten zur Führung von Insiderverzeichnissen. Wertpapierdienstleistungsunternehmen mussten Orders über Insiderpapiere aufzeichnen. Transparenzvorschriften für die directors' dealings kamen hinzu. Vor allem aber wurde das Recht der Ad-hoc-Publizität maßgeblich verschärft, allerdings mit der neuen Möglichkeit für den Emittenten, unter eigener Verantwortung die Veröffentlichung der Ad-hoc-Information aufzuschieben. Dieses Letztere ergab eine gewisse Parallele zu der amerikanischen Regelung in Texas Gulf Sulphur „disclose or abstain".

Das europäische Richtlinien- und das deutsche Umsetzungsrecht zur Insiderregulierung wurde dann durch eine ganze Reihe von maßgeblichen Entscheidungen des Europäischen Gerichtshofes[48] entfaltet, unter anderem Grongaard & Bang 2005, Georgakis 2007, Spector Photo Group 2009, Geltl v. Daimler 2012, Lafonta 2015, Di Puma und Zecca/Consob 2018. Hinzu kam eine umfangreiche Rechtsprechung des BGH und der Instanzgerichte,[49] zuletzt das Urteil des BGH in Sachen CorealCredit Bank AG.[50] Dort war zu entscheiden, ob die Entscheidung des Aufsichtsrats über die Verfolgung von Schadensersatzansprüchen gegen ehemalige Mitglieder des Vorstands eine kursrelevante, ad-hoc-publizi-

---

44 Dagegen *Hopt*, Der Deutsche Corporate Governance Kodex: Grundlagen und Praxisfragen, FS Hoffmann-Becking, 2013, S. 563; zum DCGK 2020 *Hopt/Leyens*, ZGR 2019, Heft 6.

45 Leitsätze für öffentliche freiwillige Kauf- und Umtauschangebote ..., Januar 1979, in Baumbach/Duden/Hopt, HGB, 28. Aufl. 1989, Nebengesetze (18). Zu deren Ablösung durch die EG-Richtlinie über Übernahmeangebote vom 19.1.1989 *Hopt*, Übernahmeangebote im europäischen Recht, FS Rittner, 1991, S. 187.

46 Richtlinie über Insidergeschäfte und Marktmanipulation vom 18.1.2003, ABlEU L 92/16.

47 AnSVG vom 28.10.2004, BGBl. I 2004, S. 2630.

48 Auflistung bei *Hopt/Kumpan* in Schimansky/Bunte/Lwowski, Bankrechts-Handbuch, Bd. II, 5. Aufl. 2017, § 107 Rn. 7.

49 Auflistung wesentlicher BGH-Entscheidungen zum Insiderrecht und zur Ad-hoc-Publizität ebenda, § 107 Rn. 7.

50 BGH, 10.7.2018, ZIP 2018, 2307 = NZG 2019, 105.

tätspflichtige Insidertatsache sein kann. Die Rolle des EuGH und der obersten Gerichte in den Mitgliedstaaten bei der Weiterentwicklung des europäischen Insiderrechts steht danach der des Supreme Court und der maßgeblichen amerikanischen Bundesgerichte, obschon letztere case law judizieren, nicht nach.

Die Marktmissbrauchsverordnung (MAR) 2014, die wesentliche Erkenntnisse der Entscheidungen des EuGH übernahm,[51] überführte das Insiderrecht und die Regelungen der Ad-hoc-Publizität vollharmonisierend in das unmittelbar geltende Europarecht und wird inzwischen in der deutschen und österreichischen Kommentartradition[52] und zunehmend auch in anderen Mitgliedstaaten ohne diese Tradition voll durchkommentiert.[53] Die Marktmissbrauchs-Richtlinie (II, Crim-MAD) von 2014 und das WpHG 2017 haben nur noch ergänzende Funktion.

Die verbreitete Kritik an der MAR[54] und die hohen Erwartungen, die in die anstehende Revision des Insider- und Ad-hoc-Publizitätsrechts im Emittentenleitfaden der BaFin, 5. Auflage (Entwurf soeben 1.7.2019) gesetzt werden, zeigen allerdings, dass damit kein Endpunkt erreicht ist. Das gibt Anlass, einen kurzen Blick auf die konzeptionellen, insbesondere ökonomischen Grundlagen des Insider- und Ad-hoc-Publizitätsrechts zu werfen.

---

**51** *Hansen*, Market Abuse Case Law – Where Do We Stand With MAR? ECFR 2017, 367. Das sollte aber entgegen Hansen auch nicht überschätzt werden, europäisches Insiderrecht ist gerade kein case law.

**52** *Assmann/Schneider/Mülbert*, Wertpapierhandelsrecht, 7. Aufl. 2019; Klöhn, MAR, 2019; Meyer/Veil/Rönnau, Handbuch zum Marktmissbrauchsrecht, 2018; *Kalss/Oppitz/Torggler/Winner*, BörseG Kommentar, MAR, Wien 2019 (im Druck). Auf englisch *Veil*, ed., European Capital Markets Law, 2d ed., Oxford (Hart) 2017, therein: *Veil*, § 14 Insider Dealing, p. 189 et seq., and *Koch*, § 19 Disclosure of Inside Information, Oxford (Hart) 2017; *Lehmann/Kumpan*, eds., European Financial Services Law, Beck/Hart/Nomos 2019, Market Abuse Regulation (MAR), therein: *Gerner-Beuerle*, Insider dealing, Art. 7 et seq., p. 673 et seq., and *Ringe*, Disclosure of inside information, Art. 17, p. 785 et seq.

**53** Aus dem Vereinigten Königreich *Rider et al.*, eds., Market Abuse and Insider Dealing, 3d ed. Haywards Heath (Bloomsbury) 2016; *Swan/Virgo*, eds., Market Abuse Regulation, 3d ed. Oxford (Oxford University Press) 2019; *Ventoruzzo/Mock*, eds., Market Abuse Regulation, Commentary and Annotated Guide, Oxford (Oxford University Press) 2017.

**54** Statt vieler *Assmann* (Fn. 28), Einl Rn. 8 und 9; auch unten III 3.

# II. Ökonomische Argumente gegen und für ein Insiderrecht

## 1. Fairness und der Mannesche Paukenschlag: Argumente gegen ein Insiderrecht

Das Insiderrecht in den USA basierte, wie erwähnt, ursprünglich auf dem Gleichheitsgedanken, der später zu einer fiduciary duty of loyalty and fairness gegenüber dem breiten Anlegerpublikum verengt wurde. Wie für die securities regulation insgesamt waren dabei der Schutz der Anleger vor fraud und deceit und damit zugleich das Vertrauen derselben in die Anständigkeit des Kapitalmarkts die maßgebliche Vorstellung.[55] Die Thesen von Manne, der 1966 die Insiderregulierung für ein „victimless crime“ und ökonomisch verfehlt, ja geradezu kontraproduktiv erklärte,[56] kam deshalb einem Paukenschlag, ja einer Provokation von Gesetzgeber, SEC und der einschlägigen Rechts- und Wirtschaftswissenschaft gleich. Das führte zu einer umfassenden ökonomischen Diskussion,[57] zunächst in den USA und nachvollziehend in der europäischen Wirtschaftswissenschaft.

---

**55** Stock Exchange Practices, Report of the Committee on Banking and Currency, Senate Rep. No. 1455, 73d Cong., 2d Sess. (1934) p. 55: „Among the most vicious practices unearthed at the hearings before the subcommittee was the flagrant betrayal of their fiduciary duties by directors and officers of corporations who used their positions of trust and the confidential information which came to them in such positions, to aid them in their market activities. Closely allied to this type of abuse was the unscrupulous employment of inside information by large stockholders who, while not directors and officers, exercised sufficient control over the destinies of their companies to enable them to acquire and profit by information not available to others.“

**56** *Manne*, Insider Trading and the Stock Market, 1966; dazu (und dagegen) als erste aus deutscher Sicht *Hopt/Will* (Fn. 6), S. 39 ff.

**57** Aus den USA vor allem *Bainbridge*, Research Handbook (Fn. 4) und ausführlich *idem*, Monograph (Fn. 5), p. 175–211; neuere Zusammenstellung in *Armour et al.*, Principles of Financial Regulation, Oxford 2016, ch. 9, p. 181 et seq. (zit. *Armour et al.*, Principles); zuletzt zusammenfassend und zur Lektüre empfohlen *Bainbridge*, The Law and Economics of Insider Trading 2.0, forthcoming in Encyclopedia of Law and Economics, 2d ed. 2020, also available at: https://ssrn.com/abstract=3312406 (zuletzt abgerufen am 27.5.2019) (zit: *Bainbridge*, Encyclopedia). Umfassend jetzt *Fox/Glosten/Rauterberg*, The New Stock Market, Law, Economics, and Policy, Columbia University Press 2018, ch. 5 and 6: The Economics and the Regulation of Informed Trading: US-Regulierung von Insiderhandel grundsätzlich richtig, aber Beweislaständerungen zugunsten des Tipping. Auch *Anderson*, Insider Trading, Law, Ethics, and Reform, Cambridge 2018. Die jüngste, beste und ausführlichste deutsche Darstellung dazu 2018 bei *Klöhn* (Fn. 1) Vor Artikel 7, Rn. 1 ff., 72 ff.

### a) Nützlichkeit und Belohnung

Die beiden Hauptargumente von Manne und seinen Nachfolgern berühren die Nützlichkeit von Insidergeschäften und deshalb die Schaffung von Anreizen zu solchen. Insider bewegen, so das erste Argument, den Preis tendenziell in die richtige Richtung, nämlich auf den unverfälschten Preis bzw. Kurs hin, der bei Kenntnis des Markts von der Insiderinformation bestünde.[58] Dass dieser unverfälschte Preis im Interesse des Markts und der Wirtschaft, aber auch der Unternehmer- und Anlegerschaft liegt, ist allgemein anerkannt. Börsenkurse sind Knappheitsanzeiger, die der optimalen Kapitalallokation dienen. Wenn Insidergeschäfte danach nützlich sind, dürfen Insider nicht davon abgehalten werden, sondern sollten umgekehrt dazu angereizt und dafür belohnt werden.

Dagegen sprechen aber empirische Untersuchungen, die zeigen, dass die durch Insidergeschäfte bewirkte Bewegung am Markt, erst durch die eigene Transaktion, dann und mehr aber durch Folgetransaktionen von Anlegern, die die Transaktionen von Insidern beobachten und imitieren usw., eher langsam und sporadisch erfolgt.[59] Die Insider selbst sind eher versucht, durch vorsichtiges Taktieren diese Bewegung aufzuhalten, um von weiteren Insidergeschäften profitieren zu können. Regulierungstheoretisch ist deshalb eine Rechtspflicht zur Ad-hoc-Publizität, wenn sie wirksam durchgesetzt wird, sinnvoller.[60] Was den Unternehmerlohn angeht, der nicht mit dem Managerlohn identisch ist,[61] zeigt sich, dass die Unterscheidung von beidem schwierig ist. Die Belohnung ist schwer vorhersehbar und ungenau und bietet deshalb nur einen geringer Anreiz. Empirisch gibt es keine hinreichenden Belege für eine solche Anreizfunktion.[62] Problematisch ist vor allem die Ausnutzung negativer Insiderinformationen.[63] Der

---

**58** Das hat mit dem iustum pretium bzw. „gerechten" Preis, der schon seit dem Mittelalter in der Diskussion eine erhebliche Rolle spielt, nichts zu tun. Die Kontoverse um die strong oder semistrong efficient market hypothesis kann hier nicht aufgegriffen werden.

**59** Nachweise zu den teils sich widersprechenden empirischen Untersuchungen bei *Bainbridge*, Monograph (Fn. 5), p. 177 et seq., *idem*, Encyclopedia (Fn. 57), p. 13 et seq., 15: derivatively informed trading that „functions slowly and sporadically".

**60** So schon *Hopt/Will* (Fn. 6), S. 44 f.

**61** Gemeint ist der Schumpetersche Unternehmer, der durch die Chance des Pioniergewinns angereizt werden soll, nicht der normale Manager, *Manne* (Fn. 56), p. 116. Dazu *Smith*, Insider Trading and Entrepreneurial Action, 95 North Carolina Law Review 1507 (2017).

**62** *Bainbridge*, Monograph (Fn. 5), p. 183 et seq. Zu den principal-agent-Argumenten auch schon *Hopt*, AG 1995, 353, 355 ff. Zu den corporate governance-Argumenten *Klöhn* (Fn. 1), Vor Artikel 7 Rn. 105, 116 ff., 124.

**63** *Manne* (Fn. 56), p. 156, nimmt dies in Kauf.

Anreiz ist hier eher kontraproduktiv, nämlich negative Insiderinformationen möglichst lange zu verschleiern, eventuell noch mögliche, aber unsichere Sanierungen mit der Gefahr des Amtsverlustes zu unterlassen, davon zu profitieren und sich dann aus dem Staub zu machen.

#### b) Eigeninteresse der Regulierer und der Regulierten

Eine neuere sozio-ökonomische Forschungsrichtung, public choice, betont, dass die SEC wie jede Bürokratie ein Eigeninteresse an mehr Mitteln und Einfluss hat und dieses Interesse der Grund für ihre Regulierungsanstrengungen selbst und durch Einflussnahme auf den Gesetzgeber ist. Das geht zusammen mit dem Eigeninteresse von beruflichen Marktteilnehmern, Analysten, Anwälten und Politikern am Zurückdrängen und Verfolgen von Transaktionen aufgrund von Informationen, die nur Insider haben.[64] Das führt weiter zu dem bekannten, auch empirisch dokumentierten Zusammenwirken von Aufseher und Beaufsichtigten bei den regulated industries (regulatory capture), einer Befürchtung, bei der die SEC allerdings trotz mancher Vorwürfe traditionell besser abschneidet als Branchenregulatoren. Allein der Umstand, dass, wie in den USA üblich, Wechsel von leitendem Personal zwischen regulator und regulated industries stattfindet, so auch bei der SEC, reicht für den Vorwurf der capture nicht aus, sondern hat auch sachliche Vorteile.

Derartige Beobachtungen mögen teilweise zutreffen, sie besagen aber nichts über die Vor- und Nachteile von Insidergeschäften bzw. einer Insiderregulierung als solchen.[65]

## 2. Argumente für ein Insiderrecht

#### a) Schädigung der Anleger und/oder der Gesellschaft, Schutz des wirtschaftlichen Eigentums der Gesellschaft

Bei den Argumenten für ein Insiderrecht ist das herkömmliche Fairnessargument des Anlegerschadens in der Tat brüchig. Ein Schaden des allgemeinen Anlegers

---

64 *Haddock/Macey,* Regulation on Demand: A Private Interest Model, with an Application to Insider Trading Regulation, Journal of Law and Economics 30 (1987) 311; weitere Nachweise bei *Bainbridge,* Monograph (Fn. 5), p. 183 et seq., und *idem,* Encyclopedia (Fn. 57), p. 19 et seq.
65 Näher zu möglichen Konsequenzen solcher Eigeninteressen auf die wünschenswerte Marktliquidität *Bainbridge,* Monograph (Fn. 5), p. 188 et seq.

ist deshalb nicht auszumachen, weil es ein bloßer Zufall ist, ob sein Transaktionspartner ein Insider ist oder nicht. Hätte er sonst am Markt gehandelt, hätte er ebenfalls den derzeit geltenden Marktpreis bezahlt oder erhalten. Insofern hatte Manne recht, wenn er von einem „victimless crime" sprach.[66] Richtigerweise ist das keine Frage des Schadens, sondern eine solche der Offenlegungspflicht des Insiders.

Geschädigt sein könnten allerdings die professionellen Marktteilnehmer, die keine Insider sind und damit rechnen müssen, dass Insiderhandel stattfindet und sie gegenüber Insidern den Kürzeren ziehen. Dabei wird in der Literatur unterschieden zwischen solchen Händlern, die sich an Informationen über Finanzinstrumente und ihre Emittenten ausrichten (Informationshändler bzw. Arbitrageure), und Händlern, die aus anderen Gründen am Markt tätig werden, etwa um zu diversifizieren oder sich am Markt gegen Risiken abzusichern (Utilitäts- oder Liquiditätshändler).[67] Geschädigt sein können allenfalls erstere, allerdings werden diese nur zu einer höheren Marge zwischen An- und Verkaufspreis (Geld-Brief-Spanne, bid-ask-spread) abschließen bzw. sich tendenziell sogar von dem Markt zurückziehen, was dann keine Schadens-, sondern eher eine noch zu erörternde Kapitalmarktfrage ist.

In besonderen Fällen kann die Gesellschaft geschädigt werden, etwa weil der Unternehmensinsider einen Anreiz hat, nicht oder erst später zu veröffentlichen, oder infolge eines Reputationsverlustes durch Insidergeschäfte ihrer Organe am Markt, wie das in dem amerikanischen Paradefall Diamond v. Oreamuno[68] diskutiert wird. Indessen ist auch hier eine Ad-hoc-Publizität zielführender. Wenn das Vorliegen eines Schadens dagegen allgemeiner damit begründet wird, die Gesellschaft habe ein Unternehmensgeheimnis möglichst lange für sich behalten bzw. ausnutzen wollen – etwa wie Texas Gulf Sulphur, um Schürfgrundstücke billig aufzukaufen –, dann geht es in der Sache um die Zuordnung von Informationen, wie das der misappropriation theory (property rights in information) zugrunde liegt.[69] Wie und an wen (Unternehmen, Insider oder Anlegerpubli-

---

66 *Manne* (Fn. 56), p. 61. Zu den Argumenten der Schädigung des Anlegers und der Gesellschaft und ihrer Aktionäre schon *Hopt* AG 1995, 353, 355.

67 Ausführlich *Klöhn* (Fn. 1), Vor Artikel 7 Rn. 84 ff.; *ders.*, ZHR 177 (2013), 349, 380 ff.; *ders.* ZBB 2017, 261, 264; jeweils mit Nachweisen der US-amerikanischen ökonomischen Diskussion.

68 Diamond v. Oreamuno, 248 N.E.2d 910 (N.Y. 1969) at 912; *Bainbridge*, Monograph (Fn. 5), p. 201; der Fall wird aber primär als ein solcher für die misappropriation theory angesehen, *Bainbridge*, Encyclopedia (Fn. 57), p. 41 Urteilszitat.

69 So die heute wohl überwiegende Meinung unter Ökonomen mit der Konsequenz, dass Insiderrecht dann jedenfalls nicht zwingend und auch kein Bundesrecht sein sollte. Zu dem sich dabei stellenden Problem, dass die Durchsetzung durch das einzelne Unternehmen zu kostspielig, rechtsunsicher und ineffizient sein mag, *Bainbridge*, Encyclopedia (Fn. 57), p. 43 et seq.

kum[70]) eine solche Zuordnung erfolgen sollte, kann ökonomisch und rechtswissenschaftlich unterschiedlich zu beantworten sein.

Nur am Rande seien noch die ökonomischen Argumente erwähnt, nach denen Insidergeschäfte die Anreize, die Kurse zu manipulieren, und die Gefahr von Korruption zulasten der Gesellschaft und des Kapitalmarkts erhöhen, was insgesamt aber als eher spekulativ erscheint.[71] Zuletzt ist darauf hingewiesen worden, dass in einer vernetzten Ökonomie sich Schockwellen von einem Unternehmen auf andere ausbreiten und dass Insider durch Handel in den Aktien anderer vernetzter Unternehmen („network trade") Risiken aus solchen Fluktuationen ausnutzen und solche Risiken auch erst schaffen können.[72]

### b) Schädigung des Kapitalmarkts

Auch wenn die Argumente für ein Insiderrecht aus Anleger- und/oder Gesellschaftsschutzgründen nur teilweise tragen, geben jedenfalls die Konsequenzen von Insidergeschäften für den Kapitalmarkt und damit für die Wirtschaft und Gesellschaft den Ausschlag. Konzeptionelle Grundlage des europäischen Insiderrechts in der MAR sind ein integrierter, effizienter und transparenter Kapitalmarkt, Marktintegrität, das reibungslose Funktionieren der Wertpapiermärkte und das Vertrauen der Öffentlichkeit in die Märkte.[73] Selbst wenn man das Zusammenspiel dieser Ziele für nicht zwingend hält, ist jedenfalls gesichert, dass ohne Insiderregulierung, wie bereits erwähnt, die Marge zwischen An- und Verkaufspreis (Geld-Brief-Spanne, bid-ask-spread) vergrößert wird und Arbitrageure sich tendenziell sogar von dem Markt zurückziehen.[74] Das erhöht die Transaktionskosten und damit für die Unternehmen die Kosten von Eigenkapital.

---

70 *Payne* (Fn. 29), p. 1 spricht sogar davon, dass nach der EU-Regelung die Insiderinformation „as belonging to all investors", vorbehaltlich von Ausnahmen, angesehen werde.

71 *Bainbridge*, Encyclopedia (Fn. 57), p. 32, 34. Zur ökonomischen Theorie und Regulierung der manipulation *Fox/Glosten/Rauterberg* (Fn. 57), ch. 7, p. 200.

72 *A. Romano*, Insider Trading, Macroeconomic Risk and Network Theory, available at https://ssrn.com/abstract=3421908 (https://ssrn.com/abstract=3421908) http://dx.doi.org/10.2139/ssrn.3421908 (https://dx.doi.org/10.2139/ssrn.2421908) (zuletzt abgerufen am 10.8.2019).

73 MAR Erwägungsgrund 2, auch spezieller Erwägungsgrund 23 Satz 1. Zu market egalitarism als wichtige Grundlage des europäischen Kapitalmarktrechts *Payne* (Fn. 29), p. 16 und *Moloney*, EU Securities and Financial Markets Regulation, 3d ed., Oxford 2014, p. 702 et seq.

74 *Payne* (Fn. 29), p. 16 et seq. mit empirischer Literatur; auch schon *H. Schmidt* in Hopt/Wymeersch, eds., European Insider Dealing, Law and Practice, London 1991, p. 21, 26; *Hopt* ZGR 1991, 1, 25 und AG 1995, 353, 358; ausführlich zu den Marktargumenten *Lahmann*, Insiderhandel,

Umstrittener ist die Berufung der MAR auf das durch Insiderhandel beeinträchtigte Vertrauen der Anleger und des Kapitalmarkts.[75] Ökonomen wenden ein, Anleger hätten keinen Schaden und, wenn sie Insidergeschäfte für verwerflich hielten, sei das reiner Neid.[76] Das greift jedoch zu kurz.[77] Ob die Furcht von Anlegern, benachteiligt zu werden, berechtigt ist oder nicht, spielt keine Rolle. Wenn Anleger in der Befürchtung, dass es am Kapitalmarkt nicht korrekt zugehe und sie dann den Kürzeren ziehen, sich zurückziehen oder erst gar nicht an den Kapitalmarkt gehen, ist das für den Kapitalmarkt schädlich. Dem steht nicht entgegen, dass Marktintegrität ein schwer zu fassendes Phänomen ist und andere problematische Verhaltensweisen unerfasst vorkommen.[78] Jedenfalls die Durchsetzung von Insiderrecht hat nach verschiedenen empirischen Studien positive Auswirkungen auf den Markt.[79] Jüngste empirische Untersuchungen legen nahe, dass sich die Durchsetzung von Insiderrecht positiv auf Innovation auswirkt.[80] Empirisch ist ebenfalls kürzlich dargetan worden, dass Insiderrechtsnormen tatsächlich relevant sind, also sich auf die Tätigung von Insidergeschäften auswirken.[81]

Auf jeden Fall und unabhängig von ihrem regulatorischen Zusammenhang mit dem Insiderhandelsverbot[82] ist die Ad-hoc-Publizitätspflicht ökonomisch

---

Ökonomische Analyse eines ordnungspolitischen Dilemmas, 1994 (Diss. München bei Hopt). Weitergedacht von *Klöhn* ZBB 2017, 261, 263/4.

**75** MAR (Fn. 73). Aus den USA United States v. O'Hagan, 521 U.S. 642 at 658 (1997): „Investors likely would hesitate to venture their capital in a market where trading based on misappropriated nonpublic information is unchecked by law".

**76** *Bainbridge*, Monograph (Fn. 5), p. 194 et seq., *idem*, Encyclopedia (Fn. 57), p. 26.

**77** Ebenso *Payne* (Fn. 29), p. 17: „it is the confidence of the information traders that is key"; auch *Assmann* in Assmann/Schneider/Mülbert (Fn. 28), Vor Art. 7 VO Nr. 596/204 Rn. 29; zu empirischen Befunden, die für eine Insiderregulierung sprechen, ausführlich *Klöhn* (Fn. 1), Vor Art. 7 Rn. 130 ff.; vgl. auch *Bachmann*, Das Europäische Insiderhandelsverbot, 2015, S. 20 f.

**78** *Austin*, What Exactly is Market Integrity? An Analysis of One of the Core Objective of Securities Regulation, 8 William & Mary Bus. L. Rev. 215 (2017).

**79** *Bhattacharya/Daouk*, The World Price of Insider Trading, (2002) 57 Journal of Finance 75; *Beny*, Do Insider Trading Laws Matter? Some Preliminary Comparative Evidence, (2005) 7 American Law and Economics Review 144.

**80** *Levine/Lin/Wei*, Insider Trading and Innovation, (2017) 60 Journal of Law and Economics 749.

**81** *Patel*, Does Insider Trading Law Change Behavior? An Empirical Analysis, UC Davis Law Review (forthcoming), available at https://ssrn.com/abstract=3044118 (zuletzt abgerufen am 27.5.2019), allerdings nach United States v. Newman mit mehr Raum für tippee trading.

**82** Die in MAR (Fn. 73), Erwägungsgrund 2 angegebenen Gründe für eine Regelung gelten auch für die Ad-hoc-Publizität. Auch Erwägungsgrund 49 Satz 1: „Die öffentliche Bekanntgabe von Insiderinformationen durch Emittenten ist von wesentlicher Bedeutung, um Insidergeschäften und der Irreführung von Anlegern vorzubeugen." Ähnlich für die weiteren Offenlegungsvorschriften wie Art. 19 Eigengeschäfte von Führungskräften Erwägungsgrund 57. Auch für kleine und mittlere Unternehmen Erwägungsgrund 55: „Vertrauen der Anleger in diese Emittenten".

wichtig und richtig.[83] Für den Kapitalmarkt ist sie sogar wichtiger als das Insiderhandelsverbot.[84] Dieses Letztere unterstützt aber die Ad-hoc-Publizität dadurch, dass es den Anreiz beseitigt, kursrelevante Information zurückzuhalten, das ein Argument für die Regulierung von Insiderhandel ist.[85] Dass die Ad-hoc-Publizität dem Interesse der Unternehmen an Geheimhaltung entgegenstehen kann[86] und vor allem dass sie, wie zu Art. 17 MAR kritisiert wird,[87] die wichtigen internen Vorbereitungs- und Entscheidungsprozesse im Unternehmen nicht unnötig erschweren darf, ist zutreffend, betrifft aber nur die Ausgestaltung der Ad-hoc-Publizitätsverpflichtung, wie beispielsweise bei der Aufschubregelung des Art. 17 (4) MAR.

Mit der Befürwortung eines Insiderrechts aus Kapitalmarktgründen beantwortet man auch eine der kontroversesten Fragen unter Ökonomen und Juristen, der nach zwingendem oder dispositivem Insiderrecht. Die Emittentengesellschaft kann anders, als vielfach unter Ökonomen angenommen,[88] nicht frei über die Insiderinformation verfügen, dagegen stehen öffentliche Interessen. Wenn es nur um Aktienrecht geht, ist das anders, obschon auch hier sehr umstritten.[89]

---

**83** Ausführlich *Payne* (Fn. 29), passim. Grundsätzlich ebenso, aber kritisch zur MAR als zu weitgehend, *Fox/Glosten/Rauterberg* (Fn. 57), p. 191 et seq., 199. Allgemeiner zu den Vorteilen zwingender Offenlegungsvorschriften *Kraakman et al.*, The Anatomy of Corporate Law, 3d. ed., Oxford 2017, ch. 9.1, p. 244 et seq.; *Armour et al.*, Principles (Fn. 57), ch. 8 Issuer Disclosure Regulation, p. 160 et seq.

**84** Vgl. zur necessary prophylaxis explanation *Cox* (Fn. 13) at 22: „(I)dentifying insider trading is something of a byproduct of a broader mission of the securities laws, such as assuring that companies make timely release of market-moving information, investor orders are efficiently and fairly executed, and stock prices are free of manipulation."

**85** *Cox* (Fn. 13) at 25.

**86** Dies verabsolutierend *Cox* (Fn. 13) at 20 am Beispiel von Texas Gulf Sulphur: zutreffend keine Veröffentlichungspflicht nach common law, sonst hätte Texas Gulf Sulphur weniger oder gar nichts in die Suche nach Mineralien investiert.

**87** *Hengeler Mueller/Deutsches Aktieninstitut*, Zwei Jahre EU-Marktmissbrauchsverordnung, Erfahrungen der Emittenten, 6.9.2018; *Hengeler Mueller*, Update Marktmissbrauchsverordnung – Ergebnisse der Umfrage und Fragen zur Ad-Hoc-Publizität -, München 19.9.2018. Kurzfassung bei *Groß/Royé*, BKR 2019, 272.

**88** Dazu zuletzt *Bainbridge*, Encyclopedia (Fn. 57), p. 42 mit einer Parallele zum Aktien- zum Patentrecht; zu diesem Derogationsvorbehalt (opting out) auch schon *Hopt* AG 1995, 353, 360.

**89** *Hopt*, Directors' Duties and Shareholders' Rights in the European Union: Mandatory and/or Default Rules?, Rivista delle società 61 (2016) 13 mwN. zur internationalen Diskussion; *Bainbridge*, Encyclopedia (Fn. 57), p. 43: „one of the fiercest debates in the corporate law academy".

## III. Offene Fragen

Einer mit Fragen zur internationalen Entwicklung und zum ökonomischen Hintergrund des Insiderrechts betrauten Abhandlung stünde es gut zu Gesicht, sich noch mit den offenen Grundsatzfragen des Insiderrechts und spezieller der MAR zu befassen. Dazu ist hier kein Raum, deswegen nur in aller Kürze ein paar Gedanken, die ausgearbeitet möglicherweise sogar zu einer Forschungsagenda führen könnten.

Beginnen könnte man mit einer Reflektion der überaus zahlreichen Fragen, die sich bei der Auslegung der in der Praxis allgemein als schwierig und unklar kritisierten MAR stellen, z. B.: der Zwischenschritte bei gestreckten Sachverhalten als Kernfrage,[90] etwa bei M&A und Übernahmeangeboten,[91] aber auch allgemeiner bei der Unternehmensplanung,[92] der legitimen Handlungen, der Marktsondierungen, der Pflicht des Emittenten zur Ad-hoc-Mitteilung potentieller Gesetzesverstöße, des Aufschubs der Ad-hoc-Publizität, der Wissenszurechnung und -organisation, den Insiderlisten oder der Insiderinformation und Ad-hoc-Publizität im Konzern.[93] Auch der Vergleich mit der Weiterentwicklung des amerikanischen Insiderrechts und seiner Fortführung unter Sarbanes Oxley[94] wäre lohnend.

Das wäre fortzusetzen mit den Problemen der geeigneten Sanktionen und der Durchsetzung durch die Aufsicht und Strafrecht und/oder durch Private.[95] Das

---

**90** Dazu jüngst *Vetter/Engel/Lauterbach* AG 2019, 160; *Kumpan*, Gestreckte Vorgänge und Insiderrecht, VGR Gesellschaftsrecht in der Diskussion 2018, 2019, S. 109.

**91** *Hopt/Kumpan* ZGR 2017, 765; *Bühren* NZG 2017, 1172; *Hopt*, Transparenz und Marktmissbrauchsrecht, Ausgewählte Probleme beim Beteiligungsaufbau und bei Übernahmen, FS K. Schmidt, 2019, S. 521; enger *Klöhn* AG 2016, 423, 433. Aus dem common law-Bereich *Varottil*, Due Diligence in Share Acquisitions: Navigating the Insider Trading Regime, (2017) Journal of Business Law 237.

**92** *Reichert/Ott*, Unternehmensplanung und Insiderrecht, FS Hopt, 2010, Bd. 2, S. 2385.

**93** Zu jeder dieser Fragen gibt es bereits Literatur, die aber hier nicht näher dokumentiert werden kann.

**94** *Buxbaum*, From *TGS* Conservatorships to Sarbanes-Oxley Fair Funds, SMU Law Review 71 (2018) 653. Auch *Epstein*, Returning to Common-Law Principles of Insider Trading after United States v. Newman, 125 Yale L. J. 1482 (2016).

**95** Dazu *Davies/Hopt*, Non-Shareholders Voice in Bank Governance, Board Composition, Performance, and Liability, in Busch/Ferrarini/van Solinge, eds., Governance of Financial Institutions, Oxford 2019, p. 117 at 6.52 et seq: Liability of Bank Directors and Other Key Function Holders, mit Kritik an der HSH Nordbank-Entscheidung des BGH in Strafsachen, ZIP 2016, 2467. Zu den strafrechtlichen Risiken und Unsicherheiten bei Aufschub von der Ad-hoc-Veröffentlichungspflicht *Vaupel/Oppenauer*, AG 2019, 502.

wird für Deutschland diskutiert[96] und wäre gerade auch im Vergleich von Europa mit den USA und Kanada aufschlussreich[97] und hätte Auswirkungen auf die Entwicklung geeigneter Compliance-Programme.[98] Besonders interessant ist der Vergleich der Durchsetzung über die Grenzen hinweg.[99]

Weitere Überlegungen sollten im Zusammenhang mit der anstehenden Evaluierung der MAR nach vier Jahren angestellt werden. Gibt es dazu für die Unternehmen Entlastungsmöglichkeiten oder wenigstens mehr Rechtssicherheit?[100]

Bisher nicht voll ausgelotete Grundsatzfragen stellen sich im Hinblick auf den Gleichbehandlungsgrundsatz in der Gesellschaft und am Kapitalmarkt. Auch fragt sich, inwieweit Insidergeschäfte in anderen Bereichen als dem Kapitalmarkt wie Gesellschafts-, Prüfungs-, Bank- und Insolvenzrecht geregelt und eventuell unterbunden werden sollten.[101] Der Hinweis, dass es sich am Kapitalmarkt um intangible products handelt, ist richtig, aber beantwortet allein nicht die Fragen, die sich dort stellen. Allerdings stellen sich dort die ökonomischen und juristischen Fragen nach Schaden, Markt, Anreizen und Governance im Einzelnen anders.

## IV. Zusammenfassung und Thesen

1. Das moderne Insiderrecht stammt aus den USA. Der internationale leading case ist Texas Gulf Sulphur von 1968, der die „disclose or abstain"-Regel begründet

96 Zu Durchsetzungsdefiziten in Deutschland *Maume* ZHR 180 (2016) 358, für Insiderhandel 392ff.; *Markworth* ZHR 183 (2019) 46; auch *Merkt* ZGR 2016, 201, 215f.

97 *Coffee*, Law and the Market: The Impact of Enforcement, 156 U. Penn. L. Rev. 229 (2007) at 263 et seq:, *Ventoruzzo* (Fn. 29), ECFR 2014, 554 at 589 et seq.; *Anand/Choi/Pritchard/Puri*, An Empirical Comparison of Insider Trading Enforcement in Canada and the United States, Osgoode Legal Studies Research Paper 9.7. 2018. Auch *Perino*, Real Insider Trading, available at https://ssrn.com/abstract=3338536 (zuletzt abgerufen am 27.5.2019) mit einer Analyse der Durchsetzung gegenüber 465 Personen.

98 *Walla/Knierbein* WM 2018, 2349; *Bainbridge*, Insider Trading Compliance Programs, UCLA Law & Economics Research Paper No 19 – 02, available at https://ssrn.com/abstract=3312430 (zuletzt abgerufen am 27.5.2019)

99 *Austin*, Insider Trading and Market Manipulation, Investigation and Prosecution Across Border, Cheltenham 2017.

100 Vgl. *Cleary Gottlieb*, Alert Memorandum June 27, 2017: MAR has generated „much angst and uncertainty among market participants"; *Haynes*, The EU market abuse regulation, where does it leave us? Journal of Financial Regulation and Compliance 26 (2018) 482 at 498: „Any information entering or leaving a firm is potentially caught be the new Regulation". Die Frage wird gerade in einer Arbeitsgruppe beim Bundesministerium für Finanzen in Berlin diskutiert.

101 Dazu schon *Hopt* ZGR 1991, 1, 66ff.

hat. Zugrunde liegt eine „equal access policy". Obschon später abweichende Konzeptionen entwickelt wurden („duty to disclose", „misappropriation"), gilt Texas Gulf Sulphur auch nach 50 Jahren immer noch als grundlegend.

2. In Deutschland gehen Insidergeschäfte bis weit in das 19. Jahrhundert zurück und wurden hier und in anderen europäischen Ländern in der Praxis als selbstverständlich hingenommen. In Europa regulierten als erste Großbritannien 1947 und Frankreich 1966 den Insiderhandel. Die Schweiz und Deutschland sträubten sich lange, Deutschland mit den lobbygesteuerten, offensichtlich defizienten Insiderhandels-Richtlinien von 1970.

3. Trotz der Einflüsse des amerikanischen Insiderrechts ist das europäische Insiderrecht keine volle Transplantation. Vielmehr gibt es erhebliche Unterschiede in Konzeption, Inhalt und Reichweite, die unter anderem darauf beruhen, dass das allgemeine US-Recht ein Fallrecht ist und als solches offener für die Einflüsse der ökonomische Analyse des Rechts. Ein besonders wichtiger Unterschied ist, dass es in der europäischen Marktmissbrauchsverordnung (MAR) einen einheitlichen Insiderbegriff für das Insiderhandelsverbot und die Ad-hoc-Publizität gibt.

4. Die Entwicklungsstadien des europäischen Insiderrechts sind durch die EG-Insiderrechts-Richtlinie von 1989, die EU-Marktmissbrauchsrichtlinie von 2003 und, vielfältig auf wichtige Entscheidungen des Europäischen Gerichtshofs zurückgreifend, die Marktmissbrauchsverordnung von 2014. Dazu lassen sich einzelne parallele Entwicklungen in den USA feststellen.

5. Die ursprünglich auf Schutz der Anleger vor „fraud and deceit" und damit zugleich auf die Anständigkeit am Kapitalmarkt rekurrierende Vorstellung von Insiderrecht wurde 1966 von Manne grundlegend in Frage gestellt: Insidergeschäfte seien nützlich, weil sie den Preis in die richtige Richtung treiben, und die Insider müssten dafür eher belohnt als bestraft werden, tragen jedoch aus verschiedenen empirischen und theoretischen Gründen nicht. Problematisch ist vor allem die Ausnutzung negativer Insiderinformationen.

6. Eine neuere sozio-ökonomische Forschungsrichtung, public choice, will Insiderrecht mit den zusammenfallenden Interessen der Aufsicht und der professionellen Marktteilnehmer erklären, was aber nichts über die Vor- und Nachteile von Insidergeschäften bzw. einer Insiderregulierung besagt.

7. Das herkömmliche Argument für ein Insiderrecht, die Schädigung der Anleger und/oder der (Aktien-)Gesellschaft, ist brüchig („victimless crime"). Tangiert sind aber die Informationshändler bzw. Arbitrageure. In besonderen Fällen kann ein Reputationsschaden der Gesellschaft vorliegen. Weitere Argumente sind Auswirkungen auf die Corporate Governance und möglicherweise die Gefahr von Korruption.

8. Durchschlagend ist dagegen das Argument, dass der Kapitalmarkt geschädigt wird. Ohne Insiderrecht vergrößert sich die Spanne zwischen An- und Verkaufspreis (Geld-Brief-Spanne) und Arbitrageure ziehen sich sogar tendenziell von dem Markt zurück. Das erhöht die Transaktionskosten und damit für die Unternehmen die Kosten von Eigenkapital. Ein weiteres, allerdings umstrittenes Argument ist das durch den Insiderhandel beeinträchtigte Vertrauen der Anleger und des Kapitalmarkts. Das ist eine Frage der Marktintegrität. Auf jeden Fall ist die Ad-hoc-Publizitätspflicht ökonomisch wichtig und richtig, auch wenn Art. 17 oder jedenfalls seine Anwendung nicht ohne Grund kritisiert wird.

9. Offene Fragen gibt es nicht nur zuhauf zur MAR. Vor allem kommt es auf die Sanktionen und die Durchsetzung an. Die MAR wird demnächst evaluiert und sollte dabei auf Entlastungsmöglichkeiten untersucht werden.

Lars Klöhn

# Insiderinformation – Entwicklung und Lehren nach 25 Jahren

Vom wissenschaftlichen Reiz eines praktischen Reizthemas

## I) Rechtliches Herzstück, wissenschaftliche Herausforderung und praktisches Reizthema

Der Begriff der Insiderinformation (Art. 7 MAR) ist das Herzstück des europäischen Insiderrechts. Er entscheidet über die Reichweite der Insiderverbote (Artt. 8 – 10 MAR) und der Ad-hoc-Publizitätspflicht (Art. 17 MAR). Das Konzept der Kursrelevanz spielt zudem bei der Haftung für falsche Ad-hoc-Meldungen gem. § 98 WpHG eine Rolle, weil diese Norm eine Information voraussetzt, die im Falle ihrer Wahrheit ad-hoc-pflichtig, dh vor allem: kursrelevant, wäre.[1] Es überrascht daher nicht, dass die Regelung der Insiderinformation diejenige Vorschrift des Insider- und vielleicht sogar des gesamten Kapitalmarktrechts ist, die in den letzten 25 Jahren am intensivsten diskutiert wurde. In der *cause célèbre* des europäischen Insiderrechts – dem Daimler/Geltl-Fall[2] – geht es um Fragen der Insiderinformation. Gleiches gilt für das Urteil in der Rechtssache Lafonta/AMF[3].

Aus einer Forschungsperspektive ist der Begriff der Insiderinformation mehr als reizvoll. In ihm spiegelt sich alles, was die wissenschaftliche Attraktivität des Kapitalmarktrechts ausmacht: zahlreiche spektakuläre Beispielsfälle, ein anspruchs- und niveauvoller Diskurs, an dem sich auch die Praxis beteiligt, eine starke internationale Regulierungskonvergenz, die zu einer rechtsvergleichenden Betrachtung einlädt, sowie – nicht zuletzt – die Notwendigkeit eines Seitenblicks auf grundlegende finanzökonomische Erkenntnisse.

Aus Sicht der Praxis ist die Regelung der Insiderinformation demgegenüber ein Reizthema. Sie steht für vieles, was Praktikerinnen und Praktiker[4] im Jahr 2019 am Kapitalmarktrecht frustriert.[5]

---

1 Statt vieler *Hellgardt* in Assmann/Schneider/Mülbert, Wertpapierhandelsrecht, 7. Aufl. 2019, §§ 97, 98 WpHG Rn. 97 aE.

2 EuGH v. 28.6.2012 – Rs. C-19/11, ZIP 2012, 1282 (Geltl).

3 EuGH v. 11.3.2015 – Rs. C-628/13, NZG 2015, 432 (Lafonta).

4 Aus Gründen der besseren Lesbarkeit wird im Folgenden auf die gleichzeitige Verwendung männlicher und weiblicher Sprachformen verzichtet.

https://doi.org/10.1515/9783110632323-026

- Die Regelung des Art. 7 MAR ist sehr unbestimmt. Das Merkmal der Kursrelevanz wird mit dem Leitbild des verständigen Anlegers konkretisiert (Art. 7 Abs. 4 MAR). Dieses Leitbild wird jedoch zumindest explizit kaum näher bestimmt und lässt daher Platz für stark divergierende Auslegungen.[6] Die Voraussetzung der fehlenden öffentlichen Bekanntheit wird gar nicht näher definiert.
- Die Aufsichtsbehörden haben dem Begriff der Insiderinformation bisher kaum schärfere Konturen verliehen. Abseits von Randbereichen (vgl. Art. 7 Abs. 5 MAR)[7] existieren keine ESMA-Leitlinien zu den Voraussetzungen der Insiderinformation. Die Behörde hat insoweit auch kein speziell geregeltes Mandat zum Erlass von Leitlinien und könnte sich daher nur auf ihre allgemeine Befugnis zur Sicherstellung einer einheitlichen Aufsichtspraxis gem. Art. 16 Abs. 1 ESMA-VO[8] berufen.[9] Die BaFin hat – teils in informeller Absprache mit anderen europäischen Aufsichtsbehörden – in ihren FAQs zu Art. 17 MAR einige Grundsätze zum Begriff der Insiderinformation veröffentlicht, hiermit aber zum Teil mehr Verwirrung gestiftet als Klarheit erzielt.[10] Die Veröffentlichung eines neuen Emittentenleitfadens steht zum Zeitpunkt des Manuskriptabschlusses aus.
- Schließlich hat die Rechtsprechung wenig getan, um die Rechtsunsicherheit zu reduzieren. Ob beispielsweise das Geltl-Urteil des EuGH wirklich im Sinne der „50 % plus x"-Formel zu verstehen ist, darf als offen bezeichnet werden.[11] Der wahre Inhalt des Lafonta-Urteils ist nur verständlich, wenn man es zusammen mit den Schlussanträgen des Generalanwalts *Wathelet* liest.[12] Der

---

**5** Zuletzt *Groß/Royé* BKR 2019, 272.

**6** Zu verschiedenen Konzepten etwa *Langenbucher* AG 2016, 417, 418 ff.

**7** Dazu ESMA, MAR-Leitlinien, Informationen über Warenderivatmärkte oder verbundene Spotmärkte im Hinblick auf die Definition von Insiderinformationen über Warenderivate, 17. Januar 2017, ESMA/2016/1480.

**8** Verordnung (EU) Nr. 1095/2010 des Europäischen Parlaments und des Rates vom 24. November 2010 zur Errichtung einer europäischen Aufsichtsbehörde (Europäische Wertpapier- und Marktaufsichtsbehörde), zur Änderung des Beschlusses Nr. 716/2009/EG und zur Aufhebung des Beschlusses 2009/77/EG der Kommission, ABl. EU Nr. L 331 v. 15.12.2010, S. 84.

**9** Ein Beispiel für den Gebrauch dieser Ermächtigungsgrundlage sind die ESMA-Leitlinien über Alternative Leistungskennzahlen (APM), die u. a. im Bereich der Ad-hoc-Publizität relevant sind; vgl. dazu ESMA, Leitlinien Alternative Leistungskennzahlen (APM), 5. Oktober 2015, ESMA/2015/1415, Rn. 7.

**10** S.u. IV)2) u. IV)3).

**11** *Hellgardt* CMLR 50 (2013), 861, 872 f.; *Mock* ZBB 2012, 286, 289; sowie der Wortbeitrag von *Langenbucher* auf der VGR-Tagung 2018, nachzulesen bei *Grütze* in VGR, Gesellschaftsrecht in der Diskussion, 2018, S. 128, 134.

**12** S.u. III)2)a)cc).

BGH hat der Praxis mit seinem pauschalen Hinweis darauf, der verständige Anleger würde auch irrationale Reaktionen anderer Marktteilnehmer berücksichtigen, Steine statt Brot gegeben.[13]

Es ist hier nicht der Ort, all diese Auslegungszweifel zu adressieren. Stattdessen soll das Jubiläum des WpHG zum Anlass genommen werden, die Entwicklung des Begriffs der Insiderinformation in der Gesetzgebung und Rechtsprechung Revue passieren zu lassen [s.u. II) u. III)], um sodann die momentan drängendsten Fragen im Zusammenhang mit Art. 7 MAR zu beantworten, ob nämlich der verständige Anleger iSv Art. 7 Abs. 4 MAR kurzfristig denkt, spekulativ handelt und dabei irrationale Reaktionen anderer Marktteilnehmer berücksichtigt [IV)]. In einem Fazit soll – in der Hoffnung, dass dies nicht zu vermessen erscheint – darüber reflektiert werden, welche Lehren der Gesetzgeber, die Aufsicht, die Wissenschaft und die Praxis aus der bisherigen Diskussion für die nächsten 25 Jahre ziehen sollten [V)].

# II) Entwicklung der Gesetzgebung

## 1) Insider-RL und 2. FMFG

Der heutige Begriff der Insiderinformation findet sich mit zu vernachlässigenden terminologischen Abweichungen bereits in Art. 1 Nr. 1 Insider-RL[14]. Dennoch bestanden erhebliche Unterschiede zur heute geltenden Rechtslage. Erstens enthielt die Insider-RL keine näheren Bestimmungen der Begriffsmerkmale, dh weder eine Konkretisierung des Präzisionserfordernisses noch den *reasonable investor test* zur Bestimmung der Kursrelevanz. Zweitens war der Begriff der Insiderinformation auf das Insiderverbot beschränkt, denn die Ad-hoc-Publizität war nicht in der Insider-RL geregelt, ihr europarechtlicher Ursprung ist die Börsenzulassungs-RL 1979[15]. Der deutsche Gesetzgeber setzte die Vorgaben der In-

13 S.u. III)2)b).

14 Richtlinie 89/592/EWG des Rates vom 13. November 1989 zur Koordinierung der Vorschriften betreffend Insider-Geschäfte, ABl. EG Nr. L 334 v. 18.11.1989, S. 30.

15 Richtlinie 79/279/EWG des Rates vom 5. März 1979 zur Koordinierung der Bedingungen für die Zulassung von Wertpapieren zur amtlichen Notierung an einer Wertpapierbörse, ABl. EG Nr. L 66/21 v. 16.3.1979.

sider-RL im 2. FMFG[16] mit Abweichungen um. Die augenfälligste Diskrepanz bestand darin, dass sich Insiderverbote nicht auf Insiderinformationen bezogen, sondern gem. § 13 Abs. 1 WpHG aF auf Insidertatsachen, was der deutschen Kapitalmarktrechtswissenschaft viele Abgrenzungsfragen rund um den Begriff der „Tatsache" bescherte[17].

## 2) Marktmissbrauchs-RL und AnSVG

Art. 1 Nr. 1 Marktmissbrauchs-RL 2003[18] übernahm den Grundbegriff der Insider-RL mit geringfügigen terminologischen Abweichungen. Anders als die Insider-RL definierte jedoch Art. 1 Abs. 1 RL 2003/124/EG[19] auf Level 2 des zwischenzeitlich geschaffenen Lamfalussy-Verfahrens[20], unter welchen Voraussetzungen eine Information als präzise anzusehen war. Diese Regelung führte zwei Vorgaben ein: (1) eine allgemeine, dh für jede Insiderinformation geltende Voraussetzung, wonach Insiderinformationen so spezifisch sein mussten, dass sie einen Schluss auf ihre Kurserheblichkeit zuließen (in Deutschland häufig Kursspezifizität genannt[21]); (2) eine nur für zukunftsbezogene Insiderinformationen geltende Voraussetzung, wonach künftige Umstände und Ereignisse nur Gegenstand einer Insiderinformation sein konnten, wenn ihr Eintritt hinreichend wahrscheinlich war. Andere Sprachfassungen von Art. 1 Abs. 1 RL 2003/124/EG sprachen nicht von

---

**16** Gesetz über den Wertpapierhandel und zur Änderung börsenrechtlicher und wertpapierrechtlicher Vorschriften (Zweites Finanzmarktförderungsgesetz) vom 26.7.1994, BGBl. I 1994, S. 1749.

**17** Vgl. dazu etwa *Kümpel* WM 1994, 2137, 2141 ff.; *Kümpel* WM 1996, 653, 653 f.; *Claussen* DB 1994, 27, 29 f.; *Hopt* ZHR 159 (1995), 135, 149 ff.; *Weber* BB 1995, 157, 163; *Assmann* AG 1997, 50, 50 f.; *Pananis* WM 1997, 460, 461 f.

**18** Richtlinie 2003/6/EG des Europäischen Parlaments und des Rates vom 28. Januar 2003 über Insider-Geschäfte und Marktmanipulation (Marktmissbrauch), ABl. EG Nr. L 96 v. 12.4.2003, S. 16.

**19** Richtlinie 2003/124/EG der Kommission vom 22. Dezember 2003 zur Durchführung der Richtlinie 2003/6/EG des Europäischen Parlaments und des Rates betreffend die Begriffsbestimmung und die Veröffentlichung von Insider-Informationen und die Begriffsbestimmung der Marktmanipulation, ABl. EG Nr. L 339 v. 24.12.2003, S. 70.

**20** Schlussbericht des Ausschusses der Weisen über die Regulierung der europäischen Wertpapiermärkte v. 15.2.2001; rechtliche Grundlage des Lamfalussy-Verfahrens war das Komitologie-Verfahren; vgl. etwa *Stünkel*, EG-Grundfreiheiten und Kapitalmärkte, 2005, S. 60; *Schmolke* NZG 2005, 912, 912.

**21** Vor allem BGH ZIP 2013, 1165 Rn. 13 (Geltl); aus der Literatur etwa *Mennicke/Jakovou* in Fuchs, WpHG, 2. Aufl. 2016, § 13 Rn. 27; *Ritz* in Just/Voß/Ritz/Becker, WpHG, 2015, § 13 Rn. 25; *Assmann* in Assmann/Schneider, WpHG, 6. Aufl. 2012, § 13 Rn. 8; *Bartmann*, Ad-hoc-Publizität im Konzern, 2017, S. 68; *Ekkenga* NZG 2013, 1081, 1084; *von Bonin/Böhmer* EuZW 2012, 694, 696.

„hinreichender Wahrscheinlichkeit", sondern verlangten, dass der Eintritt der Umstände oder Ereignisse „vernünftigerweise erwartet" werden konnte („*may reasonably be expected*", „*on peut raisonnablement penser*", „*si possa ragionevolmente ritenere*").

Art. 1 Abs. 2 RL 2003/124/EG führte das Leitbild des verständigen Anlegers zur Bestimmung der Kursrelevanz ein. Zudem war der Begriff der Insiderinformation nicht nur für die Insiderverbote, sondern grundsätzlich[22] auch für die in Art. 6 Marktmissbrauchs-RL 2003 neu geregelte Ad-hoc-Publizität maßgeblich (sog. Einheitsprinzip[23]).

Der deutsche Gesetzgeber setzte die Vorgaben im AnSVG[24] um. Der Begriff der Insiderinformation wurde in § 13 WpHG aF geregelt, der Begriff der Insidertatsache wurde aufgegeben. Abweichungen gegenüber den europarechtlichen Vorgaben waren in erster Linie sprachlicher Art.[25] Statt von „präziser" sprach § 13 Abs. 1 Satz 1 WpHG aF von „konkreter" Information. Die Vorgabe der „hinreichenden Wahrscheinlichkeit" für zukunftsbezogene Insiderinformationen wurde in § 13 Abs. 1 Satz 3 WpHG aF wortgleich übernommen. Der *reasonable investor test* fand sich in § 13 Abs. 1 Satz 2 WpHG aF. Auf eine Umsetzung des allgemeinen Präzisionserfordernisses verzichtete der deutsche Gesetzgeber, weil dieses Merkmal vollständig im Begriff der Kursrelevanz aufging.[26]

## 3) MAR

Die heutige Fassung von Art. 7 Abs. 1 lit. a) MAR entspricht fast wörtlich der Vorgängerregelung in Art. 1 Nr. 1 Marktmissbrauchs-RL 2003 und Art. 1 RL 2003/124/EG. Die zusätzlichen Regelungen in Art. 7 Abs. 2 Satz 2 u. Abs. 3 MAR wurden vor dem Hintergrund des Geltl-Urteils eingeführt, ohne dass dies zu einer Änderung der Rechtslage geführt hätte. Die MAR brachte daher nur punktuelle Veränderungen.[27] Die wichtigste ist die Ersetzung des deutschen (europarechtswidrigen) Konzepts der Bereichsöffentlichkeit durch das Konzept der breiten

---

22 Trotz des Einheitsprinzips sind nicht alle Insiderinformationen ad-hoc-pflichtig, sondern nur diejenigen, die den Emittenten unmittelbar betreffen.

23 *Schwark/Zimmer* in Schwark/Zimmer, KMRK, 4. Aufl. 2010, Vor § 12 WpHG Rn. 5.

24 Gesetz zur Verbesserung des Anlegerschutzes (Anlegerschutzverbesserungsgesetz – AnSVG) vom 28.11.2004, BGBl. I 2004, S. 2630.

25 S. im Einzelnen *Klöhn* in KK-WpHG, § 13 Rn. 3 ff.

26 Dazu *K.-P. Weber*, Insiderrecht und Kapitalmarktschutz, 1999, S. 180; *Klöhn* NZG 2015, 809, 810.

27 Im Einzelnen *Klöhn*, MAR, 2018, Art. 7 Rn. 17–19.

Kapitalmarktöffentlichkeit[28] sowie die Einschränkung der Bereichsausnahme für Analysen und Bewertungen aufgrund öffentlich bekannter Informationen (Erwägungsgrund Nr. 28 MAR)[29].

Allerdings war die Regelung während des Gesetzgebungsverfahrens umstritten. Der Kommissionsentwurf der MAR[30] gab das Einheitsprinzip der Marktmissbrauchs-RL 2003 auf. Ad-hoc-pflichtig sollten weiterhin nur präzise, nicht öffentlich bekannte und kursrelevante Informationen sein, die den Emittenten unmittelbar betrafen. Für das Insiderverbot sollte hingegen ein weiterer Begriff der Insiderinformation gelten, dem gem. Art. 6 Abs. 1 lit. e) MAR-E auch unpräzise Informationen unterfallen konnten.[31] In Deutschland wurde dieser Begriff „Insiderinformation light" genannt[32] – eine unglückliche Bezeichnung,[33] weil sie eine Milderung des Rechts implizierte, obwohl die Regelung als Verschärfung gedacht war.

Hintergrund des Kommissionsentwurfs war die Befürchtung, der EuGH könnte den Daimler/Geltl-Fall zu sehr aus der Perspektive der Ad-hoc-Publizität betrachten, das Erfordernis der Präzision im Geltl-Urteil zu restriktiv interpretieren und dadurch die Reichweite der Insiderverbote zu stark beschränken.[34] Nachdem sich diese Sorge erübrigt hatte,[35] gab der Ratsentwurf vom 4.7.2012 das Konzept der „Insiderinformation light" auf und übernahm stattdessen die Aussage des Geltl-Urteils, wonach Zwischenschritte mehrstufiger Geschehensverläufe Gegenstände präziser Insiderinformationen sein können.[36]

---

**28** Dazu *Klöhn* ZHR 180 (2016), 707.

**29** Dazu *Klöhn* WM 2016, 1665.

**30** Vorschlag für [eine] Verordnung des Europäischen Parlaments und des Rates über Insider-Geschäfte und Marktmanipulation (Marktmissbrauch), KOM (2011) 651 endg. vom 20.10.2011.

**31** *Teigelack* BB 2012, 1361, 1363; *Klöhn* ZIP 2012, 1885, 1894; *Veil/Koch* WM 2012, 2297, 2302.

**32** Zuerst wohl *Krämer/Teigelack* Börsen-Zeitung v. 9.11.2011, S. 2; danach etwa *Merkner/Sustmann* AG 2012, 315, 319; *Teigelack* BB 2012, 1361, 1362; *Seibt* ZHR 177 (2013), 387, 398; *M. Weber* NJW 2013, 2324, 2327.

**33** Kritisch *Klöhn* ZIP 2012, 1885, 1894 mit Fn. 101.

**34** Näher *Klöhn*, MAR, Art. 7 Rn. 13.

**35** S.u. III)2)a)bb)(3).

**36** Proposal for a Regulation of the European Parliament and of the Council on insider dealing and market manipulation (market abuse) – Presidency compromise, Ratsdok. 12182/12 vom 04.07.2012 sowie später Proposal for a Regulation of the European Parliament and of the Council on insider dealing and market manipulation (market abuse) – General approach, Ratsdok. 17380/12 vom 05.12.2012.

# III) Entwicklung der Rechtsprechung

## 1) Insider-RL und 2. FMFG

### a) EuGH

Der EuGH beschäftigte sich zum ersten Mal[37] in der Rechtssache Georgakis mit dem Begriff der Insiderinformation. Das Urteil ist enttäuschend, weil der EuGH nicht subsumiert, sondern lediglich feststellt, dass (1) eine „einfache Empfehlung, bestimmte Maßnahmen zu treffen, die allein auf die Sachkunde in der Angelegenheit gegründet ist", keine Insiderinformation ist,[38] während (2) die gemeinsame Entscheidung einer Gruppe von Aktionären und Vorstandsmitgliedern, den Kurs der Aktie durch eine Reihe von Käufen, Verkäufen und Rückkäufen innerhalb der Gruppe und einem institutionellen Investor zu stützen (in der Börsensprache: *painting the tape*), als Insiderinformation zu qualifizieren sei[39].

### b) BGH

Die frühe BGH-Rechtsprechung zum WpHG ist ähnlich unergiebig. Die einzige Entscheidung, in der sich das Gericht mit dem Begriff der Insiderinformation

37 In früheren Entscheidungen zur Insider-RL spielte der Begriff der Insiderinformation keine Rolle. In EuGH v. 3.5.2001 – Rs. C-28/99, EuZW 2001, 376 (Verdonck u. a.) ging es um den mindestharmonisierenden Charakter der Insider-RL, in EuGH v. 22.11.2005 – Rs. C-384/02, Slg. 2005, I-9939 (Grøngaard und Bang) um die Reichweite des insiderrechtlichen Weitergabeverbots. In beiden Entscheidungen musste der EuGH nicht auf den Begriff der Insiderinformation eingehen.

38 EuGH v. 10.5.2007 – Rs. C-391/04, Slg. 2007, I-3741 Rn. 27 (Georgakis): „Eine einfache Empfehlung, bestimmte Maßnahmen zu treffen, die allein auf die Sachkunde in der Angelegenheit gegründet ist, erfüllt diese Voraussetzungen somit nicht."

39 EuGH v. 10.5.2007 – Rs. C-391/04, Slg. 2007, I-3741 Rn. 33 f. (Georgakis): „Mit ihrer Entscheidung über die Stützung der Parnassos-Aktie hatten sich die Mitglieder der Gruppe Georgakis auf eine gemeinsame Handlung gegenüber den Geschäften festgelegt, die unter ihnen getätigt werden sollten, um den Kurs der Wertpapiere der Firma Parnassos künstlich zu erhöhen. Die Kenntnis vom Vorliegen einer solchen Entscheidung und ihres Inhalts stellt für diejenigen, die an ihr beteiligt waren, eine Insider-Information (...) dar. Es handelt sich nämlich um eine nicht öffentlich bekannte, präzise Information, die Wertpapiere betrifft und die, wenn sie öffentlich bekannt geworden wäre, den Kurs der Parnassos-Aktie beträchtlich hätte beeinflussen, ja sogar ihren Zusammenbruch an der Börse bewirken können."

auseinandersetzen musste,[40] ist das erste[41] Scalping-Urteil, in dem es um die Machenschaften des Finanzjournalisten *Sascha Opel* ging.[42] In diesem Urteil, das vor der Georgakis-Entscheidung des EuGH erging, judizierte der BGH, dass die eigene Absicht, eine Aktie später zum Kauf zu empfehlen, nicht Gegenstand einer Insiderinformation sein könne, denn der Begriff der Information enthalte das ungeschriebene Erfordernis eines „Drittbezugs".[43] Selbst geschaffene innere Tatsachen schieden als Bezugspunkt einer Insiderinformation aus, da man sich über seine eigenen Wünsche und Absichten nicht informieren könne. Etwas anderes gelte für Informationen über fremde Absichten.[44] Nachhaltigen Einfluss auf das geltende Insiderrecht hatte diese Entscheidung nicht, da der EU-Gesetzgeber in Art. 9 Abs. 5 MAR klar davon ausgeht, dass auch selbst geschaffene Tatsachen Insiderinformationen sein können.[45]

## 2) Marktmissbrauchs-RL 2003 und AnSVG

### a) EuGH

Leben eingehaucht wurde der Regelung der Insiderinformation erst unter der Marktmissbrauchs-RL in drei Verfahren vor dem EuGH.

#### aa) Spector Photo Group

Die erste wichtige Aussage findet sich gleich in dem ersten Urteil zur Marktmissbrauchs-RL 2003 in der Rechtssache Spector Photo Group. In den Worten des EuGH gestattet die Insiderinformation dem Insider,

---

**40** In BGH NJW 2010, 882 (freenet) ging es um den Begriff des Ausnutzens einer Insidertatsache und um den Begriff des Erlangten im Sinne der strafrechtlichen Vorschriften über den Verfall.

**41** Die zweite Scalping-Entscheidung des BGH ist BGHSt 59, 105. Der Angeklagte war wieder Sascha Opel, der den Anlegern diesmal eine Goldminen-Aktie empfohlen hatte.

**42** Vgl. hierzu auch *Fleischer/Chatard* (in dieser Festschrift).

**43** BGHSt 48, 373, 378 (Scalping I) in Anknüpfung an *M. Weber* NJW 2000, 562, 563.

**44** BGHSt 48, 373, 378 (Scalping I).

**45** *Klöhn* ZIP-Beiheft 22/2016, 44; dem folgend *Hopt/Kumpan* in Schimansky/Bunte/Lwowski, BankR-HdB, 5. Aufl. 2017, § 107 Rn. 44. Im Ergebnis wie hier *Diversy/Köpferl* in Graf/Jäger/Wittig, WiStStrafR, 2. Aufl. 2017, § 38 WpHG Rn. 131.

> „wenn er bei der Vornahme eines Geschäfts auf dem Markt in mit dieser Information übereinstimmender Weise handelt, daraus die Erzielung eines Vermögensvorteils zu erhoffen, ohne sich den gleichen Risiken wie die übrigen Marktteilnehmer auszusetzen."[46]

Der EuGH charakterisiert die Insiderinformation hier als *Arbitragemöglichkeit*[47] *aufgrund öffentlich unbekannter Umstände*. Diese Charakterisierung ist gelungen. Sie fügt sich bruchlos in das grundlegende Schutzkonzept des europäischen Insiderrechts ein, dessen Zweck darin besteht, Anlegern einen gleichberechtigten Informationszugang (*equal access*) zu ermöglichen.[48] Rechtsökonomisch ausgedrückt geht es dem Insiderrecht darum, einen *kompetitiven Markt für Informationshändler* um Arbitragemöglichkeiten zu schaffen.[49] Zu Recht hat der EuGH diese Charakterisierung in allen nachfolgenden Entscheidungen zum Insiderrecht der Marktmissbrauchs-RL wiederholt;[50] der Gesetzgeber hat sie in Erwägungsgrund Nr. 23 Satz 1 MAR verankert.

### bb) Geltl

#### (1) Sachverhalt und Entscheidungen nationaler Gerichte

Das zweite Urteil zum Begriff der Insiderinformation erging in der Rechtssache Geltl/Daimler, der *cause célèbre* des europäischen Insiderrechts. Der Sachverhalt ist das Paradigma eines gestreckten Geschehensverlaufs:[51]

Spätestens seit der Hauptversammlung am 6.4.2005 trug sich *Jürgen Schrempp*, der damalige Vorstandsvorsitzende der damaligen DaimlerChrysler AG

---

46 EuGH v. 23.12.2009 – Rs. C-45/08, Slg. 2009, I-12073 Rn. 52 (Spector Photo Group).

47 Definiert als Möglichkeit, einen über die Marktrendite hinausgehenden Erlös ohne entsprechend höheres Risiko zu verdienen.

48 Zu dem Equal-access-Prinzip als oberstem Grundsatz des EU-Insiderrechts EuGH v. 22.11. 2005 – Rs. C-384/02, Slg. 2005, I-9961 Rn. 33 (Grøngaard/Bang); EuGH v. 10.5.2007 – Rs. C-391/04, Slg. 2007, I-3741 Rn. 37 f. (Georgakis); EuGH v. 23.12.2009 – Rs. C-45/08, Slg. 2009, I-12073 Rn. 47 f. (Spector Photo Group); EuGH v. 7.7.2011 – Rs. C-445/09, NZG 2011, 951 Rn. 27 (IMC Securities); EuGH v. 28.6.2012 – Rs. C-19/11, ZIP 2012, 1282 Rn. 33 (Geltl); EuGH v. 11.3.2015 – Rs. C-628/13, NZG 2015, 432 Rn. 21 (Lafonta) sowie Erwägungsgrund Nr. 24 Satz 3 MAR.

49 *Klöhn* ZHR 177 (2013), 349, 371 ff.; *Klöhn*, MAR, 2018, Vor Art. 7 Rn. 39; ähnlich *Mennicke*, Sanktionen gegen Insiderhandel, 1996, S. 85 ff., 95 ff.; *Mennicke* in Fuchs, WpHG, 2. Aufl. 2016, Vor §§ 12–14 Rn. 116 (Leistungswettbewerb; gleiche Wettbewerbsbedingungen). Im US-amerikanischen Recht *Goshen/Parchomovsky*, 55 Duke L.J. 711 (2006); der Sache nach bereits *Georgakopoulos*, 26 Conn. L. Rev. 1, 20 ff. (1993), der das Insiderhandelsverbot als Verbot des monopolitischen informierten Handels versteht.

50 EuGH v. 28.6.2012 – Rs. C-19/11, ZIP 2012, 1282 Rn. 36 (Geltl); EuGH v. 11.3.2015 – Rs. C-628/13, NZG 2015, 432 Rn. 25 (Lafonta/AMF).

51 Näher zu den Hintergründen des Falls *Fleischer/Chatard* (in dieser Festschrift).

(jetzt Daimler AG), mit dem Gedanken, vor Ablauf seiner bis 2008 reichenden Amtszeit aus der Gesellschaft auszuscheiden. Dies teilte er zunächst seiner Ehefrau mit und am 17.5.2005 dem damaligen Aufsichtsratsvorsitzenden *Hilmar Kopper*. Vertrauliche Besprechungen mit weiteren Vorstands- und Aufsichtsratsmitgliedern folgten, darunter dem designierten Nachfolger *Dieter Zetsche*. Am 25.7.2005 erörterte *Schrempp* die Frage mit dem Vorsitzenden des Konzern- und Gesamtbetriebsrats, der zugleich im Aufsichtsrat von DaimlerChrysler saß. Dieses Aufsichtsratsmitglied besprach das Ausscheiden *Schrempps* mit den übrigen Arbeitnehmervertretern im Aufsichtsrat und kündigte am 27.7.2005 an, dass die Arbeitnehmerbank für einen Wechsel in der Person des Vorstandsvorsitzenden stimmen würde. Ebenfalls am 27.7.2005 tagte ab 17 Uhr der Präsidialausschuss und fasste den Beschluss, dem Aufsichtsrat am nächsten Tag das Ausscheiden *Schrempps* zum Jahresende zur Zustimmung vorzuschlagen. Das Plenum stimmte am 28.7.2005 gegen 9:50 Uhr zu. Daraufhin informierte die AG zunächst die BaFin sowie die Geschäftsführungen der Börsen und veröffentlichte um 10:32 Uhr eine entsprechende Ad-hoc-Meldung über das Ausscheiden *Schrempps*. Der Aktienkurs, der bei Öffnung der Börsen bei 36,50 EUR gelegen hatte, stieg auf zunächst 40,40 EUR und schließlich auf 42,95 EUR. Mehrere Anleger, die zuvor DaimlerChrysler-Aktien verkauft hatten, machten Schadensersatzansprüche wegen verspäteter Ad-hoc-Meldung (v. a. gem. § 37b WpHg aF) geltend, unter ihnen der Vater des späteren Musterklägers *Markus Geltl*.

In seinem ersten Musterbescheid entschied das OLG Stuttgart, dass erst mit dem Beschluss des Aufsichtsrats am 28.7.2005 eine Insiderinformation entstanden sei.[52] Demgegenüber setzte das OLG Frankfurt in dem parallel laufenden Bußgeldverfahren deutlich früher an und fand, schon das erste Gespräch zwischen *Schrempp* und *Kopper* sei Gegenstand einer Insiderinformation gewesen.[53] Nachdem der BGH den ersten Musterbescheid des OLG Stuttgart aus prozessualen Gründen aufgehoben und die Sache zurückverwiesen hatte,[54] entschied das Gericht im zweiten Anlauf, dass an dem Vorabend der Aufsichtsratssitzung, dh am 27.7.2005, eine Insiderinformation entstanden sei, denn erst mit Beschlussvorschlag des Präsidialausschusses sei hinreichend wahrscheinlich gewesen, dass der Aufsichtsrat am nächsten Tag dem Ausscheiden *Schrempps* zustimmen würde.[55] Auch dieser Musterbescheid wurde vor dem II. Zivilsenat des BGH angefochten, der diesmal – nach einem zwischenzeitlichen Wechsel des Senatsvor-

**52** OLG Stuttgart NZG 2007, 352 (DaimlerChrysler I).
**53** OLG Frankfurt NZG 2009, 391, 392 (DaimlerChrysler).
**54** BGH NZG 2008, 300 (DaimlerChrysler I).
**55** OLG Stuttgart NZG 2009, 624, 628 (DaimlerChrysler II).

sitzenden (*Alfred Bergmann* folgte im November 2010 auf *Wulf Goette*) – dem EuGH die Sache vorlegte.[56]

### (2) Problematik

Die Problematik des Geltl/Daimler-Falls ergibt sich bekanntlich einerseits aus der Vorgabe der hinreichenden Wahrscheinlichkeit iSv § 13 Abs. 1 Satz 3 WpHG aF (heute: vernünftigerweise zu erwarten iSv Art. 7 Abs. 2 Satz 1, 1. Hs. MAR), andererseits aus der besonderen Struktur seines Sachverhalts. Innerhalb gestreckter Geschehensverläufe gibt es stets mehrere Anknüpfungspunkte für die Subsumtion unter den Begriff der Insiderinformation:

- Zum einen kann man auf das Ereignis abstellen, das am Ende des Geschehensverlaufs steht („Endereignis", zB das Ausscheiden *Schrempps*[57]). Solange dieses noch nicht eingetreten ist, handelt es sich um ein *zukünftiges* Ereignis, das hinreichend wahrscheinlich bzw. vernünftigerweise zu erwarten sein muss, um Gegenstand einer Insiderinformation zu sein.
- Zum anderen kann man auf die jeweiligen „Zwischenschritte"[58] abstellen (zB die Amtsmüdigkeit *Schrempps*, die er zunächst seiner Frau, dann *Hilmar Kopper*, dann weiteren Aufsichts- und Vorstandsmitgliedern mitteilte, und die weiteren, während dieses Prozesses geführten Gespräche bis zu dem Beschluss des Aufsichtsratsplenums am 28.7.2005). Da es sich hierbei um Umstände handelt, die *bereits eingetreten sind*, können sie nach dem Wortlaut des Gesetzes Gegenstand von Insiderinformationen sein, ohne dass es darauf ankommt, ob das Endereignis hinreichend wahrscheinlich bzw. vernünftigerweise zu erwarten ist.

---

**56** BGH ZIP 2011, 72 (DaimlerChrysler II).

**57** BGH ZIP 2013, 1165 Rn. 27 (Geltl): „Weiter kann ab Mitte Mai 2005 eine Insiderinformation über einen künftigen Zwischenschritt bzw. das ‚Endereignis' entstanden sein, dass der Aufsichtsrat dem Ausscheiden des Zeugen Schrempp zum Jahresende zustimmen bzw. dass der Zeuge Schrempp zum Jahresende ausscheiden werde." Das OLG Stuttgart sah das „Endereignis" in seinem zweiten Musterbescheid nicht in dem Ausscheiden Schrempps, sondern in dem Aufsichtsratsbeschluss, da dieser Gegenstand einer Insiderinformation gem. § 13 Abs. 1 Satz 1 WpHG sei. Zu Recht kritisch, weil insoweit ein Zirkelschluss droht, *S.H. Schneider* WuB I G 6 § 15 WpHG 1.09.

**58** Genauer: den gesamten Sachverhalt bis zu dem jeweiligen Zwischenschritt. Der einzelne Zwischenschritt darf also nicht isoliert betrachtet werden (vgl. allgemein zu der Frage, an welche Informationslage bei der Subsumtion unter Art. 7 MAR abzustellen ist, *Klöhn*, MAR, 2018, Art. 7 Rn. 39–53).

Die Zwischenschritte und das Endereignis sind jedoch miteinander verbunden.[59] Die Kursrelevanz von Informationen über Zwischenschritte ist abhängig davon, wie hoch die Eintrittswahrscheinlichkeit des Endereignisses ist und welche Auswirkungen dieses Ereignis auf den Kurs des Finanzinstruments haben wird. Je relevanter die Auswirkungen und je höher die Eintrittswahrscheinlichkeit, desto höher ist auch die Kursrelevanz der Zwischenschritte.[60] Die Frage war daher: Kann während eines gestreckten Geschehensverlaufs eine Insiderinformation über einen Zwischenschritt *auch dann* entstehen, *wenn das Endereignis noch nicht hinreichend wahrscheinlich bzw. noch nicht vernünftigerweise zu erwarten ist?* Genau genommen ging es bei dieser Frage um dreierlei:

- Wie ist der *Begriff der hinreichenden Wahrscheinlichkeit* iSv § 13 Abs. 1 Satz 3 WpHG aF und Art. 1 Abs. 1, 1. Hs. RL 2003/124/EG zu verstehen?
- Darf man bei der Subsumtion unter den Begriff der Insiderinformation auf Informationen über Zwischenschritte zurückgreifen, solange das Endereignis nicht hinreichend wahrscheinlich ist, oder entfalten § 13 Abs. 1 Satz 3 WpHG aF und Art. 1 Abs. 1, 1. Hs. RL 2003/124/EG eine *Sperrwirkung auf Konkurrenzebene?*
- Muss man bei der Kursrelevanzprüfung von Informationen über Zwischenschritte auch künftige Implikationen dieser Zwischenschritte berücksichtigen, die für sich genommen noch nicht hinreichend wahrscheinlich sind oder sperren die o.g. Normen den Rückgriff auf diese Ereignisse bei der Kursrelevanzprüfung (*Sperrwirkung auf Kursrelevanzebene*)?

### (3) EuGH-Entscheidung und Umsetzung durch den BGH

Um alle drei Fragen wurde im deutschen Schrifttum leidenschaftlich gerungen.[61] Am Ende entschieden der EuGH bzw. der BGH:

- Hinreichend wahrscheinlich bzw. vernünftigerweise zu erwarten sind künftige Ereignisse, „bei denen eine umfassende Würdigung der bereits verfügbaren Anhaltspunkte ergibt, dass tatsächlich erwartet werden kann (engl.: "*that there is a realistic prospect*"), dass sie in Zukunft existieren oder eintreten werden".[62] Dafür ist keine hohe Wahrscheinlichkeit erforderlich.[63] Ob ein Ereignis vernünftigerweise erwartet werden kann, hängt aber auch

59 Vgl. dazu bereits *Harbarth* ZIP 2005, 1898, 1901.

60 S. näher *Klöhn* ZIP 2012, 1885, 1886 f. mit einem Beispiel.

61 Vgl. *Klöhn* in KK-WpHG, 2. Aufl. 2014, § 13 Rn. 89 ff. (hinreichende Wahrscheinlichkeit), 110 ff. (Sperrwirkung auf Konkurrenzebene), 116 ff. (Sperrwirkung auf Kursrelevanzebene) jew. mwN zur Diskussion.

62 EuGH v. 28.6.2012 – Rs. C-19/11, ZIP 2012, 1282 Rn. 49 (Geltl); BGH ZIP 2013, 1165 Rn. 29 (Geltl).

63 EuGH v. 28.6.2012 – Rs. C-19/11, ZIP 2012, 1282 Rn. 46 (Geltl).

nicht von der möglichen Kursauswirkung dieses Ereignisses ab.[64] In Deutschland wird das Erfordernis fast allgemein im Sinne einer überwiegenden Wahrscheinlichkeit „50 % plus x" interpretiert.[65] Ausbuchstabiert hat der EuGH dieses Konzept jedoch nicht, sondern letztlich offen gelassen, was er mit „tatsächlich zu erwarten" meint.[66]

- Innerhalb eines gestreckten Geschehensverlaufs können sowohl die Endereignisse als auch alle Zwischenschritte Gegenstand von Insiderinformationen sein.[67] Gegenwärtige und vergangene Ereignisse – insbesondere bereits eingetretene Zwischenschritte – können also auch dann Gegenstand von Insiderinformationen sein, wenn der Eintritt des Endereignisses noch nicht hinreichend wahrscheinlich ist. Dies ist heute unstrittig und in Art. 7 Abs. 2 Satz 2 u. Abs. 3 MAR vorausgesetzt; vollkommen eindeutig ist das EuGH-Urteil auch in diesem Punkt jedoch nicht.[68]
- Die Folgen von Zwischenschritten sind bei der Kursrelevanzprüfung auch dann zu berücksichtigen, wenn deren Eintritt nicht hinreichend wahrscheinlich bzw. nicht vernünftigerweise zu erwarten ist.[69] Bei besonders relevanten möglichen Endereignissen kann die Ad-hoc-Publizität daher „frühzeitig zu einer veröffentlichungspflichtigen Insiderinformation führen".[70]
- Obwohl der Probability/Magnitude-Test keine Rolle bei der Bestimmung der hinreichenden Wahrscheinlichkeit spielt (s. o.), ist er bei der Kursrelevanz-

---

64 EuGH v. 28.6.2012 – Rs. C-19/11, ZIP 2012, 1282 Rn. 50 (Geltl).

65 Unter der Marktmissbrauchs-RL 2003 v. a. BGH ZIP 2013, 1165 Rn. 29 (Geltl); unter der MAR *Diversy/Köpferl* in Graf/Jäger/Wittig, WiStStrafR, 2. Aufl. 2017, § 38 WpHG Rn. 140; *Klöhn*, MAR, 2018, Art. 7 Rn. 97; *Hopt/Kumpan* in Schimansky/Bunte/Lwowski, BankR-HdB, 5. Aufl. 2017, § 107 Rn. 45; *Kumpan* DB 2016, 2039, 2040; *Kumpan* in VGR, Gesellschaftsrecht in der Diskussion, 2018, Rn. 22; *Krause* in Meyer/Veil/Rönnau, Handbuch zum Marktmissbrauchsrecht, 2018, § 6 Rn. 61 f; inzwischen auch *Assmann* in Assmann/Schneider/Mülbert, Wertpapierhandelsrecht, 7. Aufl. 2019, Art. 7 MAR Rn. 47.

66 Gegen die Interpretation der hM *Hellgardt* CMLR 50 (2013), 861, 872 f.; *Mock* ZBB 2012, 286, 289; letztlich auch *Möllers/Seidenschwann* NJW 2012, 2762, 2763 f. (wonach die deutsche Rechtsprechung berufen sei, die abstrakten Vorgaben des EuGH zu konkretisieren); Kritik an der nichtssagenden Formel des EuGH etwa bei *Klöhn* ZIP 2012, 1885, 1889 f.

67 EuGH v. 28.6.2012 – Rs. C-19/11, ZIP 2012, 1282 Rn. 38 (Geltl); BGH ZIP 2013, 1165 Rn. 15 (Geltl).

68 Ausführlich dazu *Klöhn* ZIP 2012, 1885, 1890 f.; ebenso *Bachmann* DB 2012, 2206, 2209, der nicht ohne Grund meint, der EuGH habe die Vorlagefrage nicht verstanden.

69 BGH ZIP 2013, 1165 Rn. 16, 25 f. (Geltl). Der EuGH hat sich mit dieser Frage nicht explizit beschäftigt.

70 BGH ZIP 2013, 1165 Rn. 26 (Geltl).

prüfung anzunehmen.[71] Die Kursrelevanz eines künftigen Ereignisses bzw. der künftigen Folgen eines gegenwärtigen oder vergangenen Ereignisses ist also umso höher, je höher die Eintrittswahrscheinlichkeit dieser Folgen ist und je bedeutsamer diese Folgen im Falle ihres Eintritts für den Kurs des maßgeblichen Finanzinstruments sind.

Im Ergebnis bedeutet dies: Zwar können in frühen Phasen gestreckter Geschehensverläufe keine Insiderinformationen *über die jeweiligen Endereignisse* entstehen, da diese nicht vernünftigerweise zu erwarten sind, solange ihr Eintritt nicht überwiegend wahrscheinlich ist. Es können jedoch bereits Informationen *über die Zwischenschritte* (genauer: alle nicht öffentlich bekannten Umstände, die bis zu einem bestimmten Zwischenschritt eingetreten sind) entstehen, da deren künftige Implikationen bei der Kursrelevanzprüfung auch dann zu berücksichtigen sind, wenn sie nicht überwiegend wahrscheinlich sind.[72]

**(4) Würdigung**

Wie richtig diese Entscheidungen sind, erkennt man an einem einfachen Gedankenexperiment:[73] Angenommen sei, ein mehrstufiger Geschehensverlauf habe einen Zwischenschritt erreicht, in dem vier unterschiedliche Endereignisse möglich sind (*A*, *B*, *C* und *D*), von denen aber nur eines eintreten kann. Treten *A* – *C* ein, so steige der Aktienkurs um 100 %. Bei *D* bleibe der Aktienkurs unverändert. Angenommen sei weiterhin, jedes Endereignis habe eine Eintrittswahrscheinlichkeit von 25 %.

Wer meint, Informationen über Zwischenschritte können nur dann Insiderinformationen sein, wenn die jeweiligen Endereignisse vernünftigerweise zu erwarten (= überwiegend wahrscheinlich) sind, kommt in diesem Fall zu dem Ergebnis, dass Insider die Information über den Zwischenschritt – also darüber, dass sich der Aktienkurs mit einer Wahrscheinlichkeit von 75 % verdoppelt – ausnutzen können, ohne Strafbarkeit befürchten zu müssen. Das ist ein offen-

---

**71** EuGH v. 28.6.2012 – Rs. C-19/11, ZIP 2012, 1282 Rn. 55 (Geltl): „Anhand solcher Erwägungen (dem Probability/Magnitude-Test, Anm. d. Verf.) lässt sich jedoch ermitteln, ob eine Information geeignet ist, den Kurs der Finanzinstrumente spürbar zu beeinflussen."; BGH ZIP 2013, 1165 Rn. 25 (Geltl). In diesem Sinne *Ritz* in Just/Voß/Ritz/Becker, WpHG, 2015, § 13 Rn. 100; gegen eine strenge Anwendung der Probability-Magnitude-Formel *Krause* in Meyer/Veil/Rönnau, Handbuch zum Marktmissbrauchsrecht, 2018, § 6 Rn. 110 ff.; *Kumpan* in VGR, Gesellschaftsrecht in der Diskussion, 2018, Rn. 38 (iE wohl beide aber für eine Berücksichtigung der Formel).

**72** BGH ZIP 2013, 1165 Rn. 26 (Geltl).

**73** S. bereits *Klöhn*, MAR, 2018, Art. 7 Rn. 109.

sichtlich falsches Ergebnis. Das Beispiel zeigt, dass die Zerlegung eines Sachverhalts in „Zwischenschritte" und „Endereignisse" dazu verleiten kann, den Blick für die wesentliche Frage zu verlieren: *Verfügen diejenigen, die den Zwischenschritt kennen, über eine Arbitragemöglichkeit aufgrund nicht öffentlich bekannter Informationen?* Diese Frage beantwortet man, indem man auf jeder Stufe die Voraussetzungen der Insiderinformation prüft und dabei selbstverständlich *sämtliche* Folgen berücksichtigt, die der Sachverhalt in Zukunft haben kann. Am Markt werden Wahrscheinlichkeiten unabhängig davon eingepreist, ob sie oberhalb oder unterhalb der 50 %-Schwelle liegen.

#### (5) Umsetzung in der MAR

Es ist daher zu begrüßen, dass fast alle Aussagen des EuGH in der MAR kodifiziert bzw. in die Erwägungsgründe aufgenommen wurden: Erwägungsgrund Nr. 16 Satz 2 u. 3 MAR wiederholt die wesentlichen Aussagen zum Begriff der überwiegenden Wahrscheinlichkeit bzw. zu dem Maßstab „vernünftigerweise zu erwarten". Art. 7 Abs. 2 Satz 2 und Abs. 3 MAR stellen klar, dass die Vorgabe des Art. 7 Abs. 2 Satz 1, 1. Fall MAR keine Sperrwirkung auf Konkurrenzebene entfaltet.[74] Die Frage der Sperrwirkung auf Kursrelevanzebene ist nicht ausdrücklich geregelt; aus den soeben genannten Gründen[75] muss sie jedoch verneint werden.[76]

### cc) Lafonta

#### (1) EuGH-Entscheidung und Sachverhalt

Komplettiert wird die Rechtsprechung des EuGH zum Begriff der Insiderinformation durch das Lafonta-Urteil.[77] Wie in Geltl ging es nicht unmittelbar um

---

**74** S. nur *Krause* in Meyer/Veil/Rönnau, Handbuch zum Marktmissbrauchsrecht, 2018, § 6 Rn. 70; *Kumpan* DB 2016, 2039, 2041; *Poelzig* NZG 2016, 528, 532.

**75** S. o. III)2)a)bb)(4).

**76** *Klöhn*, MAR, 2018, Art. 7 Rn. 108; im Ergebnis ebenso *Assmann* in Assmann/Schneider/Mülbert, Wertpapierhandelsrecht, 7. Aufl. 2019, Art. 7 MAR Rn. 55; *Krause* in Meyer/Veil/Rönnau, Handbuch zum Marktmissbrauchsrecht, 2018, § 6 Rn. 70 f.; *Teigelack* BB 2016, 1604, 1606; implizit *Hopt/Kumpan* in Schimansky/Bunte/Lwowski, BankR-HdB, 5. Aufl. 2017, § 107 Rn. 55 aE (Anwendung des Probability/Magnitude-Tests); noch zu § 13 Abs. 1 S. 3 WpHG a. F. *Mennicke/Jakovou* in Fuchs, WpHG, 2. Aufl. 2016, § 13 Rn. 76e; *Ritz* in Just/Voß/Ritz/Becker, WpHG, 2015, § 13 Rn. 99.

**77** EuGH v. 11. 3. 2015 – Rs. C-628/13, NZG 2015, 432 (Lafonta/AMF); dazu *U. Binder* RdF 2015, 159; *Buck-Heeb* LMK 2015, 373992; *Klöhn* NZG 2015, 809; *Kumpan* EuZW 2015, 389; *Nietsch* WuB 2015, 325; *Seibt/Kraack* EWiR 2015, 237; *Schröder* GPR 2015, 246; *Voß* BB 2015, 788; *Wilsing/Kleemann* DStR 2015, 958; *Zetzsche* AG 2015, 381. Für die Vorlage der französischen Cour de Cassation s. Cass.

Fragen der Kursrelevanz, sondern um das Erfordernis der Präzision. Anders als in Geltl stand diesmal jedoch nicht die besondere Anforderung für zukunftsbezogene Insiderinformationen (Art. 1 Abs. 1, 1. Hs. RL 2003/124/EG, heute Art. 7 Abs. 2 Satz 1, 1. Hs. MAR) im Mittelpunkt, sondern das allgemeine Erfordernis der Kursspezifizität (Art. 1 Abs. 1, 2. Hs. RL 2003/124/EG, heute Art. 7 Abs. 2 Satz 1, 2. Hs. MAR).

Der EuGH entschied, dass eine Information auch dann präzise sein kann, wenn sie keinen eindeutigen Schluss darüber zulässt, ob die Kurse steigen oder fallen werden.[78] Unpräzise sind demgegenüber „vage oder allgemeine Informationen (...), die keine Schlussfolgerung hinsichtlich ihrer möglichen Auswirkung auf den Kurs der betreffenden Finanzinstrumente zulassen."[79]

Hintergrund des Falles war ein Beteiligungserwerb mit Hilfe von Finanzderivaten, wie er vor der Finanzkrise vielerorts stattgefunden hat. Wendel, eine börsennotierte Beteiligungsgesellschaft, plante, eine Beteiligung an der ebenfalls börsennotierten Saint-Gobain zu erwerben. Dazu schloss sie Swap-Verträge und andere Termingeschäfte mit verschiedenen Banken ab. Die Banken sicherten ihre Positionen, indem sie Aktien von Saint-Gobain erwarben. So gelang es Wendel, unter dem Radar der französischen Stimmrechtstransparenz zu fliegen. Die französische Autorité des marchés financiers (AMF) verhängte gegen Wendel und deren damaligen Vorstandsvorsitzenden *Jean-Bernard Lafonta* eine Geldbuße in Höhe von jeweils 1,5 Mio. EUR, weil sie den Abschluss der Swap-Verträge und die damit verbundene Sicherung einer Beteiligung an Saint-Gobain nicht öffentlich bekannt gegeben hatten.[80] *Lafonta* wehrte sich dagegen unter anderem mit dem Argument, dass die Information über die Swap-Verträge keine präzise Information iSv Art. 1 Nr. 1 Marktmissbrauchs-RL 2003 iVm Art. 1 Abs. 1 RL 2003/124/EG gewesen sei. Dieser Einwand wurde vom EuGH verworfen.

---

com., 26 nov. 2013, n°12–21361; dazu *Klöhn* ZIP 2014, 945; *Klöhn* CMLJ 10 (2015), 162; *Ritz* in Just/Voß/Ritz/Becker, WpHG, 2015, § 13 Rn. 41 ff.

**78** EuGH v. 11.3.2015 – Rs. C-628/13, NZG 2015, 432 Rn. 34 (Lafonta/AMF).

**79** EuGH v. 11.3.2015 – Rs. C-628/13, NZG 2015, 432 Rn. 31 (Lafonta/AMF).

**80** AMF Déc. Sanct., Ass. Plén., 13 dec 2010. Die AMF warf Lafonta nicht nur einen Verstoß gegen die französische Ad-hoc-Publizitätspflicht gem. Art. 223–2 Règlement Général de l'Autorité des Marchés Financiers (im Folgenden: Règlement Général) vor, sondern auch eine Verletzung der speziellen Veröffentlichungspflicht im Zusammenhang mit Finanztransaktionen gem. Art. 223–6 Règlement Général. Bei dieser Veröffentlichungspflicht handelte es sich um eine über die Anforderungen des Art. 6 Marktmissbrauchs-RL hinausgehende Veröffentlichungspflicht, vgl. *Krause/Brellochs* AG 2013, 309, 326 f.

**(2) Problematik**

Verständlich wird die Entscheidung nur, wenn man sich den Unterschied zwischen der *erwarteten* Kursauswirkung einer Information und deren *möglichen* Kursauswirkungen verdeutlicht.[81]

Dass eine Information nicht allein deshalb unpräzise ist, weil unter den *möglichen* Kursauswirkungen solche sind, die in verschiedene Richtungen – Steigen oder Fallen – zeigen, ist trivial, denn auch in diesem Fall kann die *erwartete* Kursauswirkung eindeutig bestimmbar sein.[82] Als Beispiel[83] stelle man sich vor, es sei unsicher, wie der Markt auf eine bestimmte ad-hoc-pflichtige Information des Emittenten E reagieren werde. In *Szenario A* bleibt der Kurs unverändert, weil der Markt die Information erwartet hat. In *Szenario B* steigt der Kurs um 5 EUR, weil der Markt positiv überrascht wird, in *Szenario C* sinkt der Kurs um 1 EUR, weil der Markt zwar mit der Information gerechnet hat, von ihrem Ausmaß jedoch negativ überrascht wird. Angenommen sei weiterhin, alle drei Szenarien seien gleich wahrscheinlich. Es ist offensichtlich, dass die *erwartete* Kursauswirkung dieser Information eindeutig bestimmt werden kann, obwohl die *möglichen* Kursausschläge unterschiedliche Richtungen haben.[84] Selbstverständlich sind Informationen wie die des Beispiels daher präzise iSv Art. 7 Abs. 2 Satz 1 MAR.

Die große Frage lautet daher, ob man dem Urteil darüber hinaus die Aussage entnehmen muss, dass eine Information auch dann Insidercharakter haben kann, wenn aufgrund der Verteilung möglicher Kursauswirkungen die *erwartete Kursauswirkung nicht die Kurserheblichkeitsschwelle überschreitet*. Dafür muss man das soeben genannte Beispiel nur abwandeln und unterstellen, dass die erwartete Kursauswirkung in *Szenario C* ein Kursrückgang in Höhe von 5 EUR ist, weil der Markt in *Szenario C* in demselben Maße, allerdings negativ, überrascht wird wie in *Szenario B*. Diese Information impliziert keinen veränderten Wert der E-Aktie. Ihr Erwartungswert beträgt 0[85] und die höhere Volatilität der E-Aktie rechtfertigt für sich genommen keinen Kursabschlag, weil es sich um ein firmenspezifisches, dh diversifizierbares Risiko handelt.[86]

---

**81** Ausführlich dazu *Klöhn* NZG 2015, 809, 811 ff.
**82** So bereits *Klöhn* ZIP 2014, 945, 947; dem zust. *M. Weber* NZG 2015, 2307, 2309.
**83** Dasselbe Beispiel findet sich bei *Klöhn*, MAR, 2018, Art. 7 Rn. 88.
**84** Die erwartete Kursauswirkung beträgt 0 + 5 EUR x 0,33 – 1 EUR x 0,33 = 1,32 EUR (gerundet).
**85** Die erwartete Kursauswirkung beträgt 0 + 5 EUR x 0,33 – 5 EUR x 0,33 = 0.
**86** Dazu *Klöhn* ZIP 2014, 945, 952.

Etwas anderes gilt freilich für die mit der E-Aktie verbundenen *Derivate*, deren Wert selbstverständlich von der erwarteten Volatilität der E-Aktie abhängt.[87] Insofern sind die Implikationen der Information aber gerade nicht mehrdeutig. Sie sind eindeutig: Aufgrund der höheren Volatilität wird der Wert sämtlicher, auf die E-Aktie bezogenen Finanzderivate steigen. Auch dies ist trivial, wenn man die Grundzüge der Preisbildung auf dem Markt für Finanzderivate verstanden hat.

Wer meint, Informationen wie diese hätten Insiderqualität nicht nur bezüglich der auf die E-Aktie bezogenen Derivate, sondern auch im Hinblick auf die E-Aktie, würde das Konzept der Kurs*relevanz* demgegenüber durch das der Kurs*varianz* ersetzen. Es käme nicht mehr darauf an, ob die Information einen Handelsanreiz auslöst, entscheidend wäre allein, ob die Information die Volatilität des Finanzinstruments erhöht. Dies ist selbstverständlich nicht das Konzept des europäischen Insiderrechts.[88]

**(3) Verständnis der Entscheidung**

Zum Glück ist es auch nicht das Konzept des EuGH, wenngleich sich das Gericht mehr als kryptisch ausdrückt und das Verständnis des Lafonta-Urteils in Deutschland daher sehr umstritten ist.[89] Zwar schreibt der EuGH, eine Information könne „von einem verständigen Anleger als Teil der Grundlage seiner Anlageentscheidung“ auch dann genutzt werden, „wenn diese Information es nicht erlaubt, die Änderung des Kurses der betreffenden Finanzinstrumente in eine bestimmte Richtung vorherzusehen.“[90] Der EuGH meint hier aber lediglich, dass Informationen, die allein auf eine höhere Volatilität eines Finanzinstruments hindeuten, genutzt werden können, um in *auf dieses Instrument bezogene* Derivate zu investieren. Dies ergibt sich deutlich aus den Ausführungen von *GA Wathelet*,[91] auf dessen Schlussanträge der EuGH zwar nicht ausdrücklich, aber

---

**87** Grundlegend *Black/Scholes* 81 J. Pol. Econ. 637 (1973) sowie *Merton* 4 Bell J. Econ. & Mgmt. Sci. 141 (1973); instruktiv *Brealey/Myers/Allen*, Principles of Corporate Finance, 12. Ed. 2017, S. 538 ff.

**88** Weitere Argumente bei *Klöhn* ZIP 2014, 945, 950 f.; *Klöhn* NZG 2015, 809, 813.

**89** Wie hier *Krause* in Meyer/Veil/Rönnau, Handbuch zum Marktmissbrauchsrecht, 2018, § 6 Rn. 123; *Bachmann*, Das Europäische Insiderhandelsverbot, 2015, S. 22 Fn. 54; *Schröder* GPR 2015, 246, 247 f.; *Voß* BB 2015, 788; *M. Weber* NZG 2015, 2307, 2309; wohl auch *Ritz* in Just/Voß/Ritz/Becker, WpHG, 2015, § 13 Rn. 43; aA *Seibt/Kraack* EWiR 2015, 237, 238; *Zetzsche* AG 2015, 381, 384; *Ulrich* GmbHR 2015, R118; wohl auch *Mennicke/Jakovou* in Fuchs, WpHG, 2. Aufl. 2016, § 13 Rn. 65; *von Bonin/Glos* WM 2015, 2257, 2259.

**90** EuGH v. 11.3.2015 – Rs. C-628/13, NZG 2015, 432 Rn. 34 (Lafonta/AMF).

**91** GA Wathelet v. 18.12.2014, Rs. C-628/13 (Lafonta/AMF), BeckRS 2015, 80415 Rn. 49: „Aus den beim Gerichtshof eingereichten Akten geht hervor, dass es Finanzmechanismen gibt, die es unter

der Sache nach unverkennbar Bezug nimmt.[92] Zudem charakterisiert der EuGH die Insiderinformation in dem Lafonta-Urteil – wie in allen Urteilen seit Spector Photo Group[93] – als Arbitragemöglichkeit (Informationsvorteil).[94] Einen solchen Informationsvorteil hat derjenige, der die Information aus dem o.g. zweiten Beispiel kennt, nur im Hinblick auf Finanzderivate, die auf die E-Aktie bezogen sind, nicht aber im Hinblick auf die E-Aktie selbst.

**b) BGH**

Aussagen des BGH zum Begriff der Insiderinformation finden sich vor allem in seinem Geltl-Beschluss, in dem er die Vorgaben des EuGH umsetzt.[95] Eine nachhaltige Wirkung auf die Praxis, vor allem der Ad-hoc-Publizität, hatte zudem das IKB-Urteil, das nicht von dem II. Zivilsenat, sondern dem für Bankrecht zuständigen XI. Zivilsenat stammt. In diesem Urteil schreibt der BGH, der verständige Anleger berücksichtige „auch irrationale Reaktionen anderer Marktteilnehmer".[96]

Sprengstoff birgt diese Formulierung, weil sie wörtlich genommen zu einer vollständigen Entgrenzung des Kursrelevanzmerkmals führen würde – jedenfalls wenn man sie mit der extensiven Lesart des Lafonta-Urteils verbindet und das Merkmal der Kursrelevanz durch das der Kursvarianz ersetzt.[97] Irrational ist jede Reaktion, die nicht rational ist.[98] Nimmt man den BGH daher beim Wort, kann der verständige Anleger auf rationale Weise reagieren (schließlich ist er „verstän-

---

bestimmten Marktbedingungen einem Anleger ermöglichen, im Fall einer spürbaren Veränderung des Kurses eines Wertpapiers einen Gewinn unabhängig davon zu erzielen, in welche Richtung diese Veränderung erfolgt."

**92** Ebenso *Schröder* GPR 2015, 246, 247 f.; *Voß* BB 2015, 788; *Zetzsche* AG 2015, 381, 384 (der dennoch andere Schlussfolgerungen aus dem Urteil zieht).

**93** S. o. III)2)a)aa).

**94** EuGH v. 11.3.2015 – Rs. C-628/13, NZG 2015, 432 Rn. 25 (Lafonta/AMF): „Der EuGH hat entschieden, dass eine Insider-Information wegen ihres nicht öffentlich bekannten präzisen Charakters und ihrer Eignung, den Kurs der fraglichen Finanzinstrumente erheblich zu beeinflussen, dem Insider, der sie besitzt, einen Vorteil im Verhältnis zu allen anderen Marktteilnehmern verschafft, denen sie unbekannt ist" (mit Verweis auf die Spector-Entscheidung).

**95** S. dazu bereits o. III)2)a)bb)(3).

**96** BGHZ 192, 90 Rn. 44 (IKB) unter Verweis auf *Mennicke/Jakovou* in Fuchs, WpHG, 2009, § 13 Rn. 142, 149, die sich wiederum auf *Waldhausen*, Die ad-hoc-publizitätspflichtige Tatsache, 2002, S. 269 stützen.

**97** Dazu o. III)2)a)cc)(3) mwN in Fn. 89.

**98** Zu den Begriffen der Rationalität, Irrationalität, begrenzten Rationalität und Rationalität unter Beschränkungen *Klöhn* AG 2012, 345, 348.

dig"), aber auch *auf jede andere Weise*, da er auch irrationale Reaktionen anderer Marktteilnehmer berücksichtigt.

Dass der BGH so verstanden werden möchte, erscheint jedoch so gut wie ausgeschlossen. Vermutlich meint der BGH nur *vorhersehbare* irrationale Marktreaktionen.[99] Dies wirft jedoch zwei weitere Fragen auf: (1) Unter welchen Voraussetzungen ist eine irrationale Marktreaktion vorhersehbar? (2) Wie genau berücksichtigt der verständige Anleger vorhersehbare irrationale Marktreaktionen? Handelt er auf derselben Seite wie die *noise traders*[100] oder handelt er auf der Gegenseite, weil er davon ausgeht, dass der irrationale Preisausschlag nicht von Dauer sein wird? Leider gibt der BGH keine Hinweise, wie diese Fragen zu beantworten sind. Die Unsicherheit in der Praxis ist daher groß. Sie wird dadurch verstärkt, dass die BaFin in ihren FAQs zur MAR zumindest ursprünglich eine weite Interpretation sowohl des IKB-Urteils als auch der Lafonta-Entscheidung bevorzugte.[101]

## IV) Der verständige Anleger: irrational, kurzsichtig und spekulativ?

### 1) Frühe Stellungnahmen der Rechtsprechung

Damit ist zugleich die sowohl aus wissenschaftlicher als auch aus praktischer Perspektive bedeutsamste Frage der aktuellen insiderrechtlichen Diskussion angesprochen: Wie rational bzw. irrational ist der verständige Anleger? Die Diskussion ist für insiderrechtliche Verhältnisse schon relativ alt, aber erst in den letzten Jahren auch praktisch bedeutsam geworden. Schon das OLG Stuttgart meinte in seinem zweiten DaimlerChrysler-Beschluss, der verständige Anleger handele „rational" und treffe seine Entscheidung „im Unterschied zum spekulativen Anleger" auf verlässlicher tatsächlicher Informationsgrundlage.[102] Der XI. Zivilsenat entschied demgegenüber drei Jahre später in seinem IKB-Urteil, der

---

**99** So bereits die Interpretation von *Schmolke* ZBB 2012, 165, 172 f.; offen gelassen von *Klöhn* AG 2012, 345, 349 f. Für ein Beispiel einer zur Zeit der „Dot-Com-Manie" vorhersehbaren Überreaktion auf eine bestimmte Information (Hinzufügung des Zusatzes .com in die Firma): *Cooper/Dimitrov/Rau*, 56 J. Fin. 2371 (2001).

**100** Für ein Beispiel *Brunnermeier/Nagel* 59 J. Fin. 2013 (2004).

**101** Dazu sogleich.

**102** OLG Stuttgart NZG 2009, 624, 628 (DaimlerChrysler II). Zur Kritik und zum wahren Kern dieser Urteilspassage bereits *Klöhn* NZG 2011, 166, 168.

verständige Anleger müsse auch irrationale Reaktionen anderer Marktteilnehmer berücksichtigen.[103]

## 2) BaFin-FAQs (Stand: 20. 6. 2017)

Die BaFin schrieb in ihren FAQs zu Art. 17 MAR zunächst, dass es nach dem Lafonta-Urteil des EuGH für die Bejahung der Kursrelevanz ausreiche,

> „dass eine erhebliche Kursbeeinflussung erwartet werden könne, und zwar unabhängig davon, in welche Richtung diese gehe. Auch wenn daher aus Ex-ante-Sicht keine eindeutig positive oder negative Kursauswirkung prognostiziert werden konnte, weil sowohl negative als auch positive Effekte aus dem Umstand den Kurs tangieren, wird die Aufsicht das Vorliegen einer Insiderinformation auch dann bejahen, wenn zumindest ein erheblicher Kursausschlag zu erwarten war."[104]

Das Lafonta-Urteil habe daher zur Folge,

> „dass das Spektrum des verständigen Anlegers zumindest auch auf den spekulativ handelnden Anleger erweitert werden muss, der nur eine kurzfristige Kursbewegung ausnutzen will, für die auch unerheblich sein kann, in welche Richtung diese ausschlägt. Das Potential zur erheblichen Kursbeeinflussung sollte daher im Zweifel eher früher als später angenommen werden."[105]

In der Praxis sorgte diese Passage für eine gewisse Ratlosigkeit.[106] Erstens war unklar, wer genau mit dem „spekulativen Anleger" gemeint war. Der (irrationale) Anleger, den das OLG Stuttgart gerade vom verständigen Anleger abgegrenzt hatte? So weit wollte die BaFin vermutlich nicht gehen, denn sie bezog das Attribut „spekulativ" nicht auf die Rationalität des Anlegers, sondern auf den Zeithorizont seiner Investitionsentscheidung. Dieser Aspekt war aber bisher vollkommen außer Streit. Soweit ersichtlich hat noch niemand eine „Mindestanhaltedauer" für die erwartete Kursbewegung vorgeschlagen. Erforderlich und ausreichend war stets, dass die Insiderinformation einen Handelsanreiz

---

**103** BGHZ 192, 90 Rn. 44 (IKB); s. bereits o. III)2)b).

**104** BaFin, Art. 17 MAR – Veröffentlichung von Insiderinformationen (FAQs), Stand: 20.6.2017, sub. III.6.b).

**105** BaFin, Art. 17 MAR – Veröffentlichung von Insiderinformationen (FAQs), Stand: 20.6.2017, sub. III.6.b).

**106** Vgl. *Weißhaupt* NZG 2019, 175: „spukt der ‚spekulative Anleger' durch die Fachdiskussionen" (allerdings primär mit Bezug auf das IKB-Urteil).

schafft.[107] Dieser kann selbstverständlich auch bei sehr kurzfristig anhaltenden Preisbewegungen bestehen. Exakt dies hatte der EuGH in seinem IMC-Securities-Urteil festgestellt, das allerdings nicht zum Insiderhandels-, sondern zum Marktmanipulationsverbot der Marktmissbrauchs-RL 2003 erging. In Lafonta wird die Frage der Dauerhaftigkeit der zu erwartenden Preisbewegung jedenfalls nicht adressiert.[108]

Zweitens war unverständlich, wie genau der spekulative und gleichwohl verständige Anleger eine kurzfristige Kursbewegung ausnutzt, wenn er deren Richtung nicht vorhersehen kann. War hiermit schlicht gemeint, dass derjenige, der im Besitz einer Volatilitätsinformation ist, dieses Wissen durch den Kauf von *Derivaten* ausnutzt?[109] Auch dies wäre trivial und vollkommen auf der Linie der bisher anerkannten Grundsätze, denn für den Kurs des Derivats hat die Information über die höhere erwartete Volatilität eine eindeutige Implikation (der Kurs steigt).[110] Die eigentliche Frage, ob Kursrelevanz auch dann zu bejahen sein kann, *wenn die Information keinen Handelsanreiz schafft*, wurde in den FAQs nicht beantwortet.

Verständlich war daher eigentlich nur der letzte Satz dieser Passage, wonach das Kursbeeinflussungspotenzial in der Praxis „eher früher als später" angenommen werden sollte. Exakt dies spiegelte sich danach in zahlreichen Ad-hoc-Meldungen deutscher Emittenten wider, die offensichtlich von dem Bestreben geprägt waren, lieber zu früh als zu spät „an den Markt zu gehen".[111]

---

**107** Vor Geltung der MAR etwa BaFin Emittentenleitfaden, Stand: 15. Juli 2005, S. 33; dem folgend *Lösler* in Habersack/Mülbert/Schlitt, Kapitalmarktinf-HdB, 2. Aufl. 2013, § 2 Rn. 60; *Ritz* in Just/Voß/Ritz/Becker, WpHG, 2015, § 13 Rn. 131; *Teigelack* BB 2016, 1604, 1606; unter der MAR etwa *Hopt/Kumpan* in Schimansky/Bunte/Lwowski, BankR-HdB, 5. Aufl. 2017, § 107 Rn. 54; *Krause* in Meyer/Veil/Rönnau, Handbuch zum Marktmissbrauchsrecht, 2018, § 6 Rn. 121; wohl auch *Assmann* in Assmann/Schneider/Mülbert, Wertpapierhandelsrecht, 7. Aufl. 2019, Art. 7 MAR Rn. 82f.

**108** EuGH v. 11.3.2015 – Rs. C-628/13, NZG 2015, 432 Rn. 34–38 (Lafonta/AMF).

**109** S.o. III)2)a)cc)(2) (zweites Beispiel).

**110** S.o. III)2)a)cc)(3).

**111** Repräsentativ ist die Ad-hoc-Meldung der Volkswagen AG v. 10.4.2018: „Die Volkswagen Aktiengesellschaft erwägt eine Weiterentwicklung der Führungsstruktur für den Konzern, die auch mit personellen Veränderungen im Vorstand und mit Änderungen bei den Ressortzuständigkeiten im Vorstand verbunden wäre. Dazu könnte auch eine Veränderung im Amt des Vorstandsvorsitzenden gehören. Auf Grundlage dieser Überlegungen führt der Vorsitzende des Aufsichtsrats der Volkswagen Aktiengesellschaft derzeit Gespräche mit verschiedenen Mitgliedern des Aufsichtsrats und des Vorstands. Herr Matthias Müller hat seine grundsätzliche Bereitschaft signalisiert, an den Veränderungen mitzuwirken. Derzeit ist offen, ob die Erwägungen und Gespräche zu einer Weiterentwicklung der Führungsstruktur oder zu personellen Veränderungen im Vorstand der Volkswagen Aktiengesellschaft führen werden."

### 3) BaFin-FAQs (Stand 31.1.2019)

Am 31.1.2019 hat die BaFin die Passage überarbeitet.[112] Zwar heißt es weiterhin, dass bei der Kursrelevanzprüfung „grundsätzlich auch solche Informationen zu berücksichtigen (sind), die eine nur kurzfristige erhebliche Kursbewegung auslösen können, selbst wenn unklar ist, in welche Richtung der Kurs ausschlägt." Von einer Ausdehnung des Leitbilds des verständigen Anlegers auf den spekulativen Anleger ist jedoch keine Rede mehr. Stattdessen wird der verständige Anleger ausdrücklich als „rational" bezeichnet und vom spekulativen Anleger abgegrenzt.[113] Allerdings findet sich jetzt eine weitere Textstelle, die unausgesprochen auf das IKB-Urteil des BGH Bezug nimmt:

> „Insofern davon auszugehen ist, dass ein Anleger auf alle ihm vorliegenden Informationen – dies kann auch die Erwartung von irrationalem Anlegerverhalten beinhalten – reagiert, die er vollständig und umfassend im Hinblick auf ihre Kursrelevanz bewertet hat, handelt er stets rational."

Auch diese Ausführungen sind aus sich heraus nicht oder nur schwer verständlich. Soweit es um den Fragenkomplex „Richtung des Kursausschlags und Dauer der zu erwartenden Kursbeeinflussung" geht, gilt alles oben Gesagte entsprechend, denn insoweit hat sich zu den FAQs vom 20.6.2017 nichts geändert. Hinzugekommen ist möglicherweise sogar ein Widerspruch. Die BaFin schreibt seit dem 30.1.2019 nämlich ausdrücklich, der verständige Anleger berücksichtige Informationen nur,

> „wenn ein Kauf- oder Verkaufsanreiz gegeben ist und das Geschäft dem verständigen Anleger lohnend erscheint."[114]

Wenn dies aber so ist, dann genügt für die Kursrelevanz gerade nicht, dass die Information eine Bandbreite *möglicher Kursreaktionen* auslösen kann.[115] Ein

---

**112** Die überarbeitete Passage ist in der aktuellen Fassung der FAQs zu Art. 17 MAR vom 19.5. 2019 unverändert geblieben; vgl. https://www.bafin.de/SharedDocs/Downloads/DE/FAQ/dl_faq_mar_art_17_Ad-hoc.html (zuletzt abgerufen am 24.6.2019).

**113** BaFin FAQs zu Art. 17 MAR (Stand: 29.5.2019) sub. III.5.b): „Dies bedeutet aber nicht, dass der verständige Anleger sein Verhalten bei jedem Umstand oder Ereignis ausschließlich nach spekulativen Gesichtspunkten ausrichtet, sondern lediglich, dass er diesen Umstand, wie auch alle anderen, in seine Bewertung mit einfließen lässt, sofern er dies erwarten und abschätzen kann."

**114** BaFin FAQs zu Art. 17 MAR (Stand: 29.5.2019) sub. III.5.b).

**115** S.o. III)2)a)cc)(2).

Handelsanreiz setzt voraus, dass die *erwartete Kursauswirkung* – die notwendigerweise nur eine Richtung haben kann oder 0 beträgt – oberhalb der Erheblichkeitsschwelle liegt. Widerspruchsfrei werden die BaFin-Ausführungen daher nur, wenn man die Passage, der Anleger berücksichtige „auch solche Informationen (...), die eine nur kurzfristige erhebliche Kursbewegung auslösen können, selbst wenn unklar ist, in welche Richtung der Kurs ausschlägt", allein auf einen Anleger bezieht, der am Termin-, nicht aber am Spot-Markt investiert. Er hat allein aufgrund der höheren (oder niedrigeren) erwarteten Volatilität eines Finanzinstruments einen Anreiz zur Investition in die auf dieses Finanzinstrument bezogenen Derivate, nicht jedoch zur Investition in das Finanzinstrument selbst.

Die Ausführungen der BaFin zur Rationalität sind aus sich heraus nur schwer verständlich, weil die BaFin die entscheidende Frage offenlässt: *Auf welcher Seite handelt der verständige Anleger, der die irrationalen Reaktionen anderer Marktteilnehmer berücksichtigt?* Auf derselben Seite oder auf der Gegenseite? Wettet er mit oder gegen die *noise traders?* Ist er rational-fundamentalwertorientiert oder rational-stimmungsorientiert?[116] Insoweit erweist sich der Hinweis der BaFin auf den Zeithorizont des verständigen Anlegers als hilfreich für das Verständnis: Da der Anleger auch kurzfristige Preisbewegungen ausnutzt, handelt er offenbar zunächst auf *derselben Seite* wie die irrationalen Händler. Kombiniert man die Stellungnahme der BaFin zur Berücksichtigung irrationaler Reaktionen anderer Marktteilnehmer mit dem ausdrücklichen Festhalten an dem Erfordernis des Handelsanreizes (s. o.), dürfte die Ansicht der BaFin so zu verstehen sein, dass der verständige Anleger vorhersehbare Kursreaktionen aufgrund irrationalen Anlegerverhaltens berücksichtigt, indem er auf derselben Seite handelt, und zwar selbst dann, wenn diese Auswirkungen sehr kurzfristig sind.[117]

## 4) Der richtige Maßstab: der rationale, fundamentalwertorientierte Anleger

Richtig ist diese Sichtweise nicht. Es ist hier nicht der Ort, sämtliche Argumente zu entfalten, die gegen die Berücksichtigung irrationaler Reaktionen anderer Marktteilnehmer bei der Kursrelevanzprüfung sprechen.[118] Zwei Hinweise müs-

116 Vgl. dazu *Harris*, Trading & Exchanges, 2002, S. 251ff.

117 In diesem Sinne bereits *Schmolke* ZBB 2012, 165, 172f., der durch die Einbeziehung irrationaler Reaktionen anderer Marktteilnehmer nicht die Rationalität der Modelfigur des verständigen Anlegers in Zweifel gezogen sieht.

118 Insoweit sei verwiesen auf *Klöhn* ZHR 177 (2013), 349, 380ff.; *Klöhn*, MAR, 2018, Art. 7 Rn. 284ff.

sen genügen: Erstens wird der verständige Anleger, der irrationale Reaktionen anderer Marktteilnehmer berücksichtigt und dann auf derselben Seite handelt, selbst zu einem irrationalen Marktteilnehmer; zumindest – und das ist entscheidend – verhält er sich so. Genau dies wollte der europäische Gesetzgeber nicht. Der Maßstab ist nicht, ob *tatsächlich* eine Marktreaktion zu erwarten ist, sondern welche Reaktion von einem *verständigen* Anleger zu erwarten ist. Die BaFin nimmt dem Gesetz daher einen Teil seiner ordnenden Wirkung. Es mag sein, dass ein Anleger, der vorhersehbare irrationale Reaktionen anderer antezipiert, „rational" im Sinne von „clever" oder „bauernschlau" ist. Dies ist aber nicht die Rationalität, die der europäische Gesetzgeber in Art. 7 Abs. 4 MAR meinte.

Zweitens führt die Sichtweise der BaFin jedenfalls im Bereich der Ad-hoc-Publizität zu offensichtlich falschen Ergebnissen: Will die BaFin den Emittenten wirklich zur Veröffentlichung von Informationen verpflichten, die allein aufgrund irrationaler Marktreaktionen zu einer kurzfristigen Kursveränderung führt? Dies widerspräche dem Zweck der Ad-hoc-Publizität geradezu diametral. Solche Meldungen würden nicht für genauere, sondern für ungenauere Preise sorgen. Sie würden das Vertrauen in den Markt nicht fördern, sondern untergraben.

Soweit es um die Insiderverbote geht, scheint die Ansicht der BaFin auf den ersten Blick ins Schwarze zu treffen. Über eine Arbitragemöglichkeit verfügt auch derjenige, der weiß, dass Kurse aufgrund des irrationalen Verhaltens anderer Marktteilnehmer reagieren werden. Betrachtet man die Fälle genauer, erkennt man jedoch, dass die Insiderverbote in einer solchen Konstellation nicht eingreifen müssen, weil rationale Informationshändler nicht auf derselben Seite wie *noise traders* handeln, sondern auf der Gegenseite. Es ist ihnen einerlei, ob sie Wetten gegen *noise traders* oder gegen Insider schließen, die das Handeln von *noise traders* vorwegnehmen.[119] Um es noch deutlicher zu sagen: Da rationale Informationshändler Rauschen im Markt als solches erkennen, verlieren sie gerade kein Geld an Insider – insbesondere dann, wenn der erwartete Kursausschlag nur von geringer Dauer ist. Die Verlierer des Insiderhandels sind die *noise traders*, deren Handel vorweggenommen wird. Sie will das europäische Insiderrecht aber nicht schützen.

Es bleibt also dabei: Der verständige Anleger ist ein rationaler Marktteilnehmer, der seine Anlageentscheidung allein am Fundamentalwert des jeweiligen Finanzinstruments ausrichtet. Er kauft, wenn er weiß, dass das Finanzinstrument unterbewertet ist. Er verkauft, wenn er weiß, dass es überbewertet ist.

---

**119** Näher *Klöhn* ZHR 177 (2013), 349, 381 f.; *Klöhn*, MAR, 2018, Art. 7 Rn. 287.

## V) Fazit – Lehren für die nächsten 25 Jahre

Welche Lektionen können Gesetzgeber, Aufsicht und Rechtsprechung, Wissenschaft und Praxis aus der bisherigen Entwicklung für die nächsten 25 Jahre lernen? Aus Sicht des Verfassers sind es vor allem die Folgenden:

1. Die Entwicklungsgeschichte des Rechtsbegriffs der Insiderinformation zeigt, wie stark die juristische Diskussion von der Rechtsprechungspraxis beeinflusst wird. Der vielzitierte Satz *Alexander Hamiltons*, wonach Gesetze toter Buchstabe sind, bis Gerichte ihren wahren Inhalt und ihre Bedeutung erhellen,[120] trifft hier ganz besonders gut zu. In den Jahren des Geltl-Instanzenzuges kreiste die Diskussion primär um die gestreckten Geschehensverläufe, danach im Zuge von Lafonta um Volatilitätsinformationen und aktuell aufgrund des VW-Falls um Insiderinformationen über Fehlverhalten des Emittenten[121].

2. Obwohl die Rechtsprechung die Fokalpunkte der Diskussion setzt, hat sie bisher wenig zur inhaltlichen Orientierung bei der Lösung künftiger Fälle beigetragen. Die Aussage des EuGH in Geltl, der Eintritt eines Ereignisses sei vernünftigerweise zu erwarten, wenn er „tatsächlich zu erwarten" sei, ist entweder naiv oder ängstlich. Die Ausführungen des Lafonta-Urteils zu den Überlegungen, die ein verständiger Anleger anstelle, sind bestenfalls kryptisch, schlimmstenfalls irreführend. Der Hinweis des BGH in IKB, der verständige Anleger berücksichtige auch irrationale Reaktionen anderer Marktteilnehmer, war gut gemeint, hatte aber etwas Zauberlehrlinghaftes, wobei die Geister, die der XI. Senat rief, ihr Unwesen nicht in Karlsruhe, sondern vorwiegend in Frankfurt, Düsseldorf, München und Hamburg treiben. Kaum etwas anderes lässt sich über die ESMA und die BaFin sagen, die freilich schon aus strategischen Gründen kaum einen Anreiz haben, sich bei der Auslegung des Rechts festzulegen.

3. Es ist daher Aufgabe der Rechtswissenschaft, die Grundlagen des Art. 7 MAR, vor allem diejenigen der Kursrelevanzprüfung, herauszuarbeiten und ihre Erkenntnisse in auslegungsfähige Regeln zu übersetzen, damit Rechtsprechung, Aufsicht und Beratungspraxis sie übernehmen können.[122]

---

**120** The Federalist Papers No. 22 (December 14, 1787): „Laws are a dead letter without courts to expound and define their true meaning and operation".

**121** Dazu etwa *Thelen* ZHR 182 (2018), 62, 69 ff.; *Wilken/Hagemann* BB 2016, 67; zu Fragen der Selbstbefreiung von der Ad-hoc-Publizität *Klöhn/Schmolke* ZGR 2016, 866; *Mülbert/Sajnovits* WM 2017, 2001; *Mülbert/Sajnovits* WM 2017, 2041; zur Ad-hoc-Publizität bei Corporate-Governance-Mängeln allgemein bereits *Klöhn* ZIP 2015, 1145.

**122** Grundlegend zu dieser Idee des „dogmatischen Erdens" *Fleischer* ZGR 2007, 500, 501 f.

4. Unübersehbar ist jedoch, dass der bisherige Diskurs von erheblichen Kommunikationsschwierigkeiten geprägt war. Das OLG Stuttgart meinte mit dem „spekulativen Anleger" vermutlich etwas anderes als die BaFin. Definiert wird das Konzept weder von dem einen noch von der anderen. Was der BGH in seinem IKB-Urteil mit irrationalen Reaktionen anderer Marktteilnehmer meint, bleibt ebenfalls dunkel. Das Lafonta-Urteil wird in Deutschland sehr unterschiedlich verstanden. Nach dem Geltl-Urteil des EuGH durfte man mit guten Gründen bezweifeln, dass die Luxemburger Richter die erste Vorlagefrage des BGH verstanden hatten.[123]

5. Aus Sicht des Verfassers ist daher unerlässlich, dass sich deutsche Juristinnen und Juristen noch stärker als bisher den ökonomischen Grundlagen des Insiderrechts öffnen, insbesondere in den Bereichen *asset pricing*, Portfoliotheorie und Marktmikrostruktur.[124] Die ökonomische Finanzmarkttheorie stellt eine Sprache zur Verfügung, welche die Diskussion über den Begriff der Insiderinformation rationalisieren, vereinfachen und vereinheitlichen kann.[125] Wer sich diesen Erkenntnissen versperrt, erweist dem Diskurs einen Bärendienst, denn im Kapitalmarktrecht sind Institutionen, die einer ökonomischen Herz- und Nierenprüfung nicht standhalten, zum Scheitern verurteilt.[126] Ins Positive gewendet bieten diese Erkenntnisse die Gewähr dafür, dass die deutsche Kapitalmarktrechtswissenschaft und -praxis auch in den nächsten 25 Jahren den Anschluss an die internationale Diskussion nicht verliert. Das ist ihr zu wünschen!

---

**123** So *Bachmann* DB 2012, 2206, 2209.

**124** Der Verfasser hat versucht, diese Grundlagen komprimiert und in einer für Juristen zugänglichen Art und Weise darzustellen; vgl. *Klöhn*, MAR, 2018, Vor Art. 7 Rn. 72–129; die empirische Forschung zum Insiderrecht wird in Rn. 130–143 aufbereitet.

**125** Allgemein zu diesen Funktionen der Rechtsökonomik etwa *Eidenmüller*, Effizienz als Rechtsprinzip, 1995, S. 6; *Fleischer*, Informationsasymmetrie im Vertragsrecht, 2001, S. 9 f.; *Klöhn* AcP 216 (2016), 281, 283.

**126** Allg. dazu *Fleischer* ZGR 2007, 500, 503.

Katja Langenbucher

# Das insiderrechtliche Handelsverbot – Zur Geschichte eines Verbotstatbestands und zur Kodifikation von Rechtsprechung

„Insidergeschäfte [...] verhindern vollständige und ordnungsgemäße Markttransparenz“,[1] ihr „wesentliches Merkmal ist ein ungerechtfertigter Vorteil, der mittels Insiderinformationen zum Nachteil Dritter erzielt wird, die diese Informationen nicht kennen, und infolgedessen in der Untergrabung der Integrität der Finanzmärkte und des Vertrauens der Investoren.“[2]

Dieser uns heute als selbstverständlich anmutende Erwägungsgrund der MAR zählt im deutschen Recht keineswegs zu den etablierten Grundsätzen des Kapitalmarktrechts. Bis zum Inkrafttreten der ersten Insiderrichtlinie[3] aus dem Jahr 1989 vertraute man in Deutschland auf unterschiedliche Formen der Selbstregulierung beteiligter Kreise,[4] die sich freilich mit Blick auf die von internationalen Standards abweichende Kapitalmarktkultur und ineffiziente *enforcement* Instrumente als weitgehend wirkungslos erwiesen.[5] Mahnend findet sich deshalb in der 1. Insiderrichtlinie der Hinweis:

„In einigen Mitgliedstaaten gibt es keine Vorschriften, die die Insider-Geschäfte untersagen“.[6]

---

**1** Erwägungsgrund (7) der Verordnung (EU) Nr. 596/2014 des Europäischen Parlaments und des Rates vom 16. April 2014 über Marktmissbrauch (Marktmissbrauchsverordnung) zur Aufhebung der Richtlinie 2003/6/EG des Europäischen Parlaments und des Rates und der Richtlinien 2003/124/EG, 2003/125/EG und 2004/72/EG der Kommission (im Folgenden: MAR).

**2** Erwägungsgrund (23) MAR.

**3** Richtlinie 89/592/EWG des Rates vom 13. November 1989 zur Koordinierung der Vorschriften betreffend Insider-Geschäfte ABl vom 18.11.1989 L 334/30 (im Folgenden: 1. Insiderrichtlinie).

**4** Anders in Frankreich und Großbritannien, *Hopt* ZGR 1991, 17, 52ff.; eingehend *ders.* Europäisches Insiderrecht, 1973, S. 90ff.; *Klöhn* MMVO Art. 14 Rn. 22ff.; *Veil* in Veil, Europäisches Kapitalmarktrecht, 2014, S. 195, 198ff.; eingehend außerdem *Assmann* in Assmann/Schneider/Mülbert, Vor Art. 7 Verordnung Nr. 596/2014 Rn. 3ff.

**5** *Veil* in Meyer/Veil/Rönnau, Handbuch zum Marktmissbrauchsrecht, 2018, § 1 Rn. 2ff.; *ders* in Veil, Europäisches Kapitalmarktrecht, 2014, S. 188ff.

**6** 1. Insiderrichtlinie ABl vom 18.11.1989 L 334/30 re. Sp.

https://doi.org/10.1515/9783110632323-027

# I. § 14 WpHG in der Fassung durch das Zweite Finanzmarktförderungsgesetz[7]

Erst durch das Zweite Finanzmarktförderungsgesetz im Jahre 1994 wurde das insiderrechtliche Handelsverbot in § 14 WpHG a. F. kodifiziert. Die Vorschrift trennt zwischen Primär- und Sekundärinsidern. Für Primärinsider sind Erwerb und Veräußerung (§ 14 Abs. 1 Nr. 1 WpHG a. F.), Mitteilung oder Zugänglichmachen (§ 14 Abs. 1 Nr. 2 WpHG a. F.) sowie Empfehlungen (§ 14 Abs. 1 Nr. 3 WpHG a. F.) verboten. Sekundärinsider trifft nur das Erwerbs- und Veräußerungsverbot (§ 14 Abs. 2 WpHG a. F.).

## 1. Die Unterscheidung von Primär- und Sekundärinsidern

Wer Primärinsider ist, regelt, auf der Grundlage von Art. 2, 3 der 1. Insiderrichtlinie, § 13 Abs. 1 WpHG a. F. Die Vorschrift setzt zweierlei voraus, nämlich *erstens* die Zugehörigkeit zu einem bestimmten Personenkreis und *zweitens* die Kenntnis von einer Insidertatsache.

Primärinsider kann gemäß § 13 Abs. 1 Nr. 1–3 WpHG a. F. nur sein, wer aufgrund seiner Stellung Kenntnis von einer Insidertatsache erlangt hat. Hierunter fallen Mitglieder des Geschäftsführungs- oder Aufsichtsorgans oder persönlich haftende Gesellschafter des Emittenten oder eines mit dem Emittenten verbundenen Unternehmens (Nr. 1), Aktionäre des Emittenten oder eines mit diesem verbundenen Unternehmens (Nr. 2) oder Personen, die bestimmungsgemäß aufgrund ihres Berufs oder ihrer Tätigkeit Kenntnis erlangt haben (Nr. 3). Die Vorschrift setzt Art. 2 Abs. 1 der 1. Insiderrichtlinie um.

Sekundärinsider sind alle Personen, die ohne zu diesem Kreis zu gehören, Kenntnis von einer Insidertatsache haben, § 14 Abs. 2 WpHG a. F. Umgesetzt wird hiermit Art. 4 der 1. Insiderrichtlinie, dessen Formulierung freilich vage und weniger griffig ist: Sekundärinsider ist nach der Richtlinienbestimmung wer „in Kenntnis der Sache über eine Insider-Information“ verfügt, „die unmittelbar oder mittelbar nur von einer in Artikel 2 genannten Person stammen kann“.

7 Gesetz über den Wertpapierhandel und zur Änderung börsenrechtlicher und wertpapierrechtlicher Vorschriften „Zweites Finanzmarktförderungsgesetz“ vom 26. Juli 1994, BGBl. 1994, Teil I, 1749 ff.

### 2. Das Erwerbs- und Veräußerungsverbot

Erwerb und Veräußerung eines Insiderpapiers ist Primär- und Sekundärinsidern gleichermaßen verboten. Unerheblich ist dabei, ob das Geschäft für eigene oder fremde Rechnung oder für einen anderen erfolgt, § 14 Abs. 1 Nr. 1 WpHG a. F., Art. 2 Abs. 1 der 1. Insiderrichtlinie. Zentral ist ein anderes Tatbestandsmerkmal: Verboten ist ein Geschäft nur dann, wenn es „unter Ausnutzung" der Kenntnis von einer Insidertatsache erfolgt. Die in den Folgejahren zu beobachtende schleppende Durchsetzung des Insiderhandelsverbots hatte ihren Grund unter anderem in dieser subjektiven Formulierung. Aufsichtsbehörden sahen sich nämlich mit der besonderen Schwierigkeit konfrontiert, die vorsätzliche Verknüpfung der Insiderinformation mit der erfolgten Transaktion nachzuweisen.[8]

### 3. Das Mitteilungs- und Empfehlungsverbot

Nur Primärinsidern sind weitere Handlungen verboten. Das betrifft die Mitteilung einer Insidertatsache gegenüber einem anderen (§ 14 Abs. 1 Nr. 2 WpHG a. F.), das Zugänglichmachen einer Insidertatsache (§ 14 Abs. 1 Nr. 2 WpHG a. F.) sowie die Empfehlung des Erwerbs oder der Veräußerung von Insiderpapieren (§ 14 Abs. 1 Nr. 3 WpHG a. F.). Letzteres setzt wieder voraus, dass die Empfehlung auf der Grundlage der Kenntnis des Primärinsiders von einer Insidertatsache erfolgt. Die Norm setzt Art. 3 der 1. Insiderrichtlinie um. Die im WpHG angesprochene „Mitteilung" und das „Zugänglichmachen" fasst die Richtlinie unter den Begriff „weitergeben", Art. 3a der 1. Insiderrichtlinie. Ausdrücklich stellt die Richtlinie klar, dass das Verbot nicht eingreift, soweit die Weitergabe in Ausübung der Arbeit oder des Berufes oder in Erfüllung der Aufgaben des Insiders geschieht, Art. 3a der 1. Insiderrichtlinie.

## II. § 14 WpHG in der Fassung durch das Anlegerschutzverbesserungsgesetz[9]

Im Gefolge der 2. Insiderrichtlinie[10] wurde § 14 WpHG im Jahre 2004 neu gefasst.

8 *Langenbucher* Capital Markets Law Journal 2010, 452, 454.
9 Gesetz zur Verbesserung des Anlegerschutzes (Anlegerschutzverbesserungsgesetz AnSVG) vom 28. Oktober 2004, BGBl 2004, Teil I Nr. 56 vom 29. Oktober 2004.

## 1. Die Unterscheidung von Primär- und Sekundärinsidern

Die Differenzierung zwischen Primär- und Sekundärinsidern findet sich im Tatbestand des § 14 Abs. 1 WpHG a. F. nicht mehr. Erwerb und Veräußerung, Mitteilung und Empfehlung sind deshalb für Primär- und für Sekundärinsider verboten.

Vorgezeichnet ist das in Art. 4 der 2. Insiderrichtlinie. Die Vorschrift dehnt die Insiderhandelsverbote über Primärinsider hinaus auf alle diejenigen Personen aus, die über Insiderinformationen verfügen, sofern sie wussten oder hätten wissen müssen, dass es sich um Insiderinformationen handelt. Dem entspricht es, wenn das deutsche Recht bei der Sanktionierung eines Verstoßes differenziert: Erwerb und Veräußerung sind gemäß §§ 14 Abs. 1 Nr. 1, 38 Abs. 1 Nr. 1 WpHG a. F. für Primär- und für Sekundärinsider gleichermaßen strafbar. Erfasst ist vorsätzliches und gemäß § 38 Abs. 4 WpHG a. F. auch leichtfertiges Handeln. Der Versuch ist strafbar, § 38 Abs. 3 WpHG a. F.

Ein Verstoß gegen die Mitteilungs- und Empfehlungsverbote ist hingegen nur für Primärinsider strafbar, §§ 14 Abs. 1 Nr. 2, 3, 38 Abs. 1 Nr. 2, Abs. 4, 39 Abs. 2 Nr. 3, 4 WpHG a. F. Der Versuch ist ebenfalls erfasst, § 38 Abs. 3 WpHG a. F. Als Primärinsider im Sinne des § 38 Abs. 1 Nr. 2 WpHG a. F. zählt der bereits in der Vorgängernorm des § 14 WpHG in der Fassung des Zweiten Finanzmarktförderungsgesetzes bestimmte Personenkreis. Hinzu kommen Personen, die aufgrund der Vorbereitung oder Begehung einer Straftat über eine Insiderinformation verfügen, § 38 Abs. 1 Nr. 2d WpHG a. F.; das ist durch Art. 2 Abs. 1 S. 2d der 2. Insiderrichtlinie vorgegeben. Dass nur vorsätzliches Handeln strafbar ist, stellt § 38 Abs. 1 Nr. 2 WpHG a. F. klar. Der leichtfertige Verstoß eines Primärinsiders gegen Mitteilungs- und Empfehlungsverbote wird als Ordnungswidrigkeit geahndet, § 39 Abs. 2 Nr. 3, 4 WpHG a. F.

Verstoßen Sekundärinsider gegen die Mitteilungs- und Empfehlungsverbote begehen sie eine Ordnungswidrigkeit gemäß § 39 Abs. 2 Nr. 3, 4 WpHG a. F., wenn vorsätzlich oder leichtfertig gehandelt wird, § 39 Abs. 2 WpHG a. F.[11]

---

**10** Richtlinie 2003/6/EG des Europäischen Parlaments und des Rates vom 28. Januar 2003 über Insider-Geschäfte und Marktmanipulation (Marktmissbrauch) ABl vom 12.4.2003 L96/16 (im Folgenden: 2. Insiderrichtlinie).

**11** *Langenbucher* Aktien- und Kapitalmarktrecht, 1. Aufl. 2008, § 15 Rn. 90 ff.

## 2. Das Erwerbs- und Veräußerungsverbot und *Spector Photo Group*

Vergleicht man das Erwerbs- und Veräußerungsverbot des § 14 Abs. 1 Nr. 1 WpHG in der Fassung des AnSVG mit der Vorgängernorm, unterscheidet es sich mit Blick auf die Verknüpfung zwischen der erhaltenen Insiderinformation und der Vornahme der Transaktion. War bislang die „Ausnutzung der Kenntnis von einer Insidertatsache" erforderlich (und von Art. 2 der 1. Insiderrichtlinie vorgezeichnet), wird in der Fassung durch das AnSVG die „Verwendung einer Insiderinformation" verlangt. Der Richtlinientext spricht statt von „Verwendung" von der „Nutzung" einer Insiderinformation, Art. 2 Abs. 1 der 2. Insiderrichtlinie. Erwägungsgrund (18), der freilich noch von „Ausnutzung" spricht, macht deutlich, dass ein subjektives Element nicht mehr erforderlich ist. Erfüllt sei der Tatbestand bereits dann, wenn eine relevante Transaktion vorliege und der Insider wusste oder hätte wissen müssen, dass es sich um eine Insiderinformation handelt, Erwägungsgrund (18) S. 1. Ein finales Element der *Aus*nutzung gerade dieser Information ist nicht mehr erforderlich.

Die Interpretation des neu formulierten Begriffs der „Nutzung" stand im Zentrum der Entscheidung des EuGH in *Spector Photo Group.*[12] *Spector* ist eine börsennotierte belgische Gesellschaft. Zur Durchführung eines Aktienoptionsprogramms kaufte die Gesellschaft in verschiedenen Tranchen eigene Aktien am Markt zurück. Misstrauen der Behörden weckte insbesondere der letzte Rückkauf am 13. August 2003 zu einem durchschnittlichen Kaufpreis von €9,97. Am 21. August veröffentlichte die Gesellschaft nämlich positive Daten, sodass der Kurs stieg und jedenfalls zu Jahresende € 12,50 erreicht hatte. Weil der Rückkauf mit Blick auf Preislimits und Anzahl der Aktien kurzfristig geändert und außerdem besonders eilig durchgeführt wurde, ging die Behörde davon aus, dass in Kenntnis der bevorstehenden positiven Nachrichten ein Preisanstieg für den Aktienrückkauf verhindert werden sollte. Die Gesellschaft wehrte sich mit dem Argument, die Behörde habe die Kausalität zwischen der Veröffentlichung positiver Daten und der Transaktion nicht nachgewiesen.

Das vorlegende Gericht wollte geklärt wissen, ob allein die Vornahme einer relevanten Transaktion durch einen Insider eine „Nutzung" von Insiderinformationen darstellt, oder ob die Behörde bewusstes „Nutzen" der Information nachzuweisen hat.[13] Der EuGH verwies auf den Wortlaut von Art. 2 der 2. Insiderrichtlinie, der keine subjektiven Anforderungen festschreibe, sondern aus-

**12** EuGH C-45/08 vom 23. Dezember 2009 ECLI:EU:C:2009:806 (im Folgenden: *Spector*).
**13** *Spector* Rn. 30.

schließlich auf einen bestimmten Personenkreis und bestimmte Handlungen Bezug nehme.[14] Gerade umgekehrt sei es Anliegen des Richtliniengebers gewesen, *enforcement* Lücken der 1. Insiderrichtlinie, die ein „Ausnutzen" verlangt habe, zu schließen.[15] Jedenfalls Primärinsider, so die Argumentation des Gerichts, hätten jederzeit Zugang zu Insiderinformationen und seien sich gleichsam notwendig des vertraulichen Charakters der ihnen gegebenen Informationen bewusst. Ein Element der „Finalität oder Vorsätzlichkeit"[16] enthalte die Richtlinie deshalb nicht, gerade umgekehrt sei der Begriff „in Kenntnis der Sache" aus dem Richtlinienvorschlag gestrichen worden.[17]

Ein dahingehendes subjektives Merkmal sei deshalb zu vermuten, wenn die übrigen Tatbestandsmerkmale erfüllt sind.[18] Hierfür spreche das Vertrauensverhältnis zwischen Primärinsider und Emittent. Jede Markttransaktion, so das Gericht, sei im Übrigen „das Resultat einer Kette von Entscheidungen, die sich in einen komplexen Kontext einfügt", dass der Handelnde sich dessen nicht bewusst sein könnte, sei grundsätzlich auszuschließen.[19] Mit Blick auf durchsetzungsstarke *enforcement* Verfahren könne das Insiderhandelsverbot nicht vom Nachweis eines subjektiven Tatbestandsmerkmals abhängen.[20] Sind deshalb die objektiven Tatbestandsmerkmale erfüllt, so die Schlussfolgerung, kann Vorsatz vermutet werden.[21]

Dass die Vermutung vorsätzlichen Handelns gravierende Bedenken mit Blick auf Grundrechte bzw. europäische Menschenrechte aufzuwerfen geeignet ist, blieb dem Gericht nicht verborgen. Der Grundsatz der Unschuldsvermutung sei aber gewahrt, solange die Vermutung widerleglich und die Verteidigungsrechte gewahrt seien.[22]

Auch ein Automatismus zwischen der Erfüllung objektiver Tatbestandsmerkmale und der Verwirklichung des Verbotstatbestandes ergebe sich hieraus nicht.[23] Vielmehr seien Handlungen, welche dem Telos des Insiderhandelsverbots zuwiderliefen von solchen zu trennen, bei denen dies nicht der Fall sei. Entscheidend für diese Frage sei, ob sich der Insider durch seine Transaktion einen

---

**14** *Spector* Rn. 31 f.
**15** *Spector* Rn. 33; *Klöhn* ECFR 2010, 347; *Langenbucher* Capital Markets Law Journal 2010, 452, 454; *dies./Brenner/Gellings* BKR 2010, 133.
**16** *Spector* Rn. 35.
**17** *Spector* Rn. 34.
**18** *Spector* Rn. 36.
**19** *Spector* Rn. 36.
**20** *Spector* Rn. 37.
**21** *Spector* Rn. 38; kritisch: *Langenbucher* Capital Markets Law Journal 2010, 452, 457 ff.
**22** *Spector* Rn. 44; kritisch: *Langenbucher* Capital Markets Law Journal 2010, 452, 459 f.
**23** *Spector* Rn. 45.

ungerechtfertigten Vorteil gegenüber dem Markt verschafft.[24] Ob die dadurch entstehende Rechtsunsicherheit sich tatsächlich mit dem Grundsatz *nulla poena sine lege stricta* vereinbaren lässt, bleibt zweifelhaft.[25]

### 3. Das Mitteilungs- und Empfehlungsverbot

Geringer fällt der Eingriff in den Normtext des § 14 Abs. 1 Nr. 2, 3 WpHG a. F. aus. Mitteilen und Zugänglichmachen bleiben als tatbestandlich relevante Handlungen in Nr. 2 erfasst. Das Empfehlungsverbot wird ausgedehnt und erfasst in der Neufassung auch die Verleitung auf sonstige Weise. Wiederum werden Handlungen ausgenommen, die Insider im normalen Rahmen der Ausübung ihrer Arbeit oder ihres Berufes oder der Erfüllung ihrer Aufgaben vornehmen, Art. 3a der 2. Insiderrichtlinie.

## III. Art. 14 MAR

Systematisch und inhaltlich neu geordnet findet sich das Insiderhandelsverbot heute in Art. 14 MAR. Der Erwerbs- und Veräußerungstatbestand wird um die Tatbestandsalternative der Stornierung erweitert. Aus der Verleitung (Art. 3 der 2. Insiderrichtlinie, § 14 Abs. 1 Nr. 3 WpHG a. F.) wird die Anstiftung und anstelle von Mitteilung (§ 14 WpHG a. F.) oder Weitergabe (Art. 3 der 2. Insiderrichtlinie) wird künftig von Offenlegung gesprochen. Eigens geregelt werden außerdem die legitimen Handlungen, Art. 9 MAR,[26] und die Marktsondierungen, Art. 11 MAR.

### 1. Die Unterscheidung von Primär- und Sekundärinsidern

Art. 8 Abs. 4 S. 2 MAR differenziert zwischen Primärinsidern, für die nicht auf Kenntnis oder Kennenmüssen rekurriert wird (S. 1), und Sekundärinsidern, deren Eigenschaft davon abhängig gemacht wird, ob sie wussten oder hätten wissen müssen,[27] dass es sich um Insiderinformationen handelt (S. 2).[28] Das entspricht

---

24 *Spector* Rn. 53.

25 Eingehend *Langenbucher* Capital Markets Law Journal 2010, 452, 459 ff.

26 *Langenbucher* Aktien- und Kapitalmarktrecht, 4. Aufl. 2018, § 15 Rn. 60 ff.

27 Das wird zu Recht als einfache Fahrlässigkeit interpretiert, *Klöhn* MMVO Art. 8 Rn. 34; *Veil* in Meyer/Veil/Rönnau, Handbuch zum Marktmissbrauchsrecht, 2018, § 7 Rn. 22; a. A. (grobe Fahrlässigkeit): GK-*Grundmann* Rn. 376.

Art. 4 der 2. Insiderrichtlinie. Erwägungsgrund (26) scheint nun allerdings genau diese Differenzierung auszuschließen. Dort wird unterschiedslos das Ausführen eines Insidergeschäfts von einer Person angesprochen, die „weiß oder wissen müsste, dass die Informationen Insiderinformationen sind“. Den naheliegenden *e contrario* Schluss aus Art. 8 Abs. 4 S. 2 MAR, wonach bei Primärinsidern die in Art. 8 Abs. 4 S. 1 MAR genannte Qualifikation genügt, scheint Erwägungsgrund (26) auszuschließen. Ob es sich hierbei um ein gesetzgeberisches Versehen handelt, wird in der Literatur noch nicht diskutiert. Die überwiegende Meinung geht davon aus, dass (nur) für Sekundärinsider die Kenntnis oder das Kennenmüssen von der Qualifikation als Insidertatsache relevant ist, umgekehrt also für Primärinsider keine Kenntnis erforderlich ist.[29]

Trotz der häufig strafrechtlichen Sanktion soll dabei nach S. 2 von dem ausgegangen werden, was eine „normale, vernünftige Person unter den gegebenen Umständen wusste oder hätte wissen müssen“. Im Normtext des Art. 8 MAR findet sich diese Qualifikation ausdrücklich nur in Abs. 3, wenn eine Empfehlung in die Tat umgesetzt wird oder eine Anstiftung erfolgreich ist.

## 2. Das Tätigen von Insidergeschäften

### a) Die erfassten Transaktionen

Die Erwerbs- und Veräußerungsverbote[30] zählen gemäß Art. 8 Abs. 1 S. 1, 14a MAR zum Tatbestand des „Tätigens“ eines verbotenen Insidergeschäfts. Art. 8 Abs. 1 S. 2 MAR kodifiziert die Tatbestandsvariante des Stornierens oder Änderns eines Auftrags in Bezug auf ein Finanzinstrument, auf welches sich die Insiderinformation bezieht. Voraussetzung hierfür ist, dass der Auftrag, der storniert oder geändert wird, vor Erlangen der Insiderinformation erteilt wurde. Unter die rele-

28 *Assmann* in Assmann/Schneider/Mülbert, Art. 8 Verordnung Nr. 596/2014 Rn. 9, 17 ff.; *Langenbucher,* Aktien- und Kapitalmarktrecht, 4. Aufl. 2018, § 15 Rn. 68; *Veil* in Meyer/Veil/Rönnau, Handbuch zum Marktmissbrauchsrecht, 2018, § 7 Rn. 16 ff.

29 *Klöhn* MMVO Art. 8 Rn. 30; *ders.* in Langenbucher, Europäisches Privat- und Wirtschaftsrecht, 2017, § 6 Rn. 105; *Veil* in Meyer/Veil/Rönnau, Handbuch zum Marktmissbrauchsrecht, 2018, § 7 Rn. 22; *Zetzsche* in Gebauer/Teichmann, EnzEuR, Band 6: Europäisches Privat- und Unternehmensrecht, 2016, § 7 Rn. 129; anders aber *Assmann* in Assmann/Schneider/Mülbert, Art. 8 Verordnung Nr. 596/2014 Rn. 10; noch anders aber GK-*Grundmann* Rn. 276, 363 (Beweislastumkehr).

30 Eingehend *Assmann* in Assmann/Schneider/Mülbert, Art. 8 Verordnung Nr. 596/2014 Rn. 6 ff.; *Klöhn* MMVO Art. 8 Rn. 47 ff.; *Veil* in Meyer/Veil/Rönnau, Handbuch zum Marktmissbrauchsrecht, 2018, § 7 Rn. 26 ff.

vanten Transaktionen fällt auch der Versuch eines Insidergeschäfts, Art. 14a MAR.[31]

Ausdrücklich adressiert wird die weitere Tatbestandsvariante des Befolgens einer Empfehlung oder Anstiftung. Wer eine Empfehlung zum Erwerb, zur Veräußerung oder zur Stornierung eines Geschäfts erhält oder hierzu angestiftet wird, nimmt selbst ein Insidergeschäft vor, wenn er wusste oder wissen sollte, dass der erhaltene Tipp auf einer Insiderinformation beruht, Art. 8 Abs. 3 MAR.[32]

### b) Das Nutzen der Insiderinformation und die Kodifikation von *Spector*

Die Übernahme der Rechtsprechung des EuGH in legislative Akte zählt zu den gesetzgebungstheoretischen Besonderheiten der MAR. Das gilt für die Judikatur zu den „gestreckten Sachverhalten" und den „Zwischenschritten" in *Geltl*,[33] die in den nicht vollständig geglückten Absätzen 2, 3 von Art. 7 MAR kodifiziert wurde.[34] Die Entscheidung in *Spector* zur „Nutzung" von Insiderinformationen spiegelt sich in Art. 8 Abs. 1 S. 1, 9 MAR wider.

Erwägungsgrund (26) S. 1 definiert die „Nutzung" zunächst einmal in der Form einer Auflistung sämtlicher Handlungsalternativen. Sie soll den Erwerb oder die Veräußerung, die Stornierung und die Änderung eines Auftrags erfassen. Auch der Versuch, eine der genannten Transaktionen durchzuführen ist „Nutzung" einer Insiderinformation.

Art. 8 Abs. 1 S. 1 MAR greift zur Konkretisierung des Begriffs „nutzen" die Grundgedanken von *Spector* auf. Hat eine Person im Besitz von Insiderinformationen ein Erwerbs- oder Veräußerungsgeschäft durchgeführt oder dies versucht, so wird in Erwägungsgrund (24) S. 1 ausgeführt, soll „unterstellt werden, dass diese Person diese Informationen genutzt hat". Der Wortlaut von Erwägungsgrund (24) spricht die Tatbestandsalternative des Stornierens oder Änderns zwar

---

**31** *Assmann* in Assmann/Schneider/Mülbert, Art. 8 Verordnung Nr. 596/2014 Rn. 28 f.; *Klöhn* MMVO Art. 8 Rn. 78 ff.; *Lutter/Bayer/Schmidt*, Europäisches Unternehmens- und Kapitalmarktrecht, 2017, Rn. 35.33 ff.; *Veil* in Meyer/Veil/Rönnau, Handbuch zum Marktmissbrauchsrecht, 2018, § 7 Rn. 6, 23.

**32** *Langenbucher*, Aktien- und Kapitalmarktrecht, 4. Aufl. 2018, § 15 Rn. 71.

**33** EuGH C-19/11 vom 28.6.2012, ECLI:EU:C:2012:397. (im Folgenden: Geltl)

**34** Zu *Geltl* etwa *Langenbucher* ÖBA 2014, 657; *dies.* NZG 2013, 1401; *dies.* RTDF 2013/14, 35; *Klöhn* AG 2016, 423; *ders.* ZIP 2012, 1885; *Veil* ZBB 2014, 85; *Ekkenga* NZG 2013, 1081; *Wilsing/Goslar* DStR 2013, 1610.

nicht an. Erwägungsgrund (25) S. 2 erfasst allerdings auch die Stornierung, die Änderung und deren Versuch.[35]

Die Begründung der Nutzungsvermutung über die Eigenschaft als Primärinsider, den infolge seiner Stellung eine „besondere Verantwortung"[36] trifft und dem das Gericht unterstellt, er sei sich über das Verbot im Klaren,[37] greift die MAR hingegen nicht auf. Die Nutzungsvermutung ergreift deshalb auch Sekundärinsider.[38]

Verteidigungsrechte bleiben nach Erwägungsgrund (24) S. 2 unberührt. Wie in *Spector* vorgezeichnet, hält Erwägungsgrund (25) S. 3 fest, dass es sich um eine widerlegliche Vermutung handelt. Anzutreten ist der Gegenbeweis, dass die Insiderinformation bei der Abwicklung des Geschäfts nicht genutzt wurde.

Erwägungsgrund (24) S. 2 weist ergänzend darauf hin, dass die Entscheidung darüber, ob ein bestimmtes Verhalten als Insiderhandel zu qualifizieren ist, teleologisch auszurichten ist und greift damit erneut Überlegungen von *Spector* auf.[39] Der Zweck der Verordnung wird darin erblickt, die Integrität des Finanzmarkts zu schützen und das Vertrauen der Investoren zu stärken. Dieses beruhe nämlich gerade auf der Gewissheit, dass Investoren gleichbehandelt und vor der missbräuchlichen Verwendung von Insiderinformationen geschützt werden.[40]

Der Verweis auf die teleologische Interpretation belegt besonders deutlich das Dilemma, in welchem der Gesetzgeber des Insiderhandelsverbots steckt. Einerseits widerspricht die teleologische Interpretation dann rechtsstaatlichen Grundsätzen, wenn es darum geht, Normen auszudehnen, welche den Bürger mit staatlichen Sanktionen in Form von Geldbußen oder gar Straftatbeständen konfrontieren. Andererseits werden Schutzbehauptungen der im Regelfall hoch professionellen Insider sowie ein zahnloses *enforcement* befürchtet, welches hinter internationalen Finanzmarktstandards zurückzubleiben droht. Vor diesem Hintergrund dürfte die Neuregelung der MAR zu lesen sein: Sie statuiert eine breite, *enforcement*-starke Vermutung; die Betonung ihrer Widerlegbarkeit und das Bestehen von Verteidigungsrechten wirkt geradezu defensiv. Aufgeweicht

---

**35** *Assmann* in Assmann/Schneider/Mülbert, Art. 8 Verordnung Nr. 596/2014 Rn. 37; *Klöhn* MMVO, 2018, Art. 8 Rn. 121.

**36** *Spector* Rn. 36.

**37** *Spector* Rn. 36, 53.

**38** *Assmann* in Assmann/Schneider/Mülbert, Art. 8 Verordnung Nr. 596/2014 Rn. 38; *Grundmann* GK Rn. 383; *Klöhn* WM 2017, 2085, 2088; *ders.* MMVO Art. 8 Rn. 126; *Poelzig* NZG 2016, 528, 532; *Veil* in Meyer/Veil/Rönnau, Handbuch zum Marktmissbrauchsrecht, 2018, § 7 Rn. 40.

**39** *Spector* Rn. 47 ff.

**40** Erwägungsgrund (24) S. 2 MAR; *Langenbucher*, Aktien- und Kapitalmarktrecht, 4. Aufl. 2018, § 15 Rn. 58.

wird die Vermutung aber durch den unklaren Hinweis auf eine teleologische Interpretation und durch eine ganze Reihe von Ausnahmetatbeständen.

### c) Die Ausnahmetatbestände

Art. 9 MAR kodifiziert die in *Spector* vorgezeichneten Ausnahmetatbestände und reichert diese um die in Art. 9 Abs. 1 MAR angesprochene Variante an. Um einen echten *safe harbour* handelt es sich allerdings nicht, denn Art. 9 Abs. 6 MAR gestattet aufsichtsbehördliches Eingreifen, wenn die Behörde feststellt, dass ein rechtswidriger Grund vorliegt.[41]

#### aa) Regeln und Verfahren

War eine juristische Person im Besitz von Insiderinformationen, wird die „Nutzung" nicht vermutet, wenn wirksame interne Regelung und Verfahren eingeführt sind, Art. 9 Abs. 1a MAR, und die juristische Person die handelnde natürliche Person in keiner Weise aufgefordert oder angestiftet hat, Art. 9 Abs. 1b MAR. Im deutschen Recht können juristische Personen (noch) nicht tauglicher Straftäter eines Insiderdelikts sein, wohl aber einen Ordnungswidrigkeitentatbestand verwirklichen.

#### bb) Market-Maker

Ausnahmen von der Vermutung des Art. 8 MAR gelten außerdem für Market-Maker, zentrale Gegenparteien und Makler, wenn das Geschäft im Zuge der normalen Ausübung ihrer Funktion erfolgt, Art. 9 Abs. 2a MAR.[42] Daraus folgt zugleich, dass ein *front running* hiervon keinesfalls privilegiert wird, Erwägungsgrund (30).[43]

---

41 *Poelzig* NZG 2016, 528, 533.

42 Siehe bereits *Spector* Rn. 57 f.; *Klöhn* MMVO Art. 9 Rn. 76 ff.; *Langenbucher*, Aktien- und Kapitalmarktrecht, 4. Aufl. 2018, § 15 Rn. 61; *Veil* in Meyer/Veil/Rönnau, Handbuch zum Marktmissbrauchsrecht, 2018, § 7 Rn. 58 ff.

43 *Langenbucher*, Aktien- und Kapitalmarktrecht, 4. Aufl. 2018, § 15 Rn. 61; *Poelzig* NZG 2016, 528, 533.

### cc) Zeitlich vorgelagerte Bindung

Erwägungsgrund (25) S. 1 MAR erläutert, dass ein Auftrag nicht als Insidergeschäft betrachtet werden soll, wenn er ausgelöst wurde, bevor eine Person Insiderinformationen besaß. Keine „Nutzung" einer Insiderinformation liegt deshalb vor, wenn das betreffende Geschäft nur eine bereits bestehende, fällig gewordene Verpflichtung oder Regulierungsauflage erfüllt oder einem Auftrag nachkommt, die zeitlich vor der Kenntnis von der Insiderinformation begründet wurden, Art. 9 Abs. 3a, b MAR.[44]

### dd) Übernahmerecht

Im Rahmen der einer Unternehmensübernahme oder eines Unternehmenszusammenschlusses vorausgehenden *due diligence* werden nicht selten Insiderinformationen bekannt. Wird die betreffende Transaktion „plangemäß" weitergeführt, so liegt auch hierin keine Nutzung einer Insiderinformation, sofern diese Informationen ihren Charakter als Insiderinformationen in dem Moment verloren haben, in welchem entweder die Fusion genehmigt oder das öffentliche Angebot angenommen wurde, Art. 9 Abs. 4 MAR. *Spector* hat auch diese Ausnahme vorgezeichnet.[45]

### ee) Eigene Pläne

Nicht um die Nutzung einer Insiderinformation geht es schließlich, wiederum in Übereinstimmung mit *Spector*,[46] wenn eine Person den Plan gefasst hat, eine bestimmte Transaktion durchzuführen und diesen Plan umsetzt, Art. 9 Abs. 5 MAR. Erläuternd spricht Erwägungsgrund (31) S. 1, 2 davon, dass die bloße Tatsache des Erwerbs oder der Veräußerung „als solche" nicht als Nutzung von Insiderinformationen gelten soll: Handlungen auf der Grundlage eigener Pläne und Handelsstrategien des Marktteilnehmers, so wird dort ausgeführt, sollten nicht als Nutzung von Insiderinformationen gelten.[47] *Spector* nennt beispielhaft die

---

**44** *Klöhn* MMVO Art. 8 Rn. 155 ff.; Art. 9 Rn. 97 ff.; *Veil* in Meyer/Veil/Rönnau, Handbuch zum Marktmissbrauchsrecht, 2018, § 7 Rn. 65 ff.

**45** *Spector* Rn. 59; *Grundmann* GK Rn. 396 ff.; *Hopt* FS K. Schmidt, 2019, S. 521, 525 f.; *Klöhn* MMVO Art. 9 Rn. 108 ff.; *Langenbucher*, Aktien- und Kapitalmarktrecht, 4. Aufl. 2018, § 15 Rn. 63; *Poelzig* NZG 2016, 528, 533; *Veil* in Meyer/Veil/Rönnau, Handbuch zum Marktmissbrauchsrecht, 2018, § 7 Rn. 71 ff.

**46** *Spector* Rn. 60.

**47** Siehe *Spector* Rn. 60.

Entscheidung, ein öffentliches Kaufangebot abzugeben.[48] Analog anwendbar ist der privilegierende Ausnahmetatbestand auf die Stornierung und Änderung von Aufträgen.[49]

Für den Beteiligungsaufbau gilt die Ausnahme gemäß Art. 9 Abs. 4 S. 2 MAR nicht. Wie die hier auftretenden Fallkonstellationen zu behandeln sind, insbesondere wann Art. 9 Abs. 5 MAR anwendbar ist,[50] steht damit allerdings noch nicht fest.[51] Umstritten ist dies insbesondere für die bislang unter dem Stichwort „Masterplan" angesprochenen Fallkonstellationen, in welchen generell davon ausgegangen wurde, die Nutzung einer Information scheide aus, wenn der Entschluss, die relevante Transaktion auszuführen, bereits vor Kenntnis der Insiderinformation gefällt worden war.[52] Jedenfalls wenn Meldepflichten erfüllt werden, dürfte die bislang herrschende Meinung, wonach der Verstoß gegen das Insiderhandelsverbot ausscheidet, auch weiterhin Bestand haben.[53]

### ff) Weitere Ausnahmetatbestände

Der Hinweis des Richtliniengebers auf teleologische Interpretation belegt auch, dass die Ausnahmetatbestände beispielhaft[54] sind. Macht der Insider etwa ein „schlechtes Geschäft", führt also in Kenntnis der Insiderinformation eine Transaktion durch, von der ein vernünftiger Investor bei isolierter Betrachtung gerade Abstand genommen hätte, „nutzt" er die Information nicht.[55] Hätte der Insider das Geschäft aus anderen Gründen auf jeden Fall getätigt, fehlt es mithin an einem Kausalzusammenhang zwischen dem Erwerb der Information und der

---

48 *Spector* Rn. 60.

49 *Klöhn* ZBB 2017, 261, 270; *Veil* in Meyer/Veil/Rönnau, Handbuch zum Marktmissbrauchsrecht, 2018, § 7 Rn. 81 (Redaktionsversehen).

50 *Hopt* FS K. Schmidt, 2019, S. 521, 523 (analog für gemeinsam mit dem Bieter handelnde Personen, S. 524, und für Vorabererwerbe, S. 524).

51 *Assmann* in Assmann/Schneider/Mülbert, Art. 8 Verordnung Nr. 596/2014 Rn. 60 ff.; *Langenbucher,* Aktien- und Kapitalmarktrecht, 4. Aufl. 2018, § 15 Rn. 64 f.

52 *Hopt* FS K. Schmidt, 2019, S. 521, 528 f.; *Klöhn* WM 2017, 2085, 2089; *ders.* MMVO Art. 8 Rn. 139, 175 ff.; *Veil* in Meyer/Veil/Rönnau, Handbuch zum Marktmissbrauchsrecht, 2018, § 7 Rn. 89 ff.

53 *Langenbucher,* Aktien- und Kapitalmarktrecht, 4. Aufl. 2018, § 15 Rn. 64; *Veil* in Meyer/Veil/Rönnau, Handbuch zum Marktmissbrauchsrecht, 2018, § 7 Rn. 91.

54 *Klöhn* WM 2017, 2085, 2089; *Poelzig* NZG 2016, 528, 533; *Veil* in Meyer/Veil/Rönnau, Handbuch zum Marktmissbrauchsrecht, 2018, § 7 Rn. 50, 87.

55 *Bachmann,* Das europäische Insiderhandelsverbot, 2015, S. 54; *Klöhn* MMVO Art. 8 Rn. 169; *Langenbucher,* Capital Markets Law Journal 2010, 452, 456; *Poelzig* NZG 2016, 528, 534.

Transaktion, gilt dasselbe.[56] Die überwiegende Meinung geht außerdem davon aus, dass bei gleichem Kenntnisstand des Insiders und seines Vertragspartners mit Blick auf die relevante Information kein Insiderhandelsverbot eingreift.[57]

## 3. Die Empfehlung und die Anstiftung zu einem Insidergeschäft

Die Empfehlung an einen Dritten, ein bestimmtes Geschäft zu tätigen, trennt die MAR noch deutlicher von der Weitergabe einer Insiderinformation an Dritte als die vorangegangene 2. Insiderrichtlinie. Letzteres findet sich unter der Überschrift „unrechtmäßige Offenlegung" in Art. 10 MAR, ersteres regelt Art. 8 Abs. 2 MAR. Hiernach ist Täter, wer über Insiderinformationen verfügt und auf dieser Grundlage Dritten Erwerbs- oder Veräußerungsgeschäfte über relevante Finanzinstrumente empfiehlt oder sie zu einem solchen Geschäft anstiftet, Art. 8 Abs. 2a MAR. Täter ist außerdem, wer auf der Grundlage von Insiderinformationen Dritten die Stornierung oder Änderung eines Auftrags empfiehlt oder sie hierzu anstiftet, Art. 8 Abs. 2b MAR. Damit muss die Insiderinformation zwar Grundlage der Empfehlung sein, dem Dritten gegenüber aber nicht aufgedeckt werden.[58] Der Tipp, Finanzinstrumente zu „halten" ist nicht tatbestandsgemäß, solange keine Stornierung oder Änderung eines Auftrags in Rede steht.[59]

## 4. Die unrechtmäßige Offenlegung

Die Mitteilung/das Zugänglichmachen (§ 14 Abs. 1 Nr. 2 WpHG a. F.) bzw. die Weitergabe (Art. 3a der 2. Insiderrichtlinie) fasst Art. 10 Abs. 1 MAR als Tatbestand der „unrechtmäßigen Offenlegung". Täter ist, wer über Insiderinformationen verfügt, und diese gegenüber einer anderen Person offenlegt, solange dies nicht im Zuge der normalen Ausübung einer Beschäftigung oder eines Berufs oder der normalen Erfüllung von Aufgaben geschieht.[60]

---

56 *Assmann* in Assmann/Schneider/Mülbert, Art. 8 Verordnung Nr. 596/2014 Rn. 32; *Klöhn* MMVO Art. 8 Rn. 119; *Poelzig* NZG 2016, 528, 534; *Seibt/Wollenschläger* AG 2014, 593, 598; *Veil* ZBB 2014, 85, 91.

57 *Veil* in Meyer/Veil/Rönnau, Handbuch zum Marktmissbrauchsrecht, 2018, § 7 Rn. 45 f.

58 *Langenbucher,* Aktien- und Kapitalmarktrecht, 4. Aufl. 2018, § 15 Rn. 66.

59 *Langenbucher,* Aktien- und Kapitalmarktrecht, 4. Aufl. 2018, § 15 Rn. 67.

60 *Langenbucher,* Aktien- und Kapitalmarktrecht, 4. Aufl. 2018, § 15 Rn. 74.

Ausdrücklich erfasst Art. 10 Abs. 2 MAR außerdem die Weitergabe einer erhaltenen Empfehlung oder die Anstiftung eines Dritten, nachdem man selbst angestiftet wurde. Voraussetzung hierfür ist, dass der Täter weiß oder wissen sollte, dass die Empfehlung bzw. die Anstiftung auf einer Insiderinformation beruhen.[61]

# IV. Summa

Insiderhandelsverbote zählen zu den etablierten regulatorischen Kennzeichen eines entwickelten Kapitalmarktrechts. Investoren signalisieren sie Marktintegrität und erlauben den Schluss, dass Informationsvorsprünge nicht zum Nachteil anderer Marktteilnehmer ausgenutzt werden dürfen. Relevant ist das nicht nur für einheimische Anleger, sondern insbesondere für den Aufbau eines für ausländische Investoren attraktiven Kapitalmarkts. Die Geschichte des europäischen Insiderhandelsverbots belegt diese Entwicklung eindrucksvoll: Noch vor wenigen Dekaden war Insiderhandel in Ländern wie Deutschland überhaupt nicht sanktioniert. Erste europäische Ansätze kodifizierten ein enges, auf den Nachweis subjektiver Tatbestandsmerkmale ausgerichtetes Handelsverbot. Durchsetzungsdefizite führten zu einer Neuformulierung des Verbots, die ungewöhnlich deutlich auf der Rechtsprechung des EuGH aufsetzte. Die vor allem mit Blick auf strafrechtliche Sanktionen bedeutsame subjektive Komponente trat in den Hintergrund. Die MAR hat sich in der Sache vor allem an Arrondierungen des Handelsverbots gewagt. Lässt man freilich subjektive Tatbestandsmerkmale zurücktreten, wird künftig insbesondere an der Präzisierung von Ausnahmetatbeständen zu feilen sein. Hier zeigt sich der entscheidende Nachteil rechtsprechungsrezipierender Gesetzgebung. Richter entscheiden Einzelfälle, der Vorgriff auf im Einzelfall irrelevante Ausnahmetatbestände gehört nicht zu ihren Kernaufgaben. Umgekehrt formuliert: Gerade weil für ein auf globale Investoren ausgerichtetes Kapitalmarktrecht Rechtssicherheit entscheidend ist, bleibt der europäische Gesetzgeber aufgerufen, den durch die MAR gezogenen Rahmen mindestens durch „level 2“ Normen auszufüllen.

61 *Langenbucher,* Aktien- und Kapitalmarktrecht, 4. Aufl. 2018, § 15 Rn. 71.

Michael Brellochs und Laurenz Wieneke

# Block Trades und Paketverkäufe – Insiderrechtliche Fragen beim Verkauf von Paketen börsennotierter Aktien

## I. Einführung

Für das öffentliche Angebot von Wertpapieren im Rahmen einer Kapitalerhöhung oder eines Börsengangs einer Aktiengesellschaft hat sich eine Marktpraxis für den Umgang mit (potentiellen) transaktionsbedingten Insiderinformationen entwickelt, an der sich die Emittenten, die emissionsbegleitenden Banken und abgebenden Aktionäre orientieren können. Dagegen bestehen gewisse Unsicherheiten bei sogenannten Block Trades und Paketverkäufen, in denen ein abgebender Aktionär ohne Beteiligung des Emittenten größere Aktienpakete verkauft. Aus kapitalmarktrechtlicher Sicht ist entscheidend, ob der (bevorstehende) Verkauf des Aktienpakets eine Insiderinformation darstellt. Ist dies der Fall, muss dieser Umstand bei der Strukturierung der Transaktion berücksichtigt werden, will man nicht bei der Ansprache der Investoren und der Umsetzung der Transaktion gegen das Insiderrecht verstoßen. Im Kern geht es also um die Auslegung der insiderrechtlichen Vorschriften der EU Marktmissbrauchsverordnung (MAR) und der dazugehörigen Level-2 und -3-Rechtsakte.

Das Insiderrecht ist seit jeher ein Zentralbereich des deutschen und europäischen Wertpapierhandelsrechts. Auch wenn sich die Rechtsgrundlagen seit der Insiderrichtlinie 89/592/EWG und dem am 1. Januar 1995 in Kraft getretenen Wertpapierhandelsgesetz[1] mehrfach geändert haben, sind die insiderrechtlichen Grundtatbestände (Begriff der Insiderinformation, Offenlegungs- und Handelsverbot) erstaunlich konstant geblieben. Vor diesem Hintergrund stellt der vorliegende Beitrag die Abläufe bei einem Block Trade und einem Paketverkauf dar und untersucht, unter welchen Voraussetzungen typischerweise Insiderinformationen entstehen können und von den Beteiligten weitergegeben bzw. veröffentlicht werden dürfen. Dabei hegen die Verfasser die Hoffnung, dass die nachfol-

1 Eingeführt durch das Zweite Finanzmarktförderungsgesetz vom 26. Juli 1994, BGBl. I S. 1749.

https://doi.org/10.1515/9783110632323-028

genden Ausführungen auch bei möglichen weiteren Änderungen des Marktmissbrauchsrechts[2] Bestand haben werden.

## II. Block Trades und Paketverkäufe

### 1. Begriffe

Block Trades und Paketverkäufe sind Verkäufe von größeren Aktienpaketen durch bestehende Aktionäre. Anders als bei der Emission und dem öffentlichen Angebot von Wertpapieren durch den Emittenten selbst, tritt bei einem Block Trade oder Paketverkauf also ein Aktionär als Verkäufer auf. Die Begrifflichkeiten werden nicht einheitlich verwendet. Nach der hier verwandten Terminologie unterscheiden sich Block Trade und Paketverkauf in erster Linie durch die Anzahl der potentiellen Käufer und den zugrundeliegenden Prozess. Während das Aktienpaket bei einem Block Trade typischerweise zahlreichen institutionellen Investoren im Rahmen einer prospektfreien Privatplatzierung unter Einschaltung einer begleitenden Bank angeboten wird,[3] verkauft der abgebende Aktionär bei einem Paketverkauf in der Regel nur an einen oder wenige Käufer. Vergleicht man den Verkaufs- und Verhandlungsprozess, ähnelt ein Paketverkauf strukturell eher einer privaten M&A-Transaktion, während ein Block Trade strukturell eher einer Kapitalmarkttransaktion (d. h. einer Privatplatzierung oder einem öffentlichen Angebot von Wertpapieren) gleicht.

Der vorliegende Beitrag beschränkt sich auf Block Trades und Paketverkäufe in dem vorstehend beschriebenen Sinn. Nicht berücksichtigt werden Fälle, in denen der abgebende Aktionär sein Paket langsam abschmilzt, indem er Aktien in mehreren kleinen Transaktionen über die Börse marktschonend verkauft. Ausgeklammert werden ferner übernahmerechtliche Fragen, die beim Verkauf von Aktienpaketen entstehen, durch die dem Erwerber eine Kontrollposition im Sinne von § 29 Abs. 2 WpÜG vermittelt wird. Schließlich wird für die Zwecke dieses Beitrags unterstellt, dass der Emittent nicht in den Verkauf eingebunden wird. Damit bleiben auch Fragen der Offenlegung von Insiderinformationen im Rahmen

2 European Commission, Formal request to ESMA for technical advice on the report to be submitted by the Commission under Article 38 of Regulation (EU) No 596/2014 on Market Abuse, 20 March 2019.

3 Vgl. etwa *Schlitt/Schäfer* AG 2004, 346; *Meyer* in Marsch-Barner/Schäfer, Hdb. börsennotierte AG, 4. Aufl. 2018, § 7 Rn. 91; *Wolf* in Habersack/Mülbert/Schlitt, Unternehmensfinanzierung am Kapitalmarkt, 4. Aufl. 2019, § 7 Rn. 2; *Brandt* in Kümpel/Mülbert/Früh/Seyfried, Bank- und Kapitalmarktrecht, 5. Aufl. 2019, Rn. 15.602 f.

einer eventuellen Due Diligence Prüfung beim Emittenten, einer möglichen Selbstbefreiung des Emittenten nach Art. 17 Abs. 4 MAR und der Weitergabe von Insiderinformationen aus der Sphäre des Emittenten durch den Verkäufer außen vor.

## 2. Ablauf eines Block Trades

Bei einem Block Trade verpflichtet sich die transaktionsbegleitende Bank in der Praxis üblicherweise, die Aktien im Wege des Kommissionsgeschäfts im Rahmen einer Privatplatzierung auf *best-effort*-Basis zum Erwerb anzubieten.[4] Ebenfalls möglich, aber in Zeiten volatiler Kapitalmärkte selten (und teuer), ist der Fall einer Preisgarantie der transaktionsbegleitenden Bank, die sich wirtschaftlich wie ein *back stop* auswirkt, weil die Bank die Aktien notfalls zu einem vorab definierten Preis auf das eigene Buch nehmen muss. Die Ansprache der Investoren erfolgt typischerweise im Rahmen eines sog. beschleunigten Bookbuilding-Verfahrens[5] (*Accelerated Bookbuilding* oder kurz ABB), bei dem die transaktionsbegleitende Bank eine größere Anzahl potentieller institutioneller Investoren anspricht und diese auffordert, Kaufangebote zum Erwerb der Aktien abzugeben. Durch die Beschränkung der Ansprache auf qualifizierte Anleger ist das Angebot gemäß Art. 1 Abs. 4 lit. a) ProspektVO[6] (zuvor § 3 Abs. 2 Satz 1 Nr. 1 WpPG a. F.) prospektfrei möglich, da es sich „ausschließlich an qualifizierte Anleger richtet". Rechtlich handelt es sich hierbei um eine *invitatio ad offerendum*. Die Ansprache der Investoren erfolgt typischerweise nach Börsenschluss und ist möglichst vor Öffnung der Börse am darauffolgenden Morgen abgeschlossen. Die von den Investoren abgegebenen Angebote müssen daher innerhalb weniger Stunden bei der Bank eingehen. Auf dieser Basis erstellt die Bank als sog. Bookrunner ein Orderbuch, mit dessen Hilfe der höchste Preis[7] ermittelt wird, zu dem das gesamte Paket platziert werden kann. Entscheidet sich der abgebende Aktionär, die

---

4 Siehe zu den verschiedenen Ausgestaltungen etwa *Holmes/Castellon* PLC 09/2016, 29 ff.; *Wolf* in Habersack/Mülbert/Schlitt, Unternehmensfinanzierung am Kapitalmarkt, 4. Aufl. 2019, § 7 Rn. 5 ff.; *Meyer* in Marsch-Barner/Schäfer, Hdb. börsennotierte AG, 4. Aufl. 2018, § 7 Rn. 90 f.

5 Zum Bookbuilding-Verfahren etwa *Singhof* in MüKo-HGB, 3. Aufl. 2014, Emissionsgeschäft, Rn. 69 ff.; *Meyer* in Marsch-Barner/Schäfer, Hdb. börsennotierte AG, 4. Aufl. 2018, § 8 Rn. 30 ff.; *Schlitt/Ries* FS Schwark, 2009, S. 241, 242 ff.

6 Verordnung (EU) 2017/1129 des Europäischen Parlaments und des Rates vom 14. Juni 2017.

7 Andere Zuteilungskriterien, wie etwa die Investorenqualität, die bei einer Platzierung durch den Emittenten Bedeutung haben können, spielen für den abgebenden Aktionär bei einem Block Trade in der Regel eine eher untergeordnete Rolle.

Transaktion zu diesem Preis durchzuführen, nimmt die Bank die Zuteilung der Aktien an die Investoren auf der Basis der Angebote im Orderbuch vor.

Dem eigentlichen Verkaufsprozess geht häufig eine Ansprache einzelner Investoren durch die begleitende Bank voraus, bei der die mögliche Verkaufsabsicht des abgebenden Aktionärs offengelegt wird. Ziel dieser Investorenansprache ist es, einzelne Investoren, die von der Bank als für den Platzierungserfolg strategisch wichtig eingeschätzt werden, von der geplanten Maßnahme zu unterrichten und ihr potentielles Interesse an einem Erwerb (eines Teils) der angebotenen Aktien zu sondieren.

Da die Verkaufsabsicht und etwaige Parameter einer Transaktion eine Insiderinformation darstellen können (näher unten III.2), besteht aus Sicht der offenlegenden Bank und des abgebenden Aktionärs das Risiko eines Konflikts mit dem Verbot der Offenlegung von Insiderinformationen (Art. 14 lit. c) i.V.m. Art. 10 Abs. 1 MAR). Vor diesem Hintergrund regelt Art. 11 MAR eine Ausnahme vom Verbot der Offenlegung von Insiderinformationen bei Marktsondierungen. Vorliegend ist Art. 11 Abs. 1 lit. b) MAR relevant: Danach kann ein „Zweitanbieter eines Finanzinstruments" eine Marktsondierung durchführen, wenn er „das betreffende Finanzinstrument in einer Menge oder mit einem Wert anbietet, aufgrund derer bzw. dessen sich das Geschäft vom üblichen Handel unterscheidet". Damit sollen Umplatzierungen und insbesondere Block Trades erfasst werden.[8] Häufig tritt dabei die begleitende Bank als offenlegender Marktteilnehmer nach Art. 11 Abs. 1 lit. d) iVm Art. 3 Abs. 1 Nr. 32 MAR für den abgebenden Aktionär auf. Die Investorenansprache muss jedoch nicht in dem förmlichen Verfahren nach Art. 11 MAR durchgeführt werden. Eine Offenlegung von Insiderinformationen kann nämlich auch außerhalb von Art. 11 MAR nach allgemeinen Grundsätzen zulässig sein.[9]

Findet die Preisfindung für die zum Verkauf stehenden Aktien nicht im Rahmen eines *Accelerated Bookbuilding* statt, können die Übergänge zwischen einer Marktsondierung und einem konkreten Verkaufsgespräch fließend sein. Die Sondierungsgespräche der Bank mit potentiellen Investoren können insbesondere bei kleineren Transaktionen auch schon zu einem konkreten Vertragsschluss

---

**8** Erwägungsgrund 32 MAR; ESMA, Final Report, Draft technical standards on the Market Abuse Regulation, 28 September 2015, ESMA/2015/1455, Rn. 68 ff.; *Brellochs* in Klöhn, Marktmissbrauchsverordnung, 2018, Art. 11 Rn. 30 und Rn. 45; *Meyer* in Meyer/Veil/Rönnau, Hdb. Marktmissbrauchsrecht, 2018, § 8 Rn. 72; *Assmann* in Assmann/Schneider/Mülbert, Wertpapierhandelsrecht, 7. Aufl. 2019, Art. 11 MAR Rn. 33.

**9** Erwägungsgrund 35 MAR; hierzu *Brellochs* in Klöhn, Marktmissbrauchsverordnung, 2018, Art. 11 Rn. 2 und Rn. 20 f.; *Assmann* in Assmann/Schneider/Mülbert, Wertpapierhandelsrecht, 7. Aufl. 2019, Art. 11 MAR Rn. 7.

über den Verkauf der Aktien führen. Auch in dieser Situation müssen den potentiellen Investoren (mögliche) Insiderinformationen offengelegt werden, um den Verkauf der Aktien verbindlich vereinbaren zu können.

## 3. Vergleich eines Block Trades mit einer 10 %-Kapitalerhöhung

Das vorstehend beschriebene beschleunigte Bookbuilding-Verfahren wird in der Praxis regelmäßig auch bei sog. „10 %ern" angewandt. Hierbei handelt es sich um Kapitalerhöhungen börsennotierter Gesellschaften von bis zu 10 % durch Ausnutzung des genehmigten Kapitals. Solche Transaktionen sind prospektfrei möglich. Zum einen findet kein öffentliches Angebot statt, da die Aktien in der Regel unter Ausschluss des Bezugsrechts der Aktionäre nach §§ 186 Abs. 3 Satz 4, 203 Abs. 1 AktG im Rahmen einer Privatplatzierung ausschließlich bei qualifizierten Anlegern untergebracht werden (Art. 1 Abs. 4 lit. a) ProspektVO). Zum anderen kann bei einem Volumen von bis zu 20 % innerhalb von zwölf Monaten die Zulassung der Aktien auch ohne Prospekt erfolgen (Art. 1 Abs. 5 lit. a) ProspektVO). Da diese Transaktionsstruktur kostengünstig, flexibel und schnell ist, stellt sie die in der Praxis mit Abstand häufigste Form der Eigenkapitalbeschaffung börsennotierter Gesellschaften dar.

Kapitalmaßnahmen werden in der Regel als Insiderinformation nach Art. 7 Abs. 1 MAR qualifiziert.[10] Der Transaktionsablauf sieht daher typischerweise vor, dass die Gesellschaft unmittelbar nach dem Grundlagenbeschluss von Vorstand und Aufsichtsrat, das Kapital um bis zu 10 % zu erhöhen und die Aktien im Wege einer Privatplatzierung anzubieten, eine Ad-hoc-Meldung nach Art. 17 Abs. 1 MAR veröffentlicht, in der sie die anstehende Kapitalerhöhung und das Angebot der Aktien ankündigt.[11] Zu diesem Zeitpunkt stehen weder Preis noch Volumen der Kapitalerhöhung (abgesehen von der Obergrenze von 10 %) fest; beides wird erst im Rahmen des Bookbuilding ermittelt. Unmittelbar danach beginnt die Investorenansprache der transaktionsbegleitenden Bank im Rahmen des Bookbuilding-Verfahrens. Nach Beendigung des Bookbuilding-Verfahrens setzen Vor-

---

10 Vgl. nur BaFin-Konsultation Nr. 14/2019, Entwurf Emittentenleitfaden Modul C, Stand 01.07. 2019, S. 25; zwar BaFin, Emittentenleitfaden, 4. Aufl., Stand 28.04.2009, S. 53.

11 Der Beschluss wird typischerweise nach Börsenschluss unter Berücksichtigung der aktuellen Kursentwicklung und in Absprache mit der transaktionsbegleitenden Bank gefasst. Bis zu diesem Zeitpunkt kann sich die Gesellschaft in der Regel von der Ad-hoc-Publizitätspflicht selbst befreien, sofern bereits eine Insiderinformation vorliegt, weil ein finaler Beschluss sinnvoll erst auf der Grundlage der aktuellen Marktlage gefasst werden kann.

stand und Aufsichtsrat der Gesellschaft in einem weiteren Beschluss das endgültige Volumen der Kapitalerhöhung und den Platzierungspreis für die neuen Aktien fest. Auch diese Informationen werden teilweise als preisrelevant eingestuft und daher häufig, aber nicht zwingend, in einer zweiten Ad-hoc-Meldung nach Art. 17 Abs. 1 MAR als Insiderinformation veröffentlicht.[12]

Auch im Rahmen von 10%ern findet vielfach eine Marktsondierung nach Art. 11 Abs. 1 lit. a) i.V.m. lit. d) MAR durch die begleitende Bank statt. Der Ablauf der Marktsondierung ist im Grundsatz identisch wie bei einer Marktsondierung durch einen Zweitanbieter im Rahmen eines Block Trade nach Art. 11 Abs. 1 lit. b) MAR. Lediglich bei den Voraussetzungen enthält Art. 11 Abs. 1 lit. b) MAR gewisse Einschränkungen gegenüber Art. 11 Abs. 1 lit. a) MAR, weil das Finanzinstrument bei einer Marktsondierung durch einen Zweitanbieter in einer Menge oder mit einem Wert angeboten werden muss, die bzw. der sich vom üblichen Handel unterscheidet.[13] Diese Einschränkungen gibt es bei der Marktsondierung durch einen Emittenten oder seine Bank im Rahmen eines 10%ers nicht. In den hier interessierenden Fällen eines Block Trades sind die Voraussetzungen des Art. 11 Abs. 1 lit. b) MAR in der Regel erfüllt.

## 4. Ablauf eines Paketverkaufs

Bei einem Paketverkauf kann zwar auch eine begleitende Investmentbank bei der Investorensuche eingeschaltet sein. Allerdings unterstützt die Bank lediglich bei der Suche des Käufers und übernimmt nicht die Verpflichtung, die Aktien im Wege eines Kommissionsgeschäfts im Rahmen einer Privatplatzierung anzubieten.

---

12 Die Einstufung von Volumen und Preis der 10%-Kapitalerhöhung als Insiderinformation ist freilich nicht zwingend. Bezüglich des Volumens wird der Markt, von Ausnahmesituationen abgesehen (wie etwa in Restrukturierungsfällen), regelmäßig davon ausgehen, dass die Transaktion in vollem Umfang durchgeführt wird. Bezüglich des Preises setzt § 186 Abs. 3 Satz 4 AktG ohnehin Grenzen, da der Ausgabebetrag den Börsenpreis nicht wesentlich unterschreiten darf. Sind diese Parameter eingehalten, ist die Veröffentlichung der Informationen auch als Pressemitteilung sehr gut vertretbar und durchaus üblich. Entscheidend ist, dass typischerweise die wesentlichen preisrelevanten Informationen – anteilsmäßige Verwässerung durch eine Kapitalerhöhung von bis zu 10%, überschaubare wertmäßige Verwässerung durch einen nicht wesentlichen Abschlag auf den Börsenkurs, Mittelzufluss bei der Gesellschaft – bereits mit der ersten Ad-hoc-Meldung zu Beginn der Transaktion öffentlich bekannt sind. In diese Richtung wohl auch BaFin-Konsultation Nr. 14/2019, Entwurf Emittentenleitfaden Modul C, Stand 01.07.2019, S. 26.

13 Näher *Brellochs* in Klöhn, Marktmissbrauchsverordnung, 2018, Art. 11 Rn. 44f.; vgl. auch *Meyer* in Meyer/Veil/Rönnau, Hdb. Marktmissbrauchsrecht, 2018, § 8 Rn. 72; *Assmann* in Assmann/Schneider/Mülbert, Wertpapierhandelsrecht, 7. Aufl. 2019, Art. 11 MAR Rn. 33.

Insofern unterscheidet sich die Rolle der begleitenden Bank bei einem Paketverkauf nicht wesentlich von der Rolle der Bank auf Verkäuferseite bei einer privaten M&A-Transaktion.

Da ein Paketverkauf zum Ziel hat, das Aktienpaket an einen oder wenige Investoren (etwa ein Konsortium) zu verkaufen, steht dahinter oftmals die Überlegung, dass neben der finanziellen Beteiligung der Investoren an der Gesellschaft auch eine unternehmerische oder strategische Komponente hinzutritt. Dies schlägt sich in der Regel in der Preiserwartung des abgebenden Aktionärs nieder, auch wenn sich ein Paketaufschlag nicht immer realisieren lässt. Auf Investorenseite ist damit oftmals die Erwartung verbunden, im Aufsichtsrat der Gesellschaft vertreten zu sein. Ferner kann auf Investorenseite der Wunsch bestehen, Gespräche mit dem Management der Zielgesellschaft zu führen und eine Due Diligence-Prüfung durchzuführen, die über die öffentlich verfügbaren Informationen hinausgeht. Je nach Größe des angebotenen Aktienpakets kann die Suche nach Investoren, die bereit sind, erhebliche Beträge in Minderheitsbeteiligungen zu investieren, deutlich zeitaufwändiger sein als die Durchführung eines Block Trades. Zudem sind die Interessen der Zielgesellschaft zu beachten. Abhängig von der Aktionärsstruktur und der Größe des Streubesitzes ist der Wechsel eines Groß- oder Ankeraktionärs für die Zielgesellschaft in der Regel von erheblicher Bedeutung, selbst wenn es nicht zu einem Kontrollerwerb im übernahmerechtlichen Sinne kommt. Börsennotierte Gesellschaften haben typischerweise ein Interesse an stabilen, langfristig orientierten (Anker-) Aktionären, die z.B. auch bereit sind, strategische Veränderungsprozesse mitzutragen.

Aufgrund dieser Besonderheiten, die stark einzelfallabhängig sind, sind der Ablauf eines Paketverkaufs und die Rolle der Beteiligten weniger standardisiert. Die insiderrechtlichen Fragen nach der Entstehung von Insiderinformationen und der Zulässigkeit der Offenlegung und Verwendung einer etwaigen Insiderinformation stellen sich jedoch auch hier.

## III. Insiderrechtliche Fragen bei Block Trades und Paketverkäufen

### 1. Konkretisierung der Aufgabenstellung

Der Emittent der Aktien, die im Rahmen eines Block Trades oder eines Paketverkaufs veräußert werden sollen, ist nicht Partei der Transaktion. Üblicherweise wird der abgebende Aktionär ihn auch nicht vorab über die bevorstehende Transaktion informieren. Sofern die Transaktion an sich nämlich eine Insiderinformation ist, die den Emittenten unmittelbar betrifft,[14] müsste dieser sie, ohne dass die beteiligten Parteien darauf einen Einfluss hätten, gemäß Art. 17 Abs. 1 MAR unverzüglich veröffentlichen, sofern er nicht von der Möglichkeit des Aufschubs nach Art. 17 Abs. 4 MAR Gebrauch macht. Diese Entscheidung müsste der Emittent anhand der gesetzlichen Vorgaben treffen, ohne dass ein Gleichlauf der Interessen von Emittent und abgebendem Aktionär gesichert wäre. Die MAR-Leitlinien der ESMA zum Aufschub der Offenlegung von Insiderinformationen nennen zwar die Fallgruppe, dass der Emittent Verhandlungen führt, „deren Ergebnis durch die unverzügliche öffentliche Bekanntgabe wahrscheinlich gefährdet würde“[15]. Diese Fallgruppe wäre bei einem Paketverkauf ohne Weiteres einschlägig, würde der Emittent selbst die Verhandlungen führen. Dies ist jedoch oftmals nicht der Fall, da die Verhandlungen vom abgebenden Aktionär geführt werden. Bei einem Block Trade wird der Unterschied noch deutlicher: Auch hier hat in erster Linie der abgebende Aktionär ein Interesse am Gelingen der Transaktion. Da es für die Zulässigkeit des Aufschubs ausschließlich auf das Interesse des Emittenten ankommt,[16] stellt sich die Frage, ob die Unterscheidung zwischen Gesellschafts- und Aktionärsinteresse, die sowohl beim Paketverkauf als auch beim Block Trade zutage tritt, für die Befreiungsentscheidung nach Art. 17 Abs. 4 MAR relevant ist.

Im Ergebnis dürfte das nicht der Fall sein. Selbst wenn man die Interessen des abgebenden Aktionärs ausblendet, ist der Emittent bei einem Block Trade oder einem Paketverkauf jedenfalls in einem solchen Umfang mittelbar betroffen, dass ein Aufschub der Veröffentlichung regelmäßig gerechtfertigt ist. Sowohl Paketverkäufe als auch (wenn man die Vorbereitungsphase mit berücksichtigt) Block Trades sind längere Prozesse, die mit erheblichen Unsicherheiten verbunden sein können. Sofern bereits insiderrechtlich relevante Zwischenschritte vor-

---

**14** Das ist in der Regel nur der Fall, wenn die Information für den Emittenten fundamentalwertrelevant ist, d. h. nicht bei rein handelsbezogenen Insiderinformationen, vgl. *Klöhn* in Klöhn, Marktmissbrauchsverordnung, 2018, Art. 17 Rn. 405 ff.; *Veil/Brüggemeier* in Meyer/Veil/Rönnau, Hdb. Marktmissbrauchsrecht, 2018, § 10 Rn. 89; BaFin-Konsultation Nr. 14/2019, Entwurf Emittentenleitfaden Modul C, Stand 01.07.2019, S. 49; a. A. *Assmann* in Assmann/Schneider/Mülbert, Wertpapierhandelsrecht, 7. Aufl. 2019, Art. 17 MAR Rn. 47.

**15** ESMA, MAR-Leitlinien, Aufschub der Offenlegung von Insiderinformationen, 20. Oktober 2016, ESMA/2016/1478DE, S. 4, denen die BaFin in ihrer Verwaltungspraxis folgt (vgl. BaFin-Konsultation Nr. 14/2019, Entwurf Emittentenleitfaden Modul C, Stand 01.07.2019, S. 55).

**16** So etwa BaFin-Konsultation Nr. 14/2019, Entwurf Emittentenleitfaden Modul C, Stand 01.07.2019, S. 56; zur Diskussion, ob bei der Aufschubentscheidung das Emittenteninteresse gegen das Marktinteresse abzuwägen ist, *Klöhn* in Klöhn, Marktmissbrauchsverordnung, 2018, Art. 17 Rn. 165 ff.; *Hopt/Kumpan* in Schimansky/Bunte/Lwowski, Bankrechts-Hdb., 5. Aufl. 2017, § 107 Rn. 153; jeweils m.w.N.

liegen sollten, müssten entsprechende Meldungen immer mit wesentlichen Vorbehalten erfolgen. Dabei wären nachlaufende Berichtigungen oder Konkretisierungen nicht ausgeschlossen. Ferner wäre eine frühe Ankündigung der Transaktion mit Kursbewegungen verbunden, die den Verkauf ernsthaft gefährden könnten. Daran hat auch der Emittent regelmäßig kein Interesse, da ein verkaufswilliger Großaktionär letztlich das Gesellschaftsinteresse nicht in der Weise fördern wird, wie dies bei stabilen neuen Investoren der Fall wäre. Deshalb wird der Emittent regelmäßig ein eigenes Interesse haben, Großaktionäre konstruktiv in ihrem Verkaufsprozess zu begleiten, und sei es nur, um zu verhindern, dass größere Aktienbestände mit einem erheblichen Druck auf den Aktienkurs in den Markt gegeben werden.[17] Ob der Emittent einen Aufschubbeschluss fasst, liegt allerdings in seinem Ermessen. Auch wenn er sowohl bei einem Block Trade als auch bei einem Paketverkauf einen Aufschub der Veröffentlichung einer eventuellen Insiderinformation nach Art. 17 Abs. 4 MAR beschließen kann, gibt der verkaufswillige Aktionär also die Kontrolle über den Prozess in dem Moment aus der Hand, in dem der Emittent angesprochen wird. Deshalb findet die Kommunikation insbesondere bei einem Block Trade in der Regel nur zwischen dem abgebenden Aktionär, der Bank und den potentiellen Investoren statt. Bei einem Paketverkauf ist die Interessenlage im Grundsatz vergleichbar, sofern nicht der oder die Interessenten mit dem Emittenten sprechen oder gar eine über öffentlich verfügbare Informationen hinausgehende Due Diligence-Prüfung durchführen möchten. In diesem Fall kann es der abgebende Aktionär nicht vermeiden, den Emittenten in den Prozess einzubinden.

Daher stellen sich drei Fragen: (i) Wann liegt beim Verkauf eines Pakets börsennotierter Aktien eine Insiderinformation vor? (ii) Unter welchen Voraussetzungen darf die Information über die Verkaufsabsicht des abgebenden Aktionärs und die möglichen Parameter des Verkaufs (insbesondere Größe und Aufteilung des Pakets, Preis, damit verbundene Vertretung im Aufsichtsrat) an potentielle Interessenten weitergegeben werden? (iii) Darf der abgebende Aktionär die bevorstehende Transaktion öffentlich bekannt geben, auch wenn sie eine Insiderinformation darstellt? Diese Fragen sollen nachfolgend in den Blick genommen werden.

17 Ähnlich *Assmann* in Assmann/Schneider/Mülbert, Wertpapierhandelsrecht, 7. Aufl. 2019, Art. 17 MAR Rn. 117 und 121.

## 2. Der Verkauf von Paketen börsennotierter Aktien als Insiderinformation

### a) Anknüpfungspunkte für die Prüfung

Der Begriff der Insiderinformation umfasst nach Art. 7 Abs. 1 lit. a) MAR alle nicht öffentlich bekannten präzisen Informationen, die Emittenten oder Finanzinstrumente betreffen und die bei einem öffentlichen Bekanntwerden geeignet wären, den Kurs dieser Finanzinstrumente oder damit verbundener Derivate erheblich zu beeinflussen. Zur Bestimmung der Kursrelevanz verweist Art. 7 Abs. 4 MAR auf den „verständigen Anleger". Danach sind Informationen kursrelevant, „die ein verständiger Anleger wahrscheinlich als Teil der Grundlage seiner Anlageentscheidungen nutzen würde".

Wie bereits dargestellt, wird das Wissen um eine konkret bevorstehende 10%-Kapitalerhöhung in der Regel als Insiderformation angesehen. Obwohl eine solche Kapitalmaßnahme, was die Vermarktung der Aktien anbelangt (d. h. mit einem beschleunigten Bookbuilding und einer gegebenenfalls vorgeschalteten Marktsondierung), eine vergleichbare Struktur wie ein Block Trade aufweist, unterscheiden sich beide Transaktionen aus insiderrechtlicher Sicht. Die Kapitalerhöhung führt neben einer Änderung im Aktionärskreis nämlich zu einer anteilsmäßigen und – aufgrund des (wenn auch geringen) Preisabschlags – wertmäßigen Verwässerung der bestehenden Aktionäre sowie zu einer Änderung der Vermögens-, Finanz- und Ertragslage der Gesellschaft. Neue Liquidität fließt zu und führt zur einer Bilanzverlängerung; gleichzeitig kommt es je nach Einsatz der Emissionserlöse zu einer potentiellen Änderung des Gewinns je Aktie. Demgegenüber führt ein Block Trade nur zu einer Veränderung im Aktionärskreis, ohne die Beteiligungsquote der Altaktionäre im Hinblick auf Stimmrecht und Vermögen zu ändern. Gleichzeitig sind mit einem Block Trade selbst keine unmittelbaren Änderungen auf Gesellschaftsebenen verbunden, insbesondere kommt es nicht zu einer Änderung von Bilanzbild und Liquiditätslage. Diese Überlegungen gelten gleichermaßen für einen Paketverkauf.

Losgelöst vom Verwässerungseffekt einer Kapitalerhöhung kommt eine Insiderinformation damit nur unter zwei Gesichtspunkten in Betracht: Zum einen kann die Veränderung in der Aktionärsstruktur strukturelle Änderungen auf Seiten der Gesellschaft nach sich ziehen und damit fundamentalwertrelevant sein. Dies kann etwa der Fall sein, wenn sich ein neuer Großaktionär für eine Änderung der Unternehmensstrategie einsetzt oder das Paket eines Großaktionärs auf verschiedene kleinere Investoren(-gruppen) verteilt wird und damit der Einfluss des ehemaligen Großaktionärs endet. Zum anderen kann sich die Eigenschaft einer Information über die Transaktion als Insiderinformation nicht nur aus dem Emittentenbezug, sondern auch aus dem Bezug zum Finanzinstrument ergeben. Art. 7 Abs. 1 lit. d) MAR zeigt, dass auch handelsbezogene Informationen (etwa die Aufnahme in einen Index) eine Insiderinformation darstellen können.[18] Auch die BaFin diskutiert unter dem Stichwort der unmittelbaren Betroffenheit des Emittenten im Sinne von Art. 17 Abs. 1 MAR neuerdings die insiderrechtliche Qualität von „Umplatzierungen“:[19]

> „Eine den Emittenten unmittelbar betreffende Insiderinformation liegt jedoch nur in besonderen Konstellationen vor, z. B. dann, wenn mit der Umplatzierung ersichtlich strategische Zielsetzungen verfolgt werden, die Einfluss auf die künftige Entwicklung des Emittenten haben werden und dem Emittenten diese strategische Zielsetzung bekannt ist, oder wenn mit der Umplatzierung potentielle Auswirkungen auf die Unternehmensführung zu erwarten sind.“

Auch wenn die BaFin damit hilfreiche Leitlinien gibt, erübrigt sich angesichts der Vielzahl der Fallgestaltungen in der Praxis in der Regel eine nähere Analyse nicht. Im Folgenden wird daher der Frage nachgegangen, welche Gesichtspunkte bei der Prüfung zu berücksichtigen sind, ob eine bevorstehende Veräußerung eines Aktienpakets durch einen abgebenden Aktionär als Insiderinformation zu qualifizieren ist. Dies hängt von den Umständen des Einzelfalls ab. Prüft man die Tatbestandsmerkmale des Art. 7 Abs. 1 lit. a) MAR, dürfte im Regelfall Folgendes gelten: Typischerweise handelt es sich bei einem konkret bevorstehenden Verkauf eines größeren Aktienpakets um eine nicht öffentlich bekannte Information. Ferner liegt zumindest im Zeitpunkt der Investorenansprache in der Regel eine präzise Information im Sinne des Art. 7 Abs. 1 lit. a) MAR vor. Das Endereignis, also der Verkauf des Aktienpakets, mag in diesem Zeitpunkt zwar noch nicht überwiegend wahrscheinlich sein und wäre damit noch keine präzise Information im Sinne des Art. 7 Abs. 2 Satz 1 MAR. Allerdings ist die Tatsache, dass der abgebende Aktionär einen Verkauf konkret erwägt, eine Bank mandatiert hat und verschiedene Investoren anspricht, ein eingetretenes Ereignis und damit als Zwischenschritt präzise im Sinne des Art. 7 Abs. 2 Satz 2 MAR. Insbesondere kann

---

18 *Klöhn* in Klöhn, Marktmissbrauchsverordnung, 2018, Art. 7 Rn. 290 ff.; *Assmann* in Assmann/Schneider/Mülbert, Wertpapierhandelsrecht, 7. Aufl. 2019, Art. 7 MAR Rn. 76; *Hopt/Kumpan* in Schimansky/Bunte/Lwowski, Bankrechts-Hdb., 5. Aufl. 2017, § 107 Rn. 51; *Krause* in Meyer/Veil/Rönnau, Hdb. Marktmissbrauchsrecht, 2018, § 6 Rn. 96.

19 BaFin-Konsultation Nr. 14/2019, Entwurf Emittentenleitfaden Modul C, Stand 01.07.2019, S. 49; zuvor BaFin, Emittentenleitfaden, 4. Aufl., Stand 28.04.2009, S. 52. Siehe hierzu auch die von *Wolf* in Habersack/Mülbert/Schlitt, Unternehmensfinanzierung am Kapitalmarkt, 4. Aufl. 2019, § 7 Rn. 43 f. und *Krause* in Meyer/Veil/Rönnau, Hdb. Marktmissbrauchsrecht, 2018, § 6 Rn. 137 ff. genannten Kriterien.

die konkrete Verkaufsabsicht des Großaktionärs eine Insiderinformation sein, wenn sie sich entsprechend manifestiert hat. Zwar spricht Erwägungsgrund 54 Satz 3 MAR davon, dass Informationen über eigene Handlungspläne oder -strategien nicht als Insiderinformationen betrachtet werden sollten, also bereits keine Insiderinformationen sind. Dies dürfte jedoch ein Redaktionsversehen sein.[20] Art. 9 Abs. 5 MAR bestimmt nämlich, dass für Zwecke der Artikel 8 und 14 die bloße Tatsache, dass eine Person ihr Wissen darüber, dass sie beschlossen hat, Finanzinstrumente zu erwerben oder zu veräußern, beim Erwerb oder der Veräußerung dieser Finanzinstrumente nutzt, an sich noch keine Nutzung von Insiderinformationen darstellt. Daraus ergibt sich nach herrschender Auffassung, dass die eigene Absicht eine Insiderinformation nach der MAR sein kann und kein Drittbezug erforderlich ist.[21]

### b) Kriterien für die Bestimmung der Kursrelevanz

Die entscheidende Frage ist deshalb in der Regel, ob den bereits eingetretenen Zwischenschritten im Rahmen des Verkaufsprozesses oder der künftigen Transaktion aus Sicht eines verständigen Anlegers eine erhebliche Kursrelevanz im Sinne von Art. 7 Abs. 4 MAR zukommt. Klammert man die umstrittene Grundsatzfrage, ob und unter welchen Voraussetzungen eingetretene Zwischenschritte kursrelevant sein können,[22] aus, lassen sich folgende Kriterien ausmachen, die bei der Bestimmung der Kursrelevanz herangezogen werden können:

---

**20** *Klöhn* Beilage zu ZIP 22/2016, 44, 46; *Krause* in Meyer/Veil/Rönnau, Hdb. Marktmissbrauchsrecht, 2018, § 6 Rn. 24; *Hopt/Kumpan* in Schimansky/Bunte/Lwowski, Bankrechts-Hdb., 5. Aufl. 2017, § 107 Rn. 93.

**21** *Klöhn* Beilage zu ZIP 22/2016, 44, 46; *ders.* in Klöhn, Marktmissbrauchsverordnung, 2018, Art. 7 Rn. 26; *Hopt/Kumpan* in Schimansky/Bunte/Lwowski, Bankrechts-Hdb., 5. Aufl. 2017, § 107 Rn. 44, 93, 102; *Krause* in Meyer/Veil/Rönnau, Hdb. Marktmissbrauchsrecht, 2018, § 6 Rn. 23 f.; *Bachmann*, Das Europäische Insiderhandelsverbot, 2015, S. 26 f.; *Assmann* in Assmann/Schneider/Mülbert, Wertpapierhandelsrecht, 7. Aufl. 2019, Art. 7 MAR Rn. 17; *Grundmann* in Staub, GroßKomm HGB Bd. 11/1, 5. Aufl. 2017, Bankvertragsrecht 6. Teil Rn. 346; *Diversy/Köpferl* in Graf/Jäger/Wittig, Wirtschafts- und Steuerstrafrecht, 2. Aufl. 2017, § 38 WpHG Rn. 131.

**22** Dazu etwa *Klöhn* in Klöhn, Marktmissbrauchsverordnung, 2018, Art. 7 Rn. 108, Rn. 198, Rn. 204 und Rn. 217; *Hopt/Kumpan* in Schimansky/Bunte/Lwowski, Bankrechts-Hdb., 5. Aufl. 2017, § 107 Rn. 55; *Krause* in Meyer/Veil/Rönnau, Hdb. Marktmissbrauchsrecht, 2018, § 6 Rn. 75; *Kallmeier*, Ad-hoc-Publizität von Zwischenschritten, 2016, S. 113 f.; *Cahn* FS Bergmann, 2018, S. 111, 116 ff.; *Kumpan* VGR 2018, 109, 116 f. und 123 f.; *J. Vetter/Engel/Lauterbach* AG 2019, 160, 166 ff.; *Groß/Royé* BKR 2019, 272, 276; zum alten Recht etwa *Ihrig* VGR 2012, 113, 123 ff.; *Bingel* AG 2012, 685 ff.; *Brellochs* ZIP 2013, 1170, 1172.

### aa) Bedeutung des abgebenden Aktionärs für den Emittenten

Von besonderer Bedeutung ist der abgebende Aktionär zunächst dann, wenn er selbst oder über einen Repräsentanten Mitglied des Aufsichtsrats oder des Vorstands des Emittenten ist. Dann findet zwar über die Veröffentlichung der Eigengeschäfte von Führungskräften gemäß Art. 19 Abs. 1 MAR eine nachträgliche Marktinformation statt. Allerdings ist mit dem Ausstieg des Großaktionärs in der Regel auch eine Veränderung in den Organen verbunden, die sich auf den Emittenten auswirken kann. Ist der abgebende Aktionär für den Emittenten aus anderen Gründen von strategischer Bedeutung, etwa als ein langjähriger Ankerinvestor, kann die Information über den geplanten Ausstieg oder die Verringerung seiner Beteiligung aus diesem Grund von größerer Bedeutung als bei sonstigen Investoren sein. Ferner kann der Verkauf zu der Entlassung aus einem Konzernverbund führen und dem Emittenten die Möglichkeit zu einer strategischen Neupositionierung eröffnen.[23] Bei einem langjährigen Investor oder gar dem Unternehmensgründer oder einem anderen „Aktionär der ersten Stunden" wird man oftmals davon ausgehen können, dass nicht nur eine gewisse emotionale Bindung zum Emittenten besteht, sondern dass er auch mit den Gesellschaftsverhältnissen besonders vertraut ist. Deshalb ist zu prüfen, ob seiner Anlageentscheidung eine gewisse Signalwirkung im Hinblick auf die Unternehmensentwicklung zukommt, ähnlich der Signalwirkung bei Directors' Dealings. Dies ist allerdings nicht zwingend. Der Verkaufsentscheidung eines Großaktionärs können auch andere Erwägungen zugrunde liegen (etwa die Nachfolgeplanung bei einer Unternehmerfamilie oder die Diversifizierung des Portfolios). Wieder anders liegt der Fall, wenn der abgebende Aktionär gleichzeitig wesentlicher Geschäftspartner der Gesellschaft ist oder etwa wesentliches Knowhow beisteuert oder in die Vertriebsorganisation eingebunden ist. In diesen Fällen kann es infolge der Transaktion auch zu Änderungen in den Geschäftsbeziehungen des Emittenten kommen, sodass im Anschluss an den Ausstieg oder die Verringerung der Beteiligung auch Auswirkungen auf die Vermögens-, Finanz- und Ertragslage des Emittenten zu prüfen sind.

### bb) Bedeutung des Erwerbers für den Emittenten

Bei einem Block Trade steht auf Erwerberseite typischerweise eine größere Zahl von Investoren, die einzeln nicht relevant sind und zusammen aufgrund ihrer heterogenen Interessen keine maßgebliche Bedeutung haben. Dies kann bei einem Paketverkauf anders sein, weil auf Erwerberseite häufig ein Einzelinvestor

23 *Parmentier* NZG 2007, 407, 409.

oder ein Konsortium auftritt, in dem mehrere Investoren ihre Interessen gebündelt haben. Hier sind die vorgenannten Erwägungen sozusagen mit umgekehrtem Vorzeichen relevant, etwa die (angestrebte) Vertretung des Investors im Aufsichtsrat oder Vorstand und seine (vermuteten) strategischen und unternehmerischen Zielsetzungen[24] einschließlich der sich daraus möglicherweise ergebenden Auswirkungen auf die Vermögens-, Finanz- und Ertragslage des Emittenten.[25] Deshalb kommt es bei der insiderrechtlichen Beurteilung auch darauf an, mit welchem Investor sich der verkaufende Aktionär die größten Chancen ausrechnet und inwieweit der verkaufende Aktionär die Pläne des Investors im Hinblick auf den Emittenten kennt.[26]

#### cc) Größe des Pakets im Verhältnis zum Grundkapital des Emittenten

Ist der Investor nicht von strategischer Bedeutung für den Emittenten, ist ein zentrales Kriterium für die Frage der Kursrelevanz die Größe des angebotenen Aktienpakets im Verhältnis zum gesamten Grundkapital der Gesellschaft. Für die Frage, ab wann ein Paket eine kursrelevante Größe hat, wird teilweise an die Veröffentlichungspflichten wesentlicher Beteiligungen nach §§ 33 ff. WpHG angeknüpft.[27] Diese generalisierende Sicht erscheint jedoch nicht überzeugend. Die Meldeschwellen für Stimmrechtsmitteilungen geben nur die typisierte Markterwartung im regulierten Markt im Hinblick auf die Transparenz der Aktionärsstruktur wieder, enthalten jedoch keine Aussage darüber, welche Beteiligung kursrelevant im Sinne des Insiderrechts ist. Maßgeblich ist vielmehr, ob die Zu- oder Abnahme der Beteiligung des jeweiligen Aktionärs in der konkreten Situation erhebliche Auswirkungen auf die unternehmerische und die finanzielle Situation des Emittenten erwarten lässt.[28] Insbesondere bei einem Paketverkauf

---

24 *Parmentier* NZG 2007, 407, 409.

25 Siehe hierzu beispielhaft den Einstieg des chinesischen Investors Geely bei Daimler im Februar 2018.

26 Vgl. auch die Unterscheidung bei der insiderrechtlichen Beurteilung zwischen einem ad-hoc-pflichtigen Veräußerer in einer M&A-Auktion und den ad-hoc-pflichtigen Erwerbsinteressenten, die sich mehreren Mitbietern gegenübersehen, dazu *Hopt/Kumpan* ZGR 2017, 765, 810; *Veil/Brüggemeier* in Meyer/Veil/Rönnau, Hdb. Marktmissbrauchsrecht, 2018, § 10 Rn. 92.

27 *Schlitt/Schäfer* AG 2004, 346, 353 (Fn. 73); *Assmann* in Assmann/Schneider/Mülbert, Wertpapierhandelsrecht, 7. Aufl. 2019, Art. 8 MAR Rn. 61; *Mennicke* in Fuchs, WpHG, 2. Aufl. 2016, § 14 Rn. 81.

28 Zutr. *Klöhn* in Klöhn, Marktmissbrauchsverordnung, 2018, Art. 8 Rn. 191 ff.; *Hopt/Kumpan* in Schimansky/Bunte/Lwowski, Bankrechts-Hdb., 5. Aufl. 2017, § 107 Rn. 91; ähnlich nunmehr BaFin-Konsultation Nr. 14/2019, Entwurf Emittentenleitfaden Modul C, Stand 01.07.2019, S. 32, insb. Fn. 19.

rückt vor diesem Hintergrund der mögliche Paketerwerber ins Blickfeld. Beim Einstieg eines aktivistischen Investors können z. B. auch niedrigere Beteiligungshöhen kursrelevant sein, die bei einem passiven institutionellen Investor in der Regel nicht relevant wären.[29] Umgekehrt bedeutet ein Überschreiten z. B. der 3% oder 5%-Schwelle des § 33 WpHG nicht zwingend, dass der Erwerb des Aktienpakets Auswirkungen auf den Emittenten hat. Es gibt zahlreiche institutionelle Investoren, die Beteiligungen oberhalb der 3%-Schwelle halten. Das Über- oder Unterschreiten dieser Meldeschwellen wirkt sich in der Regel nicht erheblich auf den Aktienkurs aus und ist aus Sicht eines verständigen Anlegers auch sonst nicht relevant. Auch aus der sog. Investorenerklärung nach § 43 WpHG, die beim Erwerb einer Beteiligung von mindestens 10% abzugeben ist, ergibt sich jedenfalls für den abgebenden Aktionär insiderrechtlich nichts anderes. Der Erwerber muss sich als künftiger Aktionär zwar mit den Auswirkungen seiner Beteiligung auf den Emittenten (etwa die Organbesetzung und die Kapitalstruktur) auseinandersetzen. Der abgebende Aktionär hat in die Pläne des Erwerbers aber vielfach keinen Einblick. Für die Frage, ob die Absicht zum Verkauf einer 10%-Beteiligung und die Durchführung eines entsprechenden Verkaufsprozesses eine Insiderinformation ist, können die Absichten des Erwerbers deshalb nicht (allein) entscheidend sein. Selbstverständlich können die Absichten des Erwerbers und der (mögliche) Erwerb des Pakets durch ihn zur Kursrelevanz führen (siehe zuvor III. 2. b) bb)). Dies liegt dann jedoch an den konkreten Absichten und der Möglichkeit ihrer Umsetzung angesichts der Größe des Pakets und nicht am formalen Überschreiten der 10%-Schwelle.

### dd) Verhältnis zum Streubesitz des Emittenten

Weiterhin wird ein verständiger Anleger die Bedeutung der Transaktion für die gesamte Aktionärsstruktur und für den Streubesitz des Emittenten berücksichtigen. Je größer der Streubesitz einer Gesellschaft ist, desto geringer ist typischerweise die Präsenz auf den Hauptversammlungen. Stellt daher das zum Verkauf anstehende Aktienpaket einen wesentlichen Anteil der nicht zum Streubesitz gehörenden Aktien des Emittenten dar oder gar die einzige Beteiligung größeren Umfangs, kann dies auch Auswirkungen auf die faktischen Mehrheitsverhältnisse auf der Hauptversammlung haben. Aber auch der umgekehrte Fall kann relevant sein. Verfügt nämlich die Gesellschaft über einen sehr geringen Streubesitz, kann die Platzierung eines Pakets zu einer erheblichen Vergrößerung des Streubesitzes

---

29 Vgl. etwa die Kursreaktionen der Aktien von ThyssenKrupp und Bayer, als im Jahr 2018 bzw. 2019 über den Einstieg von Elliott unterhalb der 3%-Schwelle berichtet wurde.

führen und damit die Liquidität und Attraktivität der Aktie erhöhen.[30] Eine solche Vergrößerung des Streubesitzes und der Liquidität wirkt sich typischerweise positiv auf den Börsenkurs aus, da eine Mindestmarktkapitalisierung des Streubesitzes für viele Investoren ein entscheidendes Anlagekriterium ist. Ferner kann die Vergrößerung des Streubesitzes zu einer Aufnahme der Aktien in einen Index führen, da die Free Float-Marktkapitalisierung das erste wesentliche Kriterium für die Indexzugehörigkeit ist (zum zweiten Kriterium sogleich).[31] Dies kann zu einem Kursanstieg führen, weil Indexfonds zukaufen müssen.

### ee) Größe des Pakets im Verhältnis zur Liquidität der Aktie

Nicht nur die Größe des Pakets im Verhältnis zur Gesamtzahl der Aktien ist relevant, sondern auch das Verhältnis zur Liquidität der Aktie kann von Bedeutung sein. Wird ein bestehendes Aktienpaket in einem Block Trade an mehrere Investoren verkauft, steigt damit die Wahrscheinlichkeit, dass die Aktien über die Börse weiterverkauft werden. Das hat, wie vorstehend beschrieben, positive Auswirkungen auf die Liquidität, also den Orderbuchumsatz. Der Orderbuchumsatz ist das zweite wesentliche Kriterium für die Indexzugehörigkeit.[32] Eine Erhöhung des Orderbuchumsatzes kann daher ebenfalls zu einer Aufnahme der Aktie in einen Index führen. Sofern der Markt vor der Transaktion allerdings besonders eng gewesen ist, kann auch die Gefahr bestehen, dass bei einem möglichen Weiterverkauf der im Block Trade verkauften Aktien dieses zusätzliche Angebot jedenfalls kurzfristig nicht vom Markt aufgenommen wird und damit Druck auf den Preis entsteht. Dieses Risiko ist bei einem schon vorher sehr liquiden Markt geringer.

### ff) Bestehen von Lock-up-Vereinbarung

Zudem kann es von Bedeutung sein, ob die zu verkaufenden Wertpapiere Gegenstand einer Lock-up-Vereinbarung sind. Dies ist offensichtlich, wenn es sich um eine sog. harte Lock-up-Vereinbarung handelt. Dann hat sich der abgebende Altaktionär nämlich im Rahmen einer vorherigen Transaktion rechtlich bindend verpflichtet, seine Aktien innerhalb einer bestimmten Haltefrist nicht zu veräußern oder anderweitig zu übertragen. Durch solche Vereinbarungen soll das Vertrauen der gebundenen Altaktionäre in das Unternehmen dokumentiert sowie

30 Siehe zu den Kriterien Marktenge und Volatilität auch *Wolf* in Habersack/Mülbert/Schlitt, Unternehmensfinanzierung am Kapitalmarkt, 4. Aufl. 2019, § 7 Rn. 44.

31 Ziff. 4.1 Leitfaden zu den Aktienindizes der Deutsche Börse AG, Stand 26.06.2019.

32 Ziff. 4.1 Leitfaden zu den Aktienindizes der Deutsche Börse AG, Stand 26.06.2019.

ein Angebotsüberhang und damit mittelbar ein Druck auf den Kurs vermieden werden, wodurch wiederum der Marktpreis stabilisiert wird.[33] Lock-up-Vereinbarungen sind daher als für den Kapitalmarkt wesentliche Informationen in einem Wertpapierprospekt darzustellen.[34] Ein Verstoß gegen eine harte Lock-up-Vereinbarung und die daran anknüpfende Erschütterung des Vertrauens anderer Investoren können deshalb nach teilweise vertretener Auffassung geeignet sein, zu erheblichen Kursbeeinflussungen zu führen.[35] Davon wird man allerdings nur in Ausnahmefällen ausgehen können, etwa wenn ein Verkauf durch einen wesentlichen Aktionär vorliegt, sodass ergänzend auch bereits die vorgenannten Kriterien einschlägig sind. In der Praxis relevanter dürfte der Fall eines sog. Soft Lock-up sein. In einem solchen Fall ist die Emissionsbank berechtigt, den Altaktionär von der Halteverpflichtung zu entbinden. Bei einem Verkauf nach einer solchen Befreiung liegt kein Verstoß gegen die Lock-up-Vereinbarung vor. Sind die Bedingungen der Lock-up-Vereinbarung zutreffend offengelegt worden, insbesondere die Möglichkeit der Befreiung durch die Emissionsbank, muss der Kapitalmarkt grundsätzlich mit einer solchen Befreiung rechnen. Aber auch hier kommt es auf die Umstände des Einzelfalls an. So ist etwa bei Kursen oberhalb des Emissionspreises eine Befreiung naheliegender als bei fallenden Kursen. Trotzdem kommt der Veräußerung eines grundsätzlich gebundenen Pakets während der Lock-up-Frist in der Regel eine größere Bedeutung zu, als einem Verkauf nach Auslaufen des Lock-up oder einem Verkauf von Aktien, die gar nicht erst einem Lock-up unterliegen.[36]

**gg) Kursrelevanz für die Aktien des abgebenden Aktionärs**

Die vorstehenden Kriterien betreffen nur die Frage, welche Kursrelevanz die Transaktion für die Aktien hat, die Gegenstand der Transaktion sind. Ist der abgebende Aktionär seinerseits eine börsennotierte Gesellschaft, kann sich die Frage der Insiderinformation auch im Hinblick auf die von ihm ausgegebenen Aktien stellen. Die dann ausschlaggebenden Kriterien sind andere, namentlich weil sie auf die Auswirkungen der Transaktion auf die Vermögens-, Finanz- und Ertragslage des abgebenden Aktionärs abzielen.[37] Die sich insofern stellenden insiderrechtlichen Fragen können hier nicht diskutiert werden. Aus Sicht der

---

**33** *Bachmann* FS Köndgen, 2016, S. 17, 19; *Grüger* WM 2010, 247, 248.
**34** Siehe Delegierte Verordnung (EU) 2019/980 vom 14. März 2019, Anhang 11 Punkt 7.4.
**35** Vgl. etwa *Stoll* Der Konzern 2007, 561, 563 f.; *Fleischer* WM 2002, 2305, 2312; kritisch *Grüger* BKR 2008, 101, 107; *ders.* WM 2010, 247, 252; jeweils zu § 15 WpHG a. F.
**36** Ähnliche Wertung bei *Fleischer* WM 2002, 2305, 2312 zu § 15 WpHG a.F.
**37** *Schlitt/Schäfer* AG 2004, 346, 352.

Praxis sei nur erwähnt, dass die Offenlegung der möglicherweise doppelt vorliegenden Insiderinformationen synchronisiert werden sollte.

## 3. Offenlegung von transaktionsbezogenen Insiderinformationen gegenüber potentiellen Investoren

Liegt danach im konkreten Fall keine Insiderinformation vor, kann der Verkauf des Aktienpakets ohne Rücksicht auf insiderrechtliche Restriktionen strukturiert werden. Liegt hingegen eine Insiderinformation vor oder muss der Verkäufer aus Gründen der Vorsicht vom Vorliegen einer Insiderinformation ausgehen, sind die Rahmenbedingungen des Insiderrechts (vorsorglich) zu beachten. Entscheidend ist dann, ob die Offenlegung im Rahmen einer Marktsondierung nach Art. 11 Abs. 1 lit. b) MAR oder als Ausnahme vom allgemeinen Offenlegungsverbot nach Art. 14 lit. c) i.V.m. Art. 10 Abs. 1 MAR zulässig ist. Nachfolgend wird die Zulässigkeit der Offenlegung nach den allgemeinen Kriterien erörtert.

### a) Maßstab für die Rechtmäßigkeitsprüfung

Nach Art. 14 lit. c) i.V.m. Art. 10 Abs. 1 MAR ist die Offenlegung von Insiderinformationen unrechtmäßig, es sei denn, sie erfolgt im Rahmen der normalen Ausübung einer Beschäftigung oder eines Berufs oder zur normalen Erfüllung von Aufgaben. Das Verbot verfolgt den Zweck, die Verbreitung von Insiderinformationen zu verhindern.[38] Da auch der eigene Verkaufsentschluss des abgebenden Aktionärs eine Insiderinformation sein kann, wenn er sich entsprechend manifestiert hat (dazu oben III.2a)), ist die Offenlegung dieses Entschlusses gegenüber der begleitenden Bank, den Beratern und potentiellen Investoren ebenfalls an Art. 14 lit. c) i.V.m. Art. 10 Abs. 1 MAR zu messen, sofern er eine Insiderinformation darstellt.

Der EuGH hat sich in seiner *Grøngaard & Bang*-Entscheidung bekanntlich zur Auslegung des vergleichbaren Ausnahmetatbestands der Insiderrichtlinie 89/

38 *Hopt/Kumpan* in Schimansky/Bunte/Lwowski, Bankrechts-Hdb., 5. Aufl. 2017, § 107 Rn. 101; *Klöhn* in Klöhn, Marktmissbrauchsverordnung, 2018, Art. 10 Rn. 13; *Meyer* in Meyer/Veil/Rönnau Hdb. Marktmissbrauchsrecht § 8 Rn. 1ff.; EuGH v. 22.11.2005, Rs. C-384/02, NZG 2006, 60 Rn. 24 und 33ff. (*Grøngaard & Bang*); BaFin-Konsultation Nr. 14/2019, Entwurf Emittentenleitfaden Modul C, Stand 01.07.2019, S. 89; zuvor BaFin, Emittentenleitfaden, 4. Aufl., Stand 15.07.2005, S. 41.

592/EWG geäußert.[39] Danach ist die innerbetriebliche Weitergabe einer Insiderinformation nur rechtmäßig, wenn „ein enger Zusammenhang zwischen der Weitergabe und der Ausübung [der] Arbeit oder [des] Berufs oder der Erfüllung [der] Aufgaben besteht und diese Weitergabe für die Ausübung dieser Arbeit oder dieses Berufs oder für die Erfüllung dieser Aufgaben unerlässlich ist."[40] Die wohl überwiegende Auffassung geht davon aus, dass sich der EuGH damit für eine enge Auslegung des Ausnahmetatbestands vom Offenlegungsverbot ausgesprochen hat.[41] Umstritten ist, ob die *Grøngaard & Bang*-Entscheidung des EuGH für die MAR Gültigkeit hat. Dagegen spricht zwar, dass der Wortlaut des Art. 10 Abs. 1 Satz 1 MAR die vom EuGH formulierten Einschränkungen des engen Zusammenhangs und der Unerlässlichkeit nicht erkennen lässt.[42] Auf der anderen Seite orientiert sich Art. 10 Abs. 1 Satz 1 MAR letztlich nur an den Formulierungen der europarechtlichen Vorgängernormen.[43] Zudem lässt sich der MAR oder den Materialien zur MAR – soweit ersichtlich – nicht entnehmen, dass die *Grøngaard & Bang*-Entscheidung durch die MAR überholt sein soll. Deshalb spricht vieles dafür, dass die *Grøngaard & Bang*-Entscheidung auch für die Auslegung von Art. 10 Abs. 1 MAR relevant ist. Folglich soll die Offenlegung von Insiderinformationen im Rahmen von Block Trades und Paketverkäufen nachfolgend unter den *Grøngaard & Bang*-Kriterien „enger Zusammenhang" und „Unerlässlichkeit" untersucht werden. Wenn danach eine Offenlegung zulässig ist, sollte die Offenlegung bei Anwendung einer allgemeinen Erforderlichkeits- und Verhältnismäßigkeitsprüfung, wie sie namentlich von *Klöhn* vertreten wird, erst Recht zulässig sein.

Bei der Anwendung der *Grøngaard & Bang*-Kriterien ist ferner entscheidend, dass der EuGH für die Auslegung des Ausnahmetatbestands vom Offenlegungs-

---

**39** EuGH v. 22.11.2005, Rs. C-384/02, NZG 2006, 60 (*Grøngaard & Bang*).

**40** EuGH v. 22.11.2005, Rs. C-384/02, NZG 2006, 60 Rn. 34 ff., insb. Rn. 48 (*Grøngaard & Bang*).

**41** BaFin-Konsultation Nr. 14/2019, Entwurf Emittentenleitfaden Modul C, Stand 01.07.2019, S. 90; *Assmann* in Assmann/Schneider/Mülbert, Wertpapierhandelsrecht, 7. Aufl. 2019, Art. 10 MAR Rn. 21; *Bachmann* VGR 2016, 135, 162; *Hopt/Kumpan* in Schimansky/Bunte/Lwowski, Bankrechts-Hdb., 5. Aufl. 2017, § 107 Rn. 105; *Meyer* in Meyer/Veil/Rönnau, Hdb. Marktmissbrauchsrecht, 2018, § 8 Rn. 12; *Grundmann* in Staub, GroßKomm HGB Bd. 11/1, 5. Aufl. 2017, Bankvertragsrecht 6. Teil Rn. 420; *Kiesewetter/Parmentier* BB 2013, 2371, 2373; *Veil* ZBB 2014, 85, 91; *Poelzig* NZG 2016, 528, 534; a. A. mit beachtlichen Argumenten *Klöhn* in Klöhn, Marktmissbrauchsverordnung, 2018, Art. 10 Rn. 73 ff.; vgl. auch *Sethe* in Assmann/Schütze, Hdb. des Kapitalanlagerechts, 4. Aufl. 2015 § 8 Rn. 128; *Zetzsche* NZG 2015, 817, 819 f.; *Tissen* NZG 2015, 1254, 1256.

**42** So etwa *Poelzig* NZG 2016, 528, 534; *Zetzsche* NZG 2015, 817, 820.

**43** Art. 3 lit. a) RL 2003/6/EG (Marktmissbrauchs-RL 2003), zuvor Art. 3 lit. a) RL 89/592/EWG (EG-Insider-RL).

verbot auf das nationale Recht verwiesen hat, da die Frage, ob etwas in einem normalen Rahmen in Ausübung einer Arbeit oder eines Berufs oder in Erfüllung einer Aufgabe geschieht, nicht harmonisiert sei.[44] Hieran hat sich unter Geltung der MAR nichts geändert.[45] Für die Zulässigkeit der Offenlegung von Insiderinformationen über den anstehenden Verkauf eines größeren Aktienpakets sind also die Maßstäbe des deutschen Rechts in der konkreten Situation heranzuziehen.

#### b) Anwendung auf einzelne Abschnitte eines Block Trades oder Paketverkaufs

##### aa) Vorbereitungsphase bei Block Trade und Paketverkauf

Betrachtet man den typischen Ablauf bei einem Block Trade und einem Paketverkauf, lassen sich aus insiderrechtlicher Sicht zwei Phasen unterscheiden. In der Vorbereitungsphase strukturiert der abgebende Aktionär die Transaktion, mandatiert die transaktionsbegleitende Bank sowie Anwälte und gegebenenfalls andere Berater und unterrichtet diese über die geplante Transaktion. In der Vorbereitungsphase erfolgt auch, bei Block Trades oder Paketverkäufen in einem unterschiedlichen Umfang, eine erste Auswahl potentieller Investoren, die für das zu verkaufende Aktienpaket angesprochen werden sollen. Allerdings verlassen transaktionsbezogene Informationen die Sphäre des abgebenden Aktionärs und seiner Berater in der Vorbereitungsphase in der Regel nicht. Erst in der anschließenden Transaktionsphase werden die Investoren angesprochen, bei einem Block Trade im Rahmen eines Bookbuilding und bei einem Paketverkauf im Rahmen von bilateralen Gesprächen. Vor der Transaktionsphase kann es auch zu einer Marktsondierung nach Art. 11 MAR kommen.

Betrachtet man typische Fallgruppen, in denen die Literatur eine befugte Weitergabe von Insiderinformationen annimmt, stellt man fest, dass es häufig um die Weitergabe von Insiderinformationen durch den Emittenten geht. So dürfen etwa Insiderinformationen innerhalb des Vorstands und vom Vorstand an den Aufsichtsrat weitergegeben werden, um die Überwachung der Unternehmensführung zu ermöglichen.[46] Ferner dürfen externe Berater mandatiert und in

---

44 EuGH v. 22.11.2005, Rs. C-384/02, NZG 2006, 60 Rn. 39 f., insb. Rn. 48 (*Grøngaard & Bang*).

45 *Klöhn* in Klöhn, Marktmissbrauchsverordnung, 2018, Art. 10 Rn. 38; *Assmann* in Assmann/Schneider/Mülbert, Wertpapierhandelsrecht, 7. Aufl. 2019, Art. 10 MAR Rn. 26.

46 *Assmann* in Assmann/Schneider/Mülbert, Wertpapierhandelsrecht, 7. Aufl. 2019, Art. 10 MAR Rn. 27 f.; *Klöhn* in Klöhn, Marktmissbrauchsverordnung, 2018, Art. 10 Rn. 106 f.; *Sethe* in Assmann/Schütze, Hdb. des Kapitalanlagerechts, 4. Aufl. 2015, § 8 Rn. 129; *Mennicke* in Fuchs, WpHG, 2. Aufl. 2016, § 14 Rn. 225.

diesem Rahmen Insiderinformationen weitergegeben werden, auch wenn der Emittent eine bestimmte Aufgabe gleichermaßen durch eigene Ressourcen erledigen könnte.[47] Ebenso liegt eine befugte Weitergabe vor, wenn eine Aktiengesellschaft ihrem Abschlussprüfer oder einem Sonderprüfer die von diesem benötigten Informationen zur Verfügung stellt (vgl. § 320 Abs. 2 HGB, § 145 Abs. 2 AktG).[48] Abhängig vom Einzelfall können auch vertragliche Offenlegungspflichten[49] und Informationspflichten und -obliegenheiten gegenüber Behörden (etwa im Rahmen von Genehmigungsverfahren)[50] eine Offenlegung rechtfertigen.

Die Kriterien, die in der Literatur für die Weitergabe von Insiderinformationen durch den Emittenten entwickelt wurden, lassen sich auch auf die Informationsweitergabe durch Dritte anwenden. Das an der Integrität des Marktes orientierte Insiderrecht erlaubt insofern weder strengere noch weniger strenge Maßstäbe. Auf die umstrittene Frage, ob bei der Weitergabe „fremder" Insiderinformationen (etwa aus der Sphäre des Emittenten) strengere Maßstäbe gelten als bei der Weitergabe „eigener" Insiderinformationen,[51] kommt es an dieser Stelle nicht an: Der abgebende Aktionär und seine Berater geben nämlich die Information über die Verkaufsabsicht und den Verkaufsprozess und damit eine aus ihrer Sphäre stammende (potentielle) Insiderinformation weiter. Daher wird auch der Vorstand des abgebenden Aktionärs in der Vorbereitungsphase der Transaktion seinen Aufsichtsrat und, auf *need to know*-Basis, seine Mitarbeiter informieren dürfen. Gleiches gilt für die Einbindung des transaktionsbegleitenden Teams, bestehend insbesondere aus Investmentbank und beratenden Rechtsanwälten.[52]

---

**47** *Assmann* in Assmann/Schneider/Mülbert, Wertpapierhandelsrecht, 7. Aufl. 2019, Art. 10 MAR Rn. 46; *Meyer* in Meyer/Veil/Rönnau, HdB Marktmissbrauchsrecht, 2018, § 8 Rn. 13; *Klöhn* in Klöhn, Marktmissbrauchsverordnung, 2018, Art. 10 Rn. 141; *Sethe* in Assmann/Schütze, Hdb. des Kapitalanlagerechts, 4. Aufl. 2015, § 8 Rn. 134.

**48** *Assmann* in Assmann/Schneider/Mülbert, Wertpapierhandelsrecht, 7. Aufl. 2019, Art. 10 MAR Rn. 30; *Buck-Heeb*, Kapitalmarktrecht, 10. Aufl. 2019, Rn. 395; *Klöhn* in Klöhn, Marktmissbrauchsverordnung, 2018, Art. 10 Rn. 122.

**49** Str., zur Diskussion *Assmann* in Assmann/Schneider/Mülbert, Wertpapierhandelsrecht, 7. Aufl. 2019, Art. 10 MAR Rn. 25; *Klöhn* in Klöhn, Marktmissbrauchsverordnung, 2018, Art. 10 Rn. 99 f.; *Schwark/Kruse* in Schwark/Zimmer, KMRK, 4. Aufl. 2010, § 14 WpHG Rn. 56 f.; krit. BaFin-Konsultation Nr. 14/2019, Entwurf Emittentenleitfaden Modul C, Stand 01.07.2019, S. 91.

**50** *Assmann* in Assmann/Schneider/Mülbert, Wertpapierhandelsrecht, 7. Aufl. 2019, Art. 10 MAR Rn. 32; *Klöhn* in Klöhn, Marktmissbrauchsverordnung, 2018, Art. 10 Rn. 223 f.; *Mennicke* in Fuchs, WpHG, 2. Aufl. 2016, § 14 Rn. 228.

**51** Hierzu *Klöhn* in Klöhn, Marktmissbrauchsverordnung, 2018, Art. 10 Rn. 59 ff., 157 f. und 182 ff.

**52** *Meyer* in Meyer/Veil/Rönnau, Hdb. Marktmissbrauchsrecht, 2018, § 8 Rn. 36 ff.; *Wolf* in Habersack/Mülbert/Schlitt, Unternehmensfinanzierung am Kapitalmarkt, 4. Aufl. 2019, § 7 Rn. 45 f.

In der Transaktionsphase kommt es zu einem wesentlichen Unterschied zwischen einem Block Trade und einem Paketverkauf. Bei einem Paketverkauf werden einzelne „handverlesene" Investoren angesprochen, jedenfalls ist die Anzahl in der Regel überschaubar. Dies ist bei einem Block Trade typischerweise anders. Hier richtet sich das Angebot in einem standardisierten Verfahren regelmäßig an eine erheblich größere Anzahl von institutionellen Investoren. Auch bei der Erwartungshaltung der Investoren bestehen Unterschiede. Der Paketverkauf kommt vielfach erst nach einem längeren Prozess zustande und mündet in einen individuell ausverhandelten Kaufvertrag, während der Block Trade idealerweise innerhalb weniger Stunden mit der Abgabe von Kauforders und der sich unmittelbar anschließenden Zuteilung abgeschlossen wird. Insofern ist in der Transaktionsphase eine differenzierte Betrachtung geboten.

**bb) Offenlegung in der Transaktionsphase bei einem Paketverkauf**

Bei einem Paketverkauf hat der abgebende Aktionär und das transaktionsbegleitende Team in der Transaktionsphase ein existenzielles Interesse, mit potentiellen Interessenten zu sprechen und dabei die Verkaufsabsicht und Eckpunkte einer möglichen Transaktion offenzulegen. Ohne eine solche Kommunikation wäre ein Verkauf eines größeren Aktienpakets an einen oder mehrere Investoren nicht möglich. Die Weitergabe einer etwaigen transaktionsbezogenen Insiderinformation ist also *unerlässlich.* Auch der *enge Zusammenhang* ist gegeben, weil die Weitergabe in einem direkten Zusammenhang mit dem Verkauf steht. Daher bestehen im Grundsatz keine Bedenken, wenn ein abgebender Aktionär transaktionsbezogene Insiderinformationen an den (möglichen) Erwerber eines Aktienpakets im Rahmen von individuell verhandelten Einzeltransaktionen weitergibt. Aber auch die Einbindung des Emittenten in den Verkaufsprozess durch den abgebenden Aktionär kann nach diesen Kriterien zulässig sein, wenn z. B. ein potentieller Investor Informationszugang zur Zielgesellschaft oder Gespräche mit dem Management verlangt.

Bei Paketverkäufen wird der abgebende Aktionär vor der Weitergabe von transaktionsbezogenen Insiderinformationen in der Regel eine Vertraulichkeitsvereinbarung mit den potentiellen Investoren abschließen. Dies ist schon vor dem Hintergrund angebracht, dass für den Interessenten die Sach- und Rechtslage bezüglich der insiderrechtlichen Einordnung der Situation nicht immer transparent sein muss und die Vertraulichkeit des Prozesses im ureigenen Interesse des abgebenden Aktionärs liegt. Zwingend ist der Abschluss einer Vertraulichkeitsvereinbarung jedoch nicht, um eine Offenlegung insiderrechtlich zu rechtfertigen. Jedenfalls bei einem kleinen Kreis der Informationsempfänger lässt sich die Verbreitung von (potentiellen) Insiderinformationen auch ohne separate

Vertraulichkeitsvereinbarung steuern und begrenzen, zumal die Informationsempfänger ohnehin dem insiderrechtlichen Handels- und Weitergabeverbot unterliegen. Auch Art. 17 Abs. 8 Satz 1 MAR erfordert nicht den Abschluss einer Vertraulichkeitsvereinbarung. Diese Bestimmung gilt nach dem Wortlaut nur bei einer Offenlegung durch den Emittenten oder eine in seinem Auftrag oder für seine Rechnung handelnde Person, was bei einem abgebenden Aktionär in der Regel nicht der Fall ist. Damit entsteht durch eine Offenlegung ohne Vertraulichkeitsvereinbarung auch keine Ad-hoc-Publizitätspflicht des Emittenten nach Art. 17 Abs. 8 MAR. Auch der abgebende Aktionär ist – sofern er nicht selbst ein börsennotiertes Unternehmen ist – nicht zur Ad-hoc-Publizität nach Art. 17 Abs. 1 MAR verpflichtet, da er nicht Normadressat von Art. 17 Abs. 1 MAR ist.

Unabhängig davon kann sich bei Paketverkäufen die Frage stellen, ob die Zahl der Informationsempfänger, d. h. der angesprochenen Investoren, aus insiderrechtlichen Gründen begrenzt ist. Zwar ist der Kreis möglicher Investoren, die ein strategisches Interesse an der Beteiligung haben und deshalb z. B. bereit wären, eine Prämie auf den Börsenkurs zu zahlen, in der Regel kleiner. Gleichwohl kann es erforderlich sein, den Adressatenkreis zur Optimierung des Verkaufsprozesses breiter zu spannen. Eine zahlenmäßige Grenze der Informationsempfänger in einem anderen Zusammenhang sehen etwa Rule 2.2 (e) des UK Takeover Code und Ziff. 8.2 des Practice Statement No 20 vom 7. März 2008 des UK Takeover Panel vor: Danach dürfen in der Regel nicht mehr als sechs Parteien (abgesehen vom Emittenten und seinen Beratern) über ein geplantes Übernahmeangebot informiert werden, bevor es veröffentlicht wird (sog. *rule of six*). In der MAR ist eine solche starre Grenze im Hinblick auf die Zahl möglicher Informationsempfänger hingegen nicht vorgesehen. Sie ergibt sich auch nicht durch Auslegung der Art. 14 lit. c) iVm Art. 10 Abs. 1 MAR.

Maßgeblich ist vielmehr der allgemeine Rechtmäßigkeitsmaßstab und damit die Umstände des Einzelfalls. Bei einem größeren Kreis der Informationsempfänger lässt sich z. B. durch Abschluss einer Vertraulichkeitsvereinbarung mit den Interessenten das Risiko einer unbefugten Verbreitung von transaktionsbezogenen Insiderinformationen reduzieren. Ferner kann es sich anbieten, abgestuft vorzugehen, also zunächst einen kleineren Kreis von Investoren anzusprechen und weitere Investoren erst dann einzubeziehen, wenn dort kein ausreichendes Interesse besteht. Das Insiderrecht verpflichtet den Verkäufer in einem Auktionsverfahren nämlich nicht, die Interessenten informationell gleich zu behandeln, d. h. ihnen etwaige Insiderinformationen parallel zur Verfügung zu stellen.[53] Die Interessenten in einem Auktionsverfahren stellen nur einen kleinen, in der

53 A.A. *Hopt/Kumpan* ZGR 2017, 765, 812.

Regel nicht repräsentativen Ausschnitt des Marktes dar. Mit einer insiderrechtlichen Gleichbehandlung wäre unter dem Gesichtspunkt der Chancengleichheit der Marktteilnehmer daher nicht viel gewonnen. Darüber hinaus unterliegen die Interessenten ohnehin dem gesetzlichen Insiderhandelsverbot, dürfen die erlangten Insiderinformationen für Zu- oder Verkäufe im Markt also nicht nutzen. Im Ergebnis dürfen transaktionsbezogene Insiderinformationen deshalb an mehrere potentielle Investoren weitergegeben werden, wobei mit zunehmender Größe des Empfängerkreises der Informationen das Rechtfertigungsbedürfnis steigt. In jedem Fall sollte der Prozess aus Sicht der Praxis klar dokumentiert und durch den Abschluss von Vertraulichkeitsvereinbarungen flankiert werden.

Insgesamt lässt sich festhalten, dass der abgebende Aktionär bzw. seine Bank und seine Berater eine Insiderinformation über den anstehenden Paketverkauf und die möglichen Konditionen nach Art. 14 lit. c) iVm Art. 10 Abs. 1 MAR an potentielle Kaufinteressenten weitergeben dürfen. Dadurch werden diese bezüglich der Verkaufsabsicht und im weiteren Verlauf bezüglich der Konditionen der Transaktion zu Insidern. Dem Abschluss des Paketkaufvertrags steht dies in der Regel nicht entgegen, da die sog. *Face-to-face*-Ausnahme[54] eingreift und das Geschäft ermöglicht, auch wenn die transaktionsbezogenen Insiderinformationen im Zeitpunkt des Geschäftsabschlusses noch nicht öffentlich sein sollten.

#### cc) Offenlegung in der Transaktionsphase bei einem Block Trade

Bei einem Block Trade stellt sich die Transaktionsphase typischerweise anders dar. Hier wird in einem standardisierten Verfahren regelmäßig eine erheblich größere Anzahl von institutionellen Investoren (etwa per E-Mail) angesprochen. Soll der Prozess – wie üblich – in einem engen Zeitfenster zwischen Schließung der Börsen und Öffnung der Börsen am Folgetag abgeschlossen werden, ist für den Abschluss einer Vertraulichkeitsvereinbarung kein Raum. Damit entfällt die Möglichkeit, durch eine Vertraulichkeitsvereinbarung die Verbreitung der Insiderinformation zu steuern und zu begrenzen.

---

54 Hierzu BaFin-Konsultation Nr. 14/2019, Entwurf Emittentenleitfaden Modul C, Stand 01.07. 2019, S. 87 sowie *Bühren* NZG 2017, 1172ff.; *Assmann* in Assmann/Schneider/Mülbert, Wertpapierhandelsrecht, 7. Aufl. 2019, Art. 8 MAR Rn. 40; *Klöhn* in Klöhn, Marktmissbrauchsverordnung, 2018, Art. 8 Rn. 143, 171; *Veil* in Meyer/Veil/Rönnau, Hdb. Marktmissbrauchsrecht, 2018, § 7 Rn. 46; *Wolf* in Habersack/Mülbert/Schlitt, Unternehmensfinanzierung am Kapitalmarkt, 4. Aufl. 2019, § 7 Rn. 38; a. A. im Hinblick auf Insiderinformationen, die aus einer Due Diligence-Prüfung beim Emittenten gewonnen werden, *Bussian*, Due Diligence bei Pakettransaktionen, 2008, S. 170 und *Herbold*, Das Verwendungsmerkmal im Insiderhandelsverbot, 2009, S. 113, wonach nur ein Pakethandel in Verbindung mit einem öffentlichen Übernahmeangebot zulässig sein soll.

Wendet man die *Grøngaard & Bang*-Kriterien „enger Zusammenhang“ und „Unerlässlichkeit“ unbesehen an, scheint es im Hinblick auf die Notwendigkeit der Informationsweitergabe keinen Unterschied zu Paketverkäufen zu geben. Auch bei einem Block Trade ist die Weitergabe einer transaktionsbezogenen Insiderinformation unerlässlich, weil sie ein integraler Bestandteil der Transaktionsstruktur eines *Accelerated Bookbuilding* darstellt. Ferner ergeben sich auch im Hinblick auf den engen Zusammenhang keine Unterschiede zu einem Paketverkauf, weil auch hier die Weitergabe der Insiderinformation in einem direkten Zusammenhang mit dem Verkauf steht.[55]

Allerdings besteht ein wesentlicher Unterschied im Hinblick auf die Zahl der angesprochenen Investoren. Auch wenn es keine starre Obergrenze für die Anzahl der Adressaten einer befugten Weitergabe von Insiderinformationen gibt, ist bei einem Block Trade aufgrund der Anzahl der im Rahmen der Transaktionsphase typischerweise angesprochenen Investoren das Risiko der Weitergabe deutlich größer als bei einem Paketverkauf. Durch das insiderrechtliche Weitergabeverbot soll die unkontrollierte Verbreitung von Insiderinformationen vermieden werden (siehe zuvor III. 3. a)). Eine echte Kontrolle des Personenkreises, der über die transaktionsbezogenen Insiderinformationen verfügt, ist nach einer breiten Ansprache von möglichen Investoren im Rahmen eines *Accelerated Bookbuilding* in der Regel aber nicht mehr möglich.

Hinzu kommt, dass die im Rahmen einer breiten Marktansprache angesprochenen Investoren regelmäßig kein Interesse haben, unbesehen Insiderinformationen zu erlangen. Mit der Kenntnis einer Insiderinformation würden sie nämlich dem Insiderhandelsverbot nach Art. 14 lit. a) iVm Art. 8 Abs. 1 MAR unterfallen und wären mit dem Verkauf ihrer bestehenden Positionen blockiert. Die bei den Investoren bestehenden Strukturen sehen daher oftmals vor, dass die

---

**55** In diese Richtung etwa *Meyer* in Marsch-Barner/Schäfer, Hdb. börsennotierte AG, 4. Aufl. 2018, § 8 Rn. 58, der darauf hinweist, dass die Anfrage bei Investoren „denknotwendige Voraussetzung für das Zustandekommen einer Umplatzierung im Wege eines Block Trades [sei] und [...] damit im Zuge der normalen Ausübung einer Beschäftigung bzw. der normalen Erfüllung der Aufgaben der mit der Verwaltung der betreffenden Beteiligung vertrauten Personen [erfolge]“. Hierbei ist freilich zu berücksichtigen, dass *Meyer* den Begriff des Block Trades als einen außerbörslichen Paketverkauf durch „private Ansprache institutioneller Investoren“ von einem *Accelerated Bookbuilding* abgrenzt (a. a. O § 7 Rn. 91) und deshalb im Hinblick auf das Verfahren und wohl auch die Anzahl der angesprochenen Investoren differenziert; siehe auch *ders.* in Meyer/Veil/Rönnau, Hdb. Marktmissbrauchsrecht, 2018, § 8 Rn. 36. Ähnlich *Wolf* in Habersack/Mülbert/Schlitt, Unternehmensfinanzierung am Kapitalmarkt, 4. Aufl. 2019, § 7 Rn. 46, freilich mit dem Zusatz „wenn die besonderen Voraussetzungen für das Market Sounding [...] eingehalten worden sind“; ferner *Brandt* in Kümpel/Mülbert/Früh/Seyfried, Bank- und Kapitalmarktrecht, 5. Aufl. 2019, Rn. 15.609.

für die Anlageentscheidung zuständigen Stellen ohne Einschaltung ihrer Compliance-Funktion keine Insiderinformationen erhalten dürfen. Die Prozesse, die bei einer Marktsondierung nach Art. 11 MAR[56] den angemessenen Umgang mit Insiderinformationen beim Empfänger sicherstellen und diesen vor einer ungewollten „Infizierung" schützen sollen, finden bei einer Ansprache des Marktes im Wege eines *Accelerated Bookbuilding* gerade keine Anwendung und lassen sich aufgrund des engen Zeitrahmens auch nicht implementieren. Damit besteht bei einer breiten Marktansprache im Rahmen eines *Accelerated Bookbuilding* jedenfalls für einen Teil der Informationsempfänger die Gefahr einer unwillkommenen, aufgedrängten Insiderinformation.[57]

Im Ergebnis ist daher festzuhalten, dass sich die Offenlegung von Insiderinformationen über den anstehenden Block Trade im Rahmen einer breiten Marktansprache im Wege eines *Accelerated Bookbuilding* in der Regel deutlich schwerer nach Art. 14 lit. c) iVm Art. 10 Abs. 1 MAR rechtfertigen lässt. Davon zu unterscheiden ist die Frage, ob im Vorfeld der Marktansprache einzelne Investoren über die geplante Transaktion informiert werden dürfen, um ihr Interesse und die möglichen Konditionen der Transaktion auszuloten. Dies ist zu bejahen, und zwar auch dann, wenn die Ansprache außerhalb einer Marktsondierung nach Art. 11 MAR durchgeführt wird. Der Kreis der Informationsempfänger ist in diesem Fall nämlich beschränkt, sodass sich die Gefahr einer unkontrollierten Verbreitung der Insiderinformation in Grenzen hält. Insofern gelten die bereits dargestellten Erwägungen (siehe zuvor III. 3. b) bb)) entsprechend.

## 4. Offenlegung von transaktionsbezogenen Insiderinformationen gegenüber der Allgemeinheit

### a) Zulässigkeit der Offenlegung gegenüber der Allgemeinheit

Deshalb stellt sich insbesondere bei Block Trades die Frage, ob und wie der abgebende Aktionär oder die von ihm beauftragte Bank Insiderinformationen über den anstehenden Verkauf des Aktienpakets und gegebenenfalls auch die Kon-

56 Teilweise wird im Hinblick auf die besondere Privilegierung der Marktsondierung (Art. 11 MAR) auch die Anfrage bei Investoren im Rahmen von Block Trades für zulässig gehalten; vgl. *Meyer* in Marsch-Barner/Schäfer, Hdb. börsennotierte AG, 4. Aufl. 2018, § 8 Rn. 58; *Wolf* in Habersack/Mülbert/Schlitt, Unternehmensfinanzierung am Kapitalmarkt, 4. Aufl. 2019, § 7 Rn. 46. Dies ist sicherlich richtig, für die breite Ansprache des Marktes im Wege eines *Accelerated Bookbuilding* allerdings fraglich.

57 Ähnlich *Holmes/Castellon* PLC 09/2016, 29, 31.

ditionen öffentlich machen dürfen. Mit der Veröffentlichung würde die Insiderqualität der Informationen entfallen. Die Grundidee ist dieselbe wie bei einem 10 %er: Auch dort beginnt die Transaktionsphase mit einer Ad-hoc-Meldung, an die sich die Ansprache der Investoren unmittelbar anschließt (siehe oben II.3). Im vorliegenden Zusammenhang stellt sich allerdings die Frage, ob der abgebende Aktionär, also ein Dritter, der nicht Adressat von Art. 17 Abs. 1 MAR ist, das Recht hat oder sogar verpflichtet sein kann, eine Insiderinformation der Öffentlichkeit zugänglich zu machen.

Normadressat der Ad-hoc-Publizitätspflicht nach Art. 17 Abs. 1 MAR ist der Emittent. Dieser muss – vorbehaltlich eines Aufschubs – eine ihn unmittelbar betreffende Insiderinformation unverzüglich und unter Beachtung der formalen und inhaltlichen Vorgaben bezüglich der Veröffentlichung nach Art. 17 Abs. 1 MAR, Art. 2 DurchführungsVO (EU) 2016/1055, §§ 3a, 3b und §§ 4 bis 9 WpAV, § 26 WpHG bekannt machen. Fraglich ist, ob aus Art. 17 Abs. 1 MAR folgt, dass eine Offenlegung von Insiderinformationen außerhalb des dort festgelegten Verfahrens unzulässig ist.[58] Dies könnte jedoch allenfalls für den Emittenten als Normadressaten gelten, wenngleich auch für ihn bei einem Verstoß gegen die Verfahrensvorschriften zur Veröffentlichung einer Ad-hoc-Mitteilung nur eine Ordnungswidrigkeit nach § 120 Abs. 15 Nr. 6 WpHG in Betracht kommen dürfte und kein nach § 119 Abs. 3 Nr. 3 WpHG strafbarer Verstoß gegen Art. 10 Abs. 1 MAR. Aktionäre des Emittenten oder sonstige Dritte sind nicht Normadressaten von Art. 17 Abs. 1 MAR. Sie sind also weder berechtigt noch verpflichtet, eine Insiderinformation in dem für eine Ad-hoc-Meldung nach Art. 17 Abs. 1 MAR vorgeschriebenen Verfahren zu veröffentlichen.

Zu klären ist daher, ob die Offenlegung einer Insiderinformation durch einen Aktionär oder sonstigen Dritten, der nicht Normadressat von Art. 17 Abs. 1 MAR ist, gegenüber der Allgemeinheit nach Art. 14 lit. c) iVm Art. 10 Abs. 1 MAR zulässig ist. Für eine ausschließliche und zwingende Bekanntmachung von Insiderinformationen im Wege der Ad-hoc-Publizität spricht die besondere Signalwirkung, die gerade von Ad-hoc-Meldungen auf den Markt ausgeht. Für Ad-hoc-Meldungen ist zwingend in der Kopfzeile eine deutlich hervorgehobene Überschrift „Veröffentlichung von Insiderinformationen nach Artikel 17 der Verordnung (EU) Nr. 596/2014" vorgeschrieben (§ 4 Abs. 1 Nr. 1a WpAV). Dadurch soll die Bedeutung der Insiderinformation hervorgehoben und sichergestellt werden, dass diese nicht im Meer der Investor News, Nachrichten, Meldungen, Meinungen und Kommentare untergeht. Gleichwohl ist eine Exklusivität der Ad-hoc-Meldung richtigerweise zu

58 Erfolgt die Veröffentlichung „nicht in der vorgeschriebenen Weise", liegt eine Ordnungswidrigkeit nach § 120 Abs. 15 Nr. 6 WpHG vor.

verneinen:[59] Auch mit anderen Formen der Offenlegung kann nämlich der Charakter der Insiderinformation entfallen. Es besteht dann kein Risiko mehr, dass die Insiderinformation zulasten anderer Anleger verwendet wird; die Informationsasymmetrie zwischen Insidern und den übrigen Marktteilnehmern wird beseitigt.[60] Folglich verstößt die Offenlegung einer Insiderinformation an die Allgemeinheit in einer Weise, die zum Wegfall der Insidereigenschaft der Information führt, nicht gegen Art. 14 lit. c) iVm Art. 10 Abs. 1 MAR.[61] In Abgrenzung zu der in Art. 17 MAR statuierten Pflicht zur „Veröffentlichung von Insiderinformationen", könnte man diesen Vorgang als „öffentliche Bekanntmachung" einer Insiderinformation bezeichnen.[62] Zu unterscheiden ist also die grundsätzlich unrechtmäßige selektive Offenlegung einer Insiderinformation – unter Berücksichtigung der in Artt. 10, 11 MAR geregelten Ausnahmen – einerseits und die zulässige öffentliche Bekanntmachung einer Insiderinformation an die Allgemeinheit andererseits.

**b) Verfahrensfragen**

Sodann stellt sich die Frage, auf welche Art und Weise die öffentliche Bekanntmachung erfolgen kann oder muss. Insiderrechtlich entscheidend ist lediglich, dass mit der Bekanntmachung die Insidereigenschaft der Information entfällt. Da das Wesen einer Insiderinformation nach Art. 7 Abs. 1 lit. a) MAR darin liegt, dass sie nicht öffentlich bekannt ist, muss die Bekanntmachung also Öffentlichkeit im

59 *Hopt/Kumpan* in Schimansky/Bunte/Lwowski, Bankrechts-Hdb., 5. Aufl. 2017, § 107 Rn. 102; *Klöhn* in Klöhn, Marktmissbrauchsverordnung, 2018, Art. 10 Rn. 20; a. A. *Zetzsche* NZG 2015, 817, 828; widersprüchlich *Assmann* in Assmann/Schneider/Mülbert, Wertpapierhandelsrecht, 7. Aufl. 2019, Art. 10 MAR Rn. 12; zum alten Recht *S. H. Schneider* NZG 2005, 702, 703 ff.; *Mennicke* in Fuchs, WpHG, 2. Aufl. 2016, § 14 Rn. 221; *Caspari* ZGR 1994, 530, 538; *Ekkenga* NZG 2001, 1, 4.

60 Vgl. bereits *Caspari* ZGR 1994, 530, 538.

61 Daneben können bei einer Offenlegung durch einen Dritten natürlich weitere Rechtmäßigkeitsvoraussetzungen zu prüfen sein. Offensichtlich ist dies bei Rechtsanwälten und Banken, die im Auftrag des Emittenten eine Transaktion begleiten. Für sie würde eine öffentliche Bekanntmachung gegen berufliche oder vertragliche Vertraulichkeitspflichten verstoßen, sofern keine entsprechende Freigabe durch den Mandanten erteilt wird. Auch wenn der Verkauf eines größeren Aktienpakets zu einem Druck auf den Aktienkurs führen kann, folgt aus der gesellschaftsrechtlichen Treuepflicht des abgebenden Aktionärs gegenüber der Gesellschaft jedenfalls keine gesonderte Vertraulichkeitspflicht, die den Aktionär in der Verfolgung seiner Verkaufsabsicht beschränken würde.

62 In Anlehnung an *S. H. Schneider* NZG 2005, 702, 703.

Sinne von Art. 7 Abs. 1 lit. a) MAR herstellen. Damit kommt es auf die umstrittene Frage an, wann eine Insiderinformation öffentlich in diesem Sinne ist.

Die Frage war bereits vor Inkrafttreten der MAR umstritten, wobei die wohl überwiegende Auffassung eine Bereichsöffentlichkeit verlangte, also fragte, ob eine unbestimmte Zahl von unmittelbaren, d.h. professionellen und institutionellen Marktteilnehmern von der Information Kenntnis nehmen konnte.[63] Die BaFin ging konzeptionell auch von einer Bereichsöffentlichkeit aus, dehnte den Begriff allerdings weit aus, sodass er im Ergebnis wohl deckungsgleich mit dem Konzept der breiten Anlegeröffentlichkeit war.[64] Die Diskussion setzt sich unter Geltung der MAR fort,[65] allerdings treten nun gesetzliche Anhaltspunkte[66] und Äußerungen der ESMA[67] hinzu, die dafür sprechen, dass jedenfalls im Rahmen von Art. 17 Abs. 1 MAR das breite Anlegerpublikum gemeint ist. Überträgt man diese Äußerungen auf den Begriff der Öffentlichkeit im Rahmen von Art. 7 Abs. 1 MAR, was zwar nicht zwingend aber doch naheliegend ist, dürfte eine Bereichsöffentlichkeit unter Geltung der MAR nicht mehr ausreichen, um die Insiderqualität einer Information zu beseitigen. Auch die BaFin geht im Rahmen des Konsultationspapiers zu einem neuen Modul C des Emittentenleitfadens davon aus, dass die Information einem breiten Anlegerpublikum zugänglich gemacht werden muss.[68]

Damit stellt sich die Frage, wie der abgebende Aktionär ein breites Anlegerpublikum über den bevorstehenden Verkauf des Aktienpakets informieren kann.[69] In jedem Fall zulässig wäre eine Veröffentlichung über ein Informati-

---

63 *Assmann* in Assmann/Schneider, WpHG, 6. Aufl. 2012, § 13 Rn. 34; *Klöhn* in Hirte/Möllers, Kölner Komm zum WpHG, 2. Aufl. 2014, § 13 Rn. 133 ff. und § 15 Anh. – § 5 WpAIV Rn. 2 ff.; *Lösler* in Habersack/Mülbert/Schlitt, Hdb. Kapitalmarktinformation, 2. Aufl. 2013, § 2 Rn. 50; *Schwark/Kruse* in Schwark/Zimmer, KMRK, 4. Aufl. 2010, § 13 WpHG Rn. 30 ff.

64 BaFin, Emittentenleitfaden, 4. Aufl., Stand 15.07.2005, S. 34.

65 Vgl. etwa *Assmann* in Assmann/Schneider/Mülbert, Wertpapierhandelsrecht, 7. Aufl. 2019, Art. 7 MAR Rn. 65 f., und *Renz/Rippel* BuB, Stand 120. Lfg 02.16, Rn. 7/698, die weiter an dem Konzept der Bereichsöffentlichkeit festhalten; kritisch dagegen *Grundmann* in Staub, GroßKomm HGB Bd. 11/1, 5. Aufl. 2017, Bankvertragsrecht 6. Teil Rn. 348; *Klöhn* AG 2016, 423, 426 f.; *ders.* in Klöhn, Marktmissbrauchsverordnung, 2018, Art. 7 Rn. 126 ff.; *Kumpan* DB 2016, 2039, 2042; *Schäfer* in Marsch-Barner/Schäfer, Hdb. börsennotierte AG, 4. Aufl. 2018, § 14 Rn. 17 ff.

66 Art. 2 Abs. 1 UAbs. 1 lit. a (i) DurchführungsVO (EU) 2016/1055 („nicht diskriminierend an eine möglichst breite Öffentlichkeit").

67 ESMA, Final Report, Draft technical standards on the Market Abuse Regulation, 28 September 2015, ESMA/2015/1455, S. 43 f. Rn. 183 ff.

68 BaFin-Konsultation Nr. 14/2019, Entwurf Emittentenleitfaden Modul C, Stand 01.07.2019, S. 16.

69 Siehe etwa *Wolf* in Habersack/Mülbert/Schlitt, Unternehmensfinanzierung am Kapitalmarkt, 4. Aufl. 2019, § 7 Rn. 43, der von einer Ankündigung der Transaktion „im Wege einer Pressemitteilung" spricht; im Ergebnis ebenso *Holmes/Castellon* PLC 09/2016, 29, 31.

onssystem wie die Deutsche Gesellschaft für Ad-hoc-Publizität (DGAP, http://www.dgap.de), das für sog. Investor News dasselbe Medienbündel anbietet, über das auch Ad-hoc-Meldungen veröffentlicht werden. Der Informationskanal wäre identisch und die Information für alle Marktteilnehmer ohne Einschränkung zugänglich. Nur die von der Überschrift „Veröffentlichung von Insiderinformationen nach Art. 17 [MAR]“ ausgehende Signalwirkungen würde entfallen. Diese Einschränkung ist systemkonform, weil einem Dritten die Möglichkeit der Ad-hoc-Meldung nicht zur Verfügung steht.

Allerdings kommen für einen abgebenden Aktionär auch andere anerkannte Veröffentlichungsmethoden und -wege in Betracht.[70] In der Praxis häufig anzutreffen ist die Veröffentlichung über Nachrichtenagenturen oder digitale Informationsverbreitungssysteme. Dadurch lässt sich schnell ein breites Anlegerpublikum erreichen. Neben DGAP erfüllen Systeme wie Bloomberg oder Reuters diese Anforderungen.[71] Dabei ist im vorliegenden Zusammenhang unerheblich, ob diese Systeme kostenpflichtig sind.[72] Der abgebende Aktionär ist insofern nicht auf die Veröffentlichungswege festgelegt, die nach Art. 2 Abs. 1 DurchführungsVO (EU) 2016/1055 für die Bekanntmachung von Insiderinformationen durch den Emittenten gelten und die einen nichtdiskriminierenden, unentgeltlichen Zugang vorschreiben. Zwar richten sich Meldungen auf Bloomberg oder Reuters in erster Linie an Finanzmarktteilnehmer. Sie werden aber (nahezu) in Echtzeit von anderen Medien aufgegriffen. Damit werden sie zugleich der gesamten Öffentlichkeit, d. h. nicht nur dem Anlegerpublikum, zugänglich gemacht. Die Informationen werden nach einer Veröffentlichung bei Bloomberg und Reuters daher in der

**70** Vgl. bereits *S. H. Schneider* NZG 2005, 702, 706; zur umstrittenen Frage, ob eine Veröffentlichung in sozialen Medien ausreicht, *Kuntz* ZHR 183 (2019), 183, 190, 216 ff.

**71** Zutr. *Hopt/Kumpan* in Schimansky/Bunte/Lwowski, Bankrechts-Hdb., 5. Aufl. 2017, § 107 Rn. 53; *Renz/Rippel* BuB, Stand 120. Lfg 02.16, Rn. 7/698; siehe zum alten Recht etwa *Mennicke/Jakovou* in Fuchs, WpHG, 2. Aufl. 2016, § 13 Rn. 92 ff.; kritisch *Schäfer* in Marsch-Barner/Schäfer, Hdb. börsennotierte AG, 4. Aufl. 2018, § 14 Rn. 17 ff.

**72** Kritisch zu übermäßigen Beschränkungen durch Zugangskosten etwa *Klöhn* in Klöhn, Marktmissbrauchsverordnung, 2018, Art. 7 Rn. 136. Auch die ESMA hält für eine Bekanntmachung nach Art. 17 Abs. 1 MAR eine Verbreitung über ein „subscription system“ nicht für ausreichend, vgl. ESMA, Final Report, Draft technical standards on the Market Abuse Regulation, 28 September 2015, ESMA/2015/1455, S. 44 Rn. 189. Entscheidend sollte allerdings weniger die Frage der kostenmäßigen Zugangsschranken, als vielmehr die Effizienz der Informationsverbreitung sein. So dürfte z. B. der Zeitversatz bis zu einer Marktdurchdringung einer Information bei einer Veröffentlichung in einem anerkannten Printmedium (etwa einer überregionalen Tageszeitung) teilweise größer sein als bei einer Veröffentlichung über Bloomberg oder Reuters, zumal auch anerkannte Printmedien nur gegen Entgelt bezogen werden können.

Regel unmittelbar in den Börsenkurs eingepreist sein.[73] Privatanleger werden durch eine solche Veröffentlichung deshalb nicht benachteiligt. Sofern es einen geringfügigen Zeitversatz geben sollte, fällt dieser jedenfalls bei den hier fraglichen Block Trades nicht ins Gewicht, da sie typischerweise außerhalb der Börsenzeiten stattfinden. Damit ist die in der Praxis bei Block Trades anzutreffende Bekanntmachung über Bloomberg oder Reuters nicht zu beanstanden.

Rechtlich möglich ist natürlich auch, dass der abgebende Aktionär den Emittenten über die Insiderinformation unterrichtet, verbunden mit der Aufforderung, diese der Öffentlichkeit im Wege einer Ad-hoc-Meldung zugänglich zu machen. Damit verliert er allerdings die Informationshoheit, d. h. die insbesondere bei Block Trades wichtige Flexibilität, die Informationen in zeitlicher und inhaltlicher Hinsicht punktgenau an den Markt zu bringen.

Ein anschauliches Beispiel ist etwa die Veröffentlichung der Hypo Real Estate Holding GmbH als DGAP-News vom 15. Mai 2018 um 17.44 Uhr:

> **Hypo Real Estate verkauft 16,5 Prozent an der Deutsche Pfandbriefbank**
> Die Hypo Real Estate Holding GmbH hat heute mit der Veräußerung von ca. 22 Millionen Inhaberaktien der Deutsche Pfandbriefbank AG begonnen. Das entspricht 16,5 Prozent des ausstehenden Grundkapitals der Deutsche Pfandbriefbank. Die Hypo Real Estate wird nach dem Verkauf noch 3,5 Prozent des ausstehenden Grundkapitals der Deutsche Pfandbriefbank halten. Für diese zurückbehaltenen Aktien hat die Hypo Real Estate einer Lock-up Vereinbarung von 180 Tagen bis einschließlich 14. November 2018 zugestimmt.
>
> Die Hypo Real Estate wird zu 100 Prozent von dem Finanzmarktstabilisierungsfonds gehalten, welcher von der Bundesrepublik Deutschland – Finanzagentur GmbH verwaltet wird.
>
> Die Aktien werden ausschließlich institutionellen Investoren im Rahmen eines beschleunigten Bookbuilding-Verfahrens angeboten, und zwar direkt im Anschluss an diese Veröffentlichung. Ein langfristig orientierter institutioneller deutscher Investor hat sich gegenüber der Hypo Real Estate bereits verbindlich als cornerstone investor verpflichtet, Aktien in Höhe von 4,5 Prozent des Grundkapitals der Deutsche Pfandbriefbank zu erwerben.

Ein weiteres Beispiel wäre die Veröffentlichung von der MIG Verwaltungs AG als DGAP-News vom 8. Februar 2017 um 17.35 Uhr:

> **MIG Fonds veräußern Beteiligung an B.R.A.I.N. AG**
> Die in der B.R.A.I.N. Biotechnology Research and Information Network AG („**Gesellschaft**") (ISIN DE0005203947) investierten MIG Fonds haben heute beschlossen, etwa die Hälfte der von ihnen gehaltenen Aktien zu verkaufen. Die MIG Fonds behalten sich vor, das Volumen zu erweitern. Insgesamt halten die MIG Fonds bisher ca. 2,5 Mio. Aktien an der Gesellschaft (entspricht ca. 15% des Grundkapitals der Gesellschaft). Die Aktien werden unter Ein-

73 Vgl. auch *Assmann* in Assmann/Schneider/Mülbert, Wertpapierhandelsrecht, 7. Aufl. 2019, Art. 7 MAR Rn. 65.

schaltung eines Bankenkonsortiums im Rahmen eines beschleunigten Bookbuilding-Verfahrens außerbörslich bei institutionellen Anlegern privat platziert. Die als VC-Investor agierenden MIG Fonds waren seit dem Jahr 2006 mit mehreren ihrer Fonds an der Gesellschaft beteiligt.

# IV. Fazit

Im Ergebnis lässt sich festhalten, dass auch 25 Jahre nach Inkrafttreten des WpHG Standardtransaktionen wie Block Trades oder Paketverkäufe komplexe und höchst praxisrelevante Rechtsfragen aufwerfen. Die MAR hat zwar die wesentlichen insiderrechtlichen Vorschriften des WpHG abgelöst, an den hier diskutierten Fragen hat sich dadurch jedoch nicht viel geändert. Im Vordergrund steht die Frage, ob der (bevorstehende) Verkauf des Aktienpakets eine Insiderinformation im Sinne von Art. 7 MAR darstellt. Eine einfache Antwort hierauf gibt es häufig nicht, maßgeblich sind die Gegebenheiten des Einzelfalls. Der vorliegende Beitrag hat versucht, wesentliche Kriterien hierfür herauszuarbeiten. Liegt eine Insiderinformation vor, sind die insiderrechtlichen Vorgaben, insbesondere das Offenlegungsverbot nach Art. 10 MAR, bei der Strukturierung der Transaktion an verschiedenen Stellen zu berücksichtigen. Aber auch wenn der abgebende Aktionär der Auffassung ist, dass streng genommen keine Insiderinformation vorliegt, kann es sich im Einzelfall aus Vorsichtsgründen anbieten, vom Vorliegen einer Insiderinformation auszugehen. Insofern dürften die insiderrechtlichen Vorschriften der MAR auch künftig bei zahlreichen Block Trades und Paketverkäufen relevant werden.

Thilo Kuntz und Christoph Rathert

# Ad-hoc-Publizität – Befreiung

## I. Einleitung

532 Befreiungen von der Pflicht zur Ad-hoc-Publizität verzeichnete die BaFin im Jahr 2018.[1] Das heißt, dass bei 2.069 insgesamt veröffentlichten Ad-hoc-Mitteilungen in demselben Zeitraum[2] in etwas mehr als jedem vierten Fall ein Aufschub vorausging.[3] Dies steht in einem deutlichen Kontrast zu früheren Zeiten, als die Befreiung noch eine zustimmende Entscheidung der zuständigen Behörde voraussetzte:[4] Im Zeitraum von 1995 bis 2003 wurden insgesamt nur 132 Befreiungsanträge gestellt.[5]

Mindestens zwei Umstände haben erheblich zur gestiegenen Relevanz des Befreiungstatbestandes beigetragen: Zunächst liegt die Entscheidung über die Befreiung nunmehr einzig in den Händen der Emittenten.[6] Zudem gibt es wegen der EuGH-Rechtsprechung zu gestreckten Vorgängen,[7] die mittlerweile Eingang in

1 BaFin, Jahresbericht 2018, S. 137. Wie groß die Zahl der rechtmäßigen Befreiungen 2018 tatsächlich war, lässt sich nicht sagen, da es keiner Meldung über einen Aufschub bedarf, wenn die Tatbestandsvoraussetzungen von Art. 17 Abs. 1 UAbs. 1 MAR nicht mehr erfüllt sind, etwa weil die Information ihre Kursrelevanz verloren hat und mithin nicht mehr als Insiderinformation zu qualifizieren ist (vgl. ESMA, Questions and Answers, On the Market Abuse Regulation (MAR), 29. März 2019, EMSA70 – 145 – 111, A5.2).

2 BaFin, ibid.

3 Ganz anders Österreich: Dort fand 2016 in nur ca. 3,4 % aller Fälle eine Befreiung statt (FMA, Jahresbericht der Finanzmarktaufsichtsbehörde 2016, S. 81 f., abrufbar unter https://www.fma.gv.at/publikationen/fma-jahresberichte/), s. auch *Kalss/Oppitz/Zollner*, Kapitalmarktrecht, 2. Aufl. 2015, § 16 Rn. 5.

4 Ausführlich zur Normgeschichte infra II.1.

5 S. BAWe Jahresberichte 1995 – 2001 sowie BaFin Jahresberichte 2002 und 2003 (alle abrufbar unter https://www.bafin.de/DE/PublikationenDaten/Jahresbericht/jahresbericht_node.html). Zum relevanten Zeitraum in 2004 enthält der Jahresbericht der BaFin keine Angaben. Auf die geringe Relevanz des Befreiungsantrags in der Praxis hinweisend etwa auch *Zimmer/Kruse* in Schwark/Zimmer, Kapitalmarktrechts-Kommentar, 4. Aufl. 2010, § 15 Rn. 52. Von einem „erhebliche[n], doch nicht exzessive[n] Anstieg" seit Einführung der Selbstbefreiung sprechend *Grundmann* in Staub, Großkommentar HGB, Bankvertragsrecht, 5. Aufl. 2017, 6. Teil dortige Fn. 1276.

6 Ausnahme: Aufschub nach Art. 17 Abs. 5 MAR, s. infra II.1.

7 EuGH v. 28.06.2012, Rs. C-19/11, NJW 2012, 2787 (Geltl).

https://doi.org/10.1515/9783110632323-029

die MAR gefunden hat,[8] mehr Sachverhalte, in denen Emittenten ein Interesse daran haben, Insiderinformationen nicht unmittelbar zu veröffentlichen.[9]

Angesichts dieser Umstände lässt aufhorchen, dass die Praxis die Befreiungsregelung in Art. 17 Abs. 4 MAR nicht durchweg positiv beurteilt. Von den börsennotierten Unternehmen, die an einer Ende 2018 veröffentlichten Studie des *Deutschen Aktieninstituts* und der Anwaltssozietät *Hengeler Mueller* teilgenommen haben, äußerten zwei Drittel, die Regelungen zur Selbstbefreiung seien „nicht eindeutig".[10] Dies ist mehr als misslich, drohen schließlich bei Verstößen gegen die Ad-hoc-Publizitätspflicht ordnungswidrigkeiten- und andere verwaltungsrechtliche (sowie ggf. sogar strafrechtliche, dazu sogleich) Sanktionen.[11] Eine – infolge einer unrechtmäßigen Befreiung – unterlassene Ad-hoc-Mitteilung kann dabei nicht nur solche Sanktionen nach sich ziehen, die originär und unmittelbar an das Unterlassen der Ad-hoc-Publikation anknüpfen, sondern von Staatsanwaltschaften und Gerichten möglicherweise auch als strafbare[12] Marktmanipulation bewertet werden.[13] Die BaFin qualifiziert selbst das nur vorübergehende rechtswidrige Unterlassen einer Ad-hoc-Mitteilung als Marktmanipulation durch Unterlassen – so hat es jedenfalls den Anschein.[14]

---

**8** Art. 7 Abs. 2 S. 2, Abs. 3 MAR, s. ferner Erwägungsgründe 16 und 17. Zeitlich gestreckte Vorgänge sind sogar in Art. 17 Abs. 4 UAbs. 2 MAR genannt.

**9** Dass die Pflicht, auch Zwischenschritte eines gestreckten Verfahrens per Ad-hoc-Mitteilung zu veröffentlichen, zu einem Bedeutungszuwachs der Aufschubmöglichkeit geführt hat, betont etwa die Securities and Markets Stakeholder Group (SMSG), s. ESMA, Final Report Guidelines on the Market Abuse Regulation – market soundings and delay of disclosure of inside information, 13. Juli 2016, ESMA/2016/1130, Annex III Rn. 24; ferner *Pietrancosta* in Ventoruzzo/Mock, MAR, 1st edn. 2017, A.4.21, A.4.24, vgl. auch bezogen auf die MAR A.4.27.

**10** *DAI/Hengeler Mueller*, Zwei Jahre EU-Marktmissbrauchsverordnung, 12.12.2018, S. 9 (abrufbar unter: https://www.dai.de/files/dai_usercontent/dokumente/studien/181212%20Studie%202%20Jahre%20Marktmissbrauchsverordnung%20Web.pdf). Sofern sich nicht sämtliche Teilnehmer der Studie hierzu geäußert haben, basiert die Berechnung lediglich auf der Grundlage der getätigten Angaben, s. S. 11 der Studie.

**11** Zu den ordnungswidrigkeiten- und verwaltungsrechtlichen Sanktionen *Klöhn* in ders., MAR, 1. Aufl. 2018, Art. 17 Rn. 582 ff.

**12** §§ 119 Abs. 1, 120 Abs. 15 Nr. 2 WpHG, Art. 15 MAR.

**13** Zur Frage, ob eine Marktmanipulation durch Unterlassen unter Geltung der MAR überhaupt möglich ist, mit Blick auf die unterschiedlichen Manipulationsvarianten *Mülbert* in Assmann/Schneider/Mülbert, Wertpapierhandelsrecht, 7. Aufl. 2019, Art. 12 MAR Rn. 58, 140, 180 f., 212 m. w. N.; ausführlich zur Konstellation des Unterlassens einer Ad-hoc-Mitteilung *Saliger* WM 2017, 2329, 2330 ff.

**14** BaFin, Präsentation, Wann wird aus fehlerhafter Ad-hoc-Publizität eine Marktmanipulation?, 11.12.2017, Folien 9 f. (abrufbar unter: https://www.bafin.de/SharedDocs/Downloads/DE/Veranstaltung/dl_171211_Emittenten_Workshop2.pptx). Auf diese Auslegung seitens der BaFin wies eine von den Autoren befragte Person aus der Beratungspraxis hin.

Ein eher gemischtes Echo zu der Neuregelung des Befreiungsregimes war auch von einigen Vertretern der Beratungspraxis auf Nachfrage der Autoren zu vernehmen:[15] Einige Gesprächspartner beklagten die nunmehr fehlende Flexibilität im Umgang mit Befreiungen unter der MAR. Andererseits wurde teilweise konstatiert, bis auf einzelne Punkte (z. B. Gerüchte) seien kaum nennenswerte Änderungen im Vergleich zum alten Recht zu verzeichnen, die nicht auf der Geltl-Judikatur und deren Normierung durch die MAR[16] beruhten.

Vor diesem Hintergrund bietet es sich daher an, die Möglichkeit der Befreiung von der Ad-hoc-Publizitätspflicht einer näheren Betrachtung zu unterziehen – nicht mit dem Ziel, eine vollumfängliche Untersuchung der einschlägigen Normen durchzuführen, sondern vielmehr, um einige Grundfragen zu betrachten. Zunächst beleuchtet der Beitrag die Befreiungsmöglichkeit in ihrem historischen Kontext (II.), wobei neben der Darstellung der Normgeschichte (II.1.) auch eine nähere Auseinandersetzung mit zwei konzeptionellen Grundfragen der Befreiungsmöglichkeit und der diesbezüglichen Diskussionsentwicklung stattfindet (II.2.). Darauffolgend widmet sich der Beitrag einer ausgewählten praktisch relevanten Frage, die in Deutschland bislang wenig Behandlung gefunden hat, nämlich ob Volumen- oder Preisfluktuationen zur Unzulässigkeit einer Befreiung führen können (III.). Der Beitrag schließt mit einem Fazit (IV.).

## II. Die Befreiung von der Ad-hoc-Publizitätspflicht im historischen Kontext

### 1. Vom BörsG zur MAR: Zuständigkeiten und Befreiungstatbestände im Wandel

Mit § 44a Abs. 1 S. 3 BörsG a. F. trat am 01.05.1987 erstmalig eine Regelung zur Befreiung von der Ad-hoc-Publizitätspflicht in Deutschland in Kraft.[17] Diese Norm diente der Umsetzung der entsprechenden Bestimmungen der Richtlinie 79/279/EWG.[18] § 44a Abs. 1 S. 3 BörsG a. F. sah die Möglichkeit der Befreiung des Emit-

---

15 Die Autoren danken den befragten Anwälten für Hinweise auf die Praxis.
16 S. o. Fn. 7 und 8.
17 Eingeführt durch das Börsenzulassungs-Gesetz, BGBl. I 1986, S. 2478.
18 Richtlinie 79/279/EWG, ABl. Nr. L 066 v. 16.03.1979, S. 21. Relevante Bestimmungen: Art. 4 Abs. 2 i.V.m. Anhang Schema C Nr. 5 lit. a UAbs. 2 bzw. Schema D A Nr. 4 lit. a UAbs. 2 RL 79/279/EWG. Für Zertifikate, die Aktien vertreten, enthielt die Richtlinie eine Regelung zur Befreiung in Art. 4 Abs. 3 i.V.m. Anhang Schema C Nr. 5 lit. a UAbs. 2 RL 79/279/EWG.

tenten von der Veröffentlichungspflicht durch den Börsenvorstand vor, sofern der Emittent darlegte, „daß ihm aus der Veröffentlichung solcher Angaben ein auch unter Berücksichtigung der Interessen des Publikums nicht zu rechtfertigender Nachteil droh[e]."

Infolge des Zweiten Finanzmarktförderungsgesetzes[19] aus dem Jahr 1994 wechselte dann nicht nur der Standort der Befreiungsregelung vom BörsG in das damals neue WpHG, sondern auch die Zuständigkeit für die Befreiungsentscheidung von dem jeweiligen Börsenvorstand zu dem neu geschaffenen[20] Bundesaufsichtsamt für den Wertpapierhandel (BAWe). Nach § 15 Abs. 1 S. 2 WpHG a. F., der am 01.01.1995 in Kraft trat,[21] konnte das BAWe auf Antrag des Emittenten die Befreiung von der Ad-hoc-Publizitätspflicht erteilen, „wenn die Veröffentlichung der Tatsache geeignet ist, den berechtigten Interessen des Emittenten zu schaden."

Einen erneuten Wechsel der Zuständigkeit – fortan lag diese bei der BaFin – vollzog 2002 das Gesetz über die integrierte Finanzdienstleistungsaufsicht.[22]

2004 setzte schließlich das AnSVG[23] in Umsetzung der Marktmissbrauchs-RL[24] die nächste wesentliche Änderung[25] in Kraft: § 15 Abs. 3 S. 1 WpHG a. F. machte die Befreiung nun nicht mehr von der Entscheidung einer dritten Stelle abhängig, sondern sprach davon, dass „[d]er Emittent [...] von der Pflicht zur Veröffentlichung nach Absatz 1 Satz 1 solange befreit [ist], wie es der Schutz seiner berechtigten Interessen erfordert [...]". Deshalb wird diese Aufschubmöglichkeit seitdem auch als „Selbstbefreiung" bezeichnet.[26] Als weitere Voraussetzungen enthielt die Norm allerdings die Vorgabe, dass „keine Irreführung der Öffentlichkeit zu befürchten ist und der Emittent die Vertraulichkeit der Insiderinformation gewährleisten kann." Noch im gleichen Jahr erließ das Bundesministerium der Finanzen auf Basis der Ermächtigungsgrundlage in § 15 Abs. 7 S. 1 Nr. 3 WpHG a. F. die konkretisierenden Regelungen der §§ 6 und 7 WpAIV a. F.[27] betreffend die berechtigen Interessen für eine Befreiung und die Gewährleistung der

**19** BGBl. I 1994, S. 1749.

**20** § 3 Abs. 1 WpHG i. d. F. des Zweiten Finanzmarktförderungsgesetzes (Fn. 19).

**21** Art. 20 Zweites Finanzmarktförderungsgesetz (Fn. 19).

**22** BGBl. I 2002, S. 1310.

**23** BGBl. I 2004, S. 2630.

**24** Richtlinie 2003/6/EG, ABl. Nr. L 96 v. 12.04.2003, S. 16.

**25** Zuvor wechselte die Befreiungsregelung von § 15 Abs. 1 S. 2 WpHG a. F. als Folge des Vierten Finanzmarktförderungsgesetzes (BGBl. I 2002, S. 2010) in § 15 Abs. 1 S. 5 WpHG a. F.

**26** Zu dieser Bezeichnung etwa *Pfüller* in Fuchs, WpHG, 2. Aufl. 2016, § 15 Rn. 415. Zum politischen Hintergrund *Sven. H. Schneider* BB 2005, 897.

**27** BGBl. I 2004, S. 3376.

Vertraulichkeit während des Befreiungszeitraums. Dies diente gleichzeitig der Umsetzung der entsprechenden europäischen Durchführungsbestimmungen.[28]

Seit dem 03.07.2016 gelten für die Befreiung von der Ad-hoc-Publizitätspflicht nunmehr die Regelungen der MAR[29], scil. Art. 17 Abs. 4 und Abs. 5 MAR.[30] Art. 17 Abs. 5 MAR enthält dabei erstmalig einen Sondertatbestand für einen Aufschub, der – dies ergibt sich explizit aus dem Normtext – die „Wahrung der Stabilität des Finanzsystems" bezwecken soll.[31] Anders als bei Art. 17 Abs. 4 MAR hängt der Aufschub nach Art. 17 Abs. 5 MAR allerdings gemäß dessen lit. d) von der zustimmenden Entscheidung der zuständigen Behörde ab.

## 2. Konzeptionelle Grundfragen des Befreiungstatbestands

Für die Beantwortung der Frage, wann eine Befreiung zulässig ist, sind zwei Aspekte wesentlich: Zum einen kommt es darauf an, welche Interessen zu berücksichtigen sind, konkret ob das Emittenteninteresse allein maßgeblich ist oder zusätzlich das Interesse des Kapitalmarkts Eingang in eine Abwägung finden muss (dazu sogleich a]). Zum anderen stellt sich das Problem, wie großzügig die Norm den Emittenten Spielraum gewährt. Methodisch steht insoweit im Fokus, ob sie als Ausnahme eng auszulegen ist (unten b]).[32]

### a) Maßgeblichkeit des Emittenten- oder Kapitalmarktinteresses

Wer sich damit auseinandersetzt, ob Art. 17 Abs. 4 MAR[33] verlangt, neben der Gewährleistung von Geheimhaltung und dem Ausschluss von Irreführung – zusätzlich – eine Abwägung zwischen Emittenten- und Kapitalmarktinteresse vorzunehmen, stößt auf eine wechselhafte Entwicklung sowohl der Vorläuferregeln als auch der Diskussionen in der Literatur (aa]). Angesichts der unklaren histo-

---

28 *Assmann* in ders./Schneider, WpHG, 6. Aufl. 2012, § 15 Rn. 312. Umgesetzt wurde Art. 3 Abs. 1 u. 2 der Durchführungsrichtlinie 2003/124/EG, ABl. Nr. L 339 v. 24.12.2003, S. 70.

29 Verordnung (EU) Nr. 596/2014, ABl. Nr. L 173 v. 12.06.2014, S. 1.

30 Relevanz für Teilnehmer am Markt für Emissionszertifikate hat Art. 17 Abs. 4 MAR erst seit dem 03.01.2018, da für diese Teilnehmer vorher keine Ad-hoc-Publizitätspflicht bestanden hat, s. Art. 39 Abs. 4 UAbs. 2 MAR.

31 Ausführlich *Klöhn* ZHR 181 (2017), 746.

32 Hier nicht näher behandelt werden kann etwa die Frage nach der Notwendigkeit einer Befreiungsentscheidung des Emittenten, dazu z. B. *Klöhn* in ders. (Fn. 11), Art. 17 Rn. 177 ff.

33 Die neue Befreiungsregelung nach Art. 17 Abs. 5 MAR ist nicht Gegenstand der folgenden Ausführungen.

risch-genetischen Situation müssen teleologische Erwägungen den Ausschlag geben (dazu bb]).

**aa) Historische Entwicklung der Diskussion**

§ 44a Abs. 1 S. 3 BörsG a. F. forderte für eine Befreiung durch den Börsenvorstand „[das Drohen] ein[es] auch unter Berücksichtigung der Interessen des Publikums nicht zu rechtfertigende[n] Nachteil[s]“ für den Emittenten. Die Notwendigkeit der Beachtung beider Interessen, Kapitalmarkt und Emittent, ergab sich somit explizit aus dem Gesetzestext.

§ 15 Abs. 1 S. 2 WpHG i. d. F. des Zweiten Finanzmarktförderungsgesetzes stellte hingegen lediglich auf die „[Eignung], den berechtigten Interessen des Emittenten zu schaden“, ab. Als Folge fand sich in der Literatur sogleich die Ansicht, dass ausschließlich das Interesse des Emittenten maßgeblich sei und keine Abwägung stattzufinden habe.[34] Andere Stimmen hielten hingegen daran fest, dass eine Abwägung vorzunehmen sei.[35] *Hopt* etwa wies darauf hin, erst aufgrund einer Abwägung lasse sich feststellen, ob es sich um *berechtigte* Interessen handele.[36]

Mit Inkrafttreten von § 6 WpAIV a. F., der ein Überwiegen des Geheimhaltungsinteresse des Emittenten gegenüber dem Interesse des Kapitalmarkts an der Veröffentlichung forderte, erübrigte sich die Diskussion dann größtenteils, zumindest aus praktischer Sicht.[37] Singulär blieb eine Stimme in der Literatur, die eine Abwägung für nicht erforderlich hielt, sondern es mit Blick auf das europäische Recht vielmehr ausreichen ließen, wenn „konkrete legitime Belange des Emittenten von für diesen nicht ganz unerheblicher Bedeutung“ vorlagen.[38] Dann

34 *Hirte* in Hadding/Hopt/Schimansky, Das zweite Finanzmarktförderungsgesetz in der praktischen Umsetzung, Börsentag 1995, 1996, S. 47, 50; *Assmann* AG 1994, 196, 206; *ders.* ZGR 1994, 494, 528.

35 Etwa *Kümpel/Assmann* in Assmann/Schneider, Wertpapierhandelsgesetz, 3. Aufl. 2003, § 15 Rn. 135 f.; *Kümpel* in ders., Bank- und Kapitalmarktrecht, 2. Aufl. 2000, Rn. 16.299 f.; *Wölk* AG 1997, 73, 79; *Wittich* AG 1997, 1, 4; *Hopt* ZHR 159 (1995), 135, 157; *ders.* WM Festgabe für Hellner 1994, 29, 33.

36 *Hopt* WM Festgabe für Hellner 1994, 29, 33; so auch *Cahn* WM 1998, 272, 273.

37 Die h.M. bejahte das Erfordernis einer Interessenabwägung, s. nur *Assmann* in ders./ Schneider (Fn. 28), § 15 Rn. 155 m.w.N.

38 *Versteegen* in KK-WpHG, 1. Aufl. 2007, § 15 Anh. – § 6 WpAIV Rn. 16 ff. (Zitat aus Rn. 19). Für das frühere österreichische Recht, das keine § 6 S. 1 WpAIV a. F. entsprechende Regelung enthielt, gegen eine Abwägung FMA, Rundschreiben der Finanzmarktaufsichtsbehörde vom 19.06.2013 betreffend Melde- und Veröffentlichungspflichten von Emittenten („Emittentenleitfaden“), S. 69

sei bereits von einem Überwiegen i. S. d. § 6 S. 1 WpAIV a. F. auszugehen.[39] Andere wiesen darauf hin, die Marktmissbrauchs-RL enthalte kein Abwägungserfordernis.[40] Ebenfalls zu vernehmen war eine gänzlich konträre Stimme: Nach dieser habe keine Abwägung zwischen gegenläufigen Interessen (denjenigen des Emittenten und denjenigen der Anleger) stattzufinden, sondern ein Aufschub sei nur dann rechtmäßig, wenn beide Interessen „gleichläufig" seien.[41]

Der Text der Neuregelung in Art. 17 Abs. 4 MAR stellt darauf ab, ob „die unverzügliche Offenlegung [...] geeignet [wäre,] die berechtigten Interessen des Emittenten [...] zu beeinträchtigen". Dass im Gegensatz zu Art. 6 Abs. 2 Marktmissbrauchs-RL nunmehr das Wort „beeinträchtigen" statt „schaden" verwendet wird, bedeutet in der Sache keine Änderung.[42] Auch unter Geltung von Art. 17 Abs. 4 MAR diskutiert die juristische Literatur die beschriebene Grundfrage kontrovers. Die wohl überwiegende Ansicht stellt ausschließlich auf die (berechtigten) Interessen des Emittenten ab,[43] während andere Stimmen[44] eine Abwägung zwischen Emittenten- und Kapitalmarktinteresse weiterhin für erforderlich halten. Auch die BaFin meint, die Norm sehe keine Abwägung vor, betont

---

(abrufbar unter: https://www.aktienforum.org/wp-content/uploads/2016/03/Emittentenleitfaden_final.pdf); *Kalss/Oppitz/Zollner* (Fn. 3), § 16 Rn. 69.

**39** *Versteegen* in KK-WpHG (Fn. 38), § 15 Anh. – § 6 WpAIV Rn. 19.

**40** *Parmentier* NZG 2007, 407, 415; *Grothaus* ZBB 2005, 62, 65 (nach dem dieses Erfordernis auch der WpHG-Regelung nicht zu entnehmen sei).

**41** So, mit dieser Terminologie, bereits *Kersting* in Schön, Rechnungslegung und Wettbewerbsschutz im deutschen und europäischen Recht, 2009, S. 411, 483; ferner *ders.* ZBB 2011, 442, 443 aber widersprüchlich, da an späterer Stelle (S. 450) einen Aufschub auch für zulässig erachtend, wenn dieser nur im Interesse der Anleger gerechtfertigt sei.

**42** Überzeugend mit Blick auf andere Sprachfassungen von Richtlinie und Verordnung *Steinrück*, Das Interesse des Kapitalmarkts am Aufschub der Ad-hoc-Publizität, 2018, S. 75 f. Von einer unter der Marktmissbrauchs-RL „stärker[en Formulierung]" sprechend *Langenbucher* NZG 2013, 1401, 1405 (dortige Fn. 45).

**43** Erstmalig *Klöhn* AG 2016, 423, 430 f.; ferner z. B. *Buck-Heeb* Kapitalmarktrecht, 10. Aufl. 2019, Rn. 503; *Klöhn* in ders. (Fn. 11), Art. 17 Rn. 170 ff.; *Schäfer* in Marsch-Barner/Schäfer, Handbuch börsennotierte AG, 4. Aufl. 2018, § 15.33; *Hopt/Kumpan* in Schimansky/Bunte/Lwowski, Bankrechts-Handbuch, 5. Aufl. 2017, § 107 Rn. 153; *Mülbert/Sajnovits* WM 2017, 2001, 2003; *Retsch* NZG 2016, 1201, 1202; *Poelzig* NZG 2016, 761, 764.

**44** *Assmann* in ders./Schneider/Mülbert (Fn. 13), Art. 17 MAR Rn. 101 u. 105; *Veil/Brüggemeier* in Meyer/Veil/Rönnau, Handbuch zum Marktmissbrauchsrecht, 1. Aufl. 2018, § 10 Rn. 97, siehe auch Rn. 99; *Ph. Koch* in Veil, European Capital Markets Law, 2nd edn. 2017, § 19 Rn. 70; *Schlitt* in Habersack/Mülber/Schlitt, Unternehmensfinanzierung am Kapitalmarkt, 4. Aufl. 2019, § 38.79 (Überwiegen erforderlich). Wohl auch *Pfüller* in Fuchs (Fn. 26), § 15 Rn. 430.

aber gleichzeitig, dass nur berechtigte Emittenteninteressen geschützt werden.[45] Bislang vereinzelt geblieben erachtet eine Meinung in der Literatur ausschließlich das Kapitalmarktinteresse für maßgeblich.[46]

Die Durchführungsverordnung 2016/1055/EU enthält keine Anhaltspunkte zur Bestimmung der „berechtigten" Emittenteninteressen. Der Kommission fehlte auch die Kompetenz, solche Leitlinien zu bestimmen.[47] Art. 17 Abs. 10 UAbs. 3 i.V.m. UAbs. 1 lit. a MAR ermächtigt sie lediglich dazu, technische Durchführungsstandards betreffend „[die] technischen Mittel für den Aufschub [...]" zu erlassen. Indes kann die deutsche Regelung in § 6 S. 1 WpAV aufgrund des vollharmonisierenden Charakters der entsprechenden Regelungen in der MAR ihrerseits keinerlei rechtsverbindliche Aussage treffen.[48] Die Frage, welche Interessen zu berücksichtigen sind, ist daher auch nach Inkrafttreten der MAR ungeklärt.

### bb) Normzweckbezogene Betrachtung

Angesichts der unergiebigen historisch-genetischen Betrachtung bleibt nur, teleologische Erwägungen einzubeziehen. Hierfür ist neben dem Normzweck der Befreiungsregelung freilich auch der Zweck der Ad-hoc-Publizität – Prävention von Insidergeschäften[49] und Erhöhung der Transparenz am Kapitalmarkt[50] – zu berücksichtigen. Zunächst gilt es, das Telos der Aufschubregelung zu ermitteln.

---

45 BaFin-Konsultation Nr. 14/2019, Entwurf Emittentenleitfaden, Modul C, Stand 01.07.2019, S. 56 (abrufbar unter https://www.bafin.de/SharedDocs/Veroeffentlichungen/DE/Konsultation/2019/kon_14_19_modul_c_des_elf.html).

46 *Steinrück* (Fn. 42), S. 109.

47 I. Erg. ähnlich zur Vorgängerregelung Art. 6 Abs. 10 Spiegelstrich 2 Marktmissbrauchs-RL (die von „technischen Modalitäten für die Aufschiebung [...]" sprach) *Schröder*, Die Selbstbefreiung von der Ad-hoc-Publizitätspflicht nach § 15 Absatz 3 WpHG, 2011, S. 87.

48 Ausführlich zu Letzterem *Klöhn* in ders. (Fn. 11), Art. 17 Rn. 169; anders wohl *Assmann* in ders./Schneider/Mülbert (Fn. 13), Art. 17 MAR Rn. 103: § 6 WpAV widerspreche „prima facie" den europäischen Vorgaben nicht und sei daher anwendbar.

49 S. Erwägungsgrund 49 MAR; kritisch zu dieser Funktion *Hansen*, The Hammer and the Saw – A Short Critique of the Recent Compromise Proposal for a Market Abuse Regulation, 2012 (revised 2013), S. 6 (abrufbar unter https://ssrn.com/abstract=2193871): „To use mandatory disclosure in this way is to try and hit a nail with a saw; it will not do any good and is likely to hurt somebody."

50 Zu diesen beiden Zwecken *Assmann* in ders./Schneider/Mülbert, (Fn. 13), Art. 17 MAR Rn. 7 ff.; *Ph. Koch* in Veil (Fn. 44), § 19 Rn. 1; *Zetzsche/Wachter* in Gebauer/Teichmann, Europäisches Privat- und Unternehmensrecht – Band 6, 1. Aufl. 2016, § 7 D Rn. 129 f.

**(1) Bestandsaufnahme: Interessenschutz durch Aufschub**

Die uneingeschränkte Pflicht von Emittenten, Insiderinformationen, die sie unmittelbar betreffen, unverzüglich zu veröffentlichen, kann situationsabhängig die verschiedensten ihrer Belange beeinträchtigen. So besteht bspw. die Gefahr, dass sie Wettbewerbsvorteile offenbaren müssen, was ein *free riding* der Konkurrenz ermöglichte.[51] Hinzu kommt die Gefahr einer negativen Beeinträchtigung von Verhandlungen,[52] z. B. dergestalt, dass der andere Teil im Anschluss an die Offenlegung der Information von dem avisierten Geschäft Abstand nimmt oder jedenfalls mit einer Verschlechterung der Konditionen reagiert. In einem *two-tier board*-System, wie es etwa bei der deutschen AG oder der „deutschen" SE existiert, besteht darüber hinaus die Möglichkeit der Beeinflussung der Entscheidungsautonomie des Aufsichtsrats, sofern die – vollzogene – Ad-hoc-Mitteilung einen Umstand betrifft, hinsichtlich dessen der Aufsichtsrat noch seine Zustimmung erteilen muss.[53] Selbst wenn eine solche Mitteilung den Aufsichtsrat nicht bzgl. seiner Beschlussfassung bindet, sondern er weiterhin allein dem Unternehmensinteresse verpflichtet bleibt (§§ 116 S. 1, 91 Abs. 1 S. 1 AktG), ist eine potenzielle Beeinflussung wohl nicht von der Hand zu weisen.[54] Auch die Sanierungschancen eines in die Krise geratenen Emittenten können gefährdet sein, wenn diesen eine uneingeschränkte Ad-hoc-Publizitätspflicht trifft.[55] Schließlich zieht eine Ad-hoc-Mitteilung unter Umständen die Reputation eines Emittenten in Mitleidenschaft, etwa bei rechtswidrigem Verhalten – mit möglicherweise drastischen Folgen.[56]

Neben diesen Nachteilen für den Emittenten drohen in gewissen Situationen sogar dem Kapitalmarkt selbst spezifische Nachteile infolge einer unverzüglichen Ad-hoc-Mitteilung. So konstatierte bereits die European Securities Markets Expert Group (ESME) 2007: „[W]henever an issuer discloses inside information at an early stage in order to comply with MAD, it bears the risk of creating false market expectations and even market manipulation in case inside information does not

---

51 *Klöhn* in ders. (Fn. 11), Art. 17 Rn. 138; *Veil/Brüggemeier* in Meyer/Veil/Rönnau (Fn. 44), § 10 Rn. 116.

52 S. etwa Erwägungsgrund 50 MAR.

53 Zur Beeinflussung der Aufsichtsratsentscheidung etwa *Veil/Brüggemeier* in Meyer/Veil/Rönnau (Fn. 44), § 10 Rn. 113.

54 Diese Gefahr besteht unabhängig davon, ob der Vorstand die Maßnahme vorher mit dem Aufsichtsratsvorsitzenden oder Mitgliedern des entsprechenden Ausschusses „abstimmt". Zu dieser „Vorabsprache" im Kontext des Befreiungsregimes *Krämer/Kiefner* AG 2016, 621, 625.

55 *Klöhn* in ders. (Fn. 11), Art. 17 Rn. 139; vgl. Erwägungsgrund 50 MAR.

56 Ausführlich zur Möglichkeit der Selbstbefreiung, um die Unternehmensreputation zu schützen, *Klöhn/Schmolke* ZGR 2016, 866.

develop in a real event".[57] Diese Befürchtung teilen einigen Stimmen in der Literatur.[58] Sie kommt zudem in Erwägungsgrund 50 MAR zum Ausdruck, soweit er darauf abstellt, ein Aufschub könne dann gerechtfertigt sein, wenn die Gefahr bestehe, dass das Publikum eine Insiderinformation nicht korrekt bewerte, sofern die maßgebliche Entscheidung der gesellschaftsrechtlich zuständigen Organe noch ausstehe.

#### (2) Schutz von Emittenteninteressen als Normziel

Schützen *kann* der Aufschub der Ad-hoc-Publizität somit verschiedenste Belange der Emittenten und in einem begrenzten Umfang auch Belange des Kapitalmarkts. Was der Aufschub schützen *soll*, ist damit allerdings noch nicht geklärt.

Der Normtext von Art. 17 Abs. 4 MAR stellt ausschließlich auf die (berechtigten) Interessen des Emittenten ab; gleiches gilt für Erwägungsgrund 49 MAR. Erst Erwägungsgrund 50 MAR, der, abgesehen von einigen Details, mit Art. 3 Abs. 1 DurchführungsRL 2003/124/EG wörtlich übereinstimmt, nennt mit den vorhandenen und potenziellen Aktionären sowie dem Publikum andere Personengruppen. Selbst wer den Terminus der „potenziellen Aktionäre" so deutet, dass damit das Marktpublikum gemeint sei,[59] kann sich dem Umstand nicht verschließen, dass es dem Gesetzgeber angesichts der prominenten Nennung der (berechtigten) Emittenteninteressen doch ganz maßgeblich auf diese anzukommen scheint. Die Erwähnung der potenziellen Aktionäre und des Publikums in Erwägungsgrund 50 MAR ist dagegen eher als plakativ wirkende, beispielhafte Auflistung von Fällen zu verstehen, in denen ein Aufschub in besonderem Maße in Betracht kommt,[60] und gleichzeitig als Hinweis darauf, dass der Aufschub

---

57 ESME Report, Market Abuse EU legal framework and its implementation by Member States: a first evaluation, 06.07.2007, S. 5 (nicht mehr online verfügbar), zitiert nach *Di Noia/Milič/Spatola* ZBB 2014, 96, 98.

58 *Ph. Koch* in Veil (Fn. 44), § 19 Rn. 3; *Pietrancosta* in Ventoruzzo/Mock (Fn. 9), A.4.21, A.4.25; *Di Noia/Milič/Spatola* ZBB 2014, 96, 98. Die mögliche Verwirrung des Publikums betont *Hansen* (Fn. 48), S. 6.

59 So *Steinrück* (Fn. 42), S. 108; auch *Assmann* in ders./Schneider/Mülbert (Fn. 13), Art. 17 MAR Rn. 101, der die Interessen des Marktes aber erst im Rahmen einer Interessenabwägung berücksichtigen möchte. Anders *Klöhn* in ders. (Fn. 11), Art. 17 Rn. 146 („diejenigen Aktionäre, die während der Geheimhaltungsphase Aktien des Emittenten erwerben"); so bereits *ders.* ZHR 178 (2014), 55, 75.

60 Sehr ähnlich bzgl. der Erwähnung der „vorhandenen und potenziellen Aktionäre" in Art. 3 Abs. 1 lit. a) S. 1 Durchführungsrichtlinie 2003/124/EG bereits *Versteegen* in KK-WpHG (Fn. 38), § 15 Anh. – § 6 WpAIV Rn. 7, 21; a.A. bzgl. dieser Norm („doppelter Regelbeispielcharakter") *Kersting* ZBB 2011, 442, 444; *ders.* in Schön (Fn. 41), S. 411, 484.

in bestimmten Fällen sogar die Funktionsfähigkeit des Kapitalmarkts schützt. Überzeugende Anhaltspunkte dafür, dass der Gesetzgeber einen Aufschub nur dann für zulässig erachtet, wenn dieser im Kapitalmarktinteresse liegt oder Emittenten- und Anlegerinteresse gleichlaufen, gibt es mithin nicht. Dafür spricht auch, dass es regelungstechnisch merkwürdig anmutete, diesen entscheidenden Punkt in einem Erwägungsgrund mehr oder weniger zu „verstecken" und im Gesetzestext ausschließlich auf die Interessen des Emittenten abzustellen.

Es lässt sich danach festhalten, dass das Normziel der Befreiungsregelung nach Art. 17 Abs. 4 MAR (einzig) in dem Schutz von berechtigten Emittentenbelangen besteht.[61]

Den Konflikt zwischen den Interessen des Kapitalmarkts an einer Veröffentlichung und denjenigen des Emittenten an einem Aufschub hat der Gesetzgeber hierdurch keineswegs ausschließlich zu Lasten Ersterer entschieden. Vielmehr machen Fälle, in denen der Aufschub die Funktionsfähigkeit des Kapitalmarkts schützt und mithin auch in dessen Interesse liegt, einen nicht unerheblichen Teil des praktischen Anwendungsbereichs der Norm aus. Der Umstand, dass der Aufschub in nicht wenigen Fällen diesen positiven Effekt für den Kapitalmarkt zeitigt, bildet die innere Rechtfertigung für die gesetzgeberische Entscheidung, den Schutz von Emittenteninteressen zum alleinigen Normziel zu erheben.

#### (3) Notwendigkeit einer Abwägung von Emittenten- und Kapitalmarktinteresse im Einzelfall

Ausgehend von diesem Ergebnis bleibt jedoch zu klären, ob es einer Abwägung von Emittenten- und Kapitalmarktinteressen bedarf.

Der Normtext von Art. 17 Abs. 4 MAR deutet mit dem Wort „berechtigt[e]" bereits darauf hin, dass nicht die Beeinträchtigung eines jeden Emittenteninteresses den Aufschub rechtfertigt.[62]

Ein Blick auf Erwägungsgründe 49, 50 und 52 MAR scheint allerdings gegen ein Abwägungserfordernis zu sprechen. Denn während Erwägungsgrund 52 MAR betreffend Art. 17 Abs. 5 MAR explizit ein „Überwiegen" des Aufschubinteresses gegenüber dem Offenlegungsinteresse fordert, enthalten die Erwägungsgründe 49

61 Anders, aber ohne Erläuterung, *Frowein* in Habersack/Mülbert/Schlitt, Handbuch der Kapitalmarktinformation, 2. Aufl. 2013, § 10 Rn. 69 („möglichst faire Preisbildung am Kapitalmarkt"). Wie hier *Klöhn* in ders. (Fn. 11), Art. 17 Rn. 138 („Schutz der berechtigten Emittenteninteressen").

62 Die Notwendigkeit einer Interessenabwägung normativ an dieses Wort anknüpfend *Veil/Brüggemeier* in Meyer/Veil/Rönnau (Fn. 44), § 10 Rn. 97; *Ph. Koch* in Veil (Fn. 44), § 19 Rn. 70.

und 50 MAR keinen derartigen Passus.[63] Dieses systematische Argument vermag jedoch aus zwei Gründen nicht zu überzeugen:

*Erstens* kann der Passage in Erwägungsgrund 52 MAR auch lediglich die Funktion zugedacht sein, zu zeigen, dass im Fall eines Aufschubs nach Art. 17 Abs. 5 MAR im Gegensatz zu einem solchen nach Art. 17 Abs. 4 MAR auf *beiden* Seiten *öffentliche* Interessen zu betrachten sind. *Zweitens* ist angesichts des desolaten handwerklichen Gesamtbildes der MAR[64] bei der systematischen Argumentation Zurückhaltung geboten.[65]

Dass in Art. 17 Abs. 4 S. 1 lit. b) und c) Marktbelange genannt werden, die der europäische Normgeber als Voraussetzung für den Aufschub zwingend beachtet sehen möchte, steht der Berücksichtigung weiterer Marktinteressen systematisch ebenfalls nicht entgegen.[66] Regelungstechnisch bewirkt diese explizite Nennung nämlich, dass jene Belange nicht durch Emittentenineressen (seien sie noch so erheblich) überwogen werden können.

Für das Erfordernis einer Abwägung spricht allerdings der Stellenwert, den der Normgeber der Ad-hoc-Publizität zumisst. Sie stellt das zentrale Instrument dar, das Regulierungsziel durchzusetzen, den gleichberechtigten und allgemeinen Zugang sämtlicher Marktteilnehmer zu wesentlichen Informationen zu gewährleisten („equal access"-Ansatz),[67] wie es etwa in Erwägungsgrund 24 S. 3 MAR zum Ausdruck kommt. Dieses Ziel würde unterlaufen, rechtfertigte der Verweis auf jedes Emittenteninteresse noch so geringen Gewichts einen Aufschub. Ein solches Verständnis öffnete letztlich sehenden Auges einer Befreiungspraxis der Emittenten Tür und Tor, die dem europäischen Primat der Kapitalmarkteffizienz durch Transparenz ein erhebliches Maß an Glaubwürdigkeit nähme.

Praktische Relevanz hat dieses Ergebnis etwa für die Befreiung zum (alleinigen) Schutz der Unternehmensreputation, die nach altem Recht für grundsätzlich unzulässig gehalten wurde, da in einem solchen Fall das Kapitalmarktinteresse an einer Veröffentlichung in der Regel überwöge.[68]

---

**63** Das betont z. B. *Klöhn* in ders. (Fn. 11), Art. 17 Rn. 171.

**64** Hierzu *Klöhn* in ders. (Fn. 11), Einleitung Rn. 58 f.

**65** Diese Einschränkung findet sich bei *Klöhn* selbst (AG 2016, 423, 425): „Man sollte – gerade als deutscher Jurist – aber kein allzu hohes Vertrauen in systematische Argumente wie den Umkehrschluss oder den allgemeinen Rechtsgedanken haben." Vgl. allgemein zum europäischen Kapitalmarktrecht *Kuntz* in Möslein, Regelsetzung im Privatrecht, 2019, S. 398, 398 f., 436.

**66** Anders jedoch *Klöhn* in ders. (Fn. 11), Art. 17 Rn. 171, nach dem die explizite Nennung dann überflüssig wäre.

**67** Hierzu *Klöhn* in ders. (Fn. 11), Vor Art. 17 Rn. 39.

**68** S. etwa *Assmann* in ders./Schneider (Fn. 28), § 15 Rn. 152; *Versteegen* in KK-WpHG (Fn. 38), § 15 Anh. – § 6 WpAIV Rn. 22. So zum neuen Recht auch *Veil/Brüggemeier* in Meyer/Veil/Rönnau (Fn. 44), § 10 Rn. 99.

### b) Enge Auslegung

Eine andere Grundfrage besteht darin, ob die Befreiungsregelung eng auszulegen ist. Die ESMA konstatiert in ihren Guidelines hierzu: „However, it should be borne in mind that the possibility to delay the disclosure of inside information as per Article 17(4) of MAR represents the exception to the general rule of disclosure to be made as soon as possible according to Article 17(1) of MAR, and therefore should be narrowly interpreted."[69] Sie hält an dieser Auffassung trotz ausführlicher Kritik der SMSG fest.[70] Auch das BAWe hat bereits in seinem Jahresbericht 1995 die Aussage getätigt: „Der Ausnahmecharakter dieser Regelung ist in jedem Fall sehr hoch anzusetzen."[71] Im Emittentenleitfaden 2009 sprach sich die BaFin indes ausdrücklich gegen eine restriktive Auslegung der Befreiungsnorm aus und begründete dies mit der damals neuen Anknüpfung der Ad-hoc-Publizität an den Begriff der Insiderinformation und der damit verbundenen Erfassung früher Zeitpunkte in zeitlich gestreckten Vorgängen.[72]

Betrachtet man zu der Thematik der engen Auslegung von Ausnahmevorschriften die Rechtsprechung des EuGH sowie die entsprechenden Arbeiten der Generalanwältinnen und Generalanwälte,[73] so verwundert es keineswegs, dass die ESMA die enge Auslegung von Art. 17 Abs. 4 MAR anmahnt. Wie auch sonst besteht allerdings infolgedessen die Gefahr, dass diese Auslegungsmaxime bei jedem Anwendungsfall gleich einer Monstranz vorweg getragen wird und dabei den Blick weg vom eigentlichen Sinn und Zweck der Regelung abzulenken droht oder die Sicht darauf gar völlig versperrt. Dass die Ansicht der ESMA daher teils deutlicher Kritik[74] ausgesetzt ist und in der deutschen Literatur keine Gefolgschaft[75] findet, ist mithin – auch angesichts der Bedeutung, die die Ad-hoc-Pu-

---

69 ESMA (Fn. 9), Rn. 52.

70 S. die Kritik der SMSG in ESMA (Fn. 9), Annex III Rn. 24. Ferner hierzu *Veil/Brüggemeier* in Meyer/Veil/Rönnau (Fn. 44), § 10 Rn. 96.

71 BAWe, Jahresbericht 1995, S. 25 (abrufbar unter: https://www.bafin.de/SharedDocs/Downloads/DE/Jahresbericht/dl_jb_1995_bawe.pdf).

72 BaFin, Emittentenleitfaden 2009, S. 67 (abrufbar unter: https://www.bafin.de/SharedDocs/Downloads/DE/Leitfaden/WA/dl_emittentenleitfaden_2009.html).

73 Dazu die empirische Untersuchung von *Herberger*, „Ausnahmen sind eng auszulegen", 2017, passim.

74 Besonders deutlich *Krämer/Kiefner* AG 2016, 621, 624: „apodiktisch behauptete[s] Regel-Ausnahmeverhältnis"; ferner *Klöhn* in ders. (Fn. 11), Art. 17 Rn. 174: „schlichte Behauptung einer restriktiven Auslegung unter Hinweis auf den Ausnahmecharakter [...]".

75 Gegen eine enge Auslegung von „berechtigte Interessen" auch *Klöhn* in ders. (Fn. 11), Art. 17 Rn. 173 f.; *Veil/Brüggemeier* in Meyer/Veil/Rönnau (Fn. 44), § 10 Rn. 96; *Ph. Koch* in Veil (Fn. 44), § 19 Rn. 65. Kritisch bereits zum Regel-Ausnahmeverhältnis (jedenfalls in bestimmten Fällen)

blizität für Emittenten spielt – nachvollziehbar. Zu begrüßen wäre es gewesen, hätte sich die ESMA stärker auf Sinn und Zweck der Befreiungsmöglichkeit sowie auf die Gewährleistung von deren effektiver Anwendung (*effet utile*) fokussiert, misst doch auch der EuGH diesen Aspekten bei anderen Ausnahmeregelungen mitunter eine nicht zu vernachlässigende Bedeutung im Rahmen der „engen" Auslegung bei.[76]

Auswirkungen hat die Charakterisierung der Befreiungsvorschrift als Ausnahmeregelung nicht nur auf die Auslegung, sondern auch auf die Fortbildung der Norm. Soweit ersichtlich verneint der EuGH, die Analogiefähigkeit von Normen, die er als Ausnahmevorschrift einstuft, nahezu ausnahmslos.[77]

Relevant werden könnte dies für die Befreiungsmöglichkeit nach Art. 17 Abs. 5 MAR, die, wenn man schon Art. 17 Abs. 4 MAR als „Ausnahme" ansieht, erst Recht eine solche darstellen muss.[78] Besagte Norm erfasst zwar nicht ihrem Wortlaut, sehr wohl aber ihrem Zweck nach den Fall, dass nicht der Emittent selbst ein Kredit- oder Finanzinstitut ist, sondern etwa sein Tochterunternehmen, bei diesem die von Art. 17 Abs. 5 MAR tatbestandlich vorausgesetzte Lage gegeben ist und der Emittent aufgrund der Auswirkungen, die diese Lage für ihn zeitigt, diesbezüglich ad-hoc-pflichtig ist.[79] Das Risiko eines *bank run*, welches der europäische Gesetzgeber bei der Schaffung von Art. 17 Abs. 5 MAR vor Augen hatte, besteht hier in gleichem Maße.[80] Es überzeugt daher, Art. 17 Abs. 5 MAR in diesem Fall analog anzuwenden.[81] Für den EuGH wäre dies angesichts des Ausnahmecharakters freilich nicht so einfach möglich.

Zuletzt sei noch ein Punkt angemerkt: Genauso wenig, wie die Befreiungsregelung des Art. 17 Abs. 4 MAR über das Maß, welches die reguläre Auslegung

---

*Krämer/Kiefner* AG 2016, 621, 624 f., 627. Gegen „eng zu handhabende Ausnahme" *Kumpan* DB 2016, 2039, 2043.

**76** Zu dieser Praxis mit Nachw. *Herberger* (Fn. 73), S. 48, 52 u. 61.

**77** *Schilling* EuR 1996, 44, 52 f. nennt (nur) ein Beispiel aus der Rechtsprechung des EuGH, in dem der Gerichtshof die Analogie zu einer Ausnahmevorschrift jedenfalls dem Grunde nach implizit bejaht: EuGH v. 29.06.1988, Rs. C-58/87, Slg. 1988. I-3467 Rn. 16 (Rebmann). *Herberger* (Fn. 73, S. 55) konstatiert sogar, der EuGH lehne die Analogiefähigkeit von Ausnahmevorschriften kategorisch ab. Zu dieser Frage allgemein aus deutscher Sicht *Engisch*, Einführung in das juristische Denken, 12. Aufl. 2018, 211 f.; *Würdinger* AcP 206 (2006), 946, 956 ff.

**78** Vgl. Erwägungsgrund 52 MAR, der von „besonderen Umständen" spricht; darauf hinweisend auch *Pietrancosta* in Ventoruzzo/Mock (Fn. 9), B.17.99.

**79** *Klöhn* ZHR 181 (2017), 746, 753 f.

**80** *Klöhn* ZHR 181 (2017), 746, 753 f., zum Hintergrund der Norm auch 748 f.

**81** Für eine Analogie auch *Klöhn* ZHR 181 (2017), 746, 754. Dagegen *Assmann* in ders./Schneider/Mülbert (Fn. 13), Art. 17 MAR Rn. 131, der wohl eine planwidrige Regelungslücke verneint und zudem darauf hinweist, dass das Irreführungsrisiko in diesen Fällen kaum existiere und es dann wegen der verbleibenden Befreiungsmöglichkeit nach Art. 17 Abs. 4 MAR keiner Analogie bedürfe.

gebietet, „eng“ oder „restriktiv“ auszulegen ist, sollte die Norm als Reaktion auf die früh ansetzende Ad-hoc-Publizitätspflicht korrigierend weit ausgelegt werden.[82] Zwar muss jede zeitliche Verschiebung der Veröffentlichungspflicht gemäß Art. 17 Abs. 1 MAR „nach vorne“ eine entsprechende Verschiebung nach sich ziehen, sich gemäß Art. 17 Abs. 4 MAR zu befreien.[83] Über diese objektiv in der Regelungsstruktur der Ad-hoc-Publizität enthaltene „Korrektivfunktion“ (sofern man sie so bezeichnen möchte) hinaus, ist eine erweiternde/korrigierende Auslegung nicht geboten. Insbesondere darf nicht die (freilich der Kritik zugängliche) Entscheidung des europäischen Gesetzgebers, an den Begriff der „Insiderinformation“ sowohl für insiderrechtliche als auch für ad-hoc-publizitätsrechtliche Zwecke anzuknüpfen, durch eine derartige Auslegung korrigiert werden.[84]

## III. Volumen- und Preisfluktuationen als praxisrelevanter Aspekt der Befreiungsmöglichkeit

Wie in der Einleitung gezeigt, hat die Befreiungsmöglichkeit für Emittenten heute eine erhebliche Bedeutung.[85] Problemkonstellationen wie Gerüchte[86] und ausstehende Organentscheidungen[87] diskutieren Praxis und Wissenschaft bereits intensiv. Kaum Beachtung gefunden hat bislang die Frage, ob Volumen- oder Preisfluktuationen bzgl. des von der Insiderinformation betroffenen Finanzinstruments zur Unzulässigkeit einer Befreiung führen können.[88] Das spielte im niederländischen Fall *VEB/SdB*[89] eine Rolle.[90]

---

**82** Zur alten Rechtslage auch *Versteegen* in KK-WpHG (Fn. 38), § 15 Rn. 146; damals ging es allerdings um eine „gegenständliche Korrektur“ der Ad-hoc-Publizität, da diese zu jener Zeit erstmals an den Begriff der Insiderinformation anknüpfte und daher insofern weiter war.

**83** So auch *Veil/Brüggemeier* in Meyer/Veil/Rönnau (Fn. 44), § 10 Rn. 96; zum alten Recht *Versteegen* in KK-WpHG (Fn. 38), § 15 Rn. 146 (bzgl. des in Fn. 82 geschilderten Aspekts).

**84** Ähnlich *Ph. Koch* in Veil (Fn. 44), § 19 Rn. 65; zum alten Recht *Versteegen* in KK-WpHG (Fn. 38), § 15 Rn. 146 (bzgl. des in Fn. 82 geschilderten Aspekts).

**85** Vgl. auch *Voß* in Just/Voß/Ritz/Becker, WpHG, 1. Aufl. 2015, § 15 Rn. 176: „zentral[e] „Dreh- und Angelregelung“ des Ad-hoc-Rechts“.

**86** Hierzu etwa *Klöhn* in ders. (Fn 11), Art. 17 Rn. 283 ff.

**87** Siehe *Krämer/Kiefner* AG 2016, 621, 624 f.

**88** In der deutschen Literatur mahnt *Pfüller* in Fuchs (Fn. 26), § 15 Rn. 491 an, die Preisentwicklung zu beobachten, während *Klöhn* meint, es komme für die Feststellung eines Vertraulichkeitslecks auf das Handelsvolumen an (*Klöhn* in ders. [Fn. 11], Art. 17 Rn. 282).

Dort stand die Frage im Vordergrund, ob ungewöhnliche Volumen- und Preisfluktuationen eines Finanzinstruments als Indiz zu werten sind, dass entgegen Art. 17 Abs. 4 UAbs. 1 lit. c) MAR die Geheimhaltung der relevanten Informationen nicht mehr sichergestellt sei. Das niederländische Gericht meinte zunächst, es müsse nicht mit Sicherheit feststehen, dass die Geheimhaltung nicht mehr gegeben sei – vielmehr reichten „klare/deutliche Signale" aus.[91] Ein solches „klares Signal" könnten Veränderungen in Handelsvolumina und Preis darstellen.[92]

Auf den ersten Blick lässt sich einwenden, dass die Ausnutzung einer Insiderinformation zum Handel nicht notwendigerweise Auswirkungen auf den Preis des Finanzinstruments haben muss, sofern die Information nicht hinreichend öffentlich bekannt ist und daher nur wenige Personen auf ihrer Grundlage handeln.[93] Wahrnehmbare Preisbewegungen (relevanten Ausmaßes) dürften allerdings als Indiz für einen Vertraulichkeitsverlust sprechen.[94] Einen vergleichbaren Verdacht können Volumenfluktuationen erwecken. Dem Emittenten steht in beiden Fällen allerdings der Einwand offen, diese seien nicht auf ein Vertraulichkeitsleck zurückzuführen.

In der Tat sind derartige Fluktuationen prinzipiell nicht mehr als ein Indiz. Doch ist hier im Rahmen der gebotenen Abwägung zwischen Emittenten- und Kapitalmarktbelangen (oben II.2.a]) davon auszugehen, dass schon dieses Verdachtsmoment genügt anzunehmen, die Interessen des Kapitalmarkts an einer unverzüglichen Veröffentlichung überwögen, was zur Unzulässigkeit eines (weiteren) Aufschubs führte.[95] Sofern solche Fluktuationen den Verdacht begründen, es liege eine Insiderinformation beim Emittenten vor, können Anleger nämlich, wenn sie von den Fluktuationen erfahren, auf Grundlage dieses Verdachts spekulieren – und zwar unabhängig davon, ob sich absehen lässt, in welche Richtung

---

**89** Hof Amsterdam, 10.07.2012, ECLI:NL:GHAMS:2012:BX0488; Hof Amsterdam, 16.04.2013, ECLI:NL:GHARL:2013:2660; Hof Amsterdam, 11.11.2014, ECLI:NL:GHARL:2014:8609. *De Jong* war als Experte für *VEB* tätig, siehe *de Jong* EBOR 17 (2016), 523, 525 dortige Fn. 13.

**90** Hierzu *de Jong* EBOR 17 (2016), 523.

**91** Hof Amsterdam, 10.07.2012, ECLI:NL:GHAMS:2012:BX0488, Rn. 4.12.

**92** Vgl. ibid („nicht ausgeschlossen").

**93** S. Hof Amsterdam, 11.11.2014, ECLI:NL:GHARL:2014:8609, Rn. 2.15, der insofern lediglich darauf verweist, dass *VEB* vorgebracht habe, die niederländische Finanzmarktbehörde (AFM) habe Entsprechendes in einem Bericht geäußert, und dies von *SdB* nicht bestritten worden sei; etwas zurückhaltend auch *de Jong* EBOR 17 (2016), 523, 534 f.

**94** *De Jong* EBOR 17 (2016), 523, 535.

**95** Auf die Relevanz der Abwägung im Fall von Insiderhandel trotz Gewährleistung der Geheimhaltung hinweisend bereits *Kersting* in Schön (Fn. 41), S. 411, 486 dortige Fn. 430; ebenfalls *Klöhn* in KK-WpHG, 2. Aufl. 2014, § 15 Rn. 241.

sich der Kurs des Finanzinstruments aufgrund des (späteren) Bekanntwerdens der Insiderinformation verändern wird. Dies ähnelt dann der Situation, die dem EuGH im „Lafonta"-Urteil zur Entscheidung vorlag.[96]

Allerdings genügt nicht jede Art von Fluktuation. Vielmehr muss sie so stark sein, dass sie atypisch erscheint und nicht mehr ohne Weiteres mit sonstigen Marktbedingungen erklärbar ist. Letztlich lässt sich das nur per Expertengutachten klären. So wandte sich das niederländische Gericht im Fall *VEB/SdB* für die Frage, ob die dortigen Fluktuationen ein „klares/deutliches Signal"[97] darstellten, an zwei Experten, von denen einer eine Ereignisstudie (*event study*) durchführte und der andere eine technische Analyse (*technical analysis*).[98] Während man der Eignung einer technischen Analyse – jedenfalls in diesem Kontext – durchaus kritisch gegenüber eingestellt sein darf,[99] erscheint die Methodik der Ereignisstudie[100] indes als gangbarer Weg, um für hiesige Zwecke belastbare Werte zu ermitteln. Der besondere „Charme" einer derartigen Studie liegt zudem darin, dass Emittenten sie relativ aufwandsarm selbst einsetzen können.[101] Letztlich wird aber der EuGH zu entscheiden haben, ob und wann die Ergebnisse von Ereignisstudien den Schluss erlauben, die Geheimhaltung sei nicht gewährleistet.[102]

## IV. Fazit

Die Möglichkeit zur Befreiung von der Pflicht, eine Ad-hoc-Mitteilung zu veröffentlichen, hat in 25 Jahren WpHG aus praktischer Sicht an Bedeutung gewonnen. War sie ursprünglich an eine aufsichtsbehördliche Einwilligung geknüpft, liegt das Risiko seit Längerem ganz bei den Emittenten, die in Selbstverantwortung entscheiden, ob die Voraussetzungen des Tatbestandes erfüllt sind. Umso misslicher ist es, dass nach wie vor zentrale konzeptionelle Fragen höchstrichterlicher Klärung harren.

---

**96** EuGH v. 11.03.2015, Rs. C-628/13, NJW 2015, 1663, Rn. 34 (Lafonta); zur Spekulationsmöglichkeit auch *Klöhn* NZG 2015, 809, 813.

**97** S.o. Fn. 91.

**98** *De Jong* EBOR 17 (2016), 523, 528 ff.

**99** Näher *de Jong* EBOR 17 (2016), 523, 530.

**100** Zu Ereignisstudien grundlegend *Fama/Fisher/Jensen/Roll* 10 Int. Econ. Rev. 1 (1969); speziell zum Einsatz in Fällen sog. „Securities Litigation" und zu Problemen im Umgang mit solchen Studien *Brav/Heaton*, 93 Wash. U. L. Rev. 583 (2015).

**101** Vgl. *de Jong* EBOR 17 (2016), 523, 529.

**102** Vgl. *de Jong* EBOR 17 (2016), 523, 537 („[...] the European Court of Justice could find inspiration in the Dutch approach but of course need not follow it.").

Das beginnt mit der Frage, welche Interessen für die Auslegung der Norm in welcher Weise heranzuziehen sind. Dient Art. 17 Abs. 1 UAbs. 1 MAR dem Marktschutz, rückt Art. 17 Abs. 4 MAR das Emittenteninteresse in den Vordergrund. Dies spricht ebenso wie der Stellenwert der Ad-hoc-Publizität dafür, diese beiden Interessen gegeneinander abzuwägen. Dass eine solche Möglichkeit, Emittenten einen Weg zu eröffnen, Insiderinformationen zeitweise unter Verschluss zu halten, nicht notwendig den Interessen des Marktes zuwiderläuft, haben die Überlegungen oben gezeigt.

Entgegen dem Mantra der ESMA bedarf es daher keiner besonders restriktiven Politik im Umgang mit dem Befreiungstatbestand. Aus Perspektive der Praxis ist zudem misslich, dass die ESMA bislang nicht erkennen lässt, auf welche Weise sie die „enge Auslegung" umsetzen möchte.

Über die Klassiker „Gerüchte" und „gestreckte Vorgänge" hinaus hat das Problem, ob Volumen- und Preisfluktuationen zur Unzulässigkeit einer (weiteren) Befreiung führen können, das Zeug, zu einem neuen Dauerbrenner zu werden, der Emittenten und Aufsicht in den nächsten Jahren beschäftigt. Es bleibt für die Praxis zu hoffen, dass der EuGH bald Gelegenheit erhält, sich damit zu befassen, ob und, wenn ja, ab welcher Schwelle solche Fluktuationen dazu führen, dass die – ursprünglich legale – Befreiungsmöglichkeit entfällt.

Martin Schockenhoff und Johannes Culmann

# Managers' Transactions

## Einleitung

Eigengeschäfte von Führungspersonen mit Finanzinstrumenten „ihres" Unternehmens haben für die anderen Aktionäre und das Anlegerpublikum einen hohen Informationswert.[1] Derartige Transaktionen können Rückschlüsse auf die gegenwärtige oder zukünftige Unternehmensentwicklung zulassen[2], weil die Führungspersonen im Regelfall einen Wissensvorsprung vor Mitaktionären und Anlegern haben.[3] Marktbeobachter stellen deshalb Kauf- und Verkaufsgeschäften von Führungskräften in Aktien eines Emittenten gegenüber, um Indizien für kurzfristige Kursbewegungen zu bekommen[4]. Bleiben Eigengeschäfte von Führungspersonen geheim, steigt die Gefahr, dass diese ihr Insiderwissen auf verbotene Weise ausnutzen und das Vertrauen in die Integrität des Kapitalmarkts wird geschwächt.[5]

All dies ist seit langem bekannt, aber dennoch wurde in Deutschland eine Offenlegungspflicht für Eigengeschäfte von Führungspersonen erst im Jahr 2002 eingeführt.[6] In der Gesetzesbegründung wurde als Vorbild ausdrücklich eine fast

---

1 In Erwägungsgrund 58 der MAR ist von einer *„höchst wertvolle[n] Informationsquelle für Anleger"* die Rede.

2 Allerdings ist hier Vorsicht geboten. Kauf- und insbesondere Verkaufsentscheidungen können auch auf ganz anderen aus der privaten Sphäre stammenden Erwägungen erfolgen (z. B. Liquiditätsbedarf). Dazu etwa *Sethe/Hellgardt* in Assmann/Schneider/Mülbert, Wertpapierhandelsrecht, 7. Aufl. 2019, Art. 19 MAR Rn. 10. Darüber hinaus können Kaufentscheidungen etwa auf einer Verpflichtung einer Führungsperson beruhen, einen Teil ihrer variablen Vergütung in Aktien ihres Unternehmens zu investieren. Vgl. dazu Handelsblatt vom 15. April 2019 „Managerverkäufe mahnen zur Vorsicht" (S. 34), wonach Aktienkäufe von zwei Telekommanagern aus diesem Grund nicht überbewertet werden sollen.

3 *Sethe/Hellgardt* (Fn. 2), Art. 19 MAR Rn. 10; *Commandeur* ZBB 2018, 114, 117; *Maume/Kellner* ZGR 2017, 273, 277 ff; *Kumpan* AG 2016, 446, 448 m. w. N.

4 Vgl. Handelsblatt vom 15. April 2019 „Managerverkäufe mahnen zur Vorsicht" (S. 34). Ein fallendes „Insiderbarometer", das Aktienkäufe und -verkäufe von Führungspersonen gegenüberstellt, wird als Indiz für kurzfristig fallende Kurse gesehen (Quelle Olaf Stotz, Frankfurt School of Finance and Management).

5 *Kumpan* AG 2016, 446, 448; *Sethe/Hellgardt* (Fn. 2), Art. 19 MAR Rn. 12; ausführlich *Fleischer* ZIP 2002, 1217, 1220; Erwägungsgrund 59 MAR sieht in den *Managers' Transactions*-Mitteilungen eine *„zusätzliche Möglichkeit zur Überwachung der Märkte"*.

6 Durch das 4. Finanzmarktförderungsgesetz vom 21. 06. 2002, BGBl I. S. 2010, das am 1. 7. 2002 in Kraft getreten ist.

https://doi.org/10.1515/9783110632323-030

70 Jahre alte Regelung aus den USA genannt, nämlich der US-amerikanische Securities Exchange Act aus dem Jahr 1934, der ein Kind des Börsencrashs an der Wall Street im Jahr 1929 war.[7] Es dauerte Jahrzehnte, bis diese Regelung in Europa rezipiert wurde. Im Entwurf für das Statut für Europäische Aktiengesellschaften aus dem Jahr 1975 wurde erstmals eine im Gesellschaftsrecht angesiedelte Regelung vorgeschlagen[8]. Organmitglieder, Leitungspersonen im Rechnungswesen sowie deren nahe Verwandte sollten verpflichtet werden, ihre Aktien in Namensaktien umzuwandeln oder zu hinterlegen sowie Gewinne aus den Aktien abzuführen. Der Text kam über das Entwurfsstadium nicht hinaus.

Im Vereinigten Königreich wurden im Jahr 1985 in den Sections 324 bis 328 Companies Act gesellschaftsrechtliche Meldepflichten für Führungskräfte börsennotierter Gesellschaften eingeführt, die später durch börsenrechtliche und finanzmarktaufsichtliche Regelungen ergänzt wurden.[9] Zu diesem Zeitpunkt hatte in Deutschland die rechtliche Ordnung des Kapitalmarkts noch nicht einmal begonnen. Bis zur Einführung des WpHG dauerte es noch nahezu 20 Jahre.

Als das WpHG in den Jahren 1994/1995 in Kraft[10] trat, fehlten trotz der Vorbilder im US-amerikanischen und englischen Recht Vorschriften über die Offenlegung von Eigengeschäften der Führungspersonen. Die Insiderhandelsverbote, die Offenlegungspflicht von Insidertatsachen und die Mitteilungspflichten für Stimmrechtsanteile erschienen dem Gesetzgeber damals ausreichend. In die Lücke stieß im Jahr 2001 das Regelwerk Neuer Markt der Deutsche Börse AG[11]. Gemäß Ziffer 7.2 dieses Regelwerks waren Emittenten verpflichtet, jedes Eigengeschäft des Emittenten und seiner Vorstands- und Aufsichtsratsmitglieder innerhalb von drei Börsentagen der Deutsche Börse AG zu melden. Indessen hatte dieses Regelwerk keine Gesetzeskraft; seine Geltung beruhte auf einer privatrechtlichen Vereinbarung zwischen dem Emittenten und der Deutsche Börse AG. Erst mit dem 4. Finanzmarktförderungsgesetz vom 21. Juni 2002[12] wurde mit § 15a WpHG a. F. eine Offenlegungspflicht für Eigengeschäfte von Führungspersonen gesetzlich normiert. Diese in der Folgezeit mehrfach ergänzte Bestimmung wurde

---

**7** Vgl. Regierungsentwurf 4. FMFG, BT-Drucksache 14/8017, S. 88; hierzu *Pfüller* in Fuchs, WpHG, 2. Aufl. 2016, § 15a Rn. 8; *Sethe/Hellgardt* (Fn. 2), Art. 19 MAR, Rn. 14; *Fleischer* ZIP 2002, 1217, 1221 ff.

**8** Vgl. *Lutter*, Europäisches Gesellschaftsrecht, Sonderheft 1 ZGR 1984, 385 f.; hierzu *Pfüller* (Fn. 7), § 15a Rn. 11.

**9** Vgl. *Heinrich* in KK-WpHG, 2. Aufl. 2014, § 15a Rn. 22.

**10** In Kraft getreten teils am 1.8.1994, teils am 1.1.1995, vgl. BGBl I 1994, 1749.

**11** Regelwerk Neuer Markt, Bekanntmachung der Deutsche Börse AG vom 20.12.2000.

**12** BGBl I 2002, 2010.

mit Wirkung ab 3. Juli 2016 durch Art. 19 MAR abgelöst und u. a. durch temporäre Handelsverbote ergänzt.

## I. Grundkonzept des Art. 19 MAR

Mit Inkrafttreten der MAR wanderte die materiellrechtliche Regelung des § 15a WpHG a. F. in das unmittelbar geltende europäische Sekundärrecht ab; damit verbunden war nicht nur ein Wechsel der Terminologie von „*Directors' Dealings*" zu „*Managers' Transactions*". Vielmehr wurde der Anwendungsbereich der Mitteilungspflichten auch sowohl hinsichtlich der betroffenen Emittenten als auch der mitteilungspflichtigen Geschäfte erheblich ausgeweitet[13].

Das Grundkonzept des Art. 19 MAR ähnelt indessen demjenigen des § 15a WpHG a. F.. Art. 19 MAR enthält weder ein vollständiges Handelsverbot für Personen mit Führungsaufgaben[14] noch eine Verpflichtung zur *Pre Trading Disclosure* (Offenlegung beabsichtigter Transaktionen) oder, wie noch im Entwurf eines Statuts für eine Europäische Aktiengesellschaft vorgesehen, eine Verpflichtung zur Gewinnabführung und zur Hinterlegung eigener Aktien. Vielmehr blieb es im Grundsatz bei der nachträglichen Offenlegungsverpflichtung, die allerdings um ein periodisches Handelsverbot während der sogenannten *Closed Periods* (Art. 19 Abs. 11 MAR) sowie weitergehende Informations- und Dokumentationspflichten (Art. 19 Abs. 5 MAR) ergänzt wurde.

Nicht unmittelbar europarechtlich geregelt sind die Rechtsfolgen von Verstößen gegen die Bestimmungen des Art. 19 MAR; insoweit bleibt es bei den – im Rahmen des Inkrafttretens der MAR novellierten – Bestimmungen des WpHG, insbesondere über Bußgelder (§ 120 Abs. 15 Nr. 17, Abs. 18 WpHG) und das *Naming and Shaming* (§ 125 Abs. 1 WpHG). Das Bußgeldverfahren richtet sich ebenfalls nach deutschem Recht, zuständig für die Festsetzung von Bußgeldern und deren Veröffentlichung ist die BaFin. Die Praxis in Deutschland orientiert sich daher weiterhin an der Rechtsauffassung der BaFin. Die BaFin veröffentlicht ihre Rechtsauffassung in den regelmäßig aktualisierten FAQ zu Eigengeschäften von Führungskräften nach Art. 19 MAR (derzeit 10. Version, Stand 23.11.2018) sowie dem Emittentenleitfaden[15]. Wegen dieser praktischen Bedeutung wird im Folgenden immer wieder auf diese Veröffentlichungen der BaFin zurückgegriffen.

---

13 Vgl. dazu *Hitzer/Wasmann* DB 2016, 1483.

14 Hierzu *Sethe/Hellgardt* (Fn. 2), Art. 19 VO Nr. 596/2014, Rn. 15.

15 Die im BaFin Emittentenleitfaden 2013 enthaltenen Passagen zu *directors' dealings* (§ 15a WpHG a. F.) haben den Stand April 2009. Die Aussagen haben wegen der geänderten Rechtslage vorläufigen Charakter. Der Emittentenleitfaden wird momentan modulweise überarbeitet.

## II. Art. 19 Abs. 1 MAR

Gemäß § 19 Abs. 1 lit. a) MAR sind Personen, die Führungsaufgaben wahrnehmen, sowie in enger Beziehung zu ihnen stehende Personen verpflichtet, dem Emittenten und der zuständigen Behörde Geschäfte in Bezug auf Anteile, Schuldtitel, verbundene Derivate und andere damit verbundenen Finanzinstrumente dieses Emittenten mitzuteilen.

### 1. Mitteilungspflichtige Personen

#### a) Personen mit Führungsaufgaben

Personen mit Führungsaufgaben beim Emittenten sind Personen, die einem Verwaltungs-, Leitungs- oder Aufsichtsorgan des Emittenten angehören oder die als höhere Führungskraft zwar keinem der genannten Organe angehören, aber regelmäßig Zugang zu Insiderinformationen mit direktem oder indirektem Bezug zum Unternehmen haben und befugt sind, unternehmerische Entscheidungen über zukünftige Entwicklungen und Geschäftsperspektiven des Unternehmens zu treffen (§ 3 Abs. 1 Nr. 25 MAR).

Bei einer deutschen Aktiengesellschaft sind im Regelfall nur die Vorstands- und Aufsichtsratsmitglieder mitteilungspflichtig. Generalbevollmächtigte oder Mitglieder eines erweiterten Vorstands können ausnahmsweise mitteilungspflichtig sein, wenn sie strategische Entscheidungen für das Gesamtunternehmen treffen können[16]. Es reicht aus, dass die Führungsperson Mitglied eines Gremiums ist, das die Entscheidung treffen kann[17].

Nicht erfasst sind nach dem insoweit eindeutigen Wortlaut Personen, die (nur) bei einem mit dem Emittenten verbundenen Unternehmen Führungsaufgaben wahrnehmen[18].

---

16 *Hitzer/Wasmann* DB 2016, 1483; *Kumpan* AG 2016, 446, 449; BaFin, Emittentenleitfaden 2013, S. 73 f.

17 BaFin, Emittentenleitfaden 2013, S. 74; zu MAR etwa *Kumpan* AG 2016, 446, 449.

18 BaFin, FAQ Art. 19 MAR, 23.11.2018, Ziffer II.9; *Kumpan* AG 2016, 446, 449; *Stenzel* DStR 883, 887; Ausführlicher zu Konzernsachverhalten: *Götze/Carl* Der Konzern 2016, 529, 539.

### b) Eng verbundene Personen und teleologische Reduktion

Eng verbundene Personen sind gemäß Art. 3 Abs. 1 Nr. 26 lit. a) bis c) MAR zunächst Ehepartner und gleichgestellte Personen, unterhaltsberechtigte Kinder und Verwandte, die zum Zeitpunkt des mitteilungspflichtigen Geschäfts seit mindestens einem Jahr demselben Haushalt angehören. In der Praxis werfen diese Tatbestände keine Probleme auf.

Gemäß Art. 3 Abs. 1 Nr. 26 lit. d) MAR bezeichnet eine eng verbundene Person weiter eine juristische Person, Treuhand oder Personengesellschaft, deren Führungsaufgaben durch eine Person, die Führungsaufgaben wahrnimmt, oder eine andere in den Buchstaben a, b oder c genannte Person wahrgenommen werden, die direkt oder indirekt von einer solchen Person kontrolliert wird, die zugunsten einer solchen Person gegründet wurde oder deren wirtschaftliche Interessen weitgehend denen einer solchen Person entsprechen.

Dieser sehr weite Tatbestand wird von der BaFin einschränkend ausgelegt. Die BaFin stellt in ihren FAQ klar, dass eine Meldepflicht bei einem Eigengeschäft einer Gesellschaft nur dann besteht, wenn für eine Führungskraft des Emittenten die Möglichkeit besteht, für sich einen *„signifikanten wirtschaftlichen Vorteil"* zu sichern. Ein solcher signifikanter wirtschaftlicher Vorteil kann z. B. dann erzielt werden, wenn die Führungskraft oder die natürliche Person, die zur Führungskraft in enger Beziehung steht, an der Gesellschaft mit 50 % oder mehr beteiligt ist oder wenn ihr 50 % oder mehr der Gewinne der Gesellschaft zugerechnet werden[19]. Die BaFin hält damit an ihrer bereits zur Vorgängervorschrift (§ 15a WpHG a. F.) vertretenen teleologischen Reduktion fest, wonach die Möglichkeit eines signifikanten wirtschaftlichen Vorteils stets Voraussetzung für eine *Managers Transactions'*-Pflicht war[20].

Dieser Praxis der BaFin ist zuzustimmen. Allerdings ist unsicher, ob sie dauerhaft daran festhalten kann. Die BaFin hatte sich unmittelbar nach Inkrafttreten der MAR in ihren FAQ zunächst zurückhaltender geäußert und eine Mitteilungspflicht nur in Fällen gemeinnütziger Gesellschaften und bei reinen Doppelorganschaften verneint[21]. Dahinter stand möglicherweise die Befürchtung, dass die teleologische Reduktion das Ziel einer einheitlichen Auslegung der MAR in den EU-Mitgliedstaaten gefährden könnte. Die Praxis sollte die Entwicklung deshalb weiter im Auge behalten.

---

**19** BaFin, FAQ Art. 19 MAR, 23.11.2018, Ziffer II.10.
**20** Zu § 15a WpHG bereits: BaFin, Emittentenleitfaden 2013, S. 75 f.
**21** BaFin, FAQ Art. 19 MAR, 23.11.2018, Ziffer II.8 und II.9.

## 2. Mitteilungspflichtige Geschäfte

### a) Grundsatz

Die meldepflichtigen Geschäfte werden in Art. 10 Abs. 2 Delegierte VO (EU) 2016/522 konkretisiert. Bemerkenswert ist dabei zunächst, dass auch Geschäfte mitteilungspflichtig sind, die nicht einmal auf einer aktiven und bewussten Anlageentscheidung einer Führungsperson beruhen, wie etwa Schenkungen, Spenden und Erbschaften[22]. Den genannten Geschäften können keine Rückschlüsse auf die Kursentwicklung entnommen werden, weil die mitteilungspflichtige Person keine Entscheidung trifft, bei der sich ein Wissensvorsprung auswirken könnte[23].

Die praktisch bedeutsamsten Fälle von Mitteilungspflichten sind neben Aktienkäufen- und verkäufen insbesondere Optionsgeschäfte. Erfasst sind Optionsgeschäfte sowohl mit physischem Settlement als auch mit Barausgleich. Neben der Übertragung bestehender Optionen kann die Einräumung der Option selbst Mitteilungspflichten auslösen. Dies ist allerdings nicht immer eindeutig, wie das Beispiel der Einräumung einer Put-Option zeigt.

### b) Mitteilungspflichten im Zusammenhang mit Put-Optionen

Bei der Put-Option mit physischem Settlement gewährt der sog. Stillhalter dem Optionsinhaber das Recht, ihm zu einem bestimmten Zeitpunkt oder über einen bestimmten Zeitraum[24] eine bestimmte Anzahl Aktien zu einem bestimmten Preis („*Ausübungspreis*“) anzudienen.

Ob die Einräumung einer derartigen Put-Option für den Stillhalter eine Mitteilungspflicht auslöst, ist nicht ganz eindeutig. Aus der Sicht des Stillhalters der Put-Option stellt sich die Vereinbarung wie ein bedingter Kaufvertrag dar, denn der Erwerb der Aktien hängt von der Optionsausübung durch den Optionsinhaber

22 Dazu *Hitzer/Wasmann* DB 2016, 1483, 1484; *Kumpan* AG 2016, 446, 453; *Sethe/Hellgardt* (Fn. 2), Art. 19 MAR Rn. 73.

23 Die Mitteilung derartiger Geschäfte erleichtert allenfalls die Einordnung nachfolgender Geschäfte. Vgl. *Sethe/Hellgardt* (Fn. 2), Art. 19 MAR Rn. 73. Darüber hinaus kann im Einzelfall auch in Zusammenschau bereits erfolgter Stimmrechtsmitteilungen der Aktienbestand einer Person mit Führungsaufgaben oder einer nahestehenden Person nachverfolgt werden, bevor es zu einer weiteren Schwellenberührung kommt.

24 Bei gehandelten Optionen wird zwischen „europäischen Optionen“ (mit einem bestimmten Ausübungsstichtag) und „amerikanischen Optionen“ (mit einem Ausübungszeitraum) unterschieden.

und gegebenenfalls weiteren Umständen ab, die der Stillhalter nicht beeinflussen kann. Die BaFin ging deshalb auch bei § 15a WpHG a. F. von einer Mitteilungspflicht des Stillhalters erst bei Ausübung der Option und dem damit verbundenem Erwerb der Aktien aus[25]. An dieser Auffassung hält die BaFin indessen – nach bislang nur mündlicher Auskunft – nicht mehr fest.

Gemäß Art. 10 Abs. 2 Delegierte VO (EU) 2016/522 sind u. a.

> „b) Annahme oder Ausübung einer Aktienoption, einschließlich der Führungskräften oder Arbeitnehmern im Rahmen ihres Vergütungspakets gewährten Aktienoptionen, und die Veräußerung von Anteilen, die aus der Ausübung einer Aktienoption resultieren; [...]
>
> f) Erwerb, Veräußerung oder Ausübung von Rechten, einschließlich von Verkaufs- und Kaufoptionen, sowie Optionsscheine; [...]
>
> i) an Bedingungen geknüpfte Geschäfte bei Eintritt dieser Bedingungen und tatsächliche Ausführung der Geschäfte"

mitteilungspflichtig. Die BaFin stuft die Einräumung einer Put-Option für den Stillhalter als Veräußerung eines Derivats und damit als mitteilungspflichtiges Geschäft ein.

Bei Ausübung der Put-Option muss der Stillhalter eine Mitteilung über den Erwerb der Aktien machen. Das Auslaufen oder die vorzeitige Auflösung einer Put-Option lösen keine Mitteilungspflicht aus. Sofern bestehende Put-Optionen ausschließlich gegen Zahlung einer Provision geschlossen werden, entsteht deshalb keine Mitteilungspflicht. Falls die Schließung dagegen durch den Abschluss „gegenläufiger" Optionsgeschäfte erfolgt, sind die neuen Optionsgeschäfte mitteilungspflichtig.

### c) Vergütungsprogramme

Nach Auffassung der ESMA und der BaFin fallen Geschäfte im Rahmen von Vergütungsprogrammen unter die Meldepflicht, und zwar unabhängig davon, ob die berechtigten Personen einen Handlungsspielraum bei der Zuteilung haben oder

25 Bei aufschiebend bedingten Kaufverträgen über Aktien wurde nach alter Verwaltungspraxis der BaFin zu § 15a WpHG eine Mitteilungspflicht erst bei Eintritt der Bedingung ausgelöst, wenn die mitteilungspflichtige Person den Bedingungseintritt nicht selbst herbeiführen konnte; Vgl. BaFin, Emittentenleitfaden 2013, S. 85. Die Differenzierung danach, wer den Bedingungseintritt herbeiführen kann, ist entfallen. Gemäß Ziffer IV.2 der aktuellen BaFin FAQ zu Art. 19 MAR entsteht eine Meldepflicht nach Art. 19 MAR bei einem unbedingt abgeschlossenen schuldrechtlichen Geschäft, dessen dinglicher Vollzug vom Eintritt einer bestimmten Bedingung abhängt, erst dann, wenn das Geschäft im Rahmen des dinglichen Vollzugs tatsächlich durchgeführt wird.

nicht[26]. Bei der Zuteilung von Aktien an eine mitteilungspflichtige Person muss diese daher stets eine Mitteilung machen. Der Abschluss der Vergütungsvereinbarung ist indessen nicht mitteilungspflichtig. Die ESMA begründet dies damit, dass der Zweck der Mitteilungspflicht, Insidergeschäfte zu verhindern und den Markt zu informieren, dies nicht erfordere[27].

Nicht mitteilungspflichtig sollen in Geld abgerechnete Instrumente sein, die dazu dienen, einen performanceabhängigen Vergütungsanspruch zu berechnen (z. B. Phantom Stocks, Stock Appreciation Rights, Restricted Stock Units etc.)[28]. Dies ist zwar aus Sicht der Praxis zu begrüßen[29]. Die Frage, ob derartige virtuelle Gestaltungen mitteilungspflichtige Eigengeschäfte sind, ist jedoch nicht abschließend geklärt[30].

### d) Zeichnung von Finanzinstrumenten und Bezugsrechte

Die Zeichnung von Finanzinstrumenten ist mitteilungspflichtig (Vgl. Art. 10 Abs. 2 lit. g) Delegierte VO 2016/522). Als Datum des Geschäftsabschlusses ist der Zeitpunkt anzugeben, zu dem die meldepflichtige Person Kenntnis von der Annahme des Zeichnungsauftrags erlangt[31]. Nach Auffassung der BaFin ist auch die Gewährung von Bezugsrechten bei einer Kapitalerhöhung meldepflichtig[32].

Der Erwerb von Aktien durch Ausübung der Bezugsrechte sowie die Veräußerung des Bezugsrechts sind ebenfalls mitteilungspflichtig[33].

**26** ESMA, Q&A MAR, 29 March 2019, ESMA70 – 145 – 111, A7.5; BaFin, FAQ Art. 19 MAR, 23.11.2018, Ziffer II.12 (unter Verweis auf ESMA Q&A).

**27** ESMA, Q&A MAR, 29 March 2019, ESMA70 – 145 – 111, A7.5; zustimmend: *Sethe/Hellgardt* (Fn. 2), Art. 19 MAR Rn. 74. Etwas anders soll nur dann gelten, wenn von vorne herein feststeht, zu welchem Zeitpunkt die Führungskraft welche Instrumente erhalten wird.

**28** BaFin, FAQ Art. 19 MAR, 23.11.2018, Ziffer II.12; a.A. *Sethe/Hellgardt* (Fn. 2), Art. 19 MAR Rn. 75.

**29** Bereits *Hitzer/Wasmann* DB 2016, 1483, 1484.

**30** *Hitzer/Wasmann* DB 2016, 1483, 1485 halten es für „zweifelhaft", ob eine derartige Auslegung vor dem EuGH Bestand haben würde; a. A. *Kumpan* AG 2016, 446, 451 unter Verweis u. a. auf BaFin, Emittentenleitfaden 2013, S. 32, zu Insiderpapieren. Insbesondere Art. 10 Abs. 2 lit. f) delegierte VO (EU) 2016/522 spricht u. E. für eine Mitteilungspflicht.

**31** BaFin, FAQ Art. 19 MAR, 23.11.2018, Ziffer II.15.

**32** BaFin, FAQ Art. 19 MAR, 23.11.2018, Ziffer II.16. Auf die Frage, ob derartigen Maßnahmen eine Indikatorwirkung beigemessen werden kann, kommt es nicht an. Vgl. *Sethe/Hellgardt* (Fn. 2), Art. 19 MAR Rn. 73.

**33** BaFin, FAQ Art. 19 MAR, 23.11.2018, Ziffer II.16.

### e) Mittelbare Transaktionen nicht erfasst (Umstrukturierungen im Konzern)

Die Mitteilungspflicht gemäß Art. 19 MAR setzt stets eine Transaktion in Bezug auf ein Finanzinstrument voraus. Keine Mitteilungspflicht wird ausgelöst, wenn lediglich Anteile an einer Gesellschaft übertragen werden, die Aktien oder Finanzinstrumente des Emittenten hält.

### f) Anleihen und Garantenkonstellationen

Abweichend von der früheren Rechtslage gemäß § 15a WpHG a. F. sind gemäß Art. 19 Abs. 1 lit. a) MAR auch Eigengeschäfte mit Schuldtiteln mitteilungspflichtig. In der Praxis läuft die Mitteilungspflicht in Bezug auf Anleihen indessen nicht selten leer. Anleihen werden in der Praxis regelmäßig von ausländischen Tochterunternehmen (etwa Luxemburgische S.A.) emittiert; die deutsche Konzernmutter ist nur Garantin der Anleihe. Der Garant einer Anleihe ist aber nicht Emittent im Sinne der MAR. Dies bedeutet, dass Personen, die ausschließlich Führungsaufgaben bei der garantierenden Muttergesellschaft wahrnehmen, nicht *managers' transactions*-pflichtig sind[34]. Nur dann, wenn Personen mit Führungsaufgaben beim Garanten gleichzeitig auch Führungsaufgaben bei der Tochtergesellschaft wahrnehmen, sind sie *managers' transactions*-pflichtig[35]. Sie sind dann in ihrer Funktion als Person mit Führungsaufgaben bei der Tochtergesellschaft (= Emittentin) *managers' transactions*-pflichtig. Dies ist in der Praxis jedoch eher der Ausnahmefall.

Die Führungspersonen der Muttergesellschaft sind deshalb bei Geschäften mit Anleihen im Regelfall gerade nicht *managers' transactionspflichtig*, obwohl sämtliche für die Anleihe kursrelevanten Entscheidungen auf Ebene des garantierenden Mutterunternehmens getroffen werden. Um einen Gleichlauf der Mitteilungspflichten bei Geschäften mit Aktien und Anleihen herzustellen, müsste die Mitteilungspflicht auf Personen erstreckt werden, die Führungsaufgaben bei einem Garanten wahrnehmen.

---

**34** Generell gegen Ausdehnung der Mitteilungspflichten auf Mitarbeiter verbundener Unternehmen des Emittenten: *Götze/Carl* Der Konzern 2016, 529, 540.

**35** BaFin, FAQ Art. 19 MAR, 23.11.2018, Ziffer II.5.

## 3. Inhalt der Mitteilung

### a) Vermeidung einer Mitteilungsflut

Mitteilungspflichtig ist gemäß Art. 19 Abs. 1 lit. a) MAR grundsätzlich jedes einzelne Geschäft. Die Mitteilung in Bezug auf ein Geschäft muss nach Art. 19 Abs. 6 lit. g) MAR insbesondere Angaben zu Kurs und Volumen jedes einzelnen Geschäfts enthalten. Eine Zusammenfassung mehrerer Geschäfte sieht die MAR nicht vor. Mehrere Geschäfte können zwar unter bestimmten Voraussetzungen z. B. (gleichartige Geschäfte eines Tages an einem Geschäftsort) in einem Mitteilungsformular zusammengefasst werden. Unter Ziffer 4 c) des Mitteilungsformulars sind aber dennoch Preis und Volumen für jedes einzelne Geschäft gesondert anzugeben.

Das kann selbst in einfach gelagerten Fällen, in denen eine mitteilungspflichtige Person über einen gewissen Zeitraum kursschonend zukaufen möchte, zu einer unüberschaubaren Mitteilungsflut führen.

Die Praxis schafft mit der sog. Interesse wahrenden Order Abhilfe. Die mitteilungspflichtige Person beauftragt hier eine Bank, Aktien eines bestimmten Emittenten über einen bestimmten Zeitraum kursschonend zuzukaufen. Am Ende der Laufzeit der Interesse wahrenden Order überträgt die Bank die erworbenen Aktien an die mitteilungspflichtige Person.

Bei einer solchen Interesse wahrenden Order muss die mitteilungspflichtige Person am Tag der Auftragserteilung an die Bank eine *Managers' transactions*-Mitteilung machen[36]. Bei Settlement der Interesse wahrenden Order, d. h. bei Übertragung der Aktien in das Depot des Auftraggebers, muss keine weitere Mitteilung gemacht werden[37].

Der genaue Inhalt der Mitteilung hängt vom Auftrag an die Bank ab. Preis und Volumen der Transaktion werden regelmäßig nicht bezifferbar sein. Die BaFin akzeptiert beispielsweise Mitteilungen, wonach eine Interesse wahrende Order zum Kauf von maximal einer bestimmten Anzahl Aktien „kursschonend" während eines bestimmten Zeitraums erteilt wurde.

---

36 BaFin, FAQ Art. 19 MAR, 23.11.2018, Ziffer IV.2.

37 Die BaFin hatte zu § 15a WpHG a. F. die Rechtsauffassung vertreten, dass bei einer Interesse wahrenden Order eine Mitteilungspflicht (nur) bei Settlement gemacht werden muss. Vgl. BaFin, Emittentenleitfaden 2013, S. 86.

### b) Wertpapierleihe

Wertpapierleihgeschäfte sind gemäß Art. 19 Abs. 7 lit. a) MAR, Art. 10 Abs. 2 lit. p) Delegierte VO (EU) 2016/522 mitteilungspflichtig. Nach Auffassung der BaFin ist nur der Abschluss der Wertpapierleihe, nicht auch die Rückübertragung nach beendeter Wertpapierleihe mitteilungspflichtig[38].

Nicht eindeutig ist, welche Angaben in der Mitteilung zur Wertpapierleihe gemacht werden müssen. Angaben zu Preis und Volumen (Ziff. 4.c) und 4.d) des Mitteilungsformulars) können allerdings nicht sinnvoll gemacht werden und wären sogar missverständlich, da ein Erwerbspreis nicht vereinbart wird. Interessant für den Kapitalmarkt wäre die Angabe der Leihgebühr. Die Leihgebühr könnte unter Ziff. 4.b) (Art des Geschäfts) angegeben werden. Allerdings gibt es für eine Abgabepflicht u. E. keine gesetzliche Grundlage, weil sich die Leihgebühr nicht ohne weiteres unter „Kurs und Volumen des Geschäfts" in Art. 19 Abs. 6 lit. g) MAR subsummieren lässt.

Jedenfalls dann, wenn die Leihgebühr, wie in der Praxis häufig, bei Abschluss der Wertpapierleihe noch nicht der Höhe nach feststeht, weil sich die Parteien nur auf einen Preisbildungsmechanismus (bestimmter Prozentsatz des jeweiligen Tageskurses an einem bestimmten Handelsplatz über den Zeitraum der Wertpapierleihe) verständigt haben, ist eine Angabe entbehrlich.

## 4. Rechtsfolgen von Verstößen

Vorsätzliche und leichtfertige Verstöße gegen die Mitteilungspflichten sind gemäß § 120 Abs. 15 Nr. 17 WpHG bußgeldbewehrt. Voraussetzung ist, dass eine Mitteilung nicht, nicht richtig, nicht vollständig, nicht in der vorgeschriebenen Weise oder nicht rechtzeitig vorgenommen wird. Das Bußgeld beträgt gegenüber natürlichen Personen maximal EUR 500.000,00 und gegenüber juristischen Personen maximal EUR 1 Mio. (§ 120 Abs. 18 WpHG).

Daneben kann die BaFin Entscheidungen über Maßnahmen und Sanktionen, die wegen eines Verstoßes gegen die Mitteilungspflichten erlassen werden auf ihrer Internetseite bekanntgeben („*Naming and Shaming*"), § 125 Abs. 1 WpHG.

Weitere Konsequenzen hat ein Mitteilungsverstoß – soweit nicht weitergehend auch die Voraussetzungen eines Insiderverstoßes oder einer Marktmanipulation gegeben sind – nicht. Insbesondere droht, anders als bei Verstößen gegen die Pflicht zur Abgabe von Stimmrechtsmitteilungen, kein Rechtsverlust.

38 BaFin, FAQ Art. 19 MAR, 23.11.2018, Ziffer IV.12.

Dies trägt zu der herausgehobenen Bedeutung der Rechtsauffassung der BaFin für die Beratungspraxis zu *Managers‘ transactions* bei.

# III. Ergänzende Pflichten für Führungskräfte

## 1. Vorbeugende Informations- und Dokumentationspflichten Art. 19 Abs. 5 MAR

Gemäß Art. 19 Abs. 5 MAR ist ein Emittent verpflichtet, sämtliche Personen, die Führungsaufgaben bei ihm wahrnehmen, von ihren Verpflichtungen im Rahmen des Art. 19 MAR schriftlich in Kenntnis zu setzen. Die Personen mit Führungsaufgaben sind wiederum verpflichtet, die zu ihnen in enger Beziehung stehenden Personen von ihren Verpflichtungen im Rahmen des Art. 19 MAR schriftlich in Kenntnis zu setzen. Darüber hinaus erstellt der Emittent eine Liste der Personen mit Führungsaufgaben sowie der Personen, die zu diesen in enger Beziehung stehen.

Diese Informationspflichten können einen der Sache völlig unangemessenen Bürokratieaufwand auslösen. Das gilt beispielsweise dann, wenn eine Person mit Führungsaufgaben beim Emittenten eine andere Unternehmensgruppe kontrolliert. Die Person muss dann nach dem Wortlaut des Art. 19 Abs. 5 Unterabs. 2 MMVO sämtliche Gesellschaften der Unternehmensgruppe separat über deren *Managers‘ transactions*-Pflichten informieren. Bei Neugründungen, Umstrukturierungen etc. entstehen neue Mitteilungspflichten. Das gilt nach dem Wortlaut selbst dann, wenn bei den Gesellschaften der Unternehmensgruppe bereits nach deren Unternehmensgegenstand ein Handel mit Finanzinstrumenten des Emittenten fernliegend ist. U. E. sind die Vorabmitteilungspflichten in diesem Fall teleologisch zu reduzieren.

Praktisch relevant dürften die Vorabmitteilungspflichten ohnehin nur dann werden, wenn eine nahestehende Person gegen eine Mitteilungspflicht verstößt. Die BaFin könnte dann untersuchen, ob sie über ihre Mitteilungspflichten vorab von der Person mit Führungsaufgaben informiert wurde.

Eine separate Überprüfung der Erfüllung von Vorabmitteilungspflichten nimmt die BaFin nach unserer Kenntnis nicht vor. Selbst eine stichprobenartige Untersuchung der Erfüllung von Vorabmitteilungspflichten wäre mit überschaubarem Verwaltungsaufwand nicht möglich.

Die Pflicht des Emittenten, ein Verzeichnis mit allen *managers‘ transactions*-pflichtigen Personen zu führen, bereitet ebenfalls praktische Schwierigkeiten. Selbst wenn man eine – ungeschriebene – Pflicht der Personen mit Führungspersonen annimmt, den Emittenten über Personen in enger Beziehung zu informieren, wäre eine Verletzung der Pflicht nicht bußgeldbewehrt.

## 2. Ergänzung des Regelungsgehalts um sog. *Closed Periods*

Gemäß Art. 19 Abs. 11 MAR darf eine Person, die bei einem Emittenten Führungsaufgaben wahrnimmt, weder direkt noch indirekt Eigengeschäfte oder Geschäfte für Dritte im Zusammenhang mit den Anteilen oder Schuldtiteln des Emittenten oder mit Derivaten oder anderen mit diesen in Zusammenhang stehenden Finanzinstrumenten während eines geschlossenen Zeitraums von 30 Kalendertagen vor Ankündigung[39] eines Zwischenberichts oder eines Jahresabschlussberichts tätigen, zu deren Veröffentlichung der Emittent verpflichtet ist (sog. Handelsverbot). Der Emittent kann gemäß Art. 19 Abs. 12 MAR Ausnahmen erlauben, wenn im Einzelfall außergewöhnliche Umstände einen unverzüglichen Anteilsverkauf erforderlich machen oder wenn es um bestimmte Geschäfte mit Belegschaftsaktien, Pflichtaktien oder Bezugsberechtigungen geht[40].

### a) Persönlicher Anwendungsbereich und indirekte Eigengeschäfte

Das Handelsverbot richtet sich – anders als die Mitteilungspflichten gemäß Art. 19 Abs. 1 MAR – nur an Personen mit Führungsaufgaben und nicht an Personen, die zu Personen mit Führungsaufgaben in enger Beziehung stehen. Der persönliche Anwendungsbereich ist damit im Ausgangspunkt enger. Zu prüfen ist aber stets, ob ein Geschäft einer nahestehenden Person nicht gleichzeitig ein indirektes Eigengeschäft der Person mit Führungsaufgaben darstellt.

Nach Auffassung der BaFin können unter den Begriff des indirekten Eigengeschäfts *„nach den Umständen des Einzelfalls auch solche Transaktionen fallen, die über oder für eine eng verbundene Person ausgeführt werden“*[41]. Welche Umstände des Einzelfalls das sein sollen, präzisiert die BaFin nicht näher.

39 Gemeint ist nach allg. Meinung die Veröffentlichung *Hitzer/Wasmann* DB 2016, 1483, 1487; *Stüber* DStR 2016, 1221, 1226; *Stenzel* DStR 2017, 883, 888.

40 Einzelheiten zu den Befreiungsmöglichkeiten sind in Art. 8 und Art. 9 delegierte VO (EU) 2016/522 geregelt.

41 BaFin, FAQ Art. 19 MAR, 23.11.2018, Ziffer. VI.1.

Geschäfte einer eng verbunden Person (und jedes anderen Dritten) sind zunächst dann vom Handelsverbot erfasst, wenn sie im Namen oder auf Rechnung der Führungsperson vorgenommen werden[42].

Darüber hinaus können auch Geschäfte der nahestehenden Person in eigenem Namen und auf eigene Rechnung indirekte Eigengeschäfte der Person mit Führungsaufgaben sein, wenn diese innerhalb eines geschlossenen Zeitraums auf die Entscheidung der nahestehenden Person, das mitteilungspflichtige Geschäft zu tätigen, Einfluss nimmt[43]. Gerade in dieser Konstellation besteht die Gefahr, dass Informationsvorteile der Person mit Führungsaufgaben genutzt werden. Sofern die Person mit Führungsaufgaben außerhalb einer *Closed Period* bestimmte Anweisungen an eng verbundene Personen gegeben hat, die dann von der nahestehenden Person innerhalb der *Closed Persiod* umgesetzt werden, dürfte der Geschäftsabschluss während der *Closed Period* kein verbotenes indirektes Eigengeschäft darstellen. Hier ist die Wertung zu berücksichtigen, dass auch sonst vor Beginn eines geschlossenen Zeitraums unbedingt geschlossene schuldrechtliche Geschäfte innerhalb des geschlossenen Zeitraums vollzogen werden dürfen[44].

### b) Erfasste Berichte

Unzweifelhaft lösen der gesetzlich gemäß § 325 HGB zu veröffentlichende Jahresabschluss sowie der gemäß § 115 WpHG zu veröffentlichende Halbjahresfinanzbericht einen geschlossenen Zeitraum aus. Verpflichtende Quartalsfinanzberichte sieht das WpHG seit der Streichung von § 37x WpHG a. F. nicht mehr vor.

Gemäß § 53 Abs. 1 der Börsenordnung der Frankfurter Wertpapierbörse müssen Emittenten Quartalsmitteilungen zum Stichtag des ersten und des dritten Quartals eines jeden Geschäftsjahres erstellen. Bei diesen verpflichtenden Quartalsberichten handelt es sich nach Auffassung der BaFin nicht um „Zwischen*berichte*“ im Sinne des Art. 19 Abs. 11 MAR. Dies schließe aber in anderen Fällen quartalsweiser Berichterstattung eine abweichende rechtliche Bewertung nicht aus[45]. Diese Auffassung überzeugt, weil die Frankfurter Wertpapierbörse selbst zwischen Quartals*mitteilungen* und Quartalsfinanz*berichten* unterscheidet. Die umfangreicheren Quartalsberichte sind gerade nicht verpflichtend und lösen

---

42 *Commandeur* ZBB 2018, 114, 119; *Poelzig* NZG 2016, 761, 770; *Stüber* DStR 2016, 1221, 1226; *Sethe/Hellgardt* (Fn. 2), Art. 19 MAR Rn. 155.

43 Pauschal nach der Frage der Einflussnahme differenzierend: *Commandeur* ZBB 2018, 114, 119.

44 Vgl. dazu BaFin, FAQ Art. 19 MAR, 23.11.2018, Ziffer. VI.6.

45 BaFin, FAQ Art. 19 MAR, 23.11.2018, Ziffer. VI.3.

deshalb keine Mitteilungspflicht aus[46]. Die Börsenordnung der Frankfurter Wertpapierbörse begnügt sich mit bloßen Quartalsmitteilungen, die inhaltlich deutlich hinter Quartalsberichten zurückbleiben[47].

Bei dem in § 21 Abs. 1 b) der Allgemeinen Geschäftsbedingungen der Deutsche Börse AG für den Freiverkehr der Frankfurter Wertpapierbörse vorgesehenen Halbjahresfinanzbericht handelt es sich um einen Zwischenbericht, zu deren Veröffentlichung der Emittent nach den Vorschriften des Handelsplatzes verpflichtet ist[48].

### c) Vorverlagerung bei Veröffentlichung vorläufiger Zahlen

Weil die Veröffentlichung vorläufiger Zahlen nicht verpflichtend ist, kann sie keine (vorgelagerte) eigene *Closed Period* auslösen. Die Veröffentlichung vorläufiger Geschäftsergebnisse kann aber nach Auffassung der ESMA[49] das Ende eines geschlossenen Zeitraums markieren[50], wenn sie insbesondere alle wesentlichen Finanzkennzahlen enthält. Das überzeugt zwar, weil mit Veröffentlichung der wesentlichen Ergebnisse keine (typisiert vermutete) Informationsasymmetrie mehr zwischen den Führungspersonen und anderen Kapitalmarktteilnehmern besteht, die ein Handelsverbot rechtfertigen könnte[51]. Für die Praxis ist hier allerdings Zurückhaltung geboten. Weil das Geschäft gleichzeitig gemeldet werden muss, muss der Mitteilungspflichtige damit rechnen, dass die BaFin sich die Frage der Mitteilungspflicht genau anschaut.

---

**46** BaFin, FAQ Art. 19 MAR, 23.11.2018, Ziffer. VI.4; *Sethe/Hellgardt* (Fn. 2), Art. 19 MAR Rn. 164.

**47** *Hitzer/Wasmann* DB 2016, 1483, 1488; ausführlicher: *Stüber* DStR 2016, 1221, 1226.

**48** BaFin, FAQ Art. 19 MAR, 23.11.2018, Ziffer. VI.5.

**49** With particular reference to the year-end financial report, the „announcement" is the public statement whereby the issuer announces, in advance to the publication of the final year-end report, the preliminary financial results agreed by the management body of the issuer and that will be included in that report. This can apply only if the disclosed preliminary financial results **contain all the key information relating to the financial figures expected to be included in the year-end report.** In the event the information announced in such way changes after its publication, this will not trigger another closed period but should be addressed in accordance with Article 17 of MAR.

**50** A.A. *Stüber* DStR 2016, 1221, 1226.

**51** *Sethe/Hellgardt* (Fn. 2), Art. 19 MAR Rn. 168.

## IV. Fazit und Ausblick

Die Offenlegung von Eigenschäften wurde für Führungspersonen in Deutschland erst spät zur gesetzlichen Pflicht. Mit Inkrafttreten der MAR wurde die deutsche Regelung in § 15a WpHG a. F. bereits nach 15 Jahren von der in Europa einheitlich und unmittelbar geltenden MAR abgelöst. Damit einher ging eine Erweiterung und teilweise auch Verschärfung der Tatbestände. Das Grundkonzept bleibt jedoch unberührt, insbesondere bleibt es dabei, dass Führungspersonen ihre Eigengeschäfte erst nachträglich melden müssen. Auch weitergehende rechtspolitische Forderungen, wie beispielsweise die Verpflichtung, die Aktien auf einem Depot des Emittenten zu hinterlegen oder Veräußerungsgewinne und Dividenden abzuführen, wurden nicht umgesetzt. Derartige rechtspolitische Forderungen würden im Übrigen mit der von Stimmrechtsberatern, Aktionärsvereinigungen und institutionellen Investoren aufgestellten Forderung nach SOP-Programmen für Geschäftsleiter kollidieren. Wenn Geschäftsleiter verpflichtet werden, aus ihren variablen Vergütungsbestandteilen Aktien des Emittenten zu erwerben, dann kann man sie kaum zugleich verpflichten, Gewinne aus diesen Aktien wieder abzuführen.

Zahlreiche Detailfragen werden von der MAR nicht geregelt und wurden bislang auch von der ESMA nicht beantwortet. Insoweit bleibt die Rechtsauffassung der BaFin für die Praxis in Deutschland maßgeblich. Dies gilt ums so mehr, als die Sanktionen für Verstöße gegen die MAR nach wie vor im WpHG geregelt sind und die BaFin zuständige Behörde für das Bußgeldverfahren ist.

Tim Johannsen-Roth und Staffan Illert

# Inhalt und Bestimmung von *closed periods* im Rahmen von Eigengeschäften von Führungskräften

## I. Einleitung

Mit der Neufassung der Marktmissbrauchsverordnung[1] hat der europäische Gesetzgeber erstmals in Art. 19 Abs. 11 MAR sog. *closed periods*-Handelsverbote für die Geschäfte von Führungskräften im europäischen Sekundärrecht implementiert und insoweit Neuland betreten.

Die seit dem 3. Juli 2016 unmittelbar geltende[2] Vorschrift verbietet es Personen, die bei einem Emittenten Führungsaufgaben wahrnehmen, während eines Zeitraums von 30 Kalendertagen vor Ankündigung eines Zwischenberichts oder eines Jahresabschlussberichts, zu deren Veröffentlichung der Emittent gemäß den Vorschriften des Handelsplatzes, auf dem seine Anteile zum Handel zugelassen sind, oder gemäß nationalem Recht verpflichtet ist, Eigengeschäfte oder Geschäfte für Dritte direkt oder indirekt im Zusammenhang mit bestimmten Finanzinstrumenten zu tätigen.[3]

Seit der verbindlichen Einführung dieser Handelsverbote konnte die unternehmensrechtliche Praxis bereits erste Erfahrungen mit der Vorschrift und den sich aus ihrer Anwendung ergebenden Rechtsanwendungsfragen sammeln. Der Beitrag baut auf diesen ersten Erfahrungen auf und soll eine Hilfestellung bei dem Umgang mit der Vorschrift in der unternehmensrechtlichen Praxis – auch mit Blick auf deren legislativen Entwicklungsprozess sowie deren ausländische Regelungsvorbilder – liefern.

---

**1** Verordnung (EU) Nr. 596/2014 des Europäischen Parlaments und des Rates vom 16.4.2014 über Marktmissbrauch (Marktmissbrauchsverordnung) und zur Aufhebung der Richtlinie 2003/6/EG des Europäischen Parlaments und des Rates und der Richtlinien 2003/124/EG, 2003/125/EG und 2004/72/EG der Kommission, ABl. Nr. L 173/1 v. 12.6.2014 (nachfolgend „*MAR*").
**2** Art. 39 Abs. 2 MAR.
**3** Zu diesen Finanzinstrumenten zählen nach Art. 19 Abs. 11 MAR Anteile oder Schuldtitel des Emittenten oder Derivate oder andere mit diesen in Zusammenhang stehende Finanzinstrumente.

https://doi.org/10.1515/9783110632323-031

## II. Das Konzept der *closed periods* in der rechtsvergleichenden Betrachtung und dem legislativen Entwicklungsprozess

### 1. Regelungsvorbilder in ausländischen Rechtsordnungen

Das gesetzgeberische Bestreben, den Handel von Führungskräften mit Anteilen des eigenen Unternehmens durch die Einführung von Verbotszeiträumen zu regulieren, um auf diesem Wege das Ausnutzen eines bei ihnen typischerweise bestehenden Informationsvorsprungs zu verhindern und eine Gleichbehandlung aller Investoren zu erzielen,[4] fand im deutschen Rechtsraum zwar erst mit dem Inkrafttreten der MAR seinen erstmaligen Niederschlag. Entsprechende Regulierungsansätze sind aber in den USA sowie in einigen Mitgliedstaaten der EU bereits seit Jahrzehnten Bestandteil geltenden Rechts.

#### a) USA

Als Reaktion auf den Börsencrash von 1929 wurde in den USA bereits 1934 auf Bundesebene mit Sec. 16 des Securities Exchange Act[5] eine Regelung eingeführt, welche die Leitungsorgane börsennotierter Unternehmen davon abhalten sollte, ihren Informationsvorsprung für Insidergeschäfte zu Lasten der übrigen Marktteilnehmer auszunutzen.[6]

Die Vorschrift sieht u. a. eine sog. „*short swing rule*" vor, nach welcher die Führungskräfte von Emittenten dazu verpflichtet sind, Gewinne aus kurzfristigen Aktiengeschäften an den Emittenten abzuführen.[7] Die Vorschrift gibt den Anteilseignern überdies das Recht, die Abführung von Gewinnen aus nicht angezeigten „*short swing-Geschäften*" im Wege eines „*derivative suit*" an den Emittenten klageweise geltend zu machen, wenn der Emittent diese Ansprüche nicht selbst durchsetzt.[8] Transaktionen, die trotz eines Verstoßes gegen die Vorschrift durchgeführt werden, gelten allerdings nicht als rechtswidrig. Es handelt sich

4 Diesen Regelungszweck verfolgt Art. 19 Abs. 11 MAR; vgl. Erwägungsgrund 24 der MAR.
5 Nachfolgend „*SEA*".
6 *Fleischer* ZIP 2002, 1217, 1222; *Pfüller* in Fuchs, WpHG, 2. Aufl. 2016, § 15a Rn. 8.
7 Sog. „*short swing profits*"; siehe *Cox/Hillmann/Langevoort*, Securities Regulation, 8. Aufl. 2017, S. 944 ff.; *Hellgardt* AG 2018, 602, 603 m. w. N.
8 *Hellgardt* AG 2018, 602, 603 m. w. N.

daher strenggenommen nicht um ein mit Art. 19 Abs. 11 MAR vergleichbares Handelsverbot,[9] da – anders als nach dem Wortlaut von Art. 19 Abs. 11 MAR – nicht bereits die Vornahme des Eigengeschäfts untersagt ist. Eine Vergleichbarkeit ist daher auch nur bedingt gegeben.[10] Gleichwohl verfolgen beide Normen einen gemeinsamen Ansatz, denn für ihre Anwendung ist es nicht maßgeblich, dass die Führungskraft eine Insiderinformation tatsächlich ausnutzt, sondern allein dass während eines bestimmten Zeitraums ein Handel mit Finanzinstrumenten stattfindet.[11] Überdies ist zu beachten, dass die Wirkweise von Sec. 16 (b) SEA einem Handelsverbot im Ergebnis zumindest sehr nahe kommt, da entsprechende Geschäfte hierdurch für Führungskräfte so unattraktiv werden, dass sie in der Praxis regelmäßig davon Abstand nehmen.[12]

U.a. als Reaktion auf den *Enron*-Bilanzskandal[13] wurde 2003 durch die Einführung von Sec. 306 (a) des Sarbanes-Oxley Act ein mit Art. 19 Abs. 11 MAR vergleichbares Handelsverbot in geltendes Recht überführt.[14] Beachtenswert ist in diesem Zusammenhang, dass der US-Gesetzgeber hierbei nicht allein den Schutz der Anleger vor der Ausnutzung von Insiderinformationen im Sinn hatte.[15] Vielmehr sollte der Eintritt eines Szenarios verhindert werden, in dem Führungskräfte – bspw. kurz vor der Insolvenz des Emittenten – ihre Anteile gewinnbringend oder verlustneutral veräußern können, während dies Angestellten ohne Leitungsfunktionen aufgrund bestehender Handelsverbote in ihren Pensionsplänen versagt bleibt.[16] Dementsprechend knüpft das Handelsverbot auch nicht schematisch an eine definierte Frist vor der Veröffentlichung von erheblichen Finanzinformationen an, sondern an die bestehenden Handelsverbote in den entsprechenden Pensionsplänen.[17] Hier führt der Verstoß gegen die Vorschrift

---

9 Vgl. *Hellgardt* AG 2018, 602, 604 m.w.N.

10 So auch *Hellgardt* AG 2018, 602, 604.

11 *Hellgardt* AG 2018, 602, 604.

12 In diese Richtung auch *Diekgräf*, Directors‘ Dealings, Paradigmenwechsel im europäischen Marktmissbrauchsrecht, 2017, S. 162, Fn. 689; *Osterloh*, Directors' Dealings, § 15a WpHG im Vergleich mit den Regelungen in den Vereinigten Staaten von Amerika, Großbritannien sowie der europäischen Marktmissbrauchs-RL unter besonderer Berücksichtigung des persönlichen Anwendungsbereichs, 2007, S. 90; *Pfüller* (Fn. 6), § 15a Rn. 8; *Veil* ZGR 2005, 155, 174.

13 Siehe hierzu *Cox/Hillmann/Langevoort* (Fn. 7), S. 12f.; siehe auch *Hellgardt* AG 2018, 602, 604.

14 *Hellgardt* AG 2018, 602, 604; vgl. auch *Buxbaum* IPRax 2003, 78, 79; *Kamann/Simpkins* RIW 2003, 183, 185.

15 Vgl. *Hellgardt* AG 2018, 602, 604.

16 *Hellgardt* AG 2018, 602, 604; vgl. auch *Cox/Hillmann/Langevoort* (Fn. 7), S. 953.

17 Sog. „*blackout periods*"; vgl. *Hellgardt* AG 2018, 602, 604.

aber zu einer Rechtswidrigkeit der Transaktion mit der Folge, dass die SEC Sanktionen anordnen kann.[18]

Letztlich verfolgen Sec. 16 SEA und Sec. 306 (a) des Sarbanes-Oxley Act – genauso wie Art. 19 Abs. 11 MAR – denselben rechtspolitischen Schutzzweck, indem sie der Gleichbehandlung aller Investoren dienen.[19]

### b) Europa

Obwohl auch in Österreich,[20] Polen[21] und Schweden[22] vor Inkrafttreten der MAR bereits gesetzliche Handelsverbote bzw. Verpflichtungen zur Einführung entsprechender Verbote für Führungskräfte und Personen aus sonstigen Vertraulichkeitsbereichen bestanden, wird in der Literatur überwiegend auf eine Norm des UK Model Code on Directors' Dealings in Securities[23] als Regelungsvorbild für Art. 19 Abs. 11, 12 MAR abgestellt.[24] Ursprünglich war der Model Code ein freiwilliger Verhaltenskodex der London Stock Exchange; seine Vorgaben bekamen aber durch die Aufnahme in den Anhang 1 zu LR 9 FCA Handbook[25] für bestimmte Emittenten normative Bindungswirkung.[26] Danach traf Emittenten, die für den Handel am regulierten Markt zugelassen waren und über ein sog. „*premium listing*"[27] verfügten, bis zum Inkrafttreten der MAR die gesetzliche Verpflichtung,

---

**18** Vgl. Regulation BTR Rule 103(c)(3), 17 C.F.R. § 245.103(c)(3) (2017); *Hellgardt* AG 2018, 602, 604.

**19** Vgl. Erwägungsgrund 24 der MAR sowie *Hellgardt* AG 2018, 602, 604.

**20** Siehe § 8 der von der österreichischen Finanzmarktaufsichtsbehörde auf Grundlage des BörseG erlassenen Emittenten-Compliance-VO; vgl. *Diekgräf* (Fn. 12), S. 184 f.; *Hellgardt* AG 2018, 602, 605.

**21** Siehe Art. 159 Abs. 1 polnisches Finanzinstrumentehandelsgesetz a. F.; vgl. *Diekgräf* (Fn. 12), S. 187 f. m. w. N.

**22** Siehe § 15 schwedisches Gesetz über die Offenlegung der Inhaberschaft bestimmter Finanzinstrumente a. F.; vgl. *Boström* in Panasar/Boeckman, European Securities Law, 2. Aufl. 2014, Rn. 21.140; *Diekgräf* (Fn. 12), S. 186 f. m. w. N.

**23** Nachfolgend „*Model Code*".

**24** Die Regelung wurde im Zuge des Inkrafttretens der MAR aufgehoben. Siehe insgesamt *Commandeur,* Eigengeschäfte von Führungskräften nach Art. 19 MMVO im Rahmen öffentlicher Angebote nach dem WpÜG, 2018, S. 40 ff.; *Mohamed* NZG 2018, 1376, 1376; *Veil* ZBB 2014, 85, 95.

**25** Fassung vom 1. 7. 2013.

**26** Vgl. *Diekgräf* (Fn. 12), S. 172 m. w. N.

**27** Im Rahmen des *Listings* hat die jeweilige Gesellschaft die Wahl zwischen *standard listing* und *premium listing.* Letztgenanntes führt zu höheren Anforderungen, deren Erfüllung Voraussetzung für die Aufnahme in den Financial Times Stock Exchange Index ist; vgl. *Rothenburg/Walter/Platts* in Wegen/Spahlinger/Barth, Gesellschaftsrecht des Auslands, 2. EL Januar 2018, Vereinigtes Königreich Rn. 379.

sicherzustellen, dass ihre Führungskräfte die Regelungen des Model Code einhielten.[28] Da diese Regelungen direkt nur für Emittenten und nicht für ihre Führungskräfte galten, musste der Emittent zur Erfüllung seiner gesetzlichen Verpflichtung entsprechende unternehmensinterne Regelungen für die Führungskräfte erlassen.[29] Insgesamt zielte der Model Code darauf ab, das Vertrauen der Marktteilnehmer in die Stabilität und Fairness des Finanzmarkts zu stärken.[30] Hierbei sollte nicht nur der tatsächliche Insiderhandel verhindert werden, sondern bereits Handelsgeschäfte, die den Anschein erweckten, durch den Missbrauch von Insiderinformationen initiiert worden zu sein.[31]

Der Model Code sah insoweit für Führungskräfte ein ganzjähriges Handelsverbot mit Erlaubnisvorbehalt vor.[32] Die Implementierung eines Erlaubnisvorbehalts war notwendig, da nach dem Schutzzweck des Model Code grundsätzlich auch Handelsgeschäfte, bei denen tatsächlich keinerlei Insiderinformationen verwendet wurden, erfasst waren. Hinsichtlich des unternehmensinternen Erlaubnisverfahrens diktierte der Model Code konkrete Vorgaben u.a. zu den Erlaubniskompetenzen innerhalb der Unternehmenshierarchie.[33] In zwei Zeiträumen war die Erteilung einer Erlaubnis aber grundsätzlich untersagt.[34] Hierbei handelte es sich zum einen um Zeiträume, in denen sich der Emittent in einer sog. „*close period*“[35] befand, zum anderen während sonstiger Zeiträume, in denen eine Insiderinformation im Hinblick auf den Emittenten vorlag.[36]

---

28 Siehe *Davies*, Gower & Davies' Principles of Modern Company Law, 8. Aufl. 2008, Rn. 30–4; *Diekgräf* (Fn. 12), S. 171 ff.; *Osterloh* (Fn. 12), S. 141.

29 Dieses Konstrukt wird daher auch als „gesetzlich verankertes Instrument der Selbstregulierung“ bezeichnet; siehe insgesamt *Diekgräf* (Fn. 12), S. 171 ff.; vgl. auch *Davies* (Fn. 28), Rn. 30–4; *Osterloh* (Fn. 12), S. 123 f., 141; *Veil* ZBB 2014, 85, 95, Fn. 94.

30 *Diekgräf* (Fn. 12), S. 172 m.w.N.; vgl. *Köritz*, Konvergenz und Divergenz der Corporate Governance in Deutschland und Großbritannien, 2010, S. 512.

31 Vgl. Introduction Model Code S. 2; vgl. auch *Bruce*, Rights and Duties of Directors, 14. Aufl. 2015, § 9.47; *Diekgräf* (Fn. 12), S. 172; *Osterloh* (Fn. 12), S. 141; *Walla/Knierbein* WM 2018, 2349, 2352.

32 *Commandeur* (Fn. 24), S. 42; *Davies* (Fn. 28), Rn. 30–4; *Diekgräf* (Fn. 12), S. 173.

33 Sec. 4, 5, 6 Model Code; vgl. *Diekgräf* (Fn. 12), S. 173 f.; *Riedl*, Transparenz und Anlegerschutz am deutschen Kapitalmarkt, Eine empirische Analyse am Beispiel meldepflichtiger Wertpapiergeschäfte nach § 15a WpHG (Directors' Dealings), 2008, S. 21.

34 Aber auch während dieser Verbotszeiträume waren bestimmte Ausnahmen gestattet, siehe Sec. 13, 17–19, 25 Model Code. Dies waren Transaktionen, die bereits nach ihrem Zweck insiderrechtlich völlig unbedenklich waren; dazu *Commandeur* (Fn. 24), S. 41 f.; Diekgräf (Fn. 12), S. 178; *Osterloh* (Fn. 12), S. 144.

35 Unter „*close periods*“ verstand der Model Code Zeiträume von 30 bis 60 Kalendertagen vor der Veröffentlichung von Jahres-, Halbjahres- oder Quartalsfinanzberichten; vgl. Sec. 1(a) Model Code; dazu *Diekgräf* (Fn. 12), S. 177.

Anstatt ein präventives Verbot mit Erlaubnisvorbehalt zu implementieren, sieht Art. 19 Abs. 11 MAR regelungssystematisch umgekehrt eine Erlaubnis mit einem Handelsverbot in genau definierten Zeiträumen vor. Damit unterscheidet sich diese Systematik deutlich von derjenigen des Model Code. Insoweit überrascht es, dass diese Regelungen in der Literatur als Vorbild für die Behandlung von *closed periods* in der MAR bezeichnet werden.[37]

#### c) Zwischenergebnis

Der Blick auf die Behandlung in ausländischen Rechtsordnungen zeigt, dass zwischen den dortigen Regelungsmechanismen und der Behandlung von *closed period*-Handelsverboten in Art. 19 Abs. 11, 12 MAR vielfach Unterschiede bestehen. Wegen des vergleichbaren Schutzzwecks der Normen ist ein Rückgriff auf die insoweit ergangene Literatur und Rechtsprechung dennoch zweckmäßig, um zukünftig auftretende Fragestellungen bei der Auslegung von Art. 19 Abs. 11, 12 MAR zu bewältigen.

## 2. Der legislative Entwicklungsprozess von Handelsverboten im Kontext des Wertpapierhandelsrechts

#### a) Der Trend zur Einführung von *closed periods*-Handelsverboten als Teil der unternehmensinternen Corporate Governance

Die Einführung von Handelsverboten als Lösungsansatz für die wachsende Gefahr des Insiderhandels wurde in Deutschland verstärkt Anfang der 2000er Jahre aufgrund von Finanzskandalen diskutiert.[38] In diesem Zusammenhang wurden

---

36 Vgl. Sec. 1(e), 8(a) Model Code. Im Übrigen waren Transaktionen auch dann verboten, wenn sie nach Sec. 8(b) Model Code auf kurzfristigen Erwägungen beruhten; siehe dazu insgesamt *Commandeur* (Fn. 24), S. 41f.; *Diekgräf* (Fn. 12), S. 174ff.

37 Siehe hierzu die Nachweise bei Fn. 24.

38 Für die Einführung von *closed period*-Handelsverboten: *Baums* ZHR 166 (2002), 375, 378f.; Deutsches Aktieninstitut, Stellungnahme zum 4. FFG, S. 10f., abrufbar unter https://www.caplaw.eu/de/Rechtsgebiete/Ka/Artikelgesetze/9/4._FFG.htm, zuletzt abgerufen am 14.5.2019; *Rudolph* BB 2002, 1036, 1040; Abschnitt II Nr. 4 h) der Corporate Governance-Grundsätze für börsennotierte Gesellschaften, abgedruckt unter *Schneider/Strenger* AG 2000, 106, 111; dagegen: *Pfüller* (Fn. 6), § 15a Rn. 26a; *Schuster* ZHR 167 (2003), 193, 211, *Sethe* in Assmann/Schneider, WpHG, 6. Aufl. 2012, § 15a Rn. 16; kritisch zu generellen Handelsverboten *Fleischer*, Gutachten F: Empfiehlt es sich, im

Handelsverbote teilweise als zweckmäßige Instrumente zur Umgehung der Gefahr des Missbrauchs bestehender Informationsasymmetrien durch Führungskräfte angesehen.[39] Die Implementierung entsprechender Regelungen im WpHG wurde aber letztlich vom Gesetzgeber unter Verweis auf deren potentielle Unverhältnismäßigkeit abgelehnt.[40] Vielmehr entschied er sich dazu, der Problematik durch die Kombination von Insiderhandelsverboten[41] und Meldepflichten[42] entgegenzutreten.[43]

Die unternehmensrechtliche Praxis sah zwar ein Bedürfnis für die Einführung von zeitweisen Handelsverboten für Personen, die typischerweise mit sensiblen Unternehmensinformationen in Berührung kamen, hielt aber ein gesetzgeberisches Tätigwerden nicht für angezeigt. Vielmehr sollten Handelsverbote auf freiwilliger Basis als Teil der unternehmensinternen Corporate Governance etabliert und durch Compliance-Beauftragte überwacht werden.[44] Ähnliche Empfehlungen sprachen 2000 bereits die Grundsatzkommission Corporate Governance und 2002 das deutsche Aktieninstitut aus.[45]

---

Interesse des Anlegerschutzes und zur Förderung des Finanzplatzes Deutschland das Kapitalmarkt- und Börsenrecht neu zu regeln? 64. Deutscher Juristentag, 2002, S. 123 f.

**39** *Baums* ZHR 166 (2002), 375, 378 f.; *Casper* WM 1999, 363, 367 f.; Deutsches Aktieninstitut, Stellungnahme zum 4. FFG, S. 10 f., abrufbar unter https://www.caplaw.eu/de/Rechtsgebiete/Ka/Artikelgesetze/9/4._FFG.htm, zuletzt abgerufen am 14.5.2019; *Feddersen* ZHR 161 (1997), 269, 294 f.; *Fürhoff* AG 1998, 83, 85 f.; *Hoffmann-Becking* NZG 1999, 797, 804; *v. Rosen* WM 1998, 1810; *Rudolph* BB 2002, 1036, 1040; Abschnitt II Nr. 4 h) der Corporate Governance-Grundsätze für börsennotierte Gesellschaften, abgedruckt unter *Schneider/Strenger* AG 2000, 106, 111.

**40** Begr. RegE zum Entwurf eines Gesetzes zur weiteren Fortentwicklung des Finanzplatzes Deutschland vom 18.1.2002, BT-Drucksache 14/8017, S. 87 f. Demgegenüber wird Art. 19 Abs. 11, 12 MAR als verhältnismäßig betrachtet, hierzu *Commandeur* ZBB 2018, 114, 124, *Diekgräf* (Fn. 12), S. 161; *Maume/Kellner* ZGR 2017, 273, 283 und 296 ff.; *Poelzig* NZG 2016, 761, 771; vgl. auch *Sethe/Hellgardt* in Assmann/Schneider/Mülbert, Wertpapierhandelsrecht, 7. Aufl. 2019, Art. 19 VO (EU) Nr. 596/2014, Rn. 169, 188.

**41** Siehe § 14 WpHG a. F.

**42** Siehe § 15a WpHG a. F.

**43** Begr. RegE zum Entwurf eines Gesetzes zur weiteren Fortentwicklung des Finanzplatzes Deutschland vom 18.1.2002, BT-Drucksache 14/8017, S. 87 f.

**44** *Commandeur* ZBB 2018, 114, 115 f.; *Diekgräf* (Fn. 12), S. 162 ff.; *Hellgardt* AG 2018, 602, 605; *Mohamed* NZG 2018, 1376; *Poelzig* NZG 2016, 761, 769; *Sethe/Hellgardt* (Fn. 40), Rn. 253; *Stüber* in Wachter, Praxis des Handels- und Gesellschaftsrechts, 4. Aufl. 2018, § 27 Rn. 140; *Walla/Knierbein* WM 2018, 2349, 2353. *Closed period*-Handelsverbote waren vor Inkrafttreten der MAR laut *Diekgräf* (Fn. 12), S. 165, Fn. 702 und *Veil* ZBB 2014, 85, 95, Fn. 96 beispielweise in den *Codes of Conduct* von Adidas, Beiersdorf, Deutsche Börse, Henkel, SAP und Siemens enthalten.

**45** Vgl. Abschnitt II Nr. 4 h) der Corporate Governance-Grundsätze für börsennotierte Gesellschaften, abgedruckt unter *Schneider/Strenger* AG 2000, 106, 111. Siehe auch Empfehlungen Nr. 4 und 5 von *Fischer zu Cramburg/Hannich* in v. Rosen, Directors' Dealings, Studien des Deutschen

Nicht nur in Deutschland wuchs Anfang des letzten Jahrzehnts das Bewusstsein für die wachsenden Gefahren des Marktmissbrauchs durch Insiderhandel. Folgerichtig strebte der europäische Gesetzgeber durch den Erlass der Marktmissbrauchs-RL eine Mindestharmonisierung entsprechender mitgliedstaatlicher Vorschriften an, um die Integrität des Binnenmarkts für Finanzdienstleistungen zu gewährleisten.[46] Die Einführung gesetzlicher Handelsverbote für Geschäfte von bestimmten Personengruppen war allerdings auch in der Marktmissbrauchs-RL nicht vorgesehen, gleichwohl hielt der europäische Gesetzgeber die Implementierung entsprechender Beschränkungen auf freiwilliger Basis aus Gründen der Marktintegrität für angezeigt.[47]

Der bis zum Erlass der MAR etablierten unternehmensrechtlichen Praxis, die Einführung von Handelsverboten in das Ermessen der Emittenten selbst zu stellen, wohnten unbestreitbar Vorteile inne.[48] Allen voran bot dieses Vorgehen genügend rechtlichen Gestaltungsspielraum, um die Regelungen an die Besonderheiten des jeweiligen Emittenten anzupassen.

### b) Kehrtwende mit der MAR

Daher war die unternehmensrechtliche Praxis von der Kehrtwende, die der europäische Gesetzgeber mit der Einführung gesetzlicher Handelsverbote in der MAR vollführte, überrascht.[49]

Diese Vorgehensweise bietet zwar Vorteile gegenüber den bisherigen Bemühungen, Insiderhandel durch Verbote und Meldepflichten bereits im Keim zu

---

Aktieninstituts, Heft 19, 2002, S. 60 f., abrufbar unter https://www.dai.de/files/dai_usercontent/dokumente/studien/2002-10-01%20Directors%C2%B4%20Dealings.pdf, zuletzt abgerufen am 14.5.2019; siehe hierzu auch *Commandeur* ZBB 2018, 114, 116; *Diekgräf* (Fn. 12), S. 162 ff.; *Walla/Knierbein* WM 2018, 2349, 2353, Fn. 45.

**46** Vgl. Erwägungsgründe 1 bis 3 der Richtlinie 2003/6/EG des Europäischen Parlaments und des Rates vom 28.1.2003 über Insider-Geschäfte und Marktmanipulation (Marktmissbrauch), ABl. EU Nr. L 96/16 v. 12.4.2003 (nachfolgend „*Marktmissbrauchs-RL*").

**47** Erwägungsgrund 24 der Marktmissbrauchs-RL (sog. „*window trading*"); *Hellgardt* AG 2018, 602, 605; *Poelzig* NZG 2016, 761, 769; *Sethe/Hellgardt* (Fn. 40), Rn. 253.

**48** Es überrascht daher, dass der Deutsche Corporate Governance Kodex sich in Ziff. 6.2 zwar mit Eigengeschäften von Führungskräften beschäftigte, bis zur Aufhebung im Zuge der Kodexnovellierung 2016 aber keine Handelsverbote vorsah; siehe Erläuterungen der Änderungsvorschläge der Regierungskommission Deutscher Corporate Governance Kodex vom 13.10.2016, S. 10, abrufbar unter https://www.dcgk.de/de/konsultationen/archiv/konsultation-2016.html, zuletzt abgerufen am 14.5.2019.

**49** So auch *Commandeur* ZBB 2018, 114, 116.

ersticken. Insbesondere ist die Beweisführung für die mit der Ahndung von Verstößen betrauten Stellen erheblich erleichtert, da der Führungskraft weder die Existenz noch die Kenntnis einer Insiderinformation nachgewiesen werden muss. Als Nachweis ausreichend ist allein, dass während des Verbotszeitraums auf eigene oder fremde Rechnung Geschäfte getätigt werden. Die Kehrseite dieser Beweiserleichterung ist aber, dass in vielen Fällen tatsächlich gar keine Insiderinformation vorliegt, so dass der intendierte Schutzzweck insoweit leerläuft.[50]

Folglich fiel das bisherige Fazit der Literatur meist kritisch aus. Insbesondere sei eine Beteiligung der Führungskräfte am Emittenten aufgrund der damit verknüpften Identifikation mit dem Unternehmen gerade gewünscht.[51] Hinzu trete, dass durch das Handelsverbot die eigentlich beabsichtigte Indikatorwirkung der Geschäfte von Führungskräften für das breite Publikum in erheblichem Maße untergraben werde.[52] Letztlich wird die Zweckmäßigkeit der Vorgehensweise des europäischen Gesetzgebers angezweifelt, da die unternehmensinterne Einführung von Handelsverboten sich als vorzugswürdige Alternative erwiesen habe.[53]

### c) Auswirkungen auf das WpHG

Aufgrund der unmittelbaren Wirkung der MAR war der deutsche Gesetzgeber gezwungen, den nunmehr obsoleten § 15 a WpHG ersatzlos aufzuheben.[54] Das Einfallstor in das WpHG für die *closed period*-Handelsverbote bilden nunmehr die Sanktionsregelungen, die im Zuge der Umsetzung des Art. 30 MAR in das WpHG aufgenommen und bereits 2017 erstmalig reformiert wurden.[55] Danach kann die

---

50 Es ist vor allem diese überschießende Tendenz des Handelsverbots, die dazu Anlass gegeben hat, in Art. 19 Abs. 12 MAR Befreiungstatbestände vorzusehen; siehe hierzu *Hellgardt* AG 2018, 602f.

51 Begr. DiskE. eines 4. Finanzmarktförderungsgesetzes (Art. 1–3), ZBB 2001, 398, 425; Begr. RegE zum Entwurf eines Gesetzes zur weiteren Fortentwicklung des Finanzplatzes Deutschland vom 18.1.2002, BT-Drucksache 14/8017, S. 87 f.; *Pfüller* (Fn. 6), § 15a Rn. 26a; *Poelzig* NZG 2016 761, 771; *Sethe* (Fn. 38), § 15a Rn. 16.

52 *Commandeur* ZBB 2018, 114, 118; *Commandeur* (Fn. 24), S. 91; *Diekgräf* (Fn. 12), S. 159; *Kumpan* AG 2016, 446, 456; *Maume/Kellner* ZGR 2017, 273, 283 und 300; *Poelzig* NZG 2016, 761, 771; *Sethe* (Fn. 38), § 15a Rn. 16; *Sethe/Hellgardt* (Fn. 40), Rn. 153; *Veil* ZBB 2014, 85, 95.

53 Siehe auch *Commandeur* ZBB 2018, 114, 125; *Schuster* ZHR 167 (2003), 193, 211f. und *Veil* ZBB 2014, 85, 95; vgl. auch *Walla/Knierbein* WM 2018, 2349, 2353ff.

54 Art. 1 Nr. 14 des 1. Gesetzes zur Novellierung von Finanzmarktvorschriften auf Grund europäischer Rechtsakte vom 30.6.2016, BGBl. 2016 I, S. 1514.

55 Art. 3 Nr. 8, Nr. 123 des 2. Gesetzes zur Novellierung von Finanzmarktvorschriften auf Grund europäischer Rechtsakte vom 23.6.2017, BGBl. 2017 I, S. 1693; *Kumpan* AG 2016, 446, 447, 458;

BaFin gemäß § 6 Abs. 7 WpHG n. F. bei Verstößen gegen das Handelsverbot des Art. 19 Abs. 11 MAR den Führungskräften für einen Zeitraum von bis zu zwei Jahren untersagen, Geschäfte für eigene Rechnung zu tätigen. Des Weiteren können Verstöße gegen das Handelsverbot gemäß § 120 Abs. 15 Nr. 22, Abs. 18 WpHG n. F. u. a. mit Geldbußen von bis zu 1.000.000 Euro sanktioniert werden.[56]

## III. Überblick über den Tatbestand des Art. 19 Abs. 11, 12 MAR

### 1. Persönlicher Anwendungsbereich

Nach dem Wortlaut von Art. 19 Abs. 11 MAR ist der Anwendungsbereich des Handelsverbots auf *„Personen, die Führungsaufgaben wahrnehmen"* begrenzt. Der Begriff ist in Art. 3 Abs. 1 Nr. 25 MAR legaldefiniert und umfasst insbesondere Personen, die einem Verwaltungs-, Leitungs- oder Aufsichtsorgan des Emittenten angehören oder als höhere Führungskräfte zwar keinem dieser Organe angehören, aber regelmäßig Zugang zu Insiderinformationen mit direktem oder indirektem Bezug zum Emittenten haben und befugt sind, unternehmerische Entscheidungen über zukünftige Entwicklungen und Geschäftsperspektiven des Emittenten zu treffen.[57] In den praktischen Anwendungsfeldern wird insoweit häufig die Frage aufgeworfen, ob etwa ein General Counsel bzw. Leiter der (Konzern-)Rechtsabteilung in diese Ergänzungskategorie fällt.[58] Dies wird man aber mit Blick auf die fehlende unternehmerische Entscheidungsbefugnis dieser Angestellten ablehnen müssen.[59] Nicht vom Handelsverbot erfasst sind ferner „eng verbundene Personen" i. S. d. Art. 3 Abs. 1 Nr. 26 MAR.[60]

---

*Poelzig* NZG 2016, 528; *Rönnau/Wegner* in Meyer/Veil/Rönnau, Handbuch zum Marktmissbrauchsrecht, 2018, § 29 Rn. 1; siehe auch *Stüber* DStR 2016, 1221, 1227.

**56** Vgl. auch *Kumpan* AG 2016, 446, 458; *Rönnau/Wegner* (Fn. 55), § 29 Rn. 36 ff., 46 f.; *Söhner* BB 2017, 259, 266; *Spoerr* in Assmann/Schneider/Mülbert, Wertpapierhandelsrecht, 7. Aufl. 2019, § 120 WpHG Rn. 377 f.

**57** Vgl. auch *Commandeur* ZBB 2018, 114, 118; *Diekgräf* (Fn. 12), S. 205; *Kraack* AG 2016, 57, 67; *Kumpan* AG 2016, 446, 456; *Maume/Kellner* ZGR 2017, 273, 293; *Poelzig* NZG 2016, 761, 769; *Sethe/Hellgardt* (Fn. 40), Rn. 155; *Stenzel* DStR 2017, 883, 888; *Stüber* (Fn. 44), § 27 Rn. 140; *Stüber* DStR 2016, 1221, 1226; *von der Linden* DStR 2016, 1036, 1040.

**58** Vgl. hierzu etwa *Diekgräf* (Fn. 12), S. 209 ff. m. w. N.

**59** *Diekgräf*, a. a. O.

**60** Vgl. auch *Commandeur* ZBB 2018, 114, 118; *Diekgräf* (Fn. 12), S. 212 ff.; *Franke/Schulenberg* in Umnuß, Corporate Compliance Checklisten, 3. Aufl. 2017, Kapitel 3 Rn. 31; *Kraack* AG 2016, 57, 67; *Kumpan* AG 2016, 446, 456; *Maume/Kellner* ZGR 2017, 273, 293; *Plückelmann* in Szesny/Kuthe,

Der Begriff des „Emittenten" wird in Art. 3 Abs. 1 Nr. 21 MAR legaldefiniert und in Art. 19 Abs. 4 MAR dahingehend konkretisiert, dass unter „Emittenten" i.S.d. Art. 19 MAR nur solche Emittenten fallen, die *„für ihre Finanzinstrumente eine Zulassung zum Handel an einem geregelten Markt beantragt oder erhalten haben bzw. [...] im Falle von Instrumenten, die nur auf einem multilateralen oder organisierten Handelssystem gehandelt werden, für Emittenten, die eine Zulassung zum Handel auf einem multilateralen oder organisierten Handelssystem erhalten [...] [oder] beantragt haben.*"[61]

## 2. Begriff des „Eigengeschäfts"

Verboten sind während der *closed periods* zunächst alle direkten oder indirekten Eigengeschäfte, die die Führungskräfte des Emittenten tätigen. Damit sind grundsätzlich dieselben Eigengeschäfte erfasst, auf die sich auch die Meldepflicht des Art. 19 Abs. 1 und 1a MAR bezieht.[62] Zusätzlich dazu werden aber auch Geschäfte für Dritte, d.h. solche Geschäfte, die die Führungsperson in fremdem Namen oder in eigenem Namen auf fremde Rechnung tätigt und dessen wirtschaftliche Folgen einen Dritten treffen, erfasst.[63] Dies kann laut BaFin auch auf Geschäfte mit den eigentlich nicht vom Handelsverbot erfassten eng verbundenen Personen zutreffen (zum Beispiel ausgelöst durch Doppel-Mandate).[64] Geschäfte, die eine Führungskraft als Organ oder Vertreter des Emittenten für diesen vornimmt, sind jedenfalls nicht vom Handelsverbot erfasst.[65]

---

Kapitalmarkt Compliance, 2. Aufl. 2018, 4. Kapitel Rn. 81; *Poelzig* NZG 2016, 761, 769; *Semrau* in Klöhn, MAR, 2018, Art. 19 Rn. 82; *Sethe/Hellgardt* (Fn. 40), Rn. 155; *Söhner* BB 2017, 259, 264; *Stenzel* DStR 2017, 883, 888; *Stüber* (Fn. 44), § 27 Rn. 140; *von der Linden* DStR 2016, 1036, 1040.

**61** Art. 19 Abs. 4 MAR.

**62** *Diekgräf* (Fn. 12), S. 229 ff.; *Sethe/Hellgardt* (Fn. 40), Rn. 158.

**63** *Commandeur* ZBB 2018, 114, 119; *Diekgräf* (Fn. 12), S. 246 („Führungskraft als offener oder mittelbarer Stellvertreter"); *Plückelmann* (Fn. 60), 4. Kapitel Rn. 80; *Poelzig* NZG 2016, 761, 770; *Semrau* (Fn. 60), Art. 19 Rn. 80; *Sethe/Hellgardt* (Fn. 40), Rn. 159.

**64** Frage VI. 1. der FAQ der BaFin zu Eigengeschäften von Führungskräften nach Art. 19 der Marktmissbrauchsverordnung (EU) Nr. 596/2014, Version 10, 23.11.2018, abrufbar unter: https://www.bafin.de/SharedDocs/Downloads/DE/FAQ/dl_faq_mar_art_19_DD.html, zuletzt abgerufen am 14.5.2019 (nachfolgend „FAQ der BaFin"); vgl. auch *Commandeur* ZBB 2018, 114, 119; *Franke/Schulenberg* (Fn. 60), Kapitel 3 Rn. 31; *Maume/Kellner* ZGR 2017, 273, 293; *Söhner* BB 2017, 259, 264; *Stenzel* DStR 2017, 883, 888; a. A. wohl *Stüber* DStR 2016, 1221, 1226.

**65** Frage VII. 4. der FAQ der BaFin; Frage Q7.10 aus ESMA, Questions and Answers On the Market Abuse Regulation (MAR), Version 14, 29.3.2019, ESMA70 – 145 – 111, abrufbar unter: https://www.esma.europa.eu/sites/default/files/library/esma70-145-111_qa_on_mar.pdf, zuletzt abgerufen am 14.5.2019 (nachfolgend „ESMA, Questions and Answers"); *Plückelmann* (Fn. 60), 4. Kapitel

## 3. Fristauslösende Berichte

Das Handelsverbot gilt gem. Art. 19 Abs. 11 MAR in einem Zeitraum von 30 Kalendertagen vor Ankündigung eines Zwischen- oder Jahresabschlussberichts, zu deren Veröffentlichung der Emittent gemäß den Vorschriften des Handelsplatzes, an dem seine Anteile zum Handel zugelassen sind, oder gemäß nationalem Recht verpflichtet ist.

Zu den Berichten i. S. d. Vorschrift zählen nach deutschem Recht insbesondere die (Halb-) Jahresfinanzberichte nach §§ 114, 115 WpHG sowie die Jahresabschlüsse und Lageberichte gemäß § 325 HGB.[66] Nach Auffassung der BaFin fallen Quartalsmitteilungen oder Quartalsfinanzberichte nach den Vorschriften der Frankfurter Wertpapierbörse nicht in den Anwendungsbereich von Art. 19 Abs. 11 MAR.[67]

Die ESMA hat bereits frühzeitig klargestellt, dass unter dem Begriff der „Ankündigung" grundsätzlich die Veröffentlichung des Berichts zu verstehen ist.[68] Eine derartige Klarstellung war angezeigt, da es bei einer reinen Wortlautauslegung der deutschen Fassung der MAR nicht ganz fernlag, den Fristablauf mit dem Zeitpunkt der Hinweisbekanntmachung, die den Zeitpunkt und die Internetadresse der Veröffentlichung des Finanzberichts gemäß §§ 114 Abs. 1 S. 2, 115 Abs. 1 S. 2 WpHG festlegt, gleichzusetzen,[69] obwohl diese Informationen regelmäßig keine hinreichende Relevanz für den Kapitalmarkt haben dürften und diese Auslegung daher dem Schutzzweck von Art. 19 Abs. 11 MAR evident zuwiderlaufen dürfte.

---

Rn. 82; *Sethe/Hellgardt* (Fn. 40), Rn. 159; *Stegmaier* in Mayer/Veil/Rönnau, Handbuch Marktmissbrauchsrecht, 2018, § 20 Rn. 8 ff.; *Stüber* DStR 2016, 1221, 1226; in Bezug auf Rückkäufe und Stabilisierungsmaßnahmen auch *Poelzig* NZG 2016, 761, 770.

**66** *Commandeur* ZBB 2018, 114, 119; *Diekgräf* (Fn. 12), S. 217 f.; *Maume/Kellner* ZGR 2017, 273, 293; *Mohamed* NZG 2018, 1376, 1377; *Poelzig* NZG 2016, 761, 770; *Sethe/Hellgardt* (Fn. 40), Rn. 162 f.; *Söhner* BB 2017, 259, 264; *Stegmaier* (Fn. 65), § 20 Rn. 16 ff.; *Stenzel* DStR 2017, 883, 888; *Stüber* (Fn. 44), § 27 Rn. 142; *Stüber* DStR 2016, 1221, 1226.

**67** Frage VI. 3. der FAQ der BaFin.

**68** Q7.2 aus ESMA, Questions and Answers; vgl. auch *Diekgräf* (Fn. 12), S. 221; *Mohamed* NZG 2018, 1376, 1377; *Söhner* BB 2017, 259, 263; *Stenzel* DStR 2017, 883, 888.

**69** *Commandeur* ZBB 2018, 114,119; *Diekgräf* (Fn. 12), S. 221.

## 4. Befreiungstatbestände des Art. 19 Abs. 12 MAR

Grundsätzlich sind in Bezug auf das Handelsverbot keine Bereichsausnahmen vorgesehen.[70] Allerdings dürfen die Emittenten die Führungskräfte gemäß Art. 19 Abs. 12 MAR unter bestimmten Voraussetzungen vom Handelsverbot befreien. Hintergrund der Befreiungstatbestände ist die Gewährleistung der Verhältnismäßigkeit des Handelsverbots, da dieses tatbestandlich auch solche Geschäfte erfasst, bei denen tatsächlich keinerlei Zusammenhang mit einer Insiderinformation vorliegt.[71] Folglich sieht Art. 19 Abs. 12 MAR Befreiungen u. a. dann vor, wenn außergewöhnliche Umstände vorliegen. Die Konkretisierung dieses unbestimmten Rechtsbegriffs sowie weitere Einzelheiten des Befreiungsverfahrens werden in den Art. 7 bis 9 der Delegierten VO (EU) 2016/522 vom 17. Dezember 2015 festgelegt.[72] Hiernach sind die Umstände dann außergewöhnlich, „*wenn sie äußerst dringend, unvorhergesehen und zwingend sind und sie nicht von der Person, die Führungsaufgaben wahrnimmt, verursacht werden und sich deren Kontrolle entziehen*". Aufgrund des Ausnahmecharakters der Vorschrift sind diese Tatbestandsvoraussetzungen eng auszulegen.[73] Überdies ist die Befreiung vom Handelsverbot nur zulässig, wenn ein begründeter und schriftlicher Antrag der Führungskraft vorliegt und wenn die Führungskraft nachweisen kann, dass sie das betreffende Geschäft nicht außerhalb der *closed periods* tätigen kann. Darüber hinaus werden in Art. 9 der Delegierten VO (EU) 2016/522 beispielhaft Merkmale des Handels während eines geschlossenen Zeitraums konkretisiert, die zu einer Befreiung gemäß Art. 19 Abs. 12 MAR führen können.[74]

Obwohl die Regelungen in Art. 19 Abs. 11 und 12 MAR in der Delegierten VO (EU) 2016/522 und in den Verlautbarungen der ESMA und der BaFin konkretisiert werden, stellen sich in der Praxis weitere Fragen in Bezug auf Beginn, Berechnung und Ende der *closed periods*. Es ist wünschenswert, dass der Gesetzgeber oder die

---

**70** *Commandeur* ZBB 2018, 114, 118.

**71** *Sethe/Hellgardt* (Fn. 40), Rn. 169, 188; vgl. auch *Maume/Kellner* ZGR 2017, 273, 298; *Poelzig* NZG 2016, 761, 771.

**72** Delegierte Verordnung (EU) 2016/522 der Kommission vom 17.12.2015 zur Ergänzung der Verordnung (EU) Nr. 596/2014 des Europäischen Parlaments und des Rates im Hinblick auf eine Ausnahme für bestimmte öffentliche Stellen und Zentralbanken von Drittstaaten, die Indikatoren für Marktmanipulation, die Schwellenwerte für die Offenlegung, die zuständige Behörde, der ein Aufschub zu melden ist, die Erlaubnis zum Handel während eines geschlossenen Zeitraums und die Arten meldepflichtiger Eigengeschäfte von Führungskräften, ABl. EU Nr. L 88 v. 5.4.2016, S. 1, nachfolgend Delegierte VO (EU) 2016/522.

**73** Erwägungsgrund 22, Satz 2 der Delegierten VO (EU) 2016/522; *Diekgräf* (Fn. 12), S. 252; *Kumpan* AG 2016, 446, 457; *Poelzig* NZG 2016, 761, 770.

**74** Siehe hierzu auch Frage VII. 2. der FAQ der BaFin.

Aufsichtsbehörden die Regelungen der MAR bzgl. der noch offenen Fragen konkretisieren, um die Einhaltung des Handelsverbots während der *closed periods* für die Führungskräfte zu vereinfachen und Rechtssicherheit zu schaffen. Dies könnte auch der weiteren Harmonisierung der Regelungen zum Marktmissbrauch, die vom europäischen Gesetzgeber bei Erlass der MAR avisiert wurde,[75] dienen und damit den europäischen Binnenmarkt insgesamt effektiver vor einem Marktmissbrauch schützen.

# IV. Ausgewählte Einzelfragen

Die unternehmensrechtliche Praxis sieht sich durch die erstmalige gesetzliche Kodifizierung von *closed periods* in Art. 19 Abs. 11 MAR – trotz der zunehmenden Konkretisierung durch Veröffentlichungen der ESMA und der BaFin – derzeit noch mit einigen ungeklärten Auslegungsfragen konfrontiert. Für die aus Sicht der Praxis besonders relevanten Fragen sollen deshalb nachstehend zweckmäßige Lösungsansätze aufgezeigt werden.

## 1. Veröffentlichung vorläufiger Geschäftsergebnisse

Die ESMA hat in ihren Veröffentlichungen klargestellt, dass es für Art. 19 Abs. 11 MAR maßgeblich auf den Bedeutungsgehalt der veröffentlichten Informationen ankommt und das Fristende eines *closed period*-Handelsverbots deshalb auch auf den Zeitpunkt der Veröffentlichung vorläufiger Geschäftsergebnisse fallen kann. Dies soll nach Auffassung der ESMA allerdings nur dann der Fall sein, wenn die veröffentlichten vorläufigen Ergebnisse alle wesentlichen Informationen zu den Finanzkennzahlen enthalten, die voraussichtlich auch im veröffentlichten Bericht enthalten sein werden.[76] Auf diese Ausführungen der ESMA verweist auch die BaFin in ihren FAQs zu Eigengeschäften von Führungskräften.[77] Für den Rechtsanwender stellt sich in diesem Zusammenhang die Frage, wann ein Berichtsinhalt derart wesentliche Informationen enthält, dass dessen Veröffentlichung ein *clo-*

75 Vgl. Erwägungsgründe 4f. und 86 der MAR; *Diekgräf* (Fn. 12), S. 203.

76 Vgl. den Wortlaut von Q7.2 der ESMA: *„all the key information relating to the financial figures"*. Die ESMA konkretisiert dies in Bezug auf den Jahresabschluss unter Q7.2 der ESMA, Questions and Answers; vgl. auch *Diekgräf* (Fn. 12), S. 222f., der zumindest eine analoge Anwendung von Art. 19 Abs. 11 MAR fordert; *Maume/Kellner* ZGR 2017, 273, 294; *Mohamed* NZG 2018, 1376, 1377; *Söhner* BB 2017, 259, 263f.; *Stegmaier* (Fn. 65), § 20 Rn. 14; *Stenzel* DStR 2017, 883, 888.

77 Frage VI. 2. der FAQ der BaFin.

*sed period*-Handelsverbot bzw. die Beendigung eines solchen auslöst. Mit Blick auf die Anknüpfung von Art. 19 Abs. 11 MAR an definierte Berichtsinhalte und den Ausnahmecharakter der Erweiterung auf vorläufige Berichte spricht vieles dafür, hier einen restriktiven Maßstab anzulegen. Damit der vorläufige Bericht ein *closed period*-Handelsverbot auslöst, sollte er deshalb im Hinblick auf Umfang und Detailgrad der Berichtsinhalte weitgehend den an den finalen Bericht gestellten Anforderungen genügen.[78] Vor diesem Hintergrund liegt es auf der Hand, dass die Veröffentlichung des endgültigen Berichts kein (erneutes) *closed period*-Handelsverbot auslöst, wenn ein solches bereits durch die Veröffentlichung vorläufiger Geschäftsergebnisse ausgelöst wurde; dies gilt – wie die ESMA bestätigt – selbst dann, wenn die Informationen des endgültigen Berichts von denen der vorläufigen Veröffentlichung abweichen.[79]

## 2. Ende des Handelsverbots

Es ist nicht abschließend geklärt, zu welchem Zeitpunkt die Frist für das Handelsverbot endet und damit Eigengeschäfte von Führungskräften wieder zulässig sind. Die Aussage der ESMA, das Datum der Ankündigung sei das „End<u>datum</u>" des *closed period*-Handelsverbots,[80] suggeriert, dass der gesamte Tag der Veröffentlichung noch zur *closed period* zu zählen sei. Dies entspricht auch einer im Schrifttum zum Teil vertretenen Auffassung, die dieses Ergebnis damit begründet, dass dem Kapitalmarkt nach der Veröffentlichung des Finanzberichts eine gewisse Zeit für die Aufnahme und Verarbeitung der Berichtsinhalte zugebilligt werden müsse.[81] Dies überzeugt nicht. Der Wortlaut von Art. 19 Abs. 11 MAR legt vielmehr nahe, dass die Frist genau zum Zeitpunkt der Veröffentlichung des Finanzberichts endet, sodass ein Handel der Führungskräfte bereits am Veröffentlichungstag unmittelbar nach der Veröffentlichung des Berichts wieder möglich ist.[82] Auch der Regelungszweck von Art. 19 Abs. 11 MAR – einen Missbrauch von Informationsvorsprüngen durch Führungskräfte zu verhindern – ist bereits zum Zeitpunkt der Veröffentlichung erreicht und spricht deshalb dafür, auf diesen

**78** Ähnlich auch *Stüber* (Fn. 44), § 27 Rn. 142 (*„bilanzähnlich"*).

**79** Q7.2 der ESMA, Questions and Answers; *Franke/Schulenberg* (Fn. 60), Kapitel 3 Rn. 30; *Stegmaier* (Fn. 65), § 20 Rn. 14.

**80** Siehe Q7.2 der ESMA, Questions and Answers: *„The date when the 'announcement' is made is the end date for the thirty-day closed period"*.

**81** *Mock/Stüber*, Das neue Wertpapierhandelsrecht, 2018, S. 31, Rn. 89; so wohl auch *Semrau* (Fn. 60), Art. 19 Rn. 84 ff.

**82** So *Diekgräf* (Fn. 12), S. 223; *Sethe/Hellgardt* (Fn. 40), Rn. 167.

Zeitpunkt abzustellen.[83] Auch die BaFin scheint sich in diesem Sinne positioniert zu haben. In ihren FAQs führt sie aus, das Handelsverbot ende „*[m]it dem Zeitpunkt der Veröffentlichung eines relevanten Finanzberichts*“.[84] Bis zu einer abschließenden Klärung dieser Frage dürfte es für die Praxis dennoch zu empfehlen sein, vorsichtshalber erst am nächsten Handelstag nach der Veröffentlichung eines relevanten Finanzberichts wieder Eigengeschäfte zu tätigen.[85]

## 3. Auswirkungen von Bedingungen

Grundsätzlich bezieht sich das Handelsverbot nach Art. 19 Abs. 11 MAR auf das schuldrechtliche Verpflichtungsgeschäft.[86] Ungeklärt ist allerdings, ob dies auch dann gilt, wenn der Erwerbsvorgang unter einer Bedingung steht. Die FAQs der BaFin stellen unter Rückgriff auf die Wertung des Art. 9 Abs. 3 lit. a) MAR insofern lediglich klar, dass ein vor Beginn des Handelsverbotszeitraums „*unbedingt*“ geschlossenes schuldrechtliches Geschäft innerhalb des Handelsverbotszeitraums vollzogen werden kann.[87] Lediglich im Zusammenhang mit den Meldepflichten nach Art. 19 Abs. 1 MAR führt die BaFin aus, dass bei einem unbedingt abgeschlossenen schuldrechtlichen Geschäft, dessen dinglicher Vollzug vom Eintritt bestimmter Bedingungen abhängt, die Meldepflicht erst bei (dinglicher) Durchführung des Geschäfts entsteht.[88] Dies entspricht auch Erwägungsgrund 30 der Delegierten VO (EU) 2016/522, wonach „*die Meldepflicht bei Eintritt der betreffenden Bedingung/en, d.h., wenn das fragliche Geschäft tatsächlich stattfindet*“ entsteht. Überträgt man diesen Gedanken auf Art. 19 Abs. 11 MAR, wäre konsequenterweise ein – unter einer aufschiebenden Bedingung abgeschlossenes – Eigengeschäft stets unzulässig, wenn der Bedingungseintritt während einer *closed period* erfolgt. Dies führt jedoch insbesondere dann zu unbilligen Ergebnissen, wenn die Führungskraft keinen Einfluss auf den Eintritt der Bedingung hat. Der Rechtsgedanke des von der BaFin herangezogenen Art. 9 Abs. 3 lit. a) MAR, wonach die Erfüllung von Verpflichtungen, die vor Erhalt der Insiderinformationen entstanden sind, unter bestimmten Voraussetzungen kein Insidergeschäft dar-

---

**83** *Diekgräf* (Fn. 12), S. 223; *Sethe/Hellgardt* (Fn. 40), Rn. 167.

**84** Frage VI. 7. der FAQ der BaFin.

**85** In diesem Sinne auch die Compliance-RL der Gruppe Deutsche Börse, „Closed Period“, abrufbar unter https://deutsche-boerse.com/dbg-de/investor-relations/corporate-governance/compliance; zuletzt abgerufen am 14.5.2019.

**86** *Sethe/Hellgardt* (Fn. 40), Rn. 160.

**87** Frage VI. 6. der FAQ der BaFin.

**88** Frage IV. 2. der FAQ der BaFin.

stellt, lässt sich hingegen auch auf solche bedingten Geschäfte übertragen, bei denen die Führungskraft keinen Einfluss auf den späteren Eintritt der Bedingung hat.[89] In diesen Fällen besteht auch kein Bedürfnis für ein Handelsverbot, da die Führungskraft ihre Transaktionsentscheidung bereits im Zeitpunkt des (bedingten) schuldrechtlichen Geschäfts getroffen hat.[90] Eine Klarstellung zu dieser Frage von Seiten der ESMA oder der BaFin wäre aus Sicht der Praxis gleichwohl wünschenswert.

Ähnlich gelagert sind die von der Bereichsausnahme des Art. 19 Abs. 12 lit. b) MAR erfassten Fälle, in denen den Führungskräften im Rahmen von Vergütungsprogrammen Finanzinstrumente gewährt werden und die Zuteilung derselben in eine *closed period* fällt.[91] Nach den Konkretisierungen in Art. 9 lit. b) der Delegierten VO (EU) 2016/522 ist die Bereichsausnahme aber erst dann einschlägig, wenn die Führungskräfte während des Zuteilungszeitraums keinerlei Einfluss auf die Transaktion ausüben können und die Transaktion nach einem unveränderlichen und vor der Transaktion festgelegten Zuteilungsplan abläuft.[92] Beachtenswert ist, dass diese Voraussetzungen nicht erfüllt sein müssen, wenn das jeweilige Vergütungsprogramm virtuelle Finanzinstrumente gewährt, die in Geld abgerechnet werden und weder handel- noch abtretbar sind, solange das Programm der Berechnung eines performanceabhängigen Vergütungsanspruchs dient.[93] Insoweit hat die BaFin inzwischen klargestellt, dass derartige Finanzinstrumente nicht von der Meldepflicht erfasst werden.[94] Daher dürften entsprechende Transaktionen bereits nicht unter das *closed period*-Handelsverbot des Art. 19 Abs. 11 MAR fallen. Eines Rückgriffs auf die Bereichsausnahme bedarf es in diesen Fällen folglich nicht.

## 4. Vorverlagerung der Veröffentlichung des Finanzberichts

Uneinheitlich wird ferner die Frage beurteilt, wie sich eine Vorverlagerung des Zeitpunkts der Veröffentlichung des Finanzberichts auswirkt. Gemeint sind damit Fälle, in denen der das *closed period*-Handelsverbot auslösende Bericht früher als erwartet – bzw. als von der Gesellschaft gemäß §§ 114 Abs. 1 Satz 2, 115 Abs. 1 Satz 2

**89** *Diekgräf* (Fn. 12), S. 234.

**90** *Diekgräf*, a. a. O.

**91** Siehe hierzu Frage VII. 1. der FAQ der BaFin.

**92** Vgl. Hierzu auch *Diekgräf* (Fn. 12), S. 256.

**93** Zu diesen virtuellen Finanzinstrumenten zählen bspw. Phantom Stocks, Stock Appreciation Rights oder Restricted Stock Units.

**94** Frage II. 12 der FAQ der BaFin; vgl. auch *Zöllter-Petzold/Höhling* NZG 2018, 687, 688.

WpHG kommuniziert – veröffentlicht wird. Auch die Veröffentlichung vorläufiger Geschäftsergebnisse, die den unter Ziffer I. dargestellten Anforderungen entspricht, gehört in diese Fallgruppe.

Soweit zu dieser Thematik überhaupt in der Literatur Stellung genommen wird, nimmt der wohl überwiegende Teil des Schrifttums an, dass das *closed period*-Handelsverbot im Fall einer verfrühten Veröffentlichung ab dem tatsächlichen Veröffentlichungszeitpunkt (und nicht etwa ab dem geplanten Veröffentlichungstermin) zu berechnen ist.[95] Begründet wird diese Auffassung mit dem Umgehungsschutz. Da es die Führungskräfte selbst in der Hand hätten, den Veröffentlichungszeitpunkt zu bestimmen, könnten sie andernfalls selbst den Verbotszeitraum verkürzen.[96] Diese Auffassung ist zwar im Ergebnis zutreffend, in der Begründung jedoch nicht überzeugend. Unzweifelhaft haben einzelne Führungskräfte Einfluss auf den Zeitpunkt und den Umfang der veröffentlichten Finanzinformationen des Emittenten; es geht jedoch an der Realität und den Entscheidungsstrukturen in börsennotierten Unternehmen vorbei, jeder Führungskraft zu unterstellen, sie habe Einfluss auf die Veröffentlichung sämtlicher – auch vorläufiger – Geschäftsergebnisse. Gleichwohl knüpft Art. 19 Abs. 11 MAR für den Beginn eines *closed period*-Handelsverbots formal an den tatsächlichen Veröffentlichungszeitpunkt an, dessen Dauer ab diesem Zeitpunkt rückwärts berechnet wird. Für einen abweichenden Anknüpfungspunkt im Fall einer früher als erwartet erfolgten Veröffentlichung ist deshalb schon aus systematischen Gründen kein Raum.

Da Art. 19 Abs. 11 MAR kein subjektives Verschuldenselement verlangt,[97] ist die Konsequenz der Anknüpfung an den tatsächlichen Veröffentlichungszeitpunkt freilich, dass Führungskräfte möglicherweise unbewusst gegen das Handelsverbot verstoßen, wenn sie in der Erwartung, die *closed period* werde erst durch eine Veröffentlichung zum ursprünglich geplanten Veröffentlichungszeitpunkt ausgelöst, Eigengeschäfte tätigen. An einen unbewussten Verstoß in diesem Sinne dürfen allerdings keine negativen Rechtsfolgen für die jeweilige Führungsperson geknüpft werden. Sowohl für eine zivilrechtliche Haftung als auch für einen entsprechenden Bußgeldtatbestand dürfte es insoweit ohnehin regelmäßig am Verschulden bzw. am erforderlichen Leichtfertigkeitsvorwurf (§ 120 Abs. 15 Nr. 22 WpHG) fehlen. Auch die Wirksamkeit des Eigengeschäfts bleibt von

**95** *Diekgräf* (Fn. 12), S. 226; *Stegmaier* (Fn. 65), § 20 Rn. 15; a. A. *Stüber* DStR 2016, 1221, 1227 (Fn. 56).
**96** *Sethe/Hellgardt* (Fn. 40), Rn. 168.
**97** *Diekgräf* (Fn. 12), S. 226.

einem Verstoß gegen Art. 19 Abs. 11 MAR unberührt, da diese Vorschrift kein Verbotsgesetz im Sinne von § 134 BGB darstellt.[98]

## 5. Anwendbarkeit von Art. 19 Abs. 11 MAR auf öffentliche Erwerbs- und Übernahmeangebote

Bislang gänzlich ungeklärt ist die Frage, ob und falls ja wie öffentliche Erwerbs- und Übernahmeangebote nach dem WpÜG von Art. 19 Abs. 11 MAR erfasst werden. Die bisherigen Veröffentlichungen der ESMA und der BaFin enthalten keine ausdrücklichen Hinweise zu dieser Frage.

Berücksichtigt man den Regelungszweck von Art. 19 Abs. 11 MAR, sprechen gute Gründe dafür, öffentliche Angebote i. S. d. WpÜG bereits im Wege der teleologischen Reduktion von vorherein vom Anwendungsbereich der Vorschrift auszunehmen.[99] Wie bereits dargelegt, soll die Implementierung des Handelsverbots in Art. 19 Abs. 11 das Ausnutzen eines Informationsvorsprungs durch Führungskräfte verhindern und damit die Gleichbehandlung aller Investoren durch den Schutz vor missbräuchlicher Verwendung von Insiderinformationen gewährleisten.[100] Für den Fall, in dem eine Führungskraft das Erwerbs- oder Übernahmeangebot eines Dritten annimmt, gibt es kein Bedürfnis für diesen Regelungszweck.[101] Die Initiative für das Eigengeschäft der Führungskraft geht in diesem Fall nicht von der Führungskraft aufgrund der (potentiellen) Nutzung von Insiderwissen aus, sondern vom Bieter, der einen Anteils- bzw. Kontrollerwerb an der Zielgesellschaft anstrebt. Die Annahme eines Erwerbs- oder Übernahmeangebots durch eine Führungskraft lässt deshalb aus Sicht der Marktteilnehmer nicht den Rückschluss auf etwaiges Insiderwissen bei der Führungskraft zu, sondern ermöglicht allenfalls Rückschlüsse auf die Attraktivität des Erwerbs- oder Übernahmeangebots.[102] Die Sicherstellung der ordnungsgemäßen Bewertung von Erwerbs- und Übernahmeangeboten durch den Kapitalmarkt ist allerdings evident nicht vom Schutzzweck des Handelsverbots in Art. 19 Abs. 11 MAR umfasst. Diese Aufgabe kommt vielmehr speziellen übernahmerechtlichen Vorschriften zu. Dies

---

**98** *Commandeur* ZBB 2018, 114, 123; *Poelzig* NZG 2016, 761, 771; *Schäfer* in Marsch-Barner/Schäfer, Handbuch börsennotierte AG, 4. Aufl. 2018, Rn. 14.60; *Sethe/Hellgardt* (Fn. 40), Rn. 185; a. A. *Maume/Kellner* ZGR 2017, 273, 298.

**99** *Commandeur* (Fn. 24), S. 264 ff; *Kraack* AG 2016, 57, 61 ff.; vgl. auch *Diekgräf* (Fn. 12), S. 234 ff. (allerdings für eine Lösung de lege ferenda).

**100** Vgl. Erwägungsgrund 24 der MAR.

**101** *Diekgräf* (Fn. 12), S. 234 ff.

**102** *Diekgräf* (Fn. 12), S. 236.

gilt im vorliegenden Zusammenhang insbesondere für § 27 Abs. 1 Nr. 4 WpÜG, wonach Mitglieder des Vorstands und des Aufsichtsrats der Zielgesellschaft in ihrer Stellungnahme zum Angebot offenlegen müssen, ob sie beabsichtigen, das Angebot für von ihnen gehaltene Anteile anzunehmen.

Aber auch in dem Fall, in dem die Führungskraft selbst oder mittels einer von ihr gehaltenen Zweckgesellschaft das öffentliche Angebot abgibt, ist der Sinn und Zweck des Handelsverbots nicht berührt. Hierfür spricht bereits, dass die Führungskraft nicht sicherstellen kann, dass es überhaupt zu einer Transaktion kommt, die als Eigengeschäft qualifiziert werden könnte.[103] Das von der Führungskraft unterbreitete Angebot bedarf der Annahme durch die Anteilseigner der Zielgesellschaft. Aus diesem Grund ist auch ausgeschlossen, dass der einzelne Erwerbsvorgang unter Ausnutzung von Insiderinformationen erfolgt.[104]

Gleichwohl dürfte es bis zur ausdrücklichen Schaffung einer entsprechenden Bereichsausnahme durch den europäischen Gesetzgeber bzw. einer richterlichen oder behördlichen Stellungnahme zu dieser Frage für die Praxis ratsam sein, das Handelsverbot gemäß Art. 19 Abs. 11 MAR auch im Rahmen öffentlicher Erwerbs- und Übernahmeangebote in die Überlegungen einzubeziehen.

**103** *Commandeur* (Fn. 24), S. 177.
**104** *Kraack* AG 2016, 57, 61.

Klaus Ulrich Schmolke

# Informationsgestützte Marktmanipulation

## I. Einleitung

25 Jahre WpHG und informationsgestützte Marktmanipulation: Wie passt das überhaupt zusammen? Die „Kurs- und Marktpreismanipulation" wurde schließlich erst durch das Vierte Finanzmarktförderungsgesetz v. 21. Juni 2002[1] in das WpHG übernommen.[2] Und die in § 20a WpHG aF enthaltene Verbotsregelung ist inzwischen auch schon wieder Geschichte. Im Zuge der europarechtlich veranlassten Anpassungen durch das Erste Finanzmarktnovellierungsgesetz v. 30. Juni 2016[3] ist die Vorschrift im WpHG bekanntlich gestrichen worden.[4] Die Kernregelungen zur Marktmanipulation finden sich nunmehr in Art. 12f., 15 MAR,[5] die seit dem 3. Juni 2016 auch in Deutschland unmittelbar gelten.[6] Was bleibt sind neben der gegenständlichen Ausweitung des europäischen Manipulationsverbots auf Waren und bestimmte ausländische Zahlungsmittel in § 25 WpHG nationale Zuständigkeits-, Durchsetzungs- und Sanktionsnormen in den §§ 6ff., 119f. und 125 WpHG, welche die MAR im Allgemeinen oder das Manipulationsverbot des Art. 15 MAR im Besonderen in Bezug nehmen. Je nach Blickwinkel und Sinn für's Dramatische kann man diese Entwicklung zwischen WpHG und Marktmanipulation als gescheiterte Beziehung oder aber als Emanzipationsgeschichte lesen. Bedenkt man den allgemeinen Zug des Kapitalmarktrechts ins Europäische erscheint Letzteres freilich treffender. Diese Emanzipation hat allerdings ihren Preis. Das Marktmanipulationsverbot ist aus den vertrauten nationalen Norm- und Auslegungszusammenhängen herausgelöst.[7] An deren Stelle tritt ein europäisches

1 BGBl. I 2002, 2010.

2 Sie löste die Regelung zum Kursbetrug in § 88 BörsG aF ab. S. dazu hier nur *Schmolke* in Klöhn, MAR, 2018, Vor Art. 12 Rn. 45f. m.w.N.

3 BGBl. I 2016, 1514.

4 Der Referentenentwurf eines Finanzmarktnovellierungsgesetzes v. 19.10.2015 hatte in § 21 WpHG-E noch ein „deutsches" Marktmanipulationsverbot vorgesehen. Nach berechtigter Kritik hat der deutsche Gesetzgeber von einer solchen Regelung dann Abstand genommen. S. dazu knapp *Schmolke* AG 2016, 434, 438f. m.w.N.

5 Verordnung (EU) Nr. 596/2014 v. 12.6.2014, ABl. EU Nr. L 173 v. 12.6.2014, S. 1.

6 Zu den weiteren die Marktmanipulation betreffenden Regelungen in der MAR, den zugehörigen Delegierten Verordnungen sowie der CRIM-MAD s. hier nur den Überblick bei *Schmolke* (Fn. 2), Vor Art. 12 Rn. 72ff. mit Schaubild in Rn. 80.

7 S. dazu bereits *Schmolke* AG 2016, 434, 437f.

https://doi.org/10.1515/9783110632323-032

Regelungsregime, dessen Normtext auf den ersten Blick weder tragende Grundgedanken noch systematische Geschlossenheit erkennen lässt.[8] Vielmehr muss der Rechtsanwender den vorfindlichen Regelungen beides mühsam abringen. Die folgenden Zeilen wollen einen Eindruck von dieser Systematisierungsarbeit und den hierbei bislang erzielten Fortschritten, aber auch von den noch bestehenden Unsicherheiten vermitteln, und zwar mit Blick auf die informationsgestützte Marktmanipulation.[9] Für diese Form der Manipulation liefert das aktuelle Kapitalmarktgeschehen mit den seit einiger Zeit zu beobachtenden „Leerverkaufsattacken" aktivistischer Investoren den praktischen Testfall, an dem sich die hier angestellten Überlegungen prüfen und veranschaulichen lassen.[10]

## II. Phänomenologie der Marktmanipulation

Der Begriff der informationsgestützten Marktmanipulation verweist auf die besonders gebräuchliche Unterteilung der verschiedenen Manipulationsformen nach dem eingesetzten Mittel.[11] Hier pflegt man in Anlehnung an eine aus dem ökonomischen Schrifttum übernommene[12] Taxonomie zwischen informationsgestützter, handelsgestützter sowie handlungsgestützter Marktmanipulation zu unterscheiden.[13] Eine informationsgestützte Manipulation liegt danach vor, wenn sie auf der Veröffentlichung falscher oder irreführender Informationen beruht.[14] Das historische Vorzeigebeispiel für eine solche informationsgestützte Manipulation ist die Verbreitung der unzutreffenden Nachricht vom Tod Napoleons zu Beginn des Jahres 1814, die dem berühmten Fall *R. v. De Berenger* zugrunde liegt.[15] Die handelsgestützte Manipulation bezeichnet demgegenüber Praktiken, bei de-

---

**8** Vgl. allgemein zur europäischen Marktmissbrauchsregelung *Klöhn* in Klöhn, MAR, 2018, Vorwort, S. V.

**9** Zur Unterscheidung zwischen informationsgestützter, handelsgestützter und handlungsgestützter Manipulation sogleich unter II.

**10** S. dazu unter V.

**11** S. auch *Schmolke* (Fn. 2), Art. 12 Rn. 11.

**12** Wohl erstmals *Allen/Gale*, Rev. Fin. Stud. 5 (1992), 503, 505.

**13** S. statt aller nur *Mülbert* in Assmann/Schneider/Mülbert, Wertpapierhandelsrecht, 7. Aufl. 2019, Vor Art. 12 MAR Rn. 56 ff. sowie Art. 12 MAR Rn. 5 und passim.

**14** *Allen/Gale* (Fn. 12), 505; aus dem rechtswissenschaftlichen Schrifttum etwa *Avgouleas*, The Mechanics and Regulation of Market Abuse, 2005, S. 132; *Schmolke* (Fn. 2), Vor Art. 12 Rn. 15. Zur Frage, ob auch die pflichtwidrige Nichtveröffentlichung eine Marktmanipulation ist, die von Art. 12 Abs. 1 MAR erfasst wird, s. noch ausführlich unten unter IV.

**15** (1814) 3 Maule and Selwyn 67, 105 E.R. 536; für eine Kurzschilderung *Schmolke* (Fn. 2), Vor Art. 12 Rn. 37.

nen die Manipulation allein mithilfe von Handelsaufträgen oder -geschäften ins Werk gesetzt wird.[16] Hierher gehören etwa „Spam and Cancel"-Strategien, bei denen zunächst Orders in erheblichem Umfang platziert werden, um dann vor Transaktionsabschluss wieder storniert zu werden.[17] Die irreführende Information (hier: scheinbar hohe Nachfrage oder hohes Angebot) wird dabei allein über die Erteilung von Handelsaufträgen vermittelt. Für die Annahme einer informationsgestützten Manipulation verlangt man demgegenüber ein „kommunikatives Element".[18] Neben die informations- und die handelsgestützte Manipulation tritt schließlich die handlungsgestützte Manipulation. Hiervon sind solche Handlungsweisen erfasst, die auf tatsächliche Umstände einwirken, etwa die Veränderung des inneren Wertes eines Unternehmens oder zumindest der entsprechenden Einschätzung durch den Markt und damit mittelbar den Preis des hiervon betroffenen Titels, also etwa die Unternehmensaktie, beeinflussen oder hierzu zumindest geeignet sind.[19] Ein trauriges Anschauungsbeispiel für diese Manipulationsvariante lieferte hierzulande der Anschlag auf die Profimannschaft des Fußballvereins Borussia Dortmund.[20] Die Unterscheidung zwischen informations-, handels- und handlungsgestützter Marktmanipulation darf freilich nicht den Blick darauf verstellen, dass sich in der Praxis durchgeführte Manipulationen nicht selten als Mischformen dieser drei Kategorien darstellen. Als historisch verbürgtes Beispiel können hier die sog. „bear raids" dienen, bei der sog. „bear pools" die Wirkung ihrer konzertierten Massenverkäufe noch durch die Streuung negativer Gerüchte verstärkten.[21]

---

**16** *Allen/Gale* (Fn. 12), 505; aus dem rechtswissenschaftlichen Schrifttum statt vieler *Schmolke* (Fn. 2), Vor Art. 12 Rn. 16; ferner etwa *Grundmann* in Großkomm. HGB, 5. Aufl. 2017, Bankvertragsrecht 6. Teil Rn. 454 f.; *Mülbert* (Fn. 13), Vor Art. 12 MAR Rn. 61.

**17** S. wiederum *Schmolke* (Fn. 2), Vor Art. 12 Rn. 16 m.w.N.

**18** Vgl. *Schmolke* (Fn. 2), Art. 12 Rn. 250 m.w.N. zur Auslegung des Art. 12 Abs. 1 lit. c MAR; ferner etwa *Grundmann* (Fn. 16) Rn. 445; *Mülbert* (Fn. 13), Vor Art. 12 MAR Rn. 177 a.E.

**19** S. noch einmal *Allen/Gale* (Fn. 12), 505; aus dem rechtswissenschaftlichen Schrifttum statt vieler *Schmolke* (Fn. 2), Vor Art. 12 Rn. 20; ferner etwa *Mülbert* (Fn. 13), Vor Art. 12 MAR Rn. 65.

**20** S. hierzu nur *Köpferl/Wegner* WM 2017, 1924 ff.

**21** S. dazu *Schmolke* (Fn. 2), Vor Art. 12 Rn. 21.

## III. Informationsgestützte Marktmanipulation und ihre Regelung in Art. 12 Abs. 1 MAR

Art. 12 Abs. 1 MAR erfasst mit den Grundtatbeständen in lit. a, b und c sämtliche der drei genannten Manipulationsformen.[22] Dies steht weitgehend außer Streit.[23] Keine Einigkeit besteht hingegen über die genaue Zuordnung der Manipulationsformen zu den drei Tatbestandsvarianten.[24] Gerade die informationsgestützte Marktmanipulation scheint hier besondere Schwierigkeiten zu bereiten. So ist bislang nicht abschließend geklärt, ob nur der Tatbestand des Art. 12 Abs. 1 lit. c MAR[25] – und für die (im Weiteren ausgeblendete) Referenzwertmanipulation auch der des Art. 12 Abs. 1 lit. d MAR[26] – die informationsgestützte Marktmanipulation erfasst, oder ob dies auch für Art. 12 Abs. 1 lit. a oder b MAR gilt.[27] Bejaht man Letzteres stellt sich die Frage nach dem Konkurrenzverhältnis der Grundtatbestände: Verdrängt Art. 12 Abs. 1 lit. c MAR als Spezialregelung für die informationsgestützte Marktmanipulation die anderen Tatbestandsvarianten? Oder stehen diese in Idealkonkurrenz?[28] Die Antworten auf diese Fragen können – je nach Auslegung der einzelnen Manipulationstatbestände – schnell praktische Bedeutung erlangen. So wäre etwa der prominente Streit darüber, ob Art. 12 Abs. 1 lit. a und b MAR auch pflichtwidriges Unterlassen erfassen, für die informationsgestützte Marktmanipulation völlig irrelevant, wenn diese lediglich in Art. 12 Abs. 1 lit. c MAR geregelt wäre.[29]

---

**22** S. auch *Mülbert* (Fn. 13), Art. 12 MAR Rn. 5. Die in Art. 12 Abs. 1 lit. d MAR geregelte (informationsgestützte) Referenzwertmanipulation ist nicht Gegenstand dieses Beitrags.

**23** Auch *Anschütz/Kunzelmann* in Meyer/Veil/Rönnau, Handbuch zum Marktmissbrauchsrecht, 2018, § 14 Rn. 16, 82 sehen die handlungsgestützte Marktmanipulation zwar nicht von Art. 12 Abs. 1 lit. a MAR, aber immerhin noch von Art. 12 Abs. 1 lit. b MAR erfasst.

**24** S. etwa mit Blick auf die Frage, ob Art. 12 Abs. 1 lit. a MAR auch handlungsgestützte Marktmanipulationen erfasst *Buck-Heeb*, Kapitalmarktrecht, 10. Aufl. 2019, Rn. 650 und *Mülbert* (Fn. 13), Art. 12 MAR Rn. 59 einerseits sowie *Anschütz/Kunzelmann* (Fn. 23), § 14 Rn. 16 andererseits. Ferner den knappen Überblick über den Meinungsstand bei *Schmolke* (Fn. 2), Art. 12 Rn. 6 mit Fn. 28 bis 30.

**25** Dazu näher unter 1.

**26** Zur Referenzwertmanipulation monographisch *Sajnovits*, Manipulationen von Referenzwerten, 2019.

**27** S. dazu unter 2.a.

**28** S. dazu unten unter 2.b.

**29** S. zur Frage der informationsgestützten Marktmanipulation durch Unterlassen unter IV.

## 1. Der Grundtatbestand in Art. 12 Abs. 1 lit. c MAR

Die Debatte steht an ihrem Ausgangspunkt zunächst noch auf sicherem Boden: Der Grundtatbestand des Art. 12 Abs. 1 lit. c MAR regelt die informationsgestützte Marktmanipulation und löst damit den früheren Art. 1 Nr. 2 lit. c Marktmissbrauchs-RL ab. Nach Art. 12 Abs. 1 lit. c MAR liegt eine Marktmanipulation in der „Verbreitung von Informationen über die Medien einschließlich des Internets oder auf anderem Wege, die falsche oder irreführende Signale hinsichtlich des Angebots oder des Kurses eines Finanzinstruments [...] oder der Nachfrage danach geben oder bei denen dies wahrscheinlich ist oder ein anormales oder künstliches Kursniveau eines oder mehrerer Finanzinstrumente [...] herbeiführen oder bei denen dies wahrscheinlich ist, einschließlich der Verbreitung von Gerüchten, wenn die Person, die diese Informationen verbreitet hat, wusste oder hätte wissen müssen, dass sie falsch oder irreführend waren".

### a) Tathandlung als Spezifikum der Tatbestandsvariante

Die Tatbestandsvariante des Art. 12 Abs. 1 lit. c MAR zeichnet sich durch die spezifische Tathandlung (Manipulationsmittel) aus. Es geht hier um die Manipulation durch „Verbreitung von Informationen". Hinsichtlich des hiermit erzielten (potenziellen) Effekts entspricht Art. 12 Abs. 1 lit. c MAR hingegen der Tatbestandsvariante in Art. 12 Abs. 1 lit. a MAR.[30]

### b) Unterschiede zu den Tatbestandsvarianten in Art. 12 Abs. 1 lit. a und b MAR

Sieht man zunächst von der Tathandlung ab,[31] dann ergeben sich Unterschiede zu Art. 12 Abs. 1 lit. a MAR in zweierlei Hinsicht. Zum einen besteht in Art. 12 Abs. 1 lit. c MAR keine Ausnahme für zulässige Marktpraktiken bei Verfolgung legitimer Gründe. Zum anderen enthält Art. 12 Abs. 1 lit. c MAR ausdrücklich subjektive Tatbestandsvoraussetzungen, nämlich das Wissen oder Wissenmüssen um die Unrichtigkeit oder zumindest das Irreführungspotenzial der verbreiteten Information.[32] Letzteres unterscheidet Art. 12 Abs. 1 lit. c MAR auch von der Tatbe-

---

**30** *Schmolke* (Fn. 2), Art. 12 Rn. 11.

**31** S. dazu noch näher unten unter c.

**32** *Schmolke* (Fn. 2), Art. 12 Rn. 12 und 268 ff.; vgl. auch *Buck-Heeb* (Fn. 24), Rn. 674, dort allerdings unter Beschränkung auf Leichtfertigkeit; hiergegen zu Recht *Mülbert* (Fn. 13), Art. 12 MAR Rn. 199.

standsvariante in Art. 12 Abs. 1 lit. b MAR, in die allerdings richtigerweise ein Vorsatzerfordernis hineinzulesen ist.[33]

### c) Zum Begriff der „Verbreitung"

Das in Art. 12 Abs. 1 lit. c MAR enthaltene Merkmal der „Information", das auch die nur beispielhaft genannten „Nachrichten" und „Gerüchte" mitumfasst,[34] ist denkbar weit. Ihm kommt keine tatbestandliche Begrenzungsfunktion zu.[35] Ob hier das Merkmal der „Verbreitung" in die Bresche springt, kommt auf dessen Auslegung an.[36] Gegenwärtig wird mehrheitlich ein weites Begriffsverständnis vertreten. Danach genügt es, dass die Information lediglich einer Person zugänglich gemacht wird.[37] Begründet wird dies zum einen damit, dass etwa ein finanzstarker Investor durchaus im Alleingang Angebot, Nachfrage oder Kurs eines Handelsinstruments beeinflussen kann.[38] Zudem verliere der Informationsverbreiter bereits mit der Kundgabe an eine einzige Person die Kontrolle über die Information.[39] Indes spricht der Begriff der Verbreitung (im Englischen: „dissemination") schon vom Wortsinne her für eine gewisse Streuung der Information i.S. einer „Breitenwirkung".[40] Im alten Art. 1 Nr. 7 der Durchführungs-RL 2003/125/EG[41] wurde eine Information daher auch als verbreitet angesehen, wenn sie „der Öffentlichkeit tatsächlich oder wahrscheinlich zugänglich gemacht wird", wobei dies wiederum der Fall sein sollte, wenn die Information für eine

---

**33** S. dazu *Schmolke* AG 2016, 434, 443; *ders.* (Fn. 2), Art. 12 Rn. 21, 298; zust. *Buck-Heeb* (Fn. 24), Rn. 661; *Mülbert* (Fn. 13), Art. 12 MAR Rn. 157; aA *Moloney*, EU Securities and Financial Markets Regulation, 3rd ed. 2014, S. 742; wohl auch *Poelzig*, Kapitalmarktrecht, 2018, Rn. 434; ausweichend *Anschütz/Kunzelmann* (Fn. 23), § 14 Rn. 95.

**34** *Schmolke* (Fn. 2), Art. 12 Rn. 242; ferner etwa *Mülbert* (Fn. 13), Art. 12 MAR Rn. 177; *Teigelack* in Meyer/Veil/Rönnau, Handbuch zum Marktmissbrauchsrecht, 2018, § 13 Rn. 11.

**35** *Schmolke* (Fn. 2), Art. 12 Rn. 243; *Teigelack* (Fn. 34), § 13 Rn. 11.

**36** Eine begrenzende Wirkung verneinend *Teigelack* (Fn. 34), § 13 Rn. 25; anders *Schmolke* (Fn. 2), Art. 12 Rn. 242. Zur Frage der Verbreitung durch Unterlassen noch unten unter IV.1.

**37** So für die h.L. etwa *Buck-Heeb* (Fn. 24), Rn. 666; *Grundmann* (Fn. 16) Rn. 448; *Mülbert* (Fn. 13), Art. 12 MAR Rn. 178; *Teigelack* (Fn. 34), § 13 Rn. 25; ebenso BaFin, Entwurf Emittentenleitfaden, Modul C, Stand: 1.7.2019, III.7.1; vorsichtiger *Poelzig* (Fn. 33), Rn. 427.

**38** So *Mülbert* (Fn. 13), Art. 12 MAR Rn. 178.

**39** So *Teigelack* (Fn. 34), § 13 Rn. 25.

**40** Vgl. auch Erwägungsgrund Nr. 47, der in der englischen Sprachfassung von „[the] spreading of false information" spricht.

**41** ABl. EU Nr. L 339 v. 24.12.2003, S. 73, 74. Dort wurde der „Informationsverbreitungskanal" definiert.

„große Anzahl von Personen" zugänglich ist.[42] Zuzugeben ist allerdings, dass für die Frage, wann eine hinreichend große Anzahl an Personen vorliegt, denen die Information zugänglich gemacht wird, eine Rückbindung an den Schutzzweck des Art. 12 Abs. 1 lit. c MAR erforderlich ist. Die hinreichend große Zahl ist daher keine fixe Ziffer, sondern anhand der Frage zu bestimmen, ab wann auf dem betreffenden Markt die Gefahr der Preisbeeinflussung durch die Verbreitung der Information entsteht. Ggf. kann daher auch eine relativ gesehen (!) geringere Anzahl erreichbarer Personen für eine Verbreitung ausreichen.[43]

## 2. Erfassen Art. 12 Abs. 1 lit. a und b MAR auch die informationsgestützte Manipulation?

Schutzlücken ergeben sich durch das engere Verständnis der Verbreitung in Art. 12 Abs. 1 lit. c MAR jedenfalls insoweit nicht, wie in den nicht erfassten Fällen der informationsgestützten Manipulation ein Rückgriff auf Art. 12 Abs. 1 lit. a oder b MAR möglich bleibt.

### a) Tatbestandlicher Einschluss der informationsgestützten Manipulation

Bei unbefangener Lektüre der Art. 12 Abs. 1 lit. a und b MAR kann zunächst kaum zweifelhaft sein, dass diese jedenfalls auf Tatbestandsebene auch die informationsgestützte Marktmanipulation erfassen. Denn mit Blick auf die Tathandlung schließt Art. 12 Abs. 1 lit. a MAR neben dem Geschäftsabschluss und der Ordererteilung „jede andere Handlung" ein. Eine solche andere Handlung kann aber auch die kommunikative Verwendung von Informationen sein.[44] Dasselbe gilt für eine „Handlung" nach Art. 12 Abs. 1 lit. b MAR, die „unter Vorspiegelung falscher

42 S. auch die Inbezugnahme der Vorschrift in ESMA, Final Report, Draft technical standards on the Market Abuse Regulation, 28 September 2015, ESMA/2015/1455, Rn. 338. S. dazu bereits *Schmolke* (Fn. 2), Art. 12 Rn. 247.

43 *Schmolke* (Fn. 2), Art. 12 Rn. 248.

44 S. bereits *Schmolke* AG 2016, 434, 443 f.; *ders.* (Fn. 2), Art. 12 Rn. 18; ferner *de Schmidt* in Just/Voß/Ritz/Becker, WpHG, 2015, § 20a Rn. 380; *ders.* RdF 2016, 4, 6; *Grundmann* (Fn. 16) Rn. 457; vgl. auch *Mülbert* (Fn. 13), Art. 12 MAR Rn. 50; *Möllers* NZG 2018, 649, 651; tendenziell anders aber *Anschütz/Kunzelmann* (Fn. 23), § 14 Rn. 16.

Tatsachen oder unter Verwendung sonstiger Kunstgriffe oder Formen der Täuschung“ erfolgt.[45]

**b) Konkurrenzverhältnis der Grundtatbestände nach Art. 12 Abs. 1 MAR**

Nach der im Schrifttum vorherrschenden Ansicht wird indes Art. 12 Abs. 1 lit. a MAR für die informationsgestützte Marktmanipulation auf Konkurrenzebene durch die speziellere Regelung des Art. 12 Abs. 1 lit. c MAR verdrängt.[46] Dies überzeugt, weil andernfalls die subjektiven Voraussetzungen des Art. 12 Abs. 1 lit. c MAR im Ergebnis leer liefen.[47] Bei einem engen Verständnis des Verbreitungsbegriffs[48] gilt dasselbe für die objektive Tatbestandsseite. Für die Praxis ist allerdings zu beachten, dass die Kommission im Anschluss an ESMA ein abweichendes Verständnis in der Delegierten VO 2016/522[49] dokumentiert hat. Sie geht offenbar von einem Nebeneinander der Tatvarianten in Art. 12 Abs. 1 lit. a und lit. c MAR aus.[50]

Dasselbe Verständnis scheint die Kommission auch für das Konkurrenzverhältnis von Art. 12 Abs. 1 lit. b und lit. c MAR zu haben.[51] Anders als bei Art. 12 Abs. 1 lit. a MAR ist dieses Nebeneinander der beiden Tatvarianten auch unbedenklich, da Art. 12 Abs. 1 lit. b MAR auf subjektiver Seite Vorsatz voraussetzt.[52] Es wäre auch in der Sache nicht überzeugend, einen Rückgriff auf Art. 12 Abs. 1 lit. b MAR bei informationsgestützten Manipulationspraktiken durch (vorsätzliche)

**45** S. bereits *Schmolke* AG 2016, 434, 444; *ders.* in Klöhn, MAR, 2018, Art. 12 Rn. 20; *de Schmidt* (Fn. 44), § 20a Rn. 380; zumindest tendenziell auch *Anschütz/Kunzelmann* (Fn. 23), § 14 Rn. 84 und 87.

**46** S. etwa *Mülbert* (Fn. 13), Art. 12 MAR Rn. 50; ferner *Anschütz/Kunzelmann* (Fn. 23), § 14 Rn. 6; differenzierend *Grundmann* (Fn. 16) Rn. 457.

**47** S. bereits *Schmolke* AG 2016, 434, 444; *ders.* (Fn. 2), Art. 12 Rn. 19; ferner *Anschütz/Kunzelmann* (Fn. 23), § 14 Rn. 6; *Mülbert* (Fn. 13), Art. 12 MAR Rn. 50. Demgegenüber wäre die nur für Art. 12 Abs. 1 lit. a MAR geltende Ausnahme für zulässige Marktpraktiken für ein Nebeneinander von Art. 12 Abs. 1 lit. a und lit. c MAR wenig problematisch, da bei Vorliegen der subjektiven Voraussetzungen des Art. 12 Abs. 1 lit. c MAR eine zulässige Marktpraxis ohnehin ausscheiden dürfte [dazu bereits *Schmolke* (Fn. 2), Art. 12 Rn. 18; insoweit anders *Mülbert* (Fn. 13), Art. 12 MAR Rn. 50].

**48** S. dazu oben unter 1.c.

**49** ABl. EU Nr. L 88 v. 5.4.2016, S. 13.

**50** S. für Einzelheiten *Schmolke* AG 2016, 434, 443 f.; *ders.* (Fn. 2), Art. 12 Rn. 19 mit Fn. 55.

**51** S. dazu näher *Schmolke* AG 2016, 434, 444; *ders.* (Fn. 2), Art. 12 Rn. 20.

**52** S. *Schmolke* AG 2016, 434, 441; *ders.* (Fn. 2), Art. 12 Rn. 21, 196; s. zum Vorsatzerfordernis die N. in Fn. 33.

Täuschung[53] nicht zuzulassen.[54] Dies gilt insbesondere dann, wenn man für den Begriff der Verbreitung in Art. 12 Abs. 1 lit. c MAR ein engeres Verständnis zugrundelegt, das andernfalls Schutzlücken reißen würde.[55] Die geringeren Anforderungen an den objektiven Tatbestand werden im Rahmen des Art. 12 Abs. 1 lit. b MAR durch die höheren Anforderungen an den subjektiven Tatbestand ausgeglichen.[56] Vereinzelt wird sogar weitergehend eine verdrängende Spezialität von Art. 12 Abs. 1 lit. b MAR gegenüber Art. 12 Abs. 1 lit. c MAR angenommen, wenn die Informationsverbreitung „in unmittelbarem Zusammenhang mit einer Transaktion" steht.[57] Dies hätte aber die kaum einleuchtende Konsequenz, dass (nur) im Falle eines solchen Konnexes allein die vorsätzlich täuschende, nicht aber die fahrlässig irreführende Informationsverbreitung als Marktmanipulation nach Art. 15 MAR verboten wäre.[58]

## IV. Informationsgestützte Marktmanipulation durch Unterlassen?

Die Kontroverse um den exakten Regelungsort der informationsgestützten Marktmanipulation hat – je nach Auslegung der einzelnen Grundtatbestände – Konsequenzen für die höchst streitige Frage, ob eine informationsgestützte Marktmanipulation auch durch pflichtwidriges Unterlassen begangen werden kann.

---

**53** Zur zentralen Bedeutung des Täuschungselements für Art. 12 Abs. 1 lit. b MAR *Schmolke* (Fn. 2), Art. 12 Rn. 21; vgl. auch *Köpferl/Wegner* WM 2017, 1924, 1927 ff.

**54** Vgl. insofern auch Anhang II Abschnitt 2 Nr. 1 lit. a) der Delegierten VO (EU) 2016/522. Für verdrängende Spezialität von Art. 12 Abs. 1 lit. c MAR gegenüber Art. 12 Abs. 1 lit. b MAR aber *Zetzsche* in Gebauer/Teichmann EnzEuR, 2016, Bd. 6 § 7.C Rn. 81; wohl auch *Diversy/Köpferl* in Graf/Jäger/Wittig, Wirtschafts- und Steuerstrafrecht, 2. Aufl. 2017, § 38 WpHG Rn. 91 f.

**55** S. dazu oben unter 1.c.

**56** Vgl. die Argumentation zum Verhältnis von Art. 12 Abs. 1 lit. a und lit. c MAR bei Fn. 47.

**57** So *Mülbert* (Fn. 13), Art. 12 MAR Rn. 141.

**58** Vom Vorsatzerfordernis bei Art. 12 Abs. 1 lit. b MAR geht auch *Mülbert* (Fn. 13), Art. 12 MAR Rn. 157 völlig zu Recht aus.

## 1. Art. 12 Abs. 1 lit. c MAR: Schweigen ist keine Informationsverbreitung

Für Art. 12 Abs. 1 lit. c MAR stellt sich insofern die Frage, ob eine Informationsverbreitung durch pflichtwidriges Unterlassen möglich ist. Im Ausgangspunkt gilt hier: Das schlichte Verschweigen ist für sich genommen keine Verbreitung von Informationen.[59] Anders als § 20a Abs. 1 S. 1 Nr. 1 WpHG aF enthält Art. 12 Abs. 1 lit. c MAR auch keine zusätzliche Tathandlungsalternative, die das pflichtwidrige Verschweigen von Informationen in den Manipulationstatbestand aufnimmt. Aus Erwägungsgrund Nr. 47 MAR ergibt sich nichts anderes. Dort geht es um die Entstellung verbreiteter Informationen durch das Weglassen wesentlicher Aspekte des beschriebenen Umstands oder Sachverhalts.[60] In der Konsequenz ist daher das pflichtwidrige Unterlassen einer Ad-hoc-Meldung zwar ein Verstoß gegen Art. 17 MAR, nicht aber gegen Art. 15 i.V.m. 12 Abs. 1 lit. c MAR.[61]

Eine tatbestandliche Verbreitung durch echtes Unterlassen liegt jedoch dann vor, wenn die aktive Verbreitung durch eine andere Person erfolgt, für deren Handeln der Untätige verantwortlich ist. Kommt er seiner Pflicht als „Überwachergarant" nicht hinreichend nach, hält er also die Verbreitung durch die andere Person nicht auf, so hat auch er die Information i. S. d. Art. 12 Abs. 1 lit. c MAR „verbreitet".[62]

## 2. Art. 12 Abs. 1 lit. a, b MAR und Unterlassen

Kontroverser noch als bei Art. 12 Abs. 1 lit. c MAR wird die Frage nach der möglichen Tatbegehung durch pflichtwidriges Unterlassen für Art. 12 Abs. 1 lit. a und b MAR diskutiert. Denn hier lässt die vorliegend interessierende Tathandlungsal-

---

59 So etwa *Schmolke* (Fn. 2), Art. 12 Rn. 252; *Mülbert* (Fn. 13), Art. 12 MAR Rn. 180 f.; *Teigelack* (Fn. 34), § 13 Rn. 31; *Sajnovits/Wagner* WM 2017, 1189, 1192 f.; anders etwa *Grundmann* (Fn. 16) Rn. 449, 455 a.E.; *Buck-Heeb* (Fn. 24), Rn. 670; wohl auch ESMA, Q&A – On the Market Abuse Regulation (MAR), 12 November 2018, ESMA70 – 145 – 111, v. 13, S. 12; BaFin, Entwurf Emittentenleitfaden, Modul C, Stand: 1.7.2019, III.7.2.

60 S. bereits *Schmolke* (Fn. 2), Art. 12 Rn. 253; ferner *Diversy/Köpferl* (Fn. 54), § 38 WpHG Rn. 62; *Teigelack* (Fn. 34), § 13 Rn. 25 ff.

61 Anders *Buck-Heeb* (Fn. 24), Rn. 670 mit Fn. 73; *Vaupel/Oppenauer* AG 2019, 502, 512; scheinbar auch ESMA, Q&A – On the Market Abuse Regulation (MAR), 12 November 2018, ESMA70 – 145 – 111, v. 13, S. 12.

62 S. dazu bereits *Schmolke* (Fn. 2), Art. 12 Rn. 254; wohl zust. *Mülbert* (Fn. 13), Art. 12 MAR Rn. 180 a.E. Zur Frage der Berichtigungs- oder Aktualisierungspflicht einer bereits verbreiteten Information s. *Schmolke* (Fn. 2), Art. 12 Rn. 255.

ternative der „Handlung" (im Englischen: „behaviour") auch die Subsumtion der informationsgestützten Manipulation durch Unterlassen unter nämliche Tatbestandsvarianten zu. Geht man für die informationsgestützte Manipulation von einer Verdrängung des Art. 12 Abs. 1 lit. a MAR durch den spezielleren Art. 12 Abs. 1 lit. c MAR aus,[63] konzentriert sich die Frage auf Art. 12 Abs. 1 lit. b MAR. Ungeachtet des hier offeneren Wortlauts bestreiten einige Literaturstimmen die Möglichkeit der Marktmanipulation durch Unterlassen, und zwar rundheraus für sämtliche Tatbestandsvarianten des Art. 12 Abs. 1 MAR. Begründet wird diese Haltung mit dem Eingangspassus der Vorschrift. Dort sei für die sich anschließenden Tatbestandvarianten in lit. a bis d von folgenden „Handlungen" die Rede. Da Art. 2 Abs. 4 MAR zwischen „Handlungen" und „Unterlassungen" unterscheide, Art. 12 Abs. 1 MAR zu Beginn aber eben nur von „Handlungen" spreche, seien „Unterlassungen" folglich nicht erfasst.[64] Blickt man allerdings in die englische Sprachfassung[65], so löst sich diese scheinbare sprachliche Eindeutigkeit schnell auf. Dort ist nämlich in Art. 2 Abs. 4 MAR von „actions and omissions" die Rede, während Art. 12 Abs. 1 MAR eingangs von „activities" spricht. In Art. 12 Abs. 1 lit. a und b MAR lautet der in der deutschen Fassung ebenfalls mit „Handlung" beschriebene Begriff „behaviour". „Behaviour", also Verhalten, erfasst aber sicher auch Unterlassungen. Wenn dem dann entgegnet wird, „behaviour" sei aber im Lichte des eingangs stehenden Begriffs der „activities" auszulegen, der zweifelsfrei nur aktives Tun erfassen wolle, erscheint das nicht nur allzu feinsinnig, sondern überschätzt auch die legistische Sorgfalt des EU-Gesetzgebers. Hinzu kommt, dass mit Blick auf den Normzweck des Manipulationsverbots nichts für eine solche Beschränkung auf aktives Tun spricht.[66] Es

---

**63** S. dazu oben unter III.2.b.

**64** So namentlich *Mülbert* (Fn. 13), Art. 12 MAR Rn. 58, 143, 181, im Anschluss an *Sajnovits/Wagner* WM 2017, 1189, 1192f.

**65** Zu deren besonderer Bedeutung für die Auslegung bereits *Schmolke* (Fn. 2), Vor Art. 12 Rn. 87 m.w.N.

**66** *Schmolke* (Fn. 2), Vor Art. 12 Rn. 40 zu Art. 12 Abs. 1 lit. a MAR. Die teleologische Argumentation bei *Sajnovits/Wagner* WM 2017, 1189, 1192 ist jedenfalls kaum nachvollziehbar. Insofern zu Recht krit. auch *Bayram/Meier* BKR 2018, 55, 60. Aus ganz ähnlichen Gründen taugt auch der Verweis auf Art. 5 Abs. 2 CRIM-MAD nicht, um die Beschränkung auf aktives Tun zu rechtfertigen [s. aber *Mülbert* (Fn. 13), Art. 12 MAR Rn. 181]. Zumindest im Ergebnis wie hier daher die h.L., s. etwa *Buck-Heeb* (Fn. 24), Rn. 657, 670; *Brand/Hotz* NZG 2017, 976, 982f.; *de Schmidt* RdF 2016, 4, 5f.; *Diversy/Köpferl* (Fn. 54), § 38 WpHG Rn. 115; *Grundmann* (Fn. 16) Rn. 449, 455 a.E.; *Kudlich* AG 2016, 459, 462; *Schockenhoff/Culmann* AG 2016, 517, 520. *Vaupel/Oppenauer* AG 2019, 502, 512; s. ferner BaFin, Entwurf Emittentenleitfaden, Modul C, Stand: 1.7.2019, III.7.2. Auch der deutsche Gesetzgeber geht von der Möglichkeit einer Marktmanipulation durch Unterlassen aus, vgl. Begr. RegE 1.FiMaNoG, BT-Drs.18/7482, S. 64.

bleibt also festzuhalten: Die von Art. 12 Abs. 1 lit. b MAR erfasste informationsgestützte Marktmanipulation durch vorsätzliche Täuschung[67] kann auch durch ein pflichtwidriges Unterlassen begangen werden.[68] Der klassische Beispielsfall ist hier die vorsätzlich unterdrückte Ad-hoc-Meldung, bei der zugleich ein Verstoß gegen Art. 17 MAR vorliegt.[69]

## V. „Leerverkaufsattacken“ als informationsgestützte Marktmanipulation

Die hier verhandelte Frage nach dem Regelungsort der informationsgestützten Marktmanipulation in Art. 12 Abs. 1 MAR stellt sich auch im Zusammenhang mit sog. „Leerverkaufsattacken“, die hier daher als Anschauungsbeispiel und Testfall dienen können. Diese „Attacken“ haben in den letzten Jahren für einiges Aufsehen gesorgt.[70] Das mittlerweile in den DAX aufgestiegene Unternehmen „Wirecard“ war wiederholt Ziel solcher Angriffe.[71] Im Februar 2019 sah sich die BaFin sogar veranlasst, zum ersten Mal ein Leerverkaufsverbot nach Art. 20 EU-Leerverkaufsverordnung[72] zu erlassen.[73]

67 S. dazu o. unter III.2.1.

68 S. die N. für die h.L. in Fn. 66.

69 Vgl. auch *Buck-Heeb* (Fn. 24), Rn. 670 mit Fn. 73; *Vaupel/Oppenauer* AG 2019, 502, 512, dort allerdings für Art. 12 Abs. 1 lit. c MAR; ferner *Brand/Hotz* NZG 2017, 976, 982f.; zumindest im Erg. wie hier BaFin, Entwurf Emittentenleitfaden, Modul C, Stand: 1.7.2019, III.7.2; wohl auch ESMA, Q&A – On the Market Abuse Regulation (MAR), 12 November 2018, ESMA70 – 145 – 111, v. 13, S. 12; anders zur Strafbarkeit nach § 119 Abs. 1 WpHG i.V.m. § 13 StGB *Spoerr* in Assmann/Schneider/Mülbert, Wertpapierhandelsgesetz, 7. Aufl. 2019, § 119 WpHG Rn. 169f.

70 S. zur daran anknüpfenden Diskussion im rechtswissenschaftlichen Schrifttum etwa *Bayram/Meier* BKR 2018, 55ff.; *Graßl/Nikoleyczik* AG 2017, 49ff.; *Möllers* NZG 2018, 649ff.; *Mülbert* ZHR 182 (2018), 105ff.; *ders./Sajnovits* BKR 2019, 313ff.; *Schockenhoff/Culmann* AG 2016, 517ff.; *Wentz* WM 2019, 196ff.

71 S. zum tatsächlichen Hintergerund hier nur *Mülbert/Sajnovits* BKR 2019, 313, 314f. Zur Einordnung solcher Attacken gegen Wirecard im Fall Fraser Perring/Zatarra Research aus dem Jahre 2016 als Marktmanipulation s. FAZ v. 10.12.2018, online: https://www.faz.net/-iju-9hjdt.

72 Verordnung (EU) Nr. 236/2012 v. 14.3.2012, ABl. EU Nr. L 86 v. 24.3.2012, S. 1.

73 BaFin, Allgemeinverfügung vom 18.2.2019, Gz. WA 25 – 5700 – 2019/0002, online: https://www.bafin.de/SharedDocs/Veroeffentlichungen/DE/Aufsichtsrecht/Verfuegung/vf_190218_leerverkaufsmassnahme.html;jsessionid=D6C04BF4FD3F76D1E7900C6541FBDB8F.2_cid381?nn=9021442. S. dazu näher *Mülbert/Sajnovits* BKR 2019, 313, 315, 318ff.

## 1. Das Phänomen und seine Einordnung als informationsgestützte Manipulation

Die typische Leerverkaufsattacke aktivistischer Investoren vollzieht sich in drei Schritten. Zunächst verkauft der Investor die Titel des Zielunternehmens leer, geht also „short". Sodann veröffentlicht er Informationen über das Zielunternehmen, etwa in Form eines Berichts, die einen Kursrückgang bewirken sollen. Ist dies geschehen, deckt er sich schließlich günstig mit den leer verkauften Titeln ein und stellt seine Position glatt. Manipulativ i. S. d. Art. 12 MAR ist dieses Verhalten, wenn es (wahrscheinlich) irreführende Signale in Bezug auf die Bewertung des betroffenen Titels sendet oder (wahrscheinlich) ein künstliches Kursniveau herbeiführt.[74] Informationsgestützt ist diese Manipulation, wenn und weil die im zweiten Schritt der Attacke veröffentlichte Information das (wahrscheinlich) irreführende Signal aussendet.[75] Dieses Irreführungspotenzial kann sich insbesondere daraus ergeben, dass die im Bericht enthaltenen Daten und Informationen über das Zielunternehmen oder ihre dortige Bewertung durch den Investor irreführend oder falsch sind. Die wahrscheinliche Irreführung des verständigen Anlegers kann sich aber auch alleine daraus ergeben, dass der aktivistische Investor im Zuge seiner Bewertung des Zielunternehmens verschweigt, dass er aufgrund seiner Short-Position ein Interesse an einem Kursrückgang hat.

## 2. Zuordnung innerhalb des Regelungsgefüges von Art. 12 MAR

Im letztgenannten Szenario handelt es sich um einen Fall des „Scalping", der vorbehaltlich der weiteren Tatbestandsvoraussetzungen unter das zwingende Manipulationsbeispiel des Art. 12 Abs. 2 lit. d MAR fällt.[76] Das „Scalping" i. S. d. Art. 12 Abs. 2 lit. d MAR ist wiederum ein Anwendungsfall des Art. 12 Abs. 1 lit. b MAR.[77] Die dort vorausgesetzte Täuschung beruht auf der Kombination aus der

74 S. im Einzelnen zu den tatbestandlich in Art. 12 Abs. 1 lit. a bis c MAR vorausgesetzten (potenziellen) Effekten der jeweiligen Tathandlungen nur *Schmolke* (Fn. 2), Art. 12 Rn. 41 ff., 234 ff. und 256 ff.

75 In diesem Sinne auch *Wentz* WM 2019, 196, 200.

76 S. dazu etwa *Bayram/Meier* BKR 2018, 55, 57 ff.; *Graßl/Nikoleyczik* AG 2017, 49, 55 f.; *Wentz* WM 2019, 196, 198 ff.

77 S. hierzu näher *Schmolke* (Fn. 2), Art. 12 Rn. 360; i. Erg. ebenso *Bayram/Meier* BKR 2018, 55, 57 ff.; *Poelzig* (Fn. 33), Rn. 436; *Wentz* WM 2019, 196, 201; anders *Mülbert* ZHR 182 (2018), 105, 108; *ders.* (Fn. 13), Art. 12 MAR Rn. 253, was aber nicht zu seinen allgemeinen Aussagen zum Verhältnis

Stellungnahme des Leerverkäufers zum Zielunternehmen und dem Verschweigen des Interessenkonflikts, der sich aus dem vorherigen Eingehungen der Short-Position ergibt.[78] In der Zusammenschau handelt es sich hierbei um ein aktives Tun, wenn und weil die Stellungnahme ohne den Hinweis auf die eigene Position in den bewerteten Titeln aus der Sicht des verständigen Anlegers die stillschweigende Erklärung beinhaltet, dass sie nicht mit dem damit zusammenhängenden Eigeninteresse bemakelt ist.[79] Die Annahme einer solchen konkludenten Erklärung überzeugt bei einem als „Experte" auftretenden Akteur, der Kauf- oder Verkaufsempfehlungen ausspricht.[80] Bei einem erkennbaren Auftritt als aktivistischer Investor mag man hieran jedoch zunächst zweifeln.[81] Richtigerweise wird man allerdings Art. 12 Abs. 2 lit. d MAR eine normativ (!) fixierte Markterwartung entnehmen können, auch in diesen Fällen die eigene Positionierung in dem bewerteten Titel offenzulegen.[82] Will man diesen Schritt nicht gehen und verneint daher eine *aktive* Täuschung, bedarf es einer Offenlegungspflicht, um eine Täuschung *durch Unterlassen* annehmen zu können.[83] Da Art. 12 Abs. 2 lit. d MAR aber auf eine dem Scalping-Tatbestand vorgelagerte, besondere Offenlegungspflicht verzichtet,[84] müsste man diese Pflicht wiederum in Art. 12 Abs. 2 lit. d MAR selbst finden.

---

von Art. 12 Abs. 1 und Abs. 2 MAR in Rn. 5 passt. Letztere überzeugen, s. auch *Schmolke* (Fn. 2), Art. 12 Rn. 306 m.w.N.; zumindest missverständlich hingegen *Anschütz/Kunzelmann* (Fn. 23), § 14 Rn. 4.

**78** S. dazu allgemein *Schmolke* (Fn. 2), Art. 12 Rn. 361; ferner *Bayram/Meier* BKR 2018, 55, 59; *Wentz* WM 2019, 196, 201.

**79** Vgl. allgemein zum „Scalping" BGH NJW 2004, 302, 304 (noch für § 88 Nr. 2 BörsG aF); dies aufgreifend *Schmolke* (Fn. 2), Art. 12 Rn. 361 m.w.N.

**80** S. noch zum alten Recht BGH NJW 2004, 302, 304; NZG 2014, 590; dazu *Schmolke* (Fn. 2), Art. 12 Rn. 361 m.w.N.

**81** Vgl. etwa *Mülbert* (Fn. 13), Art. 12 MAR Rn. 253, der eine Täuschung im Falle der Leerverkaufsattacken gänzlich verneint, wenn die in der Stellungnahme vorgenommene Bewertung zutreffend bzw. sachgerecht ist.

**82** Vgl. insofern auch *Mülbert* ZHR 182 (2018), 105, 108, der allerdings gleichwohl eine Täuschung gem. Art. 12 Abs. 1 lit. b MAR verneint. Ähnlich wie hier *Mülbert/Sajnovits* BKR 2019, 313, 317 f.

**83** Allgemein zur Manipulation durch Unterlassen nach Art. 12 Abs. 1 lit. b MAR o. unter IV.2.

**84** S. bereits *Schmolke* (Fn. 2), Art. 12 Rn. 361 unter Hinweis auf das insofern anders gestaltete U.S.-Recht; ferner etwa *Schockenhoff/Culmann* AG 2016, 517, 521; für Anlage(strategie)empfehlungen ergibt sich eine solche Pflicht allerdings aus Art. 20 MAR, s. dazu nur *Mülbert/Sajnovits* BKR 2019, 313, 316.

Soweit die im Rahmen einer „Leerverkaufsattacke" erstellten Berichte – ganz typischerweise – einer größeren Zahl von Personen zugänglich gemacht werden[85] und die (wahrscheinliche) Irreführung durch stillschweigende Erklärung und damit durch aktives Tun erfolgt[86], liegt hierin auch eine Verbreitung von Informationen i.S.d. Art. 12 Abs. 1 lit. c MAR, die irreführende Preissignale geben.[87] Eine tatbestandlich möglicherweise ebenfalls vorliegende Manipulation nach Art. 12 Abs. 1 lit. a MAR[88] wird hingegen spätestens auf Konkurrenzebene gesperrt.[89]

Ganz ähnlich, aber einfacher liegen die Dinge in dem Fall, dass bereits die Bewertung des Zielunternehmens durch den Leerverkäufer selbst ihrem Inhalt nach täuscht bzw. (wahrscheinlich) irreführend ist. Hier bestehen keine Zweifel an der Tatbegehung durch aktives Tun. Bei entsprechender Verbreitung und mindestens fahrlässiger Irreführung ist dann der Tatbestand des Art. 12 Abs. 1 lit. c MAR erfüllt, bei vorsätzlicher Täuschung Art. 12 Abs. 1 lit. b MAR.[90] Das Verhalten kann auch unter beide Tatbestandsvarianten fallen. Art. 12 Abs. 1 lit. b und c MAR sind dann nebeneinander anwendbar.[91]

## VI. Fazit und Ausblick

Die vorstehende Skizze über das Verbot der informationsgestützten Marktmanipulation nach Art. 15 i.V.m. 12 MAR zeigt beispielhaft auf, welche Herausforderungen das europäische Marktmissbrauchsrecht an den Rechtsanwender stellt. Wie gesehen bemüht sich das deutsche Schrifttum gegenwärtig darum, die sperrigen Regelungen in ein konsistentes System zu zwingen. Noch ist die Diskussion im Fluss. Es bleiben Unsicherheiten auch im Grundsätzlichen. Der EuGH

---

**85** Zu den Anforderungen an eine Verbreitung i.S.d. Art. 12 Abs. 1 lit. c MAR s. o. unter III.1.c. Eine solche Verbreitung ist keine notwendige Voraussetzung für die Erfüllung des Tatbestands nach Art. 12 Abs. 2 lit. d MAR. S. dazu wiederum *Schmolke* (Fn. 2), Art. 12 Rn. 367 m.w.N.

**86** Zu diesem Verständnis soeben im Text bei Fn. 79; zur grundsätzlichen Erforderlichkeit „aktiver" Verbreitung i.R. des Art. 12 Abs. 1 lit. c MAR s. o. unter IV.1.

**87** Allgemein zum Verhältnis von Art. 12 Abs. 1 lit. c und Art. 12 Abs. 2 lit. d MAR *Schmolke* (Fn. 2), Art. 12 Rn. 362; speziell zu Leerverkaufsattacken *Bayram/Meier* BKR 2018, 55, 59 f.; *Wentz* WM 2019, 196, 201; a.A. *Mülbert* ZHR 182 (2018), 105, 108; *ders.* (Fn. 13), Art. 12 MAR Rn. 188; *Poelzig* (Fn. 33), Rn. 436; unklar *Graßl/Nikoleyczik* AG 2017, 49, 56.

**88** S. *Bayram/Meier* BKR 2018, 55, 60; *Wentz* WM 2019, 196, 200.

**89** S. *Wentz* WM 2019, 196, 201 f.; allgemein zum Verhältnis o. unter III.2.b.

**90** Insofern auch *Mülbert* (Fn. 13), Art. 12 MAR Rn. 156, 161, 188.

**91** S. dazu allgemein bereits oben unter III.2.b.

wird hier künftig sicher zur Klärung von Einzelfragen beitragen. Besondere Impulse für eine Systembildung darf man von dieser Seite allerdings nicht erhoffen.

Bernd Singhof

# Entwicklungslinien der kapitalmarktrechtlichen Regelung von Kursstabilisierung und Aktienrückerwerb

## I. Einführung

Anlässlich des 25. Jahrestages der Verabschiedung des Wertpapierhandelsgesetzes ‚Kursstabilisierung und Aktienrückerwerb' als Thema aufzugreifen, mag auf den ersten Blick überraschend erscheinen. Denn in seiner „Geburtsstunde" waren die beiden Handelsaktivitäten gar nicht Regelungsgegenstand des Wertpapierhandelsgesetzes. Es dauerte noch einige Jahre, bis es aufgrund der Einführung eines weitgefassten Verbots der Kurs- und Marktpreismanipulation in § 20a WpHG a.F. erforderlich wurde, einen kapitalmarktrechtlichen Rahmen abzustecken, innerhalb dessen die als grundsätzlich „wirtschaftlich gerechtfertigt" anerkannten Wertpapiertransaktionen für Zwecke der Kursstabilisierung und des Aktienrückerwerbs „in jedem Fall" zulässig waren (*safe harbour*). Schon kurz danach wurde dieser Regelungsgegenstand durch unmittelbar geltendes europäisches Recht besetzt und umfassend ausgebaut. Heute sind die Bestimmungen, die die Eckpunkte der kapitalmarktrechtlichen Zulässigkeit beider Handelsaktivitäten festlegen, in der Marktmissbrauchsverordnung (*Market Abuse Regulation* – MAR)[1] und ihrer Delegierten Verordnung (EU) Nr. 2016/1052[2] aufgegangen.

Dies ändert natürlich nichts daran, dass die Kursstabilisierung und der Aktienrückerwerb thematisch eng mit dem Wertpapierhandelsgesetz verbunden sind. Im Folgenden soll versucht werden, ihre kapitalmarktrechtlichen Entwicklungslinien nachzuzeichnen (II. und III.) und den aktuellen Stand (IV.) zusammenfassend darzustellen. Daran schließt sich die Frage an, ob die heutige Regulierung eine „Zielerreichung" darstellt oder Regelungsbereiche verbleiben, die vom europäischen Gesetzgeber aufgegriffen oder geändert werden sollten (V.).

---

**1** Verordnung (EU) Nr. 596/2014 über Marktmissbrauch (Marktmissbrauchsverordnung), ABl. EU Nr. L 173 v. 12.6.2014, S. 1 („MAR").

**2** Delegierte Verordnung (EG) Nr. 2016/1052 der Kommission vom 8.3.2016 zur Ergänzung der Verordnung (EU) Nr. 596/2014 des Europ. Parlaments und des Rates durch technische Regulierungsstandards für die auf Rückkaufprogramme und Stabilisierungsmaßnahmen anwendbaren Bedingungen, ABl. EU Nr. L 173 v. 30.6.2016, S. 34 („Delegierte VO (EU) Nr. 2016/1052").

https://doi.org/10.1515/9783110632323-033

## II. Rechtstatsächliche Gemeinsamkeiten und Unterschiede

**1.** Gemeinsam ist der Kursstabilisierung und dem Aktienrückkauf, dass sie „Möglichkeiten zur Beeinflussung des Kurses der Papiere“[3] bieten, indem sie das Angebot der umlaufenden Papiere verknappen. Sie greifen in eine ansonsten ausschließlich durch Angebot und Nachfrage bestimmte Preisbildung am Markt ein.[4] Angesichts der Anonymität des Marktes kann die Nachfrage des Emittenten nach seinen eigenen Wertpapieren fälschlich als Marktentscheidung unbeteiligter Dritter gedeutet werden.[5] Bei Aktien kommt hinzu, dass sich durch die Reduzierung der umlaufenden Wertpapiere die erwarteten Ausschüttungen auf eine geringere Anzahl an Aktien verteilen. Dies hat potentiell einen zusätzlichen positiven Einfluss auf die Kursentwicklung. Zudem verfügt das Unternehmen u.U. über Insiderinformationen, die es im Zusammenhang mit beiden Handelsaktivitäten verwenden könnte. Es liegt auf der Hand, dass all dies das Vertrauen in die Funktionsfähigkeit der Preisbildung des Kapitalmarkts erschüttern kann.[6] Zwar mag den (bereits investierten) Aktionär ein möglicher Kursanstieg nicht stören, doch spiegelt dieser (für neue Investoren) nicht mehr die geschäftliche Entwicklung wieder, wenn das Unternehmen den Handel in seinen eigenen Aktien dominiert.

**2.** Kursstabilisierung und Aktienrückkauf unterscheiden sich vor allem dadurch, dass die Kursstabilisierung von je her nur vorübergehend nach einer Wertpapieremission eingesetzt wird,[7] um Kursschwankungen auszugleichen, die entweder in einem jungen, sensiblen, noch nicht etablierten Markt unmittelbar nach einer Emission *neuer* Wertpapiere oder im Zusammenhang mit einer großvolumigen Sekundärplatzierung bereits existierender Aktien auftreten können („signifikantes Zeichnungsangebot“). Die Kursschwankungen werden durch den entstehenden Angebotsüberhang ausgelöst (bzw. den durch kurzfristige Anleger

---

3 *Cahn* in: Bayer/Habersack, Aktienrecht im Wandel, Bd. II, 2007, S. 762, 787.

4 *Lenzen* WM 2000, 1131, 1138; *Ziouvas* ZGR 2003, 113, 136f.

5 Vgl. IOSCO Report on „Stock Repurchase Programs“, February 2004, S. 10 (12f.); *Bezzenberger*, Erwerb eigener Aktien durch die AG, 2002, Rn. 155 („Die Gesellschaft [...] ist eine untypische Marktteilnehmerin“).

6 Vgl. ESMA, Final Report, Draft technical standards on the Market Abuse Regulation, 28 September 2015, ESMA/2015/1455, Rn. 37 zu möglichen „irreführenden Signalen“ bzw. dem Risiko eines „künstlichen Preisniveaus“; *Bezzenberger* in K. Schmidt/Lutter, AktG, 3. Aufl. 2015, § 71 Rn. 90 („Optimismus und Ausschüttungsvermögen“).

7 Vgl. *Krämer/Hess*, FS Döser, 1999, S. 171, 177; *Schäfer* WM 1999, 1345, 1345.

verursachten Verkaufsdruck) und spiegeln nicht zwangsläufig die wirtschaftliche Situation des Emittenten wieder.[8] Daher wird häufig mit dem Emittenten vereinbart, dass ein Stabilisierungsmanager Maßnahmen ergreifen kann (insbesondere Kauf oder Angebot zum Kauf), um einem Absinken der Kurse unter den Emissionspreis entgegen zu wirken und für diese Wertpapiere (zeitlich begrenzt) geordnete Marktverhältnisse aufrechtzuerhalten.[9] Daran lehnt sich die Definition der Kursstabilisierung in Art. 3 Abs. 2 lit. d) MAR an (s. auch Erwägungsgrund 6 VO (EU) Nr. 2016/1052). Zur Kursstabilisierung sind die Emissionsbanken im Verhältnis zum Emittenten üblicherweise berechtigt, aber nicht verpflichtet; sie tragen auch ihre Chancen und Risiken. Unberücksichtigt bleibt dabei, dass ein Absinken der Kurse in der ersten Handelsphase auch damit zusammenhängen kann, dass die Emissionsbanken zusammen mit dem Emittenten einen zu hohen Emissionskurs festgelegt haben, den der Markt trotz aller begleitenden Maßnahmen in der Vermarktung und in der Angebotsphase „nicht hergibt".

Demgegenüber kann ein von Art. 3 Abs. 1 Nr. 17 MAR recht unscharf als „Handel mit eigenen Aktien gemäß den Artikeln 21 bis 27 der Richtlinie 2012/30/EU des Europäischen Parlaments und des Rates" bezeichneter Aktienrückkauf prinzipiell jederzeit gestartet werden. Es findet in einem etablierten Markt statt, der sich grundsätzlich aufgrund fehlender Sonderfaktoren auf der Angebots- oder Nachfrageseite nicht in Turbulenzen befindet. Der Emittent will dadurch „gestaltend und stützend auf die Kursbildung einwirken"[10]. Nicht zuletzt deshalb ist der Aktienrückkauf ohne besonderen Erwerbsgrund nach § 71 Abs. 1 Nr. 8 AktG – in Abgrenzung zur Kursstabilisierung – als „Marktpflege" im Sekundärmarkt bezeichnet worden.[11] Die vom Emittenten mit dem Rückkauf beauftragten Banken treffen in der überwiegenden Zahl der Fälle autonome Kaufentscheidungen, um den Rückkauf ununterbrochen und unabhängig von möglichem Insiderwissen des Emittenten durchführen zu können. Dies ändert jedoch nichts daran, dass die Banken für Rechnung des Emittenten handeln und dieser daher grundsätzlich die volle wirtschaftliche Belastung des Rückkaufs trägt.

---

**8** *Singhof/Weber* in Habersack/Mülbert/Schlitt, Unternehmensfinanzierung am Kapitalmarkt, 4. Aufl. 2019, Rn. 3.84.

**9** Vgl. *Singhof* in MünchKomm/HGB, 4. Aufl. 2019 (im Erscheinen), Bd. 6, Emissionsgeschäft Rn. 94; *Singhof* in Habersack/Mülbert/Schlitt Kapitalmarktinformation-HdB, 2. Aufl. 2013, § 22 Rn. 1 m.w.N.; zum alten Recht: *Schäfer* WM 1999, 1345, 1345; *Schwark* FS Kümpel, 2001, 484, 493 ff.; *Bosch* BuB Rn. 10/342.

**10** *Bezzenberger* in K. Schmidt/Lutter, AktG, 3. Aufl. 2015, § 71 Rn. 92.

**11** *Schäfer* in Schwintowski (Hrsg.), Entwicklungen im deut. und europ. Wirtschaftsrecht, 2001, S. 63.

**3.** Entsprechend der in diesem Vergleich gezeigten Unterschiede hat sich die praktische Bedeutung beider Aktivitäten entwickelt: Die Kursstabilisierung ist eine Maßnahme für die Sondersituation einer Emission neuer Wertpapiere oder eine bedeutende Platzierung bestehender Wertpapiere. Doch ist sie nicht regelmäßig, sondern vor allem bei Börsengängen zu beobachten. Die bezugsrechtsfreie Ausgabe neuer Aktien bereits börsennotierter Unternehmen nach § 186 Abs. 3 Satz 4 AktG macht regelmäßig keine Stabilisierung erforderlich, weil das begrenzte Volumen von 10 % des Grundkapitals und das Bookbuilding auf der Grundlage existierender Aktienkurse bereits einen schonenden „Einstieg" der neuen (ausstattungsgleichen) Wertpapiere in den laufenden Handel sicherstellt. Gleiches gilt in der Regel auch für Sekundärplatzierungen bereits bestehender Aktien. Hinzu kommt, dass vor beiden Transaktionen häufig eine Marktsondierung[12] durchgeführt wird, um die Aufnahmefähigkeit des Marktes auszuloten. Im Rahmen von Bezugsrechtskapitalerhöhungen kommt eine Stabilisierung regelmäßig schon deshalb nicht in Betracht, weil der Bezugspreis wegen der vierzehntägigen Bezugsfrist ganz überwiegend mit einem deutlichen Abschlag zum aktuellen Börsenkurs festgelegt wird. Ein Absinken unter den Bezugspreis, zu dem nur stabilisiert werden darf, kommt daher nur extrem selten vor. Auch bei Schuldverschreibungsemissionen bilden Kursstabilisierungen eher die Ausnahme. Demgegenüber haben Aktienrückkäufe zuletzt einen Höchststand erreicht: 2018 kauften deutsche Unternehmen eigene Aktien im Wert von 8,6 Milliarden Euro.[13] In den USA, in denen die aktienrechtlichen Vorgaben weniger restriktiv sind, erreichte das Rückkaufvolumen der 3000 größten Unternehmen 2018 sogar einen Betrag von 1 Billion U.S. $,[14] was dort zuletzt auch eine politische Diskussion ausgelöst hat.[15]

12 Dazu ausführlich *Singhof* ZBB 2017, 193.

13 Vgl. Handelsblatt v. 11. 2. 2019, S. 1 „Milliarden für Aktionäre", S. 4 „Der große Rückkaufrausch". Im Jahr 2008 waren es sogar 16,9 Milliarden, Handelsblatt aaO, S. 5. Das im DAX bislang größte Aktienrückkaufprogramm im Umfang von 5,3 Milliarden Euro hat Anfang des Jahres die Linde plc bekannt gegeben; FAZ Nr. 19 v. 23. 1. 2019, S. 25.

14 Handelsblatt v. 11. 2. 2019, S. 1 „Milliarden für Aktionäre", S. 4 „Der große Rückkaufrausch".

15 FAZ Nr. 30 v. 5. 2. 2019, S. 17 „Attacke auf amerikanische Aktienrückkäufe – Prominente Politiker kritisieren ‚unternehmerische Selbstbedienungsmentalität'".

## III. Historische Entwicklung der kapitalmarktrechtlichen Regeln

Die kapitalmarktrechtliche Regulierung der Kursstabilisierung und des Aktienrückkaufs hat sich in Deutschland auch nach Inkrafttreten des Wertpapierhandelsgesetzes schleppend entwickelt. Wie anderenorts angemerkt, erscheint diese „Unterentwicklung" des Kapitalmarktrechts heute „sonderbar".[16] Doch war auch der deutsche Kapitalmarkt selbst 1994 noch vergleichsweise unterentwickelt. Mit der Hinwendung der bis dahin stark kreditfinanzierten Unternehmen zu einer verstärkten Unternehmensfinanzierung am Kapitalmarkt und den neuen rechtlichen Möglichkeiten eines flexiblen Finanzmanagements mussten für die Weiterentwicklung des Kapitalmarktrechts erst gewisse praktische Erfahrungen gesammelt werden.

**1.** Entsprechend erlangte bis dahin das bereits 1884 kodifizierte Verbot des „Kursbetrugs" nach § 88 BörsG a. F. für die seit dem Börsengang der Deutsche Telekom AG im Jahre 1996 zunehmend verbreitete Praxis der Kursstabilisierung keine praktische Bedeutung. Hierzu trug bei, dass bis zur Ablösung der Rechtsnorm streitig blieb, ob auch die Ausführung effektiver Geschäfte hierunter zu subsumieren war[17] oder entsprechend dem Wortlaut nur unrichtige Angaben über bewertungserhebliche Umstände, die Nichtbefolgung einer Offenlegungspflicht oder „sonstige auf Täuschung berechnete Mittel"[18]. Einigkeit bestand Ende der 1990er Jahre darüber, dass eine marktübliche Kursstabilisierung zum Ausgleich kurzfristiger Marktschwankungen nach einer Wertpapieremission nicht unter § 88 BörsG a. F. fiel.[19] Eine Pflicht zur Offenlegung möglicher Stabilisierungsmaßnahmen wurde zunächst abgelehnt, eine (freiwillige) Darstellung im Emissionsprospekt aber zunehmend empfohlen (und – soweit rückblickend nachvollziehbar – wohl auch vorgenommen).[20] Eine Täuschung des Marktes durch die Stabilisierungsmaßnahmen wurde – so oder so – abgelehnt, weil die Kursstabilisierung gerade zufallsbedingte, irreführende Marktentwicklungen vermeiden sollte, die nicht in der aktuellen Geschäftslage des Emittenten oder der allge-

16 *Singhof* in Habersack/Mülbert/Schlitt Kapitalmarktinformation-HdB, 2. Aufl. 2013, § 22 Rn. 1.
17 *Fleischer* ZIP 2003, 2045, 2046 m.w.N.
18 Vgl. zu den Defiziten des § 88 BörsG a. F. *Altenhain* BB 2002, 1874, 1874 f.; *Lenzen* ZBB 2002, 279, 280 f.; *Möller* WM 2002, 309, 309.
19 *Krämer/Hess*, FG Döser, 1999, S. 171, 183 ff.; *Schäfer* WM 1999, 1345, 1352.
20 Zusammenfassend *Meyer* AG 2004, 289, 291.

meinen Börsenverfassung begründet waren.[21] Was deren „Marktüblichkeit" anbelangte, orientierte sich die Praxis in Deutschland mangels eigener Bestimmungen an den Regeln, die sich die entwickelten Kapitalmärkte in den USA und in Großbritannien gegeben hatten. Die daraus abgeleiteten „Eckpunkte" einer zulässigen Kursstabilisierung wirken zum großen Teil bis heute fort: (i) Zulässiger Stabilisierungszeitraum bis 30 Tage nach Notierungsaufnahme, (ii) angemessene Darstellung im Emissionsprospekt, (iii) Einschaltung eines (unabhängigen) Stabilisierungsmanagers, (iv) Dokumentation der vorgenommenen Stabilisierungsmaßnahmen (intern), und (v) keine Stabilisierung über dem Emissionspreis sowie gegen einen sich eindeutig abzeichnenden Abgabetrend über eine Vielzahl von Börsentagen hinweg.

Damit war zugleich klar, welche Aufgabe eine zukünftige kapitalmarktrechtliche Regelung der Stabilisierung erfüllen musste, nämlich einen verlässlichen Rechtsrahmen zu schaffen, innerhalb dessen Stabilisierungsmaßnahmen rechtlich zweifelsfrei durchgeführt werden konnten. Die Notwendigkeit bestand umso mehr, als der als unzureichend erkannte § 88 BörsG a. F. im Vierten Finanzmarktförderungsgesetz[22] im Jahr 2002 durch das weitreichende Verbot der Marktmanipulation nach § 20a WpHG a. F. abgelöst wurde. In § 20a Abs. 2 Nr. 3 WpHG a. F. wurde das BMF ermächtigt, durch Verordnung festzulegen, welche Stabilisierungsmaßnahmen (unter welchen Voraussetzungen) in keinem Fall einen Verstoß gegen § 20a Abs. 1 WpHG a. F. darstellten (→ zu diesem *Safe Harbour*-Konzept unten IV.). Daraufhin wurde die „Verordnung zur Konkretisierung des Verbotes der Kurs- und Marktpreismanipulation" (KuMaKV)[23] erlassen, die am 28.11.2003 in Kraft trat. Sie orientierte sich bereits weitgehend an den Empfehlungen des Committee of European Securities Regulators (CESR)[24] zur Vorbereitung von Durchführungsmaßnahmen zu der am 12.3.2003 in Kraft getretenen Marktmissbrauchsrichtline („MAD")[25]. Damit zeichnete sich bereits ab, dass die KuMaKV bald durch europäisches Recht abgelöst werden würde. Denn Art. 8 MAD nahm seinerseits Kursstabilisierungsmaßnahmen von den Verboten der MAD aus,

---

**21** *Schäfer* WM 1999, 1345, 1352; die damalige Diskussion zusammenfassend *Meyer* AG 2004, 289, 291.

**22** Gesetz zur weiteren Fortentwicklung des Finanzplatzes Deutschland vom 21. Juni 2002, BGBl. 2002 I S. 2010.

**23** BGBl. 2003 I S. 2300; dazu *Pfüller/Anders* WM 2003, 2445; *Fleischer* ZIP 2003, 2045, 2050 ff.

**24** CESR Standard „Stabilisation and Allotment – a European Supervisory Approach", CESR/02–020b vom 9.4.2002; CESR's Advice on Level 2 Implementing Measures for the proposed Market Abuse Directive (Ref. CESR/02–089d), December 2002.

**25** Richtlinie 2003/6 EG des Europ. Parlaments und des Rates vom 28.1.2003 über Insider-Geschäfte und Marktmanipulation (Marktmissbrauch), ABl. EU Nr. L 96 vom 12.4.2003, S. 16.

wenn sie im Einklang mit der dazu von der Kommission zu erlassenden Durchführungsverordnung durchgeführt wurden. Nicht einmal einen Monat nach Inkrafttreten der KuMaKV erließ die Kommission bereits eine Verordnung über Ausnahmeregelungen für Rückkaufprogramme und Kursstabilisierungsmaßnahmen.[26] Formal befreite die Einhaltung der Vorgaben dieser VO (EU) Nr. 2273/2003 zwar nur von dem Verbot des Marktmissbrauchs nach der MAD, das zu diesem Zeitpunkt noch der Umsetzung in nationales Recht bedurfte. Man konnte sich daher durchaus auf den Standpunkt stellen, dass auch die VO (EU) Nr. 2273/2003 erst mit dieser Umsetzung (volle) Rechtswirksamkeit erlange.[27] Andererseits war die VO (EU) Nr. 2273/2003 mit ihrem Inkrafttreten bereits unmittelbar geltendes Recht in den EU-Mitgliedstaaten. Es kann daher nicht verwundern, dass sich die Praxis unmittelbar (auch) an diesen Bestimmungen orientierte und dafür plädierte, schnell für eine Anpassung der nationalen an die europäischen Regelungen zu sorgen.[28] Ungeachtet gewisser Unterschiede zwischen KuMaKV und VO (EU) Nr. 2273/2003[29] bestand jedoch in beiden Kodifikationen über die Voraussetzungen zulässiger Stabilisierungsmaßnahmen weitgehend Einigkeit. Abschließende Klarheit brachte die Umsetzung der MAD durch das Anlegerschutzverbesserungsgesetz (AnSVG)[30], mit der die VO (EU) Nr. 2273/2003 auch formal volle Geltung beanspruchte.

**2.** Bestand somit bereits vor einer Kodifizierung in Deutschland das Bedürfnis der Praxis, (selbst geschaffene) Grenzen zulässiger Kursstabilisierung durch Beachtung international gebräuchlicher Kapitalmarktregeln einzuhalten, wurde eine Notwendigkeit eigener kapitalmarktrechtlicher Regeln im Zusammenhang mit dem Rückerwerb eigener Aktien erst sehr viel später gesehen. Die Liberalisierung des Erwerbs eigener Aktien im Jahre 1998, die in Abkehr von dem zuvor umfassenden Erwerbsverbot den Rückkauf eigener Aktien ohne besonderen Erwerbsgrund ermöglichte (§ 71 Abs. 1 Nr. 8 AktG)[31], führte zwar schnell zu der Erkenntnis,

---

**26** Verordnung (EG) Nr. 2273/2003 v. 22.12.2003 zur Durchführung der Richtlinie 2003/6/EG („Marktmissbrauchsrichtlinie") v. 28.1.2003 – Ausnahmeregelungen für Rückkaufprogramme und Kursstabilisierungsmaßnahmen, ABl. EU Nr. L 336 v. 23.12.2003, S. 33 („VO (EU) Nr. 2273/2003").

**27** So wohl seinerzeit das BMF; s. *Meyer* AG 2004, 289, 295.

**28** *Meyer* AG 2004, 289, 299.

**29** Vgl. *Meyer* AG 2004, 289, 294 ff.; *Leppert/Stürwald* ZBB 2004, 302, 309 ff.; *Groß* GS Bosch, 2006, 49.

**30** Gesetz zur Verbesserung des Anlegerschutzes (Anlegerschutzverbesserungsgesetz – AnSVG) vom 28. Oktober 2004, BGBl. 2004 I S. 2630.

**31** Vgl. *Hommelhoff* in Fleischer/Koch/Kropff/Lutter, 50 Jahre Aktiengesetz, 2015, S. 11, 37: Schwenk von der „abstrakten Gefahrenabwehr zum flexiblen Finanzmanagement"; s. auch *Cahn* in Spindler/Stilz AktG, 4. Aufl. 2019, § 71 Rn. 21 ff., 29 ff.

dass die Entscheidung über die Ausnutzung entsprechender Hauptversammlungsermächtigungen eine Insiderinformation darstellte und damit der Ad-hoc-Publizität nach § 15 WpHG a. F. (jetzt Art. 17 MAR) unterlag.[32] Das Kursbeeinflussungspotential der Handelsaktivitäten selbst wurde jedoch bestenfalls rudimentär geregelt: Die Überwachung „auffälliger Handelsbewegungen" nach einer solchen Meldung sollte der BaFin dadurch erleichtert werden, dass sie bereits über die Ermächtigung nach § 71 Abs. 1 Nr. 8 AktG zu unterrichten war (§ 71 Abs. 3 Satz 3 AktG a. F.).[33] Flankiert wurde dies nur punktuell durch kapitalmarktrechtlich motivierte Ergänzungen des Aktiengesetzes,[34] die aus heutiger Sicht kapitalmarktrechtlich nicht oder nur noch eingeschränkt tragfähig sind: Nach § 71 Abs. 1 Nr. 8 AktG darf ein Rückkauf eigener Aktien nicht zum Zwecke des „Handels in eigenen Aktien" vorgenommen werden (Satz 2). Teilweise wurde dies mit der Gefahr der „gezielten Kursmanipulation durch Handeltreiben" begründet.[35] Danach wäre die Vorschrift angesichts der kapitalmarktrechtlichen Spezialregelungen in Art. 12, 15 MAR sowie bereits in §§ 14, 20a WpHG a. F. schon seit längerem überflüssig. Auch soweit die Gesetzesmaterialien zu § 71 Abs. 1 Nr. 8 AktG darauf verwiesen, dass der Erwerb eigener Aktien zur „*kontinuierlichen* Kurspflege" unzulässig sei,[36] rechtfertigt dies die Regelung heute nicht mehr. Wenn Aktien in einem „dauerhaften Rückkauf" zum Zwecke der Einziehung unter Einhaltung der Vorgaben des *Safe Harbour* erworben werden, wird dies kapitalmarktrechtlich inzwischen als für den Preismechanismus des Marktes unschädlich angesehen.[37] Eine aktienrechtliche Rechtfertigung lässt sich nur insoweit herleiten, als damit vor allem eine Verhaltenspflicht des Vorstands begründet wird, die die Handlungsfreiheit des Vorstands in Bezug auf Aktienrückkaufprogramme von vornherein beschränkt (§ 76 Abs. 1 AktG).[38] Ein „fortlaufender Kauf und Verkauf eigener Aktien und der Versuch, Trading-Gewinne zu machen, [soll] als (gesellschaftsrechtlich) zulässiger Zweck ausscheiden"[39] Dies zielt darauf ab, missbräuchliche Spekulationen durch kurzfristige An- und Verkäufe eigener Ak-

32 *Schäfer* WM 1999, 1345, 1349 ff. Zum aktuellen Recht *Cahn* in Spindler/Stilz AktG, 4. Aufl. 2019, § 71 Rn. 163 f.; *Krause* in: Meyer/Veil/Rönnau, Hdb. Marktmissbrauchsrecht, 2018, § 6 Rn. 146 ff.

33 *Singhof* in Habersack/Mülbert/Schlitt Kapitalmarktinformation-HdB, 2. Aufl. 2013, § 21 Rn. 9 f.

34 Krit. *Oechsler* in MünchKomm/AktG, 4. Aufl. 2016, § 71 Rn. 217 („Eindruck [...], dass ein kapitalmarktrechtliches Problem hier mit Mitteln des Gesellschaftsrechts gelöst werden soll.").

35 *Huber* FS Kropff, 1997, S. 101, 120 ff.;

36 RegBegr BT-Drucks. 13/9712, S. 13.

37 So wohl auch Hüffer/*Koch*, 13. Aufl. 2018, § 71 AktG Rn. 19i; a. A. offenbar *Mülbert* in Assmann/U.H. Schneider/Mülbert, Wertpapierhandelsrecht, 7. Aufl. 2018, Art. 5 VO Nr. 596/2014 Rn. 57.

38 *Singhof/Weber* AG, 2005, 549, 554.

39 RegBegr BT-Drucks. 13/9712, S. 13.

tien mit dem Zweck der Gewinnerzielung zu verhindern.[40] Diese (klarstellende) Beschränkung ist angesichts einer möglichen Verlustspirale aus solchen Geschäften unter dem aktienrechtlichen Aspekt des Schutzes des Unternehmensvermögens durchaus noch berechtigt. Auch insoweit bestehen heute allerdings kapitalmarktrechtliche Regelungen: Ein Wiederverkauf während eines laufenden Rückkaufprogramms ist jedenfalls dann ausgeschlossen, wenn der *Safe Harbour* (sicher) in Anspruch genommen werden soll.[41]

Die Notwendigkeit eigenständiger kapitalmarktrechtlicher Regulierung wurde dagegen auch 2003 in Deutschland noch nicht erkannt: § 13 KuMaKV ging von einer weitgehenden Übereinstimmung von Aktien- und Kapitalmarktrecht aus. Der Erwerb eigener Aktien sollte nicht gegen § 20a WpHG verstoßen, wenn er im Einklang mit § 71 AktG vorgenommen wurde.[42] Anders als bei der Kursstabilisierung wurde die weitergehende europäische Entwicklung nicht vorweggenommen. Dies verwundert, denn es zeichnete sich bereits ab, dass der europäische Gesetzgeber einen anderen Ansatz verfolgen und die Einhaltung aktienrechtlicher Vorgaben zwar als notwendige, aber nicht ausreichende Voraussetzung für einen *Safe Harbour* ansehen würde.[43] Eine weitere Entwicklung brachte erst das Inkrafttreten der VO (EU) Nr. 2273/2003, die die zusätzlichen kapitalmarktrechtlichen Kriterien, z. B. der Transparenz der Durchführung, des angemessenen täglichen Rückkaufvolumens und der marktkonformen Preisbildung, einführte. Anders als teilweise in einer ersten überzogenen Reaktion befürchtet,[44] hat dies nicht zum Ende des Aktienrückkaufs geführt. Wie oben dargestellt, hält die Regulierung die (derzeit äußerst rege) Rückkauftätigkeit der Unternehmen nicht auf.

## IV. Status Quo

Der kapitalmarktrechtliche Status Quo der Kursstabilisierung und des Aktienrückkaufs wird durch die Marktmissbrauchsverordnung vorgegeben, die in ihren wesentlichen Teilen Mitte 2016 mit unmittelbarer Wirkung in den EU-Mitglied-

---

**40** Vgl. *Martens* AG-Sonderheft 1997, 83, 85; Hüffer/*Koch*, 13. Aufl. 2018, § 71 AktG Rn. 19i.

**41** Zu Satz 2 als Abgrenzungsmerkmal zu § 71 Abs. 1 Nr. 7 AktG (Berechtigung zum Rückerwerb eigener Aktien „zum Zwecke des Wertpapierhandels") s. *Oechsler* in MünchKomm/AktG, 4. Aufl. 2016, § 71 Rn. 216. Generell zur Übernahme eines Teils der aktienrechtlichen Sicherungsaufgabe durch das Kapitalmarkrecht *Cahn* in Spindler/Stilz AktG, 4. Aufl. 2019, § 71 Rn. 33.

**42** Seinerzeit schon kritisch *Fleischer* ZIP 2003, 2045, 2053; *Pfüller/Anders* WM 2003, 2445, 2454.

**43** *Singhof/Weber* AG, 2005, 549, 553.

**44** Vgl. FAZ Nr. 5 v. 7.1.2005, S. 21 („Warnung vor Aktienrückkauf"); Börsen-Zeitung Nr. 27 v. 9.2.2005, S. 2 (Bezeichnung des Erwerbs eigener Aktien als „Auslaufmodell").

staaten in Kraft getreten ist. Sie hat das Kapitalmarktrecht spürbar verändert. Was die Kursstabilisierung und den Aktienrückkauf anbelangt, hat eine grundlegende Umgestaltung jedoch nicht stattgefunden. Dies liegt daran, dass weitgehend auf das „etablierte" unmittelbar geltende europäische Recht der EU-VO 2273/2003 aufgesetzt und insoweit Kontinuität gewahrt wurde.[45]

## 1. Safe Harbour-Konzept

Die Kollision beider Handelsaktivitäten mit den weitreichenden Verbotstatbeständen des Art. 12, 15 MAR (Marktmanipulation)[46] und des Art. 8, 14 MAR (Insiderhandel) wird dadurch aufgelöst, dass in Art. 5 MAR unter bestimmten Voraussetzungen Bereichsausnahmen von den Verbotstatbeständen etabliert werden.[47]

Nach Art. 5 Abs. 4 MAR gelten die Verbote der Art. 14 und 15 MAR nicht für den „Handel mit Wertpapieren oder verbundenen Instrumenten zur Stabilisierung des Kurses von Wertpapieren", wenn (i) die Dauer der Stabilisierungsmaßnahme begrenzt ist, (ii) relevante Informationen zur Stabilisierung offengelegt und der zuständigen Behörde des Handelsplatzes gemeldet werden, (iii) in Bezug auf den Kurs angemessene Grenzen eingehalten werden und (iv) ein solcher Handel den Bedingungen für die Stabilisierung gemäß den technischen Regulierungsstandards nach Art. 5 Abs. 6 MAR entspricht. Nach Art. 5 Abs. 1 MAR gilt Entsprechendes für Aktienrückkaufprogramme, wenn (i) die Einzelheiten des Programms vor dem Beginn des Handels vollständig offengelegt werden, (ii) die Abschlüsse der zuständigen Behörde des Handelsplatzes gemäß Absatz 3 als Teil des Rückkaufprogramms gemeldet und anschließend öffentlich bekanntgegeben, (iii) in Bezug auf Kurs und Volumen angemessene Grenzen eingehalten, und (iv) sie im Einklang mit den in Absatz 2 genannten Zielen und den in dem vorliegenden Artikel festgelegten Bedingungen und den in Absatz 6 genannten technischen Regulierungsstandards durchgeführt werden. Letztere ergeben sich aus der Delegierten VO (EU) Nr. 2016/1052, die im Wesentlichen der durch sie abgelösten VO (EU) Nr. 2273/2003 entspricht. Damit werden mittels einer dem anglo-amerikanischen Rechtskreis entlehnten gestuften Regelungstechnik für die Kursstabilisierung und den Aktienrückkauf spezifische Bereichsausnahmen *(safe harbour)*

---

**45** ESMA, Final Report, Draft technical standards on the Market Abuse Regulation, 28 September 2015, ESMA/2015/1455, Rn. 18; *Mülbert* in Assmann/U.H. Schneider/Mülbert, Wertpapierhandelsrecht, 7. Aufl. 2018, Art. 5 VO Nr. 596/2014 Rn. 7.

**46** Näher dazu *Schmolke* AG 2016, 434.

**47** Vgl. auch Erwägungsgrund 12 MAR.

in Form von Ausschlussgründen vom Tatbestand des Insiderhandels und der Marktmanipulation statuiert.[48] Für die Marktteilnehmer soll diese Regelungstechnik für bestimmte Verhaltensweisen Rechtssicherheit schaffen, die (freiwillig) im Einklang mit den beschriebenen Vorgaben ausgeführt werden. Sie werden dadurch von den kapitalmarktrechtlichen Verboten ausgenommen;[49] damit handelt es sich bei dem *Safe Harbour* um einen Tatbestandsausschlussgrund und nicht um einen Rechtfertigungsgrund oder gar einen Straf- oder Bußgeldaufhebungsgrund.[50] Denn nach der Formulierung des Art. 5 MAR *gelten* die Verbote in diesen Fällen – mangels Rechtsgutsverletzung – von vornherein *nicht*. Dies ist verbindlich, da ein Verbotsverstoß dann auf keinem Fall besteht.[51]

Umgekehrt folgt aus der Regelungstechnik, dass nicht jede Kursstabilisierungs- oder Aktienrückkaufmaßnahme, die außerhalb des Safe Harbour durchgeführt wird, zwangsläufig ein im Sinne von Art. 12, 15 bzw. 8, 14 MAR tatbestandsmäßiges Verhalten darstellt. Dies widerspräche dem nicht abschließenden Charakter der *Safe Harbour*-Regelung.[52] Es muss vielmehr im Einzelfall geprüft werden, ob ein Verbotsverstoß vorliegt.[53] Den Marktteilnehmern werden in den nicht hundertprozentig deckungsgleichen Fällen durch die *Safe Harbour*-Vorgaben konkrete „Leitplanken" aufgezeigt, um die Marktkonformität des eigenen Handelns feststellen zu können und aufgrund einer (zu großen) Vorsicht von sinnvollen Maßnahmen Abstand nehmen zu müssen.[54] Für die Zulässigkeit der konkreten Maßnahme ist hilfreich, je enger sie sich an die Handels- und Transparenzvorgaben anlehnt, die für die Zulässigkeit beider Handelsaktivitäten maßgeblich sind. Deren wesentliche Eckpunkte sollen nachfolgend umrissen werden.

---

**48** Vgl. *Meyer* in Marsch-Barner/Schäfer Börsennotierte AG-HdB, 4. Aufl. 2018, Rn. 8.75; ebenso nach altem Recht *Singhof/Weber* AG 2005, 549, 554 f.; *Singhof* in Habersack/Mülbert/Schlitt Kapitalmarktinformation-HdB, 2. Aufl. 2013, § 22 Rn. 8.

**49** Zu den Unterschieden zwischen dem *„prescriptive approach"* und dem *„safe harbor approach"* s. IOSCO Report on „Stock Repurchase Programs", February 2004, S. 13.

**50** Wie hier *Klöhn* in: Klöhn, Marktmissbrauchsverordnung, 2018, Art. 5 Rn. 8 mit Nachweisen zur a.A.

**51** *Mülbert* in Assmann/U.H. Schneider/Mülbert, Wertpapierhandelsrecht, 7. Aufl. 2018, Art. 5 VO Nr. 596/2014 Rn. 4; zum alten Recht *Singhof/Weber* AG 2005, 549, 554 f.

**52** Vgl. Erwägungsgrund 11 MAR: „...für die die Ausnahmen nach dieser Verordnung nicht gelten, sollten nicht bereits als solcher als Marktmissbrauch gewertet werden." Ähnlich Erwägungsgrund 2 der EU-VO 2273/2003.

**53** Vgl. dazu *Groß* GS Bosch, 2006, 49, 62 ff.

**54** Vgl. *Singhof/Weber* AG 2005, 549, 554 f.; s. auch *Lenzen* ZBB 2002, 279, 282; *Möller* WM 2002, 309, 314.

## 2. (Handels-)Voraussetzungen des Safe Harbour

Mit den notwendigen Unterschieden im Detail geht es bei den Handelsvoraussetzungen des *Safe Harbour* vor allem darum, dass Kursstabilisierung und Aktienrückkauf „unter Berücksichtigung der Marktbedingungen" durchgeführt werden, um die damit verbundene „Marktbeeinflussung" in einem vertretbaren Rahmen zu halten.

### a) Kursstabilisierung

Für Stabilisierungsmaßnahmen folgt daraus zunächst, dass sie nur dann vom *Safe Harbour* geschützt sind, wenn sie sich unmittelbar an eine Wertpapieremission anschließen und *befristet* sind (Art. 5 Abs. 4 (a) MAR). Denn nur die mit einem „signifikanten Zeichnungsangebot" verbundene Volatilität, die nicht auf die Geschäftstätigkeit des Emittenten oder die allgemeine Markttendenz zurückzuführen ist, rechtfertigt den Eingriff in die „Marktbedingungen". Diese zeitliche Befristung muss den Vorgaben des Art. 5 Abs. 1–3 VO (EU) 2016/1052 für die jeweilige Transaktionsform (Erst- oder Zweitplatzierung, Bezugsrechtsemissionen) bzw. die Wertpapierart (Aktien, Schuldverschreibungen, Wandel- oder Optionsschuldverschreibungen, kombinierte Angebote) entsprechen (Stabilisierungszeitraum).[55] In diesem Zeitraum wird der Markt- oder Börsenkurs eines Wertpapiers vor allem durch den Kauf oder ein Angebot zum Kauf der Wertpapiere stabilisiert, die Gegenstand der Emission waren. Bei Wandel- oder Umtauschanleihen sind auch Stabilisierungstransaktionen in den Aktien, in die die Wandel- oder Umtauschanleihen gewandelt oder umgetauscht werden können (sog. verbundene Instrumente gemäß Art. 3 Abs. 2 (b) lit. (iii) MAR), zulässig (Art. 3 Abs. 2 lit. c MAR). Nach Art. 3 Abs. 2 lit. d) MAR kommen darüber hinaus aber auch Stabilisierungsmaßnahmen durch „jede Transaktion mit verbundenen Instrumenten" in Betracht. Damit werden die Käufe und Verkäufe von Finanzderivaten auch außerhalb geregelter Märkte erfasst.[56] Große praktische Bedeutung hat dies indessen nicht erlangt. Die Stabilisierung des Kurses von Aktien oder Aktien entsprechenden

55 Näher zu den Stabilisierungszeiträumen *Feuring/Berrar* in Habersack/Mülbert/Schlitt, Unternehmensfinanzierung am Kapitalmarkt, 4. Aufl. 2019, Rn. 39.32ff.; *Singhof* in Habersack/Mülbert/Schlitt Kapitalmarktinformation-HdB, 2. Aufl. 2013, § 22 Rn. 21ff.

56 Vgl. Erwägungsgrund 12 VO (EU) Nr. 2273/2003; *Singhof* in Habersack/Mülbert/Schlitt Kapitalmarktinformation-HdB, 2. Aufl. 2013, § 22 Rn. 15. Siehe auch *Groß* GS Bosch, 2006, 49, 62 nach dem die Ausübung der praktisch relevanten Put- und Call-Optionen auf das Ende des Stabilisierungszeitraums begrenzt sein muss.

Wertpapieren darf unter keinen Umständen zu einem höheren Kurs als dem *Emissionskurs* (also dem Platzierungs- oder Bezugspreis) vorgenommen werden (Art. 7 Abs. 1 Delegierte VO (EU) Nr. 2016/1052). Für wandel- oder umtauschbare Schuldverschreibungen legt Art. 7 Abs. 2 Delegierte VO (EU) Nr. 2016/1052 fest, dass die Stabilisierung dieser Schuldtitel unter keinen Umständen zu einem höheren Kurs vorgenommen werden darf als dem Marktkurs dieser Instrumente zum Zeitpunkt der Bekanntgabe der endgültigen Modalitäten des neuen Angebots.[57]

Das mit dem Kauf der Wertpapiere verbundene wirtschaftliche *Ausführungsrisiko* (Aufwand und Kursrisiko) gehen die hierzu allein berechtigten Stabilisierungsmanager (also die Wertpapierdienstleistungsunternehmen, die an der Platzierung beteiligt sind (Art. 3 Abs. 2 lit. d) MAR),[58] in aller Regel nur ein, wenn sie auf *„ergänzende Kursstabilisierungsmaßnahmen“* (vgl. Art. 1 lit. e)–lit. g) Delegierte VO (EU) Nr. 2016/1052) zurückgreifen können.[59] Durch eine Mehrzuteilung („Überzeichnung“) von in der Regel „geliehenen“ ausstattungsgleichen Wertpapieren (Wertpapierdarlehen nach § 607 BGB) werden zunächst die Geldmittel vereinnahmt, die bei sinkenden Kursen erforderlichenfalls für einen Rückerwerb der Wertpapiere zu Stabilisierungszwecken eingesetzt werden können (max. 15 % des ursprünglich geplanten Angebots, s. Art. 8 lit. c, d) Delegierte VO (EU) Nr. 2016/1052). Ist eine Stabilisierung nicht erforderlich, können die „geliehenen“ Wertpapiere vom Stabilisierungsmanager mittels Ausübung einer zuvor gewährten Kaufoption (*Greenshoe*-Option nach Art. 1 lit. g Delegierte VO (EU) Nr. 2016/1052) spätestens[60] am Ende des Kursstabilisierungszeitraums (Art. 8 lit. e) Delegierte VO (EU) Nr. 2016/1052) erworben werden und müssen dann nicht im Rahmen des Wertpapierdarlehens zurückgeführt werden.[61] Ähnliche Gestaltungen kommen bei (Wandel- oder Options-)Anleiheemissionen vor. Sie sehen das Recht der Emissionsbank vor, den Investoren über die Basistranche hinaus zusätzliche Schuldverschreibungen zuzuteilen und zur Deckung dieser Mehrzuteilung zu-

---

**57** Siehe *Meyer* in Marsch-Barner/Schäfer Börsennotierte AG-HdB, 4. Aufl. 2018, Rn. 8.79, der zu Recht auch Stabilisierungsmaßnahmen im Basiswert (*underlying*) für zulässig hält.

**58** Ausf. zum Stabilisierungsmanager *Feuring/Berrar* in Habersack/Mülbert/Schlitt, Unternehmensfinanzierung am Kapitalmarkt, 4. Aufl. 2019, Rn. 39.27 ff.; *Mock* in KK-WpHG, 2. Aufl. 2013, § 20a – Anh. II VO 2273/2003 Art. 2 Rn. 44 ff.

**59** Vgl. *Meyer* in Marsch-Barner/Schäfer Börsennotierte AG-HdB, 4. Aufl. 2018, Rn. 8.65; *Singhof* in Habersack/Mülbert/Schlitt Kapitalmarktinformation-HdB, 2. Aufl. 2013, § 22 Rn. 17.

**60** Vgl. *Singhof* in Habersack/Mülbert/Schlitt Kapitalmarktinformation-HdB, 2. Aufl. 2013, § 22 Rn. 19.

**61** Zur Gewährung der Greenshoe-Option durch den Emittenten im Rahmen einer Kapitalerhöhung s. BGH NZG 2009, 589 (590 f.); *Busch* AG 2002, 230; *Groß* ZIP 2002, 160; *Meyer* WM 2002, 1106.

sätzliche Schuldverschreibungen von dem Emittenten zu erwerben.[62] Alternativ ist es möglich, die Emission von vornherein in einer Tranche vorzunehmen und eventuelle Stabilisierungskäufe der Emissionsbank dadurch abzusichern, dass der Emittent ihr das Recht einräumt, ihm die von der Bank erworbenen Anleihen zurück zu verkaufen *(reverse greenshoe).*[63] Die Stabilisierung findet damit regelmäßig nur in einem Rahmen statt, der die ausführenden Stabilisierungsmanager wirtschaftlich absichert.[64]

Demgegenüber hat die anfänglich höhere Bereitschaft der Emissionsbanken, auch ungedeckte Mehrzuteilungen *(naked shorts)* einzusetzen, gegenüber der Praxis von vor knapp 15 Jahren stark nachgelassen. Sie sind in Höhe von bis zu 5% des ursprünglichen Angebots zwar zulässig (Art. 8 lit. b) Delegierte VO (EU) Nr. 2016/1052; s. auch Art. 17 Abs. 4 VO (EU) Nr. 236/2012[65]), was für Mehrzuteilungen eine (Gesamt-)Obergrenze von insgesamt 20% des ursprünglichen Angebots bedeutet. Für die Emissionsbanken ist damit jedoch ein erhebliches Verlustpotential verbunden. Wenn Stabilisierungskäufe wegen eines über den Emissionspreis gestiegenen Börsenkurses nicht erforderlich sind, müssen sie Rückkäufe im Markt zum aktuellen Börsenkurs tätigen, um ihre Rücklieferverpflichtung aus dem zuvor eingegangenen Wertpapierdarlehen zu erfüllen.

### b) Aktienrückerwerb

Im Zusammenhang mit dem Aktienrückerwerb schlägt sich die geforderte Berücksichtigung der Marktbedingungen bzw. des Preisbildungsmechanismus am Markt vor allem in Vorgaben für eine *marktkonforme Preisbildung* und für ein *nicht übermäßiges Handelsvolumen* nieder. Entsprechende *„Handelsbedingungen“* für einen Aktienrückkauf enthalten Art. 5 Abs. 1 lit. c) MAR und Art. 3 Delegierte VO (EU) Nr. 2016/1052. Der Aktienrückkauf ist an den Handelsplatz gebunden, auf dem die Aktien zugelassen sind oder gehandelt werden (Abs. 1 lit. a).[66] Dabei darf

---

62 *Schlitt/Seiler/Singhof* AG 2003, 254, 265f.; *Singhof* in Habersack/Mülbert/Schlitt Kapitalmarktinformation-HdB § 22 Rn. 20.

63 *Schlitt/Seiler/Singhof* AG 2003, 254, 266; *Singhof* in Habersack/Mülbert/Schlitt Kapitalmarktinformation-HdB, 2. Aufl. 2013, § 22 Rn. 20.

64 Vgl. *Mülbert* in Assmann/U.H. Schneider/Mülbert, Wertpapierhandelsrecht, 7. Aufl. 2018, Art. 5 VO Nr. 596/2014 Rn. 101.

65 Verordnung (EU) Nr. 236/2012 des Europ. Parlaments und des Rates vom 14.3.2012 über Leerverkäufe und bestimmte Aspekte von Credit Default Swaps, ABl. EU Nr. L 86 v. 24.3.2012, S. 1; *Meyer* in Marsch-Barner/Schäfer Börsennotierte AG-HdB, 4. Aufl. 2018, Rn. 8.82b.

66 Ein Rückerwerb über OTC-Geschäfte ist damit ausgeschlossen; *Haupt* in: Meyer/Veil/Rönnau, Hdb. Marktmissbrauchsrecht, 2018, § 17 Rn. 83; *Klöhn* in: Klöhn, Marktmissbrauchsverordnung,

die Gesellschaft die Aktien nicht zu einem Kurs erwerben, der über dem des letzten unabhängig getätigten Abschlusses oder über dem derzeit höchsten unabhängigen Angebot auf dem Handelsplatz, auf dem der Kauf stattfindet, liegt (Abs. 2).[67] Die täglichen Rückkaufvolumina dürfen 25% des durchschnittlichen täglichen Aktienumsatzes nicht überschreiten (Abs. 3). Entfallen ist die ausnahmsweise mögliche Überschreitung des zulässigen Rückkaufvolumens auf bis zu maximal 50% des durchschnittlichen täglichen Aktienumsatzes, weil die dafür erforderliche extrem niedrige Liquidität in der Praxis offenbar keine Bedeutung hatte.[68] Zu beachten sind ferner Handelsmethoden im Zusammenhang mit Auktionen: Soweit die Aktien auf einem Handelsplatz kontinuierlich gehandelt werden (z. B. im XETRA-Handel), dürfen während temporärer Auktionsphasen (z. B. zur Festlegung des ersten Tageskurses, des Einheitskurses und des Schlusskurses) keine neuen Aufträge erteilt oder bestehende Aufträge geändert werden (Abs. 1 lit. b)), weil die Preisbildung in diesen Auktionsphasen als besonders manipulationsanfällig angesehen wird.[69] Nur soweit auf dem Handelsplatz ausschließlich ein Auktionshandel stattfindet, kommt dieser Ausschluss nicht in Betracht, weil sonst ein Aktienrückerwerb gar nicht möglich wäre; für die anderen Marktteilnehmer muss jedoch in zeitlicher Hinsicht eine ausreichende Reaktionsmöglichkeit bestehen (Abs. 1 lit. c)).[70] Durch diese „Handelsbedingungen" soll insgesamt verhindert werden, dass der Emittent die Börsenpreise nach oben beeinflusst, indem er über dem allgemeinen Trend liegende Preise zahlt und/oder mit erheblichen Volumina oder über Eingriffe in die besonders manipulationsanfälligen Auktionen die Handelsaktivitäten an einem Tag dominiert und dadurch die Preisentwicklung zusätzlich unterstützt.[71]

Hinzu kommen „*Handelsbeschränkungen*": Für die Zeit der Durchführung des Aktienrückkaufprogramms untersagt Art. 4 Abs. 1 (EU) Nr. 2016/1052 (i) den (Wieder-)Verkauf eigener Aktien, (ii) den Aktienrückkauf während des „geschlossenen Zeitraums" gemäß Art. 19 Abs. 11 MAR (30 Kalendertage vor der Ankündigung eines Zwischenberichts oder eines Jahresabschlussberichts) sowie (iii) den Aktienrückkauf während eines Zeitraums, in dem die Emittentin auf-

---

2018, Art. 5 Rn. 29; *Mülbert* in: Assmann/U.H. Schneider/Mülbert, Wertpapierhandelsrecht, 7. Aufl. 2018, Art. 5 VO Nr. 596/2014 Rn. 65.

**67** Näher dazu, auch zu den Problemen mit der ungenauen Formulierung, *Klöhn* in: Klöhn, Marktmissbrauchsverordnung, 2018, Art. 5 Rn. 53 ff.

**68** ESMA, Final Report, Draft Technical standards on the Market Abuse Regulation, 28 September 2015, ESMA/2015/1455, Rn. 31; zum alten Recht *Singhof/Weber* AG 2005, 549, 559 f.

**69** *Klöhn* in: Klöhn, Marktmissbrauchsverordnung, 2018, Art. 5 Rn. 64.

**70** *Klöhn* in: Klöhn, Marktmissbrauchsverordnung, 2018, Art. 5 Rn. 65.

**71** Ausf. *Singhof/Weber* AG 2005, 549, 558 ff. zum alten Recht unter der EU-VO 2273/2003.

grund eines Selbstbefreiungsbeschlusses nach Art. 17 Abs. 4 oder 5 MAR von der Pflicht zur Veröffentlichung einer Ad-hoc-Mitteilung befreit ist.[72] Dies gilt nach Art. 4 Abs. 2 (EU) Nr. 2016/1052 jedoch nicht, wenn entweder ein sog. programmiertes Rückkaufprogramm durchgeführt wird oder das Rückkaufprogramm unter Führung eines Wertpapierhauses oder Kreditinstituts vorgenommen wird, das seine Entscheidungen über den Zeitpunkt des Erwerbs von Aktien unabhängig und unbeeinflusst von diesem trifft. Letzteres dürfte ohnehin empfehlenswert sein und ist in der Praxis die Regel.[73]

## 3. Transparenzanforderungen des Safe Harbour

Nach Erwägungsgrund 8 Delegierte VO (EU) Nr. 2016/1052 setzt Marktintegrität „die angemessene Bekanntgabe von Stabilisierungsmaßnahmen voraus". Nichts anderes besagt Erwägungsgrund 3 Delegierte VO (EU) Nr. 2016/1052 der für den Aktienrückkauf darauf hinweist, dass „Transparenz eine Voraussetzung für die Verhinderung von Marktmissbrauch ist". Mit geringfügigen Abweichungen geht es dabei um die „Durchführungs"-Transparenz *vor*, *während* und *nach* der jeweiligen Handelsaktivität, die sowohl gegenüber der zuständigen Aufsichtsbehörde als auch gegenüber den Kapitalmarktteilnehmern herzustellen ist. Es genügt somit nicht die Mitteilung, *dass* potentiell eine Einflussnahme auf den Handel stattfindet, sondern das „*wie*" ist gleichermaßen bedeutend.

### a) Kursstabilisierung

Vom Emittenten sind zunächst besondere Bekanntmachungserfordernisse *vor* Durchführung von Kursstabilisierungsmaßnahmen zu erfüllen (Art. 5 Abs. 4 MAR

72 Näher *Klöhn* in: Klöhn, Marktmissbrauchsverordnung, 2018, Art. 5 Rn. 66 ff.; *Mülbert* in: Assmann/U.H. Schneider/Mülbert, Wertpapierhandelsrecht, 7. Aufl. 2018, Art. 5 VO Nr. 596/2014 Rn. 66 ff.; *Singhof/Weber* AG 2005, 549, 560 ff.; *Mock* in KK-WpHG, 2. Aufl. 2013, § 20 a – Anh. II VO 2273/2003 Art. 6 Rn. 2 ff.

73 Auch die programmierten oder unter der Regie eines Kreditinstituts durchgeführten Aktienrückkaufprogramme können vom Emittenten jederzeit – ohne Insiderverstoß – gestoppt werden; vgl. zum alten Recht *Hopt*, FS Goette, 2011, S. 179, 189. Denn damit ist i. d. R. nicht die Stornierung einer individuellen Order verbunden. Rein vorsorglich empfiehlt sich, dass die vorzeitige Beendigung eines Aktienrückkaufprogramms außerhalb einer *closed period* nach Art. 19 Abs. 11 MAR erklärt wird. Der Hinweis, dass der Rückkauf jederzeit ausgesetzt werden kann, wird regelmäßig auch in die Bekanntmachungen vor Beginn eines Rückkaufprogramms aufgenommen.

i.V.m. Art. 6 Abs. 1 bis 3 i.V.m. Art. 1 lit. b) Delegierte VO (EU) Nr. 2016/1052).[74] Inhaltlich geht es in dieser *pre stabilization disclosure* darum, die Marktteilnehmer mit den unter Art. 6 Abs. 1 lit. a) bis f) Delegierte VO (EU) Nr. 2016/1052 vorgeschriebenen Angaben (Ziel der Stützung des Marktkurses während des näher definierten Stabilisierungszeitraums; Stabilisierungsmanager; Ort der Durchführung) auf die Möglichkeit nicht zwingender und jederzeit beendbarer Stabilisierungsmaßnahmen vorzubereiten. Auch auf die Mehrzuteilungsoption, die *Greenshoe*-Vereinbarung sowie deren Bedingungen ist vor dem Wertpapierangebot in angemessener Weise hinzuweisen (Art. 6 Abs. 1 lit. e) Delegierte VO (EU) Nr. 2016/1052 i.V.m. Art. 1 lit. b) Delegierte VO (EU) Nr. 2016/1052). Einer solchen Vorabbekanntmachung bedarf es – anders als nach altem Recht – auch bei prospektpflichtigen Wertpapierangeboten; die diesbezüglichen Angaben im Prospekt genügen nicht mehr.[75]

Während des Stabilisierungszeitraums sind die „Einzelheiten" sämtlicher Stabilisierungsmaßnahmen spätestens am Ende des siebten Handelstags nach dem Tag der Ausführung dieser Maßnahmen bekannt zu geben (Art. 6 Abs. 2 Delegierte VO (EU) Nr. 2016/1052): Diese sollten zwar aufgrund des unterschiedlichen Wortlauts und des fehlenden Verweises auf Art. 26 Abs. 3 VO (EU) Nr. 600/2014 nicht so weit gehen, wie die parallel an die Aufsichtsbehörde zu meldenden Angaben nach Art. 6 Abs. 4 Delegierte VO (EU) Nr. 2016/1052.[76] Name und Geburtsdatum des Kaufentscheidungsträgers beim Stabilisierungsmanager sollten für den Markt auch kaum interessant sein. Andererseits dürfte ebenso unzweifelhaft sein, dass die Bekanntgabe von „Einzelheiten" Angaben zu „einzelnen Transaktionen" und nicht nur aggregierte Angaben verlangt, also Bezeichnung, Zahl, Kaufkurs der Finanzinstrumente sowie Datum und Zeitpunkt des Geschäftsschlusses). Diese Stabilisierungstransparenz *während* der Stabilisierung nach Art. 6 Abs. 2 Delegierte VO (EU) Nr. 2016/1052 geht über das alte Recht hinaus und ist zu weitgehend,[77] zumal eine Eingriffsmöglichkeit seitens der Behörde aufgrund der ausführlichen Meldedaten jederzeit besteht. Der Mehrwert der aufwendigen kontinuierlichen „Zwischenstände" für Marktteilnehmer ist – an-

---

74 Ausf. *Feuring/Berrar* in Habersack/Mülbert/Schlitt Unternehmensfinanzierung am Kapitalmarkt, 4. Aufl. 2019, Rn. 39.42 ff.; zum alten Recht *Singhof* in Habersack/Mülbert/Schlitt Kapitalmarktinformation-HdB, 2. Aufl. 2013, § 22 Rn. 25 ff.

75 *Feuring/Berrar* in Habersack/Mülbert/Schlitt Unternehmensfinanzierung am Kapitalmarkt, 4. Aufl. 2019, Rn. 39.48 f.

76 Unklar insoweit *Haupt* in: Meyer/Veil/Rönnau, Hdb. Marktmissbrauchsrecht, 2018, § 17 Rn. 162.

77 *Feuring/Berrar* in Habersack/Mülbert/Schlitt Unternehmensfinanzierung am Kapitalmarkt, 4. Aufl. 2019, Rn. 39.58 f.

ders als bei den wesentlich längeren Aktienrückkaufprogrammen – gering, da angesichts des begrenzten Stabilisierungszeitraums von maximal 30 Tagen schon kurz danach erneut Transparenzpflichten zu erfüllen sind.

Innerhalb einer Woche *nach* Ablauf des Stabilisierungszeitraums muss nämlich in angemessener Weise eine abschließende Meldung der „Einzelheiten" von Stabilisierungsmaßnahmen oder eine Negativmeldung bekannt gegeben werden (Art. 6 Abs. 3 Delegierte VO (EU) Nr. 2016/1052 – *post stabilization disclosure*). Zudem ist die Öffentlichkeit unverzüglich nach Ausübung der Greenshoe-Option in allen angemessenen Einzelheiten zu unterrichten, insbesondere über den Zeitpunkt der Ausübung und die Zahl der Aktien (vgl. Art. 8 lit. f) Delegierte VO (EU) Nr. 2016/1052). Es hat sich bewährt, dies mit der Meldung über die (Nicht-)Durchführung von Stabilisierungsmaßnahmen zu verbinden (Art. 6 Abs. 3 Delegierte VO (EU) Nr. 2016/1052).[78]

### b) Aktienrückerwerb

Die notwendige Publizität beim Aktienrückkauf ergibt sich aus Art. 5 Abs. 1 lit. a) MAR i.V.m. Art. 2 Delegierte VO (EU) Nr. 2016/1052. Auch hier geht es darum, *vor* Beginn und *nach* Ablauf des Aktienrückkaufprogramms Transparenz für den Kapitalmarkt herzustellen. Aufgrund der vergleichsweise längeren Dauer der Handelsaktivitäten (i.d.R mehrere Monate) ist zudem die Handelstransparenz *während* des Programms von Bedeutung.

Erforderlich ist zunächst, dass die Einzelheiten des geplanten Rückkaufprogramms vor dem Beginn des Handels „angemessen bekannt gegeben"[79] werden (Art. 2 Abs. 1 VO (EU) Nr. 2016/1052). Dies sind: (a) der Zweck des Programms gemäß Art. 5 Abs. 2 MAR, (b) der größtmögliche Geldbetrag (Gesamtanschaffungskosten (ohne Erwerbsnebenkosten)), der für das Programm zugewiesen wird, (c) die Höchstzahl der zu erwerbenden Aktien („bis zu") und (d) der Zeitraum, für den das Programm genehmigt wurde (Dauer des Programms). Es genügt damit nicht, den Ermächtigungsrahmen nach § 71 Abs. 1 Nr. 8 AktG wiederzugeben, sondern es sind die konkreteren Informationen aufgrund der Festsetzungen

**78** *Feuring/Berrar* in Habersack/Mülbert/Schlitt Unternehmensfinanzierung am Kapitalmarkt, 4. Aufl. 2019, Rn. 39.55, 39.78; *Singhof* in Habersack/Mülbert/Schlitt Kapitalmarktinformation-HdB, 2. Aufl. 2013, § 22 Rn. 39.

**79** Zu den technischen Einzelheiten *Haupt* in: Meyer/Veil/Rönnau, Hdb. Marktmissbrauchsrecht, 2018, § 17 Rn. 34 ff.; *Klöhn* in: Klöhn, Marktmissbrauchsverordnung, 2018, Art. 5 Rn. 41 f.; nach altem Recht: *Singhof* in Habersack/Mülbert/Schlitt Kapitalmarktinformation-HdB, 2. Aufl. 2013, § 21 Rn. 21 ff.

des Vorstandsbeschlusses zur Ausnutzung der Rückkaufermächtigung bekanntzugeben.[80] Die Mitteilung muss vor dem ersten Erwerbsgeschäft vorgenommen werden. Dies kann auch kurz vor Beginn des Handels sein; eine Wartezeit muss insoweit nicht eingehalten werden.[81] Regelmäßig wird es sich empfehlen, diese Angaben bereits in die Ad-hoc-Mitteilung (Art. 17 MAR) aufzunehmen. Dann erübrigt sich eine gesonderte Veröffentlichung. Den Emittenten trifft zudem eine Aktualisierungspflicht: Werden zu einem späteren Zeitpunkt Änderungen des Programms oder der bereits vor Beginn veröffentlichten Informationen vorgenommen, sind diese gemäß Art. 2 Abs. 1 UAbs. 2 Delegierte VO (EU) Nr. 2016/1052 angemessen bekannt zu geben (z. B. Erhöhung der zurück zu erwerbenden Aktien; Verlängerung des Zeitraums).[82] Auch ein vorzeitiger (außerplanmäßiger) Abbruch des Programms oder dessen Unterbrechung ist bekannt zu geben.[83] Die planmäßige Beendigung des Programms aufgrund Zeitablaufs oder vollständiger Ausnutzung des Erwerbsrahmens (Aktienhöchstzahl und/oder größtmöglicher Geldbetrag) ist nicht zu veröffentlichen.[84] Jedoch wird eine Abschlussmitteilung häufig freiwillig vorgenommen.

Während des Aktienrückkaufprogramms muss der Emittent fortlaufend „alle mit dem Rückkaufprogramm zusammenhängenden Geschäfte" (bzw. „Abschlüsse" nach Art. 5 Abs. 1 lit. b) MAR) – spätestens am Ende des siebten Handelstags nach deren Durchführung – angemessen bekannt geben (Art. 2 Abs. 3 Delegierte VO (EU) Nr. 2016/1052).[85] Die Veröffentlichung muss die in Art. 5 Abs. 3 MAR, Art. 25 Abs. 1 und 2, Art. 26 Abs. 1, 2 und 3 VO (EU) Nr. 600/2014 (MiFIR)[86] sowie die in Art. 2 Abs. 2 Delegierte VO (EU) Nr. 2016/1052 genannten Informationen enthalten, mithin für jedes Geschäft Datum und Uhrzeit der Transaktion, die Anzahl der erworbenen Aktien sowie den Preis, zu dem diese erworben

**80** Vgl. zum alten Recht *Singhof/Weber* AG 2005, 549, 556.

**81** *Klöhn* in: Klöhn, Marktmissbrauchsverordnung, 2018, Art. 5 Rn. 40; anders nach altem Recht *Mock* in KK-WpHG, 2. Aufl. 2013, § 20 a – Anh. II VO 2273/2003 Art. 4 Rn. 9.

**82** *Singhof/Weber* AG 2005, 549, 557; *Stüber* ZIP 2015, 1374, 1378 f.

**83** *Klöhn* in: Klöhn, Marktmissbrauchsverordnung, 2018, Art. 5 Rn. 39.

**84** *Klöhn* in: Klöhn, Marktmissbrauchsverordnung, 2018, Art. 5 Rn. 39.

**85** Näher *Haupt* in: Meyer/Veil/Rönnau, Hdb. Marktmissbrauchsrecht, 2018, § 17 Rn. 74 ff.; *Klöhn* in: Klöhn, Marktmissbrauchsverordnung, 2018, Art. 5 Rn. 43 ff.; *Mülbert* in: Assmann/U.H. Schneider/Mülbert, Wertpapierhandelsrecht, 7. Aufl. 2018, Art. 5 MAR Rn. 48; zum alten Recht *Stüber* ZIP 2015, 1374.

**86** Verordnung (EU) Nr. 600/2014 des Europ. Parlaments und des Rates vom 15. Mai 2014 über Märkte für Finanzinstrumente und zur Änderung der Verordnung (EU) Nr. 648/2012, ABl. EU Nr. L 173 v. 12. 6. 2014, S. 84 („MiFIR").

wurden.[87] Erforderlich ist eine Mitteilung in detaillierter und in aggregierter Form. Bei der aggregierten Form sind das aggregierte Volumen und der gewichtete Durchschnittskurs pro Tag und pro Handelsplatz anzugeben (Art. 2 Abs. 2 Satz 3 Delegierte VO (EU) Nr. 2016/1052); dies soll der besseren Verständlichkeit der Informationen dienen[88]. Dem vorgeschaltet ist eine Meldung all dieser Informationen an die zuständigen Behörden (Art. 5 Abs. 3 MAR, Art. 2 Abs. 2 Delegierte VO (EU) Nr. 2016/1052). Entsprechend verlangt Art. 2 Abs. 2 Satz 1 Delegierte VO (EU) Nr. 2016/1052, dass der Emittent über Mechanismen verfügt, die ihm „die Erfüllung seiner Meldepflichten gegenüber der zuständigen Behörde [jedes Handelsplatzes, an dem die Aktien zum Handels zugelassen sind bzw. gehandelt werden] und die Erfassung aller mit einem Rückkaufprogramm zusammenhängenden Geschäfte ermöglichen" (s. Artikel 5 Absatz 3 MAR).[89]

Da Aktienrückkaufprogramme in der Praxis regelmäßig über Wertpapierdienstleistungsinstitute abgewickelt werden, die ihre Geschäfte von Gesetzes wegen aufzuzeichnen und zu melden haben, ist die kontinuierliche Handelstransparenz grundsätzlich zwar ohne weiteres zu erfüllen. Gegenüber der alten Rechtslage ist jedoch eine erhebliche Ausweitung ihres Detaillierungsgrades zu verzeichnen, die insbesondere aus dem o.g. Verweis des Art. 5 Abs. 3 MAR auf die technischen Regulierungsstandards zu Art. 25 und Art. 26 MiFIR folgt.[90] Um eine übermäßige Belastung für den Emittenten zu vermeiden, sollten zwischen dem notwendigen Inhalt der laufenden Meldepflicht gegenüber den Aufsichtsbehörden und dem Inhalt der laufenden Veröffentlichungspflicht unterschieden und gewisse Veröffentlichungserleichterungen akzeptiert werden können. Eine zeitnahe Information über das Erwerbsverhalten des Emittenten während des laufenden Programms ist zwar für den Kapitalmarkt durchaus von Interesse, jedoch sollte andererseits nicht verkannt werden, dass das Phänomen der Informationsüberflutung (*information overload*) dazu führen kann, dass zentrale Informationen von Anlegern am Kapitalmarkt nicht mehr verarbeitet, sondern eher ignoriert werden.[91] Es sollte daher ausreichen, die Informationen nur aggregiert

---

**87** *Mülbert* in: Assmann/U.H. Schneider/Mülbert, Wertpapierhandelsrecht, 7. Aufl. 2018, Art. 5 MAR Rn. 48; *Klöhn* in: Klöhn, Marktmissbrauchsverordnung, 2018, Art. 5 Rn. 46.

**88** ESMA, Final Report, Draft technical standards on the Market Abuse Regulation, 28 September 2015, ESMA/2015/1455, Rn. 20; *Mülbert* in Assmann/U.H. Schneider/Mülbert, Wertpapierhandelsrecht, 7. Aufl. 2018, Art. 5 VO Nr. 596/2014 Rn. 48.

**89** Diese Compliance-Pflicht richtet sich unmittelbar an den Emittenten; *Mülbert* in: Assmann/U.H. Schneider/Mülbert, Wertpapierhandelsrecht, 7. Aufl. 2018, Art. 5 MAR Rn. 4; anders noch das alte Recht vgl. *Singhof/Weber* AG 2005, 549, 557.

**90** Näher *Haupt* in: Meyer/Veil/Rönnau, Hdb. Marktmissbrauchsrecht, 2018, § 17 Rn. 57 ff., 76.

**91** Instruktiv zu diesem Phänomen *Möllers/Kernchen* ZGR 2011, 1.

auf der Internetseite des Emittenten einzustellen, zumal dadurch auch eine dauerhafte Verfügbarkeit der Informationen während der Laufzeit des Programms sichergestellt ist.[92] De lege ferenda wäre insoweit eine Klarstellung wünschenswert. De lega lata erscheint es angesichts der Qualifizierung der Vorschriften als *Safe Harbour* kaum denkbar, dass eine Abweichung in Form einer nur aggregierten Veröffentlichung bereits den Vorwurf einer Marktmanipulation begründen kann. Vorsorglich könnte auf diese Form der Bekanntgabe von Transaktionen bereits in der Mitteilung nach Art. 2 Abs. 1 Delegierte VO (EU) Nr. 2016/1052 hingewiesen werden.

## V. Zielerreichung oder Weiterentwicklung ausgewählter Regelungen?

Die eingangs gestellte Frage, ob mit dem skizzierten Status Quo der kapitalmarktrechtlichen Regulierung von Kursstabilisierung und Aktienrückerwerb eine „Zielerreichung" verbunden ist, lässt sich wohl überwiegend bejahen. Die Kontinuität, die mit dem Übergang von der VO (EU) Nr. 2273/2003 zur Delegierten VO (EU) Nr. 2016/1052 angestrebt wurde (s. oben III.), ist weiterhin berechtigt. Beide Aktivitäten unterliegen hinreichender Transparenz sowie Handelsbedingungen bzw. -beschränkungen, die den „Eingriff" in die Preisbildung grundsätzlich angemessen eingrenzen. Mit beidem kommt die Praxis gut zurecht. Dies heißt nicht, dass nicht im Detail Verbesserungsbedarf besteht, was insbesondere auch sprachliche und terminologische Anpassungen[93] sowie die oben kritisierte zu starke Ausweitung der notwendigen Transparenz (*information overload*) einschließt (s. IV.). Die Europäische Kommission hatte dem Europäischen Parlament und dem Rat der EU bis zum 3.7.2019 Bericht über die Anwendung der MAR und gegebenenfalls über die Erforderlichkeit einer Überarbeitung zu erstatten. Leider liegt das Fälligkeitsdatum nach dem Abgabetermin für diesen Beitrag, so dass nur vermutet werden kann, ob darin Hinweise zur Klarstellung oder Erweiterung der hier behandelten *Safe Harbour*-Tatbestände enthalten sein werden. Die Schwerpunkte dürften anders gesetzt werden, da in anderen Regelungsbereichen auch

---

**92** Vgl. zum alten Recht *Singhof/Weber* AG 2005, 549; 558; *Stüber* ZIP 2015, 1374, 1378; i. E. auch *Rieckers* ZIP 2009, 700, 704.

**93** Um nur ein Beispiel zu nennen: Art. 5 Abs. 1 lit. a) MAR verlangt, dass die „vollständige Offenlegung" der Informationen vor Beginn des Rückkaufprogramms, also vor dem ersten Erwerbsgeschäft, vorgenommen werden muss, während Art. 2 Abs. 1 Delegierte VO (EU) Nr. 2016/1052 im selben Zusammenhang eine „angemessene Bekanntgabe" statuiert.

drei Jahre nach ihrem Inkrafttreten der MAR durchaus erhebliche Anwendungs- und Umsetzungsschwierigkeiten festzustellen sind.[94] Auf ein paar Problemfelder im Zusammenhang mit Kursstabilisierung und Aktienrückkauf sei nachfolgend gleichwohl hingewiesen:

## 1. Kursstabilisierung

*a) Privatplatzierungen.* Ausgenommen von der Bereichsausnahme ist nach Erwägungsgrund 6 Delegierte VO (EU) Nr. 2016/1052 der „Handel mit Wertpapierblöcken" (*block trades*), bei denen es sich ausschließlich um „Privattransaktionen" handele; sie könnten nicht als „signifikantes Zeichnungsangebot" i. S.v. Art. 3 Abs. 2 lit. c) MAR angesehen werden.[95] Nicht gänzlich geklärt ist, wie die Abgrenzung zu den Zweit- oder Sekundärplatzierungen zu ziehen ist, die sich ausschließlich an qualifizierte Anleger richten (vgl. Art. 1 Abs. 4 lit. a) EU-Prospekt-VO) und damit als „Privatplatzierungen" ebenso *privat* bleiben, aber durchaus eine Stabilisierung erforderlich machen können. Nach der VO (EU) Nr. 2273/2003 war anerkannt, dass Privatplatzierungen existierender oder neuer Aktien erfasst sind, die öffentlich bekannt gegeben wurden.[96] In die VO (EU) Nr. 2273/2003 war das Merkmal *„publicly announced"* als Abgrenzung zum dem ursprünglich vorgesehenen *„public offer"* aufgenommen worden. Dies ist in der Delegierten VO (EU) Nr. 2016/1052 nun weggefallen. Allerdings sollte dies offenbar keine Beschränkung der stabilisierungswürdigen Transaktionen bewirken.[97] Auch nach den gemäß Art. 3 Abs. 2 lit. c) MAR maßgeblichen Kriterien ist daher eine (öffentlich angekündigte) „Privatplatzierung" ein „signifikantes Zeichnungsangebot", wenn sie ein entsprechendes Volumen aufweist und aufgrund der Verkaufsmethode auch eine breit gestreute Platzierung das Ergebnis der Transaktionen sein kann. Dies ist typischerweise bei einem offenen Zeichnungsangebot an einen qualifizierten Anlegerkreis mit Preisbestimmung durch ein Bookbuilding

---

94 Vgl. die Umfrage der EQS Group, AG-Kapitalmarktreport: „Es bleibt eine komplizierte Beziehung – Die Marktmissbrauchsverordnung sorgt auch nach fast drei Jahren noch für Verunsicherung", AG 2019, R 118 ff.

95 Vgl. auch ESMA, Final Report, Draft technical standards on the Market Abuse Regulation, 28 September 2015, ESMA/2015/1455, Rn. 58 ff.

96 Zur VO (EU) Nr. 2273/2003 *Leppert/Stürwald* ZBB 2004, 302, 310; *Meyer* AG 2004, 289 (298); *Singhof* in Habersack/Mülbert/Schlitt Kapitalmarktinformation-HdB, 2. Aufl. 2013, § 22 Rn. 13; *Mock* in KK-WpHG, 2. Aufl. 2013, § 20a – Anh. II VO (EU) Nr. 2273/2003 Art. 2 Rn. 58.

97 *Feuring/Berrar* in Habersack/Mülbert/Schlitt Unternehmensfinanzierung am Kapitalmarkt, 4. Aufl. 2019, Rn. 39.18 f.

der Fall. Hier kann der typische Verkaufsdruck entstehen, wenn die Wertpapiere in signifikanter Anzahl von einer Hand an eine Vielzahl von Investoren übergehen. Im Unterschied zu diesen Kapitalmarkttransaktionen ist nur der *block trade* in Form eines bilateral ausverhandelten „Paketverkaufs" zu einem Festpreis an einen oder wenige im Vorhinein feststehende Investoren „*strictly private*" ausgestaltet.[98] Eine Klarstellung wäre gleichwohl wünschenswert.

*b) Refreshing the Shoe.* Teilweise wurde in der Vergangenheit die *Greenshoe*-Option auch dann vollständig ausgeübt, nachdem zwischenzeitlich Stabilisierungskäufe getätigt wurden (*long position*) oder nachdem die im Rahmen der Stabilisierung erworbenen Aktien bis zur Ausübung der *Greenshoe*-Option bei positiver Kursentwicklung durch (marktschonende) Veräußerung wieder in den Markt abgegeben wurden *(refreshing the shoe)*.[99] Diese Praxis wurde zunehmend kritisch gesehen,[100] ist jedoch nicht per se marktmissbräuchlich. Dies gilt für die Ausübung der *Greenshoe*-Option schon deshalb, weil der Markt über diese Möglichkeit informiert ist und sie als „rein private" Transaktion mit dem verkaufenden Aktionär keinen Druck auf den Emissionskurs ausübt und damit keine Marktberührung hat.[101] Empfehlenswert ist allerdings ein vorsorglicher Hinweis auf die Möglichkeit eines *refreshing the shoe* in der *pre-stabilisation disclosure*.[102] Den Verkäufen der im Rahmen der Stabilisierung zuvor erworbenen Aktien wurde bereits nach altem Recht der Schutz des *Safe Harbour* verwehrt. Ihre Vereinbarkeit mit den allgemeinen Regelungen der Art. 15, 12 MAR ließ und lässt sich sicher-

---

**98** *Feuring/Berrar* in Habersack/Mülbert/Schlitt Unternehmensfinanzierung am Kapitalmarkt, 4. Aufl. 2019, Rn. 39.21; *Singhof* in MünchKomm/HGB, 4. Aufl. 2019 (im Erscheinen), Bd. 6, Emissionsgeschäft Rn. 96; wohl auch *Klöhn* in: Klöhn, Marktmissbrauchsverordnung, 2018, Art. 5 Rn. 95; a. A. *Assmann* in Assmann/U.H. Schneider/Mülbert, Wertpapierhandelsrecht, 7. Aufl. 2018, Art. 3 VO Nr. 596/2014 Rn. 54 (auch „Privatplatzierungen ohne öffentliches Angebot").

**99** Ausf. zu den Konstellationen *Busch* FS Hoffmann-Becking, 2013, 209; *Feuring/Berrar* in Habersack/Mülbert/Schlitt Unternehmensfinanzierung am Kapitalmarkt, 4. Aufl. 2019, Rn. 39.68 ff.; *Mock* in KK-WpHG, 2. Aufl. 2013, § 20a – Anh. II VO 2273/2003 Art. 11 Rn. 6 f.

**100** Erwägungsgrund 11 der Delegierten Verordnung (EG) Nr. 2016/1052; zuvor ESMA, Final Report, Draft technical standards on the Market Abuse Regulation, 28 September 2015, ESMA/2015/1455, Rn. 56.

**101** Vgl. *Feuring/Berrar* in Habersack/Mülbert/Schlitt Unternehmensfinanzierung am Kapitalmarkt, 4. Aufl. 2019, Rn. 39.74; *Brandt* in Kümpel/Wittig, Bank- und Kapitalmarktrecht, 4. Aufl. 2011, Rn. 15.542; *Mock* in KK-WpHG, 2. Aufl. 2013, § 20a – Anh. II VO (EU) Nr. 2273/2003 Art. 11 Rn. 8; *Singhof* in Habersack/Mülbert/Schlitt Kapitalmarktinformation-HdB, 2. Aufl. 2013, § 22 Rn. 19.

**102** *Busch* FS Hoffmann-Becking, 2013, 209, 218 f. (mit Formulierungsvorschlag in Fn. 45); *Feuring/Berrar* in Habersack/Mülbert/Schlitt Unternehmensfinanzierung am Kapitalmarkt, 4. Aufl. 2019, Rn. 39.75; *Singhof* in MünchKomm/HGB, 4. Aufl. 2019 (im Erscheinen), Bd. 6, Emissionsgeschäft Rn. 101; a. A. *Klöhn* in: Klöhn, Marktmissbrauchsverordnung, 2018, Art. 5 Rn. 135.

stellen, wenn bestimmte Grundregeln beachtet werden. D.h. insbesondere, dass sie nur bei einem Kursniveau über dem Emissionspreis und „unter Berücksichtigung der vorherrschenden Markbedingungen“, also marktschonend, durchgeführt werden können.[103] Wenn diese Verkäufe nicht über den Markt, sondern über direkte Kontakte zu (*long only*) Investoren getätigt werden, können sie als „Umplatzierung im Rahmen der Stabilisierung“ sogar einen stabilisierenden Effekt haben.[104] Allerdings werden nunmehr auch etwaige nachfolgende erneute Stabilisierungsmaßnahmen nicht mehr vom *Safe Harbour* erfasst. Insoweit ist zwar richtig, dass der Stabilisierungsmanager vor den Verkäufen hinreichend sicher sein muss, dass nicht anschließend erneut Stabilisierungen erforderlich werden. Ein „Wechselspiel“ von Kauf, Verkauf und Kauf wäre nicht unproblematisch, jedoch ist in dieser sensiblen Marktphase auch erfahrenen Stabilisierungsmanagern eine Fehleinschätzung durchaus zuzubilligen. [105] Hierfür wären Klarstellungen wünschenswert. Anderenfalls dürfte die Praxis nur noch sehr eingeschränkt von einem *refreshing the shoe* Gebrauch machen.[106] Ansätze für eine weitergehende Anerkennung bietet das US-amerikanische Kapitalmarktrecht. In Anlehnung an die Regulation M könnte ein *refreshing the shoe* jedenfalls bei Aktienwerten anerkannt werden, die sich nach näher festzulegenden Maßstäben wie Mindestmarktkapitalisierung, Free Float und durchschnittlichen täglichen Handelsumsätzen als *„actively-traded securities“*[107] qualifizieren.

## 2. Aktienrückerwerb

*a) Zweckbestimmung.* Nach wie vor kritisch zu sehen ist die enge Zweckbestimmung, die für die unter den *Safe Harbour* fallenden Aktienrückerwerbe in Art. 5 Abs. 2 MAR vorgenommen wird. Die Ausnahme von den Verboten betrifft danach

---

**103** Erwägungsgrund 11 Delegierte VO (EU) Nr. 2016/1052; ESMA, Final Report, Draft technical standards on the Market Abuse Regulation, 28 September 2015, ESMA/2015/1455, Rn. 57; *Busch* FS Hoffmann-Becking, 2013, 209, 218f.; *Feuring/Berrar* in Habersack/Mülbert/Schlitt Unternehmensfinanzierung am Kapitalmarkt, 4. Aufl. 2019, Rn. 39.73; *Singhof* in MünchKomm/HGB, 4. Aufl. 2019 (im Erscheinen), Bd. 6, Emissionsgeschäft Rn. 101.

**104** *Feuring/Berrar* in Habersack/Mülbert/Schlitt Unternehmensfinanzierung am Kapitalmarkt, 4. Aufl. 2019, Rn. 39.73 und Fn. 124.

**105** Weitergehend *Weitzell* NZG 2017, 411, 413 (Wiederaufnahme als Marktmanipulation anzusehen).

**106** So auch *Brandt* in Kümpel/Wittig, Bank- und Kapitalmarktrecht, 4. Aufl. 2011, Rn. 15.542.

**107** Vgl. die Parameter der Regulation M: Securities with an average daily trading volume of at least US$1.0 million whose issuer has common equity securities with a public float of at least US $150 million.

unmittelbar nur Aktienrückkaufprogramme, die bestimmten Erwerbszwecken dienen: Kapitalherabsetzung (§ 71 Abs. 1 Nr. 6 und Nr. 8 AktG); Bedienung von Wandel- oder Optionsschuldverschreibungen (§ 71 Abs. 1 Nr. 8 AktG); Belegschaftsaktienprogramm für Mitarbeiter sowie andere Formen der Zuteilung von Aktien an Mitarbeiter oder Mitglieder der Geschäftsführung (§ 71 Abs. 1 Nr. 2 und Nr. 8 AktG). Gegenüber dem altem Recht (Art. 3 VO (EU) Nr. 2273/2003 mit Verweis auf Art. 19 Abs. 1 KapRL) ist dies zwar eine Erweiterung. Wenn das Aktienrecht (auf europäischer Grundlage) in § 71 Abs. 1 Nr. 1 und 3 AktG weitere zulässige Rückerwerbstatbestände vorsieht (Schadensabwehr / Abfindung von Aktionären) und auch im Rahmen von § 71 Abs. 1 Nr. 8 AktG weitere Erwerbs- und Verwendungszwecke anerkennt (insbesondere als Akquisitionswährung für Unternehmensakquisitionen oder den Erwerb anderer Wirtschaftsgüter), ist jedoch nicht nachvollziehbar, weshalb sie von vornherein vom *Safe Harbour* ausgeschlossen sind.[108] Kapitalmarktrechtlich geboten erscheint dies nicht, weil durch die andere (oder zusätzliche) – jedenfalls aber aktienrechtlich legitime – Zweckausrichtung keine Gefährdung für die Preisbildung und die Integrität des Kapitalmarkts ausgeht. Allenfalls bei einem Aktienerwerb zur Schadensabwehr oder in Übernahmesituationen ist angesichts der besonderen Verfassung, in der sich das Unternehmen und damit der Kapitalmarkt für die betroffene Aktie befinden, verständlich, dass kein genereller *Safe Harbour* angeboten werden kann.

Insoweit sollte die Privilegierung des *Safe Harbour* in den anderen genannten Fällen entsprechend auch greifen, wenn die Publizitätspflichten und Handelsbedingungen der Delegierte VO (EU) Nr. 2016/1052 eingehalten werden.[109] Nach anderer Ansicht soll es in Betracht kommen, diese „Handlungen, die einer *Safe-Harbour*-Gestaltung (sehr) nahekommen, als zulässige Marktpraxis anzuerkennen" (Art. 13 MAR).[110] Dieser Umweg bedarf jedoch der Anerkennung durch die zuständige nationale Behörde und bewirkt keine einheitliche zulässige Marktpraxis für den gesamten EWR. Die BaFin hat bislang davon keinen Gebrauch

---

**108** *Singhof/Weber* AG 2005, 549, 555; *Mock* in KK-WpHG, 2. Aufl. 2013, § 20 a – Anh. II VO 2273/2003 Art. 3 Rn. 2; *Oechsler* in MünchKomm/AktG, 4. Aufl. 2016, § 71 Rn. 348.

**109** Vgl. *Singhof/Weber* AG 2005, 549, 555 („erweiternd auslegen"); ähnlich *Feuring/Berrar* in: Habersack/Mülbert/Schlitt, Unternehmensfinanzierung am Kapitalmarkt, 4. Aufl. 2019, Rn. 39.86 Fn. 139; a. A. *Klöhn* in: Klöhn, Marktmissbrauchsverordnung, 2018, Art. 5 Rn. 35; *Mülbert* in: Assmann/U.H. Schneider/Mülbert, Wertpapierhandelsrecht, 7. Aufl. 2018, Art. 5 VO Nr. 596/2014 Rn. 57.

**110** *Mülbert* in: Assmann/U.H. Schneider/Mülbert, Wertpapierhandelsrecht, 7. Aufl. 2018, Art. 5 VO Nr. 596/2014 Rn. 12, 111.

gemacht, und auch in anderen Mitgliedstaaten wird dies nur restriktiv genutzt.[111] Auch sind die Kapitalmärkte jedenfalls der großen westeuropäischen Mitgliedstaaten mittlerweile so verzahnt und angeglichen, dass eine unterschiedliche nationale Marktpraxis in aller Regel weder zu rechtfertigen noch mit dem europäischen Binnenmarkt vereinbar ist. Es erscheint widersinnig, über nationale „Einzellösungen" einen Konflikt mit dem ebenfalls auf europäischem Fundament ruhenden Aktienrecht aufzulösen, der für alle Mitgliedstaaten gleich ist. Um die verbleibende Rechtsunsicherheit zu beseitigen, sollte der *Safe Harbour* angepasst werden.

*b) Einsatz von Derivaten.* Bemerkenswert ist auch, dass Aktienrückkaufprogramme in Form derivativer Finanzinstrumente nicht mehr von der Delegierten VO (EU) Nr. 2016/1052 erfasst sind und damit insbesondere nicht mehr unter den *Safe Harbour* fallen.[112] Dies war unter den Regelungen der VO (EU) Nr. 2273/2003 noch anders, wenngleich die Bestimmungen im Einzelnen nicht ausgereift und lückenhaft waren.[113] ESMA sah sich zu der Beschränkung des *Safe Harbour* einerseits durch den Wortlaut der Art. 5 Abs. 1 und 3 sowie Art. 3 Abs. 1 Nr. 17 MAR veranlasst, die im Zusammenhang mit Aktienrückkaufprogrammen nur von „Aktien" sprechen, während „verbundene Instrumente" nur im Zusammenhang mit Stabilisierungsmaßnahmen erwähnt werden (Art. 5 Abs. 4 und Art. 3 Abs. 2 lit. d) MAR); hieraus folge auch nach Art. 5 Abs. 6 MAR kein weitergehendes Mandat.[114] Andererseits ist ESMA der Überzeugung, dass Finanzderivate nicht für einen *Safe Harbour* geeignet seien, weil sich Preis- und Volumenbegrenzungen insoweit nur schwer überwachen ließen, sie den Transparenzanforderungen potentiell zuwiderliefen und mit ihnen eine Umgehung des Verbots des Marktmanipulation relativ leicht vorstellbar sei. Ihre Komplexität und besonderen Ausgestaltungsmerkmale sowie ihre Abhängigkeit von zahlreichen Faktoren machten

---

**111** Dies hat aber die französische Autorité des Marchés Financiers für Rückkaufprogramme getan; *Mülbert* in: Assmann/U.H. Schneider/Mülbert, Wertpapierhandelsrecht, 7. Aufl. 2018, Art. 5 VO Nr. 596/2014 Rn. 111.

**112** Vgl. Erwägungsgrund 2 Delegierte VO (EU) Nr. 2016/1052: „...sollte die Ausnahme...auf den tatsächlichen Handel mit eigenen Aktien beschränkt sein und nicht für Transaktionen mit Finanzderivaten gelten."

**113** Vgl. Erwägungsgrund Nr. 8 der VO (EU) Nr. 2273/2003: „...kann in Form derivativer Finanzinstrumente erfolgen."; s. dazu auch *Mock* in KK-WpHG, 2. Aufl. 2013, § 20a – Anh. II VO 2273/2003 Art. 2 Rn. 9ff.

**114** Vgl. ESMA, Final Report: Draft technical standards on the Market Abuse Regulation, 28 September 2015, ESMA/2015/1455, Rn. 15; *Cahn* in Spindler/Stilz AktG, 4. Aufl. 2019, § 71 Rn. 171.

ihren Einsatz für Aktienrückkaufprogramme letztlich fragwürdig („*not appropriate*").[115]

*aa)* Gegenüber der bisherigen Rechtslage mutet dies wie ein Rückschritt an. Gewiss machen Komplexität und Eigenschaften der Finanzderivate eine darauf bezogene *Safe Harbour*-Regelung nicht einfach. Sie deshalb hiervon völlig auszuschließen, erscheint jedoch nicht richtig. Gesellschaftsrechtlich anerkannt ist, dass der Einsatz von Finanzderivaten eine sinnvolle Ergänzung bei der Durchführung von Aktienrückkaufprogrammen darstellen kann.[116] Sie ermöglichen größere Flexibilität und die Reduzierung von Kosten über die Vereinnahmung von Optionsprämien oder das „Einloggen" von Erwerbspreisen – also Planungssicherheit – in steigenden Märkten.[117] Entsprechend gehören die Ermächtigungen für den Einsatz von Finanzderivaten für den Rückkauf eigener Aktien nach wie vor zum Standardprogramm der Hauptversammlungen deutscher Aktiengesellschaften.[118] Tatsächlich ist ihre – auch zuvor bereits eher selten zu beobachtende – Ausnutzung seit Inkrafttreten der MAR völlig zum Erliegen gekommen. Der Praxis ist die Aussicht, dass derlei Gestaltungen außerhalb des Anwendungsbereichs des *Safe Harbour* für Rückkaufprogramme im Einzelfall am Marktmanipulationsverbot der Art. 12, 15 MAR zu messen sind, zu ungewiss. Diese Entwicklung ist bedenklich, da die erhebliche Rechtsunsicherheit sinnvolle Gestaltungsvarianten nicht nur erheblich beeinträchtigt, sondern faktisch ausschließt.[119] *De lege ferenda* wäre daher wünschenswert, wenn noch einmal der Versuch unternommen würde, die nach altem Recht insoweit bestehenden Vorgaben (vgl. VO (EU) Nr. 2273/2003) für einen *Safe Harbour* weiterzuentwickeln. Ein *Safe Harbour* mit einem zunächst eingeschränkten, aber weiterentwickelbaren Anwendungsbereich ist allemal besser als gar kein *Safe Harbour*.

*bb)* Als Ausgangspunkt enthalten die üblichen Formulierungen der Hauptversammlungsermächtigungen bereits zahlreiche Eingrenzungen, die einen engen gesellschaftsrechtlichen Rahmen vorgeben. Zu nennen sind die erforderlichen Preiskorridore sowohl für die Erwerbspreise für die Derivate (Derivatprämie)[120]

---

**115** ESMA, Final Report: Draft technical standards on the Market Abuse Regulation, 28 September 2015, ESMA/2015/1455, Rn. 16. Zu den Ausgestaltungsmöglichkeiten s. nur *Ihrig* FS Ulmer, 2003, S. 829.

**116** Ausführlich zum Einsatz von Derivaten *Cahn* in Spindler/Stilz, AktG, 4. Aufl. 2019, § 71 Rn. 185 ff.; *Cahn* in Bayer/Habersack, Aktienrecht im Wandel, Bd. II, 2007, S. 763, 796 ff.

**117** IOSCO Report on „Stock Repurchase Programs", February 2004, S. 20; s. auch *Bezzenberger* ZHR 180 (2016), 8, 29.

**118** Dazu näher *Johannsen-Roth* ZIP 2011, 407.

**119** Allgemein vor einer „Gefahr der Überschreckung" warnt auch *Schmolke* AG 2016, 434, 445.

**120** Vgl. dazu *Bezzenberger* ZHR 180 (2016), 8, 38 f.

selbst als auch die Erwerbspreise für die Aktien bei Ausübung der Derivate (Ausübungspreis)[121]. Zudem finden sich üblicherweise engere zeitliche und volumenmäßige Begrenzungen als bei einem direkten Aktienrückkauf. Die Laufzeit der einzelnen Derivate darf häufig 18 Monate nicht übersteigen und muss so bestimmt werden, dass der Aktienerwerb in Ausübung der Derivate spätestens am Ende der Laufzeit der Ermächtigung stattfindet. Auf diese Weise wird sichergestellt, dass Verpflichtungen aus den einzelnen Derivatgeschäften wirtschaftlich und zeitlich angemessen begrenzt werden. Die Aktienerwerbe unter Einsatz von Derivaten sind außerdem regelmäßig auf Aktien im Umfang von höchstens 5% (statt 10%) des zum Zeitpunkt der Beschlussfassung der Hauptversammlung über diese Ermächtigung vorhandenen Grundkapitals oder – falls dieser Wert geringer ist – des zum Zeitpunkt der Ausübung der vorliegenden Ermächtigung bestehenden Grundkapitals beschränkt. Dadurch wird unterstrichten, dass der Aktienrückkauf unter Einsatz von Derivaten nur eine ergänzende, subsidiäre Funktion haben soll.[122]

*cc)* Damit soll nicht – wie ehedem in der KuMaKV – argumentiert werden, dass die Einhaltung der gesellschaftsrechtlichen Vorgaben zugleich die kapitalmarktrechtliche Zulässigkeit des Rückkaufs bewirkt. Weitergehende kapitalmarktrechtliche Regelungen für eine *Safe-Harbour*-Regelung sind in Anlehnung an die bestehenden Vorschriften erforderlich:

*(1)* Was die von der ESMA besorgte Komplexität und den Gestaltungsreichtum der Finanzinstrumente betrifft, wäre es beispielsweise denkbar, kapitalmarktrechtlich (zunächst) nur bestimmte enumerativ aufgeführte, standardisierte Grundformen der Derivate in den *Safe Harbour* aufzunehmen, die ausschließlich physisch in Aktien erfüllbar sind. In Betracht kommen v.a. der auch in den üblichen Ermächtigungstexten genannte Erwerb von Kaufoption (*call option*), die Veräußerung von Verkaufsoptionen (*put option*), die Kombination aus beidem sowie die Vereinbarung eines Terminkontrakts (*future*).[123] Dies entspricht auch den üblichen Festlegungen in den HV-Ermächtigungen. Darüber hinaus könnten weitere Gestaltungseinschränkungen erwogen (z.B. europäische Option vs. amerikanische Optionen; keine Fälligkeit länger als drei Monate) und damit eine Standardisierung vorgegeben werden, so dass nur an Börsen handelbare Derivate (und keine OTC vereinbarten Derivate) in den *Safe Harbour* fielen. Diese Eingrenzung könnte ggf. sukzessive ausgeweitet werden, nachdem entsprechende Erfahrungen gesammelt werden konnten.

---

**121** Vgl. dazu *Bezzenberger* ZHR 180 (2016), 8, 41ff.

**122** *Johannsen-Roth* ZIP 2011, 407, 414.

**123** So bereits IOSCO Report on „Stock Repurchase Programs", February 2004, S. 5, 20. Zu den Grundformen s. auch *Cahn* in Spindler/Stilz AktG, 4. Aufl. 2019, § 71 Rn. 186ff.

*(2)* Denkbar wäre auch, die Einbindung eines Wertpapierdienstleistungsunternehmens in die Durchführung des derivativen Aktienerwerbs – ähnlich der Einsetzung eines Stabilisierungsmanagers – als verpflichtend für die Verbotsausnahme anzusehen. Dies bietet sich ohnehin an, um dem aktienrechtlichen Gleichbehandlungsgrundsatz (§ 53a AktG) Genüge zu tun. Praktisch wird das Unternehmen Kaufoptionen auf eigene Aktien nur von einem Finanzdienstleister (und nicht von den Aktionären) erwerben können. Mit dem Gleichbehandlungsgrundsatz lässt sich dies dadurch vereinbaren, dass der Finanzdienstleister sich gegenüber der Gesellschaft vertraglich verpflichtet, die zur Erfüllung der Option benötigten Aktien über die Börse (also unter Wahrung des Gleichbehandlungsgrundsatzes) zu beschaffen.[124] Darüber hinaus könnte der Finanzdienstleister verpflichtet werden, diese Aktienrückkäufe selbst nur innerhalb der Handelsbedingungen und -transparenz des *Safe Harbour* für direkte (tatsächliche) Aktienrückkäufe vorzunehmen.[125] Als reguliertes Unternehmen unterläge es hinsichtlich seiner Handelsaktivitäten nach § 26 MiFIR auch einer umfassenden Transaktions-Meldepflicht gegenüber der Wertpapieraufsicht.

*(3)* Hinsichtlich der Handelsbedingungen enthielt Art. 5 Abs. 1 Satz 3 VO (EU) Nr. 2273/2003 bereits praktikable Vorgaben: Sofern der Emittent zum Kauf eigener Aktien derivative Finanzinstrumente einsetzte, so durfte der „Basispreis" dieser Derivate nach Art. 5 Abs. 1 Satz 3 VO (EU) Nr. 2273/2003 nicht über dem Kurs des letzten unabhängigen Abschlusses oder (sollte dieser höher sein) über dem Kurs des derzeit höchsten unabhängigen Angebots liegen. Dies galt für Call- und Put-Optionen sowie die Kombination beider Instrumente.[126] Abzustellen war auf den Börsenhandelstag, an dem das Optionsgeschäft abgeschlossen wurde. Als Basispreis war der bei Ausübung der Option zu zahlende Kaufpreis anzusehen.[127] Nicht in Ansatz zu bringen war folglich die gesamte Gegenleistung, d. h. neben dem Basispreis auch der aktuelle Wert des Optionsrechts selbst.[128] Kapital-

---

**124** *Cahn* in Spindler/Stilz, AktG, 4. Aufl. 2019, § 71 Rn. 188, der insoweit auch zu Recht auf die Wertung des § 186 Abs. 5 AktG verweist.

**125** Ein von der *Autorité des Marchés Financiers* (AMF) eingeleitetes Konsultationsverfahren sah vor, dass der Stillhalter einer Put Option keine Aktienkäufe vornehmen dürfe, die gegen die allgemeinen *Safe Harbour*-Bestimmungen verstoßen (Preis, Volumen, Zeitpunkt); s. *Singhof/Weber* AG 2005, 549, 560.

**126** *Singhof/Weber* AG 2005, 549, 559.

**127** Zu den Grundbegriffen s. *Bezzenberger* ZHR 180 (2016), 8, 29 ff.

**128** *Singhof/Weber* AG 2005, 549, 559; s. zum gesellschaftsrechtlichen Meinungsstreit über den Gegenwert eigener Aktien beim Erwerb mit Hilfe von Kaufoptionen *Bezzenberger* ZHR 180 (2016), 8, 31 ff.; *Cahn* in Spindler/Stilz AktG, 4. Aufl. 2019, § 71 Rn. 190 ff.

marktrechtlich sollte es möglich sein, das bei Abschluss des Optionsgeschäfts bestehende Preisniveau zu sichern.[129] Dies erscheint nach wie vor praktikabel.

*(4)* Besonderer Regelung bedürfte auch, ob und inwiefern der (parallele) Rückkauf über derivative Finanzinstrumente bei dem zulässigen (täglichen) Rückkaufvolumen zu berücksichtigen ist. Hierfür könnte entweder auf den Zeitpunkt des Abschlusses oder auf den Zeitpunkt der Optionsausübung abgestellt werden. Teilweise wird angenommen, bereits der schuldrechtliche Abschluss des Optionsgeschäfts sei relevant, weil er potentiell einen negativen Markteinfluss haben könne. Die Beschränkung des Rückkaufvolumens würde dadurch unterlaufen, dass die Gegenparteien Hedging-Aktivitäten entfalten, um ihre Risikoposition abzusichern. Somit würden durch Geschäfte Dritter größere Handelsumsätze in der Aktie gemacht, als nach den *Safe Harbour*-Bestimmungen eigentlich vorgesehen ist.[130] Ob die Gesellschaft aus den Optionsgeschäften tatsächlich Aktien erwirbt oder erwerben muss, steht zu diesem Zeitpunkt jedoch noch nicht fest. Es sollte daher genügen, auf die Möglichkeit erhöhter Umsätze als Reaktion auf Optionsgeschäfte durch die Offenlegung der abgeschlossenen Optionsgeschäfte hinzuweisen.[131] Durch eine parallele kapitalmarktrechtliche Volumenbegrenzung im Rahmen eines *Safe Harbours* könnten der ergänzende Charakter des Einsatzes von Derivaten betont und mögliche Kurseinwirkungen aufgrund *Hedging*-Aktivitäten von Stillhaltern[132] von vornherein begrenzt werden. Erst bei Optionsausübung erwirbt die Gesellschaft selbst ihre Aktien; diese Geschäfte sind daher an den jeweiligen Handelstagen in das Rückkaufvolumen einzubeziehen.[133] Dies ist nicht problematisch, wenn der Emittent Call-Optionen ausübt und gleichzeitig auch über die Börse Aktien kauft. Hier kann er das Gesamtvolumen ohne weiteres steuern. Dient demgegenüber der Inhaber einer Put-Option die Aktien an, muss die Gesellschaft erwerben. Da offen ist, ob die Optionsberechtigten an den einzelnen Handelstagen auch ihre Option ausüben, kann es bei gleichzeitigen Aktienkäufen über die Börse in der Gesamtschau zu Überschreitungen des Gesamtvolumens kommen. Der *Safe Harbour* könnte aber auch so ausgestaltet werden, dass solche temporären Überschreitungen, die vom Emittenten nicht unmittelbar beeinflussbar sind, noch in seinen Anwendungsbereich

---

**129** *Singhof/Weber* AG 2005, 549, 559. Zum Aktienrecht s. *Bezzenberger* ZHR 180 (2016), 8, 38 f.
**130** Zu Vorstehendem s. IOSCO Report on „Stock Repurchase Programs“, February 2004, S. 20 f.
**131** *Singhof/Weber* AG 2005, 549, 560; Hedging-Aktivitäten Dritter generell außer Betracht lassend *Mock* in KK-WpHG, 2. Aufl. 2013, § 20a – Anh. II VO 2273/2003 Art. 5 Rn. 12.
**132** Dazu IOSCO Report on „Stock Repurchase Programs“, February 2004, S. 20 f.
**133** *Singhof/Weber* AG 2005, 549, 560; *Mock* in KK-WpHG, 2. Aufl. 2013, § 20a – Anh. II VO 2273/2003 Art. 5 Rn. 11.

fallen.[134] Andererseits könnte der Umstand, dass die Put-Option „im Geld" und dadurch eine Ausübung für den Inhaber lukrativ ist, die Gesellschaft verpflichten, einen parallelen direkten Aktienrückerwerb anteilig zu reduzieren. Auch die oben erwähnte Gestaltungseinschränkung könnte insoweit zur Steuerung zu großer Handelsvolumens genutzt werden: Sofern ein fester Termin oder ein Zeitfenster für die Ausübung der Put-Option vorgegeben wird (europäische Option), könnte während dieses Zeitraums eine Handelsbeschränkung für direkte Aktienkäufe bestehen. Unabhängig davon sollten in Anlehnung an bestehende Handelsbeschränkungen Call-Optionen durch die Gesellschaft in *closed periods* nicht ausgeübt werden können.

*(5)* Erforderlich wären außerdem besondere Transparenzvorschriften für Derivate. Trotz spezifischer, auf Derivate bezogener Handelsbedingungen enthielten die Transparenzvorschriften der VO (EU) Nr. 2273/2003 hierfür keine besonderen Regeln. Natürlich war gleichwohl davon auszugehen, dass die Bekanntgabepflichten auf Derivate entsprechende Anwendung fanden.[135] Die Ausgestaltung dieser Instrumente kann es jedoch mit sich bringen, dass die Offenlegung etwas komplexer ausfallen muss. Dies sollte in eigenen Regelungen für Derivate zum Ausdruck kommen. Insbesondere sollte sowohl der Abschluss des Derivats mit dem entsprechenden (Options-)Preis als auch die Ausübung des Derivats (als Aktienerwerb insoweit auch den bestehenden Regelungen folgend) offen zu legen sein (*disclosure option underwritten and exercised*).[136]

*c) Safe Harbour für den Rückerwerb anderer Finanzinstrumente.* Wünschenswert wäre schließlich auch, wenn für den Rückerwerb anderer Finanzinstrumente über die Börse, also insbesondere von Anleihen und Genussrechten, ein eigener Ausschlusstatbestand geschaffen würde. Wenngleich im Schuldverschreibungsgesetz nicht ausdrücklich genannt, ist der Rückkauf als Restrukturierungsmittel für Anleihen grundsätzlich anerkannt. Teilweise wird insoweit vertreten, dass ein Verstoß gegen die Art. 14, 15 MAR nicht vorliegt, wenn die Vorgaben des Art. 5 Abs. 1 MAR weitgehend eingehalten werden.[137] Hinsichtlich der erforderlichen Transparenz, der Preisgrenzen[138] und der Handelsbeschränkungen sollte auch

**134** Ähnlich *Singhof/Weber* AG 2005, 549, 560 auf Grundlage der VO (EU) Nr. 2273/2003; restriktiver *Mock* in KK-WpHG, 2. Aufl. 2013, § 20a – Anh. II VO 2273/2003 Art. 5 Rn. 13.

**135** *Singhof/Weber* AG 2005, 549, 556.

**136** Noch offen gelassen in IOSCO Report on „Stock Repurchase Programs", February 2004, S. 21 f., 24 f.

**137** Zum alten Recht *Mock* in KK-WpHG, 2. Aufl. 2013, § 20a Rn. 382 ff.; wohl auch *Klöhn* in: Klöhn, Marktmissbrauchsverordnung, 2018, Art. 5 Rn. 23.

**138** Insoweit hält *Mock* in KK-WpHG, 2. Aufl. 2013, § 20a Rn. 385 Sonderregeln bei den Preisgrenzen für Wandel- und Optionsanleihen für erforderlich (Erwerbspreis für die Anleihe geteilt

weitgehend Übereinstimmung mit dem bestehenden *Safe Harbour* für Aktienrückkäufe bestehen. Bei näherem Zusehen zeigt sich jedoch auch, dass insbesondere die auf Aktien zugeschnittenen Handelsbedingungen nicht ohne weiteres übertragbar sind. Nicht zuletzt aufgrund dieser Unsicherheit ist das öffentliche Rückerwerbsangebot das Mittel der Wahl für Anleiherückkäufe.[139] Um der Praxis ein weiteres taugliches Instrument für den Rückerwerb an die Hand zu geben, sollte daher ein eigener *Safe Harbour* etabliert werden. Dieser kann im Vergleich zum Safe Harbour für Aktienrückkäufe – den Besonderheiten der Anleihen entsprechend – weiter oder enger gefasst sein. So dürfte die Begrenzung des Erwerbs auf täglich höchstens 25% des durchschnittlichen täglichen Umsatzes dazu führen, dass sich ein Anleiherückkaufprogramm zu lange hinzöge und damit für den Emittenten unattraktiv wäre.[140] Angesichts der in der Regel niedrigeren Liquidität von Anleihen müsste daher eher die für Aktien nicht mehr bestehende Ausnahmeregel von 50% des durchschnittlichen täglichen Umsatzes die Richtschnur für das zulässige Höchstvolumen darstellen. Da Anleihen ohnehin in aller Regel mit einer Laufzeitbegrenzung versehen sind, sollte mit dem Rückkauf im „sicheren Hafen" andererseits nur der Zweck verfolgt werden können, dass Schuldner- und Gläubigerstellung in der Person des Emittenten zusammenfallen (Einreichung bei der Emissionsstelle zur Entwertung).[141] Auch wenn die Anleihebedingungen regelmäßig vorsehen, dass der Emittent als Rückkäufer den zurückgekauften Teil der Anleihe behalten oder weiterveräußern kann,[142] dürfte die praktische Relevanz solcher Rückkäufe, die lediglich zum Gläubigerwechsel, nicht aber zur Entschuldung des Emittenten führen, relativ gering sein. Dies und der vergleichsweise stärkere Eingriff in einen (u.U. deutlich) illiquideren Markt rechtfertigt bei Anleiherückkäufen – anders als bei Aktienrückkaufprogrammen – eine entsprechende Zweckbindung (s. oben V. 2.a)).[143]

---

durch die Anzahl der beziehbaren Aktien nicht über dem Kurs für die eigenen Aktien). Dies erscheint fraglich, weil es bei dem Rückkauf durch den Emittenten gerade nicht zum Bezug von Aktien kommen kann und der Rückkauf zudem typischerweise dann attraktiv ist, wenn die Wandel- und Optionsanleihen nicht „im Geld" sind und sich der Emittent vorzeitig von der Rückzahlungspflicht am Laufzeitende befreien will. Umgekehrt dürfte sich der Kurs einer „im Geld" befindlichen Wandelanleihe ohnehin an den aktuellen Kurs der beziehbaren Aktien annähern.

**139** Insoweit nach altem Recht krit. *Mock* in KK-WpHG, 2. Aufl. 2013, § 20a Rn. 383.

**140** So auch *Bredow/Sickinger/Weinand-Härer/Liebscher* BB 2012, 2134, 2137.

**141** Nur für Wandel- und Optionsanleihen dagegen *Mock* in KK-WpHG, 2. Aufl. 2013, § 20a Rn. 385.

**142** *Oulds* in Veranneman, SchVG, 2. Aufl. 2017 § 4 Rn. 38.

**143** Nach altem Recht a. A. *Mock* in KK-WpHG, 2. Aufl. 2013, § 20a Rn. 383f., 386.

Alexander Hellgardt

# Kapitalmarktdeliktsrecht

## Zugleich ein Lehrstück über die Widerstandsfähigkeit des nationalen Rechts gegenüber europäischen Vorgaben

## I. § 15 Abs. 6 WpHG 1995 als Geburtsfehler der Sekundärmarkthaftung

### 1. Die Verlagerung der Ad-hoc-Publizität ins Wertpapierhandelsrecht

Die Ad-hoc-Publizität ist eine genuin europäische Erfindung. Dies gilt einerseits im transatlantischen Vergleich, denn trotz ihrer internationalen Vorbildfunktion[1] kennt die US-amerikanische *Securities Regulation* keine allgemeine Pflicht, wesentliche kursrelevante Informationen zeitnah zu veröffentlichen.[2] Andererseits geht die Ad-hoc-Publizität von Anfang an auf europarechtliche Vorgaben zurück, ursprünglich auf die Börsenzulassungsrichtlinie von 1979.[3] Später verwies dann Art. 7 der Insiderrichtlinie[4] auf diese Veröffentlichungspflicht und weitete ihren Anwendungsbereich aus. Damit wandelte sich die Ad-hoc-Publizität von einer Ergänzung der Regelpublizität zu einem Instrument der Insiderhandelsbekämpfung. Dies war Anlass für den deutschen Gesetzgeber, die Veröffentlichungspflicht 1995 in das neu geschaffene WpHG zu verlagern.[5] Auch das deutsche Ka-

1 Dazu *Hopt* FS Canaris, 2007, Bd. 2, S. 105, 120 ff.

2 *Choi/Pritchard*, Securities Regulation, 4. Aufl. 2015, S. 239; *Cox/Hillman/Langevoort*, Securities Regulation, 5. Aufl. 2017, S. 722; *Hazen*, The Law of Securities Regulation, 7. Aufl. 2016, Vol. 3, S. 758. Teilweise enthalten aber die Börsenordnungen entsprechende Publizitätspflichten, dazu *Hazen*, The Law of Securities Regulation, 7. Aufl. 2016, Vol. 4, S. 360 f.; *Loss/Seligman/Paredes*, Securities Regulation, 5. Aufl. 2015, Vol. IV, S. 336.

3 Richtlinie des Rates vom 5.3.1979 zur Koordinierung der Bedingungen für die Zulassung von Wertpapieren zur amtlichen Notierung an einer Wertpapierbörse (79/279/EWG), ABl. EG Nr. L 66, S. 21. Siehe dort Schema C Nr. 5a) und Schema D Nr. 4a).

4 Richtlinie des Rates vom 13.11.1989 zur Koordinierung der Vorschriften betreffend Insider-Geschäfte (89/592/EWG), ABl. EG Nr. L 334, S. 30.

5 Begr. RegE 2. FMFG, BT-Drucks. 12/6679, S. 48.

https://doi.org/10.1515/9783110632323-034

pitalmarktdeliktsrecht,[6] speziell die Sekundärmarkthaftung, verdankt sich in wesentlicher Hinsicht europarechtlichen Vorgaben. Bis heute wird dieser Umstand in Deutschland allerdings häufig ignoriert. Die Sekundärmarkthaftung ist ein schönes Anschauungsbeispiel für die Beharrungskräfte einer nationalen Rechtsordnung, die im deliktischen Bereich[7] einer Haftung für reine Vermögensschäden skeptisch gegenübersteht.

Während der ursprünglich zur Umsetzung der Börsenzulassungsrichtlinie erlassene § 44a BörsG von der h. L. als Schutzgesetz i. S. v. § 823 Abs. 2 BGB qualifiziert wurde,[8] wobei es allerdings nicht zu praktischen Anwendungsfällen gekommen ist,[9] legte der Gesetzgeber des 2. Finanzmarktförderungsgesetzes – ohne dass insoweit eine europarechtliche Änderung im Raum stand – bei der Übernahme in das WpHG in der ursprünglichen Fassung von § 15 Abs. 6 WpHG fest, dass die Ad-hoc-Publizität kein Schutzgesetz sei, sondern bei Verstößen allenfalls eine zivilrechtliche Haftung nach § 826 BGB in Betracht komme.[10] Die Geburtsstunde des WpHG bedeutete daher zugleich einen wesentlichen Rückschlag für die damals noch im Entstehen begriffene Sekundärmarkthaftung. Die Vereinbarkeit von § 15 Abs. 6 WpHG mit den europarechtlichen Vorgaben[11] wurde dabei nicht thematisiert.

---

**6** Unter Kapitalmarktdeliktsrecht soll im Folgenden die Gesamtheit der deliktischen Haftungstatbestände für fehlerhafte Kapitalmarktpublizität am Primär- und Sekundärmarkt verstanden werden, seien sie spezialgesetzlich niedergelegt oder allgemeine Tatbestände des BGB. Ausführlich zu den Rechtsgrundlagen *Hellgardt*, Kapitalmarktdeliktsrecht, 2008, S. 9 ff. Dass die Haftungstatbestände am Kapitalmarkt deliktisch zu qualifizieren sind, entspricht inzwischen der ganz h.M. und wird hier nicht weiter diskutiert.

**7** Interessanterweise treten gerade die Verfechter einer engen Auslegung des Deliktsrechts (siehe beispielhaft zu § 823 Abs. 2 BGB *Canaris* 2. FS Larenz, 1983, S. 27, 48) für eine „Vertrauenshaftung zwischen Vertrag und Gesetz" ein, die eine Fahrlässigkeitshaftung für reine Vermögensschäden begründen soll; grundlegend *Canaris*, Vertrauenshaftung, 1971.

**8** *Assmann* ZGR 1994, 494, 529 mit Fn. 136; *Baumbach/Hopt*, HGB, 29. Aufl. 1995, § 44a BörsG Rn. 1; *Schwark* NJW 1987, 2041, 2045.

**9** Lediglich obiter dictum und ohne eindeutiges Ergebnis beschäftigt sich BGHZ 139, 225, 232 f. nach Erlass von § 15 Abs. 6 WpHG mit der Schutzrichtung von § 44a BörsG.

**10** Bericht des Finanzausschusses zum 2. FMFG, BT-Drucks. 12/7918, S. 102. Die dort gegebene Begründung, eine Schadensersatzpflicht müsse ausgeschlossen werden, um Sanierungsmaßnahmen bei in wirtschaftlichen Schwierigkeiten befindlichen Emittenten abzuwenden, überzeugt nicht. Hier hätte die Statuierung eines insolvenzrechtlichen Nachrangs genügt; ausführlich *Hellgardt* (Fn. 6), S. 407 ff.

**11** Auf diese verweist zwar Begr. RegE 2. FMFG, BT-Drucks. 12/6679, S. 48, die Regelung des § 15 Abs. 6 WpHG war aber im Regierungsentwurf noch nicht enthalten und wurde erst später durch den Finanzausschuss des Bundestags eingefügt.

## 2. Der Zusammenbruch des Neuen Marktes

Die Frage wurde virulent, nachdem es fünf Jahre nach Inkrafttreten der Neuregelung am sogenannten „Neuen Markt“ der Frankfurter Wertpapierbörse zu massenhaften Verstößen gegen § 15 WpHG gekommen war.[12] Die Ad-hoc-Publizität erwies sich als das perfekte Marketinginstrument für eigentlich nicht börsenreife Startup-Unternehmen aus der Frühphase des Internets, teils auch für reine Betrugsunternehmen.[13] Dem Gesetzgeber ist insoweit zugute zu halten, dass ein derart weitreichender „Börsenschwindel“, der auch zu einer Reihe strafrechtlicher Verurteilungen führte, seit dem 19. Jahrhundert nicht mehr aufgetreten war. Ein Vertragsverletzungsverfahren[14] wegen mangelhafter Durchsetzung der Börsenzulassungsrichtlinie dürfte insbesondere deshalb ausgeblieben sein, weil die Bundesregierung bereits im Spätsommer 2001[15] den Entwurf eines 4. Finanzmarktförderungsgesetzes auf den Weg brachte, der mit §§ 37b, 37c WpHG zwei maßgeschneiderte Spezialtatbestände der Haftung für fehlerhafte Ad-hoc-Publizität geschaffen hat (dazu sogleich unter II.1.). Für die Aufarbeitung des Neuen Marktes kamen die neuen Normen allerdings zu spät. Sie erfolgte allein nach § 826 BGB,[16] auf dessen Grundlage der BGH ein eigenständiges Gebäude der Informationshaftung errichtete.[17] Dabei stellte der Gerichtshof maßgeblich auf die Verletzung der Entscheidungsfreiheit der Anleger ab[18] und setzte infolgedessen die Anforderungen an den Nachweis der haftungsbegründenden Kausalität derart hoch an, dass sie mit dem unionsrechtlichen Effektivitätsgebot nicht zu vereinbaren sind.[19] Die Frage einer unionsrechtskonformen Korrektur von § 15 Abs. 6 WpHG stellte sich der BGH nicht.[20]

---

**12** Dazu *Hellgardt* (Fn. 6), S. 28 f. m. w. N.

**13** So hatte etwa der Vorstand der Comroad AG über 90 Prozent der gemeldeten Umsätze frei erfunden; vgl. OLG München NZG 2005, 679.

**14** Eine entsprechende Beschwerde bei der Kommission wurde zwar erhoben (vgl. *von Frenz*, Nun wird der Neue Markt ein Fall für Brüssel, 24. 8. 2001, https://www.manager-magazin.de/finanzen/artikel/a-151732.html). Der Beschwerdeführer selbst kann heute aber nicht mehr sagen, ob und ggf. wie die Beschwerde beschieden wurde; so *Rotter* in einer E-Mail an den Verf. vom 25. 4. 2019.

**15** Der Diskussionsentwurf datiert vom 3. 9. 2001, der Regierungsentwurf vom 14. 11. 2001.

**16** Grundlegend die Infomatec-Urteile BGHZ 160, 134; 160, 149 und BGH NJW 2004, 2668. Siehe außerdem BGH ZIP 2005, 1270 (EM.TV). Wichtige Vorarbeiten im Gutachten von *Möllers/Leisch* WM 2001, 1648.

**17** *Fleischer* ZIP 2005, 1805.

**18** Zum daran anknüpfenden Streit über das richtige Verständnis der Sekundärmarkthaftung instruktiv *Hopt/Voigt* in dies., Prospekt- und Kapitalmarktinformationshaftung, 2005, S. 9, 133 ff.

**19** Ausführlich *Hellgardt* AG 2012, 154, 160 f.

**20** Allerdings hatte das BVerfG die Auffassung, § 15 WpHG sei ein Schutzgesetz i. S. v. § 823 Abs. 2 BGB als Verstoß gegen das Willkürverbot angesehen, BVerfG NJW 2003, 501, 502.

# II. Das 4. Finanzmarktförderungsgesetz und die Folgen

## 1. Die §§ 37b, 37c WpHG als dauerhaftes Provisorium

In Reaktion auf die Vorfälle am Neuen Markt entschied sich der Gesetzgeber für ein zweistufiges Vorgehen:[21] In einem vermeintlich ersten Schritt wurden im Rahmen des 4. Finanzmarktförderungsgesetzes mit §§ 37b, 37c WpHG Spezialvorschriften erlassen, die lediglich eine Emittentenhaftung für unterlassene oder falsche Ad-hoc-Mitteilungen vorsehen. Der Sache nach handelte es sich um einen Schnellschuss, der unter dem Schlagwort „krisenindiziertes Reformgesetz" zu verbuchen ist,[22] weil wesentliche Fragen wie die Schadensberechnung oder die Beweisanforderungen nicht geregelt wurden. Jedoch betonte der Gesetzgeber zur Absicherung gegen ein Vertragsverletzungsverfahren in der Gesetzesbegründung, dass sich an der Schutzrichtung von § 15 WpHG nichts geändert habe,[23] während die neuen Normen inhaltlich eine 180 Grad-Wende bedeuteten. In einem zweiten Schritt sollte sodann die Kapitalmarkthaftung umfassend neu geregelt werden und zwar in Anlehnung an die Forderungen der Regierungskommission Corporate Governance und des 64. Deutschen Juristentags[24] im Rahmen einer Generalklausel, die auch eine persönliche Organaußenhaftung umfassen sollte. Als verfahrensrechtliche Ergänzung war die Einführung eines Musterverfahrens geplant.[25]

Der zweite Schritt blieb allerdings aus, die als Provisorium gedachten §§ 37b, 37c WpHG wurden zur Dauerlösung, die in Form von §§ 97, 98 WpHG bis heute Bestand hat. Zwar legte das Bundesfinanzministerium im Herbst 2004 nahezu zeitgleich zur Verabschiedung des Anlegerschutzverbesserungsgesetzes, das die §§ 37b, 37c WpHG an das neue Insiderrecht und damit an die Vorgaben der Marktmissbrauchsrichtlinie[26] anpasste, einen Diskussionsentwurf für ein Kapi-

---

21 So die authentische Schilderung bei *Seibert* BB 2003, 693, 694.

22 *Fleischer* FS Priester, 2007, S. 75, 87.

23 Begr. RegE 4. FMFG, BT-Drucks. 14/8017, S. 87.

24 *Baums* (Hrsg.), Bericht der Regierungskommission Corporate Governance, 2001, Rn. 181 ff., 186; *Fleischer*, Gutachten F zum 64. DJT, 2002, S. F109 ff., F142; Ziff. 1.9 und 1.10 der Beschlüsse des 64. DJT, abgedruckt in NZG 2002, 1006.

25 Punkt 2 des sog. 10-Punkte-Programms „Unternehmensintegrität und Anlegerschutz", vgl. *Seibert* BB 2003, 693, 694 f.

26 Richtlinie 2003/6/EG des Europäischen Parlaments und des Rates vom 28.1.2003 über Insider-Geschäfte und Marktmanipulation (Marktmissbrauch), ABl. EU Nr. L 96, S. 16. Siehe dort Art. 6 Abs. 1.

talmarktinformationshaftungsgesetz (KapInHaG) vor. Dieser Entwurf[27] wies aber noch viele Ungenauigkeiten auf[28] und wurde kurze Zeit später zurückgezogen. Damit war das Projekt allerdings noch nicht vom Tisch. Vielmehr arbeitete das Ministerium unter Mithilfe eines abgeordneten wissenschaftlichen Mitarbeiters des Hamburger Max-Planck-Instituts an einer verbesserten Fassung, die im Frühjahr 2005 fertig gestellt wurde und eine generalklauselartige Sekundärmarkthaftung gebracht hätte. Dass dieser Entwurf niemals der Öffentlichkeit vorgestellt und von der Bundesregierung verabschiedet wurde, lag daran, dass Bundeskanzler *Schröder* am 22. Mai 2005 vorgezogene Neuwahlen ankündigte und die Bundesregierung in Anbetracht der von Seiten der Wirtschaft an dem ursprünglichen Diskussionsentwurf geäußerten Kritik[29] das Projekt in Wahlkampfzeiten nicht weiterverfolgen wollte.

Das ursprünglich nur als verfahrensrechtliche Ergänzung geplante KapMuG war bereits vor der Neuwahl-Entscheidung in den Bundestag eingebracht worden. Zudem bestand insoweit das praktische Bedürfnis, dem LG Frankfurt im Rahmen des Telekom-Falles verfahrensrechtliche Unterstützung zukommen zu lassen.

## 2. Die unterbliebene Umsetzung von Art. 7 Transparenzrichtlinie

Im Bereich der Sekundärmarkthaftung[30] wurde der verbesserte Entwurf von 2005 bislang nicht weiterverfolgt. Die ablehnende Haltung der ersten Großen Koalition unter Bundeskanzlerin *Merkel* manifestierte sich eindrucksvoll bei der Umsetzung der Transparenzrichtlinie.[31] Obwohl diese in Art. 7 ausdrücklich die Einführung einer Haftung für fehlerhafte Regelpublizität verlangt, was etwa in England zu einer vollständigen Reform der Sekundärmarkthaftung geführt hat,[32] wurde im

**27** Veröffentlich in NZG 2004, 1042.
**28** Ausführliche Kritik bei *Veil* BKR 2005, 91.
**29** Siehe z. B. FAZ, „BDI hält Managerhaftung für schädlich" vom 24.10.2004, https://www.faz.net/aktuell/wirtschaft/fuehrung-bdi-haelt-managerhaftung-fuer-schaedlich-1196558.html.
**30** Die Regelungen zur Primärmarkthaftung wurden hingegen in der Folgezeit in das WpPG verlegt und um weitere Tatbestände wie §§ 22a, 24a WpPG und § 22 VermAnlG ergänzt.
**31** Richtlinie 2004/109/EG des Europäischen Parlaments und des Rates vom 15.12.2004 zur Harmonisierung der Transparenzanforderungen in Bezug auf Informationen über Emittenten, deren Wertpapiere zum Handel auf einem geregelten Markt zugelassen sind, ABl. EU Nr. L 390, S. 38.
**32** Section 90 A Financial Services and Markets Act 2000 i.V.m. Schedule 10 A. Dazu ausführlich aus deutscher Sicht *Verse* RabelsZ 76 (2012), 893. Auch in Spanien wurde im Zuge der Richtlini-

Rahmen des TUG – trotz entsprechender Hinweise im Gesetzgebungsverfahren[33] – darauf verzichtet, das Thema Kapitalmarkthaftung anzugehen. Die Regelung des Art. 7 wurde weder umgesetzt noch in der Gesetzesbegründung[34] überhaupt erwähnt.

Das Ergebnis ist paradox: Dort, wo die europäischen Vorgaben nicht *ausdrücklich* eine Haftung verlangen,[35] existieren mit §§ 97, 98 WpHG (bzw. ihren Vorgängerregelungen in §§ 37b, 37c WpHG) besondere Haftungsvorschriften, während die explizite Vorgabe von Art. 7 Transparenzrichtlinie in Deutschland nicht umgesetzt wurde. Umstritten ist, ob sich daraus ein Unionsrechtsverstoß ergibt.[36] Zwar können unionsrechtliche Vorgaben grundsätzlich auch mittels allgemeiner Regelungen wie § 823 Abs. 2 BGB umgesetzt werden;[37] angesichts der weitreichenden Ignoranz hinsichtlich der Vorgaben von Art. 7 Transparenzrichtlinie[38] dürften diese Voraussetzungen vorliegend aber nicht erfüllt sein. So ist etwa nicht ersichtlich, dass im Zusammenhang mit dem „Diesel-Skandal" Klagen gegen die VW AG erhoben wurden gestützt auf den Vorwurf, dass die Jahresabschlüsse keine Rückstellungen für die milliardenschweren Risiken enthielten, die mit der Abgasmanipulation verbunden waren und sich in den vergangenen Jahren realisierten.[39]

---

enumsetzung ein neuer Haftungstatbestand geschaffen; *Brinckmann* in Veil, Europäisches Kapitalmarktrecht, 2. Aufl. 2014, S. 339, 370.

**33** *Mülbert*, Stellungnahme zum Entwurf eines Transparenzrichtlinie-Umsetzungsgesetzes vor dem Bundestag-Finanzausschuss, 14.10.2006, S. 9 f., http://webarchiv.bundestag.de/archive/2010/0304/bundestag/ausschuesse/a07/anhoerungen/2006/033/Stellungnahmen/14-Prof__Muelbert.pdf.

**34** RegE TUG, BT-Drucks. 16/2498.

**35** Die Pflicht zur Einführung einer Haftung kann sich aber aus allgemeinen unionsrechtlichen Grundsätzen ergeben; siehe unten Haupttext bei und Nachweise in Fn. 58.

**36** Für einen Verstoß etwa *Brinckmann* (Fn. 32), S. 371; *Möllers* AcP 208 (2008), 1, 29 f.; *Mülbert/Steup* NZG 2007, 761, 766; tendenziell auch *Veil* ZBB 2006, 132, 168 f.; a.A. *Hahn*, Regelpublizitätshaftung, 2018, S. 200 f.; wohl auch *Lenenbach*, Kapitalmarktrecht, 2. Aufl. 2010, Rz. 11.530.

**37** EuGH v. 17.10.1991, Rs. C-58/89, Slg. 1991, I-5019, 5023 Rn. 13 (Kommission v Deutschland).

**38** Nach Art. 7 Transparenzrichtlinie ist eine zivilrechtliche Haftung u. a. für den Jahresabschluss nach § 325 HGB bzw. § 114 WpHG erforderlich, was aber auch 15 Jahre nach Inkrafttreten in den Kommentierungen der deutschen Normen häufig nicht erwähnt bzw. für die Auslegung fruchtbar gemacht wird. Hinweise auf Art. 7 finden sich aber z. B. bei *Maier-Reimer/Seulen* in Habersack/Mülbert/Schlitt, Handbuch der Kapitalmarktinformaiton, 2. Aufl. 2013, § 30 Rn. 208; *Mock* in KK-WpHG, 2. Aufl. 2014, § 37v Rn. 143, 151; *Mülbert/Steup* in Habersack/Mülbert/Schlitt, Unternehmensfinanzierung am Kapitalmarkt, 4. Aufl. 2018, Rn. 41.259; *Zimmermann* in Fuchs, WpHG, 2. Aufl. 2016, Vor §§ 37v-37z Rn. 32.

**39** Laut LG Stuttgart, Urt. v. 24.10.2018, 22 O 101/16, juris Rn. 248 ff. (insoweit nicht abgedruckt in WM 2019, 463), wo die Frage lediglich im Zusammenhang mit der Kurserheblichkeit diskutiert wird, hätte die VW AG entsprechende Rückstellungen bilden müssen.

## 3. § 37b WpHG als Zentralnorm der Kapitalmarkthaftung

Während mit dem Zusammenbruch des Neuen Marktes Fälle der Fehlinformation durch Ad-hoc-Mitteilungen Auslöser zur Schaffung der §§ 37b, 37c WpHG waren, zeigte sich in der Folgezeit, dass die praktische Bedeutung der neuen Regelungen in Fällen verspäteter oder unterlassener Ad-hoc-Mitteilungen liegt. Wann immer eine negative Unternehmensnachricht bekannt wird, stellt sich die Frage, ob der Emittent selbst die Neuigkeit erst verspätet veröffentlicht hat, oder – falls gar keine Ad-hoc-Mitteilung erfolgt ist –, ob die Meldung pflichtwidrig unterblieben ist. Da der Gegenstand der Ad-hoc-Publizität thematisch nicht begrenzt ist, ergeben sich unendlich viele Anwendungsfälle.

Der erste spektakuläre Fall, der dies deutlich machte, war das Großverfahren in Sachen *Daimler/Schrempp*,[40] bei dem es um die Frage ging, ob *DaimlerChrysler* das geplante Ausscheiden des Vorstandsvorsitzenden verspätet gemeldet hat. Auch hier zeigte sich eine Diskrepanz zwischen Unionsrecht und Umsetzung, dieses Mal im Bereich der Gesetzesauslegung. Während in Deutschland die ganz h.M., die die Ad-hoc-Publizität nach wie vor primär als Ergänzung der Regelpublizität einordnet,[41] dafür eintrat, dass bei sog. „gestreckten Geschehensabläufen" erst der letzte Schritt, etwa ein Beschluss des Aufsichtsrats, die Veröffentlichungspflicht entstehen lässt,[42] nahm der EuGH die Verankerung der Ad-hoc-Publizität im Insiderrecht ernst und entschied, dass bereits jeder einzelne Zwischenschritt für sich genommen eine Insiderinformation begründen könne, die nicht nur die primären Folgen des Insiderrechts, sondern eben auch die Veröffentlichungspflicht des Art. 6 Abs. 1 Marktmissbrauchsrichtlinie auslöst.[43] Damit

---

**40** Zunächst OLG Stuttgart AG 2007, 250; aufgehoben durch BGH AG 2008, 380; sodann OLG Stuttgart AG 2009, 454; dann BGH AG 2011, 84 (Vorlage an den EuGH); EuGH v. 28.6.2012, Rs. C-19/11, AG 2012, 555 (Geltl); daraufhin Aufhebung des OLG Stuttgart durch BGH AG 2013, 518. Der Rechtsstreit wurde letztlich durch einen Vergleich beendet; s. OLG Stuttgart, Pressemitteilung v. 16.12.2016 („Kapitalanlegermusterverfahren gegen die Daimler AG beendet").

**41** Stellvertretend *Assmann* in Assmann/Schneider/Mülbert, Wertpapierhandelsrecht, 7. Aufl. 2019, Art. 17 VO Nr. 596/2014 Rn. 9.

**42** Stellvertretend *Assmann* ZHR 172 (2008), 635, 647.

**43** EuGH v. 28.6.2012, Rs. C-19/11, AG 2012, 555 Rn. 27 ff. (Geltl). Dieses Ergebnis ist angesichts der Regelung von Art. 2 Abs. 2 Durchführungsrichtlinie 2003/124/EG, demzufolge eine Veröffentlichung „beim Eintreten" der Umstände oder des Ereignisses ausreicht, um die Veröffentlichungspflicht nach Art. 6 Abs. 1 Marktmissbrauchsrichtlinie zu erfüllen, nicht zweifelsfrei. Krit. daher *Di Noia/Gargantini* ECFR 2012, 484, 514 f. In der Marktmissbrauchsverordnung fehlt eine dem Art. 2 Abs. 2 vergleichbare Regelung.

war – aus Sicht der bisherigen deutschen Auffassung – eine erhebliche Ausweitung der Publizitätspflicht verbunden.[44]

Noch wichtiger für die praktische Bedeutung von § 37b WpHG war aber die Ausweitung dieser Regelung, die der BGH im *IKB*-Urteil vornahm. Dort ging es eigentlich gar nicht um einen Unterlassungsfall, sondern um eine inhaltlich fehlerhafte Pressemitteilung. Wäre die haftungsrechtliche Generalklausel des KapInHaG erlassen worden, wäre dies der glasklare Anwendungsfall einer Falschmeldung gewesen. Die Regelung des § 37c WpHG war hingegen direkt nicht anwendbar, weil sie sich auf Falschaussagen in einer Ad-hoc-Mitteilung beschränkte. Der BGH lehnte auch eine analoge Anwendung mit Hinweis auf die enge Fassung von § 37c WpHG und das gescheiterte KapInHaG ab.[45] Stattdessen ging der BGH davon aus, dass die falsche Mitteilung tatsächlich eingetretener Umstände eine Haftung für die unterlassene Veröffentlichung des wahren Sachverhalts begründen könne.[46] Dadurch wurde § 37b WpHG zu einem Auffangtatbestand für falsche Kapitalmarktinformationen, zu einer kleinen haftungsrechtlichen Generalklausel.[47] Sobald das Wissen um die Fehlerhaftigkeit einer Meldung – unabhängig davon, ob sie als Ad-hoc-Mitteilung oder in sonstiger Weise erfolgt und auch ungeachtet des Verschuldens des für die Veröffentlichung Verantwortlichen – als solche kursrelevant und damit eine Insiderinformation darstellt, kann das Unterlassen der unverzüglichen Korrektur eine Haftung nach § 37b (bzw. nun § 97) WpHG begründen.[48] Der enge Anwendungsbereich des § 37c WpHG wurde damit teilweise korrigiert. Nicht erfasst sind nun alleine Falschmeldungen, deren Auswirkung so gering ist, dass das Wissen um die Falschheit kein Kursbeeinflussungspotential hat und damit keine Insiderinformation darstellt. Solche Falschmeldungen führen regelmäßig selbst nicht zu einer Kursbeeinflussung, so dass davon auch keine Schädigungen des Anlegervermögens ausgehen.

---

**44** So ausdrücklich *Koch* AG 2019, 273, 280.

**45** BGHZ 192, 90, 96 f.

**46** BGHZ 192, 90, 102 ff.

**47** Kritisch dazu *Hahn* (Fn. 36), S. 275 f.

**48** Zu den dadurch ausgelösten Konkurrenzproblemen zwischen § 97 und § 98 WpHG ausführlich *Hellgardt* in Assmann/Schneider/Mülbert, Wertpapierhandelsrecht, 7. Aufl. 2019, §§ 97, 98 WpHG Rn. 94, 100.

## III. Auswirkungen der Marktmissbrauchsverordnung

### 1. Vermeintliche Inkonsistenzen im Anwendungsbereich

Während die Regelpublizität nach wie vor in der Transparenzrichtlinie geregelt ist, die in Deutschland insoweit durch § 325 HGB und §§ 114 ff. WpHG umgesetzt wurde, ersetzte Art. 17 Marktmissbrauchsverordnung[49] (im Folgenden: MAR) den bisherigen Art. 6 Abs. 1 Marktmissbrauchsrichtlinie und damit auch die Verankerung der Ad-hoc-Publizität in § 15 WpHG mit Wirkung vom 3. Juli 2016. Damit ging vor allem eine erhebliche Ausweitung des Anwendungsbereichs der Ad-hoc-Publizität einher: Diese gilt nicht mehr nur für Emittenten, deren Finanzinstrumente auf einem organisierten Markt gehandelt werden oder für die eine entsprechende Zulassung beantragt ist, sondern auch für Emittenten von Finanzinstrumenten, die auf multilateralen oder organisierten Handelssystem gehandelt werden, oder für die ein Zulassungsantrag an einem multilateralen Handelssystem gestellt wurde.[50] Zudem wurde in Art. 17 Abs. 2 MAR eine Ad-hoc-Publizitätspflicht für Teilnehmer am Markt für Emissionszertifikate begründet.[51] Der Anwendungsbereich der Regelpublizität in Art. 4 ff. Transparenzrichtlinie und der deutschen Umsetzungsnormen wurde aber nicht entsprechend angepasst. Eine Inkonsistenz liegt darin allerdings nur dann, wenn man die Ad-hoc-Publizität primär als Ergänzung der Regelpublizität versteht. Nimmt man dagegen ihre systematische Verortung im Marktmissbrauchsrecht ernst, handelt es sich primär um ein Instrument der präventiven Insiderhandelsbekämpfung. Insoweit besteht ein Gleichlauf zum sonstigen Insiderrecht, einschließlich der anderen Präventivinstrumente wie Insiderlisten und Managers' Transactions.[52]

Der deutsche Gesetzgeber hat mit dem 2. FiMaNoG die §§ 97 und 98 WpHG allerdings nur für die Emittenten von Finanzinstrumenten im Einklang mit dem erweiterten Anwendungsbereich von Art. 17 Abs. 1 MAR ausgeweitet. Obwohl Emissionszertifikate gem. Art. 3 Abs. 1 Nr. 1 MAR i.V.m. Art. 4 Abs. 1 Nr. 15, An-

49 Verordnung (EU) Nr. 596/2014 des Europäischen Parlaments und des Rates vom 16.4.2014 über Marktmissbrauch (Marktmissbrauchsverordnung), ABl. EU Nr. L 173, S. 1. Die allgemein gebräuchliche Abkürzung „MAR" geht auf die englische Bezeichnung „Market Abuse Regulation" zurück.

50 *Assmann* (Fn. 41), Art. 17 VO Nr. 596/2014 Rn. 20; *Klöhn* in ders. MAR, 2018, Art. 17 Rn. 28, 57.

51 Dazu *Assmann* (Fn. 41), Art. 17 VO Nr. 596/2014 Rn. 254 ff.

52 Dazu *Hellgardt* (Fn. 48), Art. 18 VO Nr. 596/2014 Rn. 15 f.; Art. 19 VO Nr. 596/2014 Rn. 22 f.

hang I Abschnitt C Nr. 11 MiFID II[53] und § 2 Abs. 4 Nr. 5 WpHG als Finanzinstrumente gelten, hat der deutsche Gesetzgeber ohne weitere Begründung darauf verzichtet, die Haftung nach §§ 97 und 98 WpHG auf die Teilnehmer am Markt für Emissionszertifikate auszudehnen. Auch dies stellt aber nur dann eine Inkonsistenz dar, wenn man den primären Zweck der Kapitalmarkthaftung im Schadensausgleich erblickt. Bei fehlerhafter Sekundärmarktpublizität, die nicht zu einem Kapitalzufluss beim Emittenten führt, ist eine solche Rechtfertigung nicht überzeugend.[54] Sieht man in der Haftung für fehlerhafte Ad-hoc-Publizität allerdings primär ein Instrument der externen Corporate Governance,[55] wird die Unterscheidung plausibel: Bei Emittenten erfüllt die Ad-hoc-Publizität eine wichtige Rolle bei der externen Unternehmensüberwachung durch den Kapitalmarkt, die am Markt für Emissionszertifikate gerade nicht gegeben ist, weil es sich nicht um Instrumente der Unternehmensfinanzierung handelt.[56]

## 2. Konsequenzen für die Kapitalmarkthaftung

Umstritten ist die Frage, welche Auswirkungen die Überführung der Ad-hoc-Publizität von der Marktmissbrauchsrichtlinie in die MAR für die zivilrechtliche Haftung hat.[57] Solange der deutsche Gesetzgeber die §§ 97, 98 WpHG nicht ersatzlos aufhebt, ist die viel diskutierte Frage, inwieweit Art. 17 MAR eine zivil-

---

53 Richtlinie 2014/65/EU des Europäischen Parlaments und des Rates vom 15. 5. 2014 über Märkte für Finanzinstrumente (Neufassung), ABl. EU Nr. L 173, S. 349.

54 Insoweit zutreffend *Koch* AG 2019, 273, 282 f.; *Thomale*, Der gespaltene Emittent, 2018, S. 81 ff., 110 jeweils m. w. N.

55 So *Hellgardt* (Fn. 48), §§ 97, 98 WpHG Rn. 34, 42; *Klöhn* ZIP 2015, 1145, 1149; *ders.* (Fn. 50), Vor Art. 17 Rn. 52 ff., Art. 17 Rn. 11; *Schön* in ders., Rechnungslegung und Wettbewerbsschutz im deutschen und europäischen Recht, 2009, S. 563, 579 f.; *ders.*, 6 Journal of Corporate Law Studies 259, 273 (2006); siehe auch *Hellgardt* (Fn. 6), S. 157 ff., 223 f.; neuerdings dezidiert a.A. *Koch* AG 2019, 273; ablehnend auch *Assmann* (Fn. 41), Art. 17 VO Nr. 596/2014 Rn. 12.

56 Dies gilt gleichermaßen für viele derivative Finanzinstrumente, die von §§ 97, 98 WpHG aber dennoch tatbestandlich erfasst werden. Praktisch sind hier aber die weiteren Voraussetzungen der Haftung nicht gegeben; ausführlich *Hellgardt* (Fn. 48), §§ 97, 98 WpHG Rn. 73.

57 Allgemein zu der Frage, wann eine Sanktionierung von Unionsrechtsnormen durch einen ungeschriebenen Schadensersatzanspruch erforderlich ist, *Heinze*, Schadensersatz im Unionsprivatrecht, 2017, S. 518 ff. Danach setzt ein ungeschriebener Schadensersatzanspruch voraus, (1) dass die verletzte Primärnorm unmittelbar zwischen Privaten wirkt (was bei Primärrecht und Verordnungen stets der Fall ist), (2) dass der individuelle Anspruchsteller anspruchsberechtigt ist und (3) dass die praktische Wirksamkeit der Primärnorm ohne den Schadensersatzanspruch beeinträchtigt wäre, was grundsätzlich zu bejahen ist (vgl. a. a. O., S. 523 f.).

rechtliche Sanktionierung erfordert,[58] rein akademischer Natur. Allerdings hat die Überführung der Ad-hoc-Publizität ihre unionsrechtliche Grundlage stärker in die allgemeine Aufmerksamkeit gehoben, so dass sich die Diskussion infolgedessen intensiviert hat.[59]

Die eigentliche Brisanz des Themas liegt aber darin, dass eine einmal bejahte unionsrechtliche Bindung des nationalen Gesetzgebers sich auch auf die Ausgestaltung der Haftung auswirken muss.[60] So hat der EuGH seit vielen Jahren detaillierte Anforderungen an Schadensersatzansprüche des nationalen Rechts aufgestellt, die der Durchsetzung von Unionsrecht dienen.[61] Diesbezüglich wirft insbesondere die Regelung des § 26 Abs. 3 WpHG Fragen auf, der bei einem Verstoß gegen Art. 17 MAR nach wie vor Schadensersatzansprüche aus § 823 Abs. 2 BGB ausschließen soll.[62] Sofern eine Haftung aus § 823 Abs. 2 BGB i.V.m. Art. 17 MAR weiter reicht als die §§ 97, 98 WpHG, handelt es sich um einen eindeutigen Verstoß gegen das unionsrechtliche Äquivalenzprinzip mit der Folge, dass die §§ 97, 98 WpHG unionsrechtskonform auszulegen sind. Dies wird insbesondere hinsichtlich des Verschuldensgrades relevant, da gem. § 823 Abs. 2 S. 2 BGB grundsätzlich einfache Fahrlässigkeit genügt.[63] Weitere Einschränkungen der Verschuldensanforderungen könnten sich aus dem Effektivitätsgrundsatz ergeben.[64] Schließlich ist zu berücksichtigen, dass das Unionsrecht grundsätzlich eine

58 Befürwortend *Hellgardt* AG 2012, 154, 164 f.; *Poelzig* ZGR 2015, 801, 812 ff.; *dies.*, NZG 2016, 492, 501; *dies.*, ZVglRWiss 117 (2018), 505, 511 f.; *Seibt* ZHR 177 (2013), 388, 424 f.; *Seibt/Wollenschläger* AG 2014, 593, 607; *Tountopoulos* ECFR 2014, 297, 328; *Zetzsche* ZHR 179 (2015), 490, 507; *ders.* in Gebauer/Teichmann, Europäisches Privat- und Unternehmensrecht, 2016, § 7.C Rn. 84 (S. 826); tendenziell auch *Maume* ZHR 180 (2016), 358, 368; *Wundenberg* ZGR 2015, 124, 135 f.; a. A. *Klöhn* in Kalss/Fleischer/Vogt, Gesellschafts- und Kapitalmarktrecht, 2014, S. 229, 249; *Markworth* ZHR 183 (2019) 46, 64 ff.; *Schmolke* NZG 2016, 721 ff.; *Thomale* (Fn. 54), S. 49; *Wagner* in MünchKomm. BGB, 7. Aufl. 2017, § 823 BGB Rn. 510 a.E.

59 Davon legen insbesondere eine Reihe von Dissertationen Zeugnis ab, die trotz der kurzen Geltungsdauer der MAR bereits zu dem Thema erschienen sind; siehe z. B. *Altenhofen*, Die Europäisierung der Normdurchsetzung im Marktmissbrauchsrecht, 2018; *Cless*, Unionsrechtliche Vorgaben für eine zivilrechtliche Haftung bei Marktmissbrauch, 2018; *Schütt*, Europäische Marktmissbrauchsverordnung und Individualschutz, 2019.

60 Dazu umfassend *Heinze* (Fn. 57), S. 555 ff. Speziell zur Kapitalmarkthaftung *Hellgardt* AG 2012, 154, 165 f.

61 Ausführlich *Hellgardt*, Regulierung und Privatrecht, 2016, S. 200 ff.

62 Laut Begr. RegE 1. FiMaNoG, BT-Drucks. 18/7482, S. 61 (zu § 15 Abs. 3 WpHG a. F.) handelt sich lediglich um eine redaktionelle Anpassung an den Umstand, dass die Ad-hoc-Publizität nun in Art. 17 MAR geregelt ist.

63 *Seibt/Wollenschläger* AG 2014, 593, 607 f.

64 Siehe die Diskussion bei *Heinze* (Fn. 57), S. 576 ff.

Verzinsung des Schadensersatzbetrags ab der Begehungshandlung in Höhe eines mindestens die Inflationsverluste ausgleichenden Zinssatzes erfordert.[65]

# IV. Aktuelle Herausforderungen

## 1. Versuche der Entkopplung von Veröffentlichungspflicht und Haftung

Das Kapitalmarktdeliktsrecht hat sich inzwischen zu *dem* zentralen Faktor der Rechtsdurchsetzung kapitalmarktrechtlicher Publizitätspflichten, speziell der Ad-hoc-Publizität, entwickelt. Die in Haftungsprozessen geforderten Ersatzsummen übersteigen selbst die durch die MAR eingeführten erweiterten Bußgeldrahmen, die sich am Kartellrecht orientieren und deshalb auf den Jahresumsatz des Konzerns Bezug nehmen, bei weitem. Dies demonstriert etwa der VW-Abgasskandal.[66] Vor diesem Hintergrund nehmen die Stimmen in der deutschen Literatur zu, die für eine Entkopplung von Veröffentlichungspflicht und Haftung plädieren.[67] Da die Voraussetzungen der Publizitätspflicht nach deren Verlagerung in die MAR offensichtlich allein durch das Unionsrecht determiniert werden und dem EuGH die entscheidende Auslegungskompetenz zukommt,[68] wird im wahrsten Sinne des Wortes „Schadensbegrenzung" dadurch betrieben, dass die Unabhängigkeit der §§ 97, 98 WpHG von der Veröffentlichungspflicht des Art. 17 MAR betont wird. Dadurch sollen die Haftungsvoraussetzungen jenseits der unionsrechtlichen Vorgaben so erhöht werden, dass die Kapitalmarkthaftung kein „unüberschaubares Ausmaß"[69] annimmt.

---

65 *Heinze* (Fn. 57), S. 631 ff.; *Hellgardt* (Fn. 48), §§ 97, 98 WpHG Rn. 29.

66 So sind allein vor dem LG Braunschweig Klagen gegen VW über ca. 8,8 Milliarden Euro anhängig (vgl. OLG Braunschweig, Pressemitteilung v. 8. 3. 2017), weitere Verfahren sind vor dem LG Stuttgart anhängig. Gem. § 120 Abs. 15 Nr. 6, Abs. 18 S. 2 Nr. 2, Abs. 23 S. 2 WpHG können für Verstöße gegen die Ad-hoc-Publizität Geldbußen in Höhe von 2% der Nettoumsatzerlöse des Konzerns verhängt werden. Der VW-Konzern erzielte laut des Geschäftsberichts 2018 im Jahr 2018 Umsatzerlöse in Höhe von 235,8 Milliarden Euro, so dass eine hypothetische Geldbuße höchstens 4,7 Milliarden Euro betragen könnte.

67 *Thomale* NZG 2018, 1007, 1012; *ders.*, AG 2019, 189, 191 (diese Aufsätze beruhen jeweils auf gutachterlichen Stellungnahmen); als „judikative Rettungsmaßnahme" bei einer möglichen für falsch gehaltenen Interpretation des Art. 17 MAR durch den EuGH auch *Koch* AG 2019, 273, 286.

68 Der Unterschied ist allerdings nicht so groß, wenn man bedenkt, dass auch die Auslegung des § 15 WpHG wesentlich durch den EuGH angetrieben wurde; siehe oben II.3. bei Fn. 40.

69 *Koch* AG 2019, 273, 282.

Abgesehen davon, dass eine solche Argumentation nur dann erfolgreich sein kann, wenn man davon ausgeht, dass der deutsche Gesetzgeber bei der Ausgestaltung der Sekundärmarkthaftung keinen unionsrechtlichen Vorgaben unterliegt,[70] ist es auch der Sache nach gefährlich, Haftungstatbestände, die sich darin erschöpfen, Verstöße gegen eine spezifische Publizitätspflicht zu sanktionieren,[71] in ihrer Anwendung von den Voraussetzungen der Primärpflicht abzukoppeln. Gegen eine solche Ablösung spricht vor allem, dass der Gesetzgeber seit 2004 darauf verzichtet hat, den Tatbestand der veröffentlichungspflichtigen Information in der Haftungsnorm des § 37b WpHG zu wiederholen. § 37b WpHG a.F. verwies seit dem Anlegerschutzverbesserungsgesetz mit dem Tatbestandsmerkmal der „Insiderinformation" auf die Definition des § 13 WpHG a. F. Sowohl § 97 als auch § 98 WpHG nehmen nun sogar direkt Bezug auf Art. 17 MAR. Vor diesem Hintergrund ist es prima facie nicht überzeugend, die Primärpflicht und Haftungsnormen unterschiedlich auszulegen.

## 2. Das Problem der Wissenszurechnung

Der soeben geschilderte Streit über eine mögliche autonome Auslegung von §§ 97, 98 WpHG spielt sich vor dem Hintergrund der durch den VW-Abgasskandal in den Fokus gerückten Frage ab, ob die Veröffentlichungspflicht des Art. 17 Abs. 1 MAR oder die daran anknüpfende Haftung nach § 97 Abs. 1 WpHG Kenntnis der veröffentlichungspflichtigen Insiderinformation voraussetzt. Das Meinungsspektrum ist diesbezüglich weit gefächert: Auf der einen Seite wird die Auffassung vertreten, die Veröffentlichungspflicht des Art. 17 Abs. 1 MAR erfordere keine Kenntnis des Emittenten,[72] sondern greife ein, sobald dem Emittenten eine Veröffentlichung objektiv möglich ist.[73] Eine vermittelnde Ansicht will die Veröffentlichungspflicht davon abhängig machen, dass die Kenntnis dem Emittenten nach den Regeln über die Wissenszurechnung zuzurechnen ist.[74] Das andere

---

**70** Dagegen zuvor III.2.

**71** Dazu bereits *Hellgardt* (Fn. 6), S. 35.

**72** *Klöhn* NZG 2017, 1285, 1286 f.; *ders.* (Fn. 50), Art. 17 Rn. 105; *Nietsch* ZIP 2018, 1421, 1427; *Schäfer* in Marsch/Barner/Schäfer, Handbuch börsennotierte AG, 4. Aufl. 2018, Rn. 15.20; *Thomale* NZG 2018, 1007, 1008 f.; *ders.* (Fn. 54), S. 42 ff.; zum alten Recht auch *Hellgardt* DB 2012, 673, 675; *Voß* in Just/Voß/Ritz/Becker, WpHG, 2015, § 15 Rn. 93; a.A. *Ihrig* ZHR 181 (2017), 381, 385; *Koch* AG 2019, 273, 276 ff.; *Thelen* ZHR 182 (2018), 62, 75. Anders auch zum alten Recht *Buck-Heeb* AG 2015, 801.

**73** *Hellgardt* (Fn. 48), §§ 97, 98 WpHG Rn. 89.

**74** *Ihrig* ZHR 181 (2017), 381, 394 ff.; *Sajnovits* WM 2016, 765, 766 ff.; *Wilken/Hagemann* BB 2016, 67, 70 f.

Extrem vertreten diejenigen, die eine positive Kenntnis einzelner Vorstandsmitglieder als Voraussetzung der Veröffentlichungspflicht ansehen.[75] Im Rahmen der Kapitalmarkthaftung nach § 97 WpHG verlangt die ganz überwiegende Ansicht aber, dass zumindest gegen Unternehmensorganisationspflichten verstoßen wurde,[76] wobei als Extremposition sogar positives Wissen des Gesamtvorstands oder besonderer Wissensvertreter als Haftungsvoraussetzung gefordert wird.[77]

Wie der Streit ausgehen wird, ist offen und obliegt letztlich dem EuGH. Entscheidend ist dabei, welche Bedeutung man der Sekundärmarktpublizität und speziell der Ad-hoc-Publizität und ihrer haftungsrechtlichen Sanktionierung zuweist. Wer in Art. 17 MAR primär eine Ergänzung der Regelpublizität[78] und in den §§ 97, 98 WpHG einen ineffizienten Umverteilungsmechanismus sieht,[79] wird infolgedessen hohe Hürden an die Veröffentlichungspflicht anlegen. Hier zeigt sich ein letztes Aufbäumen der alten Deutschland AG und ihrer Kapitalmarktferne, indem eine klare Trennung zwischen Gesellschafts- und Kapitalmarktrecht und eine Begrenzung des letzteren angemahnt wird.[80] Versteht man die Kapitalmarkthaftung dagegen als Instrument der externen Corporate Governance,[81] ist die Frage des Wissenserfordernis und der Voraussetzungen einer Kapitalmarkthaftung, insbesondere auch des Verschuldenserfordernisses,[82] im Lichte dieser Funktion zu beantworten. Ein solches Verständnis geht von einer Einheit von Gesellschafts- und Kapitalmarktrecht im Rahmen einer umfassenden Corporate Governance aus. Wie das Verhältnis zwischen diesen beiden verwandten, aber doch unterschiedlichen Rechtsgebieten zu bestimmen ist, kann an dieser Stelle nicht mehr behandelt werden. Der EuGH wird uns aber in den nächsten 25 Jahre mit Sicherheit eine Antwort auf diese Frage geben.

---

**75** *Koch* AG 2019, 273, 286; *Leyendecker-Langner/Kleinhenz* AG 2015, 72, 76.
**76** *Buck-Heeb* AG 2015, 801, 805 f.; *Leyendecker-Langner/Kleinhenz* AG 2015, 72, 73 f.; *Verse* AG 2015, 413, 418 mit Fn. 39.
**77** *Thomale* AG 2019, 189, 195 f.; *ders.* (Fn. 54), S. 61.
**78** Siehe Nachweis in Fn. 41.
**79** Siehe Nachweise in Fn. 54.
**80** *Koch* AG 2019, 273, 286.
**81** Siehe Nachweise in Fn. 55.
**82** Dazu *Hellgardt* (Fn. 48), §§ 97, 98 WpHG Rn. 115.

Thorsten Voß

# Leerverkäufe

## I. Vorbemerkung

In einer Festschrift zum 25jährigen Bestehen des WpHG hat das Recht der Leerverkäufe streng genommen keinen Platz: Das deutsche Recht kannte bis zum Erlass des § 30h WpHG aF durch den Gesetzgeber des Gesetzes zur Vorbeugung gegen missbräuchliche Wertpapier- und Derivategeschäfte (WpMiVoG)[1] im Jahr 2010 überhaupt kein aufsichtsrechtlich relevantes gesetzliches Leerverkaufsverbot, mögen dieser Norm auch ab 2009 bereits diverse Allgemeinverfügungen der BaFin mit dem Ziel des Verbots von Leerverkäufen in bestimmten Finanztiteln vorausgegangen sein.[2] Dabei ist das Phänomen des Leerverkaufs so alt wie die Existenz von Waren- und Finanzmärkten selbst.[3] So setzte die Regulierung von Leerverkäufen auf Aktienmärkten bereits im Jahr 1609 ein, als eine Gruppe niederländischer Geschäftsleute (*Groote Companie*) unter Ausnutzung von Insiderinformationen Aktien der East Indian Company leerverkauften und Profite aus einem späteren Preisverfall für die Aktien des Unternehmens schlagen konnten.[4]

---

1 Gesetz v. 21.07.2010 BGBl. I S. 945 (Nr. 38); zuletzt geändert durch Artikel 20 G. v. 06.12.2011 BGBl. I S. 2481.

2 Zivilrechtlich ist ein Leerverkauf, sofern nur die Erfüllung nicht gem. § 275 BGB unmöglich sein sollte, nach ganz hM unproblematisch statthaft; vgl. ausführlich hierzu *Bartels/Sajnovits* JZ 2014, 322, 323 ff.

3 *Bris/Goetzmann/Zhu* Journal of Finance 62 (2007), 1029, 1029 f.; *Beber/Pagano* Journal of Finance 68 (2013), 343, 352 ff; *Hill* in Ferran/Moloney/Hill/Coffee The Regulatory Aftermath of the Global Finance Crisis, 2012, S. 203, 257 ff.

4 Vgl. *Bris/Goetzmann/Zhu* Journal of Finance 62 (2007), 1029, 1029 f. Die Mühlen der niederländischen Gesetzgebung mahlten seinerzeit schnell: Bereits 1610 wurden Leerverkäufe von Aktien – an der erst 1602 gegründeten – Amsterdamer Börse verboten. Der Erfolg wird als kritisch bewertet, weil es auch in den Folgejahren immer wieder zu Leerverkäufen gekommen sein soll; vgl. *Loss/Seligmann* Securities Regulation 4th ed. Vol. VII, Cap. 8, S. 112., indessen dürfte ein nur geringer generalpräventiver Erfolg von kapitalmarktrechtlichen Handelsvorgaben bis heute eher die Regel als die Ausnahme sein. Auch in anderen Ländern kam es zu Verbotsphasen. So untersagte der – praktisch angeblich wenig beachtete – sog. *Sir John Barnard's Act* in England vor dem Hintergrund des Zusammenbruchs der *South Sea Company* von 1734 bis 1760 nicht nur Leerverkäufe, sondern sogar den Abschluss von Optionen und Futures; nach einer unregulierten Phase ab 1760 wurden Leerverkäufe 1893 per Gesetz ausdrücklich gestattet; vgl. *Loss/Seligmann* Securities Regulation 4th ed. Vol. VII, Cap. 8, S. 112 f. Für die französische Rechtsgeschichte ist das Verbot von Leerverkäufen in Aktien öffentlicher Gesellschaften aufgrund eines napoleonischen Edikts aus dem Jahr 1802 zu erwähnen, Verstöße hiergegen waren sogar strafrechtlich bewehrt.

https://doi.org/10.1515/9783110632323-035

Wir haben es also aus der Sicht eines deutschen Finanzrechtlers beim Recht der Leerverkäufe zwar mit einem phänomenologischen Urgestein des kapitalmarktrechtlichen Geschehens, gleichwohl aber mit einem „aufsichtsrechtlichen Benjamin" zu tun. Und auch wenn dieses Teilrechtsgebiet damit streng genommen erst sein 8jähriges Bestehen feiern mag, so hat es doch bereits eine nahezu stürmische Kindheit hinter sich, in der sich dogmatisch höchst reizvolle Auslegungs- wie für die Marktakteure täglich relevante Anwendungsfragen gestellt haben, die noch lange nicht ausdiskutiert sind, und denen dieser Beitrag (unter Punkt II.) nachspürt. Dies gilt insbesondere für die Schnittstellen zu anderen Teilgebieten des Wertpapierhandelsrechts.

Dies lohnt umso mehr, als bei der Frage nach den Perspektiven der Leerverkaufsaufsicht die Antwort lauten muss: *„Ab ins Auge des Taifuns"*. Im Zuge diverser *Short Selling*-Attacken[5], welche für die aufsehenerregendsten Schlagzeilen der Wirtschaftstagespresse in jüngster Zeit[6] gesorgt haben[7], hat die BaFin be-

---

Indessen waren ab 1885 infolge entsprechender Reformen Leerverkäufe in allen Aktien zulässig; vgl. *Loss/Seligmann* Securities Regulation 4th ed. Vol. VII, Cap. 8, S. 113. Besonders wechselhaft stellt sich die Rechtsentwicklung in den USA dar: Hier verbot zunächst ein New Yorker Bundesgesetz 1812 Leerverkäufe in Aktien und öffentlichen Schuldtiteln, was 1858 zugunsten einer expliziten Gestattung von Leerverkäufen wieder aufgehoben wurde, die heute noch im General Obligation Law des Staates New York zu finden ist (§ 5 – 1101); *Loss/Seligmann* Securities Regulation 4th ed. Vol. VII, Cap. 8, S. 114. Ein Verbot für Phasen des Kursverfalls führte die sog. *uptick rule* (Rule 10a – 1) 1938 ein, was erst 2005 für eine Testphase wieder gelockert, im Jahr 2007 ganz abgeschafft wurde, um – *quelle coincidence, quelle surprise* – im Zuge der Finanzkrise durch die SEC ab Ende 2008 wieder neu eingeführt zu werden; vgl. hierzu *Grullon/Michenaud/Weston* Review of Financial Studies 28 (2015), 1737, 1738.

5 Das Phänomen der *Short*-Attacken ist dadurch gekennzeichnet, dass einzelne Investoren versuchen, von fallenden Aktienkursen profitieren. Solche *Short Selling*-Attacken stehen – *nomen est omen* – regelmäßig im Zusammenhang mit Leerverkäufen: Zunächst werden geliehene Aktien verkauft und – sobald der Kursrückgang eingetreten ist – zu einem günstigeren Preis zurückgekauft. Auslöser dieses Kursrückgangs der betroffenen Aktien ist eine negative Stellungnahme über den Emittenten, die zeitnah mit den getätigten Leerverkäufen veröffentlicht wird. Typischerweise dürften solche Stellungnahmen geeignet sein, selbst wenn diese häufig von unbekannten Personen und Analysehäusern stammen, den – auch iSd IKB-Entscheidung (BGHZ 192, 90) verständigen – Anleger – massiv bei seinen Investitionsentscheidungen zu beeinflussen und damit ggf. auch in die Irre zu führen. Ausführlich hierzu unter Punkt III.

6 Vgl. zu den Fällen *Wirecard/Zatarra, Stoer/Muddy Waters, Aurelius/Gotham City* etwa *Hasselbach/Peters* BB 2017, 2147, 2150.

7 Das vermehrte Auftreten von *Short-Seller*-Attacken ist insoweit kein Zufall, sondern aus systematischer Sicht wohl Phänomenen wie der Digitalisierung der Kapitalmärkte geschuldet, wobei insbesondere Digitalisierungstechniken und das Aufkommen von KI-unterstützter Informationsverarbeitung im algorithmischen Handel eine Schlüsselrolle einnimmt. So vermögen Algorithmen die Veröffentlichung von Negativreporten automatisiert zu erkennen und übersetzen

kanntlich erneut eine Allgemeinverfügung bekannt gegeben.[8] War diese rechtmäßig? Dies wird von verschiedensten Seiten dem Vernehmen nach nicht nur außerhalb der BaFin bezweifelt. Man muss nun kein Prophet sein, um *Short Selling*-Attacken eine große zukunftsrelevante Praxisbedeutung zuzumessen – wie aufzuzeigen sein wird, handelt es sich hierbei um ein „kapitalmarktrechtliches Kampfinstrument" erster Güte. Schon allein deshalb ist der *Wirecard*-Fall eine der wichtigsten *causes célèbres* des Wertpapierhandelsrechts[9] zur Stunde.[10] Die Verteidigung gegen *Short Selling*-Attacken und die Möglichkeiten wie Grenzen aufsichtsrechtlicher Bekämpfung stehen daher im Fokus der Analyse der Perspektiven des Leerverkaufsrechts (unter Punkt III.). Es wird aufzuzeigen sein, dass das Leerverkaufsrecht in diesem Kontext einen Beitrag zu einer der wesentlichen Meta-Fragen des Wertpapierhandelsrechts im speziellen wie des Aufsichtsrechts überhaupt zu leisten vermag, welche das juristische Wirken der Generation des Verfassers mutmaßlich bis zu ihrer Pensionierung zentral beschäftigen wird: der Ausbildung eines Europäischen Verwaltungsverfahrensrechts.

---

diese Erkenntnisse zeitlich unmittelbar in die Ausführung von Leerverkäufen. Erhöhen sich damit die Gewinnchancen für den Leerverkäufer, so steigt zugleich die Gefahr für den „Zielemittenten", Opfer solcher Aktionen zu werden, die sich KI-gestützt zu einer *Short-Selling*-Attacke „verdichten" können. Auch eine entsprechende Zusammensetzung des Aktionärskreises aus Parteien wie *Hedgefonds* und *Algotradern* mag für sich bereits eine gefahrerhöhende Rolle einnehmen. Instruktiv hierzu *Mülbert* ZHR 182 (2018), 105, 110.

**8** Im Internet abrufbar unter https://www.bafin.de/SharedDocs/Veroeffentlichungen/DE/Aufsichtsrecht/Verfuegung/vf_190218_leerverkaufsmassnahme.html?nn=9021442.https://www.bafin.de/SharedDocs/Veroeffentlichungen/DE/Aufsichtsrecht/Verfuegung/vf_190218_leerverkaufsmassnahme.html;jsessionid=042E299DCF4EE8C12EB2962800CA4F7E.1_cid290?nn=9021442.

**9** Dies gilt insbesondere vor dem Hintergrund der Querbezüge zum Recht der Marktmanipulation sowie den sich daran anschließenden Fragen für zivilrechtliche Verteidigungsstrategien gegenüber *Short Selling*-Attacken.

**10** Gleiches gilt für die Rolle von Leerverkäufen im Kontext von sog. *Cum ex*-Fällen. Aus Raumgründen können diese leider keine vertiefte Behandlung erfahren.

## II. Aufsichtspraxis und *status quo* der Leerverkaufsregulierung

Im Konzert der wertpapierhandelsrechtlichen Regulierung verbietet auf legislativer Ebene die europäische Leerverkaufs-VO[11] ungedeckte Leerverkäufe in Aktien und bestimmten öffentlichen Schuldtiteln. Dies gilt auch für den Eintritt in oder das Begründen von öffentlichen Kreditausfallprämien (*Credit Default Swaps – CDS*) ohne Sicherungszweck.[12] Das Leerverkaufsrecht fügt sich dabei konzeptionell in das Vorhaben der Etablierung eines *single rule book* und eines *level playing field* für den europäischen Finanzmarkt ein. Vom Regelungsansatz her konsequent sind daher die einzelnen Regelungen der Leerverkaufs-VO überwiegend grundsätzlich vollharmonisierend[13], jedenfalls tendenziell mag auch die Wahl des Art. 114 AEUV als Ermächtigungsgrundlage für diesen Befund streiten.[14]

---

**11** Verordnung (EU) 236/2012 des Europäischen Parlaments und des Rates über Leerverkäufe und bestimmte Aspekte von Credit Default Swaps, ABl. EU L 86/1; hierzu im Überblick *von Buttlar/Petersen* in Just/Voß/Ritz/Becker, WpHG, 2015, § 30h Rn. 23 ff.

**12** Rechtstatsächlich ist festzuhalten, dass aufgrund von Verdachtsanzeigen und eigenen Anhaltspunkten die BaFin im Jahr 2018 potenzielle ungedeckte Leerverkäufe in 71 Fällen (Vorjahr: 100 Fälle) überprüfte, wobei die Verdachtsanzeigen Verkäufe sowohl von Unternehmen als auch von Privatpersonen betrafen. Davon wurden durch die BaFin 49 Untersuchungen eingestellt (Vorjahr: 79 Einstellungen). Die Zahl der Einstellungen scheint hoch, erklärt sich indessen dadurch, dass die eingestellten Untersuchungen in der Aufsichtspraxis größtenteils Selbstanzeigen wegen geringfügiger Verstöße betrafen, die auf menschlichem Versagen beruhten, zum Beispiel auf Missverständnissen bei der Orderaufgabe durch den Kunden. Zum 31. Dezember 2018 hatte die BaFin 18 Sachverhalte noch nicht abschließend geprüft (31. Dezember 2017: 19 Sachverhalte). Weitere 44 Sachverhalte gab die BaFin aus Gründen der Zuständigkeit an andere Behörden innerhalb der EU ab (Vorjahr: sechs Sachverhalte). In sechs Angelegenheiten verfolgte die Aufsicht Sachverhalte bußgeldrechtlich weiter; im Vorjahr hatte sie 13 Bußgeldfälle abgeschlossen. Dabei mag angesichts der sehr engmaschigen Regelung des europäischen Leerverkaufsrechts diese sehr geringe Zahl an Abgaben durch das Fachreferat jedenfalls für die Vergangenheit auch und gerade im direkten Vergleich mit anderen Bereichen der Wertpapieraufsicht doch als einigermaßen erstaunlich erscheinen.

**13** Vgl. Erwägungsgründe 2, 3, 5 und 45 der LeerverkaufsVO.

**14** Vgl. Erwägungsgrund 3 der LeerverkaufsVO; dies aufgreifend *Mülbert/Sajnovits* in Assmann/Schneider/Mülbert, Wertpapierhandelsrecht, 7. Aufl. 2019, Vor Art. 1 VO Nr. 236/2012 Rn. 13.

## 1. Entwicklung

Auslöser für eine Regulierung von Leerverkäufen war die Finanzkrise mit ihrem Höhepunkt im September 2008, in dessen Zuge in mehreren Mitglied- wie auch in Drittstaaten die zuständigen Stellen zunächst jeweils auf nationaler Ebene außerordentliche Maßnahmen zur Beschränkung bzw. eines Verbots *in toto* von Leerverkäufen bestimmter oder sämtlicher Wertpapiere anordneten.[15] Es wurde befürchtet, dass Leerverkäufe als Mittel zur Marktmanipulation genutzt werden oder zur Destabilisierung des gesamten Finanzsystems beitragen könnten, insbesondere indem sie bestehende Abwärtsspiralen von Aktienkurse ganz erheblich zu verstärken vermögen. Der ökonomische Hintergrund von ungedeckten Leerverkäufen liegt – zumindest vordergründig[16] – auf der Hand, kann doch der Verkäufer durch die Vornahme derartiger Marktransaktionen in kürzester Zeit an fallenden Kursen beträchtliche Gewinne erzielen. Gleichwohl, und hierauf wird im Abschnitt Perspektiven zurückzukommen sein, ist – nur vermeintlich paradox klingend – anerkannt, dass Leerverkäufe im Grundsatz auch positive Auswirkungen haben können, dies genauso wie der Umstand, dass gerade ungedeckte Leerverkäufe hohe Risiken für eine künstliche Preisbeeinflussung bewirken.[17]

### a) Erste deutsche Schritte einer Leerverkaufsregulierung

Wie angedeutet, haben Leerverkäufe und CDS in Deutschland zunächst eine Regulierung auf exekutiver Ebene durch den Einsatz von Allgemeinverfügungen erfahren, welche die BaFin am 19.9.[18] und 21.9.2008[19] bekannt gegeben hat,[20]

---

15 Hierzu *von Buttlar/Petersen* in Just/Voß/Ritz/Becker, WpHG, 2015, § 30h WpHG Rn. 2; lesenswert auch der konzise Überblick bei *Beber/Pagano* Journal of Finance 68 (2013), 343 ff.; siehe ferner *Armour/Awrey/Davies/Enriques/Gordon/Mayer/Payne* Principles of Financial Regulation, 2016, S. 194.

16 Ausführlich hierzu *Mülbert/Sajnovits* in Assmann/Schneider/Mülbert, Wertpapierhandelsrecht, 7. Aufl. 2019, Vor Art. 1 VO Nr. 236/2012 Rn. 49 ff.

17 *Möllers/Christ/Harrer* NZG 2010, 1167; *Findeisen/Tönningsen* WM 2011, S. 1405; *Walla* in Veil, Europäisches Kapitalmarktrecht, 2. Aufl. 2014, § 11 Rn. 5 ff.

18 Abrufbar unter http://www.bafin.de/SharedDocs/Aufsichtsrecht/DE/Verfuegungen/vf_080919_leerverk.html. Hierdurch verbot die BaFin erstmals ungedeckte Leerverkäufe in Aktien bestimmter Finanzmarktunternehmen.

19 Abrufbar unter http://www.bafin.de/SharedDocs/Aufsichtsrecht/DE/Verfuegungen/vf_080921_leerverk_ausn.html. Hierdurch erfuhr die Allgemeinverfügung vom 19.9.2008 eine nähere Konkretisierung.

20 Vgl. zu den einzelnen Allgemeinverfügungen *Walla* DÖV 2010, 853, 855.

wobei Anlass hierfür die erheblichen Kursschwankungen in Aktien der Finanzbranche insgesamt als Resultat der Insolvenz der Bank *Lehman Brothers* und der Rettungsaktionen für europäische Kreditinstitute waren. Mit diesen Allgemeinverfügungen wurde – in Anlehnung an kurz zuvor erlassene ähnliche Verbotsverfügungen anderer Aufsichtsbehörden[21], wobei durchaus bemerkenswert ist, dass die Maßnahmen der EU-Mitgliedstaaten durch das *Committee of European Securities Regulators* (CESR) nicht nur begleitet, sondern zumindest teilweise sogar koordiniert wurden[22] – ein befristetes Verbot von ungedeckten Leerverkäufen in den wichtigsten zum Handel im regulierten Markt zugelassenen Aktien der Finanzwirtschaft angeordnet. Zum 31.1.2010 lief diese Allgemeinverfügung, nachdem sie mehrfach Verlängerungen erfahren hatte[23], zunächst aus.[24] Ferner führte die BaFin über eine weitere Allgemeinverfügung eine Transparenzpflicht für Netto-Leerverkaufspositionen in Bezug auf bestimmte Aktien ein.[25] In der Folge wurde (auch) diese Allgemeinverfügung immer wieder verlängert[26] und bemerkenswerterweise erst mit Inkrafttreten der gesetzlichen Regelung des § 30i WpHG aF am 26.3.2012 obsolet.

Inhaltlich ging die vorgenannte Allgemeinverfügung betreffend das Verbot des Eingehens von Netto-Leerverkaufspositionen gewissermaßen in der damals

---

**21** So haben etwa am 19.9.2008 zunächst die amerikanische, die britische, die kanadische, die luxemburgische sowie die Schweizer Finanzaufsichtsbehörde temporäre Leerverkaufsverbote für die Aktien bestimmter Unternehmen erlassen; die BaFin folgte mit ihrer Verfügung mithin nur einen Tag später. Bis Ende Oktober 2008 verboten u. a. Australien, Österreich, Belgien, Dänemark, Frankreich, Griechenland, Irland, Italien, Japan, die Niederlande, Norwegen, Portugal, Südkorea und Spanien mitunter sogar Leerverkäufe aller Aktien. Vgl. zu den Maßnahmen der Mitgliedstaaten die Übersicht auf der Website der ESMA, abrufbar unter www.esma.europa.eu > markets > short selling > publications

**22** Vgl. CESR, Press Release – CESR coordinates actions by EU securities regulators in relation to short-selling in financial markets, 19 September 2008, CESR/08 – 732.

**23** Und zwar im Einzelnen in regelmäßigen Abständen mit Allgemeinverfügungen vom 17.12. 2008, 30.3.2009 und 29.5.2009; krit. zur Zulässigkeit des Rückgriffs auf § 4 WpHG in diesem Zusammenhang *Walla* DÖV 2010, 853 ff. Für den Zeitraum vom 1.2.2010 bis zum 24.3.2010 bestanden für die Durchführung ungedeckter Leerverkäufe im deutschen Aufsichtsrechtsraum keine Besonderheiten; siehe hierzu *Weick-Ludewig* in Fuchs, WpHG, 2. Aufl. 2016, § 30h Rn. 7; ferner *Ludewig* in Heidel, Aktien- und Kapitalmarktrecht, 4. Aufl. 2014, Vor §§ 30h bis 30j WpHG Rn. 4.

**24** Zur Kritik an der Zulässigkeit des Rückgriffs auf § 4 WpHG als Ermächtigungsgrundlage vgl. *Walla* DÖV 2010, 853 ff.

**25** Vgl. Allgemeinverfügung der BaFin vom 4.3.2010; abrufbar unter http://www.bafin.de/nn_722764/SharedDocs/Aufsichtsrecht/DE/Verfuegungen/vf_100304_leerverk_transparenz.html.

**26** Und zwar zuletzt per Allgemeinverfügung vom 31.1.2001 bis zum 25.3.2012; abrufbar unter http://www.bafin.de/nn_722764/SharedDocs/Aufsichtsrecht/DE/Verfuegungen/vf_110131_leerverk_transparenz_verlaengerung.html.

neuen gesetzlichen Regelung auf, sie wurde „nur" von der exekutiven auf eine abstrakt-generelle legislative Ebene gehoben; indessen umfasste im Gegensatz zu den auf bestimmte explizit genannte Finanzwerte beschränkten Allgemeinverfügungen der BaFin der sachliche Anwendungsbereich des § 30i WpHG aF sämtliche Aktien, die an einer inländischen Börse zum Handel im regulierten Markt zugelassen sind. Im Zuge der Zuspitzung der Staatsschuldenkrise im Euroraum erließ die BaFin am 18.5.2010 schließlich drei weitere Allgemeinverfügungen, die wiederum inhaltliches Vorbild für die wenig später folgende Regelung durch das WpMiVoG waren. Entsprechend konnten sie mit Inkrafttreten dieses Gesetzes wieder aufgehoben werden. Mit diesen drei Verfügungen wurde zunächst das Verbot von ungedeckten Leerverkäufen in bestimmten Finanzwerten nach zwischenzeitlicher Aufhebung wieder in Kraft gesetzt. Zum anderen wurden erstmals auch ungedeckte Leerverkäufe in Schuldtiteln von EU-Mitgliedstaaten des Euroraums sowie die Begründung von *Credit Default Swaps* auf Verbindlichkeiten von EU-Mitgliedstaaten des Euroraums ohne eigenen Sicherungszweck verboten.[27]

Ermächtigungsgrundlage für sämtliche Allgemeinverfügungen war die Generalklausel des § 4 Abs. 1 WpHG aF. Begründet wurden sie mit der Beseitigung von Missständen, die erhebliche Nachteile für den Finanzmarkt bewirken können. Gleichwohl wurde in diesem Zusammenhang gerichtlich nicht geklärt, ob § 4 Abs. 1 WpHG aF eine ausreichende Rechtsgrundlage für solche weitreichenden Allgemeinverfügungen der BaFin darstellen konnte.[28] Mit Einfügung von §§ 30h bis j WpHG aF durch das WpMiVoG wurden die durch Allgemeinverfügungen erlassenen Leerverkaufsverbote und Transparenzpflichten dann durch eine Regelung auf Gesetzesebene ersetzt. Selbstredend ging hiermit eine höhere Rechtssicherheit sowohl für Marktteilnehmer als auch die Exekutive einher; ferner wurden in diesem Zusammenhang die Befugnisse der BaFin durch Einfügen des § 4a WpHG aF erweitert.[29]

Der mit dem WpMiVoG eingefügte Abschnitt 5b *„Leerverkäufe und Geschäfte in Derivaten"* enthielt in § 30h WpHG aF ein generelles Verbot ungedeckter Leerverkäufe auf Aktien des geregelten Marktes und europäische Staatsanleihen.[30] Ergänzt wurde dieses Verbot hinsichtlich Aktien durch die Transparenzregelung des § 30i aF WpHG. Danach waren Netto-Leerverkaufspositionen in den von § 30h WpHG aF erfassten Aktien ab einer bestimmten Höhe seit dem 26.3.2012 der BaFin mitzuteilen bzw. im Bundesanzeiger zu veröffentlichen. Dies galt unabhängig davon, ob diese Short-Positionen durch Leerverkäufe oder durch das Halten von

---

**27** Dazu auch *Weick-Ludewig* in Fuchs, WpHG, 2. Aufl. 2016, § 30h Rn. 9.
**28** Zweifelnd etwa *Zimmer/Beisken* WM 2010, 485, 491.
**29** Hierzu *Ritz* in Just/Voß/Ritz/Becker, WpHG, 2015, § 4a Rn. 1 ff.
**30** Vgl. *Möller/Christ/Harrer* NZG 2010, 1124.

Derivaten entstanden waren. § 30j WpHG aF statuierte schließlich ein Verbot der Begründung von CDS auf Verbindlichkeiten von EU-Mitgliedstaaten des Euroraums und zugehörigen Regionalregierungen und Gebietskörperschaften, soweit kein eigener Sicherungszweck besteht. Dies stellte einen genuin nationalen Alleingang des deutschen Gesetzgebers bei der Einführung von Leerverkaufsverboten dar und begegnete – wie in solchen Konstellationen nahezu stets erwartungsgemäß – beachtlicher Kritik.[31] Ein Vorgehen auf europäischer Ebene wurde allgemein als effektiver angesehen. Da die Mitgliedstaaten mit unterschiedlichen Maßnahmen auf die Schwierigkeiten im Zusammenhang mit Leerverkäufen reagierten, bestand zudem die Gefahr der Aufsichtsarbitrage. So sprach sich CESR im März 2010 für eine europaweite Regulierung von Leerverkäufen aus.[32]

### b) Entstehungsgeschichte der LeerverkaufsVO

Die LeerverkaufsVO ist am 25.3.2012 in Kraft getreten und gilt seit dem 1.11.2012. Hierdurch bedingt mussten die nationalen Regelungen zum Leerverkauf wieder geändert bzw. aufgehoben werden. Mit dem EU-LeerverkaufsausfG[33] hat der Gesetzgeber auf die Verlagerung der Regulierung von Leerverkäufen und CDS von der nationalen auf die europäische Ebene reagiert und die bisherige gesetzliche Regelung angepasst.

In Folge der sich seit 2007 ausbreitenden Finanzkrise erließ die Mehrzahl der europäischen Staaten nationale Regelungen, die in unterschiedlicher Weise bestimmte Leerverkäufe verboten oder Leerverkaufspositionen einer Transparenzpflicht unterwarfen, wobei die naturgemäß sehr unterschiedlichen nationalen Regelungen in manchen Staaten befristet waren und zwischenzeitlich auch wieder ausgelaufen sind. Andere Staaten verschärften die regulatorischen Vorgaben in Zusammenhang mit der europäischen Staatsschuldenkrise.

Innerhalb des europäischen Binnenmarktes entstand so ein komplexes System unterschiedlicher regulatorischer Anforderungen im Bereich der Leerver-

31 Vgl. *Möllers/Christ/Harrer* NZG 2010, 1167; *Jahn* in Schimansky/Bunte/Lwowski, Bankrechts-Handbuch, 5. Aufl. 2017, § 114 Rn. 159c.

32 Vgl. CESR/10-088, *„Model for a Pan-European Short Selling Disclosure Regime"*, abrufbar unter www.esma.europa.

33 Gesetz zur Ausführung der Verordnung (EU) Nr. 236/2012 des Europäischen Parlaments und des Rates vom 14. März 2012 über Leerverkäufe und bestimmte Aspekte von Credit Default Swaps, BGBl I 2012 Nr. 53 v. 15.11.2012, S. 2286.

käufe[34], um nicht bildhaft zu schreiben: ein leerverkaufsrechtlicher Flickenteppich. Vor dem Hintergrund einer zunehmenden Rechtszersplitterung sprach sich CESR im März 2010 sehr konsequent für die Schaffung eines einheitlichen europaweiten Transparenzregimes für Leerverkäufe aus.[35] Infolgedessen legte die Kommission am 15.10.2010 den Entwurf einer Leerverkaufsverordnung vor[36], um den unerwünschten Effekten von Leerverkäufen innerhalb eines gemeinsamen Rechtsrahmens entgegenwirken zu können und hinsichtlich der Maßnahmen, die in den Mitgliedstaaten in Ausnahmesituationen ergriffen werden müssen, um ein höheres Maß an Koordinierung und Kohärenz sicherzustellen. Teil der in diesem Entwurf enthaltenen Transparenzregelungen war neben der zweistufig ausgestalteten Mitteilungspflicht hinsichtlich Leerverkaufspositionen in Art. 6 nach US-amerikanischem Vorbild auch ein so genanntes *„flagging"* von Leerverkaufsaufträgen. Wegen des hohen bürokratischen Aufwands, den die Einführung einer derartigen Kennzeichnung von Leerverkaufsaufträgen verursacht hätte, wurde hiervon jedoch im Ergebnis wieder Abstand genommen.

Der Vorschlag der Kommission enthielt hingegen kein generelles Verbot ungedeckter Positionen in CDS. Auch der Europäische Wirtschafts- und Sozialausschuss sprach sich gegen ein Verbot ungedeckter CDS aus, da hierdurch nur die Symptome und nicht die Ursachen der Schuldenkrise bekämpft würden.[37] Erst auf Initiative des Europäischen Parlaments wurde in die Verordnung ein Verbot ungedeckter CDS-Positionen aufgenommen.[38]

Die Europäische Zentralbank begrüßte den Regulierungsvorschlag und wies darauf hin, dass wesentlich für die Nutzung der den Behörden übermittelten Daten eine Standardisierung und ein effizienter europaweiter Austausch der elektronischen Daten sei.[39] Nachdem das Europäische Parlament am 15.11.2011 in erster Lesung seinen Standpunkt festlegte, billigte der Rat diesen Standpunkt, so dass die LeerverkaufsVO nach Unterzeichnung und Verkündung[40] am 25.3.2012 in Kraft trat. Sie gilt seit dem 1.11.2012.[41]

---

**34** Vgl. ESMA/2011/39a, UPDATE ON MEASURES ADOPTED BY COMPETENT AUTHORITIES ON SHORT SELLING, abrufbar unter www.esma.europa.eu > markets > short selling > publications.
**35** Vgl. CESR/10 – 788; abrufbar unter www.esma.europa.eu > markets > short selling > publications.
**36** KOM(2010) 482, ABl. 2011 C 121 S. 25.
**37** Vgl. ABl. EU 2011 C 84 S. 34.
**38** Vgl. P7_TA (2011) 0312, abrufbar unter www.europarl.europa.eu/RegistreWeb/.
**39** ABl. EU 2011 C 91 S. 1.
**40** ABl. EU 2012 L 86 S. 1.
**41** Vgl. Art. 48 LeerverkaufsVO.

Die im ordentlichen Gesetzgebungsverfahren nach Art. 289 Abs. 1 iVm Art. 294 AEUV als Verordnung des Europäischen Parlamentes und des Rates erlassene LeerverkaufsVO enthält die wesentliche politische Grundentscheidung. Ihre Vorgaben werden konkretisiert durch vier weitere Verordnungen der Europäischen Kommission; hierbei handelte es sich um die delegierte VO 826/2012/EU, die DurchführungsVO 827/2012/EU, die delegierte VO 918/2012/EU und die delegierte VO 919/2012/EU.

Die delegierte VO 918/2012/EU wurde in dem in Art. 42 LeerverkaufsVO festgelegten Verfahren von der Kommission als delegierte Verordnung nach Art. 290 AEUV erlassen. Sie ist umfangreich ausgefallen und enthält im Gegensatz zu den nachfolgend dargestellten drei weiteren Verordnungen nicht nur Regelungen technischer Art, sondern zahlreiche inhaltliche Ergänzungen. Insbesondere definiert sie Begriffe wie etwa das *„Halten von Finanzinstrumenten"* oder das *„Eigentum"* iSd Art. 2 Abs. 1 lit. b LeerverkaufsVO. Ferner regelt sie insbesondere die Berechnung von Netto-Leerverkaufspositionen und bestimmt, wann eine Position in einem CDS auf öffentliche Schuldtitel eine gedeckte Position ist. Darüber hinaus legt sie Meldeschwellen und Liquiditätsschwellen für die vorübergehende Aufhebung von Beschränkungen fest und bestimmt, was signifikante Wertminderungen bei Finanzinstrumenten und ungünstige Ereignisse sind.

Die delegierte VO 826/2012/EU wie auch die delegierte VO 919/2012/EU wurden in dem in Art. 10 bis 14 VO 1095/2010/EU festgelegten Verfahren als technische Regulierungsstandards und somit ebenfalls als delegierte Verordnungen nach Art. 290 AEUV zur Überwachung von Leerverkäufen erlassen. Sie enthalten eigenständige Regelungen technischer Art, ohne selbst strategische oder politische Entscheidungen festzulegen. Die delegierte VO 826/2012/EU legt die Melde- und Offenlegungspflichten in Bezug auf Netto-Leerverkaufspositionen, die Einzelheiten der in Bezug auf Netto-Leerverkaufspositionen an ESMA zu übermittelnden Informationen und die Methode zur Berechnung des Umsatzes zwecks Ermittlung der unter die Ausnahmeregelung fallenden Aktien fest. Die delegierte VO 919/2012/EU bestimmt die Methode zur Berechnung der Wertminderung bei liquiden Aktien und anderen Finanzinstrumenten.

Schließlich wurde die DurchführungsVO VO 827/2012/EU auf Grundlage des Art. 291 AEUV gemäß dem in 32 Art. 15 VO 1095/2010/EU festgelegten Verfahren als technischer Durchführungsstandard erlassen. Die hierin enthaltenen Bestimmungen betreffen das Verfahren für die Offenlegung von Nettoleerverkaufspositionen in Aktien gegenüber der Öffentlichkeit und das Format, in dem ESMA Informationen zu Netto-Leerverkaufspositionen zu übermitteln sind. Darüber hinaus legt diese Verordnung fest, welche Vereinbarungen, Zusagen und Maßnahmen angemessen gewährleisten, dass Aktien oder öffentliche Schuldtitel für die Abwicklung des Geschäfts verfügbar sind und bestimmt die Daten und den Zeitraum zur Ermittlung des Haupthandelsplatzes einer Aktie.

## 2. Das geltende nationale Regelungsregime für Leerverkäufe

### a) Zuständigkeits-, Verfahrens- und Ordnungswidrigkeitenvorschriften im WpHG

In § 53 WpHG[42] sind die zur Ausführung der LeerverkaufsVO erforderlichen nationalen Regelungen zusammengefasst enthalten. Die Vorschrift umfasst Zuständigkeits- und Verfahrensvorschriften, die für eine wirksame Aufsicht der BaFin bei der Leerverkaufsüberwachung erforderlich sind, sowie die Befugnis zur Regelung von nicht durch die LeerverkaufsVO abgedeckten Einzelheiten durch Rechtsverordnung. Historisch wurden mit Geltungsbeginn der Leerverkaufs-VO am 1.11.2012 durch das EU-Leerverkaufs-Ausführungsgesetz die §§ 4a Abs. 1 Satz 2 Nr. 1 lit. a, §§ 30i, 30j WpHG aF aufgehoben sowie die vormaligen Regelungen des § 30h WpHG durch die zur Ausführung der LeerverkaufsVO erforderlichen aufsichtsrechtlichen Zuständigkeits- und Verfahrensvorschriften sowie die Ermächtigung zum Erlass einer Rechtsverordnung ersetzt.

Vorgesehen ist gem. § 53 Abs. 1 Satz 1 WpHG, dass die BaFin die zuständige Behörde iSd Art. 32 der LeerverkaufsVO ist. In Abs. 1 Satz 2 der Norm ist eine Einschränkung der Zuständigkeit der Geschäftsführung der Börsen geregelt, für die in § 15 Abs. 5a BörsG eine Sonderzuständigkeit iRd Art. 23 der LeerverkaufsVO Nr. 236/2012 eingeräumt wird. Zudem gelten, sofern in der LeerverkaufsVO nichts anderes vorgesehen ist, die Normen der Abschnitte 1 und 2 des WpHG.[43] Dies ist deshalb von Belang, weil aufgrund dessen auch die Missbrauchsklausel des § 6 WpHG zur Anwendung gelangen kann.[44] Hierdurch setzt der deutsche Gesetzge-

---

42 Mit Geltungsbeginn der LeerverkaufsVO am 1.11.2012 hatte das EU-Leerverkaufs-Ausführungsgesetz (BGBl I 2012, 2286) die §§ 4a Abs. 1 Satz 2 Nr. 1 lit. a, §§ 30i, 30j WpHG aufgehoben, die vormaligen Regelungen des § 30h WpHG durch die zur Ausführung der LeerverkaufsVO erforderlichen aufsichtsrechtlichen Zuständigkeits- und Verfahrensvorschriften sowie die Ermächtigung zum Erlass einer Rechtsverordnung ersetzt. Nach der Neuordnung durch das 2. FiMaNoG findet sich die Vorschrift nunmehr in § 53 WpHG.

43 Mit Ausnahme der §§ 18 Abs. 7 Satz 4–8, 21 Abs. 1 Satz 3 und 22 WpHG.

44 Näher hierzu *Döhmel* in Assmann/Schneider/Mülbert, Wertpapierhandelsrecht, 7. Aufl. 2109, § 6 Rn. 26.

ber die Vorgaben zu den Behördenbefugnissen des Art. 33 Abs. 2 der LeerverkaufsVO Nr. 236/2012 um.[45]

Es ist nicht deutlich genug zu betonen, dass das ganz zentrale Regelungsmoment des § 53 Abs. 2 Satz 1 WpHG schlechthin der öffentlich-rechtliche Verhältnismäßigkeitsgrundsatz ist, wenn dort festgelegt wird, die BaFin übe ihre Befugnisse gemäß dem WpHG sowie der Leerverkaufsverordnung aus, soweit dies für die Wahrnehmung ihrer Aufgaben und für die Überwachung der Einhaltung der der in der der LeerverkaufsVO geregelten Pflichten erforderlich ist.[46] Dies mag deklaratorischer Natur sein[47], ist aber für die Verteidigung gegen behördliche Maßnahmen zum Beispiel bei *Short Selling*-Attacken von ganz zentraler Bedeutung.

Der weitere Normenbestand hält keine Überraschungen parat: So haben Widerspruch und Anfechtungsklage gegen Maßnahmen der BaFin gem. § 53 Abs. 2 WpHG, auch iVm der LeerverkaufsVO keine aufschiebende Wirkung, um eine wirksame Gefahrenabwehr sicherzustellen.[48] Gemäß § 53 Abs. 4 Unterabs. 1 WpHG kann das BMF durch eine Rechtsverordnung, die nicht der Zustimmung des Bundesrates bedarf, u. a. nähere Bestimmungen über Art, Umfang und Form von Mitteilungen und Veröffentlichungen von Netto-Leerverkaufspositionen sowie von Mitteilungen, Übermittlungen und Benachrichtigungen von Market-Maker-Anzeigen erlassen; es kann diese Ermächtigung durch Rechtsverordnung auf die BaFin übertragen. Die BaFin hat – nach entsprechender Übertragung der Ermächtigung durch das Bundesministerium der Finanzen – die Netto-Leerverkaufspositionsverordnung[49] und die Leerverkaufs-Anzeigeverordnung[50] erlassen.

Wie im Wertpapierhandelsrecht üblich, sind Verstöße gegen die Transparenz- und Verbotsvorschriften der LeerverkaufsVO durch Blankett-Ordnungswidrigkeitentatbestände bußgeldbewehrt. So handelt gem. § 120 Abs. 6 WpHG ordnungswidrig, wer gegen die LeerverkaufsVO verstößt, indem er vorsätzlich bzw. leichtfertig eine der dort aufgezählten Tathandlungen verwirklicht. Hiermit entspricht

---

**45** Begr. Fraktionsentwurf EU-Leerverkaufs-AusführungsG, BT-Drucks. 17/1952, 8. Da die Art. 34–40 VO Nr. 236/2012 insoweit abschließende unmittelbar anwendbare Regelungen enthalten, sind die von dem Verweis ausgenommenen Bestimmungen nicht anwendbar.

**46** *Mülbert/Sajnovits* in Assmann/Schneider/Mülbert, Wertpapierhandelsrecht, 7. Aufl. 2019, Art. 1 VO Nr. 236/2012 Rn. 21 ff.; ferner *Weick-Ludewig* in Fuchs, WpHG, 2. Aufl. 2016, § 30h Rn. 24.

**47** *Mülbert/Sajnovits* in Assmann/Schneider/Mülbert, Wertpapierhandelsrecht, 7. Aufl. 2019, Art. 1 VO Nr. 236/2012 Rn. 21

**48** *Mülbert/Sajnovits* in Assmann/Schneider/Mülbert, Wertpapierhandelsrecht, 7. Aufl. 2019, Art. 1 VO Nr. 236/2012 Rn. 22.

**49** Vom 17.12.2012, BGBl I 2012, 2699, zuletzt geändert durch Gesetz vom 23.6.2017, BGBl I 2017, 1693.

**50** Vom 16.4.2014, BGBl I 2014, 386.

der deutsche Gesetzgeber seinem Regelungsauftrag, der Art. 41 der LeerverkaufsVO entspringt. Hiernach sind wirksame, verhältnismäßige aber eben auch abschreckende Sanktionen vorzusehen.[51]

## 3. Vorgaben der Leerverkaufsverordnung

Durch die LeerverkaufsVO wurde erstmals ein Regelungsregime geschaffen, das europaweit einheitliche Anforderungen hinsichtlich der Transparenz von Leerverkaufspositionen formuliert und einheitliche Beschränkungen für die Durchführung von Leerverkäufen aufstellt. Ein spezieller Verbotstatbestand betrifft die CDS, durch die wirtschaftlich eine dem Leerverkauf vergleichbare Position begründet werden kann. Ferner wird festgelegt, welche Befugnisse nationalen Behörden zustehen, um in Ausnahmesituationen hinsichtlich Leerverkäufen Maßnahmen zu ergreifen. Von besonderer Bedeutung ist, dass insoweit ein Verfahren für ein koordiniertes Vorgehen der Behörden innerhalb der EU festgelegt wird.

### a) Anwendungsbereich

Die LeerverkaufsVO findet Anwendung auf Finanzinstrumente[52], die zum Handel an einem Handelsplatz innerhalb der Europäischen Union zugelassen sind.[53] Mit der Zulassung iSd Art. 1 Abs. 1 lit. a LeerverkaufsVO wird nicht auf einen hoheitlichen Akt abgestellt, so dass auch Finanzinstrumente, die an einem MTF oder dem Freiverkehr einer Börse gehandelt werden, erfasst sind.[54] Unabhängig davon, wo diese gehandelt werden, ist die LeerverkaufsVO auch auf Derivate anwendbar, die sich auf die zum Handel in der Union zugelassenen Finanzin-

---

**51** Ergänzt wird dieses Regime durch § 120 Abs. 3 WpHG, wonach ordnungswidrig agiert, wer vorsätzlich bzw. fahrlässig einer entsprechenden vollziehbaren leerverkaufsrechtlichen Anordnung zuwiderhandelt.

**52** Solche Finanzinstrumente sind diejenigen, die in Anhang I Abschnitt C der MiFID II aufgeführt sind; gem. Art. 94 Unterabs. 2 iVm Anhang IV RL 2014/65/EU (MiFID II) muss der Verweis in der LeerverkaufsVO auf die MiFID I als solcher auf die MIFID II gelesen werden. Vgl. im Einzelnen hierzu *Assmann* in Assmann/Schneider/Mülbert, Wertpapierhandelsrecht, 7. Aufl. 2019, § 2 Rn. 8 ff.

**53** Vgl. Art. 1 Abs. 1 lit. a LeerverkaufsVO. Entscheidendes Abgrenzungskriterium ist somit, wo sich der jeweilige Handelsplatz befindet.

**54** Vgl. ESMA/2013/159 Questions and Answers Implementation of the Regulation on short selling and certain aspects of credit default swaps (2nd UPDATE) Rn. 33 Antwort 1d; *Krüger/Ludewig* WM 2012, 1942, 1946; **aA** *Mülbert/Sajnovits* ZBB 2012, 266, 269.

strumente beziehen.[55] Ferner findet die Leerverkaufsverordnung nach Art. 1 Abs. 1 lit. c Anwendung auf Schuldtitel, die von Mitgliedstaaten oder der EU begeben werden. Auch insoweit ist eine weite Auslegung vorzunehmen, so dass auch von einem Bundesland oder von einem sonstigen in Art. 2 Abs. 2 lit. d LeerverkaufsVO genannten öffentlichen Emittenten begegebene Schuldtitel erfasst sind.[56] Nicht erfasst werden hingegen staatliche Darlehen oder Anleihen, die von Unternehmen in staatlicher Hand begeben werden.[57]

Die LeerverkaufsVO findet auch Anwendung auf Derivate, die mit erfassten Schuldtiteln verbunden sind oder sich auf diese beziehen. Unter anderem werden somit auch CDS erfasst, die im Falle eines Kreditereignisses hinsichtlich eines öffentlichen Emittenten eine Zahlungspflicht auslösen. Gemäß Art. 1 Abs. 2 LeerverkaufsVO gelten unabhängig von einer Zulassung an einem EU-Handelplatz für alle Finanzinstrumente Art. 18, 20 und 23 bis 30 LeerverkaufsVO, wonach die national jeweils zuständige Behörde den Marktteilnehmern in Ausnahmesituationen zusätzliche Melde- oder Offenlegungspflichten oder Beschränkungen auferlegen kann.

Räumlich ist der Anwendungsbereich der LeerverkaufsVO nicht auf das Gebiet der EU beschränkt.[58] Sie findet Anwendung, sofern ein Auftrag oder eine Position die Finanzinstrumente, die in den sachlichen Anwendungsbereich fallen betrifft. Die vom sachlichen Anwendungsbereich des Leerverkaufsregimes in Art. 1 Abs. 1 lit. a bis c der LeerverkaufsVO erfasst sind. Ohne Belang ist demgegenüber, wo eine Person ihren Sitz hat, von wo aus ein Auftrag erteilt wird oder wo ein Auftrag ausgeführt wird.[59] Explizit wird dies für die Transparenzpflichten in Art. 10 LeerverkaufsVO klargestellt.

---

55 Art. 1 Abs. 1 lit. b LeerverkaufsVO.

56 Vgl. Erwägungsgrund 9.

57 Vgl. ESMA/2013/159, Questions and Answers Implementation of the Regulation on short selling and certain aspects of credit default swaps (2nd UPDATE) Rn. 33 Antwort 1i); *Mülbert/Sajnovits* in Assmann/Schneider/Mülbert, Wertpapierhandelsrecht, 7. Aufl. 2019, Art. 1 VO Nr. 236/2012 Rn. 8 ff.

58 Vgl. im Einzelnen hierzu *Mülbert/Sajnovits* in Assmann/Schneider/Mülbert, Wertpapierhandelsrecht, 7. Aufl. 2019, Art. 1 VO Nr. 236/2012 Rn. 13 ff.

59 Vgl. ESMA/2013/159 Questions and Answers Implementation of the Regulation on short selling and certain aspects of credit default swaps (2nd UPDATE) Rn. 33 Antwort 1a – c, *Krüger/Ludewig* WM 2012, 1942, 1946.

### b) Transparenz für Netto-Leerverkaufspositionen

#### aa) Unterschiedliche Ausgestaltung für Netto-Leerverkaufspositionen

Von besonderem Interesse für die Aufsichtspraxis ist die unterschiedliche Ausgestaltung der Transparenzpflicht bezüglich Netto-Leerverkaufspositionen für Aktien[60], öffentliche Schuldtitel[61] und CDS.[62] So wird hinsichtlich Aktien die Transparenz in einem zweistufigen Verfahren hergestellt. Zunächst ist die Netto-Leerverkaufsposition an die zuständige Behörde zu melden, erst bei Erreichen weiterer Schwellenwerte ist eine Offenlegung vorzunehmen. Im Gegensatz hierzu ist bezüglich der Netto-Leerverkaufsposition in einem öffentlichen Schuldtitel allein an die zuständige Behörde eine Meldung vorzunehmen, eine hiermit korrespondierende Offenlegungspflicht existiert nicht. Ebenso verhält es sich für die nur ausnahmsweise zulässigen[63] ungedeckten Position in CDS auf öffentliche Schuldtitel. Vom persönlichen Anwendungsbereich her sind hinsichtlich Netto-Leerverkaufspositionen mitteilungs- und veröffentlichungspflichtig natürliche und juristische Personen sowie Personengesellschaften[64]; eine diesbezügliche Transparenzpflicht trifft ferner Verwaltungsstellen, die Fonds- und Portfolioverwaltung durchführen, sowie entsprechende Gruppen.[65]

*Ratio* der Mitteilungspflicht hinsichtlich der Aktivitäten in Netto-Leerverkaufspositionen ist, dass die Exekutive mit Hilfe der übermittelten Informationen feststellen können soll, ob Leerverkäufe systemische Risiken verursachen, zu Marktstörungen führen oder gar marktmissbräuchlich und damit möglicherweise strafrechtlich relevant eingesetzt werden.[66] Darüber hinaus soll die Veröffentlichung der Netto-Leerverkaufspositionen in Aktien anderen Marktteilnehmern eine bessere Einschätzung der Marktlage ermöglichen, so dass insoweit auch der Ansatz des *equal access* seinen Niederschlag gefunden hat. Durch die Veröffentlichung soll ein Marktteilnehmer beispielsweise erkennen können, ob ein Angebotsüberhang und damit ein Preisverfall an dem Aktienmarkt durch ein hohes Volumen an Leerverkäufen ausgelöst wird. Das ist insofern von Bedeutung, als typischerweise der Leerverkäufer früher oder später seine Position wieder schließen und die auf dem Markt befindlichen Aktien zurückkaufen wird. Durch

---

**60** Vgl. Art. 5 der LeerverkaufsVO.
**61** Vgl. Art. 7 der LeerverkaufsVO.
**62** Vgl. Art. 8 der LeerverkaufsVO.
**63** Hierzu *Buttlar/Petersen* in Just/Voß/Ritz/Becker, WpHG, 2015, § 30h Rn. 87 ff.
**64** Vgl. Erwägungsgrund 6 der LeerverkaufsVO.
**65** *Buttlar/Petersen* in Just/Voß/Ritz/Becker, WpHG, 2015, § 30h Rn. 65.
**66** Vgl. *Krüger/Ludewig* WM 2012, 1942.

die Transparenz wird marktmissbräuchlichen Leerverkäufen entgegengewirkt.[67] Indessen ist zu konstatieren, dass es alles andere als abschließend geklärt ist, ob die Transparenz die Gefahr eines *shortsqueeze* zu vermindern mag oder gänzlich umgekehrt gerade erhöht. Zuzugeben ist, dass der finanzielle Anreiz, eine Überbewertung aufzuspüren und diese Erkenntnis durch einen Leerverkauf auszunutzen, begrenzt sein dürfte, da eben ab einer bestimmten Positionsgröße eine Veröffentlichung vorgenommen werden muss. Auch ist vorgetragen worden, dass die Offenlegung zu einer Nachahmung der Strategie des Leerverkäufers führen und ein Herdenverhalten eine übertriebene Abwärtsbewegung zur Folge haben kann.[68] Auf abstrakt-genereller Ebene ist der Eintritt negativer Effekte indessen zumindest auch abhängig von der Höhe der regulativ vorgesehenen Schwellenwerte für eine Veröffentlichung. Dies ist nicht zuletzt auch der Hintergrund, warum gem. Art. 6 Abs. 4 LeerverkaufsVO die Kommission diese Schwellenwerte verändern und so auf ggf. auftretende negative Effekte reagieren kann.

Was ist nun Gegenstand der leerverkaufsrechtlichen Transparenz? Dies ist zunächst die jeweilige Netto-Leerverkaufsposition, die durch Abzug der Short-Positionen von den Long-Positionen berechnet wird.[69] Dabei erfolgt die Begründung einer Short-Position durch die Vornahme eines Leerverkaufs[70], wobei unter einem Leerverkauf gemäß Art. 2 Abs. 1 lit. b LeerverkaufsVO wiederum ein Verkauf zu verstehen ist, bei dem sich das verkaufte Finanzinstrument im Zeitpunkt des Verkaufs nicht im Eigentum des Verkäufers befindet.[71] Es ist in Bezug auf den Verkäufer zu klären, ob das verkaufte Finanzinstrument zum Zeitpunkt des Verkaufs in seinem Eigentum steht, wobei es maßgeblich auf die Verortung des wirtschaftlichen Eigentums ankommt. Hierfür ist zu klären, wer – auf Grundlage des jeweils anwendbaren nationalen Rechts – das mit dem Erwerb eines Finanzinstruments verbundene wirtschaftliche Risiko letztlich trägt.[72] Klargestellt wird in Art. 2 Abs. 1 lit. b i) bis iii) LeerverkaufsVO, dass kein Leerverkauf vorliegt in den Konstellationen eines sog. Repo-Geschäftes, der Übertragung im Rahmen der Wertpapierleihe und bei dem Abschluss eines Terminkontraktes.[73]

---

**67** Vgl. *Möllers/Christ/Harrer* NZG 2010, 1167, 1168.

**68** Vgl. *Bolder* EuZW 2011, 769, 770.

**69** Vgl. Art. 3 Abs. 4 und 5 LeerverkaufsVO.

**70** Vgl. Art. 3 Abs. 1 lit. a LeerverkaufsVO.

**71** Verkäufer in diesem Sinne ist auch der Kommittent, der zwar nicht selbst Vertragspartner eines Kaufvertrages wird, aber an den Kommissionär einen Verkaufsauftrag erteilt.

**72** Vgl. Art. 3 Abs. 1 delegierte VO 918/2012/EU.

**73** Vgl. 45 Art. 3 Abs. 2 lit. a LeerverkaufsVO. Ferner ist ebenfalls kein Leerverkauf ist in den Fällen des Art. 3 Abs. 2 lit. a bis c VO 918/2012/EU gegeben.

Wenn ein Finanzinstrument gehalten wird, besteht eine *Long-Position*, was wiederum der Fall ist, wenn (wirtschaftliches) Eigentum im Sinne des Art. 3 der delegierten VO 918/2012/EU vorliegt oder aufgrund eines Kaufs ein Anspruch auf Übereignung besteht[74]. Auch über sonstige Transaktionen kann eine Long- oder Short-Position begründet werden[75]. Maßgeblicher Zeitpunkt für die Berechnung der jeweiligen Positionen ist 24 Uhr eines jeweiligen Handelstages. Die Meldung oder Offenlegung hat bis spätestens 15.30 Uhr des folgenden Handelstages zu erfolgen. Hierbei ist jeweils auf die Uhrzeit in dem Mitgliedstaat der zuständigen Behörde abzustellen.[76]

#### bb) Netto-Leerverkaufsposition in Aktien (Art. 5 bis 7, 10 delegierte VO 918/2012 EU)

Für die Praxis relevant ist zur Bestimmung der Netto-Leerverkaufsposition in Aktien die Frage, welche Finanzinstrumente neben der Aktie selbst in die Berechnung einbezogen werden. Weiter ist bezüglich der derivativen Instrumente zu ermitteln, in welchem Maß sie eine Wertveränderung der Aktie nachvollziehen.[77] Vorgesehen ist, dass ein Finanzinstrument in die Berechnung der Netto-Leerverkaufsposition in einer Aktie dann einbezogen wird, wenn es bei einer Wertminderung oder Wertsteigerung der Aktie mittels dieses Finanzinstruments zur Er-

74 Vgl. Art. 4 lit. a und b VO 918/2012/EU.

75 Vgl. Art. 3 Abs. 1 und 2, jeweils lit. b LeerverkaufsVO. Das ist der Fall, wenn bei einer Wertminderung (dann *Short*-Position) oder Wertsteigerung (dann *Long*-Position) der Aktie oder des Schuldtitels über ein anderes Finanzinstrument ein finanzieller Vorteil erzielt wird. Zur Bestimmung der Größe einer Position, die mittelbar über ein anderes, also derivatives Finanzinstrument gehalten wird, kann der Positionsinhaber auf Informationen angewiesen sein, die nicht aus seinem eigenen Wirkungskreis stammen. Wird zum Beispiel eine Aktienposition über den Kauf eines passiv verwalteten Indexfonds begründet, kann die Positionsgröße nur bestimmt werden, wenn bekannt ist, zu welchem Anteil die Aktie in dem Fonds vertreten ist. Der Inhaber der mittelbar gehaltenen Position ist in diesem Fall verpflichtet, fortlaufend die öffentlich verfügbaren Informationen auszuwerten und diese in seine Berechnungen einzustellen; vgl. Art. 3 Abs. 3 LeerverkaufsVO. Werden Echtzeitinformationen nur entgeltlich zur Verfügung gestellt, brauchen diese nicht eingeholt zu werden; vgl. ESMA 2013/159 Questions and Answers Implementation of the Regulation on short selling and certain aspects of credit default swaps (2nd UPDATE) Rn. 33 Antwort 3i).

76 Vgl. Art. 9 Abs. 2 LeerverkaufsVO.

77 Nach entsprechender Umrechnung werden die Positionen dann gegeneinander aufgerechnet und zu der Gesamtzahl der ausgegebenen und zugelassenen Aktien ins Verhältnis gesetzt, um die Netto-Leerverkaufsposition zu bestimmen.

zielung eines finanziellen Vorteils kommt.[78] Eine Aufzählung einzubeziehender Finanzinstrumente enthält Anhang I Teil 1 der delegierten VO 918/2012/EU. Weiter erhellt, dass es für die Einbeziehung unerheblich ist, ob das jeweilige Finanzinstrument einen Barausgleich oder eine effektive Lieferung vorsieht.[79] Ebenso unerheblich ist, ob eine Transaktion an einem Handelsplatz oder außerhalb eines Handelsplatzes getätigt wurde.[80] Von der Einbeziehung ausgenommen sind Anteile an aktiv verwalteten Fonds, bei denen ein Ermessensspielraum bezüglich der Anlagestrategie besteht.[81] Ebenfalls nicht einbezogen werden Positionen in Finanzinstrumenten, die einen Anspruch auf noch nicht emittierte Aktien begründen.[82] Sodann sind die nominalen Positionen in derivativen Instrumenten zur Bestimmung der Größe der mittelbar in der Aktie gehaltenen Position umzurechnen.[83] Nach der sog. Deltabereinigung hat eine Aufrechnung der Long- und Short-Positionen in sämtlichen Aktiengattungen des Emittenten gegeneinander zu erfolgen, wobei zur Bestimmung der die der Transparenzpflicht unterliegende relative Netto-Leerverkaufsposition der durch die Aufrechnung bestimmte absolute Netto-Leerverkaufsposition ins Verhältnis gesetzt wird zu dem gesamten ausgegebenen und zum Handel zugelassenen Aktienkapital des Emittenten.[84] Formelmäßig lässt sich die Berechnung wie folgt darstellen:

---

**78** Vgl. Art. 3 Abs. 1 und 2, jeweils lit. b LeerverkaufsVO, Art. 5 Abs. 2, Art. 6 Abs. 2 delegierte VO 918/2012/EU.

**79** Vgl. Art. 7 lit. a delegierte VO 918/2012/EU.

**80** Vgl. Art. 10 Abs. 3 delegierte VO 918/2012/EU.

**81** Vgl. ESMA/2013/159 Questions and Answers Implementation of the Regulation on short selling and certain aspects of credit default swaps (2nd UPDATE) Rn. 33 Antwort 3a. Denn hier wird die Transparenz nach Art. 12 VO 918/2012/EU durch die jeweilige Verwaltungsstelle hergestellt; vgl. *Buttlar/Petersen* in Just/Voß/Ritz/Becker, WpHG, 2015, § 30h Rn. 66.

**82** Vgl. Art. 7 lit. b delegierte VO 918/2012/EU, ESMA/2013/159 Questions and Answers Implementation of the Regulation on short selling and certain aspects of credit default swaps (2nd UPDATE) Rn. 33 Antwort 3c).

**83** Die Umrechnung ist anhand des Deltawertes des derivativen Instrumentes, also anhand der Preissensitivität bezüglich einer Preisänderung des Basiswertes, vorzunehmen. Der Deltawert muss für jedes Derivat einzeln aufgrund der impliziten Volatilität und der Schlussnotierung oder letzten Notierung des Basisinstruments bestimmt werden; vgl. Anhang II Teil 1 Nr. 1 VO 918/2012/EU). Welche Berechnungsmethode zur Bestimmung des Delta verwendet wird (zB *Black-Scholes-*, *Black-* oder Binomial-Modell), ist nicht vorgegeben. Die Berechnung der Long- und Short-Positionen für dieselbe Aktie ist jedoch stets nach derselben Methode vorzunehmen; vgl. Art. 10 Abs. 2 VO 918/2012/EU). Bei Index- oder Basket-Produkten ist die Position in dem Maße zu berücksichtigen, in dem die Aktie in dem Index oder Basket vertreten ist; vgl. Art. 5 Abs. 1, Art. 6 Abs. 1 VO, Anhang II Teil 1 Nr. 3 delegierte VO 918/2012/EU.

**84** Vgl. Art. 2 Abs. 1 lit. h LeerverkaufsVO, Anhang II Teil 1 Nr. 5, 7, 8 VO 918/2012/EU.

*(Short-Positionen – Long-Positionen)/Gesamtbetrag des zugelassenen Aktienkapitals × 100 = Netto-Leerverkaufsposition in Prozent.*

Nicht nur aufgrund einer Transaktion seitens des Positionsinhabers, sondern auch aufgrund einer Veränderung externer Umstände kann eine Neuberechnung der Netto-Leerverkaufsposition erforderlich werden.[85] Folglich trifft den Positionsinhaber eine Pflicht zur Berechnung zugrunde liegender öffentlich verfügbarer Daten, zu deren fortlaufender Beobachtung sowie zur Vornahme einer Neuberechnung bei einer festgestellten Veränderung.[86]

### cc) Netto-Leerverkaufsposition in öffentlichen Schuldtiteln (Art. 8, 9, 11 55 VO 918/2012/EU).

Ein öffentlicher Schuldtitel ist ein Schuldtitel, der von einem öffentlichen Emittenten im Sinne des Art. 2 Abs. 1 lit. d LeerverkaufsVO begeben wird.[87] Auch insoweit sind, wenn die Berechnung einer Netto-Leerverkaufsposition in Rede steht, drei Schritte zu unterscheiden, nämlich die Bestimmung der einzubeziehenden Finanzinstrumente, die Ermittlung des Maßes, in welchem die jeweiligen Positionen einbezogen werden und schließlich die Aufrechnung der Positionen.

Neben den Positionen in dem öffentlichen Schuldtitel selbst werden Positionen in derivativen Finanzinstrumenten einbezogen, wenn bei einer Wertveränderung des Schuldtitels mittels dieser Finanzinstrumente ein finanzieller Vorteil erzielt wird.[88] Eine Aufzählung einzubeziehender Finanzinstrumente enthält Anhang I Teil 2 der delegierten VO 918/2012/EU. Wie bei Aktien ist es unbedeutend, ob das jeweilige Finanzinstrument einen Barausgleich oder eine effektive Lieferung vorsieht.[89]

---

85 Insbesondere kann die Größe des Delta, die Zusammensetzung eines Index oder Basket sowie das zugelassene Aktienkapital eines Emittenten Einfluss auf die Größe der Netto-Leerverkaufsposition haben.

86 Bezüglich der Veränderung des Delta stellt dies die in der deutschen Fassung schwer verständliche Formulierung des Anhang II Teil 1 Nr. 2 delegierte VO 918/2012/EU klar; vgl. ESMA/2013/159 Questions and Answers Implementation of the Regulation on short selling and certain aspects of credit default swaps (2nd UPDATE) Rn. 33 Antwort 3 l. Vergleichbare Regelungen hinsichtlich der Zusammensetzung eines Index oder Basket oder einer Veränderung des zugelassenen Aktienkapitals sind in Anhang II Teil 1 Nr. 3 und 6 delegierte VO 918/2012/EU enthalten.

87 Vgl. Art. 2 Abs. 1 lit. f LeerverkaufsVO.

88 Vgl. Art. 3 Abs. 1 und 2, jeweils lit. b LeerverkaufsVO, Art. 8 Abs. 2, Art. 9 Abs. 2 delegierte VO 918/2012/EU.

89 Vgl. Art. 8 Abs. 7, Art. 9 Abs. 5 VO 918/2012/EU.

Zu den einzubeziehenden Finanzinstrumenten gehören auch CDS, wobei Verkäufe von CDS *Long*-Positionen darstellen, Käufe von CDS Short-Positionen in dem jeweiligen öffentlichen Schuldtitel[90]. Wird mit dem CDS ein anderes Risiko abgesichert als der öffentliche Schuldtitel selbst, kann der Wert des abgesicherten Risikos nicht als Long-Position betrachtet werden.[91] Vorgesehen ist zudem ein Einbezug als *Long*-Position ein Schuldtitel eines anderen öffentlichen Emittenten, der nicht Drittlandsemittent ist, wenn eine hohe Korrelation zu den betreffenden öffentlichen Schuldtiteln vorliegt[92]

Im Bereich der öffentlichen Schuldtitel sind die gehaltenen Positionen auf zwei unterschiedliche Arten umzurechnen: So werden Geld-Positionen zum durationsbereinigten Nominalwert berücksichtigt.[93] Derivative Positionen sind deltabereinigt einzustellen.[94]

Zu ihrer Berechnung sind die *Long*- und *Short*-Positionen in den ausgegebenen öffentlichen Schuldtiteln eines Emittenten gegeneinander aufzurechnen.[95] Werden Long-Positionen in Bezug auf hochkorrelierte Schuldtitel über mehrere verschiedene öffentliche Emittenten hinweg aufgerechnet, so ist die Allokationsmethode zu dokumentieren[96]. Der so errechnete monetäre Betrag in Euro ist zu melden, wenn eine Meldeschwelle gemäß Art. 21 der delegierten VO 918/2012/

**90** Vgl. Art. 3 Abs. 3 Unterabsatz 2 LeerverkaufsVO, Art. 9 Abs. 3 delegierte VO 918/2012/EU)

**91** Vgl. Art. 9 Nr. 4 VO 918/2012/EU.

**92** Vgl. Art. 3 Abs. 5 LeerverkaufsVO, Art. 8 Abs. 3 delegierte VO 918/2012/EU. Wann eine derartige hohe Korrelation gegeben ist, wird in Art. 8 Abs. 4 bis 6 delegierte VO 918/2012/EU bestimmt. Der Positionsinhaber ist nicht verpflichtet, die Korrelation von Schuldtiteln systematisch zu überwachen, um diese bei Vorliegen des Korrelationsmaßstabes als *Long*-Position einbeziehen zu können; vgl. ESMA/2013/159 Questions and Answers Implementation of the Regulation on short selling and certain aspects of credit default swaps (2nd UPDATE) Rn. 33 Antwort 3h.

**93** Zur Berechnungsmethode vgl. ESMA/2013/159 Questions and Answers Implementation of the Regulation on short selling and certain aspects of credit default swaps (2nd UPDATE) Rn. 33 Antwort 4a und b.

**94** Um die Konsistenz der zu aggregierenden Daten zu verbessern und einen Gleichlauf herzustellen hat sich ESMA dafür ausgesprochen, *de lege ferenda* Geld-Positionen wie die derivativen Positionen zum Nominalwert und nicht mehr durationsbereinigt einzustellen; vgl. ESMA/2013/614, abrufbar bei ESMA Questions and Answers Implementation of the Regulation on short selling and certain aspects of credit default swaps (2nd UPDATE) Rn. 24, Nr. 57. Positionen in Schuldtiteln, die in anderen Währungen als dem Euro aufgelegt sind, werden zum letztverfügbaren verlässlichen aktualisierten Kassakurs in Euro umgerechnet. Bei Index- oder Basket-Produkten wird die Position in der Höhe eingestellt, in der der Schuldtitel in dem Index oder Basket vertreten ist; vgl. Art. 8 Abs. 1 Satz 2, Art. 9 Abs. 1, Anhang II Teil 2 Nr. 4 VO 918/2012/EU). Die Netto-Leerverkaufsposition ist für jeden öffentlichen Emittenten im Sinne des Art. 2 Abs. 1 lit. d LeerverkaufsVO separat zu bestimmen; vgl. Art. 3 Abs. 6 LeerverkaufsVO.

**95** Vgl. Anhang II Teil 2 Nr. 7 delegierte VO 918/2012/EU.

**96** Vgl. Anhang II Teil 2 Nr. 11 delegierte VO 918/2012/EU.

EU erreicht oder unterschritten wird, wobei sich die Berechnung formelmäßig wie folgt auf den Punkt bringen lässt:

*Shortposition – Longposition = Nettoleerverkaufsposition.*

Wie bei Aktien ist auch bei öffentlichen Schuldtiteln eine Neuberechnung der Netto-Leerverkaufsposition vorgesehen, wenn eine Transaktion bezüglich eines in Rede stehenden Titels durchgeführt wird oder sich die Daten, die einer Berechnung zugrunde lagen, aus einem sonstigen Grund verändern.[97]

**dd) Ungedeckte Positionen in CDS auf öffentliche Schuldtitel.**

Auch ungedeckte Positionen in CDS auf öffentliche Schuldtitelsind gem. Art. 8 LeerverkaufsVO zu melden. Aufgrund des nach Art. 14 Abs. 1 LeerverkaufsVO grundsätzlich bestehenden Verbotes kommt die Transparenzpflicht jedoch erst dann zum Tragen, und hier besteht ein entscheidender Unterschied zu den zuvor dargestellten Regimen, wenn die zuständige Behörde die Beschränkung nach Art. 14 Abs. 2 LeerverkaufsVO vorübergehend aufhebt. Ist das der Fall, so sind die ungedeckten CDS-Positionen bei Erreichen oder Unterschreiten der jeweiligen Schwellenwerte zu melden. Unabhängig von einer Zulassung ungedeckter CDS-Positionen fließen die CDS-Positionen immer in die Berechnung der Netto-Leerverkaufsposition in öffentlichen Schuldtiteln ein

Zu melden ist die ungedeckte Netto-Position in dem CDS.[98] Zu ihrer Bestimmung wird der Wert der abgesicherten Risiken ermittelt, wobei zwischen statischen und dynamischen Absicherungsstrategien zu differenzieren ist.[99] Der Wert der Risiken ist sodann von der Netto-Position in dem CDS abzuziehen, wobei ein verbleibender positiver Wert die zu meldende ungedeckte Netto-Position in dem CDS darstellt.[100]

---

97 Insbesondere muss ein Positionsinhaber die Korrelation zwischen unterschiedlichen öffentlichen Schuldtiteln, die Zusammensetzung eines Index oder Basket und die Größe des Delta beobachten und die berechnete Positionsgröße entsprechend anpassen; vgl. Anhang II Teil 2 Nr. 9 delegierte VO 918/2012/EU.

98 Vgl. Art. 20 Abs. 1 delegierte VO 918/2012/EU.

99 Näheres regeln Art. 20 Abs. 2 und 3 delegierte VO 918/2012/EU.

100 Vgl. Art. 20 Abs. 5 delegierte VO 918/2012/EU.

### ee) Fonds- und Portfolioverwaltung sowie Gruppen

Spezielle Regelungen bestehen hinsichtlich Transparenzpflichten bei Fonds- und Portfolioverwaltung sowie bei Gruppen. Bei einer Fonds- oder Portfolioverwaltung wird die Transparenz hinsichtlich Netto-Leerverkaufspositionen, die auf Grundlage der gleichen Strategie begründet wurden, durch die jeweilige Verwaltungsstelle hergestellt. Bei Gruppen besteht eine Transparenzpflicht sowohl für die einzelnen gruppenangehörigen Gesellschaften als auch für die Gruppe. Bei einer Fonds- oder Portfolioverwaltung trifft die Transparenzpflicht die Verwaltungsstelle. Verwaltungsstelle ist eine juristische Person oder Stelle, die auf Grundlage eines Mandats nach eigenem Ermessen Fonds oder Portfolios verwaltet[101], mithin für das deutsche Rechtsterritorium typischerweise die Kapitalverwaltungsgesellschaft iSv § 17 Abs. 1 KAGB. Netto-Leerverkaufspositionen der verwalteten Fonds und Portfolios, bezüglich derer die Verwaltungsstelle die gleiche Anlagestrategie verfolgt, werden im Rahmen ihrer Geschäftstätigkeit von der Verwaltungsstelle aggregiert.[102] Nach Ansicht von ESMA hat die Strategie sich auf die jeweilige Aktie oder den jeweiligen Schuldtitel zu beziehen. Sie kann damit nur darin bestehen, in dem Finanzinstrument eine *Short*-Position oder eine *Long*-Position aufzubauen.[103]

Hierin besteht ein wesentlicher Unterschied zu den Gruppensachverhalten, bei denen auch die Gesellschaften mit Netto-Long-Positionen berücksichtigt werden[104]; es ist hinsichtlich der errechneten Gesamtposition eine Transparenz herzustellen. Bei Gruppensachverhalten ist die Netto-Leerverkaufspositionen für jede Gesellschaft der Gruppe zu berechnen sowie zu melden und zu veröffentlichen.[105]

---

**101** Vgl. Art. 12 Abs. 2 lit. c delegierte VO 918/2012/EU.

**102** Vgl. Art. 12 Abs. 3 delegierte VO 918/2012/EU.

**103** ESMA/2013/159 Questions and Answers Implementation of the Regulation on short selling and certain aspects of credit default swaps (2nd UPDATE) Rn. 33Antwort 5a. Diese Auslegung für dazu, dass die Netto-Leerverkaufspositionen sämtlicher verwalteter Fonds und Portfolios zu addieren sind, wohingegen Fonds oder Portfolios mit einer Netto-Long-Position unberücksichtigt bleiben.

**104** Diese Verwaltungsstelle hat die Netto-Leerverkaufsposition für jeden verwalteten Fonds und für jedes verwaltete Portfolio einzeln zu berechnen; vgl. Art. 12 Abs. 1 delegierte VO 918/2012/EU. Im Falle einer Delegation der Verwaltung werden Fonds und Portfolios bei derjenigen Verwaltungsstelle berücksichtigt, an die delegiert wurde; vgl. Art. 12 Abs. 4 delegierte VO 918/2012/EU. Bei einer *Umbrella*-Konstruktion erfolgt die Berechnung auf Ebene der jeweiligen Teilfonds, bei einer Master-Feeder-Konstruktion auf Ebene des Master Fonds; vgl. ESMA/2013/159 Questions and Answers Implementation of the Regulation on short selling and certain aspects of credit default swaps (2nd UPDATE) Rn. 33 Antwort 3b).

**105** Vgl. Art. 13 Abs. 1VO918/2012/EU. Neben dieser Transparenzpflicht der einzelnen gruppenangehörigen Gesellschaften berechnet, meldet und veröffentlicht die Gruppe auf Grundlage der

**f) Schwellen, Inhalt und Verfahren der Meldung und Offenlegung.**

Netto-Leerverkaufspositionen in zugelassenen Aktien sind nach Art. 5 Abs. 1 und 2 LeerverkaufsVO bei Erreichen oder Unterschreiten von 0,2% des ausgegebenen Aktienkapitals sowie jedes weiteren Intervalls von 0,1% der jeweils zuständigen Behörde zu melden. Bei Erreichen oder Unterschreiten von 0,5% des ausgegebenen Aktienkapitals sowie jedes weiteren Intervalls von 0,1% ist die Netto-Leerverkaufsposition zusätzlich zu der Meldung an die jeweils zuständige Behörde offenzulegen.[106]

Dabei sind die Meldeschwellen hinsichtlich der Netto-Leerverkaufspositionen in öffentlichen Schuldtiteln monetäre Beträge, die für jeden einzelnen Emittenten anhand von Messgrößen, nämlich Prozentsätzen bezogen auf den ausstehenden Gesamtbetrag der ausgegebenen öffentlichen Schuldtitel, zu bestimmen sind.[107] Je nach Volumen und Liquidität der emittierten Schuldtitel kommen als Prozentsätze hierbei zwei unterschiedliche Reihen in Frage, wobei eine Reihe bei 0,1% beginnt und sich in Intervallen von 0,05% fortsetzt, die andere Reihe beginnt bei 0,5% und setzt sich in Intervallen von 0,25% fort.[108]

Meldungen haben in einer Weise zu erfolgen, die die Vertraulichkeit gewährleistet und eine Identifizierung der Quelle der Meldung ermöglicht.[109] Die

---

Netto-Leerverkaufs- und Netto-Long-Positionen aller gruppenangehöriger Gesellschaften die Netto-Leerverkaufsposition der Gruppe; vgl. Art. 13 Abs. 2 VO 918/2012/EU. Hinsichtlich des Gruppenbegriffs ist auf die Definition des Art. 2 Abs. 1 lit. f der TransparenzRL abzustellen; vgl. Art. 2 Abs. 1 lit. a VO 918/2012/EU. Werden gleichzeitig durch die Gruppe und eine gruppenangehörige Gesellschaft Meldeschwellen erreicht oder überschritten, so meldet nur die Gruppe; vgl. Art. 13 Abs. 3 VO 918/2012/EU, ESMA/2013/159 Questions and Answers Implementation of the Regulation on short selling and certain aspects of credit default swaps (2nd UPDATE) Rn. 33 Antwort 5i). Sofern eine Person oder Gruppe sowohl eine Verwaltungstätigkeit ausübt, als auch für eigene Rechnung Short-Positionen hält, sind diese Sachverhalte zu trennen. Die jeweils separat berechneten Netto-Leerverkaufspositionen sind einzeln zu melden und offenzulegen; vgl. Art. 12 Abs. 5 und 6, Art. 13 Abs. 2 Satz 1 HS 2 VO 918/2012/EU.

**106** Vgl. Art. 6 Abs. 1 und 2 LeerverkaufsVO, Art. 3 VO 826/2012/EU.

**107** Vgl. Art. 21 Abs. 1 und 2 VO 918/2012/EU.

**108** Vgl. Art. 21 Abs. 6 und 8 VO 918/2012/EU. Das Verfahren zur Bestimmung der jeweiligen Meldeschwelle wird in Art. 21 Abs. 3 bis 6, 8 VO 918/ 2012/EU näher geregelt. Für welchen Schuldtitel welche Meldeschwelle gilt, veröffentlicht ESMA auf ihrer Website unter www.esma.europa.eu > markets > short selling.

**109** Vgl. Art. 9 Abs. 3 LeerverkaufsVO. Was genau die Meldung beinhalten muss, kann Art. 2 Abs. 1 iVm Anhang I Tabelle 1 sowie den Formularen in Anhang II und III der VO 826/2012/EU entnommen werden. In Deutschland werden die Meldungen grundsätzlich elektronisch über eine von der BaFin bereitgestellte Melde- und Veröffentlichungsplattform (MVP) abgegeben (siehe dazu BaFin Homepage unter http://www.bafin.de > Daten & Dokumente > MVP Portal), Einzel-

Offenlegung erfolgt auf einer von der zuständigen Behörde verwalteten und beaufsichtigten Website.[110]

### g) Beschränkungen für ungedeckte Leerverkäufe

Ungedeckte Leerverkäufe werden in Kapitel III der LeerverkaufsVO Beschränkungen unterworfen. Diese Beschränkungen betreffen nach Art. 12 Leerverkäufe in Aktien sowie nach Art. 13 Leerverkäufe in öffentlichen Schuldtiteln. Keiner Beschränkung werden durch Kapitel III LeerverkaufsVO Transaktionen unterworfen, mit denen über derivative Instrumente wie zB Futures oder Optionen eine Leerverkaufsposition aufgebaut wird. Art. 12 und 13 dienen wie die Regelung zur Zwangseindeckung in Art. 15 LeerverkaufsVO primär dazu, die Lieferdisziplin bei Geschäften in Aktien und öffentlichen Schuldtiteln sicherzustellen.[111]

Nach Art. 12 und 13 LeerverkaufsVO ist es möglich mittels Leerverkäufen auf fallende Kurse zu setzen, wenn bestimmte Vorkehrungen getroffen werden, um die fristgemäße Lieferung der verkauften Finanzinstrumente sicherzustellen. Die Beschränkungen der LeerverkaufsVO sollen gerade nicht die anerkannt positiven Auswirkungen von Leerverkäufen für Marktqualität, Liquidität und Effizienz zu sehr beeinträchtigen.[112] Folgerichtig spricht die LeerverkaufsVO auch von „Beschränkungen" und nicht von Verboten.

Systematisch nicht nachvollziehbar ist hingegen die Verwendung des Terminus *„Beschränkung"* in Art. 14 LeerverkaufsVO. Denn im Gegensatz zu anderen Finanzinstrumenten kann der CDS aufgrund Art. 14 Abs. 1 LeerverkaufsVO vorbehaltlich einer Aufhebung der *„Beschränkung"* durch die jeweils zuständige Behörde nur zu Sicherungszwecken eingesetzt und nicht frei gehandelt werden. Das spekulative Halten einer CDS Position ist verboten.[113] Ein Konzernprivileg besteht unter der LeerverkaufsVO nicht. Für die Deckung des Verkaufs ist auf

---

heiten regelt die Nettoleerverkaufspositionsverordnung. (NLPosV, BGBl. I 2012, S. 2699). Wird bezüglich einer Meldung ein Fehler festgestellt, ist eine Stornierung und ggf. Neumeldung abzufassen; vgl. Art. 2 Abs. 3 VO 826/2012/EU.

**110** Vgl. Art. 9 Abs. 4 LeerverkaufsVO. Details des Verfahrens und des Mediums für die Veröffentlichung sind in Art. 2 DurchführungsVO 827/2012/EU geregelt. Die zu veröffentlichenden Inhalte können Art. 3 iVm Anhang I Tabelle 2 der delegierten VO 826/2012/EU entnommen werden. In Deutschland hat die Veröffentlichung gemäß § 8 Abs. 1 der NLPosV im Bundesanzeiger zu erfolgen.

**111** Vgl. Erwägungsgrund 18 LeerverkaufsVO.

**112** Vgl. Erwägungsgrund 5 der LeerverkaufsVO.

**113** Vgl. *Rieder* BankPraktiker 2012, 311, 312; von *Buttlar/Petersen* in Just/Voß/Ritz/Becker, WpHG, 2015, § 30h Rn. 2

Ebene der jeweiligen Gesellschaft Sorge zu tragen.[114] Ferner ist nach Art. 12 und 13 LeerverkaufsVO bereits zu dem Zeitpunkt, zu dem der Leerverkauf getätigt wird, durch entsprechende Vorkehrungen die ordnungsgemäße Abwicklung sicherzustellen.

**aa) Beschränkungen von Leerverkäufen in Aktien.**
Bevor ein Leerverkauf getätigt wird, müssen Vorkehrungen dafür getroffen werden, damit die verkauften Aktien fristgerecht geliefert werden können. Insoweit sind in Art. 12 Abs. 1 lit. a bis c LeerverkaufsVO drei unterschiedliche Möglichkeiten vorgesehen.

Eine Lieferung ist erstens sichergestellt, wenn der Leerverkäufer die Aktien bereits geliehen hat oder alternative Vereinbarungen getroffen hat, die zu dem gleichen Ergebnis führen.[115] Bei der hier angesprochenen Wertpapierleihe handelt es sich nach deutschem Recht um einen Sachdarlehensvertrag gemäß § 607 BGB, bei dem die verbrieften Wertpapiere übereignet werden. Die Aktie muss gemäß dem Ausnahmetatbestand des Art. 12 Abs. 1 lit. a LeerverkaufsVO im Zeitpunkt des Leerverkaufs bereits geliehen, somit tatsächlich geliefert worden sein.

Zweitens ist ein Leerverkauf auch dann erlaubt, wenn der Leerverkäufer hinsichtlich der Aktie eine Leihvereinbarung abgeschlossen oder aus sonstigen Gründen einen durchsetzbaren Anspruch auf Übereignung von Aktien der verkauften Art hat. Voraussetzung ist insoweit, dass der durchsetzbare Anspruch vor oder gleichzeitig mit dem Leerverkauf begründet wird und eine vollständige Belieferung des Leerverkaufs bei Fälligkeit gewährleistet ist. Der Anspruch kann beruhen auf Termingeschäft, Swap, Option, Rückkaufvereinbarung, ständiger Vereinbarung oder rollierender Fazilität, Bezugsrechtsvereinbarung oder sonstigem Rechtsgrund.[116] Der Abschluss der Vereinbarung oder das Bestehen des Anspruchs ist zu dokumentieren.[117]

Eine dritte Möglichkeit Aktien leer zu verkaufen besteht darin, vor Durchführung des Verkaufs eine sog. Lokalisierungszusage einzuholen.[118] Mögliche Vereinbarungen sind insoweit die Standardlokalisierungszusage und -maßnahme[119], die Standardlokalisierungszusage und -maßnahme für denselben Tag[120]

---

**114** ESMA/2013/159 Questions and Answers Implementation of the Regulation on short selling and certain aspects of credit default swaps (2nd UPDATE) Rn. 33 Antwort 7a.
**115** Vgl. Art. 12 Abs. 1 lit. a LeerverkaufsVO.
**116** Vgl. Art. 5 Abs. 1 DurchführungsVO 827/2012/EU.
**117** Vgl. Art. 5 Abs. 2 DurchführungsVO 827/2012/EU.
**118** Vgl. Art. 12 Abs. 1 lit. c LeerverkaufsVO.
**119** Vgl. Art. 6 Abs. 2 DurchführungsVO 827/2012/EU.

sowie die Zusage und Maßnahme in Bezug auf die Problemlosigkeit von Leihe und Ankauf.[121] Diese Zusagen ermöglichen den Leerverkauf nur dann, wenn sie von einer in Art. 8 Abs. 1 der delegierten VO 827/2012/EU benannten Person gegeben werden, wobei das Vorliegen dieser Zusage zu dokumentieren ist.[122]

**bb) Beschränkungen von Leerverkäufen in öffentlichen Schuldtiteln.**
Wie im Falle der Aktien dürfen Leerverkäufe in öffentlichen Schuldtiteln im Sinne des Art. 2 Abs. 1 lit. f LeerverkaufsVO nur getätigt werden, wenn der Leerverkäufer die Schuldtitel zuvor geliehen hat oder eine Vorkehrung mit vergleichbarer Wirkung getroffen hat[123], wenn eine Leihvereinbarung oder aus einem sonstigen Rechtsgrund ein durchsetzbarer Anspruch auf Übereignung besteht[124] oder wenn eine Lokalisierungszusage eines Dritten vorliegt.[125]

Neben diesen Tatbeständen bestehen im Bereich der öffentlichen Schuldtitel drei weitere Regelungen, die einen Leerverkauf ermöglichen und das Beschränkungsregime im Bereich der öffentlichen Schuldtitel somit weniger streng erscheinen lassen. Erstens können derartige Leerverkäufe auch dazu benutzt werden, *Long*-Positionen in hoch korrelierten anderen Schuldinstrumenten abzusichern.[126] Zweitens kann ein Leerverkauf bereits dann vorgenommen werden, wenn der Leerverkäufer berechtigterweise erwarten kann, dass das Geschäft bei Fälligkeit abgewickelt werden kann.[127] Die Anforderungen hinsichtlich einer

---

**120** Vgl. Art. 6 Abs. 3 DurchführungsVO 827/2012/EU.
**121** Vgl. Art. 6 Abs. 3 DurchführungsVO 827/2012/EU.
**122** Vgl. Art. 6 Abs. 5 DurchführungsVO 827/2012/EU.
**123** Vgl. Art. 13 Abs. 1 lit. a LeerverkaufsVO.
**124** Vgl. Art. 13 Abs. 1 lit. b LeerverkaufsVO.
**125** Vgl. Art. 13 Abs. 1 lit. c LeerverkaufsVO. Hinsichtlich einer Lokalisierungszusage, auf deren Grundlage ein Leerverkauf getätigt werden darf, kommen mehrere Zusagen in Betracht. Art. 7 Abs. 2 bis 5 DurchführungsVO 827/2012/EU nennen insoweit die Standardlokalisierungszusage, die zeitlich befristete Zusage, die uneingeschränkte Repo-Bestätigung und die Bestätigung der Problemlosigkeit des Ankaufs der öffentlichen Schuldtitel. Auch diese Zusagen müssen von einer in Art. 8 Abs. 1 DurchführungsVO 827/2012/EU genannten Person stammen und dokumentiert werden; vgl. Art. 7 Abs. 6 DurchführungsVO 827/2012/EU.
**126** Und zwar gem. Art. 13 Abs. 2 LeerverkaufsVO Hinsichtlich des Maßstabs der hohen Korrelation vgl. Art. 3 Abs. 5 LeerverkaufsVO iVm Art. 8 Abs. 4, 5 delegierte VO 918/202/EU sowie ESMA/2013/159 Questions and Answers Implementation of the Regulation on short selling and certain aspects of credit default swaps (2nd UPDATE) Rn. 33 Antwort 7i).
**127** Vgl. Art. 13 Abs. 1 lit. c LeerverkaufsVO.

Absicherung der Lieferfähigkeit sind insoweit in Art. 13 LeerverkaufsVO weniger streng ausgestaltet als in Art. 12.[128]

Drittens kann das Leerverkaufsverbot hinsichtlich öffentlicher Schuldtitel bei Absinken der Liquidität von der jeweils zuständigen Behörde vorübergehend aufgehoben werden.[129]

**cc) Beschränkung hinsichtlich CDS (Art. 4, 14 LeerverkaufsVO).** Eine Transaktion in einem CDS auf öffentliche Schuldtitel darf nur dann vorgenommen werden, wenn diese Transaktion nicht zu einer ungedeckten Position in dem CDS führt.[130] Gedeckt ist die Position in einem CDS damit in den Fällen, in denen der Erwerber des CDS einen öffentlichen Schuldtitel des Emittenten hält und der CDS dazu dient, das Ausfallrisiko des Emittenten abzusichern sowie darüber hinaus, wenn der Erwerber des CDS Vermögenswerte besitzt oder Verbindlichkeiten hat, deren Wert eine Korrelation zum Wert des öffentlichen Schuldtitels aufweist, und der CDS der Absicherung des hieraus resultierenden Risikos dient.[131]

In den Fällen der Absicherung eines grenzüberschreitenden Risikos[132] und bei einer verhältnismäßigen Übersicherung des Risikos[133] hat der Inhaber der CDS-Position das Vorliegen der jeweiligen Voraussetzungen auf Verlangen der Behörde zu begründen,[134] wobei der Positionsinhaber sicherzustellen hat, dass

---

**128** Vgl. insoweit auch Erwägungsgrund 20 der LeerverkaufsVO sowie Art. 6 und 7 DurchführungsVO 827/2012/EU.

**129** Vgl. Art. 13 Abs. 3 LeerverkaufsVO, vgl. *Buttlar/Petersen* in Just/Voß/Ritz/Becker, WpHG, 2015, § 30h WpHG Rn. 89. Wie die Liquiditätsschwelle zu berechnen ist, wird in Art. 22 VO 918/2012/EU bestimmt.

**130** Vgl. Art. 14 Abs. 1 LeerverkaufsVO. Die Beschränkungen treffen hierbei nur den Käufer und nicht den Verkäufer des CDS (ESMA/2013/159 Questions and Answers Implementation of the Regulation on short selling and certain aspects of credit default swaps (2nd UPDATE) Rn. 33 Antwort 8a. Eine ungedeckte Position in einem CDS liegt vor, wenn diese Position keinem der in Art. 4 Abs. 1 lit a oder b LeerverkaufsVO genannten Zwecke dient.

**131** Vgl. Art. 4 Abs. 1 lit. a LeerverkaufsVO). Art. 14 bis 20 delegierte VO 918/2012/EU konkretisieren diese Anforderungen und schränken die Möglichkeiten der Grenzüberschreitenden Absicherung stark ein; hierzu *Mülbert/Sagnovits* ZBB 2012, 266, 274). Wann eine Korrelation zum Wert des öffentlichen Schuldtitels vorliegt, ist in Art. 18 delegierte VO 918/2012/EU geregelt; vgl. dazu *Bierwirth* in RdF 2013, 104, 109. Ist eine perfekte Absicherung nicht möglich, kann die CDS-Position das Risiko in einem angemessenen Verhältnis übersteigen; vgl. Art. 19 delegierte VO 918/2012/EU.

**132** Gem. Art. 15 delegierte VO 918/2012/EU.

**133** Gem. Art. 19 delegierte VO 918/2012/EU.

**134** Vgl. Art. 16 Abs. 1 lit. a, Art. 19 Abs. 1 Satz 1 delegierte VO 918/2012/EU.

eine eingegangene CDS-Position dem besicherten Risiko angemessen bleibt. Werden die durch den CDS abgesicherten Positionen aufgelöst und nicht durch andere Risiken ersetzt, müssen auch die entsprechenden CDS-Positionen aufgelöst werden.[135]

Die Beschränkungen hinsichtlich CDS auf öffentliche Schuldtitel können von der zuständigen Behörde vorübergehend aufgehoben werden, wenn der Markt für öffentliche Schuldtitel nicht ordnungsgemäß funktioniert und die Beschränkungen sich negativ auf Kreditaufnahmekosten öffentlicher Emittenten oder ihre Fähigkeit, Schuldtitel zu emittieren, auswirken könnten.[136]

### h) Eindeckungsverfahren

Eine zentrale Gegenpartei, die Clearingdienste für Aktien erbringt, wird in Art. 15 LeerverkaufsVO verpflichtet, ein Verfahren einzurichten, das bei einer nicht rechtzeitigen Lieferung von Aktien zu einer Zwangsregulierung führt. Wenn innerhalb von vier Geschäftstagen nach Fälligkeit keine Lieferung erfolgt, hat die zentrale Gegenpartei grundsätzlich die zu liefernden Aktien zu beschaffen und an den Käufer zu liefern.[137] Sind die Aktien zum Zeitpunkt der Zwangsregulierung nicht verfügbar, muss an den Käufer ein Betrag in Höhe des Wertes der Aktien am Fälligkeitstag zuzüglich einer Entschädigung für die Nichtabwicklung geleistet werden.[138] Derjenige, der die Aktien nicht rechtzeitig lieferte, hat die für die Zwangsregulierung aufgewendeten Beträge zu ersetzen.[139]

Neben dem Verfahren zur Zwangsregulierung hat die zentrale Gegenpartei durch entsprechende Verfahren zu gewährleisten, dass derjenige, der zum Fälligkeitsdatum nicht liefert, für jeden Tag, an dem das Geschäft nicht abgewickelt wird, eine Zahlung leisten muss, deren Höhe so gewählt ist, dass sie eine abschreckende Wirkung entfaltet.[140]

---

135 Vgl. Art. 19 Abs. 3 VO 918/2012/EU); Eine bei Übernahme gedeckte CDS-Position wird jedoch nicht allein aufgrund veränderter Markwerte zu einer ungedeckten CDS-Position; vgl. Art. 19 Abs. 4 delegierte VO 918/2012/EU.

136 Vgl. Art. 14 Abs. 2 LeerverkaufsVO.

137 Vgl. Art. 15 Abs. 1 lit. a LeerverkaufsVO.

138 Vgl. Art. 15 Abs. 1 lit. b LeerverkaufsVO.

139 Vgl. Art. 15 Abs. 1 lit. c LeerverkaufsVO.

140 Vgl. Art. 15 Abs. 2 LeerverkaufsVO.

### i) Ausnahmen von den Transparenzpflichten und Beschränkungen

#### aa) In Drittland befindlicher Haupthandelsplatz

Gemäß Art. 16 LeerverkaufsVO finden hinsichtlich Aktien, deren Haupthandelsplatz sich außerhalb der EU befindet, weder die Transparenzvorschriften des Art. 5 und 6 LeerverkaufsVO noch die Beschränkungen hinsichtlich Leerverkäufen gemäß Art. 12 LeerverkaufsVO Anwendung. Auch muss die Clearingstelle insoweit nicht das Eindeckungsverfahren nach Art. 15 LeerverkaufsVO anwenden.

Ob sich der Haupthandelsplatz einer Aktie außerhalb der EU befindet, stellt die für das Finanzinstrument nach Art. 2 Abs. 1 lit. j LeerverkaufsVO jeweils zuständige Behörde fest. Nähere Einzelheiten zur Bestimmung des Haupthandelsplatzes enthält Art. 6 der delegierten VO 826/2012/EU sowie Art. 9 und 10 der DurchführungsVO 827/2012/EU. Ihre Entscheidung teilt die jeweils zuständige Behörde ESMA mit. ESMA veröffentlicht unter www.esma.europa.eu > markets > shortselling eine Liste der entsprechenden Aktien, die jeweils ab dem 1.4. eines Jahres für zwei Jahre gilt.[141] In besonderen Fällen kann diese Liste vor Ablauf der Gültigkeit überarbeitet werden.

#### bb) Market Making und Primärmarkttätigkeit

Hinsichtlich der Transparenzpflichten sowie der Beschränkungen bestehen Ausnahmen für Geschäfte aufgrund einer Market-Making-Tätigkeit.[142] Market-Making-Tätigkeit liegt vor, wenn Personen, die Mitglied eines Handelsplatzes oder eines Drittlandmarktes sind, als Eigenhändler auftreten und durch das gleichzeitige Stellen von An- und Verkaufskursen vergleichbarer Höhe zu wettbewerbsfähigen Preisen den Markt regelmäßig und kontinuierlich mit Liquidität versorgen oder Kundenaufträge oder aus solchen folgende Aufträge ausführen oder Positionen aus diesen Tätigkeiten absichern.[143] ESMA vertritt insofern die Auffassung, dass die Market-Making-Ausnahme nur dann greift, wenn die Tätigkeit hinsichtlich Aktien, öffentlichen Schuldtiteln oder Finanzinstrumenten gemäß Anhang 1 Teil 1 und 2 der delegierten VO 918/2012/EU durchgeführt wird und diese Finanzinstrumente an dem Markt gehandelt werden, an dem der Market-Maker Mitglied ist.[144] Bzgl. OTC-Instrumenten sowie bzgl. Unterneh-

141 Vgl. Art. 16 Abs. 2 LeerverkaufsVO, Art. 11 VO 827/2012/EU.

142 Vgl. Art. 17 Abs. 1 LeerverkaufsVO.

143 Vgl. Art. 2 Abs. 1 lit. k LeerverkaufsVO.

144 Vgl. ESMA/2013/74 Questions and Answers Implementation of the Regulation on short selling and certain aspects of credit default swaps (2nd UPDATE) Rn. 24, Nr. 22, 28, 30.

mensanleihen wäre die Inanspruchnahme der Market-Maker-Ausnahme bei dieser Auslegung ausgeschlossen. Mehrere nationale Behörden, darunter die BaFin, haben erklärt, dieser Auslegung nicht zu folgen.[145]

Ebenfalls ausgenommen von den Verboten und Transparenzpflichten sind die Aktivitäten der zugelassenen Primärhändler, die als Eigenhändler Finanzinstrumente im Zusammenhang mit Primär- oder Sekundärmarktaktivitäten handeln.[146] Auch für getätigte Leerverkäufe und begründete Netto-Leerverkaufspositionen in Aktien im Zusammenhang mit der Stabilisierung des Kurses eines Finanzinstrumentes nach Kapitel III der VO 2273/2003/EG besteht eine Ausnahmeregelung.[147] Market-Maker oder Primärhändler öffentlicher Schuldtitel müssen die beabsichtigte Tätigkeit 30 Tage vor der erstmaligen Inanspruchnahme der Ausnahmetatbestände der zuständigen Behörde des Herkunftsstaates anzeigen.[148] Treten hiernach Änderungen ein, die Auswirkung auf den Ausnahmetatbestand haben können, sind diese ebenfalls anzuzeigen.[149] Die zuständige Behörde kann die Inanspruchnahme der Ausnahme untersagen.[150] Eine Liste der *Market-Maker* und Primärmarkthändler, die die Ausnahmetatbestände in Anspruch nehmen, wird von der zuständige Behörde an ESMA übermittelt und von ESMA veröffentlicht.[151]

Die zuständige Behörde des Herkunftsstaates kann von *Market-Makern*, Primärmarkthändlern und von denjenigen, die Stabilisierungsmaßnahmen nach Kapitel III der VO 273/2003/EG durchführen, Informationen über gehaltene Short-Positionen oder die im Rahmen der Ausnahmetatbestände durchgeführte Tätigkeit anfordern. Diese Informationen sind innerhalb von vier Kalendertagen zu liefern.[152]

### j) Befristete Maßnahmen

Neben den vorstehend dargestellten EU-weit und allgemein geltenden Transparenzpflichten und Beschränkungen können ESMA sowie die zuständigen natio-

**145** Vgl. ESMA/2013/765 Questions and Answers Implementation of the Regulation on short selling and certain aspects of credit default swaps (2nd UPDATE) Rn. 24.

**146** Vgl. Art. 17 Abs. 3 LeerverkaufsV.

**147** Vgl. Art. 17 Abs. 4 LeerverkaufsVO.

**148** Vgl. Art. 17 Abs. 5, 6 LeerverkaufsVO sowie LAnzV,BGBl. I 2014 S. 386.

**149** Vgl. Art. 17Abs. 9, 10 LeerverkaufsVO.

**150** Vgl. Art. 17 Abs. 7 LeerverkaufsVO.

**151** Vgl. Art. 17 Abs. 12, 13 LeerverkaufsVO.

**152** Vgl. Art. 17 Abs. 11 LeerverkaufsVO.

nalen Behörden zeitlich befristet zusätzliche Pflichten und Beschränkungen auferlegen oder Verbote erlassen. Voraussetzung ist insoweit, dass entweder ein signifikanter Kursverfall in einem Finanzinstrument oder eine Ausnahmesituation gegeben ist. Eine solche befristete Maßnahme stellt etwa die sog. *Wirecard*-Verfügung der BaFin dar, die abschließend Anlass zu Reflexionen über die Perspektiven (nicht nur) des Leerverkaufsrechts Anlass gibt.

## III. Perspektiven – die Wirecard-Verfügung der BaFin

Leerverkäufe bestimmten in jüngster Zeit die Schlagzeilen immer dann, wenn börsennotierte Gesellschaften Opfer von sog. Short-Seller Attacken wurden mit drastischen negativen Auswirkungen auf den Börsenkurs, wie dies bekanntlich etwa bei *Wirecard*, *Ströer*, *Aurelius* und Anfang März 2018 auch bei *ProSiebenSat 1* der Fall war.[153] Die Anzeichen dafür, dass es sich hierbei nicht um vereinzelte Vorfälle, sondern um ein im Vordringen befindliches neues Geschäftsmodell handelt, liegen auf der Hand.[154] Die Attraktivität für Kapitalmarktakteure ist immens, wobei der Umstand, dass Leerverkäufe nicht per se etwas schlechtes und verbotswürdiges Verhalten sind, die Beurteilung und angemessene Rechtsbehandlung nicht vereinfachen.

Doch der Reihe nach – was macht das Geschäftsmodell von Short Seller-Attacken aus und welche Verteidigungsmöglichkeiten bestehen ganz grundsätzlich für betroffene Emittenten? Zunächst ist dieses *business concept* bereits dadurch nahezu simpel, als es lediglich drei Schritte erfordert:

**(1)** einen Leerverkauf von Aktien der Zielgesellschaft;
**(2)** die Veröffentlichung negativer Nachrichten über eben diese Gesellschaft und
**(3)** die Eindeckung mit den im Kurs gesunkenen Aktien der Gesellschaft zur Erfüllung der Verpflichtung aus dem Leerverkauf respektive aus dem Deckungsgeschäft.

Für *Short Seller* besteht aufgrund derartiger Attacken die Möglichkeit zur Erzielung exorbitanter Profite, die betroffene Zielgesellschaft sieht sich mit der unangenehmen Situation konfrontiert, dass ein Leerverkaufsvolumen besteht und dass sie spätestens nach der Veröffentlichung von negativen Informationen auf

---

**153** Vgl. zum ProSieben-Fall etwa *Kalbhenn*, ProSieben im Visier von Short-Sellern, Börsen-Zeitung vom 7.3.2018, Nr. 46, Seite 1.
**154** Vgl. *Wentz* WM 2019, 196 ff.

mehreren kapitalmarktrechtlichen Baustellen betreffend die Kommunikation mit den Marktteilnehmern und auf der Investors Relations-Ebene gefordert ist. Phänomenologisch ist dabei nicht zu verkennen, dass es einen Gegenpol aktivistischer *Short Seller* zu sog. aktivistischen Aktionären gibt. Erstgenannte werden in ihrem Verhalten gar als *„deutlich aggressiver"* charakterisiert.[155] Dies vorausgeschickt, ist für die Ausbildung einer Taxonomie der Akteure nach den jeweils verfolgten Zielen zu unterscheiden:[156]

**(1)** *Shareholder Value-Maximierer*, insbesondere Corporate Governance-Aktivisten und strategische Aktivisten;

**(2)** *Socially Responsible Investment Investoren* (SRI-Investoren);

**(3)** *Public Good Activists*, die zB Belange des Klimawandels oder Ausstieg aus der Produktion von Kriegsmaterial oder Pornofilmen forcieren;

**(4)** *Special Situations Activists*, die sich insbesondere bei (bevorstehenden) Übernahmenangeboten und bei Strukturvorhaben wie Fusionen und dem Abschluss von Beherrschungsverträgen einkaufen.

*Short Seller* haben vor dem Hintergrund dieser Orchestrierung von Marktakteuren einen nahezu diametral entgegengesetzten Anlass – ihnen geht es darum, einen möglichst niedrigen Kurs (*Shareholder Value Minimization*) ohne eine Aktionärsstellung mit Mitgliedschaftsrechten fruchtbar zu machen. Gängig wie zutreffend ist daher auch die mitunter zu lesende Bezeichnung *Activist Investors.*[157]

Das frappierende an der phänomenologischen Situation: Sie ist nicht *per se* illegal. Vielmehr lassen sich der Leerverkaufs-VO gerade Anforderungen entnehmen, die eine erlaubte und sogar regulatorisch gewünschte Tätigkeit von *Short-Selling* zulassen. So müssen – anknüpfend an die eingegangene Leerverkaufsposition – Halter einer Netto-Leerverkaufsposition in Aktien bzw. Verwaltungseinheiten oder bestimmte Unternehmen innerhalb einer Unternehmensgruppe nach Art. 6 der Leerverkaufs-VO ihre Nettoleerverkaufsoptionen in Aktien gegenüber der Öffentlichkeit offenlegen, wenn diese Positionen den Schwellenwert von 0,5 % des ausgegebenen Aktienkapitals des betreffenden Unternehmens erreichen, über- oder unterschreiten; oberhalb dieses Schwellenwerts sind Veränderungen in Intervallen von 0,1 % des ausgegebenen Aktienkapitals des betreffenden Unternehmens offenzulegen.[158] Nun darf aber der Research Report als

---

**155** So etwa *Schockenhoff/Culmann* AG 2016, 517.

**156** Vgl. hierzu *Mülbert* ZHR 182 (2018), 105, 106; hierbei kann es selbstredend zu Überlappungen der Motive und Ziele kommen.

**157** *Graßl/Nikoleyczik*, AG 2017, 49, 51.

**158** *von Buttlar/Petersen* in Just/Voß/Ritz/Becker, WpHG, 2015, § 30h Rn. 20; *Mülbert/Sajnovits* ZBB 2012, 266, 281.

zweites benötigte Element für eine wirtschaftlich lukrative *Short Seller*-Attacke dann negative Aussagen bzw. Einschätzungen zur Lage der Gesellschaft und ihrer Geschäftstätigkeiten enthalten. Insoweit kann in der Folge den Leerverkäufer gem. Art. 20 Abs. 1 der MAR (VO (EU) Nr. 596/2014) in Anknüpfung an die veröffentlichte Analyse eine Verpflichtung treffen, Interessenkonflikte bezüglich der Finanzinstrumente, auf die sich die Informationen beziehen, offenzulegen. Die in Rede stehenden Finanzinstrumente wären namentlich insbesondere die *Short*-Positionen der Leerverkäufer. Bei den veröffentlichten Informationen muss es sich um Anlageempfehlungen[159] oder Anlagestrategieempfehlungen[160] handeln.[161]

An diese Situation lässt sich *de lege lata* insbesondere marktmanipulationsrechtlich[162] wie gesellschaftsrechtlich[163] anknüpfen, ohne dass wirklich befriedigende Ergebnisse zu gewärtigen wären.[164] Umso spannender ist die Diskussion, die sich zu einer Behandlung von *Short-Selling*-Aktivitäten *de lege ferenda* entsponnen hat. Abermals muss daran erinnert werden, dass Leerverkäufe jedenfalls im Ausgangspunkt in der betriebswirtschaftlichen Lehre unter mannigfaltigen Aspekten als wohlfahrtsfördernd angesehen werden. Dieser Grunderkenntnis ist nun auch kein geringerer als der europäische Gesetzgeber zumindest für die Situation normaler Marktbedingungen gefolgt, und zwar mit der LeerverkaufsVO vor allem im Hinblick auf die Förderung der Genauigkeit und Schnelligkeit der Marktpreisbildung, wie aus der Lektüre des zugehörigen Erwägungsgrundes 5 erhellt.[165] Es bleibt festzuhalten und hervorzuheben, dass ohne die Möglichkeit der Durchführung von Leerverkäufen negative Informationen von vorneherein nicht oder nur – was dem Prinzip des *equal access* fundamental zuwiderläuft – mit einer preisbildungsbeachtlichen Verzögerung in bei der Kursbildung Be-

---

**159** Vgl. Art. 3 Abs. 1 Nr. 35 MAR.
**160** Vgl. Art. 3 Abs.1 Nr. 34 MAR.
**161** Dies war etwa die Konstellation im Fall von *ProSieben/Viceroy*.
**162** Vgl. *Schockenhoff/Culmann* AG 2016, 517, 520; *Bayram/Meier* BKR 2018, 55 ff.
**163** Vgl. statt aller *Schockenhoff/Culmann* AG 2016, 517, 524.
**164** Vgl. den Überblick der Meinungsstände bei *Mülbert* ZHR 182 (2018), 105, 106 f.
**165** Dort heißt es: *„Um die derzeitige Fragmentierung zu überwinden, vor deren Hintergrund einige Mitgliedstaaten divergierende Maßnahmen ergriffen haben, und um die Möglichkeit, dass zuständige Behörden divergierende Maßnahmen ergreifen, einzuschränken, ist zur Bewältigung der potenziellen Risiken von Leerverkäufen und Credit Default Swaps ein harmonisiertes Vorgehen erforderlich. Mit den einzuführenden Vorschriften sollten die ermittelten Risiken behandelt werden, ohne dabei die Vorteile, die Leerverkäufe für die Marktqualität und -effizienz bieten, zu sehr zu schmälern. Zwar könnten Leerverkäufe unter gewissen Umständen negative Auswirkungen haben, unter normalen Marktbedingungen aber spielen Leerverkäufe eine wichtige Rolle beim ordnungsgemäßen Funktionieren der Finanzmärkte, insbesondere in Bezug auf die Marktliquidität und eine effiziente Kursbildung.“*

rücksichtigung finden können. *Short-Seller*-Aktivisten können daher eine grundlegende Funktion zur Steigerung der Informationseffizienz am Kapitalmarkt einnehmen, wenn man sich verdeutlicht, dass bereits die Möglichkeit der Durchführung von Leerverkäufen einem Informationshändler den Anreiz gibt, der zusätzlich wie erwünscht ist, nach negativen Informationen aktiv zu suchen. Missbräuchlich eingesetzt mag demgegenüber in der Tat ein Potential bestehen, gerade im Umfeld sog. „nervöser Kapitalmärkte", einen nicht gerechtfertigten Abwärtstrend bei der Preisbildung auszulösen, der durch entsprechende Informationen nicht fundamental unterlegt werden kann.[166]

Vor diesem Hintergrund sind je nach rechtspolitischer Ausrichtung gänzlich unterschiedliche Vorschläge gemacht worden, wie de lege ferenda dem Phänomen der *Short-Seller*-Attacken regelungstechnisch beizukommen ist. Die Ansätze reichen von strengeren Anforderungen an die Darstellung auch in Bezug auf inhaltlich zutreffende Informationen bzw. Bewertungen, wie sie durch Leerverkäufer veröffentlicht werden oder gar dem Postulat nach einer Einführung eines Erfordernisses einer Vorab-Kenntnisgabe gegenüber der Gesellschaft, auch für eine problemorientierte Auslegung des § 826 BGB wird eingetreten.[167]

Bei alldem ist nicht zu verkennen, dass ein enger Zaun für den Aktionsradius nationalen gesetzgeberischen Handelns gezogen ist, und im Hinblick auf das Marktmanipulationsrecht zwar durch die maximalharmonisierende Wirkung der MAR, was die Einfügung öffentlich-rechtlicher Verschärfungen des Kapitalmarktrechts verunmöglichen dürfte. Auch für das Zivilrecht dürfte gelten, dass jedenfalls die Latte der Sittenwidrigkeit durch das Verhalten eines *Short-Sellers* übersprungen werden muss und die Anforderungen hierfür sind bekanntlich hoch und dürften für eine spezielle Fallgruppe kaum absenkbar sein. Auch der Weg über den Schadensersatz infolge einer möglichen Schutzgesetzverletzung von wertpapierhandelsrechtlichen Normen iSd § 823 Abs. 2 BGB erscheint schwierig, weil *Short Seller*-Attacken eben auch namentlich MAR-konform sein können. Fraglich erscheint überdies, ob im Fall einer Marktmanipulation private Schadensersatzansprüche überhaupt zu einem effektiveren Rechtsschutz führen können und ob dies in der Folge gar unionsrechtlich geboten die Einführung von entsprechenden nationalen Schadensersatzansprüchen bedingen kann.[168] An der Geeignetheit einer solchen gesetzgeberischen Maßnahme könnte es schon des-

---

**166** Vgl. nur *Wong/Zhao*, Post-Apocalyptic: The Real Consequences of Activist Short-Selling, Working Paper 2017; im Internet abrufbar unter https://papers.ssrn.com/sol3/papers.cfm?abstract_id=2941015.

**167** Vgl. *Mülbert* ZHR 182 (2018), 105, 110 f. mwN.

**168** In diese Richtung etwa *Poelzig* ZGR 2015, 801, 829; *Zetsche* ZHR 179 (2015), 490, 494; auch *Seibt* ZHR 177 (2013), 388, 424; *Seibt/Wollenschläger* AG 2014, 593, 607; *Hellgardt* AG 2012, 154, 165 f.

halb fehlen, weil in diesen typischerweise grenzüberschreitenden Fällen Schadensersatzprozesse sowie die Vollstreckung von Titeln, so sie denn überhaupt erlangt werden, kaum zielführend möglich ist, sind die konkret handelnden Akteure doch in aller Regel netzwerkartig organisiert und darüber hinaus bleiben sie vielfach unbekannt. Zu erinnern ist an die *Short Selling*-Attacke auf *Wirecard* aus dem Jahr 2016: Auf der von einer *Zatarra* Research & Investigations LLC verantworteten Website erschien ein über 100 Seiten starker Bericht, in dem heftige Vorwürfe gegen Führungskräfte von *Wirecard* (Geldwäsche, Umgehung des US-Verbots von Online-Glücksspiel etc.). Effekt des *Zatarra*-Berichts war ein Kurssturz von EUR 42 auf EUR 33. Indessen unterhielt keiner der Hedgefonds, die nach den Transparenzvorschriften Nettoleerverkaufspositionen veröffentlicht hatten, eine (offenkundige bzw. bekannt gewordene) Verbindung zu *Zatarra.*[169] Dementsprechend weiß man bis heute nicht, wer überhaupt für einen zivilrechtlichen Schadensersatzanspruch passivlegitimiert sein könnte.

Aussichtsreicher mag daher ein öffentlich-rechtlich getriebenes Krisenmanagement sein, für welches das Instrumentarium bereits *de lege lata* bereit stehen könnte:[170] So hat die BaFin gem. § 6 Abs. 2 Satz 4 WpHG eben das Recht, den Handel mit einzelnen oder mehreren Finanzinstrumenten vorübergehend zu untersagen oder die Aussetzung des Handels in einzelnen oder mehreren Finanzinstrumenten an Märkten, an denen Finanzinstrumente gehandelt werden, anzuordnen, soweit dies zur Durchsetzung der Verbote und Gebote des WpHG oder der MAR bzw. zur Beseitigung von Missständen gem. § 6 Abs. 1 WpHG[171]. Darüber hinaus kann die BaFin bzw. die jeweilige Börsenaufsicht bei einem signifikanten Kursverfall innerhalb eines Handelstages gegenüber der Schlussnotierung des Vortags nach Art. 23 der LeerverkaufsVO sogar gedeckte Leerverkäufe von Finanzinstrumenten zumindest befristet beschränken (sog. *circuit breaker*). Wenn der Mut zur Inanspruchnahme dieser Instrumente in der Aufsichtspraxis besteht und eine rechtmäßige Handhabung überzeugend gelingt, mag hier der Schlüssel für die Zukunft der effizienten Bekämpfung von *Short Seller*-Attacken liegen.

Soweit die Theorie(n) – wie sieht der Stresstest in der Praxis aus? Hier führte zuletzt nun eine Strafanzeige der BaFin wegen informationsgestützter Marktmanipulation dazu, dass nun möglicherweise erstmals ein Akteur derartiger Short-Attacken bestraft werden soll. Beim AG München liegt ein Antrag der zuständigen

---

**169** Hinzu kommt, dass der *Zatarra*-Bericht durch eine sehr professionelle und aufwendige Gestaltung auffällt. Vermutungen, dass er von Leerverkäufern finanziert wurde, erscheinen daher nicht gänzlich abwegig.

**170** In diese Richtung denkt auch *Mülbert* ZHR 182 (2018), 105, 112.

**171** Gemeint ist etwa die ordnungsgemäße Durchführung des Handels mit Finanzinstrumenten.

Staatsanwaltschaft gegen den für eine negative Stellungnahme Verantwortlichen zur *Wirecard* AG auf einen Strafbefehl über 36.000 Euro vor. Die Stellungnahme war während einer solchen Short-Attacke veröffentlicht worden. Die Staatsanwaltschaft sah es als erwiesen an, dass Teile der Stellungnahme unrichtig bzw. unvollständig und somit irreführend gewesen waren. Die Verbreitung der irreführenden Angaben soll der Verantwortliche bewusst lanciert haben, um den Kurs der Aktien zum Absturz zu bringen. In der Tat hatte die Veröffentlichung der Stellungnahme dazu geführt, dass der Aktienkurs des Emittenten um mehr als 20 % nachgab. Bei Redaktionsschluss des Festschriftmanuskripts war der Strafbefehl, soweit ersichtlich, nicht rechtskräftig.

Inhaltlich ergreift die BaFin mit der *Wirecard*-Verfügung als zuständige Behörde gemäß Art. 32 LeerverkaufsVO iVm § 53 Abs. 1 WpHG *„Maßnahmen [...], wenn ungünstige Ereignisse oder Entwicklungen eingetreten sind, die eine ernstzunehmende Bedrohung für die Finanzstabilität oder das Marktvertrauen in Deutschland oder in einem oder mehreren anderen Mitgliedstaaten darstellen und die Maßnahme erforderlich ist, um der Bedrohung zu begegnen, und die Effizienz der Finanzmärkte im Vergleich zum Nutzen der Maßnahme nicht unverhältnismäßig beeinträchtigt wird."* Vor diesem Hintergrund wurden die Begründung einer Netto-Leerverkaufsposition sowie die Erhöhung einer bestehenden Netto-Leerverkaufsposition in Bezug auf die ausgegebenen Aktien des Unternehmens **„Wirecard AG (DE0007472060)"** verboten, dieses Verbot galt nach der Allgemeinverfügung auch dann, wenn eine solche Netto-Leerverkaufsposition innerhalb eines Handelstages begründet oder erhöht wurde.[172]

Zur Begründung wurde im Wesentlichen ausgeführt, *„in der derzeitigen Situation"* bestehe die Gefahr, dass ein Einwirken auf die Kurse der Aktie der *Wirecard* AG durch das Eingehen von Netto-Leerverkaufspositionen bzw. die Erweiterung solcher Positionen im Bestand *„aufgrund der wirtschaftlichen Bedeutung des Unternehmens"*, exzessive Preisbewegungen der Aktie der *Wirecard* AG verursacht. *„Diese könnten durch ihre trendverstärkende Wirkung den Verlust des Marktvertrauens in Deutschland, insbesondere hinsichtlich der Preisbildung an den Märkten, bewirken."* Vorliegend seien ungünstige Entwicklungen eingetreten, die eine ernstzunehmende Bedrohung für das Marktvertrauen darstellen können, die in der stetig gewachsenen *„NLP der Wirecard AG"* bestanden haben sollen. Die BaFin ging weiter davon aus, diese Erhöhung könnte einen erheblichen Ver-

---

**172** Ausgenommen von diesen Verboten sind dabei Geschäfte von Unternehmen, die gem. Art. 17 iVm Art. 2 der LeerverkaufsVO unter die Ausnahme für *Market-Making*-Tätigkeiten fallen. Sie gilt für alle natürlichen und juristischen Personen iSd LeerverkaufsVO, die in der EU oder in einem Drittland ansässig oder niedergelassen sind, die zeitliche Geltung war bis zum 18.04.2019, 24:00 Uhr, beschränkt.

kaufsdruck bewirken, der eine nicht unerhebliche Gefahr darstellen soll, eine erneute erhebliche Abwärtsspirale des Kurses zu verursachen.

Die Maßnahme sei erforderlich, um der durch die Behörde identifizierten Bedrohung zu begegnen, denn vor dem geschilderten Hintergrund sei es notwendig, das bestehende Verbot ungedeckter Leerverkäufe nach Artikel 12 EU-LeerverkaufsVO in Bezug auf diese Aktien temporär zu verschärfen, indem es auf die Begründung von Netto-Leerverkaufspositionen sowie die Erhöhung von derartigen Positionen ausgedehnt werde, ohne eine Ausnahme für untertägige Geschäfte vorzusehen. Denn nur durch ein solches erweitertes Verbot werde sichergestellt, dass eine negative Einwirkung auf die Kurse der *Wirecard*-Aktie durch das Eingehen von Netto-Leerverkaufspositionen bzw. die Erweiterung bestehender derartiger Positionen in der bestehenden Marktsituation unterbleibe und diese nicht aufgrund solcher Geschäfte weiter verschlechtert werde. Dem entsprechend müsse das Verbot auch für alle Personen gelten, die in der Union oder einem Drittland ansässig oder niedergelassen sind, um diesen Zweck zu erreichen. Die Effizienz der Finanzmärkte werde im Vergleich zum Nutzen der Maßnahme nicht unverhältnismäßig beeinträchtigt, denn das Verbot beschränke sich lediglich ein einzelnes Unternehmen und verbiete zudem gedeckte Leerverkäufe nicht komplett.

Der Erlass der Maßnahme stünde – und da § 53 WpHG nichts anderes als eine, wenn auch nur deklaratorische Festschreibung des Verhältnismäßigkeitsgrundsatzes darstellt[173], wird es hier ganz entscheidend, im pflichtgemäßen Ermessen, „*da die vorliegende Maßnahme geeignet, erforderlich und angemessen ist. Die Maßnahme ist erforderlich, um der Bedrohung zu begegnen, und die Effizienz der Finanzmärkte wird im Vergleich zum Nutzen der Maßnahme nicht unverhältnismäßig beeinträchtigt. Denn der Gefahr aufgrund der Short Attacken kann nur durch das Verbot ursächlich begegnet werden. Zudem ist die Maßnahme auch erforderlich, da kein milderes, gleichermaßen wirksames Mittel ersichtlich ist. Insbesondere scheiden Maßnahmen nach Artikel 23 EU-LeerverkaufsVO aus, da diese aufgrund ihrer Kurzfristigkeit nicht in gleicher Weise nachhaltig den Markt beruhigen könnten. Den berechtigten Interessen der Handelsteilnehmer an der Nutzung von Sicherungsinstrumenten wird durch die Ausnahmeregelung für die Market-Maker-Tätigkeiten ausreichend Rechnung getragen, so dass die Beschränkungen des Handels mit Finanzinstrumenten auf das erforderliche Maß beschränkt bleiben. Es gibt auch keine Anhaltspunkte, dass das Verbot unverhältnismäßig im engeren Sinn sein*

**173** Vgl. oben Ziff. II.1. b).

*könnte, insbesondere bestehen auch weiterhin verschiedene Möglichkeiten des Handels in der Aktie der Wirecard AG und den darauf bezogenen Derivaten.*"[174]

Unterzieht man die Allgemeinverfügung der BaFin einer kritischen Durchsicht, so ergeben sich erstaunlich zahlreiche bedenkenswerte Punkte. Dies gilt insbesondere vor dem Hintergrund, dass die BaFin vor Bekanntgabe der Allgemeinverfügung auf ihrer Website die ESMA beteiligt hat, die mit Datum vom 18.2. 2019 eine „*Opinion*"[175] abgab, die der BaFin bei Erlass vorlag, mag eine solche Stellungnahme auch keine Bindungswirkung für die jeweilige *NCA* haben.

So stellt sich zunächst die Frage, ob die Aktienkursentwicklung von *Wirecard* tatsächlich eine ernstzunehmende Bedrohung für die Finanzstabilität oder das Marktvertrauen darstellt haben kann. Insoweit ist zunächst von Belang, dass gem. Art. 30 LeerverkaufsVO die Kommission ermächtigt ist, in einem delegierten Rechtsakt das Kriterium „*ungünstige Ereignisse oder Entwicklungen [...], die eine ernstzunehmende Bedrohung für die Finanzstabilität oder das Marktvertrauen [...] darstellen*" weiter abzugrenzen. Die Europäische Kommission hat diese Befugnis genutzt und in Art. 24 der delegierten Verordnung (EU) Nr. 918/2012 eine nicht abschließende Aufstellung von Kriterien und Faktoren erstellt, die bei der Entscheidung, ob ungünstige Ereignisse oder Entwicklungen und Bedrohungen vorliegen, zu berücksichtigen sind.

Diese Kriterien umfassen insbesondere Handlungen, Ergebnisse, Tatsachen oder Ereignisse, von denen vernünftigerweise anzunehmen ist oder angenommen werden könnte, dass sie erheblichen Verkaufsdruck oder ungewöhnliche Volatilität bewirken, die bei Finanzinstrumenten, die sich auf Banken oder andere Finanzinstitute, die als wichtig für das globale Finanzsystem angesehen werden, wie in der Union tätige Versicherungsgesellschaften, Marktinfrastruktur-Anbieter und Vermögensverwaltungsgesellschaften und gegebenenfalls auf öffentliche Emittenten beziehen, eine erhebliche Abwärtsspirale in Gang setzen.[176]

Insoweit ist schon sehr fraglich, ob *Wirecard* tatsächlich als „*wichtig für das globale Finanzsystem angesehen*" werden kann, wie es in der Allgemeinverfügung explizit heißt. Zumindest hat die BaFin es mit dem Erlass des Verbotes versäumt darzulegen, aus welchen tatsächlichen Fakten sich eine solche derartige Wichtigkeit für das Finanzsystem ergeben soll und welche Ermittlungen sie dahinge-

**174** Auf eine Anhörung vor Erlass der Allgemeinverfügung wurde „*nach pflichtgemäßem Ermessen*" nach § 28 Abs. 2 Nr. 1 VwVfG verzichtet, „*da einer Bedrohung des Marktvertrauens schnellstmöglich begegnet werden*" musste.

**175** ESMA70 – 146 – 19 „*Opinion of the European Securities and Markets Authority of 18 February 2019 on a proposed emergency measure by BaFin under Section 1 of Chapter V of Regulation (EU) No 236/2012*".

**176** Vgl. Art. 24 Abs. 1 der delegierten Verordnung (EU) Nr. 918/2012.

hend angestellt hat. Der Bedeutungsgrad von *Wirecard* wird in dem Bescheid schlechthin unterstellt. Anders verhält es sich hingegen in der ESMA-Opinion, die dezidiert Anhaltspunkte dafür zusammenträgt, warum im verfahrensgegenständlichen Fall eine derartige Relevanz gegeben sein kann, nämlich vor dem Hintergrund, dass die *Wirecard* Bank AG Inhaberin einer Banklizenz nach dem deutschen KWG ist sowie die *Wirecard Solutions Limited* eine E-Geld-Erlaubnis der *FCA* nach britischem Zahlungsdiensterecht hält.[177] Auch die internationale Vernetzung wird, anders als in der BaFin-Allgemeinverfügung, zumindest reflektiert.[178]

Damit ist aber auch zugleich die Frage bereits nach der Geeignetheit der Maßnahme aufgeworfen: Ist die *Wirecard* AG kein für das globale Finanzsystem wichtiges Institut, kann ein solches Leerverkaufsverbot bereits keiner ernstzunehmenden Bedrohung für die Finanzstabilität entgegenwirken und es muss dementsprechend auch kein Vertrauen in das Funktionieren der Kapitalmärkte hergestellt werden. Hinzu kommt, dass die *Wirecard* AG selbst nicht die Lizenzen hält, auf welche die ESMA rekurriert, allenfalls der Konzern mag insgesamt eine gewisse Bedeutung haben. Wie in diesem Kontext „Bedeutungsgehalte" einem bestimmten Emittenten zugerechnet wurden, bleibt leider völlig unklar. Darüber hinaus bleibt die *Wirecard* AG unabhängig von Kursentwicklungen ihrer Aktie selbstredend weiterhin zur Erbringung ihrer Dienstleistungen vertraglich verpflichtet und es ist nicht dargelegt, warum sie dies bei einem möglichen weiteren Kursverfall nicht hätte tun können. Damit wäre aber auch eine Beeinträchtigung des Finanzsystems ausgeblieben.[179] Schwierigkeiten bereitet darüber hinaus die

---

**177** Vgl. Ziff. 20 der ESMA-Opinion: „*First, as indicated above, Wirecard is among the 30 largest and most actively traded German equities, with connections to more than 200 international payment networks. Moreover, a subsidiary of Wirecard, Wirecard Bank AG, holds a German banking license, and another subsidiary, Wirecard Card Solutions Limited, received permission by the UK Financial Conduct Authority to issue electronic money (e-money) and provide payment services.*"

**178** Vgl. Ziff. 32 der Opinion: „*The potential impact on the financial system are based on Wirecard's status as a payment service provider with a network of connections to customers in multiple economic sectors, among them the banking sector. Moreover, ESMA notes that Wirecard operates through subsidiaries in the US market (Wirecard North America), Brazil (Wirecard Brasil) and Asia (Wirecard Asia Pte Ltd.), and is the parent company of Wirecard Card Solutions Limited, a firm that received permission by the UK Financial Conduct Authority to issue electronic money (e-money) and provide payment services. ESMA notes as well that BaFin has expressed concerns about the possibility of similar practices (in case the suspicions of market manipulation were confirmed) extending to other DAX 30 issuers some of which are financial institutions and market infrastructure providers.*"

**179** Die Geeignetheitsprüfung scheint indessen in der BaFin-Allgemeinverfügung womöglich unterblieben zu sein, leitet die Prüfung auf Seite 4 doch mit der Formulierung „*Die Maßnahme ist*

Formulierung der BaFin, aus der Situation könne ein Verkaufsdruck entstehen, denn auch insoweit dürfte die Allgemeinverfügung eine gerichtstragfähige Begründung vermissen lassen. Anders verhält es sich wiederum bei der ESMA-Opinion, wenngleich diese generalisierend auf angeblich vergleichbare Konstellationen in der Vergangenheit abstellt.[180]

Umgekehrt darf im Hinblick auf die Erforderlichkeit der Maßnahme nicht verkannt werden, dass die BaFin ihrerseits durch das Verbot grundsätzlich rechtmäßiger Praktiken, die von nicht zu unterschätzender Bedeutung für die Effektivität des Kapitalmarkts sind, nicht unerheblich in das Funktionieren dieser Märkte eingegriffen hat. Zu vernehmen ist insbesondere, die Maßnahme der BaFin habe zu erheblichen wirtschaftlichen Schäden auf Seiten betroffener Marktteilnehmer geführt, namentlich bei verschiedenen Investmentsfonds, die infolge der Allgemeinverfügung keine Leerverkäufe mehr tätigen durften und die über angebliche Schäden in mehrfacher Millionenhöhe klagen.

Nun wurde das Verbot weiter damit begründet, es sei erforderlich sei, um sicherzustellen, dass eine negative Einwirkung auf den Kurs der *Wirecard*-Aktie unterbleibe und die bestehende Marktsituation sich nicht weiter verschlechtere. Auch wenn sich der Kurs der *Wirecard*-Aktie in unmittelbarer Folge des Verbots offenbar stabilisierte, führt dies nicht an dem Punkt vorbei, dass die so geschaffene „künstliche Preisuntergrenze" für die Finanzmärkte tatsächlich schädlich gewesen sein mag. Die bekannten empirischen betriebswirtschaftlichen Befunde lassen es zumindest nicht von vorneherein gänzlich abwegig erscheinen, dass das Verbot sich nachteilig auf die Märkte ausgewirkt hat, indem es die Entstehung höherer Liquidität verhindert und sich negativ auf die Preisbildung auswirkt haben mag.

Möglicherweise hat die BaFin auch unter weiteren Gesichtspunkten ihr Ermessen eventuell fehlgebraucht: Anstelle eines Verbots einer grundsätzlich legitimen und für das Funktionieren der Finanzmärkte wichtigen Praxis von Leerverkäufen (wenn auch nur in Bezug auf einen Titel) wäre es durchaus ganz grundsätzlich in Betracht gekommen, Ermittlungen hinsichtlich der im *Wirecard*-Fall bekannt gewordenen Presseberichte aus anerkannt seriösen Quellen (wie etwa der *Financial Times*) anzustellen. Hätten diese Ermittlungen Anzeichen für eine Marktmanipulation gegeben, dürfte ein Vorgehen nach der MAR aufgrund

*erforderlich [...]*" ein. Sollte eine Geeignetheitsprüfung gleichwohl stattgefunden haben, wäre die in der Allgemeinverfügung zu lesende Formulierung zumindest unsorgfältig gewählt.

**180** Vgl. etwa Ziff. 31: „*As regards the overall confidence in the price formation process in German market, ESMA agrees that it is necessary to address the intensified short-selling activity in Wirecard shares and the surrounding events, in particular since similar events have been identified in the past, in order to limit the risk of possible contagion to other issuers.*"

genau dieser Ergebnisse – und zwar sowohl durch die BaFin als auch durch eine StA – ganz regelmäßig ein milderes Mittel und zudem geeigneteres Mittel zur Unterbindung von marktseitig nicht erwünschten Leerverkaufspraktiken darstellen, sehen doch die MAR iVm WpHG strafrechtliche Sanktionen bis hin zu beträchtlichen Haftstrafen vor, denen dann aber nur die Akteure ausgesetzt sind, die ein entsprechend pönalisiertes Verhalten an den Tag gelegt haben. Auch durch die Handhabung dieser Instrumente lässt sich ein Vertrauen in das Funktionieren des Kapitalmarktes herstellen. Jedenfalls dürfte sich eine Exekutive, auch wenn sie sehr zügig handeln muss bzw. möchte, sich vor große Schwierigkeiten gestellt sehen, ohne eine derartige Aufklärung des Sachverhalts eine Maßnahme wie die hier im Raum stehende rechtmäßig zu begründen. Ein milderes Mittel stellt in jedem Fall die Aussprache einer Warnung gem. § 6 Abs. 2 Satz 3 WpHG dar, die in der Allgemeinverfügung ebenfalls nicht reflektiert wird.

Besonderen Bedenken begegnet die Prüfung der Angemessenheit im engeren Sinne. Diese Prüfung ist in Art. 20 Abs. 1 lit. b gewissermaßen vorgezeichnet, wenn dort formuliert wird: *„[...] die Maßnahme erforderlich ist, um der Bedrohung zu begegnen, und die Effizienz der Finanzmärkte im Vergleich zum Nutzen der Maßnahme nicht unverhältnismäßig beeinträchtigt wird.“* Insoweit heißt es in der Allgemeinverfügung lapidar: *„Es gibt auch keine Anhaltspunkte, dass das Verbot unverhältnismäßig im engeren Sinn sein könnte, insbesondere bestehen auch weiterhin verschiedene Möglichkeiten des Handels in der Aktie der Wirecard AG und den darauf bezogenen Derivaten.“* Die Prüfung muss aber ergeben, dass gerade in diesem konkreten Fall es nicht unangemessen war, dass Verbot auszusprechen, um – kumulativ (!) – einer ernstzunehmenden Bedrohung für die Finanzstabilität zu begegnen und gleichzeitig darf die Maßnahme die Effizienz der Finanzmärkte nicht ungebührlich beeinträchtigen. Die Allgemeinverfügung lässt überhaupt nicht erkennen, ob eine derartige Abwägung jemals stattgefunden hat. Gefordert wird nun aber im Schrifttum, dass eine Einzelfallbewertung vorzunehmen ist, insbesondere differenzierend danach, ob die veröffentlichten Informationen mit den tatsächlichen Gegebenheiten übereinstimmen oder nicht.[181] Und hier liegt tatsächlich die Kern-*Crux* des gesamten Leerverkaufsrechts: Die Aktivität der *Short Seller*-Aktivisten muss zusammenfassend als Geschäftsmodell eingeordnet werden, dessen Beurteilung aufgrund der komplexen ökonomischen Referenzkörpers juristisch nicht pauschalisiert werden kann und darf.

Vor diesem Hintergrund muss es mit einem „dicken Fragezeichen“ versehen werden, ob die Allgemeinverfügung iS *Wirecard* den praktischen Stresstest für eine praxistaugliche Missstandsaufsicht gem. § 6 WpHG bestanden hat, bestehen

**181** Vgl. *Wentz* WM 2019, 196, 198.

doch beachtliche Zweifel an der Rechtmäßigkeit der Verwaltungsmaßnahme, die marktbekannt denn auch – wenig überraschend – Gegenstand von Widersprüchen war. Zuzugeben ist, dass die Behörde in ehrbarer und lauterer Absicht gehandelt haben mag – gleichwohl legt der knappe Wortlaut des Bescheids angesichts der Komplexität der Materie nahe, dass es sich hierbei um eine „Nacht-und-Nebel-Aktion" gehandelt haben mag, was einem durchdachten rechtsstaatlichen Agieren zu keiner Zeit förderlich war. Weitere (zu erwartende) Allgemeinverfügungen in diesem Bereich werden sich an einer Qualitätssteigerung der Begründung messen lassen müssen, insbesondere wird der Markt sehr stark darauf achten, ob die jeweilige Beteiligung der ESMA – die *Opinion* im Fall *Wirecard* geht mit den Anforderungen des Verhältnismäßigkeitsgrundsatzes sehr viel achtsamer um – ihren Niederschlag findet und wie die ganz traditionelle Rechtsfigur des Verhältnismäßigkeitsgrundsatzes paneuropäisch gelebt werden wird. Vor diesem Hintergrund dürfte das Leerverkaufsrecht einer der Treiber des europäischen (Kapitalmarkt)Verwaltungsverfahrensrechts insgesamt werden – es wird spannend sein, zum 50. Geburtstag des WpHG auf diese Entwicklung zurückzuschauen.

## IV. Zusammenfassung und Würdigung

Unsere *tour d'horizon* durch Rechtsfragen des Leerverkaufsrechts zeigt auf, wie sehr dieses Teilgebiet des Wertpapierhandelsrechts von Paradoxien und Zickzack-Kursen gekennzeichnet ist. So sieht sich der Regulator (sowohl in seiner jeweils historischen Ausprägung als auch in seiner aktuellen Brüsseler Gestalt) der Schwierigkeit ausgesetzt, dass Leerverkäufe nicht per se verpönt und ein marktschädliches Verhalten darstellen müssen, sondern durchaus auch gewünschte Effekte zeitigen können. Entsprechend ist die internationale Gesetzgebungsgeschichte von Pendelbewegungen gekennzeichnet, die zuletzt mit dem Zusammenbruch von *Lehman Brothers* einen Schwung hin zur Regulierung von Leerverkäufen genommen hat, die auf EU-Ebene mittlerweile gewohnt engmaschig ausgestaltet ist. Für Deutschland ist das Aufsicht durch die BaFin ausweislich der Jahresberichtszahlen bisher eine *lame duck* gewesen – dies mag sich im Lichte von *Short Seller*-Attacken in jüngster Zeit nun massiv ändern. Die getroffenen Maßnahmen, wie namentlich die Allgemeinverfügung im Fall *Wirecard*, werfen massive Fragen hinsichtlich ihrer Rechtsmäßigkeit auf und werden einen Treiber der Rechtsentwicklung auch bei der Ausbildung eines europäischen Verwaltungsrechts im Hinblick auf den Verhältnismäßigkeitsgrundsatz darstellen.

# Mitteilungspflichten

Walter Bayer

# 25 Jahre WpHG-Beteiligungstransparenz – eine Sisyphosarbeit?

## I. Einleitung

In der griechischen Mythologie gilt *Sisyphos* als ein sehr kluger und verschlagener Charakter. Zur Strafe für seine zahlreichen Listen gegenüber den Göttern wurde er dergestalt bestraft, dass er einen Felsbrocken auf einen steilen Hang hinaufrollen musste. Doch verliert er stets kurz vor dem Erreichen des Gipfels die Kontrolle über den Fels, welcher die Anhöhe herabrollt und von *Sisyphos* erneut nach oben gewälzt werden muss. Bei genauer Betrachtung der Entwicklung der Normgebungsgeschichte und des aktuellen Rechtszustandes der Beteiligungstransparenz verfestigt sich der Eindruck, dass auch der Versuch einer zufriedenstellenden Regelung der Offenlegungspflichten eine *Sisyphosarbeit* darstellt.

Die Beteiligungstransparenz im WpHG wurde nicht immer positiv gesehen. Insbesondere am Anfang des stetig fortschreitenden Normgebungsprozesses wurde – mitunter auch heftige – Kritik geäußert.[1] Indes überwogen letztlich die Stimmen, welche der Entwicklung – zumindest insgesamt – positiv[2] gegenüberstehen.[3] Vornehmlich die Regelungen der heutigen §§ 33 ff. WpHG unterlagen zahlreichen Änderungen.[4] Diese waren häufig Folge von öffentlichkeitswirksamen Fällen, in welchen bestehende Systemlücken ausgenutzt oder Gesetzesverstöße begangen wurden.[5] Dass das WpHG seit nunmehr 25 Jahren Regelungs-

---

*Verf.* dankt seinem wiss. Mitarbeiter ref. iur. *Philipp Selentin* für Ideen und tatkräftige Unterstützung.

**1** *Vallenthin*, Marburger Aussprache zur Aktienrechtsreform, 1959, S. 36 ff.; *Schäfer* BB 1966, 230, 230 f.; *Siebel* in FS Heinsius, 1991, S. 771, 784 f.; *Cahn* AG 1997, 502, 512; zu vielen Einzelpunkten kritisch *Happ* JZ 1994, 240; eher referierend *Gessler* AG 1965, 343, 348.

**2** Auch die Kreditwirtschaft forderte eine gesetzgeberische Regelung für „größtmögliche Transparenz des Marktgeschehens", vgl. FAZ v. 10.4.1990, S. 21.

**3** Aktuell Assmann/Schneider/Mülbert/*U.H.Schneider*, 7. Aufl. 2019, Vor § 33 Rn. 2 f.; vgl. weiter *Pirner/Lebherz* AG 2007, 19, 27; *Otto* AG 1994, 170; *Witt* AG 2001, 233, 241.

**4** Siehe zur Rechtsentwicklung ausführlich MünchKommAktG/*Bayer*, 5. Aufl. 2019, Anh. § 22, Vor § 33 WpHG, Rn. 2ff (dort auch mit allen, hier aus Platzgründen entfallenen Einzelnachw. zu den Gesetzgebungsakten).

**5** Assmann/Schneider/Mülbert/*U.H.Schneider*, 7. Aufl. 2019, Vor § 33 Rn. 3 mwN.

https://doi.org/10.1515/9783110632323-036

wirkung entfaltet, soll als Anlass genommen werden, den aktuellen Rechtsstand der Offenlegungspflichten zu untersuchen.

## II. Nachzeichnung der Entwicklung auf deutscher und europäischer Ebene

### 1. Frühe Gesetzgebung

Die grundlegende Vorschrift des § 21 WpHG aF statuierte Mitteilungspflichten für Aktionäre, deren Stimmrechte bestimmte Stimmrechtsquoten erreichen, über- oder unterschreiten. Nach § 22 WpHG aF erfolgte eine Zurechnung gewisser fremder Stimmrechte. Eine Mitteilungspflicht beim Halten von Finanzinstrumenten und sonstigen Instrumenten, die ihrem Inhaber das Recht verleihen, einseitig im Rahmen einer rechtlich bindenden Vereinbarung mit Stimmrechten verbundene und bereits ausgegebene Aktien eines Emittenten zu erwerben, enthielt § 25 WpHG aF. Darüber hinaus ordnete § 25a WpHG aF auch Mitteilungspflichten beim Halten von Finanzinstrumenten und sonstigen Instrumenten an, die es ihrem Inhaber oder einem Dritten faktisch oder wirtschaftlich ermöglichen, mit Stimmrechten verbundene und bereits ausgegebene Aktien eines Emittenten zu erwerben. Einschränkungen sah § 23 WpHG aF vor. Für Konzernunternehmen schaffte § 24 WpHG aF Erleichterungen dahin, dass das Mutterunternehmen auch die Meldungen für die Tochter abgeben konnte. § 26 WpHG aF regelte die Veröffentlichungspflichten des Inlandsemittenten und die Übermittlung der Informationen an das Unternehmensregister. Zur Erleichterung der Berechnung der Stimmrechtsquote verlangte § 26a WpHG aF die monatliche Veröffentlichung der Gesamtzahl der Stimmrechte. Nach § 27 WpHG aF konnten sowohl die BaFin als auch die mitteilungsempfangende Gesellschaft den Nachweis für das Bestehen der mitgeteilten Beteiligung verlangen. Für die Inhaber wesentlicher Beteiligungen sah § 27a WpHG aF zudem eine Offenlegung der mit dem Erwerb der Stimmrechte verfolgten Ziele und der Herkunft der für den Erwerb verwendeten Mittel vor. Als zivilrechtliche Sanktion ordnete die durch das Dritte Finanzmarktförderungsgesetz inhaltlich stark abgeänderte Vorschrift des § 28 WpHG aF bei unterlassener Mitteilung einen Verlust der Rechte aus den Aktien des betroffenen Aktionärs an. Die §§ 29, 29a WpHG aF regelten aufsichtsrechtliche Befugnisse.

Im Zuge des Gesetzes zur Regelung von öffentlichen Angeboten zum Erwerb von Wertpapieren und Unternehmensübernahmen vom 20.12.2001 (BGBl. I S. 3822) wurden die Zurechnungstatbestände des § 22 WpHG modifiziert und denen des § 30 WpÜG angepasst. Die Modifikationen waren durch Erfahrungen aus der Praxis veranlasst; weiterhin sollten Differenzierungen zwischen beiden Zurechnungsnormen vermieden werden. Durch die Einbeziehung des geregelten Marktes wurde außerdem der Anwendungsbereich der §§ 21ff. WpHG erweitert.

Die Errichtung der BaFin unter Auflösung des BAW durch das Gesetz über integrierte Finanzdienstleistungsaufsicht vom 22.4.2002 führte zu entsprechenden redaktionellen Änderungen der §§ 21ff. WpHG. Durch das 4. FinanzmarktförderungsG vom 21.6.2002 wurden schließlich die §§ 21, 23, 25, 26, 27 WpHG sowie durch das Anlegerschutzverbesserungsgesetz vom 28.10.2004 auch § 29 WpHG geändert.

Einschneidende Veränderungen haben die §§ 21ff. WpHG im Rahmen der Umsetzung der Transparenzrichtlinie durch das TransparenzRL-Umsetzungsgesetz (TUG) v. 5.1.2007 mit Wirkung zum 20.1.2007 erfahren. Insbesondere wurden für Stimmrechtsmitteilungen zusätzliche Meldeschwellen geschaffen. Der Ausbau zusätzlicher Transparenz machte darüber hinaus ergänzende Vorschriften notwendig, wie etwa die Mitteilungspflicht für sonstige Finanzinstrumente iSv § 25 WpHG. Weiterhin führten zahlreiche technische Änderungen zu umfangreichen sprachlichen Veränderungen bisheriger Regelungen.[6]

Die Durchführungsrichtlinie vom 8.3.2007 wurde durch das Investmentänderungsgesetz vom 21.12.2007 – das ua die Anfügung in § 21 Abs. 1 S. 4 WpHG und die Neuregelungen in §§ 22 Abs. 3a S. 1, 23 Abs. 4, 29a Abs. 3 S. 2 WpHG brachte – und die TranspRLDV umgesetzt.

Eine Verschärfung der Transparenzanforderungen erfolgte durch das Risikobegrenzungsgesetz vom 12.8.2008. Damit reagierte der Gesetzgeber auf die mit dem Anstieg von Finanzinvestoren verbundenen Risiken sowohl für die Stabilität des Finanzsystems als auch der Zielunternehmen. Um gesamtwirtschaftlich unerwünschte Aktivitäten von Finanzinvestoren zu erschweren, wurde der Tatbestand der Stimmanteilszurechnung bei abgestimmtem Verhalten gemäß § 22 Abs. 2 WpHG konkretisiert und auf bestimmte Fälle des Zusammenwirkens „in sonstiger Weise" erweitert. In § 25 Abs. 1 S. 3 WpHG ordnete das Gesetz seither die Zusammenrechnung von Finanzinstrumenten im Sinne des § 25 Abs. 1 S. 1 WpHG mit Beteiligungen nach den §§ 21 und 22 WpHG an; das Wort „sonstige" wurde in der amtlichen Überschrift gestrichen. Durch Einführung des § 27a WpHG wurde eine neue Mitteilungspflicht für die Inhaber wesentlicher Beteiligungen hinsichtlich der mit dem Stimmrechtserwerb verfolgten Ziele und seiner Mittelher-

---

6 Vgl. zum TUG auch die Überblicksaufsätze von *Hutter/Kaulamo* NJW 2007, 471; *Bosse* DB 2007, 39; *Nießen* NZG 2007, 41; *Schnabel/Korff* ZBB 2007, 179; *Rodewald/Unger* BB 2006, 1917.

kunft geschaffen.[7] Zudem wurde die vorsätzliche oder grob fahrlässige Verletzung der Mitteilungspflichten gemäß § 28 Abs. 1 S. 3 WpHG schwerer sanktioniert, sofern die Höhe des Stimmrechts betroffen ist.

Kernstück der erfolgten Änderungen im Zuge des Gesetzes zur Stärkung des Anlegerschutzes und Verbesserung der Funktionsfähigkeit des Kapitalmarkts (AnsFuG) vom 5.4.2010 war die Einführung einer neuen Mitteilungspflicht in § 25a WpHG.[8] Danach wurden ab einer Meldeschwelle von 5 % auch Finanzinstrumente und sonstige Instrumente (insbesondere Barausgleichsderivate) mitteilungspflichtig, die es ihrem Inhaber oder einem Dritten faktisch oder wirtschaftlich ermöglichen, mit Stimmrecht verbundene und bereits ausgegebene Aktien eines Emittenten zu erwerben.[9] Im Gleichlauf dazu wurde § 25 WpHG um eine Mitteilungspflicht für „sonstige Instrumente“ erweitert. Die Änderungen waren durch Fälle in der Praxis veranlasst, in denen ein unbemerktes Anschleichen durch die Nutzung nicht meldepflichtiger Finanzinstrumente erfolgte.

Durch das OGAW-IV-UmsG vom 22.6.2011 erfolgten in §§ 22 Abs. 3a S. 1 Nr. 1, 27a Abs. 1 S. 6 WpHG redaktionelle Anpassungen an die Neufassung der OGAW-RL als Richtlinie 2009/65/EG. Das Omnibus-I-UmsG vom 4.12.2011 ergänzte einen neuen § 29a Abs. 1 S. 2. Das BAnzDiG vom 22.12.2011 passte § 29 S. 2 WpHG an die nun nur noch elektronisch erfolgende Publikation des Bundesanzeigers an. Durch das ProspRLUGuaÄndG v. 26.6.2012 wurde ein Redaktionsfehler in § 27a Abs. 1 S. 6 WpHG behoben; durch das AIFM-UmsG v. 4.7.2013 wurde die Vorschrift an die neue Terminologie des KAGB angepasst. Im Rahmen des Kleinanlegerschutzgesetzes wurden in § 21 Abs. 1 S. 1 WpHG aF nach dem Wort „Stimmrechte“ die Wörter „aus ihm gehörenden Aktien“ eingefügt.

## 2. Die Reform der Transparenzrichtlinie …

Auf EU-Ebene wurde zu jener Zeit bereits an einer Reform der Transparenz-RL gearbeitet.[10] Der am 25.10.2011 vorgelegte Kommissionsentwurf[11] sah auch in

7 Kritisch *Möllers/Holzner* NZG 2008, 166 (169 ff.); *Diekmann/Merkner* NZG 2007, 921, 923 f.; *Zimmermann* ZIP 2009, 57 (60 ff.).

8 Zur Entstehung s. *Heusel* WM 2012, 291, 292 f.

9 Zum rechtstatsächlichen Hintergrund nur *Anzinger* in VGR Bd. 16, 2011, 188, 192 ff.; vgl. weiter *Christ*, Barausgleichsderivate und das Anschleichen an Zielgesellschaften, 2011, 27 ff.

10 Vgl. zu den Vorarbeiten bis Sommer 2011: *Lutter/Bayer/Schmidt* EuropUnternR 5. Aufl. 2012, § 36 Rn. 5 mwN; vgl. weiter – auch zu späteren Entwicklungen – *Burghard/Heimann* FS Dauses, 2014, 47 ff.

Bezug auf die Beteiligungstransparenz eine ganze Reihe signifikanter Änderungen vor, so insbesondere: (1) Paradigmenwechsel hin zum *Grundsatz der Vollharmonisierung*; (2) Extension der mitteilungspflichtigen Finanzinstrumente auf solche, die entweder dem Inhaber bei Fälligkeit eine Ermessensbefugnis in Bezug auf sein Recht auf Erwerb der Aktien verleihen oder eine vergleichbare wirtschaftliche Wirkung haben, unabhängig von einer etwaigen Verknüpfung mit dem Recht zur physischen Abwicklung; (3) Aggregation von Aktien und Finanzinstrumenten bei der Berechnung; (4) Extension des Sanktionsregimes: Als Mindeststandard sollten die Behörden künftig die Befugnis zu Verwaltungsgeldstrafen, „naming and shaming" sowie zur Aussetzung der Stimmrechte haben. In Rat und EP waren allerdings eine ganze Reihe von Modifikationen gegenüber dem ursprünglichen Kommissionsentwurf vorgeschlagen worden.[12]

Am 27.11.2013 ist die sog. revidierte Transparenzrichtlinie in Kraft getreten.[13] Im Hinblick auf die Beteiligungstransparenz[14] wurde der Grundtatbestand der Mitteilungspflichten aus Art. 9 Abs. 1 mit den bisherigen Schwellenwerten nicht angetastet. Von der angestrebten Vollharmonisierung ausgenommen bleibt weiterhin der Bereich unterhalb eines Stimmrechtsanteils von 5% (vgl. Art. 3 Abs. 1a UAbs. 4 (i) revTransparenzRL). Den Mitgliedstaaten bleibt es zudem überlassen, auch oberhalb von 5% ergänzende Schwellenwerte vorzusehen.[15] Fort besteht auch das – in Deutschland bislang nicht umgesetzte – Wahlrecht, für bedeutende Kapitalanteile eine Offenlegung zu verlangen. Die Mitteilungspflicht gem. § 27a WpHG (aF) wird von der Reform nicht berührt;[16] dies wird in Erwägungsgrund 12 nochmals klargestellt.[17] Unverändert im Wortlaut bleiben auch die Zurechnungstatbestände, so dass auch ein abgestimmtes Verhalten (acting in concert) iSv § 22 Abs. 2 WpHG (aF) weiterhin Mitteilungspflichten auslösen kann.[18]

---

11 Dazu *Brinckmann* BB 2012, 1370 ff.; *Handelsrechtsausschuss des DAV* NZG 2012, 770 ff.; *Pohle-Neumann* GmbHR 2012, R273 f.; *Seibt* ZIP 2012, 797, 800 f.; *Seibt/Wollenschläger* AG 2012, 305 ff.; *Veil* WM 2012, 53 ff.; *Walla* BB 2012, 1358 ff.

12 Vgl. dazu *Brinckmann* BB 2012, 1370, 1372 f.; *Handelsrechtsausschuss des DAV* NZG 2012, 770 ff.; *Pohle-Neumann* GmbHR 2012, R273 f.; *Seibt* ZIP 2012, 797, 800 f.; *Seibt/Wollenschläger* AG 2012, 305, 309 ff.; *Veil* WM 2012, 53, 56 ff.; *Walla* BB 2012, 1358, 1360 f.

13 Näher *Parmentier* AG 2014, 15 ff.; *Seibt/Wollenschläger* ZIP 2014, 545 ff. Ausf. auch *Lutter/Bayer/Schmidt*, EuropUnternR 6. Aufl. 2018 § 36.

14 Näher *Lutter/Bayer/Schmidt* EuropUnternR 6. Aufl. 2018 Rn 36.16 ff mwN.

15 *Seibt/Wollenschläger* ZIP 2014, 545, 548.

16 So bereits *Veil* WM 2012, 53, 55.

17 *Parmentier* AG 2014, 15, 18.

18 Eingehend *Parmentier* AG 2014, 15, 18; *Seibt/Wollenschläger* ZIP 2014, 545, 548 f.

Erweitert werden in der revTransparenzRL die Meldepflichten für Finanzinstrumente (Art. 13 Abs. 1).[19] Zu melden sind nunmehr Schwellenberührungen bei zwei verschiedenen Meldesäulen:[20]

Zum einen die eigenen und zugerechneten Stimmrechte nach Art. 9 und 10 der revTransparenzRL, zum anderen die Finanzinstrumente des Art. 13 Abs. 1 UAbs. 1 lit. a und lit. b; die Finanzinstrumente sind dabei in einer eigenen Meldesäule zusammengefasst.[21] Aufzuschlüsseln sind die Finanzinstrumente gem. Art. 13 Abs. 1 UAbs. 2 in solche, die ein Recht zur Aktienlieferung vermitteln (Art. 13 Abs. 1 UAbs. 1 lit. a) und solche, die lediglich eine vergleichbare Wirkung entfalten (Art. 13 Abs. 1 UAbs. lit. b).[22] Die Meldepflicht entsteht nicht nur dann, wenn innerhalb einer Meldesäule eine Schwellenberührung stattfindet, sondern zusätzlich auch dann, wenn säulenübergreifend, dh zusammengerechnet eine Meldeschwelle berührt wird (sog Aggregation gem. Art. 13a Abs. 1). Zu melden ist weiterhin, wenn Finanzinstrumente zu Stimmrechten erstarken, weil Bezugsaktien erworben wurden, und dadurch eine Schwellenberührung stattfindet (Art. 13a Abs. 2).

Erweitert und präzisiert wurde mit der revTransparenzRL auch das Sanktionsregime:[23] Vorgesehen sind zunächst Geldbußen, deren Mindesthöchstgrenzen 2 Mio. für natürliche Personen und 10 Mio. oder 5 % des Jahreskonzernumsatzes für juristische Personen bzw. das Doppelte des erlangten Vorteils betragen, je nachdem, welcher Betrag höher ist (Art. 28b Abs. 1 UAbs. 1 lit. c).[24] Weiterhin können die Mitgliedstaaten – wie bislang – gem. Art. 28b Abs. 2 revTransparenzRL auch die Ausübung der Stimmrechte aus Aktien im Falle der in Art. 28a lit. b genannten Verstöße aussetzen; diese Sanktionen gehen im Hinblick auf Finanzinstrumente über die bisherigen Möglichkeiten hinaus.[25] Zur Vermeidung der viel kritisierten Anfechtungsproblematik bei Ungewissheit über das Bestehen oder Nichtbestehen eines Stimmrechtsausschlusses,[26] lässt die revTransparenzRL einen Spielraum zwischen behördlicher und gesetzlicher Stimmrechtssuspendie-

**19** Eingehend *Parmentier* AG 2014, 15, 19 f.; rechtspolitisch fordernd bereits *Seibt* ZGR 2010, 795 ff.

**20** Dazu näher *Seibt/Wollenschläger* ZIP 2014, 545, 551.

**21** Eingehend *Parmentier* AG 2014, 15, 22.

**22** Zur Frage, ob Wandelanleihen darunter fallen: *Heinrich/Krämer* CFL 2013, 225, 232 (verneinend); ebenso *Seibt/Wollenschläger* ZIP 2014, 545, 549.

**23** Eingehend *Parmentier* AG 2014, 15, 23 f.; *Seibt/Wollenschläger* ZIP 2014, 545, 551 ff.; *Canzler/Hammermeier* AG 2014, 57, 71 ff.; *Nartowska/Walla* AG 2014, 891 ff; vgl. weiter *Lutter/Bayer/Schmidt* EuropUnternR 6. Aufl. 2018 Rn 36.40 ff.

**24** *Parmentier* AG 2014, 15, 23 mwN.

**25** Näher *Parmentier* AG 2014, 15, 23 mwN.

**26** Dazu nur *Merkner* AG 2012, 199, 206.

rung,[27] so dass der deutsche Gesetzgeber – wie teilweise gefordert[28] – auch anordnen könnte, dass ein Stimmrechtsverlust nur im Falle einer Anordnung durch die BaFin eintritt.[29] Zudem werden auch nationale Besonderheiten wie in Deutschland der nachlaufende Rechtsverlust weiterhin gestattet.[30] Den Mitgliedsstaaten bleibt es auch freigestellt, den Stimmrechtsverlust nur im Falle „schwerwiegendster Verstöße" anzuordnen (Art. 28b Abs. 2 S. 2).[31] Verpflichtend ist nunmehr auch ein „naming and shaming": Die angeordneten Verwaltungssanktionen sind umgehend öffentlich bekannt zu machen (Art. 28b Abs. 1 UAbs. 1 lit. a).[32]

Im Gegensatz zur bisherigen Regelung strebt die neue Richtlinie eine Vollharmonisierung (auch als Einschränkung des Gold-plating bezeichnet[33]) der Beteiligungspublizität an (vgl. Art. 3 Abs. 1a UA 4 RL).[34] Das bedeutet, auch für strengere Regelungen bleibt nur ein sehr begrenzter Spielraum, weshalb sich in der Folge die nationale Konzeption stellenweise grundlegend verändert hat.[35] Eine Ausnahme stellen die Sanktionsregeln dar, bei denen weiterhin eine Mindestharmonisierung gilt (vgl. Art. 28b Abs. 3 RL).[36]

## 3. … und deren Umsetzung in Deutschland

Die Umsetzung der revTransparenz-RL ist mit Gesetz vom 20.11.2015 mit Wirkung vom 21.11.2015 erfolgt.[37] Die Neuerungen bedeuten eine weitere Harmonisierung der Transparenzanforderungen in Bezug auf Informationen über Emittenten von

27 Zum Kommissionsvorschlag bereits *Seibt* ZIP 2012, 797 ff.; *Veil* BB 2012, 1374 ff.

28 So etwa *Seibt* ZIP 2012, 797, 802; dagegen etwa *Merkner* AG 2012, 199, 207; *Burgard/Heimann* FS Dauses, 2014, 47, 69 ff.

29 *Seibt/Wollenschläger* AG ZIP 2014, 545, 554.

30 *Parmentier* AG 2014, 15, 23.

31 In diesem Sinne auch *Merkner* AG 2012, 199, 207 ff.

32 Näher *Seibt/Wollenschläger* ZIP 2014, 545, 553; *Burgard/Heimann* FS Dauses, 2014, 71 ff.; *Nartowska/Walla* AG 2014, 891, 898; zur rechtspolitischen Kritik und verfassungsrechtlichen Bedenken bereits *Seibt/Wollenschläger* AG 2012, 305, 313.

33 *Seibt/Wollenschläger*, ZIP 2014, 545, 547; *Söhner*, ZIP 2015, 2451.

34 *Roth*, GWR 2015, 485; *Seibt/Wollenschläger*, ZIP 2014, 545, 547 f.; *Parmentier*, AG 2014, 15, 17; *Hitzer/Hauser*, AG 2015, 891, 893; *Brellochs*, AG 2016, 157.

35 Dazu näher *Rück/Heusel*, NZG 2016, 897, 899; *Hitzer/Hauser*, AG 2015, 891, 894; *Brellochs*, AG 2016, 157, 158 f.; *Schilha*, DB 2015, 1821, 1822.

36 Ebenso *Brellochs*, AG 2016, 157, 157.

37 Dazu etwa *Brellochs* AG 2016, 157 ff.; *Fuchs* NZG 2016, 1045 ff.; *Hitzer/Hauser* NZG 2016, 1365 ff.; *A. Meyer* BB 2016, 771 ff.; *Rieckers* DB 2016, 2526 ff.

Wertpapieren in der EU mit dem Ergebnis einer Verschärfung der Offenlegungspflichten im Hinblick auf bedeutende Beteiligungen einschließlich einer drastischen Verschärfung der Sanktionen bei Verstößen gegen die Transparenzpflichten. Die wesentlichen Ziele des Umsetzungsgesetzes decken sich naturgemäß mit der Richtlinie, sodass die folgenden Eckpunkte herausgestellt werden können:

Die Berichtspflichten der Emittenten sollen vereinfacht, die Offenlegung von Beteiligungen verbessert sowie ein erleichterter Zugang zu den Informationen für Anleger erreicht und den Sanktionen ein größeres Abschreckungspotenzial verschafft werden.[38] Zu den wesentlichen Änderungen gehören die Abwendung vom Trennungs- und Abstraktionsprinzip für die Meldepflichten, da nunmehr bereits auf das schuldrechtliche Geschäft abgestellt wird, die Erweiterung und teilweise Umstrukturierung der Zurechnungstatbestände sowie die Erfassung von Finanzinstrumenten. Weiterhin greift der Rechtsverlust als Sanktion nunmehr wesentlich weiter. Flankierend können höhere Bußgelder verhängt werden und das sog. „Naming and shaming" wird zum Regelfall aufgewertet.

## 4. MAR und MAD II

Am 15.5.2014 wurden die neue Marktmissbrauchsverordnung (MAR) sowie die überarbeitete Marktmissbrauchs-RL (MAD II) verabschiedet.[39] Die Ausführung der MAR sowie die Umsetzung der MAD II-RL erfolgte mit dem 1. Finanzmarktnovellierungsgesetz vom 14. April 2016.[40] Es beinhaltet die Streichung der bislang im WpHG enthaltenen Definitionen, da diese nunmehr unmittelbar in der MAR enthalten sind. Darüber hinaus wurden die Sanktionen für Verstöße weiter verschärft.[41]

## 5. MIFID II und Neufassung des WpHG

Mit dem 2. Finanzmarktnovellierungsgesetz vom 23.6.2017 wurden sodann die europäischen Vorgaben der MiFiD II[42] in nationales Recht umgesetzt.[43] Diese neuen Regelungen führten zu erheblichen Änderungen in Aufbau und Struktur

38 Siehe auch *Schilha*, DB 2015, 1821; *Brellochs*, AG 2016, 157 ff.
39 Näher *Lutter/Bayer/Schmidt* EuropUnternR 6. Aufl. 2018 § 35.
40 Dazu etwa *Dietrich* ZIP 2016, 1612 ff.; *Poelzig* NZG 2016, 761 ff.; *Trüg* NZG 2016, 820 ff.
41 Siehe auch *Lutter/Bayer/Schmidt* EuropUnternR 6. Aufl. 2018 Rn 35.100.
42 Dazu nur *Lutter/Bayer/Schmidt* EuropUnternR 6. Aufl. 2018 § 32.
43 Näher *Lutter/Bayer/Schmidt* EuropUnternR 6. Aufl. 2018 Rn. 32.103 m.w.N.

des WpHG. Zugleich wurden die WpHG-Vorschriften mit Wirkung vom 3. Januar 2018 völlig neu durchnummeriert. Gleichfalls wurde die WpAIV, durch welche die Regelungen über die Mitteilung, Veröffentlichung und Übermittlung von Veränderungen des Stimmrechtsanteils an das Unternehmensregister konkretisiert werden, am 2.11.2017 mit Wirkung vom 3.1.2018 geändert.

## III. Zusammenfassende Betrachtung des Normzwecks der Regelung

Mit der Transparenzrichtlinie I war auf europäischer Ebene eine angemessene Unterrichtung zum Schutz der Anleger intendiert, wodurch das Vertrauen in die Wertpapiermärkte sowie deren Funktionsfähigkeit verstärkt werden sollte. Weitergehend strebte die Transparenzrichtlinie II nicht nur eine weitere Steigerung der Attraktivität europäischer Kapitalmärkte an[44] – die Stärkung transparenter und integrierter Märkte wurde als wesentlicher Beitrag zum echten europäischen Binnenmarkt gesehen, welcher auch die Integration der europäischen Kapitalmärkte untereinander fördern sollte. Die angeordnete Publizität galt auch weiterhin der nachhaltigen Stärkung des Vertrauens der Anleger sowie der Markteffizienz. Die revidierte Transparenzrichtlinie verfolgte das Ziel, bestehende Transparenzregelungen zu verbessern. Sie stellt insbesondere eine Reaktion auf innovative Finanzinstrumente dar, welche nicht den Offenlegungsvorschriften unterfallen und dadurch *„ein falsches und irreführendes Bild der wirtschaftlichen Eigentumsverhältnisse börsennotierter Gesellschaften“*[45] erzeugen können. Durch die partielle Vollharmonisierung[46] sollten Rechtssicherheit und Transparenz weiter steigen und zugleich der Verwaltungsaufwand grenzüberschreitend tätiger Anleger verringert werden, um grenzüberschreitende Investitionen zu erleichtern.

Das zweite Finanzmarktförderungsgesetz, durch welches das WpHG entstand, bezweckte auf nationaler Ebene eine Erweiterung des Anlegerschutzes und die ordnungspolitische Absicherung der Funktionsfähigkeit der deutschen Wertpapierbörsen, um die Attraktivität des Finanzplatzes Deutschland zu erhöhen. Das Gesetz zur Regelung von öffentlichen Angeboten zum Erwerb von Wertpapieren und Unternehmensübernahmen war durch Erfahrungen der Praxis veranlasst und diente der Klarstellung sowie der Lückenfüllung des bisher geltenden Rechts. Während das Gesetz über die integrierte Finanzdienstleistungsaufsicht

---

**44** Dazu *Rodewald/Unger* BB 2006, 1917.

**45** So ABl. EU L 294/13, Erwägungsgrund 9.

**46** Siehe näher MünchKommAktG/*Bayer*, 5. Aufl. 2019, Anh. § 22, Vor § 33 WpHG, Rn. 16.

eine effektivere Aufsicht durch die zu schaffende „Allfinanzaufsicht" der BaFin ermöglichen sollte, dienten das 4. Finanzmarktförderungsgesetz und das Anlegerschutzverbesserungsgesetz wiederum der Stärkung der Leistungsfähigkeit und Sicherung der Marktintegrität des Finanzplatzes Deutschland sowie der Verbesserung des Anlegerschutzes im Bereich der Kapitalmarktinformation. Mit dem Transparenzrichtlinie-Umsetzungsgesetz wurden primär die Vorgaben der Transparenzrichtlinie II in nationales Recht umgesetzt. Daneben waren die Klarstellung und Vereinfachung bestehender Regelungen sowie eine weitere Stärkung der Transparenz des Kapitalmarkts vorgesehen. Im Zuge der Finanzkrise bezweckte das Investmentänderungsgesetz die Stärkung des Investmentfondsstandortes Deutschland und eine Steigerung der internationalen Wettbewerbsfähigkeit der Fondsbranche zur Verhinderung der Abwanderung von Fondsvermögen. Als Lehre aus der Finanzkrise versuchte der Gesetzgeber mit dem Risikobegrenzungsgesetz, gesamtwirtschaftlich unerwünschte Aktivitäten von Finanzinvestoren zu erschweren, ohne zugleich Finanz- oder Unternehmenstransaktionen, die effizienzfördernd wirken, zu beeinträchtigen. Nachdem auch das Gesetz zur Stärkung des Anlegerschutzes und Verbesserung der Funktionsfähigkeit des Kapitalmarkts der Beseitigung von Defiziten galt, welche sich im Rahmen der Finanzmarktkrise gezeigt hatten, erfolgte mit dem Gesetz zur Umsetzung der Transparenzrichtlinie-Änderungsrichtlinie[47] sowie dem 1. und 2. Finanzmarktnovellierungsgesetz die Umsetzung verschiedener europäischer Rechtsakte – inclusive der revidierten Transparenzrichtlinie – sowie die Neunummerierung des WpHG zum Zwecke der Übersichtlichkeit und wieder der Lückenschließung.

In der *Literatur* wird hervorgehoben, dass insbesondere im Hinblick auf die Gefahr einer Übernahme oder der Auflösung eines großen Aktienpaketes die Zusammensetzung des Aktionärskreises für die Anleger und den Emittenten eine wichtige Information darstellt.[48] Entgegen der dies ablehnenden Auffassung ist folglich auch der einzelne Kapitalanleger durch die §§ 33 ff. WpHG geschützt.[49] Zusätzlich verwiesen wird auf die zudem bestehende ordnungspolitische sowie gesellschaftsrechtliche Funktion der Publizitätspflichten durch die Offenlegung der realen Inhaberschaft und die Verhinderung oder zumindest Erschwerung

---

47 Aus praktischer Sicht *Brellochs* AG 2016, 157 ff.; zum Regierungsentwurf *Burgard/Heimann* WM 2015, 1445; siehe weiter *Schilha*, DB 2015, 1821; *Brellochs*, AG 2016, 157 ff.

48 Assmann/Schneider/Mülbert/*U.H.Schneider*, 7. Aufl. 2019, Vor § 33 Rn. 22; *Hitzer/Düchting* ZIP 2011, 1084, 1086, 1087 ff.

49 MünchKommAktG/*Bayer*, 5. Aufl. 2019, Anh. § 22, § 33 WpHG Rn. 2; Assmann/Schneider/Mülbert/*U.H.Schneider*, 7. Aufl. 2019, Vor § 33 Rn. 27.

kalter Übernahmen durch die Kenntnis der realen Beteiligungs- und Beherrschungsverhältnisse.[50]

## IV. Zwischenfazit

Die europäischen und deutschen Normgebungsinstanzen streben ein möglichst vollumfassendes Publizitätsregime an, um den Anlegerschutz zu erhöhen, die Kapitalmärkte zu stärken, integer auszugestalten und miteinander zu vernetzen. Im bisherigen Rechtsentwicklungsprozess war indes vor allem eine kontinuierliche Anpassung der Regelungen notwendig betreffend innovativer Finanzinstrumente, welche nicht den jeweils geltenden Offenlegungspflichten unterfielen. Nach einer kurzen Darstellung des aktuellen Regelungsmodells wird von Standpunkt des derzeit geltenden Rechts zu beurteilen sein, ob die Lückenfüllung erfolgreich war und ob die Ziele der Normgeber erreicht wurden.

## V. Überblick zum aktuellen gesetzlichen Regelungsmodell der §§ 33 ff. WpHG

Für Kapitalanleger entstehen Melde- und Veröffentlichungspflichten, wenn die in § 33 WpHG genannten *Stimmrechts*-Schwellenwerte eines Emittenten erreicht, über- oder unterschritten werden, sofern für die Gesellschaft die Bundesrepublik Deutschland das Herkunftsland ist. Gemäß § 33 Abs. 3 WpHG genügt hierfür bereits das Bestehen eines auf die Übertragung von Aktien gerichteten unbedingten und ohne zeitliche Verzögerung zu erfüllenden Anspruchs oder einer entsprechenden Verpflichtung. Neben der formalisierten Meldung an die BaFin und den Emittenten ist die Mitteilung zu veröffentlichen. Meldepflichten lösen zum einen gem. §§ 33, 34 WpHG das Halten von Aktienstimmrechten bzw. die Stimmrechtszurechnung und zum anderen gem. § 38 WpHG das (un-)mittelbare Halten von Finanzinstrumenten aus, welche ein unbedingtes Recht auf Erwerb mit Stimmrechten verbundener und bereits ausgegebener Aktien eines Emittenten oder ein Ermessen in Bezug auf ein Recht auf Erwerb dieser Aktien verleihen sowie Instrumente mit vergleichbarer wirtschaftlicher Wirkung. Diese beiden Meldetatbestände werden gemäß § 39 WpHG zusammengerechnet und lösen die gleichen Mitteilungspflichten aus, wenn die Summe der nach § 33 Absatz 1 Satz 1 oder

---

50 Siehe hierzu insgesamt m.w.N. Assmann/Schneider/Mülbert/*U.H.Schneider*, 7. Aufl. 2019, Vor § 33 Rn. 28–34.

Absatz 2 und § 38 Absatz 1 Satz 1 WpHG zu berücksichtigenden Stimmrechte an demselben Emittenten die in § 33 Absatz 1 Satz 1 WpHG genannten Schwellen mit Ausnahme der Schwelle von 3 Prozent erreicht, über- oder unterschreitet.

# VI. Probleme der aktuellen Rechtslage

Der zur *lex lata* führende Normgebungs- und Anpassungsprozess hat viele bestehende bzw. aufkommende Probleme und Lücken beseitigt. Dennoch bestehen auch unter der Geltung der aktuellen §§ 33 ff. WpHG nach wie vor gewichtige Probleme bei den wertpapierhandelsrechtlichen Publizitätspflichten.

Das aktuelle Hauptproblem[51] stellt hierbei die durch die revidierte Transparenzrichtlinie herbeigeführte partielle Vollharmonisierung[52] dar. Infolgedessen wird bspw. mitunter die weitergehende deutsche Regelung zum *acting in concert*[53] mit schwer zu entkräftender Argumentation als richtlinienwidrig angesehen.[54] Das Hauptproblem ist indes die durch die partielle Vollharmonisierung bedingte *Verhinderung gesetzgeberischer Reaktion* auf neue Vermeidungsstrategien in einem *adäquaten Zeitrahmen*.[55] Die Finanzwirtschaft ist enorm anpassungsfähig und wird fortwährend bestehende Schlupflöcher finden sowie neue Umgehungsstrategien entwickeln.[56] Eindringlich belegt wird dies durch den Umstand, dass erhebliche Teile des Normanpassungsprozesses in deutschen und europäischen Instanzen Reaktionen auf Entwicklungen der Finanzmärkte darstellen. Als aktuelles Beispiel ist auf den Beteiligungserwerb des chinesischen Automobilzulieferers Geely bei Daimler zu verweisen: Dieser war möglich, weil das Aktienpaket von Geely an Daimler zunächst knapp unter drei Prozent lag und somit nicht meldepflichtig war. Zusätzlich gehaltene Instrumente von bis zu zwei Prozent und auch § 38 WpHG lösten keine Meldepflicht aus. Die beteiligten Banken haben Wertpapierbestände aufgebaut, die an Geely weiterverkauft wurden. Somit

---

**51** Assmann/Schneider/Mülbert/*U.H.Schneider*, 7. Aufl. 2019, Vor § 33 Rn. 14 bezeichnet die partielle Vollharmonisierung als „gesetzgeberisches Unglück"; grundsätzlich positiv hingegen *Hitzer/Hauser* NZG 2016, 1365, 1369.

**52** Dazu MünchKommAktG/*Bayer*, 5. Aufl. 2019, Anh. § 22, Vor § 33 WpHG, Rn. 16.

**53** Siehe hierzu nur *U.H.Schneider* WM 2006, 1321 ff. m.w.N.

**54** *Hitzer/Hauser* NZG 2016, 1365, 1369 f.; *Kraack* AG 2017, 677, 678 ff.

**55** Assmann/Schneider/Mülbert/*U.H.Schneider*, 7. Aufl. 2019, Vor § 33 Rn. 13.

**56** MünchKommAktG/*Bayer*, 5. Aufl. 2019, Anh. § 22, Vor § 33 WpHG, Rn. 20; *U.H.Schneider/Anzinger* ZIP 2009, 1 prüfen die Notwendigkeit einer § 42 AO entsprechenden Vorschrift im Kapitalmarktrecht, lehnen dies aber ab und sprechen sich statt der fallgruppengeleiteten Gesetzgebung für einen prinzipiengeleiteten einheitlichen Offenlegungstatbestand aus.

stellte Geely den Kapitalmarkt mit 9,69 Prozent der Stimmrechte an Daimler vor vollendete Tatsachen.

Gegen die Innovationskraft der Finanzbranche helfen auch extensive Auslegung sowie analoge Normanwendung nicht im notwendigen Umfang. Dies gilt insbesondere aufgrund des Umstandes, dass Ordnungswidrigkeitentatbestände nicht analogiefähig sind[57] und der BGH sowohl im Hinblick auf aufsichtsrechtliche Maßnahmen als auch bezüglich der zivilrechtlichen Sanktionen (insbes. des Rechtsverlusts nach § 44 WpHG) eine gespaltete Normanwendung ablehnt und das Analogieverbot auch auf diese Gesetzesinhalte erstreckt.[58] Diese Auffassung des BGH mag in der Literatur mit beachtlichen Argumenten angegriffen werden[59] – für die Rechtspraxis ist diese Rechtsprechung indes verbindlich. Zwar regeln die §§ 12ff. WpAV Konkretisierungen – diese enthalten indes lediglich Erläuterungen zur Veröffentlichung sowie der Mitteilung und regeln keine Fragen der materiellen Meldepflicht. Damit bleibt festzuhalten, dass für die Finanzbranche, deren Kreativität bei der Neuschöpfung von Finanzinstrumenten bekannt ist, ein Gesetz gilt, welches aufgrund der für den Anwendungsbereich der Offenlegungspflicht geltenden partiellen Vollharmonisierung durch den deutschen Gesetzgeber nicht an veränderte Bedingungen angepasst werden darf. Zur Bekämpfung von Vermeidungsstrategien und Umgehungen ist stattdessen ein europäisches Gesetzgebungsverfahren notwendig. Dass diese Vorgehensweise schnell genug ist, um beständige Finanzentwicklungen ernsthaft regeln zu können, erscheint höchst zweifelhaft.

Neben diesem durch den europäischen Normgeber geschaffenen und fixierten Problem bestehen in der aktuellen Rechtslage Unstimmigkeiten zwischen den Offenlegungspflichten der §§ 33ff. WpHG und den übernahmerechtlichen Zurechnungs- und Kontrollregelungen.[60] Weiterhin bereiten grenzüberschreitende Sachverhalte[61] mitunter erheblich Probleme[62].

Im Rahmen eines Vergleichs von normgeberischer Intention und aktuellem Rechtszustand ist zunächst zu konstatieren, dass sich die Rechtswirklichkeit als

---

**57** BVerfGE 25, 269, 285 = NJW 1969, 1059, 1061.

**58** BGHZ 190, 291, 298 f.; hierzu insgesamt ausführlich *Brellochs* ZIP 2011, 2225; ferner *Merkner* AG 2012, 199, 199 f.; *Fleischer/Bedkowski* DStR 2010, 933, 936 f.; *Veil/Dolff* AG 2010, 385, 389 ff.

**59** Statt aller m.w.N. Emmerich/Habersack/*Schürnbrand*, 8. Aufl. 2016, Vor § 21 WpHG Rn. 12; zweifelnd für aufsichtsrechtliche Maßnahmen und ablehnend für zivilrechtliche Sanktionen Assmann/Schneider/Mülbert/*U.H.Schneider*, 7. Aufl. 2019, Vor § 33 Rn. 48.

**60** *Kraack* AG 2017, 667, 678 ff.; Assmann/Schneider/Mülbert/*U.H.Schneider*, 7. Aufl. 2019, Vor § 33 Rn. 13.

**61** Diese Problematik wird aus Platzgründen nicht näher erörtert.

**62** Siehe hierzu nur *Kronke* in liber amicorum Buxbaum, 2000, S. 365 ff.; *U.H.Schneider* AG 2001, 269 ff.; Assmann/Schneider/Mülbert/*U.H.Schneider*, 7. Aufl. 2019, Vor § 33 Rn. 56 ff. m.w.N.

wandelbar erwiesen hat, die Normgeber indes – obgleich mit bisweilen größerer zeitlicher Verzögerung – hierauf reagieren konnten. Die durch die partielle Vollharmonisierung beseitigte Reaktionsmöglichkeit des nationalen Rechts nimmt den Mitgliedsstaaten die Fähigkeit, Umgehungen zu verbieten und Schutzlücken zu schließen. Insofern leidet die allseits angeführte Kapitalmarktpublizität ausgerechnet an einer Bestimmung der Transparenzrichtlinie.

## VII. Lösungsansätze

Nachdem einige wesentliche Schwächen des geltenden Rechtszustands aufgezeigt wurden, soll nunmehr untersucht werden, wie diese bewältigt werden könnten.

### 1. Möglichkeiten und Grenzen der *lex lata*

Die Auslegung der §§ 33 ff. WpHG sollte realitätsnah erfolgen, die Kreativität der Praxis nicht ignorieren und größtmögliche Transparenz gewährleisten.[63] Hierbei ist indes zu beachten, dass eine richtlinienkonforme Auslegung erfolgen muss, welche auch begrenzend wirken kann, da in großen Teilbereichen der revidierten Transparenzrichtlinie eine Vollharmonisierung vorliegt, sodass im nationalen Recht keine strengeren Anforderungen als in der Richtlinie vorgesehen werden dürfen.[64] Die auf europäischer Ebene intendierte Vollharmonisierung darf nicht schlicht dadurch umgangen werden, dass das *Umsetzungsgesetz* zwar nicht weiter geht als die Richtlinie, sie jedoch derart weit *ausgelegt* wird, dass im Ergebnis doch strengere Vorgaben als die in der Richtlinie vorgesehenen zu beachten sind. Wie bereits gezeigt wurde, lehnt der BGH eine analoge Anwendung auch im Hinblick auf aufsichtsrechtliche Maßnahmen und zivilrechtliche Sanktionen ab, sodass die Rechtsfortbildung ebenfalls ausscheidet. Eine analoge Anwendung über den Wortlaut der Richtlinie hinaus würde zudem in einigen Bereichen wiederum der partiellen Vollharmonisierung zuwiderlaufen. Daher ist zwar richtigerweise eine extensive und realitätsnahe Auslegung geboten, aber nur in den Grenzen des Wortlauts des WpHGs möglich.[65]

---

63 Assmann/Schneider/Mülbert/*U.H.Schneider*, 7. Aufl. 2019, Vor § 33 Rn. 40, 42.
64 Erwägungsgrund 12 S. 2 der RL 2013/50/EU v. 22.10.2013, ABl. EU L 294/13.
65 Dieses Gesamtproblem sehen auch *Veil/Dolff* AG 2010, 385, 391.

Der besonders umgehungsanfällige § 38 WpHG enthält zwar in Abs. 1 Nr. 2 eine Auffangregelung – es ist indes nicht zu erwarten, dass die für ihren enormen Einfallsreichtum bekannte Finanzbranche nicht wieder Finanzinstrumente kreiert, welche – auch bei weiter Normauslegung – nicht mehr dem Regelungsregime des § 38 WpHG unterfallen. Zwar kann der europäische Normgeber korrigierend eingreifen – die Rechtspraxis zeigt aber, dass europäische Normen häufig nicht mit der Geschwindigkeit angepasst werden können, welche diesem Problemfeld angemessen wäre. Überdies sollten auch mögliche Einflüsse Dritter in Brüssel nicht außer Acht gelassen werden.[66]

## 2. Lösungsoptionen de lege ferenda

Als Hauptproblem der geltenden Rechtslage wurde die wenig flexible Reaktionsmöglichkeit auf neue Finanzinstrumente aufgezeigt. Daher drängt sich als Lösung auf, zu diesem Zwecke eine *Verordnungsermächtigung* zu kreieren. Diese wäre auf europäische Eben mittels eines delegierten Rechtsakts gemäß Art. 290 AEUV möglich. Vorzugswürdig erscheint es indes, die *partielle Vollharmonisierung* – zumindest im Hinblick auf die Erfassung von Umgehungstatbeständen – *aufzugeben* und den Mitgliedsstaaten die Reaktion auf neue Finanzprodukte zu überlassen. Erwägenswert wäre aufgrund des Umstandes, dass eine möglichst schnelle Reaktionsmöglichkeit auf neue Entwicklungen eröffnet werden soll, eine Rechtsverordnung. Allerdings würde hierdurch der Geltungsbereich von aufsichtsrechtlichen Maßnahmen und Ordnungswidrigkeitentatbeständen erweitert, sodass eine fehlende legislatorische Mitwirkung problematisch wäre.

Das Problem der zeitnahen Reaktion auf eine stark anpassungsfähige Praxis tritt indes nicht lediglich im Hinblick auf die hier untersuchten Publizitätspflichten auf: Die gleiche Schwierigkeit ergibt sich beispielsweise im Betäubungsmittelrecht: Es tauchen schneller Substanzen auf, welche unter das BtMG fallen müssen, als das Gesetz geändert werden kann. Das BtMG löst dieses Problem dahingehend, dass das Bundesministerium für Gesundheit in § 1 Abs. 3 BtMG in dringenden Fällen Stoffe und Zubereitungen vorläufig als Betäubungsmittel einstufen kann. Diese Regelung tritt nach Ablauf eines Jahres automatisch außer Kraft – wenn sie nicht durch legislatorische Mitwirkung ordnungsgemäß in den Katalog aufgenommen wurde. Dieses – sogar für die Erweiterung des Anwendungsbereichs von Straftatbeständen – verfassungsrechtlich abgesegnete[67]

---

**66** Hierzu auch Assmann/Schneider/Mülbert/*U.H.Schneider*, 7. Aufl. 2019, Vor § 33 Rn. 14.
**67** Siehe nur BVerfG, Beschluss vom 16.3.2006 – 2 BvR 954/02 = NJW 2006, 2684.

Regelungsmodell könnte *mutas mutandis* auf § 38 WpHG übertragen werden und würde damit die gebotene Balance zwischen Reaktionsgeschwindigkeit und legislativer Rückkoppelung herbeiführen.

## VIII. Fazit

1. Es konnte gezeigt werden, dass der europäische und deutsche Normgeber ein möglichst vollumfassendes Publizitätsregime anstreben, um den Anlegerschutz zu erhöhen, die Kapitalmärkte zu stärken, integer auszugestalten und miteinander zu vernetzen. Große Teile des Normanpassungsprozesses sind als Reaktion auf Umgehungspraktiken anzusehen.
2. Die aktuelle Rechtslage leidet vor allem an der fehlenden Möglichkeit einer hinreichend zeitnahen Reaktion auf neue Finanzinstrumente. Diese entstehen in der Finanzbranche mit enormer Geschwindigkeit, sodass die Anpassung der gesetzlichen Regelung hieran mit einer *Sisyphosarbeit* verglichen werden kann.
3. Der derzeitige Rechtszustand gibt nur sehr begrenzte Möglichkeiten, auf Entwicklungen der Finanzbranche zu reagieren. Hindernder Umstand ist hierbei insbesondere die partielle Vollharmonisierung, welche der extensiven Auslegung und der Rechtsfortbildung enge Grenzen setzt. Zudem lehnt der BGH eine gespaltene Normanwendung ab.
4. Anzustreben ist daher die Aufgabe der partiellen Vollharmonisierung zumindest im Hinblick die Erfassung von Umgehungstatbeständen. Hierdurch wäre eine nationale Regelung möglich, welche sich *mutas mutandis* an § 1 Abs. 3 BtMG orientieren könnte.

Hanno Merkt

# Beteiligungstransparenz als Schlüsselinstitut des Wertpapierhandelsrechts

## I. Einführung

Zum Kernbestand des WpHG gehört seit seinem Inkrafttreten im Jahre 1994 der Regelungskomplex zur Beteiligungstransparenz, zunächst in §§ 21–30 WpHG, seit dem Zweiten Finanzmarktnovellierungsgesetz (2. FiMaNoG) von 2017[1] und mit Wirkung ab dem 3. Januar 2018[2] in §§ 33–47 WpHG loziert. Konkret veranlasst war die Einführung einer wertpapierhandelsrechtlichen, also kapitalmarktrechtlichen Beteiligungstransparenz durch die erste Transparenzrichtlinie von 1988.[3] Dabei war die Pflicht zur Offenlegung bestimmter Beteiligungsverhältnisse im Jahre 1994 im deutschen Recht kein Novum, denn bekanntlich gab es zuvor bereits die Beteiligungsmitteilung nach §§ 20–22 AktG. Der folgende Beitrag will die kapitalmarktrechtliche Beteiligungstransparenz näher beleuchten, dabei soll es um ihre Herkunft, ihre aktuelle Ausgestaltung, ihre Funktion, ihre EU-rechtliche Harmonisierung und ihre mögliche Weiterentwicklung gehen.

## II. Herkunft der Beteiligungstransparenz: Von der Konzerneingangs- und Übernahmetransparenz zur Markttransparenz

### 1. Beteiligungstransparenz der Aktienrechtsreform 1965

Die Beteiligungstransparenz gehört unter den unterschiedlichen Formen der Unternehmenspublizität zu den jüngeren Formen. Anders als die Handelsregis-

1 Zweites Gesetz zur Novellierung von Finanzmarktvorschriften auf Grund europäischer Rechtsakte (Zweites Finanzmarktnovellierungsgesetz – 2. FiMaNoG) vom 23. Juni 2017, BGBl. I 1693.

2 Art. 26 Abs. 5 2. FiMaNoG.

3 Richtlinie über die bei Erwerb und Veräußerung einer bedeutenden Beteiligung an einer börsennotierten Gesellschaft zu veröffentlichenden Informationen vom 12. Dezember 1988, 88/627/EWG, ABl. Nr. L 348/62 vom 17. Dezember 1988.

https://doi.org/10.1515/9783110632323-037

ter-, die Firmen-, die Bilanzpublizität hat sie erst in den sechziger Jahren im Zuge der Aktienrechtsreform von 1965 Eingang in das Gesetzesrecht gefunden,[4] und zwar in Gestalt der konzernrechtlichen Beteiligungstransparenz.[5] Als solche war sie ohne Vorgänger und Vorbild.[6] Mit ihrer Einführung verfolgte der Gesetzgeber das Ziel, „die Aktionäre, die Gläubiger und die Öffentlichkeit über geplante und bestehende Konzernverbindungen besser zu unterrichten und die vielfach auch für die Unternehmensleitungen selbst nicht erkennbaren Machtverhältnisse in der Gesellschaft deutlicher hervortreten zu lassen."[7] Kernvorschrift ist § 20 Abs. 1 i.V.m. § 16 AktG: Danach muss ein Unternehmen, dem mehr als 25% der Aktien einer AG gehören, dies der Gesellschaft schriftlich mitteilen. Gleiches gilt, sobald einem Unternehmen eine Mehrheitsbeteiligung i.S.v. § 16 AktG gehört. Um die Ziele der Transparenz und der Rechtssicherheit zu erreichen, sind nach § 20 Abs. 6 AktG die gem. § 20 Abs. 1 bzw. 4 AktG mitgeteilten Beteiligungen in den Geschäftsblättern bekanntzugeben und darüber hinaus nach § 160 Abs. 1 Nr. 8 AktG im Anhang zum Jahresabschluss aufzuführen.[8] Es handelt sich bei dieser konzernrechtlichen Transparenz um ein spezifisches Instrument des Konzerneingangsschutzes.[9] Dabei war diese Form der Publizität zunächst durchaus nicht unumstritten. Manche sahen darin gar einen „Anschlag auf die freiheitliche Wirtschaftsordnung",[10] für andere waren die §§ 20 – 22 AktG ein „unbefriedigender Kompromiss zwischen Reaktionären und Romantikern".[11] Erst allmählich setzte sich in der Praxis die Erkenntnis durch, dass Informationen über die konkrete Beteiligungsstruktur für Anleger von zentraler Bedeutung bei der Investitions- bzw. Desinvestitionsentscheidung sind, weil der Wert eines Anteils je nach Beteiligungsverhältnis stark variieren kann.[12]

---

4 Überblick bei Merkt, Unternehmenspublizität – Offenlegung von Unternehmensdaten als Korrelat der Marktteilnahme, 2001, 23 und passim.

5 Zur Entstehungsgeschichte Dettling, Die Entstehungsgeschichte des Konzernrechts im Aktiengesetz von 1965, 1997, 323 ff.

6 Koppensteiner, in: Kölner Kommentar AktG, 3. Aufl., 2011, § 20 Rdnr. 1.

7 BegrRegE zu § 20 bei Kropff, Aktiengesetz, 1965, 38.

8 Bayer, in: Münchener Kommentar AktG, 4. Aufl., 2016, § 20 Rdnr. 1.

9 Zutreffend Schneider, in: Assmann/Schneider/Mülbert (Hrsg.), Wertpapierhandelsrecht, 7. Aufl., 2019, Vor § 33 Rdnr. 3.

10 Vallenthin, in: Marburger Aussprache zur Aktienrechtsreform, 1959, 36, 42; Schäfer, BB 1966, 230.

11 Zitiert nach Geßler, AG 1965, 348.

12 Schneider, in: Assmann/Schneider/Mülbert (Hrsg.), Wertpapierhandelsrecht, 7. Aufl., 2019, Vor § 33 Rdnr. 2.

## 2. Anglo-amerikanisches Recht

Anders verlief die Entwicklung im anglo-amerikanischen Recht.[13] Sowohl die USA als auch UK kennen eine genuin kapitalmarktrechtliche Beteiligungstransparenz seit langem. In den USA sind die kapitalmarktrechtlichen Offenlegungspflichten in Sec. 13 des Securities Exchange Act 1934 geregelt. Die Vorschriften zur Beteiligungstransparenz in §§ 13 (d) – (e) wurden allerdings erst im Jahre 1968 durch den Williams Act in den SEA eingefügt, wobei die Meldeschwelle bereits 1970 von 10 % auf 5 % abgesenkt wurde. Schedule 13D zu Section 13 (d) in seiner seither geltenden Fassung sieht vor, dass der beneficial owner den Erwerb von mehr als 5 % der Stimmrechte einer börsennotierten Gesellschaft der SEC innerhalb von 10 Tagen mitteilen muss, die diese Information an die Emittentin weiterleitet.[14]

Im Unterschied zu Deutschland, wo die Beteiligungstransparenz ihren Ursprung im Aktienkonzernrecht hatte,[15] erwuchs die Beteiligungstransparenz in UK aus dem Übernahmerecht.[16] Der im Jahre 1968 auf der Basis einer Selbstverpflichtung der Unternehmen eingeführte City Code on Takeovers and Mergers (Takeover Code) enthielt freiwillige Standards für faire Geschäftspraktiken und darunter auch Vorgaben für die Beteiligungstransparenz, die mit der Umsetzung der EU-Übernahmerichtlinie im Companies Act 2006 Gesetzeskraft erlangt haben und seither verpflichtend sind.[17] Die maßgebliche Vorschrift in Rule 8.3 (a) des Takeover Code verlangt, dass der direkte oder indirekte Erwerb von 1 % oder mehr Aktien öffentlich im Wege der Public Opening Position Disclosure bekannt gemacht werden muss.

## 3. Transparenzrichtlinie

In den achtziger Jahren setzte die EG das Thema Kapitalmarkttransparenz auf ihre Agenda. Nach Vorschlägen der Kommission[18] und Stellungnahmen des Parlaments[19] und des Wirtschafts- und Sozialausschusses[20] trat im Jahre 1988 die

---

13 Zur Geschichte des Kapitalmarktrechts allgemein Merkt, Festschrift für Hopt zum 70. Geburtstag, 2010, 2207, 2210 ff.

14 Näher Merkt, US-amerikanisches Gesellschaftsrecht, 3. Aufl., 2013, Rdnr. 1443 ff.

15 Zur Frage der Ausdehnung der aktienkonzernrechtlichen Transparenz auf andere Gesellschaftsformen Merkt, Fn. 4, 165.

16 Davies/Worthington, Gower – Principles of Modern Company Law, 10. Aufl., 2016, Rdnr. 28 – 3.

17 Davies/Worthington, Gower – Principles of Modern Company Law, 10. Aufl., 2016, Rdnr. 28 – 4.

18 ABl. EG Nr. C 351 vom 31.12.1985, 35; ABl. EG Nr. C 255 vom 25.9.1987, 6.

19 ABl. EG Nr. C 125 vom 11.5.1987, 141.

Transparenzrichtlinie[21] in Kraft. Sie sah in Art. 4 grundsätzlich vor, dass das Erreichen, Überschreiten oder Unterschreiten des Stimmrechtsanteils von 10, 20, 33⅓, 50 und 66⅔% innerhalb von 7 Tagen der Emittentin angezeigt werden muss, wobei Art. 7 zur Vermeidung von Umgehung einige Zurechnungstatbestände enthielt. Ziel der Richtlinie war es, durch angemessene Unterrichtung der Anleger im Wertpapierbereich den Anlegerschutz zu verbessern, das Anlegervertrauen in die Wertpapiermärkte zu stärken und dadurch zu deren reibungslosem Funktionieren beizutragen.[22] Die Koordinierung der anlegerschützenden Transparenz würde den Anlegerschutz gleichwertiger gestalten und würde damit die Verpflichtung der Wertpapiermärkte begünstigen und zum Entstehen eines echten europäischen Kapitalmarktes beitragen.[23]

## 4. Von der gescheiterten Selbstregulierung zum WpHG

Nach negativen Erfahrungen, die man in Deutschland bei Übernahmen bzw. dem Versuch dazu in den Fällen Thyssen/Rheinstahl (1973),[24] Audi/NSU (1976),[25] Feldmühle/Nobel (1988),[26] Conti/Pirelli (1991),[27] und Krupp/Hoesch (1991) machen musste, war man auch hierzulande gegenüber der Idee einer allgemeinen kapitalmarktrechtlichen Beteiligungstransparenz deutlich aufgeschlossener. Beeinflusst durch den UK Takeover Code versuchte man auch in Deutschland die Regulierung von Unternehmensübernahmen und in diesem Zuge auch der Beteiligungstransparenz zunächst im Wege der freiwilligen Selbstkontrolle.[28] Nachdem die im Januar 1979 von der Börsensachverständigenkommission veröffentlichten *„Leitsätze für öffentliche freiwillige Kauf- und Umtauschangebote“*,[29]

---

**20** ABl. EG Nr. C 263 vom 20.10.1986, 1.
**21** Siehe Fn. 3.
**22** Erwägungsgrund 1 der ersten Transparenzrichtlinie.
**23** Erwägungsgrund 2 der ersten Transparenzrichtlinie.
**24** Dazu Möschel, ZRP 1973, 162.
**25** Dazu BGH WM 1976, 449 (überholt).
**26** Dazu Burgard, AG 1992, 41.
**27** Dazu ebenfalls Burgard, AG 1992, 41, 42.
**28** Zur freiwilligen Selbstregulierung in Deutschland Merkt, in: Bumke/Röthel (Hrsg.), Autonomie im Recht – Gegenwartsdebatten über einen rechtlichen Grundbegriff, 2017, 167; ferner demnächst monografisch Aleiner, Unternehmensrechtliche Selbstregulierung und ihre Erfolgsbedingungen, Abhandlungen zum deutschen, europäischen und internationalen Gesellschafts- und Kapitalmarktrecht, Berlin 2020 (im Erscheinen).
**29** Abgedruckt bei Baumbach/Hopt, HGB, 29. Aufl. (Voraufl.), 1995, 2. Teil Handelsrechtliche Nebengesetze (18).

die in Leitlinie C. unter Nr. 6. und 7. lediglich verlangten, dass der Bieter im Angebot Angaben zur mittelbaren und unmittelbaren Beteiligung an der Zielgesellschaft sowie Angaben zu mittelbaren und unmittelbaren Beteiligungen der Zielgesellschaft am Bieter macht, in der Praxis mangels Akzeptanz seitens der Unternehmen kaum Bedeutung erlangt hatten,[30] verabschiedete die Börsensachverständigenkommission im Jahre 1995 den Übernahmekodex,[31] der in Art. 7 vergleichsweise rudimentäre Vorgaben zur Beteiligungstransparenz enthielt, allerdings ebenfalls nicht die gewünschte und auch erforderliche Akzeptanz in der Praxis erlangen konnte.

Der deutsche Gesetzgeber hat die Vorgaben der ersten Transparenzrichtlinie im Zuge der Einführung des WpHG umgesetzt, in dessen § 21 Abs. 1 von der Möglichkeit Gebrauch macht, eine ergänzende Eingangsschwelle bereits bei 5% einzufügen,[32] ferner, die Schwellen von 20 und 33⅓% durch die Schwelle von 25% und die 66⅔%-Schwelle durch die Schwelle von 75% zu ersetzen, da die Schwellen von 33⅓% und 66⅔% im deutschen Aktienrecht keine Bedeutung haben.[33]

Dabei ist nicht zu übersehen, dass diese Entwicklung Hand in Hand mit der Renaissance der Namensaktie ging.[34] Nachdem lange Zeit die Inhaberaktie dominierend war, ist seit dem Ende der neunziger Jahre die Namensaktie wieder auf dem Vormarsch.[35] Dies beruhte insbesondere auf der sich stetig internationalisierenden Ausrichtung deutscher AGs, um internationale Investoren und Aktionäre zu gewinnen. Durch das Namensaktiengesetz[36] wurde die Attraktivität der Namensaktie weiter gesteigert.[37] Vorläufig abgeschlossen wurde diese Entwicklung durch die Aktienrechtsnovelle 2016,[38] durch die die Zulässigkeit von Inha-

---

**30** Thoma, Der neue Übernahmekodex der Börsensachverständigenkommission, Arbeitspapier 9/96 des Instituts für Bankrecht der Universität Frankfurt a.M.

**31** Abgedruckt bei Baumbach/Hopt, HGB, 30. Aufl. (Voraufl.), 2000, 2. Teil Handelsrechtliche Nebengesetze (18).

**32** Unter ausdrücklichem Verweis auf eine entsprechende 5%-Eingangsschwelle in den USA, Japan, Frankreich, den Niederlanden, Österreich, Belgien und der Schweiz, BT-Drucks. 12/6679, 52.

**33** BT-Drucks. 12/6679, 52.

**34** Näher Merkt, Die Geschichte der Namensaktie, in: von Rosen/Seifert (Hrsg.), Die Namensaktie, Schriften zum Kapitalmarkt Band 3, 2000, 63 ff.; ders., Festschrift für Eberhard Vetter, 2019, 447 ff.

**35** Eggers/de Raet, AG 2017, 464, 466; Huepp, WM 2000, 1623.

**36** Gesetz zur Namensaktie und zur Erleichterung der Stimmrechtsausübung (Namensaktiengesetz – NaStraG) vom 18.1.2001, BGBl. I 123.

**37** Näher Merkt in Hopt/Wiedemann (Hrsg.), Großkomm AktG, 5. Aufl., 2018, § 67 AktG Rz. 3 ff.; siehe auch Drygala, ZIP 2011, 798.

**38** BGBl. 2015 I 2565.

beraktien rechtlich eingeschränkt wurde. Eine Wahlmöglichkeit bei der Aktienausgabe zwischen Inhaber- und Namensaktien besteht gem. §§ 10 Abs. 1 S. 2 und 3, 23 Abs. 2 S. 2 Nr. 2 AktG seither nur noch bei nicht börsennotierten Gesellschaften i. S. d. § 3 Abs. 2 AktG. Dadurch soll die mangelnden Transparenz der Beteiligungsverhältnisse bei der Ausgabe von Inhaberaktien durch nicht börsennotierte Gesellschaften zum Zweck der Geldwäsche und der Terrorismusfinanzierung entgegengewirkt werden.[39]

Die europarechtlichen Vorgaben wurden sodann durch die zweite Transparenzrichtlinie von 2004[40] und die Transparenzrichtlinie-Änderungsrichtlinie von 2013[41] verschärft und ausgeweitet. Ergänzt wird das Richtlinienrecht durch eine Delegierte Verordnung von 2014 über bestimmte technische Regulierungsstandards für bedeutende Beteiligungen.[42] Auf nationaler deutscher Ebene wurden ergänzend die §§ 21 ff. WpHG durch das Risikobegrenzungsgesetz von 2008[43] und das Anlegerschutz- und Funktionsverbesserungsgesetz von 2011[44] geändert.[45] Dabei ging es zum einen darum die Rahmenbedingungen so zu gestalten, dass gesamtwirtschaftlich unerwünschte Aktivitäten von Finanzinvestoren erschwert oder möglicherweise sogar verhindert werden, ohne zugleich Unternehmenstransaktionen, die effizienzfördernd wirken, zu beeinträchtigen, zum anderen darum, die Mitteilungspflichten auf alle Finanzinstrumente und sonstigen Instrumente zu erweitern, die nicht bereits nach geltendem Recht erfasst waren,

---

**39** Söhner, ZIP 2016, 151; Dahgles, GWR 2016, 45.

**40** Richtlinie 2004/109/EG vom 15.12.2004 zur Harmonisierung der Transparenzanforderungen in Bezug auf Informationen über Emittenten, deren Wertpapiere zum Handeln auf einem geregelten Markt zugelassen sind, und zur Änderung der Richtlinie 2001/34/EG, ABl. EU Nr. L 390 vom 31.12, 2004, 34; sie wurde ergänzt und konkretisiert durch die sog. Durchführungsrichtlinie 2007/14/EG, ABl. EU Nr. L 390 vom 9. 3. 2007, 27, und durch das Transparenzrichtlinie-Umsetzungsgesetz vom 5. 1. 2007, BGBl. I 10 in deutsches Recht umgesetzt.

**41** Transparenzrichtlinie-Änderungsrichtlinie 2013/50/EU vom 22.10. 2013, ABl. EU Nr. L 294 vom 6.11. 2013, 13, die durch das Transparenzrichtlinie-Änderungsrichtlinie-Umsetzungsgesetz vom 20.11. 2015, BGBl. I 2029 in deutsches Recht umgesetzt wurde.

**42** Delegierte Verordnung vom 17.12. 2014, VO 2015/761, ABl. EU Nr. L 120 vom 13. 5. 2015, 2 und dazu die „ESMA, Indicative List of Financial Instruments that are subject to notification requirements" vom 22.10. 2015, ESMA Q&A Transparency Directive (2004/109/EC) vom 22.10. 2015 (ESMA/2015/1595).

**43** Gesetz zur Begrenzung der mit Finanzinvestitionen verbundenen Risiken (Risikobegrenzungsgesetz) vom 12. 8. 2008, BGBl. I 1666.

**44** Gesetz zur Stärkung des Anlegerschutzes und Verbesserung der Funktionsfähigkeit des Kapitalmarkts (Anlegerschutz- und Funktionsverbesserungsgesetz) vom 5. April 2011, BGBl. I 538.

**45** Hinzu kommt die Verordnung zur Konkretisierung von Anzeige-, Mitteilungs- und Veröffentlichungspflichten nach dem Wertpapierhandelsgesetz (Wertpapierhandelsanzeigeverordnung, WpAV).

womit insbesondere verhindert werden sollte, dass weiterhin in intransparenter Weise größere Stimmrechtspositionen aufgebaut werden können.[46] Durch das Risikobegrenzungsgesetz wurde insbesondere eine Mitteilungspflicht für Inhaber wesentlicher Beteiligungen eingeführt (zunächst § 27a WpHG, inzwischen § 43 WpHG). Danach muss ein Meldepflichtiger bei Erreichen oder Überschreiten der 10%-Schwelle oder einer höheren Schwelle der Emittentin innerhalb von 20 Handelstagen einen sogenannten Strategie- und Mittelherkunftsbericht übermitteln.

## 5. Beteiligungstransparenz in anderen Bereichen (KWG, VAG, BörsG, AWV)

Der Vollständigkeit halber sei hier kurz auf Vorschriften zur Beteiligungstransparenz in anderen Bereichen des Wirtschaftsrechts hingewiesen.

So enthält das Bankaufsichtsrecht in § 2c KWG seit der 4. KWG-Novelle von 1989 eine Mitteilungspflicht in Bezug auf den Erwerb bedeutender Beteiligungen (früher qualifizierte Beteiligung).[47] Es handelt sich um die sogenannte Anteilseignerkontrolle. Die Definition der bedeutenden Beteiligung findet sich in § 1 Abs. 9 KWG, der wiederum auf Art. 14 Abs. 1 Nr. 36 der Kapitaladäquanzrichtlinie von 2013[48] verweist. Eine bedeutende Beteiligung ist danach das direkte oder indirekte Halten von mindestens 10% des Kapitals oder der Stimmrechte eines Unternehmens oder eine andere Möglichkeit der Wahrnehmung eines maßgeblichen Einflusses auf die Geschäftsführung des Unternehmens. Weitere Meldeschwellen liegen bei 20, 30 und 50% der Stimmrechte (§ 2c Abs. 3 KWG). Die Aufsichtsbehörde kann den Erwerb (§ 2c Abs. 1b, 1c KWG) oder die Ausübung des Stimmrechts (§ 2c Abs. 2 KWG) untersagen. Der Zweck dieser Beteiligungspublizität ist ein dreifacher: Es geht um Geldwäschebekämpfung, darüber hinaus um die Funktionsfähigkeit von Kreditinstituten und schließlich um den Gläubigerschutz.[49]

---

46 Guter Überblick bei Schneider, in: Assmann/Schneider/Mülbert (Hrsg.), Wertpapierhandelsrecht, 7. Aufl., 2019, Vor § 33 Rdnr. 4ff.

47 Diese Vorschrift wurde eingefügt in Umsetzung von Art. 11 der Zweiten Bankenrechtskoordinierungsrichtlinie vom 15.12.1989 (89/646/EWG), ABl. EG L 386 vom 30.12.1989 sowie der Eigenmittelrichtlinie vom 17.4.1989 (89/299/EWG) ABl. EG L 124 vom 5.5.1989.

48 Verordnung (EU) Nr. 575/2013 über Aufsichtsanforderungen an Kreditinstitute und Wertpapierfirmen und zur Änderung der Verordnung (EU) Nr. 646/2012, ABl. L 176/1 vom 27.6.2013.

49 Schäfer, in: Boos/Fischer/Schulte-Mattler, KWG, CRR-VO, 5. Aufl., 2016, § 2c KWG Rdnr. 2f.

Eine der Anteilseignerkontrolle nach dem KWG nachgebildete Parallelvorschrift für Versicherungsunternehmen findet sich in § 17 VAG (früher § 104 VAG). Sowohl die Meldeschwellen als auch die Sanktionen und die Zwecksetzung stimmen mit dem Bankaufsichtsrecht überein.[50]

Auch das Börsenrecht kennt seit dem 4. Finanzmarktförderungsgesetz von 2010[51] eine Anteilseignerkontrolle.[52] Nach § 6 Abs. 1 BörsG ist jedermann verpflichtet, der Börsenaufsichtsbehörde unverzüglich die Absicht anzuzeigen, eine bedeutende Beteiligung an einem Börsenträger zu erwerben. Für den Begriff der bedeutenden Beteiligung verweist § 6 Abs. 1 S. 1 BörsG auf § 1 Abs. 9 KWG. Es gelten also auch hier die Schwellen von 10, 20, 33 und 50 %. Und ebenso wie im Bankaufsichtsrecht kann die Börsenaufsicht den Erwerb oder die Ausübung des Stimmrechts untersagen bzw. an die Zustimmung der Aufsichtsbehörde knüpfen (§ 6 Abs. 2 und 3 BörsG). Und auch hier ist die Zwecksetzung zum einen die Bekämpfung der organisierten Kriminalität, zum anderen die Sicherstellung der Funktionsfähigkeit der Börse im Sinne einer ordnungsgemäßen Durchführung und angemessenen Fortentwicklung des Börsenbetriebs (Erfüllung der Betriebspflicht (§ 5 Abs. 1 BörsG).[53]

Schließlich sieht auch das Außenwirtschaftsrecht eine Anteilseignerkontrolle in Gestalt einer Kontrolle des Erwerbs von Beteiligungen vor. So hat ein inländisches Unternehmen der Bundesbank zu melden, wenn einem Ausländer oder mehreren wirtschaftlich verbundenen Ausländern zusammen mindestens 10 % der Anteile oder Stimmrechte an dem inländischen Unternehmen zuzurechnen sind, und wenn mehr als 50 % Prozent der Anteile oder Stimmrechte an diesem Unternehmen einem von einem Ausländer oder einem von mehreren wirtschaftlich verbundenen Ausländern abhängigen inländischen Unternehmen zuzurechnen sind (§ 65 Außenwirtschaftsverordnung, AWV).[54] Ferner kann das Bundeswirtschaftsministerium prüfen, ob es die öffentliche Ordnung und Sicherheit gefährdet, wenn ein Nicht-EU-Ausländer an einem Unternehmen einer der in der AWV aufgelisteten besonders sensiblen Branchen 10 % der Stimmrechte (§ 55

**50** Kollhosser, in: Kollhosser (Hrsg.), Prölss – VAG, 12. Aufl., 2005, § 104 Rdnr. 1ff.

**51** BGBl. I 2002, 2010, 2316.

**52** Die Regelung geht zurück auf Art. 38 der Richtlinie über Märkte für Finanzinstrumente (MiFID) 2004/39/EG vom 21.4.2004, ABl. Nr. L 145/1 vom 30.4.2004, 1–44.

**53** Beck, in: Schwark/Zimmer (Hrsg.), Finanzmarktrechtskommentar, 4. Aufl., 2010, § 6 BörsG Rdnr. 1

**54** Außenwirtschaftsverordnung vom 2. August 2013, BGBl. I 2865.

Abs. 1 S. 2 i.V.m. § 56 Abs. 1 Nr. 1 AWV)[55] und an sonstigen Unternehmen 25% der Stimmrechte (§ 56 Abs. 1 Nr. 2 AWV) erwirbt. Der Erwerb oder die Ausübung der Stimmrechte kann ggf. untersagt bzw. die Stimmrechtsausübung kann eingeschränkt werden.

## III. Funktion der kapitalmarktrechtlichen Beteiligungstransparenz: Marktfunktions- und Anleger(individual)schutz

Die zuvor dargestellten gesetzgeberischen Motive sowohl auf nationaler als auch auf internationaler Ebene lassen keinen Zweifel aufkommen, dass die kapitalmarktrechtliche Beteiligungstransparenz in Übereinstimmung mit dem Grundgedanken des gesamten Kapitalmarktrechts[56] sowohl der Funktionsfähigkeit des Kapitalmarktes als Ganzem (Institutionenschutz) als auch dem Anlegerschutz (Individualschutz) zu dienen bestimmt ist. Das ist heutzutage eigentlich unbestritten.[57]

Umstritten ist jedoch nach wie vor, ob auch der Schutz der individuellen Interessen des einzelnen Anlegers intendiert ist, was zur Folge hätte, dass Verletzungen zu deliktischem Schadensersatz aus § 823 Abs. 2 BGB führen könnten.[58] Bereits Hüffer konzedierte zwar anlegerschützende Ziele, wollte dies aber nicht im Sinne echten Individualschutzes verstanden wissen. Anlegerschutz sei im Kapitalmarktrecht Mittel, nicht Selbstzweck. Individualschutz, der Ersatzansprüche ermöglichen könne, finde in Wortlaut, Entstehungsgeschichte und Zweck der auf Marktordnung und nicht auf individuellen Vermögensschutz gerichteten Vorschriften keinen Anhaltspunkt.[59] Aus neuerer Zeit ist dem Veil beigetreten. Zur Begründung führt er an, auch wenn sich aus den Gesetzesmaterialien erschließe, dass es dem Gesetzgeber darum ging, Anlegerschutz zu verwirklichen und in den

55 Die 10%-Schwelle bei Unternehmen sensibler Branchen wurde neu eingeführt durch die Verordnung vom 19.12.2018, BAnz AT vom 28.12.2018, V1, dazu Annweiler, NZG 2019, 528; Slobodenjuk, BB 2019, 202; Johannsen, IR 2018, 225; Asbrand/Nehring-Köppl, IWRZ 2018, 63.

56 Merkt, Festschrift für Hopt zum 70. Geburtstag, 2010, 2207, 2224 f.

57 Siehe nur Schneider, in: Assmann/Schneider/Mülbert (Hrsg.), Wertpapierhandelsrecht, 7. Aufl., 2019, Vor § 33 Rdnr. 21 ff.; so bereits Hopt, ZHR 159 (1995), 135, 158 f.

58 Monografisch zur Frage des Individualschutzes nach Inkrafttreten der MMVO Schütt, Europäische Marktmissbrauchsverordnung und Individualschutz, 2018.

59 Hüffer, AktG, 7. Aufl. (Voraufl.), 2006, § 22 Anh. § 21 WpHG Rdnr. 1; ebenso Schwark, Kapitalmarktrechtskommentar, 3. Aufl. (Voraufl.), 2004, § 21 WpHG Rdnr. 16.

§§ 21 ff. WpHG a. F. (jetzt §§ 33 ff. WpHG n. F.) keine dem § 15 Abs. 6 WpHG a. F. (jetzt § 26 Abs. 3 WpHG n. F.) vergleichbare Regelung getroffen worden sei, sei es vorzugswürdig, der Beteiligungstransparenz keinen drittschützenden Charakter beizumessen. Denn zum einen sei die Beteiligungstransparenz ein Komplementärbaustein im anlass- und regelabhängigen Publizitätssystem, was eine einheitliche Konturierung der einzelnen Bausteine nahelege. Zum anderen sei auch mit Blick auf die europarechtlichen Vorgaben eine deliktische Haftung nicht geboten. So begnüge sich Art. 28 Abs. 1 der zweiten Transparenzrichtlinie von 2004 damit, den Mitgliedstaaten zivilrechtliche Sanktionen alternativ zu verwaltungsrechtlichen vorzugeben.[60]

Der Rückgriff auf die Ad-hoc-Publizität, die nach früher verbreiteter Ansicht eben nur dem Funktionsschutz und nicht dem Individualschutz dienen soll, was sich in dem Schadensersatzausschluss (§ 15 Abs. 6 S. 1 WpHG a. F., § 26 Abs. 3 WpHG n. F.) niedergeschlagen hat, scheitert formal bereits daran, dass im Kontext der Beteiligungstransparenz eine entsprechende Ausschlussklausel fehlt.[61] Eine analoge Anwendung der Ausnahmevorschrift versagt sich. Zudem hat der BGH, und zwar sowohl sein XI.MVO[62] als auch sein II. Zivilsenat,[63] inzwischen klargestellt, dass §§ 37b und 37c WpHG in Abkehr zur früheren Rechtslage ausdrücklich einen zivilrechtlichen Schadensersatzanspruch gewähren, was belege, dass die Ad-hoc-Meldepflicht auch unbeschränkten Individualschutz bezwecke. Schließlich ist festzustellen, dass die frühere nationale Ausschlussklausel in § 15 Abs. 6 WpHG nach Überführung der Materie in die MMVO weggefallen ist.

Weiter führt hingegen der Blick auf die aktienrechtliche Beteiligungspublizität. Hier war und ist ganz herrschend die Ansicht, dass es sich um echten Individualschutz handelt, weshalb die Schutzgesetzqualität des § 20 AktG durchgängig bejaht wird.[64] Die Parallelität beider Vorschriften war auch dem Gesetzgeber bewusst. Hätte er Schadensersatzansprüche aus Verletzung der Beteiligungstransparenzpflicht ausschließen wollen, dann hätte er eine dem § 15 Abs. 6 S. 1 WpHG a. F., § 26

60 Veil, in: Schmidt/Lutter (Hrsg.), AktG, 2. Aufl., 2010, Anh. § 21: § 28 WpHG Rdnr. 28.

61 So auch Schneider, in: Assmann/Schneider/Mülbert (Hrsg.), Wertpapierhandelsrecht, 7. Aufl. 2019, Vor § 33 Rdnr. 27.

62 BGHZ 192, 90 Rdnr. 57 (IKB).

63 BGH NZG 2013, 708, 713 Rdnr. 34 (Geltl).

64 Bayer, in: Münchener Kommentar AktG, 4. Aufl., 2016, § 20 Rdnr. 85; Emmerich, in: Emmerich/Habersack, Aktien- und GmbH-Konzernrecht, 5. Aufl., 2008, Rdnr. 41, 64; Petersen, in: Spindler/Stilz (Hrsg.), AktG, 4. Aufl., 2019, § 20 Rdnr. 59; Krieger, in: Münchener Handbuch AG, 4. Aufl., 2015, § 8 Rdnr. 141; Veil, in: Schmidt/Lutter (Hrsg.), AktG, 2. Aufl., 2010, § 20 Rdnr. 45; Koppensteiner, in: Kölner Kommentar AktG, 3. Aufl., 2011, § 20 Rdnr. 90 mit weiteren Nachw. aus der älteren Lit.; anders Windbichler, in: Großkommentar AktG, 5. Aufl., 2017, § 20 AktG Rdnr. 86; Rachlitz, in: Grigoleit (Hrsg.), AktG, 2013, § 20 Rdnr. 7.

Abs. 3 WpHG n. F. entsprechende Regelung schaffen müssen.[65] Schneider argumentiert zusätzlich mit dem Hinweis, angesichts der Bedeutung der Beteiligungstransparenz könne nicht angenommen werden, dass der Gesetzgeber den Anleger „ohnmächtig der Entscheidung des Meldepflichtigen preisgeben wollte". Ferner seien das geschützte Interesse, die Art seiner Verletzung und der Kreis der geschützten Personen ebenso wie der Inhalt der Meldepflicht hinreichend bestimmt, weshalb die von der Rechtsprechung aufgestellten Anforderungen an ein Schutzgesetz i.S.d. § 823 Abs. 2 BGB erfüllt seien. Man mag methodische Zweifel haben, ob sich auf den Individualschutzcharakter einer Bestimmung tatsächlich daraus schließen lässt, dass sie die Anforderungen der Rechtsprechung nach § 823 Abs. 2 BGB erfüllt.[66] Diesem Weg der Bestimmung individualschützender Funktion haftet das Odium des Zirkelschlusses an, wird doch letztlich die Rechtsfolge der Schutzgesetzeigenschaft zum tatbestandlichen Maßstab verkehrt. Überdies verkennt der Schluss von der Schadensersatzfolge auf den Tatbestand, dass der Schadensersatz nur eine denkbare Form der Durchsetzung individualschützender Normen darstellt und dass es unter Umständen aus rechtspolitischen, ökonomischen oder anderen Erwägungen angezeigt erscheinen kann, die Individualschutznorm gerade nicht mit der Schadensersatzsanktion zu bewehren. Mag also die Gleichsetzung im positiven Fall zutreffen, so kann sie unter negativen Vorzeichen (Voraussetzungen des § 823 Abs. 2 BGB nicht erfüllt, damit auch kein Individualschutz) zu Fehlschlüssen verleiten. Aber auch ohne diese Zusatzüberlegungen sprechen die überzeugenderen Argumente für den individualschützenden Charakter der Beteiligungspublizität.[67] Es wäre verwunderlich und ohne weiteres auch nicht nachvollziehbar, wenn Unternehmenspublizität in Gestalt der kapitalmarktrechtlichen Beteiligungspublizität abweichend von allen anderen Erscheinungsformen der Unternehmenspublizität nicht auch individualschützende Wirkung entfalten sollte. Ein schlüssiger Grund für eine solche Abweichung ist jedenfalls weit und breit nicht auszumachen.

---

65 Ähnlich Loddenkemper, Transparenz im öffentlichen und privaten Wirtschaftsrecht – Eine Untersuchung zu ihrer Bedeutung anhand ausgewählter Beispiele aus dem Bank-, Börsen- und Medienrecht, 101 f.

66 Schneider, in: Assmann/Schneider/Mülbert (Hrsg.), Wertpapierhandelsrecht, 7. Aufl., 2019, § 44 Rdnr. 101.

67 So auch Bayer, in: Münchener Kommentar AktG, 4. Aufl., 2016, § 20 Rdnr. 2; von Bülow, in: Kölner Kommentar WpHG, 1. Aufl. 2007 (Voraufl.) § 21 Rdnr. 4; Merkt, Fn. 4, 285; Starke, Beteiligungstransparenz im Gesellschafts- und Kapitalmarktrecht, 2002, 261; Holzborn/Foelsch NJW 2003, 937.

## IV. Kapitalmarktrechtliche Beteiligungstransparenz als Objekt schleichender europäischer Vollharmonisierung

Die Beteiligungstransparenz war auf europäischer Ebene, ursprünglich wie das Kapitalmarktrecht insgesamt, zunächst Gegenstand der Mindestharmonisierung, weshalb die Transparenzharmonisierung im Wege der Richtliniengebung vorangetrieben wurde. Wie aber auch in anderen Teilbereichen entwickelte sich ebenso im Bereich der Transparenz eine klare Tendenz zur Vollvereinheitlichung, besonders deutlich zu erkennen bei Insiderhandelsverbot, Ad-hoc-Publizität und Marktmissbrauchsverbot, die in der MMVO im Grundansatz vollständig vereinheitlicht sind.[68]

Die Regelungen des WpHG zu Beteiligungstransparenz beruhen, wie schon ausgeführt, auf der Umsetzung der ersten Transparenzrichtlinie von 1988, die durch die zweite Transparenzrichtlinie von 2001 und zuletzt durch die Transparenzrichtlinie-Änderungsrichtlinie von 2013 geändert wurde. Diese Änderungsrichtlinie geht grundsätzlich vom Prinzip der Vollharmonisierung aus, d. h. der Herkunftsmitgliedstaat darf für zur Mitteilung bedeutender Stimmrechtsanteile verpflichteten Personen keine strengeren Anforderungen vorsehen als die in der Transparenzrichtlinie festgelegten, es sei denn, die Richtlinie sieht insoweit eine ausdrückliche Ausnahme vor.[69] Nach Art. 3 Abs. 1a UAbs. 4 können Mitgliedstaaten

(1) Mitteilungsschwellen festlegen, die niedriger als die Schwellen nach Artikel 9 Abs. 1 der Transparenzrichtlinie sind oder jene ergänzen, und gleichwertige Mitteilungen in Bezug auf Kapitalanteilsschwellen vorschreiben,
(2) strengere Anforderungen für die Ausgestaltung der Meldungen und die Meldefristen nach Artikel 12 vorsehen, und
(3) ergänzende Rechts- oder Verwaltungsvorschriften anwenden, die im Zusammenhang mit Übernahmeangeboten, Zusammenschlüssen und anderen

---

68 Klöhn, in: Klöhn (Hrsg.), MMVO, 2018, Einl. Rdnr. 50 mit Verweis auf die Erwägungsgründe 3–5 der VO („einheitlicher Rahmen", „einheitliche Regeln", „einheitliches Regelwerk").

69 Dazu Fleischer/Schmolke, NZG 2010, 1241; Veil, ZHR 177 (2013) 427, 434; Kraack, AG 2017, 677; monografisch Muhr, Das Prinzip der Vollharmonisierung im Kapitalmarktrecht am Beispiel des Reformvorhabens zur Änderung der Transparenzrichtlinie, 2014.

Transaktionen stehen, die die Eigentumsverhältnisse oder die Kontrolle von Unternehmen betreffen.[70]

Dazu nennt Erwägungsgrund 12 in Satz 2 der Transparenzrichtlinie-Änderungsrichtlinie die Möglichkeit, zusätzliche Informationen über bedeutende Beteiligungen zu verlangen.[71] Bei den Stimmrechtsmitteilungsregelungen im deutschen Recht fallen darunter etwa die weiteren Mitteilungspflichten nach § 43 WpHG bezüglich der von dem Meldepflichtigen verfolgten Ziele und der Herkunft der zum Erwerb verwendeten Mittel. Ergänzend können daher ferner im Zusammenhang mit Übernahmeangeboten, Zusammenschlüssen und anderen Transaktionen strengere Offenlegungsanforderungen erlassen werden, die die Eigentumsverhältnisse oder die Kontrolle von Unternehmen betreffen. Dieser Befund steht einer Vollharmonisierung deutlich näher als der Mindestharmonisierung. Der deutsche Umsetzungsgesetzgeber erklärt in der Gesetzesbegründung, das Grundprinzip der Transparenzrichtlinie habe sich weg vom Grundsatz der Minimalharmonisierung hin zum Grundsatz der Maximalharmonisierung geändert.[72] In der Literatur ist von „partieller Vollharmonisierung" die Rede, die ein „gesetzgeberisches Unglück" darstelle, weil dadurch eine schnelle Reaktion des nationalen Gesetzgebers auf bekanntgewordene Vermeidungsstrategien verhindert werde.[73] Gravierender mag sein, dass dieser Ansatz immer weniger Raum lässt für nationale Besonderheiten und entsprechende regulatorische Abweichungen, etwa mit Blick auf die sehr unterschiedlichen Zuständigkeiten der Hauptversammlung und die ebenfalls sehr unterschiedliche Struktur des Anteilsbesitzes in einzelnen Mitgliedstaaten. Jedenfalls aber muss vor jeder nationalen Änderung der Vorschriften zur Beteiligungstransparenz angesichts der doch recht unübersichtlichen Mischung aus vereinheitlichtem und mindestharmonisiertem Bereich im Einzelfall sehr genau geprüft werden, ob und wieviel Spielraum im Einzelfall verbleibt, und das Risiko richtlinienwidriger Umsetzung wird im Ergebnis gewiss nicht geringer.[74]

**70** Dazu Stephan, Der Konzern 2016, 53; Tautges, WM 2017, 512; Hitzer/Hauser, NZG 2016, 1365; Kraack, AG 2017, 677.

**71** Shilha, DB 2015, 1821, 1822.

**72** RegBegr. BT-Drucks. 18/5010, 36.

**73** Schneider, in: Assmann/Schneider/Mülbert (Hrsg.), Wertpapierhandelsrecht, 7. Aufl. 2019, Vor § 33 Rdnr. 13.

**74** Dazu Hitzer/Hauser, NZG 2016, 1365; Kraack, AG 2017, 677.

# V. Mögliche Weiterentwicklung der Beteiligungstransparenz

## 1. Aktueller Anlass: Der Fall Li Shufu/Daimler AG

In jüngerer und jüngster Zeit ist von rechtspolitischer Seite die Beteiligungstransparenz erneut, d. h. ähnlich wie früher bereits etwa im Falle Conti/Schaeffler, als Instrument zur Reaktion auf das sogenannte „Anschleichen" von Investoren in den Fokus der Diskussion gerückt worden. Konkreter Anlass war nunmehr der Erwerb eines Pakets in Höhe von knapp unter 10 % der stimmberechtigten Aktien der Daimler AG: Im Februar 2018 erwarb der chinesische Investor Li Shufu, der 90 % der Anteile an dem chinesischen Autohersteller Geely Group Co. Ltd. hält, indirekt einen Stimmrechtsanteil von 9,69 % der Stimmrechte und mithin der Stammaktien an der Daimler AG. Gemäß der Stimmrechtsmitteilung setzte sich das Paket sowohl aus dem Erwerb von Stammaktien als auch aus dem Erwerb von Instrumenten i. S. d. des § 38 WpHG zusammen. Dabei wurden die Meldeschwellen von 3 % und 5 % zeitgleich überschritten. Soweit bekannt, lag dem einerseits die Ausübung von Rechten aus Finanzinstrumenten, aus denen zuvor ein nicht mitteilungspflichtiger Stimmrechtsanteil von knapp über 3 % resultierte, zum anderen der Erwerb eines Aktienpakets von 6,19 % zugrunde.[75] Der Vorgang schlug politische Wellen und war Gegenstand mehrerer parlamentarischer Anfragen im Deutschen Bundestag und entsprechender Auskünfte der Bundesregierung.[76]

Dieser Vorgang hat zu der Frage geführt, ob Bedarf besteht, die gesetzlichen Regelungen zur Beteiligungstransparenz und insbesondere die Mitteilungspflichten beim Erwerb wesentlicher Stimmrechtsanteile bei börsennotierten Gesellschaften anzupassen. Die Besonderheit des Falles lag in der Tatsache, dass es sich um einen chinesischen Investor handelte. Zuvor war es im Jahre 2016 in den Fällen des Elektronikherstellers Aixtron, des Roboterherstellers Kuka und des Traditionsunternehmens Osram um Übernahmeversuche seitens chinesischer Investoren gekommen war und die Befürchtung die Runde machte, es könne zu einem „Ausverkauf deutschen Know-hows"[77] kommen.[78]

---

75 https://www.sueddeutsche.de/wirtschaft/daimler-li-shufu-auf-deutschlandreise-1.3882261; https://www.zeit.de/wirtschaft/unternehmen/2018-02/li-shufu-daimler-ag-groesster-einzelaktionaer; https://www.faz.net/aktuell/technik-motor/motor/daimler-chinesischer-unternehmer-li-shufu-groesster-einzelaktionaer-15477677.html.

76 BT-Drucks. 19/1126, 19/2419 und 19/2771.

77 Klingen/Sprado, KSzW 2017, 49.

## 2. Mögliche Gründe für das „Anschleichen" eines Investors

Dass ein Investor versucht, den Beteiligungsaufbau möglichst diskret und ohne öffentliche Aufmerksamkeit abzuwickeln, dürfte in der Regel unterschiedliche Ursachen haben.

Zunächst wird es vielfach darum gehen, negative PR zu vermeiden, gerade wenn es um den Erwerb von Beteiligungen durch ausländische bzw. Nicht-EU-ansässige Investoren geht. Denn wenn die Öffentlichkeit über die Presse Kenntnis vom Beteiligungsaufbau erlangt, beginnen in der Regel rasch Spekulationen über die mit der Beteiligung verfolgten Motive.

Ein weiterer Grund für das Anschleichen wird nicht selten darin liegen, mögliche Abwehrmaßnahmen seitens der Emittentin zu verhindern oder doch zu erschweren. Je größer der Überraschungseffekt ist, desto geringer sind die Möglichkeiten der Emittentin, etwa durch Kapitalmaßnahmen den Beteiligungsaufbau zu verhindern oder doch uninteressant bzw. finanziell unattraktiv zu machen.

Ein dritter wichtiger Grund wird oft sein, dass mit dem Bekanntwerden des Erwerbsinteresses der Kurs der Emittentin steigt, wodurch sich der Beteiligungsaufbau verteuert. Dieser Effekt ist besonders stark bei gestrecktem bzw. gestuftem Beteiligungsaufbau festzustellen. Daher wird dem Erwerbsinteressenten in der Regel daran gelegen sein, den Paketerwerb „uno actu" zu vollziehen. Der mit dem Paketerwerb verbundene Kursanstieg ist auch der Grund dafür, dass Anleger einem solchen Paketerwerb in aller Regel positiv gegenüberstehen. Denn der Wert ihres Portfolios steigt und versetzt sie in die Lage, den Kursanstieg „mitzunehmen".

Fragt man sich, wie der Gesetzgeber die Beteiligungstransparenz ausbauen könnte, um Fällen des unerwünschten „Anschleichens" effektiver entgegenwirken zu können, lassen sich unterschiedliche Maßnahmen erwägen.

## 3. Absenkung der Meldeschwelle für mittelbar über Instrumente gehaltene Stimmrechte

Zunächst könnte man sich fragen, ob eine Absenkung der aktuellen (Eingangs-) Meldeschwelle von 5% für Instrumente, die mittelbare Stimmrechte gewähren können (§ 38 WpHG), einen plötzlichen Beteiligungsaufbau verhindern könnte. Denkbar wäre eine Absenkung dieser Meldeschwelle auf 3% bzw. – nach dem

78 Annweiler, NZG 2019, 528; Slobodenjuk, BB 2019, 202; Johannsen, IR 2018, 225; Asbrand/Nehring-Köppl, IWRZ 2018, 63.

Vorbild der Regelung in UK – auf 1%. Eine Absenkung der Eingangsmeldeschwelle wäre, wie dargelegt, nach Art. 3 Abs. 1a UAbs. 4 der Transparenzrichtlinie 2013 zulässig.

Selbst wenn allerdings die Meldeschwelle bei 3% oder sogar 1% liegen würde, wäre es dem Erwerber nicht untersagt, ein größeres Aktienpaket oder andere Instrumente, die Stimmrechte vermitteln können, auf einmal und unter Überschreitung mehrerer Meldeschwellen zu erwerben. Insofern ist mit dem schlichten Absenken der Schwelle nichts gewonnen.

Das Problem des sog. „iterativen Erwerb" durch Aufteilung in viele einzelne Transaktionen ist auch im Außenwirtschaftsrecht bekannt.[79] Hier wird von manchen eine Prüfpflicht des Bundeswirtschaftsministeriums bereits dann angenommen, wenn die einzelnen Erwerbsakte wegen eines engen zeitlichen und wirtschaftlichen Zusammenhangs als ein einziger Erwerbsakt erscheinen.[80] Das erinnert an die wertende bzw. „wirtschaftliche Betrachtungsweise", wie sie aus anderen Rechtsordnungen und namentlich aus dem anglo-amerikanischen Recht bekannt ist, worauf zurückzukommen sein wird.[81] Indessen ist diese Sichtweise mit dem Wortlaut des § 56 Abs. 1 AWV schwer zu vereinbaren, weshalb nach wohl herrschender Auffassung erst das tatsächliche Überschreiten der Schwelle die Prüfpflicht auslöst.[82]

Eine andere Frage ist, ob es überhaupt ein grundlegendes Interesse der Marktteilnehmer an niedrigeren Meldeschwellen gibt, d. h. sogleich informiert zu werden, wenn Stimmrechte in Höhe von etwa 1% oder 3% erworben werden. Einerseits würde sich die Zahl der Mitteilungen dadurch deutlich erhöhen. Ob dies zu einem vielbeschworenen „informational overkill" und zu größerer Intransparenz anstatt zu gezielt ausgerichtetem Investorenverhalten führen würde, ist offen. Allerdings fällt auf, dass es für Stimmrechte aus unmittelbarem Aktienbesitz einerseits und den mittelbaren Zugriff auf Stimmrechte über andere Instrumente andererseits unterschiedliche Eingangsmeldeschwellen gibt. So beträgt nach derzeitiger Rechtslage nur bei einer reinen Aktienposition die Eingangsschwelle 3% (§ 33 WpHG). Für Positionen allein aus Instrumenten (§ 38 WpHG) oder aus Aktien und Instrumenten zusammen (§ 39 WpHG, Zusammenrechnung) gilt hingegen ein Eingangsschwellenwert von jeweils 5%. Dies scheint schwer vermittelbar und führt in der Praxis zu Irritationen.

---

**79** *Seibt/Wollenschläger*, ZIP 2009, 833, 839; *Söhner*, RIW 2011, 454, 458 f.

**80** *Seibt/Wollenschläger*, ZIP 2009, 833, 839.

**81** Unten Text bei Fn. 85 ff.

**82** Asbrand/Nehring-Köppl, IWRZ 2018, 63; Söhner, RIW 2011, 454, 459.

## 4. Halte- bzw. Wartefristen

Eine weitere Möglichkeit könnte darin bestehen, die Meldeschwellen mit Halte- oder Wartefristen zu koppeln, so dass nach Erreichen der Meldeschwelle das Wertpapier zunächst für eine bestimmte Frist etwa von zwei Wochen gehalten werden muss, bevor es weitergegeben (abgetreten, übereignet, verliehen etc.) werden darf. Während Haltefristen den Erwerber daran hindern, die erworbene Beteiligung vor Ablauf der Frist weiter zu veräußern, verlangen Wartefristen, dass nach Erreichen bzw. Überschreiten der Meldeschwelle der Ablauf der Frist abgewartet wird, bevor die nächste Schwelle erreicht bzw. überschritten wird. Halte- oder Wartefristen könnten aber auch unabhängig von Mitteilungspflichten eingeführt werden. Dann würde der Lauf der Frist mit der Übernahme (Entleihung) beginnen. Auch dies wäre nach Art. 3 Abs. 1a UAbs. 4 der Transparenzrichtlinie 2013 zulässig.

Halte- bzw. Wartefristen würden allerdings zunächst nur kurzfristige Abhilfe schaffen. Sollten solche Fristen dazu dienen, den Beteiligungsaufbau durch einen Dritten zu verhindern, der den so erworbenen Bestand an den eigentlichen Investor weiterveräußert, sollte diesem Vorgehen schon durch die geltenden Regelungen begegnet werden können. Denn das Halten von Stimmrechten für Rechnung eines Investors, wird diesem nach § 34 Abs. 1 Nr. 2 WpHG schon jetzt zugerechnet. Überdies sollte nicht verkannt werden, dass Haltefristen den Kapitalmarkt in toto stark belasten und die Liquiditätssteuerung der Investoren nachhaltig beeinträchtigen. Zudem begegnet ein so starker Eingriff in die Handlungsfreiheit der Marktteilnehmer verfassungsrechtlichen Bedenken, insbesondere unter dem Gesichtspunkt der Verhältnismäßigkeit, zumal der rechtspolitisch intendierte Effekt nur kurzfristig erreicht wird. Ferner ist zu bedenken, dass es Anlagestrategien gibt, die wegen ihrer indexabbildenden oder anderweitig passiven Anlagestrategie die Möglichkeit kurzfristiger Reaktion benötigen. Das ist keineswegs nur für institutionelle Investoren von Bedeutung, sondern auch für Kleinanleger. Schließlich hätten Haltefristen auch Auswirkungen auf den Wertpapierleihemarkt und die aus ihm resultierende Möglichkeit, sich flexibel gegen Kursrisiken abzusichern. Um negative Nebeneffekte von Haltefristen möglichst zu begrenzen, müssten Ausnahmetatbestände vorgesehen werden, was in der Praxis kaum handhabbar wäre. Zu denken wäre insbesondere an eine dem Insiderhandelsrecht nachgebildete Selbstbefreiungsoption für den Erwerber (Art. 17 Abs. 7 MMVO). Bereits das geltende Recht weist in den §§ 33 ff. WpHG eine Komplexität auf, die selbst professionellen Anlegern erhebliche Schwierigkeiten bereitet. Ein klares Anzeichen dafür ist nach Informationen aus der Praxis die zunehmende Zahl von Korrekturmeldungen.

Insgesamt erscheint die Einführung von Halte- bzw. Wartefristen zur Erschwerung des „Anschleichens" nicht überzeugend. In der Vergangenheit war zu beobachten, dass Interessierte die betreffenden Bestände auf viele Parteien aufgeteilt haben, wodurch man unterhalb der relevanten Meldeschwelle geblieben ist, so namentlich im Conti/Schaeffler-Fall.

## 5. Absichtsanzeigen in Bezug auf Stimmrechtserwerb

Ferner könnte man überlegen, ob schon die bloße Absicht, einen Stimmrechtserwerb zu vollziehen, meldepflichtig sein sollte (vergleichbar der Absicht des Erwerbs einer bedeutenden Beteiligung an einem Kreditinstitut gem. § 2c KWG, einer Versicherung gem. § 17 VAG oder einem Börsenträger gem. § 6 BörsG). Ziel müsste dann sein, den Erwerb bedeutender Beteiligungen an bestimmten Unternehmen kontrollieren und ggf. wie bei Banken, Versicherungsunternehmen und Börsenträgern untersagen zu können.

Allerdings begegnet auch die Ausweitung einer solchen indirekten Erwerbskontrolle auf andere Unternehmen als die drei beaufsichtigten Branchen Bedenken. Das gilt zunächst aus europarechtlicher Sicht mit Blick auf die von der Transparenzrichtlinie angestrebte Vollharmonisierung. Denn Art. 3 Abs. 1a UAbs. 4 der Richtlinie würde eine solche mitgliedstaatliche Maßnahme wohl nicht decken. Zudem ist auch hier nicht zu übersehen, dass der beabsichtigte Erwerb zwar angezeigt werden müsste, jedoch allein dadurch nicht zu verhindern wäre. Denn die Untersagung einer solchen Beteiligung ist nach den genannten Regelungen des Aufsichtsrechts nur aufgrund von Bedenken unter dem Gesichtspunkt der öffentlichen Sicherheit oder Ordnung gerechtfertigt. Dieser Tastbestand wird im Kontext der allgemeinen Beteiligungstransparenz sicher kaum jemals erfüllt sein. Es zeigt sich, dass das Instrument der Kontrolle des Erwerbs einer bedeutenden Beteiligung im Aufsichtsrecht für die Zwecke der Durchsetzung der Beteiligungstransparenz im Wertpapierhandelsrecht ungeeignet ist. Soll nämlich die Absichtsanzeige lediglich der Transparenz dienen, scheint sie ein wenig taugliches Mittel. Zum einen wäre mit einer Flut von Absichtsanzeigen zu rechnen. Diese würden die Transparenz über die wahren Beteiligungsverhältnisse verschleiern. Wenn jeder, der beabsichtigt in irgendeiner Form direkt oder indirekt 3 % der Stimmrechtsanteile an einem börsennotierten Unternehmen zu erwerben, eine Anzeige veröffentlichen müsste, gleichviel, ob diese Absicht sich verwirklicht, wäre mit einer ganz erheblichen Meldungsflut zu rechnen.

## 6. Ausbau der Mitteilungspflicht gem. § 43 WpHG bei Erreichen einer wesentlichen Beteiligung

Schließlich könnte man erwägen, die Meldepflicht nach § 43 WpHG bei Erreichen oder Überschreiten einer wesentlichen Beteiligung nach dem Vorbild der US-amerikanischen Regelung in Schedule 13D auszubauen. Die US-amerikanische Regelung geht in mehrfacher Hinsicht über die deutsche Vorschrift hinaus: Erstens liegt die Meldeschwelle bereits bei 5%. Zweitens ist ganz allgemein auch jeder wirtschaftliche Inhaber der Aktie (beneficial owner) mitteilungspflichtig. Drittens ist die Meldefrist mit 10 Tagen halb so lang wie die 20 Tage nach § 43 Abs. 1 S. 1 WpHG. Viertens besteht die Mitteilungspflicht nicht gegenüber der Emittentin, sondern gegenüber der SEC als Aufsichtsbehörde. Und fünftens müssen zusätzlich zu den Angaben nach § 43 Abs. 1 S. 4 und 4 WpHG noch folgende Angaben gemacht werden: Die Art der stimmrechtsvermittelnden Beteiligung und alle im Zusammenhang mit Emittent und Wertpapieren stehenden Vereinbarungen, Verträge, Zusagen und alle daran beteiligten Personen. Darüber hinaus besteht die Pflicht zur Beifügung sämtlicher Vereinbarungen, Verträge und Zusagen als Anlage zur Mitteilung.

Hinsichtlich einer Absenkung der Meldeschwelle von 10% auf 5% ist zunächst auf die Ausführungen im Vorangehenden zu verweisen. Grundsätzlich gilt auch hier das niedrigere Meldeschwellen durch stärkere Stückelung des Gesamtpakets umgangen werden können. Zudem ist unklar, ob der Markt ergänzende Informationen bei Beteiligungen unterhalb der 10%-Schwelle für sinnvoll erachtet, insbesondere, ob die Meldeschwelle von 5% eine vergleichbare Aussagekraft hat wie die Meldeschwelle von 10%. Insoweit ist auf Einschätzungen der Praxis und empirische Erkenntnisse zu verweisen. Aus der Praxis wird berichtet, dass die Zahl der Meldungen von der 5%-Schwelle zu 10%-Schwelle drastisch abnimmt. So ist zu hören, dass sich zwischen 5 und 10% die „Spreu vom Weizen trennt“: Während das Erreichen der 5%-Schwelle vielfach nicht in unmittelbarem Zusammenhang mit darüberhinausgehenden strategischen Absichten steht, sieht das für die 10%-Schwelle anders aus. Mit anderen Worten: Unter dem Gesichtspunkt der für sonstige Anleger relevanten Frage nach einer signifikanten Verschiebung der Machtverhältnisse ist das Überschreiten der 10%-Schwelle von deutlich höherem Informationswert als das Überschreiten der 5%-Schwelle.[83] Bei Investoren, die die 5%-Schwelle überschreiten, sind die ergän-

83 Empirische Erkenntnisse zum Informationswert der Mitteilung von Absichten beim Erwerb wesentlicher Beteiligungen bei Veil/Ruckes/Limbach/Doumet, ZGR 2015, 709, 729: Danach lösen Mitteilungen nach § 27a WpHG a. F. (jetzt § 43 WpHG) signifikant abnormale Renditen in Höhe von 1,2% aus (nahezu 50:50 positiv zu negativ), wobei allerdings nur 76% der Mitteilungen alle ge-

zenden Informationen für den Kapitalmarkt weit weniger relevant als bei Investoren, die die 10%-Schwelle überschreiten. Indirekte Bestätigung findet diese Einschätzung in der empirischen Erkenntnis, dass die Zahl der Meldungen oberhalb von 10% drastisch abnimmt.[84] Dies könnte unter Umständen sogar dafür sprechen, die § 43-Meldeschwelle von 10% auf 7% abzusenken, was aus Sicht der Transparenzrichtlinie zulässig wäre.

Für den zweiten Aspekt, nämlich das Abstellen auf den wirtschaftlichen Eigentümer, sieht es anders aus. Insoweit manifestieren sich Kulturunterschiede des Kapitalmarktrechts und der Kapitalmarktaufsicht: Das US-amerikanische Recht, und übrigens auch einige jüngere europäische Rechtsordnungen wie etwa UK, Frankreich und die Schweiz, folgen einer wirtschaftlichen Betrachtung, die ganz allgemein als mitteilungspflichtig angesehene Tatbestände durch Orientierung an wirtschaftlichen Erwerbsmöglichkeiten einbezieht, sei es durch eine Generalnorm,[85] sei es durch eine Erwerbsfiktion.[86] Hingegen folgen das deutsche Recht und auch die Transparenzrichtlinie einem stärker regelbasierten Ansatz, der in § 38 WpHG Einzeltatbestände normiert.[87]

Eine Verkürzung der Meldefrist wäre wiederum mit Art. 3 Abs. 1a UAbs. 4 der Transparenzrichtlinie 2013 ausdrücklich vereinbar. Und in der Tat erscheint die geltende Frist von 20 Handelstagen deutlich zu lang, um den Kapitalmarkt zeitnah und effektiv zu informieren. Jedenfalls auf 10 Tage könnte diese Frist verkürzt werden.

Der vierte und der fünfte Aspekt hängen zusammen. Zunächst macht es durchaus Sinn, den Katalog der Angaben im Sinne der US-amerikanischen Regelung zu erweitern und ergänzend zu verlangen, dass insbesondere die Art der stimmrechtsvermittelnden Beteiligung, also ggf. eine Wertpapierleihe, sowie ferner alle im Zusammenhang mit Emittent und Wertpapieren stehenden Vereinbarungen, Verträge, Zusagen und alle daran beteiligten Personen angegeben werden. Auch dies sollte mit Art. 3 Abs. 1a UAbs. 4 der Transparenzrichtlinie 2013 vereinbar sein. Vorstellbar wäre nach dem Vorbild des Anlegerschutz- und

setzlich geforderten Angaben enthalten; insbesondere die Angabe der Fremdfinanzierung kann zum Kursrückgang führen.

84 Friedeborn, Vormitgliedschaftliche Beteiligungstransparenz – Offenlegungspflichten im Vorfeld des Aktienerwerbs, 2014, 43.

85 So in den USA nach SEC-Rule 13d-3a SEA 1934.

86 So in der Schweiz nach Art. 120 FinfraG und Art. 10 FinfraV-FINMA.

87 Instruktiv zu den unterschiedlichen Regelungskulturen und -ansätzen Anzinger, WM 2012, 391.

Funktionsverbesserungsgesetzes von 2012,[88] durch das die bis dahin nicht mitteilungspflichtige wichtige Fallgruppe der Rückforderungsansprüche aus Wertpapierdarlehen der Mitteilungspflicht unterworfen wurde, den Anwendungsbereich der Mitteilungspflicht nochmals zu erweitern und bereits die Erteilung des schuldrechtlichen Auftrags des Erwerbers an Dritte, Wertpapiere der Emittentin zu leihen, meldepflichtig zu machen. Noch weiter würde es gehen, jegliche Absprache zur Vorbereitung der Leihe mitteilungspflichtig zu machen. Ergänzend könnte verlangt werden, Angaben zu Eigentums- und Zurechnungsverhältnissen im Sinne der §§ 33, 34 WpHG zu verlangen. Dadurch ließen sich die Informationen der Meldungen leichter in Zusammenhang bringen und bewerten. Allerdings sollten dann zugleich weitere Ausnahmeregelungen geschaffen werden, so namentlich für Wertpapierleihen (genauer: Darlehen), die im gewöhnlichen Geschäftsverlauf von Banken eingegangen werden. Problematisch erscheint hingegen, darüber hinaus auch die Offenlegung der Vereinbarungen, Verträge und Zusagen zu verlangen, denn es geht in Deutschland um eine Mitteilung gegenüber der Emittentin, während in den USA eine Vorlage gegenüber der SEC verlangt wird. Eine Vorlage gegenüber der BaFin wäre mit dem Konzept des § 43 WpHG nicht ohne Weiteres vereinbar. Gegen eine Vorlage der Dokumente selbst spricht auch der enorme Mehraufwand bei der Meldung.

## 7. Sanktionierung der Mitteilungspflicht gem. § 43 WpHG bei Erreichen einer wesentlichen Beteiligung

Ein zentraler Punkt ist schließlich die mangelnde Sanktionierung der Mitteilungspflicht. Gegenwärtig drohen für das Unterlassen der Mitteilung keine Sanktionen. Insbesondere der Stimmrechtsverlust nach § 44 WpHG ist keine Sanktion, in die die Mitteilungspflicht aus § 43 WpHG einbezogen ist. Dies gilt auch für die Bußgeldbewährung: In den Katalog des § 120 Abs. 2 WpHG ist § 43 WpHG nicht einbezogen.[89] Dies ließe sich unschwer nachholen.

Der Stimmrechtsverlust nach § 44 WpHG wäre sicherlich ein effektives Kontrollinstrument. Danach bestehen Rechte aus Aktien des Meldepflichtigen nicht für die Zeit, für welche die Mitteilungspflicht nicht erfüllt ist. Hier wäre zu überlegen, ob ein Rechtsverlust bei Erwerb der Wertpapiere qua Aktienleihe für eine gewisse Zeitspanne ab dem Erwerb vorgesehen werden kann.

---

**88** Gesetz zur Stärkung des Anlegerschutzes und zur Verbesserung der Funktionsfähigkeit des Kapitalmarkts vom 5.4.2011, BGBl. I 538.

**89** Zutreffend Schneider, in: Assmann/Schneider/Mülbert (Hrsg.), Wertpapierhandelsrecht, 7. Aufl., 2019, § 43 Rdnr. 101 mit weiteren Nachweisen.

Zu überlegen wäre ferner, ob die Satzung ein geeigneter Ort ist, um optionale Kontrollmechanismen vorzusehen. Hier wäre im Prinzip an das Instrumentarium anzuknüpfen, das § 33 WpÜG als zulässige Maßnahmen der Abwehr von Übernahmeangeboten vorsieht, etwa die Ermächtigung (ggf. mit Zustimmung des Aufsichtsrats bzw. der Hauptversammlung) zur Ausgabe neuer Aktien unter Ausschluss des Bezugsrechts, der Erwerb oder die Veräußerung eigener Aktien oder die Veräußerung wesentlicher Vermögensgegenstände.[90]

Schließlich könnte nach US-amerikanischem Vorbild erwogen werden, qua Gesetz oder Satzung vorzusehen, dass die anderen Aktionäre die Aktien des Anlegers, der der Mitteilungspflicht nicht genügt, zum ermäßigten Preis erwerben können oder das insoweit Bezugsrechte eingeräumt werden (sog. flip-in).[91]

## 8. Gesetzliche Rückgabepflicht zum record date

Einen anderen Weg zur Vermeidung des Anschleichens geht man in der Praxis des Asset Managements. Bekanntlich ist es gängige Praxis, dass Investoren ihre Aktien über einen Asset Manager zum Zweck der Erhöhung der Portfolio-Rendite verleihen lassen. Allerdings gehört zu den Aufgaben der Portfolioverwaltung auch ein aktives Management, was bedeutet, dass der Asset Manager das Stimmrecht im Interesse des Investors ausübt. Damit würde sich eine Leihe, bei der die Stimmrechtsausübung dem Entleiher übertragen wird, nicht vereinbaren lassen. Hier ist es verbreitete Praxis, dass der Asset Manager mit dem Entleiher vereinbart, dass die Aktien im Falle von Corporate Action, d. h. insbesondere wenn die Hauptversammlung ansteht, punktuell zum record date an den Asset Manager zurückgegeben werden. Anschließend wird sie wieder dem Entleiher gegeben. Auf diese Weise wird sichergestellt, dass Aktieninhaberschaft und Stimmrecht nicht auseinanderfallen.

Man könnte überlegen, ob diese Praxis gesetzlich verbindlich vorgeschrieben werden kann. Mit der Transparenzrichtlinie von 2013 sollte sich das vereinbaren lassen. Denn es handelt sich bei einer solchen Pflicht zur Rückgabe nicht um eine Regelung betreffend Mitteilungspflichten über Beteiligungen, weshalb der sachliche Anwendungsbereich der Richtlinie nicht berührt ist.

Allerdings würde die Vertragsautonomie durch eine gesetzliche Pflicht empfindlich eingeschränkt. Welchen Anteil diese Form des Asset Managements

---

**90** Näher zu diesem Instrumentarium etwa Krause/Pötzsch/Stephan, in: Assmann/Pötzsch/Schneider (Hrsg.), WpÜG-Kommentar, 2. Aufl., 2013, § 33 WpÜG Rdnrn. 153 ff.

**91** Schneider, in: Assmann/Schneider/Mülbert (Hrsg.), Wertpapierhandelsrecht, 7. Aufl., 2019, § 44 Rdnr. 106; zum flip-in Merkt, US-amerikanisches Gesellschaftsrecht, 3. Aufl., 2013, Rdnr. 1510.

am gesamten Aktienleihemarkt hat, ist unklar. Daher stellt sich auch die Frage, ob die vertragliche Praxis nicht ausreicht. Eine Kompromisslösung könnte darin bestehen, dass die Rückgabe zum record date zum Gegenstand der Aktionärsentscheidung bzw. der Satzung gemacht wird. So wäre denkbar, eine gesetzliche Rückgabepflicht mit einer Öffnungsklausel zugunsten der Satzung zu koppeln. Die Hauptversammlung könnte dann beschließen bzw. die Satzung vorsehen, dass von der gesetzlichen Pflicht zur Rückgabe abgesehen wird. Umgekehrt könnte der Gesetzgeber vorsehen, dass eine Rückgabepflicht von den Aktionären beschlossen bzw. in der Satzung vorgesehen werden darf. Eine solche Regelung würde am geltenden Recht nichts ändern, hätte aber eine gewisse Appellwirkung. Unklar ist allerdings, inwieweit entsprechende Regelungen zur Rückgabe am record date die Attraktivität der Aktienleihe beeinträchtigen würden und inwieweit eine mögliche Beeinträchtigung dazu führen würde, dass man auf Derivat-Strukturen ausweicht.

## 9. Kapitalmarktrechtliche Beteiligungstransparenz zum Schutz der öffentlichen Ordnung und Sicherheit?

Die im Vorangehenden erörterten Maßnahmen gegen ein Anschleichen sind unabhängig von der Person des Erwerbers darauf gerichtet, die Funktionsfähigkeit des Kapitalmarkts und den Schutz der einzelnen Anleger zu gewährleisten. Geht es hingegen darum, die öffentliche Ordnung und Sicherheit der Bundesrepublik Deutschland im Fall des Anteilserwerbs durch einen Nicht-EU-Ausländer zu schützen, ist das Außenwirtschaftsrecht die zutreffende Regelungsebene und -materie.[92] Ordnungsrechtlich ist die Eingriffsschwelle deutlich höher. Daher erscheint es höchst problematisch, auf diesen außenwirtschaftsrechtlichen Sachverhalt mit einer Verschärfung der kapitalmarktrechtlichen Beteiligungstransparenz reagieren zu wollen, wie das im politischen Raum möglicherweise Sympathie findet. Etwaigen Missständen des Beteiligungserwerbs durch ausländische Investoren lässt sich vielmehr sachgerecht nur im Rahmen des Außenwirtschaftsrechts und dem dort geltenden Instrumentarium begegnen. Das zentrale Problem besteht gegenwärtig vor allem darin, dass inländische Investoren im Ausland gegenüber ausländischen Investoren im Inland nicht selten benachteiligt sind. Ziel muss es daher sein, die Chancen und Möglichkeiten für inländische wie ausländische Investoren einander anzugleichen. Ein nationaler Ansatz ist hier unzureichend. Dadurch würden bestehende nationale Unterschiede und Un-

---

**92** Siehe oben bei Fn. 53.

gleichbehandlungen nur zementiert bzw. vertieft. Vorzugswürdig erscheint es, auf europäischer Ebene anzusetzen und das erforderliche internationale level playing field mit gleichen Investitionsmöglichkeiten für eigene wie fremde Investoren durch Schaffung eines EU-Außenwirtschaftsrechts in Gestalt eines EU-Investitionskontrollverfahrens herzustellen. Ob Beteiligungstransparenz hierzu einen Beitrag leisten kann, wäre zu prüfen, erscheint aber naheliegend.

## VI. Zusammenfassung

Es bleibt festzuhalten, dass die kapitalmarktrechtliche Beteiligungstransparenz einen ebenso elementaren, wie vielschichtigen und komplexen Bestandteil des Wertpapierhandelsrechts darstellt. Dabei fällt rechtsvergleichend auf, dass die Beteiligungstransparenz in Deutschland ihren Ursprung im Aktienkonzernrecht hat, während sie in den USA als genuine Kapitalmarkttransparenz und in UK aus dem Übernahmerecht und im Wege der Selbstregulierung entwickelt wurde. Heute steht die kapitalmarktrechtliche Beteiligungstransparenz neben weiteren Formen der Beteiligungstransparenz im Bank-, im Versicherungs- und im Börsenaufsichtsrecht sowie im Außenwirtschaftsrecht mit jeweils unterschiedlicher Ausformung und Zwecksetzung. Für die kapitalmarktrechtliche Beteiligungstransparenz liegt der Zweck in Übereinstimmung mit der dualen Grundfunktion des Kapitalmarktrechts im Marktfunktions- und zugleich Individualschutz. Daraus folgt nach umstrittener aber richtiger Auffassung, dass die Verletzung der Transparenzpflicht Schadensersatzansprüche nach sich ziehen kann. Als Teil des Kapitalmarktrechts teilt die Beteiligungstransparenz das Schicksal einer schleichenden Europäisierung, was immer weniger Raum lässt für nationale Besonderheiten und entsprechende regulatorische Abweichungen, etwa mit Blick auf unterschiedliche Hauptversammlungszuständigkeiten und Anteilseignerstrukturen in einzelnen Mitgliedstaaten. In der aktuellen rechtspolitischen Diskussion steht die Frage im Mittelpunkt, ob und in welcher Weise die Beteiligungstransparenz zur Vermeidung des verdeckten Aufbaus von Anteilseignermacht ausgebaut werden sollte. Hier ließe sich über sehr unterschiedliche Maßnahmen nachdenken, etwa das Absenken der Eingangsmeldeschwelle für mittelbar gehaltene Instrumente, die Einführung von Halte- oder Wartefristen, die Einführung einer Pflicht zur Absichtsanzeige beim Stimmrechtserwerb, der Ausbau der Mitteilungspflicht und die Einführung ihrer Sanktionierung beim Erreichen einer wesentlichen Beteiligung. Zu prüfen wäre schließlich, ob die im Bereich des Asset Managements zu beobachtende Praxis der punktuellen Rückgabe der Aktien an den Verleiher zum record date, um die Ausübung des Stimmrechts durch den Verleiher sicherzustellen, als gesetzliche Pflicht eingeführt werden sollte. Hingegen erscheint die kapitalmarktrechtliche Beteiligungstransparenz ungeeignet, um die spezifischen und vom Kapitalmarktrecht abweichenden Ziele des Außenwirtschaftsrechts zu verfolgen.

Matthias Casper

# Stimmrechtszurechnung in §§ 34 ff. WpHG – Grundkonzeption und Übertreibungen am Beispiel des Acting in Concert

## I. Die Aufgabe

Die Festschrift hat sich zur Aufgabe gesetzt, ein Vierteljahrhundert modernes Kapitalmarktrecht in Gestalt des WpHG zu würdigen. Die Stimmrechtszurechnung im Rahmen der Beteiligungstransparenz findet sich von Anfang an im WpHG, zunächst in § 22, nunmehr in § 34 WpHG. Erst das 2. FiMaNoG hat Anfang 2018 zu einer Verschiebung der Hausnummer geführt. Im Folgenden soll zunächst das Konzept der Stimmrechtszurechnung und der damit verbundene Normzweck kurz vorgestellt und gewürdigt werden (sub II.). Die einzelnen sehr unterschiedlichen Zurechnungstatbestände in § 34 Abs. 1 sowie in § 38 WpHG können dabei nur überblickartig systematisiert werden (III.). Der Schwerpunkt ist sodann auf das Acting in Concert in § 34 Abs. 2 WpHG zu legen, das erst zum 01. 01. 2002 in den Normtext aufgenommen wurde und mit seiner in der Praxis ungleich bedeutsameren Zwillingsschwester in § 30 Abs. 2 WpÜG für zahlreiche kontroverse Diskussionen gesorgt hat. Mit Blick auf das Übernahmerecht wurde diese Norm zu Recht als „eine der unschärfsten und gefährlichsten Rechtsfiguren" angesehen.[1] Seine ausufernde Tendenz hat der Gesetzgeber mit Wirkung zum 19. 08. 2008 einzufangen gesucht (vgl. näher sub IV. 1.). Inwieweit dies gelungen ist, soll ebenfalls hinterfragt werden, wobei ein Fokus auf die jüngste Klarstellung zur Einzelfallausnahme durch den BGH zu legen sein wird;[2] nach der WMF-Entscheidung von 2006[3] und der Postbank-Entscheidung von 2014[4] der dritten höchstrichterlichen Leitentscheidung zum Acting in Concert (sub IV. 4., 5.). Die zugrundeliegende, auf Vollharmonisierung gerichtete Transparenzrichtlinie III vom 22. 10. 2013 (2013/50/EU) wird dabei nur gelegentlich angesprochen (sub IV. 2.), da dieser Geburtstagsgruß primär dem WpHG und weniger dem zugrundeliegenden europäischen Recht gilt.

1 *Kocher* BB 2006, 2435; kritisch zum übernahmerechtlichen Acting in Concert auch bereits *Casper* ZIP 2003, 1469 ff.

2 BGH v. 25. 09. 2018 – II ZR 190/17, BKR 2019, 46.

3 BGH v. 18. 09. 2006 – II ZR 137/05, BGHZ 169, 98 ff. – WMF.

4 BGH v. 29. 07. 2014 – II ZR 353/12, BGHZ 202, 180 ff. – Postbank.

https://doi.org/10.1515/9783110632323-038

## II. Normzweck, allgemeine Grundsätze der Zurechnung, fehlende Absorption

Die kapitalmarktrechtliche Beteiligungstransparenz knüpft an die Stimmrechtsmacht in der Hauptversammlung und nicht an die bloße anteilsmäßige Beteiligung an. Dies unterscheidet sie von der aktienrechtlichen Beteiligungstransparenz in § 20 AktG. Damit verbindet sich die Vorstellung des Gesetzgebers, dass der Markt Informationen darüber, welche Personen welchen Einfluss in der Gesellschaft ausüben können, benötigt, um diese verarbeiten und einpreisen zu können. Die Gesetzesbegründung spricht insoweit von „größtmöglicher Transparenz" und bringt im Zusammenhang mit § 22 Abs. 1 S. 1 Nr. 6 a. F. WpHG (heute § 34 Abs. 1 S. 1 Nr. 5 WpHG) zum Ausdruck, dass man zumindest mit einigen Zurechnungstatbeständen eine Umgehung kapitalmarktrechtlicher Pflichten bei der Beteiligungstransparenz verhindern will.[5] Beides kann in dieser Pauschalität nicht überzeugen. Knüpft man die Beteiligungstransparenz an das Stimmrecht, um potentielle Machtkumulationen in der Hauptversammlung aufzuzeigen, liegt die Funktion der Zurechnung in erster Linie darin, offenzulegen, wer das Stimmrecht, das formal einer anderen Person zusteht, steuert und somit ggf. in der AG durchregieren kann.[6] Damit entfaltet die Beteiligungstransparenz zum einen Konzerneingangsschutz, damit der Anleger frühzeitig erkennen kann, ob jemand sich eine Ankerposition oder sogar eine Mehrheit aufbaut. Neben der Kenntnis der wahren Beteiligungsstruktur in der AG soll dem Anleger zum anderen verdeutlicht werden, ob es sich bei seinem Anlageprodukt weiterhin um ein Papier mit einem breiten Markt und somit einer regelmäßig rationalen Preisbildung handelt. Damit wird ihm zugleich angezeigt, ob möglicherweise eine Marktverengung droht, die oftmals eine steigende Volatilität und die fehlende Möglichkeit nach sich ziehen kann, die Aktien überhaupt noch über den organisierten Markt veräußern zu können. Hat man den Gesetzeszweck dergestalt herausgearbeitet, zeigt sich der erste Webfehler der Norm in dem fehlenden Abzug (Absorption) bei demjenigen, dessen Aktien dem Meldepflichtigen zugerechnet werden.[7] Allein im Mutter-Tochterverhältnis (§ 34 Abs. 1 S. 1 Nr. 1 WpHG) ordnet das optionale Konzernprivileg in § 37 Abs. 1 WpHG an, dass allein die Mutter und nicht auch die Tochter

---

5 RegE 12/6679, S. 54; *Zimmermann* in Fuchs, WpHG, 2. Aufl. 2016, § 22 Rn. 1; *v. Bülow* in KK-WpHG, 2. Aufl. 2014, § 22 Rn. 4.

6 Statt Vieler *v. Bülow* (Fn. 5) § 22 Rn. 4; ähnlich BGH v. 19.07.2011 – II ZR 246/09, BGHZ 190, 291, 298 Rn. 32.

7 Zur fehlenden Absorption OLG München v. 09.09.2009 – 7 U 1997/09, ZIP 2009, 2095, 2096; *U. H. Schneider* in Assmann/*Schneider*, WpHG, 7. Aufl. 2019, § 34 Rn. 18 m. weit. Nachw.

meldepflichtig ist, wenn eine Konzernmeldung abgegeben wird.[8] Ein Schritt in die richtige Richtung, der der Transparenzrichtlinie 2013 zu verdanken ist. Durch die doppelte Meldepflicht in den verbleibenden Fällen kommt es indes nicht nur zu einer Informationsüberflutung, sondern es wird auch der eigentliche Gesetzeszweck, die jeweilige „Machtzentrale“ zu lokalisieren, erschwert. Eine Absorption wäre zumindest in den Fällen angezeigt, in denen der aufgrund der Zurechnung Meldepflichtige die Ausübung des Stimmrechts beim eigentlichen Inhaber der Aktien steuern kann, was jenseits der ausgenommenen Mutter-Tochterkonstellationen vor allem bei den Treuhandfällen der Fall sein dürfte. Kommt es hingegen zu einer wechselseitigen Zurechnung wie bei den abgestimmten Verhaltensweisen, wäre eine gemeinsame Meldung aller Meldepflichtigen sinnvoll. Schließlich kann das Stimmrecht in der Hauptversammlung nur einmal ausgeübt werden. Eine Vielzahl von Meldungen, dass verschiedenen Personen 150 % der Aktien einer Gesellschaft halten, sind unter dem Gesichtspunkt der Transparenz wie des Normzwecks wenig überzeugend. Zwar muss der Meldepflichtige, dem Aktien zugerechnet werden, nach der WpAV angeben, ob er die Aktien selber hält, oder sie ihm zugerechnet werden. Allerdings wird nicht offengelegt, wessen Aktien dem Meldepflichtigen zugerechnet werden. Da zudem bei dem weiterhin meldepflichtigen rechtlichen Inhaber der Papiere kein Hinweis in der Meldung erfolgt, dass diese Papiere einem Dritten zugerechnet werden, der sie nun seinerseits melden muss, kann es zu verwirrenden Doppelmeldungen kommen, wenn beide Personen die jeweilige Meldeschwelle überschreiten. Auch der frühere Versuch in § 22 Abs. 4 a. F. WpHG, immerhin die verschiedenen Meldetatbestände zu benennen und auf gesonderte Meldungen zu verteilen, ist aufgegeben worden.[9] Positiv zu vermelden ist aber, dass bei der Verwirklichung zweier Meldetatbestände (Tochter T erwirbt 3 % der Aktien und hält sie für die Mutter zugleich treuhänderisch) nur eine Zurechnung bei der Mutter erfolgt; eine Doppel- oder Mehrfachzurechnung bei gleichzeitiger Verwirklichung mehrerer Zurechnungstatbestände findet also nicht statt.[10]

Würde man die Stimmrechtszurechnung ernsthaft – wie in der Gesetzesbegründung angedeutet – als Umgehungsschutz einordnen, hätte es einer Generalklausel bedurft. Genau diesen Weg ist der Gesetzgeber im Interesse der Rechtssicherheit aber nicht gegangen. Vielmehr enthalten die §§ 34 Abs. 1, 38

---

**8** Zu einem eventuellen Grundsatz der eingeschränkten kumulativen Zurechnung bei § 34 Abs. 1 S. 1 Nr. 3 WpHG *Schneider* (Fn. 7) § 34 Rn. 20.

**9** Kritisch zu dieser Norm aber *v. Bülow* in KK-WpHG, 1. Aufl. 2007, § 22 Rn. 269.

**10** Statt aller *Schneider* (Fn. 7) § 34 Rn. 19; *v. Bülow* (Fn. 5) § 22 Rn. 49; *Dieckmann* BKR 2019, 114, 118 – jew. m. weit. Nachw.

WpHG jeweils einen enumerativen Katalog von Zurechnungstatbeständen.[11] Diese sind einer Analogie grundsätzlich nicht zugänglich.[12] Allerdings kommt § 38 WpHG, der u. a. auch die Fälle der *hidden ownership* erfassen soll, ein gewisser Umgehungsschutzcharakter mit Blick auf § 34 WpHG, insbesondere auf dessen Abs. 1 S. 1 Nr. 5 zu (dazu noch sogleich III.). Indes arbeitet das Gesetz auch insoweit mit klar konturierten Tatbeständen, wobei allerdings den in § 38 Abs. 2 WpHG genannten Instrumenten nur beispielhafter Charakter zukommt.

## III. Systematisierung der Zurechnungstatbestände in §§ 34 Abs. 1, 38 WpHG

Je nach Sichtweise lassen sich zwei oder drei Fallgruppen von Zurechnungstatbeständen unterscheiden. Zum einen gibt es Fälle, wo die Zurechnung aufgrund eines herrschenden Einflusses erfolgt. Man will also erreichen, dass derjenige, der die Ausübung des Stimmrechts steuern bzw. beeinflussen kann, dies auch melden muss. Dies fußt auf dem Grundsatz des Gleichlaufs von Stimmrechtsherrschaft und Stimmrechtszurechnung. Paradigmatisches Beispiel ist insoweit die Zurechnung nach § 34 Abs. 1 S. 1 Nr. 1 WpHG. Der Mutter werden die Stimmrechte der Tochter zugerechnet, da sie die Tochter beherrscht. Daneben kann man als zweite Fallgruppe solche Konstellationen sondern, in denen die formal-rechtliche und die wirtschaftliche Zuordnung auseinanderfallen. Pars pro toto steht die Übertragung von Aktien auf einen Treuhänder. Eine trennscharfe Abgrenzung zur ersten Fallgruppe ist aber nicht möglich, da der im Hintergrund agierende Treugeber, dem die Stimmrechte nach § 34 Abs. 1 S. 1 Nr. 1 WpHG zugerechnet werden, den Treuhänder oftmals aufgrund des Innenverhältnisses auch steuern kann. Schließlich lässt sich die klar zu unterscheidende Fallgruppe der bloßen Erwerbsmöglichkeit in § 34 Abs. 1 S. 1 Nr. 5 WpHG sowie § 38 WpHG ausmachen, bei denen derjenige, dem das Stimmrecht zugerechnet wird, nur über eine gesicherte Rechtsposition, entweder in Gestalt eines Erwerbsrechts oder einer wirtschaftlich vergleichbaren Berechtigung, verfügt.

Für die Fallgruppe des beherrschenden Einflusses kommt es nicht darauf an, ob auch tatsächlich eine Beherrschung oder Steuerung stattfindet, vielmehr ist es

11 *v. Bülow* (Fn. 5) § 22 Rn. 41.

12 BGH v. 25.09.2018 – II ZR 190/17, BKR 2019, 46 Rn. 39; BGH v. 19.07.2011 – II ZR 246/09, BGHZ 190, 291, 298 Rn. 33; BGH v. 19.09.2006 – II ZR 137/05, BGHZ 169, 98, 106 Rn. 17 – WMF; *v. Bülow* (Fn. 5) § 22 Rn. 39.

ausreichend, dass die Möglichkeit der Einflussnahme besteht.[13] Es geht also um mehr als um eine widerlegliche Vermutung, denn die Zurechnung erfolgt allein aufgrund einer typisierenden Betrachtung. Auf dieser abstrakten Betrachtungsweise fußt auch die Kettenzurechnung nach § 34 Abs. 1 S. 2 WpHG, wonach der Muttergesellschaft auch solche Stimmrechte zugerechnet werden, die ihrerseits der Tochter nach § 34 Abs. 1 S. 1 Nr. 2–8 WpHG zugerechnet werden.[14] Auch insoweit erfolgt allein eine abstrakte Betrachtungsweise.

Ein Auseinanderfallen von formal-rechtlicher und wirtschaftlicher Berechtigung liegt neben den Treuhandfällen vor allem auch in der Konstellation der Sicherungsübereignung (Nr. 3) vor. Demgegenüber genügt eine Verpfändung von Aktien nicht, da das Stimmrecht beim Verpfänder verbleibt.[15] Die mit der Umsetzung der Transparenzrichtlinie 2013 neu eingefügte Nr. 8 ist von Nr. 3 kaum rechtssicher abzugrenzen und geht Nr. 3 als lex specialis vor,[16] gehört also ebenfalls zu dieser Fallgruppe. Ferner sind Nr. 7, die in Deutschland infolge des Abspaltungsverbots jedoch keinen nennenswerten Anwendungsbereich entfalten dürfte,[17] sowie die praktisch bedeutsamere Nr. 6 zu nennen, die dafür sorgt, dass dem Bevollmächtigten die Stimmrechte zugerechnet werden. Oft wird auch insoweit ein herrschender Einfluss des wirtschaftlich Berechtigten aufgrund der Abrede im Innenverhältnis vorliegen, ohne dass dies aber Voraussetzung für die Anwendung der jeweiligen Vorschriften ist.

Quer zu den übrigen Zurechnungstatbeständen liegt § 34 Abs. 1 S. 1 Nr. 5 WpHG, wonach demjenigen, dem Stimmrechte zugerechnet werden, die dieser durch eine einseitige Erklärung erwerben kann. Paradebeispiel ist die Option. Ob die Option dinglich ausgestaltet sein muss oder auch bereits schuldrechtliche Optionsverträge, also die rein obligatorische Erwerbsmöglichkeit in den Anwendungsbereich fallen, war lange Zeit – insbesondere vor Einführung des § 38 (ex § 25) WpHG – umstritten.[18] Die Vorschrift ist von daher ein Fremdkörper im System

---

13 Statt Vieler BaFin Emittentenleitfaden v. 30.10.2018, Modul B, S. 17 f.; *Zimmermann* (Fn. 5) § 22 Rn. 5; *v. Bülow* (Fn. 5) § 22 Rn. 43 ff. m. weit. Nachw.

14 Auf die umstrittene Frage, ob § 34 Abs. 1 S. 2 WpHG eine überschießende, gegen das Gebot der Vollharmonisierung verstoßende Umsetzung des Art. 10 lit. e Transparenzrichtlinie III darstellt, der eine Kettenzurechnung im Konzern nur für Stimmrechte, die von einem kontrollierten Unternehmen gem. Art. 10 lit. a–d ausgeübt werden können, verlangt, während das deutsche Recht auch die Fälle des Art. 10 lit. f–h erfasst, kann hier nicht vertieft werden, vgl. dazu *Hitzer/Hauser* NZG 2016, 1365, 1367 einerseits und *Schneider* (Fn. 7) § 34 Rn. 22 andererseits.

15 BaFin Emittentenleitfaden v. 30.10.2018, Modul B, S. 23; *v. Bülow* (Fn. 5) § 22 Rn. 130.

16 *Schneider* (Fn. 7) § 34 Rn. 125.

17 *Schneider* (Fn. 7) § 34 Rn. 124.

18 Nur dingliche Optionen BGH v. 29.07.2014 – II ZR 252/12, BGHZ 202, 189 Rn. 40; *v. Bülow* (Fn. 5) § 22 Rn. 138; *Casper*, Der Optionsvertrag, 2005, S. 236 ff. m. weit. Nachw. zur Gegenauffassung, so

der Zurechnung,[19] da der Erbwerbsberechtigte noch überhaupt nicht über die Aktien und damit die Stimmrechte verfügt und regelmäßig auch keinen Einfluss auf die Ausübung des Stimmrechts nehmen kann, das noch beim Stillhalter (Optionsgeber) liegt. Die Norm ist deshalb rechtspolitisch bedenklich,[20] lässt sich aber durch das Interesse des Marktes an einem möglicherweise bevorstehenden Beteiligungsaufbau rechtfertigen.[21] Dies gilt erst recht für § 38 WpHG. Die Frage, ob nur dingliche oder auch schuldrechtliche Optionen erfasst sind, stellt sich in der Praxis deshalb nicht mehr, da schuldrechtliche Optionen zumindest nach § 38 Abs. 1 S. 1 Nr. 1 lit. a, Abs. 2 Nr. 2 WpHG erfasst sind.[22] Allerdings müssen die Instrumente iSd. § 38 Abs. 1 S. 1 Nr. 1 WpHG auf eine tatsächliche Lieferung der Aktien (physisches Settlement) gerichtet sein. Cash-settled Optionen, bei denen von vornherein nur noch ein Barausgleich geschuldet wird, sind also durch § 38 Abs. 1 S. 1 Nr. 1 WpHG nicht erfasst.[23] Entsprechendes gilt, wenn ein Anspruch aus einem Kaufvertrag oder einer Option mit einem Anspruch auf Lieferung der Aktien unter einer aufschiebenden Bedingung steht, der Eintritt aber noch ungewiss ist.[24] Optionen mit zwingendem Barausgleich können im Einzelfall jedoch von § 38 Abs. 1 S. 1 Nr. 2 WpHG erfasst werden, der in Reaktion auf den berühmten Übernahmefall Schaeffler/Conti[25] eingeführt worden ist und vor allem Fälle der sog. *hidden ownership* erfassen soll.[26] Einzelheiten können in diesem überblicksartigen Festtagsgruß jedoch nicht nachgezeichnet werden, insoweit ist auf die ein-

---

aus jüngerer Zeit erneut *Dieckmann* BKR 2019, 114, 119, der auf den neuen § 33 Abs. 3 WpHG verweist, dieser streitet aber gerade im Wege des Gegenschlusses für die hier vertretene Auffassung, ebenso *Grundmann* in Staub, HGB, 5. Aufl. 2018, Bd. 11/2 Teil 6 Rn. 875.

**19** Ebenso *v. Bülow* (Fn. 5) § 22 Rn. 155.

**20** Ihre Abschaffung fordernd deshalb *v. Bülow* (Fn. 5) § 22 Rn. 21.

**21** Erwägungsgrund 18 Transparenzrichtlinie 2004; *v. Bülow* (Fn. 5) § 22 Rn. 155 m. weit. Nachw.

**22** Was dann freilich zur Folge hat, dass das Erreichen der Schwelle von 3% meldefrei ist.

**23** Statt aller *Schneider* (Fn. 7) § 38 Rn. 22; zur Vorgängernorm in § 25 auch *Heinrich* in KK-WpHG, 2. Aufl. 2014, § 25 Rn. 23.

**24** BaFin Emittentenleitfaden v. 30.10.2018, Modul B, S. 13.

**25** Der jüngst viel diskutierte, spektakuläre Einstieg des chinesischen Autobauers Geely bei Daimler unter Verwendung eines Aktiencollars hat nach einigem Getöse weder die BaFin noch den Gesetzgeber auf den Plan gerufen, vgl. dazu nur https://www.manager-magazin.de/unternehmen/autoindustrie/geely-daimler-einstieg-laut-bafin-untersuchung-rechtens-li-shufu-froh-a-1243794.html. Nach Drucklegung wurde jedoch ein Konsulationsverfahren des BMF zu § 43 WpHG eingeleitet, das u.a. auch danach fragt ob der einsatz eines Aktiencollars künftig zu dem noch § 43 WpHG meldepflichtigen Umständen zählen sollte, vgl. ZIP 2019, A60 (Nr. 204).

**26** Art. 45 Art. 13 Abs. 1 lit. b und Erwägungsgrund 9 der Transparenz-RL 2013/50/EU; vgl. zudem *Schneider* (Fn. 7) § 38 Rn. 33 ff.; *Parmentier* AG 2014, 15, 19 ff. und *Weidemann* NZG 2016, 605 ff. sowie zur Einführung von § 25a WpHG a. F. mit Blick auf den Fall Schaeffler/Conti *Fleischer/Schmolke* NZG 2010, 846, 847 ff.; *Cascante/Topf* AG 2009, 53, 68.

schlägigen Kommentierungen zu verweisen.[27] Auch in diesen Fällen kann es zu Doppelmeldungen kommen. Erwirbt K von V aus einem aufschiebend bedingten Vertrag 5 % der Stimmrechte, muss er dies zunächst nach § 38 Abs. 1 S. 1 Nr. 2 WpHG melden. Tritt die Bedingung ein, muss er das Unterschreiten der Schwelle nach § 38 WpHG und das Überschreiten der Schwelle nach § 33 Abs. 1 S. 1 WpHG melden.[28]

## IV. Das überbordende Acting in Concert

### 1. Normentwicklung und -struktur

Das Acting in Concert wurde erst 2002 eingeführt. Neben einer Abstimmung mittels einer Vereinbarung sind auch Abstimmungen in sonstiger Weise erfasst. Dieses Merkmal hat von Anfang an für Schwierigkeiten gesorgt, wie sich erstmals in der WMF-Entscheidung gezeigt hat.[29] In dem zugrundliegenden Fall hatten sich zwei Aktionäre in Bezug auf die Zusammensetzung des Aufsichtsrats abgestimmt. Ein Verhalten, das guter Unternehmensführung entspricht, drohte nun zum Bumerang zu werden. Daraufhin hat der Gesetzgeber 2008 mit dem Risikobegrenzungsgesetz eingegriffen, nachdem 2007 nur klargestellt worden war, dass sich die Abstimmung „auf diesen Emittenten" beziehen muss.[30] Exit-Option für eine zu weitreichende Auslegung war zunächst allein die Einzelfallausnahme. Ursprünglich lautete § 22 Abs. 1 WpHG: „..., ausgenommen sind Vereinbarungen über die Ausübung des Stimmrechts im Einzelfall". Dass man diese Ausnahme nicht auf eine Abstimmung qua Vereinbarung begrenzen konnte, hatte sich schnell durchgesetzt,[31] obwohl der Normtext bis heute ungenau formuliert ist, da man die Vorschrift auch so lesen könnte, dass sie sich nur auf die letzte Alternative nach dem „oder" bezieht. Dagegen spricht freilich die Abtrennung durch ein Semikolon. Das Risikobegrenzungsgesetz ergänzte dann einen zusätzlichen

27 *Schneider* (Fn. 7) § 38 Rn. 14 ff.; zur Vorläufernorm auch *Heinrich* in KK-WpHG, 2. Aufl. 2014, § 25a Rn. 32 ff.

28 Statt aller BaFin Emittentenleitfaden v. 30. 10. 2018, Modul B, S. 13.

29 BGH v. 18. 09. 2016 – II ZR 137/05, BGHZ 169, 98, 106 ff. Rn. 17 ff. – WMF; Vorinstanz war OLG München v. 27. 04. 2005 – 7 U 2792/04, NZG 2005, 848; vgl. dazu u. a. *Casper/Bracht* NZG 2005, 839, 840 f.

30 Risikobegrenzungsgesetz v. 12. 08. 2008, BGBl. I 2008, 1666 sowie Bericht des Finanzausschusses BT-Drucks. 16/9821, S. 11 f.

31 Vgl. aus heutiger Sicht *Schneider* (Fn. 7) § 34 Rn. 166; *v. Bülow* (Fn. 5) § 22 Rn. 225; aus der Frühzeit *Casper* ZIP 2003, 1469, 1475; *Liebscher* ZIP 2002, 2005, 2008.

Satz 2: „Ein abgestimmtes Verhalten setzt voraus, dass der Meldepflichtige oder sein Tochterunternehmen und der Dritte sich über die Ausübung von Stimmrechten verständigen oder mit dem Ziel einer dauerhaften und erheblichen Änderung der unternehmerischen Ausrichtung des Emittenten in sonstiger Weise zusammenwirken". Auch diese Vorschrift ist nicht eine Ausgeburt von gesetzgeberischer Klarheit. Die Einschränkung erfasst zwei Tatbestandsalternativen, nämlich zum einen die Abstimmung über die Ausübung von Stimmrechten und zum anderen eine Abstimmung in sonstiger Weise über eine dauerhafte und erhebliche Änderung der Unternehmenspolitik (sog. Druckpool). Nach richtigem Verständnis bezieht sich diese Einschränkung in der zweiten Variante nicht nur auf die Abstimmung in sonstiger Weise, sondern auch auf die Abstimmung qua Vereinbarung. Diese von der wohl hM[32] abweichende These wird unter 4. noch näher zu begründen sein.

## 2. Gleichlauf mit § 30 Abs. 2 WpÜG?

Für eine gleichlaufende Auslegung von § 30 Abs. 2 WpÜG und § 34 Abs. 2 WpHG streitet prima vista, dass beide Normen an den neuralgischen Stellen gleich formuliert sind und der Gesetzgeber des Risikobegrenzungsgesetzes sich zudem explizit für einen Gleichlauf ausgesprochen hat.[33] Dies sind zwar gewichtige Argumente, aber gerade bei der Bestimmung des Grads der geplanten erheblichen Änderung der unternehmerischen Ausrichtung ist das nicht zwingend geboten. Zum einen muss man sich vor Augen führen, dass die beiden Vorschriften jeweils im Kontext einer anderen europäischen Richtlinie auszulegen sind. Dies kann im Einzelfall dazu führen, dass man mittels einer richtlinienkonformen Auslegung zu unterschiedlichen Ergebnissen kommt (vgl. noch 3 b). Dies zeigt sich besonders deutlich, wenn man die „White List" der ESMA zum Acting in Concert von 2013 hinzunimmt.[34] Es ist wenig überzeugend, dass bei der Stimmrechtszurechnung nach §§ 33, 34 WpHG lediglich die Fälle ausgenommen sind, bei denen die ESMA allein das Übernahmerecht und die Übernahmerichtlinie vor Augen hatte. Entscheidend ist zum anderen aber auch die Reichweite der Rechtsfolgen einer Zu-

---

**32** Vgl. den Nachw. unten in Fn. 52.

**33** RegE Risikobegrenzungsgesetz, BT-Drucks. 16/7438, S. 8 und S. 11, dem folgend die hM BaFin Emittentenleitfaden v. 30.10.2018, Modul B, S. 17; *Buck-Heeb* BKR 2019, 8, 10 f. m. weit. Nachw.; *Süßmann* in Assmann/Schütze, Handbuch Kapitalanlagerecht, 4. Aufl. 2015, § 14 Rn. 51.

**34** ESMA Public Statement, Information on shareholder cooperation and acting in concert und the Takevoer Bids Directive, v. 12.11.2013, ESMA/2013/677, sub 4 (S. 5); vgl. dazu auch *Buck-Heeb* BKR 2019, 8, 11.

rechnung. Nach § 33 WpHG bewirkt sie allein die Meldepflicht. Auch wenn ein Verstoß mit dem Rechtsverlust nach § 44 WpHG belegt ist und somit schwer wiegen kann, ist die Dimension der Zurechnung im WpÜG jedoch eine ganz andere. Sie führt zu einem Pflichtangebot, was zur Folge hat, dass die sich abstimmenden Personen plötzlich in der Lage sein müssen, die gesamten Aktien, die ihnen in einem Pflichtangebot angedient werden, zu übernehmen. Dies kann die sich abstimmenden Personen bisweilen schnell finanziell überfordern. Deshalb bleibt an der schon 2003 geäußerten These festzuhalten, dass § 30 Abs. 2 WpÜG im Einzelfall restriktiver auszulegen sein kann als seine Zwillingsschwester in § 34 Abs. 2 WpÜG.[35] Allerdings wird sich diese Divergenz auf Einzelfälle beschränken, sofern man nicht zu dem Ergebnis gelangt, dass eine Abstimmung in sonstiger Weise in § 34 Abs. 2 WpHG ggf. gegen das Vollharmonisierungsgebot der Transparenzrichtlinie 2013 verstößt (dazu sogleich 3 b). Folglich ist die stets als Schreckgespenst beschworene Rechtsunsicherheit des Rechtsanwenders[36] zu relativieren und hinzunehmen. Wer hingegen für eine einheitliche Auslegung plädiert, muss konsequent sein und in Zweifelsfällen mit Blick auf die weitreichenden Rechtsfolgen im Übernahmerecht die engere Auslegungsvariante wählen.

## 3. Abstimmung in sonstiger Weise (§ 34 Abs. 2 S. 1 WpHG)

a) Das Merkmal der Vereinbarung bereitet keine Auslegungsschwierigkeiten. Hierzu zählen alle rechtlich bindenden Vereinbarungen, also Verträge, die auf die Ausübung von Stimmrechten oder die Einflussnahme auf den Emittenten außerhalb der Hauptversammlung abzielen.[37] Pars pro toto stehen Stimmrechtsbindungsverträge. Das Risikobegrenzungsgesetz hat klargestellt, dass die Vereinbarung sich ebenso wie die sonst abgestimmten Verhaltensweisen außer auf die Stimmrechtsausübung in der Hauptversammlung auch auf die faktische Einflussnahme auf den Vorstand oder den Aufsichtsrat beziehen kann.[38] Dies hatte der BGH in seiner WMF-Entscheidung 2006 noch anders gesehen.[39]

35 Vgl. bereits *Casper* ZIP 2003, 1469, 1477; *dens.* in Veil/Drinkuth, Reformbedarf im Übernahmerecht, 2005, S. 47; ebenso z. B. *v. Bülow* (Fn. 5) § 22 Rn. 189; ähnlich auch *Schneider* (Fn. 7) § 34 Rn. 127.

36 Vgl. statt Vieler *Buck-Heeb* BKR 2019, 8, 11.

37 Vgl. nur *Schneider* (Fn. 7) § 34 Rn. 140.

38 *Schneider* (Fn. 7) § 34 Rn. 151.

39 BGH v. 18.09.2016 – II ZR 137/05, BGHZ 169, 98, 106 Rn. 17 in Anschluss an *Casper* ZIP 2003, 1469, 1476 f. u. a.

Schwierigkeiten bereitet die Auslegung des Begriffs Abstimmung in sonstiger Weise, da unter diesen Begriff auch das bloße Mitlaufen oder ein Parallelverhalten subsumiert werden könnten. Erforderlich ist allerdings eine Abstimmung und nicht bloß eine Ausrichtung der Interessen, da der Begriff Abstimmung schon dem Wortlaut nach ein aktives Tun mindestens zweier Personen und nicht bloß ein einseitiges Mitlaufen erfordert. Eine Abstimmung setzt folglich voraus, dass zwischen den Parteien – ggf. unter Hinzuziehung eines Mittelmanns – ein interaktiver kommunikativer Prozess abläuft.[40] Dies erfordert weder eine schriftliche, noch zwingend eine mündliche Absprache.[41] Unabdingbar ist es jedoch, dass sich die Parteien zumindest stillschweigend darüber verständigen, dass sie ihr Verhalten in Bezug auf den Emittenten koordinieren wollen. Ein gleichberechtigtes Verhältnis zwischen den sich abstimmenden Partnern ist nicht erforderlich. Es genügt, dass sich einer der Beteiligten aufgrund des kommunikativen Prozesses den Zielen der anderen Partei unterordnet. Dies dürfte nach nunmehr bald zwanzig Jahren geklärt sein.[42]

Allerdings bleibt die erhebliche Weite des Acting in Concert auch weiterhin ein Problem. Denn trotz der Klarstellung durch den Gesetzgeber kann es auch weiterhin dazu kommen, dass eine Abstimmung von Aktionären mit Blick auf Positionen in der Hauptversammlung insbesondere bezüglich der Neubesetzung des Aufsichtsrats eine Zurechnung bewirkt, obwohl diese Formen des Zusammenwirkens doch gerade einer guten Unternehmensführung entsprechen, was zumindest rechtsökonomisch eine Absurdität darstellt, weshalb die Mitteilungspflichten auch weiterhin falsche Verhaltensanreize („nudges“) setzen. In diesen Fällen spielen die einschränkenden Merkmale in § 34 Abs. 2 S. 1 Hs. 2 und S. 2 Alt. 2 WpHG eine zentrale Rolle (dazu sogleich sub 4. und 5.). Entscheidend für die Praktikabilität der Norm ist ferner die Subsumtion konkreter Anwendungsfälle unter den Tatbestand der Abstimmung, was in diesem Überblick jedoch nicht geleistet werden kann.[43]

b) Zuvor ist aber noch ein Blick auf die Europarechtskonformität des Acting in Concert zu werfen, die seit dem Vollharmonisierungsansatz der Transparenzrichtlinie 2013 (2013/50/EU) nicht mehr unumstritten ist. Der Bundesgerichtshof konnte diese Frage in seiner jüngsten Leitentscheidung offenlassen,[44] da sich der

**40** Ähnlich *v. Bülow* (Fn. 5) § 22 Rn. 199; *Zimmermann* (Fn. 5) § 22 Rn. 90; *Versteegen* KK-WpÜG, 2. Aufl. 2010, § 2 Rn. 171.

**41** *Versteegen* (Fn. 40) § 2 Rn. 169; *Angerer* in Geibel/Süßmann WpÜG, 3. Aufl. 2017, § 2 Rn. 34.

**42** BaFin Emittentenleitfaden v. 30.10.2018, Modul B, S. 27; *Zimmermann* (Fn. 5) § 22 Rn. 90 m. weit. Nachw.

**43** Vgl. dazu etwa *Schneider* (Fn. 7) § 34 Rn. 180 ff.; *v. Bülow* (Fn. 5) § 22 Rn. 219.

**44** BGH v. 25.09.2018 – II ZR 190/17, BKR 2019, 46.

Sachverhalt 2011 zutrug und § 22 Abs. 2 WpHG somit noch die alte Fassung der Transparenzrichtlinie von 2004 umsetzte, die nur von einer Mindestharmonisierung ausging. Die Definition des Acting in Concert in Art. 10 lit. a Transparenzrichtlinie 2013 lautet: „Stimmrechte, die von einem Dritten gehalten werden, mit dem diese natürliche oder juristische Person eine Vereinbarung getroffen hat, die beide verpflichtet, langfristig eine gemeinsame Politik bezüglich der Geschäftsführung des betreffenden Emittenten zu verfolgen, indem sie die von ihnen gehaltenen Stimmrechte einvernehmlich ausüben". Dies ist gleich in zweierlei Hinsicht enger als die deutsche Vorgabe. Zum einen kommt es, wie schon früher im deutschen Recht, nur auf die gemeinsame Stimmrechtsausübung an und nicht auch auf die sonstige Einflussnahme auf den Vorstand und/oder Aufsichtsrat („Druckpool"). Zum anderen bringt die Norm mit der Wendung „verpflichtet" deutlich zum Ausdruck, dass eine nicht bindende Abstimmung in sonstiger Weise, wie die viel zitierten Gentlemen's Agreements, gerade kein Acting in Concert begründen.[45] Hieraus zieht eine Ansicht die Schlussfolgerung, dass Deutschland mit der Beibehaltung des weiter gefassten § 34 Abs. 2 WpHG gegen das Vollharmonisierungsgebot in Art. 3 Abs. 1a Transparenzrichtlinie 2013 verstößt.[46] Demgegenüber beruft sich die BaFin in ihrem Emittentenleitfaden 2018[47] und ein anderer Teil der Literatur auf Art. 3 Abs. 1a Unterabs. 4 lit. iii Transparenzrichtlinie 2013 und die Entstehungsgeschichte, wonach der Richtliniengeber gerade eine überschießende Umsetzung des Acting in Concert legitimieren wollte.[48] Nach dieser Vorschrift darf der Mitgliedstaat keine strengeren, über Art. 10 Transparenzrichtlinie 2013 hinausgehenden Vorgaben erlassen, es sei denn, ... „er wendet Rechts- oder Verwaltungsvorschriften an, die im Zusammenhang mit Übernahmeangeboten, Zusammenschlüssen und anderen Transaktionen stehen, die die Eigentumsverhältnisse oder die Kontrolle von Unternehmen betreffen, und von den Behörden, die gemäß Artikel 4 der Richtlinie 2004/25/EG des Europäischen Parlaments und des Rates vom 21. April 2004 betreffend Übernahmeangebote von den Mitgliedstaaten benannt wurden, beaufsichtigt werden." Ob diese Ermächtigung wirklich eingreift, ist indes alles andere

45 *Kraack* AG 2017, 677, 679.

46 *Burgard/Heimann* WM 2015, 1445, 1449; *Hitzer/Hauser* NZG 2016, 1365, 1366 f.; *Kraack* AG 2017, 677, 679 ff.; *Kocher/Mattig* BB 2018, 1667, 1669; *Rothenfußer* in Paschos/Fleischer, Hdb. Übernahmerecht, 2017, § 11 Rn. 174; *Stephan* DK 2016, 53 f.; sympathisierend auch *Brellochs* AG 2019, 29, 32 f.; zumindest mit Zweifeln an der Richtlinienkonformität auch *Schürnbrand/Habersack* in Emmerich/Habersack, Aktien- und GmbH-Konzernrecht, 9. Aufl. 2019, § 34 WpHG Rn. 4.

47 BaFin Emittentenleitfaden, Modul B, Stand 30.10.2018, sub I.2.5.10, S. 26 mit Fn. 60.

48 *Veil* ZHR 177 (2013), 427, 434 f.; *Seibt/Wollenschläger* ZIP 2014, 545, 549; *Parmentier* AG 2014, 15, 18 f., die die Position des BMF in Brüssel mit eingebracht hat.

als gesichert. Übernahmeangebote oder Zusammenschlüsse scheiden ersichtlich aus, in Betracht kommt allein die dritte Variante „anderen Transaktionen ..., die die Eigentumsverhältnisse oder die Kontrolle von Unternehmen betreffen". Allerdings würde eine Subsumtion unter diese Vorschrift bedeuten, dass die Vollharmonisierung praktisch leerläuft, da es bei den Meldepflichten immer mittelbar auch um die Kontrolle des Unternehmens oder dessen Eigentumsverhältnisse geht. Man könnte die Norm auch so lesen, dass allein die weitergehenden Vorschriften im WpÜG Vorrang haben. Eine Beschränkung auf den über Stimmrechte vermittelten Einfluss lässt sich der Vorschrift entgegen mancher Beteuerung nicht entnehmen.[49] Der Verweis auf den historischen Willen des Richtliniengebers ist bei europäischen Vorschriften zumindest dann zweifelhaft, wenn er keinen hinreichenden Anhaltspunkt im Richtlinientext gefunden hat. Der einschlägige Erwägungsgrund 12 liefert insoweit keine Schützenhilfe.[50] Allerdings hat die hM einen gewissen dokumentierten Anhaltspunkt, wenn man die verschiedenen Entwurfsfassungen vergleicht, die ursprünglich keine Ausnahmen zuließen.[51] Ob dies ausreichen wird, vor dem EuGH eine Auslegung der Richtlinie contra legem zu rechtfertigen, bleibt abzuwarten. Es bestehen somit gute Gründe für die Annahme, dass § 34 Abs. 2 WpHG in seiner derzeitigen Fassung nicht europarechtskonform ist.

## 4. Dauerhafte und erhebliche Änderung der unternehmerischen Ausrichtung (§ 34 Abs. 2 S. 2 Alt. 2 WpHG)

Auf den ersten Blick könnte man das Erfordernis einer dauerhaften und erheblichen Änderung der unternehmerischen Ausrichtung so verstehen, dass es nur bei einer Verhaltensabstimmung in sonstiger Weise, nicht aber bei einer Abstimmung qua Vereinbarung eingreift, denn das Erfordernis wird mit einem „oder" eingeleitet.[52] Für eine derartige Begrenzung könnte streiten, dass die Gefahr einer ausufernden Weite vor allem beim abgestimmten Verhalten besteht und deshalb nur insoweit eine Einschränkung notwendig ist. Allerdings wäre es wenig einsichtig, dass eine dauerhafte vertragliche Abstimmung über die Ausübung des

---

**49** So aber *Parmentier* AG 2014, 15, 18; wie hier: *Hitzer/Hauser* NZG 2016, 1365, 1367.

**50** Ebenso *Brellochs* AG 2019, 29, 33; dies einräumend auch *Seibt/Wollenschläger* ZIP 2014, 545, 549; *Parmentier* AG 2014, 15, 18.

**51** Vgl. den Nachw. bei *Veil* ZHR 177 (2013), 427, 434.

**52** Anders wohl *v. Bülow* (Fn. 5) § 22 Rn. 219 ff.; *Schneider* (Fn. 7) § 34 Rn. 156.

Stimmrechts z. B. mit Blick auf Gewinnverwendungsentscheidungen oder Entlastung des Vorstandes automatisch eine Zurechnung auslöst, während bei der Einflussnahme auf den Vorstand außerhalb der Hauptversammlung weniger strengere Anforderungen eingreifen sollen. Vielmehr sollte man das Erfordernis der Änderung der unternehmerischen Ausrichtung als Korrektiv nutzen, die überbordende Tendenz des Acting in conert insgesamt einzuschränken. Es wäre sonst ein Leichtes, statt einer Vereinbarung nur ein Gentlemen's Agreement zu treffen, um so in den Genuss der Eingrenzung des Tatbestandes zu gelangen. Auch der Wille des Gesetzgebers des Risikobegrenzungsgesetzes, der in Reaktion auf die WMF-Entscheidung des BGH eine Eingrenzung gerade bei der Abstimmung hinsichtlich der Aufsichtsratswahl wollte, hat in seiner Begründung nicht erkennen lassen, dass er diese Einschränkung auf eine Tatbestandvariante begrenzen wollte. Die Begründung bringt vielmehr hinreichend klar zum Ausdruck, dass sich die Konkretisierung in Satz 2 auf beide Fälle des S. 1 beziehen soll.[53] Nicht zuletzt ergibt sich dieses Ergebnis aber auch aus einer richtlinienkonformen Auslegung. Denn Art. 10 lit. a Transparenzrichtlinie 2013 fordert „langfristig eine gemeinsame Politik bezüglich der Geschäftsführung des betreffenden Emittenten" gerade auch für den Fall, dass die Aktionäre „die von ihnen gehaltenen Stimmrechte einvernehmlich ausüben".

Das Merkmal der Dauerhaftigkeit ist trotz der nun klargestellten formalen Auslegung der Einzelfallausnahme nach § 34 Abs. 2 S. 1 Hs. 1 WpHG (dazu sogleich sub 5.) von untergeordneter Bedeutung. Entscheidend ist vielmehr, dass mit der Abstimmung keine Änderung der unternehmerischen Ausrichtung verbunden ist. Eine Neubesetzung des Aufsichtsrats führt nicht ohne Weiteres zu einer Neuausrichtung. Zu Recht betont die Gesetzesbegründung zum Risikobegrenzungsgesetz, dass dies nur bei besonderen Umständen der Fall sei, etwa wenn mit der Neubesetzung die Zerschlagung des Unternehmens, die Änderung der Dividendenpolitik oder ein anderer der in § 43 WpHG genannten Fälle vorliegt.[54] Der Sache nach folgt die Gesetzesbegründung damit einer vom Verfasser dieser Zeilen 2005 zusammen mit *Hannes Bracht* vertretenen Auffassung, wonach ein Acting in Concert erst dann vorliegt, wenn der Aufsichtsrat nicht mehr neutral agiert, sondern quasi ein Handlanger der sich abstimmendenden Aktionäre wird und von diesen mit Blick auf die grundlegende Neuausrichtung der Geschäftspolitik beeinflusst werden kann.[55] Der BGH hat in seiner jüngsten Leitentscheidung zudem zu Recht betont, dass die unternehmerische Ausrichtung nicht mit dem

---

**53** BT-Drucks. 16/7438, S. 11.
**54** BT-Drucks. 16/7438, S. 11, wenn auch ohne Bezugnahme auf § 43 WpHG.
**55** *Casper/Bracht* NZG 2005, 839, 841.

Unternehmensgegenstand gleichzusetzen ist, sondern vielmehr der vom Vorstand aufgrund seiner Leitungsfunktion definierten Unternehmenspolitik entspräche.[56] So sei etwa die Änderung des Unternehmensgegenstandes nicht automatisch eine Neuausrichtung, insbesondere nicht im Falle der wirtschaftlichen Neugründung einer Mantelgesellschaft. Allerdings wird der genaue Inhalt, der Gegenstand der vom Vorstand entwickelten Unternehmenspolitik ist, vom II. Zivilsenat in seiner Leitentscheidung nicht näher abstrakt definiert.[57] Es dürfte auf die jeweiligen Umstände im Einzelfall ankommen, die in diesem Überblick über die Zurechnungstatbestände nicht im Einzelnen entfaltet werden können. Festgehalten werden kann jedoch, dass die Änderung der Unternehmenspolitik nicht nur die Folge, sondern auch der Zweck der Abstimmung sein muss. Folglich sprechen die besseren Gründe dafür, Abstimmungen, die mit der Zustimmung der Verwaltung erfolgen oder gar nur deren Unterstützung dienen, auszunehmen.[58] Darauf, ob die Abstimmung tatsächlich eine Änderung der Unternehmenspolitik bewirkt, kommt es jedoch nicht an; es reicht, dass diese bezweckt worden ist.[59]

## 5. Die Einzelfallausnahme (§ 34 Abs. 2 S. 1 Hs. 2 WpHG)

Zusätzlich zu der Konkretisierung des Anwendungsbereichs des Acting in Concert in § 34 Abs. 2 S. 2 WpHG hat der Gesetzgeber die Einzelfallausnahme beibehalten. Den langjährigen Disput, ob dieses Tatbestandsmerkmal formal oder materiell auszulegen ist, hat der II. Zivilsenat in seiner Grundsatzentscheidung aus dem Jahr 2018 überzeugend im Sinne einer formalen Auslegung entschieden[60] und sich damit in Widerspruch zur Auslegung der BaFin in ihrem Emittentenleitfaden gesetzt.[61] Vor 2008 hatten einige Literaten, so auch der Verf. dieses Beitrages, eine materielle Auslegung befürwortet, um die jetzt in § 34 Abs. 2 S. 2 WpHG aufgenommenen materiellen Kriterien über die Einzelfallausnahme in das Gesetz

---

**56** BGH v. 25.09.2018 – II ZR 190/17, BKR 2019, 46 Rn. 14 ff.; so zuvor bereits *v. Bülow* (Fn. 5) § 22 Rn. 221.

**57** BGH v. 25.09.2018 – II ZR 190/17, BKR 2019, 46 Rn. 21 ff.

**58** *v. Bülow* (Fn. 5) § 22 Rn. 224; in diesem Sinne wohl auch Bericht des Finanzausschusses BT-Drucks. 16/9821, S. 12.

**59** Bericht des Finanzausschusses BT-Drucks. 16/9821, S. 12; *v. Bülow* (Fn. 5) § 22 Rn. 221.

**60** BGH v. 25.09.2018 – II ZR 190/17, BKR 2019, 46 Rn. 32 ff. mit umfangreichen Nachw. zum Streitstand.

**61** BaFin Emittentenleitfaden, Modul B, Stand 30.10.2018, sub I.2.5.10.2., S. 28. Die BaFin hat aber inzwischen in ihren FAQ zu den Transparenzpflichten des WpHG in den Abschnitten 6 (§§ 33 ff.) und 7 (§§ 48 ff.) v. 28.10.2016 (geändert am 22.02.2019) in Frage 8a erklärt, dass sie an ihrer bisherigen Praxis nicht festhalten, sondern der Ansicht des BGH Folge leisten will.

hineinzulesen.[62] Hierfür ist seit 2008 kein Bedarf mehr, weshalb mit dem BGH folgende Gründe für eine formale Betrachtungsweise streiten: Neben dem Aspekt der Rechtssicherheit ist zuvörderst der Wortlaut ins Feld zu führen, der von Einzelfall spricht, was sinnvollerweise nur formal abgegrenzt werden kann.[63] Dass der Wortlautgrenze mit Blick auf das Bestimmtheitsgebot bei Normen, die strafbewehrt bzw. wie § 34 WpHG mit einer Ordnungswidrigkeit belegt sind, besondere Bedeutung zukommt, hat der BGH zu Recht hervorgehoben.[64] Maßgeblich spricht aber auch der Gesetzeszweck für eine derartige Auslegung. § 33 WpHG dient der Kapitalmarkttransparenz.[65] Diese soll die Stimmrechtszurechnung unterstützen. Würde die Einzelfallausnahme in § 34 Abs. 2 S. 1 Hs. 2 WpHG nicht formal, sondern materiell verstanden, so könnte es zu einer Vielzahl von irrelevanten Meldungen oder zumindest solchen mit eingeschränktem Aussagegehalt kommen, die der Kapitalmarkttransparenz eher abträglich denn zuträglich wären.[66]

Damit ist das Verhältnis zwischen § 34 Abs. 2 S. 1 Hs. 2 und S. 2 ebenfalls geklärt. Vorrangig ist formal zu prüfen, ob nur eine Abstimmung im Einzelfall vorgelegen hat. Ist dies der Fall und fehlt es auch an einem Fortsetzungszusammenhang mit Blick auf zukünftige Abstimmungen, liegt kein meldepflichtiges Acting in Concert vor. Ist die Einzelfallausnahme hingegen zu verneinen, bleibt zu prüfen, ob eine erhebliche Änderung der unternehmerischen Ausrichtung im Sinne des Satzes 2 vorliegt.

## 6. § 34 Abs. 2 WpHG richtig gelesen und formuliert

Fasst man die vorstehenden Überlegungen zusammen, so ist § 34 Abs. 2 wie folgt zu lesen:

> *(2) [1]Dem Meldepflichtigen werden auch Stimmrechte eines Dritten aus Aktien des Emittenten, für den die Bundesrepublik Deutschland der Herkunftsstaat ist, in voller Höhe zugerechnet, mit dem der Meldepflichtige oder sein Tochterunternehmen sein Verhalten in Bezug auf diesen Emittenten auf Grund einer Vereinbarung oder in sonstiger Weise abstimmt (abgestimmtes Verhalten). [2]Ein abgestimmtes Verhalten setzt voraus, dass der Meldepflichtige oder sein Tochterunternehmen und der Dritte sich mit dem Ziel einer dauerhaften und erheblichen Änderung der unternehmerischen Ausrichtung des Emittenten über die Ausübung von Stimm-*

62 *Casper/Bracht* NZG 2005, 839, 840 f.; weit. Nachw. bei BGH v. 25.09.2018 – II ZR 190/17, BKR 2019, 46 Rn. 33; für eine formale Betrachtung noch *Casper* ZIP 2003, 1469, 1476.

63 BGH v. 25.09.2018 – II ZR 190/17, BKR 2019, 46 Rn. 35 f.

64 BGH v. 25.09.2018 – II ZR 190/17, BKR 2019, 46 Rn. 39; weit. Nachw. oben Fn. 12.

65 BGH v. 25.09.2018 – II ZR 190/17, BKR 2019, 46 Rn. 36.

66 *Brellochs* AG 2019, 29, 30.

*rechten oder eine sonstige Einflussnahme auf den Emittenten verständigen. [3]Ausgenommen ist ein abgestimmtes Verhalten im Einzelfall. [4]Für die Berechnung des Stimmrechtsanteils des Dritten gilt Absatz 1 entsprechend.*

Mit Blick auf die europarechtlichen Bedenken der Einbeziehung der Abstimmung in sonstiger Weise (oben 3 b) sollte auf dieses Tatbestandsmerkmal jedoch besser verzichtet werden. Hält man es für unverzichtbar, wäre Art. 10 lit. a Transparenzrichtlinie entsprechend anzupassen.

# V. Fazit

Die Verabschiedung des Wertpapierhandelsgesetzes vor 25 Jahren war ein Meilenstein in der Entwicklung des deutschen Kapitalmarktrechts, es ist zu Recht als Magna Charta des Kapitalmarktrechts bezeichnet worden.[67] Eine Konstante war es infolge der fortschreitenden europäischen Harmonisierung und der Verwirklichung einer europäischen Kapitalmarktunion, die zunehmend auf Verordnungen setzt, indes nicht. Die Stimmrechtszurechnung im Rahmen der Meldepflichten ist bei dieser Entwicklung ein wichtiger Baustein gewesen, die den Gesetzgeber wiederholt zum Eingriff herausgefordert hat, wobei sich der zu oft apostrophierte Gleichlauf mit § 30 Abs. 2 WpÜG als hinderlich erwiesen hat. Die Stimmrechtszurechnung wird Praxis und Wissenschaft auch in Zukunft noch beschäftigen, da die Entwicklung noch nicht abgeschlossen ist. Sollte das WpHG seinen 50. Geburtstag feiern und abermals mit einer Festschrift der nachkommenden Generation von Kapitalmarktrechtlern geehrt werden, wird man die Stimmrechtszurechnung bei der Beteiligungstransparenz vermutlich vergeblich im WpHG suchen, sondern stattdessen in einer Transparenzverordnung finden. Dass dabei eine klarere, zu weniger Auslegungszweifeln Anlass gebende Norm herauskommt, darf indes bezweifelt werden. Dass derartige europäische Rechtsakte mit einer Festschrift geehrt werden, dürfte freilich als ausgeschlossen gelten.

67 Demgegenüber spricht *Grundmann* (Fn. 18) Teil 8 Rn. 1 von „Grundgesetz".

Christoph H. Seibt

# Mitteilungspflichten beim Halten von Instrumenten (§ 38 WpHG)

## I. Einleitung

### 1. Eigenständiges Melderegime für das Halten von Instrumenten

Seit dem 1. Januar 1995 ist mitteilungspflichtig, wer Stimmrechte an einem börsennotierten Unternehmen hält und dabei bestimmte Meldeschwellen (3, 5, 10, 15, 20, 25, 30, 50 oder 75%) erreicht, über- oder unterschreitet (§§ 33f. WpHG). Die hiermit verfolgten Regelungszwecke sind vorrangig (i) der Schutz der Anleger und ihrer Interessen durch angemessene Unterrichtung über die Beteiligungsverhältnisse an börsennotierten Gesellschaften, (ii) damit die Stärkung der Kapitalmarkttransparenz, (iii) die Prävention gegen Insiderhandel, und (iv) mit alledem die Stärkung der Funktionstüchtigkeit und des Vertrauens in die Wertpapiermärkte[1]; hinzu treten gesellschafts- und übernahmerechtliche Nebenzwecke wie der Konzerneingangsschutz und die wirtschaftliche Gleichbehandlung von Aktionären im Vorfeld von Übernahmen[2]. Dieses Beteiligungstransparenzregime wird inhaltlich seit 2011 durch §§ 25, 25a WpHG a. F. bzw. § 38 WpHG ergänzt, dem zufolge mitteilungspflichtig auch ist, wer zwar keine Stimmrechte hält, aber (i) ein Zugriffsrecht auf mit Stimmrechten verbundene Aktien hat oder (ii) Instrumente hält, die eine vergleichbare wirtschaftliche Wirkung wie solche Zugriffsrechte haben. Es handelt sich dabei um einen Bestandteil eines einheitlichen und §§ 33f. WpHG ergänzenden Melderegimes (trotz der Einheitlichkeit mit getrennter Ausweispflicht, vgl. § 39 WpHG), der sich auf bestimmte rechtlich konkretisierte Umstände (nämlich „Instrumente") beziehen, die typischerweise eine Vorfeldsituation zum Stimmrechtserwerb bzw. zur Stimmrechtsveräußerung abbilden oder

1 Vgl. *U. H. Schneider* in Assmann/U. H. Schneider/Mülbert, Wertpapierhandelsrecht, 7. Aufl. 2019, Vor § 33 WpHG Rn. 23f.; *Hirte* in KK-WpHG, 2. Aufl. 2014, § 21 WpHG Rn. 3; *Michel* in Just/Voß/Ritz/Becker, WpHG, 2015, § 21 WpHG Rn. 8; *Zimmermann* in Fuchs, WpHG, 2. Aufl. 2016, Vor §§ 21–30 WpHG Rn. 15.

2 Vgl. *U. H. Schneider* in Assmann/U. H. Schneider/Mülbert, Wertpapierhandelsrecht, 7. Aufl. 2019, Vor § 33 WpHG Rn. 3 und 31–33; *Zimmermann* in Fuchs, WpHG, 2. Aufl. 2016, Vor §§ 21–30 WpHG Rn. 17; offen lassend dagegen: *Michel* in Just/Voß/Ritz/Becker, WpHG, 2015, § 21 WpHG Rn. 9.

https://doi.org/10.1515/9783110632323-039

bereits eine faktische Vorfeld- oder Begleit-Einflussmöglichkeit auf die Ausübung eines Dritten vermitteln. Bei § 38 WpHG handelt es sich aber um keine Missbrauchsvermeidungsvorschrift (im engeren Sinne), da das Innehaben der von § 38 WpHG erfassten Instrumente keine Indizwirkung für ein dem Normzweck von §§ 33 f. WpHG entgegenstehendes Transparenzvermeidungsziel besitzt. Insoweit ist es auch missverständlich, von § 38 WpHG als „Auffangtatbestand" zu den Meldetatbeständen nach §§ 33 f. WpHG zu sprechen[3], da dies ja voraussetzte, dass der Gesetzgeber eine vollständige Transparenz über die rechtlichen Verhältnisse geregelt hätte, die sich auf mit Stimmrechten verbundenen Aktien börsennotierter Unternehmen beziehen und diese Verhältnisse entweder durch die Kerntatbestände der §§ 33 f. WpHG oder aber durch einen als Auffangnorm verstandenen § 38 WpHG abgedeckt werden. Der Gesetzgeber hatte sich vielmehr gerade gegen eine prinzipiengeleitete Generalklausel[4], sondern für eine zwar sachverhaltsoffene und generalklauselhafte, aber durch bestimmte Tatbestandsvoraussetzungen konkretisierte Lösung entschieden[5].

## 2. Anlass der Untersuchung, empirische Auswertung und Experten-Umfrage

Das Inkrafttreten des WpHG liegt 25 Jahre zurück. Die Diskussion über die Einführung eines ergänzenden Melderegimes (bzw. Meldekategorie) für das Halten von (bloßen) Instrumenten begann in intensiver und von der Unternehmenspraxis und Medienöffentlichkeit stark begleiteter Form aus Anlass der Übernahme von Continental durch die ehemalige Familiengesellschaft Schaeffler im Sommer 2008, also vor knapp über 10 Jahren. Bei Einführung dieses neuen Melderegimes durch das Anlegerschutz- und Funktionsverbesserungsgesetz (AnsFuG)[6] im Jahre 2011 wurde von vielen Stimmen angemahnt, die konzeptionellen Grundentscheidungen (z. B. Anwendungsbereich, Eingangsmeldeschwelle, Rechtschutz, Sanktionsinstrumente) nach einiger Zeit kritisch zu bewerten, was bislang unterblieben ist. Diese Evaluation soll durch diesen Beitrag erfolgen. Hierzu werden u. a. die Mit-

---

3 So *U. H. Schneider* in Assmann/U. H. Schneider/Mülbert, Wertpapierhandelsrecht, 7. Aufl. 2019, § 38 WpHG Rn. 10.

4 So der Vorschlag von *U. H. Schneider/Anzinger*, ZIP 2009, 1 ff.; hiernach *Anzinger*, WM 2011, 391 ff.; *U. H. Schneider*, AG 2011, 645, 646.

5 Hierzu z. B. *Seibt*, CFL 2010, 502, 504. – Zum „generalklauselhaften" Charakter (nicht Generalklausel!) auch *Fleischer/Schmolke*, NZG 2010, 846, 853; *Heinrich* in KK-WpHG (Einheitlich zu Fn. 1,38), 2. Aufl. 2014, § 25a WpHG Rn. 35; *Weidemann*, NZG 2016, 605, 607.

6 BGBl. I 2011, 538.

teilungen nach § 38 WpHG der DAX-, MDAX- sowie TecDAX-Unternehmen in den Jahren 2017 und 2018 empirisch ausgewertet und die Ergebnisse einer vom *Verfasser* (Einzelergebnisse im Anhang zum Beitrag) im Zuge der Beitragserstellung konzipierten und durchgeführten Experten-Umfrage berücksichtigt. Für die Experten-Umfrage wurden 100 Personen angeschrieben, die in unterschiedlicher beruflicher Funktion mit dem Melderegime nach § 38 WpHG beschäftigt sind, und um Beantwortung von 12 inhaltbezogenen Fragen zu diesem Melderegime innerhalb einer Frist (4.–14.6.2019) und mittels Online-Fragebogen gebeten. Die nach Berufsgruppen differenzierte Verteilung der angefragten Experten (Leiter Kapitalmarktrecht von Börsenunternehmen, Finanzinstituten und Fonds, Rechtsanwälte und Universitätsprofessoren mit Spezialisierung im Kapitalmarktrecht, Referatsleiter Kapitalmarkt in Verbänden) und die jeweilige Antwortenquote ist in der nachfolgenden Tabelle aufgeführt:

| | Gesamtzahl der Angefragten | Antworten | Anteil an Antworten in % |
|---|---|---|---|
| **Unternehmen** | 35 | 22 | 35,48 % |
| **Finanzinstitut** | 5 | 4 | 6,45 % |
| **Fonds** | 5 | 3 | 4,84 % |
| **Rechtsanwalt** | 30 | 23 | 37,10 % |
| **Unternehmensverband** | 3 | 2 | 3,23 % |
| **Gewerkschaft** | 2 | 0 | 0 % |
| **Wissenschaft** | 20 | 8 | 12,90 % |
| **Total** | 100 | 62 | 100 % |

Im Rahmen einer Selbsteinschätzung votierten etwa 65 % der Antwortenden für eine hohe oder sehr hohe Expertise zum Verständnis von § 38 WpHG, nur ca. 14 % hielten ihre Expertise für niedrig oder eher niedrig (Frage 2). Der *Verfasser* geht davon aus, dass mit dieser Grundgesamtheit und der (hohen) Antwortquote (sowie einer stichprobenhaften Überprüfung mittels Einzelinterviews) ein repräsentativer Einblick in die rechtspolitische Bewertung des Melderegimes nach § 38 WpHG möglich ist.

## II. Gesetzgebungsgeschichte, Normzwecke und Praxisfallgruppen

### 1. Gesetzgebungsgeschichte

Der Auslöser der erstmaligen, autonomen Regelung eines die Stimmrechtstransparenz ergänzenden Melderegimes in §§ 25, 25a WpHG (i.d.F. AnsFuG) und die weitere Gesetzgebungsgeschichte ist für das Normverständnis von Bedeutung: Trotz einiger, auch öffentlich diskutierter Fälle des „verdeckten Beteiligungsaufbaus" in Deutschland (insbesondere in den Fällen Merck/Schering in 2006[7], Volkswagen/MAN in 2006/07[8] sowie Porsche/Volkswagen in 2007/08[9]) und der rechtspolitischen Diskussion in der Schweiz nach mittels verdeckten Beteiligungsaufbau erleichterten Übernahmen Schweizer Börsenunternehmen durch insbesondere russische Investoren (Fälle: Vekselberg/Unaxis in 2005 und OC Oerlikon/Saurer in 2006; Vekselberg/Sulzer in 2007; Laxey/Implemia in 2007)[10] und trotz bestimmter Diskussionen auf Unionsebene (insbesondere im European Corporate Governance Forum)[11] begann die intensive Diskussion über die Adäquanz der an das Halten von Stimmrechten gekoppelten Beteiligungstransparenz erst durch das Vorgehen von Schaeffler im Zuge der Übernahme der Continental AG und insbesondere deren Nutzung von *cash settled equity swaps* im Sommer 2008[12]. Continental reagierte auf das mit ihr unabgestimmte Übernahmeangebot vor allem auch durch eine an die BaFin gerichtete Anregung, die Einlieferung in das Übernahmeangebot oder sonstige Übertragung von Aktien an

7 Hierzu z.B. *Noack/Zetzsche* in FS Schwark, S. 569 Fn. 11.

8 Hierzu z.B. *Noack/Zetzsche* in FS Schwark, S. 569 Fn. 11.

9 Hierzu z.B. *Fleischer/Schmolke*, NZG 2010, 846, 847.

10 Hierzu z.B. *Emmeneger*, FS Hopt, 2010, S. 1763, 1764 ff. – In den Fällen Saurer, Sulzer und Implenia stuften die Schweizer Aufsichtsbehörden das Vorgehen der Bieter als indirekten Aktienerwerb ein, was zur Zurechnung der den Finanzinstrumenten zu Grunde liegenden Aktien führten; in den Fällen Sulzer und Implenia resultierte daraus die Feststellung einer Meldepflichtverletzung.

11 *European Corporate Governance Forum*, Paper of the ECGF Working Group on Proportionality, 6/2007.

12 Hierzu z.B. *Seibt*, ZGR 2010, 795 ff. und *Tautges*, Empty Voting und Hidden (Morphable) Ownership, 2015, S. 33 („*In Deutschland schenkte man den Phänomenen und den damit einhergehenden Konsequenzen zunächst kaum Beachtung. Das änderte sich allerdings mit der Übernahme von Continental durch den fränkischen Automobilzulieferer Schaeffler im Jahre 2008, in deren Fahrwasser das Anschleichen an börsennotierte Gesellschaften schlagartig in den Fokus der Öffentlichkeit und Wissenschaft rückte und zu einem Lieblingsthema der wirtschaftsrechtlichen Zunft avancierte*") und *passim*, jew. m.w.Nw..

Schaeffler, die der Erfüllung von aus Sicht von Continental rechtwidrig unveröffentlicht gebliebenen Finanzinstrumente dient, qua Missstandsbeseitigungsverfügung (insbes. § 4 Abs. 1 Satz 3 WpÜG) zu untersagen; damit sollte der Erfolg des Übernahmeangebots verhindert werden. Dieses Anregungsschreiben konzentrierte sich auf die Auslegung von §§ 21, 22 WpHG a.F., bezog hierbei umfangreich die Schweizer Aufsichtspraxis, die US-amerikanische Literatur (insbesondere von *Hu/Black*[13] sowie *Martin/Partnoy*[14]) und das damals kurz zuvor ergangene Urteil des US District Court, Southern District of New York in der Sache CSX v. TCI (Meldepflichtverletzung)[15] ein und konnte sich auf erste wissenschaftliche Gutachten zur konkreten Rechtssache von *Habersack*[16] sowie *Schanz*[17] stützen. Auf der Basis einer internen Rechtsstellungnahme zog sich eine deutsche Großbank wegen aus ihrer Sicht signifikanter Rechtsrisiken aus dem die Übernahme finanzierenden Bankenkonsortium zurück[18]. Die BaFin-Ermittlungen zu diesem Sachverhalt wurden allerdings erst nach Veröffentlichung des Abschlusses einer – die Auseinandersetzung befriedigenden – Investorenvereinbarung zwischen Schaeffler und Continental (indes taggleich am 21. August 2018) abgeschlossen. In der hierzu von der BaFin veröffentlichten Pressemitteilung hieß es, dass die Bundesanstalt auf der Basis der *„Auskünfte und Unterlagen, die die BaFin eingeholt habe"* einen Verstoß gegen Meldepflichten des Wertpapiererwerbs- und Übernahmegesetzes oder des Wertpapierhandelsgesetzes *„nicht feststellen konnte"*.

Hieraufhin veröffentlichten bestimmte Finanzvorstände von DAX-Unternehmen einen sog. „Brandbrief"[19], und der Bundesverband der deutschen Industrie[20]

---

**13** *Hu/Black*, 61 Bus. Law. 1011 (2006); *dies.*, 79 S. Cal. L. Rev. 811 (2006); *dies.*, J. Corp. Fin. 13 (2007) 343; *dies.*, 156 U. Pa. L. Rev. 625 (2008); *dies.*, Europ. Fin. Man. 14 (2008) 663.

**14** *Martin/Partnoy*, 2005 U. Ill. L. Rev. 775.

**15** US District Court, Southern District of New York, CSX Corporation vs. The Children's Investment Fund Management (UK) LLP, 11.6.2008, 08 Civ 2764 (LAK), bestätigt in Berufungsinstanz (No. 08 – 2899-cv) (2nd Cir., 15.9.2008).

**16** *Habersack*, AG 2008, 817ff.

**17** *Schanz*, DB 2008, 1899ff.

**18** Hierzu instruktiv *JUVE*, Auf dünnem Eis: Bei der geplanten Übernahme von Continental durch die Schaeffler-Gruppe hat der Automobilzulieferer schlechte Karten. Freshfields und die Deutsche Bank starten für Conti zur juristischen Gegenwehr, abrufbar unter hhttps://www.juve.de/nachrichten/deals.

**19** Vgl. Schreiben von Finanzvorständen von DAX-Unternehmen vom 27. August 2008 an Bundesfinanzminister Steinbrück; hierzu z.B. Handelsblatt vom 28. August 2008 („Schaeffler schreckt Dax-Vorstände auf"/ „Dax-Finanzchefs wollen Anschleichen stoppen") und Börsen-Zeitung vom 29. August 2008; *Seibt*, Börsen-Zeitung vom 3. September 2008, S. 2 („Mehr Transparenz bei Cash-Equity Swaps").

sowie weitere politische Kreise[21] forderten gesetzliche Ergänzungen des bislang alleine auf Stimmrechte bezogenen Melderegimes. Dabei ist wichtig daran zu erinnern, dass zum damaligen Zeitpunkt Auslandsinvestitionen vor allem durch russische Unternehmen und durch (arabische) Staatsfonds (nicht selten unter Verweis auf die Schweizer Übernahmefälle) kritisch gesehen wurden und die Positionierung der BaFin im Schaeffler/Continental-Fall die vielfach geäußerte Notwendigkeit einer Reform des deutschen Außenwirtschaftsrechts unterstrich[22]; die weitgehende Reform des Außenwirtschaftsrechts (erstmals mit einer sektorübergreifenden Prüfung ab 25 % Beteiligungsaufbau!) trat zum 24. April 2009 in Kraft[23].

In Folge wurden im Gesetzgebungsverfahren zum AnsFuG auch unter Berücksichtigung der Rechtsentwicklung in anderen Ländern und der Stellungnahme des European Corporate Governance Forum an die Europäische Kommission (mit der Empfehlung, die Abgabe des wirtschaftlichen Risikos aus Aktien einer Offenlegungspflicht zu unterwerfen)[24] sowie die Erfahrung aus weiteren Praxisfällen (insbesondere Swiss Life [AWD]/MLP in 2008, Aurelius/Arques in 2008 und SKion ([Family Office Susanne Klatten]/SGL Carbon in 2009)[25] berücksichtigt. Die Änderung von § 25 und die Einführung von § 25a WpHG a. F.

---

**20** Vgl. Bundesverband der Deutschen Industrie e.V., Vorläufige BDI-Position zur Verbesserung der Beteiligungstransparenz, interne Stellungnahme vom 21. November 2008 („BDI-Stellungnahme 2008“).

**21** Vgl. Antwort der Bundesregierung auf die kleine Anfrage der Abgeordneten Christine Scheel, Dr. Gerhard Schick, Kerstin Andreae, weiterer Abgeordneter und der Fraktion BÜNDNIS 90/DIE GRÜNEN, BT-Ds. 16/10167, 26. 8. 2008. Die in Beantwortung von Frage 11 angekündigte Überprüfung der rechtlichen Transparenzpflichten („Die Bundesregierung nimmt die aktuellen Entwicklungen am Finanzmarkt, insbesondere im Fall des Übernahmeangebots der Schaeffler KG, zum Anlass, die geltenden Transparenzpflichten auch unter Einbeziehung der Rechtslage in anderen Staaten zu überprüfen“) sollte auf der Grundlage eines rechtsdarstellenden Dokuments des Bundesfinanzministeriums (das erstellt wurde) zu einer Beratung im Finanzausschuss des Deutschen Bundestages im Frühjahr 2009 führen. Aufgrund der gesetzgeberischen Aktivitäten im Zusammenhang mit der Finanz- und Wirtschaftskrise ist es bislang zu einer solchen Beratung nicht gekommen.

**22** Zu diesem Zusammenhang z. B. *DAI*, Handlungsspielräume von Staatsfonds in Deutschland – Außenwirtschafts- und Gesellschaftsrecht, 2009, S. 23 („*Allerdings haben die Abläufe bei der Transaktion Schaeffler/Continental gezeigt, dass eine Umgehung von Meldepflichten sehr wohl möglich ist. Auch das Risikobegrenzungsgesetz enthält keine Regelungen für Cash Settled Swaps, wie sie bei Schaeffler/Continental – zulässigerweise, so zumindest die Bundesanstalt für Finanzdienstleistungsaufsicht (BaFin) – zum Einsatz kamen.*“).

**23** BGBl. I 2009, 770; hierzu *Seibt/Wollenschläger*, ZIP 2009, 833 ff.

**24** *European Corporate Governance Forum*, Statement of the ECGF on Empty Voting and Transparency of Shareholder Positions, 20. 2. 2010, Rn. 5.

**25** Hierzu z. B. *Seibt*, ZGR 2010, 795, 813 m.w.Nw.

durch das AnsFuG war dementsprechend eine gesetzgeberische „Krisenbewältigungsmaßnahme“, und zwar rechtspolitisch vor allem mit einer übernahmerechtlichen Schutzrichtung, nämlich um die Handlungsoptionen der von einem verdeckten Beteiligungsaufbau betroffenen Zielgesellschaft zu vergrößern und die Markttransparenz zu Gunsten außenstehender Aktionäre im Vorfeld möglicher Übernahmeangebote zu erhöhen. Die vor allem in den USA bis heute deutlich stärker diskutierten Fragen der Beteiligungstransparenz im Zusammenhang mit der Abhandlung von Themen auf der Hauptversammlung (einschließlich der Wahl von Verwaltungsorganmitgliedern, (Sonder-)Dividenden und Aktienrückkaufprogrammen) hat im Gesetzgebungsverfahren keine beachtliche Rolle gespielt.

Die Einführung des Melderegimes für das Halten von (Finanz-)Instrumenten war also – trotz der rechtsvergleichenden Betrachtung vor allem aus der Schweiz – autonom deutschrechtlichen Ursprungs. Während die ESMA noch im Juni 2012 urteilte, dass unionsrechtliche Maßnahmen in diesem Zusammenhang *„zum derzeitigen Zeitpunkt nicht angezeigt“* seien, sah die EU-Transparenzrichtlinie-Änderungsrichtlinie vom Oktober 2013[26] dann eine vom deutschen Rechtsstand beeinflusste Regelung als Harmonisierungsgrundlage vor. Durch das Transparenzrichtlinie-Änderungsrichtlinien-Umsetzungsgesetz vom 25.11.2015[27] wurden die Inhalte von §§ 25, 25a WpHG a.F. in einem neugefassten § 25 WpHG a.F. mit nur „geringfügigen materiellen Änderungen“ zusammengefasst[28]. Durch das 2. Finanzmarktnovelierungsgesetz (2. FiMaNoG) vom 23.6.2017[29] wurde schließlich § 25 WpHG a.F. in § 38 WpHG ohne materielle Änderungen überführt.

## 2. Mit dem Melderegime nach § 38 WpHG verfolgte Normzwecke

Trotz des primär übernahmerechtlichen Hintergrunds der Einführung des neuen Melderegimes für (Finanz-)Instrumente vermied der deutsche Gesetzgeber gerade eine ausschließlich übernahmerechtliche Lösung (oder einen sog. „intentions-based approach“), sondern suchte eine übergreifende Lösung für die Phänomene *hidden ownership* (verdeckte Beteiligung; keine Stimmrechtsmacht trotz wirtschaftlichen Substrats) und dadurch (und nur partiell) auch des sog. *empty voting*

26 Abl. L294 vom 6.11.2013, S. 13.
27 BGBl. I 2015, 2029.
28 Hierzu ausf. *Seibt/Wollenschläger*, ZIP 2014, 545ff.
29 BGBl. I 2017, 1633 (hier Art. 3 Nr. 39).

(Stimmrechtsmacht ohne wirtschaftliches Substrat)[30]. Beide Phänomene sind aus Sicht des Verbands- sowie des Kapitalmarktrechts bedenklich[31]: Das *empty voting* kann wegen des Auseinanderfallens von Stimmrechtsmacht und wirtschaftlicher Betroffenheit zu Anreizverzerrungen bei der Wahrnehmung von Aktionärsrechten in der Hauptversammlung führen, nämlich in dem Sinne, dass die formal Stimmberechtigten private Sonderinteressen verfolgen, die gerade dem Unternehmensinteresse auf nachhaltige Rentabilität des Geschäfts zuwiderlaufen. Dies führt zu einer aus Unternehmenssicht ineffizienten Ausübung der Unternehmenskontrolle durch Aktionäre in der Hauptversammlung und einer Fehlleitung der Unternehmensleitung bei der Strategieentwicklung und deren Kommunikation vor allem durch die Investor Relations-Arbeit. Das (unerkannte) *hidden ownership* führt zu einer Beeinträchtigung der Informationseffizienz und damit auch der Allokationseffizienz des Kapitalmarktes. Die Zulassung verdeckter Beteiligungen steht der, z. B. durch die Ad hoc-Publizitätspflicht und die Beteiligungstransparenz bezogen auf Stimmrechte bezweckten Präventionswirkung gegen Insiderhandel entgegen und schlägt in dieses Schutzkonzept Lücken. Im Hinblick auf die externe Corporate Governance-Kontrolle durch den Übernahmemarkt führt die Zulassung des *hidden ownership* zu einer Stärkung der Bieterposition und zu einer Schwächung der Zielgesellschaft und der außenstehenden Aktionäre: Der Bieter kann bei Zulässigkeit von *hidden ownership* sein Preis- und Transaktionsrisiko verringern, indem er eine Beteiligung ohne Meldesignale und damit regelmäßig zu geringeren Preisen aufbauen und damit gleichzeitig die Wahrscheinlichkeit eines Eintritts von Bietwettbewerbern (sog. Interloper-Risiko) reduzieren kann. Dies führt insgesamt zu einem Anreiz, Investitionen in die Prüfung und Durchführung von Übernahmen zu tätigen. Andererseits beschränkt es die Basis für Handlungsoptionen der Zielgesellschaft, im Unternehmensinteresse Handlungsalternativen zu entwickeln und umzusetzen (z. B. Suche nach sog. *white knight*)[32]. Aufgrund der eingeschränkten Preiseffizienz des Kapitalmarktes verkaufen außenstehende Aktionäre in der Phase des verdeckten Betei-

---

**30** Für das Konzept einer allgemeinen kapitalmarktrechtlichen Transparenzvorschrift z. B. *Fleischer/Schmolke*, NZG 2010, 846, 853; *Seibt*, CFL 2010, 502, 503.

**31** Zum Folgenden ausf. *Seibt*, ZGR 2010, 795, 814 ff.; *Tautges*, Empty Voting und Hidden (Morphable) Ownership, 2015, S. 138 ff.

**32** Zu den Handlungsoptionen von Vorstand und Aufsichtsrat der Zielgesellschaft in Übernahmesituationen ausf. *Seibt* in Mülbert/Kiem/Wittig, 10 Jahre WpÜG, 2011, S. 148 ff. (Vorstand) und *Seibt* in FS Hoffmann-Becking, 2013, S. 1119 ff. (Aufsichtsrat).

ligungsaufbaus – gemessen am späteren Angebotspreis – zu niedrigen Beträgen, nämlich ohne sog. Übernahmeprämie[33].

Hieraus ergeben sich im Wesentlichen vier, durch § 38 WpHG verfolgte Zwecke, nämlich

(i) Herstellung einer (preisrelevanten) Transparenz im Hinblick auf die Ausübung von Corporate Control, insbesondere über die Ausübung von Stimmrechten in der Hauptversammlung;

(ii) Herstellung einer (preisrelevanten) Transparenz im Hinblick auf die Verfolgung wirtschaftlicher (Partikular-)Interessen und damit Grundlage für die Beurteilung von Interessenkonfliktlagen;

(iii) Effektuierung des wirtschaftlichen Gleichbehandlungsgebots von Aktionären vor/bei Übernahmen börsennotierter Unternehmen (Partizipation an der Übernahmeprämie); sowie

(iv) Aufrechterhaltung der Handlungsoptionen für die Verwaltungsorgane von Zielgesellschaften und damit Erschwerung von Übernahmen börsennotierter Unternehmen.

In der Experten-Umfrage (Frage 3) wurden Normzwecke (i) bis (iii) überwiegend als „wichtig" oder gar „sehr wichtig" eingeschätzt, interessanterweise wurden die Transparenzziele (ii) (hier mit ca. 56% und nur 21% „unwichtig" oder „eher unwichtig") und (i) (hier mit ca. 63% und nur 11% „unwichtig" oder „eher unwichtig") wichtiger eingeschätzt vor allem als das übernahmerechtliche Ziel (iv). Dieses Ergebnis liegt bei näherer Analyse in der Konsequenz der deutschen Gesetzesgenese und rechtspolitischen Diskussion; die verhältnismäßig geringe Wertschätzung für den Normzweck (iv) liegt – auch nach durchgeführten Einzelinterviews – voraussichtlich daran, dass die Bedeutung des Melderegimes nach § 38 WpHG für eine effektive Erschwerung von Übernahmen börsennotierter Unternehmen tatsächlich und zu Recht für gering eingestuft wird.

Bei der Beurteilung der Normzwecke ist überdies in den Blick zu nehmen, dass der Gesetzgeber diese (und hier konkret den Zweck (iv)) auch durch andere gesetzliche Regelungen (zum Teil zeitlich parallel; Beispiel: AWG/AWV) gestärkt hat bzw. stärken könnte. So ergibt der rechtsvergleichende Umblick zur derzeitigen Reformdebatte in den USA (Stichwort: Browkaw Act)[34], dass dort überwiegend

33 Hierzu gibt es verschiedene empirische Untersuchungen mit unterschiedlicher Methodologie. Derzeitige Daumenregel für Deutschland (2018/19): 20% auf unbeeinflussten Börsenkurs der Zielgesellschaft.

34 Angestoßen durch eine Stellungnahme der US-amerikanischen Anwaltskanzlei Wachtell, Lipton, Rosen & Katz vom 7.3.2011 (abrufbar unter www.sec.gov/rules/petitions/2011/petn4-624.pdf), mit der gegenüber der SEC u.A. die Verkürzung der Mitteilungsfrist und vor allem die

die gegenüber dem deutschen Rechtsstand bislang deutlich eingeschränkte Transparenz über das Halten von (Finanz-)Instrumenten vor allem damit begründet wird, dass die Verwaltungsorgane börsennotierter Unternehmen in den USA bereits über die statutarisch geregelten *„poison pills“* ausreichende Möglichkeiten haben, um extern veranlasste Corporate Governance-Änderungen zu verhindern. Eine Ausweitung der „Beteiligungstransparenz“ nach Section 13(d) Securities Exchange Act of 1934 / Schedule 13D auf Instrumente setze daher – so die überwiegende Wissenschaftsmeinung – voraus, dass die Möglichkeiten zur statutarischen Regelung von *poison pills* abgeschwächt wird (z. B. Heraufsetzung der *poison pill*-Eingreifschwelle von häufig 10 % auf dann 30 %)[35].

Eine Übersicht über die vier Normzwecke und die für eine Gesamtbeurteilung der Normwirksamkeit zusätzlich in Betracht zu ziehenden Regelungsinstrumente findet sich in der nachfolgenden tabellarischen Übersicht:

| **Normzweck von § 38 WpHG** | **Weitere Schutzinstrumente zur Normzweckerreichung** |
|---|---|
| Transparenz in Hinsicht auf die Ausübung von Corporate Control | – Verbot der Marktmanipulation<br>– Offenlegung von Fonds-Stimmrechtsverhalten (ARUG II)<br>– § 43 WpHG (Mitteilungspflichten für Inhaber wesentlicher Beteiligungen) |
| Transparenz in Hinsicht auf die Verfolgung wirtschaftlicher Interessen (z. B. Beurteilung von Interessenkonfliktlagen) | – Aktienrechtliche Pflichten zu Beteiligungsoffenlegung sowie § 43 WpHG (Mitteilungspflichten für Inhaber wesentlicher Beteiligungen)<br>– Verbandsrechtliche Treuepflicht |

Ausweitung der meldepflichtigen Finanzinstrumente nach sec. 13(d) Securities Exchange Act of 1934 gefordert wurde, und – im Hinblick auf die zunehmende Praxisbedeutung sog. *Activist Shareholder* – weiter vorbereitet durch *Coffee/Palia*, 41 J. Corp. L. 545 (2016), wurde ein Gesetzgebungsvorschlag (sog. Browkaw Act) durch die demokratischen Senatoren Baldwin und Merkley in das Verfahren eingeführt, u.A. mit den Regelungsinhalten (i) Verkürzung der Meldepflichten von 10 Kalendertagen auf 2 Geschäftstage, (ii) Erweiterung der Definition des „beneficial ownership“ (sec. 13(d) Securities Exchange Act of 1934) und (iii) Verpflichtung zur Offenlegung von Short-Positionen über 5 %. Diese Gesetzgebungsinitiative ist bislang ohne Erfolg geblieben. Hierzu z. B. *Brav/Heaton/Zandberg*, Failed Anti-Acitivist Legislation: The curious case of the Browkaw Act, in Business, Entrepeneurship & the Law, Bd. XI:2, S. 71 (abrufbar unter: https://ssrn.com/abstract=2860167).

35 *Bebchuk*, The WLRK Proposal for 13(d) Reform: Market Protection or Corporate Entrenchment?, Harvard Law School, The Conference Board, 13.11.2012 (Präsentation), S. 10 ff.

*Fortsetzung*

| Normzweck von § 38 WpHG | Weitere Schutzinstrumente zur Normzweckerreichung |
|---|---|
| | – Offenlegungspflichten von Wahlkandidaten für den Aufsichtsrat und Corporate Governance-Berichtspflichten<br>– Related Party Transactions (ARUG II)<br>– EU-Verordnung über Short-Positionen |
| Effektuierung des Gleichbehandlungsgebot von Aktionären vor/bei Übernahmen | – WpÜG<br>– Aktienrechtliche Sorgfaltspflichten von Vorstand und Aufsichtsrat der Zielgesellschaft |
| Erschwerung von Übernahmen | – WpÜG<br>– AWG/AWV<br>– Kartellrecht und Branchenregulierung |

Durch diese Darstellung soll deutlich gemacht werden, dass § 38 WpHG nur *ein* Regelungsinstrument zur Erreichung der Normziele ist und eine Wirksamkeitsanalyse der vom Gesetzgeber (auch) mit § 38 WpHG verfolgten Zwecke einen breiten, rechtsgebietsübergreifenden Blick voraussetzt. Der auf § 38 WpHG konzentrierte Blick lässt eine (beschränkt) positive Wirksamkeitsanalyse zu (siehe sogleich unter III.).

## 3. Heutige Praxisfallgruppen im Fokus der Normzwecke

In der deutschen Unternehmenspraxis sind es vor allem drei Sachverhaltsgestaltungen, die vom Melderegime für Instrumente nach § 38 WpHG betroffen sind bzw. sein könnten:

(1) Investoren mit erheblichen Short-Positionen könnten die Technik des *empty voting* nutzen, um insbesondere über Blockaden von notwendigen Hauptversammlungsbeschlüssen entgegen des Unternehmensinteresses Kursverluste auszulösen, um dadurch ihre finanziellen Partikularinteressen zu maximieren. Eine solche – in (seltenen) Einzelfällen die verbandsrechtliche Treuepflicht gegenüber der Gesellschaft und den Mit-Aktionären verletzende – Vorgehensweise wird zwar zuweilen in der Wissenschaft diskutiert, ist allerdings in der deutschen Unternehmenspraxis noch nicht prominent geworden.

(2) Praktische Bedeutung (nicht nur in Deutschland, sondern auch in anderen europäischen Jurisdiktionen und vor allem in den USA) hat der verdeckte

Beteiligungsaufbau von aktivistischen Aktionären bei der Voransprache der Organe der Zielgesellschaft und/oder Veröffentlichung ihrer Ziele (z. B. Veränderung bei der Corporate Governance, insbesondere Zusammensetzung der Verwaltungsorgane, Dividendenhöhe, Asset-Verkäufe, Spaltung und andere Konzernumstrukturierungen). Damit sollen die Investitionskosten gesenkt und die Rendite des eingesetzten Kapitals erhöht werden, in manchen Fällen auch die Handlungsoptionen der Zielgesellschaft (vor allem in den USA bei *proxy fights*) verringert werden. In manchen Fällen werden auch *empty voting*-Instrumente zur Wirkungsverstärkung eingesetzt.

(3) Der verdeckte Beteiligungsaufbau findet in Deutschland sein relativ (!) bedeutsamstes Anwendungsfeld bei der Vorbereitung einer strategischen Beteiligungsübernahme (z. B. Geely/Daimler [9,69 %] in 2018, United Internet/Tele Columbus [25,11 %] in 2016, DIC Asset/WCM [20,15 %] in 2016 sowie Busch/Pfeiffer Vacuum [15 % und hiernach 27,19 %] in 2015)[36] sowie der Vorbereitung einer Kontrollübernahme. Damit sollen die Gesamtübernahmekosten verringert und die Transaktionssicherheit (geringeres Interloper-Risiko und Verringerung der strategischen Optionen der Zielgesellschaft) erhöht werden.

Während bislang die Fallgruppe (3) in Deutschland im Zentrum der wissenschaftlichen und medienöffentlichen Betrachtung steht, ist dies in den USA die Fallgruppe (2).[37] Aufgrund der stark zunehmenden Bedeutung aktivistischer Aktionäre bei kontinentaleuropäischen und vor allem auch deutschen Börsenunternehmen ist davon auszugehen, dass auch in Deutschland die Fallgruppe (2) an praktischer Bedeutung zunehmen wird. Die tatsächliche Meldepraxis von DAX-, MDAX- und TecDAX-Unternehmen in 2017 und 2018 (hierzu III.3) lässt allerdings keine signifikante Fallzahl zu diesen drei Fallgruppen erkennen, vermutlich weil mit Geltung von §§ 25, 25a WpHG a. F. bzw. § 38 WpHG solche Gestaltungen nicht mehr über seltene Einzelfälle hinaus strukturiert werden.

---

**36** Nachw. hierzu unter Fn. 58 bis 60.

**37** Hierzu ausf. z. B. *Gilson/Gordon*, 113 Colum. L. Rev. 863 (2013).

# III. Derzeitiger Rechtsstatus und Rechtswirklichkeit

## 1. Auslegung von § 38 WpHG

Die Mitteilungspflicht wird nur bei Vorliegen der in § 38 Abs. 1 Satz 1 WpHG in zwei Fallgruppen geregelten Tatbestandsvoraussetzungen ausgelöst. Es muss sich um Instrumente mit Erwerbs- bzw. Zugriffsrechten (§ 38 Abs. 1 Satz 1 Nr. 1 WpHG) oder um Instrumente mit vergleichbarer wirtschaftlicher Wirkung (§ 38 Abs. 1 Satz 1 Nr. 2 WpHG) handeln. Außerhalb dieser Tatbestandsvoraussetzungen (und dem Melderegime nach §§ 33 f. WpHG) gibt es keine, sich aus allgemeinen Prinzipien herleitende Meldepflicht. Der Kernbegriff des „Instruments" umfasst – weiter als die frühere Definition des Finanzinstruments in § 25a WpHG a. F. – jedes Recht, insbesondere jeden bei Fälligkeit unbedingten schuldrechtlichen, familienrechtlichen, erbrechtlichen oder auf sonstiger Grundlage bestehenden Anspruch, der dem Berechtigten das Recht verleiht, mit Stimmrechten verbundene Aktien zu erwerben, ohne dass es darauf ankommt, dass das Recht in einem Wertpapier verbrieft ist[38].

### (a) Instrumente mit Zugriffs- bzw. Erwerbsrecht

Bei der Fallgruppe 1 handelt es sich um Instrumente, die dem Meldepflichtigen das Recht verleihen, Aktien zu erwerben, wobei dieses Recht sich auf die Übertragung von Aktien beschränken kann, die Aktien aber auch Bestandteil einer weit umfassenderen Vermögensmasse sein können. Für die Meldepflicht ist vorausgesetzt, dass der Inhaber des Erwerbsrechts bei Anspruchsfälligkeit die Aktienübertragung unabhängig von äußeren Umständen verlangen kann. Dabei ist es ausreichend, dass das Instrument ein Ermessen vorsieht, ob der Inhaber das Erwerbsrecht ausübt (vgl. Abs. 1 Satz 1 Nr. 1 Alt. 2). Dem gegenüber sind aufschiebend bedingte schuldrechtliche Ansprüche, also Rechte, deren Entstehen von einem ungewissen künftigen Ereignis abhängen, z. B. von einer fusionskartellrechtlichen, außenwirtschaftsrechtlichen oder sonstigen regulatorischen Genehmigung des Beteiligungserwerbs oder einem anderen Drittumstand (Höhe eines spezifischen Aktienkurses oder eines Leitindex oder dem Erwerb von Aktien

38 Vgl. z. B. *U. H. Schneider* in Assmann/U. H. Schneider/Mülbert, Wertpapierhandelsrecht, 7. Aufl. 2019, § 38 WpHG Rn. 16–18; *Heinrich* in KK-WpHG, 2. Aufl. 2014, § 25 WpHG Rn. 23.

von Drittveräußerern) nicht erfasst[39]. Erwerbsrechte, deren Entstehen von einem Ereignis abhängig gemacht sind, die vom Willen des Erwerbers abhängen (sog. Potestativbedingungen), sind allerdings meldepflichtig.

Die Meldepflicht besteht nur in Bezug auf solche Instrumente, die auf den Erwerb zum Fälligkeitszeitpunkt bereits ausgegebener und an einem organisierten Markt zugelassener Aktien eines Emittenten abzielen, für den Deutschland Herkunftsstaat (vgl. § 2 Abs. 13 WpHG) ist. Maßgeblich ist hierfür der Zeitpunkt der Fälligkeit des Erwerbsrechts, nicht der Begründung des Erwerbsrechts[40]. Bei Wandelschuldverschreibungen entsteht die Meldepflicht nicht bereits mit dem Erwerb des Instruments und auch nicht mit dem Beginn des Ausübungszeitraumes, sondern erst mit der Ausübung des Gestaltungsrechts (Umtausch- oder Bezugsrecht auf Aktien)[41]. Allerdings haben sich in der Experten-Umfrage (Frage 10) eine Mehrheit der Antwortenden (63,79 %) dafür ausgesprochen, dass der Erwerb einer Wandelschuldverschreibung oder Optionsanleihe bereits vor Beginn des Ausübungszeitraums unter die Meldepflicht nach § 38 WpHG fallen sollte.

#### (b) Instrumente mit vergleichbarer wirtschaftlicher Wirkung

Während es nach der durch das AnsFuG autonom eingeführten Vorschrift des § 25a WpHG a. F. für die Meldepflicht darauf ankommen sollte, dass das Finanzinstrument einen Aktienerwerb „ermöglicht", ist nun mit Umsetzung der EU-Transparenzrichtlinie-Änderungsrichtlinie ein Instrument „mit vergleichbarer wirtschaftlicher Wirkung" (Abs. 1 Satz 1 Nr. 2) wie ein Zugriffs- oder Erwerbsrecht (Nr. 1) vorausgesetzt. Es handelt sich hierbei um einen gegenüber dem Zugriffs- bzw. Erwerbsrecht weiter ausgreifenden, nochmals ergänzenden Tatbestand. Denn bei dieser Tatbestandsvoraussetzung ist gerade nicht gefordert, dass der

---

**39** Vgl. *U. H. Schneider* in Assmann/U. H. Schneider/Mülbert, Wertpapierhandelsrecht, 7. Aufl. 2019, § 38 WpHG Rn. 22; *Zimmermann* in Fuchs, WpHG, 2. Aufl. 2016, § 25 WpHG Rn. 9.

**40** *U. H. Schneider* in Assmann/U. H. Schneider/Mülbert, Wertpapierhandelsrecht, 7. Aufl. 2019, § 38 WpHG Rn. 31; a.A. *Petersen* in Spindler/Stilz, AktG, 4. Aufl. 2019, § 22 AktG Anh. Rn. 71; *Schilha* in Bürgers/Körber, AktG, 4. Aufl. 2017, Anh. § 22 AktG/§ 25 WpHG Rn. 5.

**41** Ebenso ESMA, Indicative List of Instruments 2015/1598; BaFin, Emittentenleitfaden, Modul B, 30.10.2018, S. 41; *Bayer* in MüKo AktG, 4. Aufl. 2016, § 22 AktG Anh. § 25 WpHG Rn. 3; *Becker* in Bürgers/Körber, AktG, 4. Aufl. 2017, Anh. § 22 AktG/§ 22 WpHG Rn. 3; *Michel* in Just/Voß/Ritz/Becker, WpHG, 2015, § 25 WpHG Rn. 23; *Zimmermann* in Fuchs, WpHG, 2. Aufl. 2016, § 25 WpHG Rn. 8; *Hutter/Kaulamo*, NJW 2007, 471, 475; *Seibt*, CFL 2010, 502, 504; a.A. (mit Erwerb des Instruments) *U. H. Schneider* in Assmann/U. H. Schneider/Mülbert, Wertpapierhandelsrecht, 7. Aufl. 2019, § 38 WpHG Rn. 31; abw. auch (mit Beginn des Ausübungszeitraums) *Schlitt/Schäfer*, AG 2007, 227, 234.

Meldepflichtige ein unbedingtes Erwerbsrecht oder ein Ermessen in Bezug auf ein solches Erwerbsrecht hat. Das Tatbestandsmerkmal „vergleichbare wirtschaftliche Wirkung" ist ein unbestimmter Rechtsbegriff, der einerseits anwendungsoffen für künftige „Produktentwicklungen" im Kapitalmarkt ist, andererseits aber wegen der strafrechtlichen Sanktionen bei Normverletzung aus Rechtsstaatsgründen[42] eher restriktiv auszulegen ist.[43] Eine Konturierung dieses Tatbestandsmerkmals erfolgt durch die beispielhafte Aufzählung in § 38 Abs. 2 WpHG, wobei hier nicht zwischen Instrumenten nach § 38 Abs. 1 Satz 1 Nr. 1 WpHG einerseits und § 38 Abs. 1 Nr. 2 WpHG andererseits unterschieden wird; darüber hinaus ist die Aufzählung eben nur beispielhaft und nicht abschließend[44]. Eine weitere indikative Liste von Finanzinstrumenten, die unter die unionsrechtliche Harmonisierungsnorm des Art. 13 Abs. 1b EU-Transparenzrichtlinie-Änderungsrichtlinie fällt, hat die ESMA veröffentlicht[45]. Schließlich begrenzt der BaFin-Emittentenleitfaden mit seiner Auslegung zu § 38 WpHG die Verwaltungspraxis.

### (c) Umstrittene Praxisgestaltungen und Rechtssicherheit

In der Diskussion von Wissenschaft und Praxis ist seit erstmaliger gesetzlicher Regelung bei folgenden Gestaltungen umstritten, ob diese zu einer Meldepflicht nach § 38 WpHG führen:

– *Vorkaufs- und Vorerwerbsrechte bezogen auf Anteile an (substanzstarken) Holding-Gesellschaften (Regelung in Gesellschaftervereinbarung zur Holding-Gesellschaft):* Hierzu wurde bereits im Gesetzgebungsverfahren zum AnsFuG u. a. vom *Verfasser* – erfolglos – gefordert, eine Bereichsausnahme zu schaffen[46]. Trotz der bewussten Nichtregelung einer solchen Bereichsausnahme blieb die Meldepflicht solcher vorgelagerter und gesellschaftsrechtlich durchaus üblicher Rechte streitig. Das VG Frankfurt/Main[47] sowie eine starke

---

**42** Hierzu z. B. VG Frankfurt v. 4.11.2015 – 7 K 4703/15.F, AG 2016, 336 m.Anm. *Schilha/Lang*, EWiR 2016, 301; *Söhner*, ZIP 2015, 2451, 256.

**43** Tendenziell anders *U. H. Schneider* in Assmann/U. H. Schneider/Mülbert, Wertpapierhandelsrecht, 7. Aufl. 2019, § 38 WpHG Rn. 35.

**44** BaFin, FAQ Mai 2018, Frage 4; *U. H. Schneider* in Assmann/U. H. Schneider/Mülbert, Wertpapierhandelsrecht, 7. Aufl. 2019, § 38 WpHG Rn. 36.

**45** ESMA, Indicative List of Financial Instruments that are subject to notification requirements according to Art. 13(1b) of the revised Transparency Directive v. 22.10.2015, ESMA/2015/1598.

**46** *Seibt*, CFL 2010, 502, 505; ebenso *Merkner/Sustmann*, NZG 2010, 681, 686.

**47** VG Frankfurt/Main v. 4.11.2015 – 7 K 4703/15.F = AG 2016, 336 (Aktienbindungsvertrag zwischen Familienaktionären unterfällt nicht § 25a WpHG).

Literaturauffassung sprechen sich gegen eine Meldepflicht aus[48]; die BaFin sowie die wohl überwiegende Literaturauffassung halten eine Meldepflicht nach § 38 WpHG für möglich[49]. Obwohl der Gesetzgeber diesen Vorschlag explizit nicht aufgenommen hat, blieb die Meldepflicht solcher vorgelagerter Rechte streitig. In der Praxis gab es durchaus Meldungen solcher Vorkaufs- und Vorerwerbsrechte[50]. Die Experten-Umfrage (Frage 10) befürwortet mit knapp 62 % die Ansicht (Ausnahme: Rechtsanwälte!), dass solche Rechte § 38 WpHG unterfallen sollten.

– *Mitverkaufsrechte und Mitverkaufspflichten bezogen auf Anteile an (substanzstarken) Holding-Gesellschaften (Regelung in Gesellschaftervereinbarung zur Holding-Gesellschaft):* Auch im Hinblick auf Mitverkaufsrechte (*tag along rights*) und Mitverkaufspflichten (*drag along rights*) wurde – ebenfalls erfolglos – im AnsFuG-Gesetzgebungsverfahren eine Bereichsausnahme gefordert[51]. In der Folge gilt die Qualifikation als „Instrument" dennoch als umstritten, wenngleich hier eher die Auffassung überwiegt, dass im Regelfall diese Rechte bzw. Pflichten nicht der Meldepflicht nach § 38 WpHG unterfallen[52]. In der Experten-Umfrage (Frage 10) hat sich eine leichte Mehrheit (55,17 %; Ausnahme: Rechtsanwälte und Fonds!) dafür ausgesprochen, auch solche Rechte der Meldepflicht nach § 38 WpHG zu unterwerfen.

---

**48** *Heinrich* in KK-WpHG, 2. Aufl. 2014, § 25a WpHG Rn. 48; *v. Werder/Petersen*, CFL 2012, 178, 180 f.; *Cascante/Bingel*, NZG 2011, 1086, 1096; *DAV-Handelsrechtsausschuss*, NZG 2013, 658, 662.

**49** BaFin, Emittentenleitfaden, Modul B, 30.10.2018, S. 43 f.; wohl auch: *U. H. Schneider* in Assmann/U. H. Schneider/Mülbert, Wertpapierhandelsrecht, 7. Aufl. 2019, § 38 WpHG Rn. 53; *Labudda* in Just/Voß/Ritz/Becker, WpHG, 2015, § 25a WpHG Rn. 33 ff.; *Zimmermann* in Fuchs, WpHG, 2. Aufl. 2016, § 25a WpHG Rn. 4.

**50** Siehe beispielsweise die Meldung der BayWa AG: https://www.dgap.de/dgap/News/pvr/baywa-veroeffentlichung-gemaess-abs-wphg-mit-dem-ziel-der-europaweiten-verbreitung/?newsID=920969; Meldung der Hugo Boss AG v. 13.4.2012 bezogen auf „Recht zur Abgabe eines ersten Angebots" der PFC in einer Holding-Gesellschaftsvereinbarung.

**51** *Seibt*, CFL 2010, 502, 505; ebenso *Merkner/Sustmann*, NZG 2010, 681, 686.

**52** Grundsätzlich gegen eine Meldepflicht: BaFin, Emittentenleitfaden, Modul B, 30.10.2018, S. 44 („Mitteilungspflicht allenfalls für Dritterwerber"); *Seibt*, CFL 2010, 502, 505; *Heinrich* in KK-WpHG, 2. Aufl. 2014, § 25a Rn. 49; *DAV-Handelsrechtsausschuss*, NZG 2013, 658, 662; *v. Werder/Petersen*, CFL 2012, 178, 182; vgl. *Merkner/Sustmann*, NZG 2010, 681, 686; für eine potentielle Meldepflicht: *U. H. Schneider* in Assmann/U.H. Schneider/Mülbert, Wertpapierhandelsrecht, 7. Aufl. 2019, WpHG, § 38 Rn. 54 (keine Meldepflicht für den Berechtigten / Verpflichteten, jedoch potentielle Meldepflicht für veräußerungswilligen Gesellschafter, da durch Verkauf Erwerb von Stimmrechten durch einen Dritten ermöglicht wird); *Labudda* in Just/Voß/Ritz/Becker, WpHG 2015, § 25a WpHG Rn. 39 („Einzelfallentscheidung"); *Zimmermann* in Fuchs, WpHG 2. Aufl. 2016, § 25a WpHG Rn. 4.

- *Kaufvertrag unter Kartellvorbehalt:* Von einer fusionskartell- oder außenwirtschaftsrechtlichen oder sonstigen regulatorischen Genehmigung abhängiger, aufschiebend bedingter Beteiligungserwerb stellt in aller Regel kein „Instrument" dar (siehe oben). Dies entspricht auch der überwiegenden Literaturauffassung[53]; die BaFin verweist auf eine Einzelfallprüfung nach § 38 Abs. 1 Nr. 2 WpHG[54]. Überraschenderweise haben sich 65,52 % der Experten-Umfrage (Frage 10; jedoch lediglich 50 % der Vertreter der Wissenschaft) für eine Meldepflicht solchermaßen bedingter Übertragungsansprüche nach § 38 WpHG ausgesprochen.
- *Gewerbliche Aktienpfandrechte:* Die BaFin vertritt nach entsprechender Vorarbeiten aus der Wissenschaft und von Vertretern von Finanzinstituten die Auffassung, dass gewerbliche Aktienpfandrechte nicht unter die Meldepflicht nach § 38 WpHG fallen[55]. Dies entspricht auch dem Ergebnis der Experten-Umfrage (Frage 10; Ablehnungsquote von ca. 65 %).

### (d) Berechnungsregelung für Meldeschwelle

Für die Berechnung der Anzahl der für die Meldepflicht maßgeblichen Stimmrechte ist im Grundsatz auf die volle Nominalanzahl der dem Instrument zu Grunde liegenden Aktien abzustellen (§ 38 Abs. 3 Satz 1 WpHG). Eine Ausnahme gilt jetzt für Instrumente, die ausschließlich einen Barausgleich vorsehen (§ 38 Abs. 3 Satz 2 WpHG): Denn während nach der autonomen Ursprungsnorm des § 25a WpHG a. F. alle derivativen Finanzinstrumente zur nominal der Basiswerte meldepflichtig war[56], muss nun die Nominalanzahl der dem Instrument zu

53 *Schiessl*, Der Konzern 2009, 291, 296; *Cascante/Bingel*, NZG 2011, 1086, 1094; *Merkner/Sustmann*, NZG 2010, 681, 685.

54 BaFin, Emittentenleitfaden, Modul B, 30.10.2018, S. 42 (selbst bei Nichtanwendbarkeit von § 38 Abs. 1 Nr. 1 WpHG wegen nicht beeinflussbarer Bedingung, weiterhin Anwendbarkeit von § 38 Abs. 1 Nr. 2 WpHG zu prüfen); so auch *U. H. Schneider* in Assmann/U. H. Schneider/Mülbert, Wertpapierhandelsrecht, 7. Aufl. 2019, § 38 WpHG Rn. 22.

55 Gegen eine Meldepflicht: BaFin, Emittentenleitfaden, Modul B, 30.10.2018, S. 44; BaFin, FAQ zu den Transparenzpflichten des WpHG in den Abschnitten 6 (§§ 33 ff.) und 7 (§§ 48 ff.), Stand: 22.02.2019, Frage 15; dagegen auch: *U. H. Schneider* in Assmann/U. H. Schneider/Mülbert, Wertpapierhandelsrecht, 7. Aufl. 2019, § 38 Rn. 44; *Heinrich* in KK-WpHG, 2. Aufl. 2014, § 25a WpHG Rn. 53; *Brand*, CFL 2012, 110, 111 ff.; *Krämer/Kiesewetter*, BB 2012, 1679, 1683; *DAV-Handelsrechtsausschuss*, NZG 2013, 658, 662; für eine Meldepflicht: *Labudda* in Just/Voß/Ritz/Becker, WpHG 2015, § 25a WpHG Rn. 38; *Zimmermann* in Fuchs, WpHG 2. Aufl. 2016, § 25a WpHG Rn. 4.

56 Hierfür nachdrücklich im Gesetzgebungsverfahren *Seibt*, CFL 2010, 502, 505 f.; vgl. auch *Fleischer/Schmolke*, NZG 2010, 846; *Krause*, AG 2011, 469, 480; *Renn/Weber/Gotschev*, AG 2012, 440.

Grunde liegenden Aktien mit dem Delta des Instruments multipliziert werden (vgl. Art. 5 DelVO 2015/761). Das Delta soll angeben, in welchem Umfang der theoretische Wert eines Instruments im Falle einer Kursschwankung des zu Grunde liegenden Instruments ändern würde. Damit ist bezweckt, dass der Meldeinhalt möglichst wirklichkeitsnah ist; allerdings erfordert dies eine komplizierte Regelung und führt wegen (täglicher) Delta-Schwankung häufig zu einer Vielzahl von Meldungen des Unter- bzw. Überschreitens bestimmter Schwellen (obwohl materiell keine Handelsaktivitäten vorliegen). In der Experten-Umfrage (Frage 11) hat sich eine leichte Mehrheit (58,49 %) für eine Rück-Reform zum Nominalwert-Konzept ergeben, die allerdings nur durch unionsrechtliche Änderung der Transparenzrichtlinie-Änderungsrichtlinie umgesetzt werden könnte.

Eine Auf- oder Verrechnung von Long- mit Short Positionen einer Person bezogen auf nämliche Aktien ist nach herrschender Meinung, die der Unternehmenspraxis folgt, nicht zulässig (vgl. § 38 Abs. 4 Satz 2 WpHG)[57]. Diese Rechtslage findet in der Experten-Umfrage (Frage 12) eine sehr deutliche Unterstützung (81,97 %).

## 2. Umfang des Transparenzniveaus

In der Unternehmenspraxis wird weithin angenommen, dass bestimmte Finanzinstitute Möglichkeiten anbieten, in nach deren Auffassung zulässiger Weise Aktienpakete mehrerer Veräußerer wie bei Paketgeschäften mit *einem* Großaktionär zu vermitteln, ohne dass bestimmte dafür erforderliche Vorbereitungsschritte nach § 38 WpHG meldepflichtig wären. Dies entspricht auch der Erfahrung des *Verfassers*, und in der Experten-Umfrage (Frage 4) haben knapp 77 % der Befragten angegeben, dass auch derzeit und trotz § 38 WpHG Transparenzvermeidungsstrukturen in der Praxis genutzt werden.

In der Unternehmenspraxis (und in der BaFin-Überwachungspraxis) sind zwei Strukturen virulent geworden:

(1) *Privatbank-Fälle:* Insbesondere in den Jahren 2015 und 2016 ist es unter Beratung bzw. Beteiligung eines Finanzinstituts zu erheblichen Beteiligungserwerben an börsennotierten Unternehmen gekommen, ohne dass zuvor eine Schwellenüberschreitung von 3 % oder 5 % der Stimmrechte an jenem Börsenunternehmen gemeldet wurde: So konnte die Pangea GmbH (Busch-Familie) eine Stimmrechtsbeteiligung an der Pfeiffer Vacuum Technology AG zunächst von 15 %

57 BaFin, Emittentenleitfaden, Modul B, 30.10.2018, S. 45; *U. H. Schneider* in Assmann/U. H. Schneider/Mülbert, Wertpapierhandelsrecht, 7. Aufl. 2019, § 38 Rn. 81.

(Meldung vom 28.9.2015 bei Schwellenüberschreitung am 18.9.2015) und dann von 27,19 % (Meldung vom 15.10.2015 bei Schwellenüberschreitung am 12.10. 2015), DIC Asset konnte eine Stimmrechtsbeteiligung an WCM AG von zunächst 12,95 % (Meldung vom 1.2.2016 bei Schwellenüberschreitung am 26.1.2016) und dann von 20,15 % (Meldung am 1.2.2016 bei Schwellenüberschreitung am 27.1. 2016), und United Internet konnte eine Stimmrechtsbeteiligung an Tele Columbus von gleich 25,11 % (Meldung am 17.2.2016 bei Schwellenüberschreitung am 10.2. 2016) sowie zuvor eine Stimmrechtsbeteiligung von gleich 20,7 % an Drillisch (Meldung am 29.5.2015 bei Stellenwertüberschreitung am 28.5..2015) erreichen. Nach Medienberichten vom September 2017 ermitteln (bzw. ermittelten damals) BaFin und Staatsanwaltschaft im Zusammenhang mit diesen Transaktionen[58], ohne dass ein aktueller Stand medienöffentlich bekannt wäre. Diese „Beteiligungsorganisation" muss allerdings nicht zwingend unter Verletzung der Meldepflichten nach §§ 33 f. bzw. § 38 WpHG erfolgt sein, da das Finanzinstitut wie bei der Organisation eines Aktienpaketgeschäftes mit *einem* Aktienveräußerer dieses auch mit *mehreren* Aktienveräußerern, die ihm (z. B. aus anderen Kundengeschäften) bekannt sind, vollständig taggleich strukturieren und ohne eigenen Zwischenerwerb durchführen kann. Eine Gesetzeslücke bestünde bei solcher Vorgehensweise nicht.

(2) *Geely (Li Shufu)/Daimler (sog. Vorerwerbsfall*[59]*):* Nachdem Geely im Jahre 2017 ihren Plan nicht umsetzen konnte, ein erhebliches Aktienpaket an Daimler im Wege einer Kapitalerhöhung zu erwerben[60], wurde eine alternative Erwerbskonstruktion überlegt. Eine Li Shufu/Geely-Erwerbsgesellschaft (TPI) erwarb Aktien und bestimmte Finanzinstrumente von insgesamt knapp unter 3 %. Mit Meldung vom 23. Februar 2018 veröffentlichte Geely dann den Erwerb von 9,69 % der stimmberechtigten Daimler-Aktien, ohne dass zuvor ein Überschreiten der Meldeschwellen von 3 % und 5 % (vgl. § 33 Abs. 1 WpHG) gemeldet wurde. Diese

---

**58** Hierzu z. B. Medienberichte, abrufbar unter: https://www.wiwo.de/unternehmen/banken/berenberg-ermittlungsverfahren-gegen-mitarbeiter/2035478.html; https://www.abendblatt.de/hamburg/article212001091/Aktien-Deal-Staatsanwaelte-ermitteln-gegen-Berenberg-Bank.html; https://www.handelsblatt.com/finanzen/banken-versicherungen(nach-anzeige-der-bafin-ermittler-pruefen-weitere-aktiengeschaefte-von-berenberg-mitarbeitern/20391866.html?ticket=ST-1189648-Em4N0oxbrckM2eagxsTi-ap4; https://www.wiwo.de/my/unternehmen/banken/berenberg-bank-dubiose-geschaefte-im-visier-der-staatsanwaelte/20388152.html; https://www.private-banking-magazin.de/nach-pfeiffer-vacuum-behoerde-untersucht-weitere-geschaefte-des-berenberg-bankers/.

**59** Zu dieser Terminologie *Mock*, AG 2018, 695.

**60** Hierzu z. B. Medienbericht: https://www.spiegel.de/spiegel/mercedes-anteilseigner-aus-china-li-der-schrecken-der-deutschen-industrie-a-1196331.html; https://www.cash.ch/news/top-news/chinesischer-investor-so-gelang-geely-chef-li-shufu-der-daimler-coup-1150550.

Meldung erfolgte nach Unterzeichnung eines Kaufvertrages mit einem eingeschalteten Finanzinstitut (Morgan Stanley), die diese Aktien (gemeinsam mit einer weiteren Bank) durch Wertpapierdarlehensverträge zuvor beschafft hatte. Dieses Finanzinstitut hatte bereits am 22. Februar 2018 damit begonnen, Wertpapierdarlehensverträge abzuschließen, um für den von ihr erwarteten Fall des Zustandekommens des Kaufvertrages (der am 23. Februar 2018 tatsächlich abgeschlossen wurde) zur Erfüllung im Stande zu sein. Diese Erwartung hatte sich bei der Bank dadurch gebildet, dass der Geely-Mehrheitsaktionär (Li Shufu) in einer internen Besprechung am 22. Februar 2018 geäußert hatte, der Kaufvertrag könne aus seiner Sicht unterzeichnet werden, wenn man sich über die noch offenen Punkte einige und bis dahin keine adversen Kursentwicklungen einträten; diese Auffassung hatte das Geely-Verhandlungsteam den Bankenvertretern mitgeteilt. Die BaFin vertrat in diesem Fall die Ansicht, bei der einseitigen Erklärung des Geely-Mehrheitsaktionärs am 22. Februar 2018 handele es sich um ein meldepflichtiges Instrument i.S.v. § 38 Abs. 1 Satz 1 Nr. 2 WpHG und forderte demgemäß eine Korrekturmitteilung[61] (Schwellenüberschreitung nicht am 23. Februar, sondern bereits am 22. Februar); ein im Hinblick auf die nach Auffassung der BaFin erfolgte verspätete Meldung eingeleitetes Bußgeldverfahren blieb sanktionslos. Vor dem Hintergrund dieses Falles hatte zudem die BaFin in den FAQ zu den Transparenzpflichten des WpHG (Frage 42b; Stand: 9.5.2018) sowie entsprechend im Emittentenleitfaden (Ziffer I.2.8.3; Entwurfsstand: Juni 2018) als Rechtsauffassung festgehalten[62].

> *„Die Bundesanstalt geht hier grundsätzlich davon aus, dass derartige Vorerwerbe nicht auf eigene Rechnung und damit auf eigenes Risiko der Bank erfolgen, sondern dass es bereits zum Zeitpunkt der Vorerwerbe zwischen Bank und Investor – ausdrücklich oder stillschweigend – eine Vereinbarung oder einseitige Erklärung des Investors gibt, die dazu führt, dass die Bank von einer späteren Abnahme der Aktien durch den Investor ausgehen kann. Sofern in diesen Fällen nicht bereits ein Geschäftsbesorgungsvertrag (= Zurechnung auf den Investor nach § 34 Abs. 1 Satz 1 Nr. 2 WpHG) zwischen Investor und Bank anzunehmen ist, geht die Bundesanstalt vom Vorliegen eines Instruments nach § 38 Abs. 1 Nr. 2 WpHG für den Investor aus. Hierfür kann bereits eine einseitige Erklärung eines der Beteiligten ausreichen, sofern diese einen Erwerb der Aktien durch den Investor faktisch oder wirtschaftlich ermöglicht und der Erwerb aus der wirtschaftlichen Logik der Erklärung folgt (vgl. Begründung des RegE zu § 25a WpHG* a. F. *Bt. Drs. 17/3628, S. 19 f.).*

61 Meldung v. 8.5.2018: https://www.unternehmensregister.de/ureg/result.html;jsessionid=3C60DF546FB507B0EF0858A592650B71.web02-1?submitaction=showDocument&id=21608545.

62 Alter Zitattext nunmehr unter Frage 14 im FAQ-Katalog der neuen Fassung vom 22.2.2019, abrufbar unter: https://www.bafin.de/SharedDocs/Downloads/DE/FAQ/dl_faq_transparenzpflichten_WpHG_Abschnitte_6_7.html.

> *Für eine Beurteilung einer Meldepflicht sind letztlich die Umstände des Einzelfalls maßgeblich. Dabei stellt nicht jede (unverbindliche) Anfrage des Investors bei einer Bank ein nach § 38 WpHG zu berücksichtigendes Finanzinstrument dar – allerdings geht die Bundesanstalt davon aus, dass eine solche Anfrage einer Bank auch nicht bereits zu umfangreichen einseitigen Vorerwerben veranlasst.„*

Die BaFin-Position ist teilweise auf Zustimmung[63], teilweise aber zurecht auf Ablehnung[64] gestoßen. Eine einseitige Erklärung kann kein „Instrument" i. S. v. § 38 Abs. 1 Satz 1 Nr. 2 WpHG sein: weder ist jemand „Inhaber" einer einseitigen Erklärung und er „hält" es auch nicht; eine einseitige Erklärung ist nicht „verkörpert" wie ein „Instrument"[65]. Die einseitige Erklärung ist vielmehr abhängig von der Reaktion der Gegenpartei (bei Ignoranz der Erklärung geht sie schlicht ins Leere). Einer einseitigen Erklärung kommt auch keine mit einem unbedingten Recht auf Erwerb stimmberechtigter Aktien „*vergleichbare Wirkung*" zu. Denn durch die Erklärung alleine kann er weder faktisch noch wirtschaftlich ermöglichen, dass er Aktien erwerben kann, als ob er ein Erwerbsrecht hätte; er kann schlichtweg nicht alleine durch bloße Erklärungsabgabe eine solche Druckposition schaffen[66]. Dies wird auch durch die Begründung zum RegE des AnsFuG gestützt, in der ausgeführt wird, dass weder die (einseitige, den Erklärenden nicht bindende) *invitatio ad offerendum* noch die (einseitige, den Erklärenden bindende) Auslobung i. S. d. § 657 BGB ein meldepflichtiges Instrument des Erklärenden darstellt[67]. Auch das wirtschaftliche Risiko geht bei einer einseitigen Erklärung (noch) nicht über. Schließlich wäre bei Abstellen auf einseitige Erklärung des Erwerbsinteressenten vollständig unklar, bezogen auf welche Stimmrechtsanzahl die Meldung abzugeben wäre – auf die Anzahl erstrebter Stimmrechte, auf die Anzahl bereits vom Finanzinstitut gehaltener Stimmrechte oder auf die Anzahl vom Finanzinstitut für erwerbbar gehaltener Stimmrechte? Noch dramatischer: Der Absender einer einseitigen Erklärung könnte damit Mitteilungen beim Empfänger (z. B. Finanzinstituten) provozieren, um damit bestimmte Marktreaktionen hervorzurufen (Argument des Missbrauchsrisikos)[68]. Die BaFin formuliert in den aktuellen FAQ zu den Transparenzpflichten des WpHG unter Frage 14 (Stand: 22. 2.

---

**63** *U. H. Schneider* in: Assmann/U. H. Schneider/Mülbert, Wertpapierhandelsrecht, 7. Aufl. 2019, § 38 WpHG Rn. 35.

**64** *Mock*, AG 2018, 695 ff.; *Baums* in FS Seibert, 2019 (im Erscheinen).

**65** Gleichsinnig *Mock*, AG 2018, 695, 697.

**66** Gleichsinnig *Baums* in FS Seibert, III.2 (im Erscheinen).

**67** RegE BT Ds. 17/3628, S. 20 li. Sp.; vgl. zu diesem Argument auch *Mock*, AG 2018, 695, 698. *Baums* in FS Seibert, III.3. (im Erscheinen).

**68** Hierzu *Mock*, AG 2018, 695, 701.

2019) offenbar unter dem Eindruck beachtlicher Kritik deutlich zurückhaltender (gleichwohl wegen der Bewertung „naheliegend“ noch immer überschießend)[69]:

> *„Die Bundesanstalt sieht in diesem Zusammenhang umfangreiche, vor allem schwellenrelevante Vorerwerbe durch Banken, an deren Ende eine Übertragung der Aktien an den Investor steht, kritisch und hält es für naheliegend, dass es bereits zum Zeitpunkt der Vorerwerbe zwischen Bank und Investor – ausdrücklich oder stillschweigend – eine Vereinbarung gibt, die dazu führt, dass eine spätere Abnahme der Aktien durch den Investor erfolgt. Sofern in diesen Fällen nicht bereits ein Geschäftsbesorgungsvertrag (= Zurechnung auf den Investor nach § 34 Abs. 1 Satz 1 Nr. 2 WpHG) zwischen Investor und Bank anzunehmen ist, kann ein Finanzinstrument nach § 38 Abs. 1 Nr. 2 WpHG für den Investor vorliegen.“*

## 3. Informationsüberversorgung (*Noise*) durch Meldepflicht nach § 38 WpHG

Im Gesetzgebungsverfahren zum AnsFuG ist vorgetragen worden, dass die Schaffung eines eigenständigen Melderegimes für (bloße) Instrumente zu einer Informationsüberversorgung des Kapitalmarktes (sog. *Noise*) und damit zur Abnahme der Kapitalmarkttransparenz führen würde[70]. Dazu ist zweierlei festzuhalten:

(1) Meldungen unter dem Melderegime für (Finanz-)Instrumente haben tatsächlich in Einzelfällen zu prominenten Fehlinterpretationen und (kurzzeitig) zu sachlich nicht begründeten Aktienkursreaktionen geführt. Eine besondere Prominenz haben folgende Sachverhalte erzielt:

- Abu Dhabi Investment Fonds hat Zugriffsrecht über Instrumente auf 8 % an Daimler (Februar 2012)[71];
- Deutsche Bank hat Zugriffsrecht über Instrumente auf ca. 18 % an Daimler (April 2012)[72];

69 Abrufbar unter: https://www.bafin.de/SharedDocs/Downloads/DE/FAQ/dl_faq_transparenzpflichten_WpHG_Abschnitte_6_7.html.

70 Hierzu z. B. *Brandt*, BKR 2008, 441, 447; *Cascante/Topf*, AG 2009, 53, 71; *Fleischer/Schmolke*, ZIP 2008, 1501, 1511; *Noack/Zetzsche* in FS Schwark, S. 569, 585; kritisch auch *Kettunen/Ringe*, Disclosure Regulation on CSED, Oxford, Research Paper No. 36/2011, 10/2011 (abrufbar unter https://www.ssru.com/abstract=1844886), S. 28 ff.; *C. Teichmann/Epe*, WM 2010, 1477, 1481 f.; vgl. auch *Tautges*, Empty Voting und Hidden (Morphable) Ownership, 2015, S. 400.

71 Hierzu: https://www.finanzen.net/nachricht/aktien/Pseudo-Attacken-auf-Unternehmen-verwirren-Investoren-1819485.

72 Hierzu: https://www.handelsblatt.com/unternehmen/industrie/auto-industrie-deutsche-bank-hat-zugriff-auf-grossen-daimler-anteil/6498560.html?ticket=ST-91667-qbBDfJNTCYdeACrGtUlQ-ap4; FAZ v. 18.4.2012, S. 19 („Neue Meldepflichten sorgen für Aufsehen“): „In Finanzkreisen

- Goldman Sachs hat Zugriffsrecht auf 7,42 % an Commerzbank (2012)[73];
- BlackRock halte Beteiligung von 22,85 % an Commerzbank (Fehlsummierung durch Medien, tatsächlich nur 5,23 %) (August 2013)[74];
- Erwerb einer Kontrollmehrheit an TLG Immobilien durch Ouram Holding (Januar 2018)[75];
- Goldman Sachs – stark schwankende Beteiligungshöhe durch Instrumente bei Wirecard (April 2019)[76].

Bezogen auf die hohe Gesamtzahl von Beteiligungsmeldungen nach §§ 33 f. bzw. § 38 WpHG (siehe hierzu zugleich) sind diese Einzelfälle jedoch kein Indiz für eine Informationsüberversorgung und eine strukturelle Überforderung der Kapitalmarktteilnehmer. Es ist allerdings interessant, dass eine Mehrheit in der Experten-Umfrage (ca. 56 %; Frage 6) die Frage, ob die Anwendung von § 38 WpHG in Einzelfällen zu Fehlsignalen im Kapitalmarkt führt, mit „ja" oder „eher (und nur ca. 19 % mit „nein" oder „eher nein") ja" beantwortet hat. Das liegt vermutlich an der Medienprominenz von ganz singulären Sachverhalten, die keinesfalls ein statistisch signifikantes Phänomen vertreten.

(2) Eine Analyse der Meldungen nach § 38 WpHG bezogen auf Aktien der DAX-, MDAX- und TecDAX-Unternehmen zeigt allerdings auch, dass die Anzahl dieser Meldungen von der Gesamtzahl sämtlicher Mitteilungen nach § 40 Abs. 1 WpHG nur weniger als 10 % betragen und nur etwa 30 % aller Unternehmen überhaupt Gegenstand einer solchen Meldung sind. Darüber hinaus beruhen die meisten Beteiligungen wegen Erwerb bzw. Veräußerung von Instrumenten auf schwankenden Positionen von passiv verwalteten Fonds (insbesondere Index Tracking Fonds). Daher ist der Erkenntnisgewinn für Kapitalmarktteilnehmer im

werden die neuen Berichtspflichten ... kritisch gesehen. Durch die derzeit auffällige Zunahme von Meldungen über außergewöhnlich hoch erscheinende Zugriffmöglichkeiten ... werde das Interesse der Öffentlichkeit kurz geweckt. Doch wahre Anschleicher würden so nicht entdeckt, vielmehr könnten sie in der Informationsflut länger unentdeckt bleiben als bisher (...)".

**73** Hierzu: https://www.finanzen.net/nachricht/aktien/Pseudo-Attacken-auf-Unternehmen-verwirren-Investoren-1819485.

**74** Hierzu: https://www.4investors.de/nachrichten/boerse.php?sektion=stock&ID=73003.

**75** Hierzu: https://de.reuters.com/article/deutschland-tlg-immobilien-ouram-holding-idDEKBN1FF0SN; https://www.tt.com/ticker/13938756/investor-zieht-mitteilung-ueber-kontrollmehrheit-an-tlg-zurueck; https://www.handelsblatt.com/finanzen/maerkte/aktien/verwirrung-um-tlg-immobilien-was-hat-investor-amir-dayan-in-deutschland-vor/20895290.html.

**76** Hierzu: https://www.4investors.de/nachrichten/boerse.php?sektion=stock&ID=132390; https://www.faz.net/aktuell/finanzen/finanzmarkt/goldman-sachs-mittendrin-im-wirecard-handel-16065817-html; https://www.4investors.de/nachrichten/boerse.php?sektion=stock&ID=132433.

Regelfall gering. Die Einzelanalyse der § 38 WpHG-Meldungen für die Jahre 2017/18 folgt nachfolgend:

| Unternehmen | Mitteilungen nach § 40 Abs. 1 WpHG (Anzahl) | | | … davon Mitteilungen wegen Erwerb/Veräußerung von Instrumenten (Anzahl) | | |
|---|---|---|---|---|---|---|
| | DAX | | | | | |
| | 2017 | 2018 | Delta | 2017 | 2018 | Delta |
| **Allianz** | 7 | 5 | -2 | 0 | 0 | |
| **Adidas** | 11 | 51 | +40 | 0 | 0 | |
| **BASF** | 5 | 12 | +7 | 0 | 0 | |
| **Bayer** | 19 | 16 | -3 | 0 | 0 | |
| **Beiersdorf** | 0 | 0 | | 0 | 0 | |
| **BMW** | 16 | 14 | -2 | 0 | 0 | |
| **Continental** | 0 | 11 | +11 | 0 | 0 | |
| **Covestro** | 13 | 45 | +32 | 3 | 6 | +3 |
| **Daimler** | 7 | 69 | +62 | 3 | 13 | +10 |
| **Deutsche Bank** | 57 | 103 | +46 | 6 | 28 | +22 |
| **Deutsche Börse** | 23 | 16 | -7 | 0 | 0 | |
| **Deutsche Post** | 18 | 9 | -9 | 0 | 0 | |
| **Deutsche Telekom** | 8 | 0 | -8 | 6 | 0 | -6 |
| **E.ON** | 22 | 25 | +3 | 0 | 0 | |
| **Fresenius** | 15 | 7 | -8 | 4 | 0 | -4 |
| **Fresenius Medical Care** | 20 | 16 | -4 | 0 | 0 | |
| **HeidelbergCement** | 7 | 3 | -4 | 0 | 0 | |
| **Henkel** | 0 | 1 | +1 | 0 | 0 | |
| **Infineon** | 31 | 18 | -13 | 6 | 0 | -6 |
| **Linde plc** | / | 8 | | / | 2 | |
| **Linde AG** | 9 | 16 | +15 | 1 | 3 | +4 |
| **Lufthansa** | 17 | 52 | +35 | 7 | 7 | |
| **Merck** | 17 | 3 | -14 | 1 | 0 | -1 |
| **Munich Re** | 6 | 1 | -5 | 0 | 0 | |

*Fortsetzung*

| Unternehmen | Mitteilungen nach § 40 Abs. 1 WpHG (Anzahl) | | | ... davon Mitteilungen wegen Erwerb/Veräußerung von Instrumenten (Anzahl) | | |
|---|---|---|---|---|---|---|
| | | | DAX | | | |
| | 2017 | 2018 | Delta | 2017 | 2018 | Delta |
| **RWE** | 16 | 46 | +30 | 1 | 7 | +6 |
| **SAP** | 12 | 6 | -6 | 2 | 0 | -2 |
| **Siemens** | 2 | 4 | +2 | 0 | 0 | |
| **Thyssenkrupp** | 0 | 17 | +17 | 0 | 0 | |
| **Volkswagen** | 1 | 0 | -1 | 0 | 0 | |
| **Vonovia** | 19 | 25 | +6 | 12 | 1 | -11 |
| **Wirecard** | 18 | 45 | +27 | 2 | 3 | +1 |
| | | | MDAX | | | |
| | 2017 | 2018 | Delta | 2017 | 2018 | Delta |
| **1&1 Drillisch** | 23 | 1 | +22 | 5 | 0 | -5 |
| **Aareal Bank** | 6 | 31 | +25 | 2 | 2 | |
| **Airbus** | 0 | 0 | | 0 | 0 | |
| **alstria office REIT-AG** | 9 | 22 | +13 | 0 | 1 | +1 |
| **Aroundtown SA** | 1 | 6 | +5 | 0 | 0 | |
| **Aurubis** | 17 | 27 | +19 | 2 | 4 | +2 |
| **Axel Springer** | 10 | 4 | -6 | 0 | 0 | |
| **Bechtle** | 9 | 9 | | 0 | 0 | |
| **Brenntag** | 24 | 29 | +5 | 0 | 1 | +1 |
| **Carl Zeiss Meditec** | 1 | 0 | -1 | 0 | 0 | |
| **Commerzbank** | 23 | 27 | +4 | 0 | 3 | +3 |
| **Delivery Hero** | 16 | 28 | +8 | 0 | 0 | |
| **Deutsche Euroshop** | 29 | 22 | -7 | 0 | 4 | +4 |
| **Deutsche Wohnen** | 2 | 36 | +34 | 0 | 3 | +3 |
| **Dialog Semiconductor** | 21 | 15 | -6 | 2 | 2 | |
| **Dürr** | 28 | 16 | -12 | 26 | 1 | -25 |

*Fortsetzung*

| Unternehmen | Mitteilungen nach § 40 Abs. 1 WpHG (Anzahl) | | | … davon Mitteilungen wegen Erwerb/Veräußerung von Instrumenten (Anzahl) | | |
|---|---|---|---|---|---|---|
| | DAX | | | | | |
| | 2017 | 2018 | Delta | 2017 | 2018 | Delta |
| Evonik | 2 | 0 | -2 | 0 | 0 | |
| EVOTEC | 17 | 28 | +11 | 4 | 0 | -4 |
| Fielmann | 0 | 0 | | 0 | 0 | |
| Fraport | 2 | 7 | +5 | 0 | 0 | |
| freenet | 14 | 34 | +20 | 0 | 3 | +3 |
| FUCHS PETROLUB | 1 | 3 | +2 | 0 | 0 | |
| GEA | 28 | 31 | +3 | 0 | 3 | +3 |
| Gerresheimer | 28 | 13 | -15 | 0 | 0 | |
| Grand City Properties | 3 | 1 | -2 | 0 | 0 | |
| Hannover Rück | 0 | 1 | +1 | 0 | 0 | |
| HELLA | 2 | 1 | -1 | 0 | 0 | |
| HOCHTIEF | 3 | 7 | +4 | 0 | 3 | +3 |
| HUGO BOSS | 27 | 46 | +19 | 1 | 2 | +1 |
| innogy | 0 | 5 | +5 | 0 | 1 | +1 |
| K+S | 38 | 50 | +12 | 6 | 6 | |
| KION GROUP | 19 | 30 | +11 | 0 | 0 | |
| Knorr-Bremse | 0 | 3 | +3 | 0 | 0 | |
| LANXESS | 56 | 58 | +2 | 4 | 0 | -4 |
| LEG Immobilien | 53 | 50 | -3 | 10 | 6 | -4 |
| METRO | 8 | 12 | +4 | 0 | 4 | +4 |
| MorphoSys | 3 | 22 | +19 | 0 | 0 | |
| MTU Aero Engines | 14 | 25 | +11 | 0 | 0 | |
| Nemetschek | 4 | 10 | +6 | 0 | 0 | |
| NORMA Group | 17 | 12 | -5 | 0 | 0 | |
| OSRAM | 23 | 49 | +26 | 2 | 2 | |

*Fortsetzung*

| **Unternehmen** | **Mitteilungen nach § 40 Abs. 1 WpHG (Anzahl)** | | | **… davon Mitteilungen wegen Erwerb/Veräußerung von Instrumenten (Anzahl)** | | |
|---|---|---|---|---|---|---|
| | | | **DAX** | | | |
| | **2017** | **2018** | **Delta** | **2017** | **2018** | **Delta** |
| **pbb** | 24 | 12 | -12 | 5 | 0 | -5 |
| **ProSiebenSat.1 Media** | 25 | 31 | +6 | 1 | 0 | -1 |
| **PUMA** | 0 | 35 | +35 | 0 | 12 | +12 |
| **QIAGEN** | 21 | 45 | +24 | n/a | n/a | |
| **Rheinmetall** | 39 | 27 | -12 | 5 | 1 | -4 |
| **Rocket Internet** | 5 | 3 | -2 | 0 | 0 | |
| **RTL** | 0 | 0 | | 0 | 0 | |
| **Sartorius** | 1 | 1 | | 0 | 0 | |
| **Scout24** | 99 | 139 | +40 | 11 | 19 | +8 |
| **Siemens Healthineers** | / | 1 | +1 | / | 0 | |
| **Siltronic** | 48 | 71 | +23 | 0 | 2 | +2 |
| **Software** | 23 | 19 | -4 | 0 | 4 | +4 |
| **Symrise** | 25 | 29 | +4 | 0 | 0 | |
| **TAG Immobilien** | 46 | 72 | +26 | 0 | 4 | +4 |
| **Telefonica Deutschland** | 1 | 2 | +1 | 0 | 0 | |
| **Uniper** | 8 | 26 | +18 | 4 | 10 | +6 |
| **United Internet** | 25 | 7 | -18 | 0 | 0 | |
| **WACKER CHEMIE** | 5 | 0 | -5 | 0 | 0 | |
| **Zalando** | 3 | 7 | +4 | 0 | 0 | |
| | | | **TecDAX** | | | |
| | **2017** | **2018** | **Delta** | **2017** | **2018** | **Delta** |
| **AIXTRON** | 34 | 62 | +28 | 0 | 1 | +1 |
| **CANCOM** | 7 | 29 | +22 | 0 | 0 | |
| **CompuGroup Medical** | 6 | 6 | | 0 | 0 | |
| **Drägerwerk** | 4 | 3 | -1 | 0 | 0 | |

*Fortsetzung*

| Unternehmen | Mitteilungen nach § 40 Abs. 1 WpHG (Anzahl) | | | ... davon Mitteilungen wegen Erwerb/Veräußerung von Instrumenten (Anzahl) | | |
|---|---|---|---|---|---|---|
| | | | DAX | | | |
| | 2017 | 2018 | Delta | 2017 | 2018 | Delta |
| **ISRA VISION** | 3 | 13 | +10 | 0 | 0 | |
| **JENOPTIK** | 7 | 7 | | 0 | 0 | |
| **Nordex** | 16 | 0 | -16 | 0 | 0 | |
| **Pfeiffer Vacuum** | 18 | 11 | -7 | 2 | 0 | -2 |
| **RIB Software** | 10 | 22 | +12 | 0 | 0 | |
| **S&T** | 21 | 15 | -6 | 0 | 0 | |
| **XING** | 6 | 9 | +3 | 0 | 0 | |

## 4. Ziel der unionsweiten Harmonisierung

Mit der EU-Transparenzrichtlinie-Änderungsrichtlinie sowie den hierauf beruhenden Rechtsakten und ESMA-Auslegungsschreiben wurde das Ziel verfolgt, gerade auch im Bereich der Meldepflichten für (bloße) Instrumente eine unionsweite Harmonisierung zu erreichen[77]. Nach verbreiteter Ansicht hat die BaFin allerdings ein extensives Auslegungsverständnis von § 38 WpHG, das sich in Einzelfällen von einer unionsrechtlich gebotenen Auslegung von Art. 13 Abs. 1 EU-Transparenzrichtlinie-Änderungsrichtlinie entfernt. Beispielsweise bei der Frage der Qualifikation einer einseitigen Erklärung eines Kaufinteressenten als „Instrument" (*Geely/Daimler*) hat die BaFin einen deutschen Sonderweg eingeschlagen, der weder von der unionsrechtlichen Grundlage gedeckt ist, noch mit der Verwaltungspraxis anderer EU-Mitgliedstaaten übereinstimmt. Es nimmt daher nicht wunder, dass in der Experten-Umfrage (Frage 13) eine deutliche Mehrheit der Antworten (65,38 %) die These unterstützen, dass durch die BaFin-Verwaltungspraxis ein „strenger deutscher Sonderweg" geschaffen wird.

77 Hierzu z. B. *Seibt/Wollenschläger*, ZIP 2014, 545; *Schilha*, DB 2015, 1821, 1822.

## IV. Summa und Reformvorschläge

Vor dem Hintergrund der Erfahrungen der eigenen Beratungspraxis, vor allem aber auch unter Berücksichtigung der Ergebnisse der Experten-Umfrage, lässt sich im Hinblick auf mögliche Reformvorschläge zu § 38 WpHG folgendes festhalten:

- Die gesetzliche Konzeption des § 38 Abs. 1 WpHG mit seinen beiden Tatbestandsvarianten und der beispielhaften Aufführung von Fallgruppen in § 38 Abs. 2 WpHG (ergänzt durch die Hinweise im BaFin-Emittentenleitfaden) hat sich im Wesentlichen bewährt. Die Gestaltungspraxis seit 2011 lässt – trotz mancher Anekdoten aus der Beratungspraxis – nicht erkennen, dass es strukturelle Gesetzeslücken gibt.
- Allerdings ist die Wahrnehmung der Rechtssicherheit im Hinblick auf die Überwachungstätigkeit der BaFin in bestimmten Fallkonstellationen auffallend gering: In der Experten-Umfrage (Frage 7) wurde von 40 % der Antworten die Vorhersehbarkeit von Behördenentscheidungen als „eher niedrig" oder „niedrig" qualifiziert (besonders hoch bei Fonds, Rechtsanwälten und in der Wissenschaft). Dies ist sicherlich auch eine Folge der Behandlung des *Geely/Daimler*-Falles. Die BaFin-Auffassung, der zufolge einseitige Erklärungen von generell Erwerbsinteressierten als „Instrument" zu qualifizieren sein können, ist eine weder von § 38 WpHG noch von der unionsrechtlichen Harmonisierungsnorm gedeckte Auslegung, die einen „strengen deutschen Sonderweg" darstellt und die die BaFin unbedingt aufgeben sollte.
- Die Meldepraxis lässt nicht erkennen, dass die Normanwendung zu einer schädlichen Informationsüberversorgung des Kapitalmarktes (sog. *Noise*) und zu Fehlallokationen im Kapitalmarkt führt. Fehlinterpretationen von Meldungen (bloßer) Instrumente sind seltene Ausnahmen geblieben. Es ist nach einer stabilen Mehrheit (67,21 %) der Antworten der Experten-Umfrage (Frage 5) eine (leicht) erhöhte Transparenz wirtschaftlicher Beteiligungsverhältnisse eingetreten. Die Analyse der Meldepraxis bezogen auf DAX-, MDAX- und TecDAX-Unternehmen in 2017 und 2018 lässt allerdings keine erheblichen Transparenzgewinne „im Regelbetrieb" erkennen; der Wert von § 38 WpHG liegt offenbar in der Präventionswirkung „unerwünschter Gestaltungen".
- Die im Gesetzgebungsverfahren zum AnsFuG diskutierte Frage, ob der letztlich festgesetzte Mindestschwellenwert von 5 % auf 3 % herabgesenkt oder auf 7–10 % heraufgesetzt werden sollte, kann in der Weise beantwortet werden, dass eine gesetzliche Anpassung des Mindestschwellenwertes nicht veranlasst ist.
- Die Delta-Anpassung bei Instrumenten mit Barausgleich (§ 38 Abs. 3 Satz 2 WpHG) hat sich nicht bewährt. Die Anwendung ist kompliziert, führt bei den

Inhabern von Instrumenten zu erheblichen Administrationskosten und zu unnötig vielen Meldungen des Unter- bzw. Überschreitens eines Schwellenwertes. Es ist eine unionsrechtliche Anpassung von Art. 13 Abs. 1b EU-Transparenzrichtlinie-Änderungsrichtlinie anzustreben.

- Der Rechtschutz gegen Verwaltungsakte und sonstige Handlungen der BaFin sollte behutsam erweitert oder durch neue Eilverfahren beschleunigt werden. In der Experten-Umfrage (Frage 9) haben sich hierfür allerdings nur knapp 40% ausgesprochen, dagegen aber eben auch nur knapp 38%. Allerdings reichte womöglich auch in bestimmten Fällen nur eine intensivere und nach Eingabe formalisierte Rechts- und Fachaufsicht des Bundesministeriums der Finanzen (anders allerdings das Ergebnis der Experten-Umfrage [Frage 8]).
- Entsprechend früherer Vorschläge, und zwar bereits zum AnsFuG-Gesetzgebungsverfahren, bedarf es ebenfalls einer Erweiterung des Sanktionsinstrumentariums um eine ausdrückliche Anordnungsbefugnis zu Gunsten der BaFin, bei Verletzung von § 38 WpHG die Ausübung von Stimmrechten auszusetzen[78]. Dies ist insbesondere in Übernahmesachverhalten sinnfällig, bei denen die Übernahme nach verdecktem Beteiligungsaufbau durchgeführt werden soll; die BaFin geht bislang offenbar davon aus, dass die Anordnungsbefugnis bei „Missbräuchen" (z.B. § 6 Abs. 1 Satz 3 WpHG, § 4 Abs. 1 Satz 3 WpÜG) hierfür aus Rechtsstaats- und Bestimmtheitsgründen nicht ausreichend ist. Die Sanktionsfolge eines Rechtsverlusts (sei es automatisch qua Gesetz oder sei es qua BaFin-Anordnungsbefugnis) wird in der Experten-Umfrage (Frage 14) von 45% der Antworten unterstützt (bei einer Mehrheit der Unternehmensvertreter und der Wissenschaft!); ca. 47% der Antworten sind indes mit der jetzigen Rechtslage zufrieden.

## Anhang: Einzelergebnisse der Experten-Umfrage

**Frage 1: Welchen beruflichen Hintergrund haben Sie?**

| Expertengruppe | Teilnehmer | Anteil in % |
|---|---|---|
| Unternehmen | 22 | 35,48% |
| Finanzinstitut | 4 | 6,45% |
| Fonds | 3 | 4,84% |
| Rechtsanwalt | 23 | 37,10% |
| Unternehmensverband | 2 | 3,23% |

78 Hierfür bereits ausf. *Seibt*, ZIP 2012, 797 ff. m.w. Nw. (dort in Fn. 49); dagegen z. B. *Veil*, ZHR 175 (2011), 83, 107 f.

**Frage 1: Welchen beruflichen Hintergrund haben Sie?** *(Fortsetzung)*

| **Expertengruppe** | Teilnehmer | Anteil in % |
|---|---|---|
| Wissenschaft | 8 | 12,90 % |
| **Gesamt** | **62** | 100 % |

**Frage 2: Wie schätzen Sie Ihre Expertise zu § 38 WpHG ein?**

| | niedrig (1) | | eher niedrig (2) | | neutral (3) | | hoch (4) | | sehr hoch (5) | | Durchschnitt |
|---|---|---|---|---|---|---|---|---|---|---|---|
| Unternehmen | 0,00 % | 0 | 27,27 % | 6 | 40,91 % | 9 | 31,82 % | 7 | 0,00 % | 0 | 3,05 |
| Finanzinstitut | 0,00 % | 0 | 25,00 % | 1 | 25,00 % | 1 | 50,00 % | 2 | 0,00 % | 0 | 3,25 |
| Fonds | 0,00 % | 0 | 0,00 % | 0 | 0,00 % | 0 | 33,33 % | 1 | 66,67 % | 2 | 4,67 |
| Rechtsanwalt | 4,35 % | 1 | 4,35 % | 1 | 4,35 % | 1 | 65,22 % | 15 | 21,74 % | 5 | 3,96 |
| Unternehmensverband | 0,00 % | 0 | 0,00 % | 0 | 0,00 % | 0 | 100,00 % | 2 | 0,00 % | 0 | 4 |
| Wissenschaft | 0,00 % | 0 | 0,00 % | 0 | 25,00 % | 2 | 50,00 % | 4 | 25,00 % | 2 | 4 |
| Gesamt | 1,61 % | 1 | 12,90 % | 8 | 20,97 % | 13 | 50,00 % | 31 | 14,52 % | 9 | |

**Frage 3: Wie schätzen Sie die Bedeutung der (möglichen) Normenzwecke von § 38 WpHG ein?**

*Erschwerung von Übernahmen börsennotierter Unternehmen*

| | unwichtig (1) | | eher unwichtig (2) | | neutral (3) | | wichtig (4) | | sehr wichtig (5) | | Durchschnitt |
|---|---|---|---|---|---|---|---|---|---|---|---|
| Unternehmen | 4,55 % | 1 | 18,18 % | 4 | 27,27 % | 6 | 31,82 % | 7 | 18,18 % | 4 | 3,41 |
| Finanzinstitut | 25,00 % | 1 | 0,00 % | 0 | 50,00 % | 2 | 25,00 % | 1 | 0,00 % | 0 | 2,75 |
| Fonds | 0,00 % | 0 | 0,00 % | 0 | 0,00 % | 0 | 66,67 % | 2 | 33,33 % | 1 | 4,33 |
| Rechtsanwalt | 17,39 % | 4 | 4,35 % | 1 | 26,09 % | 6 | 39,13 % | 9 | 13,04 % | 3 | 3,26 |
| Unternehmensverband | 0,00 % | 0 | 50,00 % | 1 | 0,00 % | 0 | 0,00 % | 0 | 50,00 % | 1 | 3,5 |
| Wissenschaft | 12,50 % | 1 | 37,50 % | 3 | 0,00 % | 0 | 25,00 % | 2 | 25,00 % | 2 | 3,13 |
| Gesamt | 11,29 % | 7 | 14,52 % | 9 | 22,58 % | 14 | 33,87 % | 21 | 17,74 % | 11 | |

*Effektuierung des Gleichbehandlungsgebots von Aktionären vor/bei Übernahmen börsennotierter Unternehmen*

| | unwichtig (1) | | eher unwichtig (2) | | neutral (3) | | wichtig (4) | | sehr wichtig (5) | | Durchschnitt |
|---|---|---|---|---|---|---|---|---|---|---|---|
| Unternehmen | 4,55 % | 1 | 9,09 % | 2 | 36,36 % | 8 | 40,91 % | 9 | 9,09 % | 2 | 3,41 |
| Finanzinstitut | 0,00 % | 0 | 0,00 % | 0 | 50,00 % | 2 | 50,00 % | 2 | 0,00 % | 0 | 3,5 |
| Fonds | 0,00 % | 0 | 0,00 % | 0 | 0,00 % | 0 | 66,67 % | 2 | 33,33 % | 1 | 4,33 |
| Rechtsanwalt | 0,00 % | 0 | 17,39 % | 4 | 17,39 % | 4 | 56,52 % | 13 | 8,70 % | 2 | 3,57 |
| Unternehmensverband | 0,00 % | 0 | 0,00 % | 0 | 50,00 % | 1 | 50,00 % | 1 | 0,00 % | 0 | 3,5 |
| Wissenschaft | 0,00 % | 0 | 12,50 % | 1 | 0,00 % | 0 | 37,50 % | 3 | 50,00 % | 4 | 4,25 |
| Gesamt | 1,61 % | 1 | 11,29 % | 7 | 24,19 % | 15 | 48,39 % | 30 | 14,52 % | 9 | |

*(Preisrelevante) Transparenz im Hinblick auf die Ausübung von Corporate Control (z. B. Stimmrechte in der Hauptversammlung)*

| | unwichtig (1) | | eher unwichtig (2) | | neutral (3) | | wichtig (4) | | sehr wichtig (5) | | Durchschnitt |
|---|---|---|---|---|---|---|---|---|---|---|---|
| Unternehmen | 4,55 % | 1 | 4,55 % | 1 | 31,82 % | 7 | 45,45 % | 10 | 13,64 % | 3 | 3,55 |
| Finanzinstitut | 0,00 % | 0 | 25,00 % | 1 | 75,00 % | 3 | 0,00 % | 0 | 0,00 % | 0 | 2,75 |
| Fonds | 0,00 % | 0 | 0,00 % | 0 | 0,00 % | 0 | 0,00 % | 0 | 100,00 % | 3 | 5 |
| Rechtsanwalt | 0,00 % | 0 | 17,39 % | 4 | 21,74 % | 5 | 47,83 % | 11 | 13,04 % | 3 | 3,55 |
| Unternehmensverband | 0,00 % | 0 | 0,00 % | 0 | 0,00 % | 0 | 0,00 % | 0 | 100,00 % | 2 | 5 |
| Wissenschaft | 0,00 % | 0 | 0,00 % | 0 | 0,00 % | 0 | 42,86 % | 3 | 57,14 % | 4 | 4,57 |
| Gesamt | 1,61 % | 1 | 9,68 % | 6 | 24,19 % | 15 | 38,71 % | 24 | 24,19 % | 15 | |

*(Preisrelevante) Transparenz im Hinblick auf die Verfolgung wirtschaftlicher Interessen (z. B. Beurteilung von Interessenkonfliktlagen)*

| | unwichtig (1) | | eher unwichtig (2) | | neutral (3) | | wichtig (4) | | sehr wichtig (5) | | Durchschnitt |
|---|---|---|---|---|---|---|---|---|---|---|---|
| Unternehmen | 4,55 % | 1 | 13,64 % | 3 | 22,73 % | 5 | 45,45 % | 10 | 13,64 % | 3 | 3,55 |
| Finanzinstitut | 0,00 % | 0 | 25,00 % | 1 | 25,00 % | 1 | 50,00 % | 2 | 0,00 % | 0 | 3,25 |
| Fonds | 0,00 % | 0 | 0,00 % | 0 | 0,00 % | 0 | 66,67 % | 2 | 33,33 % | 1 | 4,33 |
| Rechtsanwalt | 4,35 % | 1 | 26,09 % | 6 | 26,09 % | 6 | 26,09 % | 6 | 17,39 % | 4 | 3,23 |
| Unternehmensverband | 0,00 % | 0 | 0,00 % | 0 | 0,00 % | 0 | 0,00 % | 0 | 100,00 % | 2 | 5 |
| Wissenschaft | 0,00 % | 0 | 12,50 % | 1 | 25,00 % | 2 | 50,00 % | 4 | 12,50 % | 1 | 3,63 |
| Gesamt | 3,23 % | 2 | 17,74 % | 11 | 22,58 % | 14 | 38,71 % | 24 | 17,74 % | 11 | |

**Frage 4: Werden Ihrer Einschätzung nach weiterhin – von den Beteiligten als rechtlich zulässig erachtete – Transparenzvermeidungsstrukturen genutzt?**

| | Ja | | Nein | | Weiß nicht | |
|---|---|---|---|---|---|---|
| Unternehmen | 90,91 % | 20 | 0,00 % | 0 | 9,09 % | 2 |
| Finanzinstitut | 50,00 % | 2 | 0,00 % | 0 | 50,00 % | 2 |
| Fonds | 100,00 % | 3 | 0,00 % | 0 | 0,00 % | 0 |
| Rechtsanwalt | 69,57 % | 16 | 13,04 % | 3 | 17,39 % | 4 |
| Unternehmensverband | 50,00 % | 1 | 0,00 % | 0 | 50,00 % | 1 |
| Wissenschaft | 75,00 % | 6 | 0,00 % | 0 | 25,00 % | 2 |
| Gesamt | 77,42 % | 48 | 4,84 % | 3 | 17,74 % | 11 |

**Frage 5: Alles in allem (Tendenzaussage): Schafft § 38 WpHG eher eine für Marktteilnehmer relevante Beteiligungstransparenz oder eher eine transparenzverringernde Informationsfülle (sog. Noise)?**

| | Eher Transparenzsteigerung | | Eher Noise | |
|---|---|---|---|---|
| Unternehmen | 72,73 % | 16 | 27,27 % | 6 |
| Finanzinstitut | 25,00 % | 1 | 75,00 % | 3 |
| Fonds | 100,00 % | 3 | 0,00 % | 0 |
| Rechtsanwalt | 54,55 % | 12 | 45,45 % | 10 |
| Unternehmensverband | 100,00 % | 2 | 0,00 % | 0 |
| Wissenschaft | 87,50 % | 7 | 12,50 % | 1 |
| Gesamt | 67,21 % | 41 | 32,79 % | 20 |

**Frage 6: Halten Sie den Einwand für gerechtfertigt, dass die Anwendung von § 38 WpHG in Einzelfällen zu Fehlsignalen im Kapitalmarkt führt?**

| | nein (1) | | eher nein (2) | | neutral (3) | | eher ja (4) | | ja (5) | | Durchschnitt |
|---|---|---|---|---|---|---|---|---|---|---|---|
| Unternehmen | 0,00 % | 0 | 27,27 % | 6 | 18,18 % | 4 | 54,55 % | 12 | 0,00 % | 0 | 3,27 |
| Finanzinstitut | 0,00 % | 0 | 0,00 % | 0 | 50,00 % | 2 | 50,00 % | 2 | 0,00 % | 0 | 3,5 |
| Fonds | 0,00 % | 0 | 33,33 % | 1 | 66,67 % | 2 | 0,00 % | 0 | 0,00 % | 0 | 2,67 |
| Rechtsanwalt | 0,00 % | 0 | 8,70 % | 2 | 17,39 % | 4 | 60,87 % | 14 | 13,04 % | 3 | 3,78 |
| Unternehmensverband | 0,00 % | 0 | 0,00 % | 0 | 50,00 % | 1 | 50,00 % | 1 | 0,00 % | 0 | 3,5 |
| Wissenschaft | 12,50 % | 1 | 25,00 % | 2 | 25,00 % | 2 | 37,50 % | 3 | 0,00 % | 0 | 2,88 |
| Gesamt | 1,61 % | 1 | 17,74 % | 11 | 24,19 % | 15 | 51,61 % | 32 | 4,84 % | 3 | |

**Frage 7: Wie schätzen Sie den Grad der Rechtssicherheit bei Anwendung von § 38 WpHG ein, bezogen vor allem auf die Vorhersehbarkeit der Behördenhandhabung (BaFin-Praxis)?**

| | niedrig (1) | | eher niedrig (2) | | neutral (3) | | hoch (4) | | sehr hoch (5) | | Durchschnitt |
|---|---|---|---|---|---|---|---|---|---|---|---|
| Unternehmen | 4,76 % | 1 | 23,81 % | 5 | 47,62 % | 10 | 23,81 % | 5 | 0,00 % | 0 | 2,9 |
| Finanzinstitut | 0,00 % | 0 | 0,00 % | 0 | 50,00 % | 2 | 50,00 % | 2 | 0,00 % | 0 | 3,5 |
| Fonds | 0,00 % | 0 | 66,67 % | 2 | 33,33 % | 1 | 0,00 % | 0 | 0,00 % | 0 | 2,33 |
| Rechtsanwalt | 17,39 % | 4 | 34,78 % | 8 | 4,35 % | 1 | 43,48 % | 10 | 0,00 % | 0 | 2,74 |
| Unternehmensverband | 0,00 % | 0 | 0,00 % | 0 | 100,00 % | 1 | 0,00 % | 0 | 0,00 % | 0 | 3 |
| Wissenschaft | 12,50 % | 1 | 37,50 % | 3 | 25,00 % | 2 | 25,00 % | 2 | 0,00 % | 0 | 2,63 |
| Gesamt | 10,00 % | 6 | 30,00 % | 18 | 28,33 % | 17 | 31,67 % | 19 | 0,00 % | 0 | |

**Frage 8: Ist die Rechts- und Fachaufsicht des BMF betreffend die Behördenhandhabung der BaFin von § 38 WpHG angemessen?**

| | Ja | | Nein, zu wenig intensiv | | Nein, zu intensiv | | Weiß nicht | |
|---|---|---|---|---|---|---|---|---|
| Unternehmen | 22,73 % | 5 | 4,55 % | 1 | 0,00 % | 0 | 72,73 % | 16 |
| Finanzinstitut | 25,00 % | 1 | 0,00 % | 0 | 0,00 % | 0 | 75,00 % | 3 |
| Fonds | 33,33 % | 1 | 66,67 % | 2 | 0,00 % | 0 | 0,00 % | 0 |
| Rechtsanwalt | 34,78 % | 8 | 21,74 % | 5 | 8,70 % | 2 | 34,78 % | 8 |
| Unternehmensverband | 0,00 % | 0 | 0,00 % | 0 | 0,00 % | 0 | 100,00 % | 2 |
| Wissenschaft | 12,50 % | 1 | 0,00 % | 0 | 25,00 % | 2 | 62,50 % | 5 |
| Gesamt | 25,81 % | 16 | 12,90 % | 8 | 6,45 % | 4 | 54,84 % | 34 |

**Frage 9: Ist der tatsächlich erreichbare Rechtsschutz für Kapitalmarktteilnehmer angemessen ausgestaltet?**

| | Ja | | Nein, Rechtsschutz in der Praxis zu weitgehend | | Nein, Rechtsschutz in der Praxis zu gering | | Weiß nicht | |
|---|---|---|---|---|---|---|---|---|
| Unternehmen | 18,18 % | 4 | 0,00 % | 0 | 50,00 % | 11 | 31,82 % | 7 |
| Finanzinstitut | 50,00 % | 2 | 0,00 % | 0 | 25,00 % | 1 | 25,00 % | 1 |
| Fonds | 0,00 % | 0 | 0,00 % | 0 | 100,00 % | 3 | 0,00 % | 0 |
| Rechtsanwalt | 52,17 % | 12 | 13,04 % | 3 | 26,09 % | 6 | 8,70 % | 2 |
| Unternehmensverband | 0,00 % | 0 | 0,00 % | 0 | 0,00 % | 0 | 100,00 % | 2 |
| Wissenschaft | 37,50 % | 3 | 0,00 % | 0 | 50,00 % | 4 | 12,50 % | 1 |
| Gesamt | 33,87 % | 21 | 4,84 % | 3 | 40,32 % | 25 | 20,97 % | 13 |

**Frage 10: Zu im Einzelnen in der Wissenschaft und Praxis streitig behandelten Gestaltungen: Welche der nachfolgenden Gestaltungen sollten unter § 38 WpHG (oder eine Nachfolgenorm) fallen?**

| | Vorkaufs- und Vorerwerbsrechte bezogen auf Anteile an Holdinggesellschaften (Gesellschaftervereinbarungen) | | Mitverkaufsrechte (Tag Along) und Mitverkaufspflichten (Drag Along) | | Kaufvertrag unter Kartellvorbehalt | | Erwerb einer Wandelschuldverschreibung oder Optionsanleihe (vor Beginn des Ausübungszeitraums) | | Gewerbliche Aktienpfandrechte | |
|---|---|---|---|---|---|---|---|---|---|---|
| Unternehmen | 77,27 % | 17 | 59,09 % | 13 | 81,82 % | 18 | 68,18 % | 15 | 40,91 % | 9 |
| Finanzinstitut | 100,00 % | 3 | 66,67 % | 2 | 33,33 % | 1 | 66,67 % | 2 | 0,00 % | 0 |
| Fonds | 66,67 % | 2 | 33,33 % | 1 | 33,33 % | 1 | 100,00 % | 3 | 33,33 % | 1 |
| Rechtsanwalt | 35,00 % | 7 | 35,00 % | 7 | 65,00 % | 13 | 50,00 % | 10 | 25,00 % | 5 |
| Unternehmensverband | 0,00 % | 0 | 100,00 % | 2 | 50,00 % | 1 | 100,00 % | 2 | 50,00 % | 1 |
| Wissenschaft | 87,50 % | 7 | 87,50 % | 7 | 50,00 % | 4 | 62,50 % | 5 | 50,00 % | 4 |
| Gesamt | 62,07 % | 36 | 55,17 % | 32 | 65,52 % | 38 | 63,79 % | 37 | 34,48 % | 20 |

**Frage 11: Wie schätzen Sie das aktuelle Regelungskonzept einer Delta-Bewertung bei Instrumenten mit Barausgleich (§ 38 Abs. 3 Satz 2 WpHG) ein (Trendaussage)?**

| | Pro geltendem Delta-Regelungskonzept | | Pro neuem Nominalwert-Konzept (wie § 38 Abs. 3 Satz 1 WpHG) | |
|---|---|---|---|---|
| Unternehmen | 31,25 % | 5 | 68,75 % | 11 |
| Finanzinstitut | 25,00 % | 1 | 75,00 % | 3 |
| Fonds | 66,67 % | 2 | 33,33 % | 1 |
| Rechtsanwalt | 60,00 % | 12 | 40,00 % | 8 |
| Unternehmensverband | 0,00 % | 0 | 100,00 % | 2 |
| Wissenschaft | 25,00 % | 2 | 75,00 % | 6 |
| Gesamt | 41,51 % | 22 | 58,49 % | 31 |

**Frage 12: Sollte die Aufrechnung von Long- mit Short-Positionen erlaubt sein?**

| | Ja | | Nein | |
|---|---|---|---|---|
| Unternehmen | 9,09 % | 2 | 90,91 % | 20 |
| Finanzinstitut | 25,00 % | 1 | 75,00 % | 3 |
| Fonds | 0,00 % | 0 | 100,00 % | 3 |
| Rechtsanwalt | 22,73 % | 5 | 77,27 % | 17 |
| Unternehmensverband | 0,00 % | 0 | 100,00 % | 2 |
| Wissenschaft | 37,50 % | 3 | 62,50 % | 5 |
| Gesamt | 18,03 % | 11 | 81,97 % | 50 |

**Frage 13: Alles in allem (Trendaussage): Ist durch die Umsetzung von § 38 WpHG ein EU Level Playing Field geschaffen worden oder gibt es durch die BaFin-Verwaltungspraxis (weiterhin) einen „strengen deutschen Sonderweg"?**

| | Ja, EU Level Playing Field wurde erreicht | | Nein, es hat sich ein „strenger deutscher Sonderweg" entwickelt | |
|---|---|---|---|---|
| Unternehmen | 58,82 % | 10 | 41,18 % | 7 |
| Finanzinstitut | 25,00 % | 1 | 75,00 % | 3 |
| Fonds | 33,33 % | 1 | 66,67 % | 2 |
| Rechtsanwalt | 14,29 % | 3 | 85,71 % | 18 |
| Unternehmensverband | 0,00 % | 0 | 0,00 % | 0 |
| Wissenschaft | 42,86 % | 3 | 57,14 % | 4 |
| Gesamt | 34,62 % | 18 | 65,38 % | 34 |

**Frage 14: Alles in allem (Trendaussage): Ist durch die Umsetzung von § 38 WpHG ein EU Level Playing Field geschaffen worden oder gibt es durch die BaFin-Verwaltungspraxis (weiterhin) einen „strengen deutschen Sonderweg“?**

| | Im Grundsatz ja | | Ja, aber Bußgeldandrohung zu gering | | Nein, zusätzlich sollte ein von der BaFin angeordneter Rechtsverlust beim Instrumenteninhaber eintreten können | | Nein, zusätzlich sollte ein Rechtsverlust qua Gesetz eintreten | |
|---|---|---|---|---|---|---|---|---|
| Unternehmen | 31,82 % | 7 | 13,64 % | 3 | 31,82 % | 7 | 22,73 % | 5 |
| Finanzinstitut | 50,00 % | 2 | 0,00 % | 0 | 25,00 % | 1 | 25,00 % | 1 |
| Fonds | 66,67 % | 2 | 33,33 % | 1 | 0,00 % | 0 | 0,00 % | 0 |
| Rechtsanwalt | 68,18 % | 15 | 0,00 % | 0 | 22,73 % | 5 | 9,09 % | 2 |
| Unternehmensverband | 0,00 % | 0 | 0,00 % | 0 | 0,00 % | 0 | 100,00 % | 1 |
| Wissenschaft | 25,00 % | 2 | 12,50 % | 1 | 37,50 % | 3 | 25,00 % | 2 |
| Gesamt | 46,67 % | 28 | 8,33 % | 5 | 26,67 % | 16 | 18,33 % | 11 |

Katharina Stüber

# Sanktionen bei Verletzung der §§ 33 ff. WpHG

## I. Entwicklung der Sanktionen bei Verstößen gegen die Beteiligungstransparenz

Die heute im WpHG kapitalmarktrechtlich normierte Beteiligungstransparenz geht zurück bis zu dem 1965 eingeführten § 20 AktG, der erstmals den umstrittenen Grundsatz der Anonymität der Aktie[1] durchbrach[2] und Unternehmer[3] verpflichtete, Beteiligungen offenzulegen sowie Verstöße sanktionierte. Eine kapitalmarktrechtliche Regelung folgte 1995 mit dem auf der Transparenzrichtlinie I[4] beruhenden und durch das 2. FinzFördG[5] eingeführten § 21 WpHG a. F., die von einer kapitalmarktrechtspezifischen Regelung der Sanktionen bei Verstößen in §§ 28 und 39 WpHG a. F. begleitet wurde und zugleich den Kreis der potentiell Meldepflichtigen erweiterte.

## II. Die einzelnen Sanktionen und ihre Entwicklung

Bei Verstößen gegen Stimmrechtsmitteilungspflichten greift eine Vielzahl von Sanktionen. Die Bandbreite reicht vom verwaltungsrechtlichen Bußgeld über die Anordnung der Vermögenseinziehung nach § 29a OWiG[6] bis hin zum Verlust von Rechten aus Aktien. Das Risiko von Reputationsschäden ist 2015 durch das Umsetzungsgesetz[7] zur geänderten Transparenzrichtlinie[8] mit dem gesetzlichen sog. Naming and Shaming erhöht. Daneben kommt ein Schadensersatzanspruch in

1 Zum Begriff und dem Streitstand *Siebel* FS Heinsius, 1991, S. 771, 784 f.
2 Weshalb die Norm ebenfalls umstritten war vgl. Ausschussbericht *Kropff*, AktG 1965, S. 40 ff.
3 Unternehmer im rechtsformneutralen Sinne des § 15 AktG siehe *Koch* in Hüffer/Koch, AktG, 13. Aufl. 2018, § 20 Rn. 2.
4 Richtlinie 88/627/EWG.
5 Gesetz vom 26. Juli 1994 (BGBl. I S. 1749).
6 Hierauf wird im Folgenden nicht weiter eingegangen.
7 Gesetz vom 20. November 2015 (BGBl. I S. 2029).
8 Richtlinie 2013/50/EG.

https://doi.org/10.1515/9783110632323-040

Betracht. Darüber hinaus wird auch diskutiert, ob ein Geschäftsleiter eines Kreditinstituts, der sich bewusst über die Meldepflichten des Kreditinstituts hinwegsetzt, zuverlässig im Sinne von § 32 KWG ist.[9]

## 1. Rechtsverlust nach § 44 WpHG

Der Sanktion in Form des Rechtsverlusts kommt auch aufgrund der Komplexität eine besondere Bedeutung neben dem verwaltungsrechtlichen Bußgeld zu.[10] Dies gilt umso mehr, als dass ein Rechtsverlust digital ist – also entweder eintritt oder nicht – wohingegen bei der Bemessung eines Bußgeldes stets die Schwere des Verstoßes in der Höhe berücksichtigt wird. Zu Recht wird der Rechtsverlust teilweise als Damoklesschwert bezeichnet[11] und diskutiert, ob diese ex-lege Wirkung durch eine Anordnungsbefugnis der BaFin ersetzt werden sollte, um Unsicherheiten insbesondere im Zusammenhang mit der Hauptversammlung zu beseitigen.[12]

### a) Meldepflichtverletzung als Voraussetzung für Rechtsverlust

Der Rechtsverlust setzt – wie die Geldbuße – zunächst die Verletzung der Stimmrechtsmitteilungspflicht voraus. Ein Verstoß gegen die Mitteilungspflicht liegt vor, wenn eine Mitteilung entgegen §§ 33, 38 oder 39 WpHG nicht, nicht richtig, nicht vollständig oder falsch oder nicht rechtzeitig abgegeben wird.[13] Die Mitteilung muss sowohl an die Emittentin als auch an die BaFin übermittelt werden; eine Mitteilung nur an eine der Adressatinnen stellt einen Verstoß dar.[14] Dies gilt gemäß dem klaren Wortlaut selbst dann, wenn etwa die Emittentin bereits Kenntnis von der mitteilungspflichtigen Tatsache hat.[15] In der Praxis ist von

---

9 Worauf im Folgenden nicht weiter eingegangen wird, vgl. aber *Schneider* in Assmann/Schneider/Mülbert, Wertpapierhandelsrecht, 7. Aufl. 2019, § 44 WpHG Rn. 2f. mwN.

10 Vgl. *Paudtke/Glauer* NZG 2016, 125, 127.

11 *Merkner* AG 2012, 199, 199.

12 Dazu *Gegler* ZBB 2018, 126, 129.

13 *Bayer* in MüKo-AktG, 5. Aufl. 2019, § 22 AktG Anhang § 44 WpHG Rn. 9; *Schneider* (Fn. 9), § 44 WpHG Rn. 17 mwN; *Zimmermann* in Fuchs, WpHG, 2. Aufl. 2016, § 28 Rn. 9 ff.; *Becker* in Just/Voß/Ritz/Becker, WpHG, 2015, § 28 Rn. 9 ff.

14 *Zimmermann* (Fn. 13), § 28 Rn. 11 mwN.

15 *Schneider* (Fn. 9), § 44 WpHG Rn. 15 mwN; *Götze* in Habersack/Mülbert/Schlitt, HandB der Kapitalmarktinformation, 2. Aufl. 2013, § 28 Rn. 32; hinsichtlich anderweitiger Kenntnisnahme

besonderer Bedeutung und umstritten, ob nur gewichtige Mängel bzw. Fehler als Nichterfüllung mit der Sanktionsfolge oder bloße Schlechterfüllung – ohne die Sanktionsfolge – zu bewerten sind.[16] Zu Recht werden bloße Schreibfehler nicht als (hinreichender) Verstoß bewertet.[17] Jedoch sind wegen der Bedeutung der Stimmrechtsmitteilungen für den Kapitalmarkt strenge Maßstäbe zu fordern.[18] Fehler bei der Angabe etwa der Firma[19] des Meldepflichtigen in Bezug auf Rechtsformangaben oder falsche Angaben zu konzernzugehörigen Gesellschaften sind jedoch als schwerwiegend zu bewerten. Denn die Gesellschaft muss erkennen, wer ihr Aktionär ist und damit auch, wem die Rechte aus der Aktie zustehen[20], ohne hierzu Nachforschungen anzustellen.[21]

### b) Subjektive Voraussetzung für den Rechtsverlust

Ein Rechtsverlust kann auch mit Blick auf die Wertung von Art. 14 GG nur bei Verschulden – namentlich Vorsatz oder Fahrlässigkeit – eintreten, auch wenn der Wortlaut dies nicht ausdrücklich bestimmt.[22] Maßgeblich ist nach zutreffender Ansicht der zivilrechtliche Vorsatzbegriff.[23] Danach setzt vorsätzliches Handeln

der AG *Koch* (Fn. 3), § 20 Rn. 8 mwN; maßgeblich und ausreichend ist der Zugang der Mitteilung, nicht die Veröffentlichung, vgl. LG Karlsruhe AG 1998, 99, 100; BGH NZG 2016, 1182.

**16** *Schwark* in Schwark/Zimmer, Kapitalmarktrecht, 4. Aufl. 2010, § 28 WpHG Rn. 5; *Kremer/Osterhaus* in KK-WpHG, 2. Aufl. 2014, § 28 Rn. 30; *Zimmermann* (Fn. 13), § 28 Rn. 12 ff.; *Becker* (Fn. 13), § 28 Rn. 12.

**17** OLG Düsseldorf AG 2006, 202, 205; *Bayer* (Fn. 13), § 22 AktG Anhang § 44 WpHG Rn. 9; *Schneider* (Fn. 9), § 44 WpHG Rn. 18 ff.; *Zimmermann* (Fn. 13), § 28 Rn. 13; *Petersen* in Spindler/Stilz, AktG, 4. Aufl. 2019, § 22 AktG Anhang § 44 WpHG Rn. 107; *Schwark* (Fn. 16), § 28 WpHG Rn. 5. Dies gilt etwa für Schreibfehler bei der Anschrift, nicht jedoch für das Datum der Meldeschwellenberührung oder die Höhe des Anteils; restriktiver *Kremer/Osterhaus* (Fn. 16), § 28 Rn. 31; aA *Scholz* AG 2009, 313, 316.

**18** Form und Inhalt der Stimmrechtsmitteilung sind in §§ 12 ff. und Anlage hierzu WpAV sowie der StimmRV konkretisiert. *Kremer/Oesterhaus* in KK-WpHG, 2. Aufl. 2014, § 28 Rn. 31 a.E.

**19** Vgl. *Bayer* (Fn. 13), § 22 AktG Anhang § 44 WpHG Rn. 9; OLG Düsseldorf AG 2010, 711, 712.

**20** Vgl. *Schneider* (Fn. 9), § 44 WpHG Rn. 19.

**21** Dies ergibt sich bereits daraus, dass selbst positive Kenntnis der Emittentin nichts am Verstoß ändert.

**22** So auch hM *Schneider* (Fn. 9), § 44 WpHG Rn. 22; *Heinrich/Kiesewetter* Der Konzern 2009, 137, 139; OLG München ZIP 2009, 2095; *Bayer* (Fn. 13), § 22 Anhang § 44 WpHG Rn. 13; aA *Hägele* NZG 2000, 726, 726; *Starke*, Beteiligungstransparenz in Gesellschafts- und Kapitalmarktrecht, 2002, S. 248 f.

**23** *Bayer* (Fn. 13), § 22 AktG Anhang § 44 WpHG Rn. 14; *Kremer/Osterhaus* (Fn. 16), § 28 Rn. 34, 37; für kapitalmarktrechtlichen Vorsatzbegriff *Schneider* (Fn. 9), § 44 WpHG Rn. 83; für strafrechtlineben der Kenntnis des zur Meldepflicht führenden objektiven Sachverhalts, d. h. der die Meldepflicht nach §§ 33ff. WpHG auslösenden Umstände, auch das Bewusstsein der Rechtswidrigkeit des Handelns voraus. Allerdings kann nur ein unvermeidbarer Rechtsirrtum vorsätzliches Handeln ausschließen,[24] was nur ausnahmsweise der Fall sein wird. So kann sich der Meldepflichtige nicht darauf berufen, die Rechtslage nicht gekannt zu haben. Dies gilt auch für ausländische Investoren.[25] Anders als auf Auskünfte eines fachlich versierten Rechtsanwalts kann sich der Meldepflichtige auch nicht auf Auskünfte der BaFin verlassen.[26]

### c) Entwicklung der Reichweite des Rechtsverlusts

Die zivilrechtliche Sanktion des Rechtsverlusts wurde kontinuierlich durch den Gesetzgeber verschärft. Zunächst erfasste der Rechtsverlust die Stimmrechte des Meldepflichtigen in der Hauptversammlung der Emittentin. Durch das 3. FinzFörG wurde der Rechtsverlust auf bestimmte, dem Meldepflichtigen zugerechnete Stimmrechte aus Aktien erstreckt. Daneben dehnte das 3. FinzFörG den Rechtsverlust von dem bisherigen Ruhen des Stimmrechts zu einem Verlust der mit der Aktionärsstellung verbundenen (abstrakten) Vermögens-[27] und Mitverwaltungsrechte des Meldepflichtigen aus.[28] Ferner wurde die Dauer des möglichen Rechtsverlusts mit dem Risikobegrenzungsgesetz[29] um sechs Monate ab dem Tag der Nachmeldung bei grob fahrlässiger oder vorsätzlicher Meldepflichtverletzung verlängert, § 28 Satz 3 WpHG a. F. Ausgenommen davon waren nur Verstöße, bei denen die Abweichung weniger als 10 % des tatsächlichen Stimmrechtsanteils beträgt, § 28 Satz 4 WpHG a. F. Ziel dieser Verschärfung war es, ein „unbemerktes

---

chen Vorsatzbegriff *Schwark* (Fn. 16), § 28 WpHG Rn. 19; wohl auch *Zimmermann* (Fn. 13), § 28 Rn. 42.

24 *Schneider* (Fn. 9), § 44 WpHG Rn. 86f.; aA *Götze* in Habersack/Mülbert/Schlitt, HandB der Kapitalmarktinformation, 2. Aufl 2013, § 28 Rn. 39 mwN.

25 *Schneider* (Fn. 9), § 44 WpHG Rn. 86.

26 *Schneider* (Fn. 9), § 44 WpHG Rn. 24. Die Verwaltungsauffassung bindet Zivilgerichte nicht und die BaFin ist nicht im Interessenkreis des Meldepflichtigen bei etwaiger Auskunftserteilung tätig. Demgegenüber greifen die Grundsätze der ISION-Rechtsprechung (BGH CCZ 2012, 76, 78) bei Verlassen auf falschen Rechtsrat.

27 Zum Unterschied von mitgliedschaftlichem Gewinnbeteiligungsanspruch und konkretem Dividendenauszahlungsanspruch *Bayer* (Fn. 13), § 22 AktG Anhang § 44 WpHG Rn. 29.

28 *Sudmeyer* BB 2002, 685, 691; *Schwark* (Fn. 16), § 28 WpHG Rn. 13ff.; *Petersen* (Fn. 17), Anhang § 22 AktG Rn. 109; allgemein zu den Rechten eines Aktionärs *Koch* (Fn. 3), § 11 Rn. 3ff.

29 Gesetz vom 12. August 2008 (BGBl. I 2008 S. 1666).

Anschleichen“ zu verhindern, weil bis dato unterlassene Meldungen oft erst unmittelbar vor der Hauptversammlung nachgeholt wurden.[30]

Seit dem 2. FiMaNoG[31] findet sich die Regelung nun in § 44 WpHG, das den Rechtsverlust zugleich auch auf Verstöße gegen Meldepflichten nach § 38 Abs. 1 bzw. § 39 Abs. 1 WpHG erweitert hat.[32] Der Rechtsverlust betrifft heute nicht nur Stimmrechte aus Aktien, die dem Meldepflichtigen gehören,[33] sondern auch solche, die ihm lediglich gemäß § 34 WpHG zugerechnet[34] werden und beschränkt sich insbesondere nicht auf solche Stimmrechte, für die die Meldepflicht verletzt wurde.[35] Dies führt insbesondere dazu, dass der Rechtsverlust auch dann eintritt, wenn etwa der Aktionär selbst seine Meldepflicht erfüllt hat, aber derjenige, dem diese Stimmrechte zugerechnet werden, nicht.[36]

### d) Vom Rechtsverlust umfasste Verwaltungsrechte

Zu den vom Rechtsverlust umfassten Verwaltungsrechten zählen im Zusammenhang mit der Hauptversammlung der Emittentin das Teilnahme-, Antrags-, Auskunfts- und Einberufungsrecht sowie die Befugnis zur Geltendmachung von Ersatzansprüchen nach § 147 AktG und das Anfechtungsrecht von Hauptversammlungsbeschlüssen.[37] Zudem sind die betroffenen Stimmrechte in die Berechnung von Mehrheiten nicht (d. h. auch nicht im Nenner) miteinzubeziehen.[38]

Nimmt ein Aktionär trotz Rechtsverlusts an der Hauptversammlung[39] und der Beschlussfassung teil, ist diese zwar nicht gem. § 241 Nr. 3 Fall 3 AktG nichtig[40], es

---

**30** *Süßmann/Meder* WM 2009, 976; *Paudtke/Glauer* NZG 2016, 125, 128.

**31** Gesetz vom 23. Juni 2017 (BGBl. I S. 1693).

**32** *Bayer* (Fn. 13), § 22 AktG Anhang § 44 WpHG Rn. 22 f.; *Petersen* (Fn. 17), Anhang zu § 22 Rn. 104a; *Schneider* (Fn. 9), § 44 WpHG Rn. 39 f.; *Habersack* AG 2018, 133, 134.

**33** Gemäß § 33 Abs. 3 WpHG gehören auch solche Stimmrechte dem Meldepflichtigen, auf deren Übertragung er einen unbedingten und ohne zeitliche Verzögerung zu erfüllenden Anspruch hat.

**34** *Habersack* AG 2018, 133, 134.

**35** *Bayer* (Fn. 13), § 22 AktG Anhang § 44 WpHG Rn. 21; *Schneider* (Fn. 9), § 44 WpHG Rn. 29; *Schürnbrand* in Emmerich/Habersack, Aktien- und GmbH-Konzernrecht, 8. Aufl. 2016, § 28 Rn. 13.

**36** So etwa beim Acting in Concert gemäß § 34 Abs. 2 WpHG oder aber in Konzernsachverhalten bei der Zurechnung von Stimmrechten auf das Mutterunternehmen, die von einer Tochtergesellschaft gehalten werden, § 34 Abs. 1 Satz 1 Nr. 1 WpHG, vgl. *Schneider* (Fn. 9), § 44 WpHG Rn. 30 ff.

**37** BGHZ 167, 204 Rn. 14; *Bayer* in MüKo-AktG, 5. Aufl. 2019, § 22 AktG Anhang § 44 WpHG Rn. 26 ff.; *Schneider* (Fn. 9), § 44 WpHG Rn. 65.

**38** *Schneider* (Fn. 9), § 44 WpHG Rn. 66.

**39** Die bloße Teilnahme bleibt folgenlos, vgl. *Bayer* (Fn. 13), § 22 AktG Anhang § 44 WpHG Rn. 28.

**40** *Schneider* (Fn. 9), § 44 WpHG Rn. 62; a. A. *Geßler* BB 1980, 217, 219.

kommt aber eine Anfechtbarkeit der Beschlüsse nach § 243 Abs. 1 AktG in Betracht.[41] Obwohl das Anfechtungspotenzial in der Praxis damit eher gering ist[42], hat der Versammlungsleiter dafür Sorge zu tragen, dass Aktionäre mit ruhendem Stimmrecht nicht an der Beschlussfassung teilnehmen.[43] Denn der Versammlungsleiter ist für die ordnungsgemäße Durchführung der Hauptversammlung und damit die Prüfung, ob die teilnehmenden Aktionäre stimmberechtigt sind, verantwortlich. Häufig wird der Versammlungsleiter jedoch im Falle einer unterlassenen Meldung keine Kenntnis vom Stimmrechtsverlust haben. Umstritten ist, inwiefern trotz fehlender Bestimmung im WpHG oder AktG eine Nachforschungspflicht des Versammlungsleiters besteht.[44] Jedenfalls sind Nachforschungen nur vorzunehmen, wenn berechtigte Zweifel bezüglich des Stimmrechts bestehen.[45] Bloße Gerüchte reichen dabei nicht aus.[46] Die Aktionäre sind auskunftspflichtig.[47]

### e) Verlust der mit den Stimmrechten verbundenen Vermögensrechte

Ein Verlust der Vermögensrechte kommt nach § 44 Abs. 1 Satz 2 WpHG – über die zuvor dargestellten Voraussetzungen hinaus – nur in Betracht, wenn die Meldepflicht vorsätzlich verletzt und die Mitteilung nicht nachgeholt wurde, wobei nach allgemeiner Auffassung bedingter Vorsatz ausreicht.[48] Die Darlegungs- und Beweislast dafür, dass das Unterlassen der Mitteilung nicht vorsätzlich erfolgt ist, trifft den mitteilungspflichtigen Aktionär.[49]

---

**41** Nur wenn die fehlerhafte Berücksichtigung der ruhenden Stimmrechte kausal für das Ergebnis war, ist die Anfechtung begründet, BGH AG 2014, 624; *Koch* (Fn. 3), § 243 AktG Rn. 19 mwN.
**42** „Überbewertet" *Schneider* (Fn. 9), § 44 WpHG Rn. 62.
**43** *Schneider* (Fn. 9), § 44 WpHG Rn. 93.
**44** Dafür *Schneider* (Fn. 9), § 44 WpHG Rn. 61; a. A. OLG Düsseldorf AG 2009, 40, 41.
**45** OLG Stuttgart AG 2009, 124, 127; *Schneider* (Fn. 9), § 44 WpHG Rn. 61, 94; *Petersen* (Fn. 17) § 20 Rn. 56; *Rachlitz* in Grigoleit, AktG, 2013, § 20 Rn. 5; wohl a. A. *Quack* FS Semler, 1993, S. 581, 586; zu einer kapitalmarktrechtlichen Informationsbeschaffungspflicht siehe *Paudtke/Glauer* NZG 2016, 125, 130 ff.
**46** OLG Stuttgart (Fn. 45), 128.
**47** OLG Düsseldorf NZG 2009, 260, 262; LG Heidelberg AG 2016, 257; *Schneider* (Fn. 9), § 44 WpHG Rn. 61.
**48** *Götze* in Habersack/Mülbert/Schlitt, Handbuch der Kapitalmarktinformation, 2. Aufl. 2013, § 28 Rn. 39; *Kremer/Oesterhaus* (Fn. 18), § 28 Rn. 96; *Sudmeyer* BB 2002, 685, 691; strenger wohl *Schneider* (Fn. 9), § 44 WpHG Rn. 67.
**49** Vgl. RegE BR-Drucks. 605/97, S. 95; *Kremer/Oesterhaus* (Fn. 18), § 28 Rn. 97; *Schneider* (Fn. 9), § 44 WpHG Rn. 89.

Der Gesetzeswortlaut gibt allerdings keinen Hinweis darauf, wann die Meldung nachgeholt werden muss. Zu Recht wird verlangt, dass die Mitteilung bei nachträglichem Erkennen der Meldepflicht unverzüglich nachgeholt werden muss.[50] Dafür spricht, dass ab dem Zeitpunkt der Kenntniserlangung von der Meldepflicht Vorsatz eintritt, sodass schon die erste der beiden Voraussetzungen wegfällt. Hätte der Gesetzgeber für die Nachholung der Meldung einen weitergehenden zeitlichen Spielraum geben wollen als für die geschuldete Meldung im Ausgangspunkt, hätte der Gesetzgeber dies ausdrücklich anordnen müssen. Es ist nicht ersichtlich, warum sich der Meldepflichtige nach Kenntniserlangung von der Meldepflicht mit der Erfüllung nur deshalb länger Zeit lassen dürfte, weil er die geschuldete Meldung zum Zeitpunkt der Schwellenberührung zunächst (wenn auch ohne Vorsatz) versäumt hatte.[51] Denn bei der Nachholung handelt es sich um die Erfüllung der Verpflichtung nach §§ 33 ff. WpHG, sodass kein anderer zeitlicher Maßstab gelten kann als derjenige nach § 33 WpHG.

Steht dem Meldepflichtigen danach im Zeitpunkt der Beschlussfassung der Hauptversammlung über die Gewinnverwendung keine Dividende zu, ist diese an die anderen Aktionäre auszuschütten, deren Anteil sich entsprechend erhöht.[52] Hat die Emittentin trotz Verlusts des Dividendenanspruchs eine Dividende ausgezahlt, so steht ihr ein Rückforderungsanspruch aus § 62 Abs. 1 AktG zu,[53] soweit der Aktionär wusste oder fahrlässig nicht wusste, dass er keinen Anspruch hatte.[54] Der Vorstand der Emittentin hat den Rückzahlungsanspruch grundsätzlich geltend zu machen.[55] Ihm droht im Falle der Nichtrückforderung eine persönliche Haftung nach § 93 Abs. 2 AktG.[56]

---

**50** *Götze* (Fn. 48), § 28 Rn. 55; *Kremer/Oesterhaus* (Fn. 18), § 28 Rn. 98; *Opitz* in Schäfer/Hamann, Kapitalmarktgesetze, 2. Aufl. 2006, § 28 WpHG Rn. 56; *Schneider* (Fn. 9), § 44 WpHG Rn. 88; *Schneider/Schneider* ZIP 2006, 493, 500; *Bayer* (Fn. 13), § 20 Rn. 82f.; zur Parallelvorschrift in § 20 Abs. 7 AktG *Bayer* (Fn. 13), § 20 Rn 85f. (mit der strengen Ergänzung, dass der Nachweis der unvorsätzlichen Unterlassung in aller Regel schwerfallen dürfte); *Emmerich* in Emmerich/Habersack, Aktien- und GmbH-Konzernrecht, 8. Aufl. 2016, § 20 AktG Rn. 57; zu § 59 S. 2 WpÜG: *Schneider/Rosengarten* in Assmann/Pötzsch/Schneider, WpÜG, 2. Aufl. 2013, § 59 Rn. 55; ähnlich *Heinrich/Kiesewetter* Der Konzern 2009, 137, 145, aber bei länger zurückliegenden komplexen Meldesachverhalten relativierend; tendenziell strenger als die h. M. für Pflicht zur unverzüglichen Nachholung schon bei einem Fürmöglichhalten der Meldepflicht *Schneider* (Fn. 9), § 44 WpHG Rn. 88.

**51** *Emmerich* (Fn. 50), § 20 Rn. 57: das Erfordernis der Unverzüglichkeit der Mitteilung gilt hier erst recht.

**52** *Schneider* (Fn. 9), § 44 WpHG Rn. 69.

**53** BGH (Fn. 15), 1186; *Bayer* (Fn. 13), § 20 Rn. 72ff.; *Koch* (Fn. 3), § 20 Rn. 17; *Schneider* (Fn. 9), § 44 WpHG Rn. 70; *Zimmermann* (Fn. 13), § 28 Rn. 46.

**54** *Schneider* (Fn. 9), § 44 WpHG Rn. 70.

**55** *Zimmermann* (Fn. 13), § 28 Rn. 46.

## 2. Bußgeld nach § 120 Abs. 17 i. V. m. Abs. 2 Nr. 2 lit. d) und e) WpHG

### a) Entwicklung der gesetzlichen Regelung

Ursprünglich setzte der Bundesgesetzgeber mit Einführung von § 39 Abs. 1 Nr. 1 lit. c WpHG a. F. die europarechtliche Vorgabe von Art. 15 der Transparenzrichtlinie I[57] um, die *angemessene* Sanktionen für einen Verstoß gegen die Beteiligungstransparenz forderte, allerdings ohne dies weiter zu bestimmen. Der deutsche Gesetzgeber hielt eine Geldbuße bis zu 500.000 DM für angemessen. Im Rahmen der Währungsreform 2001 kam es (lediglich) zu einer Umrechnung auf EUR 250.000. 2002 folgte durch das 4. FinzFördG[58] eine Absenkung der Maximalhöhe der Geldbuße auf EUR 200.000, die von der späteren Regelung in Art. 18 der Transparenzrichtlinie II[59], wonach die Sanktion *„wirksam, verhältnismäßig und abschreckend“* sein musste, nicht revidiert wurde.[60]

Im Lichte der Finanzkrise kam es 2011 zu einer signifikanten Erhöhung der maximalen Geldbuße auf EUR 1 Mio. durch das AnsFuG[61], die insbesondere die Fälle des „Anschleichens“[62] durch Abschreckung verhindern sollte.

Der Trend der Verschärfung der Sanktionen setzte sich Ende 2015 mit dem Umsetzungsgesetz[63] zur Transparenzrichtlinie-Änderungsrichtlinie[64] auf drastische Weise fort. Erstmals wurde bei der Höhe der maximalen Geldbuße nach der Person des Meldepflichtigen differenziert: Als Grundsatz wurde die Bußgeldhöchstgrenze um 100 Prozent auf EUR 2 Mio. angehoben. Verstößt eine juristische Person oder Personenvereinigung[65] gegen Mitteilungspflichten kommt sogar ein Bußgeld in Betracht, das der Höhe nach begrenzt ist auf (i) EUR 10 Mio. oder (ii) 5 Prozent des Gesamtumsatzes, den sie im der Behördenentscheidung vorausgegangenen Geschäftsjahr erzielt hat oder (iii) das Zweifache des aus dem Verstoß gezogenen wirtschaftlichen Vorteils. Im konkreten Anwendungsfall ist

---

56 *Euler/Klein* (Fn. 17), § 147 Rn. 30 f. zur Anfechtbarkeit des Gewinnverwendungsbeschlusses und der Haftung des Vorstands.

57 Richtlinie 88/627/EWG.

58 Gesetz vom 21. Juni 2002 (BGBl. I S. 2010, 2038).

59 Richtlinie 2004/109/EG.

60 Umsetzung durch TUG vom 5. Januar 2007.

61 Gesetz vom 5. April 2011 (BGBl. I S. 538).

62 So in den Fällen Schaeffler/Continental, Porsche/VW und SGL Carbon/SKion.

63 Gesetz vom 20. November 2015 (BGBl. I S. 2029).

64 Richtlinie 2013/50/EU.

65 *Spoerr* (Fn. 9), § 120 WpHG Rn. 403 ff. ausführlich zu juristischen Personen bzw. Personenvereinigungen im Sinne des § 120 WpHG.

der jeweils höchste Betrag für den Bußgeldrahmen maßgeblich.[66] Für Mutter- bzw. Tochterunternehmen kommt es bei der Bestimmung des Gesamtumsatzes stets auf den im Konzernabschluss ausgewiesenen Umsatz an.[67] Mit dieser Gesetzesänderung hat die Verschärfung vorläufig ihren Höhepunkt gefunden. Insbesondere wurde mit dem 2. FiMaNoG der Bußgeldrahmen nicht erneut verändert und nun in § 120 Abs. 17, 23 WpHG geregelt.

### b) Ausgestaltung des Bußgeldrahmens durch die BaFin: Bußgeldleitlinien

Die gesetzlichen Regelungen sehen einen weiten Bußgeldrahmen vor, der in der Praxis einer Ausgestaltung bedarf. Dem will die BaFin durch die konkrete Bußgeldbemessung nach § 17 OWiG i.V.m. den Bußgeldleitlinien II[68] für den konkreten Einzelfall nachkommen.[69] Sie sind als interne Weisung an die Mitarbeiter der Behörde zu verstehen und binden daher nur die BaFin im Rahmen ihrer Ermessensausübung selbst; sie haben keine Rechtssatzqualität, insbesondere binden sie die Gerichte nicht.[70]

Aus der Marktkapitalisierung der Emittentin, auf die sich die Stimmrechtsmitteilung bezieht, leitet die BaFin sechs Größenkategorien für die Bußgeldrahmenbemessung ab. In einem dreistufigen Verfahren legt sie anhand der Schwere der spezifischen Tatumstände[71] einen sog. Bußgeldgrundbetrag fest. Dieser kann aufgrund mildernder oder erschwerender Anpassungskriterien unter- oder überschritten werden. Eine letzte Anpassung der Geldbuße sehen die Leitlinien aufgrund der wirtschaftlichen Verhältnisse des Mitteilungspflichtigen vor.[72]

Die in den Leitlinien ausgewiesenen Bußgeldbeträge beziehen sich stets auf den betragsmäßigen Höchstbetrag nach § 120 Abs. 17 Nr. 1 WpHG. Auf die umsatz- und mehrerlösbezogenen Höchstbeträge sollen die Wertungen jedoch zur Ausgestaltung übertragen werden.[73]

---

66 So ausdrücklich BaFin, Bußgeldleitlinie II, S. 6.

67 Siehe zu Sonderregelungen für Kreditinstitute und Versicherungsunternehmen § 120 Abs. 23 WpHG.

68 Zuletzt aktualisiert im Januar 2018, abrufbar unter: https://www.bafin.de/SharedDocs/Downloads/DE/Leitfaden/WA/dl_aktualisierung_bussgeldleitlinien_2018.pdf?__blob=publicationFile&v=6 , zuletzt aufgerufen am 19. August 2019.

69 *Becker/Canzler* NZG 2014, 1090; vertiefend *Canzler/Hammermaier* AG 2014, 57, 58 f.

70 *Becker/Canzler* NZG 2014, 1090, 1092.

71 So z. B. Verspätungsdauer, Ausmaß der Fehlerhaftigkeit, Konzernsachverhalte etc., vgl. Bußgeldleitlinie II, S. 19.

72 Siehe Bußgeldleitlinie I, 2013, S. 4 f.; ausführlicher dann Bußgeldleitlinie II, S. 9 ff.

73 Bußgeldleitlinie II, S. 1.

### c) Entwicklung der Geldbußen in der Praxis

Der schon als „Hyperinflation" bezeichneten Ausweitung des Bußgeldrahmens[74] folgt in der Praxis eine Erhöhung der tatsächlich verhängten Bußgelder.[75]

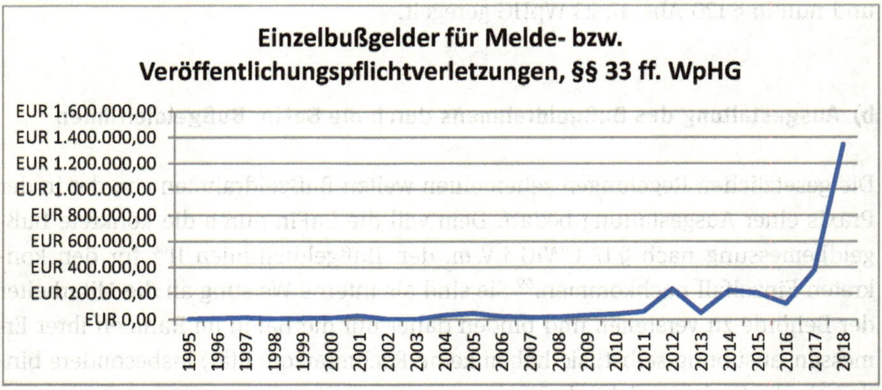


Quelle: Jahresberichte der BAWe (1995-2001) und BaFin (2002-2018)

Die Grafik stellt die Entwicklung der Einzelbußgelder für Melde- bzw. Veröffentlichungspflichtverletzungen gem. §§ 33 ff. WpHG dar und lässt daher den bislang prominentesten Ahnungsfall außer Betracht, in dem die BaFin mit einem Bußgeld in Höhe von EUR 3,25 Mio.[76] gleich eine Vielzahl von Verstößen durch BlackRock ahndete.[77]

## 3. Naming and Shaming

Mit Einführung von § 40b Abs. 1 WpHG a. F. wurde 2004[78] erstmals eine gesetzliche Regelung zum sog. „Naming and Shaming" im Wertpapierhandelsrecht aufgenommen, die aber wegen des engen Anwendungsbereichs in der Praxis

74 *Spoerr* (Fn. 9), § 120 WpHG Rn. 14.

75 Vgl. für 2018 BaFin Jahresbericht 2018, S. 151.

76 Bußgeld BlackRock https://www.bafin.de/SharedDocs/Veroeffentlichungen/DE/Meldung/2015/meldung_150320_bussgeld_blackrock.html (zuletzt aufgerufen am 19. August 2019).

77 Mildernd berücksichtigte die BaFin, dass sich BlackRock selbst an die BaFin gewandt hatte, an der Sachverhaltsaufklärung mitwirkte und ihre Beteiligungen offenlegte, BaFin Jahresbericht 2015, S. 256 f.; vgl. hierzu auch *Jüngst/Bünten* ZIP 2019, 847, 855.

78 Gesetz vom 28. Oktober 2004 (BGBl. I 2004, S. 2630).

weitgehend irrelevant blieb.[79] Eine Schärfung brachte der durch das 1. FiMaNoG eingeführte § 40c WpHG a. F. (bzw. § 124 WpHG in der Fassung des 2. FiMaNoG). Seither muss die BaFin Entscheidungen über Maßnahmen und Sanktionen, die sie unter anderem wegen Verstößen gegen die Meldepflichten erlässt, auf ihrer Internetseite unverzüglich bekanntgeben. Diese Prangerwirkung soll die jeweils verhängte Sanktion verstärken.[80]

## 4. Schadensersatz nach § 823 Abs. 2 BGB i. V. m. §§ 33 ff. WpHG

Umstritten ist, ob neben den dargestellten Sanktionen zusätzlich ein Anspruch auf Schadensersatz nach § 823 Abs. 2 BGB i. V. m. §§ 33 ff. WpHG in Betracht kommt. Teilweise wird der hierfür erforderliche Schutzgesetzcharakter abgelehnt, weil Schutzzweck ausschließlich die Transparenz und die damit zusammenhängende Funktionsfähigkeit des Kapitalmarkts sei. Eine individualschützende Wirkung in Form der Information über die Aktionärsstruktur sei vom Gesetzgeber nicht intendiert gewesen.[81]

Die Gesetzesmaterialien zu § 21 WpHG a. F. sprechen jedoch für einen solchen Anspruch.[82] Danach dienen die Meldepflichten der Transparenz für Anleger und Emittenten. Die Zusammensetzung des Aktionariats bzw. seine Veränderung sind wichtige Kriterien für Anlagedispositionen der Investoren und können erheblichen Einfluss auf die Kursentwicklung einer Aktie haben.[83] Ferner gibt diese Transparenz der Emittentin einen Überblick über ihre Aktionärsstruktur und die Beherrschungsverhältnisse.[84] Hinzu kommt, dass die Parallelnorm § 20 AktG nach hM als Schutzgesetz qualifiziert.[85] Die Ablehnung des Schutzgesetzcharakters würde zudem zu der widersprüchlichen Wertung führen, dass Aktionäre von im Freiverkehr gehandelten Gesellschaften über § 20 AktG mehr Schutz erhielten, als Aktionäre von im regulierten Markt zugelassenen Gesellschaften. Dem kann

---

**79** *Nartowska/Knierbein* NZG 2016, 256.

**80** *Spoerr* (Fn. 9), § 124 WpHG Rn. 8.

**81** *Schäfer* in Marsch-Barner/Schäfer, Handbuch börsennotierte AG, 4. Aufl. 2018, Rn. 18.63; *Windbichler* in Hirte/Mülbert/Roth, AktG, 5. Aufl. 2017, § 20 Rn. 89 f.

**82** Einen Anspruch bejahend: *Schneider* (Fn. 9), § 44 WpHG Rn. 101; *Paudtke/Glauer* NZG 2016, 125, 128.

**83** Siehe *Bayer* (Fn. 13), § 20 Rn. 88; *Veil* in Schmidt/Lutter, 3. Aufl. 2015, § 20 AktG Rn. 45, 47.

**84** Vgl. Begründung RegE BT-Drs. 12/6679, 52.

**85** *Koppensteiner* in KK-AktG, 3. Aufl. 2010, § 20 AktG Rn. 90; Bayer (Fn. 13), § 20 Rn. 88; a. A. *Windbichler* (Fn. 81), § 20 Rn. 89.

auch nicht entgegengehalten werden, dass Verstöße gegen die WpHG-Meldepflichten anders als Verstöße gegen § 20 AktG mit Bußgeldern geahndet werden können.[86] Vielmehr hätte der Gesetzgeber einen Ausschluss regeln müssen, wenn ein solcher entgegen der Rechtsprechung des BGH gewollt wäre. Denn der BGH hatte schon § 21 WpHG a. F. als Schutzgesetz bewertet.[87]

Was im Ergebnis nichts an den mit der Geltendmachung solcher Ansprüche in der Praxis verbundenen Schwierigkeiten,[88] etwa hinsichtlich der Ermittlung der Schadenshöhe, ändert.[89]

# III. Fazit

Die Sanktionen bei Verstößen gegen die Beteiligungstransparenz sind sowohl hinsichtlich ihrer Voraussetzungen aber auch ihrer Ausformungen komplex und wurden stetig erweitert und verschärft. Vor diesem Hintergrund ist ein besonders engmaschiges Compliance-System dringend zu empfehlen.

---

86 *Starke*, Beteiligungstransparenz im Gesellschafts- und Kapitalmarktrecht, 2002, S. 263.
87 Vgl. BGH WM 1994, 896, 898.
88 *Schneider* (Fn. 9), § 44 WpHG Rn. 101.
89 *Schneider* (Fn. 9), § 44 WpHG Rn. 103. Vor diesem Hintergrund sprechen *Paudtke/Glauer* NZG 2016, 125, 128 dem Anspruch sogar die praktische Relevanz ab.

Dirk Kocher

# Anforderungen an das Halten für Rechnung nach § 34 Abs. 1 Satz 1 Nr. 2 WpHG – Stimmrechtseinfluss oder wirtschaftliches Interesse als Rechtfertigung der Stimmrechtszurechnung

## I. Einführung

Neben dem acting in concert ist das Halten für Rechnung nach § 34 Abs. 1 Satz 1 Nr. 2 WpHG (früher § 22 Abs. 1 Satz 1 Nr. 2 WpHG a. F.) einer der wichtigsten und zugleich unschärfsten Stimmrechtszurechnungstatbestände des WpHG. Eine Entsprechung findet er im Übernahmerecht in § 30 Abs. 1 Satz 1 Nr. 2 WpÜG – natürlich mit ungleich drastischeren Rechtsfolgen. Unter dieser Norm werden sehr unterschiedliche Lebenssachverhalte geprüft, die von der Treuhand über die Wertpapierleihe und Optionsgeschäften bis hin zum Warehousing reichen. Zugleich bestehen erhebliche Unsicherheiten hinsichtlich der Anforderungen an das Halten für Rechnung. Sie resultieren u. a. aus teils unterschiedlichen Positionen des BGH und der BaFin, wobei manche dieser Unterschiede erst auf den zweiten Blick sichtbar werden.

Das Thema eignet sich für einen Rückblick auf 25 Jahre WpHG auch deshalb, weil es nicht nur einen funktionalen Bedeutungswandel im Wertpapierhandelsrecht aufzeigt, sondern zugleich die Frage nach einer der Grundwertungen der Stimmrechtstransparenz stellt: Wieviel echter Einfluss auf die Stimmrechtsausübung ist erforderlich, um eine Zurechnung zu begründen? Diese Frage ist auch an anderer Stelle durchaus kontrovers.[1] Gleichzeitig ist es auch, aber bei Weitem nicht nur, Teil der lange währenden Debatte um das „Anschleichen" und seine Verhinderung.[2]

---

**1** Vgl. etwa *Kocher/Mattig* BB 2018, 1667 für das acting in concert im WpHG, WpÜG und dem Transparenzregister des Geldwäscherechts.

**2** Hierzu jüngst *Mock*, AG 2018, 695 ff. für den Teilaspekt der Vorerwerbe durch Finanzinvestoren.

https://doi.org/10.1515/9783110632323-041

# II. Dogmatische Grundfrage: Stimmrechtseinfluss oder wirtschaftliches Interesse als Rechtfertigung der Stimmrechtszurechnung?

## 1. Überblick

Im Kern handelt es sich um einen Anwendungsfall der dogmatischen Grundfrage, ob die Stimmrechtzurechnung erfordert, dass der Zurechnungsempfänger Einfluss auf die Ausübung der Stimmen nehmen kann. Der BGH vertritt im Bereich der Stimmrechtstransparenz häufig restriktivere Positionen als die BaFin, so zuletzt bei der Frage der Einzelfallausnahme nach § 34 Abs. 2 Satz 1 WpHG, wo er sich entgegen der bis dahin vertretenen Ansicht der BaFin der formalen Betrachtung angeschlossen hat.[3] Das gilt auch für die hier interessierende Frage.

## 2. Die Position des BGH: Stimmrechtseinfluss erforderlich

Der BGH hat schon in mehreren Entscheidungen für eine Stimmrechtszurechnung einen Einfluss auf die Stimmrechtsausübung verlangt. Das gilt einmal für den Fall der Wertpapierleihe, bei dem der BGH ein Halten für Rechnung nur annahm, „wenn der Darlehensgeber nach der vertraglichen Regelung auf die Stimmrechtsausübung des Darlehensnehmers Einfluss nehmen kann".[4] Er hat dies damit begründet, dass nur dann ein mittelbares Stimmrecht bestehe, das die erheblichen Sanktionen rechtfertige. Diese Rechtsprechung hat er später auf das abgestimmte Verhalten nach § 22 Abs. 2 WpHG a. F. übertragen und konstatiert, „maßgeblich für die Zurechnung nach § 22 Abs. 2 WpHG" müsse „wie bei § 22 Abs. 1 WpHG [...] die Möglichkeit der Einflussnahme auf die Stimmrechtsausübung sein".[5] Schließlich hat er die Ansicht auch noch für das Halten für Rechnung bei der Treuhand bestätigt.[6]

3 BGH ZIP 2018, 2214, Tz. 31 ff.; entgegen BaFin, Emittentenleitfaden, Modul B, Stand 30.10.2018, S. 28, die ihre Verwaltungspraxis in Reaktion auf das Urteil jedoch geändert hat, vgl. BaFin, FAQ zu den Transparenzpflichten des WpHG in den Abschnitten 6 (§§ 33 ff.) und 7 (§§ 48 ff.), Stand 22.02.2019, Frage 8a. Hierzu z. B. *Brellochs* AG 2019, 29 ff.

4 BGHZ 180, 154, Tz. 34 (Wertpapierdarlehen).

5 BGHZ 190, 291, Tz. 32; zustimmend z. B. *Widder/Kocher*, GWR 2011, 461 ff.

6 BGHZ 202, 180, Tz. 50 (Postbank).

Dabei fällt jeweils die Allgemeinheit der Formulierungen und der Argumentation auf. Der BGH sieht im Erfordernis des Einflusses auf die Stimmrechtsausübung offenbar ein allgemeines Erfordernis für die Rechtfertigung einer Stimmrechtszurechnung. Unklar blieb nur, wie groß der Stimmrechtseinfluss sein muss, um nach Ansicht des BGH die Zurechnung zu rechtfertigen.[7]

### 3. Die Position der BaFin: Stimmrechtseinfluss als relevantes aber nicht unbedingt notwendiges Kriterium

Auch die BaFin hält einen Einfluss auf die Stimmrechtsausübung für ein relevantes Kriterium, das eine Zurechnung unter einem einschlägigen Zurechnungstatbestand oft begründen kann, da es um Transparenz über die rechtlichen und tatsächlichen Stimmverhältnisse gehe.[8] Sie leitet daraus aber weniger ein allgemeines und immer notwendig gegebenes Erfordernis ab, sondern weist abstrakt darauf hin, dass ein rechtlich gesicherter Einfluss nicht erforderlich und auch die Erklärung unbeachtlich sei, Einfluss nicht ausüben zu wollen.[9] In der weiteren Umsetzung differenziert die BaFin nach verschiedenen Zurechnungstatbeständen und Fallgestaltungen:

Beim Halten für Rechnung hat sie sich der Ansicht des BGH zunächst isoliert für die Wertpapierleihe angeschlossen,[10] in ihrer Verwaltungspraxis aber gelegentlich versucht, auch eine Zurechnung ohne Stimmrechtseinfluss vorzunehmen. In der Neufassung des Emittentenleitfadens hat sie das Erfordernis des BGH nun hingegen abstrakt für § 34 Abs. 1 Satz 1 Nr. 2 WpHG aufgenommen. Sie fordert dafür die Möglichkeit zur Einflussnahme auf die Stimmrechtsausübung, prüft dies jedoch abstrakt, so dass es auf die Ausübung des Einflusses nicht ankommt.[11] Für die Treuhand soll dafür schon genügen, dass sich aus der „Interessenlage ergibt", dass der Treuhänder das Stimmrecht im Interesse des Treugebers ausübt. Auch bei Vorliegen eines Geschäftsbesorgungsvertrages verzichtet die BaFin tendenziell auf einen relevanten Stimmrechtseinfluss.[12] Ob das noch einen Einfluss im Sinne der Rechtsprechung des BGH darstellt, erscheint jedenfalls fraglich.

---

**7** Darauf weisen schon *Widder/Kocher*, GWR 2011, 461, 463 hin.

**8** BaFin, Emittentenleitfaden, Modul B, Stand 30.10.2018, S. 18.

**9** BaFin, Emittentenleitfaden, Modul B, Stand 30.10.2018, S. 17 f. unter Berufung auf VG Frankfurt a. M. BKR 2007, 40, 42.

**10** BaFin, Emittentenleitfaden, Stand 22.07.2013, S. 116.

**11** BaFin, Emittentenleitfaden, Modul B, Stand 30.10.2018, S. 22.

**12** Hierzu nachfolgend IV. 3. b).

Beim abgestimmten Verhalten nach § 34 Abs. 2 WpHG stellt die BaFin ebenfalls geringere Anforderungen an die Zurechnung. Sie rechnet jedem an einer Abstimmung irgendwie Beteiligten voll zu und nicht nur einem herrschenden Poolmitglied,[13] im Ergebnis wohl also auch einem überstimmten Mitglied der Minderheit oder einem Mitglied einer Mehrheit, auf dessen Stimme es aber für das Zustandekommen der Mehrheit gar nicht ankam. Das dürfte mit den Anforderungen des BGH nicht mehr in Einklang stehen,[14] wurde aber von der BaFin dennoch nicht geändert.

Die Auffassung der BaFin wird daher in einigen Fällen eher zu einer Zurechnung kommen als diejenige des BGH.

## 4. Diskussion in der Literatur

In der Literatur wurden oft vor allem die einzelnen Zurechnungstatbestände und Fallgestaltungen diskutiert und weniger die abstrakte Frage nach dem dogmatischen Kern der Zurechnungsvorschriften.

### a) Zurechnungsgrundlage der zumindest faktischen Beeinflussung der Stimmrechtsausübung

Ganz überwiegend wird der Zurechnungsgrund pauschal darin gesehen, dass der Zurechnungsempfänger entweder rechtlich oder zumindest faktisch die Stimmrechtsausübung der zuzurechnenden Aktien beeinflussen könne und man daher einer Umgehung der Mitteilungspflicht nach § 33 Abs. 1 Satz 1 WpHG vorbeugen müsse.[15] Zwar werden die faktischen Einflussmöglichkeiten kaum näher erläutert,

---

13 BaFin, Emittentenleitfaden, Modul B, Stand 30.10.2018, S. 28 f.; hiergegen etwa *Kocher/Mattig*, BB 2018, 1667, 1670.

14 So bereits *Widder/Kocher*, GWR 2011, 461, 463.

15 Vgl. *Paul* in Drinhausen/Eckstein, Beck'sches Handbuch AG, 3. Aufl. 2018, § 21 Rn. 16; *Petersen* in Spindler/Stilz, 4. Aufl. 2019, §§ 33–47 WpHG Rn. 37; *Uwe H. Schneider* in Assmann/Schneider/Mülbert, Wertpapierhandelsrecht, 7. Aufl. 2019, § 34 Rn. 3; zu § 22 WpHG a. F. *von Bülow* in KK-WpHG, 2. Aufl. 2014, § 22 Rn. 4, 37 („Transparenz über wesentlichen Binneneinfluss beim Emittenten"), 43 ff.; *Heinrich* in Heidel, Aktienrecht und Kapitalmarktrecht, 4. Aufl. 2014, § 22 WpHG Rn. 1; *Kiesewetter* in Paschos/Fleischer, Handbuch Übernahmerecht nach dem WpÜG, 2017, 3. Kap. § 8 Rn. 61; *Michel* in Just/Voss/Ritz/Becker, WpHG, 2015, § 22 Rn. 8; *Schürnbrand* in Emmerich/Habersack, Aktien- und GmbH-Konzernrecht, 8. Aufl. 2016, § 22 WpHG Rn. 1 f.; *Schwark* in Schwark/Zimmer, WpHG, 4. Aufl. 2010, § 22 WpHG Rn. 1 („beeinflussbare Ausübung des Stimm-

jedoch wird man annehmen dürfen, dass es sich – allein aufgrund der Abgrenzung zur rechtlichen Einflussnahme – auch um eine wirtschaftliche Beeinflussung handeln kann. Ob eine Einflussnahme vorliegt, sei ferner im Wege einer abstrakten Betrachtung zu ermitteln.[16] Denn der Gesetzgeber habe darauf gezielt, typische Sachverhalte aufzugreifen, in denen der Zurechnungsempfänger als „Hintermann" des (formalen) Aktieneigentümers erscheint.[17] Für diese Situationen seien eine abschließende Reihe von Vermutungen der Verschiebung der Stimmrechtsmacht aufgestellt worden.[18] Auf die Rechtsprechung des BGH wird insofern jedoch nur vereinzelt eingegangen.[19]

Ähnlich ist die Ansicht, die in den Zurechnungsvorschriften allein den Schutz vor einer Umgehung dieser Mittteilungspflicht nach § 33 Abs. 1 Satz 1 WpHG sieht.[20] Maßgeblich für die Umgehung der Pflicht muss der Einfluss auf die Stimmrechte sein.[21] Es bleibt jedoch offen, welches Maß der Einfluss erreichen muss.

#### b) Ausdifferenzierung hinsichtlich einzelner Zurechnungstatbestände

Das Grundanliegen, bereits bei faktischem Einfluss auf die Stimmrechtsausübung zuzurechnen, wird in der Literatur in drei Richtungen weiter spezifiziert:

Zuerst nehmen Manche die Zurechnung beim einseitigen Aneignungsrecht nach § 34 Abs. 1 Satz 1 Nr. 5 WpHG vom allgemeinem Regelungszweck aus.[22] Denn diese Vorschrift soll bereits darauf zielen, die Kapitalmarktteilnehmer beizeiten

---

rechts"); *Weber-Ray/Benzler* in Habersack/Mülbert/Schlitt, Handbuch der Kapitalmarktinformation, 2. Aufl. 2013, § 20 Rn. 74.

**16** *Von Bülow* in KK-WpHG, 2. Aufl. 2014, § 22 Rn. 45; *Michel* in Just/Voss/Ritz/Becker, WpHG, 2015, § 22 Rn. 7 f.; *Uwe H. Schneider* in Assmann/Schneider/Mülbert, Wertpapierhandelsrecht, 7. Aufl. 2019, § 34 Rn. 3; *Zimmermann* in Fuchs, WpHG, 2. Aufl. 2016, § 22 Rn. 2, der jedoch für § 22 Abs. 1 Satz 1 Nr. 3 WpHG a. F. (= § 34 Abs. 1 Satz 1 Nr. 3 WpHG n. F.) und § 22 Abs. 1 Satz 1 Nr. 6 WpHG a. F. (= § 34 Abs. 1 Satz 1 Nr. 6 WpHG n. F.) aufgrund ihrer Formulierung („es sei denn" und „sofern") eine Ausnahme zulässt.

**17** Etwa *Zimmermann* in Fuchs, WpHG, 2. Aufl. 2016, § 22 Rn. 3.

**18** *Zimmermann* in Fuchs, WpHG, 2. Aufl. 2016, § 22 Rn. 3.

**19** Etwa *Schürnbrand* in Emmerich/Habersack, Aktien- und GmbH-Konzernrecht, 8. Aufl. 2016, § 22 WpHG Rn. 1 f.

**20** Hierauf beschränkt sich etwa *Bayer* in MüKo-AktG, 4. Aufl. 2016, § 22 WpHG Rn. 1.

**21** Auf die Offenlegung der wahren Stimmrechtsmacht abstellend schon *Widder/Kocher*, ZIP 2012, 2092, 2093.

**22** *Michel* in Just/Voss/Ritz/Becker, WpHG, 2015, § 22 Rn. 8; *Uwe H. Schneider* in Assmann/Schneider/Mülbert, Wertpapierhandelsrecht, 7. Aufl. 2019, § 34 Rn. 4; *Zimmermann* in Fuchs, WpHG, 2. Aufl. 2016, § 22 Rn. 3.

über den Auf- oder Abbau wesentlicher Beteiligungen zu informieren, um frühzeitig Umgehungsstrategien entgegenzutreten.[23]

Daneben wird zwischen der vertikalen Zurechnung nach § 34 Abs. 1 Satz 1 WpHG von einem Dritten zum Zurechnungsempfänger und der horizontalen Zurechnung zwischen den Beteiligten eines acting in concert nach § 34 Abs. 2 WpHG unterschieden.[24] Die Unterscheidung rechtfertige sich daher, dass die Interessenbindung in den Fällen des Absatz 1 lediglich eine Nebenfolge einer vertraglichen oder faktischen Beziehung sei, während sie den Hauptzweck des acting in concert nach § 34 Abs. 2 WpHG bilde.

Eine dritte Ansicht gliedert den Normzweck in Tatbestände des Stimmrechtseinfluss und der zumindest potenziellen Herrschaft über Stimmrechte auf.[25] Während das Gesetz hinsichtlich der Tochterunternehmen[26] und des einseitigen Aneignungsrechts[27] in typisierender Betrachtung Stimmrechtseinfluss vermute, gelte im Übrigen der Grundsatz des Gleichlaufs von Stimmrechtsherrschaft und -zurechnung.

## 5. Stellungnahme

Die Literatur scheint oft zu versuchen, alle Tatbestände des § 34 WpHG für eine umfassende Zurechnung möglichst auszudehnen. Hierbei wird jedoch der Anwendungsbereich der finanzinstrumentenbezogenen Zurechnung übergangen. Diese ist vor allem in § 38 WpHG normiert; sie findet sich der Sache nach jedoch auch in § 34 Abs. 1 Satz 1 Nr. 5 WpHG.[28] Nimmt man den unionsrechtlichen Hintergrund der Zurechnungstatbestände ernst, zeigt sich ein zweigliedriges System: Es basiert zum einen auf der rechtlichen Kontrolle über die Stimmrechtsausübung und zum anderen auf dem erwerbsbezogenen Zugriff auf die Stimmrechte, den Finanzinstrumente vermitteln. Da die Transparenzrichtlinie heute keine nationale Abweichung bei der Zurechnung mehr erlaubt, ist diese Systematik auf das WpHG zu übertragen. Somit kommt es für die Zurechnung in § 34 WpHG nur darauf an, ob der Zurechnungsempfänger die Stimmrechtsausübung des Dritten rechtlich beeinflussen kann.

---

23 *Uwe H. Schneider* in Assmann/Schneider/Mülbert, Wertpapierhandelsrecht, 7. Aufl. 2019, § 34 Rn. 4.

24 *Zimmermann* in Fuchs, WpHG, 2. Aufl. 2016, § 22 Rn. 3.

25 *Von Bülow* in KK-WpHG, 2. Aufl. 2014, § 22 Rn. 43 ff.

26 § 34 Abs. 1 Satz 1 Nr. 1 WpHG.

27 § 34 Abs. 1 Satz 1 Nr. 5 WpHG.

28 Nachfolgend II. 5. d) bb).

### a) Ausgangspunkt: Der Wortlaut von § 34 WpHG

§ 34 WpHG beantwortet die Frage nach der Zurechnungsgrundlage nicht. Zwar weisen die Zurechnungstatbestände in § 34 Abs. 1 Satz 1 Nr. 3, 6 und 8 WpHG darauf hin, dass es auf – wohl rechtlich auch durchsetzbare – „Weisungen" des Zurechnungsempfängers ankommen könnte. Es handelt sich dabei aber um bloße Indizien, die einen induktiven Schluss auf die Gesamtregelung allein noch nicht zulassen.[29]

### b) Unionsrechtlicher Hintergrund

Erkenntnisreicher ist der unionsrechtliche Zurechnungstatbestand in Art. 10 der Transparenzrichtlinie (TRL 2013),[30] den die Transparenzrichtlinienänderungsrichtlinie (TRL-ÄndRL)[31] aus dem Jahr 2013 vollharmonisierend ausgestaltet hat.[32] Zwar lassen sich aus den einzelnen Zurechnungstatbeständen kaum verallgemeinerungsfähige Schlüsse ziehen. Der Artikel verlangt aber, dass der Meldepflichtige über eine stimmrechtsbezogene Berechtigung verfügen muss.

#### aa) Das Tatbestandsmerkmal der „Berechtigung"

Im Gegensatz zum WpHG stellt die Transparenzrichtlinie die zugerechneten Stimmrechte nicht den mitteilungspflichtigen gleich, sondern erweitert die Mitteilungspflicht[33] auf Personen, die in abschließend aufgezählten Fällen, „zum Erwerb, zur Veräußerung oder zur Ausübung von Stimmrechten *berechtigt* [sind]"[34] (Hervorhebung des Verfassers).[35] Der Begriff der Berechtigung legt nahe,

---

**29** Weitergehend *Becker* in Just/Voss/Ritz/Becker, WpHG, 2015, § 22 Rn. 50, wonach sämtliche Zurechnungstatbestände des § 22 Abs. 1 Satz 1 WpHG a. F. eine „rechtliche Untermauerung" verlangen sollen.

**30** Richtlinie 2004/109/EG des Europäischen Parlaments und des Rates vom 15.12.2004 Abl. L 390 vom 31.12.2004, S. 38 in der aktuell gültigen Fassung (TRL 2013).

**31** Richtlinie 2013/50/EU des Europäischen Parlaments und des Rates vom 22.10.2013, Abl. L 294 vom 6.11.2013, S. 13.

**32** Art. 1 Nr. 2 lit. b TRL-ÄndRL; vgl. Art. 3 Abs. 1a Uabs. 4 TRL 2013, siehe zur Ausnahme nach Art. 3 Abs. 1a Uabs. 4 (iii) TRL 2013 sogleich.

**33** Art. 9 Abs. 1, 2 TRL 2013.

**34** Art. 10 Abs. 1 TRL 2013.

**35** Vgl. *Veil* in Veil, European Capital Markets Law, 2. Aufl. 2017, § 20 Rn. 37.

dass es sich um eine rechtliche Einflussnahme – etwa auf die Stimmrechtsausübung – handeln muss.[36]

Der Wortlaut „Berechtigung" ist nicht nur eine Besonderheit der deutschen Sprachfassung, was die englische und französische Fassung verdeutlichen: Im Englischen verlangt Art. 10 TRL 2013, dass die Person „is entitled to acquire, to dispose of, or to exercise voting rights"; die französische Fassung spricht sogar ausdrücklich von einem Recht („elle a le droit d'acquérir, de céder ou d'exercer des droits de vote").

Systematisch wird das ferner durch Art. 12 Abs. 1 lit. d) TRL 2013 gestützt. Denn die Norm, die die Stimmrechtsmitteilung regelt, bezieht sich gleichermaßen – auch in den genannten Sprachfassungen[37] – auf die Berechtigung über die Stimmrechte. Dasselbe gilt für die Durchführungsrichtlinie zur Transparenzrichtlinie.[38]

#### bb) Vollharmonisierende Ausrichtung der Transparenzrichtlinie

In Reaktion auf die Kritik, eine Mindestharmonisierung ermögliche die Rechtszersplitterung der Beteiligungstransparenz,[39] deklariert die Transparenzrichtlinienänderungsrichtlinie seit 2015[40] die Zurechnungsvorschriften als vollharmonisierend.[41]

Für den hier interessierenden Art. 10 TRL 2013 verbietet Art. 3 Abs. 1a Uabs. 4 iii) TRL 2013 Mitgliedstaaten, strengere Anforderungen festzulegen, „es sei denn, er wendet Rechts- oder Verwaltungsvorschriften an, die im Zusam-

36 Vgl. *Veil* in Veil, European Capital Markets Law, 2. Aufl. 2017, § 20 Rn. 37, der die Aufzählung des Art. 10 TRL 2013 drei Fallgruppen zuordnet: Neben dem rechtsverbindlichen Einfluss auf die Stimmrechte sind dies Fälle, in denen unklar sei, wer die Stimmrechte hält, und der Nießbrauch; beim Nießbrauch (vgl. §§ 1068, 1030 BGB) ist jedoch nur zuzurechnen, wenn der Nießbraucher nach eigenem Ermessen über die Ausübung der Stimmrechte entscheiden kann, str. vgl. *Petersen* in Spindler/Stilz, 4. Aufl. 2019, §§ 33 – 47 WpHG Rn. 49, so dass auch der entsprechende rechtliche Einfluss besteht.

37 Vgl. im Englischen „the natural person or legal entity entitled to exercise voting rights on behalf of that shareholder" und im Französischen „la personne physique ou morale habilitée à exercer les droits de vote pour le compte de ce détenteur".

38 Erwägung 1 Durchführungsrichtlinie 2007/14/EG der Kommission vom 08.03.2007 Abl. L 69 vom 09.03.2007, S. 27.

39 Zum sog. golden Plating EU-Kommission, Report on more stringent national measures concerning Directive 2004/109/EC, 2008, SEC(2008) 3033 final, S. 10 f., 27 f.; zusammenfassend für das acting in concert *Mattig* BLJ 2012, 65, 69.

40 Art. 4 I, 6 TRL-ÄndRL.

41 Art. 1 Nr. 2 lit. b TRL-ÄndRL; vgl. Art. 3 Abs. 1a Uabs. 4 TRL 2013, siehe zur Ausnahme nach Art. 3 Abs. 1a Uabs. 4 iii) TRL 2013 sogleich.

menhang mit Übernahmeangeboten, Zusammenschlüssen und anderen Transaktionen stehen, die die Eigentumsverhältnisse oder die Kontrolle von Unternehmen betreffen, und von den Behörden, die gemäß [der Übernahmerichtlinie] von den Mitgliedstaaten benannt wurden, beaufsichtigt werden." Der Verweis auf die Übernahmerichtlinie stellt aber nur klar, dass die transparenzrechtliche Vollharmonisierung nicht die übernahmerechtliche Zurechnung berührt.[42] Der weitergehenden – auch von der BaFin vertretenen[43] – Ansicht, wonach bei gleicher Behördenzuständigkeit für Transparenz- und Übernahmerecht der (rein national beabsichtigte) Gleichlauf der Rechtsgebiete genügen soll,[44] um dem vollharmonisierenden Grundanliegen der Richtlinie zu entgehen, kann nicht gefolgt werden.[45] Über die Argumente der engen Auslegung von Ausnahmevorschriften[46] und dem entgegenstehenden erklärten Ziel der Vollharmonisierung[47] kann die Anknüpfung an die Behördenzuständigkeit nicht überzeugen.[48] Denn der Zuständigkeitsgleichlauf findet sich in 23 von 28 Mitgliedstaaten,[49] so dass nicht nur fünf Staaten zufällig ausgeschlossen würden,[50] sondern es darauf ankäme, ob das mitgliedstaatliche Recht ein weitergehendes Übernahmerecht kennt. Das widerspricht den Regelungsgedanken beider Rechtsgebiete: Ein weites Transparenzrecht dient dem Anliegen der umfassenden Information der Anleger, während das auf die Kontrolle gerichtete Übernahmerecht ein enges Verständnis verlangt.[51]

---

**42** *Burgard/Heimann* in Heid/Stotz/Verny, FS Dauses 2014, S. 47, 56; *Parmentier* AG 2014, 15, 19; *Kalss/Oppitz/Zollner* Kapitalmarktrecht, 2. Aufl. 2015, § 18 Rn. 60; *Hitzer/Hauser* NZG 2016, 1365, 1368.

**43** BaFin, Emittentenleitfaden, Modul B, Stand 30.10.2018, S. 17.

**44** *Parmentier* AG 2014, 15, 18 f.; ohne den Gleichlauf der Aufsichtsbehörden zu fordern *Fidler* ZFR 2017, 222, 226 ff.; ferner *Veil* ZHR 177 (2013), 427, 434 f.; *ders.* ECFR 2013, 18, 32 f.; *ders.* in Veil, European Capital Markets Law, 2. Aufl. 2017, § 20 Rn. 7; *von Bülow* in KK-WpHG, 2. Aufl. 2014, § 22 Rn. 17; *Seibt/Wollenschläger* ZIP 2014, 545, 549; *Bayer* in MüKo-AktG, 4. Aufl. 2016, Überblick §§ 21 ff. WpHG Rn. 13; offen gelassen von *Brellochs* AG 2019, 29, 32 f.

**45** *Kocher/Mattig* BB 2018, 1667, 1668 f.; ebenfalls ablehnend *Burgard/Heimann* in Heid/Stotz/Verny, FS Dauses 2014, S. 47, 55 f.; *dies.* WM 2015, 1445, 1449; *Söhner* ZIP 2015, 2451; *Hitzer/Hauser* NZG 2016, 1365, 1368 f.; *Kraack* AG 2017, 677, 679 f.; *Rothenfußer* in Paschos/Fleischer, Handbuch Übernahmerecht, 2017, § 11 Rn. 174.

**46** *Hitzer/Hauser* NZG 2016, 1365, 1368; *Kraack* AG 2017, 677, 680.

**47** *Burgard/Heimann* in Heid/Stotz/Verny, FS Dauses 2014, S. 47, 55; *Hitzer/Hauser* NZG 2016, 1365, 1368 f.; *Kraack* AG 2017, 677, 680.

**48** *Kocher/Mattig* BB 2018, 1667, 1668 f.

**49** Vgl. ESMA, Overview of National Competent Authorities, 2016, www.esma.europa.eu (Abruf: 03.04.2019).

**50** Vgl. *Hitzer/Hauser* NZG 2016, 1365, 1368; *Kraack* AG 2017, 677, 680.

**51** *Diekmann* in Baums/Thoma, WpÜG, 12. Erglfg. 2017, § 30 Rn. 2; *Mattig* BLJ 2012, 65, 70 f.

### c) Unionsrechtskonforme Auslegung der nationalen Tatbestände

Geht man von der zwingenden unionsrechtlichen Vorgabe eines rechtlichen Einflusses auf die Stimmrechtsausübung aus, ist das in unionsrechtskonformer Auslegung auf § 34 WpHG zu übertragen, soweit die Norm Mitteilungspflichten aus Art. 10 TRL 2013 umsetzt. Das gilt für alle Tatbestände mit Ausnahme von § 34 Abs. 1 Satz 1 Nr. 5 WpHG. Die Zurechnung der Stimmrechte aus Aktien, die durch eine Willenserklärung erworben werden können, hat ihren unionsrechtlichen Ursprung in der finanzinstrumentenbezogenen Mitteilungspflicht aus Art. 13 TRL 2013.[52] Für eine Zurechnung nach den übrigen Tatbeständen aus § 34 Abs. 1 WpHG muss der Zurechnungsempfänger daher in der Lage sein, auf rechtlichem – und nicht nur faktischem – Wege die Ausübung der zuzurechnenden Stimmrechte zu beeinflussen.

Selbst wenn man die übernahmerechtliche Öffnungsklausel als hinreichend erachtete, verblieben dennoch gewichtige systematische Erwägungen, die ebenfalls eine Neuausrichtung der nationalen Auslegung verlangen.

### d) Systematisch-rechtspolitische Plausibilisierung

#### aa) Der Wandel der Zurechnungssystematik der Transparenzrichtlinie

Bereits die Transparenzrichtlinie aus dem Jahr 2004[53] hatte ein dreigliedriges Mitteilungssystem. Die zweite Erwägung der Richtlinie weist darauf hin,[54] dass die Informationspflichten die (i) Aktionäre und die natürlichen sowie juristischen Personen erfassen, die (ii) Stimmrechte oder (iii) Finanzinstrumente halten, die ihnen das Recht verleihen, bestehende mit Stimmrechten ausgestattete Aktien zu erwerben. Dieser Dreiklang zeigt sich auch in den entsprechenden Mitteilungspflichten für (i) Aktionäre (Art. 9 TRL 2004), für (ii) Personen, die zum Erwerb, zur Veräußerung oder zur Ausübung von Stimmrechten berechtigt sind (Art. 10 TRL 2004), und für (iii) Personen, die direkt oder indirekt Finanzinstrumente halten (Art. 13 TRL 2004). Dass dieses System aus Meldepflichten nicht lückenlos ist, hat die Literatur früh kritisiert.[55]

---

52 Etwa *Zimmermann* in Fuchs, WpHG, 2. Aufl. 2016, § 22 Rn. 63.

53 Richtlinie 2004/109/EG des Europäischen Parlaments und des Rates vom 15.12.2004 Abl. L 390 vom 31.12.2004, S. 38 (TRL 2004).

54 Vgl. ferner – wenn auch etwas weniger deutlich – Erwägung 18 TRL 2004.

55 Zusammenfassend *Veil* in Veil, European Capital Markets Law, 2. Aufl. 2017, § 20 Rn. 87 ff. und für das nationale Umsetzungsrecht *von Bülow* in KK-WpHG, 2. Aufl. 2014, § 22 Rn. 3; *Uwe H. Schneider* in Assmann/Schneider/Mülbert, Wertpapierhandelsrecht, 7. Aufl. 2019, § 34 Rn. 5.

Statt die Reform der Transparenzrichtlinie 2004 zu nutzen, um sämtliche Zurechnungsvorschriften umfassend auszudehnen, hat der Unionsgesetzgeber auf diese Kritik nur damit reagiert, die finanzinstrumentenbezogene Mitteilungspflicht zu erweitern. Nur insofern wurde auf „Innovation[en] im Finanzbereich" verwiesen,[56] für die es galt, „eine Lücke in der bestehenden Offenlegungsregelung" zu schließen.[57] Während Art. 13 TRL 2004 auf Finanzinstrumente ausgeweitet wurde, „die eine vergleichbare wirtschaftliche Wirkung haben",[58] blieb Art. 10 TRL 2004 völlig unangetastet.[59] Der Unionsgesetzgeber schreibt zwar sowohl Art. 10 TRL 2013 als auch Art. 13 TRL 2013 die Funktion zu, Umgehungen der primären Mitteilungspflicht aus Art. 9 Abs. 1 TRL 2013 zu verhindern; die Aufgabe, auf die dynamischen und innovativen Gestaltungen im Finanzmarkt im Bereich des Anschleichens zu reagieren, kommt jedoch Art. 13 Abs. 1 lit. b) TRL 2013 zu.

Dieser Unterschied wirkt sich für das Unionsrecht nicht weiter aus. Es gelten für alle Meldepflichten dieselben Schwellenwerte[60] und die nach den einzelnen Pflichten zu meldenden Stimmrechte werden zusammengerechnet.[61]

### bb) Schlussfolgerungen für einen Wandel der nationalen Systematik

Die nationale Zurechnungsvorschrift des § 22 WpHG a. F. diente seit jeher im Wesentlichen dazu, verschiedene Fassungen der bis zur Reform von 2013 allein mindestharmonisierenden[62] Transparenzrichtlinie umzusetzen.[63] Als jedoch einige sehr öffentlichkeitswirksame Fälle[64] die Lücken in der Zurechnungssystematik vor Augen führten, lag es angesichts der bloßen Mindestharmonisierung

---

56 Vgl. Erwägung 9 TRL 2013.

57 Vorschlag für eine Richtlinie der Europäischen Parlaments und des Rates zur Änderung der Richtlinie 2004/109/EG zur Harmonisierung der Transparenzanforderungen in Bezug auf Informationen über Emittenten, deren Wertpapiere zum Handel auf einem geregelten Markt zugelassen sind, sowie der Richtlinie 2007/14/EG der Kommission, KOM (2011) 683, S. 6, unter ausdrücklicher Bezugnahme auf Cash-Settlement-Derivate.

58 Art. 9 lit. a) TRL- ÄndRL.

59 Vgl. zur Entwicklung *Veil* in Veil, European Capital Markets Law, 2. Aufl. 2017, § 20 Rn. 81, 87 ff.; *ders.* WM 2012, 53, 56 ff.

60 Vgl. Art. 10, Art. 13 Abs. 1 TRL 2013, die jeweils auf Art. 9 Abs. 1 TRL 2013 Bezug nehmen.

61 Art. 13a Abs. 1 Uabs. 1 TRL 2013.

62 Art. 3 Abs. 1 Uabs. 2 TRL 2004; *Veil* in Veil, European Capital Markets Law, 2. Aufl. 2017, § 20 Rn. 5.

63 Vgl. etwa Begr. RegE zum Transparenzrichtlinie-Umsetzungsgesetz – TUG, BT-Drucks. 16/2498 S. 34 und zusammenfassend *von Bülow* in KK-WpHG, 2. Aufl. 2014, § 22 Rn. 6 ff.

64 Exemplarisch seien die Fälle Schaeffler/Continental, Porsche/Volkswagen, SKion/SGL Carbon und ACS/Hochtief genannt; zusammenfassend etwa *Fleischer/Schmolke* NZG 2010, 846, 847 f.

nahe, die Zurechnungstatbestände des § 22 WpHG a. F. extensiv auszudehnen.[65] In diese Richtung geht etwa das Urteil des Verwaltungsgerichts Frankfurt am Main[66] zum Halten für Rechnung, auf das die BaFin regelmäßig Bezug nimmt.[67] Dabei war es möglich, sich recht pauschal auf das Anliegen zu berufen, mit der Zurechnung Umgehungen zu verhindern.[68] Mit der Transparenzrichtlinienänderungsrichtlinie führte der Unionsgesetzgeber jedoch die Trennung von unmittelbar stimmrechtsbezogener und innovations- sowie finanzinstrumentenbezogenen Zurechnung ein.

Diese strikte Trennung hat der nationale Gesetzgeber allerdings in seiner jüngsten Umsetzung nicht ganz nachvollzogen. Zwar findet sich die instrumentenbezogene Zurechnung nunmehr grundsätzlich in § 38 WpHG,[69] der Zurechnungstatbestand für Aktien, die man durch eine Willenserklärung erwerben kann, wurde jedoch in § 34 Abs. 1 Satz 1 Nr. 5 WpHG belassen. Dabei war dem nationalen Gesetzgeber der unionsrechtliche Bedeutungswandel wohl bewusst. Denn die Erweiterung des § 38 WpHG wurde in der Begründung zum Gesetz zur Umsetzung der Transparenzrichtlinie-Änderungsrichtlinie als „eine offene und dynamische Regelung“ beschrieben.[70] Zudem wies der Gesetzgeber darauf hin, dass „[d]ie Reichweite der neuen Regelung im Detail zu bestimmen, [...] dabei der Praxis obliegen [wird] und sich an den entsprechenden Festlegungen auf EU-Ebene orientieren [muss]“.[71] Anders als im Unionsrecht gelten für die einzelnen Zurechnungstatbestände jedoch nicht dieselben Schwellenwerte. Während der deutsche Gesetzgeber für die primäre Meldepflicht in § 33 Abs. 1 Satz 1 WpHG und die bezugnehmende unmittelbar stimmrechtsbezogene Zurechnung in § 34 Abs. 1, 2 WpHG – in unionsrechtlich zulässiger Weise[72] – die zusätzliche Schwelle von 3 % einführte, hat er für die finanzinstrumentenbezogene Zurechnung in § 38

---

**65** Vgl. *Engert* ZIP 2006, 2105, 2110 und speziell für den Fall Continental/Schaeffler *Habersack* AG 2008, 817, 818 f.; *Schanz* DB 2008, 1899, 1902 ff.; *Weber/Meckbach* BB 2008, 2022, 2028 ff.; kritisch insofern bereits *Eichner* ZRP 2010, 5, 6; *Fleischer/Schmolke* ZIP 2008, 1501, 1505 ff.

**66** VG Frankfurt a.M. BKR 2007, 40, 42.

**67** Etwa BaFin, Emittentenleitfaden, Modul B, Stand 30.10.2018, S. 17 f.

**68** Siebe besonders *Habersack* AG 2008, 817, 818 f. Kritisch zur Umgehungsargumentation *Fleischer/Bedkowski* DStR 2010, 933, 936.

**69** Vgl. zur vorherigen Verortung in §§ 25, 25a WpHG a. F. *Uwe H. Schneider* in Assmann/Schneider/Mülbert, Wertpapierhandelsrecht, 7. Aufl. 2019, § 38 Rn. 1 f.

**70** Begr. RegE Gesetz zur Umsetzung der Transparenzrichtlinie-Änderungsrichtlinie, BT-Drucks. 18/5010 S. 47.

**71** Begr. RegE Gesetz zur Umsetzung der Transparenzrichtlinie-Änderungsrichtlinie, BT-Drucks. 18/5010 S. 46.

**72** Art. 3 Abs. 1a Uabs. 4 (i) TRL 2013 gestattet den Mitgliedstaaten, niedrigere Meldeschwellen als die unionsrechtliche Mindestschwelle von 5 % (Art. 9 Abs. 1 TRL 2013) festzulegen.

WpHG darauf verzichtet. Allerdings erlauben die unterschiedlichen Schwellenwerte vor dem Hintergrund der aufgezeigten Systematik nicht den Schluss, dass sich die Zurechnungsgrundlagen für § 34 und § 38 WpHG decken.

Dabei sollte es zunächst unproblematisch sein, wenn Aktien beim Beteiligungsaufbau ohne Einfluss auf die Stimmrechtsausübung geparkt werden, solange die Schwelle von 5 % nicht erreicht wird. Das liegt an der mittlerweile sehr starken und weitgehend umgehungsfesten Ausgestaltung der Mitteilungspflichten für Instrumente nach § 38 WpHG (auch kraft Zusammenrechnung mit Stimmrechten gem. § 39 WpHG). Selbst wenn Gestaltungen trotz wirtschaftlichen Eigentums aber mangels Stimmrechteinfluss nicht zu einer Zurechnung nach § 34 WpHG führen, werden sie unter § 38 WpHG erfasste Instrumente darstellen und dadurch zu melden sein. Aufgrund der Zusammenrechnung nach § 39 WpHG ergibt sich dann auch kein relevanter Unterschied, wenn ein Investor seine Position in Stimmrechte und Instrumente aufsplittet. Der einzige Unterschied ist die Nichtanwendung der Schwelle von 3 % auf Instrumente und zusammengerechnete Bestände. Dass ein Stakebuilding ohne Mitteilung bis unter 5 % möglich ist, beruht jedoch auf der angesprochenen Wertung des Gesetzgebers. Dann ist es auch nicht problematisch, wenn Instrumente bereits wirtschaftliches Eigentum vermitteln, solange keine Stimmrechtskontrolle vorliegt. Der relevante Unterschied für die Abgrenzung zwischen §§ 38 und 34 WpHG liegt nun einmal zwischen Zugriff und Kontrolle. Die deutsche Dogmatik hat diese historische Änderung noch nicht hinreichend berücksichtigt. Seit der Einführung von § 38 WpHG besteht kein Bedürfnis mehr, Fragen des Stakebuildings weiterhin mit § 34 WpHG lösen zu wollen.

#### e) Zwischenergebnis

Wortlaut und Systematik der vollharmonisierenden Transparenzrichtlinie verlangen, dass eine Zurechnung nach § 34 WpHG voraussetzt, dass der Zurechnungsempfänger rechtlich Einfluss auf die Ausübung der zuzurechnenden Stimmrechte nehmen kann. Ausgenommen ist § 34 Abs. 1 Satz 1 Nr. 5 WpHG. Denn dieser gehört systematisch zur Mitteilungspflicht für Instrumente nach § 38 WpHG bzw. Art. 13 TRL 2013.

## III. Anwendung auf das Halten für Rechnung

Dieses Ergebnis wird im Folgenden auf das Halten für Rechnung nach § 34 Abs. 1 Satz 1 Nr. 2 WpHG angewendet. Vergleichbare Zurechnungsvorschriften kennt sowohl das Aktien- als auch das Handelsrecht.[73] Parallelen finden sich jedoch nur hinsichtlich der wirtschaftlichen Voraussetzungen; für die Zurechnung nach dem WpHG ist zusätzlich der bereits aufgezeigte (rechtliche) Einfluss auf die Stimmrechtsausübung erforderlich, so dass Vergleiche nicht weiterhelfen.

## 1. Wirtschaftliche Voraussetzungen

Weitgehend unstrittig erfordert ein Halten für Rechnung wirtschaftlich, dass die Chancen und Risiken beim Zurechnungsempfänger liegen müssen.[74] Die BaFin stellt dabei v. a. auf die Risikotragung bezüglich des Börsenkurses, der Dividende, Bezugsrechten und Abfindungen sowie der Insolvenz des Emittenten ab.[75] Die Dividende ist dabei aber richtigerweise bei kurzfristigen unterjährigen Gestaltungen, während derer kein Dividendenstichtag erwartet wird, oft kein sehr relevantes Kriterium.

## 2. Einfluss auf die Stimmrechtsausübung

Weniger klar war die Frage nach dem erforderlichen Stimmrechtseinfluss.[76] Zwar sieht die BaFin ihn als relevantes Kriterium,[77] geht aber bei einem Geschäftsbesorgungsvertrag offenbar ohne Weiteres von einem Halten für Rechnung aus.[78]

---

**73** Vgl. etwa § 16 Abs. 2, 4, § 20 Abs. 2 Nr. 1, 2, § 71a Abs. 2, § 290 Abs. 3 Satz 1, 3 Nr. 1, § 313 Abs. 2 Nr. 1–5 HGB.

**74** Vgl. etwa BGHZ 202, 180, Tz. 49 (Postbank) für die Parallelvorschrift § 30 I 1 Nr. 2 WpÜG; BaFin, Emittentenleitfaden, Modul B, Stand 30.10.2018, S. 22; *Paul* in Drinhausen/Eckstein, Beck'sches Handbuch AG, 3. Aufl. 2018, § 21 Rn. 22; *Uwe H. Schneider* in Assmann/Schneider/Mülbert, Wertpapierhandelsrecht, 7. Aufl. 2019, § 34 Rn. 46.

**75** BaFin, Emittentenleitfaden, Modul B, Stand 30.10.2018, S. 22.

**76** Für einen hinreichenden **faktischen** Einfluss *Bayer* in MüKo-AktG, 4. Aufl. 2016, § 22 WpHG Rn. 20; *Heinrich* in Heidel, Aktienrecht und Kapitalmarktrecht, 4. Aufl. 2014, § 22 WpHG Rn. 7; *Uwe H. Schneider* in Assmann/Schneider/Mülbert, Wertpapierhandelsrecht, 7. Aufl. 2019, § 34 Rn. 48; *Schürnbrand* in Emmerich/Habersack, Aktien-/GmbH-KonzernR, 8. Aufl. 2016, § 22 WpHG Rn. 9; *Zimmermann* in Fuchs, WpHG, 2. Aufl. 2016, § 22 Rn. 49. Für einen notwendigen **rechtlichen** Einfluss *Becker* in Just/Voss/Ritz/Becker, WpHG, 2015, § 22 Rn. 50; *von Bülow* in KK-WpHG, 2. Aufl. 2014, § 22 Rn. 80; *Kiesewetter* in Paschos/Fleischer, Handbuch Übernahmerecht nach dem WpÜG, 2017, 3. Kap. § 8 Rn. 66; *Paul* in Drinhausen/Eckstein, Beck'sches Handbuch AG, 3. Aufl. 2018, § 21 Rn. 22; *Petersen* in Spindler/Stilz, AktG, 4. Aufl. 2019, §§ 33–47 WpHG Rn. 46; *Rothenfußer* in Paschos/Fleischer, Handbuch Übernahmerecht nach dem WpÜG, 2017, 3. Kap. § 11 Rn. 221 ff.; *Wehowsky* in Erbs/Kohlhaas, Strafrechtliche Nebengesetze, 222. Erglfg. 2018 § 22 WpHG Rn. 12; wohl auch *Schwark* in Kapitalmarktrechts-Kommentar, 4. Aufl. 2010, § 22 WpHG Rn. 4 f.; *Brellochs*,

Aufgrund der unionsrechtlichen Vorgaben kommt es für die Zurechnung im Rahmen von § 34 Abs. 1 Satz 1 Nr. 2 WpHG allein darauf an, ob der Zurechnungsempfänger rechtlich die Ausübung der Stimmrechte des Dritten beeinflussen kann. Für die Praxis schließt sich daran die Frage an, wie sich die rechtliche Einflussnahme – und mit ihr die Zurechnung – ausschließen lässt. Dass solche Gestaltungen grundsätzlich möglich sind, verdeutlicht bereits der Wortlaut von § 34 Abs. 1 Satz 1 Nr. 3 und 6 WpHG.[79] Gleichwohl hält sich die überwiegende Literatur zurück.[80] Das dürfte sich damit erklären, dass man lediglich die abstrakte Möglichkeit fordert, faktischen Einfluss zu nehmen.

Verlangt man die Möglichkeit der rechtlichen Einflussnahme, deuten der Wortlaut von § 34 Abs. 1 Satz 1 Nr. 3, 6 und 8 WpHG und von Art. 10 lit. f) und h) TRL 2013 Wege an, der Zurechnung zu entgehen. Das deutsche Recht erlaubt zunächst den Ausschluss, wenn der Dritte seine Absicht bekundet hat, seine Stimmrechte unabhängig auszuüben. Diese Ausnahme findet sich für die Sicherungsübertragung (Nr. 3) und umgekehrt für die Sicherungsverwahrung (Nr. 8). Daneben entfällt die Zurechnung in bestimmten Fällen , wenn es an „besonderen Weisungen" fehlt.[81] Erst recht muss das bei einem vertraglichen Ausschluss des Weisungsrechts gelten.

---

ZIP 2011, 2225, 2226; ferner *Veil* in Veil, European Capital Markets Law, 2. Aufl. 2017, § 20 Rn. 79 für Art. 10 lit. g) TRL 2013.

**77** BaFin, Emittentenleitfaden, Modul B, Stand 30.10.2018, S. 22.

**78** So z. B. BaFin, FAQ zu den Transparenzpflichten des WpHG in den Abschnitten 6 (§§ 33 ff.) und 7 (§§ 48 ff.), Stand 22.02.2019, Frage 14. Dies entspricht auch der Reaktion auf Anfragen in der Praxis, selbst wenn dort ein Stimmrechtseinfluss explizit vertraglich ausgeschlossen wird.

**79** Vgl. die negative Formulierung in § 34 Abs. 1 Satz 1 Nr. 3 WpHG („es sei denn") für sicherungsübereignete Stimmrechtsaktien und die Einschränkung in § 34 Abs. 1 Satz 1 Nr. 6 WpHG („sofern") für anvertraute Stimmrechtsaktien und Bevollmächtigungen. *Zimmermann* in Fuchs, WpHG, 2. Aufl. 2016, § 22 Rn. 2 geht daher insofern von einer widerleglichen Vermutung aus.

**80** Insbesondere *Uwe H. Schneider* in Assmann/Schneider/Mülbert, Wertpapierhandelsrecht, 7. Aufl. 2019, § 34 Rn. 3; vgl. ferner *Bachmann* ZHR 2009, 596, 628 f., der sich für eine widerlegliche Vermutung ausspricht; *Schürnbrand* in Emmerich/Habersack, Aktien- und GmbH-Konzernrecht, 8. Aufl. 2016, § 22 WpHG Rn. 2, der eine teleologische Reduktion verlangt, wenn es an einer „gesicherter Einflussmöglichkeit" fehlt. Hingegen verneint *Petersen* in Spindler/Stilz, AktG, 4. Aufl. 2019, §§ 33 – 47 WpHG Rn. 46 die Zurechnung, soweit die Einflussnahme vertraglich ausgeschlossen ist – ungeachtet einer allgemeinen Interessenwahrungspflicht.

**81** § 34 Abs. 1 Satz 1 Nr. 6 2. Hs. 2. Alt. WpHG; Art. 10 lit. f), h) TRL 2013.

# IV. Anwendungsfälle und ihre Behandlung in der Praxis

Die Diskussion um das Halten für Rechnung entspann sich historisch oft am Fall der Wertpapierleihe, hat sich inzwischen aber eher auf Optionen und ähnliche Gestaltungen verlagert, die manchmal – aber nicht immer – auf ein „Parken“ von Aktien hinauslaufen können. Daneben stellen sich immer wieder Fragen bei der Treuhand.

## 1. Treuhand

Die rechtsgeschäftliche Treuhand[82] ist ein klassisches Beispiel, wie die rechtliche und wirtschaftliche Zuordnung einer Aktie auseinanderfallen kann. Gleichwohl erfasst die Zurechnungsvorschrift nicht jede in der Praxis übliche Ausgestaltung. Voraussetzung ist immer, dass der Treuhänder auch das Eigentum an den Aktien erwirbt oder hierauf zumindest einen Anspruch iSv. § 33 Abs. 3 WpHG hat.[83] Denn nur dann „gehören“ die Aktien dem Dritten iSd. § 34 Abs. 1 Satz 1 Nr. 2 1. Alt. WpHG.[84] Damit scheidet die Zurechnung zum Treugeber bei sog. Vollmachtstreuhand aus, bei der der Treugeber dinglicher Eigentümer bleibt und lediglich den Dritten bevollmächtigt.[85]

Es ist weiter danach zu unterscheiden, ob der Dritte im Interesse des Treugebers – also fremdnützig – (sog. Verwaltungstreuhand) oder im eigenen Interesse (sog. eigennützige Sicherungstreuhand) tätig wird. Für beide Ausgestaltungen kommt es nach der hier vertretenen Auffassung darauf an, ob ein rechtlicher Einfluss auf die Stimmrechtsausübung besteht.[86] Obgleich das eine Frage des

82 Hingegen scheidet bei der gesetzlichen Treuhand – etwa durch den Insolvenzverwalter – die Zurechnung aus, da den Verwalter nicht die Chancen und Risiken der verwalteten Masse treffen, vgl. *von Bülow* in KK-WpHG, 2. Aufl. 2014, § 22 Rn. 92; *Rothenfußer* in Paschos/Fleischer, Handbuch Übernahmerecht nach dem WpÜG, 2017, 3. Kap. § 11 Rn. 234.

83 Vgl. *Petersen* in Spindler/Stilz, AktG, 4. Aufl. 2019, §§ 33–47 WpHG Rn. 46.

84 Statt aller *Uwe H. Schneider* in Assmann/Schneider/Mülbert, Wertpapierhandelsrecht, 7. Aufl. 2019, § 34 Rn. 44 f. und für § 22 WpHG a. F. *Zimmermann* in Fuchs, WpHG, 2. Aufl. 2016, § 22 Rn. 46.

85 Etwa BaFin, Emittentenleitfaden, Modul B, Stand 30.10.2018, S. 22, *Veil* in Schmidt, K./Lutter, AktG, 3. Aufl. 2015, § 22 WpHG Rn. 16; *von Bülow* in KK-WpHG, 2. Aufl. 2014, § 22 Rn. 83; eine Zurechnung ist jedoch nach § 34 Abs. 1 Satz 1 Nr. 6 WpHG denkbar.

86 BGHZ 202, 180, Tz. 50 (Postbank) für das WpÜG; ebenso *von Bülow* in KK-WpHG, 2. Aufl. 2014, § 22 Rn. 84. Einschränkend aufgrund stark abstrakter Betrachtung *Nietsch*, WM 2012, 2217, 2219.

Einzelfalls ist, liegt ein solcher Einfluss eher bei der fremdnützigen Verwaltungstreuhand nahe.[87]

## 2. Wertpapierleihe

Bei der Wertpapierleihe überträgt ein Eigentümer seine Aktien einem Dritten mit der Pflicht, zum Geschäftsende Aktien gleicher Art, Güte und Menge zurückzuerhalten.[88] Anders als die Bezeichnung andeutet, handelt es sich zivilrechtlich um ein Sachdarlehen gemäß § 607 BGB.[89] Traditionell diente die Wertpapierleihe v. a. dazu, Kursdifferenzen am Kassa- und Terminmarkt auszunutzen oder Transaktionen abzusichern.[90] Gegenstand der rechtlichen Diskussion wurde jedoch ihr strategischer Einsatz, um kapitalmarktrechtliche Transparenzpflichten zu vermeiden[91] – oder um die Schwelle für einen Squeeze-Out zu erreichen.[92]

Gleichwohl scheidet bei der Wertpapierleihe eine Zurechnung nach § 34 Abs. 1 Satz 1 Nr. 2 WpHG in der Regel aus, da es am rechtlichen Einfluss auf die Stimmrechtsausübung fehlt.[93] Nach der entsprechenden Entscheidung des BGH,[94] hat die BaFin ihre Verwaltungspraxis angepasst.[95] Es ist jedoch zu prüfen, ob der Rückforderungsanspruch ein Instrument iSd. § 38 WpHG darstellt.[96]

---

**87** Vgl. *Nietzsch* WM 2012, 2217, 2218 f. und zu Mischformen *von Bülow* in KK-WpHG, 2. Aufl. 2014, § 22 Rn. 87 ff.

**88** *Bachmann* ZHR 2009, 596, 597.

**89** BaFin, Emittentenleitfaden, Modul B, Stand 30.10.2018, S. 23; *Bachmann* ZHR 2009, 596, 600 f.

**90** Eingehend *Bachmann* ZHR 2009, 596, 598 ff.

**91** *Bachmann* ZHR 2009, 596, 599 f.; *von Bülow* in KK-WpHG, 2. Aufl. 2014, § 22 Rn. 99; *Veil* in Veil, European Capital Markets Law, 2. Aufl. 2017, § 20 Rn. 80.

**92** So der Sachverhalt aus BGHZ 180, 154 (Wertpapierdarlehen).

**93** Zusätzlich verneint *Rothenfußer* in Paschos/Fleischer, Handbuch Übernahmerecht nach dem WpÜG, 2017, 3. Kap. § 11 Rn. 241 ff. die Zurechnung bei der Gattungsschuld des Sachdarlehens, da es insofern bereits an der nötigen wirtschaftlichen Chancen- und Risikoverlagerung fehle.

**94** Vorstehend II. 2, BGHZ 180, 154, Tz. 34 (Wertpapierdarlehen).

**95** Vorstehend II. 3, BaFin, Emittentenleitfaden, Modul B, Stand 30.10.2018, S. 23; vgl. dies. FAQ zu den Transparenzpflichten des WpHG in den Abschnitten 6 (§§ 33 ff.) und 7 (§§ 48 ff.), Stand 22.02.2019, Frage 13.

**96** BaFin, Emittentenleitfaden, Modul B, Stand 30.10.2018, S. 23.

## 3. Pakettransaktionen

Im Zusammenhang mit Pakettransaktionen stellen sich mehrere Zurechnungsfragen, die den Kaufvertrag selbst, den vorherigen Aufbau des Paketes am Kapitalmarkt und transaktionsbegleitende Gestaltungen betreffen. Meldepflichten als Finanzinstrumente werden hier jeweils nicht untersucht.[97]

### a) Paketkaufvertrag

Der bloße schuldrechtliche Kaufvertrag begründet grundsätzlich keine Zurechnung nach § 34 Abs. 1 Satz 1 Nr. 2 WpHG. Denn in der Regel wird der Vertrag dem Käufer keinen rechtlichen Einfluss auf die Stimmrechte der verkauften Aktien gewähren.[98] Hierfür genügt insbesondere nicht die allgemeine Nebenpflicht des Verkäufers, den Kaufgegenstand zu schützen.[99]

Soweit ausnahmsweise der rechtliche Einfluss besteht, was hinsichtlich positiver Stimmpflichten oft erst nach regulatorischen Freigaben überhaupt zulässig sein wird, bedarf es einer sorgfältigen Prüfung der wirtschaftlichen Voraussetzungen der Zurechnung. Diese dürfte regelmäßig negativ ausfallen. Denn Käufer und Verkäufer haben entgegengesetzte wirtschaftliche Interessen. Sie stehen nicht im selben „Lager“, sondern tragen – insbesondere bei einem dynamischen marktpreisorientierten Kaufpreis – jeweils einen Teil der wirtschaftlichen Chancen und Risiken. Mit dieser Erwägung hat etwa das LG Köln[100] – vom OLG Köln[101] und dem BGH[102] unwidersprochen – bei der übernahmerechtlichen Parallelnorm § 30 Abs. 1 Satz 1 Nr. 2 WpÜG die Zurechnung verneint.[103] Bei einem Festkaufpreis kommt es auf die Umstände des Einzelfalls hinsichtlich des Stimmrechtseinflusses an, wofür man sich die übernahmerechtliche Diskussion um positiven und nur negativen Stimmrechtseinfluss aus dem Bereich der gemeinsam handelnden Personen kraft Vereinbarung[104] wird nutzbar machen können.

---

**97** Allg. zu Mitteilungspflichten bei M&A-Transaktionen aktuell *Jüngst/Bünten*, ZIP 2019, 847 ff.
**98** *Von Bülow* in KK-WpHG, 2. Aufl. 2014, § 22 Rn. 111 f.
**99** Zu vertraglichen Nebenpflichten allgemein *Westermann* in MüKo BGB, 7. Aufl. 2016, § 433 Rn. 58.
**100** LG Köln ZIP 2012, 229, 230 f. Tz. 1.1.2.2.
**101** OLG Köln ZIP 2013, 1325.
**102** BGHZ 202, 180 (Postbank).
**103** Zustimmend *von Bülow* in KK-WpHG, 2. Aufl. 2014, § 22 Rn. 112.
**104** Hierzu m.w.N. *Kocher*, AG 2018, 308, 313.

### b) Aufbau des Pakets am Kapitalmarkt

Soll ein Paket am Kapitalmarkt erworben werden, kann der Investor z. B. eine Bank als Kommissionär beauftragen oder Optionen zum Paketaufbau nutzen.

#### aa) Finanzkommissionsgeschäft

Für den börslichen Ankauf einer umfangreichen Aktienposition erläutert die BaFin in ihren FAQs, dass entweder ein „Geschäftsbesorgungsvertrag" zwischen der ankaufenden Bank und dem Investor naheliegt, so dass die erworbenen Aktien nach § 34 Abs. 1 Satz 1 Nr. 2 WpHG zuzurechnen wären, oder ein nach § 38 Abs. 1 Nr. 2 WpHG zu meldendes Instrument vorliegen kann.[105]

Mit der Bezeichnung als Geschäftsbesorgung, also einer selbstständigen Tätigkeit wirtschaftlicher Art zur Wahrnehmung fremder Vermögensinteressen,[106] scheint die BaFin auf das Finanzkommissionsgeschäft zwischen der Bank und dem Investor abzustellen, welches eine besondere Ausprägung der entgeltlichen Geschäftsbesorgung iSd. § 675 BGB darstellt.[107] Zuzugeben ist der Ansicht der BaFin insofern, dass die Bank als Kommissionär den Weisungen des Investors unterliegt, was sich bereits aus der handelsrechtlichen Regelung des § 385 Abs. 1 HGB ergibt.[108]

Allerdings genügt die allgemeine Weisungsgebundenheit des Kommissionärs – etwa hinsichtlich der Ausführung der Kauforder – nicht, um auch die Zurechnung nach § 34 Abs. 1 Satz 1 Nr. 2 WpHG zu rechtfertigen.[109] Hierfür ist der rechtliche Einfluss auf die Stimmrechtsausübung erforderlich. Dieser kann aber vertraglich ausgeschlossen werden. Das geschieht häufig und erklärt sich auch mit der Handelsbestandsausnahme des § 36 Abs. 1 WpHG. Danach sind Stimmrechte aus erworbenen Aktien bis zu einem Anteil von 5 % für die Meldepflichten nicht zu berücksichtigen, wenn sichergestellt ist, dass die Stimmrechte weder

---

**105** BaFin, FAQ zu den Transparenzpflichten des WpHG in den Abschnitten 6 (§§ 33 ff.) und 7 (§§ 48 ff.), Stand 22. 02. 2019, Frage 14.

**106** *Heermann* in MüKo BGB, 7. Aufl. 2017, § 675 Rn. 3 für den engen Geschäftsbesorgungsbegriff.

**107** Siehe *Heermann* in MüKo BGB, 7. Aufl. 2017, § 675 Rn. 81; vgl. *Schäfer* in Boos/Fischer/Schulte-Mattler, KWG, 5. Aufl. 2016, § 1 Rn. 69 ff.

**108** Vgl. *Hopt* in Baumbach/Hopt, HGB, 38. Aufl. 2018, § 385 Rn. 1.

**109** Ebenso wohl *Zimmermann* in Fuchs, WpHG, 2. Aufl. 2016, § 22 Rn. 57, der die Zurechnung unter nicht näher dargelegten „besonderen Umständen" verneint; jedoch grundsätzlich die faktische Einflussnahme auf die Stimmrechtsausübung genügen lässt. Hingegen für eine pauschale Zurechnung in Fällen der (Finanz-)Kommission, insbesondere beim Paketerwerb zugunsten Dritter, *Uwe H. Schneider* in Assmann/Schneider/Mülbert, Wertpapierhandelsrecht, 7. Aufl. 2019, § 36 Rn. 35 Fn. 10, § 34 Rn. 85; ebenso wohl *von Bülow* in KK-WpHG, 2. Aufl. 2014, § 22 Rn. 95.

ausgeübt noch anderweitig genutzt werden, um die Geschäftsführung des Emittenten zu beeinflussen.[110]

Diese Ausnahme erwähnt die BaFin – obwohl sie in ihrer Frage auch von einer fünfprozentigen Aktienposition ausgeht – indes nicht.[111] Das ist angesichts der Begrenzung der Zurechnung auf den Stimmrechtseinfluss durch den BGH problematisch.

#### bb) Kauf- und Verkaufsoptionen

Eine Zurechnung von Kauf- und Verkaufsoptionen im Rahmen von § 34 Abs. 1 Satz 1 Nr. 2 WpHG scheidet aus. Eine Kaufoption (Call Option) auf Aktien gewährt das Recht, diese zu einem bestimmten Preis zu erwerben. Die Verkaufsoption (Put Option) berechtigt, die Aktien zu einem im Voraus festgelegten Preis zu veräußern. Damit liegt bereits das wirtschaftliche Risiko nicht beim Optionsinhaber, sondern bei der an den vereinbarten Preis gebundenen Gegenpartei, was der Zurechnung entgegensteht.[112] Außerdem ist es nicht zwingend, dass die Gegenpartei bereits bei Abschluss Inhaber der Aktien ist oder hierauf einen Anspruch iSv. § 33 Abs. 3 WpHG hat, so dass ihm die Aktien oft (noch) nicht „gehören".[113] Schließlich fehlt es in beiden Fällen idR. an der Möglichkeit, die Stimmrechtsausübung rechtlich zu beeinflussen.

### c) Transaktionsbegleitende Optionen – sog. Collar

Zu diesem Ergebnis kommt die BaFin auch für eine Kombination aus Call und Put Optionen – dem sog. Collar.[114] Diese Optionenkombination begleitet regelmäßig

---

**110** § 36 Abs. 1 Nr. 3 WpHG; diese Stimmrechte ruhen nach § 36 Abs. 6 WpHG.

**111** Vgl. BaFin, FAQ zu den Transparenzpflichten des WpHG in den Abschnitten 6 (§§ 33 ff.) und 7 (§§ 48 ff.), Stand 22.02.2019, Frage 14; ähnlich auch die Abwandlung zur Frage 6a.

**112** Vgl. *von Bülow* in KK-WpHG, 2. Aufl. 2014, § 22 Rn. 108 f. Dementsprechend ging auch der BGH in seiner Postbankentscheidung zur Parallelnorm § 30 Abs. 1 Satz 1 Nr. 2 WpÜG insofern nicht näher auf die streitgegenständlichen Put und Call Optionen ein, vgl. BGHZ 202, 180, Tz. 47 ff.; zustimmend *von Falkenhausen* NZG 2014, 1368, 1371.

**113** Vgl. *von Bülow* in KK-WpHG, 2. Aufl. 2014, § 22 Rn. 110 für die Rechtslage vor Einführung des § 33 Abs. 3 WpHG bzw. entsprechender Vorgängerregelungen.

**114** Vgl. BaFin, FAQ zu den Transparenzpflichten des WpHG in den Abschnitten 6 (§§ 33 ff.) und 7 (§§ 48 ff.), Stand 22.02.2019, Frage 6a, wobei die Formulierung in der Abwandlung „abhängig von der getroffenen Vereinbarungen" (sic.) wohl als „Vereinbarung" zu lesen ist und sich allein auf die Verbuchung bei der Bank bezieht. Hierfür spricht, dass erst in der Abwandlung nach den Pflichten des Fonds differenziert wird, die Fragestellung allein den Collar benennt und die BaFin

Pakettransaktion, deren Gegenleistung sich am Börsenkurs der betreffenden Aktien orientiert. Mit Hilfe der Optionen wird dabei jeweils sichergestellt, dass – unabhängig von steigenden und fallenden Kursen – ein bestimmter Preiskorridor für die Transaktion erhalten bleibt.

## 4. Aktienpension, Repurchase-Agreements und Sell-Buyback-Arrangements

Bei der Aktienpension, einem besonderen (Wertpapier-)Pensionsgeschäft iSd. § 340b HGB, überträgt der Pensionsgeber entgeltlich Aktien an den Pensionsnehmer, der beim sog. echten Pensionsgeschäft seinerseits verpflichtet ist, bei Fälligkeit zu einem bestimmten Preis dieselben oder gattungsgleiche Aktien zurück zu veräußern.[115] Besteht lediglich ein Recht zur Rückübertragung, spricht man vom unechten Pensionsgeschäft.[116] Hierfür hat sich die Bezeichnung Repurchase-(bzw. Repo-)Agreement durchgesetzt.[117] Ähnlich aufgebaut sind Sell-Buyback-Arrangements, bei dem zwei getrennte Kaufverträge über Aktien abgeschlossen werden. Während der erste Vertrag sofort zu erfüllen ist, so dass der Käufer Eigentümer der Aktien wird, ist die Erfüllung der Rückübertragung durch den zweiten Kaufvertrag gestundet.[118] Die Geschäfte dienen oft dazu, mit den Aktien Sicherheiten für ein Darlehen zu leisten.[119]

Unabhängig davon, wie die Chancen und Risiken hinsichtlich der Aktien bei den vorstehenden Geschäften im Einzelfall verteilt sind,[120] ist erneut entscheidend, ob die rechtliche Möglichkeit besteht, Einfluss auf die Stimmrechtsausübung der Aktien zu nehmen.[121] Gerade bei einer Funktion der Geschäfte als

---

davon ausgeht, dass die (bereits erworben) Aktien nun lediglich „verbucht und nur wirtschaftlich für Rechnung des Fonds gehalten [werden]."

**115** Vgl. § 340b Abs. 1, 2 HGB.

**116** Vgl. § 340b Abs. 1, 3 HGB.

**117** Vgl. etwa *von Bülow* in KK-WpHG, 2. Aufl. 2014, § 22 Rn. 97.

**118** *Uwe H. Schneider* in Assmann/Schneider/Mülbert, Wertpapierhandelsrecht, 7. Aufl. 2019, § 34 Rn. 75.

**119** *Uwe H. Schneider* in Assmann/Schneider/Mülbert, Wertpapierhandelsrecht, 7. Aufl. 2019, § 34 Rn. 74.

**120** Vgl. hierzu *von Bülow* in KK-WpHG, 2. Aufl. 2014, § 22 Rn. 97 f.; *Uwe H. Schneider* in Assmann/Schneider/Mülbert, Wertpapierhandelsrecht, 7. Aufl. 2019, § 34 Rn. 82ff.; *Rothenfußer* in Paschos/Fleischer, Handbuch Übernahmerecht nach dem WpÜG, 2017, 3. Kap. § 11 Rn. 241f., der für die Parallelnorm des WpÜG zusätzlich verlangt, dass dieselben Aktien zurück zu liefern sind.

**121** Hingegen für eine pauschale Zurechnung *Uwe H. Schneider* in Assmann/Schneider/Mülbert, Wertpapierhandelsrecht, 7. Aufl. 2019, § 34 Rn. 82f.

Kreditsicherheit verdeutlicht auch die Parallele zu § 34 Abs. 1 Satz 1 Nr. 3 WpHG, dass es auf die rechtlichen Weisungsmöglichkeiten zur Stimmrechtsausübung ankommt. Auch bei Aktien, die einem Dritten als Sicherheit übertragen wurden, entfällt die Zurechnung, wenn dieser die Absicht bekundet, die Stimmrechte weisungsunabhängig auszuüben. Für den nötigen rechtlichen Einfluss genügen – wie bereits gesehen[122] – die kaufvertraglichen Nebenpflichten nicht. Es bedarf vielmehr einer ausdrücklichen Vereinbarung.[123] Dementsprechend behandelt auch die BaFin die vorstehenden Geschäfte als nach § 38 WpHG zu meldende Instrumente.[124] Schließlich endet die Zurechnung jedenfalls dann, wenn die Aktien weiter veräußert wurden, da sie nicht mehr dem Dritten iSd. § 34 Abs. 1 Satz 1 Nr. 2 WpHG gehören.[125]

## 5. Insbesondere das „Parken“ von Aktien / Warehousing

Neben den vorstehend behandelten Geschäften haben sich in der Praxis weitere Gestaltungen herausgebildet, in denen Aktien zeitweilig Dritten überlassen werden. Die Literatur fasst sie unter dem Begriff des „Parkens“ von Aktien oder Warehousing zusammen. Sie dienen dazu, dem Überlasser Zugriff auf Aktien zu erhalten,[126] steuerlich zu gestalten oder Melde- sowie Angebotsschwellen nicht auszulösen.[127] Ob die Stimmrechte der „geparkten“ Aktien nach § 34 Abs. 1 Satz 1 Nr. 2 WpHG zuzurechnen sind, richtet sich nach der jeweiligen rechtlichen Aus-

---

122 Vorstehend IV. 3. a).

123 Ebenso *Bayer* in MüKo-AktG, 4. Aufl. 2016, § 22 WpHG Rn. 24; *von Bülow* in KK-WpHG, 2. Aufl. 2014, § 22 Rn. 97 f.; *Petersen* in Spindler/Stilz, AktG, 4. Aufl. 2019, §§ 33 – 47 WpHG Rn. 47; *Rothenfußer* in Paschos/Fleischer, Handbuch Übernahmerecht nach dem WpÜG, 2017, 3. Kap. § 11 Rn. 243 für die Parallelnorm des WpÜG; *Schürnbrand* in Emmerich/Habersack, Aktien- und GmbH-Konzernrecht, 8. Aufl. 2016, § 22 WpHG Rn. 11; *Schwark* in Kapitalmarktrechts-Kommentar, 4. Aufl. 2010, § 22 WpHG Rn. 5.

124 BaFin, Emittentenleitfaden, Modul B, Stand 30.10.2018, S. 42; ähnlich die ESMA für Repurchase Agreements, siehe ESMA, Indicative List of Financial Instruments, 22.10.2015, ESMA 2015/1598, Nr. 3 lit. d); hierzu *Veil* in Veil, European Capital Markets Law, 2. Aufl. 2017, § 20 Rn. 94.

125 Das entsprach bereits vor der Entscheidung des BGH zum Wertpapierdarlehen (BGHZ 180, 154) der Verwaltungspraxis der BaFin für die sog. Ketten-Wertpapierleihe, bei der der Darlehensnehmer zur Weiterveräußerung berechtigt war, vgl. *Krause* AG 2011, 469, 476; ebenso *Wehowsky* in Erbs/Kohlhaas, Strafrechtliche Nebengesetze, 222. Erglfg. 2018 § 22 WpHG Rn. 14.

126 Vgl. etwa für den Erwerb eigener Aktien der Gesellschaft durch für Rechnung handelnde Dritte § 71d Satz 1, 4, § 71b AktG.

127 Vgl. etwa *Hu/Black* U. Pa. L. Rev. 156 (2008), 625, 638 f. für den in der amerikanischen Diskussion gebräuchlichen Begriff des „soft parking“; hierauf nimmt *Zimmermann* in Fuchs, WpHG, 2. Aufl. 2016, § 22 Rn. 55c Bezug. Für Deutschland ausführlich *Bueren/Weck*, BB 2014, 67 ff.

gestaltung. In Betracht kommen insofern vor allem[128] die vorstehend diskutierte treuhänderische Verwahrung[129] und die Wertpapierleihe[130]. Möglich sind auch ein Wiederkauf oder ein Verkauf kombiniert mit Optionen. Es kommt zunächst darauf an, ob die Pflicht besteht, die überlassenen Aktien zurück übertragen, oder ob es allein gilt, die gattungsmäßige Schuld (wie bei Sachdarlehen) zu erfüllen. Da die wirtschaftlichen Chancen und Risiken oft den Überlassenden treffen, kommt es entscheidend darauf an, ob er rechtlich Einfluss auf die Stimmrechtsausübung nehmen kann. Ist das nicht der Fall, schadet entgegen Tendenzen der BaFin auch kein Geschäftsbesorgungselement.[131]

## 6. Auf Barausgleich gerichtete Derivate

Bei Derivaten handelt es sich um Finanzinstrumente, deren Wert sich von einer marktbezogenen Referenzgröße („Basiswert" oder „Underlying") ableitet. Ein solches Geschäft zeichnet sich dadurch aus, dass es den Parteien nicht darauf ankommt, einen Vermögensgegenstand (etwa eine Aktie) zeitnah zu erwerben, sondern darauf, die Entwicklung eines Basiswertes (hier der Aktie) durch gegenseitige Geldzahlungen abzubilden.[132] Es besteht keine Verpflichtung zur Lieferung des Basiswertes.[133] Gleichwohl hat sich eine Diskussion um die Erfassung von Derivaten durch § 34 Abs. 1 Satz 1 Nr. 2 WpHG entwickelt, weil diese Instrumente – insbesondere sog. Cash-Settled-Equity-Swaps[134] – dazu genutzt worden

---

**128** Zwar könnte das Parken auch den Tatbestand der zeitweilige Übertragung der Stimmrechte gemäß § 34 Abs. 1 Satz 1 Nr. 7 WpHG bzw. Art. 10 lit. b) TRL 2013 erfüllen, vgl. *Veil* in Veil, European Capital Markets Law, 2. Aufl. 2017, § 20 Rn. 68, jedoch kommt dies aufgrund des aktienrechtlichen Abspaltungsverbotes nur bei Auslandsgesellschaften in Betracht, *Petersen* in Spindler/Stilz, AktG, 4. Aufl. 2019, §§ 33–47 WpHG Rn. 47; *Uwe H. Schneider* in Assmann/Schneider/Mülbert, Wertpapierhandelsrecht, 7. Aufl. 2019, § 34 Rn. 124.

**129** *Bayer* in MüKo-AktG, 4. Aufl. 2016, § 22 WpHG Rn. 20; *Schwark* in Kapitalmarktrechts-Kommentar, 4. Aufl. 2010, § 22 WpHG Rn. 4; *Zimmermann* in Fuchs, WpHG, 2. Aufl. 2016, § 22 Rn. 50 Fn. 122.

**130** *Bachmann* ZHR 2009, 596, 630; *Zimmermann* in Fuchs, WpHG, 2. Aufl. 2016, § 22 Rn. 55b f.

**131** Mitteilungspflichten beim Warehousing sogar generell annehmend Bueren/Weck, BB 2014, 67, 71.

**132** Vgl. *Veil* in Veil, European Capital Markets Law, 2. Aufl. 2017, § 8 Rn. 14 f.; *C. Köhler/P. Büscher* in Schwintowski, Bankrecht, 2018, Kap. 22, Rn. 1.

**133** *Von Bülow* in KK-WpHG, 2. Aufl. 2014, § 22 Rn. 104; vgl. ferner *Rothenfußer* in Paschos/Fleischer, Handbuch Übernahmerecht nach dem WpÜG, 2017, 3. Kap. § 11 Rn. 245, der die Zurechnung auch bei der Pflicht verneint, bei Fälligkeit physisch Aktien zu liefern.

**134** Dabei handelt es sich um eine Vereinbarung, Cashflows – hier die Wertentwicklung einer Aktie („equity") – im Wege der Barzahlung („cash settled") auszutauschen („swap"), vgl. *Flei-*

sein sollen, im Vorfeld einer Übernahme nicht zu meldende „versteckte" Beteiligungen aufzubauen.[135] Soweit nach einigen Autoren die Derivate eine Zurechnung auch § 34 Abs. 1 Satz 1 Nr. 2 WpHG auslösen sollen,[136] steht dahinter die Vermutung, dass sich die Gegenpartei dadurch absichert, dass sie entsprechende Aktien erwirbt, die sie zum Geschäftsende dem Derivateinhaber zum Erwerb anbietet.[137]

Gegen diese Auslegung spricht aber nicht nur, dass der Derivateinhaber – bei typischer Ausgestaltung des Instruments – keinen rechtlichen Einfluss auf die Stimmrechtsausübung der Aktien hat;[138] vielmehr steht es der Gegenpartei frei, sich auch auf anderem Wege – etwa durch den Abschluss eines weiteren Derivats – abzusichern.[139] Darüber hinaus stellen die zur Absicherung erworbenen Aktien eine eigene Risikoposition der Gegenpartei dar, so dass diese nicht für Rechnung des Derivateinhabers, sondern auf eigene Rechnung gehalten werden.[140] Wie die historischen und systematischen Erwägungen zeigen, sind solche Finanzinstrumente nur unter die instrumentenbezogene Zurechnung von § 34 Abs. 1 Satz 1 Nr. 5, § 38 WpHG bzw. Art. 13 TRL 2013 zu fassen.[141] Seit deren Einführung bzw. Erweiterung besteht hier auch keine relevante Transparenzlücke mehr.

## V. Summa

Die Untersuchung hat einen Wandel in der Zurechnungssystematik des WpHG offenbart: Während der BGH bislang offen lassen konnte, in welchem Umfang ein

---

*scher/Schmolke* ZIP 2008, 1501, 1503 f.; allgemein *Schüwer* in Zerey, Finanzderivate, 4. Aufl. 2016, § 1 Rn. 7.

**135** Zusammenfassend etwa *Weidemann* NZG 2016, 605, 606; Baums/Sauter, Anschleichen an Übernahmeziele mittels Cash Settled Equity Derivaten, Institute for Law and Finance Working Paper Series No. 97, 2009.

**136** In diesem Sinne etwa *Habersack* AG 2008, 817, 818; *Uwe H. Schneider* in Assmann/Schneider/Mülbert, Wertpapierhandelsrecht, 7. Aufl. 2019, § 34 Rn. 52.

**137** Vgl. *Habersack* AG 2008, 817, 818; *Weidemann* NZG 2016, 605, 606.

**138** Vgl. *Bayer* in MüKo-AktG, 4. Aufl. 2016, § 22 WpHG Rn. 26; *Fleischer/Schmolke* ZIP 2008, 1501, 1506; *Petersen* in Spindler/Stilz, AktG, 4. Aufl. 2019, §§ 33–47 WpHG Rn. 47.

**139** *Von Bülow* in KK-WpHG, 2. Aufl. 2014, § 22 Rn. 105; *Fleischer/Schmolke* ZIP 2008, 1501, 1505 f.; vgl. ferner *Bayer* in MüKo-AktG, 4. Aufl. 2016, § 22 WpHG Rn. 26.

**140** *Von Bülow* in KK-WpHG, 2. Aufl. 2014, § 22 Rn. 105; *Rothenfußer* in Paschos/Fleischer, Handbuch Übernahmerecht nach dem WpÜG, 2017, 3. Kap. § 11 Rn. 245.

**141** Dem folgend ordnet die BaFin Cash-Settled-Equity-Swaps den Instrumenten mit vergleichbarer wirtschaftlicher Wirkung iSd. § 38 Abs. 1 Nr. 2 WpHG zu, BaFin, Emittentenleitfaden, Modul B, Stand 30.10.2018, S. 42.

Stimmrechtseinfluss für die Zurechnung nach § 34 WpHG erforderlich ist, verdeutlichen die nunmehr vollharmonisierenden Vorgaben der Transparenzrichtlinie, dass es eines rechtlichen Einflusses auf die zuzurechnenden Stimmen bedarf. Denn die Richtlinie unterscheidet strikt zwischen der Mitteilung aufgrund der rechtlichen Kontrolle über Stimmrechte (Art. 10 TRL 2013) und der Meldepflicht, weil Finanzinstrumente einen wirtschaftlichen Zugriff auf die Stimmrechte ermöglichen (Art. 13 TRL 2013). Der deutsche Gesetzgeber hat diese systematische Trennlinie zwar grundsätzlich mit der instrumentenbezogenen Mitteilungspflicht des § 38 WpHG nachvollzogen; die gleichgerichtete Vorschrift des § 34 Abs. 1 Satz 1 Nr. 5 WpHG jedoch in einer Norm belassen, die im Übrigen auf die rechtliche Stimmrechtskontrolle zielt. Damit fällt es ohne die unionsrechtliche Systematik schwer, das jeweilige dogmatische Grundanliegen der Zurechnungs- und Mitteilungspflichten auszumachen. Richtigerweise haben die Mitteilungspflichten für Instrumente aber auch historisch die Rolle übernommen, die früher einmal den Zurechnungsvorschriften zugekommen sein mag, die Transparenz des Beteiligungsaufbaus ohne bereits bestehende Stimmrechtsmacht.

Überträgt man diese Ergebnisse auf den Zurechnungstatbestand des Haltens für Rechnung, lassen sich viele Streitfälle aus der Praxis überzeugend lösen. Da die BaFin indes versucht ist, teilweise großzügiger zuzurechnen, und auch hinsichtlich der unionsrechtlichen Tatbestände von einer bloßen Mindestharmonisierung ausgeht, bleibt eine umfassende höchstrichterliche Klärung auf nationaler wie europäischer Ebene weiterhin wünschenswert. Bis dahin muss die Gestaltungspraxis Vorsicht walten lassen.

# Verhaltenspflichten, Organisationspflichten, Transparenzpflichten

Jens Koch und Rafael Harnos

# Die Vergütung der Wertpapierdienstleister zwischen prinzipien- und regelbasierter Regulierung

## I. Wertpapierdienstleistervergütung als gesetzgeberische Herausforderung

Die Vergütung der Wertpapierdienstleistungsunternehmen ist eine sensible Angelegenheit. Einerseits liegt es auf der Hand, dass Wertpapierdienstleister nicht *pro bono publico* tätig werden, sondern mit ihrer Tätigkeit kommerzielle Zwecke verfolgen. Namentlich für Universalbanken ist es in Zeiten der Niedrigzinsphase essenziell, etwaige Gewinnausfälle im klassischen Kreditgeschäft durch Einnahmen im Bereich des Wertpapierhandels auszugleichen. Schränkt der Gesetzgeber die Möglichkeit der Wertpapierdienstleistungsunternehmen, ihre Leistungen zu bepreisen, über Gebühr ein, kann er ihnen im Extremfall die wirtschaftlichen Grundlagen für ihre Tätigkeit entziehen. Andererseits zeigt die anhaltende Diskussion über die Vergütungsregulierung im wertpapierhandelsrechtlichen Kontext, dass Wertpapierdienstleister für Interessenkonflikte anfällig sind. Sie sind häufig als Geschäftsbesorger tätig, die sich in erster Linie um die Belange ihrer Kunden kümmern sollten. Dieser treuhänderischen Stellung werden sie aber nicht gerecht, wenn ihre Vergütungsstruktur Anreize dafür setzt, eigene finanzielle Interessen in die Betreuung ihrer Kunden einfließen zu lassen.[1]

Der Gesetzgeber versucht seit der Einführung des Wertpapierhandelsgesetzes 1994, dieses Spannungsverhältnis zwischen dem Gewinninteresse der Wertpapierdienstleister und dem Schutz der Kundenbelange mit Hilfe von Wohlverhaltenspflichten aufzulösen. Um die Struktur dieser verhaltensbezogenen Wohlverhaltenspflichten nachzuvollziehen, müssen zunächst die Problemfelder kategorisiert werden, die der Gesetzgeber zum Anlass nehmen kann, um die Vergütung von Wertpapierdienstleistern zu regulieren. Zunächst kann sich der Gesetzgeber mit der Frage auseinandersetzen, *an wen* die Vergütung anlässlich einer Wertpapierdienstleistung fließt: das Wertpapierdienstleistungsunternehmen selbst, dessen Mitarbeiter oder ein konzernverbundenes Unternehmen? Außerdem ist eine Differenzierung danach denkbar, *von wem* die Vergütung an

1 Hierzu statt vieler *Sethe* AcP 212 (2012), 77, 132.

https://doi.org/10.1515/9783110632323-042

den Empfänger fließt: unmittelbar vom Kunden oder von einem Dritten, der am Verhältnis zwischen dem Wertpapierdienstleister und dem Kunden nicht beteiligt ist? Entrichtet der Kunde die Vergütung, kann man zudem auf ihre *Form* abstellen: Bezahlt der Kunde ein separat ausgewiesenes Honorar oder ist die Vergütung in der Marge des Wertpapierdienstleistungsunternehmens eingepreist?

Der Fokus der legislatorischen Bemühungen und der rechtswissenschaftlichen Diskussion war in der Vergangenheit auf die Frage gerichtet, von wem ein Wertpapierdienstleister seine Vergütung erhält. Um die damit verbundenen Probleme zu lösen, hat der Gesetzgeber Wertpapierdienstleister im Jahr 1994 einem doppelten Pflichtenregime aus Verhaltens- und Organisationspflichten unterworfen, an dem er bis zum heutigen Tage festhält. Diese kontinuierliche Grundstruktur darf indes nicht darüber hinwegtäuschen, dass der Normenbestand in der Detailgestaltung erhebliche Änderungen erfahren hat. Zum einen wurden die gesetzlichen Vorgaben von eher allgemein gehaltenen Verhaltensmaximen zu einem engmaschigen Geflecht kleinteiliger Einzelanordnungen verdichtet.[2] Zum anderen wurde die Regulierungsstrategie aber auch um ein neues und gegenüber dem bisherigen Normenbestand wesensverschiedenes Steuerungselement angereichert, indem der Gesetzgeber die Verbote und Gebote in §§ 31 ff. WpHG 2007 um Vorschriften über die Honoraranlageberatung ergänzte, die auf eine Beeinflussung der Marktstruktur abzielten.[3] Beide Entwicklungen sollen im Folgenden nachgezeichnet werden, um auf dieser Grundlage zu diagnostizieren, ob die Qualität der Gesetzgebung, namentlich aus der Perspektive der Rechtsunterworfenen, durch diese Entwicklungen der vergangenen 25 Jahre tatsächlich gesteigert oder ob sie geschwächt wurde.

## II. Kontinuierliche Verdichtung des ursprünglichen Pflichtenregimes

### 1. Regeln und Prinzipien als Instrumente der Vergütungsregulierung

Nimmt man zunächst die Verdichtung des ursprünglichen Pflichtenregimes in den Blick, so ist es für das Verständnis der Entwicklung hilfreich, die Veränderungen der vergütungsbezogenen Wohlverhaltenspflichten aus einem normtheoretischen Blickwinkel zu analysieren und dabei die Unterscheidung zwischen

2 Dazu im Einzelnen unter II.

3 Hierzu im Einzelnen unter III.

Regeln und Prinzipien aufzugreifen. Als Regeln werden Normen bezeichnet, die so konkret formuliert sind, dass der Rechtsanwender die erfassten Sachverhalte ohne weiteres darunter subsumieren kann.[4] In die Kategorie der Prinzipien gehören unbestimmte und wertungsoffene Normen, deren Reichweite erst im Einzelfall vermessen werden kann.[5] Auch wenn diese Kategorien nicht trennscharf voneinander abgegrenzt werden können, weil die Übergänge fließend sind,[6] markieren sie doch zwei grundsätzliche Regelungsansätze, mit denen unterschiedliche Vorzüge verbunden werden: Regeln sollen für mehr Rechtssicherheit, Prinzipien für mehr Einzelfallgerechtigkeit sorgen.[7] Aus einem rechtsökonomischen Blickwinkel wird ergänzt, dass die Formulierung von Regeln für den Gesetzgeber kostspieliger sei, weil er ein präzises Pflichtenprogramm ausarbeiten müsse. Mache sich der Gesetzgeber das Leben leicht, indem er einen Bereich mit Hilfe von Prinzipien reguliere, wälze er die Kosten auf die Rechtsanwender ab.[8]

Im Bank- und Kapitalmarktrecht arbeitet der Gesetzgeber mit beiden Normarten. So ist im Bankaufsichtsrecht im Kontext der Compliance-Vorgaben von einem Übergang vom regel- zum prinzipienbasierten Aufsichtsrecht die Rede.[9] Die folgenden Ausführungen werden zeigen, dass im Bereich der wertpapierhandelsrechtlichen Wohlverhaltenspflichten eine gegenläufige Entwicklung zu verzeichnen ist, der Übergang zur regelbasierten Regulierung entgegen den rechtstheoretischen Annahmen im Schrifttum allerdings weder zu erhöhter Rechtssicherheit noch zur Senkung der Rechtsermittlungskosten auf Seiten der Rechtsanwender führt.[10]

4 In der Normtheorie ist von der „formalen Realisierbarkeit" die Rede, s. *Auer*, Materialisierung, Flexibilisierung, Richterfreiheit, 2005, S. 47 ff.; *Binder* Regulierungsinstrumente und Regulierungsstrategien im Kapitalgesellschaftsrecht, 2012, S. 167 ff.

5 Zu den Begrifflichkeiten, auch im angelsächsischen Rechtsraum, s. *Binder*, (Fn. 4), S. 174 ff.

6 Zutr. *Auer* (Fn. 4), S. 48; *Binder* (Fn. 4), S. 200 ff.

7 Plakativ *Auer* (Fn. 4), S. 47, 54 ff., die von der „materiellen Realisierbarkeit" der Prinzipien spricht.

8 Ausf. *Morell* AcP 217 (2017), 61, 65 ff.; s. ferner *Auer* (Fn. 4), S. 51 f.; *Fleischer* ZHR 168 (2004), 673, 697 f.

9 Statt vieler *Dreher* VersR 2008, 998, 999 ff.

10 Zu einer solchen Situation s. *Auer* (Fn. 4), S. 55 f.

## 2. Prinzipienbasierte Regulierung im 2. Finanzmarktförderungsgesetz

### a) Die Interessenwahrungspflichten in §§ 31 ff. WpHG 1994

Der Gesetzgeber des WpHG 1994 unternahm gar nicht erst den Versuch, die eingangs abgesteckten Problemfelder durch detaillierte Verhaltensvorgaben zu ordnen, sondern formulierte die Wohlverhaltenspflichten im Anschluss an die Regelungstechnik des europäischen Richtliniengebers[11] als prinzipienorientierte Verhaltensmaximen: Nach § 31 Abs. 1 Nr. 1 WpHG 1994 musste das Wertpapierdienstleistungsunternehmen die Dienstleistungen sorgfältig und im Interesse des Kunden erbringen. Überdies traf das Unternehmen nach § 31 Abs. 1 Nr. 2 WpHG 1994 die Pflicht, Interessenkonflikte zu vermeiden und bei unvermeidbaren Konflikten das Kundeninteresse zu wahren. Aus § 31 Abs. 2 Nr. 1 WpHG 1994 folgte eine Explorationspflicht, aus § 31 Abs. 2 Nr. 2 WpHG 1994 eine Informationspflicht. § 32 WpHG 1994 statuierte Pflichten der Anlageberater, aus denen im Kontext der Vergütung § 32 Abs. 1 Nr. 1 WpHG 1994 zu nennen ist. Dem Wertpapierdienstleister war es untersagt, seinen Kunden Wertpapiergeschäfte zu empfehlen, die dem Kundeninteresse nicht entsprachen. Diese Verhaltenspflichten flankierte der Gesetzgeber mit Organisationspflichten in §§ 33 f. WpHG 1994. Zu nennen ist insbesondere § 33 Nr. 2 WpHG 1994, wonach das Unternehmen so organisiert sein musste, dass bei der Erbringung der Dienstleistungen die Interessenkonflikte möglichst gering sein sollten.

### b) Das Verbot der Spesenreiterei

Diese Regelungstechnik führte dazu, dass Sachverhalte, die Vergütungsfragen betrafen, nur mit größerem Argumentationsaufwand unter die §§ 31 ff. WpHG 1994 subsumiert werden konnten. Es oblag damit den Rechtsanwendern, die widerstreitenden Belange des Wertpapierdienstleistungsunternehmens und seiner Kunden abzuwägen und im Sinne des Grundsatzes praktischer Konkordanz in ein ausgewogenes Verhältnis zu bringen.[12] Dass die Abwägung zwischen dem Gewinninteresse des Unternehmens und dem Interesse der Kunden an einer unbefangenen Geschäftsbesorgung nicht einfach zu bewältigen war, zeigt ein Blick in

---

11 Die im Folgenden skizzierten Vorschriften beruhen im Wesentlichen auf Art. 11 der Wertpapierdienstleistungs-RL.

12 Zum Abwägungsgebot bei Interessenkonflikten in Kapitalanlagefällen *G.H. Roth* in Assmann/Schütze, Handbuch des Kapitalanlagerechts, 2. Aufl. 1997, § 12 Rn. 75.

die zeitgenössische Literatur. Nur in Einzelfällen gelang es dem Schrifttum, aus den vagen Regulierungsvorgaben konsentierte Ergebnisse abzuleiten. So bestand etwa Einigkeit darüber, dass das sog. Churning (Spesenreiterei) mit § 32 Abs. 1 Nr. 1 WpHG 1994 nicht zu vereinbaren ist.[13] Es entsprach der einhelligen Auffassung, dass ein Anlageberater seine Vergütung nicht dadurch in die Höhe treiben durfte, dass er dem Kunden ohne triftigen Grund eine häufige Depotumschichtung empfahl, um Provisionen zu generieren.[14] Vermögensverwalter, die seit 1998 als Wertpapierdienstleister galten,[15] waren vom Wortlaut des § 32 Abs. 1 Nr. 1 WpHG 1994 zwar nicht erfasst,[16] das Schrifttum entwickelte aber das Verbot der Spesenreiterei aus der allgemeinen Interessenwahrungspflicht in § 31 Abs. 1 WpHG 1994.[17]

### c) Umgang mit Innenprovisionen und Rückvergütungen

Bei weniger offenkundigen Fällen unlauteren Verhaltens zeigte sich indes auch die Kehrseite der prinzipienbasierten Regulierung, etwa wenn dem Wertpapierdienstleistungsunternehmen zwar keine Spesenreiterei vorgeworfen werden konnte, das Unternehmen sich aber in einem Interessenkonflikt befand, weil es seine Einnahmen über Innenprovisionen und Rückvergütungen (Kick-backs) generierte. Bei Innenprovisionen und Kick-backs handelt es sich um Zahlungen, die ein an der Beziehung zwischen dem Wertpapierdienstleistungsunternehmen und dem Kunden nicht beteiligter Dritter (häufig der Emittent) an das Unternehmen

---

**13** Zur zivilrechtlichen Haftung beim Churning s. etwa BGH NJW 1995, 1225, 1226; BGH NJW-RR 2000, 51 f.; BGH NJW 2004, 3423 ff.; *Barta* BKR 2004, 433 ff.

**14** *Möllers* in KK-WpHG, 2007, § 31 Rn. 142, § 32 Rn. 40; *F.A. Schäfer*, WpHG, 1999, § 32 Rn. 5; *Schwark* in KMRK, 3. Aufl. 2004, § 32 WpHG Rn. 8; *Einsele*, Bank- und Kapitalmarktrecht, 2006, § 8 Rn. 35; *Eisele* in Schimansky/Bunte/Lwowski, Bankrechts-Handbuch, 1997, § 109 Rn. 46; *Kümpel* Bank- und Kapitalmarktrecht, 3. Aufl. 2004, Rn. 16.594; *Lenenbach*, Kapitalmarkt- und Börsenrecht, 2002, Rn. 8.72. In diese Richtung auch *Koller* in Assmann/Schneider, WpHG, 1995, § 31 Rn. 61. Zum Verbot des Churning vgl. ferner BAWe-Wohlverhaltens-RL v. 9.5.2000, Teil E Ziff. 1 Abs. 2 (ZBB 2000, 352, 357).

**15** S. Art. 2 Nr. 3 lit. c des Gesetzes zur Umsetzung von EG-Richtlinien zur Harmonisierung bank- und wertpapieraufsichtsrechtlicher Vorschriften v. 22.10.1997, BGBl. I, S. 2518.

**16** § 32 Abs. 1 WpHG 1994 setzte eine Empfehlung des Wertpapierdienstleisters voraus, Vermögensverwalter empfehlen aber keine Wertpapierhandelsgeschäfte, sondern nehmen sie selbst vor; s. nur *Schwark* (Fn. 14), § 32 WpHG Rn. 8.

**17** *Schwark* (Fn. 14), § 32 WpHG Rn. 8. In diese Richtung auch *Koller* (Fn. 14), § 31 Rn. 16. Zur Zusammensetzung der Verwaltervergütung aus Fixhonorar und erfolgsabhängiger Komponente *Sethe* AcP 212 (2012), 77, 133 f.

entrichtet.[18] Eine solche Vergütungsstruktur schafft für den Dienstleister einen Anreiz, diejenigen Produkte zu vertreiben, die mit hohen Provisionseinnahmen verbunden sind.[19]

Diese Interessenkollision stuften einzelne Autoren als so gravierend ein, dass sie Bonifikationen von dritter Seite, die nicht nur geringfügig waren, im Hinblick auf das Interessenwahrungsgebot des § 31 Abs. 1 Nr. 2 WpHG 1994 für unzulässig hielten.[20] Manche ließen solche Provisionen im Ausgangspunkt zu, betonten aber, dass deren Umfang üblich und angemessen sein müsse.[21] Die herrschende Ansicht hielt die externe Vergütung für unbedenklich, forderte aber ihre Offenlegung gegenüber dem Kunden (§ 31 Abs. 2 Nr. 2 WpHG 1994).[22] Das Bundesaufsichtsamt für den Wertpapierhandel (BAWe) bevorzugte im Einklang mit der letztgenannten Auffassung das Informationsmodell und verlangte in seinen norminterpretierenden Verwaltungsrichtlinien[23] eine Aufklärung des Kunden über etwaige Kickback-Vereinbarungen zwischen dem Wertpapierdienstleistungsunternehmen und einem Dritten, ohne die Vergütung für unzulässig zu erklären oder die Begrenzung ihres Umfangs zu fordern.[24] Die Aufklärungspflicht traf jedenfalls die Anlageberater und Vermögensverwalter. Umstritten war hingegen, ob auch die depotführenden Banken oder Discount-Broker über die gewährten oder erhaltenen Provisionen aufklären mussten.[25]

---

**18** Zur Definition in der zeitgenössischen Literatur etwa *F.A. Schäfer* (Fn. 14), § 31 Rn. 82. Inzwischen ist es anerkannt, dass Innenprovisionen und Kick-backs im Hinblick auf den von ihnen hervorgerufenen Interessenkonflikt nach gleichen Maßstäben zu behandeln sind, s. bereits *Buck-Heeb* BKR 2010, 309, 311 f.; *J. Koch* BKR 2010, 177, 180 ff. Dies hat auch der BGH nach jahrelanger Diskussion bestätigt, s. BGHZ 201, 310 Rn. 31 ff.

**19** Weniger Aufmerksamkeit schenkte das Schrifttum der Ausgestaltung der Mitarbeitervergütung. Es wurde darauf hingewiesen, dass die unternehmensinternen Anreizsysteme die Mitarbeiter nicht dazu verleiten dürfen, Kunden solche Wertpapierprodukte zu empfehlen, die zur hohen Umsatzprovisionen führen; vgl. dazu *Koller* (Fn. 14), § 31 Rn. 17; *Schwark* (Fn. 14), § 31 WpHG Rn. 27, 29. Großzügiger aber *F.A. Schäfer* (Fn. 14), § 31 Rn. 84, der die Stärkung der Arbeitsmotivation durch interne Anreize positiv hervorhob.

**20** So insb. *Koller* (Fn. 14), § 31 Rn. 72 ff.

**21** *Schwark* (Fn. 14), § 31 WpHG Rn. 27, § 32 WpHG Rn. 7.

**22** *F.A. Schäfer* (Fn. 14), § 31 Rn. 82; *Einsele* (Fn. 14), § 8 Rn. 36 Fn. 76; *Kümpel,* Bank- und Kapitalmarktrecht, 3. Aufl. 2004, Rn. 16.544; *Balzer* ZIP 2001, 232, 233; *Barta* BKR 2004, 433, 436; *Geibel* ZBB 2003, 349, 351. Erhebliche Zweifel an der Leistungsfähigkeit des Aufklärungsmodells hegten aber *Möllers* (Fn. 14), § 31 Rn. 129 ff., 134, 147 und *Schwark* (Fn. 14), § 31 WpHG Rn. 27. Ähnlich *Koller* (Fn. 14), § 31 Rn. 61, der aber in Rn. 74 dem Informationsmodell einiges abgewinnen konnte.

**23** Zur Rechtsnatur *Lenenbach,* (Fn. 14), Rn. 8.8; *Klanten* ZBB 2000, 349, 350.

**24** S. BAWe-Wohlverhaltens-RL v. 9. 5. 2000, Teil B Ziff. 1.2 Abs. 2 (ZBB 2000, 352, 353).

**25** Für eine Aufklärungspflicht der depotführenden Banken *Barta* BKR 2004, 433, 437 f.; ohne Bezugnahme auf § 31 Abs. 2 Nr. 2 WpHG 1994 auch BGH ZIP 2001, 230, 231 f. Dagegen etwa *Balzer*

### d) Vorgaben an honorarbasierte Dienstleistungen und Gewinnmargen

Ähnliche Auslegungsschwierigkeiten manifestierten sich bei der Frage, welche Vorgaben im Hinblick auf die Vereinbarung des Kundenhonorars und die Ausgestaltung der Gewinnmarge aus §§ 31 ff. WpHG 1994 entwickelt werden können. Das Schrifttum beschäftigte sich mit diesem Problemkreis nur am Rande. So leiteten einzelne Kommentatoren aus Art. 11 Abs. 1, 1. Spiegelstrich der Wertpapierdienstleistungs-RL, wonach die Kunden recht und billig zu behandeln sind, im Wege „richtlinienkonformer Interpretation" den Grundsatz her, dass die zwischen Kunden und Wertpapierdienstleister vereinbarte Vergütung nicht übermäßig sein dürfe.[26] Dieser Vorschlag lief auf eine zu engmaschige Inhaltskontrolle der privatautonomen Vereinbarung hinaus und setzte sich im Schrifttum (zu Recht) nicht durch.[27]

Zum Umgang mit Gewinnmargen nahm die Kommentarliteratur zu WpHG 1994 soweit ersichtlich keine Stellung. Aufschlussreicher waren die Verwaltungsrichtlinien des BAWe, das Wertpapierdienstleister, die Eigenhandel für andere oder Festpreisgeschäft betrieben, für verpflichtet hielt, den Kunden darüber zu informieren, dass er einen Kaufvertrag abschließt.[28] Die Offenlegung der Gewinnmarge war nach Auffassung des BAWe nicht erforderlich.[29]

### e) Zivilrechtliche Rechtsprechung

Welche Sprengkraft in diesen Grauzonen der juristischen Auslegung verborgen lag, zeigte sich erst über zehn Jahre nach dem Inkrafttreten des Wertpapierhandelsgesetzes. In einer Reihe von Kick-back-Urteilen ermöglichte es der BGH enttäuschten Anlegern, sich unter Berufung auf nicht offengelegte Innenprovisionen und Rückvergütungen von fehlgeschlagenen Investments zu lösen. Die Einzel-

---

ZIP 2001, 232, 233. Für die Aufklärungspflicht der Discount-Broker *Barta* BKR 2004, 433, 438; s. ferner *Lenenbach* (Fn. 14), Rn. 8.51: Information über die Preisgestaltung. Dagegen *Balzer/Lang* BKR 2014, 377, 380, die einen Beratungsvertrag voraussetzen.

**26** *Koller* (Fn. 14), § 31 Rn. 16.

**27** Deutlich *Sethe* AcP 212 (2012), 77, 133: „Mit der Privatautonomie unverträglich ist auch eine Kontrolle der Honorarhöhe, solange nicht die Grenze der Sittenwidrigkeit erreicht ist."

**28** BAWe-Wohlverhaltens-RL v. 9. 5. 2000, Teil B Ziff. 3.3 Abs. 5 (ZBB 2000, 352, 356). Das BAWe hob dort hervor, dass sich der Preis bei Eigenhandel am Marktpreis orientieren sollte.

**29** S. dazu auch BGHZ 191, 119 Rn. 49; BGH BKR 2011, 508 Rn. 52; BGH NJW 2012, 2873 Rn. 31; BGH BKR 2013, 17 Rn. 36. In den genannten Urteilen lehnte der BGH überdies eine originär zivilrechtliche Aufklärungspflicht hinsichtlich Gewinnmargen ab.

heiten dieser Rechtsprechung können hier nicht erläutert werden.[30] Es sei nur bemerkt, dass sich der BGH im Hinblick auf die vergütungsbedingten Interessenkonflikte[31] vom aufsichtsrechtlichen Informationsmodell inspirieren ließ und in Anlehnung an die §§ 31 ff. WpHG 1994 schrittweise ein System der Aufklärungspflichten über Rückvergütungen und Provisionen entwickelte.[32] Zwar kappte er zwischenzeitlich die Verbindungen zur aufsichtsrechtlichen Inspirationsquelle,[33] griff aber im Jahr 2014 die Entwicklungen im Wertpapierhandelsrecht abermals auf, um den zivilrechtlichen Pflichtenkanon im Lichte des öffentlichen Aufsichtsrecht fortzuentwickeln.[34] Die unterschiedlichen Begründungsansätze und die Detailtiefe der BGH-Rechtsprechung legten die Schwächen der prinzipienbasierten Regulierung eindrucksvoll offen: Die Verhaltensmaximen in §§ 31 ff. WpHG 1994 waren zu vage, um die Wertpapierdienstleister für die Interessenkonflikte zu sensibilisieren, die aus den Provisionen resultieren; entsprechend gering war ihre Steuerungswirkung.

## 3. Zunahme der Regelungsdichte nach dem FRUG und 2. FiMaNoG

### a) Zuwendungsverbot in § 31d WpHG 2007

Die Bestrebungen der Gerichte, aus unbestimmten Verhaltensmaximen ein operables System der Vergütungsregulierung auszuformen, fielen zusammen mit einer legislatorischen Wende: Mit dem Erlass der MiFID I und der dazugehörigen Durchführungs- und Umsetzungsakte machte der Gesetzgeber einen großen Schritt in Richtung regelbasierter Regulierung, indem er die Prinzipien des Handelns im bestmöglichen Kundeninteresse sowie der Vermeidung und Offenlegung von Interessenkonflikten um ein Zuwendungsverbot in § 31d WpHG 2007

30 Hierzu ausf. *Buck-Heeb/Lang* in BeckOGK-BGB, Stand 1.4.2019, § 675 Anlageberatung Rn. 413 ff.

31 Zu erwähnen ist zudem die BGH-Rspr., die eine Aufklärungspflicht nicht auf den provisionsbedingten Interessenkonflikt stützte, sondern auf die Eignung der Innenprovisionen abstellte, die Werthaltigkeit der Vermögensanlage zu beeinträchtigen, s. dazu *Buck-Heeb/Lang* (Fn. 30), § 675 Anlageberatung Rn. 437 ff.

32 Deutliche Bezugnahme auf § 31 Abs. 1 Nr. 2 WpHG 1994 in BGHZ 170, 226 Rn. 23.

33 Vgl. BGHZ 191, 119 Rn. 47; BGH BKR 2011, 508 Rn. 50; BGH NJW 2012, 2873 Rn. 25; BGH BKR 2013, 17 Rn. 30. Zu § 31d WpHG 2007 s. BGH BKR 2014, 32 Rn. 15 ff. Krit. zu dieser Entwicklung etwa *Harnos* BKR 2014, 1, 5 ff.

34 S. BGHZ 201, 310 Rn. 32 ff., insb. Rn. 36: flächendeckendes aufsichtsrechtliches Transparenzgebot, das bei der Bestimmung des Inhalts des Beratungsvertrags zu berücksichtigen sei.

ergänzte. Dieses Verbot adressierte vor allem die Frage, von wem der Wertpapierdienstleister die Vergütung erhalten durfte. Während der Gesetzgeber die privatautonome Honorarvereinbarung zwischen dem Dienstleister und dem Kunden für unbedenklich hielt, zeigte er sich skeptisch, wenn der Wertpapierdienstleister nicht unmittelbar vom Kunden vergütet wurde.

Nach § 31d Abs. 1 Satz 1 Hs. 1 WpHG 2007, der auf Art. 26 DurchführungsRL 2006/73/EG zurückging, durften Wertpapierdienstleistungsunternehmen keine Zuwendungen von Dritten annehmen oder an Dritte gewähren, die nicht Kunden dieser Dienstleistung waren. Von diesem Verbot waren drei Ausnahmen gestattet: wenn die Zuwendung im Auftrag des Kunden gewährt wurde (§ 31d Abs. 1 Satz 2 WpHG 2007),[35] wenn sie die Dienstleistung ermöglichte oder dafür notwendig war (§ 31d Abs. 5 WpHG 2007)[36] und wenn sie zur Qualitätsverbesserung beitrug, dem Kundeninteresse nicht entgegenstand sowie offengelegt wurde (§ 31d Abs. 1 Satz 1 Hs. 2 Nr. 1 und 2 WpHG 2007).[37]

Die einzelnen Tatbestandsmerkmale des § 31d WpHG 2007 stellten die Rechtsanwender vor erhebliche Auslegungsschwierigkeiten. So regelte der Gesetzgeber nicht eindeutig, ob das Zuwendungsverbot eingreift, wenn die Zuwendung des Dritten an einen Mitarbeiter des Wertpapierdienstleisters oder an ein konzernverbundenes Unternehmen fließt.[38] Während eine verbreitete Auffassung in solchen Fällen die Verhaltenspflicht aus § 31d WpHG 2007 heranziehen wollte,[39] plädierten andere dafür, solche Konstellationen mit Hilfe der Organisationspflicht in § 33 WpHG 2007 zu lösen.[40] Ebenfalls unklar war die Behandlung der Gewinnmargen, die im Schrifttum zum Teil unter das Zuwendungsverbot subsu-

---

**35** Rechtstechnisch klammerte § 31d Abs. 1 Satz 2 WpHG 2007 solche Mittel aus dem Zuwendungsbegriff aus.

**36** Hierzu *Fuchs*, WpHG, 2. Aufl. 2017, § 31d Rn. 12ff.

**37** Bei Finanzanlagenvermittlern, die nicht in den Anwendungsbereich des WpHG fallen und nach § 34f GewO reguliert sind, stehen Zuwendungen seit dem 1.1.2013 ebenfalls unter einem Verbot mit Erlaubnisvorbehalt (s. § 17 Abs. 1 Satz 1 FinVermV). Im Vergleich zu § 31d WpHG 2007 sind die Zuwendungen aber unter erleichterten Voraussetzungen zu rechtfertigen: Sie müssen zwar offengelegt werden und dürfen dem Kundeninteresse nicht entgegenstehen, sie müssen aber nicht der Qualitätsverbesserung dienen.

**38** Ein anders gelagertes Problem betraf Zuwendungen, die innerhalb eines Unternehmensverbunds flossen. Richtigerweise waren sie von § 31d WpHG erfasst; s. *J. Koch* in Schwark/Zimmer, KMRK, 4. Aufl. 2013, § 31d WpHG Rn. 24; *Assmann* ZBB 2008, 21, 26. Zu Zuwendungen des Wertpapierdienstleisters an dessen Mitarbeiter *J. Koch* aaO § 31d WpHG Rn. 22; *Assmann* ZBB 2008, 21, 26.

**39** S. etwa *Fuchs* (Fn. 36), § 31d Rn. 20; *Assmann* ZBB 2008, 21, 26; *Heybey* BKR 2008, 353, 358; *Rozok* BKR 2007, 217, 220.

**40** Ausf. *J. Koch* (Fn. 38), § 31d WpHG Rn. 25ff.

miert wurden,[41] zum Teil aber auch weder als verboten noch als offenlegungspflichtig eingeordnet wurden.[42]

Trotz dieser Unklarheiten war die Norm insgesamt doch subsumtionsfähig und damit ein Beispiel regelbasierter Regulierung. Der Gesetzgeber befreite den Rechtsanwender von der Last, aus den Prinzipen der Konfliktvermeidung und Konfliktoffenlegung konkrete Aussagen über die Zulässigkeit von Provisionen zu entwickeln. Anders als unter Geltung der §§ 31 ff. WpHG 1994 war nunmehr klar, dass provisionsbasierte Wertpapierdienstleistungen im Ausgangspunkt unzulässig sind, aber unter bestimmten Voraussetzungen gerechtfertigt sein können. Allerdings schimmerte in § 31d Abs. 1 Satz 1 Nr. 1 WpHG 2007 das prinzipienbasierte Regulierungskonzept durch. Die Frage, ob die Zuwendung zur Qualitätsverbesserung beitrug und dem Kundeninteresse entgegenstand, konnte nicht im Wege einer schlichten Subsumtion beantwortet werden,[43] sondern sie erforderte eine Abwägung zwischen dem Interesse des Wertpapierdienstleisters, bestimmte Infrastrukturen finanzieren zu können, und dem Interesse des Kunden, eine unbefangene Wertpapierdienstleistung zu erhalten.[44]

### b) Regelbasierte Vergütungsregulierung unter dem MiFID II-Regime

Die vorstehend skizzierte Grundstruktur des Zuwendungsverbots gilt auch nach der Umsetzung der MiFID II. Wertpapierdienstleistungsunternehmen, die weder Honorar-Anlageberater noch Vermögensverwalter sind,[45] dürfen die Zuwendungen nur dann empfangen oder gewähren, wenn diese der Qualitätsverbesserung dienen, dem Kundeninteresse nicht entgegenstehen und offengelegt werden (s. § 70 Abs. 1 Satz 1 WpHG).[46] Im Vergleich zur alten Rechtslage sind die Recht-

---

41 *Veldhoff*, Die Haftung von Kreditinstituten für die fehlerhafte Aufklärung und Beratung von Privatkunden beim Erwerb von Zertifikaten, 2011, S. 305 ff.; *Mülbert* ZHR 172 (2008), 170, 188; *Schumacher* WM 2011, 678, 680 ff.

42 *J. Koch* (Fn. 38), § 31d WpHG Rn. 19; *Harnos* BKR 2014, 1, 4 f.; *Harnos/Rudzio* BKR 2010, 259, 260 f.

43 Eine Ausnahme galt nach § 31d Abs. 4 WpHG 2007 für die Anlageberatung, bei der die Eignung der Zuwendung für eine Qualitätsverbesserung vermutet wurde. Diese Ausnahme hob der Gesetzgeber mit Art. 1 Nr. 7 des Gesetzes zur Stärkung des Anlegerschutzes und Verbesserung der Funktionsfähigkeit des Kapitalmarkts vom 5. 4. 2011 (AnsFuG), BGBl. I, S. 538, auf.

44 Vgl. *J. Koch* (Fn. 38), § 31d WpHG Rn. 45: Im Rahmen des § 31d Abs. 1 Satz 1 Nr. 1 WpHG 2007 seien graduelle Abstufungen der Konfliktintensität erforderlich.

45 Zu den Sonderregelungen für diese Gruppen s. noch unter III.

46 Gewinnmargen sind nach zutreffender Ansicht von § 70 WpHG nicht erfasst, müssen aber nach § 63 Abs. 7 Satz 3 Nr. 2 WpHG iVm Art. 50 Abs. 2 sowie Erwägungsgrund 79 Satz 5 der

fertigungsgründe diffiziler ausgestaltet: § 70 Abs. 1 Satz 3, 4 und Abs. 5 WpHG beschreibt ausführlich die Anforderungen an die Kundenaufklärung, in § 6 Abs. 2 WpDVerOV ist ein umfassender Katalog mit Vorgaben zur Qualitätsverbesserung festgehalten.[47] Namentlich § 6 Abs. 2 WpDVerOV ist ein konsequenter Schritt in Richtung regelbasierter Vergütungsregulierung.[48] Die Rechtsanwender können nunmehr im Wege der Subsumtion ermitteln, ob ihr Vergütungsmodell mit § 70 WpHG im Einklang steht.

Gleichwohl führt die regelbasierte Regulierungsstrategie weder zu erhöhter Rechtssicherheit noch zur Senkung der Rechtsermittlungskosten auf Seiten der Rechtsanwender. Dies liegt an der Fragmentierung der einschlägigen Normen und der bedenklichen Umsetzungspraxis des deutschen Gesetzgebers: Um die Rechtslage zu ermitteln, muss der Rechtsanwender sechs Ebenen im Blick behalten. Auf der europäischen Ebene muss er neben Art. 24 Abs. 9 MiFID II sowie Art. 11 ff. der delegierten RL (EU) 2017/593 die unmittelbar geltenden Vorgaben über die Kosteninformation in Art. 50 der delegierten VO (EU) 2017/565 sowie die Auslegungsgrundsätze der ESMA[49] beachten. Auf der nationalen Ebene muss er den Blick zwischen § 70 WpHG und § 6 WpDVerOV pendeln lassen und dabei berücksichtigen, dass der deutsche Gesetzgeber teilweise über die europäischen Vorgaben hinausgegangen ist.[50] Hinzu kommen BT 9 und 10 der MaComp, die die Vorgaben zu den Staffelprovisionen und Aufzeichnungspflichten konkretisieren. Dieses Normendickicht erschwert erheblich die Aussage, ob eine konkrete Pro-

---

delegierten VO (EU) 2017/565 als Kostenbestandteil offengelegt werden; s. *J. Koch/Harnos* in Schwark/Zimmer, KMRK, 5. Aufl. 2019, § 70 WpHG Rn. 36 mwN.

**47** Aus dem Zuwendungsbegriff ausgeklammert sind zudem Research-Leistungen, die den Vorgaben in § 70 Abs. 2 Satz 2–4, Abs. 3 WpHG entsprechen. Zum Research als offenlegungspflichtige Zuwendung s. bereits BAWe-Wohlverhaltens-RL v. 9.5.2000, Teil B Ziff. 1.2 Abs. 2 (ZBB 2000, 352, 353); strenger etwa *Möllers* (Fn. 14), § 32 Rn. 41, der für ein grundsätzliches Verbot der soft commissions plädierte.

**48** Eine prinzipienbasierte Regulierungsstrategie verfolgt der Gesetzgeber nach wie vor hinsichtlich der Mitarbeitervergütung: Nach § 63 Abs. 3 Satz 1 WpHG muss der Wertpapierdienstleister sicherstellen, dass er die Leistung seiner Mitarbeiter nicht in einer Weise vergütet oder bewertet, die mit seiner Pflicht, im bestmöglichen Interesse der Kunden zu handeln, kollidiert. Das Regelbeispiel in § 63 Abs. 3 Satz 2 WpHG, das Anreize verbietet, die zum Handeln entgegen dem Kundeninteresse verleiten könnten, wurde bei Lichte besehen bereits in der Kommentarliteratur zum § 31 WpHG 1994 entwickelt; s. die Nachw. in Fn. 19.

**49** S. insb. ESMA, Questions and Answers on MiFID II and MiFIR investor protection and intermediaries topics, ESMA35–43–349, Abschnitte 7, 9 und 12.

**50** Als Beispiel ist § 6 Abs. 2 Satz 1 Nr. 1 lit. d) WpDVerOV zu nennen, der die Qualitätsverbesserung in einem Fall annimmt, der in Art. 11 Abs. 2 der delegierten RL (EU) 2017/593 nicht vorgesehen ist. Zu europarechtlichen Bedenken *J. Koch/Harnos* (Fn. 46), § 70 WpHG Rn. 59.

visionsgestaltung zulässig ist, so dass die Vorteile der regelbasierten Regulierung im Kontext der Wertpapierdienstleistervergütung nicht zum Tragen kommen.

## III. Beeinflussung der Marktstruktur

Der Übergang von der prinzipien- zur regelbasierten Vergütungsregulierung hat aus Sicht der Wertpapierdienstleistungsunternehmen jedenfalls auf dem Papier zu einer Verschärfung der Rechtslage geführt: Unter Geltung der §§ 31 ff. WpHG 1994 durften die Dienstleister Zuwendungen annehmen, soweit diese offengelegt wurden.[51] Das Informationsmodell liegt ausweislich der § 31d Abs. 1 Satz 2 Nr. 2 WpHG 2007, § 70 Abs. 1 Satz 2 Nr. 2 WpHG auch dem MiFID-Regime zugrunde, die Offenlegung der Zuwendungen reicht aber alleine nicht aus, um die Zulässigkeit der Zuwendung zu begründen. Es muss eine inhaltliche Rechtfertigung dergestalt hinzukommen, dass die Zuwendung der Qualitätsverbesserung dient.[52]

Die Verschärfung des Ausnahmetatbestandes zeigt, dass der Gesetzgeber provisionsgestützten Wertpapierdienstleistungen skeptisch gegenübersteht; dies gilt vor allem für die Anlageberatung auf Provisionsbasis.[53] Dennoch konnte sich der Gesetzgeber bislang nicht dazu durchringen, die Provisionsberatung kurzerhand zu verbieten. Stattdessen entschloss er sich, die Marktstruktur zu beeinflussen und das Gegenmodell zur Provisionsberatung – die Honoraranlageberatung – zu stärken. Um dieses Ziel zu erreichen, erhob er die honorarbasierte Beratung zu einem neuen, gesetzlich geschützten Berufsbild[54] und schuf neue Wohlverhaltenspflichten für diejenigen Wertpapierdienstleister, die sich „Honorar-Anlageberater“ nennen wollten.[55] Er versprach sich davon, innerhalb eines zweispurigen Modells die Bezeichnung „Honorar-Anlageberatung“ als eine Art Gütesiegel[56] zu etablieren.

---

51 So die damals h.M., s. schon II. 2. c).

52 Zur praktischen Wirkungslosigkeit dieser Änderung aber *Sethe* SJZ 110 (2014), 477, 486: „Luftnummer“.

53 Dies belegt die in Fn. 43 erwähnte Streichung des § 31d Abs. 4 WpHG 2007 im Zuge des AnsFuG.

54 Die Berufsbezeichnung „Honorar-Anlageberater“ stand nach § 36d WpHG 2013 unter gesetzlichem Schutz; s. nur *Müchler/Trafkowski* ZBB 2013, 101, 111.

55 Für Finanzanlagevermittler, die nicht im Anwendungsbereich des WpHG lagen, schuf der Gesetzgeber eine Parallelvorschrift in § 34 h GewO.

56 Treffend *Müchler/Trafkowski* ZBB 2013, 101, 106.

Im Vorgriff auf die europäische Regulierung der Honorarberatung durch die MiFID II[57] sorgte der deutsche Gesetzgeber für mehr Transparenz über die Vergütungsform, indem er die Anlageberater dazu anhielt, ihre Kunden vor Beratungsbeginn darüber zu informieren, ob die Beratung auf Honorar- oder Provisionsbasis erfolgt (§ 31 Abs. 4b WpHG 2013). Den Kunden sollte deutlich vor Augen geführt werden, ob der Berater seine Einnahmen allein aus dem Honorar erwirtschaftet oder ob er (zusätzlich) von einem Dritten finanziert wird.[58] Diesem Ziel diente auch die Pflicht, etwaige Verflechtungen mit dem Emittenten oder Anbieter der empfohlenen Finanzinstrumente offenzulegen (§ 31 Abs. 4d Satz 1 WpHG 2013). Überdies durfte sich ein Wertpapierdienstleister nur dann „Honorar-Anlageberater" nennen, wenn er seine Empfehlungen auf eine umfassende Marktanalyse stützte (§ 31 Abs. 4c Satz 1 Nr. 1 WpHG 2013) und das strikte Zuwendungsverbot beachtete (§ 31 Abs. 4c Satz 1 Nr. 2 WpHG 2013). Schließlich unterlag er nach § 31 Abs. 4d Satz 2, 3 WpHG 2013 einem Verbot der Festpreisgeschäfte. Flankiert wurden die Verhaltenspflichten aus § 31 Abs. 4b bis 4d WpHG 2013 durch zusätzliche Organisationspflichten in § 33 Abs. 3a WpHG 2013.

Auch unter dem MiFID II-Regime hält der Gesetzgeber an dem zweispurigen System grundsätzlich fest. Er unterscheidet zwischen der honorarbasierten Beratung und Vermögensverwaltung[59] einerseits und den provisionsbasierten Wertpapierdienstleistungen andererseits. Die Honorarberater müssen nach § 64 Abs. 5 WpHG im Wesentlichen dieselben Vorgaben erfüllen wie nach § 31 Abs. 4b bis 4d WpHG 2013.[60] Das Gütesiegel wurde lediglich dadurch aufpoliert, dass die Unabhängigkeit der Honorar-Anlageberater in der nach § 94 WpHG geschützten

---

57 Als das Honorarberatungsgesetz 2013 verabschiedet wurde, waren vergleichbare Vorschriften über die Honorarberatung in den MiFID II-Entwürfen vorgesehen; s. dazu RegBegr. HonoraranlageberatungsG, BT-Drucks. 17/12295, S. 1; *Müchler/Trafkowski* ZBB 2013, 101, 104 f.

58 Deutlich insb. das Interview mit der damaligen Verbraucherschutzministerin, *Ilse Aigner* in RdF 2013, 85: „Die Verbraucher müssen wissen, wer ihnen gegenüber sitzt". Vgl. ferner RegBegr. HonoraranlageberatungsG, BT-Drucks. 17/12295, S. 1, 12, 14.

59 Die nunmehr „Finanzportfolioverwaltung" genannt wird, s. § 2 Abs. 8 Satz 1 Nr. 7 WpHG.

60 Freilich ist es europarechtlich bedenklich, dass der deutsche Gesetzgeber trotz der scharfen „Goldplating"-Vorgabe in Art. 24 Abs. 12 MiFID II höhere Anforderungen an die Unabhängigen Honorar-Anlageberater formuliert als die europäische Ursprungsnorm. Während der Honorar-Anlageberater gem. § 64 Abs. 5 Satz 2 WpHG keinerlei nichtmonetäre Zuwendungen erhalten darf, sieht Art. 24 Abs. 7 lit. b Satz 2 MiFID II vor, dass ein Honorar-Anlageberater geringfügige nichtmonetäre Vorteile erhalten darf.

Berufsbezeichnung unterstrichen wird. Zudem wurde das Verbot der provisionsbasierten Tätigkeit auf Vermögensverwalter erstreckt (§ 64 Abs. 7 WpHG).[61]

## IV. Würdigung der Entwicklung und Ausblick

In der Gesamtschau fällt der Blick auf die Entwicklung in den vergangenen 25 Jahren ernüchternd aus: Die Verdichtung der Wohlverhaltensregeln ist in ein überkomplexes Sechs-Ebenen-System gemündet, das sich selbst Kennern der Materie nur noch mit größter Mühe erschließt und für juristische Laien gänzlich unzugänglich ist. Auch das Vorhaben, die Honorarberatung durch Beeinflussung der Marktstruktur gegenüber der Provisionsberatung zu stärken, ist weitgehend gescheitert: Zum 30. April 2019 wurden lediglich 19 Honorar-Anlageberater im von der BaFin geführten Register[62] aufgeführt.[63] Die Wertpapierdienstleister setzen das gesetzliche Gütesiegel augenscheinlich nur zurückhaltend ein, das provisionsbasierte Vergütungsmodell ist nach wie vor der Marktstandard.

Wie kann der Gesetzeber den aufsichtsrechtlichen Augiasstall ausmisten? Die rechtstechnisch einfachste Lösung läge darin, ein striktes Zuwendungsverbot für alle Wertpapierdienstleister einzuführen,[64] was aber schon in der Vergangenheit auf erheblichen rechtspolitischen Widerstand gestoßen ist. Will man diesen Weg deshalb auch in Zukunft nicht beschreiten und am Nebeneinander von honorarbasierter Beratung und Vermögensverwaltung einerseits und provisionsgestützten Wertpapierdienstleistungen andererseits festhalten, empfiehlt es sich, zumindest die Komplexität des regelbasierten Systems drastisch zu reduzieren.[65] Ein Fortschritt wäre schon dann erreicht, wenn sich der europäische Gesetzgeber

---

**61** Der Unterschied zwischen Honorar-Anlageberatern und Vermögensverwaltern liegt darin, dass letztere gem. § 64 Abs. 7 Satz 2 WpHG geringfügige nichtmonetäre Leistungen empfangen dürfen.

**62** Das Register beruht auf § 36c WpHG 2013 bzw. § 93 WpHG und ist unter https://portal.mvp.bafin.de/database/HABInfo/ abrufbar.

**63** S. ferner *Juretzek*, Wie finde ich den richtigen Finanzberater?, FAZ v. 29.11.2015 (abrufbar unter https://www.faz.net/aktuell/finanzen/meine-finanzen/vermoegensfragen/den-richtigen-finanzberater-finden-so-geht-s-13936265.html): Knapp 120 Honorarberater bei insg. ca. 192.000 Beratern und Vermittlern. Die höhere Anzahl der Honorarberater als im BaFin-Register dürfte daran liegen, dass die Honorar-Finanzanlagenvermittler nach § 34 h GewO mitgezählt wurden.

**64** Dafür etwa *Sethe* SJZ 110 (2014), 477, 484 ff.

**65** *Auer* (Fn. 4), S. 55 f. weist darauf hin, dass bei „einer undurchschaubaren Kumulierung von speziellen Regeln" die prinzipienorientierte Regulierung vorzugswürdig sein kann. Ob dies im Fall der vergütungsbezogenen Wohlverhaltenspflichten der Fall ist, darf im Hinblick auf die Ausführungen unter II. 2. bezweifelt werden.

dazu durchdringen könnte, auf die Richtlinie als Regulierungsinstrument zu verzichten und die Vorgaben an die Wertpapierdienstleister in einer unmittelbar geltenden Verordnung zu bündeln, um die Reibungsverluste zu vermeiden, die mit (fehleranfälligen) nationalen Umsetzungsakten einhergehen. Erste Ansätze in diese Richtung sind etwa im Bereich des Marktmissbrauchs- und Prospektrechts zu verzeichnen. Es spricht nichts dagegen, einen vergleichbaren Schritt bei den Wohlverhaltenspflichten zu wagen, auch wenn dies dazu führen könnte, dass im Jahr 2044 keine Festschrift 50 Jahre WpHG erscheinen wird.

Petra Buck-Heeb

# Das Produktinformationsblatt (§ 64 Abs. 2 WpHG) – zur Entstehung und Zukunft einer anlegerschützenden Regelung

## I. Einführung

Rund 17 Jahre nach dem Inkrafttreten des WpHG wurde die Zurverfügungstellung eines Produktinformationsblatts (PIB) mit dem Anlegerschutz- und Funktionsverbesserungsgesetz[1] zum Juli 2011 als Reaktion auf die Finanzmarktkrise von 2008 und den Verlust von Anlegervertrauen in Wertpapierdienstleistungen[2] in das Gesetz eingefügt.

Gemäß § 64 Abs. 2 WpHG (§ 31 Abs. 3a WpHG aF) besteht für Wertpapierdienstleistungsunternehmen die aufsichtsrechtliche Pflicht,[3] dem nicht professionellen Anleger[4] bei einer Anlageberatung rechtzeitig vor dem Abschluss eines Geschäfts über Finanzinstrumente ein die wesentlichen Informationen enthaltendes, kurzes und leicht verständliches Informationsblatt über jedes einzelne Finanzinstrument, auf das sich die Kaufempfehlung bezieht, zur Verfügung zu stellen („Beipackzettel"[5]).

Festschriftmäßig zu „bejubeln" scheint angesichts der allgemeinen Tendenz zentraler europäischer Regulierung jedenfalls zu sein, dass die genannte Bestimmung bislang noch nicht in eine europäische Verordnung „überführt" wurde. Die Norm besteht bis heute nahezu unverändert fort, hat aber angesichts vorrangiger Spezialregelungen Teile ihres Anwendungsbereichs verloren. Ob man ihr „ad multos annos" wünschen sollte, oder ob sich die kritische Frage „quo vadis" stellt, soll nachfolgend thematisiert werden.

1 BGBl. I 2011, S. 538.

2 Begr. RegE BT-Drucks. 17/3628, S. 17.

3 Zu den zivilrechtlichen Folgen unten bei V. 1.

4 Zur Nichtgeltung auch für geeignete Gegenparteien *Taggeselle*, Die zivilrechtliche Haftung bei fehlerhaften Produktinformationsblättern und Basisinformationsblättern, 2018, S. 44.

5 Vgl. nur etwa *Assmann* in Assmann/Schütze, Handbuch des Kapitalanlagerechts, 4. Aufl. 2015, § 1 Rn. 103; *Müller-Christmann* DB 2011, 749, 750; *Schäfer/Schäfer* ZBB 2013, 23, 24.

https://doi.org/10.1515/9783110632323-043

## II. Historie des Produktinformationsblatts

### 1. Vorläufer: Selbstregulierung

Die Regelung zum PIB ist ein Beispiel dafür, dass eine Selbstregulierung der Wirtschaft (hier: der Wertpapierdienstleistungsunternehmen) zumeist wenig erfolgreich ist.[6] Die Banken haben, so das Resümee im Schrifttum, ihre Chance verspielt, eine freiwillige Lösung zu finden.[7] Bevor der Gesetzgeber final tätig wurde, stellte das damalige Bundesministerium für Ernährung, Landwirtschaft und Verbraucherschutz (BMELV) im Sommer 2009 ein Muster für ein PIB vor[8] und forderte die vertreibenden Wertpapierdienstleistungsunternehmen auf, sich selbstregulierend auf einheitliche Standards zu verständigen.[9] Der Deutsche Derivate Verband veröffentlichte im Jahr 2010 ebenfalls ein Muster für PIB.[10] Im März 2011 hatte der Zentrale Kreditausschuss schließlich einen einheitlichen Standard für ein PIB für Wertpapiere erarbeitet.[11]

Diesen Selbstregulierungsversuchen wurde vorgeworfen, sie ließen die Informationsblätter zu unterschiedlich ausgestaltet und gefährdeten deshalb den Zweck einer Vergleichbarkeit. Zudem wurde bemängelt, dass die Banken nüchterne und standardisierte Informationen mit verkaufsfördernden Anpreisungen vermischen.[12] Präzisierende selbstregulatorische Korrekturen erfolgten nicht, obwohl der Gesetzgeber mit Maßnahmen drohte und für die Versicherungsbranche bereits im Jahr 2008 in die VVG-Info-Verordnung eine gesetzliche Regelung bzgl. Informationsblättern integriert worden war. Als Konsequenz verankerte der Gesetzgeber die Pflicht zur Zurverfügungstellung eines PIB im WpHG. Näheres zu Inhalt, Aufbau sowie der Art und Weise der Zurverfügungstellung findet sich in

---

6 *Kühner/Mosch* Bankmagazin 11/2010, 20, 21; allgemein dazu *Buck-Heeb/Dieckmann*, Selbstregulierung im Privatrecht, 2010, S. 241 ff.

7 *Kühner/Mosch* Bankmagazin 11/2010, 20, 22.

8 *Kühner/Mosch* Bankmagazin 11/2010, 20; *Göres* in Teuber, Wertpapierrecht 2011, 2011, S. 67.

9 *Kühner/Mosch* Bankmagazin, 11/2010, 21.

10 Siehe *Deutscher Derivate Verband*, Pressemitteilung vom 16. März 2010, „Noch ein Stück mehr Produkttransparenz"; siehe auch den im Oktober 2013 veröffentlichten Fairness Kodex des Deutschen Derivate Verbands, dazu etwa *Preuße/Seitz/Lesser* BKR 2014, 70, 76.

11 Siehe Leitfaden zum Glossar: Verbesserung der sprachlichen Verständlichkeit von PIBs, Stand: August 2013, S. 1, abrufbar unter: https://www.voeb.de/download/pressemitteilung-2013-044-a2.pdf; *Deutsche Kreditwirtschaft*, Pressemitteilung vom 15. April 2014; *Philipp* in Bankrechtstag 2011, 2012, S. 13, 26; siehe auch *Kühner/Mosch* Bankmagazin 11/2010, 20, 21 f.

12 *Kühner/Mosch* Bankmagazin, 11/2010, 20, 22; *Verbraucherzentrale Bundesverband*, „Verbraucherschutz und Finanzmarktregulierung, Deutschland braucht eine verbraucherorientierte Finanzaufsicht", 2010, S. 9.

der Wertpapierdienstleistungs-Verhaltens- und Organisationsverordnung (WpD-VerOV).

## 2. Überschießende Richtlinienumsetzung

§ 31 Abs. 3a WpHG aF stellte eine zur ordnungsgemäßen Umsetzung der 1. Finanzmarktrichtlinie (MiFID I) nicht erforderliche, rein nationale Entscheidung des Gesetzgebers dar.[13] Dass hier über die europäischen Vorgaben hinausgegangen wurde, sah das Schrifttum trotz der Vollharmonisierung durch die Richtlinie als unbedenklich an.[14] Das Ziel war, auf diese Weise eine effektivere Anwendbarkeit und Durchsetzung der Finanzmarktrichtlinie herbeizuführen.[15] Ob der nationale „Alleingang" positiv zu bewerten ist, wird unterschiedlich gesehen.[16]

Als Vorbild[17] für die PIB-Regelung des WpHG diente jedenfalls der europäische Gesetzgeber, der mit der OGAW-IV-Richtlinie aus dem Jahr 2009[18] für Investmentfonds den ersten Schritt zu einer gesetzlichen Festschreibung von abstrakten produktbezogenen Kurzinformationen unternahm. Daraus ging § 42 Abs. 2 InvG aF (jetzt: § 164 Abs. 1 Satz 1 KAGB) hervor, wonach dem Kunden wesentliche Anlegerinformationen (sog. KID, Key Investor Document) zur Verfügung zu stellen sind. Das KID galt als Ersatz für den bis dahin erforderlichen Kurzprospekt.[19]

§ 64 Abs. 2 Satz 1 WpHG ergänzt § 63 Abs. 7 WpHG (§ 31 Abs. 3 WpHG aF), der lediglich eine abstrakte Informationspflicht bzgl. der Arten von Finanzinstrumenten einschließlich der damit verbundenen Risiken enthält.[20] Konkretisiert wird § 64 Abs. 2 WpHG durch § 4 WpDVerOV (§ 5a WpDVerOV aF). Zu beachten ist zudem das Rundschreiben der BaFin von 2014 zur „Auslegung gesetzlicher Anforderungen an die Erstellung von Informationsblättern gem. § 31 Abs. 3a iVm § 5a

---

13 Vgl. *Möllers* in KölnKommWpHG, 2. Aufl. 2014, § 31 Rn. 299.

14 *Fuchs* in Fuchs, WpHG, 2. Aufl. 2016, § 31 Rn. 183a; *Möllers* (Fn. 13), § 31 Rn. 299.

15 RegE BR-Drucks. 584/10, S. 22; *Voß* in Just/Voß/Ritz/Becker, WpHG, 2015, § 31 Rn. 376.

16 Kritisch etwa *Voß* BB 2010, 3009, 3010; siehe auch unten bei VI.

17 Begr. RegE BT-Drucks. 17/3628, S. 21.

18 RL 2009/65/EG v. 13.7.2009, ABl. EG Nr. L 302 v. 17.11.2009, S. 32.

19 *Taggeselle* (Fn. 4), S. 156; *Bujotzek/Steinmüller* DB 2011, 2246, 2307; *Reiter/Plumridge* WM 2012, 354, 388.

20 *Buck-Heeb* Kapitalmarktrecht, 10. Aufl. 2019, Rn. 895; *Fuchs* (Fn. 14), § 31 Rn. 183 („konkretisiert"); *Philipp* (Fn. 11), S. 13, 24; *Müller-Christmann* DB 2011, 749, 750; *Podewils* ZBB 2011, 169, 172; kritisch unter systematischen Gesichtspunkten *Voß* (Fn. 15), § 31 Rn. 381.

WpDVerOV",[21] das grundsätzlich trotz der Neunummerierung des WpHG durch das 2. FiMaNoG nach wie vor heranzuziehen ist.

## 3. „Anlaufschwierigkeiten" der Regelung

### a) Einhaltung der gesetzlichen Vorgaben

Alsbald nach Inkrafttreten des § 31 Abs. 3a WpHG aF untersuchte die BaFin dessen Einhaltung und stellte zahlreiche Mängel fest. So wurden etwa Informationsblätter z.T. nur für ganze Produktgattungen erstellt, nicht, wie vorgeschrieben, für jedes einzelne angebotene Finanzinstrument. Zudem überschritten einige Informationsblätter den gesetzlich vorgegebenen Umfang oder enthielten einen Haftungsausschluss bzgl. ihrer Richtigkeit.[22]

Das PIB-Rundschreiben der BaFin von 2014 verdeutlichte nochmals die gesetzlichen Anforderungen.[23] Zudem wurde im August 2013 ein Glossar zur Verbesserung der sprachlichen Verständlichkeit von PIB erstellt. Auf der Basis der Erkenntnisse einer Arbeitsgruppe, in der Banken- und Sparkassenvertreter, aber auch der Verbraucherzentrale Bundesverband (vzbv) und die Deutsche Schutzvereinigung für Wertpapierbesitz (DSW) sowie das BMELV vertreten waren, wurde damit ein spezialisiertes Fachinstitut beauftragt.[24] Das Glossar enthält eine Liste nicht mehr zu verwendender Begriffe, eine Liste mit Kurzerläuterungen und der Begriffe, die vom Ersteller des PIB individuell zu erläutern sind, sowie Textbausteine zu den Themen Risiko und Kosten/Vertriebsvergütung.

Das nicht verbindliche Glossar soll bei der Abfassung von PIB als Leitfaden für eine verständliche Erläuterung von Fachbegriffen dienen und zur Vereinheitlichung der PIB beitragen.[25] Die PIB-Ersteller können aber im Einzelfall von

---

**21** *BaFin*, Rundschreiben 4/2013 (WA) – Produktinformationsblätter gem. §§ 31 Abs. 3a WpHG, 5a WpDVerOV, 26. September 2013, WA36 – Wp 2002 – 2012/0003, abrufbar unter www.bafin.de; siehe dazu *Preuße/Seitz/Lesser* BKR 2014, 70, 70.

**22** *BaFin*, Bericht über die Prüfergebnisse der Bundesanstalt für Finanzdienstleistungsaufsicht zu den von den Kredit- und Finanzdienstleistungsinstituten verwendeten seit Juli 2011 gesetzlich vorgeschriebenen Informationsblättern nach § 31 Abs. 3a WpHG, Anlage zu BaFin Pressemeldung „BaFin sieht Verbesserungsbedarf bei Produktinformationsblättern" vom 5.12.2011; siehe auch *Siebel* in Everling/Schaub/Stephan, Transparenzrating, 2012, S. 177, 180 f.

**23** *BaFin* (Fn. 6).

**24** Siehe Glossar, S. 1; vgl. auch *Günther* RdF 2014, 204, 207.

**25** So S. 1 des Glossars.

diesen, teilweise einen hohen Abstraktionsgrad aufweisenden Vorschlägen abweichen.

### b) Korrektur des Gesetzgebers bzgl. Aktien

Dass das PIB Fehlentwicklungen in der Anlageberatung, insbesondere bezüglich der Beratung in Aktien, hervorgerufen hat, bemängelte die Deutsche Kreditwirtschaft in einer Stellungnahme zu Recht.[26] Dem schloss sich der Bundesrat an.[27] Basis dieser Kritik war eine Studie des Deutschen Aktieninstituts vom Juli 2014, wonach ca. 87 % der befragten Kreditinstitute ihre Aktienberatung aufgrund der kostenintensiven Erstellung von PIB signifikant reduzierten oder ganz aufgegeben haben. Geschlussfolgert wurde daraus, dass das Erfordernis von PIB dazu führt, dass „einer Vielzahl von Kleinanlegern der Zugang zu Refinanzierungsfinanzinstrumenten verwehrt" wird.[28]

Der Gesetzgeber hat darauf reagiert und mit dem 2. FiMaNoG die Ausnahmeregelung des § 64 Abs. 2 Satz 3 WpHG[29] in das Gesetz eingefügt. Danach kann für Aktien anstelle des PIB auch ein standardisiertes Informationsblatt verwendet werden. Die Wertpapierdienstleistungsunternehmen haben damit ein Wahlrecht zwischen einem eigenen und einem standardisierten PIB (siehe auch § 4 Abs. 3 WpDVerOV).[30]

## III. Theoretische Grundlagen

### 1. Informationsmodell versus Behavioral Finance

Von manchen wird angenommen, der Grundgedanke eines PIB basiere auf dem Informationsmodell, da es hier um (Kurz-)Informationen und damit eine hinrei-

---

26 *Die Deutsche Kreditwirtschaft*, Stellungnahme zum Referentenentwurf für ein Gesetz zur Novellierung von Finanzmarktvorschriften aufgrund europäischer Rechtsakte (FimanoG) vom 13. November 2015, S. 16.

27 BT-Drucks. 18/7826, vom 9. März 2016, S. 3 (Unterrichtung zum 1. FiMaNoG).

28 *Die Deutsche Kreditwirtschaft*, Stellungnahme zum Referentenentwurf für ein Gesetz zur Novellierung von Finanzmarktvorschriften aufgrund europäischer Rechtsakte (FimanoG) vom 13. November 2015, S. 16.

29 Das geschah nicht, wie ansonsten zumeist, zum 1. Januar 2018, sondern erst zum 1. Juli 2018; siehe Art. 26 Abs. 4 FiMaNoG (BGBl. I 2017, S. 1693).

30 *Buck-Heeb* (Rn. 20), Rn. 896; *Buck-Heeb/Poelzig* BKR 2017, 485, 490.

chende Informationsbasis für eine Anlageentscheidung des Kunden gehe. Insofern soll § 31 Abs. 3a WpHG aF als Informationspflicht zur Vorbereitung einer eigenverantwortlichen Entscheidung im Geiste des marktrational-optimistischen Informationsparadigmas zu sehen sein.[31] Zugrunde liegt dem das Modell des typisierten „durchschnittlichen Anlegers", der auf der Basis hinreichender, überschaubarer und klarer Informationen eine Anlageentscheidung trifft.

Andere wiederum wollen in der Regelung des PIB ein Institut erkennen, das die Erkenntnisse und Befunde der Behavioral Finance umsetzt. Sie sehen das Informationsblatt als „Strategie der Vereinfachung" i.S. der Behavioral Economics.[32] Die Diskussion hierüber ist für die Praxis müßig und kann allenfalls für die rechtspolitische Ausrichtung der Informationsregelungen Bedeutung erlangen.[33]

## 2. Information overload

Einigkeit besteht darüber, dass ein sog. Information overload negative Auswirkungen auf die Präferenzbildung und die Entscheidung des Anlegers hat.[34] Unterschiedlich fällt jedoch die Bewertung aus, ob durch das PIB eine Informationsüberflutung eintritt. Relevanz hat dieser Punkt weniger für die Praxis als vielmehr für die konzeptionellen Überlegungen etwa im Hinblick auf eine Fortentwicklung, Revision oder Streichung der Regelung.

Teilweise wird angenommen, das PIB verstärke die Informationsflut und trage damit zu einer Unübersichtlichkeit der Informationen und dazu bei, dass der potenzielle Anleger den „Wust" an Informationen gerade nicht liest.[35] Immerhin ersetzt das PIB nicht die Übergabe weiterer Informationen, wie etwa die eines Prospekts. In diese Richtung zielt auch die Frage Nr. 37 im Rahmen einer kleinen Anfrage im Dezember 2018, ob sich das Anlageverhalten der Kunden sowie die Anlageberatung aufgrund einer Vielzahl der Informationen, wie etwa das PIB, verändert habe. Diese wurde im Ergebnis mit Nichtwissen beantwortet.[36]

---

**31** *Langenbucher* ZHR 177 (2013), 679, 687 ff.
**32** *Taggeselle* (Fn. 4), S. 164; siehe auch *Brenncke* ZBB 2014, 366, 370.
**33** Zur Diskussion siehe etwa *Buck-Heeb* ZHR 176 (2012), 66, 78; *Buck-Heeb* ZHR 177 (2013), 310, 328 f.; *Oehler* ZBB 2012, 119, 120 ff.; *Koch* BKR 2012, 485, 487.
**34** Siehe nur etwa RegE BT-Drucks. 17/3628, S. 21; *Taggeselle* (Fn. 4), S. 164; *Buck-Heeb* ZHR 177 (2013), 310, 328 f.; *Oehler* ZBB 2012, 119, 122; *Koch* BKR 2012, 485, 487; *Möllers/Wenninger* NJW 2011, 1697, 1698.
**35** Vgl. etwa *Müller-Christmann* DB 2011, 749, 751; siehe auch *Preuße/Schmidt* BKR 2011, 265, 265.
**36** Siehe BT-Drucks. 19/6360 vom 10. Dezember 2018, S. 11.

Andere betonen, die Funktion des PIB sei es, gerade eine Informationsüberflutung dadurch einzudämmen, dass dem Anleger in knapper Form eine „Zusammenfassung" insbesondere der wesentlichen Risiken geboten wird und der Informationsgehalt vom Gesetzgeber bewusst durch Normierung eines Maximalumfangs beschränkt worden sei. Insoweit ziele das PIB darauf, die Informationen im Vorfeld der Anlageentscheidung zu reduzieren.[37] Von manchen wird ergänzend auf Erwägungsgrund 15 der PRIIP-Verordnung (PRIIP-VO) verwiesen, wo für die Basisinformationsblätter festgehalten wird, dass dann, wenn die Informationen nicht kurz und prägnant seien, die Gefahr bestehe, dass sie von den Kleinanlegern nicht genutzt werden.[38]

Bei diesen beiden Ansichten handelt es sich aber nur vermeintlich um Gegensätze, da sie sich auf unterschiedliche Punkte beziehen. Wird das PIB zusammen mit zahlreichen weiteren zwingenden Informationen überreicht, kann es durch die Zunahme an „Papier" für den Kunden zu einer Informationsüberflutung kommen. Da das PIB aber eine Zusammenfassung der wesentlichen Punkte darstellt und aus sich heraus verständlich sein muss, kann es gleichzeitig dazu beitragen, dass der Anleger ausschließlich auf dieser Basis seine Entscheidung trifft bzw. aufgrund einfacher Wahrnehmbarkeit auch treffen kann.

## 3. Anleger- oder Verbraucherschutz

Unklar erscheint, ob § 64 Abs. 2 WpHG dem Anleger- oder speziell dem Verbraucherschutz dient. Die Relevanz des Schutzadressaten (Anleger oder Verbraucher) zeigt sich etwa dann, wenn festzustellen ist, ob ein PIB „leicht verständlich" ist. Sofern der Bezugspunkt der „durchschnittliche" Anleger ist, kann dies möglicherweise anders zu beurteilen sein als für einen durchschnittlichen Verbraucher, da der letztere Begriff Unternehmen als Schutzgruppe ausschließt. Erheblich kann das auch für die Beurteilung sein, ob der Informationsblatt-Ersteller aufgrund der Begrenzung der Seitenzahl des PIB von einem Grundwissen des Anlegers, der Lektüre von sog. Basisinformationen oder dem Verständnis fachlicher Grundbegriffe, wie „Emittent" oder „Dividende", ausgehen darf.[39]

Ohne hier die Unterschiede und Gemeinsamkeiten zwischen Anleger- und Verbraucherschutz vertiefen zu können, ist für das PIB festzustellen, dass im

---

37 *Brand* jM 2014, 2, 6; *Schäfer/Schäfer* ZBB 2013, 23, 24; siehe auch *Zimmer* JZ 2014, 714, 719; offenlassend *Buck-Heeb* ZHR 177 (2013), 310, 329; *Taggeselle* (Fn. 4), S. 161, 163.

38 Vgl. *Taggeselle* (Fn. 4), S. 164.

39 *Baur* jurisPR-BKR 9/2011 Anm. 1, unter C. I. unter Verweis auf die Basisinformationen über die Vermögensanlage in Wertpapieren; siehe auch *BaFin* (Fn. 6), S. 4 (unter 3.1.2.).

Anlegerschutz- und Funktionsverbesserungsgesetz nicht von Verbraucherschutz, sondern – weiter gefasst – von Anlegerschutz die Rede ist.[40] Dagegen bezieht sich das PRIIP-Basisinformationsblatt für verpackte Produkte zwar auch auf „Kleinanleger" („retail investor") und damit den Anlegerschutz,[41] allerdings ergeben sich hier Unklarheiten hinsichtlich des verbraucherschützenden Ansatzes, da in der PRIIP-VO vereinzelt auch der Begriff „Verbraucher" verwendet wird.[42]

### 4. Keine Verzichtsmöglichkeit

Ein (freiwilliger) Verzicht des Kunden auf das PIB ist nach zutreffender Ansicht nicht möglich. Ein solcher ist bei einer aufsichtsrechtlichen Pflicht grundsätzlich ausgeschlossen. Der Gesetzentwurf hatte noch die Möglichkeit eines Verzichts vorgesehen,[43] was aufgrund der Gefahr eines Missbrauchs durch mögliches Drängen des Anlegers zu einem Verzicht letztendlich verworfen wurde.

Kritisiert wird das im Schrifttum teilweise deshalb, weil es mit dem Zweck der bestmöglichen anlegerorientierten Beratung schwer zu vereinbaren sei, dem Kunden die Möglichkeit zu nehmen, sich auf ausdrücklichen Wunsch ein Finanzinstrument empfehlen lassen zu können, zu dem der Berater kein Informationsblatt führt.[44] Selbst wenn man die Kritik als berechtigt ansieht, wird sich eine gesetzliche „Erlaubnis" angesichts der Missbrauchsgefahr wohl kaum rechtfertigen lassen.

## IV. Anforderungen an das Produktinformationsblatt

### 1. Zweck des Produktinformationsblatts

Das Ziel des PIB ist, wie bei den anderen vom Gesetzgeber vorgesehenen Informationsblättern (vgl. § 64 Abs. 2 Satz 4 WpHG), dem potenziellen Anleger einen

40 *Taggeselle* (Fn. 4), S. 179.
41 *Buck-Heeb* in Assmann/U.H. Schneider/Mülbert, WpHG, 7. Aufl. 2019, Art. 1 VO Nr. 1286/2014 Rn. 19ff.
42 *Buck-Heeb* (Fn. 41), Art. 4 VO Nr. 1286/2014 Rn. 42; siehe auch *W.-T. Schneider* VersR 2017, 1429, 1430.
43 Diskussionsentwurf vom 3. Mai 2010, BT-Drucks. 18/1544, S. 44; für die Möglichkeit eines freiwilligen Verzichts auch *Fuchs* (Fn. 14), § 31 Rn. 187.
44 *Fuchs* (Fn. 14), § 31 Rn. 187; *Göres* (Fn. 8), S. 67, 75f.

kurzen Überblick über alle für die Kaufentscheidung wesentlichen Aspekte zu geben.[45] Hintergrund ist, dass Verkaufsprospekte vom Anlegerpublikum oftmals nicht oder nur oberflächlich gelesen oder nicht verstanden werden. Das PIB soll das betreffende Finanzprodukt transparenter machen.

Zweck der Regelung ist zudem, dass die einzelnen PIB „bestmöglich" (§ 4 Abs. 1 Satz 2 WpDVerOV) vergleichbar sind. Nur so soll dem Kunden eine Abwägung zwischen verschiedenen Finanzinstrumenten bzw. Anbietern gelingen können.[46] Ob sich die Erwartungen an die Vergleichbarkeit erfüllt haben, ist eine andere Frage.[47] Jedenfalls ist ein „Gleichlauf bis zum letzten Detail" in Anbetracht der unterschiedlichen Produktarten und -eigenschaften sowie der Vielzahl der Anbieter nicht uneingeschränkt möglich.[48]

Professionelle Kunden sind von der Regelung durch die ausdrückliche Bezugnahme auf „Privatkunden" ausgenommen, da sie sich die erforderlichen Informationen unproblematisch selbst besorgen können.[49] Da sich die Norm auf die „Anlageberatung" bezieht, gilt sie nicht für beratungsfreie Geschäfte.[50] Erfasst ist sowohl die „abhängige" Beratung als auch die Honorar-Anlageberatung.[51]

## 2. Formelle Anforderungen

Um seinen Zweck erfüllen zu können, muss das PIB kurz sein. Bei nicht komplexen Finanzinstrumenten darf es nicht mehr als zwei, bei den sonstigen Finanzinstrumenten nicht mehr als drei DIN-A4-Seiten umfassen (§ 4 Abs. 1 Satz 1 WpDVerOV). Das entspricht im Wesentlichen dem, was auch in Bezug auf andere Informationsblätter, wie etwa das Vermögensanlagen-Informationsblatt des VermAnlG, die wesentlichen Anlegerinformationen des KAGB, das Basisinformationsblatt der PRIIP-VO sowie das Wertpapier-Informationsblatt des WpPG, ge-

**45** *Baur* jurisPR-BKR 9/2011 Anm. 1, unter C.I.

**46** RegE BT-Drucks. 17/3628, S. 21; Bericht des Finanzausschusses, BT-Drucks. 17/4739, S. 25; *Baur* jurisPR-BKR 9/2011 Anm. 1, unter C. I; *Preuße/Schmidt* BKR 2011, 265, 268.

**47** Dazu sogleich.

**48** *Baur* jurisPR-BKR 9/2011 Anm. 1, unter C. I.; zu „mitunter seltsamen Blüten", die dies trage, *Voß* (Fn. 15), § 31 Rn. 377.

**49** Begr. RegE, BT-Drucks. 17/3628, S. 29; *Baur* jurisPR-BKR 9/2011 Anm. 1, unter C. I; *Fuchs* (Fn. 14), § 31 Rn. 186; *Möllers/Wenninger* NJW 2011, 1697, 1698; *Müller-Christmann* DB 2011, 749, 751.

**50** Siehe Antwort der Bundesregierung, BT-Drucks. 19/2087 vom 11.5.2018, S. 3; zu den ursprünglichen Plänen eines weiteren sachlichen Anwendungsbereichs *Niwek*, Produktinformationsblatt und Key Investor Information, 2011, S. 51.

**51** Vgl. den Verweis bei *Koller* in Assmann/U.H. Schneider/Mülbert, WpHG, 7. Aufl. 2019, § 64 Rn. 74.

setzlich vorgeschrieben ist. Dennoch wird diese Begrenzung teilweise kritisiert, weil sie in Widerspruch zu den weitreichenden und unbestimmten Vorgaben des § 4 Abs. 1 Satz 2 WpDVerOV stehe.

Der konkrete Aufbau des PIB ist nicht genau vorgegeben. Er bleibt überwiegend dem Ersteller überlassen. Ob der Gesetzgeber dies ändern und ähnlich wie beim PRIIP-Basisinformationsblatt die genauen Angaben und deren Reihenfolge vorgeben sollte, ist noch unklar.[52]

Regelfall soll laut Literatur nach wie vor eine papierhafte Zurverfügungstellung sein.[53] § 4 Abs. 2 WpDVerOV lässt auch die Zurverfügungstellung eines elektronischen Dokuments genügen, d. h. einen E-Mail-Versand oder die Aushändigung eines Datenträgers.[54] Zwar reicht laut Gesetzesbegründung auch ein Hinweis auf die exakte Fundstelle im Internet, im Schrifttum wird das Genügen eines solchen aber angezweifelt.[55] Jedenfalls muss der Kunde die Verfügungsgewalt über das Dokument erlangen können, zumindest etwa durch Speicherung auf dem PC oder einen Ausdruck.[56]

Der ursprüngliche Vorschlag des Bundesrats, dass die PIB zwingend im Internet abrufbar sein müssen, wurde nicht aufgegriffen,[57] da kein allgemeiner Anspruch auf Zurverfügungstellung des Informationsblatts bestehen soll, sondern nur ein solcher im Rahmen der Anlageberatung.[58]

Verpflichtet zur Zurverfügungstellung sind die beratenden Wertpapierdienstleistungsunternehmen. Das weicht insofern von den Regelungen bzgl. der anderen Informationsblätter ab, als hier nicht der Anbieter zur Erstellung verpflichtet wird, sondern der Vertrieb zur Zurverfügungstellung.[59] Das Gesetz schreibt aber nicht vor, wer das Informationsblatt erstellt (Hersteller des Produkts oder Vertrieb), sondern konzentriert sich auf das vertreibende Unternehmen.[60] Ob

---

**52** Kritisch etwa *Niwek* (Fn. 50), S. 59 f.
**53** *Fuchs* (Fn. 14), § 31 Rn. 190.
**54** *Voß* (Fn. 15), § 31 Rn. 383.
**55** Verneinend *Voß* (Fn. 15), § 31 Rn. 383; *Podewils* ZBB 2011, 169, 173 f.; bejahend *Schäfer/Schäfer* ZBB 2013, 23, 25; *Preuße/Schmidt* BKR 2011, 265, 267; *Schlee/Maywald* BKR 2012, 320, 322; BR-Drucks. 584/10, S. 26; *BaFin* (Fn. 6), S. 3 (unter 2.).
**56** Vgl. *Fuchs* (Fn. 14), § 31 Rn. 190; *Günther* RdF 2014, 204, 206; *Preuße/Seitz/Lesser* BKR 2014, 70, 72 f.
**57** BR-Drucks. 584/10, S. 26.
**58** Siehe *Müller-Christmann* DB 2011, 749, 751 unter Verweis auf die Gegenäußerung der Bundesregierung zur Stellungnahme des Bundesrats, BT-Drucks. 17/3803, S. 4.
**59** *Philipp* (Fn. 11), S. 24.
**60** *Fuchs* (Fn. 14), § 31 Rn. 188.

der Berater das Informationsblatt selbst erstellt oder von einem Anbieter erstellen lässt, bleibt diesem überlassen.[61]

Eine Pflicht zur Zurverfügungstellung des PIB besteht nur bei einem Finanzinstrument, auf das sich eine „Kaufempfehlung" bezieht. Trotz dieses Wortlauts der Norm kann ein solch enger Anwendungsbereich nicht gewollt sein. Vielmehr muss es ausreichen, wenn eine Erwerbsempfehlung vorliegt. Nur so werden auch solche Finanzinstrumente erfasst, bei denen ein „Kauf" im Rechtssinne nicht möglich ist.[62]

## 3. Inhaltliche Anforderungen

Das Informationsblatt soll übersichtlich und leicht verständlich sein (§ 4 Abs. 1 Satz 2 WpDVerOV). Da es sich um eine standardisierte Information handelt, ist nicht auf den individuellen, sondern auf den sog. durchschnittlichen Privatanleger abzustellen (Empfängerhorizont). Was allerdings für einen solchen „leicht verständlich" ist, ist damit noch nicht beantwortet.[63]

Da das PIB der kurzen und standardisierten Information des Kunden dient, hat es sich auf die Inhalte zu beschränken, die für die Anlageentscheidung wesentlich sind. Es darf sich jeweils nur auf ein Finanzinstrument beziehen (§ 4 Abs. 1 Satz 3 WpDVerOV). Der Kunde soll gemäß § 4 Abs. 1 Satz 2 WpDVerOV insbesondere die Art des Finanzinstruments, seine Funktionsweise, die damit verbundenen Risiken, den Zielmarkt, die Aussichten für die Kapitalrückzahlung und Erträge unter verschiedenen Marktbedingungen und die mit der Anlage verbundenen Kosten einschätzen und „bestmöglich" mit den Merkmalen anderer Finanzinstrumente vergleichen können. Diese Angaben sind jedoch nicht abschließend („insbesondere"). Zudem existieren keine genauen Vorgaben dazu, wie vor allem die mit dem jeweiligen Finanzinstrument verbundenen Risiken angegeben werden müssen.[64] Das wird in der Literatur teilweise kritisiert, da gerade dieser Punkt für die Anlageentscheidung und den Produktvergleich zentral ist[65]

---

**61** Vgl. auch *Schäfer/Schäfer* ZBB 2013, 23, 24; *Günther* RdF 2014, 204, 205 f.; *Kindermann/Scharfenberg/Koller* RdF 2013, 214, 214; *Preuße/Seitz/Lesser* BKR 2014, 70, 71 f.; *BaFin* (Fn. 6), S. 2 (unter 1.).

**62** Vgl. Beschlussempfehlung des Finanzausschusses, BT-Drucks. 18/4710, S. 14; *Podewils* ZBB 2011, 169, 173; *Schäfer/Schäfer* ZBB 2013, 23, 24.

**63** *Preuße/Seitz/Lesser* BKR 2014, 70, 73 f.; *Koller* (Fn. 51), § 64 Rn. 55; zu zulässigen und unzulässigen Formulierungen *BaFin* (Fn. 6), S. 3 ff. (unter 3.).

**64** Vgl. *Schlee/Maywald* BKR 2012, 320, 322.

**65** *Günther* RdF 2014, 204, 208 f.; *Niwek* (Fn. 50), S. 85 f.; *Podewils* ZBB 2011, 169, 173.

Die Angaben im PIB dürfen weder unrichtig noch irreführend sein (§ 64 Abs. 2 Satz 2 WpHG).[66] Daher ist es auch bei Bedarf zu aktualisieren.[67] Eine Einschränkung der Aktualität im PIB ist unzulässig.[68] Die PIB-Angaben müssen mit den Angaben des Prospekts vereinbar und werbende oder sonstige Informationen dürfen nicht enthalten sein (§ 4 Abs. 1 Satz 3 WpDVerOV).[69]

## 4. Rechtzeitigkeit der Zurverfügungstellung

Schwierigkeiten bereitet die Frage, wann eine Zurverfügungstellung des PIB rechtzeitig vor Abschluss des Geschäfts erfolgt ist. Unklar ist, ob insofern eine Parallele zu der vergleichbaren Frage der Rechtzeitigkeit einer Prospektübergabe besteht.[70] Die Unsicherheit resultiert daraus, dass die rechtzeitige Übergabe des PIB aufsichtsrechtlich geregelt ist und diejenige des Prospekts an die zivilrechtliche Pflicht zur anleger- und anlagegerechten Beratung anknüpft.[71] Jedenfalls kommt es nicht darauf an, dass der Kunde das Informationsblatt tatsächlich in Empfang nimmt oder liest. Dies spielt „lediglich" für den Umfang der Aufklärung und Beratung des Kunden, aufsichtsrechtlich im Rahmen der Geeignetheitsprüfung (§ 64 Abs. 4 WpHG) bzw. zivilrechtlich in Bezug auf die mündlich zu erbringende Beratungsleistung, eine Rolle.

Ein fixer Zeitraum zwischen der Zurverfügungstellung und dem Abschluss des Geschäfts lässt sich nicht benennen. Dieser ist einerseits von der Komplexität des konkreten Finanzinstruments und vom Umfang der Informationen[72] und andererseits davon abhängig, ob der Kunde im konkreten Fall, weshalb auch immer, für den Berater erkennbar länger zur Informationsverarbeitung benötigt. Insofern muss der Zeitraum so bemessen sein, dass der Anleger die Informationen zur Kenntnis nehmen und Überlegungen anstellen kann.[73] Wird ein Informationsblatt erst mit der Zeichnung übergeben, ist dies zu spät. Faktisch liegt hier eine un-

66 Siehe *Müller-Christmann* DB 2011, 749, 750, der zutreffend darauf hinweist, dass dies selbstverständlich und diese Anfügung daher im Gesetz überflüssig ist.
67 *Günther* RdF 2014, 204, 207 f.; *Preuße/Seitz/Lesser* BKR 2014, 70, 74.
68 *BaFin* (Fn. 6), S. 5 (unter 3.1.5.).
69 *Koller* (Fn. 51), § 64 Rn. 57; *Preuße/Seitz/Lesser* BKR 2014, 70, 74.
70 *Buck-Heeb/Lang* in OGK, § 675 BGB, D. Anlageberatung, Stand: 1.12.2018, Rn. 267 ff.
71 *Buck-Heeb/Lang* (Fn. 70), Rn. 239 ff.
72 *Voß* (Fn. 15), § 31 Rn. 383; *Preuße/Schmidt* BKR 2011, 265, 268.
73 *Fuchs* (Fn. 14), § 31 Rn. 189; *Preuße/Schmidt* BKR 2011, 265, 267.

terlassene Übergabe vor, weil die Information nicht in gebotener Weise in den Entscheidungsprozess einfließen konnte.[74]

Als problematisch erweist sich das im Zusammenhang mit telefonischen Kontakten. Hier wird vorgeschlagen, an die Regelung für das sog. Basisinformationsblatt anzuknüpfen (Art. 13 Abs. 3 PRIIP-VO). Dort können die Informationen bei telefonischen Kontakten unverzüglich nachgesandt werden, sodass es nicht zu Verzögerungen der Orderausführung in „weglaufenden Märkten" kommt.[75]

# V. Rechtsfolgen einer Missachtung der Pflicht

## 1. Bußgeld und Haftung

Die Missachtung der Pflicht zur ordnungsgemäßen Erstellung eines PIB kann aufsichtsrechtliche Folgen haben. Wer das PIB nicht, nicht richtig, nicht vollständig oder nicht rechtzeitig zur Verfügung stellt, handelt nach § 39 Abs. 2 Nr. 15a WpHG aF (jetzt: § 120 Abs. 8 Nr. 38 WpHG) ordnungswidrig.

Anders als die wesentlichen Anlegerinformationen (KID) i. S. des KAGB oder ein Vermögensanlagen-Informationsblatt i.S. des VermAnlG bezieht sich das PIB nicht auf die abstrakte Öffentlichkeit, sondern gilt nur innerhalb der zwischen dem Wertpapierdienstleistungsunternehmen und dem Kunden bestehenden Sonderverbindung. Daher wurde im WpHG, anders als bei den genannten Informationsblättern, keine zivilrechtliche Haftungssonderregelung geschaffen.

Nach inzwischen wohl h.M. besteht zivilrechtlich kein Anspruch aus Prospekthaftung.[76] Umstritten ist, ob ein Anspruch aus § 823 Abs. 2 BGB iVm § 31 Abs. 3a WpHG aF bzw. § 64 Abs. 2 WpHG besteht. Für eine individualschützende Wirkung der Norm spricht sich die Gesetzesbegründung ohne Weiteres aus.[77] Im Schrifttum wird eine Schutzgesetzeigenschaft von manchen mit dem Hinweis bejaht, die Bedeutung der PIB für die Informationsgewinnung und Entscheidungsfindung des Anlegers rechtfertigten die Qualifizierung als Schutzgesetz.[78]

---

**74** *Brand* jM 2014, 2, 7.

**75** *Buck-Heeb* (Fn. 41), Art. 13 VO Nr. 1286/2014 Rn. 17 ff.

**76** Zu diesem Punkt siehe etwa *Schlee/Maywald* BKR 2012, 320, 320 ff.; *Schäfer/Schäfer* ZBB 2013, 23, 23 ff.; *Assmann* (Fn. 5), § 5 Rn. 37; *Hebrant* ZBB 2011, 453, 453 f.; *Kindermann/Scharfenberg/Koller* RdF 2013, 214, 216 f.

**77** RegE BT-Drucks. 17/3628, S. 21; RegE BR-Drucks. 584/10, S. 26; *Taggeselle* (Fn. 4), S. 466 ff.; *Günther* GWR 2013, 55, 55.

**78** *Brand* jM 2014, 2, 6.

Ohne Schutzgesetzcharakter wäre der Anlegerschutz nicht effektiv, da Pflichtverletzungen häufig sanktionslos blieben.

Die h. M. lehnt die Schutzgesetzeigenschaft zutreffend ab.[79] Zwar soll das PIB die sog. Anlegerschaft schützen, aber nicht das Individuum. Bezweifelt wird zudem die Notwendigkeit eines solchen Schutzes. Da auch mündlich aufgeklärt werden kann und muss, ist der Anleger über die Verletzung der Aufklärungs- und Beratungspflicht nach § 280 Abs. 1 BGB geschützt.[80] Allerdings hat der Anleger die fehlende Übergabe des Informationsblatts zu beweisen, was in der Praxis häufig nicht gelingt.

### 2. Beweislast

In einem Rechtsstreit soll sich das Informationsblatt bzgl. der Frage der ordnungsgemäßen Beratung sowohl zugunsten als auch zulasten des Anlegers auswirken können.[81] Befürchtet wird im Schrifttum die Vernachlässigung der mündlichen Beratung, da sich der Berater im Zweifel auf die rechtzeitige Aushändigung des inhaltlich korrekten Informationsblatts berufen könne, was die Behauptung des Kunden, er sei nicht hinreichend beraten worden, zumindest teilweise entkräfte.[82] Jedenfalls soll die Zurverfügungstellung des PIB nicht zu einer Beweislastumkehr oder einem Anscheinsbeweis führen.[83]

## VI. Zukunft des Produktinformationsblatts

Schon vor Inkrafttreten der PIB-Regelung war deren Notwendigkeit diskutiert worden. Insofern verwundert es nicht, dass auch heute noch das PIB teilweise als weder rechtlich geboten noch verhältnismäßig angesehen wird.[84] Ob sich dessen Notwendigkeit schon angesichts der in § 64 Abs. 2 WpHG enthaltenen insgesamt

---

**79** *Podewils* ZBB 2011, 169, 174; *Schäfer/Schäfer* ZBB 2013, 23, 28; *Müller-Christmann* DB 2011, 749, 751; *Kindermann/Scharfenberg/Koller* RdF 2013, 214, 217; *Preuße/Schmidt* BKR 2011, 265, 271.

**80** So *Müchler* WM 2012, 974, 981.

**81** *Müller-Christmann* DB 2011, 749, 752.

**82** *Müller-Christmann* DB 2011, 749, 752.

**83** *Taggeselle* (Fn. 4), S. 226 ff.

**84** *Die Deutsche Kreditwirtschaft*, Stellungnahme zum Referentenentwurf für ein Gesetz zur Novellierung von Finanzmarktvorschriften aufgrund europäischer Rechtsakte (FimanoG) vom 13. November 2015, S. 16.

elf Ausnahmen, bei denen ein PIB nicht zur Verfügung gestellt werden muss, anzweifeln lässt, ist bislang noch nicht hinreichend untersucht worden.

Mit den Ausnahmeregelungen, bei denen das Erfordernis anderer Informationsblätter eine Zurverfügungstellung eines PIB entbehrlich macht, wird eine Doppelung von Informationsblättern vermieden. Die Vorrangstellung der anderen Informationsblätter ergibt sich entweder daraus, dass sie auf europäischen Vorgaben beruhen, oder dass sie spezieller sind. Die Zurverfügungstellung eines PIB ist daher beispielsweise nicht erforderlich, wenn sog. wesentlichen Anlegerinformationen nach dem KAGB, ein Vermögensanlagen-Informationsblatt nach dem VermAnlG oder ein Wertpapier-Informationsblatt nach dem WpPG zu überreichen sind (§ 64 Abs. 2 Satz 4 WpHG).

Nach § 64 Abs. 2 Satz 1 WpHG ist ein PIB auch dann hinfällig, wenn dem Kunden ein Basisinformationsblatt nach der PRIIP-VO zu überreichen ist.[85] Dies und das dortige hohe Schutzniveau hatten den Bundesrat veranlasst, die Notwendigkeit für die Beibehaltung der WpHG-Regelung in Zweifel zu ziehen[86] und sich für deren Streichung auszusprechen.[87] Begründen lässt sich das damit, dass der europäische Gesetzgeber durch seine Regelung zum Ausdruck gebracht hat, dass eine gesetzliche Festschreibung nur für verpackte bzw. komplexe Finanzinstrumente erforderlich ist, nicht aber für einfache Finanzinstrumente.[88] Das PIB kann aber aufgrund der PRIIP-VO nur noch bei nicht verpackten Produkten, wie etwa Aktien und einfachen Anleihen, eingesetzt werden.

Hinzu kommen einzelne Schwächen der deutschen Regelung im Vergleich zum Basisinformationsblatt nach der PRIIP-VO. Jenes ist auf der Website des PRIIP-Herstellers zu veröffentlichen, bevor Kleinanlegern ein PRIIP angeboten wird, d. h. schon bevor eine Beratungssituation vorliegt. Die Bereitstellung des PRIIP-Basisinformationsblatts gilt damit auch in Bezug auf beratungsfreie bzw. „execution only"-Geschäfte (vgl. Art. 13 Abs. 1 PRIIP-VO).[89] Dagegen ist das PIB nur bei einer konkreten Anlageberatung zur Verfügung zu stellen. Darüber hinaus sind die inhaltlichen Vorgaben beim Basisinformationsblatt nach der PRIIP-VO

---

85 *Buck-Heeb* (Fn. 41), Art. 1 VO Nr. 1286/2014 Rn. 70 f.; *Seitz/Juhnke/Seibold* BKR 2013, 1; *Melovski/Ortkemper/Weisenfels*, BaFinJournal Januar 2016, 20, 22.

86 BT-Drucks. 18/7826, vom 9. März 2016, S. 3 (Unterrichtung zum 1. FiMaNoG); siehe auch BR-Drucks. 19/16 (Beschluss) vom 26. Februar 2016, S. 4.

87 Das führte zur Antwort der Bundesregierung (BT-Drucks. 18/7826, S. 6), sie werde Erleichterungen für „unverpackte" Anlageprodukte wie börsennotierte Aktien und einfache Anleihen prüfen, was in die Ausnahmeregelung für Aktien mündete, siehe oben II.3.b).

88 Vgl. Erwägungsgrund 6 PRIIP-VO.

89 *Buck-Heeb* (Fn. 41), Art. 13 VO Nr. 1286/2014 Rn. 8.

strenger. So sind etwa Risikoszenarien darzustellen, was in den PIB nicht erforderlich ist.[90]

Ob der Hinweis darauf, der EU-Gesetzgeber habe durch die PRIIP-VO zum Ausdruck gebracht, dass der Verbraucher (lediglich) beim Erwerb von „verpackten Produkten" schutzbedürftig sei, zu überzeugen vermag, ist fraglich. Die Beschränkung in der PRIIP-VO schließt nämlich nicht per se aus, national einen darüber hinausgehenden Schutz vorzusehen. Zulässig erscheint es, dass der nationale Gesetzgeber hier eine abweichende, in Bezug auf den Anlegerschutz weitergehende Wertung bzgl. des Informationsdefizits trifft, als sie durch den europäischen Gesetzgeber in der PRIIP-VO erfolgte.[91]

Bei der Diskussion um die Zukunft des PIB sind auch dessen Kosten zu berücksichtigen. Bereits in Bezug auf das PRIIP-Basisinformationsblatt ist die Frage aufgeworfen worden, ob die Beratung für Kunden teurer geworden ist oder bestimmte Produkte deshalb nicht mehr angeboten werden. Die Bundesregierung sieht bislang keinen Zusammenhang zwischen den Beratungskosten und dem PRIIP-Informationsblatterfordernis. Ob für das PIB anderes gilt, weil es bei der Beratung ausgehändigt werden muss und nicht, wie das Basisinformationsblatt, schon auf der Website des PRIIP-Herstellers vor einem Angebot an die Kleinanleger zu veröffentlichen ist,[92] ist noch offen.

## VII. Resümee

§ 64 Abs. 2 WpHG sollte unter verschiedenen Aspekten auf den Prüfstand und evaluiert werden. Dabei ist zunächst der Nutzen der PIB insbesondere angesichts der zahlreichen speziellen Informationsblätter kritisch zu hinterfragen.

Bei einem positiven Resultat ist der Inhalt der PIB auch im Hinblick auf die weitergehenden Anforderungen bei anderen Informationsblättern und angesichts dessen, dass sich das PIB nur noch auf bestimmte, nicht verpackte Anlageprodukte bezieht, zu analysieren. Derzeit haben die Informationsblatt-Ersteller viel Gestaltungsspielraum, der das Ziel der Vergleichbarkeit der PIB konterkariert. Insofern ist zu überlegen, ob eine an den sonstigen Informationsblättern orientierte weitere Standardisierung vorgenommen werden sollte. Insbesondere prä-

---

**90** Siehe Antwort der Bundesregierung, BT-Drucks. 19/2087 vom 11.5.2018, S. 3.

**91** *Die Deutsche Kreditwirtschaft*, Stellungnahme zum Referentenentwurf für ein Gesetz zur Novellierung von Finanzmarktvorschriften aufgrund europäischer Rechtsakte (FimanoG) vom 13. November 2015, S. 16.

**92** Siehe Antwort der Bundesregierung, BT-Drucks. 19/2087 vom 11.5.2018, S. 4.

zisere Vorgaben bezüglich der Risiken und Kosten könnten dem Anlegerschutz dienlich sein.

Alles in allem besteht Handlungsbedarf. Entweder ist die Regelung zu streichen oder zu verschärfen. Der gegenwärtige Zustand ist für alle Seiten unbefriedigend.

Andreas Meyer

# Finanzanalysen in WpHG, MAR und MiFID II

## I. Einleitung

Die Regelung von Finanzanalysen im WpHG weist eine kurze, aber wechselvolle Geschichte auf. Bis in das Jahr 2002 gab es hierzu keine spezielle Regelung bis erstmals im Vierten Finanzmarktförderungsgesetz („4. FMFG 2002")[1] ein § 34b in das WpHG eingeführt wurde, der aufsichtsrechtliche Anforderungen an Wertpapieranalysen beinhaltete. Bereits 2004 wurde diese Bestimmung im Zuge des Anlegerschutzverbesserungsgesetzes („AnSVG 2004")[2] überarbeitet. Die Änderung war erforderlich geworden, um das WpHG an die europäische Marktmissbrauchsrichtlinie („MAD")[3] anzupassen und deren Vorgaben in deutsches Recht umzusetzen. Mit der Überführung der Regulierung des Marktmissbrauchsrechts in unmittelbar in den Mitgliedstaaten anwendbares europäisches Recht durch die europäische Marktmissbrauchsverordnung („MAR")[4] wurde das Regelwerk für Finanzanalysen zunächst dem WpHG entzogen. Mit der (zeitlich verzögerten) Umsetzung der überarbeiteten europäischen Finanzmarktrichtlinie hielt indes nur kurze Zeit später durch das Zweite Finanzmarktnovellierungsgesetz ein ganzer Strauß von neuen Regelungen für Finanzanalysen Einzug, der sich teils auf das WpHG, *teils* auf eine – wiederum unmittelbar in den Mitgliedstaaten anwendbare – europäische Verordnung verteilt. Weitere Verordnungen auf nationaler und europäischer Ebene konkretisieren die genannten Anforderungen. Mithin stellt sich zum Jubiläum des WpHG das Recht der Finanzanalysen nicht nur formal, sondern – wie auszuführen sein wird – auch inhaltlich als ein unübersichtlicher Flickenteppich dar. Dies erscheint prima facie angesichts der anfänglichen Stringenz des WpHG unbefriedigend, ist aber zugleich symptomatisch für die von – durch wahrgenommene Missstände und Finanzmarktkrisen motivierten – großem Reformeifer geprägte Entwicklung des heutigen Kapitalmarktrechts. Vor diesem Hintergrund erscheint es reizvoll, diese Entwicklung nachzu-

1 Gesetz zur weiteren Fortentwicklung des Finanzplatzes Deutschland (Viertes Finanzplatzförderungsgesetz) vom 21.6.2002, BGBl. 2002 I S. 2010

2 Gesetz zur Verbesserung des Anlegerschutzes (Anlegerschutzverbesserungsgesetz – AnSVG) vom 28.10.2004, BGBl. 2004 I, S. 2630.

3 Richtlinie 2003/6/EG v. 28.1.2003 über Insider-Geschäfte und Marktmanipulation (Marktmissbrauch), ABl. EU Nr. L 96 v. 12.3.2004, S. 16.

4 Verordnung (EU) Nr. 596/2014 des Europäischen Parlaments und des Rates v. 16.4.2014 über Marktmissbrauch (Marktmissbrauchsverordnung), ABl.EU Nr. L 173/1 v.12.6.2014.

https://doi.org/10.1515/9783110632323-044

zeichnen und den Versuch zu unternehmen, einen roten Faden zu finden, der die als zersplittert und teilweise widersprüchlich nebeneinander stehend erscheinenden aufsichtsrechtlichen Vorgaben zu einem konsistenten Ganzen verbindet.

## II. Finanzanalysen als empirisches Phänomen

### 1. Begriff und wirtschaftliche Bedeutung von Finanzanalysen

Im Kapitalmarktgeschäft spielen Finanzanalysen – in der Praxis auch als Research Reports oder Analystenberichte bezeichnet – als Informationsquelle für Investoren eine erhebliche Rolle. Sie sind insbesondere für Emittenten börsennotierter Aktien bedeutsam und lassen sich insoweit aus Sicht der Praxis beschreiben als die zusammenfassende Darstellung, Analyse und Beurteilung eines Emittenten unter besonderer Berücksichtigung seines Geschäftsmodells, seiner Geschäftsaussichten und Finanzausweise. Sie ergänzen die an formalen Kriterien und auf die reine Kommunikation faktischer Umstände ausgerichtete Prospekt-, Regel- und Ad-hoc-Publizität des Emittenten um eine vom Emittenten unabhängige wertende Experteneinschätzung.[5] Ihr Zweck besteht darin, aus von Emittenten bereitgestellten Informationen die für Anleger wesentlichen Gesichtspunkte herauszuarbeiten, zu kondensieren, in den Kontext des aktuellen Marktumfelds zu setzen sowie die Unternehmen mit Wettbewerbern zu vergleichen und einzuschätzen.[6] Anders als die gesetzlich vorgeschriebene Kapitalmarktpublizität des Emittenten wenden sich Finanzanalysen nicht generell an das Anlegerpublikum oder den „durchschnittlich verständigen Anleger",[7] sondern an informierte Fachkreise, d. h. regelmäßig institutionelle Investoren.[8] Es wird ihnen ein potenziell nicht unerheblicher Einfluss auf deren Anlageverhalten, mitunter auch auf die Preisbildung am Aktienmarkt beigemessen. Emittenten haben ein gesteigertes Interesse daran, dass „ihre" Aktien Gegenstand von Finanzanalysen sind, weil so institutionelle Anleger auch auf bislang eher unbekannte Neben-

5 Dazu auch *Göres* in Habersack/Mülbert/Schlitt, Handbuch der Kapitalmarktinformation, 2. Aufl. 2013, § 24 Rz. 1.

6 Ähnlich *Möllers* in Kölner Kommentar zum WpHG, 2. Aufl. 2014, § 34b Rz. 3 f.

7 Dazu *Meyer* in Frankfurter Kommentar zum WpPG und zur EU-Prospektverordnung, 2. Aufl. 2017, § 5 WpPG Rz. 38 ff.

8 So sah beispielsweise CESR in den Question & Answers „Understanding the definition of advice under MiFID" v. 19.4.2010, Ref.: CESR/10 – 293, unter Tz. 8 die Bereitstellung von Research als typischen Bestandteil der Dienstleistungen gegenüber professionellen Kunden an – in Abgrenzung zu der gegenüber Privatkunden erbrachten Anlageberatung.

werte aufmerksam werden und dadurch die Nachfrage nach diesen Aktien gesteigert werden kann. Die Deutsche Börse AG hat ihren Regelwerken immer wieder Regelungen vorgesehen, die die sog. Research Coverage fördern sollen, so etwa die Durchführung regelmäßiger Informationsveranstaltungen für Analysten.[9] Bei der Vermarktung von Börsengängen spielen die Einschätzungen anerkannter Analysten über die typischerweise bisher unbekannten, weil noch nicht börsennotierten, Emittenten ebenfalls eine erhebliche Rolle. Daher werden im Vorfeld der eigentlichen Platzierungen von Aktien Analysten der als Emissionsbank für die Transaktion mandatierten Investmentbanken eingeladen, einen Bericht über den Emittenten und seine Aktien zu verfassen. Dieser in der Praxis bedeutsame Sonderfall sog. emissionsbezogener Unternehmensstudien (deal related research), der eine Reihe zusätzlicher Fragen aufwirft, soll nachfolgend außer Betracht bleiben.[10]

## 2. „Klassische" Spannungsfelder

Die bereits angedeutete, gezielte Bereitstellung von Informationen für Analysten hat in der Vergangenheit immer wieder Kritik hervorgerufen. So wurde der Vorwurf der bevorzugten, selektiven Informationsweitergabe geäußert, von dem sodann die Analysten und ihre Kunden als privilegierte Empfänger von Finanzanalysen bzw. Research Reports profitierten („*a step ahead of the crowd*"). Diese These erhält besondere rechtliche Bedeutung, wenn den Analysten offengelegte Informationen möglicherweise Insiderinformationen darstellen könnten.[11]

Daneben wurde im Zusammenhang mit der Erstellung von Finanzanalysen immer wieder die Frage nach Interessenkonflikten aufgeworfen, ergibt sich doch der besondere Stellenwert einer Finanzanalyse insbesondere aus ihrem Anspruch an Unabhängigkeit und Objektivität. Dieser unterliegt besonderen Herausforderungen in Anbetracht der eigenen wirtschaftlichen Interessen des Analysten und

---

**9** § 21 Abs. 1 lit. e) AGB Freiverkehr der Frankfurter Wertpapierbörse für die Emittenten von im Marktsegment Scale notierten Aktien, dazu *Meyer* in: Handbuch börsennotierte AG, 4. Aufl. 2018, § 7 Rz. 7.59a; so auch schon Ziff. 7.3.11 Regelwerk Neuer Markt der Deutsche Börse AG v.1.7.2002. Entsprechendes gilt auch nach § 55 BörsO FWB für Emittenten von zum Teilbereich des regulierten Marktes mit weiteren Zulassungsfolgepflichten (Prime Standard) zugelassen Aktien.

**10** *Schäcker/Wohlgefahrt/Johannson* in Habersack/Mülbert/Schlitt, Unternehmensfinanzierung am Kapitalmarkt, 4. Aufl. 2019, § 2 Rz. 2.47 ff.; *Singhof/Weber* in Habersack/Mülbert/Schlitt, Unternehmensfinanzierung am Kapitalmarkt, 4. Aufl. 2019, § 3 Rz. 3.48 ff.; *Schäfer/Ernst* in Habersack/Mülbert/Schlitt, Handbuch der Kapitalmarktinformation, 2. Aufl. 2013, § 7 Rz. 31 ff.; *Wienecke*, NZG 2005, 109, 112.

**11** Dazu bereits *Drygala*, WM 2001, 1281, 1288 sowie 1313, 1318.

seines Arbeitgebers. Denn neben einigen unabhängigen Analysten werden Finanzanalysen vor allem von Analysten erstellt, die bei Banken und Wertpapierdienstleistungsunternehmen beschäftigt sind. Diese unterhalten häufig Geschäftsbeziehung zu dem analysierten Emittenten und/oder streben deren Auf- und Ausbau an, etwa in Form künftiger Mandate im Investmentbanking wie als Emissionsbank oder Berater bei M&A-Transaktionen. Auch mag die betreffende Bank eigene Handels- oder Anlagepositionen in Finanzinstrumenten den analysierten oder anderen Finanzinstrumenten des Emittenten haben.

Augenfällig wurden solche Interessenkonflikte anhand in der Presse berichteter historische Fälle anscheinend unwahrhaftiger Analysteneinschätzungen in den späten 1990er / frühen 2000er Jahren in den USA, die angesichts offensichtlicher Widersprüche zwischen offiziellen Anlageempfehlungen und internen Aussagen des Analysten den Verdacht des Vorliegens von Interessenkonflikten besonders plastisch veranschaulichen.[12]

## III. Regelungsvorbilder in den USA

Als Reaktion auf die Auswüchse während des New Economy Booms in den späten 1990er und späten 2000er Jahren wurden in den USA mit dem Sarbanes-Oxley Act von 2002 eine Reihe von Regularien zur Tätigkeit von Research Analysten geschaffen.[13] So wurde die SEC zum Erlass von Regelungen für den Umgang mit Interessenkonflikten von Analysten ermächtigt, um die Objektivität von Research und die Versorgung von Anlegern mit nützlichen und verlässlichen Informationen zu verbessern. Dies schließt insbesondere die organisatorische Trennung und disziplinarische Unabhängigkeit der Analysten von den Investment Banking-Bereichen, Einschränkungen der Mitwirkung von Analysten an Wertpapieremissionen sowie die Offenlegung von Interessenkonflikten ein.[14] Die SEC hat auf der Grundlage dieser Ermächtigung konkrete Vorgaben für die Erstellung von Wert-

---

**12** Instruktiv die Klageschrift im Verfahren SEC vs. Henry Blodget vor dem Southern District Court of New York, (https://www.sec.gov/litigation/complaints/comp18115b.htm), die Interessenkonflikte des Analysten sowie Widersprüche zwischen der Beurteilung in seinen veröffentlichten Research-Berichten und internen E-Mails aufzeigt, wie etwa „Short-term buy and long-term buy" vs. „This stock is a powder keg"; dazu auch Financial Times vom 10.4.2002, *Meyer*, AG 2003, 610.

**13** Ausführlich *Greene/Beller/Rosen/Silverman/Braverman/Sperber/Grabar*, U.S. Regulation of the International Securities and D. 11th edition 2015, vol. II, § 14.07[5] (S. 14–1159.

**14** Section 15D of the U.S. Securities Exchange Act von 1934, https://www.sec.gov/answers/about-lawsshtml.html#secexact1934, dazu *Möllers* in Kölner Kommentar zum WpHG, 2. Aufl. 2014, § 34b Rz. 3f; *Strauch* in Marsch-Barner/Schäfer, Handbuch börsennotierte AG, 4. Aufl. 2018, § 11 Rz. 11.9.

papieranalyse in Regulation AC erlassen. Danach muss ein Research Report eine Erklärung des erstellenden Analysten enthalten, dass der Bericht dessen persönliche Auffassung zutreffend wiedergibt. Ferner ist eine Bestätigung darüber aufzunehmen, ob die Vergütung des Analysten unabhängig von der konkreten Beurteilung der betreffenden Wertpapiere erfolgte bzw. - falls ein solcher Zusammenhang besteht - den Hinweis enthalten, dass die Einschätzung der Wertpapiere davon möglicherweise beeinflusst wurde.[15]

Zudem hat die dazu von der SEC ermächtigte Financial Industry Regulatory Authority (FINRA), in der die National Association of Securities Dealers (NASD) aufging, ergänzende Regeln für Analysten and Research Reports erlassen.[16] Diese enthalten Vorgaben zur Identifikation von und zum Umgang mit Interessenkonflikten und konkretisieren die vorgenannten gesetzlichen Vorgaben.

## IV. Entwicklung der Regulierung der Wertpapier- und Finanzanalyse im WpHG

### 1. Viertes Finanzmarktförderungsgesetz

Eine ausdrückliche Regelung zu Finanzanalysen (seinerzeit noch als „Wertpapieranalysen" bezeichnet) wurde in das WpHG erstmals mit dem 4. FMFG 2002 durch § 34b WpHG a.F. (4. FMFG 2002) eingefügt. Darin wurden die Pflichten eines Wertpapierdienstleistungsunternehmens bei der Erbringung und Verbreitung von Wertpapieranalysen konkretisiert, sofern diese Kunden zugänglich gemacht oder öffentlich verbreitet werden.[17] Auf eine Legaldefinition der Wertpapieranalyse wurde seinerzeit verzichtet; eine Begriffsbestimmung nahm indes die BaFin in einer Bekanntmachung zur Auslegung von § 34b WpHG vor.[18] Danach galt als Wertpapieranalyse eine der Anlageentscheidung dienende Information, die eine Untersuchung von Wertpapieren oder deren Emittenten (wie etwa eine Auswertung oder Bewertung von Unternehmensfinanz- oder Markthandelsdaten), und die eine Anlageempfehlung (einschließlich Kurs-/Preisziels) beinhaltet.

---

**15** Regulation AC – Analyst Certification, 3 242.501, https://www.sec.gov/rules/final/33-8193.htm.

**16** FINRA Rule 2241, http://finra.complinet.com/en/display/display_main.html?rbid=2403&element_id=11946.

**17** Einen Überblick über die Regelung von 2002 gibt *von Kopp-Colomb*, WM 2003, 609.

**18** Bekanntmachung der Bundesanstalt für Finanzdienstleistungsaufsicht (BaFin) zur Auslegung einzelner Begriffe in § 34b WpHG vom 7.3.2003.

Keine Wertpapieranalyse stellten Informationen dar, die ausschließlich für eine konkrete Anlageberatung erstellt wurden und die persönlichen Verhältnisse eines bestimmten Kunden berücksichtigen.

### a) Erbringung von Wertpapieranalysen mit der erforderlichen Sachkenntnis, Sorgfalt und Gewissenhaftigkeit

§ 34 Abs. 1 Satz 1 WpHG a. F. (4. FMFG 2002) verpflichtete ein Wertpapierdienstleistungsunternehmen, eine Wertpapieranalyse mit der erforderlichen Sachkenntnis, Sorgfalt und Gewissenhaftigkeit zu erbringen. Dies entsprach den allgemeinen Sorgfaltsanforderungen an die Erbringung von Wertpapierdienstleistungen nach § 31 Abs. 1 Nr. 1 WpHG a. F. (4. FMFG 2002). Der Wiederholung bedurfte es einerseits, weil die Wertpapieranalyse seinerzeit weder eine Wertpapierdienstleistung i. S. v. § 2 Abs. 3 WpHG a. F. (4. FMFG 2002) noch eine Wertpapiernebendienstleistung i. S. v. § 2 Abs. 3a WpHG a. F. (4. FMFG 2002) darstellte.[19] Andererseits passte die Anknüpfung des § 31 Abs. 1 Nr. 1 WpHG am Wohl des konkreten Kunden der jeweiligen Dienstleistung nicht zur Wertpapieranalyse, weil diese gerade nicht auf die Interessen eines einzelnen Kunden abgestellt sein darf, sondern objektiv zu sein hat. Es galt vielmehr ein verobjektivierter Maßstab, der sich an der Sorgfalt eines verständigen und sachkundigen Angehörigen der Branche bzw. des Berufsstandes orientiert.[20]

### b) Offenlegung möglicher Interessenkonflikte

Größere praktische Relevanz hatten die Pflichten zur Offenlegung möglicher Interessenkonflikte. § 34b Abs. 1 Satz 1 letzter Halbsatz WpHG a. F. (4. FMFG 2002) enthielt die allgemeine Verpflichtung, mögliche Interessenkonflikte in der Wertpapieranalyse offenzulegen. In § 34b Abs. 1 Satz 2 WpHG a. F. (4. FMFG 2002) wurden sodann konkrete Fälle vermuteter Interessenkonflikte benannt, die auf jeden Fall offengelegt werden mussten. Dies war der Fall, wenn das Wertpapierdienstleistungsunternehmen oder eines seiner verbundenes Unternehmen an dem Emittenten, dessen Wertpapiere Gegenstand der Analyse sind, eine Beteili-

---

19 Zu den seinerzeitigen Ansätzen, die Anforderungen des § 34b Abs. 1 WpHG a. F. (4. FMFG 2002) zu konkretisieren *Meyer*, AG 2003, 610, 611 m. w. N.

20 *Möllers* in Kölner Kommentar zum WpHG, 2. Aufl. 2014, § 34b Rz. 125; *Fuchs* in Fuchs, WpHG, 2. Aufl. 2013, § 34b Rz. 32 ff.; *Fett* in Schwark/Zimmer, Kapitalmarktrechts-Kommentar, 4. Auflage 2010, § 34b WpHG, Rn. 18.

gung in Höhe von mindestens 1% des Grundkapitals hielt (Nr. 1), einem Konsortium angehörte, das die innerhalb von fünf Jahren zeitlich letzte Emission von Wertpapieren des Emittenten übernommen hat (Nr. 2), oder die analysierten Wertpapiere auf Grund eines mit dem Emittenten abgeschlossenen Vertrages an der Börse oder am Markt betreut (Nr. 3).

In ihrer Bekanntmachung hatte die BaFin zudem weitere Fälle offenzulegender typischer Interessenkonflikte konkretisiert, etwa eine Netto-Verkaufsposition in Aktien des Emittenten von mindestens 1% des Grundkapitals oder das Halten von Aktien des Emittenten im Handelsbestand (auf die Zahl der im Handelsbestand gehaltenen Aktien sollte es dabei nicht ankommen).[21]

Zur Offenlegung der Interessenkonflikte „in der Wertpapieranalyse" reichte bei im Internet verbreiteten Wertpapieranalysen das Einfügen eines (aktiven) sog. Hyperlink am Anfang der Analyse aus, der auf eine Internetseite mit der betreffenden Offenlegung verweist.[22]

### c) Organisationspflichten

Für das Erbringen von Wertpapieranalysen sah das WpHG 2002 keine besonderen organisatorischen Vorgaben vor. § 34b Abs. 2 WpHG a. F. (4. FMFG 2002) verwies lediglich auf die allgemeinen Organisationspflichten nach § 33 WpHG a. F. (4. FMFG 2002) für die Durchführung von Wertpapierdienstleistungen und -nebendienstleistungen. Dieser Verweis war nötig, weil die Erstellung und Verbreitung von Wertpapieranalysen seinerzeit keine Wertpapierdienstleistung oder -nebendienstleistung darstellte. Praktische Bedeutung hatte vor allem die Vermeidung von Interessenkonflikten durch die Einrichtung interner Kommunikationsschranken, sog. *Chinese Walls*.[23]

## 2. Anlegerschutzverbesserungsgesetz

Bereits 2004 erforderte die MAD eine Neufassung des § 34b WpHG a. F. (4. FMFG 2002). Die MAD sah nur eher rudimentäre Regelungen vor. Nach Art. 6 Abs. 5 MAD

---

**21** Bekanntmachung der BaFin vom 7.3.2003 unter Tz. 4.b sowie Schreiben der BaFin vom 24.7. 2003 zur Bekanntmachung vom 7.3.2003; die Rechtsgrundlage dieser zusätzlichen Offenlegungstatbestände war indes unklar, vgl. *Meyer*, AG 2003, 610, 612 f.

**22** Bekanntmachung der BaFin vom 7.3.2003 unter Tz. 4d.

**23** *Von Kopp-Colomb*, WM 2003, 609 (614); allgemein dazu *Meyer/Paetzel/Will*, in Kölner Kommentar zum WpHG, 2. Aufl. 2014, § 33 Rz. 174 ff.

waren geeignete Regelungen zu treffen, damit Analysen von Finanzinstrumenten und deren Emittenten oder sonstige für Informationsverbreitungskanäle oder die Öffentlichkeit bestimmte Informationen mit Empfehlungen oder Anregungen zu Anlagestrategien sachgerecht dargeboten und etwaige Interessen oder Interessenkonflikte offen gelegt werden. Zur Ausgestaltung dieser Vorgabe hatte die Europäische Kommission allerdings eine Durchführungsrichtlinie mit detaillierten Anforderungen an die nationalen Regelungen erlassen.[24]

Die MAD wurde durch das AnSVG 2004 mit Wirkung zum 30.10.2004 in deutsches Recht umgesetzt. In der Neufassung des § 34b WpHG a. F. (AnSVG 2004) wurde der Begriff der Wertpapieranalyse wurde durch jenen der Analyse von Finanzinstrumenten oder auch Finanzanalyse ersetzt. § 34b Abs. 1 WpHG a. F. (AnSVG 2004) enthielt nunmehr eine Legaldefinition der Finanzanalyse. Darunter war eine Information über Finanzinstrumente oder deren Emittenten zu verstehen, die direkt oder indirekt eine Empfehlung für eine bestimmte Anlageentscheidung enthält und einem unbestimmten Personenkreis zugänglich gemacht werden soll. Die weiteren Änderungen gegenüber der Vorgängerregelung betrafen zum einen die Pflicht, die Identität der für die Weitergabe oder Verbreitung der Finanzanalyse verantwortlichen Person anzugeben. Zum anderen wurde nunmehr eine für die Ersteller von Finanzanalysen spezifische Organisationspflicht nach § 34b Abs. 5 WpHG a. F. (AnSVG 2004) eingeführt. Danach mussten diese so organisiert sein, dass Interessenkonflikte möglichst gering sind, sowie über angemessene Kontrollverfahren verfügen, die geeignet sind, Verstößen gegen die Sorgfalts- und Offenlegungspflichten entgegenzuwirken.

Die aufgrund der Ermächtigung in § 34b Abs. 8 WpHG a. F. (AnSVG 2004) erlassene Finanzanalyseverordnung („FinAnV“)[25] begründete weitere Sorgfalts- und Offenlegungspflichten. So schrieb § 2 FinAnV einen Katalog an Pflichtangaben zur Identität des Erstellers vor. § 3 Abs. 1 FinAnV stellte Grundsätze sachgerechter Erstellung und Darbietung auf. Danach waren Angaben über Tatsachen, über Werturteile Dritter und eigene Werturteile, insbesondere Hochrechnungen, Vorhersagen und Preisziele erkennbar voneinander zu trennen. Bei eigenen Werturteilen waren deren wesentliche Grundlagen und Maßstäbe anzugeben. Nach § 3 Abs. 2 FinAnV mussten die Ersteller von Finanzanalysen die Zuverlässigkeit ihrer Informationsquellen so weit wie möglich sicherstellen und auf etwa bestehende Zweifel hinweisen. Professionelle Ersteller von Finanzanalysen waren

24 Richtlinie 2003/125/EG v. 22.12.2003 zur Durchführung der Richtlinie 2003/6/EG in Bezug auf die sachgerechte Darbietung von Anlageempfehlungen und die Offenlegung von Interessenkonflikten ABl.EU Nr. L 339 v. 4.12.2003 S. 73.

25 Verordnung über die Analyse von Finanzinstrumenten (Finanzanalyseverordnung – FinAnV) v. 17.12.2004, BGBl. 2004 I Nr. 70, S. 3522.

nach § 4 Abs. 2 FinAnV verpflichtet, ihre wesentlichen Informationsquellen zu nennen und anzugeben, ob die Finanzanalyse vor deren Weitergabe oder Veröffentlichung dem Emittenten zugänglich gemacht und danach geändert wurde. Ferner waren nach § 4 Abs. 2 FinAnV eine Zusammenfassung der genutzten Bewertungsgrundlagen und -methoden aufzunehmen sowie die Bedeutung der Empfehlungen für bestimmte Anlageentscheidungen einschließlich des empfohlenen Anlagezeitraums, der Anlagerisiken und der Sensitivität der Bewertungsparameter zu erläutern. Jede Finanzanalyse war nach § 4 Abs. 4 FinAnV zu datieren, geplante Aktualisierungen anzugeben und auf abweichende eigene Finanzanalysen zu denselben Finanzinstrumenten oder Emittenten aus den letzten zwölf Monaten hinzuweisen. § 5 FinAnV enthielt konkretisierende Vorgaben zur Offenlegung von Interessenkonflikten. Dazu sah § 5 Abs. 3 FinAnV eine Liste von Regelbeispielen vor, darunter eine wesentliche Beteiligungen an dem Emittenten, die aber nunmehr erst ab 5% des Grundkapitals angenommen wurde oder auch die Beteiligung an der Führung eines Konsortiums für eine Emission von Finanzinstrumenten des Emittenten im Wege eines öffentlichen Angebots. Weitere Fälle waren die Erbringung entgeltlicher Investmentbanking-Dienstleistungen gegenüber dem Emittenten einschließlich eines Vertrags über die Erstellung der Finanzanalyse selbst oder sonstige bedeutende finanzielle Interessen in Bezug auf den Emittenten.

Kreditinstitute müssten gem. § 4 Abs. 4 FinAnV ihre organisatorischen Vorkehrungen zum Umgang mit Interessenkonflikten in allgemeiner Form angeben und offenbaren, wenn die Vergütung der an der Erstellung der Analyse beteiligten Personen von Investmentbanking-Geschäften des Instituts oder seinen verbundener Unternehmen abhängt, ferner inwieweit diese Personen Anteile des Emittenten vor deren Emission erhalten oder erwerben. Auch war eine Übersicht über die in den Finanzanalysen des Instituts enthaltenen Empfehlungen in Bezug auf diejenigen Emittenten zu veröffentlichen, für die es in den letzten zwölf Monaten wesentliche Investmentbanking-Dienstleistungen erbracht hat.

Nach § 6 FinAnV mussten die vorgenannten Angaben grds. in der Finanzanalyse selbst erfolgen, es sei denn dies wäre gemessen am Gesamtumfang der Finanzanalyse unverhältnismäßig; in letzterem Fall genügt ein deutlicher Hinweis auf eine Website.

Zusammengefasst nahmen also Umfang und Detaillierungsgrad der vorgeschriebenen Offenlegungen zu Methodik, Interessenkonflikten und organisatorischen Maßnahmen deutlich zu. Überliefert ist der Stoßseufzer eines Analysten aus der Zeit kurz nach Inkrafttreten des AnSVG beim Betrachten der Endfassung einer „Update Note", einer kurzen Aktualisierung eines Research-Reports aus Anlass eines neuen Zwischenberichts des Emittenten: „*Two pages of research and three pages of disclosure – Compliance is the place to be*".

### 3. Finanzmarktrichtlinie-Umsetzungsgesetz

Mit dem Finanzmarktrichtlinie-Umsetzungsgesetz („FRUG 2007“)[26] wurde die europäische Finanzmarktrichtlinie (MiFID I)[27] zum 1.11.2007 in deutsches Recht umgesetzt. § 34b WpHG erfuhr dabei nur marginale Änderungen. Allerdings wurde die Erstellung, Verbreitung oder Weitergabe von Finanzanalysen oder anderen Informationen über Finanzinstrumente oder deren Emittenten, die direkt oder indirekt eine Empfehlungen für eine bestimmte Anlageentscheidung enthalten, nach § 2 Abs. 3a Nr. 5 WpHG a.F. (FRUG 2007) in den Katalog der Wertpapiernebendienstleistungen aufgenommen. Damit galten fortan die allgemeinen Verhaltens- und Organisationspflichten für die Erbringung von Wertpapierdienstleistungen und -nebendienstleistungen nach §§ 31 ff. WpHG a.F. (FRUG 2007) auch für die Erstellung, Verbreitung oder Weitergabe von Finanzanalysen, soweit sie inhaltlich passten. Die Verhaltens- und Organisationspflichten in § 34b WpHG a.F. (FRUG 2007) und nach der FinAnV galten jedoch weiter, weil sie für Finanzanalysen spezifische Regelungen enthielten und insoweit als lex specialis anzusehen waren.[28]

## V. Regulierung der Finanzanalyse in der Marktmissbrauchsverordnung

Mit Wirksamwerden der europäischen Marktmissbrauchsverordnung („MAR“)[29] als nach Art. 288 AEUV unmittelbar in den Mitgliedstaaten geltendes Recht wurde § 34b WpHG a.F. (FRUG 2007) durch das Erste Finanzmarktnovellierungsgesetz (1. FiMaNoG)[30] zum 2.7.2016 erneut geändert. Der Begriff der Finanzanalyse wurde durch das Begriffspaar der Anlageempfehlung und Anlagestrategieempfehlung ersetzt. Fortan verwies die Bestimmung vor allem auf die einschlägigen

---

**26** Gesetz zur Umsetzung der Richtlinie über Märkte für Finanzinstrumente und der Durchführungsrichtlinie der Kommission (Finanzmarktrichtlinie-Umsetzungsgesetz) v. 16.7.2007, BGBl. 2007 I, S. 1330.

**27** Richtlinie 2004/39/EG v. 21.4.2004 über Märkte für Finanzinstrumente, ABl. EU L 145 vom 30.4.2004, S. 1.

**28** *Möllers* in Kölner Kommentar zum WpHG, 2. Aufl. 2014, § 34b Rz. 274.

**29** Verordnung (EU) Nr. 596/2014 des Europäischen Parlaments und des Rates v. 16.4.2014 über Marktmissbrauch (Marktmissbrauchsverordnung), ABl.EU Nr. L 173/1 v.12.6.2014.

**30** Ersten Gesetzes zur Novellierung von Finanzmarktvorschriften auf Grund europäischer Rechtsakte (Erstes Finanzmarktnovellierungsgesetz – 1. FiMaNoG) v. 30.6.2016, BGBl. 2016 I, S. 1514.

Regelungen in der MAR und enthielt nur noch ergänzende Bestimmungen zur Organisationspflichten, die dort nicht enthalten waren. Mit der Umsetzung der Zweiten europäischen Finanzmarktrichtlinie („MiFiD II")[31] durch das Zweite Finanzmarktnovellierungsgesetz[32] zum 3.1.2018 wurde § 34b WpHG a.F. (1. FiMaNoG 2016) zu § 85 WpHG. Die wesentlichen Inhalte der aktuellen Regelung seien nachstehend skizziert.

## 1. Begriffsbestimmungen

Als **Anlageempfehlung** sind nach Art. 3 Abs. 1 Nr. 35 MAR Informationen mit Empfehlungen oder Vorschlägen zu Anlagestrategien in Bezug auf Finanzinstrumente oder Emittenten definiert, die für Verbreitungskanäle oder die Öffentlichkeit vorgesehen sind, einschließlich einer Beurteilung des aktuellen oder künftigen Wertes oder Kurses solcher Instrumente.

Eine **Anlagestrategieempfehlung** i.S.v. Art. 3 Abs. 1 Nr. 34 MAR sind Information, die direkt oder indirekt einen bestimmten Anlagevorschlag zu einem Finanzinstrument oder Emittenten darstellen, wenn sie erstellt wurden von einem unabhängigen Analysten, einer Wertpapierfirma, einem Kreditinstitut oder einer sonstigen Person, deren Haupttätigkeit in der Erstellung von Anlageempfehlungen besteht oder einer bei den o.g. Einrichtungen tätigen natürlichen Person, ferner eine Information, die direkt eine bestimmte Anlageentscheidung zu einem Finanzinstrument vorschlägt, wenn sie von einer anderen als den o.g. Personen erstellt wurde.

Die Unterscheidung beider Begriffe ist kaum möglich, da sie sich weitestgehend überschneiden und die an sie anknüpfende materielle Norm des Art. 20 MAR sich nicht nur auf „Anlageempfehlungen", sondern auch auf „andere Informationen, durch die eine Anlagestrategie empfohlen wird" bezieht. Daher überrascht es nicht, dass die europäische Wertpapier- und Kapitalmarktaufsichtsbehörde ESMA die Tatbestände von Art. 3 Abs. 1 Nr. 34 und 35 MAR als Gesamtdefinition zu verstehen scheint. So spricht sie in ihren Questions and Answers zur MAR wiederholt von der *„definition of ‚investment recommendation' within the meaning of Article 3(1)(35) of MAR in conjunction with Article 3(1)(34)*

**31** Richtlinie 2014/65/EU des Europäischen Parlaments und des Rates v. 15.5.2014 über Märkte für Finanzinstrumente, ABl.EU Nr. L 173 v.12.6.2014 S. 1.

**32** Zweiten Gesetzes zur Novellierung von Finanzmarktvorschriften auf Grund europäischer Rechtsakte (Zweites Finanzmarktnovellierungsgesetz – 2. FiMaNoG) v. 23.6.2017, BGBl. 2017 I, S. 1693.

*MAR*".[33] Der deutsche Gesetzgeber scheint dies genauso zu sehen. So wird das Erstellen und Verbreiten von Anlageempfehlungen und Anlagestrategieempfehlungen nach Art. 3 Abs. 1 Nr. 34 und 35 MAR in § 2 Abs. 9 Nr. 5 WpHG als eine einheitliche Wertpapiernebendienstleistung definiert. Dementsprechend beziehen sich auch die organisatorischen Vorgaben in § 85 Abs. 1 WpHG gleichermaßen auf Unternehmen, die Anlagestrategieempfehlungen i. S. v. Art. 3 Abs. 1 Nr. 34 MAR oder Anlageempfehlungen i. S. v. Art. 3 Abs. 1 Nr. 35 MAR erstellen.[34]

## 2. Materielle Regelungen

### a) sog. Grundpflichten (Art. 20 Abs. 1 MAR)

Für die Erstellung von Anlageempfehlungen gelten zunächst einmal die sog. Grundpflichten nach Art. 20 Abs. 1 MAR. Danach haben Personen, die Anlageempfehlungen erstellen oder verbreiten, sicherzustellen, dass die (in der Anlageempfehlung enthaltenen) Informationen objektiv dargestellt sind. Zudem müssen Interessen und Interessenkonflikte des Erstellers offengelegt werden.

### b) Konkretisierung der Grundpflichten auf Stufe 2

Die Erfüllung dieser Grundpflichten wird in einem technischem Regulierungsstandard (VO 2016/958) konkretisiert.[35] Die Anforderungen schreiben die Regelungssystematik der Vorgaben unter der früheren MAD bzw. der FinAnV fort, enthalten aber detailliertere Regelungen.[36] Nachfolgend kann daher nur ein grober Überblick erfolgen.

---

33 ESMA Questions and Answers on the Market Abuse Regulation (MAR), ESMA70 – 145 – 111, Version 14 v. 29. 3. 2019, Antworten auf Fragen 8.1 und 8.2.

34 Dazu ausführlich und im Ergebnis ebenso *Rothenhöfer* in Meyer/Veil/Rönnau, Handbuch zum Marktmissbrauchsrecht, 2018, § 21 Rz. 8 ff.; *Koller* in Assmann/Uwe H. Schneider/Mülbert, Wertpapierhandelsrecht, Art. 20 VO 596/2014, Rz. 5, 8; *Geier/Hornbach/Schütt*, RdF 2017, 108 f.

35 Delegierte Verordnung 2016/958 v. 9. 3. 2016 im Hinblick auf die technischen Regulierungsstandards für die technischen Modalitäten für die objektive Darstellung von Anlageempfehlungen oder anderen Informationen mit Empfehlungen oder Vorschlägen zu Anlagestrategien sowie für die Offenlegung bestimmter Interessen oder Anzeichen für Interessenkonflikte, ABl.EU Nr. L 160 v. 17. 6. 2016 S. 15.

36 *Rothenhöfer* in Meyer/Veil/Rönnau, Handbuch zum Marktmissbrauchsrecht, 2018, § 22 Rz. 1; *Geier/Hornbach/Schütt*, RdF 2017, 108, 110.

### aa) Identität des Erstellers

Für die Empfehlungen erstellenden Personen sind nach Art. 2 VO 2016/958 deren Namen und Berufsbezeichnung anzugeben; wurde die Empfehlung aufgrund eines (Arbeits-) Vertrags erstellt auch der Name des Arbeit- bzw. Auftraggebers. Handelt es sich bei dem Ersteller oder dem Auftraggeber um ein Kreditinstitut oder Wertpapierdienstleistungsunternehmen ist zudem die für dessen Überwachung zuständige Behörde anzugeben, ansonsten sind ggf. anwendbare Selbstkontrollnormen oder Berufs- bzw. Standesregeln zu nennen.

### bb) Objektive Darstellung

Für die objektive Darstellung der Empfehlungen ist nach Art. 3 VO 2016/958 darauf zu achten, dass Angaben zu Tatsachen von Auslegungen, Schätzungen, Stellungnahmen und anderen nicht sachbezogenen Informationen deutlich unterschieden werden. Subjektive Einschätzungen dürfen nicht den Eindruck erwecken, es handele sich dabei um objektiv feststehende Tatsachen.[37] Alle wesentlichen Informationsquellen sind klar und unmissverständlich zu benennen; sie müssen zuverlässig sein; etwaige Zweifel sind aufzuzeigen. Prognosen, Vorhersagen und angestrebte Kursziele müssen als solche gekennzeichnet werden; auf die dabei zugrunde gelegten wesentlichen Annahmen ist hinzuweisen. Der Zeitpunkt, zu dem die Erstellung der Empfehlung abgeschlossen wurde, ist ebenfalls anzugeben.

### cc) Interessen und Interessenkonflikte

Nach Art. 5 VO 2016/958 sind Beziehungen und Umstände, die konkret die Objektivität der Empfehlung beeinträchtigen können, sowie Interessen oder Interessenkonflikte des Erstellers, Arbeit- oder Auftraggebers und oder sonst an der Erstellung der Empfehlung Beteiligten an dem betreffenden Finanzinstrument oder Emittenten anzugeben. Ist der Ersteller eine juristische Person, sind auch etwaige Interessen oder -konflikte jeder zu deren Gruppe gehörenden Person zu nennen, die dem Ersteller bekannt sind oder hätten bekannt sein können. Gleiches gilt für solche Konflikte, die den Personen bekannt sind, die vor deren Weitergabe Zugang zu der Empfehlung hatten oder hätten haben können. Das bedeutet wohl im Umkehrschluss, dass diese potenziellen Konflikte dann nicht genannt werden müssen, wenn funktionierende Informationsschranken (Chinese Walls) verhindern, dass die betreffenden Interessen der juristischen Person den

37 *Rothenhöfer* in Meyer/Veil/Rönnau, Handbuch zum Marktmissbrauchsrecht, 2018, § 22 Rz. 21.

an der Erstellung der Empfehlung beteiligten Personen oder Personen mit Zugang zu der Empfehlung bekannt werden und die Empfehlung infolgedessen durch den potenziellen Konflikt beeinflusst werden könnte.[38] Ist der Ersteller eine natürliche Person, sind auch etwaige Interessen oder Interessenkonflikte aller eng mit ihm verbundenen Personen (Art. 3 Abs. 1 Nr. 26 MAR) zu nennen.

### c) Zusätzliche Angabepflichten für professionelle Ersteller

Für professionelle Ersteller von Anlageempfehlungen wie Analysten oder Kreditinstitute sehen Art. 4 und 6 VO 2016/958 weitere Angabepflichten vor.

#### aa) Informationen zur Erstellung

Nach Art. 4 VO 2016/958 müssen professionelle Ersteller von Anlageempfehlungen darauf hinweisen, wenn sie die Empfehlung dem Emittenten offengelegt und danach geändert haben. Bewertungsgrundlagen, Methoden und der Bewertung zugrunde gelegte Annahmen sowie deren etwaige Änderungen müssen zusammengefasst dargestellt werden. Außerdem ist ein Ort anzugeben, an dem Informationen zu den verwendeten Modellen erhältlich sind.[39] Die Bedeutung der konkreten Empfehlung (z. B. „Kaufen", „Verkaufen" oder „Halten") und der Zeitraum für den diese gilt (Anlagehorizont), müssen erklärt werden. Zudem ist mitzuteilen, wie oft die Empfehlung aktualisiert werden soll.

Weiterhin soll vor etwaigen Risiken angemessen gewarnt werden, einschließlich einer Empfindlichkeitsanalyse der zugrunde gelegten Annahmen. Aus der Nennung im Zusammenhang mit der Empfindlichkeitsanalyse ergibt sich, dass damit keine umfassende Darstellung von Anlagerisiken wie etwa im Abschnitt „Risikofaktoren" in einem Wertpapierprospekt gem. Art. 16 VO 2017/1129[40] gemeint sein kann. Es geht hier wohl eher um die Risiken, die sich für die Be-

---

**38** So wohl auch *Rothenhöfer* in Meyer/Veil/Rönnau, Handbuch zum Marktmissbrauchsrecht, 2018, § 22 Rz. 37.

**39** Dabei müssen bei geschützten Modellen nur grundlegende, bei nicht geschützten Modellen ausführliche Informationen zur Bewertung, den Bewertungsmethoden und den ihnen zugrunde gelegten Annahmen unmittelbar und leicht zugänglich sein, vgl. Art. 4 Abs. 1 lit. c) und d) VO 2016/958, dazu *Rothenhöfer* in Meyer/Veil/Rönnau, Handbuch zum Marktmissbrauchsrecht, 2018, § 23 Rz. 16, auch zur Möglichkeit, für den Zugriff ein angemessenes Entgelt zu verlangen.

**40** Dazu *Meyer* in Habersack/Mülbert/Schlitt, Unternehmensfinanzierung am Kapitalmarkt, § 36 Rz. 36.53 f.

wertung aus deren Abhängigkeit von den gewählten Methoden und Annahmen ergeben können.[41]

Für in der Empfehlung genannten Kurse von Finanzinstrumenten muss der jeweilige Zeitpunkt benannt werden, auf die sie sich beziehen. Wurde in den letzten zwölf Monaten die Empfehlung für das betreffende Finanzinstrument oder den Emittenten geändert, ist darauf hinzuweisen. Auch ist eine Liste aller Empfehlungen der letzten 12 Monate zu jedem Finanzinstrument und zu jedem Emittenten aufzunehmen, die den Tag der Verbreitung, den Ersteller, Kursziel und Marktpreis zum Zeitpunkt der Weitergabe, Ausrichtung der Empfehlung und Gültigkeitsdauer des Kursziels bzw. der Empfehlung enthält.

**bb) Erweiterte Informationen zu Interessenkonflikten**

Professionelle Ersteller von Anlageempfehlungen wie Analysten, Kreditinstitute oder Wertpapierdienstleistungsunternehmen müssen zusätzlich zu den allgemeinen Pflichten zur Offenlegung von potenziellen Interessenkonflikten nach Art. 6 VO 2016/958 weitere Umständen offenlegen, die einen abstrakten Interessenkonflikt begründen. Hier vermutet der Verordnungsgeber unwiderleglich eine Gefährdung des Interesses des Publikums an einer unabhängigen Erstellung der Empfehlung bei deren bloßen Vorliegen.[42] Darauf, dass die Realisierung dieses Gefährdungspotenzials durch organisatorische Maßnahmen erfolgreich verhindert wird, kommt es hier – anders als bei den Fällen des allgemeinen Offenlegungsgebots nach Art. 5 VO 2016/958 – nicht an.[43] Im einzelnen sieht Art. 6 VO 2016/958 Angaben zu folgenden Regelbeispielen für Interessen und Interessenkonflikten professioneller Ersteller von Anlageempfehlungen wie Analysten, Kreditinstitute oder Wertpapierdienstleistungsunternehmen vor.

– Bestehen einer Nettoverkaufs- oder -kaufposition i. S. der sog. europäischen Leerverkaufsverordnung (VO 236/2012)[44] von über 0,5 % des Aktienkapitals des Emittenten mit Angabe der Art der Position,
– Halten von mehr als 5 % des gesamten emittierten Aktienkapitals des Emittenten,

41 *Rothenhöfer* in Meyer/Veil/Rönnau, Handbuch zum Marktmissbrauchsrecht, 2018, § 23 Rz. 17; Möllers in Kölner Kommentar zum WpHG, 2. Aufl. 2014, § 34b Rz. 136 ff.9

42 *Koller* in Assmann/Uwe H. Schneider/Mülbert, Wertpapierhandelsrecht, 7. Auf. 2019, Art. 20 VO 596/2014, Rz. 64.

43 *Koller* in Assmann/Uwe H. Schneider/Mülbert, Wertpapierhandelsrecht, 7. Auf. 2019, Art. 20 VO 596/2014, Rz. 64.

44 Verordnung 236/2012 v. 14. 3. 2012 über Leerverkäufe und bestimmte Aspekte von Credit Default Swaps, ABl.EU Nr. L 86 v. 24. 3. 2012.

– Erbringen einer der folgenden Dienstleistungen in Bezug auf die Finanzinstrumente oder den Emittenten durch den Ersteller oder ein Unternehmen seiner Gruppe,
  - Market Maker oder Liquiditätsspender (z. B. Designated Sponsor),
  - führende Beteiligung an der öffentlichen Emission (also nicht: Privatplatzierung) von Finanzinstrumenten des Emittenten in den letzten 12 Monaten,
  - Vereinbarung mit dem Emittenten über die Erbringung von Wertpapierdienstleistungen oder -nebendienstleistungen gem. Anhang I A und B der MiFID II, die in den letzten zwölf Monate in Kraft war oder zu einem Entgelt berechtigte oder verpflichtete, es sei denn die Angabe würde Vertraulichkeitspflichten verletzen,[45]
  - Vereinbarung mit dem Emittenten über die Erstellung von Anlageempfehlungen.

Von Kreditinstituten und Wertpapierdienstleistungsunternehmen verlangt Art. 6 Abs. 2 VO 2016/958 zudem eine Beschreibung der internen Regelungen zur Vermeidung von Interessenkonflikten, einschließlich Informationsschranken (*Chinese Walls*) – auch wenn deren Vorliegen, wie ausgeführt, nicht von der Pflicht zur Offenlegung des vorstehenden Katalogs der abstrakten Konflikttatbestände entbindet. Die genannten Institute müssen auch dazu Stellung nehmen, ob die Vergütung der Ersteller an Wertpapierdienstleistungen, -neben-dienstleistungen oder von dem Arbeit-/Auftraggeber oder seinen Gruppenunternehmen abgewickelte Geschäfte oder erhaltene Handelsgebühren gebunden ist. Haben an der Erstellung der Empfehlung beteiligte, für das betreffende Institut tätige natürliche Personen Anteile an dem Emittenten vor deren öffentlicher Emission erhalten oder erworben, sind Datum und Preis des Erwerbs anzugeben. Ferner muss für die jeweils letzten 12 Monate der Anteil aller Empfehlungen des betreffenden Instituts, die auf „Kaufen“, „Verkaufen“ oder „Halten“ (o. ä.) lauten, sowie Anteil der diesen Kategorien entsprechenden Emittenten, für die in letzten 12 Monaten Wertpapierdienstleistungen oder-nebendienstleistungen erbracht wurden, angegeben werden. Diese Angabe ist vierteljährlich zu aktualisieren.

Bei einer Vielzahl der vorstehenden Angaben kann auf eine einfach zugängliche Fundstelle (wie z. B. eine Internetseite) verwiesen werden, wenn die Angabe im Vergleich zur Länge oder Form der abgegebenen Empfehlung unverhältnismäßig wäre.

---

45 Dies betrifft also auch den Fall, dass der Emittent für den Ersteller Dienstleistungen erbringt, vgl. *Rothenhöfer* in Meyer/Veil/Rönnau, Handbuch zum Marktmissbrauchsrecht, 2018, § 23 Rz. 34.

## VI. Regulierung der Finanzanalyse in der MiFID II und deren Umsetzung

Die MiFID II enthält selbst keine näheren Vorgaben für Finanzanalysen. Sie erwähnt diese lediglich als Wertpapiernebendienstleistung im Katalog der Wertpapierdienstleistungen und -nebendienstleistungen in Anhang I Abschnitt B unter Ziff. 5 die „Wertpapier- und Finanzanalyse oder sonstige Formen allgemeiner Empfehlungen, die Geschäfte mit Finanzinstrumenten betreffen". Im WpHG war die Erwähnung der Finanzanalyse im Katalog der Wertpapiernebendienstleistungen des § 2 Abs. 3 Nr. 5 WpHG a. F. im Zuge des 1. FiMaNoG anlässlich des Wirksamwerdens der Marktmissbrauchsverordnung durch den Verweis auf Anlageempfehlungen und -strategieempfehlungen nach Art. 3 Abs. 1 Nr. 34 und 35 MAR ersetzt worden. Dabei zeigt der pauschale Verweis der Gesetzesbegründung auf die Regelung der Anlageempfehlungen nach Art. 20 MAR, dass der deutsche Gesetzgeber offenbar Anlageempfehlungen und -strategieempfehlungen nach Art. 3 Abs. 1 Nr. 34 und 35 MAR als Einheit ansieht (s. o.).[46]

Der Begriff der Finanzanalysen taucht indes in Art. 36 Abs. 1 der Delegierten Verordnung 2017/565 zur Ergänzung der MiFID II zu organisatorischen Anforderungen an Wertpapierdienstleistungsunternehmen[47] wieder auf. Sie sind dort definiert als Analysen oder andere Informationen, in denen für Finanzinstrumente oder deren Emittenten explizit oder implizit eine Anlagestrategie empfohlen oder vorgeschlagen wird, einschließlich aller für Informationsverbreitungskanäle oder die Öffentlichkeit bestimmter Stellungnahmen zum aktuellen oder künftigen Wert oder Preis dieser Instrumente, sofern sie als Finanzanalysen oder Ähnliches betitelt oder beschrieben oder aber als objektive oder unabhängige Erläuterung der in der Empfehlung enthaltenen Punkte dargestellt werden und keine Anlageberatung darstellen. Diese etwas verschraubte Definition grenzt den Begriff der Finanzanalyse in zweierlei Hinsicht ab. Zum einen fehlt es der Finanzanalyse im Gegensatz zur Anlageberatung an der Berücksichtigung der „persönlichen Verhältnisse" eines bestimmten Anlegers.[48] Zum anderen erhebt

46 Beschlussempfehlung und Bericht des Finanzausschusses zum RegE 1. FiMaNoG, BT-Drucks. 18/8099 S. 105.

47 Delegierte Verordnung (EU) 2017/565 der Kommission v. 25.4.2016 zur Ergänzung der Richtlinie 2014/65/EU in Bezug auf die organisatorischen Anforderungen an Wertpapierfirmen und die Bedingungen für die Ausübung ihrer Tätigkeit sowie in Bezug auf die Definition bestimmter Begriffe für die Zwecke der genannten Richtlinie, ABl.EU Nr. L 87 v. 31.3.2017 S. 1.

48 *Assmann* in Assmann/Uwe H. Schneider/Mülbert, Wertpapierhandelsrecht, 2019, § 2 WpHG Rz. 176; *Geier/Hornbach/Schütt*, RdF 2017, 108 f, 109; grundlegend zu dieser Abgrenzung bereits

sie den Anspruch der Unabhängigkeit, was sie sie von der Marketingmitteilung unterscheidet. Art. 36 Abs. 2 der Delegierten Verordnung 2017/565 betont dies ausdrücklich. Dies entspricht dem bereits zuvor unter MiFID I und § 34b WpHG vorherrschenden Verständnis.[49]

Das Verhältnis zu den Begriffen der Anlageempfehlung und Anlagestrategieempfehlung nach Art. 3 Abs. 1 Nr. 34 und 35 MAR klärt Erwägungsgrund 50 der Delegierten Verordnung 2017/565. In dessen deutscher Sprachfassung bleibt dies zwar noch etwas nebulös, denn dort liest man, dass Finanzanalysen eine Unterkategorie der in der MAR „empfohlenen Informationen" sein sollten. Nun nimmt die MAR offensichtlich selbst keine Empfehlung vor und verwendet auch nicht den Begriff der „empfohlenen Informationen". Licht ins Dunkel bringt – wie so häufig bei europäischen Gesetzeswerken – erst der Blick in den englischen (Original-) Text. Dort heißt es *„Investment research should be a sub-category of the type of information defined as a recommendation in Regulation (EU) No 596/2014."* Es geht also, wie erwartet, um das Begriffspaar der Anlageempfehlungen und Anlagestrategieempfehlungen, die hier schlank zur *„recommendation"* (also „Empfehlung") zusammengefasst werden.[50]

Als Zwischenergebnis ist festzuhalten: die Erstellung und Verbreitung von Finanzanalysen stellt auch nach Umsetzung der MiFID II eine Wertpapiernebendienstleistung dar. Mithin gelten für sie die allgemeinen Wohlverhaltens- und Organisationspflichten bei der Erbringung von Wertpapiernebendienstleistungen, insbesondere die Anforderungen an Kundeninformationen nach § 63 Abs. 6 WpHG und Art. 44 der Delegierten Verordnung 2017/565. Die BaFin hat in ihren sog. „MaComp" diese Anforderungen an Kundeninformationen weiter konkretisiert.[51] Darüber hinaus sieht Art. 37 der Delegierten Verordnung 2017/565 weitere spezielle Organisationspflichten für Finanzanalysen vor.

---

CESR, Question & Answers „Understanding the definition of advice under MiFID" v. 19.4.2010, Ref.: CESR/10 – 293, Tz. 8, 36 f., 71 f.

49 Siehe etwa *Möllers* in Kölner Kommentar zum WpHG, 2. Aufl. 2014, § 34b Rz. 89 und 106; *Fuchs* in Fuchs, WpHG, 2. Aufl. 2013, § 34b Rz. 25 f..

50 *Rothenhöfer* in Meyer/Veil/Rönnau, Handbuch zum Marktmissbrauchsrecht, 2018, § 23 Rz. 2; ähnlich *Geier/Hornbach/Schütt*, RdF 2017, 108, 109, die auf die zwar weitgehend, aber nicht vollständig deckungsgleichen Anwendungsbereiche von MAR und MiFID II hinweisen.

51 BaFin, Rundschreiben 05/2018 (WA) – Mindestanforderungen an die Compliance-Funktion und weitere Verhaltens-, Organisations- und Transparenzpflichten – MaComp v. 19.4.2018, Gz. WA 31 – Wp 2002 – 2017/0011.

## 1. Verhaltenspflichten

Ein Wertpapierdienstleistungsunternehmen ist nach § 63 Abs. 1 WpHG bei der Erstellung von Verbreitung von Finanzanalysen den allgemeinen Grundsätzen der Ehrlichkeit, Redlichkeit, Professionalität und Wahrung der Kundeninteressen verpflichtet. Damit wird Art. 24 Abs. 1 MiFID II umgesetzt. In Bezug auf alle Informationen, die das Wertpapierdienstleistungsunternehmen seinen Kunden zugänglich macht, betont § 63 Abs. 6 Satz 1 WpHG ausdrücklich, dass diese redlich, eindeutig und nicht irreführend sein müssen (was eigentlich schon unmittelbar aus der allgemeinen Sorgfaltspflicht gem. § 63 Abs. 1 WpHG folgt). Marketingmitteilungen sind nach § 63 Abs. 6 Satz 2 WpHG eindeutig als solche erkennbar zu machen – auch um sie von Finanzanalysen abzugrenzen. Letztere Vorgabe findet sich auch in Art. 36 Abs. 2 der Delegierten Verordnung 2017/565. Diese ergänzt, dass jede Empfehlung, die die Unabhängigkeitsanforderungen für Finanzanalysen nicht erfüllt, als Marketingmitteilung zu behandeln ist. Darauf und dass dann auch die im Anschluss an die Verbreitung von Finanzanalysen vorgesehenen Handelsbeschränkungen nicht gelten (dazu unten unter VI. 2 b), ist hinzuweisen.

Artikel 44 der Delegierten Verordnung 2017/565 konkretisiert die allgemeinen Anforderungen an faire, klare und nicht irreführende Informationen mit viel Liebe zum Detail bis hin zur Schriftgröße (Abs. 2 lit. c). Bei Aussagen zur historischen Wertentwicklung eines Finanzinstruments ist darauf hinzuweisen, dass frühere Wertentwicklungen, Simulationen oder Prognosen kein verlässlicher Indikator für die künftige Wertentwicklung sind (Art. 44 Abs. 4 lit. c) und d) der Delegierten Verordnung 2017/565). Dieser – offenkundige – Hinweis ist offenbar auch vorzunehmen, wenn sich eine Analyse ausschließlich an professionelle Kunden, also per definitionem sachkundige Adressaten richtet.[52] Für Finanzanalysen besonders relevant sind dabei die Vorgaben für Angaben zur künftigen Wertentwicklung in Art. 44 Abs. 6 der Delegierten Verordnung 2017/565. Danach dürfen diese Angaben nicht auf einer simulierten früheren Wertentwicklung beruhen oder darauf Bezug nehmen (sog. Projektionen).[53] Ihnen haben vielmehr angemessene, durch objektive Daten gestützte Annahmen zu Grunde zu liegen. Sie müssen ferner auf positiven und negativen Szenarien mit unterschiedlichen Marktbedingungen beruhen, die die Art der in die Analyse einbezogenen Instrumente und die mit ihnen verbundenen Risiken widerspiegeln. Es ist deutlich darauf hinzuweisen, dass Prognosen kein verlässlicher Indikator für die künftige Wert-

52 Dies ergib sich im Umkehrschluss aus Art. 44 Abs. 4 lit. e) der Delegierten Verordnung 2017/565, der Informationen an professionelle Kunden von der Pflicht zu Hinweisen auf Währungsrisiken ausnimmt; so auch BaFin, Rundschreiben 05/2018 (WA) – MaComp v. 19.4.2018, Tz. 3.1.1.
53 Zum Begriff der Projektionen in der Rechnungslegung *Pföhler/Riese*, WPg 2014, 1184, 1186.

entwicklung sind. Diese Vorgaben gelten zusätzlich zu den Anforderungen an „Prognosen, Vorhersagen und angestrebte Kursziele" nach Art. 3 Abs. 1 lit. d) VO 2016/958 (dem unter der MAR erlassenen technischen Regulierungsstandard zur Konkretisierung der Darstellung von Anlageempfehlungen). Danach ist insbesondere auf die wesentlichen Annahmen hinzuweisen, die den Prognosen zugrunde liegen.[54]

Sowohl in Art. 20 MAR als auch in Art. 37 und Art. 44 der Delegierten Verordnung 2017/565 fehlt das Gebot der Erbringung von Wertpapieranalysen mit der erforderlichen Sachkenntnis, Sorgfalt und Gewissenhaftigkeit wie es seit Schaffung des § 34b WpHG dort enthalten war. Indes wird man das bisherige Sorgfaltsgebot in die neue Formulierung der zu beachtenden Grundsätzen der Ehrlichkeit, Redlichkeit, Professionalität hineinlesen können; insbesondere der Begriff der Professionalität dürfte mit der Begriffstrias Sachkenntnis, Sorgfalt und Gewissenhaftigkeit bedeutungsgleich sein.[55]

## 2. Organisationspflichten

Die Vermeidung von Interessenkonflikten hat mit Blick auf das Gebot der Unabhängigkeit der Erstellung von Finanzanalysen besondere Bedeutung.

### a) Allgemeine Organisationspflichten

Nach § 80 Abs. 1 Satz 2 Nr. 2 WpHG muss ein Wertpapierdienstleistungsunternehmen angemessene organisatorische Maßnahmen treffen, um Interessenkonflikte bei der Erbringung von Wertpapierdienstleistungen und -nebendienstleistungen zu erkennen und zu vermeiden oder, wenn sie unvermeidbar sind, zu regeln. Reichen diese Vorkehrungen nicht aus, um die Beeinträchtigung von Kundeninteressen zu vermeiden, sind Kunden nach § 63 Abs. 2 WpHG über die allgemeine Art und Herkunft von Interessenkonflikten und die zu deren Begrenzung unternommenen Schritte aufzuklären. Interessenkonflikte sind also primär durch organisatorische Maßnahmen zu regeln. Offenlegung kann organisatorische Maßnahmen nicht ersetzen; sie ist nach Art. 34 Abs. 4 Delegierte Verordnung

54 Rothenhöfer in Meyer/Veil/Rönnau, Handbuch zum Marktmissbrauchsrecht, 1. Aufl. 2018, § 22 Rz. 24.

55 Koller in Assmann/Uwe H. Schneider/Mülbert, Wertpapierhandelsrecht, 2019, § 63 WpHG Rz. 18; i.E. ebenso Rothenhöfer in Meyer/Veil/Rönnau, Handbuch zum Marktmissbrauchsrecht, 1. Aufl. 2018, § 22 Rz. 15.

2017/565 nur als letztes Mittel zulässig, wenn organisatorische Maßnahmen nicht genügen.[56] Dies galt so auch schon vor der MiFiD II.[57]

Die organisatorischen Maßnahmen zur Konfliktvermeidung müssen nach Art. 34 Abs. 3 Delegierte Verordnung 2017/565 ermöglichen, dass Wertpapierdienstleistungen und -nebendienstleistungen mit angemessener Unabhängigkeit erbracht werden können. Dazu gehören Informationsschranken, die gesonderte Überwachung von Personen, deren Tätigkeiten die Vertretung kollidierender Interessen beinhalten kann, die Beseitigung jeder direkten Verbindung zwischen der Vergütung von relevanten Personen, die unterschiedliche Interessen zu vertreten haben, die Verhinderung oder Einschränkung (!) ungebührlichen Einflusses auf die Art und Weise der Erbringung der Dienstleistungen und die Vermeidung oder zumindest Kontrolle der Einbeziehung derselben Person in verschiedene Dienstleistungen, wenn dies den ordnungsgemäßen Umgang mit Interessenkonflikten beeinträchtigen könnte.

Letztere Kategorie wird in Bezug auf die Erstellung von Finanzanalysen in Erwägungsgrund 6 der Delegierten Verordnung 2017/565 konkretisiert. Danach sollten sich Analysten nicht an anderen Tätigkeiten als der Erstellung von Finanzanalysen beteiligen, wenn dies ihre Objektivität gefährdet. Ausdrücklich genannt wird dabei die Beteiligung an Investment- Banking-Dienstleistungen, wie Unternehmensfinanzierung und das Emissionsgeschäft, einschließlich der Beteiligung an der Bewerbung um diesbezügliche Mandate (sog. Pitches) sowie eine anderweitige Beteiligung am Marketing für einen Emittenten.

### b) Besondere Organisationspflichten bei der Erstellung von Finanzanalysen

Art. 37 Abs. 2 der Delegierten Verordnung 2017/565 schreibt darüber hinaus ergänzende, spezifisch auf die Erstellung von Finanzanalysen zugeschnittene organisatorische Maßnahmen vor. So sind Geschäfte mit Finanzinstrumenten, die Gegenstand der Finanzanalyse sind oder mit diesen verbundenen Finanzinstrumenten für Analysten und andere Personen mit Kenntnis von Zeitplan oder Inhalt einer Finanzanalyse grds. erst dann erlaubt, wenn die Empfänger der Finanzanalyse ausreichend Gelegenheit hatten, auf diese zu reagieren. Ausgenommen sind Geschäfte, bei denen ein Einfluss der Analyse auf die Anlageentscheidung nicht angenommen wird wie Transaktionen im normalen Verlauf des „Market-

---

56 So auch schon Erwägungsgrund 48 der Delegierten Verordnung 2017/565, dazu *Koller* in Assmann/Uwe H. Schneider/Mülbert, Wertpapierhandelsrecht, 2019, § 63 WpHG Rz. 36 ff.
57 *Meyer/Paetzel/Will* in Kölner Kommentar zum WpHG, 2. Aufl. 2014, § 33 Rz. 164.

Making"[58] oder zur Ausführung eines unaufgeforderten Kundenauftrags. Wollen an der Erstellung von Finanzanalysen beteiligte Personen ein Eigengeschäft entgegen der aktuellen Empfehlung vornehmen, darf dies nur unter außergewöhnlichen Umständen und mit Erlaubnis eines Mitarbeiters der Rechtsabteilung oder der Compliance-Funktion erfolgen. Zwischen den an der Erstellung von Finanzanalysen beteiligten Finanzanalysten und anderen Mitarbeitern, deren Aufgaben oder Geschäftsinteressen mit jenen der Empfänger der Finanzanalysen kollidieren können, sind eine physische Trennung oder ggf. alternative Informationsschranken vorzusehen.

An der Erstellung von Finanzanalysen beteiligte Personen dürfen keine Anreize von Personen annehmen, die ein wesentliches Interesse am Gegenstand der Finanzanalysen haben. Emittenten dürfen keine für sie günstigen Analysen zugesagt werden. Schließlich ist eine Überprüfung der Richtigkeit der tatsächlichen Angaben in einem Entwurf einer Finanzanalyse vor deren Verbreitung durch andere Personen als dem Analysten, insbesondere dem betreffenden Emittenten, nur eingeschränkt gestattet. Eine solcher sog. factual accuracy check ist nur zulässig, wenn der Entwurf keine Empfehlung und kein Kursziel enthält oder das Ziel der Prüfung darin besteht, die Einhaltung der rechtlichen Pflichten durch die Wertpapierfirma zu kontrollieren. In diesen Zusammenhang ist die Pflicht zu erwähnen, in der Analyse darauf hinzuweisen, wenn diese nach der Offenlegung an den Emittenten geändert wurde. Diese ist sinnigerweise in Art. 4 Nr. 1 lit. a) VO 2016/958 geregelt (also einer zur Ergänzung der MAR (!) erlassenen delegierten Verordnung, s.o. V. 2. c) aa)). Bei rein redaktionellen Änderungen soll dies unterbleiben können; auf jeden Fall hat aber ein Hinweis zu erfolgen, wenn die eigentliche Anlageempfehlung (Kaufen/Halten/Verkaufen) oder das Kursziel geändert wurde. Nicht abschließend geklärt ist die Frage, inwieweit auf eine Änderung auch hingewiesen werden muss, wenn lediglich Korrekturen bei der Darstellung tatsächlicher Angaben zu den Verhältnissen des Emittenten vorgenommen wurden, ohne dass sich dadurch Beurteilung, Anlageempfehlung oder Kursziel geändert haben.[59]

Für Unternehmen, die Anlage- oder Anlagestrategieempfehlungen erstellen oder weitergeben, sieht zudem auch § 85 WpHG eine spezifische Organisationspflicht vor. Diese müssen so organisiert sein, dass Interessenkonflikte i.S.v. Art. 20 Abs. 1 MAR möglichst gering sind. Dabei müssen sie über angemessene

---

**58** Zum Begriff des Market Makers siehe Art. 4 Abs. 1 Nr. 7 MiFID II, dazu etwa *Veil* in Meyer/Veil/Rönnau, Handbuch zum Marktmissbrauchsrecht, 1. Auflage 2018, § 7 Rz. 59.

**59** Dazu *Koller* in Assmann/Uwe H. Schneider/Mülbert, Wertpapierhandelsrecht, 2019, Art. 20 VO 596/2014 Rz. 45; *Rothenhöfer* in Meyer/Veil/Rönnau, Handbuch zum Marktmissbrauchsrecht, 2018, § 23 Rz. 13, der im Zweifel zu einer Offenlegung rät.

und geeignete Kontrollverfahren verfügen, um Verstößen gegen Pflichten nach Art. 20 Abs. 1 MAR entgegenzuwirken. Für Kreditinstitute und Wertpapierdienstleistungsunternehmen hat die Bestimmung keine eigenständige Bedeutung. Denn sie sind ohnehin nach § 80 Abs. 1 UAbs. 1 Satz 2 Nr. 2 WpHG dazu verpflichtet, zur Vermeidung von Interessenkonflikten bei der Erbringung von Wertpapierdienstleistungen und -nebendienstleistungen auf Dauer wirksame Vorkehrungen für angemessene Maßnahmen treffen. Diese werden in Art. 37 VO 2017/565[60] über die allgemeinen Organisationspflichten hinaus in Form zusätzlicher organisatorischer Anforderungen für „Wertpapierfirmen“ (= Wertpapierdienstleistungsunternehmen) bezüglich Finanzanalysen oder Marketingmitteilungen ergänzt. Für Wertpapierdienstleistungsunternehmen stellt letztere die höherrangige und auch speziellere Regelung dar. Daher ist § 85 WpHG nur für solche Unternehmen relevant, die Finanzanalysen erstellen, ohne selbst ein Wertpapierdienstleistungsunternehmen zu sein, so dass Art. 37 der Delegierten Verordnung 2017/565 für sie nicht gilt.[61] Dies wäre der Fall, wenn ein Unternehmen ausschließlich Wertpapiernebendienstleistungen, aber keine Wertpapierdienstleistungen erbringt, so dass es nach § 2 Abs. 10 WpHG nicht unter den Begriff des Wertpapierdienstleistungsunternehmens fällt,[62] etwa wenn sich das Unternehmen ausschließlich auf die Erstellung von Finanzanalysen spezialisiert hat. § 85 WpHG ist mithin ein bloßer Auffangtatbestand, dessen Sinn darin liegt, Organisationspflichten für solche Unternehmen zu begründen, die ausschließlich Wertpapiernebendienstleistungen erbringen (wie etwa die Erstellung von Anlageempfehlungen und -strategieempfehlungen (§ 2 Abs. 9 Nr. 5 WpHG). Denn diese sind keine Wertpapierdienstleistungsunternehmen,[63] so dass sie den für solche geltenden allgemeinen Organisationspflichten nicht unterliegen.[64]

---

**60** Delegierte Verordnung 2017/565 v. 25.4.2016 in Bezug auf die organisatorischen Anforderungen an Wertpapierfirmen und die Bedingungen für die Ausübung ihrer Tätigkeit [...] ABl.EU Nr. L 87 v. 31.3.2017 S. 1.

**61** *Koller* in Assmann/Uwe H. Schneider/Mülbert, Wertpapierhandelsrecht, 2019, § 85 WpHG Rz. 1; a. A. offenbar *Rothenhöfer* in Meyer/Veil/Rönnau, Handbuch zum Marktmissbrauchsrecht, 2018, § 23 Rz. 2, der beide Regelungen offenbar parallel anwendet.

**62** *Assmann* in Assmann/Uwe H. Schneider/Mülbert, Wertpapierhandelsrecht, 2019, § 2 WpHG Rz. 179.

**63** *Assmann* in Assmann/Uwe H. Schneider/Mülbert, Wertpapierhandelsrecht, § 2 WpHG Rz. 201.

**64** *Koller* in Assmann/Uwe H. Schneider/Mülbert, Wertpapierhandelsrecht, § 85 WpHG Rz. 1; vgl. auch Begr. RegE 1. FiMaNoG, BR-Drucks. 19/16 S. 70 und Begr. RegE 2. FiMaNoG BT-Drucks. 18/10936 S. 248

## 3. Regelungen über Zuwendungen

Besondere Bedeutung haben im Zusammenhang mit Finanzanalysen im Zuge der Umsetzung der MiFID II die Regelungen über Zuwendungen erhalten, die sich als Kombination von Verhaltens- und Organisationspflichten darstellen.[65] Nach § 70 Abs. 1 WpHG dürfen Wertpapierdienstleistungsunternehmen im Zusammenhang mit der Wertpapierdienstleistungen oder -nebendienstleistungen keine Zuwendungen von Dritten annehmen oder an Dritte gewähren, die nicht Kunden dieser Dienstleistung sind. Eine Ausnahme gilt nur, wenn die Zuwendung darauf ausgelegt ist, die Qualität der Dienstleistung für den Kunden zu verbessern, sie der ordnungsgemäßen Erbringung der Dienstleistung im bestmöglichen Interesse des Kunden nicht entgegensteht sowie Existenz, Art und Umfang der Zuwendung (bzw. Art und Weise ihrer Berechnung) dem Kunden vor der Erbringung der Dienstleistung offengelegt wird. Als Zuwendungen gilt jegliche Art von Vorteilen, § 70 Abs. 2 Satz 1 WpHG. Auch die Bereitstellung von Finanzanalysen gilt grds. als Zuwendung.[66] Ihre Entgegennahme stellt für ein Wertpapierdienstleistungsunternehmen nur dann keine Zuwendung dar, wenn sie gegen Zahlung aus eigenen Mitteln oder aus Mitteln eines von dem Kunden des Wertpapierdienstleistungsunternehmens zu diesem Zweck eigens eingerichteten Analysekontos erfolgt. Darauf werden durch den Kunden entrichtete spezielle Analysegebühren verbucht. § 70 Abs. 2 Satz 2 WpHG und § 7 WpDVerOV[67] treffen dazu detaillierte Regelungen. So hat das Wertpapierdienstleistungsunternehmen als Bestandteil der Einrichtung des Analysekontos ein Analysebudget festzulegen und unterzieht dieses einer regelmäßigen Bewertung. Die erworbenen Analysen muss es regelmäßig anhand belastbarer Qualitätskriterien und dahingehend bewerten, ob sie zu besseren Anlageentscheidungen beitragen können. Darüber hinaus fordert ESMA, dass Wertpapierdienstleistungsunternehmen, die unabhängige Anlageberatung oder Portfoliomanagement anbieten, generell keine kostenlosen Finanzanalysen akzeptieren sollten.[68] Daraus ist zu schließen, dass in diesen Fällen

---

**65** *Koller* in Assmann/Uwe H. Schneider/Mülbert, Wertpapierhandelsrecht, 2019, § 70 WpHG Rz. 2.

**66** ESMA Questions and Answers on MiFID II and MiFIR investor protection and intermediaries topics v. 29.5.2019, ESMA35–43–349, Abschnitt 7, Frage 1, Antwort 3; *Koller* in Assmann/Uwe H. Schneider/Mülbert, Wertpapierhandelsrecht, 2019, § 70 WpHG Rz. 20.

**67** Dieser dient zur Umsetzung RefE des BMF vom 9.5.2007, abrufbar unter www.bundesifnanzministeium.de, dazu *Geier/Hornbach/Schütt*, RdF 2017, 108, 110.

**68** ESMA Questions and Answers on MiFID II and MiFIR investor protection and intermediaries topics v. 29.5.2019, ESMA35–43–349, Abschnitt 7, Frage 1, Antwort 3; dazu *Geier/Hornbach/Schütt*, RdF 2017, 108, 111

bei Finanzanalysen die „allgemeine" Regelung, wonach qualitätsverbessernde Zuwendungen unter den weiteren Voraussetzungen des § 70 Abs. 1 WpHG zulässig sind, nicht gilt, sondern die speziellere Regelung des § 70 Abs. 2 WpHG insoweit vorgeht und als abschließend anzusehen ist.

Ein Wertpapierdienstleistungsunternehmen, das Kundenaufträge ausführt, muss ferner nach § 70 Abs. 6 Satz 1 WpHG für jede Ausführungsdienstleistung separate Gebühren ausweisen. Die Gewährung jedes anderen Vorteils oder die Erbringung jeder anderen Dienstleistung durch dasselbe Wertpapierdienstleistungsunternehmen für ein anderes Wertpapierdienstleistungsunternehmen in der EU muss zudem nach § 70 Abs. 6 Satz 2 WpHG mit einer separat erkennbaren Gebühr ausgewiesen werden. Das bedeutet, dass auch aus diesem Grund Finanzanalysen angemessen bepreist werden müssen.[69]

## VII. Finanzanalysen und Insiderrecht

Das Insiderrecht sieht keine speziellen Regelungen für Finanzanalysen vor. Gleichwohl können die insiderrechtlichen Verbotstatbestände im Zusammenhang mit Finanzanalysen in mehrfacher Hinsicht relevant werden. Dies betrifft zum einen die Erstellung von Finanzanalysen, konkret die Frage wie ein etwaiger Zugang von Analysten zu nicht öffentlichen Informationen zu beurteilen wäre, die möglicherweise Insiderinformationen darstellen. Davon zu trennen ist zum anderen die Frage, inwieweit Finanzanalysen selbst Insiderinformationen darstellen können und welche Konsequenzen sich daraus ergäben.

### 1. Zugang und Weitergabe von Insiderinformationen an Analysten

#### a) Kommunikation zwischen Emittent und Analysten

Der in der Vergangenheit geäußerte Verdacht des privilegierten Zugangs von Analysten zu Insiderinformationen könnte gleich unter mehreren Gesichtspunkten zum Eingreifen insiderrechtlicher Tatbestände führen. So kann die Weitergabe von Insiderinformationen (etwa unveröffentlichter Finanzangaben) einen Verstoß gegen das Offenlegungsverbot des Art. 10 Abs. 1 MAR darstellen. Danach ist die

69 Zu den Hintergründen und den Kriterien der Preisbildung *Geier/Hornbach/Schütt*, RdF 2017, 108, 112.

Offenlegung von Insiderinformationen nur dann zulässig, wenn dies im Zuge der normalen Ausübung einer Beschäftigung oder eines Berufs oder der normalen Erfüllung von Aufgaben erfolgt. Dabei kommt es auf den offenlegenden Insider und dessen Aufgaben (etc.) an. Zudem muss nach der Rechtsprechung des EuGH die Offenlegung einem rechtlich zulässigen Zweck dienen, mit diesem in engem Zusammenhang stehen und zu dessen Verfolgung unerlässlich sein.[70] Was dies für die Weitergabe von Insiderinformationen an Analysten bedeutet, ist umstritten. Während diese teilweise für generell unzulässig gehalten wird,[71] mag in Einzelfällen die Offenlegung zulässig sein, wenn etwa der Emittent den Analysten um seine Einschätzung der Bedeutung bestimmter Informationen oder Umstände hinzuzieht und dieser die Informationen vertraulich behandelt. Sollen diese dagegen bei der Erstellung einer zur Veröffentlichung oder Verbreitung an Investoren vorgesehenen Finanzanalyse verwendet werden, ist Zurückhaltung geboten. Die Erwägungsgründe sowohl der MAR als auch ihrer Vorgängerregelung lassen ein Leitbild erkennen, nach dem der Gesetzgeber erwartet, dass Researchberichte und Ratings anhand öffentlich verfügbarer Informationen erstellt werden. Denn danach stellen Analysen und Bewertungen, die aufgrund öffentlich verfügbarer Angaben erstellt wurden, (grundsätzlich) keine Insiderinformationen dar (zu den Ausnahmen sogleich). Konsequenterweise sollten Geschäfte unter Verwendung von solchen Analysen und Bewertungen kein verbotenes Insidergeschäft darstellen.[72]

Allerdings veranstalten Emittenten regelmäßig Analystenkonferenzen und -gespräche, in denen sie Analysten ihr Geschäftsmodell, den aktuellen Geschäftsverlauf, ihre aktuellen Finanzausweise und Ziele erläutern. Teilweise werden Emittenten sogar von Börsenbetreibern verpflichtet,[73] solche Analystenkonferenzen zu veranstalten. Dies begegnet per se keinen insiderrechtlichen Bedenken. Die MAR beabsichtigt nach ihrem Erwägungsgrund 19 nicht, allgemeine Diskussionen zwischen Anteilseignern und der Unternehmensführung über die Geschäfts- und Marktentwicklungen, die einen Emittenten betreffen, zu verbieten, sondern sieht diese als grundlegend für das effiziente Funktionieren der Märkte an. Für die fachkundige Analyse und Bewertung dieser Entwicklungen

---

**70** EuGH v. 22.11.2005 – Rs. C-384/02, NZG 2006, 60, 61, 62, Rz. 34, 46 (Grøngaard und Bang).

**71** *Mennicke* in Fuchs, WpHG, § 14 Rn. 263; *Assmann* in Assmann/Uwe H. Schneider, WpHG § 14 Rn. 104.

**72** Erwägungsgrund 28 MAR, so schon zuvor Erwägungsgrund 31 MAD und § 13 Abs. 2 WpHG a. F.; dazu *Klöhn* in KölnKomm WpHG, § 13 Rn. 291 ff.

**73** § 53 BörsO FWB für das sog. Prime Standard Segment im regulierten Markt, § 21 Abs. 1 lit. e) AGB Freiverkehr FWB für das Freiverkehrssegment „Scale".

durch Finanzanalysten, die den Investoren das Verständnis erleichtern, dürfte nichts anderes gelten.

Dies setzt indes voraus, dass bei solchen Analystenkonferenzen und -gesprächen lediglich die durch den Emittenten publizierten Informationen erklärt und erläutert werden, ohne dass es dabei zur Offenlegung von Insiderinformationen kommt. Verpflichten Börsenregularien Emittenten zur Durchführung solcher Veranstaltungen und zur Bereitstellung von Informationen an Analysten, ist diese Verpflichtung dahingehend „insiderrechtskonform" auszulegen. Eine weiter gehende Verpflichtung würde gegen höherrangiges Gesetzesrecht verstoßen.[74] Dabei erscheint zudem die verbreitete Praxis sinnvoll, in einer Analystenkonferenz offengelegte Informationen zu veröffentlichen (etwa auf der Investor-Relations Internetseite des Emittenten) und dadurch für ein Informationsgleichgewicht aller Markteilnehmer zu sorgen.[75]

Will der Emittent Insiderinformationen an Analysten weitergeben, hat er diese grds. zuvor durch einer Ad-hoc-Mitteilung nach Art. 17 MAR zu veröffentlichen.[76] Denn er ist nach Art. 17 Abs. 1 MAR grds. verpflichtet, Insiderinformationen, die ihn unmittelbar betreffen, unverzüglich öffentlich bekannt zu geben. Hat er diese Veröffentlichung nach Art. 17 Abs. 3 MAR im Wege der sog. Selbstbefreiung aufgeschoben, muss im Fall der Offenlegung der Insiderinformation gegenüber Dritten die betreffende Information zeitgleich nach Art. 17 Abs. 8 MAR veröffentlicht werden. Dies kann jedoch nach Art. 17 Abs. 8 Satz 2 MAR vermieden werden, wenn der Empfänger der Informationen zur Verschwiegenheit verpflichtet ist, etwa durch eine Vertraulichkeitsvereinbarung. Diese Vorgehensweise erscheint ausnahmsweise denkbar, etwa im Rahmen der Vorbereitung transaktionsbezogener Analysen (sog. deal related research reports) bei einem geplanten Börsengang eines Emittenten, dessen Schuldverschreibungen bereits an einem Handelsplatz notiert sind oder einer Tochtergesellschaft eines bereits börsennotierten Emittenten. Dabei sind die von der Rechtsprechung des EuGH entwickelten allgemeinen Beschränkungen einer zulässigen Offenlegung von Insiderinformationen zu beachten. Diese hat nicht nur im Zuge der normalen Ausübung einer Beschäftigung oder eines Berufs oder der normalen Erfüllung von Aufgaben des Offenlegenden zu erfolgen (Art. 10 Abs. 1 MAR). Der Offenlegungszweck als solcher muss nach anwendbarem nationalem Recht zulässig und zwischen der Of-

---

**74** *Meyer* in: Meyer/Veil/Rönnau, Handbuch des Marktmissbrauchsrechts, 2018, § 8 Rz. 45; *Assmann* in Assmann/Uwe H. Schneider, WpHG § 14 Rn. 104; *Klöhn* in KölnKomm WpHG, § 14 Rn. 349, 434.

**75** *Meyer* in: Meyer/Veil/Rönnau, Handbuch des Marktmissbrauchsrechts, 2018, § 8 Rz. 45; *Schlitt/Schäfer/Basnage* CFL 2013, 49.

**76** Art. 17 MAR.

fenlegung und diesem Zweck ein enger Zusammenhang bestehen. Zudem muss die Offenlegung der Insiderinformation zur Erreichung des Zwecks unerlässlich sein.[77]

Mit Blick auf die nachfolgende Weitergabe oder Verbreitung einer auf dieser Grundlage erstellten Analyse ist – neben dem auch für den Analysten geltenden Offenlegungsverbot – auch das sog. Empfehlungsverbot nach Art. 14 lit. b), Art. 8 Abs. 2 MAR zu beachten. Danach ist es verboten, auf der Grundlage von Insiderinformationen Dritten den Erwerb oder die Veräußerung von Finanzinstrumenten, auf die sich die Insiderinformationen beziehen, zu empfehlen.[78] Daher sollte im Fall der vor deren Veröffentlichung erfolgten Vorab-Offenlegung einer Insiderinformation an einen Analysten Sorge dafür getragen werden, dass auf dieser Grundlage erstellte Analysen erst dann verbreitet werden, nachdem die betreffenden Informationen (ad hoc) veröffentlicht wurden.[79]

### b) Innerhalb eines Wertpapierdienstleistungsunternehmens

Ein Wertpapierdienstleistungsunternehmen, das durch angestellte Analysten Finanzanalysen erstellt und verbreitet, hat durch organisatorische Maßnahmen sicherzustellen, dass diese grundsätzlich keinen Zugang von im Hause etwa vorhandenen Insiderinformationen erhalten, sofern dies nicht im Einzelfall ausnahmsweise begründet ist (dazu sogleich). Dies ergibt sich aus den allgemeinen Organisationspflichten nach § 25a KWG, die über den Verweis in § 80 Abs. 1 Satz 1 WpHG auch für solche Wertpapierdienstleistungsunternehmen gelten, die kein Kreditinstitut sind. Nach § 25a Abs. 1 Satz 1 KWG muss ein Kreditinstitut über eine ordnungsgemäße Geschäftsorganisation verfügen, die die Einhaltung der von diesem zu beachtenden gesetzlichen Bestimmungen gewährleistet. Dazu gehört die Einrichtung von Vertraulichkeitsbereiche (sog. Chinese Walls). Diese haben zum Ziel, dass Compliance-relevante Informationen, insbesondere Insiderinformationen, die in einem bestimmten Bereich des Unternehmens bekannt werden, diesen Bereich, nur ausnahmsweise und in einem geordneten Verfahren verlassen (sog. Wall Crossing). Chinese Walls können etwa eingerichtet werden durch die funktionale oder die räumliche Trennung von Vertraulichkeitsbereichen, die

---

**77** EuGH v. 22.11.2005 – Rs. C-384/02, NZG 2006, 60, 61, 62, Rz. 34, 46 (Grøngaard und Bang).

**78** Dazu *Schelm* in: Meyer/Veil/Rönnau, Handbuch des Marktmissbrauchsrechts, 2018, § 9 Rz. 29; *Meyer* in Kümpel/Mülbert/Früh/Seyfried, Bank- und Kapitalmarktrecht, 5. Aufl. 2019, 12. Teil, Abschnitt 2, Rz. 12.247

**79** Dazu etwa *Meyer* in: Marsch-Barner/Schäfer, Handbuch börsennotierte AG, 4. Aufl. 2018, § 7 Rz. 7.24 ff.

Schaffung von Zutrittsbeschränkungen oder die Regelung von Zugriffsberechtigungen auf Daten.[80] Ein Informationsfluss über Vertraulichkeitsbereiche hinweg kann erfolgen, soweit dies zur Erfüllung der Aufgaben des Wertpapierdienstleistungsunternehmens erforderlich ist und sich die Informationsweitergabe auf das erforderliche Maß beschränkt (Need-to-know-Prinzip).[81]

Für die interne Organisation der Analyseabteilung eines Wertpapierdienstleistungsinstituts bedeutet dies Folgendes: Die in die Erstellung von Finanzanalysen eingebundenen Personen sind durch Einrichtung von Vertraulichkeitsbereichen vom Zugang zu Insiderinformationen abzuschotten. Das bedeutet etwa, dass sie organisatorisch und räumlich von den Abteilungen zu trennen sind, die typischerweise Kontakt zu Insiderinformationen haben, etwa der Emissionsabteilung, die potenziell insiderrelevante Wertpapierplatzierungen vorbereitet, oder Abteilung für M&A-Beratung, die Kunden bei der Vorbereitung, Planung und Durchführung von Unternehmenstransaktionen wie Unternehmenskäufen, -zusammenschlüssen und-übernahmen berät. Soll ein Analyst aufgrund seiner Expertise zur internen Unterstützung dieser Abteilungen eingebunden werden, etwa um die Realisierungschancen einer Platzierung oder Unternehmenstransaktion besser beurteilen zu können, hat dies in einem geordneten Wall Crossing-Verfahren zu erfolgen.[82] Dies erfordert typischerweise die Einschaltung der Compliance-Funktion,[83] die etwa die Einbindung des Analysten zu genehmigen hat oder auch ggf. an der Kommunikation zwischen den normalerweise getrennten Bereichen in überwachender Funktion teilnimmt (sog. *chaperoning*).[84] Wurde der Analyst „gewallcrosst“ und hat er infolgedessen Insiderinformationen erhalten, wird er in der Erstellung von Analysen dergestalt eingeschränkt, dass er so lange keine Berichte über die betreffenden Finanzinstrumente weitergeben oder verbreiten darf, wie die betreffenden Insiderinformationen noch als Insiderinformationen anzusehen sind. Ein Verstoß gegen das Offenlegungs- oder Empfehlungsverbot wird so vermieden.

---

**80** BaFin, Rundschreiben 05/2018 (WA) Mindestanforderungen an die Compliance-Funktion und weitere Verhaltens, Organisations und Transparenzpflichten (MaComp), Abschnitt AT 6.2; dazu *Meyer/Paetzel/Will* in Kölner Kommentar zum WpHG, 2. Aufl. 2014, § 33 Rz. 174; *Faust* in Schimansky/Bunte/Lwowski, Bankrechts-Handbuch, 5. Aufl. 2017, § 109 Rz. 141.

**81** BaFin, Rundschreiben 05/2018 (WA) Mindestanforderungen an die Compliance-Funktion und weitere Verhaltens, Organisations und Transparenzpflichten (MaComp), Abschnitt AT 6.2, Tz. 3b.

**82** *Meyer/Paetzel/Will* in Kölner Kommentar zum WpHG, 2. Aufl. 2014, § 33 Rz. 177.

**83** *Schäfer*, BKR 2011, 187, 194; *Faust* in Schimansky/Bunte/Lwowski, Bankrechts-Handbuch, 5. Aufl. 2017, § 109 Rz. 147.

**84** *Faust* in Schimansky/Bunte/Lwowski, Bankrechts-Handbuch, 5. Aufl. 2017, § 109 Rz. 141 Fn.3., 158c.

## 2. Finanzanalysen als Insiderinformationen

Schon unter der Marktmissbrauchsrichtlinie gingen die Aufsichtsbehörden davon aus, dass auch die Finanzanalyse selbst für sich genommen eine Insiderinformation darstellen kann[85]. Unter der MAR mag man hierzu auch die gesetzliche Vermutung des Art. 7 Abs. 4 MAR heranziehen können. Danach wird die Kursrelevanz einer (nicht öffentlichen) Information vermutet, wenn sie ein verständiger Anleger wahrscheinlich als Teil der Grundlage seiner Anlageentscheidungen nutzen würde. Indes ist das Bemühen des Gesetzgebers erkennbar, Erstellung und Verbreitung von Finanzanalysen nicht unnötig zu erschweren. So sah bereits die MAD in ihrem Erwägungsgrund 31 vor, dass Analysen und Bewertungen, die aufgrund öffentlicher Angaben erstellt wurden, nicht als Insiderinformationen angesehen werden sollten. Somit sollten auch Geschäfte, die auf der Grundlage dieser Analysen und Bewertungen getätigt werden, als solche nicht als (verbotene) Insider-Geschäfte gelten. Der deutsche Gesetzgeber hatte dieses Prinzip sogar ausdrücklich in § 11 Abs. 2 WpHG a. F. aufgenommen – sozusagen als kodifizierte teleologische Reduktion. Denn hier geht es nicht um den privilegierten Zugang zu sachlichen Informationen über einen Emittenten oder dessen Wertpapiere, sondern um Umsetzung der Analysefähigkeit und Expertise des Analysten. Diese soll nicht verboten oder gar sanktioniert werden.[86] Mit dieser Abgrenzung konnte die Praxis gut leben.[87]

Erwägungsgrund 28 Satz 1 MAR führt den vorstehend beschriebenen Grundsatz fort. Allerdings sollen nach Erwägungsgrund 28 Satz 2 MAR Analysen und Bewertungen dennoch Insiderinformationen darstellen können, wenn ihre Veröffentlichung oder Verbreitung vom Markt routinemäßig erwartet wird und diese Veröffentlichung und Verbreitung zur Preisbildung von Finanzinstrumenten beiträgt (Alternative 1). Entsprechendes soll gelten, wenn Analysen und Bewertungen Ansichten eines anerkannten Marktkommentators oder einer Institution enthalten, die die Preise verbundener Finanzinstrumente beeinflussen können (Alternative 2). Was dies bedeuten soll, ist einigermaßen unklar.

Alternative 1 betrifft wohl nur den Fall des sog. „ordinary course research“, das heißt den Fall, dass ein Analyst ein bestimmtes Finanzinstrument bzw. dessen

---

**85** Emittentenleitfaden der BaFin, Stand 28.4.2009, unter IV.2.2.2 (S. 54 f.) unter Verweis auf CESR – Market Abuse Directive, Level 3 – Second set of guidance and information on the common operation of the Directive to the market, Ref.: CESR/06 – 562b vom Juli 2007 unter Tz. 1.16 (S. 8).
**86** *Klöhn* in KölnKomm WpHG, § 13 Rn. 291 ff.; ebenso *Schwark/Kruse* in Schwark/Zimmer, Kapitalmarktrechts-Kommentar, 4. Aufl., § 13 WpHG Rz. 58; *Mennicke/Jakovou* in Fuchs, WpHG, § 13 Rz. 174.
**87** *Klöhn* WM 2016, 1665.

Emittenten fortlaufend analysiert und regelmäßig Berichte dazu veröffentlicht, die anlässlich der Veröffentlichung aktueller Finanzberichte oder bei besonderen Ereignissen aktualisiert werden, etwa der Ankündigung strategischer Unternehmenstransaktionen oder der Veröffentlichung von Ad-hoc-Mitteilungen nach Art. 17 MAR aus anderem Grund. Denn in diesem Fall erwartet der Markt bei Auftreten eines solchen Ereignisses eine Äußerung des Analysten. Alternative 2 betrifft den Fall, dass sich ein Experte („anerkannter Marktkommentator" oder „Institution")[88] dergestalt über einen Emittenten oder seine Finanzinstrumente äußert, dass diese Äußerung die Preise (des betreffenden Finanzinstruments oder) verbundener Finanzinstrumente beeinflussen könnte.

In beiden Fällen ist aber das Vorliegen der allgemeinen Tatbestandsmerkmale einer Insiderinformation nach Art. 7 Abs. 1 MAR zu prüfen.[89] Kritisch erscheint hier zunächst einmal das Tatbestandsmerkmal der Eignung zur erheblichen Kursbeeinflussung im Falle des öffentlichen Bekanntwerdens nach Art. 7 Abs. 1 MAR. Ob diese Eignung zur Kursbeeinflussung vorliegt, ist eine Frage des Einzelfalls. Bei der Entwicklung von Prüfungskriterien ist insbesondere die Vermutung des Art. 7 Abs. 4 MAR heranzuziehen. Danach ist die Eignung zur Kursbeeinflussung dann anzunehmen, wenn ein verständiger Anleger diese Informationen wahrscheinlich als Teil der Grundlage seiner Anlageentscheidungen nutzen würde. Gemeint ist damit, ob durch die Information ein Anreiz zum Kauf oder Verkauf der betreffenden Finanzinstrumente gesetzt wird, weil aus Anlegersicht die Erwartung geweckt wird, dadurch einen Erlös zu erzielen.[90] Bleibt die Einschätzung des Analysten im Rahmen der Markterwartung, kann von einer solchen Anreizwirkung nicht ausgegangen werden.[91] Dies gilt nicht nur wenn er in Ansehung eines Geschäftsverlaufs im Rahmen der eigenen Prognose des Emittenten, der Markterwartungen oder auch nur der Ergebnisse des Vorjahres[92] im Wesentlichen bei seiner eigenen Einschätzung, Kursziel und Anlageempfehlung bleibt. Dies gilt auch, wenn sich seine Einschätzung bei einer (wesentlichen) Abweichung des Geschäftsverlaufs des Emittenten oder bei Auftreten

---

**88** Kritisch zur Unschärfe und Unbestimmtheit der Terminologie *Klöhn*, WM 2016, 1665, 1666.

**89** *Klöhn*, WM 2016, 1665, 1667.

**90** BaFin, Art. 17 MAR – Veröffentlichung von Insiderinformationen (FAQs), Stand: 22.05.2018, unter III.5.b; *Assmann* in Assmann/Uwe H. Schneider/Mülbert, Wertpapierhandelsrecht, 2019, Art. 7 VO Nr. 596/2014 Rz. 82ff.

**91** Ähnlich *Klöhn*, WM 2016, 1665, 1671 und 1673; *Krause* in Meyer/Veil/Rönnau, Handbuch des Marktmissbrauchsrechts, 2018, § 6 Rz. 48; *Hopt/Kumpan* in Schimansky/Bunte/Lwowski, Bankrechts-Handbuch, 5. Aufl. 2017, § 107 Rz. 60a.

**92** Zur Verwendung dieser Kriterien bei der Prüfung der Kursrelevanz vgl. BaFin, Art. 17 MAR – Veröffentlichung von Insiderinformationen (FAQs), Stand: 22.05.2018, unter III.7.

eines außergewöhnlichen Ereignisses im Rahmen der Marktreaktion, einschließlich etwaiger Pressekommentare oder Einschätzungen anderer Analysten, bewegt. Eine die Eignung zur Kursbeeinflussung auslösende Anreizwirkung wird man daher wohl nur in solchen (Ausnahme-)Fällen annehmen können, in denen die Einschätzung des Analysten von der Beurteilung bzw. Erwartung des Marktes abweicht, also wenn etwa Kursziel oder Anlageempfehlung überraschend geändert werden oder auch trotz wesentlicher Veränderung der zugrundeliegenden Unternehmensdaten überraschend beibehalten werden.[93]

Geht man nun – ausnahmsweise – von der Eignung zur Kursbeeinflussung aus und sieht man eine Analyse im Einzelfall als eine Insiderinformation an, fragt sich, welche Konsequenzen dies in der Praxis für die Verbreitung von Insiderinformationen haben sollte. Würde eine Finanzanalyse öffentlich bekannt gemacht, so verlöre sie damit auch eine etwaige Einordnung als Insiderinformation. Denn dann würde es am Tatbestandsmerkmal „nicht öffentlich bekannt" fehlen. Dies in der vorstehend geschilderten Fallkonstellation zu verlangen widerspräche allerdings dem bisherigen Verständnis der Erstellung und Verbreitung von Finanzanalysen. Diese werden in der Regel für bestimmte Anleger, insbesondere institutionelle Anleger mit entsprechender Sachkenntnis erstellt, die diese von dem Ersteller oder dem Institut, für das er tätig ist, erwerben bzw. abonnieren. Dafür spricht auch die Definition der Anlageempfehlung und -strategieempfehlung in § 2 Abs. 9 Nr. 5 WpHG, die auch deren „Verbreiten" einschließt, also auch die Mitteilung an einen von vorneherein bestimmten Personenkreis.[94] Dieses Verständnis zeigt sich auch anhand der Definition der Anlageempfehlung in Art. 3 Abs. 1 Nr. 35 MAR, die die Kommunikation einer Empfehlung über Verbreitungskanäle oder an die Öffentlichkeit als Alternativen vorsieht. Ein Verbreitungskanal kann dabei auch die Kommunikation per E-Mail an bestimmte Kunden sein.[95]

Zu verlangen, dass Finanzanalysen, die von der Markterwartung abweichen, veröffentlicht werden müssten, liefe vor allem auch den Vorgaben der MiFID II für Analystenberichte zuwider. Denn danach sind Wertpapierdienstleistungsunternehmen, die sowohl Ausführungs- als auch Analysedienstleistungen erbringen, verpflichtet, Finanzanalysen separat zu bepreisen (s.o. VI.3).[96] Wären sie ver-

---

**93** Ähnlich im Ansatz *Klöhn* in Klöhn, MAR, 1. Aufl. 2018, Art. 7 Rz. 371.

**94** *Assmann* in Assmann/Uwe H. Schneider/Mülbert, Wertpapierhandelsrecht, 2019, § 2 WpHG Rz. 194; ähnlich schon zur Vorgängerregelung in § 2 Abs. 3a Nr. 5 WpHG *Kumpan* in Schwark/Zimmer, Kapitalmarktrechts-Kommentar, 4. Aufl. 2010, § 2 WpHG Rz 110.

**95** *Rothenhöfer* in Meyer/Veil/Rönnau, Handbuch zum Marktmissbrauchsrecht, 1. Aufl. 2018, § 21 Rz. 24.

**96** *Koller* in Assmann/Uwe H. Schneider/Mülbert, Wertpapierhandelsrecht, 2019, § 70 WpHG Rz. 21; *Meyer* in Marsch-Barner/Schäfer, Handbuch börsennotierte AG, 4. Aufl. 2018, § 7 Rz. 7.24c,

pflichtet, Finanzanalysen (jedenfalls solche, die nach Erwägungsgrund 28 Satz 2 MAR, wie ausgeführt, möglicherweise als Insiderinformation angesehen werden könnten) kostenlos zu veröffentlichen, liefe dies dem Bepreisungsgebot zuwider.

Der dargestellte Konflikt zwischen MAR und MiFID II besteht allerdings nicht, wenn die Verbreitung einer Finanzanalyse unter Wahrung der Bepreisungsanforderungen nach der MiFID II dazu führt, dass diese bereits als öffentlich bekannt gelten kann, so dass sie per definitionem keine Insiderinformation mehr darstellt. Die Frage einer etwaigen gesonderten Pflicht zur Veröffentlichung würde sich dann nicht mehr stellen. Nach bisheriger Verwaltungspraxis der BaFin kann ein Umstand als öffentlich bekannt gelten, wenn er einem breiten Anlegerpublikum und damit einer unbestimmten Zahl von Personen zugänglich gemacht wurde. Dies kann etwa über ein allgemein zugängliches, elektronisches Informationsverbreitungssystem erfolgen. Eine Veröffentlichung in den Medien ist dagegen nicht erforderlich. Ausreichend sei, wenn jeder interessierte Marktteilnehmer die Möglichkeit habe, von der Information Kenntnis zu nehmen (sog. Bereichsöffentlichkeit), so dass die informationelle Chancengleichheit nicht beeinträchtigt werde. Daher genüge die Bekanntgabe der Information in einem nur in bestimmten Kreisen einschlägigen Börseninformationsdienst oder Newsboard nicht, damit diese als öffentlich bekannt gelten kann.

Die britische Financial Conduct Authority (FCA) nimmt an, eine Information sei öffentlich bekannt und stelle daher keine Insiderinformation dar, wenn sie allgemein verfügbar ist. Dies schließe sowohl die Verfügbarkeit über das Internet oder auch andere Publikationsformen ein und zwar auch dann, wenn die Information nur gegen Zahlung eines Entgelts zur Verfügung gestellt wird. Ferner gilt eine Information nach Auffassung der FCA bereits dann als öffentlich bekannt, wenn sie von veröffentlichten Informationen abgeleitet wurde.[97] Daraus ergibt sich, dass eine Verbreitung von Finanzanalysen an alle dafür zahlungswilligen Kunden, aus Sicht der FCA ausreichen dürfte, damit diese als öffentlich bekannt gelten könne, so dass sie schon deshalb keine Insiderinformation darstellen.

Aufbauend auf dieser Interpretation lässt sich Satz 2 des Erwägungsgrundes 28 MAR als bloßer Hinweis auf das Verbot des Insiderhandels in Form sog. Frontrunning verstehen, also dem Handeln vor planmäßiger Veröffentlichung *oder Verbreitung* der Analyse oder Bewertung. Die ausdrückliche Erwähnung der „Verbreitung" in diesem Zusammenhang ergibt nur dann einen Sinn, wenn damit etwas anderes als „Veröffentlichung" gemeint ist. So erschließt sich auch die

jeweils unter Verweis auf Erwägungsgrund 26 Delegierte Richtlinie (EU) 2017/593 v. 7.4.2016 zur Ergänzung der Richtlinie 2014/65/EU ABl.EU Nr. L 87 v. 31.3.2017 S. 500 sowie § 70 Abs. 2 WpHG; ausführlich auch *Geier/Hombach/Schütt*, RdF 2017, 108, 112.

**97** FCA Handbook, Chapter MAR 1.2.12.

Bedeutung von Satz 3 des Erwägungsgrunds 28 MAR. Danach haben Marktteilnehmer zu prüfen, in welchem Umfang die ihnen vorliegenden Informationen nicht öffentlich sind und welche Auswirkungen auf Finanzinstrumente möglich wären, *wenn sie vor der Veröffentlichung oder Verbreitung handeln würden.*

Dieses Verständnis stützt zudem Art. 37 Abs. 2 a) der Delegierte Verordnung 2017/565 zur Ergänzung der MiFID II zu organisatorischen Anforderungen an Wertpapierdienstleistungsunternehmen.[98] Danach haben Wertpapierdienstleistungsunternehmen, die Finanzanalysen erstellen, Vorkehrungen zu treffen, damit Finanzanalysten und andere Personen, die Zeitplan oder Inhalt einer Finanzanalyse kennen, die für die Öffentlichkeit oder für Kunden nicht zugänglich ist und aus öffentlich verfügbaren Informationen nicht ohne Weiteres abgeleitet werden können, grds. keine Geschäfte mit den Finanzinstrumenten, auf die sich die Finanzanalyse bezieht, durchführen, solange nicht die Empfänger der Finanzanalyse ausreichend Gelegenheit hatten, auf diese zu reagieren.

In den USA sehen die Regeln der Financial Industry Regulatory Authority (FINRA) für Finanzanalysten und Research Reports eine entsprechende Organisationspflicht vor. Danach müssen im US-Markt tätige Wertpapierdienstleistungsunternehmen interne Verfahren einrichten, um die selektive Weitergabe von Finanzanalysen an eigene Händler oder einzelne Kunden oder Kundengruppen zu verhindern, bevor der von ihm zuvor als Empfänger bestimmte Kundenkreis diese erhalten kann.[99]

Im Ergebnis sollte also Erwägungsgrund 28 – legt man ihn nach dem Regelungszweck und systematisch im Lichte der Vorgaben der MiFID II aus – nichts daran ändern, dass es auch weiterhin möglich ist, Finanzanalysen gegen Entgelt an zahlende Kunden zu verbreiten, so wie es die Regelungen der MiFID II und die hierzu ergangenen Durchführungsbestimmungen vorsehen.

## VIII. Zusammenfassung, Thesen und Ausblick

Die aktuelle Regulierung für die Erstellung von Finanzanalysen ist historisch gewachsen. Die Vorgaben beruhen auf unterschiedlichen Quellen, namentlich der MAR und der MiFID II. In beiden Regelungskreisen ist zudem die für das

---

**98** Delegierte Verordnung (EU) 2017/565 der Kommission v. 25.4.2016 zur Ergänzung der Richtlinie 2014/65/EU in Bezug auf die organisatorischen Anforderungen an Wertpapierfirmen und die Bedingungen für die Ausübung ihrer Tätigkeit sowie in Bezug auf die Definition bestimmter Begriffe für die Zwecke der genannten Richtlinie, ABl.EU Nr. L 87 v. 31.3.2017 S. 1.

**99** FINRA Rule 2241 Research Analysts and Research Reports, lit. g), abrufbar unter http://www.finra.org.

heutige europäische Kapitalmarktrecht typische abgestufte Regelungstechnik des Komitologieverfahrens zu beobachten.[100] Da die europäischen Vorgaben teils als Verordnung, teils als Richtlinie (namentlich die MiFID II) erlassen wurden, kommen noch nationale Umsetzungsbestimmungen hinzu. Einige Vorgaben erschließen sich zudem nur anhand der Erwägungsgründe der europäischen Rechtsakte. Die Folge ist eine Aufsplitterung des Regelwerks. Die Zuordnung bestimmter Inhalte zu einem der Regelungskreise erscheint zufällig. So erwartet man eine Regelung über die Art der Darstellung von Empfehlungen und die Offenlegung von Interessenkonflikten nicht unbedingt in der MAR und den darunter erlassenen delegierten Rechtsakten, erschließt sich doch der Bezug dieser Themen zur Verhinderung von Marktmissbrauch nicht unmittelbar. Die Anforderungen an die Darstellung sind wahllos auf das WpHG und mehrere delegierte Rechtsakte unter der MAR und der MiFID II verstreut.

Zudem erweisen sich die Bestandteile des Regelwerks als nur wenig aufeinander abgestimmt. Dies zeigt sich etwa durch eine uneinheitliche und wenig eingängige Terminologie. Die sich inhaltlich überschneidende Begriffstrias Anlageempfehlung, Anlagestrategieempfehlung und Finanzanalyse veranschaulicht dies. Darüber hinaus bestehen konzeptionelle Inkonsistenzen, etwa bei dem Verhältnis zwischen organisatorischer Vermeidung und Offenlegung von tatsächlichen oder auch nur abstrakt vermuteten Interessenkonflikten. Auch werden die Anwendungsbereiche unterschiedlich abgegrenzt. Die MAR knüpft an auf einem Handelsplatz gehandelte Finanzinstrumente an; die MiFID II an Wertpapierdienstleistungsunternehmen; hinzu kommt, dass das WpHG den Begriff des Finanzinstruments im Zuge des Kleinanlegerschutzgesetzes um Vermögensanlagen erweitert hat, die keine Finanzinstrumente im Sinne der MiFID II sind.[101]

---

**100** Das auf Alexandre Baron de Lamfalussy zurückgehende Verfahren zielt auf die Vereinfachung des Rechtsetzungsverfahrens in der EU ab und besteht aus vier Stufen: (I) Erlass einer Rahmenrichtlinie oder -verordnung im ordentlichen Gesetzgebungsverfahren mit Zustimmung von Kommission, Rat und Parlament, (II) Erlass von Durchführungsbestimmungen durch die Europäische Kommission in Form delegierter Rechtsakte, technischer Regulierungsstandards (sog. RTS) oder technischer Durchführungsstandards (sog. ITS), (III) Sicherstellung der einheitlichen Anwendung des Gesetzgebung auf Stufen I und II mithilfe von Leitlinien, Empfehlungen sowie Fragen und Antworten (sog. Q&A) der zuständigen europäischen Aufsichtsbehörde (im Kapitalmarktrecht der ESMA) und (IV) Überwachung der Mitgliedstaaten im Hinblick auf die Umsetzung der rechtlichen Bestimmungen und ggf. Sanktionierung durch die Europäische Kommission, dazu *Baur/Boegl*, BKR 2011, 177; BaFin-Journal 10/2012, S. 16; *Kolassa* in Schimansky/Bunte/Lwowski, Bankrechts-Handbuch, 5. Aufl. 2017, § 135 Rz. 45 ff.

**101** § 2 Abs 4 Nr. 7WpHG; Darauf weisen auch *Seiler/Geier* in Schimansky/Bunte/Lwowski, Bankrechts-Handbuch, 5. Aufl. 2017, vor § 104 Rn. 7 hin; ebenso *Geier/Hornbach/Schütt*, RdF 2017, 108, 109.

Dies alles führt zu Ungereimtheiten und Unklarheiten, die sich nur auflösen lassen, wenn die verschiedenen Quellen zusammen gelesen und mit dem Ziel ausgelegt werden, ein in sich schlüssiges Gesamtbild zu erreichen. Hierfür sind die übergreifenden Regelungsziele der Bekämpfung von Marktmissbrauch, insbesondere des Insiderhandels, der Vermeidung und ggf. Offenlegung von Interessenkonflikten und der Sicherstellung der Unabhängigkeit der Finanzanalysen und -analysten zu berücksichtigen.

Inhaltlich zeigt sich, dass MAR und MiFID II weitgehend nicht zu grundlegenden inhaltlichen Neuerungen geführt, sondern die Vorgaben der Vorgängerregelungen aus MAD und der MiFID I fortgeschrieben haben. Diese stehen im Wesentlichen im Einklang mit internationalen Vorbildern, insbesondere aus den USA. Neu ist letztlich nur das Bepreisungsgebot für Finanzanalysen.

Es bleibt also zu wünschen, dass die nächste Reform die Regulierung von Finanzanalysen über die einzelnen Gesetzeswerke hinweg betrachtet und ein in Form, Inhalt und Terminologie in sich schlüssiges Regelwerk schafft. Mit anderen Worten: ein europäisches WpHG!

Jens Ekkenga

# Product Governance nach MiFiD II: Zentrale Marktsteuerung statt Schutz des manipulationsfreien Wettbewerbs im Wertpapierhandel? – Ein Weckruf

## I. Einleitung

### 1. Das Regulierungsziel nach MiFiD II: Einführung eines „kollektiven Verbraucherschutzes" im Bankgeschäft mit Finanzprodukten

„Zu viele Köche verderben den Brei" – erst recht dann, wenn es mit der Kochkunst mancher Mitwirkenden offenbar nicht allzu weit her ist. Folgt man den vernichtenden Umfrageergebnissen unter inländischen Privatanlegern, gilt das in besonderem Maße für die Rezepte und Zutaten der bereits verwirklichten und weiter voranschreitenden MiFiD-II-Reformen,[1] soweit sie der Rechtsidee folgen, dass sich Fehlentwicklungen, wie sie seit Ausbruch der Finanzkrise 2008 an den Kapitalmärkten beobachtet wurden, mit zentralistischen Steuerungsmethoden zum allgemeinen Vorteil der Anleger vermeiden oder eindämmen ließen.[2] Seitdem Emittenten bzw. die für sie handelnden Banken gezwungen werden, das Marktgeschehen im Retail Banking durch detaillierte und aufwendige Zielmarktbestimmungen vorauszuplanen und über eigene Vertriebswege at non-arms length nach Möglichkeit durchzusetzen, schrumpft die Angebotspalette an Finanztiteln zusehends auf Provinzniveau; im EU-Ausland emittierte Wertpapiere wie insbesondere von US-Firmen ausgegebene ETFs sind – sehr zum Ärger der Privatanleger – kaum noch erhältlich.[3] Die verantwortlichen Köche sind bekanntlich nicht

1 MiFID = Markets in Financial Instruments Directive, deutscher Titel Richtlinie 2004/39/EG des Europäischen Parlaments und des Rates vom 21.4.2004 über Märkte für Finanzinstrumente.

2 Vgl. die Stellungnahme der Deutschen Schutzvereinigung für Wertpapierbesitz e.V. (DSW) zur Konsultation des BMF zu Erfahrungen und möglichem Änderungsbedarf im Hinblick auf die EU-Finanzmarktrichtlinie (MiFiD II) und die EU-Finanzmarktverordnung (MiFiR) v. 19.3.2019, S. 5, wonach sich 95% der Befragten über die seitdem massiv voranschreitenden Marktschrumpfungsprozesse beklagen.

3 Vgl. DSW aaO S. 9f.; *Hauser*, EU-Privatanleger werden zunehmend von US-Handel ausgeschlossen, v. 11.7.2018, abrufbar unter https://www.godmode-trader.de.

https://doi.org/10.1515/9783110632323-045

nur auf der legislativen Ebene, sondern auch und vor allem in der Bürokratie zu finden, genauer: auf der dritten Stufe des Lamfalussy-Verfahrens (Level 3), wo diverse Gremien der Europäischen Kapitalmarktaufsicht ESA (ESMA, EBA, EIOPA) in steter Begleitung der IOSCO und flankiert von den nationalen Aufsichtsbehörden wie der BaFin[4], von unermüdlichem Regelungseifer gepackt und befeuert, dem staunenden Publikum eine ungenießbare Melange aus Rechtsakten und Verwaltungsanweisungen vorgesetzt haben, deren Monstrosität und Detailversessenheit ihresgleichen sucht.[5]

Vor allem die neu geschaffenen Grundsätze einer anleger- und verbraucherschützenden „Product Governance" sind dazu angetan, die schon durch MiFiD I eingeleitete Regelungsflut einmal mehr drastisch zu erweitern. Sie lassen die bisherigen Wohlverhaltensregeln zum Schutz einzelner Bankkunden in ihrer Eigenschaft als *Investoren* (Kapitalanleger) unberührt und erweitern das Gesamtreglement durch ein System der *Produktherstellungs- und -vertriebskontrolle,* das im Vorfeld des Verkaufsgeschäfts an den Kundenmärkten eingreift bzw. dieses vorbereiten soll. Regelungszweck ist die Schaffung präventiv wirkender Schutzmechanismen zur Vermeidung oder Eindämmung von Kapitalanlagerisiken, die durch den Vertrieb bestimmter Finanzprodukte bei bestimmten Käufergruppen mutmaßlich ausgelöst werden. Der individuelle Anlegerschutz herkömmlichen Zuschnitts wird so um das Rechtsinstitut eines *kollektiven Verbraucherschutzes* erweitert, der Anleger mutiert vom renditesuchenden Kapitalanbieter/Investor zum notorisch verlustgefährdeten Produktnachfrager/Käufer.[6] Schutzgarant ist gem. § 80 Abs. 9 S. 1 WpHG jede Bank im umgangssprachlichen Sinne (in der Terminologie des WpHG: „Wertpapierdienstleistungsunternehmen"), die Finanzinstrumente (§ 2 Abs. 4 WpHG) „zum Verkauf konzipiert", also entweder selbst emittiert oder im Auftrag des Emittenten in den Markt einführt.[7] Neben diesen *Produktherstellern* oder *„Konzepteuren"* (§ 11 Abs. 1 S. 1 WpDVerOV), die funktional dem banklichen Emissionsgeschäft, also dem Primärmarkt für Wertpapierplatzierungen zuzuordnen sind,[8] stehen diejenigen Banken in der Verantwortung, die

---

4 Überblick bei *Buck-Heeb* ZHR 179 (2015), 782, 799 f.; *Lange* DB 2014, 1723, 1724 f.

5 Vgl. die Zusammenstellung bei SBL BankR-HdB/*Faust* § 109 Rn. 8 ff.; Staub/*Grundmann* BankvertragsR Teil 8 Rn. 11. Für das Jahr 2018 zählt *Veil* 39 Level 2-Umsetzungsakte sowie 150 Level 3-Maßnahmen und gelangt zu einem Gesamtumfang von insgesamt 20.000 Seiten (BB 2018 Heft 44, Die Erste Seite; s.a. FAZ 16.12.2017, S. 27). Kritisch zu alledem ein großer Teil der neueren Literatur, vgl. die Übersicht bei *Buck-Heeb* JZ 2017, 279 m.w.N.

6 *Ekkenga* in MünchKommHGB, Band 6 Bankvertragsrecht, 4. Aufl. 2019, Effektengeschäft Rn. 4, 89, 258.

7 *D. Busch* WM 2017, 409, 410.

8 Nicht betroffen sind allein die Emittenten selbst, sofern sie keine Wertpapierdienstleistungen erbringen. S. statt anderer *Lohmann/Gebauer* BKR 2018, 244, 251 f.

nach den Vorstellungen der Regulierer als *Vertreiber* bzw. *Vertriebsunternehmen* (§ 12 WpDVerOV) fungieren, indem sie die vom Hersteller bezogenen Finanzprodukte im Bankkundengeschäft fortwährend anbieten oder vermarkten (§ 80 Abs. 10 WpHG) bzw. dies beabsichtigen.[9]

## 2. Das Schutzprogramm: Verpflichtung der Banken zur Einhaltung eines zentral gesteuerten Produktfreigabe- und -überwachungsverfahrens

Das reichhaltige Schutzprogramm unterteilt sich in ein Produktfreigabe- und -überwachungsverfahren zur kontinuierlichen Kontrolle der Herstellung, des Inverkehrbringens und des Handels mit den betroffenen Finanzprodukten. Die einschlägigen Kernaussagen finden sich nach weithin textgetreuer Umsetzung der Europäischen Richtlinienvorgaben in § 80 Abs. 9 bis 13 WpHG sowie in den Konkretisierungsvorschriften der WpDVerOV. Danach hat ein Produkthersteller organisatorische Vorkehrungen dafür zu treffen, dass für jedes Finanzinstrument mit Blick auf den besonderen Schutzbedarf einer avisierten Kundengattung ein bestimmter *Zielmarkt* festgelegt wird, der „alle einschlägigen Risiken" berücksichtigt und die Grundlage einer kundengerechten „Vertriebsstrategie" bilden soll (Abs. 9 S. 2–4).[10] Im Anschluss an die Produktfreigabe hat der Produkthersteller fortwährend darüber zu wachen, dass die Strategie tatsächlich umgesetzt wird, was vor allem bedeutet, dass Verkäufe an Mitglieder einer „Kundengruppe", deren Profil nicht in die vorgefertigte Schablone hineinpasst, nach Möglichkeit zu vermeiden sind. Die praktische Umsetzung solch einer *negativen Zielmarktbestimmung* (§ 11 Abs. 7 S. 3 WpDVerOV) geschieht nach den Vorstellungen der Regulierer dadurch, dass der Hersteller/Konzepteur die Begebung des Wertpapiers einstellt, entsprechenden Einfluss auf die nachgeordnete Vertriebsstelle nimmt oder die Geschäftsverbindung mit dieser abbricht (§ 11 Abs. 12ff., insbes. Abs. 16 WpDVerOV). Die (weitere) Verkaufsförderung durch Werbung und Abgabe von Anlageempfehlungen hat zu unterbleiben, nach der weiter gehenden Auffassung der ESMA und der Kommission besteht sogar ein zwingendes Verkaufshindernis.[11]

---

9 Anders wohl *Bley* WM 2018, 162, 166. In § 80 Abs. 12 WpHG ist allerdings statt von „Vermarktung" von „Empfehlung" die Rede, was wohl nur auf eine handwerkliche Unzulänglichkeit zurückzuführen ist.

10 Eingehend *Buck-Heeb* ZHR 179 (2015), 782, 804ff.; aus neuerer Zeit *Lercara/Kittner* RdF 2018, 100, 102ff.

11 Dagegen allerdings *Buck-Heeb* ZHR 179 (2015), 782, 807f. Näher zur Problematik unter III., 2.

Vergleichbare Überwachungspflichten sind nach § 12 Abs. 9 bis 12 WpVerOV den Vertriebsunternehmen auferlegt.[12] Sie sind hierbei auf die Vorgaben der Produkthersteller nicht festgelegt, sondern müssen als die „kundennäheren" Instanzen eigene Zielmarktvorstellungen entwickeln.[13] Verbreitet wurde daraus abgeleitet, die Vertreiber seien in der Art ihrer Mittlungsdienste weitgehend frei; namentlich bestehe weder ein Weisungsrecht noch eine Einschätzungsprärogative des Herstellers, wenn der Vermittler den adressierten Kundenkreis nach eigenen Erkenntnissen erweitern oder gänzlich verändern wolle.[14] Diese Position ist durch die spätere Normgebung überholt, jedenfalls aber erheblich zu relativieren. Zwar bleibt richtig, dass das MiFiD-Regelwerk den Vertriebsunternehmen keine Befolgungspflicht ausdrücklich auferlegt.[15] Andererseits lässt sich nach aktuellem Stand nicht mehr behaupten, die Zielplanungen des Produktherstellers seien innerhalb der Vertriebsorganisation auf die Funktion eines unverbindlichen Vorschlages reduziert. Abgesehen davon, dass sich damit die Sinnfrage für eine Product Governance auf Herstellerebene überhaupt stellen würde, folgt das Gegenteil aus § 12 Abs. 12 WpDVerOV, der der Verkaufsstelle im Retail-Geschäft als „Endvertreiber" die *„Letztverantwortung"* für die Erfüllung der Produktfreigabebedingungen auferlegt.[16] Mit der dortigen Inbezugnahme von § 80 Abs. 9 WpHG ist klargestellt, dass sich diese Verantwortung gerade auch auf die Planungsergebnisse der Produkthersteller erstreckt.[17] Umgekehrt sind die Mitgliedstaaten gem. Art. 24 Abs. 2 MiFiD II gehalten, den Hersteller dafür in die Pflicht zu nehmen, „dass die Strategie für den Vertrieb der Finanzinstrumente mit dem bestimmten Zielmarkt vereinbar ist und dass die Wertpapierfirma zumutbare Schritte unternimmt um zu gewährleisten, dass das Finanzinstrument an den bestimmten Zielmarkt vertrieben wird."[18] (sachlich übereinstimmend Art. 16

---

**12** Näher hierzu *Ekkenga* in MünchKommHGB, Band 6 Bankvertragsrecht, 4. Aufl. 2019, Effektengeschäft Rn. 96.

**13** *Buck-Heeb* ZHR 179 (2015), 782 (805 f.); *Lange/Baumann/Prescher/Rüter* DB 2018, 556 (557); näher *Ekkenga* in MünchKommHGB, Band 6 Bankvertragsrecht, 4. Aufl. 2019, Effektengeschäft Rn. 95.

**14** Deutlich *Brenncke* WM 2015, 1173, 1174 unter zutr. Hinweis auf die Materialien zum KleinanlegerschutzG 2015, s. RegE BT-Drucks. 18/3994, S. 54.

**15** *D. Busch* WM 2017, 409, 411.

**16** Im Text ist von der „Erfüllung der Produktfreigabepflichten" die Rede. Gemeint ist aber, soweit es das Privatkundengeschäft betrifft, naturgemäß die Umsetzung der Freigabebedingungen.

**17** Zur Bedeutung der Wohlverhaltensregel des § 63 Abs. 5 S. 2 WpHG in diesem Zusammenhang, die der Bank das Anbieten und die Empfehlung von Finanzinstrumenten nur „im Interesse der Kunden" erlaubt, s. *Ekkenga* in MünchKommHGB, Band 6 Bankvertragsrecht, 4. Aufl. 2019, Effektengeschäft Rn. 196.

**18** Die sprachlichen Mängel sind den Zitiergepflogenheiten entsprechend übernommen.

Abs. 3 UA 3 MiFiD II). Über eigene Entscheidungsspielräume verfügt die Vertriebsstelle nach alledem nur, wenn und soweit sie infolge ihrer „Kundennähe" über besondere, dem Hersteller bislang verschlossene Erkenntnisse verfügt. Die Belastung der Vertriebsstellen mit originären Zielplanungs- und Überwachungspflichten soll lediglich gewährleisten, dass eine kontinuierliche Überprüfung der herstellerseitigen Zielvorgaben auf eventuell erforderliche Änderungen oder Ergänzungen stattfindet.[19]

## 3. Das Folgeproblem: Systemwidrigkeit marktstufenübergreifender Vertriebsstrukturen

Das Product-Governance-Konzept wird demnach beherrscht von der Vorstellung, dass sich der Wertpapierhandel vornehmlich oder ausschließlich innerhalb langfristig angelegter Vertriebsorganisationen abspielt, die durch eine *hierarchische Struktur* mit dem Produkthersteller an der Systemspitze geprägt sind. Der Weg vom Hersteller zum Bankkunden als *Endverbraucher* führt nicht über den (horizontalen) Wettbewerb im Zwischenhandel,[20] sondern über dauerhaft eingerichtete (vertikale) Absatzkanäle. Assoziationen mit den Vertriebsmittlungssystemen an den Gebrauchs- und Konsumgütermärkten mögen sich aufdrängen. Auch sie zielen darauf ab, die in die vertikale Absatzorganisation integrierten Unternehmen (insbes. Vertragshändler, Franchisenehmer) durch die vertragliche Dauerverpflichtung zum *selektiven Vertrieb* an die Distributionspläne des Herstellers zu binden (vgl. die Definitionsformel in Art. 1 Abs. 1 lit. e) der Europäischen GruppenfreistellungsVO (GVO) Nr. 330/2010). Obwohl sich dadurch der Aktionsradius des Herstellers bis zu einem gewissen Grade über die Marktstufe des Zwischenhandels hinweg auf das Produktangebot gegenüber dem Endkunden erweitert und die Vertriebsmittler als potentielle Wettbewerber der Anbieter im Zwischenhandel ausgeschaltet werden, treten kartellrechtliche Bedenken weitgehend zurück (vgl. Art. 2 GVO 330/2010). Der Grund: Von „vertikalen Gruppenkooperationen" der beschriebenen Art erhofft man sich eine Verbesserung des Qualitätsangebotes zum Wohle der Endabnehmer. An die Stelle des Einzelwett-

19 Die zentrale Steuerungsfunktion des Produktherstellers ist in derartigen – vermutlich eher häufigen – Fällen nicht etwa außer Kraft gesetzt. Vielmehr hat der Vertreiber die nunmehr erforderlichen Anpassungsmaßnahmen an der Systemspitze zu unterstützen, indem er den Hersteller auf dessen Anfrage mit den dafür erforderlichen Informationen versorgt (§ 12 Abs. 11 WpDVerOV).

20 So aber *D. Busch* 2017, 409, 411, der die Verantwortlichkeit von „Zwischenhändlern" als Verbindungsglied zwischen zwei Vertreibern (?) thematisiert.

bewerbs auf jeder Marktstufe tritt der marktstufenübergreifende Gruppenwettbewerb, das Absatzmittlungsnetzwerk als solches wird als marktliche Aktionseinheit betrachtet.[21]

Die einleitend skizzierte, vom vom Verbraucherschutzdogma getragene Umqualifizierung des Bankkunden vom Kapitalanleger zum Endverbraucher darf indes nicht darüber hinwegtäuschen, dass sich die wettbewerblichen Rahmenbedingungen an den Gebrauchs- und Konsumgütermärkten von den Wirkungsmechanismen im Wertpapierhandel grundlegend unterscheiden. Die Theorie vom Gruppenwettbewerb ist hier kein tragfähiger Rechtfertigungsansatz; vielmehr ist die Errichtung marktstufenübergreifender Vertriebsorganisationen auf dem Finanzsektor[22] ein *im Kern systemwidriger, weil gegen die Verteilungsfunktion der Kapitalmärkte und auf Herbeiführung wettbewerbsbeschränkender Versäulungsstrukturen gerichteter Vorgang*[23] (zu den Ausnahmen s. sogleich unter II., 1.). Dieser Einsicht haben sich die Urheber des Product-Governance-Projekts mit seinen auffälligen Parallelen zum Recht der leistungswirtschaftlichen Produktverantwortlichkeit und -überwachung[24] verschlossen, obwohl die Gründe offen zutage liegen: Selbst wenn man überhaupt geneigt sein sollte, in der „Konzeption/Herstellung" eines neuen Finanztitels Elemente eines leistungswirtschaftsähnlichen Qualitätswettbewerbs zu entdecken, führt kein Weg an der Erkenntnis vorbei, dass die Nachfrage nach Finanzprodukten und mit ihr das Preisniveau maßgeblich von der Option des kurzfristigen Wiederverkaufs, mithin vom gewinnorientierten Wechsel der Produktnachfrager in die Rolle des Produktanbieters bestimmt wird. Dieses gewinnschöpfende Steuerungselement fehlt im Handel mit Gebrauchs- und Konsumgütern.[25] In weiterer Konsequenz hat ein Hersteller von Finanzprodukten, der die Aktionsparameter im Retail Banking maßgeblich (mit-)bestimmen kann und darin mit anderen Anbietern ähnlicher Finanzprodukte konkurriert, ungleich weiter reichende Möglichkeiten einer marktstufen-

---

**21** S. bereits *Verf.* in AG 1987, 373 ff. zur Monographie von *Martinek*, Franchising, 1987, dort insbes. 484 ff. Aus jüngerer Zeit *Martinek* in Martinek/Semler/Flohr, Handbuch des Vertriebsrechts, 4. Aufl. 2016, § 2 Rn. 70 ff., 113; *Rahlmeyer* ebenda, § 40 Rn. 5 ff.

**22** Zur getrennten Erfassung von primären und sekundären Kapitalmärkten im Kartellrecht s. *Bueren* WM 2013, 585, 589.

**23** Damit soll nicht verkannt werden, dass die vertragliche Aufteilung von Absatzfunktionen zwischen einzelnen Handelshäusern durchaus vorkommt und bislang nicht beanstandet wird, vgl. BGHZ 196, 370 ff.; BGH WM 2014, 24 ff. „Accessio Wertpapierhandelshaus AG" (Kooperation zwischen Direktbank und anlageberatender Bank).

**24** Dazu *Buck-Heeb* ZHR 179 (2015), 782, 791; ausführlicher *Poppele*, Kapitalmarktinvestmentprodukte, 2015, S. 429 f.

**25** Für Vergleichbarkeit beider Märkte dagegen ohne überzeugende Begründung *Poppele*, Kapitalmarktinvestmentprodukte, 2015, S. 430.

übergreifenden (vertikalen) Preisbeeinflussung als der Hersteller eines Sachprodukts im herkömmlichen Absatzmittlungssystem. Aus demselben Grund hat der Europäische Gesetzgeber bekanntlich Verbotsgrenzen für die manipulative Einflussnahme auf Kursbildungen im Wertpapierhandel geschaffen. Die insoweit einschlägigen Vorschriften in Artt. 12, 13 MAR sind mit den Product-Governance-Regeln in keiner Weise abgestimmt.[26]

Was folgt aus alledem für den weiteren Umgang mit den Product-Governance-Regeln? Dem ist im Folgenden nachzugehen, und zwar zunächst mit dem Blick auf mögliche Interpretationsspielräume, die eine Reduzierung des offenbar überdimensionierten Reglements auf einen (noch) systemkonformen Kerngehalt erlauben und sowohl den sachlichen wie den persönlichen Anwendungsbereich betreffen (dazu sogleich unter II., III). Sodann wird zu erörtern sein, ob sich eventuell verbleibende Systemwidersprüche aus Gründen, die außerhalb des Marktschutzrechts liegen, rechtfertigen lassen (dazu abschließend unter IV.).

## II. Zu den Grenzen des sachlichen Anwendungsbereichs

### 1. Was sind „Finanzinstrumente“ im Sinne der Product-Governance-Regeln?

Die Produktfreigabe- und -überwachungsregeln erstrecken sich auf Bankgeschäfte in „Finanzinstrumenten“ i.S.d. § 2 Abs. 4 WpHG ohne ausdrückliche Unterscheidung danach, ob es sich um zirkulationstaugliche Handelsobjekte handelt oder nicht (vgl. § 80 Abs. 9 ff. WpHG). Da allerdings die marktliche Umlauffähigkeit umso mehr abnimmt, je komplexer ein Finanzprodukt strukturiert und je weniger es an etablierte Standards inhaltlich angepasst ist,[27] mögen sich aus der gesetzlich manifestierten Rollenverteilung zwischen „Konzepteuren“ und „Vertreibern“ erste Hinweise auf eine systemimmanente Einschränkung des sachlichen Anwendungsbereichs ergeben, und zwar in dem Sinne, dass unter den Begriff der „Finanzinstrumente“ nur Finanzprodukte fallen, deren Weg zum Anleger vom Handelsgeschehen an der Börse oder an sonstigen Zirkulationsmärkten nicht oder nicht nennenswert beeinflusst wird.

---

**26** *Ekkenga* in MünchKommHGB, Band 6 Bankvertragsrecht, 4. Aufl. 2019, Effektengeschäft Rn. 89.

**27** Näher *Ekkenga* in MünchKommHGB, Band 6 Bankvertragsrecht, 4. Aufl. 2019, Effektengeschäft Rn. 19 ff.

Institutionell gesichert ist ein solcher Direktvertrieb für das Retail Banking in Anteilen an Fondsvermögen (Investmentzertifikaten). Sie sind von vornherein auf *längerfristiges Halten* angelegt; der Kapitalanleger tritt den vertriebsmittelnden Stellen (häufig Sparkassen) vorwiegend als Produktkäufer, weniger oft als Verkäufer in Erscheinung; mehr oder weniger erratisch hervortretende Veräußerungswünsche bedient die Kapitalverwaltungsgesellschaft als Emittentin nach dem Rückkaufmodell gem. § 98 KAGB.[28] Allerdings zählen derartige Anteilsscheine – obwohl „Finanzinstrumente" i. S. d. der Product-Governance-Vorschriften (§ 2 Abs. 4 Nr. 2 WpHG) – eher nicht zu den hochspekulativen Finanztiteln, deren Gefahren für den Privatkunden durch die Neuregelung vor allem eingedämmt werden sollen. Mit den Product-Governance-Regeln wollten die Europäischen Gremien vielmehr auf neuartige Gefahren reagieren, die vor allem durch das Retail Banking in sog. *strukturierten Finanzprodukten* heraufbeschworen werden.[29] Darunter versteht die Praxis komplex arrangierte und in großer Vielfalt immer wieder neu variierte *Anleihen oder Schuldverschreibungen*, die sich für den Handel mit umlauffähigen Kapitalanlagen nicht eignen. Sie werden dem breiten Anlegerpublikum erst zugänglich, indem die Emittenten den fortwährenden An- und Verkauf selbst organisieren. Dies geschieht durch Einschaltung eigener oder Beauftragung fremder Market Maker, die das Marktgeschehen als sog. Designated Sponsors durch das Stellen verbindlicher Quotes beeinflussen, so dass sich über den eigentlichen Emissionszeitpunkt hinaus eine dauerhafte, emittentengesteuerte Wertentwicklungsdynamik einstellt.[30] Die begriffliche Nähe zur Funktionsbeschreibung der Produkthersteller („Konzepteure" oder „Konstrukteure") ist demnach keineswegs zufällig, zumal die Erfahrung lehrt, dass derartige Finanztitel mangels Fungibilität nicht in nennenswertem Ausmaß zirkulieren; Emissionen in großer Stückzahl kommen kaum vor, nicht selten handelt es sich gar um Unikate[31] oder handverlesene Stücke mit hohen Wertvolumina bzw. Wertänderungsrisiken, geeignet vornehmlich für das professionelle Anlegerpublikum.[32]

---

**28** *Ekkenga* in MünchKommHGB, Band 6 Bankvertragsrecht, 4. Aufl. 2019, Effektengeschäft Rn. 77 Stichwort „Investmentzertifikate".

**29** *M. Lange* DB 2014, 1723, 1725.

**30** *Ekkenga* in MünchKommHGB, Band 6 Bankvertragsrecht, 4. Aufl. 2019, Effektengeschäft Rn. 6, 77 Stichwort „Strukturierte Finanzprodukte"; *Mülbert* WM 2007, 1149, 1152ff.

**31** Dazu ESMA, Final Report v. 2.6. 2017 (35 – 43 – 620) S. 36 unter Ziff. 24; *Lohmann/Gebauer* BKR 2018, 244, 252.

**32** *Ekkenga* in MünchKommHGB, Band 6 Bankvertragsrecht, 4. Aufl. 2019, Effektengeschäft Rn. 6, 69, 70.

## 2. Product Governance für Aktien?

Wenn also die Product-Governance-Regeln ursprünglich dazu bestimmt waren, die Gefahren aus dem Retail-Geschäft mit strukturierten Finanzprodukten schon im Vorfeld des eigentlichen Kundengeschäfts einzudämmen, bestehen gegen eine Verallgemeinerung durch Einbeziehung sämtlicher „Finanzinstrumente" durchgreifende Bedenken. „Einfache" Finanztitel wie namentlich *Aktien*, die als gesetzlich vorgeprägtes Fertigprodukt massenhaft emittiert werden und deren Ausstattungen nur vergleichsweise wenige Gestaltungsunterschiede aufweisen, passen nicht in dieses Schema. Weder bedarf es zu ihrer Erschaffung der Unterstützung durch erfindungsreiche „Konzepteure",[33] noch ist ihr Erwerb mit Verlustrisiken behaftet, die primär mit ihrer Eigenart als Handelsobjekt bzw. mit der Undurchschaubarkeit ihrer Ausstattungsmerkmale zu tun haben. Um so weniger leuchtet ein, warum die ESMA in einer Verlautbarung aus 2014 Emissionsvorgänge aller Art einschließlich Aktienemissionen als Herstellungsvorgänge im Sinne der Product-Governance-Regeln eingestuft hat. Zwar scheinen die Gremienmitglieder durchaus eine gewisse Sensibilität dafür zu entwickeln, dass detaillierte Zielplanungen für Aktienplatzierungen und -verkäufe angesichts ihres „Mainstream"-Charakters unter Kundenschutzaspekten wenig Sinn machen. So ganz will man aber dennoch nicht auf die Zentralsteuerung durch Emittenten und deren Hilfspersonen mit Bankstatus verzichten, da die Beteiligten ja die Möglichkeit hätten, sich auf Grobplanungen zu beschränken.[34] Offenbar nimmt die ESMA damit Bezug auf den allgemeinen Verhältnismäßigkeitsvorbehalt, inzwischen verankert in Art. 10 Nr. 1 Delegierte Richtlinie der Kommission zu MiFID II 2017/593. Die Kommission hat sich diesem Standpunkt in den einleitenden Erwägungen zu jener Richtlinie angeschlossen.[35]

Mit der Frage, wie eine solche Produktüberwachung – und sei es in reduziertem Umfang – in der Praxis umgesetzt werden soll, hat man die Banken indes alleingelassen. Nichts von allem, was das Kontrollprogramm der Product Governance ausmacht, passt zum Handel in Aktien.[36] Die Einrichtung eines *Produktfreigabeverfahrens* mit Blick auf bestimmte Kundengruppen an modellhaft vorgeplanten Zielmärkten ergibt hier nicht einmal ansatzweise irgendeinen Sinn. Anders als Investmentzertifikate und anders auch als die meisten sonstigen Zer-

---

**33** Insoweit übereinstimmend *D. Busch* WM 2017, 409, 410; a.A. *Buck-Heeb* CCZ 2016, 2, 7.

**34** ESMA, Final Report v. 19.12.2014, ESMA/2014/1569, 51ff.; dazu *Buck-Heeb* ZHR 179 (2015), 782, 805.

**35** Kommission Del-RL 2017/593, Erwgr. 18; zust. *D. Busch* WM 2017, 409, 410.

**36** Anders, aber nicht überzeugend *Buck-Heeb* CCZ 2016, 2, 7.

tifikate, die der Gruppe der strukturierten Finanzprodukte zuzuordnen sind,[37] ist das Chancen-/Risikoprofil von Aktien nicht überwiegend *objektspezifischer*, sondern *handelsspezifischer* Art,[38] weil sie als besonders fungible Standardwerte vergleichsweise häufig umgeschlagen werden. Der (Börsen-)Kursverlauf ist m.a.W. für die Erfolgsmessung einer Kapitalanlage in Aktien bedeutsamer als für die Performance der meisten Zertifikattypen, die im Durchschnitt über längere Zeiträume – u.U. bis zum Ende der Laufzeit – gehalten werden. Die künftige Kursvolatilität – und mit ihr die Risikoanfälligkeit – lässt sich aber zu Beginn des Lebenszyklus einer Aktie unmöglich voraussagen.[39] Und weil das so ist, könnte die Eignungsprüfung einer Aktie für den avisierten Kundenkreis frühestens im Anschluss an die erstmalige Marktunterbringung im *Produktfreigabeverfahren* stattfinden. Die Banken müssten also ihr Angebot im Privatkundengeschäft bei „besonders starken Preisschwankungen" i.S.d. § 12 Abs. 9 S. 3 WpDVerOV nach näherer Maßgabe dieser Vorschrift für ungeeignete Kunden sperren. Das wiederum scheitert an institutionell gesicherten Usancen und Handelsbedingungen, genauer: An der Anonymität des Erwerbers im Retail Banking. Die anbietende Bank erfährt nicht, wer der Endkunde ist,[40] weil Kauforders entweder im Wege der Effektenkommission oder im Eigenhändlergeschäft, in jedem Fall aber im eigenen Namen der orderausführenden Bank bedient werden.[41] Letztere wiederum kennt ihren Kunden, gehört aber nicht zum „Vertriebssystem" des Emittenten, was immer man darunter verstehen mag (s. noch unten III., 1.).

Mit dem *Gebot der Verhältnismäßigkeit* wäre es schließlich nicht zu vereinbaren, die handelnden Banken zur fortgesetzten Produktüberwachung auch solcher Finanztitel zu verpflichten, die dem Anlegerpublikum längst geläufig sind und die seit „unvordenklichen Zeiten" gehandelt werden. Vieles spricht deshalb dafür, die Product-Governance-Regeln in ihrem sachlichen Anwendungsbereich auf *neu geschaffene bzw. „neuartige" Finanzprodukte* zu begrenzen.[42] Von der Neukonstruktion eines Zertifikats mit *begrenzter Laufzeit* mag man solche Innovationsschübe vielleicht erwarten dürfen, nicht aber von der Emission neuer

---

**37** Näher *Ekkenga* in MünchKommHGB, Band 6 Bankvertragsrecht, 4. Aufl. 2019, Effektengeschäft Rn. 68.

**38** Ausführlich zu dieser Unterscheidung *Ekkenga* in MünchKommHGB, Band 6 Bankvertragsrecht, 4. Aufl. 2019, Effektengeschäft Rn. 328ff.

**39** Zur Frage des maßgeblichen Zeitpunktes weiterführend *Bley* AG 2017, 806, 807.

**40** Zu diesem Problem bereits *Buck-Heeb* ZHR 179 (2015), 782, 807.

**41** *Ekkenga* in MünchKommHGB, Band 6 Bankvertragsrecht, 4. Aufl. 2019, Effektengeschäft Rn. 106ff., 129ff.

**42** Näher *Ekkenga* in MünchKommHGB, Band 6 Bankvertragsrecht, 4. Aufl. 2019, Effektengeschäft Rn. 93 in Auseinandersetzung mit § 80 Abs. 12 S. 3 WpHG; anders offenbar die Rechtsauffassung in der Bankpraxis, s. *Buck-Heeb* ZHR 179 (2015), 782, 793.

Aktien *mit unbegrenzter Laufzeit*. In diesem Zusammenhang fällt zusätzlich ins Gewicht, dass der Gesetzgeber offenbar keinen Anlass gesehen hat, für den Umgang mit bereits existierenden und umlaufenden Finanztiteln Übergangsregelungen zu schaffen (vgl. § 137 WpHG). Wollte man also auf besagten Innvovationsvorbehalt verzichten, müssten die Banken ihre Beobachtungs- und Kontrollmaßnahmen auch auf solche Aktien erstrecken, die vor Jahrzehnten emittiert und in Umlauf gebracht wurden – ein schwer vorstellbares Szenario.

## III. Zu den Grenzen des personellen Anwendungsbereichs

### 1. Was sind „Vertriebsstellen" bzw. „Vertriebsunternehmen"?

Welche konkreten Vorstellungen sich die Urheber von MiFiD II unter einer Vertriebsorganisation an den Finanzmärkten und von der Tätigkeit von Vertriebsunternehmen gemacht haben, geht aus dem Regelwerk nicht hervor. Hinzu kommt der für das Europäische Recht geradezu charakteristische Hang zur Beliebigkeit im Umgang mit Rechtsbegriffen. Die finanz- und marktwirtschaftliche Aufgabenteilung in „Produktherstellung" (Emission), „Produktvertrieb" (Platzierung) und „fortgesetztem Handel" findet überhaupt keine Erwähnung; stattdessen ist unorthodox von „Vermarktung, Vertrieb und Verkauf" die Rede.[43] Zu den mehr oder weniger planlos verwendeten Bezeichnungen, die auf einen „Vertrieb" hindeuten, gehören das *Vermarkten* (§ 80 Abs. 10 S. 1 WpHG), das *Empfehlen* (§ 80 Abs. 12 S. 1 WpHG, § 12 Abs. 1, 2 WpDVerOV), das *Vertreiben* (§ 12 Abs. 3–5 WpDVerOV) und nach der Textfassung des § 80 Abs. 10, 12 WpHG sogar schon jedes *Anbieten* von Finanzinstrumenten. Diesem sprachlichen Durcheinander lässt sich wenig Substantielles abgewinnen. Einen weiterführenden Hinweis gibt immerhin § 11 Abs. 16 Nr. 7 WpDVerOV, dem offensichtlich die Annahme zugrunde liegt, dass Vertriebsunternehmen im Sinne der Vorschrift – ähnlich wie die Absatzmittler in der Leistungswirtschaft – auf Grundlage einer *vertraglichen Langzeitvereinbarung in die Vertriebsorganisation des Konzepteurs/Produktherstellers eingegliedert* sind. Demnach bestünde die Aufgabe der Vertriebsmittler in der Erbringung einer fremdnützigen Dienstleistung, die auf fortwährende Unterhaltung eines werbebetonten Verkaufsbetriebes unter Beschränkung des Sortiments auf die Finanzprodukte eines oder mehrerer Emittenten gegen Vergütung gerichtet wäre.

---

43 Vgl. Artt. 40 bis 42 MiFiR, jeweils in Abs. 1 lit. a MiFiR.

Wie sich ergänzend aus § 12 Abs. 6 S. 5 WpDVerOV sowie der Europäischen Vorlage in Art. 10 Abs. 2 UAbs. 3 Del-RL 2017/593 entnehmen lässt, scheint man die Existenz solcher *selektiven Vertriebssysteme* ohne weiteres auch für Finanzprodukte zugrunde zu legen, die im freien Handel an den Sekundärmärkten zirkulieren. Wie andererseits unter I., 3. schon angedeutet, stehen Aktivitäten des Emittenten oder seiner bediensteten Hilfspersonen, die den (Börsen-)Kurswert eines Finanztitels künstlich, d. h. abgekoppelt vom Preissteuerungsmechanismus des Wertpapierhandels beeinflussen könnten, in der Europäischen Union unter kritischer Beobachtung. Sog. *„Liquiditätsverträge"*, die zwischen Emittenten und Personen, die „in deren Lager" stehen, einerseits und sog. „Investment service-" oder „Liquidity-Providern" andererseits geschlossen werden und die dem Emittenten dazu verhelfen sollen, selbst als Anbieter oder Nachfrager „seiner" Finanztitel auf den Handel einzuwirken, sollen nach einer Verlautbarung („Opinion") der ESMA aus dem Jahre 2017 von den nationalen Aufsichtsbehörden nur unter bestimmten Bedingungen nach den Grundsätzen des Art. 13 Abs. 2 MAR freigegeben werden können.[44] Außerhalb einer förmlichen Einstufung als „zulässige Marktpraxis" (accepted market practice, AMP) gelten derartige Vereinbarungen hingegen als kapitalmarktrechtlich inkriminiert, sofern sie nicht unter die für Market Maker bzw. Designierte Sponsoren geschaffenen Freistellungsregeln fallen.[45]

Möglicherweise hat man diesbezüglich einen Systemwiderspruch mit den Product-Governance-Regeln nicht in Betracht gezogen, weil deren Rechtsfolgen gerade nicht auf eine emittentenseitige *Ausweitung des Produktangebots*, sondern im Gegenteil auf die Förderung oder Erzwingung *angebotsverengender Maßnahmen* gerichtet sind.[46] Abgesehen davon, dass manipulative Preisbeeinflussungen auch das Ergebnis restriktiver Angebotspraktiken sein können,[47] ginge aber dieser Einwand daran vorbei, dass sich auftragsgemäße Verkaufsförderung und -selektion nicht trennen lassen. Vertragszweck ist stets die Verkaufsförderung durch den Hersteller, die im Zweithandel bislang nur in den geordneten Bahnen eines börslich überwachten Market Making bzw. Designated Sponsoring

**44** ESMA, Opinion v. 25. April 2017, ESMA 70 – 145 – 76: „Points for convergence in relation to MAR accepted market practices on liquidity contracts".

**45** *de Schmidt*, in: Just/Voß/Ritz/Becker, WpHG, 2015, § 20a Rn. 203 f.; *Schmolke* in Klöhn, MAR, 2018, Art. 13 Rn. 6. Zur Abgrenzung ausführlich *Müller-Lankow* WM 2017, 2335 ff.

**46** Beispiele bei *Buck-Heeb* ZHR 179 (2015), 782, 810.

**47** *Fleischer/Bueren* ZIP 2013, 1253, 1254 f.; speziell mit Bezug auf das Market Making *Hofschroer*, Market Making und Betreuung im Börsenaktienhandel, 2010, S. 227, 235.

stattfindet.[48] Die vorerwähnte Widersprüchlichkeit meint m.a.W. nicht das zum Schutz der Bankkunden verfolgte markteinschränkende Steuerungsziel, sondern das zur Marktsteuerung geschaffene Instrumentarium. Auf durchgreifende Bedenken stößt, dass die Europäischen Regulierer einen *Institutionsschutz für vertikale Vertriebsmittlungssysteme mit den emittierenden bzw. emissionsbegleitenden Banken an der Systemspitze* geschaffen haben, die es im organisierten Wertpapierhandel – namentlich, aber nicht nur im Aktienhandel – bislang nicht gibt und, wie sogleich zu zeigen sein wird, mit den damit angestrebten Ergebnissen auch in Zukunft nicht geben kann.

## 2. Inpflichtnahme der unabhängigen Händler als „fiktive" Vertriebsmittler?

Das soeben erwähnte Funktionshindernis meint die Unmöglichkeit, undurchlässige – und damit schutzwirksame – Marktzutrittsschranken für „ungeeignete" Bankkunden zu errichten, und zwar selbst unter der (zweifelhaften) Prämisse, dass es den vertriebsmittelnden Bankinstituten rechtlich versagt wäre, eine vom Kunden an sie herangetragene Kauforder zu bedienen.[49] Die Hintergründe sind kapitalmarktspezifisch und lassen sich auf die Verhältnisse an den Leistungsmärkten nicht übertragen: Fungible Finanztitel sind – im Gegensatz zu Gebrauchs- und Konsumgütern – Gegenstand *häufig wiederkehrender Erwerbs- und Veräußerungsvorgänge.* Zu den potentiellen Veräußerungsinteressenten gehören naturgemäß auch die privaten Kapitalanleger sowie alle für sie oder eigengeschäftlich handelnden Wertpapierinstitute in ihrer Eigenschaft als *Anbieter* eines Finanzproduktes. Welche kundenschützenden Wirkungen man sich von einem Product-Governance-Reglement erhoffen soll, das den „freien" Produktanbietern an den Zirkulationsmärkten die fremdgesteuerten Funktionsträger einer marktstufenübergreifenden Vertriebsorganisation an die Seite stellt, erschließt sich nicht – es sei denn, man versetzt dem freien Handel den finalen Todesstoß und unterwirft *alle* am Markt beteiligten Verkaufsstellen par ordre du mufti – seien sie

48 Vgl. dazu §§ 99 ff. BörsenO der FWB (abgedruckt bei *Kümpel/Hammen/Ekkenga*, Kapitalmarktrecht, Kennz. 438) zu den Verantwortlichkeiten des Emittenten für die Einhaltung der zur Aufrechterhaltung des Handels eingerichteten Quotierungspflichten und für die Stellung indikativer Quotes.

49 Letzteres wäre allerdings die Konsequenz, wenn man der Kommission und der ESMA darin folgt, dass auch das anwerbe- und beratungsfreie Ordergeschäft (execution only) in den Anwendungsbereich der Product-Governance-Regeln einbezogen sei; s.u. bei Fn. 50. sowie *Lange* DB 2014, 1723, 1728.

nun einer vertikalen Vertriebsorganisation vertraglich angegliedert oder nicht – den emittentenseitig vorgegebenen restriktiven Absatzzielen.

Insofern mag man es für konsequent halten, dass die Europäischen Instanzen, allen voran die ESMA und die Kommission, einen allumfassenden Regulierungsansatz verfolgen, der auch die freien (vertragslosen) Wertpapieranbieter einbezieht und selbst diejenigen Institute nicht ausnimmt, die Finanzprodukte im reinen Ausführungsgeschäft, also auf ausdrückliche Kundenorder kaufen und verkaufen (execution only).[50] Die einschneidenden Folgen laufen darauf hinaus, die persönliche Disposition jedes Privatanlegers mitsamt ihren individuellen Präferenzen und Fähigkeiten unter die Kuratel der einheitlichen (negativen, s.o. unter I., 2.) Zielmarktbestimmung zu stellen und ihn auch dann vom Markt zu drängen, wenn er triftige Gründe für den Erwerb eines „unplanmäßigen" Finanzproduktes hat wie etwa die Vervollständigung eines diversifizierten Portfolios oder die Schließung einer offenen Risikoposition durch Hedging.[51]

Dass ein derart radikales Abschottungsregime im Ergebnis einer verbotswidrigen *Kernbeschränkung des Wettbewerbs*[52] gleichkommt, versteht sich zwar von selbst, ist aber im Eifer des Gefechts offensichtlich übersehen worden. Nachdem Art. 4 lit. c) GVO Nr. 330/2010 keinen Zweifel daran lässt, dass Kernbeschränkungen „des aktiven oder passiven Verkaufs an Endverbraucher durch auf der Einzelhandelsstufe tätige Mitglieder eines selektiven Vertriebssystems" nicht unter die kartellrechtliche Gruppenfreistellung nach Art. 2 GVO Nr. 330/2010 fallen, hätte das Verhältnis aller mit der Product-Governance einhergehenden Konzertierungsabsprachen und -maßnahmen zur kartellrechtlichen Verbotsregel des Art. 101 AEUV geklärt werden müssen. Problematisch daran ist, dass das Europäische Kartellrecht nach derzeitigem Stand keine *Rule of Reason* anerkennt, die es erlauben würde, den „kollektiven" Verbraucherschutz (s. oben unter I., 1.) mit seinen wettbewerbsbeschränkenden Rechtsfolgen – ähnlich der für Normkollisionen im inländischen Recht entwickelten *Immanenztheorie*[53] – von vornherein über das Kartellrecht zu stellen.[54] Alternativ wäre daran zu denken, Ver-

---

**50** ESMA 2014/1569, Final report, 56; Kommission Del-RL 2017/593, Erwgr. 18; *Lange* DB 2014, 1723 (1728); zust. *D. Busch* WM 2017, 409, 410; *Buck-Heeb* CCZ 2016, 2 (8); kritischer *Buck- Heeb* ZHR 179 (2015), 782 (806 f.); dagegen mit Recht *Lohmann/Gebauer* BKR 2018, 244, 252 m.w.N.; abl. auch schon *Verf.* in MünchKommHGB, 4. Aufl. 2019, Effektengeschäft Rn. 390.

**51** Zutr. *Buck- Heeb* ZHR 179 (2015), 782, 808; *Koch* BKR 2012, 485, 491 f.

**52** Allgemein dazu *Wollmann/Herzog* in MüKoEuWettbR AEUV Art. 101 Rn. 252 ff., 271 ff.; *Jestaedt/Zöttl*, ebenda, Art. 4 GVO Nr. 330/2010 Rn. 66; speziell mit Bezug auf Kapitalmärkte *Bueren* WM 2013, 585, 594.

**53** Dazu mit speziellem Bezug auf vertikale Gruppenkooperationen *Verf.* AG 1987, 373, 374 ff.

**54** *Säcker/Molle* in MüKoEuWettbR AEUV Art. 101 Rn. 84 ff. m.w.N.

einbarungen oder Maßnahmen des Herstellers/Konzepteurs oder eines von ihm beauftragten Vertriebsmittlers, die auf den Ausschluss bestimmter Kundengruppen vom Erwerb besonders „gefährlicher“ Finanztitel gerichtet sind, im Anschluss an die Spruchpraxis der Kommission[55] und die mit der Metro-Entscheidung begründete Judikatur des EuGH[56] mit der Vorbeugung gegen solche Marktstörungen zu rechtfertigen, die nach den Erfahrungen der Finanzkrise 2008 *durch* den schrankenlosen Handel mit bestimmten Finanzprodukten entstehen können. In diesem Sinne wollte man die MiFiD-II-Reform in der Tat verstanden wissen.[57] Der Sinn und Zweck der Regelung müsste demnach darauf gerichtet sein, die Errichtung von Marktzutrittsschranken für Privatanleger als zwar bedauerlichen, aber *unerlässlichen* Schritt zur Verhinderung noch tiefgreifenderer Marktstörungen hinzunehmen.[58]

Ein zwingender Regelungsbedarf in diesem Sinne lässt sich aber, ohne hier auf die kartellrechtlichen Folgefragen vertieft eingehen zu können, weder den tatsächlichen Verhältnissen im Wertpapierhandel noch dem Entwicklungsstand des Kapitalmarktrechts vor Beginn der MiFiD-Reformen entnehmen. Wie die nachfolgende Schlussbetrachtung vielmehr ergeben wird, ist das Reglement der Product Governance nichts weiter als die Reaktion auf hausgemachte Probleme, deren Wurzeln bereits in den Anfängen der MiFiD-Reformen zu suchen sind und die teils mit einer grundlegenden Verkennung tragender Funktionsbedingungen im Wertpapierhandel, teils mit einer nicht minder fundamentalen Verkennung des im Wertpapierhandel vorherrschenden Regelungsbedarfs zu tun haben (dazu sogleich unter IV.).

---

**55** Kommission, 30. Bericht über die Wettbewerbspolitik 2000, S. 29 (Tz. 23).

**56** EuGH v. 25.10.1977, Slg 1977, 1875 (Tz. 21); ferner EuGH v. 11.9.2014 – C 382/12-P „Mastercard“ (Rn. 89 ff).

**57** *Faust* in Schimansky/Bunte/Lwowski, Bankrechts-Handbuch Band II, 5. Aufl. 2017, § 109 Rn. 8; *Bley* AG 2017, 806, 809 f. mit Einzelheiten zur Szenarioanalyse nach Art. 9 Abs. 4 DRL MiFiD II 2017/593.

**58** EuGH v. 11.9.2014 – C 382/12-P „Mastercard“ (Rn. 91).

## IV. Die Irrtümer im Leitbild des „überforderten Bankkunden“ und die Folgen

### 1. Das Konzept

Geschützt werden soll der Bankkunde als Teil eines Verbraucherkollektivs, dessen Mitglieder als Käufer von Finanzprodukten fortwährend der Gefahr vermögensschädigender Fehlentscheidungen ausgesetzt sind. Im Gegensatz zum individuellen Anlegerschutz erlaubt diese abstrakte Verklammerung keine Differenzierung nach dem persönlichen Schutzbedarf einzelner Bankkunden.[59] Vielmehr gilt allein dessen Teilnahme am Wertpapiergeschäft als hinreichender Grund, seine Schutzbedürftigkeit *pauschal* zu bejahen. In weiterer Konsequenz entsteht ein einheitliches Schutzniveau größtmöglicher Intensität, das sich zwangsläufig an den Interessen der Blinden unter den Einäugigen orientieren muss. Auch wer als *Privatkunde* die Marktrisiken verlässlich einzuschätzen vermag und staatlichen Schutz weder wünscht noch benötigt, findet sich in der Rolle eines intellektuell und psychologisch hoffnungslos überforderten „Kleinanlegers“ wieder,[60] der vor den Risiken und Folgen seines eigenen Tuns so weit wie irgend möglich abgeschirmt werden muss – selbst um den Preis seiner Entscheidungsfreiheit.[61]Dass dieser Regulierungsansatz auf *professionelle Kunden* wie Banken, Versicherungen und Investmentfonds nicht passt, versteht sich von selbst. Der Gesetzgeber hat deshalb ein grobmaschiges *Klassifizierungssystem* geschaffen, das darauf abzielt, das volle Schutzprogramm grundsätzlich auf Privatkunden zu beschränken (§ 67 Abs. 2 bis 4 WpHG). Letztere haben zwar die Möglichkeit, dem ihnen aufgezwungenen Schutzschirm durch freiwilligen Einstieg in die höhere (professionelle) Kundenklasse zu entfliehen. Gelingen kann dies aber nur unter Inkaufnahme eines aufwendigen Umstufungsverfahrens und unter recht engen Klassifizierungsbedingungen (§ 67 Abs. 6 WpHG).

Dieses restriktive Opt-in-Verfahren bestätigt einmal mehr, dass MiFiD II der Leitgedanke des „unmündigen Anlegers“ zu Grunde liegt; die früher vorherrschende Vorstellung vom Ideal des rational handelnden Homo Oeconomicus ist den neueren Erkenntnismethoden der verhaltenswissenschaftlichen Forschung (Behavioral Finance)[62] zum Opfer gefallen.[63] Zugleich hat sich der Gesetzgeber

---

59 Rechtstatsächliche Beobachtungen hierzu bei *Buck-Heeb* JZ 2017, 279, 283 f.

60 Vgl. nur Art. 24 Abs. 14 c), Art. 25 Abs. 8 MiFiD II.; dazu *Buck-Heeb* BKR 2017, 89, 96; *dies. Buck-Heeb* JZ 2017, 279, 284 f.; *dies.* WM 2014, 386, 387; krit. *Langen* NZG 2011, 94, 97.

61 Ausführlicher *Buck-Heeb* BKR 2017, 89, 96 f. m. w. N.

62 Dazu *Veil*, Europäisches Kapitalmarktrecht, 2. Aufl. 2014, § 6 Rn. 20.

von der tradierten Vorstellung weitgehend verabschiedet, dass sich der Kapitalanleger die nötige „Marktreife" jederzeit aus eigener Kraft verschaffen kann, indem er fachkundigen Rat einholt. MiFiD II ist ein Misstrauensvotum gegenüber dem dezentral und auf freien Märkten praktizierten *Beratungsgeschäft der professionellen Finanzdienstleister.* Diesem Denkansatz liegen, wie sogleich zu zeigen sein wird, drei grundlegende und folgenschwere Irrtümer zugrunde, die sowohl die Einschätzung des Regelungsbedarfs (dazu sogleich unter 2) als auch die Sinnhaftigkeit der durch die MiFiD-Reformen neu geschaffenen Rechtsfolgeanordnungen betreffen (dazu sodann unter 3,4).

## 2. Die kapitalmarktrechtliche Irrelevanz einer chronischen persönlichen Überforderung

Die soeben erwähnte Abkehr vom Schutzkonzept einer *anlegergerechten Individualaufklärung,* das sich nicht erst seit der richtungsweisenden Leitentscheidung des BGH in Sachen „Bond – Anleihe"[64] jahrzehntelang bewährt hat,[65] geht auf die Ursprünge der MiFiD-Reformen zurück und setzt sich in MiFiD II unverändert fort.[66] Man glaubt nicht mehr so recht an die schützende Wirkung der – nach wie vor geltenden – Wohlverhaltensregeln (vgl. §§ 63 ff. WpHG), deren Verletzung nicht nur aufsichtsrechtliche, sondern vor allem auch zivilrechtliche (Haftungs-)Folgen für das beauftragte Institut nach sich ziehen kann.[67] Mit seinen Regelungen zur Product Governance scheint der europäische Gesetzgeber den Emittenten, deren Hilfspersonen und den behördlichen Gremien als zentrale Informations- und Kontrollstellen sogar mehr fachliche Expertise zuzutrauen als den freien Effektenbanken und Anlageberatern trotz ihrer „Marktnähe". Der chronisch überforderte Kapitalanleger benötigt zur Erlangung seiner Marktreife statt einschlägiger Informationen über das avisierte Investment (ausgerechnet) die Unterstützung des ihn umwerbenden Kapitalnachfragers mitsamt seiner Vertriebsorganisation

63 *Buck-Heeb* BKR 2017, 89, 96; *dies.* JZ 2017, 279, 286.

64 BGHZ 123, 126 (128), bestätigt durch BGHZ 189, 13 Rn. 20 – Deutsche Bank; BGH NJW-RR 2012, 43 Rn. 22 – Lehman Brothers; dazu ausführlich *Schwintowski* FS Hopt, Band 2, 2010, 2507 ff. *Ellenberger* WM 2001, Sonderbeil. 1, 3 ff.

65 *Koch* BKR 2012, 485, 486.

66 Näher *Ekkenga* in MünchKommHGB, Band 6 Bankvertragsrecht, 4. Aufl. 2019, Effektengeschäft Rn. 321 ff. Vgl. auch *Mülbert* WM 2007, 1149 (1156): „Das Ende von Bond durch die MiFID".

67 *Ekkenga* in MünchKommHGB, Band 6 Bankvertragsrecht, 4. Aufl. 2019, Effektengeschäft Rn. 304 ff.

und den Staat als Schutzpatron – so der gewagte, bislang allerdings durch keinerlei einschlägige Erfahrungen bestätigte Regulierungsansatz.[68]

Sucht man nach den einschlägigen Beweggründen, stößt man auf die nicht minder fragwürdige These, das individuell auf den Bankkunden zugeschnittene Informationsmodell könne angesichts der sprunghaft zunehmenden Komplexität der Verhältnisse an den Kapital- und Terminmärkten und der mit ihr einhergehenden Masse relevanter und irrelevanter Informationsinhalte schlechterdings nicht mehr optimal funktionieren.[69] Daran ist zwar noch richtig, dass der zuletzt vielbeklagte „Information Overload" tatsächlich existiert,[70] indes sind dessen Ursachen nicht so sehr auf eine Systemschwäche im Wertpapierhandel und Beratungsgeschäft als mehr auf Gesetzgebungsfehler im Zuge der MiFiD-Reformen, genauer: auf Übertreibungen im Verbraucherschutz an den Kapitalmärkten zurückzuführen (dazu näher sogleich unter 3.). Im Übrigen gilt nach wie vor, dass Intransparenzen gleich welcher Art, die durch das *systemimmanente Informationsgefälle im Verhältnis zwischen Emittent und Kapitalanleger* bedingt sind, geradezu den Kern des Regelungsbedarfs im Bankkundengeschäft ausmachen. Es ist also genau umgekehrt: Gerade *weil* die Privatkunden der über Börsenzulassungsprospekte und sonstige Organe der Allgemeinpublizität verbreiteten Informationsflut hilflos gegenüberstehen, bedarf es der anlegergerechten Individualaufklärung durch freie Wertpapierdienstleister, die als Informationsfilter und -verarbeiter zwischen den öffentlichen Pflichtmitteilungen und dem organisierten Wertpapierhandel fungieren und so für die nötige „Passgenauigkeit" der Informationsvermittlung im Retailgeschäft sorgen.[71] Wenn und soweit dieser Markt für Informationsmittler funktioniert, bedarf der Anleger weder der paternalistischen Anleitung durch Zielmarktbestimmungen noch überhaupt der interventionistischen Fürsorge.[72] Der rechtliche Steuerungsmechanismus findet sich vielmehr im

---

68 Mit rechtstatsächlichen Erhebungen zur Erarbeitung einer regulatorischen Planungsgrundlage scheint man sich nicht groß aufgehalten zu haben, vgl. Staub/*Binder* BankvertragsR 7. Teil Rn. 34.

69 In diesem Sinne etwa *Buck-Heeb* BKR 2017, 89, 96. Überblick über den Diskussionsstand im In- und Ausland mit zahlreichen Quellenhinweisen bei *Grundmann* ZBB/JBB 2018, 1, 7.

70 *Poppele*, Kapitalmarktinvestmentprodukte, 2015, S. 238 ff.; *Buck-Heeb* JZ 2017, 279, 285; *Koch* ZBB/JBB 2014, 211, 212 f.; *ders.* BKR 2012, 485, 487 f.

71 Zutreffend erkannt von *Grundmann* ZBB/JBB 2018, 1, 7. Zum Stand der Diskussion s. etwa *Buck-Heeb* JZ 2017, 279, 286 f.

72 Insoweit wohl a.A. *Grundmann* ZBB/JBB 2018, 1, 7 mit Blick auf kognitive Wahrnehmungsstörungen, wie sie selbst beim voll informierten Anleger auftreten können („echte kognitive Verzerrungen"). Dem ist hier nicht weiter nachzugehen; einen „Zwang zur Vernunft" wird keine Rechtsordnung der Welt jemals leisten können.

Zivilrecht, genauer: In der *präventiven Lenkungsfunktion des Haftungsrechts.*[73] Das bedarf der Hervorhebung, weil sich die Reformdiskussion seit MiFiD mit zunehmender Dauer immer mehr ins Aufsichtsrecht verlagert hat und die ordnende Kraft des Zivilrechts bei all den Klagen über angebliche Regulierungsdefizite seit der Finanzkrise 2008 mitunter vollkommen aus dem Blick geraten ist.[74]

Zweifel daran, ob das Zivilrecht eine ausreichend tragfähige Plattform für die institutionelle Festigung der anlegergerechten Individualaufklärung bietet, mögen sich allerdings mit Blick auf die Anbieterfunktion der Effektenbanken im Privatkundengeschäft aufdrängen. Die vom Kunden erteilte Kauforder, sei sie nun auf den Abschluss eines Kommissions- oder Eigenhändlervertrages gerichtet, meint eben nicht die Vorbereitung der Anlageentscheidung durch Aufklärung, sondern die Vollziehung einer bereits getroffenen Anlageentscheidung. Und da die Bank als Auftragnehmerin das Effektengeschäft zwar für fremde Rechnung, gleichwohl aber im eigenen Umsatzinteresse betreibt, liegt der Einwand nicht fern, das nötige Forum für die obligatorische Individualaufklärung sei nicht im Retail Banking, sondern im Markt für unabhängige Anlageberatungen zu suchen.[75] In Deutschland ist der BGH diesem Einwand zwar bekanntlich begegnet, indem er die Rechtsfigur des *konkludent vorgeschalteten Anlageberatungsvertrages* aus der Taufe hob.[76] Danach muss die beauftragte Effektenbank, ist sie erst einmal in ein Verkaufsgespräch eingetreten, den individuellen Aufklärungsbedarf ihres Kunden voll decken und hierfür die haftungsrechtliche Verantwortung tragen, selbst wenn von einer vergüteten Beratungsleistung im Vorfeld des Wertpapierkaufs keine Rede sein kann. Diese methodologisch zwar nicht unangreifbare, zwischenzeitlich aber fest etablierte und bewährte Spruchpraxis dürfte allerdings die MiFiD-Reformen kaum überdauern. Denn nach Art. 58 Del.-VO (EU) 2017/565 ist die Bank seit dem 3.1.2018 verpflichtet, zu Beginn der Geschäftsbeziehung eine schriftliche Vereinbarung aufzusetzen, die eine „Beschreibung der Dienstleistungen sowie ggf. der Art und des Umfangs der vorzunehmenden Anlageberatung" enthält (Abs. 2 lit. a). Zwar handelt es sich um eine aufsichts-

---

**73** *Ekkenga* in MünchKommHGB, Band 6 Bankvertragsrecht, 4. Aufl. 2019, Effektengeschäft Rn. 287.

**74** S. etwa *Buck-Heeb* BKR 2017, 89, 97: Verbraucherschutz durch Aufsichtsrecht wirke ex ante, während „das Zivilrecht mit seinen schadensersatzrechtlichen Ansprüchen grds. lediglich ex post wirken" könne. Allgemein zur Präventionsfunktion des Schadensersatz demgegenüber *Ekkenga/Kuntz* in Soergel, BGB, 13. Aufl. 2014, Vor § 249 Rn. 28.

**75** *Ekkenga* in MünchKommHGB, Band 6 Bankvertragsrecht, 4. Aufl. 2019, Effektengeschäft Rn. 298 ff., dort auch zur Auferlegung vorvertraglicher Aufklärungspflichten und zur Bankenhaftung aus culpa in contrahendo.

**76** BGH WM 2014, 1036 Rn. 14; BGH NJW-RR 2012, 43 Rn. 22 mwN; BGHZ 189, 13 Rn. 20; BGHZ 123, 126, 128; BGHZ 100, 117, 118 f.

rechtliche, nicht um eine zivilrechtliche Vorschrift. Künftig wird man der Bank aber schwerlich den rechtsgeschäftlichen Willen zur Übernahme der Anlageberatung als Hauptleistungsverpflichtung unterstellen können, wenn sie Derartiges nicht schriftlich dokumentiert hat. Einmal mehr ist zu besichtigen, wie leicht sich übertriebener Formalismus gegen das selbst gesetzte Regulierungsziel – den Anlegerschutz – wenden kann, zumal wenn Normsetzungen im Öffentlichen Recht nicht ausreichend mit dem Zivilrecht abgestimmt sind.

## 3. Das Zerrbild einer chronischen sachlichen Überforderung

Die schon mehrfach erwähnte, reformleitende Vorstellung einer chronischen sachlichen Überforderung des anlagesuchenden Bankkunden ist ein Zerrbild, weil sie ein hausgemachtes Problem benennt, das durch die MiFiD-Novellen erst geschaffen worden ist. Ursache der Überforderung ist die Überschwemmung des anlagesuchenden Publikums mit Informationsinhalten, die für die konkrete Anlageentscheidung allenfalls zu einem geringfügigen Anteil relevant sind. Dieser „Information Overload" wiederum ist, worauf der *Verf.* schon vor Jahren vergeblich aufmerksam gemacht hat,[77] auf zwei Fehlentwicklungen in der Europäischen Normgebung zurückzuführen, die mit der Grobeinteilung der Schutzadressaten in Kundenklassen und dem damit einhergehenden *Paradigmenwechsel von der Individual- zur Massenaufklärung* zu tun haben:

Zum einen ist eine Individualaufklärung, die den persönlichen Bedarf des Kunden abdeckt und sich an die Grundversorgung mit Standardinformationen anschließt, im neueren Aufsichtsrecht für das Effektengeschäft als solches nicht mehr vorgeschrieben. § 63 WpHG orientiert sich vielmehr am Geschäftsmodell der „beratungsfreien Orderausführung",[78] das die Bank statt einer auf die Verhältnisse einzelner Kunden abgestimmten Aufklärungsleistung auf eine *überindividuelle Risikoaufklärung* festlegt, die sich an der Zugehörigkeit des Kunden zu einer bestimmten „Kundenklasse" orientiert.[79] Die Aufklärungsinhalte sind nach die-

77 *Ekkenga* in MünchKommHGB, Bankvertragsrecht, 3. Aufl. 2014, Effektengeschäft, Rn. 292ff., 297.

78 *Hannöver/Walz* in Schimansky/Bunte/Lwowski, Bankrechts-Handbuch Band II, 5. Aufl. 2017, § 110 Rn. 30ff.; *Spindler/Kasten* WM 2006, 1797 (1799); *Seyfried* WM 2006, 1375 (1382), jew. zu § 31 WpHG aF.

79 Das wird im Schrifttum nicht immer klar genug gesehen, vgl. *Spindler* in Langenbucher/Bliesener/Spindler, Bankrechts-Kommentar, 2. Aufl. 2016, 33. Kap. Rn. 38; *Kropf* WM 2014, 640 (642f.), mitunter gar schon im Ansatz verkannt (Staub/*Grundmann* in Staub, HGB, 5. Aufl. 2018,

sem Wechsel vom Einzel- zum Klassenunterricht zwar massentauglich, aber für den Empfänger weitgehend unbrauchbar. Nicht nur, dass der ratsuchende Kunde mit der breitflächigen Vermischung von Wichtigem und Unwichtigem allein gelassen wird,[80] wie sich durch zahlreiche Regulierungsbeispiele belegen lässt.[81] Obendrein werden ihm wichtige Entscheidungsparameter wie die Bonitätsdaten einzelner Emittenten von vornherein vorenthalten, weil das *konkrete Emittentenrisiko* aus allgemeinen, objektübergreifenden Informationen über die „Arten von Finanzinstrumenten" (§ 63 Abs. 7 S. 3 Nr. 1 WpHG) nicht hervorgeht[82] – ein bemerkenswerter Befund, nachdem die Finanzkrise 2008, auf die man doch mit den MiFiD-Reformen reagieren wollte, gerade auch durch die Lehman-Pleite und deren Schadensfolgen aufgrund von Fehleinschätzungen des Bonitätsrisikos verursacht worden war.[83] Zum zweiten wird das nach MiFiD ohnehin schon überladene Programm der Massenaufklärung durch die parallel geltenden Regelungen des *individuellen Verbraucherschutzes* bei Gebrauch der heute üblichen Kommunikationswege, insbesondere im elektronischen Geschäftsverkehr und im Homebanking, durch zahllose Redundanzen noch zusätzlich aufgebläht. Einmal mehr hat die mangelhafte Abstimmung zwischen öffentlichem Recht (MiFiD) und

BankvertragsR Teil 8 Rn. 185 („...individuelle Informationsabgabe (bildet) auch heute noch den Kern und das Paradigma der Intermediärstätigkeit im Wertpapierhandel").

**80** Zwar hat die Bank bestimmte Explorationspflichten nach Maßgabe von § 63 Abs. 10 WpHG zu erfüllen, die ihr dazu verhelfen sollen, sich vor Erbringung ihrer vertraglichen Leistung über die schon vorhandenen „Kenntnisse" und „Erfahrungen" des Kunden mit bestimmten Wertpapiertransaktionen zu informieren („Know your customer", S. 1). Gelangt sie zu der Erkenntnis, dass das avisierte Wertpapiergeschäft mit dem gewonnenen Kundenprofil nicht vereinbar und somit „unangemessen" ist, unterliegt sie aber nur einer *Hinweis- und Warnpflicht* (§ 63 Abs. 10 S. 3 WpHG), die wiederum in „standardisierter Form" erfüllt werden kann (§ 63 Abs. 10 S. 6 WpHG). Keineswegs ist sie gehalten, sich auch über die „Anlageziele" und die „finanziellen Verhältnisse" des Kunden zu informieren. S. zum Ganzen *Ekkenga* in MünchKommHGB, Band 6 Bankvertragsrecht, 4. Aufl. 2019, Effektengeschäft Rn. 324.

**81** Im opulenten Themenkatalog des Art. 47 Abs. 1 Del.-VO (EU) 2017/565 etwa geht es dem Verordnungsgeber weniger um die Einschätzung von Anlage- und Geschäftsrisiken als um die Belehrung über organisatorische und abwicklungstechnische Einzelheiten, die der Bank aufsichtsrechtlich vorgeschrieben sind und deren ordnungsmäßige Durchführung die Aufsichtsbehörde überwacht. Warum dem Kunden in seiner Eigenschaft als Anleger an derartigen Einblicken typischerweise gelegen sein soll, bleibt das Geheimnis der Regulierer. Die Vorschrift wirkt kontraproduktiv, indem sie dazu beiträgt, dass die wirklich wichtigen Informationen durch die Überversorgung mit irrelevanten Details zugeschüttet werden. S. erg. *Ekkenga* in MünchKommHGB, Band 6 Bankvertragsrecht, 4. Aufl. 2019, Effektengeschäft Rn. 359.

**82** Ausführlicher zur Beschreibung des „allgemeinen" und „konkreten" Emittentenrisikos *Ekkenga* in MünchKommHGB, Band 6 Bankvertragsrecht, 4. Aufl. 2019, Effektengeschäft Rn. 366 ff.

**83** S. statt anderer *Veil* WM 2009, 1585, 1587 ff.

Zivilrecht (hier: EU-RL 2011/83), wie anderenorts ausführlicher dargelegt, zu Rückschlägen im Bemühen um eine anlegerfreundliche Aufklärungsarbeit geführt.[84]

## 4. Der Kapitalanleger als Verbraucher? Ein Irrweg mit Folgen

Dass das Reformprojekt MiFiD II mit dem *zivilrechtlichen Regulierungsziel einer Förderung der Marktfunktionen* zum Schutze der Anleger nicht ausreichend abgestimmt ist, zeigt sich schließlich an der Rechtsidee eines kollektiven Verbraucherschutzes als dem gedanklichen Kern des Reformprojekts. Mit der Rezeption derjenigen Schutzinstrumente, die für den Konsum- und Gebrauchsgüterhandel geeignet sein mögen, führen die Reformer zusammen, was offensichtlich nicht zusammenpasst – mit kaum zu unterschätzenden Negativeffekten für die Funktionsfähigkeit der Kapitalmärkte und für die Marktteilnehmer. Dieser schon historisch zu nennende Missgriff beruht auf der Verkennung zweier wesentlicher Unterschiede: Zum einen ist der Erwerb eines Finanztitels eine Investition zur Erzielung von Anlagerenditen, während der Konsum- und Gebrauchsgüterkauf auf persönliche oder wirtschaftliche Bedarfsdeckung gerichtet ist. Im ersten Fall sind die Erwerbsinteressen folglich auf Vereinnahmung von *Wertsteigerungen*, im zweiten auf die Erlangung von Nutzungsvorteilen gegen Inkaufnahme von *Wertminderungen* gerichtet. Der Kapitalanleger kann die Wertsteigerung realisieren, indem er den Finanztitel bis zur Endfälligkeit hält und sich das Kapital mitsamt Rendite zurückzahlen lässt. Er kann aber auch – und das ist der zweite wesentliche Unterschied – in die Rolle des Anbieters/Verkäufers wechseln und, wenn er über die nötigen Marktinformationen verfügt, Kursgewinne mitnehmen oder den Verlust aus einem Kursrückgang begrenzen. Wer der Gefahr von Fehlallokationen im Sekundärhandel begegnen will, wird den Anleger als Käufer und Verkäufer gleichermaßen in seine Regulierungspläne einzubeziehen haben, was keiner näheren Begründung bedarf.[85]

Im Verbraucherschutzmodell nach MiFiD I und II tritt der Kapitalanlegers hingegen ausschließlich in seiner Funktion als *Nachfrager/Käufer* von Finanzinstrumenten in Erscheinung. Die ihm unterstellte Anlagestrategie ist die des dauerhaften Haltens. Das mag bei bestimmten Finanztiteln wie namentlich bei

---

84 *Ekkenga* in MünchKommHGB, Band 6 Bankvertragsrecht, 4. Aufl. 2019, Effektengeschäft Rn. 288 ff., 295 ff.

85 *Ekkenga* in MünchKommHGB, Band 6 Bankvertragsrecht, 4. Aufl. 2019, Effektengeschäft Rn. 3, 289.

Zertifikaten einer verbreiteten Praxis entsprechen,[86] wirkt aber im Zirkulationsmarkt für fungible Finanztitel, namentlich für Aktien, hausbacken und realitätsfremd. Wie nicht schwer vorherzusehen, tragen den Nachteil diejenigen Kapitalanleger, die auf ihrem Wertpapierdepot „sitzen bleiben", weil die darin befindlichen Titel wegen ausbleibender Zielmarktbestimmungen aus dem laufenden Handel verschwunden sind und kaum noch zu angemessenen Konditionen verkauft werden können. Die Klagen über diesen Missstand häufen sich.[87] Dass Bankkunden zudem auch als *Anbieter/Verkäufer* Aufklärungsbedarf haben, bleibt im MiFiD-Reglement gänzlich unberücksichtigt.[88]

Als weiterer Schlag gegen den freien Handel wirkt sich aus, dass den Banken in § 12 Abs. 12 WpDVerOV die – wie es wörtlich heißt – „Letztverantwortung" für die Einhaltung der Produktüberwachungsregeln in der gesamten Vertriebsorganisation des Emittenten auferlegt ist, sofern sie in „direkter Kundenbeziehung" stehen (übereinstimmend Art. 10 Abs. 10 DR 2017/593). Wie diese seltsame Vorschrift aufzufassen sein soll, bedarf allerdings der Klärung.[89] Der aufsichtsrechtliche Regulierungsrahmen ist damit offenbar verlassen. Denn eine *„Letztverantwortung" gegenüber der Aufsichtsbehörde,* die sich pauschal auf die Organisation und das Verhalten anderer Institute innerhalb der Vertriebsorganisation erstreckte, wäre sachlich kaum begründbar. Demzufolge kann „eigentlich" nur die *„Letztverantwortung" gegenüber dem Kapitalanleger* gemeint sein,[90] obwohl die Product-Governance-Regeln erklärtermaßen Aufsichtsrecht enthalten und das Gefüge der Wohlverhaltensregeln im Privatkundengeschäft „eigentlich" nicht antasten wollten.[91]

Im Schrifttum werden daraus bereits weittragende zivilrechtliche Konsequenzen gezogen, die allesamt auf *Marktreduktion statt auf Marktförderung* abzielen. So soll die Bank eine haftungsbewehrte Warnpflicht gegenüber dem

---

**86** Zu den besonderen Verfallrisiken sog. „Turbo-" oder „Knock-out-Zertifikate" s. in diesem Zusammenhang *Ekkenga* in MünchKommHGB, Band 6 Bankvertragsrecht, 4. Aufl. 2019, Effektengeschäft Rn. 70.

**87** DSW (Fn. 2) S. 9f.

**88** Ausführlicher *Ekkenga* in MünchKommHGB, Band 6 Bankvertragsrecht, 4. Aufl. 2019, Effektengeschäft Rn. 360f. zur Grundregel des § 63 Abs. 7 S. 1 WpHG und den europäischen Begleitvorschriften.

**89** Befürwortend hingegen *D. Busch* WM 2017, 409, 411; *Buck-Heeb* CCZ 2016, 2, 8, jew. ohne vertiefte Diskussion.

**90** Vgl. zur Rechtslage vor MiFiD BGH WM 2014, 24, 25f. „Accessio Wertpapierhandelshaus AG" (keine Verantwortlichkeit einer im Execution-Only-Geschäft aktiven Direktbank für Beratungsfehler einer mit ihr kooperierenden Bank).

**91** *Ekkenga* in MünchKommHGB, Band 6 Bankvertragsrecht, 4. Aufl. 2019, Effektengeschäft Rn. 196.

Kunden immer dann treffen, wenn dieser ein Finanzprodukt außerhalb des zuvor festgelegten Zielmarktes erwerben will. [92] Vielfach dürften Erwerbswünsche bereits im Keim erstickt werden, weil die durch MiFiD I geschaffenen Wohlverhaltensregeln die Bank auf eine einseitige Risikodarstellung festlegen; Gewinnchancen gehören nicht zum obligatorischen Aufklärungsprogramm.[93] Die Bank darf zwar ihrer angestammten Funktion weiter nachgehen und durch Hervorhebung der Renditeaussichten für ein Finanzprodukt werben, sie wird aber den Risikoaspekt aufgrund ihrer „Letztverantwortung" im Zweifel in den Vordergrund rücken und so dem Hang zu risikoaversen Entscheidungen Vorschub leisten.[94] Erste Erfahrungen bestätigen diese Befürchtung; Presseberichten zufolge haben sich schon zahlreiche Handelshäuser mangels Wirtschaftlichkeit aus dem Privatkundengeschäft zurückgezogen oder dahingehende Vorkehrungen getroffen.[95]

## V. Schluss

Mit Verlautbarung vom 8. Januar 2019 hat das Bundesministerium für Finanzen auf die anhaltenden Beschwerden betroffener Marktteilnehmer gegen die zahlreichen Widrigkeiten der MiFiD-II-Reformen reagiert und Praktiker wie Fachvertreter aufgerufen, Verbesserungsvorschläge zu unterbreiten. Das so gesammelte Material soll alsdann an die EU-Kommission weitergeleitet werden, die daraufhin dem Europäischen Parlament und dem Rat über die bisherigen Erfahrungen mit dem Reformprojekt berichten wird.[96] Der Europäische Gesetzgeber ist – so hat es den Anschein – offen für sinnvolle Korrekturen. Was die Regelungen über die Product Governance anbelangt, dürfte ein Operieren an den Rändern indes kaum zu befriedigenden Lösungen führen. Man sollte die politische Ehrlichkeit und den Mut aufbringen, das ganze Institut sang- und klanglos als Irrtum der Rechtsgeschichte ersatzlos verschwinden zu lassen. Nicht ganz so radikal, in der Tendenz aber übereinstimmend formuliert es die Deutsche Schutzvereinigung für Wert-

---

**92** *Buck-Heeb* ZHR 179 (2015), 782, 818; *Brenncke* WM 2015, 1173, 1180; zust. *Ekkenga* in MünchKommHGB, Band 6 Bankvertragsrecht, 4. Aufl. 2019, Effektengeschäft Rn. 421.

**93** *Ekkenga* in MünchKommHGB, Band 6 Bankvertragsrecht, 4. Aufl. 2019, Effektengeschäft Rn. 360.

**94** *Ekkenga* in MünchKommHGB, Band 6 Bankvertragsrecht, 4. Aufl. 2019, Effektengeschäft Rn. 289, 360.

**95** Vgl. FAZ v. 7.5.2019, S. 16: „Anleger sollen nicht mehr überbehütet werden."

**96** https://www.bundesfinanzministerium.de/Content/DE/Gesetzestexte/Gesetze_Gesetzesvorhaben/Abteilungen/Abteilung_VII/19_Legislaturperiode/Konsultationen-zur-EU-Finanzmarktrichtlinie.html

papierbesitz e.V. (DSW), wenn sie sich unter Hinweis auf die geschilderten Marktschrumpfungsprozesse dafür stark macht, der individuellen Chancen- und Risikoaufklärung wieder mehr Raum zu geben, den „Weg zu bestimmten Anlageformen nicht aufgrund einer falsch verstandenen (staatlichen) Fürsorgepflicht" länger zu versperren[97] und so „den praktisch gänzlich zum Erliegen gekommenen Anleihemarkt wieder für Privatanleger zu öffnen."[98] Wahre Worte – möge es das Schicksal richten, dass sie nicht auf taube Ohren stoßen.

**97** DSW (Fn. 2) S. 6.
**98** DSW (Fn. 2) S. 11.

Tobias Tröger und Peter Opitz

# Sanktionen für die Verletzung von Verhaltenspflichten zwischen Aufsichts- und Zivilrecht

## I. Einleitung

Die internationale Diskussion um eine effiziente Regulierung des Kapitalmarkts dreht sich zentral um die Frage, ob die im materiellen Aufsichtsrecht niedergelegten Verhaltenspflichten der Marktakteure mit den Mitteln des Privatrechts oder besser mit Hilfe eines öffentlich-rechtlichen Sanktionensystems durchgesetzt werden sollten. Während die v.a. in der Finanzökonomie nach wie vor wirkmächtige Studie von La Porta et al.[1] eine kausale Beziehung zwischen effektiven privatrechtlichen Sanktionen und den im internationalen Vergleich besonders tiefen und liquiden Kapitalmärkten des Common Law Rechtskreises postuliert, betonen andere gerade für die Vereinigten Staaten die Bedeutung der öffentlichen Rechtsdurchsetzung.[2] Dabei ist aus juristischer Sicht ohnehin anzumerken, dass die v.a. in den ökonometrischen Untersuchungen von Finanzökonomen suggerierte Dichotomie von privater und öffentlicher Rechtsdurchsetzung die Vielschichtigkeit der Wirkungszusammenhänge eher verschleiert[3] und v.a. die – gerade in Deutschland zu beobachtende – Formenvielfalt hoheitlicher Sanktionen negiert.

Die letztlich empirisch kaum zu klärende Frage, welche konkreten Rechtsinstitute die Entwicklung des Kapitalmarkts determinieren,[4] beruht auf der zutreffenden Grundannahme, dass das Recht die makro-ökonomischen Ergebnisse beeinflusst.[5] Entscheidend sind dabei nicht nur die Handlungsge- und –verbote,

---

1 *La Porta/Lopez-de-Silanes/Shleifer* 61 J. Fin. 1–32 (2006).

2 V. a. *Jackson/Roe*, 93 J. Fin. Econ. 207–38 (2009), vgl. aber auch *Coffee, Jr.*, 156 U. Pa. L. Rev. 229 (2007).

3 Zum die praktische Rechtsdurchsetzung in den USA bestimmenden Zusammenspiel zwischen der Rechtsdurchsetzung durch die SEC und der Geltendmachung privatrechtlicher Ansprüche in Sammelklagen, *Cox/Thomas*, 53 Duke L.J. 737 (2003)

4 Zu den generellen methodischen Bedenken (Identifikationsstrategie) gegenüber weitreichenden Kausalitätsbehauptungen z. B. *Spamann*, 57 Am. J. Comp. Law 797 (2009); vgl. auch *Klerman/Mahoney/Spamann/Weinstein*, 3 J. Legal Analysis 379 (2011).

5 Theoretische Modelle bei *Shleifer/Wolfenzon*, 66 J. Fin. Econ. 3 (2002) 3; *Stulz*, 47 J. Acct. Res. 349 (2009).

https://doi.org/10.1515/9783110632323-046

die für die Marktteilnehmer durch das materielle Recht formuliert werden – das „law on the books" – sondern v.a. die aus der tatsächlichen Rechtsdurchsetzung folgenden Verhaltensimperative – das „law in action". Letztere bestimmen die Anreize der Beteiligten und formen damit das zu beobachtende Verhalten. Das soziale Optimum einer effizienten Normbefolgung kann in diesem Kontext nicht nur dann verfehlt werden, wenn Pflichtverletzungen nicht mit Sanktionen belegt werden, die die gesamtgesellschaftlichen Einbußen voll abbilden und daher beim Handelnden internalisieren. Ineffizienzen drohen nämlich auch dann, wenn in einer komplexen Sanktionsarchitektur die verursachten Schäden übersteigende rechtliche, marktförmige und soziale Konsequenzen zu befürchten sind und es wegen dieser übermäßigen Sanktionsdrohung zu einem gesamtwirtschaftlich suboptimalen Aktivitätsniveau und einer suboptimalen Risikobereitschaft der Kapitalmarktakteure kommt, sodass Transaktionen mit positivem Erwartungswert nicht getätigt werden.

Vor diesem Hintergrund ist es reizvoll, das Jubiläum des WpHG zum Anlass zu nehmen, ein Schlaglicht auf zentrale Aspekte der Rechtsdurchsetzung im Aufsichts- und Zivilrecht zu werfen und die Entwicklungsstränge über die letzten 25 Jahre im Kontext der Kapitalmarktentwicklung in Deutschland nachzuzeichnen.[6] Mit dieser Stoßrichtung sollen in diesem Beitrag die materiellen und prozeduralen Veränderungen betrachtet werden, denen die Durchsetzung einzelner, für die Kapitalmarktentwicklung potentiell wichtiger Verhaltenspflichten im Beobachtungszeitraum unterlag. Auf dieser Grundlage kann ein Fazit gezogen und ein Ausblick gewagt werden, der auch Forschungsperspektiven aufzeigen soll.

## II. Durchsetzung der im WpHG formulierten Verhaltenspflichten

### 1. Sanktionenvielfalt im Kapitalmarktrecht und darüber hinaus

Das in seiner Gesamtstruktur auf europarechtlichen Vorgaben beruhende WpHG bezweckt nach wie vor die Schaffung und Erhaltung eines für alle Teilnehmer fair funktionierenden, im gesamtwirtschaftlichen Interesse allokativ effizienten Kapitalmarkts. Mittel zum Zweck sind vorwiegend Gebote und Verbote im Gesetz selbst oder in der MAR formulierte Verhaltensweisen. Der Durchsetzung dieser

---

6 Zum Bedeutungszuwachs des Kapitalmarktrechts in Deutschland und den dafür verantwortlichen Gründen auch *Tröger* in: Ruppert/Duve (Hrsg.), Rechtswissenschaft in der Berliner Republik, 2018, S. 664–696.

Verhaltensweisen dient ein breites Instrumentarium im Gesetz vorgesehener Sanktionen. Diese unmittelbaren, gegen juristische Personen, Personenvereinigungen und natürliche Personen gerichteten, rechtlichen Reaktionen auf unerwünschte Verhaltensweisen sind aber nur Teil eines der Verhaltenssteuerung dienenden Sanktionensystems, das über das Recht selbst hinausgeht. Aus institutionenökonomischer (konsequentialistischer) Sicht kann man als verhaltenssteuernde Sanktionen zur Erzielung normkonformen Verhaltens alle Folgen ansehen, die für den Normverletzer als Konsequenz der Normverletzung spürbare Nachteile bewirken können.[7] Konkret können Rechtsverletzungen nicht nur Strafen, Bußgelder und gesetzlich vorgesehene Nebenfolgen aufgrund hoheitlicher Maßnahmen, sondern (als „Sekundärsanktionen") auch unmittelbare und mittelbare zivilrechtliche Sanktionen (Rechtsverlust, Schadensersatzforderungen, persönliche Haftung, Regressforderungen, Stellenverlust) und soziale Sanktionen[8] (schwer zu behebende Reputationsschäden für Unternehmen,[9] Ansehensverlust bis hin zum Sozialboykott bei Individuen) nach sich ziehen. Es besteht mithin eine *Sanktionenpyramide*, deren Stockwerke – beginnend mit strafrechtlichen, daran anschließend aufsichtsrechtlichen, unmittelbaren und mittelbaren zivilrechtlichen und sozialen Folgen – stets zu einer Verhaltenssteuerung von natürlichen Personen führen, sei es als individuell Handelnde (z. B. Insider), sei es in ihrer Funktion als Organe oder sonst für die Lenkung juristischer Personen Mit-Verantwortliche. Das Verhalten juristischer Personen und Perso-

---

**7** Zum Institutionenbegriff *Ostrom*, Governing the Commons, 1990, S. 51; *North*, AER 84 (1994) 359; zur verhaltenssteuernden Dimension privatrechtlicher Sanktionen *Tröger*, in: *Hopt/Tzouganatos* (Hrsg.), Das Europäische Wirtschaftsrecht vor neuen Herausforderungen, 2014, S. 297 ff.; monographisch, *Hellgardt*, Regulierung und Privatrecht, 2016.

**8** *Soziale Sanktion* ist hier die (negative) kollektive Reaktion der maßgeblichen Gruppe auf ein verpöntes Verhalten. Sie kann gegenüber Unternehmen z. B. im Umsatzrückgang durch Kundenreaktion oder – bei börsennotierten Unternehmen – Kursrückgang durch Investorenreaktion erfolgen, gegenüber Individuen durch Kontaktreduzierung bis hin zum gesellschaftlichen Boykott.

**9** Vgl. dazu *Armour/Mayer/Polo* , JFQA 52 (2017), 1429 ff. Die Untersuchung analysiert speziell die erheblichen negativen Auswirkungen der Veröffentlichung aufsichtsbehördlicher Maßnahmen auf den Börsenkurs betroffener Unternehmen im UK. Methodisch ähnlich schon *Karpoff/Lee/Martin*, JFQA 43 (2008) 581–611, die Kursreaktionen auf Sanktionen der SEC bei fehlerhafter Finanzberichterstattung schätzen und weit über die eigentliche Strafzahlung hinausgehende Einbußen aufzeigen und diese auf den Verlust von Anlegervertrauen zurückführen. Diese Ergebnisse dürften auch für deutsche börsennotierte Unternehmen als repräsentativ heranzuziehen sein, da der Investorenkreis ähnlich ist (55 % der DAX-Aktien gehören ausländischen Investoren, vgl. EY Pressemitteilungen EY News v. 26.06.2019 (https://www.ey.com/de/de/newsroom/news-releases/ey-20190626-immer-mehr-dax-aktien-in-auslaendischer-hand)) und die wesentlichen Rationalitätsannahmen der Studie auch hierzulande zutreffen.

nenvereinigungen kann – auch im Zeitalter der Digitalisierung[10] – nur durch Einwirkung auf die für sie handelnden natürlichen Personen gesteuert werden.

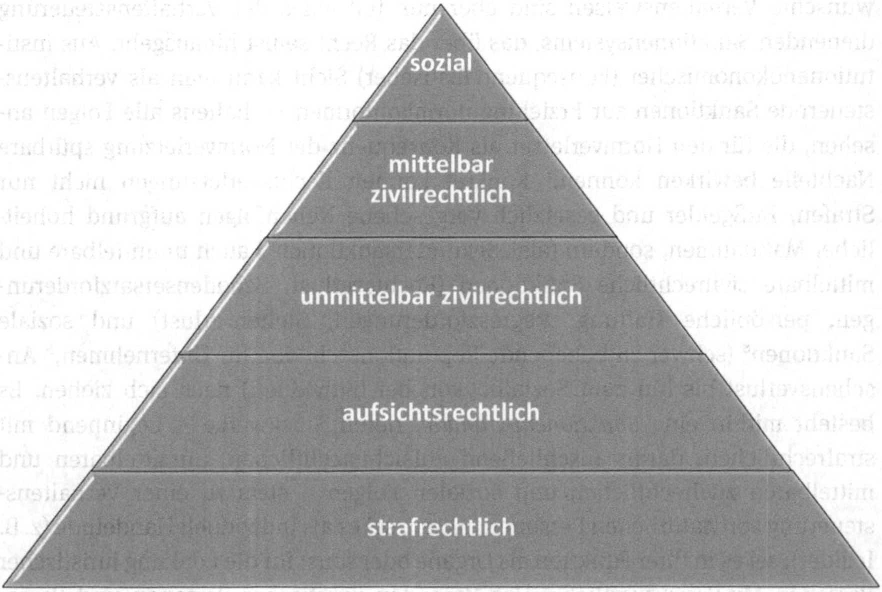


**Abbildung 1** – Kapitalmarktrechtliche Sanktionenpyramide[11]

---

**10** Vgl. zur (Letzt-)Verantwortlichkeit natürlicher Personen beim Einsatz künstlicher Intelligenz in der Unternehmensleitung auch *Armour/Eidenmüller*, ZHR 183 (2019) 169 ff.; *Weber/Kiefner/Jobst*, NZG 2018, 1131 ff.; *Zetzsche*, AG 2019, 1 ff.

**11** Die unterste Ebene der Pyramide ist die strafrechtliche Sanktion, die zwar an sich die schärfste Sanktion ist, aber faktisch wegen der sehr geringen Zahl an Verurteilungen (lt. BaFin Jahresbericht 2018, S. 136 gab es in den Jahren 2016 bis 2018 nicht eine Verurteilung nach Hauptverfahren und insgesamt sechs Verurteilungen im Strafbefehlsverfahren) ein recht geringes Risiko darstellt und somit auch als Sanktion weniger bedeutend erscheint. Die subjektiv wohl schwerwiegendste Sanktion stellt die soziale Sanktion dar, die bei Unternehmen zu erheblichen Geschäfts- und – sofern börsennotiert – Kurseinbußen, bei Privatpersonen bis hin zum sozialen Boykott führen kann. Bei Privatpersonen ist die Zugehörigkeit zu der gesellschaftlichen Gruppe relevant, in der in den hier in Betracht kommenden Fällen dem sog. sozialen Ansehen häufig eine überproportionale Bedeutung beigemessen wird.

## 2. Insiderhandel und Ad-hoc-Publizität

### a) Insiderhandel

Ziel des Verbots von Insidergeschäften (§ 14 WpHG a. F., Art. 14 MAR) sowie der Verpflichtung zur unverzüglichen Veröffentlichung von Insiderinformationen und Directors' Dealings[12] durch den Emittenten (§ 15 WpHG a. F., Artt. 17 und 19 MAR i.V.m. § 26 Abs. 1 und 2 WpHG) ist die Herstellung des Level Playing Field, also die Erzielung größtmöglicher Marktintegrität durch Gewährung von Informationsgleichstand für alle Marktteilnehmer. Dass die Vorstellung eines solchen Informationsgleichstandes „wirklichkeitsfremd und naiv" sei,[13] mag zwar zutreffen, doch ist zu bemerken, dass es sich dabei um eine Zielvorstellung handelt, ohne dass der Gesetzgeber den Anspruch erhebt, den Idealzustand auch verwirklichen zu können,[14] deren Aufgabe (Zulassung von Insiderhandel) aber negative Effizienzimplikationen hat.[15]

Die Entwicklung eines gesetzlichen Insiderhandelsverbots in Deutschland kann als schleppend bezeichnet werden. Während in den USA schon 1934 durch den *Securities Exchange Act* ein Verbot von Insidergeschäften begründet und mit der *SEC* eine Wertpapier-Aufsichtsbehörde geschaffen wurde, erkannte man in Deutschland zwar auch schon relativ früh die Problematik von Insidergeschäften,[16] doch führte erst die EG-Insiderrichtlinie vom 13.11.1989 zu einem gesetzlichen Verbot durch das 1994 in Kraft tretende WpHG, das die insiderrechtlichen Vorgaben dieser Richtlinie damit sogar auch noch verspätet umsetzte.[17] Hingegen hatte beispielsweise Frankreich bereits 1970[18] Insidergeschäfte verboten und

12 Vgl. ESMA, Market Abuse and Accepted Practices (betr. Richtlinie 2003/6/EG (Marktmissbrauch) – https://www.esma.europa.eu/regulation/trading/market-abuse sowie Erwägungsgrund 24 MAR.

13 So *Hilgendorf/Kusche* in Park, Kapitalmarktstrafrecht, 4. Aufl. 2017 Teil 3, Kap. 5.1, Rn. 19 m.w.N., die unter Verweis auf internationale Untersuchungen auf die Zweifel am Verbot von Insidergeschäften hinweisen.

14 Wie ja auch das StGB nicht vorgibt, eine straftatenfreie Gesellschaft zu schaffen.

15 Zu den negativen Liquiditätsimplikationen von Insiderhandel hier nur *Enriques/Hertig/Kraakman/Rock* in: Kraakman/Armour/Davies/Enriques/Hansmann/Hertig/Hopt/Kanda/Pargendler/Ringe/Rock, The Anatomy of Corporate Law, 3. Aufl. 2017, S. 243, 244.

16 Vgl. *Augstein*, Neue Ansätze im Insiderrecht und ihre Auswirkungen auf die Beurteilung gestreckter Sachverhalte, 2018, S. 45 m.w.N.; *Dymke*, Directors' Dealings in Deutschland, 2011, S. 15 m.w.N.

17 Richtlinie 89/592/EWG vom 13. November 1989, Amtsblatt Nr. L 334 vom 18/11/1989 S. 0030 – 0032; die Richtlinie war nach Art. 14 Abs. 1 bis zum 1. Juni 1992 umzusetzen.

18 Loi no. 70 – 1208 vom 23. Dezember 1970.

strafbar gestellt; in Deutschland entschied man hingegen in dieser Zeit, sich mit freiwilligen Selbstverpflichtungen bestimmter Marktteilnehmer zu begnügen. Im Rahmen der privatrechtlichen sog. Insider-Richtlinien wurden von 1970 bis 1976 von der Börsensachverständigenkommission, den Wirtschafts- und Bankenverbänden sowie der Arbeitsgemeinschaft der deutschen Wertpapierbörsen freiwillige Selbstverpflichtungen entwickelt (zuletzt die Insider-Handelsrichtlinie von 1976), deren Anwendung aber davon abhing, dass sie auch von den Betreffenden unterschrieben und damit anerkannt wurden. Die Lückenhaftigkeit und Unbrauchbarkeit dieses Systems[19] wurde an verschiedenen spektakulären Fällen evident.[20]

Mit Inkrafttreten des WpHG am 01.08.1994[21] änderte sich das Kapitalmarktrecht in Deutschland substantiell. Der bis dahin eher als unter einem „Laissez-faire"-Regime agierende deutsche Kapitalmarkt wurde (zumindest partiell) einem Ordnungssystem unterworfen, das zahlreiche Verhaltensregeln aufstellte und die Aufsicht über deren Einhaltung einer neu eingerichteten obersten Bundesbehörde, dem Bundesaufsichtsamt für den Wertpapierhandel (BAWe),[22] übertrug. Das WpHG 1994 schuf ein überschaubares Sanktionengerüst, das die Einhaltung der Verhaltensregeln primär mit einer Kombination von Ordnungswidrigkeiten und Straftatbeständen durchsetzen sollte. Vorsätzliche Verstöße gegen das Verbot von Insidergeschäften wurden dabei in § 38 WpHG 1994 als einzige mit Strafe bedroht, während sonstige Regelverletzungen nur Ordnungswidrigkeiten nach § 39 WpHG 1994 darstellten. Darüber hinaus war das BAWe nach § 10 WpHG 1994 befugt, seine Verfügungen durch Maßnahmen nach dem Verwaltungsvollstreckungsgesetz durchzusetzen. Inzwischen verfügt die BaFin über ein weitaus größeres Macht-Instrumentarium, hat nach §§ 6ff. WpHG sehr weitgehende, z.T. quasistaatsanwaltliche Befugnisse, kann u.a. wegen WpHG-Verstößen Berufsverbote erlassen (z.B. nach §§ 6 Abs. 8 WpHG und §§ 36f. KWG), Geschäftserlaubnisse entziehen (§ 35 KWG) und ist auch befugt, Verordnungen aufgrund ihr vom Bundesministerium der Finanzen übertragenen Ermächtigungen zu erlassen

19 Vgl. dazu *Dymke*, Directors' Dealings in Deutschland, 2011, S. 19.

20 Wie der sog. Fall Steinkühler, vgl *Dymke* a.a.O.; Spiegel Nr. 21, 1993 vom 24.05.1993, S. 32.

21 §§ 1 bis 3, 9 Abs. 3 und 4, 11 bis 14, 20, 38 und 41 Abs. 1 WpHG traten nach Art. 20 des Zweiten Finanzmarktförderungsgesetzes am 1. August 1994, die übrigen (wozu u.a. die Veröffentlichungspflicht kursrelevanter Tatsachen, die Stimmrechtsmitteilungs- (§§ 21ff.) und die Bußgeldvorschriften (§ 39) gehörten) allerdings erst am 1. Januar 1995 in Kraft. Inkonsequent erschien dabei das unterschiedliche Inkrafttreten des Verbots von Insidergeschäften nach § 14 und das Gebot der Veröffentlichung kursrelevanter Tatsachen (Ad-hoc-Mitteilungen) nach § 15.

22 § 3 WpHG 1994. Das BAWe war die Vorgängerbehörde der Bundesanstalt für Finanzdienstleistungsaufsicht (BaFin), die am 01.05.2002 durch Verschmelzung des Bundesaufsichtsamt für (i) den Wertpapierhandel, (ii) das Versicherungswesen und (iii) das Kreditwesen entstand.

(weit über 20 Bestimmungen enthalten derartige Ermächtigungen mit Übertragungsbefugnis).

Das WpHG in der aktuellen Fassung ist ein überaus komplexes Normengebilde,[23] das in § 119 eine Strafvorschrift nicht nur gegen Insidergeschäfte, sondern auch gegen Preismanipulationen enthält, wobei die Höchst-Freiheitsstrafe von fünf Jahren im Falle gewerbsmäßiger, bandenmäßiger oder Begehung in Ausübung einer Tätigkeit bei einer inländischen Finanzaufsichtsbehörde, einem Wertpapierdienstleistungsunternehmen, einer Börse oder dem Betreiber eines Handelsplatzes auf zehn Jahre bei einer Mindeststrafe von einem Jahr erhöht ist. Damit fallen die zuletzt genannten Straftaten nach der Einteilung in § 12 StGB in die Kategorie der Verbrechen. Die Bußgeldvorschriften in § 120 WpHG katalogisieren inzwischen um die 300 (i.W. dreihundert) Ordnungswidrigkeitentatbestände. Sowohl die Straf- als auch die Bußgeldvorschriften enthalten verschiedene Blankettnormen, überwiegend durch Verweisung auf die MAR und auch noch zu erlassende Verordnungen. Die insofern erhobenen verfassungsrechtlichen Bedenken[24] erscheinen nicht unbegründet, zumal die vom BVerfG an Blankettgesetze gestellten Anforderungen[25] allenfalls mit einer gewissen Interpretationsakrobatik als erfüllt angesehen werden können. Hier erscheinen gesetzgeberische Nachbesserungen angebracht.

Besonders gravierend als mögliche Nebenfolge ist die Befugnis der BaFin nach § 6 Abs. 8 WpHG, einer bei einem von der BaFin beaufsichtigten Unternehmen tätigen Person die Ausübung der Berufstätigkeit für einen Zeitraum von bis zu zwei Jahren zu untersagen. Dieses befristete Berufsverbot kann u. a. bei Verstößen gegen das Verbot von Insidergeschäften (Art. 14 MAR) verhängt werden. Für die betroffene Person folgt daraus regelmäßig der dauerhafte Stellungsverlust, damit zugleich das Ende ihrer bis zu diesem Zeitpunkt währenden bürgerlichen Existenz und scheint damit für diesen Personenkreis als weitaus bedrohlichste Sanktion. Etwas geringer in den Auswirkungen ist die Anordnung einer Nebenfolge nach § 6 Abs. 7 WpHG, die lediglich die Tätigung von Eigengeschäften in bestimmten Finanzinstrumenten untersagen kann.

Instituten iSv § 1 Abs. 1b KWG kann im Übrigen die BaFin gem. § 35 Abs. 2 Nr. 7 KWG bei nachhaltigen Verstößen gegen das Verbot von Insidergeschäften die Geschäftserlaubnis entziehen, ebenso wie bei nachhaltigen Verstößen gegen das Verbot der Marktmanipulation (Artt. 12, 15 MAR) oder die Ad-hoc- und Directors' Dealings-Veröffentlichungspflichten (Artt. 17, 19 WpHG). Stattdessen kann die

---

**23** Damit scheint der freiheitliche Rechtsstaat die Grenzen der Normsetzung auszutesten.

**24** Vgl. *Eggers* in Park, Kapitalmarktstrafrecht, 4. Aufl. 2017 Teil 4, Kap. 13, Rn. 1f. m.w.N.; *Krimphove* KritV 2018, 56ff.;

**25** BVerfGE 14, 174ff.

BaFin nach § 36 KWG die Abberufung von Geschäftsleitern verlangen und diesen auch die Tätigkeit als Geschäftsleiter untersagen. Nicht-Geschäftsleitern kann unter ähnlichen Voraussetzungen die künftige Tätigkeit als Geschäftsleiter vorübergehend oder auf Dauer nach § 36a KWG untersagt werden.

Gewisse Zweifel an der Effizienz dieses robusten Straf- und Ordnungswidrigkeitenapparats drängen sich jedoch auf, wenn man die entsprechenden Statistiken in den BaFin-Jahresberichten[26] betrachtet, die über viele Jahre nur relativ wenige Verfahren und noch weniger Verurteilungen aufführen. Ob sich das mittelfristig durch die in Art. 16 MAR vorgeschriebenen Maßnahmen zur Vorbeugung und Aufdeckung von Marktmissbrauch ändern wird, bleibt abzuwarten.[27] Die vor 2018 recht geringe Zahl von Verdachtsfällen könnte daran liegen, dass die gewaltige Drohkulisse zu einem besseren ethischen Verhalten der beteiligten Kreise geführt hat. Es kann wohl auch tatsächlich vermutet werden, dass viele Marktteilnehmer wesentlich sensibler gegenüber derartigen Verstößen geworden sind, was nicht zuletzt auch daran liegen kann, dass Maßnahmen und Sanktionen nach § 125 WpHG von der BaFin veröffentlicht werden können, und zwar nach § 125 Abs. 4 WpHG auch vor Bestands- oder Rechtskraft.[28] Die mittlerweile verbreitete soziale Missachtung von unsauberen Geschäften im Kapitalmarktbereich, die früher allenfalls als „Kavaliersdelikte", z.T. auch als besonders „clever" angesehen wurden, kann damit zu einem mehr als eine Strafe gefürchteten Unternehmens-Reputationsschaden und für Individuen zu gesellschaftlicher Isolation führen. Damit hat sich inzwischen das gesetzte Recht zu einem Moralmaßstab entwickelt. Dennoch erscheint es rein statistisch gesehen nicht unwahrscheinlich, dass die Dunkelziffer recht hoch ist. Denn auch die Delinquenten lernen...

Zivilrechtliche Folgen von rechtswidrigen Insidergeschäften in Form von Schadensersatzansprüchen sind als präventiv wirkende Sanktionen bei Insiderverstößen nicht erkennbar. Dies liegt zum einen daran, dass Schadensersatzan-

**26** Vgl. z.B. BaFin Jahresbericht 2018, S. 136; 2016, S. 181f. sowie die Angaben bei *Dymke*, Directors' Dealings in Deutschland, 2011, S. 24f.

**27** Tatsächlich sind die nach Art. 16 Abs. 2 MAR, § 23 WpHG zwingend vorgeschriebenen Verdachtsmeldungen von 547 in 2016 auf 3.104 in 2018 gestiegen (vgl. BaFin Jahresbericht 2018, S. 129). Das mag auch damit zusammenhängen, dass von der verunsicherten Finanzbranche inzwischen lieber zu viel als zu wenig gemeldet wird.

**28** Die auch unter Europa- und Verfassungsaspekten problematische (vgl. *Augstein*, Neue Ansätze im Insiderrecht und ihre Auswirkungen auf die Beurteilung gestreckter Sachverhalte, 2018, S. 303 m.w.N.) Prangerwirkung des „Naming and Shaming" wird bei natürlichen Personen von der BaFin insofern häufig bei Veröffentlichungen gem. § 124 Abs. 3 WpHG durch Anonymisierung vermieden.

sprüche gegen den Insider zwar nicht unmöglich erscheinen,[29] aber nur schwierig durchsetzbar sind, was letztlich dadurch bestätigt wird, dass solche Ansprüche bisher – soweit ersichtlich – nicht erfolgreich geltend gemacht wurden. In der Konsequenz dürften diese zwar denkbaren, aber praktisch kaum durchsetzbaren Ansprüche im Fall verbotener Insidergeschäfte allenfalls marginale Abschreckungswirkung entfalten und erscheinen daher als Sanktionen – jedenfalls derzeit – irrelevant.

Privatrechtliche mittelbare Folgen in Form von Kündigungen oder Strafversetzungen des Täters haben jedoch ein hohes Sanktionspotenzial. Denn abgesehen von den drohenden hoheitlichen Maßnahmen wie Strafe, Bußgeld oder die Anordnung von Nebenfolgen stellen Insiderverstöße auch ohne Verhängung eines Berufsverbots nach § 6 Abs. 8 WpHG regelmäßig einen wichtigen Grund zur Beendigung des Dienst- bzw. Arbeitsvertrages dar. Die Kündigung (oder bei minderschweren Fällen zumindest Strafversetzung) muss das Unternehmen schon aus internen Hygienegründen (und bei Unternehmen der Finanzbranche auch mit Blick auf die BaFin) aussprechen, und zwar sowohl gegenüber Geschäftsführungsorganen als auch gegenüber Mitarbeitern. In Betracht kommen dabei außer den unmittelbaren Tätern auch die für Compliance Verantwortlichen.[30] Naturgemäß steht diese Sanktion bei Insidern, die mit dem Emittenten nicht über ein Beschäftigungsverhältnis verbunden sind, nicht zur Verfügung.

### b) Ad hoc-Publizität

Die Sanktionen bei pflichtwidrigen Verstößen gegen das Gebot der Veröffentlichung von Insiderinformationen und Directors' Dealings (Ad-hoc-Publizität) nach Artt. 17 und 19 MAR i.V.m. mit § 26 WpHG unterscheiden sich strukturell erheblich von den Sanktionen bei verbotenen Insidergeschäften. Dies liegt primär daran, dass sich das Verbot von Insidergeschäften an potenzielle Täter (Insider), also an natürliche Personen richtet, während das Gebot der unverzüglichen Veröffentlichung von Insiderinformationen und Directors' Dealings als flankierende Maßnahme an Emittenten i.S.v. Art. 3 Abs.1 Nr. 21 MAR i.V.m. § 26 Abs. 1 WpHG, also nur an juristische Personen mit bestimmten Qualifikationen, adressiert ist. Sanktionen gegenüber juristischen Personen sind notwendigerweise anders ausgerichtet als Sanktionen gegen natürliche Personen. Dies beruht v.a. darauf,

29 Vgl. *Augstein*, Neue Ansätze im Insiderrecht und ihre Auswirkungen auf die Beurteilung gestreckter Sachverhalte, 2018, S. 340 ff. m.w.N.

30 Vgl. dazu *Bottmann* in Park, Kapitalmarktstrafrecht, 4. Aufl. 2017 Teil 2, Kap. 2.1 IV. Rn. 44 ff.

dass es in Deutschland – im Gegensatz zu verschiedenen anderen Staaten – kein Unternehmensstrafrecht gibt.[31] Entsprechend ist eine Verletzung der Ad-hoc-Publizitätspflicht als Ordnungswidrigkeit nach § 120 Abs. 15 Nr. 6 und 18 WpHG mit einem Bußgeld in empfindlicher Höhe bedroht (§ 120 Abs. 18 WpHG), das sich u. U. auch auf 2% des Umsatzes belaufen kann. Diese inzwischen massiven Bußgelddrohungen sind als Sanktion in ihrer Rigorosität zur Herbeiführung normgerechten Verhaltens sicher durchaus geeignet, werden im Fall vorsätzlich oder grob fahrlässiger[32] falscher oder unterlassener Veröffentlichung von Insiderinformationen (Art. 17 MAR) aber noch ergänzt durch das Risiko der Haftung für falsche und unterlassene Kapitalmarktinformation nach §§ 97 und 98 WpHG. Die kapitalmarktrechtliche Schadensersatzregelung verdrängt im Übrigen nicht sonstige privatrechtliche Ansprüche auf Schadensersatz, die bestehen können.[33] Auch diese privatrechtlichen Sanktionen stellen für den Emittenten ein durchaus erhebliches Risiko dar, doch ist dieses Risiko faktisch eher begrenzt, da – abgesehen von den wenigen aufsehenerregenden Fällen von Sammelklagen nach dem KapMuG[34] – Klagen meist unterbleiben, weil einzelne Investoren wegen der Rechtskosten und Beweisschwierigkeiten den Rechtsweg scheuen.

Eine weitere erhebliche Sanktionsgefahr ergibt sich daraus, dass eine Verletzung der Pflicht zur Ad-hoc-Veröffentlichung zugleich eine verbotene Marktmanipulation (Artt. 12, 15 MAR) sein kann,[35] die dem Emittenten gegenüber als Ordnungswidrigkeit nach § 120 Abs. 2 Nr. 3 und Abs. 15 Nr. 3 WpHG gem. § 120 Abs. 18 WpHG ebenfalls mit empfindlichen Geldbußen, im Extremfall von bis zu 15 Millionen Euro oder – falls höher – 15 Prozent des Gesamtumsatzes, geahndet werden kann.

Die Bußgeld- und Schadensersatzrisiken gewinnen ihre Effizienz als Sanktion aber vor allem auch deswegen, weil sie zu erheblichen Konsequenzen für Organe und verantwortliche Mitarbeiter des Emittenten führen können.[36] Zum einen können die Geschäftsführungsorgane selbst nach §§ 9, 130 OWiG bei zu der Normverletzung führenden Organisationsmängeln mit einem Bußgeld belegt

---

**31** Vgl. dazu *Bottmann* in Park, Kapitalmarktstrafrecht, 4. Aufl. 2017 Teil 2, Kap. 2.1 VI Rn. 79 m. w. N.

**32** Mit Beweislastumkehr nach §§ 97 Abs. 2 und 98 Abs. 2 WpHG.

**33** Vgl. *Augstein*, Neue Ansätze im Insiderrecht und ihre Auswirkungen auf die Beurteilung gestreckter Sachverhalte, 2018, S. 349 ff. m. w. N.

**34** S. dazu unten 3.3

**35** Vgl. *Buck-Heeb*, Kapitalmarktrecht, 10. Aufl. 2019, § 7 Rn. 639 m.w.N.

**36** Die D&O-Versicherungen dürften nicht zu einem riskanteren Verhalten geführt haben, da die Versicherung der persönlichen Haftung (die ohnehin begrenzt ist) nicht die sonstigen Konsequenzen von Fehlverhalten beseitigt.

werden, das nach § 130 Abs. 3 OWiG durch die für den Emittenten geltende Höhe bestimmt ist, zum anderen können sie ggf. auch unmittelbar nach § 826 BGB schadensersatzpflichtig sein.[37] Außerdem sind Vorstandsmitglieder des Emittenten zivilrechtlich nach § 93 Abs. 2 AktG auch für aufgrund ihrer Pflichtverletzung gegen die Gesellschaft verhängte Bußgelder ersatzpflichtig.[38] Damit treffen gegen das Unternehmen verhängte Bußgelder regelmäßig wegen der aktienrechtlichen Haftung auch die Vorstandsmitglieder, da zum einen die Verhängung von Bußgeldern kaum ohne Pflichtverletzung denkbar ist und zum anderen der Aufsichtsrat regelmäßig verpflichtet ist, die Haftungsansprüche gegen den Vorstand auch durchzusetzen[39] – wobei gleichwohl die Effektivität der Durchsetzung der Organhaftung nach wie vor umstritten ist.[40]

## 3. Beteiligungstransparenz

Die kapitalmarktrelevanten Mitteilungspflichten über wesentliche Beteiligungen an börsennotierten Gesellschaften traten in Deutschland in Umsetzung der (ersten) Beteiligungstransparenzrichtlinie[41] gem. §§ 21–30 WpHG 1994 am 01.01.1995 in Kraft. Sie dienten der Offenlegung einflussreicher Beteiligungen und damit – ebenso wie die Ad-hoc-Publizitätspflicht – der Herstellung eines Informationsgleichstandes, der als zentraler Bestandteil eines allgemeinen Gleichbehandlungsgrundsatzes beim Wertpapierhandel (*equal opportunity rule*) verstanden werden kann.[42] Die Sanktionen bei vorsätzlicher oder leichtfertiger Verletzung der Mitteilungspflichten waren verhältnismäßig moderat: Es drohte nach § 39 Abs. 1 Nr. 1 lit. c) und Abs. 3 WpHG 1994 ein Bußgeld von höchstens DM 500.000,–, bei Verletzung der Veröffentlichungspflichten (§ 25 WpHG 1994) über die Mitteilungen ein Bußgeld von DM 100.000,–. Die unmittelbaren zivilrechtlichen Folgen[43] nach

---

**37** St. Rspr., vgl. die Nachweise bei *Augstein* a. a. O. S. 354 f.

**38** Vgl. *Spindler* in Münchener Kommentar zum Aktiengesetz, 5. Aufl. 2019, § 93 Rn. 192 ff.; *Koch* in Hüffer/Koch, Aktiengesetz, 13. Aufl. 2018, § 93 Rn. 48.

**39** St. Rspr., vgl. nur *Fleischer* in Spindler/Stilz, Aktiengesetz, 4. Auflage 2019, § 93 Rn. 291 m.w.N.

**40** Überblick zum Meinungsstand bei *Tröger*, ZHR 179 (2015) 453, 462 f.

**41** Richtlinie 88/627/EWG des Rates vom 12.12.1988 über die bei Erwerb und Veräußerung einer bedeutenden Beteiligung an einer börsennotierten Gesellschaft zu veröffentlichenden Informationen, ABl. EG 1988 Nr. L 348, 62 vom 17.12.1988

**42** Näher *Habersack/Tröger*, NZG 2010, 1, 2.

**43** Obwohl es durchaus zweifelhaft sein mag, ob der durch Gesetz unmittelbar eintretende Rechtsverlust nach § 28 WpHG 1994 eine hoheitliche oder zivilrechtliche Sanktion ist. Beschränkt man hoheitliche Sanktionen auf Strafen und Bußgelder sowie damit zusammenhängende Nebenfolgenanordnungen, so erscheint der gesetzliche Rechtsverlust zivilrechtlicher Natur (in

§ 28 WpHG 1994 bestanden nur darin, dass Stimmrechte aus den dem Meldepflichtigen und von ihm abhängigen Unternehmen gehörenden Aktien für die Zeit der Nichterfüllung der Mitteilungspflichten nicht ausgeübt werden durften.

Insgesamt waren die Mitteilungspflichten recht lückenhaft und die Sanktionen nicht wirklich gravierend. Die Schwächen in der Regelung der Mitteilungspflichten führten zu kontinuierlichen Novellierungen der EU-Richtlinien und des WpHG.[44] Es handelte sich dabei auch um einen Wettlauf zwischen den gesetzlichen Regelungen und der Entwicklung immer neuer, nicht von den Mitteilungspflichten erfasster Umgehungstechniken zum Aufbau von Beteiligungen, bei der allerdings der Gesetzgeber bis in die jüngste Zeit häufig das Nachsehen hatte.[45]

Die Sanktionen wurden auch hier nahezu mit jeder Novellierung verschärft. Nach dem jetzigen Gesetzesstand ist der vorsätzliche oder leichtfertige Verstoß gegen die Mitteilungspflichten nach §§ 33 ff. WpHG eine Ordnungswidrigkeit gem. § 120 Abs. 2 Nr. 2 lit. d) und e), die nach § 120 Abs. 17 Satz 1 und 2 WpHG mit einer Geldbuße geahndet werden kann. Diese beträgt gegenüber natürlichen Personen bis zu zwei Millionen Euro, gegenüber juristischen Personen oder Personenvereinigungen bis zu zehn Millionen Euro oder fünf Prozent des Gesamtumsatzes, falls dieser Betrag höher ist; über diese Beträge hinaus kann der Verstoß mit einer Geldbuße vom bis zu Zweifachen des erlangten Vorteils (der geschätzt werden kann) geahndet werden. Hinzu kommt die problematische, hier nach § 124 Abs. 1 WpHG regelmäßig erfolgende Veröffentlichung der Sanktionen durch die BaFin („Naming and Shaming") als Nebenfolgensanktion, wobei die Veröffentlichung unverzüglich nach der Verhängung – ggf. lediglich mit dem Hinweis, dass die Maßnahme oder Sanktion nicht bestands- oder rechtskräftig ist – erfolgt (§ 124 Abs. 2 Satz 2 WpHG).

Als Folge unterlassener Mitteilung kann sich für den Mitteilungspflichtigen im Übrigen ein Verbot des Tätigens von Insidergeschäften in den betreffenden Beteiligungsinstrumenten nach Art. 14 MAR ergeben[46] und ihn – bei entspre-

---

diesem Sinne *Bayer* in Münchener Kommentar zum Aktiengesetz, 5. Aufl. 2019 (§§ 33 – 47 WpHG im Anh. nach § 22 AktG), Überblick vor § 33 WpHG Rn. 2). Würde die Überlegung umgesetzt, den Rechtsverlust nur bei Anordnung durch die BaFin eintreten zu lassen (vgl. dazu. *Bayer* a. a. O., § 44 WpHG Rn. 82) handelte es sich klar um eine hoheitliche Sanktion.

**44** Vgl. *Bayer* in Münchener Kommentar zum Aktiengesetz, 5. Aufl. 2019, (§§ 33 – 47 WpHG im Anh. nach § 22 AktG), Überblick vor § 33 WpHG Rn. 3 ff.

**45** S. dazu die aufgeführten Fälle bei *Bayer* in Münchener Kommentar zum Aktiengesetz, 5. Aufl. 2019, (§§ 33 – 47 WpHG im Anh. nach § 22 AktG), Überblick vor § 33 WpHG Rn. 20 und § 33 WpHG Rn. 16.

**46** Die Frage ist vielschichtig und auch im Hinblick auf Art. 9 Abs. 5 MAR sehr von der Konstellation im Einzelfall abhängig, vgl. *Augstein*, Neue Ansätze im Insiderrecht und ihre Auswirkungen auf die Beurteilung gestreckter Sachverhalte, 2018, S. 116 ff. und speziell für den verchender Konstellation – der Vorwurf der verbotenen Marktmanipulation (Art. 15 MAR iVm §§ 119 Abs. 1 Nr. 1, 120 Abs. 15 WpHG) wegen Einwirkung auf den Kurs durch die Unterlassung treffen.

Außer diesen Sanktionen bewirkt ein schuldhafter[47] Verstoß gegen die Mitteilungspflichten nach §§ 33 ff. WpHG weitgehende zivilrechtliche Sanktionen. Nach § 44 WpHG bestehen Rechte aus Aktien, die einem Meldepflichtigen i. S.v. § 33 Abs. 3 WpHG *gehören*[48] oder aus denen ihm Stimmrechte nach § 34 WpHG zugerechnet werden, nicht für die Zeit, für welche die Mitteilungspflichten nicht erfüllt wurden. Allerdings tritt der Verlust des Anspruchs auf Dividende und Liquidationsüberschuss nach § 44 Abs. 1 Satz 2 WpHG nur bei Vorsatz ein. Aufgrund der Legaldefinition von *gehören* sind von dem Rechtsverlust ggf. auch Aktien Dritter betroffen. Sofern gegen Mitteilungspflichten für Finanzinstrumente nach § 38 WpHG verstoßen wird, sind Aktien Dritter allerdings nicht betroffen; *gehören* dem Meldepflichtigen selbst in diesem Fall keine Aktien, geht der Rechtsverlust nach § 44 WpHG ins Leere.[49]

Insgesamt ist der Rechtsverlusts nach § 44 WpHG als recht massive Sanktion einzuordnen, die verschiedentlich als zu rigoros kritisiert wurde.[50] Kritische Äußerungen unterbleiben inzwischen aber weitgehend, da eine Überprüfung des Sanktionsumfangs in diesem Sinne trotz eines gewissen Ansatzes gesetzgeberisch nicht in Erwägung gezogen wurde[51] und eine Abmilderung im Hinblick auf die Idiosynkrasie der Öffentlichkeit gegenüber der Finanzbranche auch in absehbarer Zukunft nicht zu erwarten ist.

---

deckten Beteiligungsaufbau *Heusel*, Die Rechtsfolgen einer Verletzung der Beteiligungstransparenzpflichten gem. §§ 21 ff. WpHG, 2011, S. 273 ff., jeweils m.w.N. und – noch zum alten Recht – *Opitz* in Schäfer/Hamann, Kapitalmarktgesetze, Loseblattsammlung, 2. Aufl., Stand 7. Lieferung 2013, § 28 WpHG Rn. 58 f.

**47** D. h. mindestens Fahrlässigkeit. So zu Recht die h.M., vgl. nur *Bayer* in Münchener Kommentar zum Aktiengesetz, 5. Aufl. 2019, (§§ 33–47 WpHG im Anh. nach § 22 AktG), § 44 Rn. 22 m.w.N. Organverschulden ist dem Meldepflichtigen nach § 31 BGB zuzurechnen, Verschulden von Mitarbeitern wohl nur entsprechend § 831 Abs. 1 Satz 2 BGB; vgl. *Bayer* a. a. O. Rn. 13.

**48** „Gehören" ist in § 33 Abs. 3 WpHG definiert und umfasst auch – bei Erfüllung bestimmter Kriterien – den auf Übertragung gerichteten Anspruch oder das Bestehen einer entsprechenden Verpflichtung.

**49** Vgl. *Bayer* in Münchener Kommentar zum Aktiengesetz, 5. Aufl. 2019, (§§ 33–47 WpHG im Anh. nach § 22 AktG), § 44 Rn. 22. Es wäre wahrscheinlich auch kaum möglich, die als Deckung der Instrumente dienenden Aktien zu identifizieren. Alternativ wäre allerdings ein Verlust der Rechte aus den Instrumenten in Frage gekommen.

**50** Vgl. *Bayer* in Münchener Kommentar zum Aktiengesetz, 5. Aufl. 2019, (§§ 33–47 WpHG im Anh. nach § 22 AktG), § 44 Rn. 81 m.w.N.

**51** Vgl. *Bayer* in Münchener Kommentar zum Aktiengesetz, 5. Aufl. 2019, (§§ 33–47 WpHG im Anh. nach § 22 AktG), § 44 Rn. 82 bei Fn. 320.

Ob darüber hinaus zivilrechtliche Sanktionen eintreten können, hängt sehr vom Einzelfall ab. Einen direkten WpHG-Schadensersatzanspruch gibt es nicht. Überwiegend wird inzwischen angenommen, dass der Meldepflichtige für bestimmte Folgen seiner Unterlassung nach § 823 Abs. 2 BGB einzustehen hat,[52] weil die kapitalmarktrechtlichen Verhaltenspflichten und damit auch § 33 WpHG Schutzgesetz seien. Dies lässt sich aber damit bezweifeln, dass die einschlägigen Vorschriften dem Funktionieren des Kapitalmarkts (Institutionenschutz) und nicht Individualinteressen dienen.[53] Im Kern geht es dabei weniger darum, ob – was die eingangs erwähnte Law & Finance-Literatur nahe legt – die private Rechtsdurchsetzung zentraler Baustein des Institutionenschutzes ist, als vielmehr darum, ob der nach wie vor die zivilrechtliche Sanktionshoheit besitzende deutsche Gesetzgeber zur Zielerreichung auf eben dieses Pyramidenstockwerk setzt. Eine Schadensersatzpflicht nach § 826 BGB kommt bei entsprechender gezielter Schädigungsabsicht in Betracht.

Ferner können Ansprüche wegen Vertragsverletzung in Frage kommen. Im Vertragskonzern kann ein Anspruch des beherrschten Unternehmens gegen das mitteilungspflichtige herrschende Unternehmen wegen positiver Vertragsverletzung nach §§ 280, 241 BGB bestehen. Ebenso kann eine Verletzung der Mitteilungspflichten bei Vertragspartnern eines Finanzinstruments i. S. v. § 38 WpHG zu Schadensersatzansprüchen wegen positiver Vertragsverletzung führen (etwa bei Rechtsverlust nach § 44 WpHG, weil der andere Vertragspartner als Inhaber des Instruments seiner Mitteilungspflicht nicht ordnungsgemäß nachgekommen ist).

Als Folge von Beteiligungsmitteilungen nach §§ 33 ff. WpHG oder entsprechenden Vorschriften anderer EU- oder EWR-Mitgliedstaaten an den Inlandsemittenten trifft diesen die unverzüglich zu erfüllende Veröffentlichungs- sowie Weiterleitungspflicht an das Unternehmensregister hinsichtlich der einzelnen Mitteilungen nach § 40 Abs. 1 WpHG und die Pflicht der gleichzeitigen Mitteilung an die BaFin nach § 40 Abs. 2 WpHG. Darüber hinaus unterliegt der Inlandsemittent einer entsprechenden Veröffentlichungs-, Weiterleitungs- und Mitteilungspflicht bei Veränderungen der Gesamtzahl seiner Stimmrechte nach § 41 WpHG.

Auch die Verletzung dieser Pflichten sind bei vorsätzlicher oder leichtfertiger Begehung Ordnungswidrigkeitstatbestände nach § 120 Abs. 2 Nr. 4 lit. a), lit. 2 f) und lit. 2 g) WpHG, wobei der als schwerwiegender eingeordnete Verstoß gegen die Veröffentlichungspflicht nach § 40 Ans. 1 WpHG gem. § 120 Abs. 17 Satz 2

52 *Bayer* in Münchener Kommentar zum Aktiengesetz, 5. Aufl. 2019, (§§ 33–47 WpHG im Anh. nach § 22 AktG), § 44 Rn. 75 m. w. N.

53 Vgl. die Nachweise bei *Augstein*, Neue Ansätze im Insiderrecht und ihre Auswirkungen auf die Beurteilung gestreckter Sachverhalte, 2018, S. 342 f. und 352.

WpHG mit einem Bußgeld von bis zu zehn Millionen Euro oder – falls höher – 5 Prozent des Gesamtumsatzes geahndet werden kann.[54] In diesen Fällen erfolgt ebenfalls gem. § 124 Abs. 1 WpHG eine Veröffentlichung der erfolgten Sanktion durch die BaFin („Naming and Shaming").

Ein weiteres Risiko für den Emittenten besteht – ebenso wie bei einem Verstoß gegen die Ad-hoc-Veröffentlichungspflichten – darin, dass das Unterlassen der korrekten Veröffentlichung zugleich den Tatbestand der Marktmanipulation nach Artt. 12 Abs. 1 lit. b), 15 MAR erfüllen kann.[55] Diese kann gegen den Emittenten nach § 120 Abs. 18 WpHG zu Bußgeldern von bis zu 15 Millionen Euro oder – falls höher – 15 Prozent des Gesamtumsatzes führen.

Zivilrechtliche Konsequenzen sind vornehmlich für die Geschäftsführungsorgane des Emittenten zu erkennen, die zum einen für verhängte Bußgelder nach § 93 Abs. 2 AktG haften können und zum anderen der Gefahr einer Kündigung wegen des Verstoßes ausgesetzt sind. Entsprechendes kann für die Compliance Verantwortlichen gelten, die u.U. ebenfalls für verhängte Bußgelder wegen positiver Vertragsverletzung ihres Dienstvertrages nach §§ 280, 241 BGB in Anspruch genommen werden können.

Ein zivilrechtlicher Schadensersatzanspruch anderer Marktteilnehmer nach § 823 Abs. 2 oder § 826 BGB wegen Verletzung der Veröffentlichungspflichten ist nicht auszuschließen,[56] erscheint aber im Hinblick auf die Schwierigkeiten der Beweisführung sowohl hinsichtlich Ursächlichkeit als auch des Schadens regelmäßig nur schwer durchsetzbar. Haftet der Emittent, so können sich wiederum Regressansprüche gegen Vorstand oder auch verantwortliche Mitarbeiter mit der weiteren Folge einer möglichen Kündigung für diese ergeben.

Ein schwerwiegender Reputationsschaden für den Emittenten mit negativen Folgen für dessen Börsenkurs oder des Kundengeschäfts erscheint bei einem Verstoß gegen die Veröffentlichungspflichten nur bei gezielten Verschleierungsabsichten denkbar. Auch hier kann dann insbesondere die Skandalisierung in der

---

54 Faktisch werden bei diesen Verstößen Bußgelder dieser Höhe wohl nie verhängt werden, vgl. BaFin Bußgeldleitlinien II; Stand Februar 2017, aktualisierte Fassung Januar 2018 (über BaFin-Website https://www.bafin.de/dok/10344974). Dennoch stellt sich hinsichtlich des gesetzlichen Rahmens die Frage der Verhältnismäßigkeit und des Übermaßverbots. Vgl. auch *Bayer* in Münchener Kommentar zum Aktiengesetz, 5. Aufl. 2019, (§§ 33–47 WpHG im Anh. nach § 22 AktG), § 44 Rn. 76 m.w.N. Man kann sich des Eindrucks eines gewissen „Overkill" nicht erwehren.

55 Vgl. *Buck-Heeb*, Kapitalmarktrecht, 10. Aufl. 2019, § 8 Rn. 639 und 657 m.w.N.

56 Bei § 823 Abs. 2 BGB stellt sich auch hinsichtlich § 40 Abs. 1 WpHG die strittige Frage der Schutzgesetzqualität; vgl. nur *Buck-Heeb*, Kapitalmarktrecht, 10. Aufl. 2019, § 8 Rn. 790 m.w.N.

Öffentlichkeit zu Umsatzeinbußen und Kursrückgängen führen, deren Schaden mittelfristig weit über den Einbußen durch Bußgelder liegen kann.[57]

## 4. Prozessuale Durchsetzung privater Haftung für die Verletzung von Kapitalmarktverhaltenspflichten, insbesondere nach KapMuG

Unabhängig von der teilweise schon dogmatisch umstrittenen Begründung privatrechtlicher Ansprüche begegnet deren Durchsetzung Schwierigkeiten, die ihre Eignung als Instrument optimaler Verhaltenssteuerung in Frage stellen. Die ökonomischen Zusammenhänge sind gerade für das Kapitalmarktrechts auch im deutschen juristischen Schrifttum eingehend beschrieben worden[58] und stehen im breiteren Kontext der ebenfalls weitgehend rezipierten ökonomischen Analyse des Zivilprozessrechts.[59] Ausgangspunkt der Überlegungen ist dabei stets, dass rationale Akteure die Entscheidung Klage zu erheben von einer Abwägung der wahrscheinlichkeitsgewichteten Auszahlung im Falle des Obsiegens (v.a. zugesprochene Forderung, Prozesskostenerstattung) mit den – zumindest partiell ebenfalls nur mit einer gewissen (inversen) Wahrscheinlichkeit – zu tragenden Kosten (v.a. Prozess- und Opportunitätskosten, letztere primär in Form der in die Anspruchsverfolgung zu investierenden (Arbeits-)Zeit) abhängig machen. Eben diese Abwägung liefert die rationale Erklärung für das häufig zu beobachtende Verhalten von geschädigten Investoren, für sich betrachtet geringe Kompensationsforderungen nicht durchzusetzen, weil die zu erwartenden Kosten, die probabilistische Auszahlung übersteigen. Dabei ist das Phänomen nicht auf Kleinanleger beschränkt, sondern begegnet *mutatis mutandis* auch bei institutionellen Portfolioinvestoren, deren Opportunitätskosten und sonstigen Nachteile aus der Rechtsverfolgung ebenfalls hoch sind. Im Kern stellt die Geltendmachung kapitalmarktrechtlicher Kompensationsansprüche nämlich eine Governance-Aktivität auf der Ebene individueller Portfoliopositionen dar, die mit den durch die beson-

---

57 Vgl. Zu diesen Folgen *Armour/Mayer/Polo*, JFQA 52 (2017), 1429, 1433, 1438 f.

58 Vgl. nur die Darstellung bei *Bergmeister*, Kapitalanleger-Musterverfahrensgesetz (KapMuG), 2009, S. 19 ff.; spezifisch zum kollektiven Rechtsschutz *Steinberger*, Die Gruppenklage im Kapitalmarktrecht, 2016, S. 150 ff.

59 Überblick bei *Spier* in: *Polinsky/Shavell* (Hrsg.), Handbook of Law and Economics, Bd. I, 2007, S. 259 ff.; *Shavell*, Foundations of Economic Analysis of Law, 2004, S. 389 ff.

dere Markt- und Wettbewerbsstruktur bestimmten Anreizen institutioneller Investoren und Vermögensverwalter inkompatibel ist.[60]

Aus gesamtgesellschaftlicher Sicht droht vor diesem Hintergrund aber gerade bei auf eine Vielzahl von Rechtssubjekten verteilten Schädigungen („Streuschäden") eine suboptimale Rechtsdurchsetzung, weil die verursachten Einbußen – die in ihrer Summe sehr bedeutsam sein können – nicht beim handelnden Marktteilnehmer internalisiert werden. Will die Rechtsordnung darauf reagieren, muss sie v. a. durch eine entsprechende Gestaltung des Prozessrechts Anreize für die Betroffenen oder andere Marktakteure setzen, sämtliche Einzelforderungen geltend zu machen. Das U.S.-amerikanische Rechtssystem mit seiner äußerst dynamischen privaten Rechtsdurchsetzung im Kapitalmarktrecht (*securities litigation*) geht bekanntlich den Weg über den individuellen Geschädigten vom Prozessrisiko entlastend Erfolgshonorare (*contingency fees*) und die Bündelung der Forderungen aller Geschädigten im Rahmen einer Sammelklage (*class action*). Erst das Zusammenspiel dieser Institute setzt finanzielle Anreize für spezialisierte Klägeranwälte (*plaintiffs' bar*), die entsprechenden Verfahren auf eigenes Risiko zu betreiben.[61] Die Bewertung der Effizienz des Systems oszilliert zwischen einer Einordnung als ressourcenverschwendende Umverteilung, von der v. a. die – auf beiden Seiten – beteiligten Anwälte im Gefolge großzügiger Vergleiche profitieren und einer wohlwollenden Deutung, die v. a. auf die positiven Externalitäten einer Aufdeckung von Verstößen in Form höherer Compliance nicht nur bei den beklagten Marktteilnehmern und die mit dem gesteigerten Anlegervertrauen verbundenen Liquiditätssteigerungen auf dem Gesamtmarkt verweist;[62] die Empirie ist – nicht zuletzt mit Blick auf die kaum messbaren Externalitäten und vielfältigen außerrechtlichen Sanktionskanäle[63] – letztlich nicht eindeutig.[64]

---

**60** Vgl. dazu *Tröger*, ZGR 2019, 126, 134 ff. sowie umfassend *Bebchuk/Cohen/Hirst*, JEP 31 (2017) 89–102.

**61** Eingehende Darstellungen des U.S.-Systems finden sich z. B. bei *Leufgen*, Kollektiver Rechtsschutz zugunsten geschädigter Kapitalanleger, 2007, S. 59 ff.; *Bergmeister*, Kapitalanleger-Musterverfahrensgesetz (KapMuG), 2009, S. 49 ff.

**62** Vgl. z. B. *Klausner*, JCLS 9 (2009) 349; *Coffee, Jr.*, Entrepreneurial Litigation: Its Rise, Fall, and Future, 2015, S. 64 ff.

**63** Vgl. hier nur *Fich/Shivdasani*, JFE 86 (2007) 306, die zeigen, dass sich die Karriereaussichten für Organmitgliedern eintrüben, wenn ihre Gesellschaften von Kapitalanlegerklagen betroffen sind.

**64** Vgl. schon *Romano*, JLEO 7 (1991) 55.

Ohne dass an dieser Stelle eine tiefschürfende Analyse der dogmatisch-praktischen Einzelprobleme des KapMuG geleistet werden könnte,[65] lässt sich doch sagen, dass die Stoßrichtung des 2005 in Kraft getretenen,[66] 2012 reformierten[67] KapMuG nicht darauf abzielt, ein deutsches Pendant zum U.S. Regime zu schaffen.[68] Dass unternehmerisch denkende Klägeranwälte und Prozessfinanzierer innerhalb des geltenden institutionellen Rahmens kreative Ausweichlösungen suchen, darf nicht darüber hinwegtäuschen, dass es sich insoweit nur um kostentreibende, zweitbeste Lösungen zur Überwindung des zentralen Anreizproblems bei privatrechtlichen Anlegerklagen handelt. Diese entlasten den Gesetzgeber nicht von seiner originären Aufgabe, legislative Maßnahmen zur grundlegenden Verbesserung eben dieses institutionellen Rahmens zu schaffen[69] – wenn er denn die Bedingungen für voll schadensinternalisierende, private Anlegerklagen tatsächlich schaffen, also nicht nur den Kollaps der Justiz im Angesicht kaum zu bewältigender Massenklagen durch Konzentration einzelner Verfahrensabschnitte, verhindern will.[70]

Die normativ entscheidende Frage ist dabei allerdings komplexer, weil sie nur mit Blick auf das eingangs erwähnte Kalibrierungsproblem beantwortet werden kann. Die vorstehenden Ausführungen haben gezeigt, dass sich das deutsche Recht nach wie vor stark auf über die Zeit nicht unerheblich verschärfte aufsichtsrechtliche Sanktionen verlässt, um kapitalmarktrechtlichen Verhaltenspflichten „Biss“ zu verleihen, die durch Reputationseffekte massiv verstärkt werden. Die Internalisierung der Folgen pflichtwidrigen Verhaltens muss also nicht vollständig durch zivilrechtliche Haftung geleistet werden. Im Gegenteil

65 Vgl. hier nur neben der Kommentarliteratur die Monografie von *Hanisch*, Das Kapitalanleger-Musterverfahrensgesetz (KapMuG).

66 BGBl. I v. 19.8.2005, S. 2437.

67 BGBl. I v. 25.10.2012, S. 2182. Vorbereitend aus der Wissenschaft *Halfmeier/Rott/Feess*, Kollektiver Rechtsschutz im Kapitalmarktrecht, 2010; kritisch dazu von *Bernuth/Kremer*, ZIP 2012, 413 ff.

68 Schon im Maßnahmenkatalog der Bundesregierung zur Stärkung der Unternehmensintegrität und des Anlegerschutzes vom 25.2.2003 heißt es: „Es sollte ein Mechanismus eingeführt werden, der die bisherigen Defizite ausgleicht, ohne zu Sammelklagen zu führen. Es sollte kein Zwang bestehen, sich einer Kollektivvertretung anzuschließen. Ebenso sollte eine Kommerzialisierung des Klagewesens, etwa durch Mehrfachvertretungen und Erfolgshonorare, ausgeschlossen werden.“ abrufbar unter http://www.gesmat.bundesgerichtshof.de/gesetzesmaterialien/15_wp/allg_dateien/massnahmenkatalog.pdf.

69 Nicht von ungefähr schließen viele Erfahrungsberichte aus der Praxis, z. B. *Vorwerk*, WM 2011, 817, 823 ff., als auch monografische Analysen, z. B. *Steinberger*, Die Gruppenklage im Kapitalmarktrecht, 2016, S. 184 ff., mit mehr oder weniger weitreichenden Reformvorschlägen.

70 Vgl. insoweit aber auch *Stackmann*, NJW 2010, 3185, 3189 f., der v. a. insoweit die Eignung des KapMuG bezweifelt.

erscheint es zumindest theoretisch plausibel, dass ein vollinternalisierendes, friktionslos durchsetzbares Haftungsregime neben den aufsichtsrechtlichen Sanktionsmechanismen weit überschießend wäre und zur nicht wünschenswerten Überabschreckung führte. Die faktischen Durchsetzungshindernisse aus dem Prozessrecht könnten eventuell sogar gerade für die richtige Kalibrierung sorgen!

## III. Fazit und Ausblick

Die vorstehenden Überlegungen haben gezeigt, dass die Verletzung kapitalmarktrechtlicher Verhaltenspflichten einen bunten Strauß von öffentlich-rechtlichen, ordnungswidrigkeiten-, straf- und zivilrechtlichen Sanktionen nach sich ziehen kann – potentiell stets ergänzt durch parallel wirkende soziale Sanktionen. Ob damit das sozial wünschenswerte, die Verhaltensanreize für die Marktakteure optimal setzende Gleichgewicht erreicht wird, lässt sich ohne eingehende empirische Forschung nicht beantworten. Das hochkomplexe Normgeflecht lässt aber zumindest Zweifel daran aufkommen, ob die mit Blick den Verhältnismäßigkeitsgrundsatz voll ausdifferenzierten Sanktionen auch ähnlich fein-ziselierte Verhaltensanpassungen nach sich ziehen. Ohnehin erscheinen nicht rechtsförmige, über Reputations- und Statuseffekte greifende soziale Sanktionen von erheblicher Bedeutung.

Der weite Blick auf die gesamte Sanktionenpyramide ist auch deshalb wichtig, weil das isoliert betrachtet kaum zu bestreitende, v. a. durch die Anreize der Beteiligten bestimmte Defizit in der praktischen Durchsetzung privater Haftungsansprüche aus dieser Perspektive keine Ineffizienz darstellen muss. Die Bewertung hängt nämlich davon ab, welche Rolle eine effektiv durchsetzbare zivilrechtliche Verantwortlichkeit im verhaltensbestimmenden „Sanktionenmix" spielen sollte.

Die Betrachtung mündet in der Forderung, dass die zukünftige, gerade mit Blick auf die ehrgeizigen Ziele der Kapitalmarktunion politikrelevante Forschung ihr Augenmerk sehr genau auf das Zusammenspiel der einzelnen Bausteine der Sanktionenpyramide richten muss. Dies stellt gerade in der institutionenbewussten, empirischen Forschung eine große Herausforderung dar, die zu mehr Bescheidenheit gemahnt. Die großen, kontextunabhängigen Narrative zur Wirkung kapitalmarktrechtlicher Sanktionen werden kaum glaubwürdig belegbar sein, während wichtige Impulse von granulären Untersuchungen engerer Funktionszusammenhänge ausgehen werden.

# Finanztermingeschäfte

Christoph Kumpan

# Finanztermingeschäfte – Entwicklung und Stand der Regulierung

## I. Einleitung

Finanztermingeschäfte geraten immer wieder in die Kritik. Von namhafter Seite wurden sie sogar schon als „finanzielle Massenvernichtungswaffen" bezeichnet.[1] Auch in Deutschland überwog während des 20. Jahrhunderts lange Zeit die Skepsis.[2] Erst gegen Ende des Jahrhunderts erfolgte eine Liberalisierung. Aber die Finanzmarktkrise von 2008 und immer wieder vorkommende dramatische Fehlspekulationen von Bankhändlern sorgen für eine kontinuierliche Sensibilisierung der Öffentlichkeit und des Gesetzgebers. Letzterer hat etwa in Reaktion auf die Finanzkrise das Recht der Termingeschäfte wieder verschärft. Das betrifft insbesondere den außerbörslichen Derivatehandel, der transparenter und sicherer gestaltet werden sollte. In der EU geschah dies u. a. durch die neuen Regelungen in der EMIR[3] und der MiFIR[4], aber auch durch die EU-LeerverkaufsVO[5]. Die Regelungen im WpHG sind hingegen seit ihrer Überführung vom BörsG in das WpHG im Rahmen des 4. FMFG[6] von 2002 nur einmal in größerem Umfang geändert worden.

---

**1** Siehe *Buffett* in Berkshire Hathaway Inc, 2002 Annual Report, 2003, S. 15.

**2** Siehe dazu etwa die Ausführungen von *Wolter*, Termingeschäftsfähigkeit kraft Information, 1991, S. 105 ff.

**3** Verordnung (EU) Nr. 648/2012 über OTC-Derivate, zentrale Gegenparteien und Transaktionsregister, ABl. EU 2012 L 201 v. 4.7. 2012, S. 1.

**4** Verordnung (EU) Nr. 600/2014 über Märkte für Finanzinstrumente und zur Änderung der Verordnung (EU) Nr. 648/2012, ABl. EU 2014 L 173 v. 15.5. 2014, S. 84.

**5** Verordnung (EU) Nr. 236/2012 über Leerverkäufe und bestimmte Aspekte von Credit Default Swaps, ABl. EU L 86 v. 24.3.2012, S. 1.

**6** Viertes Finanzmarktförderungsgesetz, BGBl. 2002 I 2010.

https://doi.org/10.1515/9783110632323-047

## II. Risiken von Termingeschäften und Vorbehalte des Gesetzgebers im 20. Jahrhundert

Während des 20. Jahrhunderts war der Terminhandel in Deutschland über weite Strecken Kaufleuten vorbehalten. Nur sie und einige wenige andere Personen[7] konnten wirksam Termingeschäfte vereinbaren.[8] Nichtkaufleute waren hingegen nicht termingeschäftsfähig. Wenn sie dennoch Termingeschäfte abschlossen, galten diese als Spiel nach §§ 764 aF, 762 BGB und mussten daher nicht erfüllt werden.

### 1. Hohes Verlustrisiko

Ein wesentlicher Grund für diese strenge Regelung war der Schutz unerfahrener Anleger. Das mit Termingeschäften verbundene hohe Verlustrisiko konnte (und kann) existenzvernichtende Wirkung haben,[9] was gerade unerfahrenen Anlegern häufig nicht bewusst ist. Denn aufgrund der bei Termingeschäften hinausgeschobenen Erfüllung ist zunächst nur ein geringer Kapitaleinsatz erforderlich. Geleistet werden muss zunächst nur eine Sicherheitsmarge für einen eventuellen Verlustausgleich, die nur einen Bruchteil des gesamten Geschäftsumfangs ausmacht.[10] Anleger können daher größere Geschäfte und damit höhere Risiken eingehen als bei Kassageschäften, die sofort (d. h. idR innerhalb von zwei Tagen) zu erfüllen sind, sodass deren Umfang durch die Mittel begrenzt ist, die den Anlegern zur Verfügung stehen.[11] Bei überdimensionierten Geschäftsabschlüssen, wie sie Anlegern im Terminhandel möglich sind und zu denen sie sich angesichts der möglichen höheren Gewinne verlockt sehen können, können schon kleine Kursausschläge zu erheblichen Verlusten führen, die das Vermögen des jeweiligen Anlegers um ein Vielfaches übersteigen.[12]

---

7 Z.B. Personen ohne Wohnsitz oder gewerbliche Niederlassung im Inland, siehe § 53 Satz 2 Nr. 2 BörsG idF 1908, RGBl. 1908 (Nr. 27), S. 215, 228.

8 Siehe § 53 BörsG aF idF 1908, RGBl. 1908 (Nr. 27), S. 215, 228.

9 *Franken*, Das Recht des Terminhandels, 1997, S. 35. Zum Verlustrisiko im Terminhandel z. B. *Binder* in Langenbucher/Bliesener/Spindler, Bankrechtskommentar, 2. Aufl. 2016, 37. Kap. Rn. 13; *Kraft* in Kümpel/Mülbert/Früh/Seyfried, Bank- und Kapitalmarktrecht, 5. Aufl. 2019, Rn. 19.46 ff.; *Clouth*, Rechtsfragen der außerbörslichen Finanz-Derivate, 2001, S. 130 ff.

10 RGZ 34, 82, 86; *Franken* (Fn. 9), S. 36. Siehe auch *Binder* (Fn. 9), 37. Kap. Rn. 13.

11 *Franken* (Fn. 9), S. 36.

12 *Franken* (Fn. 9), S. 37.

Ende des 19. Jahrhunderts musste dies eine Vielzahl von Anleger schmerzlich erfahren und der Gesetzgeber sah daraufhin für Nichtkaufleute restriktive Regelungen im Börsengesetz[13] sowie im BGB den Differenzeinwand in § 764 BGB aF vor.[14] Nach § 764 BGB aF sollten Verträge als Spiel betrachtet werden, wenn sie zum Inhalt hatten, dass zwischen zwei Parteien lediglich die Differenz zwischen einem vereinbarten und einem Börsen- oder Marktpreis vom Verlierer an den Gewinner gezahlt werden sollte. Nach § 762 Abs. 1 BGB sind Spiele und Wetten als unverbindlich anzusehen.

## 2. Sorge wegen nachteiliger Auswirkungen auf die Preisentwicklung der Basiswerte

Eine weitere Kritik, die seinerzeit am Terminhandel geübt wurde, kam insbesondere aus der Landwirtschaft. Deren Vertreter befürchteten nachteilige Auswirkungen des Terminhandels auf die Preisentwicklung ihrer Produkte: Da keine sofortige Erfüllung geschuldet würde, könnte dies dazu führen, dass das Volumen aller Termingeschäfte bzgl. einer Warengattung die tatsächliche Warenmenge überstiege. Daher könnte, so die Befürchtung, der Eindruck eines Überangebots an den Märkten entstehen, der dann zu einem Preisverfall führen könnte.[15] Damit würde der Terminhandel die Kursrisiken noch verstärken.[16]

Diese Sorge griff der Gesetzgeber seinerzeit in den §§ 65 ff. BörsG idF 1908 auf. Termingeschäfte in Getreide und Erzeugnisse der Getreidemüllerei wurden (auch für Kaufleute) verboten, sofern sie nicht von den Erzeugern und Verarbeitern selbst abgeschlossen wurden.[17] Diese Regelungen wurden erst im Rahmen des 2. FMFG[18] im Jahr 1994 aufgehoben.[19]

---

**13** Zur Entwicklung der börsengesetzlichen Regelungen zum Terminhandel *Franken* (Fn. 9), S. 106 ff.; *Paus*, Börsentermingeschäfte, 1995, S. 67 ff.; *Wolter* (Fn. 2), S. 89 ff.

**14** Zu § 764 BGB aF, dessen historischen Wurzeln und Entstehung ausführlich *Franken* (Fn. 9), S. 53 ff., 71 ff.; *Wolter* (Fn. 2), S. 95 ff.

**15** Siehe z. B. *Nußbaum*, BörsG, 1910, Einl. S. XVI; außerdem die Wiedergabe bei *Houthakker* J. Fin. 37 (1982), 481, 482.

**16** Diese Kritik ansprechend und widerlegend *Kantorowicz*, Jahrbuch für Gesetzgebung, Verwaltung und Volkswirtschaft im Deutschen Reich – Band 15, 1891, 1183 ff.

**17** §§ 65, 67 BörsG idF 1908, RGBl. 1908 (Nr. 27), S. 215, 230 f.

**18** Zweites Finanzmarktförderungsgesetz, BGBl. 1994 I 1749.

**19** Art. 2 Nr. 28 2. FMFG. Dazu RegE 2. FMFG, BT-Drs. 12/6679, S. 75.

### 3. Vermeintliche volkwirtschaftliche Nutzlosigkeit

Von einigen wurde schließlich kritisiert, das am Terminmarkt allzu leicht große Gewinne erzielt werden konnten.[20] Damit einher ging die Kritik, dass die Spekulation volkswirtschaftlich nutzlos wäre.[21] Da ein Mißverhältnis zwischen der Arbeitsleistung des Spekulanten und dem im Terminhandel erzielbaren Gewinn gesehen wurde, wurde außerdem die Frage nach der moralischen Rechtfertigung der Spekulation gestellt.[22] Denn zT wurde es als verwerflich angesehen, wenn ein Differenzbetrag eingestrichen wurde, ohne dass dafür eine wirtschaftliche Leistung erbracht worden war.[23]

## III. Liberalisierung des Terminhandels am Ende des 20. Jahrhunderts

Gegen Ende des 20. Jahrhunderts öffnete sich der Gesetzgeber gegenüber dem Terminhandel und akzeptierte die Notwendigkeit eines Terminmarktes für eine funktionierende Marktwirtschaft.[24] Insbesondere ließ er auch die Beteiligung privater Anleger zu, deren Beteiligung er als wesentlich ansah, damit der Terminmarkt eine ausreichende Marktbreite erlangte.[25]

### 1. Nutzen von Termingeschäften

Der Nutzen des Terminhandels liegt insbesondere in der Möglichkeit, sich mittels Termingeschäften gegen Verluste aus den Schwankungen der Marktkurse am

---

**20** Für eine Übersicht über die Kritik z. B. *Franken* (Fn. 9), S. 35, 39 f.; *Schwark* FS Steindorff, 1990, S. 473, 474 ff.

**21** Vgl. RGZ 34, 82, 85 ff; RGZ 44, 103, 109; wiedergebend *v. Nell-Breuning*, Börsenmoral, 1928, S. 127 ff.

**22** Wiedergebend *v. Nell-Breuning* (Fn. 21), S. 134; *Schwark* FS Steindorff, 1990, S. 473. 475; siehe auch die Darstellung der damaligen Diskussion bei *Wolter* (Fn. 2), S. 113 ff.

**23** Wiedergebend *v. Nell-Breuning* (Fn. 21), S. 135.

**24** RegE Börsennovelle 1989, BT-Drs. 11/4177, S. 9.

**25** RegE Börsennovelle 1989, BT-Drs. 11/4177, S. 9. Siehe seinerzeit schon auch *Heinsen* in Verhandlungen des 17. DJT – Band 2, S. 173, 182. Kritisch *Henssler* ZHR 153 (1989), 611, insb. 624 f; *Schwark* FS Steindorff, 1990, S. 473, 480 ff.

Kapitalmarkt abzusichern, sog. Hedging.[26] Sie sind damit wichtiger Bestandteil des finanziellen Risikomanangements von Unternehmen,[27] indem sie den Risikotransfer auf andere Marktteilnehmer ermöglichen.[28] Das Risiko wird zumeist von spekulierenden Anlegern übernommen, die als Vertragspartner für die Sicherungsgeschäfte zur Verfügung stehen.[29] Darüber hinaus können Termingeschäfte dafür genutzt werden, Marktpreisdifferenzen auszunutzen, um risikolos Gewinne zu erzielen (sog. Arbitrage).[30] Auf diese Weise kommt es zu einer Preisangleichung auf den verschiedenen Märkten, was für die Volkswirtschaft nützlich ist.[31] Die Möglichkeit der Absicherung und der Arbitrage fördert auch die Bereitschaft, am Kassamarkt zu handeln, sodass sich das Vorhandensein eines Terminmarktes positiv auf den Umsatz am Kassamarkt auswirkt und dessen Liquidität erhöht.[32] Zudem ermöglicht der Terminhandel, auf fallende Kurse zu setzen. Dies alles fördert eine marktgerechte Preisbildung und führt dazu, das sich die Informations- und Bewertungsfunktion der Börse verbessert, weil mehr Beteiligte ihre Bewertungsvorstellungen in den Handel einbringen.[33] Damit fördert das Vorhandensein eines Terminmarktes auch die Wettbewerbsfähigkeit des Kassamarktes,[34] was wiederum positive Auswirkungen auf die Finanzierungssituation der Unternehmen hat.

## 2. Entwicklungen im Vorlauf zur Regelung im WpHG

Diese Vorteile vor Augen begann der Gesetzgeber am Ende des 20. Jahrhunderts mit einer vorsichtigen Liberalisierung. So führte er zunächst im Jahr 1975 neue Regelungen in den §§ 63f. BörsG aF ein,[35] mit denen er Börsentermingeschäfte in

26 *Jung* in Fuchs, WpHG, 2. Aufl. 2016, Vor §§ 37e, 37 g Rn. 5; *Binder* (Fn. 9), 37. Kap. Rn. 19; *Kraft* (Fn. 9), Rn. 19.30ff.; *Seiffert* in Kümpel/Mülbert/Früh/Seyfried, Bank- und Kapitalmarktrecht, 5. Aufl. 2019, Rn. 14.355; *Casper*, Der Optionsvertrag, 2005, S. 12; *Clouth* (Fn. 9), S. 106f.; *Paus* (Fn. 13), S. 52f. Schon zuvor *v. Nell-Breuning* (Fn. 21), S. 148.

27 *Binder* (Fn. 9), 37. Kap. Rn. 19; *Casper* (Fn. 26), S. 10.

28 *Seiffert* (Fn.26), Rn. 14.376.

29 *v. Nell-Breuning* (Fn. 21), S. 140ff., 16 2f.; *Paus* (Fn. 13), S. 52.

30 *Jung* (Fn. 26), Vor §§ 37e, 37 g Rn. 7; *Binder* (Fn. 9), 37. Kap. Rn. 21; *Kraft* (Fn.9), Rn. 19.41f.

31 *Paus* (Fn. 13), S. 51. Siehe auch *Jung* (Fn. 26), Vor §§ 37e, 37 g Rn. 7.

32 *Seiffert* (Fn.26), Rn. 14.376; *Paus* (Fn. 13), S. 48; siehe auch *Schwark* FS Steindorff, 1990, S. 473, 477.

33 *Paus* (Fn. 13), S. 48.

34 *Seiffert* (Fn. 26), Rn. 14.377.

35 Art. 1 Nr. 17, 18 Gesetz zur Änderung des Börsengesetzes vom 28. April 1975, BGBl. 1975 I 1013.

Aktien grundsätzlich zuließ. Mit der Börsengesetznovelle von 1989[36] wurde dann der Börsenterminhandel für Nichtkaufleute generell zugelassen, sofern sie zuvor ausreichend informiert worden waren.[37] Allerdings ging der Gesetzgeber noch nicht soweit, § 764 BGB abzuschaffen. Dies geschah erst durch das 4. FMFG.[38]

# IV. Entwicklung der Regelungen im WpHG

## 1. Begriffsbestimmung

Mit der Einführung des WpHG durch das 2. FMFG im Jahr 1994 wurde bereits eine Bestimmung des Begriffs „Derivate" (§ 2 Abs. 2 WpHG aF) aufgenommen. Dieser knüpfte lediglich an die Abhängigkeit von einem Basiswert an, nicht aber an die aufgeschobene Erfüllung. Schon im Jahr 1997 wurde der Derivatebegriff erweitert und als Oberbegriff für Termingeschäfte und Devisentermingeschäfte verwendet.[39] Das Anlegerschutzverbesserungsgesetz von 2004 hob diese Aufspaltung wieder auf und führte eine einheitliche Definition für Derivate (§ 2 Abs. 2 WpHG aF) sowie den Begriff des Finanztermingeschäfts als Oberbegriff für Derivate und Optionsscheine (§ 2 Abs. 2a WpHG aF) ein.[40] Mit dem FRUG[41] erfolgte eine erneute Überarbeitung und Ausweitung des Derivatebegriffs, die der Anpassung an die unionsrechtlichen Vorgaben der MiFID[42] diente[43] und neben Termingeschäften noch weitere Derivatkategorien enthielt. Außerdem wurde der Begriff des Finanztermingeschäfts in den § 37e Satz 2 WpHG aF überführt.[44] Durch das 2. FiMaNoG[45] von 2017 wurde der Begriff „Derivat" in § 2 Abs. 2 WpHG aF durch den des „derivativen Geschäfts" ersetzt und die Definition in den § 2 Abs. 3 WpHG überführt. Des Weiteren wurde nun in § 2 Abs. 35 WpHG der Begriff des Derivats

---

36 Börsennovelle 1989, BGBl. 1989 I 1412.

37 Art. 1 Nr. 22 (§ 53 Abs. 2 BörsG 1989) der Börsengesetznovelle 1989. Zu den Änderungen zB *Wolter* (Fn. 2), S. 163 ff.

38 Art. 9 Nr. 2 des 4. FMFG.

39 Gesetz zur Umsetzung von EG-Richtlinien zur Harmonisierung bank- und wertpapieraufsichtsrechtlicher Vorschriften, BGBl. 1997 I 2518, 2559.

40 Anlegerschutzverbesserungsgesetz, BGBl. 2004 I 2630, 2631.

41 Finanzmarktrichtlinie-Umsetzungsgesetz, BGBl. 2007 I 1330, 1331 f.

42 RL 2004/39/EG über Märkte für Finanzinstrumente, ABl. EU L 145 v. 30.4.2004, S. 1.

43 Siehe Art. 4 Abs. 1 Nr. 17 iVm. Anhang I Abschnitt C Nr 5–10 MiFID.

44 „Finanztermingeschäfte im Sinne des Satzes 1 und der §§ 37g und 37h sind die Derivate im Sinne des § 2 Abs. 2 und Optionsscheine." Siehe FRUG, BGBl. 2007 I 1330, 1350.

45 Zweites Finanzmarktnovellierungsgesetz, BGBl. 2017 I 1693, 1705 f.

als Oberbegriff für derivative Geschäfte iSv § 2 Abs. 3 WpHG und Wertpapiere iSv § 2 Abs. 1 Nr. 3 lit. b WpHG definiert.

## 2. Regelungen über Termingeschäfte

Bis zum Jahr 2002 waren Termingeschäfte im Wesentlichen im BörsG a.F. geregelt. Erst mit dem 4. FMFG wurden diese Regelungen in das WpHG und dort in den „Abschnitt 8 – Finanztermingeschäfte" (§§ 37d – 37g a.F., wobei § 37e und § 37g neu hinzukamen) überführt. Des Weiteren wurde § 764 BGB abgeschafft[46] und in § 37e WpHG aF (jetzt § 99 WpHG) die Regelung aufgenommen, wonach § 762 BGB beim Handel mit Unternehmen, die gewerbsmäßig Finanztermingeschäfte abschließen oder deren Abschluss vermitteln, nicht gilt.[47]

Im Jahr 2007 wurden § 37d (Information bei Finanztermingeschäften)[48] und § 37 f (Überwachung der Informationspflichten) WpHG aF durch das FRUG aufgehoben. Informationspflichten über Finanzmarkttermingeschäfte ergeben sich nun aus den allgemeinen Regelungen in §§ 63 ff. WpHG, die die allgemeinen Informationspflichten von Wertpapierdienstleistungsunternehmen gegenüber ihren Kunden regeln. 2017 kam es dann durch das 2. FiMaNoG zu einer weiteren Umstrukturierung: Die Inhalte der § 37e (Ausschluss des Einwands nach § 762 BGB) und § 37g[49] (Verbotene Finanztermingeschäfte) WpHG aF wurden in die §§ 99, 100 WpHG verschoben, die nun in der aktuellen Fassung des WpHG den „Abschnitt 13 – Finanztermingeschäfte" bilden. In diesem Zusammenhang wurden die Formulierung an die neue Verortung und den nunmehr verwendeten Begriff des derivativen Geschäfts angepasst.

46 Art. 9 Nr. 2 des 4. FMFG.

47 Art. 2 Nr. 24 4. FMFG.

48 Zuvor § 53 BörsG aF. Siehe Bekanntmachung der Neufassung des Börsengesetzes vom 9. September 1998, BGBl. 1998 I 2682, 2696 f.

49 Durch das Kleinanlegerschutzgesetz von 2015 war Abs. 1 von § 37g WpHG aF leicht geändert worden, um die Norm an die neue Regelungssituation anzupassen. Siehe Kleinanlegerschutzgesetz vom 3. Juli 2015, BGBl. 2015 I 1114, 1125.

# V. Gegenwärtige Regelung von Termingeschäften im WpHG

Damit gibt es heute nur noch wenige für den Terminhandel spezifische Regelungen im WpHG.

## 1. Begriffsbestimmung

Der heute geltende Begriff des Termingeschäfts erfasst die in Anhang I Abschnitt C Nr. 4–7 und 10 MiFID II ausdrücklich genannten Optionen, Futures, Swaps und Forward Rate Agreements sowie die dort aufgeführten „anderen Derivatkontrakte“.[50] Die wesentlichen Kriterien des Termingeschäfts sind die zeitliche Verzögerung bei der Erfüllung und die unmittelbare oder mittelbare Abhängigkeit vom Preis oder Maß eines Basiswertes. Ohne Bedeutung für den Begriff Termingeschäft ist, ob dieses börslich oder außerbörslich zustande kommt.[51] Unerheblich ist auch, ob eine effektive Erfüllung oder die Zahlung eines Differenzausgleichs geschuldet ist.[52]

### a) Zeitliche Verzögerung der Erfüllung

Das Merkmal der zeitlichen Verzögerung bei der Erfüllung[53] unterscheidet Termin- von Kassageschäften. Letztere müssen innerhalb eines vergleichsweise kurzen Zeitraums nach Vertragsschluss erfüllt werden.[54] Art. 7 Abs. 2 der Delegierten Verordnung 2017/565 definiert diesen Zeitraum für Kassageschäfte als zwei Handelstage oder eine vom Markt regelmäßig akzeptierte Standardlieferfrist.[55] Aufgrund der bei Termingeschäften zeitlichen Verzögerung der Erfüllung muss bei

---

**50** RegE FRUG, BT-Drs. 16/4028, 55.

**51** So bereits RegE RiLiUG, BT-Drs. 13/7142, 100; vgl. auch *Fleckner* ZBB 2005, 96, 102 (speziell für den Devisenterminhandel).

**52** *Schäfer* in Schäfer/Hamann, Kapitalmarktgesetze, 2. Aufl., 1. Lfg. 01/2006,WpHG § 2 Rn. 22.

**53** Zu diesem Merkmal (bereits für Börsentermingeschäfte) BGHZ 92, 317, 320 f.; 103, 84, 87; 114, 177, 179; 142, 345, 350; 149, 294, 301; 150, 164, 168 f.; 160, 50, 54. Ausführlich *Paus* (Fn. 13), S. 129 ff.; außerdem *Casper* (Fn. 26), S. 313 f.; ders. WM 2003, 161, 163; *Binder* ZHR 169 (2005), 329, 348 ff.

**54** Vgl. dazu BGHZ 92, 317, 321; 103, 84, 87; 149, 294, 301; 150, 164, 168 f.; 160, 50, 54; *Ellenberger* WM 1999 Sonderbeil. Nr. 2, S. 5. Zur Abgrenzung zB *Binder* (Fn. 9), 37. Kap. Rn. 12; *Seiffert* (Fn. 26), Rn. 14.353 ff.

**55** Siehe auch Erw. 9 Delegierte VO (EU) 2017/565.

Begründung der Verbindlichkeit nur ein Bruchteil des Gesamtbetrages (zur Leistung einer Sicherheit) aufgewandt werden; dieser ist erheblicher geringer als bei Kassageschäften, die sofort zu erfüllen sind.[56] Daher unterscheidet sich auch die Risikostruktur von Termin- und Kassageschäften: Aufgrund des geringeren Kapitaleinsatzes wirken sich Wertänderungen des Basiswertes bei Termingeschäften stärker aus als bei Kassageschäften (sog. Hebelwirkung), was ein besonderes Risiko dieser Geschäfte mit sich bringt.[57]

### b) Abhängigkeit von einem Basiswert

Weiteres Merkmal des Termingeschäfts ist die Abhängigkeit von einem Basiswert. Eine unmittelbare Abhängigkeit von einem Basiswert liegt vor, wenn dieser Basiswert selbst einen Börsen- oder Marktpreis hat und dieser den Wert des Derivats bzw. derivativen Geschäfts direkt beeinflusst.[58] Dies ist zB der Fall, wenn ein bestimmtes Wertpapier als Basiswert dient. Eine nur mittelbare Abhängigkeit liegt vor, wenn das Derivat einen Basiswert hat, dessen Wert sich selbst von einem oder mehreren Basiswerten ableitet.[59] Beispiele dafür sind Derivate auf Indizes, zB von Aktien (bspw. DAX-Option), und auf synthetische Anleihen (bspw. Bund-Future).

### c) Fest- oder Optionsgeschäft

Erscheinungsformen des Termingeschäfts sind das Festgeschäft und das Optionsgeschäft. Festgeschäfte sind unbedingte Termingeschäfte, bei denen die eine Vertragspartei verpflichtet ist, der anderen Partei zu einem bestimmten Zeitpunkt einen bestimmten Basiswert zu liefern, und die andere Partei verpflichtet ist, diesen Basiswert abzunehmen und die bereits bei Vertragsabschluss vereinbarte Gegenleistung (zB den Kaufpreis) zu erbringen.[60] Im Fall der börsenmäßigen

---

56 BGHZ 160, 50 (54); *Binder* (Fn. 9), 37. Kap. Rn. 13; *Kumpan* in Schwark/Zimmer, KMRK, 4. Aufl. 2010, § 2 WpHG Rn. 35.

57 *Ekkenga* in MüKoHGB, 3. Aufl. 2014, Effektengeschäft Rn. 40; *Kumpan* (Fn. 56), § 2 WpHG Rn. 35; *Assmann* ZIP 2001, 2061, 2070 f.; *Schwark* FS 50 Jahre BGH, 2000, S. 455, 467 f.

58 *Kumpan* (Fn. 56), § 2 WpHG Rn. 36; *Schäfer* (Fn. 52), § 2 WpHG Rn. 24; *Roth* in KölnKommWpHG, 2. Aufl. 2014, § 2 Rn. 80.

59 *Kumpan* (Fn. 56), § 2 WpHG Rn. 36; *Roth* (Fn. 58), § 2 Rn. 80.

60 RegE 4. FMFG, BT-Drs. 14/8017, 85; *Assmann* in Assmann/Schneider/Mülbert, Wertpapierhandelsrecht, 7. Aufl. 2019, § 2 WpHG Rn. 49; *Fuchs* in Fuchs, WpHG, 2. Aufl. 2016, § 2 Rn. 45; *Kumpan* (Fn. 56), § 2 WpHG Rn. 37; *Roth* (Fn. 58), § 2 Rn. 82.

Standardisierung wird das Festgeschäft „Future" genannt, ansonsten „Forward".[61] Beim Optionsgeschäft erwirbt dagegen eine Vertragspartei (der Optionsberechtigte oder Optionskäufer) das Recht, gegen Zahlung einer Optionsprämie von der anderen Partei (Optionsverkäufer oder Stillhalter) die Erfüllung der vereinbarten Leistung zu einem bestimmten Zeitpunkt (regelmäßig am Ende der Laufzeit; sog europäische Option), während eines bestimmten Zeitraums (sog amerikanische Option) oder zu einem von mehreren bestimmten Zeitpunkten (sog. Bermuda-Option) und gegen eine im Voraus festgelegte Gegenleistung zu verlangen.[62] Eine Option ist ein bedingtes Termingeschäft, weil der Käufer das Recht, aber nicht die Pflicht zur Ausübung der Option hat.[63] Erlaubt die Option dem Berechtigten das Bezugsobjekt (Underlying), zB Wertpapiere, vom Stillhalter zu kaufen, spricht man von einer Call Option, erlaubt sie dem Berechtigten, das Bezugsobjekt an den Stillhalter zu verkaufen, spricht man von einer Put Option.[64]

Die Legaldefinition des Termingeschäfts enthält nicht die Merkmale Handelbarkeit und Standardisierung. Derivative Geschäfte iSv § 2 Abs. 3 WpHG müssen daher weder handelbar noch standardisiert sein. Dementsprechend werden auch individuell gestaltete Einzelprodukte (zB Forwards) von § 2 Abs. 3 WpHG erfasst.[65] Keine Rolle spielt, ob ein derivatives Geschäft verbrieft und damit gleichzeitig ein Wertpapier iSv § 2 Abs. 1 Nr. 3 lit. b WpHG ist. Unerheblich ist auch die zivilrechtliche Ausgestaltung. Termingeschäfte können als Kauf, Tausch oder anderweitig ausgestaltete Verträge abgeschlossen werden. Unabhängig von der zivilrechtlichen Einordnung als Tausch oder atypischer gegenseitiger Vertrag[66] werden daher auch Swaps erfasst, auch wenn sie nicht ausdrücklich erwähnt werden.[67] Bei einem Swap handelt es sich um eine vertragliche Vereinbarung,

---

**61** Zu Futures und Forwards zB *Binder* (Fn. 9), 37. Kap. Rn. 22 f.; *Balzer/Siller* in Hellner/Steuer, BuB Rn. 7/214 f.; *Lehmann*, Finanzinstrumente, 2010, S. 100 ff.

**62** RegE 4. FMFG, BT-Drs. 14/8017, 85; BGHZ 92, 317, 318 f.; 114, 177, 180 f.; *Assmann* (Fn. 60), § 2 WpHG Rn. 49; *Binder* (Fn. 9), 37. Kap. Rn. 15, 24 f.; *Fuchs* (Fn. 60), § 2 Rn. 44; *Kumpan* (Fn. 56), § 2 WpHG Rn. 37; *Roth* (Fn. 58), § 2 Rn. 83; *Ekkenga* (Fn. 57), Effektengeschäft Rn. 52; *Kraft* (Fn. 9), Rn. 19.81 ff.

**63** *Kumpan* (Fn. 56), § 2 WpHG Rn. 37; *Fuchs* (Fn. 60), § 2 Rn. 44; *Roth* (Fn. 58), § 2 Rn. 83; vgl. auch *Jahn/Reiner* in Schimansky/Bunte/Lwowski, BankR-HdB, 5. Aufl. 2017, § 114 Rn. 24.

**64** *Binder* (Fn. 9), 37. Kap. Rn. 15; *Kumpan* (Fn. 56), § 2 WpHG Rn. 37; *Kraft* (Fn. 9), Rn. 19.85.

**65** *Kumpan* (Fn. 56), § 2 WpHG Rn. 38; aA *Ekkenga* (Fn. 57), Effektengeschäft Rn. 43.

**66** Zu diesen und weiteren Einordnungen und *Jahn/Reiner* (Fn. 63), § 114 Rn. 137 ff. (atypische gegenseitige Verträge); *Krämer*, Finanzswaps und Swapderivate in der Bankpraxis, 1999, S. 146 ff., insbes. S. 149 f. (atypische Verträge); *Kraft* (Fn. 9), Rn. 19.116 (atypische Verträge); differenzierend *Lehmann* (Fn 61), S. 135 (Devisenswap als Tausch, sonst Vertrag sui generis); *Fülbier* ZIP 1990, 544, 544 (Tausch).

**67** *Kumpan* (Fn. 56), § 2 WpHG Rn. 38. Siehe auch ihre Erwähnung in RegE FRUG, BT-Drs. 16/4028, S. 55. Zur Einordnung als Börsentermingeschäft iSd BörsG aF OLG Düsseldorf WM 2008, 1494.

unterschiedliche Zahlungsströme über einen bestimmten zukünftigen Zeitraum zu bestimmten Zeitpunkten zu „tauschen".[68]

### d) Bedeutung für die aufsichtsrechtliche Behandlung von Termingeschäften

Da es sich nach § 2 Abs. 3 WpHG bei derivativen Geschäften um Finanzinstrumente handelt, wirkt sich ihre Definition auf alle Bestimmungen aus, die sich mittelbar (zB über den Begriff der Wertpapierdienstleistungen oder Wertpapierdienstleistungsunternehmen, wie dies bei den Verhaltens- und Meldepflichten der Fall ist) oder unmittelbar (zB Insiderrecht, Verbot der Marktmanipulation) auf Finanzinstrumente beziehen.[69] Anders als das Börsentermingeschäft nach §§ 50 ff. BörsG aF oder das Finanztermingeschäft nach §§ 2 Abs. 2a, 37d ff. WpHG aF sind die Begriffe derivatives Geschäft und Termingeschäft in § 2 Abs. 3 WpHG nicht mehr Ausgangspunkt für besondere anlegerschützende Regelungen. Vielmehr finden – wie bspw. bei Wertpapieren – nun ausschließlich die Verhaltenspflichten nach den §§ 63 ff. WpHG Anwendung. Lediglich §§ 99 und 100 WpHG enthalten noch besondere Regelungen für Finanztermingeschäfte. Deren Zweck ist es, die Funktionsfähigkeit des Terminhandels in Deutschland zu gewährleisten, indem sie die Wirksamkeit der Geschäftsabschlüsse sicherstellen und das Vorhandensein ausreichender Liquidität fördern.[70]

## 2. Ausschluss des Spieleeinwands durch § 99 WpHG

§ 99 WpHG schließt die Anwendung von § 762 BGB aus, wenn ein Vertragsteil ein Unternehmen ist, dass gewerbsmäßig[71] oder in einem Umfang, der einen in kaufmännischer Weise eingerichteten Geschäftsbetrieb erfordert, Finanztermingeschäfte abschließt oder vermittelt oder deren Anschaffung, Veräußerung oder Vermittlung betreibt. Damit wird der sog. Spieleeinwand des § 762 BGB abgeschnitten und so Termingeschäfte für verbindlich erklärt.

---

**68** Ausführlich zu Swaps *Chalioulias*, Der swap im System aleatorischer Verträge, 2007; *Krämer*, Finanzswaps und Swapderivate in der Bankpraxis, 1999; *Jahn/Reiner* (Fn. 63), § 114 Rn. 6 ff., 137 ff.; *Kraft* (Fn. 9), Rn. 19.114 ff.; außerdem *Binder* (Fn. 9), 37. Kap. Rn. 28 f.; *Fülbier* ZIP 1990, 544, 544 ff.; *Decker* WM 1990, 1001, 1001 ff.; *Lehmann* NJW 2016, 2913.

**69** Vgl. dazu Art. 4 Abs. 1 Nr. 2 iVm Anhang I Abschnitt C MiFID II.

**70** *Jung* (Fn. 26), Vor §§ 37e, 37 g Rn. 3.

**71** Der Begriff der Gewerbsmäßigkeit ist hier handelsrechtlich zu bestimmen. Siehe *Jung* (Fn. 26), § 37e Rn. 9.

## 3. Möglichkeit des Verbotes von Finanztermingeschäften nach § 100 WpHG

§ 100 WpHG regelt die Möglichkeit, Finanztermingeschäfte mittels Rechtsverordnung zu verbieten, mit der Folge, dass ein solches Geschäft sowie damit zusammenhängende Vereinbarungen (u. a. Bestellung einer Sicherheit, Schuldanerkenntnis, Erteilung und Übernahme von Aufträgen zu dessen Abschluss, Vereinigung zum Zweck des Abschlusses eines solchen Geschäfts) nichtig sind. Wie § 100 Abs. 1 WpHG deutlich macht, steht die Norm in enger Verbindung zu § 15 WpHG iVm. Art. 42 MiFIR.[72] Die Regelung in Art. 42 MiFIR steht § 100 Abs. 1 WpHG allerdings nicht entgegen, weil die MiFID II/MiFIR im Hinblick auf den Anlegerschutz lediglich als mindestharmonisierend einzustufen ist. Beide Regelungen sind nebeneinander anwendbar.[73]

Ein Verbot nach § 100 Abs. 1 WpHG ist aber nur zulässig, wenn es zum Schutz der Anleger, nicht aber anderer Personen, erforderlich ist. Es muss dem Schutz vor einer nicht unerheblichen Vermögensgefährdung dienen, die sich aus dem betreffenden Termingeschäft ergeben kann.[74] Angesichts der mit Termingeschäften generell verbundenen erhöhten Gefahren und der Entscheidung des Gesetzgebers für die grundsätzliche Zulässigkeit solcher Geschäfte, muss es sich dabei allerdings um außergewöhnliche Gefahren handeln.[75] Das Verbot muss außerdem erforderlich sein, um diese Gefahr abzuwenden. Es darf also kein milderes, gleich wirksames Mittel geben, um die Anleger zu schützen. Dabei ist auch zu berücksichtigen, dass jedes Verbot von Finanztermingeschäften die Privatautonomie des einzelnen und damit dessen rechtliche Selbstbestimmung[76] einschränkt. Der Einzelne wird damit vor seinem eigenen Handeln geschützt und ihm insoweit die Fähigkeit zur Selbstbestimmung abgesprochen. Dies steht im Widerspruch zu dem Grundgedanken der Privatautonomie, demzufolge es jeder Partei selbst überlassen bleiben soll, die Nützlichkeit eines Vertragsschlusses und die Ausgewogenheit der ausgetauschten Leistungen für sich selbst zu beurteilen.[77] Eine

---

72 Auf deren Vorgängerregelung (§ 4b WpHG aF) hat sich die BaFin gestützt, um Geschäfte mit sog. Differenzkontrakten (sog. CFDs) mit Nachschusspflicht zu verbieten. Siehe Siehe BaFin, Allgemeinverfügung gemäß § 4b Abs. 1 WpHG bezüglich Contracts for Difference (CFDs), 8. 5. 2017, GeschZ: VBS 7-Wp 5427 – 2016/0017; dazu *Seitz*, WM 2017, 1883, 1883.

73 *Jung* (Fn. 26), § 37 g Rn. 25.

74 *Jung* (Fn. 26), § 37 g Rn. 6.

75 *Jung* (Fn. 26), § 37 g Rn. 6; krit. hinsichtlich der Verfassungsmäßigkeit von § 100 Abs. 1 WpHG aaO Rn. 10.

76 Dazu BVerfG WM 1993, 2199, 2202.

77 ZB *Eckert* in BeckOK, 49. Ed., Stand 1. 2. 2019, § 145 BGB Rn. 8. Siehe auch *Di Fabio* in Maunz/Dürig, GG, 85. EL, Nov 2018, Art. 2 Abs. 1 Rn. 101.

Bewertung des Vertrages hinsichtlich der Vorteilhaftigkeit des von den Parteien gewollten Vertragsinhalts erfolgt regelmäßig nur in den äußersten Grenzen der gesetz- und sittenwidrigen Gestaltungen und ist ansonsten nicht vorgesehen.[78] Sogar Verträge, die aufgrund der übernommenen Risiken objektiv ausschließlich nachteilig erscheinen, werden dadurch in ihrer Gültigkeit nicht unbedingt beeinträchtigt.[79] Angesichts dessen ist die Regelung in § 100 WpHG eng zu verstehen.

## VI. Schlußbetrachtung

Insgesamt ist das Recht der Termingeschäfte seit der strengen Regulierung am Anfang des 20. Jahrhunderts immer weiter liberalisiert worden. Dies hat zu einer weitgehenden Gleichstellung mit Effektengeschäften geführt. Unterschiede gibt es aber noch bei der Pflicht zur Aufklärung von Anlegern. Angesichts der größeren Komplexität von Termingeschäften und der besonderen Verlust- und Verlockungsgefahren insbesondere aufgrund der Hebelmöglichkeiten bei Termingeschäften sind die Anforderungen an die Aufklärung höher als etwa bei Effektengeschäften.[80] Dieser Regelungsansatz ist sachgerecht und hat zu einem funktionierenden Terminhandel in Deutschland geführt, dessen Wettbewerbsfähigkeit in der starken Stellung der Eurex zum Ausdruck kommt, die zu einer der führenden Finanzterminbörsen der Welt aufgestiegen ist.

---

**78** *Franken* (Fn. 9), S. 41.

**79** BGH WM 1989, 480.

**80** Vgl. BGHZ 189, 13, 25 f.; *Binder* (Fn. 9), 37. Kap. Rn. 13. 46 f., 55.

# Rechnungslegungsrecht

Peter Hommelhoff

# Beaufsichtigte Unternehmensberichterstattung

Im Unterabschnitt 1 des Abschnitts 16 enthält das Wertpapierhandelsgesetz[1] als integralen Bestandteil eines geregelten Wertpapierhandels[2] Bestimmungen zur aufsichtsbehördlichen Überwachung von Unternehmensabschlüssen und – berichten (§§ 106 ff.). Das mit ihnen vorgegebene (§§ 106 f WpHG) und zugleich optional geöffnete (§ 108 WpHG iVm § 342 b Abs. 1 HGB) Enforcementsystem ist eine unionsweite Besonderheit des deutschen Rechts,[3] die es verdient, aus Anlass des 25. Geburtstages des Wertpapierhandelsgesetzes[4] noch einmal angeleuchtet zu werden – namentlich mit Blick auf die Entwicklungen, die das Recht der Unternehmensinformationen in der Europäischen Union und in ihren Mitgliedstaaten momentan nimmt.[5]

## I. Verlässliche Informationen für den Kapitalmarkt

Kapitalanleger brauchen für ihre Entscheidung, ob sie ihre Wertpapiere an einem Unternehmen, also ihre Aktien, aktiengleichen Anteile oder Schuldtitel (§ 2 Abs. 1 Nr. 1–3 WpHG), unverändert halten oder veräußern oder ob sie weitere Wertpapiere an diesem Unternehmen hinzuerwerben wollen, Informationen über dessen Lage (§ 264 Abs. 2 S. 1 HGB) und die voraussichtliche Unternehmensentwicklung mitsamt ihren wesentlichen Chancen und Risiken (§ 289 Abs. 1 S. 4 HGB).[6] Diese Informationen hat die emittierende Kapitalgesellschaft jahresperiodisch im Jahresabschluss, ergänzt um Lagebericht, Kapitalflussrechnung, Ei-

1 Die ursprünglich in §§ 37n ff. WpHG geregelte Materie ist durch das Zweite Finanzmarktnovellierungsgesetz in die §§ 106 ff. WpHG inhaltlich unverändert transponiert worden; zur Motivation dieser Verschiebung s. Begründung RegE 2. FiMaNoG, BT-Drs. 18/10936, S. 251.

2 *Hönsch* in Assmann/Schneider/Mülbert, WpHG, 7. Aufl. 2019, Vor §§ 106 ff. Rn. 4; *Mock* in KölnKomm. WpHG, 2. Aufl. 2014, § 37n Rn. 65; OLG Frankfurt NZG 2012, 996 Rn. 32.

3 *Hommelhoff* in Großkomm. HGB, 5. Aufl. 2012, Vor § 342b Rn. 7 mwN.

4 Das Gesetz wurde am 26.07.1994 verabschiedet und trat am 01.01.1995 in Kraft.

5 Dazu unten IV.

6 Zu den Zwecken der Rechnungslegung, zur Berichterstattung der Unternehmen und Konzerne, s. zuletzt *Hommelhoff* FS Seibert, 2019.

https://doi.org/10.1515/9783110632323-048

genkapitalspiegel und ggf. Segmentbericht (§ 264 Abs. 1 S. 1/2 HGB)[7] bereit- und über die Veröffentlichung im elektronischen Bundesanzeiger (§ 325 HGB) den Kapitalanlegern zur Verfügung zu stellen. Zusammen mit den ggf. ad hoc zu publizierenden Insiderinformationen (Art. 17 EU-Marktmissbrauchsverordnung)[8] bilden diese Informationsinstrumente in ihrer Gesamtheit die unternehmensbezogene Grundlage für die Anlageentscheidungen der Investoren. Daher dient die Rechnungslegung auch und in kapitalmarktorientierten Unternehmen primär dazu, deren Entscheidungen zu unterstützen, ja: überhaupt erst zu ermöglichen. Diese Entscheidungsgrundlagen müssen „decision useful"[9] sein.

Aber nicht allein das. Darüber hinaus müssen diese Informationen verlässlich sein, denn nur verlässliche sind „useful". Für Verlässlichkeit der Rechnungslegung[10] hat der Gesetzgeber mit einem ganzen Bündel von Regelungen und Maßnahmen sorgen wollen: durch die Vorgabe an die aufstellende Unternehmensleitung, dass der Jahresabschluss (wie alle anderen Informationsinstrumente auch) klar und übersichtlich sein muss (§ 243 Abs. 2 HGB),[11] selbstverständlich vollständig (§ 246 Abs. 1 HGB) und wahr; durch das Erfordernis des Bilanzeids (§§ 264 Abs. 2 S. 3, 289 Abs. 1 S. 5 HGB);[12] durch die obligatorische Prüfung der Rechnungslegung durch den Aufsichtsrat (§ 171 Abs. 1 AktG)[13] bzw. nach § 324 HGB durch den Prüfungsausschuss. Vor allem aber dient die Prüfung der Rechnungslegung durch den Abschlussprüfer (§ 316 Abs. 1 HGB) seit langem schon dazu, deren Verlässlichkeit sicherzustellen.[14] Diese ist für den konkreten Jahresabschluss samt Lagebericht im Gewande des Bestätigungsvermerks (§§ 322/325 Abs. 1 S. 1 Nr. 1 HGB) gegenüber den Publizitätsadressaten und damit auch und

---

7 Diese Instrumente der Unternehmensberichterstattung sind durch das Bilanzrechtsmodernisierungsgesetz eingeführt worden; dazu Begründung RegE BilMoG, BT-Drs. 16/10067, S. 62 f.

8 Zum Zusammenspiel der handelsrechtlichen Regelberichterstattung mit der ad hoc-Berichterstattung s. *Hopt/Kumpan* in Schimansky/Bunte/Lwowski, Bankrechts-Handbuch, 5. Aufl. 2017, § 107 Rn. 134; *Horcher* in Drinhausen/Eckstein, Beck'sches Handbuch der AG, 3. Aufl. 2018, § 22 Rn. 34; *Mock* (Fn. 2), § 37n Rn. 49.

9 Zur „decision usefulness" *Gassen/Schwedler,* The decision usefulness of financial accounting measurements concepts: Evidence from an online survey of professional investors and their advisors, 2009.

10 „Die Funktion der Abschlussprüfung für das öffentliche Interesse erwächst aus der Tatsache, dass sich ein breiter Kreis von Personen und Einrichtungen auf die Qualität der Arbeit des Abschlussprüfers oder der Prüfergesellschaft verlässt." s. Erwägungsgrund 1 der Abschlussprüferverordnung vom 16. April 2014, VO Nr. 537/2014, ABl. EU Nr. L 158/77 v. 28. 5. 2014.

11 *Ballwieser* in MünchKomm. HGB, 3. Aufl. 2013, § 243 Rn. 57 f.

12 Begründung RegE TUG, BT-Drs. 16/2498, S. 54 f.

13 *Waclawik* in Hölters, AktG, 3. Aufl. 2017, § 171 Rn. 17.

14 Hierauf ist bereits 1931 im Zusammenhang mit dem Testat eingegangen worden s. *Schlegelberger/Quassowski/Schmölder,* Verordnung über Aktienrecht vom 19. September 1931, 1932, S. 272.

vor allem gegenüber den aktuellen und potentiellen Kapitalanlegern zu verlautbaren oder eben die bloß eingeschränkte oder gar fehlende Verlässlichkeit durch ein eingeschränktes oder versagtes Testat (§ 322 Abs. 4, 5 HGB). Für das Vertrauen der Kapitalanleger und damit für das Funktionieren der Kapitalmärkte sind verlässliche Informationen ganz wesentlich; dafür ist eine in allem makellose Abschlussprüfung als herausragend bedeutsames Funktionselement unverzichtbar. Das hat der europäische Gesetzgeber zur Begründung seiner Abschlussprüfungsreform 2014 noch einmal herausgestrichen.[15]

Am Ende des vergangenen Jahrhunderts hatten deutsche und ausländische Bilanzskandale das Vertrauen der Kapitalanleger in die Verlässlichkeit der Rechnungslegung nachhaltig erschüttert.[16] Dass es zu diesen Skandalen kommen konnte, rechnete man schnell auch der mangelnden Kontrolle zu: in Deutschland der mangelnden Überwachung der Rechnungslegung durch den Aufsichtsrat und vor allem der mangelnden Prüfung durch den Abschlussprüfer.[17] Ganz offenbar hatte die grundlegende Reform der Abschlussprüfung, die im KonTraG 1998 mit einer Vielzahl punktgenauer Einzelmaßnahmen auf den Weg gebracht worden war,[18] noch keine Früchte tragen können. Daher sah sich der deutsche Gesetzgeber schon sehr schnell erneut vor die Frage gestellt, wie sich die Verlässlichkeit der Rechnungslegung, der Unternehmensberichterstattung noch besser gewährleisten lassen könnte.[19]

## II. Das Gewährleistungssystem

Das KonTraG hatte die Abschlussprüfung im Zusammenspiel des Abschlussprüfers mit dem Aufsichtsrat, also innerhalb der Governance des Unternehmens verbessern wollen. Da aber dieser Regelungsansatz nicht, zumindest nicht schnell genug, zu greifbaren Ergebnissen führte, hätte nahe gelegen, von außen im Wege behördlicher Aufsicht für die Einhaltung des Rechts der Rechnungslegung zu

---

15 Erwägungsgründe 1, 5, 30 zur Abschlussprüferverordnung vom 16. April 2014, VO Nr. 537/2014, ABl. EUNr. L 158/77 v. 27.5.2014.

16 Zur Finanzkrise 2008 s. Sachverständigenrat zur Begutachtung der gesamtwirtschaftlichen Entwicklung, 2008.

17 „Schlupflöcher außerhalb der Bilanz und Akrobatik in der Rechnungslegung [...] müssen eingeschränkt werden." s. FAZ, Das Zittern der Hedge-Fonds, 15.11.2008.

18 Dazu *Hommelhoff* BB 1998, 2625, 2625 ff.; *Schindler/Rabenhorst* BB 1998, 1939, 1939 ff.

19 *Janssen*, Überlegungen zur Sicherung einer ordnungsgemäßen Rechnungslegung in Deutschland, in IDW, Kapitalmarktorientierte Unternehmensüberwachung – Chancen und Risiken, Düsseldorf 2001, S. 440 f.; *Tielmann* DB 2001, 1625, 1625 f.

sorgen und dafür, vor allem dies Recht und seine Regeln über die Abschlussprüfer effektiv durchzusetzen.[20] Das Vorbild hätte die US-amerikanische SEC (Securities and Exchange Commission) mit ihrem Enforcement liefern können. Gegen ein aufsichtsbehördliches Durchsetzungsverfahren focht jedoch von Anbeginn der Reformdebatte das Institut der Wirtschaftsprüfer,[21] aus der Wissenschaft nachdrücklich unterstützt durch die Schmalenbach-Gesellschaft;[22] beide plädierten stattdessen für private Selbstüberprüfung und Selbstbereinigung über eine privatwirtschaftliche Kontrollinstanz nach dem Vorbild des britischen „Review Panel-System". Dies Modell werde den Anforderungen, die an ein Durchsetzungssystem in Deutschland zu stellen seien, weitaus besser gerecht als das SEC-Modell, und außerdem sollte die Kontrolle im Zeitalter der Deregulierung privatwirtschaftlich getragen werden.

Dem privatwirtschaftlichen Modell eignet ein entscheidender Vorteil: in ihm begegnet das Kontrollgremium bei der Überwachung der Rechnungslegung von außen dem Unternehmen auf gleicher Ebene, auf Augenhöhe, also gerade nicht hoheitlich im Über-/Unterordnungsverhältnis.[23] Das hilft, Spannung abzubauen, Kooperation zwischen Unternehmen und Kontrollgremium zu fördern und Akzeptanz seiner Kontrollergebnisse zu steigern. Konsens aus Kooperation ist das Motiv einer so privatwirtschaftlich organisierten Kontrolle.

Was aber, wenn das Unternehmen die Kooperation mit dem Kontrollgremium verweigert, namentlich wenn es einen festgestellten Berichtsfehler nicht akzeptiert, ihn nicht abstellen will: Soll dann das Kontrollgremium gegen das Unternehmen vor den Zivilgerichten klagen?[24] Schon das Kostenrisiko für das Kontrollgremium wäre dann so hoch (man denke nur an einen Streit über Drohverlustrückstellungen in Millionenhöhe), dass nicht selten von einer gerichtlichen Klärung mit der Folge Abstand genommen würde, dass ein flächendeckendes und effektives Enforcement insgesamt gefährdet wäre.[25] Das würde die Verlässlichkeit der Rechnungslegung nicht nur des jeweils involvierten Unternehmens aushöhlen, sondern die in allen kapitalmarktorientierten Unternehmen deutschlandweit. Auf die Verlässlichkeit deutscher Jahresabschlüsse könnten die Kapitalmärkte

---

**20** *IDW* WPg 2000, 1029, 1029.

**21** *IDW* WPg 2000, 1029, 1029; *Tielmann*, Durchsetzung ordnungsgemäßer Rechnungslegung – Ein Beitrag zur aktuellen Enforcement-Diskussion, 2001, S. 199 ff.

**22** *Arbeitskreis Externe Unternehmensrechnung der Schmalenbach-Gesellschaft für Betriebswirtschaft (AKEU)* DB 2004, 329, 329.

**23** So die Argumentation von *Hommelhoff* WPg-Sonderheft 2001, 39, 39 ff.

**24** Das ist die Lösung des britischen Rechts s. *Böckem* DB 2000, 1186, 1186 ff.; *Tielmann* (Fn. 21), S. 187 ff.; *dies.* DB 2001, 1625, 1627; *Jansen* IDW 2001, 440, 445 ff.

**25** Diesen Einwand entwickelte *Hommelhoff* WPg-Sonderheft 2001, 39, 41.

und die Anleger auf ihnen nicht vertrauen. Ein solches Enforcementsystem wäre die Mühen des Gesetzgebers nicht wert; denn mit ihm hätte sich ein doppelter Mangel an Vertrauenswürdigkeit verbunden: In den Augen der Kapitalanleger wäre schon das Enforcement als solches nicht vertrauenswürdig und ebensowenig die Rechnungslegung jener Unternehmen, die mithilfe eines solchen Enforcementsystems ertüchtigt werden sollten. Ohne hoheitlichen Zwang durch eine Aufsichtsbehörde hätte der deutsche Gesetzgeber die Durchsetzung ordnungsgemäßer Unternehmensberichterstattung ins Wasser geschrieben.

Deshalb hat der deutsche Gesetzgeber die Prüfung von Unternehmensabschlüssen und – berichten zur effektiven Durchsetzung des Bilanzrechts im BilKoG von 2004 zunächst hoheitlich in Anlehnung an das SEC-Vorbild organisiert[26] und diese Aufgabe der Bundesanstalt für Finanzdienstleistungsaufsicht (BaFin) übertragen (§ 37n WpHG aF). Sie kann die Rechnungslegungsprüfung bei einem Unternehmen anordnen (§ 37o Abs. 4 WpHG aF) und dem Unternehmen aufgeben, einen festgestellten Fehler mitsamt den wesentlichen Gründen für die Feststellung allgemein bekannt zu machen (§ 37q Abs. 2 WpHG aF) – das einzige und zentrale Durchsetzungselement im deutschen Enforcementverfahren.[27] Mithilfe dieses Instrumentariums soll die Bundesanstalt bei den einzelnen Unternehmen reaktiv (arg. § 37o Abs. 1 S. 1 WpHG aF) darauf hinwirken, dass diese ordnungsgemäß, verlässlich und mithin vertrauenswürdig Rechnung legen. Aber damit nicht genug; überdies kann die Bundesanstalt stichprobenartige Prüfungen anordnen, ohne dass konkrete Anhaltspunkte für einen Rechtsverstoß vorliegen (§ 37o Abs. 1 S. 2 WpHG aF).[28] Diesen Stichproben fällt im deutschen Enforcementverfahren eine ganz wesentliche Rolle zu; denn dessen vom Gesetzgeber angesteuertes Ziel ist es, Unregelmäßigkeiten bei der Erstellung von Unternehmensabschlüssen und – berichten schon präventiv entgegenzuwirken und, sofern Unregelmäßigkeiten dennoch auftreten, diese aufzudecken und den Kapitalmarkt zu informieren.[29] Dem Gesetzgeber ging es mit dem BilKoG 2004 vordringlich darum, das verloren gegangene Vertrauen der Anleger in den Kapitalmarkt wiederherzustellen und nachhaltig zu stärken.[30] Deshalb verbindet das deutsche Enforcementsystem den institutionellen Schutz des Kapitalmarkts mit dem individuellen Schutz der einzelnen Kapitalanleger.

---

**26** Dazu *Böckem* DB 2000, 1188, 1188 f.; *Tielmann* (Fn. 21), S. 187 ff.

**27** Das hat das OLG Frankfurt (Fn. 2), Rn. 47 mit Recht herausgestrichen.

**28** Proaktive Stichproben-Prüfungen hatte auch schon *Hommelhoff* WPg-Sonderheft 2001, 39, 44 vorgeschlagen; *Tielmann* DB 2001, 1625, 1625.

**29** Auf diese Überlegungen hatte der deutsche Gesetzgeber zentral abgestellt (Begründung RegE BilKoG, BT-Drs. 15/3421 S. 1.

**30** Begründung RegE BilKoG (Fn. 29), S. 1, 11.

Indes – diesen hoheitlichen Schutz der Ordnungsmäßigkeit, Verlässlichkeit und Vertrauenswürdigkeit der Rechnungslegung hat der deutsche Gesetzgeber noch um eine privatwirtschaftliche Option angereichert. Sie und ihre tatsächliche Wahrnehmung geben dem deutschen Enforcementsystem ein global ziemlich einzigartiges Gepräge[31]: Die erste Stufe der Durchsetzung kann privatwirtschaftlich, also kooperativ-konsensual gestaltet werden. Dies hat der BilKoG-Gesetzgeber der Wirtschaft angeboten, um ihr Gelegenheit zu eröffnen, sich beim Enforcement zu engagieren und in dieser für den Kapitalmarkt wichtigen Frage aktiv mitzuarbeiten.[32] Die „beteiligten Kreise" (das sind die Berufs- und Interessenvertretungen von Rechnungslegern und Rechnungslegungsnutzern, aber aus Unabhängigkeitsgründen nicht Unternehmen, Wirtschaftsprüfungsgesellschaften und natürliche Personen)[33] haben dies Angebot angenommen und für das Kontrollgremium auf der ersten Stufe des Enforcementverfahrens, die Deutsche Prüfstelle Rechnungslegung (DPR), einen Trägerverein gegründet. In dem so ausgeformten zweistufigen Verfahren[34] prüft die DPR auf der ersten Stufe die Unternehmensberichterstattung sowohl stichprobenartig, als auch aus konkretem Anlass (§ 342b Abs. 2 S. 3 HGB) in kooperativ-konsensualem Zusammenwirken mit dem betroffenen Unternehmen. Nur falls bei der DPR-Prüfung Probleme auftreten sollten, kann die BaFin auf der zweiten Stufe des Enforcementverfahrens eingreifen und ggf. die Prüfung und Veröffentlichung von Rechnungslegungsfehlern mit hoheitlichen Mitteln durchsetzen.

Im Zusammenwirken zwischen der DPR, den Unternehmen und der BaFin, abgesichert durch die Spruchtätigkeit des nach § 48 Abs. 4 WpÜG für die Entscheidung über Beschwerden nach § 37u WpHG aF zuständigen Oberlandesgerichts Frankfurt/Main, ist es rechtstatsächlich gelungen, die Verstöße gegen Rechnungslegungsvorschriften sowohl nationaler, als auch und vor allem internationaler Provenienz[35] drastisch zu reduzieren. Das zweistufige Enforcement-

31 Als zweistufiges Durchsetzungssystem hat auch Österreich das Enforcement strukturiert: vgl. § 3 Abs. 1 RL-KG; *Rohatschek* IRZ 2017, 467, 467.

32 Begründung RegE BilKoG (Fn. 29), S. 11.

33 Dazu näher u. a. *Hommelhoff* (Fn. 3), Vor § 342b Fn. 1.

34 Dies war der Vorschlag von *Hommelhoff* WPg-Sonderheft 2001,39, 42ff.; aufgegriffen von *Baetge/Lutter*, Abschlussprüfung und Corporate Governance, 2003, S. 17ff.; eingehend zum zweistufigen Verfahren mit seiner privat- und öffentlich-rechtlichen Abfolge *Schmidt-Versteyl*, Durchsetzung ordnungsgemäßer Rechnungslegung, 2008, S. 75ff.; zur Übernahme dieser Enforcementstruktur durch den deutschen Gesetzgeber *Hommelhoff/Mattheus* BB 2004, 93, 93ff.

35 Nach den DPR-Tätigkeitsberichten liegt der Schwerpunkt aller Fehlerfeststellungen bei Mängeln in der Anwendung der International Reporting Standards (IFRS); DPR-Tätigkeitsbericht 2018, S. 7; zur Anwendung der IFRS auf den Konzernabschluss §§ 315e Abs. 1, 291 Abs. 2 Nr. 2HGB; zur Publizität von IFRS-Einzelabschlüssen § 325 Abs. 2a, b HGB.

verfahren des deutschen Rechts hat seine Feuerprobe bestanden[36] und wesentlich mit dazu beigetragen, die Verlässlichkeit und Vertrauenswürdigkeit der Rechnungslegung zu gewährleisten, die kapitalmarktorientierte Unternehmen in Deutschland u. a. als Entscheidungsgrundlage für die Kapitalanleger veröffentlichen. Mit diesem zweistufigen Enforcementsystem kann sich der deutsche Gesetzgeber im Wettbewerb der Regelgeber durchaus behaupten.

Diesen Nachweis effektiver Funktionsfähigkeit hatte er auf der europäischen Ebene bei den Beratungen zur Transparenzrichtlinie 2004 in der Arbeitsgruppe des Ministerrats zu führen. In ihr ist es dem deutschen Repräsentanten im Ergebnis gelungen sicherzustellen, dass der einschlägige Art. 24 Abs. 1 der Richtlinie dem zweistufigen Enforcementsystem in Deutschland nicht entgegensteht[37]: In dieser Bestimmung ist von der *zentralen* Behörde die Rede (das ist hierzulande die Bafin), aber nicht etwa von der *einen und ausschließlich zuständigen* Behörde. Die Einrichtung der DPR und ihr Wirken auf der ersten Stufe des Durchsetzungsverfahrens stehen somit nicht im Widerspruch zum Unionsrecht. Für die aufsichtsrechtliche Durchsetzung regelkonformer Rechnungslegung von kapitalmarktorientierten Unternehmen bleibt dem Systemwettbewerb in Europa freie Bahn geöffnet.

## III. Der behördliche Systemteil im WpHG

Trotz seiner privatrechtlich strukturierten ersten Stufe ist auch das deutsche Enforcementverfahren ein Verfahren der Kapitalmarktaufsicht, das unter der Letzt- und Gesamtverantwortung einer staatlichen Behörde, der BaFin steht.[38] Bemerkenswert hat der deutsche Gesetzgeber sowohl die zweite Stufe, als auch die Gesamt- und Letztverantwortung der BaFin nicht im Anschluss an die Bestimmungen zur ersten Stufe im Handelsgesetzbuch normiert, sondern scharf abgetrennt im Wertpapierhandelsgesetz. Das hat, wie zu zeigen sein wird, besondere Herausforderungen zur Folge, um die jeweiligen Regelungskomplexe für die beiden Stufen miteinander zu verzahnen, führt darüber hinaus aber zur Anschlussfrage, warum die zweite Stufe einschließlich Gesamt- und Letztverantwortung im WpHG geregelt worden ist und nicht im HGB.

---

**36** Dazu u. a. *Hommelhoff* in Deutsche Prüfstelle für Rechnungslegung, 10 Jahre Bilanzkontrolle in Deutschland, 2015, S. 10 f.

**37** S. *Hommelhoff/Gundel* BB 2014, 811, 813.

**38** *Hommelhoff/Gundel* BB 2014, 811, 813.

1. Die Initiative zur Einleitung einer Prüfung der Rechnungslegung im zweistufigen Verfahren liegt exklusiv bei der DPR; die BaFin kann selbst gegenüber einem betroffenen Unternehmen lediglich dann direkt tätig werden, wenn eine der Voraussetzungen aus § 108 Abs. 1 S. 2 WpHG erfüllt ist, also auf der zweiten Stufe.[39] Allein die aufsichtsrechtliche Prüfung gegenüber Kreditinstituten, Versicherungsunternehmen und Gesellschaften, die im Kapitalanlagegesetzbuch erfasst sind, kann die BaFin nach näherer Bestimmung des § 108 Abs. 1 S. 4 WpHG jederzeit an sich ziehen.[40] Unbeschadet hiervon steht der BaFin die Anweisung an die DPR frei, eine Anlassprüfung durchzuführen (§§ 108 Abs. 2/107 Abs. 1 S. 1 WpHG). Dagegen liegt es in der ausschließlich eigenen Entscheidung der DPR, ob und gegen wen eine präventive Stichprobenprüfung durchgeführt werden soll (§ 108 Abs. 1 S. 1 WpHG).[41]

Sobald sich innerhalb der DPR deren Vorprüfungs-Ausschuss oder deren Stichproben-Ausschuss entschieden hat, ein Prüfverfahren einzuleiten, berichtet der DPR-Präsident dies der BaFin (§ 342b Abs. 6 Nr. 1 HGB),[42] damit diese ihrerseits prüft, ob der Durchsetzungs-Prüfung ein Hinderungsgrund nach § 342b Abs. 3 HGB entgegensteht; über das Ergebnis ihrer Prüfung informiert die BaFin die DPR. Im Anschluss an diese Vorklärungen informiert die DPR das betroffene Unternehmen über die Einleitung der Durchsetzungs-Prüfung und gibt ihm Gelegenheit, an dieser Prüfung mitzuwirken (arg. § 342b Abs. 4 HGB). Sollte das Unternehmen seine Mitwirkung von Anbeginn oder im Verlaufe des Prüfverfahrens verweigern, so berichtet die DPR hierüber an die BaFin, so dass diese entscheiden kann, ob sie das Durchsetzungsverfahren nun selbst, also hoheitlich, durchführen kann und will (§§ 108 Abs. 1 S. 2 Nr. 1/107 Abs. 1 WpHG).[43]

Sollte die DPR bei ihrer Prüfung zum Ergebnis gelangen, das betroffene Unternehmen habe regelgemäß Rechnung gelegt, so teilt sie dies sowohl dem Unternehmen (§ 342b Abs. 5 HGB), als auch der BaFin mit (§ 342b Abs. 6 Nr. 3 HGB). Diese kann sodann ihrerseits Erläuterungen zur Prüfungsdurchführung sowie einen Prüfungsbericht von der DPR verlangen (§ 108 Abs. 1 S. 3 WpHG).[44] Sollte die

---

**39** *Hönsch* (Fn. 2), § 108 Rn. 9; *Mock* (Fn. 2), § 37p Rn. 1.

**40** Begründung RegE BilKoG (Fn. 29), S. 11: „Es handelt sich insoweit um ein Angebot an die Wirtschaft, sich beim Enforcement zu engagieren."; *Mock* (Fn. 2), § 37n Rn. 58.

**41** „Die stichprobenartige Prüfung soll dem Umstand Rechnung tragen, dass eine flächendeckende Prüfung zum einen nicht möglich ist und zum anderen auch die Abschlussprüfung ersetzen würde.", s. *Mock* (Fn. 2), § 37o Rn. 37 ff., *Hönsch* (Fn. 2), § 108 Rn. 7 f.

**42** Zu den DPR-internen Verfahrensabläufen *Hommelhoff* (Fn. 3), Vor § 342b Rn. 6.

**43** Zum (pflichtgemäßen) Ermessen der BaFin *Hönsch* (Fn. 2), § 108 Rn. 9 ff.; *Mock* (Fn. 2), § 37p Rn. 11.

**44** *Hönsch* (Fn. 2), § 108 Rn. 13; *Mock* (Fn. 2), § 37p Rn. 37.

BaFin in Würdigung dieser Informationen zu dem Schluss gelangen, die Richtigkeit des Prüfungsergebnisses oder die ordnungsgemäße Verfahrensdurchführung müsse bezweifelt werden, so kann sie das Enforcementverfahren an sich ziehen (§ 108 Abs. 1 S. 2 Nr. 2 WpHG) und nun selbst die Rechnungslegung des betroffenen Unternehmens auf ihre Regelkonformität hin auf der zweiten Stufe des Durchsetzungsverfahrens hoheitlich prüfen.

Sollte dagegen die Prüfung auf der ersten Stufe zu einer Fehlerfeststellung geführt haben, so ist für das weitere Verfahren nach dem Ergebnisbericht der DPR an die BaFin (§ 342 b Abs. 6 Nr. 3 HGB) zu unterscheiden: Falls sich das betroffene Unternehmen mit dem Prüfungsergebnis einverstanden erklärt, liegt das weitere Verfahren nun auf der zweiten Stufe in den Händen der BaFin; diese ordnet regelmäßig hoheitlich an, dass das Unternehmen den festgestellten Fehler samt Begründung zu seiner Feststellung in wesentlichen Teilen bekanntzumachen hat (§ 109 Abs. 1 S. 1/2 WpHG). Dieser Veröffentlichungszwang ist die einzige Sanktion im Enforcementverfahren;[45] ihre „Prangerwirkung" zulasten des betroffenen Unternehmens und seiner Organe (und mittelbar ggf. zulasten des bestätigenden Abschlussprüfers)[46] ist offenbar hinreichend effektiv, wie sich an der abnehmenden Zahl festgestellter Regelverstöße ablesen lässt.[47] Über diese Spezialprävention („nicht noch einmal") hinaus soll die Veröffentlichung generalpräventiv wirken: Auch andere Unternehmen und ihre Abschlussprüfer sollen davon abgehalten werden, den festgestellten Fehler zu wiederholen.[48]

In der dritten Ergebnisvariante widerspricht das betroffene Unternehmen der DPR-Fehlerfeststellung; auch hierüber ist nach § 342b Abs. 6 Nr. 3 HGB der BaFin zu berichten, damit diese ihrerseits prüfe, ob erhebliche Zweifel am Prüfungsergebnis oder an der Ordnungsmäßigkeit der Verfahrensdurchführung bestehen. Diese (interne) Prüfungspflicht der BaFin besteht unabhängig davon, ob das betroffene Unternehmen die ihm gegenüber ggf. ergehenden Verfügungen der BaFin zur Nachprüfung im Widerspruchsverfahren nach § 112 Abs. 1 WpHG stellen will oder nicht.[49] Denn aus der Gesamt- und Letztverantwortung der BaFin folgt deren Verpflichtung, für ein in allem korrektes Durchsetzungsverfahren unabhängig von der Initiative des betroffenen Unternehmens zu sorgen.

---

**45** S. oben Fn. 27.

**46** S. die einschneidende Mitteilung der BaFin an die Abschlussprüferaufsichtsstelle (APAS) wegen einer möglichen Berufspflichtverletzung nach § 110 Abs. 2 WpHG, die ein berufsaufsichtsrechtliches Verfahren nach §§ 61a ff. WPO zur Folge haben kann.

**47** S. die DPR-Tätigkeitsberichte, (Fn. 35).

**48** Vgl. OLG Frankfurt (Fn.2), Rn. 33.

**49** S. die DPR-Tätigkeitsberichte, (Fn. 35).

2. Dies schon von der Sache her komplexe Zusammenspiel zwischen DPR und BaFin wird noch weitergehend dadurch verkompliziert, dass die beiden Stufen des Enforcements in unterschiedlichen Gesetzen normiert sind: die erste privatrechtliche Stufe im Handelsgesetzbuch und die zweite öffentlichrechtliche im Wertpapierhandelsgesetz.

Worin liegt der Sinn dieser Aufspaltung? Auf den ersten Blick könnte man sich mit der Begründung abfinden, die hoheitlichen Komponenten des Durchsetzungsverfahrens dienten der behördlichen Kapitalmarktaufsicht und gehörten deshalb in das WpHG als der einen Säule des Kapitalmarktrechts.[50] Das ist gewiss richtig, schöpft jedoch den Sinngehalt dieser Zuordnung noch nicht vollständig aus.

Bei den kapitalmarktorientierten Unternehmen soll das Enforcement deren Kapitalanleger und über diese hinaus den Kapitalmarkt schützen, bei den Kreditinstituten offenbar deren Einleger und bei den Versicherungsunternehmen deren Versicherungsnehmer. Im Vergleich zu den handelsrechtlichen Adressaten der Rechnungslegung, also den (normalen) Gläubigern, Lieferanten, Kunden und Arbeitnehmern, aber auch der Allgemeinheit[51], verbindet sich mit dem Enforcement eine bemerkenswerte Reduktion des Schutzadressaten-Kreises. Nicht dem Schutz aller Publizitätsadressaten schlechthin dient das Durchsetzungsverfahren, sondern allein dem einer privilegierten Gruppe aus diesem Kreis, dem der Kapitalanleger (und institutionell dem des Kapitalmarkts). Somit fungiert dies Enforcement mitnichten zur Gewährleistung ordnungsmäßiger Rechnungslegung als solcher; vielmehr wird deren Ordnungsmäßigkeit bloß insoweit sichergestellt, wie die Rechnungslegung den Kapitalanlegern mit als Entscheidungsgrundlage dienen soll. Konsequent mündet das zweistufige Durchsetzungsverfahren in das im WpHG geregelte hoheitliche Verfahren in Zuständigkeit und Verantwortung der BaFin aus. Die anderen Adressaten der Rechnungslegung und deren Belange bleiben im Enforcement ebenso außen vor wie die übrigen Zwecke der Rechnungslegung: Auf das Entscheidungs-bezogene Informationsinteresse des langjährigen Zulieferanten zielt das sektoral ausgerichtete Enforcement ebensowenig ab wie auf das Informationsinteresse, das die Arbeitnehmer des rechnungslegungspflichtigen Unternehmens haben.

Gilt diese funktionale Verengung des Enforcements, seine Konzentration auf die Kapitalanleger und ihre Entscheidungs-bezogenen Informationsinteressen

---

**50** S. schon oben Fn. 2.

**51** Zu den Publizitätsadressaten in ihrer Gesamtheit *Hommelhoff* (Fn. 6); *Winnefeld*, Bilanz-Handbuch, 5. Aufl. 2015, Einführung in das nationale Handels- und Steuerbilanzrecht sowie in die internationalen Rechnungslegungsgrundsätze Rn. 17 f.; *Wöhe/Mock*, Die Handels- und Steuerbilanz, 6. Aufl. 2010, S. 21 f.

bloß für die zweite, die hoheitliche Stufe des Durchsetzungsverfahrens oder gilt dieser Befund für das Verfahren insgesamt? Die Antwort ist einfach: § 342b Abs. 2 S. 2 HGB unterwirft nicht sämtliche Abschlüsse und Berichte rechnungslegungs- und publizitätspflichtiger Unternehmen schlechthin der DPR-Kontrolle, sondern eben nur die jener Akteure, die mit Titeln nach § 2 Abs. 1 S. 1 WpHG auf dem Kapitalmarkt auftreten. Damit gilt: Auch auf seiner ersten Stufe ist das Durchsetzungsverfahren bereits auf die Kapitalanleger und den Kapitalmarkt hin sektoral verengt. Verfehlt ist mithin nicht die Platzierung des Enforcements im WpHG, sondern allenfalls die im HGB. Oder um es zuzuspitzen: Das Durchsetzungsverfahren dient dem Schutz der Kapitalanleger und nicht dem der Rechnungslegung.[52]

## IV. Erweiterungen der Unternehmensrechnung

Bleibt zum Abschluss zu erörtern, wie sich die neuen Regeln zur nichtfinanziellen Berichterstattung (§§ 289b ff, 315b ff HGB) auf das in dieser Weise auf Kapitalanleger und Kapitalmarkt fokussierte Durchsetzungsverfahren auswirken.

Wie der in Umsetzung der EU-CSR-Richtlinie geschaffene § 289c Abs. 2 HGB mit seinen mehreren Belangen erkennen lässt, geht es dem europäischen und dem deutschen Gesetzgeber auch darum, die zur nichtfinanziellen Erklärung verpflichteten Unternehmen dazu anzuregen (arg. § 289c Abs. 4 HGB, comply or explain), sich als eine Wirtschaftseinheit darzustellen, die in vielfältiger Weise mit ihren Aktivitäten in ihr engeres und weiteres Umfeld eingebunden ist und über diese die Belange vieler berührt. Das hat auch einen erweiterten Kreis von Publizitätsadressaten zur Folge – namentlich in Richtung auf das lokale und regionale Umfeld des Unternehmens (arg. § 289c Abs. 2 Nr. 3 HGB) und auf die Zivilgesellschaft (arg. § 289c Abs. 2 Nr. 1 HGB). Zugleich werden die überkommenen

52 Umgekehrt könnte man im Standort HGB aber auch eine Zukunftsperspektive sehen: Sobald sich der Gesetzgeber anschickt, alle Publizitätsadressaten (und nicht bloß die Kapitalanleger) durch Enforcement zusätzlich zu schützen, müsste er die hoheitliche Komponenten des Durchsetzungsverfahrens in Ergänzung der Buß- und Ordnungsgeldbestimmungen aus §§ 334 ff. HGB ebenfalls im HGB regeln. Mit beiden Stufen wäre dann das Durchsetzungsverfahren handelsrechtlich geregelt. Gesamt- und letztverantwortlich wäre dann das Bundesamt für Justiz. Allerdings könnten der BaFin die überkommene Zuständigkeit bei den kapitalmarktorientierten Unternehmen belassen bleiben, wenn auch das Unionsrecht dies nicht erzwingen würde (oben bei Fn. 37).

Funktionen der Rechnungslegung, ihre Rechenschafts-, Entscheidungs- und Bemessungsfunktion um die Anreiz- und Steuerungsfunktion[53] ergänzt.

Diese Erweiterung der Rechnungslegung um Nichtfinanzielles lässt das Enforcement weithin unberührt. Zwar ist der Kreis der erfassten Unternehmen im Ansatz identisch mit dem des Durchsetzungsverfahrens, wenn auch zurückgenommen auf die großen Unternehmen mit mehr als 500 Arbeitnehmern (§§ 289b Abs. 1 S. 1 Nr. 3, 340a Abs. 1a, 341a Abs. 1a HGB).[54] Aber weder der Adressatenkreis, noch die Funktion des Enforcements werden durch die Pflicht zur nichtfinanziellen Berichterstattung erweitert. Es bleibt bei den Kapitalanlegern und ihrem Interesse an verlässlichen und vertrauenswürdigen Entscheidungsunterlagen.

Allerdings zeichnen sich Veränderungen ab. Schon heute legen nicht wenige Kapitalanleger Wert darauf, in nachhaltig im Sinne des § 289c Abs. 2 HGB wirtschaftende Unternehmen zu investieren.[55] Verlässlich müssen dann auch die nichtfinanziellen Informationen der Unternehmen sein.[56] Das wird dann die Ebene des Rechts erreichen, wenn die EU ihr Programm „Sustainable Finance“[57] in Rechtsakte umsetzt und die Mitgliedstaaten dem folgen (müssen). Spätestens dann dürfen die Kapitalanleger Gewissheit verlangen, ob „green shares“ und „green bonds“, die ihnen von kapitalmarktorientierten Unternehmen angeboten werden, wirklich das halten, was sie versprechen.

Zur Prüfung der Rechnungslegung durch die DPR nach § 342b Abs. 2 S. 1 HGB und zu der durch die BaFin nach § 106 WpHG wird dann auch die nichtfinanzielle Erklärung zählen – unabhängig davon, ob diese Erklärung in den Lagebericht aufgenommen oder in einem gesonderten nichtfinanziellen Bericht (§ 289b Abs. 3 HGB) niedergelegt ist. Die Tatsache, dass die nichtfinanzielle Erklärung vom Abschlussprüfer nicht inhaltlich zu prüfen ist (§ 317 Abs. 2 S. 4 HGB), befreit schon heute weder die DPR, noch die BaFin von der Aufgabe, die Erfüllung der Pflichten zur nichtfinanziellen Erklärung auch ihrem Inhalt nach durchzusetzen. Ansatz

---

**53** Dazu *Hommelhoff* (Fn. 6).

**54** Über diesen Schwellenwert hat schon der europäische Gesetzgeber die kleinen und mittleren Unternehmen im CSR-Bereich pflichtenfrei stellen wollen (s. Erwägungsgrund 26 zur CSR-Richtlinie, u.a. abgedruckt bei *Lutter/Bayer/Schmidt*, Europäisches Unternehmens- und Kapitalmarktrecht, 6. Aufl. 2018, S. 837 ff.).

**55** Dazu *Bortenlänger/Reitz*, ACI 2019 I; Guidelines for observation and exclusion from the Government Pension Fund Global; online abrufbar unter www.regjeringen.no; Union Investment Engagement Policy, März 2019, online abrufbar unter https://unternehmen.union-investment.de; Glass Lewis, Guidelines – An Overview of the Glass Lewis Approach to Proxy Advice, Germany, 2019, online abrufbar unter www.glasslewis.com.

**56** Näher *Hommelhoff* (Fn. 6).

**57** Vgl. dazu *Lanfermann* BB 2018, 490, 490.

ihrer Aufgaben ist die Rechnungslegung, nicht die Abschlussprüfung (§ 342b Abs. 1 S. 1 HGB/§ 106 WpHG).[58]

**58** Näher *Hommelhoff* (Fn. 6).

Sebastian Mock

# Wertpapierhandelsbilanzrecht

## I. Einleitung

Das WpHG von 1994 verfügte über keinerlei Regelung zum Bilanz- bzw. Rechnungslegungsrecht, sondern überließ diese Aspekte noch dem auf die Emittenten anwendbaren Gesellschaftsrecht und dem ebenfalls sehr überschaubaren Normenbestand im BörsG und der BörsZulVO. Betrachtet man die heutige Rechtslage, muss man feststellen, dass das Bilanz- bzw. Rechnungslegungsrecht mit den §§ 106 – 118 WpHG zwar einen eigenständigen Abschnitt im WpHG erhalten hat, der Umfang der Regelungen im Vergleich zu den übrigen Regelungsbereichen des WpHG aber immer noch verhältnismäßig klein zu sein scheint. Dies täuscht aber darüber hinweg, dass das Wertpapierhandelsrecht seit der Schaffung des WpHG im Zusammenhang mit dem Bilanz- oder Rechnungslegungsrecht eine enorme Entwicklung vollzogen hat, die gleich in mehreren Hinsichten rechtspolitische Grundsatzfragen berührt hat und auch noch weiter berührt. Daher stellt sich die Frage, ob das Bilanz- oder Rechnungslegungsrecht im Bereich des Kapitalmarktrechts inzwischen zu einem eigenständigen Wertpapierhandelsbilanzrecht gereift ist. Dem geht der folgende Beitrag aus Anlass des 25-jährigen Geburtstags des WpHG nach.

## II. Historische Entwicklung des Bilanzrechts im Kontext des Wertpapierhandels

Das Bilanz- oder Rechnungslegungsrecht kann im Zusammenhang mit dem Wertpapierhandel auf eine wechselvolle Geschichte zurückblicken, in der das Kapitalmarktrecht stets ein aktiver Treiber der Entwicklungen war und oftmals das vorgezeichnet hat, was später Allgemeingut des Bilanzrechts werden sollte. Dabei lassen sich im Wesentlichen sechs Etappen ausmachen, die von den ersten Anfängen der Normierung des Bilanzrechts im Rahmen des Handelsrechts (siehe B.I.), der Verschiebung und Verankerung im Aktienrecht (siehe B.II.), der Europäisierung (siehe B.III.), dem Neustart des Wertpapierrechts ohne das Bilanzrecht (siehe B.IV.), der Internationalisierung des Bilanzrechts (siehe B.V.) bis hin zur Konsolidierung des Wertpapierhandelsbilanzrechts (siehe B.VI.) reichen.

https://doi.org/10.1515/9783110632323-049

## 1. Erste Anfänge

Die Anfänge des modernen[1] Bilanzrechts gehen vor allem auf die Entstehung des ADHGB zurück, da damit erstmals ein (deutsches) kodifiziertes Handelsbilanzrecht geschaffen wurde.[2]

### a) ADHGB und die Aktienrechtsnovellen

Das ADHGB sah in den Art. 28 ff. in Fortführung der teilweise landesrechtlichen Bestimmungen eine allgemeine Pflicht für die Kaufleute zur Buchführung und Bilanzierung vor. Spezifische Regelungen für börsennotierte Gesellschaften waren dabei nicht vorgesehen. Lediglich für einzelne Gesellschaftsformen bestanden teilweise spezifische Regelungen. So war für die offene Handelsgesellschaft, die Kommanditgesellschaft und die stille Gesellschaft bereits die bis heute bestehende Maßgeblichkeit der Handelsbilanz für die Berechnung des Gewinn- oder Verlustanteils (Art. 107 ADHGB), das Einsichtsrecht der Gesellschafter (Art. 105, 160, 185, 253 ADHGB) und der Schutz des gutgläubig bezogenen Gewinns (Art. 165 Abs. 6 ADHGB) normiert. Für die Aktiengesellschaft war zusätzlich schon eine Prüfung der Bilanz vorgesehen (Art. 209 Nr. 6 ADHGB), die allerdings im Gesellschaftsvertrag geregelt werden musste, ohne dabei verpflichtend zu sein.[3] Das Interesse an einer Prüfung wurde erst im Rahmen der Ersten Aktienrechtsnovelle[4] betont, indem der Aufsichtsrat eine solche Prüfung der Jahresrechnungen, der Bilanz und des Gewinnverwendungsvorschlags vornehmen musste (Art. 225a ADHGB).[5] Zudem wurde der Inhalt der Bilanz speziell für die Aktiengesellschaft geregelt. So wurden unter anderem Bewertungshöchstgrenzen für börsennotierte Wertpapiere, das Gebot des Ausweises der Verwaltungskosten als Ausgabe (statt als Aktiva!), der Ausweis des Grundkapitals auf der Passivseite und schließlich

1 Zur Geschichte des Handelsbilanzrechts vor der Schaffung des ADHGB, bei dem allerdings in der Regel ein Bezug zur Aktiengesellschaft bzw. zum Kapitalmarkt fehlte. Vgl. etwa speziell zur Eisenbahngesellschaftsgesetzgebung *Kießling*, in: Bayer/Habersack, Aktienrecht im Wandel – Band I, 2007, S. 126 ff.

2 Zu den vorherigen Regelungsansätzen vgl. *Schön*, ZHR 161 (1997), 133, 135 f.; *ders./Osterloh-Conrad*, in: Bayer/Habersack, Aktienrecht im Wandel – Band II, 2007, S. 893, 895 f.

3 Vgl. allgemein zum Aktienrecht des ADHGB *Pahlow*, in: Bayer/Habersack, Aktienrecht im Wandel – Band I, 2007, S. 237 ff.

4 Gesetz betreffend die Kommanditgesellschaften auf Aktien und die Aktiengesellschaften v. 11.6. 1870, RGBl. Nr. 21, S. 375; dazu etwa *Lieder*, in: Bayer/Habersack, Aktienrecht im Wandel – Band I, 2007, S. 318 ff.

5 Dazu etwa *Lieder*, (Fn. 4), S. 318, 360.

der Ausweis des sich aus der Gegenüberstellung von Aktiva und Passiva ergebenden Gewinns oder Verlusts vorgesehen (Art. 239a ADHGB).[6] Diese und ähnliche Vorgaben wurden im Rahmen der Zweiten Aktienrechtsnovelle[7] verallgemeinert und auch für die KGaA vorgesehen (Art. 185a, 239b ADHGB). Zudem wurde erstmals eine ausdrückliche Pflicht zur Buchführung und Bilanzierung für den Vorstand (Art. 239 ADHGB) und die Möglichkeit für die Generalversammlung geschaffen, zur Prüfung der Rechnungslegung besondere Revisoren zu bestellen (Art. 239a ADHGB).[8] Damit kristallisierten sich die ersten Charakteristika eines noch primär als Aktienrecht betrachteten Wertpapierhandelsbilanzrechts in Form von Bewertungsvorgaben[9], Transparenz des Ausweises des Gewinns oder Verlusts[10] und externe Prüfung[11] heraus. Dass es sich dabei damals um spezifisch kapitalmarktorientierte Regelungsfragen handelte, wird nicht zuletzt durch den Umstand belegt, dass diese Aspekte im Rahmen des 1892 geschaffenen GmbH-Gesetzes nicht nur keine Berücksichtigung fanden, sondern bewusst nicht übernommen wurden[12] und § 43 GmbHG 1892 lediglich auf das für die Kaufleute geltende Handelsbilanzrecht verwies und wenige GmbH-spezifische Modifikationen vornahm.

### b) Börsengesetz von 1897

Auch das Börsengesetz von 1897 nahm im Prinzip keinen Bezug zum materiellen Bilanzrecht, sondern setzte § 39 BörsG 1897[13] lediglich voraus, dass die Veröf-

---

6 Dazu im Überblick *Lieder*, (Fn. 4), S. 318, 365 f.

7 Gesetz betreffend die Kommanditgesellschaften auf Aktien und die Aktiengesellschaften v. 18. 7. 1884, RGBl. Nr. 22, S. 123; dazu *Hofer*, in: Bayer/Habersack, Aktienrecht im Wandel – Band I, 2007, S. 388 ff.; *Schubert/Hommelhoff*, Hundert Jahre modernes Aktienrecht, 1985, 1 ff.

8 Zu den Rechten der Generalversammlung etwa *Hofer*, (Fn. 2), S. 388, 409 ff.

9 Siehe zu diesem Charakteristikum eines Wertpapierhandelsbilanzrechts C.II.

10 Siehe zu diesem Charakteristikum eines Wertpapierhandelsbilanzrechts C.VII.

11 Siehe zu diesem Charakteristikum eines Wertpapierhandelsbilanzrechts C.VIII. und C.IX.

12 Begründung zum Entwurf eines Gesetzes betreffend die GmbH, 1891, S. 92.

13 § 39 BörsG 1897 lautete:

*„Die Zulassung von Aktien eines zur Aktiengesellschaft oder zur Kommanditgesellschaft auf Aktien umgewandelten Unternehmens zum Börsenhandel darf vor Ablauf eines Jahres nach Eintragung der Gesellschaft in das Handelsregister und vor der Veröffentlichung der ersten Jahresbilanz nebst Gewinn- und Verlustrechnung nicht erfolgen. In besonderen Fällen kann diese Frist von der Landesregierung (§. 1) ganz oder theilweise erlassen werden.*

*Die Zulassung von Antheilsscheinen oder staatlich nicht garantirten Obligationen ausländischer Erwerbsgesellschaften ist davon abhängig, daß die Emittenten sich auf die Dauer von fünf Jahren verpflichten, die Bilanz sowie die Gewinn- und Verlustrechnung jährlich nach Feststellung derselben*

fentlichung der ersten Jahresbilanz nebst Gewinn- und Verlustrechnung mindestens ein bzw. fünf Jahre vor der Börsenzulassung erfolgen muss. Insofern vertraute das Börsenrecht in seinen Anfängen umfänglich auf das Handelsbilanzrecht und sah keine Notwendigkeit der Schaffung gesonderter Vorschriften. Dabei sah der ursprüngliche Entwurf von 1895 nicht einmal irgendeine Bezugnahme zur Handelsbilanz vor. Die in § 39 BörsG vorgesehene – aus heutiger Sicht als *Cooling-off*-Periode zu bezeichnende – Voraussetzung der Veröffentlichung mindestens der ersten Jahresbilanz vor der Erstzulassung der Aktien wurde erst im Laufe des Gesetzgebungsverfahrens eingeführt und stellt zugleich die einzige bilanzrechtliche Regelung im BörsG 1897 dar, die aber keinerlei materiell-rechtlichen Regelungen zum Handelsbilanzrecht enthält. Hintergrund dieser Regelung war, dass zum Schutz des Publikums eine zuverlässige Bestimmung der wirtschaftlichen und finanziellen Entwicklung der AG nur anhand einer bereits erstellten Jahresbilanz erfolgen sollte.[14]

## 2. Endgültige Verankerung des Handelsbilanzrechts im Aktienrecht

Die fehlende Spezialisierung des Wertpapierhandelsbilanzrechts nahm mit dem HGB von 1897 ein jähes Ende, da der Gesetzgeber in diesem ein spezielles Aktienbilanzrecht schuf, das sich bis hin zur Nachkriegszeit in ein eigenständiges Aktienbilanzrecht entwickelte.[15]

### a) HGB von 1897

Der Trend der Verortung des Bilanzrechts allein im Aktienrecht setzte sich zunächst mit der Schaffung des HGB von 1897 fort, das dahingehend im Wesentlichen auf den Regelungen des ADHGB aufbaute und um weitere Bewertungsvorschriften (§ 261 HGB 1897) sowie Gläubigerschutzgesichtspunkte[16] vorsah.[17] Dabei

---

*in einer oder mehreren von der Zulassungsstelle zu bestimmenden deutschen Zeitungen zu veröffentlichen.*“

14 Bericht der IX. Kommission zur Vorberathung des Entwurfs eines Börsengesetzes, Drucksachen des Reichstages Nr. 246, 9. Legislatur-Periode, IV. Session 1895/96, S. 1464.

15 Für einen allgemeinen Überblick zur historischen Entwicklung des Handelsbilanzrechts vgl. *Wöhe/Mock*, Die Handels- und Steuerbilanz, 7. Aufl. 2019, (im Erscheinen).

16 In diesem Zusammenhang sind vor allem die Einführung des gesetzlichen Reservefonds (§ 262 HGB) sowie verschiedene Aktivierungsverbote und Bilanzierungsbeschränkungen (§ 261 HGB) zu

standen aber weniger kapitalmarktrechtliche Erwägungen hinsichtlich der AG als Emittent, sondern eher die AG als Kapitalmarktteilnehmer in Form eines Nachfragers im Vordergrund, da etwa die Bewertung von Wertpapieren und Waren zum Börsen- und Marktpreis geregelt wurde (§ 261 Nr. 1 HGB 1897). Damit reiht sich das Bilanzrecht in die Gesamtregelungssystematik des HGB 1897 ein, da dieses nicht zwingend eine Börsennotierung für die AG vorsah, auch wenn dem Aktienrecht im Wesentlichen das Leitbild der börsennotierten AG zugrunde lag.[18]

### b) Notverordnung des Reichspräsidenten über Aktienrecht, Bankenaufsicht und über eine Steueramnesie von 1931

Ein Meilenstein der Entwicklung des modernen Handelsbilanzrechts wurde sodann durch die Aktienrechtsnotverordnung von 1931[19] gesetzt, womit gleich eine ganze Reihe zentraler Elemente des modernen Handelsbilanzrechts geschaffen wurde.[20] So wurde nicht nur unter anderem die verpflichtende Abschlussprüfung (§§ 262a ff. HGB) und die Geschäftsberichterstattung (§ 260a HGB) eingeführt und die Ansatz- und Bewertungsvorschriften neu geordnet (§§ 261 ff. HGB), sondern auch die Kompetenz der Generalversammlung über die Beschlussfassung über den Jahresabschluss und über die Gewinnverwendung verankert (§ 260 HGB). Insbesondere die Einführung der Abschlussprüfung muss aus heutiger Sicht verwundern, hatte sich der 34. Juristentag doch noch im Jahr 1926 ausdrücklich gegen die Einführung dieses Rechtsinstituts ausgesprochen.[21] Trotz dieser umfassenden Reform des Handelsbilanzrechts durch die Aktienrechtsnotverordnung von 1931 zeichnet sich diese durch keinen direkten Bezug zum Kapitalmarktrecht aus, auch wenn die Bestimmungen im Wesentlichen als Antwort auf die Welt-

---

nennen (zur Einführung des gesetzlichen Reservefonds ausführlich *Mock*, in: Großkommentar zum AktG, 5. Aufl. 2018, § 150 Rn. 23 ff.).

**17** Dazu im Überblick *Pahlow*, in: Bayer/Habersack, Aktienrecht im Wandel – Band I, 2007, S. 415 ff.

**18** Dazu *Pahlow*, (Fn. 17), S. 415, 435 ff.

**19** Verordnung des Reichspräsidenten über Aktienrecht, Bankenaufsicht und über eine Steueramnesie vom 19.9.1931, RGBl. I, S. 493.

**20** Für einen Gesamtüberblick vgl. nur *Assmann*, in: Großkommentar zum AktG, 4. Aufl. 1992, Einleitung Rn. 145 f.; *Engelke/Maltschew*, in: Bayer/Habersack, Aktienrecht im Wandel – Band I, 2007, S. 570, 590.

**21** Etwa *Lehmann*, in: Deutscher Juristentag, Verhandlungen des 34. Deutschen Juristentags, 1926, S. 259, 302 ff.; dazu ausführlich *Schmidt*, in: Bayer, Gesellschafts- und Kapitalmarktrecht in den Beratungen des Deutschen Juristentages, 2010, S. 259 ff.

wirtschaftskrise 1929 und den damit verbundenen Kursverfall verstanden werden müssen.[22]

### c) Aktiengesetz 1937

Das Aktiengesetz 1937 knüpfte an diese Neuerungen an und führt diese im Wesentlichen fort, ohne allerdings im Handelsbilanzrecht selbst neue Akzente zu setzen. Teilweise kam es sogar – jedenfalls im Zusammenhang mit der Organisationsverfassung – zu einer Aufhebung. So wurde etwa die Feststellung der Bilanz dem Vorstand übertragen, eine gesetzliche Rücklage geschaffen und den Aktionären nur noch der Reingewinn zur Beschlussfassung über die Ausschüttung überlassen.[23] Auch hier fehlte eine klare Differenzierung zwischen dem Handelsbilanzrecht der börsen- und der nicht börsennotierten Aktiengesellschaft.

### d) Aktiengesetz 1965

Diesem Trend folgte schließlich auch das Aktiengesetz 1965, das sich zwar in großen Teilen auch dem Bilanzrecht widmete[24], dabei aber keine kapitalmarktrechtlichen Akzente setzte. Insbesondere das vom Aktiengesetz 1965 verfolgte Konzept der *gläsernen, aber verschlossenen Tatsachen*[25] zeichnete sich durch keinen spezifischen Kapitalmarktrechtsbezug aus.[26]

---

22 So etwa *Hachenburg*, Die Aktiengesellschaft im Leben der Wirtschaft, in Düringer/Hachenburg, Das HGB von 1897, III. Band 1. Teil, 3. Aufl. 1934, Einleitung, Anm 31: „*Das Vertrauen des Publikums zu den AG war verloren. Die Kurse, soweit überhaupt solche trotz Schließens der Börse bekannt waren, wirkten deprimierend. Es galt vorab, im Inlande den Kredit der AG wieder herzustellen. Man mußte bei den beiden wichtigsten (Punkten, d Verf) einsetzen. Das war die Unvollständigkeit und Unklarheit der Bilanz- und Geschäftsberichte. Das war die Verantwortung der Mitglieder der Verwaltung.*".

23 Dazu im Überblick *Assmann*, in: Großkommentar zum AktG, 4. Aufl. 1992, Einleitung Rn. 148 ff.; *Bayer/Engelke*, in: Bayer/Habersack, Aktienrecht im Wandel – Band I, 2007, S. 619, 647.

24 Im Überblick *Kropff*, in: Bayer/Habersack, Aktienrecht im Wandel – Band I, 2007, S. 670, 826 ff., 845 ff. und 856 ff.

25 Zurückgehend auf *Kronstein/Claussen*, Publizität und Gewinnverteilung im neuen Aktienrecht, 1960, S. 136.; dazu *Schön/Osterloh-Conrad*, (Fn. 2), S. 893, 927.

26 *Kropff*, in: Bayer/Habersack, Aktienrecht im Wandel – Band I, 2007, S. 670, 845 ff.

## 3. Europäisierung und Verallgemeinerung des Handelsbilanzrechts

Die fehlende Adressierung kapitalmarktrechtlicher Aspekte des Handelsbilanzrechts setzte sich auch auf europäischer Ebene fort.[27] So enthielten weder die Jahresabschlussrichtlinie[28] noch die Konzernabschlussrichtlinie[29] oder die Prüferbefähigungsrichtlinie[30] als Ursprungsrechtsakte des europäischen Bilanzrechts spezifische Regelungen für kapitalmarktorientierte Gesellschaften. Vielmehr beschränkten sich diese Rechtsakte auf die Schaffung eines Handelsbilanzrechts für alle Kapitalgesellschaften, ohne eine etwaige Kapitalmarktorientierung besonders zu adressieren.[31] Lediglich die Konzernabschlussrichtlinie sah wenige Ausnahmen bzw. entsprechende Mitgliedstaatswahlrechte für kapitalmarktorientierte Gesellschaften vor.[32] Zur Umsetzung dieser Richtlinien sah sich der deutsche Gesetzgeber im Rahmen des Bilanzrichtliniengesetzes von 1986 (BiRiLiG)[33] gezwungen, das bisher weitgehend im Aktienrecht geregelte Handelsbilanzrecht aus diesem herauszulösen und wieder zurück ins HGB zu überführen, womit zugleich eine Verankerung im allgemeinen Handelsrecht verbunden war.[34] Die Schaffung eines eigenständigen Wertpapierhandelsbilanzrechts unterblieb seinerzeit, was aufgrund der – jedenfalls aus heutiger Sicht – dem wenig entwickelten Kapitalmarktrecht bzw. der geringeren Bedeutung des Kapitalmarkts entsprach.

---

**27** Zur Europäisierung der Rechnungslegung insgesamt *Wöhe/Mock*, (Fn. 15), im Erscheinen.

**28** Vierte Richtlinie 78/660/EWG des Rates vom 25.7.1978 über den Jahresabschluss von Gesellschaften bestimmter Rechtsformen, ABl. EG L 222 vom 14.8.1978, S. 11.

**29** Siebente Richtlinie 83/349/EWG des Rates vom 13.6.1983 aufgrund von Artikel 54 Absatz 3 Buchstabe g) des Vertrages über den konsolidierten Abschluss, ABl. EG L 193 vom 18.7.1983, S. 1.

**30** Achte Richtlinie 84/253/EWG des Rates vom 10.4.1984 aufgrund von Artikel 54 Absatz 3 Buchstabe g) des Vertrages über die Zulassung der mit der Pflichtprüfung der Rechnungslegungsunterlagen beauftragten Personen, ABl. EG L 126 vom 12.5.1984, S. 20.

**31** Zur Zielsetzung der Bilanzrichtlinien *Bayer/Lutter/Schmidt*, Europäisches Unternehmensrecht, 6. Aufl. 2018, § 23; *Habersack/Verse*, Europäisches Gesellschaftsrecht, 5. Aufl. 2019, § 9 Rn. 1ff.

**32** So sah Art. 7 Abs. 3 eine Ausnahme vom Tannenbaumprinzip bei börsennotierten Gesellschaften und Art. 6 Abs. 4 eine Gegenausnahme für börsennotierte Gesellschaften bei Unterschreitung von Größenmerkmalen vor.

**33** Gesetz zur Durchführung der Vierten, Siebenten und Achten Richtlinie des Rates der Europäischen Gemeinschaften zur Koordinierung des Gesellschaftsrechts v. 19.12.1985, BGBl. I, S. 2355.

**34** Für die Betonung der Schaffung eines rechtsformunabhängigen Bilanzrechts vgl. etwa Begr RegE BiRiLiG, BT-Drucks. 10/317, S. 64.

## 4. Start ins moderne Wertpapierhandelsrecht ohne das Bilanzrecht

Die fehlende Bezugnahme des Aktien- bzw. des Aktienbilanzrechts setzt sich in sozusagen umgekehrter Form bei der Schaffung des modernen Wertpapierhandelsrechts in Form des WpHG 1994 fort. So enthält das WpHG von 1994 insgesamt keinerlei Regelung zum Handelsbilanzrecht. Dies mag auf den ersten Blick überraschen, erklärt sich aber aus dem Umstand, dass das WpHG in seiner ursprünglichen Form im Wesentlichen der Umsetzung der Beteiligungstransparenz-Richtlinie[35] und der Insiderrichtlinie[36] diente und sich somit nicht als umfassendes Kapitalmarktgesetzbuch verstand. Dies wird unter anderem daran deutlich, dass die Gesetzesbegründung die Aufgabe des WpHG von 1994 vor allem in der Schaffung einer Grundlage für die Arbeit des Bundesaufsichtsamtes für den Wertpapierhandel sah.[37]

## 5. Internationale Wachablösung im (europäischen) Bilanzrecht

Der traditionell geringe Einfluss des Kapitalmarktrechts auf das Bilanzrecht fand im ungefähr gleichen Zeitraum auf internationaler Ebene ein jähes Ende. So wurde bereits 1973 das *International Accounting Standards Committee* (IASC) in London gegründet, welches sich nicht weniger als die Schaffung international harmonisierter Rechnungslegungsnormen auf die Fahnen geschrieben hatte.[38] Damit entstand erstmals auf internationaler Ebene eine Institution, die – in angloamerikanischer Rechtstradition – das Rechtsetzungsmonopol der (europäischen) nationalen Gesetzgeber in Frage stellte. Dass es sich dabei vor allem im Bereich der kapitalmarktorientierten Gesellschaften um eine nicht zu unterschätzende Entwicklung handelte, zeigte sich spätestens im Jahr 2000 als die IOSCO (*International Organization of Securities Commissions*) gegenüber seinen Mitgliedern die Empfehlung aussprach, die bis dahin 30 verabschiedeten Standards des IASC

---

**35** Richtlinie 88/627/EWG des Rates vom 12.12.1988 über die bei Erwerb und Veräußerung einer bedeutenden Beteiligung an einer börsennotierten Gesellschaft zu veröffentlichenden Informationen, ABl. EG Nr. L 348 v. 17.12.1988, S. 62.

**36** Richtlinie 89/592/EWG des Rates vom 13.11.1989 zur Koordinierung der Vorschriften betreffend Insider-Geschäfte, ABl. EG Nr. L 334 v. 18.11.1989, S. 30.

**37** Begr RegE 2. FFG, BT-Drucks. 12/6679, S. 34.

**38** Zur Schaffung des IASC *Achleitner/Behr*, International Accounting Standards, 4. Aufl. 2009, S. 33 ff.; *Mock*, Finanzverfassung der Kapitalgesellschaften und internationale Rechnungslegung, 2007, S. 77.

für Zwecke der Rechnungslegung multinationaler Unternehmen bei grenzüberschreitenden Kapitalmarktlistings und Kapitalaufnahmen anzuerkennen[39], nachdem das IASC und die IOSCO bereits von 1987 an zusammengearbeitet hatten.

Die zunehmende Bedeutung und Verbreitung der IAS bzw. späteren IFRS machte auch vor dem europäischen Bilanzrecht nicht halt, so dass sich die Europäische Kommission letztlich dafür entschied, die IAS/IFRS jedenfalls teilweise zu übernehmen, statt die bisher dahin verfolgte Strategie der Entwicklung eines eigenständigen (harmonisierten) europäischen Bilanzrechts (sogenannte *European GAAP*[40]) weiter zu verfolgen.[41] Diese rechtspolitische Entscheidung wurde begleitet von einer Aufspaltung des Bilanzrechts, wie sie in der Geschichte des modernen Unternehmensrechts bisher nicht vorhanden war. Denn die Europäische Kommission verabschiedete sich nicht vollends von einem europäischen Bilanzrecht zugunsten der IAS/IFRS, sondern beschränkte die zwingende Anwendbarkeit von letzteren auf Konzernabschlüsse kapitalmarktorientierter Gesellschaften (Art. 4 IAS-VO).[42] Für die Jahresabschlüsse aller und die Konzernabschlüsse aller nicht kapitalmarktorientierten Gesellschaften verblieb es hingegen bei einer Anwendung des europäischen bzw. in nationales Recht transformierten Bilanzrechts, das mit der Verabschiedung der (Neuen) Bilanzrichtlinie[43] einer grundlegenden Konsolidierung und Reform unterzogen wurde. Diese rechtspolitische Strategie des europäischen Gesetzgebers hat sich im Nachhinein als richtig und überzeugend herausgestellt, da damit die modernen Entwicklungen im internationalen Bilanzrecht eingefangen werden konnten, ohne zugleich kleineren und mittelständischen Unternehmen ein zu komplexes und kompliziertes Rechnungslegungsrecht zuzumuten. Damit verfügt das euro-

**39** Dazu und zur Vorgeschichte vgl. *Alvarez/Kleekämper/Kuhlewind*, in: Baetge/Wollmert/Kirsch/Oser/Bischof, Rechnungslegung nach IFRS, 2. Aufl. Loseblatt Stand 2/19, Kapitel I Rn. 114 ff.

**40** Dazu etwa *Flower*, European Financial Reporting, 2004, S. 156 f.

**41** Mitteilung der Kommission, Harmonisierung auf dem Gebiet der Rechnungslegung: Eine neue Strategie im Hinblick auf die internationale Harmonisierung, KOM (1995), 508 endg.; dazu *Hommelhoff*, RabelsZ 62 (1998), 381, 384 f.; *Mock*, (Fn. 38), S. 74 f.; *van Hulle*, WPg 1998, 138 ff.; *Wiesner*, AG 1996, 390, 394 f.

**42** Verordnung (EG) Nr. 1606/2002 des Europäischen Parlaments und des Rates vom 19.7.2002 betreffend die Anwendung internationaler Rechnungslegungsstandards, ABl. EG Nr. L 243 vom 11.9.2002, S. 1; dazu ausführlich *Mock*, (Fn. 38), S. 76 ff.

**43** Richtlinie 2013/34/EU des Europäischen Parlaments und des Rates vom 26.6.2013 über den Jahresabschluss, den konsolidierten Abschluss und damit verbundene Berichte von Unternehmen bestimmter Rechtsformen und zur Änderung der Richtlinie 2006/43/EG des Europäischen Parlaments und des Rates und zur Aufhebung der Richtlinien 78/660/EWG und 83/349/EWG des Rates, ABl. EG Nr. L 182 v. 29.6.2013, S. 253.

päische Unternehmensrecht über ein eigenständiges Wertpapierhandelsbilanzrecht, auch wenn dieses – jedenfalls hinsichtlich der materiell-rechtlichen Vorschriften – lediglich in Form der im Rahmen des Komitologieverfahrens endorsten IAS/IFRS besteht.[44]

## 6. Vervollständigung des europäischen und nationalen Wertpapierhandelsbilanzrechts

Mit der neuen Rechnungslegungsstrategie des europäischen Gesetzgebers kehrte für den europäischen und deutschen Gesetzgeber gleichwohl keine Ruhe ein. Gerade die bis dahin fehlende Orientierung des Bilanzrechts an den Bedürfnissen des Kapitalmarktes machte es erforderlich, Anpassungen sowohl im Kapitalmarkt- als auch im Organisationsrecht der kapitalmarktorientierten Gesellschaften vorzunehmen. Ein erster zentraler Meilensteine war die Einführung der sogenannten *Bilanzpolizei*[45] im Rahmen des Bilanzkontrollgesetzes (BilKoG)[46] im Jahr 2004 durch Schaffung der §§ 37n ff. WpHG (heute §§ 106 ff. WpHG), §§ 342b ff. HGB, die sozusagen im vorauseilenden Gehorsam zur Umsetzung der Vorgaben von Art. 24 Abs. 1 Transparenzrichtlinie 2004[47] geschaffen wurden.[48] Darüber hinaus kam es 2007 in Umsetzung der Transparenzrichtlinie 2004 durch das Transparenzrichtlinie-Umsetzungsgesetz[49] zur umfassenden Neugestaltung der unterjährigen Finanzberichterstattung und der Einführung des Bilanzeids in den §§ 37v Abs. 2 Nr. 3, 37w Abs. 2 Nr. 3 WpHG (heute §§ 114 Abs. 2 Nr. 3, 115 Abs. 2 Nr. 3 WpHG).[50] Die unterjährige Finanzberichterstattung war zwar schon in Form der Zwischenberichterstattung durch die Börsengesetznovelle im Jahr 1986 in § 44b

44 Zum Komitologieverfahren *Mock*, (Fn. 38), S. 78 ff.; *Wöhe/Mock*, (Fn. 15), im Erscheinen.

45 Mit diesem Begriff etwa *Boxberger*, DStR 2007, 1362 ff.; *Ohler*, WM 2007, 45 ff.

46 Gesetz zur Kontrolle von Unternehmensabschlüssen v. 15.12.2004 (Bilanzrechtskontrollgesetz), BGBl. I, S. 3408.

47 Richtlinie 2004/109/EG des Europäischen Parlaments und des Rates vom 15.12.2004 zur Harmonisierung der Transparenzanforderungen in Bezug auf Informationen über Emittenten, deren Wertpapiere zum Handel auf einem geregelten Markt zugelassen sind, und zur Änderung der Richtlinie 2001/34/EG, ABl. EG Nr. L 390 v. 31.12.2004, S. 38

48 Zum Verhältnis des deutschen Enforcement-Verfahrens zu den Vorgaben der Transparenzrichtlinie vgl. etwa *Mock*, in: Kölner Kommentar zum WpHG, 2. Aufl. 2014, § 37n Rn. 13; *ders.*, NZG 2012, 1332; *Hommelhoff/Gundel*, BB 2014, 811.

49 Gesetz zur Umsetzung der Richtlinie 2004/109/EG des Europäischen Parlaments und des Rates vom 15.12.2004 zur Harmonisierung der Transparenzanforderungen in Bezug auf Informationen über Emittent v. 5.1.2007, BGBl. I, S. 10.

50 Dazu ausführlich *Mock*, (Fn. 48), § 37v Rn. 15 ff., § 37w Rn. 106.

BörsG (später § 40 BörsG) in Umsetzung der Zwischenberichts-Richtlinie[51] geschaffen worden, allerdings handelte es sich dabei im Vergleich zu den §§ 37v ff. WpHG (heute §§ 114 ff. WpHG) um eine sehr bruchstückhafte Regelung.[52] Eine weitere Fortentwicklung fand sodann aufgrund der Reform der Transparenzrichtlinie[53] durch das Transparenzrichtlinie-Änderungsrichtlinie-Umsetzungsgesetz[54] statt, indem die verpflichtende Quartalsfinanzberichterstattung wieder abgeschafft und die Pflicht zur Erstellung eines Zahlungsberichts (§ 116 WpHG) eingeführt wurde. Weiterhin kam es im Jahr 2009 zur Einführung der Verpflichtung zur Abgabe der Erklärung zur Unternehmensführung durch das BilMoG[55] (§ 289a HGB – heute § 289e HGB). Schließlich unternahm der europäische Gesetzgeber 2014 eine grundlegende Reform der Abschlussprüfung, in deren Rahmen nicht nur die Abschlussprüferrichtlinie[56] umfassend neu gestaltet, sondern insbesondere für bestimmte börsennotierte Kapitalgesellschaften (sogenannten PIE [*public interest entities*]) die AbschlussprüferVO[57] als eigenständige europäische Verordnung zu den Anforderungen an die Abschlussprüfung geschaffen wurde. Schließlich erfolgte 2017 die Einführung der Berichterstattung über *Corporate Social Responsibility* in den §§ 289b ff., 315b ff. HGB durch das CSR-Richtlinie-Umset-

---

**51** Richtlinie 82/121/EWG des Rates vom 15.2.1982 über regelmäßige Informationen, die von Gesellschaften zu veröffentlichen sind, deren Aktien zur amtlichen Notierung an einer Wertpapierbörse zugelassen sind, ABl. EG Nr. L 48 v. 20.2.1982, S. 26.

**52** Dazu etwa *Schwark*, Börsengesetz, 2. Aufl. 1994, § 44b Rn. 1 ff.

**53** Richtlinie 2013/50/EU des Europäischen Parlaments und des Rates vom 22.10.2013 zur Änderung der Richtlinie 2004/109/EG des Europäischen Parlaments und des Rates zur Harmonisierung der Transparenzanforderungen in Bezug auf Informationen über Emittenten, deren Wertpapiere zum Handel auf einem geregelten Markt zugelassen sind, der Richtlinie 2003/71/EG des Europäischen Parlaments und des Rates betreffend den Prospekt, der beim öffentlichen Angebot von Wertpapieren oder bei deren Zulassung zum Handel zu veröffentlichen ist, sowie der Richtlinie 2007/14/EG der Kommission mit Durchführungsbestimmungen zu bestimmten Vorschriften der Richtlinie 2004/109/EG, ABl. EG Nr. L 294 v. 6.11.2013, S. 13.

**54** Gesetz zur Umsetzung der Transparenzrichtlinie-Änderungsrichtlinie v. 20.11.2015, BGBl. I, S. 2029.

**55** Gesetz zur Modernisierung des Bilanzrechts v. 24.5.2009 (Bilanzrechtsmodernisierungsgesetz), BGBl. I, S. 1102.

**56** Richtlinie 2014/56/EU des Europäischen Parlaments und des Rates vom 16.4.2014 zur Änderung der Richtlinie 2006/43/EG über Abschlussprüfungen von Jahresabschlüssen und konsolidierten Abschlüssen, ABl. EG Nr. L 158 v. 27.5.2014, S. 196.

**57** Verordnung (EU) Nr. 537/2014 des Europäischen Parlaments und des Rates vom 16.4.2014 über spezifische Anforderungen an die Abschlussprüfung bei Unternehmen von öffentlichem Interesse und zur Aufhebung des Beschlusses 2005/909/EG der Kommission, ABl. EG Nr. L 158 v. 275.2014, S. 77.

zungsgesetz, womit die europäischen Vorgaben der sogenannten *Barnier*-Richtlinie[58] umgesetzt wurden.[59]

## III. Wesensmerkmale des Wertpapierhandelsbilanzrechts

Diese zahlreichen Änderungen und für börsennotierte Unternehmen geschaffenen Sonderregelungen des Bilanzrechts werfen die Frage auf, was den Kernbestand des Wertpapierhandelsbilanzrechts ausmacht und welche allgemeinen Wesensmerkmale für dieses entwickelt oder abgeleitet werden können.

### 1. Informationsvermittlung als (beschränkte) Zweckausrichtung

Das Wertpapierhandelsbilanzrecht muss wie jedes Bilanzrecht die grundlegende Frage beantworten, welchen Zwecken es dienen soll. Auch wenn dieser Aspekt im Grundsatz für jede rechtliche Regelung eine Rolle spielt, gewinnt er aufgrund der großen Vielfalt von Bilanzierungszielen in diesem Zusammenhang an besonderer Bedeutung.[60]

#### a) (Reine) Informationsorientierung

Auffällig ist dabei, dass sich das Wertpapierhandelsbilanzrecht vom klassischen Handelsbilanzrecht dahingehend unterscheidet, dass es in gesellschaftsrechtlichen Zusammenhängen keine Rolle spielt bzw. die für das Handelsbilanzrecht charakteristische Tatbestandsfunktion gerade nicht einnimmt.[61] Dies kommt vor allem im Rahmen der IAS/IFRS zum Ausdruck, da bei diesen die Zielsetzung ist,

---

**58** Richtlinie 2014/95/EU des Europäischen Parlaments und des Rates vom 22.10.014 zur Änderung der Richtlinie 2013/34/EU im Hinblick auf die Angabe nichtfinanzieller und die Diversität betreffender Informationen durch bestimmte große Unternehmen und Gruppen, ABl. EG Nr. L 330 v. 15.11.2014, S. 1.

**59** Dazu ausführlich *Mock*, in: Fleischer/Kalss/Vogt, Corporate Social Responsibility, 2018, S. 125 ff.

**60** Zu den unterschiedlichen Zielen des Bilanz- bzw. Rechnungslegungsrechts vgl. nur *Wöhe/Mock*, (Fn. 15), im Erscheinen.

**61** Dazu schon *Mock*, (Fn. 38), S. 93.

Informationen bereitzustellen, damit die Adressaten wirtschaftliche Entscheidungen treffen können.[62] Daher dienen die IAS/IFRS gerade – im Gegensatz zum klassischen Handelsbilanzrecht – nicht der Ermittlung des ausschüttbaren Gewinns des Unternehmens.[63]

### b) Fehlendes Verhältnis zur (gesellschaftsrechtlichen) Ausschüttungsbemessung

Damit ist eine gewisse Absurdität des Wertpapierhandelsbilanzrechts angesprochen, auf die sich die Kapitalmärkte anscheinend eingestellt haben. Denn mit der Offenlegung eines nach den IAS/IFRS erstellten Konzernabschlusses und dem darin erfolgenden Ausweis eines Gewinns oder Verlusts ist nicht die Konsequenz verbunden, dass ein etwaiger Gewinn auch tatsächlich an die Aktionäre des Emittenten ausgeschüttet wird.[64] Dies setzt vielmehr voraus, dass auch der nach den §§ 238 ff. HGB aufgestellte Jahresabschluss einen entsprechenden Gewinn ausweist. Dies wird sich häufig durch eine entsprechende Bilanzpolitik erreichen lassen. Ein Automatismus besteht dabei aber nicht.[65] Dabei ist allerdings zu beachten, dass der fehlende Gleichlauf von ausgewiesenem (Konzern-)Gewinn und zu erwartender Dividende teilweise dadurch ausgeglichen wird, dass (vor der Hauptversammlung) die veranschlagte Dividendenhöhe separat kommuniziert wird.

### c) Fehlende Steuerbemessung

Zudem steht das Wertpapierhandelsbilanzrecht völlig unabhängig vom Steuerbilanzrecht. Insofern versucht weder das Wertpapierhandelsbilanzrecht noch das Steuerbilanzrecht eine Brücke zwischen beiden Rechtsgebieten zu schlagen wie dies etwa im Verhältnis von Steuer- und Handelsbilanz aufgrund des nunmehr nur noch schwach ausgeprägten Maßgeblichkeitsgrundsatzes (§ 5 Abs. 1 EStG) der

---

62 IAS 1.9 Satz 2 lautet:

*„Die Zielsetzung eines Abschlusses ist es, Informationen über die Vermögens-, Finanz- und Ertragslage und die Cashflows eines Unternehmens bereitzustellen, die für ein breites Spektrum von Adressaten nützlich sind, um wirtschaftliche Entscheidungen zu treffen.“*.

63 Zu diesem Zusammenhang ausführlich *Mock*, (Fn. 38), S. 149 ff.

64 Zur Informationsfunktion des Konzernabschlusses vgl. nur *Hachmeister*, in: Hachmeister/Kahle/Mock/Schüppen, Bilanzrecht, 2018, Vor §§ 290–315e Rn. 30 ff.

65 Zu diesem Verhältnis ausführlich *Hachmeister*, (Fn. 65), Vor §§ 290–315e Rn. 53 ff.

Fall ist. Auch hier zeigt sich eine gewisse Absurdität in der Kapitalmarktkommunikation, da die Emittenten zwar Jahresgewinn vor und ggf. nach Steuern öffentlich kommunizieren, dies aber nicht auf Grundlage der nach dem Wertpapierhandelsbilanzrecht erstellten Bilanz ermittelt wird. Dem kann man freilich entgegnen, dass dies bei der dem handelsrechtlichen Jahresabschluss zugrundeliegenden Bilanz auch nicht der Fall ist, allerdings besteht bei dieser aufgrund des Maßgeblichkeitsprinzips noch eine gewisse Wechselwirkung.[66]

### d) Kein Krisen- und Insolvenzindikator

Schließlich scheint das Wertpapierhandelsbilanzrecht auch nicht in der Lage zu sein, als ein Krisen- oder Insolvenzrechtsindikator zu fungieren. Denn auch wenn die Handelsbilanz nicht die (uneingeschränkte) Grundlage für die nach § 19 InsO aufzustellende Überschuldungsbilanz darstellt[67], ergibt sich zwischen diesen beiden Bilanzarten doch eine gewisse Parallelität, die bei der Wertpapierhandelsbilanz vollends fehlt.[68] Dies zeigt sich insbesondere im Zusammenhang mit dem nach den IAS/IFRS aufzustellenden Konzernabschluss, da die Ableitung der Überschuldung der einzelnen Konzernunternehmen schon aus einem Konzernabschluss generell unmöglich ist[69] und die Verwendung der IAS/IFRS dies nicht erleichtert. Allerdings sollte nicht unterschätzt werden, dass die IAS/IFRS durchaus Ansätze enthalten, die im Rahmen einer Krisenfrüherkennung genutzt werden können.[70] Dies gilt insbesondere für die *Fair-Value*-Bewertung und für die im IAS/IFRS-Konzernabschluss verpflichtende Kapitalflussrechnung. Diese beiden Konzepte sind mit den Bewertungsgrundsätzen der Überschuldungsbilanz (§ 19 InsO)[71] und mit den Grundsätzen zur Bestimmung der (drohenden) Zahlungsunfähigkeit (§§ 17 f. InsO)[72] sicherlich nicht gleichzusetzen. Gewisse Parallelen können aber nicht bestritten werden. In diesem Zusammenhang mag die Fortentwicklung der IAS/IFRS aber auch der Insolvenzgründe größere Gemein-

---

**66** Zum Verhältnis von Handels- und Steuerbilanz vgl. nur *Wöhe/Mock*, (Fn. 15), im Erscheinen.
**67** Zum Verhältnis von Handels- und Überschuldungsbilanz ausführlich *Mock*, in: Uhlenbruck, InsO, 15. Aufl. 2019, § 19 Rn. 17 mit weiteren Nachweisen aus der Rechtsprechung.
**68** Ausführlich dazu *Hirte*, ZGR 2008, 284 ff.; *Mock*, (Fn. 38), S. 277 ff.
**69** Zur Problematik der konzernrechtlichen Ansprüche in der Überschuldungsbilanz *Mock*, (Fn. 68), § 19 Rn. 107 ff., 192 f.
**70** Dazu vor allem *Mock*, (Fn. 38), S. 277 ff.
**71** Zur Erstellung einer Überschuldungsbilanz ausführlich *Mock*, (Fn. 68), § 19 Rn. 39 ff.
**72** Zur Ermittlung der Zahlungsunfähigkeit ausführlich *Mock*, (Fn. 68), § 17 Rn. 20 ff. und § 18 Rn. 18 ff.

samkeiten zu Tage tragen. Die praktische Bedeutung dieser Problematik sollte auch nicht unterschätzt werden. Zwar ist die Anzahl der Insolvenzverfahren über das Vermögen kapitalmarktorientierter Gesellschafter noch immer recht überschaubar.[73] Allerdings hat die Zahl der Restrukturierungen mit oder ohne Insolvenzverfahren bei klein- und mittelständischen Unternehmen in den vergangenen Jahren erheblich zugenommen, da viele dieser Unternehmen die über Kapitalmärkte erfolgten Fremdkapitalfinanzierungen dauerhaft nicht tragen konnten.[74]

### e) (Kurzfristige) Kurs- statt (langfristiger) Gewinnorientierung

Mit ihrem alleinigen Zweck der Informationsvermittlung und dem beschränkten Anwendungsbereich auf kapitalmarktorientierte Unternehmen scheint das Wertpapierhandelsbilanzrecht zudem idealerweise den Bedürfnissen des Kapitalmarkts zu entsprechen. Legt man diesem die Effizienzmarkthypothese[75] zugrunde, weist man der Regelpublizität durch Aufstellung und Offenlegung von Unternehmensabschlüssen – neben der Ad-hoc-Publizität (Art. 17 MAR) – die primäre Aufgabe der Informationsversorgung des Kapitalmarkts zu.[76] Die damit in Verbindung stehende „Sprunghaftigkeit" scheint auf den ersten Blick auf das Gesellschaftsrecht nicht durchzuschlagen, sind die IAS/IFRS bisher doch nur für den Konzernabschluss verpflichtend, dem keine Tatbestandsfunktion in gesellschaftsrechtlichen Zusammenhängen zukommt.[77] Auf einen zweiten Blick werden die Bedenken hingegen größer, da bei der Aufstellung der Jahresabschlüsse der einzelnen zum Konsolidierungskreis gehörenden Unternehmen der Konzernabschluss oftmals schon in den Blick genommen wird. Insofern besteht – wenn man so will – eine Art umgekehrte Maßgeblichkeit, die zu dem Bedürfnis des Ausweises eines möglichst hohen und stetigen Gewinnes führt. Inwiefern dies für die langfristige Entwicklung des Emittenten von Vorteil ist, bleibt dabei meist unbeleuchtet bzw. geht in der lediglich kurzfristigen Perspektive verloren. Akzente oder Anreize für eine mittel- oder langfristig ausgerichtete Finanzberichterstattung sucht man im Wertpapierhandelsbilanzrecht bisher jedenfalls vergeblich.

---

**73** Für einen statistischen Überblick vgl. etwa *Haas/Mock*, in: Gottwald, Insolvenzrechts-Handbuch, 5. Aufl. 2015, § 93 Rn. 1.

**74** Zu den Pflichten zur Finanzberichterstattung dieser Unternehmen *Dörscher*, in: Hopt/Seibt, Schuldverschreibungsrecht, 2017, Rn. 8.3 ff.

**75** Allgemein zur Effizienzmarkthypothese *Veil*, Europäisches Kapitalmarktrecht, 2. Aufl. 2014, § 16 II.

**76** Zur Entwicklung des Publizitätsregimes allgemein *Veil*, (Fn. 76), § 17 IV.

**77** Dazu bereits C.I.2.

## 2. Dominanz marktorientierter Bewertungsgrundsätze

In einem unmittelbaren Zusammenhang mit der Informationsorientierung[78] und der fehlenden Relevanz für die (gesellschaftsrechtliche) Ausschüttungsbemessung[79] steht die Abkehr des Wertpapierhandelsbilanzrechts von den klassischen Bewertungsmaßstäben des Handelsbilanzrechts. Während dieses traditionell vom Grundsatz der Zugangsbewertung zu Anschaffungs- oder Herstellungskosten und der Folgebewertung anhand von Abschreibungen dominiert wurde und auch noch dominiert wird (§§ 252ff. HGB, Art. 6 Abs. 1 lit. i) [Neue] Bilanzrichtlinie), waren die IAS/IFRS von vornherein von einer *Fair-Value*-Bilanzierung getrieben.[80] Dies ist vor dem Hintergrund der Anwendung der IAS/IFRS auf kapitalmarktorientierte Unternehmen auch durchaus konsequent, da historische und ggf. um Abschreibungen korrigierte Anschaffungs- oder Herstellungskosten für die Entscheidung der übrigen Kapitalmarktteilnehmer wenig hilfreich sind, da dann erhebliche Bewertungsabweichungen vor allem in Form stiller Reserven entstehen können, die aufgrund ihrer fehlenden Publizität nicht in die Kursbildung einfließen können und somit unter anderem dem Insiderhandel Vorschub leisten.[81] Diese Orientierung an einer Fair-Value-Bewertung ging dabei sogar so weit, dass auch die Bewertung von Verbindlichkeiten zum *fair value* ernsthaft in Erwägung gezogen, am Ende aber aufgrund massiver Kritik vor allem von europäischer Seite aufgegeben wurde.[82] Die fast schon als Fetisch zu bezeichnende *Fair-Value*-Orientierung des IASB zeigt sich im Zusammenhang mit dem Versuch, die IAS/IFRS auch für nicht kapitalmarktorientierte Unternehmen attraktiv zu machen, da auch der entsprechende Standard[83] nicht ohne die *Fair-Value*-Bewertung auskommt.

## 3. Bilanzrechtsvielfalt

Die reine Informationsorientierung wirft weiter zwangsläufig die Frage auf, wie bei kapitalmarktorientierten Unternehmen dann die Ermittlung des ausschütt-

---

**78** Siehe C.I.1.

**79** Siehe C.I.2.

**80** Für einen Überblick zur Entwicklung der verschiedenen Bewertungsmethoden vgl. etwa *Schön*, ZHR 161 (1997), 133ff.

**81** Vgl. zu diesen Zusammenhängen nur *Mock*, (Fn. 38), S. 56ff.

**82** Ausführlich *Mock*, (Fn. 38), S. 135ff.

**83** *IASB*, International Financial Reporting Standard for small and medium-sized entities (IFRS for SMEs), 2015.

baren Gewinns erfolgt.[84] Damit ist zugleich ein weiteres Merkmal des Wertpapierhandelsbilanzrechts in Form der Bilanzierungsvielfalt angesprochen.

### a) Nebeneinander von nationalem Bilanzrecht und den IAS/IFRS

Kapitalmarktorientierte Unternehmen müssen auf ihre Unternehmensabschlüsse typischerweise gerade nicht nur ein Bilanzrecht anwenden, sondern unterliegen mehreren Bilanzrechten. So müssen dem deutschen Gesellschaftsrecht unterliegende kapitalmarktorientierte Gesellschaften ihren Konzernabschluss zwar nach den IAS/IFRS aufstellen (Art. 4 Abs. 1 IAS-VO). Der Jahresabschluss als tatbestandliche Grundlage für alle gesellschaftsrechtlichen Fragestellungen muss hingegen weiter nach dem Handelsbilanzrecht der §§ 238 ff. HGB aufgestellt werden, womit ein nicht unerheblicher Mehraufwand verbunden ist. Dieses Nebeneinander überrascht, wenn man sich vor Augen hält, dass der Börsengang der *Daimler Benz AG* im Jahr 1992 in den Vereinigten Staaten von Amerika und die damit verbundene (zusätzliche) Verpflichtung zur Aufstellung der Unternehmensabschlüsse nach den US-GAAP, eine umfassende Diskussion zum Umgang mit Mehrfachnotierung und den sich daraus ergebenden Bilanzierungspflichten ausgelöst[85] und zur Schaffung des inzwischen wieder aufgehobenen § 292a HGB geführt hat. Betrachtet man die heutige Rechtslage, muss man nüchtern konstatieren, dass sich die mit dem Übergang auf die IAS/IFRS oftmals verbundenen Hoffnungen der Vereinfachung und Harmonisierung des Bilanzrechts nur sehr bedingt erfüllt haben. Tatsächlich hat sich der Aufwand für Unternehmen im Rahmen eines (deutschen) Börsengangs sogar erhöht. Denn während man bis zur Verabschiedung der IAS-VO als deutscher Emittent bei einem auf Deutschland beschränkten Börsengang die Unternehmensabschlüsse auch weiter nach den §§ 238 ff. HGB aufstellen konnte, muss der Konzernabschluss aufgrund von Art. 4 IAS-VO immer nach den IAS/IFRS aufgestellt werden. Insofern wurden kleinere oder jedenfalls auf Deutschland beschränkte Emittenten durch den Übergang auf die IAS/IFRS benachteiligt. Allerdings muss man jedenfalls dem europäischen Gesetzgeber fairerweise zugestehen, dass dieses Problem durchaus erkannt wurde. So hat der europäische Gesetzgeber den Mitgliedstaaten durch Art. 5 IAS-VO die Möglichkeit gegeben, die IAS/IFRS sowohl für den Jahresabschluss kapitalmarktorientierter Unternehmen als auch für alle Unternehmensabschlüsse nicht kapitalmarktorientierter Unternehmen für verbindlich zu erklären, wovon

84 Zur fehlenden Relevanz für die Ausschüttungsbemessung C.I.2.
85 Dazu ausführlich *Lachnit/Ammann/Müller/Wulf*, DB 1998, 2177 ff.

freilich kaum ein Mitgliedstaat aufgrund der hohen Kosten für die Unternehmen Gebrauch gemacht hat.[86] Der deutsche Gesetzgeber hat in Umsetzung dieser Vorgaben wenig glücklich agiert, indem er in § 325 Abs. 2a HGB die Möglichkeit der Offenlegung eines nach den IAS/IFRS aufgestellten Jahresabschlusses (= sogenannter Einzelabschluss) geschaffen hat.[87] Damit wird das Problem der Anwendung mehrerer Bilanzierungsrechte noch weiter potenziert, da die Aufstellung und Offenlegung dieses Einzelabschlusses nicht von der Auf- und Feststellung eines nach den §§ 238 ff. HGB erstellten Jahresabschlusses befreit, da dieser für alle gesellschaftsrechtlichen Tatbestände maßgeblich bleibt.[88]

### b) Unfreiwillige Offenlegung durch Mehrfachbilanzierungen

Schließlich begründet die Bilanzrechtsvielfalt auch ein nicht unerhebliches Störpotential für die Emittenten, da die Aufstellung von Unternehmensabschlüssen unter Anwendung verschiedener Bilanzrechte Informationen offenlegen kann, die sich aus dem Vergleich dieser Unternehmensabschlüsse ergeben. Dies zeigte sich etwa beim Börsengang der *Daimler Benz AG* im Jahr 1992, da diese nach einer US-GAAP-Bilanzierung über einen Gewinn von 1,8 Mrd. DM verfügte, während nach dem deutschen Abschluss ein Verlust von 600 Mio. DM ausgewiesen wurde. Auch wenn derartige Gewinnabweichungen auf die unterschiedlichen Ansatz- und Bewertungsregeln zurückzuführen sind und somit leicht erklärbar sind, können diese dennoch Begehrlichkeiten wecken und die Frage nach der Richtigkeit der Bilanzpolitik von Vorstand und Aufsichtsrat aufwerfen. Somit werden dadurch im besten Fall atmosphärische Störungen zwischen der Geschäftsleitung und den Aktionären ausgelöst, die im Zeitalter aktivistischer Investoren aber durchaus weitere Konsequenzen nach sich ziehen können.

---

**86** So haben etwa nur Bulgarien und Zypern die IAS/IFRS für die Jahresabschlüsse für alle Unternehmen für verbindlich erklärt (für einen Überblick zur Ausübung der Wahlrechte von Art. 5 IAS-VO durch die einzelnen Mitgliedstaaten vgl. https://ec.europa.eu/info/system/files/ias-use-of-options-18072014_en.pdf).

**87** Zu dieser Regelung ausführlich *Kersting*, in: Staub, HGB, 5. Aufl. 2010, § 325 Rn. 48 ff.; *Zetzsche*, in: Hachmeister/Kahle/Mock/Schüppen, Bilanzrecht, 2018, § 325 Rn. 95 ff.

**88** Dazu nur *Kersting*, (Fn. 88), § 325 Rn. 52; *Zetzsche*, (Fn. 88), § 325 Rn. 102 ff.

### c) Einheitlichkeit der Unternehmensabschlüsse als Antwort?

Diese sich aus der Bilanzrechtsvielfalt ergebenden Probleme werfen zwangsläufig die Frage auf, ob langfristig nicht die Anwendung nur eines Bilanzierungsrechts für alle Unternehmensabschlüsse eines Emittenten erfolgen sollte. Diese Frage schlägt die Brücke zu der in den vergangenen beiden Jahrzehnten geführten – und inzwischen weitgehend eingestellten – Reformdiskussion über das für die Kapitalgesellschaften geltende Kapitalschutzsystem.[89] Soweit man rechtspolitisch Emittenten im Grundsatz alle Kapitalmärkte der Welt öffnen will, wird man an einer Anwendung der IAS/IFRS nicht vorbeikommen, so dass die Frage dann nur noch lauten kann, ob das Gesellschaftsrecht mit einer Anwendung der IAS/IFRS auf den Jahresabschluss und damit auf den in so vielen gesellschaftsrechtlichen Zusammenhängen relevanten Tatbestand zurecht kommt oder nicht. Dies wird man jedenfalls bei einer Beibehaltung des Kapitalschutzsystems ablehnen müssen[90], so dass ein einheitliches und allumfassendes Wertpapierhandelsbilanzrecht im Ergebnis ein neues oder jedenfalls angepasstes Wertpapierhandelsgesellschaftsrecht erfordert. Dieser Preis dürfte wohl jedenfalls aus überwiegender Sicht der deutschsprachigen Wissenschaft zu hoch sein, so dass die genannten Sollbruchstellen weiter in Kauf genommen werden müssen.

## 4. Unabhängigkeit von der Rechtsform des Emittenten

Ein weiteres Charakteristikum des Wertpapierhandelsbilanzrechts ist dessen Unabhängigkeit von der Rechtsform des Emittenten. Während sich das deutsche Bilanzrecht in großen Teilen im Rahmen des Aktienrechts entwickelt hat und konsequenterweise mit der Aktiengesellschaft verbunden war[91], ist das Wertpapierhandelsbilanzrecht nicht an eine bestimmte Rechtsform gekoppelt. So enthalten die IAS/IFRS keinerlei Bezug zur Aktiengesellschaft oder einer anderen bestimmten Rechtsform. Insofern setzen die IAS/IFRS nicht einmal einen konkreten Bezug zu einer bestimmten Rechtsordnung voraus, was nicht zuletzt am rechtsformneutralen Emittentenbegriff des europäischen bzw. nationalen Kapitalmarktrechts (§ 2 Abs. 14 WpHG, Art. 2 Abs. 1 lit. d) Transparenzrichtlinie) deutlich wird. Diese Neutralität der IAS/IFRS ist vor dem Hintergrund ihrer Entwicklung ohne Verankerung in einem bestimmten nationalen Unternehmensrecht

**89** Dazu ausführlich die verschiedenen Beiträge in Lutter, Das Kapital der Aktiengesellschaft in Europa – ZGR-Sonderband, 2006.

**90** Umfassend dazu *Mock*, (Fn. 38), S. 225 ff.

**91** Siehe B.II.

wenig überraschend, wirft allerdings in der konkreten Anwendung nicht wenige Probleme auf. Denn insofern geben die IAS/IFRS auf viele Fragestellungen, die nach nationalem Recht eher dem Bilanzrecht zuzuordnen sind, keine Antwort und machen keinerlei Vorgaben. Dies gilt etwa für den gesamten Fragenkomplex der Rücklagenbildung bzw. für alle Aspekte, die in einem Zusammenhang mit dem Kapitalschutzsystem – wie etwa der Erwerb eigener Aktien – stehen. Auch in diesem Zusammenhang kann man freilich einwenden, dass diese Aspekte im Konzernabschluss nur eine untergeordnete Rolle spielen. Diese Argumentation erscheint allerdings aus zwei Gründen zweifelhaft. Zum einen haben auch die Adressaten eines Konzernabschlusses Interesse an den „gesellschaftsrechtlichen" Aspekten des Bilanzrechts wie etwa der Rücklagenbildung oder den Auswirkungen des Erwerbs eigener Aktien, denen durch einen Konzernabschluss nach den IAS/IFRS nicht oder nur bedingt entsprochen wird. Zum anderen besteht aufgrund der Rechtsformneutralität für die tatsächlich interessierten Adressaten das Erfordernis, neben dem Konzern- auch den Jahresabschluss des Emittenten und ggf. der in den Konsolidierungskreis einbezogenen Unternehmen zu konsultieren, was einen nicht unerheblichen Mehraufwand – diesmal auf Adressatenseite[92] – auslöst und die Frage nach dem Erfordernis einer Vereinheitlichung aufwirft. Abgesehen von diesen praktischen Fragestellungen zeigen sich auch im Zusammenhang mit der international-privatrechtlichen Qualifikation nicht unerhebliche Folgeprobleme, die gerade auf diese Unabhängigkeit von der Rechtsform des Emittenten zurückzuführen sind.[93]

## 5. Unabhängigkeit von dem emittierten Finanzprodukt

Diese Unabhängigkeit von der Rechtsform des Emittenten setzt sich im Wertpapierhandelsbilanzrecht sozusagen in der Unabhängigkeit von dem emittierten Finanzprodukt fort. Denn auch die Art der emittierten Finanzinstrumente ist für die IAS/IFRS ohne Bedeutung. Relevant ist aus kapitalmarktrechtlicher Sicht nur, ob Wertpapiere im Sinne von § 2 Abs. 1 WpHG zu einem organisierten Markt zugelassen werden. Insofern muss die Frage aufgeworfen werden, ob dies vor allem den Interessen der Emittenten vollends entspricht. Denn insbesondere die für klein- und mittelständische Unternehmen immer wichtiger werdende Emission von Schuldverschreibungen[94] erfordert ebenfalls eine Aufstellung eines Kon-

---

**92** Zum entsprechenden Mehraufwand auf Emittentenseite siehe C.III.

**93** Dazu D.

**94** Zur Erfassung von Fremdkapitalinstrumenten vgl. nur *Dörscher*, (Fn. 75), Rn. 8.6.

zernabschlusses nach den IAS/IFRS, sofern der Emittent über Tochterunternehmen im Sinne des § 290 HGB verfügt. Gerade für kleinere Emittenten ist dies mit nicht unerheblichen Mehrkosten verbunden. Dies erscheint fragwürdig, da die Inhaber dieser Schuldverschreibungen gerade keine Gesellschafter werden und damit unter Umständen weniger oder vielmehr andere Informationen benötigen. In diesem Zusammenhang bedarf es jedenfalls einer tiefergehenden Diskussion zum Umfang der Informationsinteressen der Inhaber von reinen Fremdkapitalinstrumenten.

## 6. Kurze Berichtsperioden

Die kürzere Länge der Berichtsperioden scheint – oder schien bis vor wenigen Jahren – ebenfalls ein typisches Kennzeichen des Wertpapierhandelsbilanzrechts gewesen zu sein.

### a) Nicht endende Suche nach der richtigen Länge der Berichtsperiode

So wurde bereits 1986 die Pflicht zur Zwischenberichterstattung eingeführt und im Rahmen der Umsetzung der Transparenzrichtlinie weiter ausgebaut.[95] Bei der Reform der Transparenzrichtlinie machte der europäische Gesetzgeber aber eine Rolle rückwärts und schaffte die verpflichtende[96] Quartalsfinanzberichterstattung kurzerhand ab. Somit zeichnet sich das Wertpapierhandelsbilanzrecht im Vergleich zum Handelsbilanzrecht lediglich durch eine Halbierung der Berichtszeiträume aus, da die Emittenten noch immer der Pflicht zur Halbjahresfinanzberichterstattung unterliegen (§ 115 WpHG). Als Gründe für ein Ausreichen der halbjährigen neben der ganzjährigen Finanzberichterstattung hat sich der europäische Gesetzgeber erstaunlicherweise nahezu – mit umgekehrten Vorzeichen – auf die gleichen Gründe wie bei der Einführung der Quartalsfinanzberichterstattung[97] berufen und insofern geltend gemacht, dass zu kurzfristige Informationen die nachhaltige Kursentwicklung stören würden.[98]

---

**95** Siehe B.VI.

**96** Den Börsen steht es allerdings offen, an dem Erfordernis der Quartalsfinanzberichterstattung festzuhalten.

**97** Dazu ausführlich *Mock*, (Fn. 48), § 37x Rn. 6 ff. (zu den europarechtlichen Hintergründen) und § 37x Rn. 2 und § 37v Rn. 4 ff. (zu den ökonomischen Hintergründen).

**98** *Europäische Kommission*, Entwurf für eine Transparenzrichtlinie-Änderungsrichtlinie, KOM(2011), 683 endg., S. 5 f.; kritisch dazu *Veil*, ECFR 2013, 18, 25 ff.

### b) Schwieriges Verhältnis zur Ad-hoc-Publizität

Ein mit kürzeren Berichtsperioden in unmittelbarem Zusammenhang stehendes Problem ist das Verhältnis der Finanzbericht- zur sonstigen Berichterstattung insbesondere in Form der Ad-hoc-Publizität (Art. 17 MAR).[99] Denn mit immer kleiner werdenden Berichtszeiträumen ersetzt die Finanzberichterstattung *de facto* die Ad-hoc-Publizität bzw. drängt sich die Frage auf, ob zugunsten der Finanzberichterstattung auf die Ad-hoc-Publizität verzichtet bzw. von den entsprechenden Aufschubtatbeständen (Art. 17 Abs. 4 und 5 MAR) Gebrauch gemacht werden kann.

### c) Kurze Berichtsperioden und das Problem des *window dressing*

Kurze Berichtsperioden führen schließlich unweigerlich zum Problem des *window dressing* und der damit verbundenen Frage des Vorliegens eines Verstoßes gegen das Verbot der Kurs- und Marktpreismanipulation (Art. 12, 15 MAR), das bis heute nicht abschließend geklärt ist. Insbesondere durch die Quartalsfinanzberichterstattung besteht für die Geschäftsleiter ein nicht unerheblicher Anreiz, voraussichtlich schlechte Quartalszahlen durch die zeitliche Verschiebung von Vertragsabschlüssen oder durch die Nutzung von Instrumenten der Bilanzpolitik zu vermeiden.[100] Dieses Problem stellt sich zwar grundsätzlich auch bei einer lediglich jährlichen Finanzberichterstattung, gewinnt aufgrund des Umstands, dass Quartalsfinanzberichte eine verhältnismäßig hohe Aufmerksamkeit erfahren, aber an besonderer Bedeutung. Mit der Abschaffung der verpflichtenden Quartalsfinanzberichterstattung im Rahmen der Reform der Transparenzrichtlinie[101] scheint der europäische Gesetzgeber dieser Problematik aus dem Weg gegangen zu sein. Da die Börsenordnungen aber noch immer eine Quartalsfinanzberichterstattung vorsehen können[102], bleibt das Problem bestehen. Nicht zuletzt die im Zusammenhang mit der Frage der exterritorialen Wirkung des US-amerikanischen Kapitalmarktrechts bekannt gewordene *Morrison v. National Australia Bank*-Ent-

---

**99** Zum Verhältnis ausführlich *Cahn/Götz*, AG 2007, 221 ff.; *Mock*, (Fn. 48), § 37v Rn. 33; vgl. auch *Heidelbach/Doleczik*, (Fn. 125), § 37w WpHG Rn. 3.

**100** Grundlegend zum Problem des *window dressing* vgl. *Ekkenga*, Konzern 2011, 321 ff.; *Mock*, (Fn. 48), § 20a Rn. 92.M

**101** Siehe B.VI.

**102** *Hönsch*, in: Assmann/Schneider/Mülbert, Wertpapierhandelsrecht, 7. Aufl. 2019, § 116 Rn. 2.

scheidung[103] des US Supreme Court zeigt das Konfliktpotential in diesem Zusammenhang. Eine umfassende Aufarbeitung in der europäischen und deutschen Literatur zum Verbot der Kurs- und Marktpreismanipulation (Art. 12, 15 MAR) steht freilich noch aus.[104]

## 7. Umfassende Transparenz

Das Wertpapierhandelsbilanzrecht zeichnet sich zudem durch eine eigenständige und weiter als das Handelsbilanzrecht gehende Transparenz der Unternehmensabschlüsse aus. Die Unternehmensabschlüsse des Handelsbilanzrechts sind inzwischen über das im Unternehmensregister enthaltene Handelsregister online abrufbar. Das Wertpapierhandelsbilanzrecht geht jedoch noch einen Schritt weiter, indem die Veröffentlichung auf einer Internetseite verlangt wird (§§ 114 Abs. 1 Satz 2, 115 Abs. 1 Satz 2 WpHG).[105] Insofern ist eine Loslösung von den traditionellen Publikationsinstrumenten des Handels(bilanz)rechts zu beobachten. Damit verbunden ist freilich die Folgefrage vor allem nach der zivilrechtlichen Verantwortlichkeit für die Veröffentlichung – und ggf. Korrektur – fehlerhafter Unternehmensabschlüsse, die in der wissenschaftlichen Auseinandersetzung bisher eher am Rande stattfindet.[106]

## 8. Erhöhte Anforderungen an den Abschlussprüfer

Eine weitere Entwicklung im Wertpapierhandelsbilanzrecht ist die Regelungsintensität hinsichtlich der Anforderungen an den Abschlussprüfer. Während der europäische Gesetzgeber diese Aspekte ursprünglich nicht adressierte[107], wurde der Abschlussprüfer durch die Abschlussprüferrichtlinie[108] umfassend geregelt

---

**103** *Morrison v. Nat'l Austl. Bank Ltd.*, 130 S. Ct. 2869 (U.S. 2010); dazu etwa *Tilp/Schiefer/Wilske/Obel*, DAJV-NL 2010, 116.

**104** Bisher wird das Thema nur von den in Fn. 101 genannten Stimmen adressiert.

**105** Dazu ausführlich *Mock*, (Fn. 48), § 37v Rn. 70 ff. und § 37w Rn. 53 ff.

**106** Zu diesem Problem etwa *Mock*, (Fn. 48), § 37v Rn. 143 ff.

**107** So enthielten weder die Jahresabschluss- (Fn. 28), noch die Konzernabschluss- (Fn. 29) oder die Prüferbefähigungsrichtlinie (Fn. 30) Vorgaben zur Unabhängigkeit des Abschlussprüfers (C.VII.).

**108** Richtlinie 2006/43/EG des Europäischen Parlaments und des Rates vom 17.5.2006 über Abschlussprüfungen von Jahresabschlüssen und konsolidierten Abschlüssen, zur Änderung der Richtlinien 78/660/EWG und 83/349/EWG des Rates und zur Aufhebung der Richtlinie 84/253/EWG des Rates, ABl. EG Nr. L 157 v. 9.6.2006. S. 87.

und in deren Art. 22 auch konkrete Unabhängigkeits- und Unparteilichkeitskriterien geschaffen. Aufgrund der Finanzkrise 2007/2008 und der nachfolgenden Staatsschuldenkrise sah sich der europäische Gesetzgeber gezwungen, diese Vorgaben weiter zu verschärfen bzw. auszubauen. Dabei wählte der europäische Gesetzgeber eine Regelungstechnik, die für das Wertpapierhandelsbilanzrecht inzwischen typisch ist. Denn so hat der europäische Gesetzgeber die Unabhängigkeitsanforderungen in der reformierten Abschlussprüferrichtlinie zwar verschärft, neben diese aber noch mit der AbschlussprüferVO eine eigenständige Regelung mit noch weitergehenden Anforderungen gesetzt, die nur für Unternehmen von öffentlichem Interesse (*public interest entities [PIE]*) anwendbar ist. Dazu zählen nach Art. 3 AbschlussprüferVO i.V.m. Art. 2 Nr. 13 AbschlussprüferRL im Wesentlichen kapitalmarktorientierte Unternehmen, womit es sich eben um eine wertpapierhandelsbilanzrechtliche Regelung handelt.

## 9. Kapitalmarktaufsicht als Bilanzpolizei

Schließlich zeichnet sich das Wertpapierhandelsbilanzrecht durch eine besondere Kontrollbedürftigkeit aus. Während bei den nicht kapitalmarktorientierten Unternehmen in der Regel lediglich zwei Säulen der Kontrolle der Rechnungslegung in Form der internen Prüfung durch den Aufsichtsrat (§ 170 Abs. 1 AktG, § 52 GmbHG) und der externen Kontrolle durch den Abschlussprüfer (§§ 316 ff. HGB) existieren, ist im Wertpapierhandelsbilanzrecht eine weitere Säule in Form des sogenannten *Enforcement*-Verfahrens (§§ 116 ff. WpHG, §§ 342b ff. HGB) hinzugetreten. Dabei geht das deutsche – aber auch das österreichische[109] – Kapitalmarktrecht noch immer den nicht unbedingt nachvollziehbaren Sonderweg des Nebeneinanders einer privatrechtlichen Kontrolle durch die Prüfstelle und der subsidiären bzw. auf eine zweite Stufe beschränkte Kontrolle durch die Kapitalmarktaufsichtsbehörde.[110] In Anbetracht der Kompetenzfülle der Kapitalmarktaufsichtsbehörden und dem Bedürfnis nach einer umfassenden (Rechts-)Kontrolle der Kapitalmärkte kann die Existenz einer solchen *Bilanzpolizei* nicht überraschen. Eine Besonderheit stellt aber insofern der zentrale Sanktionsmechanismus des Enforcement-Verfahrens dar. Denn während die Durchsetzung des (sonstigen) Kapitalmarktrechts im Wesentlichen durch Zwangsgelder, Straf- und Ordnungswidrigkeitsrecht und in Teilen durch Privatrecht erfolgt, greift das

**109** In Österreich ist das Enforcement-Verfahren im Rechnungslegungskontrollgesetz geregelt.
**110** Zu diesem Konzept ausführlich *Mock*, (Fn. 48), § 37n Rn. 55 ff.; vgl. auch *Hommelhoff* in dieser Festschrift.

Wertpapierhandelsbilanzrecht mit der negativen Publizität auf einen anderen Ansatz zurück.[111] Bei Feststellung eines Bilanzierungsfehlers muss der betroffene Emittent diesen Fehler veröffentlichen, so dass sozusagen die durch den Fehler ursprünglich erreichte positive Kapitalmarktpublizität sich in eine negative Publizität umkehrt und der Emittent am Kapitalmarkt durch Kursverluste abgestraft wird. Dieses besondere Sanktionsverfahren hat in der bisherigen Erprobung allerdings nicht den gewünschten Effekt gezeigt, da die negativen Kursausschläge bei den betroffenen Emittenten in der Regel klein ausgefallen sind bzw. nicht existent waren.[112] Allerdings dürfte dies in nicht wenigen Fällen auf die inzwischen verfügbaren Abwehrmechanismen im Hinblick auf das Enforcement-Verfahren zurückzuführen sein.[113] Insgesamt dürfte sich dieses Instrument langfristig wohl nicht behaupten, so dass das Wertpapierhandelsbilanzrecht hinsichtlich der Kontrolle der Rechnungslegung vollständig den Weg zum (allgemeinen) Kapitalmarktrecht findet und sich hinsichtlich der Kontrolle und Sanktionen dort einordnet.

## IV. Folgeüberlegungen und Konsequenzen eines (eigenständigen) Wertpapierhandelsbilanzrechts

Die Entstehung des Wertpapierhandelsbilanzrechts mit den genannten Charakteristika hat unmittelbare Auswirkungen auf andere Rechtsgebiete und Regelungszusammenhänge, so dass sich dieses nicht nur als Sondermaterie vom allgemeinen (Handels-)Bilanzrecht abspalten, sondern Teil eines komplexeren Kapitalmarktrechts werden wird. Zentrale Aspekte sind dabei die Kapitalmarktinformationsverantwortung (siehe D.I.), der Konflikt zwischen Gläubiger- und Anlegerschutz (siehe D.II.) und international-privatrechtliche Qualifikationsfragen im internationalen Kapitalmarktrecht (siehe D.III.).

**111** Zu diesem Mechanismus ausführlich *Mock*, (Fn. 48), § 37q Rn. 17 ff.

**112** So hat etwa die Untersuchung von *Ernstberger/Hitz/Stich*, 21 European Accounting Review 253 (2012) gezeigt, dass die Kursreaktion innerhalb eines Zeitraums von drei Tagen durchschnittlich lediglich ca. 1,1 % betragen hat, während vergleichbare Untersuchungen in den USA und im Vereinigten Königreich größere Ausschläge gezeigt haben (dazu insgesamt *Mock*, (Fn. 48), § 37q Rn. 91 ff.).

**113** Zu den verschiedenen Abwehrmechanismen vgl. *Mock*, (Fn. 48), § 37n Rn. 155 ff.

## 1. Wertpapierhandelsbilanzrecht und Kapitalmarktinformationsverantwortung

Rechnungslegungsrecht ist stets Marktinformationsrecht, da eine zentrale Aufgabe einer jeden Bilanz in allen Regelungsbereichen die Vermittlung von Informationen an die jeweiligen Adressaten ist.[114]

### a) Effizienzmarkthypothese als Benchmark eines Wertpapierhandelsbilanzrechts?

Für das Wertpapierhandelsbilanzrecht stellt sich dabei die Frage, inwiefern sich die Besonderheiten des Kapitalmarkts auf das materielle Bilanzrecht auswirken. Im Mittelpunkt steht dabei die Effizienzmarkthypothese, wonach sich die Kurs- und Marktpreisbildung auf Kapitalmärkten nach den auf diesen verfügbaren Informationen richtet und alle verfügbaren Informationen in den aktuellen Börsenkurs einfließen.[115] Für das Wertpapierhandelsbilanzrecht ergeben sich vor diesem Hintergrund die zwei folgenden Überlegungen:

#### aa) Fortentwicklung des materiellen Bilanzrechts anhand von tatsächlichen Kursbewegungen

Zunächst stellt sich die Frage, ob bei der weiteren Entwicklung des (materiellen) Wertpapierhandelsbilanzrechts nicht verstärkt die tatsächliche Kursrelevanz von konkreten Angaben stärker berücksichtigt werden muss. In den vergangenen 20 Jahren hat sich der Umfang der Informationen, die durch die Rechnungslegung transportiert werden, enorm vergrößert. Dies gilt dabei nicht nur für die in ihrer Grundstruktur vom klassischen kontinentaleuropäischen Bilanzrecht abweichenden IAS/IFRS, sondern insbesondere auch für die zahlreichen Angaben im Anhang und Lagebericht, die in den vergangenen Jahrzehnten eingeführt wurden. Während das Aktiengesetz 1965 mit lediglich einer Norm mit elf Unterpunkten in Form des § 160 auskam, um den Inhalt des Geschäftsberichts zu regeln, unterscheidet das heutige Recht zwischen Anhang und Lagebericht und sieht mit den §§ 284–289 f HGB eine nahezu unendliche Anzahl von Pflichtangaben vor. Diese stehen oftmals in keinem unmittelbaren Zusammenhang mit dem nach §§ 264 Abs. 2, 297 Abs. 2 Satz 2 HGB zu vermittelnden Bild der Vermögens-, Finanz- und

---

114 Dazu im Überblick etwa *Wöhe/Mock*, (Fn. 15), im Erscheinen.

115 Siehe dazu die Nachweise in Fn. 76.

Ertragslage der Kapitalgesellschaft, sondern dienen oftmals anderen rechtspolitischen Zielen wie etwa einer (erhofften) Begrenzung der Organvergütung (§ 285 Nr. 10 HGB bzw. nunmehr § 162 AktG) oder der Förderung nachhaltiger Unternehmenspolitik (§§ 289b ff., 315b ff. HGB)[116]. Vor dem Hintergrund der Effizienzmarkthypothese muss die Frage erlaubt sein, ob dieser Bestand an Pflichtangaben und auch künftige neue Angaben nicht einer Überprüfung dahingehend bedürfen, ob diese tatsächlich auf die Kurs- und Marktpreisbildung auf Kapitalmärkten einen Einfluss haben. Sofern dies nicht der Fall ist, sollten diese Pflichtangaben aus dem Wertpapierhandelsbilanzrecht entfernt und entsprechend rechtspolitischer Opportunität in andere Berichtsformate überführt werden.[117] Das Wertpapierhandelsbilanzrecht ermöglicht aufgrund seiner Verknüpfung mit dem Kapitalmarkt eine derartige Kontrollmöglichkeit, die dem allgemeinen Handelsbilanzrecht aufgrund seines breiteren Adressatenkreises leider im Grundsatz verschlossen ist. Daher sollte man diese Möglichkeit nutzen, um ein tatsächlich den Anforderungen des Kapitalmarkts entsprechendes Wertpapierhandelsbilanzrecht zu entwickeln.

#### bb) Ersetzung oder Überlagerung des Wesentlichkeitsgrundsatzes durch das Konzept der Kursrelevanz

Weiterhin stellt sich die Frage, ob die Effizienzmarkthypothese als sozusagen dogmatische Grundlage für die Ermittlung der Fehlerhaftigkeit von Unternehmensabschlüssen genutzt werden sollte. Ein großes Manko des Handelsbilanzrechts ist es, dass es bisher an einem klaren Fehlerhaftigkeitsbegriff fehlt. So wird zwar – in verschiedenen Regelungszusammenhängen – auf den inzwischen auch in Art. 2 Nr. 16 (Neuen) Bilanzrichtlinie[118] definierten Begriff der Wesentlichkeit zurückgegriffen.[119] Da der Kapitalmarkt mit seiner Informationssensibilität und deren Messbarkeit über Kursbewegungen die Beeinflussung der Nutzer (= Kapitalmarktteilnehmer) ermöglicht, sollte erwogen werden, den Fehlerbegriff im

116 Siehe dazu die Nachweise in Fn. 60.

117 Zur Nutzbarkeit der ökonomischen Analyse der Finanzberichterstattung zur Bestimmung von den konkreten Anforderungen an diese bereits ausführlich *Mock*, (Fn. 48), § 37n Rn. 4 ff.

118 Nach Art. 2 Nr. 16 (Neuen) Bilanzrichtlinie bedeutet wesentlich *„den Status von Informationen, wenn vernünftigerweise zu erwarten ist, dass ihre Auslassung oder fehlerhafte Angabe Entscheidungen beeinflusst, die Nutzer auf der Grundlage des Abschlusses des Unternehmens treffen. Die Wesentlichkeit einzelner Posten wird im Zusammenhang mit anderen ähnlichen Posten bewertet.“*

119 Zum Fehlerbegriff im Enforcement-Verfahren *Hennrichs*, DStR 2009, 1446 ff.; *Mock*, (Fn. 48), § 37q Rn. 18 ff.

Wertpapierhandelsbilanzrecht mit dem Begriff der Kursrelevanz gleichzusetzen, wie er im Marktmissbrauchsrecht existiert (Art. 7 Abs. 1 lit. a) MAR). Daher kann ein unrichtiger Unternehmensabschluss nur dann fehlerhaft im wertpapierhandelsbilanzrechtlichen Sinne sein, wenn diese Information geeignet wäre, den Kurs der entsprechenden Finanzinstrumente des Emittenten oder den Kurs damit verbundener derivativer Finanzinstrumente erheblich zu beeinflussen. Bei dieser Entwicklung eines eigenständigen Fehlerbegriffs des Wertpapierhandelsbilanzrechts darf allerdings nicht übersehen werden, dass die bisherigen Erfahrungen im Zusammenhang mit dem Enforcement-Verfahren gezeigt haben, dass bei der öffentlichen Bekanntgabe von nur wenigen Bilanzierungsfehlern tatsächlich Kursbewegungen eingetreten sind.[120]

### b) Organisationsrechtliche Untermauerung des Wertpapierhandelsbilanzrechts

Mit der Verankerung des Wertpapierhandelsbilanzrechts im Bereich der Kapitalmarktinformationsverantwortung stellt sich zudem die Frage, wie das Wertpapierhandelsbilanzrecht organisationsrechtlich zu verorten ist. Ausgangspunkt ist dabei die weitgehende Einbindung von Hauptversammlung und Aufsichtsrat in den §§ 170 ff. AktG, wonach der Aufsichtsrat unter anderem eine Prüfung der Unternehmensabschlüsse vornehmen muss (§ 171 AktG) und diese dann durch den Aufsichtsrat oder die Hauptversammlung festgestellt bzw. gebilligt werden müssen (§§ 172 f. AktG). Für das Wertpapierhandelsbilanzrecht sind diese normativen Vorgaben zunächst jedenfalls hinsichtlich des Konzernabschlusses verbindlich, da die §§ 170 ff. AktG diesen ausdrücklich mit einbeziehen, wonach die Kompetenz zur Billigung des Konzernabschlusses beim Aufsichtsrat (§ 171 Abs. 2 Satz 5 AktG) oder bei der Hauptversammlung (§ 173 Abs. 1 Satz 2 AktG) liegt. Diese Kompetenzzuweisung zugunsten des Aufsichtsrats und der Hauptversammlung erscheint vor dem Hintergrund der alleinigen Kompetenzzuweisung an den Vorstand im Zusammenhang mit der *Kapitalmarktinformationsverantwortung*[121] nicht ganz unproblematisch. Diese Abweichung beim Konzernabschluss dürfte auf eine Pfadabhängigkeit vom Handelsbilanzrecht zurückzuführen sein, da beim Jahresabschluss eine derartige Einbindung von Aufsichtsrat und Hauptversammlung aufgrund von dessen gesellschaftsrechtlicher Relevanz durchaus angezeigt ist.

---

**120** Siehe die Nachweise in Fn. 113.

**121** Dazu nur *Fleischer*, in: Spindler/Stilz, AktG, 4. Aufl. 2019, § 93 Rn. 58 zur Informationsverantwortung.

Für die kapitalmarktorientierten Unternehmen sollte – nicht zuletzt aufgrund der reinen Informationsfunktion des Konzernabschlusses[122] – hingegen erwogen werden, die Kompetenz zur Billigung des Konzernabschlusses allein auf den Vorstand zu übertragen, um damit eine umfassende Zuständigkeitskonzentration beim Vorstand für den Bereich der Kapitalmarktkommunikation zu erreichen.

Hinsichtlich der für das *Wertpapierhandelsbilanzrecht charakteristischen* unterjährigen Finanzberichterstattung fehlt es hingegen an einer ausdrücklichen Regelung. Zwar regelt § 115 Abs. 5 WpHG die prüferische Durchsicht des verkürzten Abschlusses und des Zwischenlageberichts, macht insofern aber keine Vorgaben für das gesellschaftsrechtliche Prüfungsverfahren.[123] Daher muss der Halbjahresfinanzbericht auch nicht vom Aufsichtsrat geprüft und von diesem oder der Hauptversammlung festgestellt oder gebilligt werden.[124] Vielmehr gilt hier der Grundsatz der Alleinverantwortung des Vorstands für die Kapitalmarktkommunikation[125] uneingeschränkt.[126] Die Rolle des Aufsichtsrats beschränkt sich auf die allgemeine Überwachung des Vorstands im Rahmen von § 111 AktG.[127] Dies wird freilich im Rahmen des Deutschen Corporate Governance Kodex in nebulöser Weise in Frage gestellt, da nach dessen Ziff. 7.1.2. Satz 2 der Vorstand die unterjährigen Finanzinformationen mit dem Aufsichtsrat oder dem Prüfungsausschuss erörtern soll.[128] Was genau unter einer Erörterung zu verstehen ist, bleibt dabei unklar.[129] Eine Billigungs- oder anderweitige Genehmigungspflicht wird man daraus aber nicht ableiten können. Diese Grundsätze gelten auch für die nach einigen Börsenordnungen noch vorzunehmende Quartalsfinanzberichterstattung.[130] Schließlich steht es den Aktionären auch frei, für die unterjährige

---

**122** Dazu C.I.

**123** Zur Reichweite von § 115 Abs. 5 WpHG *Mock*, (Fn. 48), § 37w Rn. 132 ff.

**124** Ebenso *Heidelbach/Doleczik*, in: Schwark/Zimmer, Kapitalmarktrechtskommentar, 4. Aufl. 2010, § 37w WpHG Rn. 49; *Hönsch*, (Fn. 103), § 115 Rn. 3; *Mock*, (Fn. 48), § 37w Rn. 132; *Nonnenmacher*, in: Marsch-Barner/Schäfer, Handbuch börsennotierte AG, 3. Aufl. 2014, § 57 Rn. 12; *Zimmermann*, in: Fuchs, WpHG, 2. Aufl. 2016, § 37w Rn. 29; wohl auch *DAI*, NZG 2006, 655, 658; a.A. aber *Böcking/Kiehne*, Konzern 2010, 296, 300 f.

**125** Siehe die Nachweise in Fn. 122.

**126** So schon *Mock*, (Fn. 48), § 37w Rn. 132 am Ende.

**127** *Böcking/Kiehne*, Konzern 2010, 296, 300 ff.; *Mock*, (Fn. 48), § 37w Rn. 133.

**128** Ziff. 7.1.2. Satz 2 Deutscher Corporate Governance Kodex lautet:
„*Unterjährige Finanzinformationen soll der Vorstand mit dem Aufsichtsrat oder seinem Prüfungsausschuss vor der Veröffentlichung erörtern.*"

**129** Kritisch daher *Mock*, (Fn. 48), § 37x Rn. 82; *ders.*, KSzW 2013, 324, 330.

**130** *Mock*, (Fn. 48), § 37x Rn. 81 ff.

Finanzberichterstattung einen Zustimmungsvorbehalt nach § 111 Abs. 4 Satz 2 AktG vorzusehen.[131]

### c) Abstimmung mit anderen Elementen der Kapitalmarktinformation

Auch wenn das Wertpapierhandelsbilanzrecht einen Großteil der Kapitalmarktinformation ausmacht, bedarf es einer hinreichenden Abstimmung mit den anderen Elementen der Kapitalmarktinformation. Dies gilt insbesondere für die Ad-hoc-Publizität (Art. 17 MAR), welche grundsätzlich unabhängig neben der Finanzberichterstattung der §§ 114 ff. WpHG steht.[132] Diese Problematik hat sich durch die Abschaffung der verpflichtenden Quartalsfinanzberichterstattung auch nicht wirklich aufgelöst, da die meisten Börsenordnungen noch immer an dem Erfordernis der Quartalsfinanzberichterstattung festhalten. Im Ergebnis dürfte diese Problematik bei einer genaueren Betrachtung aber wenig schwierig sein, da eine Insiderinformation in Bezug auf Informationen aus der Finanzberichterstattung in der Regel deutlich vor der Veröffentlichung dieser Finanzberichte entsteht[133], so dass eine direkte Konkurrenz beider Regelungsinstrumente aufgrund einer zeitlichen Nähe meist nicht eintritt.

### d) Zivilrechtliche Haftung

Das Wertpapierhandelsbilanzrecht als Teil der Kapitalmarktinformationsverantwortung wirft zudem die Frage nach dem Umgang mit der zivilrechtlichen Haftung auf. Für das Handelsbilanzecht fehlt es im Ausgangspunkt an klaren Haftungstatbeständen für die Organmitglieder der bilanzierenden Gesellschaft aber auch für die bilanzierende Gesellschaft selbst. So muss insofern für die Innenhaftung auf das allgemeine Organhaftungsrecht (§ 93 Abs. 2 AktG, § 43 Abs. 2 GmbHG) und für die Außenhaftung der Organmitglieder bzw. die Eigenhaftung der bilanzierenden Gesellschaft auf das Deliktsrecht zurückgegriffen werden, bei dem sich die im Unternehmensrecht typischen Anwendungsprobleme in Form des in der Regel Vorliegens eines reinen Vermögensschadens, das Bestehen eines Streits über die Schutzgesetzeigenschaft im Sinne von § 823 Abs. 2 BGB, der Be-

---

131 *Ammedick/Strieder*, Zwischenberichterstattung börsennotierter Gesellschaften, 2002, Rn. 666; *Nonnenmacher*, (Fn. 125), § 57 Rn. 13; *Mock*, (Fn. 48), § 37w Rn. 133 am Ende.

132 Siehe dazu die Nachweise in Fn. 100.

133 Ausführlich dazu *Mock*, WPg 2018, 1594 ff., wonach eine Insiderinformation schon bei der Auf- und nicht erst bei der Feststellung der Unternehmensabschlüsse entsteht.

weislast für die meist entscheidende Kausalität und schließlich für die Schadensberechnung stellen.[134] Auch wenn sich diese Probleme für das Wertpapierhandelsbilanzrecht ebenso stellen, tritt im Zusammenhang mit dem Wertpapierhandelsbilanzrecht die weitere Frage hinzu, in welchem Umfang sich das Wertpapierhandelsbilanzrecht und das Kapitalmarktinformationshaftungsrecht gegenseitig beeinflussen. So läge es nahe den Begriff des Schutzgesetzes im Sinne von § 823 Abs. 2 BGB – entsprechend der allgemeinen Tendenz im Kapitalmarktrecht[135] – restriktiver auszulegen und meist abzulehnen. Zudem wäre zu überlegen, ob die im Kapitalmarktinformationshaftungsrecht entwickelten Erleichterungen beim Beweis der Kausalität nicht auch im Wertpapierhandelsbilanzrecht angewendet werden sollten. Umgekehrt bedarf die Frage einer genauen Beleuchtung, ob die in § 323 Abs. 2 HGB vorgesehene Haftungsbeschränkung für den Abschlussprüfer nicht als allgemeines Prinzip im Kapitalmarktinformationshaftungsrecht auf alle Personen Anwendung finden sollte, die eine Prüfung von Kapitalmarktinformationen im Interesse der Anleger wahrnehmen. Dass dies nicht völlig fernliegt, zeigt die Regelung des § 115 Abs. 5 Satz 7 WpHG, wonach unter anderem § 323 HGB auf die prüferische Durchsicht im Zusammenhang mit dem Halbjahresfinanzbericht Anwendung findet.[136] Insofern wäre es konsequent, diesen Grundsatz auch auf die Aufsichtsratsmitglieder zu erstrecken.

## 2. Gläubigerschutz vs. Anlegerschutz

Das Wertpapierhandelsbilanzrecht sieht sich zudem mit dem zentralen Konflikt von Gläubiger- und Anlegerschutz konfrontiert, da die anlegerschutzorientierten Rechtsinstitute des Kapitalmarktrechts häufig mit den gläubigerschutzorientierten Rechtsinstituten des Gesellschaftsrechts kollidieren oder jedenfalls in einem Spannungsverhältnis stehen. Diese Problematik ist nach der Reformdebatte um das Kapitalschutzsystem und dem grundsätzlichen Festhalten an diesem[137] auch nicht obsolet. Zudem ist zu bedenken, dass vor allem bei kleineren Emittenten insbesondere im Bereich der Fremdkapitalemissionen der Anlegerschutz etwa in Form von Prospekthaftungsansprüchen sehr schnell mit dem Gläubigerschutz kollidieren kann, da derartige Ansprüche häufig die Schwelle der Existenzbe-

134 Dazu ausführlich im Rahmen der Finanzberichterstattung *Mock*, (Fn. 48), § 37v Rn. 143 ff.
135 Im Überblick dazu etwa *Wagner*, in: Münchener Kommentar zum BGB, 7. Aufl. 2017, § 823 Rn. 532 mit einer Übersicht zur Rechtsprechung zu § 823 Abs. 2 BGB im Zusammenhang mit dem WpHG.
136 Dazu *Mock*, (Fn. 48), § 37w Rn. 130 f.
137 Siehe die Nachweise in Fn. 90.

drohung erreichen können. Auch wenn die Debatte nach der Hirmann/Immofinanz-AG-Entscheidung des EuGH[138] jedenfalls für das Prospekthaftungsrecht zugunsten des Anlegerschutzes vorerst entschieden scheint, sollte das Konfliktpotential in diesem Zusammenhang nicht unterschätzt werden. Denn insofern ist es nicht selbstverständlich, dass Anleger in einem Insolvenz- oder Sanierungsverfahren des Emittenten mit ihren Ansprüchen gleichrangig neben den Insolvenzgläubigern stehen. Dies gilt insbesondere dann, wenn die Ansprüche der Anleger ihren Ursprung in Eigenkapitalinstrumenten haben, da dann durchaus die Frage gestellt werden kann, ob derartige Ansprüche nicht nachrangig sind und lediglich im Rahmen von § 199 InsO befriedigt werden sollten.[139]

## 3. International-privatrechtliche Qualifikationsfragen

Schließlich dürfte die Entstehung eines Wertpapierhandelsbilanzrechts auch für das internationale Privatrecht prägend sein und insbesondere auf international-privatrechtliche Qualifikationsfragen Einfluss haben. Das Handelsbilanzrecht folgt bisher im Wesentlichen einer gesellschaftsrechtlichen Qualifikation[140], so dass sich dessen Anwendbarkeit nach dem auf den Unternehmensträger anwendbaren Gesellschaftsrecht richtet. Mit dem Übergang des Wertpapierhandelsbilanzrechts auf die IAS/IFRS und deren Rechtsformneutralität[141] sowie der Verknüpfung des Bilanzrechts mit dem Kapitalmarkt erscheint dies allerdings nicht mehr selbstverständlich. So stellt sich die Frage, ob das Wertpapierhandelsbilanzrecht nicht generell dem (Kapital- oder Finanz-)Marktrecht[142] folgen sollte, womit stets das (Bilanz-)Recht anwendbar wäre, das auf dem Kapitalmarkt gilt, den der Emittent in Anspruch nimmt. Dies mag für die Anwendung der IAS/IFRS aufgrund deren weltweiten Vormarsch keinen Unterschied machen. Allerdings dürfte dieser Ansatz vor allem für die übrigen Aspekte des Wertpapierhandelsbilanzrechts wie etwa der Kapitalmarktinformationsverantwortung[143] von

---

**138** EuGH v. 19.12.2013 – C-174/12 (*Alfred Hirmann/Immofinanz AG*), Slg. I-856 = NZG 2014, 215.

**139** Zu dieser Frage etwa im Rahmen eines Insolvenzplans *Hirte/Mock*, ZInsO 2009, 1129 ff.

**140** Generell zur Maßgeblichkeit des Gesellschaftsstatuts für das anwendbare Handelsbilanzrecht vgl. nur *Hennrichs*, FS Horn, 2006, S. 387, 392; *Schön*, FS Heldrich, 2005, S. 391, 395, *Westhoff*, in: Hirte/Bücker, Grenzüberschreitende Gesellschaften, 2. Aufl. 2006, § 18 Rn. 27 ff. mit jeweils weiteren Nachweisen; a.A. aber *Kindler*, in: Münchener Kommentar zum BGB, 7. Aufl. 2018, Internationales Handels- und Gesellschaftsrecht Rn. 273 ff.

**141** Siehe C.IV.

**142** *Lehmann*, in: Münchener Kommentar zum BGB, 7. Aufl. 2018, Internationales Finanzmarktprivatrecht Rn. 497 ff.

**143** Siehe D.I.

entscheidender Bedeutung sein und zu – im Vergleich zum geltenden Recht – abweichenden Ergebnissen führen. Eine dahingehende Diskussion ist bisher aber kaum auszumachen, was wohl mit dem Umstand zu tun haben dürfte, dass die meisten Bilanz- aber auch Kapitalmarktrechtler wenig bis kein Interesse am internationalen Privatrecht haben.

## V. Ergebnis

Das Handelsbilanzrecht der kapitalmarktorientierten Gesellschaften hat seit der Kodifizierung im 19. Jahrhundert eine rasante Entwicklung genommen und sich inzwischen zu einem eigenständigen Wertpapierhandelsbilanzrecht fortentwickelt. Diese Eigenständigkeit lässt sich anhand einer ganzen Reihe von Charakteristika nachweisen und sollte in der rechtspolitischen Diskussion über die weitere Entwicklung des Handelsbilanzrechts umfassend anerkannt werden. Nur auf diese Weise lässt sich eine gewinnbringende Diskussion über die Notwendigkeit, den Umfang und die Folgen der Finanzberichterstattung führen, ohne stets die mittelbaren Auswirkungen für den Einzelkaufmann oder die kleingewerbliche GmbH in den Blick nehmen zu müssen. Nachdem die ersten 25 Jahre WpHG das Wertpapierhandelsbilanzrecht hervorgebracht haben, sollte dieses in den nächsten 25 Jahren umfassend vorangetrieben und als integraler Bestandteil des Kapitalmarktrechts begriffen werden.

# Sanktionen

Torsten Fett

# WpHG-Sanktionsregime und Kapitalmarkt-Compliance – Aktuelle Entwicklungslinien zwischen Repression und Prävention –

*Das Sanktionsregime des WpHG hat sich seit Inkrafttreten am 1.8.1994 von einem Randgebiet zu einer für viele Marktteilnehmer furchteinflößenden Größe von nachhaltiger wirtschaftlicher Bedeutung entwickelt und steht vielfach im grellen Rampenlicht der Presseberichterstattung. Die Praxis reagierte hierauf anfangs mit Ausweichstrategien wie der höchst vorsorglichen Übererfüllung, seit Inkrafttreten der Regelungen in der MAR zunehmend mit immer ausgefeilteren Präventionsmaßnahmen in Form einer spezifischen Kapitalmarkt-Compliance. Der Beitrag zeichnet diese Entwicklung in groben Zügen nach, beleuchtet offene Rechtsfragen und gibt einen Überblick über die in der Praxis gängigen Präventionsmaßnahmen, jeweils unter besonderer Berücksichtigung der Verwaltungspraxis der Bundesanstalt für Finanzdienstleistungsaufsicht (BaFin).*

## I. Einführung

Das Zweite Finanzmarktförderungsgesetz regelte in Art. 1 mit dem neu eingeführten § 38 WpHG erstmals eine Strafbarkeit wegen Insidervergehen. Die Neuregelung, die am 1.8.1994 in Kraft trat, hat zahlreiche Veränderungen erfahren; hinzu kam unter anderem mit dem Vierten Finanzmarktförderungsgesetz im Jahr 2002 die Strafbarkeit wegen Marktmanipulationshandlungen. Diese Straftatbestände finden sich heute mit einigen Erweiterungen in § 119 WpHG. Daneben enthielt die seinerzeitige Regelung in § 39 WpHG zahlreiche Bußgeldtatbestände, die in der Zwischenzeit dramatisch ausgeweitet worden sind. Der aktuelle § 120 WpHG spiegelt in 28 Absätzen und hunderten Unterabsätzen sämtliche relevanten Handlungsgebote und -verbote des WpHG sowie der unmittelbar geltenden Marktmissbrauchsverordnung (MAR) und unterwirft ihre Missachtung in Umsetzung von Art. 30 Abs. 2 lit. j) MAR teils drakonischen Strafen. Während die Strafbarkeitsandrohung von Freiheitsstrafe von bis zu fünf Jahren für Insiderdelikte und Marktmanipulation im Wesentlichen gleich geblieben ist[1], stieg die

1 Hinzugekommen ist die Strafbarkeit wegen Versuchs und die Strafbarkeit der leichtfertigen

https://doi.org/10.1515/9783110632323-050

Bußgeldandrohung für die Ordnungswidrigkeitentatbestände von einem ursprünglichen Höchstbetrag von DM 3 Mio. beispielsweise für die relevante Kategorie der fehlerhaften oder unterbliebenen Ad-hoc-Mitteilungen (§ 39 Abs. 3 WpHG a.F.) auf heute bis zu EUR 2,5 Mio. bzw. – soweit darüber liegend – zwei Prozent des Konzernumsatzes (§ 120 Abs. 18 S. 2 Nr. 2 WpHG); dies bedeutet für ein DAX-Unternehmen wie die Deutsche Telekom eine Bußgeldandrohung von für europäische Verhältnisse bislang unvorstellbaren EUR 1,5 Mrd[2]. Vergegenwärtigt man sich die Androhung von bis zu 15% des Konzernumsatzes für leichtfertig begangene Insiderdelikte bzw. Marktmanipulationen (vgl. § 120 Abs. 18 WpHG) – im Beispielsfall also EUR 11,4 Mrd. – entsteht eine gesetzgeberische Kulisse, in der mit nicht weniger als der wirtschaftlichen Vernichtung des Delinquenten gedroht wird. Das Gefahrenpotential für börsennotierte Unternehmen wird umso plastischer, wenn man sich vor Augen führt, dass nach der Verwaltungspraxis der BaFin und der wohl überwiegenden, freilich zu Recht bestrittenen Auffassung im Schrifttum auch nach Inkrafttreten der MAR eine unterlassene Ad-hoc-Mitteilung regelmäßig auch den Tatbestand der Marktmanipulation erfüllen soll.[3]

Die extensive Ausweitung der Bußgeldandrohungen ist nur ein Aspekt des verschärften Sanktionsregimes. Hinzugekommen ist die Möglichkeit bzw. teilweise die Pflicht der BaFin, Sanktionsmaßnahmen auf ihrer Internetseite bekanntzumachen (sog. „*Naming and Shaming*", vgl. §§ 123 ff. WpHG). Neben das finanzielle Risiko ist ein Reputationsrisiko getreten, das nicht zuletzt die Kapitalmarktfähigkeit eines Unternehmens selbst stark beeinträchtigen kann.

Angesichts dieser verschärften Ausgangslage lohnt ein näherer Blick auf die Regelungstechnik des Gesetzes; das Nebeneinander von öffentlich-rechtlichen Steuerungsnormen und strafrechtlichen Sanktionsandrohungen fordert Auslegungswidersprüche geradezu heraus (dazu unter II.). Einzelne bislang ungelöste Rechtsprobleme verschärfen die Dilemmata der Rechtsanwender des WpHG

---

Begehung der Marktmanipulation, vgl. *Waßmer* in Fuchs, WpHG, 2. Aufl. 2016, § 38 Rn. 2; *Spoerr* in Assmann/Schneider, Wertpapierhandelsrecht, 7. Aufl. 2019, § 119 Rn. 2.

**2** Auf der Basis des am 21.02.2019 kommunizierten Konzernumsatzes von EUR 75,7 Mrd.

**3** So die Auffassung der *BaFin*, s. BaFin-Präsentation vom 11.12.2017 („Wann wird aus fehlerhafter Ad-hoc-Publizität Marktmanipulation?"), S. 7, abrufbar unter www.bafin.de; ferner *Böse/Jansen* in Schwark/Zimmer, Kapitalmarktrechtskommentar, 5. Aufl. 2019, § 119 WpHG Rn. 30 f.; *Horcher* in Drinhausen/Eckstein, Beck'sches Handbuch der AG, 3. Aufl. 2018, § 22 Rn. 74; *Richter* WM 2017, 1636, 1636 ff.; ebenso bereits die Begründung zum RegE, BT-Drucks. 18/7482, 64 jeweils unter Bezugnahme auf Art. 2 Abs. 4 MAR und § 13 StGB; zu Recht dagegen unter Verweis auf die Unionsrechtswidrigkeit dieser Argumentation *Salinger* WM 2017, 2329, 2329 ff.; *Spoerr* (Fn. 1), § 119 Rn. 169 f.: Art. 12 MAR regelt Marktmanipulationshandlungen abschließend, Art. 2 Abs. 4 MAR regelt allein räumlichen Anwendungsbereich, trifft aber keine Aussage zur Unterlassenstrafbarkeit der Marktmanipulation.

weiter (III.), weshalb nur eine auf Prävention ausgerichtete ausgefeilte Kapitalmarkt-Compliance-Organisation den börsennotierten Unternehmen in der Praxis weiterzuhelfen vermag (IV.). Mit einem Fazit sowie einem Ausblick auf die mögliche weitere Entwicklung des Sanktionsregimes schließt der Beitrag (V.).

## II. Regelungssystematik des Sanktionsregimes und Auslegungstechnik

Die §§ 119 f. WpHG sind Blankettnormen, d. h. erst durch den jeweiligen Verweis auf die Gebotsnorm, deren Missachtung die Regelungen sanktionieren, werden die Normen inhaltlich ausgestaltet[4]. Da das Wertpapierhandelsrecht zuerst Wirtschaftsaufsichtsrecht ist, haben die Normen ihren Ursprung vielfach in verwaltungsrechtlich motivierten Vorgaben. Besonders deutlich wird dies bei den Organisationsvorschriften der §§ 80 ff. WpHG, welche die Anforderungen zur Einrichtung einer Wertpapier-Compliance-Organisation für Wertpapierdienstleistungsunternehmen einfordern. Verstößt das Wertpapierdienstleistungsunternehmen gegen diese Anforderungen, kann es nach den § 120 Abs. 8 Nr. 98 ff. i. V. m. Abs. 20 WpHG bebußt werden. Dabei steht die Möglichkeit der Bebußung nicht im Vordergrund – zunächst geht es den zuständigen Aufsichtsbehörden darum, mittels der klassischen Maßnahmen des Verwaltungsrechts den rechtmäßigen Zustand wiederherzustellen bzw. – sollte das nicht zum Erfolg führen – die Ausführung des Wertpapiergeschäfts zu verbieten oder gar dem Wertpapierunternehmen die Erlaubnis zum Betrieb des Geschäfts zu entziehen[5]. In der Praxis dominiert die informelle Einflussnahme durch Anhörungen oder sonstiges informelles Verwaltungshandeln „im Vorfeld" eines formellen Auskunftsersuchens[6], das einen Verwaltungsakt darstellt. Die beaufsichtigten Unternehmen – stets um einen guten Kontakt zur Aufsicht bemüht – fügen sich regelmäßig diesen informellen Ersuchen[7].

Folgerichtig wird die genaue Ausgestaltung der Anforderungen des WpHG nicht allein von den gesetzlichen Vorgaben des WpHG und der Durchführungsverordnungen vorgegeben, sondern vor allem durch die Verwaltungspraxis der

4 Vgl. nur *Böse/Jansen* (Fn. 3), § 119 WpHG Rn. 4; *Spoerr* (Fn. 1), Vor § 119 Rn. 29.

5 S. zu den Handlungsformen der Finanzmarktaufsicht ausführlich *Gurlit* ZHR 177 (2013), 862, 862 ff.

6 S. dazu etwa *Gurlit* ZHR 177 (2013), 862, 889; *Schäfer* in Boos/Fischer/Schulte-Mattler, KWG, 5. Aufl. 2016, § 6 Rn. 16; *Habetha/Schwennicke* in Schwennicke/Auerbach, KWG, 3. Aufl. 2016, § 6 Rn. 11.

7 *Schäfer* (Fn. 6), § 6 Rn. 16; *Fett* WM 1999, 613 f.

Aufsichtsbehörden konkretisiert, sei es durch sog. „ESMA-Papers" oder durch die MaComp der BaFin. Hier stellt sich eine wichtige Frage zur Regelungssystematik des Sanktionsregimes. Während im Verwaltungsrecht weite Auslegungstechniken, analoge Anwendungen und ähnliche Vorgehensweisen zur Rechtsfindung weithin üblich und vor allem akzeptiert sind, setzt der Bestimmtheitsgrundsatz (Analogieverbot) des Straf- und Ordnungswidrigkeitenrechts (Art. 103 Abs. 2 GG i.V.m. § 1 StGB, § 3 OWiG) dem enge Grenzen. Es wäre wegen der Parallelität von Verwaltungs- und Sanktionsrecht nicht abwegig, den strengeren Maßstab auch für die verwaltungsrechtliche Anwendungspraxis zu fordern und auf diese Weise die Einheitlichkeit der Rechtsordnung sicherzustellen[8]. Zwar führen weitergehende Anforderungen aus aufsichtsrechtlichen Normen, die ggf. den Wortlaut übersteigen, in der Praxis nicht dazu, dass sich der Rechtsanwender in einem echtem Normenkonflikt wiederfindet und zwingend gegen eine der Anforderungen verstoßen müsste[9]. Die grundsätzlich gewollte Kriminalisierung verwaltungsrechtlich determinierten Fehlverhaltens führt jedoch dazu, dass die Aufsicht mit dem scharfen Schwert des Sanktionsregimes in der Hand im Zweifel ihre (über den Wortlaut hinausgehenden) Auslegungen durchsetzt, da sich in der Praxis niemand darauf verlassen wird, dass die Strafgerichte eine engere Auslegung für zutreffend halten.

Bundesgerichte und Literatur gehen dessen ungeachtet seit jeher einen anderen Weg[10]: Allein der Umstand, dass verwaltungsrechtlich geprägte Normen über Blankettvorschriften auch sanktioniert werden können, soll die Effektivität der Staatsaufsicht nicht einschränken dürfen. Für den Rechtsanwender ergibt sich so ein uneinheitliches Bild: Was verwaltungsrechtlich als richtig verstanden wird, soll dann keiner sanktionsbewehrten Durchsetzung unterliegen, wenn es sich aus dem Normbefehl nicht ausdrücklich ergibt (Analogieverbot). Gleichwohl kann die Aufsichtsbehörde das gesamte Instrumentarium einsetzen, um den gewünschten Zustand herzustellen. Naheliegender und im Sinne der Einheitlichkeit der Rechtsordnung für den Rechtsanwender berechenbarer wäre es gewesen, wenn der Gesetzgeber mit der Entscheidung, über Blankettnormen Verstöße gegen verwaltungsrechtliche Vorschriften zu sanktionieren, auch die Auslegungs-

---

8 In diese Richtung jüngst KG ZBB 2019, 58, 63 (Bitcoin): mit erweiterter verwaltungsrechtlicher Auslegung habe die BaFin den ihr zugewiesenen Spielraum durch Missachtung des Bestimmtheitsgrundsatzes überschritten; zust. Hingst/Neumann CB 2019, 254, 255 f.

9 *Poelzig* ZBB 2019, 1, 6; *Schürnbrand* NZG 2011, 1213, 1215.

10 BVerfGE ZIP 2006, 1484, 1495; vorausgehend BVerwGE 122, 29; *Poelzig* ZBB 2019, 1, 4; für die zivilrechtliche Auslegung auch *Cahn* ZHR 162 (1998), 1, 8 ff. dagegen *Assmann* in Assmann/Schneider, Wertpapierhandelsrecht, 7. Aufl. 2019, Einl. Rn. 35 m.w.N.

grenzen des Sanktionsrechts anerkannt hätte[11]. Dies wird besonders deutlich, wenn man sich bestimmte ungelöste Rechtsprobleme vor Augen führt, deren Auflösung im ungünstigen Fall drastische Strafen für potentielle Delinquenten nach sich ziehen können.

## III. Ungelöste Rechtsprobleme – Tendenz zur Kriminalisierung im neuen Marktmissbrauchsrecht am Beispiel der Ad-hoc-Publizität

In dem Bestreben, durch strenge Kapitalmarktgesetze und einhergehende drakonische Strafen die Funktionsfähigkeit des Kapitalmarkts auch bei zunehmender Digitalisierung des Informationsflusses sicherzustellen, hat der europäische Gesetzgeber und mit ihm die Aufsichtsbehörden eine Tendenz zur Kriminalisierung unternehmerischen Verhaltens gesetzt, welche die Adressaten von MAR und WpHG zutiefst beunruhigt. Nachfolgend soll dies am Beispiel der Ad-hoc-Publizität näher erläutert werden.

### 1. Rechtsunsicherheit als Befund

Nach einer Studie des Deutschen Aktieninstituts ist für mehr als die Hälfte der befragten börsennotierten Unternehmen die Rechtssicherheit seit Inkrafttreten der MAR bei Fragen der Ad-hoc-Publizität gesunken; dementsprechend wünschen sich mehr als 90 % der Befragten eine Präzisierung der Anforderungen der Ad-hoc-Publizität[12]. Das ist insofern dramatisch, als die Konsequenzen fehlerhafter Ad-hoc-Veröffentlichungen drakonisch sind. Es droht Unternehmen nicht nur ein Bußgeld in Höhe von mindestens 2,5 Mio. EUR bzw. 2% des letzten Jahresumsatzes; wie eingangs angesprochen kann auch nach Inkrafttreten der MAR das Unterlassen einer rechtlich gebotenen Ad-hoc-Mitteilung eine strafbare Marktmanipulation darstellen[13].

---

**11** In diesem Sinne auch *Böse/Jansen* (Fn. 3), § 119 WpHG Rn. 6.

**12** Studie des *Deutschen Aktieninstituts* in Kooperation mit der Sozietät *Hengeler Mueller* aus Juli/August 2018, abrufbar unter www.dai.de.

**13** Siehe eingangs unter I mit Fn. 3.

## 2. Genese und Zuspitzung

Hintergrund des kollektiven Unwohlseins ist die Handhabung von Zwischenschritten bei gestreckten Geschehensabläufen. Das überrascht, sollte doch seit der Daimler/Geltl-Entscheidung des BGH[14], die in letzter Instanz auf einer Entscheidung des EuGH[15] fußt, das Thema rechtlich geklärt sein. Dass dem nicht so ist, liegt insbesondere an einer rechtlichen Einschätzung der BaFin hierzu (sog. „FAQs" zu Art. 17 MAR[16]), welche das unter II.) geschilderte Auslegungsproblem plastisch macht.

Ausgangspunkt der zahlreichen Gerichtsentscheidungen im Fall Daimler/Geltl war bekanntlich die Amtsniederlegung des seinerzeitigen Vorstandsvorsitzenden der Daimler AG. Wie in der Praxis wohl eher üblich, teilte der Vorstandsvorsitzende sein Vorhaben nicht zuerst dem hierfür zuständigen Aufsichtsrat als Gesamtgremium mit, sondern beriet sich zuvor unter anderem mit dem seinerzeitigen Aufsichtsratsvorsitzenden sowie mit dem als Nachfolger ins Auge gefassten Vorstandskollegen. Der Anleger Geltl verklagte die Daimler AG später auf Schadensersatz mit der Behauptung, die Ad-hoc-Veröffentlichung über das Ausscheiden des Vorstandsvorsitzenden sei verspätet erfolgt, hätte er – wie es das Gesetz forderte – früher von dem Vorhaben des Vorstandsvorsitzenden erfahren, hätte er seine Daimler-Aktien nicht veräußert. Durch die Veräußerung habe er vom späteren Kursanstieg nicht mehr profitieren können. Die maßgebliche Frage war, ob die Erörterung des beabsichtigten Ausscheidens vor Befassung des Gesamtaufsichtsrats relevante Zwischenschritte auf dem Weg zum Endereignis waren, die für sich genommen ad-hoc hätten veröffentlicht werden müssen. Nach zweifachem Instanzenzug[17] und Vorlage der relevanten Rechtsfragen an den EuGH[18] kam der BGH auf der Grundlage der Entscheidungsparameter des EuGH zu der Erkenntnis, dass bereits ein eingetretener Zwischenschritt eine Insiderinformation darstellen könne. Dies sei dann der Fall, wenn der Zwischenschritt eine konkrete Information im Sinne des § 13 Abs. 1 Satz 1 WpHG a.F. darstellt (sogenannte Kursspezifität) und die notwendige Kursrelevanz aufweise, was bedeute, dass ein verständiger Anleger die Informationen bei seiner Anlageentscheidung berücksichtigen würde (§ 13 Abs. 1 Satz 2 WpHG a. F.)[19]. Von besonderer Bedeutung

14 BGH NZG 2013, 708.

15 EuGH v. 28.06.2012, Rs C-19/11, NZG 2012, 784 (Geltl).

16 *BaFin*, Art. 17 MAR – Veröffentlichung von Insiderinformationen (FAQs), Stand 31.01.2019, abrufbar unter www.bafin.de, S. 10.

17 OLG Stuttgart WM 2007, 595; BGH WM 2008, 641; OLG Stuttgart WM 2009, 1233.

18 EuGH (Fn. 15), 784.

19 BGH (Fn. 14), 710 f.

war die Einschätzung des BGH, dass die Kursrelevanz eines Zwischenschrittes nicht alleine auf der Grundlage der Wahrscheinlichkeit des Eintritts des Endereignisses beurteilt werden könne; inwieweit die Eintrittswahrscheinlichkeit bei der Beurteilung der Kursrelevanz eines Zwischenschritts von Bedeutung ist, habe der EuGH zwar nicht ausgeführt. Der EuGH habe aber entschieden, dass ein Anleger den Grad der Eintrittswahrscheinlichkeit für die Beurteilung der Kursrelevanz einer Information über zukünftige Ereignisse in Betracht ziehen würde. Daher sei bei der Kursrelevanz generell davon auszugehen, dass ein Anleger den Grad der Wahrscheinlichkeit des Eintritts eines zukünftigen Ereignisses in Betracht ziehe. Folglich müsse dies auch gelten, wenn ein Anleger zur Beurteilung der Kursrelevanz eines Zwischenschritts den möglichen künftigen Verlauf abschätzen müsse[20].

Die MAR nimmt in der Legaldefinition der Insiderinformationen in Art. 7 Abs. 2 Satz 2 sowie Abs. 3 auf die Eignung eines Zwischenschritts in einem gestreckten Geschehensablauf als Insiderinformation ausdrücklich Bezug. So heißt es in Art. 7 Abs. 3 MAR: „Ein Zwischenschritt in einem gestreckten Vorgang wird als eine Insiderinformation betrachtet, falls er für sich genommen die Kriterien für Insiderinformationen gemäß diesem Artikel erfüllt." Nicht beantwortet ist damit freilich die Frage, welcher Maßstab für die Wahrscheinlichkeit des Eintritts des Endereignisses gilt, wenn das Kursbeeinflussungspotenzial des Zwischenschritts zu beurteilen ist. Die BaFin hat hierfür in ihren eingangs erwähnten sogenannten „FAQs" zu Art. 17 MAR eine einfache Antwort gefunden: Sie geht davon aus, dass es auf eine Mindestwahrscheinlichkeit für den Eintritt des Endereignisses nicht ankomme, es dürfe nur nicht „völlig ausgeschlossen sein"[21]. Hintergrund für diese Einschätzung dürfte die Sorge sein, anders nicht die Eigenständigkeit der Bewertung des Zwischenschrittes als Insiderinformation gewährleisten zu können[22]. Wollte man stets bei der Einschätzung eines Zwischenschrittes auf die überwiegende Wahrscheinlichkeit des Endereignisses abstellen, bewirkte dieses eine Sperre für die Betrachtung der Zwischenschritte. Statt einer eigenständigen Betrachtung des Zwischenschrittes wird nur die Prüfung des Endereignisses als zukünftiger Fakt geprüft. Dies aber wollte der europäische Gesetzgeber angesichts

**20** BGH (Fn. 14), 712.

**21** *BaFin*, Art. 17 MAR – Veröffentlichung von Insiderinformationen (FAQs), Stand 31.01.2019, abrufbar unter www.bafin.de, S. 10.

**22** Diskutiert wird diese Frage unter dem Oberbegriff der „Sperrwirkung auf Kursrelevanzebene", gegen eine Sperrwirkung die heute h.M., vgl. *Klöhn* in Klöhn, MAR, 1. Aufl. 2018, Art. 7 Rn. 107 ff.; *Kumpan* in Schwark/Zimmer, Kapitalmarktrechtskommentar, 5. Aufl. 2019, Art. 7 Rn. 53; *ders.* VGR 2019, 109, 123, jeweils m.w.N.; anders noch (zur Vorgängerregelung § 13 WpHG) *Koch/Widder* BB 2012, 1820, 1821; *Ihrig* VGR 2012, 113, 123.

der Regelung in Art. 7 Abs. 3 MAR offensichtlich nicht. Auch schon die Entscheidungen von EuGH und BGH weisen in die entgegengesetzte Richtung[23].

### 3. Besonderheiten bei Zwischenschritten mit alleinigem Bezug zum Endereignis

Diese zutreffenden dogmatischen Überlegungen, die ihre Stütze im Wortlaut von Art. 7 Abs. 2 S. 1, Abs. 3 MAR finden, dürfen freilich nicht darüber hinwegtäuschen, dass das Endereignis eines gestreckten Geschehensablaufes für die Bewertung der Zwischenschritte Relevanz behalten kann[24]. Nichts anderes meint der BGH, wenn er ausführt, dass ein Anleger den Grad der Wahrscheinlichkeit des Eintritts eines künftigen Ereignisses auch in Betracht ziehe, wenn eine präzise Information über einen eingetretenen Umstand vorliege (scil.: der Zwischenschritt), der auf ein künftiges Ereignis hinweist, und der Anleger insoweit den möglichen künftigen Verlauf abschätzen muss[25]. Hierin verbirgt sich die triviale Erkenntnis, dass ein verständiger Anleger bei der Bewertung eines Zwischenschritts, der begriffslogisch gerade noch keine abschließenden Fakten schafft, sich stets an der Bedeutung des Endereignisses orientieren wird, wenn seine Kurserheblichkeit von der des Endereignisses zwingend determiniert wird. Hängt beispielsweise der Eintritt des Endereignisses vom Handeln eines Dritten ab, so wird der verständige Anleger die Entscheidung dieses Dritten abwarten, bevor er eine Bewertung des Zwischenschrittes vornehmen kann. Konkret gewendet auf die klassische mehrstufige M&A-Transaktion bedeutete dies beispielsweise, dass für den Anleger weit fortgeschrittene Gespräche zwischen den Vorständen der betroffenen Unternehmen dann ein relevanter Zwischenschritt sein kann, wenn etwa die Verkaufsbereitschaft des maßgeblichen Gesellschafters bereits feststeht. Sollte diese hingegen noch offen sein, wird ein verständiger Anleger alleine den Umstand, dass die Vorstände der betroffenen Unternehmen gemeinsame Pläne hegen, kaum für eine Investitions- oder Desinvestitionsentscheidung ausreichen lassen. Er wird vielmehr abwarten, ob überhaupt die Möglichkeit eines Zusammenschlusses besteht, wofür er eine Einschätzung des Gesellschafters benötigt. Anhand dieses Beispiels wird deutlich, dass die Positionen der BaFin, das End-

---

**23** Vgl. *Assmann* (Fn. 10), Art. 7 Rn. 55; *Klöhn* (Fn. 22), Art. 7 Rn. 108.

**24** Mit dieser Unterscheidung auch *Vetter/Engel/Lauterbach* AG 2019, 160, 165: Differenzierung der Zwischenschritte danach, ob sie ihre Insiderrelevanz aus sich selbst oder allein aus dem zukünftigen Endereignis ableiten.

**25** BGH (Fn. 14), 712; mit dieser Wertung auch *Assmann* (Fn. 10), Art. 7 Rn. 58 mit Fn. 5; *Kumpan* VGR 2019, 109, 124.

ereignis dürfe nur nicht völlig ausgeschlossen sein, die Realität der Wertungen eines verständigen Anlegers, die nun einmal von Gesetzes wegen das maßgebliche Kriterium ist, dann nicht trifft, wenn der Zwischenschritt – wie regelmäßig bei M&A-Transaktionen – mit der Wahrscheinlichkeit des Endereignisses zusammenhängt. Noch nicht beantwortet ist damit, welche Anforderungen bei solchen Zwischenschritten an die Wahrscheinlichkeit des Endereignisses zu stellen sind. Die überwiegende Auffassung in der Literatur verlangt zumindest keine überwiegende Wahrscheinlichkeit, sondern lässt es genügen, wenn die Wahrscheinlichkeit nicht gegen Null tendiert, was letztlich lediglich einen semantischen Unterschied zur beschriebenen Meinung der BaFin darstellt[26]. Richtigerweise wird man bei eingetretenen Zwischenschritten, die allein aufgrund des Endereignisses Kursrelevanz besitzen, für ihre Ad-hoc-Relevanz fordern müssen, dass eher mit dem Eintreten des Endereignisses gerechnet werden muss als mit seinem Ausbleiben[27]. Das führt im Ergebnis zu einem Gleichlauf mit dem Erfordernis, zukünftige Ereignisse ad-hoc zu veröffentlichen, wenn ihr Eintreten vernünftigerweise erwartet werden kann (Art. 17 Abs. 1 i.V.m. Art. 7 Abs. 2 S. 1 MAR) und nur scheinbar zu einer „Sperrwirkung" und einem Leerlaufen der Maßgabe, Zwischenschritte isoliert vom Endereignis zu betrachten[28]. Ist einem Zwischenschritt eine eigenständige Eignung zur Kursbeeinflussung abzusprechen, liefert er nicht mehr als ein Indiz für die Frage, wie wahrscheinlich der Eintritt des zukünftigen Ereignisses sein wird. Bloße Indizien für die Wahrscheinlichkeit von Endereignissen sind aber keine Zwischenschritte. Konkret angewendet auf den geschilderten Beispielsfall, bei dem die Verkaufsbereitschaft des maßgeblichen Mehrheitsgesellschafters noch offen ist, also gar keine Angaben zur Wahrscheinlichkeit des Endereignisses möglich sind, können die Gespräche zwischen den Vorständen der beteiligten Unternehmen für sich genommen noch keine

**26** *Kumpan* VGR 2019, 109,124; noch weitergehend *Klöhn* (Fn. 22), Art. 7 Rn. 108, der die Wahrscheinlichkeit des Endereignis für irrelevant hält, es seien auch die Auswirkungen zu berücksichtigen, die nicht vernünftigerweise zu erwarten sind, m.a.W. also auch solche, die völlig unwahrscheinlich sind.

**27** So zutreffend *Vetter/Engel/Lauterbach* AG 2019, 160, 160 ff.

**28** A.A. *Klöhn* (Fn. 22), Art. 7 Rn. 108 f. Sein Beispiel, dass bei vier möglichen Endereignissen und einem Kurssteigerungspotential von 100 % bereits der Eintritt eines der vier Endereignisse eine Chance von 25 % auf einen signifikanten Kursgewinn beinhalte, wirkt auf den ersten Blick verständlich, seine Missachtung hat Empörungspotential. Doch wie verhält es sich im umgekehrten Fall, in dem es mit einer Wahrscheinlichkeit von 25 % zu einer Halbierung des Aktienkurses kommt – würde der rationale Anleger dann verkaufen und bis zum Wiedereinstieg abwarten, welches Endereignis eintritt? Etwaige Kursgewinne in der Zwischenzeit wären jedenfalls uneinbringlich verloren.

Grundlage für eine Investitions- oder Deinvestitionsentscheidung darstellen[29]. Sollte die Gesellschaft gleichwohl eine Ad-hoc-Mitteilung hierzu veröffentlichen, müsste sie zur Vermeidung irreführender Angaben offenlegen, dass sich der Mehrheitsgesellschafter bislang noch nicht zu der Frage verhalten hat, ob er verkaufen möchte und sie auch keine Indikation dafür hat, wie diese Entscheidung ausgehen könnte. Dann aber dürfte ein rationaler Anleger den Vorständen die verständliche Frage stellen, weshalb sie ihre Vorgespräche für kurserheblich erachten. Dies führt zu einer wichtigen Erkenntnis, auf die *Cahn*[30] bereits an anderer Stelle hingewiesen hat: Wenn wie so häufig gar keine Aussage zur Wahrscheinlichkeit des Endereignisses möglich ist, können verständige Anleger auch keine Berechnungen zur Kursentwicklung anstellen. Erwartungen zur Kursentwicklung entpuppen sich dann als reine Spekulation oder basieren auf vermeintlichen Erfahrungssätzen. Es fehlt schlicht ein begründbarer Wert, der bei Anwendung der „Probability/Magnitude-Formel"[31] für die „Probability" eingesetzt werden könnte. Der verständige Anleger wird die Entwicklungen abwarten, bevor er entscheidet.

## 4. Ausweichstrategien in der Praxis

Die auch schon vor Inkrafttreten der MAR schwierige Frage der richtigen Einordnung eines Zwischenschritts wurde in der Vergangenheit häufig durch eine „vorsorgliche Selbstbefreiung" gelöst, d.h. die börsennotierten Unternehmen haben von der Möglichkeit Gebrauch gemacht, die bestehende Veröffentlichungspflicht aufzuschieben (vormals § 15 Abs. 3 WpHG a.F., heute Art. 17 Abs. 4 MAR). Diese auch schon vom BGH in der Daimler/Geltl-Entscheidung als taugliches Instrument angeführte Vorgehensweise[32] hilft nach der neuen Rechtslage freilich nur noch bedingt: Hat sich eine Gesellschaft von der Verpflichtung zur Veröffentlichung eines Zwischenschrittes selbst befreit und kommen – aus welchen Gründen auch immer – präzise Marktgerüchte auf, die auf diesen Zwischenschritt zutreffen, so muss das Unternehmen den Zwischenschritt ad-hoc veröffentlichen (Art. 17 Abs. 7 S. 2 MAR). Es kommt – anders als nach alter Rechtslage – nicht mehr darauf an, dass das Unternehmen für das sogenannte

---

29 In diese Richtung auch *Krause*, in Meyer/Veil/Rönnau, Handbuch zum Marktmissbrauchsrecht, 1. Aufl. 2018, § 6 Rn. 74.

30 *Cahn* FS Bergmann, 2018, 111, 124.

31 Für deren Anwendung etwa *Klöhn* (Fn. 22), Art. 7 Rn. 198; *Hopt/Kumpan* in Schimansky/Bunte/Lwowski, Bankrechts-Handbuch, 5. Aufl. 2017, § 107 Rn. 55 aE.

32 BGH (Fn. 14), 712.

„*Leakage*" verantwortlich ist[33]. Für das Unternehmen entsteht so ein Dilemma: Hat es sich lediglich „höchst vorsorglich" selbst befreit und ist eigentlich der Auffassung, dass die Information des Zwischenschritts nicht kurserheblich ist, muss sie es bei dem Aufkommen von Gerüchten gleichwohl ad-hoc veröffentlichen[34]. Das Unternehmen muss sich dann sogar fragen, ob es in irreführender Weise einen Umstand ad-hoc veröffentlicht, von dem es selbst annimmt, dass es gar nicht kurserheblich ist; auch dies kann eine strafbare Marktmanipulation nach Art. 12 MAR, § 119 Abs. 1 WpHG darstellen[35]. Einen wirksamen Schutz erreichen die verantwortlichen Organe und Mitarbeiter derzeit wohl nur, wenn sie sich in Zweifelsfragen durch eine schriftliche Einschätzung eines in kapitalmarktrechtlichen Fragen erfahrenen Sachverständigen absichern[36]; in diesem Fall ist anerkannt, dass sich die Betroffenen bei am Ende entgegenstehender Auffassung von Verwaltungs- und Strafbehörden auf einen unvermeidbaren Verbotsirrtum berufen können[37]. Doch auch dieser Weg ist vielfach kaum gangbar – entweder fehlt die Zeit, um bei unerwartet aufgetretenen Themen Externe einzuschalten oder aber nachvollziehbarerweise schlicht der Wille, für alle aufkommenden Rechtsfragen Berater einschalten zu wollen.

Dieses Beispiel aus jüngerer Zeit, das wohl nur durch eine gesetzgeberische Initiative gelöst werden kann, welche die Information, die ein Insiderhandelsverbot auslöst, von der Information, die ad-hoc zu veröffentlichen ist, begrifflich trennt[38], zeigt die zunehmende Kriminalisierung im Kapitalmarktrecht. Ein wirksamer Schutz gegen dieses Risiko kann eine funktionierende Kapitalmarkt-Compliance sein.

---

**33** BaFin, Art. 17 MAR – Veröffentlichung von Insiderinformationen (FAQs), Stand 31.01.2019, abrufbar unter www.bafin.de, S. 5 unter Bezugnahme auf ESMA, Final Report, ESMA/2015/1455 v. 28.09.2015, S. 53.

**34** *Vetter/Engel/Lauterbach* AG 2019, 160, 168.

**35** *Mülbert* in Assmann/Schneider, Wertpapierhandelsrecht, 7. Aufl. 2019, Art. 12 Rn. 177; *Schmolke* in Klöhn, MAR, 1. Aufl. 2018, Art. 12 Rn. 261.

**36** S. dazu *Klöhn* (Fn. 22), Art. 14 Rn. 76.

**37** Siehe BGH NStZ 2013, 461 f., dort auch zu den Anforderungen an die Unabhängigkeit, Verlässlichkeit und Qualität des Sachverständigengutachtens sowie das Erfordernis der Plausibilitätsprüfung durch den Empfänger.

**38** Siehe zu den Überlegungen, nicht jede Insiderinformation zugleich als ad-hoc-mitteilungspflichtige Information einzustufen bereits *Schwark* FS Bezzenberger, 2000, S. 771, 785 f.; zu den Überlegungen im Entstehungsprozess der MAR *P. Koch* BB 2012, 1365, 1366 ff.; *Teigelack* BB 2012, 1361, 1362 ff. unter Bezugnahme auf den Vorschlag der EU-Kommission zur MAR, KOM (2011) 651 v. 20.10.2011, S. 10, wonach nicht jede Insiderinformation, die zu einem Insiderhandelsverbot führt, zugleich eine Pflicht zur Veröffentlichung auslösen sollte; s.a. *Vetter/Engel/Lauterbach* AG 2019, 160, 168, die zu Recht darauf verweisen, dass sich der europäische Gesetzgeber jedenfalls bei der MAR bewusst gegen diese Differenzierung entschieden hat.

## IV. Prävention durch Kapitalmarkt-Compliance – Regelungsfelder im Überblick

Die hier zu erörternde Form der Kapitalmarkt-Compliance soll sich allein auf solche Unternehmen beziehen, die nicht bereits aufgrund ihrer regulatorischen Vorgaben zur Einrichtung einer Compliance-Organisation verpflichtet sind, mithin also vor allem Banken und Versicherungen aus der Betrachtung ausnehmen. Für Banken, die das Wertpapiergeschäft betreiben, gelten mit den §§ 80 ff. WpHG besondere Anforderungen an die Einrichtung einer Compliance-Organisation, die um die Regelungen der Kapitalmarkt-Compliance zu erweitern sind, wenn es sich um börsennotierte Institute handelt[39]. Mit der Börsennotierung ist das maßgebliche Anknüpfungskriterium benannt, das nachfolgend Ausgangspunkt der Compliance-Überlegungen sein soll.

Die Vorstände börsennotierter Unternehmen in der Rechtsform der AG, SE oder KGaA unterliegen dem Legalitätsprinzip; sie sind verantwortlich für die Einhaltung aller an das Unternehmen gestellten Rechtsregeln[40]. Hierzu gehören auch die Börsenzulassungsfolgepflichten. Sorgen die Vorstände nicht für eine hinreichende Compliance-Organisation auch in diesem Bereich, droht ihnen bei gegenüber dem Unternehmen verhängten Geldbußen die persönliche Haftung (§ 93 Abs. 1 AktG). Besteht dem hingegen eine angemessene Compliance-Organisation und beruhen Rechtsverstöße mithin nicht auf organisatorischen Mängeln, sind die Vorstände vor persönlicher Inanspruchnahme geschützt[41]. Noch weitergehend kann sogar die Verhängung eines Bußgelds gegen das Unternehmen in Frage stehen. Jedenfalls dann[42], wenn die konstitutive Begründung des ver-

39 Zu der Parallelität etwa *Klöhn* (Fn. 22), Art. 9 Rn. 20 ff.; *Fett* in Schwark/Zimmer, Kapitalmarktrechtskommentar, 5. Aufl. 2019, § 80 WpHG Rn. 57 ff.

40 Statt vieler *Spindler* in Münchener Kommentar z. AktG, 5. Aufl. 2019, § 93 Rn. 86 ff. m.w.N.

41 S. etwa *Fleischer* in Spindler/Stilz, AktG, 4. Aufl. 2019, § 91 Rn. 47 f.; *Spindler* (Fn. 40), § 91 Rn. 52.

42 Noch nicht entschieden ist, ob bei Anwendung der Bußgeldtatbestände des § 120 WpHG eine Kapitalmarkt-Compliance ebenfalls bußgeldmindernd berücksichtigt werden sollte, dafür *Walla/Knierbein* WM 2018, 2349, 2354. Richtigerweise wird man dies annehmen müssen, da die hier betrachteten Unternehmen gerade nicht nach den §§ 80 ff. WpHG zur Einrichtung einer Compliance-Organisation verpflichtet sind, ihr Engagement zur Einrichtung einer Compliance-Organisation mithin dieselbe Stoßrichtung hat wie die des Unternehmens, das im Fall BGH BB 2017, 1931, ein System zur Steuer-Compliance implementiert hatte (dazu sofort im Text). Dagegen spricht auch nicht, dass Art. 31 Abs. 1 lit. g) MAR lediglich eine Berücksichtigung von nach dem Verstoß ergriffenen Maßnahmen vorsieht, wie sich bereits aus der beispielhaften Aufzählung der Norm

hängten Bußgelds auf § 130 Abs. 1 OWiG fußt, ist nach der Rechtsprechung des BGH eine implementierte Compliance-Organisation zugunsten des Unternehmens zu berücksichtigen[43].

## 1. Insiderrecht und Ad-hoc-Publizität

Die Organisation der Anforderungen aus den in diesem Beitrag schon am Beispiel der gestreckten Geschehensabläufe thematisierten Felder Insiderrecht (Art. 7 ff. MAR) und Ad-hoc-Publizität (Art. 17 MAR) umfasst neben der zutreffenden Einordnung von Insiderinformationen und der korrekten Behandlung im Rahmen der Ad-hoc-Publizität auch noch das Führen der sog. Insiderlisten (Art. 18 MAR) sowie die Geschäfte von Führungskräften (Directors' Dealings, Art. 19 MAR).

Mit Art. 9 enthält die MAR eine eigenständige Regelung zur Kapitalmarkt-Compliance, die einen bestimmten Ausschnitt im Rahmen des Insiderrechts regelt. Die Norm bestimmt, in welchen Fällen es nicht zu der sog. „*Spector*"-Annahme[44] kommt, ein Unternehmen habe bei einem Wertpapiergeschäft vorliegende Insiderinformationen ausgenutzt. Durch eine entsprechende Organisation innerhalb des Unternehmens kann die Wissenszurechnung von Mitarbeitern ausgeschlossen werden[45].

Der Hinweis in Art. 9 Abs. 2 lit. a MAR auf „angemessene und wirksame interne Regelungen und Verfahren" zur Wissensorganisation gibt einen Fingerzeig darauf, wie die diesbezügliche Kapitalmarkt-Compliance insgesamt zu organisieren ist. Damit das Unternehmen in der Lage ist, seine Verpflichtungen zur Ad-hoc-Publizität tatsächlich zu erfüllen, müssen die zuständigen Stellen im Unternehmen alle Entwicklungen erfahren können, die am Ende zum Vorliegen einer Insiderinformation führen mögen. Zwar ist umstritten und, wie sich an der Thematik „Diesel/Volkswagen" ablesen lässt, höchst praxisrelevant, ob und wenn ja wie Wissen im Unternehmen zugerechnet wird[46]. Eine effektive Compliance-Or-

---

(„darunter gegebenenfalls") ablesen lässt (anders *Poelzig* NZG 2016, 492, 499, die offenbar eine abschließende Regelung annimmt).

**43** BGH NZWiSt 2018, 379, 387 m. Anm. *Adick/Linke* = BB 2017, 1931 m. Anm. *Behr* für eine Compliance zur Vermeidung von Bestechung und Steuervergehen.

**44** Kausalitäts- oder Nutzungsvermutung nach dem *Spector Photo Group*-Urteil EuGH v. 23.12. 2009, Rs. C-45/08, AG 2010, 74, s.a. Erwägungsgrund Nr. 24 S. 3 MAR.

**45** Instruktiv hierzu *Klöhn* (Fn. 22), Art. 9 Rn. 6 ff.

**46** S. hierzu etwa *Thomale* NZG 2018, 1007, 1007: Wissenszurechnung nur nach § 166 BGB bei Schadensersatzansprüchen nach § 97 WpHG; anders *Klöhn* NZG 2017, 1285, 1285: auf Wissenszurechnung komme es nicht an, Emittenten sind ad-hoc-mitteilungspflichtig, wenn die Information im Unternehmen vorhanden ist, Ausnahmen nur im Rahmen der Organisation nach Art. 9 MAR.

ganisation wird sich aber in diesen Rechtsfragen kein Verteidigungsmittel suchen, sondern präventiv jeden möglicherweise negativen „Informationsstau" im Unternehmen mit allen Mitteln vermeiden wollen. Im ersten Schritt bedeutet dies, dass die Mitarbeiter an den sensiblen Schnittstellen wie etwa Finanzen, Entwicklung, Produktion oder Einkauf auf die Tatbestandsmerkmale und Konsequenzen des Vorliegens einer Insiderinformation geschult werden, dass ihnen aussagekräftiges Material hierzu etwa in Form von Richtlinien oder Merkblättern zu Verfügung gestellt wird und dass sie Ansprechpartner genannt bekommen, mit denen sie Zweifelsfragen erörtern können. Daneben hat es sich in der Praxis weithin durchgesetzt, ein Ad-hoc-Komitee einzurichten[47], das für die Prüfung etwaiger Insiderinformationen zuständig ist und im Bedarfsfall – unter Beteiligung zumindest eines Vorstandsmitglieds[48] – eine Ad-hoc-Mitteilung auslöst.

In der Praxis hat es sich freilich als noch wichtiger herausgestellt, dass Vorstände und Aufsichtsräte über die rechtlichen Grundparameter des Insiderrechts sorgsam unterrichtet und fortlaufend geschult werden. Bei den Vorstandsmitgliedern laufen alle wesentlichen Informationen des Unternehmens zusammen; sie müssen erkennen können, wann sich ein Sachverhalt zu einer Insiderinformation verdichtet. Dies gilt nicht zuletzt angesichts der beschriebenen Unsicherheit in gestreckten Geschehensabläufen mit potentiell insiderrelevanten Zwischenschritten – in der Praxis angesichts der regelmäßigen Komplexität unternehmerischer Entscheidungen der Standardfall. Die Aufsichtsratsmitglieder und vor allem ihr Vorsitzender nehmen an der Entwicklung der Besetzung des Vorstands aufgabegemäß intensiv Anteil. Wie sich an der Daimler/Geltl-Entscheidung[49] und auch jüngeren Ad-hoc-Mitteilungen relevanter Zwischenschritte bei börsennotierten Unternehmen[50] gezeigt hat, sind dies risikoaffine Themenfelder, die von der Kapitalmarkt-Compliance entsprechend abgebildet werden müssen. Der Aufsichtsrat sollte daher organisatorisch in die Lage versetzt werden, eine Ad-hoc-Mitteilung selbst zu veranlassen oder auch eine Befreiungs-

---

**47** *Walla/Knierbein* WM 2018 2349, 2351; *Klöhn* (Fn. 22), Art. 17 Rn. 191.

**48** So unverändert die Verwaltungspraxis der *BaFin*, s. BaFin, Art. 17 MAR – Veröffentlichung von Insiderinformationen (FAQs), Stand 31.01.2019, abrufbar unter www.bafin.de, S. 5; dagegen etwa *Assmann* (Fn. 10), Art. 17 Rn. 92; *Veil/Brüggemeier* in Meyer/Veil/Rönnau, Handbuch zum Marktmissbrauchsrecht, 1. Aufl. 2018, § 10 Rn. 135.

**49** Siehe oben unter III.2.

**50** Deutsche Bank AG, Ad-hoc-Mitteilung vom 7.04.2018 zur bevorstehenden Beratung über den Vorstandsvorsitz; Volkswagen AG, Ad-hoc-Mitteilung vom 10.04.2018 zu der Erwägung, die Führungsstruktur weiterzuentwickeln, die auch mit Veränderungen im Vorstand verbunden wären.

entscheidung[51] zu treffen. Zwar lässt sich mit guten Gründen bezweifeln, dass das Wissen des Aufsichtsrats in seinem originären Tätigkeitsfeld dem Unternehmen mit der Folge zugerechnet wird, dass eine Ad-hoc-Mitteilungspflicht entsteht; das Gesetz sieht gerade eine Trennung von Geschäftsführung und Überwachung vor, die Vertraulichkeitsbereiche zwischen den Organen bedingen[52]. Wie schon bei der Frage der Zurechnung des Wissens von Mitarbeitern wird eine präventiv ausgerichtete Kapitalmarkt-Compliance die Grenzen dieser Rechtsfrage nicht austesten, sondern – wie an den bereits genannten Beispielen gezeigt – die Anforderungen eher übererfüllen.

Flankiert werden die Maßnahmen durch das Führen von Insiderlisten (Art. 18 MAR). Sie haben nicht nur den Zweck, der BaFin oder den Strafverfolgungsbehörden im Nachhinein bei etwaigen Insiderverstößen die Ermittlungen zu erleichtern. Die Insiderlisten ermöglichen es dem Unternehmen, den Fluss der Insiderinformationen nachzuvollziehen und ggf. weitere Schutzmaßnahmen vor unbefugter Weitergabe zu implementieren[53]. Daneben erfolgt jeweils ein Schulungseffekt, da denjenigen, die in die Liste aufgenommen werden, die bestehenden Insiderregeln erläutert werden müssen (Art. 18 Abs. 2 MAR). Nicht selten werden in der Praxis Insiderlisten geführt, ohne dass tatsächlich die Schwelle zur Insiderinformation überschritten ist[54]. Dies erscheint zumindest zweischneidig, wenn nicht zugleich auch eine „vorsorgliche" Selbstbefreiung nach Art. 17 Abs. 4 MAR aufgrund derselben Tatsache vorgenommen wird. Denn sollte im Zweifelsfall im Nachhinein von einer Insiderinformation ausgegangen werden, ist ein gespaltenes Vorgehen im Unternehmen für die Verteidigung gegen den Vorwurf einer verspäteten Ad-hoc-Mitteilung wenig hilfreich. Möglich ist es hingegen, eine zusätzliche Liste für vertrauliche Informationen zu führen, etwa um die Mitarbeiter schon früher zu sensibilisieren, und diese dann ab dem relevanten Zeitpunkt in eine Insiderliste zu überführen.

Schließlich komplettieren die Regelungen zu den sog. Directors' Dealings und den Sperrzeiten, in denen grundsätzlich nicht gehandelt werden darf, die Kapitalmarkt-Compliance auf diesem Gebiet (Art. 19 MAR). Es ist in der Praxis üblich, die gesetzlich gebotenen Sperrfristen für die erste und zweite Führungsebene zeitlich auszudehnen, um kritische Phasen wie Veröffentlichung von Geschäfts-

---

**51** Dazu *Assmann* (Fn. 10), Art. 17 Rn. 95f.; *Klöhn* (Fn. 22), Art. 17 Rn. 193; *Veil/Brüggemeier* (Fn. 48), § 10 Rn. 135.

**52** Dafür *Ihrig* ZHR 181 (2017), 381, 407; dagegen *Assmann* (Fn. 10), Art. 17 Rn. 57 f.

**53** Vgl. *Sethe/Hellgardt* in Assmann/Schneider, Wertpapierhandelsrecht, 7. Aufl. 2019, Art. 18 Rn. 6; *Semrau* in Klöhn, MAR, 1. Aufl. 2018, Art. 18 Rn. 3.

**54** S. *Walla/Knierbein* WM 2018, 2349, 2352: „erweiterte Insiderliste".

zahlen ausreichend sicher zu flankieren[55]. Ferner werden für diese Personengruppe gelegentlich zusätzliche Freigabemechanismen implementiert[56], mit denen die Compliance-Funktion im Unternehmen in die Lage versetzt wird, sich vor der Freigabe der Transaktion zu vergewissern, dass keine Insiderinformationen im Unternehmen vorliegen. Das kann vor allem dann relevant sein, wenn sich vage Opportunitäten in kurzer Zeit zu spezifischen Informationen mit Kursrelevanz verdichten können. Dieser wichtige Aspekt einer Kapitalmarkt-Compliance-Funktion kann freilich nur dann effektiv wirken, wenn der zuständige Compliance-Officer jederzeit in alle relevanten Entwicklungen im Unternehmen eingebunden wird.

## 2. Transparenzpflichten

Die hoch komplexen Transparenzanforderungen des WpHG an Emittenten bieten ebenfalls Stolpersteine für Rechtsverstöße[57]. Die Emittenten sollten daher in ihre Kapitalmarkt-Compliance Regelungen und Verfahren aufnehmen, wie etwa den Vorgaben zur Mitteilung über Stimmrechtsveränderungen bei Aktionären (§ 40 Abs. 1 WpHG) oder Veränderungen der Gesamtzahl der Stimmrechte (§ 41 WpHG) entsprochen wird[58]. Typischerweise wird diese Aufgabe von der Funktion Investor Relations übernommen[59]. Die Compliance-Funktion sollte gleichwohl ebenfalls eingebunden werden[60]. So lassen sich Reputationsrisiken vermeiden, wenn von Aktionären übermittelte, offensichtlich falsche Stimmrechtsmitteilungen als solche erkannt und an die Aktionäre vor Veröffentlichung zwecks Korrektur zurückgespielt werden können[61].

In den vergangenen Jahren hat auch die mangelhafte Erfüllung von Pflichten der Emittenten über notwendige Informationen für die Wahrnehmung von Rechten aus Wertpapieren (§§ 48 ff. WpHG) zu zahlreichen Bußgeldverfahren geführt. Häufig fehlte das Wissen über diese Vorgaben oder das Wissen wurde nicht an den rich-

55 *Walla/Knierbein* WM 2018, 2349, 2352 f.

56 Üblich eher im angelsächsischem Rechtsraum, vgl. *Walla/Knierbein* WM 2018, 2349, 2352 f.

57 Zur Verwaltungspraxis der Aufsicht siehe BaFin, FAQ zu den Transparenzpflichten des WpHG v. 22.02.2019, abrufbar unter www.bafin.de.

58 Vgl. zu den Anforderungen an die Mitteilungspflichten *BaFin*, Emittentenleitfaden Modul B, Stand 30.10.2018, abrufbar unter www.bafin.de, S. 48 ff.; s. hierzu *Dieckmann* BKR 2019, 114 ff.

59 Vgl. *Mülbert/Sajnovits* WM 2017, 2041, 2043; *Walla/Knierbein* WM 2018, 2349, 2352 f.

60 Vgl. *Franke/Grenzebach* in Hauschka/Moosmayer/Lösler, Corporate Compliance, 3. Aufl. 2016, § 17 Rn. 121.

61 Vgl. *Petersen* in Spindler/Stilz, AktG, 4. Aufl. 2019, §§ 33 – 47 WpHG Rn. 79; fruchtet dies nicht, sollte kurzfristig Kontakt mit der BaFin aufgenommen werden.

tigen Stellen platziert. Dem hingegen sind Verstöße gegen die Vorgaben zur Veröffentlichung von Finanzberichten (§§ 114 ff. WpHG) eher seltener und finden zumeist dann statt, wenn das Unternehmen in einer Schieflage ist und aus diesem Grund die Abschlüsse nicht rechtzeitig erstellen kann. Auch diese Transparenzvorschriften müssen über Regelungen und Verfahren in die Kapitalmarkt-Compliance eines Unternehmens integriert werden[62]. In der Praxis erfolgt hier zumeist ein Miteinander des Finanzbereichs mit dem Bereich Investor Relations.

## V. Fazit und Ausblick

Das Wertpapierhandelsrecht hat im Zuge der Implementierung der CRIM-MAD und der Geltung der MAR nicht nur eine Verschärfung des Sanktionsregimes erfahren. In bestimmten Bereichen hat sich die Unsicherheit eigentlich bereits gelöster Rechtsfragen wie der Ad-hoc-Publizität von Zwischenschritten in gestreckten Sachverhalten erhöht. Das Zusammenspiel von erhöhtem Bußgeldrahmen und Rechtsunsicherheit bei zugleich gespaltener Rechtsauslegung der zentralen Normen nach verwaltungsrechtlichen und strafrechtlichen Ausgangspunkten führt zu einer verstärkten Notwendigkeit einer effektiven Kapitalmarkt-Compliance für börsennotierte Unternehmen. Doch selbst dann, wenn sich die Unternehmen der Problematik stellen und in ihre Aufbau- und Ablauforganisation kapitalmarktrechtliche Compliance-Anforderungen integrieren, bleibt eine Tendenz zu Ausweichstrategien. Höchst vorsorgliche Maßnahmen wie das Erstellen von Insiderlisten oder Selbstbefreiungen von der Ad-hoc-Publizität ohne die tatsächlich vorhandene rechtliche Überzeugung, dass eine Insiderinformation im Unternehmen vorliegt, kann sich im Streitfall auch gegen das Unternehmen wenden.

Für den europäischen Gesetzgeber kann die europaweite Evaluierung der Konsequenzen aus CRIM-MAD und MAR eine Möglichkeit sein, kriminalisierende Auswüchse und Fehlentwicklungen einzudämmen. Auch hier wäre das Beispiel der Ad-hoc-Publizität besonders geeignet. So sehr die nachdrückliche Strenge überzeugt, jede Form von Insiderhandel frühzeitig zu unterbinden, so wenig überzeugt das zeitgleiche Eingreifen der Ad-hoc-Mitteilungspflicht. Richtiger wäre es, den Faden des Kommissionsentwurfs der MAR wieder aufzugreifen und eine unterschiedliche Definition der relevanten Informationen für das Verbot des Insiderhandels einerseits und den Zeitpunkt der Ad-hoc-Veröffentlichung andererseits festzulegen.

62 Vgl. *Hoffmann/Schieffer* NZG 2017, 401, 404; *Franke/Grenzebach* (Fn. 60), § 17 Rn. 30.

# Internationales Wertpapierhandelsrecht

Robert Freitag

# „Internationales Wertpapierhandelsrecht“

## I. Einführung

Eine Regelung des Internationalen Wertpapierhandelsrechts, die diesen Namen verdient, hat der deutsche Gesetzgeber dem WpHG bei seiner Schaffung im Jahr 1994[1] nicht mit auf den Lebensweg gegeben. Im Gegenteil befasste sich die Urfassung des Gesetzes mit grenzüberschreitenden Sachverhalten überhaupt nur in ihren § 7, § 19 und § 39, die die Kooperation des damaligen BAWE mit ausländischen Aufsichtsbehörden normierten. Die Nicht-Regelung internationaler Aspekte des Privatrechts der Wertpapiergeschäfte war durchaus konsequent, wurde das Wertpapierprivatrecht doch generell mit weitgehender Missachtung gestraft: Das WpHG von 1994 enthielt mit dem den Stimmrechtsverlust bei Verstößen gegen die Vorschriften zur Beteiligungstransparenz anordneten § 28 nur eine einzige zivilrechtliche Bestimmung. Auch heute und damit ungezählte Gesetzesänderungen später liegt es kaum besser: Zumindest explizit zivilrechtliche Regelungen finden sich nur in den § 44 (Rechtsverlust bei Verstoß gegen die Pflicht zur Beteiligungstransparenz), § 52 (Ausschluss der Anfechtung), § 97, § 98 (Haftung des Emittenten bei Verstoß gegen ad hoc-Pflichten), § 99 (Ausschluss des Wetteinwands bei Termingeschäften) sowie in der Beschränkung von Schiedsabreden in Bezug auf Streitigkeiten aus Wertpapierdienstleistungen und -nebendienstleistungen sowie aus Termingeschäften (§ 101 WpHG). Für grenzüberschreitende Sachverhalte ist zwar im WpHG eine deutliche Normenvermehrung gegenüber 1994 zu konstatieren,[2] die jedoch überwiegend auf der zunehmenden Verzahnung der BaFin mit den Aufsichtsbehörden der anderen Mitgliedstaaten sowie mit den europäischen Agenturen im „europäischen Mehrebenensystem“ beruht und damit erneut das Verwaltungsverfahrensrecht betrifft.[3]

Nach alledem überrascht es kaum, dass auch die außerhalb des WpHG angesiedelten allgemeinen Bestimmungen des Internationalen Privatrechts natio-

**1** Als Art. 1 des Gesetzes über den Wertpapierhandel und zur Änderung börsenrechtlicher und wertpapierrechtlicher Vorschriften (Zweites Finanzmarktförderungsgesetz) vom 26. Juli 1994, BGBl. I, 1749, in Kraft getreten am 1. Januar 1995, vgl. Art. 20 des 2. FiMaFöG.

**2** Vgl. § 18 – § 20, § 111 WpHG.

**3** Darüber hinaus erweitert § 1 Abs. 2 WpHG den territorialen Geltungsbereich des WpHG dahingehend, dass er bestimmte im Ausland vorgenommene Handlungen und Unterlassungen dem hiesigen Recht unterstellt.

https://doi.org/10.1515/9783110632323-051

naler Prägung im Jahr 1994 noch auf jegliche Sonderregelung für grenzüberschreitende Fragen des Wertpapierhandelsrechts verzichteten. Nun ist die Materie heutzutage bekanntlich weitestgehend unmittelbar unionsrechtlich normiert , ohne dass sich hierdurch Entscheidendes geändert hätte. Dies gilt zunächst für das Sachrecht: Die das Recht der Insidergeschäfte, der Marktmanipulation und der Offenlegungspflichten regelnde Marktmissbrauchsverordnung (MAR)[4] nebst ihrer zahlreichen Ausführungsregeln entbehrt bekanntlich jeglicher privatrechtlicher Ambition und damit auch des Kollisionsrechts und für das Regulierungspaket MiFID II[5] gilt Gleiches. Das unterscheidet das europäische Wertpapierhandelsrecht von dem auf den Primärmarkt abzielenden und daher an dieser Stelle nicht näher zu vertiefende Prospektrecht; insoweit schreibt Art. 6 der Prospekt-RL von 2003,[6] der mit Wirkung zum 21. Juli 2019 durch den weitgehend inhaltsgleichen Art. 11 EuProspektVO abgelöst werden wird,[7] den Mitgliedstaaten immerhin die Schaffung einer privatrechtlichen Haftungsregelung vor. Einen genuin unionsrechtlichen Anspruchstatbestand enthält ferner Art. 11 Abs. 2 der PRIIP-VO[8] für den Fall der Verwendung fehlerhafter oder irreführender Produktinformationsblätter für verpackte Anlageprodukte, der allerdings so lückenhaft ist, dass ergänzend das vom Kollisionsrecht berufene nationale Recht heranzuziehen ist. Nur wenig besser liegt es auf der Ebene des verordnungsbasierten Europäischen Internationalen Privatrechts in Form der seit Dezember bzw. Januar 2009 anwendbaren Verordnungen „Rom I“[9] und „Rom II“[10]. Die für die Kapital-

4 Verordnung (EU) Nr. 596/2014 des Europäischen Parlaments und des Rates vom 16. April 2014 über Marktmissbrauch (Marktmissbrauchsverordnung) etc., ABl. L 173, 1.

5 Richtlinie 2014/65/EU des Europäischen Parlaments und des Rates vom 15. Mai 2014 über Märkte für Finanzinstrumente etc., ABl. L 173, 349.

6 Richtlinie 2003/71/EG des Europäischen Parlaments und des Rates vom 4. November 2003 betreffend den Prospekt, der beim öffentlichen Angebot von Wertpapieren oder bei deren Zulassung zum Handel zu veröffentlichen ist etc., ABl. L 345, 64.

7 Verordnung (EU) 2017/1129 des Europäischen Parlaments und des Rates vom 14. Juni 2017 über den Prospekt, der beim öffentlichen Angebot von Wertpapieren oder bei deren Zulassung zum Handel an einem geregelten Markt zu veröffentlichen ist etc., ABl. L 168, 12.

8 Verordnung (EU) Nr. 1286/2014 des Europäischen Parlaments und des Rates vom 26. November 2014 über Basisinformationsblätter für verpackte Anlageprodukte für Kleinanleger und Versicherungsanlageprodukte (PRIIP), ABl. 352, 2014.

9 Verordnung (EG) Nr. 593/2008 des Europäischen Parlaments und des Rates vom 17. Juni 2008 über das auf vertragliche Schuldverhältnisse anzuwendende Recht (Rom I), ABl. L 177, 6, gem. Art. 28 anwendbar auf ab dem 17. Dezember 2009 geschlossene Verträge.

10 Verordnung (EG) Nr. 864/2007 des Europäischen Parlaments und des Rates vom 11. Juli 2007 über das auf außervertragliche Schuldverhältnisse anzuwendende Recht („Rom II“), ABl. L 199, 40, gem. Art. 31 anwendbar auf schadensbegründende Ereignisse, die ab dem 11. Januar 2009 eingetreten sind.

marktinformationshaftung entscheidende Rom II-VO enthält gerade kein spezifisches Kapitalmarktkollisionsrecht und stellt Praxis und Wissenschaft aufgrund ihrer Fixierung auf die Anwendung des am „Erfolgsort" des außervertraglichen Schuldverhältnisses geltenden Rechts vor erhebliche Probleme bei der Entwicklung zufriedenstellender Lösungen. Eine hervorhebenswerte Ausnahme macht die Rom I-VO, die für sämtliche Verträge, die innerhalb eines „multilateralen Systems" geschlossen werden, die Geltung des für den Handelsplatz maßgeblichen Rechts anordnet.[11]

Zusammenfassend ist zu konstatieren, dass der Normbestand des nationalen und europäischen Wertpapierhandelsrechts noch so gewachsen, die Regulierung noch so pointilistisch geworden sein mag, dies jedoch nichts daran geändert hat, dass die grenzüberschreitenden Aspekte des Wertpapierhandels weiterhin einer der „blind spots" der Materie sind. Die nachfolgende Untersuchung soll daher ein wenig Licht in das Dunkel bringen und sich dabei vom sicheren Boden des Vertragsrechts vortasten in die noch immer umstrittenen Bereiche des Internationalen Kapitalmarktdeliktsrechts sowie des auf die Sanktionen bei Verstoß gegen die Verpflichtungen zur Beteiligungstransparenz anwendbaren Rechts.

## II. Internationales Vertragsrecht der Wertpapierdienstleistungen

Weithin unproblematisch gestaltet sich seit jeher die kollisionsrechtliche Beurteilung von Verträgen über Wertpapierdienstleistungen, die Anleger mit Wertpapierfirmen schließen: Das früher in den §§ 31 ff. WpHG 1994, heutzutage in den §§ 63 ff. WpHG n.F. normierte Aufsichtsrecht der Wertpapierdienstleistungen wurde auf der privatrechtlichen Ebene schon immer gespiegelt durch ein paralleles vertragsrechtliches Regime, das über das Vorliegen, den Inhalt und die Haftungsfolgen insbesondere von Beratungsverträgen und Geschäftsbesorgungsverhältnissen (insbesondere von Kommissionsverträgen im Effektengeschäft) zwischen Anlegern und Wertpapierdienstleistungsunternehmen entscheidet. Auf der kollisionsrechtlichen Ebene ergaben und ergeben sich insoweit gegenüber sonstigen Vertragsverhältnissen keine Besonderheiten: Während die Materie ursprünglich durch die Art. 27 – Art. 37 EGBGB (in Umsetzung des Römischen EWG-Übereinkommens über das auf vertragliche Schuldverhältnisse

---

11 Dazu ausf. unter III.

anwendbaren Rechts[12]) normiert war, gelten heute die weitgehend inhaltsgleichen Bestimmungen der Rom I-VO. Nach Art. 27 EGBGB, Art. 3 Rom I-VO war und ist grundsätzlich anzuwenden das Recht des Staates, dessen Geltung die Parteien vereinbart haben. Fehlt es an einer Rechtswahl, muss objektiv angeknüpft werden; Art. 28 EGBGB, Art. 4 Abs. 2 Rom I-VO beriefen bzw. berufen insoweit das Recht des Staates, in dem der Wertpapierdienstleister als Erbringer der vertragscharakteristischen Leistung seinen gewöhnlichen Aufenthalt hat.[13] Das spezielle verbraucherschutzrechtliche IPR-Regime des früheren Art. 29 EGBGB und des heutigen Art. 6 Rom I-VO spielt im Bereich der Wertpapiergeschäfte nur eine geringe Rolle: Es erfordert, dass der im Ausland ansässige Wertpapierdienstleister den Verbraucher grenzüberschreitend in dessen Heimatstaat anspricht.[14] Das aber kommt nur vergleichsweise selten vor, da sich Anleger typischer Weise an ihre lokalen Kreditinstitute wenden. Anderes mag es im Einzelfall gerade Bezug auf Wertpapierkommissionsgeschäfte im Rahmen des *online-brokerage* vorkommen, wenn das Depot bei einem ausländischen Anbieter geführt wird. Hier war und ist bei Vorliegen einer Rechtswahl gem. Art. 6 Abs. 2 S. 2 Rom I-VO zum Schutz des Verbrauchers dessen Heimatrecht anzuwenden, soweit dieses für ihn günstiger sein sollte als ein gewähltes Recht. Fehlt es an einer Rechtswahl, gilt gem. Art. 6 Abs. 1 Rom I-VO im Rahmen der objektiven Anknüpfung das Heimatrecht des Verbrauchers.

## III. Anknüpfung von „Börseninnengeschäften“ im weiteren Sinne

Ebenfalls vergleichsweise gesichert war und ist die Behandlung von Börseninnengeschäften im Sinne der auf einem regulierten Handelsplatz zustandekommenden Erwerbs- bzw. Veräußerungsgeschäfte. Da das *matching* der korrespondierenden Kauf- und Verkauforder anonym (zumeist über ein elektronisches Handelssystem) erfolgt, d.h. Käufer und Verkäufer in aller Regel keine Kenntnis von der Identität der jeweiligen Gegenpartei haben, spielt die Rechtswahl insoweit praktisch keine Rolle.[15] Auch verbraucherkollisionsrechtliche Fragen sind

12 Übereinkommen von Rom über das auf vertragliche Schuldverhältnisse anzuwendende Recht vom 19. Juni 1980, ABl. L 226, 1 = BGBl. 1986 II, 809.

13 Dazu *Freitag* in Reithmann/Martiny, Internationales Vertragsrecht, 8. Aufl. 2016, Rn. 6.557 ff.

14 Vgl. zu den situativen Voraussetzungen Art. 6 Abs. 1 Rom I-VO.

15 Sie wäre überhaupt nur mittelbar und sternförmig denkbar: So kann der Betreiber des Handelsplatzes mit sämtlichen zu dem Handelssystem zugelassenen Händlern (in seinen AGB) ver-

hier wenig bedeutsam, weil Verbraucher keinen direkten Zugang zu den Handelsplätzen haben, sondern mittelbar über dort zugelassene Finanzintermediäre (*broker*) agieren müssen, die bei Platzierung der ihnen erteilten Aufträge am Handelsplatz im eigenen Namen handeln.

Bei der damit allein relevanten objektiven Anknüpfung der am Handelsplatz geschlossenen B2B-Geschäfte wurde früher an das am Ort der Börse geltende Recht angeknüpft, da zu diesem die engste Verbindung im Sinne des Art. 28 Abs. 1 S. 1 EGBGB bestand.[16] Die Rom I-VO enthält in ihren Art. 4 Abs. 1 lit. h), Art. 6 Abs. 4 lit. e) Rom I-VO eine explizite Regelung in diesem Sinne jedenfalls für Vertragsschlüsse, die „innerhalb eines multilateralen Systems geschlossen werden, das die Interessen einer Vielzahl Dritter am Kauf und Verkauf von Finanzinstrumenten im Sinne von Artikel 4 Absatz 1 Nummer 17 der Richtlinie 2004/39/EG nach nicht-diskretionären Regeln und nach Maßgabe eines einzigen Rechts zusammenführt oder das Zusammenführen fördert [...]." Erwägungsgrund (28) (in Verbindung mit Erwägungsgrund (18)) zur Rom I-VO erläutert, dass diese Regelung sicherstellen soll, dass sämtliche Verträge, die an Börsen und MTF geschlossen werden, unabhängig von der Verbraucher- oder Unternehmereigenschaft der Parteien dem selben Recht unterliegen. Diese trägt dem Gedanken der Gleichbehandlung der Marktteilnehmer Rechnung, sichert den Preisfindungs- und Vertragsschlussmechanismus des Betreibers gegen störende Einflüsse anderer Rechtsordnungen ab und garantiert einen Gleichlauf von Privat- und Aufsichtsrecht.[17]

Diese auf die MiFID I[18] Bezug nehmende kollisionsrechtliche Regelung erfasst indes ausschließlich Vertragsschlüsse, die an regulierten Märkten und MTFs

einbaren, dass für die Rechtsbeziehungen der Händler untereinander in Bezug auf über die Handelsplattform geschlossene Verträge das in den AGB des Betreibers bestimmte Recht gelten soll. Allerdings ist äußerst fraglich, ob eine derartige „im Dreieck" verabredeten Rechtswahl tatsächlich eine Rechtswahl im Sinne des Art. 3 Rom I-VO darstellt oder ob die jeweils bilaterale Verpflichtung der Teilnehmer gegenüber dem Betreiber lediglich im Rahmen der objektiven Ermittlung des Vertragsstatuts nach Art. 4 Abs. 5 Rom I-VO als tatsächlicher Umstand Beachtung findet.

**16** Nachw. bei *Martiny* in Münchener Kommentar zum BGB, Bd. 10, 4. Aufl. 2006, Art. 28 EGBGB Rn. 378.

**17** Allg. Meinung, vgl. nur *Müller*, Finanzinstrumente in der Rom I-VO, 2011, 220 ff.; *Dicke*, Kapitalmarktgeschäfte mit Verbrauchern unter der Rom I-VI, 2015, 37 ff.; *Lehmann* in Münchener Kommentar zum BGB, Bd. 12, 7. Aufl. 2018, IFMR Rn. 523 ff.; *Magnus* in Staudinger, BGB, 2016, Art. 4 Rom I-VO Rn. 89; *Thorn* in Rauscher, EuIZPR/EuIPR, Bd. III, 4. Aufl. 2016, Art. 4 Rom I-VO Rn. 74.

**18** Richtlinie 2004/39/EG des Europäischen Parlaments und des Rates vom 21. April 2004 über Märkte für Finanzinstrumente etc., ABl. L 145, 1.

vermittelt werden. Sie gilt dagegen nicht für Vertragsschlüsse über OTF – zum einen, weil die Regulierung von OTF überhaupt erst mit der MiFID II und damit nach den Arbeiten an der Rom I-VO eingeführt wurde,[19] zum anderen, weil der Betreiber eines OTF gem. Art. 20 Abs. 6 MiFID II (§ 75 Abs. 6 WpHG) ausnahmsweise auch nach seinem Ermessen in den Handel eingreifen kann und es sich bei einem OTF daher nicht um einen Handelsplatz handelt, auf dem ausschließlich nach nicht-diskretionären Kriterien gehandelt wird. Dennoch wird man die Wertung des Art. 4 Abs. 1 lit. h) Rom I-V auch auf Verträge übertragen müssen, die an einem OTF geschlossen werden, da sämtliche der o.g. Zwecke des Art. 4 Abs. 1 lit. h) Rom I-VO auch für OTF Geltung beanspruchen. Ob man Art. 4 Abs. 1 lit. h) Rom I-VO vor diesem Hintergrund analog anwendet oder seine Wertungen im Rahmen des Art. 4 Abs. 5 Rom I-VO zur Begründung der engsten Beziehung des Vertrages zum Recht des Handelsplatzes heranzieht, steht sich im Ergebnis gleich.

## IV. Beteiligungstransparenz: Gesellschafts- v. Kapitalmarktstatut

### 1. Europäisches Herkunftslandprinzip und WpHG

Bereits in seiner Urfassung von 1994 schrieb das WpHG in Bezug auf die Beteiligungstransparenz sowohl das Herkunftslandprinzip als auch einen spezifisch gesellschaftsrechtlichen Sanktionsmechanismus fest: Gem. § 21 Abs. 1 WpHG 1994 waren die Gesellschafter einer „börsennotierten Gesellschaft“ verpflichtet, dem Emittenten sowie dem damaligen BaWe die Erreichung, Über- oder Unterschreitung bestimmter Beteiligungsschwellen mitzuteilen. Der Anwendungsbereich der Regelungen war nach § 21 Abs. 2 WpHG 1994 – in Einklang mit Art. 1 Abs. 1 Transparenz-RL 1988[20] – beschränkt auf „Gesellschaften mit Sitz im Inland, deren Aktien zum amtlichen Handel an einer Börse in einem Mitgliedstaat der Europäischen Gemeinschaften oder in einem anderen Vertragsstaat des Abkommens über den Europäischen Wirtschaftsraum zugelassen sind.“ Hatte der im Inland börsennotierte Emittent dagegen seinen Sitz im Ausland, so statuierte § 26 Abs. 1 WpHG 1994 – in Übereinstimmung mit Art. 1 Abs. 4 Transparenz-RL 1988 – eine Meldepflicht allein für den Emittenten und auch nur für den Fall, dass dieser

19 Vgl. Art. 4 Abs. 1 Nr. 23 MiFID II.

20 Vgl. Art. 1 Abs. 1, Art. 4, Art. 15 der Richtlinie 88/627/EWG des Rates vom 12. Dezember 1988 über die bei Erwerb und Veräußerung einer bedeutenden Beteiligung an einer börsennotierten Gesellschaft zu veröffentlichenden Informationen, ABl. L 348, 62.

seinerseits vom Erreichen bzw. Über- oder Unterschreiten der relevanten Schwellenwerte Kenntnis erlangt hatte. Eine Sonderregelung galt für im Inland börsennotierte Emittenten mit Sitz in einem anderem Mitgliedstaat von Europäischer Gemeinschaft oder EWR: EG- bzw. EU- und EWR-Emittenten unterlagen auch bei inländischer Börsennotierung keiner inländischen Publizitätspflicht, weil sie aufgrund korrespondierender Umsetzungsbestimmungen ihres Sitzstaates nach dessen Recht publizitätspflichtig waren.[21] Die inländische Börsennotierung begründete für EU- und EWR-Emittenten gem. § 26 Abs. 3 WpHG 1994 daher lediglich die zusätzliche Verpflichtung, die im Heimatstaat erfolgte Publikationen auch im Inland in einem überregionalen Börsenpflichtblatt in deutscher Sprache zu veröffentlichen.[22] Als Rechtsfolge einer Verstoßes gegen § 21 Abs. 1 WpHG 1994 ordnete § 28 WpHG 1994 den Stimmrechtsverlust des Gesellschafters an. Diese spezifisch gesellschaftsrechtliche Sanktionsregelung war 1994 nur bedingt unionsrechtlich determiniert, schrieb doch Art. 15 der Transparenz-RL 1988 den Mitgliedstaaten lediglich vor, „angemessene Sanktionen" zu verhängen. Heute gilt insoweit die Regelung des § 44 WpHG, der neben dem Verlust des Stimmrechts insbesondere auch einen solchen des Dividendenanspruchs vorsieht.

An dieser Situation hat sich auch unter Geltung der Transparenz-RL von 2004,[23] die trotz zahlreicher Änderungen bis heute gilt, nichts Grundsätzliches geändert. Nach Art. 9 Abs. 1 Transparenz-RL 2004 unterliegen börsennotierte Emittenten und ihre Aktionäre ausschließlich den Transparenzpflichten ihres „Herkunftsmitgliedstaates" (*home Member State*), der grundsätzlich der Staat des Sitzes des Emittenten ist, vgl. Art. 2 Abs. 1 lit. i), UA 1, 1. Spiegelstrich der RL. Deutschland ist allerdings gem. Art. 2 Abs. 1 lit. i), UA 1, 2. Spiegelstrich zusätzlich Herkunftsstaat von Emittenten mit Sitz in einem Drittstaat, falls (i) die Aktien ausschließlich in Deutschland zum Handel an einem regulierten Markt zugelassen sind, oder (ii) wenn (a) die Aktien in Deutschland und einem oder mehreren anderen EU- bzw. EWR-Mitgliedstaaten zum Handel zugelassen sind und (b) der Emittent entweder (x) in Einklang mit Art. 2 Abs. 1 lit. i), UA 2 in Verbindung mit Art. 20, 21 der RL Deutschland zu seinem Herkunftsstaat bestimmt oder (y) er nicht innerhalb der maßgeblichen Frist eine entsprechende Wahl getroffen hat (Art. 2 Abs. 1 lit. i), UA 3 Transparenz-RL 2004). Das deutsche Recht setzt diese

21 Vgl. Regierungsbegründung zum 2. FMFG, BT-Drucks. 12/6679, 55.

22 Grundlage dieser Regelung war Art. 1 Abs. 4 Transparenz-RL 1988.

23 Richtlinie 2004/109/EG des Europäischen Parlaments und des Rates vom 15. Dezember 2004 zur Harmonisierung der Transparenzanforderungen in Bezug auf Informationen über Emittenten, deren Wertpapiere zum Handel auf einem geregelten Markt zugelassen sind etc., ABl. L 390, 38, zuletzt geändert.

Vorgaben derzeit in § 33 Abs. 1 WpHG in Verbindung mit der Legaldefinition des Herkunftsstaates in § 1 Abs. 13 Nr. 1 WpHG und den die Wahl des Herkunftsstaates regelnden § 4, § 5 WpHG inhaltlich korrekt, wenn auch kaum mehr verständlich[24] um. Auf der Sanktionenebene schreibt Art. 28b Abs. 2 der Transparenz-RL 2004 mittlerweile den Verlust des Stimmrechts unionsrechtlich zumindest bei „besonders schwerwiegenden" Pflichtverletzungen vor. Gem. Art. 28b Abs. 3 der RL dürfen die Mitgliedstaaten aber auch weitergehende Sanktionen anordnen, so dass das deutsche Recht mit § 44 WpHG, der sowohl eine Suspendierung der Stimm- wie der Gewinnbezugsrechte vorsieht, auch heute noch in unionsrechtlich zulässiger Weise über die europäischen Mindeststandards hinausgeht.

Ob der für die Bestimmung des Herkunfts- bzw. Herkunftsmitgliedstaates im deutschen und europäischen Recht maßgebliche „Sitz" eines Emittenten an dessen Verwaltungs- oder Satzungssitz liegt, ist umstritten. Das BVerwG geht implizit,[25] das überwiegende Schrifttum explizit[26] von der Maßgeblichkeit des Satzungs- und nicht des Verwaltungssitzes aus. Begründet wird dies maßgeblich mit der primärrechtlichen Judikatur des EuGH zur Niederlassungsfreiheit von Gesellschaften. Diese kann freilich allenfalls ein Indiz für das Verständnis des EU-Sekundärrechts sein, solange dessen womöglich abweichendes Konzept die Mobilität von Gesellschaften nicht unter Verstoß gegen die Grundfreiheiten beschränkt. Entscheidend ist jedenfalls zunächst der Wortlaut der Transparenz-RL 2004,[27] der in der Tat für die Maßgeblichkeit des Satzungssitzes spricht. In der englischen Sprachfassung des Art. 2 Abs. 1 lit. i) sowie des Erwägungsgrundes (6) ist vom „registered office" des Emittenten die Rede, d.h. von dessen eingetragenem Sitz. Das ist zwar kein ganz eindeutiger Hinweis auf den Satzungssitz, da Mitgliedstaaten theoretisch auch den effektiven Verwaltungssitz einer Gesellschaft in das Register eintragen könnten. Dergleichen kommt indes in der rechtsvergleichenden Praxis nicht vor[28] und ist jedenfalls in Bezug auf EU-Aktiengesellschaften nicht denkbar: Denn das Unionsrecht – zunächst in Form des Art. 3 Abs. 1 lit. a) der Zweiten Gesellschaftsrechtlichen RL von 1976,[29] in jüngerer

---

**24** Krit. auch *Lehmann* (Fn. 14), IFMR Rn. 157, 165.

**25** BVerwG 24. 5. 2011 – 7 C 6/10, NVwZ 2011, 1012 Rn. 19.

**26** *Assmann* in Assmann/Schneider/Mülbert, Wertpapierhandelsrecht, 7. Aufl. 2019, § 2 WpHG Rn. 224, *Baum* in Hirte/Möllers, KK-WpHG, 2. Aufl. 2014, § 2 WpHG Rn. 234; *Fuchs* in Fuchs, WpHG, 2. Aufl. 2016, § 2 Rn. 169; *Kumpan* in Schwark/Zimmer, Kapitalmarktrechts-Kommentar, 4. Aufl. 2016, § 2 WpHG Rn. 122.

**27** Wie hier *Ringe* AG 2007, 809, 810 f.

**28** Dort sind allenfalls Regeln wie diejenige des § 4 AktG idF vor dem MoMiG verbreitet, wonach der Satzungssitz im Mitgliedstaat des Verwaltungssitzes liegen muss.

**29** Zweite Richtlinie 77/91/EWG des Rates vom 13. Dezember 1976 zur Koordinierung der Schutzbestimmungen, die in den Mitgliedstaaten den Gesellschaften im Sinne des Artikels 58

Zeit gem. Art. 4 lit. a) der Gesellschaftsrechtlichen RL von 2017[30] – verlangt zumindest in der englischsprachigen Fassung[31], dass Aktiengesellschaften in ihrer Satzung oder in ihrem „instrument of incorporation" das „registered office" angeben. Der Satzungssitz wiederum ist gem. Art. 3 der Ersten Gesellschaftsrechtlichen RL von 1977[32] bzw. Art. 14 lit. a) der Gesellschaftsrechtlichen RL auch in das Handelsregister einzutragen und wird damit registriert, so dass Satzungs- und Registersitz identisch sein müssen. Darüber hinaus erklärt jedenfalls die französische Sprachfassung des Art. 2 Abs. 1 lit. i) der Transparenz-RL 2004 explizit den „siège statutaire" für maßgeblich.[33]

## 2. Ratio des Herkunftslandprinzips

Das Herkunftslandprinzip im Bereich der Beteiligungstransparenz soll nach Aussagen des europäischen Gesetzgebers einen Gleichlauf mit dem Recht der Zulassung von Börsenprospekten gewährleisten,[34] für das das Unionsrecht ebenfalls auf den Sitzstaat des Emittenten abstellt[35]. Diese Aussage allerdings ist

Absatz 2 des Vertrages im Interesse der Gesellschafter sowie Dritter für die Gründung der Aktiengesellschaft sowie für die Erhaltung und Änderung ihres Kapitals vorgeschrieben sind, um diese Bestimmungen gleichwertig zu gestalten, ABl. L 26, 1.

**30** Richtlinie (EU) 2017/1132 des Europäischen Parlaments und des Rates vom 14. Juni 2017 über bestimmte Aspekte des Gesellschaftsrechts, ABl. L 169, 46.

**31** In der deutschen Sprachfassung ist nur vom „Sitz" die Rede, in der französischen vom „siège social".

**32** Erste Richtlinie 68/151/EWG des Rates vom 9. März 1968 zur Koordinierung der Schutzbestimmungen, die in den Mitgliedstaaten den Gesellschaften im Sinne des Artikels 58 Absatz 2 des Vertrages im Interesse der Gesellschafter sowie Dritter vorgeschrieben sind, um diese Bestimmungen gleichwertig zu gestalten, ABl. L 65, 8.

**33** Anders dagegen die französische Fassung des Erwägungsgrundes (6) zur Richtlinie, wo vom „siège social" die Rede ist, der gem. Art. 210 – 3 franz. Code de commerce im Zweifel eher den tatsächlichen Verwaltungssitz (siège réel) bezeichnet.

**34** Vgl. Erwägungsgrund (6) der Richtlinie.

**35** Vgl. die eindeutige Zuständigkeitsregelung in den bei Erlass der Transparenz-RL (und derzeit noch immer) maßgeblichen Art. 13 Abs. 1 iVm Art. 2 Abs. 1 lit. m) der Prospekt-RL (Richtlinie 2003/71/EG des Europäischen Parlaments und des Rates vom 4. November 2003 betreffend den Prospekt, der beim öffentlichen Angebot von Wertpapieren oder bei deren Zulassung zum Handel zu veröffentlichen ist etc., ABl. L 345, S. 64). Mit Inkrafttreten der EuProspektVO wird im Ergebnis im Wesentlichen Gleiches gelten. Zwar spricht der die Zuständigkeiten regelnde Art. 20 Abs. 1 EuProspektVO nur von der „zuständigen Behörde", ohne auf den Herkunftsmitgliedstaat iSd Legaldefinition des Art. 2 lit. m) EuProspektVO zu verweisen. Doch ergibt sich die grundsätzliche Zuständigkeit der Herkunftsstaatbehörden implizit aus Art. 20 Abs. 8 EuProspektVO, der eine

fragwürdig,[36] da sie bis auf den Aspekt der rechtlichen Kohärenz nicht erklären kann, warum der Gleichlauf aufgrund der Besonderheiten der Materie sachlich geboten sein könnte.

So streitet für das Herkunftsstaatsprinzip sicherlich der Gedanke, dass die Aufsichtsbehörden des Herkunftsmitgliedstaates in aller Regel den besten Zugriff auf den Emittenten haben, d. h. das europäische und nationale öffentliche Kapitalmarktrecht am effektivsten durchsetzen können.[37] Der Kontakt mit den Behörden seines Herkunfts-, d. h. Heimatstaates ist auch für den Emittenten in der Regel am kostengünstigsten und häufig einfacher als derjenige mit fremden Aufsichtsbehörden, was letztlich auch den Anlegern zu Gute kommt.

Insbesondere aber ist auf der spezifisch gesellschaftsrechtlichen Ebene zu beachten, dass das Herkunftslandprinzip bei grenzüberschreitenden Sachverhalten zu einem Gleichlauf von Gesellschafts- und Transparenzstatut führt, der nach derzeitigem Rechtsstand essentiell für ein effektives *enforcement* der zivilrechtlichen Sanktionen ist, die an Verstöße der Aktionäre gegen die Meldepflichten anknüpfen: Die Suspendierung von Stimm- und Gewinnbezugsrechten wirkt sich naturgemäß zuvörderst innergesellschaftlich aus. Im Wesentlichen spielen sie eine Rolle bei Streitigkeiten über die (Un-)Wirksamkeit von Gesellschaftsbeschlüssen, an denen die betroffenen Gesellschafter mitgewirkt haben bzw. hätten mitwirken wollen, sowie bei Fragen der Existenz bzw. Höhe von Dividendenansprüchen der Aktionäre. Gem. Art. 16 Nr. 2 des Brüsseler Übereinkommens über die gerichtliche Zuständigkeit und die Anerkennung gerichtlicher Entscheidungen in Zivil- und Handelssachen (EuGVÜ),[38] das bei Inkrafttreten des WpHG 1994 galt und dessen Regelungsgehalt sich unverändert – über den Zwischenschritt des Art. 22 Nr. 2 Brüssel I-VO[39] – heute in Art. 24 Nr. 2 Brüssel Ia-VO[40] findet, besteht jedenfalls für Klagen, die die Gültigkeit oder die Nichtigkeit der Beschlüsse von Organen juristischer Personen zum Gegenstand haben, eine ausschließliche Internationale Zuständigkeit der Gerichte desjenigen Mitglied-

---

abweichende Zuständigkeitsregelung im Einvernehmen mit dem Aufnahmemitgliedstaat ausnahmsweise ermöglicht.

**36** Krit. etwa auch *Lehmann* (Fn. 14), IFMR Rn. 157.

**37** So Erwägungsgrund (14) Prospekt-RL, Erwägungsgrund (11) EuProspektVO.

**38** Übereinkommen von Brüssel von 1968 über die gerichtliche Zuständigkeit und die Vollstreckung gerichtlicher Entscheidungen in Zivil- und Handelssachen, ABl. L 299, 32.

**39** Verordnung (EG) Nr. 44/2001 des Rates vom 22. Dezember 2000 über die gerichtliche Zuständigkeit und die Anerkennung und Vollstreckung von Entscheidungen in Zivil- und Handelssachen, ABl. L 12, 1.

**40** Verordnung (EU) Nr. 1215/2012 des Europäischen Parlaments und des Rates vom 12. Dezember 2012 über die gerichtliche Zuständigkeit und die Anerkennung und Vollstreckung von Entscheidungen in Zivil- und Handelssachen, ABl. L 351, 1.

staates, in dessen Hoheitsgebiet die Gesellschaft oder juristische Person ihren „Sitz“ hat[41].[42] Damit sind Streitigkeiten über die Wirksamkeit von Gesellschafterbeschlüssen zwingend im Herkunftsmitgliedstaat der Gesellschaft auszutragen. Für Streitigkeiten über Dividendenansprüche von Gesellschaftern greift diese Zuständigkeitsregelung zwar nicht ein, doch kann der Gesellschafter, der seinen Gewinnanspruch geltend macht, zumindest eine in der EU ansässige Gesellschaft an deren allgemeinen Gerichtsstand gem. Art. 4 Abs. 1 Brüssel Ia-VO verklagen, d. h. an ihrem „Wohnsitz“ gem. Art. 63 Brüssel Ia-VO, der zumindest auch an deren Satzungssitz belegen ist, nicht aber am Ort ihrer Börsenzulassung. Für Streitigkeiten über Dividendenansprüche greift zudem der besondere Vertragsgerichtsstand des Art. 7 Nr. 1 Brüssel Ia-VO, der für EU-Gesellschaften wiederum zum Recht des Staates des Satzungssitzes führt.[43] Die Begründung einer Internationalen Zuständigkeit der Gerichte am Ort des Handelsplatzes für Streitigkeiten über die gesellschaftsrechtlichen Folgen von Meldepflichtverletzungen bedürfte daher in Bezug auf Emittenten aus der EU einer gesonderten unionsrechtlichen Anordnung, da sich aus Art. 5 Brüssel Ia-VO deren grundsätzlich abschließende Natur ergibt. Für drittstaatliche Emittenten gilt dies zwar nicht, d. h. hier könnte eine Zuständigkeit mit der inländischen Börsenzulassung begründet werden und daher im Inland über die Auswirkungen der gesellschaftsrechtlichen Sanktionen des inländischen Kapitalmarktrechts gestritten werden. Entsprechende Zuständigkeitsregeln sehen die autonomen Rechte der Mitgliedstaaten indes dennoch aus gutem Grund nicht vor. Denn man will sich schon deswegen nicht mit „fremden“ gesellschaftsrechtlichen Streitigkeiten befassen, weil kaum damit zu rechnen ist, dass entsprechende Urteile im ausländischen Sitzstaat, wo sie im Zweifel vollstreckt werden müssten, überhaupt anerkannt werden.

Darüber hinaus ist auf der kollisionsrechtlichen Ebene zu bedenken, dass sowohl Fragen des Stimmrechts wie auch des Dividendenanspruchs als innergesellschaftliche Fragen unbestritten primär dem Gesellschaftsstatut unterliegen, das jedenfalls in Bezug auf Gesellschaften aus EU und EWR dem am Satzungssitz der Gesellschaft geltenden Recht entnommen wird.[44] Die vom deutschen Recht

---

**41** Der zuständigkeitsrechtliche „Sitz“ war und ist gem. Art. 16 Nr. 2 S. 2 EuGVÜ, Art. 22 Nr. 2 S. 2 Brüssel I-VO, Art. 24 Nr. 2 S. 2 Brüssel Ia-VO nach nationalem Recht zu ermitteln, was damals wiederum zum inländischen Verwaltungssitz führte.

**42** Auf die Problematik von Drittstaatensachverhalten soll hier nicht näher eingegangen werden, vgl. dazu *Gottwald* in Münchener Kommentar zur ZPO, Bd. III, 5. Aufl. 2017, Art. 24 Brüssel Ia-VO Rn. 5.

**43** Näher *Gottwald* (Fn. 43), Art. 7 Brüssel Ia-VO Rn. 5 ff.; *Leible* in Rauscher, EuIZPR/EuIPR, Bd. I, 4. Aufl. 2016, Art. 7 Brüssel Ia-VO Rn. 26.

**44** Was freilich bei Erlass des WpHG 1994 noch nicht eindeutig obergerichtlich geklärt war.

angeordneten gesellschaftsrechtlichen Sanktionen könnten daher von einem hypothetisch zuständigen inländischen Gericht gegenüber den Gesellschaftern drittstaatlicher Emittenten überhaupt nur durchgesetzt werden, falls man sie als Eingriffsnormen qualifizierte. Hierfür lassen sich zwar durchaus gute Argumente erwägen, doch scheiterte die praktische Rechtsdurchsetzung nach dem Gesagten ohnedies im Regelfall am Internationalen Zuständigkeitsrecht.

Schließlich mag man dem Herkunftslandprinzip zu Gute halten, dass es Regulierungsarbitrage verhindert – ein Emittent, der die für ihn lästigen Beteiligungsregeln seines Herkunftsrechts vermeiden will, muss hierzu seinen Satzungssitz verlegen. Das ist in aller Regel mit größeren Kosten und Nachteilen verbunden als die Auswahl oder nachträgliche Änderung des Ortes der Börsenzulassung.

## 3. Kritik

Die aktuell geltenden Regelungen können trotz der genannten Vorteile nicht überzeugen; sie sind jedenfalls im Jahr 2019 kaum mit dem Wunsch nach einem einheitlichen europäischen Kapitalmarkt vereinbar. Die Transparenzpflichten für börsennotierte Gesellschaften als solche (d. h. die Bilanzierungspflichten) wie auch solche über die Höhe des Stimmrechtsbesitzes einzelner Aktionäre dienen unbestreitbar der Marktinformation, nicht so sehr gesellschaftsrechtlichen Zwecken. Zwar lassen sich Gesellschafts- und Kapitalmarktrecht gerade in Bezug auf die hier relevante Thematik nicht trennscharf auseinanderhalten; der Anleger, der in Gesellschaftsanteile investiert, ist zwingend auch Aktionär und es ist auch für den „normalen" Aktionär der nicht kapitalmarktaffinen AG von erheblichem Interesse zu erfahren, ob und in welchem Umfang andere Gesellschafter in nennenswerter Weise in der Gesellschaft investiert sind. Freilich sieht das allgemeine Aktienrecht in § 20 AktG Meldepflichten allein vor bei der Über- oder Unterschreitung der 25-Prozent-Schwelle sowie bei einer Mehrheitsbeteiligung. Die zusätzlichen Meldeschwellen des WpHG erklären sich denn auch daraus, dass in der börsennotierten AG aufgrund des dort häufig anzutreffenden großen Streubesitzes und der geringen Hauptversammlungspräsenzen bereits ein deutlich geringerer Anteilsbesitz faktisch erhebliche Stimmmacht verleiht. Insbesondere aber adressiert das WpHG den Aktionär der börsennotierten AG gerade nicht so sehr als unternehmerisch engagierten Anteilseigner denn als bloßen Kapitalanleger.[45] Zudem gründet die Transparenzpflicht auch in dem Gedanken, das Ent-

45 Vgl. Begründung des RegE Zweites Finanzmarktförderungsgesetz, BT-Drucks. 12/6679, 52

stehen möglicher Insiderinformationen in Form des relevanten Anteilsbesitzes zu vermeiden, indem von Vornherein für Publizität gesorgt wird.[46] Sind die Transparenzpflichten des WpHG in Bezug auf die Stimmrechtstransparenz danach aber kapitalmarktrechtlich motiviert, sollten auch die an sie anknüpfenden Sanktionen bereits aus Gründen der inneren Folgerichtigkeit kapitalmarktbezogen ausgestaltet und sanktioniert sein.

Die Aktionäre einer Aktiengesellschaft mit Satzungssitz in Deutschland, die in einem anderen Mitgliedstaat von EU und EWR über eine Börsenzulassung verfügt, unterliegen nach dem Gesagten in Bezug auf ihre Mitteilungspflichten und die Sanktionsfolgen selbst dann deutschem Recht, wenn der inländische Kapitalmarkt nicht berührt ist. Umgekehrt gilt deutsches Recht nicht für Emittenten mit Satzungssitz in der restlichen EU bzw. im EWR – und zwar auch dann, wenn die betreffenden Aktien ausschließlich an einem regulierten Markt im Inland zugelassen sein sollten. Dagegen ist das WpHG gegebenenfalls wiederum auch anzuwenden auf Aktionäre von Emittenten, deren Satzungssitz außerhalb von EU und EWR liegt, deren Aktien aber an einer inländischen Börse zugelassen sind und entweder (i) ausschließlich im Inland, nicht aber in einem anderem Mitgliedstaat von EU bzw. EWR börsennotiert sind, oder (ii) sowohl in Deutschland wie in einem anderen Mitgliedstaat von EU oder EWR über eine Börsenzulassung verfügen, falls der Emittent zusätzlich entweder (a) für die Geltung deutschen Rechts optiert oder (b) noch keine Wahl des Rechts eines anderen EU- oder EWR-Staates getroffen hat.

Diese kaum mehr durchschaubare Regelung wäre letztlich verkraftbar, wenn das Recht der Mitteilungs- und Transparenzpflichten durch die Transparenz-RL EU- und EWR-weit einheitlich geregelt wäre. Das aber ist weder im Hinblick auf die Voraussetzungen noch auf die Rechtsfolgen der Mitteilungs- und Transparenzpflichten der Fall: So gestattet Art. 3 der Transparenz-RL 2004 den Mitgliedstaaten auch heute noch die Festsetzung zusätzlicher Meldeschwellen unterhalb von 5 Prozent, während Art. 9 Abs. 3 der RL eine Ersetzung der 30-Prozent-Schwelle durch eine 33-Prozent-Schwelle und diejenige der 75-Prozent-Schwelle durch eine 66-Prozent-Schwelle erlaubt. Auf der privatrechtlichen Sanktionenebene sind die Diskrepanzen zwischen den mitgliedstaatlichen Rechtsordnungen sogar noch größer: Wie erwähnt schreibt Art. 28b Abs. 2 S. 1 der Transparenz-RL 2004 zwar den Verlust des Stimmrechts grundsätzlich vor, doch dürfen die Mitgliedstaaten die Sanktion gem. Art. 28b Abs. 2 S. 2 der RL auf „besonders schwerwiegende" Pflichtverletzungen beschränken: zudem folgt aus Art. 28b Abs. 3 der RL, dass die Mitgliedstaaten auch weitergehende Sanktionen anordnen

46 Vgl. Begründung des RegE Zweites Finanzmarktförderungsgesetz, BT-Drucks. 12/6679, 52

dürfen, d. h. dass auf der Sanktionenebene lediglich eine Mindestharmonisierung vorliegt. Die Gemengelage aus Herkunftslandprinzip und Teil- bzw. Mindestharmonisierung bewirkt, dass auf einem einzigen regulierten Markt im Binnenmarkt ganz unterschiedliche Melde- und Mitteilungspflichten und hieran anknüpfende Sanktionen in Abhängigkeit vom Satzungssitz des jeweiligen Emittenten gelten können. Im Ergebnis kann es so zur Entstehung eines Normenmixes auf den nationalen Märkten kommen, der umso komplexer wird, je mehr Emittenten aus unterschiedlichen Mitgliedstaaten dort jeweils zugelassen sind. Das ist aus Anlegersicht höchst problematisch, da das Recht des Marktplatzes, auf dem die Anteile erworben oder veräußert werden, den an einem Anteilswechsel beteiligten Anlegern weder Aufschluss über den Umfang ihrer Pflicht zur Information über Veränderungen der Beteiligungsverhältnisse noch über die im Verstoßfall eingreifenden Sanktionen gibt. Wer in erheblichem Umfang gleichmäßige Portfolioinvestitionen bzw. -desinvestitionen in alle an einem Markt gelisteten Titel vornimmt, muss mit unliebsamen Überraschungen rechnen. Dies bewirkt Rechtsunsicherheit, erhöht die Rechtsinformationskosten und kann im Einzelfall zu nicht vorhergesehenen Sanktionen führen.

Die sinnwidrigen Ergebnisse des Herkunftslandprinzips lassen sich plakativ wie folgt zusammenfassen: EU- und EWR-Emittenten können innerhalb von EU und EWR ihr Heimatrecht gleichsam im Rucksack mit auf den Kapitalmarkt ihrer Börsenzulassung bringen und müssen sich nicht etwa dem Kapitalmarktrecht ihrer Börsenzulassung unterwerfen. Damit gestattet das europäische Recht mit seiner Konzentration auf den Emittenten den nationalen Gesetzgebern, auch das auf EU- bzw. EWR-ausländischen Kapitalmärkten geltende Rechtsregime zu bestimmen. Beides ist evident verfehlt.

Hinzu kommen systematische Unstimmigkeiten, wenn man den Bereich der Beteiligungstransparenz mit dem Recht der Sekundärmarktpublizität in Bezug auf Insiderinformationen vergleicht: Allerdings ist dieser Rechtsbereich seit Inkrafttreten der MAR jedenfalls hinsichtlich der genuin kapitalmarkt-, d. h. öffentlichrechtlichen Pflichten der Emittenten unionsweit vollständig harmonisiert. Es macht daher auf der Ebene des die zivilrechtliche Haftung begründenden Verstoßes gegen die MAR an sich keinen Unterschied mehr, an welchem Handelsplatz innerhalb von EU oder EWR gegen Art. 17 MAR verstoßen wurde. Dennoch folgt auch die MAR zumindest in Bezug auf die Regelung der Zuständigkeiten der Aufsichtsbehörden dem Marktortprinzip: Nach Art. 22 S. 3, 2. Alt. MAR darf allein die „zuständige Behörde" (im Sinne des Art. 22 S. 1 MAR) des Mitgliedstaates, in dessen Hoheitsgebiet der betroffene Handelsplatz belegen ist, sämtliche im In- und Ausland begangenen Verstöße gegen die MAR in Bezug auf die am Handelsplatz zugelassenen Titel ahnden.[47] Die „zuständige Behörde" im Staat des Sitzes des Emittenten ist dagegen im Kontext des Art. 17 MAR speziell nur berufen, gem. Art. 17 Abs. 4 UA 3 MAR i.V.m. Art. 6 Abs. 1 lit. a, 1. Var. der Delegierten Verordnung 2016/522 der Kommission zu Art. 17 Abs. 3 MAR[48] Anzeigen über eine vorgenommene Selbstbefreiung entgegenzunehmen; ferner kann sie, wie alle anderen „zuständigen Behörden" sämtlicher anderer Mitgliedstaaten auch, gem. Art. 22 S. 3, 1. Alt. MAR allein solche Zuwiderhandlungen gegen die MAR ahnden, die auf ihrem Territorium vorgenommen worden sind.

## 4. Lösungsvorschlag *de lege ferenda*

Abhilfe gegen das geltende Rechtschaos ist zwar nicht im Rahmen der Auslegung und Anwendung der *lex lata* möglich, sehr wohl aber *de lege ferenda* unbedingt geboten. In Betracht kommen im Wesentlichen zwei Handlungsoptionen: Denkbar erscheint zunächst eine Abkoppelung des auf die öffentlich-rechtlichen Meldepflichten anwendbaren Rechtsregimes von dem für die gesellschaftsrechtlichen Sanktionen geltenden dergestalt, dass man erstere nach dem Marktortprinzip, letztere dagegen weiterhin nach dem Herkunftslandprinzip anknüpft. Hierfür müssten die gesellschaftsrechtlichen Sanktionenregelungen des Marktortrechts unionsrechtlich als Eingriffsnormen ausgestaltet werden, die sich auch gegen ein EU- bzw. EWR-ausländisches Gesellschaftsstatut durchsetzen und von jedem Gericht anzuwenden sind. Bei inländischer Börsennotierung wären dann die vom deutschen Recht angeordneten Verluste von Stimm- und Gewinnbezugsrechten auch im Rahmen eines EU- bzw. EWR-ausländischen Gesellschaftsstatuts des Emittenten und unabhängig vom Forum durchzusetzen. Überzeu-

---

47 Das ist infolge der (auch in anderen Sprachfassungen) unklaren Formulierung der Norm nicht ganz eindeutig, da sich das zuständigkeitsbegründende räumliche Erfordernis „in ihrem Hoheitsgebiet" auch auf MTF, OTF sowie Versteigerungsplattformen beschränken könnte. Nähme man die Norm freilich bei ihrem Wortlaut, wären zur Durchsetzung der MAR in Bezug auf Aktivitäten und Unterlassungen auf geregelten Märkten sämtliche Aufsichtsbehörden von EU und EWR gleichzeitig zuständig, was ersichtlich nicht intendiert sein kann. Ein solches Resultat widerspräche auch dem früheren Art. 10 MAD 2004 sowie dem Kommissionsentwurf zu Art. 16 MAR (COM(2011)651) – vermutlich ist bei der redaktionellen Endfassung der Vorschrift ein Irrtum geschehen (zumindest in der englischen Sprachfassung fehlt letztlich nur ein Komma vor den abschließenden Worten „operating within its territory"). Dass es sich um ein redaktionelles Versehen handelt folgt auch daraus, dass andernfalls die spezielle Zuständigkeitsregelung in Art. 17 Abs. 4 UA 3 MAR entbehrlich wäre (zu dieser sogleich).

48 Delegierte Verordnung (EU) 2016/522 der Kommission vom 17. Dezember 2015 zur Ergänzung der Verordnung (EU) Nr. 596/2014 etc., ABl. L 88, 1.

gender und mit dem Gedanken der Kapitalmarktunion deutlich besser vereinbar erscheint dagegen ein anderer Ansatz: Geboten ist bereits seit Langem eine Vollharmonisierung der Meldepflichten wie auch der gesellschaftsrechtlichen Sanktionsfolgen im Verordnungswege. Der europäische Gesetzgeber hat bereits das Insiderrecht in der MAR vollständig durch eine unmittelbar geltende Verordnung harmonisiert und hierdurch ein einheitliches europäisches Marktplatzrecht geschaffen, Vergleichbares gilt seit Erlass der EuProspektVO Prospektrecht. Warum Gleiches nicht auch in Bezug auf die Beteiligungstransparenz möglich sein sollte, ist nicht ersichtlich. Mit Fortfall der Rechtsunterschiede zwischen den nationalen Rechten sowohl auf der Ebene der öffentlich-rechtlichen Meldepflichten wie auch der gesellschaftsrechtlichen Sanktionen spielte dann auch die Frage des anwendbaren Rechts keine Rolle mehr. Die Kollisionsrechtler mögen das beklagen, die Kapitalmarktrechtler und Praktiker dagegen wegen der hieraus folgenden Vereinfachung der Rechtslage und Beseitigung kleinteiliger Rechtsunterschiede begrüßen.

## V. Sekundärmarktpublizität: Markt- v. Erfolgsort?

### 1. Einleitung

Seit dem Inkrafttreten des Vierten Finanzmarktförderungsgesetzes (4. FMFG) am 1. Juli 2002 enthält das WpHG eine dezidiert zivilrechtliche Haftung für Verstöße gegen die Verpflichtung zur Offenlegung von Insiderinformationen.[49] Die Haftungsandrohung aus den damaligen § 37b, § 37c WpHG[50] sollte nach dem Willen des Gesetzgebers[51] zum einen den Anlegerschutz verbessern, zum anderen die Durchsetzung der ad hoc-Publizitätspflicht (die zu der Zeit in § 15 WpHG a. F.[52] normiert war) effektivieren.[53] Versteht man den Anlegerschutz durch Zuweisung eigener Schadensersatzansprüche richtiger Weise nicht als Selbstzweck, sondern

49 Gesetz zur weiteren Fortentwicklung des Finanzplatzes Deutschland (Viertes Finanzmarktförderungsgesetz) vom 21. Juni 2002, BGBl. I, 2010, zum Inkrafttreten vgl. Art. 23 des Gesetzes.

50 Vgl. Art. 2 Nr. 24 des 4. FMFG.

51 Vgl. Begründung RegE zum 4. FMFG, BT-Drucks 14/8017, S. 64, 93.

52 Dieser geht auf den früheren § 44a BörsenG zurück, der wiederum beruhte auf Art. 1 Nr. 4 des Gesetzes zur Einführung eines neuen Marktabschnitts an den Wertpapierbörsen etc. (Börsenzulassungs-Gesetz), BGBl. I 2478.

53 Weitere Nachw. zum Streit um Telos und Funktionen der Regelungen bei *Fuchs* (Fn. 27), Vor §§ 37b, 37c Rn. 5; *Hellgardt* in Assmann/Schneider/Mülbert, Wertpapierhandelsrecht, 7. Aufl. 2019, § 97 WpHG Rn. 30 ff.; *Möllers/Leisch* in Hirte/Möllers (Hrsg.), KK-WpHG, 2. Aufl. 2014, §§ 37, c Rn. 4 ff.

primär als unabdingbare Voraussetzung für das ordnungsgemäße Funktionieren des Kapitalmarkts,[54] geht es damit – jedenfalls in Bezug auf die Haftung wegen pflichtwidrig unterlassener ad hoc-Mitteilung gem. § 37b WpHG a. F, § 97 WphG n. F. – einen klassischen Fall des *private enforcements* der öffentlich-rechtlichen Publizitätspflicht, die sich früher in Art. 6 MAD (alt) fand und heute in Art. 17 MAR findet. Diese zivilrechtliche Sanktionierung war bei Schaffung der Haftungstatbestände unionsrechtlich nicht zwingend, schreibt das Unionsrecht doch die Information des Sekundärmarktes über kursrelevante Insiderinformationen überhaupt erst seit dem Jahr 2004 verpflichtend vor[55] – und sie ist es kurioser Weise auch heute nach Inkrafttreten der MAR nicht, weil der europäische Gesetzgeber ganz auf die Durchsetzungsmacht der staatlichen Behörden vertraut. Die § 37b, § 37c WpHG a. F. haben sich für kapitalmarktrechtliche Verhältnisse dennoch als äußerst langlebig erwiesen. Im Zuge des 1. und des 2. FiMaNoG sind sie zwar infolge der erforderlichen Anpassungen an die MAR vom Wortlaut her stark verändert und zusätzlich umnummeriert worden – ihr zentrales Regelungsanliegen findet sich dennoch unverändert in den § 97, § 98 WpHG n. F. wider.[56] Ob sich, wie zum Teil vertreten wird, aus der Änderung des Bezugspunktes der Haftung weitergehende Folgerungen für Funktion der Haftung ableiten lassen,[57] erscheint freilich mehr als zweifelhaft: Denn Art. 17 MAR verfolgt die gleichen Ziele wie die Vorgängernorm des Art. 6 der früheren Marktmissbrauchs-RL,[58] so dass ich ein Unterschied im Telos der jeweiligen nationalen Umsetzungsnormen kaum begründen lässt.

## 2. Kollisionsrechtliche Vorüberlegungen

Der Gesetzgeber ist bei Schaffung der § 37b, § 37c WpHG a. F. auf die internationale Dimension der Haftung nicht näher eingegangen. Die Regierungsbegründung zum 4. FMFG[59] enthält lediglich die Aussage, dass „entsprechend der Konzeption

---

54 Ausf. (m. w. N.) *Hellgardt* (Fn. 54), § 97 WpHG Rn. 30 ff.; vgl. auch *Schmolke* ZBB 2012, 165, 171 f.

55 Vgl. Art. 6 der Richtlinie 2003/6/EG des Europäischen Parlaments und des Rates vom 28. Januar 2003 über Insider-Geschäfte und Marktmanipulation (Marktmissbrauch), ABl. L 96, 16, der gem. Art. 18 der Richtlinie bis zum 12. Oktober 2004 in nationales Recht umzusetzen war.

56 Vgl. Art. 3 Nr. 99 bzw. 100 des Zweiten Gesetzes zur Novellierung von Finanzmarktvorschriften auf Grund europäischer Rechtsakte (Zweites Finanzmarktnovellierungsgesetz – 2. FiMaNoG) vom 23. Juni 2017, BGBl. I, 1693, zum Inkrafttreten vgl. Art. 26 Abs. 5.

57 So *Hellgardt* (Fn. 54), § 97 WpHG Rn. 39 ff.

58 Richtlinie 2003/6/EG des Europäischen Parlaments und des Rates vom 28. Januar 2003 über Insider-Geschäfte und Marktmanipulation (Marktmissbrauch), ABl. L 96, 16.

59 BT-Drucks. 14/8017, 93.

des § 15 [...] Anspruchsverpflichtete [solche] Emittenten [sind], deren Wertpapiere an einer *inländischen* Börse zum amtlichen oder geregelten Markt zugelassen sind" (Hervorhebung vom Verf.). Auch anlässlich der Verlagerung der Haftungsnormen in die § 97, § 98 WpHG n. F. hat man sich der internationalen Thematik nicht angenommen und die Änderungen in den Tatbestände allein mit dem Bedarf der Anpassung an die Neuregelung der ad hoc-Pflicht durch die MAR begründet.[60]

Dem Wortlaut nach handelt es sich bei den § 37b, § 37c WpHG a. F., § 97, § 98 WpHG n. F. sicherlich primär um Sachnormen, die unmittelbar die Emittentenhaftung selbst, nicht aber die vorgeschaltete Frage nach dem für die Haftung maßgeblichen Recht regeln sollen. Deren Beantwortung obliegt danach *a priori* dem Internationalen Privatrecht, so dass die Haftung wegen fehlerhafter oder unterbliebener Kapitalmarktinformation zu verlangen scheint, dass die einschlägigen Bestimmungen des im Inland geltenden IPR das deutsche Kapitalmarktdeliktsrecht überhaupt zur Anwendung beriefen bzw. berufen.

Unterstellt man, dass die Sekundärmarkthaftung – unabhängig von der Frage, ob man sie als sonderdeliktische Haftung oder als Vertrauenshaftung versteht[61] – zumindest für die Zwecke des Kollisionsrechts als auf einem außervertraglichen Schuldverhältnis aus unerlaubter Handlung zu qualifizieren ist,[62] unterliegt sie mangels Existenz spezieller Kollisionsnormen den Anknüpfungsregeln des Internationalen Deliktsrechts. Dieses war bei Schaffung der § 37b, § 37c WpHG a.F im Jahr 2002 geprägt durch die IPR-Reform von 1999, die das Internationale Privatrecht der außervertraglichen Schuldverhältnisse in den Art. 40 – Art. 42 EGBGB mit Wirkung zum 1. Juni 1999 kodifizierte.[63] Diese enthielten allerdings keine spezielle Anknüpfungsregel für Ansprüche aus grenzüberschreitender Kapitalmarktinformationshaftung; eine Sonderregelung der Materie war – anders als die Schaffung sonstiger Sonderanknüpfungen für spezielle Deliktstypen – noch nicht einmal erwogen worden.[64] Seit dem Inkrafttreten der Rom II-VO werden die Art. 40 – Art. 42 EGBGB bekanntlich weitgehend[65] überlagert durch

**60** Vgl. Begründung RegE zum 2. FiMaNoG, BT-Drucks. 18/10936, 251.

**61** Dazu zuletzt ausf. *Mülbert/Sajnovits* ZfPW 2016, 1, 37 f. mit zahlr. Nachw.; *Hellgardt* (Fn. 54), § 97 WpHG Rn. 45 ff.

**62** Dies ist praktisch unbestritten, vgl. nur *Steinrötter*, Beschränkte Rechtswahl im Internationalen Kapitalmarktprivatrecht und akzessorische Anknüpfung an das Kapitalmarktordnungsstatut, 2014, 138 ff. (zur Prospekthaftung).

**63** Gesetz zum Internationalen Privatrecht der für außervertragliche Schuldverhältnisse und für Sachen vom 21. Mai 1999, BGBl. I, 1026, zum Inkrafttreten vgl. Art. 6 des Gesetzes.

**64** Vgl. BT-Drucks. 14/343, insbes. S. 10 ff.

**65** Mit Ausnahme der in Art. 1 Abs. 2 Rom II-VO genannten oder sonst *ratione materiae* ausgeschlossenen Materien.

das unionsweit einheitliche, verordnungsbasierte Kollisionsrecht für außervertragliche Schuldverhältnisse der Rom II-VO. Deren Anwendungsbereich ist nach ihrem Art. 1 Abs. 1 für Ansprüche aus Kapitalmarktinformationshaftung eröffnet:[66] Es handelt sich bei dieser um eine Haftung aus einem außervertraglichen Schuldverhältnis im Sinne des Art. 2 Abs. 1 Rom II-VO. Denn zwar setzt die Haftung einen (vertraglichen) Erwerb oder eine geschäftliche Veräußerung der Papiere voraus. An diesem Sekundärmarktgeschäft ist jedoch die haftende Gesellschaft nicht oder allenfalls zufällig beteiligt, so dass es sich nicht um eine vertragliche Haftung handelt, die der Rom I-VO unterläge. Auch unterfällt die Haftung nicht als gesellschaftsrechtliche der Bereichsausnahme des Art. 1 Abs. 2 lit. d) Rom II-VO. Der EuGH hat in der Sache „Hirmann"[67] zur Prospekthaftung – wenn auch in anderem Zusammenhang – zutreffend darauf hingewiesen, dass „sich die Haftung der betreffenden Gesellschaft gegenüber den Anlegern, die auch ihre Aktionäre sind, [...] nicht aus dem Gesellschaftsvertrag [ergibt] und [...] nicht allein das Innenverhältnis der Gesellschaft [betrifft]."[68] Ebensowenig beruht die Haftung auf wertpapierrechtlichen Aspekten im Sinne des Art. 1 Abs. 2 lit. c) Rom II-VO),[69] da sie nicht spezifisch an die Verbriefung anknüpft, sondern den Emittenten wegen des Verstoßes gegen die Publizitätspflicht aus Art. 17 MAR (bzw. früher aus § 15 WpHG a. F.) trifft.

Unter Geltung der Art. 40 – Art. 42 EGBGB bereitete die Anknüpfung der Haftung keine größeren Schwierigkeiten. So berief Art. 40 Abs. 1 S. 1 EGBGB (und beruft in seinem verbliebenen Anwendungsbereich noch immer) primär das Recht am Ort der deliktischen Handlung. Bei Informationshaftungsdelikten liegt der „Handlungsort" unbestritten in demjenigen Staat, dessen Kapitalmarktrecht eine korrekte und vollständige Publikation vorschreibt, da die Information gerade den dortigen Akteuren zur Verfügung zu stellen ist und es in Bezug auf Unterlassungen darauf ankommt, wo hätte gehandelt werden müssen[70]. Schwieriger gestaltete sich im Rahmen des Art. 40 Abs. 1 S. 2 EGBGB die Bestimmung des Erfolgsorts; insoweit waren nach altem Recht der Sache nach die gleichen Fragen zu beant-

---

**66** Allg. Meinung, vgl. nur *Steinrötter* (Fn. 63), 143 ff.; *Knöfel* in NK-BGB, Bd. VI, 2. Aufl. 2015, Art. 1 Rom II-VO Rn. 46; *Lund* in jurisPK-BGB, 8. Aufl. 2017, Art. 1 Rom II-VO Rn. 59; *Unberath/Cziupka* in Rauscher, EuIZPR/EuIPR, Bd. III, 4. Aufl. 2016, Art. 1 Rom II-VO Rn. 36.

**67** In Form der Art. 12, 15, 16, 18, 19 und 42 der Zweiten [Gesellschaftsrechtlichen] Richtlinie 77/91/EWG des Rates vom 13. Dezember 1976 [...], ABl. 1977, L 26, S. 1; nunmehr geregelt in Art. 44 der Richtlinie (EU) 2017/1132 des Europäischen Parlaments und des Rates vom 14. Juni 2017 über bestimmte Aspekte des Gesellschaftsrechts, ABl. L 169, S. 46.

**68** EuGH 19.12.2013, Rs. C-174/12 „Hirmann ./. Immofinanz", Rn. 29.

**69** *v. Hein*, FS Hopt, 2008, S. 371, 379 ff.; *Weber* WM 2008, 1581, 1584.

**70** Statt aller *Junker* in Münchener Kommentar zum BGB, Bd. 10, 4. Aufl. 2006, Art. 40 EGBGB Rn. 32.

worten, die sich auch im Rahmen des nunmehr geltenden europäischen Kollisionsrechts der Rom II-VO stellen. Freilich kam es hierauf nicht entscheidend an, da sich über Art. 41 EGBGB in jedem Fall das am Börsenplatz geltende Recht als dasjenige der engsten Verbindung berufen ließ. Insoweit unterscheidet sich die Lage auf der früher maßgeblichen nationalen Ebene kategorial von derjenigen auf der heute allein relevanten europäischen: Auch hier existiert zwar mit Art. 4 Abs. 3 Rom II-VO eine Ausweichklausel und wird vorgeschlagen, die wünschenswerte Anknüpfung an den Marktort auf diesem Wege zu begründen.[71] Dem ist allerdings entgegen zu halten, dass Art. 4 Abs. 3 Rom II-VO eine Abweichung von den Art. 4 Abs. 1, Abs. 2 Rom II-VO nur im konkreten Einzelfall ermöglichen soll; dagegen ist die Norm nicht für die Bildung spezieller international-deliktsrechtlicher Fallgruppen wie derjenigen der Kapitalmarktinformationshaftung konzipiert.[72] Das wird in Erwägungsgrund (18) zur Rom II-VO angedeutet und lässt sich jedenfalls aus der Systematik der Rom II-VO folgern: Die Rom II-VO enthält nur für die in ihren Art. 5 – Art. 9 speziell geregelten Deliktstypen eigenständige Sonderkollisionsnormen, so dass der europäische Gesetzgeber die Herausbildung weiterer, allgemeiner Fallgruppen, für die ohne Ansehung des Einzelfalls von der Regelanknüpfung abgewichen werden soll, ersichtlich gerade nicht intendierte.

### 3. Ort des Handelsplatzes als Erfolgsort im Rahmen des Art. 4 Abs. 1 Rom II-VO

Unbestritten bewirkt die fehlende bzw. fehlerhafte Kapitalmarktinformation einen Vermögensschaden bei den betroffenen Anlegern, die die einschlägigen Finanzinstrumente zu teuer gekauft oder zu günstig verkauft haben. Die korrekte Lokalisierung reiner Vermögensschäden aber ist seit jeher problematisch. Richtiger Weise muss man sie beim überteuerten Erwerb von Finanzinstrumenten bzw. bei deren unangemessen günstigen Veräußerung an einem regulierten Handelsplatz

71 Insbes. LG Stuttgart vom 28.02.2017, WM 2017, 1451 Rn. 144 f.; *v. Hein* in Baum/Fleckner/Hellgard/Roth, Perspektiven des Wirtschaftsrechts, 2008, S. 371, 391 ff.; *Hellgard/Ringe* ZHR 173 (2009), 802, 823 f.; *Weber* WM 2008, 1586 f.; *Kurt*, Culpa in contrahendo im europäischen Kollisionsrecht der vertraglichen und außervertraglichen Schuldverhältnisse, 2009, S. 238. Kritisch, aber zumindest vorübergehend ebenso *Schmitt* BKR 2010, 370 f.; *Hellgardt* (Fn. 54), § 97 WpHG Rn. 176. Dies zumindest „erwägend" *Unberath/Cziupka* (Fn. 67), Art. 4 Rom II-VO Rn. 45 a. E. Für eine Anwendbarkeit des Art. 4 Abs. 3 RomII-VO auch *Steinrötter* (Fn. 63), 192 ff. (zur Prospekthaftung).

72 Insbes. *Einsele* ZEuP 2012, 23, 39 f.; *dies.* RabelsZ 81 (2017), 781, 789; *Lehmann* IPRax 2012, 399, 402; *ders.* (Fn. 14), IFMR Rn. 556.

gleichwohl am betreffenden Handelsplatz ansiedeln mit der Folge, dass hier Handlungs- und Erfolgsort zusammenfallen.[73] Der Weg zu diesem Ergebnis ist unter Geltung der Rom II-VO allerdings steinig, da ihm die unbefriedigende Rechtsprechung des EuGH zum europäischen Internationalen Zuständigkeitsrecht entgegenzustehen scheint (dazu unter a)). Dennoch ist dieses Hindernis nicht unüberwindbar (dazu unter b)) und sprechen so zahlreiche Argumente für den hier präferierten Ansatz, dass jede andere Sichtweise ausscheiden muss (dazu unter c)).

### a) Rechtsprechung des EuGH zum international-zuständigkeitsrechtlichen Erfolgsort

Verständnis und Auslegung des Art. 4 Rom II-VO werden maßgeblich geprägt durch die einschlägige international-zivilprozessualen Parallelregelungen der Art. 5 Nr. 3 EuGVÜ, Art. 5 Nr. 3 Brüssel I-VO, Art. 7 Nr. 1 Brüssel Ia-VO und die hierzu ergangene Judikatur des EuGH. Die Relevanz des Zuständigkeitsrechts für das Kollisionsrecht beruht darauf, dass der europäische Gesetzgeber in den Erwägungsgründen zu den „römischen Verordnungen" explizit festgehalten hat, dass zwischen diesen und der Brüssel Ia-VO ein enger, rechtsaktübergreifender Auslegungszusammenhang bestehe.[74]

Ausgangspunkt der Rechtsprechung des EuGH zum zuständigkeitsrechtlichen Erfolgsort bei Vermögensschäden ist das Urteil „Kronhofer". In diesem Judikat stellte der EuGH (in Bezug auf die Haftung wegen fehlerhafter Anlageberatung) den zentralen Grundsatz auf, dass Vermögensschäden jedenfalls nicht pauschal am gewöhnlichen Aufenthalt des Geschädigten zu lokalisieren seien, wenn nicht noch weitere Anknüpfungspunkte auf diesen Staat verweisen.[75]

In der Sache „Kolassa" verortete er sodann den zuständigkeitsrechtlichen Erfolgsort in Prospekthaftungsfällen am Ort der Belegenheit desjenigen Kontos

73 So zu Art. 4 Rom II-VO insbes. *Bachmann* IPRax 2007, 77, 82; *Freitag* WM 2015, 1165, 1117 ff.; *Einsele* RabelsZ 81 (2017), 781, 788 ff., *Mankowski* in Reithmann/Martiny, Internationales Vertragsrecht, 8. Aufl. 2015, Rn. 6.1773. Zu Art. 5 Nr. 3 EuGVÜ: OLG Frankfurt a. M. 5. 8. 2010 – 21 AR 50/10, EuZW 2010, 918, 919. Zum früheren Recht ebenso *Grundmann* RabelsZ 54 (1990), 283, 304 f.; *Fischer* JZ 1991, 168, 174; *Hopt* in FS W. Lorenz, 1991, S. 413, 421 f.; *Schneider*, Kapitalmarktrechtlicher Anlegerschutz und Internationales Privatrecht, 1998, S. 269 ff.; *Assmann* in FS Schütze, 1999, S. 15, 28 f.; *Spindler* ZHR 165 (2001), 324, 352; *Bischoff* AG 2002, 489, 492 ff.

74 Zum Auslegungszusammenhang zwischen Rom II-VO und Brüssel Ia-VO vgl. Erwägungsgrund (7) Rom II-VO, der sich allerdings noch auf die Brüssel I-VO bezieht.

75 EuGH v. 10. 6. 2004, Rs. C-168/02, EuZW 2004, 477 Rn. 20 (Kronhofer).

des Anlegers, von dem dieser den Kaufpreis für die problematische Anlage bezahlt hatte, da sich zusätzlich der gewöhnliche Aufenthalt des Anlegers in diesem Staat befunden hatte.[76] Ein partielle Abkehr von dieser Aussagte erfolgte in dem Urteil „Universal Music“[77]: Danach begründet die bloße Betroffenheit eines Kontos allein nicht den Erfolgsort am Erfüllungsort des Kontos, falls nicht zusätzliche relevante Aspekte auf den Ort der Kontoführung hindeuten.

Weiter hat der EuGH in der Rechtssache „Lithuanian Airlines“ für Schadensersatzansprüche eines Mitbewerbers gegen einen Konkurrenten aus wettbewerbswidrigem Verhalten den Marktort als international-zuständigkeitsrechtlichen Erfolgsort angesehen.[78] Ob die letztgenannte Entscheidung auf das IPR der Kapitalmarktinformationshaftung übertragbar ist, ist äußerst fraglich. So hatte der EuGH über die Klage eines geschädigten Mitbewerbers zu entscheiden, der mit dem Schädiger auf demselben Markt konkurrierte. Dass dieser Markt- auch der deliktische Erfolgsort ist, ergibt sich zum einen aus der wirtschaftlichen Erwägung, dass dem Mitbewerber auf diesem Markt Einbußen an Geschäftschancen zugefügt wurden. Zum anderen schreibt Art. 6 Abs. 3 lit. a) Rom II-VO aus eben diesem Grund bei Schadensersatzansprüchen aus wettbewerbsbeschränkendem Verhalten (wenn auch vorbehaltlich des Art. 6 Abs. 3 lit. b Rom II-VO) für das Kollisionsrecht explizit Maßgeblichkeit des Rechts des relevanten Marktorts fest.[79] Eine vergleichbare Anknüpfung enthält die Rom II-VO für Ansprüche aus Kapitalmarktinformationshaftung nach dem Gesagten gerade nicht. Darüber hinaus entspricht die Haftung wegen fehlerhafter oder fehlender Kapitalmarktinformation gegenüber Anlegern eher den follow on-Klagen kartellgeschädigter Abnehmer als denjenigen von Mitbewerbern.[80] Für Kartellschadensersatzansprüche geschädigter Abnehmer aber gilt zwar auf kollisionsrechtlicher Ebene ebenfalls Art. 6 Abs. 3 Rom II-VO, doch lokalisiert der EuGH in seiner international-zuständigkeitsrechtlichen Judikatur den Erfolgsort hier an demjenigen Ort, an dem sich der behauptete Schaden konkret zeigt, d. h. wo der überhöhte Preis entrichtet wurde.[81]

---

**76** EuGH v. 28.1.2015, Rs. C-375/13, EuZW 2015, 218 Rn. 50 (Kolassa).

**77** EuGH v. 16.6.2016, Rs. C-12/15 (Universal Music International).

**78** EuGH v. 5.7.2018, Rs. C-27/17, Rn. 28 ff. (Lithuanian Airlines).

**79** Auf den Auslegungszusammenhang mit der Art. 6 Rom II-VO hinweisend auch EuGH (Fn. 80), Rn. 41.

**80** Für diese verursacht der Verstoß eines anderen Kapitalmarktteilnehmers allenfalls einen komparativen Finanzierungskostennachteil.

**81** EuGH v. 21.5.2015, Rs. C-352/13, Rn. 51 ff. (CDC / Akzo Nobel). Nachw. zur berechtigten Kritik hieran bei *Wurmnest* NZKart 2017, 2, 5 f.

Mit der Bestimmung des international-zuständigkeitsrechtlichen Erfolgsorts für Klagen aus Prospekthaftung hatte sich der EuGH zuletzt im Urteil „Löber" erneut auseinanderzusetzen.[82] Mit gewundenen Formulierungen versucht der EuGH, den Erfolgsort bei Schadensersatzansprüchen aus Prospekthaftung zu konkretisieren, um sodann zu dem Ergebnis zu kommen, dass

> „[...] Art. 5 Nr. 3 der VO Nr. 44/2001 dahin auszulegen ist, dass in einer Situation wie der des Ausgangsverfahrens, in der ein Anleger eine Klage auf Haftung aus unerlaubter Handlung gegen eine Bank, die ein Zertifikat ausgegeben hat, in das er investiert hat, wegen des Prospekts zu diesem Zertifikat erhoben hat, die Gerichte des Wohnsitzes dieses Anlegers als Gerichte des Orts, an dem das schädigende Ereignis eingetreten ist, im Sinne dieser Bestimmung für die Entscheidung über diese Klage zuständig sind, wenn sich der behauptete Schaden, der in einem finanziellen Verlust besteht, unmittelbar auf einem Bankkonto dieses Anlegers bei einer Bank im Zuständigkeitsbereich dieser Gerichte verwirklicht hat und die anderen spezifischen Gegebenheiten dieser Situation ebenfalls zur Zuweisung der Zuständigkeit an diese Gerichte beitragen."[83]

Im Ergebnis verweigert sich der EuGH einer systembildenden Auslegung der Brüssel Ia-VO und weicht statt dessen auf eine einzelfallorientierte Rechtsprechung aus, bei der er sämtliche „spezifischen Gegebenheiten" des konkreten Falles berücksichtigt.[84]

### b) Immunisierung des kollisions- vom zuständigkeitsrechtlichen Erfolgsort

Es ist ganz generell, insbesondere aber im vorliegenden Kontext fraglich, ob bzw. inwieweit sich die Judikatur des EuGH zum zuständigkeitsrechtlichen Deliktsgerichtsstand auf die kollisionsrechtliche Ebene übertragen lässt.[85] Zwar ist die rechtsaktübergreifende Auslegung von Rom II- und Brüssel Ia-VO nach dem oben Gesagten grundsätzlich geboten. Hieraus folgt jedoch keine Verpflichtung zu einer starren Übertragung der für einen Rechtsakt entwickelten Auslegungsgrundsätze auf einen anderen. Vielmehr kann die inter-instrumentelle Auslegung auch nach Ansicht des EuGH[86] nur zum Tragen kommen, wenn sich auf kollisions- und zuständigkeitsrechtlicher Ebene im Wesentlichen gleichartige Fragen stellen

---

**82** EuGH v. 12.9.2018, Rs. C-304/17 „Löber", EuZW 2018, 998.

**83** EuGH (Fn. 83), Rn. 36.

**84** Krit. auch *Mankowski* EuZW 2016, 585; 586; *ders.* LMK 2019, 413748; *Sujecki* EuZW 2018, 1000, 1001; *Lehmann* (Fn. 14), IFMR Rn. 556.

**85** Ausf. dazu *Köck*, Die einheitliche Auslegung der Rom I-, Rom II- und Brüssel I-Verordnung im europäischen internationalen Privat- und Verfahrensrecht, 2014.

**86** EuGH v. 16.1.2014, Rs. 45/13, NJW 2014, 1166 Rn. 20 f. (Kainz).

und die Besonderheiten der Materie nicht anders verlangen.[87] Daran fehlt es in Bezug auf die Verortung von Vermögensschäden im Allgemeinen und die Kapitalmarktinformationshaftung im Besonderen:

So geht es dem EuGH auf der zuständigkeitsrechtlichen Ebene ganz maßgeblich darum, den deliktischen Erfolgsort deswegen nicht ohne weiteres am gewöhnlichen Aufenthalt des Investors anzusiedeln, weil hierdurch der Sache nach ein Klägergerichtsstand begründet würde. Ein solcher aber kontrastierte eklatant mit der Grundwertung des Art. 4 Abs. 1 Brüssel Ia-VO, der im Ausgangspunkt einen allgemeinen Beklagtengerichtsstand statuiert. Dessen rechtspolitische Rechtfertigung ist zwar alles andere als unzweifelhaft, doch macht seine rechtstatsächliche Existenz jede weitgehende Annahme von Klägergerichtsständen besonders begründungsbedürftig. Vor diesem Hintergrund bemüht der EuGH in seinen Entscheidungen zu den besonderen und ausschließlichen Gerichtständen der Brüssel Ia-VO regelmäßig dezidiert zuständigkeitsrechtliche und prozessuale Wertungen. Im Kontext des Art. 7 Nr. 2 Brüssel Ia-VO (bzw. seiner Vorgängerregelungen) hebt er immer wieder hervor, dass sich seine Auslegung der Norm im Wesentlichen aus dem Interesse an einer „geordneten Rechtspflege und einer sachgerechten Gestaltung des Prozesses [...] rechtfertigt."[88] Insoweit nimmt er im Rahmen seiner pointilistischen Rechtsprechung stets auch die individuellen Einzelinteressen der Parteien in den Blick.

Dagegen geht es im Kollisionsrecht primär um die Bestimmung derjenigen Rechtsordnung, die das Rechtsverhältnis der Parteien aufgrund genereller kollisionsrechtlicher Gerechtigkeits- und Angemessenheitserwägungen in Bezug auf den Anknüpfungsgegenstand regeln sollte. Im Internationalen Deliktsrecht stehen dabei ebenso wie im Sachrecht die Aspekte der Schadenskompensation und der Verhaltenssteuerung im Vordergrund. Erst Recht gilt dies im Kapitalmarkthaftungsrecht, das ebenso wie das öffentliche Kapitalmarktrecht der Marktordnung und Verhaltenssteuerung dient und das die Schadenskompensation nur als Mittel zur Erreichung dieser vorrangigen Ziele ansieht. Vor diesem Hintergrund geht es keinesfalls an, die unvorhersehbare Einzelfalljudikatur des EuGH zum Zuständigkeitsrecht zur Leitschnur kollisionsrechtlicher Lösungen im Kapitalmarkthaftungsrecht zu machen; diese muss vielmehr regelbasiert und sachorientiert werden.[89]

---

**87** Vgl. auch *v. Hein* in Münchener Kommentar zum BGB, Bd. 11, 7. Aufl. 2018, Einl. IPR Rn. 133; *Looschelders* in Staudinger, BGB, 2019, Einl. IPR Rn. 532; *Rühl* in BeckOGK-BGB (Stand 1.12.2017), Art. 4 Rom II-VO Rn. 15.

**88** Etwa EuGH v. 1.10.2002, Rs. C-167/00, NJW 2002, 3617, Rn. 46 m.w.N. (Verein für Konsumenteninformation) zur früheren Rechtsprechung.

**89** Ebeno *Einsele* RabelsZ 81 (2017), 781, 787 f.

### c) Inhaltliche Begründung des Marktortprinzips

Seit jeher verfolgen nationale wie europäische Regelungen zur Kapitalmarkttransparenz und -publizität das Ziel, die Marktteilnehmer mit relevanten Informationen zu versorgen, d. h. die Informationseffizienz des Kapitalmarktes zu verbessern. Dahinter steht der Gedanke, dass der Preisbildungsmechanismus am betreffenden Markt nur dann störungsfrei funktionieren kann, wenn die Anleger ihre Investitions- und Desinvestitionsentscheidungen auf der Grundlage sämtlicher kursrelevanter Informationen treffen können. Dies wiederum ist essentiell auch für die effiziente Allokation des Kapitals, da die relevanten Informationen in den Preis des betreffenden Finanzinstruments einfließen, der der entscheidende Indikator für die Chancen und Risiken der Anlagen ist und damit auch Auswirkungen darauf hat, wohin Investorengelder geleitet werden.[90] Darüber hinaus beugt die sofortige und vollständige Publikation kursrelevanter Informationen unbestritten auch dem Risiko des Insiderhandels vor und gewährleistet damit die für einen funktionierenden Kapitalmarkt essenzielle Gleichbehandlung der Anleger in Bezug auf kursrelevante Informationen.[91]

Diese allgemein anerkannten Ziele setzt der Gesetzgeber allerdings keineswegs umfassend durch, sondern beschränkt die Publizitätspflicht auf besonders relevante Teile bzw. Segmente des Kapitalmarktes. Die hier interessierende sekundärmarktrechtliche ad hoc-Pflicht betraf in der Zeit zwischen dem Inkrafttreten des § 44a BörsenG und der Neufassung des WpHG durch das 2. FiMaNoG allein regulierte Märkte (d. h. Börsen), während mit Inkrafttreten der MAR über deren Art. 17 und Art. 1 Abs. 1 mit den MTF und OTF noch weitere, weniger strikt regulierte Handelsplätze in die Publizitätspflicht einbezogen wurden. Schutzgut der früher deutschrechtlich in den § 44a BörsenG a. F. bzw. nachfolgend in § 15 WpHG a. F. und heute verordnungsbasiert in Art. 17 MAR normierten ad hoc-Pflichten ist damit der Preisbildungsmechanismus auf den genannten Handelsplätzen.

Dieser Schutz soll den Anlegern lediglich in Bezug auf solche Transaktionen zu Gute kommen, die sie auch auf dem jeweiligen Handelsplatz tätigen; dagegen sind außerhalb der genannten Handelsplätze vorgenommene Transaktionen nicht vom Schutzbereich der Publizitätspflicht erfasst. Das folgt schon daraus, dass die gesetzlichen Publizitätspflichten überhaupt nur im Zusammenhang mit der Zulassung des betreffenden Finanzinstruments zu einem Handelsplatz normiert wurden, während Emittenten, deren Papiere ausschließlich an einem

---

**90** Fragwürdig insoweit *Hellgardt* (Fn. 54), § 97 WpHG Rn. 31.

**91** So explizit nunmehr Erwägungsgrund (24) MAR, vgl. zum früheren Recht.

sonstigen Handelsplatz oder gar außerhalb eines solchen gehandelt werden, gerade keiner Publizitätspflicht unterliegen. Nur derjenige Anleger, der sich auf einem gesicherten Handelsplatz bewegt, ist damit überhaupt schutzbedürftig und kann sich auf die Einhaltung der dort geltenden „Spielregeln" verlassen. Dagegen ist der Handel außerhalb der erfassten Handelsplätze zwar nicht verboten, aber mit größerer Unsicherheit behaftet. Bezöge man die Parteien eines außerhalb einer Börse, eines MTF oder OTF vorgenommenen Geschäfts in den Schutzbereich der am Handelsplatz geltenden ad hoc-Pflicht ein, käme es letztlich zu einem ungerechtfertigten *windfall profit* der betreffenden Parteien. Dieser wäre umso unerwünschter, als das betreffende Geschäft seinerseits nicht in die Preisbildung an den erfassten Handelsplätzen einfließt und damit deren Informationseffizienz beeinträchtigt.

Nach dem Gesagten schädigt ein Verstoß gegen die ad hoc-Pflicht primär die Preisbildung auf dem Handelsplatz, für den die ad hoc-Pflicht besteht. Damit ist der betreffende Handelsplatz zumindest im strikt kapitalmarktrechtlichen (d.h. öffentlich-rechtlichen) Sinne der Erfolgsort des Verstoßes. Bei den Vermögensschäden, die einzelne Anleger aus der fehlenden bzw. fehlerhaften Information erleiden, handelt es sich der Sache nach um bloße Folgeschäden, die auf der fehlenden Berücksichtigung relevanter Informationen für den Handelspreis bzw. auf der Einpreisung fehlerhafter Informationen beruhen.

Die vorstehenden Hintergründe sprechen dafür, den Verstoß gegen die sekundärmarktrechtliche Publizitätspflicht auch für die Zwecke des Kapitalmarktzivilrechts am betreffenden Handelsplatz zu lokalisieren. Nun ist es dem Gesetzgeber sicherlich gestattet, ein vom öffentlichen Recht zumindest partiell abgekoppeltes zivilrechtliches Haftungsregime zu implementieren und auch kollisionsrechtlich durchzusetzen. Insbesondere könnte er den Schutzzweck der zivilrechtlichen Haftung vom Telos der kapitalmarktrechtlichen Publizitätspflicht abkoppeln und für die Haftung nicht allein die Störung der Preisbildung am Handelsplatz als maßgeblich erachten, sondern die Kompensation des Geschädigten in den Vordergrund stellen. Dass eine derartige Abweichung gewollt war, lässt sich freilich weder für die § 37b, § 37c WpHG a. F. noch für die § 97, § 98 WpHG n.F. annehmen: Im Gegenteil knüpfen die Haftungstatbestände explizit an den Verstoß gegen die öffentlich-rechtliche Publizitätspflicht an. Bereits indem die Haftung einen Verstoß gegen die handelsplatzbezogene Publizitätspflicht voraussetzt, ist sie unmittelbar „verwaltungsrechtsakzessorisch" ausgestaltet. Darüber hinaus spricht auch das im Wortlaut der § 37b, § 37c WpHG a.F., § 97, § 98 WpHG verankerte Transaktionserfordernis, wonach nur solche Investoren Anspruch auf Schadensersatzanspruch haben, die die betreffenden Wertpapiere im Kontext der unterlassenen bzw. fehlerhaften Mitteilung ge- oder verkauft und hierdurch eine tatsächliche Vermögenseinbuße und nicht allein einen buchmäßigen Wertverlust erlitten haben, für eine Lokalisierung des Erfolgsortes am betreffenden Handelsplatz. Denn die betreffende Transaktion muss nach dem Gesagten in jedem Fall über denjenigen Handelsplatz erfolgt sein, in Bezug auf den das Gesetz die Publizitätspflicht anordnet. Diese Bezugnahme auf das materielle Kapitalmarktrecht ist zudem vor dem Hintergrund des eindeutigen gesetzgeberischen Willens folgerichtig: Der Der deutsche Gesetzgeber hat die zivilrechtliche Haftung gerade deswegen geschaffen, um das öffentliche Kapitalmarktrecht effektiver durchzusetzen.[92] Hierbei hat er noch nicht einmal angedeutet, dass er das Privatrecht weitergehend vom öffentlichen Recht hätte abkoppeln wollen. Zwar ist der Bundesgerichtshof in seiner „IKB"-Entscheidung bekanntlich von der hier vertretenen Konzeption der § 37b, § 37c WpHG a. F., § 97, § 98 WpHG n.F abgewichen und gestattet den geschädigten Anlegern auch, ihren konkreten Vertragsschlussschaden dergestalt zu liquidieren, dass der Emittent sie von dem geschlossenen Erwerbsgeschäft gänzlich freizustellen habe.[93] Das ändert freilich nichts daran, dass auch der BGH unmittelbar das am regulierten Handelsplatz geschlossene Geschäft in den Blick nimmt und dessen Rückabwicklung anordnet. Für die hier interessierende kollisionsrechtliche Betrachtung ergibt sich aus dem Urteil daher letztlich nichts anderes.

Weiter ist zu berücksichtigen, dass aus Sicht des geschädigten Anlegers der primäre Schaden, der ihm aus einer fehlerhaften oder unterlassenen ad hoc-Publikation entsteht, nicht erst mit Erfüllung des überteuerten Erwerbsgeschäfts bzw. des aus seiner Sicht unvorteilhaft günstigen Verkaufs eintritt, d. h. mit Zahlung des überhöhten Erwerbspreises bzw. der Auslieferung der unterbewerteten Instrumente. Vielmehr wird sein Vermögen bereits mit Abschluss des Erwerbs- bzw. Verkaufsgeschäfts belastet – dies übrigens unabhängig davon, ob man allein den Kursdifferenz- oder auch den Vertragsabschlussschaden für erstattungsfähig hält. Zu Recht hat auch der EuGH (wenn auch im international-zuständigkeitsrechtlichen Kontext) im Urteil „CDC Hydrogen Peroxide" erkannt, dass der Abschluss eines wirtschaftlich unvorteilhaften Vertrages einen Vermögensschaden darstelle.[94] Nun haben Verträge, selbst wenn sie schriftlich oder gar notariell geschlossen wurden, als bloße Rechtsbeziehungen kein lokalisierbares Substrat, zumal der Ort ihres Abschlusses häufig zufällig ist. Der Ort des Vertragsschlusses wirkt sich daher zu Recht kollisionsrechtlich nicht auf das anwendbare Recht

---

**92** Dazu oben unter 2.

**93** BGHZ 192, 90.

**94** EuGH v. 21. 5. 2015, Rs. C-352/13, EuZW 2015, 584 Rn. 52. (CDC Hydrogen Peroxide).

aus[95] und der EuGH hat den Eingehungsschaden im Fall „CDC Hydrogen Peroxide" denn auch aus diesem Gründen am Sitz des Geschädigten verortet.[96] Allerdings erscheint es im Kontext der Haftung wegen Verstoßes gegen sekundarmarktrechtliche Publizitätsvorschriften durchaus denkbar und ist auch geboten, insoweit anders zu entscheiden: Denn Verträge, die im Rahmen eines regulierten Handelssystems geschlossen werden, unterliegen nach dem oben Gesagten gem. Art. 4 Abs. 1 lit. h) Rom I-VO gerade dem am Ort des Handelsplatzes geltenden Recht – der europäische Gesetzgeber selbst weist hier dem Vertragsschlussort und -mechanismus offenbar überragende Bedeutung zu.

Darüber hinaus ist Folgendes zu bedenken: Der räumliche Anwendungsbereich der § 37b, § 37c WpHG a. F., § 97, § 98 WpHG n. F. ist – in Übereinstimmung mit der ihnen zu Grunde liegenden Transparenzpflichten – explizit auf Fälle beschränkt, in denen sich die fehlende bzw. fehlerhafte Publizität auf Wertpapiere bezog bzw. bezieht, die an einem regulierten Handelsplatz „im Inland" gehandelt wurden. Damit erfassen die Haftungsnormen zumindest auf der sachrechtlichen Ebene keinesfalls Verstöße gegen im Ausland bestehende Publizitätspflichten.[97] Soweit ausländische Rechtsordnungen gleichermaßen verfahren, führte dies bei kollisionsrechtlicher Berufung eines vom Recht des Handelsplatzes verschiedenen Haftungsrechts zum gänzlichen Leerlaufen der sonderdeliktischen Kapitalmarkthaftung aller beteiligten Rechtsordnungen: Das ausländische „Erfolgsortrecht" wird zwar kollisionsrechtlich berufen, enthält indes keine spezielle Haftungsnorm für den aus seiner Sicht als Auslandsfall zu beurteilenden Sachverhalt, während das Anwendung heischende inländische Marktortrecht mangels kollisionsrechtlicher Berufung nicht zur Anwendung gelangt. Es liegt auf der Hand, dass sich auf diesem Weg die vom nationalen Gesetzgeber intendierte effektive Durchsetzung der öffentlich-rechtlichen Pflichten nicht gewährleisten lässt.

Schließlich ist im Rahmen einer sinnvollen rechtsaktübergreifenden Auslegung der Rom II-VO auch und insbesondere das sonstige europäische Kollisi-

95 Der Ort des Vertragsschlusses ist daher nur im Rahmen des Art. 11 Rom I-VO (ebenso im Rahmen des Art. 11 EGBGB) dergestalt relevant, dass die Einhaltung der am Vertragsschlussort geltenden Formvorschriften für die Formwirksamkeit genügt.

96 EuGH (Fn. 94), Rn. 52. Diese Vorgehensweise ist freilich mit der sonstigen Rechtsprechung des EuGH zur fehlenden Eignung des Wohnsitzes des Klägers als international-zuständigkeitsrechtlicher Erfolgsort evident unvereinbar.

97 Insoweit könnte eine Haftung allenfalls auf sonstigen Rechtsgrundlagen des deutschen Rechts oder auf dem ausländischen Recht des Staates der Zulassung (bzw. der Zulassungsantragsstellung) beruhen oder auf einem drittstaatlichen Recht, das bezüglich der Haftung nicht nach dem Ort der Zulassung bzw. der Stellung des Zulassungsantrages differenziert.

onsrecht in die Betrachtung einzubeziehen. Von Bedeutung sind insoweit namentlich die bereits genannten Anknüpfungsregelungen der Art. 4 Abs. 1 lit. h), Art. 6 Abs. 4 lit. e) Rom I-VO, die Verträge, die im Rahmen multilateraler Handelssysteme geschlossen werden, dem am betreffenden Handelsplatz geltenden Recht unterstellen. Die hinter dieser Norm stehende Wertung, dass sämtliche Marktteilnehmer gleich zu behandeln sind, die ihre Transaktionen im Rahmen des Handelssystems schließen, ist auch für Art. 4 Abs. 1 Rom II-VO übertragen.

Vor diesem Hintergrund erscheint es nicht nur denkbar, sondern unbedingt wünschenswert und geboten, aber auch möglich, den Begriff des Erfolgsorts im Sinne des Art. 4 Abs. 1 Rom II-VO jedenfalls bei Kapitalmarktdelikten vom Internationalen Zuständigkeitsrecht abzukoppeln und auch unter der Rom II-VO das Recht des betreffenden Handelsplatzes als Erfolgsortrecht anzuwenden.

## VI. Haftung für fehlerhafte Produktinformationsblätter

Der deutsche Gesetzgeber hat recht forsch behauptet, mit dem 1. FiMaNoG auch die PRIIP-VO umzusetzen.[98] Das trifft freilich nur insoweit zu, als § 10 WpHG (nunmehr in der Fassung des 2. FiMaNoG) der BaFin die Zuständigkeit für die und die Befugnisse bei der Anwendung bzw. Umsetzung der Verordnung zuweist. Dagegen hat der nationale Gesetzgeber auf eine Regelung der in Art. 11 PRIIP-VO – wenn auch nur rudimentär normierten – zivilrechtlichen Haftung verzichtet, die nach wohl h.M. auf einer Kombination aus europäischem und nationalem Recht (in Form der modifizierten bürgerlich-rechtlichen Prospekthaftung) beruht.[99] Dem Gesetzgeber hätte es gut angestanden, eine nach den Vorbildern der § 22 VermAnlG (Haftung für fehlerhafte bzw. fehlende Vermögensanlageninformationsblätter), § 306 Abs. 2 KAGB (Haftung für fehlerhafte bzw. fehlende wesentliche Anlegerinformationen) bzw. § 22a WpPG (Haftung für fehlerhafte bzw. fehlende Wertpapier-Informationsblätter) konzipierte Haftung zu statuieren – sei es im WpHG, sei es im VermAnlG. Erst Recht haben die beiden FiMaNoGs nicht geklärt, wie die von Art. 11 Abs. 3 PRIIP-VO angesprochene kollisionsrechtliche Vorfrage zu beantworten ist, welches nationale Recht überhaupt als Anspruchsgrundlage bzw. zur Ergänzung der Haftung nach der PRIIP-VO heranzuziehen ist.[100] Auch

**98** Vgl. Begründung RegE 1. FiMaNoG, BT-Drucks. 18/7482, 49.
**99** Ausf. und mit Nachw. zur unklaren Dogmatik *Buck-Heeb* in Assmann/Schneider/Mülbert, Wertpapierhandelsrecht, 7. Aufl. 2019, Art. 11 PRIIP-VO Rn. 7 ff.
**100** Vgl. dazu *Wilfling/Komuczky* ÖBA 2017, 697, 699.

insoweit ist nach der hier vertretenen Ansicht selbstverständlich an den Marktort anzuknüpfen.

## VII. Perspektiven

Im Jahr 2019 warten Wissenschaft und Praxis noch immer auf ein kohärent normiertes „Internationales Wertpapierhandelsrecht". Mit Art. 4 Abs. 1 lit. h) Rom I-VO liegt nur eine für die Praxis wenig bedeutende Regelung für die Anknüpfung von Börseninnengeschäften vor, die allerdings eine positive Ausstrahlungswirkung auf die kollisionsrechtliche Behandlung sonstiger handelsplatzbezogener Rechtsverhältnisse hat. Die neuralgischen Fragen nach dem auf die Kapitalmarktinformationshaftung anwendbaren Recht sowie nach dem Statut, das über die gesellschaftsrechtlichen Folgen von Verstößen gegen die Vorgaben zur Beteiligungstransparenz entscheidet, harren weiter der Klarstellung. Vom EuGH ist insoweit bedauerlicher Weise offenbar keine Hilfe zu erwarten, im Gegenteil. Diese Gemengelage schadet der Vorhersehbarkeit des Rechts und damit der Rechtssicherheit und schränkt die präventive Wirkung der zivilrechtlichen Sanktionen ein, die doch einen weiteren Anreiz zur Einhaltung des Marktordnungsrechts darstellen sollen. Auf einem zumindest rechtlich mittlerweile weitestgehend vereinheitlichten europäischen Kapitalmarkt ist das nicht akzeptabel und der EU-Gesetzgeber sollte daher dringend nachsteuern. Zu empfehlen ist jeweils die Verankerung des Marktortprinzips; entsprechende Vorschläge liegen seit Jahren auf dem Tisch.[101] Dass die zu erhoffenden Regelungen in jedem Fall außerhalb des WpHG angesiedelt sein werden, ist zu verschmerzen: Das WpHG hatte noch nie besondere zivilrechtliche, geschweige denn kollisionsrechtliche Ambitionen. Zudem hat sich sein Charakter in den letzten 25 Jahren grundlegend geändert; seit der flächendeckenden Harmonisierung auf europäischer Ebene dient es ohnedies praktisch ausschließlich der Umsetzung und Ausführung unionsrechtlicher Vorgaben und das Kollisionsrecht ist ebenso wie das Kapitalmarktrecht gleichsam eine natürliche Domäne europäischer Gesetzgebung.

101 *Deutscher Rat für IPR* IPRax 2012, 470, dazu ausf. *Lehmann* IPRax 2012, 399 ff.

Dörte Poelzig

# Drittstaaten und Gleichwertigkeit

## I. Einleitung

In den vergangenen 25 Jahren ist das Wertpapierhandelsrecht nicht nur europäischer geworden, indem der Umfang und die Tiefe der Richtlinien und vor allem auch die Zahl der unmittelbar anwendbaren Verordnungen zugenommen haben. Auch das Verhältnis des europäischen Wertpapierhandelsrechts zu Drittstaaten ist stärker in den Blickpunkt gerückt. Seinen vorläufigen Höhepunkt hat die Frage nach dem Zugang von Marktteilnehmern aus Drittstaaten zum europäischen Wertpapierhandel mit dem *Brexit* erreicht. Britische Finanzmarktakteure, die bislang als Angehörige der EU auf die Grundfreiheiten vertrauen konnten und durch den Europäischen Pass ungehinderten Zugang zum europaweiten Wertpapierhandel erhielten, stehen nun vor der Frage, wie und unter welchen Bedingungen sie nach einem harten *Brexit*[1] noch am europäischen Wertpapierhandel teilnehmen können.[2] Auch Anbieter aus anderen Drittstaaten, wie etwa der Schweiz, werden regelmäßig mit dieser Frage konfrontiert.[3] Der Zugang zum europäischen Wertpapierhandel ist aber nicht nur für die Marktteilnehmer aus Drittstaaten von wirtschaftlich erheblicher Bedeutung, auch die EU selbst hat ein erhebliches Interesse daran, den europäischen Wertpapierhandel für Akteure aus Drittstaaten zu öffnen, um so den Wettbewerb zu fördern und die Liquidität zu

---

1 Zu den verschiedenen Optionen des Brexit *Streinz*, Brexit – Weg, Ziele und Lösungsmöglichkeiten, in Kramme/Baldus/Schmidt-Kessel, Brexit und die juristischen Folgen, 2016, S. 17 ff.

2 Hierzu *Armour*, Brexit and Financial Services, (2017) 33 Oxford Review of Economic Policy S54; *Hohlmeier/Fahrholz*, The Impact of Brexit on Financial Markets – Taking Stock, Int. J. Fin. Stud. 2018, 6, 65; *Lehmann/Zetzsche* in Zetzsche/Lehmann, Grenzüberschreitende Finanzdienstleistungen, § 3 S. 75 ff.; *Moloney*, Brexit, the EU and Its Investment Banker: Rethinking 'Equivalence' for the EU Capital Market, LSE Law, Society and Economy Working Papers 5/2017, passim; *Merkt* WM 2018, 1817 ff.; *Poelzig/Bärnreuther*, Die finanzmarktrechtlichen Konsequenzen des Brexit, in Kramme/Baldus/Schmidt-Kessel, Brexit und die juristischen Folgen, 2016, S. 153 ff.; *Ringe*, The Irrelevance of Brexit for the European Financial Market, in University of Oxford, Legal Research Paper Series, Paper No 3/2017, January 2017, passim; *Wymeersch*, Brexit and the Equivalence Regulation and Supervision, in European Banking Institute, EBI Working Paper Series, 2017 – No. 15, passim; *Zetzsche/Lehmann*, AG 2017, 651 ff.

3 Zum Drittstaatenregime von MiFID II/MiFIR aus der Perspektive der Schweiz *Sethe* SZW 2014, 615 ff. Zu den praktischen Auswirkungen siehe nur https://www.nzz.ch/wirtschaft/der-bundesrat-schuetzt-die-schweizer-boerse-vor-bruessel-ld.1445437 (zuletzt abgerufen am 14.08.2019).

https://doi.org/10.1515/9783110632323-052

erhöhen.[4] Daher hat der europäische Gesetzgeber in den vergangenen Jahren in zunehmendem Maße Erleichterungen für den Marktzugang aus Drittstaaten geschaffen, wenn und soweit das Recht des Drittstaates den europäischen Vorgaben gleichwertig ist. Der Zugang von Drittstaatenakteuren zum europäischen Wertpapierhandel hängt daher nicht unerheblich von der Gleichwertigkeit des Drittstaatenrechts mit dem europäischen Wertpapierhandelsrecht ab.

Im Folgenden soll zunächst dargestellt werden, ob und inwieweit das europäische Recht auf Finanzmarktakteure aus Drittstaaten Anwendung findet (B), um sodann das Gleichwertigkeitsprinzip[5] näher zu beleuchten, seinen Anwendungsbereich (C.), die Voraussetzungen und Rechtsfolgen (D.).

## II. Anwendung europäischen Wertpapierhandelsrechts auf Drittstaatenakteure

Unter welchen Voraussetzungen Drittstaatenakteure am europäischen Wertpapierhandel teilnehmen können, folgt vor allem aus den primärrechtlichen Grundfreiheiten (1.) und wird durch eine Vielzahl von sekundärrechtlichen Rechtsakten (2.) bestimmt.

### 1. Finanzmarktrelevantes Primärrecht

Die Angehörigen der europäischen Mitgliedstaaten werden im Bereich des Wertpapierhandels vor allem durch die Kapital- und Zahlungsverkehrsfreiheit gemäß

4 Siehe bereits ErwGr 29 Wertpapierdienstleistungsrichtlinie: „Da die Gemeinschaft ihre Kapitalmärkte für die anderen Länder offenhalten will, ist das Ziel dieses Verfahrens nicht eine Abschottung der Kapitalmärkte der Gemeinschaft, sondern eine weitergehende Liberalisierung der gesamten Kapitalmärkte in den Drittländern. Zu diesem Zweck sieht diese Richtlinie Verfahren für Verhandlungen mit Drittländern oder – als letztes Mittel – die Möglichkeit vor, Maßnahmen zu ergreifen, mit denen neue Zulassungsanträge ausgesetzt bzw. die Neuzulassungen begrenzt werden könnten".

5 Teilweise ist stattdessen vom Äquivalenzprinzip die Rede (so etwa *Zetzsche* in Bachmann/Breig, Finanzmarktregulierung zwischen Innovation und Kontinuität in Deutschland, Europa und Russland, S. 47, 129 f.; *Lehmann/Zetzsche* (Fn. 2), § 3 Rz. 13). Aktuell hierzu Mitteilung der Kommission v. 29.7.2019, Gleichwertigkeit im Bereich der Finanzdienstleistungen, COM(2019) 349 final.

Art. 63 AEUV[6] sowie die Niederlassungsfreiheit gemäß Art. 49 Abs. 1 AEUV und der Dienstleistungsfreiheit gemäß Art. 56 Abs. 1 AEUV geschützt.

### a) Passive Dienstleistungsfreiheit (*reverse solicitation*)

Die Niederlassungs- und die Dienstleistungsfreiheit begünstigen allerdings ausschließlich Angehörige von Mitgliedstaaten, so dass sich Drittstaatenangehörige gegenüber EU-Mitgliedstaaten sowie EU-Unternehmen gegenüber Drittstaaten hierauf nicht berufen können.[7] Gleichwohl können Unternehmen aus Drittstaaten von der passiven Dienstleistungsfreiheit der Angehörigen der Mitgliedstaaten profitieren, also deren Recht auf den Empfang von Dienstleistungen aus Drittstaaten (sog. „*passive use*").[8] Wendet sich ein Kunde aus der EU an ein Unternehmen mit Sitz in einem Drittstaat und fragt bestimmte Dienstleistungen nach (sog. „*reverse solicitation*"), kann sich der Kunde auf die passive Dienstleistungsfreiheit berufen.[9] Für das Unternehmen bedeutet dies, dass die Erbringung der nachgefragten Dienstleistung an in der EU ansässige oder niedergelassene Kunden ohne Zweigniederlassung oder Registrierung in der EU möglich sein

---

**6** Zur Bedeutung der Kapitalverkehrsfreiheit für das Kapitalmarktrecht *Follok* in Dauses/Ludwigs, Handbuch des EU-Wirtschaftsrechts, 46. EL Januar 2019, F. II. Rz. 1ff.

**7** *Basedow*, Brexit and Business Law, Max Planck Institute for Comparative and International Private Law, Research Paper Series No. 71/1, 102, 108; *Prüm*, Brexit: Options for Banks from the UK to Access the EU Market, in European Banking Institute, EBI Working Paper Series 2017 – No. 7, 1, 2; *Weller/Thomale/Benz* NJW 2016, 2378, 2380. Hinsichtlich der Niederlassungsfreiheit *Forsthoff* in Grabitz/Hilf/Nettesheim, Das Recht der Europäischen Union, AEUV Art. 49, Rz. 11f.; *Korte* in Calliess/Ruffert, EUV/AEUV, 5. Aufl. 2016, AEUV Art. 49 Rz. 6; *Müller-Graff* in Streinz, EUV/AEUV, 3. Aufl. 2018, AEUV Art. 49 Rz. 28. Hinsichtlich der Dienstleistungsfreiheit sind Drittstaatsangehörige zwar als Empfänger von Dienstleistungen, nicht aber als Leistungserbringer berechtigt *Müller-Graff* in Streinz, EUV/AEUV, 3. Aufl. 2018, AEUV Art. 56 Rz. 57.

**8** Zur durch Rechtsfortbildung entwickelten passiven Dienstleistungsfreiheit allgemein *Kluth* in Calliess/Ruffert, EUV/AEUV, 5. Aufl. 2016, AEUV Art. 57 Rz. 30 und 31; *Ludwigs* in Dauses/Ludwigs, Handbuch des EU-Wirtschaftsrechts, 46. EL, Januar 2019, E. I. Rz. 199f.; *Randelzhofer/Forsthoff* in Grabitz/Hilf, Das Recht der Europäischen Union, 40. Aufl. 2009, Art. 50 Rz. 51; zur Bedeutung der passiven Dienstleistungsfreiheit im Kontext des Brexit: *Hanten/Sacarcelik* After the Sunset: the Impact of Brexit on EU Market Access for Banks and Investment Firms, EBI Working Paper Series 2017, No. 22, 16/03/2018, 1, 14 und 15; *Lehmann/Zetzsche* How Does It feel to Be a Third Country? The Consequences of Brexit for Financial Market Law, in Brexit: The International Legal Implications, Paper No. 14 – February 2018, 1, 15; *Prüm*, (Fn. 7), 1, 3.

**9** *Lehmann/Zetzsche* (Fn. 8), 1, 15; *Moloney* (Fn. 2), 1, 17 und 18.

muss.[10] Entscheidend ist daher, wann die Erbringung der Dienstleistung auf Initiative des kontinentaleuropäischen Kunden erfolgt und damit von der passiven Dienstleistungsfreiheit erfasst wird.[11] Nach Auffassung der BaFin ist beispielsweise die Fortsetzung bereits bestehender Kundenbeziehungen auf die vormalige Partizipation des Kunden zurückzuführen und unterfällt demnach der passiven Dienstleistungsfreiheit.[12] Gleiches gilt für vom Kunden angestoßene *„beauty contests“*, bei denen sich Unternehmen aus Drittstaaten nach Aufforderung um neue Mandate im Finanzgeschäft bewerben.[13] Im Übrigen kann die Abgrenzung aber Schwierigkeiten bereiten.[14]

### b) Kapitalverkehrsfreiheit

Die Kapitalverkehrsfreiheit kommt im Gegensatz zu anderen Grundfreiheiten auch Personen zugute, die in Drittstaaten ansässig sind.[15] Sie schützt u. a. grenzüberschreitende Direktinvestitionen und Geschäfte mit am Kapitalmarkt gehandelten Wertpapieren.[16] Soweit mitgliedstaatliche oder europarechtliche Regelungen etwa den grenzüberschreitenden Wertpapierhandel mit in Drittstaa-

---

**10** So nehmen Art. 42 S. 1 MiFID II, Art. 46 Abs. 5 UAbs. 3 S. 1 MiFIR jeweils ausdrücklich die Fälle von der Zulassungspflicht aus, in denen sich EU-Kunden auf eigene Initiative an eine Drittlandfirma wenden, um von dieser angebotene Wertpapierdienstleistungen in Anspruch zu nehmen. Siehe auch zu § 32 KWG *Hanten/Sacarcelik* (Fn. 8), 1, 14 f.; *Vahldiek* in Boos/Fischer/Schulte-Mattler, KWG, CRR-VO, 5. Aufl. 2016, § 53 Rz. 162; zur Verwaltungspraxis der BaFin im Kontext von § 32 Abs. 1 KWG und der passiven Dienstleistungsfreiheit: BaFin, Merkblatt – Hinweise zur Erlaubnispflicht nach § 32 Abs. 1 KWG in Verbindung mit § 1 Abs. 1 und Abs. 1a KWG von grenzüberschreitend betriebenen Bankgeschäften und/oder grenzüberschreitend erbrachten Finanzdienstleistungen, 01. 04. 2005.

**11** Vgl. *Hanten/Sacarcelik* (Fn. 8), 1, 15; *Prüm*, (Fn. 7), 1, 3.

**12** Vgl. Merkblatt der BaFin zur Erlaubnispflicht von grenzüberschreitend betriebenen Geschäften vom 01. 04. 2005, „Kreditgeschäft/Kreditkonsortium“.

**13** Hierzu *Zetzsche/Lehmann* AG 2017, 651, 661.

**14** Hierzu *Ferran* (2017) 3 Journal of Financial Regulation, S. 40 ff.; *Lehmann/Zetzsche* (Fn. 2), § 3 Rz. 12; *Moloney* (Fn. 2), 1.

**15** *Wojcik* in von der Groeben/Schwarze/Hatje, Europäisches Unionsrecht, 7. Aufl. 2015, Art. 63 AEUV Rz. 10.

**16** Die im Rahmen von Art. 63 AEUV relevanten Erscheinungen des Kapitalverkehrs werden in der in Anhang I der Kapitalverkehrsrichtlinie 88/361/EWG enthaltenen Nomenklatur nicht abschließend aufgezählt, siehe hierzu *Sedlaczek/Züger* in Streinz, EUV/AEUV, 3. Aufl. 2018, Art. 63 AEUV Rz. 19.

ten ansässigen Personen beeinträchtigen, können sich auch diese grundsätzlich[17] auf die Kapitalverkehrsfreiheit berufen.[18] Problematisch kann unter Umständen die Abgrenzung zur Niederlassungs- oder Dienstleistungsfreiheit sein, die Drittstaatenangehörigen grundsätzlich nicht zugutekommen. Zur Abgrenzung der Grundfreiheiten ist nach der Rechtsprechung des EuGH jeweils auf den Schwerpunkt der fraglichen nationalen Maßnahme abzustellen.[19] Bedeutsam wird die Abgrenzung zur Niederlassungsfreiheit insbesondere bei grenzüberschreitenden Beteiligungen an mitgliedstaatlichen Gesellschaften. Nach der Rechtsprechung des EuGH sind Beschränkungen für wesentliche Beteiligungen, die einen „sicheren Einfluss" vermitteln, ausschließlich anhand der Niederlassungsfreiheit zu messen.[20] Etwas anderes gilt für „nationale Bestimmungen über Beteiligungen, die in der alleinigen Absicht der Geldanlage erfolgen, ohne dass auf die Verwaltung und Kontrolle des Unternehmens Einfluss genommen werden soll".[21] Die Abgrenzung zur Dienstleistungsfreiheit wird insbesondere im Zusammenhang mit Finanzdienstleistungen relevant. So kann die Kapitalverkehrsfreiheit Anwendung finden, wenn „ein hinreichend enger Kausalzusammenhang" zwischen der Finanzdienstleistung und einer Kapitalbewegung besteht.[22]

Können sich die in Drittstaaten ansässigen Personen unter diesen Voraussetzungen grundsätzlich auf die Kapitalverkehrsfreiheit berufen, gilt dies allerdings nicht ohne Einschränkungen wie für EU-Angehörige. Zum einen erlaubt Art. 64 Abs. 2 AEUV der Union, den Kapitalverkehr mit Drittstaaten, insbesondere im Zusammenhang mit der Erbringung von Finanzdienstleistungen oder der Zulassung von Wertpapieren zu den Kapitalmärkten, zu beschränken. Zum anderen

---

**17** Zu der unterschiedlichen Auslegung des Art. 63 AEUV für Drittstaatenangehörige indes *Hindelang* IStR 2010, 443 ff.

**18** *Bröhmer* in Calliess/Ruffert, EUV/AEUV, 5. Aufl. 2016, AEUV Art. 63 Rz. 6; *Wojcik* (Fn. 15), AEUV Art. 63 Rz. 10.

**19** *Bröhmer* (Fn 18.), AEUV Art. 63 Rz. 45. Im Einzelnen zur insoweit uneinheitlichen Rechtsprechung des EuGH und zum Meinungsspektrum im Schrifttum zur Abgrenzung von der Niederlassungsfreiheit *Lutter/Bayer/Schmidt*, Europäisches Unternehmens- und Kapitalmarktrecht, 5. Aufl. 2012, § 15 Rz. 3 ff. Zur Abgrenzung der Kapitalverkehrs- von der Dienstleistungsfreiheit EuGH v. 3.10.2006, Rs. 452/04, Slg. 2006, 9521 Rn. 28 ff. (Fidium Finanz AG/BaFin).

**20** EuGH v. 12.09.2006, Rs. C-196/04, Slg. 2006, 7995, Rn. 31 f. (Cadbury Schweppes); EuGH v. 26.3.2009, Rs. C-326/07, Slg. 2009, I-2291, Rn. 39 (Kommission/Italien).

**21** EuGH v. 10.06.2015, Rs. C-686/13, Rn. 19 (X AB); EuGH, verb. Rs. C-105/12 bis C-107/12, Rn. 39 f. (Essent NV u. a.); EuGH v. 13.11.2012, Rs. C-35/11, Rn. 92 (Test Claimants in the FII Group Litigation).

**22** EuGH v. 21.05.2015, Rs. C-560/13, Rn. 43 ff. (Wagner-Raith).

legt der EuGH die Kapitalverkehrsfreiheit in Bezug auf Drittstaaten im Ergebnis restriktiver aus als im Verhältnis zu EU-Mitgliedstaaten.[23]

## 2. Finanzmarktrelevantes Sekundärrecht

Zu den für den Wertpapierhandel relevanten europäischen Sekundärrechtsakten gehören u. a. Vorschriften zum Schutz der Marktintegrität – wie die Marktmissbrauchsverordnung[24] oder die LeerverkaufsVO[25] – die kapitalmarktrechtlichen Informationspflichten nach der ProspektVO[26] und der Transparenz-RL[27] sowie die MiFID II[28] und MiFIR.[29] Das europäische Sekundärrecht gilt grundsätzlich nur innerhalb der EU und zudem größtenteils in den Vertragsstaaten des EWR,[30] nicht jedoch in Drittstaaten. Auch wenn die europäischen Sekundärrechtsakte in

---

**23** Hierzu insbesondere EuGH v. 18.12.2007; Rs. C-101/05, Slg. 2007, I-11531 Rn. 36 f.

**24** Verordnung (EU) Nr. 596/2014 des Europäischen Parlaments und des Rates vom 16. April 2014 über Marktmissbrauch (Marktmissbrauchsverordnung) und zur Aufhebung der Richtlinie 2003/6/EG des Europäischen Parlaments und des Rates und der Richtlinien 2003/124/EG, 2003/125/EG und 2004/72/EG der Kommission.

**25** Verordnung (EU) Nr. 236/2012 des Europäischen Parlaments und des Rates vom 14. März 2012 über Leerverkäufe und bestimmte Aspekte von Credit Default Swaps.

**26** Verordnung (EU) 2017/1129 des Europäischen Parlaments und des Rates vom 14. Juni 2017 über den Prospekt, der beim öffentlichen Angebot von Wertpapieren oder bei deren Zulassung zum Handel an einem geregelten Markt zu veröffentlichen ist und zur Aufhebung der Richtlinie 2003/71/EG. Zuvor Richtlinie 2003/71/EG des Europäischen Parlaments und des Rates vom 4. November 2003 betreffend den Prospekt, der beim öffentlichen Angebot von Wertpapieren oder bei deren Zulassung zum Handel zu veröffentlichen ist, und zur Änderung der Richtlinie 2001/34/EG.

**27** Richtlinie 2004/109/EG des Europäischen Parlaments und des Rates vom 15. Dezember 2004 zur Harmonisierung der Transparenzanforderungen in Bezug auf Informationen über Emittenten, deren Wertpapiere zum Handel auf einem geregelten Markt zugelassen sind, und zur Änderung der Richtlinie 2001/34/EG.

**28** Richtlinie 2014/65/EU des Europäischen Parlaments und des Rates vom 15. Mai 2014 über Märkte für Finanzinstrumente sowie zur Änderung der Richtlinien 2002/92/EG und 2011/61/EU („MiFID II"). Die MiFID II gilt seit dem 3. Januar 2018 (Richtlinie des Europäischen Parlaments und des Rates zur Änderung der Richtlinie 2014/65/EU über Märkte für Finanzinstrumente in Bezug auf bestimmte Daten, KOM (2016) 56 endg.).

**29** Verordnung (EU) Nr. 600/2014 des Europäischen Parlaments und des Rates vom 15. Mai 2014 über Märkte für Finanzinstrumente und zur Änderung der Verordnung (EU) Nr. 648/2012.

**30** Die EWR-Vertragsstaaten Liechtenstein, Norwegen und Island sind nach Übernahme der europäischen Richtlinien und Verordnungen in das EWR-Abkommen an diese gebunden. S. Abkommen über den Europäischen Wirtschaftsraum, ABl. L 1 vom 3.1.1994, S. 3 – 522 (abrufbar unter http://eur-lex.europa.eu/legal-content/DE/TXT/?uri=celex:21994A0103(01); zuletzt abgerufen am 14.08.2019).

Drittstaaten keine Geltung beanspruchen, sind sie aber doch u.U. auch auf Akteure aus Drittstaaten anwendbar.[31] Dabei lassen sich die finanzmarktrelevanten Sekundärrechtsakte nach ihrem räumlichen Anwendungsbereich in drei Gruppen unterteilen: Rechtsakte, die an den Sitz eines Unternehmens in der EU, an den Ort des Vertriebs von Finanzinstrumenten und an die Auswirkungen eines Verhaltens anknüpfen. Vor allem die europäischen Richtlinien zur Regulierung der Finanzintermediäre, d.h. von Wertpapierfirmen, Kreditinstituten, Versicherungsunternehmen und Fondgesellschaften, knüpfen grundsätzlich an den Sitz der Unternehmen in der EU an.[32] Die europäischen Publizitätspflichten, insbesondere die ProspektVO und die Transparenz-RL, knüpfen hingegen an den Marktort innerhalb der EU an, gelten also auch für Emittenten aus Drittstaaten, wenn sie ihre Wertpapiere innerhalb der EU anbieten oder zum Handel zulassen wollen bzw. zugelassen haben.[33]

Im Übrigen knüpfen finanzmarktrelevante Sekundärrechtsakte an die Auswirkungen eines Verhaltens auf den europäischen Finanzmarkt an.[34] So erfassen die Marktmissbrauchsverordnung und die Leerverkaufsverordnung Manipulations- und Insiderhandlungen sowie Leerverkäufe, die in der EU gehandelte bzw. zum Handel zugelassene Finanzinstrumente betreffen.[35] Die Verordnungen sind demnach auch auf Handlungen in Drittstaaten, wie etwa in Großbritannien nach dem *Brexit*, anwendbar.[36] Leerverkäufe sowie Insider- und Manipulationshand-

**31** Zur Differenzierung zwischen Geltungs- und Anwendungsbereich *Lehmann* in Münchener Kommentar zum BGB, 6. Aufl. 2015, IntFinMR Rn. 115.

**32** Siehe Art. 5 Abs. 1 S. 2 iVm. Art. 4 Abs. 1 Nr. 55, Art. 67 II MiFID II; Art. 3 Abs. 1 Nr. 39 CRD IV iVm. Art. 4 Abs. 1 Nr. 43 CRR; Art. 10 iVm. Art. 2 Abs. 1 Nr. 23 CSDR.

**33** Nach Art. 1 Abs. 1 ProspektVO findet diese Anwendung beim öffentlichen Angebot von Wertpapieren bzw. bei der Zulassung von Wertpapieren zum Handel an einem geregelten Markt, der in einem Mitgliedstaat befindet oder dort betrieben wird. Die Transparenz-RL findet gemäß Art. 1 Abs. 1 Anwendung auf Emittenten, deren Wertpapiere zum Handel an einem Markt in einem EU-Mitgliedstaat zugelassen sind.

**34** So auch *Lehmann/Zetzsche* (Fn. 8), 1, 3.

**35** Art. 2 Abs. 1 MAR; Art. 1 Abs. 1 lit. a Leerverkaufsverordnung. Die Marktmissbrauchsverordnung findet nur auf Finanzinstrumente i.S.d. Art. 2 Abs. 1 und 2 MAR Anwendung, die auf einem geregelten Markt, in einem multilateralen Handelssystem oder einem organisierten Handelssystem innerhalb der EU gehandelt werden. Alternativ genügt die Zulassung oder der Antrag auf Zulassung zum Handel auf einem Handelsplatz (s. Art. 2 Abs. 1 lit. a, b MAR). Dass der Handelsplatz innerhalb der EU liegen muss, ergibt sich zwar nicht ausdrücklich aus dem Wortlaut des Art. 2 Abs. 1 MAR, folgt aber aus einer Zusammenschau mit Art. 3 Abs. 1 Nrn. 6–8 MAR, worin die Begriffe des „geregelten Marktes", des „multilateralen Handelssystems" sowie des „organisierten Handelssystems" durch Verweis jeweils auf Art. 4 Abs. 1 Nrn. 21–23 MiFID II definiert werden. Diese müssen gem. Art. 1 Abs. 1 MiFID II innerhalb der Union liegen.

**36** Vgl. *Lehmann/Zetzsche*, (Fn. 8), S. 16.

lungen, die zwar außerhalb der EU getätigt werden, aber europäische Finanzinstrumente betreffen, bringen genauso wie Leerverkäufe bzw. Manipulationen und Insiderhandel in der EU die Gefahr negativer Auswirkungen auf die Preisbildung im europäischen Finanzmarkt mit sich.[37] Dem begegnet der Sekundärrechtsgesetzgeber, indem er den Verordnungen extraterritoriale Wirkung beimisst.[38] Mit Rücksicht auf den Regelungszweck der Verordnungen, die Integrität und Stabilität des europäischen Finanzmarktes zu gewährleisten,[39] stellt die Zulassung der betroffenen Finanzinstrumente zum Handel innerhalb der EU einen ausreichenden *genuine link* dar, der die extraterritoriale Wirkung der europäischen Rechtsakte völkerrechtlich rechtfertigen kann.[40]

## II. Gleichwertigkeit im europäischen Wertpapierhandelsrecht

Wollen Drittstaatenakteure am europäischen Wertpapierhandel teilnehmen, müssen sie unter den soeben dargestellten Voraussetzungen – neben dem Recht des Drittstaates – grundsätzlich europäisches Kapitalmarktrecht beachten und unterliegen insoweit der europäischen Aufsicht. Um eine unverhältnismäßige Belastung der Drittstaatenakteure zu vermeiden und inländischen Marktteilnehmern den Zugriff auf drittstaatliche Anbieter zu ermöglichen, sehen die europäischen Vorschriften in zunehmendem Maße Befreiungen vor, wenn Regulierung und Aufsicht im Drittstaat dem europäischen Unionsrecht gleichwertig sind.[41] Beispiele hierfür sind die Gleichwertigkeit von Drittstaatenprospekten,[42] die Gleichwertigkeit von Informations- und Wohlverhaltenspflichten im Transparenzrecht,[43] die Gleichwertigkeit von Recht- und Aufsicht für die Registrierung

---

**37** Im Falle von Leerverkäufen sind vor allem *negative price spirals* sowie *settlement failures* zu befürchten (*Avgouleas*, 15 Stan. J. L. Bus. & Fin. (2009/2010), 376, 403 ff.; *Payne*, E.B.O.R. (2012), 413, 432 f.).

**38** Art. 2 Abs. 4 MAR sowie Artt. 5 Abs. 1, 6 Abs. 1, 7 Abs. 1, 12 Abs. 1, 13 Abs. 1, 14 Abs. 1 Leerverkaufsverordnung.

**39** S. Art. 1 MAR; ErwGr 1 Leerverkaufsverordnung.

**40** Zum Marktmissbrauchsrecht *Lehmann* (Fn. 31), IntFinMR Rn. 352.

**41** Zur Entwicklung und den Gründen einer einheitlich europäischen Regelung des Zugangs aus Drittstaaten *Zetzsche* in Bachmann/Breig, Finanzmarktregulierung zwischen Innovation und Kontinuität in Deutschland, Europa und Russland, S. 47, 73.

**42** Art. 19 Abs. 3 ProspektVO bzw. Art. 20 Abs. 3 Prospekt-Richtlinie aF.

**43** Art. 23 Abs. 4 und Abs. 7 Transparenz-Richtlinie.

einer Drittlandfirma im Wertpapierrecht[44] und die Gleichwertigkeit drittstaatlicher Handelsplätze für die Wahrnehmung der Handelspflicht für Aktien[45] sowie für Derivate.[46] Das Prinzip der Gleichwertigkeit soll Drittstaatenakteuren den Zugang zum europäischen Finanzmarkt erleichtern und so den Wettbewerb erhöhen, ohne dabei den Schutz des Finanzmarktes und der Anleger in der EU aus den Augen zu verlieren.[47] Über die Gleichwertigkeit entscheiden entweder die Europäische Kommission (I.) oder die mitgliedstaatlichen Aufsichtsbehörden (II.).

## 1. Gleichwertigkeitsentscheidungen der Kommission

Die Europäische Kommission ist für die Feststellung der Gleichwertigkeit vor allem zuständig, soweit es um die Anwendung von Verordnungen geht, etwa zur Regulierung von Handelsplätzen (Art. 28 Abs. 4, 33 Abs. 2 MiFIR), Wertpapierfirmen (Art. 47 Abs. 1 MiFIR) oder zentralen Gegenparteien (Art. 38 Abs. 1 MiFIR). So erlauben beispielsweise Art. 46 ff. MiFIR die Erbringung von Wertpapierdienstleistungen durch Drittlandfirmen in der EU für geeignete Gegenparteien oder professionelle Kunden ohne die Errichtung einer Zweigniederlassung. Voraussetzung für die hierfür erforderliche Registrierung bei der ESMA ist ein Gleichwertigkeitsbeschluss der Kommission gem. Art. 47 MiFIR, in dem festgestellt wird, dass die in dem Drittland zugelassenen Firmen rechtsverbindliche Anforderungen erfüllen müssen, die den Anforderungen von MiFIR, MiFID II und CRD IV gleichwertig sind.

Das Verfahren für den Erlass von Gleichwertigkeitsbeschlüssen der Kommission richtet sich nach der VO (EU) 182/2011 vom 16. Februar 2011.[48] Die Durchführung eines solchen Verfahrens liegt im Ermessen der Europäischen Kommission.[49] Bislang wurden im EU-Finanzdienstleistungsrecht über 280 Gleichwertigkeitsbeschlüsse gefasst und über 30 Jurisdiktionen als gleich-

---

**44** Artt. 46 Abs. 2, 47 MiFIR.

**45** Art. 23 Abs. 1 MiFIR i.V.m. Art. 25 Abs. 4 a) MiFID II i.V.m. Art. 4 Abs. 1 UAbs. 3 und 4 Prospekt-Richtlinie.

**46** Art. 28 Abs. 4 MiFIR.

**47** Siehe Commission Staff Working Paper „EU equivalence decisions in financial services policy: an assessment“ SWD (2017) 102 final, S. 5.

**48** Verordnung (EU) Nr. 182/2011 des Europäischen Parlaments und des Rates vom 16. Februar 2011 zur Festlegung der allgemeinen Regeln und Grundsätze, nach denen die Mitgliedstaaten die Wahrnehmung der Durchführungsbefugnisse durch die Kommission kontrollieren.

**49** European Parliament, Directorate-General for Internal Policies / Economic Governance Support Unit, *Briefing: Third-country equivalence in EU banking legislation* (7 November 2016).

wertig auf mindestens einem Gebiet anerkannt.[50] In vielen Bereichen wurden bislang allerdings keine Gleichwertigkeitsbeschlüsse erlassen.[51] Hat die Kommission einen Gleichwertigkeitsbeschluss gefasst, haben die Mitgliedstaaten den Anbietern aus den jeweiligen Drittstaaten Zugang zum europäischen Wertpapierhandel zu gewähren. Sie dürfen vor allem keine zusätzlichen Anforderungen vorsehen, ebenso wenig dürfen sie den Drittstaatenakteuren günstigere Bedingungen als Akteuren aus der Union gewähren (siehe Art. 46 Abs. 3 MiFIR).

## 2. Gleichwertigkeitsentscheidung der mitgliedstaatlichen Aufsichtsbehörden

In anderen Fällen – etwa nach der ProspektVO oder der Transparenz-RL – überantwortet das europäische Recht die Entscheidung über die Gleichwertigkeit grundsätzlich den mitgliedstaatlichen Aufsichtsbehörden. So kann die zuständige mitgliedstaatliche Behörde nach Art. 29 Abs. 1 lit. a und b ProspektVO den nach nationalen Vorschriften eines Drittlandes erstellten Prospekt eines Drittlandsemittenten für ein öffentliches Angebot oder die Zulassung zum Handel an einem geregelten Markt in der EU billigen, wenn die durch das Recht des betreffenden Drittlandes auferlegten Informationspflichten den Anforderungen der ProspektVO gleichwertig sind und die zuständige Behörde des Mitgliedstaates Kooperationsvereinbarungen mit den einschlägigen Aufsichtsbehörden des Drittlandsemittenten geschlossen hat.[52] Ebenso sieht auch die Transparenz-RL,[53] die zu regelmäßigen und laufenden Informationen über Emittenten börsennotierter Wertpapiere und zur Information über den Erwerb wesentlicher Beteiligungen an diesen Emittenten verpflichtet, für Emittenten mit Sitz in einem Drittstaat mit gleichwertigen Regelungen Erleichterungen vor. Die mitgliedstaatliche Behörde des Herkunftsmitgliedstaats[54] kann die Emittenten gem. Art. 23 Abs. 1 Transparenz-RL von bestimmten Anforderungen ausnehmen, sofern das

---

50 Mitteilung der Kommission vom 29.7.2019, Gleichwertigkeit im Bereich der Finanzdienstleistungen, COM(2019) 349 final.

51 Equivalence Decisions taken by the European Commission, Stand 1.7.2019; abrufbar unter https://ec.europa.eu/info/sites/info/files/190701-equivalence-decisions.pdf.

52 Art. 29 Abs. 1 lit. a und b ProspektVO. Die Prospekt-RL verlangte demgegenüber, dass der Drittstaatenprospekt nach internationalen Standards, die von internationalen Organisationen von Wertpapieraufsichtsbehörden festgelegt wurden, einschließlich der Offenlegungsstandards der IOSCO erstellt wurde und die Informationspflichten, auch in Bezug auf die Finanzinformationen, mit den Anforderungen der Prospekt-RL gleichwertig sind (Art. 20 Abs. 1 Prospekt-RL).

53 Die Richtlinie 2004/109/EG wurde durch die Richtlinie 2013/50/EU geändert.

54 Die Definition des Begriffes findet sich in Art. 2 Abs. 1 lit. i) Transparenz-RL.

Recht des Drittstaates der Transparenz-RL zumindest gleichwertige Anforderungen vorsieht (siehe §§ 46, 51, 118 Abs. 4 WpHG).[55] In beiden Fällen verfügt die Europäische Kommission gem. Art. 23 Abs. 4 Transparenz-RL sowie Art. 29 Abs. 3 ProspektVO (zuvor Art. 20 Abs. 3 Prospekt-RL) über die Befugnis, allgemeine Kriterien zur Feststellung der Gleichwertigkeit der nach dem Drittstaatenrecht erforderlichen Informationen und der Rechnungslegungsstandards durch die mitgliedstaatlichen Aufsichtsbehörden festzulegen oder selbst einen Gleichwertigkeitsbeschluss zu fassen.[56]

## III. Inhalt des europäischen Gleichwertigkeitsprinzips

Die Anforderungen an die Gleichwertigkeit sind in den einzelnen Rechtsakten des europäischen Wertpapierhandelsrechts im Detail verschieden ausgestaltet, was an den unterschiedlichen Regelungsgegenständen, aber auch an ungleichen politischen Kräften liegt.[57] Die einzelnen Regelungen lassen sich aber auf folgende Gemeinsamkeiten als Ausdruck eines Gleichwertigkeitsprinzips zurückführen.[58]

### 1. Voraussetzungen der Gleichwertigkeit

Gleichwertigkeit bedeutet zunächst nicht Gleichheit. Während die Europäische Kommission ursprünglich noch eine eher strikte Linie verfolgte und das Drittstaatenrecht „Zeile-für-Zeile" mit dem europäischen Recht abglich,[59] steht in den

---

55 Art. 23 Abs. 1 Transparenz-RL.

56 Hierzu Delegierte Verordnung (EU) Nr. 310/2012 der Kommission vom 21. Dezember 2011 zur Änderung der Verordnung (EG) Nr. 1569/2007 über die Einrichtung eines Mechanismus zur Festlegung der Gleichwertigkeit der von Drittstaatemittenten angewandten Rechnungslegungsgrundsätze gemäß den Richtlinien 2003/71/EG und 2004/109/EG des Europäischen Parlaments und des Rates.

57 Eingehend hierzu *Ferran*, The UK as a Third Country Actor in EU Financial Services Regulation (2017) 3 Journal of Financial Regulation, S. 40, 44.

58 Zu den aktuellen Entwicklungen und Änderungsvorschlägen European Parliament, In Depth Analysis, Third country equivalence in EU banking and financial regulation, S. 7 ff. (abrufbar unter http://www.europarl.europa.eu/RegData/etudes/IDAN/2018/614495/IPOL_IDA(2018)614495_EN.pdf; zuletzt abgerufen am 14.08.2019).

59 So die frühe Perspektive für Ratingagenturen; siehe *Wymeersch*, Journal of Financial Regulation 2018, 4, 209, 216.

jüngeren Rechtsakten eine ergebnisorientierte Betrachtung im Vordergrund. Ausreichend ist demnach, dass das Drittstaatenrecht „in Bezug auf seine Wirkung gleichwertig“ ist (siehe Art. 47 MiFIR),[60] das Drittstaatenrecht also eine vergleichbare Wirkung wie das Unionsrecht erzielt und die gleichen Ziele verfolgt (ErwGr 41 Abs. 3 MiFIR). Die Gleichwertigkeit ist für jeden Rechtsakt im Lichte der jeweiligen Ziele zu bestimmen. Die Gleichwertigkeitsregelungen erfordern in Abhängigkeit von ihrer Reichweite die Feststellung der Gleichwertigkeit im Hinblick auf alle oder einzelne der folgenden Aspekte: (1) die drittstaatlichen materiell-rechtlichen Regelungen sind rechtsverbindlich, (2) sie unterliegen einer wirksamen Aufsicht und Durchsetzung durch die drittstaatlichen Behörden und (3) sie erzielen die gleichen Ergebnisse.[61] Während sich einzelne Gleichwertigkeitsregelungen – wie Art. 29 ProspektVO – auf den Vergleich der materiellrechtlichen Regelungen beschränken, beziehen andere – wie Art. 47 MiFIR – darüber hinaus auch die Aufsicht und Durchsetzung mit ein. Zusätzlich verlangen einzelne Gleichwertigkeitsbestimmungen ein Mindestmaß an Geldwäscheregulierung und Übereinstimmung mit den Standards des OECD-Musterabkommens zur Vermeidung der Doppelbesteuerung von Einkommen und Vermögen.[62] Andere Gleichwertigkeitsregelungen stellen zudem auf die Reziproziät ab und verlangen, dass im Rechtsrahmen des Drittlandes ein wirksames, gleichwertiges System der Anerkennung von EU-Unternehmen existiert.[63]

Darüber hinaus werden die Anforderungen an die Gleichwertigkeit in einzelnen Level-1-Rechtsakten konkretisiert. So geht zB. Art. 47 MiFIR von der Gleichwertigkeit von Drittstaatenregeln mit den Anforderungen der MiFIR, MiFID II und CRD IV aus, wenn die Unternehmen im Drittstaat der Pflicht zur Zulassung und kontinuierlicher Beaufsichtigung, ausreichenden Eigenkapitalanforderungen und angemessenen Anforderungen an Aktionäre und Geschäftsleitung, Organisations- und Wohlverhaltensregeln sowie Transparenz- und Marktmissbrauchsvorschriften unterliegen. Ähnliches findet sich für Drittstaaten-Handelsplätze und Drittstaaten-CCP‘s.[64] Im Übrigen hat die Kommission das Gleichwertigkeitsprinzip in Level-2-Rechtsakten, die von der ESMA erarbeitet wurden, präzisiert. Dazu gehört u. a. die Delegierte Verordnung zur Rechnungslegung, die

---

**60** Ähnlich Art. 4 Abs. 3 MiFIR; ErwGr 41 MiFIR; Art. 57 MiFID II; Art. 88 MiFID II.

**61** Commission Staff Working Paper „EU equivalence decisions in financial services policy: an assessment“ SWD (2017) 102 final, S. 7.

**62** So z. B. Art. 37 Abs. 7 lit. e und f AIFMD

**63** So etwa Art. 47 Abs. 1 MiFIR.

**64** Art. 28 Abs. 4 UAbs. 1 MiFIR Art. 23 Abs. 1 MiFIR i.V.m. Art. 25 Abs. 4 a) MiFID II i. V. m. Art. 4 Abs. 1 UAbs. 3 und 4 Prospekt-RL.

im Rahmen der Prospekt- und Transparenz-RL relevant ist.[65] Auch auf Level 3 finden sich Konkretisierungen. So hat die ESMA speziell für Prospekte eine Stellungnahme zur Feststellung der Gleichwertigkeit abgegeben.[66]

## 2. Rechtsfolgen der Gleichwertigkeit

Wie weit die Rechtsfolgen der Feststellung von Gleichwertigkeit reichen, hängt vom Gegenstand der Gleichwertigkeitsprüfung ab: Beschränkt sich die Prüfung der Gleichwertigkeit – wie nach Art. 29 ProspektVO oder Art. 23 TransparenzRL – auf die materiell-rechtliche Gleichwertigkeit des Drittstaatenrechts, wird der Drittstaatenakteur lediglich von den grundsätzlich geltenden europäischen materiell-rechtlichen Vorgaben befreit, unterliegt aber der Aufsicht durch die zuständige Aufsichtsbehörde des jeweiligen Herkunftsmitgliedstaates (siehe Art. 2 lit. m) iii) ProspektVO; Art. 2 Abs. 1 lit. i) TransparenzRL). Erstreckt sich die Feststellung der Gleichwertigkeit über das materielle Recht hinaus – wie im Falle von Art. 47 MiFIR für die Erbringung von Wertpapierdienstleistungen durch Drittstaatenfirmen an geeignete Gegenparteien und professionelle Kunden – auch auf die Aufsicht und Durchsetzung, muss der Drittstaatenakteur ausschließlich das Recht des Drittstaates beachten und unterliegt zudem nur der Aufsicht durch die drittstaatliche Aufsichtsbehörde.

### a) Grenzüberschreitende Durchsetzung

In jedem Fall stellt sich aber die Frage nach der grenzüberschreitenden Durchsetzung bei Verstößen gegen das als gleichwertig anerkannte Drittstaatenrecht. Die Durchsetzung von Befugnissen und die Ausübung von Zwangsmaßnahmen ist nur im Inland möglich, weil die völkerrechtliche Durchsetzungsbefugnis der

65 Delegierte Verordnung (EU) Nr. 310/2012 der Kommission vom 21. Dezember 2011 zur Änderung der Verordnung (EG) Nr. 1569/2007 über die Einrichtung eines Mechanismus zur Festlegung der Gleichwertigkeit der von Drittstaatemittenten angewandten Rechnungslegungsgrundsätze gemäß den Richtlinien 2003/71/EG und 2004/109/EG des Europäischen Parlaments und des Rates. Zur Konkretisierung von Art. 23 Transparenz-RL siehe auch Art. 13 f. Richtlinie 2007/14/EG der Kommission vom 8. März 2007 mit Durchführungsbestimmungen zu bestimmten Vorschriften der Richtlinie 2004/109/EG zur Harmonisierung der Transparenzanforderungen in Bezug auf Informationen über Emittenten, deren Wertpapiere zum Handel an einem geregelten Markt zugelassen sind.

66 ESMA, Opinion v. 20.3.2013 – Framework for the assessment of third country prospectuses under Article 20 of the Prospectus Directive, ESMA/2013/317.

nationalen Aufsichtsbehörden an den nationalen Grenzen endet.[67] Unabdingbare Voraussetzung für den Marktzugang von Unternehmen aus Drittstaaten ist daher neben der Gleichwertigkeit des Drittstaatenrechts in der Regel auch der Abschluss von Kooperationsabkommen zur grenzüberschreitenden Durchsetzung.[68] Sichergestellt werden sollen vor allem der Informationsaustausch, die Koordinierung der Aufsichtstätigkeiten und teilweise auch die grenzüberschreitende Durchsetzung von Verpflichtungen.[69] Die Abkommen werden entweder zwischen den Aufsichtsbehörden des Drittstaates und der jeweils zuständigen Europäischen Aufsichtsbehörde[70] oder den mitgliedstaatlichen Aufsichtsbehörden[71] – gegebenenfalls unter Beteiligung der Europäischen Aufsichtsbehörden[72] – geschlossen.

### b) Europäischer Pass

Ob die Anerkennung auf Grundlage der Gleichwertigkeit des Drittstaatenrechts in einem Mitgliedstaat der EU einen Europäischen Pass begründet und damit bei einmaliger Zulassung durch einen EU-Mitgliedstaat die unionsweite Tätigkeit erlaubt, richtet sich nach dem jeweiligen Rechtsakt.[73] Billigt etwa eine mitgliedstaatliche Behörde den Prospekt eines Drittstaatenemittenten, so profitiert dieser vom Europäischen Pass.[74] Einen Europäischen Pass sieht auch Art. 47 Abs. 3 MiFIR für Wertpapierfirmen aus Drittstaaten im Rahmen der Zulassung für geeignete Gegenparteien und professionelle Kunden vor, wenn sie eine Zweig-

---

**67** *Schuster*, Internationale Anwendung des Börsenrechts, 1996, S. 467.

**68** So Art. 29 Abs. 1 lit. b ProspektVO; Art. 46 Abs. 2 lit. c MiFIR; siehe auch Art. 25 Abs. 6 CSDR; Art. 5 Abs. 6 RatingVO; Art. 25; 77 Abs. 1 EMIR. Siehe etwa das Memorandum of Understanding (MoU) gem. Art. 25 EMIR zwischen der ESMA und der US Commodity Futures Trading Commission (CFTC); abrufbar unter https://www.esma.europa.eu/sites/default/files/library/mou_for_usa.pdf (zuletzt abgerufen am 14.08.2019). Siehe auch Pressemitteilung der ESMA zu MoU mit dem Vereinigten Königreich vom 4.2.2019; abrufbar unter https://www.esma.europa.eu/sites/default/files/library/esma71-99-1107_esma_agrees_no-deal_brexit_mous_with_the_bank_of_england_for_recognition_of_uk_ccps_and_the_uk_csd_0.pdf (zuletzt abgerufen am 14.08.2019).

**69** Siehe Art. 47 Abs. 2 MiFIR.

**70** Jeweils die ESMA: Art. 25 Abs. 10 CSDR; Art. 4 Abs. 3 Buchst. h und Art. 5 Abs. 7 Rating-VO; Art. 25 Abs. 7; Art. 76 EMIR.

**71** Artt. 55ff., 155 CRD IV (EBA und nationale Aufsichtsbehörden); Art. 25 Abs. 4 Transparenzricht-linie (ESMA und nationale Aufsichtsbehörden); Art. 26 Abs. 1 MAR; Art. 30 ProspektVO; Art. 68 Solvency II.

**72** Art. 30 Abs. 2 ProspektVO; Art. 26 Abs. 1 MAR.

**73** Zum Finanzmarktrecht *Poelzig/Bärnreuther* (Fn. 2), S. 153, 164.

**74** Artt. 29 Abs. 1, 24 ProspektVO (zuvor Artt. 20 Abs. 2, 17 Abs. 1 Prospekt-RL).

niederlassung nach Art. 39 MiFID II in einem Mitgliedstaat registriert haben. In einem solchen Fall darf die Drittlandfirma auch grenzüberschreitend Dienstleistungen an Anleger in anderen Mitgliedstaaten erbringen.

## IV. Ergebnis

1. Der Zugang von Anbietern aus Drittstaaten zum europäischen Wertpapierhandel wird grundsätzlich nicht von den europäischen Grundfreiheiten geschützt. Finanzmarktakteure aus Drittstaaten können allerdings unter bestimmten Bedingungen von der passiven Dienstleistungsfreiheit profitieren. Außerdem kommt ihnen bei grenzüberschreitenden Tätigkeiten in der EU die Kapitalverkehrsfreiheit zugute.

2. Auch wenn sich der Geltungsbereich des europäischen Wertpapierhandelsrechts nicht auf Drittstaaten außerhalb von EU und EWR erstreckt, erfasst der räumliche Anwendungsbereich europäischer Vorschriften u.U. auch Drittstaatenakteure.

3. Unter bestimmten Voraussetzungen sind Drittstaatenakteure von den europäischen Regelungen befreit, wenn das Recht des Drittstaates der europäischen Regulierung gleichwertig ist Das Gleichwertigkeitsprinzip verhindert eine doppelte Regulierung und uU. auch Aufsicht, erleichtert Marktteilnehmern aus Drittstaaten so den Zugang zum europäischen Wertpapierhandel und führt damit zu mehr Wettbewerb innerhalb der EU.

4. Die Feststellung der Gleichwertigkeit erfolgt häufig durch die Europäische Kommission, basiert auf einer ergebnisorientierten Betrachtung von Recht und uU. auch Aufsicht in dem Drittstaat und liegt im Ermessen der Kommission. Zur wirksamen Durchsetzung des Drittstaatenrechts sind Kooperationsabkommen zwischen den Aufsichtsbehörden des Drittstaates und den europäischen Aufsichtsbehörden erforderlich.

Susanne Kalss

# WpHG – Auswirkungen in Österreich

## I. Die erste Phase

### 1. WpHG – Anstoß für Kapitalmarktaufsicht und WAG

Dem deutschen WpHG wird die Eigenschaft als Grundgesetz des Kapitalmarktrechts zugeschrieben. In den Materialien des WAG findet sich hingegen nur ein sparsamer Hinweis auf die seit 1. Juli 1995 notwendige Umsetzung der EG-Wertpapierdienstleistungsrichtlinie.[1] Das WpHG wurde als Reaktion auf die Wertpapierdienstleistungsrichtlinie 1994 das Wertpapierhandelsgesetz in Kraft gesetzt. Selbst wenn die Materialien nur auf die Wertpapierdienstleistungsrichtlinie 1993 verweisen, so kommt dem WpHG für das WAG in mehrerer Hinsicht Anstoß- und Vorbildcharakter zu.[2]

Das WpHG bildet die Einleitung einer neuen Ära in der rechtlichen Ordnung des Kapitalmarktrechts in Deutschland. Ähnliches lässt sich für Österreich nur für ausgewählte Bereiche festhalten. Das WAG 1997 ist nur ein weiteres – wichtiges – Gesetz seit dem Beginn der neuen Ära des Kapitalmarktrechts seit 1989, nachdem der österreichische Verfassungsgerichtshof maßgebliche Bestimmungen des alten BörseG 1875 aufgehoben hat.[3] Wesentliche Teile des Gesetzes wurden vom Verfassungsgerichtshof wegen eines Verstoßes gegen das Legalitätsprinzip gem Art 18 B-VG als verfassungswidrig aufgehoben.

Das WAG sollte die Vorgaben der Wertpapierdienstleistungsrichtlinie in das österreichische Recht umsetzen und zugleich den rechtlichen Rahmen für eine neue Wertpapieraufsicht legen.[4] Gerade die Zentralisierung der Wertpapieraufsicht in einer neu geschaffenen, weisungsunabhängigen Behörde stellt die maßgebliche Leistung des WAG 1997 dar. Damit wird ein neues System der Kapitalmarktaufsicht geschaffen und das Gesetz verlangt zugleich die Bewältigung einer

1 EG 93/22/EWG Richtlinie des Rates vom 10.5.1993 über Wertpapierdienstleistungen (ISD).

2 Ausdrücklich *Frölichsthal/Hausmaninger/Knobl/Oppitz/Zeipelt*, Kommentar zum Wertpapieraufsichtsgesetz, 1998, S. 7, 8.

3 VfGH VfSlg 11.938/1988; *Holoubek* RdW 1989, 89 ff.; *Kalss*, Österreich, in Hopt/Rudolf/Baum, Börsenreform, 1997, S. 1176.

4 *Kalss* (Fn. 3), S. 1177; *Oppitz*, Das Insiderrecht – Aus ökonomischer Perspektive, 2003, S. 17; *Frölichsthal/Hausmaninger/Knobl/Oppitz/Zeipelt* (Fn. 2), S. 7.

https://doi.org/10.1515/9783110632323-053

Fülle neuartiger Rechtsvorschriften, die an der Schnittstelle zwischen öffentlichem und privatem Recht angesiedelt sind.

Somit lässt sich das WAG ganz klar als Fanfarenstoß für die Fortentwicklung des österreichischen Kapitalmarktrechts verstehen, das seinen ersten Schub zu Beginn der 90er Jahre mit dem neuen österreichischen BörseG 1989 sowie mit dem KMG 1991 zur Regelung von öffentlichen Angeboten erfahren hat.[5] Die Wertpapieraufsicht sollte in Form einer öffentlich-rechtlichen Anstalt organisiert werden. Sie sollte für die Zulassung von Wertpapierunternehmen sowie als zentrale Meldestelle handels- und marktrelevanter Daten operieren. Auf der Grundlage dieses umfassenden Datenstroms im Rahmen der Meldeverpflichtungen sollte sie die Einhaltung kapitalmarktrechtlicher Pflichten gewährleisten, insbesondere des Insiderverbotes, der Ad-hoc-Publizitätspflicht, der Beteiligungspublizität und der Publizität der Regelberichterstattung. Zudem hat die Wertpapieraufsicht die Aufgabe der Aufsicht über die Wertpapierbörse.[6]

## 2. Der Beginn des modernen Kapitalmarktrechts liegt davor

Der Finanzplatz Österreich wurde in den späten 80er Jahren durch einige internationale Investoren entdeckt.[7] Der österreichische Finanzplatz sollte an den Regelungsstandard des europäischen Kapitalmarktrechts angenähert werden. Schließlich bewirkte die Aufhebung maßgeblicher Passagen des alten BörseG 1875 den letzten Anstoß, um 1989 ein liberales und für die Neunziger Jahre des zwanzigsten Jahrhunderts modernes und adäquates Börsegesetz zu etablieren.[8]

Bereits durch das BörseG 1989 wurden in einem autonomen Nachvollzug – des damals in Österreich – mangels EG-Mitgliedschaft – noch nicht geltenden EG-Börserechts – die Richtlinie über die Zulassung von Wertpapieren zur amtlichen Notierung,[9] die Richtlinie über die Prospekte für die Zulassung zur amtlichen Notierung,[10] die Richtlinie über die regelmäßige Information von Gesellschaften, deren Wertpapiere zur amtlichen Notierung zugelassen sind,[11] und die Richtlinie

5 *Kalss* (Fn. 3), S. 1186, 1183.
6 *Kalss* (Fn. 3), S. 1186 f.
7 So gab es in Österreich berühmt gewordene Abendessen von Finanzanalysten und Finanzanalystinnen mit einigen Großinvestoren aus den USA, die die Wiener Börse „entdeckten".
8 *Feuchtmüller/Lucius/Schaffer*, Das Börsegesetz 1993, 1993, S. 7 f.
9 79/279/EWG
10 80/390/EWG.
11 82/121/EWG.

über die Information bei wesentlichen Beteiligungsänderungen[12] in das österreichische Recht umgesetzt. Das BörseG 1989 war somit dem verfassungsrechtlichen Determinierungsgebot, vor allem aber auch der Internationalisierung und der Harmonisierung mit europäischen Regelungen geschuldet.

Das Gesetz stellte auch die Börseaufsicht und die Börsegestaltung auf völlig neue Grundlagen. Es wurde – wiederum – eine öffentlich-rechliche Börse etabliert, die durch ein auf Gewinn gerichtetes Abwicklungs- und Clearingsystem für Optionen und Terminkontrakte auf privatrechtlicher Basis ergänzt wurde.[13]

Im Jahr 1989 wurden maßgebliche Regelungen nur angelegt,[14] aber noch nicht vollständig geregelt. So wurde weder das Verbot von Insidergeschäften noch eine strafrechtliche Ahndung im BörseG aufgenommen.[15]

## 3. Insiderrecht – Herzstück der BörseG-Novelle 1993

### a) Insiderhandelsverbot

Das Insiderrecht wurde erstmals gemäß § 48a BörseG-alt durch die Börsegesetznovelle 1993 im österreichischen Recht normiert. Das Insiderrecht wird daher als das zentrale Thema der Börsegesetznovelle 1993 bezeichnet, das Verbot des Insiderhandels wurde mit dieser Novelle mit einem gerichtlichen Straftatbestand versehen.[16] Vorher war der Insiderhandel nur durch freiwillige Unterwerfung unter eine Konventionalstrafvereinbarung der Börseteilnehmer geregelt und sollte derart hintangehalten werden.[17] Nach der Neuregelung durch die Börsegesetznovelle 1993 war der Insiderhandel gem § 48a BörseG gesetzlich verboten. Die Bestimmung verbot Insidern, unter Ausnutzung von Insiderinformationen Insiderwertpapiere für sich oder Dritte zu kaufen oder zu verkaufen, Dritten eine Empfehlung zu geben oder die Information zugänglich zu machen.[18] Insiderinformationen waren als Informationen über vertrauliche Tatsachen definiert, die mit einem Wertpapier oder einem Emittenten im Zusammenhang stehen und die,

---

**12** 88/627/EWG.

**13** *Feuchtmüller/Lucius/Schaffer* (Fn. 8), S. 13.

**14** *Oppitz*, Insiderrecht – Aus ökonomischer Perspektive, 2003, S. 16.

**15** *Feuchtmüller/Lucius/Schaffer* (Fn. 8), S. 10; *Liebscher* in Feuchtmüller/Lucius/Schaffer, Das Börsegesetz 1993, S. 5.

**16** *Feuchtmüller/Lucius/Schaffer* (Fn. 8), S. 10; *Oppitz* (Fn. 14), S. 16.

**17** *Altendorfer*, Insidergeschäfte, 1992, S. 32ff.; *Iro* ÖBA 1992, 795ff.; *Kalss* (Fn. 3), S. 1208 FN 178.

**18** *Hausmaninger*, Insidertrading, 1993, S. 394; *Hausmaninger/Kretschmer/Oppitz*, Insiderrecht und Compliance, 1995, S. 1f.; *Kretschmer/Oppitz* ÖBA 1994, 523, 610f; *Kalss* (Fn. 3), S. 1208.

wenn sie der Öffentlichkeit bekannt würden, dazu geeignet wären, den Kurs des Wertpapiers erheblich zu beeinflussen. Der Verstoß gegen das Insiderverbot stellte ab 1993 ein strafrechtliches Delikt dar, das mit einer Strafandrohung mit bis zu zwei Jahren Freiheitsstrafe belegt war. Die Überwachung zur Einhaltung des Insiderhandelsverbotes oblag bei Inkrafttreten des Gesetzes dem Präsidenten der Börse, der die Marktteilnehmer zu überwachen hatte. Ab 1998 wurde dafür die Bundeswertpapieraufsicht zuständig und berufen, deren Etablierung durch das Inkraftsetzen des WAG 1997 – eben nach dem Vorbild des WpHG – angestoßen wurde.

### b) Ad-hoc-Publizität

Parallel und als Flankierung zum Verbot des Insiderhandels unterlag gem § 83 Abs 4 BörseG aF jeder Emittent der Ad-hoc-Publizität, wonach das Publikum unverzüglich zu informieren war, wenn im Tätigkeitsbereich eines Emittenten neue erhebliche Tatsachen eingetreten sind, die wegen ihrer Auswirkung auf Geschäftsverlauf, Vermögens- und Ertragslage zur einer wesentlichen Änderung der Kurse ihrer Aktien führen können, sobald die Gesellschaft davon Kenntnis erlangt.[19] Die Ad-hoc-Publizität sollte dazu beitragen, den Insiderhandel zu unterbinden, indem der Zeitraum für ein mögliches Ausnützen vertraulicher Informationen eben möglichst kurz gehalten wird.[20] Ursprünglich war die Veröffentlichung durch Abdruck im Amtsblatt der Wiener Zeitung vorzunehmen, erst vor relativ Kurzem wurde auch eine Bekanntmachung durch ein elektronisches Datenverarbeitungssystem ermöglicht. Die Bekanntmachungen waren zunächst in deutscher Sprache vorzunehmen. Die englische Sprache wurde erst später zugelassen.

Gemäß § 82 Abs 6 1. Satz BörseG hatte der Emittent das Publikum und die Börsekammer unverzüglich zu informieren, wenn ihm neue Tatsachen bekannt werden, die geeignet sind, den Kurs seiner amtlich notierten oder im geregelten Freiverkehr gehandelten Wertpapiere erheblich zu beeinflussen. Aufsichtsbehörde war die Börse und zwar der Exekutivausschuss der Börse. Der Exekutivausschuss der Börse konnte auch von der Veröffentlichung befreien, wenn dadurch die Schädigung berechtigter Interessen der Gesellschaft verhindert werden kann. Dabei musste der Emittent bescheinigen, dass die Aktionäre durch die Befreiung nicht geschädigt werden.

**19** *Kalss* (Fn. 3), S. 1206.
**20** *Hausmaninger/Kretschmer/Oppitz* (Fn. 18), S. 61 f.; *Oppitz/Schwarz-Vartok* RWZ 1995, 258 f.

Die Ad-hoc-Publizität diente der Umsetzung von Art 7 der EG-Insiderrichtlinie und sollte durch präventive Wirkung die Funktionsfähigkeit des Finanzmarkts insgesamt stärken, aber vor allem auch den Missbrauch von Insiderinformationen bekämpfen.[21] Als Sanktion normierte das Gesetz ursprünglich nur, dass der Exekutivausschuss der Börse die Notierungsbewilligung der Emittenten widerrufen konnte. Eine sonstige Sicherungsmaßnahme sah das Gesetz nicht vor, insbesondere zog der Verstoß gegen § 82 Abs 6 BörseG keine Verwaltungsstrafe nach sich.[22] Diese Regelungen wurden erst nachträglich ab 1998 durch die durch das WpHG massiv beeinflusste Börsegesetznovelle 1998 etabliert. Das Fehlen einer verwaltungsstrafrechtlichen Absicherung der Börsegesetznovelle wurde in der Literatur scharf kritisiert, da auch die Widerrufsregelung eine zu grobkörnige Sanktionierung war und daher gar nicht bzw nur ganz ausnahmsweise angewendet wurde.[23]

Von Anfang an wurde aber in der Literatur klar vertreten, dass ein Verstoß gegen die Veröffentlichungspflicht auch eine schadenersatzrechtlich relevante Schutzgesetzverletzung sein konnte, zumal die Regelung nicht allein dem Funktionsschutz des Marktes, sondern auch dem Anlegerschutz diente und daher davon ausgegangen wurde, dass bei schuldhafter Verletzung der Pflicht zur Ad-hoc-Publizität eine Schutzgesetzverletzung der Anleger vorliegt und diese daher Schadenersatzansprüche gegen den Emittenten geltend machen können.[24]

## 4. Beteiligungspublizität

In Umsetzung der Transparenzrichtlinie[25] sah das BörseG 1989 erstmals eine Mitteilungspflicht für Aktionäre vor, die eine bedeutende Beteiligung an der Gesellschaft halten. Die Mitteilungspflicht bezog sich ursprünglich nur auf Aktien, die im amtlichen Handel notierten. Mit der Novelle 1993 wurden diese Pflichten bei Erwerb oder Veräußerung von Aktien bei Erreichen und Übersteigen oder Unterschreiten der Stimmrechtsschwellen von 5 %, 10 %, 25 %, 50 %, 75 % und

---

**21** *Hausmaninger/Kretschmer/Oppitz* (Fn. 18), S. 74.
**22** *Hausmaninger/Kretschmer/Oppitz* (Fn. 18), S. 75.
**23** *Hausmaninger/Kretschmer/Oppitz* (Fn. 18), S. 75.
**24** Ausdrücklich *Hausmaninger/Kretschmer/Oppitz* (Fn. 18), S. 76 f; *Altendorfer/Kalss/Oppitz*, Börsenrechtliche Publizität, in Aicher/Kalss/Oppitz, Grundfragen des neuen Börserechts, 1998, S. 109, 153.
**25** 88/627/EWG.

90 % präzisiert.[26] Die Aktiengesellschaft hatte nach dieser 7-tägigen Mitteilungspflicht innerhalb von 9 Tagen ab dem Zeitpunkt, ab dem sie von der Beteiligungsänderung erfuhr, das Publikum zu unterrichten. § 92 BörseG sah von Anfang an zahlreiche Gleichstellungstatbestände vor, um die Einflusskräfte in der Gesellschaft transparent zu machen.[27] Die Beteiligungspublizität war allein mit einer Verwaltungsstrafe sanktioniert und mit der Möglichkeit der Wiener Börse, die Notierung der Emittenten, die diese Regelungen nicht eingehalten haben, zu widerrufen. Ein Ruhen des Stimmrechts war im BörseG 1989 bzw 1993 noch nicht vorgesehen.

Erst durch die Novelle 1998 wurde die Aufsicht über die Beteiligungspublizität von der Börse (Exekutivausschuss der Börse) auf die Bundeswertpapieraufsicht übertragen und die Beteiligungspublizität auch auf jene Gesellschaften ausgedehnt, deren Aktien im zweiten Marktsegment, im – so bezeichneten – Geregelten Freiverkehr, notierten.[28]

## 5. Kursmanipulation

Seit 1993 enthält das Börsegsetz Regelungen zur Kursmanipulation. So verbot das BörseG das Verbreiten falscher Gerüchte, den Abschluss von Scheingeschäften sowie von Geschäften, die der Benachteiligung dritter Personen dienten. Weitergehende Regelungen enthielt das BörseG 1989 bzw 1993 noch nicht,[29] ebensowenig Regelungen für Maßnahmen der Kurspflege oder Kursstabilisierung.[30]

Erst durch das WAG 1998 und damit auch angeregt durch das WpHG wurden weitergehende Wohlverhaltensregeln für Banken- und Wertpapierdienstleistungsunternehmen ausformuliert, die Verbote enthielten, Kauf- bzw Verkaufsempfehlungen auszusprechen, um Kurse in eine bestimmte Richtung zu lenken. Zudem wurde ein Verbot etabliert, Geschäfte aufgrund der Kenntnis der Orderlage abzuschließen. Die Regelungen waren mit Verwaltungsstrafen sanktioniert. Ursprünglich war dafür der Exekutivausschuss der Wiener Börse als Aufsichtsbe-

---

**26** *Kalss* ÖBA 1993, 615, 618 ff.; *Kalss* (Fn. 3), S. 1207; *Gruber*, Publizität des Emissionsgeschäfts, in Koppensteiner, Österreichisches und Europäisches Wirtschaftsprivatrecht, Teil 4: Börsen- und Kapitalmarktrecht, 1996, S. 235 ff.

**27** *Kalss* ÖBA 1993, 622 FN 99; Kalss (Fn. 3), S. 1208.

**28** *Altendorfer/Kalss/Oppitz* (Fn. 24), S. 154.

**29** *Altendorfer*, Kursmanipulation am Wertpapiermarkt, in Aicher/Kalss/Oppitz, Grundfragen des neuen Börserechts, 1998, S. 207, 225.

**30** *Altendorfer* (Fn. 29), S. 225.

hörde zuständig. Erst 1998 übernahm diese Aufgabe die Bundeswertpapieraufsicht.

## 6. Wohlverhaltensregeln

Die Wohlverhaltensregeln wurden im österreichischen Recht relativ spät, erst 1996, als öffentlich-rechtliche Pflichten etabliert.[31] Sie sind in §§ 11–18 WAG 1997 enthalten.[32] Die Wohlverhaltensregeln gelten sowohl für Kreditinstitute als auch Nicht-Kreditinstitute, unabhängig von der jeweiligen Rechtsform. Auch natürliche Personen unterlagen den Wohlverhaltensregeln, soweit sie nur gewerblich das Finanzdienstleistungsgeschäft betreiben oder darüber hinausgehende taxativ aufgezählte Dienstleistungen erbringen.[33] Der Erfüllungsort musste – faktisch – im Inland liegen. Sachlich bezogen sich die Wohlverhaltensregeln auf die Anlageberatung, auf die diskretionäre Vermögensverwaltung, auf die Vermittlung von Finanzinstrumenten sowie auch auf die Vermittlung von Veranlagungen von Nichtfinanzderivaten und von nicht verbrieften ausländischen Kapitalanteilsscheinen.[34] Die Wohlverhaltensregeln erfassten auch den Handel und die Loro-Emission.

Die gesetzliche Umschreibung des Anwendungsbereichs der Wohlverhaltensregeln in § 11 Abs 1 WAG gingen von Anfang an über den Anwendungsbereich der konzessionspflichtigen Tätigkeiten hinaus.[35] Gerade für die inhaltliche Ausprägung und Auslegung der einzelnen Pflichten, wie der Interessenwahrung, der Vermeidung von Interessenkonflikten, der Informationseinholungspflicht über Erfahrungen und Kenntnisse der Kunden, deren Ziele und deren finanziellen Verhältnisse und schließlich für die Mitteilung zweckdienlicher Informationen gem § 13 und § 14 WAG wurde weitreichend auf das deutsche WpHG, insbesondere § 31 WpHG zurückgegriffen.[36]

Nach der Rechtsnatur der Regelungen werden die Wohlverhaltensregeln in zivil- und öffentlich-rechtliche Normen unterschieden, dh sie waren und sind zum

31 *Knobl* ÖBA 1995, 741 ff.

32 BGBl 1996/753.

33 *Knobl* ÖBA 1997, 3, 12 ff.; *Knobl*, Die WAG-Wohlverhaltensregeln, in Aicher/Kalss/Oppitz, Grundfragen des neuen Börserechts, 1998, S. 169, 171.

34 *Knobl* (Fn. 33), S. 171.

35 *Kalss/Oppitz/Zollner*, Kapitalmarktrecht, 1. Aufl. 2005, § 6 Rn. 2; *Knobl* (Fn. 33), S. 154; *Frölichsthal/Hausmaninger/Knobl/Oppitz/Zeipelt* (Fn. 2), § 11 Rn. 5; *Knobl* ÖBA 1997, 11.

36 *Kalss/Oppitz/Zollner* (Fn. 35), § 6 Rn. 8, unter Heranziehung *Koller* in Assmann/Schneider, WpHG, 3. Aufl. 2004, § 31 Rn. 1 ff.

Teil schuldrechtliche Rechtspflichten in Rechtsverhältnissen, zum Teil darüber hinausgehende Rechtspflichten mit Schutzgesetzcharakter.[37] In Österreich wurden die Wohlverhaltensregeln durch die Judikatur bereits im Jahr 1995 im Anschluss an die Bond-Entscheidung des deutschen BGH aus dem Jahr 1994[38] erstmals angesprochen und ausformuliert.[39]

Eine konkrete Ausformung auf gesetzlicher Ebene erfuhren sie aber erst durch das WAG 1997, das wiederum auf ganz maßgeblich durch das WpHG angestoßen wurde.

## 7. Würdigung der ersten Phase

Insgesamt zeigt sich somit für die Initialzündung modernen Kapitalmarktrechts in Österreich, somit dem Kapitalmarktrecht seit 1989/1990, dass das WpHG nicht der unmittelbare Anstoß für zahlreiche Regelungen war, vielmehr eine Verkettung mehrerer maßgeblicher Ursachen die Schaffung eines modernen Börsen- und Kapitalmarktrechts in Österreich stark förderte, nämlich die Belebung des österreichischen Kapitalmarktrechts durch eine Reihe von ausländischen Investoren, die Annäherung an die europäische Gemeinschaft und die vorausgreifende Umsetzung des europäischen Börsen- und Kapitalmarktrechts sowie als letzten Anstoß die Aufhebung maßgeblicher Teile des Börsenrechts durch den VfGH wegen seiner Unbestimmtheit. Durch das BörseG 1989 und durch dessen Novelle 1993 wurden maßgebliche Bereiche schon erstmals auf gesetzlicher Ebene formuliert, nämlich insbesondere das Insiderrecht, das Recht der Ad-hoc-Publizität und das Recht der Beteiligungspublizität.

Das WpHG war somit in der ersten Phase nicht Vorbild und Initialzündung für zahlreiche materielle Bereiche des Börsen- und Kapitalmarktrechts. Insbesondere wurden die Regelungen zum Insiderrecht, zur Ad-hoc-Publizität, zur Kursmanipulation, zur Beteiligungspublizität unabhängig und vor Inkrafttreten des WpHG formuliert und in Kraft gesetzt. Allein die Kodifizierung der Wohlverhaltensregeln im WAG 1997 erfuhr durch das WpHG den entscheidenden Anstoß. Zudem war das WpHG auch maßgebliches Vorbild für die Einrichtung einer unabhängigen Aufsicht.

Die maßgeblichen Regelungen des Börsen- und Kapitalmarktrechts finden sich in Österreich im BörseG und nicht im WAG. So sind bis zum Inkrafttreten der

---

37 *Knobl* (Fn. 33), S. 174; dazu ausführlich *Oppitz*, Kapitalmarktaufsicht, 2017, S. 410 ff.

38 BGH WM 1993, 1455.

39 OGH 6 Ob 110/07 f.

letzten Novellen und bis zum Inkrafttreten der Verordnungen auf europäischer Ebene die maßgeblichen materiellen Regelungen des Kapitalmarktrechts im BörseG selbst normiert und nicht im WAG (= Wertpapieraufsichtsgesetz). Dieses konzentriert sich vor allem auf die Regelung der Wertpapierfirmen und Wertpapierdienstleistungsunternehmen, während allgemeine sowie emittentenbezogene Verhaltenspflichten im BörseG normiert werden.

Aus diesem Grund hat das WpHG in dieser Frühphase einen wichtigen, aber nicht den alleinentscheidenden Einfluss auf die Entwicklung des österreichischen Kapitalmarktrechts, da mangels einer vergleichbaren deutschen Regelung eine unmittelbare Orientierung am europäischen Regelungsvorbild notwendig war. Jedenfalls lässt sich aber schon in dieser Phase eine deutliche Anlehnung der österreichischen Gesetzgebung am WpHG erkennen, aber eben nur, soweit es schon in Kraft gesetzt war.

## II. Zweite Phase: Nachbesserung auf gesetzlicher Ebene und Anwendung der maßgeblichen Bestimmungen

### 1. Gesetzliche Nachbesserung

Nach dem ersten Schub moderner Kapitalmarkregelungen waren rasch gesetzliche Nachbesserungen erforderlich. Zum einen mussten zahlreiche europäische Vorgaben in kurzen Zeitabständen umgesetzt werden, zum anderen zeigten erste legislative Vorhaben Mängel, die möglichst rasch ausgebessert werden sollten.

So wurde im Jahr 2001 durch das Aktienoptionengesetz erstmals eine Regelung zum Director's Dealings in das BörseG eingefügt.[40] Damit sollte Art 6 Abs 4 Marktmissbrauchs-RL umgesetzt werden. Die Regelung von § 91a BörseG ging nach der Börsegesetznovelle 2004 in § 48d Abs 4 BörseG auf und wurde konkretisiert.[41]

Das BörseG selbst erfuhr durch die Börsegesetznovelle 2007, die die Transparenzrichtlinie umsetzte, eine wichtige Neuregelung. Damit wurden die europarechtlichen Regelungen fast wortgleich übernommen. Die Auslegung orientierte sich ganz wesentlich an dem damals auch in das WpHG eingeführten § 15a.[42]

---

**40** BGBl I 2001/42.

**41** *Kalss/Oppitz/Zollner* (Fn. 35), § 17 Rn. 4; *Kalss/Zollner* GES 2005, 106 f; *Nowotny/Stern* SWK 2005, 445.

**42** S nur *Sethe* in Assmann/Schneider, WpHG, 3. Aufl. 2004, § 15 Rn. 3 ff.

Eine wesentliche Neuausrichtung erfuhr die Beteiligungspublizität durch die geänderte Transparenzrichtlinie und deren Umsetzung durch die Börsegesetznovelle 2007.[43] Dabei wurden vor allem die Tatbestände erweitert, die die Meldepflicht auslösen, insbesondere wurden neue Zurechnungstatbestände geschaffen.[44] Die Börsegesetznovelle 2012 markierte schließlich neue Schwellenwerte, die eine Meldung auslösten. Die Novelle 2012 sieht als Verstoß gegen die Beteiligungspublizität auch das automatische Erlöschen des Stimmrechts vor, was tatsächlich auch schon eine viel beachtete höchstgerichtliche Entscheidung beschäftigte.[45]

Der Insiderstraftatbestand und die Ad-hoc-Publizität wurden zwar neu formuliert, materiell änderten sich aber die Regelungen in dieser Phase kaum.

## 2. Anwendungsbereich

Wie schon ausgeführt, sind im österreichischen Recht die im WpHG zusammengeführten Regelungen nicht in einem Gesetz vereint, vielmehr finden sie sich im BörseG und im WAG. Gerade die emittentenbezogenen Regelungen, wie das Verbot des Insiderhandels und der begleitenden Verhaltensgebote, die Ad-hoc-Publizitätspflicht und die Beteiligungspublizität sowie das Verbot der Kursmanipulation sind im BörseG angesiedelt, während allein die Wohlverhaltensregelungen und begleitende Regelungen im WAG normiert sind.

Dennoch wird gerade zur Ausformung der einzelnen Tatbestandselemente sowohl aus dem BörseG als auch aus dem WAG auf das WpHG zurückgegriffen. Die Konkretisierung und Auslegung des Verbots des Insiderhandels in § 48b Abs 4 BörseG erfahren sowohl in der Literatur als auch in der späteren Judikatur maßgebliche Impulse aus den Parallelbestimmungen des WpHG, um die einzelnen Tatbestandselemente des Insiderbegriffes, der Insiderinformation und der Verhaltensge- oder –verbote auszulegen und zu präzisieren.[46] Für im Kapitalmarktrecht spezialisierte Juristen und Juristinnen ist es fast unvorstellbar, ohne Rückgriff auf das WpHG die österreichischen Parallelregelungen im BörseG, WAG oder in sonstigen Gesetzen auszulegen und anzuwenden.

---

**43** BGBl I 2007/19; dazu *Kalss/Zollner* ÖBA 2007, 884; *Kalss/Oppitz/Zollner*, Kapitalmarktrecht, 2. Aufl. 2015, § 18 Rn. 2f.; *Prechtl*, Kapitalmarktrechtliche Beteiligungspublizität, 2010, S. 22ff.
**44** *Kalss/Oppitz/Zollner* (Fn. 43), § 18 Rn. 9ff.
**45** OGH 6 Ob 97/15f.
**46** *Kalss/Oppitz/Zollner* (Fn. 35), § 20 Rn. 7ff.

## 3. Öffentlich-rechtliche Anwendung

Die Anwendung des Kapitalmarktrechts in Österreich ist zweigeteilt, nämlich in das öffentlich-rechtliche Kapitalmarktrecht und die Einhaltung der Regelungen unter Aufsicht der im Jahr 2001 geschaffenen neuen Aufsichtsbehörde der Finanzmarktaufsicht. So wird – unter anderem – die Einhaltung des Insiderhandelsverbotes sowie der Publizitätspflichten und des Verbots der Kursmanipulation von der FMA ebenso wie jene der Wohlverhaltensregeln beaufsichtigt und sanktioniert.[47]

## 4. Das zivile Kapitalmarktrecht

Der zweite Strang der Anwendung des Kapitalmarktrechts ist die Anwendung des sogenannten privaten Kapitalmarktrechts. Erst in den letzten Jahren wurden etliche zivilrechtliche Entdeckungen im Kapitalmarktrecht gemacht.[48] Nach mehreren großen Krisenfällen und dramatischen Kursverlusten wurden von etlichen Titeln mehrere tausend Verfahren geführt. Seit über einem Jahrzehnt wogt über Österreich und dabei insbesondere über dem Handelsgericht Wien eine bis dahin nie gesehene und kaum vorstellbare Welle von Anlegerprozessen.[49] Seit 2008 wurden bislang über 20.000 Ansprüche als Einzelansprüche oder in Form von Sammelklagen anhängig gemacht, die sich letztlich auf ganz wenige Marktteilnehmer konzentrieren.[50] Dabei wurden zahlreiche zivilrechtliche Instrumente neu entdeckt und auf die besonderen Erfordernisse des Kapitalmarktrechts zugeschnitten und fortentwickelt.[51] Während die Prospekthaftung ein Instrument mit langer Tradition ist und die Anlageberatung die Praxis seit nunmehr 25 Jahren intensiv beschäftigt,[52] wurden während der letzten zehn Jahre auch die klassischen zivilrechtlichen Instrumente der Irrtumsanfechtung, Gewährleistung, Anderslieferung (aliud) und des Rücktrittsrechts von Verbraucher-Anlegern mit neuem Gehalt gefüllt.

---

**47** *Kalss/Oppitz/Zollner* (Fn. 43), § 6 Rn. 12, § 1 Rn. 64, § 5 Rn. 13.

**48** *Kalss/Oppitz/Zollner* (Fn. 43), § 7 Rn. 1 ff.

**49** *Kalss*, Das Scheitern des Informationsmodells gegenüber privaten Anlegern – Anlegeransprüche – Kapitalmarktrechtliche und prozessuale Fragen, Gutachten zu den Verhandlungen des 19. Österreichischen Juristentages II/1, Zivilrecht, 2015, S. 3, 10.

**50** *Kalss* (Fn. 49), S. 10 f.

**51** *Kalss/Oppitz/Zollner* (Fn. 43), § 7 Rn. 2, § 6 Rn. 2; *Schauer* RdW 2011, 3, 5; *Vonkilch* JBl 2011, 2.

**52** *Kalss/Oppitz/Zollner* (Fn. 43), § 6 Rn. 1.

Die Wohlverhaltensregeln spielen bei der Beurteilung durch die Gerichte im Rahmen der großen Verfahrenswelle von Anlegerprozessen mit den tausenden Verfahren seit dem Jahr 2008, seit nunmehr über 10 Jahren, letztlich eine untergeordnete Rolle.[53] Die zahlreichen Verfahren boten vielmehr die Gelegenheit, das zivilrechtliche Kapitalmarktrecht in vielen Einzelfragen zu entwickeln und dabei Grundfragen des Vertragsrechts und der Rechtsgeschäftslehre mit spezifischen kapitalmarktrechtlichen Bezügen aufzurollen und Einzelheiten des vertraglichen und vorvertraglichen Schadenersatzrechts und sonstiger zivilrechtlicher Rechtsinstrumente zu entfalten.[54] Nur in verhältnismäßig wenigen Einzelurteilen wurde tatsächlich in den Entscheidungen Bezug auf WAG-rechtliche Regelungen und damit mittelbar auch auf WpHG-rechtliche Regelungen genommen.[55]

## 5. Allgemeine Regelung – Schutzgesetz

Nach österreichischem Recht besteht – anders als nach dem WpHG (insbesondere § 37 WpHG) – kein eigenständiger börsen- und sonstiger kapitalmarktrechtlicher Haftungstatbestand bei Verletzung von Kapitalmarktinformationen außerhalb des Prospekts.[56] Nach der Judikatur und der ganz überwiegenden Literatur werden diese Kapitalmarktpflichten von Anfang an als Schutzgesetze zugunsten der Anleger angesehen. Diese können daher ihre Ansprüche auf eine Verletzung eines Schutzgesetzes gem § 1311 ABGB stützen.[57]

Die Vorlage von § 37b WpHG als eigenständiger Haftungstatbestand für die Verletzung von kapitalmarktbezogenen Informationspflichten wurde zwar rechtspolitisch eingemahnt.[58] Die rechtspolitische Forderung wurde aber nicht aufgegriffen. Der praktische Bedarf wird angesichts des breit ausgerollten Konzepts der Schutzgesetzverletzung und der Einbeziehung eines weit gefassten Anlegerkreises in den Schutzbereich nicht (mehr) als dringend angesehen.

---

**53** *Kalss/Oppitz/Zollner* (Fn. 43), § 6 Rn. 12; *Kalss*, Schadenersatz und sonstiger zivilrechtlicher Schutz der Anleger, in Studiengesellschaft für Wirtschaft und Recht (WiR), Haftung im Wirtschaftsrecht, 2013, S. 225, 249; *Oppitz* (Fn. 37), S. 410 ff.

**54** *Kalss/Oppitz/Zollner* (Fn. 43), § 6 Rn. 12, § 7 Rn. 1 f.; *Oppitz* ÖBA 2011, 534 f.; *Kalss* (Fn. 53), S. 225, 228.

**55** S etwa OGH 10 Ob 7/12w, OGH 1 Ob 30/11a, OGH 6 Ob 179/12k; OLG Wien 30 R 40/13 t; s dazu auch *Graf* ecolex 2011, 1093 f; *Granner* ZFR 2013, 158.

**56** *Kalss* (Fn. 49), S. 67.

**57** OGH 6 Ob 28/12d (Ad-hoc-Publizität); OGH 8 Ob 104/12w (Kursmanipulation); *Kalss/Oppitz/Zollner* (Fn. 43), § 20 Rn. 16, § 20 Rn. 31; *Kalss* (Fn. 49), S. 67; krit *Schopper* ÖBA 2014, 495 ff.; *Enzinger* FS Straube, 2009, S. 19 ff.; *Harrer* ZFR 2011, 9.

**58** Kalss (Fn. 49), S. 68.

## 6. Ausmessung der einzelnen Tatbestandselemente

Wenn es darum geht, Einzelbeispiele und Detailfragen auszuloten, greift die österreichische Literatur und auch Judikatur auf das WpHG und die darauf bezogenen Lehrmeinungen zurück.[59] Dabei geht es um die Beschreibung der ad-hoc-pflichtigen Tatsachen, um die Frage des mehrstufigen Entscheidungsprozesses oder die Präzisierung der Weitergabe einer Information. Gerade auch im Bereich der Beteiligungspublizität wird für die Festlegung des Adressatenkreises und auch die Beschreibung der einzelnen Geschäfte in § 91 ff. BörseG auf § 21 ff. WpHG zurückgegriffen, um die einzelnen Tatbestandselemente zu analysieren und mit Hilfe des WpHG sowie der Auslegungen zum WpHG auch eine Klärung der Tatbestandselemente des BörseG zu erlangen.

Ebenso häufig wird im Bereich der Marktmanipulation, die in § 48a Abs 1 Z 2 BörseG normiert wird, zur Aufhellung des Begriffes auf die deutsche Parallelbestimmung von § 20a Abs 2 WpHG geschaut.[60] Generell wird gerade zur Erhellung der einzelnen Tatbestandselemente vielfach auf das WpHG zurückgegriffen, selbst wenn die Sanktionierung unterschiedlich normiert ist.

Je stärker die Verwaltungspraxis sich in der Aufsicht der einzelnen Verhaltenspflichten engagierte und auch etliche Verwaltungsstrafverfahren einleitete, desto stärker wurde der Einfluss von Auslegungsergebnissen zum WpHG auch für die österreichische Verwaltungspraxis und der Judikatur für die Verwaltungsgerichte. Dies zeigt sich etwa insbesondere für das Verständnis des Begriffes der Insiderinformation nach § 13 WpHG und der dahinterstehenden Regelung, der Marktmissbrauchsrichtlinie.

Der Fall *Schrempp/Geltl* machte den großen Einfluss des WpHG sowie der deutschen Judikatur zu dieser Bestimmung auch für das österreichische Verständnis deutlich.[61] Die Bedeutung des Verständnisses von Marktmanipulationstechniken nach dem WpHG zeigte sich auch in zahlreichen Verwaltungsstrafverfahren zur Kursmanipulation. Vielfach wurde in der Verwaltungspraxis auch auf die Regelungen von § 20a WpHG und den darauf beruhenden Verordnungen zurückgegriffen.[62]

Wesentliche Bedeutung hatte etwa das WpHG und das Verständnis des BGH zur Insiderinformation und zur Insiderinformation über einen künftigen Umstand. Hier war es die Auslegung von § 13 WpHG durch den BGH, die auch für die

**59** S etwa bei *Kalss/Oppitz/Zollner* (Fn. 35), § 14 Rn. 6 f.
**60** *Kalss/Oppitz/Zollner* (Fn. 35), § 21 Rn. 5.
**61** S etwa *Kalss/Hasenauer* GesRZ 2014, 271 ff.; *Barth*, Der Zwischenschritt, 2018, S. 77 ff.
**62** S dazu nur *Kalss/Oppitz/Zollner* (Fn. 43), § 22 Rn. 20 ff.

österreichische Verwaltungspraxis und Judikatur wesentlich werden sollte.[63] Deutlich zeigte sich das etwa auch beim Verständnis der Kursrelevanz für Nichtdividendenwerte. Klar wurde ausgeführt, dass die Kurserheblichkeit von Anleihen aus Sicht eines verständigen Anlegers später einsetze als bei Aktien. Der Umstand und die Information darüber müssen umso gravierender sein, um geeignet zu sein, den Kurs erheblich zu beeinflussen.[64]

Schon diese einzelnen Beispiele zeigen, dass die österreichische Verwaltungspraxis, die österreichische Judikatur und auch die österreichische Kautelarjuristerei ohne den Blick nach Deutschland und das Verständnis der deutschen Literatur zum Parallelgesetz nicht arbeiten kann und kaum vorstellbar sind. Insofern ist das WpHG mit seinem breiten Themenkreis ein besonders gutes Beispiel dafür, wie stark das deutsche Recht und damit das WpHG auf Österreich einstrahlen und die Verwaltungspraxis und tägliche Arbeit der Unternehmen deutlich beeinflussen. Gerade auch die Verwaltungspraxis greift vielfach auf das deutsche Schwestergesetz zurück, deutlich wurde dies etwa bei der weitreichenden Verwendung des BaFin-Emittentenleitfadens für die unterschiedlichen Bereiche, insbesondere für die Insiderinformation, für die Ad-hoc-Publizitätspflicht, aber auch für die Beteiligungspublizität. Der Emittentenleitfaden hat sich in vielen Einzelthemen daran orientiert.

## III. Dritte Phase Verordnungen auf Ebene der EU

In der nunmehr dritten Phase des modernen Kapitalmarktrechts nimmt die Bedeutung des WpHG tendenziell als Vorbild für die Rechtsanwendung in Österreich ab. Dies liegt nicht im Gesetz selbst begründet, sondern im Umstand, dass nunmehr die europäischen Regelungen in Verordnungsform, sei es als Rahmenverordnung, sei es als Durchführungsverordnung, unmittelbar zur Anwendung kommen und die WpHG-rechtlichen Bestimmungen aufgehoben bzw verdrängt wurden.

Beispielsweise genannt seien die Definition der Insiderinformation, die Verpflichtung zur Offenlegung sowie das Verbot der Kursmanipulation. Sie alle sind nunmehr unmittelbar in der Verordnung geregelt, sodass das WpHG zwar in seiner Begleitfunktion, aber nicht mehr für die zentralen Begriffsbestimmungen

63 BGH NZG 2013, 708.

64 *Assmann* in Assmann/Schneider, WpHG, 6. Aufl. 2012, § 13 Rn. 66a; *Koch* WM 2013, 1305; *Kalss/Oppitz/Zollner* (Fn. 43), § 21 Rn. 36.

ein maßgebliches Vorbild und „Role Model“ für die Rechtsanwendung in Österreich ist. Etwa die Begriffsbestimmungen in Art 7 MAR oder die Offenlegungspflichten in Art 17 MAR[65] zeigen dies sehr deutlich.

# IV. Resümee

Das WpHG war zwar nicht die Initialzündung für das moderne österreichische Kapitalmarktrecht, da dieses bereits zuvor wegen der Annäherung Österreichs an die europäische Gemeinschaft und die Belebung des österreichischen Kapitalmarkts durch anglosächsische Investoren angestoßen wurde. Der unmittelbare Anlass war die Aufhebung des alten BörseG 1875 durch den Verfassungsgerichtshof im Jahr 1988.

Das WpHG hatte aber eine ganz bedeutende katalysatorische Wirkung für die Festlegung einzelner Tatbestände, förderte die Etablierung einer eigenständigen Wertpapieraufsichtsbehörde (Bundeswertpapieraufsicht) und war das unmittelbare Vorbild für das Wertpapieraufsichtsgesetz 1997. Dieses normierte vor allem Wertpapierfirmen und Wertpapierdienstleistungsunternehmen und deren Verhaltenspflichten.

Zahlreiche kapitalmarktrechtliche Verhaltenspflichten, wie das Verbot des Insiderhandels, die Ad-hoc-Publizitätspflicht, die Kursmanipulation, die Beteiligungspublizität und die Transparenz der Geschäfte von Führungskräften finden sich in Österreich nicht im WAG, dem unmittelbaren Schwestergesetz des WpHG, sondern im BörseG. Die inhaltliche Ausformung und das Verständnis der einzelnen Tatbestände wurden aber ganz wesentlich durch das WpHG und die wissenschaftliche und praktische Auseinandersetzung in Deutschland mit dem WpHG auch in Österreich geprägt. Die Wirkung des WpHG und vor allem die praktische und wissenschaftliche Beschäftigung mit dem WpHG haben daher in Österreich eine ganz bedeutende Wirkung. Diese nimmt nunmehr mit dem Inkrafttreten der MAR und begleitender Rechtsakte tendenziell ab.

**65** S dazu *Kalss/Hasenauer* in Kalss/Oppitz/Torggler/Winner, Börsegesetz – MAR, 2019, Art 17 MAR Rn. 25ff.

Rolf Sethe

# 25 Jahre Wertpapierhandelsgesetz – ein Anlass zum Feiern?

## I. Ziel und Perspektive des Beitrags

Die Herausgeber dieser Festschrift haben mich gebeten, einen Blick aus dem Ausland auf das WpHG zu werfen und seine grundlegende Konzeption und Bedeutung mit dem neuen schweizerischen Aufsichtsrecht zu vergleichen. Eine solche rechtsvergleichende Betrachtungsweise bietet die Chance auf Erkenntnisse, die eine rein deutsche Binnensicht nicht leisten kann. Dabei muss sich der nachfolgende Rechtsvergleich zum schweizerischen Recht auf die durch das WpHG gesetzten allgemeinen Rahmenbedingungen beschränken. Für einen Detailvergleich einzelner Rechtsinstitute oder Regelungsansätze fehlt hier der Platz.

## II. Analyse der Konzeption des WpHG

### 1. Sektorübergreifendes Markt- und Vertriebsrecht

Das markt- und vertriebsbezogene WpHG stellte zum Zeitpunkt seines Inkrafttretens einen Meilenstein kapitalmarktrechtlicher Regulierung in Deutschland dar,[1] denn das deutsche Kapitalmarktrecht war zuvor nahezu 100 Jahre lang durch eine sektorspezifische Regelung geprägt.[2] Sofern man überhaupt schon von

---

Prof. Dr. iur., LL.M., Ordinarius für Privat-, Handels- und Wirtschaftsrecht und Leiter des Forschungsschwerpunkts Finanzmarktregulierung an der Universität Zürich. Der Verfasser dankt *Prof. Matthias Lehmann*, Bonn, sowie *Dr. Lukas Fahrländer* und *MLaw Meltem Cetinkaya* für wertvolle Hinweise.

1 *Assmann* in Assmann/Schneider, WpHG, 1. Aufl. 1995, Einl. Rn. 11, weist dem WpHG für die Entwicklung des modernen marktbezogenen Kapitalmarktrechts die Stellung und Bedeutung zu, die dem BörsG von 1896 für die rechtsform- und institutionenbezogene Ordnung des organisierten Kapitalmarkts zukam.

2 Zum Folgenden vgl. *Assmann* (Fn. 1), Einl. Rn. 1 ff.; *Assmann* in Assmann/Schütze, Handbuch des Kapitalanlagerechts, 3. Aufl. 2007, § 1 Rn. 5 ff. (in der Folgeauflage leider nicht mehr beschrieben); *Oechsler*, Der kapitalmarkt- und börsenrechtliche Regelungsrahmen, in Bayer/Habersack, Aktienrecht im Wandel, 2007, Bd. 1, S. 150 ff.; *Sethe*, Anlegerschutz im Recht der Vermögensverwaltung, 2005, S. 208 ff., 343 ff.

https://doi.org/10.1515/9783110632323-054

einem Kapitalmarktrecht sprechen will, knüpfte der Gesetzgeber dieses an Rechtsformen oder Institutionen an, wie die Aktiengesellschaft,[3] die Börse,[4] die Kreditinstitute[5] und die Kapitalanlagegesellschaften.[6] Das deutsche Recht unterschied sich damit von anderen Rechtsordnungen, die schon sehr früh eine markt- oder vertriebsbezogene Regelung kannten, wie etwa die USA[7] und Großbritannien.[8]

Wegen der Inflation und der Zerstörungen in zwei Weltkriegen war anlagefähiges Kapital in größerem Umfang erst ab den 1960er-Jahren vorhanden.[9] Aufgrund eines zu eng gefassten Begriffs der kollektiven Kapitalanlage in § 1 KAGG, des weitgehenden Fehlens[10] anderer Schutzmechanismen und steuerlicher Anreize kam es zur Entstehung des grauen Kapitalmarkts. Das nichtvorhandene Vertriebsrecht führte zu zahlreichen Missständen, wie etwa der massenhaften Schädigung deutscher Anleger beim Zusammenbruch von Bernie Cornfelds International Overseas Services (IOS) und anderen Anlagevehikeln des grauen Kapitalmarkts.[11] Zudem bedingte das Nebeneinander von ungeregeltem grauen Kapitalmarkt und geregeltem organisierten Kapitalmarkt massive Wettbewerbsverzerrungen.

Trotz dieser erkannten Defizite kam es – von geringfügigen punktuellen Korrekturen in den 1970er und 80er-Jahren abgesehen – zu einem regulatorischen Stillstand im Kapitalmarktrecht. Dies zeigte sich insbesondere daran, dass der

---

**3** Die erste einheitliche Kodifizierung des Aktienrechts in Deutschland findet sich im ADHGB von 1861. Dieses wurde zunächst in den meisten deutschen Staaten jeweils als Einzelgesetz erlassen. Durch Gesetz vom 5.6.1869, BGBl. Norddt. Bund, 379, übernahm es der Norddeutsche Bund, durch die Reichsgesetze vom 16./22.4.1871, RGBl. 63, 87, wurde es in der Fassung der 1. Aktienrechtsnovelle im ganzen Reichsgebiet formell einheitliches Recht.

**4** Börsengesetz vom 22.6.1896, RGBl. 157.

**5** Reichsgesetz über das Kreditwesen vom 5.12.1934, RGBl. I 1203, abgelöst durch das Gesetz über das Kreditwesen vom 10.7.1961, BGBl. I 881.

**6** Gesetz über Kapitalanlagegesellschaften vom 16.4.1957, BGBl. I 378.

**7** Securities Act 1933, Securities Exchange Act 1934, Investment Company Act 1940, Investment Advisers Act 1940.

**8** Die marktbezogene Regulierung beruhte noch auf informellen „guidelines" oder „codes of conduct" der London Stock Exchange und der Bank of England. 1986 wurde die Zulassung und Beaufsichtigung durch den Financial Services Act umfassend gesetzlich geregelt, zu Einzelheiten vgl. *Barnard*, The United Kingdom Financial Services Act, 1986: A New Regulatory Framework, The International Lawyer, 21/2 (1987), 343 ff.; *Sethe* (Fn. 2), S. 400 f. m.w.N.

**9** *Sethe* (Fn. 2), S. 344.

**10** Der durch Art. 1 Nr. 1 des Gesetzes zur Reform der Gewerbeordnung vom 16.8.1972, BGBl. I 1465, eingefügte § 34c GewO entpuppte sich als weitgehend wirkungslos.

**11** *Sethe* (Fn. 2), S. 366 f.

1977 eingebrachte Entwurf eines Vermögensanlagegesetzes[12] im Parlament scheiterte. Vorgesehen waren ein an den Vertrieb von Vermögensanlagen geknüpfter Prospektzwang und eine Pflicht zur laufenden Publizität. Erfasst werden sollten alle Personen, die Anteile an einem Unternehmen im Wege des öffentlichen Anbietens, der öffentlichen Werbung oder in ähnlicher Weise vertrieben. Gleiches galt für den Vertrieb von Anteilen an einem Vermögen, das ein Unternehmen treuhänderisch für fremde Rechnung verwaltete. Mangels einer gesetzlichen Regelung war es dann die Rechtsprechung, die eine Inhaltskontrolle von Gesellschaftsverträgen vornahm sowie Standards für den Vertrieb von Produkten des grauen Kapitalmarkts festschrieb und so den notwendigen Anlegerschutz verwirklichte.

Die Untätigkeit des Gesetzgebers in Bezug auf den Vertrieb am organisierten Kapitalmarkt fand erst mit dem VerkProspG von 1991[13] und dem WpHG von 1994 ein Ende, wobei der Anlass beider Regelungen jeweils EU-Richtlinien waren.[14] Mit dem WpHG wurde der bisherige Regelungsansatz zugunsten einer sektorübergreifenden[15] Regelung überwunden. Dabei ist hervorzuheben, dass das WpHG sowohl die Verhaltenspflichten am Kapitalmarkt als auch solche gegenüber Kunden enthielt.

In den Bereichen, in denen die EU nicht den Takt vorgab, d. h. beim grauen Kapitalmarkt, wurde der Stillstand erst geraume Zeit später und nur schrittweise überwunden: 2004 erfolgte eine Änderung des VerkProspG,[16] die einen Prospektzwang für Anlagen auf dem grauen Kapitalmarkt einführte (§§ 8 f ff. VerkProspG). 2011 wurde diese Regelung in ein neues Vermögensanlagegesetz überführt und um eine Bewilligungspflicht für Anlageberater und Anlagevermittler von Produkten des grauen Kapitalmarkts ergänzt (§§ 34 f und 34 g GewO).[17] Ob die regional organisierte Gewerbeaufsicht personell und strukturell in der Lage ist, den bundesweiten grauen Kapitalmarkt wirksam zu überwachen, lässt sich

**12** RegE, BT-Drucks. 8/1405, inhaltsgleich mit BR-Drucks. 407/77.

**13** Wertpapierverkaufsprospektgesetz vom 3.12.1990, BGBl. I 2749, dazu *Assmann* NJW 1991, 528 ff.

**14** Richtlinie zur Koordinierung der Bedingungen für die Erstellung, Kontrolle und Verbreitung des Prospekts, der im Falle öffentlicher Angebote von Wertpapieren zu veröffentlichen ist (89/298/EWG), ABl. EG Nr. L 124 vom 5.5.1989, 8 ff.; Richtlinie 93/22/EWG des Rates vom 10.5.1993 über Wertpapierdienstleistungen, ABl. EG Nr. L 141 vom 11.6.1993, 27 ff.

**15** Die ebenfalls sektorübergreifenden Vorschriften zur Geldwäschebekämpfung bleiben nachfolgend außer Betracht.

**16** Vgl. Art. 2 des Anlegerschutzverbesserungsgesetzes vom 28.10.2004, BGBl. I 2630.

**17** Art. 1 und Art. 5 Nr. 9 des Gesetzes zur Novellierung des Finanzanlagenvermittler- und Vermögensanlagenrechts vom 6.12.2011, BGBl. I 2481.

ernstlich bezweifeln.[18] Eine den gesamten Kapitalmarkt erfassende sektorübergreifende Regelung fehlt somit bis heute.[19]

Die Schweiz hielt deutlich länger als Deutschland an einer sektorspezifischen Regelung fest und regelte die Aufsicht über Banken,[20] Börsen und Effektenhändler[21] sowie kollektive Kapitalanlagen[22] in eigenständigen Gesetzen. Für den Vertrieb von Effekten findet sich eine rudimentäre Regelung in Art. 11 BEHG,[23] die sich inhaltlich an Art. 11 der EG-Wertpapierdienstleistungs-Richtlinie anlehnte. Die Schweiz ließ den autonomen Nachvollzug von MiFID I aus und konzentrierte sich zunächst auf die Schaffung moderner aufsichtsrechtlicher Strukturen, indem man vier neue Gesetze schuf (sog. Kleeblatt-Reform): 2009 erfolgte die Errichtung der Eidgenössischen Finanzmarktaufsicht (FINMA), in der die drei Vorgängerbehörden Eidgenössische Bankenkommission (EBK), Bundesamt für Privatversicherungen (BPV) und Kontrollstelle für die Bekämpfung der Geldwäscherei (Kst GwG) aufgingen. 2015 wurde mit dem Finanzmarktinfrastrukturgesetz (FinfraG) die Reform der Handelsplätze und übrigen Finanzmarktinfrastrukturen sowie des Marktverhaltens verabschiedet, womit man zugleich die europäische Regelung von EMIR[24] und Teilen von MiFID II[25] nachvollzog. Mit dem 2018 verabschiedeten Finanzdienstleistungsgesetz (FIDLEG)[26] wird unter anderem nun die Aufsicht über den Vertrieb von Finanzinstrumenten (Art. 6 ff. FIDLEG) und damit auch die Verhaltenspflichten gegenüber Kunden in Anlehnung an die MiFID II geregelt. Mit dem parallel verabschiedeten Finanzinstitutsgesetz (FINIG)[27] hat man die Be-

18 Vgl. statt vieler etwa *Heisterhagen/Conreder* DStR 2015, 1929, 1933 ff.; *Martin* Kriminalistik 2016, 723 ff.

19 Die von *Assmann* (Fn. 1), Einl. Rn. 11, geäußerte Hoffnung, das WpHG werde auch auf den grauen Kapitalmarkt ausgedehnt, hat sich damit leider nicht erfüllt, da zwar die Produkte des grauen Kapitalmarkts auch Finanzinstrumente gemäß § 2 Abs. 4 Nr. 7 WpHG sind, aber der vor allem durch Anlageberater und -vermittler vorgenommene Vertrieb nicht unter das WpHG fällt, sondern unter die GewO (vgl. § 3 Abs. 1 Satz 1 Nr. 7 lit. e WpHG).

20 Bundesgesetz über die Banken und Sparkassen (BankG) vom 8.11.1934, AS 51, 117.

21 Bundesgesetz über die Börsen und den Effektenhandel (BEHG) vom 24.3.1995, AS 1997, 68.

22 Bundesgesetz über die Anlagefonds (AFG) vom 1.7.1966, AS 1967, 115; inzwischen abgelöst durch das Bundesgesetz über die kollektiven Kapitalanlagen (KAG) vom 23.6.2006, AS 2006, 5379.

23 Diese Norm wird mit dem Inkrafttreten des FIDLEG aufgehoben.

24 Verordnung (EU) Nr. 648/2012 vom 4.7.2012 über OTC-Derivate, zentrale Gegenparteien und Transaktionsregister, ABl. EU L 201 vom 27.7.2012, 1 ff.

25 Richtlinie 2014/65/EU vom 15.5.2014 über Märkte für Finanzinstrumente sowie zur Änderung der Richtlinien 2002/92/EG und 2011/61/EU, ABl. EU L 173 vom 12.6.2014, 349 ff.

26 Bundesgesetz über die Finanzdienstleistungen (FIDLEG) vom 15.6.2018 (voraussichtliches Inkrafttreten am 1.1.2020).

27 Bundesgesetz über die Finanzinstitute (FINIG) vom 15.6.2018 (voraussichtliches Inkrafttreten am 1.1.2020).

willigungsvoraussetzungen für Finanzintermediäre[28] in einem Gesetz konzentriert und das Verfahren vereinheitlicht.

Bemerkenswert ist der Rechtsvergleich im Hinblick auf den grauen Kapitalmarkt. Die Schweiz regelte bereits 1966 das Investmentrecht. Art. 2 Abs. 1 AFG bestimmte, dass der Anlagefonds ein Vermögen ist, das aufgrund öffentlicher Werbung von den Anlegern zum Zwecke gemeinschaftlicher Kapitalanlage aufgebracht und von der Fondsleitung nach dem Grundsatz der Risikoverteilung für Rechnung der Anleger verwaltet wird. Die weite Definition verhinderte das Entstehen eines ungeregelten (grauen) Marktsegments. Öffentlich vertriebene Kapitalanlagen unterfielen entweder dem Begriff der Effekte des BEHG oder dem der kollektiven Kapitalanlage nach dem AFG (heute KAG). Es lässt sich damit festhalten, dass in der Schweiz der Prozess einer sektorübergreifenden Regelung des Vertriebes von Kapitalmarktprodukten zwar später als in Deutschland begann, dafür aber einheitlich erfolgt ist, so dass die Schweiz nun über ein klarer strukturiertes Aufsichtsrecht verfügen wird.

## 2. Gesetzesbezeichnung

Der deutsche Gesetzgeber verfolgte die Idee, alle Finanzmarktgesetze nach einem einheitlichen Muster zu benennen, indem jede Gesetzesbezeichnung mit dem Begriff „Wertpapier…" begann (WpHG, WpPG, WpÜG etc.). Die Idee eines solchen „Schlüsselreizes" für Juristen – so charmant sie auf den ersten Blick auch war – erwies sich von Anfang an als veraltet. Der Begriff des Wert*papiers* hatte im Zeitalter der Immobilisierung (Sammelverwahrung und Globalurkunden) und der Entmaterialisierung (Wertrechte) bereits seine Bedeutung eingebüßt (bezeichnend der damalige § 2 Abs. 1 WpHG: „Wertpapiere im Sinne dieses Gesetzes sind, auch wenn für sie keine Urkunden ausgestellt sind, …") und war daher als Anknüpfungspunkt wenig tauglich.[29] Des Weiteren unterscheiden sich die Teilrechtsgebiete Wertpapierrecht und Kapitalmarktrecht; die Verwendung des Begriffs „Wertpapier" erweckt die falsche Assoziation, dass es sich beim WpHG um Wertpapierrecht handelt. Schließlich machte der Begriff das WpHG wenig zukunftstauglich, denn heute sind dort auch andere Produkte, wie Waren, Energien, Referenzwerte (vgl. § 2 Abs. 5–7 WpHG), geregelt. Der Gesetzgeber hat an der

28 Mit Ausnahme der Banken und Versicherungen.

29 So bereits *Lehmann*, Finanzinstrumente – Vom Wertpapier- und Sachenrecht zum Recht der unkörperlichen Vermögensgegenstände, 2009, S. 508, 510.

Bezeichnung WpHG festgehalten, obwohl ihm die Neufassung[30] anlässlich der Umsetzung der MiFID II eine gute Gelegenheit für einen Wechsel geboten hätte.

Der schweizerische Gesetzgeber hat ebenfalls alle seit 2009 erlassenen Gesetze, soweit diese sektorübergreifend waren und Bezug zum Kapitalmarkt hatten, nach einem einheitlichen Muster benannt. Dabei griff man auf den Begriff „Finanz" bzw. „Finanzmarkt" zurück (FINMAG, FinfraG, FINIG, FIDLEG). Der Begriff „Kapitalmarkt" wurde bewusst vermieden, da dieser den Versicherungsbereich ausgeschlossen hätte, der auch unter die Aufsicht der FINMA fällt. Zudem ist die Grenzziehung zwischen Kapitalmarkt und Versicherungsmarkt im Zeitalter der Allfinanz und der in Versicherungen gekleideten Anlageprodukte zufällig.

## 3. Gesetzessystematik und Regelungsmaterien

Das WpHG war zunächst sehr klar strukturiert und enthielt fünf Regelungskomplexe. Neben der Errichtung des damaligen Bundesaufsichtsamts für den Wertpapierhandel (§§ 3 – 11 WpHG a. F.) wurden eine Meldepflicht zu Geschäften mit Wertpapieren und Derivaten eingeführt (§ 9 WpHG a. F.) sowie der Insiderhandel und die Ad-hoc-Publizität (§§ 12 – 20, 38 WpHG a. F.), die Mitteilungs- und Veröffentlichungspflicht von bedeutenden Beteiligungen an einer börsennotierten Gesellschaft (§§ 21 – 30 WpHG a. F.) und die Verhaltens- und Organisationspflichten (§§ 31 – 37 WpHG a. F.) normiert.

Es fällt auf, dass man im WpHG Börsenfolgepflichten regelte (Meldepflicht, Insiderrecht, Ad-hoc-Publizität und Stimmrechtsmitteilungen), das BörsG neben dem WpHG aber in Kraft ließ für die Regelung der Institution Börse und der Börsenzulassung.[31] Diese auf zwei Gesetze aufgeteilte Regelung besteht bis heute fort und wurde noch dadurch verschärft, dass man nun auch die hinzugekommenen Regeln über multilaterale und organisierte Handelssysteme auf beide Gesetze „verteilt" hat. Der alte institutionenbezogene Regelungsansatz besteht neben dem neuen marktbezogenen also teilweise fort.

Im WpHG finden sich auch Vertriebsregeln gegenüber Kunden. Diese waren im Regierungsentwurf noch nicht enthalten[32] und wurden erst vom Finanzausschuss in das Gesetz aufgenommen.[33] Mit dieser Einfügung erhielt das WpHG seine zweite Stoßrichtung, nämlich den vertriebsbezogenen Ansatz, den es bis heute hat. Dieser Ansatz wird aber, wie oben gezeigt, nicht vollständig durchge-

---

**30** Art. 3 des 2. Finanzmarktnovellierungsgesetzes vom 23.7.2017, BGBl. I 1693.

**31** Ebenfalls kritisch dazu *Lehmann* (Fn. 29), S. 511.

**32** RegE zum 2. Finanzmarktförderungsgesetz, BR-Drucks. 793/93.

**33** Beschlussempfehlung und Bericht des Finanzausschusses, BT-Drucks. 12/7918, 3, 28 ff.

halten, wird doch der Vertrieb von Produkten des grauen Kapitalmarkts weiterhin separat in der GewO geregelt.

Das WpHG wurde in der Folge durch 78 Gesetzesänderungen fortlaufend modernisiert und an aktuelle Entwicklungen angepasst. Auch bei diesen Reformen beruhte der Anpassungsbedarf zumeist auf Vorgaben aus Brüssel.[34]

Im WpHG finden sich bis heute zahlreiche Vorschriften zur Organisation, zu den Aufgaben und Kompetenzen der Aufsicht und zur Zusammenarbeit mit anderen Behörden im In- und Ausland. Dies war in den Anfängen des WpHG verständlich, weil es damals noch zwei Aufsichtsämter, eines für das Kreditwesen und eines für den Wertpapierhandel, gab. Deren im FinDAG[35] erfolgte Fusion zu einer Aufsichtsbehörde (BaFin) nutzte man nicht, um Organisation, Aufgaben und Kompetenzen der Aufsicht zentral zu regeln. Dieses Versäumnis führt dazu, dass man in den Einzelgesetzen jeweils parallele Regelungen über die Tätigkeit und die Befugnisse der Aufsicht findet (vgl. etwa §§ 5 ff. KWG, §§ 6 ff. WpHG, §§ 5 ff. KAGB). Man hat zwar nun *eine* Kapitalmarktaufsicht, aber verstreute Kompetenzen mit zahlreichen gesetzlichen Doppelspurigkeiten. Auch hier lebt also der institutionenbezogene Regelungsansatz noch fort.

Betrachtet man die heutige schweizerische Gesetzgebung, fällt die moderne Systematik auf. Im FINMAG werden die Errichtung der Eidgenössischen Finanzmarktaufsichtsbehörde FINMA und ihre Aufgaben und Kompetenzen geregelt. Dieses Gesetz stellt den vor die Klammer gezogenen Allgemeinen Teil des Finanzmarktrechts dar, wie dessen Art. 1 verdeutlicht. Im FinfraG werden die Finanzmarktinfrastrukturen und alle marktbezogenen Pflichten (also auch die Börsenfolgepflichten und das Übernahmerecht) geregelt. Das FINIG und das BankG enthalten die Vorschriften zur prudentiellen Aufsicht über die Finanzinstitute. Das FIDLEG schließlich regelt die Finanzdienstleistungen, also die Verhaltenspflichten gegenüber Kunden, die Organisationspflichten von Finanzdienstleistern sowie die Prospektpflicht, das Basisinformationsblatt und die Streitbeilegung über Ombudsstellen. Spezialgesetze, wie etwa das KAG und das PfG[36], enthalten nur noch die produktbezogenen Regeln, während die dort bisher enthaltenen Vertriebsregeln in das FIDLEG und die Regeln zur prudentiellen Aufsicht in das FINIG übernommen werden.

---

**34** Vgl. die Auflistung bei *Assmann* in Assmann/Schneider/Mülbert, Wertpapierhandelsrecht, 7. Aufl. 2019, Einl. Rn. 12 ff.

**35** Finanzdienstleistungsaufsichtsgesetz vom 22.4.2002, BGBl. I 1310.

**36** Pfandbriefgesetz vom 25.6.1930, AS 47, 109.

## 4. Anwendungsbereich

Das deutsche Aufsichtsrecht umschreibt den Anwendungsbereich der einzelnen Gesetze jeweils im Wege eines eng formulierten, enumerativen Katalogs von Tatbeständen, die eine Zulassungspflicht auslösen. Dieses Vorgehen lädt dazu ein, nach Lücken zu suchen (und diese auch regelmäßig zu finden). So konnte der graue Kapitalmarkt, wie oben gezeigt, nur deshalb entstehen, weil der Begriff des Kapitalanlagegeschäfts in § 1 Abs. 1 KAGG eng definiert war. Der Erfolg des Vertriebskonzepts der Göttinger Gruppe[37] beruhte nicht zuletzt auf dem Umstand, dass die als „SecuRente" massenhaft verkauften stillen Beteiligungen seinerzeit weder unter das KWG noch unter das WpHG oder das damalige KAGG fielen. Der Tatbestand der Anlageverwaltung (§ 1 Abs. 1a Satz 2 Nr. 11 KWG, § 2 Abs. 8 Satz 7 WpHG) wurde geschaffen, um Schutzlücken durch die zu enge Definition der Finanzportfolioverwaltung zu schließen.[38]

Grund für die Notwendigkeit ständiger Nachbesserungen ist eine fehlende wirtschaftliche (funktionale) Betrachtungsweise. Eine Regelung, die einen zunächst weiten Anwendungsbereich hat und dann im Wege von (auch auf Verordnungsstufe möglichen) Ausnahmetatbeständen vorgeht, würde den Anreiz beenden, Gesetzeslücken für Vertriebsmodelle zu nutzen. Das Bundesverwaltungsgericht hat eine wirtschaftliche Betrachtungsweise in seiner GAMAG-Entscheidung nur deshalb abgelehnt, weil der Gesetzgeber sich für einen enumerativen Katalog von bewilligungspflichtigen Tatbeständen entschieden hatte.[39] Unter rechtsstaatlichen Gesichtspunkten spricht nichts dagegen, anders vorzugehen und einen an den wirtschaftlichen Realitäten ausgerichteten Tatbestand zu formulieren.

Für ein solches Vorgehen hat sich die Schweiz entschieden. Der weite Anwendungsbereich des AFG (heute KAG) wurde bereits erwähnt. Aber auch das BankG sowie das FIDLEG und FINIG folgen diesem Modell. So werden etwa in Art. 3 lit. c FIDLEG die Finanzdienstleistungen wie folgt definiert: „für Kundinnen und Kunden erbrachte Tätigkeiten: Erwerb oder Veräußerung von Finanzinstru-

---

**37** Vgl. den Sachverhalt der BGH-Entscheidung II ZR 314/03 vom 26.9.2005.

**38** Kritisch zu diesem Vorgehen bereits *Sethe* FS Schneider, 2011, S. 1239 ff.

**39** BVerwG, WM 2008, 1359 Rn. 31: „Hätte der Gesetzgeber die Anschaffung und Veräußerung von Finanzinstrumenten, soweit sich diese bei wirtschaftlicher Betrachtungsweise als Dienstleistung für andere darstellt, umfassend einer Erlaubnispflicht unterwerfen wollen, so hätte es nahegelegen, dieses Geschäft in einem umfassend formulierten Tatbestand zusammenzufassen. Stattdessen hat der Gesetzgeber die verschiedenen Formen des Effektengeschäfts mit drei getrennten Tatbeständen erfasst. Dies spricht ebenfalls für eine enge Auslegung der einzelnen Tatbestände und gegen die weite Auslegung eines dieser Tatbestände als Auffangtatbestand".

menten, Annahme und Übermittlung von Aufträgen, die Finanzinstrumente zum Gegenstand haben, Verwaltung von Finanzinstrumenten ...". Auf Verordnungsstufe werden dann einzelne Fallgestaltungen wieder ausgenommen, bei denen die Notwendigkeit der Beaufsichtigung fehlt (vgl. Art. 3 E-FIDLEV[40]).

## 5. Definition des Anlegers

Die ursprüngliche Fassung des WpHG enthielt keine gesetzliche Definition des „Kunden" oder „Anlegers". Aus den Gesetzesmaterialien[41] ergibt sich jedoch der klare Hinweis, dass auf das im Einzelfall nötige Schutzbedürfnis des Kunden abzustellen ist.[42] Durch die Einführung der drei Kundenkategorien im Zuge der Umsetzung von MiFID I in § 31a WpHG a. F. enthielt das Gesetz später eine präzisere Definition, die nun in der aktuellen Gesetzesfassung in § 67 WpHG zu finden ist. Gleichwohl ist offen, ob sich der Schutz des WpHG nur auf rational handelnde Anleger bezieht oder ob der Gesetzgeber auch irrational handelnde Anleger schützen wollte, um die Erkenntnisse der *Behavioral Finance* zu berücksichtigen.[43] Auch ist noch nicht abschließend geklärt, in welchem Verhältnis die §§ 63 ff. WpHG zum Verbraucherschutz stehen.[44]

Auch in der Schweiz hat sich das Anlegerleitbild gewandelt.[45] Die bereits erwähnte, für den Vertrieb geltende Vorschrift des Art. 11 BEHG stellt noch auf „die Geschäftserfahrenheit und die fachlichen Kenntnisse der Kunden" ab und ist daher mit der Ursprungsfassung von § 31 WpHG vergleichbar. In Art. 10 KAG wurde dann eine erste Kundensegmentierung eingeführt (qualifizierte Anleger und nichtqualifizierte Anleger). Mit dem FIDLEG übernimmt die Schweiz nun eine der MiFID II vergleichbare Kundensegmentierung in drei Kundengruppen (Art. 4 ff. FIDLEG), wobei Detailunterschiede bei der Hochstufung zum gekorenen

---

40 Die noch in der Entstehung befindliche Verordnung zum FIDLEG wird voraussichtlich ebenfalls am 1.1.2020 in Kraft treten.

41 Beschlussempfehlung und Bericht des Finanzausschusses, BT-Drucks. 12/7918, 3, 103 f.

42 Ebenso *Koller* in Assmann/Schneider, WpHG, 1. Aufl. 1995, § 31 Rn. 81.

43 Zum Stand der Diskussion *Koller* in Assmann/Schneider/Mülbert, Wertpapierhandelsrecht, 7. Aufl. 2019, § 63 Rn. 3 ff.

44 Herrschend dürfte die Ansicht sein, dass Anleger- und Konsumentenschutz jeweils eigenständige Schutzkonzepte darstellen, die sich jedoch überschneiden, vgl. etwa *Buck-Heeb* ZHR 2012, 66, 75 f.; *Mülbert* ZHR 2013, 160, 180 f.; *Riesenhuber* ZBB 2014, 134, 147 ff.; *Vogel*, Vom Anlegerschutz zum Verbraucherschutz, 2005, S. 278 ff. (der eine Konvergenz beider Gebiete beobachtet).

45 Umfassend *Contratto*, Das Anlegerleitbild im Wandel der Zeiten, in Sethe et al., Anlegerschutz im Finanzmarktrecht kontrovers diskutiert, 2013, S. 47 ff.

professionellen Kunden bestehen.[46] Auch in der Schweiz ist die Frage virulent, ob man nicht mit dem zunehmenden Anlegerschutz das Konzept des mündigen Anlegers aufgibt[47] oder gar den Anleger vor sich selbst schützt. Allerdings weist das Schrifttum auf die Erkenntnisse der *Behavioral-Finance*-Forschung hin[48] und fordert, das Leitbild zu überdenken.[49] Wenn man vom mündigen Anleger ausgeht, darf man nicht unterstellen, dass dieser dem längst überholten Ideal eines *homo oeconomicus* entspricht. Vielmehr kann es Situationen geben, in denen der Finanzintermediär den Anleger erst durch Informationen, Aufklärung und Warnung in die Lage versetzt, eigenverantwortlich zu entscheiden. Wenn er dann auf Basis zutreffender und verständlicher Information eine objektiv unvernünftige Entscheidung trifft, muss dies selbstverständlich erlaubt bleiben. Schließlich ist auch in der Schweiz die Beziehung zwischen Anleger- und Konsumentenschutz nicht vollständig geklärt.[50]

## 6. Verhältnis des Aufsichtsrechts zum Zivilrecht

Der deutsche Gesetzgeber hat sich in den Gesetzesmaterialien nicht ausdrücklich zum Verhältnis des WpHG zum Zivilrecht geäußert. Diese Problematik wurde vor allem deshalb akut, weil das Aufsichtsrecht Verhaltenspflichten gegenüber dem Kunden enthält, die weitgehend, aber nicht vollständig parallel zu denen des Vertragsrechts ausgestaltet sind. Zudem tauchte die Frage der Schutzgesetzeigenschaft des WpHG auf. Seit der Umsetzung der MiFID I gewinnt die Frage an Brisanz, weil die Durchführungsrichtlinie zur MiFID I[51] in ihrem Art. 4 eine

---

**46** Vgl. *Sethe*, MiFIR/MiFID II – Drittstaatenzugang für die Schweiz und Äquivalenz von FINIG/FIDLEG, in Gericke, Private Equity VI, 2018, S. 135, 161.

**47** Bezeichnend etwa der Titel von *Eggen/Staub*, Kundensegmentierung – Panacea oder Abschied vom mündigen Anleger?, GesKR 2012, 55 ff.

**48** Vgl. etwa *Hens/Sethe* FS von der Crone, 2017, S. 589 ff.; *Sethe* SZW 2018, 605, 614.

**49** *Sethe* SJZ 2014, 477, 479 f.

**50** Auch in der Schweiz wird grundsätzlich von jeweils eigenständigen Schutzkonzepten ausgegangen, wobei es (zunehmend) zu Überschneidungen kommt; vgl. etwa *Nobel* SZW 2014, 589, 591: „Finanzgeschäfte sind Konsumgeschäfte geworden". Dazu auch *Sethe*, Konsumentenschutz beim Vermögensaufbau in Heiss/Loacker, Grundfragen des Konsumtenenschutzrechts, § 8 (im Erscheinen).

**51** Richtlinie 2006/73/EG der Kommission vom 10. 8. 2006 zur Durchführung der Richtlinie 2004/39/EG des Europäischen Parlaments und des Rates in Bezug auf die organisatorischen Anforderungen an Wertpapierfirmen und die Bedingungen für die Ausübung ihrer Tätigkeit sowie in Bezug auf die Definition bestimmter Begriffe für die Zwecke der genannten Richtlinie, ABl. EU Nr. L 241 vom 2. 9. 2006, 26 ff.

Maximalharmonisierung der Wohlverhaltensregeln vorschrieb. Auf diese Weise wollte man sicherstellen, dass im grenzüberschreitenden Geschäft einheitliche Standards gelten und Institute vor der Belastung durch unterschiedliche aufsichtsrechtliche Vorgaben der Mitgliedstaaten für das Kundengeschäft geschützt werden. Die Mitgliedstaaten durften keine strengeren, über die Vorgaben der Richtlinie hinausgehenden Vorschriften erlassen. Dabei unterschied die Durchführungsrichtlinie nicht zwischen Aufsichtsrecht und Zivilrecht. Die im deutschen Recht bekannte Unterscheidung zwischen öffentlich-rechtlichen Pflichten der Institute einerseits und vertraglichen Pflichten gegenüber Kunden andererseits scheint damit keine Rolle zu spielen, was konsequent ist, da eine solche Unterscheidung auch nicht in allen Mitgliedstaaten bekannt ist.

Da das WpHG die Pflichten gegenüber dem Kunden sehr detailliert regelt, war das Konfliktpotential zwischen Zivil- und Aufsichtsrecht nun höher als zuvor, was den Streit um die Rechtsnatur der Verhaltenspflichten im WpHG befeuerte: (1) Ein Teil des Schrifttums hält an der bislang herrschenden Ausstrahlungstheorie fest und verlangt, dass Aufsichtsrecht und Zivilrecht wechselseitig zur Auslegung der einschlägigen Normen herangezogen werden können.[52] Innerhalb dieser Ansicht betrachten einige das Aufsichtsrecht als Konkretisierung des Zivilrechts; gehe es weiter als das Zivilrecht, sei dies bei der Auslegung des Zivilrechts zu berücksichtigen,[53] die Vertragsfreiheit bleibe aber unangetastet.[54] (2) Ein anderer Teil des Schrifttums sieht in § 31 WpHG eine Doppelnorm, die auch das Zivilrecht regele.[55] (3) Eine dritte Ansicht meint, das Vertragsrecht sei durch die Vorgaben der Richtlinie auch harmonisiert, so dass es einen absoluten Gleichlauf von Aufsichtsrecht und Vertragsrecht gebe.[56] (4) Schließlich wird die These vertreten, das

---

**52** *Köndgen* FS Canaris, Band II, 2007, S. 183, 204 ff.; *Koch* in Schwark/Zimmer, Kapitalmarktrechts-Kommentar, 4. Aufl. 2010, § 31a WpHG Rn. 58 ff.; *Koller* (Fn. 43), § 63 Rn. 9; *Seyfried* in Kümpel/Wittig, Bank- und Kapitalmarktrecht, 4. Aufl. 2011, Rn. 3.90.

**53** *Ekkenga* in Münchener Kommentar zum HGB, Band V, Effektengeschäft, 3. Aufl. 2014, Rn. 75 f.; *Rothenhöfer* in Baum/Hellgardt/Fleckner/Roth, Perspektiven des Wirtschaftsrechts, 2008, S. 55, 70 ff., 73 ff., 83; *Schwark* in Schwark/Zimmer, Kapitalmarktrechts-Kommentar, 4. Aufl. 2010, Vor §§ 31 ff. WpHG Rn. 16 f.

**54** *Einsele* JZ 2008, 477, 481; *Koller* (Fn. 52), § 63 Rn. 11; s. a. *Ekkenga* (Fn. 53), Rn. 75 f.; *Rothenhöfer* (Fn. 53), S. 55, 75; wohl auch *Kumpan* in Baum/Hellgardt/Fleckner/Roth, Perspektiven des Wirtschaftsrechts, 2008, S. 33, 51 f.

**55** *Benicke*, Wertpapiervermögensverwaltung, 2006, S. 457 ff., 486; *Lang* ZBB 2004, 289, 294; *Möllers* in Kölner Kommentar zum WpHG, 2. Aufl. 2014, § 31 Rn. 15.

**56** *Mülbert* WM 2007, 1149, 1157; *Mülbert* ZHR 2008, 170, 183 f.; vor Umsetzung der MiFID in der Sache ebenso bereits *Balzer*, Vermögensverwaltung durch Kreditinstitute, 1999, S. 100; *Kümpel* WM 1993, 2025, 2026 f.

Zivilrecht setze sich immer gegenüber dem Aufsichtsrecht durch.[57] (5) Der BGH hat zunächst jeden Einfluss des Aufsichtsrechts auf das Zivilrecht abgelehnt.[58] 2014 hat er sich dann in der Sache, nicht aber in der Wortwahl für die Theorie der Ausstrahlungswirkung entschieden, indem er die zahlreichen aufsichtsrechtlichen Regelungen zu Rückvergütungen als Wertentscheidung des Gesetzgebers einordnete, die auch im Zivilrecht zu beachten sei. Der Kunde könne damit rechnen, dass der Finanzintermediär die tragenden Prinzipien des Aufsichtsrechts beachte. Der BGH stützte sich dabei auf die Vertragsauslegung (§§ 133, 157 BGB).[59] Hinsichtlich der Frage, ob die Verhaltenspflichten im WpHG Schutzgesetze i.S.v. § 823 Abs. 2 BGB darstellen, herrscht ebenfalls Uneinigkeit. Der BGH lehnt dies ab,[60] weil die Normen des WpHG keinen eigenständigen, über den Vertrag hinausgehenden Schutz beinhalteten, während die Auffassungen in der Lehre gespalten sind.[61]

Der schweizerische Gesetzgeber hat, um einen ähnlichen Meinungsstreit wie in Deutschland zu verhindern, in den Gesetzesmaterialien ausdrücklich Stellung bezogen. Er sieht in den Verhaltenspflichten des FIDLEG – entgegen der bisherigen herrschenden Meinung zu Art. 11 BEHG[62] – keine Doppelnormen, sondern geht von der Theorie der Ausstrahlungswirkung aus.[63] Im Parlament ist man dem im Ergebnis gefolgt. Zur Schutznormqualität der Normen des FIDLEG hat der Gesetzgeber sich dagegen nicht geäußert, weshalb diese Frage noch ungeklärt ist.[64]

---

**57** *Assmann* FS Schneider, 2011, S. 37, 53.

**58** BGH WM 2011, 2261 Rn. 50.

**59** BGH WM 2014, 1382 Rn. 32 ff.

**60** BGH WM 2007, 487 Rn. 18; WM 2010, 1393 Rn. 24 ff.; WM 2013, 789 Rn. 26; WM 2013, 1983 Rn. 23.

**61** Vgl. den Überblick bei *Sethe* in Schäfer/Sethe/Lang, Handbuch der Vermögensverwaltung, 2. Aufl. 2016, § 5 Rn. 309 ff.

**62** BGE 133 III 97, E. 5.2; BGer 4 A_213/2010, E. 4.; *Bahar/Stupp* in Basler Kommentar zum BEHG, 2. Aufl. 2011, Art. 11 Rn. 11 f. m.w.N.

**63** Botschaft zum Finanzdienstleistungsgesetz (FIDLEG) und zum Finanzinstitutsgesetz (FINIG) vom 4.11.2015, BBl 2015, 8921; dazu zuletzt *Jutzi/Eisenberger* AJP 2019, 6 ff.; *Kuert* AJP 2018, 1352 ff. jeweils m.w.N. Abweichend *Amadò* AJP 2018, 990 ff., der an der Theorie der Doppelnorm festhalten will.

**64** Vgl. den Meinungsüberblick bei *Kuert* AJP 2018, 1352, 1360 ff.; *Maurenbrecher* FS von der Crone, 2017, S. 583 ff.; *Weber* SJZ 2013, 405, 416 ff.

## 7. Gesetzessprache

Die sprachliche und redaktionelle Qualität deutscher Aufsichtsgesetze ist leider schlecht[65] und eine Besserung ist nicht in Sicht, denn der Gesetzgeber des 1. und 2. FiMaNoG[66] hat das Lesen des WpHG – einmal mehr – um einiges schwerer gemacht. Normen mit einer zweistelligen Anzahl an Absätzen, Bandwurmsätzen, Verschachtelungen und Querverweisen in andere Rechtsakte erschweren die Rechtsanwendung ganz erheblich. Nimmt man als Beispiel § 63 Abs. 7 WpHG, fällt es selbst einem in Gesetzestexten geübten Leser schwer, rein optisch den Überblick zu behalten. Die Informationspflicht ist dort in insgesamt elf Sätzen geregelt, wobei Satz 3 dann nochmals untergliedert ist in zwei Ziffern und diese ihrerseits nochmals in Buchstaben (ein Zitat würde etwa lauten: § 63 Abs. 7 Satz 3 Nr. 2 lit. c WpHG). Zudem enthält der Normtext seinerseits noch Querverweise auf andere Gesetze und EU-Vorschriften, so dass manche der elf Sätze aus sich heraus gar nicht verständlich sind. Noch unverständlicher sind freilich Normen, die fast eine DIN-A4-Seite lang sind und aus nur einem einzigen Satz bestehen, wie beispielsweise § 3 Abs. 1 Satz 1 Nr. 7 WpHG. Vor diesem Hintergrund verwundert es nicht, dass der Gesetzgeber selber Opfer seiner eigenen Unfähigkeit wird und Querverweise im WpHG anbringt, die ins Leere führen. So verweist § 120 Abs. 27 WpHG auf § 2 Abs. 13 Satz 3 WpHG, den es gar nicht gibt. Gemeint war wohl § 2 Abs. 8 Satz 7 WpHG.[67]

Lästig sind auch wenig einprägsame Gesetzes- und Verordnungsbezeichnungen und schwer auszusprechende Abkürzungen, die leider ebenfalls keine Seltenheit sind. Wie will man im Gespräch mit einem Mandanten z. B. die „Verordnung zur Konkretisierung der Verhaltensregeln und Organisationsanforderungen für Wertpapierdienstleistungsunternehmen" aussprechen? Auch die Aussprache der Abkürzung „WpDVerOV" geht einem nicht gerade flüssig über die Lippen. Deutsche Gesetzgebungstechnik verfolgt das Ziel, bereits im Namen eines Gesetzes dessen kompletten Regelungszweck unterzubringen, obwohl dies eigentlich in das Gesetz (am besten in dessen erste Norm) hineingehört. Der Wiedererkennungswert, die Zugehörigkeit von Gesetzen zueinander und die Möglichkeit, den Namen des Gesetzes ohne Verrenkung auszusprechen, müssten die ausschlaggebenden Kriterien sein. Hinzu kommen mehrere hundert Blankett-Straftatbestände in § 120 WpHG, die auf nationale oder auf EU-Vorschriften ver-

---

65 Dazu bereits *Sethe* FS Höland, 2015, S. 345, 362 f.

66 Die kryptische Abkürzung steht für „Gesetz zur Novellierung von Finanzmarktvorschriften auf Grund europäischer Rechtsakte".

67 Ebenso *Spoerr* in Assmann/Schneider/Mülbert, Wertpapierhandelsrecht, 7. Aufl. 2019, § 120 Rn. 359.

weisen und ein Ausmaß an Unübersichtlichkeit erreichen, das seines Gleichen sucht. Um die Strafbarkeit der Marktmanipulation zu ermitteln, sind die §§ 119 Abs. 1, 120 Abs. 2 Nr. 3 i.V.m. § 25 WpHG und Art. 15 der VO Nr. 596/2014 bzw. die §§ 119 Abs. 1, 120 Abs. 15 Nr. 2 i.V.m. Art. 15 der VO Nr. 596/2014 heranzuziehen. Die konkrete Prüfung der Strafbarkeit erfordert dann fünf aufwändige Prüfungsschritte.[68] Rechtsstaatlichkeit setzt Rechtsklarheit voraus, die meines Erachtens längst nicht mehr gewährleistet ist.

Erschwert wird die Lage nun noch durch das Mehrebenensystem mit den Vorschriften der EU, das zu Recht als „überaus verschachtelt", „im Umfang ausladend", mit „hypertechnischer Terminologie" versehen, „schwer verständlich", „komplex" und „kompliziert" gebrandmarkt wird.[69] Dieser Befund beruht auf dem Nebeneinander von unmittelbar geltender EU-Verordnung und nationalem Gesetz, die dann jeweils noch durch im Rang niedrigere Verordnungen und Richtlinien ergänzt werden.[70] Auch bei den EU-Vorschriften ist eine sehr schlechte Sprachqualität („verquast"[71]) zu beobachten. Diese wird nicht zuletzt durch den Zwang zu Kompromissen unter den derzeit 28 Mitgliedstaaten und die zahlreichen Übersetzungsprobleme verursacht, aber auch durch mangelnden Willen zu klarer Gliederung und Beschränkung auf das Notwendige.

Dem stehen Schweizer Regeln gegenüber, die erfrischend kurz und verständlich sind, ohne dadurch weniger gehaltvoll zu sein. Bezeichnungen und Abkürzungen von Gesetzen und Verordnungen sind regelmäßig klar und lassen sich aussprechen. Ein Beispiel dafür ist der Kurztitel „Finanzmarktinfrastrukturgesetz", welcher den Regelungsinhalt des FinfraG nur teilweise wiedergibt; der Gesetzgeber hat bewusst der sprachlichen Benutzerfreundlichkeit Vorrang vor der Vollständigkeit des Kurztitels gegeben.[72] Das Bundesamt für Justiz in Bern beschäftigt Sprachwissenschaftler, die auf die Lesbarkeit der Gesetze achten und dabei zu einem pragmatischen Vorgehen angehalten sind; die deutsche Rechtsförmlichkeitsprüfung ist dagegen vom genauen Gegenteil beseelt.[73]

---

68 *Spoerr* (Fn. 67), § 119 Rn. 23 ff.

69 Alle Zitate stammen von *Assmann* (Fn. 34), Einl. Rn. 9. Kritisch auch *Hemeling* ZHR 2017, 595, 596.

70 Allein das ABl. EU Nr. L 87 vom 31.3.2017 enthält 29 delegierte Richtlinien und Verordnungen zur Umsetzung von MiFIR und MiFID II mit 528 Seiten Text.

71 Sehr anschaulich dazu *Schröder*, Europa in der Finanzfalle – Irrwege internationaler Regulierung, 2012, S. 75 ff.

72 Vgl. *Sethe* in Sethe et al., Kommentar zum FinfraG, 2017, Einl. Rn. 10.

73 Im Handbuch der Rechtsförmlichkeit, hrsg. vom Bundesministerium der Justiz, 3. Aufl. 2008, http://hdr.bmj.de/vorwort.html, findet sich das Stichwort „Pragmatik" nicht; anders die Weisungen der Schweizer Bundeskanzlei zur Schreibung und zu Formulierungen in den deutschsprachigen amtlichen Texten des Bundes, 2. Aufl. 2013, Rn. 105: „Gehen Sie dort, wo die

## III. Fazit

Das gerne als Grundgesetz des Kapitalmarktrechts bezeichnete WpHG[74] bildet den Kern dieses Rechtsgebiets und hat seine zentrale Position nicht nur behauptet, sondern stets weiter ausgebaut. Der – aus Platzgründen auf grobe Linien beschränkte – Vergleich der deutschen und der schweizerischen Aufsichtsregulierung hat einige Gemeinsamkeiten zutage gefördert:

- Beide Rechtsordnungen haben sich schwer getan, den Wechsel vom rechtsform- und institutionenbezogenen Ansatz hin zu einem funktionalen Regelungsansatz, d. h. zu einer markt- und vertriebsbezogenen Regulierung, zu vollziehen. Während dies Deutschland, getrieben durch den Motor der Brüsseler Gesetzgebungsmaschinerie, bereits 1994 gelang (wenn auch bis heute unvollständig), ist in der Schweiz die neue Regelungsperspektive erst in jüngster Zeit vorgenommen worden. Das WpHG ist ein fortlaufend modernisiertes und sämtliche wesentlichen Ordnungsaufgaben des Kapitalmarktrechts erfassendes Gesetz.[75] Das Schweizer Aufsichtsrecht wurde im Vergleich seltener reformiert, ist aber durch die ab 2009 erfolgten Reformen wieder zeitgemäß.
- Im Detail werden einige rechtspolitische Fragestellungen vergleichbar erörtert, nämlich welcher Maßstab bei der Definition des Anlegers zugrunde gelegt werden soll, wie man mit den durch die *Behavioral-Finance*-Forschung aufgeworfenen Fragen umgeht oder in welcher Beziehung Anleger- und Konsumentenschutz stehen. Auch das Verhältnis von zivil- und aufsichtsrechtlichen Pflichten wirft vergleichbare Probleme auf.

Es finden sich aber auch zahlreiche Unterschiede zwischen den beiden Rechtsordnungen:

- Der schweizerische Gesetzgeber ist konsequenter bei der Umsetzung einer einheitlichen Aufsichtsrechtsarchitektur. Das FINMAG ist zu einem Allgemeinen Teil des Finanzmarktrechts ausgebaut worden, während das deutsche

Schreibweisungen keine verbindlichen Regeln formulieren, pragmatisch vor: Suchen Sie die Lösung, die sich in der konkreten Verwendungssituation am besten eignet".

74 So etwa *Assmann* (Fn. 34), Einl. Rn. 5. Zu Ursprung und Verwendung dieses Begriffs *Grundmann* in Grosskommentar HGB, Bankvertragsrecht, Investmentbanking II, Band 11/2, 5. Aufl. 2018, Rn. 5 Fn. 8. Auf europäischer Ebene wird inzwischen die MiFID II als „*constitution*" des europäischen Finanzdienstleistungsmarkts bezeichnet, vgl. *Lehmann* in Lehmann/Kumpan, European Financial Services Law, 2019, Introduction to MiFID II and MiFIR Rn. 1.

75 Bemerkenswert ist allerdings, dass die deutsche Politik nicht in der Lage war und ist, die Probleme des grauen Kapitalmarkts wirksam zu bekämpfen.

Pendant FinDAG nur die Funktion hat, die BaFin als solche zu regeln. Das FinfraG regelt den Markt und das Marktverhalten, das FIDLEG das Verhalten gegenüber Kunden.

- Der Anwendungsbereich des Aufsichtsrechts wird in der Schweiz pragmatisch auf Stufe 1 mit einer *Catch-all-Provision* bestimmt, die auf Stufe 2 durch Ausnahmetatbestände eingegrenzt wird. Deutschland beschreitet den umgekehrten Weg und versucht, bereits auf Stufe 1 möglichst genau die Einzelfälle zu erfassen. Dieses Vorgehen hat allerdings einen ständigen Reparaturbetrieb zur Folge.
- Sprache, Regelungstechnik und -systematik des schweizerischen Rechts sind im Vergleich zum deutschen und europäischen Recht klarer, verständlicher und anwenderfreundlicher, ohne dadurch an Substanz einzubüßen. Das legislatorische Vorgehen in Deutschland und der EU erreicht hingegen ein Maß an Unübersichtlichkeit, das man ernstlich an der Rechtsstaatlichkeit zweifeln kann.

Es steht an dieser Stelle leider kein Raum zur Verfügung, um zu untersuchen, wie es künftig mit dem Aufsichtsrecht im Allgemeinem und dem WpHG im Speziellen weitergehen wird. In beiden Rechtsordnungen wären moderne Aufsichtsinstrumente (wie *Whistleblowing* und *Mystery Shopping*) und die Stärkung der privaten Rechtsdurchsetzung ebenso zu beleuchten wie außerrechtliche Fragen, nämlich *Financial Literacy* und weitere Erkenntnisse der *Behavioral-Finance*-Forschung.[76] Das Aufsichtsrecht stellt nur einen Baustein zur Verwirklichung von Anleger- und Funktionsschutz dar. Stärkung der Eigenvorsorge von Instituten und Anlegern, Stärkung von Marktmechanismen und privater Rechtsdurchsetzung sowie Reduktion von Komplexität sind Fragen, die bis zum 50. Geburtstag des WpHG (das dann hoffentlich einen besseren Namen trägt[77]) gelöst sein sollten.

Der hier vorgenommene kritische Vergleich soll nicht den Blick darauf verstellen, wie viel in den vergangenen 25 Jahren bereits erreicht wurde, und dies ist – um die im Titel dieses Aufsatzes gestellte Frage zu beantworten – ein Anlass zum Feiern. Herzlichen Glückwunsch!

---

76 Zur schweizerischen Diskussion vgl. *Sethe* SZW 2018, 605, 613 ff.

77 Wenn nicht bis dahin das nationale Kapitalmarktrecht komplett durch EU-Verordnungen ersetzt sein wird.

Stefano Lombardo

# Einige rechtsvergleichende Fälle zwischen Italien und Deutschland in den Harmonisierungsbestrebungen des europäischen Kapitalmarkts

## I. Einführung

Das Jubiläum und die Festschrift für die 25 Jahre des Wertpapierhandelsgesetztes (WpHG), das nur ein Jahr später als die *Investment Service Directive* (ISD, WpDRL)[1] von 1993 erlassen wurde, bieten die Gelegenheit über die Entstehung und Entwicklung des europäischen Kapitalmarktrechts in den letzten Jahrzehnten, auch in einer rechtsvergleichenden Perspektive zwischen den Mitgliedstaaten und insbesondere zwischen Deutschland und Italien, nachzudenken.[2]

In Italien hat im Jahr 2018 das *Testo Unico della Finanza* (TUF)[3] 20 Jahre gefeiert.[4] Das TUF ist das Gesamtgesetzwerk, in welchem der italienische Gesetzgeber, der im Gegensatz zum deutschen Gesetzgeber ein einheitliches Regelungswerk bevorzugt hat, die Behandlung der gesamten *securities regulation* gestaltet hat.[5]

Seit dem Beginn der Harmonisierungsbestrebungen im europäischen Kapitalmarkt Ende der siebziger Jahre, hat sich die europäische *securities regulation* stark entwickelt und ist heute ein sehr breites und unheimlich detailliertes

Ich danke Dr. Peter Agstner für die sprachliche Revision des Textes. Ich behalte die Verantwortung für alle möglichen Fehler.

**1** Richtlinie 93/22/EWG des Rates vom 10. Mai 1993 über Wertpapierdienstleistungen ABl. EG Nr. L 141 von 11.6.1993, S. 27.

**2** Als kurze Einführung zum Kapitalmarktrecht dient *Siems* EBLR 2009, 141 f.

**3** Decreto legislativo 24 febbraio 1998, n. 58: Testo unico delle disposizioni in materia di intermediazione finanziaria, ai sensi degli articoli 8 e 21 della legge 6 febbraio 1996, n. 52, s. o. G.U. n. 71 del 26.3.1998. Der Text wurde seitdem mehrmals reformiert.

**4** *Ferrarini* Riv. soc. 2019, 1 f. Eine erste Bilanz wurde aber nach 15 Jahren im Jahr 2013 gezogen: *Annunziata* (a cura di), Il Testo Unico della Finanza. Un bilancio dopo 15 anni, 2015.

**5** Einige Kommentare sind e. g. *Rabitti Bedogni* (a cura di), Il Testo Unico della Intermediazione Finanziaria, 1998; *Fratini*/*Gasparri* (a cura di), Il testo Unico della Finanza, 2012.

https://doi.org/10.1515/9783110632323-055

Rechtsgebiet, das von einer europäischen *Authority* (ESMA) koordiniert und mit einer Capital Market Union ergänzt wird.[6]

Neben dem nationalen wissenschaftlichen Diskurs, der in den jeweiligen nationalen Sprachen erfolgt und immer noch herrschend ist, wird das Rechtsgebiet, das immer mehr von Verordnungen (und insbesondere auch von DurchführungsVO und delegierten VO) geregelt ist, inzwischen auch mittels wissenschaftlichen Behandlungen auf Englisch dargestellt.[7]

Seit der ISD hat sich die Entwicklung des europäischen Kapitalmarktrechts pausenlos entfaltet, so dass nach etwa vier Jahrzehnten die Europäische Union über ein Regelungswerk verfügt, das rechtsvergleichend mit den USA sehr viele Aspekte des Kapitalmarktrechts teilt. Als Teil des Binnenmarktes, wo eine geteilte Zuständigkeit zwischen Mitgliedstaaten und EU vorgesehen ist (Artikel 4 (a) AEUV), ist heute das Kapitalmarkrecht immer mehr ein vereinheitlichtes Rechtsgebiet, wo das Prinzip der Subsidiarität und der Verhältnismäßigkeit von Artikel 5 EUV aufgrund der Qualität/Komplexität der Materie eine begrenzte Anwendung findet.

Eine Darstellung des gesamten Systems und seiner Funktionalität wäre hier natürlich unmöglich. Stattdessen wird, den Anlass des in dieser Festschrift gefeierten 25. Jubiläums des WpHG nutzend, eine Analyse zu zwei spezifischen Aspekten des Kapitalmarktrechts mit Blick auf Deutschland und Italien unternommen. Insbesondere werden die Umsetzung der *Market Abuse Directive* (MAD)[8] bezüglich der Definition und des Anwendungsbereiches der Insiderinformation und der Ad-hoc-Publizität, sowie die Qualifikation des Emissionsgeschäfts und der Platzierung als Wertpapierdienstleistung untersucht. Die Untersuchung dient als Beispieldarstellung der Schwierigkeiten eines uniformierten europäischen *securities regulation* Systems – und dies trotz der Bemühungen um ein gemeinsames Rechtssystem.[9]

Im vorliegenden Beitrag wird zuerst die Entstehung und erste Entwicklung des europäischen Kapitalmarktrechts bis hin zur ISD Richtlinie skizziert (Kapi-

---

6 European Commission, Communication from the European Commission to the European Parliament, the Council, the European Economic and Social Committee and the Comitte of the Regions. Action Plan on Building a Capital Markets Union, Brussels, 30.9.2015, COM(2015) 468(final); für eine Einführung *Busch/Avgouleas/Ferrarini* Capital Markets Union in Europe, 2018.

7 *Moloney* EU Securities and Financial Markets Regulation, 3 ed., 2014; *Veil* European Capital Markets Law, 2 ed., 2017; *Bush/Ferrarini* Regulation of the EU Financial Markets. MiFID II and MiFIR, 2016; *Ventoruzzo/Mock* Market Abuse Regulation, 2017.

8 Richtlinie 2003/6/EG des Europäischen Parlaments und des Rates vom 28. Januar 2003 über Insider-Geschäfte und Marktmanipulation (Marktmissbrauch), Abl. EU Nr. L 96 v. 12.4.2003, S. 16.

9 *Enriques/Gatti* Stanford J. L., B. & F., 2008, 43 hatten schon die Problematik der Harmonisierungsschwierigkeiten gezeigt.

tel 2). Kapitel 3 widmet sich der Umsetzung der ISD Richtlinie in Italien und der regulatorischen Technik, welche vom italienischer Gesetzgeber benutzt wurde. Kapitel 4 untersucht die MAD-Umsetzung mit Bezug auf die Definition der *inside information* und der Ad–hoc-Publizität. Kapitel 5 analysiert die Entwicklung der Qualifikation des Emissionsgeschäfts und der Platzierung in Italien und untersucht seine Deklination unter der MiFID II. Kapitel 6 enthält Schlussfolgerungen.

## II. Die Entstehung und erste Entwicklung des europäischen Kapitalmarktrechts bis zur ISD Richtlinie

Die Entstehung eines harmonisierten europäischen Kapitalmarktrechts hat relativ spät im Vergleich zu den Harmonisierungsversuchen in anderen wichtigen Rechtsgebieten des Wirtschaftsrechts (*in primis*, des Gesellschaftsrechts) begonnen.[10] Rechtsvergleichend mit den USA lässt sich das wahrscheinlich auch mit der Bemerkung erklären, dass nur das Gesellschaftsrecht damals im Mittelpunkt der wissenschaftlichen Debatte in den Mitgliedstaaten stand und der Bereich der *securities regulation* in Europa als Rechtsgebiet unterentwickelt war und nur ergänzend und residual betrachtet wurde.[11]

Die Geschichte des europäischen Kapitalmarkrechts beginnt mit drei Richtlinien,[12] deren Ziel es war, den Emittenten die Kapitalverschaffung im Rahmen eines passenden Anlegerschutzes zu erleichtern und die *disclosure* von relevanten Informationen an der Börse zu gewährleisten: Im Jahr 1979 wurde die Richtlinie 79/279/EWG zur Koordinierung der Bedingungen für die Zulassung von Wertpapieren zur amtlichen Notierung an einer Wertpapierbörse erlassen.[13] Es folgten die Richtlinie 80/390/EWG zur Koordinierung der Bedingungen für die Erstellung, die Kontrolle und die Verbreitung des Prospekts, der für die Zulassung von

**10** *Lutter* NJW 1966 277 f.; *Timmermans* Rabels 1984 1 f.; *Schön* ZHR 1996 221 f.

**11** Es ist hier weder für Deutschland noch für Italien möglich, präzise die Frage zu beantworten, seit wann die ersten autonomen (von Gesellschaftsrecht und Bankrecht) universitären Lehrveranstaltungen zum Kapitalmarkrecht (*diritto dei mercati mobiliari*) angeboten wurden. In Italien gehen die ersten Auflagen der am meisten verbreiten Lehrbücher auf das Jahr 1997 und 2000 zurück: vgl. *Costi* Il mercato mobiliare, 11 Aufl. 2018 und *Annunziata* La disciplina del mercato mobiliare, 9 Aufl. 2017. Anscheinend eines der ersten Lehrbücher ist *Minervini* La Consob. Lezioni di diritto del mercato finanziario, 1989.

**12** Für die Entstehung der ersten Richtlinien, *Veil* (Fn. 7), S. 1, 6 f.; *Moloney* (Fn. 7), 22.

**13** Von 5. März 1979, Abl. EU Nr. L 66 v. 16.3.79, S. 21.

Wertpapieren zur amtlichen Notierung an einer Wertpapierbörse zu veröffentlichen ist,[14] und die Richtlinie 82/121/EWG über regelmäßige Informationen, die von Gesellschaften zu veröffentlichen sind, deren Aktien zur amtlichen Notierung an einer Wertpapierbörse zugelassen sind.[15]

Nach dem Weißbuch der Kommission aus dem Jahr 1985,[16] wurde die Richtlinie 85/611/EWG zur Koordinierung der Rechts- und Verwaltungsvorschriften betreffend bestimmte Organismen für gemeinsame Anlagen in Wertpapieren (OGAW) erlassen.[17]

Es folgten darauffolgend 4 weitere Richtlinien: Richtlinie 88/627/EWG über die bei Erwerb und Veräußerung einer bedeutenden Beteiligung an einer börsennotierten Gesellschaft zu veröffentlichenden Informationen (*transparency directive*),[18] die Richtlinie 89/298/EWG zur Koordinierung der Bedingungen für die Erstellung, Kontrolle und Verbreitung des Prospekts, der im Falle öffentlicher Angebote von Wertpapieren zu veröffentlichen ist (*public offer prospectus directive*),[19] und die Richtlinie 89/592/EWG über Insider-Geschäfte (*insider trading directive*),[20] mit der man das europäische Börsenhandelsgeschäft, rechtsvergleichend aufbauend auf wissenschaftliche Arbeiten aus den USA,[21] europaweit zu schützen versuchte.

Diese ersten Richtlinien wurden nach einigen Jahren im 1993 durch die ISD ergänzt.[22] Mit dieser für die damalige Zeit mutige Richtlinie hat der europäische Gesetzgeber zum ersten Mal versucht, im Rahmen der Realisierung des Binnenmarktes und insbesondere der Konkretisierung von zwei EU-Freiheiten (Niederlassungsfreiheit und Dienstleistungsfreiheit) und dem Passport-System,[23] einen

---

**14** Von 17. März 1980, Abl. EU Nr. L 100 v. 17.4.80, S. 1.

**15** Von 15 Februar 1981, Abl. EU Nr. L 48 v. 20. 2. 1982, S. 26.

**16** Commission of the European Communities, Completing the internal market. White Paper from the Commission to the European Council, Brussel 14 June 1985, COM(85) 310 final, particularly points 101–107.

**17** Von. 20. Dezember 1985, Abl. EU Nr. L 375 v. 31.12.1985, S. 3.

**18** Von. 12. Dezember 1988, Abl. EU Nr. L 348 v. 17.12.1988, S. 62.

**19** Von. 17. April 1989, Abl. EU Nr. L 124 v. 5.5.1989, S. 8.

**20** Von. 13. November 1989, Abl. EU Nr. L 334 v. 18.11.1989, S. 30.

**21** *Hopt* CMLR 1989, 51.

**22** Die ISD wurde mit der *Capital Adequacy Directive* (CAD) integriert, Richtlinie 93/6/EWG des Rates vom 15. März 1993 über die angemessene Eigenkapitalausstattung von Wertpapierfirmen und Kreditinstituten, Abl. EU Nr. L 141 v. 11.6.1993, S. 1.

**23** Das System war aber eben nicht ausreichend, weil der Mitgliedstaat, wo die Dienstleistung gebracht wurde, aus Gründen des Allgemeininteresses seine eigenen Wohlverhaltensregeln anwenden konnte (Artikel 11 (3) mit Art. 17 (4) und 18 (2)), so dass die Wertpapierfirmen viele Wohlverhaltensregeln respektieren hätten sollen, dazu *Ferrarini* ERCL 2005, 19, 24

einheitlichen europäischen Kapitalmarkt zu konzipieren und zu gestalten.[24] Speziell wurde der Markt mit Angebotsseite, Nachfrageseite und Produkte/Dienstleistungen zum Schutz der Anleger einheitlich rechtlich konzipiert und geregelt. Das europäische Kapitalmarktrecht war geboren! Das Instrument der Richtlinie und der sogenannten Mindestharmonisierung war damals das geeignete Mittel, um gleichzeitig das Ziel der einheitlicheren Gestaltung des Rechtes und der Anpassung der gegebenen Unterschiede zwischen den einzelnen Mitgliedstaaten zu realisieren.[25]

Nach der ISD haben der *Financial Services Action Plan*[26] und die auf der Basis der *Lamfalussy regulatory model*[27] neu erlassenen Richtlinien[28] die europäische Ebene weiter entwickelt und vertieft, ohne aber die Anregungen für einen Paradigmenwechsel zur *regulatory competition* im Bereich der *disclosure* aus den USA genügend zu berücksichtigen.[29]

## III. Die Umsetzung der ISD und die italienische regulatorische Technik

Anfang der neunziger Jahre hatte der italienische Gesetzgeber das Gesetz Nr. 1/1991 erlassen,[30] wo zum ersten Mal der Markt für Wertpapierdienstleistungen systematisch geregelt wurde.[31] Der deutsche Gesetzgeber folgte im Jahr 1994 mit dem Erlass des WpHG, welches gleichzeitig einige Richtlinien umsetzte.[32] Die ISD wurde in Italien durch das sogenannte *Decreto Eurosim* im Jahr 1996 umgesetzt,[33]

---

**24** *Ferrarini* CMLR 1994, 1283 f.

**25** Über die verschiedenen Harmonisierungsniveaus der Richtlinien, *Gerner-Beuerle* CMLJ 2012, 317 f.

**26** Communication from the Commission, Implementing the Framework for Financial Markets: Action Plan, Brussel, 11.05.1999, COM(1999)232 final.

**27** Final Report of the Committee of Wise Men on the Regulation of European Securities Markets, final Brussels, 15 February 2001.

**28** *Ferrarini* EBOR 2002, 249 f.; *Moloney* EBOR 2002, 293 f.; *Enriques/Gatti* (Fn. 9); *Moloney* ECFR 2003, 809 f.

**29** *Romano* YLJ 1998, 2359 f.

**30** Für die Entwicklung des italienischen Kapitalmarktrechts, s. *Costi* (Fn. 11), 17 f. und *Annunziata* (Fn. 11), 10 f.

**31** Das Gesetz brachte die *Disciplina dell'attività di intermediazione mobiliare e disposizioni sull'organizzazione dei mercati mobiliari.*

**32** *Fuchs* in Fuchs WpHG, 2009, 6 f.

**33** Recepimento della direttiva 93/22/CEE del 10 maggio 1993 relativa ai servizi di investimento del settore dei valori mobiliari e della direttiva 93/6/CEE del 15 marzo 1993 relativa all'adeguatezza

das im Jahr 1998 vom TUF ersetzt wurde, wobei der deutsche Gesetzgeber mit einer Reform des WpHG in 1997 die ISD weiter implementiert hat.[34]

Durch die Umsetzung der ISD-WpDRL in der Europäischen Gemeinschaft wurde ein rechtliches System geschaffen, das sich mit den folgenden Reformen (insbesondere im Rahmen der ISD durch die MiFID[35] und die MiFiD II/MiFIR[36]) stark weiterentwickelt hat. Die Umsetzung der ISD im Jahr 1996 durch das *Decreto Eurosim* (im Jahr 1998 im TUF konsolidiert), zeigt von Anfang an eine regulatorische Technik des italienischen Gesetzgebers, die später auf EU-Ebene durch das *Lamfalussy legislative model* auch Anwendung fand.[37]

Da die Richtlinie nach Artikel 288 AEUV für jeden Mitgliedstaat, an den sie gerichtet ist, hinsichtlich des zu erreichenden Ziels verbindlich ist, jedoch den innerstaatlichen Stellen die Wahl der Form und der Mittel frei überlasst, ist es in der italienischen Praxis des Kapitalmarktrechts üblich, nicht den gesamten Inhalt der Richtlinien direkt im Gesetztext (d.h. im TUF), sondern auch in den sog. *Regolamenti Consob*, die von der italienischen *Autorità* (Consob: *Commissione Nazionale per le Società e la Borsa*) als *regolamenti* des Verwaltungsrechts erlassen werden, zu implementieren.

Üblicherweise delegiert das italienische Parlament mit einer besonderen *legge delega* (sog. *legge di delegazione europea*), die jährlich wenigstens einmal erlassen wird, die Regierung zur Umsetzung der verschiedenen Richtlinien.[38] Die Regierung erlässt darauffolgend ein oder mehrere *decreti legislativi* (die im italienischem Rechtsquellensystem Gesetzeskraft besitzen) zur Umsetzung dieser verschiedenen Richtlinien. Die *decreti legislativi* ändern das TUF, welches somit angepasst wird. Inwieweit der Inhalt einer Richtlinie Inhalt des TUF oder eines Regolamento Consob wird, entscheidet der Gesetzgeber. Im Ergebnis kann die italienische Autorità somit Teile der Richtlinien direkt in die Regolamenti Consob

---

patrimoniale delle imprese di investimento e degli enti creditizi, GU 9.8.1996, n. 133, s. *Zitiello* Società, 1996, 1009.

**34** *Fuchs* (Fn. 32), 17.

**35** Richtlinie 2004/39/EG des europäischen Parlaments und des Rates vom 21. April 2004 über Märkte für Finanzinstrumente, zur Änderung der Richtlinien 85/611/EWG und 93/6/EWG des Rates und der Richtlinie 2000/12/EG des Europäischen Parlaments und des Rates und zur Aufhebung der Richtlinie 93/22/EWG des Rates, Abl. EU Nr. L 145 v. 30.4.2004, S. 1.

**36** Richtlinie 2014/65/EU des europäischen Parlaments und des Rates vom 15. Mai 2014 über Märkte für Finanzinstrumente sowie zur Änderung der Richtlinien 2002/92/EG und 2011/61/EU, Abl. EU Nr. L 173 v. 12.6.2014, S. 349; Verordnung (EU) Nr. 600/2014 des Europäischen Parlaments und des Rates vom 15. Mai 2014 über Märkte für Finanzinstrumente und zur Änderung der Verordnung (EU) Nr. 648/2012, Abl. EU Nr. 173 v. 12.6.2014, S. 84.

**37** *Rordorf* in Annunziata (Fn. 4), S. 293, 295.

**38** *Rosini* Legge di delegazione europea e legge europea, 2017.

implementieren. Die Regolamenti haben als Verwaltungsakte keinen Gesetzstatus, setzen aber Teile der Richtlinien um.

Das italienische *multi level regulatory system* versucht einen Kompromiss zwischen der Notwendigkeit der Allgemeinheit der Normen und deren Spezifizität zu erreichen.[39] Ohne die Aufteilung zwischen TUF und Regolamenti Consob, wäre wahrscheinlich das Erstere (das als Gesetz die gesamte italienische *securities regulation* enthält) ein sehr langer Gesetztext.

Das resultierende Konstrukt schafft aber manchmal ein kompliziertes Rechtsquellensystem, wo die EU-Ebene (zB die MiFID II als erste Ebene) teilweise im TUF und teilweise in einem Regolamento Consob umgesetzt wird, der danach Hinweis auf die zweite EU-Ebene macht (zB delegierte VO oder DurchführungsVO). Das zeigt sich zum Beispiel heute im System der *adeguatezza* (Geeignetheitsprüfung) der Finanzportfolioverwaltung und Anlageberatung. Hier regeln die Artikel 40 und 41 des *Regolamento Intermediari* und nicht direkt der TUF die Einzelheiten der Kundenprofilierung. Artikel 40.2 verweist explizit auf einige Artikel der delegierten VO 2017/565.[40]

## IV. Die Ad-hoc-Publizität der MAD (und der MAR)

In der Geschichte der europäischen *securities regulation* findet sich ein Paradebeispiel der italienischen regulatorischen Technik in der Umsetzung von Richtlinien und der bedeutenden regulatorischen Divergenzen zwischen den Mitgliedstaaten am Beispiel der Umsetzung der *Market Abuse Directive (*MAD) von 2003. Hier haben Italien und Deutschland zwei verschiedene Wege hinsichtlich der Ad-hoc-Publizität verfolgt. Hinzu kommt, dass ein wichtiger Fall (*Geltl*-Urteil),[41] der auf der Basis der deutschen Umsetzungsnormen entschieden wurde, bedeutende Folgen für die Definition der *inside information* in der *Market Abuse Regulation* gehabt hat.[42]

---

**39** *Rordorf* (Fn. 37), 295.

**40** Delegierte Verordnung (EU) 2017/565 der Kommission vom 25. April 2016 zur Ergänzung der Richtlinie 2014/65/EU des Europäischen Parlaments und des Rates in Bezug auf die organisatorischen Anforderungen an Wertpapierfirmen und die Bedingungen für die Ausübung ihrer Tätigkeit sowie in Bezug auf die Definition bestimmter Begriffe für die Zwecke der genannten Richtlinie, ABl. EU Nr. L 87, v. 31.3.2017, S. 1.

**41** EuGH v. 28.6.2012, Rs. C-19/11.

**42** Verordnung (EU) Nr. 596/2014 des Europäischen Parlaments und des Rates vom 16. April 2014 über Marktmissbrauch (Marktmissbrauchsverordnung) und zur Aufhebung der Richtlinie 2003/6/EG des Europäischen Parlaments und des Rates und der Richtlinien 2003/124/EG, 2003/125/EG und 2004/72/EG der Kommission, Abl. EU Nr. L 173 v. 12.6.2104, S. 1.

Bekanntlich hatte die MAD (als Nachfolgerin der Richtlinie 89/592/EWG) ein System zur Vermeidung von *insider trading* geschafft, wobei durch die Ad-hoc-Publizität bzw. durch die Bekanntmachung der *inside information* seitens des Emittenten der Anreiz zur Tätigung von Insidergeschäften minimiert wurde. Artikel 6.1 MAD hatte zu diesem Zweck vorgesehen, dass die Mitgliedstaaten alle Emittenten von Finanzinstrumenten anweisen müssen, Insiderinformationen, welche sie unmittelbar betreffen, so bald wie möglich der Öffentlichkeit bekannt zu geben. Der Inhalt von Artikel 6 MAD wurde durch Artikel 2 der Richtlinie 2003/124/EG präzisiert.[43] Hier hatte Paragraph 2 Folgendes vorgesehen: die Mitgliedstaaten gewährleisten, dass Emittenten als den ersten Unterabsatz von Artikel 6 Absatz 1 der Richtlinie 2003/6/EG erfüllt habend angesehen werden, wenn sie beim Eintreten einer Reihe von Umständen oder eines Ereignisses – obgleich noch nicht förmlich festgestellt – das Publikum unverzüglich darüber unterrichtet haben.

In der Gültigkeitsperiode der MAD wurde Artikel 6.1 der Richtlinie 2003/6/EG in Artikel 114 TUF (*comunicazioni al pubblico*) umgesetzt. Artikel 114 TUF bezog sich auf Artikel 181 TUF, wo die Definition der *inside information* Platz fand. Diese Definition in Artikel 181 TUF vervollständigt die Definition von Artikel 1.1. MAD und von Artikel 1 Richtlinie 2003/124/EG. Im Ergebnis war das System so aufgebaut, dass die Definition von *inside information* im Gesetzestext (Artikel 181 TUF) vorzufinden war, aber die Bestimmung der Ad-hoc-Publizität gespalten wurde: der Inhalt von Artikel 114 TUF wurde mit Artikel 66 *Regolamento Emittenti* (wo der Inhalt von Artikel 2.2. Richtlinie 2003/124/EG umgesetzt wurde) integriert.

Nach dieser Gestaltung, hatte Italien in der Gültigkeitsperiode der MAD zwei Definitionen von *inside information*. Die erste, betreffend das Verbot der *insider trading*-Geschäfte, erfasste eine Reihe von Umständen, die bereits existieren oder bei denen man mit hinreichender Wahrscheinlichkeit davon ausgehen kann, dass sie in Zukunft existieren werden, oder ein Ereignis, das bereits eingetreten ist oder mit hinreichender Wahrscheinlichkeit in Zukunft eintreten wird. Die zweite Definition für die Ad-hoc-Publizität verlangte die Bekanntmachung (Artikel 114 TUF und Artikel 66 *Regolamento Emittenti*) ausschließlich beim Eintreten einer Reihe von Umständen oder eines Ereignisses – obgleich noch nicht förmlich festgestellt, mit der klaren Ausgrenzung von Umständen oder Ereignissen, die mit hinreichender Wahrscheinlichkeit in Zukunft eintreten werden.[44]

---

43 Richtlinie 2003/124/EG der Kommission vom 22. Dezember 2003 zur Durchführung der Richtlinie 2003/6/EG des Europäischen Parlaments und des Rates betreffend die Begriffsbestimmung und die Veröffentlichung von Insider-Informationen und die Begriffsbestimmung der Marktmanipulation, ABl. EU Nr. L 339 v. 24.12.2003, S. 70.

44 *Annunziata* in Fratini/Gasparri (Fn. 5), 1493, 1500.

Deutschland hat Artikel 2.2 Richtlinie 2003/124/EG nicht umgesetzt.[45] Es ist hier nicht möglich, zu untersuchen, ob Deutschland die Umsetzung dieser Bestimmung absichtlich vermieden hat. Ob das möglich gewesen wäre, hängt natürlich auch vom Harmonisierungsniveau der MAD ab.[46] Eine andere Erklärung könnte sein, dass Artikel 2.2. Richtlinie 2003/124/EG einfach vergessen wurde. Das Ergebnis ist auf jeden Fall, dass im Zeitraum der Gültigkeit der MAD Deutschland eine einheitliche Definition von *inside information* gehabt hat, u.z. zum Zweck der Anwendung des *insider trading*-Verbots und zum Zweck der Ad-hoc-Publizität.[47]

Der Zufall hat es aber gewollt, dass durch die Umsetzung der MAD seitens Deutschland die wichtige Entscheidung in der Rs. *Geltl* getroffen wurde. Weder der EuGH noch der Generalanwalt *Mengozzi*[48] haben Artikel 2.2. Richtlinie 2003/124/EG berücksichtigt. Ob der Fall *Geltl*, der einen Zusammenhang zwischen nationalem Gesellschaftsrecht und dem europäischen harmonisierten Kapitalmarktrecht zum Inhalt halt, nach italienischem Recht oder bei Berücksichtigung von Artikel 2.2. Richtlinie 2003/124/EG anders entschieden worden wäre, kann hier nicht untersucht werden.[49] Am Ende lässt sich aber feststellen, dass trotz aller Harmonisierungsbestrebungen zwei EU-Mitgliedsstaaten jahrelang zwei unterschiedliche Regeln bezüglich eines so wichtigen und zentralen Aspekts der MAD gehabt haben. Gleichzeitig führte ein so wichtiger Fall wie *Geltl* zu einschneidenden Konsequenzen in der Definition von Insiderinformation bezüglich des Zwischenschritts in einem gestreckten Vorgang (Artikel 7.2. und 3 MAR) und der Ad-hoc-Publizität (Artikel 17 MAR). Tatsache ist, dass heute die Ad-hoc-Publizität auch Umstände bzw. Ereignisse, die mit hinreichender Wahrscheinlichkeit in Zukunft eintreten werden, betrifft. Das erschwert das Leben der europäischen Emittenten und bringt für die Rechtsmaterie ein hohes Niveau an Komplexität mit sich.

---

**45** Die Divergenz zwischen Mitgliedstaaten bei der Anwendung von Artikel 2.2. Richtlinie 2003/124/EU wurde schon von *Di Noia/Gargantini* ECFR 2012 484, 510 f. festgestellt.

**46** Nach *Moloney* (Fn. 7), 917, die MAD war eine minimal harmonization directive; das gleiche für *Enriques/Gatti* (Fn. 9), 72. In *Spector* (C-45/08) die Schlussanträge der Generalanwältin Kokott (Rn. 78–81) lassen vermuten, dass die MAD eine vollständige Harmonisierung bestrebt.

**47** §§ 13 und 14 und § 15 WpHG, *Pfüller* in Fuchs WpHG, 2009, § 15 Rn. 72–84, 102. Dazu auch BAFIN, Emittentenleitfaden (2005), S. 38 und 40.

**48** Schlussanträge von 21 März 2012.

**49** Zum Amtsverzicht nach dem italienischen Gesellschaftsrecht, *Bordiga* Riv. soc., 2017, 652 f.

## V. Die Qualifikation des underwriting und der Platzierung

In Italien hatte das Gesetz 1/1991 unter den Wertpapierdienstleistungen (*attività di intermediazione mobiliare*) das underwriting und die Platzierung von *valori mobiliari* eingeführt.[50] Diese Wertpapierdienstleistungen hätten nur von autorisierten Wertpapierdienstleistungsunternehmen angeboten werden können. Bekanntlich hat die ISD im Abschnitt A die Dienstleistungen und in Abschnitt C die Nebendienstleistungen erwähnt. Zwischen denen gab es auch die des Underwriting und der Platzierung.[51] Die Entwicklung mit der MiFID sah eine Modulierung zwischen *Wertpapierdienstleistungen* und *Anlagetätigkeiten* vor.[52] Das wurde mit der MiFID II bestätigt.[53]

In Deutschland hatte der Gesetzgeber bekanntlich im § 2 (3) WpHG (wo er nur Wertpapierdienstleistungen ohne Bezug auf die *Anlagetätigkeiten* vorsieht) die [...] 5. Übernahme von Finanzinstrumenten für eigenes Risiko zur Platzierung oder die Übernahme gleichwertiger Garantien (Emissionsgeschäft), 6. Die Platzierung von Finanzinstrumenten ohne feste Übernahmeverpflichtung (Platzierungsgeschäft) [...] festgelegt. Nummer 5 schafft somit eine funktionale Abhängigkeit der Übernahme von der Platzierung: anscheinend existierte die Übernahme in Deutschland als Instrument der Platzierung.[54]

---

50 Art. 1 Attività di intermediazione mobiliare [...] b) collocamento e distribuzione di valori mobiliari con o senza preventiva sottoscrizione o acquisto a fermo, ovvero assunzione di garanzia nei confronti dell'emittente.

51 Die Dienstleistung 4. Übernahme (underwriting) der Emissionen eines oder mehrerer der in Abschnitt B genannten Instrumente und/oder Platzierung dieser Emissionen auch im Zusammenhang mit der Nebedienstleistung 5. Dienstleistungen im Zusammenhang mit Übernahmetransaktionen (Underwriting).

52 Abschnitt A Wertpapierdienstleistungen und Anlagetätigkeiten [...] 6. Übernahme der Emission von Finanzinstrumenten und/oder Platzierung von Finanzinstrumenten mit fester Übernahmeverpflichtung 7. Platzierung von Finanzinstrumenten ohne feste Übernahmeverpflichtung; Abschnitt B Nebendienstleistungen [...] 6. Dienstleistungen im Zusammenhang mit der Übernahme von Emissionen).

53 Abschnitt A Wertpapierdienstleistungen und Anlagetätigkeiten [...] (6) Übernahme der Emission von Finanzinstrumenten und/oder Platzierung von Finanzinstrumenten mit fester Übernahmeverpflichtung; (7) Platzierung von Finanzinstrumenten ohne feste Übernahmeverpflichtung; Abschnitt B Nebendienstleistungen [...] (6) Dienstleistungen im Zusammenhang mit der Übernahme von Emissionen.

54 *Fuchs* (Fn. 32) § 2 Rn. 96 spricht von „notwendigem" Bezug zur Platzierung. In Deutschland ist das Emissionsgeschäft auch im KWG erwähnt: dazu *Schäfer* WM 2002, 361 f.

Beim Fehlen einer europäischen Definition, ist die Qualifikation des underwriting und der Platzierung von Finanzinstrumenten dagegen in Italien immer ein Rätsel gewesen.[55] Die Debatte, welche in der Lehre geführt wurde, hat immer das Spannungsfeld zwischen zwei Verhältnissen untersucht: (i) das vorgelagerte Verhältnis zwischen dem Wertpapierdienstleistungsunternehmen und dem Emittenten der Wertpapiere, und (ii) das nachgelagerte Verhältnis zwischen dem Wertpapierdienstleistungsunternehmen und den Investoren.[56]

Während der ISD hatte der italienischer Gesetzgeber auf die Alternative *und/oder* verzichtet und die Übernahme instrumentell zur Platzierung wie im Gesetz von 1991 bestätigt.[57] Die Problematik war aber insbesondere bei der Umsetzung der MiFID bedeutend. Der Text der MiFID spricht von Übernahme der Emission von Finanzinstrumenten *und/oder* Platzierung (wie in der ISD) von Finanzinstrumenten mit fester Übernahmeverpflichtung. Der Italienische Gesetzgeber blieb diesmal dem MiFID-Text treu und betrachte die Wertpapierdienstleistungen und die *Anlagetätigkeiten*. Er nannte in Artikel 1 TUF die *servizi e attività di investimento:* [...] *c) sottoscrizione e/o collocamento con assunzione a fermo ovvero con assunzione di garanzia nei confronti dell'emittente; c-bis) collocamento senza assunzione a fermo né assunzione di garanzia nei confronti dell'emittente.* Die Lehre legte den Text unterschiedlich aus.

Die Mehrheit der Autoren war der Meinung die Übernahme sei funktional zur Platzierung der Finanzinstrumente an die Investoren und unterstrich somit die Bedeutung des Worts *und*, und damit die Phase der Platzierung und das nachgelagerte Verhältnis zwischen dem Wertpapierdienstleistungsunternehmen und den Investoren.[58] Dieser Meinung folgend, war die wichtige Dienstleistung die Platzierung an Investoren und das Verhältnis zwischen Wertpapierdienstleistungsunternehmen und Emittent war als Nebendienstleistung zu betrachten (6. Dienstleistungen im Zusammenhang mit der Übernahme von Emissionen).

Ein anderer Teil der Lehre vertrat hingegen die Meinung, dass mit der MiFID die Übernahme (*sottoscrizione*) unabhängig von der Platzierung als *autonoma*

---

**55** *Roppo* Riv. dir. priv. 2008, 485, 504.

**56** *Roppo* (Fn. 55); *Chiarozzi/Schiavelli* in Gabrielli/Lener, I contratti del mercato finanziario, seconda edizione, 2011, 1157, 1165 f.; *Giudici* in Roppo, Trattato dei contratti. V Mercati regolati, 2014, 965, 967 f.; *Mosca* Riv. soc. 2016, 648, 653 f.

**57** Art. 1.3.c) decreto Eurosim 1994: *c) collocamento, con o senza preventiva sottoscrizione o acquisto a fermo, ovvero assunzione di garanzia nei confronti dell'emittente*; von TUF im 1998 bestätigt: *c) collocamento, con o senza preventiva sottoscrizione o acquisto a fermo, ovvero assunzione di garanzia nei confronti dell'emittente*; *Sartori* Dirittobancario 2004.

**58** *Giudici* (Fn. 56), 968.

*attività di investimento* anzusehen war, wobei die Platzierung als Wertpapierdienstleistung zu betrachten war.[59]

Die Frage bezüglich einer autonomen Existenz der Übernahme als Anlagetätigkeit (oder als Dienstleistung) hat wichtige Konsequenzen für die zivilrechtliche Qualifikation der Rechtsinstitute und der Anwendung der Schutznormen, die die Gesetzgebung vorsieht. Insbesondere die mögliche Anwendung der Artikel 18 MiFID (Interessenkonflikte) und Artikel 19 MiFID (Wohlverhaltensregeln bei der Erbringung von Wertpapierdienstleistungen für Kunden) wären entscheidend für das Verhältnis zwischen Wertpapierdienstleistungsunternehmen und Emittent.[60]

## Die MiFID II

Die MiFID II (Richtlinie 2014/65/EU) behält die Alternative *und/oder* der MiFID in Nummer 6 bei: Übernahme der Emission von Finanzinstrumenten und/oder Platzierung von Finanzinstrumenten mit fester Übernahmeverpflichtung. Der italienische Gesetzgeber ist der Fassung *und/oder* wiederum treu geblieben. In Artikel 1 TUF ist zu jetzt zu lesen: [...] *c) assunzione a fermo e/o collocamento sulla base di un impegno irrevocabile nei confronti dell'emittente.*[61] Der deutsche Gesetzgeber sieht in § 2 (8), Nummer 8 Folgendes vor: die Übernahme von Finanzinstrumenten auf eigenes Risiko zur Platzierung oder die Übernahme gleichwertiger Garantien (Emissionsgeschäft), mit Beibehaltung der instrumentellen Funktionalität zwischen Übernahme und Platzierung.

Es sei am Rande angemerkt, dass Artikel 1 (f) der delegierten VO 2016/1052 über Rückkaufprogramme und Stabilisierungsmaßnahmen[62] von [...] *Emissions- bzw. Garantievertrag* (*contratto di sottoscrizione o del contratto di collocamento, underwriting agreement or lead management agreement*) [...] spricht. Unabhängig von der sehr unterschiedlichen sprachlichen Ausgestaltung (*Emissions-contratto*

---

**59** Der Unterschied zwischen Wertpapierdienstleistungen und Anlagetätigkeiten ist laut *Annunziata* La disciplina del mercato mobiliare, nona edizione, 2017, 103, Fn. 18, darin zu sehen, dass nur bei Letzteren der Kunde fehlt.

**60** *Giudici* (Fn. 56), 975; *Mosca* (Fn. 56), 654.

**61** Die Referenz zur sottoscrizione wurde abgeschafft mit der Valorisierung der *assunzione a fermo.*

**62** Delegierte Verordnung (EU) 2016/1052 der Kommission vom 8. März 2016 zur Ergänzung der Verordnung (EU) Nr. 596/2014 des Europäischen Parlaments und des Rates durch technische Regulierungsstandards für die auf Rückkaufprogramme und Stabilisierungsmaßnahmen anwendbaren Bedingungen, ABl. EU Nr. L 173 von 30.6.2016, S. 34.

*di sottoscrizione-underwriting agreement* und *Garantievertrag-contratto di collocamento-lead management agreement*) sollten die einzelnen Tatbestände eben im Zusammenhang mit den Wertpapierdienstleistungen der MiFID II ausgelegt werden.[63]

Die MiFID II wurde auch durch die delegierte VO 2017/565, unter anderem, um die organisatorischen Anforderungen an Wertpapierfirmen und die Bedingungen für die Ausübung ihrer Tätigkeit ergänzt.[64] Diese enthält in den Artikeln 38 – 43 ein komplexes Regelungssystem, das als *zusätzliche* Anforderungen die Interessenkonflikte zwischen Wertpapierunternehmen und Kunden zu vermeiden versucht.[65] Die Frage bezüglich einer autonomen Qualifikation der Übernahme im Verhältnis zwischen Wertpapierdienstleitungsunternehmen und Emittenten findet in den Artikeln 38 – 43 eine besondere Anerkennung (es werden die Artikel 16, 23, aber auch Art. 24 der MiFID II als Grundlage erwähnt). Der Emittent wird jetzt explizit als Kunde betrachtet, deren Interessen das Wertpapierunternehmen zu schützen hat (s. auch die Erwägungsgründe 57, 58 und 59 delegierte VO 565/2017). Die italienische Debatte betreffend die Anwendung der Schutzinstrumente im vorgelagerten Verhältnis zwischen dem Wertpapierdienstleistungsunternehmen und den Emittenten sollte damit eine regulatorische Lösung gefunden haben.

## VI. Schlussfolgerung

Das europäische Kapitalmarktrecht hat eine Geschichte von etwa 40 Jahren und ist heute ein sehr komplexes und detailliertes Rechtssystem als Teil der europäischen Rechtsordnung geworden. Es ist zurzeit ein uniformiertes Recht, das in den wichtigsten Bereichen vereinheitlicht worden ist. Die Vereinheitlichung dient der Überwindung möglicher Divergenzen zum Zeitpunkt der Rechtsanwendung

---

63 Die englische Fassung der MiFID II lautet: Section A Investment services and activities: [...] (6) Underwriting of financial instruments and/or placing of financial instruments on a firm commitment basis; (7) Placing of financial instruments without a firm commitment basis.

64 Delegierte Verordnung (EU) 2017/565 der Kommission vom 25. April 2016 zur Ergänzung der Richtlinie 2014/65/EU des Europäischen Parlaments und des Rates in Bezug auf die organisatorischen Anforderungen an Wertpapierfirmen und die Bedingungen für die Ausübung ihrer Tätigkeit sowie in Bezug auf die Definition bestimmter Begriffe für die Zwecke der genannten Richtlinie, Abl. EU Nr. L 87 v. 31. 3. 2017, S. 1.

65 Artikel 38 – 43 der delegierten VO 565/2017 scheint im Rahmen der public offering (IPOs und secondary offerings) und der Stabiliesierungsmaßnahmen von der delegierten VO 2016/1052 gedeckt zu sein und findet teilweise einen rechtsvergleichenden Bezug in SEC, *Commission Guidance Regarding Prohibited Conduct in Connection With IPO Allocations*; Final Rule, 2005, in *Federal Register*, vol. 70, No. 70, 19672 – 19677.

(so wie im Fall der Ad-hoc-Publizität in der MAD) und der Spezifizierung der Rechtsinstitute (so wie im Fall von Interessenkonflikten). Es bleibt ein „cantiere sempre aperto", in welchem der Austausch zwischen den mitgliedsstaatlichen Lehren und der Debatte auf Englisch als lingua franca sehr nützlich für die Anwendung dieses uniformierten Rechts sein kann.